MW01225984

Diccionario *de los* usos correctos *del* español

MARÍA LUISA OLSEN DE SERRANO REDONNET
ALICIA MARÍA ZORRILLA DE RODRÍGUEZ

Diccionario *de los* usos correctos *del* español

ÁNGEL ESTRADA y CÍA. S.A.
Bolívar 462 - Buenos Aires - Argentina

Dirección editorial: Silvia Jáuregui

Jefe de Arte: Daniel Balado

Coordinación de la obra: Alejandro Palermo

Corrección: Rosa Dror Alacid, Mónica Graziolo, Clarina Pertiné

Composición y armado: Marcelo Riego

Diseño de tapa: Sandra Cassan

Películas: Benjamín Benítez, Luis Acosta

Printed in Brazil.
ISBN 950-01-0602-7

A la lengua española y a los que viven en ella y por ella, hermanados en una misma cultura espiritual.

Prólogo

La lectura produce personas completas, la conversación, personas dispuestas, y la escritura, personas precisas.

Sir Francis Bacon

A veces, importa detenernos en la etimología de algunas palabras. *Idioma* proviene del griego y denota 'propiedad, carácter propio de alguien, particularidad de estilo'. De 'modo de hablar propio de un individuo' o 'locución de sentido peculiar', su significado se extendió a 'lenguaje propio de una nación', sentido que tiene ya en el **Quijote** y en otros clásicos. Cuando Cervantes se refiere, en la Primera Parte (capítulo VI) de su gran obra, a las mediocres traducciones del **Orlando furioso**, de Ludovico Ariosto, le hace decir al cura que censura la biblioteca del caballero andante: *...si aquí le hallo, y que habla en otra lengua que la suya, no le guardaré respeto alguno; pero si habla en su idioma, le pondré sobre mi cabeza*, es decir, lo respetará, le tendrá respeto.

Hoy Fernando Lázaro Carreter, director de la Real Academia Española, dice que el *idioma español* se habla cada vez peor. La afirmación vale, incluso, para los peninsulares. De este deterioro, todos somos responsables, porque nos hemos olvidado de que la lengua propia es un bien común que a todos nos toca cuidar y, si es posible, enriquecer o acrecentar. La responsabilidad mayor recae sobre quienes emplean, en sus variadas actividades, la palabra oral o escrita, y tienen la oportunidad de difundir formas lingüísticas correctas: abogados, científicos, economistas, escribanos, escritores, filósofos, historiadores, maestros, periodistas, políticos, profesores, publicitarios, técnicos, traductores, representantes del mundo artístico, alumnos universitarios. La lista es interminable. Este problema afecta, en el mundo contemporáneo, a todos los idiomas; pero es particularmente acuciante para el español, debido a su gran extensión geográfica, patrimonio de más de veinte naciones y de muchos millones de hablantes que, en otros contextos lingüísticos, en varios continentes, mantienen vivo su uso. Dice Santiago de Mora-Figueroa y Williams que la lengua española es *internacional en el sentido estricto del término, filológicamente homogénea, geográficamente compacta, demográficamente en expansión. Por eso atrae*. De ahí que la ausencia de una actitud solidaria afecta la posibilidad de seguir comunicándonos, un bien no siempre suficientemente valorado. Esa preciada unidad no implica —conviene aclararlo— renunciar a las modalidades históricas o tradicionales distintivas de cada nación, zona o comunidad hispánica, ya que la unidad esencial no excluye la variedad.

En efecto, en la cátedra, hasta en la de nivel terciario y universitario, en los medios de comunicación social, en el libro y en otras múltiples formas de expresión lingüística, se difunden, no pocas veces, galimatías, vocablos impropios y serios errores que deforman gradualmente los usos correctos, orales o escritos, de nuestra lengua. Son comunes, así, formas como "exhuberante" (*exuberante*), "transplante" (*trasplante*), "pienso de que" (*pienso que*), "se dio cuenta que" (*se dio cuenta de que*), "cuenta con treinta años" (*cuenta treinta años*), "de acuerdo a" (*de acuerdo con*), "en base a" (*sobre la base de*), "exige de nuestra atención" (*exige nuestra atención*), "reinicia sus actividades" (*reanuda sus actividades*), "tratar un tema puntual" (*tratar un tema concreto*), "desapercibido" (*inadvertido*), "la hematoma" (*el hematoma*), "el apócope" (*la apócope*), "atrás mío" (*detrás de mí*), "abajo de la mesa" (*debajo de la mesa*), "me veo obligado en decir algo" (*me veo obligado a decir algo*), "ese área" (*esa área*), "arrean la bandera" (*arrían la bandera*) y tantísimas más. Estos reiterados tropiezos son síntoma indiscutible de un descuido en el uso del idioma, agravado, a veces, por insólitas invenciones ("arreglístico", "funcionariado", "repitencia", "tesora", "vacacionar"). Cuanto más elevada es la investidura o más alta la autoridad de quien emite estos desaciertos, o más extendido el alcance del medio en que se difunden, es mayor el daño. Y poco es lo que se hace para cambiar esta realidad, de la que no es responsable un solo sector —el educativo, como muchos piensan—, sino la sociedad toda y, particularmente, los medios de comunicación: la radio, la televisión, el periodismo y la publicidad, entre otros. En este sentido, a estos últimos les corresponde, por su fuerza de penetración masiva, colaborar, con seriedad, constancia y auténtica voluntad, en la noble tarea de difundir mensajes correctos.

¡Cuán lejos estamos de lo que decía fray Luis de León!: *...pongo en las palabras concierto y las escojo y les doy su lugar...*, y ¡cuán cerca, de lo que afirma Juan Ramón Jiménez en su poema "Espacio"!: *...Y el idioma, qué confusión; qué cosas nos decimos / sin saber lo que nos decimos.* La lengua es vida, movimiento, y sus cambios, relacionados, sin duda, con el progreso que experimenta el mundo, permiten a los hablantes estar a la altura de los tiempos. Sí, la lengua es renovación constante, pero, también —como decía Ángel Battistessa—, *civilidad decorosa.* La corrección no se opone a su saludable y necesario desarrollo. Cometer errores por ignorancia o por indiferencia no significa contribuir a la evolución de nuestra lengua, sino aumentar las dificultades en el proceso de la comunicación. Los deslices en que, a veces, incurren los hablantes corroboran que no se ha trazado un camino desde la información hasta el conocimiento. No se trabaja en pro de la palabra, sino en detrimento de ella, en pro de su paulatino deterioro. Es hora, pues, de emprender una acción responsable contra todo lo que menoscaba tan precioso legado. El estímulo debe ser nuestra voluntad de cada día, de ahora, del año próximo, de siempre, pues voluntad es inteligencia, e inteligencia, voluntad. No olvidemos nunca que *idioma* es lo propio y, finalmente, lo que nos caracteriza y distingue. Dice Pedro Laín Entralgo que *somos hombres a cuya vocación pertenece honroso y delicado oficio, ser siervos de la palabra y sentir que en el deber de bien usarla y bien enseñarla tiene su nervio esa servidumbre nuestra.*

Como hombres y como profesionales, tenemos la obligación de saber expresarnos con claridad y propiedad, para ser *maestros* de nosotros mismos y corregirnos —si cabe—, o de nuestros semejantes, para enriquecernos y enriquecer en un diálogo fecundo. Trabajar por la palabra es, también, trabajar por la vida, pues —según Pedro Salinas— *el hombre que no conoce su lengua vive pobremente, vive a medias, aun menos.* Si tomáramos conciencia de que al calor de las palabras va haciéndose nuestra vida, nuestra historia, nos entregaríamos más a su estudio y a su cuidado, para hablar y escribir mejor. No basta que nos entiendan. Debemos aspirar al ejercicio de un magisterio real, mediante el buen uso del idioma, en el periodismo, en la literatura, en las leyes, en los decretos, en la televisión, en la radio, en los mensajes publicitarios, en la escuela, en la oficina, en el seno de la familia y hasta en la calle. Todo lugar es propicio, pues —según el eximio filólogo español Ramón Menéndez Pidal— *toda palabra que no hace falta, sobra, toda vaguedad es una farsa innoble y toda oscuridad intencionada es una abyecta simulación.*

El español —cabe recordarlo con orgullo— es hoy lengua universal. No es patrimonio de las Academias, sino de todos, y todos debemos tener la certeza de que un idioma bien hablado y bien escrito tiene valor para la vida y para el éxito en la vida, y que corrección no denota ley coercitiva o afán purista, sino signo de cultura, pues ésta jamás podrá llamarse así sin un idioma que la revele cabalmente. Como nos advierte Manuel Alvar López, corrección significa *servicio a ese bien común llamado lengua*; y agrega: *...hemos de llevar a la conciencia colectiva los principios de la corrección, válidos no porque sean correctos, sino porque, gracias a serlo, establecen una más fácil y amplia comprensión.*

Con el objetivo de trabajar para la cultura del decir y, no, para la del desdecir, y guiadas por estos propósitos, compusimos el **Diccionario de los usos correctos del español**.

Esta obra reúne, en orden alfabético, todas aquellas voces cuyo uso ofrece dudas semánticas, morfológicas, sintácticas, ortográficas o fónicas. Este ordenamiento apunta a despejar esos interrogantes, mediante una consulta rápida y concreta. El título **Diccionario de los usos correctos del español** expresa la esperanza de que encaucemos nuestros esfuerzos de acuerdo con la norma lingüística culta, que no debe considerarse regla disciplinaria, sino guía útil de orientación, y que es sustancial para la enseñanza de la lengua. El "debe decirse" —atenuado, a veces, por el "corresponde decir"— y la voz "correcto" son sólo simples llamados de atención que cada uno aplicará de acuerdo con sus ideales lingüísticos.

La lengua que hablamos interesa a todos, en tanto hombres que disponemos de ese maravilloso instrumento de comunicación y de expresión. También, a los estudiantes extranjeros que desean comunicarse en español con fluidez.

No habrá calidad en la educación, cualquiera sea su nivel, mientras no se encare con excelencia y con rigor la formación lingüística. Por eso, escribe Seco que *el gramático tiene que [...] encauzar dentro de los moldes de nuestra lengua —que no son nada estrechos— las nuevas adquisiciones y creaciones, siempre guiado por la prudencia y por el ideal de la unidad idiomática de los países hispánicos.*

Nuestro español es propiedad indivisa sobre la que todos tenemos los mismos derechos, pero, también, los mismos deberes. Y es deber de nuestro tiempo transmitir enriquecida esta preciada herencia.

EL ORDEN ALFABÉTICO

Los artículos fueron ordenados de acuerdo con el alfabeto universal, adoptado por la Real Academia Española, en el que los dígrafos *ch* y *ll* no son tratados como letras, sino como la combinación de *c* + *h* y de *l* + *l*.

LA ORTOGRAFÍA

El usuario podrá acudir a cada lema para verificar o para conocer su correcta escritura; en el mismo lema o en el desarrollo de éste, se indica si posee doble grafía. Además, aunque no es un diccionario de sinónimos, muchas veces, se aclara si existen otras palabras que pueden usarse en su reemplazo.

LOS SUSTANTIVOS

En los sustantivos correspondientes, se advierte cuál es su número, si es común usarlos en singular o en plural, cómo se forman sus diminutivos y aumentativos, qué artículos deben acompañarlos, y se aclara —cuando se considera necesario— cuáles son sus abreviaturas. Respecto de los diminutivos, generalmente no se registran, por comunes, los que terminan en **-ito**, **-ita**, hecho que no invalida su uso, pues —como advierte la Real Academia Española— "admiten este menor incremento las palabras que, [...], pueden tomar forma diminutiva" (*cafecito, florcita, hierbita, huevito, indito, mamita, papito*).

Se registran sustantivos colectivos puros, como **jauría** ('conjunto de perros'), y de significación colectiva, como **aeronáutica** ('conjunto de medios, aeronaves, instalaciones, servicios, personal, etc., destinados al transporte aéreo').

LOS ADJETIVOS

Se hace constar, generalmente, el grado superlativo de los adjetivos que lo aceptan y, en especial, los de forma particular.

Se registran, a veces, adjetivos de uso frecuente, como **participativo** o **tribunalicio**, no incorporados en el ***Diccionario*** académico, pero de correcta formación.

El lector podrá consultar, además, al final de la obra, el apéndice II sobre "Principales gentilicios".

LOS VERBOS

Aparecen todos los verbos irregulares y defectivos, pero sólo se presenta la conjugación de los considerados como modelo, y a ellos se realizan las remisiones que corresponden. Se registran, también, participios activos o de presente, y pasivos o de pretérito, regulares e irregulares; barbarismos verbales (neologismos y extranjerismos).

El lector podrá consultar, al final de la obra, el apéndice sobre "Verbos: su conjugación", que incluye la terminología empleada en la clasificación de los tiempos y modos del verbo; allí se ofrece, asimismo, el paradigma completo de la conjugación regular.

REGÍMENES PREPOSICIONALES

Se registran los principales regímenes preposicionales de verbos, adjetivos y sustantivos, cuyo uso provoca dudas en el hablante.

LOS AFIJOS

El ***Diccionario*** académico no contiene todas las voces formadas por prefijación o por sufijación. Por eso, cuando tratamos, por ejemplo, el artículo **superhombre** (sust. m.), aclaramos que su correspondiente femenino es **supermujer**, tan correcto como el primero, pero no registrado por la Academia.

LOS EJEMPLOS

Se introducen ejemplos sencillos para demostrar el uso erróneo de palabras y de sintagmas, y su correcta expresión.

LOS AMERICANISMOS

Se han introducido voces provenientes de los países hispanoamericanos, pero se ha dado preeminencia a los argentinismos ya registrados en el léxico académico y a los que esperan ser incorporados, gracias a la fecunda labor de la Academia Argentina de Letras. Téngase en cuenta que éste no es un diccionario de americanismos, por eso, se registran sólo los de mayor uso.

NUEVAS VOCES

Se han incorporado muchas de las nuevas palabras registradas por la Real Academia Española en la última edición de su ***Diccionario*** (1992). No se trata de una curiosidad erudita, sino de alertar acerca de palabras que, hasta ayer condenadas por neológicas o extranjerizantes, han sido, finalmente, incorporadas y gozan de la correspondiente sanción académica. Ya forman parte de nuestro acervo lingüístico.

No se definen las voces con todas sus acepciones —ésta no es una obra semasiológica—, sino con las de mayor empleo, con las que ofrecen dificultades o con las que ha agregado recientemente la magna institución española. Muchas definiciones han sido adaptadas, mediante una redacción más breve o más concisa, sobre la base de las que aparecen en el ***Diccionario de la Lengua Española*** y en el ***Diccionario Manual e Ilustrado de la Lengua Española***; otras se ajustan, con rigor, a las que contiene el léxico oficial.

LA PRONUNCIACIÓN

No se realiza la transcripción fonética exacta de las palabras. Por ejemplo, cuando se dice que el verbo **ventanear** no debe pronunciarse [ventaniar, ventanié], no se representa [bentaniar, bentanié], como corresponde (el fonema /b/ es sólo uno, y las letras que lo representan gráficamente son dos: *b* y *v*). El objetivo es que el usuario no idóneo en fonética pueda comprender el mensaje.

BIBLIOGRAFÍA

La obra ha sido compuesta sobre la base de una bibliografía actualizada hasta 1996. En el interior de los artículos, sólo aparecen los apellidos de los lingüistas, autores de las citas que se transcriben, pues su nombre completo y los títulos de las obras consultadas figuran en la exposición bibliográfica.

ALGUNAS OBSERVACIONES

Cuando escribimos: la Academia, el ***Diccionario***, el ***Diccionario Manual***, la A.A.L., nos referimos a la Real Academia Española, al ***Diccionario de la Lengua Española***, al ***Diccionario Manual e Ilustrado de la Lengua Española*** y a la Academia Argentina de Letras, respectivamente.

Usamos las comillas dobles para:

- transcribir citas textuales de autores consagrados en esta especialidad;
- destacar voces no registradas en el ***Diccionario***, como "fratacho", pero usuales en alguna región lingüística;
- resaltar algunos extranjerismos, como "boy-scout";
- señalar expresiones cuya importancia es secundaria.

Las comillas simples indican los significados de las palabras. Las distintas acepciones se separan con puntos o con puntos y comas.

Los corchetes encierran la pronunciación equivocada de ciertas voces, por ejemplo, [pasiar].

El subrayado indica siempre palabra o sintagma erróneo, por ejemplo, *transplantar* o *Dijo de que vendrá*.

El signo ♦ precede a algunos lemas para destacar que éstos son barbarismos, es decir, vicios del lenguaje, que consisten en pronunciar o escribir mal las palabras, o en emplear vocablos impropios, por ejemplo, neologismos y extranjerismos innecesarios.

El signo → señala la voz o el sintagma a los que hay que remitirse, pues allí consta lo que atañe al punto tratado.

Las autoras

Guía para la consulta de este diccionario

abundancia. sust. f. 'Gran cantidad'. Rég. prep.: **abundancia de** (*Había **abundancia** de tortas*). Es galicismo usarla como sinónimo de **riqueza**. Incorrecto: *Siempre vivió en la abundancia*. Correcto: *Siempre vivió en la **riqueza***.

bebé. sust. m. 'Niño de pecho'. Voz francesa incorporada en nuestra lengua.

caoba. sust. f. 'Árbol de América'. También pueden decirse **caobana** (sust. f.) y **caobo** (sust. m.).

descontento, ta. adj. 'Insatisfecho'. Rég. prep.: **descontento con** (***descontento con** los resultados*); **descontento de** (***descontento de** sí*). sust. m. 'Disgusto, desagrado'.

editorial. adj. 'Perteneciente o relativo a editores o a ediciones' (*proyecto **editorial***). sust. m. 'Artículo de fondo no firmado' (*Escribió el **editorial***). El escritor de este artículo se llama **editorialista** (sust. com.). sust. f. 'Casa editora' (*Tiene un cargo en la **editorial***). Su abreviatura es **ed.**

fugaz. adj. 'Que huye o desaparece rápidamente'. fig. 'De muy corta duración'. Plural: **fugaces**. Repárese en que la **z** cambia por **c**.

garaje. sust. m. Voz francesa (*garage*) españolizada. 'Local destinado a guardar automóviles'. En español, no debe escribirse *garage*, un barbarismo ortográfico.

sustancioso o **substancioso.** adj. 'Que tiene valor o estimación'; 'que tiene virtud nutritiva'. También puede usarse, en su reemplazo, **sustancial** o **substancial** (adj.). → **sus-, subst-**

trans[tras-]ferencia. sust. f. → **trans-**

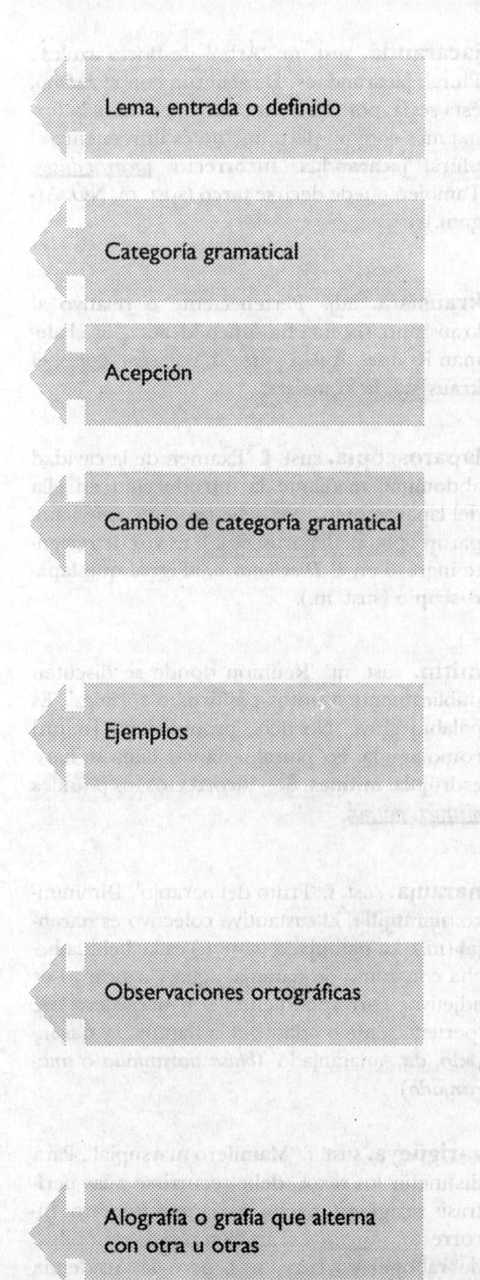

jacarandá. sust. m. 'Árbol de flores azules'. Plural: **jacarandaes**. De acuerdo con el ***Esbozo***, ésta sería, por el uso hispanoamericano, la forma más común; pero hoy no es infrecuente el plural **jacarandás**. Incorrecto: *jacarandases*. También puede decirse **tarco** (sust. m. NO. Argent.).

Observaciones gramaticales

krausista. adj. 'Perteneciente o relativo al krausismo, sistema filosófico ideado por el alemán Krause'. Apl. a pers., ú. t. c. sust. com.: **el krausista, la krausista.**

Acotaciones de uso

laparoscopia. sust. f. 'Examen de la cavidad abdominal mediante la introducción en ella del laparoscopio'. No debe pronunciarse [lamparoscopía] ni [laparoscopía]. Es voz de reciente ingreso en el ***Diccionario***, al igual que **laparoscopio** (sust. m.).

Observaciones sobre la pronunciación

mitin. sust. m. 'Reunión donde se discuten públicamente asuntos políticos o sociales'. Es palabra grave. No debe pronunciarse [mitín] como aguda. En plural, esta voz llana se hace esdrújula: **mítines**. Son incorrectos los plurales *mitines*, *mitins*.

Formas incorrectas

naranja. sust. f. 'Fruto del naranjo'. Diminutivo: **naranjilla**. El sustantivo colectivo es **naranjal** (m.). La **naranjada** (sust. f.) es la 'bebida hecha con zumo de naranja, agua y azúcar'. Los adjetivos correspondientes son **naranjero, ra**, 'perteneciente o relativo a la naranja', y **naranjado, da**, 'anaranjado' (***blusa naranjada*** o ***anaranjada***).

Categorías léxicas

zarigüeya. sust. f. 'Mamífero marsupial'. Para distinguir los sexos, debe recurrirse a las perífrasis **zarigüeya macho, zarigüeya hembra**. Incorrecto: *zarigüella*. También recibe el nombre de **rabopelado** (sust. m.), pero la Academia prefiere la primera voz.

Voces relacionadas semánticamente con el lema

nomás. adv. Argent., Méj. y Venez. 'No más, solamente' (*Me costó cinco pesos **nomás***). Argent. y Venez. 'Apenas, precisamente' (***Nomás** lo vi, lo reconocí; Déjelo ahí **nomás***). Argent., Bol., Méj. y Venez. En oraciones exhortativas, añade énfasis a la expresión (*¡Entre **nomás**!*). Se usa más pospuesto. → **no**

Americanismos (especial tratamiento de los argentinismos)

narrativo, va. adj. 'Perteneciente o relativo a la narración' (*texto **narrativo***). También puede decirse **narratorio, ria** (adj.), pero la Academia prefiere la primera forma.

Uso recomendado por la Real Academia Española

♦ **ombudsman.** Voz que proviene del sueco. En español, debe decirse **defensor del pueblo** o **controlador general comunal**.

Indicación de barbarismos

pábulo. sust. m. Se usa casi exclusivamente en la frase figurada **dar pábulo**, que equivale a **echar leña al fuego**, 'poner medios para acrecentar un mal'.

vano, na. adj. Entre otras denotaciones, 'hueco, vacío'; 'inútil, infructuoso'; 'que carece de fundamento'. **en vano**. loc. adv. 'Inútilmente' (*La aconsejó **en vano***).

Frases y locuciones

quemar. v. tr. Ú. t. c. intr. y c. prnl. Rég. prep.: **quemar** o **quemarse con** (***quemar** o **quemarse** con fuego*); **quemarse de** (***quemarse** de tonto*); **quemar** o **quemarse por** (***quemar** o **quemarse** por descuido*). Su 'acción y efecto' es **quemamiento** (sust. m. p. us.), **quema** (sust. f.) y **quemazón** (sust. f.).

Régimen preposicional

moler. v. irreg. tr. 'Quebrantar un cuerpo, reduciéndolo a menudísimas partes o a polvo'; 'exprimir la caña de azúcar en el trapiche'. 'Cansar o fatigar mucho'. Ú. m. en p. con los verbos **estar**, **dejar**, **quedar** (*Quedó **molido** de tanto pintar paredes*). 'Estropear, maltratar' (*Lo **molió** a trompazos*). **a todo moler**. loc. adv. 'Entregarse uno con toda diligencia a la ejecución de una cosa' (*Inició el trabajo **a todo moler***). Rég. prep.: **moler a** (*Lo **molió a** patadas*); **moler con** (*La **molerá con** insultos*); **moler de**, 'cansar, fatigar' (*Me **muelo de** caminar*). En la conjugación, diptonga la **o** de la raíz en **ue**, cuando cae allí el acento. La irregularidad se manifiesta, pues, en el presente de indicativo (*muelo*, *mueles*, *muele*, *muelen*), el presente de subjuntivo (*muela*, *muelas*, *muela*, *muelan*) y el imperativo (*muele*). Sus postverbales son **moledura** (sust. f.), **molimiento** (sust. m.) y **molienda** (sust. f.).

Modelo de conjugación irregular

remorder. v. irreg. tr. Entre otras denotaciones, 'morder reiteradamente' (*El perro **remuerde** el hueso*); fig. 'inquietar, desasosegar' (*Su mala conducta le **remuerde** la conciencia*). v. prnl. 'Manifestar con una acción exterior el sentimiento reprimido que interiormente se padece'. Rég. prep.: **remorderse de** o **por** (***Se remuerde de** o **por** los errores que cometió*). Se conjuga como **moler**.

salpullido. sust. m. → **sarpullido**

Remisión a otro lema

tarjetearse. v. prnl. 'Mantener correspondencia con alguien, por medio de tarjetas'. No debe pronunciarse [tarjetiarse]. Esta voz ha sido recién incorporada en el ***Diccionario***. → **-ear**

Recientes incorporaciones académicas

torteleti. sust. m. Argent. 'Pasta rellena'. En plural: **torteletis**. Esta voz no está registrada en el ***Diccionario***, pero la A.A.L. ha recomendado su incorporación.

Recomendaciones de la Academia Argentina de Letras

Abreviaturas usadas en el diccionario

A.A.L.	Academia Argentina de Letras	art.	artículo
		Ast.	Asturias
abl.	ablativo	aum.	aumentativo
adj.	adjetivo	b. lat.	bajo latín
adj. despect.	adjetivo despectivo	Bol.	Bolivia
adj. fam.	adjetivo familiar	Burg.	Burgos
adj. invar.	adjetivo invariable	c.	cantidad
adjs.	adjetivos	Can.	Canarias
adj. sup.	adjetivo superlativo	card.	cardinal
adj. vulg.	adjetivo vulgar	Col.	Colombia
adv. c.	adverbio de cantidad	colect.	colectivo
adv. interrog. de l.	adverbio interrogativo de lugar	colects.	colectivos
		coloq.	coloquial
adv. l.	adverbio de lugar	com.	común de dos
adv. lat.	adverbio latino	comp.	comparativo
adv. m.	adverbio de modo	coms.	comunes de dos
adv. neg.	adverbio de negación	conc.	concesivo o concesiva
adv. ord.	adverbio de orden	condic.	condicional
adv. relat. l.	adverbio relativo de lugar	conj.	conjunción
		conj. advers.	conjunción adversativa
advs.	adverbios	conj. distrib.	conjunción distributiva
adv. t.	adverbio de tiempo	conj. disyunt.	conjunción disyuntiva
advers.	adversativa	conjunt.	conjuntiva
afirm.	afirmación	consec.	consecutiva
amb.	ambiguo	contracc.	contracción
Amér.	América	copul.	copulativa
Amér. Merid.	América Meridional	C. Rica	Costa Rica
And.	Andalucía	correlat.	correlativo
Ant.	Antillas	d.	diminutivo
ant.	anticuado	defect.	defectivo
antonom.	antonomasia	dem.	demostrativo
Apl.	Aplicado	der.	derivado
Apl. a pers.	Aplicado a personas	despect.	despectivo o despectiva
apóc.	apócope	desus.	desusado o desusada
Ar.	Aragón	distrib.	distributivo o distributiva
Argent.	República Argentina	disyunt.	disyuntivo o disyuntiva

E	este
Ecuad.	Ecuador
elem. compos.	elemento compositivo
El Salv.	El Salvador
excl.	exclamativo
exclam.	exclamación
expr.	expresión
exprs. figs.	expresiones figuradas
ext.	extensión
f.	femenino
fam.	familiar
fams.	familiares
fest.	festivo o fiesta
fig.	figurado o figurada
figs.	figurados o figuradas
Filip.	Filipinas
fr.	frase
fr. fig.	frase figurada
fr. prepos.	frase prepositiva
frs.	frases
fs.	femeninos
Gal.	Galicia
germ.	germano
gr.	griego
Guat.	Guatemala
Hond.	Honduras
ilat.	ilativo o ilativa
impers.	impersonal
indef.	indefinido
ing.	inglés
interj.	interjección
interj. fam.	interjección familiar
interjs.	interjecciones
interrog.	interrogativo o interrogativa
intr.	intransitivo
intrs.	intransitivos
invar.	invariable
irón.	irónico o irónica
irreg.	irregular
lat.	latín; latino o latina
Ling.	Lingüística
loc.	locución
loc. adj.	locución adjetiva
loc. adj. fam.	locución adjetiva familiar
loc. adj. fig.	locución adjetiva figurada
loc. adj. y adv.	locución adjetiva y adverbial
loc. adv.	locución adverbial
locs. advs.	locuciones adverbiales
loc. conjunt.	locución conjuntiva
loc. conjunt. advers.	locución conjuntiva adversativa
loc. conjunt. conc.	locución conjuntiva concesiva
loc. consec.	locución consecutiva
loc. fig.	locución figurada
loc. interj.	locución interjectiva
loc. irón.	locución irónica
loc. lat.	locución latina
loc. prepos.	locución prepositiva
loc. sust.	locución sustantiva
loc. t.	locución temporal
m.	masculino
Méj.	Méjico
ms.	masculinos
Murc.	Murcia
n.	neutro
N	norte
Nav.	Navarra
NE.	nordeste
neerl.	neerlandés

neg.	negación
Nicar.	Nicaragua
NO.	noroeste
num.	numeral
O	oeste
ord.	orden u ordinal
or. gr.	origen griego
or. ingl.	origen inglés
or. lat.	origen latino
p.	participio
p. a.	participio activo
Pal.	Palencia
Pan.	Panamá
Par.	Paraguay
p. ej.	por ejemplo
p. irreg.	participio irregular
pl.	plural
poét.	poético o poética
pop.	popular
por ext.	por extensión
poses.	posesivo
pr.	propio
pref.	prefijo
prep.	preposición
prep. lat.	preposición latina
P. Rico	Puerto Rico
prnl.	pronominal
prnls.	pronominales
pron.	pronombre
pron. dem.	pronombre demostrativo
pron. indef.	pronombre indefinido
pron. indef. n.	pronombre indefinido neutro
pron. indet.	pronombre indeterminado
pron. pers.	pronombre personal
pron. relat.	pronombre relativo
pron. relat. adj.	pronombre relativo adjetivo
proverb.	proverbial
prs.	propios
p. us.	poco usado o usada
R.A.E.	Real Academia Española
R. de la Plata	Río de la Plata
reg.	regular
Rég. prep.	régimen preposicional
relat.	relativo
rur.	rural
Sal.	Salamanca
sent.	sentido
sent. despect.	sentido despectivo
sent. fig.	sentido figurado
sent. irón.	sentido irónico
sing.	singular
Sto. Dom.	Santo Domingo
suf.	sufijo
sup., superl.	superlativo
sust.	sustantivo
sust. com.	sustantivo común de dos
sust. com. fam.	sustantivo común de dos familiar
sust. m. fig. y fam.	sustantivo masculino figurado y familiar
sust. m. vulg.	sustantivo masculino vulgar
sust. pr.	sustantivo propio
susts.	sustantivos
susts. coms.	sustantivos comunes de dos
susts. fs.	sustantivos femeninos

susts. fs. fams.	sustantivos femeninos familiares
susts. ms.	sustantivos masculinos
susts. prs. ms.	sustantivos propios masculinos
t.	también, temporal, tiempo
t. f.	terminación femenina
tr.	transitivo
trs.	transitivos
Ú. o ú.	Úsase o úsase
Ú. c. sust. f.	Úsase como sustantivo femenino
Ú. c. sust. m.	Úsase como sustantivo masculino
Ú. m.	Úsase más
Ú. m. c. m.	Úsase más como masculino
Ú. m. c. prnl.	Úsase más como pronominal
Ú. m. c. sust.	Úsase más como sustantivo
Ú. m. en pl.	Úsase más en plural
Urug.	Uruguay
us.	usado o usada
Usáb.	Usábase
Usáb. m. c.	Usábase más como
Ú. p. c. adj.	Úsase poco como adjetivo
Ú. s. en sing.	Úsase sólo en singular
Ú. t. c. adj.	Úsase también como adjetivo
Ú. t. c. despect.	Úsase también como despectivo
Ú. t. c. impers.	Úsase también como impersonal
Ú. t. c. intr.	Úsase también como intransitivo
Ú. t. c. loc. adj.	Úsase también como locución adjetiva
Ú. t. c. pl.	Úsase también como plural
Ú. t. c. prnl.	Úsase también como pronominal
Ú. t. c. sust.	Úsase también como sustantivo
Ú. t. c. sust. com.	Úsase también como sustantivo común de dos
Ú. t. c. sust. f.	Úsase también como sustantivo femenino
Ú. t. c. sust. m.	Úsase también como sustantivo masculino
Ú. t. c. tr.	Úsase también como transitivo
Ú. t. en sent. fig.	Úsase también en sentido figurado
Ú. t. sin la prep.	Úsase también sin la preposición
v.	verbo
v. impers.	verbo impersonal
v. intr. fam.	verbo intransitivo familiar
v. tr. fam.	verbo transitivo familiar
v. tr. fig.	verbo transitivo figurado
v. tr. poét.	verbo transitivo poético
v. tr. p. us.	verbo transitivo poco usado
Val.	Valencia
Vallad.	Valladolid
Venez.	Venezuela
vs.	verbos
vulg.	vulgar

a. sust. f. Primera letra del abecedario español: **la a**. En plural: **las aes**. Incorrecto: *las as*.

a. prep. Hoy no se acentúa ortográficamente. Indica: • la dirección o el término a que se encamina alguna persona o cosa (*Partirá **a** Francia*); • proximidad (*Se acercó **a** la puerta*); • situación de personas o de cosas (*Siéntese **a** mi derecha*); • el intervalo que media entre una cosa y otra (*Se reunieron de diez **a** doce*). Precede al infinitivo en oraciones exhortativas (*¡A limpiar la casa!*). Precisa el lugar o el tiempo en que sucede algún hecho (*No llegará **a** Rusia*; *A la noche, vendrá*). Señala el punto final o el alcance de la distancia (lugar, tiempo o concepto) entre dos términos (*de Caracas **a** Quito*; *de aquí **a** la escuela*; *de siete **a** nueve*).

La preposición **a** integra locuciones adverbiales, prepositivas y conjuntivas: **a borbollones** ('atropelladamente'), **a brazo partido** ('a viva fuerza'), **a buen recaudo** ('bien custodiado'), **a bulto** ('por mayor, sin examinar bien'), **a caballo** ('montado'), **a cada instante** ('frecuentemente'), **a cada momento** ('con frecuencia, continuamente'), **a campo traviesa** ('dejando el camino y cruzando el campo'), **a cántaros** ('en abundancia'), **a cargo de** ('confiado al cuidado de alguien'), **a carretadas** ('en abundancia'), **a carta cabal** ('intachable, completo'), **a causa de** ('por'), **a ciegas** ('ciegamente'), **a ciencia cierta** ('con toda seguridad, sin duda'), **a conciencia** ('con solidez, sin engaño'), **a condición de que** ('si'), **a consecuencia de** ('por'), **a contrapelo** ('contra el curso o el modo natural de una cosa; violentamente'), **a cuenta** ('sobre la fe y la autoridad de otro'), **a cuento** ('al caso'), **a cuerpo de rey** ('con toda comodidad'), **a cuestas** ('sobre los hombros, a su cargo'), **a chorros** ('abundantemente'), **a deshora** ('fuera de hora'), **a despecho de** ('a pesar de alguien'), **a destiempo** ('fuera de tiempo'), **a diario** ('todos los días'), **a diestro y siniestro** ('sin orden'), **a discreción** ('sin limitación'), **a disgusto** ('contra el gusto'), **a dos manos** ('con la mayor voluntad'), **a dos pasos** ('cerca'), **a duras penas** ('con dificultad'), **a empujones** ('a empellones, con intermitencias'), **a escondidas** ('ocultamente'), **a espaldas de** ('sin el conocimiento de'), **a excepción de** ('excepto'), **a expensas de** ('a costa de'), **a falta de** ('en sustitución de'), **a favor de** ('en beneficio de'), **a fin de** ('para'), **a fin de que** ('para que'), **a fines de** ('en los últimos días de'), **a flor de tierra** ('sobre la superficie de la tierra o cerca de ella'), **a fondo** ('enteramente'), **a fuego lento** ('poco a poco'), **a fuerza de** ('intensamente', 'reiteradamente'), **a la cabeza** ('en primer lugar'), **a la carrera** ('con rapidez'), **a la cola** ('detrás'), **a la fuerza** ('por fuerza'), **a la inversa** ('al contrario'), **a la letra** ('literalmente'), **a la ligera** ('de prisa'), **a la manera de** ('a semejanza de'), **a la par** ('a un tiempo'), **a la postre** ('al fin'), **a la rastra** ('arrastrando'), **a la sombra de** ('bajo la protección de'), **a la vez** ('a un tiempo'), **a la zaga** ('atrás'), **a las mil maravillas** ('perfectamente'), **a lo largo de** ('durante'), **a lo lejos** ('a larga distancia'), **a mano** ('cerca, próximo'), **a mares** ('abundantemente'), **a medias** ('sólo algo'), **a medida que** ('al mismo tiempo que'), **a menos que** ('a no ser que'), **a pesar de que** ('aunque'), **a pie** ('andando'), **a pie juntillas** ('firmemente'), **a propósito** ('oportunamente'; 'deliberadamente'), **a punto** ('a tiempo'), **a punto de** ('inmediatamente'), **a rabiar** ('mucho'), **a raíz de** ('inmediatamente después de'), **a sabiendas** ('de modo cierto'), **a sueldo** ('mediante retribución fija'), **a tientas** ('dudosamente, sin tino'), **a todas horas** ('cada hora'), **a través de** ('por entre, mediante'), **a veces** ('en alguna ocasión', 'por orden alternativo').

La preposición **a** denota el modo de la acción (*Quiere vestir **a** la francesa*); se emplea antes de designar el precio de las cosas (*Vendió la cartera **a** cien pesos*); indica causa (*Se quedó **a** pedido de su madre*); equivale a la conjunción condicional **si** (*A decir verdad, el premio no le correspondía*); equivale a la preposición **hasta** (*La manga de la blusa le llega **al** codo*); indica finalidad (*Vinieron **a** entregar la llave de la casa*). Cuando una construcción comparativa lleva, en el primer término de la comparación, un objeto directo constituido por un pronombre personal sin la preposición **a**, ésta se antepone al segundo término (*En la empresa, lo veneraban como **a** un rey*).

Precede a algunos modificadores del verbo. El objeto directo se construye con la preposición **a**: • cuando se refiere a personas conocidas y a animales o cosas personificadas (*Recibí*

***a** Javier; Llamó **a** don León; Invoca **a** las sombras*); • cuando está formado por nombres comunes de animales precedidos por artículo o por adjetivo (*Bañen **al** perro; No cuidan **a** ese gato*); • con los pronombres **él**, **ella**, **ellos**, **ellas**, **este**, **ese**, **aquel**, **alguien**, **nadie**, **quien**, **uno**, **otro**, **todo**, **ninguno**, **cualquiera**, cuando se refieren a personas (*Lo buscaba **a** él; No convocaré **a** nadie; Vio **a** alguien en el jardín*); • cuando está formado por el pronombre "que", precedido de artículo, si se refiere a personas (*La niña **a** la que llaman Reina es bailarina*); • cuando está formado por **el cual, la cual**, **los cuales**, **las cuales**, si se refieren a personas (*Estudió con un gran investigador, **al** cual admiraba*); • cuando es modificador de verbos que suelen tener complementos de persona con **a** (*El otoño sigue **al** verano*); • para evitar ambigüedad (*Los muebles ingleses valoran **a** la casa*). El objeto directo no lleva la preposición **a**: • cuando se usan como comunes los nombres propios (*Nuestra literatura no tendrá otro Manuel Mujica Lainez*); • cuando los sustantivos comunes que se refieren a personas no pueden ser reemplazados con nombres propios (*Encontraré un excelente secretario*); • cuando se refiere a nombres propios geográficos, aunque antes era frecuente usar **a** con nombres de países o de ciudades que no llevaban artículo, pues se consideraba un galicismo su omisión: *Ha visitado a Corrientes*. En la actualidad, esta norma no se respeta, sobre todo en Hispanoamérica, y la Academia acepta eliminar la preposición **a** (*Varios niños santafesinos visitaron Buenos Aires*); • cuando el verbo es modificado al mismo tiempo por un objeto directo y por un objeto indirecto, y ambos exigen **a**, ésta suele omitirse ante el objeto directo para evitar posibles ambigüedades (*Recomendará nuestra sobrina **al** señor Cisneros*); con el nombre de persona no puede suprimirse la preposición **a**; entonces, el objeto directo se antepone al objeto indirecto o a la circunstancia (*Prefirió **a** Manuel a los otros obreros; Llevará **a** Cecilia a San Juan*); • si el objeto directo y el objeto indirecto son nombres propios de persona, debe adoptarse otra redacción (no podemos escribir <u>Recomendó</u> <u>a</u> <u>Luis</u> <u>a</u> <u>Claudio</u> ni <u>Recomendó</u> <u>Luis</u> <u>a</u> <u>Claudio</u>, sino *Luis fue recomendado a Claudio*); • con los sustantivos colectivos, hay vacilación (*Preside esa asamblea; Preside a esa asamblea*); cuando la acción que denota el verbo se ejerce sobre las personas, se usa **a** (*Convenciste **a** la multitud*).

El objeto indirecto siempre está precedido por **a** (*Préstale ese libro **a** Beatriz*).

La preposición **a** forma parte de algunas circunstancias de tiempo, lugar y modo (*Me citó **a** las quince; Viajarás **a** Colombia; Deja que lo resolvamos **a** nuestro modo*).

La encontramos en algunas frases verbales (*El bebé rompió **a** llorar; ¡Por fin, comenzaron **a** cantar!; Vino **a** decírmelo*).

No llevan la preposición **a**: • los nombres comunes de persona con verbos que usualmente se construyen con nombres de cosa sin **a** (*La voluntad forja los genios*); el predicativo del objeto directo, es decir, el predicativo objetivo (*Nombraron gerente a César*); el objeto directo del verbo **haber** (impersonal) (*Había cinco personas en la sala de espera*); el encabezamiento de un título, como traducción de otros idiomas (***En busca del tiempo perdido**, de Marcel Proust*; no debe decirse <u>*A*</u> <u>*la*</u> <u>*búsqueda*</u> <u>*del*</u> <u>*tiempo*</u> <u>*perdido*</u>). Usos incorrectos (galicismos): *Comí pollo <u>a</u> la naranja; Probé el helado de crema <u>a</u> la menta; Quiso ver un avión <u>a</u> reacción*. Correcto: *Comí pollo **con** naranja; Probé el helado de crema **con** menta; Quiso ver un avión **de** reacción*.

a-. pref. sin significado preciso (***a**sustar*).

a-. pref. gr. 'Privación o negación' (***a**gramatical*). Ante vocal, toma la forma **an-** (***an**emia*).

abad. sust. m. Su femenino es **abadesa**.

abajera. sust. f. Argent. 'Sudadero, pieza del recado de montar que se pone inmediatamente sobre el lomo de la cabalgadura'.

abajo. adv. l. No debe escribirse separado. Incorrecto: *Fue <u>a</u> <u>bajo</u>*. Significa 'hacia lugar o parte inferior' (*Corrió **abajo***) y 'en lugar o parte inferior' (*La esperaba **abajo***). El adverbio **abajo** puede ir precedido de algunas preposiciones: **de abajo**, **desde abajo**, **hasta abajo** (*La acompañó **hasta abajo***). No está admitido su uso con la preposición **a**, pues ya la tiene incorporada: *Iré **abajo**; La miró de arriba **abajo***. Incorrecto: *Iré <u>a</u> <u>abajo</u>; La miró de arriba <u>a</u> <u>abajo</u>*. **abajo de**. Locución prepositiva que significa cantidad: 'menos de' (*No lo comprarás **abajo de** doscientos pesos*). En la Argentina y en otros países de América, es común el uso de esta locución prepositiva como sinónimo de **debajo de**. (En desuso: *Está escondido <u>abajo</u> <u>de</u> la mesa.*) La Academia la considera en desuso y prefiere **debajo de, al pie de**: *Está escondido **debajo de** la mesa.*

abalanzar. v. tr. Entre otras denotaciones, 'impulsar'. v. prnl. 'Lanzarse, arrojarse en dirección a alguien o algo'. Rég. prep.: **abalanzarse a, hacia** o **sobre** (*Se **abalanzó a** o **hacia** los brazos de su madre*; ***Se abalanzaban sobre** los enemigos*). Argent. y Urug. 'Encabritarse un caballo' (*El caballo **se abalanzó***). → **cazar**

abalizamiento. sust. m. También puede decirse **balizamiento**.

abalizar. v. tr. 'Señalar con balizas algún paraje en aguas navegables'; 'señalar con balizas las pistas de los aeropuertos y aeródromos, o las desviaciones en las carreteras'. v. prnl. 'Marcarse, determinar un buque su situación'. También puede decirse **balizar** (v. tr.), pero la Academia prefiere la primera forma. → **cazar**

abanderizar. v. tr. Ú. t. c. prnl. También puede decirse **banderizar** (v. tr. Ú. t. c. prnl.), pero la Academia prefiere la primera forma. → **cazar**

abandonarse. v. prnl. Rég. prep.: **abandonarse a** o **en manos de** (*No **se abandone a** su suerte*; *No **se abandona en manos de** su suerte*).

abanicar. v. tr. Es incorrecto decir <u>*abaniquear*</u>. → **sacar**

abarajar. v. tr. Argent., Par. y Urug. 'Recoger o recibir en el aire una cosa'; 'parar en el aire un golpe'. Ú. t. en sent. fig., refiriéndose a palabras o intenciones. También puede decirse **barajar** (v. tr. Argent., Par. y Urug.).

abaratar. v. tr. 'Disminuir o bajar el precio de una cosa, hacerla barata o más barata' (***Abarató** los libros*). Este verbo no debe usarse como sinónimo de **baratear** ('Dar una cosa por menos de su precio ordinario'; 'regatear una cosa antes de comprarla'): ***Barateó** la estatua italiana del siglo XVIII*; ***Baratea** todo lo que compra*.

abarcar. v. tr. Entre otras denotaciones, 'ceñir con los brazos o con la mano algo'; 'tomar alguien a su cargo muchos negocios a un tiempo'. Amér. 'Acaparar'. Sus postverbales son **abarcadura** (sust. f.) y **abarcamiento** (sust. m.). → **sacar**

abarrotado, da. p. de **abarrotar**, 'atestar, llenar un lugar'. → **abigarrado**

a base de. loc. prepos. 'Tomando como base, fundamento o componente principal' (*La sopa fue preparada **a base de** legumbres*). Es incorrecto usarla con el significado de **sobre la base de**: *Escribió su tesis doctoral <u>a base de</u> rigurosas investigaciones*. Correcto: *Escribió su tesis doctoral **sobre la base de** rigurosas investigaciones*; *Escribió su tesis doctoral **basándose en** rigurosas investigaciones*. No debe usarse como sinónimo de la locución prepositiva **a fuerza de:** *Se curó <u>a base de</u> antibióticos*. Correcto: *Se curó **a fuerza de** antibióticos*.

abastecer. v. irreg. tr. Se conjuga como **parecer**. Rég. prep.: **abastecer de** (***Abasteció** el almacén **de** vinos*). También puede usarse como pronominal (***Se abasteció de** alimentos*).

abasto. sust. m. No debe escribirse separado: <u>*a basto*</u>. Se usa también en plural: **abastos** ('provisión de víveres'). **dar abasto**. 'Dar o ser bastante, bastar, proveer suficientemente'. Se usa más con negación: **no dar abasto**.

abatatar. v. tr. Ú. m. c. prnl. Argent., Par. y Urug. 'Turbar, apocar, confundir' (***Se abatató** cuando lo interrogaron*).

abatirse. v. prnl. 'Descender, precipitarse un ave, un avión, etc., a tierra o sobre una presa'. Rég. prep.: **abatirse sobre** (*La golondrina **se abatió sobre** el techo de esa casa*; *Los bombardeos **se abatieron sobre** la ciudad*). Ú. t. en sent. fig. (*La mala suerte **se abatió sobre** su padre*).

abdicar. v. tr. 'Ceder, renunciar' (*El rey **abdica** la corona*). Rég. prep.: **abdicar en** (***Abdicó** el cargo **en** su hijo*); **abdicar de** (***Abdicó de** todas sus obligaciones*). → **sacar**

abdomen. sust. m. No lleva tilde, pues es palabra grave, terminada en **n**. En plural, se convierte en esdrújula: **abdómenes**.

abeja. sust. f. Su masculino es **abejorro** o **zángano**. Sus aumentativos son **abejarrón** y **abejón** (susts. ms.); los colectivos, **abejar** (m.), **abejera** (f.) y **enjambre** (m.).

abejorrear. v. intr. 'Zumbar las abejas y otros insectos semejantes'; 'producir un rumor confuso el habla de varias personas'. No debe pronunciarse [abejorriar]. Su postverbal es **abejorreo** (sust. m.) → **-ear, zumbar**

♦ **a beneficio de.** Barbarismo. Debe decirse **en beneficio de.** → **beneficio**

aberrante. p. a. de **aberrar**. (adj.). 'Dícese de aquello que se desvía o aparta de lo normal o usual' (*Su conducta es **aberrante***). No debe usarse como sinónimo de **deplorable** (adj.), 'lamentable, infeliz; casi sin remedio'.

abertura. sust. f. 'Boca, hendidura, agujero o grieta' (*Encontraron una **abertura** en la pared*). Con este significado, no deben usarse indistintamente **abertura** y **apertura** (sust. f.), 'acción de abrir'; 'inauguración, estreno, comienzo': *La **apertura** de la Feria del Libro será el 24 de marzo*. Incorrecto: *Encontraron una apertura en la pared; La abertura de la Feria del Libro será el 24 de marzo*. Sólo en una de sus acepciones, **abertura** es sinónimo de **apertura**: 'acto de abrir un testamento' (*El jueves se llevó a cabo la **abertura** del testamento; El jueves se llevó a cabo la **apertura** del testamento*). No debe confundirse **abertura** con **obertura** (sust. f.), 'pieza de música instrumental con que se da principio a una ópera, oratorio u otra composición lírica'.

abeto. sust. m. Los sustantivos colectivos son **abetal** (m.) y **abetar** (m.).

abicharse. v. prnl. And., Argent. y Urug. 'Agusanarse la fruta'; 'criar gusanos las heridas de una persona o de un animal'.

abigarrado, da. p. de **abigarrar**. adj. 'De varios colores mal combinados; dícese también de lo heterogéneo reunido sin concierto'. Se usa, a veces, junto a sustantivos colectivos de persona (*multitud **abigarrada***). No debe usarse **abigarrado** como sinónimo de **abarrotado** ('lleno, atestado, saturado'): *Estaba **abarrotado** de gente*. Incorrecto: *Estaba abigarrado de gente*.

abismarse. v. prnl. En América, se usa como sinónimo de **anonadarse**: 'Quedarse sorprendido, asombrado, admirado' (***Se abismó por** la noticia*). fig. 'Entregarse del todo a algo'. Rég. prep.: **abismarse en** (***abismarse en** la lectura*).

abjurar. v. tr. Ú. t. c. intr. Rég. prep.: **abjurar de** (***Abjuró de** su religión*).

ablande. sust. m. Argent. y Urug. 'Rodaje de un automóvil, situación en que se encuentra mientras no ha recorrido la distancia inicial prescrita por el fabricante'. Ú. m. en la expr. **en ablande**.

-able. suf. de adjetivos casi siempre verbales, que significa 'capacidad o aptitud para recibir la acción del verbo'. Si el verbo es de la primera conjugación, el sufijo toma la forma **-able** (*tach**able***); si es de la segunda o tercera, toma la forma **-ible** (*romp**ible**, correg**ible***). Los derivados de verbos intransitivos o de sustantivos suelen tener valor activo: *desagrad**able**, serv**ible***. → **-ble**

abnegar. v. irreg. tr. p. us. Ú. m. c. prnl. Se conjuga como **negar**.

abocado. p. de **abocar**. En una de sus acepciones ('tratándose de proximidad en el tiempo, hallarse en disposición, peligro o esperanza de algo'), suele usarse con los verbos **estar**, **hallarse**, **quedar**, **verse** y otros análogos, y seguido de la preposición **a**: **estar abocado a**, **hallarse abocado a**, **quedar abocado a**, **verse abocado a** (*Estaba **abocado a** su viaje. Se hallaban **abocadas a** su trabajo*). No deben confundirse su significado y su grafía con los de **avocado** (p. de **avocar**).

abocar. v. intr. Ú. t. c. prnl. 'Acercar, aproximar'; 'juntarse de concierto dos o más personas con otra u otras para tratar un negocio'. Rég. prep.: **abocarse con** (*Los padres **se abocaron con** las autoridades de la escuela a pintar las aulas*). No deben confundirse su significado y su grafía con los de **avocar** (v. tr.). → **sacar**, **avocar**

abochornarse. v. prnl. Rég. prep.: **abochornarse por** (***Se abochornó por** sus palabras*); **abochornarse de** (***Se abochornó de** sus palabras*).

abogado. sust. m. Su femenino es **abogada**. Incorrecto: *la abogado*.

abogar. v. intr. Rég. prep.: **abogar por** (***Abogó por** su tío*). → **pagar**

abolir. v. tr. defect. Se usan las personas que llevan **i** en la desinencia. En el presente del modo indicativo, sólo se conjuga en la primera y la segunda personas del plural (*abolimos, abolís*); en los demás tiempos, se conjuga en todas las personas. Carece de presente de subjuntivo, pero puede conjugarse en los otros tiempos de este modo. En el imperativo, sólo existe la segunda persona del plural (*abolid*). Incorrecto: *El gobernante abuele la ley; El gobernante abole la ley*. Correcto: *El gobernante **deroga** la ley*. Sus sinónimos son: **anular**, **derogar**, **abrogar**, **invalidar**.

abominar. v. tr. 'Condenar, maldecir'; 'tener odio a alguien o a algo, aborrecer' (***Abominaba** a los que lo contradecían*). Suele usarse como verbo intransitivo. Rég. prep.: **abominar de** (***Abomina de** las malas compañías*).

abordar. v. tr. Ú. t. c. intr. 'Llegar una embarcación a otra, chocar o tocar con ella, ya sea para embestirla, ya para cualquier otro fin, ya por descuido, ya fortuitamente'. Rég. prep.: **abordar a** o **con** (*La nave inglesa* ***abordó a*** *la francesa*; *La nave inglesa* ***abordó con*** *la francesa*). 'Acercarse a alguno para proponerle o tratar con él un asunto' (***Abordó*** *a su abogado para que lo asesorara*). 'Emprender o plantear un negocio o asunto' (*No quiso* ***abordar*** *ese tema*). 'Aportar, tomar puerto, llegar a una costa, isla, etc.' (*La nave* ***abordará*** *el puerto de Montevideo*). Es anglicismo con la denotación de 'subir a un avión, buque o vehículo terrestre' (*Abordarán el avión mejicano*). Correcto: ***Subirán a bordo*** *del avión mejicano*.

a bordo. Se escribe en dos palabras cuando es una locución adverbial que significa 'en la embarcación'. Se aplica al barco y al avión: *Los turistas ya están* ***a bordo*** *de la nave*. No debe usarse con otros medios de transporte (*Partieron a bordo de un automóvil azul*). Correcto: *Partieron* ***en*** *un automóvil azul*.

abordo. sust. m. Se escribe en una sola palabra cuando significa 'abordaje' (*La nave pirata inició el* ***abordo***). → **a bordo, al abordaje**

aborigen. adj. Ú. m. c. sust. com.: **el aborigen, la aborigen**. No lleva tilde, pues es palabra grave terminada en **n**. En plural, se convierte en esdrújula: **aborígenes**.

aborrecer. v. irreg. tr. Rég. prep.: **aborrecer de** (*Lo* ***aborrece de*** *muerte*). Incorrecto: *Lo aborrece a muerte*. Se conjuga como **parecer**.

aborrecible. adj. Rég. prep.: **aborrecible a** o **para** (*Era* ***aborrecible a*** o ***para*** *sus colegas*).

aborto. sust. m. También puede decirse **abortamiento** (sust. m.).

abotagarse. v. prnl. También puede decirse **abotargarse** (v. prnl.). → **pagar**

abotonadura. sust. f. También puede decirse **botonadura** (sust. f.).

Abraham. sust. pr. También puede decirse **Abrahán**.

abrasar. v. tr. Ú. t. c. prnl. Rég. prep.: **abrasarse de** (***Se abrasaban de*** *envidia*); **abrasarse en** (***Se abrasa en*** *deseos de verla*). No debe confundirse su grafía con la de **abrazar**.

abrazar. v. tr. Ú. t. c. prnl. No debe confundirse su grafía con la de **abrasar**. → **cazar**

abrebotellas. sust. m. En plural, no varía: **los abrebotellas**. Es incorrecto usarlo, en singular, sin **s** final.

abrecartas. sust. m. → **abrebotellas**

abrecoches. sust. m. → **abrebotellas**

abrelatas. sust. m. → **abrebotellas**

abreviación. sust. f. 'Acción y efecto de abreviar', es decir, 'hacer breve, acortar, reducir a menos tiempo o espacio'; 'acelerar, apresurar'. La voz **abreviación** no debe usarse como sinónimo de **abreviatura**. Son **abreviaciones: auto, cine, moto**.

abreviar. v. tr. Se conjuga, en cuanto al acento, como **cambiar**.

abreviatura. sust. f. 'Representación de las palabras en la escritura con una o varias de sus letras, empleando, a veces, únicamente mayúsculas y poniendo un punto después de la parte escrita de cada vocablo'. El punto señala su carácter de palabra abreviada. La Academia reemplaza, en alguna circunstancia, el punto abreviador con una **barra**: *c/* (calle). El punto no impide que la palabra abreviada tenga otros signos: *¿...etc.?*; si aquél coincide con el final de la oración o de un párrafo, funciona como el punto final. Si coincide con puntos suspensivos, el punto de la abreviatura se conserva, además de aquéllos: ***a.*** ... (antes). No debe usarse punto en las abreviaturas del sistema métrico decimal y de otras unidades físicas: ***cm, g, ha, kg, l, m***. Respecto del plural, si las abreviaturas están constituidas por una sola letra, ésta se duplica para indicarlo: ***FF. CC.*** (ferrocarriles). Otras abreviaturas lo forman agregando una **s** o la sílaba **es** a la forma de singular: ***srtas.*** (señoritas), ***dres.*** (doctores). En las abreviaturas con letras voladitas, el plural se hace en éstas: ***n.^{os}*** La mayoría de las abreviaturas no admite plural, pues su única forma se aplica a los dos números: ***g*** (gramo, gramos). Si la palabra lleva tilde o acento ortográfico, la abreviatura debe conservarlo: ***págs.*** (páginas). La abreviatura de este sustantivo es ***abrev.*** → **en abreviatura**

abridor, ra. adj. Ú. t. c. sust. m. Según la Academia, puede usarse como sinónimo de **abrelatas** (sust. m.) y de **abrebotellas** (sust. m.): *Guarda el* ***abridor*** *en ese cajón*.

abrigar. v. tr. 'Defender, resguardar del frío' (*Abriga a sus hijos*). Ú. t. c. prnl. Rég. prep.: **abrigar** o **abrigarse de** (*Se abrigaba de la lluvia*). 'Tener ideas, voliciones o afectos' (***Abrigaba** muchos temores*). → **pagar**

abrigo. sust. m. → **tapado**

abril. sust. m. Cuarto mes del año. Tiene treinta días. Siempre debe escribirse con minúscula. Su derivado es el adjetivo **abrileño, ña**, 'propio del mes de abril'.

abrir. v. tr. Ú. t. c. prnl. Rég. prep.: **abrir a** ('inaugurar': *El viernes, **abrirá** su negocio **al** público*); **abrirse con** ('declarar, descubrir, confiar una persona a otra su secreto': ***Se abrió con** la amiga*). Argent. y Venez. 'Apartarse, desviarse, hacerse a un lado, desentenderse'. Rég. prep.: **abrirse de** (***Se abrió del** negocio*). Tiene un p. irreg.: (***abierto***).

abrogar. v. tr. 'Abolir, revocar' (***Abrogarán** esa ley*). No debe usarse como sinónimo de **arrogar** ('atribuirse, apropiarse'). Incorrecto: *Se abrogó el triunfo*. Correcto: ***Se arrogó** el triunfo*. → **pagar**

abrojo. sust. m. El sustantivo colectivo es **abrojal** (m.).

abrumar. v. tr. 'Agobiar con algún grave peso; causar gran molestia'. **abrumar** y **abrumarse** no deben usarse como sinónimos. El ***Diccionario*** les destina dos artículos diferentes.

abrumarse. v. prnl. 'Llenarse de bruma la atmósfera'. De acuerdo con esa denotación, no debe decirse *Se abrumó con tanto trabajo*, sino *Tanto trabajo lo **abrumó***. → **abrumar**

abrupto, ta. adj. Puede usarse como sinónimo de 'áspero, violento, rudo, destemplado' (*carácter **abrupto**, respuesta **abrupta***).

absceso. sust. m. Debe escribirse y pronunciarse la **s**.

absentismo. sust. m. 'Costumbre de residir el propietario fuera de la localidad en que radican sus bienes'; 'costumbre de abandonar el desempeño de funciones y deberes anejos a un cargo'; 'abstención deliberada de acudir al trabajo'. La palabra *ausentismo* no está registrada en el ***Diccionario***.

ábside. sust. amb.: *el **ábside** antiguo, el **ábside** antigua*. Como este sustantivo (si lo consideramos de género femenino) comienza con **a** tónica (acentuada), se le antepone el artículo **el**, forma apocopada del artículo femenino **ela** del español antiguo, que, ante **a** tónica elidía su **a** final (***ela** águila, **el'** águila*; actualmente, ***el** águila*). La interposición de cualquier palabra entre el artículo y el sustantivo impide el uso de **el**. Si se usa **ábside** como sustantivo de género femenino, se dirá *la antigua **ábside*** y *una antigua **ábside***, pero *el **ábside** antigua* y *un **ábside** antigua*. Lo mismo ocurre con **agua**: *la fresca agua*, pero *el agua fresca* y *un agua fresca*. En plural: *las **ábsides*** y *unas **ábsides***. Si **ábside** se usa como sustantivo de género masculino, se dirá: *el antiguo **ábside*** y *el **ábside** antiguo*. En plural: *los **ábsides*** y *unos **ábsides***. Incorrecto: *ese ábside, este ábside* (si se considera de género femenino). Correcto: ***esa ábside, esta ábside***. También puede decirse **ábsida** (sust. f.), pero se prefiere la primera forma. No debe confundirse con **ápside** (sust. m.).

absolutamente. adv. m. 'De manera absoluta' (*Estaba **absolutamente** de acuerdo*); adv. neg. 'no, en absoluto'. En oraciones enunciativas negativas, se prefiere el uso de la locución adverbial **en absoluto** (***En absoluto**, diré eso*). → **en absoluto**

absolver. v. irreg. tr. Rég. prep.: **absolver de** (***absolver de** culpa*). Se conjuga como **volver**. Su participio es irregular (***absuelto***).

absorber. v. tr. 'Sorber, chupar, aspirar, atraer'. No debe confundirse con **adsorber** (v. tr.).

absorción. sust. f. 'Acción de absorber'. No debe confundirse con **adsorción** (sust. f.).

absorto, ta. p. irreg. de **absorber**. Rég. prep.: **absorto en** (*Estaba **absorto en** su trabajo*).

abstenerse. v. irreg. prnl. 'Privarse de alguna cosa'. Rég. prep.: **abstenerse de** (***Se abstuvo de** emitir un juicio*). Incorrecto: *Se abstuvo a emitir un juicio*. Su participio activo es **abstinente**. Se conjuga como **tener**.

abstracto, ta. p. irreg. de **abstraer**. Se usa como adjetivo (*Reconoció los sustantivos **abstractos***). Incorrecto: *Tú habías abstracto*. Correcto: *Tú habías **abstraído***. **en abstracto.** loc. adv. 'Con separación o exclusión del sujeto en quien se halla cualquier cualidad' (*Describió **en abstracto** al padre de su amigo*).

abstraer. v. irreg. tr. Tiene un participio regular (*abstraído*) y otro irregular (*abstracto*), que sólo se usa como adjetivo: *concepto **abstracto***. Ú. t. c. prnl.: **abstraerse** ('prescindir, hacer caso omiso'). Rég. prep.: **abstraerse de** (*Suele **abstraerse de** todo lo que implica responsabilidad*); **abstraerse en** (***abstraerse en** sus pensamientos*). Se conjuga como **traer**.

absurdidad. sust. f. 'Calidad de absurdo': 'absurdo, dicho o hecho irracional o disparatado' (*Lo que ha dicho es una **absurdidad***).

♦ **absurdidez.** La Academia no registra esta voz en su ***Diccionario***. Sólo aparece **absurdidad**.

abuchear. v. tr. 'Sisear, reprobar con murmullos, ruidos o gritos. Se usa, especialmente, refiriéndose a un auditorio o muchedumbre' (*Varios jóvenes **abuchean** al viejo actor*). La Academia registra **abroncar** (v. tr. Ú. t. c. prnl.) como sinónimo de este verbo. Incorrecto: buchear. No debe pronunciarse [abuchiar, abuchié]. → **-ear**

♦ **a buen fin.** loc. Galicismo por **con buen fin**.

abultado. p. de **abultar**. 'Grueso, grande, de mucho bulto'. Rég. prep.: **abultado de** (*La niña era **abultada de** cara*).

abundancia. sust. f. 'Gran cantidad'. Rég. prep.: **abundancia de** (*Había **abundancia de** tortas*). Es galicismo usarla como sinónimo de **riqueza**. Incorrecto: *Siempre vivió en la abundancia*. Correcto: *Siempre vivió en la **riqueza***.

abundante. p. a. de **abundar**. Rég. prep.: **abundante en** (*Le dio una dieta **abundante en** proteínas*).

abundar. v. intr. 'Tener en abundancia'. Rég. prep.: **abundar en** (*La conversación **abundaba en** palabras soeces*).

abuñolar. v. irreg. tr. También puede decirse **abuñuelar** (v. tr.), pero la Academia prefiere la primera forma. Se conjuga como **sonar**.

aburrimiento. sust. m. También puede decirse **aburrición** (sust. f. fam.).

aburrir. v. tr. prnl. Rég. prep.: **aburrir con** (***Aburrió** a los jóvenes **con** un tedioso discurso*); **aburrirse con** (***Se aburre con** sus amigas*); **aburrirse de** (*Muchas mujeres **se aburren de** las tareas hogareñas*).

abusar. v. intr. Rég. prep.: **abusar de** (***Ella abusa de** su bondad*).

acá. adv. l. 'Lugar en que se encuentra el hablante o cercano a él'. Admite ciertos grados de comparación que rechaza el adverbio de lugar **aquí**: **más acá**, **muy acá**, **tan acá**. Con verbos de movimiento y precedido, a veces, de las preposiciones **hacia**, **hasta**, **para**, **por**, indica acercamiento a la persona que habla: *Vengan **acá***; *Viene **hacia acá***; *Llegó **hasta acá***; *Corría **para acá***; *Andaba **por acá***. adv. t. Precedido de otros adverbios que indican tiempo anterior y de ciertas preposiciones, como **de** y **desde**, denota el presente (***De** ayer **acá**, es otra persona*; ***Desde** entonces **acá**, no ha cambiado mucho*). Nunca puede ir precedido de la preposición **a**. Incorrecto: *Tráelo a acá*. Correcto: *Tráelo **acá***. Se diferencia de **aquí** en que éste indica el lugar con más concisión. → **aquí**

acabar. v. tr. Ú. t. c. prnl. Rég. prep.: **acabar con** y un nombre de persona o cosa, o un pronombre ('poner fin, destruir, exterminar, aniquilar': ***Acabará con** la vida de sus padres*); **acabar de**: en presente, pretérito imperfecto y otros tiempos, seguido de la preposición **de** y un verbo en infinitivo ('haber ocurrido poco antes lo que este último verbo significa': ***Acababa de** declarar contra su hermano*); **acabar en** ('rematar, terminar, finalizar': *El libro **acaba en** un magnífico soneto*).

♦ **Academia de la Lengua.** Debe evitarse esta denominación, pues la oficial es *Real Academia Española*.

académico. sust. m. Debe evitarse la denominación académico de la Lengua; lo correcto es **académico**. Su femenino es **académica**.

acaecer. v. irreg. intr. defect. 'Suceder'. Se usa en infinitivo y en las terceras personas de singular y de plural (*El hecho **acaeció** hace muchos años*; ***Acaecen** accidentes inexplicables*). Se conjuga como **parecer**.

acalorar. v. tr. Ú. m. c. prnl. Rég. prep.: **acalorarse en** (***Se acaloraron en** la conversación*); **acalorarse con** (***Se acaloraron con** la discusión*); **acalorarse por** (***Se acaloraron por** el debate*).

a campo traviesa. loc. adv. → **campo**

acaramelar. v. tr. 'Bañar de azúcar en punto de caramelo' (***Acarameló** la flanera*). Incorrecto: encaramelar.

a cargo de. loc. prepos. → **cargo**

acarrear. v. tr. La siguiente acepción limita su uso: 'Dicho de daños o desgracias, ocasionar, producir, traer consigo' (*Siempre le **acarrean** disgustos*). Incorrecto: *Este hijo sólo me acarrea alegrías*. Correcto: *Este hijo sólo me **da** alegrías*. No debe pronunciarse [acarriar, acarrié]. → **-ear**

acaso. sust. m. 'Casualidad' (*El **acaso** me persigue*). adv. m. 'Por casualidad, accidentalmente'. adv. de duda. 'Quizá, tal vez' (***Acaso** usted no sepa que están persiguiéndolo*: **acaso** + verbo en modo subjuntivo; *¿**Acaso** usted no sabe que están persiguiéndolo?*: **acaso + modo indicativo**; la duda es cierta). **por si acaso**. loc. adv. o conj. 'Por si surge o ha surgido una contingencia expresa o sobrentendida' (*Lee también este libro, **por si acaso** te preguntan acerca de su contenido; **Por si acaso**, cerremos bien las ventanas*).

acceder. v. intr. 'Consentir'; 'tener entrada en un lugar'; 'tener acceso a una situación, condición o grado superiores'. Rég. prep.: **acceder a** (*Accedió rápidamente **a** su pedido; Por el garaje, **accedían a** la cocina; Podrá **acceder a** estudios universitarios*).

accesible. adj. 'Que tiene acceso'; 'de fácil acceso o trato'; 'inteligible'. Rég. prep.: **accesible a** o **para** (*Siempre fue **accesible a** o **para** sus alumnos*). No debe confundirse con el adjetivo **asequible** ('que puede conseguirse o alcanzarse'): *Este departamento es **asequible** para tu mamá*. Incorrecto: *Es una joven muy asequible*. Correcto: *Es una joven muy **accesible***.

accésit. sust. m. (en lat., 'llegó', 'se aproximó'). 'Recompensa inferior inmediata al primer premio en certámenes científicos, literarios o artísticos'. Incorrecto: *la accésit*. En plural, no varía: **los accésit**.

acceso. sust. m. 'Entrada o paso'. Rég. prep.: **acceso a** (*Esta es la puerta de **acceso a** la sala*). 'Arrebato' (*Tuvo un **acceso** de ira*). 'Repetición de un estado morboso' (*Padeció otro **acceso** de epilepsia*).

accionista. sust. com.: **el accionista, la accionista**. El sustantivo colectivo es **accionariado** (m.).

acechador, ra. adj. 'Que acecha'. Ú. t. c. sust. m. y f.: **el acechador, la acechadora**. No deben confundirse su grafía y su significado con los de **asechador, ra** (adj. y sust.). También puede decirse **cechero** (sust. m.), 'el que acecha en la caza'.

acechanza. sust. f. 'Acecho, espionaje, persecución cautelosa' (*Le ordenó la **acechanza** del enemigo*). No debe usarse con el significado de **asechanza** (sust. f.). → **asechanza**

acechar. v. tr. 'Observar, aguardar con cautela'. Su sinónimo es **avizorar** (v. tr.). No debe confundirse con **asechar** (v. tr.).

acecho. sust. m. 'Acción de acechar'. No debe confundirse con **asecho** (sust. m.). → **asecho**

acecinar. v. tr. 'Salar las carnes y ponerlas al humo y al aire para que, enjutas, se conserven'. Ú. t. c. prnl. 'Quedarse, por vejez o por otra causa, muy enjuto de carnes' (*Con los años, Pascual se **acecinó***). Debe escribirse con **c**, pues con **s**, el significado cambia. → **asesinar**

acento. sust. m. Cuando el **acento** es **ortográfico** (escrito), se llama **tilde**, rayita oblicua que baja de derecha a izquierda: *cántico*. Cuando no aparece escrito, pero se pronuncia, se denomina **prosódico** o **fonético**: *cardumen*. El **diacrítico** es el que se coloca en las palabras que se escriben de la misma manera que otras, para distinguir su significado y su función: *té* (sust.) debe distinguirse de *te* (pron. pers.). Es galicismo usar la expresión *poner el acento* como sinónimo de 'destacar, resaltar': *Puse el acento en esa palabra*. Correcto: ***Destaqué** esa palabra*.

acentuación. sust. f. 'Acción y efecto de acentuar'. CLASIFICACIÓN DE LAS PALABRAS POR LA POSICIÓN DE LA SÍLABA TÓNICA. En las voces **cáscara**, **néctar** y jacarand**á**, el acento de intensidad cae en la antepenúltima, penúltima y última sílaba, respectivamente. De acuerdo con la posición de cada sílaba tónica, es decir, la sílaba que lleva la máxima intensidad de pronunciación, **cás**cara es palabra **esdrújula** o **proparoxítona** ('antes de lo que está junto al acento agudo'); **néc**tar, **grave**, **llana** o **paroxítona** ('junto al acento agudo') y jacaran**dá**, **aguda** u **oxítona** ('acento agudo'). La acentuación también es posible en la preantepenúltima sílaba: **regá**leselo. En este caso, se denomina **sobresdrújula**. **Palabras agudas**. Llevan tilde sólo las voces que terminan en **n**, **s** o **vocal** (***bufón**, **compás**, **ají***); excepciones: no se acentúan ortográficamente las voces agudas terminadas en **n** o **s**, cuando esas consonantes están agrupadas con otra consonante (***Isern***, ***Canals***, ***Mayans***, etc.). No llevan tilde las que terminan en otra consonante (***juventud***, ***vivir***, ***fagot***). **Palabras graves**. Llevan tilde las voces que no terminan en **n**, **s** o **vocal** (***cárcel***, ***mártir***, ***tórax***). Si terminan en **n**, **s** o **vocal**, no llevan tilde (***virgen***, ***dosis***, ***tela***). **Palabras esdrújulas y sobresdrújulas**. Siempre llevan tilde (***tubérculo***; ***dígaselo***). En español, la mayoría de las palabras son graves; hay menos palabras esdrújulas que agudas y llanas.

Reglas especiales de acentuación ortográfica. **Palabras agudas, graves y esdrújulas con diptongo**: Si el acento de la palabra cae sobre un diptongo, la tilde aparecerá sobre las vocales abiertas **a**, **e**, **o** (agudas: *cantáis*, *envié*; grave: *cuásar*; esdrújula: *epidemiólogo*). El grupo **ui** se considera **diptongo** y lleva tilde sobre la vocal **i** en las palabras agudas (*construí*) y esdrújulas (*lingüística*), de acuerdo con las reglas de acentuación ortográfica. Las palabras agudas, acabadas en los diptongos **-ay**, **-ey**, **-oy**, **-au**, **-eu**, **-ou**, o en los triptongos **-uay**, **-uey**, no llevan tilde en la sílaba final (*amancay*, *jersey*, *Campoy*, *Eloy*, *Palau*, *Abreu*, *bou*, *Paraguay*, *buey*). **Palabras con hiato**: son las que no contienen diptongo o triptongo. En las palabras agudas y graves, cuando hay hiato entre una vocal abierta y una cerrada, esta última lleva tilde para indicar gráficamente que no existe diptongo o triptongo. Llevan tilde: todas las palabras agudas (*caí*, *desoír*, *raíz*, *sonreír*, *maíz*); las palabras graves y esdrújulas (*frío*, *oía*, *leído*, *seríais*, *vestiríamos*), aun las que tienen **h** intercalada (*mohíno*, *búho*, *prohíben*, *ahúman*). No llevan tilde: las palabras graves que contienen el grupo **ui** (*buitre*, *jesuita*, *casuista*, *beduino*); los infinitivos terminados en **uir** (*atribuir*, *huir*); los participios de los verbos que contienen el grupo **ui** (*atribruido*, *huido*). Llevan tilde: las palabras que terminan en **n** o en **s**, precedidas de otra consonante (*bíce**ps***, *tríce**ps***, *fórce**ps***); las formas verbales monosilábicas y las formas verbales agudas, seguidas de un solo pronombre enclítico, si la tilde aparece en la forma verbal simple (*déle*, *evadíme*); de lo contrario, no la llevan (*dale*, *fuime*, *pedidme*). Excepción: los imperativos plurales de los verbos reflexivos o en construcción refleja no llevan tilde (*conteneos*, *marchaos*); no cumplen esta regla los verbos en **ir** (*decidíos*). En los demás casos, es decir, en palabras esdrújulas y sobresdrújulas, la tilde es obligatoria, la tenga o no la forma verbal cuando se usa sola (*resuélveme*, *pidiérasemelo*).

Función diacrítica de la tilde: la regla ortográfica expresa que los monosílabos o palabras de una sola sílaba **no llevan tilde**, pues sólo pueden acentuarse en la única sílaba que poseen ***bien***, ***da***, ***di*** (imperativo de "decir" y pretérito perfecto simple de "dar"), ***dio***, ***Dios***, ***dos***, ***doy***, ***fe***, ***fue***, ***fui***, ***hay***, ***juez***, ***ley***, ***luz***, ***mar***, ***mies***, ***pan***, ***pez***, ***pie***, ***pues***, ***sal***, ***sed***, ***seis***, ***ser***, ***sol***, ***ti***, ***vais***, ***vio***). Algunos monosílabos deben acentuarse necesariamente, para que puedan distinguirse su oficio y su significación: **de** (preposición: *copa **de** cristal*), **dé** (verbo "dar": *No le **dé** pan*); **el** (artículo: ***el** cielo*), **él** (pronombre personal: *Lo hizo por **él***); **mas** (conjunción adversativa: *Estudia, **mas** no mucho*), **más** (adverbio de cantidad: *No hable **más***); **mi** (adjetivo posesivo: ***mi** sueño*), **mí** (sustantivo: *la nota **mí***), **mí** (pronombre personal: *Esto no es para **mí***); **o** (conjunción disyuntiva: *rojo **o** verde*), **ó** (conjunción entre números: *Tengo 45 **ó** 50 pesos*); **se** (pronombre personal: *Ya **se** viste sola*), **sé** (verbo "ser": ***Sé** buena*), **sé** (verbo "saber": ***Sé** lo que piensan*); **si** (conjunción: ***Si** traen el paquete, recíbelo*), **si** (sustantivo: *la nota **si***), **sí** (adverbio de afirmación: ***Sí**, juro*), **sí** (pronombre personal: *Juan no volvió en **sí***); **te** (pronombre personal: *No **te** creo*), **té** (sustantivo: *Bebe **té** chino*).

Otras reglas de acentuación: • La norma actual hace potestativo el uso de la tilde en los pronombres demostrativos **este**, **ese**, **aquel** (con sus femeninos y plurales), pero deberá ponerse si hay riesgo de anfibología; • los pronombres demostrativos neutros **esto**, **eso**, **aquello** nunca llevan tilde; • los pronombres relativos **que**, **cual**, **quien**, **cuando**, **cuan**, **cuanto**, **como**, **donde** llevan tilde en las oraciones interrogativas (directas e indirectas) y exclamativas; • la palabra **aún** lleva tilde y se pronuncia como bisílaba cuando equivale a **todavía** (***Aún** hay luz*), pero no la lleva y es monosílaba cuando denota 'hasta, también, inclusive' (***Aun** los mudos han de hablar*) o 'siquiera', con negación (*José tiene cincuenta años; yo, ni **aun** veinte*); • la tilde es potestativa en el adverbio **solo** (*Haré **sólo** o **solo** una pregunta*), pero deberá usarse con tilde en caso de anfibología (*Lo organizaré **sólo** si me lo piden*); el adjetivo **solo** nunca la lleva (*Estoy **solo***); • los adverbios en **-mente**, compuestos a partir de la forma única (***útil**mente*) o de la forma femenina de un adjetivo (***cándida**mente*), conservan la tilde que corresponde al adjetivo; • no lleva tilde la primera palabra de los compuestos (***decimoquinto***, ***vigesimosexto***, ***rioplatense***); • los adjetivos enlazados con guión conservan la acentuación fonética y la ortográfica (*teórico-práctico*); • la Academia recomienda, en su **Esbozo**, que todas las letras mayúsculas lleven la tilde cuando la acentuación ortográfica lo exige, para "evitar errores de pronunciación o confusiones en la interpretación de vocablos" (***Águeda***, ***Ángela***, ***África***, ***Álvaro***, ***Ángel***, ***Élida***, ***Éfeso***, ***Ávila***); • no llevan tilde los apellidos ***Campoo***, ***Feijoo***; • los nombres propios extranjeros se escriben con el acento que tienen en su idioma (*La Bruyère*, *Müller*, *Wagner*, *Degas*, *Schubert*), pero si se españolizan, siguen las reglas del nuestro (*Wágner*, *Degás*, *Schúbert*); • los nombres geográficos incorporados en nuestra lengua están sometidos a las leyes generales (*Cáucaso*, *Irán*, *Jerusalén*, *Líbano*, *Milán*, *Moscú*, *París*, *Pequín*); • los términos latinos, usados en español, se acentúan con sujeción a las leyes fonéticas que existen para las voces de este idioma (*memorándum*, *tedéum*, *currículum*).

acentuar. v. tr. Se conjuga, en cuanto al acento, como **actuar**.

-áceo, a. suf. lat. de adjetivos. 'Perteneciente' o 'semejante a' (*grisáceo*, *rosáceo*, *violáceo*).

acepción. sust. f. Sus abreviaturas son *ac.* y *acepc.*

acequia. sust. f. También puede decirse **cequia** (sust. f.), pero la Academia prefiere la primera forma.

acera. sust. f. Amér. Merid. 'Vereda'. También puede escribirse **hacera**, pero la Academia prefiere la primera forma.

acerbo, ba. adj. 'Áspero al gusto'; 'cruel, riguroso, desapacible' (*El carácter del anciano era **acerbo***). No deben usarse estos significados con la grafía de **acervo** (sust. m.).

acerca de. loc. prepos. 'Sobre la cosa de que se trata o en orden a ella' (*Hablará **acerca de** los dinosaurios*). → **de, sobre**

acercar. v. tr. 'Poner cerca'. Rég. prep.: **acercar a** (*Acercó la flor **a** los labios*). Ú. t. c. prnl. Rég. prep.: **acercarse a** (*Intenta **acercarse a** la casa*). → **sacar**

acérrimo, ma. adj. superl. del adjetivo **acre**: 'Muy fuerte, vigoroso o tenaz'; 'intransigente, fanático, extremado' (*Era su enemigo **acérrimo***). No deben usarse las construcciones <u>más acérrimo</u> y <u>muy</u> <u>acérrimo</u> por tratarse de un superlativo.

acertar. v. irreg. tr. 'Dar con lo cierto en lo dudoso, ignorado u oculto' (***Acertó** la respuesta*). Ú. t. c. intr. 'Suceder impensadamente o por casualidad'. Rég. prep.: **acertar a + infinitivo** (***Acertaron a** descubrir el escondrijo*). 'Encontrar'. Rég. prep.: **acertar con** (*¿**Acertará con** el timbre?*). 'Dar en el punto a que se dirige alguna cosa'. Rég. prep.: **acertar en** (*No **acertaste en** el blanco*). Se desvía de las reglas generales de la conjugación en la diptongación en **ie** de la **e** acentuada de la penúltima sílaba. Es irregular, entonces, en presente del modo indicativo (*acierto*, *aciertas*, *acierta*, *aciertan*), en presente del subjuntivo (*acierte*, *aciertes*, *acierte*, *acierten*) y en el imperativo (*acierta*). Es incorrecto conjugarlo como regular: <u>acerto</u>, <u>acerte</u>, <u>acerta</u>, etc.

acervo. sust. m. 'Montón de cosas menudas'; 'haber que pertenece en común a varias personas' (*Estas palabras enriquecerán nuestro **acervo** lingüístico*). No deben usarse estos significados con la grafía del adjetivo **acerbo**.

acharolar. v. tr. También puede decirse **charolar** (v. tr.).

achicar. v. tr. Ú. t. c. prnl. Sus postverbales son **achicadura** (sust. f.) y **achicamiento** (sust. m.). → **sacar**

¡achís!. Voz onomatopéyica que se emplea para imitar el estornudo y, a veces, para designarlo. No debe confundirse su grafía con la de su homófono **hachís** (sust. m.), 'composición de ápices florales y otras partes del cáñamo índico, mezcladas con diversas sustancias azucaradas y aromáticas, que produce una embriaguez especial'. En plural: **hachises**. → **hachís**

-acho, -acha. suf. de sustantivos y adjetivos con valor despectivo (***poblacho***, ***ricacha***). Combinado con **-ar**, toma la forma **-aracho** (***vivaracho***).

-achón. suf. → **-ón**

-achuelo, la. suf. → **-uelo**

achura. sust. f. Argent., Bol. y Urug. 'Asadura de una res'. Ú. t. en pl.: **achuras**.

achurar. v. tr. fig. y fam. Argent. y Urug. 'Herir o matar a tajos a una persona o animal'.

acimut. sust. m. Es palabra aguda. En plural: **acimutes** o **los acimut**. También puede escribirse **azimut**, pero la Academia prefiere la primera forma. La mismo ocurre con **acimutal** y **azimutal** (adj.), 'relativo al acimut'.

aclarar. v. tr. Ú. t. c. prnl. Incorrecto: *Le aclaro de que este capítulo de la obra no fue explicado.* Correcto: *Le **aclaro que** este capítulo de la obra no fue explicado.*

aclocar. v. intr. Ú. m. c. prnl. También puede decirse **enclocar** (v. intr. Ú. m. c. prnl.). → **sacar**

acmé. sust. amb. 'Período de mayor intensidad de una enfermedad': **el acmé** o **la acmé**.

acné o **acne.** sust. m.: **el acné** o **el acne**. Ú. a veces c. f. En la Argentina, es usual el género masculino.

-aco, ca. suf. de or. gr., que indica relación (*maníaco*); otras veces es gentilicio (*eslovaco*).

-aco, ca. suf. despectivo (*libraco*).

acoger. v. tr. Entre otras denotaciones, 'admitir en su casa o compañía a otra u otras personas' (***Acogió** a sus primos con alegría*); fig. 'amparar'. v. prnl. 'Refugiarse, retirarse, tomar amparo'. Rég. prep.: **acogerse a** (*No quiso **acogerse a** un retiro voluntario*). → **proteger**

acolchado, da. p. de **acolchar** (*Compró una chaqueta **acolchada***). sust. m. 'Acción y efecto de acolchar' (*Observa el **acolchado** de la chaqueta*). Argent. 'Cobertor relleno de plumón o de otras materias diversas, que se pone sobre la cama para adorno o abrigo' (*Su cama tiene un **acolchado** verde*).

acollar. v. irreg. tr. Se conjuga como **sonar**.

acomedirse. v. irreg. prnl. Amér. 'Prestarse espontánea y graciosamente a hacer un servicio'. Se conjuga como **pedir**.

acomodado, da. p. de **acomodar**. adj. 'Conveniente, apto'; 'que está cómodo'; 'rico' (*Su situación económica es **acomodada***); 'moderado en el precio' (*Tiene precios **acomodados***). sust. m. y f. Argent. 'Persona que tiene acomodo' (*Raúl es un **acomodado***).

acomodar. v. tr. Ú. t. c. intr. y c. prnl. Rég. prep.: **acomodar en** (*Lo **acomodó en** el viejo sofá*); **acomodarse en** (***Se acomodaron en** la platea*); **acomodarse a** (*No quiere **acomodarse a** las decisiones de su jefe*). Argent. 'Enchufar, colocar a uno en un cargo o destino por influencia' (*Un amigo lo **acomodó** para que ocupara ese cargo*).

acomodo. sust. m. Entre otras denotaciones, 'acción de acomodar o acomodarse'. Argent. 'Cargo o destino que se obtiene por influencia' (*Carlos es jefe por **acomodo***). Equivale a **enchufe** (sust. m. fig. y fam. despect.) del español general.

acompañante. p. a. de **acompañar**. Ú. t. c. sust. m. Su femenino es **acompañanta**.

acompañar. v. tr. Ú. t. c. prnl. Rég. prep.: **acompañar con** o **de** (***Acompañe** esta solicitud **con** su documento de identidad o **de** su documento de identidad*); **acompañarse con** o **a** (***Se acompañaba con** buenos amigos; Cuando canta, siempre **se acompaña con** la guitarra; Cuando canta, siempre **se acompaña al** piano*); **acompañarse de** (***Se acompañaba de** sus padres*).

a condición de o **a condición de que**. loc. prepos. o conjunt. Se comete un solecismo si se usa *a condición que*.

aconsejar. v. tr. 'Dar consejo' (***Aconsejó** a su hermana*). Incorrecto: *Me aconsejó de que no volviera tarde.* Correcto: *Me **aconsejó que** no volviera tarde.* **aconsejarse**. v. prnl. 'Tomar consejo o pedirlo a otro'. Rég. prep.: **aconsejarse con** (***Se aconseja con** su mejor amigo*).

acontecer. v. irreg. intr. defect. 'Suceder'. Se usa en infinitivo y en las terceras personas del singular y del plural. Es irregular en el presente de subjuntivo (tercera persona singular y plural): *acontezca, acontezcan*. Se conjuga como **parecer**.

acopiar. v. tr. 'Juntar'. Se conjuga, en cuanto al acento, como **cambiar**.

acordar. v. irreg. tr. 'Resolver de común acuerdo'; 'conciliar'; 'recordar'; 'templar instrumentos'; 'convenir una cosa con otra'. No debe usarse como sinónimo de **otorgar**, porque es un galicismo. Incorrecto: *Le acordaron el primer premio.* Correcto: *Le **otorgaron** el primer premio.* Ú. m. c. prnl. Rég. prep.: **acordarse de** (***Se acordó de** llamar por teléfono a su hermano*).

Incorrecto: Me acuerdo *la conferencia que dio en la Facultad de Medicina*; Me acuerdo que *lo dijo*. Correcto: ***Me acuerdo de*** *la conferencia que dio en la Facultad de Medicina*; ***Me acuerdo de que*** *lo dijo*. Se conjuga como **sonar**.

acorde. adj. 'Conforme, concorde'. Rég. prep.: **acorde con** (*Tomó una decisión* ***acorde con*** *sus intereses*). Incorrecto: acorde a.

acordeonista. sust. com.: **el acordeonista, la acordeonista**.

acornar. v. irreg. tr. 'Dar cornadas'. También puede decirse **acornear** (v. tr.), voz preferida por la Academia. Se conjuga como **sonar**.

acostar. v. irreg. tr. Ú. t. c. prnl. 'Echar o tender en la cama' (***Se acuesta*** *tarde*). Se conjuga como **sonar**. Es regular con la denotación de 'arrimar el costado de una embarcación a alguna parte' (*El viejo barco* ***se acosta*** *en el muelle*).

acostumbrar. v. tr. 'Hacer adquirir costumbre de algo'. Rég. prep.: **acostumbrar a** (***Acostumbró*** *a su hija* ***a*** *la vida frívola*). intr. 'Tener costumbre de algo'; 'soler' (***Acostumbra*** *pasear por las plazas*). En América, se evita el uso de la preposición **a** con esta denotación. En España, en cambio, es más común su uso (***Acostumbra a*** *pasear por las plazas*). Ambos son correctos. Ú. t. c. prnl. 'Adquirir costumbre de algo'. Rég. prep.: **acostumbrarse a** (*No* ***me acostumbro a*** *la vida de campo*). Con el verbo **estar** + el participio (***estar acostumbrado***), debe usarse **a** (***No está acostumbrado a*** *caminar*).

ácrata. adj. 'Partidario de la supresión de toda autoridad' (***La ácrata*** *mujer maleducó al joven*). → **agrio**. Ú. t. c. sust. com.: **el ácrata, la ácrata**.

acre. adj. 'Áspero, picante'. Rég. prep.: **acre a** (***acre al*** *gusto* o ***al*** *olfato*). → **acérrimo**

acrecentar. v. irreg. tr. Ú. t. c. prnl. Se conjuga como **acertar**.

acrecer. v. irreg. tr. Ú. t. c. intr. y c. prnl. Su postverbal es **acrecimiento** (sust. m.). Se conjuga como **parecer**.

acreditar. v. tr. 'Afamar'. Rég. prep.: **acreditar de** (***Lo acreditaron de*** *erudito*). Ú. t. c. prnl.: 'Lograr fama o reputación'. Construcción: **acreditarse como** (***Te acreditaste como*** *un buen anfitrión*).

acreedor, ra. adj. Ú. t. c. sust. m. y f. Rég. prep.: **acreedor a** (***Fue acreedor a*** *un gran premio*).

acróbata. sust. com.: **el acróbata, la acróbata**.

acrónimo. sust. m. 'Voz formada por las letras o las sílabas iniciales de dos o más palabras en sucesión sintagmática, o por la unión de los extremos opuestos de dos vocablos'. Por ejemplo, **sonar** (***so****und* ***na****vigation* ***r****anging*), 'exploración náutica por medio del sonido'; **télex** (***tel****eprinter* ***ex****change*), 'servicio telegráfico'; **autobús** (***auto****móvil ómni****bus***); **transistor** (***trans****fer resis****tor***), 'resistencia de transferencia'. El **acrónimo** no lleva punto final. → **abreviatura**, **sigla**

acrópolis. sust. f. 'El sitio más alto y fortificado de las ciudades griegas'. Incorrecto: el acrópolis. En plural, no varía: **las acrópolis**.

acrotera. sust. f. 'Cualquiera de los pedestales que sirve de remate en los frontones'. Es palabra grave. No debe pronunciarse [acrótera] como esdrújula.

acta. sust. f. Debe decirse **el acta**, **un acta**, **esa acta**, **esta acta**, **aquella acta**, **alguna acta**. En plural: **las actas**, **unas actas**, **esas actas**, **estas actas**, **aquellas actas**, **algunas actas**. Incorrecto: *No ha firmado aún* este *acta*; *¿Quedó sin firmar* algún *acta?* Correcto: *No ha firmado aún* ***esta acta***; *¿Quedó sin firmar* ***alguna acta***? → **agua**

actinio. sust. m. 'Cuerpo radiactivo hallado en algún compuesto de uranio'. Número atómico 89. Símbolo: *Ac*

actitud. sust. f. 'Postura del cuerpo humano' (*Adoptó una* ***actitud*** *grotesca*). 'Disposición de ánimo' (*¡Qué* ***actitud*** *pacífica!*). No debe confundirse su significado con el de **aptitud** (sust. f.). → **aptitud**

actor. sust. m. 'El que interpreta un papel en el teatro, en el cine o en la televisión'. Su femenino es **actriz**. Cuando significa 'demandante o acusador', su femenino es **actora**, 'mujer que demanda en juicio'.

actualizar. v. tr. Ú. t. c. prnl. Su postverbal es **actualización** (sust. f.). → **cazar**

actuar. v. tr. Ú. t. c. prnl. En presente de indicativo y de subjuntivo (primera, segunda y tercera pers. sing., y tercera pers. pl.), la **u** de la raíz lleva tilde: *actúo, actúas, actúa, actúan*; *ac-*

túe, actúes, actúe, actúen. Lo mismo sucede en imperativo: *actúa* (tú). En las formas verbales restantes, la **u** no debe tildarse: *actuamos, actuáis, actuemos, actuéis, actuad.* Así deben conjugarse los verbos terminados en **-uar**, cuando esta terminación no está precedida de las consonantes **c** o **g**.

acuatizar. v. intr. 'Posarse un hidroavión en el agua'. Su postverbal es **acuatizaje** (sust. m.). → **cazar**

acuciar. v. tr. 'Estimular, dar prisa'. Se conjuga, en cuanto al acento, como **cambiar**.

acudir. v. intr. 'Ir uno a un sitio'; 'recurrir a alguno'; 'ir en socorro de alguno'. Rég. prep.: **acudir a** (***Acudieron a** su casa*; ***Acudió a** su amiga para pedirle consejo*; ***Acudirá a** subsanar tus inconvenientes*).

a cuenta. loc. adv. 'Como anticipo' (*El mes pasado pidió cien pesos **a cuenta***). Su abreviatura es ***a/c.*** **a cuenta de**. loc. prepos. 'En compensación, anticipo o a cambio de' (*Toma este reloj **a cuenta de** lo que te debo*).

acuerdo. sust. m. 'Convenio, resolución' (*Llegaron a un **acuerdo**; No habrá **acuerdo** entre esas personas*). **de acuerdo con**. loc. prepos. (*Lo hizo **de acuerdo con** sus conocimientos; Estamos **de acuerdo con** Luis **en** que no debe realizarse la reunión; Está **de acuerdo con** lo resuelto*). Evítese la construcción de acuerdo a, pues se considera un anglicismo (*according to*). **de acuerdo**. loc. adv. 'De conformidad' (*Estamos **de acuerdo**; Se pusieron **de acuerdo** para organizar la empresa*).

acullá. adv. l. 'A la parte opuesta del que habla'. Suele contraponerse a los adverbios **aquí**, **acá** y, menos frecuentemente, a **allí**, **allá**, de los que puede ser un intensivo: *Acá están mis tierras, y **acullá**, el mar.*

aculturación. sust. f. 'Recepción y asimilación de elementos culturales de un grupo humano por parte de otro'. No debe usarse como sinónimo de **incultura** (sust. f.).

acuoso, sa. adj. 'Abundante en agua'. También puede decirse **aguoso, sa** (adj.).

acurrucarse. v. prnl. También puede decirse **acorrucarse** (v. prnl.). → **sacar**

acusar. v. tr. Ú. t. c. prnl. Rég. prep.: **acusar de** (***Acusaron** a Javier **de** ladrón*; ***Se acusó de** haber mentido*; ***Acusé** recibo **de** la carta*).

ad-. pref. de or. lat. 'Dirección, tendencia, proximidad, contacto, encarecimiento' (***ad**ecuar, **ad**quirir, **ad**verso, **ad**junto, **ad**verbio, **ad**yacente, **ad**mirar*). Ante ciertas consonantes, se usa la forma **a-** (***a**nejo, **a**firmar, **a**sumir*).

-ada. suf. → **-da**

adaptar. v. tr. Rég. prep.: **adaptar a** (***Adaptaremos** nuestra decisión **a** las características del proyecto*). Ú. t. c. prnl.: **adaptarse a** (***No se adaptaron a** las costumbres africanas*).

adecuar. v. tr. Rég. prep.: **adecuar a** (***Adecua** tu vida **a** las circunstancias*). Ú. t. c. prnl.: **adecuarse a**. Los verbos cuyo infinitivo termina en **-cuar** (*adecuar, evacuar, licuar*) se conjugan conforme al paradigma de la primera conjugación (*amar*). Son incorrectas, por su acentuación, las formas verbales adecúa, evacúa, licúa, etc. Debemos decir: ***adecua***, ***evacua*** y ***licua***.

adelantar. v. tr. Ú. t. c. prnl. Rég. prep.: **adelantarse a** (*No **se adelante a** los acontecimientos*); **adelantarse en** (***Nos adelantamos en** la marcha*).

adelante. adv. l. 'Más allá'. Se usa con verbos de movimiento (*Marcharon **adelante***). Puede ir precedido de las preposiciones **hacia** y **para**, que indican movimiento (*Miraron **hacia adelante***). Nunca se le antepone la preposición **a**, pues el adverbio ya la contiene. Incorrecto: *Caminaban a adelante*. Correcto: ***Caminaban adelante***. El adverbio **adelante** no se construye seguido de preposiciones. Incorrecto: *Saltaba adelante de ese hombre.* Correcto: *Saltaba **delante de** ese hombre* (con la locución prepositiva **delante de**). Es vulgar la construcción **adelante** + **pronombre posesivo**: adelante mío, adelante tuyo, adelante suyo, adelante nuestro. Correcto: ***delante de mí, delante de ti, delante de sí, delante de nosotros***. adv. t. Denota tiempo futuro con preposición antepuesta o siguiendo inmediatamente a algunos adverbios de esta clase: **en adelante, para más adelante, de hoy en adelante, de aquí en adelante, de aquí adelante**. → **delante**

ademán. sust. m. 'Movimiento o actitud del cuerpo o de alguna de sus partes, con que se manifiesta un efecto del ánimo' (*Hizo un grotesco **ademán** ante sus empleados*). En plural, 'modales'. **en ademán de**. loc. adv. 'En actitud de ir a ejecutar algo' (*Se sentó* ***en ademán de*** *esperarla*).

además. adv. c. 'A más de esto o de aquello' (*Habla inglés y,* ***además****, italiano*). **además de**. loc. prepos. (***Además de*** *ser mentiroso, es deshonesto*). → **aparte de**

aden-. elem. compos. de or. gr. 'Ganglio', 'glándula' (***adenitis***). Ante consonante, suele tomar la forma **adeno-** (***adenopatía***).

adenda. sust. f. Proviene del latín *addenda*, 'las cosas que se han de añadir'. 'Apéndice de un libro'. Ú. t. c. sust. m.: **el adenda**.

adeno-. pref. → **aden-**

adentrarse. v. prnl. 'Penetrar en lo interior de una cosa'; 'pasar por dentro'. Rég. prep.: **adentrarse en** (*Los cazadores* ***se adentraron en*** *la selva*).

adentro. adv. l. 'Hacia lo interior o en lo interior'. Suele posponerse a sustantivos (*mar* ***adentro***). Se usa también para ordenar o invitar a una persona a que entre en alguna parte; en este caso, acompaña a verbos de movimiento (*¡Venga* ***adentro****!*). No se construye seguido de preposiciones. Incorrecto: *El paquete está adentro de la bolsa*. Correcto: *El paquete está* ***dentro de*** *la bolsa* (con la locución prepositiva **dentro de**). El adverbio **adentro** puede ir precedido de las preposiciones **hacia**, **para** y **por** (*hacia* ***adentro****, para* ***adentro****, por* ***adentro***). Nunca se le antepone la preposición **a**, pues el adverbio ya la contiene. Incorrecto: *Corrieron a adentro*. Correcto: *Corrieron* ***adentro***. Es vulgar la construcción **adentro + pronombre posesivo**: *adentro mío, adentro tuyo, adentro suyo, adentro nuestro*. Correcto: ***dentro de mí*****,** ***dentro de ti*****,** ***dentro de sí*****,** ***dentro de usted*****,** ***dentro de él*****,** ***dentro de nosotros***. → **dentro**. **adentros**. sust. m. pl. 'Lo interior del ánimo' (*Silvina aplaudía, pero, en sus* ***adentros****, sentía mucha envidia*).

adepto, ta. adj. Rég. prep.: **adepto a** (*Sólo es* ***adepto a*** *las personas de su ideología política*).

-adero, ra. suf. → **-dero**

adherente. p. a. de **adherir**. 'Que adhiere o se adhiere' (*líquido* ***adherente***). Ú. t. c. sust. com.: **el adherente, la adherente**. adj. 'Unido o pegado a una cosa'. sust. m. 'Requisito o instrumento necesario para alguna cosa'. Ú. m. en pl. (*Trajo los* ***adherentes***). 'Adhesivo' (*Pégalo con este* ***adherente***).

adherir. v. irreg. tr. 'Pegar una cosa a otra'. Rég. prep.: **adherir a** (***Adhirió*** *el papel* ***a*** *la pared*). v. intr. Ú. t. c. prnl. 'Pegarse una cosa con otra'. Rég. prep.: **adherirse con** (***Se adhiere*** *la tela* ***con*** *el cartón*). 'Convenir en algo y abrazarlo'. Rég. prep.: **adherirse a** (***Me adhiero a*** *su proyecto*). Se conjuga como **sentir**.

adhesivo, va. adj. 'Capaz de adherir o pegarse' (*Forraremos este cuaderno con un papel* ***adhesivo***).

adicción. sust. f. 'Hábito de consumir drogas tóxicas'. Rég. prep.: **adicción a** (***adicción a*** *la cocaína*). No debe confundirse su significado o su pronunciación con los de **adición**.

adición. sust. f. 'Añadidura', 'suma'. → **adicción**

adicto, ta. adj. Ú. t. c. sust. m. y f.: **el adicto, la adicta**. 'Dedicado, apegado'; 'drogadicto'. Rég. prep.: **adicto a** (*Jorge es* ***adicto a*** *la lectura de novelas policiales; No saben si era* ***adicto a*** *la marihuana*).

adiestramiento. sust. m. La Academia registra, también, la forma **adestramiento** (sust. m.).

adiestrar. v. tr. Ú. t. c. prnl. 'Enseñar, instruir, amaestrar'. También puede decirse **adestrar** (v. irreg. tr.).

¡adiós! interj. de despedida (*¡Adiós, niñas!*). Denota no ser ya posible evitar un daño (*¡Adiós, perdí el anillo!*). 'Decepción' (*¡Adiós, perderé el tren!*). sust. m. 'Despedida al término de una conversación, carta, etc.' (*Le di el* ***adiós***). No debe usarse en plural con significado singular, porque es un galicismo: *Recordó los adioses de los enamorados*. Correcto: *Recordó* ***el adiós*** *de los enamorados*.

adivinación. sust. f. También pueden decirse **adivinamiento** (sust. m.) y **adivinanza** (sust. f.).

adjudicar. v. tr. 'Declarar que una cosa corresponde a una persona o conferírsela en satisfacción de algún derecho'. v. prnl. 'Apropiarse' (***Se adjudicaron*** *las joyas*). fig. 'Obtener, ganar, conquistar' (*La nadadora belga* ***se ajudicó*** *el segundo premio*). → **sacar**

adjuntar. v. tr. 'Enviar, juntamente con una carta u otro escrito, notas, facturas, muestras, etc.'. Rég. prep.: **adjuntar a** (*Adjuntó su currículum **a** la monografía*).

adjunto, ta. adj. 'Que va o está unido con otra cosa' (*Envío **adjuntos** los documentos que usted solicitó*). 'Persona que acompaña a otra para entender con ella en algún negocio, cargo o trabajo' (*Es muy eficiente el empleado **adjunto** a la jefa*). Ú. t. c. sust. m. y f.: **el adjunto, la adjunta** (*Es muy eficiente el **adjunto***). Rég. prep.: **adjunto a** (***adjunto** a ese documento*). **adjunta a** (*La profesora es **adjunta a** la cátedra de Latín*). **adjunto de, adjunta de** (*La **adjunta de** Latín es Lía*). sust. m. 'Aditamento' (*Firme, por favor, el **adjunto***).

adlátere. sust. com. despect. Es deformación antietimológica de *a látere*. 'Persona subordinada a otra, de la que parece inseparable': **el adlátere, la adlátere** (*El mejor alumno es el **adlátere** del profesor Jiménez*).

administración. sust. f. Puede usarse con el significado –de reciente admisión– de 'equipo de gobierno que actúa bajo un presidente' (*la **administración** Menem*). Su abreviatura es ***admón.***

administrador. sust. m. Su femenino es **administradora**. Su abreviatura: *adm.^{or}*

administrar. v. tr. Puede usarse como sinónimo de **gobernar** (***Administró** bien el país*) y de **suministrar**, 'proporcionar o distribuir algo' (*La empresa **administró** alimentos a los necesitados*). 'Aplicar, dar o hacer tomar medicamentos' (*La enfermera le **administrará** los comprimidos*).

admirable. adj. El superlativo es irregular: **admirabilísimo, ma**.

admiración. sust. f. 'Acción de admirar o admirarse; 'cosa admirable'. **signos de admiración** o **exclamación**. 'Signos de puntación (¡!)'. Son dos: el inicial y el final. Se colocan antes y después de una palabra o sintagma para expresar 'admiración, queja o lástima' (*¡Qué pena!*); para llamar la atención hacia algo que se ha dicho o para ponderarlo, se coloca el signo de admiración de cierre entre paréntesis junto a la palabra que se quiere destacar (*Lo llamó "basilisco" (!) y se rió de él*). También se usan para denotar 'énfasis' (*¡Cuánta vergüenza he pasado contigo!*). En español, es incorrecto usar el signo de admiración sólo al final de la oración: *Qué hombre violento!* Correcto: *¡Qué hombre violento!* Nótese que después del signo de admiración de cierre, no se coloca punto final, pues aquel signo equivale a éste.

admirar. v. tr. (***Admiraban** su sencillez; Les **admiraba** su sencillez*). Ú. t. c. prnl. Rég. prep.: **admirarse de** (***Se admiraban de** su sencillez; ¿**Te admiras de** verme aquí?*).

-ado, da. suf. de sustantivos y de adjetivos derivados de sustantivos y de verbos. La forma **-ado** corresponde a los verbos de la primera conjugación. Forma adjetivos que expresan la presencia de lo significado por el primitivo (*abandon**ado**, acus**ada***). 'Semejanza' (*anaranj**ado***). Forma sustantivos que indican acción y efecto (*cable**ado***). 'Conjunto' (*discipul**ado***). 'Dignidad o cargo' (*arzobisp**ado***). Muchos sustantivos formados con **-ado** son originariamente participios. → **-do**

adolecer. v. irreg. intr. 'Caer enfermo o padecer alguna enfermedad habitual' (*Mi hermano **adolece** siempre durante el invierno*). Cuando significa 'tener o padecer algún defecto', su régimen preposicional es: **adolecer de** (*Pedro **adolece de** intolerancia*). Es incorrecto usarlo con el significado de 'carecer': *La escuela adolece de mobiliario moderno*. Correcto: *La escuela **carece de** mobiliario moderno*. Como verbo pronominal, significa 'condolerse' (***Se adolecen de** la desgracia ajena*). Se conjuga como **parecer**.

a donde. adv. relat. l. Puede aparecer como encabezador de proposiciones subordinadas adverbiales de lugar (no hay antecedente sustantivo expreso): *Puedes ir **a donde** quieras*. La Academia aclara que distinguir **adonde** de **a donde** es sólo una recomendación –de acuerdo con el consejo de Andrés Bello– que no se cumple en la actualidad. Por lo tanto, considera también correcto: *Puedes ir **adonde** quieras*. **adonde**. adv. relat. l., formado por la preposición **a** y el adverbio **donde**. Se escribe en una sola palabra como encabezador de proposiciones subordinadas adjetivas (el antecedente sustantivo está explícito): *Llegó a la ciudad **adonde** la enviaron*. No lleva tilde; en esto, se diferencia del adverbio interrogativo de lugar **adónde**. Debe usarse con verbos de movimiento. Incorrecto: *Llegó a la ciudad adonde vivía su padre; Llegó a la ciudad a donde vivía su padre*. Correcto: *Llegó a la ciudad **donde** vivía su padre*.

La Academia registra el uso de **adonde** como sinónimo de **donde** (*¿Adónde está?*) y como preposición: 'a casa de, junto a' (*Irás* ***adonde*** *tu abuela*). A pesar de ello, el uso culto recomienda: ***¿Dónde*** *está?*; *Irás* ***a la casa de*** *tu abuela.*
adónde. adv. interrog. de l. 'A qué lugar'. Se escribe en una sola palabra. Lleva tilde; en esto, se diferencia del adverbio relativo de lugar **adonde**. Aparece en oraciones interrogativas directas e indirectas, y en oraciones exclamativas, con verbos de movimiento (*¿****Adónde*** *vas?*; *Le pregunto* ***adónde*** *va*; *¡****Adónde*** *viajarás mañana!*). Incorrecto: *¿A dónde vas?*; *¿Adónde debo pararme?* (no es verbo de movimiento); *¿Dónde vas?* Correcto: *¿****Adónde*** *vas?*; *¿****Dónde*** *debo pararme?* → **donde, dónde**

adondequiera. adv. l. 'A cualquier parte'. Se escribe en una sola palabra y se construye seguido del pronombre relativo **que** (*Irá* ***adondequiera*** *que ella esté*). De acuerdo con el ***Diccionario***, también puede usarse como sinónimo de **dondequiera**, 'en cualquier parte' (*Lo descubre* ***adondequiera*** *que se esconda*), pero el uso culto recomienda: *Lo descubre* ***dondequiera*** *que se esconda.*

adopción. sust. f. También puede decirse **adoptación** (sust. f.).

adoptar. v. tr. Rég. prep.: **adoptar por** hijo. Su participio activo es **adoptante**. (Ú. t. c. sust. com.).

adoquín. sust. m. El sustantivo colectivo es **adoquinado** (m.), 'conjunto de adoquines'.

-ador, ra. suf. → **-dor**

adormecer. v. irreg. tr. Ú. t. c. prnl. Se conjuga como **parecer**.

adormir. v. irreg. tr. Ú. t. c. prnl. 'Adormecer'. v. prnl. 'Dormirse'. Se conjuga como **dormir**.

adornar. v. tr. Rég. prep.: **adornar con** o **de** (***Adorna con*** *flores la blusa*; ***Adorna de*** *flores la blusa*). Ú. t. c. prnl. Rég. prep.: **adornarse con** o **de** (***Se adornó*** *el cabello* ***con*** *cintas de colores*; ***Se adornó*** *el cabello* ***de*** *cintas de colores*).

adquirir. v. irreg. tr. Rég. prep.: **adquirir a** (***Adquirirá*** *los libros* ***a*** *don Evaristo*); **adquirir de** (***Adquirirá*** *los libros* ***de*** *don Evaristo*). Diptonga la **i** de la raíz en **ie** cuando cae allí el acento. La irregularidad se manifiesta en el presente de indicativo (*adquiero, adquieres, adquiere, adquieren*), en el presente de subjuntivo (*adquiera, adquieras, adquiera, adquieran*) y en el imperativo (*adquiere*). Su participio activo es **adquirente** o **adquiriente**, 'que adquiere'.

adrede. adv. m. 'Con deliberada intención, de propósito' (*Comió* ***adrede*** *todas las uvas*). Se usa, generalmente, con matiz peyorativo.

adscribir. v. tr. Ú. t. c. prnl. 'Inscribir'. Rég. prep.: **adscribir a** (***Se adscribió a*** *la cátedra de Filosofía*). Su participio es irregular (***adscripto*** o ***adscrito***).

adsorber. v. tr. 'Atraer un cuerpo y retener en su superficie moléculas o iones de otro cuerpo'. No debe confundirse con **absorber**.

adstringente. p. a. de **adstringir**. También puede decirse **astringente**.

adstringir. v. tr. 'Apretar, estrechar'; 'sujetar, obligar, constreñir' (*Esa sustancia* ***adstringe*** *los tejidos*). También puede decirse **astringir**. Su participio irregular es **adstricto**. → **dirigir**

aducir. v. irreg. tr. 'Presentar o alegar pruebas, razones, etc.' (*El abogado* ***adujo*** *las pruebas de la inocencia de su cliente*). Se conjuga como **conducir**.

adueñarse. v. prnl. Ú. alguna vez c. tr. Rég. prep.: **adueñarse de** (***Te adueñaste de*** *mis lápices*; *El pánico* ***se adueñó de*** *los niños*).

-adura. suf. Proviene del sufijo latino **-dura** y toma esta forma cuando los verbos son de primera conjugación. Significa 'acción y efecto' (*rajadura*); 'medio o instrumento de la acción' (*herradura*); 'conjunto' (*arboladura*). → **-dura**

advenimiento. sust. m. 'Venida, llegada'; 'ascenso de un papa o de un soberano al trono'. Es anticuado usar esta palabra como sinónimo de **suceso**.

advenir. v. irreg. intr. 'Venir, llegar'; 'suceder, sobrevenir' (*La peste* ***advino*** *inesperadamente*). Se conjuga como **venir**.

adverso, sa. adj. 'Contrario'. Rég. prep.: **adverso a** (*Tu opinión es* ***adversa a*** *la mía*).

advertencia. sust. f. También puede decirse **advertimiento** (sust. m.).

advertir. v. irreg. tr. Ú. t. c. intr. Rég. prep.: **advertir de**, 'llamar la atención, hacer notar'

(*Les* ***advirtió****, con un gesto,* ***de*** *la llegada del director*). No lleva preposición cuando significa 'reparar, observar' o 'amonestar, prevenir'. Incorrecto: *Advirtió de que lo esperaban allí*; *Me advirtió de que no saliera a la calle.* Correcto: ***Advirtió que*** *lo esperaban allí*; *Me* ***advirtió que*** *no saliera a la calle.* Se conjuga como **sentir**.

aero-. pref. de or. gr. 'Aire'. Forma palabras relacionadas con la aviación (***aeroclub***, ***aerofaro***, ***aeroparque***).

aeróbic. sust. m. 'Técnica gimnástica acompañada de música y basada en el control del ritmo respiratorio'. También puede usarse como palabra aguda: **aerobic**. Su plural es **aeróbics** o **aerobics**.

aeródromo. sust. m. Es palabra esdrújula. No debe usarse como voz grave: *aerodromo*.

aerolito. sust. m. 'Fragmento de un bólido, que cae sobre la Tierra'. Es palabra grave. No debe pronunciarse [aerólito] como esdrújula. Su sinónimo es **uranolito** (sust. m.).

aeromancia. sust. f. 'Adivinación supersticiosa por las señales e impresiones del aire'. También puede decirse **aeromancía**. → **-mancia** o **-mancía**

aeroparque. sust. m. Argent. 'Pequeño aeropuerto, especialmente el situado en área urbana'. No debe escribirse en dos palabras: *aero parque*, *aero-parque*.

aeróstato. sust. m. 'Aeronave provista de uno o más recipientes llenos de un gas más ligero que el aire'. A pesar de que la Academia prefiere la acentuación esdrújula, también es correcta la grave: **aerostato**.

a escala. loc. adv. 'Ajustándose a una escala' (*Reprodujo el edificio* ***a escala***). Incorrecto: *Crisis económica a escala internacional* (aquí se usa erróneamente como sinónimo de **ámbito**). Correcto: *Crisis económica internacional.*

afable. adj. 'Agradable, dulce, suave'. El superlativo es **afabilísimo, ma**.

afanar. v. intr. Ú. t. c. prnl. 'Entregarse al trabajo con vehemencia'. Rég. prep.: **afanarse en** (***Se afanaban en*** *su trabajo*). 'Hacer diligencias con gran anhelo para conseguir algo'. Rég. prep.: **afanarse por** (*El escritor* ***se afanó por*** *publicar una gran novela*). Es vulgar su significado de 'hurtar, estafar, robar'.

afeblecerse. v. irreg. prnl. 'Adelgazarse'. Se conjuga como **parecer**.

afección. sust. f. 'Alteración morbosa' (***afección*** *pulmonar*; ***afección*** *catarral*; ***afección*** *reumática*). Rég. prep.: **afección a** los oídos. Puede usarse como sinónimo de **afición** con el significado de 'inclinación, apego' (*Siente gran* ***afección a*** *las plantas*).

afecto, ta. adj. 'Inclinación a alguna persona o cosa'. Rég. prep.: **afecto a** (*Era* ***afecta a*** *los libros filosóficos*). El superlativo es **afectísimo, ma**. La abreviatura de éste es ***afmo.*** o ***affmo.***; ***afma.*** o ***affma.***; en plural, ***afmos.*** *o* ***affmos***; ***afmas*** *o* ***affmas.***; sust. m. (*Tiene el* ***afecto*** *de todos*). Rég. prep.: **afecto a, hacia** o **por** (*Les da* ***afecto a*** *sus alumnos*; *Es sincero su* ***afecto hacia*** *los amigos*; *Demuestra gran* ***afecto por*** *sus maestros*).

afeitada. sust. f. 'Acción de afeitarse'. También puede decirse **afeitado** (sust. m.).

afer. sust. m. Voz francesa (*affaire*) españolizada. Puede usarse como sinónimo de **negocio, asunto, caso ilícito o escandaloso**. Es palabra aguda. En plural, se transforma en grave: **aferes**.

aferrar. v. irreg. tr. 'Agarrar o asir fuertemente'. Ú. t. c. intr. y c. prnl. Rég. prep.: **aferrarse a**. 'Insistir con tenacidad en algún dictamen u opinión, empeñarse en algo' (***Se aferraba*** *siempre* ***a*** *una misma idea*). Se conjuga como **acertar**.

♦ **affaire.** Galicismo. 'Asunto', 'caso', pero con la connotación de 'escándalo público'. En español, debe decirse **afer**. → **afer**

♦ **affiche.** Galicismo. Debe reemplazarse la grafía extranjera con la españolizada **afiche**. → **afiche**

afianzar. v. tr. Ú. t. c. prnl. Su postverbal es **afianzamiento** (sust. m.). → **cazar**

afiche. sust. m. Voz francesa (*affiche*) españolizada. 'Cartel'. Ha sido recién incorporada en el ***Diccionario***.

afición. sust. f. 'Inclinación', 'empeño'. Rég. prep.: **afición a** (*Demostró su* ***afición al*** *ajedrez*). Incorrecto: *Demostró su afición por el ajedrez.* **La afición** (sust. f. colect.) es 'el conjunto de personas aficionadas a determinados espectáculos'.

aficionado, da. p. de **aficionar**. adj. Rég. prep.: **aficionado a** los deportes. Ú. t. c. sust. m. y f.: **el aficionado, la aficionada**. No debe usarse el galicismo **amateur** ('no profesional') por **aficionado**.

aficionar. v. tr. 'Inclinar, inducir'. v. prnl. 'Prendarse de alguna persona, gustar de alguna cosa'. Rég. prep.: **aficionarse a** (*Los turistas **se aficionaban a** las mujeres españolas*; *Los turistas **se aficionaban a** las playas*). Incorrecto: *aficionarse por las mujeres españolas*; *aficionarse por las playas*.

afiliar. v. tr. Ú. m. c. prnl. 'Juntar, unir, asociar'. Rég. prep.: **afiliarse a** (***Se afilió a** un partido político*). Se conjuga, en cuanto al acento, como **cambiar**.

afirmar. v. tr. Incorrecto: *Afirmó de que ésa era su verdad*. Correcto: ***Afirmó que** ésa era su verdad*. Ú. t. c. prnl. Rég. prep.: **afirmarse en** (***Se afirmaron en** lo pactado*).

afirmativo, va. adj. Su abreviatura es ***afirm***.

afligir. v. tr. Ú. t. c. prnl. Tiene un participio regular (***afligido***) y otro irregular (***aflicto***). Su postverbal es **aflicción** (sust. f.). → **dirigir**

afluencia. sust. f. Con el significado de 'facundia, abundancia de palabras o expresiones', su sinónimo es **flujo de palabras**.

afluir. v. irreg. intr. 'Acudir en abundancia a un lugar determinado'; 'verter un río o arroyo sus aguas en las de otro o en las de un lago o mar'. Rég. prep.: **afluir a** (*Las aguas del río **afluyen al** mar*). Su participio activo es **afluente**. Se conjuga como **huir**.

afónico, ca. adj. 'Falto de voz o de sonido'. También puede decirse **áfono, na** (adj.).

aforar. v. tr. Es regular con la denotación de 'dar o tomar a foro alguna heredad'. Es irregular con la de 'otorgar fueros'. v. intr. 'Dicho de las decoraciones teatrales, cubrir perfectamente los lados o partes del escenario que deben ocultarse al público'. Se conjuga como **sonar**. La 'acción y efecto de dar o tomar a foro, o de otorgar fueros' es el **aforamiento** (sust. m.) y el **aforo** (sust. m.).

África. sust. pr. Puede usarse con artículo o sin él: **África** o **el África**. Se escribe con tilde, pues es palabra esdrújula. Recuérdese que las mayúsculas deben tildarse como las minúsculas cuando corresponde.

afro-. pref. de or. lat. 'Africano' (***afroasiático***).

afrodisíaco, ca. adj. A pesar de que la Academia prefiere la acentuación esdrújula, también es correcta la grave: **afrodisiaco, ca**.

afuera. adv. l. 'Fuera del sitio en que uno está'. Como **adentro**, acompaña a verbos que expresan movimiento (*Vayan **afuera***). También se usa con el significado de 'en lo exterior' (*Diana te espera **afuera***). Según Seco, en este caso, se prefiere **fuera** (*Diana te espera **fuera***). **afuera** no se construye seguido de preposiciones. Incorrecto: *Estaba afuera de la sala*. Correcto: *Estaba **fuera de** la sala* (con la locución prepositiva **fuera de**). **afuera** puede ir precedido de las preposiciones **hacia**, **para** y **por** (**hacia afuera**, **para afuera** y **por afuera**). También, en este caso, se prefiere el adverbio **fuera** (**hacia fuera**, **para fuera** y **por fuera**). Nunca se le antepone la preposición **a**, pues –como **adentro**– el adverbio ya la contiene. Incorrecto: *Corrieron a afuera*. Correcto: *Corrieron afuera*. → **fuera**. sust. f. pl. 'Alrededores de una población'. Se usa siempre en plural y con artículo (*La casa estaba en **las afueras** de la ciudad*).

-aga. suf. átono de or. prerromano (***luciérnaga***).

agalla. sust. f. 'Cada una de las branquias que tienen los peces'. De acuerdo con el ***Diccionario***, es sinónimo de **amígdalas** en una de sus acepciones. Ú. m. en pl.

agarrar. v. tr. 'Asir fuertemente con la mano'. Rég. prep.: **agarrar de** o **por** (***Agarró al** niño **de** los cabellos o **por** los cabellos*). v. prnl. 'Asirse fuertemente de algo'. Rég. prep.: **agarrarse a** o **de** (***Se agarró a** la silla o **de** la silla*).

ágata. sust. f. Debe decirse: **el ágata, un ágata, esa ágata, esta ágata, aquella ágata, alguna ágata**. En plural: **las ágatas, unas ágatas, esas ágatas, estas ágatas, aquellas ágatas, algunas ágatas**. El sustantivo propio **Ágata** también es voz esdrújula. → **agua**

agauchar. v. tr. Argent., Chile, Par. y Urug. 'Hacer que una persona tome el aspecto, los modales y las costumbres propias del gaucho'. Ú. m. c. prnl. (*El gringo **se agauchó***).

agave. sust. amb. 'Pita, planta oriunda de México': **el agave** o **la agave**. En plural: **los agaves** o **las agaves**. Es palabra grave. No debe pronunciarse [ágave] como esdrújula.

agencia. sust. f. 'Empresa destinada a gestionar asuntos ajenos o a prestar determinados servicios' (***agencia** de publicidad*). Es anglicismo usar esta palabra con el significado de 'organismo, institución o dependencia de un gobierno'. Los sustantivos **agenciero, agenciera** ('persona encargada de una agencia de lotería o de venta de automotores'), de mucho uso en la Argentina, carecen de registro académico. La A. A. L. recomienda su inclusión.

agenciar. v. tr. Ú. t. c. intr. y c. prnl. Se conjuga, en cuanto al acento, como **cambiar**.

agenciero, ra. adj. Guat. y Perú. 'Diligente'. sust. m. y f. Cuba y Méj. 'Agente de mudanzas'. Argent. 'Lotero, persona que tiene a su cargo un despacho de billetes de la lotería'. vulg. Chile. 'Prestamista'.

♦ **agendar.** Este verbo no está registrado en el *Diccionario*. Se reemplaza con **apuntar** o **anotar en una agenda**.

agente. sust. com. 'Persona que tiene a su cargo una agencia para gestionar asuntos ajenos o prestar determinados servicios'; 'empleado gubernativo, municipal, etc., encargado de velar por la seguridad pública' (***el agente** de policía, **la agente** de policía*).

♦ **aggiornamento.** Italianismo. En español, debe decirse **puesta al día** o **actualización**.

♦ **aggiornar.** Italianismo. En español, debe decirse **poner al día** o **actualizar**.

agilizar. v. tr. Su sinónimo es **agilitar** (v. tr. Ú. t. c. prnl.). → **cazar**

-ago. suf. átono de or. prerromano (*galápago*).

agobiar. v. tr. Ú. m. c. prnl. Rég. prep.: **agobiarse con** (*Se **agobian con** los problemas*); **agobiarse por** (*¿Te **agobias por** la vejez?*). Se conjuga, en cuanto al acento, como **cambiar**.

agonizar. v. tr. p. us. Como intransitivo, denota 'estar el enfermo en la agonía'. → **cazar**

agorar. v. irreg. tr. 'Predecir'. Se usa, sobre todo, en infinitivo. Se conjuga como **sonar**. No debe decirse *yo agoro* , *yo agore*, sino *yo agüero* (presente de indicativo), *yo agüere* (presente de subjuntivo). Repárese en el uso de la diéresis. Tiene un participio regular (*agorado*).

agosto. sust. m. Octavo mes del año. Tiene treinta y un días. Siempre debe escribirse con minúscula. Sus derivados son los adjetivos **agosteño, ña** y **agostizo, za**, 'propio del mes de agosto'.

agraciar. v. tr. Se conjuga, en cuanto al acento, como **cambiar**.

agradable. adj. El superlativo es **agradabilísimo, ma**. Rég. prep.: **agradable a** (*El postre era muy **agradable al** gusto*); **agradable con** (*Era **agradable con** todos sus invitados*).

agradecer. v. irreg. tr. Se conjuga como **parecer**.

agravante. p. a. de **agravar**. adj. Ú. t. c. sust.: **el agravante** o **la agravante**. Son correctos ambos usos, pero, al sustantivar **agravante**, se prefiere el género femenino, pues se sobreentiende el sustantivo **circunstancia**: **la circunstancia agravante, la agravante**.

agraviar. v. tr. Se conjuga, en cuanto al acento, como **cambiar**.

agredir. v. tr. defect. 'Atacar, insultar' (*Agredió a sus hermanos en la calle*). Se conjuga en los mismos tiempos y personas que **abolir**. En la Argentina, no es verbo defectivo.

agregado. sust. m. 'Funcionario adscrito a una misión diplomática' (*Le presenté al **agregado** comercial de la embajada*). Rég. prep.: **agregado a** (*Lo nombraron **agregado a** la embajada*). Su femenino es **agregada**.

agregaduría. sust. f. 'Cargo y oficina del agregado diplomático'; 'cargo del profesor agregado'. Su sinónimo es **agregación** (sust. f.).

agregar. v. tr. Ú. t. c. prnl. Rég. prep.: **agregar a** (***Agrega** sal **a** la ensalada; **Se agregarán** dos jugadores **al** equipo*). → **pagar**

agremiar. v. tr. Ú. t. c. prnl. Se conjuga, en cuanto al acento, como **cambiar**.

agresivo, va. adj. 'Violento, pendenciero, provocador'. No debe usarse como sinónimo de 'activo, animoso, audaz, dinámico, emprendedor', porque es un anglicismo (*aggressive*): *Necesitamos vendedores agresivos*. Correcto: *Necesitamos vendedores **dinámicos***. Dice Alfaro: "Estas connotaciones son ajenas a la voz castellana, y es, por lo tanto, impropio en extremo que se llame *agresivo* a un agente de ventas o administrador de un negocio para denotar sus cualidades de actividad, de inteligencia y de trabajo". Lo mismo sucede con **agresividad** (sust. f.), 'acometividad'.

agriar. v. tr. Ú. m. c. prnl. No debe pronunciarse [agrear]. Se conjuga, en cuanto al acento, como **cambiar**.

agrícola. adj. invariable (*tratado **agrícola**-ganadero*). Incorrecto: *tratado agrícolo-ganadero*. sust. com. 'Agricultor': **el agrícola, la agrícola**.

agridulce. adj. Carece de inflexión superlativa. Ú. t. c. sust. com.: **el agridulce, la agridulce**.

agrio, gria. adj. El superlativo es **agriísimo, ma**. Rég. prep.: **agrio a** (*El limón es agrio al gusto*). Los adjetivos de género femenino con **a** tónica no siguen la regla de los sustantivos femeninos con **a** tónica (→ **agua**) respecto del uso del artículo (*la **agria** naranja*), aun cuando aparecen sustantivados (*la árabe*).

agro-. pref. de or. lat. 'Campo' (***agro**nomía, **agro**pecuario*).

♦ **a grosso modo.** La locución adverbial correcta es **grosso modo**, 'a bulto, aproximadamente, más o menos' (*Compraron, **grosso modo**, doce cajas de tizas*).

agua. sust. f. Como comienza con **a** tónica (acentuada), se le antepone el artículo **el**, forma apocopada del artículo femenino **ela** del español antiguo, que, ante **a** tónica elidía su **a** final: ***ela** agua, **el'** agua*. Debe decirse **el agua, un agua, esa agua, esta agua, aquella agua, alguna agua; toda el agua; la clara agua, una clara agua**. Cuando se antepone al sustantivo el adjetivo calificativo, el artículo es **la** y el pronombre indefinido es **una**. Incorrecto: *Bebió todo el agua; Este agua está muy fría; Beba ese agua; La agua hierve*. En plural: **las aguas**. Su diminutivo es **agüita**. Incorrecto: *Está fría el agüita*. Correcto: *Está fría **la agüita***. Debe decirse **agua de Colonia**. Incorrecto: *agua Colonia, agua colonia*.

aguachirle. sust. f. 'Bebida o alimento líquido sin fuerza ni sustancia'; 'cosa baladí, sin importancia': **la aguachirle, una aguachirle**. No debe escribirse *agua chirle*.

aguafiestas. sust. com. 'Persona que turba cualquier diversión o regocijo': **el aguafiestas, la aguafiestas**. Es incorrecto usarlo, en singular, sin **s** final. En plural, es invariable: **los aguafiestas, las aguafiestas**. No debe escribirse *agua fiestas*.

aguafuerte. sust. amb.: **el aguafuerte, la aguafuerte**. También puede escribirse **agua fuerte**, pero la Academia prefiere la primera forma (sobre todo, en género masculino) para referirse a la 'lámina obtenida por el grabado al agua fuerte' y a la 'estampa hecha con esta lámina', y la segunda (en género femenino), para referirse al 'ácido nítrico': **el agua fuerte** (en este caso, **el** es artículo femenino). **al agua fuerte**. loc. adv. (*grabado **al agua fuerte***). El plural es **aguafuertes** o **aguas fuertes**.

aguafuertista. sust. com. 'Persona que graba al agua fuerte': **el aguafuertista, la aguafuertista**.

aguamarina. sust. f. 'Variedad de berilo muy preciado en joyería': **la aguamarina, una aguamarina**. Su plural es **aguamarinas**. No debe escribirse en dos palabras: *agua marina*.

aguanieve. sust. f. También puede escribirse **agua nieve**. El plural es **aguanieves** o **aguas nieves**.

aguar. v. tr. Ú. t. c. prnl. Incorrecto: *agúo, agúe, agúa*. Se conjuga, en cuanto al acento, como **adecuar**. → **averiguar**

aguardar. v. tr. Rég. prep.: **aguardar a** (***Aguardaremos al** jueves para decírselo*). Ú. t. c. prnl. 'Detenerse, retardarse' (*El tren **se aguardó** dos horas*). Ú. t. c. intr.

aguardiente. sust. m. Incorrecto: *la aguardiente*. En plural: **los aguardientes**.

aguaribay. sust. m. R. de la Plata. 'Turbinto, árbol'. En plural: **aguaribayes** o **aguaribáis**. También puede decirse **aguaraibá** (sust. m. R. de la Plata; en plural: **aguaraibaes** o **aguaraibás**). La Academia prefiere la primera forma.

aguarrás. sust. m. Incorrecto: *la aguarrás*. En plural: **los aguarrases**.

agudizar. v. tr. 'Hacer aguda una cosa'. v. prnl. 'Agravarse una enfermedad'. → **cazar**

aguerrir. v. tr. defect. Ú. t. c. prnl. 'Acostumbrar a los soldados bisoños a los peligros de la guerra'. Se conjuga en los mismos tiempos y pesonas que **abolir**, pero sólo se usa el infinitivo y el participio en función adjetiva.

aguijonazo. sust. m. No es el aumentativo de **aguijón** (sust. m.), sino 'punzada de aguijón'; 'burla o reproche hiriente'. Su sinónimo es **aguijonada** (sust. f.).

águila. sust. f. Debe decirse **el águila**, **un águila**, **esa águila**, **esta águila**, **aquella águila**, **alguna águila**. Su diminutivo es **aguililla** (sust. f.). En plural: **las águilas**, **unas águilas**, **esas águilas**, **estas águilas**, **aquellas águilas**, **algunas águilas**. El pollo del águila es el **aguilucho** (sust. m.). → **agua**

agüista. sust. com. 'Persona que asiste a un establecimiento de aguas mineromedicinales con fines curativos': **el agüista**, **la agüista**.

aguja. sust. f. No debe pronunciarse [aúja, abuja]. Diminutivos: **agujita** y **agujuela**.

agujerear. v. tr. Ú. t. c. prnl. Debe evitarse la pronunciación [aujeriar, aujerié]. Su sinónimo es **agujerar** (v. tr. Ú. t. c. prnl.). → **-ear**

aguzar. v. tr. → **cazar**

¡ah! interj. 'Pena, admiración, sorpresa' (*¡Ah, llegaste!*).

ahí. adv. l. 'En ese lugar', 'a ese lugar', 'en el lugar donde está la segunda persona' (*¡**Ahí** está el niño!*; ***Ahí** iremos mañana*). 'En esto', 'en eso' (***Ahí** está el error*). 'Esto', 'eso', precedido de las preposiciones **de** o **por** (***De ahí** derivan nuestras equivocaciones*; ***Por ahí** sabremos quién miente*). Puede ir precedido de otras preposiciones (***Desde ahí**, el paisaje es distinto*; *Camine **hasta ahí***). Tiene, también, un sentido temporal (***De ahí en adelante**, Sergio hará la contabilidad*). Se diferencia de **allí** en que este adverbio alude a un lugar alejado de la primera y de la segunda persona (***Ahí** comerá Juan*; ***allí**, Rosa y Nora*). Incorrecto: *Estaba allí, contigo*; *Se lee poco, de allí algunos de los graves errores de redacción*. Correcto: *Estaba **ahí**, contigo*; *Se lee poco, **de ahí** algunos de los graves errores de redacción*. No debe pronunciarse [ái]. → **aquí, de ahí que, de por ahí, por ahí**

ahijar. v. tr. Entre otras denotaciones, 'adoptar el hijo ajeno'. v. intr. 'Procrear hijos'; 'echar la planta retoños'. → **airar**

ahilar. v. intr. Entre otras denotaciones, 'ir uno tras otro formando hilera'. v. prnl. 'Padecer desmayo por falta de alimento'. Su postverbal es **ahílo** (sust. m.). → **airar**

ahincar. v. tr. 'Instar con ahínco y eficacia, estrechar'. v. prnl. 'Apresurarse'. La primera **a** no forma diptongo con la **i** cuando el radical es tónico; debe marcarse la tilde sobre la **i** en presente de indicativo (*ahínco, ahíncas, ahínca, ahíncan*), presente de subjuntivo (*ahínque, ahínques, ahínque, ahínquen*) e imperativo (*ahínca*). Cambia la **c** por **qu**, cuando va seguida de **e**, en pretérito perfecto simple de indicativo (*ahinqué*) y en presente de subjuntivo.

ahitar. v. tr. 'Señalar los lindes de un terreno con hitos o mojones'; 'causar indigestión'. Ú. t. c. intr. v. prnl. 'Comer hasta padecer indigestión'. Tiene un participio regular (***ahitado***) y otro irregular (***ahíto***). → **airar**

ahogar. v. tr. Ú. t c. prnl. Rég. prep.: **ahogarse de** (***Se ahogaron de** calor*); **ahogarse en** (***Se ahogó en** el río*).

ahora. adv. t. 'A esta hora, en este momento'; 'poco tiempo ha'; 'dentro de poco tiempo'; 'hoy'. **ahora bien**. loc. conjunt. advers. 'Esto supuesto o sentado' (***Ahora bien**, ¿qué desean los intrusos?*). **ahora mismo**. loc. adv. 'En este mismo instante' (***Ahora mismo** lo hago*). **ahora que**. loc. conjunt. 'Pero' (*La oficina es grande, **ahora que** no tiene balcón*).

♦ **a horas.** Solecismo por **en horas**: *No la interrumpa **en horas** de clase*. Incorrecto: *No la interrumpa a horas de clase*.

ahorcar. v. tr. Ú. t. c. prnl. Rég. prep.: **ahorcar en**, **ahorcarse en** (*El ladrón **se ahorcó en** ese árbol*). → **sacar**

ahorrador, ra. adj. 'Que ahorra'. Ú. t. c. sust. m. y f.: **el ahorrador**, **la ahorradora**.

ahorrista. sust. com. Argent. y Venez. 'Persona que tiene cuenta de ahorros en un banco': **el ahorrista**, **la ahorrista**.

ahumar. v. tr. 'Poner al humo alguna cosa; llenar de humo'. v. intr. 'Despedir humo lo que se quema'. v. prnl. 'Ennegrecerse algo con el humo'. → **aullar**

-aico, ca. suf. de or. lat., de adjetivos. 'Pertenencia', 'relación' (***algebraico***; ***mosaico***, 'perteneciente o relativo a Moisés').

aimara. adj. Ú. t. c. s. Palabra grave. Es incorrecto pronunciarla o escribirla como aguda: *aimará*.

aindiado, da. adj. No debe pronunciarse [indiado].

airar. v. tr. Ú. m. c. prnl. 'Mover a ira'; 'alterar violentamente'. Rég. prep.: **airarse con** o **contra** (***Se airó con** su primo*; ***Se airó contra** su primo*). Es verbo regular. La **a** no forma diptongo con la **i** cuando el radical es tónico. Presente de indicativo: *aíro, aíras, aíra, airamos, airáis, aíran*. Presente de subjuntivo: *aíre, aíres, aíre, airemos, airéis, aíren*. Imperativo: *aíra* (tú). No debe confundirse con **airear**. → **airear**

aireación. sust. f. No debe pronunciarse [airiación].

airear. v. tr. prnl. 'Poner al aire' (***Aireamos** las sábanas*). 'Ponerse o estar al aire, refrescarse' (*Las ancianas **se airean** en el patio*). 'Dar publicidad o actualidad a algo' (***Aireó** nuestro secreto*). No debe pronunciarse [airiar, airié]. No debe confundirse con el verbo **airar**. → **-ear, airar**

aislar. v. tr. Ú. t. c. prnl. → **airar**

-aje. suf. de sustantivos que puede significar 'acción' (*acuatizaje*); 'derechos que se pagan' (*hospedaje*); 'conjunto' (*mestizaje*).

ajedrecista. sust. com.: **el ajedrecista, la ajedrecista**.

ajeno, na. adj. 'Distante, lejano, libre de algo'. Rég. prep.: **ajeno de** (*Su conducta, siempre **ajena de** vanidad*). 'Impropio, extraño'. Rég. prep.: **ajeno a** (*Lo que ocurrió fue **ajeno a** sus deseos*). **estar ajeno de sí.** fr. fig. 'Estar desprendido de sí mismo o de su amor propio'.

ají. sust. m. En plural: **ajíes** o **ajís**. El sustantivo colectivo es **ajizal** (m.).

ajo. sust. m. El sustantivo colectivo es **ajar** (m.).

-ajo, ja. suf. de or. lat., de sustantivos y de adjetivos con valor entre despectivo y diminutivo (*cascajo, migaja*). Puede combinarse con **-ar** (*espumarajo*); con **-arro** (*pintarrajo*); a veces, toma la forma **-strajo** (*comistrajo*). Estas combinaciones poseen valor despectivo.

-ajón. suf. → **-ón**

ajorar. v. irreg. tr. 'Remolcar'. P. Rico. 'Molestar'. También puede decirse **ajorrar** (v. tr.), voz preferida por la Academia. Se conjuga como **sonar**.

al. contracc. de la prep. **a** y el artículo **el**. Incorrecto: *Viajó al Cairo*. Correcto: *Viajó **a** El Cairo*.

al-. Elemento inicial que forma parte de muchas palabras españolas procedentes del árabe; **al** es, en árabe, el artículo: ***al**haja, **al**mohada*.

-al. suf. de or. lat., de sustantivos y de adjetivos. En los sustantivos, indica el lugar en que abunda el primitivo (*robled**al***). En los adjetivos, 'relación o pertenencia' (*estructur**al***).

a la antigua. loc. adv. → **antiguo**

♦ **à la béchamel.** Galicismo. En español, debe usarse **con besamel** o **con besamela**. Incorrecto: *Comí pescado à la béchamel*. Correcto: *Comí pescado **con besamel***.

♦ **à la carte.** Galicismo. En español, debe usarse **a elección**. Incorrecto: *menú à la carte*. Correcto: *menú **a elección***.

al abordaje. loc. adv. 'Pasando la gente, del buque abordador al abordado, con armas a propósito para embestir al enemigo'.

ala. sust. f. Debe decirse **el ala, un ala, esa ala, esta ala, aquella ala, alguna ala**. En plural: **las alas, unas alas, esas alas, estas alas, aquellas alas, algunas alas**. → **agua**

alabar. v. tr. Ú. t. c. prnl. 'Elogiar'. Rég. prep.: **alabar de** (*Lo **alabó de** prudente*). v. prnl. 'Jactarse o vanagloriarse' (***Se alaba de** emprendedor*).

alacena. sust. f. También puede escribirse **alhacena**, pero la Academia prefiere la primera forma.

♦ **a la mayor brevedad.** Expresión incorrecta. Debe decirse **con la mayor brevedad**. → **brevedad**

alambre. sust. m. Incorrecto: *la alambre*.

alarma. sust. f. Incorrecto: *el alarma*.

alarmista. adj. 'Que causa alarma' (*Difundió rumores **alarmistas***). Ú. t. c. sust. com. 'Persona que hace cundir noticias alarmantes': **el alarmista, la alarmista**.

alazo. sust. m. 'Aletazo, golpe que dan las aves con el ala'. No debe usarse como aumentativo de **ala**.

alba. sust. f. Debe decirse **el alba**, **un alba**, **esa alba**, **esta alba**, **aquella alba**, **alguna alba**. En plural: **las albas**, **unas albas**, **esas albas**, **estas albas**, **aquellas albas**, **algunas albas**. → **agua**

albaca. sust. f. Síncopa de **albahaca**. Puede escribirse de las dos formas.

albacea. sust. com.: **el albacea**, **la albacea**.

albahaca. sust. f. → **albaca**

albóndiga. sust. f. Diminutivo: **albondiguilla**. También puede decirse **almóndiga** (sust. f.).

albricias. sust. f. pl. 'Regalo que se da por alguna buena nueva a la persona que trae la primera noticia de aquélla'. → **plural** (**pluralia tantum**).

álbum. sust. m. Es palabra grave. No debe pronunciarse [el albún, el álbun]. En plural, se transforma en esdrújula: **los álbumes**. Incorrecto: *álbunes*; *albunes*; *albums*.

albumen. sust. m. 'Clara de huevo'. Incorrecto: *la albumen*. En plural: **los albúmenes**.

alcahuetear. v. intr. Ú. t. c. tr. 'Servir de alcahuete o hacer servicios de tal'. No debe pronunciarse [alcahuetiar, alcahuetié]. → **-ear**

alcalde. sust. m. Su femenino es **alcaldesa**, 'mujer del alcalde' y 'mujer que ejerce el cargo de alcalde'.

alcanzar. v. tr. 'Llegar a juntarse con una persona o cosa que va adelante' (***Alcanzó** a Luisa en la calle*). 'Herir' (*El disparo lo **alcanzó** en la pierna derecha*). 'Tomar algo alargando la mano' (***Alcánzame** la jarra*). 'Ser suficiente' (*El dinero **alcanzará** para el viaje*). 'Tener poder, virtud o fuerza'. Rég. prep.: **alcanzar a** (*El jarabe **alcanzó a** calmar la tos*). → **cazar**

alcázar. sust. m. Incorrecto: *la alcázar*. Es palabra grave. En plural, se transforma en esdrújula: **los alcázares**.

aleación. sust. f. No debe pronunciarse [aliación].

aleatorio, ria. adj. 'Fortuito, dependiente del azar'. No debe pronunciarse [aliatorio].

aledaño, ña. adj. Entre otras denotaciones, 'confinante, lindante'. Ú. t. c. sust. m. y m. en pl. sust. m. 'Confín, límite'. Ú. m. en pl.: **los aledaños**.

álef. sust. amb. 'Primera letra del alfabeto hebreo': **el álef antiguo** (sust. m.), **el álef antigua** (sust. f.). Es palabra grave. No debe pronunciarse [alef] como aguda. → **agua**

alegrarse. v. prnl. 'Recibir o sentir alegría'. Rég. prep.: **alegrarse de** (***Se alegra de** que esté curada*). Incorrecto: *Se alegra que esté curada*. **alegrarse con** o **por** (***Se alegraron con** mi ascenso*; ***Me alegro por** tu graduación*). Incorrecto: *Me alegra de que se haya casado*; *¿Te alegra de venir con nosotros?* Correcto: *Me **alegra que** se haya casado*; *¿Te **alegra venir** con nosotros?* → **de**

alejar. v. tr. 'Distanciar'. Ú. t. c. prnl. 'Ahuyentar'; 'apartar, evitar'. Rég. prep.: **alejar de**, **alejarse de** (***Alejan** a los enemigos **de** la ciudad*; ***Alejó** a sus hijas **de** las malas compañías*; ***Se alejaron de** todos los amigos*).

aleluya. 'Voz que se usa en la Iglesia en demostración de júbilo, especialmente en tiempo de Pascua'. Ú. t. c. sust. amb.: **el aleluya**, **la aleluya**.

alentar. v. irreg. intr. 'Respirar'. v. tr. 'Animar'. Ú. t. c. prnl. 'Mejorar de una enfermedad'. Se conjuga como **acertar**.

alergeno. sust. m. 'Sustancia que al introducirse en el organismo, lo sensibiliza para la aparición de los fenómenos de la alergia'. También puede decirse **alérgeno**, pero la Academia prefiere la primera forma.

alergista. sust. com. 'Médico especializado en afecciones alérgicas': **el alergista**, **la alergista**. También puede decirse **alergólogo** (sust. m.) y **alergóloga** (sust. f.).

alerta. adv. m. 'Con vigilancia y atención'. Se usa con los verbos **estar** (***estar alerta***), **andar** (***andar alerta***), **vivir** (***vivir alerta***), **poner** (***poner alerta***). Como voz que se emplea para excitar a la vigilancia, puede usarse en género masculino o femenino: **el alerta**, **la alerta** (*Le dieron **el alerta***; *Le dieron **la alerta***). Con el significado de 'situación de vigilancia o atención', se usa en género femenino (*No respetó **la alerta***).

alerto, ta. adj. 'Vigilante, cuidadoso' (*Parece un hombre **alerto**; Demostró ser una mujer **alerta***).

-ales. suf. de matiz humorístico que forma algunos adjetivos de uso familiar o vulgar (*vivales*).

aletazo. sust. m. 'Golpe de ala o de aleta'. No debe usarse como aumentativo de **aleta**.

aletear. v. intr. No debe pronunciarse [aletiar, aletié]. → **-ear**

alfa. sust. f. 'Primera letra del alfabeto griego, que corresponde a la que, en el nuestro, se llama *a*' (*el **alfa** griega*). → **agua**

alfajor. sust. m. 'Alajú'; 'rosquilla de alajú'. Argent., Chile, Perú y Urug. 'Golosina compuesta de dos o más medallones de masa relativamente fina, adheridos con dulce'. vulg. Argent. 'Facón, daga grande'. Sto. Dom. y Venez. 'Pasta hecha de harina de yuca, papelón, piña y jengibre'. Es palabra aguda. En plural, se transforma en grave: **alfajores**.

alfarería. sust. f. También puede escribirse **alfahararería**, poco usada.

alfarero. sust. m. También puede escribirse **alfahararero**, grafía poco usada.

alféizar. sust. m. 'Vuelta o derrame que hace la pared en el corte de una puerta o de una ventana, tanto por la parte de adentro como por la de afuera': **el alféizar**. Su plural es **alféizares**. Su sinónimo es **alfeiza** (sust. f.). No debe confundirse con el verbo **alfeizar** (tr.), 'hacer alféizares o alfeizas en una pared'.

alférez. sust. m. Su plural es **alféreces**.

alfil. sust. m. 'Pieza grande del juego de ajedrez'. Es palabra aguda: **el alfil**. No debe pronunciarse [álfil]. En plural, se transforma en grave: **alfiles**.

alfilerazo. sust. m. 'Punzada de alfiler'. No debe usarse como aumentativo de **alfiler**.

alfombrista. sust. m. La Academia sólo registra este género.

alga. sust. f. Debe decirse **el alga, un alga, esa alga, esta alga, aquella alga, alguna alga**. En plural: **las algas, unas algas, esas algas, estas algas, aquellas algas, algunas algas**. → **agua**

álgebra. sust. f.: **el álgebra**. → **agua**

algebrista. sust. com.: **el algebrista, la algebrista**.

-algia. elem. compos. de or. gr. 'Dolor' (*artralgia*).

álgido, da. adj. 'Muy frío'. Puede usarse como sinónimo de 'momento o período crítico o culminante' (*La enfermedad está en su período **álgido***).

algo. pron. indef. n. Designa lo que no se quiere o no se puede nombrar (*Han traído **algo** para usted*). 'Cantidad indeterminada, grande o pequeña' (*Dame **algo**, por favor*). Rég. prep.: **algo de** (*Comió **algo de** pan*). adv. c. 'Un poco' (*Estudia **algo** el griego*). Carece de plural.

alguacil. sust. m. Su femenino es **alguacilesa** ('mujer del alguacil').

alguien. pron. indef. Designa persona o personas existentes, sin indicación de género ni de número (***Alguien** vino*). Sus antónimos son **nadie** y **ninguno, na**. sust. m. 'Persona de alguna importancia'. Se usa con los verbos **ser**, **creerse** (*Mi hijo quiere **ser alguien**; Actúa así, porque **se cree alguien***) y **sentirse** (*Quiere **sentirse alguien***). Carece de plural. Incorrecto: *¿Alguien de ustedes arrojó este papel?* Correcto: *¿**Alguno de** ustedes arrojó este papel?*; *¿**Alguna de** ustedes arrojó este papel?*

algún. adj. y pron. indef. Apócope de **alguno**. Sólo se usa antepuesto a sustantivos masculinos (***algún** hombre; **algún** suceso*). Mantiene su forma apocopada, aunque se agregue otro adjetivo entre el adjetivo y el sustantivo (***algún** extraordinario suceso*). La apócope es facultativa en la siguiente locución adjetiva: ***algún que otro**, **alguno que otro*** (***Algún que otro** día lo visitaremos; **Alguno que otro día** lo visitaremos*). Tiene significado negativo cuando se coloca después del sustantivo (*en modo **alguno***). Incorrecto: *Pintarán algún aula; ¿Compró algún arma?* Correcto: *Pintarán **alguna** aula; ¿Compró **alguna** arma?*

alguno, na. adj. y pron. indef. que se aplica indeterminadamente a una o a varias personas o cosas respecto a otras (*¿Irá **alguno** a la reunión?*). Antónimo de **ninguno, na**. Equivale a **ningún** o **ninguna** en frases negativas, pospuesto al sustantivo (*No hay razón **alguna** para decírselo*). Indica 'número ni pequeño ni grande' (*Sólo asistieron* ***algunos*** *compañeros de trabajo*). Su plural es **algunos**, **algunas**. **alguno que otro**. loc. 'Unos cuantos, pocos' (*Muchas personas dieron su opinión;* ***alguno que otro*** *prefirió callar*). → **algún**

alhelí. sust. m. También puede escribirse **alelí**. En plural: **alhelíes** o **alhelís** y **alelíes** o **alelís**.

aliar. v. tr. y prnl. Se conjuga, en cuanto al acento, como **guiar**.

alias. adv. 'Por otro nombre' (*Llegó Evaristo,* ***alias*** *el Sabihondo*). sust. m. 'Apodo o sobrenombre' (*No quería usar el* ***alias*** *con que se lo identificaba*). Su abreviatura es (***a***), sin punto y entre paréntesis.

alicate. sust. m. Puede usarse también en plural: **alicates**.

aliciente. sust. m. 'Atractivo, incentivo'. Rég. prep.: **aliciente a**, **de** o **para** (*Debemos dar* ***aliciente a*** *su carrera; Ése es el* ***aliciente de*** *una gran empresa; Ése es el* ***aliciente para*** *una gran empresa*).

alienista. sust. com. 'Médico especializado en enfermedades mentales': **el alienista**, **la alienista**.

alimentar. v. tr. Ú. t. c. prnl. Rég. prep.: **alimentarse con** o **de** (***Se alimenta con*** *carne;* ***Se alimenta de*** *carne*).

alimentario, ria. adj. 'Propio de la alimentación o referente a ella'. → **alimenticio.** sust. m. y f.: **el alimentario, la alimentaria**, 'persona que goza asignación por alimentos'. Con esta denotación, es sinónimo de **alimentista** (sust. com.).

alimenticio, cia. adj. 'Que alimenta' (*La carne es* ***alimenticia***). 'Referente a los alimentos o a la alimentación'; con esta acepción, es sinónimo de **alimentario** (*Comenzó una dieta* ***alimenticia*** o *Comenzó una dieta* ***alimentaria***). A pesar de esta coincidencia de significados, se prefiere el uso de **alimenticio** con la primera acepción ('que alimenta') y de **alimentario** con la segunda.

alinear. v. tr. Ú. t. c. prnl. 'Poner en línea recta'. Incorrecto: *El niño* <u>*alínea*</u> *los cubos*. Correcto: *El niño* ***alinea*** *los cubos*. No debe pronunciarse [aliniar, alinié] ni confundirse con el verbo **aliñar.** → **-ear**

aliñar. v. tr. Ú. t. c. prnl. 'Aderezar, componer, adornar'. No debe confundirse con **alinear**.

aliquebrar. v. irreg. tr. Ú. t. c. prnl. 'Quebrar las alas'. Se conjuga como **acertar**.

aliviar. v. tr. Ú. t. c. prnl. Rég. prep.: **aliviarse de** o **en** (***Se alivió de*** *la tos;* ***Se aliviaron en*** *la tarea*). Se conjuga, en cuanto al acento, como **cambiar**.

♦ **all right.** Anglicismo. En español, debe decirse **perfectamente**, **muy bien**, **correcto**.

allá. adv. l. 'Indica lugar menos circunscripto o determinado que el que se denota con allí' (***Allá*** *comienza nuestro campo*); por eso, admite ciertos grados de comparación que rechaza **allí**: **tan allá**, **más allá**, **muy allá**. A veces, se usa antepuesto a nombres de lugar para denotar lejanía (***Allá*** *en Australia, nos encontraremos*). 'Desdén, despreocupación', en fórmulas como **allá se las haya**, **allá tú**, **allá él**, **allá cada cual** (***Allá se las haya***, *si no escucha mi consejo*). 'Alejamiento del punto en que se halla el hablante', con verbos de movimiento y precedido, a veces, de algunas preposiciones (*Corre* ***allá***; *Corre* ***hacia allá***; *Corre* ***hasta allá***; *Corre* ***para allá***; *Corre* ***por allá***). No debe usarse con la preposición **a** antepuesta (*Vaya* <u>*a allá*</u>). Correcto: *Vaya* ***allá***. adv. t. 'Remoto pasado', precede a sustantivos que se refieren a tiempo (***Allá*** *en mi juventud, la vida no era tan complicada*).

-alla. suf. de or. lat., de valor entre colectivo y despectivo (*can**alla***).

allanar. v. tr. Ú. t. c. intr. y c. prnl. Rég. prep.: **allanarse a**, 'avenirse, acceder a' (***Se allanaron a*** *las órdenes del director*).

allende. adv. l. 'De la parte de allá' (*Llegaron* ***allende***). adv. c. 'Además' (***Allende***, *trajo dos botellas de vino*). Rég. prep.: **allende de** (***Allende de*** *buena, era inteligente*). prep. 'Más allá de, de la parte de allá de' (*Vino* ***allende*** *los mares*).

allí. adv. l. 'En aquel lugar', 'a aquel lugar', 'en un lugar alejado de la primera y de la segunda persona' (***Allí*** *apareció el animal, Viajaremos* ***allí***). Incorrecto: ***Allí fue que*** *lo vi*. Correcto: ***Allí fue donde*** *lo vi*. adv. t. 'Entonces, en tal ocasión' (***Allí*** *fue la disputa*). En correlación con **aquí**, suele designar sitio indeterminado (*Coloque* ***aquí*** *los vasos y* ***allí***, *las copas*). **allí** puede ir precedido de algunas preposiciones: ***De allí**, vengo*; *Pudo verla* ***desde allí***; *Partirán* ***hacia allí***; *Trate de llegar* ***hasta allí***; *Siéntese* ***por allí***. Nunca debe usarse con la preposición **a** antepuesta: *¿Va a allí?* Correcto: *¿Va* ***allí***? Los adverbios **allí** y **allá** se refieren a un lugar lejano respecto de la primera y de la segunda persona, pero se diferencian en que **allí** lo designa con más concisión que **allá**. El adverbio **allí** no debe estar modificado por **más** o **muy**. Incorrecto: *Búsquelo más allí*. Correcto: *Búsquelo* ***más allá***. → **aquí**

alma. sust. f. Debe decirse **el alma**, **un alma**, **esa alma**, **esta alma**, **aquella alma**, **alguna alma**. En plural: **las almas**, **unas almas**, **esas almas**, **estas almas**, **aquellas almas**, **algunas almas**. Incorrecto: *Algún alma caritativa me ayudará*; *Ese alma caritativa me ayudará*. Correcto: ***Alguna alma** caritativa me ayudará*; ***Esa alma** caritativa me ayudará*. Diminutivo: **almita**. Incorrecto: *¿Se dice el almita?*; *¡Es un almita de Dios!* Correcto: *¿Se dice* ***la almita***? *¡Es* ***una almita*** *de Dios!* → **agua**

almacén. sust. m. Incorrecto: *la almacén*. En plural: **los almacenes**.

almacenero. sust. m. Su femenino es **almacenera**. También puede decirse **almacenista** (sust. com.).

alma máter. Debe decirse **la alma máter** ('madre nutricia'), pues **alma** es un adjetivo (**almo**, **alma**: 'criador, alimentador, vivificador') que modifica al sustantivo femenino **máter**, palabra latina españolizada, de ahí su tilde (palabra grave). Con esta expresión latina, se designa la Universidad en lenguaje literario. Incorrecto: *el alma máter*.

almíbar. sust. m. Es palabra grave. Incorrecto: *la almíbar*. En plural, se transforma en esdrújula: **los almíbares**.

almirante. sust. m. La **almiranta** 'es la mujer del almirante'.

almohada. sust. f. No debe pronunciarse [almuada]. Diminutivo: **almohadilla**. Aumentativo: **almohadón**.

almohadón. sust. m. No debe pronunciarse [almuadón].

almóndiga. sust. f. Diminutivo: **almondiguilla**. También puede decirse **albóndiga** (sust. f.).

almorrana. sust. f. También puede decirse **hemorroide** (sust. f.) y **hemorroida** (sust. f.). Ú. m. en pl.

almorzar. v. irreg. intr. 'Tomar el almuerzo' (***Almuerzan** a las doce*). v. tr. 'Comer algo en el almuerzo' (***Almorzaremos** churrasco*). Se conjuga como **sonar**.

alo-. elem. compos. de or. gr. que, unido a un segundo elemento, indica variación o variante de este último: ***alopatía*** ('Terapéutica cuyos medicamentos producen en el estado sano fenómenos diferentes de los que caracterizan las enfermedades en que se emplean').

a lo antiguo. loc. adv. → **antiguo**

al objeto de. loc. conjunt. final. 'Con la finalidad de, para'. Se une con el infinitivo (*Le escribo* ***al objeto de*** *comunicarle mis nuevos proyectos*). Su sinónimo es la locución conjuntiva final **con objeto de** (*Le escribo* ***con objeto de*** *comunicarle mis nuevos proyectos*). **al objeto de que**. loc. conjunt. final. 'Para que'. Se une con el subjuntivo (*Lo citan* ***al objeto de que*** *explique los resultados de su experimento*). Su sinónimo es la locución conjuntiva final **con objeto de que** (*Lo citan* ***con objeto de que*** *explique los resultados de su experimento*).

alocución. sust. f. 'Discurso o razonamiento breve y dirigido por un superior a sus inferiores, secuaces o súbditos'. Incorrecto: *El Ministro de Economía, en su extensa alocución, pidió orden y prudencia a los demás ministros*. Correcto: *El Ministro de Economía, en su* ***extenso discurso***, *pidió orden y prudencia a los demás ministros*. No debe confundirse su significado con el de **elocución** (sust. f.), 'manera de hablar para expresar los conceptos'; 'modo de elegir y distribuir los pensamientos y las palabras en el discurso'. → **elocución**

áloe. sust. m. 'Planta medicinal'. También pueden decirse **aloe**, **zábila** o **zabila** (sust. f.), pero se prefiere la primera forma. Su plural es **áloes** o **aloes**, **zábilas** o **zabilas**.

a lo largo de. loc. prepos. 'Durante' (***a lo largo de** un discurso*; ***a lo largo de** su vida*). Deben evitarse oraciones como la siguiente: *Silbaron al actor a lo largo de un minuto*. Conviene decir: *Silbaron al actor* ***durante*** *un minuto*.

alomorfo. sust. m. 'Cada una de las variantes

de un morfema en función de un contexto y significado idénticos' (*En español, los* ***alomorfos*** *del plural son -s* y *-es*).

Alpes. sust. pr. m. Sólo se usa en plural: **los Alpes**.

alpinismo. sust. m. 'Deporte que consiste en la ascensión a las altas montañas'. Puede usarse como sinónimo de **andinismo** (sust. m.).

alpinista. sust. com.: **el alpinista**, **la alpinista**.

alquilar. v. tr. ***Alquilan*** *departamentos*; ***Se alquilan*** *departamentos* (**se**, signo de cuasirrefleja pasiva de tercera persona: son alquilados); ***Se alquila*** *este departamento* (es alquilado). Incorrecto: *Se alquila departamentos*.

alquiler. sust. m. **de alquiler**. loc. adj. 'Que se alquila y a tal fin se destina'. Se refiere a inmuebles o a medios de transporte (*Vive en un departamento* ***de alquiler***; *Viajó en un coche* ***de alquiler***). → **renta**

alrededor. adv. l. **alrededor de**. loc. prepos. 'Rodeando, en círculo, en torno a algo' (*Caminaba* ***alrededor de*** *la casa*); precediendo a una fecha, 'poco antes o después de' (*Regresará* ***alrededor de*** *las once*). **alrededor de**. loc. adv. Precede a una expresión numérica (*Recibieron* ***alrededor de*** *doscientos turistas*). sust. m.: **el alrededor**. Ú. m. en pl.: **los alrededores** (*Vagaba por* ***los alrededores***). Es incorrecta la grafía *alrrededor*. También puede decirse **alderredor**, pero la Academia prefiere la primera forma. → **derredor** (**al** o **en derredor**)

♦ **al respecto de.** Locución errónea. Debe decirse **respecto a** o **respecto de**. → **respecto**

alta. sust. f. 'Orden que da el médico al enfermo declarándolo oficialmente curado'; 'documento que acredita el alta de enfermedad' (*Después de diez días de internación, el doctor Robles me dio* ***el alta***). Incorrecto: *el alta médico*. Correcto: *el* ***alta médica***. 'Inscripción de una persona en un cuerpo, organismo, profesión, sociedad, etcétera' (*El profesor de Historia ya tiene* ***el alta*** *para dar sus clases*). Son frases correctas: **dar de alta** ('tomar nota del ingreso de los militares en sus respectivos cuerpos o de su vuelta a ellos'); **dar el alta** ('declarar curada a la persona que ha estado enferma'); **darse de alta** ('inscribirse en un cuerpo, profesión, organismo o sociedad'). Debe decirse **el alta**, **un alta**, **esa alta**, **esta alta**, **aquella alta**, **alguna alta**. Su antónimo es **baja**. **dar baja**. fr. 'Perder estimación' (***Dio baja*** *dos viejas sillas*). **dar de baja**. fr. 'Tomar nota de la falta de un individuo ocasionada por muerte, enfermedad, deserción'; 'eliminar a una persona del escalafón o nómina de un cuerpo o sociedad'; 'cumplir las formalidades necesarias para poner a alguien o algo en situación de baja' (*El presidente de la empresa* ***dio de baja*** *a diez empleados*). **darse de baja**. fr. 'Cesar en el ejercicio de una industria o profesión'; 'dejar de pertenecer voluntariamente a una sociedad o corporación' (*Pedro* ***se dio de baja*** *en la fábrica*). **de baja** o **en baja**. loc. adv. 'Disminuyendo la estimación de una cosa o persona'. Se usa con los verbos **ir** y **estar** (*Ante su jefe, Luis está* ***de*** *o* ***en baja***). → **agua**

altamente. adv. m. 'Perfecta o excelentemente, en gran manera' (*El investigador fue* ***altamente*** *elogiado*).

altavoz. sust. m. Incorrecto: *la altavoz*. En plural: **los altavoces**.

alternar. v. tr. e intr. 'Variar las acciones diciendo o haciendo ya unas cosas, ya otras, y repitiéndolas sucesivamente'. Rég. prep.: **alternar con** (***Alternan*** *el estudio* ***con*** *los deportes*). 'Tener trato'. Rég. prep.: **alternar con** (*Suele* ***alternar con*** *poetas y filósofos*).

alternativa. sust. f. 'Opción entre dos o más cosas' (*Se encuentran ante una* ***alternativa***). 'Cada una de las cosas entre las cuales se opta' (*Nos dieron varias* ***alternativas*** *para comenzar la obra*).

alternativo, va. adj. 'Que se dice, hace o sucede con alternación' (*Las reuniones se realizan en días* ***alternativos***, es decir, uno sí y otro no). También puede usarse el adjetivo **alterno, na** (*Las reuniones se realizan en días* ***alternos***).

alterne. sust. m. 'Acción de alternar en las salas de fiesta' (*¿Todavía existen mujeres que practican* ***el alterne****?*). En plural: **los alternes**.

alti-. elem. compos. 'Alto' (***alti****planicie*, ***alti****sonante*).

altiplanicie. sust. f. En plural: **las altiplanicies**. También puede decirse **altiplano** (sust. m.), pero la Academia prefiere la primera forma.

altivez. sust. f. También puede decirse **altive-**

za (sust. f.), pero se prefiere la primera forma. En plural: **las altiveces**, **las altivezas**.

alto, ta. adj. 'Elevado' (*Clara es **alta**; Es oriundo del **Alto** Aragón*). 'Remoto o antiguo' (*la **Alta** Edad Media*). Se escribe con mayúscula cuando se aplica al nombre de un período histórico o a una denominación geográfica. 'De gran dignidad' (*Parecía un **alto** caballero*). 'De superior categoría o condición' (*Recibió a un **alto** dignatario de la Iglesia*). 'Excelente' (***alta** costura*). 'Arduo, difícil de alcanzar' (*Sin duda, es una **alta** empresa*). 'Gravísimo' (***alta** traición*). 'Avanzado' (*Llegó a las **altas** horas de la noche; Llegó bien **alta** la noche*). Deben evitarse los anglicismos *alta calidad* y *casa de altos estudios*. Lo correcto en español es: ***buena** calidad*, ***gran** calidad* y *casa de estudios **superiores***. Posee dos comparativos: **más alto** y **superior**. **más alto** siempre se construye con la conjunción **que** (*Parecía **más alto que** su hermana*). **superior** se construye siempre con la preposición **a** (*La tesis doctoral de Sofía es **superior a** la de Pedro; La tesis doctoral de Sofía es **muy superior a** la de Pedro*). Incorrecto: *La tesis doctoral de Sofía es más superior que la de Pedro*. El superlativo de **alto** es **altísimo, ma** para todas sus acepciones. Posee un superlativo culto: **supremo**, 'sumo' (*Ser **supremo**; Tribunal **supremo**; hora **suprema***). sust. m. 'Montón' (*Dejó sobre la mesa un **alto** de papeles*). Se usa con este significado en la Argentina, Chile, el Perú y el Uruguay. adv. m. 'En voz fuerte' (*Cuando da clase, habla **alto***). Según Seco, no debe confundirse el adverbio **alto** con la expresión **en voz alta** ('no susurrando'). sust. m. 'Altura' (*dos metros de **alto***). **en alto**. loc. adv. 'A distancia del suelo' (*Sostiene el paquete **en alto***). → **agrio**

altoparlante. sust. m. Incorrecto: *la altoparlante*; *autoparlante*. En plural: **los altoparlantes**.

altorrelieve. sust. m. También puede escribirse en dos palabras: **alto relieve**. Su plural es **altorrelieves** y **altos relieves**.

altura. sust. f. Pueden usarse como sinónimos de este sustantivo: **alteza** (sust. f.), **altitud** (sust. f.) y **altor** (sust. m.). → **alto**

alumbre. sust. m. 'Sal blanca y astringente'. Incorrecto: *la alumbre*.

aluminio. sust. m. 'Elemento químico. Es un metal ligero y maleable que posee color y brillo parecidos a los de la plata'. Número atómico 13. Símbolo: ***Al***

alumno. sust. m. Su femenino es **alumna**. El sustantivo colectivo, **alumnado** (m.).

alunizar. v. intr. 'Posarse una nave espacial o un tripulante de ella en la superficie de la luna' (*Deseamos que la aeronave **alunice** bien*). También puede decirse **aterrizar** ('posarse en tierra firme'), si consideramos una de las acepciones del sustantivo femenino **tierra**: 'suelo o piso' (*Deseamos que la aeronave **aterrice** bien*). → **cazar**

alvéolo. sust. m. También puede decirse **alveolo** (palabra grave). La Academia prefiere esta última forma. En plural: **alvéolos** y **alveolos**.

alza. sust. f. 'Aumento de valor que toman monedas, fondos públicos, precios, etc.'. Debe decirse **el alza**, **un alza**, **esa alza**, **esta alza**, **aquella alza**, **alguna alza**. En plural: **las alzas**. → **agua**

alzar. v. tr. Ú. t. c. intr. Entre otras denotaciones, 'levantar'. v. prnl. 'Sobresalir en una superficie'. Amér. 'Fugarse u hacerse montaraz el animal doméstico'. Con la preposición **con**, 'apoderarse de algo con usurpación o injusticia' (*El ladrón **se alzó con** las joyas*). Su postverbal es **alzamiento** (sust. m.). → **cazar**

ama. sust. f. 'Señora de la casa'; 'criada, aya'. Debe decirse: **el ama**, **un ama**, **esa ama**, **esta ama**, **aquella ama**, **alguna ama**. En plural: **las amas**, **unas amas**, **esas amas**, **estas amas**, **aquellas amas**, **algunas amas**. Su diminutivo es **amita**. Incorrecto: *el amita*; *un amita*. Correcto: ***la amita**; **una amita***. → **agua**

amable. adj. Rég. prep.: **amable a**, **con**, **para**, **para con** (*Juan resultó **amable a** su jefe; Era **amable con** todos sus invitados; Era **amable para** todos sus invitados; Era **amable para con** todos sus invitados*). El superlativo es **amabilísimo, ma**.

amanecer. v. irreg. intr. impers. 'Empezar a aparecer la luz del día'. Se usa en tercera persona singular (***Amanece** a las seis*). v. intr. 'Llegar o estar en un lugar, situación o condición determinados al aparecer la luz del día'. Con esta acepción, es verbo personal (***Amanecimos** en Quito; ¿**Amaneciste** resfriado?*). Se conjuga como **parecer**. sust. m. 'Tiempo durante el cual amanece'. En plural: **amaneceres**. **al amane-**

cer. loc. adv. 'Al tiempo de estar amaneciendo' (*Salió a cabalgar **al amanecer***).

amanuense. sust. com.: **el amanuense, la amanuense.**

amaraje. sust. m. También puede decirse **amarizaje** (sust. m.), **amerizaje** (sust. m.) y **acuatizaje** (sust. m.).

amarar. v. intr. 'Posarse en el agua un hidroavión o un vehículo espacial'. Sus sinónimos son **acuatizar** (v. intr.), **amarizar** (v. intr.) y **amerizar** (v. intr.). La 'acción' de **amarar** se denomina **amaraje**.

amargo, ga. adj. Rég. prep.: **amargo a** (*amargo **al** gusto*). sust. m. R. de la Plata. 'Mate amargo' (*Cebó varios **amargos***).

amarillecer. v. irreg. intr. 'Ponerse amarillo'. Se conjuga como **parecer**.

amarrar. v. tr. Rég. prep.: **amarrar a** (***Amarraron** el caballo **a** un poste*).

♦ **amateur.** Galicismo. En español, debe decirse **aficionado.** → **aficionado**

amatista. sust. f. Incorrecto: *el amatista*. También puede decirse **ametista** (sust. f.), pero la Academia prefiere la primera forma.

ambages. sust. m. pl. 'Rodeos'. **sin ambages.** loc. (*Lo dijo **sin ambages***). → **plural (pluralia tantum)**

ámbar. sust. m. Es palabra grave. En plural, se transforma en esdrújula: **los ámbares.**

ambidextro, tra. adj. 'Que usa igualmente la mano izquierda que la derecha'. También puede decirse **ambidiestro, tra** (adj.).

ambiente. adj. 'Aplícase a cualquier fluido que rodea un cuerpo' (*Debe permanecer a temperatura **ambiente***). sust. m. 'Aire o atmósfera' (*El **ambiente** es fresco*); 'ambiente propicio' (*Dejaron la reunión, porque no había **ambiente***); 'ambiente fiel, característico o típico' (*El filme reconstruye el **ambiente** romántico del siglo XIX*); 'grupo, estrato, sector social' (*Frecuentaba **ambientes** intelectuales*); 'disposición de un grupo social o de un conjunto de personas respecto de alguien o de algo' (*La nueva directora encontró excelente **ambiente** en la escuela*); 'habitación, aposento' (*Compró un departamento de tres **ambientes***). La Academia admite el uso de la expresión **medio ambiente**, 'conjunto de circunstancias físicas que rodean a los seres vivos'; 'por extensión, conjunto de circunstancias físicas, culturales, económicas, sociales, etc., que rodean a las personas'.

ambigú. sust. m. 'Bufé'. Su plural es **ambigúes** o **ambigús,** pero la Academia considera que el plural con **s** se usa de modo casi exclusivo.

ámbito. sust. m. Es sinónimo de **campo** con el significado de 'espacio ideal configurado por las cuestiones y los problemas de una o de varias actividades o disciplinas relacionadas entre sí' (*Estos temas se estudian en el **ámbito** de la física; Estos temas se estudian en el **campo** de la física*).

ambos, bas. adj. pl. 'El uno y el otro'; 'los dos' (***Ambos** jóvenes salvaron la vida del bebé*). Incorrecto: *Ambos a dos salvaron la vida del bebé* (loc. pleonástica); *Ambos los tres organizaron el acto*. Correcto: ***Ambos** salvaron la vida del bebé; **Los tres** organizaron el acto*. Incorrecto: *Se necesitan jóvenes de ambos sexos*. Correcto: *Se necesitan jóvenes **de uno y otro sexo***. No debe confundirse con **sendos, das** (adj. pl. 'Uno o una para cada cual de dos o más personas o cosas'). Incorrecto: *Sendos jóvenes salvaron la vida del bebé*. → **sendos**

-ambre. suf. de sustantivos colectivos o que indican abundancia (***enjambre***, ***pelambre***).

ambrosía. sust. f. 'Manjar'. También puede decirse **ambrosia.** En plural: **ambrosías** o **ambrosias.**

ameba. sust. f. También puede decirse **amiba** (sust. f.) o **amibo** (sust. m.).

amedrentar. v. tr. Ú. t. c. prnl. 'Atemorizar' (***Amedrentó** a los niños con su disfraz; **Se amedrentaron** ante el león*). También puede decirse **amedrantar**. Incorrecto: *Sus gritos amedentraron al niño*.

amén. sust. m. En plural: **los amenes.**

amén. loc. prepos. 'Además de'. Se usa con la preposición **de** (***Amén de** lo dispuesto en la reunión, introduciremos otra reforma en el plan de trabajo*). Se halla en desuso **amén de** como sinónimo de 'excepto' (***Amén de** tu hermana, todos probaron mi postre*).

-amen. suf. de sustantivos tomados del latín (*examen*). Tiene significado colectivo en sustantivos españoles derivados (*maderamen*).

amenazar. v. tr. (*El cielo **amenaza** lluvia*). Ú. t. c. intr. Rég. prep.: **amenazar de**, **con** (***Amenazaron de** muerte a su hijo*; ***Amenazó con** destruir el establecimiento*). → **cazar**

amenguar. v. tr. Ú. t. c. intr. 'Disminuir, menoscabar'. Se conjuga, en cuanto al acento, como **adecuar**. → **averiguar**

América. sust. pr. f. No debe usarse como sinónimo de **los Estados Unidos de América**. Incorrecto: *Los europeos conocieron la América* (galicismo). Correcto: *Los europeos conocieron **América*** o *Los europeos conocieron **la América lejana***. En este último ejemplo, se admite el artículo, porque el sustantivo propio **América** está modificado por un adjetivo. Puede usarse en plural: *Don Federico conoce las tres **Américas***. La construcción **América Latina** (ambas palabras con mayúscula) es correcta. También puede escribirse **América latina**.

americanismo. sust. m. 'Vocablo, giro, rasgo fonético, gramatical o semántico que pertenece a alguna lengua indígena de América o proviene de ella'; 'vocablo, giro, rasgo fonético, gramatical o semántico peculiar o procedente del español hablado en algún país de América'.

americanista. sust. com. 'Persona que estudia las lenguas y las culturas de América': **el americanista, la americanista.**

americanizar. v. tr. 'Dar carácter americano'. v. prnl. 'Tomar este carácter'. Su postverbal es **americanización** (sust. f.). → **cazar**

americio. sust. m. 'Elemento radiactivo artificial. Es un metal de color blanco argentino'. Número atómico 95. Símbolo: *Am*

amerizar. v. intr. 'Posarse en el mar un hidroavión o aparato astronáutico'. Su postverbal es **amerizaje** (sust. m.). → **cazar**, **acuatizar**

-amiento. Proviene de **-miento**, suf. de or. lat. de sustantivos verbales que suelen significar 'acción y efecto'. Toma esta forma cuando el verbo base es de la primera conjugación (*abultamiento, desgarramiento*).

amigar. v. tr. Ú. t. c. prnl. Su sinónimo es **amistar** (v. tr. Ú. t. c. prnl.). → **pagar**

amígdala. sust. f. No se pronuncie [agmídala]. Ú. m. en pl. La inflamación de las **amígdalas** se denomina **amigdalitis** (sust. f.). → **agalla**

amigo, ga. adj. El superlativo culto es **amicísimo, ma**; el coloquial, **amiguísimo, ma**. Ú. t. c. sust. m. y f.: **el amigo**, **la amiga**. Diminutivo: **amiguito, ta**. La Academia registra los aumentativos **amigacho** y **amigote** (despectivo), y no, **amigazo**, de correcta formación.

aminorar. v. tr. 'Disminuir, reducir' (***Aminoró** la velocidad*). Puede decirse también **amenorar** (v. tr.), pero la Academia prefiere la primera forma.

amniótico, ca. adj. Es incorrecta la pronunciación [amiótico].

amnistía. sust. f. 'Olvido de los delitos políticos, otorgado por la ley ordinariamente a cuantos reos tengan responsabilidades análogas entre sí' (*El Gobierno concedió la **amnistía** a los veinte procesados*). No debe confundirse su significado con el de **indulto** (sust. m.), 'gracia o privilegio concedido a uno para que pueda hacer lo que sin él no podría'; 'gracia por la cual se remite total o parcialmente, o se conmuta una pena, o bien se exceptúa y exime a uno de la ley o de otra obligación cualquiera' (*El Gobierno concedió el **indulto** al funcionario público*).

amnistiar. v. tr. 'Conceder amnistía'. Se conjuga, en cuanto al acento, como **guiar**.

amoblar. v. irreg. tr. Se conjuga como **sonar**. También puede decirse **amueblar** (v. reg. tr.).

amohecer. v. irreg. tr. Ú. m. c. prnl. y c. intr. 'Enmohecer'. Se conjuga como **parecer**.

amohinar. v. tr. Ú. t. c. prnl. 'Causar mohína'. Su postverbal es **amohinamiento** (sust. m.). → **airar**

amolar. v. irreg. tr. Ú. t. c. prnl. Su postverbal es **amoladura** (sust. f.). Se conjuga como **sonar**.

amoníaco. sust. m. Palabra esdrújula. También puede decirse **amoniaco** (palabra grave), pero la Academia prefiere la primera forma.

amoral. adj. 'Desprovisto de sentido moral'. No debe confundirse con **inmoral** (adj.), 'antimoral'.

amortecer. v. irreg. tr. 'Amortiguar'. v. prnl. 'Desmayarse'. Se conjuga como **parecer**.

amortiguar. v. tr. Ú. t. c. prnl. Se conjuga, en cuanto al acento, como **adecuar**. → **averiguar**

amovible. adj. 'Que puede ser separado del puesto que tiene'. No debe usarse como sinónimo de **inmovible** o de **inmoble**, 'que no se mueve'.

amparar. v. tr. prnl. Rég. prep.: **amparar contra** o **de** (*Lo **amparó contra** el fuerte viento*; *Lo **amparó del** fuerte viento*).

ampere. sust. m. 'Unidad de corriente eléctrica': **el ampere**. También puede decirse **amperio** (sust. m.).

ampliar. v. tr. Se conjuga, en cuanto al acento, como **guiar**.

amplio, plia. adj. 'Extenso'. Su superlativo es **amplísimo, ma**. Puede usarse en sentido figurado (*Usted tiene **amplios** poderes para hacerlo*). → **agrio**

amueblar. v. tr. Puede decirse también **amoblar** (v. irreg. tr.).

an-. pref. de or. gr. → **a-**

an-, ana-. pref. de or. gr. 'Sobre' (***ana**tema*); 'de nuevo' (***ana**baptista*); 'hacia atrás' (***ana**pesto*); 'contra' (***ana**crónico*); 'según' (***ana**logía*). Se apocopa ante vocal (***an**alfabeto*, ***an**ión*).

-án, na. suf. de sustantivos y de adjetivos (*capit**án**, alde**ana***). También forma gentilicios (*alem**án**, samarit**ana***).

anacarado, da. adj. 'De color de nácar'. También puede decirse **nacarado, da** (adj.).

anacoreta. sust. com.: **el anacoreta**, **la anacoreta**. 'Persona que vive en lugar solitario, entregada a la contemplación y a la penitencia'.

ánade. sust. amb. 'Pato': **el ánade** (género masculino), **el ánade** (género femenino). Si lo usamos en este último género, debe decirse: **un ánade**, **esa ánade**, **esta ánade**, **aquella ánade**, **alguna ánade**. En plural: **los ánades** (m.), **las ánades** (f.). → **agua**

anafe. sust. m. 'Hornillo portátil'. Incorrecto: <u>*la*</u> *anafe*. En plural: **los anafes**. Puede decirse también **anafre** (sust. m.).

anagoge. sust. m. 'Sentido místico de la Sagrada Escritura, encaminado a dar idea de la bienaventuranza eterna'. Es palabra grave. No debe pronunciarse [anágoge]. Su sinónimo es **anagogía** (sust. f.).

anales. sust. m. pl. 'Relaciones de sucesos por años'; 'publicación periódica en la que se recogen noticias y artículos sobre un campo concreto de la cultura, la ciencia o la técnica'. Carece de singular. → **plural** (**pluralia tantum**)

analfabeto, ta. adj. Ú. t. c. sust. m. y f.: **el analfabeto**, **la analfabeta**. No deben usarse como antónimos las palabras <u>*alfabeto*</u>, <u>*alfabeta*</u>, sino **instruido**, **culto** o **letrado**, y sus respectivos femeninos.

análisis. sust. m. Incorrecto: <u>*la*</u> *análisis*. En plural, es invariable: **los análisis**. Incorrecto: *los* <u>*análises*</u>.

analista. sust. com.: **el analista**, **la analista**. Puede usarse como sinónimo de **psicoanalista** (sust. com.).

análogo, ga. adj. 'Semejante'. Rég. prep.: **análogo a** (*Este tema es **análogo al** que tratamos ayer*).

ananá. sust. m. Incorrecto: <u>*la*</u> *ananá*. También puede decirse: **el ananás** (sust. m.). El plural para ambas formas es **los ananás**.

anarco-. elem. compos. 'Anarquía, anarquismo' (***anarco**sindicalista*).

anatematizar. v. tr. También puede usarse, en su reemplazo, **anatemizar** (v. tr.). La Academia prefiere la primera forma. → **cazar**

anatomista. sust. com.: **el anatomista**, **la anatomista**.

anca. sust. f. Debe decirse: **el anca**, **un anca**, **esa anca**, **esta anca**, **aquella anca**, **alguna anca**. En plural: **las ancas**, **unas ancas**, **esas ancas**, **estas ancas**, **aquellas ancas**, **algunas ancas**. → **agua**

ancestro. sust. m. 'Antepasado' (*Lo heredé de mis **ancestros***); 'herencia, rasgos característicos que se trasmiten'.

-ancia. suf. Proviene del sufijo latino **-ncia** de sustantivos abstractos, de significado muy variado, determinado por la base derivativa. Toma la forma **-ancia** cuando la base derivativa termina en **-ante** (tolerante): *tolerancia*.

ancla. sust. f. Debe decirse: **el ancla, un ancla, esa ancla, esta ancla, aquella ancla, alguna ancla**. En plural: **las anclas, unas anclas, esas anclas, estas anclas, aquellas anclas, algunas anclas**. → **agua**

-anco, ca. suf. de valor generalmente despectivo (*potranca*).

áncora. sust. f. Debe decirse: **el áncora, un áncora, esa áncora, esta áncora, aquella áncora, alguna áncora**. En plural: **las áncoras, unas áncoras, esas áncoras, estas áncoras, aquellas áncoras, algunas áncoras**. → **agua**

andar. v. irreg. intr. Ú. t. c. prnl. 'Ir de un lugar a otro'; 'estar' (***Andaba** siempre sonriente*); 'haber' (***Andan** muchos deshonestos por el mundo*); 'tomar parte, ocuparse' (***Anduvo en** reyertas*; *No **se andaba** con contemplaciones*); 'obrar, proceder' (***Anda** sin rencores*; ***Ándate** con cuidado*). 'Dar'. Rég. prep.: **andar a + sustantivos en plural** (***Andaban a** palos*). 'Poner o meter las manos o los dedos en algo'. Rég. prep.: **andar en** (***Anduvieron en** los cajones del escritorio*; *No debe **andarse en** los oídos*). 'Encontrarse en un punto exacto o aproximado'. Rég. prep.: **andar en** y **por** (***Ando en** cuarto año de medicina*; ***Andará por** los cuarenta años*). 'Traer entre manos'. Rég. prep.: **andar con** (*No es decente **andar con** mentiras*). Con el gerundio, forma una frase verbal: ***Anduvieron ordenando** documentos*. Incorrecto: <u>*Andé*</u> *varias horas*. Correcto: ***Anduve** varias horas*. Los tiempos irregulares son: el pretérito perfecto simple del indicativo (*anduve, anduviste, anduvo, anduvimos, anduvisteis, anduvieron*), el pretérito imperfecto de subjuntivo (*anduviera* o *anduviese, anduvieras* o *anduvieses, anduviera* o *anduviese, anduviéramos* o *anduviésemos, anduvierais* o *anduvieseis, anduvieran* o *anduviesen*) y el futuro imperfecto de subjuntivo (*anduviere, anduvieres, anduviere, anduviéremos, anduviereis, anduvieren*). Varían las desinencias (*-uve, -uviera* o *-uviese, -uviere*) respecto del verbo modelo (*amar*). → **boca**

andariego, ga. adj. Ú. t. c. sust. También puede decirse **andador, ra** (adj.; ú. t. c. sust. m. y f.) y **andarín, na** (adj.; ú. t. c. sust. m. y f.).

andas. sust. f. pl.: **las andas** ('tablero que, sostenido por dos varas paralelas y horizontales, sirve para conducir efigies, personas o cosas'). Carece de singular. → **plural (pluralia tantum)**. **en andas**. loc. adv. 'A hombros o en vilo' (*Después del triunfo, la llevaron **en andas***).

Andes. sust. pr. m. Sólo se usa en plural (**los Andes**), excepto en la poesía: **el Ande**.

andinismo. sust. m. Puede usarse como sinónimo de **alpinismo** (sust. m.).

andinista. sust. com.: **el andinista, la andinista**.

andurrial. sust. m. 'Paraje extraviado o fuera de camino'. Ú. m. en pl.: **andurriales**. No debe confundirse su significado con el de **barrial** o el de **barrizal**, 'sitio o terreno lleno de barro o lodo'.

anécdota. sust. f. No debe pronunciarse [acnédota]. sust. colect.: **anecdotario** ('colección de anécdotas').

anecdotista. sust. com.: **el anecdotista, la anecdotista**.

anegar. v. tr. Ú. m. c. prnl. 'Ahogar a uno sumergiéndolo en el agua' (*El delincuente intentó **anegar** al anciano*). Rég. prep.: **anegar en** (***Se anegó en** llanto*). 'Inundar' (*Las lluvias **anegaron** el terreno*). La construcción <u>*anegar de agua*</u> es pleonástica; por lo tanto, debe evitarse. → **pagar**

anejar. v. tr. → **anexar**

anejo, ja. adj. 'Unido o agregado a otra persona o cosa'; 'propio, inherente, concerniente'. Rég. prep.: **anejo a** (*Ese contrato va **anejo a** la documentación que debe presentarse*; *La voluntad y el trabajo son **anejos a** la idiosincrasia de ese pueblo*). Con estos significados, su sinónimo es el adjetivo **anexo, xa**.

anémona. sust. f. Es palabra esdrújula. También puede decirse **anemona** y **anemone** (palabras graves), pero la Academia prefiere la forma esdrújula.

-áneo, a. suf. de. or. lat. de adjetivos. 'Pertenencia, condición, relación' (*instantáneo, sucedáneo*).

anestesiar. v. tr. Se conjuga, en cuanto al acento, como **cambiar**.

anestesiólogo. sust. m. Su femenino es **anestesióloga**.

anestesista. sust. com.: **el anestesista, la anestesista.**

aneurisma. sust. amb.: **el aneurisma** o **la aneurisma.**

anexar. v. tr. Sus sinónimos son **anejar** (v. tr.) y **anexionar** (v. tr.).

anexión. sust. f. 'Acción y efecto de anexar y de anexionar'. No debe decirse *anexionamiento*.

anexionar. v. tr. Se usa principalmente hablando de la incorporación de un territorio a otro. → **anexar**

anexo, xa. adj. 'Unido o agregado a otra persona o cosa'. Rég. prep.: **anexo a** (*un apéndice anexo a la obra*). También puede decirse **anejo, ja** (adj. Ú. t. c. sust. m. y f.). sust. m. pl. 'Órganos y tejidos que rodean el útero (trompas, ovario, peritoneo)': **los anexos.**

anfi-. elem. compos. de or. gr. 'Alrededor' (*anfiteatro*); 'a uno y otro lado' (*anfipróstilo*); 'doble' (*anfibología*).

anfitrión. sust. m. Su femenino es **anfitriona.**

ánfora. sust. f. Debe decirse: **el ánfora, un ánfora, esa ánfora, esta ánfora, aquella ánfora, alguna ánfora.** En plural: **las ánforas, unas ánforas, esas ánforas, estas ánforas, aquellas ánforas, algunas ánforas.** → **agua**

-anga. suf. de sustantivos con valor generalmente despectivo (*fritanga, mojiganga*).

angarillas. sust. f. pl. 'Armazón compuesta de dos varas con un tabladillo en medio, en que se llevan a mano materiales para edificios y otras cosas'. Carece de singular. → **plural (pluralia tantum)**

ángelus. sust. m. En plural, no varía: **los ángelus.**

angio-. elem. compos. de or. gr. Entra en la formación de voces científicas españolas. 'De los vasos sanguíneos o linfáticos' (*angiología, angiólogo*).

angiólogo. sust. m. 'Persona especializada en la rama de la medicina que se ocupa del sistema vascular y de sus enfermedades'. Su femenino es **angióloga.**

anglicismo. sust. m. 'Giro o modo de hablar propio de la lengua inglesa'; 'vocablo o giro de esta lengua empleado en otra'; 'uso de voces o giros ingleses en distintos idiomas'. → **inglesismo.** Cuando un anglicismo ha sido incorporado por la Academia en nuestra lengua, deja de serlo para convertirse en un préstamo. → **préstamo**

anglicista. sust. com. 'Que emplea anglicismos': **el anglicista, la anglicista.** → **anglista**

anglista. sust. com. 'Persona que estudia la lengua o la cultura inglesas, o está versada en ellas': **el anglista, la anglista.**

angloamericanismo. sust. m. 'Vocablo, giro o rasgo idiomático peculiar o procedente del inglés hablado en los Estados Unidos de América'. Con esta acepción, puede usarse, en su reemplazo, **americanismo** (sust. m.). No debe escribirse en dos palabras (*anglo-americanismo, anglo americanismo*). En plural: **angloamericanismos.**

angloamericano, na. adj. 'Perteneciente a ingleses y a americanos, o compuesto de elementos propios de los países de ambos'; 'individuo de origen inglés, nacido en América'; 'natural de los Estados Unidos de la América Septentrional'. Ú. t. c. sust. m. y f.: **el angloamericano, la angloamericana.** En plural: **angloamericanos, angloamericanas.** No debe escribirse en dos palabras (*anglo-americano, anglo americano*). También se escriben en una sola palabra los adjetivos: **anglocanadiense, anglohablante, angloindio, anglonormando, angloparlante** y **anglosajón.**

-ango, ga. suf. despectivo de sustantivos y de adjetivos (*maturrango*).

angustiar. v. tr. Ú. t. c. prnl. Se conjuga, en cuanto al acento, como **cambiar.**

anhídrido, da. adj. Ú. t. c. sust. Es palabra esdrújula. No debe pronunciarse [anhidrido] como grave.

ánima. sust. f. Debe decirse: **el ánima, un ánima, esa ánima, esta ánima, aquella ánima, alguna ánima.** En plural: **las ánimas, unas ánimas, esas ánimas, estas ánimas, aquellas ánimas, algunas ánimas.** → **agua**

animar. v. tr. Ú. t. c. prnl. Rég. prep.: **animar a** (*Animó a Cecilia a inscribirse en esa carrera*). En una de sus acepciones ('dotar de movimiento a cosas inanimadas'), es sinónimo de **animizar** (v. tr. y prnl.).

ánimo. sust. m. Con el significado de 'valor, esfuerzo, energía', es sinónimo de **animosidad** (sust. f.).

animosidad. sust. f. El registro académico indica que puede usarse como sinónimo de 'ánimo, valor, esfuerzo' y de 'aversión, ojeriza, hostilidad'.

anís. sust. m. En plural: **anises**.

aniso-. elem. compos. de or. gr. 'Desigual' (***aniso**donte*, 'de dientes desiguales'; ***aniso**pétalo*, 'de pétalos desiguales').

a nivel. loc. adv. → **nivel**

-ano, na. suf. de or. lat. de adjetivos. 'Procedencia, pertenencia o adscripción' (*ital**iano***, *palermit**ana***). A veces, toma la forma **-iano** (*parnas**iano***) o **-tano** (*anso**tano***).

-ano. suf. usado en química orgánica para designar hidrocarburos saturados (*et**ano***, *met**ano***).

anoche. adv. t. 'Durante la noche entre ayer y hoy'. No son correctas las expresiones ayer a la noche y ayer noche como sinónimos de este adverbio. **antes de anoche**. loc. adv. 'Anteanoche'.

anochecer. v. irreg. intr. impers. 'Venir la noche'. Se conjuga sólo en tercera persona singular (*En invierno, **anochece** temprano*). Cuando significa 'llegar o estar en un paraje, situación o condición determinados al comenzar la noche', es verbo personal (***Anochecieron** en el Chubut*). Se conjuga como **parecer**. sust. m. (*Un silencioso **anochecer***). En plural: **anocheceres**. **al anochecer**. loc. adv. 'Al acercarse la noche' (*Llegaron **al anochecer***).

anonadar. v. tr. Ú. t. c. prnl. 'Reducir a la nada'; 'apocar'; 'humillar'. De acuerdo con el registro académico, puede usarse con el significado de 'causar gran sorpresa o dejar muy desconcertada a una persona' (***Se anonadó** ante la noticia*).

anorak. sust. m. Voz de origen esquimal, que nos llega a través del francés (*anorak*). 'Chaqueta impermeable con capucha'. Es palabra aguda. Su plural es **anoraks**.

anotador. sust. m. 'Ayudante del director que se encarga de apuntar durante el rodaje de una película todos los pormenores de cada escena'. Su femenino es **anotadora**. No debe confundirse su significado con el de **apuntador** (sust. m.), **apuntadora** (sust. f.).

anoticiar. v. tr. Ú. t. c. prnl. Argent. 'Dar noticia'. Esta voz ha sido recién incorporada en el *Diccionario*.

anquilosar. v. tr. 'Producir disminución o imposibilidad de movimiento en una articulación normalmente móvil'. v. prnl. 'Detenerse algo en su progreso'. No debe decirse *enquilosar*.

ánsar. sust. m. 'Ganso'. En plural, esta palabra grave se transforma en esdrújula: **los ánsares**.

ansia. sust. f. Debe decirse: **el ansia**, **un ansia**, **esa ansia**, **esta ansia**, **aquella ansia**, **alguna ansia**. En plural: **las ansias**, **unas ansias**, **esas ansias**, **estas ansias**, **aquellas ansias**, **algunas ansias**. → **agua**

ansiar. v. tr. 'Desear con ansia'. v. prnl. 'Llenarse de ansia'. Se conjuga, en cuanto al acento, como **guiar**.

ansioso, sa. adj. Rég. prep.: **ansioso de** o **por** (*Estaba **ansioso de** conocer el contenido de la carta*; *Estaba **ansioso por** conocer el contenido de la carta*; *Parecía **ansiosa de** la victoria*; *Están **ansiosos por** los caramelos*).

anta. sust. f. 'Alce'. Debe decirse: **el anta**, **un anta**, **esa anta**, **esta anta**, **aquella anta**, **alguna anta**. En plural: **las antas**, **unas antas**, **esas antas**, **estas antas**, **aquellas antas**, **algunas antas**. Sus sinónimos son **alce** (sust. m.) y **ante** (sust. m.). → **agua**. sust. f. pl.: **las antas**. Término de la arquitectura: 'pilastras que refuerzan y decoran los extremos de un muro'.

ante. sust. m. 'Alce'. → **anta**

ante. prep. 'Ante', 'delante de', 'enfrente de', 'hacia adelante', 'antes de' (*Está **ante** sus amigos*; *Se pararon **ante** la vieja escuela*); 'antelación o preferencia' (***Ante** todo, revisemos estos papeles*); 'respecto de' (***Ante** los hechos, no hay explicación posible*).

ante-. elem. compos. de or. lat. 'Anterioridad en el tiempo y en el espacio' (***ante**altar*, ***ante**ayer*, ***ante**diluviano*).

-ante. suf. 'Que ejecuta la acción expresada por la base'. Proviene de **-nte**, sufijo de adjetivos verbales, llamados participios activos.

Cuando el verbo base es de la primera conjugación, toma la forma **-ante** (*caminante*, *palpitante*). Algunos de esos adjetivos se han sustantivado. Otros se han lexicalizado como sustantivos y han generado una forma femenina (*ayudante*, *ayudanta*).

anteayer. adv. t. Incorrecto: *antiayer*. **antes de ayer**. loc. adv. 'Anteayer'. **anteayer tarde**. loc. adv. 'anteayer por la tarde'. **anteayer noche**. loc. adv. 'anteayer por la noche'.

antecocina. sust. f. Incorrecto: *el antecocina*. No debe usarse, en su reemplazo, *office* (galicismo). En plural: **antecocinas**.

antediluviano, na. adj. 'Anterior al diluvio universal'. No debe decirse *antidiluviano* ('contrario al diluvio').

antemano (de). loc. adv. t. 'Con anticipación, anteriormente' (*Se lo dijo **de antemano***).

antemeridiano, na. adj. 'Hora comprendida entre medianoche y mediodía' (*Se encontraron a una hora **antemeridiana***). Se usa también como adverbio. No debe confundirse con **antimeridiano** (sust. m.), 'semimeridiano opuesto al que pasa por un lugar'. → **ante merídiem**

ante merídiem. expr. lat. registrada en el ***Diccionario*** académico. 'Antes del mediodía'. Es sinónimo del adverbio **antemeridiano** (***Ante merídiem**, recibirá su pedido*; ***Antemeridiano**, recibirá su pedido*). La abreviatura de **ante merídiem** es ***a. m.*** En países de lengua inglesa, esa abreviatura se emplea pospuesta a cualquiera de las doce horas de la primera mitad del día: *8 a. m.* Hoy no se usa en español. → **hora**

antenista. sust. com.: **el antenista, la antenista**.

antenoche. adv. t. También puede decirse **anteanoche** (adv. t.) y **antes de anoche**.

anteojos. sust. m. pl. (*Perdí mis **anteojos***). Sus sinónimos son **gafas** (sust. f. pl.) y **antiparras** (sust. f. pl. fam.).

anteponer. v. irreg. tr. Ú. t. c. prnl. Rég. prep.: **anteponer** o **anteponerse a** (*El adjetivo puede **anteponerse al** sustantivo*). Se conjuga como **poner**.

anterior. adj. 'Que precede en lugar o tiempo'. Rég. prep.: **anterior a** (*La edición de este libro es **anterior a** la de aquél*). Incorrecto: *La edición de este libro es anterior que la de aquél.*

anteriormente. adv. No debe decirse *anteriormente a*, sino **antes de**. Incorrecto: *Lo dijo anteriormente a la entrevista*. Correcto: *Lo dijo **antes de** la entrevista*.

antes. adv. t. y l. 'Prioridad de tiempo o de lugar'. Con frecuencia, se antepone a las partículas **de** y **que**. **antes de**. loc. prepos. (***Antes de** salir, preparó el almuerzo*). **antes que, antes de que**. loc. conjunt. (*Termina la tarea **antes que** llegue tu padre*; *Termina la tarea **antes de que** llegue tu padre*). Incorrecto: *Antes de que viajar, prefiero ahorrar el dinero*. Correcto: ***Antes que** viajar, prefiero ahorrar el dinero*. adv. ord. 'Prioridad o preferencia' (***Antes** trabajar que robar*; ***Antes** la verdad que la mentira*). conj. advers. 'Contrariedad y preferencia en el sentido de una oración respecto del de otra' (*Los que actúan honestamente no ocultan sus actividades, **antes** las difunden*). adj. 'Anterior' (*Lo sabrás el día **antes***). **antes bien**. loc. conjunt. 'Antes', denota 'contrariedad' (*Hablaron poco, **antes bien** prefirieron callar*). **cuanto antes**. loc. adv. (*Dígalo **cuanto antes***). **antes de anoche**. loc. adv. 'Anteanoche'. **antes de ayer**. loc. adv. 'Anteayer'. **de antes**. loc. adv. fam. 'De tiempo anterior' (*Ese sombrero es **de antes***). Como adverbio, **antes** puede ir precedido de **mucho, bastante, algo, poco** (**mucho antes, bastante antes, algo antes, poco antes**). Nunca debe ir precedido de **más**: *más antes*, pues se considera una redundancia. Su abreviatura es ***a.***

antes de Cristo. Su abreviatura es ***a. C.*** o ***a. de C.***

antes de Jesucristo. Su abreviatura es ***a. de J. C.*** o ***a. J. C.***

antever. v. irreg. tr. 'Prever'. Se conjuga como **ver**.

anti-. pref. de or. gr. 'Opuesto', 'con propiedades contrarias' (***anti**asmático*, ***anti**colonial*). No debe unirse con guión a la palabra a que se adjunta: *anti-constitucional*. Correcto: ***anticonstitucional***.

anticipación. sust. f. También puede decirse **anticipamiento** (sust. m.) y **anticipo** (sust. m.). **de anticipación**. loc. adj. 'De ciencia ficción'

(*Realiza un trabajo sobre literatura* ***de anticipación***).

anticipado, da. p. de **anticipar**. **por anticipado**. loc. 'Con antelación, anticipadamente' (*Recibí el regalo* ***por anticipado***).

anticipar. v. tr. prnl. Rég. prep.: **anticipar** o **anticiparse a** (***Anticiparon*** *la reunión* ***a*** *la conferencia;* *La intérprete* ***se anticipó a*** *los visitantes extranjeros*). Es un anglicismo el uso de **anticipar** con el significado de 'prever, augurar' (*No anticipó la situación económica de este año*). Correcto: *No* ***previó*** *la situación económica de este año*.

anticonceptivo, va. adj. Ú. t. c. sust. m. 'Medio, práctica o agente que impide a la mujer quedar embarazada'. Sus sinónimos son **anticoncepcional** (adj.; ú. t. c. sust. m.) y **contraconceptivo** (adj.).

anticuado, da. p. de **anticuar**. Su abreviatura es ***ant.***

anticuar. v. tr. p. us. 'Declarar antigua y sin uso alguna cosa'. v. prnl. 'Quedarse anticuado'. Se conjuga, en cuanto al acento, como **adecuar**.

♦ **antidoping.** Barbarismo de léxico. Palabra formada en francés sobre la inglesa *doping*. El equivalente en español es **antidrogodependencia**, voz formada por el prefijo **anti-** ('opuesto') y el sustantivo femenino **drogodependencia**, recién registrado por la Academia en su ***Diccionario***.

♦ **antifebrífugo.** Vulgarismo. Debe decirse **febrífugo, ga** (adj.). → **febrífugo**

antigás. adj. En plural, no varía (*caretas* ***antigás***, *máscaras* ***antigás***).

antigüedades. sust. f. pl. 'Monumentos u objetos artísticos de tiempo antiguo'.

antiguo, gua. adj. Su superlativo es **antiquísimo, ma. a la antigua** o **a lo antiguo**. loc. adv. 'Según costumbre o uso antiguos' (*Viste* ***a la antigua***). **de antiguo**. loc. adv. 'Desde tiempo remoto, desde mucho tiempo antes' (***De antiguo***, *contaban en casa esas leyendas*). **en lo antiguo**. loc. adv. 'En tiempo remoto' (***En lo antiguo***, *la mujer vivía sólo para su familia*). **Antiguo Testamento**. sust. pr. Su abreviatura es ***A.T.*** Repárese en que debe escribirse con mayúscula.

antimeridiano. sust. m. 'Semimeridiano opuesto al que pasa por un lugar'. No debe confundirse con **antemeridiano** (adj. o adv.). → **ante merídiem**

antimonio. sust. m. 'Metal duro de color blanco azulado y brillante'. Número atómico 51. Símbolo: ***Sb***

antinatural. adj. Su sinónimo es **contranatural** (adj.).

antiparras. sust. f. pl. → **anteojos**

antípoda. adj. 'Dícese de cualquier habitante del globo terrestre con respecto a otro que more en lugar diametralmente opuesto' (*hombre* ***antípoda***); 'que se contrapone totalmente a otra cosa o persona'. Ú. m. c. sust., especialmente en m. y en pl.: **los antípodas** (*¿Conoceremos algún día a nuestros* ***antípodas****?*). **en los antípodas** o **en las antípodas**. loc. adv. 'En lugar o posición radicalmente opuesta o contraria' (***Viven en los antípodas***; ***Viven en las antípodas***). Se usa más frecuentemente esta última locución.

antítesis. sust. f. 'Oposición o contrariedad de dos juicios o afirmaciones'; 'persona o cosa enteramente opuesta a otra' (*Elena es la* ***antítesis*** *de Nora*). En plural, es invariable: **las antítesis**.

antojarse. v. prnl. Sólo se usa en las terceras personas con alguno de los pronombres personales **me, te, le, nos, les**, etc. (***Se le antojó un*** *helado de chocolate*; ***Se nos antojaron*** *claveles rojos*).

antólogo. sust. m. 'Colector de una antología'. Su femenino es **antóloga**.

antonomasia. sust. f. **por antonomasia**. loc. adv. Se usa para denotar que a una persona o cosa le conviene el nombre apelativo con que se la designa, por ser, entre todas las de su clase, la más importante conocida o característica (*El doctor Ferri es investigador* ***por antonomasia***). También puede decirse **antonomásticamente** (adv. m.).

antropo-. elem. compos. de or. gr. 'Hombre' (***antropología***).

antropofagia. sust. f. No debe pronunciarse [antropofagía].

antropólogo. sust. m. Su femenino es **antropóloga**.

anual. adj. 'Que sucede o se repite cada año'; 'que dura un año'. Sus sinónimos son **anuo, nua** (adj.) y **añal** (adj.).

anudar. v. tr. Ú. t. c. prnl. También puede decirse **añudar** (v. tr. Ú. t. c. prnl.).

anverso. sust. m. 'En las monedas y medallas, haz que se considera principal por llevar el busto de una persona o por otro motivo; 'cara en que va impresa la primera página de un pliego'; 'frente de algo'. No debe confundirse su significado con el de su antónimo **reverso** (sust. m.). → **reverso**

-anza. suf. lat. de sustantivos verbales que denota 'acción y efecto' (*bonanza*); 'cualidad' (*semejanza*); 'agente' (*ordenanza*); 'medio o instrumento' (*libranza*).

-aña. suf. → **-año**

añadir. v. tr. 'Agregar'. Rég. prep.: **añadir a** (*Puedes **añadirle** azúcar **al** té*).

añares. sust. m. pl. 'Mucho tiempo, muchos años'. Se usa, en el Río de la Plata, con el verbo **hacer** (*Hace **añares** que no los veo*). → **plural** (**pluralia tantum**)

añicos. sust. m. pl. 'Pedazos o piezas pequeñas en que se divide alguna cosa al romperse' (*Hizo **añicos** el jarrón de porcelana*). Carece de singular. → **plural** (**pluralia tantum**)

añil. sust. m. En plural: **los añiles**. Puede usarse como adjetivo: *cielo **añil***. En este caso, no varía en plural: *cielos **añil***. Incorrecto: <u>*cielos añiles*</u>. Los colores que derivan del nombre de una cosa –una planta, en este caso– carecen de plural. Sólo lo poseen los colores que existen en la naturaleza: *amarillo, azul, blanco, celeste, marrón, negro, rojo, verde* (*Pintaba hojas **amarillas***). → **colores**

año. sust. m. Para referirse a un decenio, debe decirse: ***decenio 1980-1990, los años ochenta*** o ***la década de los ochenta***. Debe evitarse: <u>*los ochentas*</u> (anglicismo) y <u>*los años ochentas*</u>.

-año, ña. suf. de or. lat. de sustantivos y de adjetivos (*tacaño*). Forma algunos sustantivos verbales (*travesaño*) o derivados de otros sustantivos (*espadaña*).

añudar. v. tr. Ú. t. c. prnl. → **anudar**

apacentar. v. irreg. tr. prnl. Se conjuga como **acertar**.

apacible. adj. El superlativo es irregular: **apacibilísimo, ma**.

apaciguar. v. tr. Ú. t. c. prnl. Se conjuga, en cuanto al acento, como **adecuar**. → **averiguar**

aparcacoches. sust. com. 'Persona que, en hoteles, restaurantes y otros establecimientos públicos, se encarga de aparcar los vehículos de los clientes y de devolvérselos a la salida': **el aparcacoches, la aparcacoches**. En plural, no varía: **los aparcacoches, las aparcacoches**.

aparcamiento. sust. m. 'Lugar destinado a aparcar los vehículos'. También puede decirse **estacionamiento** (sust. m.), voz que se usa en la Argentina, y **aparcadero** (sust. m.). En Colombia y en Panamá, **parqueadero** (sust. m.).

aparcar. v. tr. 'Colocar transitoriamente en un lugar público, señalado al efecto por la autoridad, coches u otros vehículos'. Sus sinónimos son **estacionar** (v. tr. Ú. t. c. prnl.) y **parquear** (v. tr.). → **sacar**

aparecer. v. irreg. intr. Ú. t. c. prnl. Se conjuga como **parecer**.

apariencia. sust. f. 'Lo que parece y no es'. **en apariencia**. loc. adv. 'Aparentemente, al parecer' (***En apariencia**, todos aceptaron la propuesta*).

apartado. sust. m. Su abreviatura es ***ap.***

apartamento. sust. m. 'Habitación, vivienda' (*Compraré un **apartamento** en el barrio de Belgrano*). También puede decirse **apartamiento** (sust. m.) y **departamento** (sust. m.).

apartar. v. tr. Ú. t. c. prnl. Rég. prep.: **apartar a** (***Aparte a** un costado esa bolsa*); **apartar de** (***Apartó** a la niña **de** la cama*); **apartarse de** (***Se apartaron de** sus viejos amigos*).

aparte. adv. l. 'En otro lugar' (*Ponga esas hojas **aparte***). adv. m. 'Separadamente, con distinción' (*Esas tarjetas deben escribirse **aparte***). sust. m. (*Representó con talento los **apartes** de la obra teatral*; *Te dicté punto y **aparte***; *El **aparte** es, también, un espacio entre dos palabras*). En la Argentina, Colombia, el Uruguay y Venezuela, 'separación que se hace, en un rodeo, de cierto número de cabezas de ganado' (*El viejo paisano inició el **aparte***). adj. 'Diferente, distinto, singular' (*Luis es un alumno **aparte***). No debe confundirse con **a parte** (preposición y sustantivo): *No viajarán **a parte** alguna*. La abreviatura de **apar-**

te es *ap*. **aparte de**. loc. prepos. 'Con omisión de, con preterición de' (***Aparte de*** *sus caprichos, es una persona talentosa*). Ú. t. sin la prep. y pospuesto al nombre (***aparte*** *caprichos*; *caprichos* ***aparte***). No debe usarse en lugar de la locución prepositiva **además de** (*Aparte de los tíos, llegaron, también, los primos*). Correcto: ***Además de*** *los tíos, llegaron, también, los primos*.

♦ **apartheid.** Anglicismo. En español, debe usarse **separación** (sust. f.).

a partir de. 'Desde'. No debe usarse esta locución para denotar un momento preciso: *El filme comenzará a partir de las 19*. Correcto: *El filme comenzará* ***a las 19***. Se usa correctamente cuando decimos: *Las solicitudes se entregarán* ***a partir de*** *las 10*.

apasionar. v. tr. Ú. m. c. prnl. Rég. prep.: **apasionarse por** (***Se apasionaba por*** *los bebés*; ***¿Te apasionas por*** *la equitación?*).

apear. v. tr. Ú. m. c. prnl. 'Desmontar del caballo o bajarse de un vehículo'. Rég. prep.: **apearse de** (***Se apea de*** *su caballo*; ***Se apearon de*** *un colectivo en marcha*). No debe pronunciarse [apiar, apié]. → **-ear**

apechugar. v. intr. Ú. t. c. prnl. y c. tr. 'Empujar y apretar con el pecho'; 'acometer'; 'cargar con alguna obligación no deseada e ingrata'. Rég. prep.: **apechugar con** (***Apechugó con*** *la corrección de los cien exámenes*). También puede decirse **apechar con**. → **pagar**

apegarse. v. prnl. 'Cobrar afición o inclinación hacia una persona o cosa'. Rég. prep.: **apegarse a** (***Me apegué*** *demasiado* ***a*** *estos alumnos*). → **pagar**

apelar. v. intr. Ú. menos c. prnl. 'Recurrir al juez o tribunal superior para que revoque, enmiende o anule la sentencia que se supone injustamente dada por el inferior'; 'recurrir a una persona o cosa en cuya autoridad, criterio o predisposición se confía para dirimir, resolver o favorecer una cuestión'. Rég. prep.: **apelar contra** o **de** (***Apelará contra*** *o* ***de*** *la sentencia*); **apelar a** (***Apelo a*** *tu sensatez para resolver este problema*).

apellido. Los apellidos terminados en **-az**, **-anz**, **-ez**, **-enz**, **-iz**, **-inz** son invariables en plural (***Los Ibáñez*** *regresarán de Salta el viernes*). Con otros apellidos –para designar a una familia–, se usa el plural común o la forma invariable; ambos son correctos: ***Los Salcedos*** *vendrán a visitarnos mañana*; ***Los Salcedo*** *vendrán a visitarnos mañana*. Si el apellido ya lleva **s**, en plural permanece invariable (***Los Riglos*** *compraron otra casa*). Cuando está precedido del sustantivo **hermanos**, permanece invariable (*los* ***hermanos Dodero***, *las* ***hermanas Moreno***).

a penas. loc. adv. 'Apenas' (***A penas*** *mide un metro*).

apenas. adv. neg. 'Difícilmente, casi no' (*Cuando llegamos,* ***apenas*** *comió*). adv. c. 'Escasamente, solo' (***Apenas*** *hace un año que está aquí*). conj. t. 'En cuanto, al punto que' (***Apenas*** *la vi, traté de hablar con ella*). **apenas si**. loc. adv. 'Apenas, casi no'. Se usa para evitar la ambigüedad en casos de posible confusión con el uso conjuntivo: ***Apenas si*** *deja su casa*; *me llama por teléfono* (está enfermo); ***Apenas*** *deja su casa, me llama por teléfono* (se preocupa por mí).

apéndice. sust. m. (*Escribió el* ***apéndice*** *de su libro*). Incorrecto: *La apéndice se halla en la parte interna y terminal del intestino ciego*. Correcto: ***El apéndice*** *se halla en la parte interna y terminal del intestino ciego*. Su abreviatura es ***ap***.

apendicitis. sust. f. Incorrecto: *el apendicitis*. En plural, no varía: **las apendicitis**.

apero. sust. m. Tiene valor colectivo con la denotación de 'conjunto de instrumentos y demás cosas necesarias para la labranza'. Ú. m. en pl. Amér. 'Recado de montar más lujoso que el común'. Argent. y Perú. 'Recado de montar'.

apersonarse. v. prnl. 'Comparecer'. También puede decirse **personarse** (v. prnl.).

apertura. sust. f. → **abertura**

apestillar. v. tr. Ú. t. c. prnl. 'Cerrar o encerrar con pestillo'. Argent. y Chile. 'Asir a uno de manera que no pueda escaparse'. fam. Argent. 'Apremiar a una persona' (*La* ***apestilló*** *para que hablara*).

apetecer. v. irreg. tr. 'Tener gana de algo o desearlo' (***Apetezco*** *masitas con crema*). v. intr. 'Gustar, agradar algo' (*Me* ***apetecen*** *las masitas con crema*). Incorrecto: *Me apetece las masitas con crema*. Se conjuga como **parecer**.

apetecible. adj. 'Digno de apetecerse'. Rég. prep.: **apetecible a** (*Esta mermelada es **apetecible** al gusto*).

apiadarse. v. prnl. 'Tener piedad'. Rég. prep.: **apiadarse de** (***Se apiadaron de** los necesitados*).

ápice. sust. m. 'Extremo superior o punta de alguna cosa' (*el **ápice** de la lengua*).

apico-. elem compos. de or. lat. 'Ápice, punta'; 'situación o carácter apical' (***apico**dental, **apico**alveolar*).

a pie juntillas, a pie juntillo, a pies juntillas. loc. adv. 'Con los pies juntos' (*Saltaba **a pie juntillas***); 'firmemente, con gran porfía y terquedad'; suele usarse con el verbo **creer** (*Siempre le **creyó a pie juntillas***).

aplazar. v. tr. 'Citar a una persona'. Con esta denotación, también puede decirse **emplazar** (v. tr.). 'Diferir un acto'. Amér. 'Suspender a un examinando'. v. prnl. Sto. Dom. 'Vivir en concubinato'. Su postverbal es **aplazamiento** (sust. m.). → **cazar**

aplicar. v. tr. Rég. prep.: **aplicar a** (*Debemos **aplicar** estas medidas **a** la reorganización de la empresa*); v. prnl. **aplicarse en** (***Se aplica en** la preparación de sus exámenes*). → **sacar**

Apocalipsis. sust. pr. m. 'Último libro canónico del Nuevo Testamento': **el Apocalipsis**. Incorrecto: *la Apocalipsis*.

apócope. sust. f. 'Supresión de algún sonido al fin de un vocablo, como en *primer* por *primero*': **la apócope**. Incorrecto: *el apócope*. En plural: **las apócopes**. Su abreviatura es ***apóc.*** También puede decirse **la apócopa** (sust. f.).

apoderar. v. tr. 'Dar poder una persona a otra para que la represente en juicio o fuera de él'. Rég. prep.: **apoderar a** (*Apoderó **a** su primo*). v. prnl. 'Hacerse alguien o algo dueño de alguna cosa'. Rég. prep.: **apoderarse de** (***Se apoderó de** las joyas*).

apódosis. sust. f. 'En los períodos condicionales, la oración principal, que enuncia el resultado o consecuencia de que se cumpla la condición expresada en la proposición subordinada (prótasis), que puede anteceder o seguir a la principal' (*En la oración "Si tú quieres, lo haré", la **apódosis** es "lo haré"*). Incorrecto: *el apódosis*. En plural, no varía: **las apódosis**.

apófisis. sust. f. 'Parte saliente de un hueso, que sirve para su articulación o para las inserciones musculares'. Incorrecto: *el apófisis*. En plural, no varía: **las apófisis**.

apoplejía. sust. f. 'Suspensión súbita de la acción cerebral por hemorragia, embolia o trombosis de una arteria del cerebro'. No debe pronunciarse [aplopejia] ni escribirse con [g]. El que la padece se llama **apopléjico, ca** o **apoplético, ca** (adj. Ú. t. c. sust. m. y f.).

aposición. sust. f. **aposición explicativa**. 'Complementación de un sustantivo, un pronombre o una construcción sustantiva, a los que, por lo común, sigue inmediatamente para explicar algo relativo a ellos'. Está siempre limitada por comas o por coma y punto (*Juan Ramón Jiménez, **el poeta moguereño**, murió en Puerto Rico*; *Invitaron a Rosa, **la maestra***). **aposición especificativa**. 'Especifica la parte de su significación que debe considerarse'. Nunca está limitada por comas (*Conocimos al poeta **Ricardo Eufemio Molinari***; *Estudio a Borges **poeta***). Otros ejemplos de **aposición especificativa**: *Conocí a dos hombres **rana***; *Trabaja horas **extra***. En estas construcciones de dos sustantivos unidos, el segundo desempeña una función adjetiva respecto del primero. Adviértase que el primer sustantivo (no, el segundo) es el que lleva siempre la terminación de plural: *obras **cumbre**, situaciones **límite***.

apostar. v. irreg. tr. Ú. t. c. prnl. 'Hacer una apuesta'. Rég. prep.: **apostar a** (***Apuestan** dinero **a** que María se olvida de traer el libro*). Se conjuga como **sonar**. v. tr. 'Poner una o más personas o caballerías en determinado puesto o paraje para algún fin' (***Apostan** cinco caballos en el establo para salir al amanecer*). Con este significado, el verbo es regular.

apostatar. v. intr. 'Negar la fe de Jesucristo recibida en el bautismo'. Rég. prep.: **apostatar de** (***Apostató de** su religión*).

apóstrofe. sust. amb. 'Figura que consiste en cortar de pronto el hilo del discurso o la narración, ya para dirigir la palabra con vehemencia en segunda persona a una o a varias presentes o ausentes, vivas o muertas, a seres abstractos o a cosas inanimadas, ya para dirigírsela a sí mismo en iguales términos': **el apóstrofe** o **la apóstrofe**. Es más común su uso en género masculino. En plural: **los apóstrofes** o **las apóstrofes**. No debe confundirse con **apóstrofo**.

apóstrofo. sust. m. 'Signo ortográfico (') que indica la elisión de una letra o cifra' (*M'hijo, no hable así*; *El congreso se realizará en el '96*). No debe confundirse con **apóstrofe** (sust. amb.).

apotema. sust. f. 'Distancia entre el centro de un polígono regular y uno cualquiera de sus lados'. Incorrecto: *el apotema*.

apoteósico, ca. adj. 'Deslumbrante'. También puede decirse **apoteótico, ca** (adj.).

apoteosis. sust. f. 'Concesión de la dignidad de dioses a los héroes entre los paganos'; 'ensalzamiento de una persona con grandes honores'. Incorrecto: *el apoteosis*. En plural, no varía: **las apoteosis**.

apoteótico, ca. adj. → **apoteósico**

apoyar. v. tr. 'Hacer que una cosa descanse sobre otra'. Rég. prep.: **apoyar en** o **sobre** (*Apoyó el brazo en la baranda*; *Apoyó el brazo sobre la baranda*). Ú. t. c. prnl. 'Basar, fundar'. Rég. prep.: **apoyarse en** (*Mi trabajo se apoya en una extensa bibliografía*). v. intr. Ú. t. c. prnl. 'Cargar, estribar'. Rég. prep.: **apoyar sobre** (*La columna apoya sobre el pedestal*); **apoyarse en** (*El anciano se apoya en el bastón*).

apoyatura. sust. f. 'Apoyo, sostén'; 'auxilio, favor'; 'fundamento de una doctrina' (*Este trabajo necesita apoyatura técnica*). No debe confundirse con **apoyadura** (sust. f.), 'raudal de leche que acude a los pechos de las hembras cuando dan de mamar'.

apreciar. v. tr. Ú. t. c. prnl. Es un anglicismo usarlo con el significado de 'agradecer': *Aprecio su interés por mis trabajos*. Correcto: *Agradezco su interés por mis trabajos*. No debe usarse con la preposición **de**: *Aprecio de que su labor será útil*. Correcto: *Aprecio que su labor será útil*. Es un anglicismo usar el adjetivo **apreciable** como sinónimo de 'considerable, importante, notable': *Su trayectoria es apreciable*. Correcto: *Su trayectoria es importante*.

aprehender. v. tr. 'Asir, prender a una persona o alguna cosa, especialmente si es de contrabando' (*La aprehendió por los cabellos*); 'aprender', 'llegar a conocer' (*Aprehende rápidamente las fórmulas químicas*).

aprehensión. sust. f. 'Acción y efecto de aprehender'; 'aprensión'. → **aprensión**

aprender. v. tr. 'Adquirir el conocimiento de alguna cosa por medio del estudio o de la experiencia' (*Aprendí tres idiomas*). Rég. prep.: **aprender a** (*Julia aprende a escribir*); **aprender de** (*Aprendió costura de su abuela*). El verbo **aprender** es sinónimo de **aprehender**.

aprendiz. sust. m. Rég. prep.: **aprendiz de** (*Era aprendiz de carpintero*). Su femenino es **aprendiza**. En plural: **aprendices**, **aprendizas**.

aprensión. sust. f. 'Aprehensión'; 'recelo'; 'idea infundada'. → **aprehensión**

apresurar. v. tr. *Apresuran la marcha*. Ú. t. c. prnl. Rég. prep.: **apresurarse a** (*Se apresuró a hablar*); **apresurarse en** (*Siempre te apresuras en las decisiones*).

apretar. v. irreg. tr. Ú. t. c. prnl. Es incorrecto conjugarlo como regular: *apreto*, *apretas*, *apreta*, *apretan*; *aprete*, *apretes*, *aprete*, *apreten*. Se conjuga como **acertar**.

aprevenir. v. irreg. tr. And., Col. y Guat. 'Prevenir'. Se conjuga como **venir**.

aprisa. adv. m. Puede escribirse en dos palabras: **a prisa** (loc. adv.) Su sinónimo es **deprisa**.

aprobar. v. irreg. tr. Se conjuga como **sonar**.

apropiado, da. p. del verbo **apropiar**. adj. Rég. prep.: **apropiado a** o **para** (*El tema de esta conferencia es apropiado a o para nuestros estudios*).

apropiar. v. tr. Ú. t. c. prnl. Rég. prep.: **apropiarse de** (*Se apropió de todos sus libros*).

apropincuarse. v. prnl. Debe usarse como sinónimo de **acercarse**, no, de *apropiarse*. Rég. prep.: **apropincuarse a** (*El joven se apropincuó a su novia*). El *Diccionario* aclara que hoy sólo se emplea en estilo festivo. Se conjuga, en cuanto al acento, como **adecuar**.

a propósito. loc. adj. y adv. Expresa que una cosa es 'adecuada u oportuna para lo que se desea o para el fin a que se destina' (*Use un producto a propósito para adherir esas dos partes*). De acuerdo con el registro académico, no debe usarse como sinónimo de "intencionalmente", aunque este uso se ha extendido mucho en América (*Me lo dice a propósito para que rabie*). Registro académico: *Me lo dice* ***de propósito*** *para que rabie*. Su homófono es **apropósito**. → **de propósito**

apropósito. sust. m. 'Breve pieza teatral de circunstancias'. No debe confundirse con la locución adjetiva y adverbial **a propósito**. El sustantivo se escribe en una sola palabra. En plural: **apropósitos**.

a propósito de. loc. adv. Expresa que 'una cosa, al ser mencionada, sugiere o recuerda la idea de hablar de otra' (*Habló sobre su viaje a Egipto* ***a propósito de*** *la pregunta de su amigo*).

aprovechar. v. intr. 'Servir de provecho alguna cosa'; 'adelantar'. Rég. prep.: **aprovechar en** (***Aprovecha en*** *el estudio del latín*). v. tr. 'Emplear útilmente algo o sacarle el máximo rendimiento' (***Aprovecho*** *la oportunidad para saludarte*). Incorrecto: *Aprovecho de la oportunidad para saludarte* (galicismo). v. prnl. 'Sacar provecho de algo o de alguien con astucia o abuso'. Rég. prep.: **aprovecharse de** (*No debe* ***aprovecharse de*** *las circunstancias*).

aproximar. v. tr. Ú. t. c. prnl. 'Arrimar, acercar'. Rég. prep.: **aproximar** o **aproximarse a** (***Aproximo*** *el sillón* ***a*** *la mesa*; *El gato* ***se aproxima a*** *la sala*; ***Te aproximas a*** *los quince años*).

ápside. sust. m. 'Cada uno de los dos extremos del eje mayor de la órbita trazada por un astro'. Ú. m. en pl.: **ápsides**. No debe confundirse con **ábside**. → **ábside**

aptitud. sust. f. 'Capacidad y disposición para el buen desempeño de un negocio, industria, arte, etc.' (*Tiene* ***aptitud*** *para la pintura*). No debe confundirse su significado con el de **actitud** (sust. f.). → **actitud**

apto, ta. adj. 'Idóneo, hábil'. Rég. prep.: **apto para** (*Gerardo es* ***apto para*** *redactar informes*).

apud. prep. lat. 'En la obra' o 'en el libro de'. Se usa en las citas a pie de página (***Apud*** *Ramón Menéndez Pidal, pág. 23*).

apuntador, ra. adj. 'Que apunta'. Ú. t. c. sust. m. y f.: **el apuntador, la apuntadora**. sust. com. 'Persona que, en los ensayos teatrales, apunta a los actores la letra de sus papeles hasta que la aprendan, y que, en las representaciones, oculta, vigila para dar la letra al que la olvida': **el apuntador**, **la apuntadora**. No debe confundirse su significado con el de **anotador, ra** (adj. Ú. t. c. sust. m. y f.).

apuñalar. v. tr. Incorrecto: *apuñalear*.

apurón, na. adj. 'Que apura con frecuencia'. sust. m. Amér. 'Gran apresuramiento'. Chile. 'Impaciencia'. **andar a los apurones**. Argent. 'Obrar atropelladamente'. La A.A.L. ha recomendado incorporar, en el ***Diccionario***, el siguiente significado: sust. m. fam. Argent. 'Apuro, traspié, papelón'.

aquel, lla, llo, llos, llas. Formas de pronombre demostrativo en los géneros masculino, femenino y neutro, y en ambos números, singular y plural. **aquel**, **aquella**, **aquellos**, **aquellas** llevan tilde cuando se usan como sustantivos (***Aquél*** *es el cuadro de Raúl Soldi*). La tilde puede evitarse si no existe riesgo de anfibología. No llevan tilde cuando se usan como adjetivos (***Aquel*** *cuadro es de Raúl Soldi*).

a quemarropa. loc. adv. 'Tratándose de un disparo de arma de fuego, desde muy cerca'. No debe escribirse en tres palabras: *a quema ropa*.

aquí. adv. l. 'En este lugar', 'a este lugar', 'el sitio donde está la primera persona (**yo**)' (***Aquí*** *construirán la escuela*; *¿Cuándo viajan* ***aquí****?*). Se usa precedido de algunas preposiciones: **de aquí**, **desde aquí**, **hacia aquí**, **hasta aquí**, **por aquí** (***Desde aquí****, lo hemos visto*). No debe ir precedido de la preposición **a**: *Dígale que venga a aquí*. Correcto: *Dígale que venga* ***aquí***. Equivale, a veces, a **en esto**, **en eso**, **esto** o **eso**: ***Aquí*** *(en esto) está el problema*. En correlación con **allí**, suele designar sitio o paraje indeterminado: ***Aquí*** *hay alegrías*; ***allí****, tristezas*. Forma una serie con los adverbios de lugar **ahí** ('el sitio donde está la segunda persona') y **allí** ('el sitio alejado de la primera y de la segunda persona'). adv. t. 'Ahora, en el tiempo presente'. En este caso, sólo se emplea con preposición antepuesta: *Todo lo que has sospechado* ***hasta aquí*** *(hasta ahora) es cierto*; ***De aquí*** *(desde este momento) a un mes llegarán los abuelos*. 'Entonces' (***Aquí*** *el empleado no supo qué contestar*). → **acá**

-ar. suf. de or. lat. de sustantivos y de adjetivos. En los sustantivos, indica el lugar en que abunda el primitivo (*manzan**ar***). En los adjetivos, 'condición o pertenencia' (*curricul**ar***).

ara. sust. f. Debe decirse: **el ara, un ara, esa ara, esta ara, aquella ara, alguna ara**. En plural: **las aras, unas aras, esas aras, estas aras, aquellas aras, algunas aras**. → **agua**

árabe. adj. Su sinónimo es **arábigo, ga**. → **agria**

arabista. sust. com. 'Especialista en lengua y en cultura árabes': **el arabista, la arabista**.

arabizar. v. intr. Ú. t. c. prnl. Su postverbal es **arabización** (sust. f.). → **cazar**

-aracho, cha. suf. → **-acho**

-arada. suf. → **-ada**

arador, ra. adj. 'Que ara'. Ú. t. c. sust.: **el arador, la aradora**.

a raíz de. loc. adv. 'Con proximidad, inmediatamente después' (***A raíz de** terminarse las clases, pintaron la escuela*); 'por la raíz o junto a ella' (*El bulbo que puse está **a raíz de** la planta que miras*); 'a causa de' (*Renunció **a raíz del** descontento popular*).

-arajo. suf. → **-ajo**

-araz. suf. de adjetivos que significan cualidad intensa y de valor un tanto despectivo (*lenguaraz, montaraz*).

árbitro. sust. m. Su femenino es **árbitra**.

árbol. sust. m. Los sustantivos colectivos son **arbolado** (m.), **arboleda** (f.) y **bosque** (m.).

arborecer. v. irreg. intr. 'Hacerse árbol'. También puede decirse **arbolecer** (v. irreg. intr.), pero la Academia prefiere la primera forma. Ambos verbos se conjugan como **parecer**.

arbori-. elem. compos. de or. lat. 'Árbol' (*arboricida*).

arca. sust. f. Debe decirse: **el arca, un arca, esa arca, esta arca, aquella arca, alguna arca**. En plural: **las arcas, unas arcas, esas arcas, estas arcas, aquellas arcas, algunas arcas**. → **agua**

arcaísta. sust. com. 'Persona que emplea arcaísmos sistemáticamente': **el arcaísta, la arcaísta**.

arcaizar. v. intr. 'Usar arcaísmos'. v. tr. 'Dar carácter de antigua a una lengua, empleando arcaísmos'. → **enraizar**

arce-. pref. → **archi-**

arcén. sust. m. → **banquina**

arci-. pref. → **archi-**

archi-. elem. compos. de or. gr. que, con sustantivos, significa 'preeminencia o superioridad' (*archiduquesa*). Con adjetivos, se emplea en lenguaje familiar con el significado de 'muy' (*Ese actor es **archi**conocido*). Toma las formas **arce-** (*arcediano*), **arci-** (*arcipreste*), **arqui-** (*arquidiócesis*) y **arz-** (*arzobispo*).

archiduque. sust. m. Su femenino es **archiduquesa**. En plural: **archiduques, archiduquesas**.

archivero. sust. m. 'Persona que tiene a su cargo un archivo'. Su femenino es **archivera**. También puede decirse **archivista** (sust. com.): **el archivista, la archivista**.

archivólogo. sust. m. 'Persona que se dedica a la archivología o disciplina que estudia los archivos en todos sus aspectos'. Su femenino es **archivóloga**.

arder. v. intr. 'Estar muy agitado por pasiones o movimientos del ánimo'; 'ser muy vivas y frecuentes guerras o discordias'. Rég. prep.: **arder de** o **en** (*El jefe **arde de** ira*; *Los enemigos del nuevo partido político **ardían en** odio*; *Ese país **ardió en** guerras*).

ardido, da. adj. 'Valiente, intrépido' (*ardido soldado*). Amér. 'Enojado, ofendido'. También puede escribirse **hardido, da**, pero la Academia prefiere la primera forma.

ardiente. p. a. de **arder**. adj. 'Que causa ardor o parece que abrasa'. El superlativo es **ardentísimo, ma**.

-ardo, da. suf. de or. germ., de sustantivos y de adjetivos, con valor aumentativo o despectivo (*goliardo*, 'en la Edad Media, clérigo o estudiante vagabundo que llevaba vida irregular'); (*moscarda*, 'especie de mosca de unos ocho milímetros de largo, de color ceniciento').

arduo, dua. adj. → **agrio**

área. sust. f. Debe decirse **el área, un área, esa área, esta área, aquella área, alguna área**. En plural: **las áreas, unas áreas, esas áreas, estas áreas, aquellas áreas, algunas áreas**. Incorrecto: *Recorrió* <u>un</u> *extensa área*. Correcto: *Reco-*

rrió una extensa área. La abreviatura académica es *a* (sin punto). → **agua**

-areda. → **-edo**

areola. sust. f. Palabra grave. También puede pronunciarse y escribirse como esdrújula: **aréola**.

♦ **a resultas de.** Locución errónea. Debe decirse **de resultas** (loc. adv.), 'por consecuencia, por efecto' (*Vendieron la casa, **de resultas** pudieron mudarse*).

Argentina. adj. El nombre oficial del país es **República Argentina**. **República** es un sustantivo femenino, por lo tanto, lleva el artículo **la**: **la República**. **Argentina** es un adjetivo: **la República Argentina**. Si se omite el sustantivo, el adjetivo puede sustantivarse mediante el artículo que le corresponde a aquél: **la Argentina**. La A.A.L. considera un barbarismo el uso del adjetivo solo (*Argentina*) para nombrar a nuestro país. El error proviene de la influencia del inglés en nuestro idioma.

argentinidad. sust. f. 'Calidad de lo que es peculiar de la República Argentina'.

argentinismo. sust. m. 'Locución, giro o modo de hablar propio de los argentinos'.

argón. sust. m. 'Gas noble que se encuentra en el aire y en los gases volcánicos'. Número atómico 18. Símbolo: *Ar*

argot. sust. m. 'Jerga', 'lenguaje especial entre personas de un mismo oficio o actividad'. En plural: **los argots**.

argüir. v. irreg. tr. Ú. t. c. intr. 'Deducir'; 'descubrir, probar'; 'acusar'; 'alegar'. Como intransitivo, 'disputar impugnando la sentencia u opinión ajena'. Rég. prep.: **argüir de** (*El testigo **arguye de** mentiroso*). Su participio activo es **arguyente**. Se conjuga como **huir**.

argumentar. v. intr. 'Aducir, alegar, poner argumentos'. Ú. t. c. tr. y menos c. prnl. 'Disputar, discutir, impugnar una opinión ajena'. Rég. prep.: **argumentar contra** (***Argumentará contra** el proyecto del doctor Acuña*).

argumentista. sust. com. 'Autor de argumentos para el cine, la radio o la televisión': **el argumentista, la argumentista**. Su sinónimo es **argumentador** (sust. m.); el femenino de éste, **argumentadora**.

aria. sust. f. Debe decirse **el aria, un aria, esa aria, esta aria, aquella aria, alguna aria**. En plural: **las arias, unas arias, esas arias, estas arias, aquellas arias, algunas arias**. Incorrecto: *Desconoce este aria*. Correcto: *Desconoce **esta** aria*. → **agua**

aridecer. v. irreg. tr. Ú. m. c. intr. y c. prnl. 'Hacer árida alguna cosa'. Se conjuga como **parecer**.

árido, da. adj. → **agrio**. sust. m. pl. 'Granos, legumbres y otros frutos secos a que se aplican medidas de capacidad': **los áridos**.

-ario, ria. suf. de or. lat. de sustantivos y de adjetivos. En los sustantivos, significa 'profesión' (*boticario*); 'persona a quien se cede algo' (*concesionario*); 'lugar donde se guarda lo significado por el primitivo (*relicario*). En los adjetivos, indica relación con la base derivativa (*estatuario*).

arisquear. v. intr. Argent. y Urug. 'Mostrarse indócil, arisco'. No debe pronunciarse [arisquiar, arisquié]. → **-ear**

aristócrata. sust. com.: **el aristócrata, la aristócrata**. Incorrecto: *dama aristócrata*. Correcto: *dama **aristocrática***.

aritmético. sust. m. 'Persona que profesa la aritmética': **el aritmético**. Su femenino es **la aritmética**.

arma. sust. f. Debe decirse **el arma, un arma, esa arma, esta arma, aquella arma, alguna arma**. En plural: **las armas, unas armas, esas armas, estas armas, aquellas armas, algunas armas**. Incorrecto: *Ese arma es antigua*; *Algún arma tendrá*. Correcto: ***Esa arma** es antigua*; ***Alguna arma** tendrá*. El sustantivo colectivo es **armamento** (m.). → **agua**

armamentista. adj. 'Referente a la industria de armas de guerra' (*Desconoce el proyecto **armamentista***); 'partidario de la política de armamentos' (*No se considera **armamentista***). Ú. t. c. sust. com.: **el armamentista, la armamentista**.

armar. v. tr. Ú. t. c. prnl. Rég. prep.: **armar con** (*Los **armaron con** espadas*); **armarse de** (***Se armó de** valor*).

armatoste. sust. m. No debe pronunciarse [almatoste].

armazón. sust. amb.: **el armazón, la armazón**. Se prefiere el género femenino.

armonía. sust. f. También puede escribirse **harmonía**. En sus derivados, se acepta la doble grafía: **armónicamente, harmónicamente; armónico, harmónico; armonio, harmonio; armoniosamente, harmoniosamente; armonioso, harmonioso; armonista, harmonista; armonizable, harmonizable; armonización, harmonización; armonizar, harmonizar**. La Academia prefiere la forma sin **h**.

armonio. sust. m. 'Órgano pequeño'. También puede escribirse **armónium** (sust. m.) y **harmonio** (sust. m.). En plural: **armonios, los armónium, harmonios**.

aro. sust. m. Entre otras denotaciones, 'pieza de hierro o de otra materia rígida, en figura de circunferencia'. Argent., Col., Chile y Urug. 'Arete, zarcillo'. **entrar** o **pasar alguien por el aro**. fr. fig. y fam. 'Ejecutar, vencido por fuerza o maña de otro, lo que no quería' (*Luis se negaba a hacerlo, pero, finalmente,* ***entró*** *o* ***pasó por el aro***).

aroma. sust. f. 'Flor del aromo' (***La aroma*** *es amarilla*). En plural: **las aromas**. sust. m. 'Perfume' (*Me atrae* ***el aroma*** *de esas flores*). En plural: **los aromas**.

arpa. sust. f. Debe decirse: **el arpa, un arpa, esa arpa, esta arpa, aquella arpa, alguna arpa**. En plural: **las arpas, unas arpas, esas arpas, estas arpas, aquellas arpas, algunas arpas**. También puede escribirse **harpa** (sust. f.), pero es más común la primera grafía. → **agua**

arpía. sust. f. 'Persona codiciosa'; 'mujer aviesa'; 'mujer muy fea y flaca'. También puede escribirse **harpía** (sust. f.). Con el significado de 'ave fabulosa con rostro de mujer y cuerpo de ave de rapiña', suele escribirse con **h** mayúscula: **Harpía**.

arpillera. sust. f. No debe pronunciarse [alpillera] ni confundirse con **aspillera** (sust. f.), 'abertura larga y estrecha en un muro para disparar por ella'. También puede escribirse **harpillera**, pero la Academia prefiere la primera forma.

arpista. sust. com.: **el arpista, la arpista**.

arqueólogo. sust. m. Su femenino es **arqueóloga**.

arqui-. pref. de or. gr. → **archi-**

arquidiócesis. sust. f. También puede escribirse **archidiócesis**.

arquitecto. sust. m. Su femenino es **arquitecta**.

arrabalero, ra. adj. 'Dícese del habitante de un arrabal' (*Tenía costumbres* ***arrabaleras***). Ú. t. c. sust. m. y f. 'Persona que en su traje, modales o manera de hablar da muestra de mala educación': **el arrabalero, la arrabalera**.

-arrada. suf. → **-ada**

arraigar. v. intr. 'Echar o criar raíces'. Rég. prep.: **arraigar en** (*Muchos inmigrantes* ***arraigaron en*** *estas tierras*). → **pagar**

-arrajo. suf. → **-ajo**

arrancar. v. tr. Rég. prep.: **arrancar a** (***Arrancó*** *la verdad* ***a*** *su amigo*); **arrancar de** (*¿****Arrancaste*** *la astilla* ***de*** *tu dedo?*). → **sacar**

arranciarse. v. prnl. 'Poner o hacer rancia una cosa' (*El vino tinto* ***se arranció***). Su sinónimo es **enranciarse** (v. prnl.).

arras. sust. f. pl. 'Lo que se da como prenda o señal en algún contrato o concierto' (*Antes de la boda, el marido dio las* ***arras*** *a su mujer*). → **plural (pluralia tantum)**

arrasar. v. tr. 'Echar por tierra, destruir' (*El huracán* ***arrasó*** *la población*). Incorrecto: *El huracán arrasó con la población*. Ú. t. c. prnl. Rég. prep.: **arrasarse en** (*Sus ojos* ***se arrasaron en*** *lágrimas*).

arrastre. sust. m. Entre otras denotaciones, 'acción de arrastrar cosas que se llevan así de una parte a otra'. La A.A.L. ha recomendado incorporar, en el ***Diccionario***, el siguiente significado: Argent. 'Atracción, atractivo' (*Nora tiene mucho* ***arrastre*** *entre sus amigos*).

arre. 'Voz que se emplea para estimular a las bestias' (*¡****Arre****, mulas!*). Con esta acepción, también puede escribirse **harre**. sust. m. fam. 'Caballería ruin'. **¡arre!** interj. que se usa para denotar que 'se desaprueba o rechaza algo'.

arrear. v. tr. 'Estimular a las bestias para que echen a andar'. Rég. prep.: **arrear con**, 'llevarse de manera violenta alguna cosa; a veces, hurtarla o robarla' (*El ladrón* ***arreó con*** *las joyas y con los cuadros*). No debe pronunciarse [arriar, arrié]. → **-ear, arriar**

arrebatar. v. tr. Rég. prep.: **arrebatar** algo **de** o **de entre** (*Le **arrebató** la carta **de** las manos*; *Le **arrebató** la carta **de entre** las manos*).

arreglo. sust. m. **con arreglo a**. loc. prepos. 'Conforme a, de acuerdo con, según' (*Lo ordené **con arreglo a** sus indicaciones*).

arrellanarse. v. prnl. 'Ensancharse y extenderse en el asiento con toda comodidad'. No debe decirse <u>*arrellenarse*</u>. Su sinónimo es **rellanarse** (v. prnl.).

arremangar. v. tr. Ú. t. c. prnl. Puede decirse también **remangar** (v. tr. y prnl.). → **pagar**

arremeter. v. intr. 'Acometer con ímpetu y furia'. Rég. prep.: **arremeter contra** (*Los periodistas **arremetieron contra** algunos actores*).

arrendador. sust. m. 'Persona que da o toma en arrendamiento alguna cosa'. Su femenino es **arrendadora**. → **subarrendador**

arrendar. v. irreg. tr. Se conjuga como **acertar**.

arrendatario, ria. adj. 'Que toma algo en arrendamiento'. Apl. a pers., ú. t. c. sust. m. y f.: **el arrendatario, la arrendataria**. → **subarrendatario**

arreo. sust. m. Argent., Chile, Par. y Urug. 'Acción y efecto de separar una tropa de ganado y conducirla a otro lugar'.

arrepentirse. v. irreg. prnl. Rég. prep.: **arrepentirse de** (***Se arrepentirá de** lo que dijo*).

arriar. v. tr. 'Bajar las velas o las banderas que estén en lo alto' (*Por la tarde, **arrían** la bandera*). Se conjuga, en cuanto al acento, como **guiar**. → **arrear**

arriba. adv. l. Puede ir precedido de algunas preposiciones: ***de arriba***, ***desde arriba***, ***hacia arriba***, ***hasta arriba***, ***para arriba***, ***por arriba***. Incorrecto: *Corrió <u>a</u> <u>arriba</u>*. Correcto: *Corrió **arriba***. <u>*Subió*</u> <u>***arriba***</u> es un pleonasmo. Debe decirse: ***Subió*** o ***Fue arriba***. Usado después de un sustantivo, significa 'en dirección a la parte más alta' (*Lo persiguieron camino **arriba***). La locución **arriba de** puede usarse con el significado de 'más de' (*Te costará **arriba de** cien pesos*; *Corregí **arriba de** cincuenta exámenes*). Aunque la Academia registra como mejicanismo el uso de la locución **arriba de** como sinónimo de **encima de** (*Lo dejé **arriba de** la mesa*), se recomienda no realizar el reemplazo, pues **arriba** denota —según Seco— 'a lugar o puesto superior' (se construye con verbos de movimiento) y **encima**, 'en lugar o puesto superior' (se construye con verbos de situación). Por lo tanto: *Fueron **arriba***; *Lo dejé **encima de la mesa***. **de arriba abajo**. loc. adv. 'Del principio al fin, de un extremo a otro' (*Lo miró **de arriba abajo***). No debe decirse <u>*de*</u> <u>*arriba*</u> <u>*a*</u> <u>*abajo*</u>.

arribar. v. intr. Rég. prep.: **arribar a** (*Mañana **arribará a** Caracas*).

arriero. sust. m. 'El que trajina con bestias de carga'. También puede escribirse **harriero**, pero la Academia prefiere la primera forma.

arriesgar. v. tr. Ú. t. c. prnl. Rég. prep.: **arriesgarse a** (***Se arriesgaron a** enfrentarlo*); **arriesgarse en** (*No **se arriesgue en** ese negocio*). → **pagar**

arrimar. v. tr. Ú. t. c. prnl. Rég. prep.: **arrimar** o **arrimarse a** (***Arrimó** el banco **a** la puerta*; *Siempre **se arrima a** los que saben*).

-arro. suf. → **-rro**

arrogar. v. tr. 'Adoptar o recibir como hijo al huérfano o al emancipado'. v. prnl. 'Atribuirse'. Se usa referido a cosas inmateriales, como jurisdicción, facultad, etc. → **pagar**, **abrogar**

arrojar. v. tr. Ú. t. c. prnl. 'Echar'. Rég. prep.: **arrojar a** alguien **de** (***Arrojó** al sobrino **de** su departamento*); **arrojarse a** o **en** (***Se arrojaron al** río*; ***Se arrojaron en** el río*); **arrojarse desde** o **por** (***Se arrojó desde** el balcón*; ***Se arrojó por** el balcón*).

arrollado, da. p. de **arrollar**. sust. m. Argent., Chile, Perú y Urug. 'Carne de vaca o puerco que, cocida y aderezada, se acomoda en rollo formado de la piel cocida del mismo animal'. La Academia ha incorporado recientemente estos significados: Argent. 'Fiambre, matambre'. Argent. 'Pieza de repostería'; corresponde al sintagma **brazo de gitano** del español general. No debe confundirse su grafía con la de **arroyado, da** (p. de **arroyar**), 'formar arroyos'.

-arrón. suf. → **-ón**

arroz. sust. m. Incorrecto: <u>*la*</u> <u>*arroz*</u>. En plural: **arroces**.

arrugar. v. tr. Ú. t. c. prnl. 'Hacer arrugas'. Con los objetos directos **frente**, **ceño**, **entrecejo**, etc., y un sujeto que se refiera a persona, 'mostrar en el semblante ira o enojo' (*Juan arrugó el entrecejo*). v. prnl. 'Encogerse'. Sus postverbales son **arrugación** (sust. f.) y **arrugamiento** (sust. m.). → **pagar**

arrumazón. sust. f. colect. 'Conjunto de nubes en el horizonte'.

arsénico. adj. **ácido** o **anhídrido arsénico**. 'Cuerpo blanco de aspecto vítreo, compuesto de arsénico pentavalente y oxígeno; es venenoso'. sust. m. 'Metaloide de color, brillo y densidad semejantes a los del hierro colado'. Número atómico 33. Símbolo: ***As***

arte. sust. amb. Debe decirse: **el arte**, **un arte**, **ese arte** o **esa arte**, **este arte** o **esta arte**, **aquel arte** o **aquella arte**, **algún arte** o **alguna arte** (*el **arte** gótico*, *el **arte** gótica*). Mientras que, en singular, es común el género masculino (sobre todo, en la acepción de 'maestría o habilidad': *el **arte** culinario*), en plural, se prefiere el género femenino: **las artes**, **unas artes**, **esas artes**, **estas artes**, **aquellas artes**, **algunas artes** (*las **artes** culinarias*).

arterioesclerosis. sust. f. 'Endurecimiento de las arterias'. En plural: **las arterioesclerosis**. También puede decirse **arteriosclerosis**. No debe confundirse con **ateroesclerosis** (sust. f.) o **aterosclerosis** (sust. f.). → **ateroesclerosis**

arteriosclerótico, ca. adj. También puede decirse **arteriosclerósico, ca** (adj.).

artesano, na. adj. y sust. m. y f.: **el artesano**, **la artesana**. El **artesanado** (sust. m.) o la **artesanía** (sust. f.) es la 'clase social constituida por los artesanos' y el 'arte u obra de los artesanos'.

articulado. sust. m. colect. 'Conjunto o serie de los artículos de un tratado, ley, reglamento, etc.'; 'conjunto o serie de los medios de prueba que propone un litigante'.

articular. adj. 'Perteneciente o relativo a las articulaciones' (*Padece una afección **articular***). También puede decirse **articulario, ria** (adj.).

articulista. sust. com. 'Persona que escribe artículos para periódicos o publicaciones análogas': **el articulista**, **la articulista**.

artículo. sust. m. 'Nudillo de los dedos'; 'una de las partes en que suelen dividirse los escritos'; 'cada una de las divisiones de un diccionario encabezada con distinta palabra'; 'cada una de las disposiciones numeradas de un tratado, ley, reglamento, etc.'; 'cualquiera de los escritos de mayor extensión que se insertan en los periódicos u otras publicaciones análogas'; 'mercancía'; 'cuestión incidental en un juicio'; 'cualquiera de las probanzas, o párrafo distinto de un interrogatorio'; 'parte de la oración, que sirve principalmente para denotar la extensión en que ha de tomarse el sustantivo al cual se antepone'. En español, los artículos son: **el**, **la**, **lo**, **los**, **las**. Su abreviatura es ***art.*** o ***art.º***. **artículo citado**. Su abreviatura es ***art. cit.***

artífice. sust. com.: **el artífice**, **la artífice**.

artimaña. sust. f. (*Se valió de esa **artimaña***).

artista. sust. com.: **el artista**, **la artista**.

artritis. sust. f. Incorrecto: *el artritis*. En plural, es invariable: **las artritis**.

artrosis. sust. f. Incorrecto: *el artrosis*. En plural, es invariable: **las artrosis**.

arveja. sust. f. Puede decirse también **alverja** (sust. f.) y **arvejana** (sust. f.), pero se prefiere la primera forma. Los sustantivos colectivos son **arvejal** (m.) y **arvejar** (m.).

arz-. pref. → **archi-**

as. sust. m. 'Carta que, en la baraja de naipes, lleva el número uno'; 'punto único señalado en una de las seis caras del dado'; 'persona que sobresale de manera notable en un ejercicio o profesión' (*Raúl era un **as** de la natación*). En plural: **los ases**.

asa. sust. f. Debe decirse **el asa**, **un asa**, **esa asa**, **esta asa**, **aquella asa**, **alguna asa**. En plural: **las asas**, **unas asas**, **esas asas**, **estas asas**, **aquellas asas**, **algunas asas**. Incorrecto: *Trae la jarra por la asa*. Correcto: *Trae la jarra por el asa*. → **agua**

asador. sust. m. 'Persona que se dedica a asar'. Su femenino es **asadora**.

asaetear. v. tr. 'Disparar saetas contra alguien'; 'herir o matar con saetas'; 'causar disgustos o molestias'. No debe pronunciarse [asaetiar, asaetié]. También puede decirse **asaetar** (v. tr.), pero la Academia prefiere la primera forma. → **-ear**

asalariar. v. tr. Se conjuga, en cuanto al acento, como **cambiar**.

asaltador, ra. adj. 'Que asalta'. Ú. t. c. sust. m. y f.: **el asaltador, la asaltadora**.

asambleísta. sust. com.: **el asambleísta, la asambleísta**.

asar. v. tr. y prnl. Rég. prep.: **asar a** (*Asó la carne **a** la lumbre*); **asar en** (*Asó la carne **en** la parrilla*).

ascendencia. sust. f. colect. 'Serie de ascendientes o antecesores de una persona'; por extensión, 'origen, procedencia' (*Su **ascendencia** es danesa*). No debe confundirse con su antónimo **descendencia** (sust. f.) ni con **ascendiente** (sust. m.), 'predominio moral o influencia'. Incorrecto: *Tenía ascendencia sobre sus amigos*. Correcto: *Tenía **ascendiente** sobre sus amigos*.

ascender. v. irreg. intr. y tr. 'Subir'; 'adelantar en empleo o dignidad'; 'conceder un ascenso'. Rég. prep.: **ascender a** (***Ascendió** del banco **a** la mesa*; *José **ascendió a** gerente de ventas*; *El presidente de la empresa **ascendió a** sus empleados*). Incorrecto: *Ascendió el Aconcagua*. Correcto: ***Ascendió al** Aconcagua*. Se conjuga como **tender**.

ascendiente. p. a. de **ascender**. También puede decirse **ascendente**. sust. com.: **el ascendiente, la ascendiente** ('padre, madre o cualquiera de los abuelos, de quien desciende una persona'). Su antónimo es **descendiente**. sust. m. 'Predominio moral o influencia'. Rég. prep.: **tener ascendiente sobre** (***Tiene** gran **ascendiente sobre** sus alumnos*).

ascensión. sust. f. 'Ascenso de Cristo a los cielos'; 'ascenso a un lugar alto'. No debe confundirse con **asunción** (sust. f.). → **asunción**

ascensionista. sust. com. 'Persona que asciende a puntos muy elevados de las montañas': **el ascensionista, la ascensionista**.

ascensorista. sust. com.: **el ascensorista, la ascensorista**.

ascesis. sust. f. 'Reglas y prácticas encaminadas a la liberación del espíritu y al logro de la virtud': **la ascesis**. En plural, no varía: **las ascesis**.

asceta. sust. com.: **el asceta, la asceta**.

ascético, ca. adj. Entre otras denotaciones, 'dícese de la persona que se dedica a la práctica de la perfección espiritual' (*mujer **ascética***). No debe confundirse su grafía con la de **acético, ca** (adj.), 'perteneciente o relativo al vinagre'.

-asco, ca. suf. → **-sco**

ascua. sust. f. Debe decirse **el ascua, un ascua, esa ascua, esta ascua, aquella ascua, alguna ascua**. En plural: **las ascuas, unas ascuas, esas ascuas, estas ascuas, aquellas ascuas, algunas ascuas**. → **agua**

asear. v. tr. Ú. t. c. prnl. No debe pronunciarse [asiar, asié]. → **-ear**

asechador, ra. adj. 'Que engaña'. Ú. t. c. sust. m. y f.: **el asechador, la asechadora**. No debe confundirse con su homófono **acechador, ra** (adj. y sust. m. y f.). → **acechador**

asechanza. sust. f. Ú. m. en pl. 'Engaño o artificio para hacer daño a otro' (*Urdía **asechanzas** contra su mejor amigo*). También puede decirse **asechamiento** (sust. m.) y **asecho** (sust. m.). No debe usarse con el significado de su homófono **acechanza** (sust. f.). → **acechanza**

asechar. v. tr. 'Poner o armar asechanzas'. No debe confundirse con su homófono **acechar** (v. tr.).

asecho. sust. m. 'Asechanza'. No debe confundirse con su homófono **acecho** (sust. m.).

asediar. v. tr. Se conjuga, en cuanto al acento, como **cambiar**.

asegurar. v. tr. Ú. t. c. prnl. 'Dejar firme y seguro'; 'establecer' (***Aseguró** el tornillo de la cerradura*). 'Tranquilizar, infundir confianza' (*Le **aseguro** que su hijo regresará pronto*). Incorrecto: *Le aseguro de que su hijo regresará pronto* (caso de dequeísmo). 'Afirmar' (***Aseguro** que ha dicho la verdad*). Incorrecto: *Aseguro de que ha dicho la verdad* (caso de dequeísmo). 'Cerciorarse'. Rég. prep.: **asegurarse de** (*Se **aseguró de** que no lo siguieran*). Incorrecto: *Se aseguró que no lo siguieran* ("queísmo"). 'Poner a cubierto algo'. Rég. prep.: **asegurar contra** (***Aseguró** la casa **contra** incendio*). → **de**

asemejar. v. tr. Ú. t. c. prnl. Rég. prep.: **asemejar** o **asemejarse a** (*La copia se **asemeja al** original*).

asentado, da. p. de asentar. → **sentado**

asentar. v. irreg. tr. Ú. más c. prnl. Se conjuga como **acertar.** → **sentar**

asentir. v. irreg. intr. 'Admitir'. Su participio activo es **asintiente**. Se conjuga como **sentir**.

aseo. sust. m. 'Limpieza'; 'adorno'; 'esmero'; 'gentileza'. La Academia lo registra también como sinónimo de **cuarto de aseo** o **baño**.

asequible. adj. 'Que puede conseguirse o alcanzarse'. Rég. prep.: **asequible a** (*Ese auto es* ***asequible a*** *mis deseos*); **asequible para** (*El alquiler de la casa es* ***asequible para*** *tu amigo*). No debe confundirse con el adjetivo **accesible.** → **accesible**

aserraduras. sust. f. pl. 'Aserrín' (*El taller está lleno de* ***aserraduras***).

aserrar. v. irreg. tr. Se conjuga como **acertar**. También puede decirse **serrar** (v. tr.).

aserruchar. v. tr. 'Cortar la madera con serrucho'. No debe decirse <u>*serruchar*</u>.

asesinar. v. tr. 'Matar'; 'causar grandes disgustos'; 'ser engañado por una persona en quien se confía'. Debe escribirse con **s**, pues con **c**, el significado cambia. → **acecinar**

asesor, ra. adj. Ú. t. c. sust. m. y f.: **el asesor, la asesora**.

asesorar. v. tr. y prnl. Rég. prep.: **asesorarse con** o **de** (***Se asesoró con*** *dos abogados*; ***Se asesoró de*** *dos abogados*).

asfixiar. v. tr. Ú. t. c. prnl. Incorrecto: <u>*asfisiar*</u>. Se conjuga, en cuanto al acento, como **cambiar**. No debe pronunciarse [acfixiar].

así. adv. m. 'De esta o de esa manera'. Rég. prep.: **así de** (*Trajo una carpeta* ***así de*** *grande*). adv. c. 'Tan'. Rég. prep.: **así de + un adjetivo** (*¿****Así de*** *alto era?*). conj. consecutiva (generalmente precedido de la conjunción copulativa **y**). 'En consecuencia, por lo cual, de suerte que' (*Su amigo no lo acompañó,* ***y así*** *tuvo que viajar solo*). conj. comparativa. 'Tanto, de igual manera'. Se corresponde con **como** y **cual** (*El libro acompaña a todos,* ***así*** *a los niños* ***como*** *a los ancianos*). conj. concesiva. 'Aunque, por más que' (***Así*** *me grite, no le daré el lápiz*). interj. 'Ojalá' (*¡****Así*** *tu madre te escuche!*). adj. invar. 'Tal, semejante' (*Hombres* ***así*** *necesita la patria*). **así así**. loc. adv. 'Mediocre, medianamente' (*Estudió* ***así así*** *la lección de anatomía*). loc. adj. 'Mediocre, mediano' (*Compraste una tela* ***así así***). **así como**. loc. adv. 'Tan pronto como' (***Así como*** *vino, se fue*). loc. adv. y conjunt. 'Como' (*La verdad,* ***así como*** *es valiosa, es valiente*). **así como así**. loc. adv. 'De cualquier manera, de todos modos' (*El trabajo estaba* ***así como así***). **así es que**. loc. conjunt. consecutiva. 'Así que, en consecuencia' (*Asistieron muy pocas personas,* ***así es que*** *no se dará la conferencia*). **así pues**. loc. conjunt. consecutiva. 'En consecuencia, por lo cual' (*Ya es tarde,* ***así pues****, nos reuniremos otro día*). **así que**. loc. adv. 'Tan pronto como, al punto que' (***Así que*** *habló, todos se rieron*). loc. conjunt. consecutiva. 'En consecuencia, de suerte que, por lo cual' (*No hablaré con ella,* ***así que*** *cítala tú*). **así que así**. loc. adv. 'Así como así' (*Me miró* ***así que así***).

Asia. sust. pr. f. Puede usarse con artículo o sin él: **el Asia** o **Asia** (***el Asia*** *antigua*). → **agua**

asimilar. v. tr. Ú. t. c. prnl. Rég. prep.: **asimilar** o **asimilarse a** (*En su pronunciación,* ***asimila*** *la d final de palabra* ***a*** *la z*). Puede usarse como sinónimo de 'comprender lo que se aprende' (***Asimiló*** *los nuevos temas gramaticales*).

asimismo. adv. m. 'De este o del mismo modo'. No lleva tilde. También puede escribirse **así mismo**. No debe confundirse con **a sí mismo** ("a él mismo"), que se escribe en tres palabras.

asíndeton. sust. m. 'Figura que consiste en omitir las conjunciones para dar viveza o energía al concepto'. Incorrecto: <u>*la*</u> *asíndeton*. En plural: **los asíndetos**.

asir. v. irreg. tr. y prnl. Rég. prep.: **asir por** (*Te* ***asgo por*** *los cabellos*); **asirse de** (***Se asió de*** *la baranda*); **asirse a** (***Se asirá a*** *la rama más alta*; ***Se ase a*** *su ideología*). En la conjugación, agrega una **g** después de la **s**, cuando va seguida de **o** o de **a**. La irregularidad se manifiesta en la primera persona singular del presente de indicativo (*asgo*) y en el presente de subjuntivo (*asga, asgas, asga, asgamos, asgáis, asgan*). Las dos formas propias del imperativo son regulares (*ase, asid*).

asistente. p. a. de **asistir**. 'Que asiste'. Ú. t. c. sust. m. y f.: **el asistente, la asistenta**.

asistir. v. tr. Rég. prep.: **asistir a** (*No **asistiremos a** la conferencia; Debe **asistir a** esta enferma*).

asma. sust. f. Debe decirse: **el asma, un asma, esa asma, esta asma, aquella asma, alguna asma**. En plural: **las asmas, unas asmas, esas asmas, estas asmas, aquellas asmas, algunas asmas.** → **agua**

asno. sust. m. Su femenino es **asna**. Debe decirse: **el asna, un asna, esa asna, esta asna, aquella asna, alguna asna**. En plural: **las asnas, unas asnas, esas asnas, estas asnas, aquellas asnas, algunas asnas**. Los sustantivos colectivos son **asnada** (f.) y **asnería** (f.). → **agua**

asociar. v. tr. y prnl. Rég. prep.: **asociar** una cosa **a** o **con** otra (*No puedo **asociar** lo que dice **a** lo que hace; No puedo **asociar** lo que dice **con** lo que hace*); **asociarse a** otra persona o **con** otra persona (***Me asocio a** Silvana para realizar ese trabajo; **Me asocio con** Silvana para realizar ese trabajo*). Se conjuga, en cuanto al acento, como **cambiar**.

asolar. v. irreg. tr. 'Destruir, arrasar' (*La tempestad **asuela** los campos*). No debe confundirse con su homónimo **asolar** (v. reg. tr.) ni con su homófono **azolar** (v. irreg. tr.). Se conjuga como **sonar**.

asolar. v. reg. tr. Ú. m. c. prnl. 'Secar los campos el calor o la sequía' (*El calor del verano **asola** los campos*). Debe diferenciarse de **asolar** (v. irreg. tr.) y de **azolar** (v. irreg. tr.).

asomar. v. intr. 'Empezar a mostrarse'. v. tr. 'Sacar o mostrar alguna cosa por una abertura o por detrás de alguna parte'. Ú. t. c. prnl. Rég. prep.: **asomar a** o **por** (***Asomó** la cabeza **a** la ventana; **Asomó** la cabeza **por** la ventana*); **asomarse a** o **por** (***Se asomaron al** balcón; **Se asomaron por** el balcón*).

asombrar. v. tr. Ú. t. c. prnl. Rég. prep.: **asombrarse con** o **de** (***Se asombra con** tus poemas; **Se asombra de** tus poemas*).

asonar. v. irreg. intr. Se conjuga como **sonar**.

aspa. sust. f. Debe decirse: **el aspa, un aspa, esa aspa, esta aspa, aquella aspa, alguna aspa**. En plural: **las aspas, unas aspas, esas aspas, estas aspas, aquellas aspas, algunas aspas.** → **agua**

aspaventar. v. irreg. tr. 'Atemorizar'. Se conjuga como **acertar**.

aspaviento. sust. m. 'Demostración excesiva o afectada de espanto, admiración o sentimiento' (*Todos se reían de sus **aspavientos***). También puede decirse **espaviento** (sust. m.), pero la Academia prefiere la primera forma.

aspereza. sust. f. Sus sinónimos son **asperidad** (sust. f.) y **asperura** (sust. f.).

asperjar. v. tr. 'Rociar' (***Asperjaba** las rosas*). También puede decirse **aspergear** (v. tr.) y **asperger** (v. tr.).

áspero, ra. adj. Rég. prep.: **áspero a** (*Esta tela es **áspera al** tacto*). El superlativo culto es **aspérrimo, ma**; el coloquial, **asperísimo, ma**. Diminutivo: **asperillo, asperilla.** → **agrio**

áspid. sust. m. En plural, esta palabra grave se convierte en esdrújula: **áspides**. También puede decirse **áspide**.

aspirador, ra. adj. y sust. m. o f.: **el aspirador** o **la aspiradora**, 'electrodoméstico que sirve para limpiar el polvo absorbiéndolo' (*Pase el **aspirador** en el comedor; Pase la **aspiradora** en el comedor*).

aspirante. p. a. de **aspirar**. Ú. t. c. sust. com.: **el aspirante, la aspirante**. Rég. prep.: ***aspirante a*** (***aspirante a** un cargo público*).

aspirar. v. tr. Rég. prep.: **aspirar a** (***Aspira a** recibir una recompensa; **Aspiraba a** un mejor sueldo*).

asqueroso, sa. adj. Rég. prep.: **asqueroso a** (*Ese gusano es **asqueroso a** la vista*); **asqueroso de** (*Ese gusano es **asqueroso de** ver*); **asqueroso en** (*La mendiga es **asquerosa en** su aspecto*).

asta. sust. f. Debe decirse: **el asta, un asta, esa asta, esta asta, aquella asta, alguna asta**. En plural: **las astas, unas astas, esas astas, estas astas, aquellas astas, algunas astas.** → **agua**

ástato. sust. m. 'Elemento químico radiactivo'. Número atómico 85. Símbolo: *At*

asterisco. sust. m. 'Signo auxiliar de puntuación' (*). Se emplea: • para indicar llamada a notas u otros usos convencionales; • en lingüística, para indicar que una forma, palabra o frase es hipotética, incorrecta o agramatical (**exhuberante*); • para omitir un nombre propio u otras palabras que no quieren expresarse; en este caso, se usan tres asteriscos (*La señora de *** se negó a recibirla*).

-astre. suf. → **-astro**

astreñir. v. irreg. tr. 'Astringir'. Se conjuga como **teñir**.

astringente. p. a. de **astringir**. También puede decirse **adstringente** (p. a. de **adstringir**).

astringir. v. tr. 'Apretar, estrechar'; 'sujetar, obligar, constreñir'. Tiene un participio irregular (***astricto***). También puede decirse **adstringir**. → **dirigir**

astriñir. v. tr. 'Astringir' → **bruñir**

-astro, tra. suf. de sustantivos con significado despectivo (*hij**astra***, *padr**astro***, *poet**astro***). A veces, toma la forma **-astre** (*pill**astre***).

astronauta. sust. com.: **el astronauta, la astronauta**.

astrónomo. sust. m. Su femenino es **astrónoma**.

asturleonés, sa. adj. 'Perteneciente o relativo a Asturias y a León'. También puede escribirse: **astur-leonés**, **astur-leonesa**. En plural: **asturleoneses**, **asturleonesas**, **astur-leoneses**, **astur-leonesas**. → **guión**

asumir. v. tr. 'Atraer a sí, tomar para sí' (***Asumirá*** *el mando de las tropas*); 'responsabilizarse' (*No **asumió** tantas obligaciones*); 'adquirir, tomar una forma mayor' (*La inundación **asumió** grandes proporciones*). Es un anglicismo el uso de este verbo con el significado de 'confesar', 'reconocer', 'presumir', 'suponer' (*<u>Asumo</u> mis culpas*; *Los alumnos <u>asumen</u> que el examen se postergará*).

asunción. sust. f. 'Subida al cielo de la Virgen María'; 'elevación, generalmente del espíritu'. No debe confundirse con **ascensión** (sust. f.). → **ascensión**

asunto, ta. p. irreg. de **asumir**. sust. m. 'Materia de que se trata'; 'tema de una obra'; 'argumento de una obra'; 'representación de una composición pictórica'; 'negocio, ocupación, quehacer'; 'aventura amorosa'. Sus diminutivos son **asuntejo** y **asuntillo** (ambos suelen emplearse con sentido irónico o despectivo).

asustar. v. tr. Ú. t. c. prnl. Rég. prep.: **asustarse con**, **de** o **por** (***Se asustaron con*** *los perros*; ***Se asustaron de*** *los perros*; ***Se asustaron por*** *los perros*).

-ata. suf. → **-ato**

atajo. sust. m. 'Senda o lugar por donde se abrevia el camino' (*Iremos por este **atajo***); 'procedimiento o medio rápido' (*Éste es un buen **atajo** para conseguir el dinero*); 'separación o división de algo'; 'acción y efecto de atajar un escrito, es decir, señalar con rayas la parte que se ha de omitir al leerlo, recitarlo o copiarlo'. Puede escribirse **hatajo**, con **h**, con las denotaciones de 'pequeño grupo de ganado' y de 'grupo de personas o cosas'.

atalaya. sust. f. Incorrecto: *<u>el</u> atalaya*.

atañer. v. intr. defect. 'Afectar, incumbir, corresponder' (*No te **atañe** lo que conversamos con Celia*). Sólo se usa en tercera persona. → **tañer**.

atar. v. tr. y prnl. Rég. prep.: **atar a** (***Ató*** *el perro **a** la verja*); **atar** a alguien o algo **de** (***Ata*** *al ladrón **de** pies y manos*); **atar por** (*Lo **ató por** el cuello*); **atarse a** (***Se ató a*** *negocios inútiles*).

atardecer. v. irreg. intr. impersonal. 'Empezar a caer la tarde' (***Atardece*** *en la ciudad*). Se usa en infinitivo y en la tercera persona singular de todos los tiempos. Se conjuga como **parecer**. sust. m. 'Último período de la tarde'. En plural: **atardeceres**. Su sinónimo es **atardecida** (sust. f.).

atarear. v. tr. y prnl. Rég. prep.: **atarearse con** o **en** (***Se atarea con*** *las labores de la casa*; ***Se atarea en*** *las labores de la casa*). No debe pronunciarse [atariar, atarié]. → **-ear**

-atario, ria. suf. de sustantivos procedentes del latín o derivados en español de verbos de la primera conjugación. Denota la 'persona en cuyo favor se realiza la acción' (*destin**atario***, *prest**atario***).

atascar. v. tr. Ú. m. c. prnl. Rég. prep.: **atascarse en** (*El automóvil **se atascó en** un barrizal*). → **sacar**

ataviar. v. tr. Ú. t. c. prnl. Se conjuga, en cuanto al acento, como **guiar**.

-ate. suf. que, en algunas palabras, equivale a **-ado** (*aven**ate***). Es, también, la terminación de algunos sustantivos de origen americano (*chocol**ate***, *tom**ate***).

♦ **atelier**. Galicismo. En español, debe decirse **taller, estudio**.

atemorizar. v. tr. Ú. t. c. prnl. Rég. prep.: **atemorizar con** (*No lo **atemorice con** esas amenazas*); **atemorizarse de, con** o **por** (***Se atemoriza de** los leones*; ***Se atemoriza con** los leones*; ***Se atemoriza por** los leones*). → **cazar**

atenazar. v. tr. 'Sujetar fuertemente con tenazas o como con tenazas'; 'apretar los dientes por la ira o por el dolor'; 'afligir a alguien un pensamiento o sentimiento'. También puede decirse **atenacear** (v. tr.). → **cazar**

atendedor. sust. m. 'Persona que atiende a lo que va leyendo el corrector'. Su femenino es **atendedora**.

atender. v. irreg. tr. (*El señor **atenderá** su reclamo*). Ú. t. c. intr. Rég. prep.: **atender a** (***Atendió a** los huéspedes*; ***Atenderán a** sus palabras*; ***Atiende al** teléfono*). Se conjuga como **tender**.

atenerse. v. irreg. prnl. Rég. prep.: **atenerse a** (***Se atendrá a** nuestras órdenes*). Se conjuga como **tener**.

atentado, da. p. de **atentar**. sust. m. 'Agresión contra la vida o la integridad física o moral de una persona'. Rég. prep.: **atentado contra** (*La policía descubrió el **atentado contra** el empresario extranjero*).

atentamente. adv. Su abreviatura es *atte*.

atentar. v. intr. 'Cometer atentado'. Rég. prep.: **atentar contra** (*El joven **atenta contra** la vida de los niños*). Es verbo regular.

atento, ta. p. irreg. de **atender**. adj. 'Que tiene fija la atención en alguna cosa'. **atento a**. loc. adv. 'En atención a' (***Atento a** su propuesta, le envío mi currículum*).

atenuante. p. a. de **atenuar**. adj. (*circunstancia **atenuante***, 'motivo legal para aliviar la pena del reo'). Ú. t. c. sust. f.: **la atenuante**.

atenuar. v. tr. Ú. t. c. prnl. Se conjuga, en cuanto al acento, como **actuar**.

ateo, a. adj. Ú. t. c. sust. m. y f.: **el ateo, la atea**. También puede decirse **ateísta** (adj.; ú. t. c. sust. m. y f.): **el ateísta, la ateísta**.

aterciopelado, da. adj. También puede decirse **terciopelado, da** (adj.), pero la Academia prefiere la primera forma.

aterir. v. tr. defect. 'Pasmar de frío'. Ú. m. c. prnl. (*Ayer **nos aterimos** en la puerta del colegio*). Aterirse de frío es una construcción pleonástica que debe evitarse. Se conjuga en los mismos tiempos y personas que **abolir**.

aterosclerosis. sust. f. 'Endurecimiento de los vasos sanguíneos, principalmente las arterias'. También puede decirse **ateroesclerosis**, pero la Academia prefiere la primera forma. → **arterioesclerosis**

aterrar. v. reg. tr. 'Causar terror' (*Me **aterra** la oscuridad*). Ú. t. c. prnl. Rég. prep.: **aterrarse de** o **con** (***Se aterraban de** los ruidos de la vieja casa*; ***Te aterraste con** sus gritos*). Su sinónimo es **aterrorizar** (v. tr. Ú. t. c. prnl.). v. irreg. tr. 'Bajar al suelo'; 'derribar'; 'cubrir con tierra' (*Tres hombres **atierran** el féretro*). Con estos significados, se conjuga como **acertar**.

atestar. v. tr. Ú. m. c. prnl. 'Henchir alguna cosa hueca, apretando lo que se mete en ella'; 'meter o colocar excesivo número de personas o cosas en un lugar'. Rég. prep.: **atestar de** (***Atesta de** algodón el tarro*); **atestarse de** (*El estadio **se atestó de** gente*). Su homónimo (v. tr.) denota 'testificar, atestiguar'.

atestiguar. v. tr. Se conjuga, en cuanto al acento, como **adecuar**. → **averiguar, atestar**

atiborrar. v. tr. Ú. t. c. prnl. 'Llenar, henchir, atestar'; 'atracar de comida'; 'llenar la cabeza de lecturas o ideas'. Rég. prep.: **atiborrar de** (***Atiborra** la lata **de** galletas*; ***Me atiborré de** poesía española*).

♦ a tiempo completo. En lugar de este anglicismo, debe usarse la expresión **con dedicación exclusiva**. Incorrecto: *Necesito correctores a tiempo completo*. Correcto: *Necesito correctores **con dedicación exclusiva***. Tampoco es correcta la locución de tiempo completo.

-átil. suf. de or. lat. 'Disposición, posibilidad, semejanza'. Aparece en adjetivos que ya existían en latín (*vers**átil***). Otros se han formado en español (*port**átil***).

atildar. v. tr. Ú. t. c. prnl. 'Poner tildes a las letras'; 'componer, asear' (*No **atildaste** la i*; ***Se atilda** poco*). Con la primera acepción, también puede decirse **tildar** (v. tr.).

atinar. v. intr. 'Dar por sagacidad natural o por un feliz acaso con lo que se busca o necesita'. Ú. t. c. tr. 'Acertar a dar en el blanco'. Rég. prep.: **atinar a** (*Apenas **atinó a** decirlo*; *¡Atinó al blanco!*); **atinar con** (*¿Atinarán con el departamento?*).

atinente. adj. 'Tocante, perteneciente'. Rég. prep.: **atinente a** (*Trató temas **atinentes a** su especialidad*). Su sinónimo es **atingente** (adj.).

atingencia. sust. f. 'Relación, conexión, correspondencia'. Rég. prep.: **atingencia con** (*La investigación tiene **atingencia con** las sospechas del señor Yáñez*).

atingente. p. a. de **atingir**. adj. 'Atinente'. → **atinente**

atisbo. sust. m. 'Indicio, vislumbre, conjetura'. Rég. prep.: **atisbo de** (*No hay en sus palabras un **atisbo de** verdad*).

-ativo, va. suf. → **-ivo**

atlantismo. sust. m. 'Actitud política de adhesión a los principios de la Organización del Tratado del Atlántico Norte (OTAN) y favorable a su extensión y afianzamiento en Europa'.

atlantista. adj. 'Perteneciente o relativo a la Organización del Tratado del Atlántico Norte (OTAN)'. sust. com. 'Partidario del atlantismo': **el atlantista, la atlantista**.

atleta. sust. com.: **el atleta, la atleta**.

atmósfera. sust. f. Palabra esdrújula. También puede decirse **atmosfera** (palabra grave). En plural: **atmósferas, atmosferas**.

-ato, ta. suf. de or. lat. de sustantivos y de adjetivos. En algunos sustantivos masculinos, significa 'dignidad, cargo o jurisdicción' (*decanato*); 'instituciones sociales' (*orfanato*). En otros sustantivos masculinos y femeninos, denota 'acción o efecto' (*cabalgata*). Aplicado a nombres de animales, designa la cría (*ballenato*). En adjetivos, significa 'cualidad' (*novato*, *timorata*).

-ato. suf. con el que se designa una sal o un éster derivados del ácido correspondiente (*clorato*); una sal de un ácido aromático (*benzoato*).

atorar. v. tr. Ú. t. c. intr. y c. prnl. 'Atascar, obstruir'; 'atragantarse, turbarse en la conversación'. Es verbo irregular cuando significa 'partir leña en tueros o trozos cortados y limpios de las ramas'. En este caso, se conjuga como **sonar**.

-atorio, ria. suf. → **-torio**

atracar. v. tr. Ú. t. c. prnl. Rég. prep.: **atracarse de** (*Se **atracaron de** uvas*). → **sacar**

atraer. v. irreg. tr. Ú. t. c. prnl. Rég. prep.: **atraer** a alguien **a** o **hacia** (*El gobernador **atrajo** a los habitantes de la provincia **a** o **hacia** su partido*); **atraer con** (***Atrajo con** engaños a los niños*). Incorrecto: <u>atrajiera</u>, <u>atrajieron</u>, <u>atrayó</u>, <u>atrayeron</u>, <u>atrayera</u>. Correcto: ***atrajera***, ***atrajeron***, ***atrajo***. Su participio activo es **atrayente**. Se conjuga como **traer**.

atragantar. v. tr. Ú. m. c. prnl. Rég. prep.: **atragantarse con** (*Se **atragantó con** un huesillo*).

atrancar. v. tr. Ú. m. c. prnl. 'Atascar'. v. prnl. fig. y fam. 'Cortarse al hablar o leer'. Ú. menos c. intr. 'Encerrarse asegurando la puerta con una tranca'. → **sacar**

atrás. adv. l. 'Hacia la parte que está o queda a las espaldas de uno' (*Dio un salto **atrás***). Se usa, generalmente, con verbos de movimiento (*Vienen caminando **atrás***). Puede ir precedido de algunas preposiciones: **de atrás**, **desde atrás**, **hacia atrás**, **para atrás**, **por atrás** (*Lo sorprendió **por atrás***). No puede ir precedido de la preposición **a**, porque el adverbio ya la contiene. Incorrecto: *Vuelve <u>a</u> <u>atrás</u>*. Correcto: *Vuelve **atrás***. No debe decirse: *Coloquen la silla <u>atrás</u> <u>de</u> la mesa*, sino *Coloquen la silla **detrás de** la mesa* (con la locución prepositiva **detrás de**). adv. t. 'Antes', 'hace tiempo' (*Años **atrás**, nos encontramos en Catamarca*). En este caso, el adverbio **atrás** cumple la función de adjetivo. Incorrecto: *<u>Hace</u> <u>años</u> <u>atrás</u>, nos encontramos en Catamarca*. Lo mismo sucede en oraciones como la siguiente: *No des **marcha atrás***. → **detrás**

atravesar. v. irreg. tr. Ú. t. c. prnl. Se conjuga como **acertar**.

a través de. loc. adv. Denota que algo pasa de un lado a otro (*La brisa se colaba **a través de** las persianas*); 'por entre' (*Los niños corrían **a través de** la multitud*); 'por intermedio de' (*Conseguí el medicamento **a través de** mi prima*).

atreverse. v. prnl. Rég. prep.: **atreverse a** (*No se **atrevieron a** mirarla*); **atreverse con** (*¿Se **atrevió con** mi primo?*).

atribuir. v. irreg. tr. Ú. t. c. prnl. Rég. prep.: **atribuir a** (*Atribuyó el error **a** su compañero*). Se conjuga como **huir**.

atribular. v. tr. 'Causar tribulación'. v. prnl. 'Padecer tribulación'. Rég. prep.: **atribularse con, en** o **por** (***Se atribula con** las dificultades; **Se atribula en** las dificultades; **Se atribula por** las dificultades*).

atrición. sust. f. 'Pesar de haber ofendido a Dios'. Incorrecto: <u>*atricción*</u>.

atril. sust. m. En plural: **atriles**.

atrincherar. v. tr. y prnl. Rég. prep.: **atrincherarse en** (***Se atrincheraron en** los montes*).

atrofiar. v. tr. y prnl. Se conjuga, en cuanto al acento, como **cambiar**.

atronar. v. irreg. tr. Se conjuga como **sonar**.

atto-. elem. compos. de or. noruego y danés de sustantivos que significan 'la trillonésima parte de las respectivas unidades' (***atto**gramo*).

audífono. sust. m. La Academia también registra **audiófono** (sust. m.), pero prefiere la primera forma.

audímetro. sust. m. También puede decirse **audiómetro** (sust. m.), pero la Academia prefiere la primera forma.

audio-. elem. compos. de or. lat. que significa 'sonido', 'audición' (***audio**visual*).

audioprotesista. sust. com. 'Profesional especializado en audioprótesis': **el audioprotesista, la audioprotesista**.

auditar. v. tr. 'Examinar la gestión económica de una entidad a fin de comprobar si se ajusta a lo establecido por ley o costumbre'.

auditivo, va. adj. 'Que tiene virtud para oír'; 'perteneciente al órgano del oído'. También puede decirse **auditorio, ria** (adj.). sust. m. 'Pieza del aparato telefónico con la que se oye' (*Cuando sonó el teléfono, tomó el **auditivo** con rapidez*). Es sinónimo de **auricular** (sust. m.).

auditor, ra. adj. 'Que realiza auditorías'. Ú. t. c. sust.: **el auditor, la auditora**.

♦ **auditorar** o **auditorizar.** Barbarismos léxicos. Debe decirse **auditar** (v. tr.).

auditorio. sust. m. 'Concurso de oyentes' (*Un gran **auditorio** gozó de su conferencia*). 'Sala destinada a conciertos, recitales, conferencias, etc.' (*Dio la conferencia en un gran **auditorio***). → **auditórium**

auditórium. sust. m. Su plural es **los auditórium**. También puede decirse **auditorio** (sust. m.), voz preferida por la Academia.

augurio. sust. m. 'Presagio, anuncio, indicio de algo futuro'. No debe usarse como sinónimo de **felicidad** (sust. f.) o de **felicitación** (sust. f.). Incorrecto: *Envíale mis <u>augurios</u> por el nacimiento de su hijo*. Correcto: *Envíale mi **enhorabuena** por el nacimiento de su hijo*.

aula. sust. f. Debe decirse: **el aula, un aula, esa aula, esta aula, aquella aula, alguna aula**. En plural: **las aulas, unas aulas, esas aulas, estas aulas, aquellas aulas, algunas aulas**. Incorrecto: *¿Reconstruirán <u>algún</u> aula?* Correcto: *¿Reconstruirán **alguna aula**?* → **agua**

áulico, ca. adj. Ú. t. c. sust. 'Perteneciente a la corte o al palacio'; 'cortesano o palaciego'. No debe usarse como sinónimo de 'de aula', 'en el aula'. Incorrecto: *En la escuela, se realizan planificaciones <u>áulicas</u>*. Correcto: *En la escuela, se realizan planificaciones **de aula***.

aullar. v. intr. 'Dar aullidos'. La **a** no forma diptongo con la **u** cuando el radical es tónico. Presente de indicativo: *aúllo, aúllas, aúlla, aullamos, aulláis, aúllan*. Presente de subjuntivo: *aúlle, aúlles, aúlle, aullemos, aulléis, aúllen*. Imperativo: *aúlla* (tú).

aullido. sust. m. Ú. t. en sent. fig. 'Voz triste y prolongada del lobo, el perro y otros animales'. También puede decirse **aúllo** (sust. m.), pero la Academia prefiere la primera forma.

aun. adv. t. Se escribe con tilde cuando significa 'todavía' (***Aún** no han traído la carta*). Se escribe sin tilde cuando significa 'hasta, también, inclusive' (***Aun** los niños asistirán al concierto*) y 'siquiera', con negación (*No sabe si vendrá **ni aun** le habló para saberlo*). **aun cuando**. loc. conjunt. conc. 'Aunque' (***Aun cuando** revise los cajones, no lo encontrará*).

aunar. v. tr. Ú. m. c. prnl. 'Unir' (***Aunaremos** esfuerzos para conseguirlo*). 'Unificar' (***Se aúnan** criterios*). Rég. prep.: **aunarse con** (***Se aunará***

con su amigo para realizar el trabajo). Se conjuga, en cuanto al acento, como **aullar**.

aunque. conj. conc. (***Aunque** es joven, sabe mucho acerca de ese tema*; ***Aunque** llegue tarde, iré a tu fiesta*; ***Aunque** tuviera miedo, haría esa excursión*; ***Aunque** hubiera conseguido el libro, no lo habría leído*). conj. advers. 'Pero' (*Ya conseguí un trabajo, **aunque** querría tener dos*).

aúpa. interj. que se usa para animar a alguien a levantarse o a levantar algo. También puede decirse **upa**. **a upa**. loc. adv. 'En brazos' (es voz infantil).

aupar. v. tr. Ú. t. c. prnl. 'Levantar o subir a una persona'. → **aullar**

aura. sust. f. Debe decirse: **el aura**, **un aura**, **esa aura**, **esta aura**, **aquella aura**, **alguna aura**. En plural: **las auras**, **unas auras**, **esas auras**, **estas auras**, **aquellas auras**, **algunas auras**. → **agua**

áureo, a. adj. 'De oro'. No debe pronunciarse [aurio]. Su sinónimo es el adjetivo **áurico, ca**.

aureola. sust. f. Es palabra grave. También puede decirse **auréola** (sust. f.), esdrújula.

auriga. sust. m. Es palabra grave. No debe pronunciarse [áuriga], como esdrújula.

ausentar. v. tr. y prnl. Rég. prep.: **ausentarse de** (***Se ausentó de** su casa*).

auspiciar. v. tr. Se conjuga, en cuanto al acento, como **cambiar**.

austríaco, ca. adj. También puede decirse **austriaco, ca** (adj.). La Academia prefiere esta última forma.

autenticar. v. tr. También puede decirse **autentificar** (v. tr.). → **sacar**

auto. sust. m. Abreviación de **automóvil**. A veces, se usa como primer elemento de compuestos (***auto**camión*, ***auto**cine*).

auto-. elem. compos. de or. gr. 'Propio', 'por uno mismo' (***autó**crata*, ***auto**didacto*).

autobiografía. sust. f. 'Vida de una persona escrita por ella misma'. No debe confundirse su significado con el de **biografía** (sust. f.). Incorrecto: *Escribió la <u>autobiografía</u> de Manuel Belgrano*. Correcto: *Escribió la **biografía** de Manuel Belgrano*. → **biografía**

autocine. sust. m. En plural: **autocines**.

autoclave. sust. f. 'Aparato que sirve para destruir gérmenes patógenos, esterilizando todos los objetos y sustancias que se emplean en las operaciones y curas quirúrgicas'. En plural: **autoclaves**.

autócrata. sust. com.: **el autócrata**, **la autócrata**.

autóctono, na. adj. Aplicado a personas, ú. t. c. sust. m. y f.: **el autóctono**, **la autóctona**.

♦ **autodefensa.** Anglicismo. En español, debe decirse **defensa propia**.

♦ **autodefinirse.** El verbo **definirse** es pronominal reflejo ('definirse a sí mismo'), por lo tanto, no necesita el prefijo **auto-** (***Me defino** como un hombre honesto y trabajador*). El uso incorrecto de ese prefijo con un verbo pronominal reflejo es pleonástico.

autodidacto, ta. adj. 'Que se instruye por sí mismo, sin auxilio de maestro'. Ú. t. c. sust. m. y f.: **el autodidacto**, **la autodidacta**. No debe decirse *<u>el autodidacta</u>*.

autoescuela. sust. f. 'Centro para enseñar a conducir automóviles'. No debe escribirse *<u>auto-escuela</u>* ni *<u>auto</u> <u>escuela</u>*. En plural: **autoescuelas**.

autografiar. v. tr. Se conjuga, en cuanto al acento, como **guiar**.

autómata. sust. m. La Academia sólo la registra como de género masculino.

automatización. sust. f. No debe decirse *<u>automación</u>* (en inglés, *automation*).

automotor. adj. m. También puede usarse como sustantivo masculino (*Se dedica a la venta de **automotores***). Su femenino es **automotriz** (adj.) También puede decirse **automotora** (adj.). No deben usarse como modificadores de sustantivos de género masculino. Incorrecto: *sector <u>automotriz</u>*. Correcto: *sector **automotor***. Sólo modifican sustantivos del género femenino: *industria **automotriz***, *industria **automotora***.

automovilista. sust. com.: **el automovilista**, **la automovilista**. No debe usarse como adjetivo: *carrera <u>automovilista</u>*. Correcto: *carrera **automovilística***.

autonomista. adj. 'Partidario de la autonomía política o que la defiende'. Aplicado a personas, ú. t. c. sust. com.: **el autonomista, la autonomista.**

autopsia. sust. f. Debe pronunciarse la **p**.

autor. sust. m. Su femenino es **autora**. En plural: **autores, autoras**. En singular, su abreviatura es *A.*; en plural, *AA*. La calidad de **autor** es la **autoría** (sust. f.).

autorización. sust. f. También puede decirse **autorizamiento** (sust. m.), pero la Academia prefiere la primera forma.

autorizar. v. tr. Rég. prep.: **autorizar con** (*Autorizó el documento* ***con*** *un sello*); **autorizar para** (*Autorizan al profesor Ferrero* ***para*** *que tome una licencia*). → **cazar**

autoservicio. sust. m.: En plural: **autoservicios**.

autostop. sust. m. Voz extranjera (*auto-stop*) españolizada. Se considera un híbrido del francés *auto*(*mobile*) y del inglés *stop*. 'Manera de viajar por carretera solicitando transporte gratuito a los automóviles que transitan'. Incorrecto: *auto-stop*, *auto stop*. En plural: **autostops**. Los que lo practican se denominan **el autostopista, la autostopista** (sust. com.). En plural: **los autostopistas, las autostopistas**. Estas voces han sido recién incorporadas en el ***Diccionario***.

autostopista. adj. Ú. t. c. sust. com. → **autostop**

auxiliar. v. tr. Se conjuga, en cuanto al acento, como **cambiar**.

aval. sust. m. En plural: **avales**.

avalancha. sust. f. Aunque está registrado en el ***Diccionario***, la Academia prefiere **alud** (sust. m.).

avalista. sust. com.: **el avalista, la avalista**.

avaluar. v. tr. Es sinónimo de **valuar** (v. tr.). Se conjuga, en cuanto al acento, como **actuar**.

avanzar. v. tr. 'Adelantar'. v. intr. 'Ir hacia adelante' (*Los automóviles* ***avanzan*** *lentamente*). Ú. t. c. prnl. (***Se avanza*** *lentamente*). → **cazar**

avaro, ra. adj. Ú. t. c. sust. m. y f.: **el avaro, la avara**. Rég. prep.: **avaro de** (*Se mostró* ***avaro de*** *su dinero*). No debe pronunciarse [ávaro]. Sus sinónimos son **avariento, ta** y **avaricioso, sa** (adjs.).

avatar. sust. m. 'Fase, cambio, vicisitud'. Con este significado, se usa más en plural (*los* ***avatares*** *de la vida*).

ave. sust. f. Diminutivo: **avecilla**. Debe decirse: **el ave, un ave, esa ave, esta ave, aquella ave, alguna ave**. En plural: **las aves, unas aves, esas aves, estas aves, aquellas aves, algunas aves**. Incorrecto: *Ese ave proviene del Brasil*. Correcto: ***Esa ave*** *proviene del Brasil*. Los sustantivos colectivos son: **bandada** (f.) y **averío** (m.). Cuando hablamos de un conjunto de diversas aves, nos referimos a una **volatería** (sust. f.).

avecinar. v. tr. 'Acercar'. Ú. m. c. prnl. 'Establecerse en algún pueblo en calidad de vecino'. Rég. prep.: **avecinarse en** (***Nos avecinamos en*** *Tandil*). También puede decirse **avecindar** (v. tr.) y **avecindarse** (v. prnl.).

avecindar. v. tr. y prnl. Rég. prep.: **avecindarse en** (***Se avecindaron en*** *Olavarría*).

avemaría. sust. f. 'Oración compuesta de las palabras con que el Arcángel San Gabriel saludó a la Virgen María'. No debe escribirse en dos palabras: *la ave maría*. Correcto: **la avemaría**. También puede escribirse con mayúscula: **la Avemaría**. A pesar de que es sustantivo femenino, el uso ha impuesto **el avemaría** (o **el Avemaría**) y **un avemaría** (o **un Avemaría**), formas aceptadas como correctas. En plural: **las avemarías** (o **las Avemarías**). En algunas locuciones, es también palabra de género masculino: **al avemaría**, 'al anochecer'; **saber como el avemaría** algo, 'tenerlo en la memoria con claridad y orden'. **¡ave María!** Como exclamación, debe escribirse en dos palabras: *¡Ave María, qué noche!* Denota 'asombro' o 'sorpresa'.

avenida. sust. f. Su abreviatura es ***Av.*** o ***Avda.***

avenir. v. irreg. tr. 'Concordar'; 'ponerse de acuerdo'; 'amoldarse'. Ú. m. c. prnl. Rég. prep.: **avenirse a** (***Me avengo a*** *su parecer*; ***Se aviene a*** *concluir el informe*; *Tendrán que* ***avenirse a*** *las consecuencias*); **avenirse con**, 'entenderse bien con alguna persona o cosa' (***Se avinieron con*** *mis hermanos*). v. intr. 'Suceder'. Se usa en el infinitivo y en las terceras personas de singular y plural (***Avino*** *un hecho insólito*). Su participio (***avenido***) se usa con los adverbios **bien** y **mal**, 'concorde o conforme con personas o cosas, o al contrario' (*matrimonio* ***mal avenido***). Se conjuga como **venir**.

aventajar. v. tr. Ú. t. c. prnl. y c. intr. Rég. prep.: **aventajar** a alguien **en** algo (*Aventajaron a Gerardo **en** la carrera*).

aventar. v. irreg. tr. Su postverbal es **aventamiento** (sust. m.). Se conjuga como **acertar**.

avergonzar. v. irreg. tr. y prnl. Rég. prep.: **avergonzarse de** (***Se avergonzaba de** su conducta*). Se conjuga como **sonar**.

avería. sust. f. 'Casa o lugar donde se crían aves'; 'conjunto de aves de corral'. En la segunda acepción, también puede decirse **averío** (sust. m.). Su homónimo (sust. f.) denota 'daño'. **de avería**. loc. adj. Argent. 'De cuidado, peligroso'.

averiar. v. tr. Ú. t. c. prnl. Se conjuga, en cuanto al acento, como **guiar**.

averiguar. v. tr. Los verbos terminados en **-guar** se conjugan conforme al paradigma de la primera conjugación (*amar*). Presente de indicativo: *averiguo, averiguas, averigua, averiguamos, averiguáis, averiguan*. Presente de subjuntivo: *averigüe, averigües, averigüe, averigüemos, averigüéis, averigüen*. Imperativo: *averigua, averiguad*. Repárese en que la **u** lleva diéresis cuando se une con la **e**.

avestruz. sust. m. 'Ave': **el avestruz**. Para distinguir los sexos, debe recurrirse a las perífrasis **avestruz macho**, **avestruz hembra**. En plural: **los avestruces**.

avezar. v. tr. Ú. t. c. prnl. 'Acostumbrar'. Rég. prep.: **avezar a** (***Avezan** a los niños **a** nadar*); **avezarse a** (***Se avezaron a** resolver los inconvenientes*). Incorrecto: *Estaba avezado en beber coñá*. Correcto: *Estaba **avezado a** beber coñá*. → **cazar**

aviador, ra. adj. Ú. t. c. sust. m. y f.: **el aviador, la aviadora**.

aviar. v. tr. Ú. t. c. prnl. Su antónimo es **desaviar** (v. tr. Ú. t. c. prnl.). Se conjuga, en cuanto al acento, como **guiar**.

avión. sust. m. Sus sinónimos son **aeronave** (sust. f.), **aeromóvil** (sust. m.) y **aeroplano** (sust. m.). El sustantivo colectivo es **flota** (f.).

avisar. v. tr. Cuando **avisar** significa 'comunicar algo', se construye sin la preposición **de** (***Nos avisó que** Luis estaba en la sala*). Cuando significa 'prevenir de algo', dicha preposición es obligatoria (*¡**Te avisamos de** que se caería el techo!*).

aviso. sust. m. **andar** o **estar sobre aviso** o **sobre el aviso**. fr. 'Estar prevenido y con cuidado' (*Desde que le robaron la billetera en el tren, siempre **anda sobre aviso***). No debe escribirse *sobreaviso*.

-avo, va. suf. aplicado a numerales cardinales para significar 'las partes iguales en que se divide la unidad' (***onceavo** u **onzavo**; **quinceava** o **quinzava***). No indica orden. Incorrecto: *Ocupa el dieciseisavo lugar en la lista*. Correcto: *Ocupa el **decimosexto** lugar en la lista*.

avocado. p. p. de **avocar**. → **abocado**

avocar. v. tr. 'Atraer o llamar a sí cualquier superior un negocio que está sometido a examen y decisión de un inferior' (*El doctor Vélez **avocó** la entrega de una parte de la tesis de Javier*). No deben confundirse su significado y su grafía con los de **abocar** (v. intr. Ú. t. c. prnl.). → **sacar**, **abocar**

axial. adj. 'Perteneciente o relativo al eje'. También puede decirse **axil** (adj.).

axioma. sust. m. 'Proposición clara y evidente'. Incorrecto: *la axioma*.

¡ay! interj. con que se expresa, especialmente, 'aflicción o dolor' (*¡**Ay!**, me duele mucho*). En este caso, no debe olvidarse la coma después de la interjección. 'Pena, temor, conmiseración o amenaza'. Rég. prep.: **ay de** + **sustantivo** o **pronombre** (*¡**Ay de** mi familia, sin este trabajo!*; *¡**Ay de** ti si castigas a tu hermano!*). sust. m. 'Suspiro, quejido' (*Estaba en un **ay***). En plural: **ayes**.

ayatolá. sust. m. 'Entre los chiítas islámicos, título de una de las más altas autoridades religiosas'; 'religioso que ostenta este título'. En plural: **ayatolás**. Es voz recién incorporada en el ***Diccionario***.

ayer. adv. t. **de ayer acá**. **de ayer a hoy**. exprs. figs. 'En breve tiempo; de poco tiempo a esta parte' (***De ayer acá**, han sucedido muchos acontecimientos*). Aunque Seco da por "útiles" y "buenas" las construcciones de origen francés *ayer mañana* y *ayer tarde*, en español se prefiere **ayer por la mañana** y **ayer por la tarde**. Incorrecto: *Lo dijo ayer noche*. Correcto: *Lo dijo **ano-***

che. sust. m. 'Tiempo pasado' (*Recuerda* ***el ayer***). En plural: **ayeres**.

ayo. sust. m. Su femenino es **aya**.

ayudador, ra. adj. 'Que ayuda'. Ú. t. c. sust. m. y f.: **el ayudador, la ayudadora**.

ayudante. p. a. de **ayudar**. sust. com. 'En algunos cuerpos y oficinas, oficial subalterno': **el ayudante, la ayudante**. Se usa el femenino **ayudanta**, con el significado de 'mujer que realiza trabajos subalternos, por lo general, en oficios manuales'. El 'empleo de ayudante' y la 'oficina de ayudante' se denominan **ayudantía** (sust. f.).

ayudar. v. tr. y prnl. Rég. prep.: **ayudar** a alguien **en** algo (***Ayudé*** *a Sergio* ***en*** *la pintura de la sala*); **ayudar** a alguien **a** hacer algo (***Ayudamos*** *a la maestra* ***a*** *borrar el pizarrón*).

ayunador, ra. adj. 'Que ayuna'. Ú. t. c. sust. m. y f.: **el ayunador, la ayunadora**.

ayuno, na. adj. 'Que no ha comido'. **en ayunas** o **en ayuno**. locs. advs. 'Sin haberse desayunado' (*Estoy* ***en ayunas*** o ***en ayuno***); fig. y fam. 'Sin tener noticia de algo'. Ú. m. con los verbos **quedar** o **estar** (*Después de la explicación*, ***quedó en ayunas*** o ***en ayuno***).

azafata. sust. f. Sus sinónimos son **aeromoza** (sust. f.) y **camarera** (sust. f.). En la Argentina, se usa sólo la primera forma.

azafrán. sust. m. Incorrecto: *la azafrán*. Es palabra aguda. En plural, se transforma en grave: **azafranes**. El sustantivo colectivo es **azafranal** (m.). También puede decirse **zafrán** (sust. m.), pero la Academia prefiere la primera forma.

azahar. sust. m. 'Flor blanca y, por antonomasia, la del naranjo, limonero y cidro'. En plural: **azahares**. No debe confundirse con **azar**.

azar. sust. m. 'Casualidad, caso fortuito'. En plural: **azares**. **al azar**. loc. adv. 'Sin rumbo ni orden'.

azeuxis. sust. f. 'Hiato'. En plural, es invariable: **las azeuxis**. También puede escribirse **aceuxis** (sust. f.), pero la Academia prefiere la primera forma. Ambas palabras pueden usarse como sinónimos de **hiato** (sust. m.) y de **dialefa** (sust. f.). → **hiato**

-azgo. suf. de sustantivos. 'Dignidad, cargo' (*almirantazgo*); 'condición o estado' (*noviazgo*); 'tributo' (*almojarifazgo*); 'acción y efecto' (*hallazgo*).

-azo, za. suf. de valor aumentativo (*perrazo*, *manaza*) o despectivo (*aceitazo*). A veces, significa 'golpe dado con lo designado por la base derivativa' (*azotazo*, *hachazo*) y, en algún caso, 'golpe dado en lo significado por dicha base' (*espaldarazo*).

azolar. v. irreg. tr. 'Desbastar la madera con azuela' (*El carpintero* ***azuela*** *la puerta*). Sus homófonos son **asolar** (v. irreg. tr., 'arrasar') y **asolar** (v. reg. tr., 'secar'). No deben confundirse sus significados. Se conjuga como **sonar**.

-azón. suf. de sustantivos derivados de verbos de la primera conjugación, que significa 'acción y efecto', a veces, con cierto valor intensivo (*picazón*); 'tiempo en que se realiza dicha acción' (*rodrigazón*); 'conjunto de los objetos que constituyen un todo' (*clavazón*).

azteca. adj. Ú. t. c. sust. com.: **el azteca, la azteca**. No debe usarse como sinónimo de **mejicano** (adj.). sust. m. 'Idioma azteca' (***El azteca*** *es una lengua precolombina*).

azúcar. sust. amb.: **el azúcar, la azúcar** (palabra grave). Es más común usarla en género masculino. Incorrecto: *el azúcar blanca*; *la azúcar blanco*; *¡Qué barata está el azúcar!* Correcto: ***el azúcar blanco***; ***la azúcar blanca***; *¡****Qué barato*** *está* ***el azúcar***! En plural, es común el género masculino: **los azúcares** (palabra esdrújula). Diminutivos: **azucarillo, azuquita** (fam.) y **azuquítar** (fam.).

azucarera. sust. f. 'Recipiente para azúcar'. También puede decirse **azucarero** (sust. m.).

azufre. sust. m. 'Metaloide de color amarillo, quebradizo, insípido y craso al tacto'. Número atómico 16. Símbolo: ***S*** (sin punto). Incorrecto: *la azufre*.

azul. adj. 'Del color del cielo sin nubes'. Incorrecto: *En este cuadro, predomina el azul cobalto*; *Mi suéter es azul mar*; *El artista usa pintura azul ultramar*. Correcto: *En este cuadro, predomina el* ***azul de cobalto***; *Mi suéter es* ***azul de mar***; *El artista usa pintura* ***azul de ultramar***.

azulado, da. p. de **azular**. adj. 'De color azul o que tira a él'. Puede decirse también **azuloso, sa** (adj.).

azular. v. tr. 'Dar o teñir de azul'. No debe confundirse su significado con el de **azulear** ('mostrar alguna cosa el color azul que en sí tiene'; 'tirar a azul').

azulear. v. intr. → **-ear**, **azular**

azulejar. v. tr. 'Revestir de azulejos'. No debe decirse *azulejear*, un vulgarismo.

azulejista. sust. m. Argent. 'Albañil especializado en la colocación de azulejos'. Esta voz no está registrada en el ***Diccionario***, pero la A.A.L. ha recomendado su incorporación.

azulejo, ja. adj. d. de **azul**. Amér. 'Azulado'. Argent. 'Dícese del caballo de manchas blancas y negras con reflejos azulados'. Ú. t. c. sust. m. (*Montaba un* ***azulejo***). sust. m. 'Pájaro americano'. Para distinguir los sexos, debe recurrirse a las perífrasis **azulejo macho**, **azulejo hembra**. Su homónimo (sust. m.) denota 'ladrillo vidriado usado para revestir paredes, suelos, etc., o para decorar'.

azumbre. sust. amb. 'Medida de capacidad para líquidos, que equivale a unos dos litros': **el azumbre** o **la azumbre**. Se prefiere el género femenino.

azuzar. v. tr. → **cazar**

b. Segunda letra del abecedario español. Su nombre es **be** (sust. f.), y el plural, **bes.**

babear. v. intr. No debe pronunciarse [babiar, babié]. → **-ear**

babel. sust. amb. fig. y fam. 'Confusión, desorden' y 'lugar donde hablan muchos sin entenderse'. Puede usarse, por su carácter ambiguo, en masculino o en femenino, *un babel* o *una babel*, pero se prefiere esta última forma. Cuando significa la ciudad o el imperio de Babilonia, por tratarse de un nombre propio, corresponde emplear la mayúscula (*torre de **Babel***).

babi. sust. m. fam. Voz inglesa incorporada con esta grafía, de modo que es incorrecto mantener la extranjera: *baby*. Significa 'babero' o 'delantal' que se pone a los niños para que no ensucien su ropa. Es de uso peninsular. En América se siguen empleando los sustantivos **babero** o **pechero** (m.), y **delantal** (m.), para designar esa prenda.

Babia. (Territorio de las montañas de León.) En la expresión **estar en Babia** ('estar distraído'), se escribe con mayúscula por ser nombre propio. Algunos interpretan que **babia** es un derivado regresivo de **babieca** ('tonto') y lo escriben con minúscula, pero no es aconsejable.

babilónico, ca o **babilonio, nia.** adjs. 'Perteneciente a Babilonia' y 'natural de Babilonia'. Ú. t. c. susts. ms. y fs.

babor. sust. m. 'Lado izquierdo de una embarcación mirando de popa a proa'. Su antónimo es **estribor** (sust. m.).

babucha. sust. f. **a babucha**. loc. adv. usada en el Río de la Plata. Repárese en que no lleva **s** final. Significa lo mismo que **a cuestas** (loc. adv.).

♦ **baby.** Anglicismo por **niño**, **pequeño**, **nene**, **bebé**, **bebe**, etc. Según Alfaro, está muy extendido en América: *el baby*, *la baby*. Debe evitarse este extranjerismo. El español es muy rico en voces comunes o familiares para expresar ese mismo concepto, incluso regionales, como **guagua**, registrada por la Academia.

♦ **baby sitter.** Anglicismo por **canguro** ('persona que cuida niños por horas'), voz que se usa en España. El extranjerismo es un sintagma compuesto por *baby* (niño) y *sitter* (gallina clueca). Si se usa esta construcción, debe entrecomillarse. Los hablantes, que repiten esta frase, la transforman, a veces, erróneamente, en *baby sister* (*sister*, 'hermana'), por una falsa etimología, aplicada a una lengua que conocen superficialmente. → **canguro**

baca. sust. f. Entre otras denotaciones, 'artefacto en forma de parrilla que se coloca en el techo de los automóviles'. Su homónimo (sust. f.) denota el 'fruto del laurel'. No deben confundirse sus grafías con la de su homófono **vaca** (sust. f.).

bacalao o **bacallao.** sust. m. Se prefiere la primera forma. Por ultracorrección, se incurre en el barbarismo *bacalado*.

bacante. sust. f. 'Mujer que celebraba las fiestas bacanales o del dios Baco' y, menos frecuentemente, 'mujer desenfrenada o descocada'. Repárese en su grafía al igual que en la de **bacanal**, derivadas de **Baco**, el dios que representaba el vino y la embriaguez. No debe confundirse con su homófono, el adjetivo **vacante**, 'sin proveer'.

bacará o **bacarrá.** sust. m. 'Juego de naipes'. La Academia prefiere la primera forma. Es incorrecto emplear la grafía francesa *baccara*, así como las disparatadas *bacarat*, *baccarat* o *baccarrat*.

bachiller. sust. com. 'Persona que ha recibido el título o el grado de bachiller'. En consecuencia, debe decirse **el bachiller, la bachiller** y **los bachilleres, las bachilleres**. sust. m. **bachiller**, así como su femenino correspondiente, **bachillera**, con sus plurales respectivos (**bachilleres** y **bachilleras**), de uso fig. y fam., significa 'persona que habla mucho e impertinentemente'. No deben confundirse, en consecuencia, estos usos. Ú. t. c. adj.

bacía. sust. f. 'Vasija o recipiente'. No debe confundirse con su homófono, el adjetivo femenino **vacía**, 'sin contenido'.

bacilar. adj. 'Perteneciente o relativo a los bacilos'. 'De textura en fibras gruesas'. No debe confundirse su grafía con las de sus homófonos **basilar** (adj.), 'perteneciente o relativo a la base', y **vacilar** (v. intr.), 'titubear'.

bádminton o **badminton.** sust. m. Voz inglesa que se ha incorporado con ambas grafías y que procede del lugar donde por vez primera se practicó este juego, *Badminton*. Designa el juego en sí, más conocido en español por el nombre de **volante** (sust. m.), así como el elemento que se impulsa con la raqueta, llamado, también, **volante**, 'trozo de madera o de corcho, coronado de plumas', o **rehilete** (sust. m.).

bafle. sust. m. 'Pantalla acústica que mejora la difusión y calidad del sonido'. Dada su españolización por la Academia, no debe mantenerse la grafía inglesa *baffle*.

bagaje. sust. m. Esta voz, entre otras acepciones, significa **equipaje**, es decir, 'conjunto de cosas que se llevan en los viajes'. Con adjetivos como **intelectual**, **artístico** y otros similares, se aplica al 'conjunto de conocimientos o noticias de que dispone una persona'. Es incorrecto escribir *bagage*, por influencia de la grafía francesa, lengua de la que procede esta voz.

bagual. sust. m. Argent., Bol. y Urug. 'Potro'. Su colectivo es **bagualada** (sust. f.), 'manada de potros' o 'caballada'.

baguala. sust. f. 'Canción popular del noroeste argentino'. Voz ya incorporada, como argentinismo, en el ***Diccionario*** académico.

¡bah! interj. que denota incredulidad o desdén. Repárese en su grafía. Es incorrecto escribirla sin **h** final.

bailanta. sust. f. 'Fiesta del pueblo en que se baila' y 'lugar donde se realiza'. La Academia registra esta voz como un argentinismo de carácter rural, pero cabe acotar que hoy es usual en ámbitos urbanos.

bailar. v. intr. 'Danzar'. Rég. prep.: **bailar con** (***bailar con*** *Pedro*), **bailar de** (***bailar de*** *alegría*), **bailar en** (***bailar en*** *la cuerda floja*). Ú. t. c. tr. (***bailar*** *un tango*).

baile. sust. m. Su diminutivo: **bailecito**. Es incorrecto *bailito*.

baja. sust. f. 'Descenso o disminución del precio, valor y estimación de una cosa'. Su antónimo es **alza**; pero, cuando significa 'cese', es **alta**. → **dar el alta**. Se usa frecuentemente, en plural, para significar la cantidad de muertos o de elementos inutilizados en una guerra (*Se desconoce el número de* ***bajas***). Su aumentativo es **bajón** (sust. m.), que, a su vez, tiene otro aumentativo, **bajonazo** (sust. m.). El sustantivo **bajoncillo** es diminutivo de **bajón**.

bajá. sust. m. En Turquía, antiguamente, 'jefe superior'. Hoy es un título honorífico. La Academia registra, también, la forma **pachá** (sust. m.), tomada del francés. Dice Seco que es preferible "utilizar la forma tradicional, excepto en la locución *vivir como un pachá*, 'vivir con regalo y opulencia' ". Su plural es **bajaes**, la forma culta, o **bajás**, más frecuente, según el ***Esbozo***.

bajada. sust. f. 'Acción de bajar'; 'camino por donde se baja'. Argent. y Urug. 'Disminución del caudal de un curso de agua'. Rég. prep.: **bajada de** (***bajada de*** *aguas*, 'cañería de desagüe pluvial'; ***bajada de*** *bandera*, 'puesta en marcha del contador en los taxis' y 'tarifa inicial de estos últimos'); **bajada a** (***bajada a*** *la ciudad*).

bajamar. sust. f. 'Mar baja'. Nótese que se trata de una voz compuesta, cuyos elementos no han de separarse, y repárese en su género: **la bajamar**. Su antónimo es **pleamar** (sust. f.).

bajar. v. intr. Rég. prep.: **bajar a** (***bajar a*** *la calle*); **bajar de** (***bajar de*** *la azotea*); **bajar por** (***bajar por*** *el ascensor*). Ú. t. c. tr. (***bajar*** *las escaleras*). Es un pleonasmo, que ha de evitarse, *bajar abajo*. En lenguaje popular, existe la forma **abajar** (v. intr. y tr.).

bajedad. sust. f. Forma anticuada por **bajeza** (sust. f.).

bajera. sust. f. En varios países americanos, entre ellos la Argentina, 'cada una de las hojas inferiores de la planta del tabaco'. Argent. y Urug. 'Pieza del recado de montar'. → **abajera**

bajo. prep. 'Debajo de, en lugar inferior'. Son comunes expresiones como: **bajo palabra, bajo tutela, bajo amenazas, bajo los Borbones, bajo prescripción médica, bajo cero, bajo control, bajo la mesa, bajo la presidencia, bajo vi-**

gilancia, etc. En algunos casos, puede usarse indistintamente **bajo** o **a** (***bajo** el sol* o ***al** sol*; ***bajo** la* sombra o ***a** la sombra*; ***bajo** las órdenes de* o ***a** las órdenes de*). Es incorrecto el uso de esta preposición cuando no indica 'sujeción, dependencia o inferioridad': *Lo estudió bajo todos los ángulos* (por *Lo estudió **desde** todos los ángulos*); *Lo analizó bajo todos sus aspectos* (por *Lo analizó **en** todos sus aspectos*); *Lo hizo bajo cuerda* (por *Lo hizo **por debajo de** cuerda*); *bajo estos fundamentos* (por ***sobre** estos fundamentos*); *bajo rejas* (por ***entre** rejas*); *bajo esta ley* (por ***conforme a** esta ley*); *bajo mis ojos* (por ***ante** mis ojos*); *bajo la firma* (por ***con** la firma*); *bajo encargo* o *pedido* (en vez de ***por** encargo* o ***a** pedido*); *bajo el pretexto de* (por ***con** el pretexto de*); *bajo mi punto de vista* (por ***desde** mi punto de vista*); *bajo estas circunstancias* (por ***en** estas circunstancias*); *bajo estas condiciones* (por ***en** estas condiciones* o ***con** estas condiciones*); *bajo la base de* (por ***sobre** la base de*). Es un anglicismo decir *bajo cubierta de*. Lo correcto es ***con el pretexto de*** o ***so capa de***. → **debajo de**

bajo, ja. adj. Entre otros significados comunes, cabe hacer notar que, cuando se aplica a sonidos, significa 'grave' o 'poco audible' y, en relación con un período histórico, señala sus últimas etapas (*el **bajo** latín, la **baja** latinidad*). Se escribe con mayúscula cuando se aplica a un período histórico (***Baja** Edad Media*, ***Bajo** Renacimiento*, ***Bajo** Imperio*) o a una denominación geográfica (***Baja** California*). Tiene un comparativo, **inferior**, que se usa para algunos de sus sentidos: 'situado debajo de otra cosa' (*estante **inferior**, piso **inferior**, labio **inferior***) o 'menor en cualidad o cantidad' (*tela **inferior**, número **inferior***). Rég. prep. de **inferior**: **inferior a** (*Juan es **inferior** a su hermano*). Con los significados apuntados, a veces se emplea, también, **más bajo que** (*Esta tela es de calidad **más baja que** aquélla*; *Ese número es **más bajo que** éste*). Esta última forma se usa para expresar el comparativo de todos los otros sentidos (*Inés es **más baja que** su hermana*; *Mi timbre suena **más bajo que** el de mi vecina*). El superlativo de este adjetivo es **bajísimo, ma**; pero, para los significados en que puede usarse **inferior**, existe el superlativo culto **ínfimo, ma** (*precio **ínfimo**, calidad **ínfima***). No se recomienda emplear *más ínfimo*, con lo cual se indica el predominio del valor expresivo sobre el del superlativo (*Es el más ínfimo de mis servidores*). Ú. t. c. sust. m. (*El **bajo** de su vestido está descosido*; *La voz humana masculina más grave es la de **bajo***). Puede utilizarse como adverbio: *hablar **bajo*** (con el sentido de 'en voz baja, quedamente'). Es rústico su empleo por **abajo** (*Vive allí bajo*, por *Vive allí **abajo***). Registra, entre otros diminutivos, **bajito**, **bajillo**, **bajuelo**. → **baja** (**bajoncillo**)

bajorrelieve. sust. m. Existe también la forma **bajo relieve**, pero hoy se prefiere la compuesta. Sus plurales son, respectivamente, **bajorrelieves** y **bajos relieves**.

bajos fondos. → **fondo**

♦ **bajovientre.** Barbarismo por **bajo vientre**, **hipogastrio**.

bala. sust. f. Su diminutivo es **balín** (sust. m.) o **balita** (sust. f.).

baladí. adj. Su plural es **baladíes** o **baladís**. Carece de inflexión superlativa.

baladronada. sust. f. 'Fanfarronada'. Es incorrecto *balandronada*. El mismo error se comete con el verbo intransitivo **baladronear** ('decir baladronadas') y con el adjetivo **baladrón, na** ('fanfarrón'), poco usado este último en femenino. Para **baladronear**, → **-ear**

balalaica. sust. f. 'Instrumento músico ruso, parecido a la guitarra'. No debe usarse la grafía *balalaika*.

balance. sust. m. 'Movimiento que hace un cuerpo, inclinándose ya a un lado, ya a otro'; 'estudio comparativo de los hechos favorables y desfavorables de una situación'; 'confrontación del activo y el pasivo para averiguar el estado de los negocios o del caudal'; 'resultado de dicha operación'. No es recomendable, tal como se hace, a veces, en la prensa periodística, escribir, por ejemplo: *Treinta y tres es el balance de víctimas en las carreteras con motivo de las últimas fiestas del año*, porque se da sólo la cifra de los que han muerto. En casos tales, se aconseja reemplazar dicha voz por **número**, **total**, **recuento**, etc. Es un anglicismo emplear esta voz por 'equilibrio'.

balancear. v. intr. 'Dar o hacer balances'. Se usa, en particular, en relación con las naves. Ú. t. c. tr. y prnl. (***balancear** la cuna*; ***balancearse** en la hamaca*). Es incorrecto pronunciar [balanciar, balancié]. → **-ear**. Usar este verbo con el sentido de 'equilibrar' es un anglicismo semántico. → **balanzar**

balanza. sust. f. Sus diminutivos son **balancín** (sust. m.) y **balancita** (sust. f.).

balanzar. v. tr. 'Igualar, contrapesar'. Es voz anticuada; corresponde usar **balancear**.

balaustrada. sust. f. 'Serie u orden de los balaustres colocados entre los barandales'. Es incorrecto *balustrada*.

balaustre o **balaústre.** sust. m. 'Columnitas que con los barandales forman las barandillas de los balcones, escaleras, etc.'. La Academia prefiere la primera forma, pero se oye más la segunda.

balazo. sust. m. 'Golpe de bala disparada con arma de fuego'; 'herida causada por una bala'. No debe, por lo tanto, usarse por **tiro** o por **disparo**: *Antes de huir, dispararon tres balazos*. Lo correcto es: *Antes de huir, dispararon tres **tiros*** o *Antes de huir, hicieron tres **disparos***.

balbucear. v. intr. Ú. t. c. tr. No debe pronunciarse [balbuciar, balbucié]. → **-ear**. Su postverbal es **balbuceo** (sust. m.). → **balbucir**

balbucir. v. intr. defect. No se usa en la primera persona del singular del presente de indicativo ni en todo el presente de subjuntivo, formas que se suplen con las del verbo **balbucear**, que significa lo mismo. Ú. t. c. tr. Es incorrecto *balbutir*.

♦ **balcanizar.** Neologismo no registrado por la Academia, el que, al igual que el sustantivo postverbal derivado *balcanización*, debe evitarse. Significa 'fraccionar territorios'. El ***Diccionario*** sólo recoge, derivado de **Balcanes**, el adjetivo **balcánico, ca**, 'perteneciente o relativo a esa región europea'.

balcón. sust. m. El sustantivo colectivo es **balconaje** (m.). El sustantivo **balconada** (f.) es un regionalismo gallego, que designa a un balcón o a varios que miran a un vasto horizonte, un 'miradero'. A veces, según Moliner, significa, también, un 'balcón corrido' o una 'serie de balcones', acepciones no recogidas en el ***Diccionario***. Sus diminutivos son **balconcillo** y **balconcito**.

baldadura. sust. f. 'Impedimento físico del que está baldado'. Con la misma significación, existe **baldamiento** (sust. m.), menos usado.

baldaquín o **baldaquino.** sust. m. 'Dosel'. Se prefiere la primera forma. Son incorrectos *baldequín* y *baldoquín*.

baldar. v. tr. 'Lisiar'. Es incorrecto usar esta forma por **baldear**.

balde. → **de balde**, **en balde**

baldear. tr. 'Echar agua con baldes'. Es incorrecto pronunciar [baldiar, baldié], un barbarismo fónico, o decir *baldar*, un barbarismo semántico, para expresar el significado arriba indicado. → **-ear**, **baldar**

baldío. sust. m. La Academia registra, entre otras acepciones, la de 'terreno urbano sin edificar', común a varios países americanos.

baldonar o **baldonear.** v. tr. 'Injuriar a alguno de palabra en su cara'. La Academia prefiere la segunda forma. Ú. t. c. prnl. No debe pronunciarse [baldoniar, baldonié]. → **-ear**

baldosa. sust. f. Su diminutivo es **baldosín** (sust. m.) o **baldosita** (sust. f.); el aumentativo, **baldosón** (sust. m.).

baldosar. v. tr. Es más frecuente **embaldosar**.

baldragas. sust. m. 'Hombre flojo, sin energía'. Es incorrecta, en singular, la forma sin **s** final.

balear. v. tr. 'Tirotear', un americanismo registrado por la Academia. No lo está, en cambio, *balacear*. Es vulgarismo pronunciar [baliar, balié]. → **-ear**

balería o **balerío.** sust. f. y m. 'Provisión de balas de un ejército o plaza'. La Academia recomienda la primera forma.

balero. sust. m. 'Juego de niños' y 'el juguete en sí'. Se usa en varias regiones americanas, y lo registra la Academia. Equivale a **boliche**, del español general. Argent. y Urug. fig. y fam. 'Cabeza humana'.

balido. sust. m. 'Voz de los animales que balan'. No debe confundirse con su homófono **valido** (adj.), que significa 'el que goza de las preferencias de un príncipe o de un poderoso y ejercita en su nombre el poder'.

balizamiento. sust. m. 'Acción de balizar'. → **abalizamiento**. No debe usarse **balizaje**, voz anticuada que significa 'el derecho que pagaban las embarcaciones por el servicio de balizas'.

balizar. v. tr. 'Colocar balizas'. → **cazar**, **abalizar**

ballena. sust. f. Diminutivo: **ballenita**. Su cría recibe el nombre de **ballenato** (sust. m.).

ballesta. sust. f. El sustantivo colectivo es **ballestería** (f.).

ballet. sust. m. 'Danza clásica, conjunto que la interpreta, así como su música'. Voz francesa (*ballet*), incorporada con la grafía anotada. La Academia nada dice respecto de su pronunciación, que todo el mundo articula a la francesa [balé]. Su plural es **ballets**. Cuando forma parte del nombre de una compañía, se escribe con mayúscula (*El **Ballet** Bolshoi*); en los otros casos, con minúscula (*Es una bailarina de **ballet***).

balompié. sust. m. 'Fútbol'. Esta voz, al igual que el adjetivo **balompédico** ('futbolístico'), desde que la Academia incorporó el anglicismo, está en franco retroceso y nunca se impuso del todo. Se creó artificialmente, hacia 1920, para evitar, sin éxito, el extranjerismo. → **futbol** o **fútbol**

baloncesto. sust. m. Deporte que, en algunos países americanos, recibe el nombre de **basquetbol** o **básquet** (susts. ms.).

balonmano. sust. m. Nombre del deporte llamado, en inglés, *handball*.

balonvolea. sust. m. Nombre del deporte conocido comúnmente por **voleibol** (sust. m.).

balotaje. sust. m. Voz francesa (*ballottage*) incorporada por la Academia como americanismo, con esta grafía y con el significado de 'escrutinio'. El ***Diccionario*** no registra la acepción de 'elección complementaria de la primera cuando no se alcanza una mayoría de votos determinada, o segunda vuelta'. No debe escribirse <u>*balotage*</u>.

balto-eslavo. adj. Es incorrecto escribirlo en una sola palabra, sin guión.

bambalear, **bambolear** o **bambonear.** v. intr. Las dos últimas formas son de uso más frecuente y recomendable, en particular la segunda. Las tres se usan, también, como pronominales. No deben pronunciarse [bambaliar, bambalié; bamboliar, bambolié; bamboniar, bambonié]. → **-ear**

bambú o **bambuc.** sust. m. 'Planta de caña alta y fuerte'. Se prefiere la primera forma. Su plural es **bambúes** o **bambús**. El de **bambuc** es **bambuques**.

banal. adj. 'Trivial, superficial'. Voz francesa que, con sus derivados **banalidad** (sust. f.) y **banalmente** (adv.), forman parte de nuestro acervo lingüístico.

banana. sust. f. Voz que se usa en varios países americanos, por **plátano** o **banano**. Designa tanto la planta como su fruto. El sustantivo colectivo es **bananal** (m.) y, en algunas regiones, **bananar** (m.).

banca. sust. f. Entre otros significados, en América, vale por 'banco o establecimiento de crédito' y, en el Río de la Plata, por 'asiento en el Parlamento, obtenido por elecciones', voz que tiene, cuando se trata de los de un mismo partido político, un sustantivo colectivo, **bancada** (f.). **tener banca**. fr. fig. Argent. y Par. 'Tener influencia'. → **banco**

bancar. v. tr. fam. 'Mantener o respaldar a alguien'; 'soportar a alguien o algo'. Es un argentinismo no registrado en el ***Diccionario***, pero de uso generalizado, como lo documenta la A.A.L.

banco. sust. m. Diminutivo: **banquillo**. Cuando significa 'establecimiento de crédito', el sustantivo colectivo es **banca** (f.), 'conjunto de bancos y banqueros'. Abreviatura usual: ***Bco.*** Se escribe con mayúscula cuando designa uno en particular (***Banco** Provincia*); en los otros casos, con minúscula (*Voy al **banco***). → **pez**

bandada. sust. f. colect. 'Conjunto de aves que vuelan juntas y, por extensión, de peces'. Significa, también, 'grupo bullicioso de personas'. Es incorrecto usar esta palabra como colectivo de aves que no vuelan (<u>*bandada*</u> *de avestruces, de pavos*). → **manada**

bandera. sust. f. Diminutivos: **banderín** (sust. m.) y **banderita** (sust. f.). → **banderola**

banderizar. v. tr. Ú. t. c. prnl. Puede decirse, también, **abanderizar**. → **cazar**

banderola. sust. f. 'Bandera pequeña, cuadrada, que se aplica a distintos usos: la que se pone en las manos de las efigies de Cristo o de santos, la que luce en las lanzas de los soldados de caballería, la que se usa en la milicia, en la topografía y en la marina'. En el Río de la Plata, es, además, 'montante, ventana sobre una puerta'.

bandolina o **mandolina.** sust. f. 'Instrumento músico de cuatro cuerdas y de cuerpo curvado como el laúd', conocido, también, por el nombre de **bandola** (sust. f.) o de **bandolín** (sust. m.), su diminutivo. El aumentativo de **bandola** es **bandolón** (sust. m.), instrumento musical de otras características.

bandoneón. sust. m. 'Variedad de acordeón, muy usado en la Argentina'. Son vulgarismos *bandonión* y *bandoleón*. Su ejecutante es **el bandoneonista** o **la bandoneonista** (sust. com.), voces no registradas por la Academia, pero de uso en la Argentina y de correcta formación.

banjo o **banyo.** sust. m. 'Instrumento musical'. Se admiten las dos grafías y pronunciaciones. Es voz de origen inglés.

banquina. sust. f. Argent. y Urug. 'Franja lateral de un camino, comprendida entre el pavimento y el campo'. Su equivalente, en el español general, es **arcén**.

bantú. adj. 'Grupo de lenguas afines habladas en África ecuatorial'. Ú. t. c. s. m.: **el bantú**. 'Individuo de los pueblos que las hablan'. Ú. t. c. sust. com.: **el bantú, la bantú**. En plural: **bantúes** o **bantús**.

bañadera. sust. f. Muy común en América por 'pila para bañarse'. Equivale a **bañera** del español peninsular. Ya está en desuso la acepción de 'ómnibus descubierto destinado a paseos y excursiones' (Argent.). En el Uruguay, se registra el significado de 'ómnibus viejo de alquiler'.

baño. sust. m. Es incorrecta la expresión *un baño de cultura* por **tintura**, 'conocimiento superficial de una ciencia' o 'ilustración superficial'. Se dice calentar al **baño María** o al **baño de María**; las dos formas son correctas, si bien es más empleada, hoy, la primera. Diminutivos: **bañito, bañuelo**.

baobab. sust. m. 'Árbol de África, de tronco muy alto y ancho'. Plural: **baobabs**.

baptisterio o **bautisterio.** sust. m. 'Sitio, en una iglesia, donde está la pila bautismal'. La Academia prefiere la primera forma, si bien da por anticuadas las voces **baptismal** (**bautismal**), **baptismo** (**bautismo**), **baptizar** (**bautizar**), etc. La forma **batisterio** es anticuada.

baqueano, na o **baquiano, na.** adj. Ú. t. c. sust. m. y f.: **el baqueano, la baqueana**; **el baquiano, la baquiana** ('experto'). sust. m. 'Guía para poder transitar por caminos, trochas y atajos'. La Academia prefiere la segunda forma, pero la primera es igualmente correcta.

baquelita. sust. f. 'Resina sintética'. Es incorrecta la grafía *bakelita*.

baqueta. sust. f. 'Vara delgada para limpiar las armas'. No debe confundirse con su homófono **vaqueta**, 'cuero de ternera, curtido y adobado'.

barahúnda o **baraúnda.** sust. f. 'Ruido, confusión, desorden'. También puede decirse **vorahúnda** (sust. f.), pero se prefiere la primera forma.

baraja. sust. f. 'Conjunto de naipes'. Es incorrecto usar este sustantivo colectivo por **naipe** (m.), 'cada una de las cartas de la baraja'.

barajar. tr. Además del sentido propio de 'mezclar los naipes de la baraja antes de repartirlos', está el figurado de 'considerar varias posibilidades' (***barajar*** *ideas, nombres, datos*, etc.). Con esta acepción, es incorrecto referirlo a un solo objeto (*barajar una hipótesis, una idea, un nombre*). En el Río de la Plata, se usa, también, con el significado de 'tomar en el aire un objeto' y de 'parar un golpe'. No debe decirse *barajear*, un vulgarismo.

baratear. v. tr. 'Dar una cosa por menos de su precio'; 'regatear una cosa antes de comprarla'. **Baratar** es anticuado y tiene, además de la consignada en primer término, otras acepciones. No debe pronunciarse [baratiar, baratié]. → **-ear, abaratar**

baratez. sust. f. Está admitido como regionalismo de algunos países americanos por **baratura** (sust. f.).

barba. sust. f. Su aumentativo es **barbaza**. → **barbilla**

barbacoa o **barbacuá.** sust. f. 'Parrilla'. Se recomienda el uso de la primera forma.

barbarismo. sust. m. 'Vicio que consiste en pronunciar o escribir mal las palabras o en emplear vocablos impropios' (*Los **barbarismos** pueden ser fónicos, gráficos y semánticos*). 'Extranjerismo' (*Son **barbarismos** las voces extranjeras que aún no han sido incorporadas en la lengua como préstamos*).

barbarizar. v. tr. p. us. 'Adulterar una lengua con barbarismos', v. intr. fig. 'Decir barbaridades'. → **cazar**

bárbaro, ra. adj. Además de sus significados tradicionales, propios o figurados, la Academia ha aceptado, recientemente, los de 'grande, extraordinario' y de 'excelente, magnífico': éstos se registran, también, para su adverbio, **bárbaramente**, 'muy bien, estupendamente'.

barbijo. sust. m. En algunas regiones, 'cinta de sujetar que pasa por debajo de la barba'. Corresponde a **barbiquejo** (sust. m.), del español general. Argent. y Bol. 'Herida en la cara'. Argent., además, 'pieza de tela con que los médicos y sus auxiliares se cubren la boca y la nariz'.

barbilla. sust. f. 'Barba'; 'punta de la barba'; 'mentón'. No corresponde su empleo como diminutivo de **barba**.

barbullar. v. intr. fam. 'Hablar atropelladamente, metiendo mucha bulla'; 'mascullar'. Es incorrecto <u>*barbollar*</u>. Equivale a **barbotar** (v. intr. Ú. t. c. tr.) o **barbotear** (v. intr.): ***barbotar*** o ***barbotear** una maldición*.

barca. sust. f. Su diminutivo es **barquilla**, y su aumentativo, **barcaza**. → **barco**

barco. sust. m. Rég. prep.: **barco de** (***barco de** vela, **barco de** vapor*). Es un galicismo de construcción, que debe evitarse, <u>*barco a*</u> (<u>*barco a vela, barco a vapor*</u>). Su aumentativo es **barcote**. Diminutivo frecuente: **barquichuelo**; también, **barquete** y **barquillo**. El sustantivo colectivo es **flota** (f.).

bargueño. sust. m. 'Mueble'. También puede escribirse **vargueño**, pero la Academia prefiere la primera forma.

bario. sust. m. 'Metal blanco amarillento'. Número atómico 56. Símbolo: ***Ba***

barlovento. sust. m. 'Parte de donde viene el viento, con respecto a un punto o lugar determinado'. → **sotavento**

♦ **barman.** Anglicismo que se aplica al que sirve en un bar y, en especial, al que prepara los cócteles. No tiene equivalente en español y no ha sido incorporado aún por la Academia. El plural más frecuente en España –indica Seco– es *bármans*; también se usa *barmen* y *bármanes*, forma esta última que sería la más aconsejable, si se decide su españolización –concluye–. Algunos proponen *los barman*, dejando invariable el sustantivo.

barnizar. v. tr. → **cazar**

barón. sust. m. 'Título o dignidad'. No confundir su grafía con la de su homófono **varón** (sust. m.). Su femenino es **baronesa**. Se escribe siempre con minúscula (*el **barón** Rothschild*).

barra. sust. f. Diminutivos: **barrita**, **barreta**, **barrilla**. Aumentativos: **barrón** y **barrote** (susts., ms.), 'barra gruesa', si bien la Academia no consigna este último como tal. En la Argentina, se usa esta voz, entre otras, con la acepción, no registrada por la Academia, de **hinchada** (sust. f.), 'multitud de partidarios de un equipo deportivo' (*Llegó la **barra***). **barra brava**. Argent. 'Grupo de individuos fanáticos de un equipo de fútbol, que suele incurrir en desmanes'. La A.A.L. ha propuesto la inclusión de este sintagma en el ***Diccionario*** y la del sustantivo **barrabrava** (com.), 'individuo', que puede escribirse en dos palabras: **barra brava**. En plural: **barrabravas**, **barras bravas**. 'Signo auxiliar de puntuación' (/) no registrado por la Academia en su ***Diccionario***. Se usa: • para señalar el límite de cada verso, cuando se transcribe un poema sin respetar la disposición estrófica (*Ríete de la noche, / del día, de la luna, / ríete de las calles / torcidas de la isla, / ríete de este torpe / muchacho que te quiere*); • en lugar de una preposición (*1500 pesos/mes*); • en fonología, para enmarcar la transcripción de un fonema o una secuencia (*/s/*; */era de noche/*); • para separar día, mes y año (*6/12/1995*). No debe usarse en la combinación <u>*y/o*</u>: *señoras* <u>*y/o*</u> *señores*. De acuerdo con el contexto, deberá optarse por **y** o por **o** (*señoras **y** señores*; *señoras **o** señores*).

barrabás. sust. m. fig. y fam. 'Maligno, travieso'. Plural: **barrabases**.

barraca. sust. f. Aumentativo: **barracón** (sust. m.).

barragán. sust. m. 'Tela de lana impermeable' y 'abrigo de dicha tela'. Incorrecto: <u>*barracán*</u>.

barranco o **barranca.** sust. m. y f. 'Despeñadero, precipicio'. Existe, también, para el mismo concepto, **barranquera** (sust. f.). El sustantivo colectivo es **barrancal** (m.).

barreal o **barrial.** sust. m. 'Barrizal'; 'terreno lleno de barro'. En América, se prefiere la segunda forma, que entra en homonimia con **barrial** (adj.). → **barrial**

barrial. adj. Derivado de **barrio**, se aplica, en América, a lo 'relativo al barrio'. Es incorrecto, con este significado, *barreal*, sin duda, un fenómeno de ultracorrección. → **barreal**

barril. sust. m. Los sustantivos colectivos son **barrilamen** (m.) y **barrilería** (f.). En Méjico, **barrilaje** (m.). Diminutivos: **barrilete** y **barrilito**.

barrito. sust. m. 'Berrido del elefante'. El verbo correspondiente es **barritar** (intr.), 'dar barritos o berrear el elefante'.

barro. sust. m. El diminutivo **barrillo** se aplica, en particular, a un 'grano o barro en el rostro'. → **espinilla**

barrumbada o **burrumbada.** sust. f. fam. 'Dicho jactancioso'. Se prefiere la primera forma.

barrunte o **barrunto**. sust. m. 'Indicio o noticia'. Las dos formas son correctas.

bártulos. sust. m. 'Enseres heterogéneos'. Se usa siempre en plural: *liar los **bártulos**; preparar los **bártulos**.* → **plural (pluralia tantum)**

bascular. v. intr. 'Moverse de un lado a otro'. No debe confundirse con el adjetivo **vascular**, 'perteneciente o relativo a los vasos de animales o plantas'.

base. sust. f. Admite la Academia que se use esta voz para designar el asiento de una estatua o de una columna, pero aconseja preferir el término técnico: **basa** (sust. f.). Atento a su significado de 'fundamento o parte más importante de las que constituyen cierta cosa o intervienen en ella', es un pleonasmo, que ha de evitarse, la expresión *base fundamental*. Debe usarse sólo **base** o **fundamento** (*la **base** o el **fundamento** de mi exposición*; no *la base fundamental de mi exposición*). → **bajo, a base de, sobre la base de**

♦ **baseball.** Anglicismo. → **béisbol**

basílica. sust. f. Se escribe siempre con minúscula (*la **basílica** de Nuestra Señora del Pilar*).

♦ **basketball.** Anglicismo. → **baloncesto**, **basquetbol**

básquet. sust. m. Abreviación de **basquetbol**. No debe escribirse con **k**, propia de la grafía inglesa.

basquetbol. sust. m. 'Baloncesto'. Es palabra aguda. Obsérvese la correcta grafía de esta voz inglesa españolizada. → **básquet**

basta. sust. f. 'Hilván', 'puntada'. No debe confundirse con su homófono, el adjetivo femenino **vasta** ('dilatada'). Diminutivo: **bastilla**.

bastante. adv. Es incorrecto usarlo en plural, haciéndolo concordar con la voz que modifica (*Son bastantes pobres esos niños*), ya que, como todo adverbio, es invariable (*Son **bastante** pobres esos niños*). Se consideran galicismos las construcciones formadas por **bastante + adjetivo + para**, del tipo *es bastante inteligente para ignorarlo*, en que se aconseja emplear la forma **lo bastante... para** (*Es **lo bastante** inteligente **para** ignorarlo*). Deben evitarse, asimismo, expresiones tales como: *No creo que existan hombres bastante malos para hacerlo*, en que debe emplearse el adverbio **tan**, seguido de **que**: *No creo que existan hombres **tan** malos, **que** lo hagan*. adj. Con esta función, **bastante** debe concordar con el sustantivo al que modifica: *Tengo **bastantes** cosas que hacer*. Deben evitarse expresiones del tipo *Eso era bastante para que le diera su aprobación*. Correcto: *Eso **bastaba para** que le diera su aprobación*.

bastar. v. intr. Ú. t. c. prnl. Rég. prep.: **bastar a** o **bastar para** (*Eso **basta a** mis proyectos*; *Eso **basta para** mis proyectos*); **bastar con** (***Basta con** esto*); **bastar de** (***Basta de** hablar*). **basta.** Voz que sirve para poner término a una acción o discurso (*ya **basta***).

bastardía. sust. f. Es incorrecto *bastardeamiento*, sin registro en el ***Diccionario***.

bastardo, da. adj. 'Ilegítimo'. Diminutivo: **bastardillo, lla**. Ú. t. c. sust. m. y f.: **el bastardo, la bastarda**.

bastedad. sust. f. 'Calidad de basto'. No debe confundirse con su homófono **vastedad** (sust. f.), 'amplitud'.

basto, ta. adj. 'Grosero, tosco'. No debe confundirse con el adjetivo **vasto, ta**, 'amplio'.

batahola o **bataola.** sust. f. 'Bulla'. También puede decirse **tabaola** (sust. f.), pero se prefiere la primera forma.

batallar. v. intr. Rég. prep.: **batallar con** (***batallar con*** *los enemigos*); **batallar por** (***batallar por*** *sus intereses*). Es incorrecto *batallar contra los enemigos*.

batata. sust. f. El ***Diccionario*** registra el diminutivo **batatín** (sust. m.). Argent., Par. y Urug. 'Apocamiento, falta de palabras o de reacción a causa de turbación o timidez'. → **abatatar**

bate. sust. m. 'Palo con que se golpea la pelota en el juego de béisbol'. No debe confundirse su grafía con la de **vate** (sust. m.), 'adivino, poeta'.

batea. sust. f. 'Bandeja o azafate'. En América, 'artesa para lavar'. Diminutivo: **batehuela**.

batel. sust. m. 'Bote'. Diminutivo: **batelejo**.

batería. sust. f. Entre otras acepciones, 'conjunto de'. No debe usarse el anglicismo *set de cocina*, por **batería de cocina**. Se aplica, también, como sust. com., a 'la persona que toca la batería': **el batería, la batería**. *El baterista* o *la baterista* son barbarismos.

batiborrillo o **batiburrillo.** sust. m. 'Revoltijo'. Su uso es indistinto. → **baturrillo**

batifondo. sust. m. 'Barullo', admitido como argentinismo.

batir. v. tr. Ú. t. c. prnl. Es incorrecto *batirse en retirada* por 'retroceder, retirarse'. Argent. y Urug., vulg. 'Delatar'.

batiscafo. sust. m. No es correcto *batiscafo*.

batracio. adj. Ú. t. c. sust. m. *Batráceo* es incorrecto, un fenómeno de ultracorreción.

baturrillo. sust. m. 'Revoltijo'. La Academia prefiere esta forma a **batiborrillo** o **batiburrillo**.

baúl. sust. m. Argent. 'Lugar de un vehículo en el que se lleva el equipaje'. Corresponde a **maletero** (sust. m.), del español general, y carece de registro en el ***Diccionario***. → **baulera**

baulera. sust. f. Argent. 'Lugar de un coche o vivienda destinado a guardar valijas u otros objetos', sin registro académico. El ***Diccionario*** sólo recoge **baulero** (sust. m.), 'persona que hace o vende baúles', como derivado de **baúl**.

bautisterio. sust. m. → **baptisterio**

bautizar. v. tr. → **cazar**

bayonesa. sust. f. 'Pastel de hojaldre con cabello de ángel'. Es un vulgarismo emplear esta voz por **mayonesa** 'salsa'.

bazar. sust. m. 'Mercado o tienda'. No debe confundirse con sus homófonos **basar** (v. tr. Ú. t. c. prnl.), 'asentar, apoyar', y **vasar** (sust. m.), 'anaquel para poner vasos, platos, etc.'.

bazo. sust. m. 'Víscera'. No debe confundirse con **vaso** (sust. m.), su homófono.

bazuca. sust. f. 'Lanzagranadas'. No debe decirse *bazoca*, dado que la voz inglesa (*bazooka*) ha sido españolizada.

beatificar. v. tr. → **sacar**.

beato. sust. m. 'Beatificado'; 'persona muy religiosa o devota'. Sus abreviaturas son ***B.*** y ***Bto***. Femenino: **beata**. Su abreviatura es ***Bta***. El colectivo: **beatería**. Se escribe con minúscula (*el beato Juan de Ávila*), salvo cuando se usa como apodo (*el **Beato** de Liébana*).

beato, ta. adj. 'Bienaventurado'. Superlativo: **beatísimo, ma**. Se aplica en particular al Papa: *beatísimo Padre*. Despectivo: **beatuco, ca** (adj.).

bebé. sust. m. 'Niño de pecho'. Voz francesa incorporada en nuestra lengua.

bebe. sust. m. 'Nene o niño pequeñito'. Su femenino es **beba**. → **bebé**

becante. sust. m. 'El que sufraga u otorga una beca'. Ú. t. c. adj. Sus antónimos son **becario, ria** y **becado, da**, es decir, 'quien disfruta de la beca'. La segunda forma se usa también como adjetivo.

becar. v. tr. → **sacar**

becerro. sust. m. 'Hijo de la vaca, de uno a dos años'. Su femenino es **becerra**. Diminutivo: **becerrillo, lla**. → **ternero**

bechamel o **besamel.** sust. f. 'Salsa blanca'. La Academia prefiere la segunda forma. Existe también **besamela** (sust. f.), menos frecuente.

bedelía. sust. f. 'Empleo de bedel'. La Academia no registra la acepción, común en la Argentina, de 'lugar en que desempeña sus tareas el bedel', de correcta formación.

beduino, na. adj. Repárese en que no lleva tilde sobre la **i**. Ú. t. c. sust. m. y f.: **el beduino, la beduina**.

begonia. sust. f. 'Planta de jardín'. Es incorrecta la forma begoña.

beicon. sust. m. 'Panceta ahumada'. Voz inglesa recién incorporada. Dada su españolización, no corresponde mantener la grafía extranjera (*bacon*).

beige o **beis.** adj. La Academia, que ya ha admitido esta voz francesa con esas dos formas, define dicho color como 'castaño claro'. La segunda, menos frecuente, es invariable en plural. Ú. t. c. sust. m.: **el beige** o **el beis**.

béisbol o **beisbol.** sust. m. Voz de origen inglés (*baseball*), de reciente registro en el ***Diccionario***. Se usa preferentemente la forma grave, es decir, la primera.

bejuco. sust. m. 'Planta tropical'. Los sustantivos colectivos son **bejucal** (m.) y **bejuqueda** (f.).

bel o **belio.** sust. m. La primera responde a la nomenclatura internacional.

belcebú. sust. m. 'Demonio'. Plural: **belcebúes** o **belcebús**.

belemnita o **belemnites.** sust. f. 'Un tipo de fósil'. Se prefiere la segunda forma. No confundir con **betlemita** (adj. Ú. t. c. sust. com.).

belén. sust. m. 'Nacimiento'. Con el significado fig. y fam. de 'lío', ú. m. en pl. (*meterse en **belenes***). Como nombre propio, cuando significa el lugar donde nació Jesucristo, no debe escribirse con **m** final (*Belem*); sí, en cambio, cuando el lugar geográfico que designa la lleva, por ejemplo, *Belem*, en el Brasil.

belicista. adj. 'Partidario del belicismo'. No debe confundirse con el adjetivo **bélico, ca** ('guerrero, perteneciente a la guerra').

beligerancia. sust. f. Obsérvese su grafía con **g**, al igual que en otras voces de la misma familia: **beligerante, belígero, ra** (adjs.). Es frecuente verlos escritos con **j**, un error.

beligerante. adj. No debe aplicarse a personas, sino a naciones o potencias que están en guerra.

belladona. sust. f. 'Planta de uso medicinal'. Voz que no debe pronunciarse como en italiano [beladona], lengua de la que procede (*belladonna*).

♦ **belvedere.** Italianismo. Equivale a **mirador**, que es la voz que debe usarse en español.

bencina o **benzina.** sust. f. 'Disolvente'. En algunos países de habla hispana equivale a **gasolina** o a **nafta**. La forma con **z** es poco usual.

bendecido, da. p. regular de **bendecir**. Es incorrecto: *agua bendecida, pan bendecido*. Correcto: *agua **bendita**, pan **bendito***. → **bendecir**

bendecir. v. irreg. tr. Se conjuga como **decir**, salvo en el futuro imperfecto y en el condicional del indicativo, y en la segunda persona singular del imperativo, en los que sigue la conjugación regular. Tiene dos participios: uno regular (***bendecido***) y otro irregular (***bendito***). El primero se usa en la formación de los tiempos compuestos y en la de los de la voz pasiva: *he **bendecido**, fue **bendecido***. El segundo, exclusivamente como adjetivo: *agua **bendita***.

bendito, ta. p. irregular de **bendecir**. → **bendecir, bendecido**

beneficencia. sust. f. Incorrecto: *beneficiencia*.

beneficiar. v. tr. Ú. t. c. prnl. Rég. prep.: **beneficiarse de** o **con**, en que significa 'sacar provecho de algo o de alguien' (***beneficiarse de*** la situación o ***con** ella*). Se conjuga, en cuanto al acento, como **cambiar**.

beneficio. sust. m. → **en beneficio de**

beneficioso, sa. adj. 'Provechoso, útil'. Rég. prep.: **beneficioso a** o **para** (***beneficioso a** los contribuyentes, **beneficioso para** los contribuyentes*). No debe confundirse con el adjetivo **benéfico, ca**, 'que hace bien'.

benéfico, ca. adj. El superlativo, poco frecuente, es **beneficentísimo, ma**. Rég. prep.: **benéfico a** o **para** (***benéfico a** la salud* o ***benéfico para** la salud*).

benemérito, ta. adj. Rég. prep.: **benemérito de** (***benemérito de** la patria*). El superlativo, poco usado, es **benemeritísimo, ma**.

benevolente. adj. El superlativo es **benevolentísimo, ma**. Incorrecto: benevolísimo, ma.

benévolo, la. adj. 'Propicio, tolerante'. Tiene el mismo superlativo que **benevolente**.

bengalí. adj. 'Natural de Bengala'. Ú. t. c. sust. com.: **el bengalí, la bengalí**. Plural: **bengalíes** o **bengalís**.

benjuí. sust. m. 'Bálsamo aromático'. Plural: **benjuís**. Repárese en la tilde sobre la **i**.

benteveo. sust. m. 'Pájaro'. → **bienteveo**

berbiquí. sust. m. 'Manubrio semicircular'. En plural: **berbiquíes** o **berbiquís**.

bereber, beréber o **berebere.** adj. 'Natural de Berbería (África septentrional)'. Ú. t. c. sust. com.: **el bereber, la bereber**; **el beréber, la beréber**; **el berebere, la berebere**. La Academia prefiere la segunda forma; los hablantes, la tercera, cuyo plural es **bereberes** al igual que para la primera, mientras que el de la segunda es **beréberes**. Otros adjetivos para el mismo concepto son **berberisco, ca** y **berberí**, cuyo plural es **berberíes** o **berberís**.

beriberi. sust. m. 'Enfermedad que es una forma de avitaminosis'. No debe escribirse be-ri-beri.

berilio. sust. m. 'Metal alcalino térreo, ligero, de color blanco y sabor dulce'. Número atómico 4. Símbolo: ***Be***

bermejo, ja. adj. 'Rojizo'. Su aumentativo es **bermejón, na** (adj.), 'de color bermejo o que tira a él'. → **bermellón**

bermellón. sust. m. 'Cinabrio reducido a polvo, de color rojo vivo'. En plural: **bermellones**.

bermudas. sust. m. pl. 'Pantalón que cubre hasta más abajo de las rodillas, al estilo de los que se usan en las islas Bermudas'. Ú. t. c. f. pl. En la Argentina, predomina la forma femenina (*unas **bermudas***), y no, la masculina, a la que da preferencia la Academia. Es voz inglesa, recién incorporada en el ***Diccionario***.

berquelio. sust. m. 'Elemento radiactivo artificial'. Número atómico 97. Símbolo: ***Bk***

berreta. Argent. 'De mala calidad'. La A.A.L. ha recomendado su inclusión en el ***Diccionario***.

berretín. sust. m. fam. 'Capricho, deseo vehemente, ilusión'. Es un regionalismo no registrado por la Academia, pero de uso general en la Argentina, como lo documenta la A.A.L.

berrueco. sust. m. 'Peñasco granítico'. El sustantivo colectivo es **berrocal**.

berza. sust. f. 'Col'. El sustantivo colectivo es **berzal**.

besamel o **besamela.** sust. f. → **bechamel**

besar. v. tr. Rég. prep.: **besar en** (***besar en la frente***). No debe confundirse con **bezar**. → **bezar**

beso. sust. m. Se registra el diminutivo **besico**, además de **besito**, más común. No debe confundirse su grafía con la de su homófono. → **bezo**

bestia. sust. f. Su diminutivo es **bestezuela**, no bestiezuela. Aumentativo: **bestión** (sust. m.). El sustantivo colectivo, aplicado a las de carga, es **bestiaje** (m.). A las colecciones medievales de fábulas con protagonistas animales, reales o fabulosos, se les da el nombre de **bestiarios**, de modo que **bestiario** (m.) es otro sustantivo colectivo derivado de **bestia**.

bestializarse. v. prnl. → **cazar**

best-séller. sust. m. 'Obra literaria de gran venta'. Voz inglesa de reciente admisión. No debe escribirse: best-seller (sin tilde) ni bestseller (en una sola palabra), atento a su ya registrada españolización con la forma que arriba se indica. Plural: **best-séllers**.

besucar o **besuquear.** v. tr. Más frecuente es la segunda forma, preferida, además, por la Academia. No debe pronunciarse [besuquiar, besuquié]. → **sacar, -ear**

beta. sust. f. 'Nombre de la segunda letra del alfabeto griego, que corresponde a la que en el nuestro se llama *be*'. Nótese su género.

betlemita o **bethlemita.** adj. 'Natural de Belén'; 'religioso de la orden del mismo nombre'. Se prefiere la primera grafía. Ú. t. c. sust. com.: **el betlemita, la betlemita**; **el bethlemita, la bethlemita**. No debe confundirse con **belemnita**.

bezar, bezaar o **bezoar.** sust. m. 'Cálculo, en particular del riñon o del hígado'. La Academia sugiere el uso de la tercera forma.

bezo. sust. m. 'Labio grueso'. No debe confundirse con **beso** (sust. m.), su homófono.

bi-. pref. lat. 'Dos' (*bicorne*, 'dos cuernos'; *bicameral*, 'dos cámaras'; *bicolor*, 'dos colores'). A veces, toma las formas **bis-** o **biz-** (*bisnieto*, 'dos veces nieto'; *bizcocho*, 'dos veces cocido'). Con este prefijo y sus alomorfos, se forman, en español, numerosas palabras compuestas.

bianual. adj. 'Que ocurre dos veces en el año'; 'que sale dos veces en el año' (*publicación bianual*). Se emplea mal este adjetivo cuando se quiere significar 'una vez cada dos años'. Ú. t. c. sust. com.: **el bianual**, **la bianual**. → **bienal**

bianualmente. adv. t. 'Dos veces en cada año'. → **bienalmente**

♦ **bibelot.** Galicismo. Puede traducirse por **figurilla**, **adorno**. Pese a su gran circulación, la Academia no le ha dado ingreso en su ***Diccionario***.

Biblia. sust. f. Se escribe siempre con mayúscula, por tratarse de la Sagrada Escritura (*la **Biblia***), salvo en expresiones como *papel **biblia*** o en usos figurados (*Este libro de texto es una **biblia** para mí*).

biblio-. elem. comp. de or. gr. 'Libro'. Interviene en la formación de numerosas palabras compuestas (***bibliobús***, ***bibliófilo***, ***bibliografía***, ***biblioteca***).

bibliobús. sust. m. 'Biblioteca pública móvil instalada en un autobús'. En plural: **bibliobuses**. Esta voz ha sido recién incorporada en el ***Diccionario***.

biblioteca. sust. f. Se escribe con mayúscula cuando se refiere a una en particular y forma parte de su nombre, o a su edificio (*la **Biblioteca** Nacional*; *la **Biblioteca** del Maestro*); en los demás casos, con minúscula (*la **biblioteca** de la escuela*; *la **biblioteca** circulante*).

bibliomancia o **bibliomancía**. sust. f. 'Arte adivinatoria por medio de un libro'. Se prefiere la primera forma. → **-mancia** o **-mancía**

bíceps. adj. 'Músculos con dos inserciones en su origen'. Ú. t. c. sust. m. 'Músculo flexor del brazo'. Se emplea la misma forma para el singular y el plural (*su **bíceps** derecho*; *Tiene buenos **bíceps***). Repárese en que lleva tilde sobre la **i**, una excepción de la regla ortográfica de las palabras graves, que postula que la penúltima sílaba no lleva tilde cuando aquéllas terminan en vocal o en las consonantes **n** o **s**. En el presente caso y en otros (*tríceps*, *fórceps*), por terminar en dos consonantes, aunque la segunda sea **s**, se escribe la tilde.

bicho. sust. m. Su femenino es **bicha**. Despect.: **bicharraco**. Diminutivo: **bichito**. Argent. y Urug. **bichito de luz** equivale a **gusano de luz** o **luciérnaga**.

bichoco, ca. adj. Voz de uso regional (Argent., Chile y Urug.), registrada por la Academia y que significa 'animal achacoso o inútil' o 'persona con achaques'. Ú. t. c. sust. m. y f.: **el bichoco**, **la bichoca**.

bici. sust. f. Forma abreviada de **bicicleta**, con registro académico. Plural: **bicis**.

bicornio. sust. m. 'Sombrero de dos picos'. No debe confundirse con **bicorne** (adj.), 'de dos cuernos'.

bidé. sust. m. Voz francesa aceptada. No corresponde, por tanto, mantener la forma extranjera (*bidet*). Plural: **bidés**.

bidente. adj. 'De dos dientes'. Su grafía no debe confundirse con la de **vidente** (p. a. de **ver**; sust. m.).

bien. adv. de modo. 'Perfecta o adecuadamente' (*Escribe **bien***). Posee un comparativo de superioridad: **mejor**. Rég. prep.: **mejor de** (*Escribe **mejor de** lo que creíamos*). El superlativo relativo es **lo mejor** (*Escribe **lo mejor** que puede*). El absoluto, **muy bien** (*Escribe **muy bien***). También se usa, pero sólo en lenguaje literario, **óptimamente** (*Escribe **óptimamente***). El adverbio comparativo **mejor** es, al igual que todos los adverbios, invariable, de ahí que sea incorrecto decir: *Mis vendedores son los mejores adiestrados de la empresa*. Correcto: *Mis vendedores son los mejor adiestrados de la empresa*. Es un vulgarismo usar *más mejor* por **mejor**. El adverbio **bien** forma numerosas palabras compuestas, que es incorrecto escribir en forma separada: **bienandante**, **bienandanza**, **bienaventurado**, **bienaventuranza**, **bienestar**, **bienfortunado**, **bienhablado**, **bienhadado**, **bienintencionado**, **bienmandado**, **bienoliente**, **bienquerer**, **bienvenido**, **bienvenida**, **bienvivir**, etc.

bien. sust. m. 'Lo que por sí mismo tiene el

complemento de la perfección en su propio género' (*Debes distinguir entre el **bien** y el mal*). 'Utilidad, beneficio' (*Lo harás en **bien** de la patria*). En plural, significa 'hacienda, riqueza, caudal' (*Estas cuatro cosas son todos mis **bienes***).

♦ **bienafortunado, da.** Barbarismo por **bienfortunado** (adj.). → **bien**

bienal. adj. 'Que sucede o que se repite cada dos años' (*exposición **bienal**, publicación **bienal***). Ú. t. c. sust. f. (*La **Bienal** de Venecia*). Significa, también, 'que dura un bienio' (*Las plantas **bienales** florecen en el segundo* año). → **bianual**

bienalmente. adv. t. 'Cada dos años'. No debe confundirse con **bianualmente** (adv. t.).

bien entendido que. loc. conjunt. 'Con la advertencia de que' o 'si bien'. "No hay motivo –afirma Seco– para rechazarla", pese a ser una fórmula tomada del francés. "En cambio, no merece acogida –afirma el mismo autor– *en el bien entendido de que*, locución equivalente a la anterior y que entre otros defectos tiene el de ser más pesada que ella."

bienio. sust. m. 'Tiempo de dos años' (*En este último **bienio** de 1994 y 1995, se han llevado a cabo importantes proyectos*).

bienquerer. v. irreg. tr. 'Apreciar, estimar'. Se conjuga como **querer**. Tiene, además del participio regular (***bienquerido***), uno irregular (***bienquisto***).

bienteveo. sust. m. 'Pájaro' que en la Argentina y en el Uruguay se conoce, sobre todo, por **benteveo**.

bies. sust. m. 'Trozo de tela cortado en sesgo que se aplica a los bordes de prendas de vestir'. Es voz francesa españolizada. Plural: **bieses**. **al bies.** loc. adv. 'En sesgo, en diagonal'.

bife. sust. m. Argent., Chile y Urug. 'Bistec'. También, en los dos primeros países nombrados y en el Perú, 'cachetada'. En la Argentina, además, significa 'inflamación producida en la nalga al cabalgar'. Todos estos usos han sido recogidos por la Academia. → **bistec**

bifurcarse. v. prnl. 'Dividirse en dos ramales, brazos o puntas' (*El camino, a pocos kilómetros del pueblo, **se bifurca***). Es un pleonasmo decir <u>se</u> <u>bifurca</u> <u>en</u> <u>dos</u>. → **sacar**

biga. sust. f. 'Carro de dos caballos'. No debe confundirse con su homófono **viga** (sust. f.), 'madero'.

bigarrado, da. adj. → **abigarrado**

bigote. sust. m. Se usa, indistintamente, en singular o en plural (*mi **bigote*** o *mis **bigotes***).

biguá. sust. m. 'Ave americana'. Es un argentinismo no recogido por el ***Diccionario***, pero recomendado por la A.A.L. para su inclusión. Plural: **biguaes** o **biguás**.

bigudí. sust. m. 'Utensilio que sirve para rizar el pelo'. Su plural: **bigudíes** o **bigudís**. Es voz francesa (*bigoudi*) admitida. En plural, se oye el vulgarismo <u>*bigudines*</u>, y también, a veces, en singular, <u>*bigudín*</u>.

bikini. sust. m. → **biquini**

-bilidad. → **-idad**

bilis. sust. f. 'Jugo que segrega el hígado'. Es invariable en cuanto al número, el que se determina por el artículo o un adjetivo (*las **bilis**; **bilis** negras*).

billetero, ra. sust. m. y f. 'Cartera de bolsillo para llevar billetes de banco'. En la Argentina, se prefiere el femenino para dicha acepción. También significa en algunos países, en particular Méjico y Panamá, 'persona que vende billetes'. P. Rico. 'Persona que lleva la ropa con remiendos'.

billón. sust. m. 'Un millón de millones, que se expresa con la unidad seguida de doce ceros'. En inglés americano, *billion* es sólo 'mil millones'; no cabe, en consecuencia, traducirlo por nuestra voz **billón**. → **millón, millardo**

bimano, na o **bímano, na.** adj. 'De dos manos'. Se prefiere la forma grave.

bimensual. adj. 'Que sucede u ocurre dos veces en el mes' (*El boletín aparece el segundo y el cuarto lunes de cada mes, es **bimensual***). No debe confundirse con **bimestral**.

bimestral. adj. 'Que sucede o se repite cada bimestre' (*La revista aparece seis veces durante el año, es **bimestral**; Las calificaciones son **bimestrales***). No debe confundirse con **bimensual**.

bimestre. sust. m. 'Tiempo de dos meses'

(*No concurrió a la escuela durante un* ***bimestre****, ni en abril ni en mayo*).

binario, ria. adj. 'Compuesto de dos elementos, unidades o guarismos'. No debe confundirse con el adjetivo **vinario, ria**, su homófono.

bingo. sust. m. 'Juego de azar'. Voz de origen inglés, ya incorporada por la Academia.

bio-. elem. compos. de or. gr. 'Vida' (***bio****dinámica,* ***bio****estadística,* ***bio****ética,* ***bio****logía,* ***bio****mecánica,* ***bio****médico,* ***bio****química,* ***bio****tipología*).

-bio. elem. compos. de or. gr. 'Vida' (*anaero****bio****, anfi****bio****, micro****bio***).

biografía. sust. f. 'Historia de la vida de una persona'. → **autobiografía**

biografiar. v. tr. Se conjuga, en cuanto al acento, como **guiar**.

biógrafo. sust. m. 'Autor de una biografía'. Femenino: **biógrafa**. Es un barbarismo semántico usarlo en género masculino por **cinematógrafo** (sust. m.).

biólogo. sust. m. 'Persona que profesa la biología o es especialista en esa ciencia'. Es un anglicismo decir *biologista*. Femenino: **bióloga**.

biosfera. sust. f. 'Conjunto de medios en que se desarrollan los seres vivos'. Es incorrecto pronunciar o escribir esta voz grave como palabra esdrújula: *biósfera*.

bípedo, da o **bípede.** adj. 'De dos pies'. Se usa, casi con exclusividad, la primera forma.

♦ **bipolarización.** Neologismo. Se usa frecuentemente por **polarización**, sin registro académico, pero de correcta formación, ya que hay sólo dos polos. → **polarizar**

biquini o **bikini.** sust. m. 'Conjunto femenino de dos piezas para baño'. La Academia recomienda el uso de la primera grafía. Es frecuente usar esta palabra en género femenino, al menos en la Argentina.

biraró o **viraró.** sust. m. Se prefiere la segunda forma. Es voz de uso en la Argentina y el Uruguay, registrada en el ***Diccionario***. → **viraró**

birome. sust. f. 'Bolígrafo'. Argentinismo registrado por la Academia.

bis-. pref. → **bi-**

bis. adv. c. Con esta palabra, se da a entender que una cosa debe repetirse, por ejemplo, una frase, un acorde, un estribillo. adv. numeral latino que, añadido a un número entero, significa que tal número ha sido repetido por segunda vez (*Lo encontrarás en la página 22* ***bis*** *de mis apuntes*). Se usa, también, como interjección, para pedir la repetición de un número musical o para indicar su ejecución, y como sustantivo masculino (*La soprano hizo un solo* ***bis****, a pesar de los insistentes reclamos del público*). Su plural es **bises**.

bisabuelo. sust. m. Femenino: **bisabuela**. Es forma familiar anticuada y, hoy, vulgar, decir *bisagüelo, la*.

bisar. v. tr. 'Repetir la ejecución de un número musical'. No debe confundirse, en su grafía, con **visar** (v. tr.), 'examinar un documento y darle aprobación'.

bisbisar o **bisbisear.** v. tr. fam. 'Musitar'. La Academia recomienda el empleo de la primera forma. Para la segunda, → **-ear**

biscocho. sust. m. → **bizcocho**

♦ **biscuit.** sust. m. 'Figura de porcelana mate'. Galicismo. → **bizcocho**

bisecar. v. tr. 'Dividir en dos partes iguales'. No debe confundirse con **disecar** (v. tr.), que es sólo 'dividir en partes'. → **sacar, disecar**

bisector, triz. adj. 'Aplícase, generalmente, a una recta que divide en dos partes iguales a un ángulo'. A veces, cuando se aplica a otras palabras, por ejemplo, a un plano, se emplea, incorrectamente, el femenino por el masculino (*plano bisectriz*, por *plano* ***bisector***, que es lo que corresponde). Ú. t. c. sust. m. y f.: **el bisector, la bisectriz**.

bisemanal. adj. 'Que se hace u ocurre dos veces por semana' (*El curso se dicta los martes y viernes, es* ***bisemanal***); 'que se hace u ocurre cada dos semanas' (*El boletín de calificaciones es* ***bisemanal****, es decir, se entrega cada quince días*).

bisemanario. sust. m. 'Revista que se publica cada quince días'. → **bisemanal**

bismuto. sust. m. 'Metal muy brillante, de color gris rojizo, muy frágil'. Número atómico 83. Símbolo: ***Bi***

bisnieto, ta o **biznieto, ta.** sust. m. y f.: **el bisnieto, la bisnieta**. Se prefiere la primera grafía.

bisoñé. sust. m. 'Peluca que cubre sólo la parte anterior de la cabeza'. Plural: **bisoñés**.

bistec o **bisté.** sust. m. Voz inglesa españolizada que procede de *beefsteak* (*beef*, 'buey', y *steak*, 'tajada'). Sus plurales son, respectivamente, **bistecs** y **bistés**. Se prefiere la primera forma. Es un barbarismo muy común, que debe evitarse, la forma *biftec* y su plural *biftecs*. → **bife**

bisturí. sust. m. Plural: **bisturís** (**bisturíes** casi no se usa).

bisutería. sust. f. 'Industria que produce objetos de adorno, en particular, joyas de materiales no preciosos'; 'local donde se venden'. Es voz francesa españolizada (*bijouterie*). No es correcto pronunciar su segunda sílaba a la francesa [biyutería].

bit. sust. m. Voz inglesa admitida como tecnicismo, que procede de *bit*, acrónimo de *binary digit*. Su plural es **bites**.

bíter. sust. m. 'Bebida amarga que se toma como aperitivo'. Repárese en su correcta grafía, con tilde sobre la **i**. Su plural es **bíters** o **bíteres**. Es incorrecto escribirla *bitter*, un anglicismo.

biz-. pref. → **bis-**

bizarro, rra. adj. 'Valiente'; 'lucido, espléndido'. Es voz de procedencia francesa que no ha conservado en español el significado de 'raro o extravagante' que posee en aquella lengua. Emplearla con esta última acepción es un galicismo semántico en que incurren muchos traductores y no pocos periodistas.

bizcar o **bizquear.** v. intr. fam. 'Padecer estrabismo o simularlo'. La Academia se inclina por la segunda forma, que no debe pronunciarse [bisquiar, bisquié]. → **sacar**, **-ear**

bizco, ca. adj. Ú. t. c. sust. m. y f.: **el bizco, la bizca**. 'Se aplica a quien padece de estrabismo'. Repárese en su correcta grafía. También pueden decirse **bisojo, ja** (adj. Ú. t. c. sust. m. y f.) y **virolo, la** (adj. fam.).

bizcocho o **biscocho.** sust. m. 'Un tipo de masa o galleta'; 'objeto de loza o porcelana después de la primera cochura y antes de recibir algún barniz o esmalte'. Esta última acepción es traducción de la voz francesa *biscuit*. Se prefiere la primera grafía. Deriva de él el adjetivo **abizcochado, da**, 'parecido al bizcocho'. En América, el diminutivo **bizcochuelo**, voz no registrada por la Academia, aunque de correcta formación, sirve para designar una especie de bizcocho ligero, con el que se hace cierto tipo de tortas. → **bizcotela**

bizcotela. sust. f. 'Tarta de bizcocho recubierta de azúcar glaceado'. Es voz de origen italiano (*biscotella*, d. de *biscotto*), españolizada.

biznieto, ta. sust. m. y f. → **bisnieto, ta**

blanco, ca. adj. 'De color de nieve o leche'. Significa, también, 'de color más claro que otras de su misma especie' (*vino **blanco**, pan **blanco**, raza **blanca***). Ú. t. c. sust. m. y f.: **el blanco, la blanca**. Asimismo, el sustantivo masculino designa un 'espacio o hueco en una fila, serie o conjunto de cosas y, en especial, en un escrito' (*llenar los **blancos** de un formulario*). Diminutivo: **blanquillo, lla**. Aumentativo: **blancote, ta**. Rég. prep.: **blanco de** (***blanco de** ira*). **en blanco**. loc. adj. Significa, aplicada a un libro, cuaderno o impreso, 'no estar escrito' y, con los verbos **dejar** y **quedarse**, un uso fam. y fig., 'dejar ignorante' o 'quedarse a la luna de Valencia, es decir, sin comprender'.

blancor. sust. m. 'Calidad de blanco'. Voz poco frecuente. → **blancura**

blancura. sust. f. 'Calidad de blanco'. Significa lo mismo que **blancor**, pero es de uso más común.

blancuzco, ca. adj. 'Que tira a blanco o es de color blanco sucio'. Tiene, a veces, matiz despectivo. Repárese en su correcta grafía. → **blanquecino**

blandear. v. tr. 'Blandir'. Ú. t. c. intr. y prnl. No debe pronunciarse [blandiar, blandié]. → **-ear**, **blandir**

blandengue. adj. despect. 'Blando'. Referido a personas, significa 'débil de fuerzas o de ánimo'. sust. m. Argent. 'Soldado armado con lanza, que defendía los límites de Buenos Aires'.

blandicia. sust. f. 'Molicie, delicadeza'. La Academia consigna que sus sinónimos **blandeza** (sust. f.) y **blandimiento** (sust. m.) son anticuados.

blandir. v. tr. defect. 'Mover un arma u otra cosa, agitándola o haciéndola vibrar'. Se conjuga en los mismos tiempos y personas que **abolir**. → **abolir**

blando, da. adj. 'Tierno, suave'; 'esponjoso'; 'flojo, pusilánime, cobarde'; 'benévolo'. Despectivos: **blanducho, cha**; **blandujo, ja** (fam.); **blanduzco, ca**; **blandengue**. Rég. prep.: **blando a** (*blando al tacto*); **blando de** (*blando de carácter*); **blando con** (*blando con sus amigos*).

blanquear. v. tr. 'Poner blanca una cosa'; 'dar una mano de cal'; 'ajustar a la legalidad fiscal dinero procedente de negocios delictivos o injustificables'. Deben evitarse los vulgarismos *blanquiar*, *blanquié*. → **-ear**

blanquecer. v. irreg. tr. 'Limpiar y sacar su color al oro, plata y otros metales'; 'poner blanca una cosa'. Se conjuga como **parecer**.

blanquecimiento. sust. m. 'Acción de blanquear los metales'. También pueden usarse **blanquición** (sust. f.), **blanqueación** (sust. f.), **blanqueadura** (sust. f.), **blanqueamiento** (sust. m.) y **blanqueo** (sust. m.).

blanquecino, na, **blanquizco, ca** o **blanquinoso, sa.** adj. 'Que tira a blanco'. Se prefiere la primera forma, más frecuente. Los tres tienen, a veces, un cierto matiz despectivo. → **blancuzco**

blanqueo. sust. m. 'Acción y efecto de blanquear'. También pueden decirse **blanqueadura** (sust. f.), **blanqueación** (sust. f.), **blanqueamiento** (sust. m.). La primera forma es la más usual.

blanquimento o **blanquimiento.** sust. m. 'Disolución empleada para blanquear telas, metales, etc.'. La Academia prefiere la segunda forma. No deben emplearse como sinónimos de **blanqueamiento** (sust. m.). → **blanqueo**

blanquinegro, gra. adj. 'Que tiene color blanco y negro'. En plural: **blanquinegros**, **blanquinegras**.

blanquizal o **blanquizar.** sust. m. 'Terreno gredoso'. Se prefiere la primera forma.

blasfemante. p. a. de **blasfemar**. Ú. t. c. sust. com.: **el blasfemante**, **la blasfemante**.

blasfemar. v. intr. 'Decir blasfemias'; 'maldecir, vituperar'. Rég. prep.: **blasfemar contra** (*blasfemar contra Dios*) y **blasfemar de** (*blasfemar de sus semejantes*).

blasonar. v. intr. fig. 'Hacer ostentación de alguna cosa con alabanza propia'. Rég. prep.: **blasonar de** (*blasonar de valiente*). Ú. t. c. tr.

♦ **blazer.** Anglicismo. 'Chaqueta deportiva de franela, generalmente de colores vivos y, a veces, con un escudo en el bolsillo superior'.

-ble. suf. de or. lat. que se aplica, generalmente, a adjetivos verbales. Significa 'posibilidad pasiva', es decir, 'capacidad o aptitud para recibir la acción del verbo' (*demostrable*, *temible*, *medible*). Algunos de los adjetivos formados con este sufijo, cuyos alomorfos son **-able** e **-ible**, pueden reemplazarse por expresiones formadas con la preposición **de + el verbo correspondiente** (**de temer**, por *temible*; **de reprobar**, por *reprobable*). → **-able** , **-ible**

blefaroplastia. sust. f. 'Restauración quirúrgica del párpado'. Es incorrecta la forma *blefaroplastía*.

blister. sust. m. Voz inglesa (*blister*, de *blister-pack*) ya españolizada, que significa 'envase para manufacturados pequeños, con cavidades en que se alojan iguales o diversos artículos'. Obsérvese que, por su grafía, es palabra aguda [blistér]. Es incorrecto pronunciarla, según es muy común, con acento sobre la **i**, es decir, como palabra grave. Plural: **blisteres**.

bloc o **bloque.** sust. m. 'Conjunto de hojas de papel para escribir o dibujar, que se pueden desprender fácilmente'. Plural: **blocs** y **bloques**. La Academia recomienda la forma **bloque**, pero el uso general prefiere **bloc**. Nadie, en efecto, pide en la librería, como acota Moliner, *un bloque*, sino *un bloc*. No debe escribirse *block* ni *blok*, extranjerismos injustificables, dada la españolización de la palabra, un préstamo, según la Academia, del francés (*bloc*), y éste, del neerlandés (*blok*). La grafía inglesa es *block*.

blondo, da. adj. 'Rubio'. Es un barbarismo semántico atribuirle el significado de 'ondulado, rizado', quizá por influencia de **blonda** (sust. f.), 'encaje de seda'.

bloque. sust. m. 'Trozo grande de piedra, de cemento u otro material'; 'bloc de papel';

'agrupación de partidos políticos'; 'edificio que comprende casas de características similares', etc.'. **en bloque**. loc. fig. 'En conjunto, sin distinción'. → **bloc**

bloquear. v. tr. Ú. t. c. prnl. Es incorrecto pronunciar [bloquiar, bloquié] o decir *blocar*. No debe usarse con el sentido de 'parar, detener': *El arquero bloqueó a tiempo la pelota*. → **-ear**

bloqueo. sust. m. No debe usarse *bloqueamiento*, voz no registrada por la Academia.

♦ **blue jeans.** Anglicismo por **pantalón vaquero** o **pantalones vaqueros**, **vaquero** o **vaqueros**, **pantalón tejano** o **pantalones tejanos**, **tejano** o **tejanos**. → **vaquero**

blues. sust. m. 'Forma musical del folclore de los negros de los Estados Unidos de América'. Según la Academia, se pronuncia aproximadamente [blus]. Se usa la misma forma para el singular y el plural. Este último se determina por medio del artículo o de un adjetivo (*los* ***blues***; ***blues*** *cadenciosos*).

♦ **bluff.** Anglicismo por **engaño**, **ficción**, **chasco**. Se lo oye con diversas pronunciaciones [blaf, blef, blof]. De la forma *blof* se han formado derivados no aceptados por la Academia, que tampoco ha dado ingreso al extranjerismo, pese a su gran circulación (*blofear*, *blofeador*, *blofero*, *blofista*).

blusa. sust. f. Su aumentativo es **blusón** (sust. m.).

boa. sust. f. 'Serpiente' (***La boa*** *es oriunda de América*). Esta palabra es del género masculino cuando significa 'prenda femenina de piel o pluma, en forma de serpiente, para abrigo o adorno del cuello' (*La actriz se puso* ***el boa*** *de visón*).

boardilla o **bohardilla.** sust. f. → **buhardilla**

bobada. sust. f. 'Dicho o hecho necio'. → **bobería**

bobalías. sust. com. fam. 'Persona muy boba': **el bobalías**, **la bobalías**. Plural: **los bobalías**, **las bobalías**. Es incorrecto acentuar esta voz en la sílaba **-ba-** [bobalias].

bobatel. sust. m. fam. 'Hombre bobo'. Carece de forma para el femenino.

bobería. sust. f. 'Dicho o hecho necio'. Para expresar el mismo concepto, se usan, también, **bobada**, **bobera** y **bobedad** (susts. fs.).

bobina. sust. f. 'Carrete' (*Se ha terminado el hilo de la* ***bobina***). No debe confundirse con su homófono **bovina**, 'perteneciente al buey o a la vaca' (*raza* ***bovina***).

bobo, ba. adj. Ú. t. c. sust. m. y f.: **el bobo**, **la boba**. Registra, además de **bobón**, **na**, varios aumentativos familiares que, también, se usan como sustantivos: **bobalicón**, **na**; **bobarrón**, **na**; **bobote**.

boca. sust. f. Diminutivo: **boquilla**. Aumentativos: **bocacha**, **bocaza**. En sentido figurado, significa 'entrada o salida' (***boca*** *de cañón*, ***boca*** *de metro*, ***boca*** *de río* o ***bocas*** *de río*). Algunos otros usos figurados: **boca de lobo**, 'lugar muy oscuro'; **boca de fuego**, 'arma de fuego o pieza de artillería'; **boca del estómago**, 'región epigástrica'. Son argentinismos **boca de expendio** y **boca de tormenta** ('abertura de la cloaca situada en la calle, junto a la vereda, por donde caen las aguas de lluvia o residuales'). Con el verbo **andar**, forma frases figuradas: **andar de boca en boca** una cosa, 'saberse de público'; **andar en boca de** alguno o de algunos, 'ser motivo de comentario'; **andar en boca de** todos, 'ser motivo de escándalo'. Algunas locuciones adverbiales: **a boca de jarro** o **a bocajarro** (fig.), 'desde muy cerca' (si se trata de un disparo) o 'bruscamente, de improviso' (si se trata de una comunicación o noticia); **a boca llena**, 'abiertamente'; **a pedir de boca**, 'todo lo bien que cabe desear'; **de boca en boca**, 'verbalmente, de unas personas a otras'; **boca abajo**, 'tendido con la cara hacia el suelo o en posición invertida'; **boca arriba**, 'tendido de espaldas'; **boca con boca**, 'muy juntos'.

bocabajo. adv. m. 'Boca abajo'. Es indistinto escribirlo en una sola palabra o en dos (*Pon las cartas* ***bocabajo*** *o* ***boca abajo***). La loc. adv. **boca arriba**, en cambio, no debe escribirse en una sola palabra: *bocarriba*. → **boca**

bocacalle. sust. f. 'Entrada de una calle'; 'calle secundaria que afluye a otra'. No debe escribirse en dos palabras: *boca calle*. Su plural es **bocacalles**. Incorrecto: *bocascalles*.

bocací. sust. m. 'Tela'. Plural: **bocacíes** o **bocacís**.

bocado. sust. m. Diminutivo: **bocadillo**.

bocajarro (a). loc. adv. 'A boca de jarro'. → **boca**

bocallave, bocamanga, bocamina, bocatijera, bocateja. sust. f. Por ser voces compuestas, no deben escribirse en dos palabras. Forman el plural con el simple agregado de una **s** al final del segundo elemento: **bocallaves, bocamangas**, etc. → **bocacalle**

bocaza. sust. f. aum. de **boca**. En sentido figurado, 'persona que habla de más'. Con este significado, se usa, también, **bocazas** (*Es un* ***bocazas*** o *un* ***bocaza***; *es una* ***bocazas*** o *una* ***bocaza***). → **bocera**

bocear. v. intr. 'Mover los labios el caballo'. No debe pronunciarse [bociar, bocié]. → **-ear**. No debe confundirse con **vocear** (v. intr. y tr.), 'dar voces'. → **bocesar**

bocel. sust. m. 'Moldura'. Diminutivo: **bocelete**. Aumentativo: **bocelón**.

bocera o **boquera.** sust. f. 'Excoriación en la comisura de los labios'. Con este significado, se prefiere la segunda forma.

boceras. sust. com.: **el boceras, la boceras**. 'Bocazas' (*Es un* ***boceras*** o *una* ***boceras***). → **voceras**

bocezar. v. intr. Puede decirse, también, **bocear**. Se prefiere la primera forma. → **cazar, bocear**

bochazo. sust. m. 'Golpe dado con la bocha'. La Academia no registra el significado de 'aplazo' que, en sentido figurado y familiar, se le da en la Argentina. Tampoco registra esta acepción para el verbo **bochar** (v. tr.).

bochín. sust. m. ant. 'Verdugo'. La Academia no lo registra como diminutivo de **bocha**. De uso en la Argentina, en el juego de ese nombre, es un diminutivo de correcta formación. En el español general, se usa para esta acepción **boliche** o **bolín**.

bocinegro, gra o **boquinegro, gra.** adj. 'Animal de boca negra'. En plural: **bocinegros, bocinegras, boquinegros, boquinegras**.

bock. sust. m. Voz del alemán, ya españolizada. 'Jarra de cerveza'. Plural: **bocks**.

bocón, na. adj. fam. 'Que tiene la boca grande'; 'que habla más de lo debido y echa bravatas'. Ú. t. c. sust. m. y f.: **el bocón, la bocona**.

bocoy. sust. m. 'Barril grande'. Plural: **bocóis**. Es incorrecto *bocoys*.

bocudo, da. adj. Es sinónimo de **bocón, na**, sólo en el sentido de 'que tiene la boca grande'.

boda. sust. f. 'Casamiento'. Ú. m. en pl. (*bodas de plata*; *noche de* ***bodas***; ***las bodas*** *de fulano*).

bodega. sust. f. 'Lugar donde se guarda y se cría el vino'. Aumentativo: **bodegón** (sust. m.), 'sitio donde se comen viandas ordinarias y se toma vino'. Su diminutivo es **bodegoncillo** (sust. m.).

bodegonero. sust. m. 'Persona que tiene un bodegón o está a cargo de él'. Femenino: **bodegonera**. No debe confundirse con **bodeguero**.

bodeguero. sust. m. 'Persona que tiene o está a cargo de una bodega'. Femenino: **bodeguera**.

bóer. adj. 'Habitante del África austral, de origen holandés'. Su plural es **bóers**; menos usual, **bóeres**.

bofe. sust. m. 'Pulmón de las reses destinadas al consumo'. Ú. m. en pl. **echar el bofe**, o **los bofes**, fr. fig. fam. 'Afanarse'. **echar el bofe**, o **los bofes, por** una cosa. 'Solicitar algo con toda el ansia'. **ser un bofe**. fr. fig. En algunos países de América, 'ser muy pesado, pelma, inoportuno'.

bohardilla o **boardilla**. sust. f. → **buhardilla**

boicot o **boicoteo**. sust. m. Voz irlandesa, ya españolizada. La Academia prefiere la segunda forma; el uso general, la primera. Es incorrecto escribir *boycot*. Plural de la primera: **boicots** y no, *boicotes*, que es incorrecto. Con este sustantivo, se ha formado **boicotear** (v. tr.).

boina. sust. f. Es incorrecto escribir y pronunciar *boína*, frecuente en algunas regiones peninsulares y americanas.

♦ **boîte.** Galicismo. 'Lugar donde se baila y se ofrecen números de variedades'. Si se usa esta voz, no incorporada por la Academia, que literalmente significa 'caja', en francés, debe entrecomillarse y respetarse la grafía extranjera, con acento circunflejo.

boje. sust. m. Voz inglesa (*boogie*), ya españolizada. 'Conjunto de ruedas'. Es palabra homónima de **boje**, un 'arbusto' y su 'madera', voz que registra, también, la forma **boj**, más usual.

bol. sust. m. Voz inglesa, españolizada. Plural: **boles**. También se usa **bols**.

bola. sust. f. La Academia registra los diminutivos **bolín** (sust. m.) y **bolilla**. En América, tiene, además de otros significados, el de 'arma arrojadiza', que se usa más en plural, y el de 'mentira' o 'rumor falso'. **dar bola** a algo o a alguien. fr. fig. vulg. Argent., Chile, Perú y Urug. 'Prestarle atención'. La A.A.L. ha propuesto la incorporación, en el ***Diccionario***, de las siguientes frases de uso familiar en la Argentina: **andar como bola sin manija**, 'hallarse desorientado'; **correr la bola**, 'circular una noticia o rumor, generalmente falsos'; **estar** o **quedarse en bolas**, 'ignorar algo que se debía conocer'; **tener bolas**, 'tener agallas'. Así como la de la loc. adj. vulgar **en bolas**, 'desnudo'. → **boleadoras, bolacero**

bolacero, ra. adj. 'Mentiroso', registrado por la Academia como argentinismo. Ú. m. c. sust. m. y f.

bolada. sust. f. 'Tiro que se hace con la bola'. En algunas regiones americanas, se usa con los significados de 'rumor' y de 'oportunidad' o 'suerte favorable', registrados por la Academia.

bolazo. sust. m. 'Golpe de bola'. Significados regionales americanos admitidos: 'disparate'; 'mentira, embuste'.

bolchevique. adj. 'Partidario del bolchevíquismo'; 'comunista ruso'. Ú. t. c. sust. com.: **el bolchevique, la bolchevique**. No debe usarse *bolchevista*, un extranjerismo. La abreviación *bolche* no está registrada por la Academia.

bolcheviquismo o **bolchevismo.** sust. m. Se prefiere la primera forma.

boleado. p. de **bolear**. adj. fig. Argent. 'Confundido', con registro en el ***Diccionario***. Es de empleo familiar, aunque no lo aclare la Academia. Es un vulgarismo decir *boliado*.

boleadoras. sust. f. pl. 'Arma defensiva o de caza'. Repárese en que debe usarse siempre en plural (*las* ***boleadoras***). Es un americanismo admitido. No debe decirse *boliadoras*, un vulgarismo.

bolear. v. intr. 'Tirar o arrojar las bolas'; 'derribarlas'. v. tr. Argent. 'Confundir, aturullar'. Ú. t. c. prnl. Argent. y Urug. 'Arrojar las boleadoras a un animal'. rur. Argent. 'Empinarse un potro sobre las patas y caer de lomo'. Es incorrecto *boliar*, un vulgarismo. → **-ear**

boleta. sust. f. Diminutivo: **boletín** (sust. m.). La A.A.L. ha recomendado la inclusión, en el ***Diccionario***, del siguiente argentinismo: 'multa que se cobra a causa de una infracción de tránsito'. Asimismo, de las frases: **hacer la boleta**, 'multar', 'sancionar'; **pasar la boleta**; 'cobrarse un favor'.

boletería. sust. f. En América, 'despacho de entradas o de billetes'. Quien las despacha es **el boletero** o **la boletera** (susts. m. y f.).

boletín. sust. m. Cuando significa 'publicación', si se trata de uno determinado, se escribe con mayúscula: ***Boletín Oficial***, cuya abreviatura es ***B.O.*** En los otros casos, con minúscula (*Repartieron en la escuela los* ***boletines***; *Esa repartición publica un* ***boletín***).

boleto. sust. m. 'Billete de teatro, de tren, de ómnibus'. **boleto de venta** o **de compraventa**. Argent. y Par. 'Contrato'.

boliche. sust. m. Además de otros significados, en Andalucía y en el Río de la Plata, 'comercio de poca entidad', y, en esta última región, 'bar', 'discoteca'. De esta voz, deriva **bolichear** (v. intr.), 'ocuparse de negocios de poca importancia'; 'frecuentar bares y boliches'. → **-ear**

bolígrafo. sust. m. 'Instrumento para escribir que tiene, en la punta, una bolita'. → **birome, esferográfica**

bolilla. sust. f. En varios países de América, 'bola pequeña que se usa en los sorteos'; 'cada uno de los temas numerados en que se divide el programa de una materia para su enseñanza'. De esta voz, se deriva **bolillero** (sust. m.) y su acepción de 'receptáculo que contiene las bolillas numeradas para un sorteo'.

bollo. sust. m. fam. 'Abolladura'. En este caso, deriva de **abollar**. Es homónimo de **bollo**, que proviene del latín *bulla* (bola) y cuyos significados ('panecillo'; 'adorno de tela'; 'chichón'; 'lío') no ofrecen dificultad. Aumentativo: **bollón**.

bolsa. sust. f. Con el significado de 'lugar donde se compran y se venden acciones, títulos y otros valores', se escribe con mayúscula si designa un organismo en concreto (*la **Bolsa** de Comercio de Buenos Aires*). En los otros casos, con minúscula (*las fluctuaciones de la **bolsa***).

bolsear. v. tr. e intr. 'Quitar a alguien una cosa de los bolsillos'. No debe pronunciarse [bolsiar, bolsié]. Puede decirse, también, **bolsiquear** (v. tr.), que no debe pronunciarse [bolsiquiar, bolsiquié]. La segunda forma es de uso en América meridional. → **-ear**

bolsista. sust. com.: **el bolsista**, **la bolsista**.

bolso. sust. m. Diminutivos: **bolsillo**, **bolsico** y **bolsín**. Aumentativo: **bolsón**.

bolsón. sust. m. Además de los usos generales, en la Argentina, 'cuenca entre montañas'. La A.A.L. ha recomendado la inclusión de este regionalismo en el ***Diccionario***.

bomba. sust. f. Rég. prep.: **bomba de** (***bomba de** motor*, ***de** cobalto*, ***de** hidrógeno*). Es incorrecto bomba a (*bomba a motor*, etc.). La Academia registra esta voz, también, como adv. fam., con la acepción de 'bien, muy bien' (*Lo pasamos **bomba***). Diminutivos: **bombilla** (sust. f.), 'globo eléctrico'; 'aparato para sacar líquidos'; 'caña delgada para sorber el mate', y **bombín** (sust. m.), 'sombrero hongo'. **Bombita** es un diminutivo regular, pero se aconseja el uso de **bombilla** para referirse a las eléctricas, salvo en algunas partes de América, en que está aceptado, para ese uso, **bombillo** (sust. m.), diminutivo de **bombo**.

bombacha. sust. f. 'Calzón'. Es un americanismo. Ú. m. en pl.: **bombachas**.

bombardeo. sust. m. 'Acción de bombardear'. No debe usarse bombardeamiento, un galicismo.

bombasí. sust. m. 'Tela'. Plural: **bombasíes** o **bombasís**.

bombé. sust. m. Voz francesa (*bombée*, de *voiture bombée*) españolizada, que significa 'carruaje ligero de dos ruedas y de dos asientos'. No está admitida, en cambio, como adjetivo, para indicar **curvado, da, abombado, da** o **convexo, xa** (*tapa bombé*).

bombear. v. tr. Está aceptada por la Academia la acepción figurada de 'perjudicar deliberadamente a alguien', un argentinismo. No debe pronunciarse [bombiar, bombié]. → **-ear**

bonetería. sust. f. 'Taller y tienda donde se venden bonetes'; 'oficio de bonetero o de bonetera'. La Academia no registra el significado de 'mercería' o de 'camisería' –frecuente en América–, un galicismo que ha de evitarse.

bongó. sust. m. 'Instrumento músico del Caribe'. Plural: **bongós**.

♦ **bonhomía.** Galicismo de difícil traducción, por la síntesis de cualidades que expresa: 'condición de persona bondadosa, sencilla y afable'. Pueden usarse, en su reemplazo, **ingenuidad**, **candor** o **bondad**. La Academia no lo ha incorporado, pese a su uso frecuente.

bonificar. v. tr. Su postverbal es **bonificación** (sust. f.). → **sacar**

bonito, ta. adj. d. de **bueno** (*Tiene una **bonita** renta*). En su uso más frecuente, 'lindo' (*La niña es **bonita***).

bonobús. sust. m. Es un acrónimo de **bono** ('tarjeta de abono') y **autobús**. No debe escribirse con guión ni en dos palabras: bono-bus, bono bus. Plural: **bonobuses**.

bonsái. sust. m. Voz de origen japonés que significa 'planta ornamental sometida a una técnica que impide su crecimiento normal'. Plural: **bonsáis**. Repárese en su grafía y en su acentuación, con tilde sobre la **a**.

♦ **boom.** Anglicismo por **auge súbito**, **éxito inesperado**, **prosperidad repentina**. No ha sido incorporado, pese a su difusión, en nuestra lengua. Si se lo usa, debe escribirse entrecomillado: *El "**boom**" de la novela hispanoamericana se produjo hacia 1970*. En general, puede y debe evitarse.

boquera o **bocera.** sust. f. También puede decirse **vaharera** (sust. f.), pero se prefiere la primera forma. Su aumentativo es **boquerón** (sust. m.). → **bocera**

boquiabierto, ta. adj. Con el elemento compositivo **boqui-** (de **boca**) y un adjetivo se forma, como en este caso, una serie de adjetivos compuestos: **boquiancho**, **boquiangosto**, **bo-**

quiblando, boquiconejuno, boquidulce, boquiduro, boquifresco, boquifruncido, boquihendido, boquihundido, boquimuelle, boquinatural, boquinegro, boquirrasgado, boquirroto, boquirrubio, boquiseco, boquisumido, boquitorcido, boquituerto. Todos estos adjetivos hacen normalmente su plural con el agregado de una **s** final: **boquiabiertos**, **boquianchos**, etc.

boquinegro, gra o **bocinegro, gra**. adj. Se prefiere la primera forma. → **bocinegro**

bórax. sust. m. Se usa, indistintamente, para el singular y el plural: **el bórax**, **los bórax**. Es de poco uso la forma **borraj**, que significa lo mismo. Obsérvese que lleva tilde, a pesar de ser una palabra grave terminada en dos sonidos consonánticos, el último de los cuales es **s** [cs]. → **bíceps**

borceguí. sust. m. Plural: **borceguíes** o **borceguís**. Predomina, en el uso actual, esta última forma.

bordar. v. tr. Rég. prep.: **bordar a** (***bordar a** mano, **a** máquina, **a** realce, **a** punto cruz*); **bordar con** (***bordar con** oro, **con** colores, **con** máquina, **con** bastidor*); **bordar sobre** (***bordar sobre** bastidor, **sobre** cañamazo*); **bordar en** (***bordar en** seda, **en** lana, **en** punto cruz, **en** blanco, **en** oro, **en** realce, **en** bastidor*). Como se ve, algunas expresiones permiten el uso de más de una preposición. No debe decirse bordar en máquina; lo correcto es **bordar con máquina** o **a máquina**.

bóreas. sust. m. 'Viento norte'. Voz de uso literario. Es palabra esdrújula. No debe pronunciarse ni escribirse *boreas*. Se usa la misma forma para el singular y el plural.

boro. sust. m. 'Metaloide de color pardo oscuro'. Número atómico 5. Símbolo: ***B***

borracho, cha. adj. Rég. prep.: **borracho de** (***borracho de** ira*; ***de** cerveza*). Ú. t. c. sust. m. y f.: **el borracho**, **la borracha**. Diminutivo: **borrachuelo, la**. La voz **borrachín, na** tiene un matiz afectivo, ya atenuador, ya despectivo, pero no lo registra la Academia como diminutivo de la voz que anotamos.

borrar. v. tr. Rég. prep.: **borrar de** (***borrar de** la lista*); **borrar con** (***borrar con** goma, **con** la mano*).

borrego. sust. m. Su femenino es **borrega**. El sustantivo colectivo es **borregada** (f.). → **cordero**

borrico. sust. m. Su femenino es **borrica**. El sustantivo colectivo es **borricada** (f.). Aumentativo: **borricón**.

bosquejo. sust. m. 'Acción y efecto de bosquejar'. No debe emplearse *bosquejamiento*, sin registro en el *Diccionario*.

bosquimán o **bosquimano.** sust. m. 'Individuo de una tribu africana'. La Academia prefiere la primera forma. Plural: **bosquimanes** y **bosquimanos**.

bostezar. v. intr. Su 'acción' es **bostezo** (sust. m.). → **cazar**

botadura. sust. f. 'Acto de echar un buque al agua'. No debe usarse *botamiento*, sin registro en el *Diccionario*.

botafumeiro. sust. m. Es voz de origen gallego, con registro en el *Diccionario*, pero de uso poco frecuente por **incensario** (sust. m.).

botamanga. sust. f. Argentinismo no registrado en el *Diccionario*, pero recomendado para su inclusión por la A.A.L. Significa 'doblez del borde inferior, en la pierna de los pantalones'.

botar. v. tr. 'Arrojar'. No debe confundirse con su homófono **votar** (v. intr. Ú. t. c. tr.).

bote. sust. m. 'Barco pequeño'. Reg. prep.: **bote de** (***bote de** remo, **bote de** vela*). Es incorrecto: bote a (*bote a remo, bote a vela*), galicismo.

botella. sust. f. Aumentativo: **botellón** (sust. m.). Diminutivo: **botellín** (sust. m.).

botellerío. sust. m. Sustantivo colectivo de botella, de correcta formación, aunque sin registro en el *Diccionario*. No debe olvidarse que éste no incluye todos los derivados.

botellero o **botillero.** sust. m. Ambas formas son correctas.

botica. sust. f. 'Farmacia'. Diminutivo: **botiquín** (sust. m.).

botillería. sust. f. 'Tienda en que se hacen y venden bebidas'. Es voz anticuada, según Moliner. En Chile, se usa con la acepción de 'comercio de venta de vinos y licores'. Es incorrecto *botellería* para estas acepciones.

botonadura. sust. f. 'Juego de botones para un vestido o traje'. → **abotonadura**

botones. sust. m. 'Muchacho que lleva mensajes o recados'. No varía en plural: **los botones**. Es homónimo del plural de **botón** (sust. m.).

bou. sust. m. Voz del catalán. 'Cierto tipo o modalidad de pesca'; 'barco en que se practica'. Plural: **bous**.

boutique. sust. f. Voz francesa, recién incorporada. La Academia indica que se pronuncia, aproximadamente, [butík].

box. sust. m. → **boxeo**

♦ **box**, **boxes.** Anglicismos por **compartimiento**, **compartimientos**, respectivamente.

boxeo. sust. m. La Academia sólo admite la forma **box** como regionalismo mejicano, pero está muy extendida en otras regiones de América. Lo correcto es, sin embargo, designar a este deporte como **boxeo**, según lo preconiza la magna institución.

bozal. sust. m. Diminutivo: **bozalejo**. 'Bozal de los perros'; 'el que se pone a los terneros para que no mamen'.

bracero. sust. m. 'Jornalero'; 'persona que da el brazo a otra para que se apoye en él'. No debe confundirse su grafía con la de **brasero** (sust. m.), 'recipiente que se emplea como medio de calefacción'. Ú. t. c. adj. → **brasero**

bracmán. sust. m. → **brahmán**

bractéola. sust. f. 'Bráctea pequeña'. Es incorrecto <u>bractiola</u>, un vulgarismo.

bradi-. elem. compos. de or. gr. 'Lento' (***bradicardia***, 'ritmo cardíaco lento'; ***bradilalia*** 'emisión lenta de la palabra'; ***bradipepsia*** 'digestión lenta').

braga. sust. f. Ú. m. en pl. (*ponerse las **bragas***). Diminutivo: **braguillas** (pl.). Aumentativo: **bragazas** (pl.), 'hombre que se deja dominar por su mujer'.

brahmán o **bracmán.** sust. m. La Academia recomienda la primera forma. También existe, para el mismo concepto, **brahmín** (sust. m.), poco usual.

braille. sust. m. 'Sistema de escritura para ciegos'. Debe escribirse con minúscula, por ser nombre común, y se usa, generalmente, en aposición (*Enseña a leer a los ciegos por el sistema **braille***). Corresponde la mayúscula cuando uno se refiere a su inventor (*Luis Braille*).

bramar. v. tr. 'Dar bramidos'; 'expresarse con violencia inusitada'. Rég. prep.: **bramar de** (***bramar de** ira*).

brandy. sust. m. Voz del neerl., a través del ing. La Academia ha incorporado recientemente este vocablo, que denota un 'tipo especial de coñac'. Es incorrecto escribir <u>brandi</u>. Plural: **brandys**.

braquial. adj. 'Perteneciente al brazo' (*bíceps **braquial***). Es incorrecto <u>braqueal</u>, una ultracorrección.

braquicefalia. sust. f. 'Cualidad de braquicéfalo'. Es incorrecta la forma <u>braquicefalía</u>.

brasa. sust. f. 'Leña o carbón encendidos'. No debe confundirse su grafía con la de **braza** ('medida de longitud'). → **braza**

brasero. sust. m. 'Pieza de metal en que se echa lumbre para calentarse'. No debe confundirse su grafía con la de **bracero**. Diminutivo: **braserillo**. → **bracero**

Brasil. sust. pr. Debe anteponérsele el artículo "el" (***el Brasil***), porque el nombre completo es *República Federativa **del** Brasil*. sust. m. 'Árbol'. Se escribe con minúscula (*palo **brasil***).

bravosía o **bravosidad.** sust. f. 'Gallardía'; 'arrogancia'. La Academia prefiere la segunda forma.

braza. sust. m. 'Medida de longitud'; 'estilo de natación'. No debe confundirse con su homófono **brasa** (sust. f.). → **brasa**

brazal. sust. m. Una de sus acepciones es la de 'tira de tela que ciñe el brazo por encima del codo y que sirve de distintivo' (***brazal** de luto*; ***brazal** de la Cruz Roja*). → **brazalete**

brazalete. sust. m. 'Aro, generalmente de metal, que rodea el brazo por más arriba de la muñeca' (*La dama lucía un **brazalete** de brillantes*). No debe emplearse esta voz con el significado de **brazal**: *Reconocerás a los miembros de Defensa Civil por su <u>brazalete</u>*. Correcto: *Reconocerás a los miembros de Defensa Civil por su **brazal***. → **brazal**

brebaje o **brebajo.** sust. m. 'Bebida desagradable'. Se prefiere la primera forma. Repárese en su grafía, ya que, por influencia del francés o por otras causas, se escribe, a veces, brevage o brebage, barbarismos ortográficos.

brega. sust. f. 'Acción y efecto de bregar'. Debe preferirse a **bregadura**, anticuado. Es incorrecto usar bregamiento, forma no registrada por la Academia.

bregar. v. intr. Rég. prep.: **bregar con** (***bregar con** alguien*), construcción en que el verbo significa 'reñir', 'forcejear', poco frecuente; **bregar en** o **con** (***Brega** todo el día **en** las tareas de la casa*; ***Brega** todo el día **con** las tareas de la casa*), en que el verbo denota, respectivamente, 'trabajar afanosamente en algo' y 'luchar con dificultad'. → **pagar**

brete. sust. m. En sentido figurado, se usa, por lo común, en las frases **estar** y **poner en un brete**, es decir, 'en un aprieto'. Argent., Par. y Urug. 'En las estancias, estaciones ferroviarias y mataderos, pasadizo corto entre dos estacadas, con atajadizos en ambos extremos para enfilar el ganado'.

♦ **bretel.** Galicismo muy común, no incorporado en el ***Diccionario***, por **tirante** (*La combinación es –dice Moliner– "prenda interior del vestido femenino, que se usa debajo del traje y, colgando de los hombros, generalmente mediante unos **tirantes**, llega hasta cerca del borde de la falda"*). Puede reemplazarse, también, por **hombrera**, menos usual, que, en una de sus acepciones, significa 'tira de tela, que, pasando por los hombros, sujeta algunas prendas de vestir'. → **tirante**

breve. adj. 'De corta extensión o duración'. Rég. prep.: **breve de** (***breve de** contar*); **breve en** (***breve en** contestar*). **en breve**. loc. adv. 'Dentro de poco tiempo, muy pronto' (***En breve**, le contestaré*). Es galicismo usar esta locución por 'en una palabra, en suma, en fin, en síntesis' (*En breve, esto no ofrece discusión*). Debe evitarse, por otra parte, el pleonasmo *en breves minutos*, ya que los minutos, de por sí, son cortos. Correcto: ***dentro de unos minutos***.

brevedad. sust. f. Es incorrecto decir a la mayor brevedad, un galicismo muy arraigado en el lenguaje comercial y administrativo. Correcto: **con la mayor brevedad** (*Por favor, conteste **con la mayor brevedad***).

brevemente. adv. 'De manera corta o breve' (*Me explicaré **brevemente***). No debe usarse este adverbio por 'en suma, en fin, en una palabra, resumiendo'. → **breve**

bribón, na. adj. Ú. t. c. sust. m. y f.: **el bribón**, **la bribona**. Diminutivo: **bribonzuelo**, **la**.

bricolaje. sust. m. Voz del francés (*bricolage*), ya españolizada. No debe escribirse bricolage.

brigada. sust. f. Se escribe con mayúscula cuando se aplica a una determinada (*En la ciudad, está el asiento de la 5.ª **Brigada** Aérea*). En los otros casos, con minúscula (*Cree que lo destinarán a una **brigada** motorizada*).

brillante. p. a. de **brillar.** 'Que brilla', es decir, 'reluciente, lustroso' (*Los azulejos quedaron **brillantes***). adj. fig. 'Sobresaliente' (*Es un médico **brillante***). Ú. t. c. sust. m. 'Diamante' (*Lucía en su dedo un enorme **brillante***). La Academia no registra el adjetivo brilloso, sa, que se emplea mucho en los usos no figurados de esta voz (*Mis pisos están brillosos*). Correcto: *Mis pisos están **brillantes***.

brillazón. sust. f. Argentinismo recién incorporado por la Academia. 'Brillo repentino y fugaz que produce la reverberación solar en la atmósfera'. Se oye en otros países americanos.

brincar. v. intr. Rég. prep.: **brincar de**, uso fig. o fam. (***brincar de** una cosa a otra*; ***brincar de** emoción*). → **sacar**

brindar. v. intr. Rég. prep.: **brindar por** (***brindar por** los amigos*; ***brindar por** un aniversario*; ***brindar por** el éxito de algo*); **brindar a** (***brindar a** la salud*); **brindar con** (***brindar con** champaña*). Ú. t. c. tr. (***brindar** ayuda a los alumnos*). Ú. t. c. prnl. (***brindarse** voluntariamente*).

brindis. sust. m. Se usa la misma forma para el singular y el plural: **el brindis**, **los brindis**.

♦ **brioche.** Galicismo muy difundido por **bollo**, si bien se trata de una clase muy especial, por su forma, tipo de masa y tamaño. Si se usa esta voz, debe entrecomillarse por carecer de registro en el ***Diccionario***.

brocado. sust. m. 'Tela tejida en oro o en plata'; 'tela de seda con dibujos que parecen bordados'. Es un italianismo decir brocato, salvo en Aragón, donde el vocablo está admitido como regionalismo. Diminutivo: **brocadillo**.

brocatel. sust. m. 'Tela similar al brocado, aunque de inferior calidad'. Es incorrecto decir brocatela. Plural: **brocateles**.

brocha. sust. f. 'Escobilla de cerda para pintar'. Aumentativo: **brochón** (sust. m.).

broche. sust. m. 'Conjunto de dos piezas, por lo común de metal, una de las cuales engancha o encaja en la otra' (*Tienes desprendidos los* ***broches*** *del puño derecho de tu blusa*). La Academia no registra la acepción, común en la Argentina, de 'sujetapapeles' (*En la librería compraré una caja de* ***broches***). Tal uso no puede condenarse como incorrecto, si bien debe preferirse **clip** o **clipe** (sust. m.). → **clip**

brocheta. sust. f. → **broqueta**

♦ **brochette.** Galicismo. → **broqueta**

bróculi o **brécol.** sust. m. 'Variedad de col, de hojas más oscuras'. La Academia prefiere la segunda forma; los argentinos, entre otros la primera. Plurales: **bróculis** y **brécoles**, respectivamente. Como regionalismos se oyen, también, las formas **brócol** (Andalucía), **brócul** (Aragón y Álava) y **bróquil** (Aragón), registradas por la Academia. La forma brócoli es incorrecta, un italianismo (*broccoli*).

♦ **broderie.** Galicismo por **bordado** o **encaje** fino. Pese a su difusión, la Academia no ha incorporado esta voz. Si se usa, debe entrecomillarse.

bromo. sust. m. 'Metaloide, líquido a la temperatura ordinaria, de color rojo parduzco y olor fuerte y repugnante'. Número atómico 35. Símbolo: ***Br*** (sin punto). Su homónimo (sust. m.) es una 'planta de la familia de las gramíneas, que sirve para forraje'.

bronca. sust. f. La acepción de 'enojo, enfado, rabia' es un americanismo admitido, al igual que la fr. fig. y fam. **tener bronca** a alguien, que equivale a **tener entre ojos**.

bronceado o **bronceadura.** sust. m. y f. 'Acción y efecto de broncear o broncearse'. No debe usarse, en su reemplazo, bronceamiento, sin registro en el ***Diccionario***. Incorrectos: bronciado y bronciadura, dos vulgarismos.

bronceador, ra. adj. 'Sustancia para el bronceado de la piel'. Ú. t. c. sust. m. Es un vulgarismo, que debe evitarse, bronciador.

bronconeumonía. sust. f. No debe decirse bronconeumonia, pese a su uso extendido.

bronquiolo o **bronquíolo**. sust. m. Ambas formas están admitidas, si bien se prefiere la primera. Ú. m. en pl.

bronquitis. sust. f. Se usa la misma forma para el singular y el plural: **la bronquitis**, **las bronquitis**.

broqueta o **brocheta.** sust. f. 'Aguja o estaquilla en que se ensartan carnes y otros alimentos para asarlos'. La Academia prefiere la primera forma.

brotar. v. intr. 'Nacer, salir, manar, surgir'. Rég. prep.: **brotar de** o **en** (***brotar de*** o ***en*** *la tierra;* ***brotar de*** o ***en*** *la planta*).

brote. sust. m. 'Renuevo, pimpollo, yema'. La forma **broto** (sust. m.) es anticuada, pero se oye en algunas regiones, en Salamanca y en América.

brulote. sust. m. 'Barco cargado de materias inflamables, que se dirigía sobre los buques enemigos para incendiarlos'. El ***Diccionario*** no recoge la acepción figurada, que se usa en la Argentina, de 'crítica periodística ofensiva y polémica', recomendada por la A.A.L. para su inclusión.

bruma. sust. f. 'Niebla'. Aumentativo: **brumazón** (sust. f.).

bruñido. sust. m. 'Acción y efecto de bruñir'. El mismo concepto puede expresarse con los sustantivos **bruñidura** (f.) y **bruñimiento** (m.).

bruñir. v. tr. 'Abrillantar, lustrar, pulimentar, pulir'. Su particularidad consiste en que no tiene la **i** de las desinencias **-ió**, **-ieron**, de la tercera persona del sing. y del pl. del pretérito perfecto simple de indicativo (*bruñó, bruñeron*); de **-iera** o **-iese**, en todas las personas del pretérito imperfecto de subjuntivo (*bruñera* o *bruñese, bruñeras* o *bruñeses, bruñera* o *bruñese, bruñéramos* o *bruñésemos, bruñerais* o *bruñeseis, bruñeran* o *bruñesen*); de **-iere** en todas las personas del futuro imperfecto de ese mismo modo (*bruñere, bruñeres, bruñere, bruñéremos, bruñereis, bruñeren*); y de **-iendo**, en el gerundio (*bruñendo*). → **tañer**

brutalizarse. v. prnl. p. us. → **cazar**

buaro o **buharro**. sust. m. → **búho**

buba. sust. f. 'Tumorcillo'. Ú. m. en pl. Aumentativo: **bubón** (sust. m.).

bucal. adj. 'Perteneciente o relativo a la boca'. Éste es el adjetivo más adecuado para referirse a la boca como cavidad que se extiende entre los labios y la faringe, y como órgano que constituye la primera parte del tubo digestivo (*cirugía **bucal**, cavidad **bucal**, mucosa **bucal**, temperatura **bucal***). El empleo incorrecto, en estos casos, del adjetivo **oral** se debe a influencia de la bibliografía norteamericana. → **oral**

buda. sust. m. En el caso de significar el fundador del budismo, se escribe con mayúscula. En los otros, con minúscula (*Trajo unos **budas** de la India*).

budín. sust. m. Voz inglesa españolizada. → **pudín**

buen. adj. apóc. de **bueno**. Úsase precediendo inmediatamente a un sustantivo masculino singular, el que puede ser un verbo en infinitivo (***buen** año*; ***buen** comer*). En los restantes casos, no emplear la forma plena es una incorrección: *mi buen y recordado padre*. Correcto: *mi **bueno** y recordado padre*. Como apócope de **buena**, se usa, por excepción, en la frase arcaizante *en **buen** hora* y en el refrán *A **buen** hambre no hay pan duro*. Se usa incorrectamente en las locuciones siguientes: *buen día*, por ***buenos días***, y *buen Dios*, por ***Dios***, un galicismo.

buenandanza o **bienandanza.** sust. f. Se escriben en una sola palabra. → **bien**

buenaventura. sust. f. Cuando significa 'buena suerte, dicha de alguno', puede escribirse en una palabra o en dos, aunque se prefiere la segunda variante (*Tuvo la **buenaventura** de aprobar el examen*; *Tuvo la **buena ventura** de aprobar el examen*). Cuando tiene la acepción de 'adivinación supersticiosa', se escribe preferentemente en una sola (*La gitana me echó la **buenaventura***).

buenito, ta. adj. dim. Es frecuente en la Argentina. La Academia recomienda **buenecito, ta.**

bueno, na. adj. Se construye con las preposiciones **con**, **de**, **en** y **para** (***bueno con** sus padres*; ***bueno de** comer*; ***bueno en** sí*; ***bueno para** leer*). Diminutivo: **buenecito**. Aumentativos: **bonazo, za**; **buenazo, za**; **bonachón, na**. Su comparativo es **mejor** y se construye con **que**: *Aquel vino es **mejor que** éste*. Incorrecto: *mejor a* (*Aquel vino es mejor a éste*). La forma perifrástica **más bueno que**, para expresar el comparativo, es coloquial y debe evitarse de acuerdo con el nivel de lengua empleado. La forma *más mejor* es un vulgarismo bastante frecuente en algunas zonas, pese a lo cual no deja de ser condenable. Los superlativos son **bonísimo**, **ma**, poco usado, y **buenísimo**, **ma**. También existe una forma culta, **óptimo**, **ma**, la cual no admite modificadores cuantitativos del tipo *más óptimo*, *bastante óptimo*, *poco óptimo*, etc. Conviene evitar, en lengua hablada, el uso de **bueno** como muletilla, sin significado alguno. → **buen**

buey. sust. m. 'Macho vacuno adulto castrado'. Plural: **bueyes**. Incorrecto: *bueis*. Diminutivos: **bueyecito**, **bueyecillo** y **boyezuelo**. Incorrecto: *bueicito*. Colectivo: **boyada**. Incorrecto: *bueyada*. Su femenino es **vaca**, la hembra adulta vacuna, si bien es la hembra del toro y no del buey, por la condición de castrado de este último. El **buey** también recibe el nombre de **vaco** (sust. m. fam.).

♦ **bueyada.** Es un barbarismo por **boyada**. → **buey**

bueyuno, na o **boyuno, na.** adj. Se prefiere la segunda forma.

búfalo. sust. m. Su femenino es **búfala**.

bufar. v. intr. Rég. prep. de su uso fig.: **bufar de** (***bufar de** ira, de enojo*).

bufé. sust. m. Voz francesa (*buffet*) españolizada. 'Comida compuesta de platos calientes y fríos, o sólo fríos, que se exhiben sobre una mesa'; 'local de un edificio destinado para reuniones, en que se sirven dichos manjares'; 'local para tomar una refacción ligera, en las estaciones de ferrocarril u otros sitios'. Plural: **bufés**. Son incorrectas las grafías *bufet* y *buffet*. No debe confundirse con **bufete**.

bufete. sust. m. Voz francesa (*buffet*) españolizada. 'Mesa de escribir con cajones'; 'estudio de abogado'.

bufonizar. v. intr. 'Decir bufonadas'. → **cazar**

buharda o **buhardilla.** sust. f. 'Ventana que se levanta por encima del tejado'; 'desván o guardilla'. Se prefiere la segunda forma, que es diminutivo de la primera. También se usa **bohardilla** y **boardilla**. Es incorrecta la forma *buardilla*.

búho. sust. m. 'Ave rapaz'. Para distinguir los sexos, debe recurrirse a las perífrasis **búho macho**, **búho hembra**. Obsérvese su correcta grafía, con tilde sobre la **u**. Despectivo: **buharro** o **buaro**. Se prefiere la primera forma.

buido, da. adj. 'Afilado'; 'acanalado'. Repárese en que no lleva tilde sobre la **i**.

bulevar. sust. m. Voz francesa (*boulevard*) españolizada. No debe escribirse *bulevard* ni, tampoco, *boulevard*, que es su grafía extranjera. Plural: **bulevares**.

bulín. sust. f. Argent. 'Departamento destinado a las citas amorosas'; 'por extensión, departamento modesto, en general, para uso de la gente joven'. La A.A.L. ha recomendado su inclusión en el *Diccionario*.

bullabesa. sust. f. Voz francesa (*bouillabaisse*) españolizada. 'Un tipo de sopa de pescados y mariscos'.

♦ **bullanguería** o **bullaranga.** Barbarismos por **bullanga** (sust. f.), 'tumulto, bullicio'.

bullir. v. intr. → **bruñir**

bulón. sust. m. 'Tornillo de cabeza redondeada'. Argentinismo recién registrado en el *Diccionario*.

bumerán. sust. m. 'Arma arrojadiza'. Es españolización de la voz inglesa *boomerang*, de origen australiano. Plural: **bumeranes**. Son incorrectas las grafías y las pronunciaciones *bumerang* y *búmeran*.

bungaló. sust. m. Es españolización reciente de la voz inglesa *bungalow*, que, a su vez, procede del bengalí. Plural: **bungalós**. Es incorrecto decir o escribir *bongaló* o *bóngalo*.

búnker. sust. m. 'Fortín'; 'refugio subterráneo'; 'grupos resistentes a cualquier cambio político'. Es españolización reciente de la voz inglesa *bunker*, que a su vez procede del alemán. Plural: **búnkers**.

buñolería. sust. f. 'Tienda en que se hacen o venden buñuelos'. Es incorrecto *buñuelería*.

buñolero. sust. m. 'Persona que hace o vende buñuelos'. Femenino: **buñolera**. Es incorrecto *buñuelero, ra*.

buque. sust. m. Rég. prep.: **buque de** (***buque de** vapor, **buque de** hélice, **buque de** vela*); **buque en** (***buque en** lastre, **buque en** rosca*). Es un galicismo, que debe evitarse, la construcción *buque a* (*buque a vapor, buque a hélice, buque a vela*). Sí, puede usarse esta preposición en el sintagma **buque a la carga**, es decir, 'el que está en puerto a la espera de cargamento'. No debe escribirse *buque-escuela* ni *buque-tanque*, sino ***buque escuela, buque tanque***. Es un solecismo decir *buque guerra*; lo correcto es ***buque de guerra***. Los sustantivos colectivos son **escuadra** (f.), 'conjunto de buques de guerra', y **flotilla** (f.), 'conjunto de buques pequeños'.

buqué. sust. m. 'Aroma del vino'. Voz francesa (*bouquet*) españolizada. Plural: **buqués**. Es incorrecto escribir *buquet*.

buraco. sust. m. Voz vulgar, registrada en el *Diccionario*, por **agujero** (sust. m.).

burgués, sa. adj. Ú. t. c. sust. m. y f.: **el burgués**, **la burguesa**. Entre otros significados, se usa hoy en contraposición a **proletario, ria** (adj. Ú. t. c. sust. m. y f.).

burilar. v. tr. 'Grabar con el buril'. Rég. prep.: **burilar en** (***burilar en** plata*).

burlar. v. tr. Ú. t. c. prnl. y c. intr. Rég. prep.: **burlar a** (***burlar a** alguien*); **burlarse de** (***burlarse de** alguien **o de** algo*).

buró. sust. m. 'Mueble para escritorio'. En Méjico, significa 'mesa de noche'. Carece de la acepción, con que frecuentemente se usa, de **comité**, **secretaría**, **secretariado**. En plural: **burós**.

burrada. sust. f. La Academia registra las acepciones figuradas y familiares de 'dicho necio o brutal' (*Dijo una **burrada***) y de 'cantidad grande o excesiva' (*una **burrada** de autos*). → **burro**

burro. sust. m. 'Asno'. Femenino: **burra**. Diminutivo: **burrito**. Los sustantivos colectivos son **burrada** (f.) y **recua** (f.).

burrumbada o **barrumbada.** sust. f. → **barrumbada**

burucuyá. sust. m. Argent., Urug. y Par. 'Pasionaria'. Plural: **burucuyaes** o **burucuyás**.

bus. sust. m. fam. 'Autobús'. Se usa, en particular, en las señales de tránsito, por su brevedad. Plural: **buses**. En Panamá, se usa el diminutivo **busito**, 'autobús pequeño'.

busca. sust. m. Abreviación de **buscapersonas**. Su homónimo, del género femenino, significa 'acción de buscar'. Para este concepto, existen **búsqueda** (sust. f.), **buscada** (sust. f.) y **buscamiento** (sust. m.). Rég. prep.: **ir en busca de** algo o **de** alguien. Se dice *orden de busca y captura*, no *de búsqueda y captura*.

buscapié. sust. m. 'Especie que se suelta en la conversación o por escrito para dar a alguno motivos de charla o para rastrear y poner en claro alguna cosa'. Plural: **buscapiés**. No debe confundirse con **buscapiés**. → **buscapiés**

buscapiés. sust. m. 'Cohete que, encendido, corre por tierra entre los pies de la gente'. Úsase la misma forma para el singular y el plural: **el buscapiés, los buscapiés**. En el Perú, se dice **buscapique**. → **buscapié**

buscapleitos. sust. com. 'Picapleitos o buscarruidos'. Es un americanismo registrado por la Academia. Úsase la misma forma para el singular y el plural, el femenino y el masculino: **el buscapleitos y los buscapleitos, la buscapleitos y las buscapleitos**. Es incorrecto *buscapleito*.

buscar. v. tr. Rég. prep.: **buscar a** (*buscar a Pedro*); **buscar con** (*buscar con ahínco*); **buscar en** (*buscar en el cajón*); **buscar por** (*buscar por el suelo*). → **sacar**

buscarruidos. sust. com. fig. y fam. Se usa la misma forma para el singular y el plural, para el femenino y el masculino: **el buscarruidos, la buscarruidos, los buscarruidos, las buscarruidos**. Es incorrecto *buscarruido*.

buscavidas. sust. com. fig. 'Persona curiosa'; 'diligente'; 'diligente en buscarse la vida'. En el Perú: **busquillo** (sust. m.). Se usa la misma forma para el singular y el plural, para el masculino y el femenino: **el buscavidas, la buscavidas, los buscavidas, las buscavidas**. Es correcta, también, la forma **buscavida**, cuyo plural es **buscavidas**.

buzo. sust. m. Amén de otros usos comunes con el español general, en la Argentina se usa con la acepción de 'prenda deportiva cerrada o con cremallera', no registrada por el ***Diccionario***, pero recomendada para su inclusión por la A.A.L. Equivale a **jersey**.

c. Tercera letra del abecedario español. Su nombre es **ce** (sust. f.). En plural: **ces**. Incorrecto: <u>*cees*</u>. Letra numeral que tiene el valor de **ciento** en la numeración romana y que también se usa en español: *CXX* (120). Cuando se le pone una línea encima, vale **cien mil**: $\overline{C}$. Unida con la **h** forma un signo doble e indivisible (repárese en que la **ch** no es una letra independiente), cuya articulación es predorsal, prepalatal, africada sorda. Cuando se produce esta unión, sólo se escribe con mayúscula la **c** (*Chirrían las puertas*).

cábala. sust. f. Es un vulgarismo decir <u>*cábula*</u>.

cabalgador. sust. m. 'Persona que cabalga'. Su femenino es **cabalgadora**.

cabalgar. v. intr. Ú. t. c. tr. 'Subir o montar a caballo'. Rég. prep.: **cabalgar a** (***Cabalga al** estilo del gaucho*). **cabalgar en** (***Cabalga en** un caballo árabe*). → **pagar**

cabalista. sust. com. 'El que profesa la cábala': **el cabalista, la cabalista**. Son vulgarismos: <u>*cabulero*</u>, <u>*cabulista*</u>.

caballería. sust. f. 'Cualquier animal que sirve para cabalgar en él' (*Monta una buena **caballería***). sust. colect. 'Conjunto, concurso o multitud de caballeros' (*Se reunió la **caballería***). Se escribe con mayúscula cuando se refiere al nombre propio del arma (*Forma parte del Cuerpo de **Caballería***), y, con minúscula, en los demás casos.

caballeriza. sust. f. 'Sitio cubierto para estancia de caballos y de bestias de carga'. sust. colect. 'Conjunto de caballos o de mulas de una caballeriza'.

caballero, ra. adj. 'Que cabalga o va a caballo'. **caballero.** sust. m. Aumentativos: **caballerazo** y **caballerote**. Diminutivo: **caballerete**. El sustantivo colectivo es **caballería** (f.).

caballeroso, sa. adj. 'Gentil, cortés, noble de ánimo' (*El embajador se mostró **caballeroso** ante las damas*). También puede decirse **caballeresco, ca** (adj.). Incorrecto: *El embajador se mostró <u>muy</u> <u>caballero</u> ante las damas*.

caballista. sust. com. 'Persona que entiende de caballos y monta bien': **el caballista, la caballista**.

caballo. sust. m. Aumentativo: **caballón**. Diminutivos: **caballejo** (despectivo), **caballete, caballico, caballito** y **caballuelo**. Los sustantivos colectivos son: **caballada** (f.) y **tropilla** (f.). Su femenino es **yegua**. **a caballo.** loc. adv. 'Montado en una caballería y, por extensión, en una persona o cosa' (*Recorre el pueblo **a caballo***). **de a caballo**. loc. adj. (*Son hombres **de a caballo***).

cabalmente. adv. m. 'Precisa, justa o perfectamente' (*Lo entendió **cabalmente***).

cabaña. sust. f. 'Casa pequeña y tosca, hecha en el campo'. Argent. y Urug. 'Establecimiento rural destinado a la cría de ganado de raza'. Diminutivo: **cabañuela**. El sustantivo colectivo es **cabañal** (m.). **cabaña** es sustantivo colectivo cuando significa 'número considerable de cabezas de ganado'; 'conjunto de los ganados de una provincia, región, país, etc.'; 'recua de caballerías que se emplea en portear granos'.

cabañero, ra. adj. Argent. y Urug. 'Propietario de una cabaña o encargado de ella'. Ú. t. c. sust. m. y f.: **el cabañero, la cabañera**.

cabaré. sust. m. 'Lugar de esparcimiento donde se bebe y se baila, y en el que se ofrecen espectáculos de variedades, habitualmente de noche'. En plural: **cabarés**. No debe usarse la grafía francesa *cabaret*.

cabaretero, ra. adj. 'Perteneciente o relativo al cabaré'. sust. m. y f.: **el cabaretero, la cabaretera**.

cabe. prep. ant. 'Cerca de, junto a'. Suele usarse en el ámbito literario.

cabecear. v. intr. No debe pronunciarse [cabeciar, cabecié]. → **-ear**

cabeceo. sust. m. También puede decirse **cabeceamiento** (sust. m.), pero la Academia prefiere la primera forma.

cabecera. sust. f. 'Principio o parte principal de algunas cosas'; 'parte de la cama donde se ponen las almohadas'. De esta última acepción, es sinónimo **cabecero** (sust. m.). **a la cabecera.**

loc. adv. 'Al lado o cerca de la cabecera de la cama'.

cabello. sust. m. 'Cada uno de los pelos que nacen en la cabeza' (*Encontré un **cabello** en la sopa*); 'conjunto de todos ellos' (*Se lavará el **cabello***). Sus diminutivos son: **cabellejo** y **cabelluelo**. Es un galicismo decir cabellos blancos en lugar de **canas**. **cabellos**. sust. m. pl. 'Barbas del maíz'. Pueden decirse **cabello de ángel** o **cabellos de ángel**. Col., P. Rico, R. de la Plata y Venez. 'Huevos hilados'. Argent., C. Rica, Cuba, Chile, Perú y Urug. 'Fideos finos' (*sopa de **cabello** o **cabellos de ángel***). → **llevar**, **tirar**, **traer**

cabelludo, da. adj. **cuero cabelludo**. 'Piel en donde nace el cabello'.

caber. v. irreg. intr. Incorrecto: *Cabieron en la caja*. Correcto: ***Cupieron** en la caja*. Rég. prep.: **caber en** (*No **cabe en** tu mano*). **no caber en** alguno una cosa. 'No ser capaz de ella' (***No cabe en** Silvia hablar en público*). **no caber en sí**. fr. fig. 'Tener mucha vanidad o alegría' (*Después de recibir el premio, **no cupo en sí***). Tienen la misma denotación **no caber de contento** y **no caber de gozo**. 'Ser posible' (***Cabe** agregar que el viernes realizaremos otra reunión*). Cambia su radical **cab-** en **quep-** delante de **o** y de **a** (presente de indicativo y de subjuntivo); cambia su radical por **cup-** y su desinencia, en las personas del pretérito perfecto simple; se hace grave en lugar de agudo (pretérito perfecto simple, pretérito imperfecto y futuro de subjuntivo); pierde la **e** del radical del infinitivo (futuro y condicional simple de indicativo). Su conjugación, en los tiempos del modo indicativo: presente (***quep**o, cabes, cabe, cabemos, cabéis, caben*), pretérito perfecto simple (***cup**e, **cup**iste, **cup**o, **cup**imos, **cup**isteis, **cup**ieron*), futuro imperfecto (*cabré, cabrás, cabrá, cabremos, cabréis, cabrán*), condicional simple (*cabría, cabrías, cabría, cabríamos, cabríais, cabrían*); en los siguientes del subjuntivo: presente (***quep**a, **quep**as, **quep**a, **quep**amos, **quep**áis, **quep**an*), pretérito imperfecto (***cup**iera o **cup**iese, **cup**ieras o **cup**ieses, **cup**iera o **cup**iese, **cup**iéramos o **cup**iésemos, **cup**ierais o **cup**ieseis, **cup**ieran o **cup**iesen*), futuro imperfecto (***cup**iere, **cup**ieres, **cup**iere, **cup**iéremos, **cup**iereis, **cup**ieren*).

cabestrante. sust. m. 'Torno de eje vertical que se emplea para mover grandes pesos'. También puede decirse **cabrestante** (sust. m.), forma preferida por la Academia.

cabestrar. v. tr. 'Echar cabestros a las bestias que andan sueltas'. No debe confundirse su significado con el de **cabestrear** (v. intr.), 'seguir sin resistencia la bestia al que la lleva del cabestro'.

cabestro. sust. m. 'Ronzal que se ata a la cabeza o al cuello de la caballería para llevarla o asegurarla'. Incorrecto: cabresto. Su diminutivo es **cabestrillo**. Su sustantivo colectivo es **cabestraje** (m.). → **llevar**

cabeza. sust. f. Aumentativos: **cabezón**, **cabezorro** (fam.) y **cabezota**. Diminutivos: **cabecilla** y **cabezuela**.

cabezada. sust. f. 'Entre otras denotaciones, golpe dado con la cabeza'. También pueden decirse **cabezazo** (sust. m.) y **casquetazo** (sust. m.). Incorrecto: cabeceada.

cabezón, na. adj. 'Que tiene grande la cabeza'. Su sinónimo es **cabezudo, da** (adj.). Ú. t. c. sust. m. y f.: **el cabezón**, **la cabezona**.

cabida. sust. f. 'Espacio'. **tener cabida con** alguien o **en** algún lugar. 'Tener valimiento' (*Siempre **tiene cabida con** sus jefes; No **tuvo cabida en** la empresa*).

cabila. sust. f. 'Tribu de beduinos o de beréberes'. Es palabra grave. No debe pronunciarse como esdrújula [cábila] por analogía con **cáfila** (sust. f.).

cabildo. sust. m. Se escribe con mayúscula cuando significa 'ayuntamiento' o cuando se refiere a un edificio histórico (*el **Cabildo** de Buenos Aires*).

cabizbajo, ja. adj. Su sinónimo es **cabizcaído, da** (adj.). En plural: **cabizbajos**, **cabizbajas**.

cableado. sust. m. colect. 'Conjunto de los cables que forman parte de un sistema o aparato eléctrico'. No debe pronunciarse [cabliado]. Esta voz ha sido recién incorporada en el ***Diccionario***.

cablegrafiar. v. tr. Se conjuga, en cuanto al acento, como **guiar**.

cabo. sust. m. 'Cualquiera de los extremos de las cosas'. Diminutivo: **cabillo**. Se usa con mayúscula cuando forma parte de nombres propios (***Cabo** San Roque*). **al cabo**. loc. adv. 'Al fin, por último'. **al cabo de**. loc. prepos. 'Después de'. **llevar a cabo** o **al cabo** una cosa. fr. 'Ejecutarla, concluirla'. No deben confundirse su significado y su grafía con los de su homófono **cavo** (sust. m.), 'huronera o madriguera'.

cabotaje. sust. m. 'Navegación o tráfico que hacen los buques entre los puertos de su nación sin perder de vista la costa'. Argent. 'Transporte aeronáutico mediante pago, entre puntos de un mismo Estado' (*vuelos de **cabotaje***).

cabra. sust. f. Su masculino es **cabro** o **cabrón**. Su cría es el **cabrito**. Diminutivos: **cabrita** y **cabrilla**. Los sustantivos colectivos son **cabrada** (f.) y **cabrío** (m.).

cabrero. sust. m. 'Pastor de cabras'. La Academia no registra el género femenino. 'Pájaro poco más grande que el canario; abunda en la isla de Cuba'. La A.A.L. ha recomendado la incorporación del siguiente significado: adj. fam. 'Que es o suele estar malhumorado, agresivo o irritado'. Ú. t. c. sust. m. y f.: **el cabrero, la cabrera**.

cabritilla. sust. f. No debe pronunciarse [cabretilla].

cabrón. sust. m. Diminutivo: **cabronzuelo**.

cabruno, na. adj. 'Perteneciente o relativo a la cabra'. También pueden decirse **cabrío, a** (adj.), **caprario, ria** (adj.) y **caprino, na** (adj.).

cacahuete. sust. m. 'Planta americana'. También pueden decirse **cacahuate** (sust. m.), **cacahué** (sust. m.) y **cacahuey** (sust. m.). En plural: **cacahuetes, cacahuates, cacahués** y **cacahueyes**.

cacao. sust. m. Los sustantivos colectivos son **cacahual** (m.) y **cacaotal** (m.). La 'semilla del árbol del cacao' se llama **teobroma** (sust. m.). La **teobromina** (sust. f.) es el 'principio activo del cacao'.

cacarear. v. intr. No debe pronunciarse [cacariar, cacarié]. Es transitivo con la denotación familiar de 'ponderar, exagerar con exceso las cosas propias' (*Siempre **cacarea** sus logros*). → **-ear**

cacería. sust. f. 'Partida de caza'. sust. colect. 'Conjunto de lo cazado'. Su sinónimo es **cazata** (sust. f.).

cachaciento, ta. adj. fam. Argent. 'Dícese de la persona lenta, desganada y tranquila'; 'que tiene cachaza' (*hombre **cachaciento***). Ú. t. c. sust. m. y f.: **el cachaciento, la cachacienta**. Esta voz no está registrada en el ***Diccionario***, pero la A.A.L. ha recomendado su incorporación.

cachada. sust. f. fam. Argent., Par. y Urug. 'Acción y efecto de cachar, burlarse'.

cachemir. sust. m. 'Tejido de pelo de cabra mezclado, a veces, con lana'. También pueden decirse **cachemira** (sust. f.), **casimir** (sust. m.) y **casimira** (sust. f.).

♦ **cachet.** Galicismo. En español, debe decirse **sello, elegancia, cotización, honorarios**. La forma españolizada <u>*caché*</u> no está registrada en el ***Diccionario***.

cacho. sust. m. Argent., Par. y Urug. 'Racimo de bananas'.

cachorro. sust. m. Diminutivos: **cachorrillo** y **cachorrito**. Su femenino es **cachorra**.

cacique. sust. m. Su femenino es **cacica**, 'mujer del cacique' o 'señora de vasallos en algún pueblo de indios'. El **cacicazgo** (sust. m.), **cacicato** (sust. m.) o **cacicatura** (sust. f.) es la dignidad y la autoridad de **cacique** o de **cacica**.

cacofonía. sust. f. 'Disonancia que resulta de la inarmónica combinación de los elementos acústicos de la palabra'. Es un pleonasmo decir <u>*mala cacofonía*</u>.

cacografía. sust. f. 'Escritura viciosa contra las normas de la ortografía'. Es un pleonasmo decir <u>*mala cacografía*</u>.

cactáceo, a. adj. (planta **cactácea**). Su sinónimo es **cácteo, a** (adj.), pero la Academia prefiere la primera forma. sust. f. pl. 'Familia de estas plantas': **las cactáceas**.

cacto. sust. m. También puede decirse **cactus**, pero se prefiere la primera forma. En plural: **cactos** o **los cactus** (invariable).

cada. Pronombre indefinido en función adjetiva que establece una correspondencia distributiva entre los miembros numerables de una serie, cuyo nombre singular precede, y los de otra (*Entregó dos caramelos a **cada** niño*). Puede usarse con sustantivos en plural, precedidos de un numeral cardinal (*Recibirá dos mil pesos **cada** dos meses*). Puede preceder a un sustantivo numerable singular e individualizarlo dentro de la serie a que pertenece (*Viene **cada** viernes a vi-*

sitarme). Se usa, también, como adjetivo ponderativo (*Cuenta **cada** mentira...*). **cada cual**. pron. para designar separadamente a una persona en función de las otras (***Cada cual** dirá lo que sabe*). Incorrecto: *Cada cual de ellos dirá lo que sabe*; *Cada quien lo hará*. Correcto: ***Cada uno de ellos** dirá lo que sabe*; ***Cada cual** lo hará*. La abreviatura de **cada** es ***c/*** y la de **cada uno** es ***c/u***.

cadáver. sust. m. Es palabra grave. En plural, se transforma en esdrújula: **cadáveres**.

cadena. sust. f. Diminutivos: **cadenilla** y **cadenita**.

caderamen. sust. m. 'Caderas voluminosas de mujer'. Es palabra grave. En plural, se transforma en esdrújula: **caderámenes**.

cadete. sust. m. La Academia no registra el femenino *cadeta*. Puede decirse *mujer **cadete***.

cadi. sust. m. 'Muchacho que lleva los palos de los jugadores de golf'. En plural: **cadis**. No debe usarse la grafía inglesa *caddie*.

cadmio. sust. m. 'Metal de color blanco algo azulado'. Número atómico 48. Símbolo: ***Cd***

caducante. p. a. de **caducar**.

caducar. v. intr. → **sacar**

caer. v. irreg. intr. Ú t. c. prnl. Rég. prep.: **caer a** o **hacia** (***Cayó a** o **hacia** un costado*; *La puerta **cae a** o **hacia** la izquierda*); **caer con** (***Se caerá con** el niño en brazos*); **caer de** (***Cayó de** un quinto piso*; ***Caerá de** espaldas*); **caer en** (*La semilla **cayó en** la tierra*; *El ladrón **cayó en** una emboscada*; *Ayer **caí en** lo que deseabas*; *La Pascua **cayó en** abril*); **caer por** (*Su cumpleaños **caerá por** Navidad*; ***Cayeron por** la ventana al jardín*); **caer sobre** (*El pueblo **cayó sobre** el invasor*). **estar al caer**. fr. fig. 'Estar a punto de llegar, sobrevenir o suceder' (*Los abuelos **están al caer***). Incorrecto: *Caímos en la cuenta que faltaba la silla*. Correcto: ***Caímos en la cuenta de que** faltaba la silla*. Toma una **i** y una **g** ante las vocales **o**, **a** de las desinencias, en presente de indicativo y en presente de subjuntivo. Cambia por **y** la **i** de la desinencia en pretérito perfecto simple de indicativo, en pretérito imperfecto y futuro de subjuntivo, y en el gerundio. Su conjugación irregular, en los tiempos del modo indicativo: presente (*caigo*) y pretérito perfecto simple (*cayó*, *cayeron*); en los del subjuntivo: presente (*caiga*, *caigas*, *caiga*, *caigamos*, *caigáis*, *caigan*), pretérito imperfecto (*cayera o cayese*, *cayeras o cayeses*, *cayera o cayese*, *cayéramos o cayésemos*, *cayerais o cayeseis*, *cayeran o cayesen*) y futuro imperfecto (*cayere*, *cayeres*, *cayere*, *cayéremos*, *cayereis*, *cayeren*). Su gerundio es *cayendo*.

café. sust. m. 'Cafeto'; 'semilla del cafeto'; 'bebida'; 'casa o sitio público donde se vende y toma esta bebida'. Chile, Perú y Río de la Plata. 'Reprimenda' (*El jefe me dio un **café***). Diminutivo: **cafecito**. Su sinónimo es **cafeto**. Diminutivo: **cafetito**. Cuando se habla del local donde se toma esta bebida, el diminutivo es **cafetín** (sust. m.), y el despectivo, **cafetucho** (sust. m.). En plural: **cafés**. Incorrecto: *cafeses*. Cuando se usa para indicar color, no varía en plural: *ojos **café***. Incorrecto: *ojos cafés*. **café-cantante**. 'Sala donde se despachan bebidas y se interpretan canciones de carácter frívolo o ligero'. En plural: **cafés-cantantes**. Es un galicismo usar *café-concert*. **café-teatro**. 'Sala donde se despachan café y otras consumiciones, y en la que se representa una obra teatral corta'. En plural: **cafés-teatros**. En estos casos, la Academia une ambas palabras con un guión y así lo registra en su ***Diccionario***. No ocurre lo mismo, por ejemplo, con **coche cama**, **decreto ley**, **hora punta**, registrados sin guión, como lo recomienda la institución española. → **decreto ley**

cafetear. v. intr. 'Tomar café con frecuencia o por costumbre'. Perú y Río de la Plata. fig. y fam. 'Reprender'. No debe pronunciarse [cafetiar, cafetié]. → **-ear**

cafeto. sust. m. 'Árbol originario de Etiopía, con fruto en baya roja, cuya semilla es el café'. Diminutivo: **cafetito**. El sustantivo colectivo es **cafetal** (m.).

caficultor. sust. m. 'Persona que cultiva el café'. Su femenino es **caficultora**.

cáfila. sust. f. colect. 'Conjunto o multitud de gentes, animales o cosas'. Es palabra esdrújula.

cagar. v. intr. Ú. t. c. tr. y c. prnl. → **pagar**

caída. sust. f. También puede decirse **caimiento** (sust. m.). **a la caída de la tarde**. loc. adv. 'Al concluirse la tarde'. **a la caída del Sol**. loc. adv. 'Al ponerse el Sol'.

caído, da. p. de **caer**. Rég. prep.: **caído de** (***caído de** hombros*; ***caído de** ancas*).

caja. sust. f. Diminutivos: **cajeta** y **cajuela**. Los diminutivos de **cajeta** son **cajetilla** (sust. f.) y **cajetín** (sust. m.). El aumentativo de **caja** es **cajón** (sust. m.).

cajero. sust. m. Su femenino es **cajera**.

cajetilla. sust. f. 'Paquete de tabaco picado o de cigarrillos con envoltura de papel o de cartulina'. También puede decirse **atado** (sust. m.). sust. m. Argent. 'Hombre presumido y afectado'. → **caja**

cajón. sust. m. **cajonera**. sust. f. colect. 'Conjunto de cajones que hay en las sacristías para guardar las vestiduras sagradas y las ropas de altar'. **cajonería**. sust. f. colect. 'Conjunto de cajones de un armario o de una estantería'. En la Argentina, se usa **cajonera** por **cajonería**. **ser de cajón** una cosa. fr. fig. y fam. 'Ser evidente, obvia' (*Después de la pelea, su renuncia* ***es de cajón***). **de cajón**. loc. adv. fam. Argent. 'Con seguridad, inexorablemente' (***De cajón***, *hoy hay prueba de física*). Esta última locución no está registrada en el ***Diccionario***, pero la A.A.L. ha recomendado su incorporación.

cajonear. v. tr. Argent. 'Ocultar la documentación concerniente a un proyecto o trámite administrativo para evitar su inicio o prosecución'. Esta voz no está registrada en el ***Diccionario***, pero la A.A.L. ha recomendado su incorporación. → **-ear**

cal. sust. f. No debe decirse *el cal*.

cala. sust. f. 'Ensenada pequeña'. Diminutivo: **caleta**.

calabaza. sust. f. 'Planta'; 'fruto de la calabaza'. Para referirse a la planta, también puede decirse **calabacera** (sust. f.). Diminutivo: **calabacilla**. Aumentativo: **calabazón** (sust. m.). El sustantivo colectivo es **calabazar** (m.). El fruto se denomina **calabaza** (sust. f.) o **calabazo** (sust. m.).

calambre. sust. m. No debe decirse *la calambre*.

calambur. sust. m. Voz francesa (*calembour*) españolizada. 'Agrupación de las sílabas de una o más palabras de tal manera que se altera totalmente el significado de éstas': *plátano es/plata no es*.

calar. v. tr. Ú. t. c. prnl. Rég. prep.: **calarse de** (***Se calaron de*** *agua*); **calarse hasta** (***Se caló hasta*** *los huesos*).

calavera. sust. f. colect. 'Conjunto de los huesos de la cabeza, mientras permanecen unidos, pero despojados de la carne y de la piel'. sust. m. 'Hombre de poco juicio', 'hombre dado al libertinaje'. Aumentativo: **calaverón** (sust. m.).

calcañar. sust. m. 'Parte posterior de la planta del pie'. También pueden decirse **calcañal** (sust. m.), **calcaño** (sust. m.), **carcañal** (sust. m.) y **carcaño** (sust. m.).

calcar. v. tr. Su postverbal es **calcado** (sust. m.). → **sacar**

calceta. sust. f. 'Media del pie y de la pierna'. Diminutivo: **calcetín** (sust. m.). Aumentativo: **calcetón** (sust. m.).

calchaquí. adj. 'Se aplica al indio que vive en un valle del Tucumán, llamado de Calchaquí, y, también, al sur del Chaco, junto a la provincia de Santa Fe, en la Argentina'. Ú t. c. sust. com.: **el calchaquí**, **la calchaquí**. En plural: **calchaquíes** o **calchaquís**. → **guaraní**

calcificar. v. tr. y prnl. Su postverbal es **calcificación** (sust. f.). → **sacar**

calcio. sust. m. 'Metal blanco'. Número atómico 20. Símbolo: ***Ca***

calco. sust. m. 'Acción y efecto de calcar, copiar o imitar'; 'copia que se obtiene calcando' (*el* ***calco*** *del mapa*); 'plagio' (*El trabajo de Sergio es un* ***calco*** *del de Pedro*). En lingüística, 'adaptación de una palabra extranjera, traduciendo su significado completo o el de cada uno de sus elementos formantes' (*La voz "balompié" es un* ***calco*** *del inglés* football). **calco semántico**. 'Adopción de un significado extranjero para una palabra ya existente en una lengua' (*La voz* ***romance*** *con la denotación de 'amoríos' es* ***calco semántico*** *del inglés* romance).

calcografiar. v. tr. Se conjuga, en cuanto al acento, como **guiar**.

calcomanía. sust. f. Es un vulgarismo *calcamonía*.

calculador, ra. adj. Ú. t. c. sust. m. y f. 'Aparato o máquina que por un procedimiento mecanico o electrónico obtiene el resultado de cálculos matemáticos': **el calculador** o **la calculadora.** De acuerdo con el registro académico, también puede usarse con la denotación de 'persona que realiza o impulsa determinados actos para obtener un provecho'.

calculista. adj. Ú. t. c. sust. com. 'Proyectista': **el calculista, la calculista.**

cálculo. sust. m. También puede decirse **calculación** (sust. f.).

caldera. sust. f. Entre otras denotaciones, 'vasija de metal, grande y redonda'. Diminutivos: **caldereta, calderilla** y **calderuela**. Aumentativo: **calderón** (sust. m.). No debe confundirse su significado con el de **caldero** (sust. m.), 'caldera pequeña con asa sujeta a dos argollas en la boca'.

calderón. sust. m. 'Signo auxiliar de puntuación (¶) usado antiguamente como el párrafo (§)'. Es empleado, por ejemplo, en el ***Diccionario Manual*** para realizar una observación de carácter normativo (*¶ No varía en pl.*).

caldo. sust. m. Diminutivo: **caldillo**. El sustantivo despectivo es **calducho**.

calefacción. sust. f. 'Acción y efecto de calentar o calentarse'. Como sustantivo colectivo, significa 'conjunto de aparatos destinados a calentar un edificio o parte de él'.

calefactor, ra. adj. 'Que calienta'. Ú. t. c. sust. (*Compró un **calefactor***). sust. m. y f. 'Persona que construye, instala o repara aparatos de calefacción': **el calefactor, la calefactora**.

calefón. sust. m. Argent. 'Aparato a través de cuyo serpentín circula el agua que se calienta para uso generalmente doméstico'. En plural: **calefones**.

caleidoscopio. sust. m. 'Tubo por el que se ven imágenes multiplicadas simétricamente al ir volteándolo'. También puede decirse **calidoscopio** (sust. m.), forma preferida por la Academia.

calentar. v. irreg. tr. Ú t. c. prnl. Rég. prep.: **calentarse a** (***Se calientan a** la lumbre*); **calentarse con** (***Se calentó con** la carrera*). No debe decirse <u>*calefaccionar*</u>. Se conjuga como **acertar**.

calesita. sust. f. No es el diminutivo de **calesa** (sust. f.), 'carruaje'. Su sinónimo es **tiovivo** (sust. m.).

calicanto. sust. m. 'Obra de mampostería'. No debe escribirse <u>*cal y canto*</u>. Se acepta esta grafía en la locución adverbial **a cal y canto** (con ella, se expresa que 'la acción de cerrar, encerrar o encerrarse en un local se realiza con intención de que nadie pueda entrar o salir, si hay alguien dentro'). Lo mismo sucede con la expresión **de cal y canto** ('fuerte, macizo y muy durable').

calidad. sust. f. **de calidad**. loc. adj. Se aplica a personas que gozan de estimación general (*hombres **de calidad***). **en calidad de**. loc. 'Con el carácter o la investidura de' (*Aceptó el cargo **en calidad de** suplente*).

calientapiés. sust. m. No varía en plural: **los calientapiés**.

calientaplatos. sust. m. No varía en plural: **los calientaplatos**.

caliente. adj. Diminutivo: **calentito, ta**. Incorrecto: <u>*calientito*</u>. El superlativo es **calentísimo**. **en caliente**. loc. adv. 'Inmediatamente' (*Debemos resolver el problema **en caliente***).

calificación. sust. f. 'Acción y efecto de calificar' (*Su **calificación** es nueve*). No debe confundirse su significado con el de **clasificación** (sust. f.).

calificado, da. p. de **calificar**. adj. 'Dícese de las personas de autoridad, mérito y respeto'; 'dícese del trabajador especializado'. Con esta última denotación, también puede decirse **cualificado, da** (adj.).

calificar. v. tr. 'Apreciar o determinar las calidades o circunstancias de una persona o cosa'. Ú. t. c. prnl. Rég. prep.: **calificar de** (***Calificó de** inmoral a su oponente*). 'Juzgar el grado de suficiencia o la insuficiencia de los conocimientos demostrados por una persona'. Rég. prep.: **calificar con** (***Calificó con** seis el examen*). v. prnl. 'Probar alguien legalmente su nobleza'. No debe confundirse su significado con el de **clasificar** (v. tr. y prnl.). → **sacar**

calificativo, va. adj. 'Que califica'. También puede decirse **calificador, ra** (adj. Ú. t. c. sust.).

californio. sust. m. 'Elemento radiactivo artificial'. Número atómico 98. Símbolo: ***Cf***

caliginoso, sa. adj. 'Denso, oscuro, nebuloso'. No debe confundirse su significado con el de **caluroso, sa** (adj.).

caligrafía. sust. f. 'Arte de escribir con letra

bella'; 'conjunto de rasgos que caracterizan la escritura de una persona, un documento, etc.'. No debe usarse como sinónimo de **letra** o de **escritura** (*la caligrafía del niño*). De acuerdo con la primera acepción, es redundante decir *hermosa caligrafía*. Además, etimológicamente, **caligrafía** significa 'escritura bella'. También puede decirse **calografía** (sust. f.), pero la Academia prefiere la primera forma.

caligrafiar. v. tr. Se conjuga, en cuanto al acento, como **guiar**.

calígrafo. sust. m. Su femenino es **calígrafa**.

cáliz. sust. m. Diminutivos: **calecico**, **calicillo**. Es palabra grave. En plural, se transforma en esdrújula: **cálices**.

callar. v. intr. Ú. t. c. prnl. Rég. prep.: **callar** o **callarse de** o **por** (***Callaste de*** o ***por*** *temor*). v. tr. 'Omitir' (***Callan*** *verdades*). Ú. t. c. prnl.

calle. sust. f. Diminutivo: **calleja**; despectivo: **callejuela**. El aumentativo de **calleja** es **callejón** (sust. m.). La abreviatura de **calle** es ***c.*** y la de **callejón**, ***cjón***.

callejear. v. intr. No debe pronunciarse [callejiar, callejié]. → **-ear**

callejero, ra. adj. 'Dícese de lo que actúa, se mueve o existe en la calle'. sust. m.: **el callejero**, 'lista de las calles de una ciudad populosa que traen las guías descriptivas de ella'.

callicida. sust. amb.: **el callicida** o **la callicida**. Ú. m. c. m.

callista. sust. com. 'Persona que se dedica a cortar o a extirpar y curar callos': **el callista**, **la callista**.

callo. sust. m. 'Dureza que se forma en los pies, las manos, las rodillas, etc.'. No debe confundirse su grafía con la de su homófono **cayo** (sust. m.), 'cualquiera de las islas rasas, arenosas, frecuentemente anegadizas y cubiertas de mangle, muy comunes en el mar de las Antillas y en el golfo mejicano'.

caló. sust. m. 'Lenguaje de los gitanos españoles': **el caló**. En plural: **calós**. No debe confundirse el significado de esta palabra con el de **calé** (sust. m.), 'gitano de raza'.

calofriarse. v. prnl. 'Sentir calofríos, escalofriarse'. También puede decirse **calosfriarse** (v. prnl.), pero la Academia prefiere la primera forma. Se conjuga, en cuanto al acento, como **guiar**.

calofrío. sust. m. Ú. m. en pl.: **calofríos**. También pueden decirse **calosfrío** y **escalofrío** (susts. ms.). Esta última voz es la preferida por la Academia.

calor. sust. m. Ú. a veces c. f. Escribe Seco que su empleo como femenino "es rústico o arcaico, y sólo con la intención de dar a su estilo uno de estos dos caracteres lo usan alguna vez los escritores de nuestro siglo". **al calor de.** loc. prepos. 'Al amparo y con la ayuda de' (*Progresó* ***al calor de*** *tus consejos*). **pasar** (**un**) **calor**. fr. fig. y fam. Argent. 'Pasar vergüenza, quedar desairado' (***Pasó calor***, *cuando escribió "hoja" sin h*). Esta última frase no está registrada en el ***Diccionario***, pero la A.A.L. ha recomendado su incorporación.

calorífero, ra. adj. 'Que conduce o propaga el calor'. No debe confundirse su significado con el del adjetivo **calorífico, ca**, 'que produce o distribuye calor', ni con el de su antónimo **calorífugo** (adj.), 'que se opone a la transmisión del calor'. sust. m. 'Aparato con que se calientan las habitaciones'.

calumnia. sust. f. No debe pronunciarse [calugnia] o [calunia].

calumniar. v. tr. No debe pronunciarse [calugniar] o [caluniar]. Se conjuga, en cuanto al acento, como **cambiar**.

caluroso, sa. adj. También puede decirse **caloroso, sa** (adj.), pero la Academia prefiere la primera forma. No debe confundirse su significado con el de **caliginoso, sa** (adj.). → **caliginoso**

calurosamente. adv. m. También puede decirse **calorosamente** (adv. m.), pero la Academia prefiere la primera forma.

calvicie. sust. f. También puede decirse **calvez** (sust. f.), pero la Academia prefiere la primera forma.

calvinista. adj. Ú. t. c. sust. com.: **el calvinista, la calvinista**.

calvo, va. adj. Ú. t. c. sust.: **el calvo, la calva**. Diminutivo: **calvete** (adj. Ú. t. c. sust. m. y f.).

calzar. v. tr. Ú. t. c. prnl. Su postverbal es **calzadura** (sust. f.). → **cazar**

calzón. sust. m. Diminutivo: **calzoncillo**. Ú. m. en pl.: **calzoncillos**.

cama. sust. f. Su diminutivo es **camilla**. Su aumentativo, **camón** (sust. m.). Su despectivo, **camucha**. **caer en cama** o **en la cama**. fr. 'Caer enfermo'. **estar en cama** o **en la cama**; **guardar cama** o **la cama**; **hacer cama**. frs. 'Estar en la cama por necesidad'. **cama camera**. 'Cama grande'. **coche cama**, **sofá cama**. Deben escribirse sin guión, en dos palabras. → **decreto ley**

camada. sust. f. colect. 'Conjunto de las crías de ciertos animales, nacidas en el mismo parto'. No debe confundirse su significado con el de **hornada** (sust. f.), 'conjunto de individuos que acaban al mismo tiempo una carrera o reciben, a la vez, el nombramiento para un cargo'. Incorrecto: *Pertenecemos a la misma camada de abogados*. Correcto: *Pertenecemos a la misma **hornada** de abogados*. Aunque la Academia no registra esta voz como sinónimo de **hornada**, en la Argentina, su uso es común y así lo corrobora la A.A.L.

camalote. sust. m. Los sustantivos colectivos son **camalotal** (m.) y **camalote** (m. Argent., Par. y Urug. 'Conjunto de camalotes que, enredados con otras plantas de diferente especie, forman islas flotantes').

cámara. sust. f. Entre otras denotaciones, 'pieza principal de una casa'; 'cámara fotográfica'; 'aparato destinado a registrar imágenes animadas para el cine o la televisión'. sust. com. 'Camarógrafo, camarógrafa': **el cámara, la cámara**. Diminutivos: **camareta**, **camarilla** y **camarín** (sust. m.). Se escribe con mayúscula cuando forma parte del nombre de un organismo (***Cámara** de Comercio*). **cámara alta**. 'El Senado u otros cuerpos legisladores análogos'. **cámara baja**. 'El Congreso de los diputados o sus equivalentes'. **cámara de apelaciones**. Argent. 'Tribunal colegiado de segunda o de última instancia'. **chupar cámara**. fr. fig. y fam. 'En fotografía, en televisión, etc., situarse en primer plano o hacerse notar en detrimento de otras personas'.

camarada. sust. com.: **el camarada, la camarada**. La **camaradería** (sust. f.) es 'la amistad o relación cordial que mantienen entre sí los buenos camaradas'.

camarero. sust. m. Su femenino es **camarera**. **camarería**. sust. f. 'Empleo u oficio de camarera'.

camarilla. sust. f. colect. 'Conjunto de personas que influyen subrepticiamente en los asuntos de Estado o en las decisiones de alguna autoridad superior'.

camarín. sust. m. d. de **cámara**. Es palabra aguda. En plural, se transforma en grave: **camarines**. También puede decirse **camerino** (sust. m.). → **vestuario**

camarista. sust. com. Argent. 'Miembro de la cámara de apelaciones': **el camarista, la camarista**.

camarógrafo. sust. m. Su femenino es **camarógrafa**.

camarón. sust. m. 'Crustáceo'. Es palabra aguda. En plural, se transforma en grave: **camarones**. También puede decirse **cámaro** (sust. m.).

camaronero. sust. m. 'El que pesca o vende camarones'. Su femenino es **camaronera**.

cambiante. p. a. de **cambiar**. sust. com. 'El que tiene por oficio cambiar moneda': **el cambiante, la cambiante**. También puede decirse **cambista** (sust. com.): **el cambista, la cambista**.

cambiar. v. tr. Ú. t. c. prnl. Con la preposición **de**, se usa como verbo intransitivo (*No **cambie de** opinión*). 'Convertir en otro, especialmente en lo opuesto'. Rég. prep.: **cambiar en** (*Su presencia **cambió** el odio **en** amor*). 'Dar o tomar valores o monedas por sus equivalentes'. Rég. prep.: **cambiar en** (***Cambia** dólares **en** pesos*). 'Intercambiar'. Rég. prep.: **cambiar con** o **por** (***Cambie** este lápiz negro **con** o **por** el azul*). En su conjugación, no debe acentuarse la **i** en las personas del singular y en la tercera del plural de los presentes de indicativo y de subjuntivo, y en el imperativo: *cambio*, *cambie*, *cambia* (tú). Son galicismos <u>cambiar de aires</u> (por ***mudar aires** o **de aires***) y <u>cambiar ideas</u> (por ***comunicarse***).

cambio. sust. m. Aumentativo: **cambiazo**. **a cambio de** o **en cambio de**. loc. prepos. 'En lugar de' (*Lo dejaron libre*, ***a cambio de*** *la entrega de un documento*). **en cambio**. loc. adv. 'Por el contrario' (*El maestro llegó temprano*, ***en cambio***, *el director tardó mucho*). Suele confundirse vulgarmente **sin embargo** (loc. conjunt. advers. 'No obstante') con **en cambio**: *No envía libros, sin embargo, manda folletos*. Correcto: *No envía libros*, ***en cambio***, *manda folletos*.

cámbrico, ca. adj. 'Dícese del más antiguo de los seis períodos geológicos en que se divide la era paleozoica'. Ú. t. c. sust. m. y f.: **el cámbrico, la cámbrica**. También puede decirse **cambriano, na** (adj.), pero la Academia prefiere la primera forma.

camello. sust. m. Diminutivo: **camellejo**. Su femenino es **camella**.

♦ **cameraman.** Anglicismo. Debe reemplazarse con **cámara** (sust. com.), **camarógrafo** (sust. m.), **camarógrafa** (sust. f.), **operador** (sust. m.), **operadora** (sust. f.).

camicace. sust. m. Palabra que proviene del japonés *kamikaze*, 'viento divino'. 'Avión suicida empleado por los japoneses durante la Segunda Guerra Mundial'; 'piloto de este avión'; 'persona o acción temeraria' (*Era un piloto* ***camicace***; *Eran pilotos* ***camicace***). En este ejemplo, **camicace** es una aposición especificativa que modifica al sustantivo **piloto**, por lo tanto, no varía en plural. Cuando se usa simplemente como sustantivo, el plural es **camicaces** (*Aparecieron los* ***camicaces***).

caminante. p. a. de **caminar**. 'Que camina'. Ú. m. c. sust. com.: **el caminante, la caminante**. No debe confundirse su significado con el de **caminador, ra** (adj.), 'que camina mucho'.

caminar. v. intr. 'Ir de viaje'. Rég. prep.: **caminar a, hacia, para, por** (***Camino a***, ***hacia*** o ***para*** *Buenos Aires*; ***Camino por*** *la calle*). v. tr. 'Andar determinada distancia' (***Camina*** *tres kilómetros todos los días*). Incorrecto: *Caminamos a pie* (pleonasmo). Correcto: ***Caminamos***.

camino. sust. m. Diminutivo despectivo: **caminejo**. **camino de**. loc. 'Hacia, en dirección a' (*Va* ***camino de*** *su casa*). Incorrecto: *Va camino a su casa*. Escribe Seco: "La construcción con *a* (y no con *de*) se explica por el sentido de dirección. Pero está al margen del uso de la lengua general". **de camino**. loc. adv. 'De paso' (***De camino***, *le entregaré el paquete*).

camionero. sust. m. Su femenino es **camionera**.

camisa. sust. f. Aumentativo: **camisón** (sust. m.).

camisero. sust. m. 'Persona que hace o vende camisas'. Su femenino es **camisera**.

camisola. sust. f. Diminutivo: **camisolín** (sust. m.).

camoatí. sust. m. En el Río de la Plata, nombre que dan a una 'especie de avispa'; 'panal que fabrica este insecto'. En plural: **camoatíes** o **camoatís**. También puede decirse **camuatí** (sust. m.; en plural: **camuatíes** o **camuatís**), pero la Academia prefiere la primera forma.

camorrear. v. intr. Argent. y Urug. 'Reñir, armar camorra'. No debe pronunciarse [camorriar, camorrié]. → **-ear**

camorrero, ra. adj. También puede decirse **camorrista** (adj. Ú t. c. sust. com.: **el camorrista, la camorrista**).

campana. sust. f. Diminutivos: **campaneta** y **campanilla**.

campanario. sust. m. También puede decirse **campanil** (sust. m.).

campanilla. sust. f. **de campanillas** o **de muchas campanillas**. loc. adj. fig. y fam. 'Dícese de la persona de gran autoridad o de circunstancias muy relevantes' (*un profesor* ***de campanillas***). Incorrecto: *un profesor de campanilla*.

campaña. sust. f. No debe escribirse *campañia* ni *campania*. sust. colect. 'Conjunto de actos o esfuerzos que se aplican a conseguir un fin determinado' (***campaña*** *contra la drogadicción*).

campear. v. intr. 'Salir a pacer los animales domésticos' (*Las vacas* ***campean***). Chile y Río de la Plata. 'Salir en busca de una persona, animal o cosa' (***Campeaban*** *a don Juan desde el amanecer*). Ú. t. c. tr. No debe pronunciarse [campiar, campié]. → **-ear**

campeón. sust. m. Su femenino es **campeona**. No deben pronunciarse [campión, campiona].

campesino, na. adj. Ú. t. c. sust. m. y f.: **el campesino, la campesina**. sust. m. colect.: **campesinado**.

♦ **camping.** Anglicismo. En español, debe decirse **acampada** (sust. f.) o **campamento** (sust. m.), 'lugar al aire libre, especialmente dispuesto para albergar turistas en vacaciones, mediante retribución adecuada'.

♦ **campista.** sust. m. Es neológica la denotación de esta voz como 'usuario de un campamento'.

campo. sust. m. Puede usarse con la significación de 'ámbito real o imaginario propio de una actividad' (*el **campo** de la geografía*). **a campo traviesa** o **a campo travieso**. loc. adv. 'Dejando el camino y cruzando el campo' (*Pudo alcanzarlo **a campo traviesa***). Incorrecto: *Pudo alcanzarlo a campo través; Pudo alcanzarlo a campo a través; Pudo alcanzarlo campo a traviesa*. **Campos Elíseos**. De acuerdo con la Mitología, 'lugar delicioso donde, según los gentiles, iban a parar las almas de los que merecían este premio'. **Elíseos** es palabra esdrújula. También puede decirse **Campos Elisios**.

Campoo. De acuerdo con la norma académica, no deben tildarse las palabras graves terminadas en **oo**. Incorrecto: *Campóo*, *Feijóo*.

camposanto. sust. m. También puede escribirse **campo santo**, forma preferida por la Academia. En plural: **camposantos** o **campos santos**.

campus. sust. m. Préstamo del latín al inglés. Se usó primero en la Universidad de Princeton (EE. UU.). Designa el 'conjunto de terrenos y de edificios pertenecientes a una universidad'. Suele usarse con el adjetivo **universitario**: (***campus** universitario*). No varía en plural: **los campus**.

camuflaje. sust. m. Voz francesa (*camouflage*) españolizada. 'Acción y efecto de camuflar'. Incorrecto: *camuflage*.

camuflar. v. tr. 'Disimular dando a una cosa el aspecto de otra'. Voz francesa (*camoufler*) españolizada.

cana. sust. f. 'Cabello que se ha vuelto blanco'. Ú. m. en pl. (*Adela quiere teñirse las **canas***). **echar una cana al aire.** fr. fig. y fam. 'Esparcirse, divertirse' (*Antes de la boda, el novio **echó una cana al aire***). La A.A.L. registra el uso pronominal del verbo: **echarse una cana al aire** y completa la definición: 'Divertirse, en particular tratándose de aventuras amorosas ocasionales'. En la Argentina, también es usual la frase **echarse una canita al aire**. **peinar canas**. fr. fig. y fam. 'Ser viejo' (*Jimena ya **peina canas***). Uno de sus homónimos (sust. f. vulg. Col., Chile, Perú y Urug.) denota 'cárcel'. La A.A.L. ha recomendado la incorporación de **cana** como sustantivo masculino, 'agente de policía' (*De pronto, apareció **el cana***), y como sustantivo femenino familiar, 'la policía' (***La cana** capturó al delincuente*); 'cárcel' (*Osvaldo está en **cana***). Con esta última denotación, es raro –no, incorrecto– el uso del artículo (*Osvaldo está en **la cana***) en la Argentina.

canal. sust. amb. 'Cauce artificial por donde se conduce el agua': **el canal** o **la canal**. Es más común el uso del género masculino. Su diminutivo femenino es **canaleja**. Su aumentativo es **canalón** (sust. m.). Siempre es masculino con la denotación de 'estrecho marítimo, que, a veces, es obra de la industria humana, como el de Suez y el de Panamá' (***el canal** de Panamá*); 'banda de frecuencia en que puede emitir una estación de televisión y de radio'; 'estación de televisión y de radio' (*Ese **canal** no tiene buena programación*).

canalado, da. adj. 'En forma de canal'. También puede decirse **acanalado** (adj.).

canaleta. sust. f. Argent., Bol., Chile y Par. 'Conducto que recibe y vierte el agua de los tejados'. También puede decirse **canalón** (sust. m.).

canalizar. v. tr. Puede usarse con el significado de 'recoger corrientes de opinión, iniciativas, aspiraciones, actividades, etc., y orientarlas eficazmente, encauzarlas' (***Canalizó** sus inquietudes viajando*). → **cazar**

canalla. sust. f. 'Gente baja, ruin': **la canalla**. sust. com. 'Persona despreciable': **el canalla, la canalla**.

canapé. sust. m. Voz francesa (*canapé*) españolizada. En plural: **canapés**.

canasta. sust. f. 'Cesto de mimbres, ancho de boca, que suele tener dos asas'. Diminutivos: **canastilla** y **canastita**. No debe confundirse su denotación con la de **canasto** (sust. m.), 'canasta de boca estrecha'.

canastero. sust. m. 'Persona que hace o vende canastas'. Su femenino es **canastera**.

cancán. sust. m. Voz francesa (*cancan*) españolizada. No debe escribirse *can can*, *can-cán*, *can cán*. En plural: **cancanes**.

cancel. sust. m. Argent. y Méj. 'Puerta o verja que separa del zaguán el vestíbulo o el patio'. También puede decirse **cancela** (sust. f.).

cáncer. sust. m. 'Tumor maligno'. Su sinónimo es **cancro** (sust. m.). sust. pr. m. 'Cuarto signo del Zodíaco'; 'constelación zodiacal'. Con esta última denotación, también puede decirse **Cangrejo** (sust. pr. m.). adj. 'Referido a personas, las nacidas bajo este signo del Zodíaco' (*Ariel es **cáncer***). Incorrecto: *Ariel es canceriano*.

cancerado, da. adj. También puede decirse **canceroso, sa** (adj.).

cancerbero. sust. m. 'Perro de tres cabezas que, según la fábula, guardaba la puerta de los infiernos'; 'portero o guarda severo e incorruptible o de bruscos modales' (*Ese hombre parece un **cancerbero***). También puede decirse **cerbero** (sust. m.), pero la Academia prefiere la primera forma.

cancerólogo. sust. m. 'Especialista en cancerología'. Su femenino es **canceróloga**.

cancha. sust. f. Chile, Río de la Plata y Perú. 'Campo de fútbol'. Argent., Chile, C. Rica, Par. y Perú. 'Habilidad que se adquiere con la experiencia'. **¡cancha!** Argent., Chile, C. Rica, Par. y Perú. interj. que se emplea para pedir que abran paso. Ú. m. en las expresiones **abrir**, **dar** o **pedir cancha**. **tener cancha**. fr. fig. Argent. 'Tener experiencia'.

canchero. sust. m. 'Persona que tiene una cancha de juego o cuida de ella'. adj. Argent., Chile, Par., Perú y Urug. 'Ducho y experto en determinada actividad' (*Pablo es **canchero** como vendedor*). Argent. y Chile. 'Trabajador encargado de una cancha'. Su femenino es **canchera**.

canciller. sust. m. La Academia no registra el género femenino. También puede decirse **chanciller** (sust. m.), pero la Academia prefiere la primera forma.

canción. sust. f. Es palabra aguda. En plural, se transforma en grave: **canciones**. Diminutivo: **cancioneta**. El sustantivo colectivo es **cancionero** (m.). El título de una canción debe escribirse con letra bastardilla.

cancionista. sust. com. 'Persona que compone o canta canciones': **el cancionista, la cancionista**.

candeal. adj. (*trigo **candeal***). Ú. t. c. sust. m.: **el candeal**. También puede decirse **candial**. Ú. m. en América. sust. m. Argent. y Par. 'Especie de ponche de huevo, canela y aguardiente'.

candela. sust. f. Diminutivo: **candelilla**.

♦ **candidatearse.** Este verbo carece de registro académico. Lo mismo ocurre con *candidatarse*. Debe decirse **presentarse como candidato**.

candidato. sust. m. 'Persona que pretende alguna dignidad, honor o cargo'. Su femenino es **candidata**.

candil. sust. m. Diminutivos: **candilejo** y **candilillo**. Aumentativo: **candilón**.

candileja. sust. f. 'Vaso interior del candil'. En plural, 'línea de luces en el proscenio del teatro' (*No se apagaron las **candilejas***).

canelado, da. adj. También puede decirse **acanelado, da** (adj.). → **canelo**

canelo, la. adj. 'De color de canela, color castaño'. Se aplica, especialmente, a perros y a caballos. **canelo** o **canelero**. sust. m. 'Árbol originario de Ceilán'. El sustantivo colectivo es **canelar** (m.). → **canelado**

canelón. sust. m. Voz italiana (*canellone*) españolizada. Ú. m. en pl.: **canelones**. Incorrecto: *canelonis*, *canelloni*.

canesú. sust. m. Voz francesa (*canezou*) españolizada. 'Cuerpo de vestido de mujer corto y sin mangas'. Incorrecto: *canisú*. En plural: **canesús**.

♦ **canevá.** Galicismo. En español, debe decirse **cañamazo** (sust. m.).

cangrejo. sust. m. Entre otras denotaciones, 'artrópodo crustáceo del orden de los decápodos'. Para distinguir los sexos, debe recurrirse a las perífrasis **cangrejo macho**, **cangrejo hembra**. Diminutivos: **cangrejillo** y **cangrejuelo**. El sustantivo colectivo es **cangrejal** (m.). El nido de cangrejos se denomina **cangrejera** (sust. f.).

cangrena. sust. f. desus. → **gangrena**

cangrenarse. v. prnl. desus. → **gangrenarse**

canguro. sust. m. 'Mamífero marsupial, propio de Australia e islas adyacentes'. Para distinguir los sexos, debe recurrirse a las perífrasis **canguro macho**, **canguro hembra**. 'Prenda de abrigo corta, generalmente de tela impermeable, con capucha y un gran bolsillo en la parte delantera'. sust. com. 'Persona, generalmente joven, que se encarga de atender a niños pequeños en ausencia corta de los padres y, por lo regular, a cambio de una compensación económica': **el canguro**, **la canguro** (***Una canguro*** *cuidará a los niños hoy*).

caníbal. adj. Ú t. c. sust. com.: **el caníbal**, **la caníbal**. Es palabra grave. En plural, se transforma en esdrújula: **caníbales**. Puede usarse como sinónimo de **antropófago**, **ga** (adj. Ú. t. c. sust. m. y f.). También puede decirse **caríbal** (adj. Ú. t. c. sust. com.).

canilla. sust. f. 'Hueso largo de la pierna'. Argent. y Urug. 'Grifo, llave'. Su diminutivo es **canillita**. La A.A.L. ha recomendado la incorporación de la frase **canilla libre**, 'en algunos lugares de diversión, modalidad de servicio según la cual el cliente, mediante el pago de una sola consumición general, tiene derecho a servirse toda la bebida que desee'.

canillita. sust. m. Argent., Bol., Ecuad., Par., Perú, Sto. Dom. y Urug. 'Vendedor callejero de diarios'.

canoero. sust. m. 'Persona que gobierna la canoa'. Su femenino es **canoera**. Es un galicismo usar *canotier*.

canon. sust. m. 'Regla, precepto'; 'modelo de características perfectas'. No lleva tilde, porque es palabra grave terminada en **n**. En plural, se transforma en esdrújula: **cánones**.

canónico, **ca.** adj. 'Con arreglo a los sagrados cánones y demás disposiciones eclesiásticas'. Incorrecto: *derecho canónigo*. Correcto: *derecho* ***canónico***.

canónigo. sust. m. No debe pronunciarse [canónico].

canonista. sust. com. 'Persona que profesa el derecho canónico o versada en él': **el canonista**, **la canonista**.

canonizar. v. tr. Su postverbal es **canonización** (sust. f.). → **cazar**

cansado, **da.** p. de **cansar**. adj. Rég. prep.: **cansado de** (*Estaba* ***cansado de*** *caminar*).

cansar. v. tr. Ú. t. c. prnl. Rég. prep.: **cansar con** (***Cansaba*** *a los invitados* ***con*** *sus bromas*); **cansarse con** o **de** (***Se cansó con*** o ***de*** *sus mentiras;* ***Nos cansamos de*** *aconsejarlo*).

cantante. p. a. de **cantar**. adj. (*voz* ***cantante***). sust. com.: **el cantante**, **la cantante**. El sustantivo colectivo es **coro** (m.).

cántaro. sust. m. Diminutivo: **cantarillo**. **a cántaros**. loc. adv. 'En abundancia, con mucha fuerza'. Se usa con los verbos **llover**, **caer**, **echar** (***Llovía a cántaros***).

cantautor. sust. m. 'Cantante solista, autor de sus propias composiciones, en las que prevalece un mensaje de intención crítica o poética'. Su femenino es **cantautora**. En plural: **cantautores**, **cantautoras**. Incorrecto: *canta autor*, *canta-autor*.

cantidad. sust. f. **cantidad de**. loc. adj. 'Mucho, mucha' (*Tiene* ***cantidad de*** *fotografías en el álbum*). También puede decirse **cuantidad** (sust. f.), voz muy usada por los matemáticos.

cantiga. sust. f. 'Antigua composición poética destinada al canto'. También puede decirse **cántiga** (sust. f.).

cantilena. sust. f. 'Cantar, copla'; 'repetición molesta e importuna de algo' (*Ya viene con esa* ***cantilena***). También puede decirse **cantinela** (sust. f.).

cantinero. sust. m. Su femenino es **cantinera**.

canto. sust. m. 'Extremidad o lado de cualquier parte o sitio'; 'punta, esquina'; 'lado opuesto al filo del cuchillo o del sable'; 'corte del libro, opuesto al lomo'; 'trozo de piedra'. Los sustantivos colectivos que corresponden a este último significado son **cantizal** (m.) y **cantorral** (m.). **de canto**. loc. adv. 'De lado, no de plano' (***Cayó de canto***).

cantollanista. sust. com. 'Persona perita en el arte del canto llano': **el cantollanista**, **la cantollanista**. Incorrecto: *canto llanista*, *canto-llanista*.

cantor, **ra.** adj. Ú. t. c. sust. m. y f.: **el cantor**, **la cantora**. El sustantivo colectivo es **coro** (m.).

canturrear. v. intr. 'Cantar a media voz'. No debe pronunciarse [canturriar, canturrié]. → **-ear**. También puede decirse **canturriar** (v. intr.). Se conjuga, en cuanto al acento, como **cambiar**.

canuto. sust. m. 'Parte de un tallo comprendido entre dos nudos'; 'tubo de longitud y grosor no muy grandes'. Diminutivo: **canutillo**. También puede decirse **cañuto** (sust. m.). Diminutivo: **cañutillo**.

caña. sust. f. Sus diminutivos son **cañeta** y **cañuela**. Los sustantivos colectivos son: **cañal** (m.), **cañamelar** (m.), **cañar** (m.), **cañaveral** (m.), **cañedo** (m.), **cañizal** (m.) y **cañizar** (m.).

cañada. sust. f. Aumentativo: **cañadón** (sust. m.).

cáñamo. sust. m. El sustantivo colectivo es **cañamar** (m.).

caño. sust. m. Diminutivo: **cañete**. Aumentativo: **cañón**. **caño de escape**. Argent. y Par. 'Tubo de escape'.

cañón. sust. m. 'Pieza hueca y larga a modo de caña' (*cañón de órgano*); 'pieza de artillería'. Para ambos significados, el sustantivo colectivo es **cañonería** (f.). El 'conjunto de cañones de un órgano' se denomina también **cañutería** (f.). El 'conjunto de piezas de artillería' también recibe el nombre de **batería** (sust. f.). **cañonazo** (sust. m.) es el 'disparo hecho con cañón'.

cañonear. v. tr. Ú. t. c. prnl. 'Batir a cañonazos'. No debe pronunciarse [cañoniar, cañonié]. También puede decirse **acañonear** (v. tr.). → **-ear**

caoba. sust. f. 'Árbol de América'. También pueden decirse **caobana** (sust. f.) y **caobo** (sust. m.).

caos. sust. m. En plural, no varía: **los caos**.

capacitar. v. tr. Ú. t. c. prnl. Rég. prep.: **capacitarse en** (*Me capacito en geología*); **capacitarse para** (*Se capacita para escribir mejor*).

caparazón. sust. m. Incorrecto: <u>la</u> <u>caparazón</u>.

capataz. sust. m. Es palabra aguda. Su femenino es **capataza**. Incorrecto: <u>la</u> <u>capataz</u>. En plural, se transforma en grave: **capataces**, **capatazas**.

capaz. adj. 'Grande, espacioso'; 'apto'. Rég. prep.: **capaz para** (*No era **capaz para** esa función*); **capaz de** (*Es **capaz de** contárselo*; *¿Será **capaz de** alguna travesura?*). **ser capaz de todo**. fr. 'Ser audaz, atrevido, arriesgado'. **es capaz que**. loc. Amér. 'Es posible, puede ser' (***Es capaz que** lo invitan*). No debe confundirse su significado con el de **susceptible** (adj.), 'capaz de recibir modificación o impresión' (*El plan es **susceptible** de cambios*). → **susceptible**

capcioso, sa. adj. 'Falaz, engañoso'. No debe pronunciarse ni escribirse <u>*cabcioso*</u>.

capeleti. sust. m. Voz italiana (del plural, *cappelletti*) españolizada. Argent. 'Cada una de las pequeñas porciones de masa, rellenas con una mezcla de carne y verdura, que se cocinan en agua hirviente'. Ú. m. en pl.: **capeletis**. Esta voz no está registrada en el ***Diccionario***, pero la A.A.L. ha recomendado su incorporación.

capicúa. sust. m. 'Número que es igual leído de izquierda a derecha que de derecha a izquierda' (*El número 2552 es **capicúa***); por extensión, 'billete, boleto, etc., cuyo número es **capicúa** (*Guardaré el **capicúa***). Esta última acepción ha sido recién incorporada en el ***Diccionario***. Ú. t. c. adj. invar. (*Es una cifra **capicúa**; Es un número **capicúa***).

capilla. sust. f. Diminutivos: **capilleja** y **capilleta**. Se escribe con mayúscula cuando se hace referencia a alguna capilla conocida (***Capilla** Sixtina*); de lo contrario, se usa la minúscula (*Entraré en la **capilla***).

capital. adj. Puede usarse como sinónimo de 'principal, muy grande' (*Cometió un error **capital***). sust. f. 'Población principal y cabeza de un estado, provincia o distrito'. sust. m. 'Hacienda, caudal, patrimonio'. Es palabra aguda. En plural, se transforma en grave: **capitales**. El plural de la frase **capital golondrina** es **capitales golondrina**. Su abreviatura es ***Cap.*** o ***cap.***

capitalidad. sust. f. 'Calidad de ser una población cabeza o capital de partido, de provincia, región o estado' (*El 20 de septiembre de 1880, fue sancionado el proyecto sobre la **capitalidad** de la ciudad de Buenos Aires*). No debe usarse **capitalización** (sust. f.) con el significado de **capitalidad**.

capitalista. adj. (*Era socio **capitalista***). sust. com.: **el capitalista**, **la capitalista**.

capitalización. sust. f. 'Acción y efecto de capitalizar'. Es palabra aguda. En plural, se transforma en grave: **capitalizaciones**. → **capitalidad**

capitalizar. v. tr. 'Fijar el capital que corresponde a determinado rendimiento o interés'; 'agregar al capital el importe de los intereses devengados'; 'utilizar en propio beneficio una acción o situación, aunque sean ajenas' (*La galería de arte* ***capitalizó*** *el éxito del pintor inglés*). → **cazar**

capitán. sust. m. Es palabra aguda. En plural, se transforma en grave: **capitanes**. Se escribe con mayúscula cuando se refiere al grado militar. Su abreviatura es ***Cap***. Su femenino es **capitana**. **capitanía** (sust. f.) es el 'empleo de capitán'. → **presidente**

capitanear. v. tr. No debe pronunciarse [capitaniar, capitanié]. → **-ear**

capitanía. sust. f. En una de sus acepciones, es sustantivo colectivo ('compañía de soldados con sus oficiales subalternos, mandada por un capitán').

capitel. sust. m. 'Parte superior de la columna y de la pilastra'. Es palabra aguda. En plural, se transforma en grave: **capiteles**. También puede decirse **chapitel** (sust. m.).

capitidisminuir. v. irreg. tr. 'Reducir la capacidad o las posibilidades de alguien o de algo'. Este verbo ha sido incluido recientemente en el ***Diccionario***. Se conjuga como **huir**.

♦ **capitoné.** Galicismo. En español, debe decirse **acolchado** (sust. m.).

capitoste. sust. m. Ú. con sent. despect. 'Persona con influencia o mando'. Carece de femenino.

capitular. v. intr. Rég. prep.: **capitular ante** o **con** (***Capituló ante*** o ***con*** *sus adversarios*).

capítulo. sust. m. Su abreviatura es *cap.* o *cap.º*

capo. sust. m. Voz italiana (*capo*), recién incorporada en el ***Diccionario***. 'Jefe de una mafia, especialmente de narcotraficantes'. Argent. y Urug. 'Jefe'; 'persona muy competente' (*Es un capo en informática*).

capó. sust. m. Voz francesa (*capot*) españolizada. En plural: **capós**.

♦ **capolavoro.** Italianismo. En español, debe decirse **obra maestra**, **obra magistral** u **obra capital**.

capote. sust. m. Diminutivo: **capotillo**.

cappa. sust. f. → **kappa**

capricornio. sust. pr. m. 'Décimo signo del Zodíaco'; 'constelación zodiacal'. Repárese en que, con estas dos denotaciones, debe escribirse con mayúscula. adj. 'Referido a personas, las nacidas bajo este signo' (*Dora es* ***capricornio***). Ú. t. c. sust. com.: **el capricornio**, **la capricornio** (*Una* ***capricornio*** *nunca retrocede*). Incorrecto: *Una capricorniana nunca retrocede*. → **cáncer**

captor, ra. adj. 'Que capta'; 'que captura'. Ú. t. c. sust. m. y f.: **el captor**, **la captora**. Es un anglicismo usar esta palabra en lugar de **secuestrador, ra** (adj. Ú. t. c. sust. m. y f.).

capucha. sust. f. Aumentativo: **capuchón** (sust. m.). También puede decirse **capucho** (sust. m.).

caqui. sust. m. En plural: **caquis**.

cara. sust. f. 'Parte anterior de la cabeza humana desde el principio de la frente hasta la punta de la barbilla. Se usa, por extensión, para designar la de algunos animales'. Diminutivo: **carilla** (sust. f.). Sus sinónimos, según los contextos, son **rostro** (sust. m.) y **carátula** (sust. f.). 'Semblante'; 'fachada'; 'superficie de alguna cosa'; 'anverso de las monedas'; 'presencia de alguien' (*Lo dijo en su* ***cara***); 'aspecto, apariencia' (*La torta tiene buena* ***cara***); 'desfachatez' (*Se necesita* ***cara*** *para obrar así*); 'cada plano de un ángulo diedro o poliedro'. **cara a.** loc. prepos. 'Mirando en dirección a' (*Está* ***cara al*** *río*); 'ante, con vistas a' (*Trabaja* ***cara al*** *futuro*). **cara a cara.** loc. adv. 'En presencia de otro y descubiertamente' (*Hablaron* ***cara a cara***). **de cara.** loc. adv. 'Enfrente, en parte opuesta o delante' (*El sol da* ***de cara***). **de cara a.** loc. prepos. 'En relación con' (*Lo hizo* ***de cara a*** *lo convenido*). **no mirar la cara a alguien.** 'Tener enfado con él'. Con esta última significación, es incorrecto: *No me mira a la cara*. **estar mirando a la cara a alguien.** fr. fig. y fam. 'Poner sumo esmero en complacerlo'.

carabinero. sust. m. Voz italiana (*carabiniere*) españolizada.

caracol. sust. m. Diminutivos: **caracolejo** y **caracolillo**.

caracolear. v. intr. 'Hacer caracoles o vueltas el caballo'. No debe pronunciarse [caracoliar]. → **-ear**

carácter. sust. m. Es palabra grave. No debe pronunciarse como aguda. En plural: **caracteres**. No debe pronunciarse como palabra esdrújula [carácteres]. También puede decirse **caracterismo** (sust. m.).

característica. sust. f. 'Cualidad que da carácter o sirve para distinguir una persona o cosa de sus semejantes' (*Su **característica** era sonreír siempre*). Argent. y Urug. 'Prefijo del teléfono' (*La **característica** es 521*).

caracterizar. v. tr. Ú. t. c. prnl. Su postverbal es **caracterización** (sust. f.). → **cazar**

caracú. sust. m. Argent., Bol., Chile, Par. y Urug. 'Tuétano de los animales, en particular vacunos'; 'el hueso que lo contiene'. Es palabra aguda. En plural: **caracúes** (palabra grave) o **caracús**. Incorrecto: *caracuses*.

caradura. sust. com. 'Persona que no tiene vergüenza': **el caradura**, **la caradura**. También puede escribirse **cara dura**. En plural: **caraduras**, **caras duras**. Su abreviación es **cara** (sust. m.): *Ese hombre es un **cara***.

caramelizar. v. tr. Ú t. c. prnl. → **cazar**, **acaramelar**

caranday. sust. m. Argent. 'Especie de palmera alta, originaria del Brasil y muy abundante en toda América del Sur'. Es palabra aguda. En plural: **carandayes** o **carandáis** (y pasa a **i**). También puede decirse **carandaí**. En plural: **carandaíes**.

carátula. sust. f. Puede usarse con la denotación de 'cubierta o portada de un libro o de los estuches de discos, casetes, cintas de vídeo, etc.'. La A.A.L. sugiere la incorporación de las siguientes denotaciones: 'cubierta, por lo común de cartulina, con que se resguardan y presentan legajos u otros documentos administrativos'; 'denominación, rótulo del expediente de un caso judicial' (*Modificaron la **carátula** del caso*).

caratular. v. tr. 'Hacer carátulas para los libros'. Argent. 'Poner a un libro la carátula o portada'; 'cubrir la cara con una máscara'; 'calificar, describir, titular' (***Caratuló** las carpetas*).

carbón. sust. m. Es palabra aguda. En plural, se transforma en grave: **carbones**. Diminutivo: **carboncillo**.

carbonero. sust. m. Su femenino es **carbonera**.

carbónico, ca. adj. 'Se aplica a muchas combinaciones o mezclas en que entra el carbono'. La Academia no registra esta voz como sustantivo masculino (***el carbónico***), con la denotación de 'papel carbón'. La A.A.L. ha recomendado su incorporación. → **papel**

carbonizar. v. tr. Ú. t. c. prnl. Su postverbal es **carbonización** (sust. f.). → **cazar**

carbono. sust. m. 'Metaloide muy abundante en la naturaleza'. Número atómico 6. Símbolo: ***C***

carburar. v. tr. De acuerdo con el registro académico, puede usarse con la denotación de 'funcionar' (fig. y fam.). Ú. m. con neg. (*Esta computadora **no carbura**; La cabeza **no le carbura***).

carcaj. sust. m. Es palabra aguda. También pueden decirse **carcax** (sust. m.) y **carcaza** (sust. f.). Para las dos primeras formas, el plural es **carcajes** (palabra grave).

carcamal. sust. m. Ú. t. c. adj. 'Persona decrépita y achacosa'. Suele tener valor despectivo (*Juan es un **carcamal***).

carcamán. sust. m. 'Persona de muchas pretensiones y poco mérito' (*Parece un **carcamán***). Es palabra aguda. En plural, se transforma en grave: **carcamanes**. Su femenino es **carcamana**. En la Argentina, se dice **carcamal**. No debe confundirse el significado de **carcamán** con el de su homónimo, 'buque grande, malo y pesado'.

cardar. v. tr. 'Preparar con la carda una materia textil para el hilado'. También puede decirse **carduzar** (v. tr.).

cárdeno, na. adj. 'De color amoratado'. Diminutivos: **cardenillo**, **cardenilla**.

cardíaco, ca. adj. Ú. t. c. sust. m. y f.: **el cardíaco**, **la cardíaca**. Es palabra esdrújula. También puede decirse **cardiaco, ca** (adj.), palabra grave, pero la Academia prefiere la primera forma.

cárdigan. sust. m. 'Chaqueta deportiva de punto, con escote en pico, generalmente sin cuello'. Voz inglesa (prenda popularizada por J. Th. Brudenell, séptimo conde de Cardigan) españolizada. Es palabra esdrújula. En plural, no varía: **los cárdigan**. De acuerdo con el ***Esbozo***, es correcto también **cárdigans**.

cardinal. adj. 'Principal, fundamental' (*Este es un tema **cardinal***). 'Dícese del adjetivo numeral que expresa exclusivamente cuántas son las personas, animales o cosas de que se trata' (*Había **cinco** sillas*). → **ordinal**

cardiocirujano. sust. m. Su femenino es **cardiocirujana**. No debe escribirse cardio-cirujano o cardio cirujano.

cardiograma. sust. m. 'Trazado que se obtiene con el cardiógrafo'. También puede decirse **electrocardiograma** (sust. m.).

cardiólogo. sust. m. Su femenino es **cardióloga**.

cardiópata. adj. 'Persona que padece alguna afección cardíaca'. Ú. t. c. sust. com.: **el cardiópata, la cardiópata**.

cardo. sust. m. Diminutivos: **cardillo** y **cardoncillo**. Los sustantivos colectivos son **cardal** (m.), **cardizal** (m.) y **carduzal** (m.). Su flor es el **vilano** (sust. m.).

cardumen. sust. m. colect. 'Banco de peces'. Es palabra grave. Incorrecto: cardúmen; cardumen de peces (un pleonasmo). En plural, se transforma en esdrújula: **cardúmenes**. También puede decirse **cardume** (sust. m.). En plural: **cardumes**. → **pez**

carear. v. tr. 'Poner a una o a varias personas en presencia de otra u otras, con objeto de apurar la verdad de dichos o hechos' (***Carearon** a los sospechosos*). v. intr. 'Dar o presentar la faz hacia una parte'. v. prnl. 'Verse las personas para algún negocio' (*Ambos empresarios **se carearon***). No debe pronunciarse [cariar, carié]. → **-ear, cariar**

carecer. v. irreg. intr. 'Tener falta de alguna cosa'. Rég. prep.: **carecer de** (***Carecía de** valor para hacerlo*). Se conjuga como **agradecer**.

♦ **careciente.** Esta palabra y **carenciado, da** no están registradas en el ***Diccionario***. En su reemplazo, deben usarse **necesitado, da** (sust. m. y f.) o **pobre** (sust. com.).

carencia. sust. f. 'Falta o privación de algo'. Rég. prep.: **carencia de** (***carencia de** víveres*). También puede decirse **carecimiento** (sust. m.).

♦ **carenciado, da.** → **careciente**

carente. p. a. irreg. de **carecer**. 'Que carece'. Rég. prep.: **carente de** (*alimentos **carentes de** hierro*).

carey. sust. m. En plural: **careyes**.

cargada. sust. f. fam. Argent. 'Burla o broma que se hace a una persona'. Esta voz no está registrada en el ***Diccionario***, pero la A.A.L. ha recomendado su incorporación.

cargador, ra. adj. Ú. t. c. sust. m. y f.: **el cargador, la cargadora**.

cargamento. sust. m. colect. 'Conjunto de mercaderías que carga una embarcación'.

cargante. p. a. de **cargar**. adj. 'Que carga, molesta, incomoda o cansa por su insistencia o modo de ser' (*clientes **cargantes***).

cargar. v. tr. Ú. t. c. prnl. Debe evitarse la expresión cargado de pasajeros, pues este verbo se refiere, sobre todo, a mercaderías, animales o cosas. Puede usarse con el significado de 'anotar en las cuentas corrientes las partidas que corresponden al debe'. La Academia no registra su uso con la acepción de 'burlarse de una persona', tan común en la Argentina. Rég. prep.: **cargar a** (***cargar a** flete*); **cargar a** o **en** (*Lo **cargó a** o **en** las espaldas*). 'Llevarse, tomar'. Rég. prep.: **cargar con** (***Cargó con** los muebles*). 'Hacer a alguien responsable de culpas o de defectos ajenos'; 'importunar a alguien para que condescienda con lo que se le pide'. Rég. prep.: **cargar sobre** (***Carga sobre** ella el fracaso de la reunión*; ***Cargó** tanto **sobre** Dora, que tuvo que acceder*). 'Tener abundancia de ciertas cosas'. Rég. prep.: **cargarse de** (***Se cargó de** hijas*). → **pagar**

cargazón. sust. f. 'Pesadez sentida en alguna parte del cuerpo'; 'aglomeración de nubes espesas'; 'abundancia de frutos en los árboles y en otras plantas'. Argent. 'Recargamiento, exceso de adornos' (*No le agrada la **cargazón** de flores en el vestido*).

cargo. sust. m. **alto cargo**. 'Empleo de elevada responsabilidad'. **a cargo de**. loc. prepos. Indica que 'algo está confiado al cuidado de una persona' (*Los niños están **a cargo de** Lía*). **con cargo a**. loc. prepos. 'A cargo de, a expensas de' (*Envíe ese paquete **con cargo a** nuestro cliente*). **hacer cargo** a alguien **de** algo. 'Imputárselo' (***Hizo cargo** a Pablo **de** su fracaso*). **hacerse cargo de** alguna cosa. 'Encargarse de ella' (***Se hizo cargo de** las ventas*); 'formar concepto de ella'; 'considerar todas sus circunstancias' (***Se hizo cargo de** la organización del acto*). Su abreviatura es ***cgo.*** o ***c/***.

cargosear. v. tr. Argent., Chile, Perú y Urug. 'Importunar, molestar' (*No **cargoseen** al bebé*). No debe pronunciarse [cargosiar, cargosié]. → **-ear**

cargoso, sa. adj. Argent., Chile, Par. y Urug. 'Que molesta, incomoda o cansa'. También puede decirse **cargante** (adj.).

carguero. sust. m. 'Persona que se dedica a llevar cargas'. Su femenino es **carguera**. Argent. 'Bestia de carga'. En la Argentina, se usa también **tren carguero**, frase no registrada por la Academia.

carguío. sust. m. colect. 'Cantidad de géneros u otras cosas que componen la carga'.

cariado, da. p. de **cariar**. adj. Incorrecto: careado, un fenómeno de ultracorrección.

cariadura. sust. f. Incorrecto: careadura, un fenómeno de ultracorrección.

cariar. v. tr. Ú. t. c. prnl. 'Corroer, producir caries'. No debe confundirse su grafía con la de **carear** (v. tr. intr. y prnl.). Se conjuga, en cuanto al acento, como **cambiar**. → **carear**

caribe. adj. 'Dícese del individuo de un pueblo que en otro tiempo dominó una parte de las Antillas y se extendió por el norte de América del Sur'. Ú. t. c. sust. com.: **el caribe**, **la caribe**.

caribeño, ña. adj. 'Dícese del habitante de la región del Caribe'. 'Perteneciente o relativo al mar Caribe o a los territorios que baña' (*fauna **caribeña***). Ú. t. c. sust. m. y f.: **el caribeño**, **la caribeña**.

caricáceo, a. adj. 'Dícese de árboles angiospermos dicotiledóneos, como el papayo' (*planta **caricácea***). Ú. t. c. sust. f.: **la caricácea**. sust. f. pl. 'Familia de estas plantas' (*Realiza un trabajo sobre **las caricáceas***). También puede decirse **papayáceo, a** (adj.), pero la Academia prefiere la primera forma.

caricaturista. sust. com.: **el caricaturista**, **la caricaturista**.

caricaturizar. v. tr. También puede decirse **caricaturar** (v. tr.). → **cazar**

caries. sust. f.: **la caries**. Incorrecto: *la carie*. En plural, no varía: **las caries**.

carilindo, da. adj. Ú. t. c. sust. m. y f. En plural: **carilindos**, **carilindas**.

carillón. sust. m. 'Grupo de campanas en una torre, que producen un sonido armónico por estar acordadas'. Incorrecto: *carrillón*.

cariñoso, sa. adj. También puede decirse **caricioso, sa** (adj.), pero la Academia prefiere la primera forma.

carioca. adj. 'Natural de Río de Janeiro'. Ú. t. c. sust. com.: **el carioca**, **la carioca**. No debe usarse como sinónimo de **brasileño, ña** o **brasilero, ra** (adjs.; ú. t. c. susts. ms. y fs.).

cariocinesis. sust. f. 'División del núcleo de la célula'. En plural, no varía: **las cariocinesis**. También puede decirse **carioquinesis** (sust. f.), pero la Academia prefiere la primera forma.

carisma. sust. m. 'Don gratuito que Dios concede a algunas personas en beneficio de la comunidad'; 'don que tienen algunas personas de atraer o seducir por su presencia o su palabra'. Incorrecto: *la carisma*.

caritativo, va. adj. Rég. prep.: **caritativo con**, **para** o **para con** (*Es **caritativo con**, **para** o **para con** los necesitados*). Incorrecto: *caricativo*.

cariz. sust. m. 'Aspecto'. Es palabra aguda. En plural, se transforma en grave: **carices**.

carlón. sust. m. Argent. y Urug. **carló**, 'vino tinto que se produce en varios lugares, así llamado por ser parecido al de Benicarló, al norte de Castellón de la Plana (España)'. Es palabra aguda. En plural, se transforma en grave: **carlones**.

carmelita. adj. 'Dícese del religioso de la orden del Carmen' (*monje **carmelita**, monja **carmelita***). Ú. t. c. sust. m. y f.: **el carmelita, la carmelita**. También puede decirse **carmelitano, na** (adj.).

carmen. sust. m. 'Orden regular de religiosos y religiosas mendicantes, fundada en el siglo XIII': **el Carmen**. Con esta denotación, se escribe siempre con mayúscula. No debe confundirse su significado con el de sus homónimos: **carmen** (sust. m.), 'verso o composición poética', y **carmen** (sust. m.), 'en Granada, quinta con huerto o jardín'.

carmesí. adj. 'Se aplica al color de grana dado por el insecto quermes'. Como adjetivo, no varía en plural (*telas **carmesí***). Carece de inflexión superlativa. sust. m. 'Polvo de color de la grana'; 'tela de seda roja'. Como sustantivo, su plural es **carmesíes**. → **añil, colores**

carmín. sust. m. 'Materia de color rojo encendido'. En plural: **carmines**. Cuando se usa como adjetivo, en plural, no varía (*claveles **carmín***). El adjetivo que corresponde a este sustantivo es **carmíneo, a** ('de carmín'; 'de color de carmín'). → **añil, colores**

carnadura. sust. f. 'Abundancia de carnes'; 'disposición de los tejidos para cicatrizar'. También puede decirse **encarnadura** (sust. f.).

carnaval. sust. m. No debe usarse en plural: *los carnavales*. También puede decirse **carnestolendas** (sust. f. pl.).

carnavalito. sust. m. Argent. 'Baile colectivo, tradicional en las provincias del noroeste, cuya música es acompañada por coplas en español o en quechua'. En plural: **carnavalitos**.

carne. sust. f. Diminutivo: **carnecilla**.

carné. sust. m. Voz francesa (*carnet*) españolizada. En plural: **carnés**.

carnear. v. tr. 'Matar y descuartizar las reses, para aprovechar su carne'. No debe pronunciarse [carniar, carnié]. No se confunda su significado con el de **carnerear** (v. tr.), 'matar, degollar reses, en pena de haber hecho algún daño'. → **-ear**

carnero. sust. m. Su femenino es **oveja** (sust. f.). El sustantivo colectivo es **carnerada** (f.). En Chile, Méjico y Uruguay, se dice **carneraje** (sust. m. colect.). 'Lo que pertenece al carnero o se asemeja a él' se denomina **carneruno, na** (adj.). El 'pastor de carneros' es el **carnerero** (sust. m.). El homónimo de **carnero** significa, en la Argentina, Chile y el Paraguay, 'persona que no se adhiere a una huelga o protesta de sus compañeros, o que desiste de ella' (sust. m. y f.): **el carnero, la carnera**. → **esquirol**

carnicería. sust. f. Es un vulgarismo decir *carnecería*.

carnicero, ra. adj. Ú. t. c. sust. m. y f.: **el carnicero, la carnicera**.

cárnico, ca. adj. 'Perteneciente o relativo a las carnes destinadas al consumo' (*industria cárnica*). Incorrecto: *industria cárnea*.

carnificarse. v. prnl. Su postverbal es **carnificación** (sust. f.). → **sacar**

carnívoro. adj. Carece de inflexión superlativa. Ú. t. c. sust. m. y f.: **el carnívoro, la carnívora**. sust. m. pl. 'Orden de los mamíferos terrestres'.

carnoso, sa. adj. 'Que tiene muchas carnes'. Con este significado, también puede decirse **carnudo, da** (adj.).

caro, ra. adj. En español –como en italiano–, puede usarse con la denotación de 'amado, querido'. Diminutivo: **carillo, lla**.

carpa. sust. f. Argent., Perú y Urug. 'Tienda de playa'.

carpir. v. tr. Ú. t. c. prnl. 'Limpiar o escardar la tierra, quitando la hierba inútil o perjudicial'. La A.A.L. sugiere la incorporación del sintagma **sacar carpiendo** (fr. fig. fam.), 'echar a alguien con cajas destempladas'.

carrada. sust. f. 'Carga de un carro' (*Lleva una **carrada** de trastos*). También puede decirse **carretada** (sust. f.).

carraspera. sust. f. 'Cierta aspereza de la garganta, que obliga a desembarazarla tosiendo'. No debe pronunciarse [carraspela]. También puede decirse **carraspeo** (sust. m.).

carrasposo, sa. adj. 'Persona que padece carraspera crónica'. Ú. t. c. sust. m. y f.: **el carrasposo, la carrasposa**.

carrera. sust. f. Diminutivo: **carrerilla. de carrera**. loc. adv. 'Con facilidad y presteza' (*Leyó* *de carrera*). **estar en carrera**. fr. 'Empezar a servir en algún destino o profesión' (*Cuando viajó al Perú, **estaba en carrera***). **hacer carrera**. fr. 'Prosperar en sociedad' (***Hizo carrera** en su profesión*).

carrerista. sust. com. 'Persona aficionada o concurrente a las carreras': **el carrerista, la carrerista**.

carrero. sust. m. 'El que guía un carro'. También pueden decirse **carretero** (sust. m.) y **carretillero** (sust. m. Río de la Plata). No se confunda el significado de **carrero** con el de una de las denotaciones de **carretero**, 'persona que habla o se comporta con escasa educación, o blasfema con facilidad'. → **carretero**

carreta. sust. f. Diminutivo: **carretilla**. Los sustantivos colectivos son **carretería** (f.) y **tropa** (f.).

carretada. sust. f. 'Carga que lleva una carreta o un carro'. **a carretadas**. loc. adv. fig. y fam. 'En abundancia' (*Regaló caramelos **a carretadas***).

carretel. sust. m. Es palabra aguda. En plural, se transforma en grave: **carreteles**. También puede decirse **carrete** (sust. m.).

carretero. sust. m. 'El que hace carros y carretas'; 'el que guía caballerías o bueyes que tiran de esos vehículos'; 'persona que habla o se comporta con escasa educación'. → **carrero**

carretillada. sust. f. 'Lo que cabe en una carretilla'.

carretón. sust. m. 'Carro pequeño a modo de un cajón abierto, con dos o cuatro ruedas, que puede ser arrastrado por una caballería'. Es palabra aguda. En plural, se transforma en grave: **carretones**. Diminutivo: **carretoncillo**.

carretonada. sust. f. 'Lo que cabe en un carretón'.

carretonero. sust. m. 'El que conduce el carretón'.

carrindanga. sust. f. Argent. 'Carricoche, coche viejo'.

carro. sust. m. Entre otras denotaciones, en América, se usa la de 'coche, automóvil'. El sustantivo despectivo es **carruco** (m.).

carrocero. adj. 'Perteneciente o relativo a la carroza o a la carrocería'. sust. m. 'Constructor de carruajes'. También puede decirse **carruajero** (sust. m.). 'El que fabrica, monta o repara carrocerías'.

carrozar. v. tr. → **cazar**

carrujado, da. adj. 'Rizado o plegado con arrugas menudas' (*papel **carrujado***). No debe pronunciarse [carrugado]. También puede decirse **encarrujado, da** (adj.). No debe confundirse su significado con el de **corrugado, da** (adj.). → **corrugado**

carrusel. sust. m. Voz francesa (*carrousel*) españolizada. 'Espectáculo en que varios jinetes ejecutan vistosas evoluciones'; 'tiovivo, calesita'. Es palabra aguda. En plural, se transforma en grave: **carruseles**.

carta. sust. f. Diminutivo: **cartilla**. Aumentativo: **cartazo** (sust. m.). El sustantivo colectivo es **epistolario** (sust. m.).

cartapacio. sust. m. 'Cuaderno para escribir o tomar apuntes'; 'funda de badana, hule, cartón u otra materia para meter libros y papeles'. Como sustantivo colectivo, significa 'conjunto de papeles contenidos en una carpeta'. Incorrecto: <u>*cartapáceo*</u>.

cartear. v. intr. 'Jugar las cartas falsas para tantear el juego'. v. prnl. 'Corresponderse por cartas' (***Se cartean** mensualmente*). No debe pronunciarse [cartiar, cartié]. → **-ear**

cartel. sust. m. Voz italiana (*cartello*, a través del catalán *cartell*) españolizada. 'Papel, pieza de tela o lámina de otra materia, en que hay inscripciones o figuras y que se exhibe con fines noticieros'. Es palabra aguda. En plural, se transforma en grave: **carteles**. → **afiche**

cartel. sust. m. Voz alemana (*Kartell*) españolizada. 'Convenio entre varias empresas similares para evitar la mutua competencia y regular la producción, venta y precios en determinado campo industrial'; 'agrupación de personas que persigue fines ilícitos' (***cartel** de Medellín*). Es palabra aguda. También puede decirse **cártel** (palabra grave), voz recién incorporada en el ***Diccionario***. En plural: **carteles**, **cárteles**.

cartelero, ra. adj. 'Dícese de espectáculos o de personas que tienen cartel y atraen al público'. sust. m. 'El que pone carteles en lugares públicos'. No debe confundirse su significado con el de **cartelista** (sust. com.), 'persona que diseña o pinta carteles': **el cartelista, la cartelista**.

cárter. sust. m. Voz inglesa (debe su nombre a su inventor, el ingeniero Harrison Carter) españolizada. 'Pieza de la bicicleta destinada a proteger la cadena de transmisión'; 'en los automóviles y en otras máquinas, pieza o conjunto de piezas que protege determinados órganos y, a veces, sirve como depósito de lubricante'. Es palabra grave. En plural, se transforma en esdrújula: **cárteres**.

carterista. sust. com. 'Ladrón de carteras de bolsillo': **el carterista, la carterista**.

cartero. sust. m. Su femenino es **cartera**. El 'empleo de **cartero**' se denomina **cartería** (sust. f.).

cartografiar. v. tr. 'Levantar y trazar la carta geográfica de una porción de superficie terrestre'. Se conjuga, en cuanto al acento, como **guiar**.

cartomancia. sust. f. 'Arte que pretende adivinar el futuro por medio de los naipes'. También puede decirse **cartomancía**. → **-mancia** o **-mancía**

cartón. sust. m. Puede usarse con el significado de 'envase que suele contener diez cajetillas de cigarrillos'. Es palabra aguda. En plural, se transforma en grave: **cartones**. **cartón piedra**. 'Pasta de cartón o papel, yeso y aceite secante que luego se endurece mucho y con la cual puede hacerse toda clase de figuras'. Incorrecto: <u>*cartón-piedra*</u>.

cartonero, ra. adj. 'Perteneciente o relativo al cartón'. sust. m. y f. 'Persona que hace o vende cartones u obras hechas en cartón': **el cartonero, la cartonera**.

cartonista. sust. com. 'Persona que tiene por oficio proyectar tapices y alfombras mediante dibujos en colores': **el cartonista, la cartonista**.

cartuchera. sust. f. 'Caja, generalmente de cuero, y destinada a llevar cartuchos de guerra o de caza'. La Academia no registra el argentinismo que denota 'útil escolar, de madera, plástico o tela, en el que se llevan lápices, gomas, bolígrafos, etc.'. La A.A.L. ha recomendado su incorporación.

casa. sust. f. No debe confundirse con su homófono **caza** (sust. f.). Diminutivo: **casilla**. Aumentativo: **casarón** (sust. m.), **caserón** (sust. m.), **casón** (sust. m.) y **casona** (sust. f.). Los sustantivos despectivos son **casuca** (f.), **casucha** (f.) y **casucho** (m.). El sustantivo colectivo es **caserío** (m.). Incorrecto: *Fui <u>en</u> <u>casa</u> <u>de</u> Elena*; *Fui <u>de</u> Elena*. Correcto: *Fui **a casa de** Elena*; *Fui **a lo de** Elena*. **de entre casa**. loc. adj. y adv. Argent. y Urug. 'Con vestido sencillo y casero' (*Me recibió **de entre casa***). Incorrecto: *Me recibió de <u>entrecasa</u>*. **de su casa**. loc. adv. 'De propia invención o ingenio' (*Lo hizo **de su casa***). **de la casa**. loc. adj. 'Dícese, en los establecimientos que sirven o venden comidas y bebidas, de aquellas que preparan o sirven habitualmente o constituyen su especialidad' (*¿Le sirvo vino **de la casa**?*). **en casa**. loc. adv. 'En la casa propia' (*Te espero **en casa***).

casaca. sust. f. Diminutivos: **casaquilla**, **casaquín** (sust. m. despect.).

casar. v. intr. Ú. m. c. prnl. 'Contraer matrimonio'. Rég. prep.: **casar** o **casarse con** (*Julio **casó** o **se casó con** Lucía*); **casarse en** (***Se casó en** segundas nupcias*); **casarse por** (***Se casó por** poderes*). v. tr. 'Autorizar un ministro de la Iglesia el sacramento del matrimonio'; 'unir una cosa con otra' (*No **cases** estas dos hojas*); 'disponer y ordenar algunas cosas de suerte que hagan juego' (*No **casan** las flores amarillas con las celestes*). No debe confundirse su grafía con la de su homófono **cazar** (v. tr.). Tiene dos homónimos: **casar**. sust. m. colect. 'Conjunto de casas que no llegan a formar pueblo'. **casar**. v. tr. 'Anular, abrogar, derogar'.

cascabel. sust. m. Es palabra aguda. En plural, se transforma en grave: **cascabeles**. Diminutivo: **cascabelillo**.

cascajo. sust. m. 'Guijo, fragmentos de piedra'. Los sustantivos colectivos son: **cascajal** (m.) y **cascajar** (m.). **Cascajo** también tiene significación colectiva: 'conjunto de frutas de cáscaras secas'.

cascanueces. sust. m. 'Instrumento para partir nueces'. Incorrecto: <u>*casca*</u> <u>*nueces*</u>. En plural, no varía: **los cascanueces**.

cascapiñones. sust. com. 'Persona que saca los piñones de las piñas calientes, les rompe la cáscara y monda la almendra': **el cascapiñones,**

la cascapiñones. Incorrecto: *casca piñones*. En plural, no varía: **los cascapiñones**, **las cascapiñones**. sust. m. 'Tenaza para cascar los piñones'. En plural, no varía: **los cascapiñones**.

cascar. v. tr. Ú. t. c. prnl. Es intransitivo (fig. y fam.) con la denotación de 'morir'. Sus postverbales son **cascadura** (sust. f.) y **cascamiento** (sust. m.). → **sacar**

cáscara. sust. f. Diminutivo: **cascarilla**. Aumentativo: **cascarón** (sust. m.).

casco. sust. m. Diminutivo: **casquillo**.

casete. sust. amb. Voz francesa (*cassette*) españolizada: **el casete** o **la casete**. sust. m. 'Pequeño magnetófono que utiliza casetes, radiocasete'. En plural: **casetes**. No debe usarse la grafía francesa.

casetera. sust. f. 'Dispositivo donde se inserta la casete para su grabación o lectura'. Esta voz ha sido recién incorporada en el ***Diccionario***.

casetero. sust. m. 'Estuche, mueble o lugar para guardar casetes'. Esta voz ha sido recién incorporada en el ***Diccionario***. En la Argentina, se usa **casetera**, forma no registrada por la Academia.

♦ **cash.** Anglicismo. En español, debe decirse **dinero en efectivo** o **metálico**.

♦ **cash-flow.** Anglicismo. En español, debe decirse **flujo de caja** o **flujo de fondos**.

casi. adv. c. 'Cerca de, poco menos de, aproximadamente, por poco' (***Casi*** *no te veo*). También se usa repetido. En este caso, no lleva coma (***Casi casi*** *lo rompo*). También puede decirse **cuasi** (adv. c.), pero se prefiere la primera forma. **casi que**. loc. de sentido modal (***Casi que*** *parece viejo*), antes considerada un vulgarismo.

casimir. sust. m. → **cachemir**

caso. sust. m. 'Suceso, acontecimiento'; 'casualidad, acaso'. Argent. 'Relato popular de una situación real o ficticia, que se ofrece como ejemplo' (*El hombre contó un* ***caso***). **caso de**. loc. adv. 'Caso que, en caso de que' (***Caso de*** *llegar tarde, entrégale esto*). **dado caso que**. expr. 'Dado que' (***Dado caso que*** *no viene, lo llamaré*). **en caso de**. loc. prepos. (***En caso de*** *duda, háblame*). **en caso de que**. loc. adv. 'Si sucede tal o tal cosa' (***En caso de que*** *te pida la llave, dile que no la tienes*). Incorrecto: *En caso que te pida la llave, dile que no la tienes*. **en tal caso**. loc. adv. 'En ese caso' (***En tal caso***, *pídamelo*). **en todo caso**. loc. adv. 'Como quiera que sea o sea lo que fuere' (***En todo caso***, *no deje de avisarme*). Incorrecto: *En tal caso, no deje de avisarme*.

castaña. sust. f. Diminutivo: **castañuela**.

castañetear. v. intr. 'Tocar las castañuelas'; 'sonarle a alguien los dientes'. Ú. t. c. tr. 'Sonar las rodillas al andar'. Ú. t. c. prnl. No debe pronunciarse [castañetiar, castañetié]. También puede decirse **castañear** (v. intr.). → **-ear**

castaño, ña. adj. 'Dícese del color de la cáscara de la castaña' (*ojos* ***castaños***; *cabello* ***castaño***). Diminutivo: **castañuelo, la** (adj.). Ú. t. c. sust. m. 'Árbol cuyo fruto es la castaña'. Los sustantivos colectivos son **castañal** (m.) y **castañar** (m.). → **marrón**

castellanizar. v. tr. Ú. t. c. prnl. 'Dar carácter castellano'; 'dar forma castellana a un vocablo de otro idioma'; 'enseñar el castellano a los que no lo saben'. v. prnl. 'Hacerse hablante del castellano'. Con las dos primeras acepciones, es sinónimo de **españolizar** (v. tr.). Su postverbal es **castellanización** (sust. f.). → **cazar**

castellano, na. adj. Ú. t. c. sust. m. y f.: **el castellano**, **la castellana**. De acuerdo con el registro académico, **castellano** (sust. m.) es sinónimo de **español** o de **lengua española**; 'dialecto románico nacido en Castilla la Vieja, del que tuvo su origen la lengua española'; 'variedad de la lengua española hablada modernamente en Castilla la Vieja'.

castellanohablante. adj. Ú. t. c. sust. com.: **el castellanohablante**, **la castellanohablante**. En plural: **castellanohablantes**. Incorrecto: *castellano-hablante* o *castellanohablante*. Su sinónimo es **hispanohablante** (adj. Ú. t. c. sust. com.). La Academia no registra **castellanoparlante** ni **hispanoparlante**.

casticismo. sust. m. 'Afición a lo castizo'; 'actitud de quienes al hablar o escribir evitan los extranjerismos y prefieren el empleo de voces y giros de su propia lengua, aunque estén desusados'.

casticista. sust. com. 'Persona que practica el

casticismo idiomático o literario': **el casticista, la casticista.**

castigador, ra. adj. Ú. t. c. sust. m. y f.: **el castigador, la castigadora.**

castigar. v. tr. → **pagar**

castigo. sust. m. También puede decirse **castigación** (sust. f.).

castillo. sust. m. Diminutivos: **castillejo, castillete** y **castilluelo.**

♦ **casting.** Anglicismo. En español, debe decirse **reparto**.

castor. sust. m. Es palabra aguda. En plural, se transforma en grave: **castores**. No debe pronunciarse [cástor]. Diminutivo: **castorcillo**.

castración. sust. f. Es palabra aguda. En plural, se transforma en grave: **castraciones**. También puede decirse **castradura** (sust. f.).

castrar. v. tr. También puede decirse **capar** (v. tr.).

casual. adj. 'Que sucede por casualidad'. No debe confundirse con **causal** (adj.), 'que se refiere a la causa o se relaciona con ella'.

casualidad. sust. f. 'Combinación de circunstancias que no se pueden prever ni evitar' (*Ocurrió por **casualidad***). No debe confundirse su significado con el de **causalidad** (sust. f.), 'causa, origen, principio'; 'ley en virtud de la cual se producen efectos' (*Estudiará la **causalidad** de los hechos*).

casuista. adj. 'Dícese del autor que expone casos prácticos de teología moral'. De acuerdo con la regla de acentuación, no debe tildarse la **i** en las palabras graves que contienen el grupo **-ui-**. Lo mismo sucede con **casuismo** (sust. m.). Incorrecto: <u>casuísta</u>, <u>casuísmo</u>.

cata-. pref. de or. gr. 'Hacia abajo' (***cataplasma***).

catacumbas. sust. f. pl. 'Subterráneos donde los antiguos cristianos –especialmente en Roma– enterraban a sus muertos y practicaban las ceremonias del culto'. Carece de singular. → **plural (pluralia tantum)**.

catalejo. sust. m. En plural: **catalejos**.

catálisis. sust. f. 'Transformación química motivada por cuerpos que al finalizar la reacción aparecen inalterados'. En plural, no varía: **las catálisis**.

¡cataplum! 'Exclamación que se usa para expresar ruido, explosión o golpe'. No debe escribirse <u>*¡cataplún!*</u>

catapultar. v. tr. 'Lanzar con catapulta los aviones'. La Academia ha registrado una nueva denotación: 'dar impulso decisivo a una actividad, empeño o empresa' (*Sus canciones lo **catapultaron** a la fama*).

catarsis. sust. f. 'Para los antiguos griegos, purificación ritual de personas o cosas afectadas de alguna impureza'. En plural, no varía: **las catarsis**.

catavinos. sust. com. 'Persona que tiene por oficio catar (probar) vinos para informar acerca de su calidad y sazón': **el catavinos, la catavinos**. En plural, no varía: **los catavinos, las catavinos**. sust. m. 'Borracho que anda de taberna en taberna'. No deben confundirse su significado y su grafía con los de **catavino** (sust. m.), 'jarro pequeño o taza para probar el vino de las cubas o tinajas'; 'agujero en la parte superior de la tinaja, para probar el vino'.

catear. v. tr. 'Buscar, descubrir, espiar, acechar'. Argent., Col., Chile, Ecuad. y Perú. 'Explorar terrenos en busca de alguna veta minera'. Amér. 'Allanar la casa de alguno'. No debe pronunciarse [catiar, catié]. → **-ear**

cátedra. sust. f. Es palabra esdrújula. Diminutivo: **catedrilla**.

catedrático. sust. m. Su femenino es **catedrática**. Es palabra esdrújula.

catequesis. sust. f. En plural, no varía: **las catequesis**. También puede decirse **catequismo** (sust. m.). La Academia prefiere esta última forma.

catequista. sust. com.: **el catequista, la catequista**.

catequizar. v. tr. Su postverbal es **catequización** (sust. f.). → **cazar**

caterva. sust. f. colect. 'Multitud de personas o cosas consideradas en grupo, pero sin concierto o de poco valor e importancia' (*Una **caterva** de muchachos cruzó la plaza*). Ú. t. en sent. peyorativo.

catéter. sust. m. Es palabra grave. En plural, se transforma en esdrújula: **catéteres**.

catolicismo. sust. m. De acuerdo con la regla académica, se escribe con minúscula.

católico, ca. adj. 'Universal, que comprende y es común a todos; por esta calidad se ha dado este nombre a la Iglesia Romana'. El superlativo es **catolicísimo, ma**. Ú. t. c. sust. m. y f.: **el católico, la católica**. Su antónimo es **acatólico, ca** (adj. Ú. t. c. sust. m. y f.).

catolizar. v. tr. Ú. t. c. prnl. 'Convertir a la fe católica'; 'predicarla, propagarla' (***Catolizaban*** *a los indios;* ***Se catolizaron*** *después de la prédica del sacerdote*). Ú. t. c. intr. → **cazar**

catoptromancia. sust. f. 'Arte supuesto de adivinar por medio del espejo'. También puede decirse **catoptromancía**, pero se prefiere la primera forma. → **-mancia** o **-mancía**

catoptroscopia. sust. f. 'Reconocimiento del cuerpo humano mediante aparatos catóptricos, es decir, que lo muestran por medio de la luz refleja'. Incorrecto: <u>*catoptroscopía*</u>.

catorce. adj. 'Diez más cuatro' (***catorce*** *pesos*); 'decimocuarto' (*año* ***catorce****; Luis* ***Catorce***). Apl. a los días del mes, ú. t. c. sust. m. (*el* ***catorce*** *de diciembre*). sust. m. 'Conjunto de signos con que se representa el número catorce' (*Escriba el* ***catorce*** *en el pizarrón*).

catorceavo, va. adj. 'Dícese de cada una de las catorce partes iguales en que se divide un todo'. Ú. t. c. sust. m. (*Te corresponde un* ***catorceavo*** *de esta suma de dinero*). También puede decirse **catorzavo, va** (adj. Ú. t. c. sust. m.).

catorcena. sust. f. colect. 'Conjunto de catorce unidades' (*Trajo una* ***catorcena*** *de cuadernos*).

catorceno, na. adj. 'Decimocuarto' (*Ocupa el* ***catorceno*** *lugar*); 'que tiene catorce años' (*Es una niña* ***catorcena***). Ú. t. c. sust. m. y f.: **el catorceno, la catorcena**.

catre. sust. m. Diminutivo: **catrecillo**.

cauchero, ra. adj. 'Perteneciente o relativo al caucho'. sust. m. 'El que busca o trabaja el caucho'.

caucho. sust. m. El sustantivo colectivo es **cauchal** (m.).

caudal. sust. m. Diminutivo: **caudalejo**. Es palabra aguda. En plural, se transforma en grave: **caudales**.

caudillaje. sust. m. 'Mando o gobierno de un caudillo'. sust. colect. Argent., Chile y Perú. 'Conjunto o sucesión de caudillos'.

caudillo. sust. m. El sustantivo colectivo es **caudillaje** (m.), voz usada en la Argentina, Chile y el Perú. En la Argentina y en el Perú, **caudillaje** es, también, 'época del predominio histórico de los caudillos'.

caudimano. adj. 'Dícese del animal de cola prensil, como el castor'. También puede decirse **caudímano** (adj.), pero se prefiere la primera forma.

causador, ra. adj. 'Que causa'. Ú. t. c. sust. m. y f.: **el causador, la causadora**.

causal. adj. → **casual**

causalidad. sust. f. Incorrecto: <u>*causabilidad*</u>. → **casualidad**

causante. p. a. de **causar**. 'Que causa'. Ú. t. c. sust. com.: **el causante, la causante**. sust. m. 'Persona de quien proviene el derecho que alguno tiene'.

cauterización. sust. f. 'Acción y efecto de cauterizar, es decir, restañar la sangre con el cauterio'. Es palabra aguda. En plural, se transforma en grave: **cauterizaciones**. También puede decirse **cauterio** (sust. m.), pero la Academia prefiere la primera forma.

cauterizador, ra. adj. 'Que cauteriza'. Ú. t. c. sust. m. y f.: **el cauterizador, la cauterizadora**.

cauterizar. v. tr. Su postverbal es **cauterización** (sust. f.). → **cazar**

cautivador, ra. adj. 'Que cautiva'. La Academia no registra su uso como sustantivo.

cautivar. v. tr. 'Privar de libertad'; 'atraer, ganar'; 'ejercer irresistible influencia en el ánimo mediante atractivo físico o moral'. Rég. prep.: **cautivar con** algo (***Cautivó*** *a la joven* ***con*** *su erudición*). v. intr. 'Ser hecho cautivo o entrar en cautiverio'.

cautiverio. sust. m. 'Privación de libertad'; 'encarcelamiento'. También puede decirse **cautividad** (sust. f.), pero la Academia prefiere la primera forma.

cavernícola. adj. 'Que vive en las cavernas'. También puede decirse **cavernario, ria** (adj.). Ú. t. c. sust. com.: **el cavernícola, la cavernícola**. 'Retrógrado, partidario de instituciones políticas anticuadas'.

cavernosidad. sust. f. 'Oquedad, cueva'. Es palabra aguda. En plural, se transforma en grave: **cavernosidades**. También puede decirse **cavernidad** (sust. f.), pero la Academia prefiere la primera forma.

cavo. sust. m. → **cabo**

cayo. sust. m. → **callo**

cazabombardero. sust. m. 'Avión de combate'. No debe escribirse *caza-bombardero* ni *caza bombardero*. En plural: **cazabombarderos**.

cazar. v. tr. Cambia la **z** por **c**, cuando va seguida de **e**, en pretérito perfecto simple de indicativo (*cacé*) y en presente de subjuntivo (*cace, caces, cace, cacemos, cacéis, cacen*). No debe confundirse su grafía con la de su homófono **casar** (v. intr. Ú. t. c. prnl. y c. tr.).

cazatalentos. sust. com. Traducción del inglés (*talent scout* o *headhunter*). 'Persona dedicada a buscar individuos idóneos para ser contratados por compañías necesitadas de ellos': **el cazatalentos, la cazatalentos**. En plural, no varía: **los cazatalentos**.

cazatorpedero. sust. m. 'Buque de guerra pequeño y bien armado'. En plural: **cazatorpederos**. También puede decirse **contratorpedero** (sust. m.).

cazo. sust. m. 'Recipiente de cocina'. Diminutivo: **cacillo**. No debe confundirse su grafía con la de su homófono **caso** (sust. m.).

cazuela. sust. f. Diminutivo: **cazoleja** y **cazoleta**. Aumentativo: **cazolón** (sust. m.).

cebada. sust. f. Diminutivo: **cebadilla**. El sustantivo colectivo es **cebadal** (m.).

cebador, ra. adj. 'Que ceba'. sust. m. y f. Río de la Plata. 'Persona que ceba el mate': **el cebador, la cebadora**.

cebadura. sust. f. Río de la Plata. 'Cantidad de yerba que se pone en el mate cuando se prepara la infusión'.

cebolla. sust. f. Aumentativo: **cebollón** (sust. m.). El sustantivo colectivo es **cebollar** (m.).

cebollero, ra. adj. 'Perteneciente o relativo a la cebolla'. sust. m. y f. 'Persona que vende cebollas': **el cebollero, la cebollera**.

cebra. sust. f. 'Animal solípedo del África Austral'. Para distinguir los sexos, debe recurrirse a las perífrasis **cebra macho, cebra hembra**. → **zebra**

cebruno, na. adj. También puede decirse **cervuno**, 'color del caballo parecido al del ciervo'.

cebú. sust. m. 'Variedad del toro común, caracterizada por la giba adiposa que tiene sobre el lomo'. Para distinguir los sexos, debe recurrirse a las perífasis **cebú macho, cebú hembra**. En plural: **cebúes** o **cebús**.

ceca. sust. f. Argent. 'Cruz, reverso de la moneda'. No debe confundirse su grafía con la de su homófono **seca** (sust. f. Ú. t. c. adj.).

cecear. v. intr. 'Pronunciar la *s* como la *c* ante *e, i*, o como la *z*'. No debe pronunciarse [ceciar, ceciéi]. La primera persona singular del pretérito perfecto simple de indicativo es *ceceé*. No deben confundirse su grafía y su significado con los de **sesear** (v. intr.). También puede decirse **zacear** (v. intr.). → **-ear**

ceceoso, sa. adj. 'Que pronuncia la *s* como *c*'. Ú. t. c. sust. m. y f.: **el ceceoso, la ceceosa**. Repárese en que la palabra se escribe con **c**. No debe pronunciarse [cecioso]. Incorrecto: *seseoso*.

cechero. sust. m. → **acechador**

cecina. sust. f. Argent. y Par. 'Tira de carne de vacuno, delgada, seca y sin sal'. Repárese en que la palabra se escribe con **c**. También puede decirse **chacina** (sust. f.).

cedazo. sust. m. Diminutivos: **cedacillo** y **cedazuelo**.

ceder. v. tr. 'Dar, transferir' (***Cederá** sus bienes*). v. intr. 'Rendirse'; 'mitigarse' (***Cede** la fiebre*). Rég. prep.: **ceder a** (***Cedió a** sus ruegos*); **ceder de** (***Cede de** sus derechos*). 'Disminuirse o cesar la resistencia de una cosa'. Rég. prep.: **ceder en** (***Cederá en** la revisión del contrato*).

cedilla. sust. f. 'Signo ortográfico formado por una *c* y una virgulilla suscrita (ç), que en español medieval y clásico, así como en otras lenguas, representa, ante las vocales *a, o, u*, la misma articulación que la *c* tiene ante *e, i*'.

También puede escribirse **zedilla** (sust. f.), pero la Academia prefiere la primera forma.

cédula. sust. f. Aumentativo: **cedulón** (sust. m.). Es palabra esdrújula.

cefalalgia. sust. f. 'Dolor de cabeza'. No debe confundirse su significado con el de **cefalea** (sust. f.), 'cefalalgia violenta y tenaz, que afecta uno de los lados de la cabeza'.

cefalea. sust. f. → **cefalalgia**

-cefalia. elem. compos. de or. gr. 'Estado o cualidad de la cabeza' (*dolico**cefalia***, 'cualidad de dolicocéfalo, es decir, con cráneo de figura muy oval').

-céfalo, la. elem. compos. de or. gr. 'Cabeza' (*dolico**céfalo***).

cefalorraquídeo. adj. Debe escribirse en una sola palabra. Incorrecto: *céfalo-raquídeo*, *céfalo raquídeo*. En plural: **cefalorraquídeos**.

cefalotórax. sust. m. Debe escribirse en una sola palabra. Incorrecto: *céfalo-tórax*, *céfalo tórax*. En plural, no varía: **los cefalotórax**.

cegar. v. irreg. intr. 'Perder enteramente la vista'. v. tr. 'Quitar la vista a alguno' (*Un oculista lo **cegó***). 'Cerrar, macizar' (*Dos hombres **ciegan** el pozo*). 'Turbar la razón, ofuscar el entendimiento'. Ú. t. c. prnl. Rég. prep.: **cegarse de** (***Se cegó de** ira*). Se conjuga como **negar**.

cegato, ta. adj. Ú. t. c. sust. m. y f. 'Corto de vista o de vista escasa': **el cegato, la cegata**. También puede decirse **cegatón, na** (adj.).

ceguera. sust. f. También puede decirse **ceguedad** (sust. f.). Aunque es más común el uso de **ceguera**, la Academia prefiere la segunda forma.

ceiba. sust. f. 'Árbol americano'. También puede decirse **ceibo** (sust. m.). El sustantivo colectivo es **ceibal** (m.).

ceja. sust. f. Diminutivo: **cejuela**.

cejijunto, ta. adj. 'Que tiene las cejas muy pobladas de pelo hacia el entrecejo, por lo que casi se juntan'. También puede decirse **cejunto, ta** (adj.), pero la Academia prefiere la primera forma.

celador, ra. adj. 'Que vigila'. sust. m. y f.: **el celador, la celadora**.

celaje. sust. m. 'Aspecto que presenta el cielo cuando hay nubes tenues y de varios matices'. Como sustantivo colectivo, significa 'conjunto de nubes'. Con esta denotación, es sinónimo de **celajería** (sust. f. colect.).

celda. sust. f. Diminutivo: **celdilla**.

celebrante. p. a. de **celebrar**. 'Que celebra'. sust. m. 'Sacerdote que está diciendo misa o preparado para decirla' (*El **celebrante** rezó la oración*).

celebrar. v. tr. 'Alabar, aplaudir' (***Celebro** tus palabras*). 'Venerar con culto público los misterios de la religión y la memoria de los santos' (*La Iglesia **celebra** el día de Santa Inés*). 'Realizar un acto, una reunión, un espectáculo, etc.' (***Celebran** el estreno de la ópera*). 'Decir misa' (***Celebrará** la misa de Navidad*). Incorrecto: *Celebraron el entierro del presidente de la empresa*; *Celebrarán la muerte de Sarmiento*. Correcto: ***Efectuaron** el entierro del presidente de la empresa*; ***Conmemorarán** el aniversario de la muerte de Sarmiento* o ***Celebrarán** el aniversario de la muerte de Sarmiento*. Ú. t. c. prnl. 'Conmemorar, festejar una fecha, un acontecimiento' (***Se celebró** el Día de la Bandera*).

célebre. adj. 'Famoso'. El superlativo es **celebérrimo, ma**.

celebridad. sust. f. Puede usarse con el significado de 'persona famosa' (*El doctor Ruiz es una **celebridad***). Es palabra aguda. En plural, se transforma en grave: **celebridades**.

celentéreo. adj. 'Dícese de animales con simetría radiada, como pólipos, medusas y ctenóforos'. Ú. t. c. sust. m. (*un **celentéreo***). sust. m. pl. 'Grupo que forman tales seres': **los celentéreos**. Es palabra esdrújula.

celíaco, ca. adj. 'Perteneciente o relativo al vientre o a los intestinos'. Es palabra esdrújula. También puede decirse **celiaco, ca** (voz grave), pero la Academia prefiere la primera forma.

celícola. sust. m. 'Habitante del cielo'. → **-cola**

cello. sust. m. 'Aro con que se sujetan las duelas de las cubas'. No debe pronunciarse [chelo] a la manera italiana. No debe confundirse su significado con el de **violoncelo** (sust. m.) o **violonchelo** (sust. m.), voz italiana (*violoncello*) españolizada. La Academia no registra celo ni chelo con esta última denotación. No se confunda su grafía con la de su homófono **sello** (sust. m.).

celo. sust. m. 'Cuidado, esmero que se pone al hacer algo'; 'interés extremado por una causa o por una persona'; 'recelo que alguien siente de que cualquier afecto o bien que disfrute o pretenda, llegue a ser alcanzado por otro'; 'apetito de la generación en los animales'; 'época en que sienten este apetito'. En plural, cambia su significado: 'sospecha, inquietud y recelo de que la persona amada haya mudado o mude su cariño, poniéndolo en otra' (*No soportaba sus **celos***).

celofán. sust. m. Voz francesa (*Cellophane*, nombre de una marca registrada, de *cell-*, principio de *cellulose*, y *phane*, del griego *faíno*, 'mostrar', 'celulosa transparente') españolizada. Es palabra aguda. En plural, se transforma en grave: **celofanes**.

celosía. sust. f. 'Enrejado de listoncillos de madera o de hierro, que se pone en las ventanas de los edificios, para que las personas que están en el interior vean sin ser vistas' (*Observa todo a través de la **celosía***); 'celotipia, pasión de los celos' (*Sufre por su **celosía***).

celtíbero, ra. adj. Ú. t. c. sust. m. y f. 'Pueblo hispánico prerromano': **el celtíbero, la celtíbera**. También pueden decirse **celtibero, ra** (adj.; ú. t. c. sust. m. y f.), palabra grave; **celtibérico, ca** (adj.; ú. t. c. sust. m. y f.), palabra esdrújula; **celtiberio, ria** (adj.; ú. t. c. sust. m. y f.), palabra grave. La Academia prefiere **celtíbero**.

celtohispánico, ca. adj. 'Dícese de los monumentos o restos de la cultura céltica existentes en la España peninsular'. También puede decirse **celtohispano, na** (adj.), pero la Academia prefiere la primera forma. Incorrecto: celto-hispánico, celto-hispano, celto hispánico, celto hispano.

celtolatino, na. adj. 'Dícese de las palabras celtas incorporadas al latín'. Incorrecto: celto-latino, celto latino.

celular. adj. 'Perteneciente o relativo a las células' (*Estudian el tejido **celular***). sust. m. 'Establecimiento carcelario donde los reclusos están incomunicados'. **coche celular**. 'Vehículo acondicionado para transportar personas arrestadas por la autoridad'. En plural: **coches celulares**.

cementar. v. reg. tr. 'Calentar una pieza de metal en contacto con otra materia en polvo o en pasta'. No deben confundirse su significado, su grafía y su conjugación con los de su homófono **sementar** (v. irreg. tr.), 'sembrar en la tierra', ni con los de **cimentar** (v. irreg. tr.), 'poner los cimientos de un edificio o de una obra'.

cementerio. sust. m. También puede decirse **cimenterio** (sust. m.), pero la Academia prefiere la primera forma.

cementero, ra. adj. 'Perteneciente o relativo al cemento' (*industria **cementera***). Ú. t. c. sust. f.: **la cementera**.

cemento. sust. m. Son expresiones correctas **cemento armado** y **hormigón armado**. También puede decirse **cimento** (sust. m.).

cenado, da. p. de **cenar** (*Ya ha **cenado***). adj. 'Dícese del que ha cenado' (*¡Soy un hombre **cenado**!*).

cenador, ra. adj. 'Que cena'. Ú. t. c. sust. m. y f.: **el cenador, la cenadora** (*El **cenador** debe comer poco*). 'Que cena con exceso' (*Se siente mal, porque es una **cenadora***). sust. m. 'Espacio, comúnmente redondo, que suele haber en los jardines, cercado y vestido de plantas trepadoras, parras o árboles' (*La esperan en el **cenador***). No debe confundirse su grafía con la de sus homófonos **senador** (sust. m.), **senadora** (sust. f.).

cenagal. sust. m. 'Sitio o lugar lleno de cieno'. Incorrecto: cenegal. Es palabra aguda. En plural, se transforma en grave: **cenagales**. Sus sinónimos son **barrial** (sust. m.), **barrizal** (sust. m.) y **lodazal** (sust. m.).

cenagoso, sa. adj. 'Lleno de cieno'. También puede decirse **cienoso, sa** (adj.), pero la Academia prefiere la primera forma.

cencerrear. v. intr. 'Tocar o sonar insistentemente cencerros'. No debe pronunciarse [cencerriar, cencerrié]. → **-ear**

cencerro. sust. m. 'Campana pequeña y cilíndrica, hecha con chapa de hierro o de cobre'. También puede decirse **cencerra** (sust. f.), pero la Academia prefiere la primera forma.

cendal. sust. m. 'Tela de seda o lino muy delgada y transparente'. En plural: **cendales**. → **zendal**

cenicero. sust. m. 'Sitio donde se recoge o echa la ceniza'. Con este significado, también puede usarse **cenizal** (sust. m.).

cenit. sust. m. 'Punto del hemisferio celeste superior al horizonte, que corresponde verticalmente a un lugar de la Tierra'. Es palabra aguda. También puede escribirse **zenit**, pero la Academia prefiere la primera forma. Incorrecto: cénit, zénit. **cenital** (adj.) es lo 'perteneciente o relativo al cenit'.

ceniza. sust. f. Diminutivo: **cenicilla**. Los adjetivos correspondientes son **cinerario, ria** o **cinéreo, a**, 'ceniciento, de color de ceniza', y **cinericio, cia**, 'de ceniza'.

cenizo, za. adj. 'De color de ceniza'. También pueden decirse **cenizoso, sa** (adj.) y **ceniciento, ta** (adj).

cenotafio. sust. m. 'Monumento funerario en el cual no está el cadáver del personaje a quien se dedica'. Incorrecto: *Realizaron el homenaje junto al cenotafio que guarda los restos del prócer*. Correcto: *Realizaron el homenaje junto al **cenotafio** del prócer*.

cenote. sust. m. 'Depósito de agua manantial'. → **zonote**

censista. sust. com.: **el censista, la censista**.

censo. sust. m. También puede decirse **censal** (sust. m.), con la denotación de 'contrato'.

censor, ra. adj. Ú. t. c. sust. m. y f.: **el censor, la censora**. No debe confundirse su grafía con la de su homófono **sensor** (sust. m.). → **sensor**

censual. adj. 'Perteneciente al censo'. También puede decirse **censal** (adj.), pero la Academia prefiere la primera forma. No debe confundirse su grafía con la de **sensual** (adj.).

censurador, ra. adj. 'Que censura'. Ú. t. c. sust. m. y f.: **el censurador, la censuradora**. No debe confundirse su significado con el de **censurista** (sust. com.), 'persona que tiene propensión a censurar o a reprender a las demás'.

censurar. v. tr. Rég. prep.: **censurar a** (***Censuró** la novela **al** editor*); **censurar de** (***Censuró de** malo el trabajo*); **censurar en** (***Censura en** él la impulsividad*).

centavo. sust. m. En singular, su abreviatura es ***cent.*** y, en plural, ***cents.***

centella. sust. f. 'Rayo, chispa eléctrica'; 'persona o cosa muy veloz'; se usa principalmente como término de comparación (*Silvia es rápida como una **centella***). Aumentativo: **centellón** (sust. m.). También puede decirse **centalla** (sust. f.), pero la Academia prefiere la primera forma.

centellear. v. intr. No debe pronunciarse [centelliar]. También pueden decirse **centellar** (v. intr.) y **cintilar** (v. tr.). → **-ear**

centena. sust. f. colect. 'Conjunto de cien unidades'. También pueden decirse **centenada** (sust. f.) y **centenar** (sust. m.) o **centenal** (sust. m.). **a centenadas**. loc. adv. fig. Es sinónima de **a centenares**, locución adverbial con que 'se pondera la abundancia de algunas cosas' (*Había libros **a centenares***).

centenario, ria. adj. 'Perteneciente a la centena'; 'dícese de la persona que tiene cien años de edad o poco más o menos' (*El poeta es **centenario***). Ú. t. c. sust. m. y f.: **el centenario, la centenaria**. sust. m. 'Tiempo de cien años' (*Ha pasado ya un **centenario***); 'fiesta que se celebra de cien en cien años'; 'día en que se cumplen una o más centenas de años del nacimiento o de la muerte de alguna persona ilustre, o de algún suceso famoso' (***centenario** de Ricardo Güiraldes*).

centesimal. adj. 'Dícese de cada uno de los números del uno al noventa y nueve inclusive' (*El ocho es un número **centesimal***).

centésimo, ma. adj. 'Que sigue inmediatamente en orden al o a lo nonagésimo nono' (*Ya he leído el **centésimo** capítulo de la obra*); 'dícese de cada una de las cien partes iguales en que se divide un todo'. También puede decirse **centeno, na** (adj.). Ú. t. c. sust. m. y f.: **el centésimo, la centésima**. sust. m. 'Céntimo, fracción de la unidad monetaria de algunos países americanos'.

centi-. elem. compos. de or. lat. 'Cien' (***centi**mano*); 'centésima parte' (***centí**metro, **centi**litro*).

centiárea. sust. f. 'Medida de superficie, que tiene la centésima parte de un área, es decir, un metro cuadrado'. Es palabra esdrújula. No debe pronunciarse [centiária] como grave. En plural: **centiáreas**. Su abreviatura es ***ca*** (sin punto).

centígrado, da. adj. (*grado centígrado*). Es palabra esdrújula. No debe pronunciarse [centigrado] como grave.

centigramo. sust. m. 'Peso que es la centésima parte de un gramo'. Es palabra grave. No debe pronunciarse [centígramo] como esdrújula. Su abreviatura es *cg* (sin punto). Ésta no varía en plural.

centilitro. sust. m. 'Medida de capacidad que tiene la centésima parte de un litro'. Es palabra grave. No debe pronunciarse [centílitro] como esdrújula. Abreviatura académica: *cl* (sin punto). Ésta no varía en plural. Símbolo: ***cL***

centimano. adj. 'De cien manos'. Es palabra grave. También puede decirse **centímano** (palabra esdrújula), pero la Academia prefiere la primera forma. Ú. t. c. sust. com.: **el centimano, la centimano.**

centímetro. sust. m. 'Medida de longitud, que tiene la centésima parte de un metro'. Su abreviatura es ***cm*** (sin punto). Ésta no varía en plural. **centímetro cuadrado**. 'Medida superficial correspondiente a un cuadrado que tenga un centímetro de lado'. Su abreviatura es ***cm²*** (sin punto). **centímetro cúbico**. 'Medida de volumen correspondiente a un cubo cuyo lado es un centímetro'. Sus abreviaturas son ***c.c.*** y ***cm³*** (sin punto). Éstas no varían en plural.

centolla. sust. f. También pueden decirse **centola** (sust. f.) y **centollo** (sust. m.), pero la Academia prefiere la primera forma.

central. adj. 'Perteneciente al centro'; 'que está en el centro'; 'lugar que está entre dos extremos' (*América **Central***); 'que ejerce su acción sobre todo un campo o territorio'; 'esencial, importante' (*Tratará un tema **central***). sust. f. 'Instalación donde están unidos o centralizados varios servicios públicos de una misma clase' (***Central** de Correos*); 'casa o establecimiento principal de algunas empresas particulares' (*Visita la **central** de la empresa editora*). Como sustantivo, su diminutivo es **centralita**.

centralista. adj. 'Relativo a la centralización política o administrativa'. Ú t. c. sust. com. 'Persona encargada de una red de comunicaciones, en especial de una centralita telefónica': **el centralista, la centralista.** → **centrista**

centralizar. v. tr. Ú. t. c. prnl. 'Reunir varias cosas en un centro común' (***Centralizó** sus actividades en una sola oficina*). 'Hacer que varias cosas dependan de un poder central'; 'asumir el poder público facultades atribuidas a organismos locales'. No debe confundirse su significado con el de **centrar** (v. tr.). → **cazar**

centrar. v. tr. 'Determinar el punto céntrico de una superficie o de un volumen'; 'colocar una cosa de modo que su centro coincida con el de otra'; 'dirigir el interés o la atención hacia un objetivo concreto' (***Centra** sus estudios en la literatura española*). No debe confundirse su significado con el de **centralizar**.

centrifugado, da. p. de **centrifugar** (v. tr.). sust. m. 'Acción y efecto de centrifugar'. También puede decirse **centrifugación** (sust. f.).

centrifugar. v. tr. No deben pronunciarse [centrífugo, centrífugas, centrífuga] como esdrújulas las personas del presente de indicativo, pues son palabras graves (*centrifugo, centrifugas, centrifuga*). → **pagar**

centrífugo, ga. adj. 'Que aleja del centro'. Es palabra esdrújula. Su antónimo es **centrípeto, ta** (adj.). No debe confundirse su acentuación con la de las formas verbales de **centrifugar** (v. tr.).

centrismo. sust. m. También puede decirse **centro** (sust. m.).

centrista. adj. 'Partidario de una política de centro'. Ú. t. c. sust. com.: **el centrista, la centrista**. No debe confundirse su significado con el de **centralista** (adj. Ú. t. c. sust. com.).

centro. sust. m. Incorrecto: *Está al centro* (galicismo). Correcto: *Está **en el** centro.*

centrocampista. sust. com.: **el centrocampista, la centrocampista**. Incorrecto: *centro campista*, *centro-campista*. En plural: **centrocampistas.**

centuplicado, da. p. de **centuplicar**, 'hacer cien veces mayor una cosa'. También puede decirse **centiplicado, da** (adj.).

centuplicar. v. tr. Ú. t. c. prnl. → **sacar**

centuria. sust. f. Su sinónimo es **siglo** (sust. m.).

ceñimiento. sust. m. 'Acción y efecto de ceñir o ceñirse'. También puede decirse **ceñidura** (sust. f.).

ceñir. v. irreg. tr. 'Rodear, ajustar, apretar'. v. prnl. 'Reducirse en los gastos, en las palabras, etc.'; 'concretarse a una ocupación, trabajo o asunto'. Rég. prep.: **ceñirse a** (*Se ciñe el lazo **a** la cintura*; ***Cíñase a** esas palabras*); **ceñir con** o **de** (***Ciñó** la cabeza **con** o **de** flores*). Se conjuga como **teñir**.

ceño. suf. m. Entre otras denotaciones, 'entrecejo'. También puede decirse **zuño** (sust. m.). El homónimo de **ceño**, también sustantivo, denota 'cerco o aro que ciñe alguna cosa'.

ceñudo, da. adj. También puede decirse **ceñoso, sa** (adj.).

cepa. sust. f. Aumentativo: **cepón** (sust. m.).

cepo. sust. m. Entre otas acepciones, 'instrumento de tortura'. Diminutivo: **cepillo**.

-cer. suf. de or. lat. → **-ecer**

cera. sust. f. Es sustantivo colectivo con las siguientes denotaciones: 'conjunto de velas o hachas de cera'; 'entre colmeneros, conjunto de las casillas de cera que fabrican las abejas en las colmenas'.

cerámico, ca. adj. 'Perteneciente o relativo a la cerámica' (*piso **cerámico***).

ceramista. sust. com. 'Persona que fabrica objetos de cerámica': **el ceramista, la ceramista.**

ceraunomancia. sust. f. 'Adivinación por medio de las tempestades'. También puede decirse **ceraunomancía** (sust. f.). → **-mancia** o **-mancía**

cerbatana. sust. f. También puede decirse **cebratana** (sust. f.), pero la Academia prefiere la primera forma.

cerca. adv. l. y t. Su diminutivo es **cerquita**. Su superlativo, **cerquísima**. **cercas**. sust. m. pl.: **los cercas** ('objetos situados en el primer término de un cuadro'). **cerca de.** loc. prepos. 'Junto a' (*Siéntate **cerca de** Julia*). Es incorrecta la omisión de la preposición **de**: *Conseguí los libros cerca su empresa*. Correcto: *Conseguí los libros **cerca de** su empresa*. Por influencia del francés, sirve para designar la residencia de un ministro en determinada corte extranjera: *Es Embajador **cerca de** la Santa Sede*. loc. adv. 'Casi' (*Llegaron **cerca de** cien estudiantes japoneses*; *Son **cerca de** las nueve*). **de cerca**. loc. adv. 'A corta distancia' (*Lo seguí **de cerca***). También puede ir precedido de la preposición **desde** (*Lo seguí **desde cerca***). No debe usarse seguido de pronombres posesivos: *Estaba cerca mío*; *Se sentó cerca tuyo*. Correcto: *Estaba **cerca de mí***; *Se sentó **cerca de ti***.

cercador, ra. adj. Ú. t. c. sust. m. y f.: **el cercador, la cercadora.**

cercano, na. adj. Rég. prep.: **cercano a** (***cercano a** su casa*; ***cercano a** nosotros*). Incorrecto: *cercano de su casa*; *cercano nuestro*.

cercar. v. tr. → **sacar**

cercenador, ra. adj. Ú. t. c. sust. m. y f.: **el cercenador, la cercenadora**.

cercenamiento. sust. m. También puede decirse **cercenadura** (sust. f.).

cerciorar. v. tr. 'Asegurar a alguien la verdad de una cosa'. Ú. m. c. prnl. y con la preposición **de** (***Se cercioró de** la hora de la reunión*; ***Me cercioro de** que es útil la obra*). Incorrecto: *Me cercioro que es útil la obra*.

cerco. sust. m. Diminutivo: **cerquillo**.

cerda. sust. f. 'Pelo grueso, duro y largo'. El sustantivo colectivo es **cerdamen** (m.). También puede decirse **ceda** (sust. f.).

cerdo. sust. m. Su femenino es **cerda**. Sus sinónimos son **chancho, cha** (sust. m. y f.), **coche** (sust. m.; carece de femenino), **cochino, na** (sust. m. y f.), **cocho, cha** (sust. m. y f.), **cuchí** (sust. m.; carece de femenino), **lechón, na** (sust. m. y f.), **puerco, ca** (sust. m. y f.) y **varraco** (sust. m.). Las voces **verraco** (sust. m.) y **verrón** (sust. m.) denotan 'cerdo padre'. El sustantivo colectivo es **piara** (f.).

cerdoso, sa. adj. 'Que cría y tiene muchas cerdas'. También puede decirse **cerdudo, da** (adj.), pero la Academia prefiere la primera forma. sust. m. 'Jabalí': **el cerdoso.**

cereal. adj. 'Perteneciente o relativo a la diosa Ceres' (*fiesta **cereal***). Ú. t. c. sust. m.: **el cereal**. sust. m. colect. 'Conjunto de las semillas de las plantas gramíneas: trigo, centeno, cebada' (*Mercado de **Cereales***).

cerealista. adj. 'Relativo a la producción y al tráfico de cereales' (*Primeras Jornadas **Cerealistas***). Incorrecto: cerealero, cerealera.

cerebral. adj. 'Perteneciente o relativo al cerebro' (*estudio **cerebral***); 'intelectual' (*Es una mujer **cerebral***). Ú. t. c. sust. com. aplicado a personas: **el cerebral, la cerebral** (***El cerebral** no es apasionado*). No debe pronunciarse [celebral].

cerebro. sust. m. 'Cabeza, talento, juicio, capacidad' (*Carece de **cerebro***); 'persona que concibe o dirige un plan de acción' (*Ella es el **cerebro** del proyecto*); 'persona sobresaliente en actividades culturales, científicas o técnicas' (*Es un **cerebro** en física*). No debe pronunciarse [celebro].

cerebroespinal. adj. Se escribe en una sola palabra. Incorrecto: cerebro espinal, cerebro-espinal.

ceremonia. sust. f. **de ceremonia**. loc. adv. 'Lo que se hace con todo el aparato y la solemnidad que le corresponde' (*Vistió un traje **de ceremonia***). Incorrecto: *maestro de ceremonia*. Correcto: *maestro **de ceremonias***. Debe decirse *bandera **de ceremonia***. **por ceremonia**. loc. adv. 'Lo que se hace por cumplir con otro' (*Asistió a la fiesta **por ceremonia***).

ceremonial. adj. 'Perteneciente o relativo al uso de las ceremonias'. sust. m. colect. 'Serie o conjunto de formalidades para cualquier acto público o solemne'.

ceremonioso, sa. adj. 'Que observa con puntualidad las ceremonias'; 'que gusta de ceremonias'. También pueden decirse **ceremoniático, ca** (adj.) y **ceremoniero, ra** (adj.), pero la Academia prefiere la primera forma.

céreo, a. adj. 'De cera'. Es palabra esdrújula. No debe confundirse su significado con el de **cerúleo, a** (adj.). → **cerúleo**

cerero. sust. m. 'Persona que labra y vende la cera'. Su femenino es **cerera**.

cerezo. sust. m. 'Árbol frutal'. Su fruto es la **cereza** (sust. f.). Los sustantivos colectivos son **cereceda** (f.) y **cerezal** (m.).

cerillero. sust. m. 'Persona que vende cerillas (fósforos) y tabaco en cafés, bares y locales de este tipo'. Su femenino es **cerillera**.

cerio. sust. m. 'Metal de color pardo rojizo'. Número atómico 58. Símbolo: ***Ce***

cernedor. sust. m. 'Persona que cierne'. Su femenino es **cernedora**. sust. m. 'Torno para cerner harina'. Incorrecto: cernidor.

cerner. v. irreg. tr. 'Separar con el cedazo lo más grueso de una materia reducida a polvo' (***Cierne** la harina*). v. intr. 'Tratándose de la vid, del olivo, del trigo y de otras plantas, caer el polen de la flor'. v. prnl. 'Andar o menearse moviendo el cuerpo a uno y otro lado, como quien cierne' (***Se ciernen** al compás de la música*); 'mover las aves sus alas, manteniéndose en el aire sin apartarse del sitio en que están'; 'fig. 'amenazar de cerca algún mal'. Incorrecto: cerno. Correcto: ***cierno***. También puede decirse **cernir** (v. tr.), pero la Academia prefiere la primera forma. No debe confundirse su conjugación con la de este verbo. El verbo **cerner** se conjuga como **tender**. → **cernir**

cernido, da. p. de **cerner**. sust. m. 'Acción de cerner'; 'harina cernida para hacer el pan': **el cernido**. Diminutivo: **cernidillo, lla**.

cernir. v. irreg. tr. Es sinónimo de **cerner**. Incorrecto: cirnió, cirnieron. Correcto: ***cernió, cernieron***. Se conjuga como **discernir**.

cero. adj. 'Cardinal que expresa una cantidad nula, nada, ninguno' (***cero** puntos*). El sustantivo que lo acompaña siempre debe ir en plural. Incorrecto: *cero punto*. sust. m. 'Signo con que se representa el cero'. **al cero**. loc. adv. 'Hablando del corte de pelo, al rape' (*Le cortó el pelo **al cero***). Incorrecto: *Le cortó el pelo a cero*.

ceromancia. sust. f. 'Arte de adivinar mediante cera derretida en una vasija llena de agua'. También puede decirse **ceromancía**. → **-mancia** o **-mancía**

cerrajero. sust. m. La Academia no registra el género femenino.

cerrar. v. irreg. tr. Ú. t. c. prnl. Con el significado de 'trabar batalla, embestir, acometer', su régimen preposicional es **cerrar con** o **contra** (*Los soldados **cerraron con** o **contra** los indios*). Se conjuga como **acertar**.

cerrazón. sust. f. 'Oscuridad grande que suele preceder a las tempestades'. Argent. 'Niebla espesa que dificulta la visibilidad' (*La **cerrazón***

fue la causa del accidente). 'Incapacidad de comprender algo por ignorancia o prejuicio' (*Su cerrazón le impide aprobar el examen*); 'obstinación, obcecación' (*Se distingue de los demás por su cerrazón*). Es palabra aguda. En plural, se transforma en grave: **cerrazones**.

cerrojo. sust. m. Diminutivos: **cerrojillo** y **cerrojito**.

certamen. sust. m. No lleva tilde, porque es palabra grave terminada en **n**. En plural, se transforma en esdrújula: **certámenes**.

certeza. sust. f. También puede decirse **certitud** (sust. f.), pero la Academia prefiere la primera forma.

certificar. v. tr. Ú. t. c. prnl. Su postverbal es **certificación** (sust. f.). → **sacar**

cerúleo, a. adj. 'Aplícase al color azul del cielo despejado, de la alta mar o de los grandes lagos'. No debe confundirse su significado con el de **céreo, a** (adj.). → **céreo**

cerumen. sust. m. 'Cera de los oídos'. No lleva tilde, porque es palabra grave terminada en **n**. En plural, se transforma en esdrújula: **cerúmenes**.

cervantino, na. adj. 'Propio y característico de Cervantes'. También pueden decirse **cervantesco, ca** (adj.) y **cervántico, ca** (adj.), pero la Academia prefiere la primera forma.

cervantista. adj. 'Dedicado al estudio de las obras de Cervantes y de todo lo que le pertenece'. Ú. t. c. sust. com.: **el cervantista, la cervantista**.

cervato. sust. m. 'Ciervo menor de seis meses'. Diminutivo: **cervatillo**.

cervecero. sust. m. 'Persona que hace cerveza'. Su femenino es **cervecera**.

cerviz. sust. f. 'Parte dorsal del cuello'. Es palabra aguda. En plural, se transforma en grave: **cervices**. Repárese en que la **z** cambia por **c**. **bajar** o **doblar la cerviz**. fr. fig. 'Humillarse, deponiendo el orgullo y la altivez'.

cervuno, na. adj. 'Perteneciente al ciervo'. También puede decirse **cervino, na** (adj.).

cesación. sust. f. 'Acción y efecto de cesar'. Es palabra aguda. En plural, se transforma en grave: **cesaciones**. También puede decirse **cesamiento** (sust. m.), pero la Academia prefiere la primera forma.

cesante. p. a. de **cesar**. 'Que cesa o ha cesado' (*Es un empleado **cesante***). Ú. t. c. sust. com.: **el cesante**, **la cesante** (*Recibirá a los **cesantes***). Incorrecto: *Es un empleado cesanteado*.

cesar. v. intr. Rég. prep.: **cesar de** (***Cesó de** gritar*); **cesar en** (***Cesará en** sus funciones*). Incorrecto: *Lo cesaron en el cargo*. Correcto: ***Lo destituyeron del cargo***. El neologismo *cesantear*, creado sobre la base del adjetivo **cesante**, no aparece registrado en el ***Diccionario***.

cesáreo, a. adj. 'Perteneciente al imperio o a la majestad imperial'. Es palabra esdrújula. No debe pronunciarse [cesareo] como grave. sust. f. 'Operación que se hace abriendo la matriz para extraer el feto': **la cesárea**.

cese. sust. m. 'Acción y efecto de cesar en un empleo o cargo'. En plural: **ceses**. **dar el cese**. 'Destituir a alguien de su empleo o cargo'.

cesible. adj. 'Que se puede ceder o dar a otro' (*Esa propiedad es **cesible***). Incorrecto: *cedible*.

cesio. sust. m. 'Metal alcalino, muy parecido al potasio'. Número atómico 55. Símbolo: ***Cs***

cesionario. sust. m. 'Persona en cuyo favor se hace alguna cesión'. Su femenino es **cesionaria**. También pueden decirse **cesonario** (sust. m.) y **cesonaria** (sust. f.), pero la Academia prefiere la primera forma.

cesionista. sust. com. 'Persona que hace cesión de bienes': **el cesionista, la cesionista**.

césped. sust. m. También puede decirse **céspede** (sust. m.). En plural: **céspedes**.

cesta. sust. f. 'Recipiente tejido con mimbres, juncos, cañas, varillas de sauce u otra materia flexible'. Diminutivo: **cestilla**. No debe confundirse su significado con el de **cesto** (sust. m.).

cestero. sust. m. 'Persona que hace o vende cestos o cestas'. Su femenino es **cestera**.

cesto. sust. m. 'Cesta grande, más alta que ancha'. Aumentativo: **cestón**. Puede usarse como sinónimo de **papelera** (sust. f.), 'cesto de los papeles'. No debe confundirse su significado con el de **cesta** (sust. f.).

ceta. sust. f. → **zeta**

cetáceo, a. adj. 'Dícese de mamíferos pisciformes, marinos, como la ballena y el delfín' (*mamífero **cetáceo***). Ú. t. c. sust. m.: **el cetáceo**. sust. m. pl. 'Orden de estos animales': **los cetáceos**. Es palabra esdrújula.

cetrino, na. adj. 'De color amarillo verdoso'. También puede decirse **citrino, na** (adj.).

ceugma. sust. f. → **zeugma**

chabacanería. sust. f. 'Falta de arte, gusto y mérito estimable'; 'dicho bajo o insustancial'. También puede decirse **chabacanada** (sust. f.), pero la Academia prefiere la primera forma.

chabacano, na. adj. 'Grosero'. sust. m. 'Lengua mixta de español y dialectos indígenas, hablada en Mindanao y otras islas filipinas'.

chacarero, ra. adj. 'Perteneciente o relativo a la chácara o chacra'. sust. m. y. f. 'Dueño de una chacra o granja'; 'persona que trabaja en ella': **el chacarero, la chacarera**.

cha-cha-chá. sust. m. 'Baile moderno de origen cubano'; 'música y ritmo de este baile'. También puede escribirse **chachachá**. En plural: **cha-cha-chás** o **chachachás**. Ambas voces han sido recién incorporadas en el ***Diccionario***.

chacota. sust. f. 'Bulla'; 'broma, burla'. Suele usarse con los verbos **echar**, **tomar** y **hacer** (***Echas a chacota** tu carrera*; ***Toma a chacota** nuestros consejos*; *No **hagas chacota** de tu abuelo*).

chacra. sust. f. También puede decirse **chácara** (sust. f.).

chajá. sust. m. Argent., Par. y Urug. 'Ave zancuda de más de medio metro de longitud; lanza un fuerte grito, que sirvió para darle nombre'. Para distinguir los sexos, debe recurrirse a las perífrasis **chajá macho**, **chajá hembra**. En plural: **chajaes** o **chajás**.

chal. sust. m. Voz francesa (*châle*) españolizada. En plural: **chales**.

chala. sust. f. Amér. Merid. 'Hoja que envuelve la mazorca del maíz'. Chile. 'Chalala, sandalia de cuero crudo'.

chalé. sust. m. Voz francesa (*chalet*) españolizada. En plural: **chalés**. También puede decirse **chalet** (sust. m.). En plural: **chalets**.

chalina. sust. f. Argent., Col. y C. Rica. 'Chal angosto'.

chambón, na. adj. fam. 'Torpe, poco habilidoso' (*empleado **chambón***). Ú. t. c. sust. m. y f.: **el chambón**, **la chambona**.

chambonada. sust. f. fam. 'Desacierto propio del chambón' (*Hizo varias **chambonadas***); 'ventaja obtenida por chiripa'. La A.A.L. ha recomendado la incorporación del siguiente significado: 'Dicho o hecho torpe o inoportuno.

chambonear. v. intr. fam. Amér. 'Hacer chambonadas' (*Cuando cocina, siempre **chambonea***). No debe pronunciarse [chamboniar, chambonié]. → **-ear**

champaña. sust. m. Voz francesa (por *Champagne*, comarca de Francia) españolizada. También pueden decirse **champán** (sust. m. fam.) y **cava** (sust. m.). Incorrecto: *la champaña*, *la cava*. No debe usarse la grafía francesa *champagne*.

champiñón. sust. m. Voz francesa (*champignon*) españolizada. Es palabra aguda. En plural, se transforma en palabra grave: **champiñones**.

champú. sust. m. Voz inglesa (*shampoo*) españolizada. En plural: **champús**. Incorrecto: *champúes*, *champuses*. No debe usarse la grafía inglesa.

chamuscar. v. tr. Ú t. c. prnl. 'Quemar algo por la parte exterior'. Incorrecto: *chamusquear*. → **sacar**

♦ **chance.** Galicismo (préstamo del francés *–chance–* al inglés). En español, debe decirse **oportunidad** o **suerte**.

chancear. v. intr. Ú. m. c. prnl. 'Bromear'. No debe pronunciarse [chanciar, chancié]. → **-ear**

chanchero. sust. m. rur. Argent., Chile y Perú. 'Persona que cuida chanchos, los cría para venderlos o negocia comprándolos y vendiéndolos'. Su femenino es **chanchera**.

chancho. sust. m. 'Cerdo'. Su femenino es **chancha**. adj. 'Puerco, sucio, desaseado' (*niño **chancho***).

chancleta. sust. f. 'Chinela sin talón'. **en chancletas**. loc. adv. 'Sin llevar calzado el talón del zapato'. **tirar la chancleta**. fr. fig. y fam. Argent. 'Abandonar una mujer las pautas de comportamiento tradicional'; 'darse una persona súbita e inesperadamente a una conducta más liberada'.

chancletear. v. intr. 'Andar en chancletas'. No debe pronunciarse [chancletiar, chancletié]. La primera persona singular del pretérito perfecto simple de indicativo es *chancleteé.* → **-ear**

changa. sust. f. Argent. 'Ocupación transitoria, por lo común en tareas menores'. Se usa con el verbo **hacer** (***Hizo dos changas***).

changador. sust. m. Argent., Bol. y Urug. 'Persona que en los sitios públicos se encarga de transportar equipajes'. En la Argentina, también se usa **changarín** (sust. m.) como sinónimo de **changador**.

changarín. sust. m. Argent. 'Changador'; 'peón urbano o rural que se contrata temporalmente para realizar tareas menores'. Es palabra aguda. En plural, se transforma en grave: **changarines**.

chanta. sust. com. fam. Argent. 'Persona que gusta aparentar conocimientos, relaciones o ideas': **el chanta, la chanta. tirarse a chanta.** fr. fig. y fam. 'Dejar de cumplir con las obligaciones'. La voz **chanta** y la frase correspondiente carecen de registro académico. La A.A.L. ha recomendado su incorporación en el ***Diccionario***.

chantaje. sust. m. Voz francesa (*chantage*) españolizada. Debe escribirse con **j**.

chantajear. v. tr. 'Ejercer chantaje'. Debe escribirse con **j**. No debe pronunciarse [chantajiar, chantajié]. → **-ear**

chantajista. sust. com.: **el chantajista, la chantajista**.

chantar. v. tr. Ast., Argent., Ecuad. y Perú. 'Decir sin miramientos a una persona lo que de ella se piensa o se sabe' (*Le chantó todo lo que dijeron de ella*).

chantillí. sust. m. Voz francesa (por *Chantilly*, ciudad de Francia) españolizada. Es palabra aguda. Incorrecto: *la chantillí*. Es una redundancia decir *la crema chantillí*, pues la definición de ese sustantivo ya aclara que es una crema. No debe usarse la grafía francesa *chantilly*.

chapa. sust. f. Diminutivo: **chapeta**.

chapar. v. tr. 'Cubrir o guarnecer con chapas'. También puede decirse **chapear** (v. tr.) y **enchapar** (v. tr.).

chaparrón. sust. m. 'Lluvia recia de corta duración'; 'abundancia o muchedumbre de cosas'. Es palabra aguda. En plural, se transforma en esdrújula: **chaparrones**. También pueden decirse **chaparrada** (sust. f.), **chaparrazo** (sust. m.) y **chapetón** (sust. m.). El **chubasco** (sust. m.) o **chubascada** (sust. f.) es el 'chaparrón de cierta violencia'.

chapería. sust. f. 'Adorno hecho de muchas chapas'. No debe confundirse su significado con el de **chapistería** (sust. f.), 'taller donde se trabaja la chapa'; 'arte de trabajar la chapa'.

chapista. sust. com.: **el chapista, la chapista**.

chapotear. v. tr. No debe pronunciarse [chapotiar, chapotié]. → **-ear**

chapurrear. v. tr. 'Hablar con dificultad un idioma, pronunciándolo mal y usando en él vocablos y giros exóticos'. No debe pronunciarse [chapurriar, chapurrié]. También puede decirse **chapurrar** (v. tr.). → **-ear**

chapuzar. v. tr. Ú. t. c. intr. y c. prnl. 'Meter a alguien de cabeza en el agua'. Su postverbal es **chapuzón** (sust. m.). → **cazar**

chaqué. sust. m. Voz inglesa (*jaquette*) españolizada. 'Traje de etiqueta'. En el Uruguay, **yaqué**. Incorrecto: *chaquet, jaqué*. En plural: **chaqués, yaqués**.

chaqueta. sust. f. 'Prenda exterior de vestir, con mangas y sin faldones, que se ajusta al cuerpo y pasa poco de la cintura'. Diminutivo: **chaquetilla**. Aumentativo: **chaquetón** (sust. m.).

charco. sust. m. También pueden decirse **charca** (sust. f.), **encharcada** (sust. f.), **lagunar** (sust. m.) y **lagunazo** (sust. m.). El sustantivo colectivo es **charcal** (m.).

charcutería. sust. f. Voz francesa (*charcuterie*) españolizada. La Academia prefiere **chacinería** (sust. f.), 'tienda en que se vende chacina, es decir, carne desecada, carne de puerco adobada o embutidos y conservas hechos con esta carne'.

charcutero. sust. m. 'Persona que vende productos de charcutería'. Su femenino es **charcutera**.

charla. sust. f. También puede decirse **charloteo** (sust. m.), pero la Academia prefiere la primera forma.

charlar. v. intr. fam. 'Hablar mucho, sin sustancia o fuera de propósito'. También pueden decirse **charlatanear** (v. intr.) y **charlotear** (v. intr.), pero la Academia prefiere la primera forma.

charlatán, na. adj. 'Que habla mucho y sin sustancia'. Ú. t. c. sust. m. y f.: **el charlatán, la charlatana**. También puede decirse **charlador, ra** (adj.; ú. t. c. sust. m. y f.).

charlestón. sust. m. Voz inglesa (por *Charlestón*, ciudad de Carolina del Sur) españolizada. 'Baile creado por los negros de los Estados Unidos, de moda en Europa hacia 1920 y los años siguientes'. Es palabra aguda. En plural, se transforma en grave: **charlestones**.

charlista. sust. com. 'Persona que pronuncia charlas, conferencias': **el charlista, la charlista**.

♦ **charmant, charmante.** Galicismo. En español, debe decirse **encantador, ra**.

♦ **charme.** Galicismo. En español, debe decirse **encanto, hechizo**.

charolar. v. tr. 'Barnizar con charol o con otro líquido que lo imite'. Incorrecto: <u>*charolear*</u>, <u>*charoliar*</u>.

charolista. sust. com. 'El que tiene por oficio dorar o charolar': **el charolista, la charolista**.

charque. sust. m. Argent. y Urug. 'Tasajo, carne salada'. También puede decirse **charqui** (sust. m.). La Academia prefiere esta última forma.

chárter. adj. Voz inglesa (*charter*) españolizada. 'Dícese del vuelo fletado ex profeso, al margen de los vuelos regulares' (*vuelo* ***chárter***). En plural, no varía: vuelos **chárter**.

chartreuse. sust. m. Voz francesa (*chartreuse*, 'cartuja') españolizada. 'Licor verde o amarillo de hierbas aromáticas, fabricado por los monjes cartujos'. En plural: **chartreuses**.

chasis. sust. m. Voz francesa (*châssis*) españolizada. 'Armazón, bastidor del coche' (***chasis*** *del automóvil*). Incorrecto: <u>*chassis*</u>. En plural, no varía: **los chasis**.

chasque. sust. m. 'Indio que sirve de correo'. En plural: **chasques**. También puede decirse **chasqui** (sust. m.), pero la Academia prefiere la primera forma. En plural: **chasquis**.

chatedad. sust. f. 'Calidad de chato' (*Me asombra la* ***chatedad*** *de su nariz*). Incorrecto: <u>*chatez*</u>, <u>*chatura*</u>.

¡chau! interj. Perú y Río de la Plata. 'Adiós, hasta luego'. También puede decirse **¡chao!**

chaucha. sust. f. Argent. y Urug. 'Judía verde'. Argent. 'Vaina de algunas simientes'. En plural, 'escasa cantidad de dinero'.

¡che! Val., Argent., Bol. y Urug. interj. con que se llama, se hace detener o se pide atención a una persona. A veces, expresa 'asombro o sorpresa'.

♦ **chef.** Galicismo. En español, debe decirse **jefe de cocina** o **cocinero**.

cheque. sust. m. Su abreviatura es ***ch/*** (sin punto). La **chequera** (sust. f.) es la 'cartera para guardar el talonario de cheques' y el 'talonario de cheques'.

chequear. v. tr. Voz inglesa (*to check*, 'comprobar') españolizada. 'Examinar, verificar, controlar' (***Chequee*** *las maletas*). v. prnl. 'Hacerse un chequeo' (***Se chequeó*** *con un buen médico*). No debe pronunciarse [chequiar, chequié]. Este verbo ha sido recién incorporado en el ***Diccionario***. → **-ear**

chequeo. sust. m. 'Reconocimiento médico general'.

cheviot. sust. m. Voz inglesa (*Cheviot*, montes en la frontera de Escocia con Inglaterra) españolizada. 'Lana del cordero de Escocia'; 'paño que se hace con esta lana'. También puede escribirse **chevió**. En plural: **cheviots, cheviós**.

chic. adj. Voz francesa (*chic*) españolizada. 'Elegante, distinguido, a la moda' (*Es una dama* ***chic***). Ú. t. c. sust. m. (*Tienes* ***chic***). En plural: **chics**.

chichón. sust. m. Es palabra aguda. En plural, se transforma en grave: **chichones**. También puede decirse **chinchón** (sust. m.), pero la Academia prefiere la primera forma.

chicle. sust. m. Es palabra grave. No debe pronunciarse [chiclé, chiclet] como aguda. En plural: **chicles**. Incorrecto: *chiclés*, *chiclets*.

chico, ca. adj. 'Pequeño o de poco tamaño'. Ú. t. c. sust. m. y f. 'Niño': **el chico, la chica**. Diminutivos: **chicuelo, la; chiquilín, na; chiquillo, lla; chiquirritico, ca; chiquirritillo, lla; chiquirritito, ta; chiquito, ta.**

chiflar. v. intr. Ú. t. c. prnl. 'Silbar con la chifla, silbato, o imitar su sonido con la boca'; 'mofar'; 'beber mucho'; 'perder la energía de las facultades mentales'; fam. 'tener sorbido el seso por una persona o cosa'. Con esta última acepción, se usa seguido de la preposición **por** (***Se chifló por** Marta*; ***Me chiflé por** un florero*).

chifle. sust. m. 'Silbato'. También pueden decirse **chifla** (sust. f.) y **chiflo** (sust. m.). Argent. y Urug. 'Asta de vacuno cerrada por un extremo y con tapa en la punta, que se empleaba como recipiente y vaso'. Argent. 'Cantimplora'.

chillido. sust. m. El sustantivo colectivo es **chillería** (f.).

chillón, na. adj. fam. 'Que chilla mucho' (*niña chillona*). Ú. t. c. sust. m. y f.: **el chillón, la chillona**. 'Sonido agudo y desagradable' (*voz chillona*); 'colores demasiado vivos y mal combinados' (*¡Qué verde chillón!*).

chimichurri. sust. m. Argent. 'Salsa hecha a base de ajos, perejil, ají picante, sal y vinagre; se emplea para aderezar la carne'. Esta voz no está registrada en el ***Diccionario***, pero la A.A.L. ha recomendado su incorporación.

chinche. sust. f. 'Insecto': **chinche macho, chinche hembra**; 'chincheta, clavito metálico'. sust. com. 'Persona chinchosa, es decir, molesta y pesada': **el chinche, la chinche**.

chinchulín. sust. m. Bol., Ecuad. y Río de la Plata. 'Yeyuno de ovino o vacuno, trenzado y asado'. Es palabra aguda. Se usa más en plural: **chinchulines** (palabra grave).

chinela. sust. f. Aumentativo: **chinelón** (sust. m.).

chingar. v. tr. fam. Argent. y Urug. 'Colgar un vestido más de un lado que de otro' (*Te **chinga** la falda*). Can., Argent., Col., Chile y Perú. 'No acertar, fracasar, frustrarse, fallar' (***Chingó** el negocio*). Incorrecto: *chinguear*. → **pagar**

chino, na. adj. Argent., Chile, Par., Urug. y Venez. 'Dícese de la persona aindiada'. Ú t. c. sust. m. y f.: **el chino, la china**. sust. m. colect. rur. Argent., Chile y Urug.: **chinerío**, 'conjunto de chinas o mujeres aindiadas'.

chip. sust. m. Voz inglesa (*chip*) españolizada. 'Pequeño circuito integrado que realiza numerosas funciones en ordenadores y dispositivos electrónicos'. En plural: **chips**.

chiquilín, na. adj. y sust. m. y f.: **el chiquilín, la chiquilina**. En plural: **chiquilines, chiquilinas**.

chiquillo, lla. adj. (*niña **chiquilla***). Ú. t. c. sust. m. y f. 'Chico, niño, muchacho': **el chiquillo, la chiquilla**. El sustantivo colectivo es **chiquillería** (f.).

chiquitín, na. adj. fam. Ú. t. c. sust. m. y f.: **el chiquitín, la chiquitina**. En plural: **chiquitines, chiquitinas**. Diminutivo: **chiquirritín, na**.

chiquito, ta. adj. Apl. a pers., ú. t. c. sust. m. y f.: **el chiquito, la chiquita**. Diminutivo: **chiquitín, na**.

chiripá. sust. m. 'Prenda exterior de vestir usada por los gauchos de la Argentina, Río Grande del Sur (Brasil), el Paraguay y el Uruguay'. Argent. 'Pañal que se pone a los niños; por su forma, se parece al chiripá de los gauchos'. Es palabra aguda. En plural: **chiripaes** (grave) o **chiripás**.

chirle. adj. fam. 'Insípido, insustancial'. Argent. 'Falto de consistencia, blanduzco' (*La crema está **chirle***); 'de poco interés, sin gracia' (*El discurso es **chirle***). sust. m. 'Sirle, excremento del ganado lanar y cabrío'.

chirlo. sust. m. 'Herida en la cara'; 'cicatriz'. En lengua de germanía, 'golpe que se da a otro'. Por lo tanto, es un vulgarismo emplearlo con esta última denotación: *Si no me obedeces, te daré un chirlo*.

chirriador, ra. adj. 'Que chirría'. También puede decirse **chirreador, ra** (adj.), pero la Academia prefiere la primera forma.

chirriar. v. intr. Incorrecto: *chirrian*. Correcto: ***chirrían***. También puede decirse **chirrear**

(v. intr.), pero la Academia prefiere la primera forma. Se conjuga, en cuanto al acento, como **guiar**.

chirusa. sust. f. E Argent. y Urug. 'Mujer del bajo pueblo'. Puede escribirse también **chiruza**.

chisme. sust. m. 'Noticia verdadera o falsa, o comentario con que, generalmente, se pretende indisponer a unas personas con otras o se murmura de alguna'. Su sinónimo es **chismorrería** (sust. f.).

chismear. v. intr. 'Traer y llevar chismes'. Incorrecto: *chusmear* (por analogía con **husmear**). No debe pronunciarse [chismiar, chismié]. También pueden decirse **chismorrear** (v. intr.) y **chismotear** (v. intr.). La 'acción y hábito de chismotear' es el **chismoteo** (sust. m.). → **-ear**

chismorrear. v. intr. 'Contarse chismes mutuamente varias personas'. No debe pronunciarse [chismorriar, chismorrié]. La 'acción y efecto de chismorrear' es el **chismorreo** (sust. m.) o la **chismorrería** (sust. f.). → **-ear, chismear**

chismoso, sa. adj. Ú. t. c. sust. m. y f.: **el chismoso, la chismosa**.

chispeante. p. a. de **chispear**. 'Que chispea'. adj. 'Dícese del escrito o discurso en que abundan los destellos de ingenio y agudeza' (*conferencia **chispeante***). No debe pronunciarse [chispiante].

chispear. v. intr. 'Echar chispas'; 'relucir o brillar mucho'. v. intr. impers. 'Llover muy poco' (*Por la tarde, **chispeaba***). No debe pronunciarse [chispiar]. → **-ear**

chisporrotear. v. intr. No debe pronunciarse [chisporrotiar]. → **-ear**

chistar. v. intr. También puede decirse **chitar** (v. intr.), pero la Academia prefiere la primera forma.

chivar. v. tr. Ú. t. c. prnl. Argent., Cuba, Guat., Urug. y Venez. 'Enojarse, irritarse' (*Cuando lo aconsejo, **se chiva***). En la Argentina, se usa también **chivar** con la denotación de 'transpirar' (un vulgarismo), acepción no registrada por la Academia en su ***Diccionario***.

chivo. sust. m. 'Cría de la cabra, desde que no mama hasta que llega a la edad de procrear'. Su femenino es **chiva**. El **choto** (sust. m.) y la **chota** (sust. f.) son las 'crías de la cabra mientras maman'. El **chivato** (sust. m.) es el 'chivo que pasa de los seis meses y no llega al año'. El **chivarro** (sust. m.) y la **chivarra** (sust. f.) son los 'chivos de uno a dos años'. El corral donde se encierran los chivos se llama **chivetero** (sust. m.), **chivital** (sust. m.) o **chivitero** (sust. m.).

chivudo. adj. Ú. t. c. sust. m. Argent., Cuba, Perú y Venez. 'Que lleva barba larga' (*El profesor es **chivudo**; Ese **chivudo** no te conoce*). fig. y fam. Argent. 'Malhumorado' (*Siempre trabaja **chivudo***).

chocante. p. a. de **chocar**. adj. 'Que causa extrañeza' (*Su conducta es **chocante***).

chocar. v. intr. 'Encontrarse violentamente una cosa con otra'. Rég. prep.: **chocar con** o **contra** (*El auto **chocó con** un camión*; *La bala **choca contra** el vidrio*). 'Pelear, combatir' (***Chocarán** las fuerzas enemigas*). 'Indisponerse o malquistarse con alguien' (***Choca con** su colega*). 'Causar extrañeza o enfado' (*¿Te **choca** su discurso?*) v. tr. 'Hacer que algo choque' (***Chocó** la moto **con** la verja*). 'Darse las manos en señal de saludo, conformidad, enhorabuena, etc.' (*El padre y el hijo **chocan** las manos*). 'Juntar las copas los que brindan' (*Los invitados **chocan** las copas*). → **sacar**

chochear. v. intr. No debe pronunciarse [chochiar, chochié]. → **-ear**

chochez. sust. f. despect. En plural: **chocheces**. También puede decirse **chochera** (sust. f.), pero la Academia prefiere la primera forma.

chocolatero, ra. adj. 'Muy aficionado a tomar chocolate'. Ú. t. c. sust. m. y f. 'Persona que tiene por oficio labrar o vender chocolate': **el chocolatero, la chocolatera**.

chocolatín. sust. m. Es palabra aguda. En plural, se transforma en grave: **chocolatines**. También puede decirse **chocolatina** (sust. f.). La Academia prefiere esta última voz.

chófer. sust. m. Voz francesa (*chauffeur*) españolizada. Es palabra grave. En plural, se transforma en esdrújula: **chóferes**. También puede decirse **chofer** (sust. m.), como palabra aguda, forma preferida en la Argentina. En plural, se transforma en grave: **choferes**.

cholulear. v. intr. fam. Argent. 'Andar entre personas famosas o hablar repetidamente de ellas, expresando admiración ferviente e incondicional' (*Las señoras **cholulean** en la peluquería*). No debe pronunciarse [choluliar, cholulié]. → **-ear**. Esta voz no está registrada en el ***Diccionario***, pero la A.A.L. ha recomendado su incorporación.

cholulismo. sust. m. Argent. 'Admiración ingenua y viva por las personas que están en el candelero' (*Muchas adolescentes se caracterizan por su **cholulismo***). Esta voz no está registrada en el ***Diccionario***, pero la A.A.L. ha recomendado su incorporación.

cholulo. sust. m. Argent. La voz proviene del nombre de la protagonista de la tira cómica *Cholula, loca por los astros*. 'Admirador incondicional de los integrantes más famosos de la farándula' (*Los **cholulos** ovacionan al cantante*). Su femenino es **cholula**. Por extensión, 'persona que, por frivolidad, busca relacionarse con personajes famosos de la política, vida social, arte, etc., o que habla repetidamente de ellos'; 'persona que está en el candelero'. Como adjetivo, denota 'frívolo, superficial'. Esta voz no está registrada en el ***Diccionario***, pero la A.A.L. ha recomendado su incorporación.

chomba. sust. f. Argent. y Chile. 'Prenda de vestir hecha de lana a modo de chaleco cerrado'. Recientemente, la Academia ha reconocido su uso en la Argentina. No debe confundirse su significado con el de **chompa** (sust. f.), 'jersey de punto, ligero, poco ceñido, con mangas y abotonadura al cuello' (Bol., Col., Ecuad., Par., Perú y Urug.).

chopo. sust. m. 'Nombre con el que se designan varias especies de álamos'. Los sustantivos colectivos son **chopera** (f.), **chopal** (m.) y **chopalera** (m.).

choque. sust. m. Voz inglesa (*shock*) españolizada. 'Estado de profunda depresión nerviosa y circulatoria, sin pérdida de la conciencia, que se produce después de intensas conmociones'. Incorrecto: <u>*choc*</u>. También es incorrecto el uso de la grafía inglesa. En plural: **choques**. No debe confundirse su significado con el de su homónimo **choque**, 'colisión, encuentro violento de una cosa con otra'; 'disputa'; 'combate breve'.

choripán. sust. m. Argent. 'Sándwich hecho con pan común y un chorizo asado'. Es palabra aguda. En plural, se transforma en grave: **choripanes**. Esta voz no está registrada en el ***Diccionario***, pero la A.A.L. ha recomendado su incorporación.

chorreado, da. p. de **chorrear**. adj. 'Sucio, manchado'. sust. f. 'Pequeña cantidad de líquido que se vierte a chorro': **la chorreada**. No debe pronunciarse [chorriado].

chorreadura. sust. f. 'Chorreo'; 'mancha que deja en alguna cosa un líquido que ha caído sobre ella chorreando'. No debe pronunciarse [chorriadura].

chorrear. v. intr. 'Caer un líquido formando chorro' (*El agua **chorrea***); 'salir el líquido lentamente y goteando' (*El aceite **chorreaba***). v. tr. 'Dejar caer o soltar un objeto el líquido que ha empapado o que contiene, o un ser vivo sus secreciones, humores, sangre, etc.' (*La pava **chorrea** agua hervida*; *Los dedos **chorrean** sangre*); 'venir o concurrir algunas cosas poco a poco o con breve intermisión' (***Chorrean** propuestas de trabajo*). No debe pronunciarse [chorriar, chorrié]. → **-ear**

chorro. sust. m. 'Porción de líquido o de gas'; 'caída sucesiva de cosas iguales y menudas'. Diminutivo: **chorrillo**. **a chorros**. loc. adv. 'Copiosamente, con abundancia' (*Gasta dinero **a chorros***). **propulsión a chorro**. 'Procedimiento empleado para que un avión, proyectil, cohete, etc., avance en el espacio, por efecto de la reacción producida por la descarga de un fluido que es expulsado a gran velocidad por la parte posterior'. Incorrecto: <u>*propulsión de chorro*</u>.

chotis. sust. m. 'Baile popular'. Es palabra grave. No debe pronunciarse como aguda [chotís]. En plural, no varía: **los chotis**.

chovinismo. sust. m. Voz francesa (*chauvinisme*, 'patriotismo fanático') españolizada. 'Exaltación desmesurada de lo nacional frente a lo extranjero'. También puede decirse **chauvinismo** (sust. m.), pero la Academia prefiere la primera forma.

chovinista. sust. com. Voz francesa (*chauviniste*) españolizada. 'Que manifiesta chovinismo': **el chovinista, la chovinista**. También puede decirse **chauvinista** (sust. com.), pero la Academia prefiere la primera forma.

choza. sust. f. Diminutivo: **chozuela**.

chozno. sust. m. 'Cuarto nieto, o sea, hijo del tataranieto o tercer nieto'. Su femenino es **chozna**.

chubasco. sust. m. El sustantivo colectivo es **chubasquería** (f.), 'aglomeración de chubascos en el horizonte'.

Chubut. sust. pr. El nombre oficial es **Provincia del Chubut** (República Argentina). Incorrecto: Provincia de Chubut.

chumbo. sust. m. vulg. Argent. 'Revólver o pistola'; 'balazo'.

chupacirios. sust. m. despect. 'Beato, hombre que frecuenta mucho los templos'. La Academia no registra el género femenino. En plural, no varía: **los chupacirios**. También puede decirse **chupalámparas** (sust. com. despect.): **el chupalámparas, la chupalámparas**.

chupado, da. p. de **chupar**. adj. 'Muy flaco y extenuado' (*mujer **chupada***).

chupador, ra. adj. 'Que chupa'. Ú. t. c. sust. m. y f.: **el chupador, la chupadora**. sust. m. 'Pieza de marfil, pasta o caucho que se da a los niños en la época de la primera dentición para que chupen y refresquen la boca'. Diminutivo: **chupadorcito**. También puede decirse **chupadero** (sust. m.). Su diminutivo es **chupaderito**.

chupatintas. sust. m. despect. 'Oficinista de poca categoría'. La Academia no registra el género femenino. En plural, no varía: **los chupatintas**.

churrasco. sust. m. 'Carne asada a la plancha o a la parrilla'. Es voz onomatopéyica.

churrasquear. v. intr. Argent., Par. y Urug. 'Hacer y comer churrascos'. No debe confundirse su significado con el de **churrascar** (v. tr.) o **churruscar** (v. tr. Ú. t. c. prnl.), 'asar o tostar demasiado el pan, un guisado, etc.'. No debe pronunciarse [churrasquiar, churrasquié]. → **-ear**

chusma. sust. f. colect. 'Conjunto de galeotes que servían en las galeras reales'; 'conjunto de gente soez'; 'muchedumbre de gente'. También puede decirse **chusmaje** (sust. m.). Es incorrecto usar **chusma** (*¡Qué chusma es Paula!*) con el significado de **chismoso, sa** (adj. Ú. t. c. sust. m. y f.). Correcto: *¡Qué **chismosa** es Paula!*

chusmerío. En la Argentina, se usa este sustantivo con la denotación de 'acción y efecto de chusmear' y de 'conjunto de personas que chusmean', pero no ha sido incorporado en el ***Diccionario***. La A.A.L. ha recomendado su inclusión. → **chismear**

ciático, ca. adj. 'Perteneciente a la cadera' (*nervio **ciático**; afección **ciática***). Ú. t. c. sust. m.: **el ciático**. sust. f. 'Neuralgia del nervio ciático': **la ciática**.

cibelina. adj. También puede decirse **cebellina**, voz preferida por la Academia (*marta **cibelina** o **cebellina***).

cibernético, ca. adj. 'Perteneciente o relativo a la cibernética'. Ú. t. c. sust. m. y f. 'Persona que cultiva la cibernética': **el cibernético, la cibernética**.

cíbolo. sust. m. 'Bisonte'. Su femenino es **cíbola**. Es palabra esdrújula.

cicatero, ra. adj. 'Mezquino, ruin, miserable'; 'que da importancia a pequeñas cosas o se ofende por ellas'. Ú. t. c. sust. m. y f.: **el cicatero, la cicatera**.

cicatricial. adj. 'Perteneciente o relativo a la cicatriz'. También puede decirse **cicatrizal** (adj.).

cicatriz. sust. f. Es palabra aguda. En plural, se transforma en grave: **cicatrices**. Repárese en que la **z** cambia por **c**.

cicatrizante. p. a. de **cicatrizar**. 'Que cicatriza'. También puede decirse **cicatrizativo, va** (adj.). Ú. t. c. sust. m.: **el cicatrizante**.

cicatrizar. v. tr. (*El médico **cicatrizó** las heridas*). Ú. t. c. intr. y prnl. (*Las heridas **cicatrizaron** pronto; **Se cicatrizaron** las heridas*). → **cazar**

cicerone. sust. m. Voz italiana (*Cicerone*) españolizada. 'Persona que enseña y explica las curiosidades de una localidad, un edificio, etc.'. Aunque la Academia sólo registra el género masculino, si la guía es una mujer, puede decirse **la cicerone**. Pese al dictamen académico, se usa como sustantivo común de dos. En plural: **cicerones**.

ciclista. sust. com.: **el ciclista, la ciclista**.

ciclónico, ca. adj. 'Perteneciente o relativo al ciclón'. También puede decirse **ciclonal** (adj.).

cíclope. sust. m. 'Gigante de la mitología griega con un solo ojo'. Es palabra esdrújula. También puede decirse **ciclope** (palabra grave), pero la Academia prefiere la primera forma.

ciclópeo, a. adj. 'Perteneciente o relativo a los cíclopes'; 'gigantesco, excesivo'. También puede decirse **ciclópico, ca** (adj.).

-cico, ca. suf. de or. gr. → **-ico**

-cida. elem. compos. de or. lat. 'Matador, exterminador' (*bactericida*, *homicida*, *insecticida*).

-cidio. elem. compos. de or. lat. 'Acción de matar' (*genocidio*, *infanticidio*, *suicidio*).

ciegamente. adv. m. 'Con ceguedad' (*Lo hizo **ciegamente***); 'firmemente' (*Creo **ciegamente** en su palabra*).

ciego, ga. adj. El superlativo es **cieguísimo, ma**. Ú t. c. sust. m. y f.: **el ciego, la ciega**. Diminutivos: **ceguecillo, lla**; **ceguezuelo, la**; **cieguecico, ca**; **cieguecillo, lla**; **cieguecito, ta**; **cieguezuelo, la**.

cielo. sust. m. **cielo raso**. 'En el interior de los edificios, techo de superficie plana y lisa'. Incorrecto: cielorraso. En plural: **cielos rasos**.

ciempiés. sust. m. También puede decirse **cientopiés** (sust. m.), pero la Academia prefiere la primera forma. En plural, no varían: **los ciempiés, los cientopiés**.

cien. adj. apóc. de **ciento**. Se usa siempre antes de un sustantivo (***cien** hojas*; ***cien** hombres*) y antes de un adjetivo intercalado (***cien** hermosas mujeres*; ***cien** mil espectadores*). Incorrecto: *número cien*. Correcto: *número **ciento***. Si se cuentan elementos concretos, aunque no se los nombre, puede usarse **cien**: *noventa y ocho, noventa y nueve, **cien*** (páginas). En la simple enumeración, se usa **ciento** (*noventa y ocho, noventa y nueve, **ciento***). 'Expresa con sentido ponderativo una cantidad indeterminada equivalente a muchos, muchas' (*Había cien personas*). **cien por cien**. loc. adv. 'En su totalidad, del principio al fin' (*Estos diamantes son **cien por cien** genuinos*). **a cien**. loc. adv. fam. 'En o con un alto grado de excitación'. Se usa con los verbos **poner** e **ir** (***Iba** por la calle **a cien***). → **ciento**

ciénaga. sust. f. 'Lugar o paraje lleno de cieno o pantanoso'. Es palabra esdrújula. También puede decirse **ciénega** (sust. f.).

ciencia. sust. f. En plural, 'conjunto de conocimientos relativos a las ciencias exactas, físicoquímicas y naturales'. **ciencia ficción**. Debe escribirse en dos palabras y sin guión. Incorrecto: *ciencia-ficción*. **a ciencia cierta** o **de ciencia cierta**. loc. adv. 'Con toda seguridad, sin duda alguna'. Se usa, generalmente, con el verbo **saber** (*Lo **sabemos a** o **de ciencia cierta***). → **enciclopedia**

cienmilésimo, ma. adj. 'Dícese de cada una de las cien mil partes iguales en que se divide un todo'. Ú. t. c. sust. m. y f.: **el cienmilésimo, la cienmilésima**. Incorrecto: *cien milésimo*; *cien-milésimo*.

cienmilímetro. sust. m. 'Centésima parte de un milímetro': **el cienmilímetro**. Incorrecto: *cien milímetro*; *cien-milímetro*.

cientificismo. sust. m. Incorrecto: *cientifismo*.

cientificista. adj. 'Perteneciente o relativo al cientificismo' (*labor **cientificista***). Ú. t. c. sust. com. 'Partidario del cientificismo': **el cientificista, la cientificista**.

científico, ca. adj. Ú t. c. sust. m. y f.: **el científico, la científica**.

ciento. adj. 'Diez veces diez'. Incorrecto: *Hay ciento un sillas*. Correcto: *Hay **ciento una** sillas*. 'Centésimo, ordinal' (*número **ciento***). Incorrecto: *número cien*. sust. m. 'Signo o conjunto de signos con que se representa el número ciento' (*Escriba el **ciento***). 'Centenar' (*Compró un **ciento** de clavos*). En plural: **cientos**. **ciento por ciento**. loc. adv. 'Cien por cien, en su totalidad' (*Estoy **ciento por ciento** convencido*). **por ciento**. loc. 'De cada ciento'. Se construye precedido de un número que indica el tanto por ciento. Se representa con el signo % (*Le descontó el **10%**; Le descontó el **diez por ciento***). Incorrecto: *Le descontó el 10 por cien*; *Le descontó el 10 por ciento*; *Le descontó el diez %*; *Le descontó el 10 x 100*; *Le descontó el diez x 100*; *Le descontó el 10 x ciento*; *Le descontó el diez x ciento*. También es incorrecto: *El 40% de estudiantes aprobó todas las asignaturas*. Correcto: ***El 40% de los estudiantes** aprobó todas las asignaturas*.

cierne. sust. m. 'Acción de cerner'. **en cierne**. loc. adv. 'En flor'. **estar en cierne** o **en ciernes**. 'Estar muy a sus principios, faltarle mucho para su perfección' (*La escritura de la novela **está en cierne** o **en ciernes***).

cierre. sust. m. **cierre relámpago**. En la Argentina y en algunos otros países de América, 'cremallera de prendas de vestir, bolsos, etc.'. En el español general: **cremallera** (sust. f.).

ciertamente. adv. m. 'Con certeza' (*Lo dirá ciertamente*). adv. afirm. 'Sí' (***Ciertamente**, usted tiene razón*).

cierto, ta. adj. 'Seguro'. Se usa precediendo inmediatamente al sustantivo en sentido indeterminado (***cierto** día*). El superlativo es **certísimo, ma**. De acuerdo con el registro académico, también es correcto **ciertísimo, ma** (fam.). **no, por cierto**. loc. adv. 'No, ciertamente; no, en verdad' (***No, por cierto**, no lo sabe*). **por cierto**. loc. adv. 'Ciertamente, a la verdad' (*Usted desconoce, **por cierto**, mis objetivos*). **sí, por cierto**. loc. adv. 'Ciertamente, en verdad' (***Sí, por cierto**, soy el director*).

ciervo. sust. m. Su femenino es **cierva**. También puede decirse **venado** (sust. m.), pero la Academia prefiere la primera forma.

cifra. sust. f. Puede usarse como sinónimo de **abreviatura** (sust. f.). **en cifra**. loc. adv. 'Oscura y misteriosamente' (*Habla **en cifra***); 'con brevedad, en compendio' (*Escribe la carta **en cifra***).

cifrar. v. tr. Ú. t. c. prnl. 'Transcribir en guarismos, letras o símbolos, de acuerdo con una clave, un mensaje cuyo contenido se quiere ocultar'; 'valorar cuantitativamente, en especial pérdidas y ganancias'; 'compendiar'. Seguido de la preposición **en**, 'reducir exclusivamente a cosa, persona o idea determinadas lo que ordinariamente procede de varias causas' (***Cifro en** usted todas mis esperanzas*).

cigarra. sust. f. Aumentativo: **cigarrón** (sust. m.).

cigarrero. sust. m. 'El que hace o vende cigarros'. Su femenino es **cigarrera**.

cigarro. sust. m. Diminutivo: **cigarrillo**.

cigofiláceo, a. adj. 'Dícese de plantas leñosas, angiospermas dicotiledóneas, como el abrojo'. Ú. t. c. sust. f.: **la cigofilácea**. sust. f. pl. 'Familia de estas plantas': **las cigofiláceas**. También puede escribirse **zigofiláceo, a** (adj.).

cigüeña. sust. f. Para distinguir los sexos, se recurre a las perífrasis **cigüeña macho, cigüeña hembra**. Aunque poco usado, el nombre del macho es **cigüeño** (sust. m.). El pollo de la cigüeña es el **cigoñino** (sust. m.) o **cigüeñato** (sust. m.). **crotorar** (v. intr.) significa 'producir la cigüeña el ruido peculiar de su pico'.

-cillo, lla. suf. de valor diminutivo o afectivo. → **-illo**

cima. sust. f. 'Cumbre'; 'la parte más alta de los árboles'; 'remate o perfección de alguna obra o cosa'. **dar cima** a algo. fr. fig. 'Concluirlo felizmente, llevarlo hasta su fin y perfección' (***Dio cima** a su novela*). **por cima**. loc. adv. 'En lo más alto' (*Lo colocó **por cima***). No debe confundirse su grafía con la de **sima** (sust. f.), pues el significado cambia: 'cavidad grande y muy profunda en la tierra'. El adjetivo que le corresponde es **cimero, ra**, 'lo que está en la parte superior y finaliza o remata por lo alto alguna cosa elevada' (*Fotografió el adorno **cimero** de la fachada*).

cimarrón, na. adj. Amér. 'Dícese del animal doméstico que huye al campo y se hace montaraz'; 'dícese del animal salvaje, no domesticado'. Río de la Plata y Urug. 'Dícese del mate amargo, o sea, sin azúcar'. Ú. t. c. sust. m. y f.: **el cimarrón, la cimarrona**. El sustantivo colectivo es **cimarronada** (f.), 'manada de animales cimarrones'.

cimbrar. v. tr. Ú. t. c. prnl. Puede usarse con los significados de 'doblar o hacer vibrar una cosa' y 'mover con garbo el cuerpo al andar' (*La joven **se cimbra** delante de los caballeros*). Ambos han sido recién incorporados en el ***Diccionario***. También puede decirse **cimbrear** (v. tr. Ú. t. c. prnl.), pero la Academia prefiere la primera forma.

cimbrón. sust. m. Argent., Col. y C. Rica. 'Tirón fuerte y súbito del lazo o de otra cuerda' (*El **cimbrón** derribó al animal*). Argent. También puede decirse **cimbronazo** (sust. m.).

cimbronazo. sust. m. 'Cintarazo, golpe que se da en la espalda con un cinto, látigo, etc.' (*Como castigo, le dio un **cimbronazo***). Argent., Col. y C. Rica. 'Estremecimiento nervioso muy fuerte' (*Después del **cimbronazo**, se durmió*). Argent. 'Cimbrón'.

cimentar. v. irreg. tr. Repárese en que este verbo se escribe con **c**, y en que no deben confundirse la grafía y el significado de la primera y de la tercera personas del presente de subjuntivo (***cimiente***) con los de su homófono **simiente** (sust. f., 'semilla'). Incorrecto: cimente. Se conjuga como **acertar**.

cinc. sust. m. En plural: **cines**. Incorrecto: cincs; cinces. También puede escribirse **zinc** (sust. m.), pero la Academia prefiere la primera forma. En plural: **zines**. Incorrecto: zincs; zinces. El 'trabajador en cinc' es el **cinquero** (sust. m.).

cincelador. sust. m. 'Persona que cincela por oficio o por afición'. Su femenino es **cinceladora**.

cincelar. v. tr. 'Labrar, grabar con cincel en piedras o en metales'. Su 'acción y efecto' es **cinceladura** (sust. f.).

cincha. sust. f. 'Faja con que se asegura la silla sobre la cabalgadura'. Diminutivo: **cinchuela**. **a raja cincha**. loc. adv. fig. Argent. 'A revienta cinchas (loc. adv. fig.), a mata caballo'. 'Con exceso, sin medida' (*Habla* ***a raja cincha***).

cinco. adj. 'Cuatro y uno' (*Lo dijo* ***cinco*** *veces*); 'quinto, ordinal' (*Está en el asiento* ***cinco***). Aplicado a los días del mes, se usa también como sustantivo masculino (*el* ***cinco*** *de junio*). sust. m. 'Signo o cifra con que se representa el número cinco' (*Escriba el* ***cinco***). En plural: **cincos**. En números romanos, se cifra ***V***.

cincomesino, na. adj. 'De cinco meses' (*niña* ***cincomesina***). Ú. t. c. sust. m. y f.: **el cincomesino, la cincomesina**. En plural: **cincomesinos, cincomesinas**.

cincuenta. adj. 'Cinco veces diez' (***cincuenta*** *días*); 'quincuagésimo, ordinal' (*página* ***cincuenta***). sust. m. 'Signo o conjunto de signos con que se representa el número cincuenta' (*Escriba el* ***cincuenta***). En plural: **cincuentas**. En números romanos, se cifra ***L*** (sin punto). sust. f. colect. **cincuentena**, 'conjunto de cincuenta unidades homogéneas' (*Había una* ***cincuentena*** *de vasos*). Es un anglicismo decir *Lo conocí en los cincuentas* o *en los años cincuentas*. Correcto: *Lo conocí en* ***los años cincuenta*** o *en* ***la década de los cincuenta***.

cincuentavo, va. adj. 'Dícese de cada una de las cincuenta partes iguales en que se divide un todo' (*Ésa es la* ***cincuentava*** *parte del trabajo*). Ú. t. c. sust. m. (*Le corresponde un* ***cincuentavo*** *de la herencia*).

cincuentón, na. adj. 'Dícese de la persona que tiene entre cincuenta y cincuenta y nueve años'. Ú. t. c. sust. m. y f.: **el cincuentón, la cincuentona**.

cine. sust. m. Abreviación de **cinematógrafo** (sust. m.). También puede decirse **cinema** (sust. m.), abreviación de **cinematógrafo**. **cine continuado**. Argent. 'Sesión continua'. **de cine**. loc. adj. fig. y fam. 'Muy bueno, extraordinario, fenomenal' (*Su auto es* ***de cine***); loc. adv. fig. y fam. 'Muy bien, excelentemente' (*Escribe* ***de cine***).

cineasta. sust. com. 'Persona relevante como director, productor, actor, etc., en el mundo del cine'; 'crítico o estudioso del cine': **el cineasta, la cineasta**.

cineclub. sust. m. 'Asociación dedicada a la difusión de la cultura cinematográfica'; 'lugar donde se proyectan y comentan las películas'. En plural: **cineclubes**. Incorrecto: cineclubs, cine-club, cine-clubes.

cinemascope. sust. m. Nombre comercial registrado. Voz inglesa (*cinemascope*) españolizada, de reciente incorporación en el ***Diccionario***.

cinemateca. sust. f. Su sinónimo es **filmoteca** (sust. f.).

cinematografiar. v. tr. Su sinónimo es **filmar** (v. tr.). Incorrecto: cinematografear. Se conjuga, en cuanto al acento, como **guiar**.

cíngaro, ra. adj. 'Gitano de raza'. Ú. t. c. sust. m. y f.: **el cíngaro, la cíngara**. Incorrecto: zíngaro, zíngara.

cinta. sust. f. El sustantivo despectivo es **cintajo** (m.). El sustantivo colectivo es **cintería** (f.). El adjetivo correspondiente es **cinteado, da**, 'guarnecido o adornado de cintas'. **en cinta**. loc. adv. 'En sujeción o con sujeción'. No debe confundirse el significado de esta locución con el del adjetivo femenino **encinta**, 'embarazada'.

cintero. sust. m. 'Persona que hace o vende cintas'. Su femenino es **cintera**.

cinto, ta. p. irreg. de **ceñir**. sust. m. 'Faja de cuero, estambre o seda'; 'cintura'. Argent. y Urug. 'Cinturón'. Diminutivo: **cintillo**.

cintura. sust. f. Diminutivos: **cinturica** y **cinturita**. Aumentativo: **cinturón** (sust. m.).

-ción. suf. de or. lat. de sustantivos verbales que significa 'acción y efecto'. Aparece en la forma **-ción**, no precedido de vocal, en ciertos sustantivos generalmente procedentes del latín (*función*, *dicción*, *cocción*). Los creados en español toman la forma **-ación**, si el verbo del que derivan es de la primera conjugación (*situación*); **-ición**, si es de la tercera (*punición*). Si el sustantivo deriva de un verbo de la segunda, toma otro sufijo. Además de su significado abstracto, **-ción** y sus variantes pueden significar objeto, lugar, etc. (*embarcación*, *fundición*).

ciprés. sust. m. Es palabra aguda. En plural, se transforma en grave: **cipreses**. El sustantivo colectivo es **cipresal**. El adjetivo correspondiente es **cipresino, na**, 'perteneciente al ciprés'.

circense. adj. 'Perteneciente o relativo al espectáculo del circo'. También puede decirse **cirquero, ra** (adj.). Incorrecto: <u>*cirquense*</u>.

circo. sust. m. Es sustantivo colectivo con la denotación de 'conjunto de asientos puestos en cierto orden para los que van de oficio o convidados a asistir a alguna función' y de 'conjunto de las personas que ocupan estos asientos'.

circón. sust. m. 'Silicato de circonio'. En plural: **circones**. → **zircón**

circuir. v. irreg. tr. 'Rodear, cercar' (*Circuyeron la ciudad*). Su sinónimo es **circundar** (v. tr.). Se conjuga como **huir**.

circulante. p. a. de **circular**. 'Que circula' (*biblioteca circulante*).

circum-. elem. compos. de or. lat. → **circun-**

circun-. elem. compos. de or. lat. 'Alrededor' (***circunlocución***). Ante **p**, toma la forma **circum-** (***circumpolar***).

circuncidar. v. tr. 'Cortar circularmente una porción del prepucio'. Tiene un participio regular (***circuncidado***) y otro irregular (***circunciso***). Su postverbal es **circuncisión** (sust. f.).

circunscripto, ta. p. irreg. de **circunscribir**. También puede decirse **circunscrito, ta**. La Academia prefiere esta última voz.

circunstancia. sust. f. 'Accidente de tiempo, lugar, modo, etc., que está unido a la sustancia de algún hecho o dicho' (***circunstancia** de cantidad*). Incorrecto: <u>*circustancia*</u>; <u>*circunstancial*</u> *de cantidad*. **circunstancia agravante**. 'Motivo legal para recargar la pena del reo'. **circunstancia atenuante**. 'Motivo legal para aliviarla'. **circunstancia eximente**. 'La que libra de responsabilidad criminal'. **en las circunstancias presentes**. loc. adv. 'En el estado de los negocios o según van las cosas'.

circunstancial. adj. 'Que implica o denota alguna circunstancia o depende de ella' (*hecho **circunstancial***). En el análisis sintáctico, es incorrecto decir <u>*circunstancial*</u> *de modo*. Correcto: ***circunstancia** de modo*.

cirquero, ra. adj. Argent. 'Concerniente al circo, circense'; 'extravagante, histriónico'. sust. m. y f. 'En un circo, persona que forma parte de la compañía': **el cirquero**, **la cirquera**. Esta palabra ha sido recién incorporada en el ***Diccionario***.

cirrosis. sust. f. En plural, no varía: **las cirrosis**. El adjetivo correspondiente es **cirrótico, ca**, 'perteneciente o relativo a la cirrosis'.

ciruelo. sust. m. 'Árbol'. Diminutivo: **ciruelillo**. También puede decirse **cirolero** (sust. m.).

cirugía. sust. f. Incorrecto: <u>*cirujía*</u>.

ciruja. sust. com. Argent. 'Persona que, en basurales o calles, busca, entre los desperdicios, aquellos que puede revender': **el ciruja**, **la ciruja**. Esta voz no está registrada en el ***Diccionario***, pero la A.A.L. ha recomendado su incorporación.

cirujano. sust. m. Su femenino es **cirujana**. También puede decirse **quirurgo** (sust. m.), pero la Academia prefiere la primera forma. No registra el género femenino de esta última voz.

cirujear. v. intr. Argent. 'Realizar actividades propias del ciruja'. No debe pronunciarse [cirujiar, cirujié]. Su postverbal es **cirujeo** (sust. m.). Estas voces no están registradas en el ***Diccionario***, pero la A.A.L. ha recomendado su incorporación. → **-ear**

cis-. pref. de or. lat. 'De la parte o del lado de acá' (***cisalpino***; ***cisandino***).

cisma. sust. m. 'División o separación en el seno de una iglesia o religión'; 'escisión, discordia, desavenencia'. Aunque alguna vez se usó como voz femenina, hoy es incorrecto decir *la cisma.*

cismontano, na. adj. 'Situado en la parte de acá de los montes, respecto al punto o lugar desde donde se considera'. También puede decirse **citramontano, na** (adj.), pero la Academia prefiere la primera forma.

cister. sust. m. 'Orden religiosa, de la regla de San Benito, fundada por San Roberto en el siglo XI'. Es palabra aguda. También puede decirse **cistel** (sust. m.). El adjetivo correspondiente es **cisterciense**, 'perteneciente a la orden del Cister'.

cistitis. sust. f. 'Inflamación de la vejiga'. Incorrecto: *sistitis*. En plural, no varía: **las cistitis.**

cistoscopia. sust. f. 'Examen del interior de la vejiga de la orina mediante el cistoscopio'. Es palabra grave, con acento prosódico en la segunda **o**. Incorrecto: *cistoscopía*.

cisura. sust. f. 'Rotura o abertura sutil'; 'herida que hace el sangrador en la vena'. Sus sinónimos son **cisión** (sust. f.) e **incisión** (sust. f.). No debe confundirse su grafía con la de su parónimo **cesura** (sust. f.), pues el significado es otro ('en la poesía moderna, corte o pausa que se hace en el verso después de cada uno de los acentos métricos reguladores de su armonía'; 'en la poesía griega y latina, sílaba con que termina una palabra, después de haber formado un pie, y sirve para empezar otro').

citado, da. p. de **citar**. Su abreviatura es ***cit.***

citador, ra. adj. 'Que cita'. Ú. t. c. sust. m. y f.: **el citador, la citadora.**

cítara. sust. f. 'Instrumento músico'. Diminutivo: **citarilla**. Es palabra esdrújula. No debe confundirse su grafía con la de su parónimo **citara** (sust. f.; palabra grave), pues el significado es otro ('pared con sólo el grueso del ancho del ladrillo común'; 'tropas que formaban en los flancos del cuerpo principal combatiente').

citarista. sust. com. 'Persona que ejerce el arte de tocar la cítara': **el citarista, la citarista.**

citatorio, ria. adj. 'Aplícase al mandamiento o despacho con que se cita o emplaza a alguien para que comparezca ante el juez'. Ú. t. c. sust. f.: **la citatoria.**

citerior. adj. 'Situado de la parte de acá'. Su antónimo es **ulterior** (adj).

-cito, ta. suf. de valor diminutivo o afectivo. → **-ito**

citoplasmático, ca. adj. 'Perteneciente o relativo al citoplasma'. También puede decirse **citoplásmico, ca** (adj.), pero la Academia prefiere la primera forma.

cítrico, ca. adj. 'Perteneciente o relativo al limón' (*gusto **cítrico***). sust. m. pl. 'Agrios, frutas agrias o agridulces'; 'plantas que producen agrios, como el limonero, el naranjo, etc.': **los cítricos.**

citrícola. adj. 'Perteneciente o relativo al cultivo de cítricos o citricultura' (*industria **citrícola**; progreso **citrícola***). Incorrecto: *progreso citrícolo.*

ciudad. sust. f. Su abreviatura es ***c.*** → **urbano**

ciudadanía. sust. f. 'Calidad y derecho de ciudadano' (*Tiene **ciudadanía** japonesa*). Es sustantivo colectivo con la denotación de 'conjunto de los ciudadanos de un pueblo o nación' (*Toda la **ciudadanía** lo esperaba*).

ciudadano, na. adj. 'Natural o vecino de una ciudad'. Ú. t. c. sust. m. y f.: **el ciudadano, la ciudadana.**

civilidad. sust. f. 'Sociabilidad, urbanidad'. Repárese en que se escribe con **v**. No debe usarse como sinónimo de **civismo** (sust. m.), 'celo por las instituciones e intereses de la patria'.

civilista. adj. 'Dícese del abogado que defiende asuntos civiles'. sust. com. 'Persona que profesa el derecho civil o tiene en él especiales conocimientos': **el civilista, la civilista.**

civilizador, ra. adj. Ú. t. c. sust. m. y f.: **el civilizador, la civilizadora.**

civilizar. v. tr. Ú. t. c. prnl. Su postverbal es **civilización** (sust. f.). → **cazar**

cizañador, ra. adj. 'Que cizaña o siembra enemistad'. Ú. t. c. sust. m. y f.: **el cizañador, la cizañadora.** No debe confundirse su significado con el de **cizañero, ra** (adj. Ú. t. c. sust. m. y f.), 'que tiene el hábito de cizañar'.

cizañar. v. tr. 'Sembrar disensión o enemistad'. También puede decirse **cizañear** (v. tr.).

clac. sust. f. 'Grupo de personas que asiste de balde a un espectáculo para aplaudir'. También puede decirse **claque** (sust. f.). El plural de ambas voces es **claques**.

clamor. sust. m. También puede decirse **clamoreada** (sust. f.). El **clamor** 'repetido y continuado' se denomina **clamoreo** (sust. m.).

claquetista. sust. com. 'En cinematografía, persona que maneja la claqueta o utensilio compuesto de dos planchas de madera, negras y unidas por una bisagra, en las que se escriben indicaciones técnicas acerca de la toma que se va a grabar': **el claquetista, la claquetista**.

clara. sust. f. 'Materia blanquecina que rodea la yema del huevo'. Diminutivo: **clarilla**.

clarear. v. tr. 'Dar claridad' (*El Sol **clarea** el jardín*). Ú. t. c. intr. 'Empezar a amanecer' (*En enero, **clarea** temprano*). Con esta denotación, es sinónimo de **clarecer** (v. intr.). Ú. t. c. prnl. 'Transparentarse' (***Se clarea** la blusa*). No debe pronunciarse [clariar, clarié]. → **-ear**

claridad. sust. f. **claridad meridiana**. 'La de un argumento o un razonamiento de muy fácil comprensión'. También puede decirse **claridad** (sust. f.), pero la Academia prefiere la primera forma.

clarificador, ra. adj. 'Que clarifica'. También puede decirse **clarificativo, va** (adj.).

clarificar. v. tr. Su postverbal es **clarificación** (sust. f.). → **sacar**

clarín. sust. m. 'Instrumento músico'; 'registro del órgano, compuesto de tubos de estaño con lengüeta'; 'el que ejerce o profesa el arte de tocar el clarín' (*Acaba de llegar **el clarín**; Acaban de llegar **los clarines***); 'tela de hilo muy delgada'; 'trompeta pequeña'. Diminutivo: **clarinete**. El ejecutante del clarín también se denomina **clarinero** (sust. m.), **clarinete** (sust. m.) y **clarinetista** (sust. com.).

clarinazo. sust. m. No es el aumentativo de **clarín** (sust. m.), sino el 'toque fuerte de clarín'.

clarividente. adj. 'Dícese del que posee clarividencia'. Ú. t. c. sust. com.: **el clarividente, la clarividente**.

claro, ra. adj. Ú. t. c. sust. m. 'Abertura, a modo de claraboya, por donde entra la luz'; 'espacio sin árboles en el interior de un bosque'; 'espacio que media de palabra a palabra en lo escrito'; 'espacio o intermedio que hay entre algunas cosas'; 'en arquitectura, luz, cada uno de los huecos por donde entra la claridad en un edificio' (ú. m. en pl.); 'en pintura, porción de luz que baña la figura u otra parte del lienzo': **el claro**. **claro**. adv. m. 'Con claridad' (*Habla **claro***). Incorrecto: *Quiero <u>dejar</u> <u>en</u> <u>claro</u> que no sucedió así*. Correcto: *Quiero decir **claramente** que no sucedió así*. **a la clara** o **a las claras**. loc. adv. 'Manifiesta, públicamente' (*Quiero decir **a las claras** que no sucedió así*).

claroscuro. sust. m. 'Distribución de la luz y de las sombras en un cuadro'; 'diseño o dibujo que no tiene más que un color'. En plural: **claroscuros**. También pueden decirse **claro oscuro** o **claro y oscuro**, pero la Academia prefiere la primera forma. En plural: **claros oscuros** o **claros y oscuros**.

clasicismo. sust. m. Incorrecto: <u>*clacisismo*</u>.

clasicista. sust. com. 'Partidario del clasicismo': **el clasicista, la clasicista**. → **clásico**

clásico, ca. adj. 'Dícese del autor o de la obra que se tiene por modelo digno de imitación en cualquier literatura o arte' (*El **Quijote** es una obra **clásica** de la literatura española*). Ú. t. c. sust. m. y f.: **el clásico, la clásica** (*Cervantes es un **clásico** de la literatura española*). La A.A.L. ha recomendado la incorporación del siguiente argentinismo: sust. m. 'En algunos deportes, competencia que se disputa una o dos veces al año y que atrae gran cantidad de espectadores, sea por tratarse de rivales tradicionales o por la relevancia de los participantes' (*Se jugará **el clásico** Boca-River*).

clasificación. sust. f. 'Acción y efecto de clasificar' (*junta de **clasificación***). No debe confundirse su significado con el de **calificación** (sust. f.). → **calificación**

clasificado, da. p. de **clasificar**. adj. 'Dicho de un documento o de una información, secreto, reservado'. sust. m. 'Anuncio por líneas o por palabras en la prensa periódica' (*Lee la página de los **clasificados***).

clasificar. v. tr. 'Ordenar o disponer por clases'. v. prnl. 'Obtener determinado puesto en una competición'; 'conseguir un puesto que permite continuar en una competición o torneo deportivo'. No debe confundirse su significado con el de **calificar** (v. tr. y prnl.). → **sacar, calificar**

claudicar. v. intr. Su postverbal es **claudicación** (sust. f.). → **sacar**

claustro. sust. m. 'Galería que cerca el patio principal de una iglesia o convento'. También puede decirse **claustra** (sust. f.). Diminutivo: **claustrillo**. Es sustantivo colectivo con la denotación de 'conjunto de profesores de un centro docente en ciertos grados de la enseñanza'. El adjetivo correspondiente es **claustral**.

claustrofobia. sust. f. 'Sensación morbosa de angustia producida por la permanencia en lugares cerrados'. Quien la padece es **claustrofóbico, ca** (adj.).

clausulado, da. adj. 'Escrito en párrafos cortos'. sust. m. colect. 'Conjunto de cláusulas'.

clave. sust. m. 'Clavicémbalo, instrumento músico': **el clave**. sust. f. 'Código de signos convenidos para la transmisión de mensajes secretos o privados' (*Ésta es la **clave** para abrir la caja fuerte*). Se usa en aposición especificativa con el significado de 'básico, fundamental, decisivo' (*tema **clave**; hora **clave***). En plural, la aposición no varía (*temas **clave**; horas **clave***). **de clave**. loc. adj. 'Dícese de las obras literarias en que los personajes y sucesos fingidos encubren otros reales' (*Escribe novelas **de clave***). **en clave de**. loc. prepos. 'Con el carácter o el tono de' (*Lo dijo **en clave de** broma*).

clavecinista. sust. com. 'Músico que toca el clavecín': **el clavecinista, la clavecinista**.

clavel. sust. m. Diminutivo: **clavelito**. Aumentativo: **clavelón**. Es palabra aguda. En plural, se transforma en grave: **claveles**.

clavellina. sust. f. No debe pronunciarse [clavelina].

clavetear. v. tr. 'Guarnecer o adornar con clavos'. No debe pronunciarse [clavetiar, clavetié]. → **-ear**

clavicémbalo. sust. m. 'Instrumento músico'. También pueden decirse **clave** (sust. m.), **clavecín** (sust. m.) y **clavicímbano** (sust. m.).

clavo. sust. m. Diminutivos: **clavete, clavillo** y **clavito**. El sustantivo colectivo es **clavazón** (f.).

claxon. sust. m. 'Bocina eléctrica de sonido potente que llevan los automóviles'. Es palabra grave. No debe pronunciarse [claxón] como aguda. En plural: **cláxones**.

♦ **clearing.** Anglicismo. En español, debe decirse **compensación**.

cleptomaníaco, ca. adj. 'Dícese de la persona que padece la propensión morbosa al hurto'. Es palabra esdrújula. También pueden decirse **cleptomaniaco, ca** (adj.), palabra grave, y **cleptómano, na** (adj.). La Academia prefiere esta última voz.

cleptómano, na. adj. Ú. t. c. sust. m. y f.: **el cleptómano, la cleptómana**.

clerecía. sust. f. colect. 'Conjunto de personas eclesiásticas que componen el clero'. También puede decirse **clero** (sust. m. colect.).

clérigo. sust. m. No debe pronunciarse [clérico].

clic. sust. m. 'Onomatopeya para reproducir ciertos sonidos'. En plural: **clics**.

cliché. sust. m. Voz francesa (*cliché*) españolizada. También puede decirse **clisé** (sust. m.). En plural: **clichés, clisés**.

cliente. sust. m. Su femenino es **clienta**. El sustantivo colectivo es **clientela** (f.).

climatérico, ca. adj. 'Relativo a cualquiera de los períodos de la vida considerados como críticos, especialmente el de la declinación sexual' (*período **climatérico***); 'dícese del tiempo peligroso por alguna circunstancia'. No debe confundirse su significado con el de **climático, ca** (adj.), 'perteneciente o relativo al clima'. Incorrecto: *El meteorólogo anuncia cambios climatéricos*. Correcto: *El meteorólogo anuncia cambios **climáticos***.

climatizado, da. p. de **climatizar**. adj. 'Dícese del local con aire acondicionado' (*habitación **climatizada***).

climatizador, ra. adj. 'Que climatiza'. sust. m. 'Aparato para climatizar'. También pueden decirse **acondicionador** (sust. m.) o **acondicionador de aire.**

climatizar. v. tr. → **cazar**

climatología. sust. f. 'Tratado sobre el clima'. Como sustantivo colectivo, significa 'conjunto de las condiciones propias de un determinado clima'.

clímax. sust. m. 'Gradación retórica ascendente': **el clímax**. sust. f. 'Estado óptimo de una comunidad biológica, dadas las condiciones del ambiente': **la clímax**. En plural, no varían: **los clímax, las clímax.**

clínica. sust. f. Entre otras denotaciones, 'hospital privado, más comúnmente quirúrgico'. También puede decirse **el clínico** (sust. m.).

clínico. sust. m. 'Persona consagrada al ejercicio práctico de la medicina'. Su femenino es **clínica.**

clip. sust. m. Voz inglesa (*clip*) registrada en el *Diccionario*. También puede decirse **clipe** (sust. m.), voz españolizada. En plural: **clipes.**

clíper. sust. m. Voz inglesa (*clipper*) españolizada. 'Buque de vela fino, ligero y muy resistente'. Es palabra grave. En plural, se transforma en esdrújula: **clíperes.**

clítoris. sust. m. Incorrecto: *la clítoris*. En plural, no varía: **los clítoris.**

clocar. v. irreg. intr. Se conjuga como **trocar**. → **cloquear**

clon. sust. m. Voz inglesa (*clown*) españolizada. 'Payaso'. La Academia ha registrado recientemente la grafía **clown**. En plural: **clones, clowns**. Su homónimo (sust. m.) denota 'estirpe celular o serie de individuos pluricelulares nacidos de ésta, absolutamente homogéneos desde el punto de vista de su estructura genética; equivale a estirpe o raza pura'. En plural: **clones.**

cloquear. v. intr. 'Hacer cloc cloc la gallina clueca'. No debe pronunciarse [cloquiar]. También puede decirse **clocar** (v. irreg. intr.). → **-ear**

cloro. sust. m. 'Metaloide gaseoso de color verde amarillento'. Número atómico 17. Símbolo: ***Cl***

clorofila. sust. f. Es palabra grave. No debe pronunciarse [clorófila] como esdrújula.

clorosis. sust. f. 'Enfermedad de las jóvenes, caracterizada por anemia con palidez verdosa, trastornos menstruales, opilación y otros síntomas nerviosos y digestivos'. En plural, no varía: **las clorosis**. No debe usarse como sinónimo de **arterioesclerosis** (sust. f.) o de **ateroesclerosis** (sust. f.).

clorótico, ca. adj. 'Perteneciente o relativo a la clorosis'. Ú. t. c. sust. m. y f.: **el clorótico, la clorótica**. No debe usarse como sinónimo de **arteriosclerótico, ca** (adj. Ú. t. c. sust. m. y f.).

clóset. sust. m. Voz inglesa (*closet*) españolizada. 'Armario empotrado'. En plural: **clósets.** Ha sido recién incorporada en el *Diccionario*.

club. sust. m. También puede decirse **clube** (sust. m.). En plural: **clubes.**

clubista. sust. com. 'Socio de un club o círculo': **el clubista, la clubista.**

co-. pref. de or. lat. → **con-**

coacción. sust. f. Incorrecto: *coaxión*.

coaccionar. v. tr. Incorrecto: *coaxionar*.

coacreedor. sust. m. 'Acreedor con otro'. Su femenino es **coacreedora**. Incorrecto: *co acreedor*, *co-acreedor*.

coadjutor. sust. m. 'Persona que ayuda o acompaña a otra'. Su femenino es **coadjutora.** También pueden decirse **coadyutor** (sust. m.; carece de género femenino), **coadyuvador, coadyuvadora** (sust. m. y f.).

coadyuvante. p. a. de **coadyuvar**. Apl. a pers., ú. t. c. sust. com.: **el coadyuvante, la coadyuvante.**

coadyuvar. v. tr. 'Contribuir, asistir o ayudar a la consecución de alguna cosa'. Es verbo regular.

coagente. sust. m. 'El que coopera para algún fin'. Incorrecto: *co agente*, *co-agente*. En plural: **coagentes.**

coagulante. p. a. de **coagular**. 'Que coagula'. También puede decirse **coagulador, ra** (adj.). Ú. t. c. sust. m.: **el coagulante**. No debe pronunciarse [cuagulante].

coagular. v. tr. Ú. t. c. prnl. 'Cuajar'. No debe pronunciarse [cuagular].

coágulo. sust. m. No debe pronunciarse [cuágulo].

coalición. sust. f. 'Confederación, liga, unión'. No debe confundirse su significado o su grafía con los de **colisión** (sust. f.). Repárese en que se escribe con **c**. No se pronuncie [cualición]. → **colisión**

coalicionista. sust. com. 'Miembro de una coalición o partidario de ella': **el coalicionista, la coalicionista.**

coaligarse. v. prnl. → **pagar, coligarse**

coartada. sust. f. 'Argumento de inculpabilidad de un reo por hallarse en otro lugar en el momento del crimen'; 'pretexto, disculpa'. No debe pronunciarse [cuartada].

coartador, ra. adj. 'Que coarta'. Ú. t. c. sust. m. y f.: **el coartador, la coartadora.**

coautor. sust. m. 'Autor con otro u otros'. Su femenino es **coautora**. Incorrecto: *co autor, co-autor*.

cobalto. sust. m. 'Metal de color blanco rojizo'. Número atómico 27. Símbolo: ***Co***

cobardear. v. intr. 'Tener o mostrar cobardía'. No debe pronunciarse [cobardiar, cobardié]. → **-ear**

cobaya. sust. amb. 'Conejillo de Indias': **el cobaya o la cobaya**. Incorrecto: *el cobayo, la cobayo*.

cobertura. sust. f. Con la denotación de 'cubierta' (sust. f.), también puede decirse **cubertura** (sust. f.). Es sustantivo colectivo con el significado de 'conjunto de medios técnicos y humanos que hacen posible una información' (***cobertura** periodística*).

cobijar. v. tr. Ú. t. c. prnl. También puede decirse **cubijar** (v. tr. Ú. t. c. prnl.), pero la Academia prefiere la primera forma.

cobrable. adj. 'Que se ha de cobrar o puede cobrarse'. También puede decirse **cobradero, ra** (adj.).

cobrador, ra. adj. Ú. t. c. sust. m. y f.: **el cobrador, la cobradora.**

cobranza. sust. f. También puede decirse **cobro** (sust. m.). El adjetivo correspondiente es **cobratorio, ria** (adj.), 'perteneciente a la cobranza'.

cobrar. v. tr. Ú. t. c. intr. 'Recibir dinero como pago de algo' (***Cobró** cien pesos*; ***Cobró** en efectivo*); 'recobrar' (***Cobró** lo que había perdido*); 'sentir' (*Le **cobrará** mucho afecto*); 'adquirir' (***Cobraste** gran fama*); fam. 'recibir un castigo corporal' (***Cobró** tres bofetadas*). v. prnl. 'Recobrarse, volver en sí' (*Ya **se cobra** el sentido*); 'indemnizarse, compensarse de un favor hecho o de un daño recibido' (*¿**Te cobras** por la ayuda que te pedí?*). Con esta denotación, también puede usarse como transitivo (*¿**Te cobras** tanto dinero por la ayuda que te pedí?*). 'Llevarse víctimas' (*El huracán **se cobró** muchas vidas*).

cobre. sust. m. 'Metal de color rojo pardo'. Número atómico 29. Símbolo: ***Cu***

cocaína. sust. f. Su abreviación coloquial es **coca** (sust. f.). El sustantivo colectivo es **cocal** (m.). La adicción a la **cocaína** se denomina **cocainomanía** (sust. f.), y los adictos, **cocainómanos** (adj. Ú. t. c. sust. m. y f.: **el cocainómano, la cocainómana**).

cocción. sust. f. 'Acción o efecto de cocer o cocerse'. También puede decirse **cochura** (sust. f.). No debe pronunciarse [coción]. Repárese en que se escribe con doble **c**.

cóccix. sust. m. También puede escribirse **coxis** (sust. m.), pero la Academia prefiere la primera forma. En plural, no varían: **los cóccix, los coxis**. El adjetivo correspondiente es **coccígeo, a**, 'relativo al cóccix'.

coceadura. sust. f. 'Acción y efecto de cocear'. También puede decirse **coceamiento** (sust. m.).

cocear. v. intr. 'Dar o tirar coces'. No debe pronunciarse [cociar, cocié]. → **-ear**

cocedero, ra. adj. 'Fácil de cocer'. Con este significado, también pueden decirse **cocedizo, za** (adj.) y **cochero, ra** (adj.).

cocer. v. irreg. tr. 'Hacer que un alimento crudo llegue a estar en disposición de poderse comer, manteniéndolo dentro de un líquido ácueo en ebullición'; 'tratándose del pan, cerámica, piedra caliza, someterlos a la acción del calor en el horno'. v. intr. 'Hervir un líquido' (***Cuece** el agua*). v. prnl. 'Padecer por largo tiempo un dolor o incomodidad' (*Hace años que se cuece*); 'prepararse alguna cosa sin que se manifieste al exterior' (*Algo misterioso **se cuece** en esa reunión*). Diptonga la **o** de la raíz en **ue** cuando cae allí el acento y cambia la **c** en **z** ante **a** y **o**. La irregularidad se manifiesta en el presente de indicativo (***cuezo, cueces, cuece, cuecen***), en el presente de subjuntivo (***cueza, cuezas, cueza, cuezan***) y en el imperativo (***cuece***). Tiene un participio regular (***cocido***) y otro irregular (***cocho***). No debe confundirse su significado con el de **cocinar** (v. tr. e intr.), 'guisar, aderezar los alimentos', ni su grafía con la de su homófono **coser** (v. tr.).

cochambre. sust. amb. fam. 'Suciedad': **el cochambre** o **la cochambre**. El sustantivo colectivo familiar es **cochambrería** (f.), 'conjunto de cosas que tienen cochambre'.

cochambroso, sa. adj. 'Lleno de cochambre'. Ú. t. c. sust. m. y f.: **el cochambroso, la cochambrosa**. También puede decirse **cochambrero, ra** (adj. Ú. t. c. sust. m. y f.), pero la Academia prefiere la primera forma.

cochería. Esta palabra, tan usada en la Argentina para nombrar las empresas funerarias, no ha sido registrada en el ***Diccionario***. Con esa denotación, figura **funeraria** (sust. f.), 'empresa que se encarga de proveer las cajas, coches fúnebres y demás objetos pertenecientes a los entierros'.

cochero. sust. m. Su femenino es **cochera**, 'mujer del **cochero**'. **cochera**. sust. f. 'Sitio donde se encierran los coches y los autobuses'. Aumentativo: **cocherón** (sust. m.).

cochino. sust. m. 'Cerdo'; 'persona muy sucia y desaseada' (fig. y fam. Ú. t. c. adj.); 'persona tacaña' (fig. y fam. Ú. t. c. adj.); 'persona grosera' (fig. y fam. Ú. t. c. adj.). Diminutivo: **cochinillo**. Su femenino es **cochina**. Diminutivo: **cochinilla**.

cociente. sust. m. 'Resultado que se obtiene dividiendo una cantidad por otra'. **cociente intelectual**. 'Cifra que expresa la relación entre la edad mental de una persona y sus años'. También puede decirse **coeficiente intelectual**. Incorrecto: *conciente* o *cosciente*.

cocimiento. sust. m. 'Acción y efecto de cocer o cocerse'. También puede decirse **cocedura** (sust. f.).

cocina. sust. f. Diminutivos: **cocinilla, cocinita**.

cocinar. v. tr. e intr. → **cocer**

cocinero, ra. adj. Ú. t. c. sust. m. y f.: **el cocinero, la cocinera**.

coco. sust. m. Diminutivo: **coquito**.

cocodrilo. sust. m. Para distinguir los sexos, debe recurrirse a las perífrasis **cocodrilo macho, cocodrilo hembra**. Incorrecto: *la cocodrilo hembra*. Correcto: **el cocodrilo hembra**. También puede decirse **crocodilo**, pero la Academia prefiere la primera forma.

cocotero. sust. m. 'Coco, árbol'. El sustantivo colectivo es **cocotal** (sust. m.).

cóctel. sust. m. Es palabra grave. También puede decirse **coctel** (sust. m.). Es palabra aguda. En plural, la primera forma se transforma en esdrújula, **cócteles**, y la segunda, en grave, **cocteles**.

codazo. sust. m. No es el aumentativo de **codo** (sust. m.), sino el 'golpe dado con éste'.

codear. v. intr. 'Mover los codos o dar golpes con ellos'. v. prnl. 'Tener trato habitual, de igual a igual, una persona con otra o con cierto grupo social' (***Sólo se codeaba con los ricos***). No debe pronunciarse [codiar, codié]. → **-ear**

codeudor. sust. m. 'Persona que con otra u otras participa en una deuda'. Su femenino es **codeudora**. Incorrecto: *co deudor*, *co-deudor*. En plural: **codeudores, codeudoras**.

codiciador, ra. adj. 'Que codicia'. Ú. t. c. sust. m. y f.: **el codiciador, la codiciadora**.

codificar. v. tr. Su postverbal es **codificación** (sust. f.). → **sacar**

código. sust. m. Su abreviatura es *cód*. **código postal**. Su abreviatura es ***C.P.***

codo. sust. m. Diminutivo: **codillo**.

codorniz. sust. f. 'Ave'. Es palabra aguda. En plural, se transforma en grave: **codornices**.

coeducación. sust. f. 'Educación que se da juntamente a jóvenes de uno y otro sexo'. Incorrecto: *co educación*, *co-educación*.

coeficiencia. sust. f. 'Acción de dos o más

causas para producir un efecto'. Incorrecto: coefisciencia, coeficencia.

coeficiente. adj. 'Que juntamente con otra cosa produce un efecto'. sust. m. 'Número o factor que, escrito a la izquierda e inmediatamente antes de un monomio, hace oficio de multiplicador'. Incorrecto: coefisciente, coeficente. → **cociente**

coercer. v. tr. 'Contener, refrenar, sujetar' (*Coercía a los enemigos*). → **mecer**

coetáneo, a. adj. 'De la misma edad' (*Rodrigo y Dora son **coetáneos***); 'contemporáneo' (*dos obras **coetáneas***). Es palabra esdrújula. No debe pronunciarse [coetanio] como grave.

coexistir. v. intr. 'Existir una persona o cosa a la vez que otra'. Incorrecto: co existir, co-existir.

cofia. sust. f. Diminutivo: **cofiezuela**.

cofiador. sust. m. 'Fiador con otro o compañero en la fianza'. En plural: **cofiadores**. La Academia no registra el género femenino. Incorrecto: co fiador, co-fiador.

cofrero. sust. m. 'Persona que hace cofres o los vende'. Su femenino es **cofrera**.

cofundador, ra. adj. 'Dícese de la persona que, juntamente con otra u otras, funda algo'. En plural: **cofundadores**, **cofundadoras**. Incorrecto: co fundador, co-fundador.

coger. v. tr. 'Tomar'. Entre sus muchas acepciones, la Academia registra la de 'realizar el acto sexual' como vulgarismo propio de América. Por esa denotación, **coger** es, particularmente en la Argentina, voz malsonante que se evita en el coloquio y en la prosa cuidada. Su sinónimo es **cohabitar** (v. tr. e intr.). → **proteger**

cogitabundo, da. adj. 'Muy pensativo'. Repárese en que las terminaciones **-bundo**, **-bunda** se escriben siempre con **b**.

cognado, da. adj. 'Semejante, parecido'. sust. m. y f. 'Pariente por cognación', es decir, 'de consanguinidad por la línea femenina entre los descendientes de un tronco común': **el cognado**, **la cognada**. No debe pronunciarse [cocnado].

cognoscitivo, va. adj. 'Dícese de lo que es capaz de conocer' (*potencia **cognoscitiva***). No debe pronunciarse [conocitivo, cognocitivo, conoscitivo].

cogotazo. sust. m. No es el aumentativo de **cogote** (sust. m.), sino el 'golpe dado en el cogote con la mano abierta'. Repárese en que el sufijo **-azo** se escribe siempre con **z**.

cogote. sust. m. Diminutivo: **cogotillo**.

cogotudo, da. adj. 'De cogote excesivamente grueso'; 'dícese de la persona muy altiva y orgullosa'. sust. m. y f. Amér. 'Plebeyo enriquecido': **el cogotudo**, **la cogotuda**.

cohabitar. v. tr. 'Habitar juntamente con otro u otros' (***Cohabita** la casa paterna*). v. intr. 'Hacer vida marital el hombre y la mujer' (*Carlos y su esposa **cohabitan***); 'realizar el acto sexual'.

cohechador, ra. adj. 'Que soborna a un funcionario público'. Ú. t. c. sust. m. y f.: **el cohechador**, **la cohechadora**. En la Argentina, se usan más **coimero** (sust. m.) y **coimera** (sust. f.) para nombrar a la 'persona que da coimas o que las recibe'. Estas dos últimas voces están también registradas en el ***Diccionario***.

cohechar. v. tr. 'Sobornar, corromper con dádivas a una persona para que haga lo que se le pide'. En la Argentina, se usa más **coimear** (v. intr.), palabra registrada en el ***Diccionario***.

cohecho. sust. m. 'Acción y efecto de sobornar a un funcionario público'. En la Argentina, se usa más **coima** (sust. f.), 'dádiva con que se soborna'. Esta palabra está registrada en el ***Diccionario***.

cohesión. sust. f. sust. f. No debe escribirse cohección, coesión, coeción.

cohete. sust. m. No debe pronunciarse [cuete]. El sustantivo colectivo es **cohetería** (f.), 'conjunto de cohetes que se disparan juntos'.

cohetero. sust. m. 'El que tiene por oficio hacer cohetes y otros artificios de fuego'. Su femenino es **cohetera**.

cohibir. v. tr. Ú. t. c. prnl. 'Reprimir, refrenar, contener'. No debe pronunciarse [cóhiba]. Recuérdese que la **h** entre vocales no impide la formación del diptongo. Se conjuga, en cuanto al acento, como **prohibir**.

♦ **coiffeur**, **coiffeuse.** Galicismos. En español, deben decirse **peluquero**, **peluquera**.

coihue. sust. m. Argent. 'Variedad de jara pequeña, propia de los Andes patagónicos'. Es palabra grave. No deben confundirse su grafía y su significado con los de **coihué** (sust. m.). En plural: **coihues**.

coihué. sust. m. Argent. y Chile. 'Árbol de mucha elevación y de madera semejante a la del roble'. No debe pronunciarse [coihue]. En plural: **coihués**.

coima. sust. f. → **cohecho**

coimear. v. intr. No debe pronunciarse [coimiar, coimié]. → **-ear, cohechar**

coimero. sust. m. Su femenino es **coimera**. → **cohechador**

coincidencia. sust. f. Incorrecto: <u>*concidencia*</u>.

coincidente. p. a. de **coincidir**. Incorrecto: <u>*concidente*</u>.

cojear. v. intr. Rég. prep.: **cojear de** (***Cojea de** la pierna izquierda*). No debe pronunciarse [cojiar, cojié]. La primera persona singular del pretérito perfecto simple de indicativo es *cojeé*. → **-ear**

cojín. sust. m. 'Almohadón'. Diminutivo: **cojinete**. En plural: **cojines**.

cojo, ja. adj. Ú. t. c. sust. m. y f.: **el cojo, la coja**. Diminutivo: **cojuelo, la**.

cok. sust. m. También puede decirse **coque** (sust. m.). En plural: **coques**.

col. sust. f. En plural: **coles**.

cola. sust. f. Diminutivo: **colilla**.

-cola. elem. compos. de or. lat. 'Que cultiva o cría' (*avícola, frutícola*); 'que habita en' (*arborícola, cavernícola, terrícola*).

colaboración. sust. f. Rég. prep.: **colaboración en** (*Prestó su **colaboración en** ese trabajo*); **hacer en colaboración con** (***Lo hizo en colaboración con** sus hermanos*); **hacer con la colaboración de** (***Lo hizo con la colaboración de** sus hermanos*).

colaborador, ra. adj. Ú. t. c. sust. m. y f.: **el colaborador, la colaboradora**.

colaborar. v. intr. Rég. prep.: **colaborar con** (***Colaboró con** ellas*); **colaborar en** (***Colabora en** programas televisivos*).

colacionar. v. tr. 'Cotejar' (***Colacione** un texto con otro*). No deben confundirse su grafía y su significado con los de **colisionar** (v. intr.), 'chocar dos o más vehículos con violencia'.

colador. sust. m. También puede decirse **coladero** (sust. m.).

colage. sust. m. Voz francesa (*collage*) españolizada. 'Técnica pictórica consistente en pegar sobre lienzo o tabla materiales diversos'. En plural: **colages**.

colar. v. irreg. tr. 'Pasar un líquido por el colador' (***Cuela** la leche*). v. intr. 'Pasar por un lugar estrecho' (***Colarán** por el desfiladero*). v. prnl. 'Introducirse a escondidas o sin permiso en alguna parte' (***Te colaste** en el cine*). Se conjuga como **sonar**.

colcha. sust. f. También puede decirse **cobertor** (sust. m.).

colchado, da. p. de **colchar**. adj. (*tela **colchada***). También puede decirse **acolchado, da** (adj.: *tela **acolchada***). → **acolchado**

colchón. sust. m. Su diminutivo es **colchoncillo**.

colchonero. sust. m. 'Persona que hace o vende colchones'. Su femenino es **colchonera**.

colear. v. intr. 'Mover con frecuencia la cola'. No debe pronunciarse [coliar, colió]. → **-ear**

colección. sust. f. colect. 'Conjunto de cosas, por lo común de una misma clase' (***colección** de libros*). Su abreviatura es ***col***.

coleccionista. sust. com. 'Persona que colecciona': **el coleccionista, la coleccionista**. También pueden decirse **coleccionador** (sust. m.) y **coleccionadora** (sust. f.), o **colector** (sust. m.) y **colectora** (sust. f.).

colectividad. sust. f. colect. 'Conjunto de personas reunidas para un fin' (***colectividad** española*).

colectivizar. v. tr. 'Transformar lo particular en colectivo'. → **cazar**

colectivo, va. adj. 'Perteneciente o relativo a cualquier agrupación de individuos'; 'que recoge o reúne'. sust. m. 'Cualquier grupo unido por lazos laborales, profesionales, etc.' Argent., Bol. y Perú. 'Autobús'. El 'conductor del colectivo' se denomina **colectivero** (sust. m. Argent. y Perú).

colega. sust. com.: **el colega, la colega**. Es palabra grave. No debe pronunciarse [cólega] como esdrújula. Coloquialmente, puede usarse como sinónimo de 'amigo, compañero'.

colegial. adj. 'Perteneciente al colegio' (*grupo colegial*). Ú. t. c. sust. m. y f.: **el colegial, la colegiala**.

colegiar. v. tr. Ú. m. c. prnl. Se conserva la **g** en toda la conjugación. Incorrecto: *colejio, colejié, colejiaba, colejiaré, colejie*, etc. Se conjuga, en cuanto al acento, como **cambiar**.

colegir. v. irreg. tr. 'Juntar, unir las cosas sueltas y esparcidas'; 'inferir, deducir una cosa de otra'. Rég. prep.: **colegir de** (***De** lo que dice, **colijo** su decisión*). Incorrecto: *coligo*. Se conjuga como **regir**.

cólera. sust. f. 'Bilis'; 'ira, enojo' (***La cólera** no lo dejó razonar*). sust. m. 'Enfermedad aguda caracterizada por vómitos repetidos y abundantes deposiciones' (*En Salta, padecen **el cólera***). Repárese en el cambio de significado de acuerdo con el género masculino o con el femenino. Es palabra esdrújula. No debe pronunciarse [colera] como voz grave, pues **colera** (sust. f.) es el 'adorno de la cola del caballo'. Su homónimo es **cólera** (sust. f.), 'tela blanca de algodón engomada'.

colérico, ca. adj. Ú. t. c. sust. m. y f. Como adjetivo, carece de inflexión superlativa.

colesterol. sust. m. También puede decirse **colesterina** (sust. f.), pero la Academia prefiere la primera forma.

colgador. sust. m. 'Utensilio para colgar ropa'. También puede decirse **colgadero** (sust. m.).

colgante. p. a. de **colgar**. adj. (*puente **colgante***). Ú. t. c. sust. m. 'Joya que pende o cuelga' (*Luce un **colgante** de oro*). En arquitectura, 'festón, adorno'.

colgar. v. irreg. tr. Ú. t. c. intr. y c. prnl. Rég. prep.: **colgar de** (***Cuelga** el cuadro **de** un clavo*); **colgar en** (***Colgó** el tapado **en** el armario*). Diptonga la **o** de la raíz en **ue** cuando cae allí el acento. Su irregularidad se manifiesta en el presente de indicativo (***cuelgo, cuelgas, cuelga, cuelgan***), en el presente de subjuntivo (***cuelgue, cuelgues, cuelgue, cuelguen***) y en el imperativo (***cuelga***). → **pagar**

colibrí. sust. m. En plural: **colibríes** o **colibrís**.

colicuar. v. tr. Ú. t. c. prnl. 'Derretir a la vez dos o más sustancias sólidas o crasas'. También puede decirse **colicuecer** (v. irreg. tr.), pero la Academia prefiere la primera forma. Su postverbal es **colicuación** (sust. f.). Se conjuga, en cuanto al acento, como **adecuar**.

coliflor. sust. f. Incorrecto: *el coliflor*. En plural: **coliflores**.

coligación. sust. f. 'Acción y efecto de coligarse'; 'unión de unas cosas con otras'. También pueden decirse **coligadura** (sust. f.) y **coligamiento** (sust. m.), pero la Academia prefiere la primera forma.

coligarse. v. prnl. Ú. alguna vez c. tr. 'Unirse unos con otros para algún fin'. Rég. prep.: **coligarse con** (*La provincia norteña **se coligó con** la sureña*). También puede decirse **coaligarse** (v. prnl.), pero la Academia prefiere la primera forma. → **pagar**

coligüe. sust. m. Argent. y Chile. 'Planta gramínea, de hoja perenne, muy ramosa y trepadora'. En plural: **coligües**. El sustantivo colectivo es **coligual** (m.).

colimba. sust. m. fam. Argent. 'Soldado que recibe la instrucción militar obligatoria' (*Me ayudó **el colimba***). sust. f. fam. Argent. 'Servicio militar' (*Ingresó en **la colimba***).

colindante. adj. 'Dícese de los campos o edificios contiguos entre sí'. Incorrecto: *conlindante*.

colisión. sust. f. 'Choque de dos cuerpos' (***colisión** de camiones*); 'rozadura o herida hecha por el roce de una cosa con otra'; 'oposición o pugna de ideas, principios o intereses, o de las personas que los representan' (***colisión** de los políticos*). Repárese en que se escribe con **s**. No deben confundirse su significado o su grafía con los de **coalición** (sust. f.).

colisionar. v. intr. A pesar de que esta voz ha sido recién incorporada en el ***Diccionario***, no debe dejar de usarse **chocar** (v. intr.).

colitis. sust. f. 'Inflamación del intestino colon'. En plural, no varía: **las colitis**.

colla. adj. 'Dícese del habitante de las mesetas andinas' (*mujer colla*). Ú. t. c. sust. com.: **el colla, la colla**. No deben confundirse su grafía y su significado con los de **coya** (sust. f.), 'mujer del emperador, señora soberana o princesa entre los antiguos incas': **la coya**.

collado. sust. m. 'Tierra que se levanta como cerro'. El sustantivo colectivo es **colladía** (f.).

collar. sust. m. Diminutivos: **collarejo** y **collarín**.

colmar. v. tr. Ú. t. c. prnl. Rég. prep: **colmar de** (*La colmó de alabanzas*).

colmena. sust. f. Diminutivo: **colmenilla** (sust. f.). El sustantivo colectivo es **colmenar** (m.).

colmenar. sust. m. colect. También puede decirse **apiario** (sust. m.).

colmillazo. sust. m. No es el aumentativo de **colmillo** (sust. m.), sino 'el golpe dado o la herida hecha con el colmillo'.

colmillo. sust. m. Diminutivo: **colmillejo**.

colmo. sust. m. 'Porción de materia pastosa o árida, o de cosas de poco volumen, que sobresale por encima de los bordes del vaso que las contiene'; 'complemento o término de alguna cosa'. **a colmo**. loc. adv. 'Colmadamente'; **llegar** una cosa **a colmo**. fr. fig. y fam. 'Llegar a lo sumo o a su última perfección' (*Mi paciencia **llegó a colmo***); **ser** una cosa **el colmo**. fr. fig. y fam. 'Haber llegado a tal punto que razonablemente no se puede superar' (*Este trabajo **es el colmo** de difícil*).

colocar. v. tr. Ú. t. c. prnl. Rég. prep.: **colocar con, en** o **por** (***Coloca con, en** o **por** orden los cubos*); **colocar** a alguien **en** (***Colocó** a Luis **en** una buena empresa*). → **sacar**

colofón. sust. m. 'Anotación al final de los libros, que indica el nombre del impresor y el lugar y fecha de la impresión'. También puede usarse con la denotación de 'frase, actitud, decisión complementaria que pone término a un asunto, obra, situación, etc.'. Esta última acepción ha sido recién incorporada en el ***Diccionario***.

colon. sust. m. 'Porción del intestino grueso de los mamíferos'. Es palabra grave. En plural: **cólones**. No debe pronunciarse [colón] como palabra aguda, pues **colón** (sust. m.) es el 'nombre de las unidades monetarias de Costa Rica y de El Salvador'. En plural: **colones.**

colonia. sust. f. colect. 'Conjunto de personas procedentes de un país que van a otro para poblarlo y cultivarlo, o para establecerse en él' (***colonia** alemana en la Argentina*); 'conjunto de los naturales de un país, región o provincia que habitan en otro territorio' (***colonia** cordobesa en Buenos Aires*); 'grupo de animales de una misma especie que conviven en un territorio limitado' (***colonia** de ciervos*). Su abreviatura es ***col.*** No debe confundirse su significado con el de **coloniaje** (sust. m.), 'nombre que algunas repúblicas dan al período histórico en que formaron parte de la nación española'. → **agua** (**agua de Colonia**)

colonialista. adj. 'Partidario del colonialismo'. Ú. t. c. sust. com.: **el colonialista, la colonialista.**

colonizador, ra. adj. 'Que coloniza'. Apl. a pers., ú. t. c. sust. m. y f.: **el colonizador, la colonizadora**.

colonizar. v. tr. → **cazar**

color. sust. m. En el ámbito literario, solía usarse como femenino: **la color**. Hoy se usa exclusivamente el masculino. **de color** loc. adj. y adv. (*Compró un vestido **de color**; Ganó un televisor **de color**; Vio mujeres **de color**; Viste **de color***). Incorrecto: *televisor a color*. **so color**. loc. adv. 'Con o bajo pretexto' (*Se retiró **so color** de una leve indisposición*).

coloración. sust. f. 'Acción y efecto de colorar'. No debe decirse **coloramiento** (sust. m.), pues la Academia registra esta voz como anticuada.

colorante. p. a. de **colorar**. 'Que colora'. Ú. t. c. sust. m.: **el colorante.**

colorar. v. tr. 'Dar color, teñir de color'. También puede decirse **colorear** (v. tr. e intr. Ú. t. c. prnl.).

colorear. v. tr. 'Dar color, teñir de color' (***Colorea** la tela*). v. intr. 'Mostrar una cosa el color colorado que en sí tiene' (*Las manzanas **colorean***). Ú. t. c. prnl. 'Tirar a colorado' (*Sus mejillas **se colorearon***). No debe pronunciarse [coloriar, colorié]. → **-ear**

colores. Los colores que existen en la naturaleza (*azul, blanco, rojo, verde, amarillo, celeste, gris, marrón, negro,* etc.) son adjetivos calificativos que hacen su plural normalmente: *flores **rojas***. Además, pueden sustantivarse (***Lo verde** me atrae*). Si al adjetivo de color se le agrega otro adjetivo calificativo, éste es el que aparece en plural: *chaquetas **amarillo verdosas***; si se le agrega un sustantivo, ambos permanecen en singular: *ojos **negro azabache***. No sucede lo mismo con los que provienen del nombre de cosas. En este caso, no cambian en plural: *cielos **añil***; *rosas **carmín***; *faldas **azul marino***. Pueden usarse, también, las frases **de color** o **de color de** (*tela **de color** rosado*; *piel **de color de** nieve*).

colorido, da. p. de **colorir** (v. tr. p. us.). adj. 'Que tiene color' (*paisaje **colorido***). sust. m. 'Disposición y grado de intensidad de los diversos colores de una pintura' (*el **colorido** del paisaje*); fig. 'color, pretexto aparente para hacer algo' (*No encontró **colorido** para hablar del proyecto*).

colorista. adj. 'Que usa bien el color' (*pintor **colorista***). fig. 'Dícese del escritor que emplea con frecuencia calificativos vigorosos y otros medios de expresión para dar relieve a su lenguaje y estilo' (*poeta **colorista***). Ú. t. c. sust. com.: **el colorista**, **la colorista**.

columna. sust. f. No debe pronunciarse [coluna]. La abreviatura es ***col.*** El sustantivo colectivo es **columnata** (f.).

columnista. sust. com. 'Redactor o colaborador de un periódico, al que contribuye con comentarios firmados, insertos en una columna especial': **el columnista**, **la columnista**. No debe pronunciarse [colunista].

com-. pref. de or. lat. → **con-**

coma. sust. f. 'Signo de puntuación' (*Falta una **coma***). Diminutivo: **comilla**. También puede decirse **inciso** (sust. m.).

Reglas para el uso de la coma. La coma (,) es el signo de puntuación que representa la pausa más breve. Se usa: • para separar el vocativo del resto de la oración; si encabeza la oración, va seguido de coma (*Juan, deja aquí los libros*); si está dentro de la oración, va entre comas (*Deja, Juan, aquí los libros*); si aparece al final de la oración, va precedido de coma (*Deja aquí los libros, Juan*); • para separar la interjección del resto de la oración (*¡Oh, qué sorpresa!*); • para destacar la función de la aposición explicativa (*Don Fidel, el anciano maestro, estaba emocionado*), del adjetivo explicativo (*La iglesia, románica, fue fotografiada por muchos turistas*) y algunas locuciones, como **es decir**, **sin embargo**, **en fin**, **por último**, **por ejemplo**, **por consiguiente**, **no obstante**, **por lo tanto**, **en general**, **pues** y otras parecidas (*Son, pues, tres normas fundamentales*); • para separar los elementos que constituyen una enumeración (*Ni Juan, ni Pedro, ni Javier, ni Hugo, ni Luis, pudieron resolver el problema*; *Compró huevos, queso, pan, azúcar, mermeladas y aceitunas*: en este ejemplo, delante de la conjunción **y** no hay coma, pues ésta relaciona elementos de la misma serie, pero aquélla es obligatoria cuando el nuevo elemento no es de la misma naturaleza que los anteriores, como *Compró huevos, queso, pan, azúcar, mermeladas, aceitunas, y una escoba*); • para separar, dentro de la oración, proposiciones yuxtapuestas (*Los niños cantaban, las niñas bailaban, los mayores conversaban alegremente*) o coordinadas (*Después de la lluvia, una mariposa blanca voló hacia el pino, y dos pájaros temblaron gozosos, y una vaca mugió largamente*); • delante de **y** o de **o**, cuando enlazan elementos en los cuales ya existe una de esas conjunciones (*La joven miró a su padre y a su madre, y sonrió*); • cuando se intercala algún inciso explicativo (*La película, según los críticos, es excelente*), como las proposiciones subordinadas adjetivas explicativas (*Nosotros, que no teníamos deseos de escuchar la conferencia, nos retiramos de la sala*); • cuando se altera el orden regular de los elementos de la oración (*Durante las vacaciones de invierno, viajaron al Perú*; *Cuando se dieron cuenta de que el niño había desaparecido, era de noche*), salvo que se anticipe una sola palabra o un sintagma muy breve (*Ahora vendrá tu madre*; *Muy pronto te lo diremos*), entonces, no es necesaria; • para indicar la omisión de un verbo (*La calle estaba vacía*; *el cielo, gris*), de otros elementos sintácticos que lo acompañan (*Este libro será la guía del primer curso; aquél, del segundo curso*) o de una conjunción o frase causal (*¡Corre, es muy tarde!*); • para separar los adverbios de afirmación, negación y duda del resto de la oración (*Sí, lo hará*; *No, compraré el auto verde*; *Quizá, venga a verte mañana*); • cuando los adverbios en **-mente** modifican a toda la oración (*La reunión, lamentablemente, acabó*; *Dijo, finalmente, que todos colaborarían*); • antes de **pero**, **mas**, **sino**, **conque**, **porque**, **aunque**

(*Ortega y Gasset utilizaba los guiones con relativa frecuencia,* ***pero*** *solía diferenciar su función de la función propia de la coma*); • antes del verbo que aclara palabras textuales (*"La buena literatura impregna a ciertas ciudades y las recubre con una pátina de mitología y de imágenes más resistente al paso de los años que su arquitectura y su historia", escribió Mario Vargas Llosa*); • antes de la palabra **etcétera** o de su abreviatura (***etc.***) para separarlas del miembro precedente cuando termina la oración (*Expuso acuarelas, óleos, pasteles,* ***etc.***), y antes y después, cuando se encuentra dentro de la oración (*Venden obras de arquitectura, antropología, arqueología, historia, biología,* ***etcétera,*** *en esa librería*); • en la escritura de números, para separar la parte entera de la decimal (*3, 75 m*).

La voz que anotamos no debe confundirse con su homónimo de género masculino: **el coma**, 'estado patológico que se caracteriza por la pérdida de la conciencia, la sensibilidad y la motricidad'. El adjetivo correspondiente a este último sustantivo es **comatoso, sa**, 'perteneciente o relativo al coma'.

comadreja. sust. f. Para distinguir los sexos, debe recurrirse a las perífrasis **comadreja macho, comadreja hembra**.

comandante. sust. m. La abreviatura es ***cte.*** El femenino **comandanta** es la 'mujer del comandante'.

combatidor. sust. m. 'El que combate'. La Academia no registra el género femenino.

combatiente. p. a. de **combatir**. Ú. m. c. sust. com.: **el combatiente, la combatiente**.

combatir. v. intr. Ú. t. c. prnl. 'Pelear'. Rég. prep.: **combatir con** o **contra** (***Combaten con*** o ***contra*** *mil soldados*); **combatir por** (***Combaten por*** *la paz*). v. tr. 'Acometer, embestir' (***Combaten*** *a los intrusos*); 'atacar, refrenar' (***Combatirán*** *el cólera*); 'contradecir, impugnar' (***Combatió*** *mis ideas*).

combinar. v. tr. 'Unir cosas diversas, de manera que formen un compuesto'. Rég. prep.: **combinar con** (***Combinó*** *la tela negra* ***con*** *la roja*). v. prnl. 'Ponerse de acuerdo dos o más personas para una acción conjunta' (*Varios jóvenes* ***se combinaron*** *para realizar la excursión*).

comediante. sust. m. Su femenino es **comedianta.** → **cómico**

comedido, da. adj. 'Cortés, prudente, moderado'. No debe usarse con la significación de **entremetido, da** o **entrometido, da** (adjs. Ú. t. c. susts. ms. y fs.). Incorrecto: *Es una mujer comedida; siempre va donde no la llaman*. Correcto: *Es una mujer* ***entrometida****; siempre va donde no la llaman*. → **entrometido**

comediógrafo. sust. m. Su femenino es **comediógrafa**.

comedir. v. irreg. prnl. 'Arreglarse, moderarse, contenerse'. Rég. prep.: **comedirse en** (***Se comidió en*** *sus acusaciones*). Amér. 'Ofrecerse o disponerse para alguna cosa'. Se conjuga como **pedir**.

comensal. sust. com. 'Persona que vive a la mesa y a expensas de otra'; 'cada una de las personas que comen en una misma mesa': **el comensal, la comensal**.

comentador. sust. m. 'Persona que comenta'. Su femenino es **comentadora**.

comentar. v. tr. 'Declarar el contenido de un escrito'; 'hacer comentarios'. No debe usarse con el significado de **decir**, **contar** o **comunicar**. Incorrecto: *Me comentaron que José no viajó*. Correcto: *Me* ***dijeron*** *que José no viajó*.

comentario. sust. m. 'Escrito que sirve de explicación y comento de una obra, para que se entienda más fácilmente'. Es sinónimo de **comento** (sust. m.) cuando significa 'escrito que explica los puntos oscuros de una obra' (*Presentó el* ***comentario*** *o el* ***comento*** *de* El nombre de la rosa).

comentarista. sust. com. 'Persona que escribe comentarios'; 'persona que comenta noticias de actualidad': **el comentarista, la comentarista**.

comenzante. p. a. de **comenzar**. 'Que comienza'. Ú. t. c. sust. com.: **el comenzante, la comenzante**.

comenzar. v. irreg. tr. Rég. prep.: **comenzar a** (***Comience a*** *hablar*); **comenzar con** (***Comenzó con*** *un nuevo tema*); **comenzar por** (***Comenzaré por*** *leer este capítulo*). Diptonga la **e** de la raíz en **ie** cuando es tónica. Su irregularidad se manifiesta en presente de indicativo (*comienzo, comienzas, comienza, comienzan*), en presente de subjuntivo (*comience, comiences, comience, co-*

miencen) y en imperativo (*comienza*). Cambia la **z** por **c** delante de **e.** → **cazar**

comer. v. intr. Ú. t. c. tr. y prnl. Rég. prep.: **comer con** (***Come con** la mano*); **comer de** (***Comen de** todo*); **comer por** (***Comió por** tres personas*).

comercializar. v. tr. Su postverbal es **comercialización** (sust. f.) → **cazar**

comerciante. p. a. de **comerciar**. Ú. t. c. sust. com.: **el comerciante, la comerciante**. Incorrecto: *la comercianta*.

comerciar. v. intr. Se conjuga, en cuanto al acento, como **cambiar**.

cometa. sust. m. 'Astro': **el cometa**. El adjetivo correspondiente es **cometario, ria**, 'perteneciente o relativo a los cometas'. sust. f. 'Barrilete': **la cometa**.

comezón. sust. f. 'Picazón'; 'desazón'. Incorrecto: *el comezón*.

cómic. sust. m. Voz inglesa (*comic*) españolizada. 'Serie o secuencia de viñetas con desarrollo narrativo'. En plural: **cómics**. Su sinónimo es **historieta** (sust. f.).

comicios. sust. m. pl. Siempre debe usarse en plural. El adjetivo correspondiente es **comicial**, 'perteneciente o relativo a los comicios'.

cómico, ca. adj. Ú. t. c. sust. m. y f.: **el cómico, la cómica**. El 'mal cómico' es un **comicastro** (sust. m.). Los sinónimos de **cómico** son **comediante** (sust. m.) y **comedianta** (sust. f.). El sustantivo colectivo es **comiquería** (f. fam.).

comida. sust. f. Diminutivo: **comidilla**. La **comilona** (f. fam.) es una 'comida muy abundante y variada'.

comilla. sust. f. d. de **coma**. 'Signo auxiliar de puntuación, que se coloca al principio y al final de una palabra, frase, oración o fragmento para destacarlos'. El nombre **comillas** sugiere que tienen la misma forma que la coma. CLASES DE COMILLAS. **latinas**, **españolas** o **bajas**. Se escriben en forma de ángulo (« ») al nivel de las letras. **inglesas** o **altas**. Tienen forma de coma (" ") y se sitúan en la parte superior de las letras. **simples**. Tienen la misma forma y colocación que las anteriores, pero con un solo elemento (' '). **de seguir**. Se colocan en posición de cierre (») al comienzo de cada uno de los párrafos de una cita extensa, ya encerrada entre comillas, para indicar que cada uno de esos párrafos forma parte de la cita. Las **comillas latinas**, **españolas** o **bajas**, y las **inglesas** pueden emplearse indistintamente, pero son más comunes las segundas. Se usan: • para indicar que un texto se cita como lo escribió su autor (*Dijo san Francisco de Sales: «La impureza es más fácil de evitar que de corregir»; Escribió Julián Marías: "Los problemas graves reclaman, sobre todo, pensamiento, y no conozco otra forma de ejercerlo que la meditación en soledad"*); • para destacar neologismos, regionalismos o voces extranjeras no españolizadas (*Lila es muy «criteriosa»; Siempre que ve televisión, hace "zapping"*); • para que una palabra se lea con un significado opuesto al habitual (*¡Mercedes es «tan estudiosa»!; No conozco a otra persona "más egoísta" que Fabián*); • para presentar el título de poemas, cuentos, leyendas, artículos, capítulos, ponencias, etc. (*«El vendedor de pájaros» es el nombre de un capítulo de la novela **El laberinto**, de Manuel Mujica Lainez; Horacio Quiroga escribió el cuento "La gallina degollada"*); • para indicar los títulos de ciclos o de series televisivos (*Todas las tardes, el canal 9 emite «La hermana mayor»; Hoy verá el programa "Teleciencia"*); • para destacar apodos, seudónimos, nombres de animales, etc. (*Lo llamaban «Hilito» por lo delgado; Mi perra se llama "Flor"*); • en la novela actual, para indicar lo que dice cada personaje, aunque es más común el uso de la raya (*"Se creerá que me la va a dar. A mí no me la da." "Ese pobre Don Pedro estará achaparrado en algún agujero, eso lo creo yo. Pero que éste me diga que me está esperando a mí, eso no lo creo...",* Luis Martín-Santos); • para destacar un título dentro de otro título (***La originalidad artística de "La Celestina"**, de María Rosa Lida de Malkiel*), aunque se presente en otro tipo de letra o subrayado. Las **comillas simples** se usan para indicar que una palabra está empleada en su valor conceptual (*Se referían a la voz **democracia**, 'gobierno del pueblo'; Escribió **base** 'sustantivo' y no, **base** 'forma verbal'*); no es incorrecto, en este caso, usar las dobles. **Cita dentro de otra cita**. Cuando se transcribe el texto de un autor, pueden encontrarse, dentro de él, citas de otro. Para que esa acumulación de citas no atente contra la claridad del escrito, éstas deben jerarquizarse recurriendo a los distintos tipos de comillas. La primera cita –la que hacemos nosotros– debe hacerse con **comillas latinas**, **españolas** o **bajas**; la segunda –la que ha hecho el autor cuyo texto transcribimos–, con **comillas inglesas**; si dentro de la segunda cita, aparecen palabras entrecomilladas, se emplearán las **comillas simples** (« " ' ' " »: *Escribe Ángel Rosenblat: «Rafael Lapesa anotaba que el galicismo parece hoy eclipsado por el anglicismo, aunque muchos de los anglicismos han venido a través del francés. Ve en él, con frecuencia, el prurito de un supuesto refinamiento: el* snobismo *favorece la adopción de usos anglosajones. Sin embargo, agrega: "el español de nuestros días no ha quedado al margen de la tendencia mundial que sacrifica 'lo peculiar' en aras de lo supernacional y uniforme"»*. Nótese que el punto final ha quedado fuera del entrecomillado, pues corresponde a la oración que comienza con *Escribe Ángel Rosenblat*. Si se hubiera escrito sólo la cita entre comillas, el punto final debería ir dentro de ellas).

comilón, na. adj. 'Que come mucho o desordenadamente'. Ú. t. c. sust. m. y f.: **el comilón**, **la comilona**. → **comida**

comino. sust. m. 'Hierba'. Diminutivo: **cominillo**.

comisaría. sust. f. Incorrecto: <u>*comisería*</u>.

comisario. sust. m. El femenino **comisaria** es la 'mujer del comisario'.

comiscar. v. tr. 'Comer a menudo de varias cosas en cortas cantidades'. → **sacar**. También puede decirse **comisquear** (v. tr.).

comisionista. sust. com.: **el comisionista**, **la comisionista**.

como. adv. m. 'Del modo o la manera que' (*Escribe **como** quieras*); 'en sentido comparativo, denota idea de equivalencia' (*Habla **como** su madre*); 'aproximadamente, más o menos' (*Hace **como** un mes que no lo veo*); 'según, conforme' (***Como** dice tu tío, todo tiene solución*); 'así que' (***Como** trajeron las maletas, subió a su habitación*). Tiene el valor de una conjunción condicional y se usa con el subjuntivo (***Como** no me obedezcas, no irás a la fiesta*); toma la denotación de una conjunción causal (***Como** no encontré la carta, no pude enviarla*); con la misma denotación, va acompañado de **que** (*Conozco la situación, **como que** la viví*). **como que**. loc. conjunt. 'Probabilidad' (*Oyó **como que** alguien reía*); 'semejanza' (*Hace **como que** escribe*); 'causa' (*Puede afirmarlo, **como que** estuvo allí*). No debe usarse <u>*es como que*</u> o <u>*parece como que*</u> por **es como si** o **parece que**: *Esa amistad <u>es como que</u> murió*; *El hijo <u>es como que</u> no existe para él*; *<u>Parece como que</u> no sé nada*. Correcto: ***Es como si** esa amistad hubiera muerto*; ***Es como si** el hijo no existiera para él*; ***Es como si** no supiera nada*; ***Parece que** esa amistad murió*; ***Parece que** el hijo no existe para él*; ***Parece** que no sé nada*. prep. 'en calidad de' (*Asistió al Congreso de Literatura **como** expositor*). adv. m. interrog. y excl. Debe usarse con tilde (*¿**Cómo** es?*; *No sabe **cómo** es*; *¡**Cómo** ríe!*). 'Por qué motivo, causa o razón' (*¿**Cómo** no lo dijiste?*). sust. m.: **el cómo**. En plural: **los cómos**. **¡cómo!** interj. que denota 'extrañeza o enfado'. **como quiera que**. loc. conjunt. 'De cualquier modo que' (***Como quiera que** lo diga, nunca le creeré*). También puede escribirse **comoquiera que**. Uso incorrecto de <u>*como ser*</u> en lugar de **como es** o de **como son**: *Algunas novelas argentinas, <u>como ser</u>* Todo verdor perecerá, *se leen mucho*. Correcto: *Algunas novelas argentinas, **como es*** Todo verdor perecerá, *se leen mucho*. Uso innecesario e incorrecto de **como**: *Una cita con el padre se considera <u>como</u> necesaria*; *Ese argumento parece <u>como</u> más verosímil*; *Es <u>como</u> muy soberbio*. Correcto: *Una cita con el padre se considera necesaria*; *Ese argumento parece más verosímil*; *Es muy soberbio*. La abreviatura de **como** es ***c***.

comoquiera. adv. m. 'De cualquier manera' (*Hágalo **comoquiera**, pero hágalo*). **como quiera que**. loc. conjunt. (*Irá **como quiera que** sea la reunión*).

compadecer. v. irreg. tr. 'Compartir la desgracia ajena' (***Compadezco** a su madre*). Ú. t. c. prnl. con la prep. **de** (***Se compadecía de** los enfermos*). Se conjuga como **parecer**.

compadrear. v. intr. 'Hacer o tener amistad, generalmente con fines poco lícitos'. Argent., Par. y Urug. 'Jactarse, envanecerse, provocar'. Se usa con valor despectivo. No debe pronunciarse [compadriar, compadrié]. La primera persona singular del pretérito perfecto simple de indicativo es *compadreé*. → **-ear**

compadrito. sust. m. Argent. y Urug. 'Tipo popular, jactancioso, provocativo, pendenciero, afectado en sus maneras y en su vestir' (*Pasó **el compadrito** de tu barrio*). También puede decirse **compadrón** (sust. m.), pero la Academia prefiere la primera forma.

compaginado, da. p. de **compaginar**. adj. 'Dícese de la página resultante de ajustar galeradas'. Ú. t. c. sust. f.: **la compaginada**.

compaginador. sust. m. Su femenino es **compaginadora**.

compañero. sust. m. Rég. prep.: **compañero de** (***compañero de** estudios*); **compañero en** (***compañeros en** la adversidad*). Su femenino es **compañera**.

compañía. sust. f. Incorrecto: *compania*. Es sustantivo colectivo con las denotaciones de 'sociedad o junta de varias personas unidas para un mismo fin' y de 'cuerpo de actores o de bailarines formado para representar en un teatro'. Sus abreviaturas son ***Cía.***, ***C.ª***, ***Comp.*** o ***comp.*** **en compañía de** (*Viaja **en compañía de** su hermano*).

comparación. sust. f. 'Símil'. **en comparación con** (*Es poco inteligente **en comparación con** su hermana*). También puede decirse **comparanza** (sust. f.), pero la Academia prefiere la primera forma.

comparar. v. tr. 'Cotejar'. Rég. prep.: **comparar a** o **con** (***Comparó** ese libro **a** o **con** otro*). Las abreviaturas de la voz latina *confer* ('compárese') son ***cf.***, ***cfr.***, ***conf.*** o ***confr.***

comparatista. sust. com. 'Persona versada en estudios comparados de ciertas disciplinas': **el comparatista, la comparatista**.

comparecencia. sust. f. Incorrecto: *comparescencia, comparecimiento*. También puede decirse **comparición** (sust. f.).

comparecer. v. irreg. intr. 'Presentarse alguien en algún lugar, llamado o convocado por otra persona, o de acuerdo con ella'. Rég. prep.: **comparecer ante** (***Comparecerá ante** usted*). Incorrecto: *comparescer*. Se conjuga como **parecer**.

compareciente. sust. com. 'Persona que comparece ante el juez': **el compareciente, la compareciente**. Incorrecto: *comparesciente*.

comparsa. sust. f. colect. 'Acompañamiento'. El sustantivo colectivo de **comparsa** es **comparsería** (f.).

comparte. sust. com. 'Persona que es parte con otra en algún negocio civil o criminal': **el comparte, la comparte**.

compartidor. sust. m. 'Persona que comparte en unión con otra u otras'. Su femenino es **compartidora**.

compartimentar. v. tr. 'Proyectar o efectuar la subdivisión estanca de un buque'. Es verbo regular. Incorrecto: *yo compartimiento*. Correcto: *yo **compartimento***. Su participio es **compartimentado, da**.

compartimiento. sust. m. Entre otras denotaciones, 'cada parte en que se divide un territorio, edificio, caja, vagón, etc.'. **compartimiento estanco**. 'Cada una de las secciones, absolutamente independientes, en que se divide el interior de un buque de hierro'. Ú. t. en sent. fig. También pueden decirse **compartimento** (sust. m.) y **compartimento estanco**, pero la Academia prefiere la primera forma. En plural: **compartimientos, compartimentos, compartimientos estancos, compartimentos estancos**. Incorrecto: *compartimientos-estanco, compartimientos estanco, compartimentos-estanco, compartimentos estanco*.

compartir. v. tr. 'Repartir, distribuir algo en partes'; 'participar en alguna cosa'. Rég. prep.: **compartir con** (***Comparte con** todos la reunión*); **compartir entre** (***Compartieron** el premio **entre** tres personas*).

compasear. v. tr. 'Marcar los compases en la notación'. No debe pronunciarse [compasiar, compasié]. También puede decirse **compasar** (v. tr.). → **-ear**

compatibilizar. v. tr. 'Hacer compatible'. → **cazar**

compatible. adj. Rég. prep.: **compatible con** (*Este trabajo no es **compatible con** su formación*). Su antónimo es **incompatible** (adj.).

compatriota. sust. com. 'Persona de la misma patria que otra': **el compatriota, la compatriota**. También pueden decirse **compatricio** (sust. m.) y **compatricia** (sust. f.), pero la Academia prefiere la primera forma.

compeler. v. tr. 'Obligar a alguien a que haga lo que no quiere'. Rég. prep.: **compeler a** (*Lo **compelió a** hablar*). Es verbo regular. Tiene un participio regular (***compelido***) y otro irregular (***compulso***). Incorrecto: *compelir*.

compendiador, ra. adj. 'Que compendia'. Ú. t. c. sust. m. y f.: **el compendiador, la compen-**

diadora. También puede decirse **compendista** (sust. com.): **el compendista**, **la compendista**.

compendiar. v. tr. Se conjuga, en cuanto al acento, como **cambiar**.

compendio. sust. m. 'Breve y sumaria exposición, oral o escrita, de lo más sustancial de una materia ya expuesta latamente'. Es un pleonasmo decir: *un pequeño compendio*, *un breve compendio*, *un compendio sucinto*, *un compendio sumario*. Correcto: *un* ***compendio***. **en compendio**. loc. adv. 'Con precisión y brevedad' (*Redactó en compendio el escrito*).

compenetrarse. v. prnl. 'Penetrar las partículas de una sustancia entre las de otra o recíprocamente'; 'influirse hasta identificarse cosas distintas' (*Allí lo verdadero y lo falso* ***se compenetraban***); 'identificarse las personas en ideas y en sentimientos'. Rég. prep.: **compenetrarse en** (***Se compenetran en*** *ideas*).

compensar. v. tr. Ú. t. c. prnl. y c. intr. Rég. prep: **compensar** una cosa **con** otra (***Compensó*** *la ayuda de su amiga* ***con*** *un buen desempeño de su cargo*).

competencia. sust. f. 'Disputa, contienda' (*La* ***competencia*** *entre los dos legisladores fue inútil*); 'oposición o rivalidad' (*Advirtió la* ***competencia*** *que los separaba*); 'incumbencia' (*Este tema no es de mi* ***competencia***); 'aptitud, idoneidad' (*Demuestra* ***competencia*** *para el cargo*). Argent. y otros países hispanoamericanos. 'Competición deportiva' (*Comenzará la* ***competencia*** *de tenis*).

competer. v. intr. 'Pertenecer, tocar, incumbir' (*Esta discusión no me* ***compete***). No deben confundirse su significado y su grafía con los de **competir** (v. irreg. intr. Ú. t. c. prnl.). Incorrecto: *Esta discusión no me compite*. Es verbo regular.

competidor, ra. adj. 'Que compite'. Ú. t. c. sust. m. y f.: **el competidor**, **la competidora**.

competir. v. irreg. intr. Ú. t. c. prnl. 'Contender'; 'igualar una cosa a otra análoga, en la perfección o en las propiedades'. Rég. prep.: **competir con** (***competir con*** *los brasileños*); **competir en** (***competir en*** *formación cultural con los europeos*). No deben confundirse su significado y su grafía con los de **competer**. Se conjuga como **pedir**.

competitividad. sust. f. 'Capacidad de competir'; 'rivalidad para la consecución de un fin'. Incorrecto: *competividad*.

compilador, ra. adj. Ú. t. c. sust. m. y f.: **el compilador**, **la compiladora**. También puede decirse **copilador, ra** (adj. Ú. t. c. sust. m. y f.), pero la Academia prefiere la primera forma.

compilar. v. tr. También puede decirse **copilar** (v. tr.), pero la Academia prefiere la primera forma.

complacencia. sust. f. Incorrecto: *complascencia*. También puede decirse **complacimiento** (sust. m.).

complacer. v. irreg. tr. 'Causar satisfacción a otro'; 'acceder una persona a lo que otra desea'. Ú. t. c. prnl. 'Alegrarse'. Rég. prep.: **complacerse en** (***Se complació en*** *leerle un cuento*). Se conjuga como **parecer**.

complaciente. p. a. de **complacer**. adj. Incorrecto: *complasciente*. El superlativo es **complacientísimo, ma**.

complejidad. sust. f. 'Calidad de complejo'. También puede decirse **complexidad** (sust. f.), voz poco usada.

complejo, ja. adj. 'Dícese de lo que se compone de elementos diversos' (*Tiene una personalidad* ***compleja***). También puede decirse **complexo, xa** (adj.), pero la Academia prefiere la primera forma. Como sustantivo masculino colectivo, denota 'conjunto o unión de dos o más cosas'; 'conjunto de establecimientos fabriles' (***complejo*** *industrial*).

complementariedad. sust. f. 'Calidad de complementario'. Incorrecto: *complementaridad*, *complementareidad*. → **-dad**

completo, ta. adj. **por completo**. loc. adv. 'Completamente' (*Explicó el tema* ***por completo***).

complicar. v. tr. Ú. t. c. prnl. Su postverbal es **complicación** (sust. f.). → **sacar**

cómplice. sust. com.: **el cómplice**, **la cómplice**. Rég. prep.: **cómplice en** algo **con** alguien (*Fue* ***cómplice en*** *el robo* ***con*** *tres amigos*); **cómplice de** (*Es* ***cómplice de*** *su primo*).

complot. sust. m. Voz francesa (*complot*) españolizada. En plural: **complots**.

componente. p. a. de **componer**. Ú. t. c. sust. com.: **el componente, la componente**.

componer. v. irreg. tr. Ú. t. c. prnl. Rég. prep.: **componerse con** (*Se **compuso con** sus adversarios*); **componerse de** (*El jarabe **se compone de** hierbas aromáticas*). Se conjuga como **poner**.

comportar. v. tr. y prnl. Puede usarse con la denotación de 'implicar, conllevar', recién incorporada en el ***Diccionario*** (*Esta venta **comporta** varios inconvenientes*).

compositor, ra. adj. 'Que compone'. Ú. t. c. sust. m. y f.: **el compositor, la compositora**.

comprador, ra. adj. Ú. t. c. sust. m. y f.: **el comprador, la compradora**. También pueden decirse **el comprante, la comprante** (sust. com.).

comprante. p. a. de **comprar**. Ú. t. c. sust. com. → **comprador**

compraventa. sust. f. Incorrecto: <u>*compra venta*</u>, <u>*compra-venta*</u>. En plural: **compraventas**.

comprensible. adj. Rég. prep.: **comprensible para** (*El contenido del cuento es **comprensible para** las niñas*).

comprensivo, va. adj. También puede escribirse **comprehensivo, va** (adj.), pero la Academia prefiere la primera forma.

comprimente. p. a. de **comprimir**.

comprimir. v. tr. Ú. t. c. prnl. 'Oprimir, apretar'. Tiene un participio regular (***comprimido***) y otro irregular (***compreso***). Su postverbal es **compresión** (sust. f.).

comprobante. p. a. de **comprobar**. sust. m. 'Recibo o documento que confirma un trato o gestión': **el comprobante**.

comprobar. v. irreg. tr. Se conjuga como **sonar**.

comprometer. v. tr. Ú. t. c. prnl. Rég. prep.: **comprometerse a** (*Se **comprometió a** hacerlo*); **comprometerse con** (*Me **comprometí con** usted*); **comprometerse en** (*Nos **comprometimos en** un negocio*).

comprovinciano. sust. m. 'Persona de la misma provincia que otra'. Su femenino es **comprovinciana**. Incorrecto: <u>*coprovinciano*</u>, <u>*conprovinciano*</u>.

compungir. v. tr. y prnl. 'Mover a compunción'; 'contristarse o dolerse alguien de alguna culpa o pecado propio, o de la aflicción ajena' (*Me **compunjo** ante tanta desgracia*). → **dirigir**

computador, ra. adj. 'Que computa o calcula'. Ú. t. c. sust. m. y f.: **el computador, la computadora**. sust. m. y f. (*Encienda **el computador** o **la computadora***). También puede decirse **ordenador** (sust. m.), voz usada en España por influencia francesa.

computadorizar. v. tr. 'Someter datos al tratamiento de una computadora'. También puede decirse **computarizar** (v. tr.). La Academia prefiere este último vocablo, de reciente ingreso en el ***Diccionario***. Pueden usarse, como sinónimos, los verbos **informatizar** (v. tr.; recién incorporado en el ***Diccionario***) y **procesar** (v. tr.; esta acepción ha sido recién incorporada en el ***Diccionario***). Incorrecto: <u>*computerizar*</u>, <u>*computorizar*</u>. → **cazar**

computarizar. v. tr. Esta voz ha sido recién incorporada en el ***Diccionario***. → **cazar**

computista. sust. com. 'Persona que computa': **el computista, la computista**.

comulgante. p. a. de **comulgar**. Ú. t. c. sust. com.: **el comulgante, la comulgante**.

común. adj. El superlativo es **comunísimo, ma**.

comunicante. p. a. de **comunicar**. Ú. t. c. sust. com.: **el comunicante, la comunicante**.

comunicar. v. tr. Ú. t. c. prnl. Rég. prep.: **comunicar** o **comunicarse con** (***Comunicó** una casa **con** otra*; *Se **comunicó con** ellas*); **comunicarse entre** (*Las dos escuelas **se comunican entre** sí*); **comunicarse por** (*Se **comunican por** gestos*). → **sacar**

comunicología. sust. f. 'Ciencia interdisciplinaria que estudia la comunicación en sus diferentes medios, técnicas y sistemas'. Esta voz ha sido recién incorporada en el ***Diccionario***.

comunicólogo. sust. m. 'Persona que profesa la comunicología o tiene en ella especiales conocimientos'. Su femenino es **comunicóloga**. Esta voz ha sido recién incorporada en el ***Diccionario***.

comúnmente. adv. m. 'De uso, acuerdo o consentimiento común' (*Organizaron la fiesta*

comúnmente); 'frecuentemente' (*Viene **comúnmente** por aquí*). También puede decirse **vulgarmente** (adv. m), pero la Academia prefiere la primera forma.

con. prep. 'Medio, modo o instrumento que sirve para hacer alguna cosa'. Significa: • 'en compañía de, juntamente' (*El maestro está **con** sus alumnos*); • 'modo' (*Lo dijo **con** firmeza*); • 'medio' (*Camina **con** bastón*); • 'contenido' (*Compró una caja **con** diez lápices*); • 'tiempo' (*Partirá **con** el amanecer*); • 'causa' (***Con** esta niebla, no podemos avanzar*); • 'el objeto material que uno lleva' (*Reza **con** el rosario en la mano*); • 'a pesar de' (***Con** tener frío, lo disimulaba*); • 'y' (*Toma té **con** limón*); • 'en el trato con' (*Es generoso para **con** sus colegas*); • 'en relación con' (*No desconozco las obligaciones para **con** mis compatriotas*). Antepuesta al infinitivo, equivale a un gerundio (***Con** gritar, no ganarás nada*). Contrapone lo que se dice en una exclamación a una realidad expresa o implícita (*¡**Con** lo vaga que eras y ahora te gradúas de médica!*). **con tal que**. modo conjuntivo condicional (*Les promete que lo hará, **con tal que** lo escuchen*). También puede decirse **con que** (*Les promete que lo hará, **con que** lo escuchen*). **con tal de**. loc. prepos. de significado condicional; se usa con infinitivo (***Con tal de** irse temprano, no desayuna*). Forma otras locuciones prepositivas: **con arreglo a, con destino a, con motivo de, con respecto a, con rumbo a, de acuerdo con, en relación con, junto con**. Se usa como prefijo en voces compuestas, con el significado de 'reunión, cooperación o agregación' (***con**cadenar, **con**celebrar, **con**centrar, **con**ciudadano, **con**discípulo*). Incorrecto: *Habla con la misma dificultad que hablaba su hermano; Me encontré dificultades en la tarea; Lo hará de acuerdo a su explicación; Le otorgó el crédito a sola firma*; Correcto: *Habla **con la misma dificultad con que** hablaba su hermano; **Me encontré con dificultades** en la tarea; Lo hará **de acuerdo con** su explicación; Le otorgó el crédito **con sola firma**.*

Uso incorrecto de la preposición **con**: *Quieren barrer con las normas del idioma; Su propuesta es afín con la mía; Cooperaré con la edificación de la escuela; Se horrorizó con la idea de rehacer la obra; Tiene la obsesión con los viajes; Te recomendaré con el jefe; Lo presentarán con el señor Sáenz; Obra en contraposición con lo que dice; Quiere desvincularse con la empresa; Con eso y todo, partió; Con todo de rogárselo, no lo hizo; Con todo y amonestarlos, no obedecieron; Con todo y que lo vieron, no se detuvo; Con base a lo conversado, nos reuniremos mañana; Irán acompañados con sus padres.* Correcto: *Quieren barrer las normas del idioma; Su propuesta es afín **a** la mía; Cooperaré **a** o **en** la edificación de la escuela; Se horrorizó **ante** la idea de rehacer la obra; Tiene la obsesión **de** los viajes; Te recomendaré **al** jefe; Lo presentarán **al** señor Sáenz; Obra en contraposición **a** lo que dice; Quiere desvincularse **de** la empresa; **A pesar de todo**, partió; **A pesar de** rogárselo, no lo hizo;* ***Aunque*** o ***a pesar de que** los amonestaron, no obedecieron; **A pesar de que lo vieron**, no se detuvo; **De acuerdo con** lo conversado, nos reuniremos mañana; Irán acompañados **de** o **por** sus padres.*

con-. pref. de or. lat. 'Reunión, cooperación o agregación' (***con**socio*). Ante **b** o **p**, toma la forma **com-** (***com**binación*). Otras veces, adquiere la forma **co-** (***co**operar*).

concavidad. sust. f. 'Calidad de cóncavo'. Con el significado de 'parte cóncava', también puede decirse **cóncavo** (sust. m.).

concebir. v. irreg. intr. Ú. t. c. tr. Se conjuga como **pedir**.

concejal. sust. m. Su femenino es **concejala**.

concejo. sust. m. 'Ayuntamiento, corporación municipal' (*Concejo Deliberante*). El adjetivo correspondiente es **concejil**. No debe confundirse su grafía con la de su homófono **consejo** (sust. m.). → **consejo**

concentrar. v. tr. Ú. t. c. prnl. Rég. prep.: **concentrar** o **concentrarse en** (***Concentra** horas **en** una sola escuela; Siempre **se concentra en** lo que estudia*).

concepción. sust. f. También puede decirse **concebimiento** (sust. m.), menos frecuente.

concepto. sust. m. Entre otras denotaciones, 'idea que concibe o forma el entendimiento'. Son correctas las locuciones **en concepto de** y **por todos conceptos**. **formar concepto**. fr. 'Determinar una cosa en la mente después de examinadas las circunstancias'. No debe pronunciarse [conceto]. El adjetivo correspondiente es **conceptual**, 'perteneciente o relativo al concepto'.

conceptuar. v. tr. 'Formar concepto de una

cosa' (***Conceptúan** los trabajos literarios*). Se conjuga, en cuanto al acento, como **actuar**.

concernir. v. irreg. intr. defect. Ú. t. c. tr. 'Atañer, afectar, interesar' (*Esta conversación no te **concierne***). Sólo tiene las formas no personales y las terceras personas de todos los tiempos. Se conjuga como **discernir**.

concertación. sust. f. 'Concierto, convenio, ajuste' (***concertación** entre bancos*).

concertar. v. irreg. tr. Ú. t. c. prnl. Rég. prep.: **concertar con** (***Concertó con** ellos el negocio*); **concertar en** (***Concierta en** género y **en** número*); **concertar entre** (***Conciertan** el viaje **entre** amigos*). Incorrecto: *Concerte una entrevista*. Correcto: ***Concierte** una entrevista*. Se conjuga como **acertar**.

concertista. sust. com.: **el concertista, la concertista.**

concesible. adj. 'Que puede ser concedido' (*crédito **concesible***). No debe decirse *concedible*.

concesionaria. sust. f. Argent. 'Agencia oficialmente autorizada por una fábrica automotriz para vender sus unidades' (*Compró el automóvil en una **concesionaria** del barrio de Belgrano*). Esta voz no está registrada en el ***Diccionario***, pero la A.A.L. ha recomendado su incorporación.

concha. sust. f. Diminutivo: **conchuela.**

conciencia. sust. f. **a conciencia**. loc. adv. 'Con empeño y rigor' (*Trabaja **a conciencia***); **en conciencia**. loc. adv. 'De conformidad con la conciencia' (*Hágalo **en conciencia***). La grafía **consciencia**, registrada en el ***Diccionario***, se usa sólo en el ámbito de la psicología.

concienciación. sust. f. 'Acción y efecto de concienciar o concienciarse'. Esta voz ha sido recién incorporada en el ***Diccionario***. Incorrecto: *concientización*, *concienzación*.

concienciar. v. tr. Ú. t. c. prnl. 'Hacer que alguien sea consciente de algo' (***Conciencia** tus deberes*); 'adquirir conciencia de algo'. Rég. prep.: **concienciarse de** (***concienciarse de** los deberes*). Esta voz ha sido recién incorporada en el ***Diccionario***. Incorrecto: *concientizar*, *concienzar*. Se conjuga, en cuanto al acento, como **cambiar**.

concierto. sust. m. Con la denotación de 'ajuste, convenio', su sinónimo es **concertación** (sust. f.). **de concierto**. loc. adv. 'De común acuerdo, concordemente' (*Lo resolvieron **de concierto***).

conciliación. sust. f. Con el significado de 'coordinación, combinación de algunas cosas', su sinónimo es **concordación** (sust. f.).

conciliador, ra. adj. Ú. t. c. sust. m. y f.: **el conciliador, la conciliadora.**

conciliar. adj. 'Perteneciente o relativo a los concilios' (*decreto **conciliar***). sust. m. 'Persona que asiste a un concilio': **el conciliar**. No debe confundirse su significado con el de su homónimo, el verbo **conciliar**. v. tr. Ú. m. c. prnl. 'Componer y ajustar los ánimos de los que estaban opuestos entre sí' (***Conciliaron** a los adversarios*); 'conformar dos o más proposiciones o doctrinas al parecer contrarias'. Rég. prep.: **conciliar con** (***Concilió** sus ideas **con** las de su colega*); **conciliar** una cosa **con** otra (***Concilia** su inteligencia **con** su voluntad*). Se conjuga, en cuanto al acento, como **cambiar**.

concitador, ra. adj. 'Que concita'. También puede decirse **concitativo, va** (adj.). Ú. t. c. sust. m. y f.: **el concitador, la concitadora.**

concitar. v. tr. Ú. m. c. prnl. 'Conmover, instigar a uno contra otro' (***El enemigo concitó** a los dos pueblos*); 'excitar inquietudes y sediciones en el ánimo de los demás' (*Sus discursos **concitaban** a la muchedumbre*); 'reunir, congregar' (*La prédica del sacerdote **concita** a los jóvenes*). No debe usarse como sinónimo de **despertar la atención** o de **suscitar**: *El payaso concitó la atención de los niños*; *La conferencista concita el aplauso de los asistentes*. Correcto: *El payaso **despertó** la atención de los niños*; *La conferencista **suscita** el aplauso de los asistentes*.

conciudadano. sust. m. Su femenino es **conciudadana**.

cónclave. sust. m. Es palabra esdrújula. También puede decirse **conclave**, vocablo grave, preferido por la Academia.

concluir. v. irreg. tr. 'Acabar' (***Concluirá** pronto la novela*). Ú. t. c. intr. Rég. prep.: **concluir con** (***Concluye con** tu tarea*); **concluir de** (***Concluyó de** leer el poema*); **concluir en** (*Esa palabra **concluye en** vocal*). Se conjuga como **huir**.

conclusión. sust. f. 'Fin, terminación'. Incorrecto: *Llegué a la conclusión que decía la verdad* (caso de "queísmo"). Correcto: *Llegué a la **conclusión de que** decía la verdad*. **en conclusión**. loc. adv. 'En suma, por último, finalmente'.

concluso, sa. p. irreg. de **concluir** (*escrito concluso*). Incorrecto: *Hemos concluso el trabajo*. Correcto: ***Hemos concluido** el trabajo*. El participio irregular no debe usarse en la conjugación de los tiempos compuestos. Repárese en que las terminaciones **-uido**, **-uida** no llevan tilde sobre la **i**.

concluyente. p. a. de **concluir**. 'Que concluye'. adj. 'Resolutorio, irrebatible' (*dictamen concluyente*). También puede decirse **conclusivo, va** (adj.).

concordancia. sust. f. 'Correspondencia o conformidad de una cosa con otra'; 'conformidad de accidentes entre dos o más palabras variables; todas estas, menos el verbo, concuerdan en género y en número (***casas nuevas***); y el verbo, con su sujeto, en número y en persona' (***Los niños corren***).

CASOS ESPECIALES DE CONCORDANCIA: • Aunque **alteza** es sustantivo femenino, en el ejemplo siguiente, la concordancia se atiene al sexo (*Su **Alteza** está **serio***; *Su **Alteza** está **seria***). • Entre dos o más sustantivos de género femenino y un adjetivo, éste concuerda en género femenino y en número plural (*vocación e idoneidad **probadas***). • Entre dos sustantivos de distinto género y un adjetivo, éste adopta el género masculino y el número plural (*hombres y mujeres **estudiosos***). • Un adjetivo antepuesto a dos o más sustantivos singulares concuerda con ellos en singular o en plural (***probada** vocación e idoneidad*; ***probadas** vocación e idoneidad*; ***caro** libro y carpeta*; ***caros** libro y carpeta*). • Artículo, adjetivo demostrativo o adjetivo posesivo se repiten delante de dos o más sustantivos singulares (***la** mujer y **la** niña*; ***este** perro y **este** gato*; ***mi** hermano y **mi** hermana*). • Cuando el sujeto está compuesto de un pronombre de primera persona y de uno de segunda, predomina la primera; por lo tanto, el verbo concuerda en primera persona plural (***Tú y yo sabemos** la verdad*). • Cuando el sujeto está compuesto de un pronombre de segunda persona y de uno de tercera, predomina la segunda; por lo tanto, el verbo concuerda en segunda persona plural (***Tú y él haréis** la tarea*). • Con un sustantivo colectivo en singular, el verbo va en singular (*La **cuadrilla comenzó** a trabajar*); • Si el sustantivo colectivo está modificado por un complemento preposicional en plural, el verbo puede concordar en singular o en plural (***Multitud de ancianos esperaba** una respuesta* o ***Multitud de ancianos esperaban** una respuesta*; *La **mayoría de los niños** eran **suizos*** o *La **mayoría de los niños** era **suiza***). • Si hay varios sustantivos en singular unidos por la conjunción **y**, el verbo concuerda con ellos en plural (*El león **y** el camello **descansan** al sol*). • Si hay varios sustantivos en singular unidos por la conjunción **o**, el verbo concuerda con ellos en singular o en plural (*El campo **o** la montaña lo **fascinaba*** o *El campo **o** la montaña lo **fascinaban***). • Según Seco, con el sujeto en singular, el verbo copulativo y el predicativo subjetivo obligatorio pueden aparecer en plural (*Todo **son inconvenientes***; *Esa gente **son geólogos***).

En plural, el sustantivo **concordancia** significa 'índice de todas las palabras de un libro o del conjunto de la obra de un autor, con todas las citas de los lugares en que se hallan': **las concordancias**.

concordar. v. irreg. tr. 'Poner de acuerdo lo que no lo está'. v. intr. 'Convenir una cosa con otra'. Rég. prep.: **concordar con** (*No **concuerda** el color de la falda **con** el de la blusa*). Se conjuga como **sonar**.

concordia. sust. f. 'Conformidad, unión'. **de concordia**. loc. adv. 'De común acuerdo y consentimiento' (*Terminaron la reunión **de concordia***).

concreción. sust. f. 'Acción y efecto de concretar'. También puede decirse **concretización** (sust. f.) y **concreto** (sust. m.). No debe pronunciarse [concrección].

concretar. v. tr. 'Reducir a lo esencial'. v. prnl. 'Reducirse a tratar o hablar de un solo asunto, con exclusión de otros'. También puede decirse **concrecionar** (v. tr. Ú. t. c. prnl.) y **concretizar** (v. tr.).

concretizar. v. tr. → **cazar**, **concretar**

concreto, ta. adj. (*ideas **concretas***). Como sustantivo masculino, es sinónimo de **concreción** (sust. f.). **en concreto**. loc. adv. 'De un modo concreto' (*Analizaré el tema **en concreto***).

concupiscencia. sust. f. 'Deseo de bienes terrenales y, en especial, apetito desordenado de placeres deshonestos'. No debe decirse concuspicencia o concuspiciencia.

concupiscente. adj. 'Dominado por la concupiscencia'. No debe confundirse su significado con el del adjetivo **concupiscible**, 'deseable'. No debe decirse concuspicente o concuspiciente.

concurrencia. sust. f. 'Coincidencia de varias circunstancias'; 'asistencia, participación'. Como sustantivo colectivo, significa 'conjunto de personas que asisten a un acto o reunión' y es sinónimo de **concurso** (sust. m.).

concurrente. p. a. de **concurrir**.

concurrir. v. intr. 'Juntarse en un mismo lugar o tiempo diferentes personas, sucesos o cosas'. Rég. prep.: **concurrir a** (*concurrir **a** una conferencia*). 'Coincidir en alguien o en algo diferentes cualidades o circunstancias' (*En ella, **concurren** dulzura, simpatía y bondad*). 'Contribuir con una cantidad para determinado fin'. Rég. prep.: **concurrir con** (***concurrir con** dos mil pesos*).

concursante. p. a. de **concursar** (v. tr.). sust. com.: **el concursante, la concursante**.

concurso. sust. m. Es sustantivo colectivo con las denotaciones de 'concurrencia, conjunto de personas' (***concurso** de niñas*) y de 'reunión simultánea de sucesos, circunstancias o cosas diferentes' (***concurso** de acontecimientos nacionales*).

conde. sust. m. Su femenino es **condesa**. Diminutivos: **condecito, condesita**.

condecir. v. irreg. intr. 'Convenir, concertar o guardar armonía una cosa con otra'. Rég. prep.: **condecir con** (*Sus palabras no **condicen con** su conducta*). Se conjuga como **decir**.

condenador, ra. adj. 'Que condena o censura'. Ú. t. c. sust. m. y f.: **el condenador, la condenadora**.

condenar. v. tr. Ú. t. c. prnl. Rég. prep.: **condenar a** (*El egoísmo lo **condenó a** la soledad*).

condensador, ra. adj. 'Que condensa'. sust. m. 'Aparato para reducir los gases a menor volumen': **el condensador**.

condescendencia. sust. f. Incorrecto: condecendencia.

condescender. v. irreg. intr. 'Acomodarse por bondad al gusto y voluntad de otro'. Rég. prep.: **condescender a** (***Condescendió a** su pedido*); **condescender con** (***Condesciende con** una solicitud*); **condescender en** (***Condescendió en** su solicitud*). Se conjuga como **tender**.

condestable. sust. m. Su femenino es **condestablesa**.

condición. sust. f. **con la condición de que**. (*Lo hace **con la condición de que** le paguen*); **a condición de que**. (*Lo hace **a condición de que** le paguen*). Incorrecto: *Lo hace con la condición que le paguen*; *Lo hace a condición que le paguen*). **de condición**. loc. adv. 'De suerte, de manera'. **en condiciones**. loc. adv. 'A punto, bien dispuesto o apto para el fin deseado' (*La ropa está **en condiciones***).

condicional. adj. 'Que incluye y lleva consigo una condición o requisito' (*inscripción **condicional***). sust. m. 'Tiempo que expresa acción futura en relación con el pasado que le sirve de punto de partida' (*Dijo que **compraría** el diario*). Leemos en el ***Esbozo***: "El romance formó este tiempo por aglutinación del infinitivo con el imperfecto contracto del verbo **haber**: *amar hía* (había) = *amaría*. [...] *amar hía* era equivalente a la locución verbal moderna *había de amar*. Del imperfecto *había* (*hía*) proviene el aspecto imperfecto de nuestro condicional". Con verbos modales (**deber**, **poder**, **querer**, **saber**), puede permutarse por el imperfecto de subjuntivo (en **-ra**) e, incluso, con el imperfecto de indicativo: ***Debería*** (*debiera* o *debía*) *ser más prudente*; *Ella **querría*** (*quisiera* o *quería*) *decírtelo*. El condicional perfecto o compuesto enuncia el hecho como terminado. Sólo se emplea en la apódosis de las oraciones condicionales; nunca, en la prótasis: *Si me hubieras escuchado, **habrías*** (*hubieras*) ***cometido** menos errores*. De acuerdo con el ejemplo, puede usarse, en la apódosis, el condicional perfecto de indicativo o el pluscuamperfecto de subjuntivo. Antes, esta construcción era considerada incorrecta o vulgar. Por su carácter de tiempo futuro, expresa acción hipotética. Por esta razón, se usa más frecuentemente en la apódosis de las oraciones condicionales. De ahí su nombre. Incorrecto: *Si viajaría a Madrid, iría al Museo del Prado*; *Si tendría* *manteca, haría la torta*; *Si habría venido, lo habría* (o *hubiera*) *visto* (vulgarismos). Correcto: ***Si viajara** a Madrid, **iría** al Museo del Prado*; *Si **tuviera** manteca, **haría** la torta*; *Si **hubiera venido**, lo **habría*** (o *hubiera*) ***visto***.

condicionante. p. a. de **condicionar**. 'Que condiciona'. adj. 'Que determina o condiciona' (*situación **condicionante***). Ú. t. c. sust. com.: **el condicionante, la condicionante**.

condolerse. v. irreg. prnl. 'Compadecerse, lastimarse de lo que otro siente o padece'. Rég. prep.: **condolerse de** (***Se conduele de** sus padecimientos*). Se conjuga como **moler**. También puede decirse **condolecerse** (v. irreg. prnl.), que se conjuga como **parecer**.

cóndor. sust. m. Para distinguir los sexos, debe recurrirse a las perífasis **cóndor macho**, **cóndor hembra**. En plural: **cóndores**.

conducción. sust. f. No debe pronunciarse [condución]. También puede decirse **conducencia** (sust. f.), pero la Academia prefiere la primera forma.

conducir. v. irreg. tr. y prnl. Rég. prep.: **conducir a** (***Conduce** su negocio **a** la quiebra*). Toma **z** antes de la **c** cuando va seguida de **o** o de **a**. Cambia la **c** por **j** y toma terminaciones sin **i**. La irregularidad se manifiesta en los siguientes tiempos del modo indicativo: presente (*conduzco*) y pretérito perfecto simple (*conduje, condujiste, condujo, condujimos, condujisteis, condujeron*); en los siguientes del modo subjuntivo: presente (*conduzca, conduzcas, conduzca, conduzcamos, conduzcáis, conduzcan*), pretérito imperfecto (*condujera o condujese, condujeras o condujeses, condujera o condujese, condujéramos o condujésemos, condujerais o condujeseis, condujeran o condujesen*) y futuro (*condujere, condujeres, condujere, condujéremos, condujereis, condujeren*). Incorrecto: *Ayer se condució correctamente en la reunión*. Correcto: ***Ayer se condujo** correctamente en la reunión*. → **manejar**

conducto. sust. m. **por conducto de**. loc. prepos. 'Por medio de, a través de' (*Obtuvo el documento **por conducto de** otra empresa*).

conductor, ra. adj. 'Que conduce'. Ú. t. c. sust. m. y f.: **el conductor, la conductora**.

condueño. sust. com. 'Compañero de otro en el dominio o señorío de alguna cosa': **el condueño, la condueño**.

conejo. sust. m. Diminutivo: **conejillo**. Su femenino es **coneja**. **correr la coneja**. fr. fig. y fam. Argent. 'Pasar hambre'. El adjetivo correspondiente es **conejuno, na**, 'perteneciente al conejo'; 'semejante a él'. El **conejal** (sust. m.) o **conejar** (sust. m.) es el 'sitio destinado para criar conejos'. La **conejera** (sust. f.) es la 'madriguera donde se crían conejos'. → **gazapo**

conejero, ra. adj. 'Que caza conejos' (*perro **conejero***). sust. m. y f. 'Persona que cría o vende conejos': **el conejero, la conejera**.

conexión. sust. f. 'Enlace, atadura'. En plural, puede usarse con la denotación de 'amistades, mancomunidad de ideas o de intereses' (*Tengo buenas **conexiones***). Incorrecto: *conección*.

conexionarse. v. prnl. 'Contraer conexiones'. No debe escribirse *coneccionarse*.

confabularse. v. prnl. Rég. prep.: **confabularse con** (***Se confabuló con** los delincuentes*).

confección. sust. f. No debe pronunciarse [confeción]. **de confección**. loc. adj. 'Dícese de estas prendas de vestir' (*tapado **de confección***). Ú. t. c. loc. adv. (***Se viste de confección***).

confeccionador, ra. adj. 'Que confecciona'. Ú. t. c. sust. m. y f.: **el confeccionador, la confeccionadora**.

confeccionista. adj. 'Dícese de la persona que se dedica a la fabricación o al comercio de ropas'. Ú. t. c. sust. com.: **el confeccionista, la confeccionista**.

confederar. v. tr. Ú. m. c. prnl. Rég. prep.: **confederarse con** (***confederarse con** otras naciones*).

conferencia. sust. f. 'Plática entre dos o más personas para tratar algún punto o negocio'; 'disertación en público'; 'reunión de representantes de gobiernos o de Estados, de comunidades eclesiásticas y de agrupaciones de otra índole, para tratar asuntos de su competencia'; 'comunicación telefónica interurbana o internacional'. **conferencia cumbre**. Calco del inglés (*summit conference*). 'La celebrada entre jefes de estado o de gobierno para consultar o decidir cuestiones importantes'. En plural: **conferencias cumbre**. → **clave, cumbre**

conferenciante. sust. com.: **el conferenciante, la conferenciante**. En América, se usa más **el**

conferencista, **la conferencista**. La Academia registra ambos sustantivos.

conferenciar. v. intr. Rég. prep.: **conferenciar con** (*Conferenció con la periodista*). Se conjuga, en cuanto al acento, como **cambiar**.

conferir. v. irreg. tr. 'Conceder a alguien dignidad, empleo, facultades o derechos' (***Le confieren*** *el grado de capitán*); 'atribuir o prestar una cualidad no física a una persona o cosa' (*Este trabajo* ***conferirá*** *seriedad a nuestra acción*). Se conjuga como **sentir**.

confesante. p. a. de **confesar**. adj. 'Que confiesa en juicio'. Ú. t. c. sust. com.: **el confesante**, **la confesante**.

confesar. v. irreg. tr. Ú. t. c. prnl. Rég. prep.: **confesarse a** (***Se confesó a*** *Dios*); **confesarse con** (***Se confesó con*** *un sacerdote*); **confesarse de** (***Se confesó de*** *su culpa*). Se conjuga como **acertar**.

confesonario. sust. m. También pueden decirse **confesionario** (sust. m.) y **confesorio** (sust. m.), pero la Academia prefiere la primera forma.

confeti. sust. m. Voz italiana (*confetti*) españolizada. 'Pedacitos de papel de varios colores, recortados en varias formas, que se arrojan en los días de carnaval y en cualquier otra celebración festiva'. En plural: **confetis**. Según Seco, puede tener sentido colectivo ('conjunto de pedacitos de papel') o individual ('cada uno de los pedacitos'). En la Argentina y en otros países de América, se prefiere la frase **papel picado**.

confianza. sust. f. **de confianza**. loc. adj. 'Dícese de la persona con quien se tiene trato íntimo o familiar' (*Ella es una persona* ***de confianza***). **en confianza**. loc. adv. 'Confiadamente'; 'con reserva e intimidad' (*Dígamelo* ***en confianza***).

confiar. v. intr. Ú. t. c. prnl. Rég. prep.: **confiar en** (*No* ***confía en*** *su palabra*; ***Confíe en que*** *lo llamaré*). Incorrecto: <u>*Confíe que*</u> *lo llamaré*. Se conjuga, en cuanto al acento, como **guiar**.

confidente, ta. adj. 'Fiel, seguro, de confianza'. sust. m. y f.: **el confidente**, **la confidenta**.

confín. adj. También puede decirse **confinante** (p. a. de **confinar**). sust. m.: **el confín**. Es palabra aguda. En plural, se transforma en grave: **confines**.

confinamiento. sust. m. 'Acción y efecto de confinar'. También puede decirse **confinación** (sust. f.).

confinar. v. intr. Ú. t. c. prnl. 'Lindar'; 'desterrar'; 'recluir dentro de límites'. Rég. prep.: **confinar con** (*La Argentina* ***confina con*** *Chile*); **confinar a** o **en** (***Confinó*** *a la espía* ***a*** o ***en*** *una isla*); **confinarse en** (***Se confinó en*** *una isla*).

confirmante. p. a. de **confirmar**. 'Que confirma'. Ú. t. c. sust. com.: **el confirmante**, **la confirmante**.

confirmar. v. tr. Ú. t. c. prnl. Rég. prep.: **confirmar** o **confirmarse en** (***Confirmarán*** *a Daniel* ***en*** *la cátedra*; ***Se confirmó en*** *la fe del bautismo*; ***Se confirma en*** *su ideología*).

confiscar. v. tr. Su postverbal es **confiscación** (sust. f.). → **sacar**

confitero, ra. adj. sust. m. y f.: **el confitero**, **la confitera**. sust. f. 'Vasija o caja donde se ponen los confites'.

conflagración. sust. f. 'Perturbación repentina y violenta de pueblos o naciones'. La Academia registra como desusada la denotación de 'incendio'. Incorrecto: <u>*confragación*</u>.

conflictivo, va. adj. 'Que origina conflicto'. Incorrecto: <u>*conflictuado*</u>, pues no está registrado el verbo <u>*conflictuar*</u>.

confluente. p. a. de **confluir**. 'Que confluye'. Incorrecto: <u>*confluyente*</u>.

confluir. v. irreg. intr. Rég. prep.: **confluir en** (*Dos ríos* ***confluyen en*** *ese lugar*). Se conjuga como **huir**.

conformar. v. tr. Ú. t. c. intr. y c. prnl. Rég. prep.: **conformar con** (***Conforma*** *sus ideas* ***con*** *las de su amigo*; ***Se conforman con*** *lo poco que comen*).

conforme. adj. 'Igual, proporcionado, correspondiente'; 'acorde con otro' (*Está* ***conforme*** *con su parecer*); 'resignado y paciente en las adversidades' (*Siempre se muestra* ***conforme***). sust. m. 'Asentimiento que se pone al pie de un escrito' (*El director pondrá* ***el conforme***). adv. m. Denota 'relaciones de conformidad, correspondencia o modo' (*El lugar está* ***conforme*** *lo de-*

jaste). **conforme a**. loc. adv. 'Con arreglo a', 'de la misma suerte o manera que' (*Lo hará* ***conforme a*** *lo resuelto*). Incorrecto: *Lo hará conforme lo resuelto*; *Lo hará conforme con lo resuelto*.

conformidad. sust. f. **de** o **en conformidad**. loc. adv. 'Conformemente' (*Lo hará* ***de*** o ***en conformidad***). **de conformidad con**. loc. prepos. (***De conformidad con*** *lo resuelto, vendimos la casa*). También puede decirse **en conformidad con** (***En conformidad con*** *lo resuelto, vendimos la casa*). Incorrecto: *de conformidad a*; *en conformidad a*. **en esta** o **en tal conformidad**. loc. adv. 'En este supuesto, bajo esta condición' (***En esta conformidad****, empezaron el trabajo*).

conformista. adj. Ú. t. c. sust. com.: **el conformista, la conformista**.

♦ **confort.** Anglicismo. En español, debe decirse **comodidad** (sust. f.), **bienestar** (sust. m.).

confortación. sust. f. 'Acción y efecto de confortar y confortarse'. También puede decirse **confortamiento** (sust. m.), pero la Academia prefiere la primera forma.

confortante. p. a. de **confortar** (v. tr. Ú. t. c. prnl.). Ú. t. c. sust. com.: **el confortante, la confortante**.

confraternizar. v. intr. → **cazar**

confrontar. v. tr. Ú. t. c. prnl. Rég. prep.: **confrontar con** (***Confrontó*** *un escrito* ***con*** *otro*).

confucianismo. sust. m. 'Doctrina moral y política de los confucianos, profesada por chinos y japoneses'. También puede decirse **confucionismo** (sust. m.), pero la Academia prefiere la primera forma. No deben confundirse la grafía y el significado de esta última palabra con la de **confusionismo** (sust. m.), 'confusión y oscuridad en las ideas o en el lenguaje, producida, por lo común, deliberadamente'.

confuciano, na. adj. 'Perteneciente o relativo a la doctrina del filósofo chino Confucio'. Ú. t. c. sust. m. y f.: **el confuciano, la confuciana**. También puede decirse **confucionista** (adj. Ú. t. c. sust. com.). No debe confundirse la grafía de esta última palabra con la de **confusionista** (adj. y sust. com.), 'perteneciente o relativo al confusionismo'; 'persona que lo practica'.

confundir. v. tr. Ú. t. c. prnl. Rég. prep.: **confundir con** (***Confundió*** *una palabra* ***con*** *otra*); **confundir de** (***Te confundiste de*** *departamento*); **confundir en** (***Te confundiste en*** *el departamento*).

congelación. sust. f. También puede decirse **congelamiento** (sust. m.).

congénere. adj. 'Del mismo género, de un mismo origen o de la propia derivación'. Ú. t. c. sust. com.: **el congénere**, **la congénere**. En plural: **congéneres**.

congeniar. v. intr. Rég. prep: **congeniar con** (***Congenio con*** *Elena*). Se conjuga, en cuanto al acento, como **cambiar**.

congénito, ta. adj. 'Que se engendra juntamente con otra cosa'; 'connatural' (*tumor* ***congénito***). Es sinónimo del adjetivo **ingénito, ta** con la denotación de 'connatural y como nacido con uno'.

conglomerante. p. a. de **conglomerar**. adj. (*material* ***conglomerante***). Ú. t. c. sust. m.: **el conglomerante**.

congojar. v. tr. Ú. t. c. prnl. También puede decirse **acongojar** (v. tr. Ú. t. c. prnl.), término preferido por la Academia.

congraciar. v. tr. Ú. m. c. prnl. Rég. prep.: **congraciarse con** (***Se congració con*** *su amiga*). Se conjuga, en cuanto al acento, como **cambiar**.

congratular. v. tr. Ú. t. c. prnl. 'Manifestar alegría a alguien'. Rég. prep.: **congratularse con** (***Se congratuló con*** *su hermano*); **congratularse de** o **por** algo (***Se congratuló de*** o ***por*** *su regreso*).

congregante. sust. m. 'Individuo de una congregación'. Su femenino es **congreganta**.

congregar. v. tr. Ú. c. prnl. 'Reunir'. → **pagar**

congresista. sust. com. 'Miembro de un congreso científico, económico, etc.': **el congresista, la congresista**. En América, se usa más **congresal** (sust. com.: **el congresal**, **la congresal**), voz registrada en el ***Diccionario***.

congreso. sust. m. Se escribe con mayúscula cuando se refiere a la Asamblea Nacional y al edificio donde los diputados celebran sus sesiones (***Congreso*** *de la Nación*); en los demás casos, se usa la minúscula (*Asiste a* ***congresos*** *científicos*). El adjetivo correspondiente es **congresual**, 'referente al congreso o propio de él'.

congruencia. sust. f. 'Conveniencia, coherencia, relación lógica'. También puede decirse **congruidad** (sust. f.).

conífero, ra. adj. 'Dícese de árboles y arbustos gimnospermos, como el ciprés y el pino' (*árbol **conífero***). Ú. t. c. sust. f.: **la conífera**. Como sustantivo femenino plural, denota 'clase de estas plantas': **las coníferas**.

conjeturar. v. tr. Rég. prep.: **conjeturar por** (***Conjeturó** el asesinato **por** las huellas de barro*).

conjugar. v. tr. 'Enunciar en serie ordenada las distintas formas de un mismo verbo que denotan sus diferentes modos, tiempos, números y personas'. Su postverbal es **conjugación** (sust. f.). → **pagar**

conjunción. sust. f. 'Junta, unión'. Parte invariable de la oración que denota 'la relación que existe entre dos oraciones o entre miembros o vocablos de una de ellas, juntándolos o enlazándolos gramaticalmente, aunque, a veces, signifique contrariedad o separación de sentido entre unos y otros'. **conjunción adversativa**. 'Oposición o diferencia entre la frase que precede y la que sigue': **pero**, **mas**, **sino** (*Estaba contento, **pero** lo disimulaba*; *No quiero hablar, **sino** trabajar*). → **mas**. **conjunción causal**. 'Causa': **porque** (*Vino, **porque** lo llamaron*). **conjunción concesiva**. 'Precede a una proposición subordinada que expresa una objeción o dificultad para lo que se dice en la oración, sin que ese obstáculo impida su realización': **aunque**, **si bien**, **pese a** (***Aunque** hable, nadie le creerá*). **conjunción condicional**. 'Condición': **si**, **con tal que** (***Si** tienes hambre, come este pan*; ***Con tal que** lo digas, lo haré*). **conjunción consecutiva**. 'Une dos elementos; el segundo expresa una consecuencia de lo dicho en el primero': **conque**, **luego** (*Ya entregué la carta, **conque** alégrate*). **conjunción continuativa**. 'Continuación': **así que**, **pues** (*Aclaró, **pues**, que había cometido un error*). **conjunción copulativa**. 'Coordinación, unión en serie de dos o más elementos': **y**, **e**, **ni** (*Juan **y** Pedro lo sabían*). Incorrecto: *Dora y Isabel*. Correcto: *Dora **e** Isabel*. **conjunción distributiva**. 'La disyuntiva cuando se reitera aplicada a términos diversos': **ora...**, **ora...**; **ya...**, **ya...** (*Escribió **ya** sobre Europa, **ya** sobre América*). **conjunción disyuntiva**. 'Opción entre dos o más posibilidades': **o**, **u** (*¿Te quedas **o** te vas?*). Incorrecto: *Sara o Olga*. Correcto: *Sara **u** Olga*.

conjuntivitis. sust. f. Incorrecto: *el conjuntivitis*. En plural, no varía: **las conjuntivitis**.

conjunto, ta. adj. 'Unido'; 'mezclado'; 'aliado' (*trabajo **conjunto***; *labor **conjunta***). Es sustantivo masculino colectivo con las denotaciones de 'agregado de varias personas o cosas' (*un **conjunto** de mujeres*); 'grupo de personas que actúan cantando y bailando' (*Llegó el **conjunto** español*); 'orquesta formada por un pequeño número de ejecutantes que cultivan la música ligera' (***conjunto** musical*).

conjuro. sust. m. 'Fórmula mágica'. **al conjuro de**. loc. adv. 'A instigación de alguna cosa que mueve o estimula como un hechizo' (*Su tristeza crecía **al conjuro de** la música*).

conmemorar. v. tr. 'Hacer memoria de una persona o cosa, especialmente si se celebra con un acto o ceremonia' (***Conmemoran** el centenario de la muerte del escritor*). También puede decirse **celebrar** (v. tr. Ú. t. c. prnl.), salvo cuando se trata de acontecimientos luctuosos. La sinonimia entre **conmemorar** y **celebrar** ha sido recién registrada por la Academia. Incorrecto: *Se conmemoró o se celebró un entierro*. Correcto: ***Se realizó** un entierro*. → **celebrar**

conmensurable. adj. Incorrecto: *comensurable*, *conmesurable*.

conmigo. 'Forma especial del pronombre personal *mí*, cuando va precedido de la preposición *con*'. Proviene del latín: *cum* ('con'), y *mecum* ('conmigo'). Incorrecto: *con mí*.

conmover. v. irreg. tr. Ú. t. c. prnl. Rég. prep.: **conmover** o **conmoverse con** (*Lo **conmueve con** lágrimas*; ***Se conmovió con** su relato*). Se conjuga como **mover**.

conmutador, ra. adj. 'Que conmuta'. sust. m. Argent. y otros países de América. 'Centralita telefónica' (*Atiende el **conmutador***).

conmutar. v. tr. 'Cambiar'. Rég. prep.: **conmutar** una cosa **con** otra o **por** otra (***Conmuté** una bicicleta **con** o **por** un ciclomotor*); **conmutar en** (***Conmutó** una pena **en** otra menos grave*).

connotación. sust. f. 'Acción y efecto de connotar', es decir, 'conllevar la palabra, además de su significado propio o específico, otro por asociación'. Por ejemplo, cuando decimos *Juan es un zorro*, no nos referimos al animal, sino –por analogía con él– a su astucia. Se opone a **denotación** (sust. f.). → **denotación**

connotar. v. tr. Se opone a **denotar** (v. tr.). → **denotar**

conocedor, ra. adj. 'Que conoce'; 'experto'. Ú. t. c. sust. m. y f.: **el conocedor, la conocedora**.

conocer. v. irreg. tr. Agrega **z** antes de la **c** del radical cuando va seguida de **o** o de **a**. La irregularidad se manifiesta en el presente de indicativo (*conozco*) y en el presente de subjuntivo (*conozca, conozcas, conozca, conozcamos, conozcáis, conozcan*).

conocible. adj. 'Que se puede conocer o es capaz de ser conocido'. Incorrecto: conoscible. También puede decirse **cognoscible** (adj.), pero la Academia prefiere la primera forma.

conocimiento. sust. m. También puede decirse **cognición** (sust. f.).

conque. conj. consec. o ilat. 'Por consiguiente'. Expresa la consecuencia natural de lo que acaba de decirse (*Te compré el libro, **conque** estudia*). También suele usarse introduciendo una frase exclamativa que expresa sorpresa o censura (*¡**Conque** te ibas de viaje!*; *¡**Conque** tienes miedo!*). No debe confundirse con la preposición **con** y el pronombre relativo **que**. En este caso, se escriben en dos palabras: **con que** (*Me gusta el color **con que** pintas la pared*). Para evitar las dudas, puede incluirse el artículo (*con el que, con la que, con los que, con las que*) entre **con** y **que** (*Me gusta el color **con el que** pintas la pared*). No debe confundirse con la preposición **con** y la conjunción subordinante **que** (*Lo amenaza **con que** se lo dirá a su madre*). No debe confundirse con la preposición **con** y el pronombre interrogativo o exclamativo **qué** (*¿**Con qué** limpias la alfombra?*; *Preguntó **con qué** limpiaba la alfombra*).

consagrar. v. tr. Ú. t. c. prnl. 'Conferir a alguien fama' (*Sus investigaciones lo **consagraron** como gran cirujano*). Rég. prep.: **consagrar** o **consagrarse a** (***Consagró** su vida **al** estudio*; ***Se consagró al** estudio*). Incorrecto: *Se debió al estudio*. → **deber**

consanguinidad. sust. f. La Academia no ha registrado consanguineidad, porque no deriva de **consanguíneo**. → **-dad**

consciencia. sust. f. → **conciencia**

consciente. adj. Incorrecto: conciente.

conscripción. sust. f. Argent. 'Servicio militar'. → **colimba**

consecución. sust. f. 'Acción y efecto de conseguir'. También puede decirse **conseguimiento** (sust. m.).

consecuencia. sust. f. **a consecuencia** o **como consecuencia** de. loc. conjunt. 'Por efecto, como resultado de' (*Es muy insegura, **a consecuencia** o **como consecuencia** de la educación que recibió*). **en consecuencia.** loc. conjunt. Denota que alguna cosa que se hace es 'conforme a lo dicho, mandado o acordado anteriormente' (*Acepto tus disculpas, **en consecuencia** no seguiremos hablando*). **por consecuencia.** loc. conjunt. Denota que 'una cosa se sigue o infiere de otra' (*Llueve poco, **por consecuencia** hay sequía*). Incorrecto: *No cumplió, de consecuencia lo despedirán*. Correcto: *No cumplió, **por consiguiente** lo despedirán*.

consecuente. adj. Rég. prep.: **consecuente con** (***consecuente con** sus principios*). sust. m. 'Proposición que se deduce de otra que se llama antecedente': **el consecuente.**

conseguir. v. irreg. tr. Rég. prep.: **conseguir** algo **de** alguien (***Consiguió** la autorización **de** la directora*). Se conjuga como **seguir**.

consejero. sust. m. Su femenino es **consejera**.

consejo. sust. m. 'Parecer o dictamen que se da o se toma'; 'corporación consultiva'. Se escribe con mayúscula, si la corporación es oficial o privada (***Consejo** de Educación*). **tomar consejo de** alguien. fr. 'Consultar con él lo que se debe ejecutar o seguir en algún caso dudoso'. No debe confundirse su grafía con la de su homófono **concejo** (sust. m.). → **concejo**

consenso. sust. m. 'Consentimiento, sobre todo, del conjunto de personas que componen una corporación' (*No tuvo el **consenso** de todos*). Incorrecto: concenso. El adjetivo correspondiente es **consensual**, 'perteneciente o relativo al consenso'.

consensuar. v. tr. 'Adoptar una decisión de común acuerdo entre dos o más partes' (***Consensuamos** la construcción de las viviendas*). Esta voz ha sido recién incorporada en el *Diccionario*. Se conjuga, en cuanto al acento, como **adecuar**.

consentidor, ra. adj. Ú. t. c. sust. m. y f.: **el consentidor, la consentidora**.

consentir. v. irreg. tr. (*¿Consentirá sus extravagancias?*). Ú. t. c. intr. Rég. prep: **consentir con** (***Consintió con** la entrega del premio*); **consentir en** (***Consiente en** la compra de la casa*). Incorrecto: *No consiente a devolver los documentos*. Correcto: *No **consiente en** devolver los documentos*. Se conjuga como **sentir**.

conserje. sust. com.: **el conserje, la conserje**. El 'oficio y empleo de conserje' es **conserjería** (sust. f.).

conserva. sust. f. **en conserva**. loc. adj. (*sardinas **en conserva***).

conservador, ra. adj. 'Que conserva' (*mujer **conservadora***). Ú. t. c. sust. m. y f.: **el conservador, la conservadora**.

conservadurismo. sust. m. También puede decirse **conservadorismo** (sust. m.), pero la Academia prefiere la primera forma.

conservante. p. a. de **conservar**. 'Que conserva'. También puede decirse **conservativo, va** (adj.). sust. m. 'Sustancia que se agrega a los alimentos para conservarlos sin alterar sus cualidades': **el conservante**.

conservatorio, ria. adj. 'Que contiene y conserva alguna cosa' (*recipiente **conservatorio***). sust. m. 'Establecimiento en el que se enseña música, declamación y otras artes conexas' (*Ingresó en el **Conservatorio** Nacional de Música*). Se escribe con mayúscula cuando se refiere a una institución oficial o privada. En los demás casos, debe usarse minúscula (*Estudió en varios **conservatorios***).

considerable. adj. 'Digno de consideración'; 'suficientemente grande, cuantioso o importante'. El superlativo es **considerabilísimo, ma**.

consideración. sust. f. 'Acción y efecto de considerar'. **en consideración**. loc. adv. 'En atención' (*Lo tendremos **en consideración***). **ser de consideración**. fr. 'Ser de importancia' (*Este tema **es de consideración***). **tomar en consideración**. fr. 'Considerar digno de atención' (***Tomaré en consideración** su pedido*).

considerando. sust. m. 'Cada una de las razones esenciales que preceden y sirven de apoyo a un fallo o dictamen, y empiezan con dicha palabra'. En plural: **considerandos**.

considerar. v. tr. Ú. t. c. prnl. Rég. prep.: **considerar en** o **bajo** (***Considera** el proyecto **en** o **bajo** todos sus aspectos*); **considerar por** (***Considera por** todos lados el plan de trabajo*). No debe usarse como sinónimo de **estudiar** (anglicismo): *Se considera la construcción de otra escuela*. Correcto: ***Se estudia** la construcción de otra escuela*.

consigo. 'Forma especial del pronombre personal *sí*, cuando va precedido de la preposición *con*'. Proviene del latín *cum* ('con'), y *secum* ('consigo'). Incorrecto: *con sí*.

consiguiente. adj. 'Que depende y se deduce de otra cosa'. **de consiguiente**. loc. conjunt. 'Por consiguiente' (*No sabe el tema, **de consiguiente** está reprobado*). **por consiguiente** o **por el consiguiente**. loc. conjunt. 'Por consecuencia' (*No sabe el tema, **por consiguiente** o **por el consiguiente**, está reprobado*).

consintiente. p. a. de **consentir**. 'Que consiente' (*Siempre fue una persona **consintiente***).

consistente. p. a. de **consistir**. 'Que consiste'. adj. 'Que tiene consistencia' (*Es un material **consistente***).

consistir. v. intr. Rég. prep.: **consistir en** (*Su misión **consiste en** guiar a los investigadores*). No debe usarse **consistir** como sinónimo de **constar**. Incorrecto: *La obra consiste de doce capítulos*. Correcto: *La obra **consta de** doce capítulos*.

consocio. sust. m. 'Socio con respecto a otro u otros'. Su femenino es **consocia**.

consolador, ra. adj. 'Que consuela'. Ú. t. c. sust. m. y f.: **el consolador, la consoladora**. También pueden decirse **consolativo, va** (adj.) y **consolatorio, ria** (adj.), pero la Academia prefiere la primera forma.

consolar. v. irreg. tr. Ú. t. c. prnl. Rég. prep.: **consolar** o **consolarse de** (***consolar** o **consolarse de** un pesar*); **consolar** o **consolarse en** (***consolar** o **consolarse en** su dolor*). Se conjuga como **sonar**.

consomé. sust. m. Voz francesa (*consommé*) españolizada. 'Caldo de carne concentrado'. En plural: **consomés**.

consonante. adj. 'Dícese de cualquier voz con respecto a otra de la misma consonancia'. Ú. t. c. sust. m.: **el consonante. letra consonante**. 'Aquella en cuya pronunciación se interrumpe, en algún punto del canal vocal, el paso del aire espirado, como en *p, t*, o se produce una estrechez que lo hace salir con fricación, como en *f, s, z*'.

consonantizar. v. tr. 'Transformar en consonante una vocal'. Ú. m. c. prnl. (*La u de Paulo* ***se consonantizó*** *en la b de Pablo*). Su postverbal es **consonantización** (sust. f.). → **cazar**

consonar. v. irreg. intr. Se conjuga como **sonar**.

consorcio. sust. m. 'Entidad que forman los dueños de un edificio sometido al régimen de propiedad horizontal'. Este significado no está registrado en el ***Diccionario***, pero la A.A.L. ha recomendado su inclusión.

consorcista. sust. com. No está registrado en el ***Diccionario***.

consorte. sust. com. 'Persona que es partícipe y compañera con otra u otras en la misma suerte': **el consorte, la consorte**.

conspicuo, cua. adj. 'Ilustre, visible, sobresaliente' (***conspicuo*** *integrante del jurado*). Es palabra grave. Incorrecto: <u>*conspícuo*</u>.

conspirador. sust. m. Su femenino es **conspiradora**.

conspirar. v. intr. Rég. prep.: **conspirar con** (***Conspiró con*** *los vecinos*); **conspirar contra** (***Conspiraban contra*** *el enemigo*).

constar. v. intr. Rég. prep.: **constar de** (*La novela* ***consta de*** *veinte capítulos*); **constar en** (*El dato* ***consta en*** *los libros*). → **consistir**

constatar. v. tr. Voz francesa (*constater*) españolizada. 'Comprobar un hecho, establecer su veracidad, dar constancia de él'. Incorrecto: <u>*Constató*</u> <u>*de*</u> <u>*que*</u> *ese día él no estaba ausente* (caso de dequeísmo). Correcto: ***Constató que*** *ese día él no estaba ausente*.

constelar. v. intr. Voz francesa (*consteller*) españolizada. 'Esparcir, cubrir, llenar'. Es palabra de uso literario. Rég. prep.: **constelar de** (***Consteló de*** *estrellas el parque*).

constipar. v. tr. 'Cerrar y apretar los poros, impidiendo la transpiración'. Con esta significación, puede usarse, como sinónimo, **constreñir** (v. tr.). Ú. t. c. prnl. 'Acatarrarse, resfriarse'. Su participio es **constipado, da.** sust. m. 'Catarro'; 'resfriado' (*Padece un* ***constipado***). Es incorrecto usar **constipado** como sinónimo de **estreñido** (p. de **estreñir**).

constituir. v. irreg. tr. 'Formar, componer, ser' (***Constituyeron*** *el jurado*; *La caridad* ***constituye*** *una virtud*); 'asignar, otorgar, dotar de una nueva posición' (*El legado lo* ***constituyó*** *único heredero*). Rég. prep.: **estar constituido por** (*La casa* ***está constituida por*** *cinco habitaciones*). 'Establecer, erigir, fundar' (***Constituimos*** *la nueva empresa*). Ú. t. c. prnl. Rég. prep.: **constituirse en** (***Se constituyeron en*** *tribunal*). 'Asumir obligación'. Rég. prep.: **constituirse en** o **por** (***Se constituyó en*** *tutor del niño*; ***Se constituyó por*** *su tutor*). Se conjuga como **huir**.

constitutivo, va. adj. 'Dícese de lo que forma parte esencial o fundamental de una cosa y la distingue de las demás' (*partes* ***constitutivas*** *del cuerpo humano*). Ú. t. c. sust. m.: **el constitutivo**.

constituyente. p. a. de **constituir**. 'Que constituye o establece'. adj. (*asamblea* ***constituyente***). sust. m. 'Persona elegida como miembro de una asamblea constituyente': **el constituyente**. La Academia no registra el género femenino.

constreñimiento. sust. m. 'Apremio y compulsión que se hace a otro para que ejecute algo'. No debe confundirse su significado con el de **estreñimiento** (sust. m.), 'acción y efecto de **estreñir**' (v. tr. Ú. t. c. prnl.), es decir, 'retrasar el curso del contenido intestinal y dificultar su evacuación'.

constreñir. v. irreg. tr. 'Obligar por fuerza a alguien a que ejecute algo' (*Lo* ***constriñó*** *a renunciar*); 'oprimir, reducir, limitar' (*No* ***constriña*** *mis actividades*); 'apretar y cerrar como oprimiendo' (*Le* ***constriñó*** *los poros*). Se conjuga como **teñir**. → **constipar**

constricción. sust. f. 'Acción y efecto de constreñir'. No debe confundirse su grafía con la de **contrición** (sust. f.). Los adjetivos correspondientes son **constrictivo, va, constrictor, ra** y **constringente** ('que constriñe').

constructor, ra. adj. 'Que construye'. Ú. t. c. sust. m. y f.: **el constructor, la constructora.**

construir. v. irreg. tr. Se conjuga como **huir**.

consubstanciación. sust. f. La Academia no registra consustanciación.

consubstancial. adj. También puede decirse **consustancial**, pero la Academia prefiere la primera forma.

consubstancialidad. sust. f. También puede decirse **consustancialidad**, pero la Academia prefiere la primera forma.

consubstanciarse. v. prnl. Argent. 'Identificarse íntimamente un ser con otro o con una particular interpretación de la realidad'. La Academia no registra consustanciarse.

consuegro. sust. m. Su femenino es **consuegra**.

consuetudinario, ria. adj. 'Dícese de lo que es de costumbre' (*derecho **consuetudinario***). Incorrecto: consetudinario.

cónsul. sust. m. El femenino **cónsula** es la 'mujer del cónsul', y **consulesa**, 'mujer del cónsul' y 'mujer cónsul'. En plural: **cónsules**, **cónsulas**, **consulesas**.

consulta. sust. f. 'Acción y efecto de consultar'; 'parecer o dictamen' (*Se pidió una **consulta** sobre el estado de las cárceles*); 'conferencia entre profesionales' (*Se llevó a cabo una **consulta** de cardiólogos*); 'acción de atender el médico a sus pacientes en un espacio de tiempo determinado' (*La **consulta** duró quince minutos*); 'consultorio' (*Fue a la **consulta***). Con el significado de 'conferencia entre facultativos', su sinónimo es **consultación** (sust. f.).

consultante. p. a. de **consultar**. 'Que consulta'. adj. Ú. t. c. sust. com.: **el consultante**, **la consultante**. También pueden decirse **consultor** (sust. m.), **consultora** (sust. f.).

consultar. v. tr. Rég. prep.: **consultar con** (***Consultó con** médicos especialistas*).

♦ **consulting.** Anglicismo. En español, debe decirse **consultoría** (sust. f.).

consultor, ra. adj. 'Que da su parecer, consultado sobre algún asunto'. Ú. t. c. sust. m. y f.: **el consultor**, **la consultora**. La 'actividad del consultor' es la **consultoría** (sust. f.). El mismo nombre recibe 'el despacho o local donde trabaja el consultor'. También puede decirse **consultante** (adj. y sust. com.).

consumir. v. tr. Ú. t. c. prnl. Rég. prep.: **consumirse con** o **de** (***Se consumió con** el dolor*; ***Se consumió de** dolor*). Su participio irregular es **consunto, ta**.

consunción. sust. f. 'Acción y efecto de consumir o consumirse'; 'extenuación, enflaquecimiento'. También puede decirse **consumimiento** (sust. m.), pero la Academia prefiere la primera forma.

contable. adj. 'Que puede ser contado'; 'perteneciente o relativo a la contabilidad' (*libros **contables***). sust. com. 'Tenedor de libros': **el contable**, **la contable**. Con esta última acepción, también pueden decirse **contador** (sust. m.), **contadora** (sust. f.).

contacto. sust. m. Entre otras denotaciones, 'acción y efecto de tocarse dos o más cosas'. **lente de contacto** o **lentilla** (sust. f.).

contactólogo. sust. m. 'Especialista en contactología, es decir, en la fabricación y la aplicación de lentes de contacto'. Su femenino es **contactóloga**.

contado, da. p. de **contar**. adj. 'Raro, escaso' (*Lo vi en **contadas** ocasiones*); 'determinado, señalado' (*Estudió **contados** casos de parasitismo*). **al contado**. loc. adv. 'Con dinero contante'; 'con pago inmediato en moneda efectiva' (*Pagó el televisor **al contado***). **de contado**. loc. adv. 'Al instante, inmediatamente, luego, al punto' (*Le traeré el recibo **de contado***). **por de contado**. loc. adv. 'Por supuesto, de seguro' (***Por de contado**, lo haremos*). Es grave error confundir el significado de **al contado** con el de **de contado**.

contador, ra. adj. 'Que cuenta'. Ú. t. c. sust. m. y f. 'Tenedor de libros': **el contador**, **la contadora** → **contable**

contagiar. v. tr. y prnl. Ú. t. en sent. fig. Rég. prep.: **contagiarse con**, **de** o **por** (***Se contagió con**, **de** o **por** su trato*); **contagiarse de** (***Se contagiará de** tu enfermedad*; ***Te contagiaste de** Luis*).

contaminante. p. a. de **contaminar**. 'Que contamina'. Ú. t. c. sust. com.: **el contaminante**, **la contaminante**.

contaminar. v. tr. Ú. t. c. prnl. Rég. prep.: **contaminar** o **contaminarse con** (***contaminar**

o *contaminarse con el humo del cigarrillo*); **contaminar** o **contaminarse de** (*contaminar* o *contaminarse de malas palabras*).

contante. adj. 'Aplícase al dinero efectivo' (*dinero contante*). También puede decirse **contante y sonante** (*dinero contante y sonante*).

contar. v. irreg. tr. 'Dicho de años, tenerlos' (*Rosa cuenta veinte años*). Incorrecto: *Rosa cuenta con veinte años*. Rég. prep.: **contar con** (*Siempre contaré con ella*; *Cuento con su ayuda para todo*). Se conjuga como **sonar**.

contemplación. sust. f. En plural, denota 'miramientos que cohíben de hacer algo' (*No tenga tantas contemplaciones para hacerlo*).

contemporaneidad. sust. f. 'Calidad de contemporáneo'. Incorrecto: *contemporanidad*. → **-dad**

contemporáneo, a. adj. Ú. t. c. sust. m. y f.: **el contemporáneo, la contemporánea**. Rég. prep.: **contemporáneo de** (*Era contemporáneo de mi padre*). Es palabra esdrújula.

contemporizar. v. intr. 'Acomodarse al gusto o dictamen ajeno'. Rég. prep.: **contemporizar con** (*Contemporizó con sus padres*). → **cazar**

contendedor. sust. m. 'El que contiende'. La Academia no registra el género femenino. → **contendiente**

contender. v. irreg. intr. 'Pelear, batallar'; 'disputar, debatir'; 'discutir, contraponer opiniones'. Rég. prep.: **contender con** (*contender con sus enemigos*); **contender sobre** (*contender sobre el plan económico*). Se conjuga como **tender**.

contendiente. p. a. de **contender**. 'Que contiende'. Ú. t. c. sust. com.: **el contendiente, la contendiente**.

contenedor. sust. m. 'Embalaje metálico grande y recuperable'. No debe usarse el anglicismo *container*.

contener. v. irreg. tr. Ú. t. c. prnl. Rég. prep.: **contener en** (*La caja contiene, en su interior, un abanico*); **contenerse en** (*Se contenía en sus pasiones*). Se conjuga como **tener**.

contentar. v. tr. y prnl. Rég. prep.: **contentarse con** (*Se contenta con su pequeña casa*).

contento, ta. adj. 'Alegre, satisfecho'. sust. m. 'Alegría, satisfacción'. Incorrecto: *Están locos de contentos*. Correcto: *Están locos de **contento***. También pueden decirse **contentamiento** (sust. m.) y **contentura** (sust. f.). **a contento.** loc. adv. 'A satisfacción' (*Comió **a contento***).

conterráneo, a. adj. 'Natural de la misma tierra que otro'. Ú. t. c. sust. m. y f.: **el conterráneo, la conterránea**. También puede decirse **coterráneo, a** (adj.), pero la Academia prefiere la primera forma.

contestación. sust. f. En América, se usa también **contesta** (sust. f.).

contestador, ra. adj. 'Que contesta'. Ú. t. c. sust. m. y f.: **el contestador, la contestadora**. sust. m. 'Aparato que, conectado al teléfono, emite mensajes y registra las llamadas' (*contestador automático*). Esta voz ha sido recién incorporada en el ***Diccionario***.

contestar. v. tr. 'Responder'. Rég. prep.: **contestar a** (*No contestó a su pregunta*). 'Replicar, impugnar'. La Academia registra, también, la acepción galicada de 'adoptar actitud polémica contra lo establecido: autoridades, formas de vida, posiciones ideológicas' (*Contesta las costumbres de su vecino*). Incorrecto: *Contestó de que no era cierto* (caso de dequeísmo). Correcto: ***Contestó que** no era cierto*.

contestatario, ria. adj. 'Que polemiza, se opone o protesta contra algo establecido' (*ciudadanos contestatarios*). Ú. t. c. sust. m . y f.: **el contestatario, la contestataria**.

contexto. sust. m. 'Entorno lingüístico del cual depende el sentido y el valor de una palabra, frase o fragmento considerados' (*Las acepciones de las palabras varían de acuerdo con el contexto*); 'entorno físico o de situación (político, histórico, cultural, etc.) en el que se considera un hecho' (*Se analizará la controversia dentro del contexto político*). Estas dos acepciones han sido recién incorporadas en el ***Diccionario***. Este sustantivo no debe usarse como sinónimo de **texto**. Incorrecto: *Transcriba un fragmento del contexto*. Correcto: *Transcriba un fragmento del **texto***.

contextuar. v. tr. 'Acreditar con textos' (*Contextúa sus afirmaciones*). Se conjuga, en cuanto al acento, como **actuar**.

contigo. 'Forma especial del pronombre personal *ti*, cuando va precedido de la preposición *con*'. Proviene del latín *cum* ('con'), y *tecum* ('contigo'). Incorrecto: *con ti*.

contiguo, gua. adj. 'Que está tocando a otra cosa'. Rég. prep.: **contiguo a** (*La cocina está **contigua a**l comedor*).

contingente. adj. 'Que puede suceder o no' (*hechos **contingentes***). sust. m. 'Cosa que puede suceder'. Con este significado, también puede decirse **contingencia** (sust. f.), voz más usual.

continuar. v. tr. 'Proseguir lo comenzado' (***Continúa** sus investigaciones*). v. intr. 'Durar, permanecer'. Rég. prep.: **continuar con** (***Continuó con** fiebre*); **continuar en** (***Continuarán en** el cargo*). v. prnl. 'Seguir, extenderse' (***Se continuaron** las negociaciones*). Se conjuga, en cuanto al acento, como **actuar**.

continuo, nua. adj. 'Que dura, obra, se hace o se extiende sin interrupción' (*movimiento **continuo***). sust. m. 'Todo compuesto de partes unidas entre sí' (*Su obra, un **continuo** coherente*). Incorrecto: *contínuo*. **continuo**. adv. m. 'Continuamente' (*Está **continuo** enojada*). **de continuo**. loc. adv. 'Continuamente' (*Ríe **de continuo***).

contonearse. v. prnl. 'Hacer al andar movimientos afectados con hombros y caderas'. Incorrecto: *contornearse*. También puede decirse **cantonearse** (v. prnl.), pero la Academia prefiere la primera forma.

contoneo. sust. m. También puede decirse **cantoneo** (sust. m.), pero la Academia prefiere la primera forma.

contorcerse. v. irreg. prnl. 'Sufrir o afectar contorsiones'. Se conjuga como **mover**.

contornear. v. tr. 'Dar vueltas alrededor o en contorno de un lugar' (***Contornea** el parque*); 'hacer los contornos de una figura' (***Contorneó** un elefante*). No debe pronunciarse [contorniar, contornié]. También puede decirse **contornar** (v. tr.), pero la Academia prefiere la primera forma. → **-ear**

contorno. sust. m. (*Había pocos habitantes en el **contorno**; Dibuje el **contorno** del vaso*). **en contorno**. loc. adv. 'Alrededor' (***En contorno**, no hay casas*). **en contorno de**. loc. prepos. (*Corre **en contorno de** la plaza*).

contorsión. sust. f. 'Movimiento irregular y convulsivo del cuerpo'. También puede escribirse **contorción** (sust. f.).

contorsionista. sust. com. 'Persona que ejecuta contorsiones difíciles en los circos': **el contorsionista, la contorsionista**.

contra. prep. Significa: • 'Oposición y contrariedad de una cosa con otra' (*Escribe **contra** las supersticiones*); • 'pugna o repugnancia entre personas o cosas' (*Lucha **contra** los mentirosos; Echa veneno **contra** las ratas*); • 'enfrente' (*Su departamento está **contra** el mío*); • 'hacia, en dirección a' (*Tu habitación está **contra** el norte*); • 'a cambio de' (*Entregue el paquete **contra** recibo*); • 'posición de algún objeto que se apoya en otro' (*Apoyo la escoba **contra** la verja*). sust. m. 'Concepto opuesto o contrario a otro'. Se usa precedido del artículo **el** y en contraposición a **pro** (*Desconozco el pro y **el contra** del tema*). sust. f. 'Dificultad, inconveniente' (*¡Cuántas **contras** presenta este trabajo!*). **en contra**. loc. adv. 'En oposición de una cosa' (*Siempre actúa **en contra***). **en contra de**. loc. prepos. (*Estaba **en contra de** su vecino*). Se usa como prefijo en voces compuestas (***contra**almirante, **contra**atacar, **contra**ataque, **contra**aviso, **contra**corriente, **contra**indicación, **contra**luz, **contra**marcha, **contra**orden, **contra**rrevolución*). Incorrecto: *Está contra de ella*; *Contra más sabio, más egoísta*; *Clava el cuadro contra la pared*; *Lo dice en contra tuya*; *Tengo una prueba en su contra*; *Compre el jarabe para la tos*; *La niña protesta de todo*. Correcto: *Está **en contra de** ella*; ***Cuanto** más sabio, más egoísta*; *Clava el cuadro **en** la pared*; *Lo dice **contra ti***; *Tengo una prueba **contra él***; *Compre el jarabe **contra** la tos*; *La niña protesta **contra** todo*.

contra. sust. f. Abreviación de **contraventana** (sust. f.), **contratapa** (sust. f.) y **contrarrevolución** (sust. f.): **la contra**. En plural: **las contras**.

contraalmirante. sust. m. En español, todas las vocales pueden duplicarse. También puede decirse **contralmirante**, pero la Academia prefiere la primera forma. En plural: **contraalmirantes**, **contralmirantes**. La 'dignidad de contralmirante' es el **contralmirantazgo** (sust. m.). La Academia no registra *contraalmirantazgo*.

contraatacar. v. tr. → **sacar**

contraataque. sust. m. En plural: **contraataques**. Incorrecto: *contrataque*.

contraaviso. sust. m. En plural: **contraavisos**. Incorrecto: contraviso, contravisos.

contrabajista. sust. com. 'Instrumentista que toca el contrabajo': **el contrabajista, la contrabajista**. En plural: **contrabajistas**. Con la misma denotación, también pueden decirse **el contrabajo, la contrabajo**. En plural: **los contrabajos, las contrabajos**.

contrabandear. v. intr. 'Ejercitar el contrabando'. No debe pronunciarse [contrabandiar, contrabandié]. → **-ear**

contrabandista. adj. Ú. t. c. sust. com.: **el contrabandista, la contrabandista**.

contracción. sust. f. 'Acción y efecto de contraer o contraerse' (*la **contracción** del músculo*). 'Figura de dicción que consiste en hacer una sola palabra de dos, de las cuales la primera acaba en vocal y la segunda comienza con ésta, suprimiendo una de estas vocales' (*Las voces "al" —por "a el"— y "del" —por "de el"— son **contracciones** en español*).

contraconcepción. sust. f. También puede decirse **anticoncepción**. La Academia prefiere este último término. Incorrecto: contracepción.

contraconceptivo, va. adj. Incorrecto: contraceptivo. → **anticonceptivo**

contracorriente. sust. f. Debe escribirse en una sola palabra. Incorrecto: contra corriente, contra-corriente. **a contracorriente**. loc. adv. 'En contra de la opinión general' (*Siempre habla **a contracorriente***).

contractilidad. sust. f. 'Calidad de contráctil'; 'facultad de contraerse que poseen ciertas partes de cuerpos organizados' (*la **contractilidad** de los músculos*). También puede decirse **contractibilidad** (sust. f.), pero la Academia prefiere la primera forma.

contracto, ta. p. irreg. de **contraer**. Se usa como adjetivo. No debe pronunciarse [contrato].

♦ **contracturado.** Neologismo. La Academia no registra, en su ***Diccionario***, el verbo contracturar; por lo tanto, tampoco aparece su participio. Sólo registra **contractura** (sust. f.).

contradecir. v. irreg. tr. Ú. t. c. prnl. Rég. prep.: **contradecir con** (***contradecir con** palabras inteligentes*); **contradecir** a alguien **en** algo (***Contradijo** a Luis **en** todo lo que explicó*). Se conjuga como **predecir**.

contradicción. sust. f. No debe pronunciarse [contradición].

contradicho, cha. p. irreg. de **contradecir** (*No lo he **contradicho***).

contradictor, ra. adj. 'Que contradice' (*persona **contradictora***). Ú. t. c. sust. m. y f.: **el contradictor, la contradictora**.

contraer. v. irreg. tr. y prnl. Rég. prep.: **contraer con** (***Contrajo** buena relación **con** su colega*). Tiene un participio regular (***contraído***) y otro irregular (***contracto***). Se conjuga como **traer**. → **contracto**

contrahacer. v. irreg. tr. 'Falsificar algo con malos propósitos' (***Contrahizo** el testamento*). Se conjuga como **hacer**.

contrahaz. sust. f. 'Revés o parte opuesta a la haz en las ropas o cosas semejantes'. Incorrecto: el contrahaz. En plural: **contrahaces**.

contrahecho, cha. p. irreg. de **contrahacer**. 'Que tiene torcido o corcovado el cuerpo' (*niña **contrahecha***). Ú. t. c. sust. m. y f.: **el contrahecho, la contrahecha**.

contrahilo (a). loc. adv. 'Dicho de las telas, en dirección opuesta al hilo'.

contraindicar. v. tr. 'Señalar como perjudicial determinado remedio, alimento o acción'. Su postverbal es **contraindicación** (sust. f.). → **sacar**

contralto. sust. m. 'Voz media entre la de tiple y la de tenor'. sust. com. 'Persona que tiene esta voz': **el contralto, la contralto**. En plural: **los contraltos, las contraltos**.

contraluz. sust. f. 'Vista o aspecto de las cosas desde el lado opuesto a la luz'; 'fotografía tomada en estas condiciones'. Aunque la Academia registra el género femenino, reconoce que se usa más en masculino. Por lo tanto, puede decirse **la contraluz** o **el contraluz**. En plural: **las contraluces** o **los contraluces**.

contramaestre. sust. m. Debe escribirse en una sola palabra. Incorrecto: contra maestre, contra-maestre. En plural: **contramaestres**.

contramano (a). loc. adv. 'En dirección contraria a la corriente o a la prescrita por la autoridad' (*Conduce **a contramano***).

contramarcha. sust. f. Debe escribirse en una sola palabra. Incorrecto: contra marcha, contra-marcha. En plural: **contramarchas**.

contranatural. adj. → **antinatural**

contraofensiva. sust. f. Debe escribirse en una sola palabra. Incorrecto: contra ofensiva, contra-ofensiva. En plural: **contraofensivas**.

contraorden. sust. f. Debe escribirse en una sola palabra. Incorrecto: contra orden, contra-orden. Es palabra grave. En plural, se transforma en esdrújula: **contraórdenes**.

contrapartida. sust. f. Debe escribirse en una sola palabra. Incorrecto: contra partida, contra-partida. En plural: **contrapartidas**.

contrapelo (a). loc. adv. 'Contra la inclinación o dirección natural del pelo' (*Se peina **a contrapelo***); 'contra el curso natural de una cosa cualquiera'; 'violentamente' (*Discute **a contrapelo***). Incorrecto: a contra pelo, a contra-pelo. También pueden decirse **a pospelo** (loc. adv.) y **a repelo** (loc. adv.).

contraponer. v. irreg. tr. Ú. t. c. prnl. Rég. prep.: **contraponer a** (***Contrapuso** sus intereses **a** su ética*). Su participio es irregular: **contrapuesto, ta**. Se conjuga como **poner**.

contraposición. sust. f. 'Acción y efecto de contraponer o contraponerse'. **en contraposición a.** loc. prepos. (*Actuó **en contraposición a** lo acordado*). Incorrecto: *Actuó en contraposición con lo acordado.* En algunas definiciones académicas, aparece la locución prepositiva **en contraposición de.**

contrapuntear. v. tr. 'Cantar de contrapunto'. Ú. m. c. prnl. 'Decir una persona a otra palabras picantes' (*Ellos **se contrapuntean***). v. intr. Ú. t. c. prnl. Argent., Bol., Col., Chile y Venez. 'Cantar versos improvisados dos o más cantantes populares'. Rég. prep.: **contrapuntearse con** (*El paisano **se contrapunteó con** su adversario*); 'picarse o resentirse dos o más personas'. Con este significado, también puede decirse **contrapuntarse** (v. prnl.). Argent., Bol., Cuba, Perú y P. Rico. 'Rivalizar' (*Los dos hombres **contrapunteaban***). No debe pronunciarse [contrapuntiar, contrapuntié]. → **-ear**

contrapuntista. sust. com. 'Compositor que practica el contrapunto': **el contrapuntista, la contrapuntista**.

contrariar. v. tr. 'Contradecir, disgustar'. Rég. prep.: **contrariar** a alguien **en** algo (***Contrarió** a su amigo **en** la organización del acto*). Se conjuga, en cuanto al acento, como **guiar**.

contrario, ria. adj. Rég. prep.: **contrario a** o **de** (***contrario a** o **de** nuevas amistades*); **contrario en** (***contrario en** temas económicos*). sust. m. 'El que tiene enemistad con otro'; 'el que sigue pleito contra otro'; 'el que lucha en oposición con otro' (*Pedro tiene varios **contrarios***). Su femenino es **contraria**. **al contrario, por el contrario** o **por lo contrario**. loc. adv. 'Al revés, de modo opuesto' (*No sea tímido, **al contrario**, debe ser audaz*). **de lo contrario**. fr. 'En caso contrario' (*Ella llevará el libro, **de lo contrario**, avíseme*). **en contrario**. loc. adv. 'En contra, contrariamente' (*Habla de él **en contrario***). **llevar** a alguien **la contraria** o **la contra**. fr. fam. (*Cuando hablan de política, siempre Juan le **lleva la contraria** o **la contra** a Luis*).

contrarreforma. sust. f. Debe escribirse en una sola palabra. Incorrecto: contrareforma, contra reforma, contra-reforma. Los nombres de los movimientos religiosos, políticos o culturales deben escribirse con mayúscula: **la Contrarreforma**.

contrarreloj. adj. 'Dícese de la carrera, generalmente ciclista, en que los participantes corren distanciados desde la salida y se clasifican según el tiempo invertido por cada uno para llegar a la meta' (*carrera **contrarreloj***). Con función de adjetivo, también puede escribirse en dos palabras (*carrera **contra reloj***). Incorrecto: *carrera contra-reloj*. Ú. t. c. sust. f.: **la contrarreloj**. Incorrecto: contrareloj. En plural: **las contrarrelojes**. Esta voz ha sido recién incorporada en el ***Diccionario***. → **reloj**

contrarrelojista. sust. com. 'Ciclista especializado en carreras contrarreloj': **el contrarrelojista, la contrarrelojista**. Debe escribirse en una sola palabra. Incorrecto: contrarelojista, contra relojista, contra-relojista. En plural: **los contrarrelojistas, las contrarrelojistas**. Esta voz ha sido recién incorporada en el ***Diccionario***.

contrarréplica. sust. f. 'Contestación dada a una réplica'. Debe escribirse en una sola palabra. Incorrecto: *contraréplica*, *contra réplica*, *contra-réplica*. En plural: **contrarréplicas**.

contrarrestar. v. tr. Rég. prep.: **contrarrestar con** (***Contrarrestó** la fiebre **con** las medicinas*).

contrarrevolución. sust. f. Debe escribirse en una sola palabra. Incorrecto: *contrarevolución*, *contra revolución*, *contra-revolución*. En plural: **contrarrevoluciones**.

contrarrevolucionario, ria. adj. 'Perteneciente o relativo a la contrarrevolución' (*gente **contrarrevolucionaria***). sust. m. y f.: **el contrarrevolucionario, la contrarrevolucionaria**.

contrasentido. sust. m. Incorrecto: *contra sentido*, *contra-sentido*. En plural: **contrasentidos**.

contrastante. p. a. de **contrastar** (*colores **contrastantes***).

contrastar. v. intr. Rég. prep.: **contrastar con** (*La tela roja **contrasta con** la amarilla*).

contratante. p. a. de **contratar**. Ú. t. c. sust. com.: **el contratante, la contratante**.

contratapa. sust. f. 'Carne de vaca que está entre la babilla y la tapa'. La Academia no registra ninguna acepción referida al "libro". Los diccionarios de bibliología coinciden en denominar **tapa inferior** o **posterior** a la comúnmente llamada **contratapa**.

contratista. sust. com.: **el contratista, la contratista**.

contraveneno. sust. m. 'Antídoto, medicamento para contrarrestar los efectos del veneno'; 'precaución tomada para evitar un perjuicio'. En plural: **contravenenos**.

contravenir. v. irreg. intr. 'Obrar en contra de lo que está mandado'. Rég. prep.: **contravenir a** (***Contraviene a** sus órdenes*). Ú. menos c. tr. Se conjuga como **venir**.

contrayente. p. a. de **contraer**. 'Que contrae'. Se aplica casi únicamente a la persona que contrae matrimonio. Ú. t. c. sust. com.: **el contrayente, la contrayente**.

contreras. sust. m. 'Persona que lleva la contraria en sus actos o en sus palabras'. Incorrecto: *Es un contrera*. Correcto: *Es un **contreras***. La Academia no registra el género femenino.

contribuir. v. irreg. tr. Ú. m. c. intr. Rég. prep.: **contribuir a** (***Contribuyó a** fundar la escuela*); **contribuir con** (***Contribuye con** su dinero para refaccionar el edificio*); **contribuir para** (***Contribuirá para** organizar la exposición de arte*). Se conjuga como **huir**.

contribuyente. p. a. de **contribuir**. 'Que contribuye'. Ú. t. c. sust. com.: **el contribuyente, la contribuyente**. Designa, sobre todo, al que paga contribución al Estado. También puede decirse **contribuidor, ra** (adj. Ú. t. c. sust. m. y f.).

contrición. sust. f. 'Dolor y pesar de haber pecado ofendiendo a Dios'. No debe pronunciarse [contricción].

contrincante. sust. com. 'El que pretende una cosa en competencia con otro u otros': **el contrincante, la contrincante**. Incorrecto: *la contrincanta*. No debe usarse **contendiente** (p. a. de **contender**. 'Que pelea o batalla'. Ú. t. c. sust. com.) como sinónimo de **contrincante**.

contrito, ta. adj. 'Que siente contrición'. Rég. prep.: **contrito de** (*Se muestra **contrito de** sus pecados*).

controvertir. v. irreg. intr. Ú. t. c. tr. 'Discutir extensa y detenidamente sobre una materia'. Se conjuga como **sentir**.

contumacia. sust. f. 'Tenacidad y dureza en mantener un error'. Incorrecto: *contumancia*.

contumaz. adj. Ú. t. c. sust. com.: **el contumaz, la contumaz**. En plural: **contumaces**.

contundente. p. a. de **contundir**. adj. 'Aplícase al instrumento y al acto que producen contusión' (*elemento **contundente***); 'que produce gran impresión en el ánimo, convenciéndolo' (*prueba **contundente***).

contusionar. v. tr. Ú. t. c. prnl. 'Magullar, producir contusión' (***Contusionó** a su enemigo con los puños*). También puede decirse **contundir** (v. tr. Ú. t. c. prnl.).

contuso, sa. adj. 'Que ha recibido contusión' (*mujer **contusa***).

conurbación. sust. f. 'Conjunto de varios núcleos urbanos inicialmente independientes y contiguos por sus márgenes, que al crecer acaban uniéndose en unidad funcional'. La Academia no registra **conurbano** (sust. m.), voz muy usada en la Argentina. La A.A.L. ha recomendado su incorporación en el ***Diccionario***.

convalecencia. sust. f. Incorrecto: convalescencia.

convalecer. v. irreg. intr. Rég. prep.: **convalecer de** (*Convalecía de una gripe*). Incorrecto: convalescer. Se conjuga como **parecer**.

convaleciente. p. a. de **convalecer**. Ú. t. c. sust. com.: **el convaleciente, la convaleciente**. Incorrecto: convalesciente.

convencer. v. tr. Ú. t. c. prnl. Rég. prep.: **convencer a** alguien **de** algo (*Convenció a Juan de su error*); **convencer con** (*La convencerá con su modo de hablar*); **estar convencido de** (*Estaba convencido de que encontraría el reloj*). Incorrecto: Estaba convencido que encontraría el reloj ("queísmo"). Tiene un participio irregular (*convicto*). → **mecer**

conveniencia. sust. f. Incorrecto: convenencia.

convenir. v. irreg. intr. y prnl. Rég. prep.: **convenir** algo **a** alguien (*Conviene este libro al estudiante*); **convenir con** alguien **en** algo (*Ha convenido con Diana en rehacer el trabajo*); **convenir en** ir (*Han convenido en ir al teatro*). Se conjuga como **venir**.

convergente. p. a. de **convergir**. 'Que converge' (*opiniones convergentes*).

convergir. v. intr. 'Dirigirse dos o más líneas a unirse en un punto'; 'concurrir al mismo fin las opiniones de dos o más personas'. Incorrecto: convirgió, convirgieron, convirgiera. Correcto: *convergió, convergieron, convergiera*. También puede decirse **converger** (v. intr.; es regular como **proteger**), pero la Academia prefiere la primera forma. → **dirigir**

conversar. v. intr. Rég. prep.: **conversar con** (*Conversa con su maestro*); **conversa de** o **sobre** (*conversar de o sobre temas médicos*); **conversar en** (*conversar en francés*).

converso, sa. p. irreg. de **convertir** (*judío converso*).

convertir. v. irreg. tr. Ú. t. c. prnl. Rég. prep.: **convertir** o **convertirse** una cosa **en** otra (*Convirtió el vino en vinagre*); **convertirse a** (*Se convertirá al budismo*). Se conjuga como **sentir**.

convicción. sust. f. 'Convencimiento'. **tener la convicción de que** (*Tiene la convicción de que todo se solucionará*). Incorrecto: Tiene la convicción que todo se solucionará ("queísmo"). No debe pronunciarse [convición, convinción].

convicto, ta. p. irreg. de **convencer**.

convidar. v. tr. Rég. prep.: **convidar a** alguien **a** (*Convida a todos a beber*); **convidar a** alguien **con** algo (*Convidó a su huésped con vino*).

convocar. v. tr. Rég. prep.: **convocar a** (*Convocaron a la reunión*). → **sacar**

convoy. sust. m. Voz francesa (*convoi*) españolizada. 'Escolta, guardia'; 'tren'. sust. colect. 'Conjunto de los buques o carruajes, efectos o pertrechos escoltados'. En plural: **convoyes**. Incorrecto: convoys.

convulsionante. p. a. de **convulsionar**. 'Que convulsiona'.

convulso, sa. adj. 'Atacado de convulsiones'. También puede decirse **convulsionario, ria** (adj.).

cónyuge. sust. com. 'Marido y mujer respectivamente': **el cónyuge, la cónyuge**. Incorrecto: cónyugue.

coñá. sust. m. Voz francesa (*cognac*) españolizada. También puede decirse **coñac** (sust. m.). En plural: **coñás, coñacs**.

cooperar. v. intr. Rég. prep.: **cooperar a** o **en** (*Cooperó a o en la construcción del hospital*); **cooperar con** (*Cooperan con las autoridades*). No debe pronunciarse [coperar].

cooperario. sust. m. 'El que coopera'. La Academia no registra el género femenino.

coordinación. sust. f. 'Acción y efecto de coordinar'. También puede decirse **coordinamiento** (sust. m.), pero la Academia prefiere la primera forma. → **subordinación**

coordinador, ra. adj. 'Que coordina'. Ú. t. c. sust. m. y f.: **el coordinador, la coordinadora**.

coordinar. v. tr. 'Disponer cosas metódicamente'. Rég. prep.: **coordinar con** (*Coordina una proposición con otra*). 'Concertar medios o esfuerzos para una acción común' (*Coordinó las actividades del mes*). → **subordinar**

copa. sust. f. Diminutivos: **copeta, copilla**. Aumentativos: **copazo** (sust. m.), **copón** (sust. m.).

copar. v. tr. 'Hacer en los juegos de azar una

puesta equivalente a todo el dinero con que responde la banca'; 'conseguir todos los puestos en una elección'; 'sorprender o cortar la retirada a una fuerza militar, haciéndola prisionera'. No debe usarse con el significado de **colmar**, **fascinar**, **gustar**, **satisfacer**. Incorrecto: *Este actor me copa*. Correcto: *Este actor me* ***fascina***.

coparticipación. sust. f. 'Acción de participar a la vez con otro en alguna cosa'. Debe escribirse en una sola palabra. Incorrecto: *co participación*, *co-participación*.

copartícipe. sust. com. 'Persona que tiene participación con otra en algo': **el copartícipe, la copartícipe**. Debe escribirse en una sola palabra. Incorrecto: *co partícipe*, *co-partícipe*.

copartidario, ria. adj. 'Que pertenece al mismo partido político'. Ú. t. c. sust. m. y f.: **el copartidario, la copartidaria**. Debe escribirse en una sola palabra. Incorrecto: *co partidario*, *co-partidario*.

copear. v. intr. 'Vender por copas las bebidas'; 'tomar copas' (***Copea*** *todos los días*). No debe pronunciarse [copiar, copié]. → **-ear**

copera. sust. f. 'Sitio donde se guardan las copas'. También puede decirse **copero** (sust. m.). En la Argentina –según Gobello–, se usa con la denotación de "mujer destinada a entretener a los clientes de los cafetines y de otros lugares de diversión, que percibe comisión por las copas que aquéllos consumen". La Academia no registra esta acepción, sino la de 'mujer que atiende a la clientela en bares y cafés', usada en Colombia.

copernicano, na. adj. 'Perteneciente o relativo a Copérnico'; 'aplícase a cambios muy marcados de comportamiento, de manera de pensar, etc.' Se usa, especialmente, con el sustantivo **giro** (***giro copernicano***).

copetín. sust. m. Amér. 'Aperitivo'. Argent. 'Bebida por lo común alcohólica que, acompañada de bocadillos y otros ingredientes, suele tomarse antes de las comidas principales, cóctel'. Es palabra aguda. En plural, se transforma en grave: **copetines**.

copia. sust. f. Aumentativo despectivo: **copión** (sust. m.). Es un anglicismo usar esta voz como sinónimo de ejemplar de una obra publicada: *Se han publicado cinco mil copias de esta novela*. Correcto: *Se han publicado cinco mil* ***ejemplares*** *de esta novela*. La **copistería** (sust. f.) es el 'establecimiento donde se hacen copias'.

copiador, ra. adj. 'Que copia'. Ú. t. c. sust. m. y f.: **el copiador, la copiadora. libro copiador**. 'El que en las casas de comercio sirve para copiar en él la correspondencia'. sust. f. 'Multicopista, máquina que reproduce textos en numerosas copias'. También puede decirse **fotocopiadora** (sust. f.).

copiante. p. a. de **copiar**. 'Que copia'. sust. com.: **el copiante, la copiante**. También puede decirse **copista** (sust. com.).

copiar. v. tr. Rég. prep.: **copiar a** (***Copia a*** *mano*); **copiar de** (***Copia de*** *los originales*).

copión, na. adj. 'Dícese de la persona que copia o imita obras o conductas ajenas'. Ú. t. c. sust. m. y f.: **el copión, la copiona**. Generalmente, tiene sentido despectivo.

copla. sust. f. Aumentativo: **coplón** (sust. m.). El sustantivo colectivo es **coplería** (f.).

coplero. sust. m. Su femenino es **coplera**. También pueden decirse **el coplista, la coplista** (sust. com.).

copo. sust. m. Diminutivo: **copete**.

coproductor, ra. adj. 'Que produce en común'. Ú. t. c. sust. m. y f.: **el coproductor, la coproductora**. Debe escribirse en una sola palabra. Incorrecto: *co productor*, *co-productor*.

♦ **copyright.** Anglicismo. En español, debe decirse **derecho de propiedad intelectual**.

♦ **coqueluche.** Galicismo. En español, debe decirse **tos convulsa**.

coquetear. v. intr. Rég. prep.: **coquetear con** (***Coquetea con*** *sus amigos*; ***Coqueteaba con*** *la política*). No debe pronunciarse [coquetiar, coquetié]. → **-ear**

coquetería. sust. f. También pueden decirse **coqueteo** (sust. m.) y **coquetismo** (sust. m.), menos frecuente, pero la Academia prefiere la primera forma.

coral. sust. m. 'Celentéreo antozoo que vive en colonias'. Diminutivo: **coralillo**. 'Composición vocal armonizada a cuatro voces': **el coral**. sust. f. 'Coralillo, serpiente muy venenosa de América Meridional'; 'masa coral'. sust. m.

pl. 'Sartas de cuentas de coral': **los corales**. adj. 'Perteneciente al coro' (*canto coral*).

corazón. sust. m. Diminutivo: **corazoncillo. a corazón abierto**. loc. adv. 'Intervención quirúrgica en la cual se desvía la circulación por medio de un corazón artificial, antes de abrir las cavidades cardíacas'. **con el corazón en la mano**. loc. adv. 'Con toda franqueza y sinceridad'. **de corazón**. loc. adv. 'Con verdad, seguridad y afecto' (*decirlo **de corazón***).

corbatero. sust. m. 'Persona que hace o vende corbatas'. Su femenino es **corbatera**. La Academia no registra la acepción de 'aparato para colgar corbatas', de uso común en la Argentina.

corchero, ra. adj. 'Perteneciente o relativo al corcho y sus aplicaciones' (*industria **corchera***).

corchete. sust. m. 'Broche de metal que sirve para abrochar alguna cosa' (broche macho). Su femenino es **corcheta** (broche hembra). 'Signos auxiliares de puntuación' (*[ ]*). Se usan: • para encerrar palabras u oraciones que forman parte de un período más extenso, ya encerrado entre paréntesis (*[ ]*); • para señalar cualquier alteración de la forma original de un texto, por obra de su autor o de otra persona; • para aclarar abreviaturas dentro de un texto (*Extrajo la cita de la R[evista de] F[ilología y] L[ingüística de la] U[niversidad de] C[osta] R[ica]*); • para encerrar la palabra latina ***sic*** junto a un concepto erróneo o a una palabra mal escrita, cuando transcribimos un texto ajeno (*La nueva medicina debe ser administrada durante la convalescencia [**sic**]*); • para indicar la omisión de palabras en el interior de un texto transcripto (*El relato cosmogónico del **Popol Vuh**, [...], aparece en el texto como intérprete*); nótese que los corchetes encierran puntos suspensivos y que debe respetarse la puntuación que flanquea el fragmento omitido; • para indicar que existe una laguna en el texto; se emplea, entonces, el procedimiento anterior; • en fonética, para enmarcar un sonido **[b]** o una cadena de sonidos **[bibo]** por **vivo**; • para aislar la parte de un verso que no cabe en una sola línea (en este caso, sólo se usa el corchete de apertura, una línea más abajo y a la derecha de la página, seguido del texto correspondiente).

corcova. sust. f. 'Corvadura anómala de la columna vertebral o del pecho, o de ambos a la vez'. Diminutivo: **corcoveta**.

corcovar. v. tr. 'Hacer que una cosa tenga corcova'. No debe confundirse su significado y su grafía con los de **corcovear** (v. intr.), 'dar algunos animales corcovos o saltos encorvando el lomo'.

corcoveta. sust. com. 'Persona corcovada': **el corcoveta, la corcoveta**.

cordel. sust. m. Diminutivos: **cordelejo** y **cordelillo**.

cordero. sust. m. Diminutivo: **corderillo**. Su femenino es **cordera**. Sus sinónimos son **borrego** (sust. m.) y **borrega** (sust. f.). El sustantivo colectivo, **borregada** (f.) para ambas formas. En Chile, también se usa **corderaje** (sust. m. colect.). La piel de cordero se denomina **corderina** (sust. f.) o **corderuna** (sust. f.). Los adjetivos correspondientes son **corderino, na** y **corderil**, 'perteneciente o relativo al cordero'.

cordón. sust. m. Diminutivo: **cordoncillo**.

cordonear. v. intr. fam. Argent. 'Golpear o rozar la llanta de un automotor contra el cordón de la vereda'. No debe pronunciarse [cordoniar]. → **-ear**. Esta voz no está registrada en el ***Diccionario***, pero la A.A.L. ha recomendado su incorporación.

corear. v. tr. No debe pronunciarse [coriar, corié]. → **-ear**

coreografiar. v. tr. No debe pronunciarse [coriografiar]. Se conjuga, en cuanto al acento, como **guiar**.

coreógrafo. sust. m. Su femenino es **coreógrafa**.

coriáceo, a. adj. 'Perteneciente al cuero'. No debe pronunciarse [coreáceo].

córnea. sust. f. Es palabra esdrújula. No debe pronunciarse [cornia] como grave.

cornear. v. tr. 'Dar cornadas'. No debe pronunciarse [corniar]. → **-ear**. También pueden decirse **acornar** (v. tr.) y **acornear** (v. tr.); la Academia prefiere este último vocablo.

córner. sust. m. Voz inglesa (*corner*, 'esquina') españolizada. 'Saque de esquina'. En plural: **córneres**.

corneta. sust. f. Diminutivo: **cornetín** (sust. m.).

cornisamento. sust. m. colect. 'Conjunto de molduras que coronan un edificio'. También pueden decirse **cornisamiento** (sust. m.), **cornijamento** (sust. m.) y **cornijamiento** (sust. m.). La Academia prefiere las dos primeras formas.

cornúpeta. sust. com. 'Animal dotado de cuernos y, por antonomasia, el toro de lidia': **el cornúpeta, la cornúpeta.**

coro. sust. m. colect. Entre otras acepciones, 'conjunto de personas reunidas para cantar, regocijarse, alabar o celebrar algo'. **a coro.** loc. adv. 'Cantando o diciendo varias personas simultáneamente una misma cosa' (*Dijeron **sí a coro***).

corona. sust. f. Diminutivo: **coronilla.**

coronar. v. tr. Ú. t. c. prnl. Rég. prep.: **coronar** o **coronarse con** o **de** (***coronar** o **coronarse con** o **de** laureles*); **coronar** o **coronarse por** (***coronar** o **coronarse por** rey*; también, ***coronar** o **coronarse** rey*).

coronel. sust. m. El femenino **coronela** denota la 'mujer del coronel'.

corpiño. sust. m. Diminutivo: **corpiñejo.** → **sostén**

corporeidad. sust. f. Incorrecto: <u>*corporidad*</u>. → **-dad**

corporeizar. v. tr. 'Dar cuerpo a una idea'. También pueden decirse **corporificar** (v. tr.) y **corporizar** (v. tr.), pero la Academia prefiere la primera forma. El verbo **corporeizar** ha sido recién incorporado en el ***Diccionario***. → **cazar**

corporificar. v. tr. → **sacar**

corporizar. v. tr. Ha sido recién incorporado en el ***Diccionario***. → **cazar**

corpus. sust. m. colect. 'Conjunto extenso y ordenado de datos o de textos que pueden servir de base para una investigación'. En plural, es invariable: **los corpus**. La palabra **Corpus** (sust. m.) se escribe con mayúscula cuando es nombre propio y significa 'festividad religiosa de la institución de la Eucaristía' (*la festividad de **Corpus***).

corral. sust. m. Aumentativo: **corralón.**

correa. sust. f. Diminutivo: **correhuela** (sust. f.). Aumentativo: **correón** (sust. m.). El sustantivo colectivo es **correaje** (m.).

corrección. sust. f. Repárese en que se escribe con doble **c**. No debe pronunciarse [correción].

corredor, ra. adj. Ú. t. c. sust. m. y f.: **el corredor, la corredora.**

corregente. adj. 'Que ejerce la regencia juntamente con otro'. Ú. t. c. sust. com.: **el corregente, la corregente**. Incorrecto: <u>*la corregenta*</u>.

corregir. v. irreg. tr. Rég. prep.: **corregirse de** (***Se corrige de** sus errores*). Tiene un participio irregular: **correcto, ta.** Se conjuga como **regir.**

correr. v. intr. Rég. prep.: **correr a** (***Corría a** caballo*); **correr con** (***Corren con** el gasto*); **correr de** (***Corre de** un lado a otro*; ***Corre de** mi cuenta*); **correr en** (***Corría en** busca de su padre*); **correr por** (***Corrió por** muchos caminos*); **correr por entre** (***Corren por entre** los árboles*); **correr sobre** (***Corre sobre** rieles*); **correr tras** (***Corres tras** el dinero*). **a más correr** o **a todo correr.** locs. advs. 'Con la máxima velocidad, violencia o ligereza posible' (*Hágalo **a todo correr***). Ú. t. c. prnl. 'Cambiar una cosa de sitio' (*Si **se corre** esa silla, habrá espacio*); 'hacerse a derecha e izquierda los que están en línea' (*Si **se corren**, podré pasar*).

corresponder. v. intr. Ú. t. c. tr. y c. prnl. Rég. prep.: **corresponder a** (***Corresponde a** los agasajos*); **corresponder con** (***Correspondía con** los amigos*); **corresponder** o **corresponderse por** (***corresponder** o **corresponderse por** escrito*); **corresponderse con** (***corresponderse** una parte **con** otra*).

corresponsal. sust. com.: **el corresponsal, la corresponsal.**

corretear. v. intr. No debe pronunciarse [corretiar, corretié]. La primera persona singular del pretérito perfecto simple de indicativo es *correteé*. → **-ear**

correveidile. sust. com. 'Persona que lleva y trae cuentos y chismes'; 'alcahuete': **el correveidile, la correveidile.** En plural, no varía: **los correveidile.**

corrida. sust. f. 'Carrera'. **de corrida.** loc. adv. 'De corrido' (*Lee **de corrida***). **en una corrida.** loc. adv. 'En muy poco tiempo' (*Lleva esto **en***

una corrida). **corrido, da.** p. de **correr**. adj. (*balcón corrido*). **de corrido**. loc. adv. 'Con presteza y sin entorpecimientos' (*Lee **de corrido***).

corriente. p. a. de **correr**. adj. 'Que corre' (*el **corriente** año; cuenta **corriente***). El superlativo es **corrientísimo, ma. al corriente**. loc. adv. 'Sin atraso, con exactitud' (*Preséntelo **al corriente***). **estar al corriente de**. fr. 'Estar enterado de' (*No **está al corriente** del proyecto*).

corroborante. p. a. de **corroborar**. 'Que corrobora' (*textos **corroborantes***). También puede decirse **corroborativo, va** (adj.).

corroer. v. irreg. tr. Ú. t. c. prnl. El participio activo es **corroyente**. Se conjuga como **roer**.

corromper. v. tr. Ú. t. c. prnl. En la conjugación de los tiempos compuestos de indicativo y de subjuntivo, se usa el participio regular (*ha **corrompido**, hubiera **corrompido***). Incorrecto: ha corrupto, hubiera corrupto. Tiene un participio irregular: **corrupto, ta** (adj. y sust. m. y f.).

corrugado, da. p. de **corrugar** (v. tr.). adj. 'Estriado' (*cartón **corrugado***).

corruptor, ra. adj. Ú. t. c. sust. m. y f.: **el corruptor, la corruptora**. También puede decirse **corrompedor, ra** (adj. Ú. t. c. sust. m. y f.), pero la Academia prefiere la primera forma.

corsé. sust. m. Voz francesa (*corset*) españolizada. Es palabra aguda. En plural: **corsés**.

cortacallos. sust. m. En plural, no varía: **los cortacallos**. Responden a la misma regla: **cortacircuitos** (sust. m.), **cortalápices** (sust. m.), **cortapapeles** (sust. m.), **cortaúñas** (sust. m.).

cortacésped. sust. f. Es palabra grave. En plural, se transforma en esdrújula: **cortacéspedes**.

cortacorriente. sust. m. 'Interruptor de una corriente eléctrica'. En plural: **cortacorrientes**.

cortajear. v. tr. Argent. 'Dar repetidos cortes' (*Le **cortajeó** la cara*); 'cortar desmañadamente alguna cosa' (***Cortajea** la tela*). No debe pronunciarse [cortajiar, cortajié]. → **-ear**. Esta voz no está registrada en el ***Diccionario***, pero la A.A.L. ha recomendado su incorporación.

cortante. p. a. de **cortar** (*instrumento **cortante***).

cortaplumas. sust. m. Incorrecto: la *cortaplumas*. En plural, no varía: **los cortaplumas**.

cortina. sust. f. Diminutivo: **cortinilla**. Aumentativo: **cortinón** (sust. m.). El sustantivo colectivo es **cortinaje** (m.) y, en el Río de la Plata, **cortinado** (m.).

cortocircuito. sust. m. 'Circuito que se produce accidentalmente por contacto entre los conductores y suele determinar una descarga'. En plural: **cortocircuitos**. No deben confundirse su grafía y su significado con los de **cortacircuitos** (sust. m.), 'aparato que automáticamente interrumpe la corriente eléctrica cuando es excesiva o peligrosa'.

cortometraje. sust. m. En plural: **cortometrajes**.

corzo. sust. m. Su femenino es **corza**.

cosa. sust. f. 'Todo lo que tiene entidad'. **cosa de**. loc. prepos. 'Cerca de' (*Faltan **cosa de** diez kilómetros para llegar*). No debe usarse este vocablo en reemplazo de otros por comodidad, pues esta actitud revela pobreza léxica.

cosaco, ca. adj. 'Dícese del habitante de varios distritos del sur de Rusia' (*niño **cosaco***). Ú. t. c. sust. m. y f.: **el cosaco, la cosaca**. sust. m. 'Soldado ruso de tropa ligera'.

coser. v. tr. Rég. prep.: **coser a** (***coser a** mano; **coser a** cuchilladas*). No debe confundirse su grafía con la de su homófono **cocer**. → **cocer**

cosmético, ca. adj. Ú. t. c. sust. m.: **el cosmético**. sust. f. 'Arte de aplicar productos cosméticos': **la cosmética**. También puede decirse **cosmetología** (sust. f.), pero la Academia prefiere la primera forma.

cosmetólogo. sust. m. Su femenino es **cosmetóloga**.

cosmonauta. sust. com.: **el cosmonauta, la cosmonauta**. En plural: **cosmonautas**. También puede decirse **astronauta** (sust. com.). La Academia prefiere esta última voz. El adjetivo correspondiente es **cosmonáutico, ca**. También puede decirse **astronáutico, ca**, voz preferida por la Academia.

cosmonáutica. sust. f. También puede decirse **astronáutica** (sust. f.), vocablo preferido por la Academia.

cosmonave. sust. f. La Academia prefiere **astronave** (sust. f.).

cosmopolita. adj. Ú. t. c. sust. com.: **el cosmopolita, la cosmopolita.**

cosmovisión. sust. f. Calco del alemán *Weltanschauung*. En plural: **cosmovisiones**.

cospel. sust. m. Es palabra aguda. No debe pronunciarse como grave [cóspel]. En plural: **cospeles**.

cosquillas. sust. f. pl. No debe usarse en singular. → **plural** (**pluralia tantum**)

cosquillear. v. intr. Ú. t. c. tr. 'Hacer cosquillas'. No debe pronunciarse [cosquilliar, cosquillié]. → **-ear**. También puede decirse **cosquillar** (v. tr.), pero la Academia prefiere la primera forma.

costa. sust. f. 'Gasto'. Con la misma denotación, la Academia registra **coste** (sust. m.) y **costo** (sust. m.). En plural, denota 'gastos judiciales': **las costas**. **a costa de**. loc. prepos. 'Con el trabajo o fatiga causados por algo'; 'a expensas de, por cuenta de' (*Estudió **a costa de** sacrificios; Vive **a costa de** sus tíos*). **a toda costa**. loc. adv. 'Sin limitación en el gasto o en el trabajo' (*Refaccionó la casa **a toda costa***).

costar. v. irreg. intr. Se conjuga como **sonar**.

costear. v. tr. y prnl. 'Pagar los gastos'; 'navegar sin perder de vista la costa'; 'bordear'. Argent. y Urug. 'Trasladarse a un lugar distante o trabajoso de alcanzar' (***Se costeó** hasta tu casa*). No debe pronunciarse [costiar, costié]. → **-ear**

costilla. sust. f. Los sustantivos colectivos son **costillar** (m.) y **costillaje** (m. fam.).

costra. sust. f. No debe pronunciarse [crosta]. Aumentativo: **costrón** (sust. m.).

costumbrista. adj. 'Perteneciente o relativo al costumbrismo'. sust. com.: **el costumbrista, la costumbrista**.

costura. sust. f. Aumentativo: **costurón** (sust. m.). También puede decirse **cosedura** (sust. f.), pero la Academia prefiere la primera forma.

costurero. sust. m. 'Modisto'. Su femenino es **costurera**.

cotejar. v. tr. 'Confrontar, comparar'. Rég. prep.: **cotejar con** (***Cotejó** las galeradas **con** los originales*).

cotejo. sust. m. Postverbal de **cotejar**. No debe usarse como sinónimo de **partido** (sust. m.) o **encuentro** (sust. m.).

coterráneo, a. adj. → **conterráneo**

cotidianidad. sust. f. 'Calidad de cotidiano'. Incorrecto: <u>cotidianeidad</u>. → **-dad**

cotidiano, na. adj. También puede decirse **cuotidiano, na** (adj.), pero la Academia prefiere la primera forma.

cotizar. v. tr. Ú. t. c. intr. → **cazar**

cotorra. sust. f. Para distinguir los sexos, debe recurrirse a las perífrasis **cotorra macho**, **cotorra hembra**.

covacha. sust. f. Diminutivo: **covachuela**.

coxis. sust. m. → **cóccix**

coya. sust. f. 'Mujer del emperador entre los antiguos incas'. No deben confundirse su significado y su grafía con los de **colla** (adj. Ú. t. c. sust. com.). → **colla**

coyote. sust. m. 'Especie de lobo'. Para distinguir los sexos, debe recurrirse a las perífrasis **coyote macho**, **coyote hembra**. Incorrecto: <u>la</u> *coyete hembra*. También puede decirse **cayote** (sust. m.), pero la Academia prefiere la primera forma.

coz. sust. f. En plural: **coces**.

-cracia. elem. compos. de or. griego. 'Dominio, poder' (*aristo**cracia**, demo**cracia***).

♦ **crack.** Anglicismo. En español, debe decirse **as** (sust. m.), 'persona que sobresale en un ejercicio o profesión'.

craneal. adj. 'Perteneciente o relativo al cráneo'. No debe pronunciarse [cranial]. También pueden decirse **craneano, na** (adj.) y **craniano, na** (adj.), pero la Academia prefiere la primera forma.

cráneo. sust. m. Es palabra esdrújula.

craneoscopia. sust. f. No debe pronunciarse [craneoscopía].

crasitud. sust. f. 'Gordura'. También puede decirse **craso** (sust. m.). Incorrecto: <u>*grasitud*</u>, voz no registrada en el ***Diccionario***.

craso, sa. adj. Unido con los sustantivos **error**, **ignorancia**, **engaño**, **disparate** y otros semejantes, significa 'indisculpable' (***craso** error*).

cráter. sust. m. 'Depresión topográfica más o menos circular, formada por explosión volcánica'. Es palabra grave. En plural, se transforma en esdrújula: **cráteres**.

cratera. sust. f. 'Vasija grande, usada en Grecia y Roma'. También puede decirse **crátera**.

creador, ra. adj. Ú. m. c. sust. m. y f.: **el creador, la creadora**. También puede decirse **criador, ra** (adj. Ú. t. c. sust. m. y f.): *Dios es **Creador*** o ***Criador**; **criador** o **criadora** de caballos*. Se usa la mayúscula sólo para referirse al Ser Supremo.

crecer. v. irreg. intr. Se conjuga como **parecer**.

creces. sust. f. pl. Entre otras denotaciones, 'aumento, ventaja, exceso en algunas cosas'. **con creces**. loc. adv. 'Crecida, colmadamente'. → **plural** (**pluralia tantum**)

creciente. p. a. de **crecer**. 'Que crece' (*temor **creciente***). Como sustantivo femenino, puede usarse con el mismo significado de **crecida** (sust. f.), 'aumento del cauce de los ríos y de los arroyos' (*La **creciente** conmocionó al pueblo*).

crédulo, la. adj. 'Que cree fácilmente'. También puede decirse **creedor, ra** (adj.), poco usado.

creer. v. tr. Ú. t. c. prnl. Rég. prep.: **creerse de** alguien. 'Darle crédito' (***Se creyó de** ella*). **creer en** (***Cree en** Dios*; ***Cree en** su amiga*). Incorrecto: *Creyó de que sabía* (caso de dequeísmo). Correcto: ***Creyó que** sabía*. → **leer**

cremación. sust. f. Su sinónimo es **incineración** (sust. f.).

cremallera. sust. f. → **cierre relámpago**

cremar. v. tr. 'Reducir a cenizas'. Con el mismo significado, puede usarse **incinerar** (v. tr.), vocablo que prefiere la Academia.

crémor. sust. m. 'Tartrato ácido de potasa'. Es palabra grave. No debe pronunciarse [cremor] como aguda.

crepe. sust. f. Voz francesa (*crêpe*) españolizada. 'Filloa'. Ú. m. en pl.: **crepes**. Esta palabra ha sido recién incorporada en el ***Diccionario***. → **panqueque**

cresta. sust. f. Aumentativo: **crestón** (sust. m.).

crestomatía. sust. f. colect. 'Colección de escritos selectos para la enseñanza' (***crestomatía** latina*).

cretácico, ca. adj. 'Dícese del terreno posterior al jurásico'; 'perteneciente a este terreno'. También puede decirse **cretáceo, a** (adj.), pero la Academia prefiere la primera forma.

creyente. p. a. de **creer**. Ú. t. c. sust. com.: **el creyente, la creyente**.

criado, da. p. de **criar**. adj. Se usa, generalmente, con los adverbios **bien** y **mal** (***bien criado**; **mal criado***). sust. m. y f.: **el criado, la criada**. Diminutivos: **criaduelo, criaduela**.

criar. v. tr. Ú. t. c. prnl. Es sinónimo de **crear** (v. tr.) con la denotación de 'producir algo de la nada' (*Dios **crió** o **creó** cielos y tierras*). Se conjuga, en cuanto al acento, como **guiar**.

criatura. sust. f. La Academia considera anticuado el uso de **creatura** (sust. f.) como equivalente a **criatura**.

cric. sust. m. 'Gato, instrumento para elevar grandes pesos'. En plural: **criques**.

cricoides. adj. (*cartílago **cricoides***). Ú. m. c. sust. m.: **el cricoides**. En plural, no varía: **los cricoides**.

crimen. sust. m. Es palabra grave. Incorrecto: *crímen*. En plural, se transforma en esdrújula: **crímenes**.

criminal. adj. Ú. t. c. sust. com.: **el criminal, la criminal**.

criminalista. adj. Ú. t. c. sust. com.: **el criminalista, la criminalista**.

criminólogo, ga. adj. Ú. t. c. sust. m. y f.: **el criminólogo, la criminóloga**.

crin. sust. f. colect. 'Conjunto de cerdas que tienen algunos animales en la parte superior del cuello'. Incorrecto: *crín*. En plural: **crines**. También puede decirse **clin** (sust. f.), pero la Academia prefiere la primera forma.

criollo, lla. adj. Ú. t. c. sust. m. y f.: **el criollo, la criolla**. El sustantivo colectivo es **criollaje** (m. Argent.).

crioscopia. sust. f. Incorrecto: *crioscopía*.

criptón. sust. m. 'Gas noble existente en muy

pequeña cantidad en la atmósfera terrestre'. Número atómico 36. Símbolo: ***Kr*** (sin punto). → **kriptón**

crisantemo. sust. m. También puede decirse **crisantema** (sust. f.), pero la Academia prefiere la primera forma.

crisis. sust. f. En plural, no varía: **las crisis**.

crisma. sust. amb.: **el crisma** o **la crisma**.

crispación. sust. f. La Academia registra también **crispadura** (sust. f.), **crispamiento** (sust. m.) y **crispatura** (sust. f.), pero prefiere la primera forma.

cristal. sust. m. El sustantivo colectivo es **cristalería** (f.).

cristalizar. v. intr. Ú. t. c. prnl. y c. tr. → **cazar**

cristianar. v. tr. También puede decirse **acristianar** (v. tr. fam.). Puede usarse familiarmente como sinónimo de **bautizar** (v. tr.).

cristianizar. v. intr. Ú. t. c. prnl. 'Conformar una cosa con el dogma cristiano'; 'convertir al cristianismo'. Con la segunda denotación, es sinónimo de **acristianar** (v. tr. fam.). Su postverbal es **cristianización** (sust. f.). → **cazar**

cristiano, na. adj. El superlativo es **cristianísimo, ma**. Ú. t. c. sust. m. y f.: **el cristiano, la cristiana**. Los sustantivos colectivos son **cristiandad** (f.) y **cristianismo** (m.), 'conjunto de los fieles cristianos'. De acuerdo con la regla académica, el nombre de la religión cristiana y de otras religiones debe escribirse con minúscula.

cristianodemócrata. adj. Ú. t. c. sust. com.: **el cristianodemócrata, la cristianodemócrata**. Debe escribirse en una sola palabra. Incorrecto: *cristiano demócrata*, *cristiano-demócrata*. En plural: **cristianodemócratas**. Son voces equivalentes: **democratacristiano, na** (adj. Ú. t. c. sust. m. y f.) y **democristiano, na** (adj. Ú. t. c. sust. m. y f.).

♦ **criterioso, sa.** Neologismo. La Academia no registra este adjetivo en su ***Diccionario***.

crítica. sust. f. Como sustantivo colectivo, denota 'conjunto de juicios sobre una obra literaria, artística, etc.'; 'conjunto de opiniones sobre cualquier asunto'; con el artículo **la**, 'conjunto de críticos de literatura, arte, ciencia, etc.' (***La crítica** ha destacado el talento del autor*).

criticador, ra. adj. 'Que critica'. Ú. t. c. sust. m. y f.: **el criticador, la criticadora**. No debe confundirse su significado con el de **crítico, ca**.

criticar. v. tr. → **sacar**

crítico, ca. adj. Ú. t. c. sust. m. y f. 'Persona que ejerce la crítica': **el crítico, la crítica**. El sustantivo masculino despectivo es **criticastro**.

croché. sust. m. Voz francesa (*crochet*) españolizada. 'Ganchillo'. En plural: **crochés**.

crol. sust. m. Voz inglesa (*crawl*) españolizada. 'Estilo de natación'. En plural: **croles**.

crolista. sust. com. 'Nadador especializado en el estilo crol': **el crolista, la crolista**. Esta voz ha sido recién incorporada en el ***Diccionario***.

cromo. sust. m. 'Metal blanco gris'. Número atómico 24. Símbolo: ***Cr***

cromo-. elem. compos. de or. gr. 'Color' (***cromotipia***).

crónica. sust. f. 'Historia'. También puede decirse **crónico** (sust. m.), pero la Academia prefiere la primera forma.

cronicón. sust. m. 'Breve narración histórica'. No debe usarse como aumentativo de **crónica**.

cronista. sust. com. 'Autor de una crónica o el que tiene por oficio escribirlas': **el cronista, la cronista**.

crónlech. sust. m. Voz francesa (*cromlech*) españolizada. 'Monumento megalítico'. En plural: **crónlechs**.

crono. sust. m. 'Tiempo medido con cronómetro, en pruebas de velocidad'. En plural: **cronos**. Esta voz ha sido recién incorporada en el ***Diccionario***.

cronología. sust. f. También puede decirse **cronografía** (sust. f.), pero la Academia prefiere la primera forma.

cronólogo. sust. m. 'Persona que profesa la cronología'. Su femenino es **cronóloga**. También puede decirse **cronologista** (sust. com.), pero la Academia prefiere la primera forma.

croqueta. sust. f. No deben decirse *cocreta*, *crocreta*.

croquis. sust. m. Voz francesa (*croquis*) españolizada. En plural, no varía: **los croquis**.

cross. sust. m. Voz inglesa (*cross*) españolizada. 'Carrera de larga distancia a campo traviesa'. En plural, no varía: **los cross**. Esta palabra ha sido recién incorporada en el ***Diccionario***.

cruasán. sust. f. Voz francesa (*croissant*) españolizada. 'Bollo en forma de media luna'. Ha sido recién incorporada en el ***Diccionario***. En plural: **cruasanes**. Suele usarse como sinónimo de **medialuna** (sust. f.).

cruce. sust. m. También puede decirse **cruzamiento** (sust. m.).

crucificar. v. tr. → **sacar**

crucifixión. sust. f. Incorrecto: crucificción.

cruel. adj. Rég. prep.: **cruel con, para** o **para con** (***cruel con, para*** o ***para con*** *su alumno*). El superlativo es **crudelísimo, ma** o **cruelísimo, ma** (coloquial).

crujir. v. intr. Incorrecto: crugir.

crup. sust. m. Voz inglesa (*to croup*) españolizada. 'Difteria'. En plural: **crupes**.

crupier. sust. m. Voz francesa (*croupier*) españolizada. 'Persona contratada en los casinos para dirigir el juego'. Es palabra aguda. En plural, se transforma en grave: **crupieres**. Esta palabra ha sido recién incorporada en el ***Diccionario***.

crustáceo, a. adj. Es palabra esdrújula. No debe pronunciarse [crustacio] como grave.

cruz. sust. f. En plural: **cruces**. Repárese en que la **z** cambia por **c**.

cruzar. v. tr. Ú. t. c. prnl. Rég. prep.: **cruzar con** (***Cruzó*** *una raza canina* ***con*** *otra*); **cruzarse de** (***Se cruzaba de*** *brazos*); **cruzarse con** (***Me crucé con*** *Tomás en la escuela*). → **cazar**

cuaderno. sust. m. Diminutivo: **cuadernillo**.

cuadrado, da. adj. Ú. t. c. sust. m.: **el cuadrado**. También puede decirse **cuadro, dra** (adj. Ú. t. c. sust. m.), pero la Academia prefiere la primera forma.

cuadragésimo, ma. adj. 'Que sigue inmediatamente en orden al o a lo trigésimo nono'; 'dícese de cada una de las cuarenta partes iguales en que se divide un todo'. Ú. t. c. sust. m. y f.: **el cuadragésimo, la cuadragésima**.

cuadrar. v. tr. intr. prnl. Rég. prep.: **cuadrar a** (*Esto le* ***cuadra a*** *Juan*); **cuadrar con** (***Cuadró*** *la carpeta* ***con*** *el tamaño de las hojas*).

cuadri-. elem. compos. de or. lat. 'Cuatro' (***cuadrilítero***, 'de cuatro letras'). También toma las formas **cuatri-** (***cuatrienio***) y **cuadru-** (***cuadrumano***).

cuadrícula. sust. f. colect. 'Conjunto de los cuadrados que resultan de cortarse perpendicularmente dos series de rectas paralelas'.

cuadrifolio, lia. adj. 'Que tiene cuatro hojas'. También puede decirse **cuadrifoliado, da** (adj.), pero la Academia prefiere la primera forma.

cuadriga. sust. f. Es palabra grave. No debe pronunciarse [cuádriga] como esdrújula.

cuadrilátero. sust. m. 'Espacio limitado por cuerdas, con suelo de lona, donde se llevan a cabo combates de boxeo'. No debe usarse el anglicismo *ring*.

cuadrilítero, ra. adj. 'De cuatro letras'. También puede decirse **cuadriliteral** (adj.), pero la Academia prefiere la primera forma.

cuadrilla. sust. f. colect. 'Grupo de personas reunidas para el desempeño de algunos oficios o para ciertos fines' (***cuadrilla*** *de albañiles*). No debe usarse **escuadrilla** (sust. f.) como sinónimo de **cuadrilla**.

cuadringentésimo, ma. adj. 'Que ocupa el último lugar en una serie ordenada de cuatrocientos'; 'dícese de cada una de las cuatrocientas partes iguales en que se divide un todo'. Ú. t. c. sust. m. y f.: **el cuadringentésimo, la cuadringentésima**.

cuadru-. elem. compos. de or. lat. → **cuadri-**

cuadrumano, na. adj. Ú. t. c. sust. m. y f.: **el cuadrumano, la cuadrumana**. También puede decirse **cuadrúmano, na**.

cuadrúpedo. adj. (*animal* ***cuadrúpedo***). Ú. t. c. sust. com.: **el cuadrúpedo, la cuadrúpedo**. También puede decirse **cuadrúpede** (adj.), pero la Academia prefiere la primera forma.

cuádruple. adj. Ú. t. c. sust. m.: **el cuádruple**. También puede decirse **cuádruplo, pla** (adj. Ú. t. c. sust. m.), pero la Academia prefiere la primera forma.

cuadruplicado, da. p. de **cuadruplicar**. También suele usarse **cuadriplicado, da** como participio de este verbo.

cuadruplicar. v. tr. También puede decirse **cuadriplicar** (v. tr.), pero la Academia prefiere la primera forma. Incorrecto: cuatriplicar. → **sacar**

cual. pron. relat. Forma con el artículo los pronombres relativos compuestos **el cual**, **la cual**, **los cuales**, **las cuales**, **lo cual** (*Fue a la habitación, **la cual** estaba en desorden*). El artículo señala la variación de género. En plural: **cuales**. Debe usarse **quien** o **que** en lugar de **cual**, en proposiciones subordinadas adjetivas explicativas, cuando el antecedente es un nombre propio o un pronombre personal (*Conocí a Inés, **quien** estudia geología*; *Conocí a Inés, **que** estudia geología*; *Lía, **que** vio al perro, huyó*; *Ellos, **que** recorrieron Europa, nos hablarán de su viaje*). Como pronombre interrogativo y exclamativo (en función sustantiva o adjetiva), lleva tilde (*¿**Cuál** es tu libro?*; *¡**Cuál** no fue mi alegría al verla!*; *¿**Cuáles** hojas fotocopio?*). Si bien su función como adjetivo interrogativo es correcta, hoy se prefiere el uso de **que** (*¿**Qué** hojas fotocopio?*). Se usa en correlación con **tal**, **tales** (*Debes mostrarte **tal cual** eres*). También es correcto: *Debes mostrarte **tal como** eres*. Aparece en fórmulas, como **sea cual fuere**, **sean cuales fueren**, **sea cual sea**, **sean cuales sean** (***Sea cual fuere** su decisión, lo entregaré*; ***Sean cuales fueren** sus decisiones, lo entregaré*). Es incorrecto el uso de del cual, del que, de quien en lugar de **cuyo**: *Recibió al visitante, del cual conocía el nombre*. Correcto: *Recibió al visitante, **cuyo** nombre conocía*. adv. relat. m. 'Como' (*Lo hizo **cual** se lo indicaron*). Es más común: *Lo hizo **como** se lo indicaron*.

cualificar. v. tr. 'Atribuir o apreciar cualidades'. → **sacar**

cualquier. pron. indef. 'Cualquiera'. Se usa antepuesto al sustantivo (***cualquier** hombre*, ***cualquier** mujer*). En plural: **cualesquier**.

cualquiera. pron. indef. 'Una persona indeterminada'. Se antepone y se pospone al sustantivo y al verbo (*Vendrá **cualquiera***). Si se antepone al sustantivo, se usa más la forma **cualquier**. En plural: **cualesquiera**. Suele sustantivarse: ***ser** alguien **un cualquiera*** o ***una cualquiera***. El sustantivo en plural es **cualquieras** (*Son unos **cualquieras***; *Son unas **cualquieras***).

cuan. adv. c. excl. Apócope de **cuanto**, que se emplea para aumentar el grado o la intensidad (*¡**Cuán** rápido pasa el tiempo!*). Lleva tilde en oraciones exclamativas directas (*¡**Cuán** diferente es!*) e indirectas (*Se sorprendió de **cuán** diferente era*). Hoy es poco usado. adv. correlat. de **tan**, empleado en comparaciones de equivalencia o igualdad (*Serás **tan** generoso con Juan, **cuan** generoso fue él contigo*).

cuando. adv. t. Introduce proposiciones subordinadas adverbiales de tiempo (***Cuando** llegue el verano, irá al campo*). Suele usarse con matiz condicional (***Cuando** ella insiste en hacerlo, debe de ser importante*). Lleva tilde en sentido interrogativo y exclamativo (*¿**Cuándo** viene?*; *¡**Cuándo** hablarás bien!*; *Pregunta **cuándo** viene*). Se usa, a veces, como sustantivo precedido del artículo **el** (*Quiere saber el cómo y **el cuándo***). También funciona como preposición (***Cuando** niña, viajaba mucho*). sust. m. Argent. 'Baile tradicional' (*Baila **el cuándo***). **cuando más**. loc. adv. 'A lo más' (*Espere un minuto, **cuando más**, dos*). Incorrecto: *Espere un minuto, cuanto más, dos*. **cuando menos**. loc. adv. 'A lo menos, por lo menos' (*Lea, **cuando menos**, esta biografía*). Incorrecto: *Lea, cuanto menos, esta biografía*. **cuando mucho**. loc. adv. 'Cuando más' (*Regresará, **cuando mucho**, dentro de una hora*). Incorrecto: *Regresará, cuanto mucho, dentro de una hora*). **cuando quiera**. loc. adv. 'En cualquier tiempo' (*Vaya **cuando quiera***). **de cuando en cuando**. loc. adv. 'Algunas veces, de tiempo en tiempo' (*Lee **de cuando en cuando***). Puede decirse también **de vez en cuando** (loc. adv.). Incorrecto: de cuando en vez.

cuantía. sust. f. **de mayor cuantía**. loc. adj. 'De importancia' (*persona **de mayor cuantía***); **de menor cuantía**. loc. adj. 'De poca importancia' (*trabajo **de menor cuantía***).

cuantiar. v. tr. 'Tasar'. Se conjuga, en cuanto al acento, como **guiar**.

cuantificar. v. tr. Entre otras denotaciones, 'expresar numéricamente una magnitud'. Su postverbal es **cuantificación** (sust. f.). → **sacar**

cuanto, ta. pron. relat. c. sust. m. pl. 'Todas las personas que' (***Cuantos** fueron lo aclamaron*). pron. relat. c. sust. m. y f. 'Todos los que, todas las que' (*Ésta es la obra más interesante de **cuantas** he leído*). adj. relat. 'Todos los ... que, todas las ... que' (*Contestaba **cuantas** cartas podía*).

pron. relat. c. n. 'Todo lo que' (*Cuanto veía lo dibujaba*). Como adverbio relativo (carece de variación de género y de número), se emplea en correlación con **tanto**, **tanta**, **tantos**, **tantas** (*Escribe **tanto cuanto** desea*); se apocopa (**cuan**) delante de adjetivos o de adverbios (*Apareció **cuan** alto era*; *Habló **cuan** humildemente suele hacerlo*); no se apocopa agrupado con las palabras **más**, **menos**, **mayor**, **menor**, **mejor**, **peor** (***Cuanto más** hables, peor será*; ***Cuanto mayor** sea la culpa, más larga será la condena*). pron. interrog. y exclam. (en función sustantiva, adjetiva o adverbial): lleva tilde (*¿Cuántas trajo?*; *¿Cuánto cuesta?*; *¡Cuántos días lo esperé!*; *Pregunta **cuánto** cuesta*). **cuanto antes**. loc. adv. 'Lo más pronto posible' (*Irá **cuanto antes***). **cuanto más**. loc. adv. y conjunt. con que se contrapone a lo que ya se ha dicho lo que se va a decir (*Trabajan los ancianos, **cuanto más** los jóvenes*). **en cuanto**. loc. adv. 'Mientras'; 'tan pronto como' (***En cuanto** ella recitaba, él tocaba el piano*; ***En cuanto** reía, todos la miraban*). **en cuanto a**. loc. prepos. 'Por lo que se refiere a' (***En cuanto al** documento, ya hablaremos*). **por cuanto**. loc. conjunt. 'Puesto que' (*No lo explicaré, **por cuanto** usted ha sido muy claro*). Incorrecto: *No lo explicaré, <u>por cuanto que</u> usted ha sido muy claro*.

cuaquerismo. sust. m. 'Secta de los cuáqueros'. También puede escribirse **cuakerismo**, pero la Academia prefiere la primera grafía.

cuáquero. sust. m. Su femenino es **cuáquera**. También puede escribirse **cuákero** y **cuákera**, pero la Academia prefiere la primera grafía.

cuarenta. adj. 'Cuatro veces diez' (***cuarenta** minutos*); 'cuadragésimo, ordinal' (*número **cuarenta***; *año **cuarenta***). sust. m. 'Conjunto de signos con que se representa el número cuarenta' (*Escriba el **cuarenta***). En plural: **cuarentas**. En números romanos, se cifra ***XL*** (sin punto). → **cincuenta**

cuarentavo, va. adj. 'Cuadragésimo, cada una de las cuarenta partes en que se puede dividir un todo'. Ú. t. c. sust. m.: **el cuarentavo**.

cuarentón, na. adj. Ú. t. c. sust. m. y f.: **el cuarentón, la cuarentona**.

cuarta. sust. f. 'Cada una de las cuatro partes iguales en que se divide un todo'. Diminutivo: **cuartilla**. Con esa denotación, también pueden usarse **cuartel** (sust. m.) y **cuarterón** (sust. m.). Argent. **cuarta** es la 'soga, cadena o barra que se utiliza para tirar de un vehículo atascado o detenido por fallas mecánicas'.

cuartear. v. tr. Argent. 'Encuartar, enganchar un vehículo en dificultades para ayudar a remolcarlo'. No debe pronunciarse [cuartiar, cuartié]. → **-ear**

cuartelada. sust. f. 'Pronunciamiento militar'. También puede decirse **cuartelazo** (sust. m.), pero la Academia prefiere la primera forma.

cuarto, ta. adj. numeral ordinal (***cuarto** asiento*). Con este significado, también puede usarse el adjetivo **cuatro** (*asiento **cuatro***). Ú. t. c. sust. m. (*un **cuarto** de frutillas*). Incorrecto: <u>*un cuarto kilo*</u> *de frutillas*; <u>*un cuarto litro*</u> *de vino* (vulgarismos). Correcto: *un **cuarto de kilo** de frutillas*; *un **cuarto de litro** de vino*. sust. m. 'Habitación' (*Limpie el **cuarto***). El sustantivo despectivo es **cuartucho** (m.).

cuatí. sust. m. Argent., Col. y Río de la Plata. 'Mamífero carnicero plantígrado'. En plural: **cuatíes** o **cuatís**. También puede decirse **coatí** (sust. m.), pero la Academia prefiere la primera forma. En plural: **coatíes** o **coatís**.

cuatri-. elem. compos. de or. lat. → **cuadri-**

cuatrienal. adj. 'Que sucede o se repite cada cuatro años'; 'que dura cuatro años'. También puede decirse **cuadrienal** (adj.), pero la Academia prefiere la primera forma.

cuatrienio. sust. m. 'Tiempo y espacio de cuatro años'. También puede decirse **cuadrienio** (sust. m.), pero la Academia prefiere la primera forma.

cuatrillizo, za. adj. Ú. t. c. sust. m. y f.: **el cuatrillizo, la cuatrilliza**.

cuatrimestre. adj. 'Que dura cuatro meses' (*curso **cuatrimestre***). Con esta denotación, es más común el uso del adjetivo **cuatrimestral**. sust. m. 'Espacio de cuatro meses' (*Dura un **cuatrimestre***). También puede decirse **cuadrimestre** (adj. Ú. t. c. sust. m.), pero la Academia prefiere la primera forma.

cuatrisílabo, ba. adj. 'De cuatro sílabas'. Ú. t. c. sust. m. y f.: **el cuatrisílabo, la cuatrisílaba**. También pueden decirse **cuadrisílabo, ba** (adj. Ú. t. c. sust. m. y f.) y **tetrasílabo, ba** (adj.).

cuatro. adj. numeral cardinal (*cuatro osos*). 'Cuarto' (*puesto **cuatro***). Se aplica a los días del mes y a los meses del año (*día **cuatro**; mes **cuatro***). Ú. t. c. sust. m. (*El **cuatro** de enero*). sust. m. 'Signo o cifra con que se representa el número cuatro': **el cuatro**. En plural: **los cuatros**. En números romanos, se cifra ***IV***.

cuatrocientos, tas. adj. (***cuatrocientos** pesos*). 'Cuadringentésimo' (*año **cuatrocientos***). sust. m. 'Conjunto de signos con que se representa el número cuatrocientos': **el cuatrocientos**. En plural, no varía: **los cuatrocientos**. Incorrecto: *cuatroscientos*, *cuatro cientos*.

cuba. sust. f. Diminutivo: **cubeta**.

cubalibre. sust. m. 'Bebida alcohólica'. Se escribe en una sola palabra. Incorrecto: *la cubalibre*, *cuba libre*, *cuba-libre*. En plural: **cubalibres**.

cubanito. sust. m. Argent. 'Golosina hecha con una masa de barquillo en forma de cilindro, rellena con dulce de leche'. Esta voz no está registrada en el ***Diccionario***, pero la A.A.L. ha recomendado su incorporación.

cubierto, ta. p. irreg. de **cubrir**. adj. (*patio **cubierto***). sust. m. 'Servicio de mesa': **el cubierto**. En plural: **los cubiertos**. **a cubierto**. loc. adv. 'Resguardado, defendido' (*Los animales están **a cubierto***).

cubitera. sust. f. 'Recipiente para cubitos de hielo'. En la Argentina, se usa **cubetera**, voz no registrada en el ***Diccionario***. La A.A.L. ha recomendado su incorporación.

cubo. sust. m. Diminutivo: **cubito**.

cubrecabeza. sust. m. En plural: **cubrecabezas**. También puede decirse **cubrecabezas** (sust. m.). En plural, no varía: **los cubrecabezas**.

cubrecama. sust. m. En plural: **cubrecamas**. También puede decirse **sobrecama** (sust. f.), pero la Academia prefiere la primera forma.

cubrir. v. tr. Ú. t. c. prnl. Rég. prep.: **cubrir con** (***Cubre** la mesa **con** un mantel*); **cubrir de** (***Cubrió de** alabanzas al médico; **Se cubrirá de** un accidente*).

cucaracha. sust. f. Para distinguir los sexos, debe recurrirse a las perífrasis **cucaracha macho, cucaracha hembra**.

cuchara. sust. f. Diminutivos: **cuchareta** y **cucharilla**. Aumentativo: **cucharón** (sust. m.).

cuchichear. v. intr. 'Hablar en voz baja o al oído de alguien'. La primera persona singular del pretérito perfecto simple de indicativo es *cuchicheé*. No debe pronunciarse [cuchichiar, cuchichié]. También puede decirse **cuchuchear** (v. intr.), pero la Academia prefiere la primera forma. → **-ear**, **cuchichiar**

cuchichiar. v. intr. 'Cantar la perdiz'. También puede decirse **chuchear** (v. intr.). El **cuchichí** (sust. m.) es el 'canto de la perdiz'. No debe confundirse su grafía con la de **cuchichear** (v. intr.).

cuchilla. sust. f. Diminutivo: **cuchilleja**.

cuchillazo. sust. m. También puede decirse **cuchillada** (sust. f.).

cuchillo. sust. m. Diminutivo: **cuchillejo**. Aumentativo: **cuchillón**.

cuchitril. sust. m. 'Pocilga'. También pueden decirse **cochiquera** (sust. f. fam.) y **cochitril** (sust. m. fam.), pero la Academia prefiere la primera forma.

cuclillas (en). loc. adv. Incorrecto: *en cluclillas*, *en cluquillas*.

cuenta. sust. f. Diminutivo: **cuentecilla**. **a cuenta**. loc. adv. 'Como anticipo' (*Deja dinero **a cuenta***); también puede decirse **en cuenta** (loc. adv.), pero la Academia prefiere la primera forma. **a cuenta de**. loc. prepos. 'En compensación, a cambio de' (*Toma este reloj, **a cuenta de** lo que debo*). **por cuenta de**. loc. prepos. 'En nombre de alguien o de algo, o a su costo' (*Estos gastos corren **por cuenta de** sus padres*). **por la cuenta**. loc. adv. 'Al parecer' (***Por la cuenta**, todos saben hacerlo*). **por mi cuenta**. loc. adv. 'A mi juicio' (***Por mi cuenta**, esto se hace así*). **caer en la cuenta de** o **caer en la cuenta de que**. fr. fig. y fam. (***Cayó en la cuenta de** su vacilación*; ***Cayó en la cuenta de que** dudaba*). Incorrecto: *Cayó en la cuenta que dudaba* ("queísmo"). **darse cuenta de** o **darse cuenta de que**. fr. fig. y fam. (***Se dio cuenta de** su mentira*; ***Se dio cuenta de que** mentía*). Incorrecto: *Se dio cuenta que mentía* ("queísmo"). **hacer** o **hacerse cuenta de que** o **la cuenta de que**. fr. 'Figurarse o dar por supuesto' (***Haré cuenta de que** soy tu maestra*; ***Haré la cuenta de que** soy tu maestra*). Incorrecto: *Haré de* *cuenta que soy tu maestra*. **hacerse cuenta que**. fr. fig. y fam. 'Suponer, imaginar' (***Te harás cuenta que** eres un hada*). La abreviatura de **cuenta corriente** es ***c/c.*** o ***cta. cte.***

cuentacorrentista. sust. com. 'Persona que tiene cuenta corriente': **el cuentacorrentista, la cuentacorrentista**. En plural: **los cuentacorrentistas, las cuentacorrentistas**.

cuentagotas. sust. m. Debe escribirse en una sola palabra. Incorrecto: *cuenta gotas, cuenta-gotas*. En plural, no varía: **los cuentagotas**. **con cuentagotas**. loc adv. 'Poco a poco, lentamente' (*Estudia **con cuentagotas***). Incorrecto: *Estudia a cuentagotas*.

cuentakilómetros. sust. m. Debe escribirse en una sola palabra. Incorrecto: *cuenta kilómetros, cuenta-kilómetros*. En plural, no varía: **los cuentakilómetros**. La Academia no registra la grafía *cuentaquilómetros*.

cuentero, ra. adj. 'Que lleva chismes'. Ú. t. c. sust. m. y f.: **el cuentero, la cuentera**. También pueden decirse **cuentista** (adj. y sust. com.) y **cuentón, na** (adj. Ú. t. c. sust. m. y f.).

cuentista. adj. 'Narrador de cuentos' (*mujer **cuentista***). sust. com.: **el cuentista, la cuentista**. → **cuentero**

cuento. sust. m. Diminutivos: **contezuelo** y **cuentecillo**. **a cuento**. loc. adv. 'Al caso' (*Viene **a cuento***).

cuerda. sust. f. Diminutivo: **cordezuela**. Los sustantivos colectivos son **cordaje** (m.) y **cordería** (f.). **por debajo de cuerda**. loc. adv. 'Reservadamente' (*Me lo dijo **por debajo de cuerda***). Incorrecto: *Me lo dijo bajo cuerda*.

cuerear. v. tr. No debe pronunciarse [cueriar, cuerié]. → **-ear**

cuerito. sust. m. Argent. 'En la válvula de las canillas, arandela plástica destinada a asegurar el cierre hermético'. Esta voz no está registrada en el ***Diccionario***, pero la A.A.L. ha recomendado su incorporación.

cuero. sust. m. Diminutivos: **corecico, corecillo, corezuelo** y **cuerezuelo**. Los sustantivos colectivos son **corambre** (f.) y **colambre** (f.). **en cueros**. loc. adv. 'En carnes, desnudo' (*El ladrón lo dejó **en cueros***).

cuerno. sust. m. Diminutivos: **cornete, cornezuelo** y **cuernezuelo**. Los sustantivos colectivos son **cornamenta** (f.) y **cornadura** (f.). También puede decirse **astamenta** (sust. f. colect.), pero la Academia prefiere la primera forma.

cuerpo. sust. m. Diminutivos: **corpecico, corpecillo, corpecito, corpezuelo** y **corpiño**. Aumentativos: **corpachón, corpanchón** y **corpazo.**

cuervo. sust. m. Diminutivo: **corvecito**. Su femenino es **cuerva**. El pollo del cuervo es el **corvato** (sust. m.). El adjetivo correspondiente es **corvino, na** ('perteneciente al cuervo o parecido a él'). Las voces **crascitar** (v. intr.), **crocitar** (v. intr.) y **croscitar** (v. intr.) significan 'graznar el cuervo'.

cuesta. sust. f. Diminutivo: **costezuela. a cuestas**. loc. adv. 'Sobre los hombros o las espaldas'; 'a su cargo, sobre sí'. Incorrecto: *Lleva a la niña a cuesta*.

cuestión. sust. f. El sustantivo colectivo es **cuestionario** (m.), 'lista de preguntas'. **en cuestión**. loc. adj. (*La pianista **en cuestión** es griega*).

cueva. sust. f. Diminutivos: **covezuela** y **cuevecilla**.

cuidado. sust. m. También puede decirse **cuido** (sust. m.). Rég. prep.: **cuidado con** (***cuidado con** el león*); **tener cuidado de** (***Tiene cuidado de** la biblioteca*). **de cuidado**. loc. adj. 'Peligroso' (*un hombre **de cuidado***). **sin cuidado**. loc. adv. Con los verbos **dejar, tener** y **traer**, 'dejar indiferente' (*El examen me **tiene sin cuidado***).

cuidador, ra. adj. Ú. t. c. sust. m. y f.: **el cuidador, la cuidadora**.

cuidadoso, sa. adj. Rég. prep.: **cuidadoso con, para, para con** (*Parecía **cuidadoso con** sus pacientes*).

cuidar. v. tr. Ú. t. c. intr. y c. prnl. Rég. prep.: **cuidar de** (***Cuida de** la niña*); **cuidarse de** (***Se cuida de** los murmuradores*).

cuis. sust. m. Argent. y Chile. 'Conejillo de Indias'. En plural: **cuises**. También puede decirse **cuy** (sust. m.). En plural: **los cuis** (la **y** pasa a **i**).

culatazo. sust. m. 'Golpe dado con la culata de un arma'. Incorrecto: *culetazo*.

culebra. sust. f. 'Reptil ofidio'. Para distinguir los sexos, debe recurrirse a las perífrasis **culebra macho, culebra hembra**. Diminutivo: **culebrilla**. Aumentativo: **culebrón** (sust. m.). Incorrecto: culuebra, un vulgarismo.

culinario, ria. adj. 'Perteneciente o relativo a la cocina' (*el arte* ***culinario***). sust. f. 'Arte de guisar': **la culinaria**.

culminar. v. intr. 'Llegar algo al grado más elevado' (*Su carrera* ***culminará*** *con el doctorado*); 'pasar un astro sobre el meridiano superior del observador'. v. tr. 'Dar fin a una tarea' (***Culminó*** *la reunión*).

culpable. adj. El superlativo es **culpabilísimo, ma**. Ú. t. c. sust. com.: **el culpable, la culpable**.

culpar. v. tr. Ú. t. c. prnl. Rég. prep.: **culpar** a alguien **de** (***Culpó*** *al mendigo* ***del*** *robo*). Incorrecto: culpabilizar.

cultivador, ra. adj. Ú. t. c. sust. m. y f.: **el cultivador, la cultivadora**. También puede decirse **cultor, ra** (adj. Ú. t. c. sust. m. y f.).

cultivar. v. tr. Con la denotación de 'dar a la tierra y a las plantas las labores necesarias para que fructifiquen', también puede usarse **culturar** (v. tr.).

-cultura. elem. compos. de or. lat. 'Cultivo, crianza' (*agri****cultura****, api****cultura****, vini****cultura***).

culturista. sust. com. 'Persona que practica el culturismo': **el culturista, la culturista**. No deben confundirse su grafía y su significado con los de **culturalista** (adj. Ú. t. c. sust. com.), 'se aplica a tendencias intelectuales que emplean frecuentemente referencias artísticas y literarias'. En la Argentina, se usan las voces fisicoculturista y fisioculturista, pero carecen de registro académico.

culturizar. v. tr. 'Civilizar'. No deben confundirse su significado y su grafía con los de **culturar** (v. tr.), 'cultivar la tierra'. → **cazar**

cumbre. sust. f. 'Cima'; 'la mayor elevación de una cosa'; 'reunión de máximos dignatarios nacionales e internacionales'. Con la denotación de 'cima', también puede decirse **cumbrera** (sust. f.). Incorrecto: *obras* cumbres. Correcto: *obras* ***cumbre***. → **clave**

cumpleaños. sust. m. Incorrecto: cumpleaño. En plural, no varía: **los cumpleaños**. El sustantivo **aniversario** (m.) puede usarse como sinónimo de **cumpleaños** en oraciones como ésta: *Hoy es el* ***aniversario*** *de mi nacimiento*.

cumplidor, ra. adj. Ú. t. c. sust. m. y f.: **el cumplidor, la cumplidora**.

cumplimiento. sust. m. Con la denotación de 'obsequio', también puede decirse **cumplido** (sust. m.). **de** o **por cumplimiento**. loc. adv. 'De o por pura ceremonia o urbanidad' (*La saludó* ***de*** *o* ***por cumplimiento***). La Academia no registra las locuciones adverbiales **de cumplido** y **por cumplido**, de correcta formación.

cumplir. v. tr. (***Cumple*** *sus obligaciones*). Incorrecto: Cumplen *metas*. Correcto: ***Alcanzan*** *metas*. Rég. prep.: **cumplir con** (***Cumple con*** *sus obligaciones*; ***Cumplí con*** *María*); **cumplir** uno **por** otro (***Cumple*** *mi prima* ***por*** *mí*). **por cumplir**. loc. adv. 'Por mera cortesía' (*Le regaló el libro* ***por cumplir***). Ú. t. c. prnl.

cumulativo, va. adj. También puede decirse **acumulativo, va** (adj.). La Academia prefiere esta última palabra.

cúmulo. sust. m. colect. 'Montón' (*un* ***cúmulo*** *de juguetes*; *un* ***cúmulo*** *de razones*); 'conjunto de nubes propias del verano'.

cunicultor, ra. adj. 'Dícese de la persona que practica la cunicultura o cría de conejos'. Ú. t. c. sust. m. y f.: **el cunicultor, la cunicultora**.

cuñado. sust. m. Su femenino es **cuñada**.

cupé. sust. m. Voz francesa (*coupé*, 'cortado') españolizada, 'berlina'. En la Argentina, suele usarse **la cupé**, género no registrado por la Academia para esta palabra. En plural: **cupés**.

cuplé. sust. m. Voz francesa (*couplet*, 'copla'). En plural: **cuplés**.

cupletista. sust. f. 'Artista que canta cuplés'. Esta voz no ha sido registrada por la Academia.

cúpula. sust. f. También puede decirse **cópula** (sust. f.).

cura. sust. m. 'Sacerdote' (*el* ***cura*** *del pueblo*). El sustantivo despectivo es **curángano** (m.). sust. f. 'Curación' (*la* ***cura*** *de la gripe*).

curador, ra. adj. 'Que cuida de algo'; 'que cura'. Ú. t. c. sust. m. y f.: **el curador, la curadora**.

curandero. sust. m. Su femenino es **curandera**. La **curandería** (sust. f.) o **curanderismo** (sust. m.) es el 'arte y práctica de los curanderos'.

curar. v. intr. y tr. Ú. t. c. prnl. Rég. prep.: **curarse de** (*Se **curó de** la papera*).

curasao. sust. m. 'Licor'. También puede decirse **curazao**, pero la Academia prefiere la primera forma.

curchatovio. sust. m. → **kurchatovio**

curdo, da. adj. Voz árabe (*kurd*) españolizada. 'Natural del Curdistán' (*niñas **curdas***). Ú. t. c. sust. m. y f.: **el curdo, la curda**. También puede escribirse **kurdo, da**.

cureña. sust. f. El sustantivo colectivo es **cureñaje** (m.).

curio. sust. m. 'Elemento radiactivo artificial'. Número atómico 96. Símbolo: ***Cm***

curiosear. v. intr. Ú. t. c. tr. No debe pronunciarse [curiosiar, curiosié]. → **-ear**.

currar. v. intr. coloq. 'Trabajar' (***Curra** desde las seis de la mañana*). En la Argentina, se usa como transitivo (vulg.) con las denotaciones de 'estafar' (*Les **curraron** las joyas*) y de 'obtener de un negocio o trabajo ganancias excesivas en relación con lo hecho' (*El electricista nos **curró** setenta pesos por cambiar un cable*). Estos dos últimos significados no están registrados en el ***Diccionario***, pero la A.A.L. ha recomendado su incorporación.

currículo. sust. m. 'Plan de estudios'. Incorrecto: la currícula. En plural: **currículos**. También puede decirse **currículum** (sust. m.). La tilde sobre la **i** indica que esta voz latina ha sido españolizada. En plural: **los currícula** (plural latino españolizado) o **los currículum**. Incorrecto: los currículums.

currículum vitae. sust. m. Expresión latina. 'Relación de los antecedentes de una persona'. En plural: **los currículum vitae**. Para la correcta pronunciación de **vitae**, repárese en que el acento prosódico cae sobre la **i**.

curro. sust. m. coloq. 'Trabajo' (*Está contento, porque consiguió un buen **curro***). En la Argentina, se usa con las denotaciones vulgares de 'estafa' y de 'trabajo o negocio circunstancial que reporta ganancias en poco tiempo' (*Gana mucho dinero, porque debe de tener algún **curro***). Estos dos últimos significados no están registrados en el ***Diccionario***, pero la A.A.L. ha recomendado su incorporación.

♦ **cursación** o **cursado.** Neologismos: *la cursación o el cursado de una carrera*. Ambos son usados en la Argentina. Según los contextos, pueden reemplazarse con **seguimiento, asistencia, aprobación**, etc.

cursar. v. tr. No debe usarse como sinónimo de **correr** o de **regir**. Incorrecto: *el 28 del mes que cursa*. Correcto: *el 28 **del corriente***; *el 28 **del mes corriente***; *el 28 **del mes en curso***.

cursi. adj. 'Dícese de la persona que presume de fina y elegante sin serlo' (*mujer **cursi***). El superlativo es **cursilísimo, ma**. Ú. t. c. sust. com.: **el cursi, la cursi**. Aumentativo: **cursilón, na** (adj. Ú. t. c. sust. m. y f.). En plural: **cursis**. Los sustantivos colectivos son **cursilería** (f.) o **cursería** (f.).

cursillista. sust. com.: **el cursillista, la cursillista**.

curso. sust. m. Diminutivo: **cursillo**. Con la denotación de 'conjunto de alumnos que asisten al mismo grado de estudios', es un sustantivo colectivo.

curtidor. sust. m. 'Persona que curte pieles'. Su femenino es **curtidora**.

curtiente. p. a. de **curtir**. adj. 'Se aplica a la sustancia que sirve para curtir' (*sustancia **curtiente***). Ú. t. c. sust. m.: **el curtiente**.

curtimbre. sust. f. 'Acción y efecto de curtir'. También puede decirse **curtimiento** (sust. m.). No debe confundirse su grafía con la de **curtiembre** (sust. f. Amér., 'curtiduría, taller donde se curten y trabajan las pieles').

curtir. v. tr. Ú. t. c. prnl. Rég. prep.: **curtirse a, con** o **de** (*Se **curte al, con** o **del** sol*); **curtirse en** (*Se **curtió en** las labores del campo*).

curupay. sust. m. Río de la Plata. 'Árbol cuya

corteza se utiliza como curtiente, porque contiene mucho tanino'. En plural: **curupayes** o **curupáis**.

cutáneo, a. adj. 'Perteneciente al cutis'. Es palabra esdrújula.

cutí. sust. m. 'Tela que se usa para cubiertas de colchones'. También pueden decirse **cotí** (sust. m.) y **cotín** (sust. m.). En plural: **cutíes, cotíes, cotines**. De acuerdo con el ***Esbozo***, también **cutís** y **cotís**.

cutis. sust. m. Ú. menos c. f. En plural, no varía: **los cutis**.

cuyo, ya. pron. relat. adj. En plural: **cuyos, cuyas**. Tiene también carácter de posesivo; no concierta con su antecedente, sino con el nombre de la persona o cosa poseída (*Lea este libro, **cuyo** contenido le interesará*). Puede usarse en proposiciones subordinadas adjetivas explicativas (*Fue detenido el ladrón, en **cuyo** domicilio fue hallada el arma*) o especificativas (*Aquella iglesia **cuyas** torres vemos es la Catedral*). Incorrecto: El nombre de la rosa, *de cuya obra es autor Umberto Eco, está ambientada en la Edad Media*; *Acepté la invitación, cuya invitación me fue hecha por tus tíos*; *Saludé al maestro, cuyo maestro no me vio*; *Se produjo un atentado, de cuyo suceso informamos*; *Fue a la escuela, con cuyos director y vicedirector habló*. Correcto: El nombre de la rosa, *obra **cuyo** autor es Umberto Eco, está ambientada en la Edad Media*; *Acepté la invitación, que me fue hecha por tus tíos*; *Saludé al maestro, quien no me vio*; *Se produjo un atentado, acerca del cual informamos*; *Fue a la escuela, con **cuyo** director y vicedirector habló*. Se aconseja sustituir expresiones en las que **cuyo** carece de valor posesivo (*a cuyo efecto, a cuyo fin, en cuyo caso, con cuyo objeto*) por las formas correspondientes (***a efectos de, a tal fin, en tal caso, con tal objeto***). Uso incorrecto de otras expresiones en lugar de **cuyo**: *Leeré un poema que su autor es francés*; *Leeré un poema, el autor del cual es francés*. Correcto: *Leeré un poema, **cuyo** autor es francés*.

d. Cuarta letra del abecedario español. Su nombre es **de** (sust. f), y el plural, **des** (dees es incorrecto). Letra numeral romana que tiene el valor de quinientos: ***DXXX*** (530).

-da. suf. de susts. derivados de sustantivos o de verbos, sus alomorfos son **-ada**, **-ida** (*frit**ada**, cuchar**ada**, llam**ada**, acog**ida**, part**ida***). → **-ado**, **-ido** y **-do**

dactilar. adj. 'Perteneciente o relativo a los dedos' (*huella **dactilar***). Es más frecuente **digital** (adj.), que significa lo mismo (*huella **digital***).

dactilo-. elem. compos. que significa 'dedo'. Con él, se forman numerosos compuestos: ***dactilo**grama* ('huella digital con fines legales de identidad'); ***dactilo**logía* ('arte de hablar con los dedos'); ***dactilo**scopia* ('estudio de las impresiones digitales'); etc.

dactilografía. sust. f. Es más frecuente **mecanografía** (sust. f.).

♦ **dactilografiar.** Sin registro en el ***Diccionario***. Debe decirse **mecanografiar**.

dactilógrafo. sust. m. Su femenino es **dactilógrafa**. → **mecanógrafo**

-dad. suf. de sustantivos abstractos derivados de adjetivos, que significan 'cualidad'. Sus alomorfos son **-edad** e **-idad**. Si el adjetivo de base es bisílabo, suele tomar la forma **-edad**: *moc**edad*** (de *mozo*), *cort**edad*** (de *corto*), *parqu**edad*** (de *parco*). Forma que toman, también, los adjetivos terminados en **-io** o en **-ío**, cualquiera sea su número de sílabas. Éstos conservan la **i**: *suci**edad*** (de *sucio*), *obligatori**edad*** (de *obligatorio*), *interdisciplinari**edad*** (de *interdisciplinario*), *complementari**edad*** (de *complementario*), *impi**edad*** (de *impío*), *vaci**edad*** (de *vacío*). Una excepción es *solidar**idad*** (de *solidario*). Si el adjetivo de base tiene más de dos sílabas y no termina en **-io** o **-ío**, adopta, en general, la forma **-idad:** *barbar**idad*** (de *bárbaro*), *cotidian**idad*** (de *cotidiano*), *contemporane**idad*** (de *contemporáneo*), *espontane**idad*** (de *espontáneo*). Se exceptúa *consanguin**idad***, tomado directamente del latín y no derivado de *consanguíneo*. La forma **-dad** aparece sólo detrás de **l** o de **n**: *mal**dad**, bon**dad***. Cuando **-dad** se aplica a adjetivos verbales, formados con el sufijo **-ble**, el derivado se forma con **-bilidad**: *culpa**bilidad*** (de *culpa**ble***), *ama**bilidad*** (de *ama**ble***).

dadá. adj. invar. Equivale a **dadaísta** (*Es un pintor **dadá**; Es una pintora **dadá***). En plural, no varía (*Son pintores **dadá***). sust. m. Equivale a **dadaísmo**, 'movimiento literario y artístico'.

dado, da. p. de **dar**. Con este participio se cometen, a veces, errores de concordancia: dado *su enfermedad*, dado *estas circunstancias*. Correcto: ***dada** su enfermedad, **dadas** estas circunstancias*. **dado que**. loc. conjunt. 'Siempre que, en la inteligencia de que' (***Dado que** sea cierto, no contará con mi aprobación*). También, loc. causal. 'Porque' (***Dado que** no viene, se suspende la reunión*). Son incorrectos, en ambos casos, dado a que y dado de que, de uso bastante extendido.

daga. sust. f. 'Arma blanca'. Aumentativo: **dagón** (sust. m.). Diminutivo: **daguilla**.

daltoniano, na o **daltónico, ca**. adj. Ambas formas tienen registro en el ***Diccionario***, pero la Academia prefiere la primera.

damas y caballeros. La frase es un calco del inglés. Se recomienda usar **señoras y señores**.

damascado, da. adj. Es preferible usar **adamascado, da** (adj.), pero no es incorrecto.

damasceno, na o **damaceno, na.** adj. Las dos grafías están admitidas, pero se prefiere la primera.

damasco. sust. m. 'Tela'; 'árbol'; 'fruto'. Diminutivo: **damasquillo**.

damasquinado. sust. m. 'Embutido de metales finos sobre hierro o acero' (*El **damasquinado** de esta daga es perfecto*). No debe usarse como adjetivo.

damasquino, na. adj. 'Se aplica a las armas blancas de fino temple y hermosas aguas, así como a la ropa u otros objetos hechos con la tela llamada damasco' (*espada **damasquina**, palio **damasquino***).

damnificar. v. tr. Es un vulgarismo *danificar*. → **sacar**

♦ **dancing.** Anglicismo innecesario por 'salón de baile' o 'baile', en franco retroceso, según lo documentaba ya Moliner a fines de la década del sesenta.

dandi. sust. m. 'Hombre que se distingue por su extremada elegancia y buen tono'. Voz de origen inglés (*dandy*), españolizada con la grafía que se indica. Es incorrecto, por lo tanto, escribirla *dandy*. Plural: **dandis**. De esta voz, deriva el sustantivo masculino **dandismo** ('calidad de dandi').

Dante. sust. pr. Es incorrecto anteponer el artículo al nombre de pila de este poeta: *el Dante*. El artículo se antepone al apellido de un autor, artista o pintor italiano, nunca al nombre de pila: ***el** Tasso*, pero no *el Torcuato* ni *el Torcuato Tasso*. Es correcto ***el** Alighieri*, que es el apellido del creador de la ***Divina Comedia***, pero no, *el Dante* ni *el Dante Alighieri*.

danzar. v. intr. Ú. t. c. tr. → **cazar.**

danzarín. sust. m. Su femenino es **danzarina**. Ú. t. c. adj.

dañino, na. adj. Es un vulgarismo decir *daniño, na*.

dar. v. irreg. tr. La irregularidad de este verbo consiste en que la primera persona del presente de indicativo agrega una **y** (*doy*), y en que, en el pretérito perfecto simple de dicho modo, sigue las desinencias de la segunda y de la tercera conjugación, en vez de las de la primera (*di*, *diste*, *dio*, *dimos*, *disteis*, *dieron*). Irregularidad que se repite en el pretérito imperfecto de subjuntivo (***diera*** o ***diese***, ***dieras*** o ***dieses***, ***diera*** o ***diese***, ***diéramos*** o ***diésemos***, ***dierais*** o ***dieseis***, ***dieran*** o ***diesen***) y en el futuro de ese modo (***diere***, ***dieres***, ***diere***, ***diéremos***, ***diereis***, ***dieren***). Con este verbo, se comete el error de tildar las formas monosilábicas *dá*, *dí* y *dió*, que no llevan acento ortográfico. Lo correcto es ***da***, ***di*** y ***dio***. La única que lleva acento diacrítico es ***dé***, primera y tercera persona singular del presente de subjuntivo, para evitar la confusión con la preposición **de**. Forma que se usa supletoriamente para la tercera persona singular del presente de imperativo (***dé él***). Ú. t. c. prnl. Rég. prep.: **dar a** o **darse a** (***dar*** *una ventana* ***a*** *la calle*; ***dar a*** *guardar*; ***darse a*** *la bebida*); **dar** o **darse con** (***dar con*** *el martillo*; ***darse con*** *alguien*); **dar** o **darse contra** (***dar contra*** *el poste*; ***darse contra*** *el suelo*); **dar** o **darse de** (***dar de*** *palos*; ***dar de*** *sí*; ***darse de*** *baja*); **dar** o **darse en** (***dar en*** *el clavo*; ***darse en*** *sonreír*); **dar** o **darse por** (***dar*** *algo* ***por*** *nada*; ***dar por*** *hablar*; ***darse por*** *muerto*); **dar sobre** (***dar sobre*** *el yunque*). Con **dar** se cometen errores, entre ellos: *dar la casualidad que*, por ***dar la casualidad de que***; *dar palabra que*, por ***dar palabra de que***; *dar cuenta que*, por ***dar cuenta de que***; *dar oídas*, por ***dar oídos***. La locución **dar de sí** sólo se usa en tercera persona. Se aconseja evitar las formas perifrásticas del tipo *dar aviso*, por **avisar**; *dar comienzo*, por **comenzar**; *dar por finalizado*, por **acabar**, **concluir**, **terminar**; *darse cita*, por **citarse**; *darse a la fuga*, por **fugarse**. Construcciones que, si bien no son incorrectas, dan pesadez al estilo y abundan en la prosa periodística. Algunas son galicadas: *dar pena*, por ***causar pena***; *dar la seguridad*, por ***asegurar***, ***prometer***, ***dar palabra***; *dar servicio*, por ***prestar servicio***. Son frecuentes las formas de **dar + qué** (***dar qué*** *hablar*; ***dar qué*** *decir*; ***dar qué*** *hacer*) y **dar + en + qué** o **dar + de + qué** (***dar en qué*** *pensar*; ***dar de qué*** *hablar*).

dar abasto. → **abasto**

dar el alta, **dar de alta**, **darse de alta**, y sus contrarios, **dar baja**, **dar de baja**, **darse de baja**. → **alta**

dársena. sust. f. 'Parte resguardada artificialmente, en aguas navegables, para carga y descarga'. No se justifica el empleo del anglicismo *dock*, que significa lo mismo.

darwinismo o **darvinismo.** sust. m. La Academia prefiere la primera forma. En cambio, **darvinista** y **darviniano** (adjs. y susts.) no aceptan la forma con **w**.

de. prep. Esta preposición es la más usada en español. Significa: • 'posesión, pertenencia o propiedad; parentesco' (*libro* ***de*** *un alumno*; *casa* ***de*** *Pedro*; *hijo* ***de*** *mi hermana*); • 'origen o procedencia en el tiempo y el espacio' (*data* ***de*** *1810*; *procede* ***de*** *la Edad Media*; *oriundo* ***de*** *Salta*; *viene* ***de*** *España*; *cita* ***de*** *un manuscrito*; *soldado* ***de*** *artillería*); • 'modo o manera' (*estar* ***de*** *pie*; *ponerse* ***de*** *espaldas*; *aprender* ***de*** *memoria*; *leer* ***de*** *corrido*); • 'tiempo' (***de*** *día y* ***de*** *noche*; ***de*** *18 a 20*; ***de*** *madrugada*); • 'lugar' (*bajar* ***de*** *la escalera*; *salir* ***de*** *la* *habitación*); • 'tema o argumento' (*hablar* ***de*** *política; manual* ***de*** *literatura*); • 'materia' (*mueble* ***de*** *roble; anillo* ***de*** *oro; saco* ***de*** *lana*); • 'causa' (*llorar* ***de*** *alegría; morirse* ***de*** *miedo*); • 'contenido' (*plato* ***de*** *fideos; revista* ***de*** *modas, recetario* ***de*** *tartas*); • 'semejanza' (*orejas* ***de*** *diablo; mirada* ***de*** *lince*); • 'finalidad' (*agujas* ***de*** *tejer; auto* ***de*** *carrera; barco* ***de*** *guerra; bloc* ***de*** *dibujo*); • 'condición' (***de*** *haberlo sabido;* ***de*** *no contar con esto*); • 'profesión u oficio' (*trabajar* ***de*** *enfermera; profesar* ***de*** *abogado; revistar* ***de*** *docente titular*); • 'naturaleza o cualidad de personas, animales y cosas' (*hombres* ***de*** *buena voluntad; perro* ***de*** *raza; plantas* ***de*** *adorno; goma* ***de*** *tinta*); • 'parte' (*dos* ***de*** *los libros; alguien* ***de*** *nosotros; alguno* ***de*** *ustedes*).

Asimismo, determina o fija con mayor intensidad la aplicación de un nombre apelativo (*calle* ***de*** *Alcalá; ciudad* ***de*** *Babilonia*). Rige infinitivos (*hora* ***de*** *reír; tiempo* ***de*** *descansar*). Después de ciertos adjetivos, como **fácil**, **difícil**, **cansado**, **harto**, **duro**, **imposible**, se usa **de + infinitivo** (*fácil* ***de*** *leer; difícil* ***de*** *entender; cansado* ***de*** *estudiar; harto* ***de*** *pelear; duro* ***de*** *matar; imposible* ***de*** *prever*). Después de sustantivos como **afán**, **deseo**, **esperanza**, **forma**, **manera**, **modo**, se usa **de + infinitivo** (*afán* ***de*** *poseer; deseo* ***de*** *escribir; esperanza* ***de*** *conseguir; forma* ***de*** *hacer; manera* ***de*** *dibujar; modo* ***de*** *rezar*). Refuerza adjetivos calificativos (*el bueno* ***de*** *José; la pícara* ***de*** *mi nieta*). Es nota de 'consecuencia o ilación' (***de*** *esto puede deducirse;* ***de*** *donde se concluye; puede inferirse* ***de*** *esta verdad*). Cuando precede a los numerales **uno**, **una**, denota 'rapidez en la ejecución de algo' (*clavarlo* ***de*** *un martillazo; acabar* ***de*** *una vez*). Se coloca en expresiones de lástima, queja o amenaza (*¡Pobre* ***de*** *ti!; ¡Ay* ***de*** *los corruptos!*). Significa 'con' (*estar* ***de*** *buen ánimo; contestar* ***de*** *mala gana*); 'entre' (*alguien* ***de*** *vosotros; algunas* ***de*** *estas cosas;* ***de*** *Juan a Pedro*). Aparece después de las formas interrogativas **¿qué hay?**, **¿qué es?**, seguidas de un sustantivo (*¿qué hay* ***de*** *esto?; ¿qué es* ***de*** *fulano?*). El predicativo de algunas oraciones está expresado por un artículo que exige **de** (*Mi vivir era el* ***del*** *soñar*). Forma parte de frases verbales (*acabar* ***de*** *sufrir, dejar* ***de*** *leer, terminar* ***de*** *cantar*). Encabeza el complemento agente (*amado* ***de*** *Pedro*). Forma parte de locuciones adverbiales (***de*** *antemano;* ***de*** *cuando en cuando;* ***de*** *a poco;* ***de*** *nuevo*) y de locuciones conjuntivas (***de*** *modo que;* ***de*** *suerte que*). Aparece en frases prepositivas (*a base* ***de****; en calidad* ***de****; debajo* ***de***). Forma parte de frases adverbiales (***de*** *acá para allá;* ***de*** *mano en mano;* ***de*** *puerta en puerta*). Aparece en frases ponderativas (***de*** *par en par;* ***de*** *todo en todo*). Se agrupa, a veces, con otras preposiciones (***de*** *a un peso;* ***de*** *hasta cien kilos;* ***de*** *por vida; por* ***de*** *pronto*). Con ciertos adjetivos, señala la parte cuyas circunstancias ocasionan la denominación de que se trata (*ancha* ***de*** *caderas; corto* ***de*** *cuello*). Señala las partes que componen un conjunto (*multitud* ***de*** *hombres; bandada* ***de*** *pájaros*).

A veces, es indistinto el uso de **de** y **a** (*miedo* ***de*** *los fantasmas* y *miedo* ***a*** *los fantasmas; derecho* ***de*** *estudiar* y *derecho* ***a*** *estudiar; pantalón* ***de*** *cuadros* y *pantalón* ***a*** *cuadros; perfume* ***de*** *rosas* y *perfume* ***a*** *rosas*); de **de** y **por** (*cubierto* ***de*** *papeles* y *cubierto* ***por*** *papeles; asir* ***de*** *la manija* o *asir* ***por*** *la manija*); de **de** y **desde** (*llegó* ***de*** *Chile* y *llegó* ***desde*** *Chile*); de **de** y **para** (*juego* ***de*** *cocina* y *juego* ***para*** *cocina; ¿****de*** *qué sirve?* y *¿****para*** *qué sirve?*); de **de** y **en** (*apuro* ***de*** *llegar* y *apuro* ***en*** *llegar; pintado* ***de*** *azul* y *pintado* ***en*** *azul*); de **de** y **sobre** (*hablar* ***de*** *bueyes perdidos* y *hablar* ***sobre*** *bueyes perdidos*); de **de** y **con** (*botella* ***de*** *agua* y *botella* ***con*** *agua*); de **de** o sin ella (*¡Qué alegría* ***de*** *verte!* y *¡Qué alegría verte!; Me da vergüenza* ***de*** *que miren* y *Me da vergüenza que miren*).

Algunas palabras cambian de significado si se construyen con la preposición **de** o sin ella. → **advertir**, **avisar**, **deber**, **requerir**, **salir**

Con la preposición **de** se cometen errores. Pueden clasificarse en tres grupos: a) Uso incorrecto de otra preposición por **de** o viceversa: *el hospital más cercano* *__a__* *la escuela* (*el hospital más cercano* ***de*** *la escuela*); *el gusto* *__en__* *saludarla* (*el gusto* ***de*** *saludarla*); *discusiones* *__de__* *colegas* (*discusiones* ***entre*** *colegas*); *ver* *__de__* *casualidad* (*ver* ***por*** *casualidad*); *quedar* *__de__* *salir* (*quedar* ***en*** *salir*); *contrario* *__de__* *aquél* (*contrario* ***a*** *aquél*); *diferente* *__a__* *Pedro* (*diferente* ***de*** *Pedro*); *ir* *__del__* *médico* (*ir* ***al*** *médico* o ***al*** *consultorio del médico*); *muebles* *__en__* *roble* (*muebles* ***de*** *roble*), etc. b) Omisión de la preposición **de**: *darse cuenta* *__que__* (*darse cuenta* ***de*** *que*); *estoy seguro* *__que__* *vendrá* (*estoy seguro* ***de*** *que vendrá*), etc. → **queísmo**. c) Uso de la preposición **de** cuando no corresponde (lo indicamos entre paréntesis): *el día* (*__de__*) *antes; comer* (*__de__*) *parado; afirmar* (*__de__*) *que; decir* (*__de__*) *que*, etc. → **dequeísmo**

dé. Primera y tercera persona singular del presente de subjuntivo del verbo **dar**. Cuando esta forma lleva pronombres enclíticos, la tilde se mantiene, aunque contradiga la regla ortográfica de acentuación de las palabras graves (*déle, déme, dénos, dése*, etc.). → **dar**

de-. pref. de or. lat. que significa 'dirección de arriba abajo' (*decaer*); 'separación' (*delimitar*); 'procedencia' (*derivar*); 'privación o inversión del significado' (*demente, defoliación*). A veces, refuerza el sentido de la palabra de base: *demostrar, declamar*. Se producen en el hablante no pocas confusiones con el prefijo **des-** (*desvastar*, por *devastar*; *descomisar*, por *decomisar*). Algunas voces admiten ambos prefijos: *decolorar* y *descolorar, decodificar* y *descodificar*. → **des-**

de acuerdo y **de acuerdo con.** loc. adv. y loc. prepos. → **acuerdo**

de ahí que. loc. prepos. Es incorrecto *de allí que*. → **ahí**

debacle. sust. f. 'Desastre, ruina, hecatombe'. Voz francesa recién incorporada. Ú. t. en sent. fig. En plural: **debacles**.

debajo. adv. 'En lugar inferior, respecto de otro superior' (*Dame el cuaderno que está* ***debajo***). **debajo de**. loc. prepos. 'En lugar inferior a' (*Está* ***debajo de*** *la sábana*). fig. 'Bajo'. Indica 'sometimiento a personas o cosas' (*Está* ***debajo de*** *la tutela de su tío*). Con este último significado, es más común **bajo** (se construye sin preposición): *Está* ***bajo*** *la tutela de su tío*. Es incorrecta la construcción formada por **debajo** y un pronombre posesivo: *debajo mío, debajo nuestro*. Correcto: ***debajo de mí, debajo de nosotros***. → **abajo, bajo**

de balde. loc. adv. 'Gratuitamente' (*Trabaja* ***de balde***). No debe confundirse con **en balde**, 'inútilmente' (*Se esfuerza* ***en balde***), pese a que la Academia, como dice Seco, admite la equivalencia.

debate. sust. m. 'Controversia'. Tiene el mismo régimen preposicional que **debatir**.

debatir. v. tr. 'Discutir, contender, disputar'. Rég. prep.: **debatir sobre** (***debatir sobre*** *un tema*), **debatir entre** (***debatir entre*** *colegas*).

debatirse. v. prnl. 'Luchar resistiéndose, esforzarse, agitarse' (***Nos debatimos*** *en la pobreza*; ***Se debatía*** *preso de una crisis nerviosa*). Este verbo, tildado de galicismo, ha sido aceptado por la Academia.

debe. sust. m. Su antónimo es **haber**.

debelar. v. tr. 'Rendir a fuerza de armas al enemigo'. Poco usual. No debe confundirse con **develar** (v. tr.), 'quitar el velo que cubre algunas cosas'.

deber. v. tr. Ú. t. c. prnl. **deber + infinitivo** es una locución que significa 'obligación': *Los hijos* ***deben respetar*** *a sus padres* (están obligados a ello). **deber + de + infinitivo** es una frase que significa 'probabilidad, suposición': *La hermana* ***debe de tener*** *ochenta años* (probablemente tenga ochenta años). Es muy frecuente la confusión entre estos dos usos, que conviene distinguir, cuidadosamente, por sus valores semánticos diferentes. Muchos hablantes emplean sólo la primera locución para expresar los dos significados. El uso indebido de **deber + de + infinitivo**, con el sentido de obligación, es más vulgar que el de **deber + infinitivo**, con el significado de probabilidad, pero los dos son incorrectos.

Con la perífrasis verbal **debe de haber**, se cometen errores al hacer concordar la frase verbal, que es impersonal y, por tanto, va en singular, con el objeto directo, por interpretar, equivocadamente, que se trata del sujeto: *Deben de haber unas cuarenta manzanas en ese cajón*; *Debieron de haber pocos feriados ese año*. Correcto: ***Debe de haber*** *unas cuarenta manzanas en ese cajón*; ***Debió de haber*** *pocos feriados ese año*. → **haber** (**hay**). *Deberse a* es una construcción galicada, que conviene reemplazar por **dedicarse a** o **consagrarse a**. El condicional simple es **debería** (no, *debría*) y, por tratarse de un verbo modal, puede reemplazarse por el pretérito imperfecto de subjuntivo (*debiera*) o de indicativo (*debía*): ***Deberías*** (***debieras*** o ***debías***) *hacerlo, porque te lo pidió tu madre*. Acerca del carácter modal de este verbo, → **condicional**

debido, da. p. de **deber**. **debido a**. loc. prepos. 'A causa de, en virtud de' (***Debido a*** *la lluvia, se suspende el partido*).

débil. adj. Ú. t. c. sust. com.: **el débil, la débil**. Rég. prep.: **débil de** (***débil de*** *carácter*; ***débil de*** *entendederas*). La Academia no registra **debilucho, cha** (adj. fam.), que se usa con tono despectivo o cariñoso ('enclenque, débil'). Es de correcta formación.

debilidad. sust. f. La Academia ha incorporado, entre sus acepciones, la de 'afecto o cariño', censurada hasta hace poco de galicismo (*Sentía gran* ***debilidad*** *por su sobrino*). No es recomendable emplear esta voz en plural, en el sentido de **flaquezas** o **defectos**, significado no recogido en el ***Diccionario***. En vez de *debilidades humanas*, por ejemplo, es preferible hablar de ***flaquezas*** o *de **defectos** humanos*.

♦ **debitar.** v. tr. Neologismo formado sobre la acepción contable de **débito**, no incorporado por la Academia. Significa 'anotar en el debe de una cuenta' (*debitar de la cuenta corriente*). Corresponde reemplazarlo por **cargar** (***cargar** en la cuenta corriente*).

débito. sust. m. 'Deuda'. En el lenguaje de la contabilidad, 'suma de todas las partidas del debe', acepción no registrada en el ***Diccionario***.

debut. sust. m. Voz francesa (*début*) admitida. Su plural es **debuts**. Se aplica tanto a la 'primera actuación o presentación de artistas y compañías teatrales, como a la de otras personas y actividades'. De ella derivan las voces **debutante** (adj. y sust. com.) y **debutar** (v. intr.).

deca-. elem. compos. 'Diez'. Con él se forman palabras compuestas, en algunas de las cuales se cometen errores de acentuación: ***decágono***, ***decaedro***, ***decagramo*** (*decágramo*), ***decalitro*** (*decálitro*), ***decálogo***, ***decámetro*** (*decametro*), ***decasílabo***, etc. Símbolo: ***da***

década. sust. f. 'Serie de diez'; 'conjunto de diez hombres del ejército griego'; 'período de diez días' (*La primera **década** de este mes ha sido lluviosa*); 'período de diez años referido a las decenas de un siglo' (*Estamos en la última **década** del siglo*); 'división compuesta en diez libros o diez capítulos de una obra histórica' (*Las **Décadas** de Tito Livio*). En este último caso, se escribe con mayúscula, por ser un título. Es una palabra culta que los hablantes usan, casi exclusivamente, con el significado de 'período de diez años'.

decaer. v. irreg. intr. Rég. prep.: **decaer de** (***decaer de** posición social*); **decaer en** (***decaer en** los estudios*). Puede decirse, también, **descaer** (v. intr.), menos usual. Se conjuga como **caer**.

decagramo. sust. m. 'Peso de diez gramos'. Es incorrecto *decágramo* por analogía con **decámetro**. Su abreviatura académica, tanto para el singular como para el plural, es ***Dg*** (sin punto). Símbolo: ***dag***

decaimiento. sust. m. También se emplea **descaimiento** (sust. m.), menos usual.

♦ **decalage.** Galicismo por **desfase**, **desnivel**, **diferencia**.

decalcificación. sust. f. → **descalcificación**

decalcificar. v. tr. → **sacar**, **descalcificar**

decalitro. sust. m. 'Diez litros'. Incorrecto: *decálitro*, por analogía con otros compuestos similares como **decámetro**, **decímetro**, etc. Su abreviatura, tanto para el singular como para el plural, es ***Dl*** (sin punto). Símbolo: ***dal***

decálogo. sust. m. colect. 'Los diez mandamientos'; 'conjunto de diez normas o consejos'. Cuando significa los mandamientos que Dios entregó a Moisés, se escribe con mayúscula (*el **Decálogo***).

decámetro. sust. m. 'Diez metros'. Su abreviatura, tanto para el singular como para el plural, es ***Dm*** (sin punto). Símbolo: ***dam***

decantación. sust. f. 'Acción y efecto de decantar, depurar'. No debe usarse en su reemplazo *decantamiento*, sin registro académico.

decantado, da. p. de **decantar**, 'ponderar'. Verbo poco usado, salvo en esta forma. Es homónimo de **decantar**, 'depurar'. Su uso como adjetivo, sin registro académico, no es incorrecto y tiene un matiz, como dice Moliner, muchas veces irónico. Su ***decantada** sabiduría* equivale, según el contexto, a ***ponderada sabiduría*** o a ***cacareada sabiduría***, equivalencia esta última en que se advierte el matiz irónico o exagerado de la alabanza.

decantar. v. tr. y prnl. 'Purificar, depurar'. Su uso pronominal figurado, 'inclinarse, tomar partido, decidirse', ha sido aceptado por la Academia (***Se decantó** hacia el liberalismo*), empleo que se oye poco en la Argentina.

decárea. sust. f. 'Diez áreas'. Su abreviatura académica es ***Da*** (sin punto), tanto para el singular como para el plural.

decatlón. sust. m. colect. Voz de or. gr. 'Conjunto de diez pruebas en atletismo, practicadas por el mismo atleta'. No debe escribirse ni pronunciarse *decathlon*.

decenio. sust. m. 'Período de diez años'. De él deriva el adjetivo **decenal**, 'que dura un decenio' o 'que se repite o sucede cada decenio'.

decepción. sust. f. 'Pesar causado por un desengaño'. La Academia ha incorporado la acepción de 'engaño' o 'falta de verdad en lo que se hace, se dice o se piensa', que viene del inglés. Significado que no se ha hecho extensivo al verbo. → **decepcionar**

decepcionar. v. tr. 'Desengañar, desilusionar'. La Academia no registra **decepcionante** (adj.), 'que causa decepción', participio activo de dicho verbo, pero es de correcta formación.

dechado, da. sust. m. Con el significado de 'ejemplo y modelo', se construye con **de** (*Es un* ***dechado de*** *virtudes*).

deci-. elem. compos. que significa 'décima parte'. Con él se forman palabras compuestas, en las que se cometen errores de acentuación: ***deciárea***, ***decímetro*** (*decimetro*), ***decigramo*** (*decígramo*), ***decilitro*** (*decílitro*), etc. Símbolo: ***d***

deciárea. sust. f. Su abreviatura es ***da*** (sin punto). → **deci-**

decibel o **decibelio.** sust. m. Ambas formas son correctas. La primera pertenece a la nomenclatura internacional; su plural es **decibeles**.

decididamente. adv. m. 'Resueltamente, sin vacilar'; 'definitivamente, con seguridad'. (***Decididamente***, *ésa no es mi vocación*). Esta última acepción es reciente y había sido tildada de galicismo.

decidido, da. p. de **decidir**. adj. 'Resuelto, audaz, que actúa con decisión'. Este adjetivo ha sido recién incorporado por la Academia, de modo que es correcto usarlo con esos significados, censurados hasta hace poco.

decidir. v. tr. 'Formar juicio definitivo sobre algo' (***Ya he decidido*** *en esta cuestión*); 'resolver o resolverse'. Ú. t. c. prnl. (***Hemos decidido*** *no alquilar*; ***Nos hemos decidido*** *a no alquilar*); 'mover a uno la voluntad, a fin de que tome cierta determinación' (*Sus propuestas* ***decidieron*** *mi voto*). Rég. prep.: **decidir de** (***decidir de*** *todos los asuntos presentados*); **decidir** o **decidirse en** (***decidir*** o ***decidirse en*** *un pleito*); **decidir** o **decidirse sobre** (***decidir*** o ***decidirse sobre*** *el certamen*); **decidirse a** (***decidirse a*** *estudiar*, ***a*** *viajar*); **decidir** o **decidirse en** (***decidir*** o ***decidirse en*** *favor de fulano*); **decidir** o **decidirse por** (***decidir*** o ***decidirse por*** *el primero de la lista*, ***por*** *la negativa*).

♦ **decifrar.** Anglicismo o galicismo por **descifrar**. → **descifrar**

decigramo. sust. m. Es incorrecto *decígramo*, por analogía con **decímetro**. Su abreviatura, tanto para el singular como para el plural, es ***dg*** (sin punto). Símbolo: ***dg***

decilitro. sust. m. 'Décima parte de un litro'. Incorrecto: *decílitro*. Su abreviatura, tanto para el singular como para el plural, es ***dl*** (sin punto). Símbolo: ***dl***

decímetro. sust. m. 'Décima parte de un metro'. Incorrecto, *decimetro*, por analogía con **decigramo, decilitro**. Su abreviatura, tanto para el singular como para el plural, es ***dm*** (sin punto). Símbolo: ***dm***

décimo, ma. adj. 'Que sigue inmediatamente al noveno'; 'cada una de las diez partes en que se divide un todo'. Ú. t. c. sust. m.: **el décimo**. sust. m. 'Décima parte de un billete de lotería' (*Compré un* ***décimo***). Referido a reyes o a siglos, alterna con **diez**: *Alfonso* ***X*** (*Alfonso* ***décimo*** o *Alfonso* ***diez***); *siglo* ***X*** (*siglo* ***décimo*** o *siglo* ***diez***). Se prefiere el ordinal en ambos casos.

Con **décimo**, como primer elemento de palabras compuestas, se forman los adjetivos numerales ordinales que corresponden a los números 13 a 19, cuyas formas incorrectas anotamos entre paréntesis y que consisten, en su mayoría, en conservar la tilde del primer elemento : **decimotercero** y, poco usual, **decimotercio** (*décimotercero*, *décimotercio*); **decimocuarto** (*décimocuarto*), que también puede decirse **catorceno**; **decimoquinto** (*décimoquinto*); **decimosexto** (*décimosexto*); **decimoséptimo** o **decimosétimo** (*décimoséptimo*); **decimoctavo** (*décimoctavo*, *décimooctavo*, *decimooctavo*); **decimonoveno** y, menos frecuentes, **decimonono** o **decimonónico** (*décimonoveno*, *décimonono*, *décimonónico*, *décimonueveavo*, *decimonueveavo*).

Todos estos ordinales tienen variaciones de género y de número: **decimotercero, decimotercera, decimoterceros** y **decimoterceras**, etc. Para el femenino, son poco usuales, pero no incorrectos, **decimatercera** o **decimatercia, decimacuarta, decimaquinta, decimasexta, decimaséptima, decimaoctava, decimanovena** o **decimanona**, así como sus respectivos plurales (**decimaterceras, decimacuartas**, etc.). La forma masculina **decimoter-**

cero sufre apócope igual que **tercero** (*decimotercer*). → **tercero**

Estos ordinales pueden escribirse en dos palabras, pero hoy es raro: **décimo tercero, décimo cuarto**, etc., en cuyo caso, el primer elemento sufre variaciones de género y de número, al igual que el segundo, y lleva tilde (**décima tercera, décimos terceros, décimas terceras**, etc.).

Con **décimo**, como segundo elemento de palabras compuestas, se forman **undécimo** (*decimoprimero*) y **duodécimo** (*decimosegundo*). → **undécimo, duodécimo**

♦ **decimoprimero.** Es un barbarismo por **undécimo.** → **décimo, undécimo**

♦ **decimosegundo.** Es un barbarismo por **duodécimo.** → **décimo, duodécimo**

decir. v. irreg. tr. Rég. prep.: **decir a** (***decir** algo **a** alguien*); **decir con** (***decir con** seguridad*); **decir de** (***decir de** memoria, **de** otros*); **decir en** (***decir en** justicia, **en** serio*); **decir entre** (***decir entre** todos*); **decir para** (***decir para** sí*); **decir por** (***decir** una cosa **por** otra*). *Decir* + *infinitivo* (*No han dicho darlo*) es incorrecto. Correcto: **decir + que + subjuntivo** (*No **han dicho que** lo **demos***). El peor vicio que se comete con **decir** es el de construirlo con *de que*, en vez de **que**: *Dijo de que vendrá*, en vez de *Dijo **que** vendrá*. → **dequeísmo**. Es, también, un error frecuente escribir **ni que decir tiene** ('huelga decirlo') con tilde sobre la conjunción **que** (*ni qué decir tiene*). En cambio, **que** lleva tilde en **no tiene qué decir**, por ser pronombre interrogativo. Incorrecto: *no tiene que decir*. Las irregularidades del verbo **decir** consisten en cambiar la **e** de la raíz en **i**, cuando es tónica y en otras formas que abajo se indican, como el gerundio (*diciendo*), y transformar la **c** de la raíz en **g** ante las vocales **a** y **o** de las desinencias. Además, en el pretérito perfecto simple de indicativo, en el pretérito imperfecto y en el futuro de subjuntivo, la raíz **dec-** se convierte en **dij-** y no admite la **i** de las desinencias **-ió, -ieron, -iera, -ie -se, -iere**. El futuro y el condicional de indicativo se basan, además, en un infinitivo reducido, **dir-**. Finalmente, tiene un participio irregular (***dicho***); y el imperativo singular pierde la vocal del tema y la consonante radical que le antecede, **di**. Conjugación de los tiempos de indicativo que presentan irregularidades: presente (***digo**, **dices**, **dice**, decimos, decís, **dicen***); pretérito perfecto simple (***dije**, **dijiste**, **dijo**, **dijimos**, **dijisteis**, **dijeron***); futuro (***diré**, **dirás**, **dirá**, **diremos**, **diréis**, **dirán***); condicional (***diría**, **dirías**, **diría**, **diríamos**, **diríais**, **dirían***). De los tiempos irregulares de subjuntivo: presente (***diga**, **digas**, **diga**, **digamos**, **digáis**, **digan***); pretérito imperfecto (***dijera*** o ***dijese**, **dijeras*** o ***dijeses**, **dijera*** o ***dijese**, **dijéramos*** o ***dijésemos**, **dijerais*** o ***dijeseis**, **dijeran*** o ***dijesen***); futuro imperfecto (***dijere**, **dijeres**, **dijere**, **dijéremos**, **dijereis**, **dijeren***). En imperativo, es irregular el singular: ***di***. Gerundio: ***diciendo***. Participio: ***dicho***. En conclusión, sólo es regular en el pretérito imperfecto de indicativo (*decía, decías*, etc.), en el plural del imperativo (*decid*) y en la primera y la segunda persona singular del presente de indicativo (*decimos, decís*).

decisión. sust. f. 'Determinación o resolución que se toma o se da en una cosa dudosa' (*Ésa fue la **decisión** tomada por el jurado*); 'firmeza de carácter' (*Es hombre de **decisión***). Repárese en su grafía, en la que suelen cometerse errores, al igual que en sus derivados. Rég. prep.: **decisión de** (*Tengo la **decisión de** hacer esto*). Es incorrecta su construcción con la preposición **a**: *La decisión a realizar esta obra no se discutirá*. Correcto: *La **decisión de** realizar esta obra no se discutirá*. Plural: **decisiones**.

decisivo, va. adj. 'Dícese de lo que decide o resuelve' (*argumento **decisivo***). Tiene un pequeño matiz que lo diferencia del adjetivo **decisorio, ria**, que 'se aplica a lo que tiene virtud para decidir' (*juramento **decisorio***) y que es de uso mucho menos frecuente.

decitex. sust. m. 'Submúltiplo del tex'. No varía en plural: **los decitex.** → **tex**

declaración. sust. f. Se escribe con minúscula, salvo cuando forma parte del nombre de un documento: ***Declaración** de los derechos humanos*.

declarar. v. tr. Ú. t. c. prnl. Rég. prep.: **declarar** o **declararse a** (***declarar** amor **a** una mujer*; ***declararse a** una* mujer); **declarar** o **declararse en** (***declarar en** un juicio*; ***declararse en** contra*); **declarar** o **declararse por** (***declarar por** el acusado*; ***declararse por** amigo*); **declarar sobre** (***declarar sobre** lo sucedido*).

declinar. v. intr. Ú. t. c. tr. Rég. prep.: **declinar a** o **hacia** (***declinar a** la derecha*; ***declinar hacia** un costado*); **declinar en** (***declinar en** virtud,* *en capacidad*); **declinar de** (***declinar de** la virtud en el vicio*). Con el significado de 'rechazar o no aceptar', se construye sin preposición (***declinar** un ofrecimiento*).

decodificación. sust. f. → **descodificación**

decodificar. v. tr. → **sacar, descodificar**

♦ **decolaje.** Galicismo por **despegue**: *El decolaje fue brusco.* Correcto: *El **despegue** fue brusco.* La A.A.L. ha propuesto que se admita esta voz como argentinismo.

♦ **decolar.** Galicismo por **despegar** *El avión decoló sin inconvenientes.* Correcto: *El avión **despegó** sin inconvenientes.*

decolorar. v. tr. → **descolorar**

decomisar. v. tr. 'Declarar una cosa en decomiso o pena de perdimiento'; 'incautarse el fisco de algún objeto, como castigo al que ha querido hacer contrabando con él'. Incorrecto: *descomisar* y *decomisionar*.

de conformidad con. loc. prepos. → **conformidad**

decrecer o **descrecer.** v. irreg. tr. 'Menguar, disminuir'. La Academia prefiere la primera forma. Se conjugan como **parecer**.

decreciente. p. a. de **decrecer**. 'Que decrece' (*tonalidades **decrecientes** de azul*). Incorrecto: *decrecente*.

♦ **decreer.** Barbarismo por **descreer**.

decrescendo. adv. m. Se aplica a la 'disminución gradual de la intensidad de un sonido' o a un 'pasaje musical que se ejecuta de este modo'. Repárese en su carácter adverbial, que equivale a **disminuyendo**.

decreto. sust. m. 'Disposición emanada de la ley e inferior a ésta'. Se construye, sobre todo, con **promulgar** o **dar** (***promulgar** o **dar** un decreto*). Se escribe con mayúscula en los textos oficiales, cuando se refiere a uno en concreto (*el **Decreto** N.° 209/94*). En los otros casos, se emplea la minúscula (*No existe ese **decreto***). **decreto ley**. 'Decreto promulgado con carácter de ley, por razones de necesidad, y sin intervención de la legislatura'. En la Argentina, estos decretos han emanado de gobiernos de facto. Su plural es **decretos leyes**. Incorrecto: *decretos ley*. De acuerdo con la Academia y con su ***Diccionario***, no corresponde modernamente escribir el sintagma con guión (*decreto-ley* o *decretos-leyes*), pero es una práctica arraigada en la literatura jurídica y aceptada por algunos, Seco, por ejemplo. → **café (café-teatro)**

de cuando en cuando. loc. adv. → **cuando**

decuplicar o **decuplar.** v. tr. Se prefiere la primera forma. → **sacar**

♦ **dedeté.** Neologismo que corresponde a **DDT**, sigla de la fórmula química *diclorodifeniltricloroetano*, empleada como poderoso insecticida. Lo correcto es, en lengua escrita, usar exclusivamente la sigla (*Con **DDT** han combatido los mosquitos*). Incorrecto: *Con dedeté han combatido los mosquitos*.

dedicar. v. tr. Ú. t. c. prnl. Rég. prep.: **dedicar a** o **dedicarse a** (***dedicar** un templo **a** la Virgen; **dedicar** un poema **a** una actriz; **dedicarse a** la docencia*). → **sacar**

dedo. sust. m. Diminutivos: **dedito** y **dedillo. dedo anular** o **médico**. 'El cuarto de la mano, menor que el del medio y mayor que los otros tres'. **dedo auricular** o **meñique**. 'El quinto y más pequeño de la mano'. Incorrecto: *dedo chico*. **dedo cordial, de en medio** o **del corazón**. 'El tercero de la mano y más largo de los cinco'. **dedo gordo** o **dedo pulgar**. 'El primero y más gordo de los dedos de la mano y, por extensión, del pie'. Incorrecto: *dedo grueso*. **dedo índice, mostrador** o **saludador**. 'El segundo de la mano y que, regularmente, sirve para indicar'. **A dedo**. loc. adv. 'Arbitrariamente' (*Lo nombraron **a dedo**, sin concurso*).

deducir. v. irreg. tr. 'Sacar consecuencias de un principio o supuesto'; 'inferir'; 'restar, descontar'. Rég. prep.: **deducir de** (***deducir de** lo expresado, **de** una cantidad, una cantidad **de** otra*); **deducir por** (***deducir por** lo anunciado*). Se conjuga como **conducir**. Es frecuente incurrir en vulgarismos en la conjugación del pretérito perfecto simple de indicativo; los indicamos entre paréntesis: ***deduje*** (*deducí*), ***dedujiste*** (*deduciste*), ***dedujo*** (*deducíó*), ***dedujimos*** (*deducimos*), ***dedujisteis*** (*deducisteis*), ***dedujeron*** (*deducieron*). Se conjuga como **conducir**.

de facto. loc. adv. lat. 'De hecho' (*gobierno **de facto***). Se opone a **de iure** ('de derecho'). Tiene registro académico y no es necesario, por lo tanto, escribirla entre comillas. Incorrecto: *defacto*.

defalcar. v. tr. p. us. → **sacar, desfalcar**

defatigante. adj. 'Que quita la fatiga'. Ú. t. c. sust. m. Incorrecto: *desfatigante*.

de favor. loc. adj. 'Dícese de algunas cosas que se obtienen gratuitamente' (*Entradas de favor*).

defecar. v. tr. Con el significado de 'expeler los excrementos', ú. m. c. intr. Su postverbal es **defecación** (sust. f.). → **sacar**

defección. sust. f. 'Acción de separarse con deslealtad de una causa o parcialidad' (***defección de un partido político***). Es voz de origen francés. En plural: **defecciones**.

♦ **defeccionar.** Galicismo. Debe reemplazarse por **desertar**. Nótese que el sustantivo **defección** está aceptado, no así el verbo.

defecto. sust. m. 'Imperfección'. **En defecto de** o **en su defecto**. loc. adv. 'A falta de algo o de alguien' (*Iremos en tren o, **en su defecto**, en avión*). Es incorrecto *a defecto de*.

defender. v. irreg. tr. Ú. t. c. prnl. Rég. prep.: **defender** o **defenderse con** (***defender*** o ***defenderse con** buenos argumentos*); **defender** o **defenderse contra** (***defender*** o ***defenderse contra** todos*); **defender** o **defenderse de** (***defender*** o ***defenderse de** los enemigos*); **defender** o **defenderse por** (***defender*** o ***defenderse por** testarudez*). Se conjuga como **tender**.

defendible. adj. 'Dícese de lo que se puede defender'. Se registra, también, **defensible**, pero es anticuado.

defenestrar. v. tr. 'Arrojar a alguien por la ventana'; 'destituir a alguien de un puesto o cargo'. Se usa, sobre todo, con el segundo significado. Incorrecto: *desfenestrar*, por confusión de prefijo.

defensible. adj. ant. → **defendible**

defensor. sust. m. Su femenino es **defensora**. No debe usarse *ombudsman* (anglicismo) por **defensor del pueblo**, 'persona cuya función institucional consiste en la defensa de los derechos de los ciudadanos'.

deferir. v. irreg. intr. p. us. 'Adherirse al dictamen de alguien, por respeto, modestia o cortesía'. v. tr. p. us. 'Dar parte de la jurisdicción o poder'. Se conjuga como **sentir**. No debe confundirse con **diferir**, 'postergar'. → **diferir**

déficit. sust. m. Se admite, hoy, el plural **déficits**. Es correcto, también, y más tradicional dejar invariable el sustantivo: **los déficit**.

deflación. sust. f. 'Reducción de la inflación económica'. Incorrecto: *deflacción*.

deflagración. 'Acción y efecto de deflagrar'. Es incorrecto usarlo por **explosión**: *Por un escape de gas, se produjo una deflagración que nos dejó sordos.* Correcto: *Por un escape de gas, se produjo una **explosión** que nos dejó sordos.* → **deflagrar**

deflagrar. v. intr. 'Arder una sustancia súbitamente con llama y sin explosión'. No debe usarse por **explotar**.

defoliación. sust. f. 'Caída prematura de las hojas'. Es incorrecto *desfoliación*. El verbo *defoliar* no tiene registro académico ni, tampoco, *defoliante*, su participio activo.

deformar. v. tr. 'Alterar la forma de una cosa' (***Han deformado** mis palabras*). Ú. t. c. prnl. (***Se deformó** por el calor*). El ***Diccionario*** registra, con el mismo significado, **desformar** y **disformar**, pero no se usan.

deforme o **disforme.** adj. 'Desproporcionado o irregular en la forma'; 'que ha sufrido deformación'. La segunda forma tiene, además, la connotación de 'feo, horrible', de la que carece la primera.

defraudar. v. tr. Rég. prep.: **defraudar a** (***defraudar al** fisco*); **defraudar de** (***defraudar de** por vida*); **defraudar en** (***defraudar en** las esperanzas*).

defuera. adv. l. 'Exteriormente'. Puede escribirse en dos palabras: **de fuera** (loc. adv.). **por defuera**. loc. adv. 'Por la parte exterior' (***Por defuera** era negro; por dentro, blanco*). → **fuera**

degenerar. v. intr. Rég. prep.: **degenerar de** (***degenerar de** su estirpe*); **degenerar en** (***degenerar en** maldad*).

deglución. sust. f. 'Acción y efecto de deglutir'. Es incorrecto *deglutición*, un neologismo innecesario formado sobre el verbo transitivo **deglutir** ('tragar').

degolladura. sust. f. 'Herida o cortadura en el cuello o en la garganta'. No debe confundirse con **degollación** (sust. f.), que es 'la acción o efecto de degollar', o con **degüello** (sust. m.), que es sólo la 'acción'.

degollar. v. irreg. tr. Se conjuga como **sonar**.

degradación. sust. f. Es incorrecto *degradamiento*, que carece de registro académico.

deificar. v. tr. Su postverbal es **deificación** (sust. f.) → **sacar**

de iure o **de jure.** loc. adv. lat. 'De derecho' (*gobierno **de iure***). La Academia prefiere la primera forma. Se contrapone a **de facto**. No es necesario escribirlas entre comillas, pues tienen registro académico.

deixis. sust. f. Se usa la misma forma para el singular y el plural: **las deixis**. Es un tecnicismo lingüístico de reciente incorporación en el ***Diccionario***. De él, deriva el adjetivo **deíctico, ca.**

dejar. v. tr. Rég. prep.: **dejar a** (***dejar a** un lado*; ***dejar a** un costado*; ***dejar al** cuidado de alguno*); **dejar de** (***dejar de** lado*; ***dejar de** costado*; ***dejar de** mirar*); **dejar en** (***dejar en** propias manos*); **dejar por** (***dejar por** loco*). Ú. t. c. prnl. Rég. prep.: **dejarse de** (***dejarse de** tonterías*; ***dejarse de** reír*).

dejarretar. v. tr. → **desjarretar**

dejo o **deje.** sust. m. 'Modo particular de hablar'; 'acento peculiar'; 'gusto o sabor'. Con estos significados, ambos sustantivos son prácticamente sinónimos, aunque la segunda forma, menos frecuente, se aplica, sobre todo, a los alimentos (*Este plato tiene un **deje** a tomillo*). Diminutivo de **dejo**: **dejillo** ('tonillo o acento particular').

de jure. loc. adv. m. → **de iure**

del. contracc. de la prep. **de** y el art. **el**. Cuando el término de la preposición es un nombre propio que lleva incorporado el artículo, no se usa esta forma contracta (*Regresó **de** El Cairo*; *Salió **de** El Escorial*; *República **de** El Salvador*). En cambio, corresponde su empleo en los otros casos (*Universidad **del** Salvador*; *Ha llegado **del** Perú*; *Viene **del** Brasil*).

delante. adv. l. 'Con prioridad de lugar, en la parte anterior o en sitio detrás del cual está una persona' (*Va **delante***; *Yo estoy atrás, él **delante***). **delante de**. loc. prepos. 'En lugar anterior a' (***Delante de** la casa hay un rosal*); 'enfrente de' (*Se paró **delante de** la bicicleta*); 'en presencia de' (*No hablaré **delante de** mis hijos*). Es incorrecto el uso de *delante* + *pronombre posesivo*: *delante tuyo*, *delante nuestro*. Correcto: ***delante de ti***, ***delante de nosotros***. Es decir, **delante** + **pronombre personal**. → **adelante**

dele. sust. m. 'Signo con que el corrector indica, al margen de las pruebas, que ha de quitarse una palabra, letra o nota'. En plural: **deles**.

delegado, da. p. de **delegar**. adj. (*mandato **delegado***; *facultad **delegada***). Ú. t. c. sust. m. y f.: **el delegado, la delegada.**

delegar. v. tr. Rég. prep.: **delegar en** (***delegar en** los subordinados*). → **pagar**

deleitar. v. tr. Ú. t. c. prnl. Rég. prep.: **deleitar** o **deleitarse con** (***deleitar** o **deleitarse con** su música*); **deleitar** o **deleitarse en** (***deleitar** o **deleitarse en** sus conferencias*).

deletrear. v. intr. Es un vulgarismo pronunciar [deletriar, deletrié]. La primera persona del singular de pretérito perfecto simple de indicativo es ***deletreé***. Incorrecto: *deletré*. → **-ear**

deleznable. adj. 'Que se rompe, disgrega o deshace fácilmente'; 'que se desliza y resbala con mucha facilidad'; 'poco durable, inconsistente, de poca resistencia' (fig.). Éstas son las tres únicas acepciones que registra el ***Diccionario***. "No hay ningún fundamento –dice Seco– para usar el adjetivo con el sentido de 'reprobable' o 'digno de repulsa'". Incorrecto: *Su conducta nos parece deleznable*. Correcto: *Su conducta nos parece **reprobable***.

delfín. sust. m. 'Título que se daba al primogénito del rey de Francia'. Se escribe siempre con minúscula (*El **delfín** de Francia*). Significa, además, 'cetáceo'. Para distinguir los sexos, debe recurrirse a las perífrasis **delfín macho**, **delfín hembra.**

deliberar. v. intr. Rég. prep.: **deliberar en** (***deliberar en** el seno del jurado*); **deliberar entre** (***deliberar entre** todos*); **deliberar sobre** (***deliberar sobre** un tema*).

♦ **delictual.** Anglicismo. Deben emplearse los adjetivos **delictivo, va**, o **delictuoso, sa**, que significan lo mismo, si bien la Academia prefiere el primero (*Su conducta es **delictiva***).

delinear. v. tr. No debe pronunciarse [deliniar, delinié]. Se cometen errores con la acentuación de este verbo y se dice [delíneo], en vez de ***delineo***, con acento prosódico sobre la **e**, que es lo correcto en esta y otras formas de su conjugación (***delineas***, ***delinea***, ***delinean***, ***delinee***, ***delinees***, ***delinee***, ***delineen***). En la primera persona del singular del pretérito perfecto simple de indicativo, la forma correcta es ***delineé***.

delinquir. v. intr. 'Cometer delito'. Cambia la **qu** en **c** delante de **o** y de **a** (*delinco*, *delincas*, etc.).

delírium trémens. sust. m. 'Delirio característico de los alcohólicos'. Es incorrecto escribir las palabras del sintagma sin sus tildes o emplear la grafía delirio tremens. En plural: **los délirium trémens**.

♦ **del orden de.** Debe usarse, en vez de esta locución preposicional errónea, **alrededor de**. Incorrecto: *La suma de los trabajos es del orden de los cien mil pesos*. Correcto: *La suma de los trabajos es de* ***alrededor de*** *cien mil pesos*. → **alrededor** (**alrededor de**), **orden**

delta. sust. m. 'Terreno comprendido entre los brazos de un río' (*Vive en una isla de este* ***delta***). Cuando significa la letra griega, que corresponde a nuestra **d**, es del género femenino (*La* ***delta*** *es la cuarta letra del alfabeto griego*). En la acepción que anotamos en primer lugar, se usa con mayúscula cuando se trata de un nombre geográfico propio (*Haremos un viaje al* ***Delta*** *del Paraná*). En los otros casos, con minúscula.

demagogia. sust. f. Algunos pronuncian [demagogía], un barbarismo fónico.

demagogo. sust. m. Su femenino es **demagoga**.

demanda. sust. f. La locución prepositiva bajo demanda es un calco del francés. En español, corresponde emplear ***a pedido*** o ***por encargo***. Incorrecto: *Bajo demanda de la firma López Gil, le enviamos media tonelada de arena*. Correcto: ***A pedido*** (o ***por encargo***) *de la firma López Gil, le enviamos media tonelada de arena*.

demandar. v. tr. Rég. prep.: **demandar ante** (***demandar ante*** *el juez*); **demandar de** o **por** (***demandar de*** o ***por*** *calumnias*); **demandar en** (***demandar en*** *juicio*).

demarcar. v. tr. Su postverbal es **demarcación** (sust. f.). → **sacar**

demás. adj. Este pronombre indefinido es invariable en cuanto al número y al género. Con el artículo **los** o **las**, aplicado a nombres en plural, generalmente personas, se sustantiva y significa 'los restantes, las restantes': *No me preocupan* ***los demás*** ('los [alumnos] restantes'); *No me importan* ***las demás*** ('las [personas] restantes'). También se sustantiva con **lo**, aplicado a cosas: *No me importa* ***lo demás*** ('lo otro'). En función adjetiva, acompaña a nombres en plural o a sustantivos colectivos, y lo precede siempre el artículo o un posesivo: ***los demás*** *interesados*, ***la demás*** *gente*, ***mis demás*** *compañeros*. Cuando es parte de una enumeración, sea en el uso como sustantivo, sea en el de adjetivo, puede construirse sin el artículo: *Nos veremos en las próximas fiestas, Navidad, Año Nuevo y* ***demás***; *No digas tonterías, bobadas y* ***demás*** *estupideces*. En función sustantiva, precedido de **y**, equivale a **etcétera**: *Le han enseñado a coser, guisar* ***y demás*** (un uso vulgar, según Moliner). adv. c. → **además. por demás.** loc. adv. 'En vano, inútilmente' (*No vale la pena, te preocupas* ***por demás***); 'en demasía, en exceso' (*Agregas argumentos* ***por demás***). **por lo demás**. loc. adv. 'Por lo que hace relación a otras consideraciones' (*Esto es lo único que quería decirte*; ***por lo demás*** *no te preocupes*). No debe confundirse esta palabra con **de más**, locución adverbial que se escribe en dos palabras. → **de más**

de más. loc. adv. No debe confundirse con **demás**, el pronombre indefinido, que se escribe en una sola palabra. Una forma práctica de evitarlo es recordar que la locución **de más** se opone a **de menos**: *Has puesto ejemplos* ***de más*** (*Has puesto ejemplos* ***de menos***).

demasía. sust. f. Su sinónimo es **exceso** (*¡Qué* ***demasía*** *en el comer!*). También significa 'atrevimiento'; 'insolencia'; 'maldad' (*¡Qué* ***demasía*** *la suya!*). **en demasía**. loc. adv. que equivale a **por demás** o a 'excesivamente' (*Estudia* ***en demasía***).

demasiado, da. adj. 'Que es en demasía o tiene demasía' (*Sabes* ***demasiadas*** *cosas*; *Tienes* ***demasiados*** *juguetes*). adv. c. 'Excesivamente' (*Es* ***demasiado*** *bueno*). Es un vulgarismo intercalar, entre el adverbio y el adjetivo, la preposición **de** (*Eres demasiado de bueno con tus cole-*

gas). También es incorrecto hacer concordar el adverbio, que es invariable, con el adjetivo al cual modifica: *Eres demasiada lista*. Correcto: *Eres* ***demasiado*** *lista*.

democratacristiano, na. adj. Ú. t. c. sust. m. y f. Puede decirse, también, **democristiano, na**. Repárese en que cada una de estas formas se escribe en una sola palabra y sin guión entre los elementos del compuesto. Incorrecto: *demócrata cristiano*, *demócrata-cristiano* y *demo-cristiano*). Nótese que, en la forma correcta, el elemento inicial no lleva tilde. → **cristianodemócrata**

democratizar. v. tr. Ú. t. c. prnl. Su postverbal es **democratización** (sust. f.). → **cazar**

♦ **demodé.** Galicismo. Corresponde usar **pasado de moda**.

demoler. v. irreg. tr. Su postverbal es **demolición** (sust. f.). Se conjuga como **moler**.

demoníaco, ca o **demoniaco, ca.** adj. Las dos acentuaciones son correctas, pero la Academia prefiere la primera.

demonio. sust. m. Diminutivos: **demoñejo** y **demoñuelo**. Es incorrecto, para este último, *demoniuelo*.

demonstrable. adj. Es una forma anticuada que debe evitarse, al igual que **demonstración**, **demonstrador**, **demonstramiento**, **demonstrar**. → **demostrable**

demostrable. adj. 'Que se puede demostrar'. → **demonstrable**

demostrar. v. irreg. tr. Se conjuga como **sonar**.

denantes. adv. desus. y hoy pop. Debe evitarse. → **antes**

dende. adv. t. y l. ant. y hoy vulg. 'De allí'; 'de él o de ella'; 'desde allí'. prep. ant. y hoy vulg. que equivale a **desde**. Debe evitarse.

denegación. sust. f. No debe usarse **denegamiento**, que es anticuado.

denegar. v. irreg. tr. 'No conceder lo que se pide'. Se conjuga como **negar**.

denegrecer. v. irreg. tr. p. us. Se prefiere el empleo de **ennegrecer**, que significa lo mismo. Ú. t. c. prnl. Se conjuga como **parecer**.

denegrir. v. defect. tr. Es sinónimo de **denegrecer**. Ú. t. c. prnl. Se conjuga en los mismos tiempos y personas que **abolir**.

denle. Tercera persona plural del presente de subjuntivo + pronombre personal enclítico. Son incorrectos *denlen* y *delen*.

denme. Inflexión del verbo **dar**, tercera persona del plural del presente de subjuntivo + pronombre personal enclítico. Son vulgarismos *demen* y *denmen*.

denostar. v. irreg. tr. Rég. prep.: **denostar a** (***denostaron a*** *nuestro presidente*). Es incorrecto usar la preposición **de** (*denostaron de nuestro presidente*). Se conjuga como **sonar**. No es raro encontrar este verbo –dice Seco– conjugado como regular, incluso en grandes escritores.

denotación. sust. f. 'Acción y efecto de denotar'. No debe confundirse con **connotación**. → **connotación**

denotar. v. tr. 'Significar'. Se opone a **connotar**. → **connotar**

densificar. v. tr. 'Hacer densa una cosa'. Ú. t. c. prnl. → **sacar**

♦ **dentada.** Barbarismo por **dentellada**.

dentado, da. adj. 'Que tiene dientes o puntas parecidas a ellos' (*hoja* ***dentada***).

dentadura. sust. m. colect. 'Conjunto de los dientes'. No debe usarse, en su reemplazo, **dentición**. → **dentición**

dentar. v. irreg. tr. Se conjuga como **acertar**. Según el ***Esbozo***, existe la tendencia a usar las formas con diptongo en toda la flexión. Lo mismo ocurre con sus compuestos **endentar** (v. tr.) y **desdentar** (v. tr.).

dentellada. sust. m. 'Mordisco'. **a dentelladas**. loc. adv. 'Con los dientes'.

dentellón. sust. m. 'Pieza de cerraduras maestras'. Se emplea, también, como término técnico de la arquitectura (**dentículo**). Es un barbarismo usarlo por **dentellada**.

denti-. elem. compos. de or. lat. 'Diente'. Con él se forman palabras compuestas: ***denticina*** ('medicamento'); ***denticular*** ('de figura de diente'); ***dentina*** ('marfil de los dientes), etc. Ha sido recién incorporado en el ***Diccionario***.

dentición. sust. m. 'Acción y efecto de endentecer'; 'tiempo en que se echan los dientes' (*El bebé babea por la **dentición***). No es sinónimo de **dentadura**. Incorrecto: *Mi papá tiene mala dentición*. Correcto: *Mi papá tiene mala dentadura*. → **dentadura**

dentífrico, ca. adj. Ú. t. c. sust. m. Es un vulgarismo decir *dentrífico*.

dentista. sust. com.: **el dentista, la dentista**. → **odontólogo**

dentistería. sust. f. En varios países americanos, 'consultorio del dentista, clínica dental', y en algunos, 'odontología', usos regionales registrados por la Academia.

dento-. elem. compos. que indica 'localización o carácter dentales'. Con él, se forman voces compuestas, generalmente tecnicismos (***dento**alveolar, **dento**alveolitis*).

dentón, na. adj. fam. Equivale a **dentudo, da** (adj.). Ú. t. c. sust. m. y f.: **el dentón, la dentona**.

dentorno. adv. m. ant. 'Del rededor o de alrededor. Es una contracción (**de + en torno**). A veces, se usa con intención estilística arcaizante.

dentrambos, bas. contracc. por **de entrambos** o **de entrambas**, que, a su vez, es una forma contracta **de entre ambos, de entre ambas**. Es forma poco usada.

♦ **dentrar.** Es un vulgarismo por **entrar**.

dentro. adv. l. 'En la parte interior'. Con las preposiciones **de, desde, hacia, hasta, por**, forma locuciones adverbiales. **dentro de.** loc. prepos. (*Está **dentro de** la casa*). **de dentro**. loc. adv. ant. por **de adentro** (*salir de dentro*). **dentro de**. loc. prepos. con valor temporal (***dentro de** un mes*). Es un vulgarismo usar *dentro*, por **dentro de**. Incorrecto: *Está dentro la caja*. Correcto: *Está **dentro de** la caja*. Con la preposición **a** (**a + dentro**), debe escribirse en una sola palabra: **adentro**. → **adentro**

denuesto. sust. m. 'Injuria grave'. No debe usarse **denostamiento**, que es voz anticuada.

denunciante. p. a. de **denunciar**. sust. com.: **el denunciante, la denunciante**. A veces, se usa incorrectamente para el femenino la forma *denuncianta*.

denunciar. v. tr. En cuanto al acento, se conjuga como **cambiar**.

denuncio. sust. m. En América, la Academia registra esta voz como sinónimo de **denuncia** (sust. f.).

deo gracias. Expresión que solía usarse como saludo. Hoy se emplea, en lenguaje figurado y familiar, para expresar una actitud sumisa del que espera un favor (*Vino a visitarme con mucho **deo gracias***). No debe escribirse en una sola palabra. Tampoco debe confundirse con la frase latina *Deo gratias* (gracias a Dios).

departamento. sust. m. Con el significado de **apartamento**, del español general, se usa en varios países de América del Sur, entre ellos, en la Argentina. Empleo registrado por la Academia. En algunos países americanos, se emplea, también, como división territorial sujeta a una autoridad administrativa. Su abreviatura es ***depto***. → **apartamento**

departir. v. intr. 'Hablar, conversar'. Rég. prep.: **departir con, de** o **sobre** (***departir con** amigos; **departir de** la paz o **sobre** la paz*).

depauperación. sust. m. 'Acción y efecto de depauperar o depauperarse'. No debe usarse *depauperización*, un barbarismo.

depauperar. v. tr. Su sinónimo es **empobrecer**. Es incorrecto *depauperizar*, un neologismo innecesario, que ha dado lugar al barbarismo *depauperización*. → **depauperación**

dependencia. sust. f. 'Subordinación a un poder mayor'. Rég. prep.: **dependencia de** o **respecto de** otro. Es incorrecto construir este sustantivo con **a**: *Su dependencia a los hermanos es enfermiza*. Correcto: *Su **dependencia de** los hermanos es enfermiza*.

depender. v. intr. Rég. prep.: **depender de** (***depender de** alguno, **de** la situación*). No es correcto: *depender en* (*depender en todo, en algo*). Se trata de una construcción anglicada (*to depend on*).

dependiente. p. a. de **depender**. sust. m. 'Empleado'. Su femenino es **dependienta**.

♦ **deploración.** Italianismo por **reprobación** o **censura** (*La Iglesia expresó su deploración por la ley que propicia el aborto*).

deponer. v. irreg. tr. 'Privar a una persona de su empleo o degradarla'; 'atestiguar'; 'declarar'. Rég. prep.: **deponer de** (***deponer de*** *su cargo*); **deponer contra** (***deponer contra*** *el denunciante*); **deponer en** (***deponer en*** *el juicio*). Su participio es irregular (***depuesto***). Se conjuga como **poner**.

de por ahí. loc. adj. con que se denota 'ser común y poco recomendable alguna cosa' (*Es un empleo* ***de por ahí***). → **ahí**

depositar. v. tr. Rég. prep.: **depositar en** (***depositar*** *algo* ***en*** *manos de alguno*; ***depositar en*** *la mesa*). No debe construirse con **a** (*depositar a alguno su fe o su confianza*).

depósito. sust. m. Es un galicismo emplear *reservorio* para indicar la 'cavidad o depósito en que se almacena un líquido'.

deprecar. v. tr. 'Rogar'. → **sacar**

depreciar. v. tr. Se conjuga, en cuanto al acento, como **cambiar**.

deprisa. adv. m. Puede escribirse en dos palabras: **de prisa** (loc. adv.).

dequeísmo. sust. m. 'Empleo indebido de la locución **de que**, cuando el régimen del verbo sólo admite **que**'. El objeto directo en forma de proposición que sigue a verbos que indican pensamiento o expresión, como **aclarar**, **afirmar**, **apreciar**, **creer**, **comprender**, **decir**, **declarar**, **estimar**, **imaginar**, **juzgar**, **opinar**, **pensar**, **suponer**, etc., se construyen con **que**, no con *de que*. Correcto: ***Aclaro que*** *no fue mi intención*. Incorrecto: *Aclaro de que no fue mi intención*. Un modo práctico de evitar las vacilaciones es simplificar la oración y reemplazar la proposición sustantiva por un pronombre (*esto*, *aquello*, etc.). Por ejemplo: *Aclaro esto*. En este caso, se construye la proposición sustantiva solamente con **que** (***Aclaro que*** *no iré*). Si digo *Aclaro de esto*, estoy expresando que ***Aclaro acerca de*** *esto*, en que el significado cambia. Otros verbos y frases verbales (**acordarse**, **alegrarse**, **convencerse**, **estar seguro**, etc.) requieren necesariamente la construcción **de que** (***Me acuerdo de que*** *no lo hizo*). Omitir, en estos casos, la preposición **de** es incurrir en el defecto contrario, que se denomina "queísmo". → **queísmo**

derbi. sust. m. Voz inglesa (*derby*) españolizada. Su plural es **derbis**. No debe escribirse, en español, *derby*, que es la grafía extranjera.

derechito. adv. modo. 'Derechamente' (*Va* ***derechito***).

derecho, cha. p. irreg. de **dirigir**. adj. 'Recto, sin torcerse a un lado ni a otro'. Ú. t. c. sust. m. y f.: **el derecho**, **la derecha**. Rég. prep.: **derecho a** (***derecho a*** *la intimidad*, ***a*** *vivir tranquilo*; *No hay* ***derecho a*** *que nos insulten*); **derecho de** (***derecho de*** *réplica*, ***de*** *vivir tranquilo*; *No hay* ***derecho de*** *que nos insulten*). Muchas veces esta palabra se confunde con **obligación**, un barbarismo semántico. Incorrecto: *No tiene obligación de decirme esto*. Correcto: *No tiene* ***derecho*** *de decirme esto*. Su diminutivo es **derechito, ta** (*Su conducta es* ***derechita***). Abreviaturas: ***dcho.*** y ***dcha.***

derivar. v. intr. Ú. t. c. prnl. Rég. prep.: **derivar** o **derivarse a** o **hacia** (***derivar*** o ***derivarse a*** o ***hacia*** *la izquierda*); **derivar** o **derivarse de** (***derivar*** o ***derivarse de*** *lo expresado*). No debe construirse con **en**: *Tus argumentos no deben derivar o derivarse en tonterías*. Lo correcto, en este caso, es emplear **desembocar**: *Tus argumentos no deben* ***desembocar en*** *tonterías*.

dermis. sust. f. Se usa la misma forma para el singular y el plural: **las dermis**.

-dero, ra. suf. de sustantivos y adjetivos verbales. Aparece en las formas **-adero**, **-edero**, **-idero**, de acuerdo con la conjugación del verbo (***paradero***, ***tendedero***, ***venidero***). En los adjetivos, indica 'posibilidad' y, a veces, 'necesidad' (***casadero***, ***perecedero***, ***venidero***). En los sustantivos, sobre todo masculinos, señala el 'lugar donde se realiza la acción' (***matadero***, ***vertedero***, ***mentidero***). En los sustantivos femeninos indica, generalmente, el 'instrumento' (***podadera***, ***regadera***). En los femeninos en plural, denota, a veces, 'capacidad' (***entendederas***).

derogación. sust. f. 'Abolición de una ley'. No debe emplearse *derogamiento*, sin registro académico.

derogar. v. tr. Es incorrecto *derrogar*, una voz inexistente. → **pagar**

derramar. v. tr. Ú. t. c. prnl. Rég. prep.: **derramar** o **derramarse en** o **por** (***derramar*** o ***derramarse en*** *el piso* o ***por*** *el piso*).

derredor. sust. m. 'Circuito o contorno de una cosa'. **al derredor**. loc. adv. poco usada; equivale a los adverbios de lugar **alderredor** o **alrededor**. Esta última forma es la preferida por la Academia. **en derredor**. loc. adv. que significa lo mismo que **al derredor**, pero cuyo empleo es, sobre todo, literario. Rég. prep.: **al derredor** o **en derredor de** (***Al derredor*** o ***en derredor de*** *la casa había una verja*). Es incorrecto el uso de la preposición **a** (en derredor a). → **alrededor**

derrenegar. v. irreg. intr. fam. 'Aborrecer'. Rég. prep.: **derrenegar de** (***derrenegar de*** *alguien* o ***de*** *algo*). Se conjuga como **negar**.

derrengar. v. tr. 'Descaderar'; 'inclinar más a un lado que a otro'. Si bien antiguamente este verbo fue irregular y diptongaba la **e** en posición tónica, como lo hace **acertar**, hoy se conjuga como regular. → **pagar**

derretir. v. irreg. tr. Es un vulgarismo pronunciar [derritir]. Se conjuga como **pedir**.

derribar. v. tr. Rég. prep.: **derribar de** (***derribar*** *del caballo*); **derribar en** o **por** (***derribar en*** o ***por*** *tierra*).

derrocamiento. sust. m. 'Acción y efecto de derrocar'. No debe usarse derrocación, un neologismo.

derrocar. v. tr. Este verbo debe conjugarse como regular, pero, a veces, se encuentran formas con diptongación de la **o** tónica en **ue**, como lo hace **sonar**, porque, hasta el siglo XVII, su conjugación fue irregular. Rég. prep.: **derrocar de** (***derrocar*** *del trono*); **derrocar en** o **por** (***derrocar en*** o ***por*** *tierra*). → **sacar**

derruir. v. irreg. tr. Repárese en que el infinitivo no lleva tilde sobre la **i**. Se conjuga como **huir**.

des-. pref. de or. lat. Denota 'negación o inversión del significado del simple' (***desabotonar***, ***desabrigar***, ***desconfiar***, ***deshacer***); 'privación' (***desabejar***); 'exceso o demasía' (***deslenguado***); 'fuera de' (***deshora***). A veces, indica 'afirmación' (***despavorir***).

desabarrancar. v. tr. 'Sacar de un barranco o pantano lo que está atascado'; fig. 'sacar de una dificultad'. → **sacar**

desabastecer. v. irreg. tr. Ú. t. c. prnl. Se conjuga como **parecer**.

desabrigar. v. tr. Ú. t. c. prnl. Su postverbal es **desabrigo** (sust. m.). → **pagar**

desabrir. v. tr. defect. 'Dar mal gusto a la comida'. fig. 'Disgustar'. Se emplea sólo en infinitivo y en participio. Su participio es irregular (***desabrido***). Ú. t. c. prnl. Rég. prep.: **desabrirse con** (***desabrirse con*** *los subordinados*).

desacertar. v. irreg. intr. Se conjuga como **acertar**.

♦ **desacompasado.** Barbarismo por **descompasado**.

desacordar. v. irreg. tr. Se conjuga como **sonar**.

desacreditar. v. tr. Ú. t. c. prnl. Rég. prep.: **desacreditar a** alguien o **desacreditarse con** o **para con** (***desacreditar a*** *Pedro* ***con*** o ***para con*** *los jefes*; ***desacreditarse con*** o ***para con*** *los superiores*); **desacreditar** o **desacreditarse en** (***desacreditar*** o ***desacreditarse en*** *el ejercicio de su profesión*); **desacreditar** o **desacreditarsc entre** (***desacreditar*** o ***desacreditarse entre*** *sus pares*).

♦ **desactualizarse.** Es un neologismo, al igual que su participio desactualizado, da. Deben reemplazarse por **no actualizarse** y **sin actualizar**, respectivamente.

desadormecer. v. irreg. tr. Ú. t. c. prnl. Se conjuga como **parecer**.

desadvertir. v. irreg. tr. p. us. 'No reparar, no advertir una cosa'. Se conjuga como **sentir**.

desaferrar. v. irreg. tr. Ú. t. c. prnl. Se conjuga como **acertar**.

desafiar. v. tr. Se conjuga, en cuanto al acento, como **guiar**.

desaforar. v. irreg. tr. 'Quebrantar los fueros'; 'privar a alquien del fuero o exención que goza'. v. prnl. 'Descomponerse, atreverse, descomedirse'. Se conjuga como **sonar**.

desafortunado, da. adj. 'Sin fortuna'. La Academia ha incorporado recientemente la acepción de 'desacertado, inoportuno' (*Su intervención en el debate fue* ***desafortunada***). También pueden decirse **infortunado, da** (adj.) y **desgraciado, da** (p. de **desgraciar** o **desgraciarse**; adj.). Ú. t. c. sust. m. y f.

desagradable. adj. Rég. prep.: **desagradable a** (*desagradable a la vista*); **desagradable con, para** o **para con** (***desagradable con, para*** o ***para con*** *sus vecinos*).

desagradecer. v. irreg. tr. Se conjuga como **parecer.**

desagradecido, da. adj. Rég. prep.: **desagradecido a** (***desagradecido a*** *los favores recibidos*); **desagradecido con** o **para con** (***desagradecido con*** o ***para con*** *sus padres*).

desagraviar. v. tr. Se conjuga, en cuanto al acento, como **cambiar**.

desagregar. v. tr. Ú. t. c. prnl. Rég. prep.: **desagregar** o **desagregarse de** (***Desagregar*** o ***desagregarse*** *un vagón* ***del*** *tren*). → **pagar**

desaguar. v. tr. Ú. t. c. prnl. Rég. prep.: **desaguar** o **desaguarse en** (***desaguar*** o ***desaguarse en*** *el mar*); **desaguar** o **desaguarse por** (***desaguar*** o ***desaguarse por*** *el canal*). Se conjuga, en cuanto al acento, como **adecuar**. → **averiguar, aguar**

desahogar. v. tr. Ú. t. c. prnl. Rég. prep.: **desahogar** o **desahogarse con** (***desahogar*** o ***desahogarse con*** *los amigos*); **desahogarse de** (***desahogarse de*** *su pena*); **desahogar** o **desahogarse en** (***desahogar*** o ***desahogarse en*** *injurias*). → **pagar**

desahuciar. v. tr. Ú. t. c. prnl. Se conjuga, en cuanto al acento, como **cambiar**. En cuanto al grupo **au**, sigue el modelo de **causar** [desáucio, desáucias, etc.].

desahumar. v. tr. Nótese que el acento prosódico cae sobre la **u** (*desahúmo, desahúmas*, etc.). → **aunar**

desairar. v. tr. → **airar**

desaislarse. v. prnl. → **airar**

desalentar. v. irreg. tr. Ú. t. c. prnl. Se conjuga como **acertar.**

desalinear. v. tr. 'Hacer perder la línea recta'. Ú. t. c. prnl. No debe pronunciarse [desaliniar, desalinié]. → **-ear**. Tampoco debe confundirse con **desaliñar** (v. tr.).

♦ **desalinizar.** Este verbo carece de registro en el ***Diccionario***. Es un neologismo que debe reemplazarse por **desalar**, 'quitar la sal'. Son correctas, en cambio, las formas **desalinización**; (sust. f.), que es sinónimo de **desalación**; **desalinizador, ra** (adj.), que se aplica al 'método usado para eliminar la sal', y **desalinizadora** (sust. f.), que designa la 'instalación industrial donde se lleva a cabo el proceso de desalar'.

desaliñar. v. tr. 'Descomponer, ajar el adorno, atavío o compostura'. → **desalinear**

desalojar. v. tr. Rég. prep.: **desalojar de** (***desalojar de*** *la casa*). Ú. t. c. intr. 'Dejar voluntariamente el hospedaje, sitio o morada'.

desamoblar o **desamueblar.** v. tr. Es más frecuente la segunda forma, preferida por la Academia, en que el verbo es regular. En cambio, la otra, **desamoblar**, es un verbo irregular que se conjuga como **sonar**.

desamortizar. v. tr. Su postverbal es **desamortización** (sust. f.). → **cazar**

desanclar o **desancorar.** v. tr. Según la Academia es preferible la segunda forma, pero se oye más la primera.

desandar. v. irreg. tr. Se conjuga como **andar**. Por descuido, a veces, se olvida la irregularidad y se incurre en vulgarismos: desandé (por ***desanduve***), desandaron (por ***desanduvieron***), etc.

desangramiento. sust. m. 'Acción y efecto de desangrar o desangrarse'. No debe decirse *desangre*, un neologismo condenable.

desaparecer. v. irreg. tr. Ú. t. c. prnl. y c. intr. Se conjuga como **parecer.**

desaparecimiento. sust. m. Equivale a **desaparición** (sust. f.), más frecuente y recomendable.

desapegar. v. tr. Ú. t. c. prnl. → **pagar**

desapercibidamente. adv. m. 'Sin prevención ni apercibimiento'. Es un galicismo usarlo por **inadvertidamente.**

desapercibido, da. adj. 'No apercibido, desprovisto de lo necesario'. Es un galicismo usarlo con el significado de **inadvertido, da:** *En la fiesta, pasó desapercibida*. Correcto: *En la fiesta, pasó* ***inadvertida***.

desaplicación. sust. f. También puede decirse **inaplicación** (sust. f.). La Academia prefiere la primera forma.

desaplicado, da. adj. (*alumno **desaplicado***). Ú. t. c. sust. m. y f.: **el desaplicado, la desaplicada**. También puede decirse **inaplicado, da** (adj).

desaplicar. v. tr. Ú. t. c. prnl. → **sacar**

desaporcar. v. irreg. tr. Se conjuga como **trocar**.

desapretar. v. irreg. tr. Se conjuga como **acertar**.

desaprobar. v. irreg. tr. Se conjuga como **sonar**.

desapropiación. sust. f. Puede decirse, también, **desapropiamiento** (sust. m.). Ambas formas son correctas. El mismo significado expresa **desapropio** (sust. m.), pero es poco usado.

desapropiarse. v. prnl. 'Desposeerse uno del dominio sobre lo propio'. Rég. prep.: **desapropiarse de** (***desapropiarse de algo***). Se conjuga, en cuanto al acento, como **cambiar**.

desarme. sust. m. 'Acción y efecto de desarmar o desarmarse'. La Academia registra, también, para el mismo concepto, los sinónimos **desarmamiento** (m.) y **desarmadura** (f.), poco usados.

desarraigar. v. tr. Ú. t. c. prnl. Rég. prep.: **desarraigar** o **desarraigarse de** (***desarraigar** o **desarraigarse del** suelo patrio*). → **pagar**

desarrapado, da o **desharrapado, da.** adj. La Academia prefiere la segunda grafía.

desarrendar. v. irreg. tr. 'Dejar una finca que se tenía tomada en arrendamiento'; 'hacer dejar una finca que se tenía en arrendamiento'. Tiene un homónimo, también irregular, que significa 'quitar la rienda al caballo'. Ú. t. c. prnl. Se conjugan ambos como **acertar**.

desarrollo. sust. m. 'Acción y efecto de desarrollar o desarrollarse'. La Academia no registra *desarrollamiento*, un neologismo censurable.

desarrugar. v. tr. Ú. t. c. prnl. → **pagar**

desasir. v. irreg. tr. 'Soltar'. Ú. t. c. prnl. fig. 'Desprenderse'. Rég. prep.: **desasir** o **desasirse de** (***desasirse de** las ataduras*). Se conjuga como **asir**.

desasociar. v. tr. p. us. 'Disolver una asociación'. Se conjuga, en cuanto al acento, como **cambiar**.

desasosegar. v. irreg. tr. Ú. t. c. prnl. Se conjuga como **acertar**.

desatar. v. tr. Ú. t. c. prnl. Rég. prep.: **desatar a** alguien **de** o **desatarse de** (***desatar a** Pedro **de** sus ligaduras* o ***desatarse de** las ligaduras*); **desatar** o **desatarse en** (***desatar** o **desatarse en** improperios*).

desatascar. v. tr. Ú. t. c. prnl. → **sacar**

desataviar. v. tr. Se conjuga, en cuanto al acento, como **guiar**.

desatender. v. irreg. tr. Se conjuga como **tender**.

desaterrar. v. irreg. tr. Amér. 'Desembarazar de escombros o tierras un lugar para allanarlo'. Equivale a **escombrar**. Se conjuga como **acertar**.

desatornillador o **destornillador.** sust. m. La primera forma se oye, sobre todo, en algunas regiones de América. La Academia prefiere la segunda.

desatornillar o **destornillar.** v. tr. 'Sacar un tornillo dándole vueltas'. Las dos formas son correctas.

desavenencia. sust. f. 'Oposición, discordia, contrariedad'. Es un barbarismo *desaveniencia*.

desavenir. v. irreg. tr. 'Desconcertar, desconvenir'. Ú. t. c. prnl. Rég. prep.: **desavenirse con** (***desavenirse con** los amigos*); **desavenirse de** (***desavenirse de** los demás*); **desavenirse entre** (***desavenirse entre** compañeros*). Se conjuga como **venir**.

desayunar. v. intr. 'Tomar el desayuno' (***No he desayunado***). Ú. t. c. prnl. y c. tr. (***No me he desayunado**; **Me desayuné** un café y tostadas*; ***Desayuné** un café con leche*). v. prnl. fig. 'Dicho de un suceso o acontecimiento, tener la primera noticia de aquello que se ignoraba' (***Nos desayunamos** de su muerte esta mañana*). "El uso pronominal (especialmente intransitivo) –dice Seco– es raro en España; no lo es, en cambio, en América." Rég. prep.: **desayunarse con** (***desayunarse con** café*) y **desayunarse de** (***desayunarse de** un suceso*).

desazón. sust. f. Es incorrecto atribuirle género masculino y decir *el desazón*, un vulgarismo.

desbancar. v. tr. → **sacar**

desbarahustar. v. tr. Se coloca tilde sobre la **u** cuando el acento, en la flexión, recae sobre ella (*desbarahústo*, etc.). Equivale a **desbarajustar**, de uso mucho más fecuente. La forma **desbaraustar**, que también existe, es anticuada.

desbarahúste. sust. m. 'Confusión, desorden'. Repárese en la tilde sobre la **u**. Puede decirse, también, **desbarajuste**, que significa lo mismo y es mucho más común.

desbarajustar. v. tr. 'Alterar el orden o buen concierto de una cosa'. Su sinónimo, según la Academia, es **desordenar**. → **desbarahustar**

desbarajuste. sust. m. → **desbarahúste**

desbarate o **desbarato.** sust. m. 'Acción y efecto de desbaratar'. Son correctas ambas formas.

desbastar. v. tr. 'Quitar las partes más bastas a una cosa'; 'gastar, disminuir'; 'quitar la incultura, la grosería' (fig.). Ú. t. c. prnl. Distíngase de **devastar** ('destruir territorios'), que muchos, por confusión de prefijo, convierten en el incorrecto *desvastar*. → **devastar**

desbautizarse. v. prnl. fam. fig. 'Irritarse, impacientarse mucho'. Es un barbarismo semántico atribuirle el significado de 'renegar de la religión cristiana o del baustismo recibido'. → **cazar**

desbocar. v. tr. 'Romper la boca a alguna cosa'. v. intr. Equivale a **desembocar**. 'Dar de sí el cuello o las mangas de una prenda de vestir'. Ú. t. c. prnl. (***Se le desbocó el cuello***). v. prnl. 'Hacerse una caballería insensible al freno y dispararse'; fig. 'Desvergonzarse'.

desbordamiento. sust. m. 'Acción y efecto de desbordar o desbordarse'. No debe emplearse, en su reemplazo, *desborde*, sin registro académico.

desbordar. v. intr. Ú. t. c. prnl. y tr. fig. Rég. prep.: **desbordar** o **desbordarse en** (***desbordar*** o ***desbordarse en*** *el suelo*, ***en*** *improperios*); **desbordar** o **desbordarse por** (***desbordar*** o ***desbordarse por*** *el jardín*).

desbotonar. v. tr. Amér. 'Quitar los botones y las guías a las plantas, en particular a las del tabaco'. No debe usarse por **desabotonar**, que significa 'desabrochar'.

desbravecer. v. irreg. intr. Significa lo mismo que **desbravar** (v. tr. Ú. t. c. prnl.), 'amansar, aplacar la cólera'. Ú. t. c. prnl. Se conjuga como **parecer**.

desbrozar. v. tr. 'Limpiar'. → **cazar**

descabalar. v. tr. 'Quitar o perder algunas de las partes o piezas precisas para construir una cosa'. Ú. t. c. prnl. Rég. prep.: **descabalar** o **descabalarse con, en** o **por** (***descabalar*** o ***descabalarse con, en*** o ***por*** *algo*).

descabalgar. v. intr. Ú. t. c. prnl. Rég. prep.: **descabalgar de** (***descabalgar de*** *la caballería*). → **pagar**

descabezar. v. tr. Ú. t. c. prnl. fig. fam. 'Calentarse la cabeza por averiguar algo'. Con este uso, equivale a **descalabazarse** (v. prnl.). Rég. prep.: **descabezarse con** o **en** (***descabezarse con*** o ***en*** *una dificultad*). → **cazar**

descabullirse. v. prnl. Es más frecuente usar la forma **escabullirse** (v. prnl.), su sinónimo. Se conjuga como **bruñir**.

descaer. v. irreg. intr. Significa lo mismo que **decaer** (v. irreg. intr.), mucho más usado. → **caer**

descafeinar. v. tr. 'Extraer o reducir el contenido de cafeína en el café'; 'mermar o atenuar lo que se considera peligroso o violento' (fig.). Es voz de reciente admisión en el ***Diccionario***. → **airar**.

descalabrar. v. tr. 'Herir en la cabeza o en otras partes del cuerpo'; 'causar daño o perjuicio grave' (fig.). Ú. t. c. prnl. Rég. prep.: **descalabrar** o **descalabrarse a** (***descalabrar*** o ***descalabrarse a*** golpes); **descalabrar** o **descalabrase con** (***descalabrar*** o ***descalabrarse con*** *un palo*). El mismo significado tiene **escalabrar** (v. tr. Ú. t. c. prnl.), pero es poco usado.

descalcificación. sust. f. También se registra **decalcificación** (sust. f.), pero se prefiere la otra forma.

descalcificar. v. tr. Ú. t. c. prnl. Puede decirse, también, **decalcificar**, pero se prefiere la primera forma. → **sacar**

descalificación. sust. f. Es incorrecta la forma *decalificación*, sin registro académico.

descalificar. v. tr. Es incorrecta la forma *decalificar*, que algunos usan. → **sacar**

descalzar. v. tr. Ú. t. c. prnl. → **cazar**

descamar. v. tr. Con el significado de 'quitar las escamas a los peces', equivale a **escamar** (v. tr. Ú. m. c. prnl). Ú. t. c. prnl. En su uso pronominal, vale por 'caerse la piel en forma de escamillas'.

descambiar. v. tr. 'Devolver lo comprado a cambio de dinero u otro artículo'. Es sinónimo, según la Academia, de **destrocar** (v. tr.). No debe emplearse como equivalente de **cambiar**, pues significa exactamente lo contrario ('deshacer el cambio'). En América, 'convertir billetes o monedas grandes en dinero menudo equivalente o viceversa'. Se conjuga, en cuanto al acento, como **cambiar**.

descampado, da. p. de **descampar**. adj. 'Terreno descubierto, libre de malezas'. Ú. t. c. sust. m. (*Eligió un **descampado** para construir la casa*). **en descampado**. loc. adv. 'A campo raso, a cielo descubierto, en sitio libre de tropiezos'.

descampar. v. tr. Significa lo mismo que **escampar**. La Academia prefiere esta segunda forma, pero, en la Argentina, es común la primera. → **escampar**

descangallar o **descangayar.** v. tr. 'Descoyuntar, descomponer'. Ú. t. c. prnl. Las dos grafías son correctas. Es voz de reciente admisión en el ***Diccionario***.

descansar. v. intr. Ú. t. c. tr. Rég. prep.: **descansar de** (***descansar de** la fatiga*); **descansar en** (***descansar en** los hijos*); **descansar sobre** (***descansar sobre** pilares o columnas*).

descapitalizar. v. tr. Ú. t. c. prnl. → **cazar**

descargar. v. tr. Rég. prep.: **descargar contra** (***descargar contra** los subordinados*); **descargar en** (***descargar en** los compañeros*); **descargar sobre** (***descargar sobre** sus hijos*). Ú. t. c. prnl. Rég. prep.: **descargarse con** (***descargarse con** su mujer*); **descargarse de** (***descargarse de** sus obligaciones*). En algunas acepciones, se usa como intransitivo. Su 'acción y efecto' es **descarga** (sust. f.). → **pagar**

descargo. sust. m. 'Acción de descargar'. No debe confundirse con **descargue** (sust. m.), que significa sólo 'descarga de un peso o transporte' (*La operación de **descargue** se realizó en pocas horas*). Incorrecto: *Ése fue su descargue ante el juez*. Correcto: *Ése fue su **descargo** ante el juez.*

descarozar. v. tr. Amér. 'Quitar el carozo a las frutas'. → **cazar**

descarriar. v. tr. Se conjuga, en cuanto al acento, como **guiar**.

descendencia. sust. f. colect. 'Conjunto de hijos, nietos y demás generaciones sucesivas por línea recta descendente'; 'linaje, estirpe'. Su antónimo es **ascendencia**.

descendente. p. a. de **descender**. adj. 'Que desciende, baja o disminuye' (*Los números van en progresión **descendente***). No debe confundirse el uso de esta voz, un adjetivo, con el del sustantivo común **descendiente**. Su antónimo es **ascendente**. → **descendiente**

descender. v. irreg. intr. Rég. prep.: **descender a** (***descender a** la cueva*); **descender de** (***descender de** la escalera, **de** un linaje*); **descender en** (***descender en** aprecio, **en** línea recta*); **descender por** (***descender por** el ascensor, **por** su estirpe*). Se conjuga como **tender**.

descendiente. p. a. de **descender**. 'Que desciende o procede'. sust. com.: **el descendiente, la descendiente**, 'persona que desciende de otra, hijo, nieto, bisnieto, etc.'. Es incorrecto, por lo tanto, decir *la descendienta*. Su antónimo es **ascendiente**. No debe confundirse con **descendente**, 'que baja o disminuye', usado, sobre todo, como adjetivo, mientras que el empleo más común de **descendiente** es como sustantivo. → **descendente**

descentralizar. v. tr. → **cazar**

desceñir. v. irreg. tr. Ú. t. c. prnl. Se conjuga como **teñir**.

desciframiento. sust. m. 'Acción y efecto de descifrar'. La voz **descifre** significa exactamente lo mismo y, según la Academia, es preferible, opinión que no comparten muchos hablantes, que se inclinan por la primera.

descifrar. v. tr. No debe usarse la forma *decifrar*, un anglicismo.

descimentar. v. irreg. tr. Se conjuga como **acertar**.

descocar. v. tr. 'Quitar a los árboles los cocos o insectos que los dañan'. → **sacar**

descocarse. v. pr. fam. 'Manifestar desparpajo y descaro'. → **sacar**

descodificación. sust. f. Es correcta, también, la forma **decodificación** (sust. f.). La Academia prefiere la primera. Algunos lingüistas usan, con el significado de esta voz, el neologismo *decodaje*, sin registro en el ***Diccionario***.

descodificar. v. tr. Puede decirse, también, **decodificar**, pero la Academia prefiere la forma con **des-**. → **sacar**

descolgar. v. irreg. tr. Ú. t. c. prnl. Rég. prep.: **descolgarse a** (***descolgarse a*** *la calle*); **descolgarse con** (***descolgarse con*** *una mala noticia*); **descolgarse de** (***descolgarse de*** *un balcón*); **descolgarse por** (***descolgarse por*** *la pared*). Se conjuga como **colgar**. → **pagar**

descollar. v. irreg. intr. Ú. t. c. prnl. Significa lo mismo que **sobresalir**. Rég. prep.: **descollar en** (***descollar en*** *sabiduría*); **descollar entre** o **sobre** (***descollar entre*** o ***sobre*** *los demás*). Se conjuga como **sonar**.

descolocar. v. tr. Ú. t. c. prnl. → **sacar**

descolonizar. v. tr. 'Poner fin a una situación colonial'. → **cazar**

descolorar. v. tr. 'Quitar o amortiguar el color. Ú. t. c. prnl. Es correcta, también, la forma **decolorar** (v. tr. Ú. t. c. prnl.), pero la Academia prefiere la primera.

descolorido, da. p. de **descolorir**. adj. 'De color pálido o bajo en su línea'. Puede usarse, en su reemplazo, **descolorado, da**, participio de **descolorar**, pero es preferible la primera forma. → **descolorir**

descolorir. v. tr. defect. p. us. Se usa, normalmente, en su reemplazo, **descolorar**, salvo en las formas que tienen **i** después de la raíz; pero su empleo, casi con exclusividad, se limita al infinitivo y al participio. → **abolir**

descomedirse. v. irreg. prnl. 'Faltar al respeto de obra o de palabra'. Rég. prep.: **descomedirse con** (***descomedirse con*** *una persona*); **descomedirse en** (***descomedirse en*** *palabras*). Se conjuga como **pedir**.

descompasado, da. p. de **descompasarse**. Ú. t. c. adj. No debe usarse *desacompasado*, un barbarismo.

descompasarse. v. prnl. Significa, en sus dos acepciones, lo mismo que **descomedirse** y que **perder el compás**. Incorrecto: *desacompasarse*.

descomponer. v. irreg. tr. Ú. t. c. prnl. El participio es irregular (***descompuesto***). Se conjuga como **poner**.

desconceptuar. v. tr. Ú. t. c. prnl. Se conjuga, en cuanto al acento, como **actuar**.

desconcertar. v. irreg. tr. Ú. t. c. prnl. Rég. prep.: **desconcertarse con** (***desconcertarse con*** *su conducta*). Se conjuga como **acertar**.

desconfiar. v. intr. Rég. prep.: **desconfiar de** (***desconfiar de*** *alguien* o ***de*** *algo*). Se conjuga, en cuanto al acento, como **guiar**.

desconforme. adj. p. us. La Academia prefiere **disconforme** (adj. Ú. t. c. sust. com.), que tiene el mismo significado, pero ambos son correctos. También puede decirse **inconforme** (adj. Ú. t. c. sust. com.). Rég. prep.: **desconforme con** (***desconforme con*** *la tarea*).

desconformidad. sust. f. La Academia prefiere **disconformidad** (sust. f.), que tiene el mismo significado.

desconocer. v. irreg. tr. Ú. t. c. prnl. Se conjuga como **conocer**.

desconocido, da. p. de **desconocer**. adj. 'Ingrato'; 'ignorado'. Ú. t. c. sust. m. y f.: **el desconocido, la desconocida.** 'Irreconocible'. Rég. prep.: **desconocido a** (***desconocido a*** *nuestras costumbres*); **desconocido de** (***desconocido de*** *todos*); **desconocido para** (***desconocido para*** *nosotros*).

desconsolar. v. irreg. Ú. t. c. prnl. Se conjuga como **sonar**.

descontado, da. p. de **descontar**. **por descontado**. loc. fam. 'Por supuesto, sin duda alguna'. Es correcta, también, la locución **por de contado**, de igual significación; pero, como dice Seco, "es mucho más usual la primera".

descontar. v. irreg. tr. Rég. prep.: **descontar de** (*descontar de la factura*). Se conjuga como **sonar**.

descontento, ta. adj. 'Insatisfecho'. Rég. prep.: **descontento con** (*descontento con los resultados*); **descontento de** (*descontento de sí*). sust. m. 'Disgusto, desagrado'.

descontinuar. v. tr. Es más usual **discontinuar** (v. tr.), que significa lo mismo y es la forma que prefiere la Academia. Se conjuga, en cuanto al acento, como **actuar**.

descontinuo, nua. adj. Es mucho más usual **discontinuo, nua** (adj.), que significa lo mismo y que prefiere la Academia.

descontrolarse. v. prnl. 'Perder el dominio de sí mismo'; 'perder el ritmo normal un aparato'. Este verbo, antes censurado de anglicismo, ha sido admitido por la Academia.

desconvenir. v. irreg. intr. Ú. t. c. prnl. Se conjuga como **venir**.

desconvocar. v. tr. 'Anular la convocatoria a una huelga, manifestación o reunión'. En otros casos, se aconseja emplear **revocar, anular, suspender** (*Se suspendió, anuló* o *revocó el llamado a concurso*).

descornar. v. irreg. tr. Se conjuga como **sonar**.

descortezar. v. tr. Ú. t. c. prnl. → **cazar**

descoser. v. tr. 'Soltar, cortar, desprender las puntadas de las cosas que estaban cosidas'. No debe confundirse su grafía con la de su homófono **descocer** (v. tr.), 'digerir la comida', poco usado.

descote. sust. m. p. us. Se prefiere **escote** (sust. m.), que significa lo mismo.

descrecer. v. irreg. intr. Se usa más la forma **decrecer**, preferida por la Academia. Se conjuga como **parecer**. → **decrecer**

descreer. v. tr. Es incorrecto <u>decreer</u>. Rég. prep.: **descreer de** (*descreer de todo*); **descreer en** (*descreer en religión*). → **leer**.

describir. v. irreg. tr. Su única irregularidad consiste en sus participios no regulares. Uno (*descripto*), poco usado, y el otro (*descrito*), de empleo más generalizado y preferido por la Academia. Es un vulgarismo, por lo tanto, decir <u>describido</u>: *Lo ha <u>describido</u> en el primer capítulo.* Correcto: *Lo ha **descrito**, o **descripto**, en el primer capítulo.*

descripción. sust. f. Es un vulgarismo no mantener el grupo culto **pc** y pronunciar [descrición].

descuajaringar. v. tr. Ú. t. c. prnl. 'Desvencijar' (*No **descuajaringues** los libros*). v. prnl. fig. 'Relajarse el cuerpo por el cansancio'. Ú. sólo hiperbólicamente. La forma **descuajeringar**, ya aceptada por la Academia, es un americanismo. → **pagar**

descuajeringado. adj. Amér. 'Desvencijado'; 'descuidado en el aseo y en el vestir'.

descuartizar. v. tr. → **cazar**

descubrir. v. tr. Su participio es irregular (*descubierto*). → **abrir**

descuento. 'Acción y efecto de descontar'; 'rebaja'. Su abreviatura es ***dto.***

descuerar. v. tr. 'Desollar, despellejar'. Ú. m. en América. fig. 'Desacreditar a alguien murmurando gravemente de él'. Incorrecto: <u>descuerear</u>.

descuidar. v. tr. Ú. t. c. intr. y c. prnl. Rég. prep.: **descuidarse de** o **en** (*descuidarse **de** o **en** sus tareas*).

desde. prep. que denota 'el punto de que procede, se origina o ha de empezar a contarse una cosa, un hecho o una distancia, tanto en el espacio como en el tiempo' (***desde** los días de Colón*; ***desde** Buenos Aires*; ***desde** que me operaron*; ***desde** tu casa*). Por este motivo, forma parte de numerosas locuciones adverbiales que indican ese punto de partida (**desde entonces, desde ahora, desde aquí, desde allí**, etc.). En muchos casos, es intercambiable con la preposición **de**, pero **desde** destaca más que aquélla la longitud temporal o espacial (*Viene **de** Salta* o ***desde** Salta*; *El ruido llega **de** abajo* o ***desde** abajo*). Significa, también, 'después de' (***Desde** que llegó mi suegra, no he tenido paz*). **desde luego**. loc. adv. afirmativa que significa 'sin duda, por supuesto' (***Desde luego**, vendré*). **desde ya**. loc. adv. temporal que significa 'ahora mismo, inmediatamente'. → **ya**

Se cometen algunos errores con la preposición **desde**: a) Usarla con significado causal: *Desde que Inés cuida a los niños, es preciso encomendarse a la Providencia*. Correcto: ***Puesto que*** *Inés cuida a los niños, es preciso encomendarse a la Providencia*. Este uso incorrecto es propio de algunos países americanos, pero, sobre todo, del Río de la Plata. En tales casos, corresponde reemplazar ese **desde que** causal por las numerosas conjunciones causales de que dispone nuestra lengua: **ya que**, **puesto que**, **como**, **siendo así que**, **dado que**, etc. b) Emplearla innecesariamente: *Llegó desde hace seis meses*. Correcto: *Llegó hace seis meses*. c) Usarla por **de**: *Lo harás desde hoy a mañana*. Correcto: *Lo harás* ***de*** *hoy a mañana*. Cuando se emplea **desde**, es obligación poner después, como segundo término de la correlación, la preposición **hasta**: *Lo harás* ***desde*** *hoy* ***hasta*** *mañana*; *Atendemos* ***desde*** *las 8* ***hasta*** *las 19*.

Cabe hacer notar, también, que se abusa de esta preposición. Por ejemplo: *Tal como se pretende desde el ministerio, tendremos que foliar las presentaciones*. Es mejor: *Tal como pretende el ministerio, tendremos que foliar las presentaciones*. En otros casos, puede sustituirse con **por** y resulta más elegante. Así, cabe decir: *Las objeciones presentadas por la oposición son muchas*, en vez de *Las objeciones presentadas desde la oposición son muchas*.

desdecir. v. irreg. intr. fig. Ú. t. c. prnl. Rég. prep.: **desdecir** o **desdecirse de** (***desdecir de*** *su origen*; ***desdecirse de*** *lo prometido*). Su participio es irregular (***desdicho***). Se conjuga como **predecir**.

desdén. sust. m. Su plural es **desdenes**.

desdeñoso, sa. adj. Ú. t. c. sust. m. y f. Rég. prep.: **desdeñoso de** (***desdeñoso de*** *su prosapia*, ***de*** *los méritos ajenos*).

desdichado, da. adj. Equivale a **desgraciado**. Ú. t. c. sust. m. y f. Rég. prep.: **desdichado de** (***desdichado de*** *mí*); **desdichado en** (***desdichado en*** *su trabajo*); **desdichado para** (***desdichado para*** *elegir colaboradores*).

desecación. sust. f. 'Acción y efecto de desecar o desecarse' (*Procederemos a la* ***desecación*** *del lago*). Puede reemplazarse por **desecamiento** (sust. m.) y por **disecación** (sust. f.), que tienen el mismo significado.

desecante. p. a. de **desecar**. 'Que deseca'. Ú. t. c. sust. com.: **el desecante, la desecante**. No debe decirse *disecante*, un barbarismo. Puede reemplazarse por **desecador, ra** (adj.) y por **disecador, ra** (adj.), que tienen idéntico significado.

desecar. v. tr. 'Secar, extraer la humedad'. Ú. t. c. prnl. Puede reemplazarse por **disecar** (v. tr.): ***Desecaron*** o ***disecaron*** *el lago*. → **sacar**, **disecar**

desechar. v. tr. Rég. prep.: **desechar de** (***desechar de*** *la memoria*, ***de*** *la imaginación*).

desecho. sust. m. 'Sobrante'; 'basura'. No debe confundirse su grafía con la de **deshecho** (p. de **deshacer**). Con el significado de 'senda, atajo', es un americanismo, el que registra, también, la grafía **deshecho**. → **deshecho**

desedificar. v. tr. fig. 'Dar mal ejemplo'. → **sacar**

deseducar. v. tr. 'Hacer perder la educación'. → **sacar**

deselectrizar. v. tr. 'Descargar de electricidad un cuerpo'. → **cazar**

desembalaje. sust. m. No debe usarse, en su reemplazo, *desembalamiento*, sin registro académico.

desembarazar. v. tr. Ú. t. c. prnl. Rég. prep.: **desembarazar** o **desembarazarse de** (***desembarazar*** *la pieza* ***de*** *muebles inútiles*; ***desembarazarse de*** *estorbos*). → **cazar**

desembarcar. v. tr. Ú. t. c. prnl. Rég. prep.: **desembarcar de** (***desembarcar de*** *la nave*); **desembarcar en** (***desembarcar en*** *el muelle*, ***en*** *una isla*). → **sacar**

desembargar. v. tr. → **pagar**

desembebecerse. v. irreg. prnl. 'Recobrarse de la enajenación y arrobamiento de los sentidos'. Se conjuga como **parecer**.

desembocar. v. intr. Rég. prep.: **desembocar en** (***desembocar en*** *la plaza*, ***en*** *el mar*). → **sacar**

desembozar. v. tr. Ú. t. c. prnl. → **cazar**

desembragar. v. tr. 'Desconectar del eje motor un mecanismo'. → **pagar**

desembravecer. v. irreg. tr. Ú. t. c. prnl. Se conjuga como **parecer**.

desembriagar. v. tr. Se conjuga, en cuanto al acento, como **cambiar**. → **pagar**

desembuchar. v. tr. Significa lo mismo que **desbuchar** (v.tr.), pero es de uso mucho más frecuente.

desemejante. adj. 'No semejante, diferente'. Rég. prep.: **desemejante de** (***desemejante de** los otros*).

desempacar. v. tr. → **sacar**

desempalagar. v. tr. Ú. t. c. prnl. → **pagar**

desempedrar. v. irreg. tr. Se conjuga como **acertar**.

desempeñar. v. tr. Ú. t. c. prnl. Además de otras acepciones comunes, en América significa 'actuar, trabajar, dedicarse a una actividad satisfactoriamente' (***Desempeñó** el cargo de ministro*). No debe usarse nunca, en este sentido, como sinónimo de **detentar**, que tiene otro significado. Incorrecto: ***Detentó** el cargo de ministro*. Rég. prep.: **desempeñarse de** (***desempeñarse de** albañil*). → **detentar**

♦ **desemplear**, **desemplearse.** Verbos sin registro en el *Diccionario*. La Academia, sí, acepta, en cambio, **desempleo** (sust. m.) y **desempleado, da** (adj.).

desencaminar. v. tr. Significa lo mismo que **descaminar** (v. tr.), voz que prefiere la Academia.

desencarecer. v. irreg. tr. p. us. Equivale a **abaratar**. Ú. t. c. intr. y prnl. Se conjuga como **parecer**.

desencerrar. v. irreg. tr. Se conjuga como **acertar**.

desencoger. v. tr. 'Extender'. v. prnl. fig. 'Esparcirse'. → **proteger**

desencolerizar. v. tr. Ú. t. c. prnl. → **cazar**

desencordar. v. irreg. tr. Se conjuga como **sonar**.

desencuentro. sust. m. 'Encuentro fallido'; 'desacuerdo'. Es voz de reciente incorporación en el *Diccionario*. La Academia no registra, en cambio, **desencontrarse**, muy usado en la Argentina (***Me desencontré** con mi amigo, porque registré mal el número de la calle*).

desenfocar. v. tr. Ú. t. c. prnl. y c. intr. → **sacar**

desenfurecer. v. irreg. tr. Ú. t. c. prnl. Se conjuga como **parecer**.

desengañar. v. tr. Ú. t. c. prnl. Rég. prep.: **desengañarse de** (***desengañarse de** las vanidades mundanas*).

desengarzar. v. tr. Ú. t. c. prnl. → **cazar**

desengrosar. v. irreg. tr. Ú. t. c. intr. Se conjuga como **sonar**. → **engrosar**

♦ **desenlatar.** Neologismo sin registro en el *Diccionario*. → **deslatar**

desenlazar. v. tr. Ú. t. c. prnl. Su postverbal es **desenlace** (sust. m.). También puede decirse **deslazar** (v. tr.). → **cazar**

desenmohecer. v. irreg. tr. Dicho de personas, ú. t. c. prnl. y en sent. fig. Se conjuga como **parecer**.

desenmudecer. v. irreg. intr. Ú. t. c. tr. Se conjuga como **parecer**.

desenredar. v. tr. Ú. t. c. prnl. Rég. prep.: **desenredarse de** (***desenredarse de** un problema, de una dificultad*). Es un verbo regular, por lo tanto es incorrecto conjugarlo como **acertar**: *desenriedo*, *desenriedas*, etc. Correcto: ***desenredo***, ***desenredas***, etc. → **enredar**

desenredo. sust. m. 'Acción y efecto de desenredar o desenredarse'. No debe decirse *desenriedo*.

desenroscar. v. tr. Ú. t. c. prnl. → **sacar**

desensoberbecer. v. irreg. tr. Ú. t. c. prnl. Se conjuga como **parecer**.

desentenderse. v. irreg. prnl. Rég. prep.: **desentenderse de** (***desentenderse de** su familia, de sus obligaciones*). Se conjuga como **tender**.

desenterramiento. sust. m. El mismo concepto expresa la voz **desentierro** (sust. m.). La Academia prefiere la primera forma.

desenterrar. v. irreg. tr. Rég. prep.: **desenterrar de** (***desenterrar de** la tumba, del olvido*). Se conjuga como **acertar**.

desentorpecer. v. irreg. tr. Ú. t. c. prnl. Se conjuga como **parecer**.

desentumecer. v. irreg. tr. Ú. t. c. prnl. Significa lo mismo que **desentumir** (v. tr. Ú. t. c. prnl.). La Academia prefiere la primera forma. Se conjuga como **parecer**.

desenvolver. v. irreg. tr. Ú. t. c. prnl. Rég. prep.: **desenvolverse de** (*desenvolverse de un obstáculo*); **desenvolverse en** (*desenvolverse en un cargo*). Su participio es irregular (*desenvuelto*). Se conjuga como **volver**.

deseo. sust. m. No debe usarse *deseabilidad*, un neologismo censurable. Rég. prep.: **deseo de** (*deseo de poder*).

deseoso, sa. adj. Rég. prep.: **deseoso de** (*deseoso de ganar amigos*).

desertar. v. intr. Rég. prep.: **desertar a** (*desertar al campo enemigo*); **desertar de** (*desertar de sus principios*).

desertizar. v. tr. 'Convertir en desierto'. Es voz, al igual que **desertización** (sust.f.), de reciente registro en el *Diccionario*. → **cazar**

desespañolizar. v. tr. Ú. t. c. prnl. → **cazar**

desesperanzar. v. tr. 'Quitar la esperanza', v. prnl. 'Quedarse sin esperanza'. → **cazar**

desesperar. v. tr. Equivale a **desesperanzar**. Ú. t. c. intr. y c. prnl. Rég. prep.: **desesperar de** (*desesperar de sus pretensiones, de su suerte*).

♦ **desespumar.** Barbarismo. Corresponde decir **despumar** o **espumar**.

desestabilizar. v. tr. Ú. t. c. prnl. → **cazar**

desestancar. v. tr. → **sacar**

desestimación. sust. f. 'Acción y efecto de desestimar'. Significa lo mismo que **desestima** (sust. f.). La Academia prefiere la primera forma.

♦ **desestimiento.** Es un barbarismo por **desistimiento**.

desfalcar. v. tr. La Academia admite, también, **defalcar**, pero con la indicación de que es poco usado. Debe preferirse la primera forma. → **sacar**

desfalco. sust. m. 'Acción y efecto de desfalcar o defalcar'. No debe decirse *defalco*, sin registro en el *Diccionario*.

desfallecer. v. irreg. intr. Ú. p. c. tr. Rég. prep.: **desfallecer de** (*desfallecer de cansancio*). Se conjuga como **parecer**.

♦ **desfasaje.** Galicismo. → **desfase**

desfase. sust. m. Equivale a **diferencia de fase**. Significa, también, 'acción y efecto de desfasarse'. Muchos usan, en su reemplazo, *desfasaje*, un extranjerismo censurable. Tampoco es correcto *desfasamiento*, sin registro en el *Diccionario*.

desfavorecer. v. irreg. tr. Se conjuga como **parecer**.

♦ **desfenestrar.** Debe decirse **defenestrar**. Lo mismo ocurre con *desfenestración*, cuya forma correcta es **defenestración**.

desflocar. v. irreg. tr. Significa lo mismo que **desflecar** (v. tr.), forma preferida por la Academia y de uso mucho más frecuente, quizá, por su carácter de verbo regular. Se conjuga como **trocar**. → **sacar**

desfogar. v. tr. Ú. t. c.prnl. Rég. prep.: **desfogar** o **desfogarse en** (*desfogar la ira en alguno* o *desfogarse en improperios*). Su postverbal es **desfogue** (sust. m.); no, *desfogo*. → **pagar**

desformar. v. tr. Es mucho más frecuente **deformar** (v. tr. Ú. t. c. prnl.), forma que ha de preferirse en el uso.

desgana. sust. f. 'Inapetencia'; 'tedio, disgusto o repugnancia a alguna cosa'. Puede decirse, también, **desgano** (sust. m.). La Academia prefiere la forma femenina, pero ambas son correctas.

desgarro. sust. m. Su aumentativo es **desgarrón**. No debe usarse *desgarre*, sin registro académico.

desgarrón. sust. m. Es sinónimo de **desgarradura** (sust. f.) La Academia prefiere la primera forma.

desgaste. sust. m. 'Acción y efecto de desgastar o desgastarse', es decir, 'consumirse poco a poco por el uso'. No debe emplearse en su reemplazo **usura**, "impropiedad que cometen algunos médicos –dice Seco– debido a una mala traducción del francés *usure*".

♦ **desgenerar.** Barbarismo. Lo correcto es **degenerar**.

desgobernar. v. irreg. tr. Ú. t. c. prnl. fig. Se conjuga como **acertar**.

desgraciar. v. tr. Ú. t. c. prnl. Se conjuga, en cuanto al acento, como **cambiar**.

desguarnecer. v. irreg. tr. Se conjuga como **parecer**.

♦ **deshabillé.** Galicismo. El ***Diccionario Manual***, aunque con indicación de extranjerismo y con la grafía españolizada **desabillé**, anota que el significado de esta prenda de vestir es 'traje de casa', perífrasis que muchos proponen en su reemplazo. Entendemos que es una voz extranjera innecesaria, por cuanto su equivalente español es **salto de cama** ('bata de mujer –define el ***Diccionario***– que se pone al levantarse de la cama'), frase que, en su connotación, conserva la característica de prenda de vestir femenina, propia de la voz francesa, de la que carece **bata**, otro posible sustituto ('prenda de vestir holgada, con mangas y abierta por delante, que se usa al levantarse y para estar en casa'). → **robe de chambre**

deshabituar. v. tr. Se conjuga, en cuanto al acento, como **actuar**.

deshacer. v. irreg. tr. Ú. t. c. prnl. Rég. prep.: **deshacerse de** (*deshacerse de un enemigo*); **deshacerse en** (*deshacerse en lágrimas*). Su participio es irregular (***deshecho***). Se conjuga como **hacer**.

deshecho, cha. p. irreg. de **deshacer**. adj. 'Dicho de lluvias, temporales, borrascas, etc., impetuoso, fuerte, violento'. Amér. Merid. 'Desaliñado' (*¡Qué* ***deshecha*** *vienes!*). sust. m. Amér. 'Atajo'. Americanismo que admite, también, la grafía sin **h**. No debe confundirse con **desecho** ('basura'), su homófono, salvo en el último caso, que admite la doble grafía. → **desecho**

deshelar. v. irreg. tr. Ú. t. c. prnl. Se conjuga como **acertar**.

desherbar. v. irreg. tr. Se conjuga como **acertar**.

desherrar. v. irreg. tr. Se conjuga como **acertar**.

deshierba. sust. f. Equivale a **desyerba** (sust. f.), forma que prefiere la Academia. Ambas significan lo mismo que **escarda** (sust. f.), mucho más frecuente.

deshoja. sust. f. 'Acción de quitar las hojas a una planta o los pétalos a una flor' (*Trabaja en la* ***deshoja*** *del tabaco*). Equivale a **deshojadura** (sust. f.), voz que prefiere la Academia. También puede decirse **deshojamiento** (sust. m.). → **deshoje**

deshoje. sust. m. 'Caída de las hojas de las plantas' (*El otoño es tiempo de* ***deshoje***). → **deshoja**

deshonesto, ta. adj. 'Impúdico'. El ***Diccionario*** no recoge la acepción, tan usual, de 'falto de honradez', un anglicismo.

deshora. sust. f. 'Tiempo inoportuno, no conveniente'. **a deshora** o **a deshoras**. loc. adv. 'Fuera de sazón o de tiempo'; 'de repente, intempestivamente'. Ambas formas, con **s** o sin ella, son correctas.

deshuesar. v. tr. Puede decirse, también, **desosar** (v. tr.), pero la Academia y los hablantes prefieren la otra forma, que tiene el beneficio de ser regular. No debe decirse *desgüesar*, un vulgarismo.

deshumanizar. v. tr. Su 'acción y efecto' es **deshumanización** (sust. f.). → **cazar**

deshumano, na. adj. Es preferible usar **inhumano, na** (adj.).

deshumedecer. v. irreg. tr. Ú. t. c. prnl. Se conjuga como **parecer**.

desiderata. sust. f. colec. 'Conjunto de lo que se echa de menos, ya sea material o inmaterial' (*Ésa es nuestra* ***desiderata***); 'relación o lista de objetos que se echan de menos o que hacen falta' (*Te elevo la* ***desiderata*** *de los libros que reclaman los lectores*). Es voz de reciente incorporación en el ***Diccionario***. Repárese en que es nombre femenino: **la desiderata, las desideratas**. → **desiderátum**

desiderátum. sust. m. 'Deseo que aún no se ha cumplido'. Repárese en que lleva tilde. En plural: **los desiderátum** (la palabra no varía) o **los desiderata** (forma plural latina). Incorrecto: *desiderátums*.

desimponer. v. irreg. tr. Tiene un participio irregular (***desimpuesto***). Se conjuga como **poner.**

desincentivar. v. tr. 'Disuadir, privar de incentivos'. Este verbo, el sustantivo **desincentivación** (f.) y el adjetivo **desincentivador, ra** son de reciente incorporación en el ***Diccionario***.

desinfección. sust. f. 'Acción y efecto de desinfectar'. No debe emplearse por **desinsectación** (sust. f.) ni decirse desinfeción, un vulgarismo.

desinfectar. v. tr. 'Quitar a una cosa la infección o la propiedad de causarla, destruyendo los gérmenes nocivos o evitando su desarrollo' (***Desinfecté*** *la pinza que usé para la curación del enfermo*). Ú. t. c. prnl. Equivale a **desinficionar** (v. tr. Ú. t. c. prnl.), menos frecuente. *Desinfeccionar*, que algunos usan en su reemplazo, carece de registro académico. No debe decirse *desinfestar*, un vulgarismo, ni usar este verbo para el significado de 'limpiar de insectos o de parásitos del hombre'. → **desinsectar**

desinflamar. v. tr. Ú. t. c. prnl. La Academia no registra ***desinflamación***, de correcta formación y de uso frecuente.

desinformar. v. tr. 'Dar información intencionadamente manipulada al servicio de ciertos fines'; 'dar información insuficiente u omitirla'. Este verbo y el sustantivo **desinformación** (f.) son de registro reciente.

desinhibir. v. tr. Ú. t. c. prnl. Verbo de reciente registro académico, al igual que el sustantivo **desinhibición** (f.) y que los adjetivos **desinhibidor, ra** y **desinhibido, da.**

desinsectación. sust. f. 'Acción y efecto de desinsectar'. No debe confundirse con **desinfección** (sust. f.). Es incorrecto *desinsectización*.

desinsectar. v. tr. 'Limpiar de insectos'. No debe confundirse con **desinfectar** (v. tr.): *Desinfectaron la escuela debido a las pulgas y a los piojos*. Correcto: ***Desinsectaron*** *la escuela debido a las pulgas y a los piojos*. Es incorrecto *desinsectizar*.

desintoxicar. v. tr. Ú. t. c. prnl. y en sent. fig. Su postverbal es **desintoxicación** (sust. f.). → **sacar**

desistimiento. sust. m. 'Acción y efecto de desistir'. Su sinónimo es **desistencia** (sust. f.), mucho menos frecuente. Decir *desestimiento* es un barbarismo.

desistir. v. intr. Rég. prep.: **desistir de** (***desistir de*** *un viaje*, ***de*** *un proyecto*).

desladrillar. v. tr. Equivale a **desenladrillar** (v. tr.), mucho más frecuente.

deslatar. v. tr. 'Quitar las latas o tablas a una casa, embarcación, etc.'. Es incorrecto usar este verbo con el significado de 'sacar o extraer de una lata'.

deslazar. v. tr. Equivale a **desenlazar** (v. tr. Ú. t. c. prnl.). Las dos formas son correctas, pero se usa más la segunda. → **cazar**

desleal. adj. 'Que obra sin lealtad'. Ú. t. c. sust. com.: **el desleal, la desleal**. Rég. prep.: **desleal a** (***desleal a*** *su patria*); **desleal con** o **para** (***desleal con*** o ***para*** *sus amigos*).

desleír. v. irreg. tr. 'Disolver'. Ú. t. c. prnl. Se conjuga como **reír**.

deslenguar. v. tr. 'Quitar o cortar la lengua'. v. prnl. fig. 'Desbocarse'. Se conjuga, en cuanto al acento, como **adecuar** → **averiguar**

desliar. v. tr. 'Desatar lo liado'. Se conjuga, en cuanto al acento, como **guiar**.

desligadura. sust. f. 'Acción y efecto de desligar o desligarse'. No debe usarse en su reemplazo *desligamiento*, sin registro académico.

desligar. v. tr. Ú. t. c. prnl. → **pagar**

deslizar. v. intr. Ú. m. c. prnl. Rég. prep.: **deslizarse a** o **en** (***deslizarse al*** *pozo* o ***en el*** *pozo*); ***deslizarse por*** (***deslizarse por*** *el tobogán*). → **cazar**

deslucir. v. irreg. tr. Ú. t. c. prnl. Se conjuga como **lucir**.

desmallar. v. tr. 'Deshacer o cortar las mallas de una red, tejido, etc.'. No debe confundirse su grafía con la del verbo transitivo **desmayar**, 'desfallecer de ánimo'.

desmantelar. v. tr. La Academia ha aceptado que se lo use con el significado de 'desarticular, desorganizar la autoridad' (***Desmantelarán*** *los escuadrones de la muerte*).

desmaquillar. v. tr. Ú. t. c. prnl. Es verbo, al igual que el adjetivo **desmaquillador, ra**, de incorporación reciente. Incorrecto: *demaquillar*.

desmayar. v. tr. 'Causar desmayo'. v. intr. 'Perder el valor, acobardarse'. v. prnl. 'Perder el conocimiento'. No debe confundirse su grafía con la de **desmallar** (v. tr.).

desmedirse. v. irreg. prnl. Se conjuga como **pedir**.

desmelar. v. irreg. tr. 'Quitar la miel a la colmena'. Se conjuga como **acertar**.

desmembrar. v. irreg. tr. Ú. t. c. prnl. Es censurable el uso de este verbo como regular. Se conjuga como **acertar**.

desmentido, da. p. de **desmentir**. sust. m. y f. 'Acción y efecto de negar la veracidad de algo'. Ú. m. en Amér. Equivale, también, a **mentís**, 'comunicado en que se desmiente algo públicamente'. Seco anota que, si bien **mentís**, **desmentida** y **desmentido** son voces aceptadas por la Academia, la última es un galicismo innecesario.

desmentir. v. irreg. tr. Rég. prep.: **desmentir a** (*desmentir a alguno*); **desmentir de** (*desmentir una cosa de otra, de lleno*). Se conjuga como **sentir**.

desmenuzar. v. tr. Ú. t. c. prnl. → **cazar**

desmerecer. v. irreg. tr. Ú. t. c. intr. Se conjuga como **parecer**.

desmigar. v. tr. También puede decirse **desmigajar** (v. tr. Ú. t. c. prnl.). → **pagar**

desmilitarizar. v. tr. Su postverbal es **desmilitarización** (sust. f.). → **cazar**

desmirriado, da. adj. fam. → **esmirriado**

desmitificar. v. tr. Su postverbal es **desmitificación** (sust. f.). → **sacar**

desmolado, da. adj. 'Que ha perdido las muelas'. Es incorrecto desmuelado.

desmoralizar. v. tr. Ú. t. c. prnl. Su 'acción y efecto' es **desmoralización** (sust. f.). → **cazar**

desnacionalización. sust. f. 'Privatización'. Voz de reciente incorporación académica.

desnarigado, da. p. de **desnarigar**. adj. 'Que no tiene narices o las tiene muy pequeñas'. Ú. t. c. sust. m. y f.: **el desnarigado, la desnarigada**. No debe decirse *desnarizado*, un barbarismo.

desnarigar. v. tr. 'Quitar a alguien las narices'. Es incorrecto *desnarizar*. → **pagar**

desnaturalizar. v. tr. p. us. 'Desterrar'. Ú. t. c. prnl. Su postverbal es **desnaturalización** (sust. f.). → **cazar**

desnucar. v. tr. Ú. t. c. prnl. → **sacar**

desnudar. v. tr. Ú. t. c. prnl. Rég. prep.: **desnudarse de** (*desnudarse de las pasiones*).

desnudismo. sust. m. Significa lo mismo que **nudismo** (sust. m.), de uso mucho más frecuente.

desnudista. adj. Significa lo mismo que **nudista** (adj. Ú. t. c. sust. com.), de uso más frecuente.

desnutrición. sust. f. 'Acción y efecto de desnutrirse'. No corresponde usar *desnutrimiento*, sin registro académico.

desobedecer. v. irreg. tr. Se conjuga como **parecer**.

desobstruir. v. irreg. tr. Se conjuga como **huir**.

desodorante. adj. 'Que destruye los olores molestos'. sust. m. 'Producto que se utiliza para suprimir el olor corporal o de algún recinto'. No debe confundirse con **desodorizante**, que se emplea sólo como adjetivo. Incorrecto: *Compré un desodorizante de ambientes*. Correcto: *Compré un* ***desodorante*** *de ambientes*.

desodorizante. adj. 'Se aplica a la sustancia usada en la industria química, cosmética y alimentaria para desodorizar' (*Este producto incluye un elemento* ***desodorizante***). Esta voz ha sido recién incorporada en el ***Diccionario***. → **desodorante**

desodorizar. v. tr. Es voz recién recogida en el ***Diccionario***. → **cazar**

desoír. v. irreg. tr. Se conjuga como **oír**.

desojar. v. tr. 'Romper el ojo de un instrumento'. Ú. t. c. prnl. (*Se* ***desojó*** *la aguja*). prnl. fig. 'Esforzar la vista mirando o buscando algo'. No debe confundirse con su homófono **deshojar** (v. tr. Ú. t. c. prnl.), 'quitar las hojas a una planta'.

desolar. v. irreg. tr. Tiene el mismo significado que el verbo transitivo **asolar** ('destruir').

Se conjuga como **sonar**. v. prnl. fig. 'Afligirse, angustiarse'. Se usa casi exclusivamente el participio.

desoldar. v. irreg. tr. Ú. t. c. prnl. Se conjuga como **sonar**.

desollar. v. irreg. tr. Ú. t. c. prnl. Se conjuga como **sonar**.

desopilante. p. a. de **desopilar**. adj. fig. 'Divertido, que produce mucha risa'.

desopilar. v. tr. 'Curar la opilación'. Ú. t. c. prnl. Emplear este verbo con los significados de **hacer reír** o de **desternillarse de risa** es un galicismo. La Academia sólo acepta esos sentidos para el adjetivo **desopilante**.

desorejado, da. adj. Entre otros significados, se aplica, en algunos países americanos, entre ellos la Argentina, al 'que tiene poco oído para la música'.

desorganizar. v. tr. Ú. t. c. prnl. Su postverbal es **desorganización** (sust. f.). → **cazar**

desosar. v. irreg. tr. Significa lo mismo que **deshuesar** (v. tr.), mucho más frecuente, quizá por la flexión regular de este último. Se conjuga como **sonar**, pero antepone **h** delante del diptongo **ue** cada vez que éste aparece de acuerdo con su irregularidad (Presente de indicativo: *deshueso, deshuesas, deshuesa, deshuesan*, pero *desosamos, desosáis*. Presente de subjuntivo: *deshuese, deshueses, deshuese, deshuesen*, pero *desosemos, desoséis*. Imperativo: *deshuesa*, pero *desosad*). El participio es regular (***desosado***).

despabiladeras. sust. f. pl. 'Tijeras con que se despabilan las velas'. Es incorrecto decir *despabiladera*. **tener buenas despabiladeras**. fr. fig. fam. 'Tener desenvoltura y habilidad'. → **plural (pluralia tantum)**

despabilar. v. tr. Ú. t. c. prnl. Significa lo mismo que **espabilar** (v. tr.). Dice Seco que la "lengua hablada tiende a usar más la forma con **e-**", tendencia que no se registra tan claramente en la Argentina.

despachante. p. a. de **despachar**. Ú. t. c. sust. com.: **el despachante, la despachante** (*El **despachante** de esa tienda es un maleducado*). Es incorrecto usar, para el femenino, *la despachanta*. **despachante de aduana**. Argent. Par. y Urug. 'Agente de aduanas'.

despachurrar. v. tr. fam. 'Aplastar una cosa despedazándola' También puede decirse **despanchurrar** (v. tr.), pero la Academia prefiere la primera forma.

despacio. adv. m. 'Poco a poco, lentamente'. Diminutivo: **despacito**. Es incorrecto darle el significado de 'en voz baja' o 'bajo': *No te oigo, porque hablas despacio*. Correcto: *No te oigo, porque hablas **en voz baja** o **bajo***. Similar error se comete con el adverbio **despaciosamente**.

despampanante. p. a. de **despampanar**. adj. fig. 'Llamativo' (*mujer **despampanante***). Incorrecto: ***espampanante***.

desparecer. v. irreg. intr. Ú. t. c. prnl. Equivale a **desaparecer** (v. tr. Ú. t. c. prnl. y c. intr.), de uso mucho más frecuente. Se conjuga como **parecer**.

desparramar. v. tr. Ú. t. c. prnl. También puede decirse **esparramar** (v. tr. vulg.), pero la Academia prefiere la primera forma.

despatarrar. v. tr. fam. Ú. t. c. prnl. También puede decirse **espatarrarse** (v. prnl. fam.), pero la Academia prefiere la primera forma.

despavorir. v. irreg. defect. Ú. t. c. prnl. Se conjuga en los mismos tiempos y personas que **abolir**.

despechugar. v. tr. 'Quitar la pechuga a un ave'. v. prnl. fig. 'Enseñar el pecho, llevarlo descubierto'. Su 'acción y efecto' es **despechugadura** (sust. f.). → **pagar**

despedazar. v. tr. Ú. t. c. prnl. Su postverbal es **despedazamiento** (sust. m.). Usar, en su reemplazo, **despedazadura** (sust. f.) es anticuado. → **cazar**

despedir. v. irreg. tr. Ú. t. c. prnl. Rég. prep.: **despedirse de** (***despedirse de** los amigos*). Se conjuga como **pedir**.

despedregar. v. tr. 'Limpiar de piedras el suelo'. También puede decirse **despedrar** (v. irreg. tr.). La Academia prefiere la primera forma. El segundo verbo se conjuga como acertar. → **pagar**

despegar. v. tr. Ú. t. c. prnl. Rég. prep.: **despegar** o **despegarse de** (***despegar** o **despegarse de** la pared*). → **pagar**

despelotarse. v. prnl. fam. 'Desnudarse'. La Academia ha recogido recientemente la acepción de 'perder el tino o la formalidad, alborotarse'.

despelote. sust. m. fam. 'Acción y efecto de despelotarse', en sus dos acepciones. → **despelotarse**

despeluchar. v. tr. Ú. t. c. prnl. Equivale a **despeluzar** (v. tr. Ú. t. c. prnl.). Voz de reciente incorporación en el ***Diccionario***.

despeluznante. p. a. de **despeluznar**. Es poco usado como adjetivo. En su reemplazo, se emplea **espeluznante** (adj).

despeluznar. v. tr. Puede decirse, también, **despeluzar** (v. tr. Ú. t. c. prnl. → **cazar**), forma preferida por la Academia.

despensa. sust. f. 'Sitio de la casa en que se guardan comestibles'; 'comercio en que se venden'. Es incorrecto decir, con los significados anotados, dispensa, un vulgarismo.

despeñar. v. tr. Ú. t. c. prnl. Rég. prep.: **despeñar** o **despeñarse a** o **en** (***despeñar*** o ***despeñarse al*** o ***en*** *el fondo del barranco*); **despeñar** o **despeñarse por** (***despeñar*** o ***despeñarse por*** *el acantilado*).

desperdiciar. v. tr. Se conjuga, en cuanto al acento, como **cambiar**.

desperdigar. v. tr. Ú. t. c. prnl. Su postverbal es **desperdigamiento** (sust. m.) → **pagar**

desperezarse. v. prnl. Es vulgar **esperezarse** (v. prnl). → **cazar**

despersonalización. sust. f. Voz de reciente incorporación académica.

despersonalizar. v. tr. Ú. t. c. prnl. → **cazar**

despertar. v. irreg. tr. Ú. t. c. prnl. Rég. prep.: **despertar** o **despertarse de** (***despertar*** o ***despertarse de*** *un sueño*). Tiene dos participios, uno regular (***despertado***) y otro irregular (***despierto***). Este último se usa sólo como adjetivo. Se conjuga como **acertar**.

despiporre o **despiporren.** sust. m. fam. 'Desbarajuste, desorden'. La segunda forma se usa sólo en singular: **el despiporren**. Son voces recién recogidas en el ***Diccionario***.

despiste. sust. m. 'Calidad de despistado'; 'distracción, error'. Voz recién incorporada en el ***Diccionario***.

desplacer. v. irreg. tr. Se conjuga como **nacer**.

desplayado. sust. m. Argent. 'Playa'; 'descampado'. Voz sin registro académico, pero de correcta formación. Recomendada por la A.A.L. para su incorporación en el ***Diccionario***.

desplazar. v. tr. 'Mover a una persona o cosa del lugar en que está' (***Desplazó*** *el libro del estante*). Ú. t. c. prnl. v. prnl. 'Ir de un lugar a otro'. → **cazar**

desplegar. v. irreg. tr. Ú. t. c. prnl. Se conjuga como **negar**.

despoblar. v. irreg. tr. Ú. t. c. prnl. Rég. prep.: **despoblar de** (***despoblar de*** *gente*). Se conjuga como **sonar**.

despojar. v. tr. Ú. t. c. prnl. Rég. prep.: **despojar** o **despojarse de** (***despojar*** o ***despojarse de*** *su dinero*). El ***Diccionario*** ha incorporado la acepción de 'extraer de un libro u objeto datos o informaciones de interés', tildada, hasta hace poco, de galicismo.

despolitizar. v. tr. Ú. t. c. prnl. Verbo de reciente ingreso en el ***Diccionario***, al igual que el sustantivo **despolitización** (f.). → **cazar**

despopularizar. v. tr. Ú. t. c. prnl. → **cazar**

desposado, da. p. de **desposar**. adj. 'Recién casado'. Ú. t. c. sust. m. y f.: **el desposado, la desposada**. 'Esposado, aprisionado con esposas'. → **esposado**

desposar. v. tr. Ú. t. c. prnl. Rég. prep.: **desposar** o **desposarse con** (***desposar*** o ***desposarse*** *con la cuñada*); **desposar** o **desposarse por** (***desposarse por*** *poder*).

desposeer. v. tr. 'Privar a alguien de lo que posee'. v. prnl. 'Renunciar alguien a lo que posee'. Equivale, también, a **desapropiarse** (v. prnl.). Rég. prep.: **desposeer** o **desposeerse de** (***desposeer*** o ***desposeerse de*** *sus bienes*). → **leer**

despotricar. v. intr. fam. Ú. t. c. prnl. → **sacar**

despreciar. v. tr. Se conjuga, en cuanto al acento, como **cambiar**.

desprecio. sust. m. Rég. prep.: **desprecio de** (***desprecio de** las leyes*). La construcción desprecio a es un galicismo: *Tiene desprecio a las normas* idiomáticas. Correcto: *Tiene **desprecio de** las normas idiomáticas.*

desprender. v. tr. Ú. t. c. prnl. Además de otros significados comunes con el español peninsular, en algunos países americanos, entre ellos la Argentina, vale por 'desabrochar, desabotonar'. Rég. prep.: **desprender** o **desprenderse de** (***desprender de** un clavo*; ***desprenderse de** sus bienes*).

despreocupación. sust. f. 'Estado de ánimo del que carece de preocupaciones'. Es un galicismo usar esta voz por 'descuido, negligencia'.

desprestigiar. v. tr. Ú. t. c. prnl. Se conjuga, en cuanto al acento, como **cambiar**.

desproteger. v. tr. 'No proteger'. Pese a su uso frecuente, este verbo no está recogido en el ***Diccionario***, pero es de correcta formación. → **proteger**

desproveer. v. tr. Rég. prep.: **desproveer de** (***desproveer de** todo lo necesario*). Tiene dos participios, uno regular (***desproveído***) y otro irregular (***desprovisto***). → **leer**.

después. adv. t. y l. que denota 'posterioridad de tiempo, lugar o situación'. A veces, va seguido de la preposición **de** y forma la locución prepositiva **después de** (***después de** cenar*; ***después de** la plaza*; ***después del** tercero*). Con **que** o **de que**, forma las locuciones conjuntivas **después que** y **después de que**, ambas correctas (***después que** lo vi* o ***después de que** lo vi*). conj. Se usa con valor adversativo en frases como: ***Después** de lo que viste, insistes en hacerlo.* adj. Precedido de un sustantivo que designa unidad de tiempo o sus divisiones, equivale a **posterior** o **siguiente** (*el día **después***). sust. m. (*Siempre tienes un **después***). Ese uso sustantivo se ejemplifica, también, en la locución **después de los despueses.** Después de que + subjuntivo es una construcción incorrecta, calcada del inglés. Debe reemplazarse por **después + infinitivo** o **cuando + indicativo**. Incorrecto: *Tomó posesión del cargo, después de que recibiera o recibiese el nombramiento.* Correcto: *Tomó posesión del cargo **después de recibir** el nombramiento* o *Tomó posesión del cargo **cuando recibió** el nombramiento.* Este vicio está muy arraigado en el periodismo.

♦ **despulgar.** Es un vulgarismo por **espulgar.**

despuntar. v. tr. Rég. prep.: **despuntar de**, **en** o **por** (***despuntar de** listo, **en** música, **por** sabio*).

desquerer. v. irreg. tr. 'Dejar de querer'. Se conjuga como **querer**.

desquiciar. v. tr. Ú. t. c. prnl. Se conjuga, en cuanto al acento, como **cambiar**.

desquicio. sust. m. Guat. y R. de la Plata. 'Desorden, barullo'.

desquitar. v. tr. Ú. m. c. prnl. Rég. prep.: **desquitarse de** (***desquitarse de** la derrota*).

desraizar. v. tr. 'Arrancar las raíces'. → **enraizar**

desratizar. v. tr. → **cazar**

desrielar. v. intr. Amér. 'Descarrilar'. Ú. t. c. prnl.

destacar. v. tr. Ú. t. c. prnl. → **sacar**

destape. sust. m. 'Acción de destapar o destaparse'; 'en una película, espectáculo, etc., acción de desnudarse los actores'. Es voz recién recogida por la Academia. También se usa, aunque no lo consigne el ***Diccionario***, por 'liberalización de prohibiciones, restricciones, etc.', según anota el ***Diccionario Manual***.

desteñir. v. irreg. tr. Ú. t. c. prnl. Se conjuga como **teñir**.

desternillarse. v. prnl. 'Romperse las ternillas'; 'reírse mucho, sin poder contenerse' (fig.). Rég. prep.: **desternillarse de** (***desternillarse de** risa*). → **destornillar**

desterrar. v. irreg. tr. Ú. t. c. prnl. con el significado de **expatriarse**. Rég. prep.: **desterrar** o **desterrarse a** (***desterrar** o **desterrarse a** una isla*); **desterrar** o **desterrarse de** (***desterrar** o **desterrarse de**l continente*). Se conjuga como **acertar**.

destinar. v. tr. Rég. prep.: **destinar a** o **para** (***destinar al** sacerdocio o **para** el sacerdocio*).

destinatario. sust. m. y f.: **el destinatario, la destinataria**, 'persona a quien va dirigida alguna cosa'. Su antónimo es **remitente**.

destituir. v. irreg. tr. Rég. prep.: **destituir de** (***destituir de** un cargo*). Se conjuga como **huir**.

destorcer. v. irreg. tr. Ú. t. c. prnl. Se conjuga como **cocer**.

destornillar. v. tr. Equivale a **desatornillar** (v. tr.), forma preferida por la Academia. Ú. t. c. prnl. El ***Diccionario*** ha recogido, últimamente, **destornillarse de risa**, como vulgarismo, pues quien "se ríe –dice Seco–, por muy fuerte que lo haga, no puede romperse los *tornillos*, que no forman parte del cuerpo humano, sino las *ternillas* o cartílagos". Debe, en consecuencia, preferirse **desternillarse de risa** a la expresión vulgar. → **desternillarse**

♦ **destrancar.** Barbarismo. Corresponde decir **desatrancar**.

destrenzar. v. tr. Ú. t. c. prnl. → **cazar**

destrocar. v. irreg. tr. 'Deshacer el trueque o el cambio'. Su postverbal es **destrueque** o **destrueco** (susts. ms.). Se conjuga como **trocar**.

destronar. v. tr. También puede decirse **desentronizar** (v. tr.). → **cazar**

destroncar. v. tr. → **sacar**

♦ **destroyer.** Anglicismo. Sus equivalentes son, en español, **destructor** y **cazatorpedero**.

destrozar. v. tr. Ú. t. c. prnl. → **cazar**

destructibilidad. sust. f. 'Calidad de destructible'. Es voz de reciente registro en el ***Diccionario***.

destruir. v. irreg. tr. Ú. t. c. prnl. Se conjuga como **huir**.

desubicar. v. tr. 'Situar a una persona o una cosa fuera de lugar'. Ú. m. c. prnl., especialmente en América, anota la Academia. Es voz de reciente incorporación en el ***Diccionario***. → **sacar**

desuncir. v. irreg. tr. → **zurcir**. En el occidente peninsular, la Argentina y el Uruguay, se usa, también, **desuñir** (v. tr.). → **bruñir**

desurtido, da. adj. Amér. 'Dícese de la tienda o establecimiento que no está surtido'. Es voz recién recogida en el ***Diccionario***.

desvaír. v. irreg. tr. 'Hacer perder el color, la fuerza o la intensidad'. Ú. m. c. prnl. Es verbo recién acogido por la Academia. Aunque ésta no lo da como defectivo, se conjuga sólo en los mismos tiempos y personas en que lo hace **abolir**. Cambia la **i** en **y**, en los casos en que lo hace **huir** (*desvayó*, *desvayendo*, etc.).

desvalorizar. v. tr. Ú. t. c. prnl. También puede usarse, en su reemplazo, **desvalorar** (v. tr.), pero la Academia prefiere la primera forma. → **cazar**

desvanecer. v. irreg. tr. Ú. t. c. prnl. Se conjuga como **parecer**.

desvariar. v. intr. 'Delirar'. Se conjuga, en cuanto al acento, como **guiar**.

♦ **desvastar.** Barbarismo. → **devastar**

desvelar. v. tr. 'Quitar o impedir el sueño'. Ú. t. c. prnl. (*Las preocupaciones* ***desvelan*** *o* ***me desvelan***; *Me* ***desvelo*** *por la política*). v. prnl. fig. 'Poner gran cuidado y atención en lo que uno tiene a su cargo o desea hacer o conseguir' (***desvelarse*** *por los pobres*). Este verbo tiene un homónimo, **desvelar** (v. tr. fig.), 'descubrir, poner de manifiesto'. → **develar**

desvergonzarse. v. irreg. prnl. p. us. 'Insolentarse, descomedirse'. Rég. prep.: **desvergonzarse con** (***desvergonzarse con*** *alguno*). Se conjuga como **avergonzar**.

desvestir. v. irreg. tr. Ú. t. c. prnl. Es sinónimo de **desnudar** (v. tr. Ú. t. c. prnl.). Se conjuga como **pedir**.

desviar. v. tr. Ú. t. c. prnl. Rég. prep.: **desviar** o **desviarse de** (***desviar*** *o* ***desviarse del*** *camino*). Se conjuga, en cuanto al acento, como **guiar**.

desvío. sust. m. Equivale a **desviación** (sust. f.). Entre otros significados comunes, en algunos países americanos, incluida la Argentina, vale, además, por 'apartadero de una vía férrea'.

desvirgar. v. tr. → **pagar**

desvirtuar. v. tr. Ú. t. c. prnl. Se conjuga, en cuanto al acento, como **actuar**.

desvivirse. v. prnl. Rég. prep.: **desvivirse por** (***desvivirse por*** *los pobres*, ***por*** *aprobar el examen*).

♦ **detachable.** Anglicismo. En español, debe decirse **desmontable** o **separable**.

detalle. sust. m. 'Relación, cuenta o lista circunstanciada'; 'parte o fragmento de una cosa o asunto'; 'rasgo de cortesía, amabilidad, afecto, etc.'. **al detalle**. loc. adv. 'Al por menor'. No debe decirse *al detall*. Si bien la Academia no registra la locución adverbial **en detalle**, la usa en la definición de **detalladamente** ('en detalle, por menor'). No debe decirse, en cambio, *en detall*.

detener. v. irreg. tr. Ú. t. c. prnl. Rég. prep.: **detenerse a** (*detenerse a almorzar*); **detenerse con** o **en** (*detenerse con* o *en los problemas*). Se conjuga como **tener**. Es muy común conjugar mal el singular del imperativo: *detiéneme* por *detenme* (*Si puedes, detiéneme*). Correcto: *Si puedes, detenme*.

detentar. v. tr. 'Retener o ejercer ilegítimamente algún poder o cargo público'. Emplear esta voz por 'poseer, tener o desempeñar conforme a derecho' es un galicismo censurable, por cuanto significa exactamente lo contrario, es decir, 'sin derecho': *Detentó, en su larga y sacrificada vida, importantes cargos*; *Detenta el título de campeón mundial*. Correcto: ***Desempeñó**, en su larga y sacrificada vida, importantes cargos*; ***Posee*** o ***retiene** el título de campeón mundial*. Sí, en cambio, puede decirse, por ejemplo, que un dictador ***detenta** el poder*, por el origen espurio de ese poder.

deteriorar. v. tr. 'Estropear'. v. prnl. 'Empeorarse, degenerarse'. Este último uso es de reciente registro en el ***Diccionario***. Es un barbarismo *deteriorizar*.

♦ **deteriorización.** Barbarismo por **deterioración** o **deterioro**, que es lo que corresponde. → **deteriorar**

determinar. v. tr. Ú. t. c. prnl. Rég. prep.: **determinarse a** (*determinarse a estudiar*); **determinarse en** (*determinarse en contra de alguno*).

detraer. v. irreg. tr. Ú. t. c. prnl. Se conjuga como **traer**.

detrás. adv. l. Indica –como dice la Academia– "en la parte posterior, o con posterioridad de lugar, o en sitio delante del cual está una persona o cosa". Se combina con otras preposiciones: **detrás de** (*Está **detrás de** la mesa*), **de detrás de** (*Salió **de detrás de**l muro*), **por detrás** (*No lo vimos, pasó **por detrás***), **por detrás de** (*Está **por detrás de** la casa*). No debe confundirse el uso de **detrás** con **atrás**: **detrás** indica mera situación (*Está **detrás***); **atrás** supone movimiento (*Volvimos **atrás***); **detrás** puede llevar complemento preposicional introducido por **de**, construcción que no es normal con **atrás**. sust. fig. 'En ausencia' (***Detrás**, dicen muchas cosas*). Para este uso es más común emplear la locución adverbial **por detrás** (***Por detrás**, dicen muchas cosas*). La construcción *detrás* + *adjetivo posesivo*, muy frecuente, es incorrecta; corresponde usar **detrás de + pronombre personal**: *Están detrás nuestro*; *Detrás mío hay una puerta*. Correcto: *Están **detrás de nosotros***; ***Detrás de mí** hay una puerta*. → **atrás**

detrito. sust. m. 'Resultado de la descomposición de una masa sólida en partículas'. Ú. m. en geología y en medicina. Su plural es **detritos**. Si se usa la forma **detritus**, debe tenerse en cuenta que, en plural, no varía: **los detritus**.

deuda. sust. f. No debe decirse *deuda interna* o *externa*, sino **deuda interior** o **exterior**. → **interior, exterior**

deudor, ra. adj. Ú. t. c. sust. m. y f.: **el deudor, la deudora**. Rég. prep.: **deudor a** o **de** (***deudor a** o **de** alguno*); **deudor en** o **por** (***deudor en** o **por** muchos millones*). Su antónimo es **acreedor, ra** (adj. Ú. t. c. sust. m. y f.).

deut- y **deuto-.** elem. compos. de or. gr. 'Segundo'. Se emplea en la nomenclatura científica o técnica (***deut**eragonista*).

devaluar. v. tr. Se conjuga, en cuanto al acento, como **actuar**.

devastar. v. tr. 'Destruir un territorio, arrasar sus edificios, asolar sus campos'; 'destruir, deshacer, arruinar algo material'. No debe usarse *desvastar*, un barbarismo, ni confundirse con **desbastar** (v. tr. Ú. t. c. prnl.). → **desbastar**

develar. v. tr. 'Quitar o descorrer el velo que cubre alguna cosa'. Según la Academia, es sinónimo de **desvelar** (v. tr.), en su acepción de 'descubrir, revelar lo oculto o secreto'.

devengar. v. tr. 'Adquirir derecho a alguna retribución' (***devengar** intereses, salarios, costas*, etc.). → **pagar**

devenir. v. irreg. intr. 'Suceder, acaecer'; 'llegar a ser'. En esta segunda acepción, puede construirse con predicativo (*El mármol **deviene** estatua*) o, como lo consigna la última edición del ***Diccionario***, con la preposición **en** (*El már-*

mol ***deviene en*** *estatua*), construcción que antes era censurada. Se conjuga como **venir**.

devenir. sust. m. 'La realidad entendida como proceso'; 'proceso mediante el cual algo se hace o llega a ser'. No debe usarse como sinónimo de **futuro** o de **porvenir**: *El devenir de ese país es incierto*. Correcto: *El* ***futuro*** o *el* ***porvenir*** *de ese país es incierto*.

devolver. v. irreg. tr. En América, se usa –además de tener otras acepciones comunes con el español peninsular– como pronominal, con el significado de 'volverse, dar la vuelta' (*Los niños, después de la tormenta,* ***se devolvieron*** *a la cama*). Se conjuga como **volver**.

devoto, ta. adj. Ú. t. c. sust. m. y f.: **el devoto, la devota**. Rég. prep.: **devoto de** (***devoto de*** *Santa Teresa de Jesús*).

di-. pref. de or. lat. 'Oposición o contrariedad' (***di****sentir*); 'origen o procedencia' (***di****manar*); 'extensión o propagación' (***di****fundir*); 'separación' (***di****vergir*).

di-. elem. comp. de or. gr. 'Dos' (***di****cotiledón,* ***di****morfo*).

di. Primera persona singular del perfecto simple de indicativo del verbo **dar** y segunda singular del imperativo de **decir**. No lleva tilde.

dia-. pref. de or. gr. Significa 'a través de' (***dia****crónico*).

día. sust. m. Entre otras locuciones adverbiales, se usan: **al día** ('al corriente'); **al otro día** ('al día siguiente'); **cada tercer día** (equivale a **un día sí y otro no**, es decir, 'en días alternos'); **de día a día** (vale por **de un día a otro**); **de día en día** (con ella se expresa que 'algo se va dilatando excesivamente'); **día por día** (es lo mismo que **diariamente**); **día por medio** (equivale, en América, a **un día sí y otro no**); es incorrecto *día de por medio*; **hoy día** u **hoy en día** (ambas formas son válidas y expresan 'en el tiempo presente'). En el Río de la Plata, se emplea **los otros días**, por **el otro día**, que es lo normal en el uso general. Es común, en Costa Rica, decir **los medios días**, por **el mediodía**, forma corriente en el resto de los países hispánicos para indicar 'la hora en que el Sol alcanza su mayor altura sobre el horizonte' (repárese en que se escribe en una sola palabra) y cuyo plural es **mediodías**. En cambio, **medio día**, en dos palabras, es la 'mitad de un día' y su plural es **medios días**. En Chile y en la Argentina, la salutación familiar **buenos días** se usa en singular, anota la Academia, si bien muchos, cabe acotar, emplean normalmente el plural, que ha de preferirse como más correcto, aunque el singular **buen día** se acepta en el uso regional. Debe, por otra parte, decirse **dar los buenos días**: *dar el buen día* es inadmisible. Es incorrecto, a su vez, preguntar *¿Qué día somos hoy?* y contestar *Hoy somos jueves*. Corresponde usar el verbo en singular: *¿Qué día* ***es*** *hoy? Hoy* ***es*** *jueves*. La palabra **día** se escribe normalmente con minúscula (***día*** *de la Madre,* ***día*** *de Reyes,* ***día*** *de Difuntos*); sólo se usa la mayúscula cuando forma parte de un título (***Día*** *Mundial de la Salud*). El diminutivo de **día** es **diita**. → **fecha**

diabetes. sust. f. En plural, no varía (*Las clases de* ***diabetes*** *son muchas*). Por analogía con otras enfermedades que tienen terminación **-tis**, como *apendicitis* o *gastritis*, la gente dice, incorrectamente, *diabetis*, un vulgarismo.

diablo. sust. m. Diminutivos: **diablejo**, **diablillo** y **diablito**. Su femenino es **diabla** y, también, **diablesa**.

diaconato. sust. m. 'Orden sacra inmediata al sacerdocio'. Puede decirse **diaconado** (sust. m.), pero se prefiere la primera forma.

diácono. sust. m. 'Ministro eclesiástico y de grado segundo en dignidad, inmediato al sacerdocio'. Existe **diaconisa**, que la Academia define 'mujer dedicada al servicio de la Iglesia', voz que, como se infiere, no es el femenino de **diácono**, ya que las mujeres no se ordenan de tales en la Iglesia Católica.

diacrítico, ca. adj. → **acento**, **diéresis**

diagnosis. sust. f. En plural, no varía: **las diagnosis**.

diagnosticar. v. tr. → **sacar**

diagonal. adj. Ú. t. c. sust. f.: **la diagonal**. Es incorrecto *el diagonal*, según algunos dicen. Abreviatura: ***Diag***.

diagrama. sust. m. 'Dibujo geométrico que sirve para demostrar una proposición, resolver un problema o figurar de una manera gráfica la ley de variación de un fenómeno'; 'dibujo en el que se muestran las relaciones entre las diferentes partes de un conjunto o sistema'. La Academia no registra, en cambio, el verbo *diagramar* ni el sustantivo *diagramación*.

dialectalismo. sust. m. 'Voz dialectal'; 'carácter dialectal'. Es incorrecto: *dialectismo*.

dialectólogo. sust. m. Su femenino es **dialectóloga**.

diálisis. sust. f.: **la diálisis**. En plural, no varía: **las diálisis**. Es incorrecto decir *el diálisis* o pronunciar [dialisis], porque es palabra esdrújula, según lo indica su correcta grafía.

dializar. v. tr. → **cazar**

dialogal. adj. La Academia prefiere **dialogístico, ca** (adj.), que es su sinónimo perfecto.

dialogar. v. tr. También puede decirse **dializar** (v. tr.), pero la Academia prefiere la primera forma. → **pagar**

dialogístico, ca. adj. 'Relativo al diálogo'; 'escrito en diálogo'. Repárese en su grafía y pronunciación. Es incorrecto *dialoguístico*, *ca*. Con la misma grafía y pronunciación se registran **dialogismo** (figura retórica) y **dialogizar** ('dialogar'). → **dialoguista**

diálogo. sust. m. No denota sólo la 'plática entre dos personas', sino también 'entre dos o más'.

dialoguista. sust. com.: **el dialoguista, la dialoguista**. Significa 'persona que escribe o compone diálogos'.

diapositiva. sust. f. No debe decirse, en su reemplazo *slide*, un anglicismo. Incorrecto: *el diapositivo*, sin registro en el ***Diccionario***, ni para éste ni para ningún otro significado.

♦ **diapositivo.** Barbarismo por **dispositivo**. → **diapositiva**

diarero. sust. m. Argent. y Urug. 'Vendedor de diarios'. Su femenino es **diarera**. Para estos países, al igual que para Guatemala y Chile, la Academia registra, también, **diariero** y **diariera**.

diario, ria. adj. Significa 'correspondiente a todos los días'. Carece de inflexión superlativa. En su uso como sustantivo masculino, denota el 'periódico que sale todos los días'. No debe aplicarse al que no cumple con dicho requisito. De modo que todo **diario** es un 'periódico', pero no todo **periódico** es un 'diario'. Los nombres de los diarios se escriben con mayúsula: ***La Nación***, ***La Prensa***, ***Clarín***. **a diario**. loc. adv. 'Todos los días'. **de diario**. loc. adv. que significa lo mismo que **a diario**. Es, también, una locución adjetiva que se aplica a la 'vestimenta que se usa ordinariamente, por oposición a la de gala' (*Algunos vinieron a la fiesta vestidos* ***de diario***, *pese a la indicación de que debían hacerlo de etiqueta*).

diástole. sust. f.: **la diástole**. Es incorrecto: *el diástole*. Su antónimo es **sístole** (sust.f.).

diastólico, ca. adj. Se trata de un derivado de **diástole**. Es un barbarismo, por lo tanto, decir *diastálico*, *ca*.

dibujante. sust. com.: **el dibujante, la dibujante**. Algunos usan *la dibujanta*, para el femenino, forma que carece de registro académico. Se oye poco en la Argentina.

diccionario. sust. m. Se usa con mayúscula, sin aditamentos, cuando uno se refiere, concretamente, al mayor de la Real Academia Española, tal como lo venimos haciendo en este trabajo, o cuando se trata del título específico de una obra en particular (*Hemos verificado este significado en el* ***Diccionario manual e ilustrado de la lengua española***). En los demás casos, con minúscula (*Los alumnos consultan su* ***diccionario***; *La biblioteca está llena de* ***diccionarios***). En su reemplazo, pueden usarse **lexicón** (sust. m.) y **vocabulario** (sust. m.).

diccionarista. sust. com.: **el diccionarista, la diccionarista**. Su sinónimo es **lexicógrafo, fa** (sust. m. y f.), de uso más frecuente.

dicente o **diciente.** p. a. de **decir.** La Academia prefiere la segunda forma, aunque ambas son correctas. Como sustantivo, sólo se usa la primera: **el dicente, la dicente**.

dichoso, sa. adj. 'Feliz'. Rég. prep.: **dichoso con** o **en** (***dichoso con*** *o* ***en*** *su profesión*).

diciembre. sust. m. 'Duodécimo mes del año'. Tiene treinta y un días. Al igual que los otros meses, se escribe con minúscula. Abreviatura: ***dic.*** o ***dicbre***.

dictamen. sust. m. Nótese que es voz grave y que, conforme a las reglas ortográficas de acentuación, se escribe sin tilde. Su plural es **dictámenes**, palabra esdrújula.

dictar. v. tr. 'Decir algo lentamente a alguien para que lo escriba' (*No me **dictes** tan rápido, que no alcanzo a escribir tus palabras*); 'dar, expedir o pronunciar leyes, fallos, preceptos' (*El juez **dictó** sentencia; **Dictaron** la ley*); 'inspirar, sugerir' (*Lo **dicta** mi conciencia; No me **dictes** qué tengo que hacer*). A estas acepciones del español general, la Academia acaba de agregar, para América, la de 'pronunciar, dar o impartir clases, conferencias, etc.', que, hasta hace poco, era censurada. De modo que, entre nosotros, como regionalismo aceptado, puede decirse: *El profesor **dictó** sus clases; **Dictaré** mañana una conferencia; El curso se **dictará** a partir del lunes.*

didactismo. sust. m. También puede decirse **didacticismo** (sust. m.), voz preferida por la Academia.

diecinueve, dieciocho, dieciséis, diecisiete. adjs. Estas voces, comúnmente, se escriben en una sola palabra; pero pueden escribirse en dos: **diez y nueve**, **diez y ocho**, **diez y seis**, **diez y siete**, casos en que mantienen átono el primer elemento. En **diez y ocho**, no se hace diptongo en **io** y se pronuncia [dieci-ócho].

diecinueveavo, va. adj. 'Cada una de las diecinueve partes en que se divide un todo'. Ú. t. c. sust. m. No debe decirse diecinoveavo.

dieciochavo, va o **dieciochoavo, va.** adjs. Ambas formas son correctas, si bien la Academia prefiere la segunda. Ú. m. c. sust. m.

dieciocheno, na. adj. Significa lo mismo **decimoctavo, va**, forma que prefiere la Academia. Ú. t. c. sust. m.

dieciochesco, ca. adj. 'Relativo al siglo XVIII'. Puede decirse, también, **dieciochista** (adj.), poco frecuente.

dieciseisavo, va. Ú. t. c. sust. m. Incorrecto: dieciseisoavo.

dieciseiseno, na. adj. Equivale a **decimosexto**, forma que prefiere la Academia.

diecisieteavo, va. adj. No debe decirse dieciseteavo, va.

diente. sust. m. Sus diminutivos son **dentecillo**, **dentezuelo** y **dientecito**. Son incorrectos dientecillo, dientezuelo, dientito.

dientudo, da. adj. Puede decirse, también, **dentudo, da**, forma que recomienda la Academia. Puede usarse, igualmente, **dentón, na** (adj. Ú. t. c. sust. m. y f.), que es más familiar; pero, no, dientón, na.

diéresis. sust. f. Entre otras acepciones, tiene la de signo ortográfico, de carácter diacrítico, que se pone sobre la **u** de las sílabas **gue, gui**, para indicar que esa **u** debe pronunciarse (*paragüero, argüir*). En plural, no varía (**las diéresis**). También recibe el nombre de **crema** (sust. f.).

Diesel. sust. pr. La Academia lo escribe siempre con mayúscula: *motor **Diesel**, automóvil **Diesel**, compré un **Diesel***. No debe decirse [dísel], que es la pronunciación alemana de esta voz. Tampoco, de acuerdo con la Academia, pronunciarse [diésel], por ser palabra aguda.

diestra. sust. f. Equivale a **mano derecha** (*Escribe con la **diestra***). **juntar diestra con siniestra**. fr. fig. 'Hacer amistad'.

diestro, tra. adj. 'Hábil'. El superlativo culto es **destrísimo, ma**. La Academia no registra **diestrísimo, ma**, que debe admitirse como normal en el habla corriente, ya que el uso —como dice el ***Esbozo***— "tiende a introducir la forma española del adjetivo en el cuerpo del superlativo". El ***Esbozo***, por otra parte, si bien no lo incluye entre los casos que registran dobles formas, culta y coloquial, tampoco registra **destrísimo** en la lista de aquellos superlativos de los que sólo existen formas cultas. Rég. prep.: **diestro en** (***diestro en** hablar, **en** manualidades*). **a diestro y siniestro**. loc. adv. fig. 'Sin tino, sin orden, sin discreción ni miramiento'. Muchos dicen, incorrectamente, a diestra y siniestra.

dietista. sust. com.: **el dietista, la dietista**.

diez. adj. 'Nueve y uno'. Equivale, también, a **décimo**, es decir, 'que sigue en orden al noveno' (*León **diez**, día **diez***). Ú. t. c. sust. m. (*Sacó un **diez** en la prueba*). En números romanos, se cifra con una **X**. Plural: **dieces**. → **décimo**

diezmesino, na. adj. 'Que es de diez meses'. Incorrecto: diez mesino o diez-mesino.

difamar. v. tr. 'Desacreditar'. Existe, también, **disfamar**, forma en desuso, aclara la Academia, y, sobre todo, como dice Seco, un vulgarismo. Lo mismo ocurre con los derivados **difamación** (sust. f.), **difamador, ra** (adj.), **difamatorio, ria** (adj.) y el participio **difamado, da**, cuyas formas con **dis-** han de rechazarse.

diferencia. sust. f. Rég. prep.: **diferencia de** o **entre** (***diferencia de*** *uno a otro* o ***diferencia entre*** *uno y otro*). En la construcción **con la diferencia de que**, lo correcto es, como se consigna, incluir la preposición **de**, pues, al omitirla, se incurre en un censurable caso de "queísmo". Repárese en que la locución prepositiva que sirve para indicar 'la discrepancia que hay entre dos cosas semejantes o comparables entre sí' es **a diferencia de**. Son solecismos *diferencia de más* o *diferencia de menos*, por ***diferencia en*** *más* o ***diferencia en*** *menos*, que es lo correcto.

diferenciar. v. tr. Ú. t. c. prnl. y c. intr. Rég. prep.: **diferenciar** o **diferenciarse de** o **entre** (***diferenciar*** o ***diferenciarse de*** o ***entre*** *muchos*); **diferenciarse en** o **por** (***diferenciarse en*** o ***por*** *el color*). Se conjuga, en cuanto al acento, como **cambiar**.

diferendo. sust. m. Argent., Col., Perú y Urug. 'Desacuerdo o discrepancia entre instituciones o estados'. El periodismo ha difundido esta voz por otros países, incluso en España.

diferente. adj. Rég. prep.: **diferente de** (***diferente de*** *los otros*); **diferente en** (***diferente en*** *tamaño*); **diferentes entre** (***diferentes entre*** *sí*). La construcción *diferente a*, por ***diferente de***, no es correcta, aunque se oye, incluso, entre gente culta.

diferido, da. p. de **diferir**. adj. 'Aplazado, retardado'. **en diferido**. loc. adj. y adv. 'Programa que, en radio y televisión, se emite con posterioridad a su grabación'. La voz y la locución son de reciente registro académico.

diferir. v. irreg. tr. 'Dilatar, retardar o suspender la ejecución de algo'. Ú. t. c. intr. 'Distinguirse una cosa de otra, ser diferente'. No debe confundirse con **deferir** (v. intr. p. us.), que significa 'adherirse al dictamen de alguien por cortesía, respeto o modestia'. Rég. prep.: **diferir a**, **hasta** o **para** (***diferir*** *algo* ***a***, ***hasta*** o ***para*** *la próxima semana*); **diferir de** (***diferir de*** *lo dicho*, ***de*** *alguno*, ***de*** *hoy a mañana*); **diferir en** (***diferir en*** *pareceres*); **diferir entre** (***diferir entre*** *colegas*); **diferir hasta** (***diferir*** *algo* ***hasta*** *mañana*). Se conjuga como **sentir**.

difícil. adj. Su superlativo es **dificilísimo, ma**. Rég. prep.: **difícil de** (***difícil de*** *enseñar*, ***de*** *prever*, ***de*** *analizar*).

difluir. v. irreg. intr. 'Extenderse, derramarse por todas partes'; 'dividirse el río en varias ramas para desembocar en el mar'. Se conjuga como **huir**.

♦ **diforme.** Barbarismo por **deforme** o **disforme**.

difumar. v. tr. p. us. Equivale a **esfumar** (v. tr. Ú. t. c. prnl.). Se registra, también, **disfumar** (v. tr.), menos frecuente. → **difuminar**

difuminar. v. tr. 'Desvanecer o esfumar las líneas o los colores con el difumino'; 'hacer perder la claridad o intensidad' (fig.), en que se ú. m. c. prnl. (*Los colores* ***se difuminan*** *en el fondo del cuadro*). No debe decirse *disfuminar*.

difumino. sust. m. 'Rollito de papel o de otro material, terminado en punta, que sirve para esfumar'. Se registra, también, **disfumino** (sust. m.). La Academia prefiere la primera forma. → **esfumino**

difundir. v. tr. Ú. t. c. prnl. Tiene dos participios, uno regular (***difundido***) y otro irregular (***difuso***).

difuntear. v. tr. fam. 'Matar'. Está admitido como americanismo. No debe pronunciarse [difuntiar, difuntié]. → **-ear**

difuso. p. irreg. de **difundir**. adj. 'Ancho, dilatado, poco concreto'; 'superabundante en palabras'; 'vago, impreciso'. Esta última acepción es reciente en el ***Diccionario***.

digerible. adj. Equivale a **digestible** (adj.), 'fácil de digerir', voz que prefiere la Academia.

digerir. v. irreg. tr. Se conjuga como **sentir**.

digestible. adj. 'Que puede ser digerido'. Cabe usar, en su reemplazo, **digerible**, que significa lo mismo, aunque es menos común. El verbo **digestir** (tr.), del que procede este adjetivo, es anticuado.

digestivo, va. adj. 'Que atañe a la digestión o a sus órganos' (*tubo* ***digestivo***; *aparato* ***digestivo***; *funciones* ***digestivas***). En su uso semántico, no debe confundirse con **digestible**. Se aplica, también, a 'lo que es apropiado para la digestión'. Ú. t. c. sust. m. (*Compré un* ***digestivo***).

digesto. sust. m. 'Colección de textos jurídicos romanos'. Cuando denota las ***Pandectas*** de Justiniano, es decir, el **Digesto** por antonomasia, se escribe con mayúscula. Por extensión, si bien no lo registra la Academia, se aplica a otras recopilaciones normativas.

digital. adj. 'Perteneciente o relativo a los dedos' (*impresión **digital***). Se aplica, también, al 'aparato o instrumento de medida que la representa con números dígitos' (*reloj **digital***). → **número**

dignarse. v. prnl. 'Servirse, condescender o tener a bien hacer alguna cosa'. Este verbo lleva, generalmente, un infinitivo como objeto directo (*No se **digna** contestar*). No debe construirse con **a, de** ni **en**, formas que, hoy –bien dice Seco–, son vulgarismos (*No se dignó a leerlo*; *Me digno de responder su carta*; *Ni siquiera se dignaron en mirar el cuadro*). Lo correcto es suprimir todas esas preposiciones.

dignificar. v. tr. Ú. t. c. prnl. → **sacar**

digresión. sust. f. 'Asunto ajeno al tema tratado y que se injerta en él'. No pocos dicen *disgresión*, un vulgarismo por analogía con **disgregar**. Anotemos, de paso, que *digresivo, va*, o *disgresivo, va*, aún peor, son otros tantos barbarismos.

dilatar. v. tr. Ú. t. c. prnl. Rég. prep.: **dilatar** o **dilatarse a** o **para** (***dilatar*** o ***dilatarse** algo **a*** o ***para** la próxima semana*); **dilatar** o **dilatarse de** (***dilatar*** o ***dilatarse de** mes en mes*); **dilatar o dilatarse en** (***dilatar*** o ***dilatarse en** el tiempo*); **dilatar** o **dilatarse hasta** (***dilatar*** o ***dilatarse hasta** mañana*).

dilema. sust. f. 'Duda, disyuntiva'. Se aplica cuando sólo hay dos posibilidades o alternativas. No debe usarse como sinónimo de **problema** (sust. m.).

diletante. adj. 'Aficionado a las artes, en particular a la música, o a cualquier otro campo del saber'. Ú. t. c. sust. com.: **el diletante, la diletante**. No debe escribirse con doble **t** (*dilettante*), como en italiano, idioma del que procede esta palabra. Su plural es **diletantes** (no, *dilettanti*, como en la lengua italiana, ni *dilettantis*, un invento). Ú., a veces, en sentido peyorativo.

diligenciar. v. tr. Se conjuga, en cuanto al acento, como **cambiar**.

diligente. adj. 'Cuidadoso'; 'presto o pronto en el obrar'. Rég. prep.: **diligente en** (***diligente** en su trabajo*); **diligente para** (***diligente para** atender los llamados*).

diluir. v. irreg. tr. Significa lo mismo que **desleír** (v. tr. Ú. t. c. prnl.). Se conjuga como **huir**. → **desleír**

diluviar. v. intr. impers. Se conjuga, en cuanto al acento, como **cambiar**, pero sólo en las terceras personas del singular.

diluyente. p. a. de **diluir**. 'Que diluye'. Ú. t. c. sust. m.: **el diluyente**. Es correcto, también, **diluente** (p. a. de **diluir**), aunque menos usado.

dimanar. v. tr. 'Proceder o venir el agua de sus manantiales'. fig. 'Tener origen una cosa de otra' (*De esta causa **dimanan** todos nuestros males*). Rég. prep.: **dimanar de** (***dimanar** una cosa **de** otra*).

dimensión. sust. f. En lenguaje corriente, ya que en el científico tiene acepciones precisas, vale, en sentido figurado, por 'volumen, longitud o extensión' (*Un escándalo de grandes **dimensiones***). Se abusa de esta voz y se la emplea frecuentemente por **alcance**: *Las dimensiones de esta ley son insospechadas*. Correcto: *Los **alcances** de esta ley son insospechados*. Como derivado, existe el adjetivo **dimensional**, 'perteneciente o relativo a la dimensión'.

diminutivo, va. adj. 'Que tiene la cualidad de disminuir' (*Estudiamos los sufijos **diminutivos***). sust. m. 'Palabra formada con sufijos diminutivos' (*El **diminutivo** de día es diita*). Es incorrecto *disminutivo*, un vulgarismo por analogía con **disminuir**.

dimisión. sust. f. 'Renuncia o abandono de algo que se posee'. Rég. prep.: **dimisión de** (*Presentó la **dimisión de** su cargo de secretario*).

dimitir. v. tr. 'Renunciar'. Rég. prep.: **dimitir de** (***dimitir de** un cargo*). Repárese en que, por ser verbo transitivo, puede decirse, también: **dimitir** *el cargo*. Es incorrecto, en cambio, construir este verbo con objeto directo de persona: *Han dimitido al gerente*; *Lo han dimitido*. En esos casos, corresponde decir: ***Han destituido** o **despedido al gerente**, o **Han hecho renunciar** o **dimitir al gerente**; Lo **han despedido** o Lo **han hecho renunciar** o **dimitir**.*

♦ **dinamizar.** Verbo sin registro en el *Diccionario*. Sólo existen **dinámica** (sust.f.), **dinámi-**

co, ca (adj.), **dinamismo** (sust. m.) y **dinamista** (adj. y sust. com.). Debe evitarse este neologismo y sustituirse, entre otros, por **activar**, **animar**, **agilizar**, **estimular**, **promover**, **reactivar**, **vitalizar**, **revitalizar**, etc.

dínamo o **dinamo.** sust. f. La Academia acepta las dos acentuaciones, pero prefiere la primera. Aunque es palabra de género femenino (**la dínamo**), en la Argentina y en Cuba, se la usa como masculina (*el dínamo*).

dinero. sust. m. 'Moneda corriente'; 'fortuna'. Sus diminutivos son **dinerillo** y **dineruelo**. No debe usarse **dineros**, cuando corresponde emplear el singular: *Es hombre de dineros*; *Hizo dineros*. Lo correcto es decir: *Es hombre de* ***dinero***; *Hizo* ***dinero***. Son usuales, entre otras, las siguientes expresiones: **dinero al contado** o **dinero contante**; **dinero a interés**; **dinero contante y sonante**; **dinero negro** (habido ilegalmente). **a dinero contante.** loc. adv. 'En dinero y moneda efectiva'. **estar** *alguien* **podrido de** o **en dinero**. fr. fig. y fam. 'Ser muy rico'. **hacer dinero.** fr. fig. y fam. 'Hacer fortuna'.

dinosaurio. adj. (*Reptil* ***dinosaurio***). Ú. t. c. sust. m. (*Vimos la película sobre los* ***dinosaurios***). Para distinguir los sexos, corresponde hablar de **dinosaurio macho** y de **dinosaurio hembra**. No debe decirse *dinosauro*, por imitación del inglés (*dinosaur*) o del francés (*dinosaure*).

dintel. sust. m. 'Parte superior de las puertas, ventanas u otros huecos que cargan sobre las jambas'. No debe usarse por **umbral**, que significa lo contrario. Incorrecto: *Me detuve sobre el dintel de la puerta*. Correcto: *Me detuve sobre el* ***umbral*** *de la puerta*. → **umbral, lintel**

dio. Tercera persona singular del pretérito perfecto simple de indicativo del verbo **dar**. No lleva tilde, pues es monosílabo.

dionisíaco, ca o **dionisiaco, ca.** 'Perteneciente al dios Dioniso o Baco'; 'que posee algunos de los rasgos atribuidos a Dioniso'. Ú. t. c. sust. m. y f. Además, en contraposición a **apolíneo**, 'aplícase a lo impulsivo, instintivo, etc.'. Las dos acentuaciones son correctas, pero se prefiere la primera.

dioptría. sust. f. 'Unidad de medida usada por los oculistas'. Es incorrecto pronunciar [diotría] o [dióptria].

dios. sust. m. Cuando denota el Supremo Ser, Criador del universo, se escribe siempre con mayúscula (*Roguemos a* ***Dios*** *por él*). En los otros casos, con minúscula (*Júpiter es un* ***dios*** *griego*; *Eres mi* ***dios*** *protector*). Plural: **dioses**. El femenino es **diosa**. Plural: **diosas**. El femenino y los plurales se escriben siempre con minúscula. La expresión **Dios mediante** se abrevia ***D.m.***

diplomado, da. p. de **diplomar**. Ú. t. c. sust. m. y f.: **el diplomado, la diplomada**, 'persona que ha obtenido un diploma'. Corresponde usar esta voz y no, *graduado* con el significado indicado. → **graduado**

diplomar. v. tr. Ú. t. c. prnl. → **graduar, titular**

diplomático, ca. adj. (*secretario* ***diplomático***, *valija* ***diplomática***, *actitud* ***diplomática***). Ú. t. c. sust. m. y f.: **el diplomático, la diplomática**. En algunos países americanos, se usa *diplómata*, un galicismo censurable.

dipsomaníaco, ca o **dipsomaniaco, ca.** adj. 'Que padece tendencia irresistible al abuso de la bebida'. Las dos acentuaciones son correctas. Puede decirse, también, **dipsómano, na**, de igual significación. La Academia prefiere, de las tres formas, la primera.

díptica. sust. f. 'Tablas plegables, con forma de libro, en que la Iglesia primitiva anotaba las listas de los muertos y de los vivos, por quienes se había de orar'. Para esta denotación, puede usarse, también, **díptico** (sust. m.). Significa, por otra parte, 'catálogo, generalmente de obispos de una diócesis'. Ú. m. en pl. → **díptico**

díptico. sust. m. 'Tablas plegables o díptica'. Posee, además, la acepción de 'cuadro o bajorrelieve formado por dos tablas que se cierran como las tapas de un libro', la que no es intercambiable con **díptica**.

diptongar. v. tr. 'Unir dos vocales, formando en la pronunciación una sola sílaba'. v. intr. 'Convertirse en diptongo una vocal' (*Algunos verbos* ***diptongan*** *la vocal tónica de la raíz*). → **pagar**

diputado, da. p. de **diputar**. sust. m. y f.: **el diputado, la diputada**. No hay razón para decir *la diputado*. Rég. prep.: **diputado a** o **en** (***diputado a*** o ***en*** *Cortes*); **diputado por** (***diputado por*** *Jujuy*).

diputar. v. tr. Rég. prep.: **diputar para** (*diputar a alguien* ***para*** *que lo represente en una misión*).

dirección. sust. f. 'Acción y efecto de dirigirse' (*Va en* ***dirección*** *al parque*); 'camino o rumbo' (*la* ***dirección*** *del viento*); 'consejo, enseñanza y preceptos con que se dirige a alguien' (***dirección*** *de tesis*); 'persona o conjunto de personas encargadas de dirigir una institución, sociedad, etc.' (*La* ***dirección*** *de la escuela*); 'cargo que ejerce un director o entidad administrativa en la que se desempeña' (***Dirección*** *General*, ***Dirección*** *Nacional*); en este último caso, se escribe con mayúscula. 'Oficina del director' (*Preséntese en la* ***dirección***); 'domicilio de una persona' (*Mi* ***dirección*** *es ésta*); 'señas escritas en el sobre de una carta o en cualquier otro bulto' (*La* ***dirección*** *es ilegible*). Rég. prep.: **en dirección a** (***en dirección a*** *la plaza*); **en dirección de** (*en* ***dirección de*** *la luz*). Incorrecto: *Salió con dirección a Junín*. Correcto: *Salió* ***en dirección*** *a Junín*. Es un vulgarismo pronunciar [direción]. Abreviatura: ***Dir.***

director, ra. adj. 'Que dirige' (*principio* ***director***). Cuando se usa en esta función adjetiva, su femenino es **directriz** (*norma* ***directriz***). Es un error de concordancia aplicar el adjetivo **directriz** a un sustantivo masculino: *principio directriz*. Correcto: *principio* ***director***. Igual femenino es el que corresponde, cuando 'se aplica, en geometría, a la línea, figura o superficie que determina las condiciones de generación de otra línea, figura o superficie'. sust. m. y f.: **el director, la directora.** No tiene sentido decir *la director general*. Correcto: ***la directora*** *general*. Es un vulgarismo pronunciar [diretor]. Abreviaturas: ***Dtor.***, ***Dtora.***

directorio, ria. adj. 'Dícese de lo que es a propósito para dirigir'. Su uso no es frecuente en esta función adjetiva. sust. m. 'Lo que sirve para dirigir en alguna ciencia o negocio' (***directorio*** *espiritual*); 'instrucción para gobernarse en un negocio' (*El* ***directorio*** *del fármaco no lo prescribe*); 'junta directiva de asociaciones, empresas, etc.' (*El* ***directorio*** *de la compañía se compone de seis miembros*); 'guía en la que figuran determinados datos de un conjunto de personas o de entidades, entre ellos, domicilio, teléfono, etc.'. Para esta última acepción, se oye el neologismo *direccionario*, sin registro académico. **directorio telefónico**. Méj. 'Guía de teléfonos'.

directriz. adj. Forma femenina de **director** en ciertos casos. Su plural es **directrices** (*ideas* ***directrices***). sust. f. 'Conjunto de normas para la ejecución de algo'. Ú. m. en pl. (*Las* ***directrices*** *son éstas*). → **director**

dirigencia. sust. f. colect. Amér. 'Conjunto de dirigentes políticos, gremiales, etc.'. Es de reciente registro en el ***Diccionario***.

dirigente. p. a. de **dirigir**. 'Que dirige'. Ú. t. c. sust. com.: **el dirigente**, **la dirigente**. → **dirigencia**

dirigir. v. tr. Ú. t. c. prnl. Rég. prep.: **dirigir** o **dirigirse a** o **hacia** (***dirigir*** o ***dirigirse a*** o ***hacia*** *la diagonal*); **dirigirse a** (***dirigirse a*** *otro por teléfono*); **dirigir** a otro **en** (***dirigir*** *a otro* ***en*** *sus estudios*). Este verbo, si bien es regular, tiene la particularidad de cambiar la **g** por **j** en la primera persona singular del presente de indicativo (*dirijo*) y en todo el presente de subjuntivo (*dirija, dirijas, dirija, dirijamos, dirijáis, dirijan*). Es decir, cuando a la **g** de la raíz le siguen las vocales **a** u **o**. Se trata de un mero cambio ortográfico, que no afecta la pronunciación.

dis-. pref. de or. lat. 'Negación o contrariedad' (***dis****cordancia*, ***dis****conformidad*); 'separación' (***dis****traer*); 'distinción' (***dis****cernir*, ***dis****tinguir*).

dis-. pref. de or. gr. 'Dificultad o anomalía' (***dis****lexia*, ***dis****lalia*). Muchas voces científicas se forman con él.

discapacitado, da. adj. Significa exactamente lo mismo que **minusválido, da** (adj.). Puede decirse, también, **impedido, da** (adj. Ú. t. c. sust. m. y f.) y **disminuido, da** (adj. Ú. t. c. sust. m. y f.). Esta voz es un calco del inglés *disabled*. Se registra, también, **discapacidad** (sust.f.).

discar. v. tr. Argent. y Uruguay. 'Formar un número en el disco del teléfono' (***Disca*** *el número de mi casa*). Equivale a **marcar**, del español general. Es un verbo regular. → **sacar**

discente. adj. 'Dícese de la persona que recibe enseñanzas'. sust. m. Equivale a 'estudiante o persona que cursa estudios': **el discente**. Sólo se usa en lenguaje culto. La Academia no registra el femenino. → **dicente**

discernir. v. irreg. tr. Ú. t. c. prnl. Rég. prep.: **discernir** o **discernirse de** (***discernir*** o ***discernirse*** *una cosa* ***de*** *otra*). Su irregularidad consiste en diptongar la **e** acentuada en **ie** en todas las personas del presente de indicativo, salvo en la primera y la segunda del plural, donde la **e** es átona (*discierno, disciernes, discierne, disciernen*), en las mismas personas del presente de subjuntivo (*discierna, disciernas, discierna, disciernan*) y del imperativo (*discierne*).

♦ **disc-jockey.** Es un anglicismo. La voz española que lo sustituye es **pinchadiscos**, que casi no se oye en la Argentina. → **pinchadiscos**

disco. sust. f. La A.A.L. ha solicitado la inclusión, en el ***Diccionario***, del argentinismo **disco**, con la acepción de **discoteca**.

discográfico, ca. adj. 'Relativo al disco o a la discografía'. Es voz de reciente registro en el ***Diccionario***, que recogía sólo **discografía**.

disconforme. adj. Puede decirse, también, **desconforme** (adj.), menos usado.

disconformidad. sust. f. Puede decirse, también, **desconformidad** (sust. f.), menos frecuente.

discordar. v. irreg. intr. Rég. prep.: **discordar de** (***discordar de*** *otro*); **discordar en** (***discordar en*** *opiniones*). Se conjuga como **sonar**, pero casi no se usa en sus formas irregulares.

discreción. sust. f. No debe pronunciarse [discrección].

discrecional. adj. No debe pronunciarse [discreccional]. 'Se aplica, sobre todo, a las facultades no regladas que tienen ciertos funcionarios, en función de su competencia'. El ejercicio de estas facultades exige fundamentación precisa, así como conformidad a recta justicia. Por tanto, no son arbitrarias.

discrecionalidad. sust. f. No debe confundirse con **arbitrariedad.** → **discrecional**

discrepar. v. intr. Rég. prep.: **discrepar de** (***discrepar de*** *los colegas*, ***de*** *otros pareceres*); **discrepar en** (***discrepar en*** *materia de su competencia*, ***en*** *un tema*). No debe decirse discrepar con, un solecismo: *Discrepo con los otros miembros del jurado*. Correcto: ***Discrepo de*** *los otros miembros del jurado*.

disculpar. v. tr. Ú. t. c. prnl. Rég. prep.: **disculpar** o **disculparse con** (***disculpar*** *a otro* ***con*** *su superior* o ***disculparse con él***); **disculpar** o **disculparse de** (***disculpar*** o ***disculparse de*** *una falta*).

discurrir. v. intr. 'Andar, caminar, correr, fluir'. En sentido figurado, vale por 'reflexionar, pensar, hablar acerca de una cosa, aplicar la inteligencia'. Rég. prep.: **discurrir de** (***discurrir de*** *un sitio a otro*); **discurrir en, sobre** o **acerca de** (***discurrir en, sobre*** o ***acerca de*** *historia*). v. tr. 'Inventar'; 'inferir, conjeturar'. → **transcurrir**

discursear. v. intr. fam. 'Decir discursos'. La pronunciación [discursiar, discursié] es incorrecta. No debe confundirse con **discursar** (v. tr. p. us.), 'discurrir sobre una materia'. → **-ear**

disecar. v. tr. Ú. t. c. prnl. 'Dividir en partes un vegetal o el cadáver de un animal para examinarlo'; 'preparar los animales muertos para que conserven la apariencia de cuando estaban vivos'. Con estos significados puede usarse **diseccionar** (v. tr.), creado sobre **disección** (sust. f.) y de reciente acogida en el ***Diccionario***. Se admite, también, por etimología popular, la acepción de 'secar o secarse algo por motivos o fines diversos' (***disecar*** *un pétalo entre las hojas de un libro*), pero ha de evitarse confundir los otros significados de este verbo con los de **desecar** o **desecarse.** → **sacar, desecar**

disector, ra. sust. m. y f.: **el disector, la disectora**, 'persona que diseca o realiza disecciones anatómicas'.

disentir. v. irreg. intr. 'No ajustarse al parecer de otro'. Rég. prep.: **disentir de** alguien (***disentir de*** *sus amigos*); **disentir en** algo (***disentir en*** *temas secundarios*). Incorrecto: disentir con (*Disiento con usted*). Correcto: ***Disiento de*** *usted*. Se conjuga como **sentir.**

♦ **disfamar.** v. tr. Este verbo es un vulgarismo. Lo mismo sucede con sus derivados. → **difamar**

disfonía. sust. f. 'Trastorno de la fonación'. No se admite **difonía.** El ***Diccionario*** no registra el adjetivo *disfónico, ca*.

disfrazar. v. tr. Ú. t. c. prnl. Rég. prep.: **disfrazar** o **disfrazarse con** o **en** (***disfrazar*** o ***disfrazarse con*** o ***en*** *traje de indio*); **disfrazar** o **disfrazarse de** (***disfrazar*** o ***disfrazarse de*** *gato*). Decir *disfrezarse* es anticuado y, hoy, vulgar. → **cazar**

disfrutar. v. tr. Ú. t. c. intr. Rég. prep.: **disfrutar con** (***disfrutar con*** *la naturaleza*); **disfru-**

tar de (***disfrutar de*** *buena salud*). Su postverbal es **disfrute** (sust. m.).

disfumar. v. tr. → **difumar, difuminar, esfumar**

disfumino. sust. m. → **difumino, esfumino**

disgregar. v. tr. Ú. t. c. prnl. → **pagar**

♦ **disgresión.** Barbarismo. → **digresión**

disgustar. v. tr. Ú. t. c. prnl. Rég. prep.: **disgustarse con** (***disgustarse con*** los amigos); **disgustarse de** (***disgustarse de*** *ciertas cosas*); **disgustarse por** (***disgustarse por*** *tonterías*).

dislocar. v. tr. 'Sacar una cosa de su lugar'. Ú. m. c. prnl. referido a huesos y articulaciones. 'Torcer un argumento, manipularlo'; fig. 'Hacer perder el tino'. Ú. t. c. prnl. y m. en p. Sus postverbales son **dislocación** y **dislocadura** (susts. fs.). → **sacar**

disminuido, da. p. de **disminuir**. adj. Significa lo mismo que **minusválido**. Ú. t. c. sust. m. y f.: **el disminuido, la disminuida**. Este registro como adjetivo o sustantivo es reciente.

disminuir. v. irreg. tr. Ú. t. c. intr. y prnl. Es incorrecto decir *disminuir a la mitad*; lo correcto es ***disminuir hasta*** *la mitad*. Se conjuga como **huir**.

disociar. v. tr. Ú. t. c. prnl. Se conjuga, en cuanto al acento, como **cambiar**.

disolver. v. irreg. tr. Ú. t. c. prnl. Rég. prep.: **disolver** o **disolverse con** o **en** (***disolver*** o ***disolverse con*** o ***en*** *agua*). Se conjuga como **volver**. Su participio es irregular (***disuelto***). Incorrecto: *disolvido*.

disonar. v. irreg. intr. Se conjuga como **sonar**.

disparada. sust. f. Argent., Méj., Nicar. y Urug. 'Acción de echar a correr de repente o de partir con precipitación'. **a la disparada**. loc. adv. Argent., Chile, Par., Perú y Urug. 'A todo correr'; 'precipitada y atolondradamente' (fig.). **de una disparada**. fr. Argent. 'Con gran prontitud, al momento'. **pegar una disparada**. fr. fam. Argent. 'Echar a correr huyendo'; 'dirigirse rápidamente hacia un lugar'. **tomar la disparada**. fr. Argent. 'Huir corriendo'.

disparar. v. tr. Ú. t. c. prnl. Rég. prep.: **disparar a** o **contra** (***disparar a*** o ***contra*** *algo* o *alguien*). Es incorrecto *disparar sobre algo* o *alguien*.

dispensa. sust. f. 'Privilegio, excepción'. No debe confundirse con **despensa** (sust. f.), 'lugar o local donde se guardan o venden comestibles'.

dispensar. v. tr. Ú. t. c. prnl. Rég. prep.: **dispensar** o **dispensarse de** (***dispensar*** o ***dispensarse de*** *una obligación*), **dispensar** o **dispensarse por** (***dispensar*** o ***dispensarse por*** *la falta cometida*).

dispéptico, ca. adj. 'Relativo a la dispepsia'; 'enfermo de dispepsia'. No debe decirse *dispépsico, ca*, un galicismo.

displacer. v. irreg. tr. Significa lo mismo que **desplacer** (v. tr.), forma que prefiere la Academia. Se conjuga como **nacer**.

displicencia. sust.f. 'Desagrado o indiferencia en el trato'. Nótese su grafía, al igual que la de **displicente**, porque algunos escriben *displiscencia* y *displiscente*, o las pronuncian así.

disponer. v. irreg. tr. Ú. t. c. prnl. Rég. prep.: **disponer** o **disponerse a** o **para** (***disponer a*** *alguien* o ***disponerse a*** o ***para*** *morir cristianamente*); **disponer a** (***disponer a*** *su antojo*); **disponer de** (***disponer de*** *su fortuna*); **disponer** o **disponerse en** o **por** (***disponer*** o ***disponerse en*** o ***por*** *filas*). Su participio es irregular (***dispuesto***). Se conjuga como **poner**.

dispositivo, va. adj. 'Dícese de lo que dispone'. sust. m. 'Mecanismo o artificio dispuesto para producir una acción prevista'. → **diapositiva**

disprosio. sust. m. 'Metal del grupo de los de tierras raras'. Número atómico 66. Símbolo: ***Dy***

disputar. v. tr. Significa lo mismo que **debatir** (v. tr.), voz que prefiere la Academia (***Disputan*** *aspectos fundamentales de la ley*). En otras acepciones, es intransitivo. Rég. prep.: **disputar de, sobre, acerca de, por** (***disputar de, sobre, acerca de, por*** política); **disputar con** o **entre** (***disputar con*** o ***entre*** *pares*).

disquete. sust. m. 'Disco magnético'. Obsérvense su grafía y su género: **el disquete**. Muchos escriben *diskette*, un extranjerismo, o dicen, incorrectamente, *la disquete*. Es voz de reciente incorporación en el ***Diccionario***, al igual que su derivado **disquetera** (sust. f.).

distancia. sust. f. 'Espacio o intervalo de lugar o de tiempo que media entre dos cosas o sucesos'. **a distancia**. loc. adv. 'Lejos, apartadamente'. **a respetable** o **a respetuosa distancia**. loc. adv. 'Lejos'. Rég. prep.: **a distancia de** o **a respetable distancia de** (***a*** *poca* ***distancia de*** *él*; ***a*** *respetable* ***distancia de*** *él*). Es, por lo tanto, incorrecto decir *a poca distancia suya*. Del mismo modo debe procederse con los restantes pronombres personales (***a distancia de mí, de ti***, etc.).

distanciar. v. tr. 'Separar, apartar, poner a distancia'; 'desunir o separar moralmente'. Ú. t. c. prnl. Rég. prep.: **distanciar** o **distanciarse de** (***distanciar*** *una cosa* ***de*** *otra*; ***distanciarse de*** *un pariente*). El participio **distanciado** todavía no ha sido recogido como adjetivo por la Academia ni, consecuentemente, su significado, muy usado, de 'rezagado', que, tampoco se registra para el verbo. Se conjuga, en cuanto al acento, como **cambiar**.

distar. v. intr. Rég. prep.: **distar de** (***distar de*** *la plaza*).

distender. v. irreg. tr. Ú. t. c. prnl. Se conjuga como **tender**. Es incorrecto *distendir*.

distinguir. v. tr. Ú. t. c. prnl. Rég. prep.: **distinguir** o **distinguirse de** (***distinguir*** *una cosa* ***de*** *otra*; ***distinguirse de*** *algo* o ***de*** *alguien*); **distinguirse en**, **entre** o **por** (***distinguirse en*** *historia*, ***entre*** *varios*, ***por*** *algo*). Este verbo, que es regular, cambia **gu** por **g**, cuando le siguen las vocales **a** y **o**: presente de indicativo (*distingo*) y presente de subjuntivo (*distinga, distingas*, etc.). Es un cambio solamente ortográfico.

distinto, ta. adj. Rég. prep.: **distinto de** (***distinto de*** *los demás*). Es incorrecto *distinto a*. → **diferente**

distraer. v. irreg. tr. Ú. t. c. prnl. Rég. prep.: **distraer** o **distraerse de** (***distraer*** *a alguien* o ***distraerse de*** *las obligaciones*). Se conjuga como **traer**.

distribuir. v. irreg. tr. Ú. t. c. prnl. Rég. prep.: **distribuir** o **distribuirse en** (***distribuir*** o ***distribuirse en*** *secciones*); **distribuir** o **distribuirse entre** (***distribuir*** *algo* o ***distribuirse entre*** *los vecinos*); **distribuir** o **distribuirse por** (***distribuir*** *algo* o ***distribuirse por*** *edades*). Se conjuga como **huir**.

disuadir. v. tr. 'Inducir a alguien con razones a mudar de parecer o a desistir de un propósito'. Rég. prep.: **disuadir de** (***disuadir*** *a alguien* ***de*** *aprobar un proyecto*).

diurno, na. adj. Carece de inflexión superlativa.

divagar. v. intr. → **pagar**

divergir. v. intr. 'Irse apartando'; 'discrepar' (fig.). Rég. prep.: **divergir de** alguien (***divergir de*** *su maestro*); **divergir en** algo (***divergir en*** *intereses*). Es un verbo regular en el que se cometen errores por considerarlo irregular (*divirgió*, por ***divergió***; *divierja*, por ***diverja***, etc.). → **dirigir**

diversificar. v. tr. Ú. t. c. prnl. Su postverbal es **diversificación** (sust. f.). → **sacar**

diverso, sa. adj. Rég. prep.: **diverso de** (***diverso de*** *otros*); **diverso en** (***diverso en*** *aptitudes*); **diverso entre** (***diverso entre*** *todos*).

divertimiento. sust. m. Significa lo mismo que **diversión**. Se admite, también, **divertimento** (sust. m.), pero la Academia se inclina por las otras formas y prefiere reservar esta última voz para denotar un tipo especial de composición musical o una clase particular de obra artística o literaria, cuyo fin es sólo divertir.

divertir. v. irreg. tr. Ú. t. c. prnl. Rég. prep.: **divertir** o **divertirse con** (***divertir*** o ***divertirse con*** *un chiste*); **divertirse en** (***divertirse en*** *pintar*). Se cometen no pocos errores en su conjugación: *divertió*, por ***divirtió***; *divertáis*, por ***divirtáis***; *divertiera*, por ***divirtiera***; *divertiese*, por ***divirtiese***, etc. Se conjuga como **sentir**.

dividir. v. tr. Ú. t. c. prnl. Rég. prep.: **dividir** o **dividirse con**, **en**, **entre** o **por** (***dividir*** o ***dividirse con*** *los socios*, ***en*** *filas*, ***entre*** *varios*, ***por*** *mitades*). Este verbo tiene dos participios, uno regular (***dividido***) y otro irregular (***diviso***).

divinizar. v. tr. Su postverbal es **divinización** (sust. f.). → **cazar**

divisa. sust. f. Cuando uno se refiere a la moneda, no hace falta decir *divisa extranjera*, un pleonasmo; basta con **divisa**. Con este sentido se usa más en plural: **las divisas**.

divorciar. v. tr. Ú. t. c. prnl. Rég. prep.: **divorciar** o **divorciarse de** (***divorciar*** *una cosa* ***de*** *otra*; ***divorciarse de*** *la esposa*). Se conjuga, en cuanto al acento, como **cambiar**.

divulgar. v. tr. Ú. t. c. prnl. Su postverbal es **divulgación** (sust. f.). → **pagar**

diz. apóc. de **dice** o de **dícese**. El sintagma **diz que** ('se dice que' o 'dicen que'), que se escribe, también, **dizque**, es "raro y rústico –como anota Seco– en España", pero "se mantiene vivo en muchas zonas de América".

do. sust. m. 'Nota musical'. Nótese su género: **el do**. Su plural es **dos**.

-do, da. Sufijo de adjetivos y de sustantivos derivados de verbos, que presenta las formas **-ado, da**, para los de la primera conjugación, e **-ido, da**, para los de la segunda y la tercera. → **-ado, -ido**

dobla. sust. f. 'Moneda castellana de oro'. Aumentativo: **doblón** (sust. m.).

doblaje. sust. m. 'Acción y efecto de doblar en películas de cine y televisión'. Es voz admitida.

doblar. v. tr. 'Aumentar otro tanto' (***doblar*** *los ingresos*). 'Tener el doble de años'. Rég. prep.: **doblar en** (***doblar en*** *edad*). 'Volver una cosa sobre otra'. Ú. t. c. prnl. e intr. (***doblar*** *el papel*; ***doblarse*** *la hoja*). Rég. prep.: **doblar** o **doblarse en** (***doblar*** o ***doblarse en*** *cuatro*). 'Torcer una cosa encorvándola' (***doblar*** *el alambre*). Rég. prep: **doblar a** (***doblar a*** *golpes*). 'Pasar una embarcación por delante de un cabo, promontorio, etc., y ponerse al otro lado' (***doblar*** *la punta del cabo*). 'Pasar a otro lado de una esquina, cerro, etc., cambiando de dirección en el camino' (***doblar*** *la esquina*). Ú. t. c. intr. Rég. prep.: **doblar a** (***doblar a*** *l otro lado*; ***doblar a*** *la derecha*). 'Hacer un doblaje' (***doblar*** *la película* ***al*** *español*). Rég. prep.: **doblar a** (***doblar a*** *otro idioma*). fig. y fam. 'Causar a alguien gran quebranto' (*La enfermedad lo* ***dobló***). v. intr. 'Tocar a muerto'. Rég. prep.: **doblar por** (***doblar por*** *los difuntos*).

doble. adj. 'Que contiene un número dos veces' (***doble*** *seis*); 'cosa que va acompañada de otra semejante' (***doble*** *forro*). Ú. t. c. sust. m.: **el doble**. adv. m. Equivale a 'doblemente' (*Ve* ***doble***). Rég. prep.: **doble de** (*el* ***doble de*** *hojas*; *el* ***doble de*** *lo que tenía*). Se construye, también, con **a** (*Su tamaño es* ***doble a*** *un huevo*), pero es preferible con **de** o con **que** (*Su tamaño es el* ***doble de*** *un huevo* o ***que*** *un huevo*). El término de la comparación se construye, normalmente, con **que** (*En estatura, es el* ***doble que*** *yo*).

doblegar. v. tr. Ú. t. c. prnl. → **pagar**

doblez. sust. m. 'Parte que se dobla en una cosa'; 'señal que queda en la parte por donde se dobló'. Con el significado figurado de 'astucia o malicia en el obrar, dando a entender lo contrario', es ambiguo (**el doblez** o **la doblez**), pero predomina el uso femenino (*Procedió con* ***una doblez*** *increíble*). En plural: **dobleces**.

doce. adj. 'Diez y dos' (***doce*** *páginas*). Equivale, también, a **duodécimo** (*Alfonso* ***doce***; *mes* ***doce***), es decir, se usa como ordinal. Aplícase, como tal, a los días del mes (***doce*** *de octubre*). Ú. t. c. sust. m. (*El* ***doce*** *de octubre*). sust. m. 'Conjunto de **signos** con que se representa el número doce' (*Escribe* ***el doce***). En números romanos, se cifra con **XII**. Plural: **doces**.

doceavo, va. adj. Equivale a **duodécimo, ma**, 'cada una de las doce partes de un todo'. → **-avo**

docena. sust. f. 'Conjunto de doce cosas'. Abreviatura: *doc*.

doceno, na. adj. Equivale a **duodécimo, ma** (ajd.), 'que sigue en orden al undécimo'. Es de uso poco frecuente.

dócil. adj. Rég. prep.: **dócil a, de** o **para** (***dócil a*** *las indicaciones*; ***dócil de*** *carácter*; ***dócil para*** *aprender*).

♦ **dock.** Anglicismo. Su equivalente español es **dársena, muelle**.

docto, ta. adj. Ú. t. c. sust. f. y m.: **el docto, la docta**. Rég. prep.: **docto en** (***docto en*** *todas las ciencias*).

doctor. sust. m. Su femenino es **doctora**. Se escriben con minúscula, salvo que se trate del sobrenombre de algunos santos o personajes históricos: *el* ***Doctor*** *Angélico* (por Santo Tomás); *el* ***Doctor*** *Admirable* (por Roger Bacon). Diminutivos: **doctorcillo** y **doctorcito**. Rég. prep.: **doctor en** (***doctor en*** *Letras*, ***en*** *Medicina*); **doctor por** (***doctor por*** *la Universidad de Buenos Aires*). Pronunciar [dotor] es un vulgarismo. Abreviaturas: ***Dr***. (doctor) y ***Dra***. (doctora).

doctrina. sust. f. Pronunciar [dotrina] es un vulgarismo.

documento. sust. m. Abreviatura: *doc*. Documento Nacional de Identidad se abrevia ***D.N.I.***

dogmatizar. v. tr. → **cazar**

dólar. sust. m. 'Unidad monetaria de los Estados Unidos y de otros países'. Es palabra grave. En plural, se transforma en esdrújula: **dólares**. Incorrecto: *dólars*.

doler. v. irreg. intr. (*Le **duele** la mano*). Ú. t. c. prnl. Rég. prep.: **dolerse con** (***dolerse con** una amiga*); **dolerse de** (***dolerse de** sus compatriotas, **de** una injusticia*). Se conjuga como **volver**. Se cometen errores en la flexión del futuro de indicativo (*doldrá*, por ***dolerá***, etc.) y del condicional (*doldría*, por ***dolería***, etc.).

dolmen. sust. m. 'Monumento megalítico en forma de mesa'. Es palabra grave. En plural, se transforma en esdrújula: **dólmenes**.

dolor. sust. m. Rég. prep.: **dolor de** o **en** (***dolor de** cabeza; **dolor en** la cabeza*). Cuando lleva la preposición **de**, el sustantivo del término se construye sin artículo (*dolor **de** pies*); pero en la construcción con **en**, sí, lo lleva (*dolor **en el** pie*). En el primer caso, se trata de un dolor extenso; en el segundo, de uno localizado. También es correcta la construcción: **dolor a** (***dolor** al hígado, **al** corazón*), del mismo modo que se dice ***afección** al hígado, **a** los nervios*. → **afección**

domeñar. v. tr. 'Someter, sujetar'. No debe usarse, en su reemplazo, *domellar*, un vulgarismo.

domesticar. v. tr. Ú. t. c. prnl. → **sacar**

doméstico, ca. adj. 'De casa' (*Son problemas **domésticos***). Ú. m. c. sust. m. y f. (*La **doméstica** no vino a trabajar*). No debe usarse con el significado de 'interno' o 'nacional': *Los extranjeros no deben inmiscuirse en nuestros problemas domésticos. Los vuelos de cabotaje son domésticos*. Correcto: *Los extranjeros no deben inmiscuirse en nuestros problemas **internos**. Los vuelos de cabotaje son **nacionales***.

domiciliar. v. tr. Ú. t. c. prnl. Rég. prep.: **domiciliarse en** (***domiciliarse en** la Capital*). Se conjuga, en cuanto al acento, como **cambiar**.

domicilio. sust. m. 'Morada fija y permanente'. **a domicilio**. loc. adv. 'En el domicilio del interesado'. Ú. m. comúnmente referido a suministros o servicios (*Envíos **a domicilio**; Presto servicios **a domicilio***).

dominador, ra. adj. Ú. t. c. sust.: **el dominador, la dominadora**. Tanto para el adjetivo como para el sustantivo, se usa, también, el femenino **dominatriz**, menos frecuente.

domingo. sust. m. 'Séptimo día de la semana civil y primero de la religiosa'. Al igual que los otros días de la semana, se escribe con minúscula (*Hoy es **domingo***). Sólo se usa la mayúscula cuando forma parte del nombre de una fiesta (***Domingo** de Ramos; **Domingo** de Resurrección*) o cuando se refiere al de persona (***Domingo** lee muy bien*). Su abreviatura es ***D.*** o ***dom.º*** (sin punto). Diminutivos: **dominguillo, dominguito, dominguejo**. Este último, en América, significa, además, 'pobre diablo'. → **jueves**

domínica o **dominica.** sust. f. 'En lenguaje eclesiástico, domingo'; 'textos y oficios correspondientes a cada domingo'. La Academia prefiere la primera forma. → **dominico**

dominico, ca. adj. 'Religioso de la orden de Santo Domingo' (*monje **dominico**, monja **dominica***). Ú. t. c. sust. m. y f.: **el dominico, la dominica**. Incorrecto: *domínico*. La abreviatura de la Orden Dominica, llamada, también, Orden de los Predicadores, es ***O.P.***

dominó. sust. m. 'Juego'; 'traje que se usa en los bailes de máscaras'. Plural: **dominós**.

domo. sust. m. Significa lo mismo que **cúpula** (sust. f.). No debe emplearse por **catedral**, que es una mala traducción del italiano *duomo*: *El domo de Florencia*. Correcto: *La **catedral** de Florencia*.

don. sust. m. 'Tratamiento de respeto, antiguamente reservado a personas de elevado rango social y hoy generalizado, que se antepone a los nombres masculinos de pila' (***don** Pedro, **don** Ramiro*). Es incorrecto construirlo con apellidos (*don Serrano*), pero puede ir antepuesto al nombre de pila seguido del apellido (***don** Diego Serrano*). El femenino es **doña** (***doña** Inés; **doña** Rosa; **doña** María Dávila*). Actualmente su aplicación se va limitando a las mujeres casadas o viudas. Sus abreviaturas son ***D.*** y ***D.ª***, respectivamente (*Dña.*, para el femenino, no es correcto). Cuando se escriben sin abreviar, se usan siempre con minúscula: *Llegaron **don** José y **doña** María*. Incorrecto: *Llegaron Don José y Doña María*. Antepuestos a sustantivos y adjetivos empleados como denuesto en vocativos, realzan peyorativamente el significado de aquéllos (*Ven aquí, **don** estúpido o **doña** estúpi-*

da). No debe confundirse **don** con su homónimo, 'dádiva, regalo'; 'habilidad, aptitud'; 'beneficio recibido de Dios'; ni con **dom**, 'título honorífico que, antepuesto al apellido, se da a algunos religiosos benedictinos y cartujos'.

donante. p. a. de **donar**. sust. com.: **el donante, la donante**.

donde. adv. relat. l. Es voz átona. No debe pronunciarse tónica, para evitar su confusión con el interrogativo **dónde**. Introduce proposiciones relativas (adjetivas y adverbiales). Las primeras llevan antecedente expreso; las segundas no. Equivale a **en que, en el que**, etc., cuando, además de tener antecedente explícito, se construye sin preposición (*Éste es el hogar **donde** nací*). Si lleva antecedente y va precedido de preposición, equivale a **que, el que, lo que**, etc. (*Mira el suelo por **donde** pisas*). En este último caso, si la preposición es **a**, se escribe **adonde** (*Aquél es el sitio **adonde** vamos*). A veces, se omite la preposición **a** y se escribe **donde**, en vez de **adonde** (*La librería **donde** van los intelectuales del pueblo es ésta*). Cuando **donde** no lleva antecedente ni va precedido de preposición, equivale a **en el sitio donde, en el lugar donde**, etc. (***Donde** las dan, las toman*), y, si no lleva antecedente y se construye con preposición, vale por **el sitio donde, el lugar donde**, etc. (*Desde **donde** miras, no podrás ver la plaza*). En este último caso, si la preposición que precede al adverbio relativo es **a**, se escribe comúnmente **a donde** (*Voy **a donde** me invitan*), pero puede escribirse en una sola palabra (***Adonde** fueres, haz lo que vieres*). Para el uso no prescriptivo de **a donde** y **adonde**, → **a donde**. Es común, por otra parte, emplear **en donde** por **donde** (*Viajó al Uruguay, **en donde** se doctoró*). En el habla popular de algunas regiones de España y de América, pero no, en la Argentina ni en Méjico, **donde** significa 'a casa de o en casa de' (*Voy **donde** fulano*; *Estoy **donde** mengano*). Por el favor con que cuenta este regionalismo, aun en la lengua culta de esas regiones o países (Perú, Ecuador, América Central y Ant., entre otros), la Academia ha terminado por aceptar su uso como preposición. Es incorrecto, en cambio, el empleo rústico de **donde** con valor de 'cuando', uso más extendido en América que en España: *Al amanecer, donde apenas se insinúe la luz del día, iremos por los caballos*. Correcto: *Al amanecer, **cuando** apenas se insinúe la luz del día, iremos por los caballos*. También es incorrecto usar **donde** por la conjunción condicional **si**: *Este jarrón era de mi madre; donde lo rompas, te mato*. Correcto: *Este jarrón era de mi madre; **si** lo rompes, te mato*. Este uso se oye en el habla coloquial y familiar de muchos países americanos, incluso en la Argentina. **por donde**. loc. conjunt. que introduce en la oración un hecho inesperado. Se emplea, también, precedida de los imperativos **mira, mire usted, vea usted**, etc., o por la fórmula **he aquí** (*He aquí **por donde** nos hemos beneficiado*).

dónde. adv. interrog. l. Este adverbio lleva siempre acento fónico y ortográfico, es decir, se escribe con tilde. Introduce interrogaciones directas e indirectas. Equivale a **en qué lugar, el lugar en que**, cuando no va precedido de preposición (*¿**Dónde** trabajas?*; *Pregunto **dónde** trabajas*). Si se construye con ella, vale por **qué lugar** (*¿Desde **dónde** vienes?*; *Pregunto desde **dónde** vienes*). Si va precedido de la preposición **a**, se escribe siempre **adónde**, en una sola palabra (*¿**Adónde** vas?*; *Pregunto **adónde** vas*). A veces, **adónde** puede reemplazarse por **dónde** (*¿**Dónde** vas con mantón de Manila?*). Se emplea, muchas veces, **en dónde** por **dónde** (*¿**En dónde** está?*). **de dónde**. loc. adv. excl. que denota sorpresa (*¡**De dónde** voy a creer lo que dices!*). **¿por dónde?** loc. adv. que denota 'causa o motivo' (*¿**Por dónde** tengo que creerlo?*).

dondequiera. adv. l. 'En cualquier parte'. Es frecuente que este adverbio sea antecedente del relativo **que** (***Dondequiera que** vayas, acuérdate de mi consejo*). Puede escribirse en dos palabras: **donde quiera**. La academia prefiere la primera grafía. → **adondequiera, doquier**

donjuán. sust. m. 'Seductor de mujeres' (*Era un **donjuán***). Es palabra aguda. En plural, se transforma en grave: **donjuanes**. Puede escribirse, también, **don Juan**, en dos palabras (*Es un **don Juan***). De este sustantivo derivan **donjuanear** (v. intr.) y **donjuanesco, ca** (adj.). Cuando **donjuán** denota la planta de dicho nombre, llamada también **dondiego** (sust. m.), designación que prefiere la Academia, se escribe siempre en una sola palabra.

dopar. v. tr. Voz inglesa (*to dope*, 'drogar') españolizada. 'Administrar fármacos o sustancias estimulantes para potenciar artificialmente el rendimiento'. Ú. t. c. prnl. Se usa en el ámbito de los deportes (*El caballo **fue dopado**; El jugador **se dopó***). Es voz de reciente incorporación en el ***Diccionario***. → **drogar**

doquier. adv. l. Equivale a **dondequiera** (*Por **doquier** que voy, lo busco*). Admite, también, las formas **doquiera**, **do quiera** y **doquiere**. La Academia prefiere **dondequiera**.

-dor, -dar. suf. de adjetivos y de sustantivos derivados de verbos. Aparece en las formas **-ador**, **-edor** e **-idor**, de acuerdo con la conjugación del verbo (primera, segunda y tercera, respectivamente). Significa 'agente' (*entreg**ador**, tej**edor**, encubr**idor***); 'instrumento' (*climatiz**ador**, prend**edor**, part**idor***); a veces, 'lugar' (*com**edor***). Forma, también, derivados de sustantivos (*agu**ador**, leñ**ador**, viñ**ador***).

dormir. v. irreg. intr. Ú. t. c. prnl. y, a veces, c. tr. (***dormir** la siesta*). Rég. prep.: **dormir a**, **con**, **en**, **sobre** (***dormir a** pierna suelta*; ***dormir con** alguien* o ***con** algo*; ***dormir en** el suelo*; ***dormir sobre** el colchón*). Cambia la **o** del radical en **ue**, cuando es tónica, en el presente de indicativo (*d**ue**rmo, d**ue**rmes, d**ue**rme, d**ue**rmen*), en el presente de subjuntivo (*d**ue**rma, d**ue**rmas, d**ue**rma, d**ue**rman*) y en el imperativo (*d**ue**rme*), es decir, en los mismos tiempos y personas en que lo hace **sonar**. Cambia, además, la **o** del radical en **u** en la tercera persona singular y plural del pretérito perfecto simple de indicativo (*d**u**rmió, d**u**rmieron*), en todo el pretérito imperfecto de subjuntivo (*d**u**rmiera* o *d**u**rmiese, d**u**rmieras* o *d**u**rmieses, d**u**rmiera* o *d**u**rmiese, d**u**rmiéramos* o *d**u**rmiésemos, d**u**rmierais* o *d**u**rmieseis, d**u**rmieran* o *d**u**rmiesen*), en todo el futuro imperfecto de subjuntivo (*d**u**rmiere, d**u**rmieres, d**u**rmiere, d**u**rmiéremos, d**u**rmiereis, d**u**rmieren*) y en el gerundio (*d**u**rmiendo*). Se trata, según puede observarse, de un verbo de irregularidad mixta, por combinar dos tipos diferentes. En su uso, suelen cometerse no pocos errores: <u>durmí</u> o <u>durmiste</u>, por ***dormí*** o ***dormiste***; <u>*dormamos*</u> o <u>*dormáis*</u>, por ***durmamos*** o ***durmáis***.

dos. adj. 'Uno y uno' (***dos** rosas*). Equivale, por otra parte, a **segundo**, es decir, se usa como ordinal (*año **dos**; libro **dos***). Se aplica, como tal, a los días del mes, en función de sustantivo (*el **dos** de enero*). sust. m. 'Signo con que se representa el número dos' (*Escriba **el dos***). En números romanos, se cifra **II**. Su plural es **doses**, que no debe confundirse con **doces** (plural de **doce**). Es un error creer que es invariable, en cuyo caso se lo confunde con **dos**, plural de **do** ('nota musical'). Correcto: *En esta página hay varios **doses***. Incorrecto: *En esta página, hay varios <u>dos</u>*.

doscientos, tas. adj. pl. 'Dos veces ciento'. Además de este uso como cardinal, puede emplearse como ordinal, 'que sigue en orden al centésimo nonagésimo nono'. Con esta acepción, equivale a **ducentésimo**, **ma** (adj.): *año **doscientos***. sust. m. 'Conjunto de signos con que se lo representa' (*Escriba **el doscientos***). La Academia admite la grafía **docientos**, pero hoy es inusual. → **trescientos**

dosificación. sust. f. 'Determinación de la dosis de un medicamento'. A veces, se usa, en su reemplazo, <u>*dosaje*</u>, un galicismo que debe evitarse: *¿Cuál es su <u>dosaje</u>?* Correcto: *¿Cuál es su **dosificación**?* → **dosis**

dosificar. v. tr. → **sacar**

dosis. sust. f. 'Toma de medicina que se da al enfermo cada vez' (*Adminístrele, tres veces por día, una **dosis** de jarabe*). 'Cantidad o porción de una cosa material o inmaterial' (*Tome una sola **dosis**; Ha hecho gala de una buena **dosis** de paciencia*). No debe usarse, en su reemplazo, <u>*dosaje*</u>, un galicismo que se oye en algunas partes de América, incluida la Argentina. Es un extranjerismo innecesario, por cuanto, en español, **dosis** significa exactamente lo mismo: *El <u>dosaje</u> diario de este remedio es de una sola pastilla*. Correcto: *La **dosis** diaria de este remedio es de una sola pastilla*. En plural, no varía: *Ha tomado muchas **dosis***. Obsérvese que es palabra grave terminada en **s**, por eso no lleva tilde.

dossier. sust. m. Voz de or. fr. que acaba de ser incorporada por la Academia con la grafía consignada. Significa 'informe, expediente'. Su plural es **dossiers**, de acuerdo con la moderna tendencia de agregar sólo una **s** para formar el plural de muchos extranjerismos, con el fin de mantener intacta la imagen acústica de la voz tomada en préstamo (el plural, en francés, es *dossiers*). Nada obsta, sin embargo, para decir, también, **dossieres**, de acuerdo con las normas morfológicas de nuestro idioma para la formación del plural, en el caso de palabras terminadas en consonante, tal como ocurre con **club**, **clubes**. Entendemos que el uso terminará por imponer una u otra forma, pero estimamos que prevalecerá la primera.

dotado, da. p. de **dotar**. adj. 'Provisto, equipado' (***dotado*** *de todo lo necesario*). fig. 'Con dotes o aptitudes para algo' (***dotado*** *para la música*). Rég. prep.: **dotado de** (***dotado de*** *inteligencia*); **dotado para** (***dotado para*** *la pintura*).

dotar. v. tr. Rég. prep.: **dotar con** (***dotar*** *a alguien* ***con*** *un patrimonio importante*); **dotar de** (***dotar de corriente*** *eléctrica a una casa*; ***dotar de*** *vivienda*; ***dotar de*** *dones*); **dotar para** (*Dios lo* ***dotó para*** *la poesía*).

dote. sust. amb. 'Caudal que la mujer lleva al matrimonio o bienes que lleva la religiosa al convento'. Si bien, por su carácter ambiguo, puede decirse, con los significados anotados, tanto **la dote** como **el dote**, hoy prevalece la forma femenina. Es sustantivo masculino cuando, en el juego de naipes, significa 'número de tantos que toma cada uno para saber después lo que pierde o gana'. Es siempre sustantivo femenino cuando denota 'excelencia, prenda, capacidad o calidad apreciable de una persona' (*Esa* ***dote*** *de simpatía que impregna toda su persona es un don que debe agradecer a Dios*). Úsase comúnmente en plural (*Tiene pocas* ***dotes*** *de conductor*).

dozavo, va. adj. Equivale a **doceavo** o a **duodécimo**, formas que prefiere la Academia. → **-avo**

dracma. sust. f. 'Moneda griega'. Se cometen errores con el género de esta palabra, que es femenino: ***una*** *dracma*. Incorrecto: <u>*un*</u> *dracma*.

dragaminas. sust. m. No debe escribirse <u>*draga-minas*</u> ni <u>*draga*</u> <u>*minas*</u>, por ser palabra compuesta. En plural, no varía: **los dragaminas**.

dragón. sust. m. Su femenino es **dragona**. Diminutivo: **dragoncillo**.

drama. sust. m. 'Nombre genérico de cualquier obra perteneciente a la poesía dramática en sus múltiples variedades'. Es, por tanto, aplicable, en este sentido, a cualquier tipo de obra teatral. 'Obra de teatro o de cine, en que se presentan situaciones infaustas o dolorosas, atemperadas por otras más propias de la comedia, que no alcanzan plenitud trágica' (*A las 20, dan un* ***drama*** *por televisión*). Esta voz equivale, también, a **dramática**, 'género literario' (*Estudiaremos el nacimiento del* ***drama*** *en España*). fig. 'Suceso de la vida real, capaz de interesar y conmover vivamente' (*Acaba de vivir un* ***drama***). **dramón** (sust. m.) se usa más en sentido despectivo. **hacer un drama**. fr. fig. y fam. 'dar tintes dramáticos a un suceso que no los tiene' (*Es una minucia, no* ***hagas un drama***).

dramático, ca. adj. 'Perteneciente o relativo al drama' (*Es una obra* ***dramática***). 'Que posee caracteres propios del drama' (*El final es* ***dramático***). 'Dícese del autor de obras dramáticas o de quien las representa'. Ú. t. c. sust. m. y f. (*Sor Juana Inés de la Cruz merece figurar entre los principales* ***dramáticos*** *de su siglo*). 'Capaz de interesar y conmover vivamente' (*Vivió horas* ***dramáticas***). fig. 'Teatral, afectado' (*Deja de adoptar gestos* ***dramáticos***). No debe usarse este adjetivo por **espectacular**, **llamativo** (*Es un color* <u>*dramático*</u>). Existe, también, el sustantivo femenino **dramática**, 'arte que enseña a componer obras dramáticas'; 'género literario'. → **drama**

dramatismo. sust. m. 'Cualidad de dramático'. La Academia no registra <u>*dramaticidad*</u>: *No gesticules con* <u>*dramaticidad*</u>. Correcto: *No gesticules con* ***dramatismo***.

dramatizar. v. tr. 'Dar forma y condiciones dramáticas'; 'exagerar con apariencias dramáticas o afectadas'. No debe usarse por **interpretar**. → **cazar**

dramaturgo. sust. m. 'Autor de obras dramáticas'. La Academia no registra el femenino de este sustantivo, de modo que debe emplearse **dramática** o **autora dramática**, si bien es muy común **dramaturga**, que no puede considerarse una incorrección. → **dramático**

drástico, ca. adj. 'Dícese del medicamento que purga con eficacia'. Ú. t. c. sust. m. fig. 'Riguroso, enérgico' (*Sus decisiones son* ***drásticas***). El sustantivo <u>*drasticidad*</u> no tiene registro en el ***Diccionario***; debe usarse, en su reemplazo, **severidad**: *Lo sancionó con* <u>*drasticidad*</u>. Correcto: *Lo sancionó con* ***severidad***.

dríada. sust. f. 'Ninfa de los bosques'. Existen, también, **dríade** y **dría** (susts. fs.), pero la Academia prefiere la primera forma.

droga. sust. f. En sentido genérico, todo medicamento es una droga. También lo son 'ciertas sustancias minerales, vegetales o animales que se emplean en la industria o en las bellas artes'. En sentido estricto, 'sustancia o preparado medicamentoso de efecto estimulante, deprimente, narcótico o alucinógeno' (*La cocaína es una **droga***). fig. Col. y Ecuad. 'Persona o cosa molesta'. Ú. generalmente con el verbo **ser** (*Juan es una **droga***).

drogar. v. tr. 'Administrar una droga'. Ú. t. c. prnl. 'Hacer alguien uso deliberado de drogas en su persona'. → **pagar**, **dopar**

drogodependencia. sust. f. 'Uso habitual de estupefacientes, al que el drogadicto no se puede sustraer'. Es común decir *drogadependencia*, que no es correcto. Igual error se comete con el adjetivo **drogodependiente**, sinónimo de **drogadicto, ta** (adj. Ú. t. c. sust. m. y f.). Incorrecto: *drogadependiente*.

droguería. sust. f. 'Trato y comercio en drogas'; 'tienda en que se venden drogas'. En España, aclara la Academia, 'tienda en que se venden productos de limpieza y pinturas'. En algunas regiones de América, se usa, por influencia del inglés, con el significado de 'farmacia'. El *Diccionario* no recoge este regionalismo.

droguero. sust. m. Su femenino es **droguera**. También puede decirse **droguista** (sust. com.).

dromedario. sust. m. Es incorrecto usar esta voz como sinónimo de **camello** (sust. m.), porque éste tiene dos gibas y el **dromedario**, una sola. No existe una forma femenina para diferenciar el sexo de este animal, de modo que debe recurrirse a las perífrasis **dromedario macho** y **dromedario hembra**.

druida. sust. m. Repárese en que no lleva tilde. Sí, la lleva el adjetivo **druídico**, **ca**, por ser palabra esdrújula.

ducho, cha. adj. 'Experimentado, diestro'. Rég. prep.: **ducho en** (*ducho en su oficio*).

dúctil. adj. Es palabra grave. No debe pronunciarse [ductil] como aguda. → **versátil**

duda. sust. f. Rég. prep.: **duda sobre** o **acerca de** (*Tiene una **duda sobre** o **acerca del** género del sustantivo dracma*); **duda entre** (*Acude al diccionario para resolver tu **duda entre** dopar y drogar*). Seguido de **que**, se construye con la preposición **de** o sin ella, ambas soluciones son correctas, si bien la segunda es más coloquial (*No hay **duda de que** eres ignorante* o *No hay **duda que** eres ignorante*; *No cabe **duda de que** ganarás el partido* o *No cabe **duda que** ganarás el partido*). También puede decirse **dubitación** (sust. f.).

dudable. adj. 'Que se debe o se puede dudar'. Equivale a **dubitable** (adj.), menos frecuente.

dudar. v. intr. Ú. t. c. tr. Rég. prep.: **dudar de** (***dudar de** los amigos*); **dudar en** (***dudar en** todo*); **dudar entre** (***dudar entre** varias posibilidades*). Puede construirse con **de que** o sólo con **que**, por tratarse de un verbo que se construye con **de** o que se usa como transitivo, ambas posibilidades son correctas (***Dudo de que** vengas* o ***dudo que** vengas*).

duermevela. sust. amb. fam. Puede decirse, en consecuencia, **el duermevela** o **la duermevela**, pero, en el uso, predomina la forma femenina.

dulce. adj. Rég. prep.: **dulce a, de, en, para** (***dulce al** gusto*; ***dulce de** trato*; ***dulce en** grado sumo*; ***dulce para** todos*).

dulcificar. v. tr. Ú. t. c. prnl. → **sacar**

dulzón, na. adj. Equivale a **dulzarrón, na** (adj.), de uso menos frecuente.

dulzor. sust. m. 'Cualidad de dulce'. La Academia dice que su sinónimo exacto es **dulzura** (sust. f.), pero hay una diferencia de matiz entre uno y otro, que, generalmente, los hablantes distinguen: **dulzor** se aplica, sobre todo, en un sentido material; **dulzura**, en uno no material (*El **dulzor** del postre es excesivo*; *La **dulzura** de su voz me encanta*).

dulzura. sust. m. 'Cualidad de dulce'. → **dulzor**

dúo. sust. m. 'Composición musical para dos ejecutantes'; 'las dos personas que ejecutan o cantan un dúo'. Diminutivo: **dueto**. **a dúo.** loc. adv. 'Con la cooperación de dos personas al mismo tiempo' (*Cantan **a dúo***; *Contestan **a dúo***).

duodécimo, ma. adj. 'Que sigue inmediatamente al undécimo'. Es decir, el ordinal que sigue a doce. Es incorrecto usar, en su reemplazo, *decimosegundo*. → **décimo**

dúplex. adj. Equivale a **doble** (adj.). Se registra, también, la forma **dúplice** (adj.). sust. m. 'Departamento de dos pisos'. En plural, no varía (*Posee varios **dúplex** en el inmueble*).

duplicado, da. p. de **duplicar**. sust. m. 'Documento del mismo tenor que el primero'. Su abreviatura es ***dupdo***.

duplicar. v. tr. Ú. t. c. prnl. → **sacar**

duque. sust. m. Su femenino es **duquesa**.

-dura. suf. de sustantivos derivados de verbos. Toma las formas **-adura**, **-edura** e **-idura**, de acuerdo con la conjugación del verbo (primera, segunda y tercera, respectivamente). Significa 'acción y efecto' (*salpic**adura***, *torced**ura***, *hend**idura***); a veces denota el medio o instrumento (*cerr**adura***, *herr**adura***), o 'conjunto' (*arbol**adura***).

duramadre. sust. f. También puede decirse **duramáter** (sust. f.), pero la Academia prefiere la primera forma.

durante. prep. Denota la 'simultaneidad de un acontecimiento con otro' (***Durante** toda su vida, luchó en favor de sus ideales*). No se une con cualquier sustantivo. Es incorrecto, por ejemplo, <u>durante yo</u>, <u>durante la calle</u>, porque no introduce como término pronombres personales o nombres de cosas que no pueden ubicarse en el tiempo, de acuerdo con la significación del verbo **durar**, del que procede en su origen (**durante**, p. a. de **durar**, 'el que dura'). Sí, en cambio, se construye con sustantivos como **año** (***durante** el año*), **mañana** (***durante** la mañana*), **semana** (***durante** la semana*), etc.

durar. v. intr. Rég. prep.: **durar en** (***durar en** el empleo*); **durar por** (***durar por** siempre*).

duraznero. sust. m. 'Árbol'. → **durazno**

durazno. sust. m. Equivale a **duraznero** (*un bosque de **duraznos***). 'Fruto de este árbol'. Argent. y Chile. 'Melocotonero'; 'melocotón'. → **melocotón**

duro, ra. adj. Diminutivo: **durillo, lla**. Rég. prep.: **duro de** (***duro de** matar*).

duunviro. sust. m. 'Magistrado romano'. Se registra, también, la forma **duunvir** (sust. m.), menos frecuente. Es incorrecto decir, por analogía con **triunviro**, <u>diunviro</u>. De esta voz se deriva **duunvirato** (sust. m.), que algunos transforman, incorrectamente, en <u>diunvirato</u> o <u>dunvirato</u>. → **triunviro**

♦ **duvet.** Galicismo por **plumón**.

dux. sust. m. 'Príncipe o magistrado de las repúblicas de Venecia y Génova'. En plural, no varía: **los dux**. La mujer del **dux** recibe el nombre de **dogaresa** (sust. f.).

e. Quinta letra del abecedario español. Su nombre es **e** (sust. f.). En plural: **es**. Incorrecto: *ees*.

e. conj. copul. Reemplaza a la **y** para evitar el hiato, antes de palabras que comienzan con **i** o **hi** (*Celia **e** Inés*; *madre **e** hija*). No la reemplaza al principio de interrogación o de exclamación (*¿Y Isabel?*; *¡Y Irene!*) ni cuando la palabra siguiente comienza con **y** o con la sílaba **hie** (*Juan **y** Yolanda*; *agua **y** hielo*).

e-. pref. de or. lat. 'Fuera de' (***e**liminatorio*); 'origen y procedencia' (***e**migratorio*); 'extensión o dilatación' (***e**fusivo*).

-e. suf. de sustantivos verbales. 'Acción y efecto' (*canj**e***).

-ear. suf. de verbos derivados de sustantivos o de adjetivos, rara vez de pronombres (*des**ear***, *mal**ear***, *tut**ear***). Repárese en que la primera persona singular del pretérito perfecto simple de indicativo de estos verbos es ***deseé***, ***maleé***, ***tuteé***. No debe pronunciarse ni escribirse *desiar*, *maliar*, *tutiar*; *desié*, *desió*; *malié*, *malió*; *tutié*, *tutió*. Lo mismo ocurre con todos los verbos que terminan con este sufijo.

ebanista. sust. com.: **el ebanista, la ebanista**.

ebanistería. sust. f. Es sustantivo colectivo con la denotación de 'muebles y otras obras de ebanista que forman un conjunto'.

ebrio, bria. adj. 'Embriagado por la bebida'; 'poseído de una pasión'. Rég. prep.: **ebrio de** (*hombre **ebrio de** venganza*). Ú. t. c. sust. m. y f.: **el ebrio, la ebria**. No debe confundirse su significado con el de **ebrioso, sa** (adj. Ú. t. c. sust. m. y f.), 'muy dado al vino y que se embriaga fácilmente'.

ebullición. sust. f. 'Hervor'; 'estado de agitación'. Incorrecto: *ebulición*.

♦ **ebullir.** Barbarismo por **bullir, hervir**.

ebúrneo, a. adj. 'De marfil'. Es palabra esdrújula. No debe pronunciarse [eburnio] como grave.

eccehomo. sust. m. En latín, 'he aquí el Hombre'. 'Imagen de Jesucristo como lo presentó Pilatos al pueblo'; 'persona de lastimoso aspecto'. Con la primera acepción, se escribe con mayúscula. Se escribe en una sola palabra. Incorrecto: *ecce homo*, *ecce-homo*.

eccema. sust. m. Incorrecto: *la eccema*. No debe pronunciarse [ecema]. También puede escribirse **eczema**, pero la Academia prefiere la primera forma. El adjetivo que le corresponde es **eccematoso, sa**, 'perteneciente o relativo al eccema'.

-ececico, ca. suf. → **-ico**

-ececillo, lla. suf. → **-illo**

-ececito, ta. suf. de or. lat. → **-ito**

-ecer. suf. de or. lat., de verbos derivados de adjetivos o de sustantivos. 'Acción incoativa, transformación o cambio de estado' (*anoch**ecer***, *fortal**ecer***).

-ecezuelo. suf. de or. lat. → **-uelo**

echadura. sust. f. Es sustantivo colectivo con la denotación de 'conjunto de los huevos que empolla de una vez una gallina'.

echar. v. tr. Ú. t. c. intr. y c. prnl. No debe confundirse su grafía con la del participio irregular del verbo **hacer**. Incorrecto: *Hecha los papeles en el cesto*. Correcto: ***Echa** los papeles en el cesto*. Rég. prep.: **echarse a** (***echarse al** agua*, 'decidirse a arrostrar algún peligro'); **echar por, en** o **a** (***echar por***, ***en*** o ***a** tierra*; ***echar en** falta*); **echar de** (***echar de** la escuela*); **echar a** + **infinitivo**: frase verbal incoativa (***echar a** volar*); **echar por**, 'seguir una carrera' (***echar por** la arquitectura*); **echar por**, 'iniciar la marcha por una u otra parte' (***echar por** la derecha*). Son frases correctas: **echar una bendición, echar un bocado, echar un discurso, echar maldiciones, echar a presidio, echar un responso, echar la siesta, echar un trago. echarla** o **echárselas de**. fr. fig. y fam. 'Presumir' (***echarla*** o ***echárselas de** valiente*). **echar de menos.** Frase portuguesa (*achar menos*) españolizada. 'Notar la falta de una persona o cosa'; 'tener pena por la falta de ella'. También puede decirse **echar menos**. Incorrecto: *Echó de perder el plan*. Correcto: ***Echó a** perder el plan*.

echarpe. sust. m. Voz francesa (*écharpe*) españolizada. 'Chal'. Ha sido recién incorporada en el ***Diccionario***.

-ecico, ca. suf. → **-ico**

-ecillo. suf. → **-illo**

-ecito, ta. suf. de or. lat. → **-ito**

eclipse. sust. m. Incorrecto: eclipsamiento.

eco-. elem. compos. de or. gr. 'Casa, morada, ámbito vital' (***ecología***).

eco-. elem. compos. de or. gr. 'Onda electromagnética' o 'sonido reflejado' (***ecolalia***).

ecologista. adj. 'Que propugna la necesidad de preservar la naturaleza y ponerla a salvo de las perturbaciones ocasionadas con la moderna industrialización' (*investigador* ***ecologista***). sust. com.: **el ecologista, la ecologista**. También puede decirse **ecólogo** (sust. m.) y **ecóloga** (sust. f.).

economista. sust. com.: **el economista, la economista**.

economizar. v. tr. → **cazar**

ecónomo. adj. (*cura* ***ecónomo***). sust. m. 'El que administra los bienes de la diócesis bajo la autoridad del obispo'. La Academia no registra el género femenino con la denotación que se le da, en la Argentina, de 'especialista en gastronomía que prepara comidas con elementos de bajo precio', o de 'ama de casa'.

ecto-. elem compos. de or. gr. 'Por fuera, en el exterior' (***ectodermo***).

-ectomía. elem. compos. de or. gr. 'Ablación quirúrgica o experimental' (*gastr****ectomía***).

ecu. sust. m. De las siglas del inglés *European Currency Unit*. 'Unidad monetaria de la Comunidad Económica Europea'. En plural: **ecus**.

ecuador. sust. m. 'Círculo máximo que se considera en la esfera celeste, perpendicular al eje de la Tierra'. Se escribe con minúscula (***ecuador*** *terrestre*). Como sustantivo propio, se escribe con mayúscula. El nombre oficial del país es **República del Ecuador**. Incorrecto: *Nació en Ecuador; Nació en El Ecuador*. Correcto: *Nació en el* ***Ecuador***; *Nació en la* ***República del Ecuador***.

ecualizar. v. tr. Voz inglesa (*to equalize*) españolizada. 'En alta fidelidad, ajustar las frecuencias de reproducción de un sonido con el fin de igualarlo a su emisión originaria'. Ha sido recién incorporada en el ***Diccionario***, como también **ecualización** (sust. f.) y **ecualizador** (sust. m.). → **cazar**

eczema. sust. m. → **eccema**

-eda. suf. de or. lat. → **-edo**

edad. sust. f. En plural: **edades**. No debe pronunciarse [edá]. Debe escribirse con mayúscula cuando se refiere a un período de la historia del mundo (***Edad*** *Moderna; Alta* ***Edad*** *Media*). **tercera edad**. 'Ancianidad' (*Pertenece a la* ***tercera edad***); esta frase ha sido recién incorporada en el ***Diccionario***. **avanzado de edad**. 'De edad avanzada'. **de cierta edad**. loc. adj. 'De edad madura' (*Ya es* ***de cierta edad***). **entrar** uno **en edad**. fr. 'Ir pasando de una edad a otra'. **mayor de edad**. loc. adj. (*hombre* ***mayor de edad***). **menor de edad**. loc. adj. (*mujer* ***menor de edad***).

-edad. suf. de or. lat. → **-dad**

-edal. suf. de or. lat. → **-edo**

edema. sust. m. Incorrecto: la edema.

edén. sust. m. Es palabra aguda. En plural, se transforma en grave: **edenes**. Se usa con mayúscula cuando se refiere al Paraíso terrenal.

-edero, ra. suf. de or. lat. → **-dero**

edición. sust. f. Es sustantivo colectivo cuando denota 'conjunto de ejemplares de una obra impresos de una sola vez' (***edición*** *de 1994*). Su abreviatura es ***ed***.

edicto. sust. m. Se escribe con mayúscula cuando compone la denominación de un documento histórico (***Edicto*** *de Nantes*).

edificación. sust. f. No debe usarse como sinónimo de **edificio** (sust. m.).

edificador, ra. adj. 'Que edifica, fabrica o manda construir' (*empresa* ***edificadora***). Ú. t. c. sust. m. y f.: **el edificador, la edificadora**. También puede decirse **edificativo, va** (*empresa* ***edificativa***). Este último adjetivo no debe confundirse con **edificatorio, ria** (adj.), 'perteneciente o relativo a la edificación' (*materiales* ***edificatorios***).

edificar. v. tr. Su postverbal es **edificación** (sust. f.). → **sacar**

edil. sust. m. 'Concejal'. Es palabra aguda. En plural, se transforma en grave: **ediles**. Su femenino es **edila**. La **edilidad** (sust. f.) es la 'dignidad y empleo de edil' y el 'tiempo de su duración'.

edilicio, cia. adj. 'Perteneciente o relativo al empleo de edil' (*tareas **edilicias***). Argent. y Urug. 'Perteneciente o relativo a las obras o actividades de carácter municipal' (*proyecto **edilicio***). El significado que registra la Academia no se relaciona con la edificación: *refacción edilicia* no es 'refacción de edificios'. La A.A.L. ha recomendado la inclusión de ese significado: 'concerniente a los edificios o a la construcción'.

editor, ra. adj. 'Que edita' (*grupo **editor***). Ú. t. c. sust. m. y f. 'Director de una editorial': **el editor, la editora**. Es un anglicismo usar esta voz como sinónimo de 'director de un diario'. Su abreviatura es ***ed***.

editorial. adj. 'Perteneciente o relativo a editores o a ediciones' (*proyecto **editorial***). sust. m. 'Artículo de fondo no firmado' (*Escribió **el editorial***). El escritor de este artículo se llama **editorialista** (sust. com.). sust. f. 'Casa editora' (*Tiene un cargo en **la editorial***). Su abreviatura es ***ed***.

-edo, da. suf. de or. lat. de sustantivos colectivos, en general derivados de nombres de árboles o de plantas. 'Lugar en que abunda el primitivo' (***arboleda, peraleda***). Puede combinarse con **-al** (***rosedal***) y, denotando 'abundancia', con **-ar** (***humareda***).

-edor, ra. suf. de or. lat. → **-dor**

edredón. sust. m. 'Plumón'; 'cobertor'. Incorrecto: *edredrón*.

educación. sust. f. No debe usarse en su reemplazo el galicismo *educabilidad*. Incorrecto: *la educabilidad de los niños*. Correcto: *la **educación** de los niños*.

educacional. adj. 'Perteneciente o relativo a la educación'. También puede decirse **educativo, va** (adj.) y **educacionista** (adj. Ú. t. c. sust. com.). No debe usarse **educacional** con la denotación de 'lo que educa o sirve para educar', pues ésta pertenece a **educativo**. Incorrecto: *programas educacionales* (anglicismo). Correcto: *programas **educativos***.

educador, ra. adj. Ú. t. c. sust. m. y f.: **el educador, la educadora**. Como sustantivo, también puede usarse **educacionista** (com.).

educando, da. adj. 'Que se educa en un colegio' (*niños **educandos***). Ú. m. c. sust. m. y f.: **el educando, la educanda**.

educar. v. tr. Rég. prep.: **educar en** (*Lo educó en sólidos principios morales*). → **sacar**

educir. v. irreg. tr. 'Deducir'. Se conjuga como **conducir**.

edulcorante. p. a. de **edulcorar** (v. tr.). sust. m. 'Sustancia que endulza': **el edulcorante**.

-edura. suf. de or. lat. → **-dura**

EE. UU. El nombre oficial del país es **los Estados Unidos de América**. También son denominaciones correctas: **los Estados Unidos de América del Norte, los Estados Unidos de la América Septentrional** o **los Estados Unidos de Norteamérica**. En la sigla, la duplicación de las consonantes indica que la abreviatura pertenece a una palabra en plural: **los Estados Unidos**. Incorrecto: *E. E. U. U.* Si se emplea **los Estados Unidos**, la concordancia se realiza en plural (*Los Estados Unidos **envían** un nuevo representante*). Incorrecto: *Los Estados Unidos envía un nuevo representante*. La concordancia en singular es posible si no se usa el artículo (***Estados Unidos envía** un nuevo embajador*). Incorrecto: *Estados Unidos envían un nuevo embajador*. Aunque –según Seco– "puede decirse con artículo o sin él", se aconseja el uso del artículo, pues forma parte de la denominación oficial del país. En lugar de las siglas extranjeras (*Esta computadora proviene de U.S.A.; Esta computadora proviene de USA*), deben usarse las siglas españolas (*Esta computadora proviene de **EE. UU.**; Esta computadora proviene de **E.U.A.**; Esta computadora proviene de **EUA***). El uso de la sigla es aceptable en el ámbito periodístico para ahorrar espacio, pero se prefiere la escritura completa de las palabras. No debe usarse una sigla como adjetivo: *El investigador USA llegará mañana*. Correcto: *El investigador **estadounidense** llegará mañana*. Puede usarse **norteamericano** como sinónimo de **estadounidense**. → **norteamericano**

efectivo, va. adj. 'Verdadero'. sust. m. 'Moneda acuñada o dinero' (*No tiene **efectivo***). En plural, denota 'fuerzas militares que se hallan bajo un solo mando o reciben una misión conjunta': **los efectivos**. **hacer efectivo**. fr. 'Llevar a efecto' (***hacer efectivo** un plan*); 'pagar o cobrar cantidades, créditos o documentos' (***hacer efectivo** el pago*).

efecto. sust. m. 'Lo que sigue por virtud de una causa'. **a efectos de**. loc. 'Con la finalidad de conseguir o de aclarar algo' (*Le escribo **a efectos de** solicitar su ayuda*). Incorrecto: *Le escribo a efecto de solicitar su ayuda*. **en efecto**. loc. adv. 'Efectivamente, en realidad' (***En efecto**, es así*). **llevar a efecto** o **poner en efecto**. frs. 'Ejecutar' (***Llevó a efecto** o **puso en efecto** las obras*). **surtir efecto**. fr. 'Dar el resultado que se deseaba' (*La pastilla **surtió efecto***). Incorrecto: *Por efecto de la lluvia, se produjeron inundaciones*. Correcto: ***A causa de** la lluvia, se produjeron inundaciones*.

efectuar. v. tr. 'Ejecutar'. Ú. m. con sustantivos de acción (***Efectuó** el peritaje*). v. prnl. 'Cumplirse' (***Se efectuó** la reunión*). Se conjuga, en cuanto al acento, como **actuar**.

efeméride. sust. f. 'Acontecimiento notable que se recuerda en su aniversario' (***la efeméride** patria*); 'conmemoración de dicho aniversario'. No deben confundirse su grafía y su significado con los de **efemérides** (sust. f. pl.), 'libro o comentario en que se refieren los hechos de cada día'; 'sucesos notables ocurridos en un mismo día de distintos años': **las efemérides**.

efervescencia. sust. f. Repárese en que se escribe con **sc**. Incorrecto: *efervecencia*; *esfervecencia*.

eficaz. adj. Es palabra aguda. En plural, se transforma en grave: **eficaces**.

♦ **eficientizar.** Neologismo. Debe decirse **hacer más eficiente**.

efigie. sust. f. Incorrecto: *esfigie*.

eflorescencia. sust. f. 'Erupción de color rojo subido'; 'conversión espontánea en polvo de diversas sales'. También puede decirse **florescencia** (sust. f.), pero, con esas denotaciones, la Academia prefiere la primera forma.

égida. sust. f. 'Piel de la cabra Amaltea, adornada con la cabeza de Medusa, atributo de Zeus y de Atenea'; 'por extensión, escudo, protección, defensa'. También puede decirse **egida**, pero la Academia prefiere la primera forma. No deben confundirse su grafía y su significado con los de **hégira** (sust. f.). → **hégira**

egipciaco, ca. adj. 'Egipcio'. Ú. t. c. sust. m. y f.: **el egipciaco, la egipciaca**. También puede decirse **egipcíaco, ca**, pero la Academia prefiere la primera forma. Son sus sinónimos **egipciano, na; egipcio, cia** y **egiptano, na** (adjs. y susts. ms. y fs.).

egiptólogo. sust. m. 'Persona versada en la civilización del antiguo Egipto'. Su femenino es **egiptóloga**.

égloga. sust. f. No debe pronunciarse [écloga, écloca].

eglógico, ca. adj. También puede decirse **eclógico, ca**, voz preferida por la Academia.

ego. sust. m. En plural: **egos**.

-ego, ga. suf. → **-iego**

egoísta. adj. Ú. t. c. sust. com.: **el egoísta, la egoísta**.

ególatra. adj. Ú. t. c. sust. com.: **el ególatra, la ególatra**.

egolatría. sust. f. También puede decirse **autolatría** (sust. f.).

egotista. adj. 'Relativo al prurito de hablar de sí mismo o al sentimiento exagerado de la propia personalidad'. Apl. a pers., ú. t. c. sust. com.: **el egotista, la egotista**.

egresado, da. p. de **egresar**. Ú. t. c. sust. m. y f.: **el egresado, la egresada**.

egresar. v. intr. Rég. prep.: **egresar de** (***egresar de** una escuela*).

¡eh! interj. que se emplea para preguntar, llamar, despreciar, reprender o advertir (***¡Eh!**, no corra*).

einstenio. sust. m. 'Elemento radiactivo artificial'. Número atómico 99. Símbolo: ***Es***

-eja. suf. de or. lat. → **-ejo**

ejecutar. v. tr. 'Poner por obra una cosa' (***Ejecutó** las órdenes de su jefe*). También puede usarse con la denotación de 'ajusticiar, dar muerte al reo condenado a ella' (*Ejecutaron al asesino*), pero, no, con la de 'dar muerte a cualquier persona'; en ese caso, debe entrecomillarse (*"Ejecutaron" al empresario secuestrado*). Rég. prepos.: **ejecutar a** o **en** (***ejecutar al** piano* o ***en** una guitarra*).

ejecutivamente. adv. m. 'Con mucha prontitud y eficacia'. No debe usarse con la denotación de 'al modo de los ejecutivos'.

ejecutivo, va. adj. 'Que no da espera ni permite que se difiera la ejecución'; 'que ejecuta o hace una cosa' (*Es un hombre **ejecutivo***). Apl. a pers., ú. t. c. sust. m. y f. (*Es **la ejecutiva** del grupo*). También es sustantivo masculino y femenino con la denotación de 'persona que desempeña un cargo directivo en una empresa': **el ejecutivo**, **la ejecutiva**. sust. f. 'Junta directiva de una corporación o sociedad': **la ejecutiva**. La voz **ejecutivo** debe escribirse con mayúscula cuando se refiere a uno de los tres poderes: *Poder **Ejecutivo***.

¡ejem! interj. con que se llama la atención o se deja en suspenso el discurso.

ejemplarizar. v. intr. → **cazar**, **ejemplificar**

ejemplificar. v. tr. 'Demostrar, ilustrar o autorizar con ejemplos'. También puede decirse **ejemplarizar** (v. intr.). → **sacar**

ejemplo. sust. m. El sustantivo colectivo es **ejemplario** (m.). Incorrecto: ejemplo práctico (redundancia). Correcto: ***ejemplo***. Su abreviatura es ***ej***. Esta voz se usa, sobre todo, en el sintagma **por ejemplo**, cuya abreviatura es **p. ej.** → **verbigracia**

ejercer. v. tr. 'Practicar los actos propios de un oficio' (*Es maestra, pero nunca **ejerció***). 'Realizar una acción sobre alguien o algo'. Rég. prep.: **ejercer en** o **sobre** (*Ejerce influencia **en** o **sobre** sus alumnos*). Incorrecto: *Ejercitó un acto de altruismo*. Correcto: ***Ejerció** un acto de altruismo*. No debe usarse en lugar de **ejercitar** (v. tr. Ú. t. c. prnl.) con la denotación de 'hacer que uno aprenda una cosa mediante la enseñanza y práctica de ella' o de 'repetir muchos actos para adiestrarse en la ejecución de una cosa'. Incorrecto: *Ejerce el uso del sustantivo*. Correcto: ***Ejercita** el uso del sustantivo*. Es un galicismo usar detentar como sinónimo de **ejercer**. → **mecer**

ejercicio. sust. m. 'Acción de ejercitarse o de ocuparse en algo'. **en ejercicio**. loc. adj. o adv. 'Que ejerce su profesión o cargo' (*profesor **en ejercicio**; Está **en ejercicio***).

ejercitante. p. a. de **ejercitar**. 'Que ejercita'. sust. com. 'Persona que hace alguno de los ejercicios de oposición o los ejercicios espirituales': **el ejercitante**, **la ejercitante**.

ejercitar. v. tr. Ú. t. c. prnl. Rég. prep.: **ejercitar** o **ejercitarse en** (*Lo **ejercita en** la paciencia; **Se ejercita en** tenis*). No debe confundirse su significado con el de **ejercer** (v. tr.).

ejército. sust. m. colect. 'Conjunto de las fuerzas aéreas o terrestres de una nación'. Se escribe con mayúscula cuando se refiere a la institución (***Ejército** Argentino*). En sentido genérico, se escribe con minúscula (*un **ejército** organizado*).

-ejo, ja. suf., entre diminutivo y despectivo, de sustantivos y adjetivos (*animalejo*). En algunas palabras, no se conserva ese valor (*pulpejo*).

-ejón. suf. → **-on**

él. pron. pers. de tercera pers. sing. m. Su femenino es **ella**. En plural: **ellos**, **ellas**. Sin preposición, actúa como sujeto (***Él** canta*) o como predicativo (*Juan es **él***). Con preposición, actúa como término de un complemento que funciona como objeto directo o indirecto, y como circunstancia (*Lo visitó **a él**; Envíe la carta **a él**; Se habla **de él***). En español, es casi innecesario el uso del pronombre personal como sujeto, pues ya lo indica la desinencia verbal. Es correcto cuando lo usamos con valor enfático: *Tú estudias, él no; Ni él lo sabe*. No ocurre lo mismo en otros idiomas. No debe usarse en casos como éstos: *Trae dos valijas con él; Están orgullosas de ellas mismas*. Correcto: *Trae dos valijas **consigo**; Están orgullosas **de sí mismas***.

el. art. m. sing. Sus femeninos son **la** y **el**, forma apocopada del artículo femenino **ela** del español antiguo, que, ante **a** tónica, elidía su **a** final (***el** hacha*). En plural: **los**, **las**. Cuando el artículo forma parte de un sustantivo propio, debe escribirse con mayúscula: ***La** Haya*. Algunos usos incorrectos del artículo: *Siente el que le mientas; No le gusta el que hablen así; Nos basta el saber que trabaja; ¿El qué cuenta?* Correcto: *Siente que le mientas; No le gusta que hablen así;*

Nos basta **con** *saber que trabaja; ¿Qué cuenta?* Omisión incorrecta: *Había diferencias entre el contenido de ese ensayo y del otro; Dígame porqué y cuándo de su renuncia.* Correcto: *Había diferencias entre el contenido de ese ensayo y* **el** *del otro; Dígame* **el** *porqué y* **el** *cuándo de su renuncia.*

elaborador, ra. adj. 'Que elabora'; 'en ciertos trabajos, dícese del operario especializado'. Ú. t. c. sust. m. y f.: **el elaborador, la elaboradora**.

electo, ta. p. irreg. de **elegir** (*el presidente electo*). sust. m. 'El elegido o nombrado para una dignidad, empleo, etc., mientras no toma posesión' (***El electo*** *fue aplaudido*). La Academia no registra el género femenino, pero su uso es frecuente (***La electa*** *fue aplaudida*).

electorado. sust. m. colect. 'Conjunto de electores de un país o circunscripción'.

electoral. adj. Incorrecto: *derechos electoralistas*. Correcto: *derechos* ***electorales***.

electricista. adj. (*ingeniero* ***electricista***). sust. com.: **el electricista, la electricista.**

electrificar. v. tr. Su postverbal es **electrificación** (sust. f.) → **sacar**

electrizar. v. tr. Ú. t. c. prnl. 'Producir la electricidad en un cuerpo o comunicársela' (***Se electrizó*** *con una plancha*); 'exaltar, entusiasmar' (*Me* ***electriza*** *esa música*). → **cazar**

electro. sust. m. 'Ámbar'; 'aleación de cuatro partes de oro y una de plata'. No debe usarse como abreviación de **electrocardiograma** (sust. m.): *Le haré un electro.*

electro-. elem. compos. de or. gr. 'Electricidad' o 'eléctrico' (***electro****biología*, ***electro****doméstico*).

electrocardiograma. sust. m. En plural: **electrocardiogramas**. Incorrecto: *un electro, electro cardiograma, electro-cardiograma*. También puede decirse **cardiograma** (sust. m.). → **electro**

electrochoque. Voz inglesa (*electric shock*) españolizada. También puede decirse **choque eléctrico**. En plural: **electrochoques, choques eléctricos**. Incorrecto: *electrochoc, electroshock; electro choque, electro-choque.*

eléctrodo. sust. m. En plural: **eléctrodos**. También puede decirse **electrodo** (pl.: **electrodos**), pero la Academia prefiere la primera forma.

electrodoméstico. sust. m. 'Cualquiera de los aparatos eléctricos que se utilizan en el hogar'. Ú. m. en pl.: **los electrodomésticos**. También se usa como adjetivo (*aparatos* ***electrodomésticos***). Incorrecto: *electro doméstico, electro-doméstico*.

electrólisis. sust. f. Es palabra esdrújula. No debe pronunciarse [electrolisis] como grave. En plural, no varía: **las electrólisis.**

electrólito. sust. m. Es palabra esdrújula. No debe pronunciarse [electrolito] como grave. En plural: **electrólitos.**

electromotor, ra. adj. Ú. t. c. sust. m. y f.: **el electromotor, la electromotora.**

electromotriz. adj. f. (*fuerza* ***electromotriz***). No debe usarse con sustantivos masculinos: *aparato electromotriz*. Correcto: *aparato* ***electromotor***.

electrotermia. sust. f. 'Producción de calor mediante la electricidad'. Ha sido recién incorporado en el ***Diccionario***.

electrotérmico, ca. adj. 'Perteneciente o relativo a la electrotermia'. Debe escribirse en una sola palabra. Incorrecto: *electro térmico, electro-térmico*. Ha sido recién incorporado en el ***Diccionario***.

elefante. sust. m. Su femenino es **elefanta.** Incorrecto: *la elefante, elefante hembra*. El adjetivo correspondiente es **elefantino, na.**

elefantiasis. sust. f. 'Síndrome caracterizado por el aumento enorme de algunas partes del cuerpo'. No debe pronunciarse [elefantíasis]. En plural, no varía: **las elefantiasis**. También puede decirse **elefancia** o **elefancía** (sust. f.). El adjetivo correspondiente es **elefancíaco, ca,** 'perteneciente o relativo a la elefancía'; 'que la padece'. También puede decirse **elefanciaco, ca** y **elefantiásico, ca** (adjs.).

elegante. adj. Rég. prep.: **elegante de** (***elegante de*** *cuerpo*); **elegante en** (***elegante en*** *el andar*).

elegíaco, ca. adj. También puede decirse **elegiaco, ca** y **élego, ga** (adj.).

elegir. v. irreg. tr. Tiene dos participios: **elegido** (regular) y **electo** (irregular). El primero se usa para la conjugación de los tiempos compuestos. Incorrecto: has electo. Correcto: ***has elegido***. Se conjuga como **regir**.

elenco. sust. m. No debe usarse, en su reemplazo, el anglicismo *casting*.

elevación. sust. f. También puede decirse **elevamiento** (sust. m.).

elevado, da. p. de **elevar**. adj. Rég. prep.: **elevado de** (*elevado de estilo*).

elevador, ra. adj. 'Que eleva' (*máquina elevadora*). sust. m. y f. 'Vehículo para subir, bajar o desplazar mercancías': **el elevador, la elevadora**. En algunos países de América, como la Argentina, se usa, en su reemplazo, **ascensor** (sust. m.).

elevar. v. tr. Ú. t. c. prnl. Rég. prep.: **elevarse a** o **hasta** (***Se eleva al*** *cielo* o ***hasta*** *el cielo*); **elevarse de** (***Se eleva del*** *suelo*); **elevarse por** (***Nos elevamos por*** *el aire*); **elevarse sobre** (***Se eleva sobre*** *los ignorantes*).

elipsis. sust. f. 'Figura de construcción, que consiste en omitir en la oración una o más palabras, necesarias para la recta estructura gramatical, pero, no, para que resulte claro el sentido' (*¡Tal cual!* por *¡Tal cual me lo dijo!*). En plural, no varía: **las elipsis**. No deben confundirse su grafía y su significado con los de **elipse** (sust. f.), 'curva cerrada'.

elíseo, a. adj. 'Perteneciente al Elíseo' (*Campos* ***Elíseos***). También puede decirse **elisio, sia** (adj.). Ú. t. c. sust. m.: **el elíseo**. Se usa con mayúscula cuando es sustantivo propio.

elite. sust. f. 'Minoría selecta o rectora'. Voz francesa (*élite*) españolizada. Es palabra grave. No debe pronunciarse [élite] como esdrújula. En plural: **elites**.

elitista. adj. Ú. t. c. sust. com.: **el elitista, la elitista**.

elixir. sust. m. Es palabra aguda. En plural, se transforma en grave: **elixires**. También puede decirse **elíxir**, voz grave. En plural: **elíxires**. La Academia prefiere la primera forma.

ello. pron. personal neutro de tercera persona. Como dice Seco, "no se refiere nunca a persona ni a cosa determinada, sino a conjuntos de cosas, a ideas complejas o a hechos". Se usa generalmente, como sujeto (***Ello*** *es así*). Con preposición, actúa como término de un complemento que funciona como circunstancia (*No llores* ***por ello***). Es correcta la frase **ello es que** para iniciar la explicación de algo que se ha mencionado con anterioridad.

-elo, la. suf. de or. lat. de sustantivos. En su origen, tenía valor diminutivo (*bastardelo*).

elocución. sust. f. Es palabra aguda. En plural, se transforma en grave: **elocuciones**. → **alocución**

elogiar. v. tr. Se conjuga, en cuanto al acento, como **cambiar**.

elucubración. sust. f. También puede decirse **lucubración** (sust. f.), voz preferida por la Academia.

elucubrar. v. tr. Ú. t. c. intr. También puede decirse **lucubrar** (v. tr.), voz preferida por la Academia.

em-. pref. de or. lat. → **en-**

-ema. suf. de or. gr. → **-ma**

emanar. v. intr. 'Proceder, derivar'. Rég. prep.: **emanar de** (*La alegría* ***emana de*** *ella*). v. tr. 'Emitir, desprender de sí' (*Ella* ***emana*** *alegría*).

emancipar. v. tr. Ú. t. c. prnl. Rég. prep.: **emancipar** o **emanciparse de** (***Se emancipó de*** *su familia*).

embadurnar. v. tr. Ú. t. c. prnl. 'Untar, embarrar'. Rég. prep.: **embadurnar** o **embadurnarse de** o **con** (***Embadurnó de*** o ***con*** *pomada el zapato*).

embaimiento. sust. m. 'Acción y efecto de embaír'. También puede decirse **embaición** (sust. f.).

embaír. v. irreg. tr. defect. 'Ofuscar, embaucar'. Cambia por **y** la **i** de la desinencia en pretérito imperfecto y futuro de subjuntivo (*embayera o embayese; embayere*) y en el gerundio (*embayendo*). Se usa en los mismos tiempos y personas que **abolir**.

embajada. sust. f. Es sustantivo colectivo con la denotación de 'conjunto de los empleados que el embajador tiene a sus órdenes y de otras personas de su comitiva oficial'. Debe escribirse con mayúscula cuando se alude a una embajada determinada (***Embajada** de Chile*).

embajador. sust. m. Su femenino es **embajadora** ('agente diplomática'; 'mujer del embajador'). Incorrecto: la embajador.

embalador. sust. m. Su femenino es **embaladora**.

embalar. v. tr. e intr. Rég. prep.: **embalar en** (***Embaló** los cuadros **en** cajas*).

embaldosado, da. p. de **embaldosar**. sust. m. 'Pavimento revestido con baldosas'; 'operación de embaldosar': **el embaldosado**. También puede decirse **embaldosadura** (sust. f.).

embaldosar. v. tr. También puede decirse **baldosar** (v. tr.).

embalsamador, ra. adj. 'Que embalsama'. Ú. t. c. sust. m. y f.: **el embalsamador, la embalsamadora**.

embalsamar. v. tr. Ú. t. c. prnl. 'Preservar los cuerpos de la putrefacción mediante procedimientos especiales' (***Embalsamó** el cadáver*); 'perfumar'. Rég. prep.: **embalsamar con** (***embalsamar con** rosas la habitación*).

embanderar. v. tr. Ú. t. c. prnl. 'Adornar con banderas'. La A.A.L. ha recomendado la incorporación, en el ***Diccionario***, del siguiente significado: v. prnl. fig. Argent. 'Adherirse manifiestamente a un partido o idea, abrazar'.

embarazado, da. p. de **embarazar**. adj. 'Dícese de la mujer preñada'. Rég. prep.: **embarazada de** (*mujer **embarazada de** cinco meses*). Ú. t. c. sust. f.: **la embarazada**. También puede decirse **encinta** (adj. f.), pero la Academia prefiere la primera forma.

embarazar. v. tr. y prnl. → **cazar**

embarcación. sust. f. 'Barco'. Incorrecto: embarcación a vela (galicismo). Correcto: ***embarcación de vela***.

embarcar. v. tr. Ú. t. c. intr. y c. prnl. Rég. prep.: **embarcarse de** (***Se embarcó de** pasajero*); **embarcar** o **embarcarse en** (*La **embarca en** una aventura*; ***Embarcó en** un transatlántico*; ***Se embarca en** una aventura*); **embarcarse para** (***Me embarco para** Europa*). → **sacar**

embargante. p. a. de **embargar**. 'Que dificulta o impide' (*situación **embargante***).

embargar. v. tr. Rég. prep.: **embargar por** (***embargar por** deudas*). → **pagar**

embargo. sust. m. 'Retención de bienes por mandamiento administrativo o judicial'. **sin embargo.** loc. conjunt. advers. 'No obstante'. Siempre va entre comas (*Está enfermo, **sin embargo**, lo recibirá*). No debe confundirse su uso con el de la locución adverbial **en cambio**. → **cambio**

embarnizar. v. tr. También puede decirse **barnizar** (v. tr.). → **cazar**

embarrada. sust. f. Argent. y Col. 'Disparate, despropósito'.

embarrador, ra. adj. 'Que embarra'. Ú. t. c. sust. m. y f.: **el embarrador, la embarradora**.

embarrancar. v. intr. Ú. t. c. tr. 'Varar con violencia encallando el buque en el fondo'. v. prnl. 'Atascarse en un barranco o atolladero'; fig. 'atascarse en una dificultad'. → **sacar**

embarrar. v. tr. Ú. t. c. prnl. Puede usarse con las denotaciones de 'calumniar', 'causar daño', 'cometer un delito'. La A.A.L. recomienda la inclusión de la frase **embarrarla** (fam.), 'arruinar, echar a perder un negocio, una oportunidad o una relación', de uso común en la Argentina.

embarrotar. v. tr. También puede decirse **abarrotar** (v. tr.).

embarullador, ra. adj. 'Que embarulla'. Ú. t. c. sust. m. y f.: **el embarullador, la embarulladora**.

embate. sust. m. También puede decirse **embatada** (sust. f.).

embaucador, ra. adj. 'Que embauca'. Ú. t.c. sust. m. y f.: **el embaucador, la embaucadora**.

embaucar. v. tr. 'Engañar'. Rég. prep.: **embaucar con** (*La **embaucó con** mentiras*). Incorrecto: embaúco. Correcto: ***embauco***. → **sacar**

embaular. v. tr. 'Meter dentro de un baúl'. → **aullar**

embebecer. v. irreg. tr. 'Entretener, embelesar'. v. prnl. 'Quedarse pasmado'. Rég. prep.: **embebecerse en** (***Se embebecía en** mirarla*).

Con la denotación de 'quedarse pasmado, absorto', puede reemplazarse con **embeber**. Se conjuga como **parecer**.

embeber. v. tr. y prnl. 'Absorber'; 'empapar'; 'encogerse'; 'quedarse absorto'; 'instruirse en una doctrina'; 'entregarse con vivo interés a una tarea'. Rég. prep.: **embeber en** (***embeber*** *la* ***tela en*** *agua*); **embeberse de** (***embeberse de*** *l pensamiento de Unamuno*); **embeberse en** (***embeberse en*** *la lectura de un poema*). Su postverbal es **imbibición** (sust. f.).

embelecador, ra. adj. 'Que embeleca'. También puede decirse **embelequero, ra** (adj.). Ú. t. c. sust. m. y f.: **el embelecador, la embelecadora**.

embelecar. v. tr. 'Engañar'. → **sacar**

embeleco. sust. m. 'Embuste'. En América, se usa también **embelequería** (sust. f.).

embelesar. v. tr. Ú. t. c. prnl. 'Cautivar los sentidos'. Rég. prep.: **embelesarse con** (***Te embelesas con*** *la niña*); **embelesarse en** (***Se embelesa en*** *escuchar valses*).

embeleso. sust. m. 'Efecto de embelesar o embelesarse, es decir, cautivar'. También puede decirse **embelesamiento** (sust. m.), pero la Academia prefiere la primera forma.

embellecer. v. irreg. tr. Ú. t. c. prnl. Rég. prep.: **embellecer con** (***embellecer con*** *flores*). Se conjuga como **parecer**.

emberrincharse. v. prnl. fam. 'Encolerizarse'. También puede decirse **emberrenchinarse** (v. prnl. fam.), pero la Academia prefiere la primera forma.

embestidura. sust. f. 'Acción y efecto de embestir'. No deben confundirse su significado y su grafía con los de su homófono **envestidura** (sust. f.), 'acción y efecto de envestir, es decir, conferir una dignidad o cargo importante'.

embestir. v. irreg. tr. Ú. t. c. intr. Rég. prep.: **embestir a** o **contra** (***embestir a*** o ***contra*** *la gente*). No deben confundirse su significado y su grafía con los de su homófono **envestir** (v. tr.). Se conjuga como **pedir**.

embicharse. v. prnl. Argent. 'Llenarse de larvas de moscas las heridas de los animales'.

emblandecer. v. irreg. tr. Ú. t. c. prnl. 'Ablandar'. Se conjuga como **parecer**.

emblanquecer. v. irreg. tr. y prnl. 'Blanquear'. Se conjuga como **parecer**.

embobar. v. tr. y prnl. 'Entretener, tener suspenso y admirado a alguien'; 'quedarse absorto' (***Me emboban*** *los fuegos artificiales*). Rég. prep.: **embobarse con, de** o **en** (***embobarse con, de*** o ***en*** *las canciones infantiles*). También puede decirse **abobar** (v. tr. Ú. t. c. prnl.).

embobecer. v. irreg. tr. Ú. t. c. prnl. 'Volver bobo, entontecer a uno' (*Tantas historietas lo* ***embobecen***). No debe confundirse su significado con el de **embobar**. Se conjuga como **parecer**.

embobinar. v. tr. También puede decirse **bobinar** (v. tr.).

embocar. v. tr. Entre otras denotaciones, 'meter algo por la boca'. v. intr. 'Entrar por una parte estrecha'. Ú. t. c. prnl. El postverbal que corresponde a la última acepción es **embocadura** (sust. f.). → **sacar**

embochinchar. v. tr. Ú. t. c. prnl. Amér. 'Alborotar'.

emborrachar. v. tr. Ú. t. c. prnl. Rég. prep.: **emborrachar** o **emborracharse con** o **de** (*Lo* ***emborrachó con*** o ***de*** *vino*; ***Se emborrachó con*** o ***de*** *coñá*). También puede decirse **embeodar** (v. tr. Ú. t. c. prnl.) y **encurdarse** (v. prnl. vulg.), pero la Academia prefiere la primera forma.

emborrascar. v. tr. Ú. t. c. prnl. 'Irritar'; 'hacerse borrascoso, dicho del tiempo'; 'echarse a perder un negocio'. Argent., Hond. y Méj. 'Tratándose de minas, empobrecerse o perderse la veta'. → **sacar**

emborronar. v. tr. Ú. t. c. prnl. 'Llenar de borrones o garrapatos un papel'; 'escribir desaliñadamente'. Incorrecto: <u>*emborronear*</u>. También puede decirse **borronear** (v. tr.).

emboscada. sust. f. Puede usarse como sinónimo de **asechanza** (sust. f.). → **asechanza**

emboscar. v. tr. Ú. t. c. prnl. 'Poner encubierta una partida de gente para una operación militar' (***Emboscaron*** *la patrulla*); 'ocultarse entre el ramaje' (***Me embosqué*** *rápidamente*); 'escudarse con una ocupación cómoda para alejarse del cumplimiento de otra'. Rég. prep.: **emboscarse en** (*Se embosca en la lectura*). → **sacar**

embotellador, ra. adj. 'Que embotella'. sust. m. y f. 'Persona que tiene por oficio embotellar': **el embotellador, la embotelladora**. sust. f. 'Máquina que sirve para embotellar'.

embovedar. v. tr. 'Cubrir con bóveda'. También puede decirse **abovedar** (v. tr.).

embozar. v. tr. Ú. m. c. prnl. Rég. prep.: **embozarse con** (*embozarse con la capa*); **embozarse en** (*embozarse en el manto*); **embozarse hasta** (*embozarse hasta los ojos*). → **cazar**

embragar. v. tr. → **pagar**

embrague. sust. m. Incorrecto: <u>*embriague*</u>.

embravecer. v. irreg. tr. Ú. t. c. prnl. Rég. prep.: **embravecerse contra** (*Se embravecía contra los opositores*). También puede decirse **abravecer** (v. tr.). Se conjuga como **parecer**.

embriagar. v. tr. Ú. t. c. prnl. Rég. prep.: **embriagarse con** (*embriagarse con licor*); **embriagarse de** (*embriagarse de alegría*). → **pagar**

embriaguez. sust. f. Es palabra aguda. En plural, se transforma en grave: **embriagueces**. También puede decirse **ebriedad** (sust. f.) y **emborrachamiento** (sust. m.).

embriólogo. sust. m. 'Especialista en embriología, ciencia que estudia la formación y el desarrollo de los embriones'. Su femenino es **embrióloga**.

embrollador, ra. adj. Ú. t. c. sust. m. y f.: **el embrollador, la embrolladora**. Incorrecto: <u>*embrollista*</u>. También puede decirse **embrollón, na** (adj. fam. Ú. t. c. sust. m. y f.).

embromar. v. tr. Ú. t. c. prnl. 'Gastar una broma'; 'burlarse de alguien'. Argent. y otros países americanos. 'Molestar'; 'perjudicar, ocasionar un daño moral o material'.

embroncarse. v. prnl. fam. Argent. 'Enojarse'. → **sacar**

embrujo. sust. m. 'Hechizo'; 'atracción misteriosa y oculta'. También puede decirse **embrujamiento** (sust. m.).

embrutecer. v. irreg. tr. Ú. t. c. prnl. 'Entorpecer'. Se conjuga como **parecer**.

embustero, ra. adj. 'Que dice embustes o mentiras'. Ú. t. c. sust. m. y f.: **el embustero, la embustera**.

embutidor. sust. m. 'Persona dedicada a embutir'. Su femenino es **embutidora**. sust. f. 'Industria o máquina dedicada a embutir'.

embutir. v. tr. Ú. t. c. prnl. Rég. prep.: **embutir de** (***embutir de** lana*); **embutir en** (***embutir** un objeto **en** otro*).

emergencia. sust. f. 'Acción y efecto de emerger'; 'suceso, accidente que sobreviene' (*En caso de **emergencia**, la ambulancia llegará a tiempo*). Es un anglicismo usar esta voz como sinónimo de **aprieto, apuro, imprevisto, peligro, urgencia**. Incorrecto: *Si tienes una <u>emergencia</u>, te prestaré dinero; salida de <u>emergencia</u>; estado de <u>emergencia</u>*. Correcto: *Si tienes **imprevistos**, te prestaré dinero; salida de **urgencia**; estado de **excepción***.

emerger. v. intr. 'Brotar'. Rég. prep.: **emerger de** (*El agua **emerge de** la roca*). → **proteger**

emigración. sust. f. Es sustantivo colectivo con la denotación de 'conjunto de habitantes de un país que trasladan su domicilio a otro por tiempo ilimitado o, en ocasiones, temporalmente'.

emigrar. v. intr. Rég. prep.: **emigrar a** (***emigrar a** la Argentina*); **emigrar de** o **desde** (***emigrar de** o **desde** Polonia*).

eminente. adj. El superlativo, **eminentísimo, ma**, se aplica a los cardenales de la Santa Iglesia Romana y al gran maestre de la orden de Malta. Se escribe con mayúscula. Su abreviatura es ***Emmo***. El título de honor que se les da es el de **eminencia** (sust. f.). Su abreviatura es ***Em.ª***

emir. sust. m. 'Príncipe o caudillo árabe'. Es palabra aguda. En plural, se transforma en grave: **emires**. El **emirato** (sust. m.) es la 'dignidad o cargo de emir'.

emisario. sust. m. Su femenino es **emisaria**.

emisión. sust. f. Es sustantivo colectivo con la denotación de 'conjunto de títulos o valores, efectos públicos, de comercio o bancarios, que de una vez se ponen en circulación'.

emisor, ra. adj. Ú. t. c. sust. m. y f.: **el emisor, la emisora**.

emitir. v. tr. Rég. prep.: **emitir desde** (*Emitirá el programa* ***desde*** *Junín*); **emitir en** (***Emite*** *el mensaje* ***en*** *francés*); **emitir por** (***Emite*** *noticias* ***por*** *radio*).

emocionar. v. tr. Ú. t. c. prnl. Rég. prep.: **emocionarse ante** (***emocionarse ante*** *los acontecimientos*); **emocionarse con** o **por** (***emocionarse con*** o ***por*** *la noticia*).

emoliente. adj. 'Dícese del medicamento para ablandar una dureza o tumor'. Ú. t. c. sust. m. Incorrecto: <u>la emoliente</u>.

emolumento. sust. m. 'Remuneración adicional que corresponde a un cargo o empleo'. No debe pronunciarse [emonumento].

empacar. v. tr. e intr. 'Empaquetar'; 'hacer el equipaje'. → **sacar**

empachar. v. tr. Ú. t. c. prnl. Rég. prep.: **empachar** o **empacharse de** (***empachar*** o ***empacharse de*** *tallarines*).

empacón, na. adj. rur. Argent. y Perú. 'Dícese de la bestia que se planta con frecuencia'. N Argent. Por extensión, 'dícese de la persona terca'.

empadronador. sust. m. Su femenino es **empadronadora**.

empalagar. v. tr. Ú. m. c. prnl. Rég. prep.: **empalagar** o **empalagarse de** (***empalagar*** o ***empalagarse de*** *mermelada*). → **pagar**

empalago. sust. m. También puede decirse **empalagamiento** (sust. m.).

empalagoso, sa. adj. 'Dícese del alimento que empalaga'. Ú. t. c. sust. m. y f. 'Persona fastidiosa': **el empalagoso, la empalagosa**.

empalidecer. v. irreg. intr. Ha sido recién incorporado en el ***Diccionario***. También puede decirse **palidecer** (v. intr.). Se conjuga como **parecer**.

empalmar. v. tr. e intr. prnl. Rég. prep.: **empalmar con** (***empalmar*** *un tubo* ***con*** *otro*; ***empalmar*** *sus planes* ***con*** *los míos*).

empalme. sust. m. También puede decirse **empalmadura** (sust. f.).

empamparse. v. prnl. Amér. Merid. 'Extraviarse en la pampa'.

empanada. sust. f. Diminutivo: **empanadilla**.

empañamiento. sust. m. También puede decirse **empañadura** (sust. f.).

empapar. v. tr. Ú. t. c. prnl. Rég. prep.: **empapar con** (***Empapa con*** *un trapo el vino vertido*); **empapar** o **empaparse en** (***Empapa*** *el algodón* ***en*** *alcohol*; *El algodón* ***se empapa en*** *alcohol*; *La lluvia* ***se empapa en*** *la tierra*); **empaparse de** (*La arena* ***se empapa de*** *agua*).

empapelador. sust. m. Su femenino es **empapeladora**.

empaque. sust. m. Es sustantivo colectivo con la denotación de 'conjunto de materiales que forman la envoltura y la armazón de los paquetes'. No debe confundirse su significado con el de su homónimo **empaque** (sust. m.), 'aire de una persona'; 'seriedad con algo de afectación'.

empaquetado, da. p. de **empaquetar**. sust. m. 'Acción y efecto de empaquetar'. También puede decirse **empaquetadura** (sust. f.).

empaquetador. sust. m. Su femenino es **empaquetadora**.

empaquetar. v. tr. Ú. t. c. prnl. 'Hacer paquetes'; 'colocar paquetes convenientemente dentro de bultos mayores'; 'acomodar o acomodarse en un recinto un número excesivo de personas' (***Nos empaquetaron*** *a los cinco en ese auto pequeño*); 'acicalar'. La A.A.L. recomienda la inclusión de 'envolver, engañar a alguien' (fam. fig.) como argentinismo.

empardar. v. tr. Argent. y Urug. 'Empatar, particularmente en el juego de cartas'.

emparedado, da. p. de **emparedar**. adj. 'Recluso por castigo, penitencia o propia voluntad'. sust. m.: **el emparedado**. También puede decirse **sándwich** (sust. m.), de uso más frecuente.

emparentar. v. irreg. intr. Rég. prep.: **emparentar con** (***Se emparentó con*** *los Yáñez*). Se conjuga como **acertar**.

emparrillado. sust. m. colect. 'Conjunto de barras cruzadas y trabadas horizontalmente para dar base firme a los cimientos de un edificio'.

emparrillar. v. tr. 'Asar en parrillas'. Carece de relación semántica con el sustantivo **emparrillado**.

empaste. sust. m. Argent. 'Meteorismo o abultamiento del vientre del ganado por acumulación de gases en el tubo digestivo'. No debe confundirse con su homónimo **empaste** (sust. m.), 'acción y efecto de empastar'.

empatía. sust. f. 'Participación afectiva, y por lo común emotiva, de un sujeto en una realidad ajena'. Puede usarse en lugar del anglicismo *feeling*.

empavorecer. v. irreg. tr. 'Causar pavor'. Se conjuga como **parecer**.

empedernido, da. 'Insensible, duro de corazón'. La Academia ha incorporado, recientemente, dos acepciones más: 'hablando de cosas, extremadamente duro'; 'tenaz, que tiene un vicio o costumbre muy arraigados' (*fumador **empedernido***).

empedernir. v. tr. defect. Ú. t. c. prnl. 'Endurecer mucho'; 'hacerse insensible' (*Tanto dolor lo **empedernió***). Se conjuga como **abolir**.

empedrado, da. p. de **empedrar**. adj. 'Rodado, dicho del caballo con manchas'; 'cielo cubierto' (*cielo **empedrado***). sust. m. 'Acción de empedrar'. También puede decirse **empedramiento** (sust. m.). 'Pavimento formado artificialmente de piedras': **el empedrado**.

empedrar. v. irreg. tr. 'Cubrir el suelo con piedras'; fig. 'llenar de desigualdades una superficie con objetos extraños a ella'; por extensión, 'se dice de otras cosas que se ponen en abundancia'. Rég. prep.: **empedrar de** (***empedrar de** errores el discurso*). Se conjuga como **acertar**.

empeñar. v. tr. Ú. t. c. prnl. Rég. prep.: **empeñarse en** (***Se empeñó en** la compra de la casa*; ***Se empeñó en** doscientos mil pesos*; ***Se empeñó en** seguirlo*). No debe escribirse <u>*empeniar*</u>.

empeño. sust. m. 'Acción y efecto de empeñar o empeñarse'. **con empeño**. loc. adv. 'Con gran deseo, ahínco y constancia' (*Trabaja **con empeño***). **en empeño**. loc. adv. 'En fianza' (*Dejó el reloj **en empeño***).

empeoramiento. sust. m. 'Acción y efecto de empeorar o empeorarse'. No debe pronunciarse [empioramiento].

empeorar. v. tr. Ú. t. c. intr. y c. prnl. No debe pronunciarse [empiorar].

empequeñecer. v. irreg. tr. Ú. t. c. intr. y c. prnl. Se conjuga como **parecer**.

emperador. sust. m. Su femenino es **emperatriz**. Son palabras agudas. En plural, se transforman en graves: **emperadores**, **emperatrices**.

empero. conj. advers. 'Pero'; 'sin embargo'.

empestillarse. v. prnl. 'Mantenerse uno en su resolución y tema, empeñarse, no ceder'. No debe decirse <u>*empostillarse*</u>.

♦ **empetrolar.** Neologismo. En español, debe decirse **petrolear**.

empezar. v. irreg. tr. Rég. prep.: **empezar a + infinitivo** es frase verbal incoativa (***Empieza a** leer*); **empezar por** (***Empezó por** callar*). Se conjuga como **comenzar**.

empicarse. v. prnl. → **sacar**

empilar. v. tr. También puede decirse **apilar** (v. tr.), voz preferida por la Academia.

empilchar. v. tr. fam. Ú. t. c. prnl. Argent. y Urug. 'Vestir, particularmente si es con esmero' (***Se empilcha** los domingos*).

empinamiento. sust. m. 'Acción y efecto de empinar o empinarse'. También puede decirse **empinadura** (sust. f.), pero la Academia prefiere la primera forma.

empíreo, a. adj. 'Dícese del cielo en que los antiguos suponían que se movían los astros'; 'celestial, divino'. sust. m. 'Cielo, paraíso': **el empíreo**. Es palabra esdrújula. No debe pronunciarse [empirio] como grave.

empirista. adj. 'Que profesa el empirismo'. Ú. t. c. sust. com.: **el empirista, la empirista**.

emplastadura. 'Acción y efecto de emplastar'. También puede decirse **emplastamiento** (sust. m.), pero la Academia prefiere la primera forma.

emplastecer. v. irreg. tr. Se conjuga como **parecer**.

emplástico, ca. adj. 'Pegajoso'; 'supurativo'. También puede decirse **emplástrico, ca** (adj.), pero la Academia prefiere la primera forma.

emplasto. sust. m. Incorrecto: <u>*emplaste*</u>.

emplazar. v. tr. → **cazar**

empleado, da. p. de **emplear**. sust. m. y f. 'Persona que desempeña un empleo': **el empleado, la empleada. empleado o empleada de hogar**. 'Criado, servidor, mucamo', con sus correspondientes femeninos. Según Seco, "el empleado de categoría con funciones de responsabilidad o dirección en una empresa se suele llamar *ejecutivo* (femenino, *ejecutiva*); en un organismo público se llama *alto funcionario* (femenino, *alta funcionaria*). En otros ámbitos, se puede decir *mando intermedio*"

empleador, ra. adj. 'Que emplea'. sust. m. 'Patrono que emplea obreros'. Aunque la Academia no registra el género femenino, el sustantivo **empleadora** es de correcta formación y de uso común en el ámbito empresarial.

emplear. v. tr. Ú. t. c. prnl. Voz francesa (*employer*) españolizada. Rég. prep.: **emplear en** (***emplear** a alguien **en** una oficina*; ***emplear** el tiempo **en** estudiar*).

emplebeyecer. v. irreg. tr. 'Dar carácter plebeyo a algo o a alguien'. También puede decirse **aplebeyar** (v. tr. Ú. t. c. prnl.), voz preferida por la Academia. Se conjuga como **parecer**.

emplomado, da. p. de **emplomar**. sust. m. colect. 'Conjunto de planchas de plomo que recubre una techumbre'.

emplomadura. sust. f. 'Acción y efecto de emplomar'; 'porción de plomo con que está emplomado algo'. Argent. y Urug. 'Empaste de un diente o de una muela'.

emplomar. v. tr. 'Cubrir o soldar con plomo'; 'precintar con sellos de plomo'. Argent. y Urug. 'Empastar un diente o una muela'.

emplumecer. v. irreg. intr. 'Echar plumas las aves'. También puede decirse **emplumar** (v. tr. e intr.). Se conjuga como **parecer**.

empobrecer. v. irreg. tr. intr. Ú. m. c. prnl. Se conjuga como **parecer**.

empodrecer. v. irreg. intr. Ú. m. c. prnl. 'Pudrir'. Se conjuga como **parecer**.

empollar. v. tr. 'Hacer ampollas en la piel'. También puede decirse **ampollar** (v. tr. Ú. t. c. prnl.). Su homónimo, **empollar** (v. tr. Ú. t. c. prnl.), denota 'calentar huevos un ave o un aparato para sacar pollos'; 'meditar o estudiar un asunto con mucha detención'; 'preparar mucho las lecciones' (ú., a veces, despectivamente); 'producir las abejas pollo o cría'.

empolvar. v. tr. Ú. t. c. prnl. También puede decirse **empolvorar** (v. tr.) y **empolvorizar** (v. tr.), pero la Academia prefiere la primera forma.

emponchado, da. adj. Argent., Ecuad., Perú y Urug. 'Dícese del que está cubierto con el poncho'. fig. y fam. Argent. 'Muy abrigado'.

emponcharse. v. prnl. Argent., Ecuad., Perú y Urug. 'Ponerse el poncho'. La A.A.L. recomienda la inclusión de otro significado: 'abrigarse'.

emponzoñador, ra. adj. 'Que da o compone ponzoña'; 'que daña'. Ú. t. c. sust. m. y f.: **el emponzoñador, la emponzoñadora**.

emporcar. v. irreg. tr. Ú. t. c. prnl. 'Ensuciar'. Se conjuga como **trocar**.

empotrar. v. tr. Rég. prep.: **empotrar en** (***empotrar en** la pared*).

empresa. sust. f. Se escribe con mayúscula cuando forma parte de la denominación oficial de una de ellas (***Empresa** Nacional de Correos y Telégrafos*). En los demás casos, se usa la minúscula (*Lo despidieron de la **empresa***).

empresariado. sust. m. colect. 'Conjunto de empresas o de empresarios'.

empresarial. adj. 'Perteneciente o relativo a las empresas o a los empresarios'. No deben usarse en su reemplazo los sustantivos **empresario** y **empresaria**. Incorrecto: *acuerdo empresario; reunión empresaria*. Correcto: *acuerdo **empresarial**; reunión **empresarial***.

empresario. sust. m. Su femenino es **empresaria**.

♦ **emprolijar.** Neologismo. En español, debe decirse **esmerar** o **esmerarse**.

empujón. sust. m. 'Impulso que se da con fuerza'. **a empujones**. loc. adv. fig. y fam. 'A empellones'.

emputecer. v. irreg. tr. Ú. t. c. prnl. y en sent. fig. 'Corromper a una mujer'. Su sinónimo es **prostituir** (v. tr. Ú. t. c. prnl.). El postverbal es **emputecimiento** (sust. m.). Se conjuga como **parecer**.

emú. sust. m. 'Ave tan grande como el avestruz y parecida a éste'. En plural: **emúes** o **emús**.

émulo, la. adj. Rég. prep.: **émulo de** (*Es émulo de su amigo*). Ú. frecuentemente c. sust. m. y f.: **el émulo, la émula**.

en. prep. Es muy usada en español. Denota: • 'En qué lugar, tiempo o modo se realiza lo que significan los verbos a que se refiere' (*Pedro estaba **en** Italia*; ***En** agosto, regresaré*; *Habló **en** serio*); • 'sobre' (*Le dará una comisión **en** la venta de la casa*); • 'aquello en que se ocupa o sobresale una persona' (*profesor **en** letras*; *trabajar **en** química*); • 'situación de tránsito' (*libro **en** prensa*); • 'por', con verbos de percepción (**conocer**, **descubrir**, etc.) y seguida de un sustantivo (*La conoció **en** el caminar*); • 'luego que, después que', seguida de gerundio (***En** llegando a su casa, lee la carta*): aunque es construcción correcta, hoy no es común; • 'término de algunos verbos de movimiento' (*Entró **en** la sala*); • 'medio o instrumento' (*Partió **en** tren*); • 'precio' (*La compré **en** cinco pesos*); • 'materia' (*Era un erudito **en** filosofía*); • 'en forma de' (***en** espiral*); • 'dentro de', como preposición inseparable (***en**toldar*); toma la forma **em-** cuando precede a **b** y a **p** (***em**polvar*); • equivale a ella la preposición inseparable **in-** que se convierte en **im-** delante de **b** o de **p**, en **i-**, por **il-**, delante de **l**, y en **ir-**, delante de **r** (*ingresar*, *imponer*).

Locuciones correctas con la preposición **en**: **en abstracto, en absoluto, en alto, en balde, en blanco, en bloque, en broma, en calzoncillos, en cierne, en colaboración, en color, en compañía, en confianza, en conjunto, en cueros, en duda, en efecto, en el acto, en especial, en fila, en fin, en firme, en general, en orden, en particular, en preparación, en resumen, en secreto, en serie, en traje de baño, en vano, en venta, en volandas**.

Forma parte de frases prepositivas: **en calidad de, en compañía de, en cuanto a, en favor de, en honor a, en honor de, en lugar de, en manos de, en medio de, en nombre de, en pos de, en pro de, en punto a, en son de, en torno a, en torno de, en vez de, en virtud de, en vista de**.

Uso incorrecto: *chaqueta en lana*; *estatua en mármol*; *En dos minutos, volverá*; *En la tarde, lo recibirá*; *Va en casa de Lía*; *Hable en buen inglés*; *Hablemos en libertad*; *Vino en ropa de verano*; *La venta aumentará en un treinta por ciento*; *No se interesaba en su abuelo*; *Siéntese en la mesa y beba*; *Parece avezada en tejer*; *Estudia el tema en profundidad*. Uso correcto: *chaqueta **de** lana*; *estatua **de** mármol*; ***Dentro de** dos minutos, volverá*; ***Por** la tarde, lo recibirá*; *Va **a la casa de** Lía*; *Hable buen inglés*; *Hablemos **con** libertad*; *Vino **con** ropa de verano*; *La venta aumentará un treinta por ciento*; *No se interesaba **por** su abuelo*; *Siéntese **a** la mesa y beba*; *Parece avezada **a** tejer*; *Estudia el tema **exhaustivamente*** (***profundamente**, **con detenimiento***).

Casos en que debe usarse la preposición **en**: *Hay momentos **en** que no razono*; *Están **en** el lugar **en** que los puse*; *Volverá a la hora **en** que canta el gallo*; *Convinimos **en** que el viaje era necesario*; *Quedó **en** que lo visitaría*; *Insistió **en** que era así*; *Confío **en** que lo haga*; *Lo harán en la medida **en** que los guíen*; *¿Tienes inconveniente **en** que te ayude?*; *No está de acuerdo con usted **en** que compren la casa*.

en-. pref. de or. lat. que toma la forma **em-** ante **b** o **p**. Forma verbos y adjetivos parasintéticos (***em**brutecer*, ***en**capado*). 'Dentro de' o 'sobre' (***en**latar*; ***em**papelar*).

-ena. suf. de or. lat. → **-eno**

en abreviatura. loc. adv. 'Sin alguna de las letras que en la escritura corresponden a cada palabra' (*Escríbalo **en abreviatura***). fam. y fest. 'Con brevedad o prisa' (*Haga un esquema **en abreviatura***).

en absoluto. loc. adv. 'De una manera general, resuelta y terminante' (*Habló **en absoluto***); 'no, de ningún modo' (***En absoluto** lo harán*). → **absolutamente**

en abstracto. loc. adv. → **abstracto**

enagua. sust. f. Ú. m. en pl.: **las enaguas**. Diminutivos: **enagüetas, enagüillas**.

enaguachar. v. tr. Ú. t. c. prnl. 'Impregnar de agua'. También puede decirse **enaguar** (v. tr.).

enajenación. sust. m. También puede decirse **enajenamiento** (sust. m.).

enajenar. v. tr. Ú. t. c. prnl. Rég. prep.: **enajenarse de** (*Se **enajenó de** sí*); **enajenarse por** (*Se **enajenó por** la ira*).

enálage. sust. f. 'Figura que consiste en mudar las partes de la oración o sus accidentes, como cuando se pone un tiempo verbal por otro'. Por ejemplo: *Mañana voy a su casa*, en lugar de *Mañana iré a su casa*. No debe pronunciarse [enálague].

enaltecer. v. irreg. tr. Ú. t. c. prnl. 'Ensalzar'. Se conjuga como **parecer**.

enamarillecer. v. irreg. intr. Ú. t. c. prnl. 'Ponerse amarillo'. También puede decirse **amarillecer** (v. irreg. intr.), voz preferida por la Academia. Se conjuga como **parecer**.

enamorador, ra. adj. 'Que enamora o dice amores'. Ú. t. c. sust. m. y f.: **el enamorador, la enamoradora**.

enamorar. v. tr. y prnl. Rég. prep.: **enamorarse de** (***Se enamoró de** su amigo*).

enamoricarse. v. prnl. 'Prendarse de una persona levemente'. Rég. prep.: **enamoricarse de** (***enamoricarse de** Sofía*). También puede decirse **enamoriscarse** (v. prnl.), pero la Academia prefiere la primera forma. → **sacar**

enancarse. v. prnl. Amér. 'Montar a las ancas'; 'meterse uno donde no lo llaman'. → **sacar**

enangostar. v. tr. Ú. t. c. prnl. También puede decirse **angostar** (v. tr. Ú. t. c. intr. y c. prnl.), voz preferida por la Academia.

enano, na. adj. 'Diminuto en su especie' (*árbol **enano***). sust. m. y f. 'Persona de extraordinaria pequeñez': **el enano, la enana**.

en apariencia. loc. adv. → **apariencia**

enarbolado, da. p. de **enarbolar**. sust. m. colect. 'Conjunto de piezas de madera ensambladas que constituyen la armadura de una linterna de torre o bóveda'.

enarcar. v. tr. Ú. t. c. prnl. → **sacar**

enardecer. v. irreg. tr. Ú. t. c. prnl. Rég. prep.: **enardecerse de** (***enardecerse de** amor*); **enardecerse en** (***enardecerse en** deseos de verla*). Se conjuga como **parecer**.

en baja. loc. adv. → **alta**

en balde. loc. adv. 'En vano' (*No lo haga **en balde***). → **de balde**

♦ **en base a.** loc. prepos. Según Seco, proviene del lenguaje forense. Debe decirse **sobre la base de o basándose en.**

en beneficio de. loc. prepos. 'A favor de'; 'en favor de'. Incorrecto: *Rifa a beneficio de los pobres* (galicismo). Correcto: *Rifa **en beneficio de** los pobres*.

en blanco. loc. adj. → **blanco**

en bloque. loc. fig. → **bloque**

encabalgar. v. intr. Ú. t. c. prnl. 'Apoyarse una cosa sobre otra'. Con esta denotación, es sinónimo de **encaballar** (v. tr.). → **pagar**

encabellecerse. v. irreg. prnl. 'Criar cabello'. Se conjuga como **parecer**.

encabezar. v. tr. y prnl. Rég. prep.: **encabezar** o **encabezarse con** (***Encabeza** la lista **con** tu nombre*; ***Se encabeza** el vino **con** alcohol*). → **cazar**

encadenamiento. sust. m. También puede decirse **encadenación** (sust. f.), pero la Academia prefiere la primera forma.

encajar. v. tr. Ú. t. c. intr. Rég. prep.: **encajar con** (***encajar** una madera **con** otra*; ***encajar** una noticia **con** otra*); **encajar en** (***encajar** la manija **en** la puerta*; ***encajar** la mano **en** la cara*). Se usa frecuentemente con el adverbio **bien** (*Esta llave no **encaja bien***). Conserva la **j** en toda la conjugación.

encaladura. sust. f. 'Acción y efecto de encalar, es decir, blanquear con cal'. También puede decirse **encalado** (sust. m.), pero la Academia prefiere la primera forma.

encalambrarse. v. prnl. Amér. 'Contraerse los músculos a causa del calambre'. También puede decirse **acalambrarse** (v. prnl.).

en calidad de. loc. Aunque es correcta y está registrada en el ***Diccionario***, debe evitarse su frecuente empleo en lugar de **como** (*Asistieron al Congreso de Cirugía **en calidad de** oyentes*; *Asistieron al Congreso de Cirugía **como** oyentes*). → **calidad**

encallar. v. intr. Ú. t. c. prnl. Rég. prep.: **encallar en** (*El barco **encalló en** las rocas*).

encallecer. v. irreg. tr. Ú. t. c. prnl. Se conjuga como **parecer**.

encalmar. v. tr. Ú. m. c. prnl. 'Tranquilizar'. Con esta denotación, puede decirse también **calmar** (v. tr. Ú. t. c. prnl.).

encalvecer. v. irreg. intr. 'Quedar calvo'. Se conjuga como **parecer**.

encaminar. v. tr. Ú. t. c. prnl. Rég. prep.: **encaminarse a** o **hacia** (*encaminarse **a** o **hacia** la salida*).

encampanado, da. p. de **encampanar**. adj. 'En forma de campana'. También puede decirse **acampanado, da** (adj.).

encanalar. v. tr. Ú. t. c. prnl. 'Conducir el agua u otro líquido por canales'. También puede decirse **encanalizar** (v. tr.).

encancerarse. v. prnl. 'Padecer de cáncer o degenerar en cancerosa alguna úlcera'; 'consumirse'; 'mortificarse'. También puede decirse **cancerarse** (v. prnl.), voz preferida por la Academia.

encandecer. v. irreg. tr. Ú. t. c. prnl. Se conjuga como **parecer**.

encanecer. v. irreg. intr. Ú. t. c. prnl. Se conjuga como **parecer**.

encantador, ra. adj. Ú. t. c. sust. m. y f.: **el encantador, la encantadora.**

encantamiento. sust. m. También puede decirse **encantamento** (sust. m.), pero la Academia prefiere la primera forma.

encañador. sust. m. 'Persona que encaña la seda'. Su femenino es **encañadora**.

encapricharse. v. prnl. Rég. prep.: **encapricharse con** (***Se encaprichó con** ese muñeco*).

encaramar. v. tr. Ú. t. c prnl. Rég. prep.: **encaramarse a** o **en** (***Se encarama a** o **en** la higuera*).

encarar. v. intr. y tr. Ú. t. c. prnl. Rég. prep.: **encararse a** o **con** (*encararse **a** o **con** la directora*).

encarcelamiento. sust. m. También puede decirse **encarcelación** (sust. f.).

encarecer. v. irreg. tr. Ú. t. c. intr. y c. prnl. Se conjuga como **parecer**.

encarecimiento. sust. m. **con encarecimiento.** loc. adv. 'Con instancia y empeño'.

encargar. v. tr. Ú. t. c. prnl. Rég. prep.: **encargarse de** (***Se encargó de** distribuir las tarjetas*). → **pagar**

encargo. sust. m. Incorrecto: *Lo hizo bajo encargo*; *Lo hizo sobre encargo* (galicismos). Correcto: *Lo hizo **por encargo***. **como de encargo** o **como hecho de encargo**. loc. adv. Indica que 'algo reúne todas las condiciones apetecibles' (*El vestido quedó **como de encargo***).

encarnación. sust. f. Se escribe con mayúscula con la denotación de 'acto misterioso de haber tomado carne humana el Verbo Divino en el seno de la Virgen María' (*la **Encarnación***) o cuando es nombre de persona (*mi tía **Encarnación***). Se escribe con minúscula con las denotaciones de 'personificación' y de 'color de carne con que se pinta el desnudo de las figuras humanas' (*El diablo es la **encarnación** del mal*).

encarnado, da. p. de **encarnar**. adj. 'De color de carne'. Ú. t. c. sust. m. 'Color de carne que se da a las estatuas': **el encarnado**.

encarnadura. sust f. También puede decirse **carnadura** (sust. f.).

encarnecer. v. irreg. intr. 'Hacerse más grueso'. No deben confundirse su grafía y su significado con los de **escarnecer** (v. tr.), 'hacer mofa y burla de otro'. Se conjuga como **parecer**.

encarnizar. v. tr. Ú. t. c. prnl. Rég. prep.: **encarnizarse con** (***Se encarnizaron con** los asesinos*). → **cazar**

encarpetar. v. tr. 'Guardar papeles en carpetas'. Argent., Chile, Ecuad., Nicar. y Perú. 'Dejar detenido un expediente'.

encarrujado, da. p. de **encarrujarse**. adj. 'Plegado con arrugas menudas'. sust. m. 'Especie de labor de arrugas menudas que se usaba en algunos tejidos de seda como terciopelos, etc.': **el encarrujado**. También puede decirse **carrujado** (sust. m.) y **encartujado** (sust. m.).

encartonado, da. p. de **encartonar**. sust. m. 'Acción y efecto de encartonar': **el encartonado.**

encartonador. sust. m. 'Persona que encartona los libros para encuadernarlos'. Su femenino es **encartonadora**.

encauzar. v. tr. 'Abrir cauce; encerrar en un cauce una corriente o darle dirección por él'. → **cazar**. No deben confundirse su grafía y su significado con los de su homófono **encausar** (v. tr.), 'formar causa a uno; proceder contra él judicialmente'.

encefalitis. sust. f. 'Inflamación del encéfalo'. En plural, no varía: **las encefalitis**.

encéfalo. sust. m. colect. 'Conjunto de órganos que forman parte del sistema nervioso de los vertebrados y están contenidos en la cavidad interna del cráneo'. Repárese en que se escribe con **c**. Es palabra esdrújula. No debe pronunciarse [encefalo] como grave.

enceguecer. v. irreg. tr. intr. Ú. t. c. prnl. Se conjuga como **parecer**.

encenagarse. v. prnl. 'Meterse en el cieno'; 'ensuciarse'; 'entregarse a los vicios'. Rég. prep.: **encenagarse en** (*Se **encenagó en** la bebida*). Incorrecto: encenegarse. → **pagar**

encendedor, ra. adj. 'Que enciende'. Ú. t. c. sust. m. y f.: **el encendedor, la encendedora.** sust. m. 'Aparato que sirve para encender'. → **chisquero**

encender. v. irreg. tr. Ú. t. c. prnl. Con la denotación de 'conectar un circuito eléctrico', puede usarse en su reemplazo **prender** (v. tr. Ú. t. c. prnl.): ***Enciende** la luz*; ***Prende** la luz*. Rég. prep.: **encender a** o **en** (***encender** un cigarro **a** o **en** la lumbre*); **encenderse de** o **en** (***encenderse de** o **en** cólera*). Se conjuga como **tender**.

encendido, da. p. de **encender**. adj. 'De color rojo muy subido' (*Tenía las mejillas **encendidas***). sust. m. 'En los motores de explosión, inflamación del carburante por medio de una chispa eléctrica'. Es sustantivo colectivo con la denotación de 'conjunto de la instalación eléctrica y aparatos destinados a producir la chispa' (*Se ha descompuesto el **encendido** del televisor*).

encentrar. v. tr. También puede decirse **centrar** (v. tr. e intr.), voz preferida por la Academia.

encerador. sust. m. 'Persona que se dedica a encerar pisos'. Su femenino es **enceradora**. sust. f. 'Máquina eléctrica para encerar y lustrar pisos': **la enceradora**.

encerramiento. sust. m. También puede decirse **encerradura** (sust. f.), pero la Academia prefiere la primera forma.

encerrar. v. irreg. tr. y prnl. Rég. prep.: **encerrar** o **encerrarse en** (***encerrar** o **encerrarse en** la habitación*); **encerrarse con** (***encerrarse con** llave*; ***con** alguien*). Se conjuga como **acertar**.

enchapar. v. tr. Rég. prep.: **enchapar con** o **de** (***enchapar con** o **de** oro*).

encharcada. sust. f. También puede decirse **charca** (sust. f.) o **charco** (sust. m.).

encharcar. v. tr. Ú. t. c. prnl. 'Cubrir de agua una parte de terreno'; 'enaguachar el estómago'. v. prnl. 'Recogerse o paralizarse agua, u otros líquidos, en algún órgano humano'. → **sacar**

enchastrar. v. tr. fam. Ú. t. c. prnl. Argent. 'Ensuciar, embadurnar' (***Enchastró** el piso con la pintura*). fig. y fam. Ú. m. c. prnl. 'Echar a perder una buena reputación' (*El mejor amigo lo **enchastró***). La Academia no registra esta voz en su ***Diccionario***, pero la A.A.L. recomienda su inclusión.

enchastre. sust. m. Argent. 'Acción y efecto de enchastrar' (*El niño hizo un gran **enchastre***). La Academia no registra esta voz en su ***Diccionario***, pero la A.A.L. recomienda su inclusión.

enchicar. v. tr. También puede decirse **achicar** (v. tr. Ú. t. c. prnl.). → **sacar**

-encia. suf. de or. lat. → **-ncia**

enciclopedia. sust. f. colect. 'Conjunto de todas las ciencias'; 'conjunto de tratados pertenecientes a diversas ciencias o artes'. Se escribe con mayúscula cuando forma parte del título de una obra (***Enciclopedia Espasa***) o cuando se refiere a la época del enciclopedismo (*el siglo de la **Enciclopedia***).

enciclopedismo. sust. m. colect. 'Conjunto de doctrinas profesadas por los autores de la Enciclopedia publicada en Francia a mediados del siglo XVIII'.

enciclopedista. adj. 'Dícese del que profesa el enciclopedismo'. Ú. t. c. sust. com.: **el enciclopedista, la enciclopedista.**

encima. adv. l. 'En lugar o puesto superior, respecto de otro inferior'. Generalmente, va seguido de la preposición **de** (***encima de** la mesa*). 'Sobre sí' (*echarse **encima** muchos trabajos*). adv. c. 'Además' (*Donó quinientos pesos y otros doscientos **encima**; Los ayudó, y **encima** lo criticaron*). Incorrecto: encima mío, encima tuyo, encima suyo, encima nuestro, encima vuestro. Correcto: ***encima de mí, encima de ti, encima de sí, encima de no-***

sotros, ***encima de vosotros***. **encima de**. loc. prepos. 'En la parte superior de algo' (***encima de*** *la chimenea*). Incorrecto: encima la chimenea. **por encima**. loc. adv. 'Superficialmente' (*Lo leyó* ***por encima***). **por encima de** una persona o cosa. fr. prepos. 'A pesar de ella'; 'contra su voluntad' (*Lo hizo* ***por encima de*** *su jefe*); 'lugar' (*El helicóptero voló* ***por encima de*** *la ciudad destruida*); 'hablando de cantidades o cifras, superior a otra determinada' (*Costará* ***por encima de*** *mil pesos*). **por encima de todo**. fr. adv. 'A pesar de cualquier obstáculo' (*La quiere* ***por encima de todo***); 'sobre todo, principalmente' (*Cree*, ***por encima de todo***, *que no quieren recibirlo*). Aunque **arriba** ('a lugar o puesto superior') debe usarse con verbos de movimiento (*Corre* ***arriba***), y **encima**, con verbos de situación (*Está* ***encima de*** *la silla*), en la actualidad, se identifican. Repárese en que **arriba** no va seguido de la preposición **de**. → **arriba**

encimero, ra. adj. 'Que está o se pone encima'. sust. f. Argent. 'Pieza de cuero, con una argolla o un ojal en sus extremos, que se coloca sobre los bastos del recado y se sujeta a la cincha'.

encina. sust. f. 'Árbol'. También puede decirse **encino** (m.). Los sustantivos colectivos son **encinal** (m.) y **encinar** (m.).

encinta. adj. f. 'Embarazada'. No deben confundirse su grafía y su significado con los de la locución adverbial **en cinta**, 'en sujeción o con sujeción'. → **embarazada**

encizañar. v. tr. También puede decirse **cizañar** (v. tr.), voz preferida por la Academia.

enclaustrar. v. tr. Ú. t. c. prnl. También puede decirse **inclaustrar** (v. tr.), pero la Academia prefiere la primera forma.

enclavado, da. p. de **enclavar**. adj. 'Dícese del sitio encerrado dentro del área de otro'. Ú. t. c. sust. m. y f.: **el enclavado, la enclavada**. 'Dícese del objeto enclavado en otro'. Rég. prep.: **enclavado en** (*un hotel* ***enclavado en*** *la montaña*; *un adorno* ***enclavado en*** *la pared*).

enclavadura. sust. f. Con la denotación de 'herida que se hace a las caballerías cuando se les introduce en los pies o manos un clavo que penetra hasta la carne', también puede decirse **clavadura** (sust. f.).

enclave. sust. m. Es palabra grave. No debe pronunciarse [énclave] como esdrújula.

enclenque. adj. 'Débil, enfermizo'. Ú. t. c. sust. com.: **el enclenque, la enclenque**. Incorrecto: enquencle.

énclisis. sust. f. 'Unión de una palabra enclítica a la que la precede'. Es palabra esdrújula. También puede decirse **enclisis** (palabra grave). En plural, no varían: **las énclisis, las enclisis**.

enclítico, ca. adj. 'Dícese de la partícula o parte de la oración que se liga con el vocablo precedente, formando con él una sola palabra'. En español, son partículas **enclíticas** los pronombres pospuestos al verbo (***cuéntame***). Ú. t. c. sust. m. y f.: **el enclítico, la enclítica**.

enclocar. v. irreg. intr. 'Ponerse clueca un ave, como gallina, ánade, etc.'. Ú. m. c. prnl. Se conjuga como **trocar**. También pueden decirse **aclocar** (v. intr. Ú. m. c. prnl.), **encloquecer** (v. irreg. intr. → **parecer**), **encluecar** (v. intr.) y **encoclar** (v. intr. Ú. m. c. prnl.).

-enco, ca. suf. de gentilicios y de otros adjetivos que significan 'pertenencia, relación o semejanza' (***azulenco***); se usa, a veces, con matiz despectivo (***zopenco***).

encobijar. v. tr. También puede usarse **cobijar** (v. tr. Ú. t. c. prnl.), voz preferida por la Academia.

encofrado, da. p. de **encofrar**. sust. m. 'Molde en el que se vacía el hormigón hasta que fragua': **el encofrado**.

encoger. v. tr. Ú. t. c. prnl. Rég. prep.: **encogerse de** (***encogerse de*** *hombros*). → **proteger**

encolador. sust. m. 'Persona que pega con cola una cosa'. Su femenino es **encoladora**. sust. f. 'Máquina que realiza el encolado': **la encoladora**.

encolamiento. sust. m. 'Acción y efecto de encolar'. También puede decirse **encoladura** (sust. f.), pero la Academia prefiere la primera forma.

encolerizar. v. tr. Ú. t. c. prnl. → **cazar**. También puede decirse **enrabiar** (v. tr. Ú. t. c. prnl.) y **enrabietar** (v. tr. Ú. t. c. prnl.), pero la Academia prefiere la primera forma.

encomendar. v. irreg. tr. 'Encargar algo a alguien'. Ú. t. c. intr. y c. prnl. 'Ponerse en manos de alguien'; 'enviar recados o saludos'. Rég. prep.: **encomendarse a** (***Se encomienda a*** *Dios*); **encomendarse en** (***Te encomendaste en*** *sus manos*). Se conjuga como **acertar**.

encomiar. v. tr. Se conjuga, en cuanto al acento, como **cambiar**.

encomiasta. sust. com. 'Panegirista': **el encomiasta, la encomiasta**.

encomienda. sust. f. Argent. y otros países americanos. 'Paquete postal'. En plural, en el español general, denota 'recados, saludos', pero es poco usado.

enconfitar. v. tr. También puede decirse **confitar** (v. tr.), voz preferida por la Academia.

encontrar. v. irreg. tr. Ú. t. c. prnl. y c. intr. Rég. prep.: **encontrarse con** (***encontrarse con*** *el maestro*). Se conjuga como **sonar**.

encontrón. sust. m. También puede decirse **encontronazo** (sust. m.), pero la Academia prefiere la primera forma.

encorar. v. irreg. tr. Ú. t. c. prnl. 'Cubrir con cuero una cosa'. Se conjuga como **sonar**.

encorchadura. sust. f. colect. 'Conjunto de corchos que sirven para sostener flotantes las redes de pesca'.

encorchar. v. tr. Con la denotación de 'tapar botellas o vasijas con corcho', puede reemplazarse con **corchar** (v. tr.).

encordadura. sust. f. colect. 'Conjunto de las cuerdas de los instrumentos de música'. Con este significado, la A.A.L. ha recomendado la incorporación, en el ***Diccionario***, de **encordado** (sust. m. Argent.).

encordar. v. irreg. tr. Ú. t. c. intr. y c. prnl. Se conjuga como **sonar**.

encornadura. sust. f. Puede usarse como sinónimo de **cornamenta** (sust. f.).

encortinar. v. tr. 'Adornar con cortinas un cuarto, un edificio, etc.'. Incorrecto: <u>cortinar</u>.

encorvadura. sust. f. También puede decirse **encorvamiento** (sust. m.), pero la Academia prefiere la primera forma.

encorvar. v. tr. y prnl. Rég. prep.: **encorvarse bajo** o **con** (***encorvarse bajo*** o ***con*** *el peso de la bolsa*); **encorvarse con** o **por** (***encorvarse con*** o ***por*** *los años*).

encovar. v. irreg. tr. Ú. t. c. prnl. 'Meter o encerrar en una cueva o hueco'; 'guardar'; 'obligar a uno a ocultarse'. También puede decirse **encuevar** (v. tr. Ú. t. c. prnl.), pero la Academia prefiere la primera forma. Se conjuga como **sonar**.

encrespadura. sust. f. También puede decirse **encrespamiento** (sust. m.).

encrudecer. v. irreg. tr. Ú. t. c. prnl. Se conjuga como **parecer**.

encuadernador. sust. m. Su femenino es **encuadernadora**.

encuadernar. v. tr. Rég. prep.: **encuadernar en** (***encuadernar en*** *cuero*).

encubar. v. tr. 'Echar el vino u otro licor en las cubas para guardarlo en ellas'. No deben confundirse su grafía y su significado con los de **incubar** (v. intr. tr. prnl.), 'echarse las aves sobre los huevos para empollarlos'; 'desarrollarse una enfermedad desde que empieza a obrar la causa morbosa hasta que se manifiestan sus efectos'; 'iniciarse el desarrollo de un movimiento cultural, político, religioso, etc., antes de su plena manifestación'.

encubridor, ra. adj. 'Que encubre'. Ú. t. c. sust. m. y f. (***el encubridor*** o ***la encubridora*** *del secreto*). sust. m. y f. 'Tapadera, alcahuete o alcahueta': **el encubridor, la encubridora**.

encubrir. v. tr. Ú. t. c. prnl. Tiene participio irregular (***encubierto***).

encuentro. sust. m. Puede usarse como sinónimo de 'entrevista entre dos o más personas, con el fin de resolver o de preparar algún asunto' y de 'competición deportiva'. No debe usarse el anglicismo *match*.

encuestador. sust. m. Su femenino es **encuestadora**.

encumbrar. v. tr. Ú. t. c. prnl. 'Levantar en alto'; 'subir la cumbre'; 'ensalzar, engrandecer a uno honrándolo y colocándolo en puestos o empleos honoríficos'. Rég. prep.: **encumbrar hasta** (*Lo* ***encumbró hasta*** *las nubes*); **encum-**

brar sobre (*La encumbraron sobre sus compañeros*). 'Hablando de cosas inanimadas, ser muy elevadas, subir a mucha altura'. Rég. prep.: **encumbrarse a** o **hasta** (*El árbol se encumbró al cielo* o ***hasta*** *el cielo*).

encurtido, da. p. de **encurtir**. sust. m. 'Fruto o legumbre que se ha encurtido'. Ú. frecuentemente en pl.: **los encurtidos**. No debe usarse como sinónimo de **embutido** (sust. m.), 'tripa rellena con carne picada, principalmente de cerdo'.

encurtir. v. tr. 'Hacer que ciertos frutos o legumbres tomen el sabor del vinagre y se conserven mucho tiempo teniéndolos en este líquido'. No debe confundirse su significado con el de **embutir** (v. tr. Ú. t. c. prnl.).

endeble. adj. 'Débil'. El superlativo es **endeblísimo, ma**. Incorrecto: *endebilísimo, ma*.

endeca-. elem. compos. de or. gr. 'Once' (***endecasílabo***).

endemia. sust. f. 'Cualquier enfermedad que reina habitualmente, o en épocas fijas, en un país o comarca'. No debe confundirse con **epidemia** (sust. f.), 'enfermedad que se propaga durante algún tiempo por un país, acometiendo simultáneamente a gran número de personas'.

endemoniar. v. tr. Ú. t. c. prnl. Se conjuga, en cuanto al acento, como **cambiar**.

endentar. v. irreg. tr. 'Encajar una cosa en otra, como los dientes y los piñones de las ruedas'; 'poner dientes a una rueda'. Se conjuga como **acertar**.

endentecer. v. irreg. intr. 'Empezar los niños a echar los dientes'. Se conjuga como **parecer**.

enderezar. v. tr. Ú. t. c. prnl. y c. intr. También puede decirse **enderechar** (v. tr.), pero la Academia prefiere la primera forma. → **cazar**

endeudamiento. sust. m. Es sustantivo colectivo con la denotación de 'conjunto de obligaciones de pago contraídas por una nación, empresa o persona'.

endibia. sust. f. 'Variedad lisa de escarola'. También puede escribirse **endivia**.

endilgar. v. tr. fam. 'En caminar'; 'facilitar'; 'endosar a otro algo desagradable o impertinente'. → **pagar**

endo-. elem. compos. de or. gr. 'Dentro'; 'en el interior' (***endocrino***; ***endometrio***).

endocrino, na. adj. 'Perteneciente o relativo a las hormonas o a las secreciones internas'. Es palabra grave. No debe pronunciarse [endócrino] como esdrújula. Su antónimo es **exocrino, na** (adj.).

endocrinólogo. sust. m. Su femenino es **endocrinóloga**.

endodoncia. sust. f. 'Tratamiento de los conductos radicales de una pieza dentaria'. Esta voz ha sido recién incorporada en el ***Diccionario***.

endomingarse. v. prnl. 'Vestirse con la ropa de fiesta'. → **pagar**

endosar. v. tr. Voz francesa (*endosser*) españolizada. 'Ceder a favor de otro una letra de cambio u otro documento de crédito expedido a la orden, haciéndolo así constar a la espalda o dorso' (***Endose el cheque***); 'trasladar a uno una carga, trabajo o cosa no apetecible' (***Te endosaron*** *varias actividades*). No debe confundirse esta última denotación con la de **adosar** (v. tr.), 'poner una cosa contigua a otra o apoyada en ella'. Incorrecto: *Te adosaron varias actividades*. También puede decirse **endorsar** (v. tr.), pero la Academia prefiere la primera forma.

endosatario. sust. m. 'Persona a cuyo favor se endosa o puede endosarse un documento de crédito'. Su femenino es **endosataria**.

endoscopia. sust. f. 'Exploración visual de cavidades o conductos internos del organismo'; 'técnica de esta exploración'. No debe pronunciarse [endoscopía]. Esta voz ha sido recién incorporada en el ***Diccionario***.

endósmosis. sust. f. 'Corriente de fuera adentro, que se establece cuando los líquidos de distinta densidad están separados por una membrana'. Es palabra esdrújula. También puede decirse **endosmosis** (voz grave). En plural, no varían: **las endósmosis, las endosmosis**.

endoso. sust. m. También puede deirse **endose** (sust. m.).

endulzar. v. tr. Ú. t. c. prnl. → **cazar**

endurecer. v. irreg. tr. Ú. t. c. prnl. y c. intr.

Rég. prep.: **endurecerse a** (*endurecerse al trabajo*); **endurecerse con, en** o **por** (*endurecerse con, en* o *por la gimnasia*). Se conjuga como **parecer**. También puede decirse **endurar** (v. tr. Ú. t. c. prnl.), pero la Academia prefiere la primera forma.

enea-. elem. compos. de or. gr. 'Nueve' (*eneasílabo*).

enema. sust. m. Incorrecto: *la enema*.

enemigo, ga. adj. 'Contrario'. El superlativo es **enemicísimo, ma**. sust. m. y f.: **el enemigo, la enemiga**.

enemistar. v. tr. Ú. t. c. prnl. Rég. prep.: **enemistar con** (*enemistar a Juan con Pablo*); **enemistarse con** (*Juan se enemistó con Pedro*).

enero. sust. m. Primer mes del año. Tiene treinta y un días. Siempre debe escribirse con minúscula (*Nació el 24 de enero*).

enervar. v. tr. Ú. t. c. prnl. 'Debilitar'. Puede usarse con el significado de 'poner nervioso', acepción recién admitida por la Academia.

enfadar. v. tr. Ú. t. c. prnl. Rég. prep.: **enfadarse con** o **contra** (*Se enfadó con* o *contra su hermana*); **enfadarse de** (*Se enfada de la respuesta*); **enfadarse por** (*Me enfadé por su displicencia*).

enfado. sust. m. También puede decirse **enfadamiento** (sust. m.), pero la Academia prefiere la primera forma.

enfangar. v. tr. Ú. m. c. prnl. 'Cubrir de fango una cosa o meterla en él'. v. prnl. fig. 'Mezclarse en negocios vergonzosos'; fig. 'entregarse a placeres sensuales'. → **pagar**

enfardador, ra. adj. Ú. t. c. sust. m. y f.: **el enfardador, la enfardadora**. También puede decirse **enfardelador, ra** (sust. m. y f.).

enfardar. v. tr. También puede decirse **enfardelar** (v. tr.).

énfasis. sust. m. En plural, no varía: **los énfasis**.

enfatizar. v. intr. (*Siempre enfatiza*). v. tr. (*Enfatiza las afirmaciones*). → **cazar**

en favor de. loc. prepos. 'En beneficio y utilidad de alguien' (*Habló en favor de su compañero*). También puede decirse **a favor de** (loc. prepos.).

enfermar. v. intr. (*María enfermó*). Ú. t. c. prnl. (*María se enfermó*). Rég. prep.: **enfermar** o **enfermarse de** (*enfermar* o *enfermarse de la vesícula* o *de gripe*).

enfermero. sust. m. Su femenino es **enfermera**.

enfermo, ma. adj. 'Que padece enfermedad'. Rég. prep.: **enfermo con** (*Está enfermo con mareos*); **enfermo de** (*Está enfermo del estómago*; *Está enfermo de sarampión*). No debe confundirse su significado con los de **enfermizo, za** (adj.), 'que tiene poca salud, que enferma con frecuencia', y **enfermucho, cha** (adj.), 'que tiene poca salud, propenso a enfermar'. Ú. t. c. sust. m. y f.: **el enfermo, la enferma**. El sustantivo colectivo es **enfermería** (f.), que, entre otras acepciones, tiene la de 'conjunto de enfermos'.

enfervorizar. v. tr. Ú. t. c. prnl. → **cazar**

enfilar. v. tr. 'Poner en fila varias cosas' (*Enfila los juguetes*); 'comenzar a recorrer una vía larga y estrecha' (*La moto enfila la carretera*). v. intr. 'Dirigirse a un lugar determinado'. Rég. prep.: **enfilar hacia** (*Enfiló hacia Córdoba*).

enfisema. sust. m. Incorrecto: *la enfisema*. El adjetivo correspondiente es **enfisematoso, sa**.

enfiteusis. sust. f. 'Cesión perpetua o por largo tiempo del dominio útil de un inmueble, mediante el pago anual de un canon y de un derecho por cada enajenación de dicho dominio'. Ú. t. c. sust. m.: **el enfiteusis**. En plural, no varía: **las enfiteusis, los enfiteusis**. El adjetivo correspondiente es **enfitéutico, ca**. Incorrecto: *enfitéusico, ca*. Puede decirse **dar en enfiteusis** o **dar a enfiteusis**. La Academia registra ambas expresiones.

enfiteuta. sust. com.: **el enfiteuta, la enfiteuta**.

enflaquecer. v. irreg. tr. Ú. t. c. prnl. También puede decirse **enflacar** (v. intr.), pero la Academia prefiere la primera forma. Se conjuga como **parecer**.

enfocar. v. tr. Su postverbal es **enfoque** (sust. m.). → **sacar**

enfrailar. v. tr. 'Hacer fraile a uno' (*La familia*

enfrailó a Juan). v. intr. 'Meterse fraile' (*Pedro enfrailará*). Ú. t. c. prnl. (*Pedro **se enfrailará***).

enfrascar. v. tr. → **sacar**

enfrascarse. v. prnl. 'Aplicarse con intensidad a algo'. Rég. prep.: **enfrascarse en** (***Se enfrasca en** la escritura*). También puede decirse **enfroscarse** (v. prnl.), pero la Academia prefiere la primera forma. → **sacar**

enfrentar. v. tr. 'Poner frente a frente'; 'hacer frente a alguien'. Rég. prep.: **enfrentar a** (***Enfrentó a** todos*). Ú. t. c. prnl. Rég. prep.: **enfrentarse con** (***Se enfrenta con** su adversario*). Incorrecto: *Desconoce los problemas que enfrenta la escuela*; *Se enfrentó a serios inconvenientes*). Correcto: *Desconoce los problemas **con que se enfrenta** la escuela*; ***Se enfrentó con** serios inconvenientes*). También puede decirse **afrontar** (v. tr. Ú. t. c. intr.) y, con la denotación de 'hacer frente', **enfrontar** (v. tr. Ú. t. c. intr.).

enfrente. adv. l. 'A la parte opuesta'. Rég. prep.: **enfrente de** (***enfrente de** tu casa*; ***enfrente de** mí*). Incorrecto: *enfrente mío, enfrente tuyo, enfrente suyo, enfrente nuestro*. Correcto: ***enfrente de mí, de ti, de él** o **de ella, de nosotros***. adv. m. 'En contra, en pugna' (*Su discípulo se le puso **enfrente***).

enfriar. v. tr. Ú. t. c. prnl. y c. intr. Se conjuga, en cuanto al acento, como **guiar**.

en función de. loc. prepos. 'Dependiendo de, de acuerdo con' (*Aceptaré ese trabajo **en función de** mis intereses*). Incorrecto: *Aceptaré ese trabajo en función a mis intereses*.

enfurecer. v. irreg. tr. Ú. t. c. prnl. Rég. prep.: **enfurecerse con** o **contra** (***enfurecerse con** o **contra** su primo*); **enfurecerse de** (***enfurecerse de** oír mentiras*); **enfurecerse por** (***enfurecerse por** las injusticias*). Se conjuga como **parecer**.

engalanar. v. tr. Ú. t. c. prnl. Rég. prep.: **engalanarse con** (***Se engalana con** perlas*).

enganche. sust. m. También puede decirse **enganchamiento** (sust. m.), pero la Academia prefiere la primera forma.

engañador, ra. adj. Ú. t. c. sust. m. y f.: **el engañador, la engañadora**. También puede usarse como sinónimo **engañamundo** o **engañamundos** (sust. m.).

engañapichanga. sust. com. Argent. 'Engañabobos, cosa que engaña o defrauda con su apariencia': **el engañapichanga, la engañapichanga**.

engañar. v. tr. y prnl. Rég. prep.: **engañarse con** o **por** (***Nos engañamos con** o **por** su presencia*).

engarabatar. v. tr. Ú. t. c. prnl. 'Agarrar con garabato'. → **garabato**. Con esta acepción, puede usarse como sinónimo de **garabatear** (v. intr. Ú. t. c. tr.). No debe pronunciarse [engarabatear].

engarce. sust. m. También puede decirse **engace** (sust. m.), **engarzadura** (sust. f.) y **engazamiento** (sust. m.), pero la Academia prefiere la primera forma.

engarfiar. v. intr. Ú. t. c. prnl. 'Echar los garfios para asir con ellos una cosa'. No debe pronunciarse [engarfear]. Se conjuga, en cuanto al acento, como **cambiar**. También puede decirse **garfear** (v. intr.).

engarrotar. v. tr. Ú. t. c. prnl. 'Causar entumecimiento de los miembros el frío'. También puede decirse **agarrotar** (v. tr. y prnl.).

engarzador, ra. adj. También puede decirse **engazador, ra** (adj.). Ú. t. c. sust. m. y f.: **el engarzador, la engarzadora**.

engarzar. v. tr. Rég. prep.: **engarzar en** (***engarzar en** oro*). v. prnl. And. y Amér. 'Enzarzarse, enredarse unos con otros'. También puede decirse **engazar** (v. tr.). → **cazar**. Puede usarse como sinónimo de **engastar** (v. tr.), con la denotación de 'encajar o embutir una cosa en otra'.

engastador, ra. adj. Ú. t. c. sust. m. y f.: **el engastador, la engastadora**. También puede decirse **enjoyelador** (sust. m.), pero la Academia prefiere la primera forma. No registra el femenino de esta última palabra.

engastar. v. tr. Rég. prep.: **engastar en** (***engastar en** plata*); **engastar con** (***engastar con** zafiros*). Puede usarse como sinónimo de **engarzar**, con la denotación de 'encajar o embutir una cosa en otra'.

engaste. sust. m. También puede decirse **engastadura** (sust. f.), pero la Academia prefiere la primera forma.

engatusador, ra. adj. Ú. t. c. sust. m. y f.: **el engatusador, la engatusadora**. Incorrecto: engatuzador.

engatusar. v. tr. Incorrecto: engatuzar. También puede decirse **encantusar** (v. tr. fam.) y **encatusar** (v. tr.).

engeridor. sust. m. 'El que ingiere'. Incorrecto: ingeridor. La Academia no registra el género femenino.

-engo, ga. suf. de adjetivos. 'Pertenencia o relación' (*frailengo*); 'cualidad' (*friolengo*). También forma algunos sustantivos (*abolengo*).

engolamiento. sust. m. 'Acción y efecto de engolar o dar resonancia gutural a la voz'; 'afectación, énfasis en el habla o en la actitud'. No debe confundirse con **engollamiento** (sust. m.), 'presunción, envanecimiento'.

engolfarse. v. prnl. 'Meterse mucho en un negocio, dejarse llevar o arrebatar de un pensamiento o afecto'. Rég. prep.: **engolfarse en** (*Te engolfaste en su recuerdo*).

engolosinar. v. tr. y prnl. 'Excitar el deseo con algún atractivo'; 'aficionarse'. Rég. prep.: **engolosinarse con** (*engolosinarse con cuentos infantiles*).

engordador, ra. adj. Ú. t. c. sust. m. y f.: **el engordador, la engordadora**.

engranaje. sust. m. Es sustantivo colectivo con las denotaciones de 'conjunto de las piezas que engranan' y 'conjunto de los dientes de una máquina'.

engrandecer. v. irreg. tr. Ú. t. c. prnl. Se conjuga como **parecer**.

engrapadora. sust. f. 'Máquina que sirve para engrapar papeles'. Incorrecto: engrampadora. → **grapadora**

engrapar. v. tr. 'Asegurar o unir con grapas'. Incorrecto: engrampar. → **grapar**

engrasación. sust. f. 'Acción y efecto de engrasar'. También puede decirse **engrase** (sust. m.). Incorrecto: engrasamiento.

engrasador, ra. adj. Ú. t. c. sust. m. y f.: **el engrasador, la engrasadora**.

engravecer. v. irreg. tr. Ú. t. c. prnl. 'Hacer grave o pesada alguna cosa'. Se conjuga como **parecer**.

engreír. v. irreg. tr. Ú. t. c. prnl. 'Envanecer'. Rég. prep.: **engreírse con** o **de** (*Se engríe con* o *de su erudición*). Se conjuga como **reír**.

engriparse. v. prnl. Argent. 'Enfermarse de gripe'. Esta voz no está registrada en el ***Diccionario***, pero la A.A.L. ha recomendado su incorporación.

engrosar. v. irreg. tr. Ú. t. c. prnl. Con la denotación de 'hacer más grueso algo', también puede decirse **engruesar** (v. intr.). Se aclara en el ***Esbozo***: "Menos frecuente y mucho más moderno que el irregular **engrosar** (s. XII) es el regular **engruesar** (s. XVIII), que hoy parece especializarse en la significación de 'engordar'. Por otra parte, un **engrosar** regular, que ya se empleaba en el siglo XV, aunque con menos frecuencia que el irregular **engrosar**, tiende hoy a especializarse en la acepción de 'acrecentar el número de algo'" (*Javier engruesó*; ***Engrosa** el número de niños*). El verbo irregular **engrosar** se conjuga como **sonar**.

engrumecerse. v. irreg. prnl. 'Hacerse grumos un líquido o una masa fluida'. Se conjuga como **parecer**.

engualichar. v. tr. Argent. y Urug. 'Hechizar, embrujar'.

enhastiar. v. tr. Ú. t. c. prnl. 'Causar hastío'. Se conjuga, en cuanto al acento, como **guiar**.

enhebrar. v. tr. Es regular. Incorrecto: enhiebro. Puede usarse como sinónimo de **enhilar** (v. tr. intr. prnl.).

enherbolar. v. tr. 'Inficionar, poner veneno en algo'. No deben confundirse su grafía y su significado con los de **enarbolar** (v. tr.), 'levantar en alto'; 'empinarse el caballo'; 'enfadarse'.

enhestar. v. irreg. tr. Ú. t. c. prnl. 'Levantar en alto, poner derecha y levantada una cosa'. Se conjuga como **acertar**.

enhorabuena. sust. f. 'Felicitación'. Como sustantivo, debe escribirse en una sola palabra (*Te doy mi **enhorabuena***); como adverbio de modo, en tres: **en hora buena** (*Recíbelo en hora buena*). También puede decirse **norabuena** (sust. f. y adv. m.), pero la Academia prefiere la primera forma.

enhoramala. adv. m. También puede escribirse **en hora mala** y **noramala** (adv. m.), pero la Academia prefiere la primera forma.

enhorquetar. v. tr. Ú. t. c. prnl. Argent., Cuba, P. Rico y Urug. 'Poner a horcajadas'.

enhuecar. v. tr. También puede decirse **ahuecar** (v. tr. intr. Ú. t. c. prnl.), voz preferida por la Academia. → **sacar**

enhuerar. v. tr. Ú. t. c. prnl. 'Volver vano, vacío y sin sustancia'. También puede decirse **engüerar** (v. tr.), pero la Academia prefiere la primera forma.

enigmística. sust. f. colect. 'Conjunto de enigmas o adivinanzas de un país o de una época'.

enjabonar. v. tr. También puede decirse **jabonar** (v. tr. Ú. t. c. prnl.), voz preferida por la Academia.

enjaezar. v. tr. → **cazar**

enjalbegar. v. tr. Ú. t. c. prnl. 'Blanquear las paredes con cal, yeso o tierra blanca'; 'maquillar el rostro'. Incorrecto: <u>*enjabelgar*</u>. → **pagar**

enjambre. sust. m. colect. Puede usarse como sinónimo de 'muchedumbre de personas o de animales juntos'. → **abeja**

enjerir. v. tr. 'Injertar'; 'meter una cosa en otra'; 'introducir en un escrito una palabra, nota, texto, etc.'. Con la primera denotación, es sinónimo de **injerir** (v. tr. y prnl.). Incorrecto: <u>*engerir*</u>. Rég. prep.: **enjerir en** (***Enjero** un párrafo **en** la monografía*). Es verbo regular. No deben confundirse su grafía y su significado con los de **ingerir** (v. tr.). → **ingerir**

enjerto, ta. p. irreg. de **enjertar**. sust. m. Puede usarse con la denotación de 'mezcla de varias cosas diversas'.

enjuagadientes. sust. m. En plural, no varía: **los enjuagadientes**.

enjuagadura. sust. f. 'Acción de enjuagar o enjuagarse'. También pueden decirse **enjaguadura** (sust. f.), **enjuagatorio** (sust. m.) y **enjuague** (sust. m.).

enjuagar. v. tr. Ú. t. c. prnl. y c. intr. También puede decirse **enjaguar** (v. tr.), pero la Academia prefiere la primera forma. No debe confundirse su significado con el de **enjugar**. → **pagar**, **enjugar**

enjuague. sust. m. Puede usarse con la denotación de 'negociación oculta y artificiosa para conseguir lo que no se espera lograr por los medios regulares' (*Hizo un **enjuague***).

enjugar. v. tr. Ú. t. c. prnl. 'Quitar la humedad superficial de algo'; 'cancelar una deuda'; 'perder parte de la gordura que se tenía'. Rég. prep.: **enjugar a** (***enjugar** ropa **a** la lumbre*). Tiene un participio regular (***enjugado***) y otro irregular (***enjuto***). También pueden decirse **enjutar** (v. tr.) y **ensugar** (v. tr.), pero la Academia prefiere las dos primeras formas. → **pagar**

enjuto, ta. p. irreg. de **enjugar**. Rég. prep.: **enjuto de** (***enjuto de** carnes*).

enlace. sust. m. Puede usarse como sinónimo de **casamiento** (sust. m.). También puede decirse **enlazadura** (sust. f.) o **enlazamiento** (sust. m.).

enladrillado, da. p. de **enladrillar**. sust. m. 'Pavimento hecho de ladrillos': **el enladrillado**. También puede decirse **enladrilladura** (sust. f.).

enlazador, ra. adj. Ú. t. c. sust. m. y f.: **el enlazador**, **la enlazadora**.

enlazar. v. tr. Ú. t. c. prnl. y c. intr. Como verbo pronominal, puede usarse con la denotación de 'unirse en matrimonio' (*Marta y Daniel se **enlazaron***). Rég. prep.: **enlazar a** o **con** (***enlazar** una mano **a** o **con** otra*). → **cazar**

enlistonado, da. p. de **enlistonar**. sust. m. colect. 'Conjunto de listones'.

en lo antiguo. loc. adv. → **antiguo**

enlobreguecer. v. irreg. tr. Ú. t. c. prnl. 'Oscurecer'. Se conjuga como **parecer**.

enlodadura. sust. f. 'Acción y efecto de enlodar o enlodarse'. También puede decirse **enlodamiento** (sust. m.), pero la Academia prefiere la primera forma.

enlodar. v. tr. Ú. t. c. prnl. También puede decirse **enlodazar** (v. tr.), pero la Academia prefiere la primera forma.

enloquecer. v. irreg. tr. e intr. Rég. prep.: **enloquecer de** (***Enloqueció de** soledad*). Se conjuga como **parecer**.

enlosado, da. p. de **enlosar**. sust. m. 'Suelo cubierto de losas': **el enlosado**. No deben confundirse su grafía y su significado con los de su homófono **enlozado, da**, participio de **enlozar** (v. tr.).

enlosador. sust. m. 'El que enlosa'. La Academia no registra el género femenino. Incorrecto: <u>*enlozador*</u>.

enlosar. v. tr. 'Cubrir el suelo con losas unidas y ordenadas'. No deben confundirse su grafía y su significado con los de su homófono **enlozar**.

enlozar. v. tr. 'Cubrir con un baño de loza o de esmalte vítreo'. No deben confundirse su grafía y su significado con los de su homófono **enlosar**. → **cazar**

enlucido, da. p. de **enlucir**. adj. 'Blanqueado'. sust. m. 'Capa de yeso, estuco u otra mezcla, que se da a las paredes de una casa con objeto de obtener una superficie tersa'. En la Argentina, se usa el galicismo <u>*enduido*</u>, no registrado por la Academia.

enlucidor. sust. m. 'Persona que enluce'. Su femenino es **enlucidora**. Incorrecto: <u>*enduidor*</u>, <u>*enduidora*</u> (galicismo).

enlucir. v. irreg. tr. 'Poner una capa de yeso o mezcla a las paredes, techos o fachadas de los edificios'. Se conjuga como **lucir**. En la Argentina, se usa el galicismo <u>*enduir*</u>, no registrado por la Academia.

enlustrecer. v. irreg. tr. 'Poner limpia y lustrosa una cosa'. Se conjuga como **parecer**.

enmaderado, da. p. de **enmaderar**. sust. m.: **el enmaderado**. También puede decirse **enmaderamiento** (sust. m.), voz preferida por la Academia. Como sustantivo colectivo ('conjunto de maderas que entran en una obra'), equivale a **maderaje** (sust. m.) y a **maderamen** (sust. m.).

enmagrecer. v. irreg. tr. Ú. t. c. intr. y c. prnl. 'Enflaquecer'. Se conjuga como **parecer**.

enmalecer. v. irreg. tr. Ú. t. c. prnl. 'Echar a perder algo'. Se conjuga como **parecer**.

enmarcar. v. tr. 'Encerrar en un marco o cuadro'. Su sinónimo es **encuadrar** (v. tr. Ú. t. c. prnl.). → **sacar**

enmascarado, da. p. de **enmascarar**. sust. m. y f.: **el enmascarado, la enmascarada**.

enmelar. v. irreg. tr. 'Untar con miel'; 'hacer miel las abejas'; 'endulzar'. Se conjuga como **acertar**. Es incorrecto considerarlo regular: *Me* <u>*enmelo*</u> *con su tostada*. Correcto: *Me **enmieló** con su tostada*.

enmendar. v. irreg. tr. Ú. t. c. prnl. 'Corregir'. Rég. prep.: **enmendarse de** (*enmendarse de un error*). Se conjuga como **acertar**.

enmohecer. v. irreg. tr. Ú. t. c. intr. y m. c. prnl. Se conjuga como **parecer**.

enmollecer. v. irreg. tr. Ú. t. c. prnl. 'Ablandar'. Se conjuga como **parecer**.

enmoquetar. v. tr. 'Cubrir de moqueta una superficie'. Incorrecto: <u>*moquetear*</u> *un piso*. Correcto: ***enmoquetar** un piso*. Esta voz ha sido recién incorporada en el ***Diccionario***.

enmordazar. v. tr. 'Poner mordaza'. También puede decirse **amordazar** (v. tr.). → **cazar**

enmudecer. v. irreg. tr. e intr. Rég. prep.: **enmudecer de** (***Enmudeció de** terror*). Se conjuga como **parecer**.

enmugrecer. v. irreg. tr. Ú. t. c. prnl. Se conjuga como **parecer**.

ennegrecer. v. irreg. tr. Ú. t. c. prnl. Se conjuga como **parecer**.

ennoblecer. v. irreg. tr. Ú. t. c. prnl. Se conjuga como **parecer**.

ennudecer. v. irreg. intr. 'Dejar de crecer personas, animales y plantas'. Se conjuga como **parecer**.

-eno, na. suf. de or. lat. de adjetivos. 'Procedencia, pertenencia o relación' (***chileno**, **nazareno***); 'semejanza' (***morena***). Forma numerales ordinales (***noveno***). Con la terminación femenina, sustantivos colectivos (***docena***). En química, designa carburos de hidrógeno (***acetileno***).

enojar. v. tr. Ú. m. c. prnl. Rég. prep.: **enojarse con** o **contra** (***Me enojé con** o **contra** Raúl*); **enojarse de** o **por** (***Se enojó de** o **por** sus palabras*). Conserva la **j** en toda la conjugación.

enojo. sust. m. Diminutivo: **enojuelo**.

enólogo. sust. m. 'Persona entendida en enología, es decir, en lo relativo a la elaboración de los vinos'. Su femenino es **enóloga.**

enorgullecer. v. irreg. tr. Ú. m. c. prnl. Rég. prep.: **enorgullecerse de** (***Te enorgulleces de*** *tus acciones*). Se conjuga como **parecer**.

enorme. adj. 'Desmedido'; 'perverso, torpe'. El superlativo es **enormísimo, ma.**

♦ **en profundidad.** Solecismo. → **en**

enracimarse. v. prnl. 'Unirse algunas cosas en figura de racimo'. También puede decirse **arracimarse** (v. prnl.), voz preferida por la Academia.

enraizar. v. intr. Ú. t. c. prnl. 'Echar raíces'. Es tónica la **i** de **ai** en la primera, segunda y tercera persona del singular, y tercera del plural, en presente de indicativo (*enraízo, enraízas, enraíza, enraizamos, enraizáis, enraízan*) y de subjuntivo (*enraíce, enraíces, enraíce, enraicemos, enraicéis, enraícen*), y en imperativo (*enraíza*). Incorrecto: enraizo, enraizas, enraiza, enraizan; enraice, enraices, enraice, enraicen; enraiza. En las demás personas, la **i** forma diptongo con la **a.**

enralecer. v. irreg. intr. 'Ponerse ralo'. Se conjuga como **parecer.**

enramada. sust. f. Es sustantivo colectivo con la denotación de 'conjunto de ramas de árboles espesas y entrelazadas naturalmente'. Incorrecto: *enrramada*.

enramado, da. p. de **enramar**. adj. (*camino* ***enramado***). sust. m. colect. 'Conjunto de las cuadernas de un buque': **el enramado**. Incorrecto: *enrramado*. Con esta denotación, también puede decirse **cuaderna** (sust. f. colect.).

enranciar. v. tr. Ú. t. c. prnl. 'Poner o hacer rancia una cosa'. Incorrecto: *enrranciar*; *enrancío*. Se conjuga, en cuanto al acento, como **cambiar**.

enrarecer. v. irreg. tr. Ú. t. c. prnl. Puede usarse con la denotación de 'enfriarse las relaciones de amistad, cordialidad, entendimiento, etc.'. Incorrecto: *enrrarecer*. Se conjuga como **parecer**.

enredadera. adj. (*planta* ***enredadera***). Ú. t. c. sust. f. (*Miraba* ***la enredadera***). Incorrecto: *enrredadera*.

enredador, ra. adj. 'Que enreda'; 'chismoso o embustero'. Ú. t. c. sust. m. y f.: **el enredador, la enredadora**. Incorrecto: *enriedador, ra*.

enredar. v. tr. intr. Ú. t. c. prnl. Rég. prep.: **enredarse a, con** o **en** (*El gato* ***se enreda a, con*** *o* ***en*** *la lana*); **enredarse en** (***Se enredaron en*** *malos negocios*); **enredarse entre** (***Te enredas entre*** *malezas*). Es verbo regular. Se cometen errores en su conjugación por considerarlo irregular: *enriedo, enriedas, enrieda, enriedan; enriede, enriedes, enriede, enrieden*.

enredo. sust. m. 'Complicación'; 'travesura'; 'engaño'; 'confusión de ideas'; 'en los poemas épico y dramático, y en la novela, conjunto de los sucesos, enlazados unos con otros, que preceden a la catástrofe o al desenlace'. fig. y fam. Argent., Sto. Dom. y Urug. 'Amorío'. Ú. m. en pl. Incorrecto: *enriedo*.

enredoso, sa. adj. Ú. t. c. sust. m. y f.: **el enredoso, la enredosa**. Incorrecto: *enriedoso*.

enrejado, da. p. de **enrejar**. Es sustantivo masculino colectivo con la denotación de 'conjunto de rejas de un edificio y el de las que cercan, en todo o en parte, un sitio cualquiera' (*Pintó* ***el enrejado***).

enrejar. v. tr. Es regular. Se cometen errores en su conjugación por considerarlo irregular: *enriejo, enrieje, enrieja*, etc.

enrevesado, da. adj. 'Difícil'; 'travieso'. También puede decirse **revesado, da** (p. de **revesar**, adj.), voz preferida por la Academia.

enrigidecer. v. irreg. tr. Ú. t. c. prnl. 'Poner rígida alguna cosa'. Se conjuga como **parecer**.

enriquecer. v. irreg. tr. Ú. t. c prnl. y c. intr. Rég. prepos.: **enriquecerse con** (***enriquecerse con*** *una herencia*); **enriquecer de** (***enriquecer de*** *cualidades*). Se conjuga como **parecer**.

enrizar. v. tr. Ú. t. c. prnl. También puede decirse **rizar** (v. tr. Ú. t. c. prnl.), voz preferida por la Academia. → **cazar**

enrocar. v. irreg. tr. 'Revolver en la rueca el copo que ha de hilarse'. Se conjuga como **trocar**. Su homónimo (v. tr.) denota 'en el juego del ajedrez, mover simultáneamente el rey y la torre del mismo bando'; es verbo regular.

enrojecer. v. irreg. tr. Ú. t. c. prnl. Es intransitivo con la acepción de 'ruborizarse'. Rég. prep.: **enrojecer de** (*enrojecer de rabia*). Se conjuga como **parecer**.

enronquecer. v. irreg. tr. Ú. t.c. intr. y c. prnl. 'Poner ronco a uno'. Se conjuga como **parecer**.

enronquecimiento. sust. m. También puede decirse **ronquera** (sust. f.), voz preferida por la Academia.

enroscadura. sust. f. También puede decirse **enroscamiento** (sust. m.).

enroscar. v. tr. Ú. t. c. prnl. Rég. prep.: **enroscarse a** o **en** (*La víbora se enrosca al* o *en el tronco*). → **sacar**

enrudecer. v. irreg. tr. Ú. t. c. prnl. 'Hacer rudo a uno'. Se conjuga como **parecer**.

enruinecer. v. irreg. intr. 'Hacerse ruin'. Se conjuga como **parecer**.

ensalada. sust. f. Diminutivo: **ensaladilla**. Este diminutivo es sustantivo colectivo con las denotaciones de 'conjunto de piedras preciosas de diferentes colores engastadas en una joya' y de 'conjunto de diversas cosas menudas'.

ensalzar. v. tr. Ú. t. c. prnl. → **cazar**

ensamblado, da. p. de **ensamblar**, 'unir, juntar'. sust. m. 'Obra de ensamblaje': **el ensamblado**.

ensambladura. sust. f. También puede decirse **ensamblaje** (sust. m.) y **ensamble** (sust. m.), pero la Academia prefiere la primera forma.

ensanchamiento. sust. m. También puede decirse **ensanche** (sust. m.).

ensanchar. v. tr. Ú. t. c. intr. y c. prnl. También puede decirse **enanchar** (v. tr. fam.), pero la Academia prefiere la primera forma.

ensandecer. v. irreg. intr. Ú. t. c. tr. 'Enloquecer'. Se conjuga como **parecer**.

ensangrentar. v. irreg. tr. Ú. t. c. prnl. Rég. prep.: **ensangrentarse con** o **contra**. fr. fig. 'Querer ocasionar a alguien un daño grave' (*Se ensangrentó con* o *contra el jefe*). Se conjuga como **acertar**.

ensañar. v. tr. y prnl. 'Irritar'; 'deleitarse en causar el mayor daño y dolor posibles a alguien'. Rég. prep.: **ensañarse con** (*Se ensaña con su hermano*).

ensarnecer. v. irreg. intr. 'Llenarse de sarna'. Se conjuga como **parecer**.

ensayar. v. tr. 'Probar algo antes de usarlo'; 'amaestrar'; 'preparar el montaje y ejecución de un espectáculo'; 'probar la calidad de los minerales o la ley de los metales preciosos'. v. prnl. 'Probar a hacer una cosa para ejecutarla después más perfectamente o para no extrañarla'. Es anticuado su uso con la denotación de 'intentar, procurar'. Rég. prep.: **ensayarse a** (*ensayarse a bailar*); **ensayarse en** (*ensayarse en la composición musical*); **ensayarse para** (*ensayarse para leer un discurso*).

ensayismo. sust. m. 'Género literario constituido por el ensayo, escrito generalmente breve'. También puede decirse **ensayística** (sust. f.).

ensayista. sust. com.: **el ensayista, la ensayista.**

ensayo. sust. m. 'Acción y efecto de ensayar'. También puede decirse **ensaye** (sust. m.), pero es poco frecuente.

-ense. suf. de gentilicios y de otros adjetivos latinizantes que expresan 'relación o pertenencia' (*londinense*, *forense*). A veces, toma la forma **-iense** (*canadiense*).

enseguida. adv. m. También puede escribirse **en seguida**, pero la Academia prefiere la primera forma.

ensenada. sust. f. 'Parte de mar que entra en la tierra'. Argent. 'Corral, lugar destinado a encerrar animales'.

enseñado, da. p. de **enseñar**. 'Educado, acostumbrado'. Ú. m. con los advs. **bien** o **mal** (*bien enseñado*; *mal enseñado*).

enseñante. p. a. de **enseñar**. 'Que enseña'. Ú. t. c. sust. com.: **el enseñante, la enseñante.** También puede decirse **enseñador** y **enseñadora** (adj.; sust. m. y f.).

enseñanza. sust. f. Puede decirse: **primera enseñanza** o **enseñanza primaria; segunda enseñanza, enseñanza media** o **enseñanza secundaria; enseñanza superior; enseñanza privada; enseñanza pública** o **estatal**. Puede usarse

enseñamiento (sust. m.) como sinónimo de **enseñanza**, pero la Academia prefiere esta última voz.

enseñar. v. tr. y prnl. Rég. prep.: **enseñar a** (***enseñar a** escribir*); **enseñar por** (***enseñar por** vocación*). Incorrecto: <u>*enseniar*</u>.

enseñorear. v. tr. 'Dominar una cosa'. v. prnl. 'Hacerse señor y dueño de una cosa'. Rég. prep.: **enseñorearse de** (***enseñorearse de** un territorio*). No debe pronunciarse [enseñoriar, enseñorié]. → **-ear**

enseres. sust. m. pl. 'Utensilios'. Sólo se usa en plural. → **plural** (**pluralia tantum**)

ensimismarse. v. prnl. 'Abstraerse'. Rég. prep.: **ensimismarse en** (***Se ensimismó en** la contemplación de ese cuadro*).

ensoberbecer. v. irreg. tr. Ú. t. c. prnl. 'Causar o excitar soberbia en alguno'. Rég. prep.: **ensoberbecerse con** o **por** (***Se ensoberbece con** o **por** sus propiedades*). Incorrecto: <u>*ensorbebecer*</u>; <u>*ensorberbecer*</u>. Se conjuga como **parecer**.

ensoberbecimiento. sust. m. Incorrecto: <u>*ensorbebecimiento*</u>; <u>*ensorberbecimiento*</u>.

ensobrar. v. tr. 'En las habilitaciones y pagadurías de centros oficiales, distribuir en sobres los haberes mensuales correspondientes a funcionarios de alta categoría'. La Academia no registra la acepción de 'guardar en sobres' (***ensobrar** una carta*), de uso común en la Argentina. La 'acción y efecto de ensobrar' es **el ensobrado** (sust. m.).

ensombrecer. v. irreg. tr. Ú. t. c. prnl. Se conjuga como **parecer**.

ensoñador, ra. adj. 'Que tiene ilusiones'. Ú. t. c. sust. m. y f.: **el ensoñador, la ensoñadora**.

ensoñar. v. irreg. intr. Ú. t. c. tr. 'Tener ensueños'. Se conjuga como **sonar**.

ensopar. v. tr. Ú. t. c. prnl. 'Hacer sopa con el pan, empapándolo'. Rég. prep.: **ensopar en** (***Ensopa** el pan **en** licor*). Amér. Merid. 'Empapar, poner hecho una sopa' (*La lluvia lo **ensopó***).

ensordecer. v. irreg. tr. Se conjuga como **parecer**.

ensuciar. v. tr. Ú. t. c. prnl. Rég. prep.: **ensuciar** o **ensuciarse con** o **de** (***Ensució** la falda **con** o **de** tinta*; ***Se ensució con** o **de** tinta*); **ensuciarse en** (***Se ensució en** la cama*).

entablado, da. p. de **entablar**. Es sustantivo masculino colectivo con la denotación de 'conjunto de tablas dispuestas y arregladas en una armadura'. También significa 'suelo formado de tablas'.

entabladura. sust. f. 'Acción y efecto de entablar o cubrir, cercar o asegurar con tablas'. También puede decirse **entable** (sust. m.), pero la Academia prefiere la primera forma.

entablar. v. tr. Ú. t. c. prnl. Entre otras acepciones, puede usarse con la de 'comenzar una conversación, batalla, amistad, etc.' (***Entablaron** un buen diálogo*).

entablillar. v. tr. 'Asegurar con tablillas y vendaje un hueso roto'. También puede decirse **entablar** (v. tr. Ú. t. c. prnl.), pero la Academia prefiere la primera forma.

entallecer. v. irreg. intr. Ú. t. c. prnl. 'Echar tallos las plantas y los árboles'. Se conjuga como **parecer**.

entapujar. v. tr. fam. Ú. t. c. prnl. 'Tapar, cubrir'; 'andar con tapujos, ocultar la verdad'. Incorrecto: <u>*tapujear*</u>; <u>*entapujear*</u>.

entarimado. sust. m. 'Entablado del suelo' (*Enceró **el entarimado***). No debe confundirse su significado con el de **tarima** (sust. f.), 'zona del pavimento o entablado, superior en altura al resto'; 'suelo similar al parqué, pero de placas mayores y más gruesas'.

entarugado, da. p. de **entarugar**. sust. m. 'Pavimento formado con tarugos de madera'. Incorrecto: <u>*tarugado, da*</u>.

entarugar. v. tr. 'Pavimentar con tarugos de madera'. Incorrecto: <u>*tarugar*</u>. → **pagar**

ente. sust. m. 'Lo que es, existe o puede existir'; 'empresa pública, en particular la televisión'; 'sujeto ridículo o extravagante'. La A.A.L. propone la inclusión del siguiente significado: 'Argent. **entidad**, asociación u organismo, particularmente si se halla relacionada con el Estado'. → **entidad**

-ente. suf. → **-nte**

entejar. v. tr. 'Cubrir con tejas'. También puede decirse **tejar** (v. tr.).

entendederas. sust. f. pl. fam. 'Entendimiento'. Lo común es denotar, con este vocablo, la 'escasez o torpeza de dicha facultad'. Sólo se usa en plural. → **plural (pluralia tantum)**

entendedor, ra. adj. 'Que entiende'. Ú. t. c. sust. m. y f.: **el entendedor, la entendedora**.

entender. v. irreg. tr. y prnl. Rég. prep.: **entender de** (***Entiende de** antropología*); **entender en**, 'ocuparse en' (***Entendía en** negocios inmobiliarios*); **entenderse en** (***Se entendían en** portugués*); **entenderse con** (***Se entendía con** su maestro*; ***Se entendían con** la mirada*); **entenderse por** (***Se entienden por** gestos*). Incorrecto: *Entiendo de que pueden hacerlo* (dequeísmo). Correcto: ***Entiendo que** pueden hacerlo*. **a mi entender, a tu entender**. loc. adv. 'Según mi juicio (tu juicio, su juicio, etc.) o modo de pensar' (***A mi entender**, el caso no es tan grave*). **dar a entender** algo a alguien. fr. 'Decir una cosa encubierta o indirectamente' (*Me **dio a entender** que ya lo sabía*). Incorrecto: *Me dio a entender de que ya lo sabía* (dequeísmo). Se conjuga como **tender**.

entendido, da. p. de **entender**. adj. 'Sabio, docto, perito'. Rég. prep.: **entendido en** (*profesor **entendido en** biología*). Ú. t. c. sust. m. y f.: **el entendido, la entendida**. **no darse por entendido**. fr. 'Hacerse el sordo' (***No se dio por entendido** y se fue*). → **malentendido**

entendimiento. sust. m. (*Desconozco su grado de **entendimiento***). **de entendimiento**. loc. adj. 'Muy inteligente' (*Es una mujer **de entendimiento***).

entenebrecer. v. irreg. tr. Ú. t. c. prnl. 'Oscurecer'. Se conjuga como **parecer**.

♦ **entente.** Galicismo usual en el lenguaje diplomático. En español, debe decirse **entendimiento** o **acuerdo**.

enterado, da. p. de **enterar** o **enterarse**. adj. 'Conocedor y entendido'. Reg. prep.: **enterado de** (*Está **enterado de** todo*). Incorrecto: *Está interiorizado de todo*. sust. m. 'Nota consistente en la palabra enterado, escrita al pie de un documento para hacer constar que la persona a quien va destinado se ha dado cuenta de su contenido': **el enterado**.

enterar. v. tr. Ú. t. c. prnl. Rég. prep.: **enterarse de** (***enterarse de** la noticia*). Incorrecto: *Se enteró que estaba enferma* ("queísmo"). Correcto: ***Se enteró de que** estaba enferma*.

entercarse. v. prnl. 'Obstinarse'. → **sacar**

enternecer. v. irreg. tr. Ú. t. c. prnl. Se conjuga como **parecer**.

entero, ra. adj. El superlativo es **enterísimo, ma. por entero**. loc. adv. 'Enteramente' (*Lo estudió **por entero***). También puede decirse **enterizo, za** (adj.), pero la Academia prefiere la primera forma.

enterocolitis. sust. f. Incorrecto: *el enterocolitis*. En plural, no varía: **las enterocolitis**.

enterrar. v. irreg. tr. y prnl. Rég. prep.: **enterrarse en**, 'retirarse del trato de los demás' (***enterrarse en** un viejo pueblo*). Se conjuga como **acertar**.

entibiar. v. tr. Ú. t. c. prnl. No debe decirse **entibiecer**, voz anticuada. Se conjuga, en cuanto al acento, como **cambiar**.

entidad. sust. f. 'Lo que constituye la esencia o la forma de una cosa'; 'ente o ser'; 'importancia de algo'; 'colectividad considerada como unidad'. La Academia no registra el significado de 'asociación, institución, organismo', muy usado en la Argentina (***entidades** benéficas*; ***entidades** educativas*). **de entidad**. loc. adj. 'De consideración, de valor' (*proyecto **de entidad***). → **ente**

entintador, ra. p. de **entintar**. sust. m. 'Acción y efecto de entintar': **el entintador**. Incorrecto: *entinte*.

entintar. v. tr. 'Manchar o cubrir con tinta'. Con la denotación de 'teñir', también puede decirse **tintar** (v. tr.).

-ento, ta. suf. de adjetivos, que aparece más frecuentemente en la forma **-iento**. 'Estado físico o condición' (***hambriento***); 'aproximación o semejanza' (***amarillento***).

entoldado, da. p. de **entoldar** (*patio **entoldado***). sust. m. 'Acción de entoldar' (***el entoldado** del patio*); 'toldo'; 'lugar cubierto con toldos'. Como sustantivo colectivo, significa 'conjunto de toldos'. **Entoldamiento** (sust. m.) denota 'acción y efecto de entoldar o entoldarse'.

entomólogo. sust. m. 'Especialista en entomología, parte de la zoología que trata de los insectos'. Su femenino es **entomóloga**.

entonamiento. sust. m. 'Acción y efecto de entonar'. Con las denotaciones de 'entonar la voz' y de 'presunción', también puede decirse **entono** (sust. m.).

entonces. adv. t. 'En tal tiempo u ocasión' (***Entonces**, los jóvenes éramos distintos*). adv. m. 'En tal caso' (***Entonces**, déjelo por mi cuenta*). **en aquel entonces**. loc. adv. 'En aquel tiempo' (***En aquel entonces**, ganaba un buen sueldo*). No debe usarse como equivalente a la conjunción copulativa **y**: *Es orgulloso, entonces no quiere reconocer su error.* Correcto: *Es orgulloso **y** no quiere reconocer su error.*

entontecer. v. irreg. tr. Ú. t. c. prnl. Se conjuga como **parecer**.

entornillar. v. tr. 'Hacer o disponer una cosa en forma de tornillo'. No deben confundirse su grafía y su significado con los de **atornillar** (v. tr. Ú. m. c. prnl.), 'introducir un tornillo haciéndolo girar alrededor de su eje'.

entorpecer. v. irreg. tr. Ú. t. c. prnl. Se conjuga como **parecer**.

entrada. sust. f. Rég. prep.: **entrada en** (***entrada en** un lugar*). Incorrecto: *entrada al cine*. Correcto: ***entrada en** el cine*. **de entrada**. loc. adv. 'Para empezar' (***De entrada**, sirva esta bebida*). **de primera entrada**. loc. adv. 'Al primer ímpetu' (*Lo reconoció **de primera entrada***).

entrado, da. p. de **entrar**. adj. 'Referido a una estación o a un período de tiempo, que ya no está en su comienzo, pero tampoco ha llegado aún a su mitad'. **entrado en años**, **entrado en días**. expr. 'De edad provecta' (*Es un hombre **entrado en años***).

entramado, da. p. de **entramar**. Es sustantivo masculino colectivo con el significado de 'conjunto de láminas de metal o tiras de material flexible que se cruzan entre sí' y de 'conjunto de ideas, sentimientos, opiniones, etc., que se entrecruzan en un texto' (***el entramado** del argumento*).

entrambos, bas. adj. pl. 'Ambos' (***Entrambas** mujeres lo harán*).

entrante. p. a. de **entrar**. 'Que entra'. Ú. t. c. sust. com.: **el entrante**, **la entrante**. adj. 'Hablando de una semana, de un mes, de un año, etc., inmediatamente próximo en el futuro' (*el **mes entrante***).

entraña. sust. f. Incorrecto: *entrania*.

entrar. v. intr. Ú. m. en sent. fig. y c. prnl. Rég. prep.: **entrar a + infinitivo**, 'dar comienzo a la acción' (***Entró a gobernar***); **entrar a servir**, 'ser admitido por criado de otro' (***Entra a servir** en una buena casa*); **entrar en** (***Entra en** su casa; No **entra en** el armario*). En la Argentina y en otros países de América, es más común **entrar a un lugar**, construcción antigua que se registra en el *Poema de Mio Cid*. La preferencia por **en** reside en que es frecuente que un verbo compuesto pida, antes de su complemento, la misma preposición que lleva como prefijo (*entrar*). **entrar en + sustantivo**, 'intervenir o tomar parte en lo que ese sustantivo signifique' (***Entró en** un negocio importante*); **entrar en + voces significativas de edad**, 'empezar a estar en la que se mencione' (***Entra en** los noventa años*); **entrar en + sustantivo**, 'formar parte de lo que este sustantivo signifique' (*¿**Entra** el vino **en** el menú?*); **entrar por** (***Entrará por** la ventana*). **entrar** uno **dentro de sí** o **en sí mismo**. fr. fig. 'Reflexionar sobre su conducta para corregirla y ordenarla' (*Al final del día, **entra dentro de sí** o **en sí mismo***). **no entrarle** a uno una cosa. fr. fig. y fam. 'No creerla, repugnarle' (***No me entra** lo que sucedió*); 'no poder aprenderla o comprenderla' (***No le entra** el género de los sustantivos*). **no entrarle** a uno una persona o cosa. fr. fig. y fam. 'Desagradarle' (***No me entra** esta mujer*). **no entrar ni salir** uno **en** una cosa. fr. fig. y fam. 'No intervenir' (***No entres ni salgas en** ese proyecto*). Un error muy común: *Entró y salió de su casa rápidamente.* Correcto: *Rápidamente **entró en** su casa y **salió de** ella.*

entrazado, da. adj. Argent. y Chile. 'Trazado'. Con los adverbios **bien** o **mal**, se aplica a la persona de buena o de mala traza (*El joven iba **mal entrazado***).

entre. prep. Denota: • 'situación o estado en medio de dos o más cosas o acciones' (*Está **entre** la vida y la muerte*); • 'dentro de', 'en lo interior', 'para' (*Así pensé **entre** mí*); • 'estado intermedio' (*La pera está **entre** verde y madura*); • 'como uno de' (*Lo considero **entre** mis mejores maestros*); • 'cooperación de dos o más personas o cosas' (***Entre** tú y yo arreglaremos la casa; Comieron el asado **entre** cinco personas*); . 'según costumbre de' (***Entre** estudiantes se dice así*); • 'idea de reciprocidad' (*Discutieron **entre** ellas*); • 'período de tiempo' (*Estuvo en Méjico **entre** 1992 y 1993*); • 'comparación' (*Hay diferencia de tamaño **entre** el suéter azul y el verde*). **entre que**. loc. conjunt. pop. 'Mientras' (***Entre que** caminamos, le describiré mi viaje*). Se agrupa con otras preposiciones (*Salió **de entre** la maleza; Se escondió **por entre** esos médanos*). Uso incorrecto: *Entre más le exigimos, menos estudia; Entre casa, usa ropa vieja; El perro salió entre los pinos; La primera de entre ellas escribirá la carta*. Uso correcto: ***Cuanto** más le exigimos, menos estudia; **De entre** casa, usa ropa vieja; El perro salió **de entre** los pinos; La primera **de** ellas escribirá la carta*.

entre-. pref. que 'limita o atenúa el significado del vocablo al que se antepone' (***entreabrir, entresueño***); 'situación o calidad intermedia' (***entreacto, entrepechuga, entrerraído***).

entreabierto, ta. p. irreg. de **entreabrir**.

entreacto. sust. m. Se escribe en una sola palabra. Incorrecto: *entre acto, entre-acto*.

entrecano, na. adj. 'Dícese del cabello o barba a medio encanecer'; 'aplícase al sujeto que tiene así el cabello'. Se escribe en una sola palabra. Incorrecto: *entre cano, entre-cano*.

entrecerrar. v. irreg. tr. Ú. t. c. prnl. Se conjuga como **acertar**.

entrechocar. v. tr. Ú. t. c. prnl. Rég. prep.: **entrechocar** una cosa **con** otra (***entrechocar** una copa **con** otra*).

entrecomar. v. tr. 'Poner entre comas una o varias palabras' (***Entrecome** ese adverbio*). No debe confundirse con **entrecomillar** (v. tr.).

entrecomillar. v. tr. 'Poner entre comillas una o varias palabras' (***Entrecomillo** esa palabra francesa*). No debe confundirse con **entrecomar** (v. tr.).

entrecot. sust. m. Voz francesa (*entrecôte*) españolizada. 'Trozo de carne sacado de entre costilla y costilla de la res'. En plural: **entrecotes** o **entrecots**.

entrecruzar. v. tr. Ú. t. c. prnl. → **cazar**.

entredecir. v. irreg. tr. 'Prohibir la comunicación y trato con una persona o cosa'; 'poner entredicho eclesiástico'. La Academia aclara que es voz anticuada. Se conjuga como **predecir**.

entredicho, cha. p. irreg. de **entredecir**. sust. m. 'Prohibición de hacer o decir alguna cosa'; 'censura eclesiástica'; 'duda que pesa sobre el honor, la virtud, calidad, veracidad, etc., de alguien o algo'. Se usa, generalmente, con los verbos **estar**, **poner**, **quedar**.

entredós. sust. m. Calco del francés *entre-deux*. 'Tira bordada o de encaje que se cose entre dos telas'. Es palabra aguda. En plural, se transforma en grave: **entredoses**.

entrega. sust. f. 'Acción y efecto de entregar'. También puede decirse **entrego** (sust. m.), poco frecuente.

entregador, ra. adj. 'Que entrega'. Ú. t. c. sust. m. y f.: **el entregador, la entregadora**.

entregar. v. tr. y prnl. Rég. prep.: **entregarse a** (***Se entregó a** la bebida*); **entregarse en** (***Se entrega en** brazos de la suerte*). → **pagar**

entreguerras (de). loc. prepos. 'Período de paz entre dos guerras consecutivas; se aplica, sobre todo, al período que transcurrió entre la Primera y la Segunda Guerra Mundial' (*tiempo **de entreguerras***). Nótese que se escribe con **s** final. Incorrecto: *de entreguerra*.

entrelazar. v. tr. Rég. prep.: **entrelazar con** (***Entrelacé** la cinta verde **con** la amarilla*). → **cazar**

entrelazo. sust. m. Argent. 'Motivo ornamental formado por elementos entrelazados'.

entrelinear. v. tr. 'Escribir algo que se intercala entre dos líneas'. Incorrecto: *entrelíneo*. Correcto: ***entrelineo***. No debe pronunciarse [entreliniar, entrelinié]. → **-ear, alinear**

entrelucir. v. irreg. tr. 'Divisarse'. Se conjuga como **lucir**.

entremedias. adv. t. y l. 'Entre uno y otro tiempo, espacio, lugar o cosa' (*Viajó a Tucumán **entremedias** del verano*).

entremedio, dia. adj. 'En medio de los extremos' (*tela de calidad **entremedia***). También puede decirse **intermedio, dia** (adj.). adv. 'En medio' (*Siempre está **entremedio***). Incorrecto: *entre-medio, entre medio*.

entremés. sust. m. Es palabra aguda. En plural, se transforma en grave: **entremeses**. El adjetivo correspondiente es **entremesil**, 'perteneciente o relativo al entremés'.

entremesista. sust. com. 'Persona que compone entremeses o los representa': **el entremesista, la entremesista**.

entremeter. v. tr. 'Meter una cosa entre otras'. v. prnl. 'Meterse uno donde no lo llaman'. Rég. prep.: **entremeterse en** (***Se entremete en** temas ajenos*). También puede decirse **entrometer** (v. tr. Ú. t. c. prnl.), pero la Academia prefiere la primera forma.

entremetido, da. p. de **entremeter**. adj. 'Aplícase al que tiene costumbre de meterse donde no lo llaman' (*persona **entremetida***). Ú. t. c. sust. m. y f.: **el entremetido, la entremetida**. También puede decirse **entrometido, da** (adj. Ú. t. c. sust. m. y f.), pero la Academia prefiere la primera forma. → **comedido**

entremetimiento. sust. m. 'Acción y efecto de entremeter o entremeterse'. También puede decirse **entrometimiento** (sust. m.), pero la Academia prefiere la primera forma.

entrenador. sust. m. Su femenino es **entrenadora**.

entrenar. v. tr. (*Juan **entrena** a los jóvenes*). Ú. t. c. prnl. (*Los jóvenes **se entrenan** con Juan*). Incorrecto: *Los jóvenes entrenan con Juan*.

entrenervios. sust. m. pl. 'Espacios comprendidos entre los nervios del lomo de un libro'. Se usa sólo en plural. → **plural (pluralia tantum)**

entrenzar. v. tr. 'Disponer algo en forma de trenza'. → **cazar**

entreoír. v. irreg. tr. 'Oír una cosa sin percibirla bien'. Se conjuga como **oír**.

entrepaño. sust. m. Incorrecto: *entre paño*, *entre-paño*.

entrepierna. sust. f. Ú. t. en pl.: **entrepiernas**. Incorrecto: *entre piernas*.

entrepiso. sust. m. Incorrecto: *entre piso*, *entre-piso*.

entresacar. v. tr. Rég. prep.: **entresacar de** (***Entresaqué** las dos cartas **de** esa pila de papeles*). → **sacar**

entresuelo. sust. m. Su abreviatura es ***entlo.***

entretanto. adv. t. 'Mientras tanto' (***Entretanto**, hablemos del viaje*). Como adverbio, también puede escribirse **entre tanto**, pero la Academia prefiere la primera forma. Ú. t. c. sust. m. precedido del artículo **el** o de un demostrativo. 'Tiempo intermedio' (*No descansó **en el entretanto**; **Aquel entretanto** fue muy largo*). Como sustantivo, siempre se escribe en una sola palabra.

entretela. sust. f. 'Lienzo que se pone entre la tela y el forro de una prenda de vestir'. Con esta denotación, también puede usarse **entreforro** (sust. m.). En plural, significa 'lo íntimo del corazón, las entrañas': **las entretelas**.

entretenedor, ra. adj. 'Que entretiene'. Ú. t. c. sust. m. y f.: **el entretenedor, la entretenedora**.

entretener. v. irreg. tr. Ú. t. c. prnl. Rég. prep.: **entretenerse con** (***Se entretiene con** su juguete*); **entretenerse en** (***Me entretuve en** revisar el cofre*). Se conjuga como **tener**.

entretenimiento. sust. m. 'Acción y efecto de entretener o entretenerse'; 'cosa que sirve para entretener o divertir'; 'mantenimiento o conservación de una persona o cosa'. En América, suele usarse **entretención** (sust. f.), voz registrada en el ***Diccionario***, pero poco frecuente en la Argentina.

entretiempo. sust. m. 'Tiempo de primavera o de otoño próximo al verano y de temperatura suave' (*traje de **entretiempo***). Incorrecto: *entre-tiempo*. En plural: **entretiempos**.

entrever. v. irreg. tr. 'Ver confusamente algo'; 'conjeturar'. Incorrecto: *entreveer*, *entreveí*, *entreveíste*. Correcto: ***entrever***, ***entreví***, ***entreviste***. Se conjuga como **ver**.

entreverar. v. tr. 'Mezclar' (***entreverar** los papeles*). v. prnl. Argent. y Perú. 'Mezclarse desordenadamente personas, animales o cosas'. Argent. 'Chocar dos masas de caballería y luchar cuerpo a cuerpo los jinetes'.

entrevero. sust. m. Argent., Chile, Perú y Urug. 'Acción y efecto de entreverarse'. Argent., Chile y Perú. 'Confusión, desorden'.

entrevista. sust. f. Su sinónimo es **interviú** (sust. amb. Ú. m. c. f.). → **interviú**

entrevistador. sust. m. Su femenino es **entrevistadora**.

entrevistar. v. tr. 'Mantener una conversación con una o varias personas, acerca de ciertos extremos, para informar al público de sus respuestas' (***Entrevistó** al escritor*). v. prnl. 'Tener una conversación con una o varias personas para un fin determinado'. Rég. prep.: **entrevistarse con** (***Se entrevistó con** el escritor*). Su sinónimo es **interviuvar** (v. tr.). → **interviuvar**

entristecer. v. irreg. tr. 'Causar tristeza' (*Su enfermedad **entristece** a todos*); 'poner de aspecto triste'. v. prnl. 'Poner triste y melancólico'. Rég. prep.: **entristecerse con, de** o **por** (***Se entristece con, de** o **por** tu fracaso*). Se conjuga como **parecer**.

entrometer. v. tr. Ú. t. c. prnl. Rég. prep.: **entrometerse en** (*entrometerse en temas ajenos*). → **entremeter**

entrometido, da. p. de **entrometer.** → **entremetido**

entrometimiento. sust. m. → **entremetimiento**

entroncar. v. tr. 'Establecer o reconocer una relación o dependencia entre personas, ideas, acciones, etc.'. v. intr. Ú. t. c. prnl. 'Tener parentesco con un linaje o persona'; 'contraer parentesco'. Cuba, Méj., Perú y P. Rico. Ú. t. c. prnl. 'Empalmar dos líneas de transporte'. → **sacar**

entronizar. v. tr. 'Colocar en el trono'; 'ensalzar a alguien'. v. prnl. 'Engreírse, envanecerse'. También puede decirse **entronar** (v. tr.), pero la Academia prefiere la primera forma. → **cazar**

entropía. sust. f. 'Función termodinámica que es una medida de la parte no utilizable de la energía contenida en un sistema'; 'medida de la incertidumbre existente ante un conjunto de mensajes, del cual va a recibirse uno solo'; 'medida del desorden de un sistema'. No debe pronunciarse [entropia].

entropillar. v. tr. Argent. y Urug. 'Acostumbrar a los caballos a vivir en tropilla'.

entubación. sust. f. 'Acción y efecto de entubar'. Incorrecto: <u>*entubamiento*</u>.

entubar. v. tr. 'Poner tubos a alguien o en alguna cosa'; 'introducir un tubo en un conducto del organismo, especialmente en la tráquea'. Con esta última acepción, también puede decirse **intubar** (v. tr.).

entumecer. v. irreg. tr. Ú. m. c. prnl. Rég. prep.: **entumecerse de** (***entumecerse de** frío*). Se conjuga como **parecer**.

entumirse. v. prnl. 'Entorpecerse un miembro o músculo por haber estado encogido o sin movimiento, o por compresión de algún nervio'. Es verbo regular.

enturbiar. v. tr. Ú. t. c. prnl. Se conjuga, en cuanto al acento, como **cambiar**.

entusiasmar. v. tr. Ú. t. c. prnl. Rég. prep.: **entusiasmarse con** (***Me entusiasmé con** su propuesta*).

entusiasta. adj. 'Que siente entusiasmo por una persona o cosa'; 'propenso a entusiasmarse'. Ú. t. c. sust. com.: **el entusiasta, la entusiasta.** Con la denotación de 'perteneciente o relativo al entusiasmo', 'que lo denota o expresa', también puede usarse **entusiástico, ca** (adj.).

enunciado, da. p. de **enunciar**. sust. m.: **el enunciado**. También puede decirse **enunciación** (sust. f.).

enunciar. v. tr. Se conjuga, en cuanto al acento, como **cambiar**.

envaguecer. v. irreg. tr. 'Hacer que algo se difumine o pierda sus contornos'. Se conjuga como **parecer**.

envanecer. v. irreg. tr. Ú. t. c. prnl. 'Causar o infundir soberbia o vanidad a uno'. Rég. prep.: **envanecerse con, de** o **por** (***Se envanece con, de** o **por** sus triunfos*). Se conjuga como **parecer**.

envasado, da. p. de **envasar**. sust. m. 'Acción y efecto de envasar': **el envasado**. Incorrecto: <u>*envasamiento*</u>. También puede decirse **envase** (sust. m.). No debe usarse la voz inglesa *packing*.

envasador, ra. adj. 'Que envasa'. Ú. t. c. sust. m. y f.: **el envasador, la envasadora**. sust m. 'Embudo grande'.

envase. sust. m. 'Acción y efecto de envasar'; 'recipiente o vaso'; 'todo lo que envuelve o contiene artículos de comercio u otros efectos para conservarlos o transportarlos'. → **envasado**

envejecer. v. irreg. tr. Ú. t. c. prnl. Rég. prep.: **envejecer con, de** o **por** (***Envejeció con, de*** *o* ***por*** *la enfermedad*); **envejecer en** (***Envejecerá en*** *la profesión*). Se conjuga como **parecer**.

envenenador, ra. adj. 'Que envenena'. Ú. t. c. sust. m. y f.: **el envenenador, la envenenadora**.

envenenar. v. tr. Ú. t. c. prnl. También puede decirse **avenenar** (v. tr.), pero la Academia prefiere la primera forma.

enverdecer. v. irreg. intr. 'Reverdecer el campo, las plantas, etc.'. Se conjuga como **parecer**.

envergadura. sust. f. Incorrecto: *embergadura*.

envés. sust. m. 'Parte opuesta al haz de una tela o de otras cosas'; 'espalda'; 'cara inferior de la hoja, opuesta al haz'. Es palabra aguda. En plural, se transforma en grave: **enveses**.

envestidura. sust. f. También puede decirse **investidura** (sust. f.), voz preferida por la Academia. No deben confundirse su significado y su grafía con los de su homófono **embestidura**. → **embestidura**

envestir. v. irreg. tr. Rég. prep.: **envestir con** o **de** (***envestir con*** *o* ***de un cargo importante***). No deben confundirse su significado y su grafía con los de su homófono **embestir**. También puede decirse **investir** (v. tr.), voz preferida por la Academia. Se conjuga como **pedir**.

enviado, da. p. de **enviar**. sust. m. y f.: **el enviado, la enviada**.

enviar. v. tr. Rég. prep.: **enviar a** (*Envió la carta* ***a*** *esa dirección*); **enviar por** (*Lo* ***enviará por*** *mercaderías*). Se conjuga, en cuanto al acento, como **guiar**.

enviciar. v. tr. Ú. t. c. prnl. Rég. prep.: **enviciar** o **enviciarse con** o **en** (***Envicia*** *a los jóvenes* ***con*** *o* ***en*** *la bebida;* ***Te envició con*** *o* ***en*** *el cigarrillo*). Se conjuga, en cuanto al acento, como **cambiar**.

envidador, ra. adj. 'Que envida en el juego'. Ú. t. c. sust. m. y f.: **el envidador, la envidadora**.

envidar. v. tr. 'Hacer envite en el juego'; 'convidar a uno con algo, deseando que no lo acepte'. **envidar de** o **en falso**. fr. 'Envidar con poco juego, con la esperanza de que el contrario no admita'.

envidiar. v. tr. Se conjuga, en cuanto al acento, como **cambiar**.

envidioso, sa. adj. Ú. t. c. sust. m. y f.: **el envidioso, la envidiosa**. Son anticuadas las voces **envidiador, envidiadora**.

envigado, da. p. de **envigar**. sust. m. colect. 'Conjunto de las vigas de un edificio': **el envigado**.

envilecer. v. irreg. tr. Ú. t. c. prnl. Se conjuga como **parecer**.

envilecimiento. sust. m. 'Acción y efecto de envilecer'. Incorrecto: *envelecimiento*.

envoltura. sust. f. colect. 'Conjunto de pañales, mantillas y otros paños con que se envuelve a los niños en su primera infancia'. Ú. t. en pl.: **las envolturas**. 'Capa exterior que cubre natural o artificialmente una cosa'.

envolvente. p. a. de **envolver**. Ú. t. c. adj. (*capa* ***envolvente***).

envolver. v. irreg. tr. Ú. t. c. prnl. Rég. prep.: **envolver** o **envolverse con** o **en** (*Lo* ***envuelve con*** *o* ***en*** *un papel azul; Se* ***envuelve con*** *o* ***en*** *la capa*); **envolver** o **envolverse entre** (***Envuelven entre*** *sábanas al niño; Se* ***envuelve entre*** *frazadas*). Su participio irregular es **envuelto, ta**. Se conjuga como **volver**.

enyesado, da. p. de **enyesar**. sust. m. 'Acción y efecto de enyesar' (*El* ***enyesado*** *de la pierna me pesa*). También puede decirse **enyesadura** (sust. f.).

enyesar. v. tr. 'Tapar o acomodar una cosa con yeso'; 'igualar con yeso las paredes, los suelos, etc.'; 'agregar yeso a algo'; 'endurecer con yeso o escayola los apósitos y vendajes destinados a sostener en posición conveniente los huesos rotos o dislocados'. La Academia prefiere, para esta última acepción, la voz **escayolar** (v. tr.), pero en la Argentina se usa, comúnmente, **enyesar** (*Te* ***enyesará*** *el brazo*).

enzarzar. v. tr. 'Poner zarzas'; 'enredar a varios entre sí, sembrando discordias'. Con esta última acepción, también puede decirse **enzurizar** (v. tr.). Ú. t. c. prnl. 'Enredarse en las zarzas'; 'meterse en negocios arduos'; 'pelearse'.

Rég. prep.: **enzarzarse en** (*Nos enzarzamos en una disputa*). → **cazar**

enzima. sust. amb.: **el enzima** o **la enzima**, pero se usa más en género femenino. No debe confundirse su grafía con la de su homófono **encima** (adv. l. y c.). El adjetivo correspondiente es **enzimático, ca**.

enzurdecer. v. irreg. intr. 'Hacerse o volverse zurdo'. Se conjuga como **parecer**.

-eña. suf. de or. lat. → **-eño**

-eño, ña. suf. de or. lat. de adjetivos, a veces convertidos en sustantivos. 'Hecho de' (*barreño, marfileño*); 'semejante a' (*aguileña*); 'natural de' (*formoseño*); 'perteneciente a' (*navideño*).

-eo. suf. de sustantivos derivados de verbos en **-ear**. 'Acción y efecto' (*paseo, veraneo*).

-eo, a. suf. de or. lat. de adjetivos cultos, en su mayoría heredados del latín, pero otros formados en español. 'Relación o pertenencia' (*sabeo, argénteo*).

eólico, ca. adj. 'Perteneciente o relativo a los eolios o a la Eólide'; 'dícese de uno de los principales dialectos de la lengua griega, hablado en la Eólide'. También puede decirse **eolio, lia** (adj.). Ú. t. c. sust. m.: **el eólico**. 'Perteneciente o relativo a este dialecto'. Su homónimo, **eólico, ca** (adj.), denota 'perteneciente o relativo a Éolo'; 'perteneciente o relativo al viento'; 'producido o accionado por el viento' (*erosión eólica*). También puede decirse **eolio, lia** (adj.).

epanadiplosis. sust. f. 'Figura que consiste en repetir al fin de una cláusula o frase el mismo vocablo con que empieza'. También puede decirse **epanalepsis** (sust. f.). En plural, no varían: **las epanadiplosis, las epanalepsis**.

epéntesis. sust. f. 'Figura de dicción que consiste en añadir algún sonido dentro de un vocablo' (*cabrestro por cabestro*). En plural, no varía: **las epéntesis**. El adjetivo correspondiente es **epentético, ca**, 'que se añade por epéntesis'.

epi-. pref. de or. gr. 'Sobre' (*epidermis*).

épico, ca. adj. 'Perteneciente o relativo a la epopeya o a la poesía heroica'; 'dícese del poeta cultivador de este género de poesía'; 'propio y característico de la poesía épica; apto o conveniente para ella' (*personajes épicos*). Ú. t. c. sust. m. y f.: **el épico, la épica**.

epicúreo, a. adj. 'Que sigue la secta de Epicuro'. Ú. t. c. sust. m. y f.: **el epicúreo, la epicúrea**. 'Propio de este filósofo'; 'sensual'. Es palabra esdrújula.

epidemia. sust. f. → **endemia**

epidémico, ca. adj. 'Perteneciente o relativo a la epidemia'. También puede decirse **epidemial** (adj.), pero la Academia prefiere la primera forma.

epidemiólogo. sust. m. 'Persona versada en epidemiología o tratado de las epidemias'. Su femenino es **epidemióloga**.

epidermis. sust. f. Incorrecto: *el epidermis*. En plural, no varía: **las epidermis**.

epifanía. sust. f. 'Manifestación'. sust. pr. f. 'Festividad que celebra la Iglesia anualmente el 6 de enero, y que también se llama de la *Adoración de los Reyes*'. Con esta última denotación, debe escribirse con mayúscula.

epífisis. sust. f. Incorrecto: *el epífisis*. En plural, no varía: **las epífisis**.

epifonema. sust. f. 'Exclamación referida a lo que anteriormente se dijo, con la cual se cierra el pensamiento a que pertenece'. Aunque la Academia no lo registra, se extiende el uso de esta voz como de género masculino.

epiglotis. sust. f. Es palabra grave. No debe pronunciarse [epíglotis] como esdrújula. En plural, no varía: **las epiglotis**.

epigrama. sust. m. Es palabra grave. No debe pronunciarse [epígrama] como esdrújula. El sustantivo colectivo es **epigramatario** (m.).

epigramático, ca. adj. 'Dícese de lo que pertenece al epigrama y, también, del poeta que lo compone'. También puede decirse **epigramatario, ria** (adj.), pero la Academia prefiere la primera forma. sust. m. 'El que hace o compone epigramas': **el epigramático**. También pueden decirse **epigramatario** (sust. m.), **epigramatista** (sust. com.) y **epigramista** (sust. com.); estos dos últimos vocablos son los preferidos por la Academia: **el epigramatista, la epigramatista; el epigramista, la epigramista**.

epilepsia. sust. f. No debe pronunciarse [epilepsía o epilesia]. El adjetivo correspondiente es **epiléptico, ca**. Ú. t. c. sust. m. y f.: **el epiléptico, la epiléptica**.

epilogar. v. tr. 'Resumir una obra o escrito'. → **pagar**

epílogo. sust. m. Es palabra esdrújula. También puede decirse **epilogación** (sust. f.), pero la Academia prefiere la primera forma.

episcopal. adj. 'Perteneciente o relativo al obispo' (*silla **episcopal***). sust. m. 'Libro que contiene las ceremonias y oficios propios de los obispos': **el episcopal**.

epístola. sust. f. 'Carta'. El sustantivo colectivo es **epistolario** (m.); también puede decirse **epistolio** (sust. m. colect.). El adjetivo correspondiente es **epistolar** (*comunicación **epistolar***).

epistológrafo. sust. m. 'Persona que se ha distinguido en escribir epístolas'. Su femenino es **epistológrafa**.

época. sust. f. 'Fecha de un suceso desde el cual empiezan a contarse los años'; 'período de tiempo que se señala por los hechos históricos durante él acaecidos'. **de época**. loc. adj. 'Se aplica a cosas típicas de tiempos pasados' (*sombrero **de época***).

epodo. sust. m. 'Último verso de la estancia, repetido muchas veces'; 'en la poesía griega, tercera parte del canto lírico, compuesto de estrofa, antistrofa y epodo'; 'en la poesía griega y latina, combinación métrica compuesta de un verso largo y otro corto'. Es palabra grave. No debe pronunciarse [épodo] como esdrújula. En plural: **epodos**. También puede decirse **epoda** (sust. f.), pero la Academia prefiere la primera forma.

epopeya. sust. f. Es sustantivo colectivo, con la denotación de 'conjunto de poemas que forman la tradición épica de un pueblo' y de 'conjunto de hechos gloriosos, dignos de ser cantados épicamente'.

épsilon. sust. f. 'Nombre de la *e* breve del alfabeto griego'. Es palabra esdrújula. En plural, no varía: **las épsilon**.

equi-. elem. compos. de or. lat. 'Igual' (*equidistancia*).

equidistar. v. intr. Rég. prep.: **equidistar de** (***equidistar** un pueblo **de** otro*).

equilibrar. v. tr. Ú. t. c. prnl. Rég. prep.: **equilibrar** o **equilibrarse con** (***Equilibró** un peso **con** otro*; ***Se equilibró** un peso **con** otro*).

equilibrismo. sust. m. colect. 'Conjunto de ejercicios y juegos que practica el equilibrista'.

equilibrista. adj. Ú. t. c. sust. com.: **el equilibrista**, **la equilibrista**.

equino, na. adj. 'Perteneciente o relativo al caballo'. sust. m. 'Animal de la especie equina' (*venta de **equinos***).

equinoccial. adj. 'Perteneciente o relativo al equinoccio' (*punto **equinoccial***). sust. f. 'Línea equinoccial': **la equinoccial**. No debe pronunciarse [equinocial].

equinoccio. sust. m. No debe pronunciarse [equinocio].

equipaje. sust. m. colect. 'Conjunto de cosas que se llevan en los viajes'; 'conjunto de ropas y de cosas de uso particular de una persona' (***equipaje** de marino*); 'tripulación'.

equipamiento. sust. m. 'Acción y efecto de equipar'. Es sustantivo colectivo con la denotación de 'conjunto de todos los servicios necesarios en industrias, urbanizaciones, ejércitos, etc.'.

equipar. v. tr. Ú. t. c. prnl. Rég. prep.: **equipar con** o **de** (***Equipó** el hospital **con** o **de** modernos aparatos*).

equiparar. v. tr. 'Considerar a una persona o cosa igual o equivalente a otra'. Rég. prep.: **equiparar a** o **con** (***Equipara** su trabajo **al** o **con** el de su amigo*).

equipo. sust. m. 'Acción y efecto de equipar'. Es sustantivo colectivo con las denotaciones de 'grupo de personas organizado para una investigación o servicio determinado'; 'en ciertos deportes, cada uno de los grupos que se disputa el triunfo' (***equipo** de fútbol*). No debe usarse, en su reemplazo, la palabra **cuadro** (sust. m.). 'Conjunto de ropas y otras cosas para uso particular de una persona' (***equipo** de novia*); 'colección de utensilios, instrumentos y aparatos especiales para un fin determinado' (***equipo** odontológico*); 'conjunto de aparatos y dispositivos que constituyen el material de un ordenador'. Esta última acepción ha sido recién incorporada en el ***Diccionario***. **en equipo**. loc. adv. 'Coordinadamente entre varios' (*Realizarán la obra **en equipo***).

equitación. sust. f. Sólo se usa en singular.

equitador. sust. m. Amér. 'El que entiende de caballos'. Es palabra aguda. En plural, se transforma en grave: **equitadores**. La Academia no registra el género femenino.

equivalente. adj. Rég. prep.: **equivalente a** (*El precio de este anillo de oro es* ***equivalente a*** *su peso*). Ú. t. c. sust. com.: **el equivalente, la equivalente**. sust. m. 'Mínimo peso necesario de un cuerpo para que, al unirse con otro, forme verdadera combinación'.

equivaler. v. irreg. intr. Rég. prep.: **equivaler** una cosa **a** otra (*El precio de este anillo de oro* ***equivale a*** *su peso*). Se conjuga como **valer**.

equivocar. v. tr. Ú. m. c. prnl. Rég. prep.: **equivocar** una cosa **con** otra (***Equivocó*** *una e* ***con*** *una i*); **equivocarse con** (***Se equivocó con*** *esa persona*; *Son tan parecidas las telas, que una* ***se equivoca con*** *otra*); **equivocarse en** (***Se equivocó en*** *la respuesta*); **equivocarse de** (***Te equivocaste de*** *aula*). → **sacar**

equívoco, ca. adj. 'Que puede entenderse o interpretarse en varios sentidos o dar ocasión a juicios diversos' (*situaciones* ***equívocas***). sust. m. 'Acción y efecto de equivocar o de equivocarse' (*No hay* ***equívoco***).

era. sust. f. 'Fecha determinada de un suceso, desde el cual empiezan a contarse los años' (***era*** *cristiana*); 'extenso período histórico caracterizado por una gran innovación en las formas de vida y de cultura' (***era*** *atómica*); 'cada uno de los grandes períodos de la evolución geológica o cósmica' (***era*** *terciaria*). Se escribe siempre con minúscula.

-era. suf. de sustantivos femeninos. 'Sitio u objeto en que hay, está, abunda, se cría, se deposita, se produce o se guarda lo designado por el primitivo' (*cant****era***, *lob****era***, *vinagr****era***); 'objeto o lugar destinado a lo que la base significa' (*bañ****era***); 'árbol o planta que produce lo significado por la base' (*hig****uera***); 'defecto o estado físico' (*sord****era***).

erario. sust. m. 'Hacienda pública'; 'lugar donde se guarda'. Es redundante decir erario público.

erbio. sust. m. 'Metal muy raro, encontrado en algunos minerales de Suecia'. Número atómico 68. Símbolo: ***Er***

erección. sust. f. 'Acción y efecto de levantar, levantarse o ponerse rígida una cosa'; 'fundación o institución'; 'tensión'. Es palabra aguda. En plural, se transforma en grave: **erecciones**. El adjetivo correspondiente es **eréctil**, 'que tiene la facultad o propiedad de levantarse o de ponerse rígido'.

erecto, ta. p. irreg. de **erigir**. adj. 'Levantado, rígido'.

erector, ra. adj. 'Que erige'. Ú. t. c. sust. m. y f.: **el erector, la erectora**.

ergio. sust. m. En la nomenclatura internacional, **erg**.

erguir. v. irreg. tr. y prnl. Tiene dos formas en presente de indicativo (*irgo o yergo*, *irgues o yergues*, *irgue o yergue*, *irguen o yerguen*); en presente de subjuntivo (*irga o yerga*, *irgas o yergas*, *irga o yerga*, *irgamos o yergamos*, *irgáis o yergáis*, *irgan o yergan*) y en imperativo (*irgue o yergue*). Cambia por **i** la **e** de la raíz y aumenta **y** antes de **e**, cuando esa **e** es tónica. La irregularidad se manifiesta en una sola forma, en la tercera persona singular y plural del pretérito perfecto simple de indicativo (*irguió*, *irguieron*); en el pretérito imperfecto de subjuntivo (*irguiera o irguiese*, *irguieras o irguieses*, *irguiera o irguiese*, *irguiéramos o irguiésemos*, *irguierais o irguieseis*, *irguieran o irguiesen*); en el futuro imperfecto de subjuntivo (*irguiere*, *irguieres*, *irguiere*, *irguiéremos*, *irguiereis*, *irguieren*) y en el gerundio (*irguiendo*).

-ería. suf. → **-ía**

-ería. suf. de sustantivos no heredados del latín. 'Pluralidad o colectividad' (*grit****ería***); 'condición moral, casi siempre de signo peyorativo' (*holgazan****ería***); 'oficio o local donde se ejerce' (*port****ería***); 'acción o dicho' (*tont****ería***).

erigir. v. tr. Ú. t. c. prnl. Es incorrecta su grafía con **j**: erijir. No debe pronunciarse [eregir]. → **dirigir**.

-erio. suf. de sustantivos verbales o derivados de otros sustantivos. 'Acción o efecto' (*sahum****erio***); 'situación o estado' (*cautiv****erio***); 'lugar' (*monast****erio***).

erisipela. sust. f. Es incorrecta su grafía con **c**: ericipela.

eritreo, a. adj. 'Aplícase al mar Rojo y a lo perteneciente a él'. Se usa, sobre todo, en poesía. Ú. t. c. sust. m. y f.: **el eritreo, la eritrea**. Es palabra grave. No debe pronunciarse [erítreo] como esdrújula.

erizado, da. p. de **erizar**. adj. 'Cubierto de púas'. Rég. prep.: **erizado de** (***erizado de*** *espinas*; ***erizado de*** *inconvenientes*).

erizar. v. tr. 'Poner rígida una cosa'. Ú. m. c. prnl. 'Llenar una cosa de obstáculos'; 'inquietarse, azorarse' (*Cuando supieron la noticia, **se erizaron***). Rég. prep.: **erizarse de** (*El camino **se erizó de** peligros*). → **cazar**

ermitaño. sust. m. Su femenino es **ermitaña**. Incorrecto: *ermitanio*.

-ero, ra. suf. de or. lat. de sustantivos y de adjetivos. En los sustantivos, significa 'oficio, ocupación, profesión o cargo' (*ingeniero, tintorero*); 'utensilios, muebles' (*monedero*); 'lugar donde abunda o se deposita algo' (*alhajero*); 'árboles frutales' (*limonero*). En los adjetivos, significa, en general, 'carácter o condición moral' (*pendenciero*).

erogar. v. tr. 'Distribuir bienes'. Bol. 'Gastar el dinero'. Su postverbal es **erogación** (sust. f.). → **pagar**

erque. sust. m. Argent. 'Instrumento musical de viento, de la familia de las trompetas'. En plural: **erques**. Esta voz no está registrada en el ***Diccionario***, pero la A.A.L. ha recomendado su incorporación.

errabundo, da. adj. 'Que va de una parte a otra sin tener asiento fijo'. Repárese en que la terminación **-bundo, da** siempre se escribe con **b**.

erradicar. v. tr. 'Arrancar de raíz'. Rég. prep.: **erradicar de** (***Erradicó*** *la plaga* ***de*** *su campo*). → **sacar**

errado, da. p. de **errar**. adj. 'Que yerra' (*planteo **errado***). No deben confundirse su grafía y su significado con los de su homófono **herrado, da** (p. de **herrar**).

errante. p. a. de **errar**. 'Que yerra'. adj. 'Que anda de una parte a otra sin tener asiento fijo' (*pueblos **errantes***). Con esta denotación, también pueden usarse **errático, ca** (adj.) y **errátil** (adj.). Es incorrecta su grafía con **h**: *herrante*. Puede usarse como sinónimo de **nómada** (adj.).

errar. v. irreg. tr. 'No acertar' (***Errará*** *el camino*). Ú. t. c. intr. (***Erró*** *en la respuesta*); 'faltar, no cumplir con lo que se debe' (*No sé si **he errado***); 'andar vagando de una parte a otra (***Erraba*** *por los caminos*); 'divagar el pensamiento, la atención' (*Mientras yo hablaba, ella **erraba***). v. prnl. 'Equivocarse' (*No **yerres** una vez más*). Rég. prep: **errar en** (***Has errado en*** *la ejecución del plan*). Incorrecto: *No sé si he herrado el camino*. Correcto: *No sé si **he errado** el camino*. La irregularidad consiste en la diptongación de la **e** de la raíz en **ie** (lleva **y** en lugar de **i**) cuando es tónica. Se manifiesta en presente de indicativo (*yerro, yerras, yerra, yerran*), en presente de subjuntivo (*yerre, yerres, yerre, yerren*) y en imperativo (*yerra*). Incorrecto: *Erro muchas veces*. Correcto: ***Yerro*** *muchas veces*.

erróneo, a. adj. 'Que contiene error'. Es palabra esdrújula. No debe pronunciarse [erronio] como grave.

eructar. v. intr. No debe pronunciarse [eruptar] por influencia de **erupción**. También puede decirse **erutar** (v. intr.), pero la Academia prefiere la primera forma.

eructo. sust. m. 'Acción y efecto de eructar'. No debe pronunciarse [erupto] por influencia de **erupción**. También pueden decirse **eructación** (sust. f.) y **eruto** (sust. m.), pero la Academia prefiere la primera forma.

erudición. sust. f. No debe pronunciarse [erudicción].

erudito, ta. adj. Rég. prep.: **erudito en** (***erudito en*** *literatura argentina*). Ú. t. c. sust. m. y f.: **el erudito, la erudita**.

erupción. sust. f. No debe pronunciarse [erución, erucción].

eruptivo, va. adj. No debe pronunciarse [eructivo, erutivo]. Incorrecto: *El niño tiene una eruptiva*. Correcto: *El niño tiene una enfermedad **eruptiva***.

es-. pref. de or. lat. 'Separación' (*escoger*); 'eliminación' (*espulgar*); 'intensificación' (*esforzar*).

-és, sa. suf. de gentilicios (*genovés, piamontesa*). También se añade a nombres que no son de población (*montañés*).

-esa. t. f. de algunos sustantivos de cargo o dignidad (*alcaldesa, princesa*).

esbeltez. sust. f. En plural: **esbelteces**. Repárese en que la **z** cambia por **c**. También puede decirse **esbelteza** (sust. f.), pero la Academia prefiere la primera forma.

esbozar. v. tr. 'Bosquejar' (***Esbozará** tu retrato*); 'insinuar un gesto' (***Esboce** una mueca*). → **cazar**

escabullirse. v. prnl. Rég. prep.: **escabullirse de** o **de entre** (***escabullirse del** aula, **de** una dificultad, **de** su compañía; **escabullirse** el papel **de entre** las manos*). También puede decirse **descabullirse** (v. prnl.), pero la Academia prefiere la primera forma. → **bruñir**

escafandra. sust. f. También puede decirse **escafandro** (sust. m.), pero la Academia prefiere la primera forma.

escala. sust. f. Diminutivo: **escaleta**. **a escala.** loc. adv. 'Ajustándose a una escala; dicho con referencia a figuras, reproducciones, etc.' (*Reprodujo la casa **a escala***). Ú. t. c. loc. adj. (*sillón **a escala***). **hacer escala**. fr. 'Tocar una embarcación o una aeronave en algún lugar antes de llegar a su punto de destino' (*El avión **hizo escala** en Santiago de Chile*).

escalabrar. v. tr. También puede decirse **descalabrar** (v. tr.), voz preferida por la Academia.

escalada. sust. f. 'Acción y efecto de escalar'. 'Aumento rápido y, por lo general, alarmante de precios, actos delictivos, gastos, armamentos, etc.' (***escalada** de violencia*). También puede decirse **escalamiento** (sust. m.).

escalador, ra. adj. Ú. t. c. sust. m. y f.: **el escalador, la escaladora**.

escalera. sust. f. Diminutivos: **escalereja, escalerilla**. Aumentativo: **escalerón** (sust. m.). No debe confundirse su significado con el de **escalinata** (sust. f.), 'escalera amplia y generalmente artística, en el exterior o en el vestíbulo de un edificio'. **en escalera**. loc. adv. 'Aplícase a las cosas que están colocadas con desigualdad y como en gradas' (*Coloqué las macetas **en escalera***). También puede decirse **en escalerilla** (loc. adv.).

escalofriar. v. tr. Ú. t. c. intr. y c. prnl. 'Causar escalofrío'. Su participio activo es **escalofriante**. Se conjuga, en cuanto al acento, como **guiar**. → **calofriarse**

escalofrío. sust. m. Ú. m. en pl. → **calofrío**

escama. sust. f. El sustantivo colectivo es **escamado** (m.).

escamar. v. tr. Ú. m. c. prnl. 'Quitar las escamas a los peces'. Con esta denotación, también puede decirse **descamar** (v. tr). Su participio activo es **escamante**.

escamoso, sa. adj. 'Que tiene escamas'. sust. m. pl. 'Orden de los animales cuyo cuerpo está cubierto de escamas, como los lagartos y las serpientes': **los escamosos**. También puede decirse **escamudo, da** (adj.), pero la Academia prefiere la primera forma.

escamoteador, ra. adj. Ú. t. c. sust. m. y f.: **el escamoteador, la escamoteadora**.

escamotear. v. tr. No debe pronunciarse [escamotiar, escamotié]. → **-ear**. También puede decirse **escamotar** (v. tr.), pero la Academia prefiere la primera forma.

escampar. v. tr. También puede decirse **descampar** (v. tr.), pero la Academia prefiere la primera forma.

escanciador, ra. adj. 'Que sirve la bebida'. Ú. t. c. sust. m. y f.: **el escanciador, la escanciadora**.

escanciar. v. tr. 'Servir el vino'. v. intr. 'Beber vino'. Se conjuga, en cuanto al acento, como **cambiar**.

escandalizador, ra. adj. 'Que escandaliza' (*programa **escandalizador***). Ú. t. c. sust. m. y f.: **el escandalizador, la escandalizadora**.

escandalizar. v. tr. → **cazar**

escandaloso, sa. adj. 'Que causa escándalo' (*noticia **escandalosa***). También puede decirse **escandalizativo, va** (adj.). 'Revoltoso' (*adolescentes **escandalosos***). Ú. t. c. sust. m. y f.: **el escandaloso, la escandalosa**.

escandio. sust. m. 'Elemento químico que se encuentra en algunos minerales'. Núm. atómico 21. Símbolo: ***Sc***

escáner. sust. m. Voz inglesa (*scanner*) españolizada. 'Aparato para la exploración radiográfica, en el cual la radiación es enviada concéntricamente al eje longitudinal del cuerpo humano'. En plural: **escáneres**. También puede decirse **escanógrafo** (sust. m.), voz recién incorporada en el ***Diccionario***, pero la Academia prefiere la primera forma. La radiografía obtenida con el **escáner** se denomina **escanograma** (sust. m.), palabra de reciente registro académico.

escansión. sust. f. 'Medida de los versos'; 'trastorno neurológico consistente en hablar descomponiendo las palabras en sílabas pronunciadas separadamente'. Es incorrecta su grafía con **c**: escanción.

escaño. sust. m. 'Banco con respaldo'; 'asiento de los parlamentarios en las Cámaras'. Incorrecto: escanio.

escapada. sust. f. 'Acción de escapar'. **en una escapada**. loc. adv. 'A escape' (***Iré en una escapada***). Incorrecto: *Iré de una escapada*.

escapado, da. p. de **escapar**. adj. 'Dícese del corredor que se adelanta a los demás'. Ú. t. c. sust. m. y f.: **el escapado, la escapada**. adv. m. Con ciertos verbos de movimiento, 'muy deprisa' (*Corrí* ***escapado***; *Corrimos* ***escapado***).

escapar. v. tr. intr. Ú. t. c. prnl. Rég. prep.: **escapar** o **escaparse a** (***escapar*** o ***escaparse a*** *la calle*; ***escapar*** o ***escaparse al*** *poder de la voluntad*); **escapar con** (***escapar con*** *vida*); **escapar de** (***escapar de*** *los cazadores*).

escaparate. sust. m. 'Alacena o armario'; 'vidriera'. → **vidriera**

escaparatista. sust. com. 'Persona encargada de disponer artísticamente los objetos que se muestran en los escaparates'. La Academia no registra **vidrierista**, usual en la Argentina y de correcta formación.

escape. sust. m. 'Acción de escapar'. **a escape**. loc. adv. 'A todo correr, a toda prisa' (***Lo leyó a escape***).

escarabajo. sust. m. Diminutivo: **escarabajuelo**.

escarbadientes. sust. m. En plural, no varía: **los escarbadientes**. También puede decirse **mondadientes** (sust. m.).

escarcear. v. intr. Argent., Urug. y Venez. 'Hacer escarceos el caballo'. No debe pronunciarse [escarciar, escarcié]. → **-ear**

escarda. sust. f. 'Acción y efecto de escardar'. Su sinónimo es **desyerba** (sust. f.).

escarmentado, da. p. de **escarmentar**. adj. 'Que escarmienta'. Rég. prep.: **escarmentado de** (***escarmentado de*** *estudiar sin vocación*). Ú. t. c. sust. m. y f.: **el escarmentado, la escarmentada**.

escarmentar. v. irreg. tr. 'Corregir con rigor al que ha errado para que se enmiende'. v. intr. 'Tomar enseñanza de lo que uno ha visto y experimentado en sí o en otros, para guardarse y evitar el caer en los mismos peligros'. Rég. prep.: **escarmentar con** (***Escarmentó con*** *el accidente*); **escarmentar en** (***Escarmentó en*** *el dolor de su amigo*). Se conjuga como **acertar**.

escarnecer. v. irreg. tr. 'Hacer mofa y burla de otro'. Se conjuga como **parecer**.

escarnio. sust. m. 'Befa tenaz que se hace con el propósito de afrentar'. Es palabra grave. No debe pronunciarse [escárneo] como esdrújula. También puede decirse **escarnecimiento** (sust. m.), pero la Academia prefiere la primera forma.

escarpadura. sust. f. 'Declive áspero de cualquier terreno'. También puede decirse **escarpe** (sust. m.).

escarpelo. sust. m. 'Instrumento de hierro, sembrado de menudos dientecillos, que usan los carpinteros, entalladores y escultores para limpiar, raer y raspar las piezas de labor'. No deben confundirse su grafía y su significado con los de **escalpelo** (sust. m.), 'instrumento en forma de cuchillo pequeño, de hoja fina, de uno o dos cortes, que se usa en las disecciones anatómicas, autopsias y vivisecciones'.

escarpín. sust. m. 'Zapato de una sola suela y de una sola costura'; 'calzado interior de estambre o de otra materia, para abrigo del pie, y que se coloca encima de la media o del calcetín'. Argent. y Urug. 'Calzado hecho con lana o con hilo tejidos, sin suela, que cubre el pie y el tobillo'. Es palabra aguda. En plural, se transforma en grave: **escarpines**.

escasear. v. tr. 'Dar poco, de mala gana y haciendo desear lo que se da' (***Le escasea*** *el pan*); 'ahorrar' (***Escasean*** *mucho dinero*). v. intr. 'Faltar, ir a menos una cosa' (***Escasean*** *las manzanas*). No debe pronunciarse [escasiar, escasié]. → **-ear**

escasez. sust. f. Rég. prep.: **escasez de** (*esca-*

sez de maíz). Es palabra aguda. En plural, se transforma en grave: **escaseces**. Repárese en que la **z** cambia por **c**.

escaso, sa. adj. 'Limitado' (*escasa verdura*); 'corto' (*dos kilos escasos de peras*); 'mezquino' (*hombre escaso*). Ú. t. c. sust. m. y f.: **el escaso, la escasa**.

escatología. sust. f. colect. 'Conjunto de creencias y doctrinas referentes a la vida de ultratumba'. Repárese en que su homónimo, **escatología** (sust. f.), tiene distinta denotación ('tratado de cosas excrementicias'; 'cualidad de escatológico').

escatológico, ca. adj. 'Relativo a las postrimerías de ultratumba'. Repárese en que su homónimo, **escatológico, ca** (adj.), tiene distinta denotación ('referente a los excrementos y suciedades').

escayolar. v. tr. → **enyesar**

escayolista. sust. com. 'Persona que hace obras de escayola': **el escayolista, la escayolista.**

escena. sust. f. No debe pronunciarse [eccena, ecena].

escenario. sust. m. 'Parte del teatro donde se representan las obras dramáticas o cualquier otro espectáculo'; 'en el cine, lugar donde se desarrolla cada escena de la película'; 'lugar en que ocurre un suceso' (*el escenario de los hechos*). Es sustantivo colectivo con la denotación de 'conjunto de circunstancias que rodean a una persona o un suceso' (*Pertenece al escenario político*). No debe pronunciarse [eccenario, ecenario].

escenificar. v. tr. 'Dar forma dramática a una obra literaria para ponerla en escena'; 'poner en escena una obra o espectáculo teatrales' (*Escenificó* La gringa, *de Florencio Sánchez*). No debe pronunciarse [eccenificar, ecenificar]. → **sacar**

escenografía. sust. f. 'Delineación en perspectiva de un objeto'; 'arte de proyectar o realizar decoraciones escénicas'. Es sustantivo colectivo con las denotaciones de 'conjunto de decorados en la representación escénica' (*Realizó la **escenografía** de la comedia*) y 'conjunto de circunstancias que rodean un hecho, actuación, etc.' (*la **escenografía** del accidente*). No debe pronunciarse [eccenografía, ecenografía].

escenógrafo, fa. adj. 'Persona que profesa o cultiva la escenografía'. Ú. t. c. sust. m. y f.: **el escenógrafo, la escenógrafa**. No debe pronunciarse [eccenógrafo, ecenógrafo].

escepticismo. sust. m. 'Doctrina filosófica, que consiste en afirmar que la verdad no existe o que, si existe, el hombre es incapaz de conocerla'; 'desconfianza o duda de la verdad'. No debe pronunciarse [eccepticismo, ecceticismo, eceticismo].

escéptico, ca. adj. Apl. a pers., ú. t. c. sust. m. y f.: **el escéptico, la escéptica.**

escindir. v. tr. Ú. t. c. prnl. 'Cortar, separar'. No debe pronunciarse [ecindir].

escisión. sust. f. 'Rompimiento, desavenencia'; 'extirpación de un tejido o de un órgano'. No debe pronunciarse [ecisión, eccisión] ni escribirse <u>*escición*</u>, <u>*ecición*</u>, <u>*esisión*</u> o <u>*excisión*</u>.

esclarecer. v. irreg. tr. e intr. Se conjuga como **parecer**.

esclarecido, da. adj. 'Claro, ilustre, insigne'. Rég. prep.: **esclarecido en** (*profesor **esclarecido** en filosofía*); **esclarecido por** (*doctora **esclarecida por** sus investigaciones*).

esclavista. adj. 'Partidario de la esclavitud'. Ú. t. c. sust. com.: **el esclavista, la esclavista.**

esclavitud. sust. f. Sólo se usa en singular con la denotación de 'sujeción excesiva por la cual se ve sometida una persona a otra, o a un trabajo u obligación' (*Padeció años de **esclavitud***). En sentido figurado, puede usarse en plural (*Sufrió diversas **esclavitudes**: la bebida, el juego, la droga*).

esclavizar. v. tr. → **cazar**

esclavo, va. adj. 'Dícese de la persona que carece de libertad por estar bajo el dominio de otra' (*niño **esclavo***); 'sometido rigurosamente a un deber, pasión, afecto, vicio, etc.'; 'enamorado'. Rég. prep.: **esclavo de** (*hombre **esclavo de** su pasado*). Ú. t. c. sust. m. y f.: **el esclavo, la esclava**. Rég. prep.: **esclavo de** (***esclavo de** la bebida*). sust. f. 'Pulsera sin adornos y que no se abre' (***esclava** de oro*).

esclerosis. sust. f. En plural, no varía: **las esclerosis.**

-esco, ca. suf. → **-sco**

escoba. sust. f. Diminutivo: **escobilla**. Aumentativo: **escobón** (sust. m.). El aumentativo de **escobilla** es **escobillón** (sust. m.). El sustantivo despectivo es **escobajo** (m.). La **escobada** (sust. f.) es 'cada uno de los movimientos que se hacen con la escoba para barrer' y 'una barredura ligera'. **Escobar** (v. tr.) denota 'barrer con escoba'.

escobazo. sust. m. 'Golpe dado con una escoba'; 'barredura ligera'. Argent. y Chile. 'Escobada, barredura ligera'.

escobero. sust. m. 'El que hace escobas o las vende'. Su femenino es **escobera**.

escocer. v. irreg. intr. 'Producirse una sensación parecida a la causada por quemadura' (*Le **escoció** la pierna*); 'producirse en el ánimo una impresión molesta o amarga' (*Te **escocerá** su respuesta*). v. prnl. 'Sentirse o dolerse' (***Nos escocimos** por su muerte*); 'ponerse rubicundas y con mayor o menor inflamación cutánea algunas partes del cuerpo' (*Se **escuece** la mano*). Se conjuga como **cocer**.

escoger. v. tr. Rég. prep.: **escoger de** o **en** (***escoger de** o **en** la pila*); **escoger entre** (***escoger entre** muchas biromes*). Incorrecto: escojer. → **proteger**

escogido, da. p. de **escoger**. adj. 'Selecto' (*cuentos **escogidos***). Rég. prep.: **escogido de** o **en** (***escogido de** o **en** un cúmulo de baratijas*); **escogido entre** (***escogido entre** muchos principiantes*). Incorrecto: escojido, da.

escolar. adj. 'Perteneciente al estudiante o a la escuela' (*transporte **escolar***). También puede decirse **escolariego, ga** (adj.), 'propio de escolares o estudiantes' (*travesura **escolariega***). sust. com. 'Alumno que asiste a la escuela para recibir la enseñanza obligatoria': **el escolar, la escolar**.

escolaridad. sust. f. colect. 'Conjunto de cursos que un estudiante sigue en un establecimiento docente'. No es colectivo con la denotación de 'tiempo que duran esos cursos'.

escolarización. sust. f. 'Acción y efecto de escolarizar'. Esta voz ha sido recién incorporada en el ***Diccionario***.

escolarizar. v. tr. 'Proporcionar escuela a la población infantil para que reciba la enseñanza obligatoria'. Esta voz ha sido recién incorporada en el ***Diccionario***. → **cazar**

escolástico, ca. adj. Apl. a pers., ú. t. c. sust. m. y f.: **el escolástico, la escolástica.**

escoliosis. sust. f. 'Desviación del raquis con convexidad lateral'. En plural, no varía: **las escoliosis.**

escollar. v. intr. 'Tropezar la embarcación en un escollo'. Argent. y Chile. 'Fracasar, malograrse un propósito por haber tropezado con algún inconveniente' (*El proyecto **escolló***).

escollo. sust. m. 'Peñasco que está a flor de agua'; 'peligro'; 'dificultad'. No debe escribirse escoyo.

escolta. sust. f. Incorrecto: el escolta.

escombrero, ra. adj. Argent. 'Que magnifica, por lucimiento, las dificultades de un hecho o que lo realiza aparatosamente'. Esta voz ha sido recién incorporada en el ***Diccionario***.

escombro. sust. m. El sustantivo colectivo es **escombrera** (f.). **hacer escombro**. loc. Argent. 'Magnificar la importancia de un hecho o el modo de realizarlo para llamar la atención'. Esta acepción ha sido recién incorporada en el ***Diccionario***. Su homónimo, **escombro** (sust. m.), significa 'caballa'.

esconder. v. tr. Ú. t. c. prnl. Rég. prep.: **esconderse de** (*Se **esconde de** su madre*); **esconderse en** (***Me esconderé en** la sala*); **esconderse entre** (***Nos escondimos entre** los matorrales*). Es verbo regular. Incorrecto: escuendo.

escondidas (a). loc. adv. 'Sin ser visto'. Incorrecto: a escondida. También puede decirse **a escondidillas** (loc. adv.).

escondido, da. p. de **esconder**. sust. m. 'Danza criolla del noroeste de la Argentina, muy antigua, de una sola pareja'. sust. f. pl. Amér. 'Juego del escondite' (*Juguemos **a las escondidas***). También puede decirse **escondite** (*Juguemos al **escondite***). Incorrecto: *Juguemos a la escondida*. **en escondido.** loc. adv. 'Ocultamente' (*Obró **en escondido***).

escondite. sust. m. 'Lugar propio para esconder algo o esconderse'; 'juego de muchachos'.

→ **escondido**. Con la primera acepción, también pueden decirse **escondidijo** (sust. m.) y **escondrijo** (sust. m.) o **escondredijo** (sust. m.).

escopeta. sust. f. Diminutivo: **escopetilla**. Aumentativo: **escopetón** (sust. m. Ú. t. c. despect.).

escopetazo. sust. m. 'Disparo hecho con escopeta'. El sustantivo colectivo es **escopetería** (f.), 'multitud de escopetazos'.

escorchar. v. tr. 'Quitar la piel o la corteza' (*escorchar un durazno*). La Academia no registra la denotación de 'molestar', frecuente en la Argentina.

escoria. sust. f. 'Sustancia vítrea que sobrenada en el crisol de los hornos de fundir metales'; 'materia que, al ser martilleada, suelta el hierro candente'; 'lava porosa de los volcanes'; 'residuo esponjoso que queda tras la combustión del carbón'; 'cosa vil y de ninguna estimación'. Es palabra grave. No debe pronunciarse [escórea] como esdrújula. El sustantivo colectivo es **escorial** (sust. m.), 'montón de escorias'.

Escorial. sust. pr. 'Villa y municipio de España, provincia de Madrid'. Su nombre es San Lorenzo del Escorial, pero su denominación vulgar es **El Escorial**; ambas palabras deben escribirse con mayúscula (*visité **El Escorial***).

Escorpio. sust. pr. m. 'Escorpión, signo del Zodíaco'.

escorpión. sust. m. 'Arácnido'; 'pez'; 'máquina de guerra semejante a la ballesta'; 'azote formado de cadenas'. sust. pr. 'Octavo signo o parte del Zodíaco' (*Nació bajo el signo de **Escorpión** o de **Escorpio***); 'constelación zodiacal'. adj. 'Referido a personas, las nacidas bajo este signo del Zodíaco' (*Laura es **escorpión**; una dama **escorpión**; Pablo es **escorpión**; un caballero **escorpión***). Incorrecto: *Laura es escorpio; Laura es escorpiona; Laura es escorpiana; Pablo es escorpio; Pablo es escorpiano*.

escotado, da. p. de **escotar**. sust. m. 'Corte hecho en un cuerpo de vestido u otra ropa por la parte del cuello' (*el **escotado** de la blusa*). También pueden decirse **escotadura** (sust. f.) y **escote** (sust. m.).

escotar. v. tr. También puede decirse **descotar** (v. tr. Ú. t. c. prnl.).

escote. sust. m. El sustantivo **descote** (m.) es poco usado.

escribano. sust. m. Diminutivo: **escribanillo**. También puede decirse **notario** (sust. m.). La mujer que ejerce ese oficio es **la escribano** o **notaria**. sust. f. 'Mujer del escribano'. Argent., Par. y Urug. 'Mujer que ejerce la escribanía': **la escribana**. La oficina del escribano es la **escribanía** (sust. f.). Argent., C. Rica, Ecuad., Par. y Urug. 'Notaría'. El adjetivo correspondiente es **escribanil**, 'perteneciente al oficio o condición del escribano'.

escribido, da. p. reg. de **escribir**. Sólo se usa, y con significación activa, en la locución familiar **leído y escribido**, con que se califica a la persona de cierta cultura. Generalmente, se usa con sentido irónico, aludiendo a personas que suelen exhibir sus conocimientos.

escribidor. sust. m. fam. 'Mal escritor'. Su femenino es **escribidora**. Es anticuado su uso como sinónimo de **escritor** (sust. m.).

escribiente. sust. com. 'Persona que tiene por oficio copiar o poner en limpio escritos ajenos, o escribir lo que se le dicta': **el escribiente, la escribiente**. Es anticuado su uso como sinónimo de **escritor**.

escribir. v. tr. Ú. t. c. intr. Rég. prep.: **escribir de** o **sobre** (***Escribe de** o **sobre** temas geológicos*); **escribir desde** (*Me **escribirá desde** San Luis*); **escribir en** (*¿**Escribes en** español?*; ***Escribe en** esa revista*); **escribir por** (***Escribe por** vía aérea*); **escribir para** (***Escriban para** niños*). Para la conjugación de los tiempos compuestos, se usa el participio irregular (*escrito*). Incorrecto: *has escribido*; *hayamos escribido*. Correcto: ***has escrito***; ***hayamos escrito***.

escrito, ta. p. irreg. de **escribir**. adj. 'Dícese de lo que tiene manchas o rayas que semejan letras o rasgos de pluma' (*camisa **escrita***). sust. m. 'Carta, documento o cualquier papel manuscrito, mecanografiado o impreso' (*Presente ese **escrito***); 'obra o composición científica o literaria'; 'pedimento o alegato en pleito o causa'. **por escrito**. loc. adv. 'Por medio de la escritura' (*Solicítelo **por escrito***).

escritor. sust. m. Su femenino es **escritora**. Los sustantivos despectivos son **escritorzuelo, la**.

escritura. sust. f. Sólo se escribe con mayúscula cuando es sustantivo propio (*Sagrada **Escritura***). Ú. m. en pl. (*Sagradas **Escrituras***).

escrupulizar. v. intr. 'Formar escrúpulo o duda'. Rég. prep.: **escrupulizar en** (***escrupulizar en** nimiedades*). → **cazar**

escrúpulo. sust. m. Diminutivo: **escrupulillo**. Con la acepción de 'exactitud en la averiguación o en el cumplimiento de un cargo o encargo', es sinónimo de **escrupulosidad** (sust. f.).

escrupuloso, sa. adj. 'Que padece o tiene escrúpulos'. Ú. t. c. sust. m. y f.: **el escrupuloso, la escrupulosa**.

escrutador, ra. adj. 'Examinador cuidadoso de una persona o cosa'; 'dícese del que, en elecciones, cuenta y computa los votos'. Ú. t. c. sust. m. y f.: **el escrutador, la escrutadora**. También puede decirse **escudriñador, ra** (adj. Ú. t. c. sust. m. y f.).

escrutinio. sust. m. No debe escribirse *escrutiño*.

escuadra. sust. f. Es sustantivo colectivo con las denotaciones de 'corto número de soldados a las órdenes de un cabo'; 'cuadrilla que se forma de algún concurso de gente'; 'conjunto de buques de guerra'. Aumentativo: **escuadrón** (sust. m.). **a escuadra**. loc. adv. 'En forma de escuadra o en ángulo recto' (*Trácelo **a escuadra***). **fuera de escuadra**. loc. adv. 'En ángulo oblicuo' (*Trácelo **fuera de escuadra***).

escuadrilla. sust. f. colect. 'Conjunto de buques de pequeño porte'; 'determinado número de aviones que realizan un mismo vuelo dirigidos por un jefe'. No debe usarse como sinónimo de **cuadrilla** (sust. f. colect.). → **cuadrilla**

escuadrón. sust. m. colect. 'Unidad de caballería, mandada normalmente por un capitán'; 'unidad aérea equivalente al batallón o grupo terrestre'; 'unidad aérea de un número importante de aviones'. Diminutivo: **escuadroncete**.

escualidez. sust. f. 'Suciedad, asquerosidad'; 'delgadez'. Es palabra aguda. En plural, se transforma en grave: **escualideces**. Repárese en que la **z** cambia por **c**.

escucha. sust. f. 'Acción de escuchar'. sust. com. En la radio y en la televisión, 'persona dedicada a escuchar las emisiones para tomar nota de los defectos o de la información que se emite'. **a la escucha**. loc. adv. 'Atento para oír algo'. Se usa con los verbos **estar, ponerse, seguir**, etc. (*Siempre **estaba a la escucha***).

escuchón, na. adj. 'Que escucha con curiosidad indiscreta lo que otros hablan'. Ú. t. c. sust. m. y f.: **el escuchón, la escuchona**.

escudar. v. tr. Ú. t. c. prnl. Rég. prep.: **escudarse con** (***escudarse con** una tarea fácil para no hacer otra*). Incorrecto: *escudarse en una tarea fácil para no hacer otra*.

escudería. sust. f. 'Oficio del escudero'. Como sustantivo colectivo, denota el 'conjunto de automóviles de un mismo equipo de carreras'.

escudero. sust. m. Diminutivo: **escuderete**. Aumentativo: **escuderón**.

escudriñador, ra. adj. Ú. t. c. sust. m. y f.: **el escudriñador, la escudriñadora**.

escudriñar. v. tr. 'Examinar, inquirir y averiguar cuidadosamente una cosa y sus circunstancias'. Es anticuado el uso de **escrudiñar** (v. tr.).

escuela. sust. f. 'Establecimiento público donde se da cualquier género de instrucción'. Como sustantivo colectivo, denota: 'conjunto de profesores y alumnos de una misma enseñanza'; 'conjunto de discípulos, seguidores o imitadores de una persona o de su doctrina, arte, etc.'; 'conjunto de caracteres comunes que en literatura y en arte distinguen de las demás las obras de una época, región, etc.'. **escuela modelo**. En plural: **escuelas modelo**. → **aposición**

escuerzo. sust. m. 'Sapo'. El sexo se determina mediante las perífrasis **escuerzo macho, escuerzo hembra**. 'Persona flaca y desmedrada' (*Luciana es un **escuerzo***). También puede decirse **escorzón** (sust. m.), pero la Academia prefiere la primera forma.

escueto, ta. adj. 'Descubierto, libre, despejado'; 'sin adornos, seco, estricto'. No debe usarse como sinónimo de **breve** (adj.).

esculpir. v. tr. 'Labrar a mano una obra de escultura'; 'grabar algo en hueco o en relieve sobre una superficie de metal, madera o piedra'. Rég. prep.: **esculpir a** (***Esculpe a** cincel*); **esculpir en** (***Esculpió** la estatua **en** piedra*).

escultismo. sust. m. Voz inglesa (*scout*, 'explorar') con influencia del catalán (*ascoltar*).

'Movimiento de juventud que pretende la educación integral del individuo por medio de la autoformación y el contacto con la naturaleza'. Es palabra recién incorporada en el ***Diccionario***.

escultista. adj. 'Perteneciente o relativo al escultismo' (*niña **escultista***). sust. com. 'Persona que practica el escultismo': **el escultista, la escultista**. Es voz recién incorporada en el ***Diccionario***.

escultor. sust. m. Su femenino es **escultora**.

escupidera. sust. f. 'Pequeño recipiente de loza, metal, madera, etc., que sirve para escupir en él'. En Andalucía, Chile y Puerto Rico, también se lo llama **escupidor** (sust. m.). And., Argent., Chile, Ecuad. y Urug. 'Orinal, bacín'. No debe confundirse su denotación con la de **escupidero** (sust. m.), 'sitio o lugar donde se escupe'; 'situación en que se está expuesto a ser ajado o despreciado'.

escupir. v. intr. Rég. prep.: **escupir a** o **en** (***Escupió a*** o ***en** la cara*); **escupir en** (***Escupiste** tres veces **en** el piso*).

escupitajo. sust. m. fam. 'Saliva, flema o sangre escupida'. También pueden decirse **escupidura** (sust. f.), **escupitina** (sust. f. fam.) y **escupitinajo** (sust. m. fam.), pero la Academia prefiere la primera forma.

escurrir. v. tr. 'Apurar los restos o últimas gotas de un líquido que han quedado en un vaso' (***Escurre** pronto el licor*); 'hacer que una cosa mojada o que tiene líquido despida la parte que quedaba detenida'. Ú. t. c. prnl. (***Escurra** el trapo*; *El trapo **se escurre***). v. intr. 'Destilar y caer gota a gota el líquido que estaba en un vaso, etc.' (*El vaso **escurría** agua*); 'deslizar y correr una cosa por encima de otra'. Ú. t. c. prnl. Rég. prep.: **escurrirse a** (*El lápiz **se escurrió al** piso*); **escurrirse de** o **entre** (***Se escurrió** la carta **de*** o ***entre** sus manos*); **escurrirse en** (***Se escurren** los pies **en** el hielo*). v. prnl. 'Salir huyendo' (*Los ladrones **se escurrieron** cuando llegó la policía*); 'esquivar alguna dificultad'; 'excederse al ofrecer o dar por una cosa más de lo debido'; 'decir más de lo que se debe o quiere decir'.

esdrujulizar. v. tr. 'Dar acentuación esdrújula a una voz'. → **cazar**

esdrújulo, la. adj. 'Aplícase al vocablo cuya acentuación carga en la antepenúltima sílaba' (***cántico, túmulo***). Ú. t. c. sust. m. y f.: **el esdrújulo, la esdrújula**. Las palabras esdrújulas se tildan siempre.

ese, sa, so, sos, sas. Formas del pron. dem. Designan lo que está cerca de la persona con quien se habla, o representan y señalan lo que ésta acaba de mencionar. Las formas m. y f. se usan como adjs. y como susts., y, en este último caso, se escriben normalmente con tilde cuando existe riesgo de anfibología (***Ese** león es viejo*; ***Ése** es viejo*; *Ya hablan **ésas***). Por lo tanto, esa tilde no es obligatoria. El pronombre neutro **eso** nunca lleva tilde. Incorrecto: *No diga <u>éso</u>*. Correcto: *No diga **eso***. A veces, pospuesto al sustantivo, tiene valor despectivo (*Critica a la maestra **esa***). **esa**. Designa la ciudad en que está la persona a quien nos dirigimos por escrito (*Viajarán a **esa** el 11 de noviembre*). **¡a ese!** loc. interj. con que se incita a detener a uno que huye. **a eso de**. loc. t. 'Aproximadamente a' (*Lo veré **a eso de** las once*). **en eso**. loc. t. 'Entonces' (***En eso**, apareció la tía*). **eso mismo**. loc. adv. 'Asimismo, también o igualmente' (*—¿Todos saben que vendrá? —**Eso mismo***). Incorrecto: *Beba <u>ese</u> agua*. Correcto: *Beba **esa** agua*.

esencia. sust. f. Incorrecto: *<u>escencia</u>*.

esencial. adj. Rég. prep.: **esencial en** (***esencial en** la casa*); **esencial para** (***esencial para** el viaje*). Incorrecto: *<u>escencial</u>*.

esencialidad. sust. f. 'Cualidad de esencial'. Incorrecto: *<u>escencialidad</u>*.

esfenoides. adj. (*hueso **esfenoides***). Ú. t. c. sust. m.: **el esfenoides**. En plural, no varía: **los esfenoides**.

esfera. sust. f. Entre otras acepciones, puede usarse con la de 'clase o condición de una persona' (*mujer de alta **esfera***). Puede decirse **esfera terráquea** o **terrestre**.

esférico, ca. adj. También puede decirse **esferal** (adj.), pero la Academia prefiere la primera forma. sust. m. 'Balón' (*Arrojó el **esférico** con fuerza*).

esfinge. sust. f. 'Monstruo fabuloso'. Incorrecto: *<u>efinge</u>*. No debe confundirse su significado con el de **efigie** (sust. f.).

esfínter. sust. m. Es palabra grave. En plural, se transforma en esdrújula: **esfínteres**.

esforzar. v. irreg. tr. 'Dar o comunicar fuerza o vigor'; 'infundir ánimo' (***Esforzamos** a los ancianos*). v. intr. 'Tomar ánimo' (*Ella **esforzará***). v. prnl. 'Hacer esfuerzos física o moralmente con algún fin'. Rég. prep.: **esforzarse en** o **por** (***Se esfuerza en** o **por** ganar la carrera*). Se conjuga como **forzar**.

esfumar. v. tr. 'Extender los trazos de lápiz restregando el papel con el esfumino para dar empaste a las sombras de un dibujo' (***Esfuma** el dibujo*); 'rebajar los tonos de una composición o parte de ella'. v. prnl. 'Disiparse, desvanecerse' (***Se esfumaron** mis ilusiones*); 'marcharse de un lugar con disimulo y rapidez' (*Antes de finalizar la conferencia, **se esfumó***). También puede decirse **difumar** (v. tr. p. us.).

esfuminar. v. tr. Incorrecto: *desfuminar*, *efuminar*. La Academia prefiere la voz **difuminar** (v. tr.). → **difuminar**

esfumino. sust. m. Incorrecto: *efumino*. La Academia prefiere la voz **difumino** (sust. m.). → **difumino**

esgrima. sust. f. 'Arte de esgrimir'. Incorrecto: *el esgrima*.

esgrimidor. sust. m. 'Persona que sabe esgrimir'. Su femenino es **esgrimidora**. En Argent., Chile, Ecuad., Perú y Urug., **esgrimista** (sust. com.): **el esgrimista, la esgrimista**.

-esino, na. suf. de or. lat. → **-ino**

eslalon. sust. m. 'Competición de esquí a lo largo de un trazado con pasos obligados'. Es palabra grave. No debe pronunciarse [eslalón] como aguda. En plural, se transforma en esdrújula: **eslálones**.

eslavista. sust. com. 'Persona que cultiva el eslavismo, es decir, el estudio de las lenguas y literaturas eslavas': **el eslavista, la eslavista**.

eslavo, va. adj. Ú. t. c. sust. m. y f.: **el eslavo, la eslava**. sust. m. 'Lengua eslava'.

eslogan. sust. m. Voz inglesa (*slogan*) españolizada. Es palabra grave. En plural, se transforma en esdrújula: **eslóganes**. No debe usarse la grafía inglesa.

esmaltador. sust. m. 'Persona que tiene por oficio esmaltar'. Su femenino es **esmaltadora**.

esmaltar. v. tr. 'Cubrir con esmaltes el oro, plata, etc.'; 'adornar de varios colores y matices una cosa'; 'hermosear'. Rég. prep.: **esmaltar con** o **de** (***Esmaltó con** o **de** rosas la fuente*).

esmerar. v. tr. Ú. t. c. prnl. Rég. prep.: **esmerarse en** (***esmerarse en** la corrección del trabajo*).

esmirriado, da. adj. fam. 'Flaco, consumido'. También puede decirse **desmirriado, da** (adj. fam.), pero la Academia prefiere la primera forma.

esmoquin. sust. m. Voz inglesa (*smoking*) españolizada. Es palabra grave. En plural, se transforma en esdrújula: **esmóquines**.

esnifada. sust. f. 'En lenguaje de la droga, aspiración por la nariz de cocaína u otra sustancia análoga'; 'dosis de droga tomada por este procedimiento'. Esta voz ha sido recién incorporada en el ***Diccionario***.

esnifar. v. tr. Voz inglesa (*sniff*) españolizada. 'Aspirar por la nariz cocaína u otra droga en polvo'. Ha sido recién incorporada en el ***Diccionario***.

esnob. sust. com. Voz inglesa (*snob*) españolizada. 'Persona que imita con afectación las maneras, opiniones, etc., de aquellos a quienes considera distinguidos': **el esnob, la esnob**. En plural: **los esnobs, las esnobs**. Ú. t. c. adj. (*mujer **esnob***). No debe usarse la grafía inglesa. Ha sido recién incorporada en el ***Diccionario***.

esnobismo. sust. m. 'Cualidad de esnob'.

esófago. sust. m. Incorrecto: *exófago*.

esotérico, ca. adj. 'Oculto, reservado'. No deben confundirse su grafía y su significado con los de su antónimo **exotérico, ca** (adj.), 'común, accesible'; 'de fácil acceso para la mente'.

esoterismo. sust. m. 'Cualidad de esotérico'. Incorrecto: *exoterismo*.

espabiladeras. sust. f. pl. También puede decirse **despabiladeras** (sust. f. pl.), voz preferida por la Academia. → **plural (pluralia tantum), despabiladeras**

espabilar. v. tr. También puede decirse **despabilar** (v. tr.), voz preferida por la Academia. → **despabilar**

espaciado. sust. m. 'Acción y efecto de espaciar'. También puede decirse **espaciamiento** (sust. m.).

espaciar. v. tr. 'Poner espacio entre las cosas'; 'esparcir'; 'difundir'; 'separar las palabras, las letras o los renglones con espacios'. v. prnl. 'Extenderse en el discurso o en lo que se escribe'; 'esparcirse'. Incorrecto: espacío, espacíe, espacía. Correcto: ***espacio***, ***espacie***, ***espacia***. Se conjuga, en cuanto al acento, como **cambiar**.

espagueti. sust. m. Voz italiana (*spaghetti*) españolizada. En plural: **espaguetis**. No debe usarse la grafía italiana.

espalda. sust. f. Ú. m. en pl. (*Me duelen las **espaldas***). En la Argentina, se usa más en singular (*Me duele la **espalda***). Diminutivo: **espaldilla**. Aumentativo: **espaldón** (sust. m.). **a espaldas de**. loc. adv. 'En ausencia de alguien, sin que se entere' (*Habló **a espaldas de** Norma*). **a espaldas o a las espaldas**. loc. adv. 'Con abandono u olvido voluntario de un encargo, negocio, preocupación o deber'; se usa con los verbos **dejar**, **echar** o **echarse**, **poner**, **tener** y semejantes (***Se echó a espaldas*** o ***a las espaldas*** *la presentación del documento*). **a espaldas vueltas**. loc. adv. 'A traición, por detrás' (*Habla mal de su amigo **a espaldas vueltas***). **caer** o **caerse de espaldas**. fr. fig. 'Sorprenderse mucho' (*Cuando me vio, **cayó** o **se cayó de espaldas***). **dar** uno **de espaldas**. 'Caer boca arriba' (*Tropezó y **dio de espaldas***). **dar** uno **las espaldas**. fr. 'Volver las espaldas al enemigo; huir de él' (***Dieron las espaldas*** *a los invasores*). **echarse** uno **sobre las espaldas** algo. fr. fig. 'Hacerse responsable de algo' (***Se echó sobre las espaldas*** *la organización del acto*). **guardar** uno **las espaldas**. fr. fig. y fam. 'Resguardarse o resguardar a otro para no ser ofendido' (***Guarda las espaldas*** *de ese político*). **hablar por las espaldas**. fr. fig. 'Decir contra uno, en su ausencia, lo que no se le diría cara a cara' (*No **hables** de Juan **por las espaldas***). **por la espalda**. loc. adv. 'A traición' (*Lo mató **por la espalda***). También puede decirse **espaldar**, sust. m. (*Me duele el **espaldar***), pero en la Argentina, es poco usual.

espaldar. sust. m. 'Parte de la coraza que sirve para cubrir y defender la espalda'; 'respaldo de una silla o banco'; 'espalda, parte posterior del cuerpo'; 'enrejado sobrepuesto a una pared para que por él trepen ciertas plantas'; 'parte dorsal de la coraza de los quelonios'. En plural, 'colgaduras de tapicería, largas y angostas, que se colocan en las paredes, a manera de frisos, para arrimar a ellas las espaldas' (***Los espaldares*** *son de terciopelo azul*). Diminutivo: **espaldarcete** (de uso poco frecuente). Aumentativo: **espaldarón** (de uso poco frecuente).

espantapájaros. sust. m. En plural, no varía: **los espantapájaros**. Incorrecto: espantapájaro.

espantar. v. tr. Ú. m. c. prnl. Rég. prep.: **espantarse con**, **de** o **por** (***Se espanta con***, ***de*** o ***por*** *los truenos*).

espanto. sust. m. El sustantivo despectivo es **espantajo**. **estar curado de espanto** o **de espantos**. fr. fig. y fam. 'Ver con impasibilidad, a causa de experiencia o costumbre, desafueros, males o daños' (*Después de aquel grave accidente, **está curado de espanto***).

espantoso, sa. adj. 'Que causa espanto'; 'maravilloso, asombroso'. La Academia ha incorporado dos acepciones más: 'desmesurado, enorme' (*Hacía un calor **espantoso***) y 'muy feo' (*Su cara era **espantosa***).

español, la. adj. 'Natural de España' (*inmigrantes **españoles***); 'perteneciente o relativo a esta nación' (*bailes **españoles***). Ú. t. c. sust. m. y f.: **el español**, **la española**. sust. m. 'Lengua española' (*Muchos extranjeros aprenden el **español***; *Muchos extranjeros aprenden **español***). Las denominaciones **español** y **castellano** para designar a nuestra lengua son correctas. El uso de una o de otra depende del gusto del hablante. → **castellano**. **a la española**. loc. adv. 'Al uso de España' (*Cocina **a la española***).

españolado, da. adj. 'Extranjero que en el aire, traje y costumbres parece español' (*joven **españolado***). sust. f. 'Acción, espectáculo u obra literaria que exagera el carácter español' (*Representaron una **españolada***). También puede decirse **españolería** (sust. f.).

españolidad. sust. f. 'Cualidad de español'; 'carácter genuinamente español'. Es voz recién incorporada en el ***Diccionario***. Con su última acepción, también puede decirse **españolismo**.

españolismo. sust. m. 'Amor o apego a las cosas típicas de España' (*No oculta su **españolismo***); 'hispanismo' (*Habla con muchos **españolismos***); 'carácter genuinamente español' (*Esta novela se* *destaca por su **españolismo***). También puede decirse **españolía** (sust. f.), voz recién incorporada en el ***Diccionario***, pero la Academia prefiere la primera forma.

españolizar. v. tr. 'Dar carácter español'; 'dar forma española a un vocablo o expresión de otro idioma' (*La Academia **españolizó** la voz inglesa "snob": esnob*). v. prnl. 'Tomar carácter español o forma española'. → **cazar**. También puede decirse **españolar** (v. tr. Ú. t. c. prnl.), pero la Academia prefiere la primera forma. → **castellanizar**. No debe confundirse la denotación de estos verbos con la de **españolear** (v. intr.), 'hacer propaganda exagerada de España'. Este último verbo ha sido recién incorporado en el ***Diccionario***.

esparadrapo. sust. m. 'Tira de tela o de papel, una de cuyas caras está cubierta de un emplasto adherente, que se usa para sujetar los vendajes y, excepcionalmente, como apósito directo o como revulsivo'. En la Argentina, se usa la expresión **tira** o **cinta adhesiva**.

esparcir. v. irreg. tr. Ú. t. c. prnl. Rég. prep.: **esparcir a** (***esparcir al** aire*); **esparcir por** (***esparcir por** la región*). Se conjuga como **zurcir**.

espárrago. sust. m. La planta se llama **espárrago** o **esparraguera** (sust. f.). La voz **esparraguera** es, también, la 'fuente en que se sirven los espárragos'. El sustantivo colectivo es **esparragal** (m.).

esparramar. v. tr. vulg. La Academia prefiere **desparramar** (v. tr. Ú. t. c. prnl.).

esparrancado, da. p. de **esparrancarse**. adj. 'Que anda o está muy abierto de piernas'; 'dícese también de las cosas que, debiendo estar juntas, están muy separadas'. La Academia considera en desuso el adjetivo **desparrancado, da**, de significado similar.

esparrancarse. v. prnl. 'Abrirse de piernas, separarlas'. También puede decirse **desparrancarse** (v. prnl.), pero la Academia prefiere la primera forma. → **sacar**

espartano, na. adj. 'Natural de Esparta'. Ú. t. c. sust. m. y f.: **el espartano, la espartana**. adj. 'Austero, sobrio, firme, severo'. Es una redundancia decir *austeridad espartana*.

esparto. sust. m. Diminutivo: **espartillo**. El sustantivo colectivo es **espartizal** (m.).

espatarrarse. v. prnl. fam. → **despatarrarse**

espaviento. sust. m. 'Demostración excesiva o afectada de espanto, admiración o sentimiento'. La Academia prefiere la voz **aspaviento** (sust. m.). → **aspaviento**

especia. sust. f. 'Cualquier sustancia vegetal aromática que sirve de condimento'. En plural: **especias**. Incorrecto: *especie*, *especies*. El sustantivo colectivo es **especiería** (f.) o **especería** (f.). → **especie**

especial. adj. 'Singular'; 'muy adecuado para algún efecto'. **en especial**. loc. adv. 'Especialmente' (*Se lo diré a todos, **en especial**, a Dora*). También puede decirse **con especialidad**. loc. adv. (*Se lo diré a todos, **con especialidad**, a Dora*).

especialista. adj. 'Dícese del que cultiva una rama de determinado arte o ciencia, y sobresale en ella' (*médico **especialista** en cardiología*). Ú. t. c. sust. com.: **el especialista, la especialista**. sust. com. 'Persona que realiza, en el cine, escenas peligrosas o que requieren cierta destreza; suele sustituir como doble a los actores principales'.

especializar. v. intr. Ú. t. c. prnl. Rég. prep.: **especializarse en** (*Se **especializó en** literatura hispanoamericana*). → **cazar**

especie. sust. f. Entre otras acepciones, puede usarse con la de 'caso, suceso, asunto, negocio' (*Se reunieron para tratar esa **especie***). Aumentativo despectivo: **especiota**. **en especie**. loc. adv. 'En frutos o géneros, y no, en dinero' (***Pagó en especie***). Incorrecto: *Pagó en especies*. **una especie de**. expr. Se antepone a un sustantivo para indicar que 'el ser o la cosa de que se trata es muy semejante a lo que aquel sustantivo designa' (*Luce **una especie de** turbante de seda*). → **especia**

especiero. sust. m. 'Persona que comercia en especias'. Su femenino es **especiera**. sust. m. 'Armarito con varios cajones para guardar las especias' (*Compró un **especiero***).

especificar. v. tr. → **sacar**

especificidad. sust. f. 'Cualidad y condición de específico, propio de una especie' (*Estudia la **especificidad** de los peces*). Incorrecto: *especifidad*.

específico, ca. adj. 'Que caracteriza y distingue una especie de otra' (*rasgos **específicos** de *los paquidermos*); 'especial' (*tratamiento* ***específico*** *de un tema*). sust. m. 'Medicamento apropiado para tratar una enfermedad determinada' (*Recetó dos* ***específicos***); 'medicamento fabricado al por mayor, que lleva el nombre científico de las sustancias medicamentosas que contiene u otro nombre convencional patentado'.

espécimen. sust. m. 'Muestra, modelo, ejemplar, con las características de su especie muy bien definidas'. Es palabra esdrújula. No debe pronunciarse [especimen] como grave. En plural: **especímenes**. Incorrecto: *especimenes*, *espécimenes*, *especimens*, *espécimens*.

espectáculo. sust. m. 'Función o diversión pública, celebrada en un teatro, en un circo o en otro lugar en que se congrega la gente para presenciarla'; 'aquello que atrae la atención y mueve el ánimo infundiéndole deleite, dolor u otros afectos'; 'acción que causa escándalo o gran extrañeza'. En esta última acepción, se usa comúnmente con el verbo **dar** (*Manuela siempre* ***da espectáculo*** *o* ***da el espectáculo***). No debe usarse la voz inglesa *show* en su reemplazo.

espectador, ra. adj. Ú. t. c. sust. m. y f.: **el espectador, la espectadora**.

especulación. sust. f. 'Acción y efecto de especular'; 'operación comercial que se practica con mercancías, valores o efectos públicos, con ánimo de obtener lucro'. No debe usarse como sinónimo de **presunción, rumor, sospecha** (anglicismo): *No hay especulaciones respecto del asesinato.*

especulador, ra. adj. 'Que especula'. Ú. m. c. sust. m. y f.: **el especulador, la especuladora**.

especular. v. tr. 'Mirar con atención una cosa para reconocerla y examinarla'; 'meditar'; 'perderse en sutilezas'; 'efectuar operaciones comerciales o financieras, con la esperanza de obtener beneficios basados en las variaciones de los precios o de los cambios'. Se usa frecuentemente con sentido peyorativo. v. intr. 'Comerciar, traficar'. Rég. prep.: **especular en** (***especular en*** *pieles*). 'Procurar provecho o ganancia fuera del tráfico mercantil'. Rég. prep.: **especular con** (***especular con*** *los sentimientos ajenos*). No debe usarse como sinónimo de **conjeturar**, **creer**, **opinar**, **sospechar**: *Especulamos que los ladrones huyeron al Uruguay*. Correcto: ***Creemos*** *que los ladrones huyeron al Uruguay*.

espejero. sust. m. 'Persona que hace espejos o los vende'. Su femenino es **espejera**.

espejismo. sust. m. También puede decirse **espejeo** (sust. m.), pero la Academia prefiere la primera forma.

espejo. sust. m. Diminutivo: **espejuelo**. La Academia sólo registra **mirarse en un espejo** y **verse en un espejo**. Seco da como correcta la expresión **mirarse al espejo**. Se considera más ajustada la expresión avalada por la Academia. El sintagma **verse al espejo**, que registra esta institución en el artículo **ver** de su ***Diccionario***, tiene un significado distinto: 'Representarse material o inmaterialmente la imagen o semejanza de una cosa' (*Nuestro temor se vio al espejo*).

espeluzar. v. tr. Ú. t. c. prnl. Amér. **Despeluzar**. Incorrecto: *espelusar*. → **cazar, despeluznar**

espeluznamiento. sust. m. Incorrecto: *espelusnamiento*. También puede decirse **despeluzamiento** (sust. m.), 'acción y efecto de despeluzar o despeluzarse' (v. tr. Ú. t. c. prnl.), voz preferida por la Academia.

espeluznante. p. a. de **espeluznar**. adj. 'Pavoroso, terrorífico' (*espectáculo* ***espeluznante***). Incorrecto: *espelusnante*.

espeluznar. v. tr. Ú. t. c. prnl. 'Desordenar el pelo de la cabeza, de la felpa, etc.'; 'erizar el pelo o las plumas'. Con estas denotaciones, también puede usarse **despeluzar** (v. tr. Ú. t. c. prnl.). 'Espantar, causar horror' (*¿Te* ***espeluzna*** *la oscuridad?*). Incorrecto: *espelusnar*.

espera. sust. f. 'Acción y efecto de esperar'. **estar en espera**. fr. 'Estar en observación esperando alguna cosa' (***Estaba en espera*** *de los resultados*). Incorrecto: *Estaba a la espera de los resultados*.

esperadamente. adv. m. Precedido del adverbio **no**, denota 'inesperadamente' (*Llegó* ***no esperadamente***).

esperantista. adj. 'Perteneciente o relativo al esperanto' (*estudios* ***esperantistas***). sust. com. 'Persona o institución que estudia el esperanto, hace uso de él y lo propaga': **el esperantista, la esperantista**.

esperanzar. v. tr. 'Dar o provocar esperanza' → **cazar**

esperar. v. tr. **esperar que**. 'Confiar en que' (*Espero que lo devuelva*). Incorrecto: *Espero de que lo devuelva* (dequeísmo). Rég. prep.: **esperar a**, 'no comenzar a actuar hasta que suceda algo' (*Esperó a que lo llamaran*); **esperar en** uno, fr. 'poner en él la confianza de que hará algún bien' (*Espero en usted que lo ayudará*). **esperar sentado**. fr. 'Lo que se espera ha de cumplirse muy tarde o nunca' (*Espere sentado cuanto quiera, que no lo atenderá*). Incorrecto: *Espere de sentado cuanto quiera, que no lo atenderá*.

esperezarse. v. prnl. vulg. → **cazar, desperezarse**

esperma. sust. amb.: **el esperma** o **la esperma**. En la Argentina, es más común el uso del género masculino.

espermatozoide. sust. m. 'Gameto masculino de los animales, destinado a la fecundación del óvulo y a la constitución, junto con éste, de un nuevo ser'; 'gameto masculino de las plantas criptógamas'; 'cada uno de los dos gametos que resultan de la división de una de las células componentes del grano de polen'. En plural: **espermatozoides**. También puede decirse **zoospermo** (sust. m.), pero la Academia prefiere la primera forma.

espermatozoo. sust. m. 'Espermatozoide de los animales'. En plural: **espermatozoos**. También puede decirse **espermatozoario** (sust. m.). → **espermatozoide**

espermicida. adj. 'Dícese de ciertas sustancias que provocan la muerte de los espermatozoides' (*medicamento espermicida*). Ú. m. c. sust. m.: **el espermicida**.

espermiograma. sust. m. 'Análisis del esperma'; 'resultado de este análisis'. Incorrecto: *espermograma*.

espía. sust. com.: **el espía, la espía**.

espiar. v. tr. 'Acechar'; 'intentar conseguir informaciones secretas sobre un país o sobre una empresa'. No deben confundirse su grafía y su significado con los de **expiar** (v. tr.). Se conjuga, en cuanto al acento, como **guiar**. → **expiar**

espiga. sust. f. Diminutivo: **espiguilla**.

espigador. 'Persona que recoge las espigas que quedan o han caído en la siega'. Su femenino es **espigadora**. También puede decirse **espigadera** (sust. f.).

espín. sust. m. 'Puerco espín o puerco espino'. Es palabra aguda. En plural, se transforma en grave: **espines**.

espinal. adj. 'Perteneciente a la espina o espinazo' (*médula espinal*). Incorrecto: *médula espinar*.

espinazo. sust. m. Con la acepción de 'columna vertebral', también puede usarse **espina** (sust. f.).

espino. adj. (*puerco espino*). sust. m. 'Árbol'. Diminutivo: **espinillo**. El sustantivo colectivo es **espinar** (m.). Como sinónimo de **espino**, también puede decirse **espinera** (sust. f.).

espión. sust. m. 'Persona que espía lo que se dice o hace'. La Academia no registra el género femenino.

espionaje. sust. m. 'Acción de espiar' (*Realizó el espionaje*). También puede decirse **la espía** (sust. f.).

espiración. sust. f. 'Acción y efecto de espirar'. No deben confundirse su grafía y su significado con los de **aspiración** (sust. f.), 'acción y efecto de aspirar o atraer el aire a los pulmones', ni con los de **expiración** (sust. f.), 'acción y efecto de expirar, acabar la vida'. Incorrecto: *expiración*.

espiral. adj. 'Perteneciente a la espira o a cada una de las vueltas de una espiral' (*escalera espiral*). sust. f. (*Compró las espirales contra los mosquitos*). Incorrecto: *el espiral*.

espirar. v. tr. 'Exhalar, echar de sí un cuerpo buen o mal olor'; 'animar' (se usa hablando de la inspiración del Espíritu Santo); 'producir el Padre y el Hijo, por medio de su amor recíproco, al Espíritu Santo'. v. intr. 'Tomar aliento, alentar'; 'expeler el aire aspirado'. Ú. t. c. tr. No deben confundirse su grafía y su significado con los de **expirar** (v. intr.). → **expirar**

espiritista. adj. 'Perteneciente al espiritismo'; 'que profesa esta doctrina'. Ú. t. c. sust. com.: **el espiritista, la espiritista**. Incorrecto: *esperitista*.

espiritoso, sa. adj. 'Vivo, animoso'; 'dícese de lo que exhala mucho espíritu, como algunos licores'. También puede decirse **espirituoso, sa** (adj.), pero la Academia prefiere la primera forma. Ninguna de estas voces debe usarse como sinónimo de **espiritual** (adj.), 'perteneciente o relativo al espíritu'; 'dícese de la persona muy sensible y poco interesada por lo material'.

espíritu. sust. m. En plural: **espíritus**. Se escribe con mayúscula cuando se refiere al Espíritu Santo.

espiritualizar. v. tr. → **cazar**

esplendidez. sust. f. 'Abundancia, magnificencia'. Es palabra aguda. En plural, se transforma en grave: **esplendideces**. Repárese en que la **z** cambia por **c**. Incorrecto: *explendidez*.

esplendor. sust. m. 'Resplandor' (*el **esplendor** del Sol*); 'lustre, nobleza' (*el **esplendor** de la corte francesa*); 'apogeo, auge' (*la época de mayor **esplendor** de la literatura española*). Incorrecto: *explendor*. No debe pronunciarse [ecsplendor].

esplín. sust. m. Voz inglesa (*spleen*) españolizada. 'Melancolía, tedio de la vida'. Es palabra aguda. En plural, se transforma en grave: **esplines**.

espolada. sust. f. 'Golpe o aguijonazo dado con la espuela a la caballería para que ande'. También puede decirse **espolazo** (sust. m.), pero la Academia prefiere la primera forma. La **espoleadura** (sust. f.) es la 'herida o llaga que la espuela hace a la caballería'.

espolear. v. tr. 'Picar con la espuela a la cabalgadura para que ande o castigarla para que obedezca' (***Espoleé** a mi caballo*); 'avivar, incitar a uno para que haga alguna cosa' (***Espolea** a Fermín para que cante*). No debe pronunciarse [espoliar, espolié] ni confundirse su grafía con la de **espoliar** (v. tr.) o la de **expoliar** (v. tr.). → **-ear**, **expoliar**

espolvorear. v. tr. Ú. t. c. prnl. 'Quitar el polvo' (***espolvorear** el sillón*); 'esparcir sobre una cosa otra hecha polvo' (***espolvorear** la torta con azúcar*). Con esta última acepción, también puede decirse **espolvorizar** (v. tr.). 'Desvanecer o hacer desaparecer lo que se tiene' (***espolvorear** el dinero*). No debe pronunciarse [espolvoriar, espolvorié]. → **-ear**

esponsales. sust. m. pl. Sólo se usa en plural. → **plural (pluralia tantum)**

espontáneamente. adv. m. 'De modo espontáneo'. No debe pronunciarse [espontaniamente, expontáneamente].

espontanearse. v. prnl. 'Descubrir uno a las autoridades voluntariamente cualquier hecho propio, secreto o ignorado, para alcanzar perdón como premio de su franqueza'; por extensión, 'descubrir uno a otro voluntariamente lo íntimo de sus pensamientos, opiniones o afectos'. Rég. prep.: **espontanearse con** (***Se espontaneó con** la policía*; ***Me espontanearé con** mi amigo*). No debe pronunciarse [espontaniarse, expontanearse]. → **-ear**

espontaneidad. sust. f. 'Cualidad de espontáneo'; 'expresión natural y fácil del pensamiento'. No debe pronunciarse [espontanidad, expontaneidad]. → **-dad**

espontáneo, a. adj. 'Voluntario o de propio impulso'; 'que se produce sin cultivo y sin cuidados del hombre'. sust. m. y f. 'Persona que, por propia iniciativa, interviene en algo para lo que no tiene título reconocido': **el espontáneo, la espontánea**. Su uso como sustantivo es infrecuente. Es palabra esdrújula. No debe pronunciarse [expontáneo].

esposado, da. p. de **esposar**, 'sujetar con esposas'. adj. Ú. t. c. sust. m. y f.: **el esposado, la esposada**. Es poco usado. La Academia prefiere **desposado, da** (p. de **desposar**), 'aprisionado con esposas'; 'recién casado'. → **desposado**

esposas. sust. f. pl. 'Manillas de hierro para sujetar a los presos'. Se usa sólo en plural. → **plural (pluralia tantum)**

esposo. sust. m. 'Persona que ha contraído esponsales'; 'persona casada'. Su femenino es **esposa**. sust. f. Amér. 'Anillo episcopal'.

espuela. sust. f. Diminutivo: **espolín** (sust. m.). Aumentativo: **espolón** (sust. m.).

espuerta. sust. f. 'Especie de cesta de esparto, palma u otra materia, con dos asas'. Diminutivo: **esportilla**. Aumentativo: **esportón** (sust. m.). **a espuertas**. loc. adv. 'En abundancia' (*Compró pan **a espuertas***).

espulgar. 'Limpiar de pulgas o piojos'. Ú. t. c. prnl. 'Examinar, reconocer algo con cuidado y por partes'. Incorrecto: *despulgar*, un vulgarismo. → **pagar**

espuma. sust. f. Es sustantivo colectivo con la denotación de 'conjunto de burbujas que se forman en la superficie de los líquidos y se adhieren entre sí con más o menos consistencia'. Diminutivo: **espumilla**. La 'abundancia de espuma' se denomina **espumaje** (sust. m.). El adjetivo correspondiente es **espumajoso, sa**, 'lleno de espuma'.

espumajear. v. intr. 'Arrojar o echar espumajos'. Rég. prep.: **espumajear de** (***Espumajeaba** de rabia*). No debe pronunciarse [espumajiar, espumajié]. → **-ear**

espumarajo. sust. m. 'Saliva espumosa arrojada en gran cantidad por la boca'. También puede decirse **espumajo** (sust. m.), pero la Academia prefiere la primera forma.

espurio, ria. adj. 'Bastardo' (*hijo **espurio***); 'falso, adulterado' (*carta **espuria***). Es palabra grave. No debe pronunciarse [espúreo] como esdrújula ni [expurio].

esputo. sust. m. 'Lo que se arroja de una vez en cada expectoración'. También puede decirse **escupo** (sust. m.), pero la Academia prefiere la primera forma.

esqueje. sust. m. → **gajo**

esquema. sust. f. 'Representación gráfica y simbólica de cosas inmateriales'. **en esquema**. loc. adv. 'Esquemáticamente' (*Presentó su propuesta **en esquema***).

esquematizar. v. tr. 'Representar una cosa en forma esquemática'. → **cazar**

esquí. sust. m. Voz francesa (*ski*) españolizada. En plural: **esquís**. El plural **esquíes** es infrecuente.

esquiaje. sust. m. 'Acción de esquiar'; 'práctica de este ejercicio como deporte'. También puede decirse **esquí**, pero la Academia prefiere la primera forma.

esquiar. v. intr. 'Patinar con esquís'. Se conjuga, en cuanto al acento, como **guiar**.

esquicio. sust. m. 'Apunte de dibujo'. No debe usarse como sinónimo de **espacio televisivo**.

esquila. sust. f. 'Cencerro, campanilla'. Diminutivo: **esquileta**. Aumentativo: **esquilón** (sust. m.). Los homónimos de **esquila** denotan 'acción y efecto de esquilar ovejas, perros, etc.' y 'camarón, crustáceo'.

esquilador, ra. adj. 'Que esquila'. Ú. t. c. sust. m. y f. 'Persona que tiene por oficio esquilar': **el esquilador, la esquiladora**. sust. f. 'Máquina esquiladora' (*Tiene una nueva **esquiladora***).

esquina. sust. f. 'Arista'. **de esquina**. loc. adj. 'Dícese de la habitación que da a dos fachadas en ángulo de un edificio' (*dormitorio **de esquina***).

esquinero, ra. adj. Argent. 'Dícese de aquello que se halla colocado en una esquina' (*mueble **esquinero***). sust. m. Argent. 'Cantonera, pieza que se coloca en la esquina de algunos objetos para refuerzo o adorno' (*Colocó un **esquinero** en la maceta*); 'poste que hace esquina en algunas construcciones, corrales, potreros, alambrados, etc.'.

esquirol. sust. m. despect. 'Obrero que trabaja cuando hay huelga o que se presta a realizar el trabajo abandonado por un huelguista'. → **carnero**

esquivez. sust. f. 'Cualidad de esquivo'. Es palabra aguda. En plural, se transforma en grave: **esquiveces**. Repárese en que la **z** cambia por **c**.

estabilidad. sust. f. 'Permanencia, duración en el tiempo'; 'firmeza, seguridad en el espacio'. Incorrecto: <u>*estabilización*</u>.

estabilización. sust. f. 'Acción y efecto de estabilizar'.

estabilizador, ra. adj. 'Que estabiliza'. Ú. t. c. sust. m. y f.: **el estabilizador, la estabilizadora**. sust. m. 'Mecanismo que se añade a un aeroplano, nave, etc., para aumentar su estabilidad'.

estabilizar. v. tr. 'Dar a alguna cosa estabilidad'. → **cazar**

estable. adj. 'Constante, firme, permanente'. El superlativo es **estabilísimo, ma**.

establecer. v. irreg. tr. 'Fundar' (***Estableció** una gran empresa*); 'ordenar' (***Establecen** que la exposición se abra a las diez*); 'dejar demostrado y firme un principio, una teoría, una idea, etc.' (***Estableció** la teoría de la relatividad*). v. prnl.

'Avecindarse o fijar la residencia en alguna parte'. Rég. prep.: **establecerse en** (*Se estableció en Jujuy*); 'abrir, por cuenta propia, un establecimiento mercantil o industrial'. Se conjuga como **parecer**.

♦ **establishment.** Anglicismo. En español, debe usarse **sector** o **grupo dominante**.

estaca. sust. f. Diminutivo: **estaquilla**. Aumentativo: **estacón** (sust. m.).

estacar. v. tr. 'Fijar en tierra una estaca y atar a ella una bestia'; 'señalar un terreno con estacas'. Amér. 'Sujetar, clavar con estacas'. Se usa especialmente hablando de los cueros cuando se extienden en el suelo para que se sequen y se mantengan estirados. Con esta denotación, también puede decirse **estaquear** (v. tr.). v. prnl. 'Quedarse inmóvil y tieso a manera de estaca'. → **sacar, estaquear**.

estación. sust. f. Se escribe con minúscula (***estación*** *Federico Lacroze*).

estacionamiento. sust. m. 'Acción o efecto de estacionar o estacionarse'. Se usa hablando de los vehículos (*Es un buen lugar para el* ***estacionamiento***); 'lugar o recinto reservado para estacionar vehículos' (*Hay un* ***estacionamiento*** *en la calle siguiente*); 'lugar donde se establece una tropa'.

estacionar. v. tr. Ú. t. c. prnl. 'Colocar'; 'dejar un vehículo detenido'; 'quedarse estacionario, estancarse'. Rég. prep.: **estacionarse en** (***Se estacionó en*** *esa calle*; ***Se estacionó en*** *su puesto de cadete*).

estada. sust. f. 'Permanencia, detención o demora en un lugar'. También pueden decirse **estadía** (sust. f.) y **estancia** (sust. f.).

estadio. sust. m. 'Recinto destinado a competiciones deportivas'; 'etapa o fase de un proceso'; 'período, dicho de los tres que se observan en cada acceso de fiebre intermitente'. Incorrecto: <u>*estadío*</u>, <u>*estádium*</u>, <u>*stádium*</u>.

estadista. sust. com. 'Persona que describe la población, riqueza y civilización de un pueblo, provincia o nación'; 'persona versada en los negocios concernientes a la dirección de los Estados o instruida en materias de política': **el estadista, la estadista**.

estadístico, ca. adj. 'Perteneciente a la estadística'. sust. m. y f. 'Persona que profesa la estadística': **el estadístico, la estadística**. También pueden decirse **estadígrafo** (sust. m.), **estadígrafa** (sust. f.), pero la Academia prefiere la primera forma.

estado. sust. m. Se escribe con mayúscula con las denotaciones de 'conjunto de los órganos de gobierno de un país soberano' (***Estado*** *Argentino*); 'territorio de cada país independiente'; 'en el régimen federativo, porción de territorio cuyos habitantes se rigen por leyes propias, aunque sometidos en ciertos asuntos a las decisiones del gobierno general' (***Estado*** *de Nueva York*).

Estados Unidos (los). sust. pr. m. → **EE. UU.**

estadounidense. adj. 'Perteneciente o relativo a los Estados Unidos de América'; 'natural de este país'. Ú. t. c. sust. m. y f.: **el estadounidense, la estadounidense**. Puede usarse, como sinónimo, **norteamericano, na** (adj. Ú. t. c. sust. m. y f.). No debe usarse, como sinónimo, **americano, na** (adj. Ú. t. c. sust. m. y f.), porque éste es el natural de América del Norte, de América Central o de América del Sur. Incorrecto: <u>*estadunidense*</u>, <u>*estadinense*</u>. → **norteamericano**

estafador. sust. m. Su femenino es **estafadora**.

estalactita. sust. f. 'Concreción calcárea que, por lo general en forma de cono irregular y con la punta hacia abajo, suele hallarse pendiente del techo de las cavernas'. No debe pronunciarse [estalatita, estalagtita].

estalagmita. sust. f. 'Estalactita invertida que se forma en el suelo'. No debe pronunciarse [estalamita, estalacmita].

estalinismo. sust. m. 'Teoría y práctica políticas de Stalin, consideradas por él como continuación del leninismo'. Incorrecto: <u>*stalinismo*</u>.

estalinista. adj. 'Perteneciente o relativo al estalinismo'; 'partidario del estalinismo'. También puede decirse **estaliniano, na** (adj.), pero la Academia prefiere la primera forma. Ú. t. c. sust. com.: **el estalinista, la estalinista**. Incorrecto: <u>*stalinista*</u>.

estallar. v. intr. Rég. prep.: **estallar de** (***estallar de*** *ira*); **estallar en** (***estallar en*** *gritos*); **estallar por** (***estallar por*** *envidia*).

estallido. sust. m. 'Acción y efecto de estallar'. También puede decirse **estallo** (sust. m.).

estambre. sust. amb.: **el estambre** o **la estambre**. Ú. m. c. m.

estampa. sust. f. Diminutivo: **estampilla**.

estampado, da. p. de **estampar**. adj. Ú. t. c. sust. m. y f.: **el estampado, la estampada**. sust. m. 'Acción y efecto de estampar' (*Me atrae el **estampado** de esa tela*). Con este significado, también puede decirse **estampación** (sust. f.).

estampador, ra. adj. 'Dícese de la persona o cosa que estampa'. Ú. t. c. sust. m. y f.: **el estampador, la estampadora**.

estampar. v. tr. 'Imprimir, sacar en estampas una cosa'. Ú. t. c. intr. Rég. prep.: **estampar a** (***estampar a** mano*); **estampar en** (***estampar en** papel*); **estampar sobre** (***estampar sobre** seda*). 'Dar forma a una plancha metálica por percusión entre dos matrices, de modo que forme relieve por un lado y quede hundida por otro'; 'señalar o imprimir una cosa en otra, como el pie en la arena'; 'arrojar a una persona o cosa haciéndola chocar contra algo'. Ú. t. c. prnl. Rég. prep.: **estampar contra** (***Estampó** el vaso **contra** la pared*). 'Imprimir algo en el ánimo' (*Le **estampa** su alegría*).

estampido. sust. m. También puede decirse **estampida** (sust. f.), pero la Academia prefiere la primera forma.

estancamiento. sust. m. 'Acción y efecto de estancar o estancarse'. También puede decirse **estancación** (sust. f.), voz preferida por la Academia.

estancar. v. tr. Ú. t. c. prnl. → **sacar**

estancia. sust. f. 'Mansión, habitación'; 'aposento, sala o cuarto'; 'estada'; 'cada uno de los días en que está el enfermo en el hospital'; 'cantidad que por cada día devenga el mismo hospital'; 'estrofa formada por más de seis versos endecasílabos y heptasílabos que riman en consonante al arbitrio del poeta, y cuya estructura se repite a lo largo del poema'. Argent., Chile, Perú y Urug. 'Hacienda de campo destinada al cultivo y, más especialmente, a la ganadería'.

estanciero. sust. m. La Academia no registra el género femenino, pero su uso es común en la Argentina desde la época colonial. Recuérdese *El amor de la estanciera*, título de un sainete de autor anónimo, escrito entre 1792 y 1795, antecedente del teatro gauchesco.

estándar. adj. 'Dícese de lo que sirve como tipo, modelo, norma, patrón o referencia' (*aparato **estándar***). Como adjetivo, se usa sólo en singular (*aparatos **estándar***). sust. m. 'Tipo, modelo, patrón, nivel' (***estándar** de vida*). Incorrecto: <u>*standar*</u>, <u>*stándar*</u>, <u>*standart*</u>, <u>*stándart*</u>, <u>*estandard*</u>, <u>*estándard*</u>. En plural: **estándares**.

estandarización. sust. f. 'Acción y efecto de estandarizar'. También puede decirse **estandardización** (sust. f.), pero la Academia prefiere la primera forma.

estandarizar. v. tr. 'Tipificar'. También puede decirse **estandardizar** (v. tr.), pero la Academia prefiere la primera forma. → **cazar**

estañar. v. tr. 'Cubrir o bañar con estaño'; 'soldar una cosa con estaño'. Incorrecto: <u>*estaniar*</u>.

estaño. sust. m. 'Metal más duro, dúctil y brillante que el plomo'. Número atómico 50. Símbolo: ***Sn***

estaqueadero. sust. m. Argent. 'Lugar donde se estaquean los cueros'.

estaqueador. sust. m. Argent. 'Peón encargado de estaquear los cueros'. Incorrecto: <u>*estaquiador*</u>.

estaquear. v. tr. Argent. 'Estacar, estirar un cuero fijándolo con estacas'. Por extensión, 'castigo que consistía en estirar a un hombre, amarrado con tientos entre cuatro estacas'. No debe pronunciarse [estaquiar, estaquié]. → **-ear, estacar**

estaqueo. sust. m. Argent. 'Acción y efecto de estaquear'.

estar. v. irreg. intr. Rég. prep.: **estar a + sustantivo**, 'estar dispuesto a ejecutar lo que el sustantivo significa' (*Sus antecedentes **están a** examen*). **estar a + el número de un día del mes**, 'indica que corre ese día'; se usa en primera persona del plural (***Estamos a** 2 de septiembre*); al preguntar, se dice: *¿A cuántos **estamos**?* **estar a + indicación de valor o precio**, 'tener ese precio en el mercado la cosa de que se trata' (*El perfume **está a** cien pesos*). **estar bajo** (*Los niños **estarán bajo** la tutela de la madrina*). **estar con + un**

nombre de persona, 'vivir o trabajar en compañía de esta persona'; 'avistarse con otro, generalmente para tratar de un asunto'; 'tener acceso carnal' (***Estaba con** Paula*). **estar de + sustantivos que significan oficio**, 'desempeñar temporalmente este oficio' (***Está de** peluquera*). **estar de + sustantivos que significan acción o proceso**, 'ejecutar lo que ellos significan' (***Estuvo de** mudanza*). **estar en** (*¿**Estuviste en** su casa?*). **estar en + algunos sustantivos**, 'consistir, ser causa o motivo de una cosa'; sólo se usa en tercera persona del singular (*La alegría **está en** verte*). **estar en + el costo de una cosa**, 'alcanzar el precio que se indica' (*El libro **está en** quince pesos*). **estar para + el infinitivo de algunos verbos** o **seguida de algunos sustantivos**, 'disposición próxima o determinada de hacer lo que significa el verbo o el sustantivo' (***Estaba para** viajar*; *No **estoy para** bromas*). **estar por + el infinitivo de algunos verbos**, 'no haberse ejecutado aún o haberse dejado de ejecutar lo que los verbos significan'; 'hallarse uno casi determinado a hacer alguna cosa' (***Estuvo por** llamarte*; ***Estaban por** echarlo de la empresa*). **estar por**, 'estar a favor de una persona o cosa' (*¿**Estás por** Ignacio?*; ***Está por** el pañuelo verde*). **estar + la conjunción que + algunos verbos en forma personal**, 'hallarse en la situación o actitud expresada por este verbo' (***Está** Pedro **que** trina*). Con el gerundio de verbos durativos, refuerza su aspecto durativo o progresivo (***Están tramando** algo*). Ú. t. c. prnl. 'Detenerse o tardarse en alguna cosa o en alguna parte' (***Se estuvo** quieto en la silla*). **estar al caer**. fr. fam. 'Tratándose de horas, estar a punto de sonar aquella que se indique' (***Están al caer** las diez*); 'tratándose de sucesos, estar a punto de sobrevenir o producirse' (***Estaba al caer** tu nombramiento*); 'tratándose de personas, estar a punto de llegar' (***Está al caer** Marta*). **estar conforme con** (***Estaba conforme con** su trabajo*). **estar de acuerdo con** (*No **estuviste de acuerdo con** él*). → **acuerdo. estar de balde**. fr. 'Estar de más'; 'estar ocioso' (*Dos personas **estaban de balde** en la reunión*). **estar de más**. fr. fam. 'Estar de sobra, ser inútil' (*Tus amigos **están de más**; Esa palabra **estuvo de más***). **estar de moda**. fr. 'Usarse' (*Este color **está de moda***). **estar en carrera**. fr. → **carrera. estar en mí, en ti, en sí**. fr. fam. 'Estar uno con plena advertencia en lo que dice o hace' (*Su hija **está** muy **en sí***). **estar** uno **en todo**. fr. 'Atender a un tiempo a muchas cosas sin aturdirse' (*Tu madre **está en todo***). Agrega y en la primera persona singular del presente de indicativo (*estoy*). Acentúa la desinencia en presente de indicativo (*estás, está, estamos, estáis, están*), en presente de subjuntivo (*esté, estés, esté, estemos, estéis, estén*) y en imperativo (*está*). Aumenta **uv-** en la raíz, en pretérito perfecto simple de indicativo (*estuve, estuviste, estuvo, estuvimos, estuvisteis, estuvieron*), en pretérito perfecto de subjuntivo (*estuviera o estuviese, estuvieras o estuvieses, estuviera o estuviese, estuviéramos o estuviésemos, estuvierais o estuvieseis, estuvieran o estuviesen*) y en futuro de subjuntivo (*estuviere, estuvieres, estuviere, estuviéremos, estuviereis, estuvieren*). Para las diferencias entre **ser** y **estar**, → **ser**

estarcir. v. tr. → **zurcir**

estasis. sust. f. 'Estancamiento de sangre o de otro líquido en alguna parte del cuerpo'. Es palabra grave. No debe pronunciarse [éstasis] como esdrújula ni escribirse con **x** por analogía con la voz **éxtasis** (sust. m.). En plural, no varía: **las estasis**. → **éxtasis**

estática. sust. f. 'Parte de la mecánica que estudia las leyes del equilibrio'. Es sustantivo colectivo con la denotación de 'conjunto de estas leyes'. Incorrecto: <u>*extática*</u>. No se usa en plural.

estático, ca. adj. 'Perteneciente o relativo a la estática'; 'que permanece en un mismo estado'; 'dícese del que se queda parado de asombro o de emoción'. Es incorrecta la pronunciación [ecstático]. No deben confundirse su grafía y su significado con los de **extático, ca** (adj.). → **extático**

estatificar. v. tr. 'Poner bajo la administración o intervención del Estado'. Incorrecto: <u>*estadizar*</u>, <u>*estatalizar*</u>, <u>*estatizar*</u>. → **sacar**

estatuario, ria. adj. 'Perteneciente o relativo a la estatuaria'; 'adecuado para una estatua'. sust. m. y f. 'Artista que hace estatuas': **el estatuario, la estatuaria.**

estatuir. v. irreg. tr. 'Establecer, ordenar, determinar'; 'demostrar'. Se conjuga como **huir.**

estay. sust. m. Voz del francés antiguo (*estay*), españolizada. 'Cabo que sujeta la cabeza de un mástil al pie del más inmediato, para impedir que caiga hacia la popa'. En plural: **estayes** o **estáis.**

este. sust. pr. m. 'Levante, Oriente'. sust. m. 'Viento que viene de la parte de oriente' (*Sopla el este*). Sólo se usa en singular. Como punto cardinal (*El Sol sale por el **Este***) o cuando se refiere a la porción del mundo equivalente a Oriente (*los países del **Este***), debe escribirse con mayúscula. Su abreviatura es ***E*** (sin punto). Las abreviaturas de los puntos cardinales (***Norte**, **Sur**, **Este**, **Oeste***) no llevan punto y se escriben siempre con mayúscula (***N**, **S**, **E**, **O***).

este, ta, to, tos, tas. Formas de pron. dem. Designan lo que está cerca de la persona que habla o representan y señalan lo que acaba de mencionarse. **este** (m.) y **esta** (f.) se usan como adjetivos (***este** viento*; ***esta** flor*) y como sustantivos (***Éste** no es mi libro*; *Su habitación es **ésta***). En este último caso, pueden escribirse, también, sin tilde, si no existe riesgo de anfibología. **esto** nunca se escribe con tilde. Pospuesto a un sustantivo, **este** indica 'enfado o desprecio' (*¿Qué ha dicho el mocoso **este**?*). 'Referido a día, mes, año, siglo, el presente' (*Nació en **este** siglo*). **esta** designa 'la población en que está la persona que se dirige a otra por escrito' (*Llegarán a **esta** el viernes*). 'Ocasión, vez, situación, jugada' (*Después de **esta**, no lo vemos más*). Incorrecto: *Limpie <u>este</u> arma*; *Beba <u>este</u> agua*; *Recorra <u>este</u> área*. Correcto: *Limpie **esta** arma*; *Beba **esta** agua*; *Recorra **esta** área*. → **agua**. Debe evitarse el uso coloquial de **este** o de **esto** como muletillas. **en esto.** loc. adv. 'Estando en esto, durante esto, en este tiempo' (***En esto**, llegó el padre*).

estenografía. sust. f. 'Taquigrafía'. No debe confundirse su significado con el de **estenotipia** (sust. f.), 'taquigrafía a máquina'.

estenordeste. sust. pr. m. 'Punto de horizonte entre el Este y el Nordeste, a igual distancia de ambos'. sust. m. 'Viento que sopla de esta parte'. Como punto cardinal, debe escribirse con mayúscula. Su abreviatura es ***ENE***. → **este**

estenosis. sust. f. 'Estrechamiento de un orificio o conducto'. En plural, no varía: **las estenosis**.

estentóreo, a. adj. 'Aplicado al acento o a la voz, muy fuerte, ruidoso o retumbante'. Es palabra esdrújula. No debe pronunciarse [extentóreo].

estepa. sust. f. 'Mata resinosa'. Diminutivo: **estepilla**. El sustantivo colectivo es **estepar** (m.). También puede decirse **estrepa** (sust. f.), pero la Academia prefiere la primera forma.

éster. sust. m. Voz alemana (*ester*) españolizada. 'Cualquiera de los compuestos químicos que resultan de sustituir átomos de hidrógeno de un ácido inorgánico u orgánico por radicales alcohólicos'. Es palabra grave. En plural, se transforma en esdrújula: **ésteres**.

estera. sust. f. Diminutivo: **esterilla**.

estercoladura. sust. f. 'Acción y efecto de estercolar'. También puede decirse **estercolamiento** (sust. m.), pero la Academia prefiere la primera forma.

estercolar. v. tr. 'Echar estiércol para abonar la tierra'. v. intr. 'Echar de sí la bestia el excremento o estiércol'. Incorrecto: <u>*estercolear*</u>, <u>*estercoliar*</u>.

estéreo. adj. Abreviación de **estereofónico** (*una grabación **estéreo***). Ú. t. c. sust. m. (*Compré **un estéreo***). sust. m. 'Estereofonía' (*El **estéreo** es la técnica relativa a la obtención del sonido estereofónico*).

estereo-. elem. compos. de or. gr. 'Sólido' (***estereografía***).

estereotipado, da. p. de **estereotipar**. adj. 'Dícese de los gestos, fórmulas, expresiones, etc., que se repiten sin variación' (*discurso **estereotipado***). No debe pronunciarse [esteriotipado, esteriotipeado].

estereotipar. v. tr. 'Fundir en una plancha, por medio del vaciado, la composición de un molde formado con caracteres movibles'; 'imprimir con esas planchas'; 'fijar mediante su repetición frecuente un gesto, una frase, una fórmula artística, etc.'. No debe pronunciarse [esteriotipar, esteriotipear].

esterilizador, ra. adj. 'Que esteriliza' (*sustancia **esterilizadora***). sust. m. 'Aparato que esteriliza utensilios o instrumentos destruyendo los gérmenes patógenos que haya en ellos' (*Compraron otro **esterilizador***).

esterilizar. v. tr. 'Hacer infecundo y estéril lo que antes no lo era'. → **cazar**

esternón. sust. m. Es palabra aguda. En plural, se transforma en grave: **esternones**.

estertor. sust. m. Es palabra aguda. No debe

pronunciarse [estértor] como grave. En plural, se transforma en grave: **estertores**.

estertóreo, a. adj. 'Que tiene estertor'. Es palabra esdrújula. También puede decirse **estertoroso, sa** (adj.).

estesudeste. sust. pr. m. 'Punto del horizonte entre el Este y el Sudeste, a igual distancia entre ambos'. sust. m. 'Viento que sopla de esta parte'. Como punto cardinal, debe escribirse con mayúscula. Su abreviatura es ***ESE***. → **este**

esteta. sust. com.: **el esteta, la esteta**.

estética. sust. f. 'Ciencia que trata de la belleza y de la teoría fundamental y filosófica del arte'. Su sinónimo es **calología** (sust. f.).

estético, ca. adj. 'Perteneciente o relativo a la estética' (*temas **estéticos***); 'perteneciente o relativo a la apreciación de la belleza' (*placer **estético***); 'artístico' (*creación **estética***). sust. m. 'Persona que se dedica al estudio de la estética' (*Es un reconocido **estético***).

estetoscopia. sust. f. 'Exploración por medio del estetoscopio o aparato destinado a auscultar los sonidos del pecho y de otras partes del cuerpo, ampliándolos con la menor deformación posible'. No debe pronunciarse [estetoscopía].

estiércol. sust. m. Es palabra grave. En plural, se transforma en esdrújula: **estiércoles**.

estigmatizar. v. tr. → **cazar**

estilista. sust. com. 'Escritor que se distingue por su estilo': **el estilista, la estilista**. No registra la Academia, en su ***Diccionario***, la denotación de 'persona que cuida el estilo en otras actividades', ya sugerida en el ***Manual***.

estilizar. v. tr. Ú. t. c. prnl. → **cazar**

estilo. sust. m. 'Punzón'; 'modo, manera'; 'costumbre'; 'carácter propio que da a sus obras el artista'. **por el estilo**. loc. 'De semejante manera, en forma parecida' (*Lo dijo **por el estilo***).

estilográfico, ca. adj. (*pluma **estilográfica***); 'dícese de lo escrito con tal pluma' (*carta **estilográfica***). Ú. t. c. sust. f.: **la estilográfica**.

estimable. adj. 'Que admite estimación o aprecio'; 'digno de aprecio y estima'. El superlativo es **estimabilísimo, ma**.

estimación. sust. f. 'Aprecio y valor que se da y en que se tasa y considera una cosa' (*obra de gran **estimación***); 'consideración, afecto' (*Recibirá toda mi **estimación***). Es incorrecto usar esta voz como sinónimo de **cálculo aproximado**: *Realicé una estimación del costo del viaje*. Correcto: *Realicé un **cálculo aproximado** del costo del viaje*.

estimar. v. tr. Ú. t. c. prnl. 'Evaluar'; 'juzgar'; 'hacer aprecio de una persona o cosa'. Incorrecto: *Estimo de que el gerente evaluará este informe* (dequeísmo). Correcto: ***Estimo que** el gerente evaluará este informe*. No debe usarse como sinónimo de **calcular**: *Estimó los gastos anuales*. Correcto: ***Calculó** los gastos anuales*.

estimativo, va. adj. 'Referente a la estimación o valoración'. También puede decirse **estimatorio, ria** (adj.).

estimulante. p. a. de **estimular**. adj. 'Que estimula'; 'dícese de lo que aviva el tono vital' (*bebida **estimulante***). Ú. m. c. sust. com.: **el estimulante, la estimulante**.

estimular. v. tr. 'Picar, punzar'; 'incitar'. Rég. prep.: **estimular a** (***Lo estimula a** continuar con su carrera*; ***Lo estimula a** la lectura*). Ú. t. c. prnl. 'Administrarse una droga para aumentar la propia capacidad de acción'. Rég. prep.: **estimularse para** (***Se estimula para** rendir más*).

estío. sust. m. 'Verano'. No debe escribirse con mayúscula. Los adjetivos correspondientes son **estival** (*vacaciones **estivales***) y **estivo, va**, de uso poco frecuente.

estíptico, ca. adj. 'Que tiene sabor metálico astringente'; 'que padece estreñimiento de vientre'; 'avaro'; 'que tiene virtud de astringir'. También puede decirse **estítico, ca** (adj.).

estiptiquez. sust. f. 'Estreñimiento'. En América, suele usarse la grafía **estitiquez** (sust. f.), también registrada por la Academia. En plural: **estiptiqueces**, **estitiqueces**. Repárese en que la **z** cambia por **c**.

estirar. v. tr. Ú. t. c. prnl. 'Alargar una cosa con fuerza para que dé de sí'; 'planchar ligeramente'; 'alisar'; 'gastar el dinero con parsimonia para atender con él el mayor número posible de necesidades' (***Estiraremos** el dinero hasta fin de mes*); 'alargar el dictamen, la opinión, la jurisdicción, más de lo que se debe'. v. intr.

'Crecer una persona'. Ú. t. c. prnl. (*Beatriz **estiró*** o ***se estiró***). v. prnl. 'Desplegar o mover brazos o piernas para desentumecerlos' (***Se estiró** en el sillón*). Incorrecto: *Le estira de la manga*; *un estira y afloja* (vulgarismos). Correcto: *Le **tira** de la manga*; *un **tira** y afloja*. También puede decirse **estirazar** (v. tr. fam.), pero la Academia prefiere la primera forma.

estirón. sust. m. También puede decirse **estirajón** (sust. m. fam.), pero la Academia prefiere la primera forma.

estirpe. sust. f. 'Raíz y tronco de una familia o linaje'; 'en una sucesión hereditaria, conjunto formado por la descendencia de un sujeto a quien ella representa y cuyo lugar toma'; 'grupo de organismos emparentados'. Con estas dos últimas denotaciones, es sustantivo colectivo.

estoico, ca. adj. 'Perteneciente al estoicismo'; 'fuerte, ecuánime ante la desgracia'. Ú. t. c. sust. m. y f.: **el estoico, la estoica**.

estola. sust. f. Aumentativo: **estolón** (sust. m.).

estomacal. adj. 'Perteneciente al estómago'; 'que tonifica el estómago y facilita la función gástrica'. Ú. t. c. sust. m. (*Le recetó un **estomacal***).

estomatitis. sust. f. 'Inflamación de la mucosa bucal'. En plural, no varía: **las estomatitis**.

estomatólogo. sust. m. 'Especialista en estomatología, parte de la medicina que trata de las enfermedades de la boca del hombre'. Su femenino es **estomatóloga**.

estoque. sust. m. → **gladiolo**

estoquear. v. tr. 'Herir de punta con espada o estoque'. No debe pronunciarse [estoquiar, estoquié]. → **-ear**. Su postverbal es **estoqueo** (sust. m.), 'acto de tirar estocadas'.

estrabismo. sust. m. Incorrecto: *extrabismo*.

estrafalario, ria. adj. 'Desaliñado en el vestido o en el porte'; 'extravagante en el modo de pensar o en las acciones'. Ú. t. c. sust. m. y f.: **el estrafalario, la estrafalaria**. Incorrecto: *extrafalario*.

estrangulador, ra. adj. 'Que estrangula'. Ú. t. c. sust. m. y f.: **el estrangulador, la estranguladora**. No debe escribirse ni pronunciarse *extrangulador*. sust. m. 'Dispositivo que abre o cierra el paso del aire a un carburador'.

estrangular. v. tr. Ú. t. c. prnl. No debe escribirse ni pronunciarse *extrangular*.

estratega. sust. com. 'Persona versada en estrategia': **el estratega, la estratega**. La Academia registra, también, **estratego** (sust. m.). No debe escribirse ni pronunciarse *extratega*, *extratego*.

estratégico, ca. adj. 'Perteneciente o relativo a la estrategia' (*posición **estratégica***); 'que posee el arte de la estrategia' (*persona **estratégica***). Ú. t. c. sust. m. y f.: **el estratégico, la estratégica**, poco empleados. → **estratega**

estratificar. v. tr. Ú. m. c. prnl. 'Disponer en estratos'. No debe escribirse ni pronunciarse *extratificar*. → **sacar**

estrato. sust. m. 'Masa mineral en forma de capa que constituye los terrenos sedimentarios'; 'clase social'; 'nube en forma de faja'. No debe confundirse su grafía ni su pronunciación con las de **extracto** (sust. m.). → **extracto**

estratosfera. sust. f. Es palabra grave. No debe pronunciarse [estratósfera] como esdrújula.

estraza. sust. f. 'Trapo'; 'papel muy basto'. Diminutivo: **estracilla**.

estrechar. v. tr. 'Reducir a menor anchura o espacio una cosa'; 'apretar, reducir a estrechez'; 'intensificar la unión o el cariño entre personas'; 'apretar a alguien o algo con los brazos o con la mano en señal de afecto o cariño'; 'acosar a alguien mediante preguntas o argumentos'. Rég. prep.: **estrechar** a alguien **contra** (***Estrechó** a Luisa **contra** su pecho*); **estrechar** a alguien **entre** (***Estrecha** a Emilio **entre** los brazos*). v. prnl. 'Ceñirse, recogerse'; 'reducir el gasto'. Rég. prep.: **estrecharse en** (*Todos nos **estrechamos en** los gastos*).

estrechez. sust. f. 'Escasez de anchura de alguna cosa'; 'amistad íntima'; 'aprieto, dificultad'; 'austeridad de vida'. Es palabra aguda. En plural, se transforma en grave: **estrecheces**. Repárese en que la **z** cambia por **c**. Con las denotaciones mencionadas, puede usarse **estrechura** (sust. f.) en su reemplazo.

estrecho, cha. adj. 'Que tiene poca anchura' (*camino **estrecho***); 'apretado' (*vestido **estrecho***); 'se dice del parentesco cercano y de la amistad íntima' (***estrecha** amistad*); 'rígido, austero' (*una* *dama **estrecha***); 'tacaño' (*un anciano **estrecho***). sust. m. 'Paso angosto, comprendido entre dos tierras y por el cual se comunica un mar con otro' (***estrecho** de Magallanes*).

estregamiento. sust. m. 'Acción y efecto de estregar o estregarse'. También puede decirse **estregadura** (sust. f.).

estregar. v. irreg. tr. Ú. t. c. prnl. 'Frotar'. Se conjuga como **negar**.

estrella. sust. f. Diminutivo: **estrelluela**. Aumentativo: **estrellón** (sust. m.). **estrella de mar**. También puede decirse **estrellamar** (sust. f.), pero la Academia prefiere la primera forma. En plural: **estrellas de mar, estrellamares**.

estrellar. v. tr. Ú. m. c. prnl. 'Sembrar o llenar de estrellas'; 'arrojar, con violencia, una cosa contra otra haciéndola pedazos' (fam.); 'freír huevos'; 'matarse por efecto de un choque violento contra una superficie dura'; 'fracasar en una pretensión por tropezar contra un obstáculo insuperable'. Rég. prep.: **estrellarse** uno **con** otro, 'chocar con sus ideas y opiniones, contradiciéndolas abiertamente' (***Me estrellé con** mi prima*); **estrellarse contra** o **en** (*Se **estrelló contra** o **en** ese muro*). Incorrecto: <u>*estrellarse*</u> <u>*con*</u> *un muro*; <u>*estrellarse*</u> <u>*contra*</u> *una persona*.

estremecer. v. irreg. tr. 'Conmover'; 'ocasionar alteración en el ánimo' (*El portazo **estremeció** a todos*). v. prnl. 'Temblar con movimiento agitado y repentino'; 'sentir una repentina sacudida nerviosa o sobresalto en el ánimo'. Rég. prep.: **estremecerse de** (*Se **estremeció de** terror*). Se conjuga como **parecer**.

estrenar. v. tr. 'Hacer uso por primera vez de una cosa'; 'representar un espectáculo público por primera vez'. v. prnl. 'Empezar uno a desempeñar un empleo, oficio, encargo, etc., o darse a conocer por vez primera en el ejercicio de un arte, facultad o profesión'; 'hacer un negociante la primera transacción de cada día'. Rég. prep.: **estrenarse con** (***Te estrenaste con** una buena novela*); **estrenarse en** (*Enrique **se estrenó en** su profesión de abogado*).

estreno. sust. m. 'Acción y efecto de estrenar o estrenarse' (*el **estreno** del tapado*). También puede decirse **estrena** (sust. f.): *la **estrena** del tapado*. No debe usarse la palabra francesa *première* en reemplazo de 'estreno de una obra teatral o cinematográfica'. **de estreno**. loc. adj. 'Dícese del local dedicado habitualmente a estrenar películas'. En la Argentina, se usa la frase **estar de estreno** (*¿La niña **está de estreno**?*), no registrada por la Academia.

estreñir. v. irreg. tr. Ú. t. c. prnl. Incorrecto: <u>*estrenir*</u>. Es un vulgarismo decir o escribir <u>*estriñir*</u>. Se conjuga como **teñir**.

estrés. sust. m. Voz inglesa (*stress*) españolizada. Es palabra aguda. En plural, se transforma en grave: **estreses**. El adjetivo correspondiente es **estresante**, 'que produce estrés'.

estriar. v. tr. 'Acanalar una superficie'. v. prnl. 'Formar una cosa en sí surcos o canales, o salir acanalada'. Se conjuga, en cuanto al acento, como **guiar**.

estribar. v. intr. 'Descansar el peso de una cosa en otra sólida y firme'; 'fundarse, apoyarse'. Rég. prep.: **estribar en** (*Mi propuesta **estriba en** las necesidades de la escuela*). Argent. 'Calzar un jinete el pie en el estribo' (***Estribó** rápidamente*). v. prnl. 'Quedar el jinete colgado de un estribo al caer del caballo' (*El peón **se estribó***).

estribera. sust. f. 'Estribo de la montura'. Aumentativo: **estriberón** (sust. m.). Argent. y Urug. 'Correa del estribo'.

estribo. sust. m. 'Pieza de metal, madera o cuero en que el jinete apoya el pie, la cual está pendiente de la ación o correa'. Diminutivo: **estribillo**.

estribor. sust. m. 'Banda derecha del navío mirando de popa a proa'. Su antónimo es **babor** (sust. m.).

estrictez. sust. f. Amér. 'Cualidad de estricto, rigurosidad'. Es palabra aguda. En plural, se transforma en grave: **estricteces**. Repárese en que la **z** cambia por **c**. No debe pronunciarse ni escribirse <u>*extrictez*</u> o <u>*estritez*</u>.

estricto, ta. adj. Rég. prep.: **estricto en** (*Era **estricto en** moral*). No debe pronunciarse ni escribirse <u>*extricto*</u> o <u>*estrito*</u>.

estridente. adj. 'Aplícase al sonido agudo, desapacible y chirriante'. Ese sonido recibe el nombre de **estridor** (sust. m.). No debe pronunciarse ni escribirse <u>*extridente*</u>.

estroncio. sust. m. 'Metal amarillo, poco brillante, de la densidad del mármol'. Número atómico 38. Símbolo: ***Sr***

estropear. v. tr. Ú. t. c. prnl. No debe pronunciarse [estropiar, estropié]. → **-ear**

estuario. sust. m. Es palabra grave. No debe pronunciarse [estuáreo] como esdrújula.

estucador. sust. m. 'Persona que hace obras de estuco'. Su femenino es **estucadora**.

estucar. v. tr. → **sacar**

estuchista. sust. com. 'Fabricante o constructor de estuches, cajas, envoltorios, etc.': **el estuchista, la estuchista**.

estudiado, da. p. de **estudiar**. 'Afectado, amanerado' (*gestos* ***estudiados***).

estudiante. p. a. de **estudiar**. 'Que estudia'. Ú. t. c. sust. com.: **el estudiante, la estudiante**. Incorrecto: <u>*estudianta*</u>. Su sinónimo es **discente** (sust. m.). El sustantivo despectivo es **estudiantón** (m.), 'estudiante aplicado, pero de escasas luces'. Diminutivo despectivo: **estudiantuelo, la** (sust. m. y f.). El sustantivo colectivo es **estudiantado** (m.). Éste no debe confundirse con **estudiantina** (sust. f.), 'cuadrilla de estudiantes que salen tocando varios instrumentos por las calles del pueblo en que estudian'; 'comparsa de carnaval que imita, en sus trajes, el de los antiguos estudiantes'. Los adjetivos correspondientes son **estudiantino, na**, 'perteneciente a los estudiantes', y **estudioso, sa**, 'dado al estudio'. La **estudiosidad** (sust. f.) es la 'inclinación y aplicación al estudio'.

estudiar. v. tr. Ú. t. c. intr. y c. prnl. Rég. prep.: **estudiar con** (***Estudió con*** *los jesuitas*); **estudiar en** o **por** (***Estudia en*** o ***por*** *excelentes autores*); **estudiar para** (***Estudian para*** *odontólogos*).

estufa. sust. f. Diminutivo: **estufilla**.

estufar. v. tr. La Academia suprimió la indicación de "anticuado" que aparecía, junto a esta palabra, en la edición de 1984. 'Calentar una pieza o un objeto' (***Estufaré*** *el dormitorio*). Es un vulgarismo usar esta voz con la denotación de 'molestar'.

estufista. sust. com. 'Persona que hace o vende estufas, chimeneas y otros aparatos de calefacción, o tiene por oficio instalarlos y repararlos': **el estufista, la estufista**.

estupefaciente. adj. 'Que produce estupefacción'. También puede decirse **estupefactivo, va** (adj.). sust. m. 'Sustancia narcótica que hace perder la sensibilidad'. No debe pronunciarse [estupefacciente].

estuprador. sust. m. 'El que estupra'. Es anticuada la voz **estrupador** (sust. m.).

estuprar. v. tr. 'Cometer estupro'. Es anticuada la voz **estrupar** (v. tr.).

estupro. sust. m. Es anticuada la voz **estrupo** (sust. m.).

estuquista. sust. com. 'Persona que por oficio hace obras de estuco': **el estuquista, la estuquista**.

esvástica. sust. f. 'Cruz gamada, la que tiene cuatro brazos acodados como la letra gamma mayúscula del alfabeto griego. Se ha adoptado como símbolo religioso, político o racista'.

eta. sust. f. 'Nombre de la *e* larga del alfabeto griego'. En plural: **etas**.

-eta. suf. → **-ete, ta**

etcétera. Expresión latina ('y lo demás, y lo que falta') que se emplea, generalmente, en la abreviatura *etc.*, para sustituir el resto de una exposición o de una enumeración que se sobreentiende o que no interesa expresar. Ú. t. c. sust. amb.: **el etcétera** o **la etcétera**. En plural: **etcéteras**. Es un barbarismo pronunciar [eccétera, eccetera, excétera, ecétera]. Debe colocarse coma antes de la palabra **etcétera** o de su abreviatura; si el vocablo aparece en el medio de la oración, se colocará entre comas. En lugar de **etcétera**, pueden usarse puntos suspensivos, pero nunca se colocarán detrás de su abreviatura: *Compra dos libros, un cuaderno, tres lápices*<u>...</u> <u>*etc*</u>. Correcto: *Compra dos libros, un cuaderno, tres lápices...* o *Compra dos libros, un cuaderno, tres lápices*, ***etc.*** No debe usarse la conjunción **y** antes de ***etc.***, pues la contiene su significado. Si la oración termina con ***etc.***, no debe agregarse el punto final, pues el punto obligatorio de la abreviatura lo reemplaza.

-ete, ta. suf. de adjetivos y de sustantivos, con valor diminutivo o despectivo, a veces no muy explícito (***vejete***, ***historieta***). Muchas voces perdieron esos valores (***juguete***). Algunos sustantivos vienen directamente del francés (***ribete***).

etéreo, a. adj. 'Perteneciente o relativo al éter'. poét. 'Perteneciente al cielo'; 'vago, sutil, vaporoso'. Es palabra esdrújula.

eternamente. adv. m. 'Sin fin'. También puede decirse **eternalmente** (adv. m.).

eternidad. sust. f. Sólo se usa en singular.

eternizar. v. tr. Ú. t. c. prnl. → **cazar**

eterno, na. adj. 'Que no tiene principio ni fin'; 'que se prolonga excesivamente' (fam.). Carece de inflexión superlativa. sust. pr. m. Cuando se refiere al Ser Supremo, se escribe con mayúscula (*El **Eterno** nos bendijo*).

ética. sust. f. El nombre de las asignaturas y de las carreras debe escribirse con mayúscula (*Estoy cursando **Ética**; Es profesor de **Ética***).

ético, ca. adj. 'Perteneciente a la ética'. sust. m. 'Persona que estudia o enseña moral'. La Academia no registra el género femenino. No debe confundirse su significado con el de su homófono **ético, ca** (adj. Ú. t. c. sust. m. y f.), 'tísico'; 'que está muy flaco y casi en los huesos'. Esta última voz también puede escribirse **hético, ca** (adj. Ú. t. c. sust. m. y f.) y **héctico, ca** (adj. Ú. t. c. sust. m. y f.).

etimologista. sust. com. 'Persona que se dedica a estudiar la etimología de las palabras'; 'persona entendida en esta materia': **el etimologista, la etimologista**. También pueden decirse **etimólogo** (sust. m.), **etimóloga** (sust. f.), pero la Academia prefiere la primera forma.

etimologizar. v. tr. 'Sacar o averiguar etimologías'. → **cazar**

etíope. adj. 'Natural de Etiopía o Abisinia'. También puede decirse **etiópico, ca** (adj.). Ú. t. c. sust. com.: **el etíope, la etíope**. Es palabra esdrújula. No debe pronunciarse [etiope] como grave.

etno-. elem. compos. de or. gr. 'Pueblo'; 'raza' (***etno**grafía*).

etnógrafo. sust. m. 'Persona que profesa o cultiva la etnografía, ciencia que tiene por objeto el estudio y la descripción de las razas o pueblos'. Su femenino es **etnógrafa**.

etnólogo. sust. m. 'Persona que profesa o cultiva la etnología, ciencia que estudia las razas y los pueblos en todos sus aspectos y relaciones'. Su femenino es **etnóloga**.

-eto. suf. de sustantivos y de adjetivos, diminutivo en su origen (*canal**eto***). Procede del italiano *-etto*.

etólogo. sust. m. 'Persona versada en etología, estudio científico del carácter y modos de comportamiento del hombre'. Su femenino es **etóloga**.

-etón. suf. → **-ón**

eucalipto. sust. m. Incorrecto: *eucaliptus*, *ocalito*, *ucalipto*, *ucalito* (vulgarismos). En plural: **eucaliptos**.

eucaristía. sust. f. 'Sacramento instituido por Jesucristo, mediante el cual, por las palabras que el sacerdote pronuncia, se transustancian el pan y el vino en el cuerpo y la sangre de Cristo'; 'misa'. Debe escribirse con mayúscula (*la sagrada **Eucaristía***). No debe pronunciarse [ucaristía, ucaristia].

euforizante. adj. 'Dícese de la sustancia que produce euforia'. Ú. t. c. sust. m. (*Siempre recomienda ese **euforizante***).

¡eureka! Interj. de or. gr., 'he hallado'. Se usa cuando se halla o se descubre algo que se busca con afán. Repárese en su grafía con **k**. Incorrecto: *¡eureca!*

euro-. elem. compos. 'Europeo'; 'perteneciente o relativo a Europa' (***euro**divisa*).

euroasiático, ca. adj. Ú. t. c. sust. m. y f.: **el euroasiático, la euroasiática**. Debe escribirse en una sola palabra. Incorrecto: *euro asiático*, *euro-asiático*.

eurocomunismo. sust. m. 'Tendencia del movimiento comunista defendida por partidarios que actúan en países capitalistas europeos, la cual rechaza el modelo soviético'. Se escribe en una sola palabra. Incorrecto: *euro comunismo*, *euro-comunismo*. Es voz recién incorporada en el ***Diccionario***.

eurocomunista. sust. com. 'Partidario del eurocomunismo': **el eurocomunista, la eurocomunista**. Debe escribirse en una sola palabra. Incorrecto: *euro comunista*, *euro-comunista*. Es voz recién incorporada en el ***Diccionario***.

eurodiputado. sust. m. 'Diputado del parlamento de la Comunidad Europea'. Su femenino es **eurodiputada**. Debe escribirse en una sola palabra. Incorrecto: euro diputado, euro-diputado. Es voz recién incorporada en el *Diccionario*.

eurodivisa. sust. f. 'Divisa o moneda extranjera negociada o invertida en un país europeo'. Debe escribirse en una sola palabra. Incorrecto: euro divisa, euro-divisa. Es voz recién incorporada en el *Diccionario*.

europeísmo. sust. m. 'Predilección por las cosas de Europa'; 'carácter europeo'. Es sustantivo colectivo con la denotación de 'conjunto de ideologías o movimientos políticos que promueven la unificación de los Estados del continente europeo'. Es voz recién incorporada en el *Diccionario*.

europeísta. adj. 'Que simpatiza con Europa'. Ú. t. c. sust. com.: **el europeísta, la europeísta**.

europeizante. p. a. de **europeizar**. adj. 'Que europeíza'. Ú. t. c. sust. com.: **el europeizante, la europeizante**.

europeizar. v. tr. 'Dar carácter europeo' (***Europeizó** sus costumbres*). v. prnl. 'Tomar este carácter' (*Después del viaje, **se europeizaron***). Se conjuga, en cuanto al acento, como **enraizar**.

europio. sust. m. 'Metal del grupo de las tierras raras que no ha podido aún ser obtenido en estado metálico puro'. Número atómico 63. Símbolo: ***Eu***

eurovisión. sust. f. colect. 'Conjunto de circuitos de imagen y sonido que posibilita el intercambio de programas, comunicaciones e informaciones sonoras y visuales entre los países europeos asociados'. Debe escribirse en una sola palabra. Incorrecto: euro visión, euro-visión. Es voz recién incorporada en el *Diccionario*.

evacuante. p. a. de **evacuar**. 'Que evacua'. adj. 'Que tiene virtud de evacuar'. Ú. t. c. sust. com.: **el evacuante, la evacuante**. También pueden decirse **evacuativo, va** (adj. Ú. t. c. sust. m.) y **evacuatorio, ria** (adj.).

evacuar. v. tr. Incorrecto: evacúo. Correcto: *evacuo*. Se conjuga, en cuanto al acento, como **adecuar**.

evadir. v. tr. (***evadir** responsabilidades*). Ú. t. c. prnl. (*El ladrón **se evadió***). Rég. prep.: **evadirse de** (*Se **evadió de** sus perseguidores*).

evaluar. v. tr. Ú. t. c. prnl. Rég. prep.: **evaluar en** (*Evaluó la casa **en** doscientos mil pesos*). También puede decirse **valuar** (v. tr.). Se conjuga, en cuanto al acento, como **actuar**.

evanescer. v. irreg. tr. Ú. t. c. prnl. 'Desvanecer, esfumar'. También puede decirse **evanecer** (v. tr.), pero la Academia prefiere la primera forma. Se conjuga como **parecer**.

evangelio. sust. m. Se escribe con mayúscula cuando se refiere a la 'historia de la vida, doctrina y milagros de Jesucristo, contenida en los cuatro relatos que llevan el nombre de los cuatro evangelistas y que componen el primer libro canónico del Nuevo Testamento' (*el **Evangelio***). Se escribe con minúscula con la denotación de 'verdad indiscutible' (*Sus palabras fueron el **evangelio***).

evangelizar. v. tr. → **cazar**

evaporación. sust. f. También puede decirse **vaporación** (sust. f.), pero la Academia prefiere la primera forma.

evaporar. v. tr. Ú. t. c. prnl. También puede decirse **vaporar** (v. tr. Ú. t. c. prnl.), pero la Academia prefiere la primera forma.

evaporizar. v. tr. Ú. t. c. intr. y c. prnl. También puede decirse **vaporizar** (v. tr. Ú. t. c. prnl.), voz preferida por la Academia. → **cazar**

evasor, ra. adj. 'Que evade o se evade'. La Academia no indica su uso –muy frecuente– como sustantivo masculino y femenino: **el evasor, la evasora**.

evento. sust. m. 'Acaecimiento, cosa que sucede' (***evento** empresarial*); 'hecho imprevisto o que puede acaecer' (*Previenen nuevos **eventos***). Con esta última denotación, es sinónimo de **eventualidad** (sust. f.).

eventración. sust. f. Incorrecto: eventriación, ventriación.

eventualmente. adv. m. 'Incierta o casualmente' (*Ocupa ese cargo **eventualmente***). No debe usarse como sinónimo de **finalmente** (adv. m.).

evidencia. sust. f. 'Certeza clara, manifiesta y tan perceptible, que nadie puede dudar de ella' (*Tengo la **evidencia** de que no traerá el trabajo*). Es un anglicismo usar esta voz en lugar de **prueba**: *las evidencias del crimen*. Correcto: *las*

pruebas del crimen. En la Argentina, se emplea con este último significado, por eso, la A.A.L. ha recomendado su incorporación en el ***Diccionario*** como argentinismo. **en evidencia.** loc. adv. Con los verbos **poner, estar, quedar,** etc., 'en ridículo, en situación desairada' (*Su desliz lo* ***puso en evidencia***).

evidenciar. v. tr. Se conjuga, en cuanto al acento, como **cambiar**.

evidente. adj. 'Cierto, claro'. Puede usarse como expresión de asentimiento (***Evidente***, *él lo sabía*).

eviscerar. v. tr. 'Extraer las vísceras o entrañas'. Incorrecto: *evicerar*, *viscerar*.

evocar. v. tr. 'Llamar a los espíritus y a los muertos mediante conjuros e invocaciones'; 'traer alguna cosa a la memoria o a la imaginación' (***Evocó*** *los días de su juventud*). Es un galicismo usar este verbo como sinónimo de **mencionar** o **citar**: *Evocaremos las palabras del novelista*. Correcto: ***Citaremos*** *las palabras del novelista*. → **sacar**

evocatorio, ria. adj. 'Perteneciente o relativo a la evocación'. La Academia no registra **evocativo, va** (adj.), de correcta formación.

evolucionista. adj. Ú. t. c. sust. com.: **el evolucionista, la evolucionista**.

ex. prep. Antepuesta a nombres de dignidades o cargos, o a otros nombres y adjetivos de persona, denota 'que los tuvo y ya no los tiene la persona de quien se habla o que ésta ha dejado de ser lo que aquéllos significan' (***ex*** *presidente*, ***ex*** *alumno*). Incorrecto: *expresidente*, *ex-presidente*; *exalumno*, *ex-alumno*. En plural: **ex presidentes, ex alumnos.** Forma parte de locuciones latinas usadas en nuestro idioma (*ex abrupto*; *ex cáthedra*).

ex-. pref. de or. lat. 'Fuera'; 'más allá', en relación con el espacio y el tiempo (***ex****traer*); 'privación' (***ex****ánime*); a veces, no añade ninguna denotación especial (***ex****clamar*).

exa-. elem. compos. de sustantivos. 'Un trillón de veces (10^{18}) de las respectivas unidades'. Símbolo: ***E***

exabrupto. sust. m. 'Salida de tono' (*Se sonrojó por su* ***exabrupto***). Incorrecto: *ex abrupto*, *ex-abrupto*. En plural: **exabruptos**. No debe pronunciarse [esabrupto, esabruto] ni confundirse su grafía y su significado con los de **ex abrupto** (loc. adv. lat.), 'de repente, de improviso'; 'arrebatadamente' (*Le contestó* ***ex abrupto***).

exacto, ta. adj. 'Puntual, fiel y cabal'. Rég. prep.: **exacto a** (*Este trabajo es* ***exacto a*** *aquél*); **exacto en** (***exacto en*** *sus citas*). No debe pronunciarse [esacto, esato].

exagerado, da. p. de **exagerar**. adj. Rég. prep.: **exagerado en** (*Fue* ***exagerado en*** *sus opiniones*). Ú. t. c. sust. m. y f.: **el exagerado, la exagerada**. No debe pronunciarse [esagerado].

exagonal. adj. → **hexagonal**

exágono. adj. Ú. m. c. sust. m. → **hexágono**

exaltación. sust. f. Rég. prep.: **exaltación de** (***exaltación de*** *su trayectoria*).

exaltado, da. p. de **exaltar**. adj. Rég. prep.: **exaltado de** (***exaltado de*** *genio*).

exaltar. v. tr. 'Elevar a una persona o cosa a gran auge o dignidad'; 'realzar el mérito de alguien con demasiado encarecimiento' (***Exaltó*** *sus cualidades*). v. prnl. 'Dejarse arrebatar de una pasión, perdiendo la moderación y la calma' (***Me exalté*** *durante la discusión*). Incorrecto: *exhaltar*.

examen. sust. m. No lleva tilde, porque es palabra grave terminada en **n**. En plural, se transforma en esdrújula: **exámenes**. No debe pronunciarse [esamen].

examinador. sust. m. Su femenino es **examinadora**.

examinando. sust. m. 'Persona que va a pasar un examen'. Su femenino es **examinanda**.

examinante. p. a. de **examinar**. 'Que examina'.

examinar. v. tr. Ú. t. c. prnl. Rég. prep.: **examinar** o **examinarse de** (***examinar*** o ***examinarse de*** *historia*).

ex cáthedra. loc. adv. de or. lat. 'Desde la cátedra de San Pedro'; 'dícese cuando el Papa enseña a toda la Iglesia o define verdades pertenecientes a la fe o a las costumbres'; 'en tono magistral y decisivo' (fig. y fam.). También puede escribirse **ex cátedra**.

exceder. v. tr. 'Ser una persona o cosa más

grande o aventajada que otra'. v. intr. 'Propasarse'. Ú. m. c. prnl. Rég. prep.: **exceder** una cosa **a** otra (*La altura de Juan* ***excede a*** *la de Eusebio*); **exceder de** (*Esta falda* ***excede de*** *la medida*); **excederse en** (***Se excedió en*** *cien pesos*; ***Te excediste en*** *tus apreciaciones*).

excelencia. sust. f. 'Superior calidad o bondad que hace digna de singular aprecio y estimación una cosa'; 'tratamiento de respeto y de cortesía que se da a algunas personas por su dignidad o empleo'. No debe pronunciarse [ecelencia] ni escribirse exelencia. Su abreviatura es ***Exc.ª***. **por excelencia**. loc. adv. 'Excelentemente'; 'por antonomasia' (*Es maestra* ***por excelencia***).

excelente. adj. No debe pronunciarse [ecelente] ni escribirse exelente. El superlativo es **excelentísimo, ma**, 'tratamiento de respeto y de cortesía que, antepuesto a señor o a señora, se aplica a la persona a quien corresponde el de excelencia'. La abreviatura del superlativo es ***Excmo.***, ***Excma***.

excepción. sust. f. No debe pronunciarse [eccección]. Rég. prep.: **excepción de** (*la* ***excepción de*** *la regla*). Incorrecto: *la* *excepción* *a* *la regla*. **a excepción de**. loc. 'Exceptuando la persona o cosa que se expresa' (*Vinieron todas,* ***a excepción de*** *Julieta*). **de excepción**. loc. adj. 'Excepcional' (*trabajo* ***de excepción***).

excepto. prep. 'A excepción de, fuera de, menos' (*Guardé todo,* ***excepto*** *los zapatos*).

exceptuar. v. tr. Ú. t. c. prnl. 'Excluir'. Rég. prep.: **exceptuar de** (***Exceptuó*** *dos palabras* ***de*** *la regla*). No debe pronunciarse [eccectuar]. Se conjuga, en cuanto al acento, como **actuar**.

exceso. sust. m. Rég. prep.: **exceso de** (***exceso de*** *peso*). No debe pronunciarse [eceso]. **en exceso**. loc. adv. 'Excesivamente' (*Habló* ***en exceso***). **por exceso**. loc. adv. 'Aplícase a diferencias que consisten en sobrepasar lo establecido como normal' (*Lo criticaron* ***por exceso***).

♦ **exchange.** Anglicismo. En español, debe decirse **cambio**.

excipiente. sust. m. 'Sustancia por lo común inerte, que se mezcla con los medicamentos para darles consistencia, forma, sabor, etc.'. Incorrecto: *exipiente*, *exipente*.

excitante. p. a. de **excitar**. 'Que excita'. Ú. t. c. sust. m. (*¿Tomó algún* ***excitante****?*). adj. 'Dícese del agente que estimula la actividad de un sistema orgánico' (*sustancia* ***excitante***).

excitar. v. tr. 'Estimular'. Rég. prep.: **excitar a** (***excitar a*** *la rebelión*). 'Producir, mediante un estímulo, un aumento de la actividad de una célula, órgano u organismo'. v. prnl. 'Alterarse por el enojo, el entusiasmo, la alegría, etc.' (*Cuando habla,* ***se excita***). No debe pronunciarse [ecitar].

exclamatorio, ria. adj. 'Propio de la exclamación' (*tono* ***exclamatorio***). También puede decirse **exclamativo, va** (adj.), pero la Academia prefiere la primera forma.

excluir. v. irreg. tr. 'Quitar a una persona o cosa del lugar que ocupaba'. Rég. prep.: **excluir de** (***Lo excluyeron de*** *su equipo*). Tiene un participio regular (***excluido***) y otro irregular (***excluso***). Se conjuga como **huir**.

exclusivamente. adv. m. 'Con exclusión'; 'únicamente'. Incorrecto: *exclusivamente* *reservado* (pleonasmo). Correcto: ***reservado***.

exclusive. adv. m. 'Con exclusión' (*Estaré allí hasta el 8 de septiembre* ***exclusive***). El último número o la última cosa de que se hizo mención no se toma en cuenta.

exclusivo, va. adj. 'Que excluye o tiene fuerza y virtud para excluir'; 'único' (*dedicación* ***exclusiva***). Rég. prep.: **exclusivo de** (*Es* ***exclusivo de*** *esta empresa*). Incorrecto: *Le hizo un reportaje* *en* *exclusiva*. Correcto: *Le hizo un reportaje* ***exclusivo***. No debe usarse como sinónimo de **elegante**: *Frecuento un club* *exclusivo*. Correcto: *Frecuento un club* ***elegante***.

excombatiente. adj. 'Dícese del que luchó bajo alguna bandera militar o por alguna causa política' (*un hombre* ***excombatiente***). Ú. t. c. sust. com.: **el excombatiente, la excombatiente**. En plural: **excombatientes**. sust. m. 'El que, después de actuar en alguna de las últimas guerras, integró agrupaciones sociales o políticas con sus compañeros de armas'. La grafía de esta palabra, registrada en el ***Diccionario***, se opone a la norma que rige el uso de la preposición **ex.** → **ex**

excomulgar. v. tr. → **pagar**

excoriación. sust. f. También puede decirse **escoriación** (sust. f.), pero la Academia prefiere la primera forma.

excoriar. v. tr. También puede decirse **escoriar** (v. tr.), pero la Academia prefiere la primera forma. Se conjuga, en cuanto al acento, como **cambiar**.

excrecencia. sust. f. 'Carnosidad o superfluidad que se produce en animales y plantas, alterando su textura y superficie natural'. También puede escribirse **excrescencia**, pero la Academia prefiere la primera grafía.

excrementicio, cia. adj. 'Perteneciente a la excreción y a las sustancias excretadas'. También puede decirse **excremental** (adj.), pero la Academia prefiere la primera forma, o **excrementoso, sa** (adj.).

excursionista. sust. com. 'Persona que hace excursiones': **el excursionista, la excursionista**.

excusar. v. tr. Ú. t. c. prnl. Rég. prep.: **excusarse con** (***Se excusó con su nuera***); **excusarse de** (***Me excuso de ir mañana***); **excusarse por** (***Se excusó por sus palabras***).

exegesis. sust. f. 'Explicación, interpretación'. Es palabra grave. También puede decirse **exégesis** (voz esdrújula), pero la Academia prefiere la primera forma.

exegeta. sust. com. 'Persona que interpreta o expone un texto'. Es palabra grave. También puede decirse **exégeta** (voz esdrújula), pero la Academia prefiere la primera forma.

exención. sust. f. 'Efecto de eximir o eximirse'; 'franqueza y libertad de que uno goza para eximirse de algún cargo u obligación'. Rég. prep.: **exención de** (***exención de impuestos***). Es anticuado el uso de la voz **eximición** (sust. f.) en reemplazo de **exención**. → **eximición**

exento, ta. p. irreg. de **eximir**. adj. 'Libre'. Rég. prep.: **exento de** (***exento de impuestos***). Es incorrecto usar esta voz como sinónimo de **carente** (p. a. irreg. de **carecer**): *El contenido del discurso estuvo exento de interés*. Correcto: *El contenido del discurso estuvo **carente de** interés*.

exequias. sust. f. pl. 'Honras fúnebres'. Sólo se usa en plural. → **plural (pluralia tantum)**, **funeral**

exfoliar. v. tr. Ú. t. c. prnl. 'Dividir una cosa en láminas o escamas'. Se conjuga, en cuanto al acento, como **cambiar**.

exhortar. v. tr. 'Incitar a uno con palabras, razones y ruegos a que haga o deje de hacer alguna cosa'. Rég. prep.: **exhortar a** (*Lo exhortó **a** cumplir con su deber*).

exhortatorio, ria. adj. 'Perteneciente o relativo a la exhortación' (*discurso **exhortatorio***). También puede decirse **exhortativo, va** (adj.), pero la Academia prefiere la primera forma.

exhumador, ra. adj. 'Que exhuma'. Ú. t. c. sust. m. y f.: **el exhumador, la exhumadora**.

exigente. p. a. de **exigir**. adj. Ú. t. c. sust. com.: **el exigente, la exigente**.

exigir. v. tr. Rég. prep.: **exigir** algo **de** alguien (***Exigió comprensión de su hermano***). → **dirigir**

exiguo, gua. adj. 'Escaso'. El superlativo es **exigüísimo, ma**.

exiliado, da. adj. 'Expatriado, generalmente por motivos políticos'. Incorrecto: exilado.

exiliar. v. tr. 'Expulsar a uno de su territorio'. v. prnl. 'Expatriarse, generalmente por motivos políticos'. Incorrecto: exilar. Se conjuga, en cuanto al acento, como **cambiar**.

eximente. p. a. de **eximir**. 'Que exime'. adj. (*circunstancia **eximente***). Ú. t. c. sust. f.: **la eximente**. Incorrecto: eximiente.

eximición. sust. f. Voz anticuada. → **exención**

eximir. v. tr. Ú. t. c. prnl. Rég. prep.: **eximir** o **eximirse de** (***eximirse de** algún cargo*). Tiene un participio regular (***eximido***) y otro irregular (***exento***).

existencialista. adj. Ú. t. c. sust. com.: **el existencialista, la existencialista**.

ex libris. sust. m. Incorrecto: exlibris, ex-libris. En plural, no varía: **los ex libris**.

exocrino, na. adj. 'Dícese de las glándulas que vierten su secreción al tubo digestivo o al exterior del organismo y, por extensión, de dicha secreción'. Su antónimo es **endocrino, na** (adj.).

éxodo. sust. m. Se escribe con mayúscula cuando se refiere al libro del Antiguo Testamento (*el **Éxodo***).

exoftalmia. sust. f. 'Situación saliente del

globo ocular'. También puede decirse **exoftalmía.**

exonerar. v. tr. Ú. t. c. prnl. Rég. prep.: **exonerar de** (*exonerar de un empleo*).

exorcizar. v. tr. → **cazar**

exotérico, ca. adj. → **esotérico**

exotismo. sust. m. También puede decirse **exoticidad** (sust. f.) o **exotiquez** (sust. f.), pero la Academia prefiere la primera forma.

expandir. v. tr. Ú. t. c. prnl. 'Extender, dilatar, ensanchar, difundir'. Incorrecto: *expander*. No debe usarse como sinónimo de **incrementar** (v. tr. Ú. t. c. prnl.): *Esta propaganda expandirá la venta del producto*. Correcto: *Esta propaganda **incrementará** la venta del producto*.

expatriar. v. tr. 'Hacer salir de la patria'. v. prnl. 'Abandonar la patria'. Se conjuga, en cuanto al acento, como **guiar**.

expectativa. sust. f. 'Cualquier esperanza de conseguir algo'. **a la expectativa**. loc. adv. 'Sin actuar ni tomar una determinación hasta ver qué sucede' (*Estaban **a la expectativa***).

expectorante. adj.'Que permite arrancar y arrojar por la boca las flemas y secreciones que se depositan en la faringe, la laringe, la tráquea o los bronquios' (*jarabe **expectorante***). Ú. t. c. sust. m. (*Necesita un **expectorante** contra esa tos*).

expedicionario, ria. adj. 'Que emprende una expedición o participa en ella' (*ejército **expedicionario***). Ú. t. c. sust. m. y f.: **el expedicionario, la expedicionaria.**

expedidor, ra. adj. Ú. t. c. sust. m. y f.: **el expedidor, la expedidora.**

expedir. v. irreg. tr. 'Dar curso a las causas y negocios; despacharlos'; 'despachar, extender por escrito, con las formalidades acostumbradas, bulas, privilegios, etc.'; 'pronunciar un auto o decreto'; 'remitir, enviar mercancías, telegramas, pliegos, etc.'. v. prnl. Chile y Urug. 'Manejarse, desenvolverse en asuntos y actividades'. No debe confundirse su significado con el de **expender** (v. tr.). Se conjuga como **pedir.**

expedito, ta. adj. 'Desembarazado'; 'pronto a obrar'. Rég. prep.: **expedito de** (***expedito de** lengua*); **expedito en** o **para** (***expedito en** o **para** los negocios*). Incorrecto: *expédito*.

expeler. v. tr. Rég. prep.: **expeler de** (***expeler del** organismo*); **expeler por** (***expeler por** la boca*). Tiene un participio regular (***expelido***) y otro irregular (***expulso***).

expender. v. tr. 'Gastar' (***Expendió** todo su dinero*); 'vender efectos de propiedad ajena por encargo de su dueño'; 'despachar billetes de ferrocarril, de espectáculos, etc.'; 'vender al menudeo'; 'dar salida al pormenor a la moneda falsa'. No debe confundirse su significado con el de **expedir** (v. irreg. tr. y prnl.).

expendio. sust. m. Argent., Méj., Perú y Urug. 'En comercio, venta al por menor'.

expensas. sust. f. pl. 'Gastos'. Se usa sólo en plural. **a expensas de**. loc. prepos. 'A costa, por cuenta, a cargo de alguien' (*Vive **a expensas de** sus padres*). Incorrecto: *Vive a expensas mías*. Correcto: *Vive **a mis expensas***. → **plural (pluralia tantum)**

experto, ta. adj. 'Hábil, experimentado' (*artista **experto***). sust. m. y f.: **el experto, la experta.**

expiar. v. tr. 'Borrar las culpas mediante algún sacrificio' (***Expiaba** sus pecados flagelándose*); 'sufrir el delincuente la pena impuesta por los tribunales' (***Expió** su culpa con diez años de cárcel*); 'padecer trabajos a causa de desaciertos o malos procederes' (***Expiaron** cinco años de errores*); 'purificar una cosa profanada, como un templo, etc.' (*El sacerdote **expiará** la parroquia incendiada*). No deben confundirse su grafía y su significado con los de **espiar** (v. tr.). Se conjuga, en cuanto al acento, como **guiar**. → **espiar**

expirar. v. intr. 'Morir' (*El actor **expiró** a las seis*); 'acabarse un período de tiempo' (*El plazo **expirará** el lunes*). No deben confundirse su grafía y su significado con los de **espirar** (v. tr. Ú. t. c. intr.). → **espirar**

explicar. v. tr. Ú. t. c. prnl. Entre otras denotaciones, 'dar a conocer lo que uno piensa'; 'enseñar en la cátedra'; 'justificar'. v. prnl. 'Llegar a comprender la razón de algo'. → **sacar**

explícito, ta. adj. 'Que expresa clara y determinadamente una cosa' (*datos **explícitos***). Su antónimo es **implícito, ta** (adj.).

explorador, ra. adj. Ú. t. c. sust. m. y f.: **el**

explorador, la exploradora. sust. m. y f. 'Escultista'. → **escultismo, escultista**

explosionar. v. intr. 'Hacer explosión' (*La caldera **explosionó***). v. tr. 'Provocar una explosión' (*Dos policías **explosionaron** la bomba*). Con la primera denotación, es sinónimo de **explotar**.

explotar. v. intr. (*La caldera **explotó***). No debe usarse como transitivo. Incorrecto: *Dos policías explotaron la bomba*. Correcto: *Dos policías **explosionaron** la bomba*. → **explosionar**

expoliación. sust. f. 'Acción y efecto de expoliar'. También puede decirse **expolio** (sust. m.) o **espoliación** (sust. f.), pero la Academia prefiere las dos primeras formas.

expoliador, ra. adj. 'Que expolia o favorece la expoliación'. Ú. t. c. sust. m. y f.: **el expoliador, la expoliadora**. También puede decirse **espoliador** (adj.), pero la Academia prefiere la primera forma.

expoliar. v. tr. 'Despojar con violencia o con iniquidad'. También puede decirse **espoliar** (v. tr.), pero la Academia prefiere la primera forma. Se conjuga, en cuanto al acento, como **cambiar**.

expolio. sust. m. 'Acción y efecto de expoliar'; 'botín del vencedor'; 'conjunto de bienes que, por haber sido adquiridos con rentas eclesiásticas, quedaban de propiedad de la Iglesia al morir sin testamento el clérigo que los poseía'. También puede decirse **espolio** (sust. m.), pero la Academia prefiere la primera forma.

exponer. v. irreg. tr. Ú. t. c. intr. y c. prnl. Rég. prep.: **exponerse a** (***Se expuso a** las críticas*); **exponer ante** (***Expondrá** sus cuadros **ante** autoridades extranjeras*). Su participio es irregular (***expuesto***). Se conjuga como **poner**.

exportación. sust. f. 'Acción y efecto de exportar'. Es sustantivo colectivo con la denotación de 'conjunto de mercancías que se exportan'. Es palabra aguda. En plural, se transforma en grave: **exportaciones**.

exportador, ra. adj. Ú. t. c. sust. m. y f.: **el exportador, la exportadora**.

exportar. v. tr. Rég. prep.: **exportar a** (***Exportaron** cueros **a** los Estados Unidos*); **exportar de** o **desde** (***Exportan de** o **desde** Colombia*).

expósito, ta. adj. 'Dícese del recién nacido abandonado o expuesto, o confiado a un establecimiento benéfico'. Ú. t. c. sust. m. y f.: **el expósito, la expósita**.

expositor, ra. adj. 'Que interpreta, expone y declara algo'. Ú. t. c. sust. m. y f.: **el expositor, la expositora**.

exprés. adj. Voz francesa (*exprès*) españolizada. 'Rápido' (*café **exprés***); 'expreso' (*tren **exprés***). También puede decirse *tren **expreso***. Ú. t. c. sust. m. (***El exprés** llegará a las diez*). Es palabra aguda. En plural se transforma en grave: **expreses**. Esta voz ha sido recién incorporada en el *Diccionario*. → **expreso**

expresar. v. tr. Ú. t. c. prnl. Rég. prep.: **expresarse a** (***Se expresaba a** gritos*); **expresarse con** (***Te expresas con** fluidez*; ***Se expresaba con** gestos*); **expresarse en** (***Me expresé en** japonés*). Tiene un participio regular (***expresado***) y otro irregular (***expreso***).

expresionista. adj. 'Perteneciente o relativo al expresionismo'. Ú. t. c. sust. com.: **el expresionista, la expresionista**.

expreso, sa. p. irreg. de **expresar**. adj. 'Claro, patente' (*mensaje **expreso***). Tren **expreso**. Ú. t. c. sust. m. (*el **expreso** de las seis*). sust. m. 'Correo extraordinario despachado con una noticia o aviso determinado' (*Llegó el **expreso***). adv. m. 'Ex profeso, con particular intento' (*Lo hizo **expreso***).

exprimidor. sust. m. También puede decirse **exprimidera** (sust. f.) y **exprimidero** (sust. m.).

ex profeso. loc. adv. 'De propósito, con intención, expreso' (*Te invitó **ex profeso** a la reunión*). Incorrecto: *exprofeso*, *ex-profeso*.

expropiar. v. tr. Se conjuga, en cuanto al acento, como **cambiar**.

expulsar. v. tr. Rég. prep.: **expulsar de** (*Lo **expulsó de**l aula*); **expulsar por** (*Lo **expulsó por** la fuerza*). Este verbo se usa referido a personas, en cambio, **expeler** se aplica a los humores y otras cosas materiales. → **expeler**

expurgación. sust. f. 'Acción y efecto de expurgar'. También puede decirse **expurgo** (sust. m.), pero la Academia prefiere la primera forma.

expurgador, ra. adj. Ú. t. c. sust. m. y f.: **el expurgador, la expurgadora**. También puede decirse **expurgatorio, ria** (adj. Ú. t. c. sust. m. y f.).

expurgar. v. tr. → **pagar**

exquisitez. sust. f. 'Cualidad de exquisito' (*Comerás una **exquisitez***). Es palabra aguda. En plural, se transforma en grave: **exquisiteces**.

extasiar. v. tr. Ú. m. c. prnl. 'Embelesar'. Rég. prep.: **extasiarse ante** (***extasiarse ante** la naturaleza tropical*); **extasiarse con** (***extasiarse con** su belleza*). Se conjuga, en cuanto al acento, como **guiar**.

éxtasis. sust. m. En plural, no varía: **los éxtasis**. No deben confundirse su grafía y su significado con los de **estasis** (sust. f.). → **estasis**

extático, ca. adj. 'Que está en éxtasis'. Es incorrecta la pronunciación [estático]. No deben confundirse su grafía y su significado con los de **estático, ca** (adj.).

extemporaneidad. sust. f. 'Cualidad de extemporáneo'. Incorrecto: extemporanidad. → **-dad**

extemporáneo, a. adj. 'Impropio del tiempo en que sucede o se hace'; 'inoportuno'. Es palabra esdrújula. No debe pronunciarse [ecstemporanio] como grave. También puede decirse **extemporal** (adj.), pero la Academia prefiere la primera forma.

extender. v. irreg. tr. Ú. t. c. prnl. Rég. prep.: **extender** o **extenderse hasta** (***Extendió** la alfombra **hasta** la puerta de calle*; *La clase **se extenderá hasta** las once*); **extenderse en** (***Se extendió en** detalles*); **extenderse por** (*Ese cultivo **se extiende por** todo el país*). Tiene un participio regular (***extendido***) y otro irregular (***extenso***). No debe usarse como sinónimo de **prorrogar** (traducción errónea del inglés): *Extendieron el plazo para el pago de la factura*. Correcto: ***Prorrogaron** el plazo para el pago de la factura*. Se conjuga como **tender**.

extensamente. adv. m. 'Por extenso, con extensión' (*Me lo explicó **extensamente***). También puede decirse **extendidamente** (adv. m.), pero la Academia prefiere la primera forma.

extenso, sa. p. irreg. de **extender**. adj. 'Que tiene extensión' (*libro **extenso***). **por extenso.** loc. adv. 'Con todo detalle' (*Me lo explicó **por extenso***). → **extensamente**

extenuar. v. tr. Ú. t. c. prnl. 'Enflaquecer, debilitar'. Rég. prep.: **extenuarse de** (***extenuarse de** inapetencia*). Se conjuga, en cuanto al acento, como **actuar**.

exterior. adj. 'Que está por la parte de fuera' (*espacio **exterior***). Incorrecto: *deuda externa*. Correcto: *deuda **exterior***. 'Relativo a otros países, en contraposición a nacional y a interior' (*comercio **exterior***). Ú. t. c. sust. m. (*Miraba hacia el **exterior**; el **exterior** de la caja*). En plural, 'espacios al aire libre o decorados que los representan, donde se rueda una película'; 'secuencias rodadas en esos espacios' (***Filmaremos los exteriores***).

exteriorizar. v. tr. Ú. t. c. prnl. → **cazar**

exterminador, ra. adj. Ú. t. c. sust. m. y f.: **el exterminador, la exterminadora**.

exterminio. sust. m. 'Acción y efecto de exterminar'. También puede decirse **exterminación** (sust. f.).

externado. sust. m. Es sustantivo colectivo con la denotación de 'conjunto de alumnos externos'.

externo, na. adj. (*alumno **externo***). Ú. t. c. sust. m. y f.: **el externo, la externa**.

extinguir. v. tr. Ú. t. c. prnl. 'Hacer que cese el fuego o la luz'. **a extinguir**. loc. adj. 'Aplícase a los empleos que no se cubren una vez vacantes' (*cargos **a extinguir***). Tiene un participio regular (***extinguido***) y otro irregular (***extinto***). → **distinguir**

extinto, ta. p. irreg. de **extinguir**. adj. (*fogata **extinta***). Ú. t. c. sust. m. y f. 'Muerto': **el extinto, la extinta**.

extintor, ra. adj. 'Que extingue'. sust. m. 'Aparato para extinguir incendios' (*Use el **extintor** rápidamente*). En América, es común la voz **extinguidor**, no registrada por la Academia, pero de correcta formación.

extirpador, ra. adj. 'Que extirpa'. Ú. t. c. sust. m. y f.: **el extirpador, la extirpadora**. sust. m. 'Bastidor de madera o de hierro, cuyas cuchillas sirven para cortar horizontalmente la tierra y las raíces'.

extra. prep. 'Además' (***Extra** de cobrar un buen alquiler, gana un gran sueldo*). adj. 'Extraordinario' (*premios* ***extras***); 'añadido a lo ordinario' (*horas* ***extras***; *gastos* ***extras***); 'óptimo' (*tela* ***extra***); inesperado' (*una visita* ***extra***). Ú. t. c. sust. com.: **el extra**, **la extra**. sust. m. fam. 'Gaje, plus' (*Recibió un* ***extra*** *por su trabajo*); 'plato extraordinario que no figura en el menú' (*Pediré un* ***extra***); 'persona que presta un servicio accidental'; 'en el cine, persona que interviene como comparsa o que actúa ante la cámara sin papel destacado' (*El director habló con el nuevo* ***extra***). Algunos estudiosos consideran incorrecto el sintagma *horas* *extras* y lo reemplazan con *horas* ***extra***. Repárese en que, en este caso, **extra** es sustantivo en aposición especificativa. La Academia no registra **horas extras** en su ***Diccionario*** –sí, el ***Manual***, con la salvedad de que carece de sanción académica–, sino **horas extraordinarias** ('horas de trabajo añadidas a la jornada laboral habitual'), sintagma de reciente admisión. Si **extra** puede usarse como adjetivo y como sustantivo, es correcto el uso de *horas* ***extra*** y de *horas* ***extras***. → **clave**, **cumbre**, **hora**. En plural, 'accesorios de ciertas máquinas, que no van incorporados en el modelo ordinario y que facilitan o hacen más agradable su manejo' (*Trajo los* ***extras*** *del automóvil*).

extra-. pref. de or. lat. 'Fuera de' (***extra****curricular*); 'sumamente' (***extra****plano*).

extracorpóreo, a. adj. Es palabra esdrújula.

extractador, ra. adj. 'Que extracta'. Ú. t. c. sust. m. y f.: **el extractador, la extractadora**.

extracto. sust. m. 'Resumen de un escrito'; 'sustancia que, en forma concentrada, se extrae de otra'. No debe pronunciarse [estrato]. → **estrato**

extractor. sust. m. 'Persona que extrae'. Su femenino es **extractora**. 'Aparato o pieza de un mecanismo que sirve para extraer'. Rég. prep.: **extractor de** (*Juan es* ***extractor de*** *dinero*; *Compré un* ***extractor de*** *aire*).

extracurricular. adj. 'Dícese de lo que no pertenece a un currículo o no está incluido en él' (*actividades* ***extracurriculares***). Incorrecto: *extra curricular*, *extra-curricular*.

extradición. sust. f. No debe pronunciarse ni escribirse *extradicción*, un caso de ultracorrección.

extraditado, da. p. de **extraditar**. adj. (*persona* ***extraditada***). Ú. t. c. sust. m. y f.: **el extraditado**, **la extraditada**.

extraditar. v. tr. Voz inglesa (*to extradite*) españolizada.

extraer. v. irreg. tr. Rég. prep.: **extraer de** (***extraer*** *sangre* ***de*** *la vena*). Se conjuga como **traer**.

extranjerizar. v. tr. Ú. t. c. prnl. 'Introducir las costumbres extranjeras, mezclándolas con las propias del país'. → **cazar**

extranjero, ra. adj. Voz del antiguo francés (*estrangier*) españolizada (*profesora* ***extranjera***). Ú. m. c. sust. m. y f.: **el extranjero**, **la extranjera**. sust. m. 'Toda nación que no es la propia'. Se usa con el artículo **el** (*¿Conoce* ***el extranjero***?).

extrañamiento. sust. m. 'Acción y efecto de extrañar o extrañarse'. También puede decirse **extrañación** (sust. f.).

extrañar. v. tr. Ú. t. c. prnl. 'Desterrar a país extranjero'. Rég. prep.: **extrañar a** (***Extrañó al*** *príncipe* ***a*** *Francia*). 'Ver u oír con admiración o extrañeza una cosa'. Rég. prep.: **extrañarse de** (***Se extrañaron de*** *su tardanza*). 'Echar de menos a alguien o algo' (***Extrañó*** *a su madre*; ***Extrañará*** *la casa*).

extraño, ña. adj. 'De nación, familia o profesión distinta de la que se nombra o sobrentiende'. Se contrapone a **propio**, **pia**. Ú. t. c. sust. m. y f.: **el extraño**, **la extraña**. 'Raro, singular' (*carácter* ***extraño***); 'extravagante' (***extraña*** *vestimenta*); 'dícese de lo que es ajeno a la naturaleza o condición de una cosa de la cual forma parte' (*Era un hombre* ***extraño*** *en su familia*; *Era un* ***extraño*** *en su familia*). **extraño a**. 'Dícese de lo que no tiene parte en la cosa nombrada después de la preposición' (*Permaneció* ***extraño a*** *tus intrigas*). **serle** a uno **extraña** una cosa. fr. 'No estar práctico en ella o ser impropia para él' (*A Luis* ***le era extraño*** *el funcionamiento de la computadora*).

extraoficial. adj. 'Oficioso, no oficial' (*informaciones* ***extraoficiales***). Incorrecto: *extra oficial*, *extra-oficial*.

extraterrestre. adj. 'Dícese de lo que pertenece al espacio exterior de la Tierra o de lo que procede de él' (*atmósfera* ***extraterrestre***); 'dícese de objetos o seres supuestamente venidos desde el espacio exterior a la Tierra' (*naves* ***extrate-***

rrestres). Ú. t. c. sust. com.: **el extraterrestre, la extraterrestre**. Su sinónimo es **planetícola** (sust. com.).

extravagante. adj. Ú. t. c. sust. m. y f.: **el extravagante, la extravagante**.

extraversión. sust. f. También puede decirse **extroversión** (sust. f.), pero la Academia prefiere la primera forma.

extravertido, da. adj. También puede decirse **extrovertido, da** (adj.), pero la Academia prefiere la primera forma.

extraviar. v. tr. Ú. t. c. prnl. Rég. prep.: **extraviarse en** o **por** (***extraviarse en*** o ***por*** *la ciudad*); **extraviarse en** (***extraviarse en*** *sus razonamientos*). Se conjuga, en cuanto al acento, como **guiar**.

extremado, da. p. de **extremar**. adj. 'Sumamente malo o bueno en su género'. Rég. prep.: **extremado en** (***extremado en*** *la crítica*).

extremaunción. sust. f. Incorrecto: *estremaunción*, *estremunción*, *extremaución*, *extremunción*. En plural: **extremaunciones**. Su abreviación es **extrema** (sust. f. vulg.). También puede decirse **unción** (sust. f.).

extremista. adj. Ú. t. c. sust. com.: **el extremista, la extremista**.

extremo, ma. adj. 'Último' (*momento* ***extremo***); 'intenso' (*frío* ***extremo***); 'excesivo, exagerado' (*decisión* ***extrema***); 'distante' (*lugar* ***extremo***) sust. m. 'Parte primera o última de una cosa, principio o fin de ella' (*el* ***extremo*** *de la tela*); 'asunto que se discute o estudia' (*Analizan el* ***extremo*** *del proyecto*); 'punto último a que puede llegar una cosa' (*Llegó al* ***extremo*** *de la cuestión*). En plural, 'manifestaciones exageradas y vehementes de un afecto del ánimo, como alegría, dolor, etc.' (*Cuando vio a sus padres, la joven hizo* ***extremos***). **con extremo**, **en extremo** o **por extremo**. loc. adv. 'Muchísimo, excesivamente' (*Lo ama* ***con extremo***, ***en extremo*** o ***por extremo***). **de extremo a extremo**. loc. adv. 'Desde el principio hasta el fin' (*Lo leyó* ***de extremo a extremo***). **en último extremo**. loc. adv. 'Si no hay más remedio' (*Escribiré la carta* ***en último extremo***). Aunque la Academia no las registra, Seco da como correctas las expresiones **hasta el extremo de** y **hasta tal extremo** (*Habló* ***hasta el extremo de*** *aburrirme*; *Habló* ***hasta tal extremo***, *que me aburrió*).

exuberancia. sust. f. 'Abundancia'. No debe escribirse con **h**: *exhuberancia*.

exuberante. adj. 'Muy abundante'. No debe escribirse con **h**: *exhuberante*.

exvoto. sust. m. 'Don u ofrenda que los fieles dedican a Dios, a la Virgen o a los santos en recuerdo de un beneficio recibido'. Incorrecto: *ex voto*, *ex-voto*. En plural: **exvotos**.

-ez. suf. de sustantivos abstractos femeninos que denotan 'la cualidad expresada por el adjetivo básico' (*inmediatez*).

-eza. suf. de sustantivos abstractos femeninos, que denotan 'la cualidad expresada por el adjetivo básico' (*llaneza*).

-ezno, na. suf. de or. lat. de sustantivos, frecuentemente con valor diminutivo; suele aplicarse a nombres de animales para designar el cachorro (*lobezno*).

-ezuelo, la. suf. de or. lat. → **-uelo**

f. Sexta letra del abecedario español. Su nombre es **efe** (sust. f.). Plural: **efes**.

fa. sust. m. 'Nota musical' (*El **fa** es la cuarta voz de la escala musical*). Su plural es **fas**. Repárese en su género, que algunos equivocan: *las fas*. Correcto: ***los fas***.

fabricante. p. a. de **fabricar**. 'Que fabrica'. Ú. t. c. sust. com.: **el fabricante, la fabricante**. Es incorrecto el femenino *fabricanta*. sust. m. 'Dueño de una fábrica'. Puede decirse, también, **fabriquero** (sust. m.), que carece, de acuerdo con el ***Diccionario***, de forma para el femenino.

fabricar. v. tr. Rég. prep.: **fabricar con** o **de** (***fabricar con*** o ***de*** *madera*); **fabricar en** (***fabricar en*** *serie*). → **sacar**

fábula. sust. f. 'Composición literaria'. Quien las escribe es **el fabulista** o **la fabulista** (sust. com.). El repertorio que las recoge, **fabulario** (sust. m. colect.). Los adjetivos correspondientes son **fabulesco, ca** y **fabulístico, ca**. Significa, además, 'rumor, hablilla'; 'relato falso o mentiroso'; 'ficción con que se encubre una verdad'; 'suceso o acción ficticia que se narra o se representa'. Quien hace correr dichos rumores o inventa tales falsedades o ficciones es un **fabulador** o una **fabuladora** (sust. m. y f.).

fabular. v. tr. 'Inventar cosas fabulosas'; 'imaginar tramas o argumentos'. La 'acción y efecto' de este verbo es una **fabulación** (sust. f.). El adverbio de modo correspondiente es **fabulosamente**, que significa 'fingidamente', pero que, también, vale por 'extraordinariamente bien', acepción mucho más frecuente que la anterior (*Lo hizo **fabulosamente***). El adjetivo **fabuloso, sa** tiene, asimismo, esos dos significados: 'fantástico, fingido' y 'extraordinario, increíble' (*precios **fabulosos***).

faca. sust. f. 'Cuchillo corvo'; 'cuchillo grande, con punta, que suele llevarse envainado en una funda de cuero'. Su aumentativo es **facón** (sust. m.), voz que, en la Argentina y en el Uruguay, denota el 'cuchillo grande, recto y puntiagudo, que usan los paisanos'.

facción. sust. f. 'Parcialidad de gente amotinada o rebelada'. No debe emplearse como sinónimo de **parte, fracción, grupo**: *Una facción de los diputados socialistas votó en contra*. Correcto: *Una **fracción** de los diputados socialistas votó en contra*. El adjetivo derivado es **faccioso, sa**, que se usa, también, como sustantivo (m. y f.). En plural, significa, generalmente, 'cualquiera de las partes del rostro humano' (*Su cara es de **facciones** estilizadas, suaves*).

faceta. sust. f. 'Cada uno de los lados de un poliedro cuando son pequeños'. Como aclara la Academia, se usa, en particular, hablando de las caras de una piedra preciosa. En sentido figurado, 'cada uno de los aspectos que en un asunto se pueden considerar' (*Esta **faceta** de su personalidad es imprevisible*). No debe decirse *fasceta*. El ***Diccionario*** no registra el verbo *facetar*, que debe decirse **tallar, labrar**, ni el adjetivo *facetado, da* ('labrado en facetas').

facha. sust. f. fam. 'Traza, figura, aspecto'. Con la acepción de 'mamarracho' se usa, a veces, como sustantivo masculino (*Es un **facha***). El ***Diccionario*** no recoge el adjetivo ni el sustantivo *facho, cha* ('fascista').

facies. sust. f. 'Aspectos, caracteres externos de algo, en particular, del rostro o semblante'. En plural, no varía: **las facies**.

fácil. adj. Diminutivo: **facilillo, lla**, que se usa, muchas veces, con un sentido irónico de lo que es difícil. Rég. prep.: **fácil a** (***fácil a*** *las presiones*; ***fácil a*** *todos*); **fácil de** (***fácil de*** *entender*); **fácil para** (***fácil para*** *un experto*). Cuando le sigue **que**, se construye sin **de**: *Es **fácil que** sea como supones*. Incorrecto: *Es fácil de que sea como supones*. → **dequeísmo**. Se usa, también, como sinónimo de **fácilmente** (adv.): *Irás **fácil** por este camino*.

facilongo, ga. adj. fam. Argent. 'Demasiado fácil, sin complicaciones'. La A.A.L. ha recomendado la incorporación de este regionalismo en el ***Diccionario***.

facineroso, sa. adj. 'Delincuente habitual'. Ú. t. c. sust. m. y f.: **el facineroso, la facinerosa**. sust. m. 'Hombre malvado'. Es incorrecta la grafía *fascineroso, sa*.

facsímil. sust. m. 'Perfecta imitación o reproducción de una firma, escrito, dibujo, impreso, etc.'. En plural: **facsímiles**. Se usa, también, la forma **facsímile**, preferida por la Academia. De esta palabra, deriva el adjetivo **facsimilar** (*Ofrecemos la reproducción **facsimilar** del códice*). No deben pronunciarse [fasímil o fassímil] ni [fasimilar o fassimilar].

factible. adj. 'Que se puede hacer o realizar' (*Tu propuesta es **factible**, porque tienes los medios para llevarla a cabo*). No debe emplearse como sinónimo de **posible** ni de **susceptible**: *Es factible que llueva*; *Este proyecto es factible de mejora*. Correcto: *Es **posible** que llueva*; *Este proyecto es **susceptible** de mejora*.

factótum. sust. m. fam. 'Persona que desempeña en una casa o dependencia todos los menesteres, o que, oficiosamente, se presta a cumplirlos'; 'persona de plena confianza de otra y que en su nombre despacha todos los asuntos'. Repárese en que lleva tilde, por ser palabra grave. En plural, no varía: **los factótum**.

factura. sust. f. Además de otras acepciones comunes con el español general, en la Argentina, significa 'toda clase de bollos que suelen elaborarse y venderse en las panaderías'. Abreviatura de **factura** ('cuenta'): ***fact.*** o ***f.ª***

facultad. sust. f. Cuando denota cada una de las grandes divisiones académicas de una universidad, por tratarse de un nombre propio, se escribe con mayúscula: *Se recibió en la **Facultad** de Derecho*. En los otros casos, con minúscula: *Todas las mañanas va a su **facultad** para dictar clases*.

facultativo, va. adj. Entre otras acepciones, significa 'potestativo' (*El uso del laboratorio de idiomas es **facultativo***). sust. m. 'Médico, cirujano'. La Academia no registra el femenino.

-fagia. elem. compos. de or. gr. que actúa a modo de sufijo. 'Acción de comer o de tragar' (***aerofagia***, ***disfagia***). Adopta las formas **-fago**, **-faga** para formar sustantivos, masculinos o femeninos, de personas, 'el que come', 'la que come' (*antropó**fago***, *antropó**faga***).

fagina (de). loc. fam. Argent. 'De trabajo, dicho de la vestimenta'. La A.A.L. ha recomendado la inclusión de este sintagma en el ***Diccionario***.

fago-. elem. compos. de or. gr. que actúa a modo de prefijo. 'Que come' (***fagocitar***, ***fagocitosis***).

fagot. sust. m. 'Instrumento músico de viento'. La Academia no registra la forma *fagote*, que muchos usan, y que algunos aceptan como correcta. Su plural es **fagotes**. Incorrecto: *fagots*. 'El que ejerce el arte de tocar este instrumento' recibe el nombre de **fagotista** (sust. com.): **el fagotista**, **la fagotista**; pero puede decirse, igualmente, **el fagot**, **la fagot** (sust. com.).

fainá. sust. f. Argent. 'Torta delgada que se hace horneando una masa chirle de harina de garbanzos. La A.A.L. ha recomendado la incorporación de este regionalismo en el ***Diccionario***.

♦ **fair-play.** Anglicismo. Es español, debe decirse **juego limpio**.

faisán. sust. m. 'Ave'. Su femenino es **faisana**.

faja. sust. f. Sus diminutivos son **fajín** (sust. m.) y **fajuela**. El aumentativo, **fajón** (sust. m.).

fajar. v. tr. 'Rodear con una faja una parte del cuerpo'. Ú. t. c. prnl. En varios países americanos, entre ellos la Argentina, significa 'pegar a alguien, golpearlo' y, como pronominal figurado, 'cobrar en exceso por una venta o servicio' (*Lo **fajó** con el cinto*; *No vayas al almacén de la esquina, te **fajan***). P. Rico y Sto. Dom. 'Pedir dinero prestado'. Cuba. 'Enamorar a una mujer con propósitos deshonestos'. v. prnl. C. Rica y Sto. Dom. 'Trabajar intensamente'. C. Rica, Cuba y Sto. Dom. 'Irse a las manos dos personas'. Todos estos usos regionales han sido incorporados por la Academia en su ***Diccionario***. La 'acción y efecto de fajar o fajarse' recibe los nombres de **fajadura** (sust. f.) y **fajamiento** (sust. m.).

falacia. sust. f. 'Engaño, fraude o mentira con que se intenta dañar a alguien' (*No creas esa **falacia***). 'Hábito de emplear falsedades en daño ajeno' (*Es tal su **falacia**, que todos le huyen*). Emplear esta voz con el significado de 'refutación, sofisma o argumento falso' es un anglicismo semántico muy frecuente.

falda. sust. f. Diminutivo: **faldellín** (sust. m.). El aumentativo es **faldón** (sust. m.). La voz **faldillas** es diminutivo de **faldas**, en plural. El plural del sintagma **falda pantalón** es **faldas pantalón**.

faldear. v. tr. 'Caminar por las faldas de un monte'. Es un vulgarismo pronunciar [faldiar, faldié]. → **-ear**

faldeo. sust. NO. de la Argent., Cuba y Chile. 'Faldas de un monte'. Voz admitida por la Academia.

faldriquera o **faltriquera.** sust. f. La Academia prefiere la segunda forma.

falencia. sust. f. 'Engaño o error que se padece en asegurar una cosa'. En varios países americanos, significa 'estado de insolvencia o quiebra de un comerciante'. Argent. 'Carencia, defecto' (*Las **falencias** del programa presentado son muchas*). Son usos regionales admitidos por la Academia.

fallar. v. tr. En su uso intransitivo, que es el más común, significa 'frustrarse, salir fallida una cosa, no responder a lo que se esperaba de ella' (***Falló** el experimento*; ***Fallaron** los frenos de mi bicicleta*). También vale por 'perder una cosa su resistencia rompiéndose o dejando de servir' (*El soporte **falló***). El uso de fallar en + infinitivo, por **dejar de + infinitivo**, o **no + indicativo**, es, como anota Seco, un anglicismo: *Han fallado en comprender lo que les expliqué*. Correcto: ***Dejaron de comprender** lo que les expliqué* o ***No comprendieron** lo que les expliqué*. Dicho anglicismo se debe a la construcción inglesa *fail to + infinitivo*, que es extraña al español. Este verbo tiene un homónimo, que significa 'decidir, sentenciar' (*El juez **falló** con equidad*). El resultado de esta acción es el sustantivo masculino **fallo** (*El fallo de la justicia se hace esperar*). El del verbo definido al comienzo de este artículo es el sustantivo femenino **falla** (*La media tiene una **falla** en el talón*); también puede usarse **fallo**, aunque es menos usual. La A.A.L. ha recomendado la inclusión, en el ***Diccionario***, de las siguientes denotaciones: 'dicho de un órgano o sentido, no funcionar bien' (v. tr.); 'no responder a las expectativas' (v. prnl.).

fallecer. v. irreg. intr. Equivale a **morir**. Se conjuga como **parecer**.

fallir. v. intr. defect. Sólo el participio **fallido, da** tiene hoy uso y se emplea, sobre todo, como adjetivo, con el valor de 'frustrado, sin efecto' (*acto **fallido***).

falluto, ta. adj. fam. Argent. 'Falso, simulador'. La A.A.L. ha recomendado la inclusión de este regionalismo en el ***Diccionario***.

falsario, ria. adj. 'Que falsea o falsifica una cosa'; 'que suele hacer falsedades o decir mentiras'. Ú. t. c. sust. m. y f.: **el falsario, la falsaria**.

falsear. v. tr. 'Adulterar o corromper una cosa' (*No **falsees** mis palabras*). No debe pronunciarse [falsiar, falsié]. → **ear**

falsificar. v. tr. 'Falsear una cosa'; 'fabricar una cosa falsa'. → **sacar**

falso, sa. adj. 'Engañoso, ficticio, contrario a la verdad' (*Es un argumento **falso***). Ú. t. c. sust. m. y f.: **el falso, la falsa**. No es aconsejable el uso de este adjetivo en los sintagmas siguientes, que son galicados: *falsa alegría, falsa esperanza, falsa maniobra*. Corresponde decir: *alegría **fingida**, esperanza **ilusoria**, maniobra **equivocada** o **torpe***. Tampoco debe decirse *falso devoto*, un calco del francés, sino ***hipócrita***.

faltar. v. tr. Rég. prep.: **faltar a** (***faltar a** la cita, **a** la palabra, **al** respecto*); **faltar de** (***faltar de** su casa; **del** total*); **faltar en** (***faltar en** algo*); **faltar para** (***faltar para** un metro*); **faltar por** (***faltar** el rabo **por** desollar*). Debe evitarse la confusión de **faltar de** con **carecer**: *Algunos pronombres relativos pueden faltar de antecedente*. Correcto: *Algunos pronombres relativos pueden **carecer** de antecedente*.

faltriquera. sust. f. → **faldriquera**

falucho. sust. m. 'Embarcación'. Argent. 'Sombrero de dos picos y ala abarquillada que usaban los jefes militares y los diplomáticos en las funciones de gala'.

familia. sust. f. Es un vulgarismo usar esta voz con el sentido de **pariente** o de **familiar**: *Es familia mía*. Correcto: *Es **familiar** o **pariente** mío*. Aumentativo: **familión** (sust. m.). Abreviatura de **familia** y **familiar**: ***fam***.

familiarizar. v. tr. 'Hacer familiar una cosa'. v. prnl. 'Acomodarse al trato familiar de uno'; 'Adaptarse a alguna circunstancia o cosa'. Rég. prep.: **familiarizar** o **familiarizarse con** (***familiarizar** o **familiarizarse con** otro*). → **cazar**

fámulo. sust. m. 'Sirviente'; 'criado doméstico'. Su femenino es **fámula**.

♦ **fan.** Anglicismo por **admirador, ra**, o, en los deportes, **hincha**.

♦ **fané.** Galicismo. En español, corresponde decir **ajado, estropeado, mustio.**

fanatizar. v. tr. 'Provocar o causar fanatismo'. → **cazar**

fanfarronear. v. intr. Puede decirse, también, **fanfarrear** (v. intr.). La Academia prefiere la primera forma. No deben pronunciarse [fanfarroniar, fanfarronié; fanfarriar, fanfarrié]. → **-ear**

♦ **fantaciencia.** Italianismo por **ciencia ficción.** → **ciencia**

fantasma. sust. m. 'Visión quimérica o de la imaginación'; 'visión de una persona muerta'; 'persona presuntuosa'. Se usa en aposición de otro sustantivo para indicar 'la inexistencia o el carácter falso de algo' (*venta **fantasma**; triunfo **fantasma***). Cuando esta voz significa 'espantajo o persona disfrazada que sale por la noche para asustar a la gente', es del género femenino. El uso, sin embargo, se inclina, en todos los casos, por el género masculino.

faquir. sust. m. 'Asceta musulmán o de otras sectas hindúes'. No debe escribirse *fakir*. El plural es **faquires.**

farad. sust. m. Se usa en la nomenclatura internacional; equivale a **faradio.** Símbolo: ***F***

farmacéutico, ca. adj. 'Perteneciente a la farmacia'. sust. m. y f.: **el farmacéutico, la farmacéutica.** La Academia acaba de aceptar, como equivalente regional, propio de algunos países americanos, la forma **farmaceuta** (sust. com.): **el farmaceuta, la farmaceuta.**

farol. sust. m. Su diminutivo es **farolillo.** El aumentativo: **farolón.** El sustantivo femenino **farola** es un 'farol grande, generalmente, con brazos', y **farolazo**, el 'golpe dado con un farol'. Los faroles se fabrican o se venden en la **farolería** (sust. f.) y su 'fabricante o vendedor' es el **farolero** (sust. m.), quien también era el 'encargado del cuidado de los faroles del alumbrado público'. La Academia no registra femenino para este sustantivo. Salvo **farola** y **farolazo**, estas voces tienen un sentido figurado: **farol** ('hecho o dicho jactancioso'), **farolería** ('acción propia de persona farolera'), **farolón** ('vano, ostentoso') y el adjetivo **farolero, ra** ('amigo de llamar la atención'). Incorrecto: *farol a gas*. Correcto: ***farol de gas***.

farolear. v. intr. fam. 'Fachendear o papelonear'. No debe pronunciarse [faroliar, farolié]. Significa lo mismo que **farandulear** (v. intr.), menos frecuente y con el que se comete el mismo error de pronunciación. → **-ear**

farrear. v. intr. Argent., Chile, Perú y Urug. 'Andar de farra o de parranda'. No debe pronunciarse [farriar, farrié]. → **-ear**

farrista. adj. fam. Argent., Par. y Urug. 'Juerguista, aficionado a la farra'. Ú. t. c. sust. com.: **el farrista, la farrista.**

farsante. sust. m. 'Comediante'. Su femenino es **farsanta.** adj. fig. y fam. 'Dícese de la persona que finge lo que no siente o pretende pasar por lo que no es' (*Es un hombre **farsante**; Es una mujer **farsante***). Ú. m. c. sust.; en este caso, el femenino es **farsanta**, de acuerdo con la última edición del ***Diccionario*** (*Es un **farsante**; Es una **farsanta***).

farsista. sust. com.: **el farsista, la farsista** ('autor o autora de farsas').

fascículo. sust. m. 'Cuaderno'. Equivale a **entrega** (*La obra se compone de diez **fascículos***). Repárese en su grafía y en la pronunciación (con **sc**). Abreviatura: ***fasc.***

fascinar. v. tr. Su acepción más frecuente es la figurada de 'atraer irresistiblemente'. Repárese en su grafía (con **sc**), al igual que en la de otras palabras de la misma familia: **fascinación** (sust. f.), **fascinador, ra** (adj.), **fascinante** (p. a. de **fascinar** y adj.). → **copar**

fascista. adj. 'Perteneciente o relativo al fascismo'; 'partidario de esa doctrina'. Ú. t. c. sust. com.: **el fascista, la fascista.** Repárese en su grafía, al igual que en la de **fascismo**, ambas con **sc.** El ***Diccionario*** no registra *fachista*.

fase. sust. f. Su plural, **fases**, no debe confundirse con el de **faz** (sust. f.), **faces.** → **faz**

fastidiar. v. tr. Ú. t. c. prnl. Rég. prep.: **fastidiar** o **fastidiarse a** (***fastidiar** o **fastidiarse al** correr*); **fastidiar** o **fastidiarse con** (***fastidiar** o **fastidiarse con** algo o **con** alguien*); **fastidiarse de** (***fastidiarse de** todo*). Se conjuga, en cuanto al acento, como **cambiar.** Por ultracorrección, no es infrecuente oír la pronunciación y la conjugación incorrectas [fastidear]. Del verbo que anotamos, deriva el adjetivo **fastidioso, sa** ('enfadoso, inoportuno'; 'disgustado'). La Academia no registra el adjetivo **fastidiado, da**, pero lo usa en la definición del adjetivo que consignamos arriba, como sinónimo de **disgustado**. Su significado es deducible de los valores semánticos del verbo y de su participio pasado, en particular los de 'molestar'. No es, por tanto, incorrecto decir: *Inés anda **fastidiada** del estómago.*

fasto, ta. adj. 'Feliz, venturoso'. El antónimo de la acepción consignada es **nefasto, ta** (adj.). En plural, **fastos** significa, comúnmente, 'serie de sucesos cronológicos'. → **fausto**

fatal. adj. 'Perteneciente al hado, inevitable' (*Fue una circunstancia **fatal***). 'Desgraciado' (*Fue un encuentro **fatal***). No debe usarse como sinónimo de **mortal**: *Tuvo un accidente fatal*. Correcto: *Tuvo un accidente **mortal***. La Academia ha aceptado el uso adverbial de este vocablo, 'rematadamente mal' (*Lo hiciste **fatal**; Lo pasamos **fatal***).

fatigar. v. tr. 'Causar fatiga'. Ú. t. c. prnl. 'Molestar'. Rég. prep.: **fatigar** o **fatigarse con** (***fatigar** o **fatigarse con** ejercicios*); **fatigarse de** (***fatigarse de** leer; **de** nada*); **fatigarse en** (***fatigarse en** tonterías*); **fatigarse por** (***fatigarse por** el triunfo*). → **pagar**

fatigoso, sa. adj. 'Agitado' (*respiración **fatigosa***); 'que causa fatiga' (*cuesta **fatigosa***). La Academia no registra **fatigado, da**, como adjetivo, pero su uso es normal con los significados del participio pasado del verbo **fatigar** (*Ando **fatigada**; **Fatigado** de tus reproches, no te escucharé más*).

fauces. sust. f. pl. 'Parte posterior de la boca de los mamíferos'. Es incorrecto emplear esta palabra en singular: *Alcancé a ver su fauce*. Correcto: *Alcancé a ver sus **fauces***. → **plural (pluralia tantum)**

fauna. sust. f. colect. 'Conjunto de los animales de un país o región'. No debe confundirse con el sustantivo masculino **fauno**, 'semidiós mitológico'; 'hombre lascivo'.

faunesco, ca. adj. 'Propio del fauno'. No debe confundirse con **fáunico, ca** (adj.), 'propio de la fauna', es decir, 'de los animales', ni con **fáustico, ca** (adj.), 'perteneciente o relativo a Fausto, personaje de una obra de Goethe'.

fausto. sust. m. 'Grande ornato y pompa exterior'; 'lujo extraordinario' (*Celebramos la fecha patria con singular **fausto**; Vive con gran **fausto***). No debe confundirse semánticamente con **fausto, ta**.

fausto, ta. adj. 'Feliz, afortunado'. Con este significado, es sinónimo de **fasto, ta** (adj.). La Academia prefiere la primera forma (*Celebramos un **fausto** acontecimiento*). Su antónimo es **infausto** (adj).

fautor. sust. m. 'El que ayuda o favorece a otro'. Su femenino es **fautora**. Se usa hoy, según anota la Academia, generalmente con sentido peyorativo. No debe confundirse con **autor, autora** (sust. m. y f.).

fautoría. sust. f. 'Ayuda, favor, socorro que se concede a alguno'. Es voz recién incorporada en el ***Diccionario***.

favela. sust. f. Voz que procede del portugués. Ha sido recién acogida en el ***Diccionario***, como americanismo. Significa 'choza, vivienda pobre'.

favor. sust. m. 'Ayuda, socorro que se concede a uno'; 'honra, beneficio, gracia'. Méj. Seguido de la preposición **de** y un infinitivo, equivale a **hazme, hágame**, etc., **el favor de** (***favor de** contestar*). **a favor de**. loc. prepos. 'En beneficio y utilidad de alguien' (*Falló **a favor del** acusado*); 'con la ayuda de' (*Navega **a favor del** viento*). **de favor**. loc. adj. 'Gratuitamente' (*Le dio una entrada **de favor***). **en favor de**. loc. prepos. 'En beneficio y utilidad de alguien'. **tener** uno **a su favor** a alguien o algo. fr. 'Tenerlo de su parte' (***Tiene** varios colegas **a su favor***).

favorable. adj. Rég. prep.: **favorable a** (***favorable a** pocos*); **favorable para** (***favorable para** nosotros*).

favorecedor, ra. adj. 'Que favorece'. Ú. t. c. sust. m. y f.: **el favorecedor, la favorecedora**.

favorecer. v. irreg. tr. Ú. t. c. prnl. Rég. prep.: **favorecerse de** (***favorecerse de** una situación, **de** los amigos*). Se conjuga como **parecer**.

favorecido, da. p. de **favorecer**. La Academia no lo registra como adjetivo, pero lo usa como tal, al definir **favorido, da** (adj. desus.), que significa lo mismo. Rég. prep.: **favorecido de** (***favorecido de** la buena suerte*); **favorecido por** (***favorecido por** todos*). Ú. t. c. sust. m. y f., aunque la Academia no lo registre: **el favorecido, la favorecida**.

favorito, ta. adj. 'Apreciado con preferencia' (*Es mi número **favorito***). 'Persona, animal o entidad a que se atribuye la mayor probabilidad de ganar en una competencia'. Ú. t. c. sust. m. y f.: **el favorito, la favorita**. En su uso sustantivo, significa, también, 'persona que tiene la privanza del rey o de un poderoso'. Rég. prep.: **favorito de** (*Es un **favorito de** los dioses*; *Es la **favorita de** la carrera*).

fax. sust. m. Abreviación de **telefax**, forma que la Academia prefiere. En plural, no varía: **los fax**. Es voz recién incorporada en el ***Diccionario***. → **telefax**

faz. sust. f. 'Rostro, cara'; 'superficie, vista o lado de una cosa'. En otra de sus acepciones, es sinónimo de **anverso** o 'cara principal de monedas y medallas'. Plural: **faces**. Repárese en que la **z** cambia por **c**. No debe confundirse con **fases**, plural de **fase** (sust. f.).

fe. sust. f. No se escribe con tilde, por tratarse de un monosílabo. Plural: **fes** (*fees* es incorrecto). **buena fe**. 'Recta intención, honradez'. **mala fe**. 'Intención alevosa, doblez' (*Lo hizo con **buena fe**; Lo hizo con **mala fe***). En ambos sintagmas, puede usarse el superlativo relativo, que se forma con el comparativo de los respectivos adjetivos: *Lo hizo con **la mejor fe** del mundo*; *Lo hizo con **la peor fe** imaginable*. Pero se incurre en pleonasmo, cuando se dice: *con la mejor buena fe* o *con la peor mala fe*.

febrero. sust. m. 'Segundo mes del año'. Tiene veintiocho o veintinueve días (*El mes de **febrero** tiene veintinueve días en los años bisiestos*). Se escribe, al igual que los otros meses, con minúscula. Diminutivo: **febrerillo**. Abreviatura: ***febr.*** o ***feb.º***

febrífugo, ga. adj. 'Que quita la fiebre'. Ú. t. c. sust. m. (*Le administró un **febrífugo***). Puede decirse, también, **antipirético** o **antifebril** (adjs. Ú. t. c. susts.) pero no *antifebrífugo*, que, además de ser un barbarismo semántico, denotaría exactamente lo contrario.

febril. adj. 'Perteneciente o relativo a la fiebre'. Sobre este adjetivo se ha formado el compuesto **antifebril** (adj. Ú. t. c. sust. m.), 'medicamento eficaz contra la fiebre'. Significa, también, 'ardoroso, vehemente' (*actividad **febril***).

fecha. sust. f. Se construye con la preposición **a**, sólo si es complemento de **estar** (*Estamos **a** 15 del mes*) o si nombra la fecha sin artículo e indica una circunstancia de tiempo (*Expedido en Córdoba, **a** 15 de abril de 1930*). Puede construirse con otras preposiciones o locuciones prepositivas, según convenga a la fecha que se quiera indicar, con la palabra **día** o sin ella: ***alrededor del*** (*día*) *5*; ***hacia** el* (*día*) *5*; ***hasta** el* (*día*) *5*; ***para** el* (*día*) *5*; ***sobre** el* (*día*) *5*. Cuando se menciona el mes, el año o ambos, lleva la preposición **en**: *Escrito **en** abril*; *Escrito **en** 1930*; *Escrito **en** abril de 1930*. La data de una carta, nota o documento se construye, generalmente, sin ninguna preposición que preceda al número que indica el día (*Buenos Aires, 15 de abril de 1930*), aunque puede llevar **a** (*Buenos Aires, **a** 15 de abril de 1930*); en este caso cobra cierta solemnidad que no es habitual en la vida corriente. Hoy, lo normal es escribir, primero, el día y, después, el mes y el año (*15 de abril de 1930*), pero en épocas anteriores, esta modalidad alternaba, con mayor o menor fortuna, con la de consignar, primero, el mes y, después, el día y el año (*abril, 15 de 1780*), costumbre que ha perdurado en algunas regiones de América, hasta el presente, pero, sobre todo, por influencia del inglés. Debe evitarse. El nombre del día de la semana y del mes se escriben, modernamente, con minúscula, y el año, sin punto detrás de los millares. Incorrecto: *1.994*. → **primero, uno, número**

fecundador, ra. 'Que fecunda'. También puede decirse **fecundizador, ra** (adj.).

fecundizar. v. tr. 'Fertilizar'. → **cazar**

fecundo, da. adj. Rég. prep.: **fecundo de** (***fecundo de** ciencia, **de** palabras*); **fecundo en** (***fecundo en** ideas*).

♦ **fedayín.** Es voz árabe plural (el singular es "feday"), de modo que no debe decirse *fedayines*. Significa 'guerrilleros palestinos'. Si se la usa, debe entrecomillarse.

federal. adj. Equivale a **federativo**. Cuando equivale a **federalista** ('partidario del federalismo'), se aplica a personas y ú. t. c. sust. com.: **el federal, la federal**.

federativo, va. adj. 'Perteneciente o relativo a la federación'; 'aplícase al sistema de gobierno de muchos Estados'. En esta segunda acepción, puede reemplazarse por **federal** (*sistema federal de gobierno*; *país federal*).

feérico, ca. adj. 'Relativo a las hadas, maravilloso, mágico'. Esta voz, tildada hasta hace poco de galicismo, acaba de tener ingreso en el ***Diccionario***.

féferes. sust. m. pl. Regionalismo propio de varios países americanos, 'bártulos, baratijas, trastos'. No se usa en la Argentina. Es voz de reciente incorporación académica. → **plural (pluralia tantum)**

Feijoo. sust. pr. Modernamente, no lleva tilde sobre la primera **o**, según algunos lo siguen escribiendo: *Feijóo*. → **Campoo**

félido, da. adj. 'Dícese de ciertos mamíferos, como el león o el gato'. Ú. t. c. sust. m. (*Mi gata es un **félido***). En plural, úsase como sustantivo masculino para designar la 'familia de estos animales' (*El gato pertenece a los **félidos***). → **felino**

feligrés. sust. m. Su femenino es **feligresa**. Es un vulgarismo decir *filigrés*, *filigresa*.

felino, na. adj. 'Relativo al gato'; 'que parece propio de gato'. 'Dícese de los animales que pertenecen a la familia de los félidos'. Ú. t. c. sust. m. (*La gata es un **felino***).

felpa. sust. f. 'Tejido que tiene pelos por el haz'. fig. y fam. 'Zurra'. fig. y fam. 'Reprensión áspera'. Con este último significado, se usa, en la Argentina y en el Uruguay, **felpeada**, voz admitida como regional por la Academia. Diminutivo de **felpa**: **felpilla**.

felpear. v. tr. fam. Argent. y Urug. 'Reprender ásperamente a una persona'. No debe pronunciarse [felpiar, felpié]. → **-ear, felpa**

femenino, na. adj. 'Relativo a las mujeres o propio de ellas' (*revista **femenina***); 'que posee los rasgos propios de la feminidad' (*actitud **femenina***). También puede decirse **femenil** (adj.). Aplicado al género gramatical, se usa como sustantivo masculino (*El **femenino** de rinoceronte es abada*). → **género**

fémina. sust. f. 'Mujer, persona del sexo femenino'.

femineidad. sust. f. 'Cualidad de femenino'. Incorrecto: *femeneidad*. Procede de **femíneo, a** (adj.), por eso conserva la **e** antes del sufijo **-idad**. Pero puede decirse, igualmente, **feminidad**, que procede de **fémina** o de la reducción de un hipotético "femeninidad". No es intercambiable con **feminidad** cuando significa, como término técnico del ámbito jurídico, 'cualidad de ciertos bienes pertenecientes a la mujer'. → **feminidad, -dad**

feminidad. sust. f. Además de denotar lo mismo que **femineidad**, salvo en la aplicación técnico-jurídica de este adjetivo, significa 'estado anormal del varón en que aparecen uno o varios caracteres sexuales femeninos', en que no es intercambiable con el citado adjetivo: *Tiene algunos rasgos de **feminidad***. Incorrecto: *Tiene algunos rasgos de femineidad*. → **femineidad**

feminista. adj. Ú. t. c. sust. com.: **el feminista, la feminista**.

fémur. sust. m. 'Hueso del muslo'. Es palabra grave. En plural, se transforma en esdrújula: **fémures**.

fenecer. v. irreg. tr. p. us. 'Poner fin a una cosa, concluirla'. v. intr. 'Morir, fallecer'. Se conjuga como **parecer**.

fénix. sust. m. 'Ave fabulosa'. Hoy se usa siempre como voz del género masculino, pero antiguamente se usaba también como voz del género femenino (*la **fénix**, una **fénix***). En plural, no varía: **los fénix**.

fenomenal. adj. 'Perteneciente o relativo al fenómeno'; 'que participa de su naturaleza' (*Sus inmensos pies son una nota **fenomenal** que distorsiona toda su figura*). fam. 'Tremendo, muy grande' (*nariz **fenomenal***). fig. 'Estupendo, admirable, muy bueno' (*Es un tío **fenomenal***). adv. m. Equivale a **estupendamente** (*Lo pasamos **fenomenal** anoche*). → **fenómeno**

fenómeno. sust. m. El uso de esta voz como adjetivo figurado y familiar, con el significado de 'muy bueno, magnífico, sensacional' o como adverbio, también figurado y familiar, ha sido recién incorporado, para dichos niveles de lengua, por la Academia (*Es un padre **fenómeno***; *Vivimos **fenómeno***). Con estas funciones se registra, también, **fenomenal** (adj. y adv. m.), que es menos coloquial (*Es una madre **fenomenal***; *Vivimos **fenomenal***). → **fenomenal**

feo, a. adj. Aumentativo: **feote, ta**. Ú. t. c. sust. m. fam. 'Desaire' (*Le hizo un **feo***). No registra la Academia, en cambio, el uso adverbial, tan común en América, con el significado de 'mal': *Lo pasamos feo*; *Huele feo*. Correcto: *Lo pasamos **mal***; *Huele **mal***. → **feúcho**

feriado, da. p. de **feriar**. adj. Úsase en el sintagma **día feriado**, que, según la Academia, significa tan sólo 'aquel en que están cerrados los tribunales'. No debe usarse, en consecuencia, como equivalente de **día festivo**. → **festivo**

feriar. v. tr. 'Comprar en la feria'; 'comprar, vender, permutar'. Con el significado, poco usual, de 'regalar', ú. t. c. prnl. v. intr. p. us. 'Suspender el trabajo por uno o varios días, haciéndolos como feriados o de fiesta'. Se conjuga, en cuanto al acento, como **cambiar**.

fermio. sust. m. 'Elemento radiactivo artificial'. Símbolo: ***Fm***

-fero, ra. elem. compos. de or. lat. 'Que lleva, contiene o produce' (***mamífero***, ***armífero***).

férreo, a. adj. 'De hierro o que tiene sus propiedades' (*vía **férrea***). fig. 'Duro, tenaz' (*carácter **férreo***). Carece de inflexión superlativa (*ferrísimo, ma* es incorrecto); debe decirse ***muy férreo***, ***muy férrea***.

ferretería. sust. f. 'Comercio donde se venden principalmente objetos de metal'. Quien los vende es el **ferretero** o la **ferretera** (sust. m. y f.). Es, también, un sustantivo colectivo, 'conjunto de objetos de hierro que se venden en las ferreterías'. Equivale, además, a **ferrería** (sust. f.), 'taller en que se reduce el hierro a metal'.

ferrocarril. sust. m. Puede decirse, también, **ferrovía** (sust. f.). Su abreviatura es ***F.C.*** o ***f.c.***

♦ **ferrotour.** Galicismo muy usado en la actividad turística. Dado que la Academia ha registrado la segunda parte del compuesto con la grafía **tur**, puede admitirse **ferrotur** (sust. m.) como voz correctamente formada y equivalente válido del extranjerismo que anotamos. → **tur**

ferroviario, ria. adj. 'Perteneciente a las vías férreas'. sust. m. 'Empleado de ferrocarriles'. La Academia no registra el femenino. En algunos países de América –poco en la Argentina–, se usa, en su reemplazo, **ferrocarrilero, ra** (adj. Ú. t. c. sust. m. y f.), admitido como regionalismo por la Academia.

♦ **ferry.** Anglicismo (abreviación de *ferryboat*). En español debe usarse **transbordador** o **trasbordador**.

fértil. adj. Plural: **fértiles**. Rég. prep.: **fértil de** o **en** (***fértil de*** o ***en vegetales***). La Academia no registra el superlativo *fertilísimo, ma*. Corresponde usar ***muy fértil*** o ***ubérrimo, ma*** (adj. superl.).

fertilizador, ra. adj. También puede decirse **fertilizante** (p. a. de **fertilizar**).

fertilizar. v. tr. 'Fecundizar la tierra'. → **cazar**

ferviente. adj. fig. 'Fervoroso'. Su superlativo es **fervientísimo, ma** (adj.). También se registra la forma culta **ferventísimo, ma.**

fervorizar. v. tr. p. us. 'Infundir fervor'. Ú. t. c. prnl. → **cazar**

festival. sust. m. Voz inglesa (*festival*) españolizada. 'Fiesta musical'. Es sustantivo colectivo con la denotación de 'conjunto de representaciones dedicadas a un artista o a un arte'.

festivo, va. adj. 'Chistoso, agudo'; 'alegre, regocijado'; 'digno de celebrarse'. En el sintagma **día festivo**, significa 'fiesta oficial que no cae en domingo'. La expresión que denota lo contrario es **día laborable**. → **feriado**

festonar. v. tr. Significa lo mismo que **festonear**. La Academia prefiere esta última voz.

festonear. v. tr. 'Adornar con festón'; 'bordar festones'. No debe pronunciarse [festoniar, festonié]. → **ear**

feta. sust. f. Argent. 'Lonja de fiambre' (*Compré seis **fetas** de jamón*). Este regionalismo ha sido recién registrado en el ***Diccionario***.

fetén. adj. invar. fam. 'Sincero, auténtico, verdadero, evidente'; 'estupendo, excelente'. **la fetén**. expr. fam. 'La verdad'. Casi no se usa en la Argentina. Es voz de reciente registro académico.

fetiche. sust. m. 'Ídolo u objeto al que se atribuyen poderes sobrenaturales'. Repárese en su género (*Trae un **fetiche** al cuello*).

fetichista. adj. 'Perteneciente al fetichismo'. sust. com.: **el fetichista, la fetichista**.

feúcho, cha. adj. despect. fam. A veces, se usa con carácter afectuoso y se aplica tanto a personas como a cosas. Repárese en que lleva tilde. Puede decirse, también, **feúco, ca**. → **feo**

fez. sust. m. 'Gorro de fieltro rojo, con forma de cubilete, usado por los moros y por los turcos'. Plural: **feces**. Repárese en que la **z** cambia por **c**.

fiaca. sust. f. fam. Argent. 'Pereza, desgano'. adj. 'Perezoso, indolente'. La A.A.L. ha recomendado la inclusión de esta voz en el ***Diccionario***.

fiador, ra. sust. m. y f.: **el fiador, la fiadora**. sust. m. Entre otros significados, tiene los de 'pasador interno de puertas'; 'cordón que llevan algunos objetos para evitar que se pierdan o caigan al usarlos, como el del sable, etc.'.

fiambrera. sust. f. Además de otras acepciones comunes con el español general, en la Argentina y en el Uruguay, vale por **fresquera** (sust. f.), 'especie de jaula que se coloca en sitio ventilado para conservar alimentos'.

fiambrería. sust. f. And., Argentina y Urug. 'Negocio donde se venden fiambres'. Quien los vende es el **fiambrero** o la **fiambrera** (sust. m. y f.), voces de correcta formación, pero sin registro en el ***Diccionario***. No pueden tildarse de incorrectas.

fiar. v. tr. Ú. t. c. prnl. y c. intr. en algunas de sus acepciones. Rég. prep.: **fiar o fiarse de** (***fiar*** *o* ***fiarse de*** *algo* o ***de*** *alguien*); **fiar** o **fiarse en** (***fiar*** *o* ***fiarse en*** *la palabra de alguien*, ***en*** *un amigo*). Se conjuga, en cuanto al acento, como **guiar**.

-ficar. elem. compos. de or. lat. que, a modo de sufijo, sirve para formar verbos que significan 'hacer, convertir en, producir' (*petri**ficar***, *codi**ficar***, *edi**ficar***, *momi**ficar***). Es forma sufija de reciente introducción en el ***Diccionario***.

ficción. sust. f. 'Acción y efecto de fingir'; 'invención, cosa fingida'. Esta segunda acepción es reciente. → **ciencia ficción**

fichar. v. tr. La Academia ha enriquecido recientemente los significados de este verbo con nuevas acepciones, entre ellas, 'anotar en fichas los datos que interesan'; 'contratar a un deportista para que forme parte de un equipo o club'; 'marcar en una ficha, por medio de un reloj, la hora de entrada y salida del personal'.

-fico, ca. elem. compos. de or. lat. que actúa a modo de sufijo y sirve para formar sustantivos o adjetivos de agente. 'Que hace, produce o convierte en' (*lapidí**fico***). Es forma sufija de reciente incorporación académica.

fideero. sust. m. Su femenino es **fideera**. Incorrecto: <u>*fidelero*</u>. La Academia no registra **fideería** (sust. f.), de correcta formación.

fideicomiso. sust. m. Se registra, también, la forma **fidecomiso**. La Academia y la literatura jurídica prefieren la primera. En sus derivados, se conserva siempre el diptongo **ei**: **fideicomisario, ria** (adj. Ú. t. c. sust. m. y f.) y **fideicomitente** (sust. com.).

fiel. adj. Rég. prep.: **fiel a** (***fiel a*** *sus principios*, ***a*** *sus amigos*); **fiel con** o **para con** (***fiel con*** *o* ***para con*** *sus amigos*); **fiel en** (***fiel en*** *todo*). Su superlativo es **fidelísimo, ma**. Es incorrecto <u>*fielísimo, ma*</u>. Ú. t. c. sust. com.: **el fiel, la fiel** ('creyente'). sust. m. 'El cargo homónimo'; 'aguja de las balanzas'; 'clavillo que asegura las hojas de las tijeras', etc. Plural: **fieles**.

fiero, ra. adj. 'Relativo a las fieras'; 'duro, agreste, intratable'; 'grande, excesivo, descompasado'; 'horroroso, terrible'; 'feo'. Usar este adjetivo por **orgulloso** o **altivo** es un galicismo semántico, connotación de la que carece, igual que su derivado **fiereza** (sust. f.).

figura. sust. f. Entre sus múltiples acepciones, la Academia registra la de 'personaje o persona ilustre', antes tildada de anglicismo (*Cajal es una **figura** de la ciencia médica*). Diminutivos: **figurín** (sust. m.), **figurilla**, **figurita**. Aumentativo: **figurón** (sust. m.).

figurante. p. a. de **figurar**. sust. m. 'Comparsa de teatro'. sust. com. 'Persona que forma parte de la figuración de una película': **el figurante, la figurante**. La Academia registra, también, **figuranta** (sust. f.) para 'comparsa de teatro' y para el femenino de 'figurante'.

figurilla. sust. f. d. de **figura**. Sust. com. fam. 'Persona pequeña y ridícula': **el figurilla, la figurilla**.

figurín. sust. m. 'Dibujo o modelo pequeño para los trajes o adornos de moda'; 'arquetipo de la moda'. La Academia no registra la acepción, tan común, de 'revista de modas'.

figurinista. sust. com. 'Persona que se dedica a hacer modelos pequeños para los trajes o adornos': **el figurinista, la figurinista.**

figurita. sust. f. Argent. 'Estampa con que juegan los niños'. Equivale a **cromo** (sust. m.) del español general.

figurón. sust. m. aum. de **figura**. 'Hombre que aparenta más de lo que es'; 'protagonista ridículo o pintoresco de una variedad de comedia de carácter, llamada **de figurón**, muy común en el teatro español del siglo XVII'.

fijación. sust. f. 'Acción y efecto de fijar o fijarse'. La Academia no registra la acepción que equivale a **obsesión**.

fijador, ra. adj. 'Que fija'. sust. m. 'Preparación para asentar el cabello'. Sus equivalentes son **fijapelo** (sust. m.) y **laca** (sust. f.). El 'líquido para fijar fotografías o dibujos' es el **fijativo** (sust. m.).

fijar. v. tr. En algunas acepciones, se usa como pronominal. Rég. prep.: **fijar** o **fijarse en** (*fijar en las paredes*; *fijarse en detalles*). Tiene dos participios, uno regular (***fijado***) y otro irregular (***fijo***). Conserva la **j** en toda la conjugación.

fijo, ja. p. irreg. de **fijar**. adj. 'Firme, asegurado' (*fijo en la pared*); 'permanentemente establecido' (*sueldo fijo*; *días fijos*). sust. f. Argent. 'En el lenguaje hípico, competidor al que se adjudica un triunfo seguro' (*La segunda carrera es una fija*). Argent. 'Por ext., información pretendidamente cierta respecto de algún asunto controvertido o posible' (*Su nombramiento es una fija*). **a la fija**. loc. adv. Chile y Urug. 'Con seguridad'. **de fijo**. loc. adv. 'Seguramente'. **en fija**. loc. adv. Argent. y Urug. 'Con seguridad'.

filantropía. sust. f. 'Amor al género humano'. Puede decirse, también, **filantropismo** (sust. m.). Es incorrecto pronunciar [filantropia]. Su antónimo es **misantropía** (sust. f.).

filántropo. sust. com.: **el filántropo, la filántropo**. Es incorrecto usar <u>*filántropa*</u> para el femenino. Sus opuestos son **misántropo** y **misántropa** (sust. m. y f.).

filarmónico, ca. adj. 'Apasionado por la música' (*sociedad **filarmónica***; *orquesta **filarmónica***). Ú. t. c. sust. m. y f.: **el filarmónico, la filarmónica**. El uso de esta voz como sustantivo femenino carece de registro académico (*la **Filarmónica** de Berlín*).

filatélico, ca. adj. 'Relativo a la filatelia' (*concurso **filatélico***). sust. m. y f. 'Coleccionista de sellos' (*Es una **filatélica** empedernida*). El adjetivo **filatelista** (Ú. t. c. sust. com.) agrega, a la connotación antes apuntada, la de 'estudioso de sellos'.

filete. sust. m. Voz francesa (*filet*) españolizada. Entre otras acepciones, 'lonja delgada de carne magra o de pescado' y 'línea fina que sirve de adorno'. No debe decirse <u>*filet*</u> ni <u>*filé*</u>. Plural: **filetes**.

filetear. v. tr. 'Adornar con filetes'. De este verbo derivan los argentinismos **fileteado, da** (adj.), 'artesanía que consiste en pintar filetes de ornamentación' (*La carrocería del colectivo estaba **fileteada** en blanco y rojo*), y **fileteador** (sust. m.), 'artesano que se dedica a la pintura de filetes'. No deben pronunciarse [filetiar, filetié], [filetiado], [filetiador]. → **-ear**

-filia. elem. compos. de or. gr. que, a modo de sufijo, sirve para formar derivados. 'Amante de' (***bibliofilia***, ***anglofilia***).

filial. adj. 'Relativo al hijo' (*amor **filial***); 'aplícase al establecimiento que depende de otro'. Ú. t. c. sust. f. (*La empresa tiene muchas **filiales***).

filicida. sust. com.: **el filicida, la filicida.** Ú. t. c. adj.

filigranista. sust. com.: **el filigranista, la filigranista**. Es voz de reciente incorporación en el ***Diccionario***.

filis. sust. f. 'Habilidad, gracia y delicadeza en hacer o decir las cosas' (*Tiene **filis***). Puede usarse como equivalente del anglicismo *feeling*. En plural, no varía: **las filis**.

filisteo, a. adj. Además de su uso como gentilicio, significa 'persona de espíritu vulgar, de escasos conocimientos y poca sensibilidad artística' (Ú. m. c. sust. m.). sust. m. fig. 'Hombre de mucha estatura y corpulencia'.

film o **filme.** sust. m. 'Película cinematográfica'. La Academia admite actualmente las dos formas, si bien prefiere la segunda. Plural: **filmes**. Es voz de origen inglés (*film*) que ha dado numerosos derivados en español: **filmación**

(sust. f.), **filmador, ra** (adj. Ú. t. c. sust. m. y f.), **filmadora** (sust. f.), **filmar** (v. tr.), **fílmico, ca** (adj.), **filmina** (sust. f.), **filmografía** (sust. f.), **filmoteca** (sust. f.). También, algunos compuestos (**microfilme**, **telefilme**, etc.).

filo. sust. m. 'Arista o borde agudo'; 'punto o línea que divide una cosa en dos partes iguales'. Argent. 'Persona con quien se flirtea'. **al filo de**. loc. prepos. 'Muy poco antes o después' (***al filo de** la medianoche*).

filo- o **-filo, la.** elem. compos. de or. gr. que sirve, a modo de prefijo o de sufijo, respectivamente, para formar compuestos o derivados, 'amigo, amante de' (***filo**soviético, franco**filo***).

filólogo. sust. m. Su femenino es **filóloga**.

filosofía. sust. m. 'Ciencia que trata de la esencia, propiedades, causas y efecto de las cosas naturales'; 'conjunto de doctrinas que, con este nombre, se aprenden en instituciones de enseñanza'; 'disciplina dedicada en las universidades a la ampliación de estos conocimientos'. Tiene, también, la acepción figurada de 'serenidad o fortaleza de ánimo para soportar las vicisitudes de la vida'. Se abusa, en general, de esta palabra y se la emplea por **criterio**, **fundamento**, **finalidad**, etc.

filósofo, fa. adj. p. us. sust. m. y f.: **filósofo** y **filósofa**. Su despectivo es **filosofastro** (sust. m.), 'falso filósofo', forma para la que la Academia no registra femenino.

fin. sust. amb. 'Término, remate o consumación de una cosa' (***el fin*** o ***la fin** del mundo*). Ú. m. c. m. (***El fin** está cerca*). 'Objetivo' (*Tal es mi **fin***). fig. **fin de semana**. 'Período que comprende, generalmente, el sábado y el domingo'. No debe usarse, en su reemplazo, el anglicismo *weekend*. **a fin de**. loc. conjunt. final; **a fin de que**. loc. conjunt. final. Ambas significan 'con el objeto de que'; 'para que'. La primera se une al infinivo: *Lo dije **a fin de** llamar la atención*. La segunda, al subjuntivo: *Lo hice **a fin de que** escarmientes*. Construir esta última locución sin la preposición **de** es incorrecto, un caso de "queísmo": *Lo hice a fin que escarmientes*. En uno y otro caso, puede usarse **con el fin de** o **con el fin de que**, de similar significado e igual construcción. **sin fin**. loc. fig. 'Sin número, innumerable' (*Pone ejemplos **sin fin***). → **sinfín**

final. adj. 'Que remata, cierra o perfecciona una cosa' (*acto **final**; punto **final***). sust. m. 'Fin' (*Es el **final***). sust. f. 'Última y decisiva competición en un campeonato o concurso' (***La final** de fútbol se jugará mañana*).

finalista. sust. com.: **el finalista**, **la finalista**. adj. 'Personas u obras que llegan, en un concurso literario, a la votación definitiva' (*Los autores **finalistas** del certamen deben presentarse hoy*).

♦ **finalización.** Voz sin registro académico. Debe decirse: **terminación**, **final**, **conclusión**, **remate**, **fin**, etc.

finalizar. v. tr. 'Concluir una obra; darle fin'. v. intr. 'Extinguirse, acabarse una cosa'. Se abusa de este verbo, habiendo tantos otros en español para expresar el mismo concepto: **acabar**, **concluir**, **finiquitar**, **terminar**, **rematar**, etc. → **cazar**

financiar. v. tr. La 'acción y efecto' de este verbo es **financiación** (sust. f.) o **financiamiento** (sust. m.). Se conjuga, en cuanto al acento, como **cambiar**.

financiero, ra. adj. sust. m. y f. 'Persona versada en la teoría o en la práctica de cuestiones bancarias, bursátiles o del mundo de los negocios' (*Se ha destacado como **financiero** o como **financiera***). En su reemplazo, no debe emplearse *financista*, sin registro académico.

finanzas. sust. f. pl. 'Caudales, bienes'; 'hacienda pública'. Obsérvese que se usa siempre en plural (*Su especialidad son las **finanzas** públicas; Mis **finanzas** andan mal*). → **plural** (**pluralia tantum**)

fingir. v. tr. Ú. t. c. prnl. → **dirigir**

fino, na. adj. 'Delicado'; 'delgado, sutil'; 'esbelto'; 'cortés'; 'amoroso, afectuoso'; 'astuto, sagaz'; 'agudo'; 'suave, terso'; 'depurado, acendrado'. Se aplica, también, al jerez muy seco, pálido. Ú. t. c. sust. m. (*Déme una copa de **fino***).

finolis. adj. fig. 'Dícese de la persona que afecta finura y delicadeza'. Ú. t. c. sust. com.: **el finolis**, **la finolis**. Tiene un matiz despectivo. En plural, no varía: **los finolis**, **las finolis**.

fiordo. sust. m. Es voz españolizada de origen escandinavo (*fjord*). No debe decirse *fiord*, un extranjerismo. Plural: **fiordos**.

firma. sust. f. 'Nombre y apellido, con rúbrica o sin ella, que se pone al pie de un escrito para darle autenticidad'; 'conjunto de documentos que se ponen a la firma de un jefe o funcionario' (*Aquí le traigo la **firma***); 'acto de firmarlos' (*Está ocupado en la **firma***); 'razón social o empresa' (***firma** editorial*). → **sello**

firme. adj. 'Estable, fuerte, que no se mueve' (*suelo **firme***); 'que no se deja abatir' (*personalidad **firme***). Rég. prep.: **firme de** (***firme de** hombros*; ***firme de** carácter*); **firme en** (***firme en** sus ideas*). adv. m. 'Con firmeza, con valor, con violencia'. **de firme**. loc. adv. 'Sin parar, con constancia'; 'con solidez' (*Sigue **de firme** en su tarea*; *Lo sujeta **de firme***). **en firme**. loc. adv. 'Concertar operaciones comerciales o de bolsa definitivas o a plazo fijo' (*¿Suscribirás esas acciones **en firme**?*).

firmeza. sust. f. 'Cualidad de firme'; 'entereza'. Argent. 'Baile popular' (*Bailaron la **firmeza***).

firulete. sust. m. Amér. Merid. 'Adorno superfluo y de mal gusto'. Ú. m. en pl. (*No me gusta, tiene demasiados **firuletes***).

fiscal. adj. 'Perteneciente al fisco' (*cuentas **fiscales***). sust. m. 'Ministro encargado de promover los intereses del fisco'; 'el que representa y ejerce el ministerio público en los tribunales'. La Academia no registra forma para el femenino. Es frecuente verlo usado como de género común, lo cual no puede ser considerado una incorrección (***La fiscal** no se presentó*). Sí, en cambio, es barbarismo usar *fiscala*.

fiscalizar. v. tr. 'Hacer oficio de fiscal'; 'criticar y traer a juicio las acciones de otros'. → **cazar**

fisiatra. sust. com.: **el fisiatra**, **la fisiatra**. 'Persona que profesa la fisiatría o medicina natural'. No debe pronunciarse [fisíatra].

físico, ca. adj. 'Perteneciente a la física'. sust. m. y f. 'Persona que profesa dicha ciencia' (*Un **físico** y una **física** de la fundación han presentado una ponencia novedosa*).

fisicoquímica. sust. f. 'Ciencia que estudia fenómenos comunes a la física y a la química'. Por ser una palabra compuesta, no debe escribirse en dos palabras ni con guión: *físico química*, *físico-química*.

fisicoquímico, ca. adj. 'Perteneciente a la ciencia fisicoquímica'. sust. m. y f. 'Persona que profesa dicha ciencia' (*Participaron en el proyecto tres **fisicoquímicos** y dos **fisicoquímicas***). Incorrecto: *físico químico*, *físico-químico*.

fisio-. elem. compos. de or. gr. que, a modo de prefijo, sirve para formar, generalmente, tecnicismos. Significa 'naturaleza' (***fisio**terapeuta*, ***fisio**terapia*, ***fisio**cracia*).

fisiócrata. sust. com.: **el fisiócrata**, **la fisiócrata**.

fisiólogo. sust. m. Su femenino es **fisióloga**.

fisioterapia. sust. f. Es incorrecto *fisoterapia*.

fisioterapista. sust. com.: **el fisioterapista**, **la fisioterapista**. Puede decirse, también, **el fisioterapeuta**, **la fisioterapeuta** (sust. com.), forma que la Academia prefiere. Son incorrectos *fisoterapista* y *fisoterapeuta*.

fisonomía. sust. f. 'Aspecto particular del rostro de una persona'; 'aspecto exterior de las cosas'. Puede decirse, también, **fisionomía** (sust. f.). La Academia prefiere la primera forma.

fisonómico, ca. adj. 'Perteneciente o relativo a la fisonomía'. Incorrecto: *fisionómico*, *ca*.

fisonomista. adj. 'Dícese de quien se dedica a estudiar la fisonomía'; 'aplícase a quien tiene facilidad para recordar a las personas por su fisonomía'. Ú. t. c. sust. com.: **el fisonomista**, **la fisonomista**. Es incorrecto *fisionomista*. Puede decirse, también, **fisónomo**, **fisónoma** (sust. m. y f.), menos usados.

fisura. sust. f. 'Grieta'; 'fractura o hendedura'. La Academia no registra el verbo *fisurarse*, un neologismo: *Me fisuré la muñeca*. Correcto: ***Me fracturé** la muñeca* o ***Me hice una fisura** en la muñeca*.

fito- o **-fito, ta.** elem. compos. de or. gr. que, a modo de prefijo o de sufijo, sirve para formar numerosas voces técnicas, compuestas o derivadas. Significa 'planta' o 'vegetal' (***fito**grafía*, ***fito**sanitario*, *micró**fito***, *pala**fito***).

flacidez. sust. f. 'Cualidad de flácido'. Es correcto, también, **flaccidez**. La Academia prefiere la primera forma. Plural: **flacideces** o **flaccideces**. Repárese en que la **z** cambia por **c**.

flácido, da. adj. 'Flaco, flojo, sin consistencia'. Puede decirse, también, **fláccido, da**. La Academia prefiere la primera forma.

flaco, ca. adj. 'De pocas carnes'; 'flojo, sin fuerzas'; 'aplícase al espíritu falto de vigor'; 'endeble'. Su despectivo es **flacucho, cha** (adj.) y, en Chile, el Ecuador, el Perú y Venezuela, **flacuchento, ta** (adj.). Este último se oye, asimismo, en otras partes de América, incluso en la Argentina. Se usan ambos con sentido afectivo. Rég. prep.: **flaco de** (***flaco de** carnes, **de** espíritu, **de** memoria*); **flaco en** (***flaco en** decisiones, **en** ideas*).

flagrante. p. a. de **flagrar** (v. intr. poét., 'arder'). **en flagrante.** loc. adv. 'En el mismo momento de estarse cometiendo un delito' (*Cuando robaba, fue sorprendido **en flagrante***). También puede decirse **en fragante** o **in fraganti** (loc. adv.), pero la Academia prefiere la primera forma. → **fragante**

flamear. v. intr. 'Despedir llamas'; 'ondear las velas, las banderas, etc.'; 'quemar alcohol u otro líquido inflamable para esterilizar'. Aunque no lo registre el ***Diccionario***, esta última acepción se aplica, por extensión, a otros fines (***flamear** un postre*). No debe usarse, en su reemplazo, *flambear*, un galicismo (*flamber*). Son incorrectas las pronunciaciones [flamiar, flamié]. Su postverbal es **flameo** (sust. m.), que significa, además, 'longitud de una bandera'. → **-ear**

flanero, ra. sust. m. y f. 'Molde en que se cuaja el flan'. En la Argentina, se usa más **flanera**.

flanqueado, da. p. de **flanquear**. 'Dícese del objeto que tiene a sus costados otras cosas'; 'defendido o protegido por los flancos'. No debe pronunciarse [flanquiado], un vulgarismo.

flanquear. v. tr. No debe pronunciarse [flanquiar, flanquié]. → **-ear**

flaquear. v. intr. 'Debilitarse'; 'amenazar algo ruina o caída'; 'decaer de ánimo'. No debe pronunciarse [flaquiar, flaquié], vulgarismos. Rég. prep.: **flaquear en** (***flaquear en** sus propósitos, **en** sus ideas*); **flaquear por** (***flaquear por** la base*). → **ear**

flas. sust. m. Voz inglesa (*flash*) españolizada, que acaba de ingresar en el ***Diccionario***. 'Dispositivo luminoso, usado en fotografía cuando la luz es insuficiente'; 'resplandor provocado por este aparato'; 'noticia importante de última hora'. No corresponde usar, en consecuencia, el extranjerismo *flash*. Plural: **flases**.

flauta. sust. f. 'Instrumento musical'. Diminutivos: **flautillo** (sust. m.) y **flautín** (sust. m.). sust. m. 'Persona que toca la flauta'. La Academia no registra el femenino. Puede decirse, también, **el flautista**, **la flautista** (sust. com.). El artífice que hace flautas se denomina **flautero** (sust. m.); igualmente, carece de forma para el femenino.

flautado, da. adj. 'Semejante a la flauta'. sust. m. 'Uno de los registros del órgano, cuyo sonido imita el de las flautas'. → **flauteado**

flauteado, da. adj. 'De sonido semejante al de la flauta'. Aplícase, generalmente, a la 'voz dulce y delicada'. Puede decirse, también, **aflautado, da.** → **flautado**

flébil. adj. poét. 'Digno de ser llorado'; 'triste, lamentable'. No debe confundirse semánticamente con **débil**. Se usa sólo en lengua literaria. Es palabra grave. En plural, se transforma en esdrújula: **flébiles**.

flebitis. sust. f. En plural, no varía: **las flebitis**.

flecha. sust. f. Equivale a **saeta**, 'arma arrojadiza' (*Las **flechas** se venden con el arco*); 'indicador de dirección' (*La **flecha** está al revés*). Diminutivo: **flechilla**. Colectivo: **flechería** (sust. f.). 'Quien se sirve de arco y flechas' o 'fabrica estas últimas' recibe el nombre de **flechero** (sust. m.).

flechador. sust. m. 'El que dispara flechas'. La Academia no registra el femenino; tampoco, el adjetivo *flechador, ra*.

flechazo. sust. m. Significa tanto la 'acción de disparar la flecha' como la 'herida causada por ella'. fig. y fam. 'Amor repentino que se siente por alguno o que alguien inspira'.

fleco. sust. m. 'Adorno de hilos colgantes'; 'flequillo de pelo'; 'borde deshilachado de una tela vieja'. Diminutivo: **flequillo**. La 'guarnición hecha de flecos' recibe el nombre de **flocadura** o **flecadura** (susts. fs.); la primera forma es la preferida por la Academia.

flema. sust. f. Su aumentativo es **flemón** (m.), voz que no debe confundirse con su homónimo (sust. m., 'tumor en las encías'; 'inflamación aguda del tejido celular').

fletar. v. tr. 'Dar o tomar a flete un buque o, por extensión, vehículo aéreo o terrestre'; 'embarcar personas o cosas para su transporte' (Ú. t. c. prnl.). Argent., Chile y Urug. 'Enviar a alguien a alguna parte' o 'despedirlo de un empleo'. En Costa Rica y Nicaragua, se usa **fletear** (v. tr.), 'transportar carga', registrado como regionalismo por la Academia.

flete. sust. m. 'Precio estipulado por el alquiler de un medio de transporte'; 'carga de un buque'. Amér. 'Carga que se transporta por mar o por tierra'. rur. Argent. y Urug. 'Caballo ligero'. Argent. 'Vehículo que, por alquiler, transporta bultos o mercancías' o 'el transporte mismo'.

fletero, ra. adj. Amér. 'Embarcación u otro medio que se alquila para transporte'. Amér. 'El que tiene por oficio hacer transportes'. Ú. t. c. sust. m. y f.: **el fletero, la fletera.**

flexibilidad. sust. f. 'Cualidad de flexible'. Es incorrecto usar, en su reemplazo, *flexibilización*, sin registro en el ***Diccionario***: *flexibilización laboral*. Correcto: ***flexibilidad*** *laboral*.

flexibilizar. v. tr. Ú. t. c. prnl. → **cazar**

flexible. adj. Rég. prep.: **flexible a** (***flexible a*** *diversos usos*, ***a*** *las influencias*); **flexible de** (***flexible de*** *cintura*).

flexo. sust. m. 'Lámpara de mesa con brazo flexible'. Es voz de reciente incorporación en el ***Diccionario***.

flirtear. v. intr. 'Practicar el flirteo'. Proviene del inglés *flirt* ('coquetear'). No debe pronunciarse [flirtiar, flirtié]. → **-ear**

flirteo. sust. m. 'Coqueteo amoroso'.

flocadura. sust. m. → **fleco**

flojear. v. intr. 'Obrar con pereza, aflojar en el trabajo'. No debe pronunciarse [flojiar, flojié]. → **-ear**

flojo, ja. adj. 'Mal atado, poco apretado o poco tirante'; 'sin vigor'; 'perezoso, negligente'. Rég. prep.: **flojo de** (***flojo de*** *brazos*); **flojo en** o **para** (***flojo en*** o ***para*** *el estudio*).

flor. sust. f. Además de los usos comunes con el español general, en la Argentina significa 'pieza agujereada de la ducha', acepción en que equivale a **alcachofa** del español general. Sus diminutivos son **florecilla**, **florecita** y **florcita**. Aumentativo: **florón** (sust. m.).

florear. v. tr. Entre otras acepciones, 'adornar con flores'; 'hacer vibrar la punta de la espada'. v. intr. 'Tocar dos o tres cuerdas de la guitarra'. No debe pronunciarse [floriar, florié]. Para las dos primeras acepciones consignadas, puede decirse, también, **floretear** (v. tr. e intr.). → **florecer**, **-ear**

florecer. v. irreg. intr. 'Echar flores'. En América, con este significado, se dice, también, **florear** (v. intr.). Rég. prep.: **florecer en** (***florecer en*** *el siglo pasado*, ***en*** *virtudes*). Se conjuga como **parecer**. No debe usarse **florescer**, forma anticuada.

floreciente. p. a. de **florecer**. adj. fig. 'Favorable, venturoso, próspero'. El superlativo de este adjetivo es **florentísimo, ma**, 'que prospera por excelencia'.

florería. sust. f. 'Tienda donde se venden flores y plantas'. Algunos usan, en su reemplazo, **floristería**, formado sobre **florista**. Es, igualmente, correcto.

florescencia. sust. f. 'Acción de florecer'; 'tiempo en que las plantas florecen'. Puede decirse, también, **eflorescencia**. → **fluorescencia**

floretista. sust. com. 'Persona diestra en el juego del florete': **el floretista**, **la floretista**.

floricultor. sust. m. Su femenino es **floricultora**.

florido, da. adj. 'Que tiene flores'. fig. 'Dícese de lo más escogido de una cosa'; 'aplícase al lenguaje o al estilo ameno y adornado con las galas de la retórica' (*Es la más **florida** de sus obras*). La abundancia de flores, así como la cualidad florida del estilo, es la **floridez** (sust. f.).

florista. sust. com: **el florista**, **la florista**.

flota. sust. f. colect. 'Conjunto de barcos, aviones o vehículos' (*La **flota** de guerra está en Mar del Plata; Esa empresa tiene una gran **flota** de aviones; Posee una **flota** de camiones*). Diminutivo: **flotilla**.

flotación. sust. f. 'Acción y efecto de flotar'. Pueden decirse, también, **flotadura** (sust. f.) y **flote** (sust. m.). La Academia prefiere la primera forma.

fluctuar. v. intr. Rég. prep.: **fluctuar en** o **entre** (***fluctuar en*** o ***entre*** *dudas*). Se conjuga, en cuanto al acento, como **actuar**.

fluidificar. v. tr. 'Hacer fluida una cosa'. → **sacar**

fluido, da. Repárese en que no lleva tilde. Son barbarismos ortográficos *fluído* y *flúido*.

fluir. v. irreg. intr. Rég. prep.: **fluir de** (*fluir del manantial*). Se conjuga como **huir**.

flúor. sust. m. 'Metaloide gaseoso'. Repárese en su correcta grafía, con tilde sobre la **u**. Es palabra grave. No debe pronunciarse [fluor] como aguda. Símbolo: ***F***

fluorescencia. sust. f. 'Luminosidad que tienen algunas sustancias'. No debe confundirse con **florescencia**. El adjetivo correspondiente es **fluorescente** (adj. Ú. t. c. sust. m.).

fluxión. sust. f. 'Acumulación morbosa de humores'; 'resfriado'. Plural: **fluxiones**.

-fobo, ba. elem. compos. de or. gr. que sirve para formar sustantivos o adjetivos derivados. 'Que siente horror o repulsión' (*anglófobo*, *fotófobo*, *xenófobo*).

foca. sust. f. 'Mamífero'. Para distinguir los sexos, debe recurrirse a las perífrasis **foca macho**, **foca hembra**.

foco. sust. m. 'Lámpara eléctrica de luz muy potente'. Amér. 'Bombilla eléctrica'. Esta última acepción es un argentinismo no registrado en el ***Diccionario***, pero la A.A.L. ha recomendado su incorporación; 'cada uno de los faros de un automóvil'. fig. 'Lugar real o imaginario en que está reconcentrada alguna cosa' (*El foco de la revolución estaba en Caracas*). **estar fuera de foco**. fr. Argent. 'Faltar nitidez a una fotografía'; fig. 'no percibir alguien con claridad las caracerísticas de la situación en que se halla, desubicarse'. La A.A.L. ha recomendado la inclusión de este regionalismo en el ***Diccionario***.

fogarada. sust. f. 'Llama fuerte que se levanta del fuego'. Puede decirse, también, **fogarata** (sust. f.). La Academia prefiere la primera forma.

fogón. sust. m. Además de otras acepciones comunes con el español general, en la Argentina, Costa Rica, Chile y el Uruguay, significa 'fuego que se hace en el suelo'. Argent. 'Lugar donde se hace el fuego, en los ranchos y estancias, para cocinar'; 'reunión de paisanos o soldados en torno al fuego'; 'rueda de amigos' (fam.).

fogonero. sust. m. 'El que cuida del fogón, sobre todo en las máquinas de vapor'. La Academia no registra el femenino.

foguear. v. tr. 'Cargar un arma con poca pólvora para limpiarla'. En la acepción figurada de 'acostumbrar a alguien a las penalidades y trabajos de un estado u ocupación', ú. t. c. prnl. No debe pronunciarse [foguiar, foguié]. Su postverbal es **fogueo** (sust. m.). → **-ear**

foja. sust. f. 'Folio de un sumario'. En América se usa en el lenguaje corriente por **hoja**. Abreviaturas: *f.* (sing.) y *fs.* (pl.). → **folio**

folclor. sust. m. Es voz inglesa (*folklore*) españolizada. La Academia acepta, también, la forma **folclore**, si bien prefiere la primera. Los hablantes, en cambio, se inclinan por la segunda. El plural de ambas voces es **folclores**. No debe escribirse *folklore*, un anglicismo al que se aferran, sin embargo, muchos especialistas que cultivan esta ciencia y que fue la grafía académica hasta la 20.ª edición de su ***Diccionario*** (1984). Plural: **folclores**. De la voz **folclor**, derivan **folclórico, ca** (adj.) y el sustantivo común de dos **folclorista** (*La Asociación cuenta con varios **folcloristas** y una sola **folclorista***).

fólder. sust. m. Palabra de origen inglés (*folder*) españolizada. 'Cubierta con que se resguardan los legajos'. Equivale a **carpeta**. Es voz recién ingresada en el ***Diccionario***. Plural: **fólders** o **fólderes**. → **dossier**

foliar. v. tr. 'Numerar los folios'. Su 'acción y efecto' es **foliación** (sust. f.), voz que significa, también, 'serie numerada de los folios de un escrito'. El adjetivo correspondiente es **foliador, ra** (*sello **foliador***; *máquina **foliadora***), que se usa, asimismo, como sustantivo m. y f. (*No encuentro el **foliador***; *Trabaja de **foliadora***). Se conjuga, en cuanto al acento, como **cambiar**.

folio. sust. m. 'Hoja de un libro, cuaderno, expediente, sumario, etc.'. Abreviaturas: *f.* (sing.), *fs.* (pl.). → **foja**

folíolo o **foliolo.** sust. m. 'Cada una de las hojuelas de una hoja compuesta'. Ambas acentuaciones son correctas.

follaje. sust. m. colect. 'Conjunto de hojas de los árboles y otras plantas'. fig. 'Abundancia de adornos retóricos' (*No me gustan sus discursos, tienen demasiado **follaje***).

folletín. sust. m. 'Tipo de relato novelesco, caracterizado por una intriga emocionante, sin apenas elaboración artística o psicológica'; 'pieza teatral o cinematográfica de similares características'; 'por extensión, cualquier situación insólita propia de una obra folletinesca'. Usar folletón, en su reemplazo, es un galicismo (*feuilleton*). Plural: **folletines**. Quien los escribe es **el folletinista** o **la folletinista** (sust. com.), voz cuyo valor semántico no debe confundirse con el de **folletista**. → **folleto**

folleto. sust. m. 'Obra impresa, no periódica, de pocas hojas'. Diminutivo: **folletín**. 'Quien escribe folletos' es **el folletista** o **la folletista** (sust. com.), voz que no debe confundirse con **folletinista**, que tiene otro significado. → **folletín**

fonda. sust. m. 'Establecimiento público, de categoría inferior a la de un hotel, donde se da comida y hospedaje'. Chile y Perú. 'Puesto o cantina en que se despachan comidas y bebidas'.

fondeadero. sust. m. 'Lugar de profundidad suficiente para que una embarcación pueda dar fondo'. No debe pronunciarse [fondiadero], un vulgarismo.

fondear. v. tr. 'Reconocer el fondo del agua'; 'registrar una embarcación para ver si trae contrabando'. No debe pronunciarse [fondiar, fondié]. Su postverbal es **fondeo** (sust. m.). → **-ear**

fondillos. sust. m. pl. 'Parte trasera de los calzones o pantalones' (*Tiene rotos los **fondillos***). No debe usarse en singular, un barbarismo. En Chile, se dice **fundillos**, regionalismo registrado por la Academia. → **plural (pluralia tantum)**

fondista. sust. com. 'Persona que tiene a su cargo una fonda': **el fondista, la fondista**. Esta voz tiene un homónimo, también sustantivo común de dos, que significa 'deportista que participa en carreras de largo recorrido'.

fondo. sust. m. 'Parte inferior de una cosa hueca' (***fondo** de la caja*); 'hablando del mar, de los ríos, estanques, pozos, etc., superficie sólida sobre la cual está el agua' (*El **fondo** de la piscina es de cemento*); 'extensión interior de un edificio' (*La casa tiene mucho **fondo** y poca fachada*); en la Argentina, se aplica, además, al terreno o patio posterior (*Detrás de casa hay un gran **fondo**; Está en el **fondo**, en el patio de atrás*), matiz que no recoge la Academia; 'caudal o conjunto de bienes que posee una persona o comunidad' (*el **fondo** de la empresa asciende a unos cuantos millones*); 'condición o índole' (*Es de buen **fondo***); 'porción de dinero', generalmente se usa en plural (*No tengo **fondos***); 'color o dibujo que cubre una superficie y sobre la cual resaltan los adornos, dibujos o manchas de otro u otros colores' (*mármol de **fondo** blanco; flores amarillas sobre **fondo** negro*); 'espacio que, en pintura, no tiene figuras o sobre el cual se representan' (*El dibujo resalta sobre un **fondo** gris; El **fondo** del cuadro es un paisaje*). fig. 'Lo principal y esencial de una cosa', se opone a **forma** (*Dejemos la forma, consideremos el **fondo** de esta página literaria*). 'Conjunto de libros publicado por una editorial' (***fondo** editorial*); 'conjunto de impresos y manuscritos de una biblioteca' (***fondo** bibliográfico*), etc. **artículo de fondo**. 'El que se inserta en los periódicos en lugar preferente, por lo común sin firma, y que trata de temas de actualidad'. **bajos fondos**. 'Barrios o sectores marginales de las grandes ciudades donde abunda la gente del hampa', sintagma de reciente aceptación académica y censurado anteriormente de galicismo (*Vive en los **bajos fondos** de Buenos Aires*). **dar fondo**. 'Fondear, asegurar por medio del ancla' (***Daremos fondo** en el embarcadero de Tigre*'). **a fondo**. loc. adv. 'Hasta el límite de las posibilidades' (*Investigaremos **a fondo** el atentado*). **en el fondo**. loc. adv. 'En realidad, en lo esencial' (***En el fondo**, no sabemos nada; **En el fondo**, no es mala persona*). Es una palabra, como se ve, de gran polisemia y de uso muy frecuente en sus variadas acepciones.

fonetista. sust. com. 'Persona versada en fonética o ciencia que trata de los sonidos': **el fonetista, la fonetista.**

foniatra. sust. com.: **el foniatra, la foniatra.** No debe pronunciarse [foníatra]. La ciencia que profesan es la **foniatría,** 'parte de la medicina dedicada a las enfermedades o patologías de los órganos de la fonación'.

fono- o **-fono, na.** elem. compos. de or. gr. que, a modo de prefijo o de sufijo, sirve para formar, respectivamente, palabras compuestas o derivadas. La forma prefija toma, a veces, el alomorfo **fon-**. Significa 'voz, sonido'. Con ellos se forman numerosos tecnicismos (*fonología, foniatría, fonografía, fonoteca, micrófono, teléfono, homófono, fotófono*).

fonólogo. sust. m. 'Especialista en fonología o ciencia que estudia el valor funcional de los fonemas en el sistema de una lengua'. Su femenino es **fonóloga**.

fontanería. sust. f. 'Arte de encañar y conducir las aguas'; 'taller del fontanero'. Estas dos acepciones no tienen uso en algunos países de América, entre ellos la Argentina, en los que se emplea **plomería**. En el español peninsular, significa, además, 'conjunto de conductos por donde se dirige o distribuye el agua'. En otras regiones, incluida la Argentina, se usa –para esa denotación– **cañería**, que señala, asimismo, el 'conjunto de conductos de gas'.

fontanero. sust. m. 'Operario que encaña, distribuye y conduce las aguas para sus diversos usos'. sust. m. y f. 'Persona que trabaja en fontanería' (*Hay muchos **fontaneros** y pocas **fontaneras***). En Andalucía y en varios países de América, entre ellos la Argentina, no se usa esta voz y se emplea, para esa denotación, **plomero** (sust. m.).

♦ **footing.** Anglicismo que no tiene equivalentes en español. Cuando se usa, debe entrecomillarse.

forastero, ra. adj. 'Que es o viene de fuera del lugar'; 'que vive en donde no ha nacido'; 'extraño, ajeno' (*hombre **forastero**, mujer **forastera***). Ú. t. c. sust. m. y f.: **el forastero, la forastera** (*El **forastero** no se presentó*; *Es una **forastera***). Rég. prep.: **forastero en** (***forastero en** Chile, **en** su propia patria*).

forcejear. v. intr. 'Hacer fuerza para vencer alguna resistencia'. fig. 'Resistir, contradecir tenazmente'. No debe pronunciarse [forcejiar, forcejié]. → **-ear**. Sus postverbales son **forcejeo** (sust. m.) y **forcejo** (sust. m.). Este último se usa, sobre todo, en su forma aumentativa: **forcejón**. También se registra **forcejar** (v. intr.), de valores semánticos equivalentes. La Academia no indica preferencia. Los hablantes usan, casi con exclusividad, la primera forma.

forcejón. sust. m. 'Esfuerzo violento'. Deriva de **forcejo** y es su aumentativo, aunque no lo consigne el ***Diccionario***. → **forcejear**

fórceps. sust. m. 'Instrumento utilizado en obstetricia y en odontología'. En plural, no varía: **los fórceps**.

forense. adj. 'Perteneciente al foro'. **médico forense**. 'El adscripto oficialmente a un juzgado de instrucción'. Ú. t. c. sust. com.: **el forense, la forense**.

forestación. sust. f. Chile, Perú y Urug. 'Acción y efecto de forestar'. Es voz de uso frecuente en la Argentina.

forja. sust. f. 'Fragua de los plateros'; 'lugar donde se reduce a metal el hierro'; 'acción y efecto de forjar', que puede decirse, también, **forjadura** (sust. f.). → **fragua**

forjar. v. tr. 'Dar la primera forma con el martillo a cualquier pieza de metal'; 'fabricar, formar', acepción que se usa, sobre todo, entre los albañiles; 'revocar toscamente'. En su acepción figurada, 'inventar, fabricar, fingir', ú. t. c. prnl. (***Se forjó** una fortuna*). Rég. prep.: **forjar en** (***forjar en** hierro, **en** la imaginación*).

forjador, ra. adj. 'Que forja'. sust. m. y f. 'Persona que tiene por oficio forjar' (*Es un **forjador** o una **forjadora***).

forma. sust. f. 'Determinación exterior de la materia' (*La naranja tiene **forma** redondeada*); 'modo o manera de hacer las cosas' (*Su **forma** de hablar es atractiva*); 'cualidades de estilo o modo de expresar las ideas' (*Su **forma** literaria es barroca*); en esta acepción, se opone a **fondo** (*Analizaremos el **fondo** y la **forma** de este poema*); etc. sust. pl. 'Configuración del cuerpo humano, especialmente los pechos y caderas' (*Sus **formas** son redondeadas*). No debe decirse *bajo forma de*, un galicismo, sino ***en forma de***. La A.A.L. ha recomendado la incorporación, en el ***Diccionario***, del sintagma **en forma** (loc. adv. fam.), 'mucho, intensamente'; 'en excelente condiciones'. Es un argentinismo de uso frecuente.

formación. sust. f. 'Acción y efecto de formar o formarse'. No debe usarse con el sentido de **conjunto** o **agrupación** musical, artística o deportiva.

formal. adj. 'Relativo a la forma'. Como indica la Academia, se contrapone en esta acepción a **esencial** (*Analizaremos esta presentación desde el punto de vista* ***formal***). Aplícase, también, entre otros sentidos, a la 'persona seria, amiga de la verdad' (*El novio de mi hija me gusta, es muy* ***formal***).

formalizar. v. tr. → **cazar**

formar. v. tr. En la acepción de 'adquirir una persona mayor desarrollo, aptitud o habilidad en lo físico o en lo moral', es pronominal (***Se formó*** *junto a un gran pianista*). En la de 'colocarse una persona en una formación, cortejo, etc.', se comporta como intransitivo (***Formen*** *de a cuatro*). Rég. prep.: **formar** o **formarse con** (***formar*** *o* ***formarse con*** *el ejemplo*); **formar en** (***formar en*** *filas*); **formar por** (***formar por*** *compañías*).

formatear. v. tr. Este tecnicismo de la informática es de reciente incorporación en el ***Diccionario*** (*Tienes que* ***formatear*** *el disquete*). No debe decirse [formatiar, formatié]. → **-ear**

formatriz. adj. f. Equivale a **formadora**, forma femenina de **formador** (adj.).

-forme. elem. compos. de or. lat. que, a modo de sufijo, sirve para formar derivados. Significa 'en forma de' (*campani****forme****, arbori****forme****, vermi****forme***).

formica. sust. f. Esta voz, como indica la Academia, es una marca registrada. Obsérvese que es palabra grave. En la Argentina, la tendencia general es pronunciarla [fórmica], como esdrújula. Es voz de reciente incorporación en el ***Diccionario***.

formulario, ria. adj. 'Perteneciente a las fórmulas o al formulismo'; 'dícese de lo que se hace por fórmula'. sust. m. 'Libro o escrito en que se contienen fórmulas que se han de observar para la petición, expedición o ejecución de algunas cosas'. La Academia acaba de incorporar la acepción de 'impreso con espacios en blanco' (*Para solicitar su inscripción, llene este* ***formulario***).

formulismo. sust. m. 'Excesivo apego a las fórmulas, en particular, las burocráticas' y 'tendencia a preferir la apariencia de las cosas a su esencia'. No debe confundirse con **formalismo** (sust. m.), que es 'la rigurosa observancia en las formas o normas puramente externas'.

fornicar. v. intr. → **sacar**

foro. sust. m. En el lenguaje corriente, 'reunión para discutir asuntos de interés actual ante un auditorio que, a veces, interviene en la discusión'. No corresponde usar, para esta acepción, el latinismo *forum*, según señala Seco.

-foro, ra. elem. compos. de or. gr. que, a modo de sufijo, sirve para formar palabras derivadas de carácter técnico. Significa 'que lleva' (*reó****foro****, semá****foro***). Es de reciente incorporación en el ***Diccionario***.

forrar. v. tr. 'Poner forro a alguna cosa'. v. prnl. fam. 'Enriquecerse'; 'atiborrarse, hartarse'. Puede decirse, también **aforrar**, menos usado. Rég. prep.: **forrar** algo **con** (***forrar*** *un libro* ***con*** *un plástico*); **forrar** o **forrarse de** o **en** (***forrar de*** *o* ***en*** *piel*; ***forrarse de*** *o* ***en*** *dinero*).

fortalecer. v. irreg. tr. Ú. t. c. prnl. Se conjuga como **parecer**.

fortificar. v. tr. 'Dar vigor material o moral'; 'hacer fuerte un sitio para que pueda resistir el ataque de los enemigos'. Ú. t. c. prnl. Rég. prep.: **fortificar** o **fortificarse con** (***fortificar*** *o* ***fortificarse con*** *vitaminas*); **fortificar** o **fortificarse contra** (***fortificar*** *o* ***fortificarse contra*** *la gripe*); **fortificarse en** (***fortificarse en*** *su propia casa*). → **sacar**

fortuna. sust. f. Su aumentativo es **fortunón** (sust. m.).

forúnculo. sust. m. → **furúnculo**

forzadamente. adv. m. 'Por fuerza'. Ese mismo significado tiene **forzosamente** (adv. m.), pero este último agrega los de 'violentamente' y 'necesaria e ineludiblemente'.

forzar. v. irreg. tr. Rég. prep.: **forzar a** (*Lo* ***forzó a*** *robar*). Con la acepción de 'obligar a que se ejecute una cosa', se usa, también, como pronominal. Se conjuga como **sonar**, en cuanto a la diptongación de **o** en **ue**, cuando dicha vocal es tónica, y cambia, como **cazar**, la **z** por **c**, cuando va seguida de **e**, un mero cambio ortográfico: presente de indicativo (*fuerzo*, *fuerzas, fuerza, fuerzan*); pretérito perfecto simple de indicativo (*forcé*), presente de subjuntivo (*fuerce, fuerces, fuerce, forcemos, forcéis, fuercen*); imperativo (*fuerza*).

forzosamente. adv. m. → **forzadamente**

forzudamente. adv. m. 'Con mucha fuerza'.

fosa. sust. f. 'Sepulcro'; 'hoyo para enterrar cadáveres'; 'excavación que rodea una fortaleza'; 'ciertas cavidades en el cuerpo de los animales' (*fosas nasales*). → **foso**

fosforero, ra. adj. 'Relativo a los fósforos' (*industria fosforera*). sust. m. y f. 'Persona que vende fósforos': **el fosforero, la fosforera**. sust. f. 'Caja en que se guardan los fósforos'. No debe pronunciarse [foforero]. → **cerillero**

fosforescencia. sust. f. 'Luminiscencia'. No debe decirse ni escribirse fosforecencia, fosforesciencia.

fosforescer. v. irreg. intr. 'Manifestar fosforescencia'. Puede decirse, también, **fosforecer**. La Academia prefiere la primera forma. Se conjugan ambos como **parecer**. El ***Diccionario*** no recoge el participio activo **fosforescente** (*luces fosforescentes*), de correcta formación. Puede usarse en su reemplazo, el adjetivo **fluorescente** (*luces fluorescentes*). → **fluorescencia**

fósforo. sust. m. No debe pronunciarse [fóforo], un barbarismo fónico. Puede decirse, también, **cerilla** (sust. f.), voz que no se usa en la Argentina. 'Metaloide sólido'. Número atómico 15. Símbolo: ***P***

fósil. adj. (*Son piezas de madera fósil*). Ú. t. c. sust. m. (*Encontró un fósil*). Es palabra grave. En plural, se transforma en esdrújula: **fósiles**.

fosilizarse. v. prnl. → **cazar**

foso. sust. m. Su sinónimo es **hoyo** ('pozo'). Significa, además, 'piso inferior del escenario, al que éste sirve de techo'; 'excavación que, en los garajes y talleres mecánicos, permite arreglar desde abajo la máquina colocada encima'; 'excavación profunda que rodea una fortaleza'. No debe confundirse con **fosa**, con la que tiene en común sólo la última acepción, para la que se prefiere **foso**. → **fosa**

fotoconductividad. sust. f. Es incorrecto fotoconductibilidad.

fotocopiador, ra. adj. 'Que fotocopia'. sust. f. 'Máquina para fotocopiar'. También puede decirse **multicopista** (sust. f.). → **multicopista**

fotocopiar. v. tr. Se conjuga, en cuanto al acento, como **cambiar**. Es incorrecto fotocopear, una ultracorrección. → **multicopiar**

fotografía. sust. f. La Academia registra la abreviación **foto** (sust. f.) como propia del lenguaje familiar.

fotografiar. v. tr. Ú. t. c. intr. y c. prnl. Se conjuga, en cuanto al acento, como **guiar**. Es incorrecto fotografear, un vulgarismo.

fotógrafo. sust. m. Su femenino es **fotógrafa**. Incorrecto: la fotógrafo.

fotólisis. sust. f. En plural, no varía: **las fotólisis**. Es voz esdrújula. No debe pronunciarse [fotolisis] como grave.

fotosfera. sust. f. Es palabra grave. No debe pronunciarse [fotósfera] como esdrújula.

fotosíntesis. sust. f. En plural, no varía: **las fotosíntesis**.

foxterrier. adj. (*perro foxterrier*). Es voz inglesa de reciente incorporación en el ***Diccionario***, el que no registra su uso sustantivo (**el foxterrier, la foxterrier**), que no es censurable. No debe escribirse fox-terrier, con guión.

♦ **foyer.** Galicismo. Esta voz, propia de los teatros, debe reemplazarse en español por **sala de descanso** o **vestíbulo** (*Te espero en el **vestíbulo** del teatro Colón*). Si se usa, debe entrecomillarse (*Te espero en el "**foyer**" del teatro Colón*).

frac. sust. m. 'Prenda masculina de etiqueta'. Es voz de origen francés, que se ha españolizado. Plural: **fraques**. Es muy usual fracs, pero no es correcto. La Academia admite para el singular la forma **fraque** (p. us.).

fragante. adj. 'Que tiene o despide fragancia'. Este adjetivo tiene un homónimo que significa 'que arde o resplandece'. La Academia admite la sinonimia del segundo con **flagrante**, pero es preferible reservar este último para la denotación 'que arde o resplandece' y, sobre todo, como dice Seco, para la locución adverbial **en flagrante** (***en flagrante** delito*), que puede decirse **en fragante**, como anota el ***Diccionario***, si bien no lo prefiere. De modo que conviene usar **fra-**

gante sólo para la acepción consignada en primer término (*rosas **fragantes**; **fragante** perfume*) y olvidarse del homónimo. → **flagrante**

frágil. adj. Nótese que lleva tilde, de acuerdo con la regla de acentuación de las palabras graves no terminadas en **s**, **n** o vocal. En plural, se convierte en esdrújula: **frágiles**.

fragua. sust. f. Los herreros usan este tipo de 'fogón para caldear los metales'; los plateros, la **forja**. Significa, también, 'el taller donde está instalado dicho fogón'.

fraguar. v. tr. 'Forjar metales'. fig. 'Idear o discurrir alguna cosa'. La Academia aclara que la acepción figurada tiene un matiz peyorativo (*No **fragües** tonterías*). v. intr. 'Endurecerse la cal, el yeso y otras masas de uso en albañilería' (*La mezcla no **fragua***). Se conjuga, en cuanto al acento, como **adecuar**. → **averiguar**

frailada. sust. f. fam. 'Acción descompuesta y grosera cometida por un faile'. Es incorrecto usar esta voz como colectivo de **fraile**: *Allí viene la frailada*. Correcto: *Allí viene la **frailería***. → **fraile**

fraile. sust. m. 'Miembro de algunas órdenes religiosas'. Ante nombre propio, se apocopa en **fray** (***fray** Mamerto Esquiú*). Sus diminutivos son **frailecillo**, **frailecito** y **frailezuelo**. La voz **frailuco** es, más que un diminutivo, un despectivo. Aumentativo: **frailote**. El 'conjunto de los frailes' es la **frailería** (sust. f. fam.), y el 'estado de fraile', la **frailía** (sust. f.). Su equivalente femenino es **hermana** ('religiosa'). Abreviatura: ***Fr.*** → **frey**

frailengo, ga. adj. 'Perteneciente o relativo a los frailes'. Para ese mismo significado, existen los adjetivos **fraileño, ña** y **frailesco, ca**. El adjetivo **frailero, ra** significa 'propio de los frailes' y 'apasionado por ellos' (*sillón **frailero**; dama **frailera***). Es despectivo **frailuno, na** (adj.).

frambuesa. sust. f. Debe distinguirse esta voz femenina, que denota 'el fruto', del masculino **frambueso** (sust.), que significa 'el árbol'.

francés, sa. adj. 'Natural de Francia'. Diminutivos: **francesillo, lla** y **francesito, ta**. Su despectivo es **franchute, ta** (sust. m. y f.): *Está lleno de **franchutes** y de **franchutas***. En cambio, la Academia consigna, como familiar, **franchote, ta** (sust. m. y f.): *¡Cuántos **franchotes** y **franchotas**!*

francesismo. sust. m. 'Giro o modo de hablar propio y privativo de la lengua francesa'; 'vocablo o giro de esta lengua empleado en otra'; 'uso de vocablos o giros franceses en distinto idioma'. → **galicismo**

francesista. sust. com.'Persona especializada en lengua y cultura francesas': **el francesista**, **la francesista**.

francio. sust. m. 'Metal alcalino'. Número atómico: 87. Símbolo: ***Fr***

franciscano, na. adj. 'Religioso o religiosa de la orden de San Francisco'. Ú. t. c. sust. m. y f.: **el franciscano, la franciscana**. 'Perteneciente a dicha orden' (*convento **franciscano***). Tiene, también, la connotación familiar de 'virtud semejante a la de los miembros de esa orden' (*pobreza **franciscana***). Puede decirse, también, **francisco, ca** (*hermano **francisco**, monja **francisca***). Ú. t. c. sust. m. y f. (*Allí vienen tres **franciscas** y un **francisco***). La abreviatura de dicha orden es ***O.F.M.*** (Ordinis Fratrum Minorum).

francmasón. sust. m. 'Persona que pertenece a la francmasonería'. Es palabra aguda. En plural, se transforma en grave: **francmasones**. No debe pronunciarse [fracmasón], un vulgarismo. Del mismo modo, no debe decirse [fracmasonería] por **francmasonería** (sust. f.). Su femenino es **francmasona**.

franco, ca. adj. 'Liberal, dadivoso' (*gesto **franco***); 'desembarazado, sincero, sin impedimentos' (*palabra **franca***); 'claro, patente' (***franca** mejoría*), etc. Su aumentativo es **francote, ta** (adj.). Rég. prep.: **franco a**, **con**, **para** o **para con** (***franco a**, **con**, **para** o **para con** los amigos*); **franco de** (***franco de** carácter*); **franco en** (***franco en** el hablar*).

francocanadiense. adj. No debe escribirse con guión: *franco-canadiense*. Es voz compuesta de reciente incorporación académica.

francófono, na. adj. 'De habla francesa'. Ú. t. c. sust. m. y f.: el **francófono, la francófona**. Es voz de reciente introducción en el ***Diccionario***.

francotirador. sust. m. Su femenino es **francotiradora**.

frangible. adj. 'Capaz de quebrarse o partirse'. Viene del verbo **frangir** (tr. p. us.).

frangollón, na. adj. And., Can. y Amér. 'Dícese de quien hace de prisa y mal una cosa'. Se registra, también, en las mismas regiones y con idéntico significado, **frangollero, ra** (adj.). Estas voces proceden de **frangollar** (v. tr.) que, en su acepción figurada y familiar, significa 'hacer una cosa de prisa y mal'. Su postverbal es **frangollo** (sust. m.), 'granos quebrados de cereales y legumbres' y 'cosa hecha de prisa y mal' (fig.).

frangote. sust. m. 'Fardo'. No debe confundirse con la acepción figurada de **frangollo**.

franja. sust. f. 'Guarnición que sirve para adornar vestidos u otras cosas'; 'lista o tira, en general'. Diminutivos: **franjuela** y **franjita**. Aumentativo: **franjón** (sust. m.). 'Guarnecer con franjas' es **franjar** o **franjear**, verbos transitivos poco usados.

franklin. sust. m. 'Unidad de carga eléctrica', en la nomenclatura internacional. Equivale a **franklinio** (sust. m.).

franquear. v. tr. 'Conceder con generosidad' (*franquear a alguien su casa*); 'quitar los impedimentos que estorban o abrir camino' (*franquear la entrada*; *franquear el paso*); 'pasar de un lado a otro o a través de algo, es decir, atravesar' (*franquear la puerta*). Esta última acepción es reciente en el ***Diccionario***; antes era censurada. También significa, entre otras de uso corriente, 'pagar en sellos el porte de algo que se remite por correo' y 'exceptuar de tasas y contribuciones'. v. prnl. 'Descubrir uno su interior a otro' (***Me franqueé** con mi madre*). Rég. prep.: **franquearse a** o **con** (***franquearse a** o **con** los amigos*). No debe pronunciarse [franquiar, franquié]. Su postverbal es **franqueo** (sust. m.). → **-ear**

franquía. sust. f. Se usa, sobre todo, en el sintagma **franquía postal**, 'transporte gratuito de correspondencia'. → **franquicia**

franquicia. sust. f. 'Exención que se concede a una persona para no pagar derechos o algún servicio' (*franquicia postal*).

franquista. adj. 'Perteneciente o relativo al franquismo'. sust. com.: **el franquista, la franquista**. Es voz, al igual que **franquismo** (sust. m.), de reciente incorporación académica.

frasco. sust. m. Su diminutivo es **frasquete**. La Academia registra **frasca** (sust. f.), para denotar el 'frasco de vidrio transparente, con base cuadrangular y cuello bajo destinado a contener vino'.

frase. sust. f. 'Conjunto de palabras que, sin llegar a ser una oración, tienen sentido y que, dentro de una oración, pueden funcionar como un sintagma' (*"Ser o no ser" es una **frase** célebre*); 'modo particular con que se ordena la dicción y el pensamiento de un autor' (*La **frase** de Cicerón es cadenciosa*); 'índole y aire especial de cada lengua' (*La **frase** española es rotunda, neta*). **frase hecha**. 'La que es de uso común y vulgar' (*De mal en peor*). **frase proverbial**. 'La que es de uso vulgar y expresa una sentencia a modo de proverbio' (*Al pan, pan, y al vino, vino*). También, 'la que, en sentido figurado e inalterable, es de uso vulgar y no incluye sentencia alguna' (*¡Aquí fue Troya!*; *como anillo al dedo*). **gastar frases**. 'Hablar mucho'.

frasear. v. intr. 'Formar, enunciar o entonar las frases'. No debe pronunciarse [frasiar, frasié]. Su postverbal es **fraseo** (sust. m.). → **-ear**

fratás. sust. m. 'Utensilio de albañilería que sirve para alisar la mezcla en la superficie de un muro'. El verbo correspondiente es **fratasar** (tr.). En la Argentina, se usan, respectivamente, "fratacho" y "fratachar", sin registro en el ***Diccionario***.

fraternizar. v. intr. 'Tratarse como hermanos o amistosamente'. → **cazar**

fratricida. sust. com. 'Persona que mata al hermano': **el fratricida, la fratricida**. Es un vulgarismo decir *fraticida*. Igualmente es barbarismo *fraticidio*, por **fratricidio**, 'muerte dada por una persona al propio hermano'.

fray. sust. m. → **fraile**

frazada. sust. f. Es incorrecto pronunciar [frezada].

♦ **freelance.** Anglicismo. En español, debe decirse **autónomo, independiente**.

♦ **freezer.** Anglicismo. En español, corresponde decir **congelador**.

♦ **fregaplatos.** Barbarismo. El ***Diccionario*** no registra **friegaplatos**, voz compuesta de correcta formación. No puede tildarse de errónea, pero es preferible usar **lavaplatos** o **lavavajillas**. → **lavaplatos**

fregar. v. irreg. tr. Además de los usos comunes, en América tiene la acepción figurada y familiar de 'fastidiar, molestar, jorobar'. Ú. t. c. prnl. Se conjuga como **negar**.

♦ **fregasuelos.** Barbarismo. El ***Diccionario*** no registra **friegasuelos**, pero es voz compuesta de correcta formación. No puede tildarse de incorrecta. Para denotar el 'instrumento para fregar', es mejor usar **fregador** (sust. m.).

freidora. sust. f. 'Electrodoméstico usado para freír'. Es incorrecto freidera.

freír. v. irreg. tr. Ú. t. c. prnl. Tiene dos participios, uno regular (***freído***) y otro irregular (***frito***). Con los dos, pueden construirse los tiempos compuestos (***he freído***; ***he frito***); es más común usar la forma irregular. Martínez de Sousa considera, en cambio, que el participio irregular sólo se usa como adjetivo (***pollo frito***). Se conjuga como **reír**.

fréjol. sust. m. Equivale a **judía**. Denota la planta, su fruto y semilla. Puede decirse, también, **fríjol**, pero la Academia prefiere la primera forma. En América, suena como palabra aguda, **frijol**, regionalismo aceptado. También, se oye la pronunciación [frejol], pero esta variante carece de registro académico. Plural: **fréjoles, fríjoles** y **frijoles**, respectivamente.

frenado, da. p. de **frenar**. sust. m. 'Acción y efecto de frenar' (*El auto hizo una **frenada** en la esquina*). sust. f. Argent., Bol., Chile, El Salv., Méj. y Par. Equivale a **frenazo**. Es incorrecto usar, en su reemplazo, *frenaje*, un galicismo. → **frenazo**

frenazo. sust. m. 'Acción de frenar súbita y violentamente'. En varios países de América, entre ellos la Argentina, se usa, también, **frenada** (sust. f.), regionalismo registrado por la Academia. El sustantivo **frenada** (f.), en Chile y en la Argentina, significa, además, 'sosegate, llamada de atención'. Ú. m. en la fr. **dar** o **pegar** a alguien una **frenada**. → **frenado**

frenesí. sust. m. 'Delirio'; 'perturbación del ánimo'. Plural: **frenesíes** o **frenesís**.

freno. sust. m. Diminutivo: **frenillo**.

frenólogo. sust. m. 'Persona que practica la frenología' (doctrina psicológica). Su femenino es **frenóloga**.

frente. sust. f. y m. Es femenino cuando denota, entre otras acepciones, la 'parte superior de la cara' o el 'semblante'. Es masculino, cuando significa 'primera línea en que combaten los ejércitos' o 'coalición de partidos políticos u organizaciones'. Es ambiguo, si indica la 'fachada de un edificio', pero se lo emplea, casi con exclusividad, como masculino (*Pintaron **el frente** del edificio*). **al frente**. loc. adv. 'Delante' (***Al frente**, hay una farmacia*). **al frente de.** loc. prepos. 'Al mando de algo o de alguien' (***Al frente de** la oficina, está un viejo empleado*). **frente a**. loc. prepos. 'En frente de, delante de algo'; 'contra o en contra de algo o de alguien' (*Está **frente a** la catedral*; ***Frente a** las críticas injustas, levantó su voz*). **frente a frente**. loc. adv. 'Cara a cara' (*Se lo dijo **frente a frente***). Esta locución no debe construirse con la preposición **a**, sino con **de**: *Juan estaba **frente a frente** a su madre*. Correcto: *Juan estaba **frente a frente de** su madre.* **frente por frente**. loc. prepos. 'Exactamente delante de algo o de alguien' (*El palacio municipal y la catedral se hallan **frente por frente***). Esta locución no debe construirse con la preposición **a**, sino con **con** : *Se halla frente por frente a la catedral*. Correcto: *Se halla **frente por frente** con la catedral.* **en frente**. loc. adv. Equivale a **enfrente**. → **enfrente**

frentista. sust. com. Argent. 'Albañil especializado en las terminaciones del frente de una construcción': **el frentista, la frentista**. Esta voz carece de registro en el ***Diccionario***, pero la A.A.L. ha recomendado su inclusión.

frentón, na. adj. 'Que tiene mucha frente'. Puede decirse, también, **frontudo, da** (adj.). Es incorrecto *frentudo, da*, sin registro académico.

fresco, ca. adj. Diminutivo: **fresquito, ta**. Es incorrecto *fresquecito*. Sus aumentativos son **frescote, ta** y **frescachón, na** (adjs.).

frescor. sust. m. 'Frescura'. Repárese en que es del género masculino. Incorrecto: *la frescor*.

fresquera. sust. f. → **fiambrera**

frey. sust. m. 'Tratamiento que se aplica a los miembros de las órdenes religiosas militares, como la de Calatrava, por ejemplo, a diferencia de los de las otras órdenes'. → **fraile**

fricasé. sust. m. 'Guisado de la cocina francesa, cuya salsa se bate con huevo'. Es voz francesa españolizada. En plural: **fricasés**.

fríjol o **frijol.** sust. m. → **fréjol**

frío, a. adj. Sus superlativos son **friísimo, ma**, de uso corriente, y **frigidísimo, ma**, de uso literario o culto. Diminutivos: **friecillo, lla** y **friito, ta**. Son incorrectas las formas *friillo, lla* y *friecito, ta*. Aumentativo: **frión, na**.

friolento, ta. adj. Puede decirse, también, **friolero, ra**, forma que la Academia prefiere. En la Argentina, el uso se inclina por la primera.

frisar. v. tr. 'Rizar'. v. intr. fig. 'Estar cerca de'. Equivale a **acercarse**. Se dice referido a la edad. Rég. prep.: **frisar en** (*El director **frisa en** los cincuenta años*). Este verbo tiene un homónimo (v. tr.) que significa 'rozar, frotar'. Rég. prep.: **frisar con** o **contra** (*La lengua **frisa con** o **contra** los dientes*); **frisar en** (*Al hablar, el aire de algunos sonidos **frisa en** los dientes*).

fritada. sust. f. colect. 'Conjunto de cosas fritas' (***fritada** de criadillas*). Cuando es abundante en grasa, recibe el nombre de **fritanga** (sust. f.), de uso generalmente despectivo (*¡Mira la **fritanga** que me sirves!*). → **fritura**

frito, ta. p. irregular de **freír**. Se usa como adjetivo (*tortas **fritas**; papas **fritas***). sust. m. 'Cualquier manjar que se ha freído' (*No quiero **fritos***). **dejar** a uno **frito**. fr. fig. fam. 'Matarlo'. **estar frito**. fr. fig. fam. Argent., Chile y Perú. 'Hallarse en una situación difícil, sin salida'. En la Argentina, significa, además, 'estar muy cansado físicamente', denotación que no incorpora el ***Diccionario*** y que fue recomendada para su registro por la A.A.L. Lo mismo ocurre con **quedarse frito** (fr. fig. fam.), que tiene el sentido de 'dormirse profundamente por excesivo cansancio'.

fritura. sust. f. colect. 'Conjunto de cosas fritas'. → **fritada**

frontis. sust. m. 'Fachada'. En plural, no varía: **los frontis**. Puede decirse, también, **frontispicio** (sust. m.). → **frontón**

frontón. sust. m. Es aumentativo de **fronte** (sust. f. ant.), cuya forma moderna es **frente**. 'Pared contra la cual se lanza la pelota o sitio dispuesto para jugar con ella'. Puede decirse, también, **frontis**, que significa, además, 'remate triangular de una fachada o de un pórtico; se coloca, también, encima de puertas y ventanas'.

frotación. sust. f. Pueden decirse, también, **frotamiento** (sust. m.) y **frote** (sust.m.).

fructífero, ra. adj. 'Que produce frutos'. Es erróneo decir *fructífico, ca*, sin registro en el ***Diccionario***. No debe confundirse con **frugífero, ra** (adj. poético), 'que lleva fruto'. Son incorrectas las pronunciaciones [fruguífero] y [frutífero].

fructificar. v. intr. Es un vulgarismo pronunciar [frutificar]. → **sacar**

frufrú. sust. m. 'Ruido que produce el roce de la seda u otra tela semejante'. Es una onomatopeya. No debe escribirse en dos palabras (*fru frú*) ni con guión (*fru-frú*). Plural: **frufrús** o **frufrúes**. Es voz compuesta de reciente incorporación académica.

frugívoro, ra. adj. 'Aplícase al animal que come frutos'. Es erróneo decir *frutívoro* o pronunciar [fruguívoro].

fruición. sust. f. 'Goce, complacencia'. No debe pronunciarse [fruicción], una ultracorrección.

fruir. v. irreg. intr. 'Gozar'. Rég. prep.: **fruir de** (***fruir de** salud*). Se conjuga como **huir**.

fruncir. v. tr. Cuando significa 'afectar compostura y modestia', es pronominal . → **zurcir**

frustrar. v. tr. Ú. t. c. prnl. Es incorrecto pronunciar [frustar] o [fustrar]. Los mismos errores se cometen con **frustración** (sust. f.). El p. a. **frustrante** carece de registro en el ***Diccionario***, pero es correcto.

fruta. sust. m. Sus diminutivos son **frutita** y **frutilla**.

frutero, ra. adj. 'Que sirve para llevar o contener frutas' (*plato **frutero***). sust. m. y f. 'Persona que vende frutas' (*El **frutero** y la **frutera** pasan por la calle*).

frutilla. sust. f. Amér. Merid. 'Especie de fresón americano'. En la misma región, se registra el sustantivo colectivo masculino **frutillar**, 'sitio donde se crían frutillas', y **frutillero, ra** (sust. m. y f.), para denotar la 'persona que las vende'. En la Argentina, la voz **frutilla** equivale a **fresa** (sust. f.) o a **fresón** (sust. m.) del español general. Este último es de mayor tamaño y de sabor más ácido que la fresa. Su color es rojo amarillento.

fue. Pretérito perfecto simple de indicativo, tercera persona del singular, de los verbos **ser** e **ir**. Se escribe sin tilde. → **ser, ir**

fuego. sust. m. Diminutivos: **foguezuelo, fueguecillo, fueguecito** y **fueguezuelo. fuegos artificiales**. 'Cohetes y otros artificios de pólvora'. No debe decirse *fuegos de artificio*, un galicismo.

fuel. sust. m. 'Fracción del petróleo natural, obtenida por refinación y destilación, que se destina a la calefacción'. Es voz inglesa (*fuel*) españolizada. "Aunque es corriente decir *fuel-oil*, y en lenguaje técnico se encuentra *fuelóleo* (formado por el mismo procedimiento que *gasóleo*, de *gas-oil*), parece más práctico –anota Seco– decir simplemente *fuel*, como propone la Academia."

fuelle. sust. m. 'El que hace o vende fuelles' es el **follero** o **folletero**, sustantivos que carecen de femenino.

fuente. sust. f. Diminutivos: **fuentecita, fuentezuela, fuentecilla, fuentecica** y **fontezuela**. Incorrecto: *fuentita*. Aumentativo: **fuentón** (sust. m.). Una **fuentada** (sust. f. fam.) es la 'cantidad de comida que cabe en una fuente'.

fuer. sust. m. ant. apóc. de **fuero**. Hoy sólo se usa en la loc. prepos. **a fuer de**. 'En razón de, en virtud de, a manera de' (***A fuer de** sincero, se granjeó enemistades*).

fuera. adv. l. 'A o en la parte exterior de algo'. Rég. prep.: **fuera de** (***fuera de** casa*; ***fuera de** propósito*; ***fuera de** sí*). Puede ir precedido de las preposiciones **de** y **desde** (*El ruido viene **de fuera**; Se oye **desde fuera***). Precedido de la preposición **de**, puede transformarse en **afuera** (*Viene **de afuera***). Precedido de **hacia, para** y **por**, se convierte, normalmente, en **afuera** (***hacia afuera**, **por afuera**, **desde afuera***). **¡fuera!** interj. (*¡**Fuera!**, no los quiero ver aquí*). **fuera de**. Precediendo a pronombres o a sustantivos, significa 'excepto, salvo' (***Fuera de** eso, te daré lo que quieras*; ***Fuera de** casa y comida, no recibirás nada*). Seguido de **que** y precediendo a verbos, significa 'además de, aparte de' (***Fuera de lo que hablamos**, quedan temas por tratar*). Si precede a nombres de acción, significa falta de ella (***Fuera de** saltos y de gritos, haz lo que desees*). → **afuera**

fueraborda. sust. amb. Por su carácter ambiguo, puede decirse **un fueraborda** o **una fueraborda** (*Paseamos por la laguna en **un fueraborda** o en **una fueraborda***). Se usa, generalmente, en aposición, pospuesto a otro sustantivo (*motor **fueraborda***). Puede decirse, también, **fuera borda** o **fuera bordo** (*motor **fuera borda** o **fuera bordo***), **fuera de borda** o **fuera de bordo** (*motor **fuera de borda** o **fuera de bordo***). Es incorrecto, de acuerdo con el registro académico, *fuerabordo*. → **fuera**

fuerte. adj. Diminutivos: **fuertecito, ta; fuertecillo, lla; fortezuelo, la**. Superlativos: **fuertísimo, ma** y **fortísimo, ma**. El primero es coloquial; el segundo, culto. Aumentativo: **fortachón, na**. Rég. prep.: **fuerte con** (***fuerte con** los débiles*); **fuerte de** (***fuerte de** caderas*); **fuerte en** (***fuerte en** geografía*). sust. m. 'Recinto fortificado'. Diminutivos: **fortín, fortezuelo, fuertezuelo**.

fuerza. sust. f. En traducciones del italiano, "se usa a veces, exclamativamente, la palabra *fuerza* –anota Seco– por *ánimo* (en italiano, *forza*)". Debe evitarse esta mala traducción. Con **armada**, ú. m. en pl. (***fuerzas armadas***). Se emplea en plural, en las locuciones **fuerzas vivas** ('grupos impulsores de actividad, sobre todo, económica') y **fuerzas de choque** ('unidades militares empleadas en la ofensiva'). **a fuerza de**. loc. prepos. que, seguida de un sustantivo o de un verbo en infinitivo, indica intensidad o abundancia del objeto designado por el sustantivo, o la insistente reiteración de la acción expresada por el verbo (***a fuerza de** brazos*; ***a fuerza de** dinero*; ***a fuerza de** estudiar*). **en fuerza de**. loc. prepos. 'A causa de, en virtud de' (***En fuerza de** las circunstancias, se suspende la sesión*). **por fuerza**. loc. adv. 'Violentamente; contra la propia voluntad' y 'necesaria e ineludiblemente'. Se puede decir, también, **a la fuerza** (***Por fuerza**, lo derribó*; ***Por fuerza**, lo haremos*; ***A la fuerza**, irá*). **ser fuerza**. loc. 'Ser necesario o forzoso' (***Es fuerza** decidirse ya*).

♦ **fuetazo.** Galicismo usado en América. Corresponde decir **latigazo**.

♦ **fuete.** Galicismo por **látigo**. Se usa en Asturias y en América. No es frecuente en la Argentina.

fugarse. v. prnl. 'Escapar'. → **pagar**

fugaz. adj. 'Que huye o desaparece rápidamente'. fig. 'De muy corta duración'. Plural: **fugaces**. Repárese en que la **z** cambiar por **c**.

fugaza o **figaza.** sust. f. Es voz que procede del genovés (*fügassa*) y que carece de registro en el *Diccionario*. Es muy común en la Argentina y significa 'pan de elaboración manual de pequeñas dimensiones y forma redondeada y chata'; 'pizza de cebolla'. Fue propuesta para su inclusión, con las grafías transcriptas, por la A.A.L.

-fugo, ga. elem. compos. de or. lat. que, a modo de sufijo, sirve para formar derivados. Significa 'que ahuyenta' o 'que huye' (*centrífugo*, *febrífugo*, *vermífugo*, *fumífugo*). Es de reciente incorporación académica.

fui. Pretérito perfecto simple de indicativo, primera persona del singular, de los verbos **ser** e **ir**. Se escribe sin tilde. → **ser, ir**

fulano. sust. m. Su femenino es **fulana**. → **mengano**

fulgir. v. intr. 'Resplandecer'. Es propio de la lengua poética. De la misma familia son el sustantivo **fulgor** (m.) y los adjetivos **fulgente**; **fúlgido, da**; **fulgúreo, a**; **fulguroso, sa**. En lenguaje corriente, se usa **fulgurar** (v. intr.), que significa, aproximadamente, lo mismo ('resplandecer, brillar, despedir rayos de luz'). Decir *fulgurear* es un vulgarismo. La Academia no registra *fulgurecer*, un neologismo que no debe emplearse. → **dirigir**

♦ **fulgurecer.** → **fulgir**

fuliginoso, sa. adj. 'Denegrido, oscurecido, tiznado'. El sustantivo correspondiente es **fuliginosidad** (f.). Ambos derivan de **fuligo** (sust. m.), 'hollín, humo'; 'sarro, suciedad en la lengua'; 'hongo mixomiceto'.

♦ **full-time.** Anglicismo. En español, corresponde decir **dedicación exclusiva**.

fulminante. p. a. de **fulminar**. 'Que fulmina' (*enfermedad* ***fulminante***). adj. 'Dícese de las materias capaces de hacer estallar cargas explosivas' (*pólvora* ***fulminante***). Ú. t. c. sust. m. (*Vende los mejores* ***fulminantes***). 'Súbito, muy rápido' (*pasión* ***fulminante***; *réplica* ***fulminante***). Se registra el adjetivo **fulminatriz** (f.): *legión* ***fulminatriz***. Su plural es **fulminatrices**.

fulo, la. adj. fam. 'Malhumorado, muy enojado'. Es un argentinismo de uso general no registrado en el *Diccionario*, pero recomendado para su incorporación por la A.A.L.

fumífero, ra. adj. poét. 'Que echa humo'. Su antónimo es **fumífugo, ga**, 'que extingue el humo'.

fumigador. sust. m. 'Persona que fumiga'. Su femenino es **fumigadora**. sust. f. 'Máquina para fumigar'.

fumigar. v. tr. 'Desinfectar por medio de humo'; 'combatir por estos medios o por polvos en suspensión las plagas de insectos y de otros organismos nocivos'. → **pagar**

♦ **fumoir.** Galicismo. En español, corresponde usar **sala de fumar**. El *Diccionario* registra **fumadero** (sust. m.), 'local destinado a los fumadores', pero se usa poco.

funámbulo. sust. m. 'Volatinero'. Su femenino es **funámbula**.

funcionario. sust. m. 'Persona que desempeña un empleo público'. Su femenino es **funcionaria**. Es incorrecto decir *la funcionario*. La expresión *funcionario público* es una redundancia. Argent. 'Empleado jerárquico estatal'. De allí que, para los de menor jerarquía, se usa, en nuestro país, la locución **empleado público**. El sustantivo colectivo *funcionariado* es un neologismo reprobable. La Academia registra, sí, el sustantivo **funcionarismo** (m.), que significa 'burocracia'.

fundador, ra. adj. 'Que funda'. sust. m. y f.: **el fundador, la fundadora**.

fundamentar. v. tr. 'Echar los cimientos de un edificio' y 'asegurar y hacer firme una cosa'. Es incorrecto usar su participio, en función adjetiva, con el sentido de 'apoyar, basar': *conclusión fundamentada*. Correcto: *conclusión fundada*. → **fundar**

fundar. v. tr. 'Edificar una ciudad, colegio, hospital, etc.'; 'apoyar, estribar, armar una cosa material sobre otra'. Ú. t. c. prnl. También significa 'crear' (***fundar*** *un partido político, una asociación*) y 'apoyar con motivos y razones eficaces una cosa' (***fundar*** *una sentencia, un dictamen*'). Rég. prep.: **fundar** o **fundarse en** (***fundar*** o ***fundarse en*** *testimonios, en razonamientos*).

fundido, da. p. de **fundir**. adj. 'Derretido, licuado' (*hierro* ***fundido***). Argent. 'Muy cansado, abatido, exhausto' (*Llegó* ***fundido*** *del trabajo*). Este regionalismo es de introducción reciente en el ***Diccionario***. sust. m. 'Transición gradual de un plano a otro durante su proyección en la pantalla, o de un sonido a otro en el altavoz'.

funeral. adj. 'Perteneciente al entierro y a las exequias'. sust. m. 'Pompa y solemnidad con que se hace un entierro o unas exequias'; 'exequias'. Ú. t. en pl.: **los funerales**. Como adjetivo, su sinónimo es **funerario, ria**.

fungicida. adj. 'Dícese del agente que destruye los hongos'. Ú. t. c. sust. m.: **el fungicida**. También puede decirse **funguicida** (sust. m.), pero la Academia prefiere la primera forma.

furcio. sust. m. "Este término –según dijo la A.A.L.– resulta ampliamente conocido en el ambiente teatral y en general entre todas las personas vinculadas a los medios". Carece de registro en el ***Diccionario***. Significa 'cometer un error, no conceptual, al hablar' (*Un* ***furcio*** *es decir, por ejemplo, "corrupción" por "corrección", "monos" por "manos"*; *Los* ***furcios*** *dan lugar a disparates pintorescos*). Su significación semántica es similar a la de **gazapatón** o **gazafatón** (susts. ms.), que el ***Diccionario*** define 'disparate o yerro en el hablar'; 'expresión malsonante en que se incurre por inadvertencia o por mala pronunciación' (*Quiso decir "culto" y, por omisión de la "t", incurrió en una fea palabrota. ¡Qué* ***gazapatón***!).

furioso, sa. adj. Rég. prep.: **furioso a** (*furioso al verlo*); **furioso con** (***furioso con*** *la noticia*); **furioso contra** (***furioso contra*** *los periodistas*); **furioso de** (***furioso de*** *ira*); **furioso por** (***furioso*** *por la sanción*).

furúnculo. sust. m. Puede decirse, también, **forúnculo** y **divieso** (susts. ms.). La Academia prefiere la primera forma a la segunda, y la tercera, a las otras dos.

fuselaje. Voz francesa (*fuselage*) españolizada. En español, es incorrecto usar la grafía extranjera con **g**, un barbarismo ortográfico.

fusiforme. adj. 'De figura de huso'. Es incorrecto *fuseiforme*.

fusión. sust. f. 'Efecto de fundir o fundirse'. No debe confundirse con **fisión** (sust. f.) 'escisión del núcleo de un átomo'.

fustigar. v. tr. 'Dar azotes'; 'vituperar'. → **pagar**

fútbol o **futbol.** sust. m. Las dos formas son correctas. El uso y la Academia se inclinan por la primera. De ella, derivan **futbolero, ra** (adj.), 'relativo al fútbol' y 'persona aficionada a dicho deporte (sust. m. y f.); **futbolista** (sust. com.) 'el jugador o la jugadora'; **futbolístico, ca** (adj.), 'perteneciente al fútbol'. El **futbolín** (sust. m.) es un 'juego con figurillas accionadas mecánicamente, que remedan un partido de dicho deporte'. Son incorrectos *fóbal*, *fulbo* y *fúlbol*, tres vulgarismos. No debe usarse la grafía inglesa *football*, un anglicismo. En plural: **fútboles** o **futboles**, pero no es común su uso en este número. **fútbol cinco**. Argent. 'Fútbol de salón en el que intervienen cinco jugadores por equipo'. La A.A.L. ha recomendado su inclusión en el ***Diccionario***. → **balompié**

futesa. sust. f. 'Fruslería, nadería'. → **fútil**

fútil. adj. 'De poco aprecio o importancia'. Plural: **fútiles**. De esta palabra, deriva **futilidad** (sust. f.), 'poca o ninguna importancia de una cosa'. La voz *futileza* no tiene registro académico, es un barbarismo.

futuro, ra. adj. 'Que está por venir' (*acción* ***futura***). Ú. t c. sust. m. (*Nuestro* ***futuro*** *es incierto*). sust. m. y f. fam. 'Persona que tiene compromiso matrimonial con otra'. Desde el punto de vista gramatical, es un 'tiempo verbal' del indicativo o del subjuntivo. En cada uno de dichos modos, se distinguen el **futuro** (***Esbozo***, Bello), llamado antes **futuro imperfecto** por la Academia, y el **futuro perfecto** (**antefuturo** de Bello). El primero es simple, y el segundo, compuesto (se forma con el auxiliar **haber** más el participio del verbo que se conjuga). "Al perderse las formas del futuro latino [del simple], el romance formó el futuro nuevo –dice el ***Esbozo***– por aglutinación del infinitivo con el presente del verbo *haber*: *amar he = amaré*; *amar has = amarás*, etc.". El **futuro de indicativo** expresa en forma absoluta que 'la cosa existirá, que la acción se ejecutará o el suceso acaecerá' (***Fabricarán*** *pelotas*; *Mañana* ***trabajaremos***; ***Saldrá*** *el sol*). También denota 'mandato' (**futuro de mandato**), sobre todo en segunda persona y para expresar prohibición (***Amarás*** *a Dios sobre todas las cosas*; *No* ***matarás***). "Reforzamos con el futuro –acota el ***Esbozo***– la voluntad imperativa expresando seguridad en el cumplimiento de lo mandado." (*Viajará el martes*). Indica, asimismo, 'probabilidad' (**futuro de probabilidad**), es decir, 'suposición, conjetura o vacilación referida al presente' (***Serán** las doce*; ***Estará** cansado*; *¿**Habrá** fiesta?*). En oraciones interrogativas y exclamativas, es frecuente que señale 'asombro o inquietud (**futuro de sorpresa**) ante un hecho conocido o evidente': *¿**Se animará** a contradecirme?* (después de que el otro ya lo ha contradicho); *¡Si **será** tonto!* (se ha mostrado ya como tal). No se emplea el futuro en la prótasis de las oraciones condicionales, sino el presente: *Si vendrás, te esperaré*. Correcto: *Si **vienes**, te esperaré*. Tampoco, en las proposiciones relativas de significado futuro, introducidas por adverbios relativos (**donde**, **cuando**, **como**, **cuanto**) o por pronombres relativos (**quien**, **que**, etc.) cuyos antecedentes sean personas indeterminadas, casos en los que se emplea el presente de subjuntivo: *Cuando saldrá el tren, agitaremos los pañuelos*; *Donde indicarán, iremos*; *Quien será, no importa*. Correcto: *Cuando **salga** el tren, agitaremos los pañuelos*; *Donde **indiquen**, iremos*; *Quien **sea**, no importa*. El **futuro de subjuntivo** indica una acción hipotética como no acabada en el presente o en el futuro (*Si no **abonare** el alquiler en término, pagará con recargo*). Este futuro ha desaparecido casi totalmente del habla corriente, sustituido por el presente de indicativo (*Si no **abona** el alquiler en término, pagará con recargo*) o el de subjuntivo (*Cuando no **abone** el alquiler en término, pagará con recargo*). Persiste sólo en escritos de tipo jurídico o normativo, y en algunos proverbios: *Donde **fueres**, haz lo que vieres*. El **futuro perfecto de indicativo** denota 'acción venidera anterior a otra también venidera' (*Cuando regreses, **habré terminado** la facultad*). Puede indicar, también, entre otros matices, 'probabilidad de un hecho pasado' (*A estas horas, ya **se habrá celebrado** el matrimonio*). El **futuro perfecto de subjuntivo** expresa 'acción acabada y contingente' en relación con otra futura (*Si a fin de año no **hubiere regresado**, no se preocupen*). Su uso moderno es poco frecuente, y se lo sustituye, normalmente, por el pretérito perfecto de indicativo o de subjuntivo (*Si a fin de año no **he regresado**, no se preocupen*; *En el caso de que no **haya regresado** a fin de año, no se preocupen*).

futurólogo. sust. m. 'Persona que profesa la futurología'. Su femenino es **futuróloga**.

g. Séptima letra del abecedario español. Su nombre es **ge** (sust. f.). Plural: **ges**. Es incorrecto <u>gees</u>.

gabinete. sust. m. En una de sus acepciones, es colectivo, 'conjunto de muebles para un gabinete'. Significa, también, 'cuerpo de ministros' (*El Presidente reunió a su **gabinete***).

gacel. sust. m. Su femenino es **gacela**.

gaceta. sust. f. 'Periódico' (La **Gaceta** de Buenos Aires *fue nuestro primer periódico de la época independiente*). Hoy se aplica a publicaciones especializadas que, generalmente, no tratan temas políticos (*La* **Gaceta** Marinera). Cuando es título de una obra, se escribe con mayúscula; en los otros casos, con minúscula (*Está por fundar una **gaceta** literaria*). fig. y fam. 'Correveidile' (*Juan es la **gaceta** del barrio*). Su diminutivo es **gacetilla**, 'parte de un periódico destinada a la inserción de noticias cortas'; 'cada una de esas noticias breves'; 'persona que por hábito trae y lleva noticias' (*Es una **gacetilla***). El **gacetillero** o la **gacetillera** (sust. m. y f.) es la 'persona que escribe gacetillas'. 'Quien vende o escribe gacetas' es el **gacetero** o la **gacetera** (sust. m. y f.).

gachí. sust. f. 'En ambientes populares peninsulares, mujer, muchacha'. Plural: **gachís**. Con el nombre de **gaché**, los gitanos designan a los 'andaluces' y, con el de **gachó**, al 'hombre en general' o al 'amante de una mujer'. Plural: **gachés** y **gachós**. Son voces de origen gitano.

gadolinio. sust. m. 'Elemento que aún no se ha podido obtener en estado metálico puro. Sus sales son incoloras'. Número atómico 64. Símbolo: ***Gd***

gafas. sust. f. pl. 'Anteojos cuya armadura se sujeta detrás de las orejas'; 'los enganches o patillas de la armadura en sí'. Es incorrecto usar este sustantivo en singular. → **plural** (**pluralia tantum**), **anteojos**, **lentes**

♦ **gagá.** Galicismo. En español, corresponde decir **chocho**, **lelo**.

gaitero. sust. m. 'Persona que tiene por oficio tocar la gaita'. Su femenino es **gaitera**.

gaje. sust. m. 'Emolumento que corresponde a un destino o empleo'. Ú. m. en pl. **gajes del oficio, del empleo**, etc. loc. irón. 'Molestias o perjuicios que se experimentan con motivo del empleo u ocupación'.

gajo. sust. m. 'Rama desprendida de un árbol'; 'cada uno de los grupos en que se divide un racimo'; 'racimo apiñado de cualquier fruta' (*gajo de guindas*); 'cada una de las partes interiores en que está dividido naturalmente un fruto' (*un **gajo** de naranja*). Argent. Equivale a **esqueje** (*Planté un **gajo** de malvón*). Hond. 'Mechón de pelo'. → **esqueje**

gala. sust. f. 'Vestido sobresaliente y lucido'. sust. f. pl. 'Trajes, joyas y demás artículos de lujo que se poseen u ostentan' (*Llevo puestas todas mis **galas***). **de gala**. loc. adj. 'Dícese del uniforme o traje de mayor lujo, en contraposición al de diario' (*traje **de gala***) y 'de las ceremonias, fiestas, espectáculos en que se exige vestido especial de esta clase' (*función **de gala***). **de gala**. loc. adv. 'Con indumentaria de especial lujo' (*ir **de gala**; vestir **de gala***). **de media gala**. loc. adj. 'Dícese del uniforme o traje que por ciertas prendas o adornos se diferencia del de gala y del de diario'. **hacer gala de** una cosa. fr. fig. 'Preciarse o gloriarse de ella' (***Hace gala** de su riqueza*).

galáctico, ca. adj. 'Perteneciente o relativo a la Vía Láctea o a cualquier otra galaxia'. Incorrecto: <u>galáxico</u>, <u>ca</u>.

galán. sust. m. 'Hombre de buen semblante, bien proporcionado y airoso' (*Es un **galán***); 'el que galantea a una mujer' (*No ha llegado el **galán*** de Inés); 'el que en el teatro hace uno de los principales papeles serios con exclusión del de barba o viejo' (*primer **galán**; segundo **galán***). Su correlato femenino es **dama**, 'actriz que hace los papeles principales, excepto la graciosa y la característica o dama de edad' (*primera **dama**; segunda **dama***). Por ext., se aplica también al 'actor de cine' (*En su juventud, fue **galán** de cine*). Es, también, apócope de **galano** (adj.). Plural: **galanes**. Diminutivo: **galancete**. → **galano**

galano, na. adj. 'Bien adornado'; 'dispuesto con buen gusto'; 'que viste bien'; 'dicho de producciones de ingenio, elegante (*estilo **gala-***

no; *frase* ***galana***). Se apocopa en **galán** (***Galán** gesto fue el suyo*). → **galante**

galante. adj. 'Atento, cortés, en especial con las damas'; 'aplícase a la mujer que gusta de galanteos, y a la de costumbres licenciosas'; 'que trata con picardía un tema amoroso' (*literatura* ***galante***).

galantear. v. tr. 'Requebrar a una mujer o procurar ganarse su amor'; 'solicitar asiduamente una cosa'. No debe pronunciarse [galantiar, galantié]. Su postverbal es **galanteo** (sust. m.). → **-ear**

galardonar. v. tr. 'Premiar o remunerar los servicios de alguno'. Es incorrecto galardonear. El 'premio o la recompensa' es el **galardón** (sust. m.).

galeón. sust. m. Es aumentativo de **galea** (sust. f. ant.), 'embarcación'; 'carreta'. Diminutivo: **galeoncete** (sust. m. ant.). La **galeota** (sust. f.) era una 'galera o embarcación menor'. El **galeote** (sust. m.), 'quien remaba forzado en las galeras'. → **galera**

galera. sust. f. 'Carro para transportar personas'; 'embarcación de vela y remo'; 'aparato que servía para poner las líneas de letras que iba componiendo el oficial cajista, formando con ellas la galerada'. fam. Argent., Chile y Urug. 'Sombrero de copa redondeada, o alta y cilíndrica, y alas abarquilladas'. **sacar** algo **de la galera**. fr. fig. y fam. Argent. 'Sorprender a otro con un hecho inesperado'. sust. f. pl. 'Pena de servir remando en las galeras' (*condenar a* ***galeras***). Diminutivo: **galerín**. → **galerada**

galerada. sust. f. 'Carga que cabe en una galera'; 'trozo de composición que se ponía en una galera o galerín'. Hoy se aplica a toda 'prueba de composición para su corrección'.

galgo. sust. m. Su femenino es **galga**. Ú. t. c. adj. (*perro* ***galgo***).

galicano, na. adj. 'Perteneciente a las Galias'. No debe confundirse con **galiciano, na** (adj.), 'perteneciente o relativo a Galicia'. Se aplica, también, 'al estilo y frase de influencia francesa'. Para esta última acepción, existe, también, **galicado, da** (adj.), más frecuente.

galicismo. sust. m. 'Vocablo o giro de la lengua francesa empleado en otra' (*Los* ***galicismos*** *del español son barbarismos*). Aclaremos que las voces de origen francés ya incorporadas en el español, si bien fueron galicismos léxicos en su origen, hoy son préstamos y, como tales, al haberse españolizado, pertenecen al acervo lingüístico de nuestra lengua. → **francesismo**

galicista. adj. 'Perteneciente o relativo al galicismo'. sust. com. 'Persona que incurre en frecuentes galicismos': **el galicista**, **la galicista**.

galimatías. sust. m. fam. 'Lenguaje oscuro por la impropiedad de la frase o por la confusión de las ideas'. fig. 'Confusión, desorden'. Es incorrecto escribirlo, en singular, sin **s** final: *Es un galimatía*. Correcto: *Es un* ***galimatías***. En plural, no varía (*¡Cuántos* ***galimatías***!).

galio. sust. m. 'Metal muy raro, de la familia del aluminio, que se suele encontrar en los minerales del cinc. Es muy fusible'. Número atómico 31. Símbolo: ***Ga***

galiparla. sust. f. 'Lenguaje de los que emplean voces y giros afrancesados, en español'. El adjetivo correspondiente es **galiparlante**, 'persona que emplea la galiparla' (*Es un escritor* ***galiparlante***). Es un error aplicar este adjetivo a las personas que hablan francés, en reemplazo de **francohablante**, voz que, si bien no se registra en el ***Diccionario***, es de correcta formación. → **hablante**

galiparlista. sust. com.: **el galiparlista**, **la galiparlista**. Significa lo mismo, aunque con función sustantiva, que **galiparlante** (adj.). No debe usarse en reemplazo de **francohablante**. La Academia prefiere la primera forma. → **galiparla**

gallardear. v. intr. 'Ostentar bizarría y desembarazo al hacer algunas cosa'. Ú. t. c. prnl. Es incorrecto pronunciar [gallardiar, gallardié]. → **-ear**

gallareta. sust. f. 'Ave gruiforme, nadadora'. La Academia lo da como sinónimo de **foja** o **focha**, voces que prefiere y que no se usan en la Argentina.

gallear. v. tr. 'Cubrir el gallo a la gallina'. Con esta acepción, puede decirse, también, **gallar** (v. tr.). v. intr. fig. 'Presumir de hombría' y 'pretender sobresalir entre otros con jactancia'. No debe pronunciarse [galliar, gallié]. → **-ear**

gallegada. sust. f. 'Palabra o acción propia de gallegos'; 'baile de los gallegos y su tañido correspondiente'. sust. f. colect. 'Multitud de gallegos' (*Ahí viene la **gallegada***).

gallegoportugués. sust. m. 'Lengua gallega en su fase medieval'. La Academia lo registra, también, como adjetivo, si bien omite su forma femenina: **gallegoportuguesa**, que es correcta (*lengua **gallegoportuguesa***). No debe escribirse en dos palabras ni con guión: *gallego portugués*, *gallego-portugués*. Es voz compuesta de reciente incorporación académica.

galleta. sust. f. 'Bizcocho'. Diminutivo: **galletita**. **colgar la galleta**. loc. fig. y fam. 'Pedir el retiro o la separación de la Armada'. La Academia no registra la acepción de 'dejar plantado o desairar a alguien', propia de la Argentina y recomendada, para su inclusión en el ***Diccionario***, por la A.A.L. El 'lugar donde se venden las galletas' es la **galletería** (sust. f.), y la 'persona que las vende', el **galletero** o la **galletera** (sust. m. y f.). A su vez, **galletero** (sust. m.) es el 'recipiente en que se conservan'. Existe, también, **galletero**, **ra** (adj.), 'perteneciente o relativo a las galletas' (*industria **galletera***). La voz **galleta** tiene un homónimo que significa 'vasija pequeña con un caño torcido para verter el licor que contiene' y, en el Río de la Plata, 'calabaza chata, redonda y sin asa, que se emplea como recipiente para tomar mate'. Es voz rural registrada por la Academia.

gallináceo, a. adj. 'Perteneciente a la gallina'. f. pl. 'Nombre que se daba a las especies representantes de las galliformes'. Es voz esdrújula. Puede decirse, también, **galináceo**, **a**. Existe, por otra parte, **galliforme** (adj.), 'que tiene forma de gallo', adjetivo que se aplica, modernamente, a las 'aves de dicha especie'.

gallinería. sust. f. 'Puesto donde se venden gallinas'. Como sustantivo colectivo, denota un 'conjunto de gallinas'.

gallinero. sust. m. 'Persona que trata en gallinas'. Su femenino es **gallinera**. sust. m. 'Lugar donde las aves de corral se recogen a dormir'; 'cesto donde van encerradas las gallinas que se llevan a vender'; 'paraíso del teatro'. Es, también, sustantivo colectivo, 'conjunto de gallinas que se crían en una casa o granja'. fig. 'Lugar donde la gritería no deja que se entiendan unos con otros'.

gallipavo. sust. m. Equivale a **pavo** (sust. m.).

gallo. sust. m. Su femenino es **gallina**. Sus diminutivos son, respectivamente, **gallito** y **gallinita**. El primero, en sentido figurado, significa 'hombre jactancioso', y el segundo, 'mariquita', hombre afeminado.

galocha. sust. f. 'Calzado de madera que se usa para andar por la nieve, el lodo o por suelo muy mojado'. La Academia no registra la acepción de 'calzado de goma o de plástico que se coloca sobre el zapato para protegerlo del agua, en especial de la de lluvia', común en la Argentina. Ú. m. en pl. Equivale a **chanclo**, del español general.

galón. sust. m. 'Tejido fuerte y estrecho, a manera de cinta, que sirve para adornar vestidos u otras cosas'; 'distintivo'. Diminutivo: **galoncillo**. La 'labor o adorno hecho con galones' es la **galoneadura** (sust. f.). Tiene un homónimo, que significa 'medida de capacidad'. En plural: **galones**.

galoneador. sust. m. 'Persona que galonea o ribetea'. Su femenino es **galoneadora**. Es incorrecto pronunciar [galoniador].

galonear. v. tr. 'Adornar con galones'. No debe pronunciarse [galoniar, galonié]. → **-ear**

galopar. v. intr. 'Ir el cuadrúpedo al galope'; 'cabalgar en caballo que va al galope'. Puede decirse, también, **galopear** (v. intr.). En Colombia, Cuba, Puerto Rico y Venezuela, se dice **galuchar** (v. intr.).

galope. sust. m. 'Aire del cuadrúpedo, más rápido que el trote'. En Colombia, Cuba, Puerto Rico y Venezuela, se dice **galucha** (sust. f.). **a galope** o **de galope**. loc. adv. fig. 'Con prisa' (*Iremos **a galope**; Lo haré **a** todo **galope***).

galpón. sust. m. 'Casa grande de una planta'. Amér. Merid. y Nicar. 'Cobertizo grande, con paredes o sin ellas'. Plural: **galpones**.

galvanizar. v. tr. → **cazar**

galvanoplastia. sust. f. No debe decirse *galvanoplastía*.

gambeta. sust. f. 'Movimiento especial de

danza'. Argent. y Bol. 'Movimiento rápido del cuerpo para evitar un obstáculo, golpe o caída'. fig. y fam. Argent. y Urug. 'Evasiva, justificación inventada para evitar un compromiso'. Amér. 'En el fútbol, regate, movimiento del jugador para evitar que le arrebate la pelota el contrario'.

gambetear. v. intr. 'Hacer gambetas'; 'hacer corvetas el caballo'. No debe pronunciarse [gambetiar, gambetié]. → **-ear**

gameto. sust. m. 'Cada una de las dos células sexuales, masculina y femenina, que se unen para formar el huevo de las plantas y de los animales'. No debe decirse gameta.

gametófito o **gametofito.** sust. m. Tecnicismo recién incorporado en el ***Diccionario***. La Academia prefiere la acentuación esdrújula.

gammaglobulina. sust. f. No debe escribirse gamma globulina ni gamma-globulina. Tampoco, gamaglobulina, sin doble **mm**, atento a la grafía consagrada por la Academia.

gamo. sust. m. Su femenino es **gama**. Su cría es el **gamezno** (sust. m.). La 'acción de emitir su balido o de imitarlo' recibe el nombre de **gamitar** (v. intr.).

gamuza. sust. f. 'Especie de antílope'. Para distinguir los sexos, debe recurrirse a las perífrasis **gamuza macho**, **gamuza hembra**. Significa, también, 'piel de la gamuza' o 'paño que la imita' (*guantes de* ***gamuza***; ***gamuza*** *para limpiar los muebles*). Aumentativo: **gamuzón** (sust. m.). El adjetivo **gamuzado, da** denota, según la Academia, el 'color de la gamuza, amarillo pálido', no su textura. El ***Diccionario*** registra, también, **camuza** y **camuzón**, si bien prefiere las formas con **g** inicial.

gana. sust. f. 'Deseo, apetito, voluntad de una cosa'. Ú. t. en pl. y con la preposición **de** (***ganas de*** *comer*, ***de*** *dormir*).

ganadería. sust. f. 'Abundancia de ganado'; 'raza especial de ganado, que suele llevar el nombre del ganadero'; 'crianza, granjería o tráfico de ganado'. Aunque la Academia no lo registre, tiene valor de sustantivo colectivo con la acepción de 'conjunto de ganado de una región, país, etc.'.

ganadero, ra. adj. 'Perteneciente o relativo al ganado' (*Muestra* ***ganadera***). sust. m. y f. : **el ganadero**, **la ganadera**. → **agrícola**

ganado, da. p. de **ganar**. adj. 'Dícese de lo que se gana' (*premio* ***ganado***). sust. m. colect. 'Conjunto de bestias'. fig. y fam. 'Conjunto de personas'.

ganador, ra. adj. 'Que gana'. Ú. t. c. sust. m. y f.: **el ganador**, **la ganadora**.

ganancial. adj. 'Propio de la ganancia o perteneciente a ella' (*bien* ***ganancial***). Ú. t. c. sust. m. (*Se repartirán los* ***gananciales***; *No invertiré mi* ***ganancial***).

ganapán. sust. m. 'Hombre que se gana la vida llevando cargas de un lugar a otro'. Es palabra aguda que, en plural, se transforma en grave: **ganapanes**. Carece de forma para el femenino.

ganapierde. sust. amb. 'Manera de jugar a las damas o a otros juegos, en que gana el que pierde'. Es indistinto emplearlo en masculino o en femenino (*Juguemos* ***al ganapierde*** o ***a la ganapierde***), pero el uso se inclina por la forma masculina. La Academia admite que se escriba en dos palabras: **el** o **la gana pierde**. Su contrario es **el** o **la gana gana** ('modalidad de juego en que gana el que gana'); no debe escribirse en una sola palabra: ganagana.

ganar. v. tr. En algunas acepciones, se usa como intransitivo o como pronominal (***ganar*** *al ajedrez*; ***ganarse*** *enemigos*; ***ganarse*** *la vida*). En su uso pronominal, la Academia no registra la acepción familiar, propia de la Argentina y de otros países americanos, de 'entrar, meterse, refugiarse' (*El gato* ***se ganó*** *en la pieza*; *El ratón* ***se ganó*** *entre las bolsas*). Rég. prep.: **ganar a** (***ganar a*** *la ruleta*); **ganar con** (***ganar con*** *los años*); **ganar en** (***ganar en*** *jerarquía*); **ganar para** (***ganar para*** *vivir*); **ganar por** (***ganar por*** *puntos*, ***por*** *poco*).

ganchero. sust. m. 'El que guía las maderas por el río, sirviéndose de un bichero'. La Academia no registra el femenino. Tampoco registra ganchera con la acepción de 'gancho', tal como se usa en regiones de la Argentina (*La res colgaba de la ganchera*).

ganchete. sust. m. d. de **gancho**. **de ganchete.** loc. adv. fam. 'Del brazo'.

ganchillo. sust. m. d. de **gancho**. 'Aguja de

gancho'; 'labor que se hace con ella'. Equivale a **croché** (sust. m.), pero es de cuño más español. Puede decirse, también, **gancho**. En Andalucía, significa, además, 'horquilla para pelo'. El **ganchillero** o la **ganchillera** (sust. m. y f.), de reciente incorporación en el ***Diccionario***, es la 'persona que realiza trabajos de ganchillo'. → **croché, gancho**

gancho. sust. m. 'Instrumento que sirve para prender o colgar una cosa' y, entre otras acepciones, en sentido figurado, 'atractivo' (*Ese título carece de **gancho***). En varios países americanos, significa 'horquilla para el pelo'. Diminutivos: **ganchete, ganchillo** y **ganchuelo**. **tener gancho**. fr. fig. y fam. 'Tener atractivo personal. Dícese, en particular, de la mujer que se da maña para conseguir novio'.

gandul, la. adj. 'Tunante, holgazán'. Ú. t. c. sust. m. y f.: **el gandul, la gandula**. Plural: **gandules** y **gandulas**.

ganglionar. adj. 'Perteneciente o relativo a los ganglios' (*sistema **ganglionar***). Es incorrecto decir *ganglional*.

gangoso, sa. adj. 'Que habla gangueando'. Ú. t. c. sust. m. y f. (*El **gangoso** no vino, pero acaba de llegar la **gangosa**, su mujer*). La 'cualidad de gangoso' es la **gangosidad** (sust. f.).

gangrena. sust. f. 'Desorganización y privación de vida en un tejido animal, producida por varias causas'. El ***Diccionario*** registra, también, **cangrena**, pero es vulgar. El verbo correspondiente es **gangrenarse** (prnl.) o **agangrenarse** (prnl.). La Academia prefiere el primero. La forma **cangrenarse** es vulgar.

gángster. sust. com. 'Miembro de una banda organizada de malhechores que actúa en la ciudad': **el gángster, la gángster**. Es voz de origen inglés (*gangster*). Su españolización es reciente. Plural: **gángsters** o **gángsteres**. Ni en singular ni en plural debe escribirse, a la inglesa, sin tilde, un barbarismo ortográfico. La Academia no ha incorporado, en cambio, el derivado *gangsterismo*; en su reemplazo puede usarse **pandillaje**. → **dossier**

ganguear. v. intr. 'Hablar con resonancia nasal'. Es incorrecto pronunciar [ganguiar, ganguié]. Su postverbal es **gangueo** (sust. m.). → **-ear**

ganguero, ra. adj. 'Amigo de procurarse gangas'. No debe aplicarse a quien ganguea. → **gangoso**

gansada. sust. f. fig. y fam. 'Hecho o dicho propio de ganso, persona rústica o torpe'. Repárese en que no es sustantivo colectivo de **ganso**. El verbo **gansear** (intr. fam.) expresa la 'acción de hacer o decir gansadas'.

ganso. sust. m. Su femenino es **gansa**. fig. 'Persona torpe, incapaz'. Ú. t. c. adj. **hacer el ganso**. fr. fig. y fam. 'Hacer o decir tonterías para causar risa'.

gañán. sust. m. 'Mozo de labranza'. fig. 'Hombre rústico y fuerte'. Carece de femenino. Es voz aguda que, en plural, se transforma en grave: **gañanes**. El sustantivo colectivo es **gañanía** ('conjunto de gañanes').

gañir. v. intr. 'Aullar el perro con gritos agudos y repetidos cuando lo maltratan'; 'quejarse otros animales con voz semejante al gañido del perro'; 'graznar las aves'; 'resollar o respirar con ruido las personas' (fig. y fam.). Ú. especialmente en frases negativas (*Abuelo, no gañas así; pareces una locomotora*). → **bruñir**.

gañote. sust. m. fam. 'Garguero o gaznate'. Puede decirse, también, **gañón**. La Academia prefiere la primera forma. Para la misma denotación, existe **gañil** (sust. m.), voz que, además, significa, sobre todo en plural, 'agallas de los peces'.

garabatear. v. intr. 'Echar los garabatos para agarrar o asir una cosa y sacarla de donde está metida'; 'hacer garabatos con la pluma, el lápiz, etc.'. Ú. t. c. tr. (*No **garabatees** la hoja*). fig. y fam. 'Andar con rodeos'. Su postverbal es **garabateo** (sust. m.). No debe pronunciarse [garabatiar, garabatié]. Puede decirse, también, **garrapatear** (v. intr. Ú. t. c. tr.). → **-ear, engarabatar**

garabato. sust. m. 'Instrumento de hierro para tener colgadas algunas cosas o para asirlas o agarrarlas', y, entre otras acepciones, en la Argentina, 'arbustos ramosos de la familia de las leguminosas, característicos por sus espinas en forma de garfios', cuyo sustantivo colectivo, otro argentinismo, es **garabatal** (m.), 'sitio poblado de garabatos', ambos registrados por la Academia. Asimismo, significa 'rasgo irregular hecho con la pluma, el lápiz, etc.', y, en plural, 'letras o rasgos mal trazados'. Para estos conceptos la Academia registra, también, **garrapato** (sust. m.) y **garrapatos** (sust. m. pl.).

garaje. sust. m. Voz francesa (*garage*) españolizada. 'Local destinado a guardar automóviles'. En español, no debe escribirse garage, un barbarismo ortográfico.

garante. adj. 'Que da garantía'. Ú. t. c. sust. m. y f.: **el garante, la garante**.

garantizar. v. tr. 'Dar garantía'. Rég. prep.: **garantizar por** (*garantizar **por** un año*). → **cazar**. Puede decirse, también, **garantir** (v. tr. defect.), que tiene el mismo régimen preposicional que **garantizar** y se conjuga en los mismos tiempos y personas que **abolir**.

garapiñar. v. tr. 'Poner un líquido en estado de garapiña'; 'bañar golosinas en almíbar que forma grumos'. Del participio de este verbo, deriva el adjetivo **garapiñado, da** (*almendras garapiñadas*). Puede decirse, también, **garrapiñar** (v. tr.) y **garrapiñado, da** (adj.), que se emplea, asimismo, como sustantivo femenino (*Compré un paquete de **garrapiñadas***). En América, se prefieren estas últimas formas.

garbanzo. sust. m. 'Planta herbácea'; 'su semilla'. Diminutivo: **garbanzuelo**. Aumentativo: **garbanzón**. La **garbanza** es un 'garbanzo mayor, más blanco y de mejor calidad'. La 'tierra sembrada de garbanzos' es un **garbanzal** (sust. m. colect.). Un **garbancero** o una **garbancera** (sust. m. y f.) es la 'persona que trata en garbanzos' o 'que vende torrados'. Asimismo, **garbancero, ra** es adjetivo (*tierras garbanceras*).

garbo. sust. m. 'Gallardía, gentileza, buen aire y disposición del cuerpo'; 'gracia, perfección que se da en las cosas'. El verbo **garbear** (intr.) es 'afectar garbo o bizarría'; 'pasear'. No debe pronunciarse [garbiar, garbié]. → **-ear**. Su postverbal es **garbeo** ('paseo'). El adjetivo correspondiente es **garboso, sa**, y el adverbio de modo, **garbosamente**.

garfear. v. intr. 'Echar los garfios para asir alguna cosa'. No debe pronunciarse [garfiar, garfié]. → **-ear, engarfiar**

gargajear. v. intr. 'Arrojar gargajos'. No debe pronunciarse [gargajiar, gargajié] ni confundirse con **gargantear**. → **-ear**

garganta. sust. f. En sentido figurado, significa 'voz del cantante' (*Es una de las mejores **gargantas** de nuestro siglo*). Aumentativo: **garganton** (sust. m.).

gargantear. v. intr. 'Cantar haciendo quiebros con la garganta'. No debe pronunciarse [gargantiar, gargantié] ni confundirse con **gargarear**. Su postverbal es **garganteo** (sust. m.). → **-ear**

gárgara. sust. f. Ú. m. en pl. (*Hace **gárgaras** con té caliente para calmar su dolor de garganta*).

gargarear. v. intr. And. y Amér. 'Hacer gárgaras'. No debe pronunciarse [gargariar, gargarié] ni confundirse con **gargantear** o con **gargajear**. → **-ear**. En el español general, se usa con la denotación de 'hacer gárgaras', el verbo **gargarizar** (intr.). → **cazar**. La 'acción' de estos verbos recibe el nombre de **gargarismo** (sust. m.), voz que, además, significa 'licor para hacer gárgaras' (*Compró un **gargarismo** en la farmacia*).

garguero. sust. m. 'Parte superior de la tráquea'. Puede decirse, también, **gargüero** (sust. m.). La Academia prefiere la primera forma.

garita. sust. f. 'Torrecilla de vigilancia que se coloca en las fortificaciones para abrigo de los centinelas'; 'casilla para uso similar en otro tipo de construcciones'; 'cuarto pequeño que suelen tener los porteros para ver quién entra y sale'. No debe confundirse este sustantivo del género femenino con **garito** (sust. m.).

garito. sust. m. 'Casa de juego clandestino'. No debe confundirse con **garita** (sust. f.). Aumentativo: **garitón**. La 'persona que tiene por su cuenta un garito' es el **garitero** (sust. m.), nombre que carece de femenino. Esta voz significa, también, 'el que juega con frecuencia en los garitos'.

garra. sust. f. 'Mano o pie del animal'. Argent. 'Extremidad del cuero por donde se afianza en las estacas al estirarlo'. Argent., Col., Chile y Urug. 'Pedazo de cuero endurecido y arrugado'. Col. 'Saco de cuero'. sust. f. pl. Amér. 'Desgarrones, harapos'. Aumentativo: **garrón** (sust. m.). **tener garra**. fr. fig. y fam. 'Disponer una persona o cosa de cualidades de captación o persuasión'; 'ejercer un fuerte poder de atracción o convicción'.

garrafa. sust. f. 'Vasija esférica, que remata en cuello largo y angosto, y sirve para enfriar bebidas, rodeándolas de hielo'. Argent. y Urug. 'Bombona metálica y de cierre hermético para contener gases y líquidos muy volátiles' (*Compré, para la cocina, dos **garrafas** de gas*). Aumentativo: **garrafón** (sust. m.), 'damajuana'.

garrafal. adj. 'Dícese de ciertas guindas o cerezas, mayores y menos tiernas que las comunes, y de los árboles que las producen'. fig. 'Dícese de algunas faltas graves de la expresión y de algunas acciones' (*errores **garrafales**; mentira **garrafal***). La Academia registra, también, **garrofal** (adj.), menos frecuente.

garrafiñar. v. tr. fam. 'Quitar una cosa agarrándola'. Puede decirse, también, **garrapiñar**. La Academia prefiere la primera forma.

garrapatear. v. intr. → **-ear, garabatear**

garrapato. sust. m. Aumentativo: **garrapatón** ('disparate de la expresión'). El adjetivo **garrapatoso, sa** 'se aplica a la escritura llena de garrapatos o garabatos'. → **garabato**

garrapiñar. v. tr. → **garapiñar, garrafiñar**

garrote. sust. m. Puede decirse, también, **garrota** (sust. f.), menos frecuente. Un **garrotal** (sust. m. colect.) es un 'plantío hecho con estacas o garrotes de olivo', y un **garrotazo**, el 'golpe dado con un garrote'. El verbo **garrotear** (v. tr.), 'dar golpes con el garrote', es anticuado.

gárrulo, la. adj. 'Aplícase al ave que canta, gorjea o chirría mucho'. fig. 'Dícese de la persona muy habladora' y 'de las cosas que hacen ruido continuado, como el viento, un arroyo, etc.'. También existe **garrulador, ra** (adj.). La 'cualidad de gárrulo' es **garrulidad** (sust. f.). La **garrulería** (sust. f.), la 'charla de persona gárrula'.

garúa. sust. f. Amér. Equivale a **llovizna**, del español general.

garuar. v. intr. impers. Amér. Equivale a **lloviznar**, del español general. Se conjuga, en cuanto al acento, como **actuar**.

garza. sust. f. 'Ave zancuda'. Para distinguir los sexos, debe recurrirse a las perífrasis **garza macho** y **garza hembra**, según ocurre con algunos nombres de animales superiores y con casi todos los inferiores: aves, peces, insectos, etc. → **género**

garzo, za. adj. 'De color azulado'. En particular, se aplica a los ojos de este color y aun a las personas que los tienen así.

gas. sust. m. Su plural es **gases**.

gasear. v. tr. 'Hacer que un líquido, generalmente agua, absorba cierta cantidad de gas'; 'someter a la acción de gases asfixiantes, lacrimógenos, etc.' (*La policía **gaseó** a los revoltosos*). No debe pronunciarse [gasiar, gasié]. → **-ear**

gaseiforme. adj. 'Que se halla en estado de gas'. Es incorrecto *gasiforme*.

gaseoso, sa. adj. 'Que se halla en estado de gas'; 'aplícase al líquido del que se desprenden gases' (*Agua **gaseosa***). sust. f. 'Bebida efervescente, sin alcohol' (*Compró unas **gaseosas***). No debe pronunciarse [gasioso, gasiosa].

gasificar. v. tr. 'Acción de pasar un líquido al estado de gas'. → **sacar**

gasista. sust. m. 'El que tiene por oficio la colocación y arreglo de aparatos de gas'. La Academia no registra forma para el femenino.

gasoducto. sust. m. 'Tubería de grueso calibre para conducir el gas natural'. Es incorrecto *gaseoducto*, error que se comete por analogía con **oleoducto**.

♦ **gas-oil** o **gasoil.** Voz inglesa (*gas oil*). → **gasóleo**

gasóleo. sust. m. No debe usarse, en su reemplazo, *gasoil* o *gas-oil*, un anglicismo que, dada la españolización de la palabra por la Academia, es un barbarismo de léxico.

gasolina. 'Combustible'. Puede decirse **gasoleno** (sust. m.), poco frecuente. Equivale a **nafta**, voz usada en algunos países de América, entre ellos la Argentina. → **bencina**

gastador, ra. adj. 'Que gasta mucho dinero'. Ú. t. c. sust. m. y f. (*Él es un **gastador**; ella, una **gastadora***). Existe, también, **gastoso, sa** (adj.), menos usado.

gastar. v. tr. 'Emplear el dinero en una cosa' (***Gasta** mucho en vivir*). 'Deteriorar con el uso, consumir'. Ú. t. c. prnl. (***Gastó** sus zapatos nuevos en menos de un mes*; *De tanto escribir, **se me gastan** los lápices*). 'Tener habitualmente' (***Gasta** muy mal humor*); 'usar, poseer' (***Gasta** anteojos*). Rég. prep.: **gastar con** o **sin** (***gastar con** generosidad*; ***gastar sin** límites*); **gastar de** (***gastar de** lo suyo*); **gastar en** (***gastar en** tonterías*). Su 'acción y efecto' recibe el nombre de **gastamiento** (sust. m.), y su 'acción', el de **gasto** (sust. m.).

gastritis. sust. f. En plural, no varía (*He visto tantas **gastritis**, que no puedo equivocarme en el diagnóstico*).

gastroenteritis. sust. f. En plural, no varía (*Las **gastroenteritis** son cada día más frecuentes*). Incorrecto: gastro-enteritis.

gastroenterólogo. sust. m. Su femenino es **gastroenteróloga**. Es voz de reciente incorporación académica, al igual que **gastroenterología** (sust. f.).

gastrointestinal. adj. No debe escribirse con guión: gastro-intestinal.

gastrónomo. sust. m. 'Persona entendida en gastronomía'. Su femenino es **gastrónoma**. Significa, asimismo, 'persona aficionada a las mesas opíparas'. Con esta acepción, es el equivalente español de la voz francesa *gourmet*.

gatear. v. intr. 'Trepar como los gatos'; 'andar a gatas'. No debe pronunciarse [gatiar, gatié]. → **-ear**

gato. sust. m. Su femenino es **gata**. Aumentativo: **gatazo**, **gataza** (sust. m. y f.). Una **gatería** (sust. f. colect.) es una 'junta de muchos gatos'. Entre otras acepciones, **gato** significa 'instrumento para levantar grandes pesos a poca altura', y, en la Argentina, además, es el nombre de un 'baile popular y su música'. No registra la Academia la frase **pobre gato** o **gata**, que se usa en la Argentina para significar 'persona material y espiritualmente pobre', recomendada por la A.A.L. para su inclusión en el ***Diccionario***.

gatopardo. sust. m. → **onza**

gauchada. sust. f. Argent. y Urug. 'Favor ocasional prestado con buena disposición' (*Juan me hizo una **gauchada***). Se usa poco con la acepción de 'acción propia del gaucho'.

gauchaje. sust. m. colect. p. us. Argent., Chile y Urug. 'Conjunto o reunión de gauchos'.

gaucho. sust. m. 'Jinete trashumante, diestro en los trabajos ganaderos, que, en los siglos XVIII y XIX, habitaba en las llanuras rioplatenses de la Argentina, en el Uruguay y en Río Grande del Sur (Brasil)'. Hoy, designa al 'peón rural experimentado en las faenas ganaderas'. Lo 'perteneciente o relativo al gaucho' se expresa con los adjetivos **gauchesco, ca** (*literatura **gauchesca***), y **gaucho, cha** (*apero **gaucho***). Este último adjetivo se aplica, además, en el Río de la Plata, a la 'persona que reúne las cualidades de nobleza, valentía y generosidad atribuidas modernamente al gaucho', como señala la A.A.L., y al 'buen jinete o poseedor de otras habilidades propias del gaucho', como registra la Academia. La acción de 'seguir o practicar costumbres de gaucho' se denomina **gauchear** (v. intr.).

gauss. sust. m. 'Nombre internacional de la unidad de inducción magnética en el sistema magnético cegesimal'. En plural, no varía. El nombre español de esta unidad es **gausio** (sust.m.).

gavilán. sust. m. 'Ave rapaz'. Para distinguir los sexos, debe recurrirse a las perífrasis **gavilán macho, gavilán hembra**. Diminutivo: **gavilancillo** (sust. m.).

gavilla. sust. f. colect. 'Conjunto de sarmientos, cañas, mieses, ramas, hierbas, etc.'. fig. 'Junta de muchas personas, generalmente de baja calidad' (***gavilla** de pícaros*). Un **gavillar** (sust. m.) es un 'terreno cubierto de gavillas', y su homónimo, el verbo **gavillar** (tr.), significa 'hacer las gavillas de la siega'. El **gavillero** (sust. m.) es el 'sitio en que se amontonan las gavillas en la siega' y la 'línea de gavillas que dejan los segadores tendidas en el terreno'; en Chile, 'el jornalero que echa las gavillas en el carro'.

♦ **gay.** Voz del argot inglés. Este anglicismo debe reemplazarse, en español, por **homosexual**.

gazapa. sust. f. fam. 'Mentira'. Puede decirse, también, **gazapo** (sust. fig. fam.), que, además, significa 'yerro que deja escapar el que habla o escribe'. Un **gazapatón** (sust. m. fam.) es 'un disparate o yerro en el hablar' y 'palabra malsonante'. Equivale, en la primera acepción, al **furcio** de los argentinos. Puede decirse, también, **gazafatón**. La Academia prefiere la primera forma. → **furcio**

gazapo. sust. m. 'Conejo nuevo'. De esta voz proviene **gazapera**, 'madriguera que hacen los conejos para guarecerse'. Para su homónimo, → **gazapa (gazapo)**

gazmoño, ña. adj. 'Que afecta devoción, escrúpulos y virtudes que no tiene'. Ú. t. c. sust. m. y f.: **el gazmoño, la gazmoña**. Puede decirse, también, **gazmoñero, ra** (adj. Ú. t. c. sust. m. y f.). La Academia prefiere la primera forma.

gaznápiro, ra. adj. 'Torpe'. Ú. m. c. sust. m. y f. (*Todos ustedes son unos **gaznápiros** y unas **gaznápiras***). Es incorrecto decir gaznápido, da.

gazpacho. sust. m. 'Sopa fría'. Diminutivo: **gazpachuelo**.

géiser. sust. m. 'Fuente termal intermitente, en forma de surtidor'. Plural: **géiseres**. No debe escribirse *geyser*, que es la grafía inglesa, tomada, a su vez, del islandés.

gel. sust. m. 'Dispersión coloidal de un líquido en un sólido'. Su opuesto es **sol** (sust. m.). Su otra acepción es la de 'producto cosmético en estado de gel' (*Compré un **gel** para broncearme*). Plural: **geles**. La Academia no ha incorporado aún el tecnicismo "gelificación", 'proceso que se produce cuando, por reposo o estacionamiento, un sol se transforma en gel'.

gemelo, la. adj. La Academia lo da, en la primera acepción, como sinónimo de **mellizo, za**, 'nacido de un mismo parto', si bien hay diferencia, porque los **hermanos gemelos** son resultado, además, de la fecundación de un mismo óvulo, circunstancia que no se da en los **mellizos** (*Son niños **gemelos***). Ú. t. c. sust. m. y f. (*Los **gemelos** son siempre del mismo sexo*; *Las **gemelas** no han llegado*). Se aplica, ordinariamente, a los 'elementos iguales de distinto orden que, apareados, cooperan a un mismo fin' (*músculos **gemelos***). sust. m. 'Cada una de las dos piezas que se usan para cerrar el puño de la camisa' (*En sus puños blancos lucen unos **gemelos** de oro*). sust. m. pl. 'Anteojos para ver a la distancia' (*Desde el palco seguía los movimientos de la bailarina con sus **gemelos***). sust. pr. m. pl. 'Constelación'; 'signo del Zodíaco'. Una y otro se conocen, también, con el nombre de **Géminis** (*Su signo es el de los **Gemelos***).

gemir. v. irreg. intr. Se conjuga como **pedir**. La 'acción y efecto de gemir' es **gemido** (sust. m.); **gemidor, ra** (adj.) se aplica al 'que gime'; **gemebundo, da** (adj.), 'al que gime profundamente'.

gemólogo. sust. m. 'Persona que profesa la ciencia de la gemología, que trata de las gemas o piedras preciosas'. Su femenino es **gemóloga**.

gen. sust. m. Incorrecto: gene. Plural: **genes**.

genealogista. sust. com.: **el genealogista, la genealogista**.

generación. sust. f. 'Acción y efecto de engendrar' (*Los seres vivos nacen por **generación***); 'sucesión de descendientes en línea recta' (*En esta casa, vivimos tres **generaciones***). Como colectivo, indica el 'conjunto de todos los vivientes coetáneos' (*la **generación** presente*; *la **generación** futura*) o 'el conjunto de las personas que por haber nacido en fechas próximas y recibido educación e influjos culturales y sociales semejantes, se comportan de manera afín o comparable en algunos sentidos' (*La **generación** española del 98*; *La **generación** argentina del 80*). Esta voz —dice la A.A.L.— "ha adquirido actualmente por influjo creciente de la tecnología un sentido no registrado en el ***Léxico*** académico. Conforme a este uso, se denomina *generación* cada una de las fases sucesivas, caracterizadas por un cambio importante, que atraviesa una determinada tecnología durante el curso de su evolución, y también el conjunto de los productos pertenecientes a una misma etapa". En este sentido, hablar de una *quinta **generación** de computadoras* o de un *antibiótico de tercera **generación*** no es una incorrección, aunque falta el registro de dichas acepciones en el ***Diccionario***, que la A.A.L. propuso como: 'Etapa tecnológica caracterizada por las modalidades significativas de la producción'; 'conjunto de los productos pertenecientes a estas etapas'.

generacional. adj. 'Perteneciente o relativo a una generación de coetáneos' (*Las nuestras son diferencias **generacionales***).

generador, ra. adj. 'Que genera' (*centro **generador** de cultura*). Ú. t. c. sust. m. y f. (*Compré un **generador***). Cuando se aplica a una línea o figura geométrica, su femenino es **generatriz** (*línea **generatriz***). Ú. t. c. sust. f. (*La **generatriz** del cono es ésta*). Incorrecto: *máquina generatriz de energía*; *línea generadora*. Correcto: *máquina **generadora** de energía*; *línea **generatriz***.

general. adj. 'Común y esencial a todos los individuos que constituyen un todo, o a muchos objetos, aunque sean de naturaleza diferente'; 'común, frecuente, usual' (*Ésta es la característica **general** de las vocales; Son actitudes **generales** en los adolescentes*). sust. m. 'Grado más alto del escalafón militar'; 'prelado superior de ciertas órdenes religiosas'. En ambos casos carece de femenino, ya que **generala** (sust. f.) es la 'mujer del general'. Por eso, en las órdenes religiosas femeninas que, a semejanza de las masculinas, tienen dicho cargo u oficio previsto en sus estatutos, debe usarse ***general*** y no, generala: *Los estatutos de esa congregación femenina prevén el cargo de **general***. Incorrecto: *Los estatutos de esa congregación femenina prevén el cargo de generala*. El adjetivo superlativo es **generalísimo**, también usado como sustantivo masculino. **en general** o **por lo general**. loc. adv. 'En común, generalmente'; 'sin especificar ni invidualizar cosa alguna'. Abreviaturas: *gnral.* y *gral.* → **generala, presidente**

generala. sust. f. 'Mujer del general'; 'toque de tambor, corneta o clarín para que las fuerzas se pongan sobre las armas'. Argent. 'Advocación de la Virgen reconocida con ese grado'. En este caso, se escribe con mayúscula (*Las tropas rindieron homenaje a su **Generala**, la Virgen de la Merced*). Agreguemos que **generala** es, además, en la Argentina, 'un juego de dados', si bien esta acepción carece de registro en el ***Diccionario***, pese a haber sido recomendada para su inclusión por la A.A.L.

generalato. sust. m. 'Ministerio del general de las órdenes religiosas'; 'tiempo que dura el ejercicio de ese cargo'; 'empleo o grado de general'. Es colectivo cuando significa 'conjunto de los generales de uno o varios ejércitos' (*Se reunió el **generalato** de Chile, la Argentina y el Brasil*).

generalizar. v. tr. Ú. t. c. prnl. (*No **generalices**; Esta moda se **ha generalizado***). → **cazar**

género. sust. m. 'Conjunto de seres que tienen uno o varios caracteres comunes' (***género** humano*); en esta acepción es un colectivo. 'Modo o manera de hacer una cosa' (*Ese **género** de hablar te perjudica*); 'tipo a que pertenecen personas y cosas', acepción en que es sinónimo de **clase** (*Pertenece al **género** de los mentirosos*); 'cualquier clase de mercancía' (*Ignoro en qué **género** se especializa su comercio*); 'cualquier clase de telas' (***género** de algodón*; ***género** de lana*); 'en las artes, cada una de las distintas categorías en que pueden ordenarse las obras' (***género** dramático*; ***género** lírico*); 'conjunto de especies que tienen biológicamente cierto número de caracteres comunes' (*El gato y el león pertenecen al **género** de los félidos*).

GÉNERO GRAMATICAL. De acuerdo con la gramática tradicional, el género es un accidente gramatical por el que los sustantivos, adjetivos, artículos y pronombres pueden ser **masculinos**, **femeninos** o **neutros** (sólo los artículos y pronombres, en este último caso). Modernamente, el género se estudia como morfema flexivo, ya que con el número puede considerarse "el único resto de la flexión latina nominal y pronominal en español" (***Esbozo***).

GÉNERO DE LOS SUSTANTIVOS. "Los nombres sustantivos –dice el ***Esbozo***– se dividen en español en **femeninos** y **masculinos**. La categoría nominal del neutro no existe en la lengua española. Decimos que un nombre es **femenino** o **masculino** cuando las formas respectivamente femeninas o masculinas del artículo y de algunos pronombres, caracterizadas las primeras por el morfema de género *-a*, y las segundas por el morfema de género *-o*, *-e* o por ningún morfema, se agrupan directamente con el sustantivo en construcción atributiva o aluden a él fuera de esta construcción. Con arreglo a esta definición –concluye el ***Esbozo***–, son **femeninos** *la* mujer, *la* vestal, *la* perdiz, *aquella* flor, No *hay* ocasión como *ésta*, y son **masculinos** *el* hombre, *el* adalid, *el* ratón, *algún* mal, *Éstos son mis* poderes" (los subrayados nos pertenecen). Cuando los nombres sustantivos apelativos o comunes son de persona o de algunos animales, pensamos que la categoría gramatical de femenino o de masculino se corresponde con el sexo, mujer o varón en los seres humanos, hembra o macho en algunas especies animales. No siempre es así. Por ejemplo, los masculinos plurales designan una pluralidad de varones, pero también pueden denotar una pluralidad de mujeres y de varones, en virtud del carácter genérico que es inherente al masculino. Así, voces como *padres*, *hijos* o *hermanos* pueden significar varones y mujeres, machos y hembras. Asimismo, el masculino singular, en algunos casos, puede significar no sólo un varón, sino también mujer y varón, según ocurre, por su carácter genérico, en palabras tales como *hom-*

bre. Por otra parte, hay algunos pocos nombres femeninos que designan varón, o que, indistintamente, pueden designar mujer o varón: (*la*) *imaginaria*, (*el* o *la*) *centinela*, (*el* o *la*) *guía*, (*el* o *la*) *lengua* ('intérprete'). Los nombres masculinos de mujer, en cambio, son escasos: *el marimacho*. En cuanto al género de los nombres de cosa, no hay correlación constante y regular con sus contenidos semánticos. Tampoco es posible relacionar siempre la forma de los nombres sustantivos de persona, es decir, su terminación, con su género gramatical, según ocurre con pronombres y artículos. Los de una larga lista, al margen de su terminación, designan, indistintamente, por sí mismos, varón o mujer; son los llamados **comunes** (*el* o *la artista*, *el* o *la mártir*, *el* o *la pianista*). A su vez, numerosos nombres masculinos de varón terminan en *-a* (*el recluta*, *el guardia*, *el profeta*, *el colega*), y algún nombre femenino, en *-o* (*la virago*). Por otra parte, algunos sustantivos terminados en *-a* designan, indistintamente, varón o mujer (*la víctima*, *la criatura*, *la persona*, *estas almas*) y algunos terminados en *-a* son masculinos (*el paria*). Los "apelativos –anota el ***Esbozo***– que no determinan el sexo por sí mismos ni con el auxilio de formas pronominales y a los que la gramática denomina **epicenos**, son más frecuentes como designación de especies animales: *la calandria*, *el gorila*, *el jilguero*". En el caso de los epicenos, cuando es necesario distinguir biológicamente los sexos, debe recurrirse a una perífrasis: *cóndor macho*, *cóndor hembra*. La diferencia de sexo, por otra parte, en algunos nombres de personas y de animales, se expresa por medio de palabras o raíces diferentes (*padre*, *madre*; *yerno*, *nuera*; *toro*, *vaca*) o, sin cambio de raíz, por procedimientos morfológicos variados: de alargamiento (*abad*, *abad**esa***; *héroe*, *hero**ína***; *gallo*, *gall**ina***); de agregado de una **-a** al nombre masculino terminado en consonante (*oficial*, *oficial**a***; *león*, *leon**a***; *dios*, *dios**a***; *patrón*, *patron**a***); de sustitución de la terminación **-e** u **-o** del nombre masculino por medio de una **a** (*monj**e***, *monj**a***; *sirvient**e***, *sirvient**a***; *ministr**o***, *ministr**a***; *abogad**o***, *abogad**a***). A veces, estas formaciones que dan origen a sustantivos femeninos derivados de masculinos no son exacta y semánticamente sus correlatos femeninos: *generala* no es la mujer que ejerce el cargo de *general*, militar o religioso, sino la 'mujer del general'; tampoco hay correlación, por sus funciones, entre *el asistente* y *la asistenta*. Finalmente, en muchos casos, el plural masculino de los nombres que hemos considerado, y aun algún masculino singular –según dijimos antes–, tiene un valor génerico; se trata en cada caso de un verdadero epiceno: ***los** padres*, ***los** dioses*, ***el** hombre*. Desde el punto de vista práctico, conviene tener en cuenta que, si bien, gramaticalmente, sólo hay en español, en cuanto al género, sustantivos **femeninos** y **masculinos** –de acuerdo con lo dicho al comienzo–, algunos se clasifican como **ambiguos**, **comunes** y **epicenos**. Los **sustantivos ambiguos** son los **sustantivos de cosa que se emplean**, **indistintamente**, **como masculinos o femeninos**: ***el** azúcar*, ***la** azúcar*; ***el** mar*, ***la** mar*. El uso, sin embargo, los emplea generalmente en un sólo género (***el** azúcar*, ***el** mar*). Los **sustantivos comunes** son los **apelativos de persona que no poseen género gramatical determinado y que, de acuerdo con los artículos**, **adjetivos y pronombres con que se construyen**, **aluden a personas del sexo femenino o masculino**: ***el** mártir*, ***la** mártir*; ***este** colega*, ***esta** colega*; ***buen** pianista*, ***buena** pianista*. Los **epicenos** son **sustantivos pertenecientes a la clase de los animados, que, con un solo género gramatical, masculino o femenino, pueden designar al macho o a la hembra indistinta o conjuntamente**: *la calandria*, *la perdiz*, *la merluza*, *la mosca*, *el piojo*, *el cóndor*, *el besugo*, *el mosquito*. → **sustantivo**

GÉNERO DE LOS ADJETIVOS. Por su género, los adjetivos se dividen en tres grandes grupos: 1) Los que son genéricamente invariables (*hombre* ***homicida***, *mujer* ***homicida***; *niño* ***azteca***, *niña* ***azteca***; *señor* ***amable***, *señora* ***amable***; *gesto* ***pueril***, *actitud* ***pueril***; *perro* ***salvaje***, *gata* ***salvaje***). 2) Los que distinguen un masculino en **-o** y un femenino en **-a**. Son, en español, los más numerosos (*padre* ***bueno***, *madre* ***buena***; *tío* ***rico***, *tía* ***rica***; *perro* ***tonto***, *perra* ***tonta***). 3) Los que tienen un femenino en **-a** y un masculino que no es **-o** (*alumno* ***holgazán***, *alumna* ***holgazana***; *aparato* ***receptor***, *oficina* ***receptora***; *libro* ***inglés***, *obra* ***inglesa***). "Por otra parte, la formación *-ísimo*, *-ísima* de superlativo, que adoptan gran parte o la mayor parte de los adjetivos, dota a los que no lo tenían ya, especialmente a los de la clase primera, del morfema de género **-o**, **-a**, que es así un morfema flexivo que caracteriza a la clase entera de los adjetivos." (***Esbozo***).

GÉNERO DEL ARTÍCULO. El artículo distingue el género femenino singular y plural con el morfema **-a** (*la*, *las*), el neutro con **-o** (*lo*), el masculino plural con **-o** (*los*), y el masculino singular con una terminación que no es **-a** ni **-o** (*el*), la que también sirve para un caso especial del artículo femenino singular (*el agua*, *el águila*).

GÉNERO DE LOS PRONOMBRES. Los pronombres personales de primera y segunda persona carecen de distinción genérica, salvo las formas compuestas *nosotros*, *vosotros* (*nosotras*, *vosotras*). Tampoco hacen distinción genérica *me*, *nos*, *te*, *le*, *les*, *os*, *mí*, *conmigo*, *ti*, *contigo*, *sí*, *consigo*, *se*. Distinguen género los de tercera persona que a continuación se mencionan: *él*, *lo*, *ellos*, *los* (masculinos); *ella*, *la*, *ellas*, *las* (femeninos); *ello*, *lo* (neutros). Los pronombres posesivos, si bien tienen, a veces, variantes de género (*mío*, *míos*, *nuestro*, *nuestros*, *tuyo*, *tuyos*, *vuestro*, *vuestros*, *suyo*, *suyos*, para el masculino; *mía*, *mías*, *nuestra*, *nuestras*, *tuya*, *tuyas*, *vuestra*, *vuestras*, *suya*, *suyas*, para el femenino; *mi*, *mis*, *tu*, *tus*, *su*, *sus* son, en cambio, invariables), no distinguen nunca el sexo o género gramatical de la persona o cosa que señalan. Los pronombres demostrativos se comportan, respecto del género, como los artículos. Los únicos pronombres relativos que conservan morfema de género (masculino y femenino) son *cuyo*, *cuyos* (*cuya*, *cuyas*) y *cuanto*, *cuantos* (*cuanta*, *cuantas*), el que, además, tiene una forma neutra, idéntica al masculino singular, *cuanto*. Los relativos compuestos toman el género del artículo (*el que*, *la que*, *los que*, *las que*, *lo que*, *el cual*, *la cual*, *los cuales*, *las cuales*, *lo cual*). Los pronombres interrogativos se comportan, en cuanto al género, como los relativos. Los indefinidos y cuantitativos reconocen, en general, variantes genéricas (masculino, femenino o neutro) que se explican en las entradas pertinentes, si bien algunos son morfológicamente invariables (*demás*, *cada*).

generoso, sa. adj. Rég. prep.: **generoso con**, **para** o **para con** (***generoso con***, ***para*** o ***para con*** *los demás*); **generoso de** (***generoso de*** *espíritu*); **generoso en** (***generoso en*** *todos sus actos*). Usar este adjetivo con el significado de **amplio** es un anglicismo: *La difusión periodística del hecho fue generosa*. Correcto: *La difusión periodística del hecho fue* ***amplia***.

genesíaco, ca o **genesiaco, ca.** adj. 'Perteneciente o relativo a la génesis'. Las dos acentuaciones son correctas. La Academia prefiere la forma esdrújula. No debe confundirse con **genésico, ca** (adj.), 'relativo a la generación'.

génesis. sust. f. 'Origen y principio de una cosa' (*La* ***génesis*** *de muchos desencuentros es la falta de información*). 'Serie encadenada de hechos y de causas que conducen a un resultado' (*La* ***génesis*** *de todos sus males es psíquica*). En plural, no varía: **las génesis**. Se escribe con mayúscula cuando, como sustantivo propio, designa el 'primer libro del Antiguo Testamento'; en este caso, es de género masculino (*La creación del mundo se lee en el* ***Génesis***).

-génesis. elem. compos. de or. gr. que sirve, a modo de sufijo, para formar derivados. 'Origen, principio o proceso de formación' (*endogénesis*, *orogénesis*).

♦ **gengibre.** Barbarismo ortográfico por **jengibre**.

-genia. elem. compos. de or. gr. que, a modo de sufijo, sirve para formar derivados. 'Origen o proceso de formación' (*orogenia*, *patogenia*).

génico, ca. adj. 'Perteneciente o relativo a los genes'. Es voz recién incorporada en el ***Diccionario***.

genio. sust. m. Aumentativo: **geniazo**.

genital. adj. 'Que sirve para la generación' (*órganos* ***genitales***). sust. m. pl. 'Órganos sexuales externos' (*Se lastimó en los* ***genitales***).

genitourinario, ria. adj. No debe escribirse génitourinario, genito-urinario. → **urogenital**

-geno, na. elem. compos. de or. gr. que, a modo de sufijo, sirve para formar derivados. 'Que genera, produce o es producido' (*lacrimógeno*, *patógeno*, *endógeno*).

genocida. sust. com. Voz no registrada en el ***Diccionario***, pero de correcta formación.

gente. sust. f. colect. 'Pluralidad de personas' (*No había* ***gente***); 'cada una de las clases que pueden distinguirse en la sociedad (***gente*** *rica*; ***gente*** *menuda*; ***gente*** *instruida*). fam. 'Familia o parentela' (*¿Cómo está tu* ***gente***?). fam. 'Conjunto de personas que viven reunidas o trabajan a las órdenes de uno (*Toda mi* ***gente*** *ha colaborado*). En algunos países de América, ha perdido su valor colectivo y significa 'persona', uso regional recién incorporado en el ***Diccionario***

(*No vino ninguna **gente***). Empleo que Seco documenta, como regional, también en España, "**buena gente**, 'buena persona': *Fulano es **buena gente***". **ser como la gente**, **ser gente** o **muy gente** son locuciones regionales americanas, incorporadas por la Academia, que significan 'ser como se debe'. En general, esta palabra se usa en singular, salvo en expresiones tales como **derecho de gentes**, **don de gentes**, **dicho de las gentes** ('murmuración o censura pública'), **trato de gentes** ('experiencia y habilidad en la vida social'). En plural, vale por 'gentiles' y sólo se emplea en la expresión el *Apóstol de las gentes*, que se aplica a San Pablo. La construcción gente bien, por 'gente distinguida', es un galicismo. Es correcto, en cambio, el sintagma **gente de bien**, con el significado de 'gente de buena intención y proceder', pero se incurre en solecismo si se dice gentes de bien. En igual incorrección, se cae cuando, en otras construcciones, se usa **gente** en plural: gentes de armas, gentes de medio pelo, etc. Por otra parte, es un pleonasmo decir gente humana, porque dicho sustantivo siempre denota 'persona'. Es, también, galicismo, gente de letras, por 'escritores o literatos'. La Academia registra **gente de pluma**, como frase figurada y familiar, 'la que tiene por ejercicio escribir'. Comúnmente, 'se aplica a los escribanos'. Sus despectivos son **gentuza** y **gentualla** (susts. fs.). La Academia prefiere la primera forma. Su diminutivo es **gentecilla**, a veces usado como despectivo.

gentil. adj. 'Idólatra, pagano'. Ú. t. c. sust. m. (*San Pablo convirtió a los **gentiles***). La **gentilidad** (sust. f. colect.) es el 'conjunto de los gentiles'. Puede usarse en su reemplazo, si bien no es frecuente, **gentilismo** (sust. m.). La voz que anotamos significa, además, 'brioso, galán, gracioso' (***gentil** joven*); 'cortés, amable' (*gesto **gentil***).

gentilhombre. sust. m. Plural: **gentileshombres**. Puede escribirse, también, en dos palabras: **gentil hombre**.

gentío. sust. m. colect. 'Gran concurrencia o afluencia de personas en un lugar'. Se usa preferentemente en singular.

geo-. elem. compos. de or. gr. que sirve para formar palabras compuestas. Significa 'tierra o la Tierra' (***geo**mancia, **geo**rama, **geo**fagia*).

geodesta. sust. com. 'Persona versada en geodesia': **el geodesta**, **la geodesta**.

geófago, ga. adj. 'Que come tierra'. Ú. t. c. sust. m. y f.: **el geófago**, **la geófaga**.

geógrafo. sust. m. Su femenino es **geógrafa**.

geólogo. sust. m. Su femenino es **geóloga**.

geomancia o **geomancía.** sust. f. Ambas acentuaciones son correctas, pero la Academia prefiere la primera.

geomántico, ca. adj. 'Perteneciente a la geomancia'. sust. m. 'Persona que la profesa'. Su femenino es **geomántica**.

geómetra. sust. com.: **el geómetra**, **la geómetra**.

geópono. sust. m. 'Persona versada en geoponía o agricultura'. Su femenino es **geópona**.

geórgica. sust. f. 'Obra que tiene relación con la agricultura' (*Su poema es una **geórgica***). Ú. m. en pl. hablando de las literarias. Por antonomasia, las de Virgilio, según acota la Academia.

geotécnica o **geotecnia.** sust. f. La Academia prefiere la primera forma.

geraniáceo, a. adj. Ú. t. c. sust. f. (*La hierba que miras es una **geraniácea***). sust. f. pl. 'Familia de estas plantas' (*El geranio pertenece a las **geraniáceas***).

geranio. sust. m. 'Planta'; 'flor de dicha planta'. Es incorrecto decir geráneo, un vulgarismo por ultracorrección.

gerencia. sust. f. 'Cargo de gerente' (*Ocupa la **gerencia** de la empresa*). 'Gestión que le incumbe' (*Su cargo es de **gerencia***). 'Oficina del gerente' (*El expediente está en la **gerencia***). 'Tiempo que una persona ocupa este cargo' (*Su **gerencia** fue de cuatro años*). Es incorrecto emplear, en su reemplazo, gerenciación: *Curso de gerenciación hospitalaria*. Correcto: *Curso de **gerencia** hospitalaria*.

♦ **gerenciar.** Verbo neológico. Corresponde decir **ejercer la gerencia**.

gerente. sust. com.: **el gerente**, **la gerente**. Incorrecto: la gerenta.

germanía. sust. f. 'Jerga o manera de hablar de ladrones y rufianes, usada por ellos solos y compuesta de voces del idioma español con significación distinta de la usual, y de otros muchos vocablos de orígenes muy diversos'.

germanio. sust. m. 'Metal blanco que se oxida a temperaturas elevadas, pero es resistente a los ácidos y a las bases'. Número atómico 32. Símbolo: ***Ge***

germanismo. sust. m. 'Idiotismo de la lengua alemana; 'vocablo o giro de esta lengua empleado en otra'; 'uso de vocablos o giros alemanes en otro idioma'.

germanista. sust. com.: **el germanista, la germanista** (*Es un notable **germanista***).

germanizar. v. tr. 'Dar carácter germánico o inclinarse a las cosas germánicas'. Ú. t. c. prnl. → **cazar**

germanófilo, la. adj. 'Que simpatiza con Alemania o con los germanos o alemanes'. Ú. t. c. sust. m. y f.: **el germanófilo, la germanófila**. Su opuesto es **germanófobo, ba** (adj.), 'que siente aversión o repulsa por Alemania, o por los alemanes o germanos'. Ú. t. c. sust. m. y f.: **el germanófobo, la germanófoba.**

germen. sust. m. Es palabra grave que, en plural, se transforma en esdrújula: **gérmenes**.

germicida. adj. 'Dícese de lo que destruye gérmenes, especialmente los dañinos'. Ú. t. c. sust. m. (*Compró un **germicida** para esterilizar sus utensilios*). Debe diferenciarse de **germinicida** (adj.), que se aplica al 'producto químico capaz de destruir la capacidad germinativa de las semillas'. Ú. t. c. sust. m. (*El **germinicida** que me vendió ha perdido efectividad*). Ambas voces son de reciente registro académico.

gerontólogo. sust. m. Su femenino es **gerontóloga**.

gerundiano, na. adj. fam. 'Aplícase al estilo hinchado y ridículo' (*Su prosa **gerundiana** es insoportable*). La 'expresión gerundiana' recibe el nombre de **gerundiada** (sust. f. fam.): *Su discurso fue una **gerundiada**.*

gerundio. sust. m. Forma invariable del verbo, cuya terminación regular, para las **formas simples**, es **-ando** en los verbos de la primera conjugación, **-iendo** en los de la segunda y la tercera (*amando, temiendo, partiendo*). Las **formas compuestas** se construyen con el gerundio del verbo **haber** (***habiendo***), que oficia de auxiliar, más el participio del verbo que se conjuga (***habiendo amado, habiendo temido, habiendo partido***). El gerundio es invariable, porque carece, al igual que el infinitivo y el participio, las otras dos formas no personales del verbo, de morfemas verbales de número y persona. Tanto el gerundio simple como el compuesto admiten pronombres enclíticos (*dicién**dome**, dándo**melo**, habiéndo**lo** visto*), pero nunca proclíticos (*lo viendo*). En lenguaje familiar, algunos gerundios admiten sufijos diminutivos (*Se acercó **callandito**; Hazlo **corriendito***). La única preposición que puede anteponerse al gerundio es **en** (***En acabando** de comer, saldré*). Esta construcción, que expresa acción simultánea o de anterioridad inmediata, no es hoy usual.

Significado y usos generales. • "El gerundio simple –dice el ***Esbozo***– expresa acción durativa e imperfecta, en coincidencia temporal con la del verbo de la oración en que se halla. Si el verbo principal denota también acción imperfecta, su coincidencia temporal se extiende a toda la duración del acto; p. ej.: *Enseñando se aprende*; *Desde allí veía a sus hijos jugando en el portal.* Si el verbo principal enuncia un hecho perfecto o acabado, su coincidencia temporal queda envuelta dentro de la duración del gerundio, como un momento o parte de ella; p. ej.: *Paseando por el campo, he visto aterrizar un helicóptero.* Los dos actos pueden producirse también en sucesión inmediata, anterior o posterior; v. gr.: *Quitándose del cuello una riquísima cadena que llevaba, se la puso a Gonzalo con sus propias manos* [...], donde la acción del gerundio es inmediatamente anterior a la de ponerle la cadena; *Salió de la estancia dando un fuerte portazo*, el portazo se produjo inmediatamente después de salir." En general, salvo en casos como el indicado, de acción inmediatamente posterior, es inadecuado el uso del gerundio para significar posterioridad, consecuencia o efecto: *El ladrón huyó, siendo detenido a las pocas horas*; *El ministro firmó la resolución el jueves, verificándose la notificación al interesado cinco días después.* Se trata, en estos ejemplos, de acciones coordinadas y no coincidentes, que es más correcto expresar por medio de conjunciones coordinantes: *El ladrón huyó, **pero** fue detenido a las pocas horas*; *El ministro firmó la resolución el viernes, **y** se verificó la notificación al interesado cinco días después.* • "El gerundio compuesto –puntualiza el ***Esbozo***– denota acción perfecta, anterior a la del verbo principal. La anterioridad puede ser más o menos mediata" (***Habiéndole dicho*** *que se fuera, me levanté; Recuerdo que ese día,* ***habiéndoseme roto*** *el tacón de una de las sandalias, volví a casa renga*).

EL GERUNDIO COMO ADVERBIO. La función más general del gerundio es la de modificar al verbo como adverbio de modo (*Habla* ***gritando****; Contestó* ***sonriendo****; Han pasado* ***corriendo***). Generalmente, los gerundios van pospuestos al verbo, pero pueden también anteponérsele (***Sonriendo****, contestó*). La acción secundaria que expresa el gerundio se suma a la del verbo como una cualidad de éste (adverbio), o es sentida como otra acción atribuida al sujeto o al objeto directo del verbo. Algunos, como *hirviendo* y *ardiendo*, pueden referirse, como verdaderos adjetivos, a una circunstancia del verbo (*Puse más leña en el horno* ***ardiendo****; El polvo se disuelve en agua* ***hirviendo***). A veces, no hay verbo al cual referir el gerundio, según sucede en frases puestas al pie de grabados, dibujos, fotografías, o en títulos de relatos, descripciones, etc. (*San Martín* ***pasando*** *los Andes; Las ranas* ***pidiendo*** *rey; Niños* ***conversando***). Este uso está admitido también en oraciones exclamativas o en frases elípticas coloquiales (*¡Siempre* ***llorando****!; A la pregunta que le formulé acerca de qué estaba haciendo, contestó: –****Pasando*** *el rato*).

GERUNDIO REFERIDO AL SUJETO DEL VERBO. Cuando el gerundio se refiere al sujeto, tiene carácter explicativo y va, generalmente, entre comas y antes del verbo (*María,* ***pescando*** *en el arroyo, vio algo sorprendente;* ***Buscando*** *el tercer tomo de la enciclopedia, advertí que faltaba*). Es incorrecto usarlo como especificativo, en función adjetiva, según es muy común en el lenguaje administrativo y periodístico: *Una ley reformando el régimen laboral acaba de ser promulgada; El decreto autorizando nuevas tarifas ha causado gran revuelo.* Correcto: *Una ley* ***que reforma*** *el régimen laboral acaba de ser promulgada; El decreto* ***que autoriza*** *nuevas tarifas ha causado gran revuelo.* Al igual que en los ejemplos anteriores, son incorrectos casos como: *Iba delante una guía conociendo bien el museo.* Correcto: *Iba delante una guía* ***que conocía*** *bien el museo.* Dice el ***Esbozo***: "Las oraciones de relativo explicativas pueden servir de guía en casos dudosos. Si decimos: *Las leyes aduaneras, regulando las exportaciones, protegen la economía nacional,* explicamos o desenvolvemos la cualidad de todas las leyes aduaneras, y la expresión es correcta. Si quitamos las comas, especificamos o determinamos que sólo nos referimos a ciertas leyes aduaneras, *las que regulan las importaciones*, y el uso del gerundio es incorrecto". Como puede observarse, el mensaje es diferente en una y otra construcción. Son correctos los gerundios referidos al sujeto que actúan como predicados verboidales (*María,* ***saltando*** *a la cuerda*). También son normales los gerundios referidos al sujeto que forman parte de frases o perífrasis verbales, del tipo *estar, ir, venir, seguir, andar, continuar* + **gerundio** (*Los niños están* ***cantando****; Los alumnos vienen* ***saltando****; Los revoltosos siguieron* ***arrojando*** *piedras; Los operarios continuarán* ***armando*** *juguetes hasta el jueves*). En estos casos, el gerundio expresa una acción durativa.

GERUNDIO REFERIDO AL OBJETO DIRECTO. • El sujeto del gerundio puede ser el objeto directo del verbo, siempre que se trate de objetos directos de verbos que significan percepción sensible o intelectual (*ver, mirar, oír, sentir, notar, observar, contemplar, distinguir, recordar, hallar, encontrar*, etc.) o representación (*dibujar, pintar, grabar, describir, representar*, etc.): *Lo encontré* ***llorando****; Vi a Inés* ***revolviendo*** *mis cajones; El alumno describió a su abuela* ***tejiendo***. Con otro tipo de verbos, el uso del gerundio es incorrecto: *Busco secretaria sabiendo inglés.* Correcto: *Busco secretaria* ***que sepa*** *inglés.* • La acción del verbo debe coincidir con la del gerundio; en este caso es necesario que el gerundio denote una acción, transformación o cambio perceptible. Si no lo es, el uso del gerundio es igualmente incorrecto: *Te envío una caja conteniendo bombones; Votaron una ley disponiendo regulaciones económicas.* Correcto: *Te envío una caja* ***que contiene*** *bombones; Votaron una ley* ***que dispone*** *regulaciones económicas.* (En estos casos, las acciones del gerundio no son perceptibles.)

GERUNDIO EN LA CONSTRUCCIÓN ABSOLUTA. El gerundio forma parte de una construcción absoluta cuando no pertenece ni al sujeto ni al objeto directo, es decir, tiene su propio sujeto, que siempre va detrás de él: ***Estando*** *yo presente, no dirán esas palabrotas; Mañana,* ***permitiéndolo*** *tu padre, iremos al teatro.* La relativa independencia de estas cláusulas absolutas se pone de manifiesto en la tendencia a aislarlas mediante pausas o comas. Estos gerundios expresan diversas circunstancias: modales (*Procuraban alegrarlo, **diciéndole** la hija que ganaría la lotería*); temporales (***Habiendo entrado** el director, los alumnos callaron*); causales (***Estando** mis padres aquí, nada temo*); condicionales (***Haciendo** tanto frío, podrían enfermarse*); concesivas (*Aun **cantando** ustedes, no me alegraré*).

GERUNDIO EN LA CONSTRUCCIÓN CONJUNTA. El gerundio, en la construcción conjunta, va referido al sujeto o al objeto directo del verbo, según ya hemos visto. En sus usos correctos, sólo puede tener, como indicamos, carácter explicativo, si se refiere al sujeto, o construirse con determinados verbos y denotar determinadas acciones, en el caso de referirse al objeto directo. Pese a que su autonomía es más limitada que en la construcción absoluta, denota, asimismo, modo (*María, **apoyándose** en su hija, se levantó; Te dibujó **saltando** en el jardín*); tiempo (***Habiendo aceptado** la invitación, tomó el avión a Madrid*); causa (***Pensando** en el refrán, calló*); condición (*Me sacaré la lotería, **favoreciéndome** la suerte*); concesión (*No **gustándote** esa sopa, la tomarás por educación*). Cuando el gerundio en la construcción conjunta produce anfibología, debe evitarse. Si decimos *María vio a su padre <u>pescando</u>*, no sabemos si quien pescaba era *María* o *su padre*. Para evitar la anfibología, debemos decir: *María vio a su padre **que pescaba*** (si el padre era quien pescaba) o *María, **pescando**, vio a su padre* (si María era la que pescaba); en este caso, el gerundio va, según dijimos, entre comas o pausas, y antes del predicado.

"COMO" MÁS GERUNDIO. El gerundio precedido de *como* con valor comparativo irreal es correcto; equivale a **como si + subjuntivo** (*Lo agarró, desde atrás, **como haciendo** burla*). No debe emplearse en los casos en que no es sustituible por la mencionada construcción: *El ejecutivo vetó la ley, <u>como</u> <u>siendo</u> inconstitucional*. No es posible, en este caso, operar la sustitución, porque el contenido resulta disparatado o ilógico (*El ejecutivo vetó la ley, <u>como</u> <u>si</u> <u>fuera</u> <u>inconstitucional</u>*). Correcto: *El ejecutivo vetó la ley, **por ser*** (o ***porque era***) *inconstitucional*.

GERUNDIO DEL VERBO "ESTAR" MÁS EL GERUNDIO DE OTRO VERBO. La construcción del gerundio del verbo *"estar"* más otro gerundio está admitida en español y expresa la acción en su período de desarrollo (***Estando escribiendo** un poema, falleció*).

ACUMULACIÓN DE GERUNDIOS. La acumulación de gerundios en una misma oración o párrafo, aunque estén usados correctamente, ha de evitarse, porque hinchan innecesariamente la expresión, "convirtiendo –dice Seco– en un solo período larguísimo lo que lógicamente habría de ser una serie de oraciones independientes más cortas". Denotan, también, pobreza elocutiva. Además –como afirma Moliner– "el uso de gerundios en serie resulta, en cualquier caso, malsonante". No se trata de eliminar del habla el uso del gerundio, se trata de emplearlo con los debidos recaudos y de evitar los usos no correctos.

gesta. sust. f. colect. 'Conjunto de hechos memorables' (*Hemos resumido la **gesta** de San Martín, el Libertador*).

gestear. v. intr. 'Hacer gestos'. No debe pronunciarse [gestiar, gestié] ni confundirse semánticamente con **gestar** (v. tr. Ú. t. c. prnl. fig), 'llevar la madre el fruto de la concepción hasta el momento del parto' y 'desarrollar sentimientos, ideas o tendencias'. → **-ear**

gesticulador, ra. adj. 'Que gesticula'. Es voz de reciente incorporación académica.

gesticular. adj. 'Perteneciente al gesto' (*movimientos **gesticulares***). Debe distinguirse de su homónimo **gesticular** (v. intr), 'hacer gestos' (*No **gesticules** de ese modo*).

gestor, ra. adj. 'Que gestiona'. Ú. t. c. sust. m. y f.: **el gestor, la gestora**. No debe decirse <u>*gestionador*</u>, <u>*ra*</u>, sin registro académico.

gestual. adj. 'Referente a los gestos' (*lenguaje **gestual***); 'que se hace con los gestos' (*expresión **gestual***).

♦ **gheto.** Italianismo por **gueto**. → **gueto**

giba. sust. f. 'Joroba, corcova'. No debe escribirse con **j** (<u>*jiba*</u>) por analogía con **joroba**. Toda 'protuberancia en forma de giba' recibe el nombre de **gibosidad** (sust. f.). Existe el verbo **gibar** (tr.), 'corcovar'; 'fastidiar, molestar' (fam. fig.). También, el adjetivo **giboso**, **sa**, 'que tiene giba', el cual se usa, además, como sustantivo masculino y femenino: **el giboso, la gibosa**.

giga-. elem. compos. de or. lat. que sirve para formar nombres compuestos de múltiplos de determinadas unidades (***giga**vatio, **giga**gramo*). Significa 'mil millones (10^9)'. Su símbolo es ***G***

gigante. adj. Equivale a **gigantesco, ca**, su sinónimo según la Academia (*planta **gigante***). sust. m. 'El que excede en mucho la estatura que se considera normal'. Su femenino es **giganta**. Incorrecto: *Es una gigante*. Correcto: *Es una **giganta***. Diminutivo: **gigantillo** (sust. m.), **gigantilla** (sust. f.). Aumentativo: **gigantón** (sust. m.), **gigantona** (sust. f.).

gigoló. sust. m. 'Amante joven de una mujer de más edad y que lo mantiene'. Es voz francesa (*gigolo*), de reciente incorporación en el ***Diccionario***. Plural: **gigolós**.

gil. adj. Esta palabra, aunque carece de registro en el ***Diccionario***, es voz muy extendida en la Argentina. De origen lunfardo, es frecuente en el habla coloquial y familiar. Significa 'bobo, estúpido'. Ú. m. c. sust. com.: **el gil, la gil**. En plural: **los giles, las giles**. → **gilí**

gilbert. sust. m. 'Unidad de la fuerza magnetomotriz en el sistema cegesimal de unidades'. Plural: **gilberts**. En la nomenclatura española, **gilbertio** (sust. m.).

gilí. adj. fam. 'Tonto, lelo'. Ú. t. c. sust. com.: **el gilí, la gilí**. Plural: **gilís**.

gilipollas. adj. vulg. 'Tonto, lento'. Su sinónimo exacto es, como dice la Academia, **gilí**. Ú. t. c. sust. com.: **el gilipollas, la gilipollas**. No se usa en la Argentina, pero es muy común en España. Su incorporación en el ***Diccionario*** es reciente, al igual que **gilipollez** (sust. f. vulg.), 'dicho o hecho propio de un gilipollas'. → **gilí**

♦ **gillete** o **gilette.** Anglicismo. Aunque es voz muy usada, corresponde decir **hoja de afeitar**. Si se usa el extranjerismo, debe entrecomillarse.

gimiente. adj. No está incluido en el ***Diccionario***, pero se usa más que **gemidor, ra** (adj.). Se aplica 'al que o a lo que gime' (Moliner). Está formado a partir del participio activo de **gemir** (v. intr.).

gimnasia. sust. f. Puede decirse, también, **gimnástica** (sust. f.). Existe, por otra parte, el adjetivo **gimnástico, ca**, 'perteneciente o relativo a la gimnasia'.

gimnasta. sust. com.: **el gimnasta, la gimnasta**.

gimnospermo, ma. adj. (*Es una planta **gimnosperma***). Ú. t. c. sust. f.: la **gimnosperma**. sust. f. pl. 'Subtipo de estas plantas' (*Pertenece a la clase de las **gimnospermas***). No debe pronunciarse [ginospermo, ma].

gimotear. v. intr. despect. 'Gemir con insistencia'; 'hacer los gestos y suspiros del llanto sin llegar a él'. No debe pronunciarse [gimotiar, gimotié]. Su 'acción y efecto' es **gimoteo** (sust. m.), y el 'que gimotea', **gimoteador, ra** (adj.). → **-ear**

♦ **gin.** Anglicismo por **ginebra**, 'bebida alcohólica'.

ginecólogo. sust. m. Su femenino es **ginecóloga**.

ginecomastia. sust. f. 'Patología de las mamas en el hombre'. No debe pronunciarse [ginecomastía]. Es voz de reciente incorporación académica.

gira. sust. f. 'Excursión o viaje de una o varias personas por distintos lugares, volviendo al punto de partida' (*Organizamos **giras** por Oriente*); 'serie de actuaciones sucesivas de una compañía teatral o de un artista en diferentes localidades' (*El ballet ruso que nos visita hará una **gira** por las provincias*). No debe confundirse con **jira**, su homófono. → **jira**

girador, ra. adj. 'Que gira'. Ú. t. c. sust. m. y f.: **el girador, la giradora**. En lenguaje comercial, estos sustantivos significan 'persona o entidad que expide una letra de cambio u otra orden de pago' (*La **giradora** es la empresa que conoces*).

giralda. sust. f. 'Veleta de la torre, cuando tiene figura humana o de animal'. Su diminutivo es **giraldilla** (sust. f.).

girar. v. tr. 'Mover circularmente algo' (*Haz **girar** esta cinta*). Ú. t. c. intr. 'Enviar dinero por giro postal, telegráfico, etc.' (*Le **giré** ayer*). v. intr. 'Dar vueltas algo alrededor de un eje o en torno a un punto' (*Ese satélite **gira** alrededor de un planeta*). fig. 'Desarrollarse una conversación, negocio, trato, etc., en torno a un tema dado' (*La conversación **giró** sobre temas imprevistos*). 'Desviarse o cambiar de rumbo' (*El auto **giró** a la izquierda*). 'Expedir libranzas u otras órdenes de pago' (*Ayer le **giramos***). Con esta acepción, se usa, también, como transitivo (***Giramos** una letra*). 'Hacer las operaciones mercantiles de una empresa' (*Hoy no **hemos girado***). Rég. prep.: **girar a** (***girar a** la cuenta de otro*); **girar contra** (***girar contra** recibo*); **girar de** (***girar de** un lado a otro*); **girar en** (***girar en** torno; **girar en** descubierto*); **girar hacia** (***girar hacia** la izquierda*); **girar por** (***girar por** la avenida*); **girar sobre** (***girar sobre** su eje*).

girasol. sust. m. Puede decirse, también, **mirasol** (sust. m.). La Academia prefiere la primera forma.

giratorio, ria. adj. 'Que gira o se mueve alrededor' (*puerta **giratoria***). sust. f. 'Mueble con estantes y divisiones que gira alrededor de un eje y se usa en los despachos para colocar libros y papeles' (*El expediente está en la **giratoria***).

giro. sust. m. Además de los significados deducibles del verbo **girar**, ya que significa 'acción de girar', tiene el de 'manera o forma de expresión' (***giro** cervantino*). **tomar** uno **otro giro**. fr. fig. 'Mudar de intento o de resolución'. Abreviatura de **giro**: **g/** (sin punto); de **giro postal**: ***g.p.***

giro, ra. adj. En algunas regiones, 'aplícase al gallo de color oscuro que tiene amarillas o, a veces, plateadas las plumas del cuello y las alas'; en otras, entre ellas la Argentina, 'al gallo matizado de blanco y negro'. sust. m. 'Bravata, amenaza'.

girómetro. sust. m. No debe pronunciarse [girometro] como grave.

giroscopio o **giróscopo.** sust. m. La Academia prefiere la primera forma.

gitanear. v. intr. fig. 'Halagar con gitanería, para conseguir lo que se desea'; 'tratar de engañar en las compras y ventas'. No debe pronunciarse [gitaniar, gitanié]. → **-ear**

gitano, na. adj. 'Dícese de los individuos de un pueblo nómade extendido por Europa'. Ú. t. c. sust. m. y f.: **el gitano, la gitana**. 'Propio de los gitanos o parecido a ellos' (*gracia **gitana***). El 'conjunto de los gitanos' recibe el nombre de **gitanería** (sust. f. colect.), voz que también se aplica a 'reunión de gitanos' y a 'la caricia o halago hechos con zalamería, al modo de las gitanas'. Una **gitanada** (sust. f.) es 'acción propia de gitanos' y, también, 'adulación y engaños con que suele conseguirse lo que se desea'.

glaciólogo. sust. m. 'Persona que se dedica a la glaciología'. Su femenino es **glacióloga**.

gladiador. sust. m. Puede decirse **gladiator** (sust. m.). Carece de femenino. La Academia prefiere la primera forma.

gladiolo o **gladíolo.** sust. m. Su sinónimo exacto, según la Academia, es **estoque**, voz que prefiere. Según el ***Diccionario***, designa sólo la 'planta', pero, en el uso, denota también su 'flor' (*Compré bulbos de **gladiolo**; Estos **gladiolos** rojos alegrarán mi dormitorio*). Las dos acentuaciones son correctas. La Academia prefiere la segunda; los hablantes, la primera. Puede decirse, también, **gradiolo** o **gradíolo**.

glasé. sust. m. 'Tafetán de mucho brillo' (*El banderín es de **glasé**; Compré varios metros de **glasé** para hacer el disfraz*). La Academia no registra esta voz como adjetivo. → **glaseado**

glaseado, da. p. de **glasear**. adj. 'Que imita o se parece al glasé' (*papel **glaseado**; verduras **glaseadas***). En la Argentina, es usual decir *papel glasé*: aquí, *glasé* puede interpretarse como un sustantivo en aposición especificativa –tal como *biblia* en el sintagma *papel biblia*–, pero con una acepción no recogida por la Academia para dicho vocablo, o como un adjetivo, función de la que carece en el ***Diccionario***. Entendemos que dichas expresiones son galicadas. Similares observaciones pueden aplicarse a sintagmas tales como *jamón glasé* o *zanahorias glasés*, cuyas formas correctas son, en español, *jamón **glaseado*** y *zanahorias **glaseadas***. → **glasé**, **glasear**

glasear. v. tr. 'Dar brillo a la superficie de algunas cosas, como al papel, a algunos alimentos, etc.' (***glasear** verduras, un postre, un jamón*). No debe pronunciarse [glasiar, glasié]. → **-ear**

glauco, ca. 'Verde claro' (*ojos **glaucos***). Los hablantes dudan acerca del significado de este adjetivo, que se usa poco, salvo en lenguaje poético o en obras técnicas. sust. m. 'Molusco marino'. → **glaucoma**

glaucoma. sust. m. 'Enfermedad del ojo, así denominada por el color verdoso que toma la pupila'. La Academia ha registrado recientemente el adjetivo **glaucomatoso, sa**.

glicina o **glicinia.** sust. f. 'Planta con racimos de flores perfumadas de color azulado o malva, o, con menor frecuencia, blanco o rosa pálido'. La Academia prefiere la segunda forma. En la Argentina, se usa, casi con exclusividad, la primera.

global. adj. 'Tomado en conjunto' (*Tiene una visión **global** del problema*). No debe usarse, en su reemplazo, globalizado, da, un neologismo innecesario.

♦ **globalizar.** Verbo neológico, no registrado por la Academia. Debe usarse, en su reemplazo, **englobar** (v. tr.), 'incluir o considerar varias cosas en una sola'. Incorrecto: *Tenemos que globalizar estos tres apartados en uno solo*. Correcto: *Tenemos que **englobar** estos tres apartados en uno solo*. Tampoco tiene registro el postverbal *globalización*. → **global**

globo. sust. m. 'Sólido de superficie curva, cuyos puntos equidistan del centro'. En esta acepción, es sinónimo de **esfera**. Equivale, en otra, a **Tierra** (*Habitamos en el **globo***). También significa 'receptáculo flexible lleno de gas o aire con que juegan los niños'. Uno de sus diminutivos es **glóbulo** (sust. m.): ***glóbulos** rojos, **glóbulos** blancos*. **en globo**. loc. adv. 'En conjunto, sin detallar' (*Prepara una factura **en globo***).

gloria Patri o **gloriapatri.** sust. m. 'Versículo latino que se dice después del padrenuestro y avemaría, y al fin de los salmos e himnos de la Iglesia'. Las dos formas son correctas. La Academia prefiere la primera. En plural: **los gloria Patri** o **gloriapatris**.

gloriar. v. tr. Equivale a **glorificar** (v. tr. → **sacar**), mucho más usado. v. prnl. 'Preciarse demasiado o alabarse mucho'; 'alegrarse'. Rég. prep.: **gloriarse de** (*Se **gloría de** algo*); **gloriarse en** (***Se gloría** en alguno* o ***en** algo*). En su conjugación, en cuanto al acento, vacila entre seguir el modelo de **guiar** (*glorío*) o de **cambiar** (*glorio*), si bien, como anota el ***Esbozo***, "en contraste con *vanagloriarse*, se emplea más *glorío* que *glorio*". → **vanagloriarse**

glorificador, ra. adj. 'Que glorifica'. Ú. t. c. sust. m. y f.: **el glorificador**, **la glorificadora**. 'Que da la gloria o la vida eterna'.

glorificar. v. tr. 'Hacer glorioso algo o a alguien que no lo era' (*Después de su hazaña, lo **glorificaron***). 'Reconocer y ensalzar al que es glorioso tributándole alabanzas' (*En un nuevo aniversario de su muerte, **glorificaron** al héroe*). v. prnl. Equivale a **gloriarse** (*Se **glorifica** en exceso*). Tiene el mismo régimen que este último. → **sacar**, **gloriar**

glosa. sust. f. 'Explicación, comentario, nota'; 'composición poética'. Diminutivo: **glosilla**. → **glosario**

glosador, ra. adj. 'Que glosa'. Ú. t. c. sust. m. y f.: **el glosador**, **la glosadora**.

glosar. v. tr. 'Hacer, poner o escribir glosas'; 'comentar palabras'. La 'acción de glosar' recibe el nombre de **glose** (sust. m.).

glosario. sust. m. colect. 'Catálogo de palabras oscuras o desusadas'; 'catálogo de vocablos de una misma disciplina'; 'conjunto de glosas o comentarios, normalmente sobre textos de un mismo autor' (*El tratado de química tiene, al final, un **glosario** actualizado de términos técnicos*; *Le han solicitado que prepare un **glosario** sobre Juan Ruiz*).

glotis. sust. f. En plural, no varía: **las glotis**.

glotón, na. adj. 'Que come con exceso y con ansia'. Ú. t. c. sust. m. y f.: **el glotón**, **la glotona**. sust. m. 'Animal carnívoro ártico'. Para distinguir los sexos, debe recurrirse a las perífrasis: **glotón macho**, **glotón hembra**.

glotonear. v. intr. 'Comer glotonamente'. No debe pronunciarse [glotoniar, glotonié]. → **-ear**

glucemia. sust. f. 'Presencia anormal de azúcar en la sangre'. No debe decirse *glicemia*.

glucógeno. sust. m. 'Hidrato de carbono semejante al algodón'. No debe decirse *glicógeno*.

glucómetro. sust. m. No debe pronunciarse [glucometro] como grave.

gluglú. sust. m. 'Voz onomatopéyica con que se imita el ruido del agua al sumirse o dejar escapar el aire'. No debe escribirse en dos palabras ni con guión: *glu glú*, *glu-glú*. Su plural es **gluglúes** o **gluglús**.

gluten. sust. m. Es palabra grave que, en plural, se convierte en esdrújula: **glútenes**. Obsérvese que en singular no lleva tilde.

glúteo, a. adj. 'Perteneciente a la nalga' (*Se hirió en la región **glútea***). Repárese en que es palabra esdrújula y que, por tanto, lleva tilde.

gneis. sust. m. Voz alemana (*gneis*) españolizada. 'Granito pizarroso'. Puede pronunciarse y escribirse **neis**. En plural, no varía: **los gneis** o **los neis**. Lo mismo ocurre con su derivado **gnéisico, ca** (adj.), que puede decirse **néisico, ca**.

gnetáceo, a. adj. 'Dícese de cierto tipo de plantas'. Ú. t. c. sust. f. (*Se trata de una **gnetácea***). Puede pronunciarse y escribirse **netáceo, a**. sust. f. pl. 'Familia de estas plantas' (*Las **gnetáceas** tienen flores unisexuales*).

gnómico, ca. adj. 'Dícese de los poetas que escriben sentencias en pocos versos, y de las poesías de este género'. Puede pronunciarse y escribirse **nómico, ca** (*poetisa **gnómica** o **nómica***). Apl. a pers., ú. t. c. sust. m. y f.: **el gnómico, la gnómica**.

gnomo. sust. m. 'Ser fantástico'; 'enano, geniecillo'. Puede pronunciarse y escribirse **nomo**. En plural: **gnomos** o **nomos**. Carece de femenino. Es incorrecto pronunciar y escribir *ñomo*.

gnomon. sust. m. 'Antiguo instrumento de astrología'; 'indicador de las horas en los relojes solares más comunes, frecuentemente en forma de un estilo'; 'escuadra'. No se admite la pronunciación [gnomón], y es barbarismo escribirlo con tilde sobre la primera **o**, por ser palabra grave terminada en **n** (*gnómon*). En plural, se hace esdrújula: **gnómones**. Puede pronunciarse y escribirse **nomon**. En plural: **nómones**. Lo mismo ocurre con sus derivados **gnomónica** (sust. f.), que es la 'ciencia de hacer los relojes solares', y **gnomónico, ca** (adj.), que admiten las formas **nomónica** y **nomónico, ca**.

gnoseología. sust. f. 'Teoría del conocimiento'. Esta palabra no admite la simplificación de **gn-** en **n-**, por tratarse de un cultismo. Tampoco la admiten, por la misma razón, su derivado **gnoseológico, ca** (adj.) y el sustantivo **gnosis** (f.). En cambio, pueden pronunciarse y escribirse indistintamente **gnosticismo** o **nosticismo** (sust. m.) y **gnóstico, ca** o **nóstico, ca** (adj.). → **nosología**

gobernación. sust. f. Cuando significa, según sucede en algunos países, 'territorio que depende del gobierno nacional', se escribe con mayúscula. En los otros casos, se usa minúscula (*Duró poco en la **gobernación** de esa institución*; *Su **gobernación** fue un fracaso*).

gobernador, ra. adj. 'Que gobierna'. sust. m. y f. 'Persona que desempeña el mando de una provincia, ciudad, territorio': **el gobernador, la gobernadora**. La forma femenina significa, también, la 'mujer del gobernador'. Para el uso de mayúscula, → **presidente**

gobernanta. sust. f. 'Mujer que en los grandes hoteles tiene a su cargo el servicio de un piso en lo tocante a la limpieza de las habitaciones, conservación del mobiliario, alfombras y demás enseres'; 'encargada de la administración de una casa o institución' (*La **gobernanta** del primer piso del Palace Hotel es muy eficaz*; *El embajador despidió a la **gobernanta** de su residencia*). La última acepción es de registro reciente. Usar esta voz con el significado de **institutriz** es un extranjerismo: *La gobernanta de mis hijos es francesa*. Correcto: *La **institutriz** de mis hijos es francesa*.

gobernante. p. a. de **gobernar**. 'Que gobierna'. Ú. m. c. sust. com.: **el gobernante, la gobernante**. sust. m. 'El que se mete a gobernar una cosa' (*María, no eres el **gobernante** de mi vida*).

gobernar. v. irreg. tr. 'Mandar con autoridad'. Ú. t. c. intr. 'Guiar, dirigir'. Ú. t. c. prnl. Se conjuga como **acertar**.

gobierno. sust m. Se escribe con mayúscula cuando denota el conjunto de las personas y organismos superiores que dirigen un Estado; en este caso, se convierte en un nombre propio colectivo (*El **Gobierno** argentino*; *el **Gobierno***). En los otros casos, con minúscula (*Un directorio ejerce el **gobierno** de la empresa*; *Ese país tiene un sistema de **gobierno** parlamentario*; *Desaprobamos su forma de **gobierno***).

godo, da. adj. Además de otras acepciones comunes con el español general, en la Argentina, Colombia, Chile y el Uruguay significa, con connotación despectiva, el 'nombre con que se designaba a los españoles durante la guerra de la Independencia'.

gofrar. v. tr. Es voz de origen francés (*gaufrer*), recién españolizada. 'Estampar en seco, sobre papel o en las cubiertas de un libro, motivos en relieve o en hueco'. Junto con el verbo, ingresaron **gofrado, da** (p.) y **gofrado** (sust. m.), 'acción y efecto de gofrar'.

gol. sust. m. 'En el juego del fútbol y otros semejantes, entrada del balón en la portería'. No debe pronunciarse ni escribirse *goal*, un anglicismo. Plural: **goles**. 'El mayor número de goles marcados por un equipo que está empatado con otro', se expresa en inglés por medio del sintagma *goal average*, que carece de registro en español. Incorrecto: *golaveraje*.

gola. sust. f. 'Garganta de una persona y región situada junto al velo del paladar'. Además, entre otras acepciones, 'adorno del cuello hecho de lienzo plegado y alechugado, o de tul y encajes'. Diminutivo: **golilla**.

golear. v. tr. 'Hacer gol, especialmente con reiteración'. No debe pronunciarse [goliar, golié]. → **-ear**. Su 'acción y efecto' es **goleada** (sust. f.). La 'persona que golea', **el goleador** o **la goleadora** (sust. m. y f.). Son incorrectas las pronunciaciones vulgares [goliada, goliador, goliadora].

golf. sust. m. 'Juego de origen escocés' (*club de golf*). Prácticamente no se usa en plural. La 'persona que lo juega' es **el golfista** o **la golfista** (sust. com.), voces de reciente incorporación académica.

golfo. sust. m. Se escribe con minúscula cuando denota el accidente geográfico (*golfo de Vizcaya, golfo San Roque*). Con mayúscula, si es nombre propio (*la corriente del **Golfo***).

gollete. sust. m. 'Parte superior de la garganta, por donde se une a la cabeza'; 'cuello estrecho que tienen algunas vasijas, botellas, etc.'. El 'golpe fuerte que se da en el gollete de las botellas para romperlas y sacar el líquido' recibe el nombre de **golletazo** (sust. m.), voz que significa, también, 'término violento e irregular que se pone a un negocio difícil'. **no tener gollete**. fr. fig. y fam. Urug. 'Carecer de sensatez o de buen sentido'. Es usual en la Argentina.

golondrina. sust. f. 'Pájaro que emigra después del verano en busca de regiones más cálidas y de una nueva primavera'. El **golondrino** (sust. m.) es el 'pollo de la golondrina' y no, su forma masculina. Para distinguir los sexos, debe recurrirse a las perífrasis: **golondrina macho** y **golondrina hembra**, **golondrino macho** y **golondrino hembra**. También es un 'pez', el que recibe indistintamente los nombres de **golondrina** o de **golondrino**, sin connotación de sexo o de otro tipo. En Barcelona y otros puertos españoles, 'barca pequeña de motor para viajeros'. Chile. 'Carro que se utiliza en las mudanzas'. En sentido figurado, **golondrino** vale por 'quien anda de un lugar a otro, cambiando de morada' y 'soldado desertor'. Denota, además, 'infarto glandular en el sobaco, que comúnmente termina por supuración'. → **capital** (**capital golondrina**)

golosinear, golosear o **golosinar.** v. intr. 'Andar comiendo o buscando golosinas'. La Academia prefiere la primera forma. No debe pronunciarse [golosiniar, golosinié] ni [golosiar, golosié]. → **-ear**

goloso, sa. adj. 'Aficionado a comer golosinas'. Ú. t. c. sust. m. y f.: **el goloso, la golosa**. 'Deseoso o dominado por el deseo de alguna cosa'. Rég. prep.: **goloso de** (***goloso de** gloria*).

golpe. sust. m. Diminutivo: **golpete**. Aumentativo: **golpazo**, 'golpe violento y ruidoso'. **golpe de efecto**. 'Acción por la que se sorprende o se causa una impresión inesperada'. **golpe de Estado**. 'Violación deliberada de las normas constitucionales y sustitución de su gobierno, generalmente por fuerzas militares'. **golpe de calor**. 'Malestar repentino, en algunos casos mortal, que se produce en climas de alta temperatura y humedad'. Esta locución es un argentinismo, sin registro en el ***Diccionario***, pero recomendado por la A.A.L para su inclusión. **golpe de fortuna** o **golpe de suerte**. 'Suceso extraordinario, próspero o adverso, que sobreviene de repente'. **golpe de gracia**. 'El que se da para rematar al que está gravemente herido'. **golpe de mano**. 'Acción violenta, rápida e imprevista que altera una situación en provecho de quien la realiza'. **golpe de mar**. 'Ola fuerte que quiebra en las embarcaciones, peñascos y costas del mar'. **golpe de pecho**. 'Signo de dolor y contrición, que consiste en darse con la mano o puño en el pecho, en señal de pesar por los pecados o faltas cometidos'. **golpe de tos**. 'Acceso de tos'. **golpe de vista**. 'Aptitud especial para apreciar ciertas cosas o percepción rápida de alguna cosa'. Deben evitarse, por galicadas o extranjerizantes, construcciones tales como *golpe de puño*, *golpe de martillo*, *golpe de teléfono*, las que deben reemplazarse por ***puñetazo***, ***martillazo***, ***telefonazo*** o ***llamada telefónica***. **a golpes**. loc. adv. 'A porrazos'. **al primer golpe de vista**. loc. adv. 'Tan pronto como se ve'. **dar el golpe** o **dar golpe**. fr. fig. 'Causar sorpresa o admiración'.

de golpe. loc. adv. 'Súbitamente'. **de un golpe**. loc. adv. 'De una sola vez'. La palabra **golpe** es una voz de gran polisemia y que forma parte de numerosas locuciones y expresiones, de las que ofrecemos las más usuales.

golpear. v. tr. 'Dar un golpe o golpes repetidos'. Ú. t. c. intr. Su 'acción y efecto' es **golpeo** (sust. m.) o **golpeadura** (sust. f.). El ***Diccionario*** no registra golpeamiento, un barbarismo. El 'que golpea' es **el golpeador** o **la golpeadora** (sust. m. y f.), palabras que también se usan como adjetivos. No deben pronunciarse [golpiar, golpié]; [golpio], [golpiadura]; [golpiador, golpiadora]. → **-ear**

golpetear. v. tr. 'Dar golpes poco fuertes pero seguidos'. Ú. t. c. intr. No debe pronunciarse [golpetiar, golpetié]. Su 'acción y efecto' es **golpeteo** (sust. m.), del cual deriva **golpetazo** ('golpe fuerte'), de reciente registro en el ***Diccionario***. → **-ear**

golpista. adj. 'Relativo al golpe de Estado' (*actitud **golpista***). 'Que participa en un golpe de estado' (*joven **golpista***). Ú. t. c. sust. com.: **el golpista, la golpista**. La 'actividad o actitud favorable al golpe de Estado' se denomina **golpismo** (sust. m.).

♦ **golpiza.** Vulgarismo derivado de golpiar. Debe decirse **paliza.** Es voz extendida en América, sin registro académico.

goma. sust. f. 'Sustancia viscosa que fluye de diversos vegetales y sirve para pegar o adherir cosas' (*Las ramas del pino están llenas de **goma***); 'tira o banda elástica', generalmente se usa en diminutivo (*Ató el fajo de billetes con una **gomita***). El adjetivo correspondiente es **gomoso, sa**. La 'cualidad de gomoso', **gomosidad** (sust. f.). **goma de borrar** (*Dame la **goma** para borrar ese punto de más*). **goma elástica**. Su sinónimo es **caucho** (*Las suelas de mis zapatos son de **goma***). Argent. 'Neumático' (*Tienes que reponer las **gomas** de tu auto*). 'El que trafica con elementos de goma' es **un gomista** o **una gomista** (sust. com.).

gomería. sust. f. Argent. 'Lugar de venta o de reparación de neumáticos. → **goma**

gomero, ra. adj. 'Relativo al caucho'. sust. m. Amér. Merid. 'Árbol' (*En algunas plazas de Buenos Aires, pueden admirarse frondosos **gomeros***). Argent. 'Dícese del que explota una industria de la goma' (*Nos demoramos en la estación de servicio, porque el **gomero** tardó en llegar*). No se registra forma para el femenino. En la Argentina, **gomera** (sust. f.) se usa por **tirachinos** ('horquilla con gomas para tirar piedritas'); carece de registro en el ***Diccionario***, pese a la recomendación de la A.A.L. para su inclusión.

goncear. v. tr. 'Mover una articulación'. Es derivado verbal de **gonce** (sust. m.), 'pernio'; 'articulación de los huesos'. No debe pronunciarse [gonciar, goncié]. → **-ear**

góndola. sust. f. 'Embarcación'; 'carruaje en el que viajan muchas personas'. El ***Diccionario*** no registra ni la acepción de 'transporte colectivo', que se usa en algunos países de América, ni la mucho más reciente y extendida de 'dispositivo que se utiliza en los autoservicios para exhibir los productos destinados a las ventas'.

gong o **gongo.** sust. m. 'Instrumento de percusión o batintín'; 'campana grande de barco'. Ambas son correctas, pero se usa más la primera. Sus plurales son, respectivamente, **gongs** y **gongos.**

gongorino, na. adj. 'Propio de la poesía de Góngora' (*giro **gongorino***); 'imitador de dicha poesía' (*poesía **gongorina**, poeta **gongorino***). Ú. t. c. sust. m. y f.: **el gongorino, la gongorina**. La 'manera literaria que inició Góngora en la poesía española' recibe el nombre de **gongorismo** (sust. m.). → **gongorista**

gongorista. adj. 'Persona que estudia la vida, la obra o el influjo de Góngora'. Ú. t. c. sust. com.: **el gongorista, la gongorista**. Su valor semántico no debe confundirse con los del adjetivo **gongorino, na**. Incorrecto: *Sor Juana Inés de la Cruz fue una gongorista*. Correcto: *Sor Juana Inés de la Cruz fue una **gongorina***. → **gongorino**

gongorizar. v. intr. 'Expresarse en estilo gongorino'. → **cazar**

-gono, na. suf. de or. gr. 'Ángulo' (*isógono, octógono*). Es elemento de reciente incorporación académica.

gonococia. sust. f. Es galicismo escribir o pronunciar gonococcia. Es también un barbarismo decir gonocóccico, ca, por **gonocócico, ca** (adj.).

gordinflón, na. adj. fam. Es correcto también **gordiflón, na.** La Academia prefiere la primera forma.

gordo, da. adj. 'Que tiene muchas carnes' (*vientre* ***gordo***); 'muy abultado y corpulento (*libro* ***gordo***); 'craso, mantecoso' (*carne* ***gorda***); 'que excede del grosor corriente en su clase' (*hilo* ***gordo***); 'muy grande, fuera de lo corriente' (*sorpresa* ***gorda***). Esta última acepción es de reciente registro. Diminutivos: **gordezuelo, la**; **gordillo, lla**. Rég. prep.: **gordo de** (*gordo de piernas*). sust. m. 'Sebo, grasa' (*¡Vea el* ***gordo*** *de la carne!*).

gordura. sust. f. 'Grasa, tejido adiposo'; 'abundancia de carnes y grasas en las personas y animales'. Equivale a **gordor** (sust. m.), pero éste es hoy anticuado, salvo en Andalucía, donde se usa como voz regional. Aunque no lo consigne el ***Diccionario***, se oye bastante en América.

gorgorán. sust. m. 'Tela de seda'. Puede decirse **gorguerán**, pero es voz anticuada.

gorgoritear. v. intr. fam. 'Hacer quiebros con la voz en la garganta, especialmente en el canto'. En Andalucía y en Chile, se usa **gorgorear**, regionalismo registrado por la Academia. En cambio, es incorrecto *gorgoritar*. No deben pronunciarse [gorgoritiar, gorgoritié; gorgoriar, gorgorié]. → **-ear**

gorgorotada. sust. f. 'Cantidad o porción de cualquier licor, que se bebe de un trago'. No debe decirse *gorgoroteada*, un vulgarismo.

gorgotear. v. intr. 'Producir ruido un líquido o un gas al moverse en el interior de una cavidad'; 'borbotear o borbotar'. No debe pronunciarse [gorgotiar]. Su 'acción y efecto' se denomina **gorgoteo** (sust. m.). → **-ear**

gorjear. v. intr. 'Hacer quiebros con la voz en la garganta' (*El canario* ***gorjea***; *La soprano* ***gorjea***); 'empezar a hablar el niño y formar la voz en la garganta' (*¡Cómo* ***gorjea*** *el bebé!*). Su postverbal es **gorjeo** (sust. m.). Es error muy frecuente escribir dichas palabras con dos **g**: *gorgear*, *gorgeo*. El verbo no debe pronunciarse [gorjiar, gorjié]. → **-ear**

gorra. sust. f. 'Prenda que sirve para cubrir la cabeza, sin copa, sin alas, con visera o sin ella'; 'gorro de los niños'; 'prenda de varias formas para abrigo de la cabeza'. En estas acepciones, es prácticamente un sinónimo de **gorro** (sust. m.). La que lleva visera se llama **gorra de plato**, pero habitualmente se la nombra sin modificador y es la acepción más común de esta voz (*Se cubría la pelada con una* ***gorra***, *cuya visera se inclinaba hacia la derecha*). Por eso, bien define Moliner cuando consigna que la **gorra** es "prenda que usan los hombres para cubrirse la cabeza, sin ala y con visera". Los hablantes aplican más específicamente la voz **gorro** a las de cualquier otro tipo (*Por el frío se puso un* ***gorro*** *de dormir*; *El bebé llevaba un* ***gorro*** *de lana, atado con cintas de raso*; *La señora se encasquetó el* ***gorro*** *tejido y salió a la calle*). Esta voz no comparte con **gorra** la acepción de 'birretina o cubrecabezas de pelo que usaban los granaderos en el siglo XVIII y, después, algunos regimientos de húsares'. Diminutivos: **gorreta**, **gorrilla**. sust. m. fig. 'Persona que vive o come a costa ajena', hoy de poco uso, salvo en la loc. adv. **de gorra**, que se emplea con los verbos **andar**, **comer**, **vivir** y que significa 'a costa ajena'. La 'cortesía hecha con la gorra' recibe los nombres de **gorrada** o **gorretada** (susts. fs.). → **gorro**

gorrería. sust. f. 'Taller donde se hacen gorros y gorras o negocio donde se los vende'. La 'persona que los vende' es **el gorrero** o **la gorrera** (susts. m. y f.). El sustantivo masculino **gorrero** se aplica, por otra parte, a la 'persona que vive o come a costa ajena'. Un **gorrín** (sust. m.) no es una gorra o gorro pequeño, como algún hablante podría deducir, sino un 'cerdo o gorrino'.

gorrión. sust. m. Su hembra es la **gorriona** (sust. f.). Diminutivo: **gurriato**, 'pollo del gorrión'.

gorro. sust. m. Fuera de los usos comunes con **gorra** y de los que señalamos allí como más específicos de **gorro**, significa, por extensión, 'cualquier objeto que cubra el extremo de algo' (*Si le pones un* ***gorro*** *al palo de la escoba, no dañarás las paredes al apoyarla*). Diminutivo: **gorrete**. **gorro frigio**. 'El usado por los revolucionarios franceses, como símbolo de la libertad, y, después, por los republicanos españoles' (*El escudo de la República Argentina tiene un* ***gorro*** *frigio*). → **gorra**

gota. sust. f. Entre sus acepciones más comunes, están las de 'partícula de cualquier líquido que adopta en su caída una forma esferoidal' (*Caen* ***gotas*** *de la canilla*) y 'pizca' (*No queda* ***gota*** *de pan*). Denota, también, una 'enfermedad'

(*Sufre de **gota***). Con este significado, puede decirse **podagra** (sust. f.). En plural, significa 'sustancia tomada o usada en gotas, generalmente una medicina (*Tomaré café con unas **gotas** de coñac*; *Compró **gotas** para la nariz*). Aumentativo: **goterón** (sust. m.), 'gota de lluvia muy grande' (*Al anochecer, empezaron a caer unos **goterones***).

gotear. v. intr. 'Caer un líquido gota a gota'; 'caer gotas pequeñas y espaciadas al empezar o al terminar de llover'; 'dar o recibir una cosa con pausas o con intermisión' (fig.). No debe pronunciarse [gotiar, gotié]. Su 'acción y efecto' es **goteo** (sust. m.), y 'manchado de gotas' se dice **goteado, da** (p. y adj.), que no debe pronunciarse [gotiado, da]. → **-ear**

gotera. sust. f. Entre sus acepciones más usuales, están las de 'filtración de agua a través del techo' y 'grieta por donde se filtra'. En plural, significa, además, 'achaques de la vejez' (*Con mis ochenta, tengo algunas **goteras***). → **gotero**

gotero. sust. m. fam. 'Aparato con que se administran medicamentos por vía endovenosa, gota a gota'. En América, equivale a **cuentagotas** (*Para la dosis justa, usa el **gotero***). → **gotera**

♦ **gourmet.** Galicismo. Tampoco es correcto gurmet, porque esta palabra francesa (*gourmet*) no ha sido españolizada. Si se la emplea, debe entrecomillarse. → **gastrónomo**

gozar. v. tr. 'Tener y poseer algo agradable'; 'tener gusto de una cosa' (***Goza** de la lectura*). Ú. t. c. prnl. Rég. prep.: **gozar** o **gozarse de** (***gozar de** la vida, **de** una buena situación económica*; ***gozarse de** su riqueza, **de** su suerte*). v. intr. Rég. prep.: **gozar** o **gozarse en** o **con** (***gozar** o **gozarse en** o **con** el mal ajeno*). 'Tener alguna buena condición física o moral'. Rég. prep.: **gozar de** (***gozar de** buena salud, **de** vitalidad*). Es incorrecto usar **gozar de** con el sentido de **tener**, en frases que indican 'menoscabo de la persona': *Goza de pésima reputación*. Correcto: ***Tiene** pésima reputación*. → **cazar**

gozoso, sa. adj. 'Que siente o produce gozo' (*vida **gozosa***); 'que se refiere a los misterios de la Virgen (*misterios **gozosos***). Rég. prep.: **gozoso con** (***gozoso con** la noticia*); **gozoso de** (***gozoso de** la victoria*).

grabación. sust. f. 'Acción y efecto de grabar, registrar un sonido en un disco, cinta, etc.' (*La **grabación** de la entrevista salió confusa*). Para todos los otros sentidos del verbo, la Academia registra **grabadura** (sust. f.). → **grabar**

grabado, da. p. de **grabar**. sust. m. 'Arte de grabar' (*Estudia **grabado***); 'procedimiento para grabar' (***grabado** al agua fuerte*); 'estampa que se produce por medio de la impresión de láminas grabadas al efecto' (*Compró un **grabado** del siglo XIX*). No debe confundirse con su homófono **gravado** (p. m. de **gravar**, 'imponer un gravamen').

grabador, ra. adj. 'Que graba' (*aparato **grabador***); 'relativo o perteneciente al arte del grabado' (*industrias **grabadoras***). sust. m. y f. 'Persona que graba': **el grabador, la grabadora**. sust. f. Equivale a **magnetófono**, su sinónimo exacto según la Academia. En América, se emplea casi con exclusividad la voz que anotamos (*Llevaré mi **grabadora** a la conferencia*). En la Argentina, no se usa ni **magnetófono** ni **grabadora**, sino **grabador** (sust. m.), sin registro en el ***Diccionario*** (*Tengo que cambiar las pilas de mi **grabador***).

grabar. v. tr. 'Dibujar, escribir, señalar con incisiones' (***Grabó** su nombre en el tronco de un árbol*); 'registrar imágenes y sonidos de forma tal, que se puedan reproducir' (***Grabará** el debate*); 'fijar profundamente en el ánimo un concepto, un sentimiento, un recuerdo', ú. t. c. prnl. (*Lo **he grabado** en el corazón*; *Tus palabras **se grabaron** para siempre en su memoria*). Rég. prep.: **grabar a** (***grabar al** agua tinta*); **grabar con** (***grabar con** cincel*); **grabar en** (***grabar en** madera*). No debe confundirse su grafía con la de su homófono, que se escribe con **v**. → **gravar**

gracia. sust. f. 'Don', entre otras acepciones. **gracias a**. loc. prepos. 'Por causa de alguien o de algo que produce un bien o evita un mal' (***Gracias a** ti, me invitaron a la fiesta*; ***Gracias a** tu generosidad, podré salir de vacaciones*). No debe usarse, en consecuencia, cuando significa lo contrario, en ese caso corresponde emplear **por culpa de** o **debido a**: *Gracias a Pedro, nos demoramos*; *Gracias al mal tiempo, lamentablemente, no fuimos*. Correcto: ***Por culpa de** Pedro, nos demoramos*; ***Debido al** mal tiempo, lamentablemente, no fuimos*. Es solecismo decir gracias que, por **gracias a que**: *Saldré antes, gracias que viniste temprano a ocuparte del abuelo*. Correcto: *Saldré antes, **gracias a que** viniste temprano a ocuparte del abuelo*.

grácil. adj. 'Sutil, delgado o menudo' (*La sombra de su **grácil** figura se recortaba sobre la pared blanca*). Se trata de un vocablo de uso literario, que muchos hablantes confunden con uno de los valores semánticos de **gracioso** ('lo que deleita'): *Atrae con sus gráciles ademanes*. Correcto: *Atrae con sus **graciosos** ademanes*. Es palabra grave. En plural, se convierte en esdrújula: **gráciles**.

gracioso, sa. adj. 'Aplícase a la persona o cosa cuyo aspecto tiene cierto atractivo que deleita a los que la miran' (*¡Qué muñeca tan **graciosa**!*); 'chistoso, agudo, lleno de donaire y gracia' (*Pedro es el alumno **gracioso** del grupo*); 'que se da de balde' (*pensión **graciosa***); 'aplícase como título de dignidad a los reyes de Inglaterra' (*su **graciosa** Majestad*). sust. m. 'En el teatro clásico español, personaje típico, generalmente un criado, que se caracteriza por su ingenio y socarronería' (*Lope de Vega creó el personaje del **gracioso***). sust. m. y f. 'Actor dramático que ejecuta siempre el papel de carácter festivo y chistoso'.

grada. sust. f. 'Peldaño'; 'asiento a manera de escalón corrido' (*Nos ubicamos en la última **grada***). sust. f. colect. 'Conjunto de asientos a modo de escalones en los teatros y otros lugares públicos'. Ú. t. en pl. (*Se ubicó en las **gradas** de la izquierda*). sust. f. pl. 'Conjunto de escalones que suelen tener los grandes edificios delante de su pórtico o fachada' (*Te espero en las **gradas** de la Facultad de Derecho*). Diminutivos: **gradecilla** y **gradilla**.

gradación. sust. f. 'Disposición o ejecución de una cosa en grados sucesivos, ascendentes o descendentes' (*Ordenó los ejercicios en una **gradación** creciente de dificultades*); 'serie de cosas ordenadas gradualmente' (*El tapiz ofrece, de izquierda a derecha, una lograda **gradación** de verdes*). No debe usarse, en su reemplazo, **graduación**, que tiene otros valores semánticos. → **graduación**

gradería. sust. f. colect. 'Conjunto o serie de gradas como las de los altares y anfiteatros' (*Ocupan esa **gradería***). Puede decirse, también, **graderío** (sust. m. colect.), pero esta voz se aplica, en particular, a las 'gradas de los campos de deportes y, sobre todo, de las plazas de toros', voz, que se usa más en plural, por extensión, denota al 'público que las ocupa' (*El **graderío** aplaudía*). → **graderío**

graderío. sust. m. colect. Es voz de reciente incorporación académica. → **gradería**

gradiolo o **gradíolo.** sust. m. → **gladiolo**

grado. sust. m. Es voz de gran polisemia y que, en gramática, señala la 'manera de significar la intensidad relativa de los adjetivos calificativos' (***grado** positivo, **grado** comparativo* y ***grado** superlativo*). **de grado en grado**. loc. adv. 'Por partes, sucesivamente'. **en grado superlativo**. loc. adv. fig. 'Con exceso'. Esta palabra tiene un homónimo, también sustantivo masculino, que significa 'voluntad, gusto', el que se usa sólo en las expresiones **mal de mi**, **de tu**, **de su**, **de nuestro**, **de vuestro grado**, locuciones adverbiales que significan 'a pesar de mí, de ti, de él, etc.'; 'aunque no quiera, o no quieras, o no quiera, o no queramos, o no queráis'. **de buen grado** o **de grado**. loc. adv. 'Voluntaria, gustosamente'. **de mal grado**. loc. adv. 'Sin voluntad, a disgusto, con repugnancia'.

graduación. sust. f. 'Acción y efecto de graduar o graduarse' (*El lunes tendrá lugar la **graduación** de mi primo*; *La **graduación** de la regla no es nítida*; *Esta perilla de la radio sirve para la **graduación** del sonido*); 'cantidad proporcional de alcohol que contienen las bebidas espiritosas' (*El pisco tiene alta **graduación** alcohólica*); 'categoría de un militar en su carrera' (*Su **graduación** es de capitán*). No debe usarse, en su reemplazo, **gradación**, que tiene otros alcances semánticos: *La gradación de este termómetro no es muy precisa*; *Ese militar ¿qué gradación tiene?* Correcto: *La **graduación** de este termómetro no es muy precisa*; *Ese militar ¿qué **graduación** tiene?* → **gradación**

graduado, da. p. de **graduar**. La Academia no registra su aplicación, muy extendida, a la persona que ha alcanzado algún grado universitario ni su consiguiente uso como sustantivo masculino o femenino; en este caso corresponde usar **diplomado**, **da** (adj. y sust. m. y f.). Incorrecto: *Inés es graduada en Derecho*. Correcto: *Inés es **diplomada** en Derecho*. Sólo ha admitido, en la última edición de su ***Diccionario*** (1992), el sintagma **graduado escolar** y su correspondiente forma femenina, **graduada escolar**, con el significado de 'persona que ha cursado con éxito los estudios primarios exigidos por la ley'. También, su empleo como sustantivo masculino, con el de 'título otorgado a esa persona'

(*Mi hijo ha obtenido el **graduado escolar***). Estos últimos usos no se emplean en la Argentina.

graduando. sust. m. 'Persona que recibe o está próxima a recibir un grado académico'. Su femenino es **graduanda** (*Los **graduandos** ocupan las primeras filas del salón de actos*).

graduar. v. tr. 'Dar a una cosa el grado o calidad que le corresponde' (***graduar** la temperatura del radiador*); 'apreciar en una cosa el grado o calidad que tiene' (***graduar** la densidad de la leche*); 'señalar en una cosa los grados en que se divide' (***graduar** un círculo, un termómetro, una regla, un mapa*); 'dividir y ordenar una cosa en una serie de grados o estados correlativos' (***graduar** el interés de una obra dramática; **graduar** la ejercitación de una clase*). Cuando significa 'recibir el título de bachiller, licenciado o doctor', se usa como verbo pronominal (***Se graduó** de licenciado*). En los otros casos, 'dar un título' (***graduar** de bachiller*). Rég. prep.: **graduar** o **graduarse de** o **en** (***graduar** o **graduarse de** bachiller; **graduar** o **graduarse en** Derecho*). Se conjuga, en cuanto al acento, como **actuar**.

-grafía. elem. compos. de or. gr. 'Descripción, escrito, representación gráfica, tratado' (*geo**grafía**, mono**grafía**, foto**grafía**, historio**grafía***).

♦ **graficar.** La Academia no registra este verbo, un neologismo. Corresponde reemplazarlo por **hacer un gráfico** o **una gráfica**.

gráfico, ca. adj. 'Perteneciente o relativo a la escritura y a la imprenta' (*industrias **gráficas***); 'modo de hablar que expone las cosas con la misma claridad que si estuvieran dibujadas' (*lenguaje **gráfico**; ejemplo **gráfico***); 'aplícase a las descripciones, operaciones, demostraciones que se representan por medio de figuras o signos' (*demostración **gráfica***). Ú. t. c. sust. m. y f. (*Lo demostró con un **gráfico**; Lo ejemplificó con una **gráfica***). sust. m. y f. 'Representación de datos numéricos por medio de una o varias líneas que hacen visible la relación que esos datos guardan entre sí': **el gráfico, la gráfica**. Se prefiere el femenino (*la **gráfica** de la fiebre*).

grafila o **gráfila.** sust. f. 'Orlita, generalmente de puntos o de líneas, que tienen las monedas en su anverso y reverso'. Las dos acentuaciones son correctas; la Academia prefiere la forma llana.

grafista. sust. com. 'Especialista en diseño gráfico': **el grafista, la grafista**. Es voz de reciente incorporación en el ***Diccionario***.

grafito. sust. m. Esta voz es homónima de la que denota el 'mineral'. Significa, en una de sus acepciones, 'dibujo o escrito hecho en las paredes u otras superficies resistentes, de carácter popular y ocasional, sin trascendencia'. "No hay —dice Seco— necesidad de usar la palabra italiana *graffito*, y menos aún su plural graffiti con valor de singular."

grafo-. elem. compos. de or. gr. que sirve para formar palabras compuestas. 'Escritura' (***grafo**logía, **grafo**manía*).

-grafo, fa. elem. compos. de or. gr. que, a modo de sufijo, sirve para formar palabras derivadas. Significa 'que escribe o que describe' (*bolí**grafo**, telé**grafo**, mecanó**grafa***).

grafólogo. sust. m. Su femenino es **grafóloga**.

grafómano. sust. m. Su femenino es **grafómana**.

gragea. sust. f. Es anticuado pronunciar [dragea] y un barbarismo fónico decir [grágea]. No debe escribirse *grajea*, un barbarismo ortográfico.

grajear. v. intr. 'Cantar o chillar los grajos'; 'formar sonidos guturales los niños'. No debe pronunciarse [grajiar, grajié]. → **-ear**

grajo. sust. m. 'Ave semejante al cuervo'. La hembra recibe el nombre de **graja** (sust. f.). Diminutivo: **grajuelo**. Aunque el ***Diccionario*** no lo consigne, también lo es **grajilla** (sust. f.), 'ave más pequeña que la graja y la corneja'.

grama. sust. f. 'Planta medicinal'; 'gramínea'. Diminutivo: **gramilla**. El 'terreno cubierto de grama' recibe el nombre de **gramal** (sust. m. colect.). → **gramilla**

-grama. elem. compos. de or. gr. que, a modo de sufijo, sirve para formar derivados. Significa 'escrito' o 'gráfico' (*cardio**grama**, tele**grama**, telefono**grama***).

gramaje. sust. m. colect. Voz muy usada en la industria papelera. Carece de registro en el ***Diccionario***. Significa, como define el ***Diccionario Manual***, no sin antes señalar su falta de sanción académica, 'peso en gramos por metro cuadrado de un papel' para indicar su grosor.

Si quiere evitarse el empleo de esta palabra, debe decirse directamente la cantidad de gramos que tiene el papel por metro cuadrado (*Papel de 75 g por m²*). Corresponde anotar que es de correcta formación, ya que el sufijo **-aje**, entre otras denotaciones, tiene la de indicar conjunto o pluralidad (*andamiaje*, *tonelaje*). → **-aje**

gramático, ca. adj. Es sinónimo de **gramatical** (*problemas* ***gramáticos***). sust. m. 'Persona entendida en gramática'. Su femenino es **gramática**.

gramatiquear. v. intr. fam. despect. 'Tratar de materias gramaticales'. No debe pronunciarse [gramatiquiar, gramatiquié]. → **-ear**

gramatiquería. sust. f. fam. despect. No debe decirse gramaticalería, un vulgarismo.

gramilla. sust. f. Argent. 'Planta de la familia de las gramíneas que se utiliza como pasto'. Perú y R. de la Plata. 'Césped, hierba menuda que cubre el suelo'.

gramíneo, a. adj. (*planta* ***gramínea***). Ú. t. c. sust. f. (*Es una* ***gramínea***). sust. f. pl. 'Familia de estas plantas' (*Está lleno de* ***gramíneas***).

gramo. sust. m. 'Unidad de masa del sistema métrico decimal equivalente a un centímetro cúbico de agua a la temperatura de su máxima densidad (cuatro grados centígrados)'; 'unidad de fuerza o peso'; 'pesa de un gramo'; 'cantidad de alguna materia cuyo peso es un gramo' (*Un cuarto kilo equivale a 250* ***gramos***). Abreviatura: ***gr.*** (singular) y ***grs.*** (plural). Modernamente, dicha abreviatura casi no se usa, sino su símbolo, tanto para el singular como para el plural: ***g***

grampa. sust. f. → **grapa**

gran. adj. apóc. de **grande**. Sólo se usa en singular, antepuesto al sustantivo (***gran*** *libro*, ***gran*** *liquidación*, ***gran*** *entusiasmo*, ***gran*** *empeño*). La apócope es hoy general, incluso delante de sustantivos que comienzan por vocal, según se observa en los ejemplos anteriores. El uso de la forma no apocopada delante de sustantivos que comienzan por vocal es casi exclusivamente literario (***grande*** *alborozo*, ***grande*** *empeño*, ***grande*** *actividad*) y, aun así, poco frecuente (***Esbozo***). "Sólo en casos excepcionales –afirma Seco– a veces por cliché (p. ej., *un grande hombre*), no se usa esta norma." Únicamente precedido de **más** o de **menos**, **grande** no se apocopa (*Fue la* ***más grande*** *batalla del siglo*). 'Principal o primero en una jerarquía' (***gran*** *maestre de Santiago*; ***gran*** *visir*). Es redundante usar gran + aumentativo: *Es un gran bribonazo*; *¡Qué gran caserón!* Correcto: *Es un* ***bribonazo***; *¡Qué* ***caserón****!* → **grande**

grana. sust. f. 'Acción y efecto de granar' (***La grana*** *del trigo se ha demorado*). En esta acepción, equivale a **granazón** (sust. f.). También significa 'semilla menuda de varios vegetales' y 'tiempo en que cuaja el grano del trigo, lino, cáñamo, etc.' (*Es época de* ***grana***). Esta voz tiene un homónimo que significa **cochinilla** y **quermes** ('insectos'). Asimismo, denota la 'excrecencia o agallita que el quermes forma en la coscoja, la que, exprimida, produce color rojo', el 'color obtenido de este modo' y 'paño fino usado para trajes de fiesta'. La Academia no registra esta voz como adjetivo, de modo que es incorrecto decir *color grana*, *pantalones grana*. Lo correcto es *color* ***de grana***, *pantalones* ***de color de grana***.

granadilla. sust. f. → **granado**

granado. sust. m. 'Árbol'. Su flor es el **granadino** (sust. m.) y su fruto, la **granada** (sust. f.). El nombre **granadilla** (sust. f.) no es el diminutivo de dicho fruto, sino la 'flor de la pasionaria' y una 'planta originaria de América Meridional o su fruto'. La 'tierra plantada de granados' es un **granadal** (sust. m. colect.). El 'refresco hecho con zumo de granada' recibe el nombre de **granadina** (sust. f.). El adjetivo que se aplica a lo 'perteneciente a la granada o al granado' es **granadino, na**, que entra en homonimia con el adjetivo gentilicio que denota 'natural de Granada' o 'relativo a esa ciudad o provincia'.

granado. p. de **granar** (*El choclo está bien* ***granado***). adj. fig. 'Notable, ilustre, escogido' (*Asistió la gente más* ***granada*** *de la ciudad*). fig. 'Maduro, juicioso' (*Tu tesis es* ***granado*** *fruto de tus investigaciones*).

granate. sust. m. 'Piedra fina' (*Lleva un* ***granate*** *en el dedo*). Significa, también, 'color rojo oscuro' (*El* ***granate*** *es una tonalidad que no me atrae*); con esta acepción, se usa, además, como adjetivo (*Trae el libro de lomo* ***granate***; *Compró una tela* ***granate***). Con esta función, no varía en plural: *medias* ***granate***. Incorrecto: *medias granates*. → **colores**

grancé. adj. Es voz francesa (*garancé*, teñido con *garance*, rubia o granza) españolizada. 'Díce se del color rojo que resulta de teñir los paños con la raíz de la rubia'. No varía en plural: *tonos **grancé***. → **colores**

grande. adj. 'Que supera en tamaño, importancia, dote, intensidad, etc., a lo común y regular'. Sus diminutivos son **grandezuelo, la**; **grandecito, ta**. Sus aumentativos: **grandillón, na**; **grandullón, na**; **grandón, na**; **grandote** (**fam.**); **grandulón, na** (este último es un argentinismo). Rég. prep.: **grande de** (***grande de** espíritu, **de** tamaño, **de** edad*); **grande en** (***grande en** estatura, **en** edad*); **grande por** (***grande por** su edad, **por** su tamaño*). En algunas circunstancias, este adjetivo se apocopa. → **gran**. Su comparativo es **mayor**, pero también se usa la forma perifrástica **más grande que**, de registro más coloquial (*Juan es **mayor** que María; Juan es **más grande que** María*). Es un vulgarismo decir <u>más</u> <u>mayor</u> (*Juan es <u>más</u> <u>mayor</u> que María*). El superlativo regular es **grandísimo, ma**, y el irregular o culto, **máximo, ma**. Este último tiene un valor absoluto o enfático, 'dícese de lo más grande en su especie' (*premio **máximo**; pena **máxima***), y, además, se usa como sustantivo masculino (*Queremos el **máximo** de eficacia*). Con esta función, se usa, también, **máximum** (*Queremos el **máximum** de eficacia*). La palabra **grande** tiene, además, un uso sustantivo masculino, 'prócer, magnate, persona de muy elevada jerarquía' (*Es un **grande** del mundo empresario*). **grande de España**. 'Persona que tiene el grado máximo de la nobleza española'. **a lo grande**. loc. adv. 'Con lujo extraordinario' (*La fiesta fue **a lo grande***). **en grande**. loc. adv. 'Por mayor, en conjunto' (*Evaluaremos estos aspectos **en grande***). Con verbos como **vivir**, **estar** y similares, significa 'con fausto o con mucho predicamento' (*Vive **en grande**; Está instalado **en grande** en su profesión*).

grandillón, na. adj. Aumentativo de **grande**. fam. 'Que excede del tamaño regular'. Es incorrecto <u>grandilón</u>, <u>na</u>. → **grande**

grandilocuencia. sust. f. Es incorrecto <u>grandielocuencia</u>.

grandilocuente. adj. Es incorrecto <u>grandielocuente</u>. Para este mismo concepto existe **grandílocuo, cua** (adj.), poco frecuente.

grandullón, na. adj. fam. aum. de **grande**. 'Dícese especialmente de los muchachos muy crecidos para su edad'. Ú. t. c. sust. m. y f. : **el grandullón, la grandullona**. → **grande**

grandulón, na. adj. fam. Argent. Equivale a **grandullón, na**, 'especialmente el que se comporta como un niño'. Ú. m. c. despectivo. Se emplea, al igual que **grandullón, na**, como sustantivo: **el grandulón, la grandulona** (m. y f.). Su registro académico es reciente. → **grande**

granear. v. tr. No debe pronunciarse [graniar, granié]. → **-ear**

granero. sust. m. 'Sitio donde se recoge el grano'. Usar esta voz por **desván** (sust. m.) es un galicismo.

granizado, da. adj. Aplícase a 'refrescos hechos con hielo finamente desmenuzado, alguna esencia, jugo de frutas o alcohol' (*café **granizado**; menta **granizada***). Ú. t. c. sust. m. y f. (*un **granizado** de naranja; una **granizada***). → **granizo**

granizar. v. intr. impers. 'Caer granizo'. Se usa sólo en las terceras personas del singular. → **cazar**

granizo. sust. m. Su precipitación recibe el nombre de **granizada** (sust. f.). En uso figurado, significa 'multitud de cosas que caen'. En Andalucía y en Chile, denota, además, un 'refresco hecho con hielo'. → **granizado**

granjear. v. tr. Con el sentido de 'captar, atraer', se usa, también, como pronominal. Rég. prep.: **granjear a** o **de** (***granjear** la simpatía **a** o **de** una persona*); **granjear para** (***granjear para** sí*); **granjearse de** (***granjearse de** amigos*). Su postverbal es **granjeo** (sust. m.). No debe pronunciarse [granjiar, granjié]. → **-ear**

granjero. sust. m. Su femenino es **granjera**.

grano. sust. m. Diminutivos: **granillo, granito, gránulo, granujo**. A este último, no lo da como tal la Academia, pero lo es por el sufijo y por su valor semántico, 'grano o tumor pequeño, en cualquier parte del cuerpo'.

granuja. sust. f. 'Uva separada del racimo' (*Comeré esta **granuja***); 'simiente de la uva' (*No arrojes las **granujas** al piso*). sust. fam. colect. 'Conjunto de pícaros' (*Allí viene la **granuja***). Con esta denotación, puede decirse, también, **granujería** (sust. f. colect.). sust. m. 'Muchacho vagabundo, pilluelo' (*Es un **granuja***). fig. 'Bribón, pícaro' (*Estás hecho un **granuja***).

granza. sust. f. Es más común denominar **rubia** (sust. f.) a dicha 'planta'. Este vocablo tiene un homónimo que, además de otras acepciones propias del español general, se usa en la Argentina con el significado de 'ladrillo triturado que suele recubrir los senderos en plazas y parques' (*El niño vuelve de la plaza con su ropa rojiza por la **granza***). Este argentinismo no ha sido registrado en el ***Diccionario***, pese a la solicitud de la A.A.L. de darle cabida. → **rubia**

grapa. sust. f. Puede decirse, también, **grampa**. La Academia prefiere la primera forma. En la Argentina, se usa con exclusividad la segunda, quizá, para evitar la homonimia con **grapa** (sust. f.), voz de origen italiano (*grappa*) que significa 'aguardiente obtenido del orujo de la uva', sin registro en el ***Diccionario***, pero recomendada para su inclusión por la A.A.L.

grapar. v. tr. 'Sujetar con una o varias grapas o grampas'. Puede decirse, también, **engrapar**, pero no, *engrampar* ni *grampar*, sin registro en el ***Diccionario***. La 'máquina o utensilio que sirve para grapar' se denomina **grapadora** (sust. f.) o **engrapadora** (sust. f.). → **engrapar**

grasa. sust. f. Diminutivo: **grasilla**.

grasiento, ta. adj. 'Lleno de grasa'. Puede decirse, también, **crasiento, ta**.

gratificación. sust. f. 'Recompensa pecuniaria de un servicio eventual'; 'remuneración fija por el desempeño de un servicio o cargo'; 'propina'. La Academia no registra la acepción de 'sentimiento de satisfacción que revaloriza emocionalmente a un sujeto', que es un anglicismo semántico. → **gratificar**

gratificador, ra. adj. Ú. t. c. sust. m. y f.: **el gratificador**, **la gratificadora**. La Academia no registra el adjetivo *gratificante*, un anglicismo.

gratificar. v. tr. 'Recompensar o galardonar con una gratificación'. p. us. 'Dar gusto, complacer'. La Academia no registra la acepción, hoy muy difundida, de 'valorizar o revalorizar ante sí mismo a un sujeto que se siente frustrado', como lo señaló en su momento la A.A.L. Con esta acepción de 'halagar', es, por tanto, un anglicismo semántico. Tampoco consigna el uso pronominal de este verbo. → **sacar**

grátil o **gratil.** adj. Ambas acentuaciones son correctas. La Academia prefiere la forma llana.

♦ **gratín** o **gratén.** Galicismo (*gratin*). Dado que la Academia ha registrado recientemente el verbo **gratinar** (tr.), corresponde decir **gratinado, da**. Incorrecto: *fideos al gratín*. Correcto: *fideos **gratinados***.

♦ **gratin.** Galicismo. En español, corresponde decir **gratén** (sust. m.), 'salsa espesa hecha con besamela y queso, con la que se cubren algunas viandas y que se dora al horno antes de servirla'. La Academia no registra esta última voz en su ***Diccionario***; aparece en el ***Manual*** con el indicador de su falta de sanción oficial.

gratis. adv. m. 'De gracia o de balde'. No debe decirse *de gratis*: *Come de gratis*. Correcto: *Come **gratis***.

grato, ta. adj. Rég. prep.: **grato a** o **para** (***grato a*** o ***para** la vista*); **grato de** (***grato de** oír*).

gravamen. sust. m. Es palabra grave; obsérvese que no lleva tilde de acuerdo con las reglas ortográficas de acentuación. En plural, se convierte en esdrújula: **gravámenes**.

gravar. v. tr. No debe confundirse su grafía con la de su homófono **grabar** (v. tr.). Rég. prep.: **gravar con** (***gravar con** impuestos*); **gravar en** (***gravar en** pocos pesos*). → **grabar**

grave. adj. 'Dícese de lo que pesa'. Ú. t. c. sust. m. (*la caída de los **graves***). 'Grande, importante' (*enfermedad **grave***); 'aplícase al que está enfermo' (*La mujer está **grave***); 'circunspecto, serio' (*señor **grave***); 'molesto, enfadoso' (*tarea **grave***); 'dícese del sonido bajo' (*Su voz es **grave***), sentido que se opone a **agudo** (adj.); 'aplícase a la palabra cuyo acento prosódico carga en la penúltima sílaba' (*Dictamen es una palabra **grave***). En esta última acepción, equivale a **llano, na** (adj.) y **paroxítono, na** (adj.). → **severo**

gravitatorio, ria. adj. 'Perteneciente o relativo a la gravitación' (*fuerza **gravitatoria***). No debe decirse *gravitacional*.

gravoso, sa. adj. 'Molesto, pesado'; 'que ocasiona gasto o menoscabo'. Rég. prep.: **gravoso a** (***gravoso a** mis intereses*).

grecizar. v. tr. 'Dar forma griega a voces de otro idioma'. v. intr. 'Usar afectadamente en otro idioma voces y locuciones griegas'. Con este uso intransitivo, puede decirse, también, **greguizar** (v. intr.). La Academia prefiere la primera forma. → **cazar**

grecolatino, na. adj. No debe escribirse *greco-latino*, con guión.

grecorromano, na. adj. No debe escribirse *greco-romano*, con guión.

greda. sust. f. 'Arcilla arenosa'. Aplícase a la 'tierra que tiene greda' el adjetivo **gredal**, voz que se usa, también, como sustantivo masculino colectivo, para denotar un 'terreno abundante en greda'.

greguescos o **gregüescos.** sust. m. Ambas grafías son correctas.

gremialista. adj. 'Partidario del gremialismo'. Ú. t. c. sust. com. (*El* ***gremialista*** *votó en contra*; *Es una* ***gremialista***). sust. com. Argent., Chile y Venez. 'Dirigente de un gremio' (*El nombrado fue un famoso* ***gremialista***; *Hay pocas* ***gremialistas***).

grenchudo, da. adj. 'Que tiene crenchas o greñas'. Aplícase principalmente a los animales. Puede decirse, también, **greñudo, da** (adj.).

greña. sust. f. 'Cabellera revuelta y mal compuesta'. Ú. m. en pl. Puede decirse, también, **crencha** (sust. f.).

gres. sust. m. 'Pasta cerámica'. Repárese en su género: **el gres**. En plural, **los gres** o, según algunos gramáticos, **greses**.

grey. sust. f. colect. 'Rebaño'. fig. 'Congregación de fieles cristianos'; 'conjunto de individuos que tienen algún carácter común'. No se usa en plural. → **plural (singularia tantum)**

grietado, da. adj. 'Que tiene grietas, aberturas o rayas'. Puede decirse, también, **agrietado, da** (p. de **agrietar**).

grietarse. v. prnl. p. us. Puede decirse, también, **grietearse** (v. prnl. p. us.). La forma que se usa normalmente es **agrietarse** (v. prnl.).

grifería. sust. f. colect. 'Conjunto de grifos y llaves que sirven para regular el agua'. Significa, también, 'tienda donde se venden grifos y accesorios para saneamiento' (sust. f.). Es voz de reciente incorporación en el ***Diccionario***.

♦ **grill.** Anglicismo (*grill*) por **parrilla**.

♦ **grilla.** Galicismo (*grille*) por **rejilla, parrilla**. → **grillo**

♦ **grilladura.** Vulgarismo por **guilladura** o **chifladura**.

grillo. sust. m. 'Insecto'. Su femenino es **grilla**.

grillos. sust. m. pl. 'Conjunto de dos grilletes con un perno común'. fig. 'Cualquier cosa que embaraza y detiene el movimiento'. No debe usarse en singular. → **plural (pluralia tantum)**

grímpola. sust. f. 'Gallardete'. Es palabra esdrújula. No debe pronunciarse [grimpola], como grave.

gringada. sust. f. p. us. Argent. 'Conjunto de gringos'; 'acción propia de gringos'. En la primera acepción, en que es sustantivo colectivo, puede decirse, también, **gringaje** (sust. m. desus. despect.). → **gringo**

gringo, ga. adj. fam. 'Extranjero, especialmente de habla inglesa o de lengua no española'. Ú. t. c. sust. m. y f: **el gringo, la gringa**. Amér. Merid. 'Norteamericano de los Estados Unidos'. sust. m. y f. Argent. y Perú. 'Persona rubia y de tez blanca'. En la Argentina, se aplica, sobre todo, al italiano.

gripe. sust. f. No debe escribirse *grippe*, un galicismo, ni pronunciarse [grip]. La 'persona que sufre de gripe' es un **griposo** o una **griposa** (sust. m. y f.). Si no quiere usarse esta voz, dígase **enfermo de gripe**. Ú. t. c. adj. (*mal* ***griposo***; *enfermedad* ***griposa***). Es incorrecto usar los adjetivos *engripado, da* o *agripado, da*, sin registro en el ***Diccionario***.

gris. adj. (*lana* ***gris***). Ú. t. c. sust. m. (*El* ***gris*** *de tu blusa me encanta*). Plural: **grises**.

grisáceo, a. adj. Es incorrecta la forma *grisoso, sa*, que se oye en algunas partes de América.

grisear. v. intr. 'Ir tomando color gris'. No debe pronunciarse [grisiar]. → **-ear**

gritador, ra. adj. 'Que grita'. Ú. t. c. sust. m. y f.: **el gritador, la gritadora**.

gritería o **griterío.** sust. f. y m. 'Confusión de voces altas y desentonadas'. En Colombia y en Venezuela, se dice **gritadera** (sust. f.). La Academia registra, también, para esta denotación, **grita** (sust. f.), **vocería** (sust. f.) y **vocerío** (sust. m.).

gritón, na. adj. fam. Ú. t. c. sust. m. y f.: **el gritón, la gritona**.

gro. sust. m. 'Tela de seda sin brillo y de más cuerpo que el tafetán'. Plural: **gros**.

grogui. adj. 'En el boxeo, tambaleante, aturdido'; 'atontado'; 'casi dormido'. No debe escribirse *groggy*, la grafía inglesa, ni decirse <u>*drogui*</u>, un vulgarismo, por cruce con **droga**. Es voz de reciente registro en el ***Diccionario***.

grosellero. sust. m. 'Árbol'. Su fruta es la **grosella** (sust. f.).

grosor. sust. m. 'Grueso de un cuerpo'. Repárese en que es del género masculino: **el grosor**. Incorrecto: <u>*la grosor*</u>. Es un vulgarismo decir <u>*gruesor*</u>.

grosso modo. loc. adv. del b. lat. 'Aproximadamente, a bulto, en grandes líneas'. No debe anteponérsele la preposición **a** y decirse <u>*a grosso modo*</u>, una incorrección. Incorrecto: *Resumiremos,* <u>*a grosso modo*</u>*, estos principios*. Correcto: *Resumiremos,* ***grosso modo****, estos principios*.

grosura. sust. f. 'Sustancia crasa o mantecosa'. Significa lo mismo **grosedad**, **grosez**, **grosidad** y **grosicie** (susts. fs.), pero todas estas voces son anticuadas.

gruesa. sust. f. 'Doce docenas'. Se usa para contar cosas menudas: botones, agujas, etc.

grueso, sa. adj. Entre otras acepciones, significa 'corpulento y abultado'; 'que excede de lo regular'. Diminutivo: **grosezuelo, la**. Superlativos: **gruesísimo, ma** y **grosísimo, ma**. Rég. prep.: **grueso de** (***grueso de*** *cuello*).

gruir. v. irreg. intr. 'Gritar las grullas'. Se conjuga como **huir**.

grumete. sust. m. 'Muchacho que aprende el oficio de marinero'. Carece de femenino.

gruñir. v. intr. → **bruñir**

grupo. sust. m. colect. 'Pluralidad de seres o cosas que forman un conjunto'; 'conjunto de figuras pintadas o esculpidas'. El ***Diccionario*** ha incorporado recientemente el adjetivo **grupal**, 'perteneciente o relativo al grupo'.

grupúsculo. sust. m. 'Organización de tipo político formada por un reducido número de miembros, generalmente muy activistas y de ideología radical'. Es voz de reciente incorporación en el ***Diccionario***.

gruyer. sust. m. 'Queso suave, originario de la región Suiza del mismo nombre'. En plural: **gruyeres**. Es voz recién admitida por la Academia. Dada la españolización de esta voz, no corresponde escribir *gruyère*, un extranjerismo.

guabirá. sust. m. Argent., Par. y Urug. 'Árbol'. Plural: **guabiraes** o **guabirás**.

guabiyú. sust. m. Argent., Par. y Urug. 'Árbol'; 'fruto'. Plural: **guabiyúes** o **guabiyús**.

guaca. sust. f. 'Sepulcro de los antiguos indios del Perú'. Amér. Merid. 'Tesoro escondido o enterrado'. Puede escribirse **huaca**. La Academia prefiere la primera grafía.

guachapazo. sust. m. 'Costalada, caída violenta'. Para esta misma denotación, se registra **guacharrazo** (sust. m.).

guachapear. v. tr. fam. 'Golpear y agitar con los pies el agua detenida'. Ú. t. c. intr. fig. y fam. 'Hacer una cosa chapuceramente'. v. intr. 'Sonar una chapa de hierro por estar mal clavada'. Este verbo tiene un homónimo transitivo, de uso en Chile, 'hurtar, arrebatar'. No debe pronunciarse [guachapiar, guachapié]. → **-ear**

guachapelí. sust. m. Ecuad. y Venez. 'Árbol'. Plural: **guachapelíes** o **guachapelís**. En Costa Rica, adopta la forma **guachipelín**. Plural: **guachipelines**.

guácharo, ra. adj. Entre otras acepciones, 'dícese de la persona enfermiza'. sust. m. 'Cría de un animal'. Con esta acepción, puede decirse, también, **guacharro** (sust. m.).

guache. sust. m. Col. y Venez. 'Villano'. La 'acción propia de un guache' es una **guachada** (sust. f.). Este sustantivo tiene un homónimo, de origen francés, también sustantivo masculino, recién incorporado por la Academia, que denota 'un tipo de pintura hecha con colores diluidos en agua'; su sinónimo, según la Academia, es **aguada** (sust. f.).

guacho, cha. adj. Argent., Col., Chile, Ecuad. y Perú. 'Dícese de la cría que ha perdido la madre' (*Son unas perras* ***guachas***). Argent., Chile y Perú. Por ext., 'huérfano'. Ú. t. c. sust. m. y f. (*El* ***guacho*** *no vino*; *La* ***guacha*** *se ríe de él*). Chile. 'Desparejado' (*Me quedó una manija* ***guacha***).

sust. m. 'Cría de un animal, especialmente, pollo de cualquier pájaro'. La Academia no registra la acepción vulgar, muy común en la Argentina, de 'artero, ruin, despreciable', recomendada para su inclusión en el léxico mayor por la A.A.L. (*¡Qué guacho!*) De esta voz, deriva **guachaje** (sust. m. colect.), 'hato de terneros separados de la madre'.

guadal. sust. m. colect. Argent. 'Extensión de tierra arenosa que, cuando llueve, se convierte en un barrial'.

guadamecí, guadamací, guadamacil, guadamecil o **guadalmecí.** susts. ms. 'Cuero adobado y adornado con dibujos de pintura o relieve'. La Academia prefiere la primera forma; la última es anticuada. Plurales: **guadamecíes** o **guadamecís, guadamacíes** o **guadamacís, guadamaciles, guadameciles, guadalmecíes** o **guadalmecís**.

guadaña. sust. f. No debe pronunciarse ni escribirse *guadania*.

guadañador, ra. adj. 'Que guadaña'. sust. f. 'Máquina que sirve para guadañar'. No debe pronunciarse [guadaniador o guadaneador]. La 'persona que siega con guadaña' es el **guadañero** (sust. m.), y 'quien siega especialmente el heno', el **guadañil** (sust. m.), dos palabras que carecen de femenino en el ***Diccionario***.

guadañar. v. tr. 'Segar con la guadaña'. No debe pronunciarse ni escribirse *guadaniar*, *guadanear*, dos vulgarismos.

guadarnés. sust. m. 'Lugar donde se guardan las sillas y guarniciones de las caballerías'; 'sujeto que cuida de dichos elementos'; 'lugar en que se guardan las armas'. Plural: **guadarneses**.

guadua. sust. f. Col., Ecuad., Perú y Venez. 'Especie de bambú grueso y alto'. En Col. y en Venez., la Academia registra, también, **guáduba** (sust. f). Un 'sitio poblado de guaduas' es un **guadual** (sust. m. colect.).

guagua. sust. f. NO. Argent., Bol., Col., Chile, Ecuad. y Perú. 'Niño de pecho' (*Traía a su **guagua** en brazos*). Equivale **a bebé** (sust. m.) del español general. En el Ecuador, aclara la Academia, es sustantivo común de dos: **el guagua, la guagua**. Esta voz tiene un homónimo, también sustantivo femenino, que significa, entre otras acepciones poco frecuentes, 'ómnibus con itinerario fijo', un regionalismo propio de las Canarias, Cuba, Puerto Rico y Santo Domingo.

guaguasí. sust. m. Cuba. 'Árbol silvestre'. Plural: **guaguasíes** o **guaguasís**.

guaicurú. sust. m. Argent. y Urug. 'Planta'. Plural: **guaicurúes** o **guaicurús**. La Academia no registra las siguientes acepciones, recomendadas por la A.A.L. para su inclusión en el ***Diccionario***: 'aborigen de un grupo lingüístico y cultural formado por diversos pueblos (abipones, tobas, mocovíes, mbayaes, etc.) que habitaban en la Argentina' (se trata, en este caso, de un sustantivo común: **el guaicurú, la guaicurú**); 'extensa familia de lenguas, como el toba, el abipón o el pilagá'. Tampoco registra el adjetivo que indica 'perteneciente o relativo a dichas lenguas'.

guaimí. adj. 'Aplícase a una comunidad indígena de Panamá'. Ú. t. c. sust. com.: **el guaimí, la guaimí**. 'Perteneciente a estos indios'. sust. m. 'Lengua de estos indios': **el guaimí**. Plural: **guaimíes** o **guaimís**.

guaiño. sust. m. Bol. Equivale a **yaraví** (sust. m.). → **yaraví**

guajiro, ra. sust. m. y f.: **el guajiro, la guajira**. 'Decíase, en la zona caribe, de la persona de mayor dignidad social; ahora, en Cuba, campesino, y, por ext., dícese de la persona rústica'. Esta voz tiene un homónimo, el adjetivo **guajiro, ra**, 'natural de La Guajira o perteneciente a este departamento de Colombia'. Ú. t. c. sust. m. y f.

gualanday. sust. m. Col. 'Árbol'. Plural: **gualandáis**.

gualda. sust. f. 'Hierba cuyas flores se emplean para teñir de amarillo dorado' (*Abundan las **gualdas** silvestres*; *El banderín es de color de **gualda***).

gualdo, da. adj. 'Del color de la flor de la gualda, amarillo' (*bandera roja y **gualda**; estandartes **gualdos***). Es incorrecto decir *color gualda*, un error de concordancia. Correcto: *color gualdo*. Si bien la Academia no lo da como sustantivo, la forma sustantivada es **el gualda**, como anota Seco (***El gualda** es un color que me agrada*).

gualicho. sust. m. Argent. y Urug. 'Hechizo dañino'; 'objeto que, supuestamente, lo produce' (*Tengo temor de sus* ***gualichos****; Esa piedra es su* ***gualicho***).

guampa. sust. f. rur. Argent., Par. y Urug. 'Asta o cuerno del animal vacuno'.

guanabá. sust. m. Cuba. 'Ave zancuda'. Plural: **guanabaes** o **guanabás**.

guanaco. sust. m. 'Mamífero rumiante que habita en los Andes meridionales'. Para distinguir los sexos debe recurrirse a las perífrasis **guanaco macho, guanaco hembra**.

guanche. adj. 'Dícese del individuo que poblaba las islas Canarias al tiempo de su conquista'; 'perteneciente o relativo a los guanches' (*costumbres* ***guanches***). Ú. t. c. sust. com.: **el guanche**, **la guanche**. Aclara la Academia que, a veces, se usa la forma femenina **guancha**.

guandú. sust. m. Col., C. Rica, Hond., Pan., P. Rico y Venez. 'Arbusto'. Plural: **guandúes** o **guandús**.

guaniquí. sust. m. Cuba. 'Bejuco que crece en las sierras'. Plural: **guaniquíes** o **guaniquís**.

guano. sust. m. 'Abono'. O y N Argent., Chile y Perú. 'Estiércol'.

guanquí. sust. m. 'Planta americana'. Plural: **guanquíes** o **guanquís**.

guantada. sust. f. 'Golpe que se da con la mano abierta'. Puede decirse, también, **guantazo** (sust. m.).

guantear. v. tr. And. y Amér. 'Dar guantadas, abofetear'. No debe pronunciarse [guantiar, guantié]. → **-ear**

guantero, ra. sust. m. y f. 'Persona que hace guantes': **el guantero**, **la guantera**. sust. f. 'Caja del tablero de los automóviles en la que se guardan guantes y otros objetos' (*Tengo el registro en la* ***guantera***).

guapear. v. intr. fam. 'Ostentar ánimo y bizarría en los peligros'; 'hacer alarde de gusto exquisito en la vestimenta'. Chile y Urug. 'Fanfarronear'. No debe pronunciarse [guapiar, guapié]. → **-ear**

guapo, pa. adj. fam. 'Bien parecido'; 'animoso y resuelto, que desprecia los peligros'; 'ostentoso y lucido en el modo de vestir'. sust. m. 'Hombre pendenciero'. Aumentativos: **guapetón, na** y **guapote, ta**. Este último, de carácter familiar, significa 'bonachón' y 'de buen parecer'. La 'acción propia de guapo' recibe el nombre de **guapería** (sust. f.), y la 'cualidad de guapo, de bien parecido', el de **guapura** (sust. f. fam.) o el de **guapeza** (sust. f.), voz esta última que significa, además, 'bizarría, ánimo en los peligros' (fam.), 'ostentación en la vestimenta', 'acción propia del guapetón o bravo'.

guapomó. sust. m. 'Planta trepadora'. Plural: **guapomós**.

guapurú. sust. m. 'Planta'. Su equivalente es **hierba mora**. Plural: **guapurúes** o **guapurús**.

guará. sust. m. Amér. Merid. 'Especie de lobo de las pampas'. Plural: **guaraes** o **guarás**.

guarango, ga. adj. Argent., Chile, Par. y Urug. 'Mal educado, grosero, descarado' (*Es una mujer* ***guaranga****; Su gesto* ***guarango*** *me dejó mudo*). Aunque la Academia no lo registre, se usa también como sustantivo masculino y femenino, al menos en la Argentina: **el guarango**, **la guaranga** (*La* ***guaranga*** *de mi inquilina me tiene cansada; El* ***guarango*** *se expresa con unas palabrotas irreproducibles*).

guaraní. sust. m. 'Grupo aborigen, extendido en América del Sur, desde el Amazonas hasta el Río de la Plata'. Ú. m. en pl.: **los guaraníes**. Se admite hoy, también, la forma plural **guaranís**, más coloquial (***Esbozo***) y ya usada, en los siglos XVII y XVIII, por los jesuitas, evangelizadores de dichos pueblos. Es correcta, igualmente, si bien no la registra la Academia, la forma invariable **los guaraní**, atento a que, en lengua indígena, dicho apelativo indica una pluralidad. Lo mismo cabe decir de **los calchaquí, los tupí, los querandí**, etc. Significa, además, 'lengua de dichos grupos indígenas' (*Habla* ***guaraní***) y 'unidad monetaria actual del Paraguay' (*Tengo que cambiar mis pesos; me he quedado sin un* ***guaraní***). adj. 'Perteneciente o relativo a dicho grupo indígena o a su lengua' (*Es una costumbre* ***guaraní****; Aprende lengua* ***guaraní***). Puede usarse, también, el adjetivo **guaranítico, ca**, pero la Academia prefiere la otra forma.

guarda. sust. com. 'Persona que tiene a su cargo la conservación y el cuidado de una cosa': **el guarda**, **la guarda**. Aclara la Academia que se usa más como sustantivo masculino. La

guardesa es 'la mujer del guarda', pero puede usarse, también, para denotar 'la persona del sexo femenino encargada de guardar o custodiar una casa'. → **guardés**. En la Argentina, se aplica, también, la voz **guarda** (sust. m.) al 'empleado que, en algunos vehículos públicos, controla los pasajes'; la A.A.L. ha recomendado la inclusión de este regionalismo en el ***Diccionario***. sust. f. Su acepción más común, entre las varias que posee, es 'acción de guardar, conservar, defender' (*Me confió, antes de viajar,* ***la guarda*** *de estos papeles*). En la Argentina, se aplica, además, a la 'franja o listón, sobrepuesta o del mismo tejido, que llevan las telas como adorno'. Esta acepción ha sido recomendada por la A.A.L. para ser incluida en el ***Diccionario***. Usar, en los ejemplos propuestos o similares, *guardia* por **guarda** es un error; no son intercambiables: *El juez le confió la guardia de los niños*. Correcto: *El juez le confió la* ***guarda*** *de los niños*. **ángel de la guarda.** 'El que Dios tiene señalado a cada persona para su guarda o custodia'. Incorrecto: *ángel de la guardia*. Esta voz forma parte de numerosas palabras compuestas (***guarda****costas*, ***guarda****barros*, ***guarda****barrera*, etc.). → **guardia, guardián**

guardabarrera. sust. com.: **el guardabarrera, la guardabarrera**. Es incorrecto escribirlos, en singular, con **s** final, por analogía con otros compuestos similares que, sí, la llevan.

guardabarros. sust. m. Pueden decirse, también, **guardafangos** (sust. m.) y **salvabarros** (sust. m.). Es incorrecto escribirlos, en singular, sin **s** final: *Tengo abollado un guardabarro de mi auto*. Correcto: *Tengo abollado un* ***guardabarros*** *de mi auto*. En plural, no varían: **los guardabarros, los guardafangos, los salvabarros**.

guardabosque. sust. m. Es incorrecto escribirlo, en singular, con **s** final, por analogía con otros compuestos similares que, sí, la llevan: *El guardabosques me indicó el camino*. Correcto: *El* ***guardabosque*** *me indicó el camino*. La Academia no registra forma para el femenino.

guardabrisa. sust. m. 'Fanal de cristal, dentro del cual se colocan las velas'. Se altera su valor semántico si, con esta denotación, se lo escribe, en singular, con **s** final. → **guardabrisas**

guardabrisas. sust. m. 'Parabrisas del automóvil'. Con esta denotación, es incorrecto escribirlo, en singular, sin **s** final, porque se altera su valor semántico. En plural, no varía: **los guardabrisas**. → **guardabrisa, parabrisas**

guardacabras. sust. com.: **el guardacabras, la guardacabras**. Es incorrecto escribirlos, en singular, sin **s** final. En plural, no varían: **los guardacabras, las guardacabras**.

guardacantón. sust. m. 'Poste de piedra o de cemento que se usa para resguardar las esquinas de los edificios, o, en caminos, para evitar que los carruajes se salgan de ellos'. En plural, **guardacantones**. Puede decirse, también, **guardarruedas** (sust. m.).

guardacoches. sust. m. 'Persona que estaciona y vigila los automóviles a la puerta de algunos establecimientos' (*Le di unas monedas al* ***guardacoches***). Es incorrecto escribirlo, en singular, sin **s** final. En plural, no varía: **los guardacoches**. La Academia no registra forma para el femenino. Es voz recién admitida en el ***Diccionario***.

guardacostas. sust. m. 'Barco'; 'buque'. En plural, no varía: **los guardacostas**. → **guardabarros**

guardador, ra. adj. 'Que tiene cuidado de sus cosas'; 'que observa con exactitud las normas'. Ú. t. c. sust. m. y f.: **el guardador, la guardadora**. sust. m. 'Tutor, curador'.

guardaganado. sust. m. Argent. 'Foso cubierto de una reja, que se construye para impedir el paso del ganado'. La A.A.L. ha recomendado la inclusión de este regionalismo en el ***Diccionario***.

guardaespaldas. sust. com.: **el guardaespaldas, la guardaespaldas**. En plural, no varían: **los guardaespaldas, las guardaespaldas**. → **guardacabras**

guardafrenos. sust. m. 'Empleado de los ferrocarriles encargado del manejo de los frenos'. En plural, no varía: **los guardafrenos**. La Academia no registra forma para el femenino. → **guardacoches**

guardagujas. sust. com. 'Empleado que cuida de los cambios de agujas en las vías del ferrocarril': **el guardagujas, la guardagujas**, En plural, no varían: **los guardagujas, las guardagujas**. Es incorrecto escribir *guardaagujas*. → **guardaespaldas**

guardainfante. sust. m. No debe escribirse, en singular, con **s** final, por analogía con otros compuestos similares que, sí, la llevan. En plural: **guardainfantes**.

guardajoyas. sust. m. 'Persona que tenía a su cuidado las joyas de los reyes'; 'lugar donde se guardaban las joyas de los reyes'. En plural, no varía: **los guardajoyas**. No se registra forma para el femenino. → **guardacoches**

guardalado. sust. m. 'Pretil o antepecho'. → **guardainfante**

guardalobo. sust. m. 'Planta'. Obsérvese que se escribe, en singular, sin **s** final. → **guardainfante**

guardamano. sust. m. 'Guarnición de la espada'. Obsérvese que se escribe, en singular, sin **s** final. → **guardainfante**

guardameta. sust. com. 'Portero, jugador que defiende la meta': **el guardameta**, **la guardameta**. Plural: **los guardametas**, **las guardametas**. En América, se usa más **guardavalla** (sust. m.).

guardamonte. sust. m. Entre otras acepciones, la Academia registra la de 'pieza de cuero que cuelga de la parte delantera de la montura para proteger las piernas del jinete de la maleza del monte'. Es un regionalismo de la Argentina y de Bolivia. Ú. m. en pl. (*Sus **guardamontes** eran de cuero repujado*).

guardamuebles. sust. m. Es incorrecto usarlo, en singular, sin **s** final: *Dejé todas mis cosas en un guardamueble*. Correcto: *Dejé todas mis cosas en un **guardamuebles***. En plural, no varía: **los guardamuebles**.

guardapelo. sust. m. 'Joya en que se guarda un mechón de pelo'. Es incorrecto usarlo, en singular, con **s** final, por analogía con otras palabras compuestas similares que, sí, la llevan.

guardapiés. sust. m. 'Vestido de las mujeres que bajaba hasta los pies'. Su sinónimo exacto es, según la Academia, **brial** (sust. m.). Es incorrecto usarlo, en singular, sin **s** final. En plural, no varía: **los guardapiés**.

guardapolvo. sust. m. Se usa, en singular, sin **s** final, con los significados de 'prenda que se emplea para resguardar la ropa'; 'tejadillo voladizo que protege las ventanas y balcones del agua de lluvia'; 'pieza de cuero que, unida al botín de montar, cae sobre el empeine del pie'; 'tapa interior de los relojes de bolsillo'. Para la segunda acepción, puede usarse **umbela** (sust. f.), su sinónimo exacto. Su plural es **guardapolvos**. En cambio, se usa, exclusivamente en plural, con **s** final, para denotar 'en los coches de caballos, hierros que van desde el balancín grande hasta el eje', y 'piezas que, a manera de alero corrido, enmarcan el retablo por arriba y por los lados'.

guardapuerta. sust. f. 'Cortina o tapiz que se pone delante de una puerta'. Repárese en su género: **la guardapuerta**. Es incorrecto usarlo, en singular, con **s** final. Inexplicablemente, el ***Diccionario Manual*** (1989) consigna **guardapuertas**. Puede decirse, también, **antepuerta** (sust. f.).

guardapuntas. sust. m. 'Contera que sirve para preservar la punta del lápiz'. Lleva **s** final en singular, al igual que **sacapuntas** (sust. m.). En plural, no varía: **los guardapuntas**.

guardar. v. tr. 'Tener cuidado de una cosa, vigilarla y defenderla' (***guardar** un rebaño*); 'poner una cosa donde esté segura o preservarla' (***guardar** dinero*); 'cumplir aquello a lo que se está obligado' (***guardar** la ley*); 'conservar o retener una cosa' (***guardar** papeles viejos*); 'no gastar' (***guardar** los ahorros*). fig. 'Acatar' (***guardar** silencio*). Rég. prep.: **guardar bajo** o **con** (***guardar** las joyas **bajo** o **con** llave*); **guardar en** (***guardar en** la memoria, **en** una caja de seguridad*). v. prnl. 'Precaverse de un riesgo'; 'poner cuidado en dejar de ejecutar una cosa que no es conveniente'. Rég. prep.: **guardarse de** (***guardarse de** los ladrones; **guardarse de** no pagar las cuentas*).

guardarropa. sust. m. 'Habitación, en un local público, donde se guardan prendas de abrigo'; 'armario donde se guarda la ropa'. sust. m. colect. 'Conjunto de vestidos de una persona' (*Tengo que renovar mi **guardarropa***). Es incorrecto usar esta voz, en singular, con **s** final: *Dejé el sombrero en el guardarropas; La prenda que buscas está en mi guardarropas; Renovaré mi guardarropas*. Correcto: *Dejé el sombrero en el **guardarropa**; La prenda que buscas está en mi **guardarropa**; Renovaré mi **guardarropa***.

guardarropía. sust. f. colect. 'Conjunto de trajes que, en el teatro, cinematografía y televisión, sirven para vestir a coristas y comparsas'; 'lugar donde se guardan'.

guardarruedas. sust. m. Se puede decir, también, **guardacantón**. En singular, lleva **s** final. Incorrecto: guardarrueda. En plural, no varía: **los guardarruedas**. → **guardacantón**

guardasellos. sust. m. 'Funcionario que custodia un sello oficial'; 'carpeta donde se guardan los sellos'; en algunos países, 'canciller'. Nótese que, en singular, lleva **s** final. En plural, no varía: **los guardasellos**.

guardasilla. sust. f. Es incorrecto emplear, en singular, guardasillas, forma que sólo se usa para el plural.

guardavalla. sust. m. Amér. 'Arquero'. → **guardameta**

guardavía. sust. m. 'Empleado ferroviario que está encargado de un trozo de vía'. La Academia no registra forma para el femenino. Es incorrecto usarlo, en singular, con **s** final, por analogía con **guardafrenos** (sust. m.), **guardagujas**, etc.

guardería. sust. f. 'Ocupación y trabajo de guarda'; 'coste de los guardas de una finca rústica'. **guardería infantil**. 'Lugar donde se cuida y atiende a niños de corta edad'.

guardés. sust. m. 'Encargado de custodiar una casa'. Equivale, en otra de sus acepciones, a **guardabarrera**. Su femenino es **guardesa**. Voz que significa, también, la 'mujer del guarda'. Anota Seco que "el uso normal no admite el nombre en plural *guardeses* para designar a la pareja formada por el guarda y la guardesa [...], que se llaman, naturalmente, los *guardas*. Ni admite el masculino singular *guardés* para designar al *guarda* (Conviene saber, sin embargo –concluye–, que la Academia lo registra.)". En la Argentina, estas voces no se usan.

guardia. sust. f. 'Acción de vigilar' (*Lo espera una prolongada **guardia** en el cuartel*). Con la denotación de 'conjunto de soldados o gente armada que asegura la defensa de una persona o puesto', es sustantivo colectivo (*No se hizo presente la **guardia** de relevo en el portón del cuartel*). 'Defensa, protección, custodia' (*Tiene a su cargo la **guardia** nocturna del edificio*); 'servicio especial que con cualquiera de estos fines se encomienda a una o más personas' (*Lo llamaron de la agencia de seguridad para una **guardia***); 'en algunas profesiones, servicio que se presta fuera del horario obligatorio para los demás profesionales' (*Esta noche, tiene **guardia** en el hospital*); 'nombre que se da a los cuerpos encargados de las funciones de vigilancia o de defensa' (*La **guardia** real está integrada por más de cien miembros*); 'cuerpo de tropa' (*la **guardia** de Corps*). sust. m. 'Individuo que se desempeña en uno de estos cuerpos' (*Uno de los **guardias** se quedó dormido*). La Academia no registra forma para el femenino, circunstancia en que habrá que decir –como postula Seco– *mujer guardia*; pero, sí, admite el sustantivo común para los individuos que forman parte de la **guardia civil**: **el guardia**, **la guardia**. En todos los casos ejemplificados, es incorrecto usar **guarda** en reemplazo de **guardia**. **guardia civil**. 'Cuerpo de seguridad'. Su plural es **guardias civiles**. Incorrecto: guardia civiles. No debe escribirse en una sola palabra: guardiacivil, guardiaciviles. **guardia marina**. 'Cadete de la Escuela Naval Militar en sus dos últimos años'. Argent. y Par. 'Oficial que, al terminar sus estudios en la Escuela Naval, recibe el grado inferior de la carrera'. En ambos casos, puede escribirse en una sola palabra: **guardiamarina**, forma compuesta de reciente registro en el ***Diccionario***. La Academia prefiere la primera forma; en la Argentina, se usa más la segunda. Sus plurales son, respectivamente, **guardias marinas** y **guardiamarinas**. **de guardia**. loc. adv. que, con los verbos **entrar**, **estar**, **salir** y otros semejantes, se refiere –como dice la Academia– al cumplimiento de ese servicio (***Entró de guardia** a las 22*). **en guardia**. loc. adv. 'En actitud de defensa'. Ú. comúnmente con los verbos **estar**, **poner** y **ponerse** (*No bien oyó ruidos, **se puso en guardia***). **poner en guardia**. 'Llamar la atención a alguien sobre un posible peligro'. → **guarda**

guardiamarina. sust. m. → **guardia**

guardián. sust. m. 'Hombre que guarda una cosa y cuida de ella' (*Cuando era niña, en cada plaza había un **guardián***). Su femenino es **guardiana**.

guardilla. sust. f. Equivale a **buhardilla**. Esta voz tiene un homónimo que significa 'labor para asegurar la costura'; 'cada una de las dos púas gruesas del peine, que sirven para resguardar las delgadas'. Ú. m. en pl. en esta última acepción.

guardón, na. adj. 'Dícese de la persona amiga de guardar cosas'; 'miserable, tacaño'. Ú. m. c. sust. m. y f.: **el guardón, la guardona**. También puede decirse, en ambos sentidos, **guardoso, sa** (adj.).

guarecer. v. irreg. tr. 'Acoger a uno'; 'guardar, asegurar una cosa'. v. prnl. 'Refugiarse'. Rég. prep.: **guarecer** o **guarecerse bajo** (***guarecer*** *o* ***guarecerse bajo*** *techo*); **guarecer** o **guarecerse de** (***guarecer*** *o* ***guarecerse de*** *la lluvia*); **guarecer** o **guarecerse en** (***guarecer*** *o* ***guarecerse en*** *la iglesia*). Se conjuga como **parecer**.

guaria. sust. f. C. Rica. 'Orquídea'. La variedad morada, como aclara la Academia, es la flor nacional de Costa Rica.

guarnecedor, ra. adj. 'Que guarnece'. Ú. t. c. sust. m. y f.: **el guarnecedor, la guarnecedora**.

guarnecer. v. irreg. tr. Rég. prep.: **guarnecer** algo **con** o **de** (***guarnecer*** *una habitación* ***con*** *o* ***de*** *maderas*). Se conjuga como **parecer**. → **guarnir**

guarnicionero. sust. m. 'Operario que hace objetos de cuero'. Su femenino es **guarnicionera**. sust. m. 'El que hace o vende guarniciones para caballerías'.

guarnir. v. tr. defect. Se conjuga en los mismos tiempos y personas que **abolir**. Las otras formas se suplen con **guarnecer**, que significa lo mismo.

guarrear. v. intr. 'Gruñir el jabalí, aullar el lobo, gritar otros animales'; 'berrear un niño'; 'hacer guarrerías, porquerías'. No debe pronunciarse [guarriar, guarrié]. → **-ear**

guasa. sust. f. fam. 'Burla, chanza'. De este sustantivo deriva **guasón, na** (adj. fam.), 'que tiene guasa'; 'burlón'. Ú. t. c. sust. m. y f.: **el guasón, la guasona**. → **guaso**

guasada. sust. f. Argent. 'Acción grosera, torpe o chabacana'. En el NO. de la Argentina y en Chile, este mismo concepto se expresa con el sustantivo **guasería** (f.).

guasca. sust. f. Amér. Merid. y Ant. 'Ramal de cuero, cuerda o soga, que sirve de rienda o de látigo'. Puede escribirse **huasca** (sust. f.), pero la Academia prefiere la primera forma. El 'azote dado con una guasca o cosa semejante' recibe el nombre de **guascazo** (sust. m.).

guasería. sust. f. → **guasada**

guaso. sust. m. 'Campesino de Chile' (*Los guasos son buenos jinetes*). Su femenino es **guasa**. **guaso, sa.** adj. fig. Argent., Chile, Ecuad., Par. y Perú. 'Tosco, grosero'.

guata. sust. f. 'Lámina gruesa de algodón en rama, engomada por ambas caras, que sirve para acolchados o como material de relleno'. La Academia no registra el derivado **guatado** ni **guateado** ('relleno de guata'), de correcta formación, que Seco anota para censurar el uso, en España, del erróneo *boatado* o *boateado*. La voz **guata** tiene un homónimo, un chilenismo, que significa 'panza, barriga' (*Me duele la* ***guata***). Su derivado, con valor de aumentativo y de despectivo, es **guatón, na** (sust. m. y f.), 'barrigudo', que se usa también como adjetivo (*mujer* ***guatona***).

guau. Onomatopeya con que se representa la voz del perro. En plural: **guaus**.

guayabo. sust. m. 'Árbol americano'. Su fruta es la **guayaba** (sust. f.), y el 'terreno poblado de guayabos', un **guayabal** (sust. m. colect.).

guayacán o **guayaco.** sust. m. 'Árbol americano'. La Academia prefiere la primera forma. En algunas regiones, se lo conoce con el nombre de **palo santo**.

guaycurú. adj. 'Perteneciente o relativo a los indios guaycurúes o a su lengua'. Ú. t. c. sust. com. 'Miembro de ese grupo indígena americano, que habitaba a orillas de los ríos Paraguay, Paraná y sus afluentes, y en el Chaco. Actualmente, dichos indígenas subsisten en la zona del río Pilcomayo': **el guaycurú, la guaycurú**. sust. m. 'Familia de lenguas de ese grupo'. Plural: **guaycurúes**. Se admite, también, **guaycurús**.

guedeja. sust. f. 'Cabellera larga'; 'mechón de pelo'. Su aumentativo es **guedejón** (sust. m.). Esta voz se usa, también, como adjetivo, **guedejón, na,** 'que tiene muchas guedejas', denotación que igualmente expresan los adjetivos **guedejoso, sa** y **guedejudo, da**. El adjetivo **guedejado, da** significa 'en forma de melena o de guedeja'.

guerra. sust. f. Diminutivo: **guerrilla**.

guerreador, ra. adj. 'Que guerrea'. No debe pronunciarse [guerriador, ra]. Ú. t. c. sust. m. y f.: **el guerreador, la guerreadora**.

guerrear. v. intr. 'Hacer la guerra'. Ú. t. c. tr. (*guerrear fantasmas*). fig. 'Resistir, rebatir o contradecir' (*Todo el día* ***guerrea*** *con su familia ante extraños*). Rég. prep.: **guerrear con** o **contra** (***guerrear con*** o ***contra*** *los enemigos*). No debe pronunciarse [guerriar, guerrié]. → **-ear**

guerrera. sust. f. 'Chaqueta militar, ajustada y abrochada desde el cuello'. → **guerrero**

guerrero, ra. adj. Aplicado a personas, se usa, también, como sustantivo m. y f.: **el guerrero, la guerrera**. → **guerrera**

guerrillear. v. intr. 'Pelear en guerrillas'. No debe pronunciarse [guerrilliar, guerrillié] ni decirse *guerrillar*. → **-ear**

guerrillero. sust. m. 'Paisano que sirve en una guerrilla, o es jefe de ella'. La Academia no registra forma para el femenino, pese a su uso frecuente.

gueto. sust. m. 'Barrio judío'; 'barrio en que viven personas de un mismo origen, marginadas por el resto de la sociedad'. No debe escribirse *gheto*, un italianismo (*ghetto*).

guía. sust. com.: **el guía, la guía**. sust. f. 'Lo que en sentido figurado dirige o encamina'; 'lista impresa de datos' (***la guía*** *telefónica*).

guiador, ra. adj. 'Que guía'. Ú. t. c. sust. m. y f.: **el guiador, la guiadora**.

guiar. v. tr. 'Ir delante, mostrando el camino'; 'hacer que una pieza de un aparato siga un determinado camino'; 'dirigir el crecimiento de las plantas, haciéndoles guías'; 'conducir un carruaje'. v. prnl. 'Dejarse llevar por alguien o por algo'. Rég. prep.: **guiarse por** (***guiarse por*** *sus consejos*). Los verbos terminados en **-iar** son regulares, pero ofrecen dudas respecto de su acentuación. Un grupo, como lo hace **guiar**, acentúa prosódicamente la **i** de la raíz en la primera, segunda, tercera persona del singular y tercera del plural del presente de indicativo (*guío, guías, guía, guían*), de subjuntivo (*guíe, guíes, guíe, guíen*) y la segunda persona del singular del imperativo (*guía*). Otro, en cambio, en esas personas, tiempos y modos, acentúa prosódicamente la sílaba anterior, como lo hace **cambiar** (*cambio, cambias*, etc.). Finalmente, algunos pocos vacilan entre ambas acentuaciones, como **gloriar**, **historiar**, si bien la tendencia es, en general, asimilarlos al modelo de **guiar**. → **cambiar**

guija. sust. f. 'Piedra pelada y chica que se encuentra en las orillas y cauces de ríos y arroyos'. Un 'conjunto de guijas' es un **guijo** (sust. m. colect.), y el 'terreno que abunda en guijo' o lo 'perteneciente o relativo a la guija' recibe la denominación de **guijoso, sa** (adj.). → **guijarro**

guijarro. sust. m. 'Pequeño canto rodado'. Un 'terreno lleno de guijarros' es un **guijarral** (sust. m. colect.), y el 'golpe dado con un guijarro', un **guijarrazo** (sust. m.). El adjetivo **guijarreño, ña** significa 'abundante en guijarros o perteneciente a ellos'. En sentido figurado, 'se aplica a la persona de complexión ruda y fuerte'. Finalmente, **guijarroso, sa** (adj.), 'se dice del terreno donde hay muchos guijarros'. → **guija**

guilladura. sust. f. 'Acción y efecto de guillarse o chiflarse'. Es un vulgarismo decir, en su reemplazo, *grilladura*.

guillarse. v. prnl. fam. 'Irse o huirse'; 'perder la cabeza o chiflarse'. → **guilladura**

guinche. sust. m. Argent. 'Grúa'. En la Argentina, la 'persona que maneja el guinche o la grúa' es **el guinchero** o **la guinchera** (sust. m. y f.).

guiño. sust. m. 'Acción de guiñar el ojo'. Puede decirse, también, **guiñada** (sust. f.).

guiñol. sust. m. 'Representación teatral por medio de títeres movidos por las manos'. Es voz francesa (*guignol*), que debe escribirse como se indica, dada su españolización.

guión. adj. (*perro guión*). Ú. t. c. sust. m.: **el guión**. sust. m. 'Cruz que va delante del prelado o de la comunidad como insignia propia'; 'estandarte'; 'pendón'; 'escrito breve que sirve de guía'; 'texto en que se expone, con los detalles necesarios, el contenido de un filme o de un programa de radio o de televisión'; 'el que, en las danzas, guía la cuadrilla'; 'ave delantera de las bandadas que van de paso'. fig. 'El que va delante, enseña y amaestra a alguno'. En gramática, es un 'signo ortográfico (-) que se pone al final del renglón que termina con parte de una palabra, cuya otra parte se escribe en el siguiente, de acuerdo con las reglas de división silábica (*ca-li-dad*; *pe-lo-ta*; *al-tar*). Ú. t. para unir los elementos de una palabra compuesta, como *teórico-práctico*, *franco-prusiano*. Se usa un guión más largo, que recibe el nombre de raya, para separar oraciones incidentales o para indicar, en los diálogos, cuándo habla cada interlocutor'. → **raya**

Normas especiales para la separación de palabras al final de renglón. • Cuando se trata de una palabra compuesta, por prefijación o por composición propiamente dicha, es potestativo dividirla separando sus componentes, aunque no coincida con la división silábica de dicha voz: *no-sotros* o *nos-otros*; *de-saliento* o *des-aliento*. • No deben dividirse las vocales que forman parte de un diptongo o de un triptongo, porque constituyen una sola sílaba: *ta-pia*; *sal- táis*; *averi-güéis*. • No se dejará una vocal sola al final o al comienzo de renglón: *a-mo*; *pose-o*. • Si, al dividir una palabra por sus sílabas, ha de quedar una **h** precedida de consonante, se dejará esta última al final de renglón y la **h** se pondrá al comienzo del siguiente: *des-hidratar*, *Al-hambra*. • En las palabras que llevan prefijos castellanos o latinos, cuando después de ellos viene una **s** seguida de otra consonante, se han de dividir agregando, al final de renglón, la **s** a la preposición: *cons-tar*; *ins-piración*; *obs-táculo*; *pers-picacia*. • Las letras dobles en su figura no se desunirán jamás: *co-che*; *ca-lle*; *arro-llar*, *pe-rro*, pero se evitará, en lo posible, por razones estéticas, que **rr** quede a comienzo de renglón (*pe-rromano*; *pe-rruno*). Además, se recomienda no separar, al final de renglón, dos vocales, aunque éstas formen sílabas diferentes (*ba-úl*; *te-atro*; *le-er*); no dejar al comienzo o al final de renglón sílabas malsonantes (*puta-tivo*; *cal-culo*); no separar términos entre los cuales exista dependencia. Marcamos, en este caso, el final de renglón con una barra: *$/12*; *65/%*; *Corrientes/1663*; piso/3º; *Nº/10*). Las siglas y abreviaturas, finalmente, no se deben cortar al final de un renglón.

guionista. sust. com.: **el guionista**, **la guionista**.

guirigay. sust. m. 'Lenguaje oscuro'; 'gritería y confusión que resulta cuando muchos hablan'. En plural: **guirigáis**.

guirnalda. sust. f. La forma **guirlanda** es, hoy, desusada. Diminutivo: **guirnaldeta**.

guisador, ra. adj. 'Que guisa la comida' (*olla guisadora*). Ú. t. c. sust. m. y f.: **el guisador**, **la guisadora**. También puede decirse, de la 'persona que guisa la comida', **el guisandero**, **la guisandera** (sust. m. y f.).

guisante. sust. m. 'Planta hortense'; 'semilla de esta planta'. En la Argentina, Chile y Colombia, se usa, en su reemplazo, **arveja** o **alverja** (susts. fs.), regionalismos registrados por la Academia. La 'tierra sembrada de guisantes' es un **guisantal** (sust. m. colect.). → **arveja**

guiso. sust. m. 'Comida guisada'. Un **guisado** (sust. m.) es un 'guiso con salsa o preparado con carne, y un **guisote** (sust. m.), un 'guiso ordinario, hecho con poco cuidado'.

güisqui. sust. m. En plural: **güisquis**. → **whisky**

guitarra. sust. f. 'Instrumento musical de seis cuerdas'. Aumentativo: **guitarrón** (sust. m.). Un **guitarrazo** (sust. m.) es un 'golpe dado con dicho instrumento', y **guitarreo** (sust. m.), el 'toque de guitarra repetido o cansado'. Este instrumento se vende en la **guitarrería** (sust. f.). La 'persona que hace o vende guitarras' o 'que las toca' es **el guitarrero** o **la guitarrera** (sust. m. y f.). La 'persona diestra en el arte de tocar la guitarra' o 'que la toca por oficio' es **un guitarrista** o **una guitarrista** (sust. com.). Un **guitarrillo** (sust. m.) es una 'guitarra de cuatro cuerdas' o una 'guitarra pequeña de voces agudas'. La voz **guitarro** (sust. m.) denota una 'guitarra pequeña'. El adjetivo **guitarresco, ca** (fam.) indica 'perteneciente o relativo a la guitarra'. La Academia no registra el verbo **guitarrear**, de correcta formación, frecuente en Andalucía, Méjico y la Argentina. De acuerdo con la Academia, debe decirse **tocar la guitarra**.

gurbia. sust. f. 'Formón de mediacaña, delgado, que se usa para labrar superficies curvas'. Es voz anticuada en España, pero se usa normalmente, en América, por **gubia** (sust. f.). En la Argentina, es más común esta última voz.

gurí. sust. m. Urug. 'Muchachito indio o mestizo'. Argent. y Urug. rur. 'Niño, muchacho'. Su femenino es **gurisa**. Para el plural de la forma masculina, se oye más el vulgarismo *gurises* que **guríes** o **gurís**, que son las formas normales de acuerdo con su terminación.

gurrumino, na. adj. fam. 'Ruin, mezquino'. Bol. 'Cobarde'. sust. m. Sal. y Méj. 'Chiquillo, niño, muchacho'. Su femenino es **gurrumina**.

Esta última denotación es frecuente en la Argentina, aunque no lo señale la Academia. En este país y en otros de América, significa, además, 'bajo, esmirriado', acepción que tampoco recoge el ***Diccionario***.

gusano. sust. m. Diminutivo: **gusanillo**. El sustantivo colectivo para denotar 'muchedumbre de gusanos' es **gusanería** (sust. f.). La 'parte o llaga donde se crían gusanos', **gusanera** (sust. f.). Los adjetivos **gusanoso, sa, gusaniento, ta** y **gusarapiento, ta** significan 'que tiene gusanos', pero el tercero denota, además, 'que está lleno de ellos', o, en sentido figurado, 'inmundo, corrompido.'

gusarapo. sust. m. 'Cualquiera de los diferentes animalejos, de forma de gusanos, que se crían en los líquidos'. Su femenino es **gusarapa**.

gustar. v. tr. 'Sentir, percibir el sabor de las cosas'; 'probar o experimentar de otro modo otras cosas' (*Me **gusta** la sopa*; ***Gustaré** este plato*). v. intr. 'Agradar una cosa, parecer bien' (*Le **gusta***). 'Desear, querer, tener complacencia en una cosa', en cuyo caso se construye con la preposición **de**, como postula la Academia: ***Gusta de** beber whisky*; ***gusta de** bromas*; ***gusta de** andar a caballo*. En América, como anota Seco, "es muy frecuente con este verbo la omisión de la preposición *de*" (***gusta beber** coñá*).

gusto. sust. m. Diminutivo: **gustillo**. Aumentativo: **gustazo**. Rég. prep.: **gusto a** o **por** (*Tiene **gusto a** o **por** la costura*); **gusto de** (***gusto de** cantar*); **gusto para** (***gusto para** arreglar su casa*). **tener mucho gusto en**. Es una fórmula de cortesía que se vuelve vulgar, si cambiamos la preposición **en**, por **de:** *Tengo mucho gusto de conocerlo* o *de saludarlo*. Correcto: *Tengo mucho **gusto en** conocerlo* o ***en** saludarlo*. **a gusto**. loc. adv. 'Según conviene, agrada o es necesario' (*Diseñamos su cocina **a gusto***; *El proyecto no está **a mi gusto***). **al gusto**. loc. adv. que, referida a algunos alimentos, indica que éstos se condimentarán según las preferencias de quien ha de consumirlos (*huevos **al gusto***; *fideos **al gusto***).

gustoso, sa. adj. Rég. prep.: **gustoso a** y **en** (***gustoso al** paladar*; ***gustoso en** servir*).

h. Octava letra del abecedario español. Su nombre es **hache** (sust. f.). Plural: **haches**. Al igual que todas las otras letras, es del género femenino; pero, contrariamente a la regla que postula que el artículo **la** se transforma en **el** ante sustantivos femeninos que comienzan con **a** tónica, se dice **la hache**. Es incorrecto, por tanto, el hache. → **haba**

¡ha! interj. Significa lo mismo que **¡ah!**, pero es –como anota Seco– grafía anticuada, aunque no lo señale la Academia.

haba. sust. f. Designa tanto la 'planta', como su 'fruto' y 'semilla'. Debe decirse, al igual que con las voces que comienzan con **a** tónica, ya que la hache es una letra muda: **el haba**, **un haba**, **esa haba**, **esta haba**, **aquella haba**, **alguna haba**. En plural: **las habas**, **unas habas**, **esas habas**, **estas habas**, **aquellas habas**, **algunas habas**. Diminutivo: **habichuela**, 'judía, chaucha'. Un 'terreno sembrado de habas' es un **habar** (sust. m. colect.). → **agua**

Habana (La). Repárese en que el nombre de la capital de Cuba lleva artículo, y en que éste se escribe con mayúscula: **La Habana**. Incorrecto: *Nació en la Habana*. Correcto: *Nació en La Habana*.

habanero, ra. adj. 'Natural de La Habana' (*mujer* ***habanera***). Ú. t. c. sust. m. y f.: **el habanero, la habanera**. Estos sustantivos se aplican, a veces, como **indiano, na** (adj. Ú. c. sust. m. y f.), a la 'persona que se ha enriquecido en América'. 'Perteneciente o relativo a la capital de Cuba' (*aire* ***habanero***). sust. f. 'Baile de origen cubano, en compás de dos por cuatro, de ritmo lento'; 'su música y canto' (*Algunos sostienen que uno de los antecedentes del tango argentino es la* ***habanera***; *Me gusta el ritmo de las* ***habaneras***).

habano, na. adj. 'Dícese, especialmente, del tabaco' (*tabaco* ***habano***); 'dícese del color del tabaco claro' (*Quería comprarse una cartera* ***habana***). sust. m. 'Cigarro puro elaborado en la isla de Cuba' (*Fumaron unos* ***habanos***).

hábeas corpus. sust. m. Es término, como aclara la Academia, del derecho inglés, que se ha generalizado. Esta locución latina no debe escribirse, en español, sin tilde sobre la primera **a** de **hábeas**: *habeas corpus*. En plural, no varía: **los hábeas corpus**.

haber. sust. m. colect. 'Conjunto de bienes y derechos pertenecientes a una persona natural o jurídica' (*Mi* ***haber*** *asciende a unos pocos miles de pesos*). Ú. m. en pl. (*Pondré a tu disposición todos mis* ***haberes***). 'Cantidad que se percibe periódicamente en retribución por servicios personales (*Mi* ***haber*** *no alcanza a mil pesos por mes*). Ú. m. en pl. (*Me abonan mis* ***haberes*** *el último día de cada mes*). 'Una de las partes en que se dividen las cuentas corrientes'. Con esta acepción, es antónimo de **debe**. fig. 'Méritos de una persona o cosa, en oposición a las malas cualidades y desventajas' (*Tiene, en su* ***haber****, muchas virtudes*). → **haber (verbo)**

haber. v. irreg. Tiene diversos usos: • v. tr. p. us. 'Tener, poseer alguna cosa'. Su empleo moderno es casi exclusivamente literario, un arcaísmo deliberado (***He*** *curiosidad por ti*; *Nada* ***has***). • v. auxiliar. Es, sin duda, su uso más corriente. Sirve para conjugar otros verbos en los tiempos compuestos (***he*** *amado*, ***había*** *amado*, ***habré*** *amado*, etc.). Otro de sus empleos, como auxiliar, se da en la perífrasis de obligación, que se forma con **haber + de + infinitivo**. Su uso es más literario que coloquial, nivel de lengua en que normalmente se usa **tener que**: ***He de*** *ir* (***Tengo que*** *ir*); ***Hemos de*** *llegar* (***Tenemos que*** *llegar*). Esta construcción, a veces, indica sólo mera intención (***Has de*** *salir de esto*) o simple acción futura (*El martes, probablemente,* ***ha de*** *venir*). Entre otros usos regionales, en la Argentina vale, como en Galicia, por 'estar a punto de' (***Hube de*** *viajar ayer, pero no pude*). "Hoy se emplea raramente en la lengua común el presente regular *habemos* –dice el ***Esbozo***– en vez del irregular *hemos*" (***habemos de*** *comenzar*, por ***hemos de*** *comenzar*). Y agrega: "es acaso más inusitado el irregular *heis* en vez del regular *habéis*" (***heis de*** *decir*, por ***habéis de*** *decir*). • v. impers. Es uno de los usos en que se cometen más errores. Como impersonal, sólo se conjuga en las terceras personas del singular. En el presente de indicativo, tiene una forma especial: **hay**. En una de sus acepciones, significa 'acaecer, ocurrir, sobrevenir' (***Hubo***

un terremoto; ***Hubo*** *pocos feriados*). Es muy común, en América y en algunas regiones de España, conjugarlo, con este significado, como personal, un barbarismo sintáctico: *Han habido fiestas para carnaval*; *Hubieron pocos días de clase*. En tales casos, el hablante interpreta erróneamente que el objeto directo del verbo, un sustantivo plural, es el sujeto y hace concordar, en número, el verbo con él, con olvido de su carácter impersonal. Si se sustituye el objeto directo por un pronombre, se observa claramente que éste adopta las formas correspondientes al caso régimen indicado (*la*, *lo*, *los*, *las*) y no, las del sujeto (*él*, *ella*, *ello*, *ellas*, *ellos*). En consecuencia, lo correcto es: ***Ha habido*** *fiestas para carnaval* (***Las ha habido***); ***Hubo*** *pocos días de clase* (***Los hubo*** *pocos*). En otro de sus sentidos, significa 'verificarse, efectuarse' (***Habrá*** *reunión de jefes*; *Esta noche,* ***hay*** *función de gala*). También, en este caso, se comete el error de conjugarlo como personal, pero es menos frecuente: *Habrán bailes todos los sábados*. Correcto: ***Habrá*** *bailes todos los sábados* (***Los habrá***). En frases de sentido afirmativo, 'ser necesario o conveniente aquello que expresa el verbo o la cláusula a que va unido por medio de la conjunción *que*' (***Habrá que*** *portarse bien*; *Para saber,* ***hay que*** *leer mucho*; ***Hubo que*** *acatar las órdenes*). En frases de sentido negativo, 'ser inútil o inconveniente aquello que expresa el verbo o la cláusula a la que va unido con la conjunción *que*' (*No* ***hay que*** *desobedecer*). Como impersonal, también significa 'estar realmente en alguna parte' (***Hubo*** *unos cincuenta participantes*; ***Había*** *pocas manzanas*); 'hallarse o existir real o figuradamente' (***Hay*** *hombres poco solidarios*; ***Habrá*** *razones a su favor*). También se comete, en estos casos, el error de conjugarlo como verbo personal: *Hubieron miles de personas en la manifestación*; *Habían muchos alumnos*; *Habrán diez puntos de diferencia*. Correcto: ***Hubo*** *miles de personas en la manifestación*; ***Había*** *muchos alumnos*; ***Habrá*** *diez puntos de diferencia*. Con nombres de medida de tiempo, como horas, días, semanas, etc., denota su 'culminación o cumplimiento', acepción en que equivale a **hacer**. La tercera persona del singular del presente de indicativo, para estos casos, adopta la forma **ha** (***Ha*** *cinco días que no viene*; ***Habrá*** *diez años que se fue*). Nótese, en el penúltimo ejemplo, el empleo del presente **ha**, en vez de **hay**, que se usa, además, en frases hechas (*No* ***ha*** *lugar*) y en otras construcciones del tipo: *Allá no* ***ha*** *compasión*. • v. prnl. 'Portarse' (*¿Cómo* ***se han*** *contigo?*); 'tratar'. Rég. prep.: **haberse con** (***habérselas con*** *los adversarios*). • Por su conjugación, como puntualiza el ***Esbozo***, el verbo **haber** es, además de irregular, defectivo: en su función de auxiliar, se conjuga en los tiempos simples y, en su función impersonal, sólo utiliza las terceras personas del singular de todos los tiempos. En cuanto al imperativo, carece de singular, atento a que *habe* (tú) prácticamente no se usa. Ofrecemos, a continuación, sólo la conjugación de los tiempos simples y destacamos en negrita las formas impersonales. Además, entre paréntesis, las formas dobles regulares del presente. INDICATIVO. Presente: *he*, *has*, ***hay*** (***ha***), *hemos* (*habemos*), *heis* (*habéis*), *han*. Pretérito imperfecto: *había*, *habías*, ***había***, *habíamos*, *habíais*, *habían*. Pretérito perfecto simple: *hube*, *hubiste*, ***hubo***, *hubimos*, *hubisteis*, *hubieron*. Futuro: *habré*, *habrás*, ***habrá***, *habremos*, *habréis*, *habrán*. Condicional: *habría*, *habrías*, ***habría***, *habríamos*, *habríais*, *habrían*. SUBJUNTIVO. Presente: *haya*, *hayas*, ***haya***, *hayamos*, *hayáis*, *hayan*. Pretérito imperfecto: *hubiera* o *hubiese*, *hubieras* o *hubieses*, ***hubiera*** o ***hubiese***, *hubiéramos* o *hubiésemos*, *hubierais* o *hubieseis*, *hubieran* o *hubiesen*. Futuro: *hubiere*, *hubieres*, ***hubiere***, *hubiéremos*, *hubiereis*, *hubieren*. IMPERATIVO: *habed*. FORMAS NO PERSONALES. Infinitivo: *haber*. Gerundio: *habiendo*. Participio: *habido*. La forma *haiga*, por *haya* (tercera persona del singular del presente de subjuntivo), es un vulgarismo reprobable. → **he**

habiente. p. a. de **haber**. 'Que tiene'. Ú. t. c. sust. com. (**el habiente**, **la habiente**) y sólo en expresiones jurídicas, unas veces antepuesto y otras pospuesto al nombre que es su complemento (***habiente*** o ***habientes*** *derecho*, o *derecho* ***habiente*** o ***habientes***).

hábil. adj. Es palabra grave que, en plural, se hace esdrújula: **hábiles**. Rég. prep.: **hábil de** (***hábil de*** *manos*); **hábil en** (***hábil en*** *todo*); **hábil para** (***hábil para*** *discutir*). Salvo en las expresiones **términos hábiles** o **día hábil**, se aplica solamente a personas.

habilitado, da. p. de **habilitar**. sust. m. 'En la milicia, oficial encargado de recaudar en la tesorería los intereses del regimiento o cuerpo que lo nombra'. sust. m. y f. 'Persona que cobra los sueldos y otros emolumentos de los funcionarios y los entrega a los interesados': **el habilitado, la habilitada**.

habilitar. v. tr. 'Hacer a una persona o cosa hábil, apta o capaz para algo determinado'; 'subsanar en las personas falta de capacidad civil o de representación, y en las cosas, deficiencias de aptitud o de permisión legal' (***habilitar*** *para comparecer en juicio*; ***habilitar*** *horas o días para actuaciones judiciales*); 'dar a uno el capital necesario para que pueda negociar por sí'; 'proveer a uno de lo necesario'. Ú. t. c. prnl. Rég. prep.: **habilitar con** (***habilitar con*** *una fuerte suma de dinero*); **habilitar** o **habilitarse de** (***habilitar*** *a uno* ***de*** *víveres*; ***habilitarse de*** *ropa*); **habilitar para** (***habilitar para*** *el ejercicio de una profesión*).

♦ **habitacional.** Esta voz carece de registro en el ***Diccionario***. Incorrecto: *Nos proponemos solucionar el déficit habitacional*. Correcto: *Nos proponemos solucionar* ***la falta de vivienda***.

habitador, ra. adj. 'Que vive o reside en un lugar o casa'. Ú. t. c. sust. m. y f.: **el habitador, la habitadora**.

habitante. p. de **habitar**. 'Que habita'. sust. m. 'Cada una de las personas que constituyen la población de un barrio, ciudad, provincia o nación'. Nótese que la Academia no consigna que, como sustantivo, es común de dos. Se trata de un nombre genérico que incluye a personas de uno y otro sexo (*Ana es* ***habitante*** *de esta provincia*; *¿Cuántos* ***habitantes*** *tiene la República Argentina?*). Es, por tanto, incorrecto: *la habitante*. "Cuando una persona aparece designada ocasionalmente con un sustantivo de género distinto del de su sexo, los adjetivos –dice el ***Esbozo***– pueden concordar con éste" (*María es* ***una renombrada*** *habitante de este pueblo*). Sus abreviaturas son ***h.***, ***hab.***

habitar. v. tr. 'Vivir, morar' (*Nadie* ***habita*** *la casa*). Ú. t. c. intr. (*No* ***habitan*** *acá*). Rég. prep.: **habitar bajo** (***habitar bajo*** *techo*); **habitar con** (***habitar con*** *su familia*); **habitar en** (***habitar en*** *el pueblo*); **habitar entre** (***habitar entre*** *lobos*).

hábitat. sust. m. Equivale a **habitáculo**, 'habitación o sitio donde vive o puede prosperar una especie animal o vegetal'. Es palabra esdrújula y, por tanto, debe escribirse con tilde. Es incorrecto pronunciarla [habitat] como aguda. En plural, no varía: **los hábitat**. Seco propone, como única forma plural, **hábitats**.

habituación. sust. f. 'Acción y efecto de habituar o habituarse'. No debe decirse, en su reemplazo, *habituamiento*, sin registro en el ***Diccionario***. Puede reemplazarse, en algunos contextos, por **hábito** (sust. m.), que, entre otras acepciones, significa 'modo especial de proceder o conducirse adquirido por repetición de actos iguales o semejantes' y 'facilidad que se adquiere por larga y constante práctica en un mismo ejercicio'.

habituar. v. tr. Ú. m. c. prnl. Rég. prep.: **habituar** o **habituarse a** (***habituar*** *a uno* ***a*** *la vida sosegada*; ***habituarse al*** *calor*). Se conjuga, en cuanto al acento, como **actuar**.

♦ **habitué.** Galicismo. Puede reemplazarse, entre otros, por **cliente**, **contertulio**, **frecuentador**, **asiduo concurrente**.

habla. sust. f. Diminutivo: **hablilla**, 'rumor, cuento'. Debe decirse **el habla**, **un habla**, **esa habla**, **esta habla**, **aquella habla**, **alguna habla**. En plural: **las hablas**. → **haba, agua**

hablador, ra. adj. 'Que habla mucho o que habla de más'. Ú. t. c. sust. m. y f.: **el hablador, la habladora**. Diminutivo: **habladorzuelo, la**. Ú. t. c. sust. m. y f: **el habladorzuelo**, **la habladorzuela**. Existen, también, **hablanchín, na** y **hablantín, na** (adjs.), 'que hablan lo que no deben'. Ú. t. c. susts. ms. y fs.: **el hablanchín, la hablanchina**; **el hablantín, la hablantina**. Plural: **los hablanchines, las hablanchinas**; **los hablantines, las hablantinas**.

hablante. p. a. de **hablar**. 'Que habla'. Ú. t. c. sust. m. De acuerdo con la Academia, es incorrecto decir *la hablante*. Correcto: ***el hablante***. No debe usarse, en su reemplazo, **parlante**, p. a. de **parlar** (v. intr. y tr.), un galicismo. Son incorrectos, en consecuencia, los adjetivos compuestos, usados también como sustantivos: *hispanoparlante*, *castellanoparlante*, *gallegoparlante*, etc. Corresponde decir: ***hispanohablante***, ***castellanohablante***, ***gallegohablante***, etc. → **parlante, habitante**

hablar. v. intr. Rég. prep.: **hablar con** (***hablar con*** *los demás*); **hablar de** o **sobre** (***hablar de*** *o* ***sobre*** *todo*); **hablar en** (***hablar en*** *secreto*); **hablar en** o **por** (***hablar en*** *nombre de* o ***por*** *otro*); **hablar entre** (***hablar entre*** *dientes*); **hablar sin** (*ha-*

blar sin** ton ni son*). Con el significado de 'convenir, concertar', ú. t. c. prnl (Nos hablaremos***). v. prnl. 'Comunicarse' (*A veces, **nos hemos hablado***). v. tr. 'Usar otro idioma' (***hablar** francés*). La expresión **hablar despacio**, significa 'hablar con lentitud'. No debe usarse por **hablar bajo**, 'hablar en voz baja'.

hablista. sust. com. 'Persona que se distingue por la pureza, corrección y elegancia del lenguaje': **el hablista, la hablista**.

hacedor, ra. 'Que hace, causa o ejecuta alguna cosa'. Ú. t. c. sust. m. y f.: **el hacedor, la hacedora**. Se aplica, en particular, a Dios, caso en que se escribe con mayúscula (*El **Hacedor**; el Supremo **Hacedor***).

hacendado, da. p. de **hacendar**. 'Que tiene muchos bienes raíces'. Ú. t. c. sust. m. y f.: **el hacendado, la hacendada**. Argent. y Chile. 'Estanciero que se dedica a la cría de ganado' (*Es un **hacendado** muy rico; La **hacendada** acaba de vender más de mil cabezas*).

hacendar. v. irreg. tr. 'Dar o conferir el dominio de haciendas o bienes raíces'. v. prnl. 'Comprar hacienda una persona para arraigarse en alguna parte'. Se conjuga como **acertar**.

hacendista. sust. m. 'Hombre versado en la administración de la hacienda pública'. La Academia no registra forma para el femenino.

hacendoso, sa. adj. 'Diligente'. La Academia no registra su uso como sustantivo masculino y femenino, pero es frecuente: **el hacendoso, la hacendosa**, sobre todo el referido a mujeres.

hacer. v. irreg. tr. Rég. prep.: **hacer** algo **a** (***hacer** el cuerpo **al** frío*); **hacer** algo **con** (***hacer** un juguete **con** cuatro palos*); **hacer** algo **de** (***hacer** una estatua **de** madera*); **hacer** a alguien **de, en** o **con** (***Hago** a Juan **de** Madrid; Lo **hago en** París; **Hacemos** a Ana **con** ustedes*); **hacer** algo **en** (***hacer** dibujos **en** el suelo*); **hacer** algo **para** (***Hace** penitencia **para** ser perdonado*); **hacer** algo **por** (***hacerlo por** la patria*). v. prnl. Rég. prep.: **hacerse a** (***hacerse a** un lado; **hacerse al** calor; **hacerse a** las costumbres*); **hacerse con** o **de** (***hacerse con** o **de** muchos libros*); **hacerse de** (***hacerse de** rogar; **hacerse de** nuevas*); **hacerse en** (***hacerse en** la debida forma*). v. intr. Rég. prep.: **hacer a** (***Hace al** asunto; No **hace al** caso*); **hacer de** (***hacer de** galán, **de** tonto, **de** profesor; **hacer de** vientre*); **hacer bien** o **mal en** (***hacer bien** o **mal en** casarse*). Es incorrecto: *hacer bien* o *mal de casarse*. También es incorrecto hacer mención a. Correcto: ***hacer mención de***. v. impers. Se usa sólo en las terceras personas del singular. Expresa la 'cualidad o estado del tiempo atmosférico' (***Hace** calor; **Hace** frío; **Hace** buen día; **Hizo** treinta grados*); 'haber transcurrido cierto tiempo' (***Hace** días; **Hace** muchos años; **Hizo** tres meses; **Hará** cuatro semanas*). Es incorrecto, en estos casos, conjugarlo como personal y hacer concordar el objeto directo con el verbo, como si fuera su sujeto: *Hicieron diez grados bajo cero; Harán cuatro días; Hacen meses*. Correcto: ***Hizo** diez grados bajo cero; **Hará** cuatro días; **Hace** meses*. En la construcción **qué se hizo algo** o **alguien**, es incorrecto incorporar la preposición **de**: *¿Qué se hizo de María?; Di qué se han hecho de nuestras reservas*. Correcto: *¿**Qué se hizo** María?; Di **qué se han hecho** nuestras reservas*. Es muy incorrecto decir sólo hace que o sólo hizo que, por **no hace más que** o **no hizo más que**: *Ana sólo hace que insultar; Ellos sólo hicieron que cantar*. Correcto: *Ana **no hace más que** insultar; Ellos **no hicieron más que** cantar*. En general, debe evitarse la construcción **hacer + sustantivo**, cuando la lengua registra verbos que indican, de por sí, el concepto que se quiere expresar. Dichas construcciones, especialmente cuando se abusa de ellas, indican pobreza de vocabulario: *hacer gestos*, por ***gesticular***; *hacer presión*, por ***presionar***; *hacer llegar*, por ***remitir***, ***enviar***, etc. En no pocos casos, se trata de expresiones censurables: *hacer aprender*, por ***enseñar***; *hacer horror*, por ***horrorizar***; *hacer política*, por ***dedicarse a la política***; *hacer vacaciones*, por ***tomar*** (o ***tomarse***) ***vacaciones***; *hacer una siesta*, por ***echar*** (o ***echarse***) ***una siesta***; *hacer parte*, por ***formar parte***, etc.

Las irregularidades de este verbo son muchas. La **c** de la raíz, ante las vocales **a** y **o**, cambia en **g** en el presente de indicativo (*hago*) y en el presente de subjuntivo (*haga, hagas, haga, hagamos, hagáis, hagan*). La raíz **hac-** se transforma en **hic-** (**hiz-** delante de **o**) en el pretérito perfecto simple de indicativo, en que, además, las desinencias agudas **-í** y **-ió** se transforman en **-e** y **-o** inacentuadas (***hice**, **hiciste**, **hizo**, **hicimos**, **hicisteis**, **hicieron***); en el pretérito imperfecto de subjuntivo (***hiciera** o **hiciese**, **hicieras** o **hicieses**, **hiciera** o **hiciese**, **hiciéramos** o **hiciésemos**, **hicierais** o **hicieseis**, **hicieran** o **hiciesen***) y en el futuro del mismo modo (***hiciere**, **hicieres**, **hiciere**, **hiciéremos***,

hiciereis, hicieren). La raíz pierde la sílaba **-ce-** en el futuro de indicativo (*haré, harás, hará, haremos, haréis, harán*) y en el condicional simple (*haría, harías, haría, haríamos, haríais, harían*). En el imperativo, la segunda persona del singular pierde la **-e** de la desinencia y la **c** de la raíz se transforma en **z** (*haz*). Finalmente, su participio es irregular (***hecho***). En consecuencia, las personas y los tiempos regulares son pocos (segunda y tercera persona del singular y todas las personas del plural del presente de indicativo, todo el pretérito imperfecto de indicativo y el gerundio). Sigue este mismo paradigma, entre otros compuestos, el verbo **satisfacer**. **hacer público**. Esta locución se usa con frecuencia, sobre todo en periodismo, y se cometen no pocos errores. El adjetivo **público** debe concordar, en género y en número, con el sustantivo correspondiente y no quedar invariable: *hizo **públicos** los informes* (no, *hizo público los informes*); *hizo **públicas** las discrepancias* (no, *hizo público las discrepancias*); *hizo **pública** la renuncia* (no, *hizo público la renuncia*). Además, la perífrasis puede reemplazarse con verbos como **publicar**, **difundir** o **dar a conocer**, que resultan más elegantes. No es, tampoco, de buen gusto usar la forma pasiva: *El resultado del concurso fue hecho público por el jurado*. Es mejor: *El jurado hizo público el resultado del concurso*.

hacera. sust. f. Esta grafía, aunque correcta, no es frecuente. Se usa normalmente **acera**, forma que prefiere la Academia. → **acera**

hacha. sust. f. 'Vela de cera, grande y gruesa'. Su homónimo denota una 'herramienta cortante' (*Abatieron el árbol con un **hacha***). Diminutivo de los dos homónimos: **hacheta**. Diminutivo del segundo: **hachuela**. Aumentativo del primer homónimo: **hachón** (sust. m.); de ambos: **hachote** (sust. m.). En los dos casos, debe decirse **el hacha**, **un hacha**, **esa hacha**, **esta hacha**, **aquella hacha**, **alguna hacha**. Plural: **las hachas**. → **haba, agua**

hachar. v. tr. 'Cortar o desbastar con el hacha'. La Academia registra, también, **hachear** (v. tr. e intr.), poco frecuente.

hachazo. sust. m. 'Golpe dado con el hacha'. Argent. 'Golpe violento dado de filo con arma blanca'; 'herida y cicatriz así producidas' (*Tenía un **hachazo** en la mejilla*).

hachero. sust. m. 'El que trabaja con el hacha'. La Academia no registra forma para el femenino. Su homónimo, también sustantivo masculino, significa 'candelero que sirve para poner el hacha de cera'.

hachís. sust. m. 'Estupefaciente'. La Academia admite que se pronuncie [jachís], ya que consigna, en la última versión de su ***Diccionario*** (1992): "A veces, se aspira la *h*". No es, sin embargo, como se deduce de la acotación transcripta, la pronunciación más común ni la más recomendable. En plural, no varía: **los hachís**. También pueden decirse **quif** y **kif** (susts. ms.), pero la Academia prefiere la primera forma. → **quif**

¡hachís! Onomatopeya con que se imita el sonido de un estornudo. El ***Diccionario*** no la registra; pero, como dice Moliner, respecto de su grafía, "los escritores están conformes en escribir esta palabra con hache".

hacia. prep. "Sirve para indicar –dice el ***Esbozo***– el lugar en que, sobre poco más o menos, está o sucede alguna cosa, y para señalar a donde una persona, cosa o acción se dirige" (*Llueve **hacia** Mar del Plata*; *Mira **hacia** el Este*; *Sucedió **hacia** las tres de la tarde*; *La tormenta viene **hacia** Buenos Aires*; *Se dirige **hacia** Córdoba*; *Siente misericordia **hacia** ella*). Integra locuciones que indican dirección: **hacia abajo** (incorrecto: *hacia bajo*), **hacia arriba**, **hacia atrás**, **hacia adelante** (incorrecto: *hacia delante*), **hacia dentro**, **hacia fuera**. Es indistinto el uso de **hacia** o **a** (*Mira **hacia** o **a** la ventana*), de **hacia** o **para** (*Voy **hacia** o **para** la plaza*), de **hacia** o **por** (*Siento amor **hacia** o **por** mi madre*), de **hacia** o **sobre** (*Llegaré **hacia** o **sobre** las ocho*). Algunos vocablos no se construyen con **hacia**, requieren otra preposición, que indicamos entre paréntesis: *Tenía devoción hacia (**a**) su abuela*; *Su proceder hacia (**con** o **para con**) los hermanos era censurable*; *Sentía inquietud hacia (**por**) la economía*; *Abrió su corazón hacia (**a**) Dios*.

hacienda. sust. f. 'Finca agrícola que uno tiene'. Con el significado de 'conjunto de bienes y riquezas', es sustantivo colectivo (*Toda mi **hacienda** son dos casas, un auto y pocos pesos*). Es nombre propio cuando designa al Ministerio del ramo, hoy generalmente de Economía, caso en que se escribe con mayúscula (*Ministerio de **Hacienda***). Diminutivos: **hacendilla**, **hacendita**, **hacenduela** (fam.), **hacendeja**.

hacinamiento. sust. m. 'Acción y efecto de hacinar'. Puede decirse, también, **hacinación** (sust. f.). La Academia prefiere la primera forma.

hacinar. v. tr. 'Poner los haces unos sobre otros formando hacina'. fig. 'Amontonar'. Ú. t. c. prnl. → **enhacinar**

hada. sust. f. Debe decirse **el hada, un hada, esa hada, esta hada, aquella hada, alguna hada**. Plural: **las hadas.** → **haba, agua**

hafnio. sust. m. 'Metal obtenido en los minerales del circonio'. Número atómico 72. Símbolo: ***Hf***

hagiógrafo. sust. m. 'Autor de cualquiera de los libros de la Biblia'; 'escritor de vidas de santos'. Esta última acepción es la más frecuente, ya que **hagiografía** (sust. f.) es 'historia de las vidas de santos'. La Academia no registra forma para el femenino.

hahnio. sust. m. 'Elemento químico artificial y radiactivo'. Número atómico 105. Símbolo: ***Hh*** (sin punto). Recibe, también, el nombre de **unilpentio** (sust. m.). Las voces **hahnio** y **unilpentio** no están registradas en el ***Diccionario***.

¡hala! interj. que se emplea para infundir aliento o prisa. Denota, también, 'sorpresa'. Es voz grave, pero, a veces, se pronuncia [halá], como aguda. Puede decirse **¡hale!** → **¡hola!**

halagar. v. tr. 'Adular, lisonjear'. Rég. prep.: **halagar con** (***halagar con*** *palabras*). No debe confundirse su grafía con la de su homófono **alagar** (v. tr. Ú. t. c. prnl.), 'llenar con lagos o charcos'. → **pagar**

halagüeño, ña. adj. No debe escribirse sin diéresis sobre la **u**, lo mismo que **halagüeñamente** (adv.).

halar. v. tr. 'Tirar de un cabo, de una lona o de un remo en el acto de bogar'. And., Cuba, Nicar. y Par. 'Tirar hacia sí de una cosa'. La Academia admite, también, la forma verbal **jalar**, 'tirar de una cuerda'. → **jalar**

halcón. sust. m. 'Ave rapaz'. Para distinguir los sexos, debe recurrirse a las perífrasis **halcón macho, halcón hembra**. Este último, la hembra, recibe el nombre de **prima** (sust. f.), poco frecuente; el macho, el de **torzuelo** (sust. m.) y **terzuelo** (sust. m.).

hálito. sust. m. Equivale a **aliento** (sust. m.), más frecuente. Significa, también, 'vapor que una cosa arroja'; 'soplo suave y apacible de aire' (poét.). No debe confundirse con **halo**.

halitosis. sust. f. 'Fetidez del aliento'. En plural, no varía: **las halitosis**. Es voz de reciente registro académico.

♦ **hall.** Anglicismo. En español, corresponde decir **vestíbulo, recibimiento, recepción, entrada, zaguán**, según convenga (*Te espero en el vestíbulo del hotel*).

hallar. v. tr. 'Dar con una persona o cosa que se busca' es su acepción más común. v. prnl. 'Estar presente'; 'estar en cierto estado' (***hallarse*** *atado, enfermo, alegre*). Rég. prep.: **hallar en** (***hallar*** *una aguja* ***en*** *un pajar*); **hallarse con** (***hallarse con*** *dificultades*; ***hallarse*** *bien* ***con*** *alguien*); **hallarse en** (***hallarse en*** el campo). No debe confundirse **halla** (tercera persona del singular del presente de indicativo) con **haya** (primera y tercera persona del singular del presente de subjuntivo), inflexión del verbo **haber**. → **haber**

halo. sust. m. 'Meteoro'; 'círculo de luz difusa en torno de un cuerpo luminoso'; 'resplandor, disco luminoso que se suele poner detrás de la cabeza de las imágenes santas'; (fig.) 'brillo que da la fama' (*un* ***halo*** *de gloria*). No debe confundirse en el uso con **hálito**, cuyos valores semánticos son muy distintos.

♦ **¡halo! ¡haló!** Extranjerismos que se usan al levantar el auricular del teléfono. En España, se dice: **¡hable!, ¡diga!, ¡oigo!** En la Argentina, es más frecuente **¡hola!** y **¡holá!** → **¡hola!**

hamaca. sust. f. 'Red, lona o tejido que, asegurado en dos árboles, sirve de cama y columpio'; 'asiento consistente en una armadura graduable, generalmente de tijera, en la que se sujeta una tela que forma el asiento y el respaldo'. Esta última acepción es nueva en el ***Diccionario***. Este tipo de asiento, que en España se llama también **tumbona** (sust. f.), en la Argentina y en el Paraguay recibe el nombre de **reposera** (sust. f.). Argent. y Urug. 'Mecedora'. Aunque no lo registre la Academia, en la Argentina se usa, también, con el significado de **columpio**. → **mecedora, reposera, tumbona, hamacar**

hamacar. v. tr. Argent., Guat., Par. y Urug. 'Mecer'. Ú. t. c. prnl. (*Los niños se* ***hamacan*** *en* *los columpios de la plaza*). v. prnl. Argent. Por ext., 'dar al cuerpo un movimiento de vaivén'. fig. fam. 'Afrontar con esfuerzo una situación difícil' (*Tendremos que* ***hamacarnos*** *para lograrlo*). En otras regiones de América, se usa, para el significado 'mecer', **hamaquear** (v. tr. Ú. t. c. prnl.), como registra la Academia. → **sacar**, **mecer**

hamadríade, **hamadría** o **hamadriada.** sust. f. 'Ninfa de los bosques'. Las tres formas son correctas; la Academia prefiere la primera.

hambre. sust. f. Repárese en que es voz femenina, que comienza con **a** tónica. Debe decirse **el hambre**, **un hambre**, **esa hambre**, **esta hambre**, **aquella hambre**, **alguna hambre**. Plural: **las hambres**. Es incorrecta la concordancia: *Tengo mucho hambre*. Correcto: *Tengo* ***mucha*** *hambre*. → **haba**, **agua**

hambrear. v. tr. p. us. 'Hacer padecer hambre a uno, impidiéndole la provisión de víveres' (*Para castigarlo, lo* ***hambrearon***). v. intr. 'Padecer hambre' (*Después de tres días de ayuno,* ***hambreo***); 'exhibir necesidad y mendigar para remediarla' (*Anda* ***hambreando*** *por las calles*). No debe pronunciarse [hambriar, hambrié]. → **-ear**

hambriento, ta. adj. Ú. t. c. sust. m. y f.: **el hambriento, la hambrienta.**

hambrón, na. adj. fam. 'Muy hambriento'. Ú. t. c. sust. m. y f.: **el hambrón, la hambrona**.

hamburguesa. sust. m. 'Tortita hecha con carne picada, cocinada a la plancha'. El *Diccionario* no consigna la acepción de 'pan redondo y blando, relleno con esta carne'. Es voz de reciente registro académico. Con ella, ha ingresado **hamburguesería** (sust. f.), 'establecimiento donde se preparan y venden hamburguesas'.

hampa. sust. f. colect. 'Conjunto de maleantes'. Debe decirse **el hampa**, **un hampa**, **esa hampa**, **esta hampa**, **aquella hampa**, **alguna hampa**. Plural: **las hampas**. → **haba**, **agua**

hampón. adj. 'Bravo, valentón'; 'maleante'. Ú. t. c. sust. m. (*Anda un* ***hampón*** *por el barrio*). La Academia no registra forma para el femenino.

♦ **hamster.** Germanismo. El *Diccionario Manual* españoliza el nombre de este simpático roedor, muy utilizado en laboratorio, con la grafía "hámster", pero aclara su falta de registro en el *Diccionario*. Es preferible escribir esta voz entre comillas, sin tilde, hasta que la Academia decida.

hamudí. adj. 'Dícese de los descendientes de Alí ben Hamud, que a la caída del califato de Córdoba fundaron reinos de taifas en Málaga y Algeciras durante la primera mitad del siglo XI'. Ú. t. c. sust. com.: **el hamudí**, **la hamudí**. Plural: **hamudíes** o **hamudís**. La Academia aclara que en esta palabra se aspira la **h** [jamudí].

♦ **handball.** Anglicismo. Debe decirse, en español, **balonmano**.

♦ **handicap.** Anglicismo (*handicap*). Esta voz no ha sido registrada en el *Diccionario* mayor, es decir, su españolización no está decidida. El *Diccionario Manual* la incluye, como sustantivo masculino, con la grafía que consignamos, con lo cual da por sentado que se trata de una palabra aguda, si bien anota que no se encuentra en el léxico oficial. Seco la registra con la grafía esdrújula "hándicap", (plural "hándicaps"), más próxima a la pronunciación inglesa, y aclara que la **h** se aspira [jándicap], pronunciación corriente entre los hablantes de español. Significa, según el *Diccionario Manual*, 'carrera, concurso, etc., en que algunos participantes reciben una ventaja para nivelar las condiciones de la competición'; 'por ext., desventaja de un participante'; fig. 'condición o circunstancia desventajosa'. Esta última acepción, como indica Seco, es frecuente en la lengua general. Mientras la Academia no decida oficialmente su postura frente al anglicismo, es conveniente usar esta voz (sin tilde) entre comillas, para señalar que se trata de un extranjerismo y reemplazarla, si cabe, con **ventaja** o **desventaja** (susts. fs.), de acuerdo con el contexto, para los dos últimos significados transcriptos. Deben evitarse, por otra parte, los verbos *handicapear* o *handicapar*.

hanega. sust. f. La Academia prefiere la grafía **fanega** (sust. f.), 'medida de capacidad'. Lo mismo sucede con **hanegada** (sust. f.), ya que el *Diccionario* da preferencia a **fanegada** (sust. f.), 'medida agraria'.

hangar. sust. m. Voz francesa (*hangar*) españolizada. Es palabra aguda que, en plural, se hace grave: **hangares**.

hapálido. adj. 'Dícese de ciertos simios que

son los monos más pequeños que se conocen'. Ú. t. c. sust. m.: **el hapálido**. Para distinguir los sexos debe recurrirse a las perífrasis **hapálido macho**, **hapálido hembra**. sust. m. pl. 'Familia de estos animales' (*El tití pertenece a los **hapálidos***).

hápax. sust. m. 'Tecnicismo empleado en lexicografía o en trabajos de crítica textual para indicar que una voz se ha registrado una sola vez en una lengua, en un autor o en un texto'. En plural, no varía: **los hápax**.

haragán, na. adj. Ú. t. c. sust. m. y f.: **el haragán, la haragana**.

haraganear. v. intr. 'Rehuir el trabajo'. No debe pronunciarse [haraganiar, haraganié]. → **-ear**

harapo. sust. m. Su sinónimo exacto, según la Academia, es **andrajo** (sust. m.). Pueden escribirse **harrapo** y **arrapo**, grafías desusadas, aunque registradas por la Academia. **andar** o **estar** uno **hecho un harapo**. fr. fig. y fam. 'Llevar muy roto el vestido'. Se registra el adjetivo **haraposo, sa**, 'andrajoso, lleno de harapos'.

haraquiri. sust. m. 'Forma de suicidio ritual'. Voz japonesa españolizada. No debe escribirse <u>harakiri</u>. Plural: **haraquiris**.

♦ **haras.** Galicismo. 'Lugar destinado a la cría de caballos de carrera o de raza'. Esta voz no ha sido registrada por la Academia, pese a su uso frecuente. Es muy común en la Argentina. En español, debe decirse **caballeriza** (sust. f.).

harca. sust. f. 'En Marruecos, expedición militar de tropas indígenas de organización irregular'; 'partida de rebeldes marroquíes'. La Academia aclara que en esta palabra se aspira la **h** [jarca]. No debe confundirse con su homófono **arca** (sust. f.).

hardido. adj. → **ardido**

♦ **hardware.** Anglicismo. En español, debe decirse **equipo, soporte físico**. → **equipo**

harén o **harem.** sust. m. 'Departamento de la casa de los musulmanes en que viven las mujeres' (*Visitarás el **harén***). sust. f. colect. 'Conjunto de todas las mujeres que viven bajo la dependencia de un jefe de familia entre los musulmanes' (*Treinta mujeres componían su **harén***). La Academia prefiere la primera forma. Las dos son palabras agudas. En plural, la primera se hace grave: **harenes**; la segunda, no varía: **los harem**.

harina. sust. f. No debe decirse <u>el harina</u>, un vulgarismo, ya que es una voz del género femenino que no comienza por **a** tónica : *Mezcla los huevos con <u>el</u> <u>harina</u>*. Correcto: *Mezcla los huevos con **la harina***. Diminutivo: **harinilla**. La 'harina disuelta en agua' recibe el nombre de **harinado** (sust. m.).

harinero, ra. adj. 'Perteneciente a la harina' (*molino **harinero***). sust. m. 'El que trata y comercia en harina'. La Academia no registra forma para el femenino (*López es un **harinero** conocido*). 'Arcón o sitio donde se guarda la harina'. Cuando el 'cajón de harina es grande, especialmente el del molino', recibe el nombre de **harnal** (sust. m.).

harmonía. sust. f. Se escribe, preferentemente, sin **h**, al igual que sus derivados. → **armonía.**

harpa. sust. f. Se escribe, preferentemente, sin **h.** → **arpa**

harpía. sust. f. Se escribe, preferentemente, con **h** mayúscula, cuando se usa como nombre propio; en los otros casos, sin **h.** → **arpía**

harpillera. sust. f. Se escribe, preferentemente, sin **h.** → **arpillera**

harre. Voz con que se estimula a las bestias. Es más común **arre**, sin **h.** → **arre**

harrear. v. tr. Se escribe, preferentemente, sin **h.** No debe pronunciarse [harriar, harrié]. → **-ear, arrear**

harriero. sust. m. Se escribe, preferentemente, sin **h**, cuando significa 'el que trajina con bestias de carga'. Si denota el 'ave trepadora que habita en la isla de Cuba', su grafía es con **h.** → **arriero**

hartar. v. tr. 'Saciar, incluso con exceso, el hambre'. fig. 'Satisfacer un deseo o un gusto'. Ú. t. c. prnl. (*Escuché música toda la tarde, hasta **hartarme***). fig. Con la preposición **de** y algunos nombres, 'dar, causar a alguien con demasiada abundancia lo que significan los nombres con que se junta el verbo' (*Lo **harté de** fideos*). Rég. prep.: **hartar** o **hartarse de** (*Se **hartó de** bailar*; *¿Te **harté de** frutillas?*). Este verbo tiene dos participios: uno, regular (***hartado***), y otro, irregular (***harto***). → **harto**

hartazgo. sust. m. 'Acción y efecto de hartar o hartarse de comer o beber'. Es incorrecto <u>hartazo</u>, un vulgarismo. Pueden decirse, también, **hartazón** (sust. m.), **hartera** (sust. f.) y **hartura** (sust. f.).

harto, ta. p. irreg. de **hartar**. Ú. t. c. adj. (*Estoy **harta** de ti*). Rég. prep.: **harto de** (*Ese hombre, **harto de** comer, decidió ayunar un mes entero*). adv. c. 'Bastante o sobrado' (*Comimos **harto**; Es **harto** delgada*).

hasta. prep. "Denota –dice el ***Esbozo***– el término de lugar, acción, número o tiempo" (*Llegamos **hasta** el río; Hablaré **hasta** convencerlo; Invertiré **hasta** diez mil pesos; No volverá **hasta** mañana*). Significa, asimismo, 'también, aun, incluso' (*Lo verán **hasta** los ciegos; Suplicó, lloró y **hasta** pataleó*). **hasta ahora**, **hasta después**, **hasta más ver** o **hasta la vista**. exprs. que se emplean para despedirse de una persona a quien se espera ver el mismo día o pronto. **hasta nunca**. expr. de quien se despide de una persona con enojo y a la que no desea volver a ver. **hasta que** o **hasta tanto que**. expr. que indica el límite o término de la acción del verbo principal (*Leerás **hasta que** entiendas; **Hasta tanto que** venga Juan, escucharé música*). **hasta no más**. loc. adv. que se usa para significar 'gran exceso o demasía' (*Bailamos **hasta no más***). A veces, es indistinto el uso de **a** o **hasta** (*El agua me llega **a** o **hasta** la cintura; La noticia llegó **a** o **hasta** mis oídos*). En cambio, no son intercambiables, por sus matices semánticos, **hacia** y **hasta**: *Iré **hacia** la plaza* (marca la dirección de la acción); *Iré **hasta** la plaza* (marca el término de la acción); *Te espero **hacia** las diez* (indica aproximación temporal); *Te espero **hasta** las diez* (indica límite temporal). En las expresiones correlativas, se usa **desde** ... **hasta** (*Todos los días va **desde** su casa **hasta** la escuela*). Usar <u>desde</u> ...<u>a</u> es incorrecto: *Todos los días camina <u>desde</u> su casa <u>a</u>* la escuela. Corresponde emplear **de** ... **a**: *Todos los días camina **de** su casa **a** la escuela.*

hastial. sust. m. 'Parte superior triangular de la fachada de un edificio, en la cual descansan las dos vertientes del tejado, y, por ext., toda la fachada'. fig. 'Hombrón rústico y grosero' (*Pedro es un **hastial***). Con esta última acepción –dice la Academia–, suele aspirarse la *h* [jastial].

hastiar. v. tr. 'Causar hastío, repugnancia'. Ú. t. c. prnl. Rég. prep.: **hastiarse de** (***hastiarse de** peleas*). Se conjuga, en cuanto al acento, como **guiar**.

hatajo. sust. m. colect. En sus dos únicas acepciones, 'pequeño grupo de ganado' y 'grupo de personas o cosas' (*un **hatajo** de pillos*), puede escribirse **atajo**. En cambio, con el significado de 'senda que acorta el camino', es incorrecta la grafía con **h**. → **atajo**

hato. sust. m. 'Ropa y otros objetos que uno tiene para el uso preciso y ordinario' (*Viaja con su **hato** a cuestas*); 'porción de ganado mayor y menor' (*El pastor trae su **hato** de ovejas*). Entre otras acepciones, se registran, con sentido figurado y colectivo, 'junta o compañía de gente malvada' y 'junta o corrillo'. Diminutivo: **hatillo**.

♦ **haute couture.** Galicismo. En español, corresponde decir **alta costura**.

haya. sust. f. 'Árbol'. Debe decirse **el haya**, **un haya**, **esa haya**, **esta haya**, **aquella haya**, **alguna haya**. Plural: **las hayas**. El 'fruto del haya' recibe los nombres de **frui** (sust. f.), cuyo plural es **fruis**, o de **hayuco** (sust. m.). Un 'sitio poblado de hayas' es un **hayal** o un **hayedo** (sust. m. colect.). → **haba**, **agua**

Haya (La). sust. pr. f. El nombre de esta ciudad de Holanda se escribe siempre con artículo, y éste va con mayúscula: **La Haya**. Incorrecto: *Nació en <u>la</u> Haya*. Correcto: *Nació en **La** Haya*. Nótese que, en este caso, el artículo no adopta la forma **el**, a pesar de que el sustantivo que le sigue comienza con **a** tónica. → **h (la hache)**

haz. sust. m. 'Porción atada de mieses, hierbas, leñas y otras cosas semejantes' (*Traía el **haz** de leña a la rastra*). sust. m. colect. 'Conjunto de partículas o rayos luminosos' (*Un **haz** de luz iluminó su figura*). Plural: **los haces**. Diminutivos: **hacecillo**, **hacezuelo**. Su homónimo, que significa 'rostro'; 'cara de una tela o de otras cosas'; 'cara superior de una hoja', es, en cambio, del género femenino. Por comenzar con **a** tónica, debe decirse **el haz**, **un haz**, **esa haz**, **esta haz**, **aquella haz**, **alguna haz** (***El haz** de esta hoja es más lustrosa que su envés*). Plural: **las haces**. → **haba**, **agua**

haza. sust. f. 'Porción de tierra labrantía'. Debe decirse **el haza**, **un haza**, **esa haza**, **esta ha-**

za, **aquella haza**, **alguna haza**. Plural: **las hazas**. Diminutivo: **hazuela**. → **haba**, **agua**

hazmerreír. sust. m. fam. 'Persona que sirve de diversión a los demás' (*Es el **hazmerreír** de la clase*). En plural, no varía: **los hazmerreír** (*Esos cuatro son unos **hazmerreír***). Incorrecto: <u>*hazmerreíres*</u>.

he. adv. Según el ***Diccionario***, este adverbio se une a **aquí**, **ahí** y **allí** o a los pronombres **me**, **te**, **la**, **le**, **lo**, **nos**, **os**, **las**, **los**, **les**, para señalar una persona o cosa (***he** aquí*; ***he** allí*; ***heme***; ***helo***; ***helas***). Para Seco, no es adverbio, sino un verbo defectivo e impersonal que "expresa la mera existencia de algo en un lugar, como el impersonal *hay*; pero se diferencia de éste en que presenta siempre esa existencia 'ante los ojos' del oyente. Es invariable: no tiene otra forma personal, temporal ni modal, que ésta. Lleva siempre dos acompañantes forzosos: 1.°, el adverbio **aquí** o **allí** (en ocasiones, otro complemento adverbial de lugar: ***henos** ya en casa*); 2.°, un complemento directo: ***He aquí** el resultado*; ***He aquí** a tu madre*; ***Heme** aquí*. Es palabra de uso principalmente literario". Este adverbio o verbo defectivo e impersonal, según se interprete, no es la segunda persona del singular del imperativo del verbo **haber**, como consignan equivocadamente algunas gramáticas. Es incorrecto sustituir esta forma por <u>*hed*</u>: <u>*Hed*</u> *aquí*; <u>*Hed*</u> *vosotros*. Correcto: ***He** aquí*; ***Habed*** o ***tened** vosotros*. → **haber**. interj. 'Voz con que se llama a alguno' (***He**, ven*; ***He**, tú*).

hebdomadario, ria. adj. Equivale a **semanal** (*publicación **hebdomadaria***). sust. m. Su sinónimo exacto es **semanario** (*Publicaremos un **hebdomadario***). Es incorrecto decir <u>*hebdomedario*</u>, un barbarismo.

hebilla. sust. f. 'Pieza de metal ajustable' (*Se me ha roto el clavijo de la **hebilla** del cinturón*). Diminutivos: **hebilleta**, **hebilluela**. Aumentativo: **hebillón** (sust. m.). El 'conjunto de hebillas' recibe el nombre de **hebillaje** (sust. m. colect.). El **hebillero** (sust. m.) es el 'fabricante o vendedor de hebillas'. Su femenino es **hebillera**.

hebraísmo. sust. m. 'Profesión de la ley de Moisés'; 'giro o modo de hablar propio y privativo de la lengua hebrea'; 'empleo de tales giros o construcciones en otro idioma' (*Las voces "amén", "aleluya" y "sábado" son, en su origen, **hebraísmos***).

hebraísta. sust. com. 'Persona que cultiva la lengua y la literatura hebreas': **el hebraísta**, **la hebraísta**. Ú. t. c. adj. → **hebraizante**

hebraizante. p. a. de **hebraizar**. 'Que usa hebraísmos'; 'que abraza o practica la ley judaica'. Ú. t. c. sust. com.: **el hebraizante**, **la hebraizante**. Significa, además, lo mismo que **hebraísta**.

hebraizar. v. intr. 'Usar palabras o giros propios de la lengua hebrea'. Se conjuga, en cuanto al acento, como **enraizar**. → **cazar**

hebreo, a. adj. 'Israelita, judío'; 'perteneciente a los israelitas o judíos' (*pueblo **hebreo***: *mujer **hebrea***). Para esta última denotación, puede decirse **hebraico**, **ca** (adj.). 'El que profesa la ley de Moisés'. Ú. t. c. sust. m. y f.: **el hebreo**, **la hebrea**. sust. m. 'Lengua de los hebreos'.

hecatombe. sust. f. En sus acepciones figuradas, que son las más frecuentes, 'mortandad de personas'; 'catástrofe'. Repárese en su género. Incorrecto: <u>*el*</u> o <u>*un*</u> *hecatombe*. Correcto: ***la*** o ***una** hecatombe*.

hechiceresco, ca. adj. 'Perteneciente a la hechicería'. Incorrecto: <u>*hechicesco*</u>, <u>*ca*</u>.

hechicero, ra. adj. 'Que practica la hechicería'. Ú. t. c. sust. m. y f.: **el hechicero**, **la hechicera**. fig. 'Que cautiva' (*niña **hechicera***).

hechizar. v. tr. → **cazar**

hechizo, za. adj. 'Artificioso, fingido'; 'postizo'. sust. m. 'Práctica empleada por los hechiceros'; 'palabra u objeto que se usa para hechizar'. fig. 'Persona o cosa que cautiva' (*Ejerce, con su música, un **hechizo** especial sobre el auditorio*).

hecho, cha. p. irreg. de **hacer**. adj. 'Acabado, maduro' (*vino **hecho***; *mujer **hecha***). Con algunos sustantivos, seguidos de **un**, 'semejante a lo significado con esos nombres' (***hecho un** león*; ***hecho un** loco*). Con los adverbios **bien** o **mal**, aplicado a personas o animales, significa la 'proporción o desproporción de sus miembros entre sí, y la buena o mala formación de cada uno de ellos' (*Es un hombre **mal hecho***; *Tiene piernas **bien hechas***). En expresiones como **ropa hecha**, **frase hecha**, denota 'que ya están hechas'. En su terminación masculina, significa 'respuesta afirmativa o aceptación a lo que se pide o propone' (***Hecho**. Mañana viajaremos*). sust. m. 'Acción u obra' (*Éstos son los **hechos***); 'cosa que sucede' (*¿Viste el **hecho**?*); 'asunto o materia de que se trata' (*¿De qué **hecho** hablas?*). **de hecho**. loc. adv. 'Efectivamente'; 'de veras' (***De hecho**, nos vamos*). loc. adj. y adv. 'Aplícase a lo que se hace sin ajustarse a una norma o prescripción legal previa' (*Proceder **de hecho***). Es una redundancia decir: *hechos prácticos*, por ***hechos***. No debe emplearse por **caso**: *el hecho es que tú...* Correcto: *el **caso** es que tú...* Es incorrecto usar **hecho**, con **h**, de **hacer**, por **echo**, de **echar**: *Hecho al perro de mi casa.* Correcto: ***Echo** al perro de mi casa.* → **echar**

hechura. sust. f. 'Acción y efecto de hacer'. No debe usarse en su reemplazo **hechor**, voz anticuada y regional, que no es equivalente: *¿Cuál es su hechor?* Correcto: *¿Cuál es su **hechura**?*

hectárea. sust. f. 'Medida de superficie, que tiene 100 áreas'. Abreviatura académica: ***hect.*** (sing. y pl.). Símbolo: ***ha***

héctico, ca. adj. → **hético**

hectiquez. sust. f. 'Estado morboso crónico, caracterizado por consunción y fiebre héctica'. Puede decirse, también, **hetiquez**. La Academia prefiere la primera forma.

hecto-. elem. compos. de or. gr. 'Cien' (***hecto**gramo, **hecto**metro*). A veces, se apocopa la **o** ante vocal (***hect**área*).

hectogramo. sust. m. 'Medida de peso, que tiene 100 gramos'. Es palabra grave. No debe pronunciarse [hectógramo] como esdrújula, por analogía con otras formas compuestas que, sí, lo son (*hectógrafo, hectómetro*). Abreviatura académica: ***Hg*** (sing. y pl.). Símbolo: ***hg***

hectolitro. sust. m. 'Medida de capacidad que tiene 100 litros'. Es palabra grave. No debe pronunciarse [hectólitro] como esdrújula. Abreviatura académica: ***Hl*** (sing. y pl.). Símbolo: ***hl***

hectómetro. sust. m. 'Medida de longitud que tiene 100 metros'. Es palabra esdrújula. No debe pronunciarse [hectometro] como grave por analogía con otras formas compuestas que, sí, lo son (*hectogramo, hectolitro*). Abreviatura académica: ***Hm*** (sing. y pl.). Símbolo: ***hm***

heder. v. irreg. intr. 'Despedir mal olor'. Se conjuga como **tender**.

hedonista. adj. 'Perteneciente o relativo al hedonismo, doctrina que proclama el placer como fin supremo de la vida'. 'Partidario del hedonismo'. Ú. t. c. sust. com.: **el hedonista, la hedonista**.

hegelianismo. sust. m. 'Sistema filosófico fundado por Hegel'. En esta voz, como aclara el ***Diccionario***, se aspira la **h**.

hegeliano, na. adj. 'Que profesa el hegelianismo'. Ú. t. c. sust. m. y f.: **el hegeliano, la hegeliana**. 'Perteneciente a este sistema filosófico'. La Academia aclara que, en esta voz, se aspira la **h**.

hégira o **héjira.** sust. f. 'Era de los musulmanes'. Las dos grafías son correctas. La Academia prefiere la primera. Es palabra esdrújula. No es correcto pronunciarla [hegira] como grave o escribirla sin **h**.

heladero, ra. adj. 'Abundante en heladas' (*región muy **heladera***). sust. m. y f. 'Lugar donde hace mucho frío' (*Este lugar es un **heladero** o una **heladera***); 'persona que fabrica o vende helados, o tiene una heladería' (*Le pediré al **heladero** un cucurucho con chocolate*; *La **heladera** les regala helados a los niños*). sust. f. Equivale a **nevera, refrigerador, refrigeradora** o **frigorífico**, de otras regiones hispánicas. En la Argentina, es la única voz que se usa para designar dicho electrodoméstico (*Coloca la carne en la **heladera***).

helar. v. irreg. tr. Ú. t. c. intr. impers. y c. prnl. Rég. prep.: **helarse de** (***helarse de** terror*). Se conjuga como **acertar**.

helecho. sust. m. 'Planta'. Un sitio poblado de helechos' es un **helechal** (sust. m. colect.).

helenista. sust. com. 'Persona versada en la lengua, cultura y literatura griegas': **el helenista, la helenista**.

helenizar. v. tr. p. us. (*Roma **helenizó** su literatura y su arte*). v. prnl. 'Adoptar las costumbres, literatura y arte griegos'. → **cazar**

heleno. sust. m. 'Griego'. Su femenino es **helena**. Ú. t. c. adj. (*arte **heleno***).

helíaco, ca o **heliaco, ca.** adj. Ambas acentuaciones son correctas.

hélice. sust. f. Con el significado de 'conjunto de aletas helicoidales que giran alrededor de un eje', es un sustantivo colectivo. Con la denotación de 'parte más externa y periférica del pabellón de la oreja', se usa, también, **hélix**, registrada en el ***Diccionario Manual***, pero sin sanción académica.

helicoidal. adj. 'En forma de hélice'. No debe decirse *helizoidal*.

helio. sust. m. 'Cuerpo simple, gaseoso, incoloro'. Número atómico 2. Símbolo: ***He***

helio-. elem. compos. de or. gr. 'Sol' (***heliotropo***, ***helioterapia***).

heliomotor. sust. m. 'Aparato que sirve para transformar la energía solar en energía mecánica'. En plural: **heliomotores**. Es voz de reciente incorporación académica.

helióstato. sust. m. Es palabra esdrújula. No debe pronunciarse [heliostato] como grave.

heliotropo. sust. m. 'Planta'; 'flor'. Puede decirse, también, **heliotropio**. La Academia prefiere la primera forma.

helipuerto. sust. m. Voz compuesta, formada por *heli*(*cóptero*) y *puerto*. No debe decirse *heliopuerto*.

hema-, hemat-. elem. compos. de or. gr. → **hemato-**

hematíe. sust. f. 'Glóbulo rojo de la sangre'. Es incorrecto usar, en singular, *hematí*. Ú. m. en pl.: **hematíes**.

hemato-. elem. compos. de or. gr. 'Sangre' (***hematología***, ***hematófago***). A veces, adopta las formas **hemo-**, **hema-**, **hemat-** (***hemoterapia***, ***hematermo***, ***hematoma***).

hematólogo. sust. m. Su femenino es **hematóloga**.

hematoma. sust. m. Nótese su género. Incorrecto: *la hematoma*. Correcto: ***el hematoma***.

hembra. sust. f. 'Animal del sexo femenino'; su antónimo es **macho**. 'Mujer'; su antónimo es **varón**. 'Hablando de broches, tornillos y otros elementos similares, pieza que tiene un hueco o agujero en donde otra, el macho, se introduce o encaja'. En América Meridional, el sustantivo colectivo para denotar el 'conjunto de las hembras de un ganado' es **hembraje** (m.). Esta última voz, en el habla rural de la Argentina y del Uruguay, significa 'conjunto o grupo de mujeres' (despect.).

hemiplejía o **hemiplejia.** sust. f. 'Parálisis de un lado del cuerpo'. Las dos acentuaciones son correctas, pero los hablantes prefieren la segunda. La Academia, la primera.

hemipléjico, ca. adj. 'Propio de la hemiplejia'. Ú. t. c. sust. m. y f.: **el hemipléjico, la hemipléjica**.

hemíptero. adj. 'Dícese de ciertos insectos como la chinche, los pulgones, la cigarra'. Ú. t. c. sust. m. (*La cigarra es un **hemíptero***). sust. m. pl. 'Orden de estos insectos' (*Los **hemípteros** son insectos chupadores*).

hemo-. elem. compos. de or. gr. → **hemato-**

hemodiálisis. sust. f. Es palabra esdrújula. No debe pronunciarse [hemodialisis] como grave. En plural, no varía: **las hemodiálisis**.

hemofílico, ca. adj. 'Relativo a la hemofilia'; 'que la padece'. Ú. t. c. sust. m. y f.: **el hemofílico, la hemofílica**.

hemorroide. sust. f. Ú. m. en pl. (*Padece de **hemorroides***). Nótese su género. Incorrecto: *los hemorroides*. Correcto: ***las hemorroides***. Pueden decirse, también, **hemorroida** y **almorrana** (susts. fs.).

hemorroísa o **hemorroisa.** sust. f. 'Mujer que padece flujo de sangre'. Las dos acentuaciones son correctas.

hemostasia. sust. f. 'Detención espontánea o por medios físicos de una hemorragia'. Nótese que es palabra grave. Incorrecto: *hemostasía*. Puede decirse, también, **hemostasis** (sust. f.), palabra grave, que no debe pronunciarse [hemóstasis] como esdrújula y que, en plural, no varía.

hemostático, ca. adj. 'Dícese del medicamento o agente que se emplea para detener una hemorragia'. Ú. t. c. sust. m. (*Le aplicaremos un **hemostático***).

henchir. v. irreg. tr. 'Llenar'; 'colmar'. v. prnl. 'Hartarse de comida'. Rég. prep.: **henchir** algo **de** o **henchirse de** (***henchir** una bolsa **de** papeles*; ***henchirlo de** gloria*; ***henchirse de** fideos*). Se conjuga como **pedir**.

hender. v. irreg. tr. 'Abrir o rajar un cuerpo sólido sin dividirlo del todo'. Ú. t. c. prnl. Puede decirse, también, **hendir**, mucho más frecuente. Se conjuga como **tender**. Se cometen errores en su conjugación al confundirla con la de **hendir**: hendimos, hendís, hendid. Correcto: ***hendemos***, ***hendéis***, ***hended***. Se trata de dos verbos que, si bien se acercan desde el punto de vista semántico, se conjugan de acuerdo con irregularidades diferentes. → **hendir**

hendidura. sust. f. 'Abertura o corte profundo'; 'grieta más o menos profunda'. Es correcto, también, **hendedura**. Se diferencian de **hendija** (sust. f.), por ser ésta una 'abertura más pequeña'.

hendir. v. irreg. tr. Significa lo mismo que **hender**. Se conjuga como **discernir**. Se cometen errores, cuando se lo conjuga como **sentir**: hindió, hindieron. Correcto: ***hendió***, ***hendieron***. → **hender**

henry. sust. m. Nomenclatura internacional del **henrio** (sust. m.), 'unidad de inductancia mutua en el sistema basado en el metro, el kilogramo, el segundo y el amperio'.

heñir. v. irreg. tr. 'Sobar la masa con los puños, especialmente la del pan'. Se conjuga como **teñir**.

hepático, ca. adj. 'Dícese de ciertas plantas que viven en sitios húmedos, adheridas al suelo y a las paredes, parecidas a los musgos'. Ú. t. c. sust. f. (*Esa planta que ves es una **hepática***). 'Que padece del hígado' (*niño **hepático***). Ú. t. c. sust. m. y f.: **el hepático**, **la hepática**. sust. f. pl. 'Clase de las plantas hepáticas'.

hepatitis. sust. f. 'Inflamación del hígado'. En plural, no varía: **las hepatitis**.

hepatólogo. sust. m. 'Especialista en hepatología, rama de la medicina que se ocupa del hígado y de las vías biliares, y de sus enfermedades'. Su femenino es **hepatóloga**. Al igual que **hepatología** (sust. f.), es voz de reciente registro académico.

hepta-. elem. comp. de or. gr. 'Siete' (***heptá**gono*, ***hepta**sílabo*).

heptasílabo, ba. adj. 'Que consta de siete sílabas' (*palabra **heptasílaba**; verso **heptasílabo***). Ú. t. c. sust. m. y f. (*El **heptasílabo** no rima; La **heptasílaba** tiene un error de grafía*).

heracleo. adj. 'Hercúleo'. Es voz grave. No debe pronunciarse [heraclio].

heraclida. adj. 'Descendiente de Hércules'. Es voz grave. No debe pronunciarse [heráclida] como esdrújula.

heraldista. sust. com. 'Persona versada en heráldica': **el heraldista**, **la heraldista**.

herbáceo, a. adj. Nótese que, ortográficamente, es voz esdrújula.

herbaje. sust. m. colect. 'Conjunto de hierbas o pastos que se crían en un campo'.

herbario, ria. adj. 'Perteneciente a las hierbas y a otras plantas'. sust. m. y f. p. us. 'Persona que profesa la botánica': **el herbario, la herbaria**. sust. m. colect. 'Colección de plantas secas' (*Los alumnos han hecho un **herbario** con las plantas de su región*). Para esta última acepción, es incorrecto usar *herbarium*.

herbaza. sust. f. → **hierba**

herbazal. sust. m. → **hierba**

herbicida. adj. 'Que sirve para destruir o impedir el desarrollo de plantas herbáceas' (*Compró un producto **herbicida***). Ú. t. c. sust. m. (*Adquirió un **herbicida***).

herbívoro, ra. adj. 'Todo animal que come hierbas o vegetales'. Ú. t. c. sust. m. (*Un **herbívoro** ha devorado las hojas de mis plantitas*).

herbolario. sust. m. 'Persona que se dedica a recoger hierbas y plantas medicinales, o que las vende'. Su femenino es **herbolaria**. Incorrecto: *herborista*, un galicismo. → **herboristería**

herboristería. sust. f. 'Tienda en que se venden plantas medicinales'. Puede decirse, también, **herbolario** (sust. m.), menos frecuente. → **herbolario**

herborizar. v. intr. 'Recoger hierbas y plantas para estudiarlas'. → **cazar**

hercio. sust. m. 'Unidad de frecuencia'. → **hertz, kilohercio**

herciano, na o **hertziano, na.** adj. La Academia prefiere la primera forma; los hablantes, la segunda.

hercúleo, a. adj. 'Perteneciente a Hércules o

que se asemeja en algo a sus cualidades' (*fuerza* ***hercúlea***). Es palabra esdrújula.

heredar. v. tr. Rég. prep.: **heredar a** o **de** (*Lo* ***heredé a*** *mi hermano;* ***Heredé*** *esta casa* ***de*** *mi madre*); **heredar en** (*Lo* ***heredó en*** *el título;* ***Heredaron en*** *línea recta*); **heredar por** (***heredar por*** *línea colateral*).

heredero, ra. adj. 'Dícese de la persona que hereda' (*príncipe* ***heredero***). Ú. t. c. sust. m. y f.: **el heredero, la heredera.**

hereje. sust. com.: **el hereje, la hereje.** Es un arcaísmo, pero también un vulgarismo, emplear el femenino <u>hereja</u>. Aumentativos: **herejote, herejota** (sust. m. y f.).

herido, da. p. de **herir** (*mujer* ***herida***). Rég. prep.: **herido de** (***herido de*** *bala*). Incorrecto: <u>*herido*</u> <u>*a*</u> *bala*. Ú. t. c. sust. m. y f.: **el herido, la herida.**

herir. v. irreg. tr. Rég. prep.: **herir de** (***Lo hirió de*** muerte); **herir en** (***Me herí en*** *la mano*). Se conjuga como **sentir**.

hermafrodita. adj. 'Que tiene los dos sexos' (*flor* ***hermafrodita***). 'Aplícase también a la persona con anomalías somáticas que le dan la apariencia de tener los dos sexos' (*diosa* ***hermafrodita***). Ú. t. c. sust. com.: **el hermafrodita, la hermafrodita.** También se registra, para el género masculino, **hermafrodito** (sust.).

hermanar. v. tr. 'Unir, juntar, uniformar'. Ú. t. c. prnl. 'Hacer a uno hermano de otro en sentido espiritual'. Ú. t. c. prnl. Con esta segunda acepción, puede decirse **hermandarse** (v. prnl.). Rég. prep.: **hermanar** o **hermanarse** una cosa **a** otra o **con** otra (***Hermanarás*** *los libros pequeños* ***a*** o ***con*** *los pequeños, los grandes* ***a*** o ***con*** *los grandes;* ***Me hermanaré con*** o ***a*** *mis iguales*); **hermanar** o **hermanarse entre** (***hermanar*** o ***hermanarse entre*** *sí*).

hermano. sust. m. 'Persona que, con respecto a otra, tiene los mismos padres, o solamente el mismo padre o la misma madre'; 'tratamiento que se dan los cuñados'; 'lego o donado de una comunidad regular'; 'tratamiento que se dan los que tienen un mismo padre en sentido moral, un religioso respecto de otros de su misma orden, un cristiano respecto de otros fieles de Jesucristo, etc.'. Para la segunda parte de la primera acepción, puede decirse, también, **hermanastro, tra** (sust. m. y f. despect.). Argent. fam. Fórmula de tratamiento que equivale a 'amigo'. Su femenino es **hermana**. Abreviaturas en el orden religioso: ***H.*** (m.) y ***Hna.*** (f.) (***H.*** *Mario;* ***Hna.*** *María*); en plural: ***Hnos.*** y ***Hnas.*** También se usan ***HH.*** (para el m. pl.). Cuando no se aplican a religiosos, se usa con minúscula: ***h., hno., hna.; hnos., hnas.*** (*A la señorita Ana Gómez y* ***h.****; Al señor Juan Pérez y* ***hnos.***).

hermeneuta. sust. com.: **el hermeneuta, la hermeneuta.**

herméticamente. adv. m. 'De manera hermética, impenetrable'. No debe decirse <u>*herméticamente*</u> <u>*cerrado*</u>, una redundancia. Incorrecto: *Dejaremos la casa* <u>*herméticamente*</u> <u>*cerrada*</u>. Correcto: *Cerraremos* ***herméticamente*** *la casa.*

hermetismo. sust. m. 'Cualidad de hermético, impenetrable, cerrado'. Puede decirse, también, **hermeticidad** (sust. f.). La Academia prefiere la primera forma.

hermosear. v. tr. Ú. t. c. prnl. Su 'acción y efecto' es **hermoseamiento**. No debe pronunciarse [hermosiar, hermosié]. → **-ear**

héroe. sust. m. Su femenino es **heroína**.

heroida. sust. f. 'Composición poética'. No debe escribirse ni pronunciarse <u>heroída</u>.

heroinómano, na. adj. 'Dícese de la persona adicta a la heroína'. Ú. t. c. sust. m. y f.: **el heroinómano, la heroinómana.** Es voz de reciente registro académico.

herpes. sust. amb.: **el herpes** o **la herpes.** Se prefiere la forma masculina y se usa más en plural: **los herpes**. También puede decirse **herpe** (sust. amb.), pero la Academia prefiere la primera forma.

herpético, ca. adj. 'Perteneciente al herpes'; 'que padece esta enfermedad'. Ú. t. c. sust. m. y f.: **el herpético, la herpética.**

herpetólogo, ga. adj. 'Dícese de la persona entendida en herpetología, estudio de los reptiles'. Ú. t. c. sust. m. y f.: **el herpetólogo, la herpetóloga.**

herrador. sust. m. 'El que por oficio hierra las caballerías'. Carece de femenino. No debe confundirse semánticamente con **herrero** (sust. m.).

herraje. sust. m. colect. 'Conjunto de piezas de hierro o acero con que se guarnece una puerta, cofre, etc.'; 'conjunto de herraduras que se ponen a una bestia'.

herramental. sust. m. colect. 'Conjunto de herramientas de un oficio o profesión'. adj. 'Dícese de la bolsa u otra cosa en que se llevan y guardan las herramientas' (*caja **herramental***).

herramienta. sust. f. 'Instrumento con que trabajan los artesanos'. sust. f. colect. 'Conjunto de esos objetos'.

herrar. v. irreg. tr. Rég. prep.: **herrar a** (***herrar a** fuego*); **herrar en** (***herrar en** frío*). Se conjuga como **acertar**.

herrén. sust. m. 'Forraje de avena, cebada, trigo, centeno y otras plantas que se da al ganado'. Es palabra aguda que, en plural, se hace grave: **herrenes**. Un 'terreno sembrado con herrén' es un **herrenal** (sust. m.) o un **herreñal** (sust. m.).

herrero. sust. m. 'El que tiene por oficio labrar el hierro'. Carece de forma para el femenino, ya que **herrera** (sust. f.) es la 'mujer del herrero' y, no, la que ejerce el oficio de **herrería** (sust. f.). Diminutivo: **herreruelo**. Existe, también, como forma diminutiva, **herrerillo**, 'pájaro, así llamado por el chirrido metálico de su canto'. Aumentativo de **herrero**, con valor despectivo: **herrerón**. → **herrador**

hertz. sust. m. Nombre internacional del **hercio**. En plural, no varía: **los hertz**. → **hercio**

hertziano, na. adj. → **herciano**

hervido, da. p. de **hervir**. sust. m. 'Acción y efecto de hervir'. Para esta denotación, se puede decir **hervor** (sust. m.), mucho más usual. Amér. Merid. 'Cocido u olla'.

hervir. v. irreg. intr. Incorrecto: <u>*Hirve*</u> *el agua.* Correcto: ***Hierve** el agua.* La forma **herver** (v. intr.) es anticuada y, hoy, vulgar. Rég. prep.: **hervir de** o **en** (***hervir de** o **en** cólera*); **hervir en**, 'abundar' (*El perro **hierve en** pulgas*). v. tr. 'Hacer hervir un líquido' (*Rosa **hervirá** la leche*). Es correcto el uso del gerundio en función adjetiva (*agua **hirviendo***). Se conjuga como **sentir**.

hespéride. adj. 'Perteneciente a las Hespérides'. sust. pr. pl. 'Estrellas de la constelación de Toro'. Con esta denotación, se escribe con mayúscula (*las **Hespérides***). Incorrecto: *las* <u>*Hesperidas*</u>.

hetera. sust. f. 'En la antigua Grecia, cortesana, a veces de elevada consideración social'. Nótese que es palabra grave. También puede decirse **hetaira** (sust. f.). La Academia prefiere la primera forma.

hetero-. elem. compos. de or. gr. 'Otro'; 'desigual'; 'diferente' (***heterogéneo**, **heterosexual***).

heterodoxo, xa. adj. 'Disconforme con el dogma de una religión. Entre católicos, disconforme con el dogma católico' (*escritor **heterodoxo***). Ú. t. c. sust. m. y f.: **el heterodoxo, la heterodoxa**.

heterogeneidad. sust. f. Incorrecto: <u>*heterogenidad*</u>. → **-dad**

heterogéneo, a. adj. Nótese que es palabra esdrújula.

heteromancia o **heteromancía.** sust. f. 'Adivinación supersticiosa por el vuelo de las aves'. Las dos acentuaciones son correctas. → **-mancia**, o **-mancía**

heteroplastia. sust. f. 'Implantación de injertos orgánicos procedentes de un individuo de distinta especie'. Es palabra grave. No debe pronunciarse [heteroplastía].

heterosexual. adj. 'Dícese del individuo que practica la heterosexualidad'. Ú. t. c. sust. com.: **el heterosexual, la heterosexual**. 'Dícese de la relación erótica entre individuos de diferente sexo'; 'perteneciente o relativo a la heterosexualidad'.

heterosexualidad. sust. f. 'Inclinación sexual hacia el otro sexo'; 'práctica de la relación erótica heterosexual'. Es voz de reciente registro académico.

hético, ca. adj. Equivale a **tísico**. Ú. t. c. sust. m. y f.: **el hético, la hética**. 'Perteneciente a esta clase de enfermos'. fig. 'Que está muy flaco, casi en los huesos'. Ú. t. c. sust. m. y f. Puede escribirse sin **h**, **ético**, **ca**, o decirse **héctico**, **ca**. La Academia prefiere la primera forma. → **ético**

hetiquez. sust. f. → **hectiquez**

hexa-. elem. compos. de or. gr. 'Seis' (***hexágono**, **hexaedro***).

hexagonal. adj. 'De figura de hexágono'. Puede escribirse sin **h**, **exagonal**, pero la Academia prefiere la primera forma. También puede decirse **sexagonal** (adj.), menos frecuente.

hexágono, na. adj. 'Aplícase al poliedro de seis ángulos y seis lados'. Ú. m. c. sust. m.: **el hexágono**. Puede escribirse sin **h**, **exágono**, pero la Academia prefiere la primera forma.

hexámetro. adj. Ú. m. c. sust. m.: **el hexámetro** (*Ese poema está escrito en **hexámetros***).

hexángulo, la. adj. 'Aplícase al polígono de seis ángulos y seis lados'. Ú. m. c. sust. m.: **el hexángulo**.

hexápodo. adj. 'Dícese del animal que tiene seis patas'. Se aplica, en particular, a los insectos. Ú. t. c. sust. m.: **el hexápodo**.

hexasílabo, ba. adj. 'De seis sílabas' (*verso **hexasílabo***). Ú. t. c. sust. m.: **el hexasílabo**.

hez. sust. f. 'Desperdicio'. Ú. m. en pl.: **las heces**. fig. 'Lo más vil y despreciable de cualquier clase'. sust. f. pl. 'Excrementos'.

Híadas o **Híades.** sust. pr. f. pl. 'Grupo de estrellas de la constelación de Toro'. Ambas formas son correctas. La Academia prefiere la segunda. Se escriben siempre con mayúscula.

hialoideo, a. adj. 'Que se parece al vidrio'. Nótese que es palabra grave. No debe pronunciarse [hialóideo].

hiato. sust. m. 'Encuentro de dos vocales que se pronuncian en sílabas distintas'; 'solución de continuidad, interrupción o separación temporal o espacial'; 'hendidura, fisura'; 'disolución de una sinalefa, por licencia poética, para alargar un verso'. También pueden decirse **azeusis** o **aceusis** (sust. f.), y **dialefa** (sust. f.).

hibernación. sust. f. 'Estado fisiológico que se presenta en ciertos mamíferos como adaptación a condiciones invernales extremas, con descenso de la temperatura corporal hasta cerca de 0° y disminución general de las funciones metabólicas'; 'por extensión, cualquier sueño invernal en animales'; 'estado semejante que se produce en las personas por medio de drogas con fines anestésicos o curativos'. → **invernación**

hibernal. adj. → **invernal**

hibernar. v. intr. Hoy se emplea como regular, pero no es incorrecto conjugarlo como irregular → **acertar**. Su uso es poco frecuente; lo usual es **invernar** (v. intr.).

híbrido, da. adj. Ú. t. c. sust. m. y f.: **el híbrido, la híbrida** (*Este maíz es un **híbrido***).

hico. sust. m. Ant., Col., Pan. y Venez. 'Cada una de las cuerdas que sostienen la hamaca'. Voz recién incorporada por la Academia.

hidalgo. sust. m. Su femenino es **hidalga**. Aumentativo: **hidalgote, ta** (sust. m. y f.). Diminutivos: **hidalguejo, ja**; **hidalgüelo, la**; **hidalguete, ta** (susts. ms. y fs.). Ú. t. c. adj. 'Perteneciente a un hidalgo'; 'dícese de la persona de ánimo generoso y noble, y de lo perteneciente a ella' (*casa **hidalga**; actitud **hidalga***). → **hijodalgo**

hidalguía. sust. f. 'Cualidad de hidalgo'. fig. 'Generosidad, nobleza de ánimo'. Puede decirse, también, **hidalguez** (sust. f.).

hidátide. sust. f. 'Larva de una tenia intestinal del perro y de otros animales que en las vísceras humanas adquiere gran tamaño'; 'vesícula que la contiene'; 'quiste de este origen'. Es voz esdrújula. No debe pronunciarse [hidatide] como grave. Lo 'perteneciente a la hidátide' se nombra con el adjetivo **hidatídico, ca** (*quiste **hidatídico***).

hidra. sust. f. 'Culebra acuática'; 'pólipo'; 'monstruo mitológico de siete cabezas' (*Lo que has dibujado, con esas siete prolongaciones, parece una **hidra***). sust. pr. f. 'Constelación austral'. Se escribe con mayúscula (***La Hidra** se encuentra entre las constelaciones de León y de la Virgen, por el norte, y las del Navío y del Centauro, por el sur*).

hidrácida o **hidracida.** sust. f. 'Cuerpo resultante de la combinación de un ácido orgánico con una amina'. Las dos acentuaciones son correctas. La Academia prefiere la primera forma. Un **hidrácido** (sust. m.) es un 'ácido compuesto de hidrógeno y otro cuerpo simple'.

hidrargirio o **hidrargiro.** sust. m. 'Azogue'. La Academia prefiere la segunda forma.

hidrartrosis. sust. f. 'Hinchazón de una articulación por acumulación de líquido acuoso, no purulento'. No debe decirse *hidartrosis*. En plural, no varía: **las hidrartrosis**.

hidratable. adj. 'Que puede hidratarse'. La Academia no registra esta voz de correcta formación. La trae, en cambio, el ***Diccionario Manual***, con el indicador de su falta de sanción académica.

hidratador, ra. adj. 'Que hidrata'. Voz no registrada por la Academia, pero de correcta formación. La trae, en cambio, el ***Diccionario Manual***, con el indicador de su falta de sanción académica. El adjetivo se usa, también, como sustantivo masculino y femenino.

hidratante. p. a. de **hidratar**. Voz no registrada por la Academia, aunque de correcta formación. La trae, en cambio, el ***Diccionario Manual***, con el indicador de su falta de sanción académica. Aclara que la voz se usa, además, como adjetivo y como sustantivo masculino y femenino.

hidratar. v. tr. 'Combinar un cuerpo con el agua' (*cal **hidratada***). Ú. t. c. prnl. 'Restablecer el grado de humedad normal de la piel'. Su postverbal es **hidratación** (sust. f.), 'acción y efecto de hidratar o hidratarse', único derivado de este verbo, registrado en el ***Diccionario***.

hidráulico, ca. adj. Entre otras acepciones, se aplica a la 'persona que se dedica a la hidráulica' (*ingeniero **hidráulico***). Ú. t. c. sust. m. y f.: **el hidráulico, la hidráulica**.

-hídrico. elem. de or. lat. que, a modo de sufijo, se adopta para designar 'los ácidos que no contienen oxígeno' (*ácido clor**hídrico**, ácido sulf**hídrico***).

hidro-. elem. compos. de or. gr. 'Agua' (***hidro**avión, **hidró**filo, **hidro**terapia*).

hidrocefalia. sust. f. No debe decirse *hidrocefalía*, aunque esta acentuación haya sido aceptada anteriormente por la Academia.

hidrofobia. sust. f. 'Horror al agua, que suelen tener los que han sido mordidos por animales rabiosos'; 'enfermedad'. Con esta última acepción, su sinónimo exacto es **rabia**, voz con que comúnmente se designa este mal.

hidrogenar. v. tr. Voz no recogida por la Academia, aunque de correcta formación. La registra el ***Diccionario Manual***, previa indicación de su ausencia en el ***Diccionario mayor***, con la definición de 'combinar una sustancia con hidrógeno o agregarlo a ella'. La Academia registra, sí, **hidrogenación** (sust. f.), 'proceso por el que se adiciona hidrógeno a compuestos orgánicos no saturados'.

hidrógeno. sust. m. 'Gas inflamable, incoloro, inodoro. Combinado con el oxígeno forma el agua'. Número atómico 1. Símbolo: ***H***

hidrogeología. sust. f. 'Parte de la geología que se ocupa del estudio de las aguas dulces y, en particular, de las subterráneas y de su aprovechamiento'. Es voz de reciente registro académico, al igual que sus derivados **hidrogeológico, ca** (adj.) e **hidrogeólogo, ga** (sust. m. y f.).

hidrógrafo. sust. m. 'El que ejerce o profesa la hidrografía'. Su femenino es **hidrógrafa**. → **hidrólogo**

hidrólisis. sust. f. Es voz esdrújula. No debe pronunciarse [hidrolisis] como grave. En plural, no varía: **las hidrólisis**.

hidrólogo. sust. m. 'El que profesa la hidrología'; 'técnico en aguas de riego'. Su femenino es **hidróloga**.

hidromancia o **hidromancía.** sust. f. 'Arte supersticiosa de adivinar por la observación del agua'. Las dos acentuaciones son correctas, pero se prefiere la primera. → **-mancia**, o **-mancía**.

hidromántico, ca. adj. 'Perteneciente a la hidromancia'. Ú. t. c. sust. m. y f.: **el hidromántico, la hidromántica**.

hidromecánico, ca. adj. 'Dícese de ciertos dispositivos o aparatos en los que se aprovecha el agua como fuerza motriz'. Es voz recién admitida en el ***Diccionario***.

hidromel o **hidromiel.** sust. m. 'Agua mezclada con miel'. Las dos formas son correctas; los hablantes prefieren, en contra de la opinión de la Academia, la segunda. Nótese su género. Incorrecto: *la hidromel* o *la hidromiel*. Correcto: ***el hidromel*** o ***el hidromiel***. Puede decirse, también, la **aguamiel** (sust. f.).

hidrómetra. sust. com.: **el hidrómetra, la hidrómetra**, 'persona que profesa la hidrometría, es decir, el estudio del modo de medir el caudal, la velocidad o la fuerza de los líquidos en movimiento'.

hidrópico, ca. adj. 'Que padece hidropesía,

especialmente del vientre'. Ú. t. c. sust. m. y f.: **el hidrópico, la hidrópica**. fig. 'Sediento, con exceso'.

hidroscopia. sust. f. 'Arte de averiguar la existencia y condiciones de las aguas ocultas, examinando previamente la naturaleza y configuración del terreno'. No se admite la acentuación [hidroscopía].

hidrosfera. sust. f. colect. 'Conjunto de partes líquidas del globo terráqueo'. Es palabra grave. No debe pronunciarse [hidrósfera] como esdrújula.

hidrosoluble. adj. 'Que puede disolverse en agua'. Es voz de reciente admisión en el ***Diccionario***.

hidroxilo. sust. m. 'Radical formado por un átomo de hidrógeno y otro de oxígeno, que forma parte de muchos compuestos'. Es voz grave. No debe pronunciarse [hidróxilo] como esdrújula, por analogía con **hidróxido** (sust. m.).

hiedra. sust. f. 'Planta trepadora'. También puede decirse **yedra** (sust. f.). → **yedra**

hiel. sust. f. Su sinónimo exacto, según la Academia, es **bilis** (sust. f.). No debe decirse *yel*, un vulgarismo muy común en las zonas yeístas. Plural: **hieles**.

hielo. sust. m. No debe decirse *yelo*, un vulgarismo muy extendido en las zonas yeístas.

hier. adv. t. Es forma regional andaluza, admitida por **ayer**.

hierba. sust. f. La forma **yerba** está admitida. Es sustantivo colectivo con la denotación de 'conjunto de muchas hierbas que nacen en un terreno'. Puede decirse también **herbaje** (sust. m. colect.) y, en Chile, **hierbal** (sust. m. colect.). Pero la voz más común para indicar un 'sitio poblado de hierbas' es **herbazal** (sust. m. colect.). Diminutivos: **hierbecilla, hierbecita, hierbezuela** y **hierbita**. Es incorrecto *hierbilla*. Aumentativo: **herbaza**. Incorrecto: *hierbaza*. Despectivo: **hierbajo** (sust. m.). → **yerba**

hierbabuena. sust. f. 'Planta herbácea, de flores perfumadas'. También puede escribirse en dos palabras: **hierba buena**. Se admite **yerba buena**. En plural: **hierbabuenas, hierbas buenas**. Equivale a **menta** (sust. f.). La Academia prefiere la primera forma. → **menta, peperina**

hierbatero. adj. → **yerbatero**

hieroglífico. sust. m. → **jeroglífico**

hieroscopia. sust. f. 'Arte supersticiosa de adivinar por las entrañas de los animales'. No debe pronunciarse [hieroscopía].

hierra. sust. f. Amér. 'Acción de marcar con el hierro los ganados'. Amér. 'Temporada en que se marca el ganado'. Amér. 'Fiesta que se celebra con tal motivo'. Para el Río de la Plata, la Academia admite, como regionalismo, la forma **yerra**. En Andalucía, se dice **hierre** (sust. m.). → **yerra**

hierro. sust. m. 'Metal'; 'marca que se pone a los ganados'; 'instrumento para marcar los ganados'. sust. m. pl. 'Prisiones de hierro, como cadenas, grillos, etc.'. Diminutivo: **hierrezuelo**. Se admite, en algunas regiones de América, la forma **fierro**. Es incorrecto, en cambio, decir *yerro*, un vulgarismo de zonas yeístas que entra en homonimia con **yerro** (sust. m.), 'culpa, error, descuido'. **de hierro**. loc. adj. 'Aplícado a la salud, muy resistente'. El número atómico de este metal es 26. Símbolo: ***Fe***

♦ **hi-fi.** Anglicismo. Abreviación de *high fidelity*. En español, debe decirse **alta fidelidad**.

hígado. sust. m. Diminutivos: **higadillo** e **higadilla** (sust. f.); la Academia prefiere la primera forma. **dar** (algo) **en el hígado** (a alguien). Argent. fr. fig. fam. 'Producir algo envidia o fastidio' (*Tu éxito le va a* ***dar en el hígado***). La A.A.L. ha recomendado la incorporación de este regionalismo en el ***Diccionario***.

♦ **high life.** Anglicismo. En español, corresponde decir **aristocracia, buena sociedad**.

higienista. adj. Ú. t. c. sust. com.: **el higienista, la higienista**.

higienización. sust. f. 'Acción y efecto de higienizar'. Es voz de reciente incorporación en el ***Diccionario***.

higienizar. v. tr. → **cazar**

higo. sust. m. 'Fruto de la higuera'. Diminutivo: **higuillo**. Es incorrecto usar *higa* (sust. f.); con esta denotación, debe decirse: ***el higo, un higo***. La voz **higa** denota un 'dije de azabache o coral, en figura de puño, que ponen a los niños con la idea de librarlos del mal de ojo';

'gesto que se ejecuta con la mano, mostrando el dedo pulgar por entre el dedo índice y el cordial, con el que se señalaba a las personas infames o se hacía desprecio de ellas'.

higuana. sust. f. → **iguana**

higuera. sust. f. Diminutivos: **higuerilla, higueruela**. Un 'sitio poblado de higueras' es un **higueral** (sust. m. colect.). **caerse de la higuera**. Argent. fr. fig. y fam. 'Avivarse, darse cuenta de algo'. La A.A.L. ha recomendado su registro en el ***Diccionario***.

higuereta. sust. f. 'Planta'. → **ricino**

higuerón. sust. m. 'Árbol'. Puede decirse, también, **higuerote** (sust. m.).

¡hi, hi, hi! interj. → **¡ji, ji, ji!**

hijastro. sust. m. Su femenino es **hijastra**. También pueden decirse **entenado, da** (sust. m. y f.) y **alnado, da** (sust. m. y f.).

hijo. sust. m. Su femenino es **hija**. Diminutivos: **hijuco, ca** (despect.); **hijuelo, la**. Como sustantivo masculino, denota, entre otras acepciones, 'retoño o renuevo' (*Esta planta tiene muchos **hijos***), voz que puede reemplazarse por **hijato** (sust. m.) e **hijuelo** (sust. m.). En plural, significa 'descendientes'. Es un pleonasmo decir ***hijo primogénito***. Correcto: ***primogénito***.

hijodalgo. sust. m. Su femenino es **hijadalgo**. Plural: **hijosdalgo, hijasdalgo**. Es más frecuente decir, hoy, **hidalgo, ga** (sust. m. y f.), voz que la Academia prefiere.

hilacha. sust. f. 'Pedazo de lino que se desprende de la tela'. Ú. t. en sent. fig. También se admite **hilacho** (sust. m.), pero la Academia prefiere la primera forma. Similar significado tiene **hilaracha** (sust. f.).

hilachoso, sa. adj. 'Que tiene muchas hilachas'. En América, se usa más **hilachudo, da** (adj.).

hilado, da. p. de **hilar**. adj. (*huevos **hilados**; cristal **hilado***). sust. m. 'Acción y efecto de hilar'; 'porción de lino, cáñamo, seda, algodón, etc., reducida a hilo'. Para esta última acepción, pueden decirse **hilanza** (sust. f. p. us.) e **hilaza** (sust. f.).

hilador. sust. m. 'El que hila'. Se usa, preferentemente, en el arte de la seda. Su femenino es **hiladora**. La forma femenina significa, además, 'máquina para hilar'. → **hilandero**

hilandero. sust. m. 'El que hila por oficio'. Su femenino es **hilandera**. Diminutivo: **hilanderuelo, la**. Como sustantivo masculino, también denota 'lugar donde se hila'. → **hilador**

hilemorfismo o **hilomorfismo.** sust. m. Las dos formas son correctas.

hilo. sust. m. Diminutivo: **hilete**. **al hilo**. loc. adv. 'En rápida e ininterrumpida sucesión'. La A.A.L. ha recomendado incorporar este argentinismo en el ***Diccionario***.

hilvanar. v. tr. Puede decirse, también, **sobrehilar** (v. tr.). Incorrecto: *surfilar*, un galicismo.

himen. sust. m. Nótese que es voz grave. No debe pronunciarse [himén] como aguda. Plural: **hímenes**.

himno. sust. m. El sustantivo colectivo es **himnario** (m.), 'colección de himnos'.

hincapié. sust. m. 'Acción de hincar o afirmar el pie para sostenerse o para hacer fuerza'. Plural: **hincapiés**. **hacer** uno **hincapié**. fr. fig. fam. 'Insistir en algo que se afirma, se propone o se encara'. Rég. prep.: **hacer hincapié en** (***hacer hincapié en** algo*).

hincar. v. tr. 'Clavar o introducir una cosa en otra' (***Hincó** los dientes en la carne*). v. prnl. Equivale a **arrodillarse** (v. prnl.). Rég. prep.: **hincarse de** (*Se **hincó de** rodillas ante el altar*). → **sacar**

hincha. sust. com.: **el hincha, la hincha**. Significa 'partidario entusiasta de un equipo deportivo'; 'por extensión, partidario de una persona destacada en alguna actividad'. Es una de las voces que debe usarse en reemplazo del anglicismo *fan*. → **fan**

hinchado, da. p. de **hinchar**. adj. fig. 'Vano, presumido'; 'dícese del lenguaje, estilo, etc., que abunda en palabras y expresiones redundantes, hiperbólicas y afectadas'. sust. f. colect. 'Multitud de hinchas, partidarios de equipos deportivos o personalidades destacadas' (*La **hinchada** aplaudía, gritaba, saltaba*).

hinchar. v. tr. Ú. t. c. prnl. Rég. prep.: **hincharse con** (***hincharse con** elogios*); **hincharse de** (***hincharse de** soberbia*).

hindú. adj. 'Natural de la India' (*tela* ***hindú***; *niño* ***hindú***); 'adepto al hinduismo'. sust. com.: **el hindú**, **la hindú**. Plural: **hindúes** o **hindús**. Para la primera acepción, también puede emplearse el gentilicio **indio**, **dia** (adj. Ú. t. c. sust. m. y f.), más apropiado, porque **hindú** denota, sobre todo, lo 'perteneciente a una de las religiones de la India, el hinduismo'; pero, para evitar la confusión entre el **indio** de América y el 'natural de la India', se recurre, casi con exclusividad, a la forma que anotamos. Según Seco, el empleo de **hindú** por **indio** "es abusivo, porque aplica un término de religión a una realidad nacional, cuando, como es sabido, el pueblo indio se reparte en bastantes confesiones religiosas, de las cuales la hindú, aunque mayoritaria, es sólo una". Y, al margen del ***Diccionario***, concluye el lingüista español con la siguiente advertencia: "Es recomendable, pues, delimitar los usos: *indio* es el miembro de una entidad política, la India; *hindú* es el miembro de una entidad religiosa, el hinduismo".

hinduista. adj. 'Perteneciente o relativo al hinduismo'. sust. com: **el hinduista**, **la hinduista**. Es voz recién incorporada en el ***Diccionario***.

hiniesta. sust. f. Equivale a **retama**. Puede decirse, también, **ginesta** (sust. f.). La Academia prefiere la primera forma.

hinojo. sust. m. 'Planta herbácea'. Un 'sitio poblado de hinojos' es un **hinojal** (sust. m. colect.). Esta voz tiene un homónimo, también sustantivo masculino, que significa 'rodilla'. Ú. m. en pl. **de hinojos**. loc. adv. Equivale a **de rodillas**.

hioideo, a. adj. 'Perteneciente o relativo al hueso hioides'. Es palabra grave. Es incorrecto escribirla y pronunciarla [hióideo] como esdrújula.

hiper-. elem. compos. de or. gr. 'Superioridad'; 'exceso' (***hipertenso***, ***hipertrofia***, ***hipermercado***).

hipérbaton. sust. m. 'Alteración del orden sintáctico regular'. Puede decirse, también, **hipérbato**. La Academia prefiere la primera forma. Plural de ambas: **hipérbatos**. Plurales incorrectos de la primera forma: *hiperbatones*, *hiperbatons*.

hipérbole. sust. f. 'Exageración'. Repárese en que es voz del género femenino (***la hipérbole***). No debe confundirse con **hipérbola** (sust. f.), voz técnica con que se designa una 'curva simétrica respecto de dos ejes perpendiculares entre sí'.

hiperbolizar. v. intr. 'Usar hipérboles'. → **cazar**

hipercrítico, ca. adj. 'Propio de la hipercrítica o de quien la practica' (*análisis* ***hipercrítico***). sust. m. 'Censor inflexible'.

hiperestesiar. v. tr. 'Causar hiperestesia o excesiva y dolorosa sensibilidad'. Se conjuga, en cuanto al acento, como **cambiar**.

hipermercado. sust. m. 'Tienda de enormes dimensiones o gran supermercado'. Es voz de reciente incorporación en el ***Diccionario***. → **supermercado**

hipertrofiarse. v. prnl. Se conjuga, en cuanto al acento, como **cambiar**.

hípico, ca. adj. 'Perteneciente o relativo al caballo'. sust. f. 'Deporte que consiste en carreras de caballos, concursos de salto, doma, adiestramiento, etc.'. Dice Seco: "no hay necesidad de usar *turf*", un anglicismo.

hipnosis. sust. f. 'Estado producido por el hipnotismo'. En plural, no varía: **las hipnosis**.

hipnotizador, ra. adj. 'Que hipnotiza'. Ú. t. c. sust. m. y f.: **el hipnotizador**, **la hipnotizadora**.

hipnotizar. v. tr. 'Producir la hipnosis'; 'fascinar, asombrar a alguien'. → **cazar**

hipo-. elem. compos. de or. gr. 'Debajo de'; 'escasez de' (***hipotenso***, ***hipocentro***, ***hipoclorhidria***, ***hipofunción***). Esta forma no debe confundirse con la palabra griega *hippos*, 'caballo', que aparece en compuestos tales como *hipódromo*, *hipocampo*, *hipopótamo*. → **hipomanía**

hipocastanáceo, a. adj. 'Dícese de árboles o arbustos, como el castaño de la India'. Ú. t. c. sust. m. y f.: **el hipocastanáceo**, **la hipocastanácea**. sust. f. pl. 'Familia de estas plantas'. Nótese que es palabra esdrújula. La Academia registra también la forma **hipocastáneo, a**, con los mismos usos, pero prefiere la primera.

hipocondría. sust. f. 'Afección de tipo nervioso'. Es incorrecto pronunciar [hipocondria].

hipocondríaco, ca o **hipocondriaco, ca.** adj. 'Perteneciente a la hipocondría'; 'que padece esta enfermedad'. Ú. t. c. sust. m. y f.: **el hipocondríaco** o **el hipocondriaco**, **la hipocondríaca** o **la hipocondriaca**. Las dos formas son correctas, pero los hablantes prefieren la primera.

hipodermis. sust. f. 'Capa más profunda de la piel'. Este tecnicismo, no registrado por la Academia, ya aparece en el ***Diccionario Manual***, con el indicador de su falta de sanción académica. El ***Diccionario*** recoge, sí, **hipodérmico, ca** (adj.), 'que está o se pone debajo de la piel'.

hipófisis. sust. f. 'Órgano de secreción interna'. En plural, no varía: **las hipófisis**.

hipogrifo. sust. m. 'Animal fabuloso'. Es voz grave. No debe pronunciarse [hipógrifo] como esdrújula.

hipólogo. sust. m. 'El que profesa la veterinaria del caballo'. Su femenino es **hipóloga**.

hipomanía. sust. f. 'Manía de tipo moderado'. Esta voz tiene un homónimo, también sustantivo femenino, que significa 'afición desmedida a los caballos'. El primer homónimo es un vocablo compuesto, formado con el elemento compositivo *hipo-* y *manía*; el segundo, un compuesto formado por *hippos* ('caballo') y *manía*. → **hipo-**

hipomaníaco, ca o **hipomaniaco, ca.** adj. 'Perteneciente a la hipomanía'; 'que padece hipomanía'. Ú. t. c. sust. m. y f. : **el hipomaníaco** o **el hipomaniaco, la hipomaníaca** o **la hipomaniaca**. Las dos formas son correctas, pero los hablantes se inclinan por la primera.

hipomoclio o **hipomoclion.** sust. m. 'Punto de apoyo de la palanca'. Las dos formas son correctas. Nótese que son palabras graves. Plural de ambas: **hipomoclios**. Puede decirse, también, **fulcro** (sust. m.), voz que la Academia prefiere.

hipóstasis. sust. f. 'Supuesto o persona. Ú. más hablando de las tres personas de la Trinidad'. Es palabra esdrújula. No debe pronunciarse [hipostasis] como grave. De esta voz derivan **hipostáticamente** (adv. m.) e **hipostático, ca** (adj.). La Academia no registra **hipostasiar** (v. tr.), recogido, con el indicador de su falta de sanción oficial, por el ***Diccionario Manual***, 'considerar algo como sustrato real o verdadero distinguiéndolo de lo accidental'. Se conjuga, en cuanto al acento, como **cambiar**.

hipotaxis. sust. f. Equivale a **subordinación**. Tecnicismo gramatical no recogido por la Academia, pero registrado con ese indicador, por el ***Diccionario Manual***. En plural, no varía: **las hipotaxis**. Por tratarse de una palabra grave terminada en **s**, no debe ponerse tilde sobre la **a**. → **parataxis**

hipoteca. sust. f. No debe emplearse, en su reemplazo, ***hipotecación***, un anglicismo.

hipotecar. v. tr. → **sacar**

hipotenso, sa. adj. 'Que padece hipotensión'. Ú. t. c. sust. m. y f.: **el hipotenso, la hipotensa**.

hipotérmico, ca. adj. La Academia registra **hipotermia** (sust. f.), pero no, el adjetivo que, sí, recoge el ***Diccionario Manual*** con el indicador de su falta de registro oficial. Esta obra señala, además, su uso como sustantivo masculino y femenino: **el hipotérmico, la hipotérmica**.

hipótesis. sust. f. En plural, no varía: **las hipótesis**. La Academia admite, también, la forma **hipótesi** (sust. f.) –plural, **hipótesis**–, hoy desusada.

♦ **hipotetizar.** Anglicismo. Corresponde emplear **establecer**, **arriesgar** o **proponer una hipótesis**.

hipotiroidismo. sust. m. 'Hipofunción de la glándula tiroidea y trastornos que origina'. Es voz recién incorporada en el ***Diccionario***, el que no ha recogido, en cambio, el adjetivo **hipotiroideo, a** (Ú. t. c. sust. m. y f.).

♦ **hippy.** A veces, escrita ***hippie***. Anglicismo. Esta voz –como señala el ***Diccionario Manual***, que la registra con el indicador de su falta de sanción oficial– se aplica, como adjetivo, a "un movimiento iniciado alrededor de 1965, en EE. UU., que propugna una actitud de protesta e inconformismo hacia las estructuras sociales vigentes, en general", y a lo "perteneciente o relativo a dicho movimiento". Como sustantivo, según indica el mismo registro, "se aplica a personas" (el "hippy", la "hippy"). Esta palabra, que carece de traducción en español, sigue, a la fecha, sin tener entrada en la última edición del *Diccionario*. En consecuencia, si se la usa, debe entrecomillarse. En la pronunciación de esta voz, es obligatorio aspirar la **h**, como acota el *Diccionario Manual*. El plural es "hippies".

hisopada. sust. f. 'Rociada de agua con el hisopo'. Pueden decirse, también, **hisopadura** (sust. f. p. us.) e **hisopazo** (sust. m.), que significan lo mismo. La última voz tiene una segunda acepción: 'golpe dado con el hisopo'.

hisopar. v. tr. 'Rociar con el hisopo'. También puede decirse **hisopear** (v. tr.). No debe pronunciarse [hisopiar, hisopié]. → **-ear**

hisopo. sust. m. 'Utensilio usado en las iglesias para esparcir agua bendita'. Denota, también, una 'planta'. Diminutivo: **hisopillo**. Existen, también, las formas **gisopo** (sust. m.) y **gisopillo**, su diminutivo, poco frecuentes.

hispalense. adj. Equivale a **sevillano**. Apl. a pers, ú. t. c. sust. com.: **el hispalense, la hispalense**.

hispánico, ca. adj. 'Perteneciente o relativo a España'; 'perteneciente o relativo a la antigua Hispania o a los pueblos que formaron parte de ella, y a los que nacieron de estos pueblos en época posterior' (*La segunda acepción es importante para nosotros los hispanoamericanos, que somos pueblos **hispánicos***).

hispanidad. sust. f. 'Carácter genérico de todos los pueblos de lengua y cultura hispánicas'. Es sustantivo colectivo cuando significa el 'conjunto y comunidad de los pueblos hispánicos'.

hispanista. sust. com.: 'Persona que profesa el estudio de lenguas, literaturas o cultura hispánicas, o está versada en él': **el hispanista, la hispanista**. El *Diccionario* no consigna el uso de este sustantivo como adjetivo. Incorrecto: *tradición hispanista*. Correcto: *tradición **hispánica***. No existe, por otra parte, el adjetivo *hispanístico, ca*, un burdo neologismo. → **hispánico**

hispanizar. v. tr. Ú. t. c. prnl. → **cazar**

hispano, na. adj. 'Perteneciente o relativo a Hispania'; 'perteneciente o relativo a España'. Apl. a pers., ú. t. c. sust. m. y f.: **el hispano, la hispana**. 'Perteneciente o relativo a las naciones de Hispanoamérica'.

hispanoamericano, na. adj. 'Perteneciente a españoles y americanos o compuesto de elementos propios de unos y de otros'; 'dícese de los países en que se habla español'; 'dícese de los individuos de habla española nacidos o naturalizados en esos países'. Ú. t. c. sust. m. y f.: **el hispanoamericano, la hispanoamericana**. No debe escribirse *hispano-americano*, con guión, porque hay fusión de ambos elementos. → **iberoamericano, latinoamericano**

hispanoárabe. adj. 'Perteneciente o relativo a la España musulmana'; 'natural o habitante de ella'. Ú. t. c. sust. com.: **el hispanoárabe, la hispanoárabe**. Porque hay fusión de ambos elementos, no debe escribirse con guión: *hispano-árabe*.

hispanófilo, la. adj. 'Dícese del extranjero aficionado a la cultura y costumbres de España'. Ú. t. c. sust. m. y f.: **el hispanófilo, la hispanófila**.

hispanohablante. adj. 'Que tiene como lengua materna el español'. Ú. t. c. sust. com.: **el hispanohablante, la hispanohablante**. Son galicismos *hispanoparlante* y *hispanófono, na*.

hispanorromano, na. adj. Esta voz, al igual que muchos compuestos, no figura en el *Diccionario*, pero es de correcta formación. Porque hay fusión de ambos elementos, no debe escribirse con guión: *hispano-romano*.

histeria. sust. f. Se dice, también, **histerismo** (sust. m.), voz que prefiere la Academia.

histérico, ca. adj. 'Perteneciente al histerismo'. Apl. a pers., ú. t. c. sust. m. y f.: **el histérico, la histérica**.

histograma. sust. m. Es voz de reciente incorporación académica.

histólogo. sust. m. Su femenino es **históloga**.

historia. sust. f. Diminutivo: **historieta**. Se escribe con mayúscula cuando designa la asignatura o la cátedra (*Una de las materias obligatorias es **Historia***).

historiador. sust. m. Su femenino es **historiadora**.

historiar. v. tr. No debe reemplazarse por *historizar* o *historicizar*, dos barbarismos. En su conjugación, en cuanto al acento, vacila en seguir el modelo de **cambiar** (*historio*) o el de **guiar** (*historío*). En general, los hablantes se inclinan por la primera solución.

historicismo. sust. m. 'Tendencia intelectual a reducir la realidad humana a su historia'. La Academia admite, también, **historismo** (sust. m.).

historicista. adj. 'Perteneciente o relativo al historicismo'; 'partidario de esta tendencia'. sust. com: **el historicista**, **la historicista**. Es voz de reciente incorporación en el ***Diccionario***.

historiógrafo. sust. m. Su femenino es **historiógrafa**.

histrión. sust. m. 'El que representaba en el teatro'; 'actor teatral'. Su femenino es **histrionisa**. Incorrecto: *histriona*.

histrionismo. sust. m. 'Oficio de histrión'. Es sustantivo colectivo con el significado de 'conjunto de personas dedicadas a este oficio'. Denota, también, 'afectación o exageración propia del histrión'.

♦ **hit.** Anglicismo. En español, corresponde emplear **éxito**, **triunfo**.

hita. sust. f. 'Clavo pequeño, sin cabeza'. Aumentativo: **hitón** (sust. m.).

♦ **hobby.** Anglicismo. En español, corresponde reemplazarlo por **afición**, **entretenimiento preferido**, **pasatiempo favorito**. Si se escribe este extranjerismo, debe entrecomillarse. Al pronunciarlo, se aspira la **h**. El plural es "hobbies".

hocicar. v. tr. 'Levantar tierra con el hocico'. fig. y fam. 'Besar'. v. intr. 'Dar de hocicos contra algo'. Rég. prep.: **hocicar con** (***hocicar con*** *la nariz*); **hocicar contra** (***hocicar contra*** *el suelo*); **hocicar en** (***hocicar en*** *el barro*). → **sacar**. También pueden decirse **hozar** (v. tr. Ú. t. c. intr.), que es la forma culta, y **hociquear** (v. tr. Ú. t. c. intr.), de reciente incorporación en el ***Diccionario***. Ambas formas tienen el mismo régimen que **hocicar**. No debe pronunciarse [hociquiar, hociquié]. → **-ear**

hocico. sust. m. Aumentativo: **hocicón**.

hocicudo, da. adj. También puede decirse **hocicón, na** (adj.). La Academia prefiere la primera forma.

hociquera. sust. f. Argent. 'En la cabezada, tira de tientos que rodea el hocico del caballo por sobre sus ollares y de la que pende la presilla del bajador'. No figura en el ***Diccionario***, pero su inclusión fue recomendada por la A.A.L. Se usa, también, en el Perú, según anota el ***Diccionario Manual***, aunque con el indicador de su falta de registro académico.

♦ **hockey.** Anglicismo. La voz con que se designa este deporte carece de equivalente en español. Cuando se la usa, debe entrecomillarse. Al pronunciarla, se aspira la **h**.

hogaño. adv. t. fam. 'En el año presente'; 'por extensión, en esta época'. Con esta segunda denotación, se opone a **antaño** (adv. t.). La Academia registra, también, la grafía **ogaño**, que es desusada.

hoja. sust. f. A veces, se usa con valor de sustantivo colectivo (*la caída de la* ***hoja***). Diminutivo: **hojuela**. Es voz que interviene en numerosos sintagmas: **hoja de afeitar**, **hoja de ruta**, **hoja de servicios**, etc. → **foja**, **folio**, **página**

hojalata. sust. f. Puede escribirse, también, **hoja de lata**, pero no, *hojadelata*, un barbarismo. En plural: **hojalatas**.

hojalatero. sust. m. 'Persona que fabrica o vende piezas de hojalata'. Según la Academia, carece de femenino.

hojaldre. sust. amb. 'Masa de harina y manteca'. Se usa, generalmente, la forma masculina (*Hizo una torta de rico* ***hojaldre***). Puede decirse **hojalde** (sust. m.), poco frecuente. La Academia prefiere la primera forma. En América y Murcia, se usa, también, **hojaldra** (sust. f.), regionalismo admitido por la Academia.

hojaldrero. sust. m. Su femenino es **hojaldrera**. Es correcto, también, decir **hojaldrista** (sust. com.). La Academia prefiere la primera forma.

hojarasca. sust. f. colect. 'Conjunto de hojas caídas de los árboles'; 'excesiva frondosidad de árboles y plantas'. fig. 'Cosa inútil y de poca sustancia, en especial palabras'.

hojear. v. tr. 'Pasar o leer de prisa las hojas de un libro o cuaderno'. v. intr. 'Moverse las hojas de los árboles'. No debe pronunciarse [hojiar, hojié] ni confundirse con **ojear** (v. tr.), su homófono. → **-ear**, **ojear**

hojoso, sa. adj. 'Que tiene muchas hojas'. Puede decirse, también, **hojudo, da** (adj.).

¡hola! interj. p. us. Se emplea para denotar extrañeza. Ú. t. repetida (*¡**Hola**, **hola**, qué sorpresa!*). Tiene uso, además, como salutación familiar. En la Argentina, se emplea, en especial, al atender el teléfono. Es común, también, la forma **¡holá!**, no registrada por la Academia. → **¡halo!**

holanda. sust. f. 'Lienzo muy fino'. Con esta denotación, puede decirse **holán** (sust. m. p. us.). Diminutivos: **holandeta, holandilla** ('lienzo teñido y prensado, usado, generalmente, para forros'). Incorrecto: holandillo.

♦ **holding.** Anglicismo. En español, corresponde decir **grupo financiero** o **industrial**. Denota, como dice el ***Diccionario Manual*** –no sin antes documentar su falta de registro académico–, una "forma de organización de empresas, según la cual una compañía financiera se hace con la mayoría de las acciones de otras empresas, y éstas reciben a su vez acciones de la primera, y son controladas por ella". Si se usa el extranjerismo, debe entrecomillarse. Cuando se pronuncia, debe aspirarse la **h**.

holear. v. intr. 'Usar repetidamente la interjección ¡hola!'. No debe pronunciarse [holiar, holié]. → **-ear**

holgar. v. irreg. intr. 'Descansar' (*El año próximo quiero **holgar***); 'no trabajar, estar ocioso' (*Todo el día **huelgas***); 'ser inútil' (*Tus palabras **huelgan***). v. prnl. 'Alegrarse'; 'divertirse, entretenerse con gusto en alguna cosa' (***Se holgaba** de oír tantas tonterías*). Rég. prep.: **holgarse con** (***holgarse con** la noticia*); **holgarse de** (***holgarse de** todo*). Se conjuga como **colgar**.

holgazán, na. adj. 'Aplícase a la persona que no quiere trabajar'. Ú. t. c. sust. m. y f.: **el holgazán, la holgazana**.

holgazanear. v. intr. No debe pronunciarse [holgazaniar, holgazanié]. → **-ear**

holgazanería. sust. f. 'Ociosidad, aversión al trabajo' (*La **holgazanería** es uno de sus peores vicios*). No debe decirse holgazanitis, sin registro en el ***Diccionario***, ni confundirse semánticamente con **holganza** (sust. f.), 'descanso, quietud'; 'carencia de trabajo'; 'placer, contento' (*Los domingos son mis días de **holganza***).

holgón, na. adj. 'Amigo de holgar y divertirse'. Ú. t. c. sust. m. y f.: **el holgón, la holgona**.

holgorio. sust. m. → **jolgorio**

holgura. sust. f. 'Anchura'; 'regocijo, diversión'. Con esta última denotación, puede decirse **holgueta** (sust. f. fam.).

hollar. v. irreg. tr. 'Pisar'; 'comprimir algo con los pies'. fig. 'Abatir, humillar, despreciar'. Rég. prep.: **hollar** algo **con** (***hollar** el suelo **con** los pies*). Se conjuga como **sonar**.

hollejo. sust. m. 'Pellejo o piel delgada de algunos frutos y verduras' (*el **hollejo** de la uva*). Diminutivo: **hollejuelo**.

holmio. sust. m. 'Metal del grupo de las tierras raras'. Número atómico 67. Símbolo: ***Ho***

holo-. elem. compos. de or. gr. 'Todo' (***holo**grafía, **holo**causto*).

hológrafo, fa. adj. 'Aplícase al testamento de puño y letra del testador'. Ú. t. c. sust. m.: **el hológrafo**. 'Escrito de mano del autor, autógrafo' (*manuscrito **hológrafo***). La Academia registra, también, **ológrafo, fa**, pero prefiere la primera forma.

hombre. sust. m. Entre otras acepciones, significa 'ser animado racional', es decir, 'todo el género humano', sin distinción de sexos (***El hombre** es un ser racional*); 'varón, criatura racional del sexo masculino'; en este último caso, su antónimo es **mujer** (sust. f.). Diminutivos: **hombrezuelo, hombrecillo**. Aumentativo: **hombretón. gran o grande hombre**. 'El ilustre y eminente'. Debe diferenciarse de **hombre grande**, 'el de gran tamaño' **pobre hombre**. 'El de cortos talentos e instrucción'. Debe diferenciarse de **hombre pobre**, 'el de nulos o escasos recursos económicos'. **hombre rana**. 'Hombre provisto del equipo necesario para efectuar trabajos submarinos'. En plural: **hombres rana**. Incorrecto: hombres ranas. **¡hombre!** interj. (*¡**Hombre!**, sal de ahí*). → **gentilhombre**

hombrear. v. intr. 'Querer el joven parecer hombre hecho'. fig. 'Querer igualarse con otro u otros en saber, calidad, etc.'. Ú. t. c. prnl. Rég. prep.: **hombrearse con** (***hombrearse con** los sabios*). Este verbo tiene un homónimo que significa 'hacer fuerza con los hombros para sostener o empujar alguna cosa' (***hombrear** bolsas*). No debe pronunciarse [hombriar, hombrié]. → **-ear**

hombrera. sust. f. Entre otras acepciones, 'cordón, franja o pieza de paño en forma de almohadilla que se usa en los uniformes militares' (*En las **hombreras**, lucía tres estrellas doradas*); 'especie de almohadilla que en prendas de vestir, a veces, se pone en la zona de los hombros, para que éstos parezcan más anchos' (*La moda femenina ha impuesto el uso de enormes **hombreras***); 'tira de tela que, pasando por los hombros, sujeta algunas prendas de vestir'. Con esta última acepción, es, junto con **tirante** (sust. m.), el equivalente español del galicismo *bretel*. → **tirante**

hombría. sust. f. 'Cualidad de hombre'; 'cualidad buena y destacada de hombre, especialmente la entereza o el valor'. **hombría de bien**. 'Probidad, honradez'. También puede decirse **hombradía** (sust. f.). La Academia prefiere la primera forma.

hombro. sust. m. **a hombros**. loc. adv. con que se denota 'que se lleva alguna persona o cosa sobre los hombros' (*Llevaba una bolsa **a hombros***). Es correcto, también, decir **en hombros** (*Llevaba a su hijo **en hombros***). La segunda construcción se usa, sobre todo, para personas; la primera, para personas o cosas. **al hombro**. loc. adv. 'Sobre él o colgado de él' (*Lucía una cartera **al hombro***). **arrimar** o **poner el hombro**. fr. fig. 'Ayudar'. **encoger** uno **los hombros**. fr. fig. 'Soportar con paciencia una cosa desagradable'. **encogerse** uno **de hombros**. fr. Entre otros significados, tiene el de 'permanecer indiferente ante lo que se ve o se oye'. **estar hombro a hombro**. fr. fig. y fam. 'Codearse'. **hurtar** o **escurrir el hombro**. fr. fig. 'No colaborar'. **mirar** a uno **por encima del hombro**, o **sobre el hombro**, o **sobre hombro**. fr. fig. fam. 'Tenerle en menos'.

♦ **homenajeado.** Es neologismo semántico por **agasajado**, **festejado**, **invitado**.

homenajear. v. tr. No debe pronunciarse [homenajiar, homenajié]. → **-ear**

homeo-. elem. compos. de or. gr. 'Semejante'; 'parecido' (***homeopático***, ***homeóstasis***). Es voz de reciente registro académico.

homeópata. adj. 'Dícese del médico especialista en homeopatía'. Ú. t. c. sust. com.: **el homeópata, la homeópata.**

homeóstasis u **homeostasis.** sust. f. Las dos acentuaciones son correctas. En plural, no varía: **las homeóstasis** o **las homeostasis**.

homicida. adj. 'Causante de la muerte de alguien' (*arma **homicida***). Apl. a pers., ú. t. c. sust. com.: **el homicida, la homicida**. → **homicidio**

homicidio. sust. m. 'Muerte causada a una persona por otra'. Debe diferenciarse de **asesinato** (sust. m.), que es la 'muerte causada a otro con premeditación y alevosía'.

homilía. sust. f. 'Sermón o plática de contenido religioso'. No debe pronunciarse [homilia].

homiliario. sust. m. colect. 'Libro que contiene homilías'.

homo-. elem. compos. de or. gr. 'Igual' (***homosexual***, ***homófono***, ***homógrafo***).

homofonía. sust. f. 'Cualidad de homófono'. sust. f. colect. 'Conjunto de voces o sonidos simultáneos que cantan al unísono'.

homófono, na. adj. 'Dícese de las palabras que, pese a su diferente grafía, suenan igual y tienen distinta significación' (*"Bello" y "vello" son palabras **homófonas***). → **homógrafo, homónimo**

homogeneidad. sust. f. 'Cualidad de homogéneo'. Incorrecto: <u>*homogenidad*</u>. → **-dad**

homogeneizar. v. tr. 'Hacer homogéneo, por medios físicos o químicos, un compuesto o mezcla de elementos diversos'. Incorrecto: <u>*homogenizar*</u>. Su postverbal es **homogeneización** (sust. f.), voz recién incorporada en el ***Diccionario***. Incorrecto: <u>*homogenización*</u>. → **cazar**

homogéneo, a. adj. Nótese que es palabra esdrújula (*formar una pasta **homogénea***).

homógrafo, fa. adj. 'Aplícase a palabras que se escriben igual, pero tienen distinta significación' (*"Cazo", inflexión del verbo cazar, y "cazo", 'recipiente', son palabras **homógrafas***).

homologar. v. tr. → **pagar**

homonimia. sust. f. 'Cualidad de homónimo'. En relación con las palabras, no debe confundirse el valor semántico de esta voz con el de **polisemia** (sust. f.). → **polisemia**

homónimo, ma. adj. 'Dícese de dos o más personas o cosas que llevan un mismo nombre, en ámbitos distintos'. Cuando se trata de personas, su sinónimo exacto es **tocayo, ya** (sust. m. y f.). 'Dícese de las palabras que son iguales por su forma, pero que tienen orígenes etimológicos diferentes y, consiguientemente, significados distintos' (*"Llama", el simpático rumiante de los Andes, es voz* ***homónima*** *de "llama", la del fuego*). Ú. t. c. sust. m. (*Tengo que buscar* ***homónimos*** *en un diccionario*).

homoplastia. sust. f. 'Implantación de injertos'. Incorrecto: <u>*homoplastía*</u>.

homóptero. adj. 'Dícese de cierta clase de insectos'. Ú. t. c. sust. m. (*La cigarra es un* ***homóptero***). sust. m. pl. 'Suborden de estos animales'.

homosexual. adj. 'Dícese del individuo afecto a la homosexualidad'. Ú. t. c. sust. com. (*Es un* ***homosexual***; *Es una* ***homosexual***)). Para expresar igual inclinación entre mujeres, se usa, también, **lesbiana** (adj. Ú. t. c. sust. f.). 'Dícese de la relación erótica entre individuos del mismo sexo'; 'perteneciente o relativo a la homosexualidad'. Su antónimo es **heterosexual** (adj. Ú. t. c. sust. com.).

homosexualidad. sust. f. Incorrecto: <u>*homosexualismo*</u>.

honda. sust. f. 'Tira de cuero u otra materia para tirar piedras con violencia' (*Mataba pájaros con una* ***honda***). La Academia registra, también, **hondijo** (sust. m.). No debe confundirse su grafía con la de **onda** (sust. f.), 'ola, ondulación, etc.'. El 'tiro de honda' puede decirse **hondazo** (sust. m.) u **hondada** (sust. f.). La Academia prefiere la primera forma (*Mató la paloma de un* ***hondazo***).

hondear. v. tr. 'Reconocer el fondo con la sonda'; 'sacar carga de una embarcación'. Esta voz tiene un homónimo que significa 'disparar la honda'. No debe decirse [hondiar, hondié]. Distíngase su grafía de la de **ondear** (v. intr.). → **-ear**

hondillos. sust. m. pl. 'Entrepiernas de los calzones'. Puede decirse, también, **fondillos** (sust. m. pl.). La Academia no indica preferencia, pero los hablantes usan más esta última voz. → **plural (pluralia tantum), fondillos**

hondo, da. adj. 'Que tiene profundidad' (*plato* ***hondo***; *herida* ***honda***); 'aplícase a la parte de terreno que está más baja que todo lo circundante'. fig. 'Profundo, alto, recóndito' (***hondos*** *pensamientos*). fig. 'Tratándose de un sentimiento, intenso, extremado' (*amor muy* ***hondo***). En la expresión **cante hondo**, se aspira la **h**; puede decirse, también, **cante jondo**. sust. m. 'Parte inferior de una cosa hueca o cóncava' (*Está en el* ***hondo***). Con esta última denotación, se usa más **fondo** (sust. m.). **lo hondo**. 'La parte más profunda de algo'.

hondonada. sust. f. 'Espacio de terreno hondo'. No debe decirse <u>*hondanada*</u>.

honesto, ta. adj. Si bien este adjetivo significa, según la Academia, en dos de sus principales acepciones, 'decente o decoroso' y 'probo, recto, honrado', "es útil mantener –dice Seco– la distinción tradicional entre *honesto*, para la primera acepción, y *honrado*, para la segunda".

hongo. sust. m. 'Cualquiera de las plantas talofitas, sin clorofila'; 'sombrero de copa baja, rígida y semiesférica'; 'excrecencia fungosa que crece en las heridas e impide su cicatrización'. Con esta última denotación, se usa más en plural (*Tiene* ***hongos*** *en los pies*). sust. m. pl. 'Clase de plantas de este nombre'.

honor. sust. m. Con la acepción de 'dignidad, empleo, cargo', se usa más en plural (*Alcanzó todos los* ***honores*** *de la magistratura*). sust. m. pl. 'Concesión que se hace en favor de alguien para que goce del título y preeminencia de un cargo como si realmente lo tuviera, aunque le falte el ejercicio y el goce de una retribución' (*Goza de los* ***honores*** *de embajador*). Rég. prep.: **honor a** (*Rindieron* ***honor a*** *los héroes*); **en honor de** (*Ofreció una comida* ***en honor del*** *visitante*). La construción **en honor a** sólo se usa en la locución ***en honor a*** *la verdad*, que puede construirse, también, con la preposición **de**: ***en honor de*** *la verdad*.

honorable. adj. El superlativo es **honorabilísimo, ma.**

honorario, ria. adj. 'Que sirve para honrar a uno' (*dignidad* ***honoraria***); 'aplícase al que tiene los honores y no la propiedad de una dignidad o empleo' (*cónsul* ***honorario***). sust. m. 'Estipendio o sueldo'. Ú. m. en pl. (*Aquí tiene sus* ***honorarios***).

honoris causa. loc. lat. que significa 'por razón o causa de honor' (*doctor* ***honoris causa***).

honra. sust. f. 'Estima y respeto de la propia dignidad'; 'buena opinión y fama adquirida por la virtud y el mérito'. Diminutivo: **honrilla**. sust. f. pl. 'Oficio solemne que se celebra por los difuntos algunos días después del entierro y anualmente' (***honras** fúnebres*).

honrado, da. p. de **honrar**. adj. 'Que procede con honradez'. Rég. prep.: **honrado en** (***honrado en** sus negocios*). → **honesto**

honrar. v. tr. 'Respetar a una persona'; 'premiar su mérito'; 'dar celebridad'; 'úsase como fórmula de cortesía para enaltecer la asistencia, adhesión, etc., de otra u otras personas' (*El Presidente nos **honra** con su presencia*). v. prnl. 'Tener uno a honra ser o hacer alguna cosa'. Rég. prep.: **honrarse con** o **de** (***honrarse con** o **de** su amistad*); **honrarse de** (***honrarse de** complacer a sus invitados*); **honrarse en** (***honrarse en** recibirlo*). No debe emplearse este verbo como equivalente de **cumplir** (v. tr. Ú. t. c. prnl.), un anglicismo semántico: *La Argentina honrará los acuerdos suscriptos*. Correcto: *La Argentina **cumplirá** los acuerdos suscriptos*.

hontanar. sust. m. 'Sitio en que nacen fuentes y manantiales'. Puede decirse, también, **hontanal** (sust. m.). Diminutivo: **hontanarejo**.

hopalanda. sust. f. 'Vestidura'. Ú. m. en pl. Puede decirse, también, **sopalanda** (sust. f.), pero la Academia prefiere la primera forma.

hopo. sust. m. 'Copete o mechón de pelo'; 'rabo o cola que tiene mucho pelo o lana, como la de la zorra, la oveja, etc.'. En esta palabra, dice la Academia, suele aspirarse la **h**. Puede escribirse, también, **jopo** (sust. m.).

hora. sust. f. 'Cada una de las 24 partes en que se divide el día'. Se cuentan, en el orden civil, de 12 en 12, desde la medianoche hasta el mediodía, y desde éste hasta la medianoche siguiente. 'Tiempo oportuno' (*Es **hora** de comer*); 'últimos instantes de la vida'. Ú. m. con el verbo **llegar** (*Le **llegó** la **hora***). adv. t. Equivale a **ahora** (***Hora**, irás a casa de tu abuela*). sust. f. pl. 'hora desacostumbrada' (*¿A estas **horas** te levantas?*). **hora punta**. 'Aquella en que se produce mayor aglomeración en los transportes, a la entrada y salida del trabajo'. No es correcto escribir este sintagma con guión: *hora-punta*. Plural: **horas punta**. Incorrecto: *horas puntas*. En la Argentina, se usa **hora pico**. Carece de registro académico. En plural: **horas pico**. **dar la hora**. fr. 'Sonar en el reloj las campanadas que la indican' (*El reloj **da la hora***). **de buena hora**. loc. adv. 'A la hora' (*Llegó **de buena hora***). Es un galicismo emplear de buena hora por **temprano**. Ofrecemos, a continuación, algunos otros errores que se cometen respecto a las horas. Correcto: *¿Qué **hora es**?* Incorrecto: *¿Qué horas son?* o *¿Qué hora son?* Correcto: ***Es la una***. Incorrecto: *Son la una*. Correcto: ***Son las dos, las tres, las cuatro***, etc. La única hora que lleva el artículo en singular, es ***la** una*; las demás lo llevan en plural. Del mismo modo, se dice: *¿A qué **hora** llegará?* Incorrecto: *¿A qué horas llegará?* Cuando se cuentan las horas de 12 en 12, según es de uso en lenguaje familiar o coloquial, se aclara si son de la mañana, de la tarde o de la noche (*Te espero a las **11 de la mañana**; Nos encontraremos a las **7 de la tarde**; Iré a las **10 de la noche***). Hoy no se dice, es desusado, porque las horas ya no se cuentan oficialmente de 12 en 12, sino de 1 a 24: *Te espero a las 11 a. m.; Iré a las 8 p. m.* Dichas abreviaturas significaban, respectivamente, *a(nte) m(erídiem)*, es decir, *antemeridianas* o *antes del mediodía*, y *p(ost) m(erídiem)*, es decir, *posmeridianas* o *después del mediodía*. Otro error (galicismo) consiste en agregar la palabra horas al número indicador de la hora: *El tren llegará a las 11 horas; La conferencia tendrá lugar a las 19 horas*. Correcto: *El tren llegará a las **11**; La conferencia tendrá lugar a las **19***. Cuando se indican fracciones de horas en minutos, éstos deben separarse del número entero con un punto: *El acto se llevará a cabo a las **18.30***. Es incorrecto usar, en reemplazo del punto, una coma: *El acto se llevará a cabo a las 18,30*. Es igualmente incorrecto separar los minutos por medio de dos puntos, una moda reciente que ha surgido a partir de la difusión de relojes digitales: *El acto se llevará a cabo a las 18:30*. No es correcto, por otra parte, decir: *Te veré en una hora*. Debe decirse: *Te veré **dentro de una hora***. La Academia no registra el sintagma **horas extras**, pero, sí, **horas extraordinarias**, 'las que se trabajan fuera del horario laboral'. El ***Diccionario Manual***, en cambio, registra dicho sintagma: **horas extras** o **extraordinarias**. Algunos sostienen que lo correcto es **horas extra**, por cuanto se trata de un sustantivo en aposición especificativa, construcción similar a la de **horas punta**. → **extra**. **en hora buena**. loc. adv. También puede escribirse en una sola palabra. → **enhorabuena**, **número**

horaciano, na. adj. (*poeta horaciano*). Apl. a pers., ú. t. c. sust. m. y f.: **el horaciano, la horaciana.**

horadador, ra. adj. 'Que horada'. Ú. t. c. sust. m. y f.: **el horadador, la horadadora**.

horadar. v. tr. 'Agujerear una cosa atravesándola de parte a parte'. No debe decirse *horadear*, un vulgarismo por ultracorrección. Su postverbal es **horadación** (sust. f.).

horario, ria. adj. 'Perteneciente a las horas' (*huso horario*). sust. m. 'Mano del reloj que señala las horas'; 'cuadro indicador de las horas en que deben ejecutarse determinados actos'.

horca. sust. f. 'Aparato o instrumento para ahorcar'; 'palo que remata en dos o más púas, con el que los labradores hacinan las mieses, las echan en el carro, levantan la paja, etc.'; 'palo que remata en dos puntas y sirve para distintos usos'. No debe confundirse su grafía con la de **orca** (sust. f.), 'cetáceo'. Aumentativo: **horcón** (sust. m.), voz que, en América, denota el 'madero vertical que, en las casas rústicas, sirve para sostener vigas o aleros del tejado'. En Chile, significa 'palo para sujetar las ramas de los árboles'. Diminutivos: **horquilla**, **horqueta**. Este último significa 'horcón para sostener las ramas de los árboles'; 'parte del árbol donde se juntan, formando ángulo agudo, el tronco y una rama medianamente gruesa'. En la Argentina y en Chile, esta voz significa, además, 'parte donde el curso de un río o arroyo forma ángulo agudo, y terreno que éste comprende'. También en la Argentina, denota 'lugar donde se bifurca un camino'. Son usos regionales recogidos por la Academia.

horcajadas (a). loc. adv. No debe usarse en singular: *a horcajada*. También puede decirse **a horcajadillas**.

horcón. sust. m. → **horca**

horda. sust. f. colect. 'Reunión de salvajes que forman comunidad y no tienen domicilio'; 'por extensión, grupo de gente que obra sin disciplina y con violencia'.

horizontal. adj. 'Perteneciente al horizonte' (*línea **horizontal***). 'Paralelo al horizonte'. Ú. t. c. sust. com.: **el horizontal, la horizontal**. 'Dícese de lo que es paralelo al plano del horizonte astronómico'. Ú. t. c. sust. com.

horizonte. sust. m. En sentido figurado, es sustantivo colectivo, 'conjunto de posibilidades o perspectivas que se ofrecen en un asunto' (*El **horizonte** no es alentador*).

horma. sust. f. 'Molde'. Diminutivo: **hormilla**.

hormero. sust. m. 'El que hace o vende hormas'. La Academia no registra forma para el femenino.

hormiga. sust. f. Diminutivo: **hormiguilla**, **hormiguita**. Para distinguir los sexos, debe recurrirse a las perífrasis **hormiga macho**, **hormiga hembra**. Es incorrecto usar *hormigo* para denotar el sexo masculino.

hormiguear. v. intr. 'Experimentar en alguna parte del cuerpo una sensación molesta, como a si por ella corrieran o bulleran hormigas'. fig. 'Ponerse en movimiento'. Se usa propiamente hablando de una multitud de gente o de animales. Puede decirse, también, **gusanear** (v. intr.). La Academia prefiere la primera forma. No debe emplearse como equivalente de **abundar** (v. intr.): *En esa casa, hormiguean las cucarachas*. Correcto: *En esa casa, **abundan** las cucarachas*. Su postverbal es **hormigueo** (sust. m.). No debe pronunciarse [hormiguiar, hormiguié]. → **-ear**

hormona. sust. f. La Academia registra, también, **hormón** (sust. m.), pero prefiere la otra forma.

hornada. sust. f. colect. 'Cantidad de pan, pasteles u otra cosa que se cuece de una vez en el horno'. fig. y fam. 'Conjunto de individuos que acaban al mismo tiempo una carrera o reciben a la vez el nombramiento para un cargo'. No debe confundirse en su uso con **camada** (sust. f.). → **camada**

hornalla. sust. f. Argent. 'Dispositivo que, en la parte superior de las cocinas y calentadores, difunde el calor para la cocción'; 'por extensión, el conjunto formado por este dispositivo y la rejilla sobre la que se apoyan los recipientes durante la cocción'. Carece de registro en el ***Diccionario***. La A.A.L. recomendó su inclusión.

hornear. v. intr. 'Cocer el pan'. v. tr. 'Enhornar'. No debe pronunciarse [horniar, hornié] ni tampoco decirse *hornar*, un vulgarismo. → **-ear**

hornero. sust. m. 'Persona que tiene por oficio cocer pan y templar, para ello, el horno'; 'oficial encargado del servicio de un horno'. Su femenino es **hornera**, voz que significa, también, 'mujer del hornero' y 'suelo del horno'. Argent. 'Pájaro que hace su nido de barro y paja, en forma de horno' (*El **hornero** es un típico pájaro argentino*). Para distinguir los sexos, debe recurrirse a las perífrasis **hornero macho, hornero hembra**.

hornijero. sust. m. 'El que acarrea hornija, leña menuda para el horno'. Su femenino es **hornijera**.

horno. sust. m. Diminutivo: **hornillo**.

horrible. adj. 'Que causa horror'; 'muy feo'. El superlativo de esta voz es **horribilísimo, ma**. Incorrecto: horriblísimo, ma.

horripilar. v. tr. 'Hacer que se ericen los cabellos'; 'causar espanto'. Ú. t. c. prnl. Rég. prep.: **horripilarse de** (***horripilarse de** algo*).

horror. sust. m. 'Sentimiento de espanto' (*Sintió **horror***). 'Aversión profunda hacia alguien o algo'. Rég. prep.: **horror a** (*Tiene **horror al** agua*). No es correcto decir: horror por (*Tiene horror por el agua*). fig. 'Enormidad, monstruosidad'. Ú. m. en pl. (*Éstos son los **horrores** de la guerra*). fam. 'Cantidad muy grande' (*Come un **horror***). En pl., ú. t. c. adv. c. (*Se divierten **horrores***). Deben evitarse construcciones del tipo horror de feo, horror de malo, que corresponde sustituir por ***horroroso, muy feo, pésimo, malísimo***.

horrorizar. v. tr. 'Causar horror'. v. prnl. 'Tener horror o llenarse de pavor y espanto'. Rég. prep.: **horrorizarse de** (***horrorizarse de** algo* o ***de** alguien*). → **cazar**

hortaliza. sust. f. 'Planta comestible que se cultiva en las huertas' (*La zanahoria es una **hortaliza***). Ú. m. en pl. (*Vende **hortalizas***).

hortelano, na. adj. 'Perteneciente a la huerta' (*productos **hortelanos***). sust. m. 'El que por oficio cuida y cultiva huertas'. La Academia no registra forma para el femenino, ya que **hortelana** (sust. f.) es sólo la 'mujer del hortelano'. 'Pájaro muy común en España' (*El plumaje del **hortelano** es gris verdoso en la cabeza, pecho y espalda*). Para la primera acepción existe, también, **hortense** (adj.). La forma **hortolano** (sust. m.) es anticuada.

hortensia. sust. f. Denota tanto la 'planta' como su 'flor'. Repárese en su grafía, con **s**, que no pocos equivocan: hortencia.

horticultor. sust. m. Su femenino es **horticultora**.

hosanna. sust. m. Voz hebrea ('sálvanos'). 'Exclamación de júbilo usada en la liturgia católica'; 'himno'. Nótese su grafía. Incorrecto: hosana.

hosco, ca. adj. Rég. prep.: **hosco con** o **para con** (***hosco con** o **para con** los desconocidos*); **hosco de** (***hosco de** genio*); **hosco en** (***hosco en** su trato*). No debe confundirse su grafía con la de **osco, ca** (adj. Ú. t. c. sust. m. y f.) → **osco**

hospedaje. sust. m. 'Alojamiento y asistencia que se da a una persona' (*Le dio **hospedaje***). Denota, también, **hospedería** (sust. f.), pero su uso es infrecuente. Esta última voz, entre otros significados, tiene los de 'habitación destinada en las comunidades religiosas a recibir huéspedes'; 'casa destinada al alojamiento de visitantes y viandantes' (*El monasterio tiene una **hospedería***). → **hostería**

hospedero. sust. m. 'El que tiene huéspedes a su cargo'. Su femenino es **hospedera**.

hospital. sust. m. Su abreviatura es ***hosp.***

hospitalizar. v. tr. 'Internar a un enfermo en un hospital o clínica'. Su postverbal es **hospitalización** (sust. f.). → **cazar**

hostelería. sust. f. colect. 'Conjunto de servicios que proporcionan alojamiento y comida a los huéspedes y viajeros mediante una retribución económica' (*Brinda servicios de **hostelería***). También puede decirse **hotelería** (sust. f.). La Academia prefiere la primera forma.

hostelero. sust. m. 'El que tiene a su cargo una hostería'. Su femenino es **hostelera**. Ú. t. c. adj. Modernamente, no debe decirse **hostalero, ra** (sust. m. y f.), voz anticuada.

hostería. sust. f. 'Casa donde se da comida y alojamiento mediante pago'. También puede decirse **hostal** (sust. m.), voz muy usada en España. → **hotel**

hostigar. v. tr. 'Azotar'; 'perseguir, molestar'; 'incitar a alguien para que haga algo'. Su postverbal es **hostigamiento** (sust. m.). → **pagar**

hostil. adj. Rég. prep.: **hostil a** (***hostil a*** *todo*).

hostilidad. sust. f. No debe decirse *hostilización*, sin registro en el ***Diccionario***.

hostilizar. v. tr. → **cazar**

hotel. sust. m. 'Establecimiento de hostelería capaz de alojar con comodidad a huéspedes o viajeros'. El **hotel** brinda una mejor atención que una simple **hostería** (sust. f.) y no es, de acuerdo con la definición académica –según algunos creen–, un establecimiento de mayor capacidad. También significa 'casa más o menos aislada de las colindantes y habitada por una sola familia'. No debe usarse, en reemplazo de esta última denotación, *petit-hotel*, un galicismo, ni su traducción literal, *hotelito*.

hotelero, ra. adj. 'Relativo al hotel' (*capacidad* ***hotelera***). sust. m. y f. 'Persona que posee o dirige un hotel': **el hotelero, la hotelera**.

hotentote, ta. adj. Ú. t. c. sust. m. y f.: **el hotentote, la hotentota**.

hovero, ra. adj. → **overo**

hoy. adv. t. 'En el día presente'. **de hoy a mañana**. loc. adv. Da a entender que una cosa sucederá pronto o está a punto de ejecutarse (*No lo aprenderás* ***de hoy a mañana***). **de hoy en adelante** o **de hoy en más**. loc. adv. 'Desde hoy' (*Se portará bien* ***de hoy en más***). **hoy día** u **hoy en día**. loc. adv. 'En estos días en que vivimos' (***Hoy día*** *no se estila usar sombrero*). **hoy por hoy**. loc. adv. Da a entender que algo es o sucede ahora de cierto modo, pero puede cambiar más adelante (***Hoy por hoy***, *somos poco solidarios*). **por hoy**. loc. adv. 'Por ahora'.

hoya. sust. f. 'Hondura grande formada en la tierra'; 'hoyo para enterrar un cadáver'; 'llano rodeado de montañas'. No se confunda su grafía con la de **olla** (sust. f.). → **hoyo, olla**

hoyo. sust. m. 'Hondura grande formada en la tierra'; 'sepultura'. En estas acepciones, es sinónimo de **hoya** (sust. f.). 'Concavidad que, como defecto, hay en algunas superficies' (*Tiene un* ***hoyo*** *en la mejilla izquierda*). Diminutivos: **hoyito, hoyuelo**.

hoz. sust. f. Su plural es **hoces**. Repárese en que la **z** cambia en **c**. Una **hozada** (sust. f.) es el 'golpe dado con la hoz', así como la 'porción de mies que se corta de una vez'.

hozar. v. tr. 'Mover y levantar tierra con el hocico'. Ú. t. c. intr. (*Los cerdos* ***hozan***). → **cazar, hocicar**

huaca. sust. f. → **guaca**.

huachafería. sust. f. Perú. Equivale a **cursilería**.

huaquear. v. tr. 'Excavar en los cementerios prehispánicos para extraer el contenido de tumbas o huacas'. No debe pronunciarse [huaquiar, huaquié]. → **-ear**

huaquero. sust. m. Ecuad. y Perú. 'El que huaquea'. Su femenino es **huaquera**.

huarpe. sust. m. 'Pueblo indígena que habitaba en la región cuyana de la Argentina'; 'lengua de este pueblo'. adj. 'Relativo a este pueblo'. Esta voz carece de registro en el ***Diccionario***, pero su inclusión fue recomendada por la A.A.L.

huasca. sust. f. → **guasca**

hucha. sust. f. 'Arca grande'; 'alcancía de barro'. fig. 'Dinero que se ahorra y guarda' (*Pedro tiene buena* ***hucha***). Repárese en su grafía con **h**.

huchear. v. intr. 'Gritar, llamar a los gritos'. Ú. t. c. tr. 'Lanzar los perros en la cacería, dando voces'. No debe pronunciarse [huchiar, huchié]. → **-ear**

hueco, ca. adj. 'Que tiene vacío el interior' (*columna* ***hueca***)'; 'dícese de lo que tiene un sonido retumbante y profundo' (*voz* ***hueca***); 'mullido, esponjoso' (*lana* ***hueca***); 'presumido, hinchado, vano' (*frase* ***hueca***). sust. m. 'Espacio vacío en el interior de algo' (*Aún quedan* ***huecos*** *en la biblioteca para poner libros*); 'intervalo de tiempo y lugar' (*Hoy, no tengo ningún* ***hueco*** *para verte*). **hacer un hueco**. fr. 'Desplazar o desplazarse personas para que algo o alguien tenga sitio'. **llenar un hueco**. fr. 'Ocupar un puesto que estaba vacante'. **ponerse hueco**. fr. 'Sentirse satisfecho'.

huecograbado. sust. m. 'Procedimiento para imprimir'; 'estampa obtenida con ese procedimiento'. Plural: **huecograbados**. Incorrecto: *huecosgrabados*.

huelguista. sust. com.: **el huelguista, la huelguista**.

huella. sust. f. Con la acepción de 'rastro, seña, vestigio que deja una persona', ú. m. en pl. (*No dejaron* ***huellas***). Argent., Chile, Perú y Urug. 'Camino hecho por el paso, más o menos frecuente, de personas, animales, vehículos' (*Encontrará, más adelante, una* ***huella*** *que lleva al viejo molino*). Argent. y Urug. 'Baile popular'. → **impresión**

huemul. sust. m. Argent. y Chile. 'Cuadrúpedo de los Andes, semejante al ciervo'. Para distinguir los sexos, debe recurrirse a las perífrasis **huemul macho, huemul hembra**. En plural: **huemules**.

huérfano, na. adj. Ú. t. c. sust. m. y f.: **el huérfano, la huérfana**.

huerta. sust. f. 'Terreno destinado al cultivo de legumbres y árboles frutales'. Diminutivo: **huertezuela**. → **huerto**

huerto. sust. m. Se diferencia de la **huerta** por su menor extensión. A veces, está rodeado de paredes (*Tengo un* ***huerto*** *en mi jardín*). Diminutivos: **huertezuelo, hortecillo**.

hueso. sust. m. Diminutivos: **osecico, osecillo, osecito, osezuelo**. Aumentativo: **huesarrón**. En plural, significa 'restos mortales de una persona' (*No hallaron sus* ***huesos***). fig. y fam. 'Persona' (*Dio con sus* ***huesos*** *en la cárcel*). **estar** uno **en los huesos**. fr. 'Estar muy flaco'. **la sin hueso**. fr. 'La lengua'. **molerle** a uno **los huesos**. fr. 'Apalearlo'. **no poder** uno **con sus huesos**. fr. fig. y fam. 'Estar rendido de fatiga'. **soltar la sin hueso**. fr. fig. y fam. 'Hablar con demasía'. Los adjetivos correspondientes son **ososo, sa**, 'perteneciente o relativo al hueso', **osudo, da**, 'de mucho hueso' y **huesudo, da**.

huésped. sust. m. Su femenino es **huéspeda** (*María está de* ***huéspeda*** *en casa de su sobrina*). Es frecuente, sin embargo, usar la forma masculina aplicada a mujeres, como señala Seco (*María es mi* ***huésped***). Un **huésped** es tanto 'la persona alojada en casa ajena', como 'la persona que hospeda en su casa a alguien', pero se usa más con el primer significado. Rég. prep.: **huésped de** (***huésped de*** *su consuegro*); **huésped en** (***huésped en*** *casa de un amigo*). En plural: **huéspedes, huéspedas**.

hueste. sust. f. 'Ejército en campaña'. Ú. m. en pl. (*Son las* ***huestes*** *del rey enemigo*). sust. colect. 'Conjunto de partidarios o seguidores de una persona o una causa' (*Las* ***huestes*** *de la revolución*).

huesudo, da. adj. → **hueso**

huevar. v. intr. 'Principiar las aves a tener huevos'. Incorrecto: <u>huevear</u>.

huevero. sust. m. 'El que trata en huevos'. Su femenino es **huevera**, voz que se aplica, también, a la 'mujer del huevero'. Asimismo, denota 'utensilio para comer huevos pasados por agua'; 'recipiente para transportar huevos'.

huevo. sust. m. Diminutivos: **huevito, huevezuelo, huevecito, huevecico, huevecillo, ovezuelo, ovecico**. Los adjetivos correspondientes son **ovoide** u **ovoideo, a**, 'de figura de huevo'. → **ovoide, opuesta**

huevón, na. adj. Amér. 'Lento, bobalicón, ingenuo'. Ú. t. c. sust. m. y f.: **el huevón, la huevona** (*La* ***huevona*** *de tu hermana se lo dijo a mi madre*).

¡huf! interj. → **¡uf!**

hugonote, ta. adj. Ú. t. c. sust. m. y f.: **el hugonote, la hugonota**.

huida. sust. f. 'Acción de huir'. Repárese en que se escribe sin tilde.

huido, da. p. de **huir**. adj. 'Dícese del que anda escondiéndose'. Repárese en que se escribe sin tilde.

huipil. sust. m. Guat. y Méj. 'Camisa o túnica descotada, sin mangas y con vistosos bordados de colores'. Plural: **huipiles**. La Academia admite la grafía **güipil**, pero prefiere la primera forma.

huir. v. irreg. intr. Ú. t. c. prnl. y raras veces como tr. Con voces que expresen idea de tiempo, 'transcurrir, pasar velozmente' (*Los días* ***huyen***). fig. 'Alejarse' (*La nave* ***huye*** *de la costa*); 'apartarse de algo malo, evitarlo' (***huir de*** *la droga*). Rég. prep.: **huir a** (***huir a*** *la montaña*); **huir de** (***huir de*** *sus enemigos;* ***huir de*** *las ocasiones de pecado*). Su irregularidad consiste en agregar una **y** después de la raíz, ante las vocales **a**, **e** y **o** de las desinencias. Indicativo: presente (*huyo, huyes, huye, huyen*), pretérito perfecto simple (*huyó, huyeron*). Subjuntivo: presente (*huya, huyas, huya, huyamos, huyáis, huyan*), pretérito imperfecto (*huyera* o *huyese, hu-*

yeras o *huyeses, huyera* o *huyese, huyéramos* o *huyésemos, huyerais* o *huyeseis, huyeran* o *huyesen*), futuro (*huyere, huyeres, huyere, huyéremos, huyereis, huyeren*). Imperativo (*huye*). Gerundio (*huyendo*).

huiro. sust. m. Bol. y Perú. 'Tallo del maíz verde'. Esta voz tiene un homónimo que denota ciertas 'algas marinas, muy comunes en Chile'. Para ambas voces, la Academia admite la grafía **güiro**.

hulero. sust. m. Amér. 'Trabajador que recoge el hule o goma elástica'. Según la Academia, carece de femenino.

humanar. v. tr. p. us. 'Hacer a uno humano, afable'. Ú. m. c. prnl. Rég. prep.: **humanarse con** (***humanarse con** los pobres*). v. prnl. 'Hacerse hombre'. Se usa especialmente hablando del Verbo divino.

humanidad. sust. f. En una de sus acepciones, equivale a **naturaleza humana**. Cuando significa 'compasión de las desgracias ajenas', equivale a **humanitarismo** (sust. m.), si bien la Academia prefiere la primera forma (*Procedió con gran **humanidad***). En otras acepciones, significa 'género humano'; 'flaqueza propia del hombre'; 'mansedumbre'. Es de uso familiar, con la de 'corpulencia, gordura' (*Su **humanidad** se desplomó en el sillón*). sust. f. pl. 'Letras humanas' (*Estudia **humanidades***).

humanista. sust. com.: **el humanista**, **la humanista**.

humanizar. v. tr. 'Hacer a alguien o algo humano, familiar, afable'. v. prnl. 'Ablandarse, desenojarse, hacerse benigno'. → **cazar**

humano, na. adj. Rég. prep.: **humano con** (***humano con** los soldados*); **humano en** (***humano en** el ejercicio de su cargo*). sust. m. pl. colect. 'Conjunto de todos los hombres' (*Los **humanos** son seres racionales*).

humarada o **humareda.** sust. f. 'Abundancia de humo'. La Academia no indica preferencia entre ambas formas. Incorrecto: <u>*humarera*</u>, <u>*humadera*</u>.

humazo. sust. m. 'Humo denso y copioso'. También pueden decirse **humarazo** (sust. m.) y **humaza** (sust. f.). La Academia prefiere la primera forma.

humear. v. intr. 'Echar de sí humo'. Ú. t. c. prnl. 'Arrojar una cosa vaho o vapor' (*La tierra humea*). v. tr. Amér. Equivale a **fumigar**. También puede decirse **humar** (v. intr. p. us.). No debe pronunciarse [humiar, humié]. → **-ear**

humectante. p. a. de **humectar**. adj. (*crema **humectante***). Carece de registro en el ***Diccionario***, pero es voz de correcta formación y de uso frecuente.

humectativo, va. adj. 'Que humecta o produce humedad'. Incorrecto: <u>*humefactivo*</u>.

humedecer. v. irreg. tr. Ú. t. c. prnl. Rég. prep.: **humedecer con** o **en** (***humedecer con** o **en** agua*). Se conjuga como **parecer**.

humera. sust. f. fam. 'Borrachera'. La Academia aclara que se pronuncia aspirando la **h**. No debe emplearse con el significado de 'humareda', un catalanismo.

humidificar. v. tr. 'Transmitir humedad al ambiente'. Es voz de reciente registro académico. → **sacar**

humillación. sust. f. 'Acción y efecto de humillar o humillarse'. Hoy es incorrecto, por anticuado, <u>*humiliación*</u>.

humillar. v. tr. 'Postrar, bajar alguna cosa'; 'inclinar alguna parte del cuerpo, como la cabeza o rodilla, en señal de humillación'. fig. 'Abatir el orgullo de uno'. v. prnl. 'Hacer actos de humildad'. Rég. prep.: **humillarse a** (***humillarse a** alguno*; ***humillarse a** hacer algo*); **humillarse ante** (***humillarse ante** Dios*).

humillo. sust. m. fig. 'Vanidad'. Ú. m. en pl. (*Deja tus **humillos** a un lado*).

humita. sust. f. Argent., Chile, Perú y Urug. 'Comida típica a base de maíz'. La Academia admite, para el N de la Argentina, la forma **huminta**.

humitero. sust. m. Chile y Perú. 'El que hace humitas'. Su femenino es **humitera**.

humo. sust. m. **irse** o **venirse al humo**. fr. fig. Argent. y Urug. 'Enfrentar rápida y directamente a una persona' (*Cuando oyó lo que decía de su hermana, **se vino al humo** para golpearme*).

humorista. adj. Ú. t. c. sust. com.: **el humorista**, **la humorista**.

humus. sust. m. 'Tierra vegetal, mantillo'. En plural, no varía: **los humus**.

hundir. v. tr. 'Sumergir'; 'abatir'; 'arruinar'. v. prnl. 'Arruinarse'. Rég. prep.: **hundir** o **hundirse en** (***hundir en** el barro*; ***hundirse en** la miseria*).

hurgar. v. tr. 'Revolver'; 'escarbar'. → **pagar**

hurgón, na. adj. 'Que hurga'. sust. m. 'Instrumento de hierro para atizar la lumbre'; 'estoque para herir'. Pueden decirse, también, **hurgador** (sust. m.) y **hurgonero** (sust. m.). La Academia prefiere la primera forma.

hurgonear. v. tr. 'Menear y revolver la lumbre con el hurgón'. No debe pronunciarse [hurgoniar, hurgonié]. → **-ear**.

hurguete. adj. Chile y Argent. 'Dícese de la persona que hurguetea'. La Academia sólo lo registra en Chile.

hurguetear. v. tr. Amér. 'Hurgar, escudriñar'. No debe pronunciarse [hurguetiar, hurguetié]. → **-ear**

hurguillas. sust. com.: **el hurguillas**, **la hurguillas**. En plural, no varía: **los hurguillas**, **las hurguillas**.

hurí. sust. f. 'Cada una de las mujeres bellísimas creadas, según los musulmanes, para compañeras de los bienaventurados en el paraíso'. Plural: **huríes** o **hurís**.

huronear. v. intr. 'Cazar con hurón'. fig. y fam. 'Escudriñar cuanto pasa'. No debe pronunciarse [huroniar, huronié]. → **-ear**

¡hurra! interj. Denota 'alegría'; 'satisfacción'. No debe escribirse *hurrah*, que es la forma inglesa, de la que procede esta palabra.

hurtadillas (a). loc. adv. 'Sin que nadie lo note' (*Entró en la habitación **a hurtadillas***). No debe decirse <u>a hurtadilla</u>.

hurtar. v. tr. 'Tomar o retener bienes ajenos contra la voluntad de su dueño, pero sin violencia física'. Rég. prep.: **hurtar de** (***hurtar de** un departamento*). v. prnl. fig. 'Ocultarse'. Rég. prep.: **hurtarse a** (***hurtarse a** la vista*); **hurtarse de** (***hurtarse de** muchos*). La 'acción de hurtar' es **hurto** (sust. m.). → **robar, robo**

húsar. sust. m. 'Soldado de caballería'. Es palabra grave; en plural se transforma en esdrújula: **húsares**.

husmar. v. tr. 'Indagar con arte y disimulo'. → **husmear**

husmear. v. tr. 'Rastrear con el olfato alguna cosa'. Ú. t. c. intr. (***Husmea** por ahí*). fig. y fam. 'Andar indagando una cosa con arte y disimulo'. Ú. t. c. intr. No debe pronunciarse [husmiar, husmié]. Su 'acción y efecto' es **husmeo** (sust. m.). También puede decirse **husmar** (v. tr.), pero la Academia prefiere la primera forma. → **-ear**.

huso. sust. m. 'Instrumento que sirve para hilar'. No debe confundirse su grafía con la de **uso** (sust. m.), 'acción y efecto de usar'.

¡huy! interj. con que se denota dolor o asombro. No debe escribirse sin **h**, según la Academia, pero es grafía de uso frecuente. → **¡uy!**

I

i. Novena letra del abecedario español. Su nombre es **i** (sust. f.). En plural: **íes**. Incorrecto: *is*. 'Letra numeral que vale uno en la numeración romana' (*I*). **i griega**. 'Ye'. → **y**

i-. pref. de or. lat. → **in-**

-ía. suf. de sustantivos derivados de adjetivos o de sustantivos. Los derivados de adjetivos suelen denotar 'situación', 'estado de ánimo', 'cualidad moral', 'condición social' (*lejanía*, *alegría*, *valentía*, *hidalguía*). Los derivados de adjetivos en **-ero** significan frecuentemente 'dicho o hecho descalificable', 'acto o actitud propia de' (*grosería*, *zalamería*). Los derivados de sustantivos, 'dignidad', 'jurisdicción', 'oficio' o 'lugar donde se ejerce' (*cancillería*); entre éstos, algunos derivan de nombres apelativos de persona en **-ero** o en **-dor**, **-(s)or**, **-(t)or** (*tintorería*, *oidoría*, *provisoría*, *auditoría*). Cuando se añade a sustantivos en **-dor**, la **o** suele cambiarse en **u** (*conservaduría*). El sufijo **-ía** ha sido recién incorporado en el ***Diccionario***.

-ia. suf. de or. lat. de sustantivos femeninos, generalmente abstractos, en su mayoría heredados del latín (*desidia*). Aparece, también, en nombres de ciudades, territorios y naciones (*Segovia*, *Escandinavia*). Ha sido recién incorporado en el ***Diccionario***.

-iano, na. suf. de or. lat. Ha sido recién incorporado en el ***Diccionario***. → **-ano**

-iatría. elem. compos. de or. gr. 'Parte de la medicina que estudia la curación de' (*pediatría*). Ha sido recién incorporado en el ***Diccionario***.

ibero, ra. adj. 'Natural de la Iberia europea, hoy España y Portugal, o de la antigua Iberia caucásica'. Ú. t. c. sust. m. y f.: **el ibero, la ibera**. 'Individuo perteneciente a alguno de los pueblos que habitaban, antes de las colonizaciones griega y fenicia, desde el sur de la península Ibérica hasta el Mediodía de la Francia actual, y, especialmente, en el Levante peninsular'; 'perteneciente o relativo a los iberos o a Iberia'. sust. m. 'Lengua hablada por los antiguos iberos'. También puede decirse **íbero, ra** (adj. Ú. t. c. sust. m. y f.).

iberoamericano, na. adj. 'Perteneciente o relativo a los pueblos de América que antes formaron parte de los reinos de España y Portugal'; 'perteneciente o relativo a estos pueblos y a España y Portugal'. Apl. a pers., ú. t. c. sust. m. y f.: **el iberoamericano, la iberoamericana**. Se escribe en una sola palabra. Incorrecto: *ibero-americano*; *ibero americano*. → **hispanoamericano, latinoamericano**

ibídem. adv. lat. españolizado. 'Allí mismo', 'en el mismo lugar'. Se usa en índices, notas o citas de impresos o manuscritos. Debe escribirse con tilde. En español, no debe usarse la forma latina sin tilde: *ibidem*. → **idem**. En plural, no varía: **los ibídem**. Sus abreviaturas son *ib.*, *ibíd.* o *ibd.*

ibis. sust. f. 'Ave zancuda, venerada por los egipcios'. En plural, no varía: **las ibis**.

-ible. suf. de or. lat. → **-ble**

-ica. suf. de adjetivos, con valor iterativo y despectivo (*quejica*). Ha sido recién incorporado en el ***Diccionario***.

iceberg. sust. m. Voz inglesa (*iceberg*) españolizada. 'Gran masa de hielo que sobresale de la superficie del mar'. Es palabra aguda. En plural: **icebergs**. En España, predomina la pronunciación españolizada [iceberg], aguda; en América, se pronuncia a la inglesa [áisberg].

♦ **ice cream.** Anglicismo. En español, debe decirse **crema helada** o **helado**.

-ichuelo, la. suf. de or. lat. → **-uelo**

-icio, cia. suf. de or. lat. de adjetivos. 'Perteneciente a'; 'relacionado con' (*acomodaticio*). Aparece, también, en algunos sustantivos. 'Acción intensa o insistente' (*suplicio*). Ha sido recién incorporado en el ***Diccionario***.

-ición. suf. de or. lat. → **-ción**

-ico, ca. suf. de valor diminutivo o afectivo (*hermanica*). A veces, toma las formas **-ececico**, **-ecico**, **-cico** (*piececico*, *huevecico*, *resplandorcico*). Ha sido recién incorporado en el ***Diccionario***.

-ico, ca. suf. de or. gr. de adjetivos. 'Relación con la base derivativa' (*humanístico*). A veces, **-ico** toma la forma **-tico** (*sifilítico*). En química, terminación genérica de numerosos compuestos, como ácidos (*clorhídrico*). En algunos casos, se refiere al grado de oxidación del ácido (*sulfúrico*) o de un elemento de un compuesto (*férrico*). Ha sido recién incorporado en el ***Diccionario***.

-icón, na. suf. que, a veces, tiene valor entre aumentativo y despectivo (*mojicón*). Ha sido recién incorporado en el ***Diccionario***.

icono. sust. m. También puede decirse **ícono**, pero la Academia prefiere la primera forma.

iconoclasta. adj. Ú. t. c. sust. com.: **el iconoclasta, la iconoclasta**. También puede decirse **iconómaco** (adj. Ú. t. c. sust. com.).

iconolatría. sust. f. 'Adoración de las imágenes'. Es voz recién incorporada en el ***Diccionario***.

iconoscopio. sust. m. En la televisión, 'tubo de rayos catódicos que transforma la imagen luminosa en señales eléctricas para su transmisión'. Es voz recién incorporada en el ***Diccionario***.

ictérico, ca. adj. 'Perteneciente a la ictericia'; 'que la padece'. Ú. t. c. sust. m. y f.: **el ictérico, la ictérica**. También puede decirse **ictericiado, da** (adj.).

ictiófago, ga. adj. 'Que se alimenta de peces'. Ú. t. c. sust. m. y f.: **el ictiófago, la ictiófaga**.

ictiólogo. sust. m. 'Persona que profesa la ictiología, parte de la zoología que trata de los peces'. Su femenino es **ictióloga**.

-ida. suf. → **-da**

-idad. suf. de or. lat. → **-dad**

ideación. sust. f. 'Génesis y proceso en la formación de las ideas'. No debe pronunciarse [idiación].

ideal. adj. 'Perteneciente o relativo a la idea'; 'que está en la fantasía' (*mundo* ***ideal***); 'excelente, perfecto' (*casa* ***ideal***). sust. m. 'Prototipo, modelo o ejemplar de perfección' (*¿Cuál es tu* ***ideal*** *de amigo?*). No debe pronunciarse [idial].

idealidad. sust. f. No debe pronunciarse [idialidad].

idealismo. sust. m. No debe pronunciarse [idialismo].

idealista. adj. Ú. t. c. sust. com.: **el idealista, la idealista**. No debe pronunciarse [idialista].

idealización. sust. f. No debe pronunciarse [idialización].

idealizar. v. tr. 'Elevar las cosas sobre la realidad sensible por medio de la inteligencia o de la fantasía'. No debe pronunciarse [idializar]. → **cazar**

idear. v. tr. No debe pronunciarse [idiar, idié]. → **-ear**

ideario. sust. m. colect. 'Repertorio de las principales ideas de un autor, de una escuela o de una colectividad'; 'conjunto de ideas fundamentales que caracteriza una manera de pensar'. No debe pronunciarse [idiario] ni usarse, en español, la voz latina *idearium*.

ídem. pron. lat. 'El mismo'; 'lo mismo'. Se suele usar en las citas, para representar el nombre del autor últimamente mencionado, y en las cuentas y listas, para denotar 'diferentes partidas de una sola especie'. Debe escribirse con tilde. En español, no debe usarse la forma latina sin tilde: <u>*idem*</u>. → **ibídem**. En plural, no varía: **los ídem**. Su abreviatura es ***íd.***

idéntico, ca. adj. 'Dícese de lo que es lo mismo que otra cosa con que se compara'. Ú. t. c. sust. m. y f.: **el idéntico, la idéntica**. 'Muy parecido'. Rég. prep.: **idéntico a** (*Era* ***idéntico a*** *su madre*). Dice Seco que, "cuando equivale a *el mismo*, se usa la comparativa *que*" (*Reprobó con* ***idéntica*** *firmeza los trabajos de cuarto año* ***que*** *los de quinto*) o la conjunción copulativa *y* (*Reprobó con* ***idéntica*** *firmeza los trabajos de cuarto año* ***y*** *los de quinto*).

identificar. v. tr. Ú. m. c. prnl. 'Hacer que dos o más cosas distintas aparezcan y se consideren como una misma'; 'reconocer si una persona o cosa es la misma que se supone o se busca'; 'ser una misma cosas que pueden parecer o considerarse diferentes'. Rég. prep.: **identificar con** (***identificar*** *a una persona* ***con*** *otra*); **identificar por** (***identificar*** *al ladrón* ***por*** *sus impresiones digitales*); **identificarse entre** (*Los tres amigos* ***se identifican entre*** *sí*). No debe usarse con la denotación de **encontrar** o **descubrir**. Incorrecto: *El detective quiere* <u>*identificar*</u> *al asesi-*

no. Correcto: *El detective quiere **descubrir** al asesino*. → **sacar**

ideología. sust. f. 'Doctrina filosófica centrada en el estudio del origen de las ideas'. Como sustantivo colectivo, es sinónimo de **ideario** (sust. m.). No debe pronunciarse [idiología].

ideólogo. sust. m. Su femenino es **ideóloga**. No debe pronunciarse [idiólogo].

-idero, ra. suf. de or. lat. → **-dero**

idiolecto. sust. m. 'La lengua tal como la usa un individuo particular'. No debe pronunciarse [ideolecto], una ultracorrección.

idiosincrasia. sust. f. 'Rasgos, temperamento, carácter, etc., distintivos y propios de un individuo o de una colectividad'. Repárese en que se escribe con **s**. Incorrecto: *ideosincracia*, *idiosincracia*. El adjetivo correspondiente es **idiosincrásico, ca** (adj.), 'perteneciente o relativo a la idiosincrasia'. Incorrecto: *idiosincrático*.

idiota. adj. Ú. t. c. sust. com.: **el idiota, la idiota**.

idiotez. sust. f. Con la denotación de 'trastorno caracterizado por una deficiencia muy profunda de las facultades mentales', también pueden decirse **idiocia** (sust. f.), voz preferida por la Academia, e **idiotismo** (sust. m.). 'Hecho o dicho propio del idiota' (*Dijo una **idiotez***). Es palabra aguda. En plural, se transforma en grave: **idioteces**. Repárese en que la **z** cambia por **c**.

idiotizar. v. tr. Ú. t. c. prnl. 'Volver idiota, atontar' (*No lo **idiotice** con tantos consejos*). → **cazar**

ido, da. p. de **ir**. adj. 'Falto de juicio' (*Es un hombre **ido***).

-ido, da. suf. → **-do**

-ido, da. suf. de or. lat. de adjetivos procedentes de adjetivos latinos. 'Cualidad' (*tím**ido***). Modernamente, se han formado, con este sufijo, sustantivos científicos: 'familias o especies de animales' (*arácn**ido***); 'cuerpos estrechamente relacionados con otros' (*óx**ido***). Ha sido recién incorporado en el ***Diccionario***.

idólatra. adj. 'Que adora ídolos'; 'que ama excesivamente a una persona o cosa'. Ú. t. c. sust. com.: **el idólatra, la idólatra**.

ídolo. sust. m. La Academia no registra el femenino. Incorrecto: *Juana es una ídola*. Correcto: *Juana es **un ídolo***.

idóneo, a. adj. 'Adecuado y apropiado para una cosa'. Rég. prep.: **idóneo para** (***idóneo para** ocupar ese cargo*). Incorrecto: *idóneo a ocupar ese cargo*. Es palabra esdrújula.

-idor, ra. suf. de or. lat. → **-dor**

-idura. suf. de or. lat. → **-dura**

idus. sust. m. pl. 'En el antiguo cómputo romano y en el eclesiástico, el día 15 de marzo, mayo, julio y octubre, y el 13 de los demás meses'. También puede decirse **idos** (sust. m. pl.), pero la Academia prefiere la primera forma. → **plural (pluralia tantum)**

-iego, ga. suf. de adjetivos, que, a veces, toma la forma **-ego**. 'Relación, pertenencia u origen' (*palac**iego***, *manch**ego***). Ambas formas pueden aparecer también en algún sustantivo (*labr**iega***, *borr**ego***). Ha sido recién incorporado en el *Diccionario*.

-iense. suf. de or. lat. → **-ense**

-iente. suf. → **-nte**

-iento, ta. suf. → **-ento**

iglesia. sust. f. Diminutivo: **iglesieta**. Se escribe con mayúscula cuando se habla de la institución (*catecismo de la **Iglesia** Católica*) y, con minúscula, cuando indica un edificio (***iglesia** de San Cayetano*).

iglú. sust. m. Voz esquimal, 'casa'. Llega al español a través del inglés *igloo*. 'Vivienda de los esquimales'. En plural: **iglúes** o **iglús**.

ígneo, a. adj. 'De fuego'; 'de color de fuego'; 'dícese de las rocas volcánicas procedentes de la masa en fusión existente en el interior de la Tierra'. Carece de inflexión superlativa. Repárese en que es palabra esdrújula. No debe pronunciarse [ignio] como grave.

ignorante. p. a. de **ignorar**. 'Que ignora'. adj. 'Que no tiene noticia de las cosas' (*persona **ignorante***). Ú. t c. sust. com.: **el ignorante, la ignorante**. No debe pronunciarse [inorante].

ignorar. v. tr. 'No saber algo'. Es un anglicismo usarlo con la acepción de 'desconocer', 'desestimar', 'desoír': *En la oficina, todos la ig-*

noran; *El dueño de la fábrica ignora los requerimientos de sus empleados*. Correcto: *En la oficina, nadie la* ***saluda****; El dueño de la fábrica* ***desoye*** *los requerimientos de sus empleados*. No debe pronunciarse [inorar].

igual. adj. Rég. prep.: **igual a** (*Era* ***igual a*** *su tío*); **igual en** (*Lo considera* ***igual en*** *fuerzas*). En la comparación, se usa **que** (*Ríe* ***igual que*** *su padre*). Incorrecto: *Ríe igual como su padre*. Ú. t. c. sust. com. 'De la misma clase o condición': **el igual**, **la igual** (*Iré con mis* ***iguales***). **al igual**. loc. adv. 'Con igualdad' (*Trabajaban* ***al igual***). **de igual a igual**. loc. adv. 'Como si la persona de quien, o con quien, se habla fuese de la misma categoría o clase social que otra que se expresa'. Se usa con verbos como **hablar** o **tratar** (*Hablaban* ***de igual a igual***). **por igual** o **por un igual**. loc. adv. 'Igualmente' (*Las dos mujeres corrieron* ***por igual*** o ***por un igual***). **sin igual**. loc. adj. 'Sin par' (*Escribió un libro* ***sin igual***). **dar igual**. fr. 'Ser indiferente lo que se expresa' (*Me* ***da igual*** *que venga o que no venga*).

igualar. v. tr. Ú. t. c. prnl. Rég. prep.: **igualarse a** o **con** (*Se* ***iguala a*** o ***con*** *sus hermanos*); **igualarse en** (*Juan y Darío* ***se igualan en*** *prudencia*). Su postverbal es **iguala** (sust. f.), 'acción y efecto de igualar o igualarse'.

iguana. sust. f. El sexo se determina mediante las perífrasis **iguana macho**, **iguana hembra**. También puede escribirse **higuana**, pero la Academia prefiere la primera forma.

-ija. suf. de or. lat., de sustantivos femeninos, con frecuencia diminutivos, a veces, despectivos (*clavija*). Ha sido recién incorporado en el ***Diccionario***.

ijar. sust. m. 'Ijada del hombre y de algunos mamíferos'. Es palabra aguda. En plural, se transforma en grave: **ijares**. Incorrecto: *íjares*.

-ijo. suf. de or. lat. de sustantivos masculinos, que suele tener valor despectivo (*revoltijo*). Ha sido recién incorporado en el ***Diccionario***.

-ijón, na. suf. de sustantivos y de adjetivos, con matiz aumentativo (*torcijón*) o despectivo (*metijón*). Ha sido recién incorporado en el ***Diccionario***.

¡ijujú! interj. de júbilo. Ú. t. c. sust. m. (*el ¡ijujú! de los niños*).

ikebana. sust. m. Voz japonesa españolizada ('flor que vive'). 'Arte del arreglo floral practicado en el Japón'. Esta voz no se halla registrada en el ***Diccionario***, pero la A.A.L. recomienda su incorporación, pues el vocablo designa "una importante forma tradicional de la cultura japonesa, que por su expansión mundial resulta familiar en Occidente". Mientras no se lleve a cabo su sanción académica, debe entrecomillarse.

-il. suf. de or. lat., de adjetivos y de sustantivos. Los adjetivos denotan 'relación o pertenencia' (*mujeril*); los sustantivos tienen, a veces, valor diminutivo (*tamboril*). Ha sido recién incorporado en el ***Diccionario***.

-il. suf. de or. lat., de adjetivos, muchos de los cuales son heredados del latín (*grácil*). En español, se han formado algunos, basados en supinos latinos, que suelen significar 'capacidad para hacer o recibir la acción significada por el verbo base' (*portátil*). Ha sido recién incorporado en el ***Diccionario***.

ilación. sust. f. 'Acción y efecto de inferir una cosa de otra'; 'trabazón razonable y ordenada de las partes de un discurso' (*Destacó la* ***ilación*** *del contenido de la conferencia*). Incorrecto: *hilación*. Se escribe sin **h**, porque procede del latín *illatio*. No tiene ninguna relación con **hilo**. El adjetivo correspondiente es **ilativo**, **va**. Incorrecto: *hilativo*.

ilegible. adj. 'Que no puede leerse'. Incorrecto: *ileíble*.

ilegitimar. v. tr. 'Privar a uno de la legitimidad'; 'hacer que se tenga por ilegítimo al que era legítimo o creía serlo'. Incorrecto: *ilegitimizar*.

íleon. sust. m. 'Tercera porción del intestino delgado de los mamíferos'. Es palabra esdrújula. En plural: **iléones**. No debe confundirse su denotación con la de **ilion** (sust. m.), 'hueso de la cadera', palabra grave. En plural: **iliones**. La Academia registra, también, la grafía **íleon** para esta última voz.

ilíaco, ca. adj. 'Perteneciente o relativo al íleon'. Es palabra esdrújula. También puede decirse **iliaco, ca**, voz grave. Su homófono denota 'perteneciente o relativo a Ilión o Troya' y posee doble grafía: **ilíaco, ca** o **iliaco, ca** (adj.).

ilícito, ta. adj. 'No permitido legal o moralmente' (*hecho **ilícito***). No debe usarse como sustantivo. Incorrecto: *Cometió varios ilícitos*. Correcto: *Cometió varias **ilicitudes***.

ilicitud. sust. f. 'Cualidad de ilícito'. → **ilícito**

♦ **iliquidez.** Neologismo. Debe decirse **falta de liquidez**.

-illa. suf. → **-illo**

-illo, lla. suf. de valor diminutivo o afectivo (*librillo*). A veces, toma las formas **-ecillo**, **-ececillo**, **-cillo** (*panecillo*, *piececillo*, *rencorcillo*). Ha sido recién incorporado en el ***Diccionario***.

-ilo. suf. que designa un radical químico (*etilo*). Ha sido recién incorporado en el ***Diccionario***.

iluminador, ra. adj. Ú. t. c. sust. m. y f.: **el iluminador, la iluminadora**.

ilusión. sust. f. Debe evitarse la perífrasis *hacer ilusión*. Incorrecto: *Viajar me hace ilusión*. Correcto: *Viajar me **ilusiona***. Es palabra aguda. En plural, se transforma en grave: **ilusiones**.

ilusionar. v. tr. Ú. t. c. prnl. Rég. prep.: **ilusionarse con** (***Te ilusionaste con** sus palabras*).

ilusionista. sust. com.: **el ilusionista**, **la ilusionista**.

iluso, sa. adj. Ú. t. c. sust. m. y f.: **el iluso, la ilusa**.

ilustrado, da. p. de **ilustrar**. adj. 'Dícese de la persona culta e instruida'. Rég. prep.: **ilustrado en** (***ilustrado en** Historia*).

ilustrador, ra. adj. Ú. t. c. sust. m. y f.: **el ilustrador, la ilustradora**.

ilustre. adj. 'De distinguida prosapia, casa, origen, etc,'; 'insigne'; 'título de dignidad' (*Está presente el **ilustre** señor Pedro de Montalbán*). Su abreviatura es ***Iltre***. El adjetivo superlativo es **ilustrísimo, ma**, 'tratamiento de ciertas personas por razón de su cargo o dignidad'. Se escribe con mayúscula. Su abreviatura es ***Ilmo.***, ***Ilma.*** **Ilustrísima** era el 'tratamiento que se daba a los obispos en reemplazo de *Su Señoría Ilustrísima*'.

im-. pref. de or. lat. → **in-**

imagen. sust. f. Repárese en que se escribe sin tilde, porque es palabra grave terminada en **n**. Incorrecto: *imágen*. En plural, se transforma en esdrújula: **imágenes**. La Academia considera en desuso el plural **imágines**. El sustantivo femenino colectivo **imaginería** denota 'conjunto de imágenes literarias usadas por un autor, escuela o época'.

imaginación. sust. f. Entre otras denotaciones, 'facultad del alma que representa las imágenes de las cosas reales o ideales'. Es palabra aguda. En plural, se transforma en grave: **imaginaciones**. También puede decirse **magín** (sust. m. fam.), pero la Academia prefiere la primera forma.

imaginar. v. tr. Ú. t. c. prnl. Incorrecto: *Imaginó de que todos vendrían a saludarla* (dequeísmo). Correcto: ***Imaginó que** todos vendrían a saludarla*.

imaginología. sust. f. 'Estudio y utilización clínica de las imágenes producidas por los rayos X, el ultrasonido, la resonancia magnética, etc.'. Es voz recién incorporada en el ***Diccionario***.

imán. sust. m. 'El que preside la oración canónica musulmana'; 'guía, jefe o modelo espiritual o religioso, y, a veces, también político, en una sociedad musulmana'. Es palabra aguda. En plural, se transforma en grave: **imanes**. También puede decirse **imam**, pero la Academia prefiere la primera forma.

imantar. v. tr. Ú. t. c. prnl. 'Comunicar a un cuerpo la propiedad magnética'. También puede decirse **imanar** (v. tr. Ú. t. c. prnl.).

imbricar. v. tr. 'Disponer una serie de cosas iguales de manera que queden superpuestas parcialmente, como las escamas de los peces'. Incorrecto: *imbrincar*. → **sacar**

imbuir. v. irreg. tr. 'Infundir, persuadir'. Rég. prep.: **imbuir de** (***Imbuyó** al secretario **de** ideas equivocadas*). Se conjuga como **huir**.

-imento. suf. de or. lat. → **-mento**

-imiento. suf. de or. lat. → **-miento**

imitación. sust. f. Incorrecto: *tela imitación cuero*. Correcto: *tela **que imita** el cuero*; *tela **imitación de** cuero*.

imitador, ra. adj. Ú. t. c. sust. m. y f.: **el imitador, la imitadora**.

imitar. v. tr. Rég. prep.: **imitar** a alguien **en** (*Imita a Federico en los gestos*).

impaciente. adj. Rég. prep: **impaciente por** (*Está impaciente por llegar a su casa*).

impactar. v. tr. 'Causar un choque físico'. También puede usarse con la denotación de 'impresionar, desconcertar a causa de un acontecimiento o noticia' (*Me impactó el contenido de esa carta*).

impacto. sust. m. 'Choque de un proyectil o de otro objeto contra algo'; 'huella o señal que deja'; 'efecto de una fuerza aplicada bruscamente'. También puede usarse con las denotaciones de 'golpe emocional producido por una noticia desconcertante' (*No pudo recuperarse del impacto que le causó la muerte de su amigo*) y de 'efecto producido en la opinión pública por un acontecimiento, disposiciones de la autoridad, noticia, catástrofe, etc.' (*Provocó un gran impacto en la sociedad el decreto presidencial*).

impagado, da. adj. 'Que no se ha pagado' (*facturas impagadas*). La Academia no registra, en su ***Diccionario***, **impago, ga** (adj.). Aparece en el ***Manual*** con el indicador de su falta de sanción oficial. → **impago**

impago. sust. m. 'Omisión del pago de una deuda vencida' (*Le recordó el impago de las cuotas*). adj. fam. Chile, Ecuad. y Perú. 'Dícese de la persona a quien no se le ha pagado' (*obrero impago*). Incorrecto: *libros impagos*. Correcto: *libros impagados*.

♦ **impasse.** Galicismo. En español, debe decirse, de acuerdo con el contexto, **punto muerto, callejón sin salida, atolladero**. No debe usarse, en su reemplazo, *compás de espera*. Lo registra el ***Diccionario Manual*** con el indicador de su falta de sanción oficial.

impedido, da. p. de **impedir**. adj. 'Que no puede usar alguno de sus miembros'. Rég. prep.: **impedido de** (*impedido de una mano*); **impedido para** (*impedido para nadar*). Ú. t. c. sust. m. y f.: **el impedido, la impedida**. → **discapacitado, minusválido**

impedir. v. irreg. tr. Su participio activo es **impediente** (adj.), 'que impide'. Se conjuga como **pedir**.

impeler. v. tr. 'Dar empuje para producir movimiento'; 'incitar, estimular'. Rég. prep.: **impeler a** (*Impelió a su hijo a robar*). Incorrecto: *impelir*. Su participio activo es **impelente** (adj.), 'que impele'.

impenetrable. adj. Rég. prep.: **impenetrable a** (*impenetrable al agua*).

imperar. v. intr. 'Ejercer la dignidad imperial'; 'mandar, dominar'. Rég. prep.: **imperar en** (*Imperó en Oriente*); **imperar sobre** (*Impera sobre muchos pueblos*).

imperativo, va. adj. 'Que impera o manda'. Ú. t. c. sust. m. y f.: **el imperativo, la imperativa. modo imperativo**. 'El que, en el verbo español, tiene un tiempo solamente, con el cual se manda, exhorta, ruega, anima o disuade'. La Academia explica en su ***Esbozo***: "...el imperativo responde a la función activa y apelativa del lenguaje. En español no tiene más formas propias que las segundas personas (singular y plural): *¡sal!*, *¡salid!*, *¡ven!*, *¡venid!* Para las demás personas usamos las del presente de subjuntivo, de las cuales no se distinguen más que por la curva de la entonación volitiva directa y por la energía del acento". En la subordinación, no se usan sus formas propias ni las del subjuntivo-imperativo. Por lo tanto, constituyen oraciones independientes. Los pronombres átonos van siempre pospuestos (***decidlo***, ***olvídame***). En las oraciones negativas, las segundas personas del imperativo se reemplazan con las del subjuntivo (*Haz*, ***No hagas***; *Miradme*, ***No me miréis***). Incorrecto: *No haz*; *No mirad*. En Hispanoamérica y en el habla popular de Andalucía y Canarias, el reemplazo del pronombre **vosotros** con **ustedes** ha dejado en desuso las segundas personas del plural, entre ellas la del imperativo (en lugar de *vivid*, ***vivan*** [ustedes]). En los países americanos donde se practica el voseo, la segunda persona del singular sufre también una alteración (no es *compra*, *corre*, *escribe*, sino **comprá**, **corré**, **escribí**). La Academia aclara que es "un uso propio del coloquio cuya estimación social varía según el país". La preposición **a + el infinitivo** sustituyen al imperativo (***¡A beber!***; ***¡A limpiar!***). Es un vulgarismo usar el infinitivo en reemplazo del imperativo: *¡Pararse!*; *¡Caminar rápido!*; *¡Quereros!*

imperialista. adj. Ú. t. c. sust. com.: **el imperialista, la imperialista**.

imperio. sust. m. Se escribe con mayúscula cuando denota el 'conjunto de todos los territorios y países que pertenecen a un Estado' (*Sacro* ***Imperio***, ***Imperio*** *romano*). En los demás casos, con minúscula (*la época del* ***imperio*** *español*).

impermeabilidad. sust. f. 'Cualidad de impermeable'. No debe pronunciarse [impermiabilidad].

impermeabilización. sust. f. 'Acción y efecto de impermeabilizar'. No debe pronunciarse [impermiabilización].

impermeabilizante. p. a. de **impermeabilizar** (*producto* ***impermeabilizante***). No debe pronunciarse [impermiabilizante].

impermeabilizar. v. tr. No debe pronunciarse [impermiabilizar]. → **cazar**

impermeable. adj. 'Impenetrable al agua o a otro líquido' (*revestimiento* ***impermeable***). sust. m. 'Sobretodo hecho con tela impermeable' (*Compró un* ***impermeable*** *azul*). No debe pronunciarse [impermiable]. → **piloto**

impersonal. adj. (*estilo* ***impersonal***) **en** o **por impersonal**. loc. adv. 'Impersonalmente' (*Actuó* ***en*** o ***por impersonal***).

impersonalizar. v. tr. 'Usar como impersonales algunos verbos que, en otros casos, carecen de esa condición' (***Hace*** *frío*; ***Llaman*** *al teléfono*; ***Se estudia*** *poco*). → **cazar**

impetrar. v. tr. 'Conseguir una gracia'; 'solicitar una gracia'. Rég. prep.: **impetrar de** (***Impetró*** *paz espiritual* ***de*** *la Virgen*).

ímpetu. sust. m. En plural: **ímpetus**.

impío, a. adj. Ú. t. c. sust. m. y f.: **el impío, la impía**. No debe pronunciarse [impio].

implacable. adj. Rég. prep.: **implacable con** (*Era* ***implacable con*** *sus alumnos*); **implacable en** (*Se mostraba* ***implacable en*** *sus exigencias*).

implantación. sust. f. 'Acción y efecto de implantar'; 'fijación, inserción o injerto de un tejido u órgano en otro'. Incorrecto: <u>*implante*</u>.

♦ **implementación.** Anglicismo no registrado por la Academia. Su uso es común en el ámbito político y administrativo. La A.A.L. ha recomendado su incorporación en el ***Diccionario*** como sustantivo femenino (Argent.), 'acción y efecto de implementar'.

implementar. v. tr. Es un préstamo del inglés (*to implement*). Su uso es común en el ámbito político y administrativo. 'Poner en funcionamiento, aplicar métodos, medidas, etc., para llevar a cabo algo' (***Implementaremos*** *las medidas de seguridad*). Es voz recién incorporada en el ***Diccionario***.

implemento. sust. m. 'Utensilio'. Ú. m. en pl. (*los* ***implementos*** *de cocina*).

implicación. sust. f. 'Acción y efecto de implicar'; 'contradicción'; 'consecuencia' (*El accidente tuvo* ***implicaciones*** *inesperadas*). También puede decirse **implicancia** (sust. f.), pero la Academia considera que esta voz es poco usada.

implicar. v. tr. Ú. t. c. prnl. 'Envolver, enredar' (*Un hecho* ***implica*** *otro hecho*). 'Contener, significar'. v. intr. 'Obstar, impedir'. Ú. m. con adverbios de negación. Rég. prep.: **implicar en** (***Implicó*** *a su amigo* ***en*** *una estafa*; ***Implica*** *un enredo* ***en*** *otro*). → **sacar**

implícito, ta. adj. 'Dícese de lo incluido en otra cosa sin que ésta lo exprese'. Su antónimo es **explícito, ta** (adj.).

imponderable. adj. 'Que no puede pesarse'; 'que excede a toda ponderación' (*conducta* ***imponderable***). sust. m. 'Circunstancia imprevisible'. Se usa, generalmente, en plural (*los* ***imponderables*** *de nuestra profesión*).

imponer. v. irreg. tr. Ú. t. c. prnl. y c. intr. Rég. prep.: **imponer en** (***Impuso*** *sus ideas* ***en*** *la sociedad*); **imponer** o **imponerse a** (***Imponen*** *severas penas* ***a*** *los sediciosos*; ***Se impondrá a*** *los rebeldes*). Se conjuga como **poner**.

importación. sust. f. 'Acción de importar géneros, costumbres, etc., de otro país'. Como sustantivo colectivo, denota 'conjunto de cosas importadas'.

importador, ra. adj. Ú. t. c. sust.: **el importador, la importadora**.

importante. p. a. de **importar**. 'Que importa'. adj. 'Que tiene importancia' (*decisión* ***importante***).

importar. v. intr. 'Convenir, interesar'. v. tr. 'Hablando del precio de las cosas, valer o llegar a cierta cantidad la cosa comprada o ajustada'; 'introducir en un país géneros, artículos o costumbres extranjeros'. Rég. prep.: **importar de** (***Importa*** *juguetes* ***del*** *Japón*); **importar a**

o **en** (***Importó*** *telas* ***a*** o ***en*** *Italia*). 'Llevar consigo' (*Esto* ***importa*** *violencia*). Es un galicismo usar no importa qué o quién con valor adjetivo o pronominal: *Debes leer obras de espiritualidad, no importa qué autor las escriba*; *No importa quién te lo diga*; *Quiere cantar, no importa qué*. Correcto: *Debes leer obras de espiritualidad,* ***cualquiera*** *sea su autor*; ***Cualquiera*** *sea quien te lo diga*; *Quiere cantar* ***cualquier cosa***. Otras incorrecciones: *No le importa de reconocer sus errores*; *No les importa de que los critiquen* (dequeísmo). Correcto: *No le* ***importa reconocer*** *sus errores*; *No les* ***importa que*** *los critiquen*.

importe. sust. m. 'Cuantía de un precio, crédito, deuda o saldo'. Su abreviatura es ***imp.***

importunar. v. tr. 'Incomodar, molestar'. Rég. prep.: **importunar con** (***importunar con*** *pretensiones*).

importuno, na. adj. 'Fuera de tiempo o de propósito' (*visita* ***importuna***); 'molesto, enfadoso' (*alumno* ***importuno***). También puede decirse **inoportuno, na** (adj.).

imposibilidad. sust. f. Rég. prep.: **imposibilidad de** (***imposibilidad de*** *participar*).

imposibilitar. v. tr. Rég. prep.: **imposibilitar para** (***imposibilitar para*** *ejercer la profesión*).

imposible. adj. 'No posible'; 'sumamente difícil' (*tarea* ***imposible***). Ú. t. c. sust. m. (*Me piden* ***un imposible***). 'Inaguantable'; se usa con los verbos **estar** y **ponerse** (*Hoy las niñas* ***están imposibles***; *No* ***se ponga imposible***). **hacer los imposibles**. fr. fig. y fam. 'Apurar todos los medios para el logro de un fin' (***Hacía los imposibles*** *por ayudarlo*). En la Argentina, se usa más la frase **hacer lo imposible**. No debe usarse **no susceptible** como sinónimo de **imposible**: *trabajo no susceptible de realizar*. Correcto: *trabajo* ***imposible*** *de realizar*. → **posible, susceptible**

impositor, ra. adj. 'Que impone'. Ú. t. c. sust. m. y f.: **el impositor, la impositora**.

impostor, ra. adj. Ú. t. c. sust. m. y f.: **el impostor, la impostora**.

impotente. adj. 'Que no tiene potencia'; 'incapaz de engendrar o concebir'. Ú. t. c. sust. m. y f.: **el impotente, la impotente**. 'Dícese del varón incapaz de realizar el acto sexual completo' (*hombres* ***impotentes***). Ú. t. c. sust. m.: **el impotente**.

imprecar. v. tr. Su postverbal es **imprecación** (sust. f.). → **sacar**

impregnar. v. tr. Ú. t. c. prnl. Rég. prep.: **impregnar con** o **de** (***Impregna*** *el algodón* ***con*** o ***de*** *alcohol*).

impresión. sust. f. 'Acción y efecto de imprimir'. Como sinónimo de **impresión dactilar** o **digital**, puede decirse **huella dactilar** o **digital**.

impresionar. v. tr. Ú. t. c. prnl. Rég. prep.: **impresionarse ante** (***Se impresionaron ante*** *los acontecimientos*); **impresionarse con** (*¿****Te impresionas con*** *ese cuento?*); **impresionarse por** (***Nos impresionamos por*** *una cucaracha*).

impresionismo. sust. m. 'Sistema pictórico y escultórico que consiste en reproducir la naturaleza atendiendo más a la impresión que produce que a su realidad'; 'en literatura, procedimiento que busca transmitir impresiones y sugerencias más que describir con detalle la realidad o los acontecimientos'. Los nombres de movimientos artísticos se escriben con minúscula.

impresionista. adj. Ú. t. c. sust. com.: **el impresionista, la impresionista**.

impresor, ra. adj. 'Que imprime' (*máquina* ***impresora***). sust. m. y f. 'Persona que imprime'; 'persona que dirige o es propietaria de una imprenta': **el impresor, la impresora**. sust. f. 'Máquina que, conectada a un ordenador electrónico, imprime los resultados de las operaciones' (*Compré una* ***impresora***). La primera acepción y la última han sido recién incorporadas en el ***Diccionario***.

imprevisto, ta. adj. 'No previsto' (*viaje* ***imprevisto***). Ú. t. c. sust. m. y f.: **el imprevisto, la imprevista**. sust. m. pl. En lenguaje administrativo, 'gastos con los que no se contaba y para los cuales no hay crédito habilitado' (*Hablaron sobre* ***los imprevistos***).

imprimir. v. tr. Tiene un participio irregular (***impreso***). Aunque el participio regular (***imprimido***) es correcto, no se usa.

improbar. v. irreg. tr. Ú. en América. 'Desaprobar, reprobar'. Se conjuga como **sonar**.

impromptu. sust. m. 'Composición musical que improvisa el ejecutante y, por extensión, la que se compone sin plan preconcebido'. En plural: **impromptus**. Incorrecto: *impronto*, *inprontu*.

impropiedad. sust. f. 'Cualidad de impropio'; 'falta de propiedad en el uso de las palabras' (*Es una **impropiedad** decir "desapercibido" con el significado de "inadvertido"*). Es un anglicismo usar esta voz como sinónimo de **error**, **falta de decoro**, **inconveniencia**, **incorrección**: *Su informe está lleno de impropiedades sintácticas*. Correcto: *Su informe está lleno de **errores** sintácticos*.

impropio, pia. adj. Rég. prep.: **impropio de** o **para** (*una actitud **impropia de** o **para** su cargo*).

improvisador, ra. adj. Ú. t. c. sust. m. y f.: **el improvisador, la improvisadora**.

improviso, sa. adj. 'Que no se prevé'. **al** o **de improviso**. loc. adv. 'Sin prevención ni previsión' (*Intervino **al** o **de improviso***). También pueden decirse **improvisto, ta** (adj.) y **a la improvista** (loc. adv.: *Intervino **a la improvista***). → **imprevisto**

impúber. adj. 'Que no ha llegado aún a la pubertad'. Ú. t. c. sust. com.: **el impúber, la impúber**. Es palabra grave. En plural, se transforma en esdrújula: **impúberes**.

impudicia. sust. f. 'Deshonestidad, falta de recato'. También puede decirse **impudicicia** (sust. f.), pero la Academia prefiere la primera forma.

impuesto, ta. p. irreg. de **imponer**. sust. m. 'Tributo, carga'. Rég. prep.: **impuesto de** (***impuesto de lujo***); **impuesto sobre** (***impuesto sobre** el automotor*; ***impuesto sobre** las ganancias*; ***impuesto sobre** el valor agregado*). El régimen preposicional es traducción del inglés (*a tax on*). En la República Argentina, se usa **impuesto *a* las ganancias, impuesto al valor agregado**. La frase responde a la omisión del verbo **aplicar** o de su participio **aplicado** (***impuesto** que se aplica **a** las ganancias*, ***impuesto** aplicado **a** las ganancias*; ***impuesto** que se aplica **al** valor agregado*, ***impuesto** aplicado **al** valor agregado*). Por lo tanto, no es el sustantivo **impuesto** el que rige la preposición **a**, sino el verbo **aplicar**. Su empleo se considera, pues, correcto.

impulsar. v. tr. 'Impeler'; 'estimular'. Rég. prep.: **impulsar a** (*Lo **impulsó a** estudiar*; *Lo **impulsó al** estudio*).

impulsivo, va. adj. Ú. t. c. sust. m. y f.: **el impulsivo, la impulsiva**.

impulsor, ra. adj. 'Que impulsa'. Ú. t. c. sust. m. y f.: **el impulsor, la impulsora**.

in. prep. lat. que funciona en locuciones usadas en español (***in** albis*, 'en blanco').

in-. pref. de or. lat. Se convierte en **im-** ante **b** o **p**, en **i-** ante **l** o **r**. 'Adentro', 'al interior' (*ingresar*, *impulsar*, *irrumpir*).

in-. pref. de or. lat. Se convierte en **im-** ante **b** o **p**, en **i-** ante **l** o **r**. 'Negación o privación' (*inalcanzable*, *improductivo*, *irreligioso*).

-ín, na. suf. de sustantivos y de adjetivos, que suele tener valor diminutivo o expresivo (*botiquín*); los adjetivos en **-ín** formados sobre un infinitivo suelen denotar 'agente' (*bailarín*).

-ina. suf. de sustantivos femeninos. 'Acción súbita y violenta' (*degollina*); forma, también, nombres de árboles y plantas (*glicina*); de frutos (*agracejina*); sustantivos de carácter diminutivo (*culebrina*). En química, significa 'sustancia relacionada con lo denotado por el elemento principal de la palabra' (*adrenalina*, *cafeína*). Ha sido recién incorporado en el ***Diccionario***.

inaccesible. adj. 'No accesible' (*camino **inaccesible***). Rég. prep.: **inaccesible a** (***inaccesible a** los niños*). No debe usarse **inasequible** (adj.), 'que no puede conseguirse o alcanzarse', en su reemplazo. Incorrecto: *El puente es inasequible*; *Por su carácter, es inasequible*. Correcto: *El puente es **inaccesible***; *Por su carácter, es **inaccesible***.

inadaptado, da. adj. Apl. a pers., ú. t. c. sust. m. y f.: **el inadaptado, la inadaptada**. Rég. prep.: **inadaptado a** (***inadaptado a** esas circunstancias*).

inadecuado, da. adj. Rég. prep.: **inadecuado para** (*Es un lugar **inadecuado para** construir la casa*).

inadvertido, da. adj. 'Dícese del que no advierte o repara en las cosas que debiera' (*empleado **inadvertido***); 'no advertido' (*Pasó **inadvertida***). No debe usarse **desapercibido, da** como su sinónimo. → **desapercibido**

inalterable. adj. 'Que no se puede alterar, que no se altera'. No debe confundirse su significado con el de **inalterado, da** (adj.), 'que no tiene alteración o cambio'. Incorrecto: *En el* *viejo reloj, la hora permanece inalterable*. Correcto: *En el viejo reloj, la hora permanece* ***inalterada***.

inaplicación. sust. f. → **desaplicación**

inaplicado, da. adj. → **desaplicado**

inasequible. adj. → **inaccesible**

inauguración. sust. f. No debe pronunciarse [inaguración]. El adjetivo correspondiente es **inaugural**.

inaugurar. v. tr. No debe pronunciarse [inagurar].

inca. adj. Ú. t. c. sust. com.: **el inca**, **la inca**.

incaico, ca. adj. 'Perteneciente o relativo a los incas' (*artesanía* ***incaica***). La Academia no registra, en su ***Diccionario***, el adjetivo **incásico, ca**. Éste aparece en el ***Manual*** con el indicador de su falta de sanción oficial.

incapacidad. sust. f. Rég. prep.: **incapacidad para** (***incapacidad para*** *comprender*).

incapacitado, da. p. de **incapacitar**. adj. Dícese de la persona sujeta a interdicción civil'. Rég. prep.: **incapacitado para** (***incapacitado para*** *ejercer la profesión*). Ú. t. c. sust. m. y f.: **el incapacitado, la incapacitada**. No debe usarse como sinónimo de **discapacitado**, **impedido** o **minusválido**.

incapacitar. v. tr. 'Decretar la falta de capacidad civil de personas mayores de edad'; 'decretar la carencia, en una persona, de las condiciones legales para un cargo público'. Rég. prep.: **incapacitar para** (***incapacitar para*** *ejercer la profesión*).

incapaz. adj. Rég. prep.: **incapaz de** (***incapaz de*** *mentir*); **incapaz para** (***incapaz para*** *ese empleo*). En plural: **incapaces**. Repárese en que la **z** cambia por **c**.

incautarse. v. prnl. 'Tomar posesión un tribunal u otra autoridad competente de dinero o de bienes de otra clase'. Rég. prep.: **incautarse de** (***incautarse de*** *dinero*). Incorrecto: *Incautaron inmuebles*. Correcto: ***Se incautaron de*** *inmuebles*.

incauto, ta. adj. Ú. t. c. sust. m. y f.: **el incauto, la incauta**.

incendiar. v. tr. Ú. t. c. prnl. Se conjuga, en cuanto al acento, como **cambiar**.

incendiario, ria. adj. 'Que incendia con premeditación'. Ú. t. c. sust. m. y f.: **el incendiario, la incendiaria**.

incensar. v. irreg. tr. 'Dirigir con el incensario el humo del incienso hacia una persona o cosa'; 'adular'. Se conjuga como **acertar**.

incesante. adj. 'Que no cesa' (*ruido* ***incesante***). También puede decirse **incesable** (adj.), pero es infrecuente.

incidencia. sust. f. 'Lo que sobreviene en el curso de un asunto o negocio, y tiene con él alguna conexión'; 'repercusión'. Rég. prep.: **incidencia en** (*Su renuncia no tuvo* ***incidencia en*** *los medios relacionados con la empresa*). 'Incidente, cuestión distinta de la principal en un juicio'; 'caída de una línea, de un plano o de un cuerpo, o la de un rayo de luz, sobre otro cuerpo, plano, línea o punto'. No debe usarse como sinónimo de **influencia** (sust. f.). Incorrecto: *Reconoció la incidencia del hecho en su proceder*. Correcto: *Reconoció la* ***influencia*** *del hecho en su proceder*. **por incidencia**. loc. adv. 'Accidentalmente, por casualidad' (*Ocurrió* ***por incidencia***).

incidente. adj. 'Que sobreviene en el curso de un asunto o negocio, y tiene con éste algún enlace' (*conversación* ***incidente***). Ú. m. c. sust. com.: **el incidente, la incidente**. sust. m. 'Disputa, riña' (*Fue protagonista del* ***incidente***); 'cuestión distinta del principal asunto del juicio, pero con él relacionada, que se ventila y decide por separado, suspendiendo, a veces, el curso de aquél, y denominándose entonces *de previo y especial pronunciamiento*'. No debe usarse como sinónimo de **accidente** (sust. m.). Incorrecto: *No hubo incidentes en la ruta*. Correcto: *No hubo* ***accidentes*** *en la ruta*.

incidir. v. intr. 'Caer o incurrir en una falta, error, etc.'; 'ocurrir'; 'repercutir'; 'caer sobre algo o alguien'. No debe usarse como sinónimo de **aceptar**, **coincidir** o **influir**. Incorrecto: *La amenaza no incidió en su decisión*. Correcto: *La amenaza no* ***influyó*** *en su decisión*. Rég. prep.: **incidir en** (***Incidió en*** *un error*). Su homónimo denota 'cortar, hendir'; 'inscribir, grabar'; 'separar'; 'hacer una cortadura'.

incierto, ta. adj. 'No cierto o no verdadero' (*palabras* ***inciertas***); 'inconstante, no seguro' (*trabajo* ***incierto***); 'desconocido, ignorado' (*pa-*

radero ***incierto***). Repárese en el uso de las tres acepciones. El superlativo es **incertísimo, ma**.

incipiente. adj. 'Que empieza' (*trabajo* ***incipiente***). No debe usarse como sinónimo de **inminente** (adj.). Incorrecto: *Su viaje es incipiente*. Correcto: *Su viaje es* ***inminente***.

incisión. sust. f. 'Hendidura que se hace en algunos cuerpos con instrumento cortante'; 'cesura'. Es palabra aguda. En plural, se transforma en grave: **incisiones**.

incitador, ra. adj. 'Que incita' (*palabras* ***incitadoras***). Ú. t. c. sust. m. y f.: **el incitador, la incitadora**. También pueden decirse **incitante** (p. a. de **incitar**. adj.) e **incitativo, va** (adj. Ú. t. c. sust. m.).

incitamiento. sust. m. 'Lo que incita'. También puede decirse **incitamento** (sust. m.).

incitar. v. tr. 'Estimular'. Rég. prep.: **incitar a** (*Lo* ***incitó a*** *renunciar*); **incitar contra** (*La* ***incita contra*** *sus compañeras*).

incivil. adj. 'Falto de civilidad o cultura'; 'grosero'. También puede decirse **incivilizado, da** (adj.), pero la Academia prefiere la primera forma.

inclinar. v. tr. Ú. t. c. prnl. Rég. prep.: **inclinarse a** (***inclinarse a*** *las humanidades*; ***inclinarse a*** *creerle*); **inclinarse ante** (***inclinarse ante*** *la reina*); **inclinarse hacia** (***inclinarse hacia*** *un costado*); **inclinarse hasta** (***inclinarse hasta*** *el piso*).

incluir. v. irreg. tr. Rég. prep.: **incluir en** (***Incluyó*** *a Ruiz* ***en*** *la lista*); **incluir entre** (*La* ***incluyó entre*** *las mejores alumnas*). Tiene un participio regular (***incluido***) y otro irregular (***incluso***). Repárese en que **incluido** no lleva tilde. → **acentuación**. Su gerundio es **incluyendo**. Incorrecto: *Llegaron diez turistas belgas, incluyendo tres niños* (anglicismo). Correcto: *Llegaron diez turistas belgas,* ***entre ellos****, tres niños*. Se conjuga como **huir**.

inclusive. adv. m. 'Con inclusión, especialmente en una cuenta o en una enumeración'; 'incluyendo el último objeto nombrado' (*Lean hasta la página trece* ***inclusive***). No debe usarse como adjetivo, por lo tanto, es incorrecto su plural: *Leeré las páginas catorce y quince inclusives*. Correcto: *Leeré las páginas catorce y quince* ***inclusive***. → **exclusive**

incluso, sa. p. irreg. de **incluir**. Ú. sólo como adjetivo (*Con la falda* ***inclusa****, me debe cien pesos*). adv. m. 'Con inclusión, inclusivamente' (*Agregue esas flores* ***incluso***). prep. 'Hasta, aun' (*Devolvió todos los libros,* ***incluso*** *el diccionario*). conj. 'Hasta, aun' (***Incluso*** *perdonó a sus perseguidores*). Cuando precede a los pronombres de primera y de segunda persona del singular, éstos toman las formas **yo, tú** (*Todos la criticaron,* ***incluso tú***). Es grave error usar **incluso** por **inclusive**: *Estudiará hasta la página doce incluso*. Correcto: *Estudiará hasta la página doce* ***inclusive***.

incoación. sust. f. 'Acción de incoar, es decir, comenzar algo'. No debe pronunciarse [incoacción].

incoativo, va. adj. 'Que implica o denota el principio de una cosa o de una acción progresiva'. No debe pronunciarse [incoactivo].

incógnito, ta. adj. 'No conocido' (*hecho* ***incógnito***). Ú. t. c. sust. m. 'Situación de un personaje público que actúa como persona privada' (*El Presidente guarda* ***el incógnito***). Incorrecto: *El Presidente guarda la incógnita*. **de incógnito**. loc. adv. 'Una persona quiere pasar como desconocida' (*El juez viajará* ***de incógnito***). Incorrecto: *El juez viajará de incógnita*.

incognoscible. adj. 'Que no se puede conocer' (*mundo* ***incognoscible***). No debe pronunciarse ni escribirse *inconocible*, *incognocible* o *inconoscible*.

incólume. adj. 'Sano, sin lesión ni menoscabo' (*Salió* ***incólume*** *del accidente*). No debe usarse como sinónimo de **impasible** (adj.): *A pesar de la triste noticia, se mostró incólume*. Correcto: *A pesar de la triste noticia, se mostró* ***impasible***.

incomodador, ra. adj. 'Molesto, enfadoso'. Ú. t. c. sust. m. y f.: **el incomodador, la incomodadora**.

incomodar. v. tr. Ú. t. c. prnl. Rég. prep.: **incomodarse con** (***Se incomodaba con*** *sus amigas*).

incomparecencia. sust. f. 'Falta de asistencia a un acto o lugar en que se debe estar presente'. No deben decirse *incomparescencia*, *incomparencia* o *incomparecimiento*.

incompatible. adj. Rég. prep.: **incompatible con** (*Javier es* ***incompatible con*** *Darío*).

incomprensibilidad. sust. f. 'Cualidad de incomprensible'. También puede escribirse **incomprehensibilidad**, pero la Academia prefiere la primera forma.

incomprensible. adj. Rég. prep.: **incomprensible para** (*Es un filme* ***incomprensible para*** *los niños*).

incomunicar. v. tr. 'Privar de comunicación' (***Incomunicó*** *a su familia*). v. prnl. 'Aislarse' (***Se incomunicó*** *para escribir su novela*). → **sacar**

incondicional. adj. 'Absoluto' (*apoyo* ***incondicional***). sust. com. 'El adepto a una persona o a una idea sin limitación o condición ninguna': **el incondicional, la incondicional** (*Señor, él es su* ***incondicional***).

♦ **inconducta.** Galicismo. Debe decirse **mala conducta**.

inconexión. sust. f. Rég. prep.: **inconexión con** (*Lamentó la* ***inconexión*** *de Diana* ***con*** *Sofía para realizar el trabajo*). Incorrecto: *inconección*. No debe pronunciarse [inconeción].

inconforme. adj. 'Hostil a lo establecido en el orden político, social, moral, estético, etc.' (*pueblo* ***inconforme***); 'disconforme' (*persona* ***inconforme***). Ú. t. c. sust. com.: **el inconforme, la inconforme**.

inconformista. adj. 'Partidario del inconformismo, actitud o tendencia del inconforme'. Ú. t. c. sust. com.: **el inconformista, la inconformista**.

incongruente. adj. 'No congruente'. También puede decirse **incongruo, grua** (adj.), pero la Academia prefiere la primera forma.

inconmensurable. adj. 'No conmensurable'; 'enorme, que no puede medirse'. Incorrecto: *incomesurable*, *inconmesurable*.

inconsciencia. sust. f. (*estado de* ***inconsciencia***). Tiene una sola grafía. Incorrecto: *inconciencia*.

inconsciente. adj. Apl. a pers., ú. t. c. sust. com.: **el inconsciente, la inconsciente** (*Eres una* ***inconsciente***). Tiene una sola grafía. Incorrecto: *inconciente*.

inconscientemente. adv. m. 'De manera inconsciente' (*Actuó* ***inconscientemente***). Tiene una sola grafía. Incorrecto: *inconcientemente*.

inconstante. adj. 'No estable ni permanente'; 'que muda con demasiada facilidad y ligereza de pensamientos, aficiones, opiniones o conducta'. Rég. prep.: **inconstante en** (***inconstante en*** *sus acciones*).

inconsútil. adj. 'Sin costura'. No debe usarse como sinónimo del adjetivo **sutil**.

incordiar. v. tr. 'Molestar'. Se conjuga, en cuanto al acento, como **cambiar**.

incorporación. sust. f. También puede decirse **incorporo** (sust. m.), pero la Academia prefiere la primera forma.

incorporar. v. tr. 'Agregar'; 'sentar o reclinar el cuerpo'. Ú. t. c. prnl. 'Agregarse una o más personas a otras para formar un cuerpo'. Rég. prep.: **incorporar** o **incorporarse en** o **a** (***Incorpore*** *mis datos* ***en*** o ***a*** *la ficha*; ***Se incorporaron*** *tres personas* ***en*** o ***a*** *la sociedad*).

incorporeidad. sust. f. 'Cualidad de incorpóreo'. Incorrecto: *incorporidad*. → **-dad**

incorpóreo, a. adj. 'No corpóreo'. Es palabra esdrújula.

incorrección. sust. f. No debe pronunciarse [incorreción].

increíble. adj. Rég. prep.: **increíble para** (***increíble para*** *todos*).

incrementar. v. tr. Ú. t. c. prnl. 'Aumentar'. Rég. prep.: **incrementar** o **incrementarse en** (*El comerciante* ***incrementó en*** *treinta pesos el precio del calzado*; ***Se incrementó en*** *cien el número de heridos*). Incorrecto: *El comerciante incrementó a treinta pesos el precio del calzado*; *Se incrementó a cien el número de heridos*.

increpador, ra. adj. 'Que increpa o reprende con dureza'. Ú. t. c. sust. m. y f.: **el increpador, la increpadora**.

incrustación. sust. f. 'Acción de incrustar'; 'cosa incrustada'. Rég. prep.: **incrustación en** (***incrustación en*** *diamantes*).

incrustar. v. tr. Ú. t. c. prnl. 'Embutir'; 'hacer que un cuerpo penetre violentamente en otro o quede adherido a él'; 'cubrir una superficie con una costra dura'; 'fijar firmemente una idea en la mente'. Rég. prep.: **incrustarse en** (*La flecha* ***se incrustó en*** *el tronco del pino*). No debe decirse *incustrar*, un vulgarismo.

incubar. v. intr. 'Echarse las aves y animales ovíparos sobre los huevos para empollarlos'. Con esta acepción, también puede decirse **encobar** (v. intr. Ú. t. c. prnl.), voz preferida por la Academia. v. tr. 'Calentar el ave con su cuerpo los huevos para sacar pollos'. v. prnl. fig. 'Desarrollarse una enfermedad desde que empieza a obrar la causa morbosa hasta que se manifiestan sus efectos'; 'iniciarse el desarrollo de una tendencia o movimiento cultural, político, religioso, etc., antes de su plena manifestación'. No debe confundirse con **encubar** (v. tr.), 'echar el vino u otro licor en las cubas para guardarlo en ellas'.

inculcar. v. tr. Ú. t. c. prnl. Rég. prep.: **inculcar en** (***inculcar*** *valor* ***en*** *el ánimo*). → **sacar**

inculpar. v. tr. 'Culpar'. Rég. prep.: **inculpar de** (*Lo* ***inculparon de*** *varios delitos*).

incumbir. v. intr. defect. 'Estar a cargo de uno una cosa'. Sólo tiene las formas no personales (*incumbir*; *incumbido*; *incumbiendo*) y las terceras personas de todos los tiempos. Se usa únicamente en construcciones pronominales (***Me incumbe*** *este trabajo*).

incurrir. v. intr. Rég. prep.: **incurrir en** + un sustantivo que denote 'culpa, error o castigo', 'ejecutar la acción o hacerse merecedor de la pena expresada por el sustantivo' (***incurrir en*** *falta*); **incurrir en** + un sustantivo que denote 'sentimiento desfavorable, como odio, ira, desprecio, etc.', 'causarlo, atraérselo' (***incurrir en*** *maldad*). Tiene un participio regular (***incurrido***) y otro irregular (***incurso***). Su postverbal es **incursión** (sust. f.).

incursionar. v. intr. 'Realizar una incursión de guerra'. Rég. prep.: **incursionar en** (*Los rebeldes* ***incursionan en*** *nuestras tierras*). fig. Amér. 'Hablando de un escritor o de un artista plástico, hacer una obra de género distinto del que cultiva habitualmente' (*Cortázar* ***incursionó*** *poco* ***en*** *la poesía*).

indagar. v. tr. 'Intentar averiguar'. Rég. prep.: **indagar sobre** (***Indagaba sobre*** *el divorcio de su prima*). → **pagar**

indagatoria. sust. f. 'Declaración que acerca del delito que se está averiguando se toma al presunto reo sin recibirle juramento' (*Presencié* ***la indagatoria***).

indecencia. sust. f. Incorrecto: <u>*indescencia*</u>.

indecente. adj. Incorrecto: <u>*indescente*</u>.

indeciso, sa. adj. Rég. prep.: **indeciso en** o **para** (*Siempre fue* ***indeciso en*** *o* ***para*** *resolver problemas*).

indefinido, da. adj. Rég. prep.: **indefinido en** (***indefinido en*** *su forma*).

indemnizar. v. tr. Ú. t. c. prnl. Rég. prep.: **indemnizar de** (*Lo* ***indemnizaron de*** *los daños que le ocasionó el incendio*). → **cazar**

independentista. adj. 'Perteneciente o relativo al independentismo, movimiento que propugna o reclama la independencia política de un país'; 'partidario del independentismo'. Ú. t. c. sust. com.: **el independentista**, **la independentista**.

independiente. adj. (*país* ***independiente***). Rég. prep.: **independiente de** (***independiente de*** *su familia*); **independiente en** (*Es* ***independiente en*** *sus decisiones*); **independiente para** (*Se muestra* ***independiente para*** *trabajar*). No debe usarse **independentista** (adj. Ú. t. c. sust. com.) en su reemplazo: *país* <u>*independentista*</u>. adv. m. 'Con independencia' (*Trabaja* ***independiente***).

independizar. v. tr. Ú. t. c. prnl. Rég. prep.: **independizar** o **independizarse de** (***Independizó*** *a su tierra* ***del*** *enemigo*; ***Se independizó de*** *sus padres*). → **cazar**

indexación. sust. f. Voz inglesa (*indexation*) españolizada. La Academia no registra la denotación de 'práctica de ajustar salarios y otros valores a un índice de inflación', tan común en el ámbito económico. → **indización**

indexar. v. tr. Voz inglesa (*to index*) españolizada. La Academia no registra la denotación de 'ajustar salarios u otros valores a un índice de inflación', tan común en el ámbito económico. → **indizar**

India. sust. pr. El nombre oficial es **República de la India**. Debe decirse **la India**. Incorrecto: *Recorrió* <u>*India*</u>. Correcto: *Recorrió* ***la India***. sust. f. fig. 'Abundancia de riquezas'. Ú. m. en pl.

indianista. adj. 'Dícese del autor o de la literatura del romanticismo que idealizan el tema del indio' (*novela* ***indianista***). sust. com. 'Persona que cultiva las lenguas y la literatura de la India, así antiguas como modernas': **el indianista, la indianista**.

indiano, na. adj. 'Nativo, pero no originario de América' (*escritor **indiano***). Ú. t. c. sust. m. y f.: **el indiano, la indiana**. 'Perteneciente o relativo a las Indias Occidentales'; 'perteneciente o relativo a las Indias Orientales'; 'dícese del que vuelve rico de América' (*hombres **indianos***). Ú. t. c. sust. m. y f. (*Nos visitan dos **indianos***).

indicador, ra. adj. 'Que indica o sirve para indicar' (*cartel **indicador***). Ú. t. c. sust. m. y f.: **el indicador, la indicadora**. También pueden decirse **indicante** (p. a. de **indicar**. Ú. t. c. sust. com.) e **indicativo, va** (adj. Ú. t. c. sust. m. y f.).

indicar. v. tr. Rég. prep.: **indicar con** (***indicar con** el dedo*); **indicar por** (***indicar por** señas*). Incorrecto: *Le indica de que siga en esa dirección* (dequeísmo). Correcto: *Le **indica que** siga en esa dirección*. → **sacar**

indicativo, va. adj. 'Que indica o sirve para indicar' (*cartel **indicativo***). También pueden decirse **indicador, ra** (adj. Ú. t. c. sust. m. y f.) e **indicante** (p. a. de **indicar**. Ú. t. c. sust. com.). 'Nombre de uno de los modos verbales' (*modo **indicativo***). Ú. t. c. sust. m.: **el indicativo**. → **modo**

indígena. adj. 'Originario del país de que se trata' (*vivienda **indígena***). Apl. a pers., ú. t. c. sust. com.: **el indígena, la indígena**.

indigenista. adj. 'Perteneciente o relativo al indigenismo', es decir, al 'estudio de los pueblos indios iberoamericanos que hoy forman parte de naciones en las que predomina la civilización europea' y a la 'doctrina y partido que propugna reivindicaciones políticas, sociales y económicas para los indios y mestizos en las repúblicas iberoamericanas' (*temas **indigenistas***). sust. com. 'Persona partidaria del indigenismo': **el indigenista, la indigenista**. → **indianista**

indigestible. adj. 'Que no se puede digerir'. Incorrecto: *indigerible*.

indignar. v. tr. Ú. t. c. prnl. 'Irritar'. Rég. prep.: **indignarse con** o **contra** alguien (***Se indignó con** o **contra** su compañero*); **indignarse de** o **por** una acción (***Me indigno de** o **por** sus preguntas*). La Academia registra **indinar** como un verbo vulgar.

indigno, na. adj. Rég. prep.: **indigno de** (***indigno de** consideración*). La Academia registra **indino, na** como un adjetivo vulgar.

indio, dia. adj. 'Natural de la India'. Ú. t. c. sust. m. y f.: **el indio, la india**. También puede decirse **indo, da** (adj. Ú. t. c. sust. m. y f.: **el indo, la inda**). → **hindú**. 'Indígena de América'. Ú. t. c. sust. m. y f. Diminutivos: **indezuelo, la; indiecito, ta; indito, ta**. El sustantivo colectivo es **indiada** (f.). Por extensión, aplícase también a las cosas pertenecientes o relativas a estos indios (*armas **indias**; lengua **india***). Su homónimo denota 'de color azul' (*flor **india***). sust. m. 'Metal parecido al estaño'. Número atómico 49. Símbolo: ***In***

indiscreción. sust. f. No debe pronunciarse [indiscrección].

indispensable. adj. Rég. prep.: **indispensable para** (***indispensable para** la salud*).

indisponer. v. irreg. tr. Ú. t. c. prnl. Rég. prep.: **indisponer** a uno **con** o **contra** otro (***Indispuso** a Leandro **con** o **contra** Irene*); **indisponerse de** (***Se indispuso del** hígado*). Se conjuga como **poner**.

individual. adj. 'Perteneciente o relativo al individuo'; 'particular, propio de una persona o cosa' (*trabajo **individual***). La A.A.L. ha recomendado la incorporación, en el ***Diccionario***, del siguiente significado: sust. m. Argent. 'Mantelito que se destina a un solo comensal'.

individualista. adj. 'Propenso al individualismo'; 'partidario del individualismo'; 'perteneciente o relativo al individualismo' (*mujer **individualista***). Ú. t. c. sust. com.: **el individualista, la individualista**.

individualizar. v. tr. 'Especificar'; 'particularizar'; 'determinar individuos comprendidos en una especie' (***Individualizó** a los camélidos*). → **cazar**. También puede decirse **individuar** (v. tr.), voz preferida por la Academia.

individuar. v. tr. Se conjuga, en cuanto al acento, como **actuar**. → **individualizar**

individuo, dua. adj. 'Individual'; 'que no puede ser dividido'. sust. m. 'Cada ser organizado, sea animal o vegetal, respecto de la especie a que pertenece'; 'persona perteneciente a una clase o corporación' (***individuo** de la*

Academia Argentina de Letras). fam. 'La propia persona u otra, con abstracción de las demás' (*Cecilia cuida bien de su* ***individuo***). sust. m. y f. 'Persona cuyo nombre y condición se ignoran o no se quieren decir' (*Un* ***individuo*** *y una* ***individua*** *robaron el negocio*). sust. f. despect. 'Mujer despreciable' (*Sólo una* ***individua*** *puede hacer eso*).

indización. sust. f. 'Acción y efecto de indizar'. También puede decirse **indexación** (sust. f.), pero la Academia prefiere la primera forma. → **indexación**

indizar. v. tr. 'Hacer índices'; 'registrar ordenadamente datos e informaciones para elaborar su índice'. También puede decirse **indexar** (v. tr.), pero la Academia prefiere la primera forma. → **cazar**

indocumentado, da. adj. 'Dícese de quien no lleva consigo documento oficial por el cual pueda identificarse su personalidad, y, también, del que carece de él' (*ciudadano* ***indocumentado***); 'que no tiene prueba fehaciente o testimonio válido' (*testigo* ***indocumentado***); 'dícese de la persona sin arraigo ni respetabilidad'; fig. 'ignorante, inculto'. Ú. t. c. sust. m. y f.: **el indocumentado, la indocumentada**.

indoeuropeo, a. adj. 'Dícese de cada una de las lenguas procedentes de un origen común y extendidas desde la India hasta el occidente de Europa'; 'dícese también de la raza y de la lengua que dieron origen a todas ellas'. Ú. t. c. sust. m.: **el indoeuropeo**. También puede decirse **indogermánico, ca** (adj.), pero la Academia prefiere la primera forma.

índole. sust. f. Incorrecto: *temas de índole eclesiástico*. Correcto: *temas de* ***índole eclesiástica***.

inducir. v. irreg. tr. 'Instigar, persuadir'. Rég. prep.: **inducir a** (*Lo* ***indujo a*** *matar; Esto me* ***induce a*** *error*). Se conjuga como **conducir**.

inductor, ra. adj. 'Que induce'; 'dícese, especialmente, del que induce a otro a cometer un delito' (*mujer* ***inductora***). Ú. t. c. sust. m. y f.: **el inductor, la inductora**. sust. m. 'Órgano de las máquinas eléctricas destinado a producir la inducción magnética'.

indulgente. adj. 'Inclinado a perdonar y a disimular los yerros, o a conceder gracias'. Rég. prep.: **indulgente con, para** o **para con** (*Ella era* ***indulgente con, para*** *o* ***para con*** *los demás*); **indulgente en** (*No es* ***indulgente en*** *sus juicios*).

indultar. v. tr. 'Perdonar a uno total o parcialmente la pena que tiene impuesta, o conmutarla por otra menos grave'; 'exceptuar o eximir de una ley u obligación'. Rég. prep.: **indultar de** (*Lo* ***indultaron de*** *la pena*). No debe confundirse con **amnistiar** (v. tr.), 'conceder amnistía'. → **amnistía**

indulto. sust. m. → **amnistía**

industria. sust f. 'Maña, destreza' (*Lo hizo con* ***industria***); 'instalación'. Como sustantivo colectivo, denota 'conjunto de operaciones materiales, ejecutadas para la obtención, transformación o transporte de uno o varios productos naturales' y 'suma o conjunto de las industrias de un mismo o de varios géneros, de todo un país o de parte de él' (***industria*** *cervecera;* ***industria*** *argentina*). **de industria**. loc. adv. 'De intento, de propósito'. Su abreviatura es ***ind.***

industrial. adj. 'Perteneciente o relativo a la industria' (*ingeniero* ***industrial***). sust. m. 'El que vive del ejercicio de una industria o es propietario de ella' (*Conversará con* ***industriales*** *canadienses*).

industrializar. v. tr. → **cazar**

inédito, ta. adj. 'Escrito y no publicado'. Ú. t. c. sust. m. y f.: **el inédito, la inédita**. 'Dícese del escritor que aún no ha publicado nada' (*autor* ***inédito***); 'desconocido, nuevo' (*un hecho* ***inédito***). No debe confundirse su denotación con la de **inaudito, ta** (adj.), 'nunca oído'; 'monstruoso'.

inefable. adj. 'Que con palabras no se puede explicar'. También puede decirse **inenarrable** (adj.), pero la Academia prefiere la primera forma.

ineficaz. adj. 'No eficaz, inactivo, inoperante' (*empleado* ***ineficaz***). Incorrecto: *empleado ineficiente*. En plural: **ineficaces**. Repárese en que la **z** cambia por **c**.

-íneo, a. suf. de or. lat. de adjetivos que indican 'semejanza, procedencia o participación' (*broncíneo*).

ineptitud. sust. f. 'Falta de aptitud o de capacidad'. Rég. prep.: **ineptitud para** (***ineptitud***

***para** aprender idiomas*). Incorrecto: *inaptitud*, *inoperancia*.

inepto, ta. adj. 'No apto'; 'necio o incapaz'. Rég. prep.: **inepto para** (***inepto para** nadar*). Incorrecto: *inapto*.

inerme. adj. 'Que está sin armas' (*soldado **inerme***); 'desprovisto de espinas, pinchos o aguijones' (*abeja **inerme***). No debe confundirse su denotación con la de **inerte** (adj.), 'inactivo, ineficaz, estéril, inútil'; 'flojo, desidioso'.

inescrutable. adj. 'Que no se puede saber ni averiguar' (*dato **inescrutable***). Incorrecto: *inexcrutable*.

inextenso, sa. adj. 'Que carece de extensión' (*terreno **inextenso***). No deben confundirse su grafía y su significado con los de la locución adverbial latina **in extenso**, 'por extenso' (*Habló **in extenso** sobre la drogadicción*).

inextricable. adj. 'Que no se puede desenredar, confuso' (*escrito **inextricable***). Incorrecto: *inextrincable*.

infamador, ra. adj. 'Que infama'. Ú. t. c. sust. m. y f.: **el infamador, la infamadora**.

infamatorio, ria. adj. 'Dícese de lo que infama'. También puede decirse **infamativo, va** (adj.).

infame. adj. 'Que carece de honra, crédito y estimación'. Ú. t. c. sust. com.: **el infame, la infame**.

infancia. sust. f. Es sustantivo colectivo con la denotación de 'conjunto de los niños cuya edad está comprendida entre el nacimiento y la pubertad'.

infante. sust. m. Diminutivos: **infantejo, infantillo**. Su femenino es **infanta**. Diminutivo: **infantina**. **infante de marina**. No debe usarse, en su reemplazo, el anglicismo *marine* o su plural *marines*.

infantería. sust. f. colect. 'Tropa que sirve a pie en la milicia'.

infanticida. sust. com. 'Persona que mata a un niño o infante': **el infanticida, la infanticida**. Ú. t. c. adj. (*jóvenes **infanticidas***).

infatigable. adj. Rég. prep.: **infatigable en** (***infatigable en** el trabajo*).

infatuar. v. tr. Ú. t. c. prnl. 'Volver a uno fatuo, engreírlo'. Rég. prep.: **infatuarse con** (***Se había infatuado con** tantos elogios*). Se conjuga, en cuanto al acento, como **actuar**.

infección. sust. f. 'Acción y efecto de infectar o infectarse'. No debe pronunciarse [infeción].

infeccioso, sa. adj. 'Que causa infección' (*foco **infeccioso***); 'causado por infección' (*enfermedad **infecciosa***). No debe pronunciarse [infecioso].

infectar. v. tr. 'Transmitir los gérmenes de una enfermedad' (*Las ratas **infectaron** a los campesinos*); fig. 'corromper con malas doctrinas o malos ejemplos' (*Sus actividades **infectaron** a los jóvenes*). Ú. t. c. prnl. (***Se infectó** la herida*). Su sinónimo es **inficionar** (v. tr. Ú. t. c. prnl.). El verbo **infestar** puede usarse como sinónimo de la primera acepción de **infectar** (*Las ratas **infestaron** a los campesinos*).

infecto, ta. p. irreg. de **infecir**, verbo anticuado. 'Inficionado, contagiado, pestilente, corrompido'. Rég. prep.: **infecto de** (***infecto de** paludismo*).

inferior. adj. Forma comparativa de **bajo, ja** (adj.). Rég. prep.: **inferior a** (*Teresa es **inferior a** Dora en inteligencia*; *Este cuento es **inferior a** aquél en argumento*). Incorrecto: *Sus traducciones son más inferiores* (vulgarismo); *El número de turistas fue inferior en Suiza que en Italia*. Correcto: *Sus traducciones son **inferiores***; *El número de turistas fue **más bajo** en Suiza **que** en Italia*. El superlativo es **ínfimo, ma.** → **bajo**

inferir. v. irreg. tr. 'Deducir una cosa de otra'. Rég. prep.: **inferir** una cosa **de** otra (***Infiero** su actitud **de** la carta que escribió*); 'ocasionar, conducir a un resultado'; 'producir o causar ofensas, agravios, heridas, etc.' (*Le **infirió** graves heridas*). Su postverbal es **inferencia** (sust. f.). Se conjuga como **sentir**.

infestar. v. tr. Ú. t. c. prnl. 'Inficionar, apestar'; 'causar daños y estragos con hostilidades y correrías'. Rég. prep.: **infestar con** (***Infestó** el pueblo **con** su maldad*). 'Causar estragos y molestias los animales o las plantas advenedizas en los campos cultivados y aun en las casas'. Rég. prep.: **infestarse de** (*El campo **se infestó de** langostas*). 'Llenar un sitio gran cantidad de personas o de cosas'. Rég. prep.: **infestar** o **infestar-**

se de (*Se infestó de gente el estadio*). No es sinónimo de **infectar** en todas sus acepciones. Su postverbal es **infestación** (sust. f.). → **infectar**

infiel. adj. Rég. prep.: **infiel a** alguien **con** otra persona (*Fue **infiel a** su esposa **con** la secretaria*). El superlativo es **infidelísimo, ma**.

infinidad. sust. f. 'Cualidad de infinito'. Como sustantivo colectivo, denota 'gran número y muchedumbre de cosas o de personas' (*una **infinidad** de estudiantes*).

infinitivo. sust. m. 'Voz que da nombre al verbo' (*Escriba el **infinitivo***). Forma del verbo que expresa la acción en abstracto, sin concretar persona, tiempo o número. Infinitivo simple: **mirar** (acción imperfectiva). Infinitivo compuesto: **haber mirado** (acción perfectiva). En español, adopta las terminaciones **-ar** (primera conjugación: *durar*), **-er** (segunda conjugación: *perder*), **-ir** (tercera conjugación: *imprimir*). Puede sustantivarse (*El **cantar** de los pájaros; Su defecto es **espiar***). El género de los infinitivos sustantivados es siempre masculino. Se lo considera un sustantivo verbal, pues cumple las funciones sintácticas del sustantivo y posee el régimen de un verbo (***Defender** la verdad significa **vivir** en paz*): el sujeto de la oración es ***defender** la verdad*; su núcleo, ***defender***; *la verdad*, objeto directo, es un modificador del infinitivo ***defender***; ***vivir** en paz* es el objeto directo de la oración; su núcleo, ***vivir***; *en paz*, circunstancia de modo, es un modificador del infinitivo ***vivir***. **a + infinitivo**: significado imperativo (***¡A dormir!***); **al + infinitivo**: significado temporal (***Al salir**, cerró la puerta*); **a** o **de + infinitivo**: significado condicional (***A decir** verdad, Juan sabe lo que quiere; **A** no **ser** por tu hermana, me hubiera olvidado las hojas; **De ser** así, te lo comunicaré; **De** no **ser** a esa hora, no podré ir*); **con + infinitivo**: significado concesivo (***Con decirlo**, no ganó mucho*); **por + infinitivo**: la acción aún no se ha realizado (*Tiene mucha ropa **por planchar***). Forma perífrasis verbales: ***Comenzó a escribir** el poema* (incoativa o ingresiva); ***Termina de comer** el postre* (perfectiva); ***Volvieron a revisar** los documentos* (reiterativa); ***Debe de tener** doce años* (hipotética); ***Debes leer** con atención* (de obligación); ***¿Puedo llevar** esta silla?* (de posibilidad); ***Quieren recorrer** la ciudad* (de voluntad); ***Suele venir** los jueves* (de hábito); *Por la tarde, **has de entregarlo*** (de propósito). La locución **estar a + infinitivo** se usa con los verbos **llegar** y **caer** ('estar a punto de'): *Silvia **está al llegar**; Tus tías **están al caer***. En cambio, la locución **estar para + infinitivo** denota 'inminencia y probabilidad': ***Está para llover***. Incorrecto: *Silvia <u>está para llegar</u>; <u>Está al llover</u>*.

infinito, ta. adj. 'Que no tiene ni puede tener fin ni término' (*La bondad de Dios es **infinita***); 'muy numeroso, grande y enorme' (*Había **infinitos** manjares*). sust. m. 'Signo en forma de un ocho tendido (∞), que sirve para expresar un valor mayor que cualquier cantidad asignable'. adv. m. 'Excesivamente, muchísimo' (*La quiere **infinito***). Su abreviatura es ***infin.***

inflación. sust. f. 'Acción y efecto de inflar' (*la **inflación** de los globos*). Con esta primera acepción, también puede decirse **inflamiento** (sust. m.). 'Engreimiento y vanidad' (*Siempre habla con **inflación***); 'elevación del nivel general de los precios, motivada habitualmente por el desajuste entre la demanda y la oferta, con depreciación monetaria' (*La **inflación** fue mayor de lo que se esperaba*). No debe pronunciarse [inflacción]. Su antónimo es **deflación** (sust. f.). Los adjetivos correspondientes son **inflacionario, ria** e **inflacionista**.

inflamar. v. tr. Ú. t. c. prnl. 'Encender algo que arde con facilidad'; 'acalorar, enardecer las pasiones'. Rég. prep.: **inflamar** o **inflamarse de** o **en** (*Se **inflamaron de** o **en** cólera durante la reunión*). 'Producirse inflamación, alteración patológica'; 'enardecerse una parte del cuerpo del animal tomando un color encendido'.

inflexible. adj. Rég. prep.: **inflexible a** (***inflexible a** mis ruegos*).

infligir. v. tr. 'Causar daños'; 'imponer castigos' (*Le **infligió** varios golpes*). Incorrecto: <u>*inflingir*</u>. No debe confundirse con **infringir**. (v. tr.), 'quebrantar leyes, órdenes, etc.' (***Infringe** ordenanzas municipales*). → **dirigir**

influenciar. v. tr. Rég. prep.: **influenciar sobre** (***influenciar sobre** sus hijos*). Se conjuga, en cuanto al acento, como **cambiar**. → **influir**

influir. v. irreg. intr. Ú. t. c. prnl. Rég. prep.: **influir con** alguien **para** algo (***Influyó con** el gerente **para** lograr un ascenso*); **influir en** o **sobre** (***Influye en** o **sobre** su estado de ánimo*). Su postverbal es **influjo** (sust. m.). El participio activo, **influyente** (adj.). Se conjuga como **huir**. También puede decirse **influenciar**, pero la Academia prefiere la primera forma. Seco aclara que **influir** "versa principalmente sobre cosas o hechos", en cambio, **influenciar** "indica principalmente acción o ascendiente que se ejerce sobre personas", pero reconoce que, en este sentido, también puede usarse **influir**.

influyente. p. a. de **influir**. 'Que influye'. adj. 'Que goza de mucha influencia'. El superlativo es **influyentísimo, ma**.

informador, ra. adj. 'Que informa' (*diario **informador***). sust. m. y f. 'Periodista de cualquier medio de difusión': **el informador, la informadora**.

informal. adj. 'Que no guarda las formas y reglas prevenidas' (*contrato **informal***); 'aplícase a la persona que en su porte y conducta no observa la conveniente gravedad y puntualidad' (*adolescentes **informales***). No debe usarse como sinónimo de **deportivo** o **de calle**. Incorrecto: *Usa ropa informal*. Correcto: *Usa ropa **deportiva*** o ***de calle***. Ú. t. c. sust. com.: **el informal, la informal**.

informar. v. tr. Ú. t. c. prnl. Rég. prep.: **informar** o **informarse de** (***Le informo a** usted **de** las decisiones empresariales*; ***Se informó de** cuanto quería saber*); **informar sobre** (***Informaron sobre** su estado de salud*). Su participio activo es **informante**. Puede usarse como sinónimo el verbo **reportar** (v. tr. Ú. t. c. prnl.).

informático, ca. adj. 'Perteneciente o relativo a la informática' (*trabajos **informáticos***); 'que trabaja o investiga en informática' (*estudiantes **informáticos***). Apl. a pers., ú. t. c. sust. m. y f.: **el informático, la informática**. Es palabra recién incorporada en el ***Diccionario***.

informativo, va. adj. 'Dícese de lo que informa o sirve para dar noticia de una cosa' (*programa **informativo***); en filosofía, 'que da forma a una cosa'. sust. m. 'Boletín informativo' (*El abuelo escucha **el informativo***).

informatizar. v. tr. 'Aplicar los métodos de la informática en un negocio, proyecto, etc.' (***informatizar** el área de ventas de la empresa*). → **cazar**. Su postverbal es **informatización** (sust. f.). Ambas voces han sido recién incorporadas en el ***Diccionario***.

informe. sust. m. Puede usarse, como sinónimo, **dossier** (sust. m.). → **dossier**

infortunado, da. adj. Ú. t. c. sust. m. y f.: **el infortunado, la infortunada**. La Academia prefiere **desafortunado, da** (adj.). → **desafortunado**

infra-. elem. compos. de or. lat. 'Inferior'; 'debajo' (***infra**scrito, **infra**valorar*).

infraestructura. sust. f. 'Parte de una construcción que está bajo el nivel del suelo'. Como sustantivo colectivo, denota 'conjunto de elementos o servicios que se consideran necesarios para la creación y funcionamiento de una organización cualquiera' (***infraestructura** escolar*). El antónimo de su primera acepción es **superestructura** (sust. f.).

in fraganti. loc. adv. Adaptación del latín jurídico *in flagranti crimine*. Repárese en la alteración de la locución latina. 'En el mismo momento en que se está cometiendo el delito o realizando una acción censurable' (*Lo descubrió **in fraganti***). Incorrecto: *en fraganti*. También puede escribirse en una sola palabra, **infraganti** (adv. m.), pero la Academia prefiere la primera forma. → **flagrante**

infrascrito, ta. adj. 'Que firma al fin de un escrito'. Ú. t. c. sust. m. y f.: **el infrascrito, la infrascrita**. 'Dicho abajo o después de un escrito'. También puede escribirse **infrascripto, ta**, pero la Academia prefiere la primera forma.

infravalorar. v. tr. 'Atribuir a alguien o a algo valor inferior al que tiene' (***Infravalora** a sus alumnos*).

infringir. v. tr. 'Quebrantar leyes, órdenes, etc.'. Incorrecto: *inflingir*, *infrigir*. No debe usarse con el significado de **infligir** (v. tr.). → **dirigir, infligir**

ínfula. sust. f. 'Cada una de las dos cintas anchas que penden por la parte posterior de la mitra episcopal'. En plural, denota 'presunción o vanidad' (*Hablaba con **ínfulas***).

infundir. v. tr. Tiene un participio regular (***infundido***) y otro irregular (***infuso***).

ingeniar. v. tr. y prnl. Rég. prep.: **ingeniarse** o **ingeniárselas para** (***Se ingenia** o **se las ingenia para** que le alcance el dinero*). Se conjuga, en cuanto al acento, como **cambiar**.

ingeniero. sust. m. Su femenino es **ingeniera**.

ingénito, ta. adj. 'No engendrado'; 'connatural y como nacido con uno'. En esta última acepción, es sinónimo de **congénito, ta** (adj.).

ingenuo, nua. adj. 'Sincero, candoroso, sin doblez'. Ú. t. c. sust. m. y f.: **el ingenuo, la ingenua**. sust. f. 'Actriz que hace papeles de persona inocente y candorosa' (*Siempre desempeña el papel de* ***ingenua*** *en los teleteatros*).

ingerir. v. irreg. tr. 'Introducir por la boca la comida, bebida o medicamentos' (***Ingiere*** *otro vaso de vino*). Su postverbal es **ingestión** (sust. f.). Se conjuga como **sentir**. No debe confundirse su grafía con la de **injerir** (v. irreg. tr.), 'injertar plantas'; 'meter una cosa en otra'; 'introducir en un escrito una palabra, nota, texto, etc.'; 'entremeterse' (v. prnl.). Incorrecto: *Injiere otro vaso de vino*.

inglesismo. sust. m. 'Vocablo o giro tomado del inglés'. También puede decirse **anglicismo** (sust. m.).

ingrato, ta. adj. Rég. prep.: **ingrato con, para** o **para con** (***ingrato con, para*** *o* ***para con*** *sus hermanos*).

ingresar. v. intr. 'Entrar en un lugar'. Rég. prep.: **ingresar en** (***Ingresó en*** *la tienda*); 'entrar a formar parte de una corporación' (***Ingresará en*** *la Facultad de Arquitectura*); 'entrar en un establecimiento sanitario para recibir tratamiento' (***Ingresa en*** *el Hospital Alemán*). v. tr. 'Meter algo en un lugar para su custodia' (***Ingresará*** *mucho dinero* ***en*** *el banco*); 'meter a un enfermo en un establecimiento sanitario para su tratamiento' (***Ingresaron*** *a Juan* ***en*** *el sanatorio*); 'ganar cierta cantidad de dinero regularmente por algún concepto' (***Ingresará*** *dos mil pesos mensuales por su trabajo*).

inguinal. adj. 'Perteneciente a las ingles'. También puede decirse **inguinario, ria** (adj.), pero la Academia prefiere la primera forma.

ingurgitar. v. tr. 'Engullir'. No debe decirse o escribirse *engurguitar* o *enjurguitar*. Su postverbal es **ingurgitación** (sust. f.).

inhábil. adj. Rég. prep.: **inhábil para** (*Era* ***inhábil para*** *coser*).

inhabilitar. v. tr. Ú. t. c. prnl. Rég. prep.: **inhabilitar para** (*Lo* ***inhabilitaron para*** *ejercer su profesión*).

inherente. adj. 'Que por su naturaleza está de tal manera unido a otra cosa, que no se puede separar de ella'. Rég. prep.: **inherente a** (***inherente a*** *sus funciones*). No debe confundirse su denotación con la de **innato, ta** (adj.), 'connatural'.

inhibir. v. tr. Ú. t. c. prnl. Rég. prep.: **inhibir** o **inhibirse de** o **en** (*El juez* ***se inhibió de*** *o* ***en*** *el conocimiento de la causa*).

inhospitalario, ria. adj. También pueden decirse **inhóspito, ta** (adj.) e **inhospital** (adj.), pero la Academia prefiere las dos primeras formas.

iniciado, da. p. de **iniciar**. adj. 'Dícese del que comparte el conocimiento de una cosa secreta' (*persona* ***iniciada***). Ú. t. c. sust. m. y f.: **el iniciado, la iniciada**. sust. m. 'Miembro de una sociedad secreta' (*Conocí a un* ***iniciado***).

iniciador, ra. adj. Ú. t. c. sust. m. y f.: **el iniciador, la iniciadora**.

iniciar. v. tr. Ú. t. c. prnl. Rég. prep.: **iniciar en** (*La* ***inició en*** *el conocimiento de la física*).

iniciático, ca. adj. 'Dícese de los antiguos ritos ceremoniales, por los cuales un individuo era admitido en su comunidad'. Esta voz no está registrada en el ***Diccionario***. Aunque no es un argentinismo, la A.A.L. recomienda su inclusión.

inicuo, cua. adj. 'Contrario a la equidad'; 'malvado, injusto'. El superlativo, poco usado, es **iniquísimo, ma**.

inimicísimo, ma. adj. superl. de **enemigo**.

injerencia. sust. f. 'Acción y efecto de injerirse' (***injerencia*** *extranjera*). Incorrecto: *ingerencia extranjera*.

injerir. v. irreg. tr. y prnl. Rég. prep.: **injerir en** (***injerir*** *un molde* ***en*** *otro*); **injerirse en** (***Se injiere en*** *la vida privada de sus amigos*). Se conjuga como **sentir**. También pueden decirse **inserir** (v. tr.) y **enjerir** (v. tr.), pero esta última forma no debe usarse con la denotación de 'entremeterse'. No se confunda su grafía con la de **ingerir**. El postverbal de **injerirse** es **injerencia** (sust. f.). → **ingerir**

injertar. v. tr. Su postverbal es **injerta** (sust. f.). Tiene un participio regular (***injertado***) y otro irregular (***injerto***). También puede decirse

enjertar (v. tr.), pero la Academia prefiere la primera forma. Con la denotación de 'injertar plantas', puede usarse **injerir** como sinónimo.

injerto, ta. p. irreg. de **injertar**. sust. m. 'Parte de una planta con una o más yemas, que, aplicada al patrón, se suelda con él'. También puede decirse **enjerto** (sust. m.), menos frecuente.

injuriar. v. tr. Se conjuga, en cuanto al acento, como **cambiar**.

Inmaculada. sust. pr. f. Se escribe con mayúscula, porque se refiere a la Purísima Virgen María. Como adjetivo, **inmaculado, da** ('que no tiene mancha') se escribe con minúscula (*pañuelo **inmaculado***), excepto cuando se refiere a Nuestra Señora (***Inmaculada** Virgen María*).

inmarcesible. adj. 'Que no puede marchitarse'. También puede decirse **inmarchitable** (adj.), pero la Academia prefiere la primera forma.

inmediato, ta. adj. 'Contiguo o muy cercano a otra cosa'. Rég. prep.: **inmediato a** (*La antecocina está **inmediata a** la cocina*). 'Que sucede enseguida' (*hecho **inmediato***). **de inmediato.** loc. adv. 'Inmediatamente' (*Volveré **de inmediato***).

inmemorable. adj. 'Aplícase a aquello de cuyo comienzo no hay memoria' (*acontecimientos **inmemorables***). También puede decirse **inmemorial** (adj.).

inmersión. sust. f. Rég. prep.: **inmersión en** (***inmersión en** el agua*).

inmerso, sa. adj. 'Sumergido'; 'ensimismado'. Rég. prep.: **inmerso en** (***inmerso en** lavandina*; ***inmerso en** sus recuerdos*).

inmigrante. p. a. de **inmigrar**. Ú. t. c. sust. com.: **el inmigrante, la inmigrante**.

inmigrar. v. intr. Rég. prep.: **inmigrar de** o **desde** (***Inmigraron de** o **desde** Europa*). También puede decirse **migrar** (v. intr.).

inmiscuir. v. irreg. tr. 'Poner una sustancia en otra para que resulte una mezcla'. v. prnl. 'Entremeterse'. Rég. prep.: **inmiscuir** o **inmiscuirse en** (***Inmiscuyó** lavandina **en** agua*; ***Se inmiscuyen en** mis asuntos*). Se conjuga como **huir**.

inmoble. adj. 'Que no puede ser movido' (*armario **inmoble***); 'que no se mueve' (*persona **inmoble***). También puede decirse **inmovible** (adj.), pero la Academia prefiere la primera forma. Con el primer significado, puede usarse, además, **inamovible** (adj.). En su segunda acepción, es sinónimo de **inmóvil** (adj.) y de **inmoto, ta** (adj.). No debe usarse **amovible** (adj.) en su reemplazo. → **amovible**

inmoral. adj. 'Que se opone a la moral o a las buenas costumbres'. También puede decirse **antimoral** (adj.). No debe confundirse su denotación con la de **amoral** (adj.). → **amoral**

inmortalidad. sust. f. Sólo se usa en singular.

inmortalizar. v. tr. Ú. t. c. prnl. → **cazar**

inmovible. adj. → **inmoble**, **amovible**

inmovilizado. sust. m. colect. 'Conjunto de bienes patrimoniales de carácter permanente y gastos amortizables de una empresa' (*La empresa incrementó su **inmovilizado***). En el sistema argentino de contabilidad legal, la expresión equivalente es **bienes de uso**. Esta voz ha sido recién incorporada en el ***Diccionario***.

inmovilizar. v. tr. y prnl. → **cazar**

inmueble. adj. (*bienes **inmuebles***). sust. m. 'Casa o edificio' (*Visitó un **inmueble** en la calle Arenales*).

inmundicia. sust. f. 'Basura'; 'deshonestidad'. No debe pronunciarse [imundicia].

inmundo, da. adj. 'Sucio, asqueroso'; 'impuro'; fig. 'dícese de aquello cuyo uso estaba prohibido a los judíos por su ley'. No debe pronunciarse [imundo].

inmune. adj. 'Exento de ciertos oficios, cargos, gravámenes o penas'; 'no atacable por ciertas enfermedades'; 'perteneciente o relativo a las causas, mecanismos o efectos de la inmunidad'. Rég. prep.: **inmune a** (***inmune a** algunas enfermedades*).

inmunizar. v. tr. 'Hacer inmune'. Su participio activo es **inmunizante** (adj. Ú. t. c. sust. com.), voz recién incorporada en el ***Diccionario***. → **cazar**

inmunodeficiencia. sust. f. 'Estado patológico del organismo, caracterizado por la disminución funcional de los linfocitos B y T, de los productos de su biosíntesis o de alguna de sus actividades específicas'. Esta voz ha sido recién incorporada en el ***Diccionario***. Incorrecto: *inmunodeficencia*.

inmunólogo. sust. m. 'El que cultiva la inmunología o tiene especiales conocimientos de ella'. Su femenino es **inmunóloga**.

innovación. sust. f. También puede decirse **innovamiento** (sust. m.), pero la Academia prefiere la primera forma.

innovador, ra. adj. 'Que innova'. Ú. t. c. sust. m. y f.: **el innovador, la innovadora**.

innovar. v. tr. 'Mudar o alterar las cosas, introduciendo novedades'. Es regular. Incorrecto: *Innueva las costumbres*. Correcto: ***Innova** las costumbres*.

-ino, na. suf. de or. lat., de adjetivos. 'Pertenencia o relación' (*palatino*); 'materia o semejanza' (*azulino*). Forma numerosos gentilicios (*rionegrina*). A veces, se combina con **-és** (*campesino*). En los sustantivos, suele tener valor diminutivo (*palomino*). Ha sido recién incorporado en el ***Diccionario***.

inocencia. sust. f. Incorrecto: *inoscencia*.

inocente. adj. (*broma inocente*). Aumentativo: **inocentón, na**. Rég. prep.: **inocente de** (***inocente de** ese asesinato*). Ú. t. c. sust. com.: **el inocente, la inocente**. Incorrecto: *inoscente*.

inocuo, cua. adj. 'Que no hace daño' (*medicamento inocuo*). Incorrecto: *inócuo*. Es poco usada la grafía **innocuo, cua**.

inquietar. v. tr. Ú. t. c. prnl. Rég. prep.: **inquietarse con** (***Se inquietó con** esas palabras*); **inquietarse por** (***Me inquieté por** su tardanza*).

inquietud. sust. f. 'Desasosiego' (*El viaje de su hija le causó gran **inquietud***); 'alboroto' (*Donde hay niños, hay **inquietud***); 'inclinación del ánimo hacia algo, en especial en el campo de la estética'. Ú. m. en pl. (***inquietudes** pictóricas*).

inquilinato. sust. m. 'Arriendo de una casa o parte de ella'; 'derecho que adquiere el inquilino en la casa arrendada'; 'contribución o tributo de cuantía relacionada con la de los alquileres'. Argent., Col. y Urug. 'Casa de vecindad'. Chile. 'Sistema de explotación de fincas agrícolas por medio de inquilinos'.

inquilino. sust. m. Su femenino es **inquilina**.

inquirir. v. irreg. tr. 'Indagar'. Rég. prep.: **inquirir** algo **de** alguien (***Inquiere** los antecedentes **del** nuevo empleado*). Se conjuga como **adquirir**.

inquisidor, ra. adj. 'Que inquiere' (*autoridad **inquisidora***). Ú. t. c. sust. m. y f.: **el inquisidor, la inquisidora**. También puede decirse **inquiridor, ra** (adj. Ú. t. c. sust. m. y f.).

insaciable. adj. Rég. prep.: **insaciable en** (***insaciable en** sus vicios*).

insalubre. adj. 'Dañoso para la salud, malsano'. Incorrecto: *insaluble*.

insania. sust. f. 'Locura'. No debe pronunciarse [insanía].

inscribir. v. tr. Ú. t. c. prnl. Rég. prep.: **inscribir en** (***Inscribe** tu nombre **en** el registro*). Tiene participio irregular (***inscripto*** o ***inscrito***). La Academia prefiere esta última forma. Su postverbal es **inscripción** (sust. f.).

insectívoro, ra. adj. 'Dícese de los animales que se alimentan principalmente de insectos'. Ú. t. c. sust. m. y f.: **el insectívoro, la insectívora**. 'Dícese, también, de algunas plantas que los aprisionan entre sus hojas y los digieren'; 'dícese de mamíferos de pequeño tamaño, como el topo y el erizo, que mastican el cuerpo de los insectos de que se alimentan'. sust. m. pl. 'Orden de estos animales': **los insectívoros**.

inseguro, ra. adj. Rég. prep.: **inseguro de que** (*Estaba **inseguro de que** lo llamaran*). Incorrecto: *Estaba inseguro que lo llamaran*. Omitir la preposición **de** en las frases **seguro de que** e **inseguro de que** es un caso de "queísmo".

insensibilizar. v. tr. Ú. t. c. prnl. 'Quitar la sensibilidad o privar a uno de ella'. → **cazar**

insensible. adj. Rég. prep.: **insensible a** (***insensible a** las ofensas*).

inseparable. adj. Rég. prep.: **inseparable de** (***inseparable de** su familia*).

♦ **insertación.** Neologismo. Debe decirse **inserción** (sust. f.).

insertar. v. tr. 'Incluir' (se usa regularmente hablando de la inclusión de algún texto o escrito en otro). Rég. prep.: **insertar en** (***Insertó** un nuevo poema **en** la antología*). 'Dar cabida a un escrito en las columnas de un periódico o revista'. v. prnl. 'Introducirse más o menos profundamente un órgano entre las partes de otro, o adherirse a su superficie'.

inserto, ta. p. irreg. de **inserir**. Equivale a **insertado**, participio de **insertar**, pero no debe usarse para conjugar los tiempos compuestos de este último verbo. Incorrecto: *Había inserto un texto*. Correcto: ***Había insertado** un texto*. Sólo funciona como adjetivo (*artículo **inserto** en la revista*), pero es más frecuente **insertado**, que, también, puede cumplir la función de adjetivo (*artículo **insertado** en la revista*).

insidioso, sa. adj. 'Que arma asechanzas'. Ú. t. c. sust. m. y f.: **el insidioso**, **la insidiosa**.

insinuador, ra. adj. 'Que insinúa'. Ú. t. c. sust. m. y f.: **el insinuador**, **la insinuadora**.

insinuar. v. tr. 'Dar a entender algo sin más que indicarlo o apuntarlo ligeramente'; 'hacer insinuación ante juez competente'. v. prnl. 'Introducirse mañosamente en el ánimo de uno, ganando su gracia y afecto'. Rég. prep.: **insinuarse con** (***Se insinuó con** los hombres de poder*); **insinuarse en** (***Se insinúa en** el ánimo del monarca*). fig. 'Introducirse blanda y suavemente en el ánimo un afecto, vicio, virtud, etc.'. fig. y fam. 'Dar a entender aisladamente el deseo de relaciones amorosas'. Rég. prep.: **insinuarse a** o **con** (***Se insinuó a** o **con** su novia*). Se conjuga, en cuanto al acento, como **actuar**.

insipiente. adj. 'Falto de sabiduría o ciencia'; 'falto de juicio' (*Es un hombre **insipiente***). Ú. t. c. sust. com.: **el insipiente**, **la insipiente** (***Llegó la insipiente***). No deben confundirse su grafía y su significado con los de **incipiente** (adj.). → **incipiente**

insistir. v. intr. Rég. prep.: **insistir en** (***Insistió en** invitarlo a cenar*); **insistir sobre** (***Insiste sobre** su renuncia*).

ínsito, ta. adj. 'Propio y connatural a una cosa y como nacido en ella' (*dulzura **ínsita** a su carácter*). Incorrecto: *íncito*. Es palabra esdrújula. No debe pronunciarse [insito] como grave.

insociable. adj. 'Huraño, intratable'; 'que no tiene condiciones para el trato social' (*médico **insociable***). También puede decirse **insocial** (adj.).

insolente. adj. (*niña **insolente***). Ú. t. c. sust. m. y f.: **el insolente**, **la insolente**.

insoluble. adj. 'Que no puede disolverse ni diluirse'. Rég. prep.: **insoluble en** (*sustancia **insoluble en** agua*). 'Que no puede resolverse o aclararse' (*problemas **insolubles***). Incorrecto: *insolubre*.

inspector, ra. adj. 'Que reconoce y examina una cosa'. Ú. t. c. sust. m. y f.: **el inspector**, **la inspectora**. sust. m. y f. 'Empleado público o particular que tiene a su cargo la inspección y vigilancia del ramo al que pertenece' (***inspector** de policía*).

inspirar. v. tr. Ú. t. c. intr. Rég. prep.: **inspirar a** o **en** (***Inspira** su ideología **a** o **en** los jóvenes*); **inspirarse en** (***Se inspiró en** la obra de Borges*).

instalar. v. tr. Ú. t. c. prnl. Rég. prep.: **instalar en** (*Lo **instaló en** su cargo*; ***Instalará** el televisor **en** la sala*); **instalarse en** (***Se instalarán en** el Uruguay*).

instancia. sust. f. 'Acción y efecto de instar'; 'memorial, solicitud'; 'cada uno de los grados jurisdiccionales que la ley tiene establecidos para ventilar y sentenciar, en jurisdicción expedita, lo mismo sobre el hecho que sobre el derecho, en los juicios y demás negocios de justicia'. **a instancia** (loc. adv.) o **a instancias de** (loc. prepos.). 'A ruegos de, a petición de' (*Preparó el informe **a instancia** o **a instancias de** su jefe*). **de primera instancia**. loc. adv. 'Al primer ímpetu, de un golpe' (*Lo aclaró **de primera instancia***). **en última instancia**. loc. adv. 'Como último recurso'; 'en definitiva' (***En última instancia**, lo entregamos en su domicilio*; ***En última instancia**, fue una decisión de su socio*).

instantánea. sust. f. 'Impresión fotográfica que se hace instantáneamente'; 'fotografía así obtenida'. Es palabra esdrújula. No debe pronunciarse [instantania].

instante. p. a. de **instar**. 'Que insta'. sust. m. 'Porción brevísima de tiempo'. Es, pues, una redundancia decir: *Volveré en breves instantes*. Correcto: *Volveré en **instantes***. **a cada instante** o **cada instante**. loc. adv. 'Frecuentemente, a cada paso' (*Dice lo mismo **a cada instante** o **cada instante***). **al instante**. loc. adv. 'Al punto, sin demora' (*Respondió **al instante***). **por instan-**

tes. loc. adv. 'Sin cesar, continuamente'; 'de un momento a otro' (*Trabaja **por instantes**; Vendrá **por instantes***).

instar. v. tr. 'Repetir la súplica o petición'. v. intr. 'Apretar o urgir la pronta ejecución de una cosa'. Rég. prep.: **instar a** (*Lo **instó al** estudio*); **instar para** (*Me **insta para** que consiga donaciones*).

instaurador, ra. adj. 'Que instaura'. Ú. t. c. sust. m. y f.: **el instaurador, la instauradora**.

instigador, ra. adj. 'Que instiga'. Ú. t. c. sust. m. y f.: **el instigador, la instigadora**.

instigar. v. tr. 'Incitar'. Rég. prep.: **instigar a** (*La **instigó a** la holgazanería*). → **pagar**

instinto. sust. m. **por instinto**. loc. adv. 'Por un impulso o propensión natural e indeliberada' (*Actuó **por instinto***).

institucionalizar. v. tr. Ú. t. c. prnl. → **cazar**

instituir. v. irreg. tr. (*Lo **instituyó** heredero*). Rég. prep.: **instituir por** (*Lo **instituyó por** heredero*). El participio activo es **instituente**. Se conjuga como **huir**.

instituto. sust. m. Pueden decirse **instituto de enseñanza primaria** o **de primera enseñanza; instituto de segunda enseñanza, de enseñanza media** o **de enseñanza secundaria**; **instituto universitario**. No debe pronunciarse [istituto].

institutriz. sust. f. Es palabra aguda. En plural, se transforma en grave y cambia la **z** por **c**: **institutrices**.

instructor, ra. adj. 'Que instruye'. Ú. t. c. sust. m. y f.: **el instructor, la instructora**.

instruir. v. irreg. tr. Ú. t. c. prnl. Rég. prep.: **instruir en** (***instruir en** geometría*). Incorrecto: instruír. Se conjuga como **huir**

instrumentar. v. tr. 'Arreglar una composición musical para varios instrumentos'; en cirugía, 'disponer o preparar el instrumental'; 'ejecutar las diversas suertes de la lidia'. Incorrecto: *instrumentar medidas*. Correcto: ***preparar** medidas*. La A.A.L. ha recomendado incorporar, en el ***Diccionario***, la siguiente denotación: v. tr. Argent. 'Arbitrar los medios para llevar a cabo un proyecto'.

instrumentista. sust. com.: **el instrumentista, la instrumentista**.

insubordinado, da. p. de **insubordinar**. adj. 'Que rechaza la subordinación' (*soldado **insubordinado***). Ú. t. c. sust. m. y f.: **el insubordinado, la insubordinada**.

insultador, ra. adj. Ú. t. c. sust. m. y f.: **el insultador, la insultadora**.

insumir. v. tr. 'Emplear, invertir dinero' (***Insumiré** miles de pesos para realizar esa obra*). No debe usarse como sinónimo de **emplear** (v. tr. Ú. t. c. prnl.). Incorrecto: *¿Cuánto tiempo te insumirá terminar ese trabajo?* Correcto: *¿Cuánto tiempo **emplearás** en terminar ese trabajo?*

insurrecto, ta. adj. 'Rebelde'. Ú. t. c. sust. m. y f.: **el insurrecto, la insurrecta**.

insustancial. adj. 'De poca o ninguna sustancia'. También puede escribirse **insubstancial**, pero la Academia prefiere la primera forma.

insustancialidad. sust. f. 'Cualidad de insustancial'; 'cosa insustancial'. También puede escribirse **insubstancialidad**, pero la Academia prefiere la primera forma.

insustituible. adj. También puede escribirse **insubstituible**, pero la Academia prefiere la primera forma.

integrante. p. a. de **integrar**. adj. (*equipos **integrantes***). La Academia no aclara su uso frecuente como sustantivo común de dos (***los integrantes** de la orquesta*; ***las integrantes** de la orquesta*), pero es correcto.

integrar. v. tr. 'Constituir las partes un todo'; 'completar un todo con las partes que faltaban' (*La niña **integra** el rompecabezas*). v. prnl. 'Incorporarse, unirse a un grupo para formar parte de él'. Rég. prep.: **integrarse en** (***integrarse en** un equipo de fútbol*). Incorrecto: *integrarse a un equipo de fútbol*.

íntegro, gra. adj. El superlativo culto es **integérrimo, ma**. El superlativo popular, **integrísimo, ma**. También es correcta la forma perifrástica **muy íntegro**.

intelecto. sust. m. 'Entendimiento'. No debe pronunciarse [inteleto], un vulgarismo. También puede decirse **intelectualidad** (sust. f.), pero la Academia prefiere la primera forma. → **intelectual**

intelectual. adj. 'Perteneciente o relativo al entendimiento'; 'espiritual'; 'dedicado, preferentemente, al cultivo de las ciencias y de las letras' (*personas* ***intelectuales***). Ú. t. c. sust. com.: **el intelectual, la intelectual**. El sustantivo colectivo es **intelectualidad** (f.), 'conjunto de los intelectuales de un país, región, etc.'.

intelectualidad. sust. f. 'Intelecto'. Como sustantivo colectivo (fig.), denota 'conjunto de intelectuales'. Incorrecto: *intelectualismo*.

intelectualizar. v. tr. 'Reducir algo a forma o contenido intelectual o racional'; 'analizar intelectualmente' (*No* ***intelectualice*** *mis palabras*). → **cazar**

inteligencia. sust. f. **en inteligencia de que** o **en la inteligencia de que**. loc. conjunt. 'En el concepto, en el supuesto o en la suposición de que' (*Anote estos datos,* ***en la inteligencia de que*** *se los pidan*). Si se suprime la preposición **de**, se incurre en un caso de "queísmo": *Anote estos datos, en la inteligencia que se los pidan*.

inteligente. adj. 'Dotado de inteligencia'; 'sabio, perito, instruido'. Rég. prep.: **inteligente en** (***inteligente en*** *diversas materias*). Ú. t. c. sust. m. y f.: **el inteligente, la inteligente**.

intemperie. sust. f. **a la intemperie**. loc. adv. 'A cielo descubierto' (*Estaban* ***a la intemperie***). Incorrecto: *Estaban en la intemperie*.

intemporal. adj. 'No temporal, independiente del curso del tiempo'. No debe usarse, en su reemplazo, *atemporal*, voz sin registro académico.

intención. sust. f. 'Determinación de la voluntad en orden a un fin'. No debe usarse, en su reemplazo, **intencionalidad** (sust. f.), 'cualidad de intencional', ni confundirse su grafía con la de **intensión** (sust. f.). → **intensión**

intencionado, da. adj. 'Que tiene alguna intención'. Se usa con los adverbios **bien**, **mal**, **mejor** y **peor** (*Ese hombre es* ***mal intencionado***).

intendente. sust. m. Su femenino es **intendenta**.

intensificar. v. tr. Ú. t. c. prnl. → **sacar**

intensión. sust. f. 'Intensidad' (***intensión*** *de los sentimientos*). No debe confundirse su grafía con la de su homófono **intención** (sust. f.). → **intención**

intensivista. sust. com. 'Persona especializada en cuidados médicos intensivos': **el intensivista, la intensivista**. Esta voz ha sido recién incorporada en el ***Diccionario***.

intento. sust. m. 'Propósito, intención, designio'; 'cosa intentada'. **de intento**. loc. adv. 'De propósito, intencionalmente' (*Lo hizo* ***de intento*** *para perjudicarme*).

inter-. pref. de or. lat. 'Entre'; 'en medio' (***inter****celular*); 'entre varios' (***inter****continental*).

interaccionar. v. intr. 'Ejercer una interacción' (*Los profesores de las distintas asignaturas* ***interaccionan*** *para lograr mejores resultados en el aprendizaje*). Esta voz ha sido recién incorporada en el ***Diccionario***.

interactivo, va. adj. 'Que procede por interacción'; 'dícese de los programas que permiten una interacción, a modo de diálogo, entre el computador y el usuario'. Ú. t. c. sust. m.: **el interactivo**. Esta voz ha sido recién incorporada en el ***Diccionario***.

intercalación. sust. f. 'Acción y efecto de intercalar o intercalarse' (*Permitió la* ***intercalación*** *de hojas*). También puede decirse **intercaladura** (sust. f.), pero la Academia prefiere la primera forma.

intercalar. v. tr. 'Poner una cosa entre otras'. Rég. prep.: **intercalar en** (***Intercala*** *poemas* ***en*** *sus cartas*); **intercalar entre** (***Intercala*** *palabras* ***entre*** *líneas*).

interceder. v. intr. Rég. prep.: **interceder ante** o **con** alguien (***Intercede ante*** o ***con*** *el presidente de la empresa para que su hermano obtenga el cargo*); **interceder por** (***Intercede por*** *su hermano*).

interceptar. v. tr. 'Apoderarse de una cosa antes que llegue a su destino' (***Interceptó*** *la carta*); 'detener una cosa en su camino' (***Interceptaron*** *el automóvil*); 'interrumpir, obstruir una vía de comunicación' (***Interceptó*** *el teléfono*). Repárese en que no se interceptan personas, sino cosas. Incorrecto: *Interceptaron a los ladrones*. Correcto: ***Detuvieron*** *a los ladrones*. Su postverbal es **interceptación** (sust. f.). Incorrecto: *intercepción* (anglicismo).

intercesión. sust. f. 'Acción y efecto de interceder'. No deben confundirse su grafía y su significado con los de **intersección** (sust. f.). Incorrecto: *Consiguió el cargo gracias a la intersección de su primo.* Correcto: *Consiguió el cargo gracias a la* ***intercesión*** *de su primo.* → **intersección**

intercesor, ra. adj. 'Que intercede'. Ú. t. c. sust. m. y f.: **el intercesor, la intercesora**.

intercolumnio. sust. m. 'Espacio entre dos columnas'. También puede decirse **intercolunio**.

interdental. adj. 'Dícese de la consonante que se pronuncia colocando la punta de la lengua entre los bordes de los dientes incisivos, como la z'. 'Dícese de la letra que representa este sonido'. Ú. t. c. sust. f.: **la interdental**.

interdisciplinariedad. sust. f. 'Cualidad de interdisciplinario'. No debe decirse *interdisciplinaridad*. → **-dad**

interés. sust. m. Rég. prep.: **tener interés en** o **por** una cosa (***Tenía interés en*** o ***por*** *las revistas de arte*); **tener interés por** alguien (***Tiene interés por*** *los ancianos*); **tener interés en** o **por** hacer algo (*¿**Tendrá interés en*** o ***por*** *hacer la contabilidad de nuestro negocio?*). Incorrecto: *No tiene interés de actualizar sus conocimientos.* Correcto: *No* ***tiene interés en*** o ***por*** *actualizar sus conocimientos.*

interesable. adj. 'Interesado, codicioso' (*hombre* ***interesable***). También puede decirse **interesal** (adj.), pero es infrecuente.

interesado, da. p. de **interesar**. adj. Rég. prep.: **interesado en** o **por** una cosa (***interesado en*** o ***por*** *la pintura*); **interesado por** alguien (***interesado por*** *su padre*). Ú. t. c. sust. m. y f.: **el interesado, la interesada**.

interesar. v. intr. 'Ser motivo de interés' (***Interesa*** *la música barroca*). Con otras acepciones, se usa como verbo transitivo, por ejemplo, 'cautivar la atención y el ánimo con lo que se dice o escribe' (*Los poemas de Borges* ***interesaron*** *a los alumnos*). Rég. prep.: **interesar en** algo (***Interesó*** *a los empresarios japoneses* ***en*** *radicarse en el país*). v. prnl. Rég. prep.: **interesarse por** alguien (***Se interesó por*** *los niños minusválidos*).

interferir. v. irreg. tr. 'Interponer algo en el camino de una cosa o en una acción' (*Ese ruido* ***interfiere*** *la comunicación*). Ú. t. c. prnl. Rég. prep.: **interferirse en** (***Se interfieren en*** *nuestras decisiones*). 'Causar interferencia'. Ú. t. c. intr. 'Introducirse en la recepción de una señal otra extraña y perturbadora'. Rég. prep.: **interferir en** (*Algo* ***interfiere en*** *la recepción del fax*). Se conjuga como **sentir**.

ínterin. adv. t. 'Entretanto'. Incorrecto: *En el interín, llegó la tía.* Correcto: ***Ínterin****, llegó la tía.* Es infrecuente su uso como sustantivo masculino, con la denotación de 'interinidad'. En plural, no varía: **los ínterin**.

interinato. sust. m. Argent., Perú y Urug. 'Interinidad, tiempo que dura el desempeño interino de un cargo' (*Durante el* ***interinato****, demostró sus cualidades docentes*). Argent., Chile, Guat., Hond., Par., Perú y P. Rico. 'Cargo o empleo interino' (*Comenzó su* ***interinato***).

interino, na. adj. 'Que suple la falta de otra persona'. Ú. t. c. sust. m. y f.: **el interino, la interina**. sust. f. 'Sirvienta de una casa particular que no pernocta en ella' (*La* ***interina*** *limpia bien*). Con esta acepción, es sinónimo de **asistenta** (sust. f.). En la Argentina, no se usa.

interior. adj. Como sustantivo masculino plural, denota 'entrañas': **los interiores**.

interioridad. sust. f. 'Cualidad de interior'. En plural, significa 'cosas privativas, por lo común secretas, de las personas, familias o corporaciones' (*Desconozco* ***las interioridades*** *de tu familia*).

interlínea. sust. f. 'Espacio entre dos líneas de un escrito'; 'regleta'. Es palabra esdrújula. No debe pronunciarse [interlinia]. En plural: **interlíneas**.

interlineación. sust. f. 'Acción y efecto de interlinear'. No debe pronunciarse [interliniación].

interlineado. sust. m. 'Espacio que queda entre las líneas de un escrito'. No debe pronunciarse [interliniado].

interlineal. adj. 'Escrito o impreso entre dos líneas o renglones' (*corrección* ***interlineal***); 'aplícase, también, a la traducción interpolada entre las líneas del texto original' (***traducción interlineal***). No debe pronunciarse [interlinial].

interlinear. v. tr. Entre otras denotaciones, 'escribir entre líneas'. Incorrecto: *interlíneo*. Correcto: ***interlineo***. No debe pronunciarse [interliniar, interlinié]. → **-ear**

intermedio, dia. adj. 'Que está entre los extremos de lugar, tiempo, calidad, tamaño, etc.'. sust. m. 'Espacio que hay de un tiempo a otro o de una acción a otra' (*Hablé con ella en **el intermedio** de mi labor*); 'baile, música, sainete, etc., que se ejecuta entre los actos de una comedia o de otra pieza de teatro' (*Gozó del **intermedio** musical*); 'espacio de tiempo entre acto y acto de una representación dramática' (*En **el intermedio**, dialogamos con nuestros amigos*). Con esta última acepción, es sinónimo de **entreacto** (sust. m.). **por intermedio de**. loc. prepos. 'Por mediación de' (*Conseguí el medicamento **por intermedio de** mi amigo*). → **entremedio**

intermuscular. adj. 'Que está situado entre los músculos'. No debe confundirse con **intramuscular** (adj.), 'que está o se pone dentro de un músculo'. Incorrecto: *inyección intermuscular*. Correcto: *inyección **intramuscular***.

internacionalista. adj. 'Dícese del partidario del internacionalismo, doctrina o actitud que antepone la consideración o estima de lo internacional a las de lo puramente nacional'. sust. com. 'Persona versada en derecho internacional': **el internacionalista**, **la internacionalista**.

internacionalizar. v. tr. → **cazar**

internado, da. p. de **internar**. sust. m. 'Estado y régimen del alumno interno'. Como sustantivo colectivo, denota 'conjunto de alumnos internos'; 'establecimiento donde viven alumnos u otras personas internas'. **medio internado** o **seminternado**. sust. m. 'Media pensión, régimen educativo en que los escolares pasan el día y hacen algunas de sus comidas en un centro de enseñanza, pero no duermen en él'; 'establecimiento docente con régimen de seminternado' (*Su hijo asiste a un **medio internado** o **seminternado***).

internar. v. tr. Rég. prep.: **internar en** (***Internaron** a Claudio **en** el hospital*). v. prnl. Rég. prep.: **internarse en** (*Se **internó en** el bosque*).

interpolar. v. tr. 'Intercalar'. Rég. prep.: **interpolar en** (***Interpoló** dos verbos **en** el texto*). 'Poner una cosa entre otras'. **interpolar entre** (***Interpola** dos versos **entre** otros*).

interponer. v. irreg. tr. Ú. t. c. prnl. 'Poner algo entre cosas o entre personas'. Rég. prep.: **interponerse entre** (***Se interpuso entre** los que se peleaban*). Con palabras como **influencia**, **autoridad**, etc., 'utilizar en favor de otro lo significado por ellas'. Rég. prep.: **interponer con** (***Interpuso** su influencia **con** el profesor*). Su participio es irregular (***interpuesto***). El postverbal es **interposición** (sust. f.). Se conjuga como **poner**.

interpretador, ra. adj. 'Que interpreta'. Ú. t. c. sust. m. y f.: **el interpretador**, **la interpretadora**. También puede decirse **intérprete**.

intérprete. sust. com.: **el intérprete**, **la intérprete**.

interrogación. sust. f. 'Pregunta'; 'signo ortográfico (¿?) que se pone al principio y al fin de palabra o de cláusula con que se pregunta'. Repárese en que, en español, siempre son dos, el de apertura y el de cierre (*¿Cuándo vienes?*). Es incorrecto usar el signo de interrogación sólo al final de la oración: *Cuándo vienes?* Después del signo de interrogación de cierre, no se coloca punto final, pues aquel signo equivale a éste (*¿Estás listo? Apúrate*).

interrogador, ra. adj. 'Que interroga'. Ú. t. c. sust. m. y f.: **el interrogador**, **la interrogadora**.

interrogante. p. a. de **interrogar**. adj. 'Que interroga' (*juez **interrogante***). Ú. t. c. sust. com.: **el interrogante**, **la interrogante** (***El interrogante** se puso de pie*). sust. amb. 'Pregunta'; 'problema no aclarado, cuestión dudosa, incógnita' (*Escribió **el interrogante** o **la interrogante** en el pizarrón*).

interrogar. v. tr. Rég. prep.: **interrogar sobre** (*La **interrogó sobre** su relación con el delincuente*). → **pagar**

interruptor, ra. adj. 'Que interrumpe'. sust. m. 'Mecanismo destinado a interrumpir o a establecer un circuito eléctrico' (*Revise **el interruptor***).

intersección. sust. f. 'Punto común a dos líneas que se cortan'; 'encuentro de dos líneas, dos superficies o dos sólidos que se cortan recíprocamente'. No deben confundirse su grafía y su significado con los de **intercesión** (sust. f.). → **intercesión**

intersexual. adj. 'Perteneciente o relativo a la intersexualidad' (*caracteres **intersexuales***). sust. com.: 'Persona en que se da la intersexualidad': **el intersexual**, **la intersexual**.

intersexualidad. sust. f. 'Cualidad por la que el individuo muestra caracteres sexuales de ambos sexos' (*Los médicos estudian **la intersexualidad***). Esta voz ha sido recién incorporada en el ***Diccionario***.

intersticio. sust. m. 'Hendidura' (*Las hormigas se introducen en los **intersticios** de la pared*); 'intervalo' (*Después de un largo **intersticio**, habló*); 'tiempo que, según las leyes eclesiásticas, debe mediar entre la recepción de dos órdenes sagradas'. No debe pronunciarse [interticio].

intervalo. sust. m. Es palabra grave. No debe pronunciarse [intérvalo] como esdrújula.

intervenir. v. irreg. intr. y tr. Rég. prep.: **intervenir en** (***Intervino en** la discusión*). Se conjuga como **venir**.

interventor, ra. adj. 'Que interviene'. Ú. t. c. sust. m. y f.: **el interventor, la interventora**. También puede decirse **intervenidor, ra** (adj. Ú. t. c. sust. m. y f.), pero la Academia prefiere la primera forma.

interviú. sust. amb. Voz inglesa (*interview*) españolizada. 'Entrevista': **el interviú** o **la interviú**. Ú. m. c. f. En plural: **interviús**. Ha sido recién incorporada en el ***Diccionario***. → **entrevista**

interviuvar. v. tr. 'Entrevistar'. Esta voz ha sido recién incorporada en el ***Diccionario***. → **entrevistar**

intestinal. adj. (*enfermedad **intestinal***). No debe pronunciarse [indestinal], un vulgarismo.

intestino, na. adj. 'Interior, interno'; 'civil, doméstico' (*rencillas **intestinas***). sust. m. 'Conducto membranoso, provisto de tejido muscular, que forma parte del aparato digestivo' (*Le duele **el intestino***). Ú. t. en pl. (*Le duelen **los intestinos***). No debe pronunciarse [indestino], un vulgarismo.

intimar. v. tr. 'Requerir, exigir el cumplimiento de algo, especialmente con autoridad para obligar a hacerlo'. Rég. prep.: **intimar** a alguien **a** hacer algo (*Lo **intima a** que deje su cargo*). Con esta acepción, no debe confundirse con **intimidar** (v. tr. y prnl.), 'causar o infundir miedo'; 'entrarle a uno el miedo'. Incorrecto: *Lo intimida a que deje su cargo*. v. prnl. 'Introducirse un cuerpo o una cosa material por los poros o espacios huecos de otra'. v. intr. 'Introducirse en el afecto o ánimo de uno, estrechar la amistad con él'. Rég. prep.: **intimar con** (***Intimó con** la familia de su futuro esposo*).

intimidad. sust. f. 'Amistad íntima'; 'zona espiritual íntima y reservada de una persona'. Es incorrecto usar, en su reemplazo, los anglicismos privacía y privacidad.

intimista. adj. 'Perteneciente o relativo a la vida familiar o íntima' (*obras **intimistas***). Ú. t. c. sust. m. y f.: **el intimista, la intimista**.

intitular. v. tr. Ú. t. c. prnl. 'Poner título a un escrito'; 'dar un título particular a una persona o cosa'. También puede decirse **titular** (v. tr.).

intocable. adj. Ú. t. c. sust. m. y f.: **el intocable, la intocable**.

intolerante. adj. Rég. prep.: **intolerante con, para** o **para con** (***intolerante con, para** o **para con** sus alumnos*). Ú. t. c. sust. m. y f.: **el intolerante, la intolerante**.

intoxicar. v. tr. Ú. t. c. prnl. Rég. prep.: **intoxicarse con** (***intoxicarse con** pescado*). → **sacar**

intra-. pref. de or. lat. 'Dentro de'; 'en el interior' (***intra**dérmico, **intra**muscular*).

intranquilizar. v. tr. Ú. t. c. prnl. → **cazar**

intrascendente. adj. También puede decirse **intrascendental** (adj.).

intricar. v. tr. Ú. t. c. prnl. 'Intrincar'. Su postverbal es **intricación** (sust. f.). → **sacar, intrincar**

intrigante. p. a. de **intrigar**. 'Que intriga o suele intrigar'. Ú. t. c. sust. m. y f.: **el intrigante, la intrigante**.

intrigar. v. intr. 'Emplear intrigas, usarlas'. Rég. prep.: **intrigar con** (*Siempre **intrigan con** murmuraciones*). v. tr. 'Inspirar viva curiosidad una cosa' (***Me intriga** esta estatua*). → **pagar**

intrincable. adj. La Academia considera anticuado el uso de **intricable** (adj.).

intrincación. sust. f. 'Acción y efecto de intrincar'. También puede decirse **intricación** (sust. f.), pero la Academia prefiere la primera forma. Su sinónimo es **intrincamiento** (sust. m.). Según la Academia, **intricamiento** es voz anticuada.

intrincadamente. adv. m. También puede decirse **intricadamente**, pero la Academia prefiere la primera forma.

intrincado, da. p. de **intrincar**. adj. 'Enredado, confuso' (*ideas **intrincadas***). También puede decirse **intricado, da**, pero la Academia prefiere la primera forma.

intrincar. v. tr. Ú. t. c. prnl. 'Enredar algo'; fig. 'confundir los pensamientos o conceptos'. También puede decirse **intricar**, pero la Academia prefiere la primera forma. → **sacar**

intríngulis. sust. m. fam. 'Intención solapada o razón oculta'; 'dificultad'. Incorrecto: *la intríngulis*. En plural, no varía: **los intríngulis**.

introducción. sust. f. Rég. prep.: **introducción en** (*Su libro se titula* **Introducción en** la historia de Venezuela). Es usual, sobre todo en América, **introducción a**: *Su libro se titula* **Introducción a** la historia de Venezuela). Sus abreviaturas son ***intr.***, ***introd.***

introducir. v. irreg. tr. Ú. t. c. prnl. Rég. prep.: **introducir en** (***introducir en** la casa*; ***en** un hueco*; ***en** el país*; *a alguien **en** el gobierno*; ***en** la amistad de los poderosos*; *palabras **en** un idioma*). Incorrecto: *introducí*, *introduciste*, etc. Correcto: ***introduje***, ***introdujiste***, etc. Se conjuga como **conducir**.

introductor, ra. adj. Ú. t. c. sust. m. y f.: **el introductor, la introductora**.

introvertido, da. adj. Incorrecto: *intravertido*. También puede decirse **introverso, sa** (adj.), pero es menos frecuente. Su antónimo es **extravertido** (adj.) o **extrovertido** (adj.). → **extravertido**

intruso, sa. adj. Entre otras denotaciones, 'que se ha introducido sin derecho' (*personas **intrusas***). Ú. t. c. sust. m. y f.: **el intruso, la intrusa**. Incorrecto: *intrusado*.

intubación. sust. f. → **entubación**

intubar. v. tr. → **entubar**

intuir. v. irreg. tr. Se conjuga como **huir**.

intumescencia. sust. f. 'Hinchazón' (*la **intumescencia** del brazo*). Incorrecto: *intumecencia*.

intumescente. adj. 'Que se va hinchando' (*pie **intumescente***). Incorrecto: *intumecente*.

inundado, da. p. de **inundar** (*casa **inundada***). sust. m. 'Acción y efecto de inundar un tanque, compartimiento o buque' (***el inundado** del buque*).

inundar. v. tr. Ú. t. c. prnl. Rég. prep.: **inundar de** (***Inundan** el país **de** extranjeros*); **inundar de** o **en** (***Inundó de** o **en** aceite la comida*).

inusitado, da. adj. 'No usado, desacostumbrado' (*palabras **inusitadas***). Incorrecto: *inucitado*.

inútil. adj. Rég. prep.: **inútil para** (***inútil para** la docencia*). Su sinónimo es **inane** (adj.). Ú. t. c. sust. m. y f.: **el inútil, la inútil**.

inutilizar. v. tr. Rég. prep.: **inutilizar** algo **para** (***Inutilizó** la computadora **para** el trabajo*). Ú. t. c. prnl. → **cazar**

inválido, da. adj. (*niña **inválida***). Ú. t. c. sust. m. y f.: **el inválido, la inválida**.

invariable. adj. 'Que no tiene o no puede tener variación' (*fecha **invariable***). No debe confundirse con **invariado, da** (adj.), 'no variado' (*frutas **invariadas***).

invectiva. sust. f. 'Discurso o escrito acre y violento contra personas o cosas'. No debe confundirse con **inventiva** (sust. f.), 'capacidad y disposición para inventar'.

inventariar. v. tr. 'Incluir en un inventario'. Se conjuga, en cuanto al acento, como **guiar**.

inventiva. sust. f. → **invectiva**

inventor, ra. adj. Ú. t. c. sust. m. y f.: **el inventor, la inventora**. También puede decirse **invencionero, ra** (adj. Ú. t. c. sust. m. y f.), pero la Academia prefiere la primera forma.

invernación. sust. f. Voz no registrada en el ***Diccionario***, pero de correcta formación. → **hibernación**

invernada. sust. f. 'Estación de invierno' (*Iremos durante la **invernada***); 'estancia en un lugar durante el invierno' (*Gozamos de nuestra **invernada** en Suiza*). Amér. 'Invernadero para el ganado'.

invernal. adj. 'Perteneciente o relativo al invierno'. sust. m. 'Establo en los invernaderos, para guarecerse el ganado'. También puede decirse **hibernal** (adj.), pero la Academia prefiere la primera forma.

invernar. v. irreg. intr. 'Pasar el invierno en un lugar'. Argent., Bol., Chile, Par., Perú y Urug. 'Pastar el ganado en los invernaderos'. Esta última acepción ha sido recién incorporada en el *Diccionario*. Se conjuga como **acertar**, pero la Academia considera que hoy se emplea más como regular, sin diptongar. Lo mismo sucede con **desinvernar** (v. intr. Ú. t. c. tr.), 'salir las tropas de los cuarteles de invierno'. → **hibernar**

inverosímil. adj. 'Que no es verosímil'. Es palabra grave. En plural, se transforma en esdrújula: **inverosímiles**. Según la Academia, el adjetivo **inverisímil** está en desuso.

inverosimilitud. sust. f. 'Cualidad de inverosímil'. Según la Academia, **inverisimilitud** (sust. f.) está en desuso.

inversionista. adj. Ú. t. c. sust. com.: **el inversionista, la inversionista**. También puede decirse **inversor, ra** (adj. Ú. t. c. sust. m. y f.).

inverso, sa. p. irreg. de **invertir**. Rég. prep.: **inverso de** (*hecho* ***inverso del*** *anterior*). adj. 'Alterado, trastornado'. **a la inversa** o **por la inversa**. loc. adv. 'Al contrario' (*Interpretó todo* ***a la inversa*** o ***por la inversa***).

invertido, da. p. de **invertir**. sust. m. 'Sodomita, el que practica concúbito con varones': **el invertido**.

invertir. v. irreg. tr. Rég. prep.: **invertir en** (***Invierte*** *el dinero* ***en*** *propiedades*). Incorrecto: *invertió*. Correcto: ***invirtió***. Se conjuga como **sentir**.

investidura. sust. f. → **envestidura**

investigador, ra. adj. Ú. t. c. sust. m. y f.: **el investigador, la investigadora**.

investigar. v. tr. Rég. prep.: **investigar sobre** (***Investiga sobre*** *el crimen del obrero*). → **pagar**

investir. v. irreg. tr. 'Conferir una dignidad o cargo importante'. Rég. prep.: **investir con** o **de** (***investir con*** *o* ***de*** *un doctorado honoris causa*). También puede decirse **envestir** (v. irreg. tr.), pero la Academia prefiere la primera forma. Se conjuga como **pedir**. → **embestir, envestir**

invicto, ta. adj. 'Nunca vencido'. Ú. t. c. sust. m. y f.: **el invicto, la invicta**.

invidente. adj. 'Ciego'. Ú. t. c. sust. com.: **el invidente, la invidente**.

invierno. sust. m. 'Estación del año'. Aumentativo: **invernazo**. Como las tres estaciones restantes, debe escribirse con minúscula. También puede decirse **ivierno**, pero la Academia prefiere la primera forma. Se halla en desuso la grafía **hibierno**. El adjetivo correspondiente es **invernizo, za**, 'perteneciente al invierno o que tiene sus propiedades'.

invitado, da. p. de **invitar**. sust. m. y f.: **el invitado, la invitada**.

invitador, ra. adj. 'Que invita'. Ú. t. c. sust. m. y f.: **el invitador, la invitadora**.

invitar. v. tr. (***Invitó*** *a sus amigos*). Rég. prep.: **invitar a** (*Lo* ***invita a*** *sentarse*; *Me* ***invitó a*** *comer*; *Nos* ***invitaron a*** *un trago*; *La* ***invitarán a*** *la fiesta*). Incorrecto: *Te invito una copa*.

invocador, ra. adj. 'Que invoca'. Ú. t. c. sust. m. y f.: **el invocador, la invocadora**.

invocar. v. tr. Su postverbal es **invocación** (sust. f.). → **sacar**

involucionista. adj. Ú. t. c. sust. com.: **el involucionista, la involucionista**.

involucrar. v. tr. 'Abarcar, incluir' (*El contrato* ***involucra*** *varios aspectos*); 'injerir, en discursos o escritos, cuestiones o asuntos extraños al principal objeto de ellos'. Rég. prep.: **involucrar en** (***Involucró en*** *el discurso temas ajenos a su especialidad*). 'Complicar a alguien en un asunto, comprometiéndolo en él'. Ú. t. c. prnl. (***Se involucró en*** *una revolución*). Rég. prep.: **involucrar** o **involucrarse con** (***Lo involucra con*** *gente deshonesta*; ***Se involucra con*** *gente deshonesta*). No debe usarse como sinónimo de **inmiscuirse** (v. prnl.).

inyección. sust. f. No debe pronunciarse [inyeción], un vulgarismo.

inyectar. v. tr. No debe pronunciarse [inyetar], un vulgarismo.

-ío, a. suf. de adjetivos y sustantivos. Los adjetivos se refieren, frecuentemente, a la agricultura o a la ganadería (*plantío*, *cabrío*). Los sustantivos suelen tener valor colectivo o intensivo (*gentío*, *poderío*). Ha sido recién incorporado en el ***Diccionario***.

-io, ia. suf. de sustantivos y de adjetivos procedentes del latín; algunos pueden ser de creación española (*sitio*, *agria*). En química, sufijo de sustantivos que designan elementos (*calcio*). Ha sido recién incorporado en el ***Diccionario***.

ion. sust. m. 'Radical simple o compuesto que se disocia de las sustancias al disolverse éstas, y da a las disoluciones el carácter de la conductividad eléctrica'; 'átomo, molécula'. Repárese en que no lleva tilde, porque es un monosílabo. En plural: **iones**.

-iondo, da. suf. de adjetivos. 'En celo' (*morionda*, 'dícese de la oveja cuando está en celo'). Ha sido recién incorporado en el ***Diccionario***.

ionizar. v. tr. Ú. t. c. prnl. → **cazar**

ionosfera. sust. f. colect. 'Conjunto de capas de la atmósfera que están por encima de los ochenta kilómetros'. Es palabra grave. No debe pronunciarse [ionósfera] como esdrújula. Ha sido recién incorporada en el ***Diccionario***.

iota. sust. f. 'Novena letra del alfabeto griego, que corresponde a nuestra *i* vocal'. En plural: **iotas**.

ípsilon. sust. f. 'Vigésima letra del alfabeto griego, que corresponde a la que en el nuestro se llama *i griega* o *ye*'. Es palabra esdrújula. En plural, no varía: **las ípsilon**.

ir. v. irreg. intr. Rég. prep.: **ir a** (***ir a*** *caballo*; ***ir a*** *pie*; ***ir a*** *buscar un libro*; ***ir a*** *la escuela*; ***ir a*** *San Luis*); **ir con** (***ir con*** *sus amigos*; ***ir con*** *miedo*); **ir contra** (***ir contra*** *la salud*; ***ir contra*** *la corriente*); **ir de** (***ir de*** *compras*; ***ir de*** *guía*); **irse de** (***irse de*** *los bastos*; ***irse de*** *la mente*); **ir de... a...** (***ir de*** *una ciudad* ***a*** *otra*); **ir en** (***ir en*** *traje de fiesta*; ***ir en*** *automóvil*; ***ir en*** *avión*; ***ir en*** *barco*; ***ir en*** *burro*; ***ir en*** *tren*; *Nada te* ***va en*** *eso*; ***En*** *el éxito, le* ***va*** *la vida*); **ir entre** (***ir entre*** *gente vulgar*); **ir hacia** (***ir hacia*** *el Sur*); **ir hasta** (***ir hasta*** *Santa Cruz*); **ir para** (***ir para*** *viejo*; ***ir para*** *abogado*); **ir por** (***ir por*** *camino de tierra*; ***ir por*** *ferrocarril*; ***ir por*** *mar*; ***ir por*** *pan*; ***ir por*** *el sacerdocio*; ***ir por*** *la página doce*; ***ir por*** *segundo año de ingeniería*); **ir sobre** (***ir sobre*** *un negocio*; ***ir sobre*** *una persona*); **ir tras** (***ir*** *una persona* ***tras*** *otra*; ***ir*** *alguien* ***tras*** *una ilusión*). Junto con los gerundios de algunos verbos, denota 'la actual y progresiva ejecución de lo que dichos verbos significan' (***ir saltando***) o 'que la acción empieza a verificarse' (***ir amaneciendo***). Junto con el participio pasivo de los verbos transitivos, denota 'padecer su acción', y con el de los reflexivos, 'hallarse en el estado producido por ella' (***ir vencido***; ***ir entristecido***). En las terceras personas del presente de indicativo, denota 'apostar' (***Va*** *un peso*; ***Van*** *diez pesos*). **Ir a + infinitivo** forma una perífrasis verbal que denota 'propósito' (***Vamos a organizar*** *el acto*). Ú. t. c. prnl. (***Te fuiste*** *muy tarde*). Incorrecto: *Daniel va en Córdoba*; *María va en* o *de la modista*; *Sus padres van viejos*. Correcto: *Daniel* ***va a*** *Córdoba*; *María* ***va a*** *la casa de la modista*; *Sus padres* ***van para*** *viejos*. El verbo **ir** posee tres raíces: **v-** (presente de indicativo: *voy*, *vas*, *va*, *vamos*, *vais*, *van*; presente de subjuntivo: *vaya*, *vayas*, *vaya*, *vayamos*, *vayáis*, *vayan*; imperativo: *ve*); **fu-** (pretérito perfecto simple de indicativo: *fui*, *fuiste*, *fue*, *fuimos*, *fuisteis*, *fueron*; pretérito imperfecto de subjuntivo: *fuera* o *fuese*, *fueras* o *fueses*, *fuera* o *fuese*, *fuéramos* o *fuésemos*, *fuerais* o *fueseis*, *fueran* o *fuesen*; futuro de subjuntivo: *fuere*, *fueres*, *fuere*, *fuéremos*, *fuereis*, *fueren*); tiene formas características en el pretérito imperfecto de indicativo (*iba*, *ibas*, *iba*, *íbamos*, *ibais*, *iban*); cambia la **i** por **y** en el gerundio (*yendo*). Son incorrectas las grafías *fuí*, *fué*, *fuísteis*, *váyamos*. Correcto: ***fui***, ***fue***, ***fuisteis***, ***vayamos***.

iracundo, da. adj. Ú. t. c. sust. m. y f.: **el iracundo, la iracunda**.

iraní. adj. 'Perteneciente o relativo al moderno Estado de Irán' (*costumbre* ***iraní***); 'natural del Irán moderno'. Ú. t. c. sust. com.: **el iraní, la iraní**. En plural: **iraníes** o **iranís**. No debe confundirse con **iranio, nia** (adj. Ú. t. c. sust. m. y f.), 'perteneciente o relativo al Irán antiguo'; 'natural del Irán antiguo'.

iraquí. adj. 'Perteneciente o relativo a Irak'; 'natural de Irak' (*ciudadano* ***iraquí***). Ú. t. c. sust. com.: **el iraquí, la iraquí**. En plural: **iraquíes** o **iraquís**. La Academia no registra *irakí* ni *iraquita*.

irascible. adj. 'Propenso a la ira'. Incorrecto: *irasible*, *irrascible*.

iridio. sust. m. 'Metal blanco amarillento, quebradizo, muy difícilmente fusible y algo más pesado que el oro. Se halla en la naturaleza unido al platino y al rodio'. Número atómico 77. Símbolo: *Ir*

iridiscente. adj. 'Que muestra o refleja los colores del iris'; por extensión, 'dícese de lo que brilla o produce destellos'. Incorrecto: *iridicente*.

iris. sust. m. En plural, no varía: **los iris**. El plural de **arco iris** es **arcos iris**.

irisar. v. intr. 'Presentar un cuerpo fajas variadas o reflejos de luz, con colores semejantes a los del arco iris'. Incorrecto: *irizar*.

iritis. sust. f. 'Inflamación del iris del ojo'. En plural, no varía: **las iritis**.

ironista. sust. com. 'Persona que habla o escribe con ironía': **el ironista**, **la ironista**. No debe confundirse con el adjetivo **irónico, ca**, 'que denota o implica ironía' (*palabras irónicas*).

ironizar. v. intr. Ú. t. c. tr. 'Hablar con ironía'. → **cazar**

irradiar. v. tr. Se conjuga, en cuanto al acento, como **cambiar**.

irreducible. adj. 'Que no se puede reducir'. También puede decirse **irreductible** (adj.), pero la Academia prefiere la primera forma.

irreemplazable. adj. 'No reemplazable'. Incorrecto: *irremplazable*.

irreflexivo, va. adj. 'Que no reflexiona' (*actitud **irreflexiva***). Ú. t. c. sust. m. y f.: **el irreflexivo**, **la irreflexiva**.

irresoluto, ta. adj. 'Que carece de resolución'. Ú. t. c. sust. m. y f.: **el irresoluto**, **la irresoluta**.

irreverente. adj. Rég. prep.: **irreverente con**, **para** o **para con** (***irreverente con**, **para** o **para con** los dogmas*). Ú. t. c. sust. com.: **el irreverente**, **la irreverente**.

irrigar. v. tr. Su postverbal es **irrigación** (sust. f.). → **pagar**

irritador, ra. adj. 'Que irrita o excita vivamente'. Ú. t. c. sust. m. y f.: **el irritador**, **la irritadora**.

irritar. v. tr. Ú. t. c. prnl. 'Hacer sentir ira'. Rég. prep.: **irritar** a una persona **con** o **contra** otra (***Irritó** a su hermano **con** o **contra** sus padres*); 'excitar vivamente otros afectos o inclinaciones naturales' (***irritar** el odio*); 'causar excitación morbosa en un órgano o parte del cuerpo' (***irritar** los ojos*).

irrogar. v. tr. 'Tratándose de perjuicios o daños, causar, ocasionar, etc.'. No debe confundirse su significado con el de **arrogar** (v. tr. y prnl.). → **pagar**

irruir. v. irreg. tr. 'Acometer con ímpetu, invadir un lugar' (***Irruyeron** el pueblo*). Se conjuga como **huir**.

irrumpir. v. intr. 'Entrar violentamente en un lugar'. Rég. prep.: **irrumpir en** (*Los soldados **irrumpieron en** el castillo*).

irupé. sust. m. Argent., Bol. y Par. 'Victoria regia, planta acuática'. En plural: **irupés**.

isagoge. sust. f. 'Introducción, preámbulo'. Es palabra grave. No debe pronunciarse [iságoge, iságogue] como esdrújula.

isalóbara. sust. f. 'Curva para la representación cartográfica de los puntos de la Tierra en que la variación de la presión atmosférica ha sido la misma durante un período de tiempo determinado. Los mapas de isalóbaras se utilizan en la predicción de los cambios atmosféricos'. Esta voz ha sido recién incorporada en el ***Diccionario***.

isaloterma. sust. f. 'Curva para la representación cartográfica de los puntos de la Tierra en los que, durante un período determinado, se ha producido una variación de temperatura del mismo valor'. Esta voz ha sido recién incorporada en el ***Diccionario***.

ísatis. sust. m. 'Nombre del zorro ártico'. Para distinguir los sexos, debe recurrirse a las perífrasis **ísatis macho**, **ísatis hembra**. En plural, no varía: **los ísatis**.

-isco, ca. suf. Ha sido recién incorporado en el ***Diccionario***. → **-sco**

isiaco, ca. adj. 'Perteneciente o relativo a Isis o a su culto'. También puede decirse **isíaco, ca**, pero la Academia prefiere la primera forma.

isla. sust. f. Diminutivo: **isleta**. Como accidente geográfico, debe escribirse con minúscula (*¿No sabes qué es una **isla**?*). Se usa la mayúscula cuando forma parte del nombre de una población o de un Estado (***Islas** Salomón*). En los mapas de la República Argentina, figura ***Islas** Malvinas*; la mayúscula es correcta, pero no es erróneo escribir ***islas** Malvinas*. El sustantivo colectivo de **isla** es **archipiélago** (m.).

islam. sust. m. colect. 'Islamismo, conjunto de dogmas y preceptos morales que constituyen la religión de Mahoma'; 'conjunto de los hombres y pueblos que siguen esta religión'. Con esta última denotación, se escribe con mayúscula: **el Islam**. Carece de plural. No debe confundirse su grafía con la de **islán** (sust. m.), 'especie de velo, guarnecido de encajes, con que antiguamente se cubrían la cabeza las mujeres cuando no llevaban manto'.

islamita. adj. 'Musulmán' (*mujer **islamita***). Apl. a pers., ú. t. c. sust. com.: **el islamita, la islamita**.

islamizar. v. tr. 'Difundir la religión, prácticas y costumbres islámicas' (***Islamizó** a sus descendientes*). v. intr. 'Adoptar la religión, prácticas, usos y costumbres islámicas'. Ú. t. c. prnl. (*Varios jóvenes **se islamizaron***). → **cazar**

isleño, ña. adj. 'Natural de una isla' (*niña **isleña***). Ú. t. c. sust. m. y f.: **el isleño, la isleña**. También puede decirse **insulano, na** (adj.), pero la Academia prefiere la primera forma.

islero, ra. adj. Argent. 'En las poblaciones del Delta del Paraná, isleño'. Ú. t. c. sust. m. y f.: **el islero, la islera**. La A.A.L. ha recomendado su incorporación en el ***Diccionario***.

isleta. sust. f. d. de **isla**. Argent. 'Grupo de árboles aislados en medio de la llanura'.

ismaelita. adj. 'Descendiente de Ismael. Dícese de los árabes'; 'agareno o sarraceno'. Ú. t. c. sust. com.: **el ismaelita, la ismaelita**.

-ismo. suf. de sustantivos. 'Doctrinas, sistemas, escuelas o movimientos' (*romantic**ismo**, existencial**ismo***); 'actitudes' (*egocentr**ismo***). Forma, también, numerosos términos científicos (*reumat**ismo***).

iso-. elem. compos. de or. gr. 'Igual' (***iso**cronismo*).

isóbara. sust. f. 'Curva para la representación cartográfica de los puntos de la Tierra que tienen la misma presión atmosférica'. Es palabra esdrújula. También puede decirse **isobara** (grave), pero la Academia prefiere la primera forma.

isoca. sust f. Argent. y Par. 'Larva de mariposa que invade y devora los cultivos'.

isócrono, na. adj. 'Aplícase a los movimientos que se hacen en tiempos de igual duración'. Es palabra esdrújula. No debe pronunciarse [isocrono] como grave.

isoquímena. sust. f. 'Curva para la representación cartográfica de los puntos de la Tierra de igual temperatura media invernal'. Es palabra esdrújula. También puede decirse **isoquimena** (grave), pero la Academia prefiere la primera forma. Como sustantivo, esta voz ha sido recién incorporada en el ***Diccionario***. En la edición de 1984, estaba registrada como adjetivo (**isoquímeno, na**).

isósceles. adj. (*triángulo **isósceles***). Incorrecto: *isóceles*. En plural, no varía: triángulos **isósceles**.

isótera. sust. f. 'Curva para la representación cartográfica de los puntos de la Tierra de igual temperatura media estival'. Es palabra esdrújula. No debe pronunciarse [isotera] como grave. Como sustantivo, esta voz ha sido recién incorporada en el ***Diccionario***. En la edición de 1984, estaba registrada como adjetivo (**isótero, ra**).

israelí. adj. 'Natural o ciudadano del Estado de Israel' (*niña **israelí***). Ú. t. c. sust. com.: **el israelí, la israelí**. En plural: **israelíes** o **israelís**. 'Perteneciente o relativo a dicho Estado' (*gobierno **israelí***).

israelita. adj. 'Hebreo, judío' (*pueblo **israelita***); 'perteneciente o relativo al antiguo reino de Israel'. Con esta última acepción, es sinónimo de **israelítico, ca** (adj.). Equivale a **israelí** con la denotación de 'natural de Israel' (*niña **israelita***). Apl. a pers., ú. t. c. sust. com.: **el israelita, la israelita**.

-ista. suf. de adjetivos y de sustantivos. Los adjetivos se sustantivan y denotan 'partidario de' o 'inclinado a' (*social**ista**, galic**ista***). Los sustantivos denotan 'el que tiene determinada ocupación, profesión u oficio' (*libret**ista***). Ha sido recién incorporado en el ***Diccionario***.

-ístico, ca. suf. de algunos adjetivos. 'Pertenencia o relación' (*caracter**ístico***). La forma femenina produce algún sustantivo (*patr**ística***). En los demás casos, se trata de la combinación de los sufijos **-ista** e **-ico** (*futbol**ístico***). Ha sido recién incorporado en el ***Diccionario***.

istmo. sust. m. Como accidente geográfico, debe escribirse con minúscula (*istmo de Panamá*). Incorrecto: <u>ismo</u>, <u>itsmo</u>. → **isla**

-ita. suf. de or. griego, principalmente de adjetivos gentilicios y de otros que denotan 'pertenencia' (*israelita*, *jesuita*). Ha sido recién incorporado en el ***Diccionario***.

italianismo. sust. m. 'Giro o modo de hablar propio y privativo de la lengua italiana'; 'vocablo o giro de esta lengua usado en otra'; 'empleo de vocablos o giros italianos en distinto idioma'.

italianista. sust. com. 'Persona versada en la lengua y cultura italianas': **el italianista**, **la italianista**.

italianizar. v. tr. Ú. t. c. prnl. 'Hacer tomar carácter italiano o inclinación a las cosas italianas'. El participio activo es **italianizante** (adj.). → **cazar**

italiano, na. adj. 'Natural de Italia'. Ú. t. c. sust. m. y f.: **el italiano**, **la italiana**. 'Perteneciente o relativo a esta nación de Europa' (*cultura **italiana***). Con esta última denotación, es sinónimo de **itálico, ca** (adj.: *cultura **itálica***. Ú. t. c. sust. m. y f.), pero esta voz se usa más con el significado de 'perteneciente o relativo a la Italia antigua' (*ruinas **itálicas***). En poesía, se usa más **ítalo, la** (adj.) que **italiano, na**.

ítem. adv. lat. que se usa para hacer distinción de artículos o capítulos en una escritura u otro instrumento, o como señal de adición. sust. m. 'Cada uno de dichos artículos o capítulos' (*Corrigió dos **ítem***); 'aditamento' (*el **ítem** del trabajo*); 'cada una de las partes o unidades de que se compone una prueba, un cuestionario' (*Desarrolle cada **ítem***). En informática, 'cada uno de los elementos que forman parte de un dato'. En plural: **los ítem**. Su abreviatura es *ít.*

iterbio. sust. m. 'Metal del grupo de las tierras raras, cuyas sales son incoloras'. Número atómico 70. Símbolo: ***Yb***

itinerario, ria. adj. 'Perteneciente a caminos' (*obras **itinerarias***). sust. m. 'Dirección y descripción de un camino, con lugares, accidentes, paradas, etc., que existen a lo largo de él' (*¿Explicará el **itinerario** que seguirán desde Madrid hasta Santiago de Compostela?*); 'ruta' (*Elegimos un buen **itinerario** para llegar a Río Negro*); 'guía' (*Antes de viajar, consultaré este **itinerario***).

-itis. suf. de or. gr. 'Inflamación' (*conjuntivitis*).

-itivo, va. suf. de or. lat. Ha sido recién incorporado en el ***Diccionario***. → **-ivo**

-ito. suf. adoptado por convenio en la nomenclatura química para designar las sales de los ácidos cuyo nombre termina en **-oso** (*sulfito*, del ácido *sulfuroso*). Ha sido recién incorporado en el ***Diccionario***.

-ito, ta. suf. que, en mineralogía y en química, forma nombres de minerales (*grafito*), de sustancias explosivas (*dinamita*) o de alcoholes alifáticos polivalentes (*manita*). Ha sido recién incorporado en el ***Diccionario***.

-ito, ta. suf. de or. lat., de valor diminutivo o afectivo (*rulito*, *primita*, *durito*, *cerquita*). En ciertos casos, toma la forma **-ecito**, **-ececito**, **-cito** (*solecito*, *piececito*, *corazoncito*). Ha sido recién incorporado en el ***Diccionario***.

-itorio, ria. suf. de or. lat. Ha sido recién incorporado en el ***Diccionario***. → **-torio**

itrio. sust. m. 'Metal que forma un polvo brillante y negruzco'. Número atómico 39. Símbolo: ***Y***

-ivo, va. suf. de or. lat. de adjetivos y de algunos sustantivos, cuya base derivativa suele ser un participio pasivo o un sustantivo latinos y, a veces, un sustantivo español. 'Capacidad para lo significado por la base o inclinación a ello' (*represivo*); 'disposición para recibir lo significado por la base o situación de haberlo recibido' (*consultivo*). Entre los sustantivos, algunos indican 'cargos o profesiones' (*ejecutivo*, *facultativo*); existen, también, algunos sustantivos en **-iva** (*alternativa*). Ha sido recién incorporado en el ***Diccionario***. Por analogía con los muchos adjetivos que, formados con el sufijo **-ivo**, terminan en **-ativo** o en **-itivo**, se han formado otros, considerando estas terminaciones como nuevos sufijos (*ahorrativo*).

izado, da. p. de **izar**. sust. m. 'Acción y efecto de izar' (*el **izado** de la bandera*). También es correcto decir ***la izada*** (sust. f.) o ***el izamiento*** (sust. m.) *de la bandera*.

izar. v. tr. → **cazar**

-izar. suf. de or. lat. de verbos que denotan 'una acción cuyo resultado implica el significado del sustantivo o del adjetivo básicos, bien por reducción del objeto directo a cierto estado, en los transitivos (*caracterizar*), bien por la actitud del sujeto, en los intransitivos (*acuatizar*). Ha sido recién incorporado en el ***Diccionario***.

-izco, ca. suf. Ha sido recién incorporado en el ***Diccionario***. → **-sco**

-izo, za. suf. que forma adjetivos derivados de adjetivos ('semejanza o propensión': *rojizo*), de sustantivos ('posesión de lo significado por el primitivo o de sus cualidades': *cobrizo*) y de participios pasivos ('propensión a ejecutar, causar o recibir la acción del verbo primitivo': *enamoradizo*). Los derivados de participios en **-ido** suelen cambiar la **i** en **e** (*movedizo*). A veces, **-izo, -iza** aparecen en sustantivos que suelen designar lugar (*pasadizo*). Ha sido recién incorporado en el ***Diccionario***.

izquierdista. adj. 'Dícese de la persona, partido, institución, etc., que comparte las ideas de la izquierda política'. Apl. a pers., ú. t. c. sust. com.: **el izquierdista, la izquierdista.**

izquierdo, da. adj. Sus abreviaturas son *izq.*, *izqda.*

j. Décima letra del abecedario español. Su nombre es **jota** (sust. f.). En plural: **jotas**.

jabalcón. sust. m. 'Madero ensamblado en uno vertical para apear otro horizontal o inclinado'. La Academia registra, también, **jabalón** (sust. m.), pero prefiere la otra forma. Del mismo modo, se usan **jabalconar** (v. tr.), 'formar con jabalcones el tendido del tejado', y **jabalonar** (v. tr.). La Academia se inclina por la primera forma.

jabalí. sust. m. Plural: **jabalíes** o **jabalís**. Incorrecto: <u>*jabalises*</u>. La hembra de este animal es la **jabalina** (sust. f.), y su cachorro, el **jabato** (sust. m.). Para distinguir el sexo de los cachorros, debe recurrirse a las perífrasis **jabato macho**, **jabato hembra**. El **jabalí** también recibe el nombre de **cerdoso** (sust. m.). La voz **jabalina** tiene un homónimo que denota un tipo especial de 'arma, a manera de pica, que se usaba en la caza mayor, y actualmente en cierto deporte' (*Practica tiro de* ***jabalina***).

jabardo. sust. m. colect. 'Enjambre pequeño producido por una colmena'. fig. y fam. 'Remolino de gente'. Diminutivo: **jabardillo**.

jabega. sust. f. 'Flauta morisca'. La Academia registra, también, las formas **jabeba** y **ajabeba** (susts. fs.), con preferencia por las dos primeras. → **jábega**

jábega. sust. f. 'Red de pesca'. También se registra **jábeca** (sust. f.). La Academia prefiere la otra forma. Esta voz tiene un homónimo que significa 'embarcación pequeña para pescar' (*La* ***jábega*** *es más pequeña que el jabeque*). → **jabega**

jabeguero, ra. adj. 'Perteneciente a la jábega'. sust. m. 'Pescador de jábega'. La Academia no registra forma para el femenino.

jabí. adj. 'Dícese de una especie de manzana silvestre'. Ú. m. c. sust. m. 'Aplícase a cierta especie de uva pequeña que se cría en el antiguo reino de Granada'. Ú. t. c. sust. m. Su homónimo significa 'árbol intertropical de América'. Para ambos homónimos, el plural es **jabíes** o **jabís**.

jabón. sust. m. 'Pasta que, generalmente, sirve para lavar'. Es voz aguda que, en plural, se hace grave: **jabones**. Diminutivo: **jaboncillo**. Argent., Méj. y P. Rico. **dar jabón** a uno. fr. fig. y fam. 'Adularlo'. **dar** a uno **un jabón**. fr. fig. y fam. 'Reprenderlo ásperamente'. También puede decirse **dar** a uno **una jabonadura**. 'Miedo, susto'; este regionalismo carece de registro en el *Diccionario*, pero lo acoge el ***Manual***. → **jaboneta**

jabonado, da. p. de **jabonar**. sust. m. 'Acción y efecto de jabonar'. Pueden decirse, también, **jabonadura** (sust. f.) y **jabonada** (sust. f.). Con la denotación de 'conjunto de ropa blanca que se ha de jabonar o se ha jabonado', es sustantivo masculino colectivo.

jabonador, ra. adj. 'Que jabona'. Ú. t. c. sust. m. y f.: **el jabonador, la jabonadora**.

jabonadura. sust. f. 'Acción y efecto de jabonar'. También pueden decirse **jabonado** (sust. m.) y **jabonada** (sust. f.). La Academia no indica preferencia. sust. f. pl. 'Agua que queda mezclada con el jabón y su espuma'; 'espuma que se forma al jabonar'. → **jabón**

jabonero, ra. adj. 'Perteneciente o relativo al jabón' (*industria* ***jabonera***); 'dícese del toro cuya piel es de color blanco sucio que tira a amarillento'. sust. m. y f. : **el jabonero, la jabonera**, 'persona que hace o vende jabones'. sust. f. 'Recipiente para guardar o depositar el jabón'.

jaboneta. sust. f. 'Pastilla de jabón aromatizado'. También pueden decirse **jabonete** (sust. m.) y **jaboncillo** (sust. m.). La Academia no indica preferencia, pero, según el ***Diccionario Manual***, la única voz de uso frecuente es la tercera. En la Argentina, se usa normalmente, para esta denotación, **jabón de tocador**, sin registro en el ***Diccionario***, pero de uso en el español general, junto con **jabón de olor** o **jaboncillo**.

jaborandi. sust. m. 'Árbol originario del Brasil'. Nótese que es voz grave. Plural: **jaborandis**.

jacarandá. sust. m. 'Árbol de flores azules'. Plural: **jacarandaes**. De acuerdo con el ***Esbozo***, ésta sería, por el uso hispanoamericano, la forma más común; pero hoy no es infrecuente el plural **jacarandás**. Incorrecto: jacarandases. También puede decirse **tarco** (sust. m. NO. Argent.).

jacarear. v. intr. 'Cantar jácaras'. fig. y fam. 'Andar por las calles cantando y alborotando'. fig. y fam. 'Molestar a uno con palabras impertinentes'. No debe pronunciarse [jacariar, jacarié]. → **-ear**

jacarero. sust. m. 'El que anda por las calles cantando jácaras'; 'persona alegre y chancera'. Su femenino es **jacarera**. Puede decirse **jacarista** (sust. com.), poco usado.

jachalí. sust. m. 'Árbol de América intertropical'. Plural: **jachalíes** o **jachalís**.

jacobino, na. adj. Ú. t. c. sust. m. y f.: **el jacobino, la jacobina**.

jactancioso, sa. adj. 'Dícese del que se jacta, y también de las actitudes, acciones y dichos con que lo hace' (*palabras jactanciosas*). Ú. t. c. sust. m. y f.: **el jactancioso, la jactanciosa**.

jactarse. v. prnl. 'Alabarse presuntuosamente'. Rég. prep.: **jactarse de** (***jactarse de** valiente, **de** honesto, **de** erudito*).

jaculatoria. sust. f. 'Oración breve y fervorosa'. Es un barbarismo usar esta voz como sinónimo de **reprimenda** (sust. f.).

jadear. v. intr. 'Respirar anhelosamente'. No debe pronunciarse [jadiar, jadié]. Su acción es **jadeo** (sust. m.). → **-ear**

jaez. sust. m. 'Cualquier adorno de las caballerías'. Plural: **jaeces**. La 'persona que hace jaeces' es **el jaecero** o **la jaecera** (sust. m. y f.). Los verbos correspondientes son **enjaezar** (tr.) y **jaezar** (tr.). La Academia prefiere el primero.

jaguar. sust. m. 'Mamífero félido de gran tamaño'. Para distinguir los sexos, debe recurrirse a las perífrasis **jaguar macho, jaguar hembra**. En América, el **jaguar hembra** recibe el nombre de **tigra** (sust. f.). Se registra, también, **yaguar**. En plural: **jaguares** y **yaguares**.

jaguareté. Argent., Par. y Urug. Equivale a **yaguareté**. Plural: **jaguaretés**. → **yaguareté**

jagüey. sust. m. Cuba. 'Bejuco'. Amér. 'Balsa, pozo o zanja llena de agua, ya artificialmente, ya por filtraciones naturales del terreno'. Para esta última acepción, también puede decirse **jagüel** (sust. m.), forma que se prefiere en la Argentina. El ***Diccionario*** no registra la grafía jahuel. Plurales, respectivamente: **jagüeyes** y **jagüeles**.

¡ja, ja, ja! interj. con que se indica la risa. También pueden decirse **¡jajay!**, **¡je, je, je!**, **¡ji, ji, ji!** No deben escribirse *¡ja! ¡ja! ¡ja!*; *¡je! ¡je! ¡je!*; *¡ji! ¡ji! ¡ji!*

¡jajay! interj. → **¡ja, ja, ja!**

jalador. sust. m. Méj. 'El que se suma con entusiasmo a una empresa común'. Su femenino es **jaladora**. Ú. t. c. adj. Es voz de ingreso reciente en el ***Diccionario***.

jalar. v. tr. fam. 'Tirar de una cuerda'. También se escribe, con esta acepción, **halar**, forma que prefiere la Academia. → **halar**. Significa, además, 'comer con mucho apetito'. v. intr. fig. And. y Amér. 'Correr, andar de prisa'. Amér. Central. 'Mantener relaciones amorosas'. Distíngase de **jalear** (v. tr. Ú. t. c. prnl.), 'llamar a los perros para animarlos a seguir la caza'; 'animar a los que bailan, cantan, etc.'. El postverbal de este último es **jaleo** (sust. m.), que, en sentido familiar, significa 'alboroto'.

jalón. sust. m. En una de sus acepciones más comunes, equivale a **hito** (sust. m.). Ú. t. en sent. fig. (*Ése fue un **jalón** importante en su vida*). En sentido recto, vale por 'vara de hierro para clavarla en la tierra y determinar puntos fijos cuando se levanta el plano de un terreno'. Plural: **jalones**. El verbo correspondiente es **jalonar** (tr. Ú. t. en sent. fig.). Sus homónimos regionales significan, en Andalucía, Canarias y América, 'tirón' y, en Nicaragua, 'novio, pretendiente'.

jamás. adv. t. Equivale a **nunca**. Pospuesto a este adverbio y a **siempre**, refuerza el sentido de una y otra voz (***Nunca jamás** lo haré*; *Te lo prometo por **siempre jamás***). Ú. c. sust. en las locuciones **jamás de los jamases** y **en jamás de los jamases**, que refuerzan enfáticamente la significación de esta voz (*No lo diré **en jamás de los jamases***). **jamás por jamás** o **por jamás**. locs. advs. Equivalen a **nunca jamás**.

jamón. sust. m. 'Carne curada de la pierna del cerdo'. Es voz aguda que, en plural, se hace grave: **jamones**.

jamona. adj. fam. 'Aplícase a la mujer que ha

pasado de la juventud, especialmente cuando es gruesa'. Ú. m. c. sust. f. (*La **jamona** de su mujer es insoportable*).

jansenista. adj. 'Seguidor del jansenismo'; 'perteneciente o relativo a él'. Ú. t. c. sust. com.: **el jansenista, la jansenista**.

Japón. sust. pr. m. Ú. siempre con artículo (*el Japón*).

japonés, sa. adj. 'Natural del Japón'. Ú. t. c. sust. m. y f.: **el japonés, la japonesa**. La Academia registra, también, **japonense**, que, aplicado a personas, ú. t. c. sust. com.: **el japonense, la japonense**. sust. m. 'Idioma' (*Estudia **japonés***).

jaque. sust. m. 'Lance del ajedrez'. Su homónimo significa 'valentón, perdonavidas'. El aumentativo de este último es **jaquetón** (sust. m.).

jaquear. v. tr. 'Dar jaques en el juego del ajedrez'; 'hostigar'. No debe pronunciarse [jaquiar, jaquié]. → **ear**

jaqueca. sust. f. → **cefalea**

jara. sust. f. 'Arbusto'. Un 'sitio poblado de jaras' es un **jaral** (sust. m. colect.).

jarabe. sust. m. También se dice **jarope** (sust. m.). La Academia prefiere la primera forma.

jaranear. v. intr. fam. 'Andar en jaranas'. No debe pronunciarse [jaraniar, jaranié]. → **-ear**

jaranero, ra. adj. 'Aficionado a jaranas'. No debe usarse *jaranista*, sin registro en el ***Diccionario***.

jarcha. sust. f. 'Estrofa final o estribillo romance de un poema árabe o hebreo'. Este tecnicismo carece de registro en el ***Diccionario***.

jardín. sust. m. Es palabra aguda que, en plural, se hace grave: **jardines**. **jardín botánico**. 'Terreno destinado al cultivo de plantas para su estudio'. La Academia acaba de admitir **jardín zoológico**, que equivale a **parque zoológico**. **jardín de infantes**. Arg., Par. y Urug. 'Establecimiento al que concurren niños de edad preescolar y aun menores' (*En este **jardín de infantes**, hay salas de tres, cuatro y cinco años*). **jardín de infancia**. 'Escuela de párvulos'. Es el equivalente, en el español general, al argentinismo **jardín de infantes**. Ambos son traducción del alemán *Kindergarten*. En español, no existe el verbo *jardinar*, un galicismo (*jardiner*). Corresponde decir **enjardinar** (v. tr.)

jardinería. sust. f. 'Arte y oficio de jardinero'. Es incorrecto, *jardinaje*, un galicismo.

jardinero. sust. m. 'El que por oficio cuida un jardín'. Su femenino es **jardinera**. Voz que significa, también, 'mujer del jardinero'; 'mueble para poner macetas o plantas directamente en tierra'; 'carruaje de cuatro ruedas, con caja de mimbre'. Argent., Par. y Urug. 'Carrito de dos ruedas en que los vendedores ambulantes llevan su mercancía', significado no registrado en el ***Diccionario*** mayor, pero, sí, en el ***Manual***. En la Argentina, el sustantivo se usa, además, como adjetivo (*maestra **jardinera***), sin registro académico.

jareta. sust. f. 'Dobladillo que se hace en la ropa para introducir un elástico, un cordón, una cinta, y sirve para fruncir la tela'; 'dobladillo cosido con un pespunte, como adorno'. Incorrecto: *jarete*. Aumentativo: **jaretazo**. Un **jaretón** (sust. m.) es un 'dobladillo muy ancho'.

jarilla. sust. f. 'Nombre de diversos arbustos'. Esta voz se usa en el NO. y región de Cuyo de la Argentina. Carece de registro académico. Un 'lugar poblado de jarillas' es un **jarillal** (sust. m. colect.), y la 'persona que recoge y vende jarilla', un **jarillero** (sust. m.) o una **jarillera** (sust. f.). Todos estos regionalismos fueron recomendados por la A.A.L. para su inclusión en el ***Diccionario***.

jaropar o **jaropear.** v. tr. fam. 'Dar a uno, con frecuencia, muchos jarabes'. Las dos formas son correctas. Su postverbal es **jaropeo** (sust. m.). Respecto de la segunda forma verbal, no debe decirse [jaropiar, jaropié]. → **-ear**

jarope. sust. m. Equivale a **jarabe**, voz más frecuente. fig. y fam. 'Trago amargo o bebida desabrida'. → **jarabe**

jarra. sust. f. 'Vasija de boca ancha con una o dos asas'; 'líquido que contiene'. Diminutivos: **jarreta, jarrita**. Aumentativo: **jarrazo** (sust. m.). **de jarras, en jarra** o **en jarras**. locs. advs. 'Con las manos en la cintura y los codos separados del cuerpo'. → **jarro, jarrazo**

jarrazo. sust. m. 'Jarro grande'; 'golpe dado con un jarro o una jarra'. La Academia no registra, para esta última acepción, **jarretazo** (sust.

m.), 'golpe dado con la jarreta', de correcta formación.

jarrero. sust. m. 'El que vende jarros'. Su femenino es **jarrera**.

jarro. sust. m. 'Vasija con sólo un asa'; 'cantidad de líquido que contiene'. Significa, también, 'medida de capacidad para el vino, octava parte del cántaro, equivalente a un litro y 24 centilitros'. Aumentativos: **jarrazo**, **jarrón**. → **bock**

jaspeado, da. p. de **jaspear**. adj. 'Veteado'. Incorrecto: *jaspiado, da*.

jaspear. v. tr. 'Pintar imitando las vetas y salpicaduras del jaspe'. No debe pronunciarse [jaspiar, jaspié]. → **-ear**

jato. sust. m. 'Becerro o ternero'. Su femenino es **jata**.

jaula. sust. f. Diminutivo: **jaulilla**. La 'persona que hace o vende jaulas' es el **jaulero** (sust. m.) o la **jaulera** (sust. f.).

jauría. sust. f. colect. 'Conjunto de perros que se llevan juntos en una cacería'. Es una redundancia decir *jauría de perros*. Repárese en que **cuadrilla** (sust. f. colect.), en una de sus acepciones, también es 'conjunto de perros que se dedican a la caza'. → **rehala**

jazmín. sust. m. 'Arbusto'; 'flor de dicho arbusto'. Es voz aguda que, en plural, se hace grave: **jazmines**. Diminutivos: **jazminillo**, **jazminito**, **jazmincillo**. En la Argentina, se usa **jazmincito**. También puede decirse, para la planta, **jazminero** (sust. m.).

jazmíneo, a. adj. 'Dícese de matas y arbustos pertenecientes, como el jazmín, a esta familia'. Ú. t. c. sust. f. (*Esta planta es una **jazmínea***). sust. f. pl. 'Familia de estas plantas'.

♦ **jazz.** Anglicismo. De acuerdo con la Academia, que ha españolizado esta voz, debe escribirse **yaz**, pero los hablantes se resisten a emplear esta forma. Si se escribe el anglicismo, debe entrecomillarse. → **yaz**

♦ **jeans.** Anglicismo. En español, debe decirse **tejanos**, **vaqueros**, **pantalones vaqueros**.

♦ **jeder.** Vulgarismo por **heder**. → **heder**

♦ **jeep.** Anglicismo. Esta voz, que designa 'un vehículo para todo terreno', no tiene equivalente en español. Cuando se usa, debe entrecomillarse.

jefe. sust. m. Su femenino es **jefa**. El 'cargo o dignidad de jefe' recibe el nombre de **jefatura** (sust. f.).

¡je, je, je! interj. → **¡ja, ja, ja!**

jején. sust. m. 'Insecto más pequeño que el mosquito y de picadura más irritante'. Es palabra aguda que, en plural, se hace grave: **jejenes**.

jeme. sust. m. 'Distancia que hay desde la extremidad del dedo pulgar a la del índice, separado uno del otro todo lo posible'. fig. y fam. 'Rostro o talle de mujer' (*María tiene buen jeme*). Repárese en que es del género masculino. El adjetivo correspondiente a la primera acepción es **jemal** (*clavo **jemal***).

jenabe. sust. m. 'Mostaza'; 'semilla de esta planta'. La Academia admite, también, **jenable**, pero prefiere la primera forma.

jengibre. sust. m. 'Planta aromática de la India, que se usa como especia'. Son incorrectas las grafías *gengibre*, *jenjibre* y *genjibre*.

jenízaro, ra. adj. 'Mezclado de dos especies de cosas'. sust. m. 'Soldado de infantería, en especial de la guardia imperial turca'. También se admite la grafía **genízaro**, pero la Academia prefiere la primera.

jeque. sust. m. 'Superior entre los musulmanes y otros pueblos orientales'. No debe usarse el anglicismo *sheik*.

jerarca. sust. m. 'Superior en la jerarquía eclesiástica'. sust. com. 'Persona que tiene elevada categoría en una organización, empresa, etc.': **el jerarca**, **la jerarca**. La Academia ha aceptado recientemente que se emplee, en su reemplazo, **jerarquía** (sust. f.): *Llegaron las más altas jerarquías*.

jerarquía. sust. f. 'Orden entre los diversos coros de los ángeles'; 'grados o categorías en la Iglesia'; 'por extensión, orden o grados de personas o cosas'. Es de reciente admisión el significado de 'persona importante dentro de una organización'. → **jerarca**

jerarquizar. v. tr. 'Organizar jerárquicamente alguna cosa'. → **cazar**

jeremíaco, ca o **jeremiaco, ca.** adj. 'Que gime o se lamenta en exceso'. Ú. t. c. sust. m. y f.: **el jeremíaco** o **jeremiaco, la jeremíaca** o **jeremiaca**. Las dos acentuaciones son correctas.

jeremiada. sust. f. 'Lamentación exagerada de dolor' (*Cantó su **jeremiada***). Es incorrecto pronunciar [jeremíada].

jeremías. sust. com. 'Persona que está continuamente lamentándose': **el jeremías, la jeremías**. En plural, no varía: **los jeremías, las jeremías**. Se escribe con mayúscula cuando se refiere al profeta **Jeremías** (sust. pr. m.).

jeremiquear. v. intr. And. y Amér. 'Lloriquear'. En la Argentina no se usa. No debe pronunciarse [jeremiquiar, jeremiquié]. → **-ear**

jerez. sust. m. 'Vino blanco fino' (*Te sirvo un **jerez***). Es voz aguda que, en plural, se hace grave y cambia la **z** por **c**: **jereces** (*Bebimos unos **jereces***). Se escribe con mayúscula cuando se refiere a la localidad española de **Jerez** (sust. pr.), uno de los lugares donde se elabora (*Compré un vino de **Jerez***). No debe usarse, en su reemplazo, el anglicismo *cherry*.

jerga. sust. f. 'Tela gruesa y tosca', 'colchón de paja'. Aumentativo: **jergón** (sust. m.). Diminutivos: **jerguilla, jergueta**. Su homónimo significa 'lenguaje especial y familiar que usan entre sí los individuos de ciertas profesiones y oficios' (*La **jerga** de los economistas está plagada de anglicismos; La **jerga** estudiantil es digna de estudio*); 'lenguaje difícil de entender o jerigonza' (*Habla en una **jerga** propia*). De este homónimo, deriva el adjetivo **jergal**, 'propio de una jerga' (*No siempre es fácil definir las palabras **jergales***).

jerigonza. sust. f. 'Jerga'. fig. y fam. 'Lenguaje de mal gusto, complicado, difícil de entender'. La Academia admite **jeringonza**, pero prefiere la primera forma.

jeringa. sust. f. 'Instrumento para inyectar'. fig. y fam. 'Molestia'. Ú. m. en América (*Pedro es una **jeringa***). Diminutivo: **jeringuilla**. sust. com. Argent. vulg., p. us. 'Persona molesta, inoportuna' (*Pedro es un **jeringa**; María es una **jeringa***). Ú. t. c. adj. (*¡Qué hombre **jeringa**!*). La 'acción de arrojar líquido con una jeringa' es un **jeringazo** (sust. m.).

jeringador, ra. adj. fam. 'Que jeringa'. Ú. t. c. sust. m. y f.: **el jeringador, la jeringadora**.

jeringar. v. tr. 'Arrojar por medio de la jeringa un líquido'; 'introducir un líquido en el intestino para limpiarlo o purgarlo'. Ú. t. c. prnl. fig. y fam. 'Molestar'. Ú. t. c. prnl. Carece de registro académico **jeringuear**, muy usado en América. No puede considerarse una incorrección. → **pagar**

jeroglífico, ca. adj. 'Aplícase a la escritura representada por figuras o símbolos' (*escritura **jeroglífica***). sust. m. 'Cada uno de los signos usados en este género de escritura'. Con las denotaciones de 'conjunto de signos y figuras con que se expresa una frase, ordinariamente por pasatiempo o juego de ingenio' y 'por extensión, cuadro, escritura, apunte, etc., difíciles de entender o descifrar', es un sustantivo colectivo (*La prueba del alumno era un **jeroglífico***). La Academia registra la grafía **hieroglífico, ca** (adj. Ú. t. c. sust. m.), pero prefiere la primera.

jerónimo, ma. adj. 'Dícese del religioso de la orden de San Jerónimo' (*Sor Juana Inés de la Cruz fue monja **jerónima***). Ú. t. c. sust. m. y f. (*Es un **jerónimo**; Es una **jerónima***). En su función adjetiva, también puede decirse **jeronimiano, na**. Sólo se escribe con mayúscula cuando es nombre propio (*No vino **Jerónimo**, tu primo; **Jerónima** canta*).

jersey. sust. m. 'Prenda de vestir, de punto, que cubre desde los hombros hasta la cintura y se ciñe al cuerpo'. Es voz aguda de origen inglés (*jersey*), españolizada. Plural: **jerséis**. En muchas regiones, entre ellas la Argentina, la consonante inicial se pronuncia a la inglesa, con acentuación grave [yérsey]. En la Argentina, se usa más la voz **suéter**.

Jerusalén. sust. pr. No debe escribirse con **m** final: Jerusalém, Jerusalem.

jesuita. adj. 'Dícese del religioso de la Compañía de Jesús' (*sacerdote **jesuita***). Ú. t. c. sust. m. (*Los **jesuitas** llegaron a América en el último tercio del siglo XVI*). Nótese que no lleva tilde. En cambio, sí, la lleva el adjetivo **jesuítico, ca** (*las misiones **jesuíticas***). → **casuista**

jesusear. v. intr. fam. 'Repetir muchas veces el nombre de Jesús'. No debe pronunciarse [jesusiar, jesusié]. → **-ear**

♦ **jet.** Anglicismo. Corresponde decir, en español, **reactor** o **avión de reacción**.

jeta. sust. f. 'Boca saliente por su configuración o por tener los labios muy abultados'; 'hocico del cerdo'. fam. 'Cara humana' (*Tengo que poner la **jeta** todos los días por tus problemas*). Los adjetivos **jetón, na** y **jetudo, da** 'se aplican a los que tienen la jeta grande'.

ji. sust. f. 'Vigésima letra del alfabeto griego'. Nótese que es del género femenino. En plural: **jis**.

jícara. sust. f. Amér. 'Vasija pequeña'. Aumentativo: **jicarón** (sust. m.). Un **jicarazo** (sust. m.) es el 'golpe dado con una jícara'.

jifero. sust. m. Ú. t. c. adj. → **matarife**

¡ji, ji, ji! interj. Puede decirse **¡hi, hi, hi!** La Academia prefiere la primera forma. → **¡ja, ja, ja!**

jilguero. sust. m. 'Pájaro'. La hembra recibe el nombre de **jilguera**.

jimio. sust. m. 'Mono'. Recibe, también, el nombre de **simio**. Su hembra es la **jimia** o **simia**. Aunque no lo documente la Academia, los hablantes prefieren la segunda forma.

jineta. sust. f. 'Arte de montar a caballo que, según la escuela de este nombre, consiste en llevar los estribos cortos'. Ú. en la loc. adv. **a la jineta**. Incorrecto: *a la gineta*. And. y Amér. 'Mujer que monta a caballo'. Su homónimo denota un 'mamífero carnicero'; puede escribirse **gineta**, pero la Academia prefiere la primera grafía para designar a este animal.

jinete. sust. m. 'El que cabalga'; 'el que es diestro en la equitación'. El femenino **jineta**, 'mujer que monta a caballo', sólo se registra, según la Academia, como regionalismo andaluz y americano.

jineteada. sust. f. Argent. 'Acción y efecto de jinetear'; 'fiesta de campo donde los jinetes exhiben su destreza' (*Mañana tendrá lugar una gran **jineteada***). No debe pronunciarse [jinetiada]. De acuerdo con una de las acepciones de **jinetear**, en América, significa 'doma'. → **jinetear**

jinetear. v. intr. 'Andar a caballo, alardeando de gala y primor' (***Jinetea** por las calles del pueblo*). Ú. t. c. tr. (***Jinetea** un alazán recién domado*). v. tr. Amér. 'Domar'. Argent. 'Montar potros luciendo el jinete su habilidad y destreza'. No debe pronunciarse [jinetiar, jinetié]. → **-ear**

jingoísta. adj. 'Perteneciente al jingoísmo o patriotería exaltada que propugna la agresión contra otras naciones'; 'partidario del jingoísmo'. Ú. t. c. sust. com.: **el jingoísta**, **la jingoísta**.

jipi. sust. m. fam. Abreviación, por **sombrero de jipijapa**. En plural: **jipis**.

jipiar. v. intr. 'Hipar, gemir, gimotear'. Es un vulgarismo decir *jipar*. Sus postverbales son **jipido** (sust. m.) y **jipío** (sust. m.). La Academia se inclina por el primero.

jipijapa. sust. f. 'Tira flexible, que se saca de las hojas de una planta y se emplea para hacer sombreros y otros objetos' (*sombrero de **jipijapa***). En Colombia, se le da el nombre de **jipa** (sust. f.). → **jipi**

jira. sust. f. 'Pedazo algo grande y largo que se rasga o corta de una tela'. → **jirón**. Su homónimo, también sustantivo femenino, significa 'merienda campestre, con regocijo y bulla'. No deben confundirse con su homófono **gira** (sust. f.), 'excursión'.

jirafa. sust. f. 'Mamífero rumiante, de cuello alto y esbelto'. Para distinguir los sexos, debe recurrirse a las perífrasis **jirafa macho**, **jirafa hembra**.

jiroflé. sust. m. 'Árbol del clavo o clavero'. La Academia admite la grafía **giroflé**.

jirón. sust. m. Entre otras acepciones, tiene la de 'pedazo desgarrado del vestido'. Es voz aguda que, en plural, se hace esdrújula: **jirones**. Incorrecto: *girón*, *girones*.

job. sust. m. 'Hombre de mucha paciencia'. Cuando se refiere al profeta, se escribe con mayúscula: **Job** (sust. pr. m.).

jobo. sust. m. 'Árbol americano'. La Academia registra la forma **hobo**, pero prefiere la primera.

♦ **jockey.** Anglicismo. La Academia ha españolizado esta voz, que significa 'jinete profesional de carreras de caballos', con las grafías **yóquey** o **yoqui** (sust. m.), que muy pocos usan. → **yóquey**

jocó. sust. m. 'Chimpancé'. Plural: **jocós**.

jocoserio, ria. adj. 'Que participa de las cualidades de serio y jocoso'. No debe escribirse con guión: <u>*joco-serio*</u>. En plural: **jocoserios, jocoserias**.

♦ **jogging.** Anglicismo. En español, carece de equivalente. 'Ejercicio físico que consiste en correr durante cierto tiempo a poca velocidad, sin afán competitivo'. También se denomina así la 'vestimenta deportiva con que se realiza ese ejercicio'. Esta última acepción corresponde a la voz **chándal** (sust. m.) del español general. Si se usa el extranjerismo, debe entrecomillarse.

♦ **joint venture.** Anglicismo. En español, 'asociación de empresas con riesgos compartidos'. Si se usa el sintagma extranjero, debe entrecomillarse.

jolgorio. sust. m. fam. 'Regocijo, fiesta, diversión bulliciosa'. También la Academia registra **holgorio**, pero prefiere la primera forma.

joparse. v. prnl. 'Irse, escaparse'. La Academia registra, también, **hoparse** (v. prnl.).

jopear. v. intr. 'Mover la cola, especialmente la zorra'; 'corretear'. La Academia registra, también, la forma **hopear** (v. intr.). No debe pronunciarse [jopiar, jopié]. → **-ear**

jopo. sust. m. 'Cola de mucho pelo'. La Academia registra, también, **hopo** (sust. m.). → **hopo**

jornalear. v. intr. 'Trabajar a jornal'. No debe pronunciarse [jornaliar, jornalié]. → **-ear**

jornalero. sust. m. Su femenino es **jornalera**.

jorobado, da. p. de **jorobar**. adj. 'Corcovado'. Ú. t. c. sust. m. y f.: **el jorobado, la jorobada**. Para la forma masculina, se registra, también, el sustantivo familiar **jorobeta** (*Llegó el **jorobeta***), voz que se usa, además, como adjetivo.

jorobar. v. tr. fig. y fam. 'Fastidiar, molestar'. Ú. t. c. prnl. Incorrecto: <u>*jorobear*</u>.

joropear. v. intr. Col. y Venez. 'Bailar el joropo'. No debe pronunciarse [joropiar, joropié]. → **-ear**

jota. sust. f. Usado con una negación, significa 'cosa mínima' (*No dijo ni **jota***). **no entender** uno o **no saber jota, ni jota,** o **una jota**. 'Ser muy ignorante en una cosa' (***No sabe jota** de latín*). Esta voz que, en su otra acepción, denota la décima letra del abecedario español, tiene varios homónimos que significan: 'baile y música popular de Aragón'; 'especie de sandalia, por otro nombre **ojota**', regionalismo de Amér. Merid.; 'cierto potaje o sopa'.

jotero. sust. m. 'El que baila, canta o compone jotas'. Su femenino es **jotera**.

joule. sust. m. Equivale, en la nomenclatura internacional, a **julio**. → **julio**

joven. adj. 'De poca edad' (*planta **joven**; hombre **joven***). Es voz grave que, por terminar en **n**, no lleva tilde. En plural, se hace esdrújula: **jóvenes** (*hombres **jóvenes***). El superlativo es **jovenísimo**. Aclara la Academia, en su ***Esbozo***, que es poco recomendable insertar la **c** en el superlativo de **joven**. sust. com.: **el joven, la joven**. Plural: **los jóvenes, las jóvenes** (***Los jóvenes** se pondrán en esta fila; **las jóvenes**, en la otra*). Diminutivo masculino poco usado: **jovenete**. Diminutivo despectivo: **jovenzuelo**. Su femenino es **jovenzuela**.

jovial. adj. Es voz aguda que, en plural, se hace grave: **joviales**.

joya. sust. f. Diminutivo: **joyuela**. Aumentativo: **joyón** (sust. m.).

joyel. sust. m. 'Joya pequeña'. Es voz aguda que, en plural, se hace grave: **joyeles**.

joyero. sust. m. 'El que hace o vende joyas'. Su femenino es **joyera**. También puede decirse **joyelero** y **joyelera** (sust. m. y f.). sust. m. 'Estuche para guardar joyas' (*El brillante está en el **joyero***). En América se usa más, para esta denotación, **alhajero** (sust. m.), voz ya aceptada por la Academia como de uso regional.

jubilado, da. p. de **jubilar**. adj. (*hombre **jubilado***). Ú. t. c. sust. m. y f.: **el jubilado, la jubilada**.

jubilar. v. tr. 'Disponer que un funcionario con derecho a pensión cese en su carrera'; 'dispensar a una persona, por razón de su edad, de ejercicios que practicaba o le incumbían'. fig. y fam. 'Desechar por inútil una cosa'. v. prnl. 'Conseguir la jubilación'. Rég. prep.: **jubilar** o **jubilarse de** (***jubilar del** servicio; **jubilarse de** embajador*); **jubilar** o **jubilarse en** (***jubilar** o **jubilarse en** un cargo*). Su 'acción y efecto' es **jubilación** (sust. f.). → **jubileo (jubilar)**

jubileo. sust. m. 'Fiesta pública que celebraban los israelitas cada cincuenta años'; 'entre los cristianos, indulgencia plenaria concedida por el Papa en ciertos tiempos y ocasiones'. El adjetivo correspondiente es **jubilar**, 'perteneciente o relativo al jubileo' (*año **jubilar**, fiestas **jubilares***).

judaísmo. sust. m. 'Profesión de la ley de Moisés'. También puede decirse **hebraísmo** (sust. m.).

judaizante. p. a. de **judaizar**. 'Que judaíza'. Ú. t. c. sust. com.: **el judaizante**, **la judaizante**.

judaizar. v. intr. 'Abrazar la religión de los judíos'; 'practicar la ley judaica'. Su postverbal es **judaización** (sust. f.). → **enraizar**

judas. sust. m. 'Hombre alevoso, traidor' (*Es un **judas***). En plural, no varía (*Todos ustedes son unos **judas***). Sólo se escribe con mayúscula cuando se usa como nombre propio (*El apóstol que vendió a Cristo fue **Judas***).

judeoespañol, la o **judeo-español, la.** adj. 'Perteneciente o relativo a las comunidades sefardíes'; 'dícese de la variedad de lengua española hablada por los sefardíes'. Ú. t. c. sust. m. y f.: **el judeoespañol** o **el judeo-español, la judeoespañola** o **la judeo-española**. Las dos grafías son correctas, pero la tendencia moderna se inclina por la forma sin guión.

judía. sust. f. 'Planta herbácea anual, su fruto y su semilla'. En la Argentina, la judía verde recibe el nombre de **chaucha**. Diminutivo: **judihuela**. La 'tierra sembrada de judías' es un **judiar** (sust. m. colect.). Decir *judial* es un barbarismo . → **chaucha**, **fréjol**, **haba** (**habichuela**)

judiada. sust. f. 'Acción mala, que tendenciosamente se consideraba propia de judíos' (*Le hizo una **judiada***). En su acepción, poco usada, de 'muchedumbre o conjunto de judíos', es sustantivo colectivo (*Allí estaba toda la **judiada***).

judicatura. sust. f. 'Ejercicio de juzgar'; 'dignidad o empleo de juez'; 'tiempo que dura'. En la acepción de 'cuerpo constituido por los jueces de un país', es sustantivo colectivo (*La **judicatura** se pronunció en pleno*).

judío, a. adj. 'Israelita, hebreo'. Apl. a personas, ú. t. c. sust. m. y f.: **el judío, la judía**. Diminutivo del sustantivo masculino: **judihuelo**. 'Natural de Judea'. Ú. t. c. sust. m. y f. → **judía** (**judihuela**)

judo. sust. m. → **yudo**

juego. sust. m. 'Acción y efecto de jugar' (***juego** de palabras*); 'ejercicio recreativo sometido a reglas' (***juego** de pelota*, ***juego** de ajedrez*). En sentido absoluto, como indica la Academia, **juego de naipes**, **juegos de azar** (*Se arruinó por el **juego***). Además, entre otros significados, tiene los de 'disposición con que están unidas dos cosas, de suerte que, sin separarse, puedan tener movimiento, como las coyunturas, goznes, etc., o ese mismo movimiento' (*El **juego** de las articulaciones está afectado*); 'determinado número de cosas relacionadas entre sí y que sirven al mismo fin' (***juego** de botones*; ***juego** de cubiertos*; ***juego** de tocador*). Diminutivos: **jueguezuelo**, **jueguecito**. En la Argentina, es usual **jueguito**. sust. m. pl. 'Fiestas y espectáculos que se usaban en lo antiguo' (***juegos** florales*). Hoy, se usa el plural, aunque no lo especifica la Academia, para designar determinados juegos; en este caso, se escriben con mayúscula (***Juegos** Olímpicos*). **en juego**. loc. que, con los verbos **andar**, **estar**, **poner**, etc., significa 'que intervienen en un intento las cosas de que se habla' (***Están en juego** poderosas influencias*). Con los verbos **estar** y **poner**, referidos a cosas que pueden perderse, 'arriesgarlas' (***Puso en juego** todos sus recursos económicos*; ***Está en juego** su reputación*). **por juego**. loc. adv. 'Por burla, por chanza' (*Lo hizo **por juego***). No debe decirse *juego de espíritu*, un galicismo. Lo correcto es ***juego de ingenio***.

juerga. sust. f. 'Jolgorio, parranda, jarana'. **correr** o **correrse una juerga**. fr. fam. 'Tomar parte en ella'. **tomar a juerga** una cosa. fr. fam. 'Tomarla en broma'.

juerguearse. v. prnl. 'Estar de juerga'. La Academia no registra *juerguear*, es decir, la forma no pronominal. No debe pronunciarse [juerguiarse]. → **-ear**

juerguista. adj. 'Aficionado a la juerga'. Ú. t. c. sust. com.: **el juerguista**, **la juerguista**.

jueves. sust. m. 'Cuarto día de la semana civil, quinto de la religiosa'. Los días de la semana se escriben con minúscula (*Llegó el **jueves** pasado*). Es una redundancia anteponerle la palabra día: *el día jueves*. Correcto: ***el jueves***. Esta regla vale para cualquier otro día de la semana. Se escribe con mayúscula el día consagrado por la Iglesia a la institución de la Eucaristía: **Jueves Santo**. Nótese que el adjetivo que lo acompaña también se escribe con mayúscula.

juez. sust. com. 'Persona que tiene autoridad y poder para juzgar y sentenciar'; 'persona que en las justas públicas, en los certámenes literarios y en otras competiciones cuida de que se observen las leyes impuestas en ellos y de distribuir los premios'; 'persona nombrada para resolver una duda'. Por tratarse de un sustantivo común, se dice **el juez**, **la juez** (***La juez*** *no ha dictado aún sentencia en la causa*; ***Las jueces*** *han hecho causa común*). La Academia, en la última edición de su ***Diccionario*** (1992), admite el uso familiar de **jueza**, para significar, en dicho nivel de lengua, la 'mujer que desempeña el cargo de juez'. Acotemos que, si bien registra esta forma femenina, prefiere o recomienda el uso de **la juez**, en ámbitos no familiares, especialmente en el administrativo o judicial. En la Argentina, es normal el uso de **jueza**, tanto en el periodismo como en el ámbito de los tribunales. El femenino **jueza** es, también, en lenguaje familiar, según el último registro académico, 'la mujer del juez'. → **jurado**

jugador, ra. adj. 'Que juega'; 'que tiene el vicio de jugar'; 'que tiene especial habilidad y es muy diestro en el juego'. En las tres acepciones, ú. t. c. sust. m. y f.: **el jugador, la jugadora**.

jugar. v. irreg. intr. Rég. prep.: **jugar al**, **a la**, **a los**, **a las** (***jugar al*** *fútbol*, ***a la*** *pelota*, ***a las*** *damas*, ***a los*** *dados*); son incorrectas las construcciones sin el artículo (*jugar a fútbol*; *jugar a damas*); **jugar con** (***Juegas con*** *mis sentimientos*; ***Juegas con*** *tu salud*; *No* ***juegues conmigo***), en que significa 'tratar algo o a alguien sin el debido respeto o consideración'; **jugar de** (***jugar de*** *manos*); **jugar entre** (***jugar entre*** *amigos*; ***jugar entre*** *todos*); **jugar por** (***jugar por*** *dinero*; ***jugar por*** *jugar*). v. tr. 'Tratándose de partidas de juego, llevarlas a cabo' (***jugar*** *una partida de ajedrez*); 'tratándose de fichas, cartas o piezas que se emplean en ciertos juegos, hacer uso de ellas' (***jugar*** *una carta*; ***jugar*** *un alfil*); 'perder en el juego' (***jugar*** *cuanto se tenía*); 'tratándose de armas, manejarlas' (***jugar*** *el florete*); 'arriesgar' (***jugar*** *todo*). En esta acepción, se usa más como pronominal (***jugarse*** *la vida*; ***jugarse*** *el sueldo*). En América, es frecuente la forma transitiva seguida del nombre del juego: ***jugar*** *ajedrez*; ***jugar*** *fútbol*. Rég. prep.: **jugar** una cosa **por** (***jugar*** *una cosa* ***por*** *otra*). Es galicismo decir *jugar un papel*. Lo correcto es ***desempeñar*** o ***representar*** *un papel*. La irregularidad de este verbo consiste en que la **u** de la raíz se hace **ue** en posición tónica: presente de indicativo (*juego*, *juegas*, *juega*, *juegan*); presente de subjuntivo (*juegue*, *juegues*, *juegue*, *jueguen*); imperativo (*juega*). Además, presenta la particularidad ortográfica de agregar, después de la **g**, una **u** delante de **e**, como lo hace **pagar**: pretérito perfecto simple de indicativo (*jugué*); presente de subjuntivo (*juegue*, *juegues*, *juegue*, *juguemos*, *juguéis*, *jueguen*).

juglar. sust. m. Su femenino es **juglaresa**. La forma **juglara** es anticuada. adj. 'Pícaro, chistoso'. Con la denotación 'propio del juglar', equivale a **juglaresco, ca** (adj.), más frecuente (*canción* ***juglar*** o ***juglaresca***). El 'arte de los juglares' es la **juglaría** (sust. f.), **juglería** (sust. f.) o **juglarería** (sust. f.), pero esta última forma está, hoy, en desuso. La Academia prefiere la primera (*mester de* ***juglaría***).

juguetear. v. intr. No debe pronunciarse [juguetiar, juguetié]. Su postverbal es **jugueteo** (sust. m.). → **-ear**

juguetero. sust. m. Su femenino es **juguetera**.

juicio. sust. m. Sólo se escribe con mayúscula en el sintagma **Juicio Final** (*el día del* ***Juicio Final***).

juicioso, sa. adj. Es anticuada la forma **judicioso, sa**. Ú. t. c. sust. m. y f.: **el juicioso, la juiciosa**.

julepe. sust. m. fig. y fam. 'Susto, miedo'. Ú. m. en América Meridional y P. Rico.

julepear. v. intr. 'Jugar al julepe, un juego de naipes'. Argent., Par. y Urug. 'Asustar'. Ú. t. c. prnl. (*Con los ruidos extraños que venían del sótano, me* ***julepeé***). Col. 'Molestar'; 'insistir, urgir'. P. Rico. 'Embromar'. No debe pronunciarse [julepiar, julepié]. → **-ear**

julio. sust. m. 'Séptimo mes del año'. Tiene treinta y un días. Debe escribirse siempre con minúscula (*el 9 de* ***julio***). Su homónimo significa la 'unidad de trabajo en el sistema basado en el metro, el kilogramo, el segundo y el amperio'. Equivale a diez millones de ergios. → **joule**

jumarse. v. prnl. vulg. 'Emborracharse'. Ú. m. en América.

jumento. sust. m. 'Asno, burro'. Su femenino es **jumenta**. Los adjetivos correspondientes son **jumental** y **jumentil**, este último poco usado.

♦ **jumper.** Anglicismo. No tiene equivalente en español. Equivale a **túnica**. Si se usa la voz extranjera, debe entrecomillarse.

juncáceo, a. adj. 'Dícese de ciertas hierbas, como el junco'. Ú. t. c. sust. f. (*Se trata de una juncácea*). sust. f. pl. 'Familia de estas plantas' (*El junco pertenece a las* ***juncáceas***). La Academia registra, también, **júnceo, a**, pero prefiere la primera forma. Nótese que ambas son palabras esdrújulas.

juncia. sust. f. 'Planta herbácea muy olorosa'. Un 'sitio poblado de juncias' es un **juncial** (sust. m. colect.).

junco. sust. m. 'Planta de la familia de las juncáceas, que se cría en parajes húmedos' (*El borde de la laguna estaba lleno de* ***juncos***). Esta planta recibe, asimismo, el nombre de **junquera** (sust. f.). Un 'sitio poblado de juncos' es un **juncal**, un **juncar**, un **junqueral** (susts. ms. colects.) o una **juncarada** (sust. f. colect.). Diminutivo: **junquillo**. El homónimo de junco significa 'embarcación pequeña, usada en las Indias orientales' (*Navegaba en un* ***junco***).

junio. sust. m. 'Sexto mes del año'. Tiene treinta días. Como los nombres de todos los meses, debe escribirse siempre con minúscula (*Estamos en* ***junio***).

júnior. sust. m. 'Religioso joven que, después de haber profesado, sigue sujeto a la enseñanza y obediencia del maestro de novicios'. Plural: **juniores**. Por influencia del inglés, esta voz de origen latino se usa modernamente para designar una categoría de personas fundada en la edad. Se emplea, entre otros ámbitos, en los deportes, en los estudios de abogados, en centros de investigación, en el comercio o la industria, sobre todo, en aposición especificativa (*Juega tenis en la categoría* ***júnior***; *Quien lo atendió es un abogado* ***júnior*** *del estudio*; *Tenemos un solo investigador* ***júnior*** *en el centro*; *Se creó la Cámara* ***Júnior***). Esta voz, que debe escribirse con tilde sobre la **u**, según corresponde en español, que se pronuncia [yúnior] y que equivale, según los contextos, a **juvenil** o a **joven**, no ha sido aún registrada con esos valores semánticos por la Academia, si bien el ***Diccionario Manual*** la documenta, con el indicador de su falta de sanción académica, pero para el mundo de los deportes: 'deportista comprendido entre las edades de 17 y 21 años'. El plural, en estos empleos, como dice Seco, es **júniors**, si bien, como el nombrado postula, sería más normal en nuestra lengua la forma tradicional **juniores** (*Los* ***júniors*** *no han llegado*; *Los* ***juniores*** *no han llegado*). Si esta palabra se escribe sin tilde, la voz debe entrecomillarse, para destacar su carácter de extranjerismo. Entendemos, en consecuencia, que el empleo de **júnior** en todos los casos expuestos, pese a la falta de registro académico de dichas acepciones, no es una incorrección, sino una ampliación de los valores semánticos de una voz latina, ya incorporada en nuestra lengua. Quienes quieran mantenerse en la más estricta ortodoxia académica disponen de los equivalentes españoles ya consignados, para evitar su empleo. Por influencia del inglés, el extranjerismo *junior* o su abreviatura (*jr.*) se añaden al nombre del hijo, cuando tiene el mismo que su padre, para distinguirlos. Para este uso, corresponde emplear, en español, **hijo** o su abreviatura (***h.***), porque el anglicismo no tiene justificación alguna, aunque se escriba completo y con tilde. Es condenable.
→ **senior**

junta. sust. f. 'Reunión de varias personas'. En la acepción de 'conjunto de individuos nombrados para dirigir asuntos de una colectividad', es sustantivo colectivo. Se escribe con mayúscula cuando forma parte de la denominación de un organismo, institución, etc. (*La* ***Junta*** *de Defensa Civil*). En otras acepciones, equivale a 'juntura'; 'unión'; 'espacio' (*Se ha producido un escape en la* ***junta*** *del caño de gas*; *Hay que rellenar con material la* ***junta*** *de los ladrillos*).

juntar. v. tr. 'Unir' (***Junte*** *todos los ingredientes*); 'reunir, congregar' (*Hay que* ***juntar*** *a todos los alumnos en el patio*); en esta acepción, ú. t. c. prnl. (***Nos juntaremos*** *en la plaza*); 'acumular' (***Junta*** *latas*); 'tratándose de puertas o ventanas, entornar, cerrar' (***Junta*** *la puerta, nos pueden oír*). v. prnl. 'Arrimarse' (*No* ***te juntes*** *tanto a mí, me aprietas*); 'acompañarse, andar con uno' (***Se junta*** *con malos compañeros*); 'tener el acto sexual' (*Mi perro* ***se juntó*** *con la perrita del vecino*); 'amancebarse' (*Resolvieron* ***juntarse***). Rég. prep.: **juntar** algo **a** o **con** y **juntarse a** o **con** (***Junta*** *un caño* ***a*** *otro o* ***con*** *otro*; *No* ***te juntes a*** *la pared*; *No* *te juntes con él*); **juntar** a uno **con** (*Juntamos a unos niños con otros*). Este verbo tiene dos participios, uno regular (*juntado*), y otro irregular (*junto*). El primero se usa para formar los tiempos compuestos. → **junto**

junto, ta. p. irreg. de **juntar**. adj. 'Unido, cercano' (*Hay libres dos sillas **juntas***); 'que obra o que es juntamente con otro, a la vez o al mismo tiempo que él'. Ú. m. en pl. (*Nosotros **juntos** lo haremos*). **junto a**. loc. prepos. 'Cerca de' (*Vive **junto a** la plaza*). El uso de **junto de** es literario y poco frecuente (*Vive **junto del** arroyo*). Modernamente, débe evitarse y reemplazarse por **junto a** (*Vive **junto al** arroyo*). No es correcto decir junto mío, junto tuyo, junto suyo, junto nuestro, junto vuestro. Lo correcto es ***junto a mí, junto a ti, junto a él*** o ***a sí, junto a nosotros, junto a vosotros, junto a ellos***. **junto con**. loc. prepos. 'En compañía de, en colaboración con' (*Lo harás **junto con** tu hermano*). Con este valor, no debe usarse **junto a**. Incorrecto: *El soldado huyó junto a tres civiles*. Correcto: *El soldado huyó **junto con** tres civiles* o *Un soldado y tres civiles huyeron*). **todo junto**. loc. adv. 'Juntamente, a la vez' (*Reían, saltaban, bailaban, **todo junto***). Es incorrecto usar **junto** como adverbio: *Pon eso allí junto*; *Iremos junto*. Correcto: *Pon eso allí, **todo junto***; *Iremos **juntamente***.

jura. sust. f. 'Acción de jurar solemnemente la sumisión a ciertos preceptos u obligaciones'; 'juramento'. **jura de la bandera**. Argent. 'Promesa de lealtad y servicio a ese símbolo de la Nación'. En otras regiones, se dice **jura de bandera**, como en Colombia. También pueden decirse **juramento a la bandera** y **juramento de la bandera**.

jurado, da. p. de **jurar**. adj. 'Que ha prestado juramento'. sust. m. colect. 'Conjunto de los individuos que conforman un tribunal' (*El **jurado** no se ha expedido*). También significa 'cada uno de los miembros de dicho tribunal' (*Pedro es **jurado** del certamen de poesía*). Se escribe siempre con minúscula.

jurar. v. tr. 'Afirmar o negar una cosa, poniendo por testigo a Dios'. Rég. prep.: **jurar en** (*jurar en falso*); **jurar por** (*jurar por Dios*); **jurar sobre** (*jurar sobre la Biblia*). **jurársela** o **jurárselas** uno a otro. fr. fam. 'Asegurar que se ha de vengar de él'. v. intr. 'Echar votos y reniegos'.

jurásico, ca. adj. 'Dícese del segundo período de la era mesozoica'. Ú. t. c. sust. m. y f.: **el jurásico, la jurásica**.

jure. abl. de la voz latina *ius*, que significa 'derecho'. Se pronuncia [iure] o [yure].

juridicidad. sust. f. 'Cualidad de jurídico'. Incorrecto: *juricidad*.

jurisconsulto. sust. m. Su femenino es **jurisconsulta**. No debe pronunciarse [juriconsulto, ta], un vulgarismo. También puede decirse **legisperito** (sust. m.). No se registra, para esta última voz, forma para el femenino.

jurisdicción. sust. f. No debe pronunciarse [juridicción] ni [juridición], dos vulgarismos.

jurisdiccional. adj. No debe pronunciarse [juridiccional] ni [juridicional], dos vulgarismos.

jurisperito. sust. m. Su femenino es **jurisperita**.

jurisprudencia. sust. f. 'Ciencia del derecho'. Con la denotación de 'conjunto de las sentencias de los tribunales y doctrina que contienen, es sustantivo colectivo (*El fallo no se apoya en **jurisprudencia** alguna*). Es un vulgarismo decir [juriprudencia].

♦ **jurisprudencial.** Este adjetivo es un galicismo. Debe decirse, en español, **conforme a jurisprudencia**.

jurisprudente. sust. com.: **el jurisprudente, la jurisprudente**. Significa 'persona que conoce la ciencia del derecho'. Es poco usado. → **jurista**

jurista. sust. com.: **el jurista, la jurista**. Significa 'persona que profesa la ciencia del derecho'.

juro. sust. m. 'Derecho perpetuo de propiedad'. **de juro**. loc. adv. 'Ciertamente, por fuerza, sin remedio' (***De juro** tendrás que aprenderlo*). En Colombia, se usa **a juro** con el mismo sentido, forma regional registrada por la Academia.

justamente. adv. m. 'Con justicia' (*Falló **justamente***); 'exactamente, precisamente, ni más ni menos' (*Sucedió **justamente** como pensabas*); 'ajustadamente' (*Este vestido le va **justamente** al cuerpo*). → **mismo**

justedad. sust. f. 'Cualidad de justo'; 'correspondencia justa y exacta de una cosa' (*Obró con **justedad***). También puede decirse **justeza** (sust. f.). La Academia prefiere la primera forma.

justicia. sust. f. Entre otras acepciones, 'una de las cuatro virtudes cardinales, que inclina a dar a cada uno lo que le corresponde'; 'atributo divino, con que Dios castiga o premia, según se merece cada uno'; 'derecho, razón, equidad'; 'lo que debe hacerse según derecho y razón'; 'ministro o tribunal que ejerce justicia'; 'poder judicial'. Se escribe normalmente con minúscula (*La **justicia** es ciega*; *Pidió **justicia***; *Su caso está en manos de la **justicia***), salvo cuando forma parte de una denominación (*Palacio de **Justicia***; *Ministerio de **Justicia***).

justicialista. adj. 'Perteneciente o relativo al justicialismo, movimiento político argentino fundado por el general Perón'; 'partidario del justicialismo'. Ú. t. c. sust. com.: **el justicialista, la justicialista**. Esta voz, al igual que **justicialismo** (sust. m.), es de reciente incorporación académica.

justiciero, ra. adj. La Academia no lo registra como sustantivo, pero se usa: **el justiciero, la justiciera** (sust. m. y f.).

justificante. p. a. de **justificar**. 'Que justifica'. Ú. t. c. sust. m. (*No tiene **justificante***).

justificar. v. tr. Entre otras acepciones, 'probar una cosa con razones convincentes, documentos o testigos'. Con el significado de 'probar la inocencia de uno en lo que se le imputa o se presume de él', ú. t. c. prnl. (***Se justificó** plenamente*). Significa, también, 'igualar el largo de las líneas según una medida exacta'. Rég. prep.: **justificarse con** o **para con** (***justificarse con*** o ***para con*** *alguno*); **justificarse de** (***justificarse de*** *una falta*). → **sacar**

justificativo, va. adj. 'Que sirve para justificar una cosa' (*instrumento **justificativo***). La Academia no lo registra como sustantivo masculino, forma que se usa en la Argentina (*Presentó el **justificativo** de su inasistencia*). Si bien no puede estimarse una incorrección, es preferible usar, en su reemplazo, **justificación** (sust. f.): *Presentó la **justificación** de su inasistencia*.

justipreciar. v. tr. 'Apreciar o tasar una cosa'. Su 'acción y efecto' es la **justipreciación** (sust. f.). El **justiprecio** (sust. m.) es el 'aprecio o tasación de una cosa'. El verbo se conjuga, en cuanto al acento, como **cambiar**.

justo, ta. adj. 'Que obra según razón y justicia' (*juez **justo***); 'que vive según la ley de Dios' (*hombre **justo***). Ambos se usan t. c. sust. m. y f.: **el justo, la justa**. 'Arreglado a justicia y razón' (*sentencia **justa***); 'exacto' (*peso **justo***; *medida **justa***); 'apretado o que ajusta bien con otra cosa' (*Son las tuercas **justas** para estos tornillos*). adv. m. 'Justamente, debidamente, exactamente' (*Dijo **justo** lo que esperábamos*); 'apretadamente, con estrechez' (*Los zapatos le calzan **justo***). También es correcto: *Los zapatos le calzan **justos***. Pero, en esta última oración, **justos** es un adjetivo en función de predicativo subjetivo, por eso concuerda con el núcleo sujeto. No deben confundirse estos usos, el adverbial y el adjetivo. → **mismo**

juvenil. adj. 'Perteneciente o relativo a la juventud' (*traje **juvenil***). Es voz aguda que, en plural, se hace grave: **juveniles** (*actitudes **juveniles***).

juventud. sust. f. 'Edad que empieza en la pubertad y se extiende a los comienzos de la edad adulta' (*Vive con alegría su **juventud***); 'estado de la persona joven' (*Ana está en plena **juventud***). Con la acepción de 'conjunto de jóvenes' es sustantivo colectivo (*Se dio cita en la plaza toda la **juventud***). Es palabra aguda que, en plural, se hace grave: **juventudes**.

juzgado. sust. m. 'Tribunal de un solo juez' (*Su causa está radicada en un **juzgado** federal*); 'sitio donde se juzga' (*El secretario no está en el **juzgado***). Es sustantivo colectivo cuando significa 'junta de jueces que concurren a dar sentencia' (*Se expidió el **juzgado** de apelación, integrado por tres jueces*). En la Argentina, estos tribunales colegiados de segunda instancia reciben el nombre de **cámara** (sust. f.): *El interesado apeló a la **cámara***. Lo normal es escribir **juzgado** con minúscula, salvo cuando se indica uno concretamente (*Su proceso se ventila en el **Juzgado** Civil N.° 3 de esta Capital*).

juzgador, ra. adj. 'Que juzga'. Ú. t. c. sust. m. y f.: **el juzgador, la juzgadora**.

juzgamiento. sust. m. ant. 'Acción y efecto de juzgar'. Por su carácter anticuado, debe reemplazarse por **juicio** (sust. m.). Incorrecto:

El juzgamiento se llevó a cabo en los tribunales capitalinos. Correcto: *El* ***juicio*** *se llevó a cabo en los tribunales capitalinos*.

juzgamundos. sust. com. fig. y fam.: **el juzgamundos, la juzgamundos**. En plural, no varía: **los juzgamundos, las juzgamundos**. Significa 'persona murmuradora'.

juzgar. v. tr. Rég. prep.: **juzgar** a uno **de** (***juzgar*** *a alguien* ***de*** *un delito*); **juzgar en** (***juzgar en*** *asuntos de su competencia*); **juzgar por** o **sobre** (***juzgar por*** *o* ***sobre*** *apariencias*); **juzgar según** (***juzgar según*** *su criterio*; ***juzgar según*** *las leyes*). No es correcto decir *juzgar por conveniente*. Lo que corresponde es ***juzgar conveniente***. Incorrecto: *No lo haremos, porque no lo juzgo por conveniente*. Correcto: *No lo haremos, porque no lo* ***juzgo conveniente***. → **pagar**

k. Undécima letra del abecedario español. Su nombre es **ka** (sust. f.). Se emplea en palabras de origen griego o extranjero. En plural: **kas**.

♦ **kabuki.** Voz japonesa no españolizada. 'Teatro tradicional japonés representado sólo por hombres que ejecutan todos los papeles'. Esta voz no está registrada en el ***Diccionario***. Aparece en el de Gili Gaya, en el ***Diccionario Práctico Espasa*** y en el de Martín Alonso como sustantivo masculino.

káiser. sust. m. Voz alemana (*kaiser*) españolizada. En plural: **káiseres**.

♦ **kaki.** Grafía incorrecta. → **caqui**

♦ **kamikaze.** Voz japonesa no españolizada. Entre otras denotaciones, 'avión suicida piloteado por un voluntario'; 'piloto voluntario de un avión suicida'. No está registrada en el ***Diccionario***. Aparece en el de Gili Gaya y en el ***Diccionario Práctico Espasa*** como sustantivo masculino. Si se usa esta voz, debe entrecomillarse.

kappa. sust. f. 'Décima letra del alfabeto griego, correspondiente a nuestra *ka*'. En el latín y en los idiomas neolatinos, se ha reemplazado con la **c**. En plural: **kappas**. No debe escribirse con una sola **p**: <u>*kapa*</u>. También puede decirse **cappa**, pero la Academia prefiere la primera forma.

kárate. sust. m. Voz japonesa. Según la Academia, es palabra esdrújula. En la Argentina, se usa como grave [karate], que es la acentuación original. Esta voz ha sido recién incorporada en el ***Diccionario***.

♦ **karateka.** Voz japonesa no españolizada. 'Persona que practica kárate'. No está registrada en el ***Diccionario***. Aparece en el de Gili Gaya y en el ***Manual*** como sustantivo común de dos. En esta última obra, con la grafía **karateca** y el indicador de su falta de sanción oficial. Si se usa esta voz, debe entrecomillarse.

♦ **karting.** Anglicismo no españolizado. 'Carrera de karts'; 'deporte de los aficionados al kart'. Esta voz no está registrada en el ***Diccionario***. Aparece en el de Gili Gaya y en el de Martín Alonso como sustantivo masculino. Si se usa esta voz, debe entrecomillarse.

kelvin. sust. m. 'En el sistema internacional, unidad de temperatura absoluta, que es igual a 1/273'16 de la temperatura absoluta del punto triple del agua'. También puede decirse **kelvinio**. Antiguamente, recibía el nombre de **grado Kelvin**. Símbolo: ***K*** (sin punto). Esta voz ha sido recién incorporada en el ***Diccionario***.

kermes. sust. m. Palabra árabe españolizada. 'Insecto parecido a la cochinilla de tierra'. También puede escribirse **quermes**. En plural, no varía: **los kermes**, **los quermes**.

kermés. sust. f. Voz francesa (*kermesse*) españolizada. 'Fiesta popular al aire libre con bailes, rifas, concursos, etc.'. También puede escribirse **quermés**, pero la Academia prefiere la primera forma. Es palabra aguda. En plural, se transforma en grave: **kermeses**, **quermeses**. Debe evitarse el uso de la grafía francesa.

♦ **kerosene.** Barbarismo. → **querosén**

kif. sust. m. En plural: **kifes**. → **quif**

kili-. pref. de or. gr. 'Kilo-' (***kiliárea***, 'superficie que tiene mil áreas'). También puede escribirse **quili-**, pero la Academia prefiere la primera forma.

kiliárea. sust. f. 'Superficie que tiene mil áreas o diez hectáreas'. También puede decirse **quiliárea**, pero la Academia prefiere la primera forma.

kilo. sust. m. Abreviación de **kilogramo**. También puede escribirse **quilo**, pero la Academia prefiere la primera forma.

kilo-. elem. compos. de or. gr. 'Mil' (***kilómetro***). También puede escribirse **quilo-** (***quilómetro***), pero la Academia prefiere la primera forma.

kilociclo. sust. m. 'Unidad de frecuencia equivalente a mil oscilaciones por segundo'. La Academia no registra **quilociclo**, voz de correcta formación.

kilográmetro. sust. m. 'Unidad de trabajo mecánico o esfuerzo capaz de levantar un kilogramo a un metro de altura'. También puede escribirse **quilográmetro**, pero la Academia prefiere la primera forma.

kilogramo. sust. m. Es palabra grave. No debe pronunciarse [kilógramo] como esdrújula. También puede escribirse **quilogramo**, pero la Academia prefiere la primera forma. El **kilogramo fuerza** se denomina **kilopondio** (sust. m.), pero la Academia prefiere la perífrasis. Las abreviaturas académicas, en singular o en plural, son ***K*** y ***Kg*** (sin punto). Hoy se prefiere ***kg*** (sin punto).

kilohercio. sust. m. 'Mil hercios'. La Academia no registra **quilohercio**. → **hercio**

kilolitro. sust. m. 'Medida de capacidad que tiene mil litros'. Es palabra grave. No debe pronunciarse [kilólitro] como esdrújula. También puede escribirse **quilolitro**, pero la Academia prefiere la primera forma. La abreviatura académica, en singular y en plural, es ***Kl*** (sin punto). Hoy se prefiere ***kl*** (sin punto).

kilométrico, ca. adj. 'Perteneciente o relativo al kilómetro'; fig. 'de muy larga extensión o duración' (*filme **kilométrico***). Ú. t. c. sust. m.: **el kilométrico** ('billete'). Es palabra esdrújula. También puede escribirse **quilométrico**, pero la Academia prefiere la primera forma.

kilómetro. sust. m. 'Medida de longitud que tiene mil metros'. Es palabra esdrújula. También puede escribirse **quilómetro**, pero la Academia prefiere la primera forma. **cero kilómetro**. sust. m. Argent. 'Motor o automóvil que aún no ha sido rodado' (*Comprará un **cero kilómetro***). Ú. t. c. adj. (*Comprará un auto **cero kilómetro***). adj. fig. 'Sin uso, como nuevo' (*Mi tapado está **cero kilómetro***). Este sintagma no está registrado en el ***Diccionario***, pero la A.A.L. ha recomendado su incorporación. La abreviatura, en singular y en plural, es ***km*** (sin punto). La Academia no determina ninguna abreviatura en su ***Esbozo***.

kilotex. sust. m. 'Múltiplo del tex'. En plural, no varía: **los kilotex**. La Academia no registra **quilotex**.

♦ **kimono.** Barbarismo. La grafía correcta es **quimono**.

♦ **kindergarten.** Germanismo. En español, debe decirse **jardín de infancia** o el argentinismo **jardín de infantes**. → **jardín**

kinesiología. sust. f. Ha sido recién incorporado en el ***Diccionario***. → **quinesiología**

kinesiólogo. sust. m. Su femenino es **kinesióloga**. → **quinesiólogo**

kinesioterapia. sust. f. También puede decirse **kinesiterapia**, pero la Academia prefiere la primera forma, recién incorporada en el ***Diccionario***. → **quinesioterapia**

kinesioterápico, ca. adj. También puede decirse **kinesiterápico, ca**, pero la Academia prefiere la primera forma, recién incorporada en el ***Diccionario***. → **quinesioterápico**

kiosco. sust. m. → **quiosco**

kiosquero o **quiosquero.** Voces de correcta formación, no registradas en el ***Diccionario***. Sus femeninos son **kiosquera** o **quiosquera**.

kirie. sust. m. 'Invocación que se hace al Señor, llamándolo con esta palabra griega, al principio de la misa, tras el introito'. En plural: **kiries**. También puede escribirse **quirie**, pero la Academia prefiere la primera forma.

kirieleisón. sust. m. 'Kirie'; 'canto de los entierros y oficios de difuntos'. Es palabra aguda. En plural, se transforma en grave: **kirieleisones**.

kit. Anglicismo. 'Conjunto de piezas o elementos de fácil montaje'. En español, puede decirse **equipo**.

kitsch. Germanismo. En español, debe decirse **muy ostentoso**, **de mal gusto**.

kivi. sust. m. 'Ave de Nueva Zelanda'. En plural: **kivis**. También puede escribirse **kiwi**, pero la Academia prefiere la primera forma. Esta voz ha sido recién incorporada en el ***Diccionario***.

kiwi. sust. m. **kivi**, 'ave de Nueva Zelanda'; **quivi**, 'arbusto trepador originario de la China; el fruto, de piel ligeramente vellosa y pulpa de color verde, es comestible'. En plural: **kiwis**. La Academia prefiere las grafías **kivi** (para el ave) y **quivi** (para el arbusto y su fruto). La voz **kiwi** ha sido recién incorporada en el ***Diccionario***.

♦ **knock-out.** Anglicismo. En español, se dice **fuera de combate**.

krausismo. sust. m. 'Sistema filosófico ideado por el alemán Krause a principios del siglo XIX'. También puede decirse **panenteísmo** (sust. m.).

krausista. adj. 'Perteneciente o relativo al krausismo, sistema filosófico ideado por el alemán Krause'. Apl. a pers., ú. t. c. sust. com.: **el krausista, la krausista.**

kremlin. sust. m. Voz rusa (*kreml*, 'ciudadela') españolizada. 'Recinto amurallado de las antiguas ciudades rusas. Por antonomasia, el de Moscú'. Ha sido recién incorporada en el *Diccionario*.

kremlinología. sust. f. 'Estudio y análisis de la política, los métodos y los usos de los gobiernos soviéticos'. Esta voz ha sido recién incorporada en el *Diccionario*.

kremlinólogo. sust. m. 'Persona experta en kremlinología'. Su femenino es **kremlinóloga**. Esta voz ha sido recién incorporada en el *Diccionario*.

kril. sust. m. colect. Voz noruega (*krill*, 'alevín, pez pequeño', a través del inglés *krill*) españolizada. 'Conjunto de varias especies de crustáceos marinos, de alto poder nutritivo, que integran el zooplancton'. En plural: **kriles**.

kriptón. sust. m. La Academia no registra esta grafía. → **criptón**

kurchatovio. sust. m. 'Elemento químico radiactivo'. Número atómico 104. Símbolo: ***Ku*** (sin punto). La Academia no lo registra en su *Diccionario*. Aparece con la grafía **curchatovio** en el ***Vocabulario científico y técnico***. En esta obra, se aclara que hoy se lo denomina **unilcuadio** (sust. m.) y que su símbolo es ***Unh***

kurdo, da. adj. Apl. a pers., ú. t. c. sust. m. y f. → **curdo**

l. Duodécima letra del abecedario español. Su nombre es **ele** (sust. f.). En plural: **eles**. Unida con otra **l**, forma un signo doble e indivisible (repárese en que la **ll** no es una letra independiente), cuya articulación tradicional es palatal, lateral, fricativa y sonora. En gran parte de los países y regiones hispánicos, la unión de **l + l** se pronuncia como **y**. La Academia considera correcta esta variante de pronunciación. → **yeísmo**. Cuando se produce aquella unión, sólo se escribe con mayúscula la primera **l** (*Llovía sin cesar*). Letra numeral que tiene el valor de cincuenta en la numeración romana: ***L*** (50).

la. Artículo en género femenino y número singular (***la*** *madre*). Como pronombre personal, es forma propia del objeto directo (*Compró una goma y* ***la*** *perdió*). No debe usarse como objeto indirecto: *Vi a Sofía y la di tu mensaje* (caso de laísmo). Correcto: *Vi a Sofía y* ***le*** *di tu mensaje*. No admite preposición y puede emplearse como enclítico (***La*** *pedí*; *Pídela*). Puede usarse como objeto directo sin referencia a sustantivo expreso, frecuentemente con valor colectivo o cercano al del neutro (*Me* ***la*** *pagarás*; *Grande* ***la*** *has hecho*). En plural: **las**.

la. sust. m. 'Sexta voz de la escala musical'. En plural: **las**.

labiado, da. adj. 'Dícese de la corola, y por extensión de las flores que la poseen, dividida en dos partes o labios'; 'aplícase a plantas angiospermas, dicotiledóneas, que se distinguen por su corola labiada'. Ú. t. c. sust. f.: **la labiada**. sust. f. pl. 'Familia de estas plantas' (*Estudia* ***las labiadas***).

labial. adj. 'Perteneciente a los labios'; 'dícese del sonido cuya articulación se forma mediante el contacto total o parcial de un labio con otro'; 'dícese de la letra que representa este sonido' (*letra* ***labial***). Ú. t. c. sust. f.: **la labial**.

labializar. v. tr. 'Dar carácter labial a un sonido'. Su postverbal es **labialización** (sust. f.). → **cazar**

lábil. adj. 'Que resbala'; 'frágil, débil'; 'poco estable'; 'dícese del compuesto fácil de transformar en otro más estable'. Es voz grave. En plural, se transforma en esdrújula: **lábiles**. La 'cualidad de lábil' es la **labilidad** (sust. f.).

labiodental. adj. 'Dícese de la consonante cuya articulación se forma aplicando o acercando el labio inferior a los bordes de los dientes incisivos superiores, como la *f*'; 'dícese de la letra que representa este sonido' (*letra* ***labiodental***). Ú. t. c. sust. f.: **la labiodental**.

laboralista. sust. com. 'Especialista en derecho laboral': **el laboralista, la laboralista**. Ú. t. c. adj. (*abogada* ***laboralista***).

laborante. p. a. de **laborar**. 'Que labora' (*hombres* ***laborantes***). Incorrecto: *hombres laburantes*.

laborear. v. tr. 'Trabajar una cosa'; 'hacer excavaciones en una mina'. v. intr. 'Pasar y correr un cabo por la roldana de un motón'. No debe pronunciarse [laboriar, laborié]. → **-ear**. Su postverbal es **laboreo** (sust. m.). Con la primera denotación, puede reemplazarse con **laborar** (v. tr.). Repárese en que, como verbo intransitivo, **laborar** denota 'intrigar con algún designio'.

laborista. adj. 'Que profesa la doctrina del laborismo'. Ú. t. c. sust. com.: **el laborista, la laborista**.

labrador, ra. adj. 'Que labra la tierra' (*mujeres* ***labradoras***). Ú. t. c. sust. m. y f.: **el labrador, la labradora**. 'Persona que posee hacienda de campo y la cultiva por su cuenta'. sust. m. Cuba, Par. y Sto. Dom. 'El que labra la madera sacando la corteza de los árboles cortados para convertirlos en rollizos'.

labrantío, a. adj. 'Aplícase al campo o tierra de labor' (*tierras* ***labrantías***). Ú. t. c. sust. m.: **el labrantío**. También puede decirse **labradío, a** (adj. p. us. Ú. t. c. sust. m.).

labrar. v. tr. e intr. Rég. prep.: **labrar a** (***Labra a*** *cincel*); **labrar de** (***Labran de*** *madera las sillas*).

labriego. sust. m. 'Labrador rústico'. Su femenino es **labriega**.

laca. sust. f. 'Sustancia resinosa, traslúcida, quebradiza y encarnada, que se forma en las ramas de varios árboles de la India'; 'barniz duro y brillante'; 'objeto barnizado con laca'; 'color rojo que se saca de la cochinilla de la raíz de la rubia o del palo de Pernambuco'; 'sustancia aluminosa coloreada que se emplea en la pintura'; 'sustancia que se emplea para fijar el peinado'. Con esta última acepción, también puede decirse **fijapelo** (sust. m.). **laca de uñas**. 'Sustancia coloreada o transparente que sirve para pintar las uñas'. También se dice **esmalte de uñas**. → **pintaúñas**

lacayo. sust. m. Diminutivo: **lacayuelo**. El adjetivo corespondiente es **lacayuno, na** (fam.), 'propio de lacayos'.

lacear. v. tr. 'Adornar con lazos' (***Lacea** el vestido*); 'atar con lazos'. Chile y Perú. 'Sujetar un animal con lazo, lazar'. No debe pronunciarse [laciar, lacié]. → **-ear**

laceria. sust. f. p. us. 'Miseria'; 'fatiga'. No debe pronunciarse [lacería], pues esta voz tiene otra denotación. → **lazo**

lacio, cia. adj. 'Marchito, ajado'; 'débil'; 'dícese del cabello que cae sin formar ondas ni rizos'. Incorrecto: <u>lasio</u>.

lacrimal. adj. 'Perteneciente o relativo a las lágrimas' (*secreción **lacrimal***). No debe confundirse su grafía con la de **lagrimal** (adj. y sust. m.), 'aplícase a los órganos de secreción y de excreción de las lágrimas'; 'extremidad del ojo próxima a la nariz' (*Le revisó el **lagrimal***).

lacrimógeno, na. adj. 'Que produce lagrimeo' (*gases **lacrimógenos***); 'que mueve a llanto' (*encuentro **lacrimógeno***). Con esta última acepción, es sinónimo de **lacrimoso, sa** (adj). Incorrecto: <u>*lagrimógeno*</u>.

lactante. p. a. de **lactar**. 'Que mama'. Ú. t. c. sust. com.: **el lactante, la lactante**. adj. 'Que amamanta'. Ú. t. c. sust. f. (*La **lactante** debe cuidarse mucho*).

lactar. v. tr. 'Dar de mamar'; 'criar con leche'. Es verbo regular. Incorrecto: *Yo <u>lacteo</u>*. Correcto: *Yo **lacto***.

lacteado, da. adj. No debe pronunciarse [lactiado].

lácteo, a. adj. 'Perteneciente a la leche o parecido a ella'. También puede decirse **láctico, ca** (adj.).

lacticinio. sust. m. 'Leche'; 'cualquier alimento compuesto con ella'. Es palabra grave. No debe pronunciarse [laticinio], un vulgarismo. No deben confundirse su grafía o su pronunciación con las del adjetivo, poco usado, **lacticíneo, a**, 'perteneciente a la leche'.

ladear. v. tr. Ú. t. c. intr. y c. prnl. Rég. prep.: **ladear a** o **hacia** (***ladear** un poste **a** o **hacia** la derecha*). No debe pronunciarse [ladiar, ladié]. Su postverbal es **ladeo** (sust. m.). → **-ear**

ladero, ra. adj. 'Perteneciente al lado, lateral' (*habitación **ladera***). sust. m. Argent. 'Persona que secunda a otra, particularmente a un caudillo político'. La A.A.L. ha recomendado la inclusión de otro significado: sust. m. rur. 'Caballo de tiro que se ata al lado del varero en los vehículos de varas y junto a cualquiera de los del tronco, en los de lanza'.

♦ **ladi.** → **lady**

ladino, na. adj. ant. 'Aplicábase al romance o castellano antiguo'; 'decíase del que hablaba alguna o algunas lenguas además de la propia'. fig. 'Astuto'. Amér. Central. 'Mestizo' (*esclavo **ladino***); 'mestizo que sólo habla español'. sust. m. 'Lengua hablada en la antigua Retia'; 'lengua religiosa de los sefardíes'; 'dialecto judeoespañol de Oriente': **el ladino.**

lado. sust. m. Diminutivo: **ladillo**. Incorrecto: *Vaya <u>de</u> <u>su</u> <u>lado</u>*. Correcto: *Vaya **por su lado***. **al lado**. loc. adv. 'Muy cerca, inmediato' (*Está **al lado***). **¡a un lado!** loc. adv. con que se advierte a uno o a varios que se aparten y dejen el paso libre. **dejar a un lado** algo. fr. fig. 'Omitirlo en la conversación' (***Dejó a un lado** la descripción del cuadro*). También puede decirse **dejar de lado** algo. **echarse** o **hacerse** uno **a un lado**. fr. 'Apartarse, quitarse de en medio' (*Cuando comenzó la discusión, **se echó** o **se hizo a un lado***). **estar del otro lado**. fr. fig. 'Ser del partido opuesto o partidario de ideas distintas' (*En política, Juan siempre **está del otro lado***). **ir cada uno por su lado**. fr. 'Seguir distintos caminos' (*Después de la pelea, **fue cada uno por su lado***). **mirar de lado** o **de medio lado**. fr. fig. 'Mirar con ceño y desprecio'; 'mirar con disimulo' (***Miraba de lado** a su competidor; El joven **mira de medio lado** a la niña*).

ladra. sust. f. 'Acción de ladrar'. También puede decirse **ladrido** (sust. m.), voz más usual. Como sustantivo colectivo, denota el 'conjunto de ladridos que se oyen a cada encuentro de los perros con una res' (*La **ladra** era intolerable*).

ladrillado, da. p. de **ladrillar**. sust. m. 'Solado de ladrillos' (*un antiguo **ladrillado***).

ladrillador. sust. m. 'El que pone ladrillos'. También puede decirse **enladrillador** (sust. m.), pero la Academia prefiere la primera forma. No se registra el género femenino. No debe confundirse su significado con el de **ladrillero, ra** (sust. m. y f.), 'persona que tiene por oficio hacer o vender ladrillos'. El sustantivo femenino **ladrillera** es el 'molde para hacer ladrillos'.

ladrillo. sust. m. Diminutivo: **ladrillejo**. El adjetivo correspondiente es **ladrilloso, sa**, 'que es de ladrillo o se le asemeja'.

ladrón, na. adj. 'Que hurta o roba' (*niños **ladrones***). Ú. m. c. sust. m. y f.: **el ladrón, la ladrona**. Diminutivo: **ladronzuelo, la**. El sustantivo colectivo familiar es **ladronesca** (f.), 'conjunto de ladrones'. El adjetivo correspondiente es **ladronesco, ca**, 'perteneciente o relativo a los ladrones'.

♦ **lady.** Anglicismo. En su ***Diccionario*** de 1984, la Academia había españolizado esta voz con la grafía **ladi**, 'título de honor que se da en Inglaterra a las señoras de la nobleza', excluida de la edición de 1992. Si se usa el extranjerismo, debe entrecomillarse.

lagar. sust. m. Diminutivo: **lagarejo**. 'El que trabaja en el lagar' es el **lagarero** (sust. m.).

lagarto. sust. m. Su femenino es **lagarta**. Diminutivos: **lagartijo**, **lagartija**. La **lagartera** (sust. f.) es el 'agujero o madriguera del lagarto'. El adjetivo correspondiente es **lagartado, da**, 'semejante, en el color, a la piel del lagarto'.

lago. sust. m. Se escribe con minúscula (***lago** Argentino*), salvo cuando forma parte de un nombre propio (*Hostal del **Lago***).

lágrima. sust. f. Aumentativo: **lagrimón** (sust. m.).

lagrimal. adj. sust. m. → **lacrimal**

lagrimear. v. intr. 'Secretar lágrimas fácilmente o con frecuencia' (*Tiene enfermos los ojos, por eso le **lagrimean***). No debe pronunciarse [lagrimiar, lagrimié]. Su postverbal es **lagrimeo** (sust. m.). → **-ear**. No se confunda su denotación con la de **lagrimar** (v. intr.), 'llorar, derramar lágrimas' (*Cuando se enteró de la muerte de su amiga, **lagrimó** muchísimo*).

laguna. sust. f. Diminutivo: **lagunilla**. El sustantivo despectivo es **lagunajo** (m.). Se escribe con minúscula (***laguna** de Chascomús*), salvo cuando forma parte de un sustantivo propio (***Laguna** del Desierto*). El adjetivo correspondiente es **lagunero, ra**. El lugar 'abundante en lagunas' se califica de **lagunoso, sa** (adj.).

laicado. sust. m. 'En el cuerpo de la Iglesia, la condición de laico'. Como sustantivo colectivo, denota 'conjunto de los fieles no clérigos'.

laicismo. sust. m. Incorrecto: <u>*laicidad*</u>, un galicismo; <u>*laicicismo*</u>.

laicista. sust. com. 'Partidario del laicismo': **el laicista, la laicista**. Incorrecto: <u>*laicicista*</u>.

laicizar. v. tr. 'Hacer laico o independiente de toda influencia religiosa'. Su postverbal es **laicización** (sust. f.). Incorrecto: <u>*laicalizar*</u>, <u>*laicalización*</u>. → **cazar**

laico, ca. adj. 'Lego'; 'dícese de la escuela o enseñanza en que se prescinde de la instrucción religiosa'. Ú. t. c. sust. m. y f.: **el laico, la laica**. El adjetivo correspondiente a este sustantivo es **laical**, 'perteneciente a los laicos o legos'.

laísmo. sust. m. 'Vicio de emplear las formas *la* y *las* del pronombre personal *ella* para el objeto indirecto'. Incorrecto: *Cuando <u>la</u> dije que se fuera, se enojó*. Correcto: *Cuando **le** dije que se fuera, se enojó*. 'El que incurre en el vicio del laísmo' se llama **laísta** (adj. Ú. t. c. sust. com.).

lambda. sust. f. 'Undécima letra del alfabeto griego, que corresponde a la que, en el nuestro, se llama *ele*'. Incorrecto: <u>*lamda*</u>. En plural: **lambdas**.

♦ **lamé.** Galicismo. Voz no registrada en el ***Diccionario***. En su lugar, debe decirse **lama** (sust. f.), 'tela de oro o plata', voz poco usada. Si se usa *lamé*, debe entrecomillarse.

lamedor, ra. adj. Ú. t. c. sust. m. y f.: **el lamedor, la lamedora**.

lamelibranquio. adj. 'Dícese del molusco marino o de agua dulce, como la almeja, el mejillón y la ostra'. Ú. t. c. sust. m.: el **lamelibranquio**. En plural, 'clase de estos animales' (*Estudia los lamelibranquios*).

lamentador, ra. adj. 'Que lamenta o se lamenta'. Ú. t. c. sust. m. y f.: **el lamentador, la lamentadora**.

lamentar. v. tr. Incorrecto: *Lamento de que esté enferma* (dequeísmo). Correcto: ***Lamento que** esté enferma*. Ú. t. c. prnl. Rég. prep.: **lamentarse de** o **por** (***Se lamentaba de** o **por** haber perdido los documentos*).

lamer. v. tr. 'Pasar repetidas veces la lengua por una cosa'. 'Lamer, por glotonería, un plato' es **lambucear** (v. intr.), y 'lamer aprisa y con ansia', **lamiscar** (v. tr. fam.). Su postverbal es **lamedura** (sust. f.). No debe decirse **lamber** (v. tr.), pues es voz anticuada.

laminado, da. p. de **laminar**. adj. 'Guarnecido de láminas o planchas de metal'. sust. m. 'Acción y efecto de laminar'. Con esta última acepción, también puede decirse **laminación** (sust. f.).

laminador, ra. adj. 'Que lamina'. sust. m. y f. 'Máquina compuesta esencialmente de dos cilindros lisos de acero, que estiran, en láminas o planchas, masas de metales maleables'; 'persona que tiene por oficio hacer láminas de metal': **el laminador, la laminadora**.

laminero, ra. adj. 'Que hace láminas'; 'que guarnece relicarios de metal'. Ú. t. c. sust. m. y f.: **el laminero, la laminera**.

lampacear. v. tr. 'Enjugar con el lampazo la humedad de las cubiertas y costados de una embarcación'. No debe pronunciarse [lampaciar, lampacié]. Su postverbal es **lampaceo** (sust. m.). → **-ear**

lámpara. sust. f. Diminutivo: **lamparilla**. Aumentativo: **lamparón** (sust. m.). En la Argentina, se usa **lamparita** para designar el 'globo de cristal que sirve para alumbrar'. Con esa denotación, la Academia prefiere la voz **bombilla** (sust. f.). **prendérsele** a alguien **la lamparita**. fr. fig. y fam. Argent. 'Darse cuenta de algo, ocurrírsele a alguien súbitamente una idea' (***Se le prendió la lamparita** y pudo resolver el problema*). Esta frase no está registrada en el ***Diccionario***, pero la A.A.L. ha recomendado su incorporación.

lamparería. sust. f. 'Taller donde se hacen lámparas'; 'tienda donde se venden'; 'almacén donde se guardan y arreglan'. También puede decirse **lampistería** (sust. f.), pero la Academia prefiere la primera forma.

lamparero. sust. m. 'Persona que hace o vende lámparas'; 'persona que cuida las lámparas, limpiándolas y encendiéndolas'. Su femenino es **lamparera**. También pueden decirse **lamparista** (sust. com.), **lampista** (sust. com.) o **lampistero, ra** (sust. m. y f.), pero la Academia prefiere la primera forma.

lana. sust. f. Diminutivo: **lanilla**.

lance. sust. m. 'Acción y efecto de lanzar o arrojar'. **de lance**. loc. adj. 'Dícese de lo que se compra barato, aprovechando una coyuntura' (*Compró varios libros **de lance***).

lancear. v. tr. 'Herir con lanza'. No debe pronunciarse [lanciar, lancié]. También puede decirse **alancear** (v. tr.). → **-ear**

lanceolado, da. adj. 'De figura semejante al hierro de la lanza'; 'dícese de las hojas y de sus lóbulos'. No debe pronunciarse [lanciolado]. También puede decirse **lanceado, da** (adj.), pero la Academia prefiere la primera forma.

lancha. sust. f. Diminutivo: **lanchuela**. Aumentativo: **lanchón** (sust. m.). Incorrecto: *lancha a motor*. Correcto: *lancha **de** motor*.

-landia. elem. compos. 'Sitio de'; 'lugar de' (*foto**landia***). Ha sido recién incorporado en el ***Diccionario***.

landó. sust. m. 'Coche tirado por caballos'. En plural: **landós**.

landre. sust. f. 'Tumor del tamaño de una bellota'. También puede decirse **landra** (sust. f.), pero la Academia prefiere la primera forma.

lanero, ra. adj. 'Perteneciente o relativo a la lana' (*provincia **lanera***). sust. m. y f. 'Persona que trata en lanas': **el lanero, la lanera**. sust. m. 'Almacén donde se guarda la lana' (*Entró en **el lanero***).

langosta. sust. f. 'Insecto'; 'crustáceo'. Para diferenciar los sexos, debe recurrirse a las perífrasis **langosta macho, langosta hembra**. Aumentativo que corresponde al insecto: **langostón** (sust. m.).

langostino. sust. m. 'Crustáceo'. Para diferenciar los sexos, debe recurrirse a las perífrasis **langostino macho**, **langostino hembra**. En plural: **langostinos**. También puede decirse **langostín** (sust. m.), pero la Academia prefiere la primera forma. El plural de **langostín** es **langostines**.

languidecer. v. irreg. intr. 'Adolecer de languidez'; 'perder el vigor'. Se conjuga como **parecer**.

languidez. sust. f. 'Debilidad'; 'falta de energía'. Es palabra aguda. En plural, se transforma en grave: **languideces**. Repárese en el cambio de **z** por **c**.

lanificio. sust. m. 'Arte de labrar la lana'; 'obra hecha de lana'. También puede decirse **lanificación** (sust. f.), pero la Academia prefiere la primera forma.

lantánido. adj. 'Dícese de los elementos químicos cuyo número atómico está comprendido entre el 57 y el 71'. Ú. t. c. sust. m.: **el lantánido**. sust. m. pl. 'Grupo formado por estos elementos, llamados, también, tierras raras': **los lantánidos**.

lantano. sust. m. 'Metal de color plomizo, que arde fácilmente y descompone el agua a la temperatura ordinaria'. Es raro en la naturaleza. Número atómico 57. Símbolo: ***La***

lanudo, da. adj. 'Que tiene mucha lana o vello'. También puede decirse **lanoso, sa** (adj.).

lanza. sust. f. Diminutivos: **lanceta**, **lancilla**, **lanzuela**. Aumentativo: **lanzón** (sust. m.). El sustantivo colectivo es **lancería** (f.), 'conjunto de lanzas'. También denota 'tropa de lanceros o soldados que pelean con lanzas'. El 'golpe que se da con la lanza' y la 'herida que con ella se hace' se llaman **lanzada** (sust. f.) o **lanzazo** (sust. m.).

lanzacohetes. adj. 'Dícese del artefacto destinado a disparar cohetes' (*artefacto* ***lanzacohetes***). Ú. t. c. sust. m. (*Vieron* ***el lanzacohetes***). Incorrecto: *lanza cohetes*, *lanza-cohetes*. No debe usarse, en singular, sin **s** final. En plural, no varía: **los lanzacohetes**.

lanzador, ra. adj. 'Que lanza o arroja'. Ú. t. c. sust. m. y f.: **el lanzador, la lanzadora**. sust. m. 'Cohete destinado a lanzar un vehículo espacial' (*Revisaron* ***el lanzador***).

lanzafuego. sust. m. Incorrecto: *lanza fuego*, *lanza-fuego*. En plural: **lanzafuegos**.

lanzagranadas. sust. m. Incorrecto: *lanza granadas*, *lanza-granadas*. Es incorrecto usarlo, en singular, sin **s** final. En plural, no varía: **los lanzagranadas**.

lanzallamas. sust. m. Incorrecto: *lanza llamas*, *lanza-llamas*. Es incorrecto usarlo, en singular, sin **s** final. En plural, no varía: **los lanzallamas**.

lanzar. v. tr. Ú. t. c. prnl. Rég. prep.: **lanzar a** o **en** (***Lanzó*** *la pelota* ***al*** *río* o ***en el*** *río*); **lanzar contra** (***Lanzó*** *piedras* ***contra*** *los enemigos*); **lanzarse a** (***Se lanzaron a*** *la pelea*); **lanzarse sobre** (*El león* ***se lanzó sobre*** *el cazador*). → **cazar**

lanzatorpedos. adj. 'Dícese del tubo instalado en las proximidades de la línea de flotación de ciertos buques, para disparar por él los torpedos automóviles' (*tubo* ***lanzatorpedos***). No debe usarse, en singular, sin **s** final. En plural, no varía: tubos **lanzatorpedos**. Incorrecto: *lanza torpedos*. La Academia no lo registra como sustantivo, pero suele usarse como tal.

laparoscopia. sust. f. 'Examen de la cavidad abdominal mediante la introducción en ella del laparoscopio'. No debe pronunciarse [lamparoscopía] ni [laparoscopía]. Es voz de reciente ingreso en el ***Diccionario***, al igual que **laparoscopio** (sust. m.).

lapicera. sust. f. Argent. 'Portaplumas'; por extensión, 'estilográfica'. No debe confundirse su denotación con la de **lapicero** (sust. m.), 'instrumento en que se pone el lápiz para servirse de él'; 'lápiz'.

lapidario, ria. adj. 'Perteneciente a las piedras preciosas'; 'perteneciente o relativo a las inscripciones en lápidas'; 'dícese del enunciado que, por su concisión y solemnidad, parece digno de ser grabado en una lápida'. sust. m. y f. 'Persona que tiene por oficio labrar piedras preciosas'; 'persona que comercia en ellas'; 'persona que tiene por oficio hacer o grabar lápidas': **el lapidario, la lapidaria**.

lapídeo, a. adj. 'De piedra o perteneciente a ella'. También puede decirse **lapidoso, sa** (adj.), pero la Academia prefiere la primera forma.

lapidificar. v. tr. Ú. t. c. prnl. 'Convertir en

piedra'. Su postverbal es **lapidificación** (sust. f.). → **sacar**

lapislázuli. sust. m. 'Mineral de color azul intenso, tan duro como el acero'. Incorrecto: *la lapislázuli*. En plural: **lapislázulis**. También puede decirse **lazulita** (sust. f.), pero la Academia prefiere la primera forma.

lápiz. sust. m. Es palabra grave. En plural, se transforma en esdrújula: **lápices**. Repárese en el cambio de **z** por **c**. También puede decirse **lapicero**. → **lapicera**

lapizar. v. tr. 'Dibujar o rayar con lápiz' (***Lapice** este vaso en esa hoja*). Su homónimo (sust. m.) denota 'cantera de lápiz de plomo'. → **cazar**

lapso. sust. m. 'Paso o transcurso'; 'tiempo entre dos límites' (*Lo terminarán en ese **lapso***); 'caída en una culpa o error'. **lapso de tiempo**. 'Lapso, tiempo' (*En ese **lapso de tiempo**, estuvo en su oficina*). Esta última expresión es sinónima de **tracto** (sust. m.). No debe confundirse su denotación con la de **lapsus**.

lapsus. sust. m. 'Falta o equivocación cometida por descuido' (*Cometió un **lapsus***). En plural, no varía: **los lapsus**. **lapsus cálami**. expr. lat. 'Error cometido al correr de la pluma' (*Esa "h" que falta es un **lapsus cálami***). **lapsus linguae**. expr. lat. 'Tropiezo o error de lengua' (*Cuando dijo "crosta" en lugar de "costra", cometió un **lapsus linguae***). → **lapso**

laquear. v. tr. 'Cubrir o barnizar con laca' (***Laqueé** esa mesa*). No debe pronunciarse [laquiar, laquié]. → **-ear**

laquista. sust. com. 'Persona que tiene por oficio aplicar esmalte o laca como sustancia decorativa o de protección': **el laquista, la laquista**. Esta voz ha ingresado recientemente en el ***Diccionario***.

lar. sust. m. 'Cada uno de los dioses de la casa u hogar'. Ú. m. en pl.: **lares**. 'Hogar, sitio de la lumbre en la cocina'. sust. pl. fig. 'Casa propia u hogar' (*¿Cuándo vienen por mis **lares**?*).

largo, ga. adj. 'Que tiene más o menos longitud' (*una camisa **larga***); 'que tiene longitud excesiva' (*Recorrió un **largo** camino*); fig. 'liberal, dadivoso' (*Es **larga** con los pobres*); fig. 'abundante' (*un **largo** desayuno*); fig. 'extenso' (*un **largo** territorio*); fig. 'pronto'. Rég. prep.: **largo en** (*Esta mujer es **larga en** limpiar la casa*). fig. y fam. 'Astuto'; aplicado en plural a cualquier división del tiempo, denota 'muchos' (*Pasó **largos** meses enferma*); 'suelto' (*Está **largo** ese cabo*); fig. aplicado a una cantidad, 'que pasa de lo que realmente se dice' (*Tiene sesenta años **largos***). El adjetivo despectivo es **larguirucho, cha**. sust. m. 'Largor' (*el **largo** de la falda*); 'dimensión mayor de una piscina'; 'uno de los movimientos fundamentales de la música, que equivale a despacio o lento'; 'composición, o parte de ella, escrita en este movimiento' (*tocar un **largo***). **a la larga**. loc. adv. 'Según el largo de una cosa' (*Se cayó **a la larga***); 'pasado mucho tiempo'; 'lentamente'; 'difusamente, con extensión' (***A la larga**, te lo dirá*). **a lo largo de**. loc. prepos. 'Durante' (*Se destacó **a lo largo de** su carrera*). **de largo**. loc. adv. 'Con vestiduras talares' (*Vestía **de largo***). **de largo a largo**. loc. adv. 'A toda su longitud' (*Revisó la tela **de largo a largo***). **largo y tendido**. expr. fam. 'Con profusión' (*Hablaron **largo y tendido***). **por largo**. loc. adv. 'Por extenso, con todo detalle' (*Analizó **por largo** el cuento*).

largometraje. sust. m. 'Película cuya duración sobrepasa los sesenta minutos' (*Es un **largometraje** noruego*). En plural: **largometrajes**. Incorrecto: *largo metraje*, *largos metrajes*, *largosmetrajes*, *largo-metraje*.

largor. sust. m. 'La dimensión mayor de las superficies planas' (*el **largor** de la pista*). En plural: **largores**. También pueden decirse **largueza** (sust. f.) y **largura** (sust. f.), pero la Academia prefiere la primera forma.

larguero. sust. m. 'Cada uno de los dos palos o barrotes que se ponen a lo largo de una obra de carpintería'; 'palo superior del arco de fútbol y de otros deportes'; 'almohada larga'. En la Argentina, se usa **larguero, ra** (adj.), 'dícese de la persona que acostumbra extender largamente su discurso o demorarse mucho en cualquier actividad'. Esta última denotación no está registrada en el ***Diccionario***, pero la A.A.L. ha recomendado su incorporación.

laringe. sust. f. Incorrecto: *larinje*, *laringue*. El adjetivo correspondiente es **laríngeo, a**.

laringitis. sust. f. 'Inflamación de la laringe'. En plural, no varía: **las laringitis**. Incorrecto: *laringuitis*.

laringólogo. sust. m. 'Especialista en enfermedades de la laringe'. Su femenino es **laringóloga.**

laringoscopia. sust. f. 'Exploración de la laringe y de partes inmediatas a ella'. No debe pronunciarse [laringoscopía].

larvario, ria. adj. 'Perteneciente o relativo a las larvas de los animales y a las fases de su desarrollo'. También puede decirse **larval** (adj.), pero la Academia prefiere la primera forma.

las. Pronombre personal. → **la**

lasaña. sust. f. Voz italiana (*lasagna*) españolizada. 'Fruta de sartén en forma de hojuela'. La Academia ha incorporado recientemente esta denotación: 'plato de origen italiano, consistente en carne o verdura picada, recubierta de cuadrados o tiras de pasta y espolvoreada de queso rallado'. Incorrecto: lasagna, lasania.

lascivo, va. adj. 'Perteneciente o relativo a los deleites carnales'. Ú. t. c. sust. m. y f.: **el lascivo, la lasciva**. Incorrecto: lasivo, lacivo.

láser. sust. m. Sigla del inglés (*Light amplification by stimulated emission of radiations*) españolizada (*luz amplificada por la emisión estimulada de radiación*). 'Dispositivo electrónico que, basado en la emisión inducida, amplifica, de manera extraordinaria, un haz de luz monocromático y coherente'; 'este mismo haz'. Es palabra grave. En plural, se transforma en esdrújula: **láseres**. Incorrecto: lásers. El plural del sintagma **rayo láser** es **rayos láser**. → **clave**

lasitud. sust. f. 'Desfallecimiento, cansancio'. No debe confundirse su denotación con la de **laxitud** (sust. f.). → **laxitud**

laso, sa. adj. 'Flojo, macilento' (*anciano **laso***); 'dícese del hilo de lino o cáñamo, y de la seda, sin torcer'. No debe confundirse su denotación con la de **laxo, xa** (adj.), 'que no tiene la tensión que naturalmente debe tener' (*cuerda **laxa***); 'aplícase a la moral relajada, libre o poco sana' (*costumbres **laxas***).

lastimar. v. tr. Ú. t. c. prnl. Rég. prep.: **lastimarse con** (***Se lastimó con** una navaja*); **lastimarse contra** (***Te lastimarás contra** la cerca*). Su postverbal es **lastimadura** (sust. f.).

lastrar. v. tr. Ú. t. c. prnl. 'Poner lastre a la embarcación'; fig. 'afirmar una cosa cargándola de peso'. En la Argentina, se usa como verbo intransitivo familiar con la denotación de 'comer vorazmente'. Ésta no está registrada en el ***Diccionario***, pero la A.A.L. ha recomendado su incorporación.

lata. sust. f. Aumentativo: **latazo**. El 'conjunto de latas de conserva' se denomina **latería** (sust. f. colect.).

lateralizar. v. tr. Ú. t. c. prnl. 'Transformar en consonante lateral la que no lo era, como la *d* del latín *medĭca* en la *l* de *melĭca*, de donde procede *mielga*'. Su postverbal es **lateralización** (sust. f.). → **cazar**

latero, ra. adj. 'Latoso' (*¡Qué mujer **latera**!*). Se usa, especialmente, en América. sust. m. y f. And. y Amér. 'Hojalatero'.

látex. sust. m. En plural, no varía: **los látex**.

latifundista. adj. 'Perteneciente o relativo al latifundismo'. sust. com. 'Persona que posee uno o varios latifundios': **el latifundista, la latifundista**.

latigazo. sust. m. 'Golpe dado con el látigo'. También puede decirse **lampreazo** (sust. m.), pero la Academia prefiere la primera forma.

látigo. sust. m. Diminutivo: **latiguillo**.

latiguear. v. intr. 'Dar chasquidos con el látigo'. El ***Diccionario Manual*** lo registra, también, como transitivo (Argent., Ecuad., Hond. y Méj.), 'dar latigazos'. No debe pronunciarse [latiguiar, latiguié]. Su postverbal es **latigueo** (sust. m.). → **-ear**

latín. sust. m. 'Lengua del Lacio, hablada por los antiguos romanos; de ella, se deriva la española'. El sustantivo despectivo es **latinajo** (m.). Incorrecto: latinazgo. Las palabras latinas deben escribirse en cursiva, salvo que estén españolizadas. Por ejemplo: *postmodo* (en cursiva), pero **ítem** (sin cursiva), ya españolizada con la tilde y registrada en el ***Diccionario***.

latinidad. sust. f. 'Condición o carácter de lo latino'; 'lengua latina'; 'tradición cultural latina'. Como sustantivo colectivo, denota 'conjunto de los pueblos latinos'. Excepto la segunda denotación, las demás son de reciente ingreso en el ***Diccionario***.

latinista. adj. 'Perteneciente o relativo al latinismo, giro o modo de hablar propio y privativo de la lengua latina' (*frases **latinistas***). sust. com. 'Persona versada en la lengua y la literatura latinas': **el latinista, la latinista**.

latinizar. v. tr. 'Dar forma latina a voces de otra lengua'; 'introducir la cultura latina en algún lugar'. Esta última acepción es de reciente ingreso en el ***Diccionario***. → **cazar**

latino, na. adj. 'Natural del Lacio'. Ú. t. c. sust. m. y f.: **el latino, la latina**. 'Perteneciente o relativo a los pueblos del Lacio'; 'perteneciente a la lengua latina o propio de ella' (*verbos **latinos***); 'aplícase a la Iglesia de Occidente, para diferenciarla de la griega, y a lo perteneciente a ella' (*ritos **latinos***); 'dícese de los naturales de los pueblos de Europa y de América en que se hablan lenguas derivadas del latín, y de esos pueblos' (*hombres **latinos**; países **latinos***).

latinoamericano, na. adj. 'Dícese del conjunto de los países de América colonizados por naciones latinas: España, Portugal o Francia' (*Visitará pueblos **latinoamericanos***). Incorrecto: *latino americano*, *latino-americano*. Dice Seco: "Los términos *Latinoamérica*, *América Latina* y *latinoamericano* fueron creados en Francia en 1860 y utilizados para arropar la política imperialista de Napoleón III en su intervención en Méjico". Y agrega: "*Latinoamérica* y sus derivados aluden fundamentalmente a realidades políticas y económicas, [...] *Hispanoamérica* (y también *Iberoamérica*) y sus derivados aluden más propiamente a una realidad lingüística y cultural". Repárese, además, en que **Latinoamérica** no debe usarse como sinónimo de América del Sur o Suramérica. → **hispanoamericano, iberoamericano**

latitud. sust. f. Entre otras denotaciones, 'distancia que hay desde un punto de la superficie terrestre al Ecuador, contada por los grados de su meridiano'. En plural: **latitudes**. → **longitudes**

-latría. elem. compos. 'Adoración' (*ido**latría***).

latrocinio. sust. m. 'Hurto o costumbre de hurtar'. También pueden decirse **ladronería** (sust. f.) y **ladronicio** (sust. m.), pero la Academia prefiere la primera forma.

laucha. sust. f. Argent. y Chile. 'Ratón' (*Vio una **laucha***). Para diferenciar los sexos, debe recurrirse a las perífrasis **laucha macho, laucha hembra**. fig. y fam. Argent. 'Persona lista, pícara' (*Pedro es **una laucha***). Incorrecto: *Pedro es un laucha*. Ú. t. c. adj. (*mujer **laucha***).

laúd. sust. m. 'Instrumento musical'. Es palabra aguda. En plural, se transforma en grave: **laúdes**. → **laudes**

laudable. adj. 'Digno de alabanza'. También puede decirse **loable** (adj.), pero la Academia prefiere la primera forma.

laudes. sust. f. pl. 'Una de las partes del oficio divino, que se dice después de maitines'. No debe pronunciarse [laúdes]. → **plural (pluralia tantum), laúd**

lauráceo, a. adj. 'Parecido al laurel'; 'aplícase a plantas angiospermas dicotiledóneas, por lo común arbóreas, como el laurel común, el árbol de la canela, el alcanforero y el aguacate' (*plantas **lauráceas***). Ú. t. c. sust. f.: la laurácea. sust. f. pl. 'Familia de estas plantas' (*Estudian **las lauráceas***). Como adjetivo, puede reemplazarse con **lauríneo, a**.

laureado, da. p. de **laurear**. adj. Ú. t. c. sust. m. y f.: **el laureado, la laureada**.

laurear. v. tr. 'Coronar con laurel'; 'premiar, honrar' (***Laurearon** al poeta*). No debe pronunciarse [lauriar, laurié]. → **-ear**

laurel. sust. m. También puede decirse **lauro** (sust. m.), pero la Academia prefiere la primera forma. Los sustantivos colectivos son **lauredal** (m.) y **lloredo** (m.). El adjetivo correspondiente es **láureo, a**, 'de laurel o de hoja de laurel'; **lauráceo, a** (adj.) y **lauríneo, a** (adj.) denotan 'parecido al laurel'.

laurencio. sust. m. 'Elemento químico artificial'. Número atómico 103. Símbolo: ***Lr*** (sin punto). La Academia no registra esta voz en su ***Diccionario***. Aparece en el ***Vocabulario científico y técnico***. El símbolo ***Lw***, con que antes se lo identificaba, ha sido reemplazado con el que se consigna arriba.

laureola. sust. f. 'Corona de laurel'; 'aureola'. También puede decirse **lauréola**, pero la Academia prefiere la primera forma.

lavabo. sust. m. 'Pileta con canillas y otros accesorios'; 'mesa de mármol con palangana'; 'cuarto dispuesto para el aseo'. Con estas acepciones, es sinónimo de **lavatorio** (sust. m.).

lavacoches. sust. com.: **el lavacoches**, **la lavacoches**. Incorrecto: lava coches, lava-coches. No debe usarse, en singular, sin **s** final. En plural, no varía: **los lavacoches**.

lavador, ra. adj. 'Que lava'. Ú. t. c. sust. m. y f.: **el lavador**, **la lavadora**. sust. m. 'Instrumento de hierro para limpiar las armas de fuego' (*No encuentro **el lavador***). sust. f. 'Máquina para lavar la ropa' (*Se averió **la lavadora***). La Academia no registra **lavarropas** (sust. m.), palabra de correcta formación y muy usada en la Argentina (*Se averió **el lavarropas***).

lavafrutas. sust. m. 'Recipiente con agua que se pone en la mesa al final de la comida para lavar algunas frutas y enjuagarse los dedos'. Incorrecto: lava frutas, lava-frutas. No debe usarse, en singular, sin **s** final. En plural, no varía: **los lavafrutas**.

lavaje. sust. m. 'Lavado de las lanas'. Amér. 'Acción y efecto de lavar' (***lavaje** de la ropa*).

lavamanos. sust. m. Incorrecto: lava manos, lava-manos. No debe usarse, en singular, sin **s** final. En plural, no varía: **los lavamanos**.

lavandería. sust. f. 'Establecimiento industrial para el lavado de la ropa'. En la Argentina, se usa más **lavadero** (sust. m.). La Academia no registra, en el artículo **lavadero**, esa acepción.

lavandero. sust. m. Su femenino es **lavandera**.

lavandina. sust. f. Argent., Par. y Urug. 'Lejía, líquido para blanquear la ropa'.

lavaojos. sust. m. Incorrecto: lava ojos, lava-ojos. No debe usarse, en singular, sin **s** final. En plural, no varía: **los lavaojos**.

lavaplatos. sust. amb. 'Máquina para lavar la vajilla, la batería de cocina, etc.': **el lavaplatos** o **la lavaplatos**. sust. com. 'Persona que, por oficio, lava platos'. sust. m. Col., Chile y Méj. 'Fregadero, pila dispuesta para fregar la vajilla'. Incorrecto: lava platos, lava-platos. No debe usarse, en singular, sin **s** final. En plural, no varía: **los lavaplatos**, **las lavaplatos**. Con la denotación de 'máquina para lavar', también puede decirse **lavavajillas** (sust. amb.; se usa más como masculino).

lavar. v. tr. Ú. t. c. prnl. Como verbo intransitivo, denota 'hablando de tejidos, prestarse más o menos al lavado' (*Esa tela **lava** bien*). Rég. prep.: **lavar con** (***lavar con** jabón*). Sus postverbales son **lavada** (sust. f.), **lavado** (sust. m.), **lavadura** (sust. f.), **lavaje** (sust. m. Amér.), **lavamiento** (sust. m.).

lavatorio. sust. m. → **lavabo**

lavotear. v. tr. fam. 'Lavar aprisa, mucho y mal' (***Lavotea** más de cien platos por día*). v. prnl. 'Lavarse una persona repetidamente y con esmero' (***Se lavotea** lentamente*). No debe pronunciarse [lavotiar, lavotié]. Su postverbal es **lavoteo** (sust. m.). → **-ear**

lawrencio. sust. m. → **laurencio**

laxante. p. a. de **laxar**. sust. m. 'Medicamento que facilita la evacuación del vientre'. El adjetivo correspondiente es **laxativo, va**, 'que laxa o tiene virtud de laxar' (Ú. t. c. sust. m.).

laxar. v. tr. 'Aflojar, ablandar'. Sus postverbales son **laxación** (sust. f.) y **laxamiento** (sust. m.).

laxitud. sust. f. 'Cualidad de laxo, flojo'. También puede decirse **laxidad** (sust. f.), pero la Academia prefiere la primera forma. No debe confundirse su denotación con la de **lasitud** (sust. f.). → **lasitud**

laxo, xa. adj. 'Flojo' (*cuerda **laxa***); 'aplícase a la moral relajada' (*costumbres **laxas***). No deben confundirse su grafía y, por ende, su denotación con las de **laso, sa** (adj.). → **laso**

lay. sust. m. Voz francesa (*lai*, procedente del irlandés *laid*, 'canción') españolizada. 'Composición poética de la Edad Media, en provenzal o en francés'. En plural: **lais**.

lazar. v. tr. 'Coger o sujetar con lazo'. También puede decirse **enlazar**. → **cazar**, **enlazar**

lazo. sust. m. Entre otras denotaciones, 'atadura o nudo de cintas o cosa semejante que sirve de adorno'. El sustantivo colectivo es **lacería** (f.), 'conjunto de lazos, especialmente en labores de adorno'.

le. Pronombre personal de tercera persona en género masculino o femenino, y número singular, que desempeña la función de objeto indirecto (***Le** regalé el cuadro*). En España, suele usarse como objeto directo, en singular y sólo referido al género masculino (*Conoce a Gerardo y **le** visita siempre*). En la Argentina y en otros países de habla hispana, éste es un caso de leísmo. Correcto: *Conoce a Gerardo y* ***lo*** *visita siempre*. El pronombre **le** no admite preposición y, según la Academia, puede usarse como enclítico en ambos oficios (*Cuéntale*; *Recíbele*). Lo mismo ocurre con su plural **les** (*Les di pan*; *Cuéntales*; *Recíbeles*). La Academia considera que es grave incorrección usar los pronombres **los** y **las** como objeto indirecto: *Cuando vi el desorden, los grité*; *¿Las hablaste?* Correcto: *Cuando vi el desorden,* ***les*** *grité*; *¿****Les*** *hablaste?*

leal. adj. 'Que guarda la debida fidelidad' (*amigos* ***leales***). Ú. t. c. sust. com.: **el leal, la leal**.

♦ **leasing.** Anglicismo. En español, debe decirse **arrendamiento, financiación a largo plazo de bienes de equipo**.

lebrato. sust. m. 'Liebre nueva o de poco tiempo'. También puede decirse **lebrastón** (sust. m.), pero la Academia prefiere la primera forma. → **liebre**

lebrel, la. adj. 'El perro que recibe este nombre es muy apto para la caza de las liebres' (*perro* ***lebrel***). Ú. t. c. sust. m.: **el lebrel**. También puede decirse **lebrero, ra** (adj. Ú. t. c. sust. m.).

lección. sust. f. Entre otras denotaciones, 'lectura, acción de leer'; 'inteligencia de un texto, según parecer de quien lo lee o interpreta, o según cada una de las distintas maneras en que se halla escrito'; 'instrucción o conjunto de los conocimientos teóricos o prácticos que da a los discípulos el maestro de una ciencia, arte, oficio o habilidad'. Es palabra aguda. En plural, se transforma en grave: **lecciones**. No debe pronunciarse [lesión] ni confundirse su grafía con la de **lesión** (sust. f.). **dar la lección**. fr. 'Decirla el alumno al maestro' (*José* ***dio la lección*** *de geografía*). **dar lección**. fr. 'Explicarla el maestro' (*El maestro* ***dio lección*** *de biología*). **dar** a uno **una lección**. fr. fig. 'Hacerle comprender la falta que ha cometido, corrigiéndolo hábil o duramente' (*Después del accidente, el padre le* ***dio*** *a Gabriela* ***una lección***). → **lesión**

leccionista. sust. com. 'Maestro o maestra que da lecciones en casas particulares': **el leccionista, la leccionista**.

leche. sust. f. Diminutivos: **lechecilla, lechecita, lechita**.

lechería. sust. f. 'Sitio donde se vende leche'. En la Argentina, se usa con la denotación de 'establecimiento donde se sirven bebidas o postres hechos a base de productos lácteos'. Ésta no está registrada en el ***Diccionario***, pero la A.A.L. ha recomendado su incorporación.

lechero, ra. adj. 'Que contiene leche o tiene algunas de sus propiedades'; 'relativo a la leche'; 'aplícase a las hembras de animales que se tienen para que den leche, como ovejas, cabras, etc.' (*vaca* ***lechera***). sust. m. y f. 'Persona que vende leche': **el lechero, la lechera**. sust. f. 'Vasija en que se transporta la leche'; 'vasija en que se la sirve' (*Guarda la* ***lechera***).

lechigada. sust. f. colect. 'Conjunto de animalitos que han nacido de un parto y se crían juntos en un mismo sitio'. → **ventregada**

lechiguana. sust. f. 'Avispa pequeña y negra'; 'nido colgante de esa avispa y miel que produce'. Esta voz no se halla registrada en el ***Diccionario***, pero la A.A.L. recomienda su incorporación. El ***Diccionario Manual*** la registra como voz de Bolivia.

lechón. sust. m. 'Cochinillo que todavía mama'; por extensión, 'puerco macho de cualquier tiempo'. fig. y fam. 'Hombre sucio, puerco, desaseado'. Ú. t. c. adj. Su femenino es **lechona**. → **cerdo**

lechucear. v. tr. fam. 'Vichar, espiar, observar tratando de no ser visto' (***Lechucea*** *los movimientos del vecino*); 'pronosticar males'. Ú. t. c. intr. (*Los cuervos negros* ***lechucean***). 'Ojear, traer mala suerte' (*Ese hombre la* ***lechuceó***). No debe pronunciarse [lechuciar, lechucié]. → **-ear**. Esta voz no está registrada en el ***Diccionario***, pero la A.A.L. ha recomendado su incorporación.

lechuga. sust. f. Diminutivo: **lechuguilla**. El **lechuguino** (sust. m.) es la 'lechuga pequeña antes de ser trasplantada' y el 'conjunto de estas lechugas' (sust. colect.). El adjetivo correspondiente es **lechugado, da**, 'que tiene forma o figura de hoja de lechuga'.

lechuguero. sust m. 'Persona que vende lechugas'. Su femenino es **lechuguera**.

lechuza. sust. f. Para distinguir los sexos, debe recurrirse a las perífrasis **lechuza macho, lechuza hembra**.

lector, ra. adj. 'Que lee' (*público* ***lector***). Ú. t. c. sust. m. y f.: **el lector, la lectora**. No debe pronunciarse [letor]. sust. m. y f. 'En la enseñanza de idiomas modernos, profesor auxiliar cuya lengua materna es la que se enseña'; 'en las editoriales, persona que examina los originales recibidos y asesora sobre ellos'. Esta última denotación ha sido recién incorporada en el ***Diccionario***. sust. m. 'Aparato para leer microfilmes o microfichas'; 'el que, en las comunidades religiosas, tiene el empleo de enseñar filosofía, teología o moral'. La Academia considera anticuada la palabra **leedor, ra**.

lectura. sust. f. 'Acción de leer'. La Academia considera que su sinónimo, el sustantivo femenino **leída**, es poco usado. En la Argentina, se usa con la denotación de 'lectura rápida' (*Le di sólo una **leída** a ese texto*).

leer. v. tr. Rég. prep.: **leer en** (*Lo **leyó en** el diccionario*); **leer entre** (*Siempre **lee entre** líneas*); **leer sobre** (*Leí un buen libro **sobre** ecología*). **leer de corrida** o **de corrido**. 'Leer en muy poco tiempo' (***leer de corrida*** o ***de corrido*** *el diario*). → **corrida**. La irregularidad aparente en su conjugación se manifiesta en que cambia por **y** la **i** de la desinencia en el pretérito perfecto simple del modo indicativo (*leyó, leyeron*), en el pretérito imperfecto del subjuntivo (*leyera o leyese, leyeras o leyeses, leyera o leyese, leyéramos o leyésemos, leyerais o leyeseis, leyeran o leyesen*), en el futuro imperfecto del subjuntivo (*leyere, leyeres, leyere, leyéremos, leyereis, leyeren*) y en el gerundio (*leyendo*). → **lección, lectura**

legación. sust. f. 'Empleo o cargo de legado'. También puede decirse **legacía** (sust. f.). Como sustantivo colectivo, denota 'conjunto de los empleados que el legado tiene a sus órdenes, y otras personas de la comitiva oficial' (*Presentó a su **legación***).

legado. sust. m. 'Sujeto que una suprema potestad eclesiástica o civil envía a otra para tratar un negocio' (***legado*** *papal*). Su homónimo (sust. m.) denota 'disposición que hace un testador a favor de una o varias personas naturales o jurídicas'; por extensión, 'lo que se deja o transmite a los sucesores' (*Me dejó un **legado***).

legajo. sust. m. colect. 'Conjunto de papeles que están reunidos por tratar de una misma materia' (*el **legajo** del profesor*).

legalista. adj. 'Que antepone a toda otra consideración la aplicación literal de las leyes'. La Academia no registra esta voz como sustantivo común de dos.

legalizar. v. tr. Rég. prep.: **legalizar ante** o **por** (***Legalizó*** *el documento **ante** o **por** escribano público*). → **cazar**

legaña. sust. f. También puede decirse **lagaña**, pero la Academia prefiere la primera forma. En la Argentina, se usa más la segunda.

legañoso, sa. adj. Ú. t. c. sust. m. y f.: **el legañoso, la legañosa**. También puede decirse **lagañoso, sa**, pero la Academia prefiere la primera forma.

legar. v. tr. → **pagar**

legatario. sust. m. 'Persona natural o jurídica favorecida por el testador con una o varias mandas a título singular'. Su femenino es **legataria**.

legendario, ria. adj. 'Perteneciente o relativo a las leyendas' (*héroe **legendario***). También puede decirse **leyendario, ria**, pero su uso es infrecuente. sust. m. 'Libro de vidas de santos' (*Lee un **legendario***). Como sustantivo colectivo, denota 'colección o libro de leyendas de cualquier clase'.

legible. adj. 'Que puede leerse'. El adjetivo **leíble** es poco usado.

legión. sust. f. colect. 'Nombre que suele darse a ciertos cuerpos de tropas'; 'número indeterminado y copioso de personas, de espíritus y aun de ciertos animales' (***legión*** *de mujeres, de ángeles, de hormigas*). En plural: **legiones**.

legislación. sust. f. colect. 'Conjunto o cuerpo de leyes por las cuales se gobierna un Estado o una materia determinada'; 'ciencia de las leyes'. Es palabra aguda. En plural, se transforma en grave: **legislaciones**.

legislador, ra. adj. 'Que legisla'. Ú. t. c. sust. m. y f.: **el legislador, la legisladora**.

legislar. v. intr. 'Dar, hacer o establecer leyes'. Rég. prep.: **legislar para** (***legislar para*** *todo el país*); **legislar por** (***legislar por*** *decreto*); ***legislar sobre*** (***legislar sobre*** *agricultura*).

legisperito. sust. m. La Academia no registra el género femenino. → **jurisperito**

legista. sust. com. 'Persona versada en leyes o profesor de leyes o de jurisprudencia'; 'persona que estudia jurisprudencia o leyes': **el legista, la legista**. Según el ***Diccionario Manual***, **médico legista** (Argent.) equivale a **médico forense** del español general.

♦ **legitimizar.** Anglicismo. En español, debe decirse **legitimar** (v. tr.).

lego, ga. adj. 'Que no tiene órdenes clericales' (*mujer **lega***); 'falto de letras o noticias'. Ú. t. c. sust. m. y f.: **el lego, la lega**. sust. m. 'En los conventos de religiosos, el que, siendo profeso, no tiene opción a las sagradas órdenes'.

legua. sust. f. 'Medida itineraria que en España es de 20.000 pies o 6666 varas y dos tercias, equivalente a 5572 metros y 7 decímetros'. **a la legua, a legua, a leguas, de cien leguas, de mil leguas, de muchas leguas, desde media legua.** locs. advs. figs. 'Desde muy lejos, a gran distancia' (*Vino **de muchas leguas***). El adjetivo correspondiente es **leguario, ria**, 'perteneciente o relativo a la legua' (*marca **leguaria***).

legui. sust. m. Voz inglesa (*legging*) españolizada. 'Polaina de cuero o de tela, de una sola pieza'. Ú. m. en pl.: **leguis**. Ha sido recién incorporada en el ***Diccionario***.

leguleyo. sust. m. 'El que sabe vulgar y escasamente las leyes'. Su femenino es **leguleya**.

legumbre. sust. f. 'Fruto o semilla que se cría en vainas'; 'cualquier planta que se cultiva en las huertas'; 'fruto de las plantas leguminosas'.

leído, da. p. de **leer**. adj. 'Dícese del que ha leído mucho y es hombre de muchas noticias y erudición' (*profesora **leída***). **leído y escribido.** loc. adj. fam. 'Dícese de la persona que presume de instruida' (*hombre **leído y escribido***).

leísmo. sust. m. 'Uso incorrecto del pronombre personal *le* (forma que corresponde al objeto indirecto) como objeto directo, en lugar de *lo* y *la*': *Vimos a tu hija y <u>le</u> encontramos muy hermosa*. Correcto: *Vimos a tu hija y **la** encontramos muy hermosa*. 'Empleo de la forma *le* y, con menos frecuencia, *les*, como objeto directo masculino singular o plural cuando el pronombre se refiere a personas' (*No conocía al profesor, pero **le** identifiqué fácilmente*). En España, este uso está admitido. 'Error en el empleo de las formas *le* o *les* para el objeto directo masculino singular o plural cuando el pronombre no se refiere a personas' (*Ayer compré este vestido y <u>le</u> devuelvo ya*). Correcto: *Ayer compré este vestido y **lo** devuelvo ya*. En la Argentina, no es usual incurrir en casos de **leísmo**.

leísta. adj. 'Que defiende o practica el leísmo'; 'dícese del que incurre en el vicio del leísmo'. Ú. t. c. sust. com.: **el leísta, la leísta**.

♦ **leitmotiv.** Germanismo. En español, debe decirse **motivo central** o **principal** que se repite en una obra musical o literaria. Si se emplea la voz alemana, debe entrecomillarse.

lejano, na. adj. Rég. prep.: **lejano de** (*lugar **lejano de** la capital*). También puede decirse **lejas** (adj. pl.), 'lejanas'. Se usa casi exclusivamente en la expresión **de lejas tierras**.

lejos. adv. l. y t. Diminutivos: **lejitos, lejuelos**. El superlativo es **lejísimos**. Incorrecto: <u>lejísimo</u>, <u>lejito</u>. Rég. prep.: **lejos de** (*Está **lejos de** mí, **de** ti, **de** nosotros; Vive **lejos de** esta ciudad*). Incorrecto: *Está <u>lejos mío</u>, <u>tuyo</u>, <u>nuestro</u>*. **a lo lejos, de lejos, de muy lejos, desde lejos.** locs. advs. 'A larga distancia'; 'desde larga distancia' (*Lo vimos **desde lejos***). **lejos de.** loc. prepos. En sentido figurado y precediendo a un infinitivo, 'indica que no ocurre lo que éste expresa, sino otra cosa muy diferente' (***Lejos de** estudiar, nos dedicábamos a hacer travesuras*).

lelo, la. 'Fatuo, simple'. Ú. t. c. sust. m. y f.: **el lelo, la lela**.

lemnáceo, a. adj. 'Dícese de plantas angiospermas monocotiledóneas, acuáticas y natátiles, como la lenteja de agua' (*plantas **lemnáceas***). Ú. t. c. sust. f.: **la lemnácea**. sust. f. pl. 'Familia de estas plantas' (*Estudia **las lemnáceas***).

lémur. sust. m. 'Género de mamíferos cuadrúmanos'. Es palabra grave. En plural, se transforma en esdrújula: **lémures**. sust. m. pl. 'Genios maléficos, entre romanos y etruscos'; 'fantasmas, sombras, duendes'.

lencería. sust. f. Es sustantivo colectivo con la denotación de 'conjunto de lienzos de distintos géneros'. También significa 'lugar donde, en ciertos establecimientos, se guarda la ropa blanca'; 'ropa interior femenina y tienda donde se vende'.

lencero. sust. m. 'Persona que trata en lienzos o los vende'. Su femenino es **lencera**. sust.

m. 'El que tiene a su cargo la ropa blanca en un buque mercante'. sust. f. 'Mujer que se dedica a confeccionar ropa interior, de cama y de mesa'; 'mujer del lencero'.

lendroso, sa. adj. 'Que tiene muchas liendres'. Incorrecto: liendroso.

lengua. sust. f. 'Órgano muscular, situado en la cavidad de la boca de los vertebrados'. Diminutivos: **lengüeta**, **lengüezuela**. Aumentativo: **lenguaza**. Con la denotación de 'sistema de comunicación y expresión verbal propio de un pueblo o nación, o común a varios', su sinónimo es **lenguaje**. 'Vocabulario y gramática peculiares de una época, de un escritor o de un grupo social' (***lengua** medieval*; ***lengua** cervantina*; ***lengua** jurídica*). **con la lengua afuera**. loc. adv. 'Con gran anhelo o cansancio' (*Llegó **con la lengua afuera***). **de lengua en lengua**. loc. adv. 'De boca en boca' (*La noticia anduvo **de lengua en lengua***). → **lenguaje**

lenguado. sust. m. 'Pez'. Para distinguir los sexos, debe recurrirse a las perífrasis **lenguado macho**, **lenguado hembra**. La **lenguadeta** (sust. f.) es el 'lenguado pequeño'.

lenguaje. sust. m. Es colectivo con las denotaciones de 'conjunto de sonidos articulados con que el hombre manifiesta lo que piensa o siente'; 'conjunto de señales que dan a entender una cosa' (*el **lenguaje** de los gestos*); 'conjunto de signos y reglas que permite la comunicación con un ordenador' (***lenguaje** informático*). 'Lengua' (***lenguaje** español*); 'manera de expresarse' (*Su **lenguaje** es vulgar*); 'estilo y modo de hablar y escribir de cada uno en particular' (*un **lenguaje** florido*); 'uso del habla o facultad de hablar' (*Por el **lenguaje**, el hombre se diferencia del animal*). → **lengua**

lenguarada. sust. f. 'Acción de pasar una vez la lengua por algo para lamerlo o para tragarlo'. También pueden decirse **lengüetada** (sust. f.), **lengüetazo** (sust. m.) y **lambetazo** (sust. m.), pero la Academia prefiere la primera forma.

lenguaraz. adj. 'Que domina dos o más lenguas'; 'deslenguado, atrevido en el hablar'. Con esta última denotación, también puede decirse **lengüilargo, ga** (adj.). Ú. t. c. sust. m. y f. 'Intérprete': **el lenguaraz**, **la lenguaraz**. Es palabra aguda. En plural, se transforma en grave: **lenguaraces**. Repárese en el cambio de **z** por **c**.

lengüetear. v. intr. 'Sacar repetidamente la lengua con movimientos rápidos' (*Los perros **lengüeteaban***). Amér. 'Hablar mucho y sin sustancia'. No debe pronunciarse [lengüetiar]. Esta voz no está registrada en el ***Diccionario***. Aparece en el ***Manual*** con el indicador de su falta de sanción oficial. → **-ear**

lenificar. v. tr. 'Suavizar, ablandar'. Su postverbal es **lenificación** (sust. f.). → **sacar**

leninista. adj. 'Partidario de Lenin o que profesa su doctrina' (*jóvenes **leninistas***); 'perteneciente o relativo al leninismo' (*pensamiento **leninista***). Ú. t. c. sust. com.: **el leninista**, **la leninista**.

lente. sust. amb. 'Cristal que se emplea en varios instrumentos ópticos': **el lente** o **la lente**. Ú. m. c. f. 'Cristal para miopes o présbites, con armadura que permite acercárselo cómodamente a un ojo'. En plural, 'cristales de igual clase, con armadura que permite acercarlos cómodamente a los ojos o sujetarlos en la nariz'. Con esta última denotación, se usa como masculino (*No encuentro los **lentes***). Diminutivo: **lentezuela** (f.). Las **gafas** (sust. f. pl.), en cambio, son 'anteojos que se afianzan detrás de las orejas con enganches'. **lente de contacto**. Frase recién incorporada en el ***Diccionario***. Tiene género femenino: **la lente de contacto**. También puede decirse **lentilla** (sust. f.), voz que proviene del francés (*lentille*), pero la Academia prefiere la primera forma. → **gafas**

lenteja. sust. f. Diminutivo: **lentejuela**. También pueden decirse **lanteja** y **lantejuela**, pero la Academia prefiere la primera forma. El sustantivo colectivo es **lentejar** (m.).

lentejuela. sust. f. d. de **lenteja**. 'Planchita redonda de metal o de otro material brillante, que se cose en los vestidos como adorno'. También puede decirse **lantejuela** (sust. f.), pero la Academia prefiere la primera forma.

lentilla. sust. f. → **lente**

lento, ta. adj. Rég. prep.: **lento en** (***lento en** resolver problemas*); **lento para** (***lento para** entender*).

leñador. sust. m. 'Persona que se emplea en cortar leña'; 'persona que vende leña'. Su femenino es **leñadora**. Incorrecto: leniador. El 'vendedor de leña' también se llama **leñero** (sust.

m.). Las 'personas que cortan leña' son el **leñatero** y la **leñatera** (susts. m. y f.).

Leo. sust. pr. m. 'Signo del Zodíaco' (*Tu signo es **Leo***); 'constelación'. Con ambas denotaciones, también puede decirse **León**. Repárese en que, como sustantivo propio, debe escribirse con mayúscula. adj. 'Referido a personas, las nacidas bajo este signo zodiacal' (*Rosa es **leo***). También puede decirse **leonino, na** (adj.).

león. sust. f. 'Mamífero carnívoro'; 'hombre audaz, imperioso y valiente'. Argent., Bol., Chile, Par. y Perú. 'Puma'. Su femenino es **leona**. Es palabra aguda. En plural, se transforma en grave: **leones**. sust. pr. m. 'Signo del Zodíaco'; 'constelación'. → **Leo**

leonado. adj. 'De color rubio oscuro, semejante al del pelo del león' (*cabello **leonado***). También puede decirse **aleonado, da** (adj.), pero la Academia prefiere la primera forma.

leopardo. sust. m. Para distinguir los sexos, debe recurrirse a las perífrasis **leopardo macho, leopardo hembra**.

leotardo. sust. m. Esta voz proviene del apellido de J. Léotard, acróbata francés del siglo XIX. 'Prenda a modo de braga que se prolonga por dos medias, de modo que cubre y ciñe el cuerpo desde la cintura hasta los pies'. Ú. t. en pl.: **leotardos**. No se usa en la Argentina. → **media**

lepidóptero. adj. 'Dícese de insectos que tienen boca chupadora, como el gusano de seda' (*insectos **lepidópteros***). Ú. t. c. sust. m.: **el lepidóptero**. sust. m. pl. 'Orden de estos insectos': **los lepidópteros.**

♦ **leprosario.** Neologismo. Debe decirse **lazareto** o **leprosería**.

leproso, sa. adj. (*mendigo **leproso***). Ú. t. c. sust. m. y f.: **el leproso, la leprosa**.

lerdear. v. intr. Amér. Central y Argent. 'Tardar, hacer algo con lentitud' (*El peón **lerdea** para hacer el trabajo*); 'moverse con pesadez o torpeza' (*Aquel hombre obeso **lerdeaba***); 'retardarse, llegar tarde' (*Cuando debe llegar temprano a un lugar, **lerdea***). No debe pronunciarse [lerdiar, lerdié]. → **-ear**

les. Pronombre personal. → **le**

lesbiano, na. adj. 'Natural de la isla de Lesbos'. También pueden decirse **lésbico, ca** (adj.) y **lesbio, bia** (adj.), voz preferida por la Academia. 'Perteneciente o relativo al amor entre mujeres' (*amor **lesbiano***). También pueden decirse *amor **lesbio*** y *amor **lésbico***. sust. f. 'Mujer homosexual' (*Conocen a varias **lesbianas***).

lesión. sust. f. 'Daño causado por una herida, golpe o enfermedad'; 'perjuicio o detrimento'. Es palabra aguda. En plural, se transforma en grave: **lesiones**. No deben confundirse su grafía y su denotación con las de **lección** (sust. f.). Los adjetivos correspondientes son **lesionador, ra**, 'que lesiona', y **lesivo, va**, 'que causa lesión'. → **lección**

leso, sa. adj. 'Agraviado, lastimado, ofendido' (*crimen de **lesa** humanidad, de **lesa** patria*); 'pervertido, turbado, trastornado' (***leso** juicio*; ***leso** entendimiento*; ***lesa** imaginación*). Su homónimo (adj. Argent., Bol., Chile y Perú) denota 'tonto, necio'.

letra. sust. f. 'Cada uno de los signos gráficos con que se representan los sonidos de un idioma' (*la **letra** b*). Diminutivo: **letrilla**. Aumentativo: **letrón**. 'Forma especial de los signos gráficos, por la que se distinguen los escritos de una persona o de una época o país determinados' (*Ésta es la **letra** de Dora*; *La **letra** de esta carta es del siglo XVIII*); 'sentido propio y exacto de las palabras empleadas en un texto, por oposición al sentido figurado'; 'especie de romance corto, cuyos primeros versos suelen glosarse'. Como sustantivo colectivo, denota 'conjunto de las palabras puestas en música para que se canten' (*la **letra** de una canción*) y 'conjunto de las ciencias humanísticas' (*Se inclina por las **letras***). En este último caso, se usa en plural. **letra bastarda**. 'La de mano, inclinada hacia la derecha'. **letra bastardilla**. 'La de imprenta que imita a la bastarda'. **letra capital**. 'Mayúscula'. **letra cursiva**. 'La de mano, que se liga mucho para escribir de prisa'. **letra de caja alta**. 'En imprenta, la mayúscula'. **letra de caja baja**. 'En imprenta, la minúscula'. **letra de imprenta**. 'La impresa o de molde'; 'la escrita a mano imitando la letra de molde'. **letra mayúscula**. 'La que con mayor tamaño y distinta figura, por regla general, que la minúscula, se emplea como inicial de todo nombre propio, en principio de período, después de punto, etc.'. **letra minúscula**. 'La que es menor que la mayúscula y, por lo general, de forma distinta, y se emplea en la escritura constantemente, sin más excepción que la de los casos en que se debe usar letra mayúscula'. **letra negrilla** o **negrita**. 'La especial gruesa que se destaca de los tipos ordinarios, resaltando en el texto'. **letra redonda** o **redondilla**. 'La de mano o de imprenta que es vertical y circular'. **letra titular**. 'Mayúscula que se emplea en portadas, títulos, principios de capítulo, carteles, etc.'. **letra versal**. 'La mayúscula de imprenta'. **letra versalita**. 'Mayúscula igual en tamaño a la minúscula de la misma fundición'. **a la letra**. loc. adv. 'Literalmente'; 'sin variación, sin añadir ni quitar nada' (*Lo copió **a la letra***); 'puntualmente' (*Cumplió sus órdenes **a la letra***). **letra por letra**. loc. adv. 'Enteramente' (*Reprodujo sus palabras **letra por letra***).

USO DE LAS MAYÚSCULAS. Deben escribirse con mayúscula: • la primera palabra de un escrito y la que va después de punto; • todo nombre propio (***González***, ***Raúl***, ***Silvia***); • los nombres de Dios y de todos los seres celestiales (***Divino Maestro***, ***Señor***, ***Creador***, ***Virgen María***, ***Inmaculada***, ***Nuestra Señora***, ***San José***, ***Santa Ana***, ***Niño Dios***); • los títulos y nombres de dignidades (***Su Majestad***, ***Ilustrísimo***, ***Su Excelencia***, ***Su Santidad***, ***Sumo Pontífice***, ***Duque de Alba***); • los nombres geográficos (***Salta***, ***Perú***, ***Puerto Iguazú***, *el **Aconcagua***, *río **Salado*** [Deben escribirse con mayúscula los artículos y los sustantivos comunes que forman parte de un nombre propio de carácter geográfico: ***Río de la Plata***, ***Mar Rojo***, ***La Plata***, ***El Cairo***, ***La Rioja***]); • los apodos (*Juana la **Loca***); • los tratamientos y las abreviaturas correspondientes (***Papa***, ***Presidente***, ***Señora***, ***Doctor***, ***S.S.***, ***Dr.***, ***Sr.***, ***Srta.***, ***Sra.***, ***S.M.***); • la primera palabra del título de una obra literaria (***El** siglo de las luces*, *de Alejo Carpentier*); • los sustantivos y adjetivos que componen el nombre de una institución, de un cuerpo o de un establecimiento (***Supremo Tribunal de Justicia***, ***Museo de Bellas Artes***, ***Ministerio de Cultura y Educación de la Nación***); • los sustantivos y adjetivos que componen el título de cualquier obra (***Manual de Ortografía de la Lengua Española***, salvo que sea muy extenso; hoy se acepta también sólo la inicial mayúscula); • para destacar un título, pueden usarse sólo mayúsculas (***MANUAL DE ESTILO EDITORIAL***, *de Bulmaro Reyes Coria*); • las palabras que expresan poder público, dignidad o cargo importante en leyes, decretos y documentos (***Rey***, ***Príncipe***, ***República***, ***Estado***, ***Gobierno***, ***Ministro***, ***Senador***, ***Diputado***, ***Justicia***, ***Juez***, ***General***, ***Gobernador***, ***Director***, ***Rector***, ***Secretario***, etc.); • la numeración romana (*Felipe II*, *siglo XIX*, *tomo X*, *página VII*); • la primera voz en los nombres latinos, en las denominaciones científicas de animales y de plantas (***Lumbricus terrestris***, *'lombriz de tierra'*); • los nombres de disciplinas académicas o de estudio cuando forman parte de la denominación de una cátedra, facultad, instituto (***Facultad de Filosofía y Letras***, *cátedra de **Química***, *profesor de **Historia***); • los sustantivos y adjetivos que componen las denominaciones de exposiciones, congresos, ferias, jornadas (***Feria de las Naciones***, ***Congreso de Traductores***, ***Terceras Jornadas Nacionales de Pediatría***); • los nombres de documentos, conferencias (***Pacto de Letrán***, ***Conferencia de Yalta***); • las denominaciones oficiales de partidos políticos, agrupaciones, asociaciones (***Partido Justicialista***, ***Confederación Internacional de Agricultura***); • los nombres de organismos oficiales (***Archivo Histórico Nacional***); • los nombres personificados (*el **Tiempo***, *la **Verdad***, *la **Patria***, *don **Pueblo***); • los nombres de dioses y de personajes de la mitología (***Apolo***, ***Cupido***); • los nombres de las dinastías (*los **Austrias***); • los nombres comunes que representan a nombres propios (*el **Maestro*** [*Jesucristo*], *el **Nuevo Mundo*** [*América*]); • los nombres propios aplicados a animales (***Rocinante***, *mi perro **Sultán***); • los nombres y adjetivos de las constelaciones (***Osa Menor***); • los nombres y adjetivos de las galaxias (***Vía Láctea***); • los nombres de estrellas (***Estrella Polar***); • la palabra **Sol**, cuando se nombra con ella la estrella que preside nuestro sistema solar; • los nombres de los planetas (***Tierra***, ***Marte***); • los nombres de los satélites (***Luna***); • los nombres de los cometas (***Halley***); • los signos del Zodíaco (***Acuario***); • los nombres de los trópicos (*trópico de **Capricornio***); • los nombres de los puntos cardinales, cuando forman parte de un nombre propio (***América del Sur***); • las palabras **Norte**, **Sur**, **Este**, **Oeste**, **Oriente**, **Occidente**, **Levante**, **Poniente**, cuando están empleadas en sentido geográfico-político; • los sintagmas **Cercano Oriente**, **Oriente Medio**, **Lejano Oriente**, cuando se refieren a esas regiones geográficas; • los nombres de las edades históricas (***Edad Antigua*** o ***Antigüedad***, ***Edad Media*** o ***Medievo***); • los nombres de los tiempos prehistóricos (***Edad de Piedra***); • los nombres de las edades idealizadas por los poetas (***Edad Dorada***); • los nombres de las eras históricas (***Era**

Cristiana); • los nombres de movimientos religiosos, políticos o culturales (***Reforma***, ***Renacimiento***); • los nombres de guerras y de batallas (*guerra de los* ***Treinta Años***, *batalla de* ***Maipú***); • **Imperio**, cuando significa el 'conjunto de todos los territorios y países que pertenecen a un Estado'; • **República**, cuando constituye la denominación oficial de un Estado (***República Argentina***); • los títulos de publicaciones diarias o periódicas (***La Nación***, ***La Prensa***); • la primera palabra en los títulos de cuadros y de esculturas (***El pensador***, ***Maternidad***); • la primera palabra en los títulos de obras musicales, de teatro, radio, cine, televisión (***El especialista***, ***La muerte de un viajante***); • los títulos de colecciones bibliográficas (***Colección Austral***); • los pronombres divinos (***Tú***, ***Ti***, ***Vos***, ***Él***, ***Ella***) referidos a Dios o a la Virgen; • los nombres de órdenes religiosas (***Orden Franciscana***); • los nombres de fiestas religiosas (***Navidad***, ***Pascua***, ***Viernes Santo***); • los nombres de calles (***Ayacucho***); • los nombres de determinadas unidades del Ejército (***III Cuerpo de Ejército***); • las palabras **Ejército**, **Iglesia**, **Armada**, **Marina**, **Guardia Civil**, **Policía Nacional**, **Guardia Suiza**, cuando aluden a la institución; • los nombres específicos de decretos y de leyes (*ley de* ***Prensa***); • la palabra **Ley** cuando designa, por antonomasia, el conjunto de preceptos que Dios dio al pueblo de Israel (*las tablas de la* ***Ley***); • los nombres de estilos artísticos cuando se refieren a una época determinada (*estilo* ***Luis XV***); • la primera palabra que se escribe después de los verbos "certifica", "declara", "decreta", "establece", "expone", seguidos de dos puntos.

LA MAYÚSCULA DIACRÍTICA. La mayúscula diacrítica es la que se pone en una palabra, en determinado contexto, para distinguir este significado de otro que posee si se escribe con minúscula: la **Iglesia** (institución), la **iglesia** (templo); el **Estado** (cuerpo político), el **estado** (división administrativa); el **Gobierno** (institución), el **gobierno** (forma de gobernar).

USO DE LAS MINÚSCULAS. Se escriben con minúscula: • los nombres de los meses (***diciembre***); • los nombres de las estaciones del año (***verano***); • los nombres de los días de la semana (***lunes***); • los nombres de las monedas (*un* ***peso***); • los nombres de los vientos (***aquilón***); • los tratamientos, cuando están acompañados del nombre propio correspondiente (*el* ***papa*** *Juan Pablo II*, ***doctor*** *Federico Ibáñez*, *el* ***rey*** *Juan Carlos*, ***señora*** *Victoria Soler* [la Academia recomienda escribirlos con mayúscula cuando aparecen solos, sin el nombre propio: *el* ***Papa***]); • los nombres de los sistemas de gobierno, cuando no se refieren a épocas concretas (*la* ***monarquía***, *la* ***república***); • las letras con que comienza cada verso en un poema, salvo que le corresponda mayúscula por el punto y aparte; • los gentilicios (***argentino***, ***brasileño***); • los nombres de oficios y de profesiones (***oficinista***, ***impresor***, ***profesor***, ***jefe***); • las denominaciones de acontecimientos o de hechos paganos (***bacanales***, ***saturnales***); • los nombres genéricos en mitología (*las* ***gracias***, *las* ***musas***); • los nombres de movimientos artísticos (***impresionismo***, ***futurismo***); • los nombres geográficos comunes (***estrecho*** *de Gibraltar*, ***golfo*** *de Méjico*, ***península*** *Valdés*, ***cabo*** *de Buena Esperanza*, ***canal*** *de Suez*, ***océano*** *Atlántico*, ***isla*** *Martín García*, ***río*** *Salado*, ***lago*** *Nahuel Huapi*, ***arroyo*** *Maldonado*); • los adjetivos usados en nombres geográficos (*la Alemania* ***occidental***, *la América* ***central***); • los nombres de períodos o de estratos geológicos (***jurásico***); • los nombres de oraciones (***avemaría***, ***credo***, ***padrenuestro***); • **barrio**, **calle** (***barrio*** *de Villa Urquiza*, ***calle*** *Juncal*); • los adjetivos **barroco**, **gótico**, **romántico** (*escultura* ***barroca***, *catedral* ***gótica***); • **beato**, **fray** (***beato*** *Juan de Ávila*, ***fray*** *Luis de León*); • **capítulo** (*el* ***capítulo*** *III de una novela*); • **cartera** (*desempeñar la* ***cartera*** *de Economía*); • **cátedra** (*la* ***cátedra*** *de Matemática*); • **cielo**, **infierno**, **purgatorio**, **limbo**, **paraíso** (*Estará ya en el* ***purgatorio***); • **civilización** (***civilización*** *griega*); • **congregación** (*Integraba una* ***congregación***); • **delfín** (*el* ***delfín*** *de Francia*); • **demonio**, **destino**, **día**, **diario**, **diluvio** (***día*** *de Reyes*, ***diario*** *La Prensa*, ***diluvio*** *universal*); • **diccionario**: sólo se escribe con mayúscula en el título de las obras homónimas (***Diccionario general ilustrado de la lengua española***) o cuando se refiere al editado por la Real Academia Española (*Consulte el* ***Diccionario***); en los demás casos, debemos usar minúscula (*Compre un* ***diccionario***); • **don**, **doña** (***don*** *Germán*, ***doña*** *Cecilia*); • **ecuador** (*El* ***ecuador*** *es el círculo máximo de la Tierra*), **trópico** (***trópico*** *de Capricornio*); • **era** (***era*** *atómica*); • **guerra** (*la* ***guerra*** *de los Treinta Años*); • **hemisferio**, **hermano**, **hermana** (***hemisferio*** *boreal*, ***hermano*** *Lucas*, ***hermana*** *Micaela*); • **literatura**, **papado**, **prensa** (***literatura*** *mejicana*, ***prensa*** *francesa*); • los nombres de los puntos cardinales (*El viento viene del* ***norte***), excepto cuando se aplican como denominación de algo (*Ejército del* ***Norte***) o cuando se usan con sentido geográfico-político (*riquezas del **Norte** argentino*); • **régimen** (***régimen** alimentario*); • **san**, **santo**, **santa** (***san** Hilario, **santo** Dios, **santa** Sofía*); con mayúscula, cuando forman parte de la denominación de una iglesia, calle, lugar (*iglesia de **San** Patricio, calle de **San** Esteban, provincia de **Santa** Fe*); • **universo** (*estudio del **universo***); • la palabra inicial de un diálogo interrumpido (*—... **puedo** averiguarla*); • una serie de preguntas, cuando tienen en común el enunciado (*¿Sabe usted...? ¿...**que** los cuadros son franceses? ¿...**que** pertenecen a familias aristocráticas? ¿...**que** se rematarán en marzo?*); • los elementos de una lista, aunque estén dispuestos en columna (listas de abreviaturas, índices alfabéticos); • los nombres propios que ocupan el lugar del común (***adonis**, **circe**, **donjuán**, **tenorio**, **venus***); • los nombres de animales y de plantas (***león**, **rosa***); • los nombres de razas de animales (***foxterrier***); • **señor**, **señora**, **señorita** (*Lo dijo la **señora** Inés*), excepto en la correspondencia privada o comercial (***Señor** Director, **Señora** Presidenta, **Señorita** Inspectora*), o si están abreviados (***Sr.**, **Sra.**, **Srta.***); • los adjetivos **latina**, **hispánica**, **española**, que suelen calificar al sustantivo propio **América** (*América **latina***); • **sol**, cuando se refiere a la luz reflejada por este astro (*Ya no hay **sol** en el jardín*); • **luna**, cuando se refiere a las fases de la Luna y a la luz del Sol, que este satélite refleja (*la luz de la **luna***); • **polo** (***polo** Norte*); • los paralelos, los meridianos, el **círculo polar ártico** y el **círculo polar antártico**; • longitudes y latitudes (***longitud** este, **latitud** norte*); • la segunda mención de una entidad (*el **Museo** de Bellas Artes*, pero *"en el mencionado **museo** se organizará..."*); • los nombres de las notas musicales (***do**, **re**, **mi**, **fa**, **sol**, **la**, **si***); • los adjetivos que acompañan al sustantivo propio **Imperio** (*Imperio **romano**, Imperio **español***); • los sustantivos comunes y los adjetivos que conforman títulos de libros, excepto la primera palabra (***Manual de estilo del lenguaje administrativo***): la Academia aclara que es potestativo escribir con mayúscula o con minúscula los sustantivos y los adjetivos que entren en el título de cualquier obra; por lo tanto, también acepta **Manual de Estilo del Lenguaje Administrativo**; • los nombres comunes **ley, ley orgánica**, **decreto** (*No respetan las **leyes***); • los nombres de razas y de tribus (***apaches**, **yoruba***); • los nombres de ciertos objetos, productos comestibles o bebibles, derivados del lugar donde se originaron (***belén**, **casimir**, **champán***); • la palabra **usted**, cuando se escribe con todas sus letras (*Agradezco que **usted** me haya escrito*).

letrado, da. adj. 'Sabio, instruido'. fam. 'Que presume de discreto y habla mucho y sin fundamento'. sust. m. 'Abogado'. El femenino **letrada** denota la 'mujer del letrado' y la condición de abogada.

letrista. sust. com. 'Persona que hace letras para canciones': **el letrista, la letrista**. En la Argentina, también recibe este nombre la 'persona que dibuja letras en un cartel'. Esta denotación no tiene registro académico.

leucemia. sust. f. También puede decirse **leucocitemia** (sust. f.), pero la Academia prefiere la primera forma.

leucocitosis. sust. f. 'Aumento del número de leucocitos en la sangre circulante'. En plural, no varía: **las leucocitosis**.

leudar. v. tr. y prnl. (***leudar** la masa*; ***leudarse** la masa*). También puede decirse **aleudar** (v. tr. Ú. t. c. prnl.), pero la Academia prefiere la primera forma.

levantador, ra. adj. 'Que levanta' (*máquina **levantadora***). Ú. t. c. sust. m. y f.: **el levantador, la levantadora**.

levantar. v. tr. Ú. t. c. prnl. Rég. prep.: **levantar a** (*Levantó los ojos **al** techo*); **levantar de** (***Levanta** las migas **de** la mesa*); **levantar en** (***Levantabas** al niño **en** alto*); **levantar hasta** o **por** (*Lo admira tanto, que, cuando habla de él, lo **levanta hasta** o **por** las nubes*); **levantar sobre** (*Con sus palabras, la **levantó sobre** sus compañeros*); **levantarse contra** (***Se levantaron contra** la autoridad*); **levantarse de** (***Se levanta** temprano **de** la cama*); **levantarse en** (*Todo el pueblo **se levantará en** armas*). Su postverbal es **levantamiento** (sust. m.) La **levantada** (sust. f.) es la 'acción de levantarse el que estaba acostado' y la 'acción de levantarse o dejar la cama el que estaba enfermo'.

levante. sust. pr. m. 'Oriente, punto por donde sale el Sol'. Repárese en que debe escribirse con mayúscula: **el Levante**. sust. m. 'Viento que sopla de la parte oriental' (*Sopla el **levante***). Con esta denotación, se escribe con minúscula. 'Nombre genérico de las comarcas mediterráneas de España' (*Es natural de **Levante***).

leve. adj. El superlativo es **levísimo, ma**.

levita. sust. m. 'Israelita de la tribu de Leví, dedicado al servicio del templo' (*Conocieron a los levitas*); 'eclesiástico de grado inferior al sacerdote'. No debe confundirse con su homónimo de género femenino, 'vestidura masculina de etiqueta' (*Estaba muy elegante con **la levita***). La **levosa** (sust. f. fam. y fest.) es 'la levita de vestir'. Diminutivo familiar despectivo: **levitín** (m.). Aumentativo: **levitón** (m.).

lexicalizar. v. tr. 'Convertir en uso léxico general el que antes era figurado'. Ú. m. c. prnl. 'Hacer que un sintagma llegue a funcionar como una unidad léxica'. Ú. m. c. prnl. (*El sintagma "al pie de la letra" **se lexicalizó**, pues puede permutarse con el adverbio "literalmente"*). Su postverbal es **lexicalización** (sust. f.). → **cazar**

léxico. adj. 'Perteneciente o relativo al vocabulario de una lengua o región' (*estudio **léxico***). sust. m. 'Diccionario de cualquier lengua' (*Éste es un buen **léxico***). Su sinónimo es **lexicón** (sust. m.). Como sustantivo colectivo, denota 'conjunto de las palabras de un idioma (*el **léxico** del español*) o de las que pertenecen al uso de una región (*el **léxico** catalán*), a una actividad determinada (*el **léxico** de la medicina*), a un campo semántico dado (***léxico** de la vivienda*), etc.'; 'caudal de voces, modismos y giros de un autor' (*el **léxico** de las novelas de Marco Denevi*). → **vocabulario**

lexicógrafo. sust. m. 'Colector de los vocablos que han de entrar en un léxico'; 'persona experta o versada en lexicografía'. Su femenino es **lexicógrafa**.

lexicólogo. sust. m. 'Persona versada en lexicología o estudio de las unidades léxicas de una lengua y de las relaciones sistemáticas que se establecen entre ellas'. Su femenino es **lexicóloga**.

ley. sust. f. En plural: **leyes**. Como sustantivo colectivo, denota 'conjunto de las leyes o cuerpo del derecho civil'. Con esta denotación, se escribe con mayúscula (*la **Ley** fundamental*) y, generalmente, cuando se designa una ley en particular (***Ley** 1420*). En los demás casos, se usa la minúscula (*Deben respetarse las **leyes***). → **letra** (**Uso de las mayúsculas**). **a la ley**. loc. adv. 'Con propiedad y esmero' (*Realizó el trabajo **a la ley***). **a toda ley**. loc. adv. 'Con estricta sujeción a lo justo o debido, o a cualquier género de arte, regla o prescripción' (*Organizó la empresa **a toda ley***). **con todas las de la ley**. loc. adv. 'Sin omisión de ninguno de los requisitos indispensables para su perfección o buen acabamiento' (*Obró **con todas las de la ley***). **de buena ley**. loc. adj. fig. 'De perfectas condiciones morales o materiales' (*Es un muchacho **de buena ley***). **de ley**. loc. adj. fig. 'Se aplica al oro y a la plata que tienen la cantidad de estos metales señalados por la ley'; 'aplicado a persona, buena, honrada' (*Es una mujer **de ley***). **de mala ley**. loc. adj. fig. 'De malas condiciones morales o materiales' (*Venden productos **de mala ley***). Su abreviatura es ***l.***

liar. v. tr. Ú. t. c. prnl. Seguido de la preposición **a + infinitivo**, 'ponerse a ejecutar con vehemencia lo que éste significa' (***Se liaron a comer** cuanto había*). Con la misma preposición y algunos sustantivos que denotan 'golpes', 'darlos' (***Se lían a** trompadas*). 'Amancebarse'. Se conjuga, en cuanto al acento, como **guiar**.

Líbano. sust. pr. m. Debe decirse **el Líbano**.

libelista. sust. com. 'Autor de libelos o escritos satíricos e infamatorios': **el libelista, la libelista**.

liberador, ra. adj. 'Que libera o liberta'. Ú. t. c. sust. m. y f.: **el liberador, la liberadora**.

liberal. adj. 'Que obra con liberalidad'; 'pronto'; 'dícese tradicionalmente de las artes o profesiones que ante todo requieren el ejercicio del entendimiento'; 'que profesa doctrinas favorables a la libertad política en los Estados' (*sistema **liberal***). El adjetivo despectivo de esta última acepción es **liberalesco, ca**. Apl. a pers., ú. t. c. sust. com.: **el liberal, la liberal**. No debe usarse como sinónimo de **atrevido, da** (adj. Ú. t. c. sust. m. y f.) o de **casquivano, na** (adj. Ú. t. c. sust. m. y f.): *Como es muy liberal, no la inhibe salir desnuda en programas televisivos.* Correcto: *Como es muy **atrevida**, no la inhibe salir desnuda en programas televisivos.* María Moliner registra la siguiente denotación: 'partidario de la tolerancia'. Gómez Torrego considera que la Academia debe incorporar este significado.

liberalismo. sust. m. 'Ideas que profesan los partidarios del sistema liberal'. Como sustantivo colectivo, denota 'conjunto de partidarios de ese sistema' (*Así lo predica el **liberalismo***);

'sistema político-religioso que proclama la absoluta independencia del Estado de todas las religiones positivas'.

liberalizar. v. tr. Ú. t. c. prnl. 'Hacer liberal, en el orden político, a una persona o cosa'. Su postverbal es **liberalización** (sust. f.) → **cazar**

libertador, ra. adj. 'Que liberta'. Ú. t. c. sust. m. y f.: **el libertador, la libertadora.**

libertar. v. tr. Ú. t. c. prnl. Rég. prep.: **libertar de** (***libertar de** la esclavitud*); **libertarse de** (***libertarse de** las malas compañías*). También puede decirse **liberar** (v. tr. Ú. t. c. prnl.). El postverbal de ambos es **liberación** (sust. f.)

libertino, na. adj. 'Aplícase a la persona entregada al libertinaje' (*seres **libertinos***). Ú. t. c. sust. m. y f.: **el libertino, la libertina.**

liberto. sust. m. 'Esclavo a quien se ha dado la libertad, respecto de su patrono'. Su femenino es **liberta.**

libido. sust. f. 'Deseo sexual'. Es palabra grave. No debe pronunciarse [líbido] como esdrújula por analogía con **lívido.**

librado, da. p. de **librar**. sust. m. y f. 'Persona contra la que se gira una letra de cambio': **el librado, la librada**. Para el género masculino, también se puede decir **librador** (sust. m.).

librador, ra. adj. 'Que libra o liberta'. Ú. t. c. sust. m. y f.: **el librador, la libradora.**

librancista. sust. com. 'Persona que tiene una o más libranzas a su favor': **el librancista, la librancista.**

librar. v. tr. Entre otras denotaciones, 'preservar o sacar a uno de un trabajo, mal o peligro'. Rég. prep.: **librar contra** (***librar contra** un banco*); **librar de** (***librar de** preocupaciones*). Construido con ciertos sustantivos, 'dar o expedir lo que éstos significan' (***librar** sentencia*; ***librar** decretos*; ***librar** carta de pago*). Ú. t. c. prnl. Rég. prep.: **librarse de** (***librarse de** personas molestas*). Su postverbal es **libramiento** (sust. m.).

libre. adj. Rég. prep.: **libre de** (*Vivirá **libre de** penas*; *Eres **libre de** intentarlo*). El superlativo es **libérrimo, ma. por libre**. loc. adv. Con verbos como **ir, actuar, andar**, etc., 'sin someterse a las costumbres establecidas' (*El joven **actuó por libre***).

librecambio. sust. m. 'Sistema económico que suprime las trabas al comercio internacional'. También puede escribirse **libre cambio**. Incorrecto: libre-cambio.

librecambismo. sust. m. 'Doctrina que defiende el librecambio'. Incorrecto: libre cambismo, libre-cambismo.

librecambista. sust. com. 'Partidario del librecambio': **el librecambista, la librecambista**. En plural: **los librecambistas, las librecambistas**. Incorrecto: libre cambista, libre-cambista.

librepensador, ra. adj. 'Partidario del librepensamiento' (*filósofo **librepensador***). Ú. t. c. sust. m. y f.: **el librepensador, la librepensadora**. En plural: **librepensadores, librepensadoras**. Se escribe en una sola palabra. Incorrecto: libre pensador, libre-pensador.

librepensamiento. sust. m. 'Doctrina que reclama para la razón individual independencia absoluta de todo criterio sobrenatural'. Se escribe en una sola palabra. Incorrecto: libre pensamiento, libre-pensamiento.

librería. sust. f. 'Biblioteca, local en que se tienen libros' (***librería** del Congreso Nacional*); 'biblioteca, conjunto de estos libros' (*Logró formar una interesante **librería***). Con esta última denotación, es sustantivo colectivo. 'Tienda donde se venden libros'; 'ejercicio o profesión de librero'; 'mueble con estantes para colocar libros' (*Coloca esta obra en la **librería** de mi estudio*). Argent. 'Comercio donde se venden papeles, cuadernos, lápices y otros artículos de escritorio' (*Los precios de esa **librería** son accesibles*). Esta última acepción ha sido recientemente incorporada en el ***Diccionario***. El adjetivo correspondiente es **librerìl**, 'perteneciente o relativo al comercio de libros'.

librero. sust. m. 'Persona que tiene por oficio vender libros'. Su femenino es **librera**. No puede usarse como sinónimo de **bibliotecario** (sust. m.). En Méjico, **librero** (sust. m.) es el 'mueble con estanterías para colocar libros'.

libreta. sust. f. 'Cuaderno o libro pequeño'. **libreta cívica**. Argent. 'Documento oficial con el que la mujer acredita su identidad a efectos electorales y de la vida cotidiana'. **libreta de enrolamiento**. Argent. 'Documento oficial con que el varón acredita su identidad a efectos militares, electorales o de la vida cotidiana'. Estos dos sintagmas han sido recién incorporados en el *Diccionario*. El homónimo de **libreta** es el diminutivo de **libra** (sust. f.).

libretista. sust. com. 'Autor de libretos': **el libretista, la libretista.**

libreto. sust. m. Voz italiana (*libretto*) españolizada. 'Obra dramática escrita para ser puesta en música'. En una de sus acepciones, **libro** es sinónimo de **libreto**. La Academia no registra la denotación de 'guión de radio, cine o televisión'. La A.A.L. ha recomendado la incorporación de este significado y de la frase figurada y familiar **robar el libreto**, 'apropiarse de palabras o de argumentos ajenos'.

libro. sust. m. Diminutivos: **librejo, librete, librillo**. El diminutivo de **librete** es **libretín**. Aumentativos: **librazo, librote**. Los despectivos son **libraco, libracho** y **librejo**. El adjetivo correspondiente es **libresco, ca**, 'perteneciente o relativo al libro'. Deben decirse **libro de caballerías** y **libro de inventarios**. Incorrecto: *libro de caballería; libro inventario, libro de inventario.*

liceísta. sust. com. 'Miembro de un liceo': **el liceísta, la liceísta.**

licenciado, da. p. de **licenciar**. adj. 'Dícese de la persona que se precia de entendida' (*hombre **licenciado***); 'que ha sido declarado libre'. sust. m. y f. 'Persona que ha obtenido en una facultad el grado que la habilita para ejercerla, es decir, la licenciatura' (***licenciado** en Letras, **licenciada** en Ciencias de la Educación*); 'soldado que ha recibido su licencia absoluta'. Diminutivo: **licenciadillo**. Sus abreviaturas son *lic.*, ***Lic.***, *licdo.*, ***Licdo.***

licenciador, ra. adj. 'Que licencia para usar una patente'. Ú. t. c. sust. m. y f.: **el licenciador, la licenciadora.**

licenciar. v. tr. 'Dar permiso o licencia'; 'despedir a uno'; 'conferir el grado de licenciado'; 'dar de baja a los soldados'; 'conceder el titular de una patente a otra persona o entidad el derecho de usar aquélla con fines industriales o comerciales'. v. prnl. 'Recibir el grado de licenciado'. Rég. prep.: **licenciarse en** (***Se licenció en** Letras*). Sus postverbales son **licenciatura** (sust. f.) y **licenciamiento** (sust. m.). Se conjuga, en cuanto al acento, como **cambiar**.

licitador. sust. m. 'Persona que licita'. Su femenino es **licitadora.**

licitante. p. a. de **licitar**. Esta voz no está registrada en la última edición del ***Diccionario*** (1992). Aparece en la de 1984, y el ***Diccionario Manual*** indica que se usa como sustantivo común de dos: **el licitante, la licitante.**

licopodíneo, a. adj. 'Dícese de las plantas criptógamas, como el licopodio' (*plantas **licopodíneas***). Ú. t. c. sust. f.: **la licopodínea.** sust. f. pl. 'Clase de estas plantas': **las licopodíneas.**

licorista. sust. com. 'Persona que hace o vende licores': **el licorista, la licorista.**

licuable. adj. 'Que se puede licuar'. También puede decirse **licuefactible** (adj.), pero la Academia prefiere la primera forma.

licuar. v. tr. Ú. t. c. prnl. Su postverbal es **licuación** (sust. f.). Se conjuga, en cuanto al acento, como **adecuar.**

lid. sust. f. 'Combate, pelea'. En plural: **lides.**

líder. sust. m. Voz inglesa (*leader*, 'guía') españolizada. La Academia no registra el género femenino. Seco aclara que puede ser masculino o femenino, es decir, común de dos: **el líder, la líder**. En su reemplazo, pueden usarse **cabeza, jefe, director, conductor**. Es palabra grave. En plural, se transforma en esdrújula: **líderes**. Incorrecto: *leaders, líders.*

liderar. v. tr. 'Dirigir o estar a la cabeza de un grupo, partido político, competición, etc.' (*El jugador inglés **lidera** el equipo de fútbol*). Esta voz ha sido recién incorporada en el ***Diccionario***.

liderato. sust. m. 'Condición de líder o ejercicio de sus actividades'. También puede decirse **liderazgo** (sust. m.), pero la Academia prefiere la primera forma.

lidiador. sust. m. Su femenino es **lidiadora.**

lidiar. v. intr. Ú. t. c. tr. 'Batallar, pelear'; 'oponerse a una persona'; 'tratar, comerciar con una o más personas que causan molestia y ejercitan la paciencia'; 'luchar con el toro incitándolo y esquivando sus acometidas hasta darle muerte'. Rég. prep.: **lidiar con** o **contra** (***Lidiaron con** o **contra** los enemigos*); **lidiar por** (***Lidia por** la fe*). Su postverbal es **lidia** (sust. f.). Se conjuga, en cuanto al acento, como **cambiar.**

liebre. sust. f. Para distinguir los sexos, debe recurrirse a las perífrasis **liebre macho, liebre hembra**. Diminutivos: **liebrecilla, liebrezuela**. Aumentativo: **lebrón**. El **lebrato** (sust. m.), **lebrastón** (sust. m.), **lebroncillo** (sust. m.) o **liebratico** (sust. m.) es la 'liebre nueva o de poco tiempo'. El 'lebrato grande' se llama **lebratón** (sust. m.), **liebrastón** (sust. m.) o **liebratón** (sust. m.). El adjetivo correspondiente es **lebruno, na** (adj.), 'perteneciente a la liebre o semejante a ella'. → **lebrato**

♦ **lifting.** Anglicismo. En español, debe decirse **levantamiento**. Incorrecto: *El cirujano le hizo un lifting en los párpados*. Correcto: *El cirujano le hizo un **levantamiento** de párpados*.

ligar. v. tr. Ú. t. c. prnl. Entre otras denotaciones, en sentido figurado y familiar, puede usarse con la de 'entablar relaciones amorosas pasajeras'. Rég. prep.: **ligar** una cosa **a** o **con** otra (***Ligó** la mano de Sergio **a** o **con** la de Diana*). Sus postverbales son **ligación** (sust. m.), **ligadura** (sust. f.), **ligamento** (sust. m.) y **ligamiento** (sust. m.). → **pagar**

ligazón. sust. f. Incorrecto: *el ligazón*. En plural: **ligazones**.

ligero, ra. adj. Entre otras denotaciones, 'que pesa poco'; 'ágil'; 'veloz'; 'de poca importancia' (*anciano **ligero**; sueño **ligero**; **ligera** indisposición; alimentos **ligeros***). Diminutivo: **ligeruelo, la**. No debe usarse como sinónimo de **breve** (*Realizó un trabajo ligero*). Correcto: *Realizó un trabajo **breve***. Rég. prep.: **ligero de** (***ligero de** manos*). **a la ligera**. loc. adv. 'Con brevedad y prisa, y sin reflexión' (*Hace todo **a la ligera***).

♦ **light.** Anglicismo. En español, debe decirse **ligero, liviano, suave, superficial**.

ligustro. sust. m. 'Arbusto'. No debe pronunciarse [libustro] ni confundirse su grafía con la de **ligustre** (sust. m.), nombre de su flor.

lila. sust. f. 'Arbusto originario de Persia'; 'flor de este arbusto' (*un ramillete de **lilas***). También puede decirse **lilac** (sust. f.). adj. 'De color morado claro' (*vestido **lila***). Ú. t. c. sust. m. (*El **lila** es mi color preferido*).

liliáceo, a. adj. 'Dícese de las plantas angiospermas monocotiledóneas, de raíz tuberculosa o bulbosa, como el ajo, el áloe, etc.' (*planta **liliácea***). Ú. t. c. sust. f.: **la liliácea**. sust. f. pl. 'Familia de estas plantas': **las liliáceas**.

limador. adj. 'Que lima' (*instrumento **limador**; obrero **limador***). Ú. t. c. sust. m. (*Alcánceme el **limador**; Juan es el nuevo **limador***).

limadura. sust. f. 'Acción y efecto de limar'. En plural, 'partecillas muy menudas que con la lima u otra herramienta se arrancan de la pieza que se lima'. El sustantivo colectivo es **limalla** (f.), 'conjunto de limaduras'.

limen. sust. m. 'Umbral'; 'entrada en el conocimiento de una materia' (*el **limen** de la biología*). No lleva tilde, porque es palabra grave terminada en **n**. En plural, se transforma en esdrújula: **límenes**. El adjetivo correspondiente es **liminar**, 'referente al umbral'; 'que sirve de prólogo, preliminar' (*estudio **liminar***).

liminar. adj. → **limen**

limitar. v. tr. 'Poner límites' (***Limitaron** el terreno*); 'restringir' (***Limitan** sus atribuciones*). Ú. t. c. prnl. Rég. prep.: **limitarse en** (***Se limita en** los gastos*). 'Fijar la mayor extensión que pueden tener la jurisdicción, la autoridad o los derechos y facultades de uno'. Rég. prep.: **limitarse a** (***Se limita a** gobernar su provincia*). v. intr. 'Estar contiguos dos países'. Rég. prep.: **limitar con** (*La Argentina **limita con** Chile*). Su postverbal es **limitación** (sust. f.).

límite. sust. m. 'Término o lindero de países, provincias, etc.'. Se usa en aposición, en ejemplos como dimensión **límite**, situación **límite**. En plural, no varía: dimensiones **límite**, situaciones **límite**.

limítrofe. adj. 'Confinante, aledaño'. Rég. prep.: **limítrofe con** o **de** (*Chile es un país **limítrofe con** o **de** la Argentina*). Se aplica sólo a países. Incorrecto: *problemas limítrofes*. Correcto: *problemas **de límites***.

limón. sust. m. 'Fruto del limonero'. Diminutivo: **limoncillo**. Es palabra aguda. En plural, se transforma en grave: **limones**. También puede decirse **citrón** (sust. m.), pero la Academia prefiere la primera forma. El adjetivo correspondiente es **limonado, da**, 'de color de limón'.

limonero. sust. m. 'Persona que vende limones'. Su femenino es **limonera**. 'Árbol cuyo fruto es el limón'. También puede decirse **limón**

(*¿Has plantado un* ***limón****?*). El sustantivo colectivo es **limonar** (m.).

limosnear. v. intr. 'Pedir limosna'. No debe pronunciarse [limosniar, limosnié]. → **-ear**

limosnero, ra. adj. 'Caritativo' (*dama* ***limosnera***). sust. m. y f. 'Mendigo, pordiosero' (*Hay* ***limosneras*** *en las calles*). sust. m. 'Encargado de recoger y de distribuir limosnas'.

♦ **limousine.** Galicismo. 'Automóvil de carrocería cerrada, cuya característica son los cristales que separan los asientos delanteros de los traseros'. La Academia no registra limusín ni limousina. El ***Diccionario Manual*** registra **limusina**, con el indicador de su falta de sanción oficial.

limpiabotas. sust. m. Se escribe en una sola palabra. Incorrecto: *limpiabota*, *limpia botas*, *limpia-botas*. En plural, no varía: **los limpiabotas**. Su abreviación es **limpia** (sust. m. fam.). Argent., Bol., Chile, Perú y Urug. Se usa más **lustrabotas** (sust. m.). La Academia prefiere la primera forma.

limpiadientes. sust. m. Se escribe en una sola palabra. Incorrecto: *limpiadiente*, *limpia dientes*, *limpia-dientes*. No debe usarse, en singular, sin **s** final. En plural, no varía: **los limpiadientes**. También pueden decirse **mondadientes** (sust. m.) y **escarbadientes** (sust. m.). La Academia prefiere las dos primeras formas.

limpiador, ra. adj. 'Que limpia' (*polvo* ***limpiador***). Ú. t. c. sust. m. y f.: **el limpiador, la limpiadora**.

limpiaparabrisas. sust. m. Se escribe en una sola palabra. Incorrecto: *limpiaparabrisa*, *limpia parabrisas*, *limpia-parabrisas*. No debe usarse, en singular, sin **s** final. En plural, no varía: **los limpiaparabrisas**.

limpiar. v. tr. Rég. prep.: **limpiar con** (***Limpió*** *la sala* ***con*** *el escobillón*); **limpiar de** (***Limpia*** *el terreno* ***de*** *malezas*; *Su confesión lo* ***limpia de*** *pecados*). Ú. t. c. prnl. Rég. prep: **limpiarse con** o **en** (***Me limpio*** *las manos* ***con*** *o* ***en*** *el pañuelo*); **limpiarse de** (***Se limpian de*** *culpas*). Su postverbal es **limpieza** (sust. f.). Se conjuga, en cuanto al acento, como **cambiar**.

limpiaúñas. sust. m. Se escribe en una sola palabra. Incorrecto: *limpiauñas*, *limpiaúña*, *limpia úñas*, *limpia-úñas*. No debe usarse, en singular, sin **s** final. En plural, no varía: **los limpiaúñas**.

limpieza. sust. f. 'Cualidad de limpio'; 'acción y efecto de limpiar o limpiarse' (*la* ***limpieza*** *de la casa*). También pueden decirse **limpia** (sust. f.) y **limpiadura** (sust. f.): *la* ***limpia*** *o la* ***limpiadura*** *de la casa*. fig. 'Pureza' (***limpieza*** *de sangre*); 'integridad con que se procede en los negocios' (*Actuó con* ***limpieza*** *en la venta de los terrenos*); 'precisión con que se ejecutan ciertas cosas' (*Armó con* ***limpieza*** *el avión*); 'en los juegos, observación estricta de las reglas de cada uno'. **limpieza en seco**. 'Procedimiento en que no se utiliza agua para limpiar tejidos o ropa'. Incorrecto: *limpieza a seco*, un galicismo.

limpio, pia. adj. 'Que no tiene mancha o suciedad' (*mantel* ***limpio***); 'que no tiene mezcla de otra cosa; dícese comúnmente de los granos de cereales' (*trigo* ***limpio***); 'que tiene el hábito del aseo' (*mujer* ***limpia***). fig. 'Libre, exento de algo que dañe o inficione'. Rég. prep.: **limpio de** (***limpio de*** *impurezas*). fig. y fam. 'Dícese del que ha perdido todo su dinero'. Se usa con los verbos **dejar**, **estar** o **quedar** (*Fue al hipódromo y* ***quedó limpio***); 'no confuso' (*imágenes* ***limpias***). fig. 'Honrado, decente'. Rég. prep.: **limpio en** (***limpio en*** *sus acciones*). adv. m. 'Limpiamente' (*Obró* ***limpio***). **en limpio**. loc. adv. 'En sustancia' (*Quedaron,* ***en limpio***, *mil pesos*); 'sin enmienda ni tachones' (*Pasa esa hoja* ***en limpio***). **sacar en limpio**. fr. 'Deducir claramente' (*Después de la conversación,* ***saqué en limpio*** *que no estaban preparados para iniciar el trabajo*).

lináceo, a. adj. 'Dícese de hierbas, matas o arbustos angiospermos dicotiledóneos, como el lino' (*plantas* ***lináceas***). Ú. t. c. sust. f.: **la linácea**. En plural, 'familia de estas plantas': **las lináceas**. También puede decirse **líneo, a** (adj. Ú. t. c. sust. f.), pero la Academia prefiere la primera forma.

linaje. sust. m. 'Ascendencia o descendencia de cualquier familia' (***linaje*** *de los Pizarro*); 'clase o condición de una cosa' (*el* ***linaje*** *de esta casa*). En plural, 'vecinos nobles, reconocidos por tales e incorporados en el cuerpo de la nobleza'. Con el adjetivo **humano**, se convierte en sustantivo colectivo: 'conjunto de todos los descendientes de Adán'.

linajista. sust. com. 'Persona que sabe o escribe de linajes': **el linajista**, **la linajista**.

linajudo, da. adj. 'Aplícase al que es o se precia de ser de gran linaje' (*gente **linajuda***). Ú. t. c. sust. m. y f.: **el linajudo**, **la linajuda**.

lindar. v. intr. 'Estar contiguos dos territorios, terrenos o fincas'; 'estar algo muy próximo a lo que se expresa'. Rég. prep.: **lindar con** (*Mi estancia **linda con** la de su familia; Su actitud **lindaba con** la soberbia*).

linde. sust. amb. 'Límite de un reino o provincia'; 'término o fin de algo'; 'línea que separa unas heredades de otras': **el linde** o **la linde** (*Determinaron **el linde** o **la linde** de nuestro terreno*). Según Seco, el uso ha impuesto el género femenino; la Academia –cuando define **lindera**– emplea el masculino. También pueden decirse **lindero** (sust. m.) y **lindera** (sust. f.). Esta última voz denota, además, 'conjunto de los lindes de un terreno' (colectivo).

lindeza. sust. f. 'Cualidad de lindo'. Con esta denotación, también puede decirse **lindura** (sust. f.). 'Hecho o dicho gracioso' (*Rió mucho con su **lindeza***). En plural, irónicamente, 'insultos, improperios' (*Sólo le dijo **lindezas***).

lindo, da. adj. 'Hermoso' (***linda** blusa*); 'perfecto' (***linda** monografía*). sust. m. 'Hombre afeminado, que presume de hermoso' (*Apareció **el lindo** en escena*). **de lo lindo.** loc. adv. 'Lindamente, con gran primor' (*Teje **de lo lindo***); 'mucho, con exceso' (*Comió **de lo lindo***).

línea. sust. f. Entre otras denotaciones, 'extensión considerada en una sola de sus tres dimensiones: la longitud'. Tiene valor colectivo con los significados de 'serie de personas o cosas situadas una detrás de otra o una al lado de otra' (*Los alumnos formaban una **línea***); 'en el fútbol y en otros deportes, conjunto de jugadores que, al ordenarse el equipo para iniciar el juego, están a igual distancia de la divisoria entre los campos de los dos equipos, y suelen desempeñar una misión semejante' (*Estos jugadores forman la **línea** delantera*); 'serie de personas enlazadas por parentesco' (*Pablo y Marina son mis tíos por **línea** materna*). La Academia incorporó recientemente estas acepciones: 'En los cuadros pictóricos, el dibujo, por oposición al color' (*Es un maestro de la **línea***); 'hablando de personas, figura esbelta y armoniosa' (*Celia guarda su **línea***); 'conducta, comportamiento' (*Nunca sale de su **línea***); 'dirección, tendencia, orientación o estilo de un artista o de un arte cualquiera' (*Sigue la última **línea** de la moda*). En plural: **líneas**. Son incorrectas las grafías <u>linea</u>, <u>línia</u>, <u>liña</u>, <u>líñea</u>.

lineal. adj. 'Perteneciente a la línea' (*dibujo **lineal***). No debe pronunciarse [linial].

lineamento. sust. m. 'Delineación o dibujo de un cuerpo, por el cual se distingue y conoce su figura'. También puede decirse **lineamiento**, pero la Academia prefiere la primera forma. Gili y Gaya agrega denotaciones no registradas por la Academia, pero muy usadas en América: 'líneas generales de una política'; 'orientación, directriz' (***lineamientos** curriculares*).

lingual. adj. 'Perteneciente a la lengua'; 'dícese de los sonidos que, como la *l*, se articulan con el ápice de la lengua; se llaman más propiamente apicales'; 'dícese de la letra que representa este sonido' (*letra **lingual***). Ú. t. c. sust. f. (*Estudiamos **las linguales***).

lingüista. sust. com. 'Persona versada en lingüística': **el lingüista**, **la lingüista**. Repárese en que lleva diéresis. Incorrecto: <u>lengüista</u>, <u>linguista</u>.

linimento. sust. m. 'Preparación menos espesa que el ungüento'. También puede decirse **linimiento** (sust. m.), pero la Academia prefiere la primera forma.

linóleo. sust. m. 'Tela fuerte e impermeable'. Es palabra esdrújula. En plural: **linóleos**. No debe decirse *linoleum* (anglicismo).

linón. sust. m. 'Tela de hilo muy ligera'. Es palabra aguda. En plural, se transforma en grave: **linones**.

linotipista. sust. com. 'Persona que maneja una linotipia': **el linotipista**, **la linotipista**.

linotipo. sust. m. 'Máquina de componer', llamada también **linotipia** (sust. f.). Ú. t. c. sust. f. (*Maneja **la linotipo***).

lintel. sust. m. 'Lindel o dintel'. → **dintel**

linterna. sust. f. Aumentativo: **linternón** (sust. m.).

linternero. sust. m. 'Persona que hace linternas'. Su femenino es **linternera**.

linyera. sust. m. Argent. y Urug. 'Persona vagabunda, abandonada y ociosa'.

lipemaniaco, ca. adj. 'Que padece lipemanía o melancolía'. También puede decirse **lipemaníaco, ca**, pero la Academia prefiere la primera forma.

lipoideo, a. adj. 'Dícese de toda sustancia que tiene aspecto de grasa'. Es palabra grave. No debe pronunciarse [lipóideo] como esdrújula.

liquen. sust. m. 'Cuerpo resultante de la asociación simbiótica de hongos con algas unicelulares'. No lleva tilde, porque es palabra grave terminada en **n**. En plural, se transforma en esdrújula: **líquenes**.

liquidador, ra. adj. 'Que liquida una cuenta o un negocio'. Ú. t. c. sust. m. y f.: **el liquidador, la liquidadora**.

liquidámbar. sust. m. 'Bálsamo procedente del ocozol'. Es palabra grave. En plural, se transforma en esdrújula: **liquidámbares**.

liquidar. v. tr. 'Hacer líquida una cosa sólida o gaseosa' (*El agua caliente **liquida** el hielo*). Ú. t. c. prnl. fig. 'Hacer el ajuste formal de una cuenta'. fig. 'Saldar una cuenta' (***Liquide** su deuda*). fig. 'Poner término a algo' (***Liquidamos** la disputa*). fig. 'Gastar totalmente el dinero en poco tiempo' (***Liquidó** su fortuna en un año*). fig. 'Desistir de un negocio o de un empeño'. fig. 'Romper las relaciones personales' (***Liquidará** su amistad con Rafael*). fig. y vulg. 'Desembarazarse de alguien, matándolo' (*Como no la soportaba, la **liquidó***). fig. y vulg. 'Acabar con algo' (***Liquidé** los problemas*). 'Hacer ajuste final de cuentas una casa de comercio para cesar en él'; 'vender mercancías en liquidación' (***Liquidó** cada libro a cinco pesos*). Su postverbal es **liquidación** (sust. f.).

liquidez. sust. f. Es palabra aguda. En plural, se transforma en grave: **liquideces**. Repárese en que se cambia la **z** por **c**.

líquido, da. adj. (*medicamento **líquido**; deuda **líquida***). Ú. t. c. sust. m. (*No derrames **el líquido***). 'Dícese de las consonantes *l* y *r* que forman sílaba con la *b*, la *c*, la *d*, la *f*, la *g*, la *p* y la *t*.'. Ú. t. c. sust. f. (*Estudia **las líquidas***).

lírico, ca. adj. Entre otras denotaciones, 'perteneciente o relativo a la lira, a la poesía apropiada para el canto'; 'dícese de la obra literaria perteneciente a la lírica o de su autor'. La Academia no registra, en su ***Diccionario***, la siguiente denotación: 'Dícese de quien tiene planes o proyectos utópicos, poco prácticos o altruistas'. Ésta aparece en el ***Diccionario Manual***, con el indicador de su falta de sanción oficial.

lirón. sust. m. 'Mamífero roedor muy parecido al ratón'. Para distinguir los sexos debe recurrirse a las perífrasis **lirón macho, lirón hembra**. 'Persona dormilona'. Es palabra aguda. En plural, se transforma en grave: **lirones**.

lis. sust. f. 'Lirio'. En plural: **lises**. La Academia aclara que modernamente se dice, también, **el lis** (m.). No debe escribirse *lys* (galicismo).

lisiar. v. tr. Ú. t. c. prnl. 'Producir lesión en alguna parte del cuerpo'. Se conjuga, en cuanto al acento, como **cambiar**. La **lisiadura** (sust. f.) es la 'acción y efecto de lisiar o lisiarse'. Incorrecto: <u>*lisiamiento*</u>.

lisis. sust. f. 'Terminación lenta y favorable de una enfermedad'. En plural, no varía: **las lisis**.

-lisis. elem. compos. de or. gr. 'Disolución'; 'descomposición' (*hemó**lisis**; electró**lisis***).

lisonjear. v. tr. 'Adular' (*Siempre **lisonjea** a su amiga*); 'dar motivo de envanecimiento' (*Sus palabras me **lisonjean***); 'deleitar' (*Esa música **lisonjeaba** a los invitados*). Ú. t. c. prnl. Rég. prep.: **lisonjearse con** (***lisonjearse con** la danza*). No debe pronunciarse [lisonjiar, lisonjié]. → **-ear**

lisonjero, ra. adj. 'Que lisonjea' (*hombres **lisonjeros***); 'que agrada y deleita' (*voz **lisonjera***). Ú. t. c. sust. m. y f.: **el lisonjero, la lisonjera**. También puede decirse **lisonjeador, ra** (adj. Ú. t. c. sust. m. y f.), pero la Academia prefiere la primera forma.

lista. sust. f. 'Tira de papel, tela, cuero u otro material delgado' (*Colocó una **lista** de papel dentro del libro*); 'línea que se forma artificial o naturalmente en telas o tejidos' (*una tela con **listas** verdes*); 'enumeración de personas, cosas, cantidades, etc.' (***lista** de profesores*). Aumentativo: **listón** (m.). Un **listín** (sust. m.) es una 'lista pequeña'.

listado, da. p. de **listar**. Ú. t. c. sust. m. (***el listado** de los alumnos*). adj. 'Que forma o tiene listas' (*tela listada*). También puede decirse **listeado, da** (adj.), pero la Academia prefiere la primera forma.

listón. sust. m. Aumentativo de **lista**. Diminutivo: **listoncillo**. El sustantivo colectivo es **listonería** (f.), 'conjunto de cintas o listones'.

listonar. v. tr. 'Hacer un entablado de listones'. También puede decirse **enlistonar** (v. tr.), pero la Academia prefiere la primera forma.

listonero. sust. m. 'Persona que hace listones'. Su femenino es **listonera**.

literato, ta. adj. 'Aplícase a la persona versada en literatura' (*mujeres literatas*). sust. m. y f.: **el literato, la literata**.

literatura. sust. f. 'Arte que emplea como instrumento la palabra'; 'teoría de las composiciones literarias'. Es sustantivo colectivo con las denotaciones de 'conjunto de las producciones literarias de una nación, de una época o de un género' (*la literatura española*) y de 'conjunto de obras que versan sobre un arte o ciencia' (*literatura médica*). Se escribe con mayúscula cuando forma parte de la denominación de una cátedra, facultad, instituto, etc. (*cátedra de Literatura Hispanoamericana*).

litiasis. sust. f. 'Formación de cálculos'. En plural, no varía: **las litiasis**.

litigante. p. a. de **litigar**. 'Que litiga'. Ú. t. c. sust. com.: **el litigante, la litigante**.

litigar. v. tr. 'Pleitear'. v. intr. 'Contender'. Rég. prep.: **litigar ante** (***litigar ante** la Corte*); **litigar con** o **contra** (***litigar con** o **contra** vecinos*); **litigar por** (***litigar por** una herencia*). → **pagar**

litigio. sust. m. 'Pleito, altercado en juicio'. También pueden decirse **lite** (sust. f.) y **litis** (sust. f.). La Academia prefiere las dos primeras formas.

litio. sust. m. 'Metal de color blanco de plata'. Número atómico 3. Símbolo: ***Li***

litisconsorte. sust. com. 'Persona que litiga por la misma causa o interés que otra, formando con ella una sola parte': **el litisconsorte, la litisconsorte**. En plural: **los litisconsortes, las litisconsortes**.

litisexpensas. sust. f. pl. 'Gastos o costas causados en el seguimiento de un pleito'; por extensión, 'fondos que se asignan a personas que no disponen libremente de su caudal, para que atiendan a tales gastos'. No debe usarse, en singular, sin **s** final: *litisexpensa*.

litografiar. v. tr. 'Dibujar o escribir en piedra para reproducir lo dibujado o grabado'. Incorrecto: *litografear*, por ultracorrección. Se conjuga, en cuanto al acento, como **guiar**.

litógrafo. sust. m. 'Persona que practica la litografía'. Su femenino es **litógrafa**.

litólogo. sust. m. 'Persona que profesa la litología, parte de la geología que trata de las rocas'. Su femenino es **litóloga**.

litoral. adj. 'Perteneciente o relativo a la orilla o costa del mar' (*estudios litorales*). La Academia no registra **litoraleño, ña**, de correcta formación, 'natural del litoral'. → **-eño, ña**. sust. m. 'Costa de un mar, país o territorio' (*Recorrerá el litoral*). Argent., Par. y Urug. 'Orilla o franja de tierra al lado de los ríos' (*el **litoral** argentino*).

litosfera. sust. f. 'Envoltura rocosa que constituye la corteza exterior sólida del globo terrestre'. Es palabra grave. No debe pronunciarse [litósfera] como esdrújula.

lítotes. sust. f. 'Atenuación, figura de dicción'. Es palabra esdrújula. También pueden decirse **litotes** y **litote**, como graves. La Academia prefiere las dos primeras formas, recién incorporadas en el ***Diccionario***. Éstas, en plural, no varían: **las lítotes** o **las litotes**.

litráceo, a. adj. 'Dícese de hierbas y arbustos angiospermos dicotiledóneos, como la salicaria' (*hierbas litráceas*). Ú. t. c. sust. f.: **la litrácea**. sust. f. pl. 'Familia de estas plantas': **las litráceas**. También puede decirse **litrarieo, a** (adj.), pero la Academia prefiere la primera forma.

litro. sust. m. 'Unidad de capacidad del sistema métrico decimal, que equivale al contenido de un decímetro cúbico'; 'cantidad de líquido que cabe en tal medida'. Su abreviatura, en singular y en plural, es ***l***

liturgista. sust. com. 'Persona que estudia y enseña la liturgia': **el liturgista, la liturgista**.

lividecer. v. irreg. intr. 'Ponerse lívido'. Se conjuga como **parecer**.

lívido, da. adj. 'Amoratado'; 'intensamente pálido' (*Después de la noticia, quedó **lívida***). Rég. prep.: **lívido de** (***lívido de** miedo*).

♦ **living.** Anglicismo. Abreviación del inglés *living-room*. En español, debe decirse **cuarto de estar**. → **cuarto**

llama. sust. f. 'Mamífero rumiante'. Para distinguir los sexos, debe recurrirse a las perífrasis **llama macho**, **llama hembra**.

llamado, da. p. de **llamar**. El sintagma así llamado es un anglicismo: *Recibió al así llamado señor Merlín*. Correcto: *Recibió al **llamado** señor Merlín*. sust. m. 'Llamamiento' (*el **llamado** de Dios*).

llamar. v. tr. 'Dar voces a uno o hacer ademanes para que venga o para advertirle algo'. Rég. prep.: **llamar a** (***Llamó a** su hijo **a** gritos*); **llamar con** (*La **llamó con** gestos extravagantes*); **llamar por** (*Lo **llama por** señas*). 'Invocar' (***Llama** a la Virgen*). 'Citar'. Rég. prep.: **llamar a** (***Llamaron a** reunión extraordinaria; La **llaman a** coordinar la mesa redonda*). 'Nombrar, apellidar' (*Lo **llamarán** Daniel*). Rég. prep.: **llamar de** (***Llama de** vos a la maestra*). 'Designar con una palabra' (*En la Argentina, **llamamos** heladera a lo que en España **llaman** nevera*). v. intr. 'Hacer sonar un timbre para que alguien abra la puerta de una casa o acuda a la habitación donde se ha dado el aviso'. Rég. prep.: **llamar a** (***llamar a** la puerta; **llamar al** teléfono*). 'Gustar'. v. prnl. 'Tener tal o cual nombre o apellido'. Debe decirse **llamar** la atención **sobre** algo. Incorrecto: *llamar la atención en algo*. Es correcto el sintagma **llamarse a** (*No se **llamen a** engaño*). Su postverbal es **llamamiento** (sust. m.).

llamear. v. intr. 'Echar llamas'. No debe pronunciarse [llamiar, llamió]. → **-ear**

llaneador, ra. adj. 'Que llanea'. Ú. t. c. sust. m. y f.: **el llaneador, la llaneadora**.

llanear. v. intr. 'Andar por el llano, evitando pendientes'. No debe pronunciarse [llaniar, llanié]. → **-ear**

llanero. sust. m. 'Habitante de las llanuras'. Su femenino es **llanera**.

llanisto, ta. adj. NO. Argent. 'Dícese del montañés, natural de las tierras bajas, en particular de los llanos de La Rioja'. Ú. t. c. sust. m. y f.: **el llanisto, la llanista**. 'Perteneciente a esta región de la Argentina' (*costumbres **llanistas***). Esta voz ha sido recién incorporada en el *Diccionario*.

llano, na. adj. Entre otras acepciones, 'igual y extendido, sin altos ni bajos' (*campo **llano***); 'accesible, sencillo, sin presunción' (*hombres **llanos***); 'aplicado a las palabras, grave, que carga el acento en la penúltima sílaba' (*La palabra "árbol" es **llana***). Aumentativo: **llanote, ta. a la llana.** loc. adv. 'Llanamente'; 'sin ceremonia' (*Habla **a la llana***).

llanura. sust. f. 'Igualdad de la superficie de una cosa'; 'campo o terreno igual y dilatado, sin altos ni bajos'. Con esta última denotación, también pueden usarse **llana** (sust. f.), **llanada** (sust. f.) y **llano** (sust. m.).

llantén. sust. m. 'Planta herbácea'. Incorrecto: *llantel*. Es palabra aguda. En plural, se transforma en grave: **llantenes**.

llantería. sust. f. 'Llanto ruidoso y continuado de varias personas'. También puede decirse **llanterío** (sust. m.), pero la Academia prefiere la primera forma.

llapa. sust. f. Amér. Merid. 'Añadidura, añadido'. También puede decirse **yapa** (sust. f.). La Academia avala ambas formas como correctas.

llapar. v. tr. Amér. Merid. 'Añadir'. También puede decirse **yapar** (v. tr.). La Academia avala ambas formas como correctas.

llave. sust. f. La 'llave pequeña' es el **llavín** (sust. m.). Debe decirse guardar **bajo** o **debajo de** llave (*Guardó **bajo** o **debajo de** llave el testamento*). **echar la llave**. fr. 'Cerrar con ella' (***Echó la llave** y no lo dejó pasar*).

llavear. v. tr. Par. 'Cerrar con llave' (*Le pidió que **llaveara** la puerta*). No debe pronunciarse [llaviar, llavié]. → **-ear**

llegar. v. intr. Rég. prep.: **llegar a** (***Llegaron a** Venezuela; **Llegará a** capitán; **Llegó a** coleccionar mil estampillas; La falda **llega al** tobillo; Espero que nuestros gastos no **lleguen a** tres mil pesos*); **llegar de** (*El lunes **llegué de** Suiza*); **llegar para** (*Tantos metros de tela **llegarán para** dos vestidos*); **llegar por** (***Llegué por** la noche*). v. prnl. 'Acercarse'; 'ir a un sitio determinado que esté cercano'. Rég. prep.: **llegarse a** (*Se llegó a Juan*; *Me llegaré a tu casa mañana*). Su postverbal es **llegada** (sust. f.). → **pagar**

lleivún. sust. m. 'Planta chilena'. Es palabra aguda. En plural, se transforma en grave: **lleivunes**.

llenar. v. tr. Ú. t. c. prnl. Rég. prep.: **llenar con** (*Llenó la caja con caramelos*); **llenar de** (*Llenaba la bolsa de tomates*; *Llenó de insultos al carnicero*). Incorrecto: enllenar, un vulgarismo.

lleno, na. adj. Rég. prep.: **estar** o **sentirse lleno de** (*estar* o *sentirse lleno de comida*); **lleno de** (*lleno de gente*). **de lleno** o **de lleno en lleno**. locs. advs. 'Enteramente, totalmente' (*Analizó la propuesta de lleno* o *de lleno en lleno*).

llevar. v. tr. Rég. prep.: **llevar a** (*llevar al pueblo*; *llevar a una persona a pensarlo*); **llevar a** o **al cabo**. fr. (*llevar a* o *al cabo una reunión*); **llevar con** (*llevar las penas con resignación*); **llevar de** (*llevar del cabestro*); **llevar de** o **por** (*llevar de* o *por los cabellos*); **llevar por** (*El trabajo lleva por tema "la agricultura argentina"*). **llevarse bien** o **mal con**. fr. fam. (*Se llevaba bien con su familia*). Incorrecto: *llevar prisa* (catalanismo). Correcto: *tener prisa*. Su postverbal es **llevada** (sust. f.).

llorador, ra. adj. 'Que llora'. Ú. t. c. sust. m. y f.: **el llorador, la lloradora**.

llorar. v. intr. Ú. t. c. tr. Rég. prep.: **llorar de** (*llorar de indignación*); **llorar por** (*llorar por una desgracia*). Su postverbal es **lloro** (sust. m.).

lloriquear. v. intr. 'Llorar sin fuerza y sin bastante causa'. Incorrecto: *llorisquear*. No debe pronunciarse [lloriquiar, lloriquié]. Su postverbal es **lloriqueo** (sust. m.). → **-ear**

lloro. sust. m. 'Acción de llorar'. Diminutivo: **lloramico**. La **llorera** (sust. f.) es el 'lloro fuerte y continuado'.

llorón, na. adj. 'Perteneciente o relativo al llanto' (*mujer llorona*). Ú. t. c. sust. m. y f.: **el llorón, la llorona**. sust. m. 'Penacho de plumas largas'. sust. f. 'Plañidera'. sust. f. pl. rur. Argent. y Urug. 'Nazarenas, espuelas grandes, usadas por los gauchos' (*Me mostró las lloronas de su abuelo*).

llover. v. irreg. intr. impers. Se usa en las terceras personas del singular (*Mañana lloverá*). Ú. alguna vez como tr.; entonces, actúa como verbo personal (*Las nubes llueven piedras*; *Los trabajos lloverán problemas*). v. prnl. (*Se llovió el techo*). Rég. prep.: **llover a** (*En el campo, llovía a cántaros*); **llover sobre** (*Llovieron premios sobre la niña*). **llover sobre mojado**. fr. fig. 'Venir trabajos sobre trabajos'. Ú. alguna vez c. tr. 'Sobrevenir preocupaciones' (*Llueven desgracias en esta familia*); 'repetirse algo innecesario o enojoso'. Se conjuga como **mover**.

lloviznar. v. intr. impers. Se usa en las terceras personas del singular (*Por la tarde, lloviznó*). Incorrecto: *lloviznear*.

lluvia. sust. f. 'Acción de llover'; 'abundancia o muchedumbre' (*lluvia de sorpresas*). Argent., Chile y Nicar. 'Ducha'.

lo. Artículo neutro. Seguido de un posesivo o de un sustantivo introducido por la preposición **de**, 'la propiedad, casa o campo poseídos por quien se indica' (*lo nuestro*; *lo de Martínez*). Pronombre personal de tercera persona, en género masculino o neutro, y número singular. Actúa siempre como objeto directo (*Lo recibió amablemente*). El pronombre neutro puede actuar, además, como predicativo (*Berta es capaz, y su hermano también lo es*). No admite preposición y puede usarse como enclítico (*Recíbalo*). Es incorrecto emplearlo como objeto indirecto (caso de loísmo): *Lo hablé, pero no estaba*. Correcto: *Le hablé, pero no estaba*. El pronombre personal neutro no debe usarse en plural: *Se los dije a mis amigas*. Correcto: *Se lo dije a mis amigas*.

loable. adj. → **laudable**

loador, ra. adj. 'Que loa'. Ú. t. c. sust. m. y f.: **el loador, la loadora**.

♦ **lobby.** Anglicismo. En español, **vestíbulo público de un hotel**. Se llama *lobby* un vestíbulo público del Congreso de los Estados Unidos, al que suelen acudir "lobbystas" que representan unos mismos intereses, para influir sobre los congresistas a su favor. El término puede aplicarse a cualquier grupo que busca o ejerce determinada presión política o económica, aun fuera de los parlamentos o congresos. Si se usa la voz inglesa, debe entrecomillarse.

lobear. v. intr. 'Andar, como los lobos, al acecho y persecución de alguna presa' (p. us.). Argent. 'Cazar lobos marinos'. Esta denotación ha sido recién incorporada en el *Diccionario*. No debe pronunciarse [lobiar, lobié]. → **-ear**

lobeliáceo, a. adj. 'Dícese de hierbas o matas angiospermas dicotiledóneas, como el quibey' (*hierbas **lobeliáceas***). Ú. t. c. sust. f.: **la lobeliácea.** sust. f. pl. 'Familia de estas plantas': **las lobeliáceas.**

lobería. sust. f. 'Abundancia de lobos'; 'cacería organizada para exterminar estas fieras'. Argent. y Perú. 'Paraje de la costa donde los lobos marinos hacen su vida en tierra'. Esta última denotación ha sido recién incorporada en el *Diccionario*.

lobero, ra. adj. 'Lobuno' (*costumbres **loberas***). sust. m. 'El que caza lobos por una remuneración'. Argent. 'Cazador de lobos marinos'. Esta última denotación ha sido recién incorporada en el *Diccionario*.

lobisón. sust. m. Argent., Par. y Urug. 'Hombre, generalmente el séptimo hijo varón, a quien la tradición popular atribuye la facultad de transformarse en bestia salvaje durante las noches de luna llena'. Incorrecto: *lobizón*.

lobo. sust. m. Su femenino es **loba**. El sustantivo colectivo, **lobería** (f.). El 'cachorro del lobo' es el **lobato** (sust. m.) o **lobezno** (sust. m.). El aumentativo de **lobato** es **lobatón**. La **lobera** (sust. f.) es el 'monte donde hacen guarida los lobos'. El adjetivo **loboso, sa** 'aplícase al terreno donde se crían muchos lobos', y **lupino, na** significa 'perteneciente o relativo al lobo'. El homónimo de **lobo** denota 'lóbulo, perilla de la oreja'; 'porción redondeada y saliente de un órgano'.

lobuno, na. adj. 'Perteneciente o relativo al lobo' (*piel **lobuna***). También puede decirse **lobero, ra** (adj.), pero la Academia prefiere la primera forma. Argent. 'Dícese del caballo cuyo pelaje es grisáceo en el lomo, más claro en las verijas y en el hocico, y negro en la cara, crines, cola y remos'. Esta última denotación ha sido recién incorporada en el *Diccionario*.

locador. sust. m. 'Arrendador, el que recibe en alquiler'. Su femenino es **locadora**. Su antónimo es **locatario, ria** (sust. m. y f.). → **locatario**

localista. adj. 'Perteneciente o relativo al localismo'. Con esta denotación, también puede decirse **local** (adj.). 'Dícese del escritor o artista que cultiva temas locales' (*poeta **localista***). Ú. t. c. sust. com.: **el localista, la localista.**

localizar. v. tr. Ú. t. c. prnl. Su postverbal es **localización** (sust. f.). → **cazar**

locatario. sust. m. 'Arrendatario, el que da en alquiler'. Su femenino es **locataria**. Su antónimo es **locador, ra** (sust. m. y f.). → **locador**

locatis. adj. fam. 'Dícese de la pesona alocada, de poco juicio' (*mujer **locatis***). Ú. t. c. sust. com.: **el locatis, la locatis**. En plural, no varía: **los locatis, las locatis.**

loco, ca. adj. 'Que ha perdido la razón'; 'de poco juicio'. Rég. prep.: **loco con** (***loco con** su hija*); **loco de** (***loco de** amor*); **loco por** (***loco por** el tenis*). Ú. t. c. sust. m. y f.: **el loco, la loca**. fig. 'Que excede en mucho a lo ordinario o presumible' (*Tiene una suerte **loca***). Hablando de las ramas de los árboles, 'vicioso, pujante' (*ramaje **loco***). 'Dícese de la brújula y de las poleas u otras partes de las máquinas cuando giran libre o inútilmente' (*brújula **loca***). Diminutivo: **locuelo, la** (Ú. t. c. sust. m. y f.). **a locas, a tontas y a locas, a lo loco**. locs. advs. figs. y fams. 'Con inconsciencia o sin reflexión' (*Siempre trabaja **a tontas y a locas***). **estar loco de contento, volverse loco de contento**. frs. figs. y fams. 'Estar excesivamente alegre' (***Juana está loca de contento**; **Juana se volvió loca de contento***). Incorrecto: *Juana está loca de contenta*; *Juana se volvió loca de contenta*. La **loquera** (sust. f.) es la 'jaula de locos'.

loco citato. loc. lat. 'En el lugar citado'. Se usa en citas, alegaciones de textos, referencias, etc. Su abreviatura es ***loc. cit.***

locomotor, ra. adj. 'Propio para la locomoción' (*vehículo **locomotor***). En género femenino, también puede decirse **locomotriz** (adj.). sust. f. 'Máquina que arrastra los vagones de un tren' (*Es una vieja **locomotora***).

locuaz. adj. 'Que habla mucho o demasiado' (*niña **locuaz***). En plural: **locuaces**. Repárese en que cambia la **z** por **c**.

locución. sust. f. 'Modo de hablar'; 'frase'; 'conjunto de palabras que se repiten como fórmulas fijas y que poseen el valor gramatical y, a veces, semántico de una sola palabra'. *Clases de locuciones*. **adjetiva**. 'La que modifica a un sustantivo a manera de adjetivo': **de cine, de**

color, de pacotilla, de piedra, de rompe y rasga, en pleno, largo de manos (*Hizo un viaje de cine*); **adverbial**. 'La que funciona como un adverbio': **a mano armada, a menudo, a oscuras, a pie juntillas, a sabiendas, de antemano, de pronto, de repente** (*Lo sabe **de memoria***); **conjuntiva**. 'La que funciona como una conjunción': **a pesar de, con objeto de, con tal que, por consiguiente, por lo tanto** (*La esperaré, **a pesar de** que ya es muy tarde*); **interjectiva**. 'La que equivale a una interjección': **¡ay de mí!, ¡mi madre!, ¡válgame Dios!** (***¡Válgame Dios!**, si te viera tu padre*); **prepositiva**. 'La que funciona como una preposición': **a causa de, a falta de, a favor de, a través de, de acuerdo con, debajo de, detrás de, encima de, en favor de, en torno a, en torno de, en virtud de, junto a, junto con** (*Se sentó **junto a** tu hermana*). No debe confundirse la denotación de **locución** con las de **alocución** (sust. f.) y **elocución** (sust. f.). → **alocución, elocución**

locura. sust. f. 'Privación del juicio o del uso de la razón' (*La soledad lo llevó a la **locura***). En América, también se dice **loquera** (sust. f.). 'Gran desacierto' (*La venta de la casa fue una **locura***); 'exaltación del ánimo' (*Bebieron hasta la **locura***). **con locura**. loc. adv. fig. 'Muchísimo, extremadamente'. Se usa con los verbos **querer, gustar**, etc. (*Me **gusta con locura***). **de locura**. loc. adj. fig. 'Extraordinario, fuera de lo común' (*Compró una casa **de locura***).

locutor. sust. m. Su femenino es **locutora**.

locutorio. sust. m. 'Habitación de los conventos de clausura o de las cárceles, por lo común dividida por una reja, en la que los visitantes pueden hablar con las monjas o con los presos'; 'en las estaciones telefónicas, departamento aislado y de reducidas dimensiones que se destina al uso del teléfono'. Como sustantivo colectivo, denota 'conjunto de estos departamentos'. Esta última denotación ha sido recién incorporada en el ***Diccionario***.

lodo. sust. m. 'Mezcla de tierra y agua'. El 'sitio lleno de lodo' es el **lodazal** (sust. m.). El adjetivo correspondiente es **lúteo, a**, 'de lodo'.

lofobranquio. adj. 'Dícese de peces teleósteos, como el caballo marino' (*pez **lofobranquio***). Ú. t. c. sust. m.: **el lofobranquio**. sust. m. pl. 'Suborden de estos animales': **los lofobranquios**.

loganiáceo, a. adj. 'Dícese de plantas exóticas angiospermas dicotiledóneas, como el maracure' (*plantas **loganiáceas***). Ú. t. c. sust. f.: **la loganiácea**. sust. f. pl. 'Familia de estas plantas': **las loganiáceas**.

logaritmo. sust. m. Incorrecto: <u>logarismo</u>.

-logía. elem. compos. de or. gr. 'Tratado'; 'estudio'; 'ciencia' (*filo**logía**, meteoro**logía***).

lógico, ca. adj. 'Perteneciente o relativo a la lógica'; 'conforme a las reglas de la lógica' (*deducciones **lógicas***). 'Que la estudia y sabe' (*profesor **lógico***). Ú. t. c. sust. m. y f.: **el lógico, la lógica**. 'Dícese de toda consecuencia natural y legítima' (*respuesta **lógica***).

-logo, ga. elem. compos. de or. gr. 'Persona versada, especialista en lo que el primer elemento indica' (*cardió**logo**, oftalmó**loga***).

logopeda. sust. com. 'Persona versada en las técnicas de la logopedia': **el logopeda, la logopeda**. Esta voz ha sido recién incorporada en el ***Diccionario***.

logopedia. sust. f. colect. 'Conjunto de métodos para enseñar una fonación normal a quien tiene dificultades de pronunciación'. Esta voz ha sido recién incorporada en el ***Diccionario***.

lograr. v. tr. 'Conseguir o alcanzar lo que se intenta o desea'. Rég. prep.: **lograr** algo **de** alguna persona (***Logró** un empleo **del** presidente de la empresa*). v. prnl. 'Llegar a su perfección una cosa' (***Se logró** el acuerdo entre ambos países*). Su postverbal es **logro** (sust. m.).

logrero. sust. m. 'Persona que da dinero a logro, es decir, lo presta o lo da con usura'; 'persona que compra o guarda y retiene los frutos para venderlos después a precio excesivo'; 'persona que procura lucrar por cualquier medio'. Su femenino es **logrera**.

loísmo. sust. m. 'Vicio consistente en emplear las formas *lo* y *los* del pronombre *él* en función de objeto indirecto': <u>*Los*</u> *hablaré más tarde*. Correcto: ***Les** hablaré más tarde*.

loísta. adj. 'Dícese del que incurre en el vicio del loísmo' (*alumno **loísta***). Ú. t. c. sust. com.: **el loísta, la loísta**.

lomada. sust. f. 'Loma'. La Academia lo califica de voz anticuada, pero aún se usa en la Argentina, el Paraguay, el Perú y el Uruguay.

lombriz. sust. f. Aumentativo: **lombrigón** (sust. m.). No debe pronunciarse [lumbriz]. Es palabra aguda. En plural, se transforma en grave: **lombrices**. Repárese en que cambia la **z** por **c**. La **lombriguera** (sust. f.) es el 'agujero que hacen las lombrices en la tierra'.

lomear. v. intr. 'Mover los caballos el lomo, encorvándolo con violencia'. No debe pronunciarse [lomiar]. → **-ear**

lona. sust. f. 'Tela fuerte de algodón o cáñamo'; 'suelo sobre el que se realizan competiciones de boxeo, de lucha libre y grecorromana'. La A.A.L. recomienda la inclusión de frases figuradas y familiares, como **irse a la lona**, 'abandonar la lucha, perder', y **mandar a la lona**, 'vencer a otro'.

loneta. sust. f. Argent. y Chile. 'Lona delgada'. Argent. 'Pieza de este tejido y de distintas formas, destinada a diversos usos'.

♦ **long play.** Anglicismo. En español, debe decirse **disco de larga duración** o **microsurco**.

longevo, va. adj. 'Muy anciano o de larga edad' (*hombres **longevos***). Incorrecto: *María es de edad longeva*. Correcto: *María es **longeva***. La Academia no registra esta voz como sustantivo masculino y femenino.

longilíneo, a. adj. Esta voz no está registrada en el ***Diccionario***.

longitud. sust. f. Entre otras denotaciones, 'distancia de un lugar respecto al primer meridiano, contada por grados en el Ecuador'. En plural: **longitudes**. → **latitud**

lonja. sust. f. Diminutivo: **lonjeta**.

lontananza. sust. f. 'Términos de un cuadro más distantes del plano principal'. **en lontananza**. loc. adv. 'A lo lejos' (*La casa se distinguía **en lontananza***).

♦ **look.** Anglicismo. En español, debe decirse **imagen** (personal), **aspecto** (personal), **presencia** (física).

loor. sust. m. 'Alabanza'. Es palabra aguda. En plural, se transforma en grave: **loores**.

lopista. adj. 'Dedicado al estudio de las obras de Lope de Vega y de cosas que le pertenecen' (*profesora **lopista***); 'partidario de Lope de Vega'. Apl. a pers., ú. t. c. sust. com.: **el lopista, la lopista**.

loquear. v. intr. 'Decir y hacer locuras'; 'regocijarse con demasiada bulla y alboroto' (***Loquea** durante las fiestas*). No debe pronunciarse [loquiar, loquié]. → **-ear**

loquería. sust. f. 'Hospital para locos'. Es voz de reciente ingreso en el ***Diccionario***. La Academia no registra "loquerío" → **manicomio, psiquiátrico**

loquero. sust. m. 'El que, por oficio, cuida y guarda locos' (*Dos **loqueros** encerraron al anciano*). Su femenino es **loquera**. 'Barullo ruidoso y molesto' (*¿De dónde provenía el **loquero**?*). No debe usarse con la denotación de 'establecimiento destinado al diagnóstico y tratamiento de enfermos mentales': *Mi primo ingresó en un loquero*. Correcto: *Mi primo ingresó en un **psiquiátrico***.

lorantáceo, a. adj. 'Dícese de plantas angiospermas dicotiledóneas, parásitas o casi parásitas, como el muérdago'. Ú. t. c. sust. f.: **la lorantácea**. sust. f. pl. 'Familia de estas plantas': **las lorantáceas**.

lord. sust. m. Voz inglesa (*lord*, 'señor'). 'Título de honor que se da en Inglaterra a los individuos de la primera nobleza'. Algunos altos cargos llevan anejo este tratamiento. En plural: **lores**. Incorrecto: *lords*.

loriga. sust. f. 'Armadura para defensa del cuerpo'. Aumentativo: **lorigón** (sust. m.). Es palabra grave. No debe pronunciarse [lóriga] como esdrújula.

loro. sust. m. Su femenino es **lora**. Esta última voz denota, también, 'mujer charlatana' (Argent., Col., Chile, Par. y Urug.), significado recién incorporado en el ***Diccionario***. La A.A.L. recomienda la inclusión de **loro barranquero**, 'ave de hábitos gregarios, que conforma grandes bandadas y nidifica en cuevas, barrancas o laderas de montañas'.

los. Forma del artículo en género masculino y número plural (***los** meses*). Pronombre personal de tercera persona en género masculino y número plural que actúa siempre como objeto directo (***Los** premiaron ayer*). No admite preposición. Puede usarse como enclítico (*Prémia**los***). Aclara la Academia: "Emplear en este caso la forma *les*, propia del dativo, es tolerable como objeto directo de persona" (*Prémiales*). En la Argentina, no se usa **les** por **los** como objeto directo; *les* actúa siempre como objeto indirecto (*Les envié flores*). Incorrecto: *Los grité severamente* (caso de loísmo). Correcto: ***Les** grité severamente.*

losa. sust. f. 'Piedra llana y de poco grueso'; 'trampa para cazar aves o ratones'; 'sepulcro'. Diminutivos: **loseta, losilla**. No deben confundirse su grafía y su denotación con las de su homófono **loza** (sust. f.). → **loza**

losado, da. p. de **losar**. sust. m. 'Suelo cubierto de losas'. También puede decirse **enlosado** (sust. m.). → **enlosado**

losar. v. tr. 'Cubrir el suelo con losas'. También puede decirse **enlosar** (v. tr.). → **enlosar**

lote. sust. m. Voz francesa (*lot*) españolizada. Es sustantivo colectivo con las siguientes denotaciones: 'en las exposiciones y ferias de ganados, grupo muy reducido de caballos, mulos, etc., que tienen ciertos caracteres comunes o análogos'; 'conjunto de objetos similares que se agrupan con un fin determinado' (***lote** de sillas*).

lotear. v. tr. 'Dividir en lotes, generalmente un terreno'. Su postverbal es **loteo** (sust. m.). No debe pronunciarse [lotiar, lotié]. → **-ear**

lotero. sust. m. 'Persona que tiene a su cargo un despacho de billetes de la lotería'. Su femenino es **lotera**. En la Argentina, se dice **agenciero, ra** (sust. m. y f.).

loza. sust. f. 'Barro fino, cocido y barnizado, de que están hechos platos, tazas, etc.'. Como sustantivo colectivo, denota 'conjunto de estos objetos destinados al ajuar doméstico' (*Allí guarda la **loza***). No deben confundirse su grafía y su denotación con las de su homófono **losa** (sust. f.). → **losa**

lubricador, ra. adj. 'Que lubrica'. Ú. t. c. sust. m. y f.: **el lubricador, la lubricadora**.

lubricante. p. a. de **lubricar**. adj. 'Dícese de toda sustancia útil para lubricar' (*aceite **lubricante***). Ú. t. c. sust. m. (*Compró el **lubricante***). También pueden decirse **lubricativo, va** (adj.) y **lubrificante** (p. a. de **lubrificar**; adj. Ú. t. c. sust. m.).

lubricar. v. tr. 'Hacer lúbrica o resbaladiza una cosa'. Su postverbal es **lubricación** (sust. f.). Con su primera acepción, también puede decirse **lubrificar** (v. tr.). → **sacar**

lubrificar. v. tr. Su postverbal es **lubrificación** (sust. f.). → **sacar, lubricar**

luchador. sust. m. Su femenino es **luchadora**.

luchar. v. intr. Rég. prep.: **luchar con** (*Lucha con sus secuaces*); **luchar contra** (*Luchaba contra la corrupción*); **luchar por** (*Luchó por sus ideales*).

lucidez. sust. f. 'Cualidad de lúcido'. Es palabra aguda. En plural, se transforma en grave: **lucideces**. Repárese en que cambia la **z** por **c**.

luciente. p. a. de **lucir**. adj. (*día **luciente***). El superlativo es **lucentísimo, ma**.

luciérnaga. sust. f. Para distinguir los sexos, debe recurrirse a las perífrasis **luciérnaga macho, luciérnaga hembra**. → **bicho (bichito de luz)**

lucifer. sust. pr. m. 'El príncipe de los ángeles rebeldes'. Debe escribirse con mayúscula (*No invoques a **Lucifer***). Es palabra aguda. No debe pronunciarse [Lúcifer] como esdrújula. También puede decirse **Luzbel** (sust. pr. m.). sust. m. poét. 'Lucero de la mañana'. También recibe el nombre de **lucífero** (sust. m.). fig. 'Hombre soberbio, encolerizado y maligno' (*Parecía un **lucifer***). El adjetivo correspondiente a la primera denotación es **luciferino, na**, 'perteneciente a Lucifer'.

lucir. v. irreg. intr. 'Brillar, resplandecer' (***Luce** el Sol*). fig. 'Sobresalir, aventajar'. Ú. t. c. prnl. (***Se lució** durante la fiesta*). 'Corresponder notoriamente el provecho al trabajo en cualquier obra' (*Te **lució** el trabajo*). 'Iluminar'; 'manifestar el adelantamiento, la riqueza, la autoridad, etc.'; 'enlucir, blanquear con yeso las paredes'. v. prnl. 'Vestirse y adornarse con esmero'. fig. 'Quedar uno muy bien en un empeño'. → **enlucir**. Su postverbal es **lucimiento** (sust. m.). La irregularidad de **lucir** consiste en que agrega **z** antes de **c**, cuando ésta va seguida de **o** o de **a**, en presente de indicativo (*luzco*) y en presente de subjuntivo (*luzca, luzcas, luzca, luzcamos, luzcáis, luzcan*).

luctuoso, sa. adj. 'Triste, fúnebre y digno de llanto'. También puede decirse **lutoso, sa** (adj.), pero la Academia prefiere la primera forma.

lucubración. sust. f. 'Acción y efecto de lucubrar'; 'vigilia y tarea consagrada al estudio'; 'obra o producto de este trabajo' (*lucubraciones filosóficas*). También puede decirse **elucubración** (sust. f.), pero la Academia prefiere la primera forma.

lucubrar. v. tr. 'Trabajar velando y con aplicación en obras de ingenio'; 'imaginar sin mucho fundamento'. También puede decirse **elucubrar** (v. tr. Ú. t. c. intr.), pero la Academia prefiere la primera forma.

ludibrio. sust. m. 'Escarnio, mofa'. No debe pronunciarse [ludribio].

lúdico, ca. adj. 'Perteneciente o relativo al juego' (*actividades **lúdicas***). También puede decirse **lúdicro, cra** (adj.), pero la Academia prefiere la primera forma.

luego. adv. t. 'Prontamente, sin dilación' (*Hazlo **luego***); 'después de este momento' (*Te lo diré **luego***). Incorrecto: *Te lo diré luego después*. conj. ilat. 'Deducción o consecuencia inferida de un antecedente' (*Trabajo, **luego** vivo de mis esfuerzos*). **desde luego**. loc. adv. 'Ciertamente, sin duda alguna' (***Desde luego**, usted tiene razón*). **luego luego**. loc. adv. 'Enseguida' (***Luego luego** lo atiendo*). **luego que**. loc. conjunt. 'Así que, tan pronto como' (***Luego que** termine, llámeme*).

luengo, ga. adj. 'Largo'. Los superlativos son **longísimo, ma** y **longuísimo, ma.**

lúes. sust. f. 'Sífilis'. En plural, no varía: **las lúes**. El adjetivo correspondiente es **luético, ca**, 'sifilítico'.

lugar. sust. m. 'Espacio ocupado o que puede ser ocupado por un cuerpo cualquiera'; 'sitio, paraje'; 'ciudad, villa o aldea'; 'población pequeña'; 'pasaje, texto; expresión o conjunto de expresiones de un autor, o de un libro escrito'; 'tiempo, ocasión'; 'puesto, empleo, dignidad, oficio o ministerio'; 'causa'; 'sitio que, en una serie ordenada de nombres, ocupa cada uno de ellos'. Diminutivo despectivo: **lugarejo**. **en lugar de**. loc. prepos. 'En vez de' (***En lugar de** reír, lloraba*). **en primer lugar**. loc. adv. 'Primeramente' (*Estabas **en primer lugar***). **fuera de lugar**. loc. adj. o adv. 'Inoportuno, inadecuado, contrario a la situación o a las circunstancias' (*Dijo palabras **fuera de lugar**; Habló **fuera de lugar***). **no ha lugar**. expr. con que se declara que 'no se accede a lo que se pide'. **tener lugar** algo. fr. 'Ocurrir, suceder, efectuarse' (*La ceremonia **tuvo lugar** el viernes pasado*).

lugareño, ña. adj. 'Natural de un lugar o población pequeña' (*gente **lugareña***). Ú. t. c. sust. m. y f.: **el lugareño, la lugareña**. 'Perteneciente a los lugares o poblaciones pequeñas' (*vida **lugareña***).

lujurioso, sa. adj. 'Entregado a la lujuria'. Ú. t. c. sust. m. y f.: **el lujurioso, la lujuriosa**. Es un anglicismo usar esta voz como sinónimo de **fastuoso** (adj.) o de **lujoso** (adj.).

lumbral. sust. m. → **umbral**

lumbre. sust. f. Incorrecto: *el lumbre*. Una **lumbrada** (sust. f.) es una 'lumbre grande'. La **lumbrarada** (sust. f. preferido por la Academia) o **lumbrerada** es una 'lumbre grande con llamas'.

lumen. sust. m. 'Unidad de flujo luminoso'. No lleva tilde, porque es palabra grave terminada en **n**. En plural, se transforma en esdrújula: **lúmenes**. → **lux**

luminiscencia. sust. f. 'Propiedad de despedir luz sin elevación de temperatura y visible casi sólo en la oscuridad, como la que se observa en las luciérnagas'. Incorrecto: *luminicencia*.

luminotécnico, ca. adj. 'Perteneciente o relativo a la luminotecnia o arte de la iluminación con luz artificial para fines industriales y artísticos'. sust. m. y f. 'Persona especializada en luminotecnia': **el luminotécnico, la luminotécnica**.

luna. sust. pr. f. 'Astro, satélite de la Tierra'. Con esta acepción, se escribe con mayúscula y lleva, generalmente, antepuesto el artículo **la** (*Realizaron un viaje a **la Luna***). Con otras acepciones, se escribe con minúscula: 'luz nocturna que este satélite nos refleja de la que recibe del Sol' (*La **luna** encendía las flores del jardín*). Diminutivos: **lunecilla**, **luneta**, **lunilla**. **media luna**. 'Figura que presenta la **Luna** al comenzar a crecer y hacia el fin del cuarto menguante'. La 'Luna llena' se denomina **plenilunio** (sust. m.). → **medialuna**

♦ **lunch.** Anglicismo. En español, debe decirse **refrigerio**, **tentempié**, **piscolabis**, **bufé**, **ambigú**.

lunes. sust. m. 'Primer día de la semana civil, segundo de la litúrgica'. En plural, no varía: **los lunes**. Se escribe siempre con minúscula. → **jueves**

lunfardo. sust. m. Argent. 'Jerga que originariamente empleaba, en la ciudad de Buenos Aires y sus alrededores, la gente de mal vivir. En parte, se difundió posteriormente por las demás clases sociales y por el resto del país'. Su apócope es **lunfa**, recién registrado por la Academia. Un **lunfardismo** (sust. m.) es 'palabra o locución propia del lunfardo'.

lusitanismo. sust. m. 'Giro o modo de hablar propio y privativo de la lengua portuguesa'; 'vocablo o giro de esta lengua empleado en otra'; 'uso de vocablos o giros portugueses en distinto idioma'. También puede decirse **portuguesismo** (sust. m.).

lustrabotas. sust. m. Argent., Bol., Chile, Perú y Urug. 'Limpiabotas'. No debe usarse, en singular, sin **s** final. En plural, no varía: **los lustrabotas**. En Chile, también se dice **lustrín** (sust. m.). → **limpiabotas, lustrador**

lustrador. sust. m. Argent. y Nicar. 'Lustrabotas, limpiabotas'. La Academia no registra el género femenino. Tampoco, la denotación de 'persona que da lustre a un objeto' (*lustrador de muebles*).

lustro. sust. m. 'Espacio de cinco años'. → **quinquenio**

lutecio. sust. m. 'Elemento metálico del grupo de las tierras raras'. Número atómico 71. Símbolo: ***Lu***

luteranismo. sust. m. 'Secta de Lutero'. Como sustantivo colectivo, denota 'conjunto o totalidad de los seguidores de Lutero'.

luterano, na. adj. 'Que profesa la doctrina de Lutero' (*hombres **luteranos***). Ú. t. c. sust. m. y f.: **el luterano, la luterana**. 'Perteneciente o relativo a Lutero' (*principios **luteranos***).

♦ **luthier.** Galicismo. En español, debe decirse **violero**, 'constructor de instrumentos de cuerda'. Si se usa la voz francesa, debe entrecomillarse.

lux. sust. m. 'Unidad de iluminación. Es la iluminación de una superficie que recibe un lumen en cada metro cuadrado'. En plural, no varía: **los lux**. Símbolo: ***lx*** (sin punto). → **lumen**

luxación. sust. f. 'Dislocación de un hueso'. También puede decirse **lujación** (sust. f.), pero la Academia prefiere la primera forma.

luz. sust. f. Entre otras denotaciones, 'agente físico que hace visibles los objetos'. Diminutivo: **lucecilla**. En plural: **luces**. Repárese en que cambia la **z** por **c**. **luz mala**. Argent. y Urug. 'Fuego fatuo que producen los huesos en descomposición, y que la superstición atribuye a las almas en pena de los muertos sin sepultura' (*Vio la **luz mala***). **a buena luz**. loc. adv. fig. 'Con reflexión, atentamente' (*Lo leí **a buena luz***). **a la luz de**. expr. 'En vista de' (***A la luz de** los acontecimientos, no saldré de viaje*). **a primera luz**. loc. adv. 'Al amanecer' (***A primera luz**, nos iremos*). **a toda luz** o **a todas luces**. loc. adv. fig. 'Por todas partes, de todos modos'; 'evidentemente, sin duda' (***A toda luz** o **a todas luces**, no lo sabe*). **dar a luz**. fr. 'Parir la mujer' (***Dio a luz** una niña*); 'publicar una obra' (***Dará a luz** su primer poemario*). **dar luz**. fr. 'Alumbrar un cuerpo luminoso o dejar paso para la luz'; 'echar luz' (*Esa ventana **da** buena **luz***). **entre dos luces**. loc. adv. fig. 'Al amanecer'; 'al anochecer' (*Regresó **entre dos luces***). **sacar a luz** o **a la luz**. fr. 'Dar a luz' (*La editorial **sacará a luz** o **a la luz** dos novelas*). **salir a luz**. fr. fig. 'Ser producida una cosa' (*Las lapiceras **saldrán a luz***); 'imprimirse, publicarse algo' (*Ya **sale a luz** mi libro*); 'descubrirse lo oculto' (*El contenido del cofre **salió a luz***). **ver la luz**. fr. 'Nacer' (*Cervantes **vio la luz** en España*). Debe decirse **año luz** o **año de luz**. En plural: **años luz**, **años de luz**. **estar a años luz**. fr. fig. e hiperbólica con que se indica que 'una persona o una cosa dista extraordinariamente de otra' (***Está a años luz** de su primo*). La Academia ha incorporado recientemente **luz verde** (loc. sust. fig.), 'camino o procedimiento abierto y dispuesto para el logro de un asunto, empresa, etc.' (*Le dio **luz verde** para presentar el proyecto*).

♦ **lycra** o **licra.** Anglicismo. 'Tejido sintético para fabricar medias, mallas, etc.'. Carece de registro académico.

m. Decimotercera letra del abecedario español. Su nombre es **eme** (sust. f.). En plural, **emes**. Letra numeral romana que tiene el valor de mil: ***MD*** (1500). Vale un millón cuando lleva una rayita encima: $\overline{M}$.

-ma. suf. de or. gr. Se aplicaba a sustantivos frecuentemente emparentados con verbos griegos y que solían indicar el resultado de la acción significada por el verbo correspondiente (*drama*, *sofisma*, *eccema*). Modernamente, se ha generalizado la forma **-ema** en sustantivos como *lexema*, *fonema*. La patología emplea **-oma**, como nuevo sufijo, con el significado de 'tumor' u otras alteraciones patológicas: *fibroma*, *condroma*. Es de reciente incorporación en el ***Diccionario***.

macá. sust. m. Argent., Par. y Urug. 'Ave acuática y zambullidora'. Equivale a **somorgujo** del español general. Es voz recién incorporada por la Academia. Plural: **macaes**. Según el ***Esbozo***, se admite, también, **macás**.

macachín. sust. m. Argent. y Urug. 'Pequeña planta, que da flores amarillas o violadas en otoño. Las hojas y las flores se usan con fines medicinales'. Es voz aguda que, en plural, se hace grave: **macachines**.

macaco. sust. m. 'Cuadrumano muy parecido a la mona, pero más pequeño que ella'. Su hembra, **macaca** (sust.f.).

macadán. sust. m. 'Pavimento de piedra machacada'. Es voz aguda que, en plural, se hace grave: **macadanes**. La Academia también registra **macadam** (sust. m.), igualmente aguda, pero prefiere la primera forma. Plural: **macadames**. El verbo **macadamizar** (tr.) deriva de esta última voz. → **cazar**

macana. sust. f. Bol., Col., Ecuad. y Venez. 'Especie de chal o manteleta, casi siempre de algodón, que usan las mujeres mestizas'. Su homónimo significa, entre otras acepciones, 'arma ofensiva, a manera de machete o de porra'; 'artículo de comercio que por su deterioro o falta de novedad queda sin fácil salida'. Amér. 'Garrote grueso de madera dura y pesada'. fig. Argent., Perú y Urug. 'Desatino, mentira' (*Hizo una gran **macana***; *No digas esas **macanas***). Argent. 'Regalo de poca importancia'. Ú. m. c. d. (*Para Navidad, le regalaré una **macanita***). **¡qué macana!** loc. fig. Argent. 'Exclamación con la que se expresa contrariedad'. Los dos últimos regionalismos son de reciente ingreso en el ***Diccionario***. El 'golpe dado con la macana' es un **macanazo** (sust. m.). Aunque no lo registra la Academia, esta voz se emplea frecuentemente, en la Argentina, como aumentativo de los usos regionales figurados que se consignan para el segundo homónimo (*Dijo un **macanazo***).

macaneador. sust. m. Argent. 'Mentiroso'. Su femenino es **macaneadora**.

macanear. v. tr. Entre otras acepciones, todas regionales de América, significa, en Cuba, Puerto Rico y Santo Domingo, 'golpear con el garrote o la macana', y, en la Argentina, Bolivia, Chile, el Paraguay y el Uruguay, 'decir desatinos, mentir'. No debe pronunciarse [macaniar, macanié]. → **-ear**. Su postverbal es **macaneo** (sust. m.). Se usa en la Argentina, el Paraguay y el Uruguay (*El **macaneo** de algunos políticos aburre*).

macanudo, da. adj. fam. Amér. 'Magnífico, extraordinario, excelente'. Se usa tanto en sentido moral como material (*Es una chica **macanuda***). El ***Diccionario*** no lo registra como adverbio (*Lo pasamos **macanudo***).

macarrón. sust. m. 'Pasta alimenticia que tiene forma de canuto alargado'. Ú. m. en pl. (*Comeremos unos **macarrones***). En singular, no debe decirse *macarrone*, un italianismo. Tampoco es correcto *macarroni*, ni siquiera para el plural, otro italianismo. Con el significado de 'bollo pequeño, hecho con pasta de almendra, azúcar y otras especias', también puede decirse **mostachón** (sust. m.). Para ambas acepciones es incorrecto usar *mostachol* o, en plural, *mostacholes*, voces frecuentemente empleadas, en la Argentina, por **macarrón** o **macarrones**. Incorrecto: *Sirvieron mostacholes con tuco*. Correcto: *Sirvieron **macarrones** con tuco*.

macarrónico, ca. adj. 'Aplícase al latín defectuoso y al lenguaje vulgar que peca contra las leyes de la gramática y del buen gusto' (*Habla un latín **macarrónico***). Sobre él, se ha formado **macarrónicamente** (adv. m.).

macear. v. tr. 'Golpear con el mazo o la maza'. v. intr. fig. 'Molestar repetidamente'. Su 'acción y efecto' es **maceo** (sust. m.). No debe pronunciarse [maciar, macié]. → **-ear**

maceración. sust. f. 'Acción y efecto de macerar o macerarse'. También puede decirse **maceramiento** (sust. m.). La Academia prefiere la primera forma.

macerar. v. tr. 'Ablandar una cosa estrujándola o golpeándola'; 'mantener sumergida alguna sustancia sólida en un líquido, con el fin de ablandarla o de extraer de ella las partes solubles'; 'reblandecer la piel o los demás tejidos mediante prolongado contacto con un líquido' (***Maceraré** el conejo que cazaste ayer en vinagre y especias*). Ú. t. c. prnl. (*La cerezas están **macerándose** en aguardiente*). Rég. prep.: **macerar** o **macerarse en** (***macerar** o **macerarse en** vinagre*). fig. 'Mortificar la carne con penitencias. Ú. t. c. prnl. (*La santa **se maceraba** en su celda*).

maceta. sust. f. d. de **maza**. Entre otras acepciones, tiene las de 'mango de algunas herramientas' y de 'martillo de mango corto con dos bocas iguales'. Su homónimo denota, en su significado más común, 'vaso de barro cocido que, lleno de tierra, sirve para criar plantas'. De este último, procede **macetero** (sust. m.), 'soporte para colocar macetas con plantas'. Diminutivo: **macetilla**. Aumentativo: **macetón** (sust. m.). La Academia no registra **macetudo, da** (adj.), un argentinismo que 'se aplica a las personas con piernas gruesas y cortas', aunque, sí, lo hace el ***Diccionario Manual***.

mach. sust. m. 'Nombre internacional de la unidad que mide la velocidad de crucero de los aviones'. En plural, no varía (*El Concorde alcanza 2,2 **mach***). No debe confundirse con el anglicismo *match*.

machaca. sust. f. 'Instrumento con que se machaca'. Para el mismo significado, se registra **machacadera** (sust. f.). sust. com. 'Persona pesada que fastidia con su conversación necia e importuna': **el machaca, la machaca**.

machacador, ra. adj. 'Que machaca'. Ú. t. c. sust. m. y f.: **el machacador, la machacadora**.

machacar. v. tr. 'Golpear'; 'reducir una cosa sólida a fragmentos pequeños, sin triturarla'. v. intr. 'Porfiar, insistir'. Su 'acción y efecto' se denomina **machaqueo** (sust. m.) o **machacadura** (sust. f.); la forma *machaque* carece de registro académico. También pueden decirse, para la misma denotación verbal, **machucar** (v. tr., → **sacar**), aunque la Academia prefiere la primera forma, y **majar** (v. tr.). Rég. prep.: **machacar en** o **sobre** (***machacar en** o **sobre** una piedra*). → **sacar**

machacón, na. adj. 'Que repite algo con insistencia'. Ú. t. c. sust. m. y f.: **el machacón, la machacona** (*La maestra es una **machacona***).

machaconería. sust. f. fam. 'Pesadez, importunidad'. Para el mismo significado, sin la marcación de familiar, se registra **machaquería** (sust. f.).

machamartillo (a). loc. adv. fig. con que 'se expresa que una cosa está construida con más solidez que primor'; 'con firmeza'. Puede escribirse en tres palabras: **a macha martillo**.

machar. v. tr. 'Golpear para quebrantar algo'. En la Argentina y en otros países de América, la forma pronominal significa 'emborracharse', como lo documenta el ***Diccionario Manual***, un uso muy frecuente, pero sin registro en el mayor (***Se macharon** con cerveza*). No debe confundirse con **machear** (v. tr.), 'fecundar el macho a la hembra', entre otras acepciones.

machete. sust. m. 'Arma blanca, más corta que la espada, ancha, pesada y de un solo filo' (*Cortaba los yuyos con el **machete***). fig. y fam. Argent. 'Papelito con apuntes que los estudiantes llevan oculto para copiarse en los exámenes'. Equivale a **chuleta** (sust. f.) del español general (*El profesor le descubrió el **machete** y lo aplazó*). Esta última acepción es de registro reciente. Un **machetazo** (sust. m.) es el 'golpe dado con el machete o garrote'.

machetear. v. tr. 'Golpear con el machete' (***Machetea** la caña*). fig. y fam. Argent. 'Reducir el texto de un examen a machete'. Ú. t. c. prnl. v. prnl. Argent. 'Valerse el estudiante de un machete durante un examen' (***Se macheteó** en la prueba y obtuvo muy buena nota*). Ú. t. c. tr. Los argentinismos anotados han sido recién introducidos en el ***Diccionario***. No debe pronunciarse [machetiar, machetié]. → **-ear**

machetero. sust. m. 'El que desmonta los pasos obstaculizados por árboles'; 'el que, en los ingenios de azúcar, corta las cañas'. Carece de femenino. La Academia no registra el adjetivo

machetero, ra, usado en la Argentina, y que 'se aplica al estudiante que se machetea' (*alumno **machetero***). Ú. t. c. sust. m. y f. (*Para que no se copiaran, senté a los **macheteros** en la primera fila*). La A.A.L. recomendó la inclusión de estas acepciones en el ***Diccionario***.

machista. adj. 'Perteneciente o relativo al machismo' (*actitud **machista***); 'partidartio del machismo' (*Entre los porteños, abundan los hombres **machistas***). Ú. t. c. sust. com.: **el machista, la machista**.

macho. sust. m. 'Animal del sexo masculino'. Su antónimo es **hembra**. 'Parte del corchete que encaja en la hembra' (*Por más que busco entre los broches del costurero, no encuentro ningún **macho**; todas son hembras*). fig. 'En los artefactos, pieza que entra dentro de otra'. adj. fig. 'Fuerte, vigoroso'; 'valiente' (*Se cree más **macho** que nadie*). Diminutivo: **machito**. Aumentativos: **machón**, **machote**, **machuelo**. Su homónimo denota 'mazo grande que se usa para forjar el hierro'; 'banco en que los herreros tienen el yunque pequeño'; 'yunque cuadrado'.

machorra. sust. f. 'Hembra estéril'. No se confunda con **machota**. El adjetivo **machorro, rra** significa 'estéril, infructífero'.

machota. sust. f. 'Mujer hombruna, marimacho'. Diferénciese semánticamente de **machorra**. En la Argentina, el Paraguay y el Uruguay, se usa más **machona** (sust. f.), sin registro en el ***Diccionario*** mayor, pero incluido en el ***Manual***.

machote. sust. m. fam. 'Hombre vigoroso, bien plantado, valiente'. Entre otras acepciones regionales de América, en Méjico significa 'formulario con espacios en blanco para llenar', de reciente incorporación académica.

machucadura. sust. f. 'Acción y efecto de machucar'. También pueden decirse **machucamiento** (sust. m.) y **machucón** (sust. m.), pero la Academia prefiere la primera forma.

machucar. v. tr. → **machacar**

macizo, za. adj. 'Lleno, sin huecos, sólido' (*Es de plata **maciza***); 'dícese de la persona de carnes duras y consistentes' (*El niño tiene **macizas** las piernecitas*); 'sólido, bien fundado' (*El monasterio es de construcción **maciza***). sust. m. 'Prominencia del terreno, generalmente rocosa, o grupo de alturas o montañas (*Escalaremos la montaña más alta del **macizo***). fig. 'Agrupación de plantas' (*En el jardín, hay dos **macizos** de petunias*). Es sustantivo colectivo con la denotación de 'conjunto de construcciones apiñadas o cercanas entre sí'. Repárese en su grafía, que algunos equivocan.

macolla. sust. f. colect. 'Conjunto de vástagos, flores y espigas que nacen de un mismo pie'. La voz regional **macollo** (sust. m.), de reciente incorporación en el ***Diccionario***, designa, en la Argentina, el Ecuador y Méjico, 'cada uno de los brotes de un pie vegetal', denotación en que se pierde el sentido colectivo originario de la voz, que ha sufrido, así, no sólo un cambio morfológico, sino también semántico.

macollo. sust. m. → **macolla**

macramé. sust. m. Voz francesa (*macramé*) españolizada. 'Tejido hecho con nudos más o menos complicados'; 'hilo con que se teje'. En plural: **macramés**. Ha sido recién incorporada por la Academia.

macro-. elem. compos. de or. gr. 'Grande' (***macro**biótico*, ***macro**economía*).

macrobiótico, ca. adj. 'Apto para alargar la vida'. sust. f. 'Arte de vivir muchos años' (*La **macrobiótica** permite vivir muchos años*). El adjetivo es de reciente incorporación en el ***Diccionario***.

macrocefalia. sust. f. No debe pronunciarse [macrocefalía].

macrocéfalo, la. 'Que tiene la cabeza grande'. Ú. t. c. sust. m. y f.: **el macrocéfalo, la macrocéfala**.

macrocentro. sust. m. Voz que carece de registro en el ***Diccionario***, pero está correctamente formada. Su antónimo es **microcentro** (sust. m.).

macrocosmo o **macrocosmos.** sust. m. Las dos formas son correctas, pero la Academia prefiere la primera. La segunda, en plural, no varía: **los macrocosmos**. → **microcosmo**

macroeconomía. sust. f. Ú. en contraposición a **microeconomía** (sust. f.).

macroscópico, ca. adj. 'Lo que se ve a simple vista'. Su antónimo es **microscópico, ca** (adj.).

mácula. sust. f. 'Mancha'. Es voz propia del lenguaje culto (*Es una persona sin **mácula***).

madama. sust. f. p. us. Se emplea irónica o familiarmente como trato de cortesía; equivale a **señora**. No corresponde decir, en su reemplazo, el galicismo *madame*. En algunas regiones, aunque no lo documenta la Academia, tiene un matiz peyorativo: se aplica a la 'dueña o encargada de un prostíbulo'.

madamisela. sust. f. p. us. 'Mujer joven que presume de dama, o parece serlo'. Es voz francesa (*mademoiselle*) españolizada. No es semánticamente, pese a su origen, sinónimo exacto de **señorita** (sust. f.), sino de **damisela** (sust. f.).

♦ **made in.** loc. inglesa. En español, corresponde decir **fabricado en, manufacturado en, hecho en.**

madera. sust. f. 'Parte sólida de los árboles cubierta por la corteza' (*El pino es de **madera** dura*); 'pieza labrada de madera que sirve para la construcción'. En esta acepción, es sinónimo de uno de los significados de **madero** (sust. m.). fig. y fam. 'Talento o disposición natural de las personas para determinada actividad' (*Tiene **madera** para este oficio*). El 'sitio donde se vende madera' es la **maderería** (sust. f.). → **madero**

maderada. sust. f. colect. 'Conjunto de maderos que se transporta por un río'.

maderamen. sust. m. colect. 'Conjunto de maderas que entran en una obra'. También pueden decirse **maderaje** (sust. m.) y **maderación** (sust. f. p. us.). La Academia se inclina por la primera forma. Es voz grave que, en plural, se transforma en esdrújula: **maderámenes**. Nótese que, en singular, no lleva tilde, conforme a las reglas de acentuación.

maderero, ra. adj. 'Perteneciente o relativo a la madera' (*industria **maderera***). sust. m. 'El que trata en maderas'; 'el que conduce las maderadas por los ríos'. Para esta última acepción, también puede decirse **maderista** (sust. m.). De acuerdo con la Academia, ambos carecen de femenino.

madero. sust. m. 'Pieza larga de madera escuadrada o rolliza'; 'pieza de madera, labrada a cuatro caras, destinada a la construcción'. fig. 'Nave'. fig. y fam. 'Persona muy torpe'. Diminutivo: **maderuelo**. Sólo en la segunda acepción, puede usarse como sinónimo de **madera** (sust. f.).

madona. sust. f. Voz italiana (*madonna*) españolizada. 'Nombre dado a la Virgen María' (*Es la **Madona** de Rafael*); 'cuadro o imagen que la representa sola o con el Niño' (*El motivo de la pintura es una **madona***). Cuando designa a una en particular, se escribe con mayúscula; en los otros casos, con minúscula. No debe escribirse *madonna*, un italianismo. Es voz de reciente incorporación académica.

madrás. sust. m. 'Tejido fino de algodón'. En plural: **madrases**.

madrastra. sust. f. Incorrecto: <u>*madrasta*</u>, <u>*madastra*</u>, vulgarismos. La forma masculina es **padrastro**.

madraza. sust. f. fam. 'Madre muy condescendiente, que mima mucho a sus hijos'. La forma masculina es **padrazo**.

madre. sust. f. 'Hembra que ha parido'; 'hembra respecto de su hijo'. Se escribe con mayúscula cuando significa la Virgen María (*la **Madre** de Dios*). 'Título que se da a ciertas religiosas', caso en que se escribe con minúscula (*La **madre** Rafaela es la superiora*). Su abreviatura es *M.* fam. 'Mujer anciana del pueblo'; 'matriz en que se desarrolla el feto'. fig. 'Causa, raíz u origen de donde proviene una cosa'. fig. 'Aquello en que figuradamente concurren algunas circunstancias propias de la maternidad' (*la **madre** patria*), etc. Diminutivos: **madrecita, madrecilla. madre de leche**. Equivale a **nodriza. madre política**. Equivale a **suegra**. **ciento y la madre**. loc. fam. 'Abundancia de personas'. **ésa es**, o **no es, la madre del cordero**. fr. proverb. con que se indica que 'una cosa es, o no es, la causa real de un suceso'. **¡la madre que te, lo, os** o **los parió!** expr. vulg. que denota gran enfado súbito con alguien. **¡mi** o **su madre!** expr. fam. que 'denota admiración, sorpresa, etc.'. **salir** o **salirse de madre**. fr. 'Desbordarse un río o un arroyo'; 'exceder algo de lo acostumbrado o regular'. → **matrona**

madrejón. sust. m. Argent. 'Cauce seco de un río' (*Lo encontraron muerto en el **madrejón***). Es voz de reciente incorporación en el ***Diccionario***.

madreperla. sust. f. 'Molusco'. No debe escribirse en dos palabras: madre perla.

madreselva. sust. f. 'Mata trepadora de flores muy olorosas'. No debe escribirse en dos palabras: madre selva.

madrigal. sust. m. 'Poema breve'; 'composición musical'. Es palabra aguda que, en plural, se hace grave: **madrigales**.

madrigalista. sust. com. 'Persona que compone madrigales': **el madrigalista, la madrigalista**.

madrina. sust. f. En su acepción más general, significa 'mujer que presenta o asiste a otra persona al recibir ésta el sacramento del bautismo, confirmación, matrimonio, o del orden, o al profesar, si se trata de una religiosa'. El 'acto de asistir como madrina' y el 'título o cargo de madrina' reciben el nombre de **madrinazgo** (sust. m.). → **padrina**, **padrino**, **padrinazgo**

madroño. sust. m. 'Arbusto'; 'su fruto'; 'árbol americano de fruto amarillo y pulpa blanca'. Para el arbusto, también puede decirse **madroñera** (sust. f.). La Academia prefiere la primera forma. Diminutivos: **madroncillo**, **madroñuelo**. Un 'sitio poblado de madroños' es un **madroñal** (sust. m. colect.), forma preferida por la Academia, o una **madroñera** (sust. f. colect.).

madrugada. sust. f. 'Alba, principio del día' (*Partieron a la* ***madrugada***). 'Acción de madrugar' (*¡Qué* ***madrugada!***); también puede decirse, en lenguaje familiar, **madrugón** (sust. m.). **de madrugada**. loc. adv. 'Al amanecer'. No debe decirse a las doce de la madrugada ni a la una, dos o tres de la madrugada, sino ***a las doce de la noche, a la una, dos*** o ***tres de la mañana***. → **hora**

madrugador, ra. adj. 'Que madruga o que tiene costumbre de madrugar'. Ú. t. c. sust. m. y f.: **el madrugador, la madrugadora**. fig. 'Vivo, astuto'. Ú. t. c. sust. m. y f. Para la primera acepción, es correcto, también, **madrugón, na** (adj. Ú. t. c. sust. m.). → **madrugada**

madrugar. v. intr. 'Levantarse temprano'. fig. 'Ganar tiempo en una solicitud o empresa'. fig. y fam. 'Anticiparse a la acción de un rival'. Sus postverbales son **madrugada** (sust. f.) y **madrugón** (sust. m.). → **pagar**

maduración. sust. f. 'Acción y efecto de madurar o madurarse'. También puede decirse **maduramiento** (sust. m.). La Academia prefiere la primera forma.

madurez. sust. f. 'Sazón de los frutos'; 'sensatez', 'edad de una persona que ha alcanzado su plenitud vital y aún no ha llegado a la vejez'. La forma **madureza** (sust. f.) es, hoy, desusada.

maese. sust. m. ant. 'Maestro' (***maese*** *Pedro*). Su femenino, también anticuado, es **maesa**. → **maestro**

maestranza. sust. f. Con las siguientes denotaciones, es sustantivo colectivo: 'conjunto de los talleres y oficinas donde se construyen y recomponen piezas de artillería'; 'conjunto de operarios que trabajan en ellos'.

maestre. sust. m. 'Superior de cualquiera de las órdenes militares'. No debe confundirse con **maese** (sust. m.). La 'dignidad del maestre' es el **maestrazgo** (sust. m.).

maestrescuela. sust. m. 'Dignidad de algunas iglesias catedrales'; 'en algunas universidades, cancelario para dar los grados'. La Academia admite **maestreescuela**, pero prefiere la primera forma. En plural: **maestrescuelas**.

maestresala. sust. m. 'En los comedores de hoteles y ciertos restaurantes, jefe de camareros que dirige el servicio de las mesas'. Es la voz española que corresponde usar en reemplazo del galicismo *maître*. En plural: **maestresalas**.

maestría. sust. f. 'Arte y destreza en enseñar o ejecutar una cosa'; 'título de maestro'. No debe emplearse, en su reemplazo, el anglicismo *master*. Rég. prep.: **maestría en** (***maestría en*** *derecho*). → **maestro**

maestro. sust. m. Entre otras acepciones, 'el que enseña una ciencia, arte u oficio, o tiene título para hacerlo'. Su femenino es **maestra**. El ***Diccionario Manual*** anota que "en algunos países se traduce como *maestro* el grado de *master* de los Estados Unidos, equivalente al de licenciado por una facultad universitaria". No debe pronunciarse [máistro]. Rég. prep.: **maestro de** (***maestro de*** *primeras letras*, ***de*** *primera enseñanza*, ***de*** *esgrima*, ***de*** *ceremonias*, ***de*** *cocina*, ***de*** *novicios*, ***de*** *obras*); **maestro en** (***maestro en*** *artes*). → **profesor**

mafioso, sa. adj. 'Perteneciente a la mafia'. Apl. a pers., se usa como sust. m. y f.: **el mafioso, la mafiosa**.

magacín. sust. m. Voz que procede del francés (*magasin*), a través del inglés (*magazine*). 'Publicación periódica con artículos de diversos autores, dirigida al público en general'; 'espacio de televisión en que se tratan muchos temas inconexos y mezclados'. También puede escribirse **magazín**. La Academia prefiere la primera forma. Dada la españolización de esta palabra, que es reciente, no corresponde usar la grafía francesa o inglesa. Son voces agudas que, en plural, se hacen graves: **magacines, magazines**. Estas palabras no se emplean en la Argentina; son reemplazadas con **revista** (sust. f.).

♦ **magazine.** Anglicismo. → **magacín, revista**

magdalena. sust. f. 'Mujer penitente' ; 'bollo pequeño' (*Hizo unas **magdalenas** para el desayuno*). No debe pronunciarse [madalena], un vulgarismo. Se escribe con mayúscula cuando se refiere al personaje evangélico (*Lloras como una **Magdalena***) o se trata del nombre propio de mujer (*Su hija se llama **Magdalena***). **estar hecha una Magdalena**. fr. fam. 'Estar desconsolada o lacrimosa'.

♦ **magenta.** Italianismo. 'Color rosa oscuro'. Si se usa, debe entrecomillarse.

magín. sust. m. fam. Equivale a **imaginación**, su sinónimo exacto según la Academia. Es voz aguda que, en plural, se hace grave: **magines**. → **imaginación**

magíster. sust. m. Col. 'Maestro, grado inmediatamente inferior al de doctor'. Nótese que esta voz latina, españolizada, lleva tilde sobre la **i**. **magíster díxit**. loc. lat. que se usa con sentido irónico y que equivale, como dice el ***Diccionario***, a "díjolo Blas, punto redondo".

magistrado. sust. m. 'Superior en el orden civil y, más comúnmente, ministro de justicia; como corregidor, oidor, consejero, etc.'; 'dignidad o empleo de juez'; 'miembro del tribunal Supremo de Justicia'. Según el ***Diccionario***, carece de forma para el femenino, pero es frecuente su uso no académico como sustantivo común (*la magistrado*) o directamente como femenino (*magistrada*); esta última forma es aceptada por la A.A.L. como habitual en la Argentina.

magistral. adj. 'Relativo al magisterio' (*clase **magistral**; receta **magistral***); 'dícese de lo que se hace con maestría' (*Fue una exposición **magistral***); 'hablando del tono, modales, lenguaje, etc., afectado, pedante' (*Habla con tono **magistral***). sust. m. 'Medicamento que se prepara por prescripción facultativa'. Es voz aguda que, en plural, se hace grave: **magistrales**.

magistratura. sust. f. 'Oficio y dignidad de magistrado'; 'tiempo que dura'. Con el significado de 'conjunto de los magistrados', es sustantivo colectivo.

magma. sust. m. En geología, 'masa ígnea en fusión, existente en el interior de la Tierra, que se consolida por enfriamiento'. No debe decirse *la magma*.

magnate. sust. m. 'Persona muy ilustre y principal por su cargo o poder'. Carece de femenino. Incorrecto: *Ana Ots es una magnate*. Correcto: *Ana Ots es **un magnate***.

magnesia. sust. f. 'Sustancia terrosa, blanca, que se usa en medicina como purgante'. No se confunda con **magnesio** (sust. m.).

magnesio. sust. m. 'Metal maleable'. Número atómico 12. Símbolo: ***Mg***

magnético, ca. adj. 'Perteneciente a la piedra imán o que tiene sus propiedades'; 'perteneciente al magnetismo'. No debe pronunciarse [manético, ca].

magnetismo. sust. m. 'Virtud atractiva de la piedra imán'. fig. 'Atractivo que ejerce una persona o cosa'. No debe pronunciarse [manetismo], un vulgarismo.

magnetizador. sust. m. 'Persona o cosa que magnetiza'. Su femenino es **magnetizadora**.

magnetizar. v. tr. 'Comunicar a un cuerpo la propiedad magnética'; 'hipnotizar'; 'atraer, fascinar'. No debe pronunciarse [manetizar], un vulgarismo. Su 'acción y efecto' es la **magnetización** (sust. f.). → **cazar**

magneto. sust. f. 'Generador de electricidad de alto potencial'. Repárese en su género: **la magneto**. En América, se usa normalmente esta voz como sustantivo masculino: **el magneto**.

magneto-. elem. compos. de or. gr. 'Magnetismo' (***magnetófono***). Es de reciente registro académico, al igual que numerosos tecnicismos con él formados: **magnetocalórico, ca** (adj.); **magnetoeléctrico, ca** (adj.); **magnetohidrodinámica** (sust. f.); **magnetómetro** (sust. m.); **magnetoóptica** (sust. f.); **magnetopausa** (sust. f.); **magnetorresistencia** (sust. f.); **magnetoscopio** (sust. m.); **magnetosfera** (sust. f.); **magnetostática** (sust. f.) **magnetostricción** (sust. f.).

magnetófono. sust. m. 'Aparato que graba y reproduce los sonidos'. En América, se usa más **grabadora** (sust. f.) o **grabador** (sust. m.). Incorrectos: *magnetofón*, *magnetofono*. El adjetivo correspondiente es **magnetofónico, ca.** → **grabador**

magnetomotriz. adj. Es palabra aguda que, en plural, se hace grave: **magnetomotrices**. Repárese en que la **z** cambia por **c**. Este adjetivo no se usa con sustantivos masculinos (*fuerza* ***magnetomotriz***).

magnicida. sust. com.: **el magnicida**, **la magnicida**, 'persona que mata a una persona muy importante por su cargo o poder'.

magnificar. v. tr. 'Engrandecer, alabar, ensalzar' (***Magnificó****, con sobrada razón, la trayectoria del rector*). Ú. t. c. prnl. (*No* ***te magnifiques***). No debe usarse con el valor de 'exagerar'. Incorrecto: *Magnificó, con mala intención, los sucesos.* Correcto: ***Exageró****, con mala intención, los sucesos.* → **sacar**

magníficat. sust. m. 'Cántico que, según el Evangelio de San Lucas, dirigió al Señor la Virgen María en la visitación a su prima Isabel'. En plural, no varía: **los magníficat**. Se escribe generalmente con minúscula, como **ángelus**, **tedéum**, **benedícite** (susts. ms.).

magnificencia. sust. f. 'Ostentación, grandeza'. Incorrecto: *magnificiencia*.

magnificente. adj. 'Espléndido'. Incorrecto: *magnificiente*. El superlativo es **magnificentísimo, ma** (adj.). Incorrecto: *magnificientísimo, ma*.

magnífico, ca. adj. 'Espléndido, suntuoso'; 'excelente, admirable', 'título de honor que todavía hoy se aplica, en España, a los rectores universitarios'.

magnitud. sust. f. 'Tamaño de un cuerpo'. fig. 'Grandeza o importancia de una cosa'. 'Tratándose de estrellas, su tamaño aparente por la intensidad de su brillo'; 'propiedad física que puede ser medida, como la temperatura, el peso, etc.'. Es palabra aguda que, en plural, se hace grave: **magnitudes**.

magno, na. adj. 'Grande en sentido no espacial' (*el* ***magno*** *acontecimiento*). Es de uso culto o literario. Se aplica, como epíteto, a algunas personas ilustres (*Alejandro* ***Magno****; San Gregorio* ***Magno****; Santa Gertrudis, la* ***Magna***). En estos casos, se escribe con mayúscula.

magnolia. sust. f. 'Árbol frondoso, de flores solitarias, muy blancas, olorosas'. Con esta denotación, puede decirse **magnolio** (sust. m.). La Academia prefiere la primera forma. 'Flor y fruto de este árbol' (*En el jarrón había un perfumado ramo de* ***magnolias***).

magnoliáceo, a. adj. 'Dícese de ciertos árboles y arbustos'. Ú. t. c. sust. f.: **la magnoliácea**. sust. f. pl. 'Familia de estas plantas': **las magnoliáceas**.

mago, ga. adj. 'Dícese de la persona versada en magia o que la practica' (*hombre* ***mago***). Ú. t. c. sust. m. y f. : **el mago**, **la maga**. Para esta última denotación, puede decirse **el mágico**, **la mágica** (sust. m. y f.), menos frecuente. 'Dícese de los tres reyes que fueron a adorar a Jesús recién nacido' (*los Reyes* ***Magos***). Ú. t. c. sust. m. (*Los* ***Magos*** *adoraron al Niño*). En estos casos, se escribe con mayúscula. sust. m. 'Persona capacitada para el éxito de una actividad determinada' (*Es un* ***mago*** *de las finanzas*).

♦ **magrebí.** Este gentilicio carece de registro en el ***Diccionario***. Dígase **natural de Magreb**.

magrura. sust. f. 'Cualidad de magro o de flaco, sin grasa'. Puede decirse **magrez** (sust. f.).

maguey. sust. m. Amér. 'Planta'. En plural: **magueyes** o **magüéis**. → **pita**

magulladura. sust. f. 'Acción y efecto de magullar' (*Se hizo una* ***magulladura*** *en el brazo*). También puede decirse **magullamiento** (sust. m.), pero la Academia prefiere la primera forma. El ***Diccionario*** no registra **magullón** (sust. m.), pero, sí, el ***Manual***. → **magullar**

magullar. v. tr. 'Causar a un tejido orgánico contusión, pero no herida'. Ú. t. c. prnl. (*Con el golpe,* ***se magulló*** *el muslo derecho*). No debe aplicarse a objetos o cosas: *El guardabarros se magulló*. Correcto: *El guardabarros* ***se abolló***.

mahometano, na. adj. 'Perteneciente o relativo a Mahoma o a la religión por él fundada'; 'que profesa la religión islámica'. Ú. t. c. sust. m. y f.: **el mahometano, la mahometana**. Puede decirse, también, **agareno, na** (adj. Ú. t. c. sust. m. y f.), pero la Academia prefiere la primera forma. → **mahometista, musulmán**

mahometismo. sust. m. 'Religión fundada por Mahoma'. Incorrecto: *mahometanismo*.

mahometista. adj. 'Que profesa la religión de Mahoma'. Ú. t. c. sust. com.: **el mahometista, la mahometista**. También puede decirse **mahomista** (adj. Ú. t. c. sust. com.), de reciente incorporación en el ***Diccionario***. El adjetivo **mahometista**, además, 'se aplica al mahometano bautizado que vuelve a su antigua religión'. → **mahometano**

mahometizar. v. intr. 'Profesar el mahometismo'. Si se usa con la acepción de 'convertir al islamismo o propagar esa religión', acepción no recogida por la Academia, es verbo transitivo, como aclara el ***Diccionario Manual***, que incluye este significado y su forma transitiva, con el indicador de su falta de registro en el léxico oficial. → **cazar, islamizar**

mahonesa. sust. f. 'Salsa'. Es más frecuente la forma **mayonesa** (sust. f.), pero ambas son correctas. La primera forma se usa más como adjetivo (*salsa **mahonesa***). → **mayonesa**

maicena. sust. f. 'Harina fina de maíz'. Es voz de reciente reincorporación académica, porque había aparecido en las ediciones decimoquinta, decimosexta y decimoséptima de su ***Diccionario***. En la decimoctava, se suprimió a pedido de la firma que había registrado la marca *Maizena* y que entendía que, pese a la diferencia de grafía, no se trataba de un nombre genérico. La grafía "maizena", que no figura en las entradas del ***Diccionario***, corresponde a la mencionada marca registrada y se escribe con mayúscula cuando denota el producto comercial (*Compré una caja de **Maizena***). En su origen, como todas las voces que denotan una marca comercial, se trata de un adjetivo (*fécula de maíz de marca **maizena***). El nombre genérico es, en cambio, un sustantivo derivado de **maíz**, en que la **z** cambia en **c**, según ocurre normalmente ante un sufijo que comienza por vocal palatal (**e**, **i**). En consecuencia, cuando no se quiere denotar, específicamente, el producto comercial, escríbase **maicena** y, no, *maizena*, una incorrección. → **marca**

♦ **mailing.** Anglicismo. En español, debe decirse **lista, listado**.

maillot. sust. m. Voz francesa (*maillot*) españolizada. 'Traje de baño de mujer de una pieza'; 'camiseta deportiva, en particular, de los ciclistas'. En plural: **maillots**. Es de reciente registro académico.

mainel. sust. m. 'Elemento arquitectónico que divide, verticalmente, un hueco en dos partes'. Es voz aguda que, en plural, se hace grave: **maineles**.

maitén. sust. m. 'Árbol chileno'. Es voz aguda que, en plural, se hace grave: **maitenes**.

maitines. sust. m. pl. 'Primera de las horas canónicas, las que se canta al amanecer'. Carece de forma para el singular. → **plural (pluralia tantum)**

♦ **maître.** Galicismo. En español, corresponde decir **maestresala, jefe de comedor**. → **maestresala**

maíz. sust. m. 'Planta de origen americano'; 'grano de esta planta'; 'su semilla'. Es voz aguda que, en plural, se hace grave: **maíces**. Repárese en que la **z** cambia por **c**. No debe pronunciarse [máiz, máices], vulgarismos. La 'tierra sembrada de maíz' es un **maizal** (sust. m. colect.).

majá. sust. m. Cuba. 'Culebra'. En plural, **majaes**. Según el ***Esbozo***, también es correcto **majás**.

majada. sust. f. colect. En su acepción más común, 'lugar donde se recoge de noche el ganado y se albergan los pastores'. Con esta acepción, puede decirse, también, **majadal** (sust. m. colect.). sust. f. colect. Argent. y Urug. 'Manada o hato de ganado lanar'.

majaderillo. sust. m. 'Bolillo para hacer encajes y pasamanería'. Pueden decirse, también, **majadero** (sust. m.), voz de la que procede este diminutivo, y **majaderico** (sust. m.). La Academia prefiere la primera forma.

majadero, ra. adj. fig. 'Necio'. Ú. t. c. sust. m. y f.: **el majadero, la majadera**. sust. m. 'Mano del mortero'. → **majaderillo, majador**

majador, ra. adj. 'Que maja'. Ú. t. c. sust. m.: **el majador** (*Puedes machacarlo en el* ***majador*** *o mortero; Si no tienes* ***majador*** *o mano de almirez, recurre a una piedra*).

majadura. sust. f. 'Acción y efecto de majar'. La Academia registra, también, **majamiento** (sust. m.).

majagranzas. sust. m. 'Hombre pesado y necio'. Carece de femenino. No debe decirse *majagranza*, sin **s** final. En plural, no varía: **los majagranzas**.

majagua. sust. f. 'Árbol americano muy común en los terrenos anegadizos de la isla de Cuba'. Nótese que es voz del género femenino, **la majagua**, y, por su acentuación, grave. En plural: **majaguas**. Diminutivo: **majagüilla**. Un 'sitio poblado de majaguas' es un **majagual** (sust. m. colect.). 'El que tiene por oficio sacar tiras de este árbol, para hacer sogas' recibe, en Cuba, el nombre de **majagüero** (sust. m.).

majal. sust. m. colect. 'Banco de peces'. Es voz aguda que, en plural, se hace grave: **majales**.

majano. sust. m. colect. 'Montón de cantos sueltos que se forman en las tierras de labor o en las encrucijadas y división de términos'.

majar. v. tr. 'Quebrantar una cosa a golpes' (***Maja*** *las almendras para unirlas a la masa*). Su sinónimo exacto es, según la Academia, **machacar** (v. tr.). La Academia acaba de incorporar el significado de 'golpear en la era el trigo, el centeno, el lino, los garbanzos, etc., con el manal o mayal, para separar el grano de la paja'. fig. y fam. 'Molestar, cansar, importunar', acepción que se usa poco. Este verbo conserva la **j** en toda su conjugación.

majareta. sust. com. 'Persona sumamente distraída, chiflada': **el majareta, la majareta**. No debe decirse, en su reemplazo, *majara*, un vulgarismo. Ú. t. c. adj.

majestad. sust. f. 'Grandeza, superioridad y autoridad sobre otros' (*En su trato, trasunta* ***majestad***); 'seriedad, entereza y severidad en el semblante y en las acciones' (*Caminaba con* ***majestad***); 'título que se da a Dios y, también, a los emperadores y reyes'. Con esta acepción, se escribe generalmente con mayúscula y va precedido del posesivo **Su** o **Vuestra**, en singular (***Su Majestad***, ***Vuestra Majestad***), o **Sus** o **Vuestras**, en plural (***Sus Majestades***, ***Vuestras Majestades***). Abreviaturas correspondientes; ***V.M.*** y ***VV.MM.*** Referido a Dios, se agrega, a veces, entre el pronombre y el sustantivo, el adjetivo **Divina** (***Su Divina Majestad***). Abreviatura: ***S.D.M.*** Es palabra aguda que, en plural, se hace grave: **majestades**.

♦ **majestático.** Barbarismo. → **mayestático**

majestuoso, sa. adj. 'Que tiene majestad'. La Academia registra, también, **majestoso, sa** (adj.), pero señala que es poco usado.

majeza. sust. f. fam. 'Cualidad de majo o su ostentación'. También puede decirse **majencia** (sust. f.), pero la Academia prefiere la primera forma.

majo, ja. adj. 'Dícese de la persona que en su porte, acciones y vestidos afecta un poco de libertad y guapeza, más propia de la gente ordinaria'. fam. 'Ataviado, lujoso'; 'lindo, hermoso'; 'simpático, que gusta por alguna cualidad de su persona'. En la primera acepción, se usa, además, como sustantivo masculino y femenino: **el majo, la maja** (***La maja desnuda*** *de Goya es una obra maestra*).

majuelo. sust. m. 'Espino de flores blancas, muy olorosas, y fruto rojo, dulce'. También puede decirse **majoleto** (sust. m.), pero la Academia prefiere la primera forma. Su fruto es la **majuela** o la **majoleta** (susts. fs.). Un 'sitio poblado de majuelos' es un **majolar** (sust. m. colect.). El homónimo de **majuelo** significa 'viña' y 'correa de los zapatos'.

mal. adj. Apócope de **malo**. Sólo se emplea antepuesto a sustantivos masculinos (***mal*** *humor*; ***mal*** *día*; ***mal*** *tiempo*). sust. m. 'Lo contrario al bien; lo que se aparta de lo lícito y honesto' (*El* ***mal*** *nos rodea*); 'daño u ofensa que uno recibe en su persona o en sus bienes' (*Me hizo mucho* ***mal***); 'desgracia, calamidad' (*Los* ***males*** *no se acaban*); 'enfermedad, dolencia' (*Su* ***mal*** *es psíquico; A mi edad, estoy lleno de* ***males***). Esta palabra no debe emplearse con el significado de 'dolor': *Tengo mal de cabeza; Sufre de mal de pies*. Correcto: *Tengo* ***dolor*** *de cabeza; Sufre de* ***dolor*** *de pies*. La Academia registra las expresiones **mal de ojo**, **mal de montaña**, **mal de orina**, pero en todas ellas la voz significa 'enfermedad', no 'dolor'. El plural de este sustantivo es **males**. Su homónimo, adverbio de modo, puede también decirse **malamente** (*Vive mal* o *malamente*). Es invariable como todo adverbio y significa 'contrariamente a lo que es debido' (*Se expresa **mal***); 'contrariamente a lo esperado' (*Salió **mal** en el examen*); 'difícilmente' (***Mal** puedo saberlo*); 'insuficientemente, poco' (*Cenamos **mal***). No debe emplearse con el significado de 'apenas', un uso anticuado, y, hoy, como anota Seco, un portuguesismo: *Su amigo extranjero mal consigue hacerse entender*. Correcto: *Su amigo extranjero **apenas** consigue hacerse entender*. El comparativo de este adverbio es **peor**. Se construye con **que** (*Las escobas de este lote están **peor** hechas **que** las de aquél*). Superlativos: **malísimamente** y **pésimamente** (*Se portó **malísimamente**; Escribe **pésimamente***). **mal que bien**. loc. adv. 'Venciendo dificultades, trampeando'; 'como fuere, bien o mal' (*Lo harás **mal que bien***). En la Argentina y en otras regiones de América, se usa, con similar significado, la locución **mal que mal**, sin registro académico (*Lo harás **mal que mal***).

malabarista. sust. com. 'Persona que hace juegos malabares o de destreza': **el malabarista, la malabarista**.

malacara. sust. m. Argent. 'Caballo que tiene blanca la mayor parte de la cara' (*Venía montado en su **malacara***).

malaconsejado, da. adj. En plural: **malaconsejados, malaconsejadas**. Ú. t. c. sust. m. y f.: **el malaconsejado, la malaconsejada**. Puede escribirse en dos palabras: **mal aconsejado, da**, particularmente, cuando se trata del adverbio y del participio (*Estuvo **mal aconsejado** por su abogado*).

malacopterigio. adj. 'Aplícase a peces como la merluza o el salmón, que tienen todas las aletas provistas de radios flexibles y articulados'. Ú. t. c. sust. m.: **el malacopterigio**. sust. m. pl. 'Orden de estos peces': **los malacopterigios**.

malacostumbrado, da. adj. En plural, **malacostumbrados, malacostumbradas**. Puede escribirse en dos palabras: **mal acostumbrado, da**.

♦ **malacostumbrar.** Neologismo. La Academia no registra esta forma verbal. Dígase **acostumbrar mal**. Incorrecto: *Mi nuera malacostumbra a sus hijos*. Correcto: *Mi nuera **acostumbra mal** a sus hijos*. → **malacostumbrado**

malacrianza. sust. f. Amér. 'Descortesía, grosería'. Carece de registro en el ***Diccionario*** mayor, pero el ***Manual*** lo incluye (*Es así por su **malacrianza***). Se escribe, normalmente, en dos palabras, grafía que se aconseja, si bien la otra no puede estimarse una incorrección: **mala crianza**.

málaga. sust. m. 'Vino dulce que se elabora con uvas de la tierra de Málaga' (*Sírvame un **málaga***). Se escribe con mayúscula cuando denota la ciudad o la provincia (*Te sirvo un vino de **Málaga***).

malagana. sust. f. fam. 'Desfallecimiento, desgano' (*Tiene una **malagana***). Puede escribirse en dos palabras, tal como se observa en la locución adverbial **de mala gana** (*Estudia de **mala gana***).

malagradecido, da. adj. Equivale a **desagradecido, da** (adj.), su sinónimo exacto según la Academia. En plural: **malagradecidos, malagradecidas**. Ú. t. c. sust. m. y f.: **el malagradecido, la malagradecida**. Puede escribirse en dos palabras: **mal agradecido, da** (*Tus parientes son unos **mal agradecidos***).

malaleche. sust. com. fig. y vulg. 'Persona de baja intención': **el malaleche, la malaleche** (*¡Quién va a ser, sino el **malaleche** de tu hermano!*). **mala leche**. loc. fig. y vulg. 'Mala intención' (*Lo hizo con toda **mala leche***); ú., a veces, en la loc. **de mala leche**. Obsérvese que, en estos casos, se escribe en dos palabras.

malambo. sust. m. Argent., Chile y Urug. 'Baile popular de zapateo, ejecutado exclusivamente por hombres, con acompañamiento de guitarras'. Pueden intervenir uno o varios bailarines.

malamente. adv. m. → **mal**

malandante. adj. 'Desafortunado, infeliz' (*El **malandante** caballero no supo de cobardías*). Plural: **malandantes**.

malandanza. sust. f. 'Mala fortuna'. Se escribe siempre en una sola palabra.

malandrín, na. adj. 'Maligno, bellaco'. Ú. t. c. sust. m. y f.: **el malandrín, la malandrina**. Hoy, a veces, se emplea –como dice Moliner– con tono jocoso. En la Argentina, también se usa **malandra**, como adjetivo, aplicado a los varones (*hombre **malandra***) y, sobre todo, como sustantivo masculino (*Pedro es un* ***malandra***), sin registro en el ***Diccionario***.

malapata. sust. com. 'Persona sin gracia, inoportuna': **el malapata**, **la malapata** (*Son unos* ***malapatas***). Cuando significa 'mala suerte', se escribe en dos palabras (*Tiene* ***mala pata***).

malaria. sust. f. 'Fiebre palúdica'. También puede decirse **paludismo** (sust. m.). El adjetivo malárico carece de registro académico; es un barbarismo. Corresponde decir **palúdico, ca** (adj.).

malasangre. adj. 'Dícese de la persona de condición aviesa'. Ú. t. c. sust. m. y f.: **el malasangre**, **la malasangre** (*Tu amigo es un* ***malasangre***; *Lo hizo con toda* ***malasangre***). Puede escribirse en dos palabras. **mala sangre**. loc. fig. y fam. 'Carácter avieso o vengativo de una persona'. El ***Diccionario*** mayor no recoge, pero, sí, el ***Manual***, **hacerse** uno **malasangre** (fr. fig. fam.), 'reconcomerse como reacción ante una situación no aceptada o no deseada'.

malasombra. sust. com. 'Persona inoportuna, molesta, patosa': **el malasombra**, **la malasombra** (*Es un* ***malasombra***). **tener** uno **mala sombra**. fr. fig. y fam. 'Ejercer mala influencia sobre los demás'. 'Ser antipático'; suele decirse también de las cosas. 'Tener mala suerte'; 'ser patoso, presumir de chistoso'. Nótese que, en estos casos, se escribe en dos palabras (*Tu compañero* ***tiene mala sombra***).

malavenido, da. adj. Puede escribirse en dos palabras: **mal avenido, da.**

malaventura. sust. f. 'Desventura, desgracia, infortunio'. Su antónimo es **buenaventura** (sust. f.). Ambos pueden escribirse en dos palabras: **mala ventura**, **buena ventura**. → **buenaventura**

malaventurado, da. adj. 'Desventurado, infeliz'. Su antónimo es **bienaventurado, da** (adj.). Repárese en que se escribe en una sola palabra.

malbaratador, ra. adj. Ú. t. c. sust. m. y f.: **el malbaratador**, **la malbaratadora**.

malcarado, da. adj. 'Que tiene cara desagradable o aspecto repulsivo'. También, como agrega el ***Diccionario Manual***, 'que tiene cara de enfado o malhumor'. Es incorrecto *mal encarado*.

malcasado, da. p. de **malcasar**. adj. 'Dícese del consorte que falta a la fidelidad o que no vive en armonía con su cónyuge'. Ú. t. c. sust. m. y f.: **el malcasado**, **la malcasada**. Puede escribirse, sobre todo en función adjetiva, en dos palabras: **mal casado, da.**

malcasar. v. tr. Ú. t. c. intr. y c. prnl. (***Se malcasó***). No debe escribirse en dos palabras, salvo si se invierte la colocación del adverbio: **casar mal** o **casarse mal**.

malcocinado. sust. m. p. us. 'Menudo de las reses'; 'sitio donde se venden'. Cuando se quiere expresar que 'algo está mal guisado', se escribe en dos palabras: **mal cocinado, da** (*Esta liebre está* ***mal cocinada***).

malcomido, da. p. de **malcomer**. adj. 'Poco alimentado'. Puede escribirse en dos palabras: **mal comido, da.**

malconsiderado, da. adj. 'Falto de consideración, desconsiderado'. Con esta denotación, no debe escribirse en dos palabras. En cambio, con el significado de 'poco estimado', se escribe en dos (*Pedro está* ***mal considerado*** *en su trabajo*; ***Mal considerada*** *por sus jefes, no ascendió*).

malcontento, ta. adj. 'Que muestra descontento'; 'revoltoso'. Ú. t. c. sust. m. y f. (*Eres la* ***malcontenta*** *de la casa*; *No oculta su* ***malcontento***). Diferénciese de **malcontentadizo, za** (adj.), 'difícil de contentar'.

malcriadez. sust. f. Amér. 'Cualidad de malcriado'. Puede decirse **malcriadeza** (sust. f.). La Academia se inclina por la primera forma. El mismo concepto se expresa más frecuentemente por medio del sintagma **mala crianza** (*Debido a su* ***mala crianza***, *sus tíos no lo invitan más*).

malcriado, da. p. de **malcriar**. 'Falto de buena educación'. Se aplica, generalmente, a los niños consentidos y maleducados (*Pepita es una* ***malcriada***). No debe escribirse en dos palabras: *Pepita es una mal criada*.

malcriar. v. tr. 'Educar mal a los hijos o ser demasiado condescendiente con ellos'. Se conjuga, en cuanto al acento, como **guiar**.

maldad. sust. f. 'Cualidad de malo'. Es voz aguda que, en plural, se hace grave: **maldades**.

maldecido, da. p. de **maldecir**. adj. 'Aplícase a la persona de mala índole'. Ú. t. c. sust. m.

y f.: **el maldecido, la maldecida**. Como participio se usa en la conjugación de los tiempos compuestos. Incorrecto: *Habían maldito*. Correcto: *Habían **maldecido***. → **maldito**

maldecidor, ra. adj. 'Que maldice o denigra'. Ú. t. c. sust. m. y f.: **el maldecidor, la maldecidora**.

maldecir. v. irreg. tr. Ú. t. c. intr. Rég. prep.: **maldecir a** (***maldecir a** otro*); **maldecir de** (***maldecir de** todo*). Se conjuga como **bendecir**. Tiene dos participios, uno regular (***maldecido***), que sirve para formar los tiempos compuestos, y otro, irregular (***maldito***), que se usa sólo como adjetivo. Su participio activo es **maldiciente**. Se cometen no pocos errores en su conjugación (entre paréntesis anotamos las formas correctas): *maldecí*, *maldeciste* (***maldije***, ***maldijiste***); *maldiciera* o *maldiciese* (***maldijera*** o ***maldijese***); *maldiciere* (***maldijere***), etc. Recuérdese que en el futuro imperfecto y en el condicional de indicativo no es irregular como **decir**: *maldiré*, *maldirás* (***maldeciré***, ***maldecirás***); *maldiría* (***maldeciría***).

maldiciente. p. a. de **maldecir**. Incorrecto: *maldicente*, *maledicente*.

maldispuesto, ta. adj. 'Indispuesto, algo enfermo'; 'que no tiene la disposición de ánimo necesaria para una cosa'. Puede escribirse en dos palabras: **mal dispuesto, ta**.

maldito, ta. p. irreg. de **maldecir**. adj. 'Perverso'; 'castigado por la justicia divina'. Ú. t. c. sust. m. y f.: **el maldito, la maldita**. 'Ruin, miserable' (*Se acuesta en esa **maldita** cama*). fam. Antepuesto a un nombre precedido por el artículo, equivale a **ninguno** (*No hace **maldita** cosa*). fam. 'Dícese de la persona o cosa que molesta' (*¡Otra vez, ese **maldito** timbre!*).

maleable. adj. No debe pronunciarse [maliable]. La 'cualidad de maleable' es la **maleabilidad** (sust. f.). Incorrecto: *maliabilidad*. El verbo **maleabilizar** carece de registro en el ***Diccionario***, así como su postverbal **maleabilización**; figuran en el ***Diccionario Manual***.

maleante. p. a. de **malear**. 'Que daña'. adj. 'Burlador, maligno'. Ú. t. c. sust. com.: **el maleante, la maleante**. sust. m. 'Persona que vive al margen de la ley y que se dedica al robo, contrabando, etc.'. Para esta última denotación, en la Argentina se usa más **malviviente** (sust. com.). No debe pronunciarse [maliante]. → **malviviente**

malear. v. tr. 'Dañar, echar a perder una cosa'. Ú. t. c. prnl. fig. 'Pervertir a otro con su mala compañía y costumbres'. Ú. t. c. prnl. No debe pronunciarse [maliar, malié]. → **-ear**

malecón. sust. m. 'Murallón que se hace para defenderse de las aguas'; 'rompeolas, muelle'. Es palabra aguda que, en plural, se hace grave: **malecones**.

maledicencia. sust. f. No debe decirse *malediciencia* ni *malidicencia*.

maleducado, da. p. de **maleducar**. adj. 'Dícese del niño muy mimado y consentido' (*Atendió el teléfono el jovencito **maleducado***); 'descortés, incivil' (*Eres una alumna **maleducada***). Ú. t. c. sust. m. y f.: **el maleducado, la maleducada** (*Son unos **maleducados***). Puede escribirse en dos palabras en su función de participio (***Mal educado** por sus padres, fue expulsado de varios colegios*).

maleducar. v. tr. Equivale a **malcriar**. → **sacar**

maleficencia. sust. f. 'Costumbre de hacer mal'. No debe decirse *maleficiencia*.

maléfico, ca. adj. 'Que hace daño con maleficios'. sust. m. y f.: **el maléfico, la maléfica**.

malemplear. v. tr. 'Malgastar, desperdiciar' (*No **malemplees** tu tiempo*). Ú. t. c. prnl. Este verbo, pese a su uso frecuente, sigue careciendo de registro en el ***Diccionario***, como anotaba ya hace años Moliner. Por estar correctamente formado, no puede considerarse incorrecto. Quienes quieran mantenerse en la más estricta ortodoxia, deben valerse de la perífrasis **emplear mal** (*No **emplees mal** el tiempo*).

malentender. v. irreg. tr. 'Entender equivocadamente'. Se conjuga como **tender**.

malentendido. sust. m. 'Mala interpretación, equivocación'. Plural: **malentendidos** (*Hubo demasiados **malentendidos***). Se escribe en dos palabras cuando se trata del adverbio y del participio del verbo **entender** (*Fue **mal entendido** por sus alumnos*).

malestar. sust. m. Es voz aguda que, en plural, se hace grave: **malestares**.

maleta. sust. f. Diminutivo: **maletín** (m.). Aumentativo: **maletón** (m.).

maletero. sust. m. 'El que hace o vende maletas'; 'el que, por oficio, transporta maletas o, en general, equipajes'. Carece de forma para el femenino. 'Lugar destinado, en los vehículos, para maletas o equipajes'; 'en las viviendas, lugar destinado a guardar maletas'. En la Argentina, para la penúltima denotación, se usa **baúl** (sust. m.), y para la última, **baulera** (sust. f.). → **baúl, baulera**

malevaje. sust. m. colect. R. de la Plata. 'Conjunto de malevos'.

malevo, va. adj. R. de la Plata. 'Propio del malevo o relativo a él'. 'Matón, pendenciero'. Ú. t. c. sust. m. y f.: **el malevo, la maleva**.

malformación. sust. f. Es voz aguda que, en plural, se hace grave: **malformaciones**.

malgastador, ra. adj. Ú. t. c. sust. m. y f.: **el malgastador, la malgastadora** (*No te alcanza el dinero, porque eres un **malgastador***).

malhablado, da. adj. 'Atrevido en el hablar'. Plural: **malhablados**, **malhabladas**. Ú. t. c. sust. m. y f.: **el malhablado, la malhablada**. No debe escribirse en dos palabras.

malhecho, cha. adj. p. us. 'Aplícase a la persona de cuerpo mal formado o contrahecho' (*Es una mujer **malhecha***). sust. m. p. us. 'Acción mala o fea'. No debe escribirse en dos palabras: *¡Fue un mal hecho, una vileza!* Correcto: *¡Fue un **malhecho**, una vileza!* En cambio, cuando se trata del adverbio y del participio del verbo **hacer**, se escribe en dos (*Esta casa ha sido **mal hecha***).

malhechor, ra. adj. Ú. t. c. sust. m. y f.: **el malhechor, la malhechora**.

malherido. p. de **malherir**. No debe escribirse en dos palabras.

malherir. v. irreg. tr. Se conjuga como **sentir**.

malhumor. sust. m. Es voz aguda que, en plural, se hace grave: **malhumores**. Es más frecuente escribirlo en dos palabras, forma preferida por la Academia: **mal humor**. En plural: **malos humores**.

malhumorado, da. p. de **malhumorar**. adj. p. us. 'Que tiene malos humores'; 'que está de mal humor'. Su uso es frecuente en la Argentina.

maliciar. v. tr. Ú. t. c. prnl. Se conjuga, en cuanto al acento, como **cambiar**.

malicioso, sa. adj. Ú. t. c. sust. m. y f.: **el malicioso, la maliciosa**.

maligno, na. adj. 'Propenso a obrar o pensar mal' (*espíritu **maligno***). Ú. t. c. sust. m. y f.: **el maligno, la maligna**. 'Pernicioso' (*enfermedad **maligna***). No debe pronunciarse [malino].

malintencionado, da. adj. Ú. t. c. sust. m. y f.: **el malintencionado, la malintencionada**. No debe escribirse en dos palabras, salvo cuando se trata del adverbio y del participio (*Ha sido **mal intencionado** con nosotros*).

♦ **malinterpretado.** Neologismo. El verbo malinterpretar y, por ende, su participio carecen de registro académico. Corresponde usar el verbo **interpretar + mal** (***No interpretes mal** mis palabras*; ***Has interpretado mal** ese párrafo*).

malla. sust. f. 'Cada uno de los cuadriláteros que constituyen el tejido de la red'; 'tejido de pequeños anillos de metal'; 'por extensión, tejido semejante al de una red'; 'vestido de tejido de punto muy fino que, ajustado al cuerpo, usan artistas de circo, bailarinas, etc.'. Argent., Perú y Urug. 'Traje para bañarse'. No debe confundirse su grafía con la de **maya** (sust. f), 'planta', o con la de su homónimo (adj.), 'indio, lengua, etc.'. → **maya**

mallar. v. intr. 'Hacer malla'. No debe confundirse su grafía con la de **mayar** (v. intr.), 'maullar'.

mallero. sust. m. 'Hombre que hace malla'. Su femenino es **mallera**. sust. m. 'Molde para hacer malla'.

malmandado, da. adj. 'Que no obedece o que hace las cosas de mala gana'. Ú. t. c. sust. m. y f.: **el malmandado, la malmandada**. No debe escribirse en dos palabras, salvo cuando se trata del adverbio y del participio del verbo **mandar** (*La carta, **mal mandada** por el remitente, no llegó a destino*).

malmaridada. adj. 'Malcasada, dícese de la mujer que se lleva mal con su marido'. Ú. t. c. sust. f.: **la malmaridada**.

malmirado, da. adj. 'Malquisto, desconceptuado' (*empleado **malmirado***); 'descortés' (*Eres un hombre **malmirado***). Se escribe en dos palabras cuando se trata del adverbio y del participio (*Durante años, fue **mal mirado** por sus compañeros*).

malnacido, da. adj. 'Indeseable'. Ú. t. c. sust. m. y f.: **el malnacido, la malnacida.** Carece de registro en el ***Diccionario***, pero es de correcta formación. Con el indicador de su falta de sanción académica, está incluido en el ***Diccionario Manual***. Normalmente se escribe en dos palabras: **mal nacido, mal nacida** (*Es una **mal nacida***).

♦ **malnutrición.** Barbarismo. Dígase **mala nutrición**. Tampoco registra la Academia el adjetivo malnutrido, da. Lo correcto es **mal nutrido, da**. Incorrecto: *Esos chicos están malnutridos*. Correcto: *Esos chicos están **mal nutridos***.

malo, la. adj. 'Que carece de bondad' (*hombre **malo**; **mala** acción*); 'nocivo para la salud' (*Las drogas son **malas***); 'que se opone a la razón o a la ley' (*dictamen **malo***); 'que padece enfermedad' (*Está **malo***); 'desagradable, molesto' (***mala** vecindad*); fam. 'travieso, inquieto' (*Pobres, son sólo unos **malos** muchachos*); 'deslucido, deteriorado' (*Mi blusa está **mala***); 'de mala vida y costumbres' (*jóvenes **malos***). Ú. t. c. sust. m. y f.: **el malo, la mala** (*el **malo** de la película; la **mala** del pueblo*). Con el artículo neutro y el verbo **ser**, indica que lo expresado a continuación constituye 'inconveniente, obstáculo o impedimento de lo dicho antes' (*Yo haría lo que me piden; **lo malo es** que nadie me lo agradecerá*). Rég. prep.: **malo de + infinitivo**, 'dificultad o resistencia para lo expresado por el infinitivo' (*Esta fruta es **mala de comer**; El libro es **malo de entender***); **malo con, para** o **para con** (***malo con, para** o **para con** todos*). Diminutivos: **malillo, lla**; **malejo, ja**. Este último tiene un valor despectivo. Usado como interjección, sirve para reprobar una cosa (***¡Malo!***). sust. m. 'El demonio': **el malo**. El comparativo del adjetivo es **peor**. En plural: **peores**. Construcción: **peor que** (*Este libro es **peor que** el tuyo; Sus lápices son **peores que** los míos*). En lengua coloquial, puede usarse **más malo que** (*Es **más malo que** el diablo*). Superlativos: **malísimo, ma**; **pésimo, ma** (*Es una pintura **malísima**; Tiene una conducta **pésima***). → **mal**

maloca. sust. f. Amér. Merid. 'Invasión de hombres blancos en tierras de indios'. → **malón**

malogramiento. sust. m. 'Acción de malograrse'. Su 'efecto' es **malogro** (sust. m.).

maloliente. adj. No debe escribirse mal oliente, en dos palabras (*sustancias **malolientes***).

malón. sust. m. Amér. Merid. 'Ataque inesperado de indios'. → **maloca**

malparado, da. p. de **malparar**. adj. 'Que ha sufrido notable menoscabo' (*Quedó **malparado** ante sus amigos*). Puede escribirse en dos palabras. Se usa la forma comparativa **peor parado que** (*Después de la discusión, quedó **peor parado que** antes*).

malparida. sust. f. 'Mujer que hace poco que malparió'. La Academia no registra **malparido** (adj. vulg. Ú. t. c. sust. m.), que, sí, incluye el ***Diccionario Manual***, con el significado de **mal nacido** o **malnacido**, 'indeseable' (*Éste es un **malparido***). Tampoco registra la Academia el adjetivo **malparido, da** (*Es una obra **malparida***). En los dos casos, si no se quiere vulnerar la ortodoxia académica, dígase **mal parido, da.**

malparto. sust. m. 'Aborto' (*Murió de **malparto***). Puede escribirse en dos palabras (*Sufrió un **mal parto***).

malpensado, da. adj. 'Suspicaz'. Ú. t. c. sust. m. y f.: **el malpensado, la malpensada** (*Eres un **malpensado***). Puede escribirse en dos palabras (*Fue un negocio **mal pensado***).

malpigiáceo, a. adj. 'Dícese de ciertos arbustos, como el chaparro'. Ú. t. c. sust. f.: **la malpigiácea**. sust. f. pl. 'Familia de estas plantas': **las malpigiáceas.**

malquerer. v. irreg. tr. Se conjuga como **querer**. Tiene dos participios: uno, regular (***malquerido***); otro, irregular (***malquisto***). El segundo se usa sólo como adjetivo. Su participio activo es **malqueriente**. Sobre el participio **malquisto**, se ha formado **malquistar** (v. tr. Ú. t. c. prnl.), 'enemistar o enemistarse'.

malqueriente. p. a. de **malquerer**. 'Que quiere mal a otro'. Incorrecto: malquirente.

malquistar. v. tr. 'Enemistar a una persona con otra u otras'. Ú. t. c. prnl. Rég. prep.: **malquistar** o **malquistarse con** (***malquistar** o **malquistarse con** sus hermanos*).

malquisto, ta. adj. 'Mirado con malos ojos'. Rég. prep.: **malquisto de** o **por** (*malquisto de* o *por sus vecinos*). → **malquerer**

malsonante. p. a. de **malsonar**. 'Que suena mal'. adj. 'Que suena desagradable, grosero o inconveniente' (*palabra malsonante*). La 'cualidad de malsonante' es **malsonancia** (sust. f.), de reciente registro académico. Puede decirse **mal sonante**.

malsufrido, da. adj. 'Que tiene poco aguante o poca paciencia' (*hombre malsufrido*). La Academia no registra la forma sustantiva, pero se usa con frecuencia (*Eres una malsufrida*).

malteado. sust. m. 'Acción y efecto de maltear'. No debe pronunciarse [maltiado], un vulgarismo. Es de reciente incorporación en el *Diccionario*.

maltear. v. tr. 'Forzar la germinación de las semillas de los cereales, con el fin de mejorar la palatabilidad de líquidos fermentados, como la cerveza'. No debe pronunciarse [maltiar, maltié]. Es verbo recién incorporado en el *Diccionario*. → **-ear**

maltrabaja. sust. com. fam. 'Persona holgazana': **el maltrabaja, la maltrabaja** (*Si hubiera menos maltrabajas en esta oficina, la tarea estaría al día*).

maltraer. v. irreg. tr. 'Maltratar, mortificar'. **llevar** o **traer** a uno **a maltraer**. fr. 'Traer a uno a mal traer'. Nótese que en esta frase, y en otras similares, ambas grafías son correctas (*Me tuvo a mal traer o a maltraer toda la tarde*). Se conjuga como **traer**.

maltrato. sust. m. 'Acción y efecto de maltratar o maltratarse' (*Lo único que recibe es maltrato*). Plural: **maltratos** (*Estoy cansada de tus maltratos*). No es incorrecto escribir esta voz en dos palabras: **mal trato** (*Se enojó por el mal trato recibido*). En este caso, el plural es **malos tratos** (*Se enojó por los malos tratos recibidos*). También puede decirse **maltratamiento** (sust. m.).

maltusiano, na. adj. 'Dícese del partidario del maltusianismo, es decir, de las teorías económicas de Malthus'. Ú. t. c. sust. m. y f.: **el maltusiano, la maltusiana**.

malucho, cha. adj. fam. 'Que está algo malo'. También puede decirse **maluco, ca** (adj. fam.). La Academia prefiere la primera forma.

malva. sust. f. 'Planta'. adj. 'Dícese de lo que es de color morado pálido tirando a rosáceo, como el de la flor de malva'. Con esta función de adjetivo, es invariable. Incorrecto: *Trae unos pantalones malvas*. Correcto: *Trae unos pantalones malva* (es decir, 'color de malva'). sust. m. 'Color de malva' (*Lo pintó de malva*; *El malva me apasiona*). → **colores. ser como una malva** o **una malva**. fr. fig. y fam. 'Ser dócil, bondadoso, apacible' (*Ahora se comporta como una malva*). **malva arbórea, loca, real** o **rósea**. 'Planta de la familia de las malváceas'; también puede decirse **malvarrosa** (sust. f.). Es incorrecto escribir este sustantivo en dos palabras: *malva rosa*. La Academia prefiere **malva rósea**. Un 'sitio poblado de malvas' es un **malvar** (sust. m. colect.).

malváceo, a. adj. 'Dícese de ciertas plantas y árboles'. Ú. t. c. sust. f. (*El geranio de malva es una malvácea*). sust. f. pl. 'Familia de estas plantas' (*El malvavisco pertenece a las malváceas*).

malvender. v. tr. 'Vender a bajo precio' (*Malvendió sus tierras*). No debe escribirse en dos palabras, salvo que se posponga el adverbio (*Vendió mal sus tierras*).

malversador, ra. adj. 'Que malversa'. Ú. t. c. sust. m. y f.: **el malversador, la malversadora**.

malversar. v. tr. 'Invertir ilícitamente los caudales públicos, o equiparados a ellos, en usos distintos de aquellos a que están destinados'. Es incorrecto usar este verbo con el sentido de **malgastar** (v. tr.): *Malversó su fortuna*. Correcto: *Malgastó su fortuna*.

malvinense. adj. 'Perteneciente o relativo a las islas Malvinas de la República Argentina'; 'natural de estas islas'. Ú. t. c. sust. m. y f.: **el malvinense, la malvinense**. También puede decirse **malvinero, ra** (adj.), forma que la Academia prefiere; no, los argentinos. Ú. t. c. sust. m. y f.: **el malvinero, la malvinera**.

malvís. sust. m. 'Tordo de plumaje verde oscuro manchado de negro y rojo'. Es voz aguda que, en plural, se hace grave: **malvises**. También puede decirse **malviz**. Plural: **malvices**. Repárese en el cambio de **z** por **c**. La Academia prefiere la primera forma. Para distinguir los sexos, debe recurrirse a las perífrasis **malvís** o **malviz macho, malvís** o **malviz hembra**.

malviviente. adj. ant. 'Decíase del hombre de mala vida'. La Academia no registra su uso como sustantivo común, frecuente hoy en la Argentina (*Es **un malviviente**; **Las malvivientes** huyeron*). → **maleante**

malvivir. v. intr. 'Vivir mal, con estrechez'. No debe escribirse en dos palabras, un barbarismo.

malvón. sust. m. Argent., Méj., Par. y Urug. 'Planta de la familia de las geraniáceas' (*El **malvón** de flores blancas trae suerte*). Es voz aguda que, en plural, se transforma en grave: **malvones** (*Alegraban su balcón unos **malvones** rojos*).

mama. sust. f. 'Madre'. Voz usada, especialmente, por los niños (*La **mama** se va enojar*). 'Teta de los mamíferos' (*Tiene hinchadas las **mamas***). En plural: **mamas.** → **mamá**

mamá. sust. f. fam. 'Mama, madre'. En su origen, esta forma acentuada fue un galicismo (*maman*). En plural: **mamás**. Incorrecto: <u>*mamaes*</u>, <u>*mamases*</u>. Diminutivos: **mamita, mamaíta**. Incorrecto: <u>*mamasita*</u>, <u>*mamacita*</u>.

mamacallos. sust. m. fig. y fam. 'Hombre tonto y que es para poco'. En plural, no varía: **los mamacallos**. Carece de forma para el femenino.

mamada. sust. f. fam. 'Acción de mamar'; 'cantidad de leche que se mama'. fig. vulg. Argent., Perú y Urug. 'Borrachera' (*Se agarró una **mamada** de novela*).

mamadera. sust. f. 'Instrumento para descargar los pechos de las mujeres en período de lactancia'. En la Argentina, se usa **saca leche**, frase no registrada por la Academia. Amér. 'Biberón' (*Le dio la **mamadera** al bebé*).

mamado, da. p. de **mamar**. adj. vulg. 'Borracho'.

mamar. v. tr. 'Atraer, sacar, chupar con los labios la leche de los pechos'. fam. 'Engullir'. fig. 'Aprender algo desde la infancia'. v. prnl. fam. 'Emborracharse'. Rég. prep.: **mamar con** o **en** (***mamar con** o **en** la leche*).

mamarrachada. sust. f. fam. 'Acción ridícula'. sust. fam. colect. 'Conjunto de mamarrachos'.

mambo. sust. m. 'Baile cubano'. Carece de registro en el ***Diccionario***. En la Argentina, se usa, también, en sentido figurado, por 'locura'.

mamboretá. sust. m. Argent., Par. y Urug. 'Insecto'. En el español general, **santateresa, mantis** o **rezadora** (susts. fs.). En plural: **mamboretaes**. Según el ***Esbozo***, también es correcto **mamboretás**.

mameluco. sust. m. Entre otras denotaciones, en algunos países de América, entre ellos la Argentina, equivale a **overol**. → **overol, mono**

mamey. sust. m. 'Árbol americano y su fruto'. En plural: **maméis** o **mameyes**.

mamífero, ra. adj. 'Dícese de los animales vertebrados cuyas hembras amamantan a sus crías'. Ú. t. c. sust. m.: **el mamífero** (*El gato es un **mamífero***). sust. m. pl. 'Clase de estos animales': **los mamíferos**.

mamografía. sust. f. 'Radiografía de la mama'. Es voz de reciente incorporación académica.

mamón, na. adj. 'Que todavía está mamando'; 'que mama mucho'. Ú. t. c. sust. m. y f.: **el mamón, la mamona**. sust. m. 'Chupón de un árbol'; 'árbol de América intertropical'; 'fruto de este árbol'; 'especie de bizcocho muy esponjoso que se hace en Méjico'. En plural: **mamones, mamonas**.

mampostero. sust. m. 'El que trabaja en mampostería'. Carece de forma para el femenino. Su oficio es la **mampostería** (sust. f.).

mamúa. sust. f. vulg. Argent. y Urug. 'Borrachera'.

mamut. sust. m. 'Especie de elefante fósil'. En plural: **mamutes** o **mamuts**. Incorrecto: <u>*mamuses*</u>.

maná. sust. m. 'Alimento milagroso, enviado por Dios, para alimentar al pueblo hebreo en el desierto'. fig. 'Bienes que se reciben gratuitamente y de modo inesperado'. En plural: **manaes** o **manás**.

manada. sust. f. colect. 'Porción de hierba que se puede tomar de una vez con la mano'; 'hato de ganado al cuidado de un pastor'. fig. 'Conjunto de ciertos animales de una misma especie' (***manada** de elefantes, de lobos, de pavos*). **a manadas**. loc. adv. 'En gran número'.

manadero. sust. m. 'Pastor de una manada de ganado'. Carece de femenino. Su homónimo significa 'manantial' (*Allí hay un **manadero***

de agua). Puede usarse como adjetivo, **manadero, ra**, 'dícese de lo que mana'.

♦ **management.** Anglicismo. En español, corresponde usar, **dirección**, **administración**, **gestión.**

♦ **manager.** Anglicismo. En español, corresponde usar, según el caso, **representante**, **agente**, **apoderado**, **empresario**, **gerente**, **director** o, en los deportes, a veces, **entrenador**.

manante. p. a. de **manar**. 'Que mana'.

manantial. adj. (*agua* ***manantial***). sust. m. 'Nacimiento de las aguas' (*Bebe en el* ***manantial***). También puede decirse **manadero** (sust. m.). 'Origen o principio de donde proviene una cosa' (*Ese libro es un* ***manantial*** *de conocimientos*). En plural: **manantiales.**

manar. v. intr. 'Brotar, salir un líquido'. Ú. t. c. tr. fig. p. us. 'Abundar'. Rég. prep.: **manar de** (***manar de*** *una fuente*); **manar** algo **en** (***manar*** *un terreno* ***en*** *agua*).

manatí. sust. m. 'Mamífero que vive cerca de las costas del Caribe y en los ríos de aquella región'; 'tira de la piel de este animal'. En plural: **manatíes** o **manatís**. Para distinguir los sexos, debe recurrirse a las perífrasis **manatí macho**, **manatí hembra.**

manazas. sust. com. 'Torpe de manos': **el manazas**, **la manazas**. En plural, no varía: **los manazas**, **las manazas.** → **mano**

mancar. v. tr. 'Lisiar, estropear, herir a uno en las manos'. Ú. t. c. prnl. y se suele extender a otros miembros (*El caballo* ***se mancó*** *la pata derecha*). Su 'acción y efecto' es **mancamiento** (sust. m.). → **sacar**

mancebo. sust. m. 'Joven'. Diminutivo: **mancebete**. Su femenino es **manceba**, que equivale a **concubina** (sust. f.).

mancha. sust. f. Con la denotación de 'conjunto de plantas que pueblan un terreno, diferenciándolo de los colindantes', es sustantivo colectivo. Aumentativo: **manchón** (sust. m.). **la mancha**. Argent. 'Juego de niños'.

manchar. v. tr. Ú. t. c. prnl. Rég. prep.: **manchar** o **mancharse con** o **de** (***manchar*** o ***mancharse con*** o ***de*** *tinta*); **manchar** o **mancharse en** (***manchar*** o ***mancharse en*** *lodo*).

-mancia o **-mancía.** elem. compos. de or. gr. que, a modo de sufijo, sirve para formar derivados. 'Adivinación'; 'práctica de predecir' (*carto****mancia*** o *carto****mancía***; *ornito****mancia*** u *ornito****mancía***). En todos estos derivados, la Academia prefiere las formas con **-mancia**, pero las otras son igualmente correctas.

manco, ca. adj. 'Aplícase a la persona o animal que ha perdido un brazo o una mano, o el uso de cualquiera de estos miembros' (*hombre* ***manco***; *yegua* ***manca***). En el animal, que ha perdido el uso de cualquiera de sus extremidades (***manco*** *de la pata izquierda*). Ú. t. c. sust. m. y f.: **el manco**, **la manca** (*El* ***manco*** *de Lepanto*). Rég. prep.: **manco de** (*Pedro es* ***manco de*** *la derecha*). Aumentativo: **mancarrón**, **na**. Plural: **mancarrones**, **mancarronas**. Este adjetivo aumentativo, con el significado de 'flaco, endeble, con mataduras', aplicado a caballos, se usa también como sustantivo masculino y femenino (*Venía montado en su* ***mancarrón***). **no ser** uno **manco**. fr. fig. fam. 'Ser poco escrupuloso para apropiarse de lo ajeno'; 'ser largo de manos'. Rég. prep.: **no ser manco** uno **en** o **para** (***no ser manco en*** o ***para*** *el juego*).

mancomún (de). loc. adv. 'De acuerdo dos o más personas, o en unión de ellas'. Puede decirse **mancomunadamente** (adv. m.).

mancomunar. v. tr. 'Unir personas, fuerzas o caudales para un fin'. Ú. t. c. prnl. 'Obligar a dos o más personas a pagar o ejecutar de mancomún una cosa, entre todas y por partes'. Ú. t. c. prnl. 'Unirse, asociarse'. Rég. prep.: **mancomunarse con** (***mancomunarse con*** *otros*). La 'acción y efecto' de este verbo es la **mancomunidad** (sust. f.).

mancornar. v. irreg. tr. 'Poner a un novillo con los cuernos fijos en la tierra, dejándolo sin movimiento' y, entre otras varias acepciones, 'atar dos reses por los cuernos para que anden juntas'. Incorrecto: <u>*mancornear*</u>. Se conjuga como **sonar**.

mandadero, ra. adj. Equivale a **bienmandado** o **bien mandado**. sust. m. y f. 'Persona que hace los mandados': **el mandadero**, **la mandadera**.

mandado, da. p. de **mandar**. sust. m. 'Orden, precepto, mandamiento'; 'persona que ejecuta una comisión por mandado ajeno'.

mandamás. sust. com. fam. 'Nombre que se da irónicamente a una persona que desempeña una función de mando'; 'persona que ostenta demasiado su autoridad': **el mandamás, la mandamás**. El sinónimo exacto de la última acepción es, según la Academia, **mandón, na** (adj. Ú. t. c. sust. m. y f.). En plural, no varía: **los mandamás, las mandamás**. Incorrecto: *mandamases*.

mandante. p. a. de **mandar**. 'El que manda'. sust. com.: **el mandante, la mandante**.

mandar. v. tr. 'Ordenar el superior al súbdito'; 'imponer un precepto' (*Le **manda** obedecer*); 'enviar a una persona o remitir una cosa' (***Mandó** una encomienda*); 'encomendar o encargar una cosa' (*Le **mandó** escribir una carta*), etc. v. intr. 'Gobernar' (*El subsecretario es quien **manda***). v. prnl. (***mandarse** mudar*). Amér. Merid. Con algunos verbos en infinitivo, como **cambiar, mudar, largar**, etc., 'cumplir o hacer cumplir lo significado por el infinitivo' (***Se mandó cambiar***). Estos sintagmas son de reciente incorporación en el ***Diccionario***. No debe usarse la preposición **a:** *se mandó a cambiar, se mandó a mudar*. Rég. prep.: **mandar** algo **a** (***mandar** un telegrama **al** colegio*); **mandar de** (***mandar de** representante*); **mandar en** (***mandar en** la oficina*); **mandar por** (***mandar por** dulces; **mandar por** correo*). Debe evitarse la confusión entre **mandar + infinitivo**, 'ordenar' (***Mandó comprar** pan*), y **mandar a + infinitivo**, 'enviar' (*Lo **mandó a comprar** pan*).

mandarín. sust. m. 'El que en China y otros países asiáticos tenía a su cargo el gobierno o la administración de justicia'. fig. y fam. 'Persona que ejerce un cargo subalterno y es tenida en poco'. fig. 'Persona influyente'. En plural, **mandarines**. Su homónimo, **mandarín, na** (adj.), 'dícese de la lengua sabia de China'. Ú. t. c. sust. m. (*Habla el **mandarín***). 'Variedad de naranja' (*naranja **mandarina***). Ú. t. c. sust. f. (*Come **mandarinas***). Este adjetivo tiene, a su vez, un homónimo que significa 'persona mandona'. Ú. t. c. sust. m. y f.

mandatario. sust. m. 'Persona que, en virtud del contrato consensual llamado mandato, acepta del mandante representarlo personalmente, o en uno o más negocios'; 'en política, el que por elección ocupa un cargo en la gobernación de un país' (*El Presidente es nuestro primer **mandatario***). La segunda acepción es de reciente registro académico. Carece de femenino en el ***Diccionario***, pero su uso es frecuente. En general, los hablantes ignoran el significado técnico del término y creen que todo el que manda es un **mandatario**. → **mandato**

mandato. sust. m. Entre otras acepciones, significa, además de 'orden o precepto que el superior da a los súbditos', 'encargo o representación que por elección se confiere a los diputados, concejales, etc.' (*No tiene **mandato** para representar a la provincia*).

manderecha. sust. f. Equivale a **mano derecha**, grafía que es también correcta.

mandí. sust. m. 'Especie de bagre de la Argentina, de carne muy sabrosa'. En plural: **mandíes** o **mandís**. Para distinguir los sexos debe recurrirse a las perífrasis **mandí macho, mandí hembra**.

mandil. sust. m. 'Prenda de cuero o de tela fuerte, que, colgada del cuello, sirve para proteger la ropa, desde el pecho hasta las rodillas'; 'delantal'; 'insignia de seda de varios colores que, con emblemas bordados en oro, similar en su forma al de los obreros, usan los masones'. En la Argentina y en Chile, significa, como lo documenta el ***Diccionario Manual***, con el indicador de su falta de registro académico, 'paño con que se cubre el lomo de las cabalgaduras' (*Montaba sobre un simple **mandil***). Es voz aguda que, en plural, se hace grave: **mandiles**. Diminutivo: **mandilejo**. Aumentativo: **mandilón**.

mandinga. adj. 'Dícese de los negros del Sudán Occidental' (*negro **mandinga***). Amér. 'Nombre del diablo entre los campesinos' (*Es obra de **mandinga***). Argent. fig. y fam. 'Muchacho travieso'. En la Argentina, significa, además, como bien lo documenta el ***Diccionario Manual***, con el indicador de su falta de sanción oficial, 'encantamiento, brujería' (*Parece cosa de **mandinga***).

mandolina. sust. f. 'Instrumento músico de cuatro cuerdas y de cuerpo curvado como el laúd'. Incorrecto: *mandolín, mandolino*, un anglicismo y un vulgarismo, respectivamente. → **bandolina**

mandón, na. adj. 'Que ostenta demasiado su autoridad y manda más de lo que le toca' (*mu-*

jer mandona). Ú. t. c. sust. m. y f.: **el mandón, la mandona**.

♦ **mandonear.** → **mangonear**

mandrágora. sust. f. 'Planta herbácea'. En lenguaje familiar, la Academia acepta **mandrágula** (sust. f.).

mandria. adj. 'Apocado, inútil, de escaso o ningún valor'. Ú. t. c. sust. m. (*Pedro es un mandria*).

mandril. sust. m. 'Cuadrumano que vive en las costas occidentales del África'. Para distinguir los sexos, debe recurrirse a las perífrasis **mandril macho**, **mandril hembra**. Su homónimo denota diversos instrumentos: 'pieza cilíndrica para asegurar lo que se ha de tornear'; 'escariador para agrandar agujeros en las piezas de metal'; 'vástago empleado en cirugía'. Es voz aguda que, en plural, se hace grave: **mandriles**.

mandrilador o **mandrinador.** sust. m. 'Persona especializada en el manejo de la máquina mandriladora'. Su femenino es **mandriladora** o **mandrinadora**. La Academia prefiere la primera forma. sust. f. 'Máquina que se utiliza para mandrilar metales'. Puede decirse, también, **mandrinadora** (sust. f.). Son voces de reciente incorporación en el ***Diccionario***, al igual que **mandrilar** (v. tr.), 'perforar, ensanchar y pulir los agujeros de piezas de metal con el mandril', y **mandrilado** (sust. m.), 'su acción y efecto'.

manducador, ra. adj. 'Que manduca'. Ú. t. c. sust. m. y f.: **el manducador, la manducadora**.

manducar. v. intr. fam. Equivale a **comer**. Ú. t. c. tr. Su 'acción' es la **manducación** (sust. f. fam.). → **sacar**

manear. v. tr. 'Poner maneas a una caballería'. No debe pronunciarse [maniar, manié]. → **-ear, maniatar**

manejar. v. tr. Además de otras acepciones comunes con el español general, en América, significa 'conducir un automóvil'. Con el sentido de 'gobernar', se usa, también, como pronominal (*Sabe **manejarse***). Rég. prep.: **manejarse** bien o mal **con** (***manejarse** bien* o *mal **con** los vecinos*). Conserva la **j** en toda la conjugación. **manejárselas**. fr. fig. y fam. 'Desenvolverse con habilidad en los asuntos diarios' (***Se las maneja** bien en la oficina*). Su 'acción y efecto' es **manejo** (sust. m.).

manera. sust. f. En su acepción más común, significa 'modo con que se ejecuta o acaece alguna cosa' (*Observa la **manera** de hacerlo*). **a la manera de**. loc. prepos. 'A semejanza de' (***Escribir a la manera de Borges***). **a manera de**. loc. prepos. 'Como o a semejanza de'. **de manera que**. loc. conjunt. 'De suerte que' (*Llegaré temprano, **de manera que** no me critiques*). Es redundante decir *de modo y manera que*. Asimismo es incorrecto decir *de manera a + infinitivo*, un galicismo (*Estudia de manera a terminar rápidamente su carrera*). Correcto: *Estudia **para** terminar rápidamente su carrera*. **en gran manera**. loc. adv. 'En alto grado, mucho, muy'. **mal y de mala manera**. loc. adv. fam. 'Torpe y atropelladamente'. **sobre manera**. loc. adv. 'Muchísimo, en extremo' (*Es **sobre manera** inteligente*). Puede escribirse en una sola palabra, **sobremanera** (adv. m.), igualmente correcto (*Es **sobremanera** inteligente*). → **modo**

manes. sust. m. pl. 'Dioses infernales o almas de los difuntos, considerados benévolos'. fig. 'Sombras o almas de los muertos'. Nunca se usa en singular. → **plural (pluralia tantum)**

manga. sust. f. Diminutivo: **manguilla**. Además de los usos polisémicos comunes con el español general, tiene algunos empleos regionales. Entre ellos, en Andalucía y América, 'brete'; en la Argentina, 'nube de langostas' y, con valor colectivo, 'grupo de personas' (*Había una **manga** de atorrantes*). La Academia no recoge el significado, común en la Argentina, de 'pasarela o túnel de embarque en los aviones'. **en mangas de camisa**. loc. adv. Incorrecto: *en manga de camisa*. **tirar la manga**. fr. fig. y fam. Argent. 'Pedir dinero prestado'.

manganesa. sust. f. 'Mineral'. También puede decirse **manganesia** (sust. f.). La Academia prefiere la primera forma.

manganeso. sust. m. 'Metal que se obtiene de la manganesa'. Número atómico 25. Símbolo: ***Mn***

manganeta. sust. f. Argent., Bol., Guat. y Hond. 'Engaño'. Consigna este regionalismo el ***Diccionario Manual***, con el indicador de su falta de sanción oficial.

mangangá. sust. m. Argent., Par. y Urug. 'Insecto parecido al abejorro'. fig. 'Persona fastidiosa por su continua insistencia'. Con esta última denotación se usa, también, en Bolivia. En plural: **mangangaes** o **mangangás**.

mangar. v. tr. fam. Argent. → **pagar**, **manguear**

mango. sust. m. 'Parte alargada por la que se agarran instrumentos o utensilios' (*mango de la cacerola*, *mango del cuchillo*). Su homónimo denota un 'árbol', así como su 'fruto' (*El mango es, hoy, muy apreciado en gastronomía*). La **manga** (sust. f.) es una 'variedad de mango' y su 'fruto'. La Academia no registra el uso regional, figurado y familiar, de 'dinero', propio de la Argentina (*No tengo un mango*).

mangonear. v. intr. p. us. fam. 'Andar uno vagueando'. fam. 'Entremeterse, imponiendo a los demás su carácter voluntarioso'. v. tr. fam. 'Dominar o manejar a alguien o algo'. Esta acepción ha sido recién incorporada en el *Diccionario*. No debe usarse, en su reemplazo, *mandonear*, sin registro académico y un claro ejemplo de etimología popular. Su 'acción y efecto' es **mangoneo** (sust. m.). No debe pronunciarse [mangoniar, mangonié]. → **-ear**

mangrullo. sust. m. Argent. 'Torre rústica que servía de atalaya en las proximidades de fortines, estancias y poblaciones de las pampas o tierras llanas'. Incorrecto: *mangruyo*.

manguear. v. tr. Argent. y Chile. 'Acosar al ganado para que entre en la manga o brete'. fam. Argent. 'Pedir dinero prestado o tirar la manga'. También se dice, con esta acepción, **mangar** (v. tr.), sin registro académico para este significado. Tampoco lo tienen **mangazo** (sust. m. fig. y fam.), que equivale a **sablazo** (sust. m. fig. y fam.), del español general, ni **manguero, ra** (sust. m. y f. Ú. t. c. adj.), 'persona que manguea'. No debe pronunciarse [manguiar, manguié]. → **-ear**

manguero. sust. m. 'El que tiene por oficio manejar las bocas de riego'. Carece de forma para el femenino, ya que **manguera** (sust. f.) es la 'manga de las bocas de riego'.

manguruyú. sust. m. 'Pez grande de los ríos y arroyos de la Argentina, el Brasil y el Paraguay'. En plural: **manguruyúes** o **manguruyús**. Para distinguir los sexos, debe recurrirse a las perífrasis **manguruyú macho**, **manguruyú hembra**.

maní. sust. m. 'Cacahuete, planta'; 'su fruto'. En plural: **maníes**. De acuerdo con el ***Esbozo***, es admisible **manís**. Incorrecto: *manises*.

maníaco, ca o **maniaco, ca.** adj. 'Que padece manía'. Las dos acentuaciones son correctas, pero la Academia prefiere la primera forma. Ú. t. c. sust. m. y f.: **el maníaco** o **maniaco, la maníaca** o **maniaca**. Es correcto, también, **maniático, ca** (adj. Ú. t. c. sust. m. y f.).

maniatar. v. tr. 'Atar las manos'. El objeto directo de este verbo es la persona maniatada y, no, como se cree, las manos, concepto semántico que está implícito en el significado del verbo, que se confunde con **atar** (v. tr). Incorrecto: *Le maniataron las manos*. Correcto: ***Lo maniataron*** o ***Le ataron las manos***. La construcción *maniatar de pies y manos* es insólita desde el punto de vista semántico. Sucede igual con el verbo **manear** (tr.), cuyo objeto directo es la caballería y, no, sus patas (***Manear** un caballo*).

manicuro. sust. m. 'El que por oficio corta y pule las uñas'. Su femenino es **manicura**. Es voz grave. No debe pronunciarse [manícuro, ra] como esdrújula, acentuación frecuente en la Argentina. Regionalmente, se acepta **manicurista** (sust. com.). sust. f. 'Operación que consiste en pintar y embellecer las uñas' (*Le hizo la **manicura***); 'oficio de manicuro' (*Trabaja de **manicura***).

manierista. adj. 'Perteneciente o relativo al manierismo, estilo artístico artificioso del siglo XVI' (*pintor **manierista***). sust. com.: **el manierista, la manierista**. Es voz de reciente ingreso en el ***Diccionario***.

manifestación. sust. f. 'Acción y efecto de manifestar o manifestarse' (v. tr. Ú. t. c. pnl.). Es sustantivo colectivo cuando significa 'reunión pública de manifestantes'.

manifestar. v. irreg. tr. Ú. t. c. prnl. Rég. prep.: **manifestarse a** (***manifestarse a** todos*); **manifestarse con** (***manifestarse con** algunos*). Tiene dos participios: uno, regular (***manifestado***), con el que se forman los tiempos compuestos, y otro, irregular (***manifiesto***), que se usa sólo como adjetivo. Se conjuga como **acertar**.

manifestador, ra. adj. 'Que manifiesta'. Ú. t. c. sust. m. y f.: **el manifestador, la manifestadora**.

manifestante. sust. com. 'Persona que toma parte en una manifestación': **el manifestante**, **la manifestante**.

manijero. sust. m. 'Capataz de una cuadrilla de campo'; 'encargado de contratar obreros para ciertas faenas de campo'. La Academia admite la grafía **manigero**, pero prefiere la primera.

manilla. sust. f. 'Pulsera o ajorca'; 'anillo que por prisión se echa a la muñeca'; 'mango o agarradera'; 'manija o palanca para accionar el pestillo de puertas y ventanas'; 'manecilla del reloj'. → **mano (diminutivos)**

manillar. sust. m. 'Pieza de los vehículos de dos ruedas que sirve para dirigir la máquina' (*manillar de la bicicleta*). → **manubrio**

maniobra. sust. f. Con las denotaciones de 'evoluciones y simulacros en que se ejercita la tropa' (*El capitán está de **maniobras***); 'operaciones que se hacen en las estaciones o cruces de las vías férreas' (*El tren está haciendo **maniobras** para tomar el desvío a Salta*); 'operaciones que se hacen con otros vehículos'. Se usa siempre en plural (*¡Cuántas **maniobras** haces con el auto para estacionar!*).

manipulador, ra. adj. 'Que manipula'. Ú. t. c. sust. m. y f.: **el manipulador, la manipuladora**.

manipular. v. tr. 'Operar con las manos o con cualquier instrumento' y, entre otras acepciones, 'intervenir con medios hábiles y a veces arteros en la política, en la sociedad, en el mercado, etc., para servir, con frecuencia, intereses propios o ajenos' (***manipular** el lenguaje*). Es incorrecto *manipulear*, un fenómeno de ultracorrección, y el vulgar *manipuliar*. Sus postverbales son **manipulación** (sust. f.) y **manipuleo** (sust. m.).

maniqueo, a. adj. 'Aplícase al que sigue las doctrinas de Manes, que admitía dos principios creativos, uno para el bien y otro para el mal'; 'relativo al maniqueísmo'; 'dícese de los comportamientos propios del maniqueísmo'. Ú. t. c. sust. m. y f.: **el maniqueo, la maniquea**.

maniquí. sust. m. 'Figura movible'; 'armazón en figura de cuerpo humano'. sust. com. 'Persona encargada de exhibir modelos de ropa': **el maniquí, la maniquí**. Incorrecto: *manequí*, *manequíe*. Plural: **maniquíes** o **maniquís**.

manir. v. defect. tr. 'Dejar ablandar las carnes antes de comerlas o de condimentarlas'. Se conjuga en los mismos tiempos y personas que **abolir**.

manirroto, ta. adj. 'Pródigo'. Ú. t. c. sust. m. y f.: **el manirroto, la manirrota**.

manisero. sust. m. Argent. 'Vendedor callejero de maníes'. La A.A.L. ha recomendado su inclusión en el ***Diccionario***.

manjar. sust. m. Es voz aguda que, en plural, se hace grave: **manjares**. Diminutivos: **manjarete, manjarejo**.

mano. sust. f. Diminutivos: **manecita, manecilla** (***manecilla** del reloj*), **manita** (*Dame la **manita***), **manezuela**. En el segundo caso, puede usarse, también, **manilla** (sust. f.). En Galicia y en casi toda América, se usa, como diminutivo, **manito** (*Dame la **manito***), forma que, aunque se aparta de la norma académica, por lo extendida entre hablantes cultos, no puede considerarse un barbarismo. El ***Diccionario Manual*** la incluye, pero indica su falta de sanción oficial. Aumentativos: **manaza**, **manota**. **en manos de**. loc. adv. 'En poder de' (*El paquete está **en manos de** José*). **a manos de**. loc. adv. 'Por obra de' (*Murió **a manos de** su enemigo*). **en mano**. loc. adv. 'Personalmente' (*Entregó el sobre **en mano***).

-mano, na. elem. compos. de or. gr. que sirve para formar derivados. 'Apasionado' (*bibliómano*); 'que tiene obsesión o hábito patológico' (*toxicómano*). Es de reciente incorporación académica.

manojo. sust. m. colect. 'Hacecillo de cosas que se pueden tomar con la mano' (***manojo** de flores*). fig. 'Conjunto de cosas' (***manojo** de llaves*). Diminutivo: **manojuelo**. **a manojos**. loc. adv. fig. 'En abundancia' (*Comía confites **a manojos***).

manosanta. sust. com. Argent. 'Curandero': **el manosanta, la manosanta**. La A.A.L. ha recomendado su inclusión en el léxico oficial.

manosear. v. tr. 'Tocar repetidamente una cosa, ajándola o desluciéndola'. En la Argentina, 'desacreditar a una persona' y 'someter a otro reiterada o prolongadamente a un trato humillante', acepciones no registradas por la Academia. Su postverbal es **manoseo** (sust.

m.). No debe pronunciarse [manosiar, manosié]. → **-ear**

manotada. sust. f. 'Golpe dado con la mano'. Para expresar el mismo concepto se registran **manotazo** (sust. m.) y **manotón** (sust. m.).

manotear. v. tr. 'Dar golpes con las manos'. v. intr. 'Mover las manos cuando se habla o para expresarse'. Su posteverbal es **manoteo** (sust. m.). No debe pronunciarse [manotiar, manotié]. → **-ear**

manquear. v. intr. 'Moverse u obrar con la torpeza del manco'. No debe pronunciarse [manquiar, manquié]. → **-ear**

manquera. sust. f. 'Condición de manco'. También puede decirse **manquedad** (sust. f.).

mansalva (a). loc. adv. 'Sin ningún peligro; sobre seguro'. Es incorrecto el uso de esta locución con el significado de 'sin contemplaciones': *Le pegaron a mansalva*. Correcto: *Le pegaron **sin contemplaciones***.

♦ **mansarda.** Galicismo. En español, debe usarse **buhardilla, buharda** o **desván**.

mansión. sust. f. 'Morada'; 'casa suntuosa'. Es palabra aguda que, en plural, se hace grave: **mansiones. hacer mansión**. fr. 'Detenerse en alguna parte'.

manso, sa. adj. 'De condición benigna'; 'aplícase al animal que no es bravo'; 'sosegado, tranquilo' (*aire **manso***). sust. m 'En el ganado lanar, cabrío o vacuno, el que sirve de guía a los demás'. Diminutivo: **mansito**. Nótese que esta forma se usa, también, como adverbio de modo, 'lentamente, muy despacio' (*Anda **mansito***). Rég. prep.: **manso de** (***manso de** corazón*); **manso en** (***manso en** el ejercicio del poder*).

manta. sust. f. En su acepción más común, es 'prenda de lana o algodón que sirve para abrigarse en la cama'. Tiene un homónimo que sólo se usa en la frase figurada **a manta** o en la locución adverbial **a manta de Dios**, que significan 'en abundancia' (*Regar **a manta***; *Trae regalos **a manta de Dios***). Es incorrecto: *a mantas* (*Llueve a mantas*).

manteador, ra. adj. 'Que mantea'. Ú. t. c. sust. m. y f.: **el manteador, la manteadora**.

mantear. v. tr. 'Lanzar al aire, entre varias personas, a otra, con una manta'. No debe pronunciarse [mantiar, mantié]. Su postverbal es **manteo** (sust. m.). → **-ear**

manteca. sust. f. Diminutivo: **mantequilla**.

mantelería. sust. f. colect. 'Conjunto de mantel y servilletas'.

mantener. v. irreg. tr. 'Proveer a uno del alimento necesario' (*Lo **mantengo***); 'costear las necesidades económicas de alguien (***Mantiene** a su padre*); 'conservar' (***Mantiene** bien su auto*); 'sostener' (***Mantén** el cuadro hasta que clave el gancho*); 'proseguir en lo que se está ejecutando' (***Mantienen** una conversación*); 'defender, sustentar' (***Mantuvo** su opinión*). v. prnl. 'No caerse o hacerlo muy lentamente' (***Se mantiene** en el aire*); 'perseverar' (***Se mantuvo** en sus principios*); 'alimentarse' (***Se mantendrá** solo*). Rég. prep.: **mantener** algo **con** (*Mantiene correspondencia **con** amigos*); **mantener** algo **en** (***Mantuvo en** buen estado su casa*); **mantenerse en** (***Se mantiene en** paz*); **mantenerse con** o **de** (***Me mantengo con** o **de** verduras y frutas*). Este verbo no debe usarse con el significado de 'retener'. Incorrecto: *Mantener como presos*. Correcto: ***Retener** como presos*. Tampoco debe usarse *mantener una batalla*, sino ***sostener** una batalla*. Sus postverbales son **mantenencia, manutención** o **manutenencia** (susts. fs.), este último anticuado. Su 'efecto', **mantenimiento** (sust. m.). Se conjuga como **tener**.

mantenido, da. p. de **mantener.** sust. f. 'Mujer que vive a expensas de un hombre con el que mantiene relaciones sexuales'.

mantenimiento. sust. m. Con la denotación de 'conjunto de operaciones y cuidados para que edificios o instalaciones sigan funcionando', es sustantivo colectivo. sust. m. pl. 'Provisiones de boca de una agrupación grande'. → **mantener**

mantequero, ra. adj. 'Perteneciente o relativo a la manteca'. sust. m. y f. 'Persona que hace o vende manteca'; 'vasija en que se hace o se sirve la manteca': **el mantequero, la mantequera.** El 'lugar donde se vende o elabora la manteca' es la **mantequería** (sust. f.). En América, **mantequillero** (sust. m.) es 'el que hace o vende manteca'. Según la Academia, carece de femenino. Las formas masculinas y femeninas se aplican a la 'vasija en que se tiene o se sirve la manteca' (*Pon sobre la mesa **la mantequillera** o **el mantequillero***).

mantero. sust. m. 'El que hace o vende mantas'. Su femenino es **mantera**.

manto. sust. m. 'Especie de capa, que llevaban las mujeres, para cubrir el cuerpo o la cabeza hasta la cintura', amén de otras muchas acepciones. Diminutivo: **mantilla** (sust. f.), que, a su vez, tiene otro diminutivo, **mantilleja** (*Hoy, en la iglesia, las mujeres ya no lucen en sus cabezas **mantillas** ni **mantillejas***). Aumentativo: **mantón** (*Estaba envuelta en su **mantón** de Manila*).

manual. adj. 'Que se ejecuta con las manos' (*trabajo **manual***); 'fácil de usar' (*libro **manual***); 'casero, de fácil ejecución' (*producto **manual***). sust. m. 'Libro de texto' (*Compró un **manual** para la escuela*). Si denota uno en particular, se escribe con mayúscula (***Manual** de Historia*). Es palabra aguda que, en plural, se hace grave: **manuales**.

manualidad. sust. f. 'Trabajo llevado a cabo con las manos' (*El tejido es mi **manualidad** preferida*). sust. f. pl. 'Trabajos manuales propios de los escolares' (*No tiene **manualidades***).

manubrio. sust. m. 'Empuñadura o manija de un instrumento'. Argent. 'Manillar de la bicicleta'. → **manillar**

manufactura. sust. f. 'Obra hecha a mano o con auxilio de una máquina'. También puede decirse **manifactura** (sust. f.). La Academia prefiere la primera forma.

manu militari. loc. lat. No figura en el ***Diccionario***. 'Por la fuerza'.

manumitir. v. tr. 'Dar libertad al esclavo'. Tiene dos participios: uno, regular (***manumitido***), que se usa para formar los tiempos compuestos, y otro, irregular (***manumiso***), que se emplea como adjetivo.

manuscribir. v. tr. p. us. 'Escribir a mano'. Su participio es irregular: **manuscrito** (***He manuscrito** la posdata*).

manuscrito, ta. adj. 'Escrito a mano' (*carta **manuscrita***). sust. m. 'Papel o libro manuscrito; particularmente, los de valor y antigüedad, o escritos por autores célebres' (*Posee **manuscritos** del siglo XV*). Abreviaturas: ***ms.*** (sing.), ***mss.*** (pl.).

manutención. sust. f. Incorrecto: <u>*manuntención*</u>.

manutener. v. irreg. tr. 'Mantener o amparar'. Se conjuga como **tener**.

manzana. sust. f. 'Fruto del manzano'. Diminutivos: **manzanita**, **manzanilla** ('hierba'; 'flor'; 'infusión'; 'vino blanco andaluz').

manzanillero. sust. m. 'El que se dedica a recoger manzanilla para venderla'. Su femenino es **manzanillera**.

manzano. sust. m. 'Árbol cuyo fruto es la manzana'. También puede decirse **manzanal** (sust. m.). En el Ecuador, **manzanero** (sust. m.). Diminutivo: **manzanillo**. Sustantivos colectivos: **manzanal**, **manzanar** (ms.).

mañana. sust. f. 'Tiempo que transcurre desde que amanece hasta el mediodía'; 'espacio de tiempo que va desde la medianoche hasta el mediodía' (*A las dos de la **mañana***). Diminutivos: **mañanica**, **mañanita**. sust. m. 'Tiempo futuro más o menos próximo' (*Lo dejamos para un **mañana** no muy lejano*). adv. t. 'En el día siguiente inmediato al de hoy' (*Irás **mañana***). **pasado mañana**. loc. adv. 'En el día que seguirá inmediatamente al de mañana'. **de mañana**. loc. adv. 'En las primeras horas del día'. **muy de mañana**. loc. adv. 'De madrugada'. Es un barbarismo decir <u>*en la mañana*</u>, para expresar ***durante***, ***por*** o ***a la mañana***, que es como se debe. Incorrecto: *Lo hicimos <u>en la mañana</u>*. Correcto: *Lo hicimos **durante**, **por** o **a la mañana**.* → **hora**

mañanear. v. intr. p. us. 'Madrugar habitualmente'. No debe pronunciarse [mañaniar, mañanié]. → **-ear**.

mañear. v. tr. 'Disponer una cosa con maña'. v. intr. 'Proceder mañosamente'. No debe pronunciarse [maniar, manié]. → **-ear**

mañerear. v. intr. Argent. y Urug. 'Obrar o proceder con malas mañas'. Chile. 'Usar un animal malas mañas'. Este último regionalismo es frecuente, también, en la Argentina, aunque no lo aclare la Academia. Para ninguna de estas acepciones, debe usarse **mañear**, pues tiene otro significado. No debe pronunciarse [mañeriar, mañerié]. → **-ear**

mañero, ra. adj. 'Sagaz, astuto'; 'fácil de tratar'. Diminutivo: **mañeruelo, la** (adj.). Argent.

'Que tiene mañas' (*caballo **mañero***). Equivale a **mañoso, sa** (adj.) del español general.

mañuela. sust. f. 'Maña, astucia'. sust. pl. com. fig. y fam. 'Persona astuta y cauta que sabe manejar los negocios con destreza': **el mañuelas, la mañuelas**. En plural, no varían: **los mañuelas, las mañuelas**.

maoísta. adj. 'Perteneciente o relativo al maoísmo'; 'partidario de ese movimiento'. sust. com.: **el maoísta, la maoísta**.

maorí. adj. 'Dícese del habitante de las dos islas de Nueva Zelanda'. Ú. m. c. sust. m. y en pl.: **maoríes**. Según el ***Esbozo***, se admite, también, el plural **maorís**. sust. m. 'Lengua hablada en esas regiones'.

mapamundi. sust. m. No debe escribirse en dos palabras: *mapa mundi*. En plural: **mapamundis**. Incorrecto: *mapasmundi* o *mapas mundi*.

mapuche. adj. 'Natural del Arauco'; 'perteneciente a esa zona'; 'dícese del indio araucano'. Ú. m. c. sust. com.: **el mapuche, la mapuche**. sust. m. 'Lengua de los araucanos'.

maquetista. sust. com. 'Persona que hace maquetas': **el maquetista, la maquetista**. Es voz recién ingresada en el ***Diccionario***.

maqui. sust. m. 'Arbusto chileno'. En plural: **maquis**. Un 'sitio poblado de estos arbustos' es un **macal** (sust. m. colect.). → **maquis**

maquiavelista. adj. 'Que sigue las doctrinas de Maquiavelo'. Ú. t. c. sust. com.: **el maquiavelista, la maquiavelista**.

maquil-ishuat. sust. m. 'Árbol nacional de El Salvador'. En plural: **maquil-ishuats**. La Academia registra, también, la forma **maquilihue** (sust. m.), pero prefiere la primera. Las dos son de reciente incorporación en el ***Diccionario***.

maquillador. sust. m. 'El que se dedica a maquillar'. Su femenino es **maquilladora**.

máquina. sust. f. Con el sentido de 'conjunto de aparatos', es sustantivo colectivo. Por antonomasia, 'locomotora del tren'. Incorrecto: *máquina a vapor*. Correcto: *máquina **de** vapor*. Diminutivo: **maquinilla**. **a toda máquina**. loc. adv. 'Muy de prisa'.

maquinador, ra. adj. 'Que maquina'. Ú. t. c. sust. m. y f.: **el maquinador, la maquinadora**.

maquinal. adj. 'Perteneciente a los movimientos y efectos de la máquina' (*rotación **maquinal***); 'aplícase a los actos y movimientos no deliberados' (*gesto **maquinal***). En plural: **maquinales**.

maquinar. v. tr. 'Urdir, tramar algo ocultamente'. Rég. prep.: **maquinar** algo **contra** (***maquinar** una maldad **contra** el vecino*). 'En metalurgia, trabajar una pieza por medio de una máquina'.

maquinaria. sust. f. colect. 'Conjunto de máquinas para un fin determinado'. sust. f. 'Mecanismo que da movimiento a un artefacto'.

maquinista. sust. com. 'El que fabrica o inventa máquinas'; 'el que las conduce o gobierna': **el maquinista, la maquinista**.

maquinizar. v. tr. 'Emplear máquinas para mejorar la producción industrial'. → **cazar**

maquis. sust. com. 'Guerrillero': **el maquis, la maquis**. Nótese que esta voz de origen francés (*maquis*) es, en español, de acentuación grave. No debe pronunciarse [maquís] como aguda, forma con que la registra, quizás por errata, el ***Diccionario Manual***. En plural, no varía: **los maquis, las maquis**. sust. m. 'Guerrilla'.

mar. sust. amb. Por su carácter de sustantivo ambiguo, puede decirse tanto **el mar** (m.) como **la mar** (f.); las dos formas son correctas. Se usa más en género masculino (*Se internó en **el mar**; Adoro **el mar***); pero los hombres de mar y los poetas se inclinan por el femenino (*Navegaremos en **alta mar**; Hay **mar gruesa**; Calma estaba **la mar***). En plural, se usa la forma masculina: **los mares**. Se escribe siempre con minúscula (*el **mar** Mediterráneo*), salvo cuando forma parte del nombre de un accidente geográfico o de un topónimo (***Mar del Plata***). **a mares**. loc. adv. 'Abundantemente' (*Llueve **a mares***). **la mar de**. loc. adv. 'Mucho' (*Había **la mar de** cosas*).

marabú. sust. m. 'Ave zancuda del África'. Plural: **marabúes** o **marabús**. Para distinguir los sexos, debe recurrirse a las perífrasis **marabú macho, marabú hembra**.

marabunta. sust. f. 'Nombre indígena de las migraciones masivas de hormigas legionarias, que devoran a su paso todo lo comestible que encuentran'. Es sustantivo colectivo cuando significa, con carácter figurado, 'conjunto de gente alborotada y tumultuosa' (*Había tal* ***marabunta*** *en la plaza, que no te encontré*). Es voz recién incorporada por la Academia. No debe confundirse su denotación con la de **barahúnda** (sust. f.), 'ruido, confusión'.

maraca. sust. f. 'Instrumento musical sudamericano'. Ú. m. en pl. (*Las* ***maracas*** *alegraron el baile*).

maracaná. sust. m. Argent. 'Especie de papagayo'. En plural: **maracanaes** o **maracanás**. Para distinguir los sexos, debe recurrirse a las perífrasis **maracaná macho, maracaná hembra**.

maracayá. sust. m. Amér. Merid. 'Pequeño mamífero carnicero'. En plural: **maracayaes** o **maracayás**. Para distinguir los sexos, debe recurrirse a las perífrasis **maracayá macho, maracayá hembra**.

♦ **marajá.** Es voz de origen inglés (*maharajah*) que no ha sido españolizada y que carece, por tanto, de registro académico. Algunos se inclinan por la forma "maharajá", más próxima a la grafía extranjera. Si se usa esta forma, debe entrecomillarse. → **rajá**

marantáceo, a. adj. 'Dícese de ciertas plantas herbáceas'. Ú. t. c. sust. f.: **la marantácea**. sust. f. pl. 'Familia de estas plantas': **las marantáceas**.

maraña. sust. f. Con la denotación de 'enredo de los hilos o de los cabellos', es sustantivo colectivo (*No puedo peinarte, ¡qué* ***maraña****!*). Aumentativo: **marañón** (sust. m.).

maratón. sust. m. y, a veces, f. 'Carrera pedestre de resistencia practicada por deporte'. Se usa más la forma masculina (*Correrá* ***un maratón***). En la Argentina, se emplea casi con exclusividad la femenina (*Correrá* ***una maratón***). sust. m. colect. fig. 'Conjunto de actividades que se desarrollan apresuradamente' (*¡Qué* ***maratón*** *tuvimos para terminar el proyecto!*). No es correcta la grafía <u>*marathón*</u>. → **maratoniano**

maratoniano, na. adj. 'Perteneciente o relativo al maratón'; 'que tiene los caracteres del maratón'. Es voz que, con estos significados, acaba de ser introducida en el ***Diccionario***. Obsérvese, en las definiciones transcriptas, la preferencia académica por el uso masculino del sustantivo **maratón** en su acepción deportiva. En la Argentina, se emplea, en su reemplazo, el adjetivo **maratónico, ca**, regionalismo recién registrado por la Academia.

maratónico, ca. adj. → **maratoniano**

maravedí. sust. m. 'Moneda española'. Abreviatura, en plural: ***mrs***. El ***Diccionario*** aclara que "se han dado a este nombre hasta tres plurales diferentes: *maravedís*, *maravedises* y *maravedíes*. El tercero –concluye– apenas tiene ya uso". El plural **maravedises**, como puntualiza el ***Esbozo***, es de "segundo grado", formado sobre **maravedís**. Úsese, en consecuencia, **maravedís**.

maravilla. sust. f. 'Cosa extraordinaria que causa admiración'. **a las maravillas** o **a las mil maravillas**. locs. advs. figs. 'Perfectamente'. **a maravilla**. loc. adv. 'Maravillosamente'. **de maravilla** o **de maravillas**. loc. adv. fig. 'Muy bien'. **por maravilla**. loc. adv. 'Rara vez, por casualidad'. Nótese, en las locuciones anteriores, el uso del singular y del plural, ya que se cometen errores.

maravillar. v. tr. 'Causar admiración' (***Maravilla*** *su dedicación al trabajo*). v. prnl. 'Ver con admiración' (***Me maravillo*** *de tanto sacrificio*). Rég. prep.: **maravillarse con** o ***de*** (***maravillarse con*** *o* ***de*** *una novedad*).

marca. sust. f. Diminutivo: **marquilla**. En el lenguaje deportivo, 'el mejor resultado en competiciones deportivas'. → **récord. marca de fábrica**. 'Distintivo que el fabricante pone a los productos de su industria'. **marca registrada**. 'Marca de fábrica o de comercio que, inscrita en el registro competente, goza de protección legal'. **de marca**. loc. adj. fig. 'Sobresaliente en su línea' (*Usa ropa* ***de marca***). **batir una marca**. fr. 'Superar una marca homologada'. Se escribe con mayúscula cuando da nombre a una región (*la* ***Marca*** *Hispánica*).

marcador. sust. m. Argent. 'Instrumento semejante a una lapicera con punta de fibra o fieltro'. Esta voz no está registrada en el ***Diccionario***, pero la A.A.L. ha recomendado su incorporación. → **rotulador**

marcapaso o **marcapasos.** sust. m. Las dos formas son correctas, pero se usa más la segunda, que, en plural, no varía: **los marcapasos**.

marcar. v. tr. Rég. prep.: **marcar a** (***marcar a***

fuego); **marcar con** (*marcar con tinta*); **marcar por** (*marcar por nuestro*). → **sacar**

marcero, ra. adj. 'Propio del mes de marzo'. También se registra, para el mismo significado, **marceño, ña** (adj.).

marcha. sust. f. 'Acción de marchar o marcharse'; 'grado de celeridad en el andar de un buque, vehículo, etc.'; 'actividad de un mecanismo, entidad, etc.'; 'en el cambio de velocidades, cualquiera de las posiciones motrices'; 'movimiento de las tropas para trasladarse de un lugar a otro'; 'pieza de música con un ritmo muy particular'. **a toda marcha**. loc. adv. 'Con mucha celeridad'. **a marchas forzadas**. loc. adv. 'Haciendo jornadas más largas que las regulares'. **coger** o **tomar la marcha a** o **de** una cosa. fr. fig. y fam. 'Adquirir habilidad para hacerla'. **dar marcha atrás**. fr. fig. y fam. 'Desistir de un empeño o reducir su actividad'. **poner en marcha**. fr. 'Hacer que un mecanismo empiece a funcionar'; 'hacer que un proyecto empiece a realizarse'. **sobre la marcha**. loc. adv. 'De prisa, en el acto'; 'a medida que se está haciendo algo'.

marchante. adj. 'Mercantil' (*actividad marchante*). sust. com. 'Comerciante' o, en particular, 'persona que comercia cuadros y obras de arte': **el marchante, la marchante**. No debe usarse para la última denotación el galicismo *marchand*, dada la españolización de la palabra. Su homónimo, el sustantivo masculino **marchante**, que registra el femenino **marchanta**, significa, en América, 'persona que suele comprar en una misma tienda'. **a la marchanta**. loc. adv. fam. Argent. y Bol. 'De cualquier manera'. **tirarse a la marchanta**. fr. fig. y fam. Argent. 'Dejarse estar'. Estos dos modismos regionales son de reciente incorporación académica.

marchar. v. intr. 'Caminar, hacer viaje'. Ú. t. c. prnl. 'Irse o partir'. Ú. t. c. prnl. 'Andar'. Rég. prep.: **marchar** o **marcharse a** (***marchar*** o ***marcharse a*** *la muerte*); **marchar** o **marcharse con** (***marchar con*** *la tropa*; ***marcharse con*** *otros*); **marchar contra** o **sobre** (***marchar contra*** o ***sobre*** *los enemigos*); **marcharse de** (***marcharse de*** *la casa*); **marchar desde** (***marchar desde*** *la costa*); **marchar** o **marcharse en** (***marchar*** o ***marcharse en*** *sentido contrario*); **marchar hacia** (***marchar hacia*** *Roma*); **marchar hasta** (***marchar hasta*** *la frontera*); **marchar** o **marcharse por** (***marchar*** o ***marcharse por*** *la avenida*); **marchar sobre** (***marchar sobre*** *rieles*). No es correcta la expresión: marchar sobre los pasos de... Correcto: ***Seguir las huellas de...***

marchitar. v. 'Ajar, deslucir'; 'debilitar'. Ú. t. c. prnl. Rég. prep.: **marchitarse con** o **por** (***marchitarse con*** o ***por*** *el sol*). También puede decirse **marcir** (v. tr.).

marciano, na. adj. 'Relativo a Marte o propio de él'. sust. m. y f. 'Supuesto habitante de ese planeta': **el marciano, la marciana**.

marco. sust. m. Entre otras muchas acepciones, tiene las de 'unidad monetaria de Alemania' (*Subió **el marco***) y de 'cerco que rodea algunas cosas' (***el marco*** *de la puerta*; ***el marco*** *del cuadro*). Significa, en sentido figurado, 'ambiente o paisaje que rodea algo' y 'límites en que se encuadra un problema, una teoría, etc.'. Con esta última denotación, se usa la frase **en el marco de** (*Analizaremos esta ley **en el marco de** la Constitución*).

mareador, ra. adj. 'Que marea'. Ú. t. c. sust. m. y f.: **el mareador, la mareadora**. No debe pronunciarse [mariador, ra].

mareante. p. a. de **marear**. adj. 'Que profesa el arte de la navegación'. Ú. t. c. sust. m. y f.: **el mareante, la mareante**. No debe pronunciarse [mariante].

marear. v. tr. 'Poner en marcha una embarcación sobre el mar; gobernarla'. fig. y fam. 'Molestar (*No me **marees***). Ú. t. c. intr. (*No **marees***). v. prnl. 'Turbársele la cabeza, revolvérsele el estómago'. El 'efecto de marearse' es el **mareo** (sust. m.). La 'acción y efecto de marear o marearse', es **mareamiento** (sust. m.). No debe pronunciarse [mariar, marié]. → **-ear**

mare mágnum. expr. lat. fig. y fam. 'Abundancia, grandeza o confusión'; 'muchedumbre confusa de cosas y personas'. También puede decirse **maremagno** (sust. m. fam.). La Academia prefiere la primera forma, que no debe escribirse en una sola palabra: *maremágnum*. Generalmente, no se usan en plural: **los mare mágnum, maremagnos**.

marga. sust. f. 'Roca compuesta de carbonato de cal y arcilla'. Un 'terreno que abunda en marga' es un **margal** (sust. m. colect.).

margen. sust. amb. Es voz grave que, en plural, se hace esdrújula: **márgenes**. Repárese en que en singular no lleva tilde. Se prefiere la forma masculina para denotar el 'espacio en blanco a los cuatro lados de una página' (*El impreso tiene poco **margen**; No escribas en los **márgenes***), la 'ocasión, oportunidad, espacio para un acto o suceso' (*No hay **margen** alguno para ello*), la 'cuantía del beneficio que se puede obtener en un negocio' (*Esta operación inmobiliaria te dejará un buen **margen***). En cambio, se usa con preferencia el femenino para significar 'extremidad, orilla de una cosa' (*la **margen** izquierda del río*). **al margen**. loc. adv. 'Se usa para indicar que una persona o cosa no tiene intervención en el asunto de que se trata'. Ú. m. con los verbos **estar**, **quedar** y otros análogos (*Mi hermano está **al margen** de este asunto*). **andarse por las márgenes**. fr. fig. Equivale a **andarse por las ramas**.

marginación. sust. m. 'Acción y efecto de marginar'. Es de reciente registro académico.

marginado, da. p. de **marginar**. adj. 'Dícese de la persona o grupo no integrado en la sociedad'. Ú. t. c. sust. m. y f.: **el marginado, la marginada**.

marginal. adj. 'Relativo al margen'; 'que está al margen'; 'que es secundario'; 'persona o grupo que vive al margen de las normas sociales comúnmente admitidas' (*Son grupos **marginales***). La Academia no anota el uso sustantivo de esta voz, denotación para la que registra **marginado, da** (adj. Ú. t. c. sust. m. y f.). Incorrecto: *Es un marginal*. Correcto: *Es un **marginado***.

mariachi o **mariachis.** sust. m. 'Música y baile populares del Estado de Jalisco (Méjico)'; 'orquesta que interpreta esta música'; 'cada uno de sus integrantes'. Es sustantivo colectivo cuando significa 'conjunto instrumental que acompaña a los cantantes de ciertas danzas y aires populares mejicanos'. Las dos formas son correctas. En plural, la segunda no varía: **los mariachis**. La Academia registra, también, **mariache** (sust. m.).

marial. adj. 'Aplícase a algunos libros que contienen alabanzas de la Virgen María' (*obras **mariales***). Ú. t. c. sust. m.: **el marial**.

marianista. adj. 'Dícese del individuo perteneciente a la Compañía de María'. Ú. t. c. sust. m.: **el marianista**. 'Relativo a dicha congregación' (*institución **marianista***).

marica. sust. m. 'Hombre afeminado'; 'hombre homosexual'. Diminutivo: **mariquita** (sust. m.). Ú. t. c. insulto. También puede decirse **maricón** (sust. m. vulg. Ú. t. c. adj.). Ni una ni otra forma se aplica a las mujeres: es siempre del género masculino. Incorrecto: *La hija es una marica o una maricona*. → **mariquita**

marido. sust. m. 'Hombre casado con respecto a su mujer'. Su antónimo es **mujer** (sust. f.). Diminutivo: **maridillo**. Aumentativo: **maridazo** (despect.).

marihuana o **mariguana.** sust. f. Las dos grafías son correctas. → **hachís**

marimacho. sust. m. 'Mujer que, en su corpulencia o acciones, parece hombre'. Obsérvese su género. Incorrecto: *La marimacho de su mujer intervino en la discusión*. Correcto: ***El marimacho** de su mujer intervino en la discusión*.

marimandona. sust. f. 'Mujer autoritaria'. No debe usarse la forma masculina *marimandón*, un barbarismo.

marimorena. sust. f. fam. 'Riña'. Incorrecto: *marimorera*.

marina. sust. f. En las acepciones de 'conjunto de los buques de una nación' y de 'conjunto de las personas que sirven en ella', es sustantivo colectivo. Cuando se denota la institución de una nación u otra entidad específica, se escribe con mayúscula (*La **Marina** ha resuelto los ascensos de los oficiales superiores; La **Marina** Mercante aumentó su flota*). En los otros casos, con minúscula (*Sirve en la **marina***).

marinar. v. tr. 'Dar sazón al pescado para cocinarlo'; 'tripular un nuevo buque'. No debe confundirse con **marinear** (v. intr.), 'ejercitar el oficio de marinero'.

marine. sust. m. Voz inglesa españolizada. Significa 'soldado de la infantería de marina estadounidense o británica'. Es voz recién incorporada en el ***Diccionario***. No debe aplicarse a cualquier hombre de la marina de una nación ni usarse como sinónimo de marinero. Plural: **marines**. No debe usarse el anglicismo *marines* con la denotación de 'infantería de marina'. Incorrecto: *Ha desembarcado la marines*. Correcto: *Ha desembarcado **la infantería de marina***.

marinería. sust. f. 'Profesión de hombre de mar'. Cuando significa 'conjunto de marineros', es sustantivo colectivo. La acepción de 'nombre genérico de los individuos de la Armada que prestan servicios marineros con las mismas categorías que las clases de tropa' es de reciente admisión en el ***Diccionario***.

marinero, ra. adj. 'Dícese de la embarcación de buena navegación' (*barco **marinero***) y de 'lo que pertenece a la marina o a los marineros' (*bolsa **marinera***). sust. m. 'Hombre de mar o que presta servicios en una embarcación' (*Trabaja de **marinero***). Carece de femenino, ya que **marinera** (sust. f.) significa una 'prenda de vestir de estilo marinero' y un 'baile popular de Chile, el Ecuador y el Perú'. → **marino**

marinista. adj. 'Dícese del pintor de marinas'. Su homónimo significa 'perteneciente al marinismo' o 'que cultiva este estilo poético'. Los dos se usan como sustantivos: **el marinista** (m.), **la marinista** (f.).

marino, na. adj. 'Perteneciente al mar' (*planta **marina***). sust. m. 'El que se ejercita en la náutica'; 'el que tiene un grado militar o profesional en la marina' (*Es un **marino***). → **marinero**

mariólogo. 'Persona versada en mariología'. Su femenino es **marióloga**.

marioneta. sust. f. 'Títere movido por medio de hilos'; 'persona que se deja manejar fácilmente'. sust. f. pl. 'Teatro representado por marionetas' (*Después de los payasos, hubo **marionetas***).

mariposear. v. intr. 'Variar de aficiones y caprichos, especialmente en materia de amores'. fig. 'Andar insistentemente alrededor de una persona'. No debe pronunciarse [mariposiar, mariposié]. Su postverbal, de reciente registro, es **mariposeo** (sust. m.). → **-ear**

mariposón. sust. m. 'Hombre inconstante en amores o que galantea a distintas mujeres'. fam. 'Hombre afeminado u homosexual'. Carece de femenino: no se aplica a las mujeres. El uso de *mariposona* es incorrecto.

mariquita. sust. f. 'Insecto'; 'perico, ave trepadora'. sust. m. fam. 'Hombre afeminado'. Nótense su género masculino y su significado (*El sobrino es **un mariquita***). No debe aplicarse a mujeres ni usarse como femenino. Incorrecto: *La sobrina es una mariquita*. → **marica**. Su homónimo, propio de la Argentina, significa un 'baile popular', su 'música y cante'.

marisabidilla. sust. f. fam. 'Mujer que presume de sabia' (*La hija es una **marisabidilla***). Nótense su género y su significado. Es incorrecto aplicarlo a varones o usarlo como masculino: *El hijo es un marisabidilla* o *un marisabidillo*.

mariscador, ra. adj. 'Que tiene por oficio recoger mariscos'. Ú. m. c. sust. m. y f.: **el mariscador, la mariscadora**. 'Que cultiva mariscos'. Ú. m. c. sust. m. y f. → **marisquero**

mariscal. sust. m. 'En algunos países, grado máximo en el ejército'. Con esta denotación, carece de femenino. La **mariscala** (sust. f.) es la 'mujer del mariscal'. La 'dignidad o empleo de mariscal', el **mariscalato** (sust. m.) o la **mariscalía** (sust. f.). Se escribe con minúscula (*el **mariscal** Santa Cruz*).

marisquero, ra. adj. 'Relativo a los mariscos'. sust. m. y f. 'Persona que pesca o vende mariscos': **el marisquero, la marisquera**. No se confunda con el valor semántico de **mariscador, ra** (sust. m. y f.). → **mariscador**

marista. adj. 'Dícese de los miembros de ciertas congregaciones religiosas fundadas bajo la advocación de la Virgen María' (*hermano **marista***). Ú. t. c. sust. m.: **el marista** (*Mi hijo se educó con los **maristas***). 'Relativo a dichas congregaciones' (*colegio **marista***).

maritornes. sust. f. fig. y fam. 'Moza de servicio, ordinaria, fea y hombruna'. Incorrecto: *maritormes*, un barbarismo.

marjoleto. sust. m. 'Espino arbóreo'. Su 'fruto' es la **marjoleta** (sust. f.). Hay otro tipo de espino, llamado **majuelo** (sust. m.), cuyo 'fruto' es la **majuela** (sust. f.). Este espino recibe, también, el nombre de **marjoleto** (sust. m.).

marketing. sust. m. Voz inglesa, recién españolizada, con la grafía que se indica. 'Conjunto de principios y prácticas que buscan el aumento del comercio, especialmente de la demanda, y estudio de los procedimientos y recursos tendientes a este fin'. También puede decirse **mercadotecnia** (sust. f.), forma que el ***Diccionario*** prefiere, pero que no se usa. Por su grafía, es palabra aguda, pero los hablantes la pronuncian [márketing] como esdrújula. No debe confundirse su denotación con la de **mercadeo**

(sust. m.), 'conjunto de operaciones por las que ha de pasar una mercancía desde el productor al consumidor'.

marlo. sust. m. Argent. 'Espiga de maíz desgranada'. → **zuro**. rur. Argent. 'Tronco de la cola de los caballos'. → **maslo**

mármol. sust. m. Es voz grave que, en plural, se hace esdrújula: **mármoles**. 'De mármol' se dice **marmoleño, ña** (adj.), **marmoroso, sa** (adj.) y **marmóreo, a** (adj.). Este último se aplica, además, a lo 'semejante al mármol'. En la Argentina, para denotar el 'mármol artificial' se usa **marmolina** (sust. f.), forma que recoge el ***Diccionario Manual***, con el indicador de su falta de sanción académica. El adjetivo **marmolado, da**, correctamente formado, carece, también, de registro en el ***Diccionario***, pero lo incluye igualmente el ***Manual***.

marmolería. sust. f. 'Obra de mármol'; 'taller donde se trabaja'. Cuando significa 'conjunto de mármoles que hay en un edificio', es sustantivo colectivo.

marmolista. sust. m. 'Artífice que trabaja en mármoles o los vende'; 'por extensión, que se dedica a labrar lápidas funerarias' (*Encargué una lápida de granito al **marmolista** que me recomendaste*). La Academia no lo registra como sustantivo común de dos.

marmota. sust. f. 'Mamífero roedor'. Para distinguir los sexos, debe recurrirse a las perífrasis **marmota macho, marmota hembra**. fig. 'Persona que duerme mucho'. Repárese en que el género de este sustantivo siempre es femenino. Incorrecto: *Juan es <u>un</u> <u>marmota</u>*. Correcto: *Juan es **una marmota***.

marojo. sust. m. 'Planta parecida al muérdago'. El sustantivo colectivo es **marojal** (sust. m.). La voz **marojo**, homónima de la anterior, significa 'hojas inútiles que sólo se aprovechan para el ganado' y 'melojo'. → **melojo**

maroma. sust. f. 'Cuerda'. Amér. 'Volatín, pirueta de un acróbata'; 'función de circo en que se hacen acrobacias, volantines, etc.'. fig. Amér. 'Voltereta política, cambio oportunista de opinión o partido'. Argent. 'Lío, desorden'. Esta acepción carece de registro en el ***Diccionario***, pero su inclusión fue recomendada por la A.A.L., al igual que la denotación de 'travesaño, soga o alambre que en los corrales une por sus extremos, y a cierta altura, los postes de la entrada'. **andar** uno **en la maroma**. fr. fig. Amér. 'Tener partido o favor para una cosa'.

maromero. sust. m. Amér. 'Acróbata'; 'político astuto que cambia de opinión o de partido según las circunstancias'. Su femenino es **maromera**. En América, se usa también como adjetivo: **maromero, ra**.

marón. sust. m. → **marueco**

maronita. adj. 'Dícese de la Iglesia cristiana, con obediencia al Papa y liturgia propia, originaria del Líbano y de Siria'; 'perteneciente a esta Iglesia'. Apl. a pers., ú. t. c. sust. com.: **el maronita, la maronita**.

marote. sust. m. fam. Argent. 'Cabeza' (*Anda mal del **marote***). Carece de registro en el ***Diccionario***, pero su inclusión fue recomendada por la A.A.L.

marqués. sust. m. Aumentativo: **marquesote** (despect.). Su femenino es **marquesa**. Se escribe con mayúscula cuando denota el título de una persona (*La **Marquesa** de Mantua*). En los otros casos, con minúscula (*La **marquesa** no llegó*). El femenino tiene un homónimo que significa 'dosel a la entrada de una tienda de campaña'. Amér. Equivale a **marquesina**. En la Argentina, se usa más esta última forma.

marquesina. sust. f. 'Cubierta que se pone sobre la tienda de campaña para guardarse de la lluvia'; 'por extensión, cualquier toldo análogo' (*A la entrada de la iglesia, colocaron la **marquesina**, porque amenazaba lluvia*); 'protección de cristal y metal que se coloca a la entrada de edificios públicos y en los andenes' (*Te espero bajo la **marquesina** del teatro Colón*); 'protección destinada, en las paradas de transportes públicos, a guardar del sol y de la lluvia a los que esperan'. → **marquesa**

marquista. sust. com. 'Persona que hace marcos y molduras para ellos': **el marquista, la marquista**.

marramao. sust. m. 'Onomatopeya del maullido del gato en la época del celo'. También puede decirse **marramáu** (sust. m.). La Academia prefiere la primera forma. En plural: **marramaos, marramáus**.

marramizar. v. intr. 'Hacer marramao el gato'. → **cazar**

marrano. sust. m. 'Cerdo'. Su hembra es la **marrana**. fig. y fam. 'Persona sucia' o 'persona grosera' (*Tu vecina es una **marrana***). Ú. t. c. adj. Antiguamente, 'se aplicaba –como adjetivo despectivo– al converso que judaizaba ocultamente'. Ú. t. c. sust. m. y f.: **el marrano, la marrana**.

marras (de). loc. adj. Indica, con humor o desprecio, que 'lo significado por un sustantivo es demasiado conocido' (*el decreto **de marras***).

marrón. adj. 'Dícese del color castaño o de matices parecidos'. Ú. t. c. sust. m. (*Su color preferido era el **marrón***). Tal como señala la Academia, "no se aplica al cabello de las personas ni al pelo de los animales". Incorrecto: *Tenía el cabello marrón*; *El zaino es un caballo de color marrón oscuro*. Correcto: *Tenía el cabello **castaño***; *El zaino es un caballo de color **castaño** oscuro*. Puede, sí, aplicarse, no obstante el dictamen de algunos puristas, a los ojos (*Tenía ojos **marrones***).

♦ **marrón glacé.** Galicismo por **castaña confitada** o **castaña en dulce**. Se emplea más en plural (*marrons glacés*). Si se usa este sintagma, debe entrecomillarse.

marroquí. adj. 'Natural de Marruecos'. Ú. t. c. sust. com.: **el marroquí, la marroquí**. 'Perteneciente a esta ciudad' (*tela **marroquí***). En plural: **marroquíes** o **marroquís**. También puede decirse **marroquín, na** (adj.), menos frecuente. En plural: **marroquines, nas**. sust. m. 'Cuero bruñido más delgado que el cordobán' (*El libro estaba encuadernado en **marroquí***). Con esta función de sustantivo, no debe decirse marroquín. Incorrecto: *zapatillas de marroquín*. Correcto: *zapatillas de **marroquí***.

marroquinero. sust. m. 'El que trabaja en marroquinería'. Su femenino es **marroquinera**.

marrullería. sust. f. 'Astucia con que, halagando a uno, se pretende engañarlo'. También puede decirse **marrulla** (sust. m.).

marrullero, ra. adj. 'Que usa marrullerías'. Ú. t. c. sust. m. y f.: **el marrullero, la marrullera**.

marsopa o **marsopla.** sust. f. 'Cetáceo parecido al delfín'. La Academia prefiere la primera forma. Para distinguir los sexos, debe recurrirse a las perífrasis **marsopa** o **marsopla macho, marsopa** o **marsopla hembra**.

marsupial. adj. 'Dícese de ciertos mamíferos como el canguro'. Ú. t. c. sust. m.: **el marsupial** (*La zarigüeya de América es un **marsupial***). sust. m. pl. Taxón de estos mamíferos, llamados, también, **dideljos** (*Las hembras de los **marsupiales** dan a luz prematuramente e incuban a sus crías en la bolsa ventral o marsupio, donde están las mamas*).

marta. sust. f. 'Mujer piadosa y atenta a las tareas domésticas'. Se escribe con mayúscula cuando es nombre propio de mujer (*La hermana de Lázaro, la del Evangelio, se llamaba **Marta***). Debe evitarse la grafía *Martha*, que no es española. Su homónimo denota un 'mamífero carnicero' y su 'piel'. Para distinguir los sexos, debe recurrirse a las perífrasis **marta macho, marta hembra**. **marta cebellina** o **cibelina**. 'Especie algo menor que la común y de piel aún más apreciada'. La Academia prefiere el uso del primer adjetivo.

Marte. sust. pr. m. 'Planeta' (*Algunos dicen que en **Marte** hay vida*). Con esta denotación, se escribe siempre con mayúscula, como cuando designa al dios mitológico (*El dios de la guerra era **Marte***), o se usa, figuradamente, por 'guerra' (*Entre nosotros, se ha instalado **Marte***). En cambio, se escribe con minúscula cuando significa 'entre los antiguos alquimistas, hierro, metal'.

martes. sust. m. 'Segundo día de la semana civil, tercero de la religiosa'. Se escribe siempre con minúscula. En plural, no varía: **los martes**. Abreviatura: ***mart.*** → **jueves**

martillador, ra. adj. 'Que martilla'. Ú. t. c. sust. m. y f.: **el martillador, la martilladora**. Incorrecto: *martilleador, ra*.

martillar. v. tr. 'Dar golpes con el martillo'. fig. 'Atormentar'. Ú. t. c. prnl. (***Se martilló** los dedos*). También puede decirse **amartillar** (v. tr.). → **martillear**

martillazo. sust. m. 'Golpe fuerte dado con el martillo'. La Academia registra **martillada** (sust. f.), voz con que se denota un 'golpe dado con el martillo', pero sin la connotación de 'fuerte'. Nótese su diferencia semántica con la otra forma.

martillear. v. tr. 'Golpear repetidamente con el martillo'. fig. 'Atormentar con acciones reiteradas'. fig. 'Repetir con mucha insistencia'. Ú. t. c. intr. No se usa como pronominal. Nótense sus leves diferencias semánticas con **martillar** (v. tr. Ú. t. c. prnl.). Su 'acción y efecto' es **martilleo** (sust. m.). → **-ear**

martillero. sust. m. Argent., Chile y Perú. 'Dueño de un martillo o establecimiento de subastas públicas' (*Es **martillero** público*). Carece de forma para el femenino (*Ana se recibió de **martillero***).

martillo. sust. m. Diminutivo: **martillejo**.

martín. sust. pr. m. (*día de San **Martín** de Tours*; *cumpleaños de **Martín***). En estos casos, se escribe con mayúscula por ser nombre propio. **martín pescador**. 'Pájaro'. Se escribe siempre con minúscula. Para distinguir los sexos, debe recurrirse a las perífrasis **martín pescador macho, martín pescador hembra**. En plural: **martín pescadores. San Martín**. 'Época en que se hace la matanza del cerdo'. **llegarle** o **venirle** a uno su **San Martín**. fr. fig. y fam. 'Con ella se da a entender que a uno le llegará el día en que tenga que sufrir. → **sanmartín**

martineta. sust. f. Argent. y Urug. 'Ave corredora y caminadora, con un característico penacho de plumas' (*Las **martinetas** son más grandes y más ricas que las perdices*). Para distinguir los sexos, debe recurrirse a las perífrasis **martineta macho, martineta hembra**. Se la conoce, también, con el nombre de **corredora** (sust. f.).

mártir. sust. com.: **el mártir, la mártir**. Es voz grave que, en plural, se hace esdrújula: **los mártires, las mártires**.

martirizador, ra. adj. 'Que martiriza'. Ú. t. c. sust. m. y f.: **el martirizador, la martirizadora**.

martirizar. v. tr. Ú. t. c. prnl. → **cazar**

martirologio. sust. m. colect. 'Catálogo de los mártires'; 'por extensión, el de todos los santos conocidos'; 'lista de las víctimas de una causa'.

marueco. sust. m. 'Carnero padre'. También pueden decirse **morueco** (sust. m.) y **marón** (sust. m.).

marullo. sust. m. 'Movimiento de las olas que levanta el viento en las borrascas'. También puede decirse **mareta** (sust. f.).

marxista. adj. 'Dícese del partidario del marxismo'; 'perteneciente o relativo al marxismo'. sust. com.: **el marxista, la marxista**.

marzo. sust. m. 'Tercer mes del año'. Tiene treinta y un días. Se escribe siempre con minúscula. Diminutivo: **marzuelo**. Abreviatura: *mzo*. → **marcero**

mas. conj. advers. 'Pero' (*Estaba aburrido, **mas** lo disimulaba*). Su empleo es casi exclusivamente literario. Hoy ya no se usa con el significado de 'sino', acepción que conservaba en el viejo padrenuestro (*No nos dejes caer en la tentación, **mas** líbranos de todo mal*). En el nuevo, ha sido reemplazada por **y**, conjunción copulativa con sentido adversativo cuando "la primera oración es –como dice el ***Esbozo***– negativa y la segunda afirmativa", según "corresponde a dos juicios contrarios" (*No nos dejes caer en la tentación, **y** líbranos de todo mal*). → **y, más**

más. adv. comp. que denota 'idea de exceso, aumento o superioridad en comparación expresa o sobrentendida' (*Come **más***; *Vive **más** lejos*). Cuando la comparación se expresa, se construye con la conjunción **que** (*Es **más** estudioso **que** su hermano*). Es incorrecto encabezar el término de la comparación con la preposición a o con como: *Es más alto a su hermano*; *Pocos edificios hay más altos como éste*. Correcto: *Es **más** alto **que** su hermano*; *Pocos edificios hay **más** altos **que** éste*. Si el segundo término de la comparación comienza con **lo que**, debe ir precedido por **de** (*Es **más** fácil **de lo que** pensaba*). Es un vulgarismo usar este adverbio ante adjetivos comparativos o adverbios de valor comparativo (**mayor, menor, mejor, peor, inferior, superior, antes, después**). Incorrecto: *Es más mejor que nosotros*; *Está más antes que tu casa*. Correcto: *Es **mejor que** nosotros*; *Está **antes que** tu casa*. No debe usarse ante un adjetivo o un adverbio superlativo ni, tampoco, llevar, en ese caso, término de comparación: *Son más óptimos*; *Viven más pésimo*; *Es más buenísimo que nadie*; *Escribe más pésimo que nosotros*; *Irá más lejísimos que yo*. Correcto: *Son óptimos*; *Viven pésimamente*; *Es buenísimo*; *Escribe pésimamente*; *Irá **más lejos que** yo*. El superlativo relativo se construye con el artículo en todos sus géneros y números y, si está expreso, con la preposición **de** (*Es **el más** alto **de** la clase*; *Son **las más** estudiosas **del** colegio*); si está sobrentendido, sin ella (*Es **lo más** seguro*; *Estos libros son **los más** nuevos, y aquéllos, **los más** vendidos*). Significa, a veces, exceso indeterminado en relación con una cantidad expresa; se construye con **de** (*Acudieron **más de** cien*; *Son **más de** las once*). Denota, asimismo, idea de preferencia cuando se construye con **que** (***Más** quiero vivir libre en mi pobreza **que** esclavo del dinero*). En exclamaciones, se emplea como ponderativo. Equivale a **muy** o a **tan** (*¡Qué hija **más** bonita tienes!*). sust. m. Antónimo de **menos** (*El **más** y el **menos***); 'nombre del signo algebraico o aritmético de la suma, que se representa por una crucecita' (*Cuatro **más** cuatro son ocho, es decir, expresado matemáticamente, 4 + 4 = 8*). Con este último significado, aunque se escriba con tilde, "es –como dice Seco– átono [...]. Del uso matemático ha pasado al general, con el sentido de 'además de': *Por esto, **más** por otras razones que no digo, me retiro*". El adverbio **más**, por ser una palabra monosílaba, no tendría que llevar acento ortográfico o tilde, pero para diferenciarlo de la conjunción **mas** ('pero'), lleva acento diacrítico. El empleo de **más** con el significado de 'ya' carece de registro en el ***Diccionario***, si bien se usa normalmente en el Río de la Plata (*Yo no los recuerdo **más***; *hace tanto que se fueron*). No puede considerarse una incorrección, por tratarse de un regionalismo frecuente, incluso entre hablantes cultos. Este uso se da, además –anota Seco–, "en traducciones defectuosas del francés o del italiano: *Esta negativa responde a costumbres seculares que la gente no entiende* <u>*más*</u> [...]. Debería haberse escrito –concluye–: *que la gente **ya** no entiende*". En las citas de Seco, los subrayados nos pertenecen. Fuera del uso regional rioplatense, conviene evitar este empleo que se aparta de la norma general. → **más, acento**

Este adverbio forma parte de numerosas locuciones adverbiales: **a lo más**, 'a lo sumo' (*Caben, **a lo más**, cien libros*); **a lo más, más**, 'a lo sumo, más de' (*Caben, **a lo más**, **más** de cien libros*); **a más de**, 'además de', su uso es literario (*Tiene dos perros, **a más de** un gato*); **a más no poder**, 'todo lo posible' (*Tras el ladrón, corrían **a más no poder***); **a más y mejor**, 'denota intensidad o plenitud de la acción' (*Llueve **a más y mejor***); **de lo más**, 'muy' (*Es **de lo más** inteligente*); **de más**, 'de sobra o en exceso', nótese que se escribe en dos palabras (*No hagas cosas **de más***; *Come **de más***; *Está **de más***); **en más**, 'en mayor grado o cantidad', se construye con **de** o con **que** (*Lo multaron **en más de** cien pesos*; *Valoro a mi mujer **en más que** mi vida*); **más bien**, 'en contraposición a dos términos, acompaña al que es más adecuado, sin serlo por completo, y, a veces, indica la no total adecuación del término al que se antepone (*No estoy contenta, sino **más bien** satisfecha*; *Su cara es **más bien** redonda que alargada*; *Está **más bien** inquieto*); **más o menos**, 'de manera aproximada' (*Es **más o menos** divertido*); **más tarde o más temprano**, 'alguna vez, al cabo' (***Más tarde o más temprano**, iré*); **más y más**, 'aumento continuado y progresivo' (*Leeremos **más y más***); **ni más ni menos**, 'exactamente' (*Esto es así, **ni más ni menos***); **por más que**, 'aunque' (*No lo lograrás, **por más que** te empeñes*); **sin más acá ni más allá**, 'sin rodeos' (*Te lo digo **sin más acá ni más allá***); **sin más ni más**, 'sin reparo ni consideración, precipitadamente' (***Sin más ni más**, es lo que tienes que hacer*; *Haremos esto ahora, **sin más ni más***). La locución adverbial **a más** ('además') está registrada en el ***Diccionario***, pero, salvo entre catalanes, no se usa. Es un galicismo decir <u>**de**</u> <u>**más**</u> <u>**en**</u> <u>**más**</u> (*de plus en plus*): *Vive* <u>***de***</u> <u>***más***</u> <u>***en***</u> <u>***más***</u> *en la indigencia*. Corresponde decir: *Vive **cada vez más** en la indigencia*.

Este adverbio forma parte de la expresión **el que más y el que menos**, 'todos' (***El que más y el que menos** cometemos errores*); de las locuciones **sus más y sus menos**, 'dificultades' (*El trabajo tiene **sus más y sus menos***), y **los más** o **las más**, 'la mayor parte de las personas o cosas a que se hace referencia' (***Los más** o **las más** son grandes*); y, finalmente, de la locución conjuntiva **más que**, en que denota 'idea de excepción' y equivale a **sino** (*Nadie lo sabe **más que** él*). Aunque la Academia no la registra, también es correcta la frase **de aquí en más**, de uso coloquial.

Es un galicismo usar <u>*más*</u>... <u>*más*</u> (*plus... plus*), por **cuanto más...**, **más**. Incorrecto: <u>*Más*</u> *reía,* <u>*más*</u> *aplaudían*. Correcto: ***Cuanto más** reía, **más** aplaudían*.

Además de los usos incorrectos indicados, se registran, por su frecuencia, los siguientes (colocamos la forma correcta entre paréntesis): <u>*más*</u> <u>*allí*</u> (***más allá***); <u>*más*</u> <u>*aquí*</u> (***más acá***); <u>*más*</u> <u>*cantidad*</u> (***mayor cantidad***); <u>*más*</u> <u>*precio*</u> (***mayor*** *precio*); *más imposible* (***imposible*** o ***más difícil***); *las más veces* (***las más de las veces***); *más bien dicho* (***mejor dicho***); *más pronto o más tarde* (***más tarde o más temprano***); *más vale algo que no nada* (***más vale algo que nada***).

masa. sust. f. 'Mezcla blanda y consistente'. Diminutivos: **masita**, **masilla**. Aumentativo: **masón** (sust. m.). Es sustantivo colectivo con las acepciones figuradas de 'conjunto o concurrencia de algunas cosas' y de 'muchedumbre o conjunto numeroso de personas'. Ú. m. en pl. (*las **masas** populares*). No se confunda su grafía con la de **maza** (sust. f.). **en masa**. loc. adv. 'En conjunto'. **masa seca**. Argent. 'Pequeño dulce de confitería, de consistencia arenosa y sin relleno de cremas, que se recubre, a veces, de chocolate o lleva algún detalle de mermelada, etc.'. Carece de registro académico, pero su inclusión fue recomendada por la A.A.L. Su equivalente en el español general es **pasta** (sust. f.). → **masita**

masacrar. v. tr. 'Cometer una matanza humana o asesinato colectivos'. Está admitido por la Academia y no es necesario reemplazarlo por **aniquilar** (v. tr.), si bien, en ciertos contextos, se usa más este último (***aniquilar** al enemigo*).

masacre. sust. f. Es voz de origen francés, españolizada. 'Matanza de personas, por lo general indefensas, producida por ataque armado o causa parecida'. La segunda parte de la definición académica es reciente (*El bombardeo enemigo produjo una **masacre***).

masaje. sust. m. No debe escribirse *masage* por influencia del francés (*massage*). El verbo *masajear* carece de registro académico. Corresponde decir **dar masajes, hacer masajes.**

masajista. sust. com.: **el masajista, la masajista**.

mascado, da. p. de **mascar**. adj. fig. 'Dícese de conceptos, lecciones, etc., de muy fácil comprensión, o de acciones que pueden realizarse con gran facilidad'. Ú. especialmente con los verbos **dar** y **estar**. Es acepción recién incorporada por la Academia.

mascador, ra. adj. Ú. t. c. sust. m. y f.: **el mascador, la mascadora.**

mascar. v. tr. Significa lo mismo que **masticar** (v. tr.), pero es –como dice Seco– más coloquial. Sus postverbales son **mascada** y **mascadura** (susts. fs.), no, *mascamiento*. → **sacar**

máscara. sust. f. Diminutivos: **mascareta**, **mascarilla**. Aumentativo: **mascarón** (sust. m.).

mascarada. sust. f. Con el significado de 'comparsa de máscaras', es sustantivo colectivo.

mascarero. sust. m. 'El que vende o alquila los vestidos de máscaras'. Su femenino es **mascarera**.

masculinidad. sust. f. 'Cualidad de masculino'. Incorrecto: *masculineidad*. Su antónimo es **feminidad** o **femineidad** (susts. fs.). → **-dad**

masculinización. sust. f. 'Aparición, en la hembra, de caracteres masculinos'; 'dar forma masculina a un nombre que no la tiene'. Su antónimo es **feminización** (sust. f.). La Academia no ha registrado **masculinizar** (v. tr. Ú. t. c. prnl.), que, sí, recoge el ***Diccionario Manual***. Es de correcta formación; no puede tacharse de barbarismo.

masculino, na. adj. Su antónimo es **femenino** (adj.). → **género**

mascullar. v. tr. fam. 'Mascar mal o con dificultad'; 'hablar entre dientes'. Se usa, sobre todo, en esta segunda acepción. También puede decirse **mascujar** (v. tr.). La Academia prefiere la primera forma.

masificar. v. tr. 'Hacer multitudinario algo que no lo era'. Ú. t. c. prnl. Su postverbal es **masificación** (sust. f.). → **sacar**

masita. sust. f. Con el significado de 'pasta o pastelillo dulce, generalmente relleno de cremas', es un regionalismo que se usa en varios países americanos, entre ellos, la Argentina. Su equivalente en el español general es **pasta** (sust. f.). → **masa (masa seca)**, **pasta**

masivo, va. adj. La Academia ha aceptado su empleo con los significados de 'en masa', 'general', 'colectivo', antes censurados (*emigración **masiva**; aumento **masivo** de sueldos; medios **masivos** de comunicación*).

maslo. sust. m. 'Tronco de la cola de los caballos'. En la Argentina, se dice, en ambientes rurales, **marlo** (sust. m.). → **marlo**

masón. sust. m. 'El que pertenece a la masonería'. Su femenino es **masona**. La forma masculina tiene un homónimo, aumentativo de **masa** (sust. f.), que significa 'bollo para cebar las aves'.

masoquista. adj. 'Perteneciente o relativo al masoquismo' (*actitud **masoquista***). sust. com.: **el masoquista, la masoquista.**

♦ **mass media.** Anglicismo. En español, corresponde decir **medios de comunicación social** o **medios de comunicación.**

♦ **master.** Voz inglesa que equivale, en español, a **licenciatura** o **curso especializado.** El ***Diccionario Manual*** la registra con tilde (*máster*) y con el indicador de su falta de sanción oficial. Si se usa el anglicismo, debe entrecomillarse.

masticación. sust. f. 'Acción y efecto de masticar'. Usar *masticamiento* es un barbarismo.

masticador, ra. adj. 'Que mastica'. Ú. t. c. sust. m. y f.: **el masticador, la masticadora.** → **mastigador**

masticar. v. tr. 'Triturar la comida con los dientes'. → **sacar, mascar**

masticatorio, ria. adj. 'Dícese, especialmente, de lo que se mastica con un fin medicinal'. Ú. t. c. sust. m. (*Le recetaron un **masticatorio***). 'Que sirve para masticar'.

mastigador. sust. m. 'Filete que se pone en la boca al caballo'. También puede decirse **masticador** (sust. m.).

mástil. sust. m. Es voz grave que, en plural, se hace esdrújula: **mástiles**. Con la denotación de 'palo derecho para sostener una cosa', también se registra **mástel** (sust. m.). Su homónimo, voz nahua, significa 'especie de taparrabos que usaban los aztecas'.

mastín, na. adj. (*perro **mastín**; perra **mastina***). Ú. m. c. sust. m.: **el mastín.**

mástique. sust. m. 'Resina'. No corresponde usar *mástic*, un galicismo. Aunque el ***Diccionario*** no lo registra, también se usa por **masilla** (sust. f.), acepción muy común en España y que, sí, recoge el ***Manual.***

mastitis. sust. f. 'Inflamación de las mamas'. En plural, no varía: **las mastitis.**

mastodonte. sust. m. 'Mamífero fósil parecido al elefante'. Para distinguir los sexos, debe recurrirse a las perífrasis **mastodonte macho, mastodonte hembra**. fig. 'Persona o cosa muy voluminosa'. Repárese en que es del género masculino. No debe usarse como de género común ni como femenino. Incorrecto: *María es una mastodonte* o *una mastodonta*. Correcto: *María es un **mastodonte***. El adjetivo *mastodóntico, ca* es un barbarismo.

mastoides. adj. 'De forma de mama'; dícese de la apófisis del hueso temporal de los mamíferos' (*hueso **mastoides***). Ú. t. c. sust. m.: **el mastoides**. En plural, no varía: **los mastoides.**

mastología. sust. f. 'Tratado de las mamas, sus funciones y enfermedades'. Voz de ingreso reciente en el ***Diccionario***, al igual que **mastológico, ca** (adj.), 'relativo a la mastología'.

mastólogo. sust. m. 'El que se especializa en mastología'. Su femenino es **mastóloga**. Es voz recién incorporada en el ***Diccionario.***

mastozoólogo. sust. m. 'El que profesa la mastozoología o parte de la zoología que trata de los mamíferos'. Su femenino es **mastozoóloga**. Es voz recién incorporada por la Academia.

mata. sust. f. 'Planta que vive varios años y tiene tallo bajo, ramificado y leñoso' (***mata** de tomillo*); 'por extensión, cualquier planta de baja altura' (***mata** de claveles*). El adjetivo correspondiente es **matoso, sa**, 'lleno de matas'. **mata de pelo**. 'Conjunto o gran porción de cabello'. → **mato, matojo, matorral**

matabuey. sust. m. 'Planta'. Se conoce, también, por **amarguera** (sust. f.). No debe escribirse en dos palabras: *mata buey*. En plural: **matabueyes.**

matacaballo (a). loc. adv. 'Atropelladamente'. Puede escribirse **a mata caballo.**

matacabras. sust. m. 'Viento norte fuerte, bóreas'. No debe escribirse en dos palabras: *mata cabras*.

matacallos. sust. m. 'Planta de Chile y del Ecuador, parecida a la siempreviva, cuyas hojas sirven para curar los callos'. No debe escribirse en dos palabras: *mata callos*. En plural, no varía: **los matacallos.**

matacán. sust. m. 'Veneno para matar perros, estricnina'. Es palabra aguda que, en plural, se hace grave: **matacanes**. No deben escribirse en dos palabras: mata can, mata canes.

matacandelas. sust. m. 'Instrumento que sirve para apagar velas'. También puede decirse **apagavelas** (sust. m.). La Academia prefiere la primera forma. En la Argentina, se usa más la segunda. En plural, no varía: **los matacandelas**. No debe escribirse en dos palabras: mata candelas.

matacandil. sust. m. 'Planta herbácea anual, de la familia de las crucíferas'. Es palabra aguda que, en plural, se hace grave: **matacandiles**. Debe diferenciarse de **matacandiles** (sust. m.), 'planta herbácea de la familia de las liliáceas'. En plural, no varía: **los matacandiles**. Es incorrecto escribir estas voces en dos palabras: mata candil, mata candiles.

matachín. sust. m. 'El que mata las reses'. fig. fam. 'Hombre pendenciero'. Es voz aguda que, en plural, se hace grave: **matachines**.

mataco. sust. m. Argent. 'Uno de los pueblos cazadores y pescadores de la región chaqueña'; 'lengua de este pueblo'. adj. 'Perteneciente a este pueblo'. Carece de registro en el ***Diccionario***, pero su inclusión fue recomendada por la A.A.L.

matador, ra. adj. 'Que mata'. Ú. t. c. sust. m. y f.: **el matador, la matadora**. fig. 'Cansador, trabajoso' (*conferencia **matadora**; ejercicio **matador***). fig. fam. 'Muy feo, de mal gusto' (*Se puso un vestido **matador***). Estas dos acepciones figuradas son de reciente incorporación académica. sust. m. 'El que mata en las corridas de toros, el espada'.

matafuego. sust. m. 'Instrumento para apagar el fuego'. En plural, **matafuegos**. Nótese que, en singular, según el registro académico, no lleva **s** final. Como señala el ***Diccionario Manual***, se usa más en plural (*En la escalera, han colocado **matafuegos***). No debe escribirse en dos palabras ni con guión: mata fuego, mata-fuego.

mataguayo. sust. m. Argent. 'Antiguo grupo aborigen, integrado, entre otros, por los matacos'. adj. 'Perteneciente o relativo a dicho grupo'. Carece de registro en el ***Diccionario***, pero su inclusión fue recomendada por la A.A.L.

matalotaje. sust. m. 'Prevención de comida que se lleva en una embarcación'; 'equipaje y provisiones que se llevan a lomo en los viajes por tierra'. Es sustantivo colectivo con la denotación figurada y familiar de 'conjunto de muchas cosas diversas y mal ordenadas'.

matambre. sust. m. Argent. 'Capa de carne y grasa que se saca de entre el cuero y el costillar de vacunos y porcinos'; 'fiambre hecho con esa capa de carne, rellena y adobada'. Con esta última acepción, se usa, también, **arrollado** (sust. m.), voz empleada asimismo en Chile, el Perú y el Uruguay. No debe escribirse **matahambre** –si bien éste es su origen etimológico–, voz que, en Cuba, denota una 'especie de mazapán' (sust. m.), regionalismo registrado, también, por la Academia.

matamoros. adj. 'Valentón'. En plural, no varía (*hombres **matamoros***). La Academia no lo registra como sustantivo.

matamoscas. sust. m. En plural, no varía: **los matamoscas**. Es incorrecto usar esta voz, en singular, sin **s** final: el matamosca.

matancero. sust. m. 'Matarife'. La forma femenina **matancera** significa 'mujer que hace embutidos con los productos de la matanza'.

matanza. sust. f. 'Acción y efecto de matar'. También puede decirse **matación** (sust. f.), pero es poco usado. 'Mortandad de personas ejecutada en una batalla, asalto, etc.'; 'faena de matar cerdos, hacer chorizos, morcillas, etc.'; 'época del año en que se matan los cerdos'. Es sustantivo colectivo cuando significa 'conjunto de piezas que resultan de la matanza del cerdo y que se comen frescas o en embutido'.

matar. v. tr. Ú. t. c. prnl. Rég. prep.: **matar a** (*matar **a** palos, **a** disgustos*); **matar con** (*matar **con** escopeta, **con** disgustos*); **matar de** (*matar **de** disgusto*); **matar por** (*matar **por** necesidad*); **matarse a** (*matarse **a** trabajar*); **matarse con** (*matarse en un accidente **con** un amigo; matarse **con** un arma*); **matarse por** (*matarse **por** el premio*). Es un verbo regular, y su participio, con el que se forman los tiempos compuestos y los de la voz pasiva, es **matado**, conforme a la primera conjugación (*ha matado; fue matado*). Sin embargo, se usa, en las construcciones pasivas, **muerto**, participio irregular de **morir** (*Fueron **muertos** por los asaltantes*). Fuera de dicho uso, se emplea también, a veces, en lenguaje exclusivamente literario, en los tiempos compuestos (*Lo han **muerto***).

matarife. sust. m. 'El que mata las reses'. También puede decirse **jifero** (sust. m.). Ambos carecen de femenino.

matarratas. sust. m. Puede decirse, también, **raticida** (sust. m.), forma preferida por la Academia. fig. y fam. 'Aguardiente de ínfima calidad y muy fuerte'. En plural, no varía: **los matarratas**. No se confunda con el sustantivo femenino **matarrata**, que significa 'juego de naipes' (*Juguemos a **la matarrata***).

matasanos. sust. m. fig. y fam. 'Mal médico o curandero'. Incorrecto: mata sanos. En plural, no varía: **los matasanos.**

matasellos. sust. m. Es incorrecta la forma sin **s** final: el matasello.

matasiete. sust. m. fig. y fam. 'Fanfarrón'. Nótese que, en singular, no lleva **s** final. Plural: **matasietes**.

matasuegras. sust. f. 'Artículo de cotillón que sirve para soplar y asustar'. En plural, no varía: **las matasuegras**. Nótese su género. Incorrecto: el matasuegras.

matazón. sust. f. Amér. 'Matanza de personas, masacre'. Es voz aguda que, en plural, se hace grave: **matazones**.

♦ **match.** Anglicismo. En español, según el deporte o juego de que se trate, corresponde usar **partido** (fútbol, tenis, polo, etc.), **combate** (boxeo), **partida** (ajedrez) o, en general, **encuentro**, que, en una de sus acepciones, significa 'competición deportiva'.

mate. adj. 'Sin brillo, amortiguado' (*pintura **mate**; sonido **mate***). En plural, no varía: **pinturas mate**. Uno de los homónimos de esta voz, sustantivo masculino, es de gran uso en América y, en particular, en el Río de la Plata: 'Calabaza' (Amér. Merid.); 'lo que cabe en una de esas calabazas' (Perú); 'calabaza que se usa para preparar y servir la infusión de yerba mate, que se sorbe con una bombilla, y, por extensión, cualquier recipiente usado con ese fin' (R. de la Plata); 'infusión de yerba mate, la que, a veces, se acompaña con otras medicinales, como cedrón, poleo, menta' (Bol. y R. de la Plata); 'cabeza humana' y, en sentido figurado, 'talento, capacidad' (Bol. y R. de la Plata). → **yerba**. Otro homónimo, también sustantivo masculino, significa 'lance con que se termina el juego de ajedrez'. → **matidez**

mateada. sust. f. R. de la Plata. 'Acción de matear'. Argent. fam. 'Reunión en la que varias personas se juntan para tomar mate'. No debe pronunciarse [matiada].

matear. v. intr. 'Tomar mate'. Sólo se emplea, como aclara la A.A.L., "cuando se lo hace con bombilla". No debe pronunciarse [matiar, matié]. → **-ear**

matemática. sust. f. 'Ciencia que trata de la cantidad'. Ú. m. en pl. La Academia admite ambas formas, pero prefiere, de acuerdo con el uso corriente, la forma plural (***matemáticas** aplicadas; **matemáticas** puras; relativo a las **matemáticas***). Los matemáticos se inclinan, en cambio, por el singular para denotar su ciencia o disciplina (*la **matemática***). Se escribe con mayúscula cuando forma parte de la denominación de una cátedra o de un instituto (*cátedra de **Matemática***).

matemático, ca. adj. 'Perteneciente o relativo a las matemáticas' (*regla **matemática***). fig. 'Exacto, preciso' (*resultado **matemático***). sust. m. y f. 'Persona que profesa las matemáticas': **el matemático, la matemática**.

materia. sust. f. 'Realidad primaria de la que están hechas las cosas' y, entre otras acepciones, 'lo opuesto al espíritu'; 'asunto de una obra científica o literaria'; 'asignatura, disciplina'; 'cualquier punto o negocio de que se trata'. Hoy se hace abuso de la palabra **tema** (sust. m.); en muchos casos, puede sustituirse con ventaja por **materia**: *La **materia*** (el tema) *de que se trata es ésta*; *La **materia*** (el tema) *de la reunión se limita a dos cuestiones*; *¿Qué **materia*** (tema) *abordará?*; *He dividido los estantes de la biblioteca por **materias*** (temas). **materia prima** o **primera materia**. 'La que una industria o fabricación necesita emplear en sus labores, aunque provenga de otras operaciones industriales'. El uso prefiere la primera forma; la Academia, la segunda. **en materia de.** loc. prepos. 'Hablando de, relativo a' (***En materia de** libros, no nos pondremos de acuerdo*). **entrar en materia**. fr. 'Empezar a tratar un asunto después de algún preliminar' (*Por fin, **entró en materia***). → **tema**

material. adj. 'Perteneciente a la materia'; 'opuesto al espíritu'; 'opuesto a la forma'. sust.

m. 'Elemento o ingrediente que entra en algunos compuestos' (*El **material** de base es granito*). Es sustantivo colectivo cuando denota 'conjunto de las materias que entran en una obra'; ú. m. en pl. (*Para hacer tu casa necesitarás muchos **materiales***); y 'conjunto de máquinas y herramientas destinadas a un fin' (***material** de guerra, de oficina, de trabajo*). La 'cualidad de material' es la **materialidad** (sust. f.).

materialmente. adv. m. 'Con materialidad'; 'de hecho, realmente, enteramente' (*Nos será **materialmente** imposible concurrir*). La Academia acepta este último uso.

materialista. adj. 'Perteneciente o relativo al materialismo' (*conclusión **materialista***); 'partidario de esta tendencia filosófica' (*filósofo **materialista***); 'dícese de quien está muy preocupado por los bienes materiales' (*juventud **materialista***). En estas dos últimas acepciones, ú. t. c. sust. com.: **el materialista, la materialista.**

materializar. v. tr. 'Considerar como material una cosa que no lo es' (*No **materialices** estos principios*). fig. 'Dar naturaleza material y sensible a un proyecto, una idea, un sentimiento'. Ú. t. c. prnl. (*Tus sentimientos no se **materializan** en este diseño pictórico*); 'en parapsicología, formar con el ectoplasma apariencias de personas, animales o cosas'. Ú. t. c. prnl. (***Se materializó** en tu abuelo*). v. prnl. 'Ir dejando que en uno mismo prepondere la materia sobre el espíritu' (*Día a día, en esta sociedad de consumo, uno **se materializa***). → **cazar**

maternidad. sust. f. 'Estado o cualidad de madre' (*Disfruta de su **maternidad***); 'hospital donde se atiende a parturientas'. En este último caso, cuando designa uno en particular, se escribe con mayúscula (*la **Maternidad** Sardá*).

maternizado, da. p. de **maternizar**. adj. 'Dotado de las propiedades de la leche de mujer' (*leche **maternizada***).

maternizar. v. tr. 'Conferir propiedades de madre' (*La vida, aunque era soltera, la **maternizó***); 'dotar a la leche vacuna de las propiedades de la leche de mujer' (*Se ha logrado **maternizar** la leche de vaca*). → **cazar**

matero, ra. adj. Amér. Merid. 'Afecto a tomar mate'. Ú. t. c. sust. m. y f.: **el matero, la matera** (*Era una **matera** de alma*).

matete. sust. m. Argent. y Urug. 'Confusión, enredo de cosas o ideas' (*¡Qué **matete**!*). Argent. y Urug. 'Reyerta, disputa' (*¡Se armó un **matete**!*); 'mezcla de sustancias que forman una masa inconsistente' (*El guiso era un **matete***). Estos regionalismos son de incorporación reciente en el ***Diccionario***.

mático o **matico.** sust. m. 'Planta originaria de América'. Las dos acentuaciones son correctas.

matidez. sust. f. 'Cualidad de mate u opaco'; 'sonido mate que se percibe, en el ejercicio de la medicina, en la percusión del cuerpo humano'. En plural: **matideces**. Repárese en que la **z** cambia por **c**.

matiné. sust. f. Voz francesa (*matinée*) españolizada. 'Fiesta, reunión, espectáculo, que tiene lugar en las primeras horas de la tarde'. Es voz de reciente registro académico. En plural: **matinés** (*Concurría a las **matinés** del cine de barrio*).

matiz. sust. m. 'Tono especial'; 'rasgo' (*Su tonada le da un **matiz** particular a su hablar*). Es palabra aguda que, en plural, se hace grave: **matices**. Repárese en que la **z** cambia por **c**.

matizar. v. tr. 'Mezclar, con hermosa proporción, diversos colores'; 'dar a un color determinado matiz'. fig. 'Graduar con delicadeza sonidos o expresiones conceptuales'. Rég. prep.: **matizar con** o **de** (***matizar con** o **de** rojo; **matizar con** o **de** metáforas*). Su postverbal es **matización** (sust. f.). → **cazar**

mato. sust. m. colect. 'Conjunto de matas'.

matojo. sust. m. despect. de **mata**. 'Planta que se cría en España'; 'planta muy espesa y poblada'. → **mata**

matón. sust. m. fig. y fam. 'Hombre jactancioso y pendenciero'. Carece de forma para el femenino.

matorral. sust. m. colect. 'Conjunto de matas intrincadas y espesas'. 'Campo lleno de matas y malezas'. En plural: **matorrales**. Diminutivo: **matorralejo**.

matracalada. sust. f. colect. 'Muchedumbre desordenada de gente'.

matraquear. v. intr. fam. 'Hacer ruido continuado y molesto con la matraca'. fig. y fam. 'Molestar'. No debe pronunciarse [matraquiar, matraquié]. Su 'acción y efecto' es **matraqueo** (sust. m.). → **-ear**

matraquista. sust. com. 'Persona que da matraca, importuna': **el matraquista, la matraquista**.

matraz. sust. m. 'Vaso de vidrio usado en laboratorios químicos'. Es voz aguda que, en plural, se hace grave: **matraces**. Repárese en que la **z** cambia por **c**.

matrero, ra. adj. 'Astuto'; 'suspicaz, receloso'; 'engañoso, pérfido'. Argent., Bol., Chile, Perú, y Urug. 'Fugitivo, vagabundo, que busca el campo para escapar de la justicia' (*gaucho **matrero***). Ú. t. c. sust. m. (*En el monte, se ganaron unos **matreros***). rur. Argent. 'Dícese del ganado cimarrón' (*yegua **matrera***).

matriarca. sust. f. 'Mujer que ejerce el matriarcado'. → **patriarca**

matricida. sust. com. 'Persona que mata a su madre': **el matricida, la matricida**. Ú. t. c. adj. (*hombre **matricida***). → **parricida**

matrícula. sust. f. Con la denotación de 'conjunto de gente matriculada', es sustantivo colectivo (*La **matrícula** asciende a casi mil alumnos*).

matriculado, da. p. de **matricular**. adj. 'Dícese del que se halla inscripto en una matrícula o registro' (*alumna **matriculada***). Ú. t. c. sust. m. y f.: **el matriculado, la matriculada**.

matriculador. sust. m. 'El que matricula'. Su femenino es **matriculadora**.

matrimonial. adj. 'Perteneciente o relativo al matrimonio' (*compromiso **matrimonial***). También se registra **matrimonesco, ca** (adj.), pero tiene matiz festivo.

matrimoniar. v. tr. 'Unirse en matrimonio'. No debe pronunciarse [matrimonear], un vulgarismo por ultracorrección. En Chile –aclara la Academia–, este verbo se usa sólo como pronominal (*se **matrimoniaron***). Se conjuga, en cuanto al acento, como **cambiar**.

matrimonio. sust. m. 'Unión de hombre y mujer concertada de acuerdo con ciertos ritos o formalidades legales' (***matrimonio** civil*); 'en el catolicismo, sacramento de la Iglesia' (***matrimonio** sacramental*). fam. 'Marido y mujer' (*Llegó el **matrimonio** López*). **matrimonio in artículo mortis** o **in extremis**. 'El que se efectúa cuando uno de los contrayentes está en peligro de muerte o próximo a ella'. **matrimonio rato**. 'El celebrado legítima y solemnemente que no ha llegado aún a consumarse'. **consumar el matrimonio**. fr. 'Realizar los que están legalmente casados el primer acto en que se pagan el débito conyugal'. **contraer matrimonio**. fr. 'Celebrar el contrato matrimonial'. No debe pronunciarse [matrimoño].

matriz. sust. f. 'Víscera de la mujer y de las hembras de los mamíferos, en la que se desarrolla el feto hasta el momento de nacer'. Con esta acepción puede decirse, también, **madre** (sust. f.). 'Molde en que se funden objetos de metal'; 'por extensión, cualquier molde para formar alguna cosa'. Con la denotación figurada de 'entidad principal generadora de otras o entidad madre', úsase en aposición especificativa (*iglesia **matriz**; lengua **matriz**; casa **matriz***). En plural, no varía: *iglesias **matriz**; casas **matriz***. adj. fig. 'Aplícase a la escritura que queda en el oficio o protocolo para que, con ella, se cotejen el original y los traslados' (*escritura **matriz***). Es voz aguda que, en plural, se hace grave: **matrices**. Repárese en que la **z** cambia por **c**.

matrizar. v. tr. 'Efectuar la operación de matrizado'. Ni este verbo ni **matricero, ra** (sust. m. y f.) ni **matrizado** (sust. m.), de correcta formación los tres, están recogidos en el ***Diccionario*** mayor, pero, sí, anotados en el ***Manual***.

matrona. sust. f. 'Madre de familia, noble y virtuosa' (*Es una **matrona** respetable*); 'partera, comadrona'. No debe usarse con el significado de 'madre de familia, corpulenta, grandota', connotación de la que carece y para la cual se registra **matronaza** (sust. f.), el aumentativo de esta voz. El adjetivo correspondiente es **matronal**.

matungo, ga. adj. Argent. y Cuba. 'Dícese del caballo que carece de buenas cualidades físicas o que es viejo'. Ú. t. c. sust. m. (*Venía montado en un **matungo***).

maturranga. sust. f. 'Marrullería'. Ú. m. en pl. (*No me comprarás con **maturrangas***).

maturrango, ga. adj. Amér. Merid. 'Dícese del mal jinete'. Ú. t. c. sust. m. y f. (*El **maturrango** de tu primo no sabe ni calzarse los estribos*). Chile. 'Dícese de la persona pesada y tosca'.

matusalén. sust. m. 'Hombre de mucha

edad'. Es voz aguda que, en plural, se hace grave: **matusalenes**. Se escribe con mayúscula cuando denota al patriarca bíblico de este nombre: **Matusalén** (sust. pr. m.). Es incorrecto escribirlo con **m** final.

matutino, na. adj. (*horas **matutinas**; trabajo **matutino**; entrevista **matutina***). También puede decirse **matutinal** (adj.). La Academia prefiere la primera forma.

maula. sust. f. 'Cosa inútil y despreciable'; 'pedazo de tela, piel o chapa que se vende como saldo o resto de mercancía' (p. us.); 'engaño'. sust. com. fig. y fam. 'Persona tramposa o mala pagadora'; 'persona perezosa y mala cumplidora de sus obligaciones' (*Otra vez, ese **maula** del jardinero no ha venido*; *Mi suegra es una **maula***). Aumentativo: **maulón** (sust. m.). adj. Argent., Perú y Urug. 'Cobarde, despreciable' (*hombre **maula***). Ú. t. c. sust. com. (*Ahora, **maula**, salí de tu escondite*). En Chile, se registra el adjetivo **mauloso, sa**, 'persona embustera'. Ú. t. c. sust. m. y f.

maulero. sust. m. 'Vendedor de retazos'; 'embustero'. Su femenino es **maulera**. → **maula** (**mauloso, sa**)

maullar. v. intr. 'Dar maullidos'. Se puede decir **mayar** (v. intr.) y **maular** (v. intr.), este último en sentido festivo y unido al verbo **paular**, 'hablar' (*Sin paular ni **maular***). → **aullar**.

maullido. sust. m. 'Voz del gato'. La Academia también registra **mayido** (sust. m.) y **maúllo** (sust. m.), pero prefiere la primera forma.

máuser. sust. m. 'Fusil de repetición'. Nótese que es palabra grave y que lleva tilde por no terminar en **n**, **s** o **vocal**. En plural, se hace esdrújula: **máuseres**.

mausoleo o **mauseolo.** sust. m. 'Sepulcro magnífico y suntuoso'. La Academia prefiere la primera forma; la segunda es poco frecuente. Ambas son voces graves.

mavorte. sust. m. poét. 'La guerra'. Cuando denota al dios de la guerra, **Mavorte** (sust. pr. m.), se escribe con mayúscula.

maximalista. adj. 'Dícese del partidario del maximalismo'. Ú. t. c. sust. com.: **el maximalista, la maximalista**.

máxime. adv. m. 'En primer lugar, principalmente, sobre todo' (*No podrá llegar a tiempo, **máxime** si aún está sin vestir*). También puede decirse **máximamente** (adv. m.), forma que la Academia prefiere.

maximizar. v. tr. 'Buscar el máximo de una función'. Incorrecto: <u>maximalizar</u>, <u>maximar</u>. → **cazar**

máximo, ma. adj. sup. de **grande**. 'Dícese de lo más grande en su especie' (***máximo** resultado*; *obra **máxima***). sust. m. 'Límite superior o extremo a que puede llegar una cosa' (*Éste es **el máximo***). Puede decirse, también, **máximum** (sust. m.), forma latina (*Éste es **el máximum***). En plural: **los máximos**, **los máximum**. → **grande**

maxvelio. sust. m. 'Unidad de flujo de inducción magnética en el sistema magnético cegesimal'. En plural: **maxvelios**. Puede decirse, también, **maxwell** (sust. m.), término de la nomenclatura internacional. En plural: **maxwells**.

maya. sust. f. 'Planta herbácea'; 'reina de los festejos populares o fiestas mayas'; 'canción que se entona en esas fiestas'. Uno de sus homónimos, también sustantivo femenino, denota un 'juego de muchachos, similar al del escondite' (*Juguemos a la **maya***). El otro, que es adjetivo, 'cualquiera de los individuos de las tribus indias que hoy habitan el Yucatán mexicano, Guatemala y regiones adyacentes' (*india **maya***). Ú. t. c. sust. com.: **el maya, la maya** (***Los mayas** desarrollaron una importante cultura*). Significa, además, como adjetivo, 'perteneciente o relativo a estas tribus' (*costumbres **mayas***), y, como sustantivo masculino, 'familia de lenguas habladas por los mayas' (*Poema compuesto en **maya***). No se confunda la grafía de estos homónimos con la de **malla** (sust. f.), 'bañador'; 'tejido de pequeños anillos de metal'.

mayar. v. intr. → **maullar**

mayear. v. intr. 'Hacer el tiempo propio del mes de mayo'. No debe pronunciarse [mayiar, mayió]. No se confunda con **mayar** (v. intr.), 'maullar'. → **-ear**

mayestático, ca. 'Propio de la majestad o relativo a ella'. Incorrecto: <u>majestático</u>, <u>ca</u>; <u>magestático</u>, <u>ca</u>. → **plural** (**mayestático**)

mayido. sust. m. → **maullido**

mayo. sust. m. 'Quinto mes del año'. Tiene

treinta y un días. Se escribe siempre con minúscula (*Estamos en mayo*). Entre otras acepciones, 'árbol o palo alto, adornado de cintas, frutas, etc., que se ponía en los pueblos en lugar público, para los festejos de mayo'. Para esta denotación se registra, también, **maya** (sust. f.). **para mayo**. loc. fig. y fam. Chile. 'Para las calendas griegas'.

mayonesa. sust. f. 'Salsa'. Incorrecto: bayonesa. → **mahonesa**

mayor. adj. comp. de **grande**. 'Que excede a una cosa en cantidad o calidad' (*precio **mayor***); 'de mucha importancia' (*Son palabras **mayores***); 'dícese de la persona que excede en edad a otra' (*hermano **mayor**; Pedro es **mayor** que Juan*); 'dícese de la persona entrada en años (*hombre **mayor**; mujer **mayor***). Rég. prep.: **mayor de** (***mayor de** veinte años; el **mayor de** todos*). Es incorrecto usar este adjetivo como equivalente de **mejor** (entre paréntesis colocamos la forma correcta): *El mayor profesional de esta ciencia es el nombrado* (*El **mejor** profesional de esta ciencia es el nombrado*); *Lo hizo con la mayor voluntad* (*Lo hizo con la **mejor** voluntad*). → **grande**, **mayoría**. sust. m. Entre otras acepciones, 'superior, jefe' (*Ascendió a **mayor***). Se escribe con minúscula (*el **mayor** Pérez*), salvo cuando forma parte de un nombre o entidad (*Osa **Mayor**; Santiago el **Mayor**; Estado **Mayor***). La forma femenina **mayora** denota la 'mujer del mayor'. sust. m. pl. 'Abuelos y demás progenitores de una persona' (*Ustedes, los **mayores** de esta familia, escuchen*); 'antepasados' (*mis **mayores***). **mayor que**. 'Signo matemático que tiene esta figura (>) y, colocado entre dos cantidades, indica ser mayor la primera que la segunda'. **al por mayor**. loc. adv. 'En cantidad grande' (*Ventas **al por mayor***). **por mayor**. loc. adj. y adv. 'Sumariamente' (*Dilo **por mayor***).

mayoral. sust. m. 'Pastor principal'. La forma femenina **mayorala** denota la 'mujer del mayoral'. El sustantivo masculino también significa, entre otras denotaciones, 'el que, en las galeras, diligencias y otros carruajes, gobierna el tiro de mulas y caballos'; 'recaudador de diezmos, rentas, limosnas, etc.'.

mayorana o **majorana.** sust. f. → **mejorana**

mayorazgo. sust. m. 'Institución de derecho civil'; 'conjunto de los bienes vinculados de un mayorazgo'; 'poseedor de estos bienes'; 'hijo mayor de una persona que goza y posee mayorazgo'. fam. 'Hijo primogénito de cualquier persona'; 'progenitura'. El femenino **mayorazga** es no sólo 'la que goza y posee un mayorazgo' o 'la sucesora en él', sino también la 'mujer de un mayorazgo'. Diminutivos: **mayorazgüelo, la**; **mayorazguete, ta** (susts. ms. y fs.). El último es despectivo.

mayorazguista. sust. com. 'Persona que trata o escribe de mayorazgos': **el mayorazguista**, **la mayorazguista**.

mayordomear. v. tr. 'Administrar o gobernar una hacienda o casa'. No debe pronunciarse [mayordomiar, mayordomié]. → **-ear**

mayordomo. sust. m. Su femenino es **mayordoma**. El 'cargo y empleo de mayordomo' es **mayordomía** (sust. f.), voz que denota, además, 'oficina del mayordomo'.

mayoría. sust. f. 'Cualidad de mayor'; 'edad que fija la ley para tener uno pleno derecho de sí y de sus bienes'. → **mayoridad**. 'Mayor número de votos conformes en una votación'; 'mayor parte de los individuos que componen una nación, ciudad o cuerpo' (*Lo decidió la **mayoría***); 'oficina del mayor o jefe'. **mayoría absoluta**. 'Que consta de más de la mitad de los votos'. Cuando **mayoría** se escribe con un modificador indirecto encabezado por **de**, el término debe llevar artículo. Suprimirlo es una incorrección, un catalanismo (colocamos la forma correcta entre paréntesis): *la mayoría de hablantes* (*la **mayoría de los** hablantes*); *la mayoría de alumnos* (*la **mayoría de los** alumnos*). Del mismo modo se construyen: **la mayor parte**, **la mayor cantidad**, **el resto**, **la mitad**, **el tanto por ciento** y otras expresiones similares (***la mayor parte de los** profesores; **la mayor cantidad de las** donaciones; **el resto de los** estudiantes; **la mitad de los** presentes; **el diez por ciento de los** aplazados*). → **minoría**, **concordancia**

mayoridad. sust. f. 'Cualidad de mayor'; 'cualidad de mayor de edad legal' (*En la Argentina, se alcanza la **mayoridad** a los veintiún años*). → **minoridad**

mayorista. sust. com. 'Comerciante que vende al por mayor': **el mayorista**, **la mayorista**. → **minorista**

mayormente. adv. m. 'Principalmente, con especialidad'. Este adverbio no es equivalente de **más** (adv. comp.). Incorrecto: *La zona mayormente afectada es la norteña*. Correcto: *La zona **más** afectada es la norteña*. En muchos casos, por una cuestión de estilo, es más elegante usar **principalmente** (adv. m.).

mayuato. sust. m. NO. Argent. 'Pequeño mamífero carnicero sudamericano, parecido al coatí'. Para distinguir los sexos, debe recurrirse a las perífrasis **mayuato macho**, **mayuato hembra**.

mayúsculo, la. adj. 'Algo mayor que lo ordinario en su especie' (*letra **mayúscula***). Referido a letra, ú. t. c. sust. f. (***la mayúscula**, **las mayúsculas***). Su antónimo es **minúsculo, la** (adj. Ú. t. c. sust. f.). fig. y fam. 'Grandísimo, enorme' (*susto **mayúsculo***). → **letra (Uso de las mayúsculas)**

maza. sust. f. Entre otras acepciones, 'arma antigua'; 'insignia que llevan los maceros'; 'instrumento de madera dura que sirve para machacar'. fig. y fam. 'Persona pesada y molesta en su conversación y trato'. Distíngase, en su grafía, de **masa** (sust. f.). El 'golpe dado con la maza' o que 'causa gran impresión' es un **mazazo** (sust. m.). → **masa, mazo**

mazacote. sust. m. 'Hormigón'. Argent. y Urug. 'Masa espesa y pegajosa como la del dulce' (*Este guiso es un **mazacote***). fig. 'Cualquier objeto de arte no bien concluido' (*Su óleo es un **mazacote***). fig. 'Guisado u otra vianda, dura y pegajosa' (*Me serviste un **mazacote***). fig. y fam. 'Persona molesta y pesada' (*Es un **mazacote***).

mazacotudo, da. adj. Amér. Equivale al adjetivo **amazacotado, da**, 'pesado, espeso'.

mazamorra. sust. f. Entre otras acepciones, en el Río de la Plata, significa 'comida criolla hecha con maíz blanco partido y hervido que, una vez frío, se come con leche o sin ella, y, a veces, con azúcar o con miel'. No debe confundirse con **mazmorra** (sust. f.), 'prisión subterránea'.

mazapán. sust. m. 'Pasta de almendras molidas'. En plural: **mazapanes**.

mazo. sust. m. 'Martillo grande de madera'; 'cierta porción de mercancías u otras cosas juntas o unidas formando grupo (***mazo** de cartas*). El 'golpe dado con el mazo', al igual que 'el golpe dado con la maza', es un **mazazo** (sust. m.). → **maza**

mazorca. sust. f. Entre otras acepciones, tiene la de 'fruto del maíz'. → **marlo**. fig. Argent. 'Nombre que se daba a la Sociedad Popular Restauradora, organización que apoyaba a Juan Manuel de Rosas, gobernador de Buenos Aires' (*La **mazorca** instauró el régimen del terror*). Cada uno de sus integrantes o simpatizantes recibía el nombre de **mazorquero, ra** (sust. m. y f.).

mbayá. adj. 'Dícese de una antigua tribu que ocupaba el nordeste del Paraguay'. Ú. t. c. sust. com.: **el mbayá, la mbayá**. 'Perteneciente o relativo a estos indígenas'. sust. m. 'Lengua de estas tribus, perteneciente a la familia guaicurú'. En plural: **mbayaes** o **mbayás**.

me. Forma del pronombre personal de primera persona del singular, en género masculino y femenino, que se usa como objeto directo o indirecto (***Me** mira*; ***Me** dio el lápiz*). No admite preposición y puede usarse pospuesto al verbo, como enclítico (*mirar**me**, míra**me**, mirándo**me***).

mear. v. intr. Ú. t. c. tr. y c. prnl. 'Orinar'. No debe pronunciarse [miar, mié]. → **-ear**

meca. sust. f. fig. 'Lugar que atrae por ser centro donde una actividad determinada tiene su mayor o mejor cultivo' (*Ese barrio es la **meca** del comercio de zapatos*). Se escribe con mayúscula, precedido del artículo, cuando denota la ciudad santa de los musulmanes: **La Meca** (sust. pr. f.). Incorrecto: *la Meka*. **de Ceca en Meca. de la Ceca a la Meca**. locs. figs. y fams. 'De una parte a otra, de aquí para allí'. → **ceca**

mecánica. sust. f. Entre otras denotaciones, 'parte de la física que trata del equilibrio y del movimiento de los cuerpos sometidos a cualquier fuerza'. No debe usarse como sinónimo de **proceso, desarrollo** o **transcurso:** *No tuvo en cuenta la mecánica de los acontecimientos*. Correcto: *No tuvo en cuenta el **desarrollo** de los acontecimientos*.

mecánicamente. adv. m. 'De un modo mecánico'; 'automáticamente'; 'sin reflexión' (*Lo hace **mecánicamente**; Responde **mecánicamente***).

mecanicismo. sust. m. 'Sistema biológico y médico'; 'doctrina filosófica'. La Academia no registra el sustantivo **mecanicista** (com. Ú. t. c. adj.), de correcta formación, que, sí, trae el ***Diccionario Manual***.

mecánico, ca. adj. Entre sus principales acepciones, tiene las de 'perteneciente a la mecánica' (*principio **mecánico***); 'ejecutado por un mecanismo o máquina' (*palanca **mecánica***); 'aplicado a un acto, automático, hecho sin reflexión' (*gesto **mecánico***). sust. m. y f. 'Persona que profesa la mecánica' o 'dedicada al manejo y arreglo de máquinas': **el mecánico**, **la mecánica** (*Llegó el **mecánico***). **mecanico dentista**. 'Persona que se especializa en la preparación de dientes o dentaduras artificiales'.

mecanismo. sust. m. colect. 'Conjunto de las partes de una máquina en su disposición adecuada' (***mecanismo** del reloj*); 'combinación de las partes constitutivas de la estructura de un cuerpo natural o artificial' (***mecanismo** cerebral*); 'medios prácticos que se emplean en las artes' (***mecanismos** de una buena pedagogía*). **mecanismos de defensa.** En psicoanálisis, 'los que utiliza el yo para protegerse'.

mecanizar. v. tr. 'Implantar el uso de máquinas en operaciones militares, industriales, etc.'. Ú. t. c. prnl. (***mecanizar** la industria papelera*). 'Someter a elaboración mecánica' (***mecanizar** el lavado de botellas*). fig. 'Dar la regularidad de una máquina a las acciones humanas' (***mecanizar** la profesión*). → **cazar**

mecanografía. sust. f. 'Arte de escribir a máquina'. Puede decirse **dactilografía** (sust. f.), pero la Academia prefiere la primera forma.

mecanografiar. v. tr. 'Escribir a máquina'. No debe reemplazarse por dactilografiar, un neologismo. Se conjuga, en cuanto al acento, como **guiar**.

mecanógrafo. sust. m. Su femenino es **mecanógrafa**. La Academia prefiere esta voz a **dactilógrafo, fa** (sust. m. y f.), que significa lo mismo. → **dactilografiar**

mecedor, ra. adj. 'Que mece o sirve para mecer' (*silla **mecedora***). sust. m. 'Instrumento que sirve para mezclar el vino en las cubas o el jabón en las calderas, y para otros usos semejantes'. También puede decirse **mecedero** (sust.m.).

mecedora. sust. f. 'Silla con brazos para mecerse'. → **hamaca**, **tumbona**

mecenas. sust. m. fig. 'El que patrocina las letras o las artes'. Es incorrecto escribirlo, en singular, sin **s** final: mecena. Nótese su género. Incorrecto: *María es una mecenas*. Correcto: *María es **un mecenas***. En plural, no varía: **los mecenas**. La 'cualidad de mecenas' o la 'protección dispensada por una persona a un escritor o artista' es el **mecenazgo** (sust. m.).

mecer. v. tr. 'Menear y mover un líquido para que se mezcle' (***mecer** el vino*). Con esta acepción, puede decirse, también, **mejer** (v. tr). 'Mover una cosa compasadamente, sin que mude de lugar'. Ú. t. c. prnl. (***mecer** o **mecerse** la cuna*). La 'acción y efecto de mecer o mecerse' es **mecedura** (sust. f.). Este verbo es, hoy, regular. Algunas personas dicen incorrectamente mezco, mezca, mezcas, porque lo conjugan como el verbo irregular **parecer**. En su grafía, cambia la **c** en **z**, cuando sigue a esa consonante una **a** o una **o**: presente de indicativo (*mezo*); presente de subjuntivo (*meza, mezas, meza, mezamos, mezáis, mezan*). → **hamacar**

mecha. sust. f. Con el significado de 'porción de pelo teñido', ú. m. en. pl. (*Tenía unas **mechas** rubias*). Aumentativo: **mechón** (sust. m.).

mechera. adj. (*Usa una aguja **mechera***). Ú. t. c. sust. f. (*Cose con una **mechera***). sust. f. 'Ladrona de tiendas' (*Atraparon a la **mechera***).

mechudo, da. adj. Amér. 'Que tiene mechas de pelo, mechones o greñas' (*Trajo el caballo **mechudo***). En el español peninsular, se usa **mechoso, sa** (adj.).

medalla. sust. f. Aumentativo: **medallón** (sust. m.).

médano o **medaño.** sust. m. 'Duna'. La Academia prefiere la primera forma. También se registra **mégano** (sust. m.).

media. sust. f. 'Mitad de algunas cosas, especialmente de unidades de medida' (*Pidió una **media** de pan, es decir, medio de kilo de pan*). fam. Precedido del artículo **la**, y refiriéndose a una hora consabida, equivale a esa hora seguida de la expresión **y media** (*Empezará a **la media** en punto*). Su homónimo, también sustantivo femenino, denota una 'prenda de punto, seda, nailon, etc., que cubre el pie y la pierna'. En América, significa, además, 'calcetín' (*Se puso **medias** azules*). → **leotardo**

mediacaña. sust. f. 'Moldura'; 'listón de madera'. En plural: **mediacañas**. Incorrecto: mediascañas. No deben escribirse en dos palabras ni con guión: media caña, medias cañas; media-caña, medias-cañas.

mediado, da. p. de **mediar**. Ú. t. c. adj. (*El teatro está **mediado**, es decir, lleno hasta la mitad*). **a mediados** del mes, del año, etc. loc. adv. 'Hacia la mitad del tiempo que se indica' (***a mediados de julio***).

mediador, ra. adj. 'Que media' (*acción **mediadora***). Ú. t. c. sust. m. y f.: **el mediador, la mediadora**.

mediagua. sust. f. Amér. 'Techo inclinado que tiene una sola vertiente' (*El techo era de **mediagua***). Se escribe, también, en dos palabras: **media agua**.

medialuna. sust. f. 'Cualquier cosa en forma de media luna'. Con esta acepción, puede escribirse en dos palabras: **media luna**. 'Instrumento en forma de media luna para desjarretar toros'; 'pan o bollo en forma de media luna'. En plural: **medialunas** (*Tomó café con **medialunas***). Incorrecto: *mediaslunas*. → **cruasán, luna (media luna)**

medianero, ra. adj. 'Dícese de la cosa que está en medio de otras dos' (*pared **medianera***); 'dícese de la persona que media o intercede'. Ú. m. c. sust. m. y f.: **el medianero, la medianera**. Con esta última denotación, equivale a **mediador, mediadora** (sust. m. y f.).

medianía. sust. f. 'Término medio entre dos extremos' (*Vive en una **medianía**, entre la pobreza y la opulencia*). fig. 'Persona que carece de prendas relevantes' (*Pedro es una **medianía***). También puede decirse **medianidad** (sust. f. p. us.).

mediano, na. adj. 'De calidad intermedia, mediocre' (*Es carne **mediana**; Son alumnos **medianos***); 'ni muy grande ni muy pequeño' (*Es un libro **mediano***). fig. y fam. 'Casi nulo, y aun malo' (*Su inteligencia **mediana** no lo ayuda en los estudios*). Rég. prep.: **mediano de** (***mediano de** altura*); **mediano en** (***mediano en** capacidad*).

medianoche. sust. f. 'Hora en que el Sol está en el punto opuesto al del mediodía' (*Es **medianoche***). En plural: **medianoches**. Es incorrecto usar, con esta denotación, *mediasnoches*. No se confunda esta voz, que se escribe en una sola palabra, con el sintagma formado por el adjetivo **media** más el sustantivo **noche**, que significa 'mitad de la noche' (*He pasado más de **media noche** escribiendo*). Cuando **medianoche** significa 'bollo pequeño partido longitudinalmente en dos mitades, entre las que se coloca una lonja de jamón, de carne, etc.', el plural correcto es **mediasnoches** (*¡Por favor, cuatro **mediasnoches** de jamón y queso!*).

mediante. p. a. de **mediar**. 'Que media' (*Dios **mediante**, todo saldrá bien*). prep. 'Por medio de, con, con la ayuda de' (*Lo mortificaba **mediante** ironías; Habla **mediante** signos; Ascendió **mediante** recomendaciones*). No debe construirse con **a**, un barbarismo: *Mediante a estos resúmenes, aprenderás más rápido*. Correcto: ***Mediante** estos resúmenes, aprenderás más rápido*.

mediar. v. intr. A veces, ú. c. tr. Rég. prep.: **mediar con** (***mediar con** otros*); **mediar en** (***mediar en** un litigio*); **mediar entre** (***mediar entre** cónyuges*); **mediar por** (***mediar por** un compañero*). Su postverbal es **mediación** (sust. f.). Se conjuga, en cuanto al acento, como **cambiar**.

mediatizar. v. tr. 'Privar al gobierno de un Estado de la autoridad suprema, que pasa a otro Estado, pero conservando aquél la soberanía natural'; 'intervenir dificultando o impidiendo la libertad de acción de una persona o institución en el ejercicio de sus actividades o funciones' (*La deuda interna **mediatiza** al gobierno*). Su postverbal es **mediatización** (sust. f.). → **cazar**

mediato, ta. adj. 'Dícese de lo que en tiempo, lugar o grado está próximo a una cosa, mediando otra entre las dos' (*El martes y el jueves son días **mediatos***).

mediatriz. sust. f. 'Dado un segmento, la recta que le es perpendicular en su punto medio'. Carece de registro en el ***Diccionario*** mayor, aunque, sí, lo trae el ***Manual***. No debe usarse como femenino del sustantivo **mediador** (m.), un barbarismo.

♦ **medible.** Barbarismo. Corresponde usar **mensurable**.

medicación. sust. f. 'Administración metódica de uno o más medicamentos con fines terapéuticos' (*Recibe la **medicación** adecuada*). Es sustantivo colectivo cuando significa 'conjunto de medicamentos y medios curativos que tienden a un mismo fin' (*La **medicación** no le dio resultado*). Emplear *medicamentación* es incurrir en un barbarismo.

medicamento. sust. m. 'Cualquier sustancia que sirve para prevenir, curar o aliviar una enfermedad' (*El **medicamento** que me recetó es caro*). También puede decirse **medicina** (sust. f.).

medicar. v. tr. Ú. t. c. prnl. 'Administrar o dar medicinas'. La Academia anota que es anticuado, si bien señala que se usa en el Ecuador. Agreguemos que es de empleo corriente en la Argentina (*Le **medicaron** unas pastillas*; ***Se medica** por su cuenta*). En el español general, se usa **medicinar** (v. tr. Ú. t. c. prnl). Usar medicamentar es un barbarismo. → **sacar, medicinar**

medicina. sust. f. 'Ciencia y arte de precaver y curar las enfermedades del cuerpo humano'; 'medicamento'. Se escribe con mayúscula cuando denota una institución en particular (*Facultad de **Medicina***; *Academia Nacional de **Medicina***) o cuando denota la ciencia en sí (*Cursó **Medicina***). En los otros casos, con minúscula. Decir melecina es un vulgarismo. → **medicamento**

medicinal. adj. 'Perteneciente a la medicina. Dícese propiamente de aquellas cosas que tienen la virtud de prevenir, curar o aliviar males o achaques' (*hierbas **medicinales***). Es un barbarismo usar, en su reemplazo, medical (anglicismo). → **médico (adj.)**

medicinar. v. tr. Ú. t. c. prnl. (*El facultativo le **medicinó** unas inyecciones*; ***Se medicina** por su cuenta*). Su 'acción y efecto' es **medicinamiento** (sust. m.). → **medicar**

médico. sust. m. El femenino es **médica**. Sus despectivos son **medicastro, medicucho** y **mediquillo**, que carecen de forma para el femenino. **médico forense**. 'El que actúa en funciones judiciales'. En la Argentina, se usa **médico legista**, sintagma no registrado por la Academia, pero que figura en el ***Diccionario Manual***. Se registra, por otra parte, el adjetivo **médico, ca**, 'perteneciente o relativo a la medicina' (*revista **médica***; *reconocimiento **médico***).

medicolegal. adj. 'Perteneciente o relativo a la medicina legal o forense' (*informe **medicolegal***). Nótese que no lleva tilde y que se escribe en una sola palabra. Incorrecto: *médico-legal*. Es voz de reciente incorporación académica.

medida. sust. f. 'Acción y efecto de medir' (*Su **medida** es ésta*); 'expresión del resultado de una medición' (*La **medida** no alcanza a un litro*); 'cualquiera de las unidades de medición' (*El metro es una **medida** de longitud*); 'número o clase de sílabas de un verso' (*Por su **medida**, es un octosílabo*); 'proporción o correspondencia de una cosa con otra' (*No es mi **medida***); 'disposición, prevención'. Ú. m. en pl. y con los verbos **tomar, adoptar** (***Adoptaremos medidas** adecuadas*). 'Grado, intensidad' (*Ignoramos en qué **medida** lo sabe*); 'prudencia, moderación' (*Habló con **medida***). También puede decirse **mensura** (sust. f.), pero la Academia prefiere la primera forma. **a medida** o **a la medida**. locs. adjs. 'Expresa que un objeto se hace con las medidas adecuadas a la persona o cosa a que está destinado' (*trajes **a medida***; *ventanas **a la medida***). No deben usarse, en lugar de estas locuciones, los galicismos sobre medida o sobre medidas: *Hacemos trajes sobre medida o sobre medidas*. **a medida que**. loc. conjunt. 'Al mismo tiempo, al paso que' (***A medida que** pasa el tiempo, los sinsabores se olvidan*). Es un galicismo decir estar en medida de, por **estar en condición de**. Incorrecto: *No estoy en medida de aceptar ese trabajo*. Correcto: *No **estoy en condiciones de** aceptar ese trabajo*.

medidor, ra. adj. 'Que mide algo'. Ú. t. c. sust. m. y f.: **el medidor, la medidora**. sust. m. 'Oficial que mide los granos o los líquidos'. Amér. 'Contador de agua, gas o energía eléctrica' (*No funciona el **medidor** de gas*).

mediero. sust. m. 'El que hace medias o que las vende'; 'el que va a medias en la explotación de un campo'. Su femenino es **mediera**.

medieval. adj. 'Perteneciente o relativo a la Edad Media'. También puede decirse **medioeval** (adj.). La Academia prefiere la primera forma.

medievalista. sust. com.: **el medievalista, la medievalista**, 'persona versada en el Medioevo'.

medievo. sust. m. 'Edad Media'. También puede decirse **medioevo** (sust. m.). La Academia se inclina por la primera forma; los hablantes, con frecuencia, por la segunda. Se usa, generalmente, como sustantivo propio y se escribe con mayúscula (*el **Medievo*** o *el **Medioevo***).

medio, dia. adj. 'Igual a la mitad de una cosa' (***media** naranja*); 'dícese de lo que está entre dos extremos, en el centro de algo o entre dos cosas' (*temperatura* ***media***); 'que está intermedio en lugar o tiempo' (***media*** *cancha*; *enseñanza* ***media***); 'que corresponde a los caracteres o condiciones generales de un grupo social, pueblo, época, etc.' (*español* ***medio***; *cultura* ***media***). Con valor hiperbólico, 'una gran parte de lo expresado' (***medio*** *Buenos Aires*; ***media*** *vecindad*). Esta acepción es reciente en el ***Diccionario***. sust. m. 'Parte de una cosa que equidista de sus extremos' (*Puso el cuadro en el* ***medio*** *de la pared*); 'lo que puede servir para determinados fines' (***medios*** *de comunicación*); 'médium'; 'diligencia o acción conveniente para conseguir una cosa' (*Seleccionaremos los* ***medios*** *para lograr el objetivo*). Con la denotación de 'conjunto de circunstancias culturales, económicas y sociales en que vive una persona', es sustantivo colectivo (*Fue producto de su* ***medio***). 'Ambiente social'. Ú. m. en pl. (***medios*** *aristocráticos*; ***medios*** *bien informados*). 'Elemento en que vive o se mueve una persona, animal o cosa' (*Su* ***medio*** *es el mar*). adv. m. 'No del todo, no por completo' (***medio*** *tonta*). Con los verbos en infinitivo, va precedido de la preposición **a** (***a medio*** *vestir*). Con el adverbio **medio**, se comete el error de hacerlo concordar con el adjetivo al que modifica: *media loca*; *zapatos medios rotos*. Lo correcto es, por el carácter invariable del adverbio: ***medio*** *loca*; *zapatos* ***medio*** *rotos*. **a medias**. loc. adv. 'Por la mitad'; 'la mitad cada uno' (*Hizo* ***a medias*** *el deber*; *Pagamos* ***a medias***). **de medio a medio**. loc. adv. 'En la mitad, en el centro' (*La pelota atravesó el arco* ***de medio a medio***); 'completamente' (*Se equivoca* ***de medio a medio***). **en medio**. loc. adv. 'En lugar o tiempo igualmente distante de los extremos'; 'entre dos o varias personas o cosas'; 'no obstante, sin embargo' (*Está* ***en medio*** *de la cancha*; *Se sentó* ***en medio*** *de sus dos hermanos*; ***En medio*** *de eso, iremos*). Tal como se observa en los ejemplos transcriptos, esta locución adverbial se construye con **de**. Es un vulgarismo usar, en su reemplazo, la preposición **a** o prescindir de la preposición: *Está en medio a la cancha*; *Se sentó en medio sus dos hermanos*. La expresión **medio ambiente** es –como dice Seco– "una forma redundante de decir *medio* o *ambiente*", pero está muy arraigada. El ***Diccionario*** la registra con el significado de 'conjunto de circunstancias físicas que rodean a los seres vivos' (*Hoy es el Día del* ***Medio Ambiente***), así como el adjetivo **medioambiental**, de reciente incorporación. → **mitad**

mediocre. adj. 'De calidad media'; 'de poco mérito, tirando a malo'. Se usa, aplicado a personas, como sustantivo común de dos: **el mediocre, la mediocre**. No lo anota el ***Diccionario*** mayor, pero, sí, lo hace el ***Manual***.

mediodía. sust. m. 'Momento en que está el Sol en su punto más alto' (*Son las doce*; *es* ***mediodía***); 'período de extensión imprecisa alrededor de las doce de la mañana' (*Te veré a* ***mediodía***). En plural: **mediodías** (*Todos los* ***mediodías*** *voy a casa de mi madre*). Incorrecto: *mediosdías*. Con esta denotación, también es incorrecto escribirlo en dos palabras, ya que **medio día** significa 'cualquiera de las dos mitades del día' (*Trabaja* ***medio día*** *en la oficina*). En plural: **medios días** (*Trabaja sólo* ***medios días***). Significa, por otra parte, 'punto opuesto al Norte', acepción en que se escribe también con minúscula (*el* ***mediodía*** *de Francia*). → **medianoche**, **medio**

mediomundo. sust. m. 'Aparejo para pescar'. En plural: **mediomundos**. Nótese que se escribe en una sola palabra. Incorrecto: *medio mundo* y *medio-mundo*. En dos palabras, es una locución figurada y familiar que significa 'mucha gente'; 'todo el mundo' (*Acudió a la cita* ***medio mundo***). No se usa esta locución en plural.

♦ **Medio Oriente.** → **Oriente Medio**

mediopaño. sust. m. 'Tejido de lana semejante al paño, pero más delgado'. Es incorrecto escribirlo en dos palabras o con guión: *medio paño*, *medio-paño*. En plural: **mediopaños**.

mediopensionista. adj. 'Dícese de la persona que vive en alguna institución, sometida a régimen de media pensión'. Ú. t. c. sust. com.: **el mediopensionista**, **la mediopensionista**. El 'régimen de vida del mediopensionista' es el **mediopensionado** (sust. m.), voz que también significa, con valor colectivo, 'conjunto de personas que viven como mediopensionistas'. Ambas voces se escriben en una sola palabra. En cambio, **media pensión** se escribe en dos (*Elegí un hotel con* ***media pensión***). → **pensión**

medios. sust. m. pl. colect. 'Conjunto de los medios de difusión masiva de información o de cultura'. Esta voz o el sintagma **medios de comunicación** deben usarse en lugar del anglicismo *mass media*.

medir. v. irreg. tr. También puede decirse

mensurar (v. tr.), pero la Academia prefiere la primera forma. Con el significado de 'moderar las palabras o las acciones', ú. t. c. prnl. (*medirse en los juicios*), así como cuando, en sentido figurado, tiene el sentido de 'comparar una cosa no material con otra' (***medirse** en inteligencia*). Rég. prep.: **medir a** (***medir a** palmos*); **medir** o **medirse con** (***medir** o **medirse con** una regla*); **medirse en** (***medirse en** sus palabras*); **medir por** (***medir por** metros*). La Academia no registra la denotación de 'enfrentarse o competir', usual en la Argentina (*El domingo, **se medirán** Boca y River*). Se conjuga como **pedir**.

meditar. v. tr. Ú. t. c. intr. Rég. prep.: **meditar en** o **sobre** (***meditar en** o **sobre** la inmortalidad del alma*); **meditar entre** (***meditar entre** todos*).

mediterráneo, a. adj. 'Dícese de lo que está rodeado de tierra' (*mar **Mediterráneo***). Ú. t. c. sust. m. (*el **Mediterráneo***). p. us. 'Dícese de lo que está en el interior de un territorio (*ciudad **mediterránea***). Se escribe con mayúscula cuando denota un lugar geográfico determinado (*el **Mediterráneo***). 'Perteneciente al mar Mediterráneo o a los territorios que baña' (*región **mediterránea***).

médium. sust. com. 'Persona a la que se considera dotada de facultades paranormales': **el médium**, **la médium**. Nótese que lleva tilde, por tratarse de una palabra latina españolizada que sigue las reglas de acentuación de nuestra lengua. También puede decirse **medio** (sust. m.), pero la Academia prefiere la primera forma. En plural: **los médium**, **las médium**. Según el ***Esbozo***, el plural *médiums*, al igual que otros similares (*máximums*, *mínimums*), debe "desecharse". Pese a su anomalía, su uso es muy frecuente, y algunos gramáticos lo consideran aceptable. En la Argentina, este plural es usual.

medra. sust. f. 'Aumento, mejora'. También puede decirse **medro** (sust. m.) o **medranza** (sust. f. fam.), pero este último, según la Academia, es anticuado.

medrar. v. intr. 'Crecer, tener aumento los animales y plantas'. fig. 'Mejorar uno de fortuna aumentando sus bienes, reputación, etc.'. **¡medrados estamos!** expr. irón. '¡Lucidos estamos!'; '¡pues estamos bien!'. Ú. para significar el disgusto que resulta de una cosa inesperada. Rég. prep.: **medrar en** (***medrar en** posición*).

medroso, sa. adj. 'Temeroso'. Ú. t. c. sust. m. y f.: **el medroso**, **la medrosa**.

medula o **médula.** sust. f. Las dos acentuaciones son correctas, pero la Academia se inclina por la primera, que es la etimológica. Los hablantes, por la segunda.

medusa. sust. f. Para distinguir los sexos debe recurrirse a las perífrasis **medusa macho**, **medusa hembra**.

mega-. elem. compos. de or. gr. 'Grande' (*megalito*); 'por extensión, en algún caso, amplificación' (***megá**fono*). Con el significado de 'un millón (10^6)', se emplea para formar nombres de múltiplos de determinadas unidades (***mega**ciclo*). Símbolo: ***M***

megaciclo. sust. m. 'Unidad de frecuencia que equivale a un millón de ciclos'. Se conoce, también, con los nombres técnicos de *megahertz*, *megaherz*, *megahercio* o *megahertzio*, formas no registradas en el ***Diccionario***.

megafonía. sust. f. 'Técnica que se ocupa de los aparatos e instalaciones para aumentar el volumen del sonido'. Es sustantivo colectivo cuando significa 'conjunto de dichos aparatos'.

megalómano, na. adj. 'Que padece megalomanía o delirio de grandezas'. La Academia no consigna su uso como sustantivo. No debe confundirse su significado con el de **melómano, na** (adj. Ú. t. c. sust. m. y f.), 'fanático de la música'.

megalópolis. sust. f. 'Ciudad gigantesca'. En plural, no varía: **las megalópolis**. Es voz de reciente incorporación académica.

megaterio. sust. m. 'Mamífero herbívoro del orden de los desdentados, fósil, que vivía en América del Sur al comienzo del cuaternario. De las pampas argentinas proceden los principales esqueletos que se conservan en los museos'. Para distinguir los sexos, debe recurrirse a las perífrasis **megaterio macho**, **megaterio hembra**.

megatón. sust. m. 'Unidad de medida para medir la potencia explosiva de los ingenios nucleares; equivale a la de un millón de toneladas de trilita'. En plural: **megatones**.

mejicanismo o **mexicanismo.** sust. m. 'Vocablo, giro o modo de hablar de los mejicanos'.

La Academia prefiere la primera forma; los mejicanos, la segunda, por razones histórico-sentimentales. La diferencia es sólo de grafía, ya que la **x** debe pronunciarse como **j.** → **Méjico**

mejicano, na o **mexicano, na.** adj. La Academia prefiere la primera forma. Los mejicanos usan exclusivamente la segunda (*Estados Unidos **Mexicanos***). La **x** debe pronunciarse como **j.** Ú. t. c. sust. m. y f.: **el mejicano, la mejicana; el mexicano, la mexicana.** sust. m. 'Lengua nahua o azteca'. → **Méjico**

Méjico o **México.** sust. pr. La Academia prefiere la primera forma. Los mejicanos usan exclusivamente la segunda por razones histórico-sentimentales. La diferencia es sólo de grafía, porque la **x** debe pronunciarse como **j.** Cuando se nombra esta república de América o su capital, algunos aconsejan escribir **México**, por respeto a la tradición lingüística del país hermano. El periodismo de casi todos los países hispanos, incluido el de España, ha adoptado esta grafía en el sustantivo propio y en sus derivados.

mejillón. sust. m. 'Molusco marino comestible'. Es palabra aguda que, en plural, se transforma en grave: **mejillones**. Para distinguir los sexos, debe recurrirse a las perífrasis **mejillón macho, mejillón hembra**.

mejillonero, ra. adj. 'Perteneciente o relativo a la cría del mejillón'. sust. f. 'Instalación dedicada a la cría de mejillones'.

mejor. adj. comp. de superioridad de **bueno** (*Es el **mejor** libro*). Cuando se expresa el término de la comparación, se construye con **que** (*Es **mejor que** su hermano*). Con el verbo **ser** en tercera persona del singular, expreso o no, significa 'preferible, más conveniente'. Se construye con **que + verbo en subjuntivo** (***Es mejor que salgas***; ***Mejor que estudies***). La construcción **mejor + verbo en indicativo** o **imperativo** es usual en América (***Mejor hablo** mañana*; ***Mejor reza***). Se considera un regionalismo, no, una incorrección. En España, en cambio, es un uso popular que no se emplea en lengua culta (***Es mejor que hable** mañana*; ***Es mejor que reces***). adv. m. comp. de superioridad de **bien** (*Escribe **mejor***). Cuando se expresa el segundo término de la comparación, se construye con **que** (*Estudia **mejor que** nadie*). Es un barbarismo usar *mejormente* por **mejor** (adv. m.). Por ser adverbio, es invariable. Incorrecto: *Esos terrenos son los mejores situados*. Correcto: *Esos terrenos son los **mejor** situados*. La Academia admite el uso de este adverbio con el valor de **antes** o de **más** (***Mejor** vale callar*; ***Mejor** quiero estudiar que holgazanear*). En América, es usual ***Mejor** callar*; ***Mejor** estudiar que holgazanear*. **a lo mejor**. loc. adv. que se construye siempre con el verbo en indicativo. 'Quizá, tal vez' (***A lo mejor** voy*). **mejor que mejor**. expr. 'Mucho mejor'. **tanto mejor** o **tanto que mejor**. exprs. 'Mejor todavía'. → **bueno, bien**

mejora. sust. f. 'Adelantamiento y aumento de una cosa' (*Hizo **mejoras** en el inmueble*). No debe confundirse con **mejoría** (sust. f.), cuando ésta significa 'alivio de una enfermedad'. Incorrecto: *El enfermo ha tenido una mejora*. Correcto: *El enfermo ha tenido una **mejoría***. Emplear, en ambos casos, *mejoración* es un barbarismo.

mejorana. sust. f. 'Hierba vivaz'. También puede decirse **mayorana** o **majorana** (susts. fs.). La Academia prefiere la primera forma.

mejorar. v. tr. Con los significados de 'ponerse el tiempo más benigno' (***Mejoró** a partir del mediodía*) y de 'ponerse en lugar o grado más ventajoso' (***Mejoró** de posición*), ú. t. c. prnl. (***Se mejoró***). v. intr. 'Restablecerse'. Ú. t. c. prnl. Rég. prep.: **mejorar con** (***mejorar con** los años*); **mejorar de** (***mejorar de** condición*); **mejorar en** (*En el testamento, a la hija la **mejoró en** un quinto*; ***Mejoró en** los estudios*). Su postverbal es **mejoramiento** (sust. m.).

mejoría. sust. f. → **mejora**

mejunje. sust. m. 'Cosmético o medicamento formado por varios ingredientes'. También puede decirse **menjunje** (sust. m.) y **menjurje** (sust. m. p. us.). La Academia prefiere la primera forma. Adviértase que, en los tres casos, se escribe con **j.**

melancolía. sust. f. 'Tristeza'; 'monomanía en que dominan las afecciones morales tristes'. Las formas **melanconía, malancolía** y **malanconía** (susts. fs.) son anticuadas y, hoy, vulgares.

melancólico, ca. adj. 'Triste'. Ú. t. c. sust. m. y f.: **el melancólico, la melancólica.**

melancolizar. v. tr. 'Entristecer y desanimar a uno'. Ú. t. c. prnl. → **cazar**

melanina. sust. f. 'Pigmento al que debe la piel una coloración especial, más oscura'. Incorrecto: melamina.

melanosis. sust. f. 'Alteración de los tejidos orgánicos, caracterizada por el color oscuro'. En plural, no varía: **las melanosis**.

melar. v. irreg. intr. 'En los ingenios de azúcar, dar la segunda cochura al zumo de la caña, hasta que adquiere consistencia de miel'; 'hacer las abejas las miel'. Ú. t. c. tr. Se conjuga como **acertar**.

melastomatáceo, a. adj. 'Dícese de ciertas plantas leñosas o herbáceas, angiospermas dicotiledóneas, como el cordobán'. Ú. t. c. sust. f.: **la melastomatácea**. sust. f. pl. 'Familia de estas plantas': **las melastomatáceas**. También puede decirse **melastomáceo, a** (adj., sust. f. y sust. f. pl.). La Academia prefiere la primera forma.

melenudo, da. adj. Ú. t. c. sust. m. y f.: **el melenudo, la melenuda**. Tiene matiz despectivo.

melero. sust. m. 'El que vende miel'. Incorrecto: mielero. Su femenino es **melera**. Incorrecto: mielera. El sustantivo masculino significa, además, 'sitio donde se guarda la miel', y el femenino, 'daño que sufren los melones'.

meliáceo, a. adj. 'Aplícase a ciertos árboles y arbustos angiospermos dicotiledóneos, como la caoba'. Ú. t. c. sust. f.: **la meliácea**. sust. f. pl. 'Familia de estos árboles o arbustos': **las meliáceas**.

mélico, ca. adj. 'Perteneciente al canto o a la poesía lírica'. No debe aplicarse a la miel.

melificar. v. intr. Ú. t. c. tr. 'Hacer las abejas la miel'. Su 'acción' es la **melificación** (sust. f.). → **sacar**

melífico, ca. adj. 'Que produce miel'. Carece de registro en el *Diccionario* mayor, pero lo anota el *Manual*. Es de correcta formación. No debe usarse por **melifluo, flua** (adj.).

melifluo, flua. adj. 'Que tiene miel o es parecido a ella en sus propiedades'. fig. 'Dulce, suave, delicado y tierno en el modo de hablar'. Ú. m. en sent. peyorativo. Nótese que no lleva tilde sobre la **i**, por ser palabra grave terminada en vocal. También puede decirse **melificado, da** (p. de **melificar** y adj.). El adverbio de modo es **melifluamente**, 'dulcemente, con gran suavidad'. Ú. m. en sent. peyorativo.

melindre. sust. m. 'Dulce'; 'rosquilla'; 'bocadillo' (*Sírvete un **melindre***). Diminutivo: **melindrillo**. fig. 'Delicadeza afectada y excesiva en palabras, acciones y ademanes'. Ú. m. en pl. (*Déjate de **melindres***).

melindrear. v. intr. 'Hacer melindres'. No debe pronunciarse [melindriar, melindrié]. → **-ear**. El 'hábito de melindrear' es la **melindrería** (sust. f.). El verbo puede decirse, también, **melindrizar** (intr.). → **cazar**

melindroso, sa. adj. Ú. t. c. sust. m. y f.: **el melindroso, la melindrosa**. Para la misma denotación existe **melindrero, ra** (adj. Ú. t. c. sust. m. y f.).

meliorativo, va. adj. 'Que mejora'. Se usa, sobre todo, aplicado a conceptos o estimaciones morales (*Esa palabra ha sufrido un cambio **meliorativo***). Incorrecto: ameliorativo.

mella. sust. f. 'Rotura o hendidura en el filo de un arma o herramienta, en el borde o en cualquier ángulo saliente de otro objeto, por un golpe u otra causa' (*¡Las **mellas** que tiene este cuchillo!*). fig. 'Menoscabo, merma, aun en cosa no material'. **hacer mella**. fr. fig. 'Causar efecto en uno la reprensión, el consejo o la súplica' (*El reto que le di no le **hizo mella***). fig. 'Ocasionar pérdida o menoscabo'. También puede decirse **melladura** (sust. f.). La Academia prefiere la primera forma.

mellado. p. de **mellar**. adj. 'Falto de uno a más dientes' (*sierra **mellada***).

mellizo, za. adj. 'Nacidos de un mismo parto' (*hijos **mellizos***). Ú. t. c. sust. m. y f.: **el mellizo, la melliza**. 'Igual a otra cosa' (*casas **mellizas***). → **gemelo**

melocotón. sust. m. 'Árbol' (*En la quinta, hay muchos **melocotones***). Se puede decir, también, **melocotonero** (sust. m.). Denota, además, su 'fruto' (*Trajo una fuente llena de **melocotones***). En la Argentina y en Chile, se usan para esos significados, respectivamente, **durazno** o **duraznero** (susts. ms.), y **durazno** (sust. m.). Un 'campo plantado de melocotoneros' es un **melocotonar** (sust. m. colect.).

melodista. sust. com. 'Persona que, sin especiales conocimientos técnicos, compone melodías breves y sencillas': **el melodista, la melodista**.

melodrama. sust. m. 'Drama puesto en música'; 'ópera'; 'obra teatral, cinematográfica o literaria en que se exageran toscamente los aspectos sentimentales y patéticos, y en la que se suele acentuar la división de los personajes en moralmente buenos y malvados, para satisfacer la sensiblería popular' (*Muchas telenovelas son unos burdos **melodramas***). En esta última acepción, tiene un matiz peyorativo. Por extensión, se aplica a 'obras, en que esos aspectos predominan, sin que puedan considerarse peyorativos'. fig. y fam. 'Narración o suceso en que abundan las emociones lacrimosas'.

melómano. sust. m. 'Fanático de la música'. Su femenino es **melómana**.

melón. sust. m. 'Planta'; 'su fruto' (*El **melón** es originario de Oriente*; *El frutero vende **melones***). Diminutivos: **meloncete, meloncillo**. El sustantivo colectivo es **melonar** (m.), 'terreno sembrado de melones'.

melonero. sust. m. 'El que siembra, guarda o vende melones'. Su femenino es **melonera**.

melopea. sust. f. 'Canto monótono'. vulg. 'Borrachera'. → **melopeya**

melopeya. sust. f. 'Arte de producir melodías'; 'entonación rítmica con que puede recitarse algo en verso o en prosa'. También puede decirse **melopea** (sust. f.). La Academia prefiere la primera forma.

meloso, sa. adj. 'De naturaleza de miel'. fig. 'Aplícase a personas, palabras, actitudes, etc.'. En esta acepción, tiene matiz peyorativo. La 'cualidad de meloso' es la **melosidad** (sust. f.).

Melquiades. sust. pr. m. Es palabra grave. No debe decirse *Melquíades*.

membrillo. sust. m. 'Arbusto'. También puede decirse **membrillero** y **membrillar** (susts. ms.). 'Fruto de este arbusto' y 'dulce que se fabrica con él'. El 'terreno plantado de membrillos' es, también, un **membrillar** (sust. m. colect.). La **membrilla** (sust. f.) es una 'variedad de este arbusto'.

memo, ma. adj. 'Tonto'. Ú. t. c. sust. m. y f.: **el memo, la mema**. La 'cualidad de memo' es la **memez** (sust. f.), que significa, asimismo, al igual que **memada** (sust. f.), 'dicho o acción propios del memo'. En plural: **memeces**.

memorando. sust. m. En plural: **memorandos**. En la Argentina, es frecuente, en lenguaje familiar la forma abreviada **memo** (sust. m.), no registrada en el ***Diccionario***. → **memorándum**

memorándum. sust. m. Nótese que este sustantivo latino, en su forma españolizada, lleva tilde, conforme a las reglas de acentuación ortográfica de nuestra lengua. La Academia aclara, en su ***Diccionario***, que el plural de esta voz es **memorandos**. Con frecuencia, sin embargo, se dice **los memorándum**, forma que no puede ser considerada anómala; sí, en cambio, lo es *memorándums*. El plural latino **memoranda** es correcto, pero inusual. La solución práctica es, según dice Seco, adoptar **memorando**, para el singular, y su plural normal, como prescribe la Academia. → **memorando, réquiem**

memoria. sust. f. Aumentativo: **memorión** (sust. m.).

memorial. sust. m. En español, esta voz no tiene el significado de 'monumento funerario', que es propio del inglés. Incorrecto: *Levantaron un memorial de mármol sobre la tumba del héroe*. Correcto: *Levantaron un **monumento** de mármol sobre la tumba del héroe*.

memorialista. sust. com. 'El que por oficio escribe memoriales u otros documentos que se le pidan': **el memorialista, la memorialista**.

memoriógrafo. sust. m. 'Autor de libros de memorias'. Según la Academia, carece de forma para el femenino.

memorioso, sa. adj. 'Que tiene feliz memoria'. Ú. t. c. sust. m. y f.: **el memorioso, la memoriosa**. También puede decirse **memorista** (sust. com.), que, además, significa 'perteneciente al memorismo' y 'persona partidaria de la práctica pedagógica de este método de estudio'.

memorizar. v. tr. 'Fijar algo en la memoria'. Su postverbal es **memorización** (sust. f.), voz recién incorporada por la Academia. → **cazar**

menaje. sust. m. 'Muebles y accesorios de una casa'; 'servicio de mesa en general'; 'material pedagógico de una escuela'. En la Argentina, se usa sólo por 'vajilla, servicio de mesa'. Es un galicismo emplearlo por 'quehaceres, tareas de una casa'. Incorrecto: *menage*.

menchevique. adj. 'Perteneciente al menchevismo'; 'dícese del partidario de esta doctrina'.

Ú. t. c. sust. com.: **el menchevique, la menchevique.**

menchevismo. sust. m. 'Doctrina y práctica de una forma moderada de socialismo'. Incorrecto: *menchevíquismo*.

mención. sust. f. 'Recuerdo o memoria que se hace de alguien o de algo'. **mención honorífica**. 'Distinción o recompensa inferior al premio o al accésit'. **hacer mención**. fr. 'Nombrar o mencionar a alguien o algo' (***Hizo mención** de su maestro*). Nótese que se construye con **de**; no, con **a**. Incorrecto: *Hizo mención a sus poemas*. Correcto: ***Hizo mención de** sus poemas*.

mendaz. adj. 'Mentiroso'. Es palabra aguda que, en plural, se hace grave: **mendaces**. Nótese que la **z** se transforma en **c**. La 'cualidad de mendaz' es la **mendacidad** (sust. f.).

mendelevio. sust. m. 'Elemento radiactivo artificial'. Número atómico 101. Símbolo: ***Mv***

mendicante. adj. 'Que pide limosna' (*fraile **mendicante**; orden **mendicante***). Ú. t. c. sust. com.: **el mendicante, la mendicante.** → **mendigante**

mendicidad. sust. f. 'Estado de mendigo'; 'acción de mendigar' (*Siempre vivió en **mendicidad**; Su **mendicidad** era francamente molesta*). No se confunda con **mendacidad** (sust. f.). También puede decirse **mendiguez** (sust. f. p. us.). → **mendaz**

mendigante. p. a. de **mendigar**. 'Que pide limosna'. Ú. t. c. sust. com.: **el mendigante, la mendigante**. Como adjetivo es poco usado (*hombre **mendigante***), dado que se emplea corrientemente **mendicante** (adj.). La forma sustantiva femenina **mendiganta** es desusada; normalmente se emplea **mendiga** (sust. f.). → **mendicante**

mendigar. v. tr. 'Pedir limosna'. Ú. t. c. intr., como anota el ***Diccionario Manual*** (***Mendigó** toda su vida*). fig. 'Solicitar el favor de uno con importunidad y hasta con humillación'. Rég. prep.: **mendigar** algo **de** (***mendigar** favores **de** los poderosos*). → **pagar**

mendigo. sust. m. 'El que habitualmente pide limosna'. La acentuación esdrújula de esta palabra grave es incorrecta [méndigo]. Su femenino es **mendiga.**

mendiguez. sust. f. p. us. 'Acción de mendigar'. También puede decirse **mendicidad** (sust. f.), mucho más frecuente. Es voz aguda que, en plural, se hace grave: **mendigueces**. Nótese que la **z** se transforma en **c**.

mendrugo. sust. m. 'Pedazo de pan duro o desechado'. Decir *mendrugo de pan* es una redundancia; basta con decir ***mendrugo***.

meneador, ra. adj. 'Que menea'. Ú. t. c. sust. m. y f.: **el meneador, la meneadora**.

menear. v. tr. 'Mover una cosa de una parte a otra' (*No **menees** la rama*). Ú. t. c. prnl. (*La puerta **se menea** por el viento*). fig. 'Dirigir, gobernar' (***Menea** bien su negocio*). v. prnl. fig. y fam. 'Obrar con prontitud, andar de prisa' (*Si no **te meneas**, no acabaremos a tiempo*). **peor es meneallo**. fr. fig. fam. 'Peor es recordar o hablar de cosas que originaron disgustos o a que no se ha de hallar remedio, disculpa o explicación satisfactoria'. En la actualidad, es más frecuente **peor es menearlo**. No debe pronunciarse [meniar, menié]. Su 'acción y efecto' es **meneo** (sust. m.). → **-ear**

menester. sust. m. 'Falta o necesidad de una cosa' (*No tengo **menester***); 'ocupación habitual' (*Su **menester** es la cocina*). Ú. m. en pl. (*Mis **menesteres** se limitan a los de la casa*). fam. 'Instrumentos o cosas necesarias para los oficios u otros usos' (*No toques mis **menesteres***). **haber menester** una cosa. fr. 'Necesitarla'. Es de uso literario. El verbo **haber** es transitivo y la frase no se construye con la preposición **de**. Incorrecto: *No he menester de tu ayuda*. Correcto: *No **he menester** tu ayuda*. **ser menester**. fr. 'Ser necesaria una cosa' (***Es menester que** estudien*). También su uso es literario. El verbo **ser** actúa como intransitivo. Tampoco se construye con preposición. Incorrecto: *Es menester de que vayan* (dequeísmo). Correcto: ***Es menester que** vayan*.

menesteroso, sa. adj. 'Falto, necesitado' (*mujer **menesterosa***). Ú. t. c. sust. m. y f.: **el menesteroso, la menesterosa**.

menestral. sust. m. 'El que tiene un oficio mecánico'. En plural: **menestrales**. Su femenino es **menestrala**. El sustantivo **artesano** (m.) es más usado que **menestral**. El 'cuerpo o conjunto de menestrales' es la **menestralía** (sust. f. colect.). → **artesano**

mengano. sust. m. Significa lo mismo que

'fulano' y 'zutano'. Su femenino es **mengana**. Esta voz, cuando se aplica a una tercera persona real o imaginaria, se usa siempre después de **fulano** (sust. m.) y antes de **zutano** (sust. m.). A veces, se agrega **perengano** (sust. m.). → **fulano**, **zutano**, **perengano**

mengua. sust. f. 'Acción y efecto de menguar' (*La Luna está en **mengua***); 'falta que padece una cosa para estar perfecta y acabada' (*La torta tiene **mengua** de licor*); 'necesidad de una cosa' (*En esta mesa, hay **mengua** de pan*). Rég. prep.: **mengua de** (***mengua de** alimentos*). fig. 'Descrédito, deshonra, particularmente por falta de valor' (*¡Qué **mengua** la suya!*). La palabra **menguamiento** (sust. m.), que significa lo mismo, es desusada.

menguado, da. p. de **menguar**. adj. 'Cobarde, pusilánime'; 'tonto'; 'miserable'. En todas estas acepciones, ú. t. c. sust. m. y f.: **el menguado**, **la menguada**.

menguante. p. a. de **menguar**. 'Que mengua'. adj. (*Luna **menguante***). sust. f. 'Escasez que padecen los ríos y arroyos por el calor o la sequedad' (*El río viene con mucha **menguante***); 'descenso del agua del mar por efecto de la marea y tiempo que dura' (*Nos quedaremos en la playa hasta que termine la **menguante***). Con esta última denotación, también puede decirse **vaciante** (p. a. de **vaciar**; sust. f.). fig. 'Decadencia' (*Su fama ha caído en una **menguante** inesperada*). Nótese el género de este sustantivo. Es incorrecto considerarlo masculino. **menguante de la Luna**. 'Intervalo entre el plenilunio y el novilunio'.

menguar. v. intr. 'Disminuir o irse consumiendo una cosa'; 'hablando de la Luna, disminuir la parte iluminada del astro visible desde la Tierra'. 'En labores de tejido o ganchillo, disminuir puntos'. Ú. t. c. tr. (***Menguó** seis puntos de cada lado*). v. tr. 'Disminuir, aminorar' (*No **mengua** la velocidad*). Rég. prep.: **menguar de** (***menguar de** estatura*); **menguar en** (***menguar en** fuerzas*). Se conjuga, en cuanto al acento, como **adecuar**. → **averiguar**

menhir. sust. m. 'Monumento megalítico'. Es voz aguda que, en plural, se hace grave: **menhires**.

meningitis. sust. f. En plural, no varía: **las meningitis**. Incorrecto: <u>menengitis</u>, <u>meninguitis</u>, vulgarismos.

menino. sust. m. 'Noble, de corta edad, que entraba a servir a los príncipes niños o a la reina'. El femenino correspondiente es **menina**.

menispermáceo, a. adj. 'Dícese de los arbustos angiospermos dicotiledóneos, como la coca de Levante'. Ú. t. c. sust. f.: **la menispermácea**. sust. f. pl. 'Familia de estas plantas': **las menispermáceas**.

menjuí. sust. m. 'Bálsamo aromático'. También puede decirse **benjuí** (sust. m.), forma que la Academia prefiere. En plural: **menjuíes** o **menjuís**.

menjunje. sust. m. → **mejunje**

menjurje. sust. m. p. us. → **mejunje**

menopausia. sust. f. Es incorrecto: <u>menopausa</u>.

menor. adj. comp. de **pequeño**. 'Que es inferior a otra cosa en cantidad, intensidad o calidad' (*número **menor***). Cuando se expresa el segundo término de la comparación, se construye con **que** (*Tu número es **menor que** el mío*). Es incorrecto expresar ese segundo término con la preposición **a**: *Tu número es <u>menor</u> <u>al</u> mío*. Cuando **menor** forma parte de una construcción de superlativo relativo, se construye con **de** o **entre** (*Ana es la menor **de** o **entre** sus hermanos*). Nótese que aquí el adjetivo se ha sustantivado. 'De menos importancia' (*obra **menor** de Lope de Vega*). 'Dícese de la persona que tiene menos edad que otra' (*hermana **menor***). Diminutivo: **menorete**. **menor de edad** (*Tiene un hijo **menor de edad***). Ú. t. c. sust. m. (*Los **menores de edad** carecen de muchos derechos*). **menor que**. 'Signo matemático que tiene esta figura (<) y, colocado entre dos cantidades, indica ser menor la primera que la segunda'. **al por menor**. loc. adj. y adv. 'Al menudeo' (*Vende **al por menor***). **por menor**. loc. adj. y adv. 'Menudamente, por partes, por extenso' (*Refirió, **por menor**, los hechos*). → **pequeño**, **mayor**

menorete. adj. fam. d. de **menor**. Sólo se usa en los modos adverbiales **al menorete** o **por el menorete**, que valen lo mismo que **a lo menos** o **por lo menos**. → **menos**

menos. adv. comp. Denota la idea de 'carencia, disminución, restricción o inferioridad en comparación expresa o sobrentendida' (*Gasta **menos***). Si el término de la comparación se expresa, se construye con **que** (*Sabe **menos que** su *hermano*) o con **de**, si es un número o una expresión de cantidad y se denota 'limitación indeterminada de dicha cantidad' (*Escribe **menos de** cuatro carillas por día*). Para formar el superlativo relativo de inferioridad, se construye con artículo y la preposición **de** (*Ana es **la menos** sociable **de** mis amigas*; *Son **los menos** estudiosos **de** la clase*). Puede construirse con **entre** (*Es **la menos** coqueta **entre** mis amigas*). También significa 'idea opuesta a la de preferencia', acepción en que se construye con **que** (***Menos** quiero ser último **que** primero*). Ú. c. sust. m. (*El **más** y el **menos***). sust. m. 'Signo de resta', en que la voz es átona y se representa con una rayita horizontal (–). El antónimo de esta voz es **más** (adv.). prep. Equivale a 'excepto, a excepción de' y es, también, átona (*Todo **menos** esto*). **al, a lo** o **por lo menos**. loc. conjunt. 'Excepción o salvedad' (*Nadie habló, **al, a lo** o **por lo menos** que yo sepa*); 'ya que no sea otra cosa o ya que no sea más' (*Déjeme **al, a lo** o **por lo menos** hablar*). **a menos que**. loc. conjunt. 'A no ser que' (*Iremos, **a menos que** vengas*). **de menos**. loc. adv. 'Falta de número, peso o medida' (*Tengo un kilo **de menos***). **en menos**. loc. adv. comp. 'En menor grado o cantidad'. Se construye con **que** o con **de** (*Tengo **en menos** mi vida **que** la de mis hijos*; *Lo multaron **en menos de** cincuenta pesos*). **lo menos**. expr. 'Igualmente, tan o tanto, en comparación con otra persona o cosa'. Se construye con **que** (*Es **lo menos que** puede pedir*). **nada menos**. expr. para dar énfasis (*Vino **nada menos** que cuatro veces*). **por lo menos**. loc. conjunt. 'Como mínimo' (*Lee, **por lo menos**, tres diarios por día*).

menospreciar. v. tr. Se conjuga, en cuanto al acento, como **cambiar**.

mensáfono. sust. m. 'Aparato portátil que sirve para recibir mensajes a distancia'. Es voz de reciente incorporación en el ***Diccionario***, al igual que el adjetivo **mensafónico, ca**.

mensajero, ra. adj. 'Que lleva un mensaje' (*paloma **mensajera***). Ú. t. c. sust. m. y f.: **el mensajero, la mensajera**.

menstruación. sust. f. Incorrecto: <u>*mestruación*</u>. También pueden decirse **menstruo** (sust. m.), **mes** (sust. m.) y **regla** (sust. f.).

menstruar. v. intr. Incorrecto: <u>*mestruar*</u>. Se conjuga, en cuanto al acento, como **actuar**.

mensual. adj. 'Que se sucede o repite cada mes' (*revista **mensual***); 'que dura un mes' (*servicio **mensual***). sust. m. Argent. y Urug. 'Peón contratado para realizar diversos trabajos en el campo'. En el NE. de la Argentina, se dice, también, **mensú**, regionalismo registrado por la Academia. En plural: **mensúes** o **mensús**. Regionalmente se registra, también, **los mensú**.

mensura. sust. f. → **medida**

mensurable. adj. 'Que se puede medir' (*música **mensurable***). Incorrecto: <u>*mesurable*</u>.

mensurar. v. tr. → **medir**

menta. sust. f. 'Planta, en particular la hierbabuena'. Su homónimo, un argentinismo, también sustantivo femenino, significa 'fama, reputación'. Ú. m. en pl. (*Sus **mentas** son malas*). **de mentas**. Argent. loc. adv. rur. 'De oídas' (*Lo conozco **de mentas***). Estos regionalismos son de reciente ingreso en el ***Diccionario***. → **hierbabuena, peperina**

-menta. suf. de sustantivos femeninos de valor colectivo, algunos procedentes del latín (*impedi**menta**, vesti**menta***); otros, creados en español (*osa**menta**, corna**menta***). Es de reciente incorporación académica.

mentalizar. v. tr. 'Preparar o disponer la mente de alguien de modo determinado'. Ú. t. c. prnl. Su postverbal es **mentalización** (sust. f.). Las dos voces son de reciente ingreso en el ***Diccionario***. → **cazar**

mentar. v. irreg. tr. 'Nombrar o mencionar a alguien o algo'. Es incorrecto, pero frecuente, conjugarlo como regular: *Ni la <u>mentes</u>*. Correcto: *Ni la **mientes***. Acota el ***Diccionario Manual*** que se usa en lenguaje popular, en frases como **mentar al padre** o **a la madre**, como insulto. Se conjuga como **acertar**.

-mente. suf. de or. lat. que, unido al femenino singular de los adjetivos, sirve para formar adverbios de modo (*buena**mente**, ligera**mente***). El primer componente conserva siempre su acentuación (*cortés**mente**, rápida**mente***). Cuando se usan en forma continuada dos o más adverbios de esta clase, sólo el último lleva la terminación **-mente** (*Ana lee **atenta y pausadamente***). El ***Diccionario*** mayor no registra este sufijo; sí, en cambio, el ***Manual***.

mentecato, ta. adj. 'Tonto'; 'de escaso entendimiento'. En ambas acepciones, ú. t. c. sust.

m. y f.: **el mentecato, la mentecata**. El 'dicho o hecho propio de mentecato' es una **mentecatada** o una **mentecatez** (susts. fs.). Plural de este último: **mentecateces**.

mentir. v. irreg. intr. Cuando significa 'fingir, aparentar', es transitivo. Ú. t. c. prnl. Se conjuga como **sentir**.

mentira. sust. f. Diminutivo: **mentirilla**. Aumentativo: **mentirón** (sust. m.).

mentirijillas (de). loc. adv. 'De burla, en chanza'. También puede decirse **de mentirillas** (loc. adv.). Nótese que, en ambos casos, el sustantivo de la locución lleva **s** final.

mentiroso, sa. adj. 'Que tiene costumbre de mentir' (*niño **mentiroso***). Ú. t. c. sust. m. y f.: **el mentiroso, la mentirosa**. 'Engañoso, fingido, falso' (*bienes **mentirosos***).

mentís. sust. m. 'Voz injuriosa y denigrante con que se desmiente a una persona'; 'hecho o demostración que contradice o niega categóricamente un aserto' (*Sobre el particular, hubo un mentís de la Cancillería*). En plural, no varía: **los mentís**. Incorrecto: mentises. → **desmentido**

-mento. suf. de sustantivos verbales, no diptongado, de or. lat. Suele designar 'una cosa en concreto' (*pegamento*) y, a veces, 'acción y efecto' (*ligamento*). Toma las formas **-amento**, cuando el verbo es de primera conjugación (*cargamento*); **-imento**, cuando es de tercera (*pulimento*). Es voz de reciente registro en el ***Diccionario***. → **-miento**

mentolado, da. adj. 'Que contiene mentol' (*caramelos **mentolados***). Es de reciente incorporación académica.

mentor. sust. m. 'Guía, consejero'. Carece, según la Academia, de forma para el femenino. Es voz aguda que, en plural, se hace grave: **mentores**.

menú. sust. m. colect. 'Conjunto de platos que constituyen una comida'. sust. m. 'Carta o listado de platos'; 'comida de precio fijo, con posibilidad limitada de elección'; 'lista presentada en la pantalla que sirve de guía para la selección de las operaciones que se pueden realizar en una computadora y en un determinado programa'. Esta última acepción es de reciente registro académico. En plural: **menús**. La forma **menúes**, si bien correcta, prácticamente no se usa. Incorrecto: menuses.

menudear. v. tr. Ú. t. c. intr. No debe pronunciarse [menudiar, menudié]. La 'acción de menudear' es **menudeo** (sust. m.), que, también, significa 'venta al pormenor'. → **-ear**

menudero. sust. m. 'El que trata en menudos de reses y despojos de aves o los vende'. Su femenino es **menudera**.

menudo, da. adj. 'Pequeño, chico, delgado' (*hombre **menudo**; niña **menuda***). sust. m. pl. 'Vientres, manos y sangre de las reses que se matan'; 'en las aves, pescuezo, alones, pies, intestinos, higadillo, molleja, etc.' (*Ese carnicero no vende **menudos***). Diminutivo: **menudillo**. **a menudo**. loc. adv. 'Frecuentemente' (*Leo **a menudo***). **por menudo**. loc. adv. 'Con mucho detalle y pormenor' (*Lo contó **por menudo***); 'en las compras y en las ventas, por mínimas partes' (*Vende **por menudo***).

meñique. adj. 'Dícese del dedo más pequeño de la mano'. Ú. t. c. sust. m.: **el meñique**. Incorrecto: menique, miñique. → **dedo**

meón, na. adj. 'Que mea mucho o frecuentemente. Dícese especialmente de los niños'. Ú. t. c. sust. m. y f. (*La beba es una **meona***).

mequetrefe. sust. m. fam. 'Hombre entremetido, de poco provecho'. La Academia no registra forma para el femenino. Incorrecto: mequetrefa.

mercachifle. sust. m. 'El que vende chucherías'. Puede decirse, también, **buhonero** (sust. m.). Ambos carecen, según el ***Diccionario***, de forma para el femenino. Tiene, a veces, un matiz despectivo. Incorrecto: mercanchifle, mercachife.

mercadear. v. intr. 'Comerciar'. No debe pronunciarse [mercadiar, mercadié]. Su postverbal es **mercadeo** (sust. m.), que significa, también, con denotación colectiva, 'conjunto de operaciones por las que ha de pasar una mercancía desde el productor hasta el consumidor'. → **-ear**

mercader. sust. m. 'El que comercia objetos vendibles' (***mercader** de libros; **mercader** de autos*). El femenino **mercadera**, poco frecuente, significa, además, 'mujer del mercader'. También puede decirse **mercadante** (sust. m.), pero la Academia prefiere la primera forma.

mercadería. sust. f. → **mercancía**

mercado. sust. m. Con los sentidos de 'concurrencia de gente en un mercado' y de 'conjunto de consumidores potenciales', es de significación colectiva (*El **mercado** se impacientó*; *El **mercado** de autos es importante*). La Academia registra **mercado negro**, 'tráfico clandestino de divisas o mercancías no autorizadas o escasas, a precios superiores a los legales'.

mercadotecnia. sust. f. → **marketing**

mercadotécnico, ca. adj. Ú. t. c. sust. m. y f.: **el mercadotécnico, la mercadotécnica**. Es de reciente registro académico.

mercancía. sust. f. 'Trato de vender y comprar' (*Se dedica a la **mercancía***); 'todo objeto vendible'; 'cualquier cosa mueble que se hace objeto de trato o venta'. También puede decirse **mercadería** (sust. f.), pero la Academia prefiere la primera forma.

mercante. p. a. de **mercar**. 'Que merca' (*barco **mercante***). Ú. t. c. sust. com.: **el mercante, la mercante**. Como adjetivo, equivale a **mercantil** (adj.), voz que la Academia prefiere (*navío **mercantil***). → **merchante**

mercantil. adj. 'Perteneciente o relativo al mercader, a la mercancía o al comercio' (*bachillerato **mercantil***). → **mercante (adj.)**

mercantilista. adj. 'Perteneciente o relativo al mercantilismo' (*actitud **mercantilista***); 'experto en materia de derecho mercantil' (*abogado **mercantilista***). En ambas acepciones, ú. t. c. sust. com.: **el mercantilista, la mercantilista.**

mercantilizar. v. tr. 'Convertir en mercantil algo que no lo es de suyo'. → **cazar**

mercar. v. tr. 'Comprar'. Ú. t. c. prnl. → **sacar**

merced. sust. f. En plural, **mercedes**. sust. pr. f. 'Orden religiosa'. Con esta denotación, se escribe con mayúscula (*orden de la **Merced***). Su abreviatura es ***O.M.*** **merced a**. loc. prepos. 'Gracias a' (***Merced a** su amigo, logró lo que pretendía*).

mercedario, ria. adj. 'Dícese del religioso o religiosa de la orden de la Merced' (*monja **mercedaria***). Ú. t. c. sust. m. y f.: **el mercedario, la mercedaria**. → **mercenario**

mercenario, ria. adj. 'Aplícase a la tropa que por estipendio sirve en la guerra a un poder extranjero'. Ú. t. c. sust. m. y f., aunque no lo registra la Academia (*Los **mercenarios** reciben un buen pago, pero arriesgan la vida*). La Academia admite que se use esta voz por **mercedario, ria** (adj. Ú. t. c. sust. m. y f.), pero su empleo no es frecuente.

mercería. sust. f. 'Comercio de cosas menudas como botones, alfileres, cintas, etc.'; 'lugar donde se venden' (*Tienda de **mercería***; *Trabaja en una **mercería***). Es sustantivo colectivo con la denotación de 'conjunto de artículos de esta clase' (*Tiene una **mercería** en su costurero*).

mercerizar. v. tr. 'Tratar los hilos y tejidos de algodón con una solución de soda cáustica'. → **cazar**

mercero. sust. m. 'El que comercia en artículos de mercería'. Su femenino es **mercera**.

merchante. adj. Equivale a **mercante**. sust. m. 'El que compra y vende sin tener tienda fija'. La Academia no lo registra como de género común de dos.

mercurial. adj. En la acepción de 'perteneciente al mercurio', puede decirse, también, **mercúrico, ca** (adj.).

mercurio. sust. m. 'Metal blanco y brillante como la plata'. Número atómico 80. Símbolo: ***Hg***

merecedor, ra. 'Que merece'. Rég. prep.: **merecedor de** (***merecedor de** atenciones*). Es incorrecto construir este adjetivo con **a**: *merecedor a atenciones*.

merecer. v. irreg. tr. Con la denotación de 'ser digno de premio' es intransitivo. La Academia no lo registra como pronominal. Incorrecto: *Se merece el premio*. Correcto: ***Merece** el premio*. Rég. prep.: **merecer con** (***merecer con** alguno*); **merecer** algo **de** alguien (***merecer** la confianza **de** sus amigos*); **merecer para** (***merecer para** ascender*). Se conjuga como **parecer**.

merecido, da. p. de **merecer**. sust. m. 'Castigo de que se juzga digno a uno' (*Tuvo su **merecido***).

merendar. v. irreg. intr. Se conjuga como **acertar**.

merendero, ra. adj. (*cuervo* ***merendero***). sust. m. 'Sitio en que se merienda'; 'establecimiento adonde se acude a merendar por dinero'. Incorrecto: merendadero.

merengado, da. adj. 'Parecido al merengue' (*leche* ***merengada***). También puede decirse **amerengado, da** (adj.).

merengue. sust. m. 'Dulce hecho con claras de huevo y azúcar'. fig. 'Persona de complexión delicada' (*Carlitos es un* ***merengue***). La Academia no registra forma para el femenino. Incorrecto: *Ana es una merenga o una merengue*. Correcto: *Ana es un* ***merengue***. fig. y fam. Argent., Par. y Urug. 'Lío, desorden, trifulca (*¡Se armó un* ***merengue***!).

meretriz. sust. f. 'Prostituta'. Es voz aguda que, en plural, se hace grave y cambia la **z** por **c**: **meretrices**.

meridiano, na. adj. 'Relativo o perteneciente a la hora del mediodía'. fig. 'Clarísimo, luminosísimo' (*luz* ***meridiana***). sust. m. 'Círculo máximo de la esfera terrestre, que pasa por los polos y por el cenit y el nadir'; 'cualquiera de los círculos máximos de la esfera terrestre que pasan por los dos polos'; 'línea de intersección de una superficie de revolución con un plano que pasa por su eje'. No debe usarse esta palabra en lugar de **medio**, **ambiente** o **círculo**. Incorrecto: *Su meridiano cultural es limitado*. Correcto: *Su* ***medio*** (***ambiente*** *o* ***círculo***) *cultural es limitado*.

meridional. adj. 'Perteneciente o relativo al Sur o Mediodía'. Apl. a pers., ú. t. c. sust. com.: **el meridional**, **la meridional**.

merienda. sust. f. 'Comida ligera que se hace por la tarde antes de la cena'; 'en algunas partes, comida que se toma al mediodía'. Diminutivos: **merendilla**, **merendita**. Incorrectos: *meriendilla*, *meriendita*. Aumentativo: **merendona**; también puede decirse **merendola**, pero la Academia prefiere la primera forma.

meritar. v. intr. p. us. 'Hacer méritos'. En América y, particularmente, en la Argentina, como lo atestigua la A.A.L., se registra **merituar**, sin sanción académica, con las acepciones de 'hacer mérito de' y de 'aquilatar méritos', así como el participio **merituado**, **da**, 'digno de mérito'.

mérito. sust. m. 'Acción digna de premio o de castigo'; 'resultado de las buenas acciones que hacen digno de aprecio a un hombre'; 'hablando de cosas, lo que hace que tengan valor'. **de mérito**. loc. adj. 'Notable y recomendable' (*Ensayo* ***de mérito***). **hacer mérito**. Equivale a **hacer mención** (***Hizo mérito*** *de las obras menores del poeta*). No se confunda con la frase figurada **hacer méritos** (***Hizo méritos*** *para lograr el ascenso*). La Academia registra como homónimo el adjetivo anticuado **mérito**, **ta**, 'digno, merecedor', cuyo superlativo –el que, sí, se usa– es **meritísimo**, **ma**, 'dignísimo de una cosa' (*Este médico es* ***meritísimo*** *de los elogios recibidos*).

meritorio, ria. adj. 'Digno de premio'. sust. m. 'El que trabaja, sin sueldo, por hacer méritos y entrar en una plaza remunerada'. Su femenino es **meritoria**.

merluza. sust. f. 'Pez'. Para distinguir los sexos, debe recurrirse a las perífrasis **merluza macho**, **merluza hembra**, ya que el sustantivo masculino **merluzo** (fig. y fam.), si bien tiene registro reciente en el ***Diccionario***, significa 'hombre bobo, tonto'.

merluzo. sust. m. → **merluza**

mero. sust. m. 'Pez'. Para distinguir los sexos debe recurrirse a las perífrasis **mero macho**, **mero hembra**. Homónimo de este sustantivo es el adjetivo **mero**, **ra** (adj.), 'puro, simple y que no tiene mezcla de otra cosa'; 'insignificante'. En la primera acepción, se usa en sentido moral e intelectual (*Son* ***meras*** *conjeturas*).

merodeador, ra. adj. 'Que merodea'. Ú. t. c. sust. m. y f.: **el merodeador, la merodeadora**. También puede decirse **merodista** (sust. com.), poco usado.

merodear. v. intr. No debe pronunciarse [merodiar, merodié]. Su 'acción y efecto' es **merodeo** (sust. m.). → **-ear**

merovingio, gia. adj. 'Perteneciente a la familia o a la dinastía de los primeros reyes de Francia, el tercero de los cuales fue Meroveo'. Aplicado a los reyes de esta dinastía, ú. t. c. sust. m. pl. (*los* ***merovingios***).

mes. sust. m. 'Cada una de las partes en que se divide el año'. Los nombres de los meses se escriben siempre con minúscula; salvo cuando se trata de algunas fechas históricas muy importantes (*25 de **Mayo**; 9 de **Julio***). Otras denotaciones: 'número de días consecutivos desde uno señalado hasta otro de igual fecha' (*Le dio un **mes** de plazo, desde el 20 de abril*); 'menstruo de las mujeres'; 'sueldo de un mes' (*Cobró el **mes***). Diminutivo: **mesillo** (sust. m.), voz que denota el 'primer menstruo de las mujeres después del parto'.

mesa. sust. f. 'Mueble'. Diminutivos: **mesilla**, **mesita**. **mesa del pellejo**. Chile. 'Mesa separada de la principal, generalmente más pequeña, a la que se sienta la gente joven o de confianza'. **mesa de noche**. 'Mueble pequeño, con cajones, que se coloca al lado de la cama'. También se le da el nombre de **mesilla** (sust. f.), **mesilla de noche** y **mesita** (sust. f.), pero la Academia prefiere la primera forma. En la Argentina, recibe el nombre de **mesa de luz** y, en Canarias, NO. Argent., Chile, Perú y Venez., el de **velador** (sust. m.), formas regionales registradas por la Academia. **mesa ratona**. Argent. 'Mesa pequeña, usada en el estar, cuya tapa, generalmente de madera o cristal, se apoya sobre patas muy cortas o sobre una estructura metálica baja'. La Academia no registra este argentinismo, recomendado por la A.A.L. para su inclusión en el ***Diccionario***. **de sobre mesa** o **sobre mesa**. locs. adjs. y advs. 'Inmediatamente después de comer'. También pueden escribirse **de sobremesa** o **sobremesa**. **sentarse** uno **a la mesa**. fr. 'Sentarse, para comer, junto a la mesa'. Es incorrecto usar, en este caso, la preposición **en**, que significa 'sentarse encima de la mesa': *A las nueve de la noche, <u>se sentaron</u> <u>en</u> <u>la</u> <u>mesa</u>*. Correcto: *A las nueve de la noche, **se sentaron a la mesa***.

mesada. sust. f. 'Porción de dinero u otra cosa que se da o paga todos los meses'. Argent. 'Mueble adosado a la pared en que se instalan la cocina y la pileta, y sobre cuya cobertura libre se realizan diversas tareas'; 'por extensión, esta cobertura, generalmente hecha de granito, mármol o acero inoxidable'. Este argentinismo carece de registro en el ***Diccionario***, pero la A.A.L. recomendó su inclusión con las acepciones indicadas.

mescolanza. sust. f. fam. → **mezcolanza**

mesentérico, ca. adj. 'Perteneciente o relativo al mesenterio o repliegue del peritoneo'. También pueden decirse **mesaraico**, **ca** y **mesareico**, **ca** (adjs.), pero la Academia prefiere la primera forma.

mesero. sust. m. 'El que, después de haber salido de aprendiz de un oficio, se ajusta con el maestro a trabajar, dándole éste de comer y pagándole por meses'. Su homónimo, en Col., Chile, Ecuad., Guat. y Méj., significa 'camarero de café o restaurante'. Su femenino es **mesera**.

mesías. sust. m. 'El Hijo de Dios, prometido por los profetas al pueblo hebreo'. Con esta denotación, por ser un nombre propio, se escribe con mayúscula (*Nació el **Mesías***). fig. 'Sujeto real o imaginario en cuyo advenimiento hay puesta confianza inmotivada o desmedida'. Con este significado, se escribe con minúscula (*¡Si llegara un **mesías** para mí!*). En plural, no varía: **los mesías**.

mesón. sust. m. 'Hospedaje'; 'modernamente, establecimiento típico, donde se sirven comidas y bebidas'. Esta última acepción es de reciente registro. Plural: **mesones**.

mesonero. adj. 'Perteneciente o relativo al mesón'. sust. m. 'El que posee o tiene a cargo un mesón'. Su femenino es **mesonera**.

mesotórax. sust. m. 'Parte media del pecho'. En plural, no varía: **los mesotórax**.

mesotrofia. sust. f. 'Propiedad de las aguas de los lagos con poca transparencia y escasa profundidad, que no son ni oligotróficos ni eutróficos'. Es voz de reciente registro académico, al igual que el adjetivo **mesotrófico, ca**.

mesozoico, ca. adj. 'Se aplica a los períodos geológicos triásico, jurásico y cretácico'. Ú. t. c. sust. m.: **el mesozoico**.

mester. sust. m. ant. 'Menester'; 'arte u oficio'. Hoy se usa **mester de juglaría** y **mester de clerecía** para designar 'géneros literarios usados en la Edad Media, por los juglares y los clérigos, respectivamente'. Nótese que es palabra aguda que, en plural, se hace grave: **mesteres**.

mestizaje. sust. m. 'Cruzamiento de razas diferentes'; 'conjunto de individuos que resultan de este cruzamiento'. En esta segunda acepción, es sustantivo colectivo. fig. 'Mezcla de culturas distintas'.

mestizar. v. tr. → **cazar**

mestizo, za. adj. 'Aplícase a la persona nacida de padre y madre de raza diferente, y, con especialidad, al hijo de hombre blanco e india, o de indio y mujer blanca'. Ú. t. c. sust. m. y f.: **el mestizo, la mestiza**. 'Aplícase al animal o vegetal que resulta de haberse cruzado razas distintas'. fig. 'Aplícase a la cultura, hechos espirituales, etc., provenientes de la mezcla de culturas distintas'. Esta última acepción es de reciente registro académico.

♦ **mesurable.** Galicismo. → **mensurable**

meta. sust. f. Entre otras acepciones, en fútbol, 'portería'. sust. m. 'Portero, jugador que defiende la meta'. → **portería**

meta-. elem. compos. de or. gr. 'Junto a'; 'después de'; 'entre'; 'con' (***metacentro, metatórax***).

metacarpiano. adj. 'Perteneciente o relativo al metacarpo'; 'dícese de cada uno de los cinco huesos del metacarpo'. Ú. t. c. sust. m.: **el metacarpiano**.

metacarpo. sust. m. colect. 'Conjunto de varios huesos que están articulados con el carpo por uno de sus extremos y con las falanges de los dedos de la mano por el otro. En el hombre, constituye el esqueleto de la parte de la mano comprendida entre la muñeca y los dedos, y está formado por cinco huesos'. Incorrecto: *metacarpio*.

metafísico, ca. adj. 'Relativo a la metafísica'. fig. 'Oscuro, difícil de comprender'. sust. m. y f. 'Persona que profesa la metafísica': **el metafísico, la metafísica**.

metáfora. sust. f. 'Tropo que consiste en trasladar el sentido recto de las voces a otro figurado, sobre la base de una comparación tácita' (*Decir "perlas" por "dientes" es una* ***metáfora***).

metaforizar. v. tr. 'Usar metáforas o alegorías'. → **cazar**

metagoge. sust. f. 'Tropo, especie de metáfora que consiste en aplicar cualidades o propiedades de los seres vivos a cosas inanimadas' (*Las piedras del arroyo* ***cantan***). Incorrecto: *metagogue*. Es palabra grave. No debe pronunciarse [metágoge] como esdrújula. → **metáfora**

metalenguaje. sust. m. 'El lenguaje cuando se usa para hablar del lenguaje' (*Las definiciones de vocablos son un* ***metalenguaje***). Incorrecto: *metalenguage*.

metalepsis. sust. f. 'Tropo, especie de metonimia, que consiste en tomar el antecedente por el consiguiente, o al contrario'. "Por esta figura se traslada a veces el sentido, no de una palabra, como por la metonimia, sino de toda una oración –aclara la Academia–; v. gr.: *Acuérdate de lo que me ofreciste*, por *cúmplelo*". En plural, no varía: **las metalepsis**. → **metonimia**

metálico, ca. adj. 'De metal o relativo a él' (*material* ***metálico***). sust. m. Entre otras acepciones, significa 'dinero en general' (*Estoy sin* ***metálico***).

metalista. sust. com. 'Artífice que trabaja en metales': **el metalista, la metalista**. Para el artífice hombre, también puede decirse **el metálico** (sust. m.), forma para la que la Academia no registra femenino. El 'arte de trabajar los metales' es la **metalistería** (sust. f.), palabra que no significa el 'lugar o sitio donde se trabajan'.

metalizado, da. p. de **metalizar**. adj. fig. 'Dícese de la persona que sobrepone el dinero a cualquier otro bien'. Ú. t. c. sust. m. y f. (*Tu prima es una* ***metalizada***). Es voz de reciente registro en el ***Diccionario***.

metalizar. v. tr. 'Hacer que un cuerpo adquiera propiedades metálicas'; 'recubrir o impregnar de metal un objeto'. v. prnl. 'Convertirse una cosa en metal o impregnarse de él'. fig. 'Aficionarse excesivamente al dinero'. → **cazar**

metalurgia. sust. f. Con la denotación de 'conjunto de industrias, en particular, las pesadas, dedicadas a la elaboración de metales', es sustantivo colectivo.

metalúrgico, ca. adj. 'Perteneciente o relativo a la metalurgia'. sust. m. y f. 'Persona que trabaja en la metalurgia, o se dedica a su estudio': **el metalúrgico, la metalúrgica**. También puede decirse **metalurgista** (sust. com. p. us.).

metamorfosear. v. tr. 'Transformar'. Ú. t. c. prnl. Rég. prep.: **metamorfosearse en** (***metamorfosearse en*** *gusano*). No debe pronunciarse [metamorfosiar, metamorfosié]. → **-ear, transformar**

metamorfosis. sust. f. 'Transformación de una cosa en otra'. fig. 'Mudanza que hace una persona'. 'Cambio que experimentan muchos animales durante su desarrollo'. En plural, no varía: **las metamorfosis**. Es incorrecto acentuar esta palabra, que es grave, como esdrújula [metamórfosis]. La Academia registra las formas **metamorfóseos** (sust. m.) y **metamorfosi** (sust. f.), pero, tal como anota, la primera –de reciente registro– es desusada, y la segunda, poco frecuente.

metapsíquica. sust. f. Hoy, comúnmente, se emplea en su reemplazo **parapsicología** (sust. f.). → **parapsicología**

metástasis. sust. f. 'Reproducción de un padecimiento en órganos distintos de aquel en que se presentó al principio'. En plural, no varía: **las metástasis**. Incorrecto: *metástesis*.

metatarsiano, na. adj. 'Perteneciente o relativo al metatarso'; 'dícese de cada uno de los cinco huesos del metatarso'. Ú. t. c. sust. m.: **el metatarsiano**.

metatarso. sust. m. Tiene valor colectivo. 'Conjunto de huesos largos que forman parte de las extremidades posteriores de los batracios, reptiles y mamíferos, y que por un lado están articulados con el tarso y por el otro con las falanges de los dedos del pie. En el hombre está formado por cinco huesos'. Incorrecto: *metatarsio*.

metátesis. sust. f. 'Cambio de lugar de un sonido en una palabra' (*Incurre en una **metátesis** quien dice "cabresto" por "cabestro"*). En plural, no varía: **las metátesis**.

metatizar. v. tr. 'Pronunciar o escribir una palabra cambiando de lugar uno o más de sus sonidos o letras'. → **cazar**

metatórax. sust. m. 'Parte del tórax de los insectos situada entre el mesotórax y el abdomen'. En plural, no varía: **los metatórax**.

metazoo. adj. 'Dícese de los animales cuyo cuerpo está constituido por muchísimas células diferenciadas y agrupadas en forma de tejidos, órganos y aparatos; como los vertebrados, los moluscos y los gusanos'. Ú. t. c. sust. m.: **el metazoo**. sust. m. pl. 'Subreino de estos animales' (*Estudiaremos los **metazoos***). La Academia no registra *metazoario*, que algunos usan en su reemplazo.

metedor. sust. m. 'Persona que mete o incorpora una cosa en otra'. Su femenino es **metedora**.

metedura. sust. f. 'Acción y efecto de meter'. **metedura de pata**. fig. y fam. 'Acción y efecto de meter uno la pata'. Es voz de reciente registro académico, así como la frase figurada.

metegol. sust. m. Argent. 'Futbolín'. Su inclusión en el ***Diccionario*** fue recomendada por la A.A.L. → **fútbol**

metejón. sust. m. Argent. y Urug. 'Enamoramiento desmedido'. Carece de registro en el ***Diccionario***, pero es un regionalismo frecuente. Su inclusión fue recomendada por la A.A.L.

metempsicosis o **metempsícosis.** sust. f. 'Doctrina religiosa y filosófica de la transmigración de las almas'. Las dos acentuaciones, según la Academia, son correctas, pero es más frecuente la primera.

meteorito. sust. m. 'Aerolito'. No se confunda con **meteoro** (sust. m.). → **meteoro**

meteorizar. v. tr. 'Causar meteorismo o abultamiento del vientre por gases acumulados en el intestino'. v. prnl. 'Recibir la tierra la influencia de meteoros'; 'padecer meteorismo'. El postverbal de la segunda acepción del verbo pronominal es **meteorización** (sust. f.). → **cazar**

meteoro o **metéoro.** sust. f. 'Fenómeno atmosférico de cualquier naturaleza' (*Después del **meteoro** de ayer, las calles quedaron inundadas*). Las dos acentuaciones son correctas, pero sólo es de uso frecuente la primera.

meteorología. sust. f. 'Ciencia que trata de la atmósfera y de los meteoros'. Incorrecto: *metereología*. Téngase en cuenta, a fin de evitar errores, que esta voz compuesta se ha formado sobre **meteoro + logía**. Lo mismo sucede con sus derivados, en que el primer componente es el mencionado **meteoro**: **meteorológico, meteorólogo**, etc.

meteorológico, ca. adj. (*pronóstico **meteorológico***). Incorrecto: *metereológico, ca*. → **meteorología**

meteorólogo. sust. m. 'El que profesa la meteorología o tiene en ella especiales conocimientos'. Su femenino es **meteoróloga**. Incorrecto: metereólogo, metereóloga. También puede decirse **meteorologista** (sust. com.), pero la Academia prefiere la primera forma. Incorrecto: metereologuista, meteorologuista. → **meteorología**

metepatas. sust. com. 'Persona que mete la pata; inoportuno, indiscreto': **el metepatas, la metepatas**. En plural, no varía: **los metepatas, las metepatas**.

meter. v. tr. Ú. t. c. prnl. Rég. prep.: **meter en** (*meter en la valija*; *meter en chismes*); **meterse a** (*meterse a gobernar*; *meterse a monja*); **meterse con** (*meterse con los vecinos*); **meterse en** (*meterse en problemas*); **meterse entre** (*meterse entre dos cosas*); **meterse por** (*meterse por medio*). Es correcto, también, ***meterse** monja* y ***meterse de** monja*. En vez de decir **meterse a fraile**, puede usarse el verbo **enfrailar** (tr. Ú. t. c. prnl.). **meterle**. Argent. fam. 'Apurarse'. **estar metido**. fr. fig. y fam. Argent. 'Estar muy enamorado'; 'noviar'; 'hallarse muy comprometido' (***Está metido** hasta las narices en ese negocio*). Los dos argentinismos carecen de registro en el léxico oficial, pero la A.A.L. ha recomendado su inclusión.

metiche. adj. Méj. 'Entrometido'. Ú. t. c. sust. com.: **el metiche, la metiche**. Es voz de ingreso reciente en el ***Diccionario***.

meticón, na. adj. 'Entrometido'. Ú. t. c. sust. m. y f.: **el meticón, la meticona**.

meticuloso, sa. adj. p. us. 'Medroso, temeroso, pusilánime'. Ú. t. c. sust. m. y f.: **el meticuloso, la meticulosa**. 'Excesivamente puntual'; 'escrupuloso, concienzudo' (*Es un empleado **meticuloso***). La 'cualidad de meticuloso' es la **meticulosidad** (sust. f.). → **minucioso**

metida. sust. f. 'Acción y efecto de meter' (*¡Qué **metida** de pata!*). fam. 'Herida, puñalada'; 'zurra'. fig. 'Impulso, avance en una tarea'. Con esta denotación, puede usarse la forma masculina, no común en América. → **metido**

metido, da. p. de **meter**. adj. 'Abundante en ciertas cosas'. Rég. prep.: **metido en** (*mujer **metida en** carnes*; *hombre **metido en** años*). Amér. Central y Merid. 'Entrometido' (*Mi cuñada es una **metida***). Ú. m. c. sust. m. y f.: **el metido, la metida**. sust. m. fig. y fam. 'Impulso, avance en el trabajo' (*Le daremos un buen **metido**, para terminar hoy*). Con esta acepción, en América se usa más la forma femenina (*Le daremos una buena **metida**, para terminar hoy*). → **metida**

metijón, na. adj. fam. 'Persona entrometida'. Ú. t. c. sust. m. y f.: **el metijón, la metijona**. En América, se usa, en su reemplazo, **metido, da**.

metimiento. sust. m. 'Acción y efecto de meter o introducir una cosa en otra' (*No logro el **metimiento** de este caño dentro del otro*). fam. 'Influencia, ascendiente'.

metodista. adj. 'Que profesa el metodismo protestante'. Ú. t. c. sust. m. y f.: **el metodista, la metodista**. 'Perteneciente o relativo a él' (*iglesia **metodista***).

metodizar. v. tr. 'Poner orden y método en una cosa'. → **cazar**

método. sust. m. 'Modo de decir o hacer una cosa con orden' (*Su **método** expositivo es acertado*); 'modo de obrar o proceder'; 'hábito o costumbre que cada uno tiene u observa' (*Su **método** es personal*); 'procedimiento para hallar la verdad y enseñarla' (***método** filosófico*; ***método** científico*); 'obra que enseña los elementos de una ciencia o arte' (*el **método** del análisis lingüístico*). No debe usarse, en su reemplazo, **metodología** (sust. f.). Incorrecto: *Para vender, usa una buena metodología*. Correcto: *Para vender, usa un buen **método***. → **metodología**

metodología. sust. f. 'Ciencia del método'. Es sustantivo colectivo con la denotación de 'conjunto de métodos'. El adjetivo correspondiente es **metodológico, ca**, de reciente incorporación académica. → **método**

metomentodo. sust. com. fam. 'Persona que se mete en todo': **el metomentodo, la metomentodo**. Incorrecto: la metomentoda.

metonimia. sust. f. 'Tropo que consiste en designar una cosa con el nombre de otra, tomando el efecto por la causa o viceversa, el autor por sus obras, el signo por la cosa significada, la materia en bruto por el producto acabado, el continente por el contenido, etc.' (*Decir "canas" por "vejez" es una **metonimia***). También puede decirse **trasnominación** (sust. f.), pero la Academia prefiere la primera forma. No debe confundirse con la **sinécdoque**. → **sinécdoque**

metopa o **métopa.** sust. f. 'Espacio que media entre triglifo y triglifo en el friso dórico'. Las dos acentuaciones son correctas, pero se usa, casi con exclusividad, la primera.

metoposcopia. sust. f. 'Arte de adivinar el porvenir por las líneas del rostro'. Incorrecto: *metoposcopía*.

metraje. sust. m. 'Longitud de una película cinematográfica'. La Academia sólo registra esta acepción.

metralla. sust. f. 'Munición menuda con que se cargaban proyectiles y bombas, y, actualmente otros explosivos'. Es sustantivo colectivo con las denotaciones de 'conjunto de pedazos menudos de hierro colado que saltan fuera de los moldes al hacer los lingotes' y de 'conjunto de cosas inútiles'. Ú. t. en sent. fig. Un **metrallazo** (sust. m.) es el 'disparo hecho con metralla de una pieza de artillería', así como la 'herida por él producida'. La **metralleta** (sust. f.) es un 'arma de fuego, portátil, de repetición'.

-metría. elem. compos. de or. gr. 'Medida'; 'medición' (*econo**metría***, *crono**metría***).

métrico, ca. adj. 'Perteneciente o relativo al metro o medida' (*sistema **métrico***; *cinta **métrica***); 'perteneciente o relativo a la métrica o medida de un verso' (*análisis **métrico** de un verso*). sust. f. 'Arte que trata de la estructura y medida de los versos, de sus clases y combinaciones' (*Estudia la **métrica** de Lope en su teatro*).

metrificador. sust. m. 'El que metrifica'. Su femenino es **metrificadora**. También puede decirse **metrista** (sust. com.).

metrificar. v. intr. 'Hacer versos'. Ú. t. c. tr. → **sacar**

metritis. sust. f. 'Inflamación de la matriz'. En plural, no varía: **las metritis**.

metro. sust. m. 'Medida peculiar de cada clase de versos' (*El **metro** de ese poema es endecasílabico*); 'unidad de longitud, base del sistema métrico decimal' (*Mide un **metro***); 'instrumento que sirve para medir' (*Trae el **metro** para verificar el ancho de la tela*). **metro cuadrado**. 'Cuadrado cuyo lado es un metro'; 'cantidad de una cosa cuya superficie mide un metro cuadrado' (*Pagó mil pesos el **metro cuadrado** del departamento*). **metro cúbico**. 'Cubo cuyo lado es un metro'; 'cantidad de alguna cosa cuyo volumen mide un metro cúbico' (*El tanque tiene capacidad para un **metro cúbico** de agua*). El símbolo de esta unidad de longitud es ***m*** (sin punto). Su homónimo es la abreviación de **metropolitano**, 'ferrocarril o tranvía subterráneo' (*Viaja en **metro***). → **metropolitano**

-metro. elem. compos. de or. gr. 'Medida, generalmente relacionada con el metro, unidad de longitud' (*centí**metro***, *pluvió**metro***, *termó**metro***).

metrópoli. sust. f. 'Ciudad principal, cabeza de provincia o Estado'; 'iglesia arzobispal que tiene dependientes otras sufragáneas'; 'la nación, u originariamente una ciudad, respecto de sus colonias'. En plural: **metrópolis**. Es incorrecto, en singular, *metrópolis*, una forma anticuada.

metropolitano, na. adj. 'Perteneciente o relativo a la metrópoli'; 'perteneciente o relativo al conjunto urbano formado por una ciudad y sus suburbios' (*zona **metropolitana***). sust. m. 'El arzobispo, respecto de los obispos sufragáneos' (*El arzobispo **metropolitano** de Buenos Aires viajó a Roma*); 'tren subterráneo o al aire libre que circula por grandes ciudades'. Su abreviación es **metro**. → **metro**

mexicanismo. sust. m. → **mejicanismo**

mexicano, na. adj. → **mejicano**

México. sust. pr. → **Méjico**

mexiquense. adj. 'Natural del Estado de México, en la República Mexicana'. Ú. t. c. sust. com.: **el mexiquense, la mexiquense**. La Academia no registra la grafía **mejiquense**, si bien es así como se pronuncia. Es voz de reciente incorporación académica.

mezcla. sust. f. Entre otras denotaciones, 'acción y efecto de mezclar o mezclarse'. Diminutivo: **mezclilla**.

mezclable. adj. 'Que se puede mezclar'. También puede decirse **miscible** (adj.), pero la Academia prefiere la primera forma.

mezclador. sust. m. 'El que mezcla, une o incorpora una cosa con otra'. Su femenino es **mezcladora**. sust. f. 'Máquina que sirve para mezclar' (*Se atascó la **mezcladora***).

mezcladura. sust. f. 'Acción y efecto de mezclar'. También puede decirse **mezclamiento** (sust. m.). → **mezcla**

mezclar. v. tr. Ú. t. c. prnl. Rég. prep.: **mezclar** una cosa **con** otra (***mezclar*** *agua* ***con*** *vino*); **mezlarse con** (***mezclarse con*** *indeseables*); **mezclarse en** (***mezclarse en*** *asuntos turbios*).

mezcolanza. sust. f. La Academia acepta, con carácter familiar, la grafía **mescolanza**, pero prefiere la primera. Incorrecto: mescolansa.

mezquinar. v. tr. 'Regatear, escatimar alguna cosa, darla con mezquindad' (***mezquinar*** *los alimentos*). Argent. 'Esquivar, apartar, hacer a un lado' (*Cuando le voy a dar un beso,* ***mezquina*** *la cabeza*). Col. 'Librar a alguien de un castigo'. Incorrecto: mezquinear.

mezquino, na. adj. p. us. 'Pobre, falto de lo necesario'; 'pequeño, diminuto'; 'que escatima excesivamente en el gasto'. Para esta última acepción puede decirse, también, **miserable** (adj.), pero la Academia prefiere la primera forma. La forma **mesquino** es anticuada.

mezquite. sust. m. 'Árbol de América'. El 'sitio poblado de mezquites' es un **mezquital** (sust. m. colect.).

♦ **mezzosoprano.** Italianismo. Denota 'la voz femenina, entre soprano y contralto', y a la 'cantante que posee dicho registro'. Este tecnicismo carece de equivalente en español. Si se usa, debe entrecomillarse.

mi. sust. m. 'Nota musical' (*El* ***mi*** *es la tercera nota de la escala musical*). En plural: **mis**.

mi. adj. poses. apóc. de **mío, a.** Sólo se emplea antepuesto a un sustantivo (***mi*** *libro*; ***mi*** *casa*). En plural: **mis** (***mis*** *libros*; ***mis*** *casas*). → **mío**

mí. Forma del pronombre personal de primera persona del singular, en género masculino y femenino. Nótese que lleva tilde diacrítica para diferenciarlo de **mi** (adj. poses.) y de **mi** (sust. m.), 'nota musical'. Oficia siempre de sustantivo y funciona como término de preposición, en complementos del verbo: directo, indirecto y circunstancial (*Me quiere a* ***mí***; *Me trajo este libro a* ***mí***; *Volví en* ***mí***). Cuando la preposición es **con**, se dice **conmigo** (*Irás* ***conmigo***). **¡a mí qué!** expr. coloq. de indiferencia. **para mí.** expr. 'A mi parecer, según creo' (***Para mí,*** *no es como tú dices*). **por mí.** expr. coloq. 'Por lo que a mí respecta' (***Por mí,*** *te puedes retirar*); frecuentemente, expresa indiferencia (***Por mí,*** *haz lo que te plazca*; *eres dueño de tu vida*). Todas estas expresiones son de reciente ingreso en el *Diccionario*. → **yo, conmigo**

miaja. sust. f. → **migaja**

mialgia. sust. f. 'Dolor muscular'. También puede decirse **miodinia** (sust. f.). Incorrecto: *mialgía*.

miar. v. intr. p. us. Equivale a **maullar** (v. intr.). Se conjuga, en cuanto al acento, como **guiar**.

miasma. sust. m. 'Efluvio infeccioso'. Ú. m. en pl. Nótese el género de este sustantivo que, erróneamente, algunos creen femenino. Incorrecto: *Era un depósito de fétidas miasmas*. Correcto: *Era un depósito de* ***fétidos miasmas***.

miau. Onomatopeya del maullido del gato. sust. m. 'Voz del gato' (*El* ***miau*** *de la gata me sobresaltó*). Pueden decirse, también, **maúllo** y **maullido** (susts. ms.). En plural: **miaus**.

micado o **mikado.** sust. m. 'Nombre que se da al emperador del Japón'. Las dos grafías son correctas. → **presidente**

micción. sust. f. 'Acción de mear'. En plural: **micciones**.

michelín. sust. m. fam. 'Rollo de gordura que se forma en alguna parte del cuerpo'. En plural: **michelines**. Es voz de reciente ingreso en el ***Diccionario***.

michino. sust. m. fam. 'Gato'. Su femenino es **michina**. También pueden decirse **micho** (sust. m.) y **micha** (sust. f.).

mico. sust. m. 'Mono de cola larga'. Su femenino es **mica**.

micología. sust. f. 'Ciencia que trata de los hongos'. También puede decirse **micetología** (sust. f.), pero la Academia prefiere la primera forma.

micólogo. sust. m. 'El que se dedica a la micología'. Su femenino es **micóloga**.

micosis. sust. f. 'Infección producida por hongos'. En plural, no varía: **las micosis**.

micra. sust. f. 'Medida de longitud: es la milésima parte del milímetro'. Ú., especialmente, en las observaciones microscópicas. Se abrevia con la letra griega **μ** (sin punto). También puede decirse **micrón** (sust. m.), pero la Academia prefiere la primera forma. → **micrómetro, micrón**

micro-. elem. compos. de or. gr. 'Pequeño' (*microcéfalo, microcirugía*). A veces, 'amplificación' (*micrófono*). Otras, indica la 'millonésima parte de una unidad (10^{-6})' (*microfaradio*). Símbolo: **µ**

microbicida. adj. 'Que mata los microbios' (*sustancia **microbicida**; líquido **microbicida***). Ú. t. c. sust. m.: **el microbicida**.

microbio. sust. m. 'Seres organizados sólo visibles al microscopio' (*Las bacterias son **microbios***). Incorrecto: <u>*micobrio*</u>, un vulgarismo. También puede decirse **microorganismo** (sust. m.), pero la Academia prefiere la primera forma.

microbiólogo. sust. m. 'El que profesa la microbiología o tiene en ella especiales conocimientos'. Su femenino es **microbióloga**.

microbús. sust. m. 'Autobús de menor tamaño que el usual'. Es palabra aguda que, en plural, se hace grave: **microbuses**. Ha sido incorporada recientemente en el ***Diccionario***. → **bus**

microcefalia. sust. f. 'Cualidad de microcéfalo'. Incorrecto: <u>*microcefalía*</u>.

microcéfalo, la. adj. 'Dícese del animal que tiene la cabeza de tamaño menor que el normal en la especie a la que pertenece; y, en general, muy pequeña'. Ú. t. c. sust. m. y f.: **el microcéfalo, la microcéfala**.

microcircuito. sust. m. 'Circuito electrónico cómpacto, compuesto de elementos de pequeño tamaño'. Es voz de reciente registro en el ***Diccionario***.

microcirugía. sust. f. 'Cirugía realizada con micromanipuladores'. Es voz de reciente registro académico.

microclima. sust. m. colect. 'Conjunto de condiciones climáticas particulares de un espacio de extensión reducida'. Carece de registro en el ***Diccionario***, pero es de uso frecuente'.

microcosmo o **microcosmos.** sust. m. 'El hombre concebido como resumen completo del universo o macrocosmo'. Las dos formas son correctas, pero la Academia prefiere la primera forma. En plural, la segunda forma no varía: **los microcosmos.** → **macrocosmo**

microeconomía. sust. f. Ú. en contraposición a **macroeconomía** (sust. f.).

microfilmación. sust. f. 'Acción y efecto de microfilmar'. No debe decirse <u>*microfilmaje*</u>, un barbarismo. En plural: **microfilmaciones**.

microfilmador, ra. adj. 'Que microfilma' (*aparato **microfilmador***). sust. f. 'Máquina para microfilmar' (*La **microfilmadora** está rota*).

microfilme. sust. m. La Academia no registra la forma **microfilm**, pero, atento a que ha aceptado **film** (sust. m.), no puede considerarse errónea, por ser de formación correcta. En plural: **microfilmes.** → **film**

micrógrafo. sust. m. 'El que profesa la micrografía o descripción de los objetos vistos con el microscopio'. Su femenino es **micrógrafa**.

♦ **microlentilla.** Galicismo. → **lente (lentilla)**

micrómetro. sust. m. 'Instrumento destinado a medir cantidades muy pequeñas'. Es palabra esdrújula. No debe pronunciarse [micrometro] como grave. También significa 'medida de longitud: la millonésima parte del metro'. Esta última acepción es de reciente registro académico. → **micra, micrón**

micrón. sust. m. En plural: **micrones.** → **micra**

microonda. sust. f. 'Onda electromagnética'. → **microondas**

microondas. sust. m. Se emplea en el sintagma **horno de microondas**. Incorrecto: <u>*horno a microondas*</u>. En plural, no varía: **los microondas**. Esta voz ha sido recién incorporada en el ***Diccionario***.

microorganismo. sust. m. Incorrecto: <u>*microrganismo*</u>. → **microbio**

microprocesador. sust. m. Incorrecto: <u>*microprocesadora*</u>. → **procesador**

microscopia o **microscopía.** 'Construcción y empleo del microscopio'. Es sustantivo colectivo con el significado de 'conjunto de métodos para la investigación por medio del microscopio'. Las dos acentuaciones son correctas. La segunda, hoy la más frecuente, ha sido recién incorporada en el ***Diccionario***.

microscopista. sust. com. 'Persona que profesa la microscopia': **el microscopista, la microscopista**. Es voz de reciente admisión en el *Diccionario*.

microsporidio. adj. 'Subtipo de protozoos intracelulares'. Ú. t. c. sust. m.: **el microsporidio**. sust. m. pl. 'Taxón de estos animales': **los microsporidios**. Es voz de reciente admisión en el *Diccionario*.

microsporofila. sust. f. 'Hoja de ciertos helechos'; 'por extensión, los estambres de las fanerógamas'. Nótese que es palabra grave. Es incorrecto pronunciarla [microsporófila] como esdrújula. Es voz de reciente admisión en el *Diccionario*.

microsurco. adj. 'Dícese del disco de gramófono cuyas estrías finísimas, y muy próximas entre sí, permiten registrar gran cantidad de sonidos'. Ú. t. c. sust. m.: **el microsurco**. Es la voz española que corresponde emplear en vez del anglicismo *longplay*. Puede usarse, también, **disco de larga duración**.

midriasis. sust. f. 'Dilatación anormal de la pupila'. Es palabra grave. No debe pronunciarse [midríasis] como esdrújula. En plural, no varía: **las midriasis**.

miedica. adj. despect. fam. 'Miedoso'. Ú. t. c. sust. com.: **el miedica, la miedica**. Es voz de reciente incorporación académica.

mieditis. sust. f. fam. 'Miedo'. En plural, no varía: **las mieditis**.

miedo. sust. m. 'Perturbación angustiosa del ánimo por un riesgo real o imaginario'. En lengua familiar, también pueden decirse **medrana** y **mieditis** (susts. fs.). **miedo cerval**. 'El grande o excesivo' (*Tiene un **miedo cerval** a la oscuridad*). **de miedo**. expr. coloq. ponderativa, con valor adjetival (*Hace un frío **de miedo***), o adverbial, 'estupendamente' (*Escribe **de miedo***). → **mieditis**

miedoso, sa. adj. 'Que de cualquier cosa tiene miedo'. Ú. t. c. sust. m. y f.: **el miedoso, la miedosa**. → **miedica**

miel. sust. f. En plural: **mieles**. Se admiten **miel de caña** y **miel de cañas**.

♦ **mielero.** Barbarismo. → **melero**

mielitis. sust. f. 'Inflamación de la médula espinal'. En plural, no varía: **las mielitis**. El adjetivo correspondiente, para denotar al 'que padece dicha enfermedad', es **mielítico, ca**. La Academia no lo registra como sustantivo.

mieloma. sust. m. 'Proliferación de células de la médula ósea productoras de proteínas'. Nótese su género. Incorrecto: <u>la mieloma</u>. Correcto: ***el mieloma***. Es voz de reciente ingreso en el *Diccionario*.

miembro. sust. m. 'Cualquiera de las extremidades del hombre o de los animales'; 'órgano de la generación en el hombre y en algunos animales'; 'individuo que forma parte de una comunidad'; 'parte de un todo unida con él'; 'parte o pedazo de una cosa separada de ella'; 'cualquiera de las dos cantidades de una ecuación separadas por el signo de igualdad (=), o de una desigualdad separada por los signos (>) o (<). Llámase **primer miembro** la cantidad escrita a la izquierda y **segundo miembro**, la otra'. Esta voz suele usarse en aposición especificativa (*país **miembro***). En plural: *países **miembro***. **miembro podrido**. fig. 'Sujeto separado de una comunidad o indigno de ella'. **miembro viril**. 'Pene'. Es un eufemismo.

miente. sust. f. ant. 'Pensamiento, facultad de pensar'. Modernamente, sólo se usa en plural, en algunas frases: **caer en mientes** o **en las mientes** ('hacerse presente en el pensamiento alguna cosa'); **parar**, o **poner**, **mientes en** una cosa ('considerarla'); **pasársele** a uno **por las mientes** una cosa ('ocurrírsele'); **traer** una cosa **a las mientes** ('recordarla'); **venírsele** a uno una cosa **a las mientes** ('ocurrírsele').

-miento. suf. de sustantivos verbales. 'Acción y efecto'. Toma la forma **-amiento** cuando el verbo de base es de la primera conjugación (*casa**miento***); **-imiento**, si es de la segunda o tercera (*flore**cimiento**, senti**miento***). Es de reciente incorporación académica. → **mento**

mientras. adv. t. 'En tanto, entre tanto' (*Rezaba **mientras** cosía*). conj. t. 'Durante el tiempo en que' (***Mientras** lees, escribiré unas cartas*). **mientras que**. loc. conjunt. advers. 'En cambio' (*Tu hermana hace las tareas de la casa, **mientras que** tú holgazaneas*). **mientras más**. loc. conjunt. correlativa fam. 'Cuanto más' (***Mientras más** come, más quiere comer*). **mientras tanto**. loc. adv. 'Entre tanto' (*Iré a comprar el pan; **mientras tanto**, pon la mesa*).

miércoles. sust. m. 'Tercer día de la semana civil, cuarto de la religiosa'. Se escribe con minúscula. En plural, no varía: **los miércoles. miércoles de ceniza**. 'Primer día de la cuaresma' (*El **miércoles de ceniza** cae entre el 4 de febrero y el 10 de marzo, según los años*). → **jueves**

mies. sust. f. 'Cereal con que se hace el pan'; 'tiempo de la siega y cosecha de granos'. fig. 'Gentes convertidas a la fe cristiana o prontas a su conversión' (*La **mies** es mucha; los obreros, pocos*). sust. f. pl. 'Los sembrados' (*Anda entre las **mieses***).

miga. sust. f. 'Porción pequeña de pan o de otra cosa' (*De la torta, sólo quedaron **migas***); 'parte blanda del pan, cubierta por la corteza' (*No comas la **miga**, engorda*). fig. y fam. 'Sustancia interior de las cosas físicas'; 'entidad, gravedad y sustancia de una cosa moral' (*Es hombre de **miga***). **hacer buenas migas** dos o más personas. fr. fig. y fam. 'Avenirse'. Lo contrario es **hacer malas migas** (fr. fig. fam.).

migaja. sust. f. 'Porción pequeña de cualquier cosa, en especial del pan'. fig. 'Nada o casi nada' (*No te daré ni una **migaja** de lo mío*). sust. f. pl. 'Sobras, desperdicios' (*No le dio ni las **migajas** del banquete*). Aumentativo: **migajón** (sust. m.). Diminutivo: **migajuela**. También pueden decirse **migajada, miaja** y **meaja** (susts. fs.), pero esta última forma es vulgar.

migración. sust. f. Equivale a **emigración** (sust. f.). Indica, entre otras acepciones, el 'viaje periódico de las aves, peces y otros animales migratorios'. La Academia ha incorporado recientemente la siguiente acepción: 'Desplazamiento geográfico de individuos o grupos, generalmente por causas económicas o sociales'.→ **emigración**

migrar. v. intr. Equivale, según los casos, a **emigrar** (v. intr.), 'cambiar de lugar de residencia', o a **inmigrar** (v. intr.), 'llegar a un país para establecerse en él'. El verbo **migrar** ha sido recién incorporado en el ***Diccionario***.

mihrab. sust. m. 'Nicho que en las mezquitas señala el sitio adonde han de mirar los que oran'. En plural: **los mihrab** o, según algunos gramáticos, **mihrabs.**

mikado. sust. m. → **micado**

mil. adj. 'Diez veces ciento' (***mil** cajas*). Equivale, además, a **milésimo** (adj.), 'que sigue en orden al noningentésimo nonagésimo nono'. Es decir, se usa como ordinal (*Celebraron el **mil** aniversario*). fig. 'Dícese del número o cantidad grande indefinidamente' (*Te daré **mil** besos; **Mil** gracias por tu atención*). Con esta denotación, es incorrecto decir <u>miles</u> <u>de</u>: *Te daré <u>miles</u> <u>de</u> besos; <u>Miles</u> <u>de</u> gracias por tu atención*. sust. m. 'Signo o conjunto de signos con que se representa el número mil' (*Escribe el **mil***). Equivale a **millar** (sust. m.) cuando denota 'conjunto de mil unidades'. Ú. m. en pl. y se construye, generalmente, con la preposición **de** (*Ganó en la lotería muchos **miles de** pesos; Había varios **miles de** personas*). Es incorrecto modificar el género de este sustantivo masculino para hacerlo concordar con el término del complemento preposicional que lo modifica: *<u>Las</u> <u>miles</u> de pesetas que jugó eran de su madre*. Correcto: ***Los miles** de pesetas que jugó eran de su madre.* **las mil y quinientas**. fig. y fam. 'Las lentejas' (*Es un potaje de **las mil y quinientas***); 'hora demasiado tardía' (*Llegó a **las mil y quinientas***). Incorrecto: <u>*las*</u> <u>*mil*</u> <u>*quinientas*</u>.

♦ **miladi.** Anglicismo (*my lady*). Carece de registro en el ***Diccionario***. → **milord**

milagrear. v. intr. 'Hacer milagros'. No debe pronunciarse [milagriar, milagrié]. → **-ear**

milagro. sust. m. Aumentativo: **milagrón.**

milamores. sust. f. 'Hierba anual'. No debe escribirse en dos palabras: <u>*mil*</u> <u>*amores*</u>. En plural, no varía: **las milamores.**

milanesa. sust. f. Argent. 'Lonja de carne que se baña con huevo batido y se reboza con pan rallado, y luego se fríe o se hornea'. La A.A.L. recomendó su inclusión en el léxico oficial.

milano. sust. m. En sus dos denotaciones, de 'ave' y de 'pez', para distinguir los sexos debe recurrirse a las perífrasis **milano macho, milano hembra.**

mildíu o **mildeu.** sust. m. 'Enfermedad de la vid'. Las dos formas son correctas, pero la Academia prefiere la primera, que no debe pronunciarse [mildiú]. En plural: **mildíus** y **mildeus.**

milenario, ria. adj. 'Perteneciente al número mil o al millar' (*año **milenario***); 'dícese de lo que ha durado uno o varios milenios' (*libro **milenario***). sust. m. 'Espacio de mil años' (*Ha transcurrido un **milenario***); 'milésimo aniversario' (*En el 2492, se cumplirá el **milenario** del Descubrimiento de América*). También puede decirse **milenio** (sust. m.).

milenio. sust. m. 'Período de mil años' (*Ha transcurrido un **milenio***). También puede decirse **milenario** (sust. m.).

milenrama. sust. f. 'Planta herbácea'. No debe escribirse en tres palabras: *mil en rama*. En plural: **milenramas**. También puede decirse **milhojas** (sust. f.). → **milhojas**

milésimo, ma. adj. 'Que sigue inmediatamente en orden al noningentésimo nonagésimo nono' (*año **milésimo***). También puede decirse **mil** (adj.), con valor de ordinal. 'Dícese de cada una de las mil partes iguales en que se divide un todo' (*la **milésima** parte*). Ú. t. c. sust. m. y f.: **el milésimo, la milésima**. El sustantivo femenino **milésima** denota, asimismo, la 'milésima parte de una unidad monetaria'.

milhojas. sust. f. 'Planta'. → **milenrama**. sust. m. 'Pastel de hojaldre'. Esta última acepción es reciente. En plural, no varía: **las milhojas, los milhojas**. Nótese que, en el primer caso, es de género femenino; en el segundo, masculino.

milhombres. sust. m. fam. 'Apodo que se da al hombre pequeño y bullicioso y que no sirve para nada' (*Nuestro empleado es un **milhombres***). Nótese que, en singular, lleva **s** final. Generalmente, no se usa en plural (***los milhombres***).

mili. sust. f. 'Servicio militar' (*Entró en la **mili***). Es abreviación de **milicia** (sust. f.). Su ingreso en el ***Diccionario*** es reciente.

mili-. elem. compos. de or. lat. 'Milésima parte de una unidad (10^{-3})' (*milímetro*, ***mililitro***). Símbolo: ***m***

miliárea. sust. f. 'Medida de superficie' (*Una **miliárea** mide diez centímetros cuadrados*).

milibaro. sust. m. 'Unidad de medida de la presión atmosférica, equivalente a una milésima de baro'. En plural: **milibaros**. También puede decirse **milibar** (sust. m.), forma que corresponde a la terminología internacional. En plural: **milibares**.

milicia. sust. f. Con el significado de 'tropa o gente armada' es sustantivo colectivo. La Academia ha incorporado recientemente los sintagmas **milicias populares**, 'conjunto de voluntarios armados no pertenecientes al ejército regular', y **milicias universitarias**, 'institución del ejército en que pueden hacer el servicio militar quienes cursan estudios universitarios'. Estas últimas no existen en todos los países.

miliciano, na. adj. 'Perteneciente a la milicia'. sust. m. 'El que sirve como militar'; 'miembro de las milicias populares'. Su femenino es **miliciana**.

milico. sust. m. despect. Argent., Bol., Chile, Ecuador, Perú y Urug. 'Militar, soldado' (*Tiene un hijo **milico***).

miligramo. sust. m. 'Milésima parte de un kilo'. Incorrecto: *milígramo*. Símbolo: ***mg*** (se usa tanto para el singular como para el plural).

mililitro. sust. m. 'Milésima parte de un litro' (*Un **mililitro** equivale a un centímetro cúbico*). Incorrecto: *milílitro*. Símbolo: ***ml*** (se usa tanto para el singular como para el plural).

milímetro. sust. m. 'Milésima parte de un metro'. Incorrecto: *milimetro*. Símbolo: ***mm*** (se usa tanto para el singular como para el plural).

militancia. sust. f. 'Acción y efecto de militar en un partido o en una colectividad' (*Es de **militancia** conservadora*). Es sustantivo colectivo cuando denota 'conjunto de militantes' (*Se hizo presente toda la **militancia** laborista en el acto de anoche*). Esta voz ha sido recién incorporada en el ***Diccionario***.

militante. p. a. de **militar**. 'Que milita'. Ú. t. c. sust. com.: **el militante**, **la militante**. adj. (*iglesia **militante***).

militar. adj. (*acción **militar***). sust. m. 'El que profesa la milicia' (*Lo saludó un **militar***). También puede decirse **mílite** (sust. m.), que se usa, sobre todo, en sentido figurado. La Academia registra, además, **militronche** (sust. m.), una deformación popular de la palabra **militar**. El vocablo **militara** (sust. f. fam.) no es semánticamente la forma femenina del sustantivo **militar**, ya que denota sólo su 'esposa, viuda o hija'. Tiene, en general, un matiz despectivo. Su homónimo, el verbo intransitivo **militar**, significa 'servir en la guerra o profesar la milicia' (***Militó** en la última guerra*); 'figurar en un partido o en una colectividad' (***Milita** en el socialismo*); 'concurrir en una cosa alguna razón o circunstancia particular que favorece cierta pretensión o apoya determinado proyecto' (fig.). Rég. prep.: **militar bajo** (***Milita bajo** bandera extranjera*); **militar** razones o circunstancias **contra** (*Serias razones **militan contra** nuestro proyecto*); **militar en** (***Militan en** el partido gobernante*); **militar en pro** o **en contra de** (***Militó en pro** o **en contra del** aborto*).

militarista. adj. 'Perteneciente al militarismo'; 'partidario del militarismo'. Ú. t. c. sust. com.: **el militarista, la militarista.**

militarizar. v. tr. Su 'acción y efecto' es **militarización** (sust. f.). → **cazar**

milla. sust. f. 'Medida itineraria, usada principalmente por los marinos, y equivalente a la tercera parte de una legua, o sea, mil ochocientos cincuenta y dos metros'. El adjetivo correspondiente es **miliario, ria.**

millar. sust. m. colect. 'Conjunto de mil unidades'; 'signo (ID) usado para indicar que son millares los guarismos colocados delante de él'. Entre otras acepciones, tiene la de 'número grande indeterminado'. Ú. m. en pl. Se construye, generalmente, con un modificador introducido por la preposición **de** (*Hay **millares de** estrellas*). Esta voz no es —como anota Seco— traducción del francés *milliard*, que significa 'mil millones'.

millarada. sust. f. 'Cantidad como de mil'. Ú. m. por jactancia u ostentación. Rég. prep.: **millarada de** (*Festejamos el Año Nuevo con una **millarada de** cohetes*). **a millaradas**. loc. adv. fig. 'A millares'.

millardo. sust. m. 'Mil millones'. Esta voz, aceptada oficialmente por la Academia, tras una propuesta del presidente venezolano Rafael Caldera, equivale al *billion* inglés.

millón. sust. m. 'Mil millares'. fig. 'Número muy grande indeterminado'. En plural: **millones**. Rég. prep.: **millón de** (*Perdió un **millón de** pesos*; *Un **millón de** estrellas iluminaba la noche*; *Hay **millones de** hormigas*). No se usa **de** cuando, antes de mencionar el objeto numerado, se intercalan uno o más numerales que expresan una cantidad adicional (*un **millón** quinientos mil pesos*; *veinte **millones** cuatrocientas cincuenta pesetas*). Incorrecto: *un millón quinientos mil <u>de</u> pesos*.

millonada. sust. f. 'Cantidad como de un millón' (*Perdió en el juego una **millonada** de liras*). Rég. prep.: **millonada de** (*Tengo una **millonada de** cosas para hacer*).

millonario, ria. adj. (*hombre **millonario***). Ú. t. c. sust. m. y f.: **el millonario, la millonaria.**

millonésimo, ma. adj. 'Dícese de cada una del millón de partes iguales en que se divide un todo'. Ú. t. c. sust. m. y f.: **el millonésimo, la millonésima**. 'Que ocupa en una serie el lugar al cual preceden 999.999 lugares' (*Es la **millonésima** bolita*; *Tejió el **millonésimo** punto*).

milmillonésimo, ma. adj. 'Dícese de cada una de los mil millones de partes iguales en que se divide un todo'. Ú. t. c. sust. m. y f.: **el milmillonésimo, la milmillonésima.**

milonga. sust. f. 'Tonada popular del Río de la Plata, que se canta al son de la guitarra, y danza que se ejecuta con este son'. Además de esta acepción registrada por la Academia, significa, en la Argentina, 'lugar o reunión en que se baila' (fam.); 'riña, discusión' (fam. fig.); 'excusa, evasiva' (fam.). Con esta última denotación, ú. m. en pl. (*Se fueron a la **milonga***; *Se armó una **milonga***; *No vengas con **milongas***).

milonguear. v. intr. fam. Argent. 'Bailar'; 'farrear'. No ha sido registrado por la Academia, pese a la recomendación de la A.A.L. Sí, lo registra el ***Diccionario Manual***. No debe pronunciarse [milonguiar, milonguié]. También se usa en el Uruguay. → **-ear**

milonguero. sust. m. 'Cantor de milongas'; 'el que las baila'. Su femenino es **milonguera**. Argent. 'Aficionado o concurrente asiduo a los bailes populares'. adj. 'Perteneciente o relativo a la milonga'.

milord. sust. m. Voz que es, como aclara el ***Diccionario***, "españolización del tratamiento inglés *my lord*, 'mi señor', que se da a los lores o señores de la nobleza inglesa". En plural: **milores**. Incorrecto: *<u>milords</u>*. La forma femenina correspondiente *my lady*, 'mi señora', en cambio, no ha sido españolizada por la Academia. → **ladi**

milpiés. sust. m. 'Cochinilla, crustáceo isópodo terrestre que, cuando se lo toca, se hace una bola'. En plural, no varía: **los milpiés**. Se aplica, como aclara el ***Diccionario Manual***, a muchas especies de miriápodos.

milrayas. sust. m. 'Tejido con rayas muy finas y apretadas' (*Vestía un **milrayas***). Es voz de ingreso reciente en el ***Diccionario***. En plural, no varía: **los milrayas**.

mimado, da. p. de **mimar**. adj. 'Que está mal acostumbrado por el exceso de mimos'. Dícese, especialmente, de los niños. Ú. t. c. sust. m. y f.: **el mimado, la mimada**.

mimar. v. tr. 'Hacer caricias y halagos'; 'tratar con regalo, especialmente a los niños'. En el Río de la Plata, también se dice **mimosear** (v. tr.), sin registro en el ***Diccionario***, pero de correcta formación. No debe pronunciarse [mimosiar, mimosié]. → **-ear**

mimbre. sust. amb. 'Arbusto': **el mimbre** o **la mimbre**. Los hablantes se inclinan por la forma masculina. Puede decirse, también, **mimbrera** (sust. f.), voz que la Academia prefiere para esta denotación. 'Cada una de las varitas correosas y flexibles que produce la mimbrera' (*silla de **mimbre***). La Academia admite, también, las grafías **vimbre** y **vimbrera**, pero prefiere las formas con **m**. Un 'sitio poblado de mimbreras o de mimbres' es un **mimbreral**, un **mimbral** (sust. ms. colects.) o una **mimbrera** (sust. f. colect.). Un 'mimbre grande' es un **mimbrón** (sust. m.). En plural: **mimbrones**. El adjetivo **mimbreño, ña** indica que algo es de la 'naturaleza del mimbre', y **mimbroso, sa** (adj.) denota 'perteneciente al mimbre', 'hecho de mimbre', 'abundante en mimbreras' (*bosque **mimbroso***). La Academia no registra **mimbrería** (sust. f.), 'lugar en que se venden cosas de mimbre o donde se las hace'. Es voz de correcta formación. → **-ía**

mimbrear. v. intr. 'Agitarse o moverse con flexibilidad, como el mimbre'. Ú. t. c. prnl. No debe pronunciarse [mimbriar, mimbrié]. → **-ear**

mimbrera. sust. f. 'Arbusto'; 'mimbreral'; 'nombre vulgar que se da a varias especies de sauces'. → **mimbre**

mimbrero. sust. m. 'El que se dedica a hacer objetos de mimbre'. Su femenino es **mimbrera**. Es voz de ingreso reciente en el ***Diccionario***.

mimeografía. sust. f. 'Acción y efecto de mimeografiar'; 'copia mimeografiada'. Incorrecto: <u>*mimiografía*</u>. También puede decirse, para la primera acepción, **mimeografiado** (sust. m.). Incorrecto: <u>*mimiografiado*</u>.

mimeografiar. v. tr. 'Reproducir en copias mediante el mimeógrafo'. Incorrecto: <u>*mimiografiar*</u>. Se conjuga, en cuanto al acento, como **guiar**.

mimeógrafo. sust. m. 'Aparato que sirve para multicopiar'. Incorrecto: <u>*mimiógrafo*</u>. No se confunda con **mimógrafo** (sust. m.). → **mimógrafo**

mimesis o **mímesis.** sust. f. 'Imitación que se hace de una persona, especialmente en sus dichos y en sus gestos'. Las dos acentuaciones son correctas; los hablantes prefieren la segunda, que es de reciente ingreso en el ***Diccionario***. En plural, ambas formas no varían: **las mimesis** o **las mímesis**. La Academia no registra, en cambio, el verbo **mimetizar** (intr. Ú. m. c. prnl.), de correcta formación, que, sí, recoge el ***Diccionario Manual***.

mímico, ca. adj. 'Perteneciente al mimo y a la representación de sus farsas'; 'perteneciente a la mímica' (*lenguaje **mímico***). sust. f. 'Arte de imitar por medio de gestos' (*Lo dijo todo con **mímica***).

mimo. sust. m. 'Cariño, demostración de ternura'. Se usa más en plural (*Déjate de **mimos***). Su homónimo significa 'farsante'; 'actor'; 'intérprete teatral'. También, entre los griegos, 'representación teatral ligera, festiva y hasta obscena'; y, modernamente, 'comedia, farsa, pantomima'. → **pantomima**.

mimógrafo. sust. m. 'Autor de mimos o farsas'. Su femenino es **mimógrafa**. No se confunda con **mimeógrafo** (sust. m.).

mimosáceo, a. adj. 'Dícese de matas, arbustos o árboles angiospermos dicotiledóneos, como la acacia o la mimosa'. Ú. t. c. sust. f.: **la mimosácea**. sust. f. pl.: **las mimosáceas**, 'clase de estas plantas' (*La sensitiva es una de las **mimosáceas***).

mimosear. v. tr. → **mimar**

mimoso, sa. adj. 'Regalón'. La Academia no lo registra como sustantivo masculino o femenino, pero su uso es frecuente y correcto: **el mimoso, la mimosa**. La forma sustantiva femenina denota, por otra parte, un 'género de plantas de la familia de las mimosáceas' (*Hay varias clases de **mimosas**: la sensitiva, la púdica, la vergonzosa*).

mina. sust. f. Además de otras denotaciones comunes con el español general, en la Argentina significa 'mujer' (vulg.).

minador, ra. adj. 'Que mina'; 'dícese del buque destinado a colocar minas submarinas'. Ú. t. c. sust. m.: **el minador** (*Entraron en el golfo tres **minadores***). sust. m. 'Ingeniero o artífice que abre minas' (*Trabaja como **minador***).

minarete. sust. m. 'Torre de las mezquitas'. La Academia prefiere usar, en su reemplazo, **alminar** (sust. m.).

mineral. adj. 'Perteneciente al numeroso grupo de las sustancias inorgánicas' (*reino **mineral***). sust. m. 'Sustancia inorgánica que se halla en la corteza terrestre, principalmente aquella cuya explotación ofrece interés' (*La mica es un **mineral***). fig. 'Origen y fundamento que produce algo con abundancia' (*El negocio de su suegro es un **mineral** de dinero*). En plural: **minerales**.

mineralizar. v. tr. (*Ese producto **mineraliza** el hierro*). Ú. t. c. prnl. (*El azufre **se mineralizó***). v. prnl. 'Cargarse las aguas de sustancias minerales'. Su 'acción y efecto' es la **mineralización** (sust. f.). → **cazar**

mineralogía. sust. f. Incorrecto: <u>*minerología*</u>.

mineralogista. sust. com. 'Persona que profesa la mineralogía': **el mineralogista**, **la mineralogista**. Incorrecto: <u>*minerologista*</u>.

minería. sust. f. 'Arte de laborear las minas' (*Se dedica a la **minería***). Es sustantivo colectivo con los significados de 'conjunto de individuos que se dedican a este trabajo', de 'expertos que entienden en él' y de 'conjunto de las minas y explotaciones mineras de una nación o comarca'. Con esta última denotación, se escribe con mayúscula cuando forma parte del nombre de una institución (*Ministerio de **Minería***).

minero, ra. adj. 'Perteneciente a las minas' (*vida **minera***). sust. m. 'El que trabaja en las minas'; 'el que se beneficia con ellas'; 'criadero de minerales'; 'excavación que se hace para extraerlos'. fig. p. us. 'Principio o nacimiento de una cosa' (*La naturaleza es el **minero** de su poesía*). Argent. 'Ratón'.

minerva. sust. f. 'Mente, inteligencia'. Se usa sólo en la locución **de propia minerva**, 'de propia invención'. Entre otras acepciones, denota una 'máquina pequeña de imprenta, que sirve para imprimir prospectos, facturas, membretes, etc.'. Es sustantivo propio cuando denota a la diosa griega de la sabiduría. Se escribe con mayúscula (*Los griegos rendían culto a **Minerva***).

minervista. sust. com. 'Persona que maneja la minerva': **el minervista, la minervista**.

minga. sust. f. N Argent., Col., Chile, Par. y Perú. 'Reunión de amigos y vecinos para hacer un trabajo en común, sin más remuneración que la comilona que les paga el dueño cuando lo terminan'. La Academia no registra la interjección vulgar **¡minga!**, de uso en la Argentina, con la que se expresa 'negación, falta o ausencia de algo'. Su inclusión en el ***Diccionario*** fue recomendada por la A.A.L. (***¡Minga!**, no tengo tornillos para colocar el artefacto*).

mingitorio, ria. adj. 'Relativo a la micción'. sust. m. Equivale a **urinario** (sust. m.), voz que prefiere la Academia. Incorrecto: <u>*migitorio*</u>. → **urinario**

mini-. elem. compos. de or. lat. 'Pequeño'; 'breve'; corto' (***minifundio***, ***minifalda***).

miniar. v. tr. 'Pintar de miniatura'. Se conjuga, en cuanto al acento, como **cambiar**.

miniatura. sust. f. 'Pintura de tamaño pequeño' (*Colecciona **miniaturas** hechas sobre marfil*); 'pequeñez' (*El relojito es una **miniatura***). Ú., principalmente, en esta última acepción, en la loc. adj. o adv. **en miniatura** (*Juego de té **en miniatura**; Lo hizo **en miniatura***).

miniaturista. sust. com. 'Persona que pinta miniaturas': **el miniaturista, la miniaturista**.

minifalda. sust. f. 'Falda corta que queda muy por encima de las rodillas'. Es voz recién incorporada por la Academia. Se usa con frecuencia la forma abreviada **mini**, sin registro en el ***Diccionario***.

minifundio. sust. m. 'Finca de reducida extensión'; 'división de la propiedad rural en fincas pequeñas'. Su antónimo es **latifundio** (sust. m.).

minifundismo. sust. m. 'Sistema de división de la tierra basado en el minifundio'. Es voz recién incorporada por la Academia.

minifundista. adj. 'Perteneciente al minifundio'. sust. com. 'Propietario de uno o más minifundios': **el minifundista, la minifundista**. Es voz de reciente ingreso en el ***Diccionario***.

minimizar. v. tr. 'Reducir de volumen una cosa o quitarle importancia'. Es incorrecto decir, en su reemplazo, *minimar*, un barbarismo. → **cazar**

mínimo, ma. adj. sup. culto de **pequeño**. 'Dícese de lo que es tan pequeño en su especie, que no hay menor ni igual'. Generalmente, se refuerza su expresividad con el adverbio **más** (*No tengo la **más mínima** noción de eso*). 'Dícese del que se detiene en cosas pequeñas'. Acepción que recoge, también, el adjetivo **minucioso, sa.** 'Aplícase al religioso o a la religiosa de San Francisco de Paula'. Ú. t. c. sust. m. y f.: **el mínimo, la mínima**. sust. m. 'Límite inferior o extremo a que puede reducirse una cosa' (*Dejaremos un **mínimo** de tela para la costura*; *No tienes un **mínimo** de respeto por tu padre*). Con esta denotación, puede decirse, también, **mínimum** (sust. m.), pero la Academia prefiere la primera forma, menos afectada. Se usa siempre en singular y precedida del artículo. Nótese que lleva tilde sobre la primera **i** (*Quiere el **mínimum***; *La cotización de la Bolsa alcanzó el **mínimum** de este año*). Incorrecto: *mínimums*. Correcto: ***los mínimum***. **como mínimo**. expr. fam. 'Por lo menos' (*Dame, **como mínimo**, un racimo de uvas*). **lo más mínimo**. expr. fam. que, en frases negativas, significa 'nada en absoluto' (*No quiero **lo más mínimo***). → **pequeño**

mínimum. sust. m. → **mínimo**

minino. sust. m. 'Gato, animal'. Su femenino es **minina**.

ministerial. adj. 'Perteneciente al ministerio o gobierno del Estado, o a alguno de los ministros encargados de su despacho' (*resolución **ministerial***); 'dícese del que, en el poder legislativo o en la prensa, apoya habitualmente a un ministerio' (*diputado **ministerial***; *periodista **ministerial***). Ú. t. c. sust. m.: **el ministerial** (*Ese editorialista es un **ministerial***).

ministerio. sust. m. 'Gobierno del Estado, considerado en el conjunto de los varios departamentos en que se divide'; 'empleo de ministro'; 'tiempo que dura su ejercicio'; 'cuerpo de ministros del Estado'; 'cada uno de los departamentos en que se divide la gobernación del Estado'; 'edificio en que se hallan sus oficinas'. En estas dos últimas denotaciones se escribe siempre con mayúscula (*Se hizo cargo del **Ministerio** de Economía*; *Ese palacio es el **Ministerio** de Educación*). 'Cargo, empleo, oficio u ocupación' (*Su **ministerio** es ocuparse de los niños*). **ministerio público**. 'Representación de la ley y del bien público, que está atribuida a los fiscales'.

ministril. sust. m. 'Ministro inferior que se ocupa de los más ínfimos ministerios de justicia'. Es palabra aguda que, en plural, se hace grave: **ministriles**. En sentido figurado y con valor despectivo, si bien no lo registra la Academia, se aplica a 'todo servidor que se ocupa de cosas ínfimas'.

ministro. sust. m. Su femenino es **ministra**, con los significados de 'la que, en la gobernación del Estado, ejerce la jefatura de un departamento ministerial' y de 'mujer de un ministro'. Incorrecto: *la ministro*. También denota a la 'prelada de las monjas trinitarias'. → **presidente**

minorar. v. tr. 'Disminuir, reducir'. Ú. t. c. prnl. También puede decirse **aminorar** (v. tr.), forma que la Academia prefiere. Incorrecto: *minorizar*.

minorativo, va. adj. 'Que tiene la virtud de minorar'. 'Dícese del remedio que purga suavemente'. Ú. t. c. sust. m. y f.: **el minorativo, la minorativa**.

minoría. sust. f. 'Parte menor de los individuos que componen una nación, ciudad o cuerpo'; 'en materia internacional, parte de la población de un Estado que difiere de la mayoría de la misma población por la raza, la lengua o la religión'; 'en asambleas y otros cuerpos, conjunto de votos contrarios a la opinión del mayor número de votantes'; 'fracción de un cuerpo deliberante menor que la parte mayoritaria'; 'menor edad legal de una persona'. fig. 'Tiempo de la menor edad legal de una persona'. Para estas dos últimas acepciones, puede decirse, también, **minoridad** (sust. f.). → **mayoría**

minoridad. sust. f. → **minoría**

minorista. sust. com. 'Comerciante al por menor': **el minorista**, **la minorista**. sust. m. 'Clérigo que sólo tiene las órdenes menores'. adj. 'Aplícase al comercio al por menor' (*comercio **minorista***). No se confunda con **minorita** (sust. m.), 'religioso de la orden de San Francisco'. → **mayorista**

minucioso, sa. adj. 'Que se detiene en las cosas más pequeñas'. También puede decirse **mínimo, ma** (adj.). → **mínimo**, **meticuloso**

minué. sust. m. 'Baile francés que estuvo de moda en el siglo XVIII'. No corresponde usar, dada la españolización de la palabra, la forma francesa *menuet*. Incorrecto: *minuet*. En plural: **minués**. Distíngase de **minueto** (sust. m.), 'composición musical que se intercala entre los tiempos de una sonata, cuarteto o sinfonía', voz de origen italiano.

minuendo. sust. m. 'Cantidad de la que ha de restarse otra'. → **sustraendo**

minúsculo, la. adj. 'De muy pequeñas dimensiones o de muy poca entidad'. Ú. t. c. sust. m. y f.: **el minúsculo**, **la minúscula**.

minusválido, da. adj. 'Dícese de la persona incapacitada'. Ú. t. c. sust. m. y f.: **el minusválido**, **la minusválida**. La 'cualidad de minusválido' es la **minusvalidez** (sust. f.), que no es lo mismo que **minusvalía** (sust. f.), 'detrimento o disminución del valor de algunas cosas'.

minutar. v. tr. 'Hacer el borrador de una consulta o poner en extracto un instrumento o contrato'; 'pasar una minuta o cuenta al cobro'. Su homónimo, también verbo transitivo, significa 'efectuar el cómputo de los minutos y segundos que dura algo' (***Minutó** la conferencia*). La 'acción y efecto' de este último verbo es **minutación** (sust. f.), de reciente registro en el *Diccionario*.

minuto. sust. m. 'Cada una de las sesenta partes iguales en que se divide un grado de círculo'; 'cada una de las sesenta partes iguales en que se divide una hora'. Los minutos, cuando se cifran en números, se separan de las horas con un punto, no, con coma, por ser partes sexagesimales, no, decimales. Incorrecto: *a las 10, 30*. Correcto: *a las **10.30***. Tampoco se separan con dos puntos, una moda impuesta por el uso de relojes digitales: *a las 10 : 30*. Cuando no se cifran en números, puede decirse ***a las diez y treinta*** o ***a las diez treinta***. Es incorrecto *dentro de breves minutos*, porque todos los minutos tienen igual duración. Lo correcto es *dentro de **pocos minutos*** o *dentro de **unos minutos***. La Academia no registra la locución adverbial **por minutos**, 'de manera acelerada y progresiva' (*El enfermo mejora **por minutos***), ni la frase figurada y familiar **sin perder un minuto**, 'rápidamente, enseguida' (*Lo haré **sin perder un minuto***). Símbolo: ***min*** (sin punto, tanto para el singular como para el plural). → **breve**, **horas**, **número**

mío. adj. poses. de primera persona del singular. Tiene variaciones de género y de número: **mío**, **míos**, **mía**, **mías** (*El libro es **mío***; *Son cosas **mías***). Cuando va delante del sustantivo, aunque se intercale otro adjetivo, se apocopa: **mi** (sing. m. o f.), **mis** (pl. m. o f.): ***mi** libro*; ***mis** libros*, ***mis** amados libros*. → **mí**. Con la terminación del masculino singular, ú. t. c. sust. neutro, en cuyo caso va siempre precedido del artículo neutro: **lo mío** (***Lo mío** no te pertenece*). Como adjetivo, no puede ser término de preposición; es incorrecto: *cerca mío*, *detrás mío*, *delante mío*, *encima mío*. Correcto: ***cerca de mí***, ***detrás de mí***, ***delante de mí***, ***encima de mí***. **la mía**. loc. fam., en que el adjetivo se sustantiva e indica que 'ha llegado la ocasión favorable a la persona que habla' (*Ahora es **la mía***). **los míos**. 'Los que forman parte de la familia, partido, etc., de la primera persona gramatical', locución en que el posesivo, también se sustantiva (*Iré con **los míos***).

miocardio. sust. m. 'Parte musculosa del corazón de los vertebrados'. Incorrecto: *miocardo*.

miocarditis. sust. f. 'Inflamación del miocardio'. En plural, no varía: **las miocarditis**.

miope. adj. "Vulgarmente –como aclara la Academia– se llama *corto de vista*" (*hombre **miope***). Apl. a pers., ú. t. c. sust. com.: **el miope**, **la miope**. fig. 'Cortedad de miras'. Es incorrecto pronunciar esta palabra como esdrújula [míope].

miosis. sust. f. 'Contracción permanente de la pupila'. En plural, no varía: **las miosis**.

miosotis. sust. f. La Academia se inclina por la forma **raspilla** (sust. f.), otro de los nombres de esta planta, cuyas flores reciben el nombre de **nomeolvides** (sust. f.). También puede decirse **miosota** (sust. f.), pero los hablantes prefieren la primera forma. En plural, no varía: **las miosotis**.

mira. sust. f. Diminutivo: **mirilla**.

mirabel. sust. m. 'Planta herbácea'; 'girasol'. En plural: **mirabeles**. → **girasol**

mirador, ra. adj. 'Que mira'. sust. m. 'Lugar desde donde se mira: balcón, corredor, sitio, etc.' (*Desde el **mirador**, no se lo vio*). Con esta última denotación, puede decirse, también, **miradero** (sust. m.).

♦ **mirage** o **miraje.** Galicismo. En español, corresponde decir **espejismo**.

miramelindos. sust. m. La Academia prefiere la forma **balsamina** (sust. f.) para designar esta planta. En plural, no varía: **los miramelindos**.

mirar. v. tr. Ú. t. c. prnl. Rég. prep.: **mirar a** (***mirar al** mar*); **mirar con** (***mirar con** indiferencia*); **mirar de** (***mirar de** reojo*); **mirar** o **mirarse en** (***mirar en** el libro*; ***mirarse en** el agua*; ***mirarse en** otro*); **mirar** o **mirarse por** (***mirar por** otros*; ***mirar por** encima del hombro*; ***mirarse por** casualidad*); **mirar sobre** (***mirar sobre** el hombro*). Incorrecto: *mirar <u>a</u> <u>la</u> <u>cara</u>*; *<u>mirarse</u> <u>al</u> espejo*. Correcto: ***mirar la cara***; ***mirarse en** el espejo*. → **cara, espejo**

mirasol. sust. m. → **girasol**

miria-. elem. compos. de or. gr. 'Diez mil en el sistema métrico decimal' (***miriámetro**, **miriápodo***).

miríada. sust. f. 'Cantidad muy grande, pero indefinida'. Es voz esdrújula. No debe pronunciarse [miriada] como grave. Rég. prep.: **miríada de** (*Una **miríada de** golondrinas volaba rumbo al mar*).

miriámetro. sust. m. 'Medida de longitud, equivalente a diez mil metros'. Es palabra esdrújula que no debe pronunciarse ni escribirse como grave: *<u>miriametro</u>*.

miriñaque. sust. m. 'Alhajuela o adorno de poco valor' (*¡Cuántos **miriñaques** te has puesto!*). Su homónimo, también sustantivo masculino, denota 'armazón interior de tela almidonada o de aros de metal que usaron las mujeres, a la altura de las caderas, para ahuecarse las faldas' (*En los siglos XVIII y XIX, se usaron **miriñaques***). También puede decirse **meriñaque** (sust. m.). Argent. 'Armadura de hierro que llevan las locomotoras o tranvías, en la parte delantera, para apartar a un lado los objetos que impiden la marcha'. Esta última acepción es de reciente ingreso en el ***Diccionario***.

miriópodo. adj. 'Dícese de animales artrópodos, como el ciempiés'. Ú. t. c. sust. m.: **el miriópodo**. sust. m. pl. 'Clase de estos animales': **los miriópodos**. También puede decirse **miriápodo** (adj. Ú. t. c. sust. m.), pero la Academia prefiere la primera forma.

miristicáceo, a. adj. 'Dícese de árboles como la mirística'. Ú. t. c. sust. f.: **la miristicácea**. sust. f. pl. 'Familia de estas plantas': **las miristicáceas**.

mirlo. sust. m. 'Pájaro'. Para distinguir los sexos, debe recurrirse a las perífrasis **mirlo macho, mirlo hembra**. También puede decirse **mirla** (sust. f.), **merla** (sust. f.) y **merlo** (sust. m.), voces en que para distinguir los sexos debe recurrirse a similares perífrasis. fig. y fam. 'Gravedad y afectación en el rostro'. **ser un mirlo blanco**. 'Ser de gran rareza'. **soltar el mirlo**. fr. fig. y fam. 'Empezar a charlar'.

mirobálano o **mirobálanos.** sust. m. 'Árbol de la India'; 'su fruto'. Las dos grafías son correctas. La segunda, en plural, no varía: **los mirobálanos**. Nótese que es voz esdrújula. Es incorrecto pronunciarla [mirobalano o mirobalanos] como grave.

mirón, na. adj. Ú. m. c. sust. m. y f.: **el mirón, la mirona**.

mirsináceo, a. adj. 'Dícese de ciertas plantas angiospermas dicotiledóneas, comúnmente leñosas'. Ú. t. c. sust. f.: **la mirsinácea**. sust. f. pl. 'Familia de estas plantas': **las mirsináceas**.

mirtáceo, a. adj. 'Dícese de ciertos árboles y arbustos angiospermos dicotiledóneos, como el arrayán o el eucalipto'. Ú. t. c. sust. f.: **la mirtácea**. sust. f. pl. 'Familia de estos árboles y arbustos': **las mirtáceas**.

mirto. sust. m. La Academia prefiere designar este arbusto con la voz **arrayán** (sust. m.). No debe escribirse *<u>myrto</u>*.

misachico. sust. m. NO. Argent. 'Ceremonia de campesinos que, entre festejos, realizan una procesión en honor de un santo' (*Por la cuesta, venía bajando un **misachico***). Equivale a **romería** (sust. m.) del español general.

misántropo. sust. m. 'El que, por su humor tétrico, manifiesta aversión al trato humano'. Su femenino es **misántropa**.

misceláneo, a. adj. 'Mixto, vario, compuesto de cosas distintas o de géneros distintos' (*libro **misceláneo***). sust. f. 'Unión de cosas diferentes' (*¡Esto es una **miscelánea**!*); 'obra que trata de temas diversos e inconexos' (*Su último libro es una **miscelánea***). Incorrecto: <u>*micelánea*</u>.

♦ **mise en scène.** Expresión francesa. En español, corresponde decir **escenificación, puesta en escena**.

miserable. adj. 'Desdichado, infeliz'. En una de sus acepciones, 'que escatima en el gasto', equivale a **mezquino, na** (adj. Ú. t. c. sust. m. y f.). 'Perverso, canalla'. El superlativo es **miserabilísimo, ma** (adj.). → **mísero**

miserear. v. intr. fam. 'Gastar con escasez y miseria'. No debe pronunciarse [miseriar, miserié]. → **-ear**

misericordioso, sa. adj. 'Dícese del que se conduele de los trabajos y miserias ajenas'. Ú. t. c. sust. m. y f.: **el misericordioso, la misericordiosa**. Rég. prep.: **misericordioso con** (***misericordioso con** los vencidos*); **misericordioso para** o **para con** (***misericordioso para** o **para con** los desvalidos*).

mísero, ra. adj. 'Desdichado, infeliz'; 'abatido, sin fuerza'; 'tacaño, avariento'; 'de pequeño valor'. El superlativo es **misérrimo, ma**. Incorrecto: <u>*miserísimo*</u>. No debe confundirse con **misero, ra** (adj. fam.), voz grave que 'se aplica a la persona que gusta de oír muchas misas'; 'sacerdote que no tiene más ingreso que el estipendio de las misas'.

misia. sust. f. Esta voz carece de registro en el ***Diccionario*** mayor. La trae, sí, el ***Manual***. Es fórmula de tratamiento que se da a las mujeres casadas o a las viudas en varios países americanos, entre ellos la Argentina. Equivale a 'mi señora'. La A.A.L. ha recomendado su inclusión en el léxico oficial.

misil o **mísil.** sust. m. 'Proyectil autopropulsado, guiado electrónicamente'. Las dos acentuaciones son correctas, pero es mucho más frecuente la primera. En plural: **misiles** y **mísiles**, respectivamente.

misionero, ra. adj. (*monja **misionera***). sust. m. 'Sacerdote que en tierra de infieles predica la religión cristiana'. sust. m. y f. 'Persona que predica el Evangelio en las misiones': **el misionero, la misionera**.

misivo, va. adj. 'Aplícase al papel, billete o carta que se envía a uno' (*carta **misiva***). Ú. m. c. sust. f.: **la misiva** (*Te envié una **misiva***).

mismamente. adv. m. fam. 'Precisamente' (*Así, **mismamente**, como te lo digo*). Este adverbio –como anota Seco– "es de nivel vulgar".

mismo, ma. adj. 'Idéntico, no otro' (*Este libro es el **mismo** que vi en la librería*); 'exactamente igual' (*Lo quiero del **mismo** color*). "Por pleonasmo –como anota la Academia– se añade a los pronombres personales y a algunos adverbios para dar más energía a lo que se dice." Su uso no es, por tanto, incorrecto (*Yo **misma** iré; Hoy **mismo** lo terminaré*). El superlativo familiar es **mismísimo, ma** (*Lo leerá con sus **mismísimos** ojos*). Diminutivo familiar: **mismito, ta** (***Ahora mismito** lo hago*). **así mismo**. loc. adv. 'De este o del mismo modo'; 'también'. Es más frecuente escribirlo en una sola palabra: **asimismo** (adv. m.). **dar** o **ser lo mismo** una cosa. fr. 'Ser indiferente' (***Da lo mismo** que lo hagas o que no lo hagas*). **estar** o **hallarse en las mismas**. fr. fig. y fam. 'Encontrarse en la misma situación que antes' (*A pesar del esfuerzo realizado, **estamos en las mismas***). **por lo mismo**. loc. conjunt. causal. 'A causa de ello, por esta razón' (***Por lo mismo**, no lo haré*). "El adjetivo *mismo, misma, mismos, mismas* no es un pronombre. **Carece** –afirma el ***Esbozo*****– de la función deíctica y anafórica de los pronombres** [...]. Cuando *mismo* parece actuar como anafórico, *Entra en la calle de los Estudios. Pasa por la misma una mujer* (Azorín, *La voluntad*), lo que hace no es más, en realidad, que acompañar a un anafórico, el artículo *la*. **Conviene llamar la atención** –agrega– **sobre el empleo abusivo que la prosa administrativa, periodística, publicitaria, forense y algunas veces la prosa técnica hacen hoy del anafórico *el mismo, la misma*, por considerarlo acaso fórmula explícita y elegante. Pero no pasa de vulgar y mediocre, y cualquiera otra solución, pronombre personal, posesivo, etc.**,

es preferible: *Fue registrado el coche y sus ocupantes* (no: *los ocupantes del mismo*); *La fecha es ilegible, pero se lee claramente su firma debajo de ella* (no: *debajo de la misma*); *Trazado y apertura de hoyos* (no: *trazado de hoyos y apertura de los mismos*). El pasaje que hemos citado antes, de Azorín, no está en esta censura; *mismo* tiene allí valor discriminante: *"precisamente por la misma calle"*, (los subrayados nos pertenecen). Evítese, en consecuencia, el uso de este adjetivo en función anafórica, que desluce la prosa de quienes lo emplean. Se cometen, a veces, errores de concordancia: *Córdoba mismo es una ciudad atrayente*. Correcto: *Córdoba **misma** es una ciudad atrayente*. El adjetivo debe concordar con el sustantivo al que modifica (*Córdoba*). Por otra parte, es incorrecto usar este adjetivo con el valor de **hasta** o **aun**: *Tiró papeles, manuscritos y mismo documentos*. Correcto: *Tiró papeles, manuscritos y **hasta** documentos.*

misógino, na. adj. 'Que odia a las mujeres'. Ú. m. c. sust. m.: **el misógino**. Incorrecto: *misógeno*.

misoneísta. adj. 'Hostil a las novedades'. Ú. t. c. sust. com.: **el misoneísta, la misoneísta**.

misquito, ta. adj. 'Dícese del indio perteneciente a una tribu de Nicaragua'. Ú. m. c. sust. m. y f.: **el misquito, la misquita**. Es voz de reciente ingreso en el ***Diccionario***.

♦ **miss.** Anglicismo. Tratamiento que se da a las señoritas en Inglaterra. Su empleo sólo se justifica si la persona a la que se lo aplica es de alguno de los países de habla inglesa. En sentido figurado, se aplica a la 'ganadora de un concurso de belleza', un uso muy extendido. En general, en español, debe sustituirse por **señorita, institutriz** o **reina**, según convenga.

♦ **míster.** Anglicismo. Tratamiento que se da al caballero en lengua inglesa. Su empleo sólo se justifica si la persona a quien se lo aplica es de alguno de los países de habla inglesa. En general, en español, debe sustituirse por **señor**.

místico, ca. adj. 'Que incluye misterio o razón oculta'; 'perteneciente o relativo a la mística o al misticismo'; 'que se dedica a la vida espiritual'; 'que escribe sobre mística'. En las dos últimas acepciones, ú. t. c. sust. m. y f.: **el místico, la mística**. En la Argentina, denota, a veces, un 'sentimiento difuso, con un alto grado de simbolismo, a través del cual un grupo funda su identidad (*la **mística** del fútbol*). La A.A.L. ha recomendado que esta acepción regional se incluya en el ***Diccionario***. El adjetivo **misticón, na** es familiar y denota 'que afecta mística y santidad'. Ú. m. c. sust. m. y f.: **el misticón, la misticona**. Tiene un matiz despectivo.

mistificador, ra. adj. 'Que mistifica'. Ú. t. c. sust. m. y f.: **el mistificador, la mistificadora**. También puede decirse **mixtificador, ra**, pero la Academia prefiere la otra forma.

mistificar. v. tr. 'Engañar'; 'falsear, falsificar, deformar'. No se confunda con **mitificar** (v. tr.). Su 'acción y efecto' es **mistificación** (sust. f.). También pueden decirse **mixtificar** y **mixtificación**, pero la Academia prefiere las otras formas. → **sacar**

mistol. sust. m. Argent. y Par. 'Árbol'. En plural: **mistoles**.

mistral. adj. 'Dícese del viento entre poniente y tramontana'. Ú. t. c. sust. m.: **el mistral**. También puede decirse **maestral** (adj.).

♦ **mistress.** Anglicismo. En español, debe decirse **señora**.

mitad. sust. f. 'Cada una de las dos partes iguales en que se divide un todo' (*Comió la **mitad** de la manzana*); 'parte que, en una cosa, equidista de sus extremos' (*Cortó el papel por la **mitad***). En plural: **mitades. cara mitad.** fam. 'Marido o mujer'. Ú. m. con algún pronombre posesivo (*Mi **cara mitad** no me lo permite*). La locución prepositiva **en mitad de** puede sustituirse por **en medio de**, pero no es errónea; sin embargo, es preferible la segunda forma: *Se detuvo **en mitad** o **en medio de** la calle*. Incorrecto: *Dejó la carta a la mitad*. Correcto: *Dejó la carta **a medio hacer***.

mitificar. v. tr. 'Convertir en mito'; 'rodear de extraordinaria estima determinadas teorías, personas, sucesos, etc.'. No se confunda con **mistificar** (v. tr.). Su 'acción y efecto' es **mitificación** (sust. f.), voz de reciente registro académico. El adjetivo **mitificador, ra**, que se usa, también, como sustantivo masculino o femenino, carece de registro en el ***Diccionario***, pero es de correcta formación. → **sacar**.

mitigador, ra. adj. 'Que mitiga'. Ú. t. c. sust. m. y f.: **el mitigador**, la **mitigadora**.

mitigar. v. tr. 'Moderar, aplacar, disminuir, suavizar'. Ú. t. c. prnl. Su 'acción y efecto' es **mitigación** (sust. f.). → **pagar**

mitigativo, va. adj. 'Que mitiga'. También puede decirse **mitigatorio, ria** (adj.), pero la Academia prefiere la primera forma.

mitin. sust. m. 'Reunión donde se discuten públicamente asuntos políticos o sociales'. Es palabra grave. No debe pronunciarse [mitín] como aguda. En plural, esta voz llana se hace esdrújula: **mítines**. Son incorrectos los plurales *mitines*, *mitins*.

mitógrafo. sust. m. 'El que escribe acerca de mitografía, ciencia que trata del origen y explicación de los mitos'. Su femenino es **mitógrafa**.

mitólogo. sust. m. 'El que profesa la mitología o tiene en ella especiales conocimientos'. Su femenino es **mitóloga**. También puede decirse **mitologista** (sust. com.), pero la Academia prefiere las otras formas.

mitómano, na. adj. 'Dícese de la persona dada a la mitomanía o tendencia morbosa a desfigurar, engrandeciéndola, la realidad de lo que se dice'. Ú. t. c. sust. m. y f.: **el mitómano, la mitómana**. Es voz de reciente ingreso en el *Diccionario*, al igual que **mitomanía** (sust. f.).

mitón. sust. m. 'Especie de guante que no cubre enteramente los dedos'. Es voz aguda que, en plural, se hace grave: **mitones**.

mitosis. sust. f. 'Modalidad de división de la célula'. En plural, no varía: **las mitosis**.

mitote. sust. m. 'Especie de danza indígena'. Amér. 'Fiesta casera'; 'melindre'. Méj. 'Bulla, alboroto'.

mitotero, ra. adj. fig. Amér. 'Que hace melindres'; 'bullanguero'; 'que hace pendencias'. En las tres acepciones, ú. t. c. sust. m. y f.: **el mitotero, la mitotera**.

mitrado, da. p. de **mitrar**. 'Otorgar e imponer una mitra'. adj. 'Dícese de la persona que puede usar mitra'. sust. m. 'Arzobispo u obispo': **el mitrado**.

mixomatosis. sust. f. 'Enfermedad infecciosa de los conejos'. En plural, no varía: **las mixomatosis**.

mixtilíneo, a. adj. 'Dícese de toda figura cuyos lados son rectos unos y curvos otros'. También puede decirse **mistilíneo, a**, (adj.), pero la Academia prefiere la primera forma.

mixtión. sust. f. 'Mezcla, mixtura'. La forma **mistión** (sust. f.) es desusada. En plural: **mixtiones**.

mixto, ta. adj. 'Mezclado e incorporado con otra cosa' (*bebida **mixta***); 'compuesto de varios simples' (*helado **mixto** de chocolate y crema*). Ú. m. c. sust. m.: **el mixto** (*Déme un **mixto***; *Es un **mixto***). Dicho de animal o vegetal, equivale a **mestizo, za** (adj. Ú. t. c. sust. m. y f.). La forma **misto, ta** (adj. Ú. t. c. sust. m.) es poco usada.

mixtura. sust. f. 'Mezcla'; 'pan de varias semillas'; 'poción compuesta de varios ingredientes'. También puede decirse **mistura** (sust. f.), pero es poco frecuente.

mixturar. v. tr. p. us. 'Mezclar'. También puede decirse **misturar** (v. tr. p. us.). Es preferible la primera forma.

mixturero, ra. adj. p. us. 'Que mixtura'. Ú. t. c. sust. m. y f.: **el mixturero, la mixturera**. También puede decirse **misturero, ra** (adj. Ú. t. c. sust. m. y f.), pero la Academia prefiere la primera forma.

miz. Voz para llamar al gato. sust. m. fam. 'Gato, animal'. También puede decirse **mizo** (sust. m. fam.). Su femenino es **miza**.

mízcalo. sust. m. 'Hongo comestible'. También puede decirse **níscalo** (sust. m.), pero la Academia prefiere la primera forma.

mizo. sust. m. fam. → **miz (sust. m.)**

mnemotecnia. sust. f. 'Arte que procura aumentar la capacidad y alcance de la memoria'. También puede decirse **mnemónica** (sust. f.) y **mnemotécnica** (sust. f.), pero la Academia prefiere la primera forma. → **nemotecnia, nemónica, nemotécnica**

mnemotécnico, ca. adj. 'Perteneciente a la mnemotecnia; 'que sirve para auxiliar la memoria'. → **nemotécnico**

moaré. sust. m. Voz francesa (*moiré*) españolizada. 'Tela fuerte que forma aguas'. En plural: **moarés**. También pueden decirse **moer, muaré** y **mué** (susts. ms.), esta última, poco frecuente. La Academia prefiere las tres primeras formas.

mobiliario, ria. adj. (*temas* ***mobiliarios***). Voz francesa (*mobiliaire*) españolizada. Es sustantivo masculino colectivo con la denotación de 'conjunto de muebles de una casa' y de **mobiliario urbano**, 'conjunto de instalaciones facilitadas por los ayuntamientos para el servicio del vecindario: bancos, papeleras, marquesinas, etc.'. Esta última denotación ha sido recién incorporada en el ***Diccionario***. También puede decirse **moblaje**, pero la Academia prefiere la primera forma.

moblaje. sust. m. → **mobiliario, mueblaje**

moca. sust. m. 'Café que se trae de la ciudad homónima de Arabia'. Incorrecto: *la moca*; *moka*. No debe escribirse con mayúscula: *el Moca*.

mocar. v. tr. Ú. m. c. prnl. 'Sonar y limpiar los mocos'. → **sacar, moquear**

mocarra. sust. com. fam. 'Mocoso'. → **mocoso**

mocasín. sust. com. Voz inglesa (*moccasin*) españolizada. 'Calzado'. Es palabra aguda. En plural, se transforma en grave: **mocasines**.

mocear. v. intr. 'Ejecutar acciones propias de gente moza'. No debe pronunciarse [mociar, mocié]. → **-ear**

mocerío. sust. m. colect. → **mozo**

mochilero. sust. m. 'El que servía en el ejército llevando las mochilas'; 'el que viaja a pie con mochila'. Para esta última acepción, la Academia no registra el género femenino, de uso muy frecuente en la Argentina.

moco. sust. m. Diminutivo: **moquillo**. La **moquita** (sust. f.) es el 'moco claro que fluye de la nariz'.

mocoso, sa. adj. 'Que tiene las narices llenas de mocos'; 'aplícase, en son de censura o desprecio, al niño atrevido o malmandado, y al mozo poco experimentado' (*jóvenes* ***mocosos***). Ú. m. c. sust. m. y f.: **el mocoso, la mocosa**. Diminutivos: **mocosuelo, mocosuela**. También puede decirse **mocarra** (sust. com. fam.). No debe confundirse su denotación con la de **mucoso, sa** (adj. Ú. t. c. sust. f.). → **mucoso**

mocoví. adj. 'Dícese de una tribu indígena que ocupó territorios en el norte de la Argentina'. Apl. a pers., ú. t. c. sust. com.: **el mocoví, la mocoví**. En plural: **mocovíes** o **mocovís**. sust. m. 'Lengua de estos indios': **el mocoví**. La A.A.L. registra, también, la grafía **mocobí**.

moda. sust. f. 'Uso que está en boga durante algún tiempo, especialmente en trajes, telas y adornos'. Sus sinónimos son **usanza** (sust. f.) y **uso** (sust. m.). **entrar en las modas**. fr. 'Seguir la que se estila o adoptar los usos del país donde se reside' (*Le fascina* ***entrar en las modas***). **estar de moda**, **ser moda** o **ser de moda**. frs. 'Usarse o estilarse una prenda de vestir o practicarse, generalmente, una cosa' (***Está de moda, es moda*** *o* ***es de moda*** *la falda corta*). **pasar** o **pasarse de moda**. fr. 'Perder vigencia' (***Pasó de moda*** *o* ***se pasó de moda*** *el sombrero*). **salir una moda**. fr. 'Empezar a usarse' (***Salió la moda*** *del color marrón*).

modal. adj. 'Que comprende o incluye modo o determinación particular' (*aspecto* ***modal***); 'perteneciente o relativo al modo gramatical' (*análisis* ***modal***). sust. m. pl. 'Acciones externas de cada persona, que demuestran su buena o mala educación' (*Tiene buenos* ***modales***).

modelar. v. tr. 'Formar, de una materia blanda, una figura o adorno'. Rég. prep.: **modelar en** (***modelar en*** *cera*). 'Conformar algo no material' (***modelar*** *la conducta*); 'presentar con exactitud el relieve de las figuras' (***modelar*** *una vasija*). Incorrecto: *En la pasarela, Raquel modela muy bien*. Correcto: *En la pasarela, Raquel es muy buena* ***modelo***. v. prnl. 'Ajustarse a un modelo'.

modélico, ca. adj. 'Que sirve o puede servir de modelo' (*elementos* ***modélicos***). Esta voz ha sido recién incorporada en el ***Diccionario***.

modelista. sust. com. 'Operario encargado de los moldes para el vaciado de piezas de metal, cemento, etc.'; 'operario especializado en hacer modelos o maquetas de diferentes industrias o artesanías'. La Academia no registra la denotación de 'modista que hace modelos de ropa con características únicas', de uso muy frecuente en la Argentina.

modelo. sust. m. 'Vestido, con características especiales, creado por determinado modista, o cualquier prenda de vestir que esté de moda' (*La actriz lucía un* ***modelo*** *elegante*); 'arquetipo' (***modelo*** *de la cultura griega*); 'en las obras de ingenio y en las acciones morales, ejemplar que, por su perfección, debe seguirse e imitarse' (*un **modelo** de virtudes*); 'representación en pequeño de algo' (*el **modelo** de una fábrica*); 'esquema teórico de un sistema o de una realidad compleja' (***modelo** pedagógico*); 'objeto, aparato, construcción, etc., o conjunto de ellos realizado con arreglo a un mismo diseño' (*aspiradora último **modelo***); 'en empresas, indica que lo designado por el nombre anterior ha sido creado como ejemplar o se considera que puede serlo' (*establecimiento **modelo***). En plural, no varía: *establecimientos **modelo***. → **clave**. 'Figura de barro, yeso o cera, que se ha de reproducir en madera, mármol o metal'. sust. com. 'Persona de buena figura que en las tiendas de modas se pone los vestidos, trajes y otras prendas para que las vean los clientes': **el modelo**, **la modelo**. 'Persona u objeto que copia el artista' (*La **modelo** del pintor es china*).

♦ **módem.** sust. m. Anglicismo (*modem*, acrónimo de *MOdulator - DEModulator*). 'Dispositivo que adapta una computadora a una línea telefónica'; 'convertidor de señales digitales en señales susceptibles de trasladarse por una línea de telecomunicación (telegráfica o telefónica) o viceversa. Se usa en el teleproceso'. En plural: **módemes**. Esta voz no está registrada en el ***Diccionario***. Aparece en el ***Manual*** con tilde (**módem**) y con el indicador de su falta de sanción oficial.

moderado, da. p. de **moderar**. adj. 'Que tiene moderación' (*un señor **moderado***). Rég. prep.: **moderado de** (***moderado de** carácter*); **moderado en** (***moderado en** el hablar*). Apl. a pers., ú. t. c. sust. m. y f.: **el moderado**, **la moderada**.

moderador, ra. adj. 'Que modera' (*grupo **moderador***). Ú. t. c. sust. m. y f.: **el moderador**, **la moderadora** (*Actuará como **moderador** en la mesa redonda*). sust. m. 'Presidente de una reunión o asamblea en las iglesias protestantes'.

moderar. v. tr. Ú. t. c. prnl. Rég. prep.: **moderarse en** (***moderarse en** las palabras*). Su postverbal es **moderación** (sust. f.). Su participio activo es **moderante**. En reemplazo de esta última voz, puede usarse **moderativo, va** (adj.).

modernista. adj. 'Perteneciente o relativo al modernismo' (*movimiento **modernista***). Apl. a pers., ú. t. c. sust. com.: **el modernista**, **la modernista**. No debe confundirse su denotación con la de **moderno, na**. → **moderno**

modernizar. v. tr. Ú. t. c. prnl. Su postverbal es **modernización** (sust. f.). → **cazar**

moderno, na. adj. 'Perteneciente al tiempo del que habla o a una época reciente' (*costumbres **modernas***); 'dícese de lo contrapuesto a lo clásico'. sust. m. 'En los colegios y otras comunidades, el que es nuevo, o no, de los más antiguos' (*alumno **moderno***). sust. m. y f. pl. 'Los que viven en la actualidad o han vivido hace poco tiempo' (*Lo dicen **las modernas***). **a la moderna** o **a lo moderno**. locs. advs. 'Según costumbre o uso moderno' (*Escribe **a la moderna** o **a lo moderno***).

modesto, ta. adj. (*un escritor **modesto***). Ú. t. c. sust. m. y f.: **el modesto**, **la modesta**.

modificador, ra. adj. 'Que modifica' (*plan **modificador***). También pueden decirse **modificativo, va** (adj.) y **modificatorio, ria** (adj.). Ú. t. c. sust. m. y f.: **el modificador**, **la modificadora**.

modificante. p. a. de **modificar**. 'Que modifica' (*palabras **modificantes***). Ú. t. c. sust. com.: **el modificante**, **la modificante**.

modificar. v. tr. Ú. t. c. prnl. Su postverbal es **modificación** (sust. f.). → **sacar**

modismo. sust. m. 'Expresión fija, privativa de una lengua, cuya denotación no se deduce de las palabras que la forman' (*"A troche y moche" es un **modismo***). La Academia admite su uso como sinónimo de **idiotismo** (sust. m.), 'expresión o sintagma privativo de una lengua, contrario a las reglas gramaticales' (*"A ojos vistas" es un **idiotismo***).

modista. sust. com.: **el modista**, **la modista**. El diminutivo femenino es **modistilla**. Para el género masculino, puede usarse **modisto**, 'hombre que hace vestidos de señora'.

modo. sust. m. 'Forma variable y determinada que puede recibir un ser, sin que se cambie o destruya su esencia'; 'moderación, templanza en las acciones o en las palabras'; 'urbanidad'. Ú. m. en pl. (*Me trató con buenos **modos***). 'Forma o manera particular de hacer una cosa' (*Cerró la puerta de un **modo** violento*). 'Cada una de las distintas maneras generales en que se manifiesta la significación del verbo'. **modo imperativo**. 'El que tiene un tiempo solamente, con el cual se manda, exhorta, ruega, anima o disuade' (*¡**Estudia** mucho!*). **modo indicativo**. 'El que enuncia la acción del verbo como real' (***Estudias** mucho*). **modo infinitivo**. 'En la gramática tradicional, el que en el verbo no expresa números ni personas ni tiempo determinado sin juntarse a otro verbo. Comprende las que hoy se denominan formas no personales del verbo: además del infinitivo, el gerundio y el participio'. **modo potencial**. 'En la gramática tradicional, el que expresa la acción del verbo como posible'. Algunos gramáticos lo llaman hoy **modo condicionado** o **condicional** (*Si pudiera, **estudiaría** arquitectura*). **modo subjuntivo**. 'El que expresa la acción del verbo con significación de duda, posibilidad o deseo' (*No creo que **estudies** mucho*); se llama así, porque se usa en proposiciones subordinadas. **al** o **a modo de**. loc. prepos. 'Como, a manera de' (*Lo dijo **a modo de** pregunta*). **a mi, tu, su, nuestro, vuestro modo**. loc. adv. 'Según puede, sabe o acostumbra la persona de que se trate' (*Lo haremos **a nuestro modo***). **de cualquier modo**. loc. adv. 'De cualquier manera' (*No escriba la carta **de cualquier modo***). **de modo que**. loc. conjunt. 'De suerte que' (*El fracaso es el principio del triunfo, **de modo que** siga estudiando*). **de ningún modo**. loc. adv. 'De ninguna manera' (***De ningún modo** aceptaré su renuncia*). **por modo de juego**. loc. adv. 'Por juego' (*Se rió **por modo de juego***). **sobre modo**. loc. adv. 'En extremo, sobremanera' (*Trabaja **sobre modo***). Son redundantes los giros de modo y manera que y de modo y manera es que: *No se lo digas, de modo y manera que no se preocupe; Viajaron ayer, de modo y manera es que se encontrarán pronto.* Lo mismo sucede con de modo es que: *Viajaron ayer, de modo es que se encontrarán pronto.* Correcto: *No se lo digas, **de modo que** no se preocupe; Viajaron ayer, **de modo que** se encontrarán pronto.* Destaca Seco que **de modo de + infinitivo** y **de modo a + infinitivo** son construcciones usadas por algunos escritores hispanoamericanos, en lugar de **de modo que + subjuntivo** del español general: *Guardemos las tazas **de modo de** o **de modo a ordenar** rápidamente la cocina.* En el español general: *Guardemos las tazas, **de modo que ordenemos** rápidamente la cocina.*

modulador, ra. adj. 'Que modula'. Ú. t. c. sust. m. y f.: **el modulador, la moduladora**.

modular. adj. 'Perteneciente o relativo al módulo' (*mueble **modular***). En la Argentina, este adjetivo suele sustantivarse (*Compró un **modular***) con la denotación de 'mueble formado por un conjunto de piezas que se repiten para hacerlo más cómodo, regular y económico'. Este significado no está registrado en el ***Diccionario***.

mofador, ra. adj. 'Que se mofa'. Ú. t. c. sust. m. y f.: **el mofador, la mofadora**.

mofar. v. intr. Ú. m. c. prnl. 'Hacer burla'. Rég. prep.: **mofarse de** (***Se mofa de** tus gestos*).

♦ **mohair.** Anglicismo. sust. m. 'Pelo de cabra de Angora'; 'tejido hecho con este pelo' (*tapado de **mohair***). Esta voz no está registrada en el ***Diccionario***.

moharra. sust. f. 'Punta de la lanza, que comprende la cuchilla y el cubo con que se asegura en el asta'. También puede decirse **muharra** (sust. f.), pero la Academia prefiere la primera forma.

mohecer. v. irreg. tr. p. us. 'Cubrir de moho'. También puede decirse **enmohecer** (v. irreg. tr. Ú. t. c. intr. y m. c. prnl.), voz preferida por la Academia. Se conjuga como **parecer**.

mohín. sust. m. 'Mueca o gesto'. Es palabra aguda. En plural, se transforma en grave: **mohínes**. Incorrecto: mohines.

moisés. sust. pr. m. Voz hebrea (*Moseh* o *Mosché*, 'el salvado de las aguas') españolizada. Se escribe con mayúscula cuando se nombra al gran profeta hebreo (*ley de **Moisés***) o a cualquier varón (*mi primo **Moisés***). El adjetivo correspondiente es **mosaico, ca**, 'perteneciente o relativo a Moisés'. Reciben el nombre de **mosaísmo** (sust. m.) la 'ley de Moisés' y la 'civilización mosaica'. sust. m. 'Cestillo que sirve de cuna portátil' (*El bebé está en el **moisés***). Con esta denotación, se escribe siempre con minúscula. Es palabra aguda. En plural, se transforma en grave: **los moiseses**. Para algunos lingüistas, es invariable: **los moisés**. Esta última forma es usual en la Argentina.

mojador, ra. adj. 'Que moja'. Ú. t. c. sust. m. y f.: **el mojador, la mojadora**. sust. m. 'Receptáculo con una esponja empapada de agua, para mojarse la punta de los dedos o para mojar las estampillas antes de pegarlas en los sobres' (*Tráeme **el mojador***).

mojar. v. tr. Rég. prep.: **mojar** algo **en** (*mojar el pan en la sopa*). Ú. t. c. prnl. Sus postverbales son **mojado** (sust. m.) y **mojadura** (sust. f.).

mojarra. sust. f. 'Nombre genérico de varias especies pequeñas de peces que abundan en aguas dulces de América del Sur'. And. y Amér. 'Cuchillo ancho y corto'. Diminutivo: **mojarrilla**.

mojicón. sust. m. 'Bizcocho'; 'bollo fino que se toma con chocolate'. fam. 'Golpe que se da en la cara con la mano'. Incorrecto: <u>*mogicón*</u>. Es palabra aguda. En plural, se transforma en grave: **mojicones**. Para la última denotación, el apócope es **mojí** (sust. m.): *Te daré un mojicón* o *un mojí*.

mojigato, ta. adj. 'Disimulado' (*hombre mojigato*); 'beato que hace escrúpulo de todo'. Ú. t. c. sust. m. y f.: **el mojigato, la mojigata**. La Academia aclara que se usa más como sustantivo masculino, pero en la Argentina son comunes ambos géneros.

mojinete. sust. m. 'Tejadillo de los muros'; 'línea horizontal más alta del tejado, caballete'. Argent., Par. y Urug. 'Frontón o remate triangular de las dos paredes más altas y angostas de un rancho, galpón, etc., sobre las que se apoya el caballete'. Incorrecto: <u>*moginete*</u>.

mojón. sust. m. Entre otras denotaciones, 'señal permanente que se pone para fijar los linderos de heredades, términos y fronteras'; 'señal que se coloca en despoblado para que sirva de guía'. Es palabra aguda. En plural, se transforma en grave: **mojones**. El sustantivo colectivo es **mojonera** (f.). No deben confundirse sus denotaciones con la de su homónimo **mojón** (sust. m.), 'catavinos de oficio'.

mojonar. v. tr. p. us. 'Poner mojones en las lindes'. Incorrecto: <u>*mojonear*</u>. También puede decirse **amojonar** (v. tr.), voz preferida por la Academia.

mol. sust. m. Abreviación de **molécula** (sust. f.). 'Molécula gramo, es decir, cantidad de una sustancia química cuyo peso es su peso molecular expresado en gramos'. En plural: **moles**.

molar. adj. 'Perteneciente o relativo a la muela' (*dolor **molar***); 'apto para moler' (*piedra **molar***). Ú. m. c. sust. m. (*El dentista revisa **los molares***). → **premolar**

molde. sust. m. 'Objeto hueco que da su forma a la materia fundida que en él se vacía'; 'instrumento que sirve para estampar o para dar forma o cuerpo a una cosa, aunque no sea hueco'; 'persona que, por llegar al sumo grado en algo, puede servir de regla o norma en ella'. **letra de molde**. 'La letra impresa'. **de molde**. loc. adj. 'Dícese de lo impreso, a distinción de lo manuscrito' (*Tiene letra **de molde***). loc. adv. 'A propósito, con oportunidad' (*Esto viene **de molde***); 'bien, con maestría' (*Habló **de molde***).

moldeador, ra. adj. 'Que moldea'. Ú. t. c. sust. m. y f.: **el moldeador, la moldeadora**.

moldear. v. tr. 'Hacer molduras'. Con esta acepción, también pueden decirse **moldar** (v. tr.) y **moldurar** (v. tr.). 'Sacar el molde de una figura'; 'dar forma a una materia echándola en un molde, vaciar'. Rég. prep.: **moldear en** (***moldear en** barro*). No debe pronunciarse [moldiar, moldié]. Sus postverbales son **moldeado** (sust. m.) y **moldeamiento** (sust. m.). → **-ear**

moldura. sust. f. Los sustantivos colectivos son **cornisamento** (m.) y **cornisamiento** (m.).

moledor, ra. adj. 'Que muele' (*aparato **moledor***); 'dícese de la persona que cansa o fatiga con su pesadez' (*mujer **moledora***). Ú. t. c. sust. m. y f.: **el moledor, la moledora**. sust. m. 'Cada uno de los cilindros del trapiche o molino' (*Se rompió un **moledor***).

moler. v. irreg. tr. 'Quebrantar un cuerpo, reduciéndolo a menudísimas partes o a polvo'; 'exprimir la caña de azúcar en el trapiche'. 'Cansar o fatigar mucho'. Ú. m. en p. con los verbos **estar**, **dejar**, **quedar** (***Quedó molido** de tanto pintar paredes*). 'Estropear, maltratar' (*Lo **molió** a trompazos*). **a todo moler**. loc. adv. 'Entregarse uno con toda diligencia a la ejecución de una cosa' (*Inició el trabajo **a todo moler***). Rég. prep.: **moler a** (*Lo **molió a** patadas*); **moler con** (*La **molerá con** insultos*); **moler de**, 'cansar, fatigar' (*Me **muelo de** caminar*). En la conjugación, diptonga la **o** de la raíz en **ue**, cuando cae allí el acento. La irregularidad se manifiesta, pues, en el presente de indicativo (*muelo, mueles, muele, muelen*), el presente de subjuntivo (*muela, muelas, muela, muelan*) y el imperativo (*muele*). Sus postverbales son **moledura** (sust. f.), **molimiento** (sust. m.) y **molienda** (sust. f.).

molestador, ra. adj. 'Que molesta' (*persona

molestadora). Ú. t. c. sust. m. y f.: **el molestador**, **la molestadora**.

molestar. v. tr. Ú. t. c. prnl. Rég. prep.: **no molestarse a** (***No se molestó a** revisar los documentos*); **molestar** o **molestarse con** (***La molestó con** sus continuas intervenciones*; ***Se molestó con** sus continuas intervenciones*); **molestarse en** (***¡Te molestaste en** traer todos los paquetes!*); **molestarse por** (***Nos molestamos por** su ausencia*).

molesto, ta. adj. 'Que causa molestia' (*picazón **molesta***); 'que la siente' (*mujer **molesta***). Rég. prep.: **molesto con** (***Está molesto con** su socio*); **molesto en** (***molesto en** el trato*); **molesto para** (***molesto para** toda la familia*).

moleta. sust. f. → **muela**

molibdeno. sust. m. 'Metal de color y brillo plomizos, pesado como el cobre'. Número atómico 42. Símbolo: ***Mo***

molificar. v. tr. Ú. t. c. prnl. 'Ablandar'; 'suavizar'. Su postverbal es **molificación** (sust. f.). → **sacar**

molinero, ra. adj. 'Perteneciente o relativo al molino o a la molinería' (*industria **molinera***). sust. m. 'El que tiene a su cargo un molino o que trabaja en él'. Su femenino es **molinera**, voz que también denota 'mujer del molinero'.

molinete. sust. m. Entre otras acepciones, 'ruedecilla con aspas, que se pone en las ventanas de una habitación para que, girando, renueve el aire'; 'juguete de niños'. La A.A.L. recomienda el ingreso, en el ***Diccionario*** mayor, de la siguiente denotación: 'Dispositivo que se coloca en algunos lugares públicos para controlar o regular el paso de las personas' (*Entró en el subterráneo, después de pasar el **molinete***). Corresponde a una de las denotaciones de **torniquete** (sust. m.) del español general.

molinetear. v. intr. 'En tauromaquia, dar molinetes, es decir, suertes de la lidia en las que el matador gira airosamente en sentido contrario al de la embestida del toro, dándole salida'. No debe pronunciarse [molinetiar, molinetié]. Esta voz ha sido recién incorporada en el ***Diccionario***. → **-ear**

molinista. adj. 'Partidario del molinismo, doctrina del padre Luis Molina, jesuita español, sobre el libre albedrío y la gracia' (*profesora **molinista***). Apl. a pers., ú. t. c. sust. com.: **el molinista**, **la molinista**. No debe confundirse su denotación con la de su homónimo **molinista** (adj.), 'partidario del molinosismo, doctrina herética de Miguel Molinos, sacerdote español del siglo XVII'. Con esta última denotación, también puede decirse **molinosista** (adj. Ú. t. c. sust. com.).

molino. sust. m. 'Máquina para moler'. Diminutivos: **molinejo**, **molinete**, **molinillo**. El sustantivo colectivo es **molinería** (f.), 'conjunto de molinos'. El 'sitio donde están los molinos', el **molinar** (sust. m.).

molleja. sust. f. Diminutivo de **molla** (sust. f.), 'parte magra de la carne'. 'Apéndice carnoso, formado, la mayoría de las veces, por infarto de las glándulas' (*Comimos chorizos y **mollejas***). El diminutivo de **molleja** es **mollejuela**.

mollejo, ja. adj. 'Blando al tacto' (*pan **mollejo***). sust. m. 'Porción de cosa blanda'. El aumentativo del sustantivo es **mollejón** (sust. m.), 'hombre muy gordo y flojo'; 'hombre muy blando de genio'.

molotov. Se usa en el sintagma **cóctel molotov**. 'Explosivo de fabricación casera'. Es palabra aguda. No debe pronunciarse [mólotov] como esdrújula. En plural, no varía: **cócteles molotov**. También es común el sintagma **bomba molotov**. Debe escribirse con minúscula, a pesar de que proviene del apellido de un político ruso, Viacheslav Mijailovich Molotov.

molusco. adj. 'Dícese de metazoos con tegumentos blandos, como la limaza, el caracol y la jibia'. Ú. t. c. sust. m. (*Observa un **molusco***). sust. m. pl. 'Tipo de estos animales' (*Hoy estudiaremos **los moluscos***).

momento. sust. m. 'Espacio de tiempo muy breve en relación con otro' (*Estuve con ella sólo un **momento**; Aguarde un **momento***); 'fracción de tiempo que se singulariza por cualquier circunstancia' (*el mejor **momento** de su carrera*); 'oportunidad' (*En la vida profesional, no te ha llegado aún el **momento***); 'situación en el tiempo presente' (*el **momento** político; escritores del **momento***); 'importancia' (*temas de **momento***). **al momento**. loc. adv. 'Al instante' (*Iremos **al momento***). **a cada momento** o **cada momento**. locs. advs. 'Continuamente' (*Bostezaba **a cada***

momento o *cada momento*). **de momento** o **por el momento**. locs. advs. 'Por de pronto'; 'por ahora' (***De momento*** o ***por el momento****, no lo necesito*). **de un momento a otro**. loc. adv. 'Pronto' (*Vendrán* ***de un momento a otro***). **por momentos.** loc. adv. 'Sucesiva y continuadamente' (*Hablaba* ***por momentos***); 'de un momento a otro' (***Por momentos****, lo verá*). Uso correcto: ***Desde el momento en que*** *la vi, no pude olvidarla*. Seco aprueba, también, la locución conjuntiva **desde el momento que**: ***Desde el momento que*** *la vi, no pude olvidarla*. Recomendamos el uso de la primera construcción de sentido temporal, pues consideramos que es, sintácticamente, la correcta: **en que la vi** es una proposición subordinada adjetiva, cuyo antecedente es **momento** (indica tiempo); **en que** (en ese momento) funciona, dentro de la proposición, como circunstancia de tiempo (***en que la vi*** = en ese momento, la vi). Otro ejemplo: *No era tan tímida,* ***desde el momento en que*** *causó tal escándalo* (la locución conjuntiva tiene valor causal). Según Seco, también es posible: *No era tan tímida,* ***desde el momento que*** *causó tal escándalo*. Recomendamos, nuevamente, el primer ejemplo.

momería. sust. f. p. us. 'Ejecución de cosas o acciones burlescas con gestos y figuras'.

momificar. v. tr. Ú. m. c. prnl. 'Convertir en momia un cadáver'. Su postverbal es **momificación** (sust. f.). → **sacar**

mona. sust. f. 'Hembra del mono'. Aumentativo: **monona**. 'Persona que hace las cosas por imitar a otra'; 'borrachera' (*La* ***mona*** *lo ha dormido*); 'persona ebria' (*Ahí está la* ***mona*** *con su botella*); 'juego de naipes'. **como la mona.** Argent., Perú y Urug. loc. fig. con la que se indica 'el mal resultado o estado de los negocios, la salud, etc.' (*Me siento* ***como la mona***). Suele usarse, también, con los verbos **estar** y **andar** (***Está como la mona***; ***Anda como la mona***). La A.A.L. recomienda el ingreso, en el ***Diccionario*** mayor, de **dormir la mona** (fr. fig. y fam.), 'dormirse pesadamente a causa de una borrachera'. → **mono**

monacordio. sust. m. 'Instrumento musical con teclado'. También puede decirse **manicordio** (sust. m.), pero la Academia prefiere la primera forma.

monaguillo. sust. m. 'Niño que ayuda en misa'. Es diminutivo de **monago** (sust. m. fam.). También puede decirse **monacillo** (sust. m.), pero ya es infrecuente su uso.

monarca. sust. m. 'Príncipe soberano de un Estado'. Es incorrecto usar esta voz en plural, como sinónimo de **reyes** ("rey" y "reina"): *Los monarcas llegaron a Suiza*. Correcto: *Los* ***reyes*** *llegaron a Suiza*. El consorte no es **monarca**. El rey Juan Carlos de España es **monarca**; la reina Sofía, no. La reina Isabel II es **la monarca** del Reino Unido de la Gran Bretaña e Irlanda del Norte. Debe escribirse con mayúscula cuando se refiere a un rey determinado (*el* ***Monarca*** *de España*).

monarquía. sust. f. 'Estado regido por un monarca'; 'forma de gobierno en que el poder es ejercido por un príncipe con carácter vitalicio'; 'tiempo durante el cual ha perdurado este régimen político en un país'. Se escribe con mayúscula cuando se refiere a la institución monárquica (*Estudia la* ***Monarquía*** *española*).

monárquico, ca. adj. 'Perteneciente o relativo al monarca o a la monarquía' (*régimen* ***monárquico***); 'partidario de la monarquía' (*gente* ***monárquica***). Ú. t. c. sust. m. y f.: **el monárquico, la monárquica**.

mondadientes. sust. m. 'Instrumento pequeño y rematado en punta, que sirve para sacar lo que se mete entre los dientes'. Nótese que, en singular, lleva **s** final. Incorrecto: *mondadiente*. En plural, no varía: **los mondadientes**. También pueden decirse **limpiadientes** (sust. m.), **escarbadientes** (sust. m.) y **palillo** (sust. m.). La Academia prefiere las dos primeras formas.

mondador, ra. adj. 'Que monda'. Ú. t. c. sust. m. y f.: **el mondador, la mondadora**.

mondaorejas. sust. m. 'Cucharilla de limpiar los oídos'. No debe usarse, en singular, sin **s** final. En plural, no varía: **los mondaorejas**. También puede decirse **mondaoídos** (sust. m.), pero la Academia prefiere la primera forma. Ya no se usa el sustantivo **escarbaorejas** (m.).

mondar. v. tr. 'Limpiar, quitar lo superfluo o extraño a algo'; 'podar'; 'quitar la cáscara a las frutas, la corteza o piel a los tubérculos, o la vaina a las legumbres' (*Ya mondé tres duraznos*); 'cortar a uno el pelo'; 'quitar a uno el dinero';

'carraspear o toser'. fig. y fam. 'Azotar'. Sus postverbales son **monda** (sust. f.) y **mondadura** (sust. f.).

mondonguero. sust. m. 'Persona que vende mondongos'; 'persona que tiene por oficio componerlos y guisarlos'. Su femenino es **mondonguera**.

monear. v. intr. fam. 'Hacer monadas'. No debe pronunciarse [moniar, monié]. → **-ear**

monedear. v. tr. p. us. 'Hacer moneda'. No debe pronunciarse [monediar, monedié]. También pueden decirse **monedar** (v. tr. p. us.) y **amonedar** (v. tr.). Esta última voz es la preferida por la Academia. → **-ear**

monema. sust. m. 'En lingüística, cada uno de los términos que integran un sintagma'; 'mínima unidad significativa'. Esta voz ha sido recién incorporada en el ***Diccionario***.

monería. sust. f. → **mono**

monetario, ria. adj. 'Perteneciente o relativo a la moneda' (*sistema **monetario***). sust. m. Es sustantivo colectivo con las denotaciones de 'colección ordenada de monedas y medallas' (*Posee un excelente **monetario***); 'conjunto de estantes, cajones o tablas en que están colocadas por orden las monedas y medallas' (*La medalla francesa está en el **monetario***).

monetarista. sust. com. 'Partidario del monetarismo, doctrina según la cual los fenómenos monetarios desempeñan una función determinante en las fluctuaciones económicas'; 'el que analiza la influencia de la depreciación de la moneda en la economía de un país': **el monetarista, la monetarista**. Esta voz no está registrada en el ***Diccionario***.

monetizar. v. tr. 'Dar curso legal como moneda a billetes de banco u otros signos pecuniarios'; 'convertir en moneda algún metal'. Con esta última denotación, también puede decirse **amonedar** (v. tr.). → **cazar**

mongol, la. adj. 'Natural de Mongolia'. También puede decirse **mogol, la** (adj.), pero la Academia prefiere la primera forma. Ú. t. c. sust. m. y f.: **el mongol, la mongola**. 'Perteneciente o relativo a este país asiático' (*costumbres **mongolas***). sust. m. 'Lengua de los mongoles' (*Habla el **mongol***).

mongólico, ca. adj. 'Mongol' (*tradición **mongólica***). Con esta denotación, también puede decirse **mogólico, ca** (adj.). 'Que padece mongolismo, enfermedad caracterizada por un retraso mental y por un conjunto variable de anomalías somáticas' (*niño **mongólico***). Incorrecto: *niño mogólico*. Ú. t. c. sust. m. y f.: **el mongólico, la mongólica**.

mongolismo. sust. m. 'Enfermedad'. Incorrecto: *mogolismo*. En su reemplazo, puede usarse el sintagma **síndrome de Down**.

mongoloide. adj. 'De tipo mongólico' (*aspecto **mongoloide***). Ú. t. c. sust. com.: **el mongoloide, la mongoloide**.

moni. sust. m. fam. Voz inglesa (*money*) españolizada. And. y Amér. 'Moneda, dinero'. Ú. m. en pl.: **monis**. También puede decirse **monís** (sust. m.). Ú. m. en pl.: **monises**.

monimiáceo, a. adj. 'Dícese de las plantas leñosas angiospermas dicotiledóneas, como el boldo'. Ú. t. c. sust. f.: **la monimiácea**. sust. f. pl. 'Familia de estas plantas' (*Lee un libro sobre las **monimiáceas***).

monista. adj. 'Perteneciente o relativo al monismo, doctrina filosófica' (*doctrina **monista***). sust. com. 'Partidario del monismo': **el monista, la monista**. La primera denotación ha sido recién incorporada en el ***Diccionario***. La Academia ha corregido, además, el género del sustantivo (en la edición de 1984, se lee "masculino").

monitor. sust. m. 'Persona que guía'. Su femenino es **monitora**. sust. m. 'El que amonesta o avisa'; 'barco de guerra'. No deben confundirse sus denotaciones con las de su homónimo **monitor** (sust. m.), 'cualquier aparato que revela la presencia de las radiaciones y da una idea más o menos precisa de su intensidad'; 'receptor de televisión'.

♦ **monitoreo.** Neologismo. Debe decirse **control a través de un monitor**.

♦ **monitorizar.** Neologismo. La Academia no registra este verbo; sí, aparece en el ***Diccionario General***, de Gili y Gaya, con las denotaciones de 'dotar de monitores' y de 'controlar a través de monitores'.

monja. sust. f. 'Religiosa'. No es el femenino de **monje**. Diminutivo: **monjita**. Los sustantivos colectivos son **monjerío** (m.) y **monjío** (m.), 'conjunto de monjas'. El 'estado de monja' se denomina **monjía** (sust. f.) o **monjío**. Recibe, también, este último nombre la 'entrada de una mujer en religión'. El adjetivo correspondiente es **monjil**, 'propio de las monjas'. Además, se llama **monjil** (sust. m.) el 'hábito o túnica de monja'. → **meter**

monje. sust. m. 'Solitario o anacoreta'; 'religioso'. No es el masculino de **monja**. La 'profesión de monje' es el **monaquismo** (sust. m.). El 'estado de monje', la **monjía** (sust. f.).

monjita. sust. f. Argent. 'Pájaro pequeño cuyo plumaje blanco y negro recuerda el hábito de una monja'. Para distinguir los sexos, debe recurrirse a las perífrasis **monjita macho**, **monjita hembra**.

mono, na. adj. 'Bonito, atractivo' (*niña mona*). A pesar de que la Academia aclara que 'se dice, especialmente, de los niños y de las cosas pequeñas y delicadas', en la Argentina, califica, sobre todo, a la mujer y su vestimenta (*Victoria es una mujer muy **mona**; ¡Qué vestido tan **mono**!*). Diminutivo: **monín, na** (Ú. t. c. sust. m. y f.). sust. m. 'Cualquiera de los animales del suborden de los simios'. Su femenino es **mona**. Diminutivo: **monuelo, la** (adj. Ú. t. c. sust. m. y f.). La 'acción propia de un mono' es la **monada** (sust. f.) o la **monería** (sust. f.). El adjetivo correspondiente es **monesco, ca**, 'propio de los monos o de las monas, o parecido a sus gestos y visajes'. 'Persona que hace gestos o figuras parecidos a los del mono' (*Darío es un **mono** cuando camina*); 'joven de poco seso y afectado en sus modales'; 'figura humana o de animal, hecha de cualquier materia' (*Hice un **mono** de papel verde*); 'traje de faena' (*¿Cuándo te pones el **mono**?*).

mono-. elem. compos. de or. gr. 'Único, uno solo' (***monocorde, monofásico***).

monoclamídeo, a. adj. 'Dícese de las plantas angiospermas dicotiledóneas, cuyas flores tienen cáliz, pero no, corola, como las urticáceas'. Ú. t. c. sust. f.: **la monoclamídea**.

monoclínico. adj. 'Dícese del sistema cristalográfico según el cual cristalizan minerales como el yeso, la ortosa y las micas'. Es voz recién incorporada en el ***Diccionario***.

monoclonal. adj. **anticuerpo monoclonal**. 'Anticuerpo específico frente a un único antígeno, que se consigue mediante hibridomas'. Es voz recién incorporada en el ***Diccionario***.

monocloroacético, ca. adj. **ácido monocloroacético**. 'Sustancia sólida, incolora, delicuescente y soluble en agua'. Es voz recién incorporada en el ***Diccionario***.

monocolor. adj. 'De un solo color' (*tela **monocolor***); 'dícese del conjunto de personas de una misma tendencia política' (*grupo **monocolor***). Es voz recién incorporada en el ***Diccionario***.

monocotiledóneo, a. adj. 'Dícese de la planta cuyo embrión posee un solo cotiledón'. También puede decirse **monocotiledón** (adj.). Ú. t. c. sust. f.: **la monocotiledónea**. sust. f. pl. 'Grupo de las plantas cuyo embrión tiene un solo cotiledón, como la palmera y el azafrán' (*Realiza investigaciones sobre **las monocotiledóneas***).

monocromía. sust. f. 'Calidad de monocromo'; 'arte de pintar con un solo color'; 'cuadro obtenido de esta forma'. Esta voz no está registrada en el ***Diccionario***. Aparece en el ***Manual*** con el indicador de su falta de sanción oficial.

monocromo, ma. adj. 'De un solo color' (*tapiz **monocromo***). También pueden decirse **monocolor** (adj.) y **monocromático, ca** (adj.). La Academia prefiere las dos primeras formas.

monocular. adj. 'Dícese de la visión que se realiza con un solo ojo o del aparato que se emplea al efecto' (*visión **monocular***). Es voz recién incorporada en el ***Diccionario***.

monodia. sust. f. 'Canto a una sola voz'. Incorrecto: <u>monodía</u>.

monofisita. adj. 'Dícese de quien negaba que, en Jesucristo, hubiera dos naturalezas'. Ú. m. c. sust. com. y en pl.: **los monofisitas, las monofisitas**. 'Perteneciente o relativo a estos herejes o a su doctrina'.

monogamia. sust. f. 'Cualidad de monógamo'; 'régimen familiar que prohíbe la pluralidad de esposas'. No debe pronunciarse [monógamia, monogamía]. Su antónimo es **poligamia** (sust. f.). → **poligamia**

monógamo, ma. adj. 'Casado con una sola mujer'; 'que se ha casado una sola vez'. Ú. t. c. sust. m. y f.: **el monógamo, la monógama**. 'Dícese de los animales que sólo se aparean con un individuo del otro sexo'. Es palabra esdrújula. No debe pronunciarse [monogamo] como grave. Su antónimo es **polígamo, ma** (adj. Ú. t. c. sust. m. y f.). → **polígamo**

monogenismo. sust. m. 'Doctrina antropológica que sostiene que todas las razas humanas descienden de un tipo primitivo y único'. Su antónimo es **poligenismo** (sust. m.). → **poligenismo**

monogenista. sust. com. 'Partidario del monogenismo': **el monogenista, la monogenista**. Su antónimo es **poligenista** (sust. com.). Ú. t. c. adj. (*doctrina **monogenista***).

monografista. sust. com. 'Persona que escribe monografías': **el monografista, la monografista**.

monograma. sust. m. Es palabra grave. No debe pronunciarse [monógrama] como esdrújula.

monolingüe. adj. 'Que sólo habla una lengua' (*niños **monolingües***); 'que está escrito en un solo idioma' (*diccionario **monolingüe***). Su antónimo es **plurilingüe** (adj.). Ú. t. c. sust. com.: **el monolingüe, la monolingüe**. En plural: **los monolingües, las monolingües**. Es incorrecto escribir la palabra sin diéresis: monolingue.

monologar. v. intr. 'Recitar monólogos'. → **pagar**

monólogo. sust. m. 'Obra dramática en que habla un solo personaje' (*el **monólogo** de Segismundo*). Puede usarse, en su reemplazo, **soliloquio** (sust. m.). → **soliloquio**

monomaniaco, ca. adj. 'Que padece monomanía o delirio parcial sobre una sola idea' (*anciano **monomaniaco***). También pueden decirse **monomaníaco, ca** y **monomaniático, ca** (adj.), pero la Academia prefiere la primera forma.

monometalista. sust. com. 'Partidario del monometalismo o sistema monetario en que rige un patrón único': **el monometalista, la monometalista**. Ú. t. c. adj. (*sistema **monometalista***).

monopatín. sust. m. 'Juguete que consiste en una tabla larga sobre ruedas'. Es palabra aguda. En plural, se transforma en grave: **monopatines**. Esta voz ha sido recién incorporada en el ***Diccionario***.

♦ **monopólico, ca.** Neologismo. Según los contextos, debe decirse **monopolizador, ra** o **monopolístico, ca**.

monopolio. sust. m. Es un pleonasmo el sintagma ***monopolio exclusivo*** (*el monopolio exclusivo de la enseñanza*). Correcto: *el **monopolio** de la enseñanza.*

monopolista. sust. com. 'Persona o entidad que ejerce monopolio': **el monopolista, la monopolista**.

monopolizador, ra. adj. 'Que monopoliza' (*convenio **monopolizador***). Ú. t. c. sust. m. y f.: **el monopolizador, la monopolizadora**. No debe usarse, en su reemplazo, **monopolístico, ca** (adj.), 'perteneciente o relativo a los monopolios', ni monopólico, ca.

monopolizar. v. tr. 'Tener, adquirir o atribuirse el monopolio'. Su postverbal es **monopolización** (sust. f.). → **cazar**

monoptongar. v. tr. Ú. t. c. intr. y c. prnl. 'Fundir en una sola vocal los elementos de un diptongo'. Su postverbal es **monoptongación** (sust. f.). → **pagar**

monorraíl. adj. 'Dícese del tren que se desplaza por un solo raíl' (*tren **monorraíl***). Ú. t. c. sust. m.: **el monorraíl**. No debe pronunciarse [monorráil]. En plural: **monorraíles**. Esta voz ha sido recién incorporada en el ***Diccionario***.

monorrimo, ma. adj. 'De una sola rima' (*versos **monorrimos***). No debe confundirse su denotación con la de **monorrítmico, ca** (adj.), 'de un solo ritmo'.

monorrítmico, ca. adj. → **monorrimo**

monosabio. sust. m. 'Mozo que ayuda al picador en la plaza de toros'. Debe escribirse en una sola palabra. En plural: **monosabios**. Repárese en que debe escribirse en dos palabras con la denotación familiar de 'pesona que sabe mucho' (*Raúl es un **mono sabio***).

monosílabo, ba. adj. 'Aplícase al vocablo de una sola sílaba' (*"Paz" es una palabra **monosílaba***). Ú. t. c. sust. m. (*"Paz" es un **monosílabo***). Como adjetivo, puede reemplazarse con **monosilábico, ca** (adj.).

monoteísta. adj. 'Que profesa el monoteísmo, doctrina teológica que reconoce la existencia de un solo Dios'. Ú. t. c. sust. com.: **el monoteísta, la monoteísta**.

monotrema. adj. 'Dícese de los mamíferos que tienen cloaca como la de las aves, pico y huesos coracoides, y ponen huevos, como el ornitorrinco'. Ú. t. c. sust. com.: **el monotrema, la monotrema**. sust. m. pl. 'Orden de estos animales': **los monotremas**.

monovalente. adj. 'Que funciona con una sola valencia'. Esta voz ha sido recién incorporada en el ***Diccionario***.

monseñor. 'Título de honor que concede el Papa a determinados eclesiásticos'; 'en algunos lugares, se aplica a los prelados'. Debe escribirse con mayúscula. Su abreviatura es ***Mons.***

monserga. sust. f. fam. 'Lenguaje confuso'; 'exposición o petición fastidiosa o pesada'. Ú. m. en pl. (*No acepta **monsergas***).

monstruo. sust. m. 'Producción contra el orden regular de la naturaleza' (*Ese animal de dos cabezas es un **monstruo***); 'ser fantástico que causa espanto' (*el **monstruo** de los cuentos*); 'cosa extraordinaria'; 'persona o cosa muy fea' (*La novia de Luis es un **monstruo***); 'persona cruel' (*Educando a sus hijos, es un **monstruo***); 'persona de extraordinarias cualidades' (*Su abuelo fue un **monstruo** de la física*). Esta última denotación ha sido recién incorporada en el ***Diccionario***. La Academia registra **monstro** (sust. m.) y **mostro** (sust. m.) como voces desusadas. Incorrecto: <u>*mostruo*</u>, <u>*muonstro*</u>. En su reemplazo, puede usarse **monstruosidad** (sust. f.).

monstruoso, sa. adj. 'Contrario al orden de la naturaleza' (*animal **monstruoso***); 'excesivamente grande'; 'muy feo' (*cara **monstruosa***); 'enormemente execrable' (*conducta **monstruosa***). Incorrecto: <u>*monstroso*</u>, <u>*mostroso*</u>, <u>*mostruoso*</u>, <u>*muonstroso*</u>.

monta. sust. f. 'Acción y efecto de montar'. Con la denotación de 'suma de varias cantidades', puede usarse, en su reemplazo, **monto** (sust. m.). **de poca monta**. loc. 'De poca importancia' (*Escribe artículos **de poca monta***). → **monto**

montacargas. sust. m. 'Ascensor destinado a elevar pesos'. Es calco del francés *monte-charge*. Repárese en que la voz termina con **s**. Incorrecto: <u>*montacarga*</u>, <u>*monta cargas*</u>. En plural, no varía: **los montacargas**.

montado, da. p. de **montar**. adj. 'Aplícase al que sirve en la guerra a caballo' (*cien hombres **montados***); 'dícese del caballo dispuesto para montarlo' (*un overo **montado***). Ú. t. c. sust. m. y f.: **el montado, la montada**.

montador. sust. m. 'El que monta'; 'operario especializado en el montaje de máquinas y de aparatos'; 'el que hace el montaje de las películas'. Su femenino es **montadora**. sust. m. 'Poyo para montar en las caballerías'; también puede decirse **montadero** (sust. m.). sust. m. y f. 'Cualquier cosa que sirve para montar en las caballerías' (*No quiso usar el **montador***).

montaje. sust. m. 'Acción y efecto de armar las piezas de un aparato o máquina' (*el **montaje** del reloj*); 'armazón a la que se ajustan las piezas de artillería'. La Academia ha incorporado recientemente estas acepciones: 'Combinación de las diversas partes de un todo'; 'en el cine, ordenación del material ya filmado para constituir la versión definitiva de una película' (*Colaboró en el **montaje** del filme*); 'en el teatro, ajuste y coordinación de todos los elementos de la representación sometiéndolos al plan artístico del director del espectáculo' (*el **montaje** de la comedia*); fig. 'lo que sólo aparentemente corresponde a la verdad'; 'grabación compuesta conseguida por la combinación de dos o más grabaciones'; 'ajuste y acoplamiento de las diversas partes de una joya' (*Realizó cuidadosamente el **montaje** de los zafiros en el anillo*). **montaje fotográfico**. 'Fotografía conseguida con trozos de otras fotografías y diversos elementos con fines decorativos, publicitarios, informativos, etc.'. No debe usarse la grafía francesa *montage*.

montanista. adj. 'Partidario del montanismo o herejía de Montano, que anunciaba el próximo fin del mundo y recomendaba un riguroso ascetismo'; 'perteneciente a él' (*ideas **montanistas***). Apl. a pers., ú. t. c. sust. com.: **el montanista, la montanista**.

montaña. sust. f. Diminutivos: **montañeta, montañuela**. Incorrecto: <u>*montania*</u>. El sustantivo colectivo es **cordillera** (f.).

montañero, ra. adj. 'Perteneciente o relativo a la montaña' (*paisaje **montañero***). También pueden decirse **montañés, sa** (adj. Ú. t. c. sust.

m. y f.) y **montañoso, sa** (adj.). sust. m. y f. 'Persona que practica el montañismo o escalamiento de montañas': **el montañero, la montañera**. Incorrecto: montaniero, montañista.

montañés, sa. adj. 'Natural de una montaña' (*gente **montañesa***); 'perteneciente o relativo a la montaña'. Ú. t. c. sust. m. y f.: **el montañés, la montañesa**. → **montañero**

montaplatos. sust. m. 'Montacargas pequeño, entre la cocina y el comedor, que sirve para subir y bajar los platos llenos o vacíos en comedores de hoteles y restaurantes'. Repárese en que la voz termina con **s**. Incorrecto: montaplato, monta platos. En plural, no varía: **los montaplatos**. Esta palabra no está registrada en el ***Diccionario***. Aparece en el ***Manual*** con el indicador de su falta de sanción oficial.

montar. v. intr. Ú. t. c. tr. y c. prnl. Entre otras denotaciones, 'subirse encima de algo'; 'subir en un caballo u otra cabalgadura'; 'ir a caballo' (*Celia **monta** mal*; *El maestro **montará*** o ***se montará** un malacara*). Rég. prep.: **montar a** (***montar a** caballo*); **montar en** (***montar en** cólera*; ***montar en** un burro*; ***montar en** bicicleta*); 'cubrir el caballo o el burro a la yegua'; 'armar las piezas de cualquier aparato' (***Monta**, una por una, las piezas de la lavadora*); 'poner en una casa todo lo necesario para habitarla, o en un negocio, para que empiece a funcionar' (***Montó** rápidamente su departamento*); 'en el teatro, disponer lo necesario para la representación de una obra' (***Montarán** una comedia de Lope de Vega*); 'engastar piedras preciosas' (***Monta** dos zafiros en el anillo*); 'seleccionar y ajustar los diversos elementos de una filmación'. **tanto monta**. expr. 'Una cosa es equivalente a otra' (***Tanto monta** su ayuda como la tuya*). Sus postverbales son **monta** (sust. f.) y **montadura** (sust. f.). Su participio activo es **montante**.

montaraz. adj. 'Que anda por los montes o se ha criado en ellos' (*animal **montaraz***); 'aplícase a la persona grosera, rústica y ruda' (*niño **montaraz***). Con esta última denotación, suelen usarse, en América, **montubio, bia** (adj. Ú. t. c. sust. m. y f.) y **montuno, na** (adj.). sust. m. 'Guarda de montes o heredades' (*Allí está el **montaraz***). La Academia registra **montaraza** (sust. f.) como regionalismo de Salamanca. Es palabra aguda. En plural, se transforma en grave: **montaraces**. Repárese en que la **z** cambia por **c**.

montear. v. tr. 'Buscar y perseguir la caza en los montes'. No debe pronunciarse [montiar, montié]. Esta observación vale, también, para su homónimo **montear** (v. tr.), 'trazar el dibujo de una obra'; 'voltear o formar arcos'. → **-ear**

montepío. sust. m. También puede escribirse en dos palabras, **monte pío**, pero la Academia prefiere la primera forma.

montería. sust. f. 'Caza de jabalíes, venados, etc.'. Como sustantivo colectivo, denota 'conjunto de reglas y avisos que se dan para la caza'.

montero. sust. m. 'El que busca y persigue la caza en el monte'. La 'mujer del montero' es la **montera** (sust. f.).

montés. adj. 'Que anda, está o se cría en el monte' (*cabra **montés***; *gato **montés***). El adjetivo femenino **montesa** ('de monte, montés') sólo se usa en poesía.

monto. sust. m. 'Suma de varias cantidades' (*¿Cuál es el **monto** de mis compras?*). También puede decirse **monta** (sust. f.).

montón. sust. m. colect. 'Conjunto de cosas desordenadas' (*Tiene un **montón** de papeles sobre el escritorio*); 'número considerable' (*Leyó un **montón** de libros*). Con esta última denotación, también puede decirse **montonera** (sust. f. colect.). → **montonera**. **a, de** o **en montón**. loc. adv. 'Juntamente'; 'sin separación o distinción' (*Compró frutas **a, de** o **en montón***). **a montones**. loc. adv. 'Abundantemente' (*Recibió regalos **a montones***). **ser** uno **del montón**. fr. fig. y fam. 'Ser vulgar en su persona o condición social' (*Raúl es un joven **del montón***).

montonera. sust. f. colect. 'Gran cantidad de algo' (*una **montonera** de revistas*). Amér. Merid. 'Grupo o pelotón de gente de a caballo que intervenía en las guerras civiles de algunos países suramericanos' (*Se acerca la **montonera***).

montonero. sust. m. Entre otras denotaciones, 'individuo de la montonera'. La Academia no registra el género femenino.

montura. sust. f. 'Cabalgadura'; 'montaje'; 'soporte mecánico de los instrumentos astronómicos'; 'armadura en que se colocan los cristales de las gafas' (*una **montura** de carey*). Como sustantivo colectivo, denota 'conjunto de los arreos de una caballería de silla' (*Revisó la **montura***). Con este último significado, también puede usarse **montadura** (sust. f.).

monumentalidad. sust. f. 'Carácter monumental de una obra de arte' (*la **monumentalidad** de la Capilla Sixtina*). Es voz recién incorporada en el ***Diccionario***.

monumentalizar. v. tr. 'Dar carácter de monumental a algo'. → **cazar**

monzón. sust. amb. 'Viento periódico': **el monzón** o **la monzón**. Es más frecuente el uso del género masculino. Es palabra aguda. En plural, se transforma en grave: **monzones**.

moquear. v. intr. 'Echar mocos'. No debe pronunciarse [moquiar, moquié]. También puede decirse **moquitear** (v. intr.). → **-ear**

moquero. sust. m. 'Pañuelo para limpiarse los mocos'. También puede decirse **mocador** (sust. m.), pero la Academia prefiere la primera forma.

moqueta. sust. f. Voz francesa (*moquette*) españolizada. 'Tela fuerte de lana, con la que se hacen alfombras y tapices' (*Cubrió el piso con una **moqueta** gris*). No debe pronunciarse [moquet] como en francés.

moquetear. v. intr. fam. 'Moquear frecuentemente' (*Cuando llora, **moquetea***). Su homónimo es verbo transitivo y denota 'dar moquetes' (***Moqueteó** varias veces a su enemigo*). No pueden usarse en reemplazo de **enmoquetar** (v. tr.), 'cubrir de moqueta una superficie'. Incorrecto: *<u>Moqueteó</u> el piso del dormitorio*. Correcto: ***Enmoquetó** el piso del dormitorio*. No debe pronunciarse [moquetiar, moquetié]. → **-ear**

mor. sust. m. Aféresis de **amor**. **por mor de**. loc. **por amor de**, 'por causa de' (*La acompañó **por mor de** su amistad*).

moráceo, a. adj. 'Dícese de árboles y arbustos angiospermos dicotiledóneos, como el moral y la higuera' (*planta **morácea***). Ú. t. c. sust. f.: **la morácea**. sust. f. pl. 'Familia de estas plantas' (*Lee las características de **las moráceas***). También puede decirse **móreo, a** (adj.), pero la Academia prefiere la primera forma.

morado, da. adj. 'De color entre carmín y azul' (*cara **morada***). Ú. t. c. sust. m. y f.: **el morado, la morada**.

morador, ra. adj. 'Que habita un lugar' (*gente **moradora***). Ú. t. c. sust. m. y f.: **el morador, la moradora**.

morajú. sust. m. Carece de registro en el ***Diccionario***. La A.A.L. recomienda su ingreso con la siguiente denotación: 'Tordo de color negro tornasolado el macho y pardusco la hembra, que, generalmente, anda en bandadas y deposita sus huevos en nidos de otros pájaros para que los incuben'. Para distinguir los sexos, debe recurrirse a las perífrasis **morajú macho**, **morajú hembra**. En plural: **morajúes** o **morajús**.

moral. adj. 'Perteneciente o relativo a las acciones o caracteres de las personas, desde el punto de vista de la bondad o de la malicia' (*conducta **moral***); 'que no pertenece al campo de los sentidos' (*prueba **moral***); 'que concierne al fuero interno o al respeto humano' (*obligación **moral***). sust. f. 'Ciencia que trata del bien en general y de las acciones humanas en orden a su bondad o a su malicia' (*profesor de **moral***). Cuando forma parte del nombre de una cátedra, se escribe con mayúscula (*cátedra de **Moral***). 'Ánimos'; 'estado de ánimo individual o colectivo' (*Necesita que le levanten la **moral***). Como sustantivo colectivo, denota 'conjunto de facultades del espíritu'. Su sinónimo es **ética** (sust. f.). La voz **moralina** (sust. f.) denota 'moralidad inoportuna, superficial o falsa'.

moral. sust. m. 'Árbol de la familia de las moráceas'. Es palabra aguda. En plural, se transforma en grave: **morales**. También puede decirse **moreda** (sust. f.). Su fruto es la **mora** (sust. f.). El sustantivo colectivo es **moraleda** (f.), 'lugar plantado de morales'.

moralista. sust. com. 'Profesor de moral'; 'autor de obras de moral'; 'el que estudia moral': **el moralista**, **la moralista**. No debe confundirse su denotación con la de **moralizador, ra** (adj. Ú. t. c. sust. m. y f.), 'que moraliza'.

moralizar. v. tr. Ú. t. c. prnl. 'Reformar las malas costumbres enseñando las buenas' (***Moralizaba** a sus alumnos*; ***Se moralizó** con los consejos de su maestro*). v. intr. 'Discurrir sobre un asunto con aplicación a la enseñanza de las buenas costumbres' (*El profesor **moraliza***). El participio activo **moralizante**, de correcta formación, no está registrado en el ***Diccionario***. Su postverbal es **moralización** (sust. f.). → **cazar**

morar. v. intr. 'Habitar, residir'. Rég. prep.: **morar en** (***Moraba en*** *las afueras de la ciudad*); **morar entre** (***Moró entre*** *indios*).

morbidez. sust. f. 'Blandura, delicadeza, suavidad' (*la* ***morbidez*** *de sus brazos*). Es palabra aguda. En plural, se transforma en grave: **morbideces**. Repárese en que la **z** cambia por **c**. Su sinónimo **morbideza** (sust. f.) es voz desusada.

morbilidad. sust. f. 'Proporción de personas que enferman en un sitio y tiempo determinados' (*Aumentó la* ***morbilidad*** *anual a causa de la desnutrición*). No debe confundirse su significado con los de **mortalidad** (sust. f.) y **mortandad** (sust. f.). → **mortalidad**, **mortandad**

morbo. sust. m. 'Enfermedad'; 'interés malsano por personas o cosas'. Incorrecto: *la morbo*. En plural: **morbos**. La **morbosidad** (sust. f. colect.) es el 'conjunto de casos patológicos que caracterizan el estado sanitario de un país'.

♦ **morbomorbilidad.** Neologismo de significación redundante: 'proporción de personas que enferman por enfermedad en un sitio y tiempo determinados'. Se usa erróneamente por **morbomortalidad**, 'número proporcional de defunciones por enfermedad en población o tiempo determinados'. Esta voz no está registrada en el ***Diccionario***.

morboso, sa. adj. 'Enfermo' (*niños* ***morbosos***); 'que causa enfermedad' (*bebida* ***morbosa***); 'que provoca reacciones mentales moralmente insanas' (*un cuento* ***morboso***); 'que manifiesta inclinación al morbo'. Ú. t. c. sust. m. y f.: **el morboso**, **la morbosa**.

morcilla. sust. f. 'Trozo de tripa rellena de sangre cocida con especias'. Aumentativo: **morcillón** (sust. m.).

morcillero. sust. m. 'El que hace o vende morcillas'; 'actor que tiene el vicio de añadir palabras de su invención a las del papel que representa'. Su femenino es **morcillera**.

mordacear. v. tr. Argent. 'Ablandar, sobar el cuero con mordaza'. No debe pronunciarse [mordaciar, mordacié]. Es voz recién incorporada en el ***Diccionario***. → **-ear**

mordaz. adj. 'Corrosivo' (*crítica* ***mordaz***); 'áspero, picante al gusto' (*comida* ***mordaz***); 'que critica o murmura con acritud o malignidad no carentes de ingenio' (*mujer* ***mordaz***); 'propenso a hacerlo'. Es palabra aguda. En plural, se transforma en grave: **mordaces**. Repárese en que la **z** cambia por **c**.

mordaza. sust. f. 'Instrumento que se pone en la boca para impedir el hablar' (*El ladrón le puso una* ***mordaza*** *al anciano*). Argent. 'Utensilio cilíndrico de madera, con una hendidura a través de la cual pasa la tira de cuero para ser ablandada'; 'pequeña cuerda o tiento unido a un cabo de madera, con la que se hace mordaza a un caballo'. La A.A.L. recomienda que se registre la siguiente denotación: 'Censura a la libertad de expresión o de acción'. **hacer mordaza**. Argent. 'Dominar un caballo con mordaza'. Los tres argentinismos han sido recién incorporados en el ***Diccionario***.

mordedura. sust. f. 'Acción de morder'; 'daño ocasionado por ella' (*la* ***mordedura*** *del perro*). Según el ***Diccionario Manual***, en Chile y en Méjico, se usa **mordidura** (sust. f.). Así lo corrobora el ***Diccionario ejemplificado de chilenismos***. La voz **mordidura** no aparece registrada en el ***Diccionario*** mayor.

morder. v. irreg. tr. 'Clavar los dientes en algo'. Precedido de **estar que**, denota 'manifestar uno su ira' (*Carlos* ***está que muerde***). El sintagma *morder el polvo* es un galicismo; en español, corresponde decir **caer**, **queda tendido**, **morir en el sitio**. Sus postverbales son **mordedura** (sust. f.), **mordimiento** (sust. m.) y **muerdo** (sust. m. fam.). Se conjuga como **moler**.

mordido, da. p. de **morder**. adj. 'Menoscabado, escaso, deteriorado' (*Le vendieron una tela* ***mordida***). sust. f. 'Mordedura, mordisco' (***La mordida*** *del perro le causó un gran dolor*). fig. y fam. Argent. 'Dinero que un funcionario o empleado obtiene aprovechando las atribuciones de su cargo'; fam. 'fruto de un cohecho o soborno'. Estos dos argentinismos no están registrados en el ***Diccionario***, pero la A.A.L. ha recomendado su incorporación. El último significado sólo aparece como propio de Bolivia, Colombia, Méjico, Nicaragua y Panamá.

mordiente. p. a. de **morder**. adj. 'Que muerde' (*animal* ***mordiente***). sust. m. 'Sustancia que, en tintorería y en otras artes, sirve para fijar los colores o los panes de oro'; 'agua fuerte con que se muerde una lámina o plancha para grabarla': **el mordiente**.

mordiscar. v. tr. Entre otras denotaciones, 'morder algo repetidamente y con poca fuerza' (*El gato **mordisca** el pan*); 'picar o punzar como mordiendo'. Con esta denotación, también pueden decirse **mordicar** (v. tr.) y **mordisquear** (v. tr.). Su postverbal es **mordisco** (sust. m.). → **sacar**

morenez. sust. f. 'Color oscuro que tira a negro'; 'en la raza blanca, color menos claro de la piel' (*la **morenez** del rostro*). Es palabra aguda. En plural, se transforma en grave: **morenece**s. Repárese en que la **z** cambia por **c**. También puede decirse **morenura** (sust. f.), pero la Academia prefiere la primera forma.

moreno, na. adj. 'Aplícase al color oscuro que tira a negro' (*pan **moreno***); 'en la raza blanca, dícese del color de la piel menos claro y del pelo negro o castaño' (*El Sol te ha puesto **moreno***); 'aplícase al color de las cosas que tienen un tono más oscuro de lo normal'; fig. y fam. 'negro, persona de esta raza' (*niñas **morenas***). Aumentativos: **morenote, morenota**. Rég. prep.: **moreno de** (***moreno de** cara*). En la Argentina, se usa también como sustantivo (*Se lo contó un **moreno***). → **pardo**

morera. sust. f. 'Árbol de la familia de las moráceas'. Su fruto es la **mora** (sust. f.) Los sustantivos colectivos son **moraleda** (f.), **moreda** (f.) y **moreral** (m.), 'sitio plantado de moreras'.

moretón. sust. m. 'Cardenal, mancha amoratada, negruzca o amarillenta de la piel a consecuencia de un golpe u otra causa' (*Tiene un **moretón** en el brazo*). Es palabra aguda. En plural, se transforma en grave: **moretones**. También puede decirse **moratón** (sust. m. fam.), voz recién incorporada en el ***Diccionario***, pero la Academia prefiere la primera forma.

morfinómano, na. adj. 'Que tiene el hábito de abusar de la morfina'. Ú. t. c. sust. m. y f.: **el morfinómano, la morfinómana**.

morfo- o **-morfo, fa.** elem. compos. de or. gr. 'Forma' (***morfo**lógico, alelo**morfo***).

♦ **morgue.** Galicismo. En español, debe decirse **depósito de cadáveres**.

moribundo, da. adj. 'Que está muriendo o muy cercano a morir' (*anciana **moribunda***). Apl. a pers., ú. t. c. sust. m. y f.: **el moribundo, la moribunda**. Recuérdese que las terminaciones **-bundo, -bunda** se escriben con **b**.

morigerar. v. tr. Ú. t. c. prnl. 'Templar, moderar' (***Morigere** los excesos de sus afectos*). La **g** se conserva en toda la conjugación. Su participio es **morigerado, da** (adj.), 'bien criado'.

moringáceo, a. adj. 'Dícese de las plantas leñosas angiospermas dicotiledóneas, como el ben o moringa' (*plantas **moringáceas***). Ú. t. c. sust. f.: **la moringácea**. sust. f. pl. 'Familia de estas plantas' (*Estudia **las moringáceas***).

morir. v. irreg. intr. Ú. t. c. prnl. Rég. prep.: **morir a** (***Murió a** manos de los rebeldes*); **morir a** o **de** (***Murieron a** o **de** mano airada*); **morir de** (***Murieron de** sida; **Murió de** siete años*); **morir en** (***Morirá en** gracia*); **morir entre** (***Muere entre** enemigos*); **morir para** (***Murió para** el mundo*); **morir por** (***Murió por** su fe*); **morirse de** (***Se morían de** hambre*); **morirse por** (***Te morías por** verla; **Se moría por** tener un anillo*). Su participio es irregular (***muerto***). Se conjuga como **dormir**.

morisco, ca. adj. 'Moro'; 'dícese del moro bautizado que, terminada la reconquista, se quedó en España'. Ú. t. c. sust. m. y f.: **el morisco, la morisca**. → **moro**

morlaco, ca. adj. 'Que finge tontería o ignorancia'. Ú. t. c. sust. m. y f.: **el morlaco, la morlaca**. También puede decirse **morlón, na** (adj.). Su homónimo (sust. m.) denota 'toro grande de lidia'. Amér. 'Peso duro, patacón'. La A.A.L. señala que hoy el vocablo es poco usado y que se empleaba más en plural: **morlacos.**

morlés. sust. m. 'Tela de lino, fabricada en Morlés, ciudad de Bretaña'. Es palabra aguda. En plural, se transforma en grave: **morleses**.

mormón. sust. m. 'El que profesa el mormonismo, secta religiosa fundada en los Estados Unidos'. Su femenino es **mormona**. En plural: **mormones, mormonas**. El adjetivo correspondiente es **mormónico, ca**, 'perteneciente o relativo al mormonismo'.

moro, ra. adj. 'Natural del África Septentrional frontera a España' (*mujer **mora***); 'que profesa la religión islámica'. Con esta última denotación, también puede decirse **musulmán, na** (adj. Ú. t. c. sust. m. y f.). 'Dícese del musulmán que habitó en España desde el siglo VIII hasta el XV'. Ú. t. c. sust. m. y f.: **el moro, la mora**. Diminutivos: **morillo, morilla; morito, morita**. 'Dícese del caballo o yegua de pelo negro con una estrella o mancha blanca en la frente y calzado de una o dos extremidades' (*caballos moros*); 'aplícase al vino que no está aguado' (*Bebe ese vino **moro***); 'dícese del niño o de la persona mayor que aún no han sido bautizados'. El sustantivo colectivo es **morisma** (f.), 'multitud de moros'. En una de sus acepciones, **morisco, ca** (adj. Ú. t. c. sust. m. y f.) y **moruno, na** (adj.) son sinónimos de **moro, ra**. El 'barrio en que habitaban los moros' y el 'país o territorio propio de moros' reciben el nombre de **morería** (sust. f.). Entre otras denotaciones, **morisqueta** (sust. f.) es la 'treta propia de moros'.

morocho, cha. adj. (*niño **morocho***). Ú. t. c. sust. m. y f.: **el morocho, la morocha**. Amér. Referido a personas, 'robusto, bien conservado'. Argent., Perú y Urug. 'Dícese de la persona que tiene pelo negro y tez blanca' (*Tu hermana es **morocha***). La A.A.L. recomienda el registro de las siguientes denotaciones: 'de color que tira a negro, moreno' (ésta aparece en la edición académica de 1984, pero, no, en la de 1992); 'dícese del moreno'.

morondanga. sust. f. 'Cosa inútil' (*Son **morondangas***); 'mezcla de cosas inútiles'. Con esta última denotación, también puede decirse **morralla** (sust. f.). → **morralla**. 'Enredo, confusión'. **de morondanga**. loc. adj. despect. 'Despreciable, de poco valor' (*Compró un reloj **de morondanga***). Incorrecto: <u>*morandanga*</u>.

morralla. sust. f. 'Pescado menudo'. Como sustantivo colectivo, denota 'multitud de gente de escaso valer' y 'conjunto o mezcla de cosas inútiles'. → **morondanga**. En Méjico, 'dinero menudo'.

morro. sust. m. 'Parte de la cabeza de algunos animales en que están la nariz y la boca' (*el **morro** del perro*); 'labios de una persona, especialmente los abultados' (*Se pintó el **morro** de color rojo*); 'cualquier cosa de figura semejante a la de la cabeza' (*el **morro** de la pistola*); 'monte pequeño'; 'guijarro pequeño y redondo'; 'monte o peñasco escarpado que sirve de marca a los navegantes en la costa' (*La costa está llena de **morros***); 'extremo delantero y prolongado de ciertas cosas' (*el **morro** del automóvil*). Diminutivo: **morrillo**. **estar de morro** o **de morros**. fr. fig. y fam. 'Mostrar enfado en la expresión del rostro' (*Leonor **está de morro** o **de morros***). Con la misma denotación, puede decirse **poner morros** o **torcer el morro** (fr. fig. y fam.). El adjetivo correspondiente es **morrudo, da**, 'que tiene morro'.

morrocotudo, da. adj. fam. 'De mucha importancia o dificultad' (*asunto **morrocotudo***). Argent. 'Fornido, corpulento' (*gimnasta **morrocotudo***). La A.A.L. recomienda agregar el siguiente significado: 'Magnífico, muy grande, abundante', con la indicación de que es familiar y poco usado.

morrocoyo. sust. m. 'Galápago americano'. Para distinguir el sexo, debe recurrirse a las perífrasis **morrocoyo macho** y **morrocoyo hembra**. También puede decirse **morrocoy** (sust. m.). En plural: **morrocoyos** y **morrocoyes** o **morrocóis**.

morrón. adj. 'Dícese de una variedad de pimiento' (*pimiento **morrón***). La Academia no indica que suele usarse como sustantivo masculino (*Compró un kilo de **morrones***). Este empleo es común en la Argentina. Su homónimo (sust. m.) denota 'golpe, porrazo'. → **pimiento**

morrongo. sust. m. fam. 'Gato'. Su femenino es **morronga**. También pueden decirse **morroño** y **morroña** (susts. m. y f.).

morronguear. v. intr. Argent. y Chile. 'Dormitar'. Esta voz no está registrada en el ***Diccionario***. Aparece en el ***Manual*** con el indicador de su falta de sanción oficial.

morrudo, da. adj. 'Que tiene morro'; 'hocicudo'. No debe usarse con la denotación de 'fornido'. Incorrecto: *José come muy bien, por eso es tan <u>morrudo</u>*. Correcto: *José come muy bien, por eso es tan **fornido** o **morrocotudo***.

morsa. sust. f. 'Mamífero carnicero, parecido a la foca'. Es voz francesa (*morse*) españolizada. Para distinguir los sexos, debe recurrirse a las perífrasis **morsa macho, morsa hembra**. Su homónimo es un argentinismo recién incorporado en el ***Diccionario***: 'torno, instrumento que sirve para sujetar piezas que se trabajan en carpintería, herrería, etc., compuesto de dos brazos paralelos unidos por un tornillo sin fin que, al girar, las acerca'.

morse. sust. m. 'Sistema de telegrafía'; 'alfabeto utilizado en dicho sistema': **el morse**. La Academia ha incorporado recientemente esta voz como sustantivo común; antes aparecía sólo como propio (***Morse***; ***código Morse***). En los sintagmas **sistema morse**, **alfabeto morse** y **código morse**, se usa como aposición especificativa.

mortal. adj. 'Que ha de morir o sujeto a la muerte' (*seres **mortales***). Ú. m. c. sust. m. pl.: **los mortales**. 'Que ocasiona o puede ocasionar muerte espiritual o corporal' (*arma **mortal***); 'aplícase a aquellas pasiones que mueven a desear la muerte de otro' (*odio **mortal***); 'que tiene apariencias de muerto' (*Se quedó **mortal** del terror*); 'fatigoso' (*Caminó seis kilómetros **mortales***); 'decisivo, concluyente' (*pruebas **mortales***).

mortalidad. sust. f. 'Cualidad de mortal'; 'número proporcional de defunciones en población o tiempo determinados' (*La **mortalidad** infantil ascendió este año*). No debe confundirse su denotación con la de **mortandad**. → **mortandad, morbilidad**

mortandad. sust. f. 'Multitud de muertes causadas por epidemia, cataclismo, peste o guerra' (*Escribe un ensayo sobre la **mortandad** en el mundo*). No debe confundirse su denotación con la de **mortalidad**. → **mortalidad, morbilidad**

mortero. sust. m. 'Utensilio a manera de vaso que sirve para machacar en él especias, semillas, drogas, etc.'; 'pieza de artillería'. Diminutivos: **morterete** y **morteruelo**.

mortificar. v. tr. Ú. t. c. prnl. 'Dañar gravemente alguna parte del cuerpo'; 'domar las pasiones castigando el cuerpo'; 'afligir'. Rég. prep.: **mortificarse con** (***Se mortificaba con** azotes*). Su postverbal es **mortificación** (sust. f.). → **sacar**

mortinato, ta. adj. 'Dícese de la criatura que nace muerta'. Ú. t. c. sust. m. y f.: **el mortinato, la mortinata**.

mortuorio, ria. adj. 'Perteneciente o relativo al muerto o a las honras fúnebres' (*casa **mortuoria***). sust. m. 'Preparativos para enterrar a los muertos': **el mortuorio**.

morugo, ga. adj. 'Dícese de la persona taciturna'. Ú. t. c. sust. m. y f.: **el morugo, la moruga**.

mosaico, ca. adj. → **moisés**. Su homónimo (adj. Ú. t. c. sust. m.) 'se aplica a la obra taraceada de piedras o vidrios, generalmente de varios colores'. sust. m. 'Organismo formado por dos o más clases de tejidos genéticamente distintos'; 'enfermedad de las plantas causada por virus': **el mosaico**.

mosaiquista. sust. com. 'Fabricante de mosaicos'; 'persona que tiene por oficio revestir superficies con mosaicos': **el mosaiquista**, **la mosaiquista**. Es voz recién incorporada en el ***Diccionario***.

mosca. sust. f. 'Insecto'. Diminutivo: **mosquita**. Para distinguir los sexos, debe recurrirse a las perífrasis **mosca macho**, **mosca hembra**. Los sustantivos colectivos son **mosquerío** (m.), 'muchedumbre de moscas' y **mosquero** (m. Amér.), 'hervidero o abundancia de moscas'. Una 'especie de mosca zumbadora' se denomina **moscardón** (sust. m.) o **moscarrón** (sust. m. fam.). La voz **mosca** es, también, el 'pelo que nace al hombre entre el labio inferior y el comienzo de la barba'; 'pequeña mancha negra'; 'moneda corriente'; 'bienes'; 'persona molesta'; 'desazón'. En plural, 'chispas que saltan de la lumbre': **las moscas**. **cazar moscas**. fr. fig. y fam. 'Ocuparse en cosas inútiles' (*No hace tareas provechosas, sólo **caza moscas***). **mosca** o **mosquita muerta**. fig. y fam. 'Persona de ánimo o de genio apagado, pero que no pierde la ocasión de su provecho' (*El cadete parecía una **mosca** o **mosquita muerta***); **papar moscas**. fr. fig. y fam. 'Estar con la boca abierta' (***Vive papando moscas***). **por si las moscas**. fr. fig. y fam. 'Por si acaso' (*Se lo escribiré, **por si las moscas***). **qué mosca te ha** o **le habrá picado**. loc. con que se 'inquiere la causa de un malestar, mal humor, desazón, etc.' (*Hoy llegó muy serio; **¿qué mosca le habrá picado?***). El adjetivo correspondiente es **mosquil**, 'perteneciente o relativo a la mosca'.

moscar. v. tr. 'Hacer una muesca'. → **sacar**

moscatel. adj. (*uva **moscatel***). Voz catalana (*moscatell*) españolizada. 'Aplícase al viñedo que produce esta clase de uva' (*viñedos **moscateles***); 'dícese del vino que se elabora con ella' (*vino **moscatel***). Ú. t. c. sust. m. y f.: **el moscatel, la moscatel**. Su homónimo (sust. m. fig. y fam.) denota 'adolescente muy crecido'; 'tonto' (*Horacio es un **moscatel***).

moscón. sust. m. 'Especie de mosca algo mayor que la común y con las alas manchadas de rojo'; 'especie de mosca zumbadora, de un centímetro de largo'. Para distinguir los sexos, debe recurrirse a las perífrasis **moscón macho, moscón hembra**. Repárese en que el sustantivo **moscona** no es el femenino de **moscón**, pues posee otro significado: 'mujer desvergonzada'. 'Arce, árbol'; 'pájaro' (*pájaro moscón*); 'hombre molesto, especialmente en sus pretensiones amorosas'; 'persona impertinente' (*Roberto es un **moscón***). Es palabra aguda. En plural, se transforma en grave: **moscones**.

mosconear. v. tr. 'Importunar'. v. intr. 'Porfiar para lograr un propósito fingiendo ignorancia'. No debe pronunciarse [mosconiar, mosconié]. Su postverbal es **mosconeo** (sust. m.). → **-ear**

mosquear. v. tr. Ú. t. c. prnl. 'Ahuyentar las moscas' (***Mosqueaba** con un plumero*); 'responder y contradecir uno resentido y como picado por algo'. v. prnl. 'Enfadarse' (*Se **mosqueó** con el insulto de su amigo*). No debe pronunciarse [mosquiar, mosquié]. Su participio es **mosqueado, da** (adj.). Su postverbal, **mosqueo** (sust. m.). → **-ear**

mosquetero. sust. m. 'Soldado armado de mosquete'; 'en los antiguos corrales de comedias, el que las veía de pie, desde la parte posterior del patio'. El sustantivo colectivo es **mosquetería** (f.), 'tropa de mosqueteros' y 'en los antiguos corrales de comedias, conjunto de mosqueteros'.

mosquitero. sust. m. 'Colgadura de cama hecha de gasa, para impedir que los mosquitos piquen o molesten'. También puede decirse **mosquitera** (sust. f.), pero la Academia prefiere la primera forma.

mosquito. sust. m. 'Insecto'. Para distinguir los sexos, debe recurrirse a las perífrasis **mosquito macho, mosquito hembra**. → **zancudo**

mostacera. sust. f. 'Frasco en que se prepara y sirve la mostaza para la mesa'. También puede decirse **mostacero** (sust. m.), pero la Academia prefiere la primera forma.

mostaza. sust. f. 'Planta'; 'semilla de esta planta'; 'salsa que se hace de esta semilla'; 'perdigón pequeño'. Diminutivo: **mostacilla**. El sustantivo colectivo es **mostazal** (m.), 'terreno poblado de mostaza'. **subírsele** a uno **la mostaza a las narices**. fr. fig. y fam. 'Enojarse' (***Se le subió la mostaza a las narices** y dijo lo que no debía decir*).

mostear. v. intr. Ú. t. c. tr. 'Destilar las uvas el mosto'; 'echar el mosto en las tinajas'; 'echar mosto en el vino añejo'. No debe pronunciarse [mostiar, mostié]. → **-ear**

mosto. sust. m. 'Zumo exprimido de la uva, antes de fermentar y hacerse vino'. Diminutivo: **mostillo**.

mostrador, ra. adj. 'Que muestra' (*dedo **mostrador***). Ú. t. c. sust. m. y f.: **el mostrador, la mostradora**. sust. m. 'Mesa que hay en las tiendas para presentar la mercadería' (*La empleada puso el vestido sobre el **mostrador***); 'especie de mesa que, en bares, cafeterías y otros establecimientos, se usa para poner sobre ella lo que piden los clientes' (*En el **mostrador**, había dos copas y una botella de champán*); 'dispositivo destinado a hacer visible la información que da un aparato de medida' (*Miró en el **mostrador** el peso exacto de la bolsa de café*). Es palabra aguda. En plural, se transforma en grave: **mostradores**.

mostrar. v. irreg. tr. 'Poner a la vista algo' (***Muestre** las manos*); 'explicar, dar a conocer algo' (***Mostró** las consecuencias de la enfermedad*); 'hacer patente un afecto' (***Muestra** amor por el prójimo*); 'dar a entender con las acciones una calidad del ánimo' (***Muestras** fortaleza*). v. prnl. 'Portarse uno de cierta manera' (***Se muestra** afable con todos*). Su postverbal es **mostración** (sust. f.). Se conjuga como **sonar**.

mostrenco, ca. adj. (*bienes **mostrencos***). fig. y fam. 'Que no tiene hogar o amo conocido' (*adolescente **mostrenco***). fig. y fam. 'Ignorante o tardo en aprender' (*niñas **mostrencas***). fig. y fam. 'Dícese del sujeto muy gordo y pesado'. Ú. t. c. sust. m. y f.: **el mostrenco, la mostrenca**.

mote. sust. m. 'Símbolo de los antiguos caballeros'; 'apodo' (*Lo conocían con el **mote** de "Colorado"*). Argent., Chile y Perú. 'Error gramatical en un escrito o modo de hablar defectuoso' (*Corregí varios **motes** en tu redacción*). Su homónimo (sust. m.) denota 'maíz desgranado y cocido con sal, que se emplea como alimento en algunas partes de América' y, en Chile, 'guiso o postre de trigo'.

motear. v. tr. 'Salpicar de motas una tela'. No debe pronunciarse [motiar, motié]. → **-ear**

motejador, ra. adj. 'Que moteja'. Ú. t. c. sust. m. y f.: **el motejador, la motejadora**.

motejar. v. tr. 'Censurar las acciones de uno con motes o apodos'. Rég. prep.: **motejar de** (*La **motejó de** chismosa*). Su postverbal es **motejo** (sust. m.).

motel. sust. m. Voz inglesa (*motel*, de *motorists' hotel*) españolizada. 'Establecimiento público, situado fuera de los núcleos urbanos, en el que se da alojamiento y se albergan los automóviles de paso'. Es palabra aguda. No debe pronunciarse [mótel]. En plural, se transforma en grave: **moteles**.

motín. sust. m. 'Rebelión'. Es palabra aguda. En plural, se transforma en grave: **motines**.

motivado, da. p. de **motivar**. Incorrecto: *No realizará el viaje, motivado a que no consiguió pasaje*. Correcto: *No realizará el viaje,* **debido a** (**porque, a causa de**) *que no consiguió pasaje*.

motivar. v. tr. 'Dar motivo para algo'. Rég. prep.: **motivar con** (***motivar con** buenos consejos*). Su postverbal es **motivación** (sust. f.).

motivo, va. adj. 'Que mueve o tiene eficacia para mover'. sust. m. 'Causa o razón que mueve para algo' (*El **motivo** de mi visita es tu ingreso en la nueva escuela*); 'en las bellas artes, tema o asunto de una composición' (*Siempre pintaba el mismo **motivo***). **de** mi, tu, su, nuestro, vuestro **motivo propio**. loc. adv. 'Con resolución o intención libre y voluntaria' (*Lo hizo **de su motivo propio***). Esta locución equivale a la latina **motu proprio**. → **motu proprio**

moto-. elem. compos. de or. lat. 'Movido por motor' (***moto**pesquero, **moto**velero*).

motocicleta. sust. f. En plural: **motocicletas**. Incorrecto: *motoscicletas*. Su abreviación es **moto** (sust. f.).

motociclismo. sust. m. 'Deporte de los aficionados a correr en motocicleta'. Es voz recién incorporada en el ***Diccionario***.

motociclista. sust. com. 'Persona que conduce una motocicleta': **el motociclista, la motociclista**. En plural: **los motociclistas, las motociclistas**. Incorrecto: *los motosciclistas, las motosciclistas*.

♦ **motocross.** Voz compuesta del francés *moto(cyclette)* y del inglés *cross(-country)*, 'a campo traviesa'. En español, debe decirse **carrera en motocicleta a campo traviesa**. Si se usa la palabra extranjera, debe entrecomillarse.

motonave. sust. f. 'Nave con motor'. En plural: **motonaves**. Incorrecto: *motosnaves*.

motor, ra. adj. 'Que mueve' (*fuerza **motora***). Su femenino es, también, **motriz** (*causa **motriz***). Incorrecto: *impulso motriz*. Correcto: *impulso **motor***. Ú. t. c. sust. m. (*La voluntad es el **motor** de su trabajo*). sust. m. 'Máquina que produce movimiento a expensas de otra fuente de energía' (***motor** eléctrico*). **motor Diesel**. 'El de explosión'; se llama así por el nombre de su inventor. → **Diesel**. **motor fuera borda, fuera bordo, fuera de borda** o **fuera de bordo**. 'Pequeño motor provisto de una hélice' (*Colocó el **motor fuera borda***). **el primer motor**. 'Por antonomasia, Dios'. Por referirse al Creador, debe escribirse con mayúscula (*el **Primer Motor** del universo*).

motorista. sust. com. 'Persona que guía un automóvil y cuida del motor'; 'persona que conduce una motocicleta'; 'persona aficionada al motorismo': **el motorista, la motorista**.

motorizar. v. tr. Ú. t. c. prnl. 'Dotar de medios mecánicos de tracción o de transporte a un ejército, industria, etc.'. Su postverbal es **motorización** (sust. f.). → **cazar**

motricidad. sust. f. 'Acción del sistema nervioso central, que determina la contracción muscular'. Esta voz no está registrada en el ***Diccionario***. Aparece en el ***Manual*** con el indicador de su falta de sanción oficial.

motudo, da. adj. Argent., Chile, Perú y Urug. 'Dícese del pelo dispuesto en forma de mota y de la persona que lo tiene' (*pelo **motudo**; mujer **motuda***). Ú. t. c. sust. m. y f.: **el motudo, la motuda**. También puede decirse **motoso, sa** (adj. Ú. t. c. sust. m. y f.), pero la Academia prefiere la primera forma.

motu proprio. loc. adv. lat. 'Voluntariamente' (*Entregó el documento **motu proprio***). Incorrecto: *Entregó el documento motu propio, de motu propio* o *de motu proprio, por motu propio* o *por motu proprio*.

movedor, ra. adj. 'Que mueve' (*máquina **mo-***

vedora). Ú. t. c. sust. m. y f.: **el movedor, la movedora.**

mover. v. irreg. tr. Ú. t. c. prnl. Rég. prep.: **mover a**, 'causar, ocasionar' (***mover a** compasión*; ***mover a** risa*); **mover** o **moverse a** (***mover** o **moverse a** trabajar*); **mover** o **moverse de** una parte **a** otra (***mover** o **moverse de** Chile **a** la Argentina*). El participio activo es **moviente** (adj.), 'que mueve o se mueve'. Su postverbal familiar es **movición** (sust. f.). Se conjuga como **moler**.

móvil. adj. 'Movible' (*cuerpo **móvil***). Ú. t. c. sust. com.: **el móvil, la móvil**. 'Sin estabilidad'. sust. m. 'Lo que mueve una cosa material o moralmente' (*el **móvil** de mi profesión*).

movilizar. v. tr. Ú. t. c. prnl. 'Poner en actividad o movimiento' (***movilizar** tropas*); 'convocar, incorporar a filas, poner en pie de guerra' (***movilizar** a los soldados*). → **cazar**

movimiento. sust. m. El adjetivo que se refiere a tendencias religiosas, literarias, políticas, sociales, estéticas, etc., y que modifica al sustantivo **movimiento**, debe escribirse con minúscula (***movimiento** romántico*; ***movimiento** socialista*; ***movimiento** impresionista*).

mozárabe. adj. Entre otras acepciones, 'dícese del individuo de las minorías hispánicas, que vivió en la España musulmana hasta fines del siglo XI conservando su religión cristiana y su organización eclesiástica y judicial, y la lengua romance'. Ú. t. c. sust. com.: **el mozárabe, la mozárabe**. 'Aplícase a la lengua romance que, contaminada por el árabe, hablaban cristianos y musulmanes en la España islámica' (*lengua **mozárabe***). Ú. t. c. sust. m.: **el mozárabe**.

mozarabismo. sust. m. 'Rasgo lingüístico peculiar de los mozárabes'; 'elemento artístico típico del arte mozárabe'. Como sustantivo colectivo, denota el 'conjunto de caracteres socioculturales de la mozarabía o gente mozárabe'.

mozo, za. adj. 'Joven' (*mujer **moza***); 'soltero'. Ú. t. c. sust. m. y f.: **el mozo, la moza**. Diminutivos: **mocito, mocita**; **mozalbete**; **mozalbillo**; **mozuelo, mozuela**. Aumentativos: **mozarrón, mozarrona**. El sustantivo colectivo es **mocerío** (sust. m.), 'conjunto de mozos o de mozas'. El **mocetón** (sust. m.) y la **mocetona** (sust. f.) son 'personas altas y corpulentas'. El **mocito** (adj. y sust. m.) y la **mocita** (adj. y sust. f.), los 'que están en el principio de la mocedad'. El **mozallón** y el **mozancón** (susts. ms.), la **mozallona** y la **mozancona** (susts. fs.), 'personas mozas y robustas'. En la Argentina, se usa en lugar de **camarero**, voz del español general (***Mozo**, traiga un té, por favor*).

mu. 'Onomatopeya con que se representa la voz del toro y de la vaca'. sust. m. 'Mugido' (*el **mu** de la vaca*). En plural: **múes** o **mus**. **no decir ni mu**. fr. fam. 'No decir palabra alguna' (*Cuando se fue el director, **no dijo ni mu***).

muaré. sust. m. → **moaré**

mucamo. sust. m. Voz brasileña españolizada. Argent., Chile, Cuba, Par. y Urug. 'Criado'. Argent. 'En hospitales y hoteles, persona encargada de la limpieza'. Su femenino es **mucama**. También pueden decirse **muchacho** (sust. m.), **muchacha** (sust. f.).

muchachear. v. intr. 'Hacer cosas propias de muchachos' (***Muchacheaban** alegremente*). No debe pronunciarse [muchachiar, muchachié]. → **-ear**

muchacho. sust. m. 'Entre otras denotaciones, niño o niña que no ha llegado a la adolescencia'; 'criado'; fam. 'persona que se halla en la mocedad'. Su femenino es **muchacha**. Diminutivos: **muchachuelo, muchachuela**. A pesar de que la Academia aclara que se usa también como adjetivo, ese empleo no es común en la Argentina. Los sustantivos colectivos son **muchachada** (f.) y **muchachería** (f.); la Academia prefiere el primero. El 'estado y propiedades de muchacho' es la **muchachez** (plural: **muchacheces**). El adjetivo correspondiente es **muchachil**, 'propio de muchachos' (*aventuras **muchachiles***).

muchedumbre. sust. f. colect. 'Abundancia y multitud de personas o cosas' (*una **muchedumbre** de mujeres*; *una **muchedumbre** de cuadernos*). También puede decirse **multitud** (sust. f. colect.). → **multitud**

mucho, cha. adj. 'Abundante, numeroso' (***mucho** pan*; ***mucha** gente*). adv. c. 'Con abundancia, en gran número' (*Habla **mucho***; *Ha viajado **mucho***). Denota 'larga duración' cuando se lo usa con verbos expresivos de tiempo (*¡Tardó **mucho** en resolverlo!*). Repárese en que, como adverbio, es invariable. Se antepone a otros adverbios con valor aumentativo (***mucho** antes*; ***mucho** después*; ***mucho** más*; ***mucho** menos*). Cumple la función de adjetivo cuando precede a **más** y a **menos**, y a éstos sigue un sustantivo; en este caso, debe concordar con el sustantivo en género y en número (*¿Comerá **mucha más fruta**?*; *Vio **muchos menos peces** en el acuario*). Incorrecto: *Esos colores dan mucho más alegría al cuadro*. Correcto: *Esos colores dan **mucha más alegría** al cuadro*. Se apocopa cuando precede a adjetivos (*cielo **muy azul***; *mujer **muy hermosa***), a otros adverbios (*Se vistió **muy sobriamente***; *Escribe **muy bien***) o a vocablos y frases que actúen como adjetivos o como adverbios (*Demostró ser **muy hombre***; *Partieron **muy de prisa***). No se apocopa cuando precede a **antes**, **después**, **más**, **menos**, **mayor**, **menor**, **mejor**, **peor**. Incorrecto: *Se fue muy antes*; *Juan es muy mayor que tú*. Correcto: *Se fue **mucho antes***; *Juan es **mucho mayor** que tú*. También es incorrecto el uso de **muy + un adjetivo o un adverbio en grado superlativo**: *Estos bombones son muy riquísimos*; *Tu pueblo está muy lejísimos*. Correcto: *Estos bombones son **muy ricos** o **riquísimos***; *Tu pueblo está **muy lejos** o **lejísimos***). **ni con mucho**. loc. adv. que denota 'la gran diferencia que hay de una cosa a otra' (*Las calificaciones de Silvia no se parecen **ni con mucho** a las de Irene*). **ni mucho menos**. loc. adv. 'Se niega algo o se encarece su inconveniencia' (*No sigas sus consejos **ni mucho menos***). **por mucho que**. loc. conjunt. 'Por más que' (***Por mucho que** grite, no le daré la razón*).

mucilago. sust. m. 'Sustancia viscosa que contienen algunas plantas'. También puede decirse **mucílago**, pero la Academia prefiere la primera forma.

mucoso, sa. adj. 'Semejante al moco' (*secreción **mucosa***); 'que tiene mucosidad o la produce' (*membrana **mucosa***). Ú. t. c. sust. f.: **la mucosa**. No debe confundirse su denotación con la de **mocoso, sa** (adj. Ú. t. c. sust. m. y f.). → **mocoso**

muda. sust. f. Entre otras denotaciones, 'acción de mudar una cosa' (***muda** de vestido*); 'tiempo de mudar las aves sus plumas'; 'acto de mudar la pluma o la piel ciertos animales'. Es sustantivo colectivo con la denotación de 'conjunto de ropa –normalmente la interior– que se muda de una vez' (*Llevaba tres **mudas** en su maleta*).

mudadora. sust. f. Argent. 'Empresa encargada de transportar los muebles y enseres cuando se realiza una mudanza'. Esta voz no está registrada en el ***Diccionario***, pero la A.A.L. ha recomendado su incorporación.

mudanza. sust. f. Con la denotación de 'traslación que se hace de una casa o de una habitación a otra', también puede decirse **mudada** (sust. f. And. y Amér.). **hacer mudanza** o **mudanzas**. fr. fig. 'Portarse con inconsecuencia' (*No confíes en lo que te dice hoy, pues siempre **hace mudanza** o **mudanzas***); 'ser inconstante en amores' (*No hay muchacha que le agrade; **vive haciendo mudanza** o **mudanzas***).

mudar. v. tr. 'Cambiar una persona o cosa el aspecto, la naturaleza, el estado, el lugar, etc.' (*La actriz **mudó** su cara*; *Mi hermana **mudará** casa*; *El ave ya **mudó** las plumas*). Ú. t. c. intr. Rég. prep.: **mudar a** (***mudar** la computadora **a** otra oficina*); **mudar de** (***mudar de** intento*; ***mudar de** rumbo*; ***mudar de** idea*; ***mudar de** empleo*; ***mudar de** parecer*; ***mudar de** dictamen*); **mudar en** (***mudar** el blanco **en** negro*); **mudarse de** (***mudarse de** camisa*; ***mudarse de** departamento*; ***mudarse de** afectos*). En su reemplazo, también puede usarse **mutar** (v. tr. Ú. t. c. prnl.) con las denotaciones de 'transformar' y de 'remover o apartar de un empleo'. Sus postverbales son **mudanza** (sust. f.) y **mutación** (sust. m.).

mudéjar. adj. 'Dícese del musulmán a quien se permitía seguir viviendo entre los vencedores cristianos, sin mudar de religión' (*hombre **mudéjar***). Ú. t. c. sust. m. y f.: **el mudéjar, la mudéjar**. 'Perteneciente o relativo a los mudéjares' (*costumbre **mudéjar***); 'dícese del estilo arquitectónico que floreció en España desde el siglo XIII hasta el XVI' (*arte **mudéjar***). Es palabra grave. En plural, se transforma en esdrújula: **mudéjares**.

mudez. sust. f. 'Imposibilidad física de hablar'. Es palabra aguda. En plural, se transforma en grave: **mudeces**. Repárese en que la **z** cambia por **c**.

mudo, da. adj. (*niño **mudo***). Ú. t. c. sust. m. y f.: **el mudo, la muda**.

mueblaje. sust. m. También puede decirse **moblaje** (sust. m.), pero la Academia prefiere **mobiliario** (sust. m.). → **mobiliario**

mueblar. v. tr. Pueden decirse, también,

amoblar (v. irreg. tr.) y **amueblar** (v. tr.), pero la Academia prefiere esta última voz.

mueble. sust. m. El sustantivo colectivo es **mobiliario** (m.), 'conjunto de muebles de una casa'.

mueblista. sust. com. 'Persona que hace o vende muebles': **el mueblista, la mueblista**. La Academia no registra **mueblero**, voz de uso común en la Argentina y de correcta formación. Ú. t. c. adj. (*obrero **mueblista***).

muecín. sust. m. 'Musulmán que, desde el alminar, convoca en voz alta al pueblo para que acuda a la oración'. Voz francesa (*muezzin*) españolizada. Es aguda. En plural, se transforma en grave: **muecines**. También pueden decirse **almuecín** (sust. m.) y **almuédano** (sust. m.); la Academia prefiere la primera voz y la última.

muela. sust. f. Diminutivo: **moleta**.

muera. sust. f. 'Sal de cocina'. No debe confundirse su denotación con la de **salmuera** (sust. f.), 'agua cargada de sal'; 'agua que sueltan las cosas saladas'. Incorrecto: *Ya le puse salmuera a la carne*. Correcto: *Ya le puse **muera** (o sal) a la carne*.

muerte. sust. f. 'Término de la vida'. **a muerte**. loc. adj. o adv. 'Hasta conseguir la muerte o la destrucción de una de las partes' (*duelo **a muerte**; guerra **a muerte**; luchar **a muerte***). **a muerte** o **de muerte**. loc. adv. 'Implacablemente, con ferocidad'; se usa con los verbos **aborrecer**, **odiar**, **perseguir** (***aborrecer a muerte** o **de muerte**; **odiar a muerte** o **de muerte**; **perseguir a muerte** o **de muerte***). La Academia considera que se usa poco la locución adverbial **de muerte** con la denotación de 'implacablemente'. Sí, es común su empleo como locución adjetiva que modifica a los sustantivos **disgusto**, **dolor**, **susto**, etc. (***disgusto de muerte**; **dolor de muerte**; **susto de muerte***). **a muerte o a vida** o **a vida o muerte**. locs. advs. (*Lo encarcelará **a muerte o a vida** o **a vida o muerte***). **dar muerte**. fr. 'Matar' (*Tres hombres le **dieron muerte** en el campo*). **de mala muerte**. loc. adj. 'De poco valor o importancia' (*Desempeña un cargo **de mala muerte***). **estar a la muerte**. fr. 'Hallarse en peligro inminente de morir' (*Su madre **está a la muerte***). **hasta la muerte**. loc. que denota 'la decisión de ejecutar algo y permanecer constante' (*Defenderé mis ideas **hasta la muerte***). **luchar con la muerte**. fr. fig. 'Agonizar' (*El anciano **luchaba con la muerte***). **sentir de muerte**. fr. 'Sumo sentimiento o dolor' (***Siento de muerte** lo que ha ocurrido*). **ser** algo **una muerte**. fr. fig. y fam. 'Ser en extremo molesto' (*Este señor **es una muerte***). Es incorrecta, en español, la frase *¡Muerte al enemigo!* (traducción errónea del inglés). Correcto: ***¡Muera el enemigo!***

muerto, ta. p. irreg. de **morir**. Se usa cuando alguien muere de muerte natural (*Ha **muerto** el viejo maestro*) o por otra causa que no sea el suicidio (*Los ladrones fueron **muertos** por la policía*). Respecto del suicidio, se emplea el verbo **matar** (v. tr. Ú. t. c. prnl.): *Se ha **matado** el presidente de la empresa*. → **matar**. Puede usarse con significación transitiva, como si procediese del verbo **matar** (*Han **muerto** varias perdices*). adj. 'Que está sin vida' (*mujer **muerta***); 'apagado' (*colores **muertos***); 'marchito' (*flores **muertas***); 'muy fatigado' (*Después de la caminata, quedé **muerto***). Apl. a pers., ú. t. c. sust. m. y f.: **el muerto, la muerta**. Diminutivos: **muertecito, muertecita. echarle** a uno **el muerto**. fr. fig. 'Atribuirle la culpa de algo' (*Pedro inició la pelea, y le **echaron el muerto** a Carlos*). **estar muerto** por alguien. fr. fig. y fam. 'Amarlo con vehemencia' (*Damián **estaba muerto** por Clara*). **hacer el muerto**. fr. fig. 'Dejarse flotar tendido de espaldas sobre el agua' (*Le gustaba **hacer el muerto** en la piscina*). **hacerse** uno **el muerto**. fr. fig. 'Permanecer inactivo o silencioso, para pasar inadvertido' (*Cuando disparó el ladrón, **se hizo el muerto***). **levantar un muerto**. fr. fig. 'Cobrar alguien, en el juego, una apuesta que no ha hecho'. **más muerto que vivo**. loc. 'Privado de acción vital'; se usa con los verbos **estar**, **parecer**, **quedarse**, etc. (*Con la noticia, **se quedó más muerto que vivo***). **ni muerto ni vivo**. loc. ponderativa que denota que 'una persona o cosa no aparece, por más diligencias que se han hecho para encontrarla' (*No lo encontraron **ni muerto ni vivo***). **ser un muerto de hambre**. fr. fig. y despect. 'Ser un miserable, un mezquino' (*Nunca tiene dinero; **es un muerto de hambre***).

muesca. sust. f. 'Concavidad o hueco que se hace en una cosa para encajar otra'; 'corte que se le hace al ganado vacuno en la oreja para que sirva de señal'. Con la primera denotación, también puede decirse **mortaja** (sust. f.).

muestra. sust. f. El sustantivo colectivo es **muestrario** (m.). Es un anglicismo o un italianismo usar esta voz como sinónimo de **certamen**, **exhibición**, **exposición**, **feria**, **festival**, etc.: *muestra pictórica*. Correcto: ***exposición** pictórica*.

muestreo. sust. m. 'Acción de escoger muestras representativas de la calidad o condiciones medias de un todo'; 'técnica empleada para esta selección'. La Academia ha incorporado recientemente este significado: 'Selección de una pequeña parte estadísticamente determinada, utilizada para inferir el valor de una o varias características del conjunto' (***muestreo** de minerales*).

mugir. v. intr. 'Emitir su voz el toro o la vaca' (*Las vacas **mugían***); 'producir gran ruido el viento o el mar' (***Muge** el viento en las cumbres*); 'manifestar la ira con gritos' (*Espero que hoy el jefe no **muja***). Incorrecto: *mugo, muga, mugas*, etc. Correcto: ***mujo, muja, mujas***, etc. → **dirigir**

mugre. sust. f. 'Suciedad'. Incorrecto: *el mugre*. El adjetivo correspondiente es **mugriento, ta**, 'lleno de mugre'. También puede decirse **mugroso, sa** (adj.), pero la Academia prefiere la primera forma.

mugrón. sust. m. 'Sarmiento que, sin cortarlo de la vid, se entierra para que arraigue y produzca nueva planta'; también puede decirse **morgón** (sust. m.). 'Vástago de otras plantas'.

muguete. sust. m. Voz francesa (*muguet*) españolizada. 'Planta vivaz de la familia de las liliáceas'. En plural: **muguetes**. No debe pronunciarse [muguet, muguets] como en francés.

mujer. sust. f. Diminutivos: **mujercilla, mujerzuela**. Aumentativo: **mujerona**. Despectivo: **mujeruca**. Los sustantivos colectivos son **mujerío** (m.) y **mujeriego** (m.), 'conjunto de mujeres'. Incorrecto: *mujererío*. La forma masculina correspondiente es **hombre** (sust. m.). Son expresiones correctas: **mujer de edad; mujer de mala vida; mujer de mal vivir; mujer de su casa; mujer fatal; mujer mayor; mujer mundana, perdida** o **pública**. **ser mujer**. fr. 'Haber llegado una joven a estado de menstruar'. **tomar mujer**. fr. 'Contraer matrimonio con ella'.

mujeriego, ga. adj. 'Perteneciente o relativo a la mujer' (*caprichos **mujeriegos***). Con esta denotación, también puede decirse **mujeril** (adj.). 'Dícese del hombre dado a mujeres' (*Valentín es un muchacho **mujeriego***). Ú. t. c. s. m. (*Valentín es un **mujeriego***). Como sustantivo masculino colectivo, denota 'grupo o conjunto de mujeres' (*Su tío se deleitaba con ese **mujeriego***). **a la mujeriega** o **a mujeriegas**. locs. advs. 'Modo de cabalgar de las mujeres, sentadas en la silla' (*La joven cabalgaba **a la mujeriega** o **a mujeriegas***).

muladar. sust. m. 'Lugar donde se echa el estiércol o la basura de las casas'; 'lo que ensucia material o moralmente'. También puede decirse **muradal** (sust. m.), pero la Academia prefiere la primera forma.

muladí. adj. 'Dícese del cristiano español que, durante la dominación de los árabes en España, abrazaba el islamismo y vivía entre los musulmanes'. Ú. t. c. sust. com.: **el muladí, la muladí**. En plural: **muladíes** y **muladís**.

mulatizar. v. intr. 'Tener el color del mulato'. → **cazar**

mulato, ta. adj. 'Aplícase a la persona que ha nacido de negra y blanco, o al contrario' (*gente **mulata***); 'de color moreno'. Ú. t. c. sust. m. y f.: **el mulato, la mulata**.

mulero. sust. m. 'El encargado de cuidar las mulas'. La Academia no registra el género femenino. También puede decirse **mulatero** (sust. m.). 'El que alquila mulas' es el **muletero** (sust. m.). Con esta última denotación, también se usa **mulatero**.

muletilla. sust. f. Es diminutivo de **muleta**. Tiene, entre otras acepciones, la de 'palabra o frase que se repite mucho por hábito' (*Usa "bueno" y "viste" como **muletillas***). Debe evitarse el uso de muletillas, pues implica pobreza léxica. 'El que usa muletillas' se llama **muletillero** (sust. m.). Su femenino es **muletillera**.

muletón. sust. m. 'Tela gruesa, suave y afelpada'. Incorrecto: *moletón*. Es palabra aguda. En plural, se transforma en grave: **muletones**.

mulita. sust. f. Voz no registrada en el *Diccionario*. La A.A.L. recomienda su inclusión con los siguientes significados: 'Armadillo pequeño, tímido y asustadizo, de hocico prolongado y orejas largas echadas hacia atrás. Su carne es apreciada por la gente de campo'. adj. rur. fig. 'Falto de ánimo o cobarde'.

mullidor, ra. adj. 'Que mulle'. Ú. t. c. sust. m. y f.: **el mullidor, la mullidora**.

mullir. v. tr. 'Esponjar una cosa para que esté blanda'. El participio es **mullido, da** (*colchón* ***mullido***). sust. m. 'Cosa blanda que se puede mullir y sirve para rellenar colchones, asientos, etc.': **el mullido**. sust. f. 'Montón de juncos, paja, etc., que sirve para cama del ganado': **la mullida**. → **bruñir**

mulo. sust. m. 'Hijo de caballo y burra o de asno y yegua; casi siempre estéril'. Su femenino es **mula**. Los sustantivos colectivos son **mulada** (f.) y **muletada** (f.); también puede decirse **piara de ganado mular**. **ser** alguien **un mulo de carga**. fr. fig. y fam. 'Ser el encargado de los trabajos pesados' (*Don Cosme* ***es un mulo de carga***; *Esa mujer* ***era un mulo de carga***). El 'mulo pequeño' se llama **muleto** (sust. m.) o **muleta** (sust. f.). El adjetivo correspondiente es **mular**, 'perteneciente o relativo al mulo o a la mula'.

multar. v. tr. 'Imponer a alguien una multa'. Rég. prep.: **multar en** (***multar en*** *trescientos pesos*); **multar por** (***multar por*** *falta de pago*).

multi-. elem. compos. de or. lat. 'Muchos' (***multicolor, multifamiliar, multiforme***).

multicopiar. v. tr. 'Reproducir en copias mediante multicopista o fotocopiadora'. También puede decirse **fotocopiar** (v. tr.). Su postverbal es **multicopiado** (sust. m.). Se conjuga, en cuanto al acento, como **cambiar**.

multicopista. adj. 'Dícese de la máquina que reproduce textos en numerosas copias' (*máquina* ***multicopista***). Ú. t. c. sust. f.: **la multicopista**. También pueden decirse **copiador** (sust. m.), **fotocopiadora** (sust. f.). y **policopia** (sust. f.). En Méjico y en Venezuela, **multígrafo** (adj. Ú. m. c. sust. m.).

multifamiliar. adj. Amér. 'Dícese del edificio de varios pisos, con numerosos departamentos' (*edificio* ***multifamiliar***). Ú. t. c. sust. m.: **el multifamiliar**.

♦ **multimedia.** Anglicismo. adj. 'Que está destinado a la difusión por varios medios de comunicación' (*programa "multimedia"*). sust. m. 'La comunicación de información en más de una forma; incluye el uso de texto, sonido, gráficos, animación de gráficos y vídeo' (*El mundo del "multimedia" atrae a los jóvenes*). En plural, no varía: sistemas "multimedia"; los "multimedia". Esta palabra no está registrada en el ***Diccionario***. Si se usa, debe entrecomillarse. Sin duda, deriva de la forma neutra plural (*-media*) del vocablo latino *-medium*. Por esta causa, en español debe decirse **multimedios**.

multinacional. adj. 'Perteneciente o relativo a muchas naciones' (*acuerdo* ***multinacional***). sust. f. 'Sociedad mercantil o industrial, cuyos intereses y actividades se hallan establecidos en muchos países' (*Trabaja en una* ***multinacional***). Es palabra aguda. En plural, se transforma en grave: **multinacionales**. Incorrecto: *multisnacionales*. Es voz recién incorporada en el ***Diccionario***.

multíparo, ra. adj. 'Dícese de las ramificaciones, tallos, inflorescencias, etc., cuando nacen varios en un mismo nivel'. Esta voz no está registrada en el ***Diccionario***. Aparece en el ***Manual*** con el indicador de su falta de sanción oficial. No debe confundirse su significado con el de **multípara** (adj.), 'dícese de las hembras que tienen varios hijos de un solo parto'; 'dícese de la mujer que ha tenido más de un parto' (*Esa mujer, que tiene seis hijos, es* ***multípara***).

múltiple. adj. 'Vario' (***múltiples*** *condiciones*). También puede decirse **multíplice** (adj.), pero es poco frecuente.

multiplicador, ra. adj. 'Que multiplica'. Ú. t. c. sust. m. y f.: **el multiplicador, la multiplicadora**.

multiplicar. v. tr. Ú. t. c. prnl. y, a veces, c. intr. Su postverbal es **multiplicación** (sust. f.). → **sacar**

multiplicativo, va. adj. 'Que multiplica'; 'múltiplo'. Ú. t. c. sust. m. y f.: **el multiplicativo, la multiplicativa**.

multiplicidad. sust. f. 'Cualidad de múltiple'. Como sustantivo colectivo, denota 'multitud, abundancia excesiva de hechos, especies o individuos' (***multiplicidad*** *de niños*).

múltiplo, pla. adj. 'Dícese de los adjetivos o sustantivos numerales que expresan multiplicación' (*"Cuádruple" es un adjetivo* ***múltiplo***); 'dícese del número o cantidad que contiene a otro u otra varias veces exactamente' (*"Doce" es un* *número* ***múltiplo***; *Escriba cantidades* ***múltiplas***). Ú. t. c. sust. m.: **el múltiplo**. También puede decirse **multiplicativo, va**. → **multiplicativo**

multitud. sust. f. colect. 'Número grande de personas o cosas' (***multitud*** *de turistas*); 'vulgo' (*Así lo dice la* ***multitud***). Con la primera denotación, también puede decirse **muchedumbre** (sust. f. colect.). El adjetivo correspondiente es **multitudinario, ria**, 'que forma multitud'; 'propio o característico de las multitudes' (*manifestación* ***multitudinaria***). → **muchedumbre**

multivisión. sust. f. 'Sistema de proyección simultánea de diapositivas sobre varias pantallas'. Es palabra aguda. En plural, se transforma en grave: **multivisiones**. Ha sido recién incorporada en el ***Diccionario***.

mundial. adj. 'Perteneciente o relativo a todo el mundo' (*campaña* ***mundial*** *contra el hambre*). sust. m. 'Campeonato en que pueden participar todas las naciones del mundo' (*Ganaron el* ***mundial*** *de fútbol*). Incorrecto: <u>*Mundial-94*</u>. Correcto: ***Mundial 94***. Es palabra aguda. En plural, se transforma en grave: **mundiales**. Esta última denotación ha sido recién registrada por la Academia.

mundillo. sust. m. Diminutivo de **mundo**. Como sustantivo colectivo, denota 'conjunto limitado de personas que tienen una misma posición social, profesión o quehacer' (*Marta pertenece a ese* ***mundillo***).

mundo. sust. m. colect. 'Conjunto de todas las cosas creadas' (*Dios creó el* ***mundo***); 'la Tierra que habitamos'; 'el género humano'; 'sociedad humana' (*la crisis del* ***mundo***). 'Parte de la sociedad humana, caracterizada por alguna cualidad o circunstancia común a todos sus individuos' (*el* ***mundo*** *cristiano*); 'vida secular' (*Dejó el* ***mundo*** *y se hizo religioso*); 'uno de los enemigos del alma' (*Aléjate del* ***mundo***); 'esfera con que se representa el globo terráqueo'; 'experiencia' (*No tiene* ***mundo***); 'ambiente en el que vive o trabaja una persona' (*el* ***mundo*** *de los negocios*). Diminutivo: **mundillo**. **mundo mayor**. 'Macrocosmo'. → **macrocosmo**. **mundo menor**. 'Microcosmo'. → **microcosmo**. **el Nuevo Mundo**. 'Parte del globo en que están las dos Américas' (*Viene del* ***Nuevo Mundo***). Con esta denotación, se escribe con mayúscula. **tercer mundo**. 'Eufemísticamente, conjunto de los países menos desarrollados económicamente' (*¿Cuántos países pertenecen al* ***tercer mundo***?). Esta acepción ha sido recién incorporada en el ***Diccionario***. **el otro mundo**. 'La otra vida, después de la muerte' (*Ya goza en el* ***otro mundo***). **medio mundo**. loc. fig. y fam. 'Mucha gente' (***Medio mundo*** *asistió a su conferencia*). **todo el mundo**. loc. fig. 'La generalidad de las personas' (***Todo el mundo*** *viaja al Caribe*). **un mundo**. fr. fig. y fam. 'Multitud' (*Lo escuchó* ***un mundo*** *de estudiantes*). **otros mundos**. expr. 'Astros hipotéticamente habitados' (*Esos seres vinieron de* ***otros mundos***). **correr mundo** o **ver mundo**. frs. figs. 'Viajar por muchos países' (*Quiere* ***correr mundo*** *o* ***ver mundo***). **echar al mundo**. fr. 'Parir' (*Eso sucedió cuando tu madre te* ***echó al mundo***); 'producir uno una cosa nueva' (***Echará al mundo*** *su tercera novela*). **echar del mundo** a uno. fr. 'Separarlo del trato y comunicación de las gentes' (***Echaremos del mundo*** *a ese hombre procaz*). **echarse al mundo**. fr. fig. 'Seguir las malas costumbres y los placeres' (*Perdió la vida* ***echándose al mundo***). **irse de este mundo** o **salir** uno **de este mundo**. fr. 'Morirse' (***Se fue de este mundo*** *en 1987*). **no ser nada del otro mundo**. fr. fig. y fam. 'Ser de poco valor' (***Esta tela no es nada del otro mundo***). **por nada del mundo**. loc. adv. fig. y fam. 'Expresa la decisión de no hacer algo' (*No te lo diré* ***por nada del mundo***). **rodar mundo** o **rodar por el mundo**. frs. figs. y fams. 'Caminar por muchas tierras sin determinado motivo y sin fijar residencia' (*Desde muy joven,* ***rueda por el mundo***). **venir** uno **al mundo**. fr. 'Nacer' (*El niño* ***vendrá al mundo*** *en julio*).

municionero. sust. m. 'Persona que abastece de pertrechos y bastimentos al ejército o una plaza'. Su femenino es **municionera**.

municipal. adj. 'Perteneciente o relativo al municipio' (*cargo* ***municipal***). sust. m. 'El que forma parte de la guardia municipal': **el municipal**.

municipalidad. sust. f. 'Ayuntamiento'. Debe escribirse con mayúscula cuando se especifica a qué ciudad pertenece (***Municipalidad*** *de la ciudad de Buenos Aires*). En los demás casos, se usa la minúscula (*¿Cómo funciona una* ***municipalidad***?). También puede decirse **municipio** (sust. m.). → **municipio**

municipalizar. v. tr. 'Convertir en municipal un servicio público que estaba a cargo de una empresa privada' (***Municipalizaron** un museo*). → **cazar**

munícipe. sust. com. 'Vecino de un municipio'; 'concejal': **el munícipe, la munícipe**. En plural: **los munícipes, las munícipes**.

municipio. sust. m. 'Ayuntamiento'; 'término municipal'. Debe escribirse con mayúscula cuando se especifica a qué ciudad pertenece (***Municipio** de la ciudad de Buenos Aires*). En los demás casos, se usa la minúscula (*¿Cómo funciona un **municipio**?*). También puede decirse **municipalidad**. Como sustantivo colectivo, denota 'conjunto de habitantes de un término jurisdiccional, regido por un ayuntamiento'. → **municipalidad**

munificencia. sust. f. 'Generosidad espléndida'; 'liberalidad'. Incorrecto: <u>*munificiencia*</u>, <u>*munifiscencia*</u>.

munificente. adj. 'Que ejerce munificencia'. Incorrecto: <u>*munificiente*</u>, <u>*munifiscente*</u>. También puede decirse **munífico, ca** (adj.), pero la Academia prefiere la primera forma. El superlativo de **munificente** es **munificentísimo, ma**, voz no registrada en el ***Diccionario***; aparece en el ***Manual*** con el indicador de su falta de sanción oficial.

♦ **munir.** Galicismo. En español, corresponde decir **proveer**. Incorrecto: *Preséntese <u>munido</u> del documento nacional de identidad*. Correcto: *Preséntese **provisto** del documento nacional de identidad*.

muñeca. sust. f. → **muñeco. tener muñeca.** fr. fig. La Academia registra este sintagma como regionalismo de Santo Domingo: 'tener mano dura'. La A.A.L. recomienda la inclusión del siguiente significado: fr. fig. y fam. 'Poseer habilidad y sutileza para manejar situaciones diversas' (***Tiene muñeca** para convencerlos*).

muñeco. sust. m. Su femenino es **muñeca**. Diminutivos: **muñequillo, muñequilla**.

muñeira. sust. f. Voz gallega (*muiñeira*) españolizada. 'Baile popular de Galicia' (*Bailaban la **muñeira***); 'son con que se baila'. Incorrecto: <u>*muneira*</u>, <u>*munieira*</u>. Evítese la grafía gallega.

muñequear. v. intr. 'En esgrima, jugar las muñecas meneando la mano'. v. tr. fig. Argent., Bol. y Par. 'Mover influencia para obtener algo' (***Ha muñequeado** tu ascenso*). No debe pronunciarse [muñequiar, muñequié]. → **-ear**

muñequero. sust. m. 'El que se dedica a la fabricación o venta de muñecos'. Su femenino es **muñequera**. sust. f. 'Tira de cuero o de otro material con que se rodea la muñeca' (*El médico le puso una **muñequera***); 'pulsera de reloj'.

muñir. v. tr. 'Llamar o convocar a las juntas'; 'disponer, manejar las voluntades de otros' (*Te **muñeron** siempre*). → **bruñir**.

muñón. sust. m. 'Parte de un miembro cortado que permanece adherida al cuerpo'. Es palabra aguda. En plural, se transforma en grave: **muñones**.

mural. adj. 'Perteneciente o relativo al muro' (*pintura **mural***); 'aplícase a las cosas que, extendidas, ocupan buena parte del muro' (*mapa **mural***). sust. m. 'Pintura realizada sobre un muro' (*un **mural** de Diego Rivera*). Es palabra aguda. En plural, se transforma en grave: **murales**.

muralista. sust. com. 'Artista que cultiva la pintura mural': **el muralista, la muralista**.

muralla. sust. f. Aumentativo: **murallón** (sust. m.).

murciélago. sust. m. Para distinguir los sexos, debe recurrirse a las perífrasis **murciélago macho, murciélago hembra**. También pueden decirse **murceguillo** (sust. m.) y **murciégalo** (sust. m.), pero la Academia prefiere la primera forma.

murguista. sust. m. 'Músico que forma parte de una murga'. La Academia no registra el género femenino. El sustantivo colectivo es **murga** (f.), 'compañía de músicos callejeros'.

múrice. sust. m. 'Molusco gasterópodo marino'. poét. 'Color de púrpura' (*el **múrice** de sus labios*). En plural: **múrices**.

murmullo. sust. m. También pueden decirse **mormullo** (sust. m.) y **murmurio** (sust. m.); la Academia prefiere la primera forma y la última.

murmurador, ra. adj. 'Que murmura' (*gente **murmuradora***). Ú. t. c. sust. m. y f.: **el murmurador, la murmuradora**.

murmurar. v. intr. Ú. t. c. tr. Rég. prep.: **mur-**

murar de (*murmurar de los amigos*). También pueden decirse **mormullar** (v. intr.), **murmullar** (v. intr.) y **murmujear** (v. intr. fig. y fam.), pero la Academia prefiere la primera forma. Además, registra **mormurar** (v. intr.) y **murmurear** (v. intr.) como voces anticuadas. Su postverbal es **murmuración** (sust. f.). El **murmureo** (sust. m.) es un 'murmurio continuado'.

muro. sust. m. 'Pared'; 'muralla'. Diminutivo: **murete**.

murucuyá. sust. f. 'Planta de América Meridional, granadilla o pasionaria'. En plural: **murucuyaes**. → **burucuyá**

mus. sust. m. 'Juego de naipes y de envite'. En plural: **muses**.

musáceo, a. adj. 'Dícese de hierbas angiospermas monocotiledóneas, como el banano' (*hierbas **musáceas***). Ú. t. c. sust. f.: **la musácea**. sust. f. pl. 'Familia de estas plantas' (*Hará un trabajo de investigación sobre **las musáceas***).

músculo. sust. m. El sustantivo colectivo es **musculatura** (f.), 'conjunto y disposición de los músculos'.

musculosa. sust. f. Argent. 'Prenda sin cuello y sin mangas que cubre el torso'. Esta voz no está registrada en el ***Diccionario***, pero la A.A.L. ha recomendado su incorporación.

museístico, ca. adj. 'Perteneciente o relativo al museo' (*guía **museística***). También puede decirse **museal** (adj.), pero la Academia prefiere la primera forma.

museógrafo. sust. m. 'El que es versado en museografía, conjunto de técnicas y prácticas relativas al funcionamiento de un museo'. Su femenino es **museógrafa**. No debe pronunciarse [musiógrafo].

museólogo. sust. m. 'El que es versado en museología, ciencia que trata de los museos'. Su femenino es **museóloga**. No debe pronunciarse [musiólogo].

musgo. sust. m. 'Planta'. También puede decirse **musco** (sust. m.), pero la Academia prefiere la primera forma. El adjetivo correspondiente es **musgoso, sa**, 'perteneciente o relativo al musgo'; 'cubierto de musgo'.

♦ **musicalizar** o **musicar.** Neologismos. Corresponde decir **poner música**.

♦ **music-hall.** Anglicismo. sust. m. 'Espectáculo de variedades, compuesto por números de canto y diversas atracciones; 'establecimiento destinado a estos espectáculos'. El *Canterbury Music Hall*, de Westminster Bridge Road, en Londres, dio nombre común a este género de salas de espectáculo. En español, puede usarse **café-cantante**. La voz aparece registrada en el ***Diccionario Manual*** con el indicador de su carácter de extranjerismo.

músico, ca. adj. 'Perteneciente o relativo a la música' (*instrumento **músico***). También puede decirse **musical** (adj.). sust. m. y f. 'Persona que ejerce, profesa o sabe el arte de la música' (***Músicas** y **músicos** tocaron en el teatro*). También puede decirse **musicante** (sust. com.): **el musicante, la musicante**. No debe confundirse su denotación con la de **musiquero** (sust. m.), 'mueble en el que se colocan partituras y libros de música'. Despectivo: **musicastro** (sust. m.). Los sustantivos colectivos son **banda** (f.) y **orquesta** (f.).

musicógrafo. sust. m. 'Persona que se dedica a escribir obras acerca de la música'. Su femenino es **musicógrafa**.

musicólogo. sust. m. 'Persona versada en musicología, estudio científico de la teoría y de la historia de la música'. Su femenino es **musicóloga**.

musicómano. sust. m. 'El que siente musicomanía o melomanía, es decir, amor desordenado a la música'. Su femenino es **musicómana**. → **melómano**

musitar. v. intr. Ú. t. c. tr. 'Susurrar' (***Musitaba** dulces palabras*). Incorrecto: <u>*mucitar*</u>.

muslim. adj. Voz árabe (*muslim*, 'el que practica la entrega a Dios, que es el islam') españolizada. 'Musulmán' (*mujer **muslim***). Apl. a pers., ú. t. c. sust. com.: **el muslim, la muslim**. Es palabra aguda. En plural, se transforma en grave: **muslimes**. También puede decirse **muslime**, pero la Academia prefiere la primera forma.

mustiar. v. tr. Ú. m. c. prnl. 'Marchitar'. Se conjuga, en cuanto al acento, como **cambiar**.

musulmán, na. adj. 'Que profesa la religión de Mahoma' (*mujeres **musulmanas***). Ú. t. c. sust. m. y f.: **el musulmán, la musulmana**. 'Perteneciente o relativo a Mahoma o a su religión' (*re-*

*ligión **musulmana***). También puede decirse **muslim** o **muslime** (adj. Apl. a pers., ú. t. c. sust. com.), pero la Academia prefiere la primera forma. Con esas denotaciones, puede usarse, en su reemplazo, **moro, ra** (adj. Ú. t. c. sust. m. y f.). En cambio, es incorrecto el empleo de **árabe** (adj. Ú. t. c. sust. com.). → **moro**

mutacionismo. sust. m. 'Teoría que supone que la mutación es la causa principal de evolución de las especies biológicas'. Es voz recién incorporada en el ***Diccionario***.

mutante. p. a. de **mutar**. adj. 'Que muda'. sust. m. 'Nuevo gen, cromosoma que ha surgido por mutación'; 'organismo producido por mutación'; 'descendencia de un organismo mutante'.

mutilado, da. p. de **mutilar**. Apl. a pers., ú. t. c. sust. m. y f.: **el mutilado**, **la mutilada**. También puede decirse **mútilo, la** (adj.), pero la Academia prefiere la primera forma.

mutis. sust. m. 'Voz que emplea el apuntador, en la representación teatral, o el autor, en sus acotaciones, para indicar que un actor debe retirarse de la escena'; 'acto de retirarse de la escena o de otros lugares' (*La actriz saludó e hizo **mutis**; En la fiesta, varios hicieron **mutis** a las tres de la mañana*); 'voz que se emplea para imponer silencio' (*¡Niños, ahora, **mutis**!*). **hacer mutis**. loc. 'Salir de la escena o de otro lugar'; 'callar'. **medio mutis**. 'Expresión que se emplea en el teatro para indicar que un actor simula retirarse de la escena y entra en otra'. En plural, no varía: **los mutis**.

mutualidad. sust. f. 'Cualidad de mutual'; 'régimen de prestaciones mutuas, que sirve de base a determinadas asociaciones'; 'denominación que suelen adoptar algunas asociaciones' (*la **mutualidad** obrera*). Incorrecto: *la mutual obrera*. Repárese en que **mutual** es un adjetivo ('mutuo, recíproco'). También puede usarse la abreviación **mutua** (sust. f.), pero la Academia prefiere la primera forma.

mutualismo. sust. m. 'Régimen de prestaciones mutuas entre los miembros de una mutualidad'. Esta voz ha sido recién incorporada en el ***Diccionario***.

mutualista. adj. 'Perteneciente o relativo a la mutualidad' (*sede **mutualista***). sust. com. 'Miembro de una mutualidad': **el mutualista**, **la mutualista**.

mutuante. sust. com. 'Persona que da un préstamo': **el mutuante**, **la mutuante**.

mutuario. sust. m. 'El que recibe un préstamo'. Su femenino es **mutuaria**. También pueden decirse **mutuatario** (sust. m.) y **mutuataria** (sust. f.), pero la Academia prefiere la primera forma.

mutuo, tua. adj. 'Recíproco' (*Sentimos confianza **mutua***). También puede decirse **mutual** (adj.), pero la Academia prefiere la primera forma.

muy. adv. Apócope de **mucho** que se antepone a sustantivos adjetivados, adjetivos, participios, adverbios y modos adverbiales, para denotar en ellos 'grado superlativo de significación' (*Nuria es **muy** señorita; Andrés es **muy** alto; Lo vi **muy** cansado; No irá **muy** lejos; Salió **muy** de prisa*). No debe preceder a **más, menos, antes, después, mayor, menor, mejor, peor**. Incorrecto: *La trajo muy después; Este medicamento es muy mejor que el otro*. Correcto: *La trajo **mucho después**; Este medicamento es **mucho mejor** que el otro*. También es incorrecto el giro *como muy*: *Lo vimos como muy triste*. Correcto: *Lo vimos **muy** triste*.

my. sust. f. 'Duodécima letra del alfabeto griego, que corresponde a la *eme* del nuestro'.

n. Decimocuarta letra del abecedario español. Su nombre es **ene** (sust. f.). En plural: **enes**. 'Signo con que se suple en lo escrito el nombre propio de persona que no se sabe o no se quiere expresar' (*Se lo dijo **N.***). A veces, se duplica (*Ésta es la tumba de **N.N.***). En este caso, se escribe con mayúscula. 'Exponente de una potencia indeterminada'. Con esta última denotación, se usa la minúscula.

nácar. sust. m. Es palabra grave. En plural, se transforma en esdrújula: **nácares**. El 'nácar de inferior calidad' se llama **nacarón** (sust. m.). Los adjetivos correspondientes son **nacarado, da**, 'del color y brillo del nácar'; 'adornado con nácar'; **nacáreo, a** y **nacarino, na**, 'perteneciente al nácar o parecido a él'. → **anacarado**

nacarado, da. adj. → **anacarado**

nacer. v. irreg. intr. Rég. prep.: **nacer a** (***nacer a** una nueva actividad*); **nacer con** (***nacer con** suerte*); **nacer de** (***nacer de** una gran familia*); **nacer en** (***nacer en** Buenos Aires*); **nacer para** (***nacer para** enfermera*). v. prnl. 'Entallecer una raíz o semilla al aire libre' (***Se nació** la semilla*). Tiene un participio irregular (***nato***). Para la conjugación de los tiempos compuestos, se usa el participio regular (***nacido***). Se conjuga como **parecer**.

nacido, da. p. de **nacer**. adj. 'Dícese de cualquiera de los seres humanos que han pasado o de los que al presente existen'. Ú. m. c. sust. m. y f. y en pl.: **los nacidos**, **las nacidas**. **bien nacido**. 'De noble linaje'; 'dícese del que obra con nobleza'. Incorrecto: *biennacido*. **mal nacido**. 'Dícese del que en sus acciones o comportamiento manifiesta su condición innoble o aviesa'. Incorrecto: *malnacido*.

nacimiento. sust. m. Entre otras acepciones, 'acción y efecto de nacer'; 'por antonomasia, el de Jesucristo'. Con esta denotación, se escribe con mayúscula (*Pintó el **Nacimiento***). 'Representación del nacimiento de Jesucristo en el portal de Belén'; 'origen de una persona en orden a su calidad'. **de nacimiento**. loc. adv. Denota que 'un defecto de sentido o de un miembro se padece, porque se nació con él, y no, por contingencia o enfermedad sobrevenida' (*Era sordo **de nacimiento***).

nación. sust. f. Es sustantivo colectivo con las denotaciones de 'conjunto de los habitantes de un país regido por el mismo gobierno' (*el presidente de la **Nación***) y de 'conjunto de personas de un mismo origen étnico y que, generalmente, hablan un mismo idioma y tienen una tradición común' (*Pertenecen a distintas **naciones***). 'Territorio de ese país' (*Nuestra **nación** es extensa*). Repárese en que debe usarse la mayúscula en la primera acepción. En las demás, es correcta la minúscula. **Naciones Unidas**. Este sustantivo propio lleva siempre antepuesto el artículo **las** (***las Naciones Unidas***).

nacional. adj. 'Perteneciente o relativo a una nación' (*organización **nacional***); 'natural de una nación, en contraposición a extranjero' (*hombres **nacionales***). Ú. t. c. sust. com.: **el nacional, la nacional**. **territorio nacional**. Argent. 'Territorio que, a diferencia de las provincias, dependió administrativa y jurídicamente de la Nación'.

nacionalista. adj. 'Partidario del nacionalismo'. Ú. t. c. sust. com.: **el nacionalista, la nacionalista**.

nacionalizar. v. tr. 'Naturalizar en un país personas o cosas de otro' (***Nacionalizarán** a dos italianos*). Ú. t. c. prnl. (***Se nacionalizarán** dos italianos*). 'Hacer que pasen a manos de nacionales de un país bienes o títulos de la deuda del Estado o de empresas particulares que se hallaban en poder de extranjeros'; 'hacer que pasen a depender del gobierno de la nación propiedades industriales o servicios explotados por los particulares'. → **cazar, naturalizar**

nacionalsocialismo. sust. m. 'Movimiento político y social del tercer Reich alemán (1933-1945), de carácter pangermanista, fascista y antisemita'. Debe escribirse en una sola palabra. Incorrecto: *nacional socialismo*, *nacional-socialismo*. Su nombre abreviado es **nazismo** (sust. m.). → **nazismo**

nacionalsocialista. adj. (*movimiento **nacionalsocialista***). Ú. t. c. sust. com.: **el nacionalsocialista, la nacionalsocialista**. Debe escribirse en una sola palabra. Incorrecto: *nacional socia-*

lista, *nacional-socialista*. Su abreviación es **nazi** (adj. Ú. t. c. sust. com.). → **nazi**

nada. sust. f. 'La carencia absoluta de todo ser' (*reducir a **la nada***); 'cosa insignificante' (*Es una **nada**; Les traje dos **nadas***). pron. indef. 'Ninguna cosa'; 'poco o muy poco' (*Estuvo en mi casa hace **nada***). Como pronombre, pertenece al género masculino (***Nada** es viejo*). Diminutivos familiares del pronombre: **nadilla, nadita**. Rég. prep.: **nada de** (*no tener **nada de** paciencia*). adv. neg. 'De ningún modo' (***Nada**, no lo quiero*). Es incorrecto incluir una preposición después del adverbio **nada**: *No me siento nada de mal*. Correcto: *No me siento **nada mal***. **antes de nada**. loc. adv. 'Antes de cualquier cosa' (***Antes de nada**, consúltame*). **como si nada**. loc. adv. 'Sin dar la menor importancia' (*Habló de su enfermedad **como si nada***); 'inconmovible' (*Después del accidente, estaba **como si nada***). **de nada**. loc. adj. 'De escaso valor' (*Le dio un regalo **de nada***); 'respuesta cortés cuando a uno le dan las gracias'. **nada más**. loc. 'No más' (*No deseo **nada más***). Incorrecto: *No deseo más nada*. **nada menos**. loc. Con ella, 'se pondera la autoridad, la importancia o la excelencia de una persona o cosa' (*Habló **nada menos** que el director*). **no ser nada**. fr. fig. Con ella, 'se pretende minorar el daño producido por un lance o disgusto' (*No llores; **no es nada***). **por nada**. loc. 'Por ninguna cosa' (***Por nada** lo consentiría*). Una **nadería** (sust. f.) es 'cosa de poca importancia' (*Compró una **nadería***).

nadador, ra. adj. 'Que nada' (*niños **nadadores***). sust. m. y f.: **el nadador, la nadadora.**

nadar. v. intr. Rég. prep.: **nadar bajo** (***nadar bajo** la superficie del agua*); **nadar contra** (***nadar contra** la corriente*); **nadar en** (***nadar en** el mar*; ***nadar en** oro*); **nadar de** (***nadar de** espaldas*); **nadar entre** (***nadar entre** dos aguas*). Su postverbal es **natación** (sust. f.). **a nado**. loc. adv. 'Nadando' (*Llegó **a nado** hasta la costa*).

nadie. pron. indef. 'Ninguna persona' (***Nadie** lo sabe*). Incorrecto: *No vendrá más nadie*; *¿Nadie de ustedes lo encontró?* Correcto: *No vendrá **nadie** más*; *¿**Ninguno** de ustedes lo encontró?* Es invariable: ***Nadie** habla*. Incorrecto: *Nadies habla*. sust. m. 'Persona insignificante' (*Pedro es un **nadie***). En plural: **nadies** (*Juan y Luis son dos **nadies***). **don nadie**. 'Hombre sin valía ni personalidad' (*Era un **don nadie***). → **ninguno**

nadir. sust. m. 'Punto de la esfera celeste diametralmente opuesto al cenit'. Es palabra aguda. No debe confundirse con **nádir** (sust. m.), 'en Marruecos, funcionario administrador de los bienes de una fundación pía'. Es palabra grave. En plural: **nadires**.

nafta. sust. f. 'Fracción ligera del petróleo natural'. En algunos países de América, se dice **gasolina**. → **gasolina, bencina**

nahua. adj. 'Dícese del indio que habitó la altiplanicie mejicana y la parte de América Central antes de la conquista española, y alcanzó alto grado de civilización' (*mujeres **nahuas***). También pueden decirse **náguatle** (adj.), **nahoa** (adj.), **náhuatle** (adj.). Ú. t. c. sust. com.: **el nahua, la nahua**. 'Perteneciente o relativo a este pueblo'. 'Aplícase a la lengua principalmente hablada por los indios mejicanos' (*lengua **nahua***). Ú. t. c. sust. m. (*Hablan **el nahua***). Con esta última denotación, también puede decirse **náhuatl** (sust. m.).

♦ **naïf.** Galicismo. En español, debe decirse **ingenuo**.

nailon. sust. m. Voz inglesa (*nylon*) españolizada. 'Material sintético'. Es palabra grave. En plural, se transforma en esdrújula: **náilones**. También puede decirse **nilón** (sust. m.), voz aguda. En plural, se transforma en grave: **nilones**. La Academia prefiere la primera forma.

naipe. sust. m. → **baraja**

nalgón, na. adj. Amér. 'Que tiene gruesas las nalgas'. También puede decirse **nalgudo, da** (adj.).

nana. sust. f. Argent., Chile, Par. y Urug. 'Voz afectiva con que se alude a las lastimaduras o enfermedades de los niños' (*¿Tienes una **nana**?*). En plural, 'achaques o dolencias sin importancia, especialmente los de la vejez' (*Con los años, vienen las **nanas***). No deben confundirse sus denotaciones con las de su homónimo **nana** (sust. f.), 'abuela'; 'canto con que se arrulla a los niños'; 'especie de saco pequeño para abrigar a los niños de pecho'. Amér. Central, Méj. y Venez. 'Niñera'; 'nodriza'.

nano-. elem. compos. de sustantivos que denotan 'la milmillónesima parte de las respectivas unidades (10^{-9}). Símbolo: ***n***

naranja. sust. f. 'Fruto del naranjo'. Diminutivo: **naranjilla**. El sustantivo colectivo es **naranjal** (m.). La **naranjada** (sust. f.) es la 'bebida hecha con zumo de naranja, agua y azúcar'. Los adjetivos correspondientes son **naranjero, ra**, 'perteneciente o relativo a la naranja' (*cosecha **naranjera***), y **naranjado, da**, 'anaranjado' (*blusa **naranjada** o anaranjada*).

narcisista. adj. 'Dícese del que cuida demasiado de su adorno y compostura, o se precia de hermoso' (*joven **narcisista***). Ú. t. c. sust. com.: **el narcisista, la narcisista**.

narcotizar. v. tr. Ú. t. c. prnl. 'Producir narcotismo, estado más o menos profundo de adormecimiento que procede del uso de narcóticos'. → **cazar**

narcotraficante. adj. 'Que trafica en drogas tóxicas'. Ú. t. c. sust. com.: **el narcotraficante, la narcotraficante**. En plural: **narcotraficantes**. Esta voz ha sido recién incorporada en el ***Diccionario***. La Academia no registra la abreviación **narco** (plural: **narcos**).

narcotráfico. sust. m. 'Comercio de drogas tóxicas en grandes cantidades' (*Son víctimas del **narcotráfico***). Esta voz ha sido recién incorporada en el ***Diccionario***.

nariz. sust. f. Diminutivos: **narigueta, nariguilla**. Aumentativos: **narigón** (sust. m.), **narizota**. En plural: **narices**. Repárese en que la **z** cambia por **c**. Cuando 'las narices son muy grandes' se las llama **napias** (sust. f. pl.) y **narizotas** (sust. f. pl.); también, **naso** (sust. m. fam. y fest.). El adjetivo correspondiente es **nasal**, 'perteneciente o relativo a la nariz' (*fosas **nasales***). 'Al que tiene grandes las narices' se lo califica de **narigudo, da** (adj. Ú. t. c. sust. m. y f.), **narigueta**s (adj. Ú. t. c. sust. com.), **narizón, na** (adj.) y **narizudo, da** (adj.). La voz **narizotas** (sust. com.) se usa frecuentemente como insulto (*¡Calla, **narizotas**!*). La 'persona que tiene algún defecto en la nariz' se denomina **narigueto, ta** (adj. Ú. t. c. sust. m. y f.). La **narina** (sust. f.) es 'cada uno de los orificios nasales externos'.

narrador, ra. adj. 'Que narra' (*maestra **narradora***). Ú. t. c. sust. m. y f.: **el narrador, la narradora**.

narrativa. sust. f. La Academia incorporó la siguiente acepción: 'Género literario constituido por la novela, la novela corta y el cuento' (*Estudia la **narrativa** de Marco Denevi*).

narrativo, va. adj. 'Perteneciente o relativo a la narración' (*texto **narrativo***). También puede decirse **narratorio, ria** (adj.), pero la Academia prefiere la primera forma.

nasalizar. v. tr. 'Producir sonidos del lenguaje con articulación nasal'. → **cazar**

nasofaríngeo, a. adj. (*estudios **nasofaríngeos***). Debe escribirse en una sola palabra. Incorrecto: <u>*naso faríngeo*</u>, <u>*naso-faríngeo*</u>.

nata. sust. f. Diminutivo: **natilla**. En plural: **natas** o **natillas**, 'yemas de huevo batidas con leche y azúcar'.

natalicio, cia. adj. 'Perteneciente o relativo al día del nacimiento' (*fiesta **natalicia***). Ú. t. c. sust. m. (***el natalicio** de mi padre*).

Natividad. sust. pr. f. 'Nacimiento, especialmente el de Jesucristo, el de la Virgen María y el de San Juan Bautista'. En este caso, se usa con mayúscula (***Natividad** de la Virgen*). Es palabra aguda. En plural, se transforma en grave: **Natividades**. Aunque hoy no es muy frecuente, puede usarse con minúscula (*la **natividad** de nuestros hijos*). → **navidad**

nativo, va. adj. Entre otras denotaciones, 'perteneciente al país o lugar en que uno ha nacido' (*tierra **nativa***); 'nacido en el lugar de que se trata' (*gente **nativa***). Ú. t. c. sust. m. y f.: **el nativo, la nativa**. Puede usarse, en su reemplazo, **natural**.

nato, ta. p. irreg. de **nacer**. La Academia incorporó la siguiente acepción: 'Dícese de las aptitudes, cualidades y defectos connaturales' (*Es una maestra **nata***).

natural. adj. Entre otras acepciones, 'perteneciente a la naturaleza o conforme a la cualidad o propiedad de las cosas' (*orden **natural***); 'nativo'. Rég. prep.: **natural de** (***natural de** Tierra del Fuego*). Ú. t. c. sust. com.: **el natural, la natural**. → **nativo**. **al natural**. loc. adj. y adv. 'Sin artificio' (*Era una mujer **al natural**; Se mostraba **al natural***). **copiar del natural**. fr. 'Copiar el modelo vivo' (*Copió a la anciana **del natural***).

naturaleza. sust. f. Entre otras denotaciones, 'esencia y propiedad característica de cada ser'; 'en teología, estado natural del hombre'; 'conjunto, orden y disposición de todo lo creado'; 'instinto'; 'sexo'; 'privilegio que se concede a los extranjeros para gozar de los derechos propios de los naturales' (*carta de **naturaleza***); 'especie, clase' (*No conocía plantas de esta **naturaleza***); 'complexión de cada individuo' (*robusta **naturaleza***). Como sustantivo colectivo, denota 'conjunto de todos los hombres' (*la **naturaleza** humana*). También puede decirse **natura** (sust. f.), pero la Academia prefiere la primera forma. **por naturaleza**. loc. adv. 'De por sí' (*Es amable **por naturaleza***). **naturaleza muerta**. 'Cuadro que representa animales muertos o cosas inanimadas' (*Pinta **naturalezas muertas***).

naturalista. adj. 'Perteneciente o relativo al naturalismo' (*estudios **naturalistas***); 'que profesa este sistema filosófico o que se integra en el naturalismo literario' (*escritor **naturalista***). Ú. t. c. sust. com. 'Persona que profesa las ciencias naturales': **el naturalista, la naturalista**.

naturalizar. v. tr. Ú. t. c. prnl. 'Admitir en un país a personas extranjeras como si fueran nativas' (***Se naturalizaron** cinco noruegos*). También puede decirse **nacionalizar** (v. tr. Ú. t. c. prnl.). → **cazar, nacionalizar**

naturista. adj. 'Dícese de la persona que profesa o practica el naturismo, doctrina que preconiza el empleo de los agentes naturales para la conservación de la salud y el tratamiento de las enfermedades' (*mujeres **naturistas***). Ú. t. c. sust. com.: **el naturista, la naturista**. 'Perteneciente o relativo al naturismo' (*régimen **naturista***).

naufragar. v. intr. Rég. prep.: **naufragar en** (***naufragar en** el océano Pacífico*). → **pagar**

náufrago, ga. adj. 'Que ha padecido naufragio' (*personas **náufragas***). Apl. a pers., ú. t. c. sust. m. y f.: **el náufrago, la náufraga**.

navaja. sust. f. Diminutivo: **navajuela**. Aumentativo: **navajón** (sust. m.).

navajada. sust. f. 'Golpe que se da con la navaja'; 'herida que resulta de este golpe'. También puede decirse **navajazo** (sust. m.), pero la Academia prefiere la primera forma.

navarroaragonés, sa. adj. 'Perteneciente o relativo a Navarra y a Aragón'; 'dícese del dialecto nacido en Navarra y en Aragón' (*dialecto **navarroaragonés***). Ú. t. c. sust. m. (***El navarroaragonés** tuvo uso cancilleresco*). Debe escribirse en una sola palabra. Incorrecto: <u>navarro-aragonés</u>, forma aceptada hasta la edición académica de 1984.

nave. sust. f. Diminutivos: **navecilla, naveta, navichuela, navichuelo** (sust. m.), **navícula**. La Academia ha incorporado recientemente el sintagma **nave espacial**, 'máquina provista de medio de propulsión y dirección que le permiten navegar en el espacio exterior a la atmósfera terrestre con tripulantes o sin ellos, y que se destina a misiones científicas o técnicas'.

navegante. p. a. de **navegar**. 'Que navega'. adj. (*hombres **navegantes***). Ú. t. c. sust. com.: **el navegante, la navegante**. También puede decirse **navegador, ra**. (adj. Ú. t. c. sust. m. y f.), pero su uso es poco frecuente.

navegar. v. intr. Ú. t. c. tr. 'Ir por el agua en nave' (***navegar** mares*); 'avanzar la embarcación'; 'por analogía, ir por el aire en globo, avión u otro vehículo'; 'transitar o trajinar de una parte a otra'. Rég. prep.: **navegar a** o **para** (***Navegaremos a** o **para** Europa*); **navegar en** (***Navegué en** un transatlántico*); **navegar con** (***Navegaron con** buen tiempo*); **navegar contra** (***Navegan contra** la corriente*); **navegar hacia** (***Navegaba hacia** otras tierras*). → **pagar**

navidad. sust. pr. f. 'Natividad de Nuestro Señor Jesucristo'; 'día en que se celebra'; 'tiempo inmediato a este día'. Con estas denotaciones, se escribe con mayúscula (*Esperamos la **Navidad**; Hoy es **Navidad***). Ú. t. en pl. (*Llegarán por **Navidades***). sust. f. 'Año, hablando de la edad de una persona' (*Tiene veinte **navidades***). En este caso, debe escribirse con minúscula. El adjetivo correspondiente es **navideño, ña**, 'perteneciente o relativo al tiempo de Navidad' (*regalos **navideños***). → **natividad**

naviero, ra. adj. 'Perteneciente o relativo a naves o a navegación' (*actividades **navieras***). sust. m. 'Dueño de un navío'; 'el que avitualla un buque mercante' (*un rico **naviero***). La Academia no registra el género femenino.

náyade. sust. f. Es palabra esdrújula. No debe pronunciarse [nayade] como grave.

nazareno, na. 'Natural de Nazaret' (*niños **nazarenos***). Ú. t. c. sust. m. y f.: **el nazareno, la nazarena**. 'Perteneciente o relativo a esta ciudad de Galilea'; 'dícese del que entre los hebreos se consagraba al culto de Dios' (Ú. t. c. sust. m. y f.). Con estas denotaciones, también puede decirse **nazareo, a** (adj. Ú. t. c. sust. m. y f.). 'Dícese de la imagen de Jesucristo vestida con un ropón morado'; 'cristiano'. Ú. t. c. sust. m. y f. (*Las **nazarenas** rezaban*). sust. m. 'Penitente que en las procesiones de Semana Santa va vestido con túnica morada'. sust. f. pl. R. de la Plata. 'Lloronas, espuelas grandes usadas por los gauchos' (*El gaucho luce sus **nazarenas***).

nazi. adj. Palabra formada a partir del término alemán *NAtional-soZIalistische*, 'nacionalsocialista'. 'Perteneciente o relativo al nacionalsocialismo'; 'partidario del nacionalsocialismo' (*soldados **nazis***). Ú. t. c. sust. com.: **el nazi, la nazi**. En plural: **nazis**. Incorrecto: <u>naci</u>, <u>nacis</u>, <u>nacista</u>, <u>nazista</u>. → **nacionalsocialista**

nazismo. sust. m. Palabra que deriva de **nazi**, voz formada sobre la base del término alemán *NAtional-soZIalistische*, 'nacionalsocialismo'. Incorrecto: <u>nacismo</u>. → **nacionalsocialismo**

-ncia. suf. de or. lat. de sustantivos femeninos abstractos, de significado variado, determinado por la base derivativa. Cuando ésta termina en **-ante**, toma la forma **-ancia** (*discrep**ancia***), y **-encia**, cuando termina en **-ente** (*pres**encia***) o **-iente** (*obed**iencia***).

neblí. sust. m. 'Ave de rapiña'. Para distinguir los sexos, debe recurrirse a las perífrasis **neblí macho**, **neblí hembra**. En plural: **neblíes** o **neblís**.

neblina. sust. f. 'Niebla poco espesa y baja'. No debe decirse o escribirse <u>nieblina</u> por analogía con **niebla** (sust. f.). El adjetivo correspondiente es **neblinoso, sa**. Incorrecto: <u>nieblinoso</u>.

nebulizador, ra. adj. 'Que nebuliza'. sust. m. 'Aparato para nebulizar' (*Use **el nebulizador***). Ú. t. c. sust. f. (*Use **la nebulizadora***).

nebulizar. v. tr. → **cazar**

necesario, ria. adj. (*medicamentos **necesarios***). Rég. prep.: **necesario para** (***necesario para** una buena alimentación*). Con este adjetivo, se cometen errores de concordancia: *Para emprender esta tarea, <u>es</u> <u>necesario</u> la voluntad y la vocación*; *<u>Es</u> <u>necesario</u> una evaluación de sus antecedentes*. Correcto: *Para emprender esta tarea, **son necesarias** la voluntad y la vocación* (repárese en que el sujeto es "la voluntad y la vocación", por lo tanto, el adjetivo predicativo **necesario** debe concordar con él en género femenino y en número plural); ***Es necesaria** una evaluación de sus antecedentes* (el núcleo del sujeto es "evaluación", por lo tanto, el adjetivo predicativo debe concordar con él en género femenino y en número singular).

neceser. sust. m. Voz francesa (*nécessaire*) españolizada. 'Caja o estuche con diversos objetos de tocador, costura, etc.'. Es palabra aguda. En plural, se transforma en grave: **neceseres**. También puede decirse **tocador** (sust. m.).

necesidad. sust. f. 'Impulso irresistible que hace que las causas obren infaliblemente en cierto sentido'; 'todo aquello a lo cual es imposible sustraerse'; 'carencia de lo que es menester para la conservación de la vida'; 'falta continuada de alimento'; 'peligro que se padece y en que se necesita pronto auxilio'; 'evacuación de orina o excrementos'. Rég. prep.: **necesidad de** (***necesidad de** comprensión*). **por necesidad**. loc. adv. 'Necesariamente' (*Viajó **por necesidad***).

necesitado, da. adj. 'Que carece de lo necesario' (*ancianos **necesitados***). Ú. t c. sust. m. y f.: **el necesitado, la necesitada**. Pueden usarse, en su reemplazo, **indigente** (adj. Ú. t. c. sust. com.) o **pobre** (adj. Ú. t. c. sust. com.).

necesitar. v. tr. 'Obligar a ejecutar una cosa' (***Necesita** que firme este documento*). v. intr. 'Tener necesidad de una persona o cosa'. Rég. prep.: **necesitar de** (***Necesitó de** ustedes*). Es más común su uso como transitivo (*Los **necesitó** a ustedes*). Rég. prep.: **necesitar para** (***Necesitan** alimentos **para** vivir*; ***Necesitaban** obreros **para** terminar el edificio*).

necio, cia. adj. 'Que no sabe lo que podía o debía saber'; 'imprudente' (*personas **necias***); 'aplícase a las cosas ejecutadas con ignorancia, imprudencia o presunción' (*trabajos **necios***). Diminutivo: **necezuelo, la**. Ú. t. c. sust. m. y f.: **el necio, la necia**.

necro-. elem. compos. de or. gr. 'Muerto' (***necró**polis*).

necrofilia. sust. f. 'Afición a la muerte o a alguno de sus aspectos'; 'perversión sexual de quien trata de obtener el placer erótico con cadáveres'. También puede decirse **vampirismo** (sust. m.).

necrológico, ca. adj. 'Perteneciente o relativo a la necrología' (*noticia **necrológica***). No debe usarse como sustantivo: *Leí las necrológicas*. Correcto: *Leí **las noticias** (reseñas o notas) **necrológicas***.

necromancia. sust. f. 'Adivinación por evocación de los muertos'. También pueden decirse **necromancía**, **nigromancia** o **nigromancía** (susts. fs.).

necroscopia. sust. f. 'Autopsia'. No debe pronunciarse [necroscopía]. También puede decirse **necropsia** (sust. f.), pero la Academia prefiere la primera forma.

necrosis. sust. f. 'Gangrena, especialmente del tejido óseo'; por extensión, 'destrucción íntima de un tejido'. En plural, no varía: **las necrosis**.

néctar. sust. f. En plural: **néctares**. Los adjetivos correspondientes son **nectáreo, a**, 'que destila néctar o sabe a él', y **nectarino, na**, pero la Academia prefiere el primero.

nefrítico, ca. adj. 'Renal' (*afección **nefrítica***); 'que padece nefritis' (*pacientes **nefríticos***). Ú. t. c. sust. m. y f.: **el nefrítico, la nefrítica**.

nefritis. sust. f. 'Inflamación de los riñones'. En plural, no varía: **las nefritis**.

nefrólogo. sust. m. 'Persona especializada en nefrología, rama de la medicina que se ocupa del riñón y de sus enfermedades'. Su femenino es **nefróloga**.

negado, da. p. de **negar**. adj. 'Incapaz, inepto' (*un hombre **negado***). Ú. t. c. sust. m. y f.: **el negado, la negada**.

negador, ra. adj. 'Que niega'. Ú. t. c. sust. m. y f.: **el negador, la negadora**.

negar. v. irreg. tr. y prnl. Rég. prep.: **negarse a** (***negarse a** declarar*; ***negarse al** trato*; ***negarse** uno **a** sí mismo*; ***negarse a** la evidencia*). Incorrecto: *Niega de que lo hayan citado* (caso de dequeísmo). Correcto: ***Niega que** lo hayan citado*. Diptonga la **e** de la raíz en **ie**, cuando esa **e** es tónica, en presente de indicativo (*niego, niegas, niega, niegan*), presente de subjuntivo (*niegue, niegues, niegue, nieguen*) e imperativo (*niega*). Toma **u** después de la **g**, cuando va seguida de **e**, en pretérito perfecto simple de indicativo (*negué*) y en presente de subjuntivo (*niegue*). Sus postverbales son **negación** (sust. f.), **negamiento** (sust. m.) y **negativa** (sust. f.).

negligente. adj. 'Descuidado'; 'falto de aplicación' (*niñas **negligentes***). Rég. prep.: **negligente en** o **para** (***negligente en** o **para** los negocios*). Ú. t. c. sust. com.: **el negligente, la negligente**.

negociado, da. p. de **negociar**. sust. m. 'Sección de una oficina'; 'negocio'. Argent., Bol., Chile, Ecuad., Par., Perú y Urug. 'Negocio ilícito y escandaloso' (*Sólo atiende sus **negociados***).

negociador, ra. adj. 'Que negocia' (*personas **negociadoras***); 'dícese del ministro o agente diplomático que gestiona un negocio importante' (*ministro **negociador***). Ú. t. c. sust. m. y f.: **el negociador, la negociadora**.

negociante. p. a. de **negociar**. 'Que negocia'. Ú. m. c. sust. com. 'Comerciante': **el negociante, la negociante**. Rég. prep.: **negociante en** (***negociante en** lanas*); **negociante por** (***negociante por** mayor*).

negociar. v. intr. Ú. t. c. tr. Rég. prep.: **negociar con** (***negociar con** seda*; ***negociar con** un país*); **negociar en** (***negociar en** libros*; ***negociar en** Italia*). Se conjuga, en cuanto al acento, como **cambiar**.

negocio. sust. m. Diminutivo: **negozuelo**.

negrear. v. intr. 'Mostrar color negro o negruzco'; 'ennegrecerse' (***Negrean** las paredes*). No debe pronunciarse [negriar, negrié]. → **-ear**

negrecer. v. irreg. intr. Ú. t. c. prnl. 'Ponerse negro' (*El cielo **negrece** o **se negrece***). Se conjuga como **parecer**.

negrero, ra. adj. Apl. a pers., ú. t. c. sust. m. y f. 'Dedicado a la trata de negros' (*patrón **negrero**; Ellos son **los negreros***). sust. m. y f. 'Persona que explota a sus subordinados': **el negrero, la negrera**.

negrita. sust. f. → **letra**

negro, gra. adj. Entre otras denotaciones, 'color totalmente oscuro' (*ojos **negros***); 'dícese de la novela o el cine de tema criminal y terrorífico' (*novela **negra***); 'triste' (*día **negro***); 'desventurado' (*vida **negra***). Diminutivos: **negrillo, negrilla**; **negrito, negrita**. Los superlativos son **nigérrimo, ma** y **negrísimo, ma**. Ú. t. c. sust. m. y f. 'Individuos de piel negra': **el negro, la negra**. La 'cualidad de negro' es el **negror** (sust. m.) o la **negrura** (sust. f.). El sustantivo colectivo es **negrería** (f.), 'conjunto de negros'. La **negritud**

(sust. f. colect.) es el 'conjunto de características sociales y culturales atribuidas a la raza negra'. sust. m. y f. And. y Amér. 'Voz de cariño usada entre casados, novios o personas que se quieren bien' (***Negro**, abre la ventana*).

negrófilo. sust. m. 'Enemigo de la esclavitud y trata de negros'. Su femenino es **negrófila**.

negroide. adj. 'Dícese de lo que presenta alguno de los caracteres de la raza negra o de su cultura' (*rasgos **negroides**; música **negroide***). Apl. a pers., ú. t. c. sust. com.: **el negroide, la negroide**.

negruzco, ca. adj. 'De color moreno, algo negro'. También puede decirse **negrizco, ca** (adj.), pero la Academia prefiere la primera forma.

nemónica. sust. f. → **mnemotecnia**

nemotecnia. sust. f. → **mnemotecnia**

nemotécnica. sust. f. → **mnemotecnia**

nemotécnico, ca. adj. → **mnemotécnico**

nene. sust m. 'Niño de corta edad'. Su femenino es **nena**. sust. m. fig. irón. 'Hombre muy temible por sus fechorías' (*Uno de esos **nenes** incendió la fábrica*).

nenúfar. sust. m. 'Planta acuática'. Es palabra grave. En plural, se transforma en esdrújula: **nenúfares**. También puede decirse **ninfea** (sust. m.). Incorrecto: <u>la</u> *ninfea*.

neo-. elem. compos. de or. gr. 'Reciente, nuevo' (*neolector, neologismo*).

neocatólico, ca. adj. 'Perteneciente o relativo al neocatolicismo, doctrina político-religiosa que aspira a restablecer las tradiciones católicas en la vida social y en el gobierno del Estado'; 'partidario de él' (*grupos **neocatólicos***). Ú. t. c. sust. m. y f.: **el neocatólico, la neocatólica**. Su apócope es **neo, a** (adj. Ú. t. c. sust. m.).

neoclásico, ca. adj. 'Perteneciente o relativo al neoclasicismo, corriente literaria y artística, dominante en Europa, en la segunda mitad del siglo XVIII, que aspira a restaurar el gusto y normas del clasicismo' (*arte **neoclásico***); 'partidario de él' (*escritores **neoclásicos***). Ú. t. c. sust. m. y f.: **el neoclásico, la neoclásica**.

neocolonialismo. sust. m. 'Predominio e influencia económica, cultural, política, etc., sobre los países descolonizados o subdesarrollados, por parte de antiguas potencias coloniales o de países poderosos'. Esta voz ha sido recién incorporada en el ***Diccionario***.

neodarvinismo. sust. m. 'Teoría que supone que en la evolución de las especies actúan los procesos de selección propugnados en el darwinismo, más los de mutación y otros factores genéticos concurrentes'. Esta voz ha sido recién incorporada en el ***Diccionario***.

neodimio. sust. m. 'Metal del grupo de las tierras raras'. Número atómico 60. Símbolo: ***Nd***

neófito. sust. m. 'Persona recién convertida a una religión'; 'persona recién admitida al estado religioso'; por extensión, 'persona recién incorporada en una agrupación o colectividad'. Su femenino es **neófita**.

neolector. sust. m. 'Persona recién alfabetizada'. Su femenino es **neolectora**.

neolítico, ca. adj. 'Perteneciente o relativo a la segunda edad de piedra, la de la piedra pulimentada' (*utensilios **neolíticos***). Ú. t.c. sust. m. (*Estudiaremos **el Neolítico***). → **período**

neologismo. sust. m. 'Voz, acepción o giro nuevo en una lengua'; 'uso de estas voces o giros nuevos'.

neólogo. sust. m. 'Persona que emplea neologismos'. Su femenino es **neóloga**.

neón. sust. m. 'Gas noble que se encuentra en pequeñas cantidades en la atmósfera terrestre'. Número atómico 10. Símbolo: ***Ne*** (sin punto). Es palabra aguda. En plural, se transforma en grave: **neones**. También puede decirse **neo**.

neoplatónico, ca. adj. 'Perteneciente o relativo al neoplatonismo, escuela filosófica que floreció principalmente en Alejandría, en los primeros siglos de la era cristiana, y cuyas doctrinas eran una renovación de la filosofía platónica bajo la influencia del pensamiento oriental' (*doctrina **neoplatónica***); 'dícese del que sigue esta doctrina'. Ú. t. c. sust. m. y f.: **el neoplatónico, la neoplatónica**.

neoplatonismo. sust. m. También puede decirse **neoplatonicismo** (sust. m.), pero la Academia prefiere la primera forma.

neptúnico, ca. adj. 'Dícese de los terrenos y de las rocas de formación sedimentaria'. También puede decirse **neptuniano, na**, pero la Academia prefiere la primera forma.

neptunio. sust. m. 'Elemento radiactivo artificial, primero de los transuránicos'. Número atómico 93. Símbolo: ***Np***

neptuno. sust. pr. m. 'Planeta'. Debe escribirse con mayúscula (*El planeta **Neptuno** es mucho mayor que la Tierra*). sust. m. poét. 'El mar'. Con esta última acepción, se escribe con minúscula (*El poeta recibe el mensaje de **neptuno***).

nervadura. sust. f. 'Arco que forma la estructura de las bóvedas góticas' (*Fotografió **las nervaduras** de la catedral*). Como sustantivo colectivo, denota 'conjunto de los nervios de las bóvedas góticas' y 'conjunto de los nervios de una hoja'.

nervio. sust. m. Entre otras denotaciones, 'cordón compuesto de muchos filamentos que conducen los impulsos nerviosos por todas las partes del cuerpo' (***nervio** ciático*). Diminutivos: **nervezuelo, nerviecillo**. Los adjetivos correspondientes son **nérveo, a** y **nervioso, sa**, 'perteneciente o relativo a los nervios'.

nerviosamente. adv. m. 'Con excitación nerviosa'. También puede decirse **nervosamente**.

nerviosidad. sust. f. 'Fuerza y actividad de los nervios'; 'nerviosismo'. Con la primera denotación, también puede decirse **nervosidad** (sust. f.).

neto, ta. adj. 'Limpio, puro' (*peso **neto***); 'que resulta líquido en cuenta, después de comparar el cargo con la data, o en el precio, después de deducir los gastos'. sust. m. 'Pedestal sin molduras de una columna'. **en neto**. loc. adv. 'En limpio, líquidamente' (*Ganó poco dinero **en neto***).

neumático, ca. adj. 'Aplícase a varios aparatos destinados a operar con el aire' (*bomba **neumática***). sust. m. 'Llanta de caucho' (*Cambió los **neumáticos***).

neumólogo. sust. m. 'Persona especializada en las enfermedades de los pulmones o de las vías respiratorias en general'. Su femenino es **neumóloga**. Incorrecto: *neumonólogo*.

neumonía. sust. f. 'Pulmonía'. No debe pronunciarse [neumonia]. También puede decirse **neumonitis** (sust. f.), palabra que no varía en plural: **las neumonitis**.

neumónico, ca. adj. 'Perteneciente o relativo al pulmón' (*enfermedad **neumónica***); 'que padece neumonía' (*niño **neumónico***). Ú. t. c. sust. m. y f.: **el neumónico, la neumónica**.

neumotórax. sust. m. 'Enfermedad producida por la entrada del aire exterior o del aire pulmonar en la cavidad de la pleura'. En plural, no varía: **los neumotórax**.

Neuquén. sust. pr. 'Provincia de la República Argentina'. Debe decirse **provincia del Neuquén**. Incorrecto: *provincia de Neuquén*.

neuralgia. sust. f. 'Dolor continuo a lo largo de un nervio y de sus ramificaciones'. No debe pronunciarse [neuralgía].

neurasténico, ca. adj. 'Perteneciente o relativo a la neurastenia'; 'que padece neurastenia' (*persona **neurasténica***). Ú. t. c. sust. m. y f.: **el neurasténico, la neurasténica**.

neurisma. sust. f. Su uso es poco frecuente. La Academia prefiere **aneurisma** (sust. f.). → **aneurisma**

neuritis. sust. f. 'Inflamación de un nervio y de sus ramificaciones'. En plural, no varía: **las neuritis**.

neuro-. elem. compos. de or. gr. 'Nervio'; 'sistema nervioso' (***neuroanatomía**, **neurocirugía***). Ha sido recién incorporado en el ***Diccionario***.

neuroanatomía. sust. f. 'Anatomía del sistema nervioso'. Esta voz ha sido recién incorporada en el ***Diccionario***.

neuroanatómico, ca. adj. 'Perteneciente o relativo a la neuroanatomía' (*estudios **neuroanatómicos***). Esta voz ha sido recién incorporada en el ***Diccionario***.

neuroanatomista. sust. com. 'Persona especializada en neuroanatomía': **el neuroanatomista, la neuroanatomista**. En plural: **neuroanatomistas**. Esta voz ha sido recién incorporada en el ***Diccionario***.

neurobiología. sust. f. 'Biología del sistema nervioso'. Esta voz ha sido recién incorporada en el ***Diccionario***.

neurobiológico, ca. adj. 'Perteneciente o relativo a la neurobiología' (*estudios **neurobiológicos***). Esta voz ha sido recién incorporada en el ***Diccionario***.

neurobiólogo. sust. m. 'Persona especializada en neurobiología'. Su femenino es **neurobióloga**. En plural: **neurobiólogos, neurobiólogas**. Esta voz ha sido recién incorporada en el ***Diccionario***.

neurociencia. sust. f. 'Cualquiera de las ciencias que se ocupan del sistema nervioso'. Ú. m. en pl.: **neurociencias**. Esta voz ha sido recién incorporada en el ***Diccionario***.

neurocirugía. sust. f. 'Cirugía del sistema nervioso'. Esta voz ha sido recién incorporada en el ***Diccionario***.

neurocirujano. sust. m. 'Persona especializada en neurocirugía'. Su femenino es **neurocirujana**. En plural: **neurocirujanos, neurocirujanas**. Esta voz ha sido recién incorporada en el ***Diccionario***.

neuroembriología. sust. f. 'Embriología del sistema nervioso'. Esta voz ha sido recién incorporada en el ***Diccionario***.

neuroembriólogo. sust. m. 'Persona especializada en neuroembriología'. Su femenino es **neuroembrióloga**. En plural: **neuroembriólogos, neuroembriólogas**. Esta voz ha sido recién incorporada en el ***Diccionario***.

neuroendocrino, na. adj. 'Perteneciente o relativo a las influencias nerviosas y endocrinas'. Es palabra grave. No debe pronunciarse [neuroendócrino] como esdrújula.

neuroendocrinología. sust. f. 'Ciencia que estudia las relaciones entre el sistema nervioso y las glándulas endocrinas'. Esta voz ha sido recién incorporada en el ***Diccionario***.

neuroepidemiología. sust. f. 'Ciencia que estudia las epidemias de enfermedades del sistema nervioso'. Esta voz ha sido recién incorporada en el ***Diccionario***.

neurólogo. sust. m. 'Persona especializada en neurología'. Su femenino es **neuróloga**. En plural: **neurólogos, neurólogas.**

neuronal. adj. 'Perteneciente o relativo a la neurona o célula nerviosa'. Esta voz ha sido recién incorporada en el ***Diccionario***.

neurópata. sust. com. 'Persona que padece neurosis': **el neurópata, la neurópata**. También puede decirse **neurótico, ca** (adj. Ú. t. c. sust. m. y f.). Incorrecto: <u>*neurósico*</u>.

neurosis. sust. f. colect. 'Conjunto de enfermedades cuyos síntomas indican un trastorno del sistema nervioso'. En plural, no varía: **las neurosis**. La Academia ha desechado su pronunciación como palabra esdrújula [néurosis].

neurotomía. sust. f. 'Disección de un nervio'. Esta voz ha sido recién incorporada en el ***Diccionario***.

neurotransmisor, ra. adj. 'Dícese de productos que transmiten los impulsos nerviosos en la sinapsis' (*sustancias **neurotransmisoras***). Ú. t. c. sust. m. (*Analizan este **neurotransmisor***). Esta palabra ha sido recién incorporada en el ***Diccionario***.

neutral. adj. (*países **neutrales***). Apl. a pers., ú. t. c. sust. com.: **el neutral, la neutral**.

neutralista. adj. 'Dícese del partidario del neutralismo' (*gente **neutralista***). Ú. t. c. sust. com.: **el neutralista, la neutralista**.

neutralizar. v. tr. Ú. t. c. prnl. → **cazar**

nevar. v. irreg. intr. impers. 'Caer nieve' (***Nevó** ayer*). Sólo se usa en las terceras personas del singular. v. irreg. tr. 'Poner blanco algo' (*La escarcha **nieva** los campos*). Sus postverbales son **nevasca** (sust. f.) y **nevazo** (sust. m.). Se conjuga como **acertar**.

nevazón. sust. f. Argent., Chile y Ecuad. 'Temporal de nieve'. También puede decirse **nevasca** (sust. f.).

nevera. sust. f. 'Sitio en que se guarda o se conserva nieve'; 'armario con refrigeración' (*Guarda la carne en la **nevera***). Con esta última denotación, también pueden decirse **frigorífico** (sust. m.), **heladera** (sust. f.) y **refrigerador** (sust. m.) o **refrigeradora** (sust. f.). 'Habitación demasiado fría' (*Esta sala es una **nevera***). → **heladero**

nevisca. sust. f. 'Nevada corta de copos menudos'. Incorrecto: <u>*nevizca*</u>.

neviscar. v. intr. impers. 'Nevar ligeramente'. Se usa en las terceras personas del singular (***Neviscó** en las afueras de la ciudad*).

♦ **New age.** Anglicismo. En español, **Nueva era**, 'movimiento cultural que propugna una nueva espiritualidad, nacido en los Estados Unidos hacia 1970'. Si se escribe en inglés, debe entrecomillarse.

newton. sust. m. **neutonio** en la nomenclatura internacional, 'unidad de fuerza en el sistema basado en el metro, el kilogramo, el segundo y el amperio. Equivale a cien mil dinas'.

ni. conj. copul. Enlaza palabras o sintagmas que denotan negación (*No duerme **ni** deja dormir*; *Nunca llegues tarde **ni** desobedezcas sus órdenes*; *Nada resolvió **ni** permitió que resolvieran los demás*; *A nadie saludó, **ni** a su padre*; ***Ni** lo conté **ni** lo contaré*; ***Ni** mis abuelos, **ni** mis padres, **ni** mis tíos regresaron a su tierra natal*). Cuando la oración comienza con un verbo precedido del adverbio de negación **no** y hay que negar dos o más términos, **ni** puede omitirse o expresarse delante del primero (*No estudia de mañana **ni** de tarde*; *No estudia **ni** de mañana **ni** de tarde*). Si el verbo aparece al final de la oración, debe repetirse **ni** delante de cada una de las negaciones (***Ni** de mañana **ni** de tarde estudia*). A veces, equivale a **ni siquiera** (***Ni** yo leo eso*; *No lo defenderá **ni** la madre*). Tiene denotación semejante en exclamaciones (*¡**Ni** pensarlo!*). Otras veces, significa 'no' (*No tiene vergüenza*; ***ni** puede esperarse más de él*). Incorrecto: <u>Ni</u> <u>bien</u> *entregó la carta, se fue*. Correcto: ***No bien** entregó la carta, se fue*. **ni que**. loc. fam. 'Como si' (*¡**Ni que** tuviera yo cinco años!*).

nicotismo. sust. m. colect. 'Conjunto de trastornos morbosos causados por el abuso del tabaco'. También puede decirse **nicotinismo** (sust. m.), pero la Academia prefiere la primera forma.

nidificar. v. intr. 'Hacer nidos las aves' (*Un hornero **nidificó** en un poste telefónico*). → **sacar**

nido. sust. m. 'Especie de lecho que hacen las aves para poner sus huevos y criar los pollos'. La **nidada** (sust. f. colect.) es el 'conjunto de los huevos puestos en el nido' y el 'conjunto de los polluelos de una misma puesta mientras están en el nido'. El **nidal** (sust. m.) es el 'lugar señalado donde la gallina u otra ave doméstica va a poner sus huevos'.

nieto. sust. m. Su femenino es **nieta**. Diminutivos: **netezuelo**, **netezuela**; **nietecito**, **nietecita**; **nietezuelo**, **nietezuela**. El **nietastro** (sust. m.) y la **nietastra** (sust. f.) denotan 'hijo o hija del hijastro o de la hijastra'.

♦ **night club.** Anglicismo. En español, debe decirse **club nocturno**.

nigromancia. sust. f. → **necromancia**

nigromántico, ca. adj. 'Perteneciente o relativo a la nigromancia'. sust. m. y f. 'Persona que ejerce la nigromancia': **el nigromántico**, **la nigromántica**. Con esta última denotación, también puede decirse **nigromante** (sust. com.).

nihilista. adj. 'Que profesa el nihilismo, negación de toda creencia' (*filósofo **nihilista***); 'perteneciente o relativo al nihilismo' (*obra **nihilista***). Ú. t. c. sust. com.: **el nihilista**, **la nihilista**.

nimio, mia. adj. 'Excesivo, exagerado; en general, dícese de cosas no materiales' (*generosidad **nimia***). Esta palabra fue mal interpretada y recibió acepciones de significado contrario, ya registradas por la Academia: 'minucioso'; 'insignificante; en general, dícese de cosas no materiales' (*detalles **nimios***).

ninguno, na. pron. indef. Funciona como adjetivo. 'Ni una sola de las personas o cosas significadas por el sustantivo al que acompaña' (***ninguna** virtud*). Antepuesto a sustantivos masculinos singulares, **ninguno** sufre apócope (*No conseguí **ningún** producto*); lo mismo sucede ante sustantivos femeninos que comienzan con **a** o **ha** tónicas (*No había **ningún** arma*). En cambio, pospuesto, conserva su forma (*No conseguí producto **ninguno***). No suele usarse en plural. También funciona como sustantivo masculino y femenino (***Ninguno** habló*; *Hay varias novelas*; ***ninguna** es de Abel Posse*). Incorrecto: <u>Nadie</u> *de nosotros es francés*; <u>Nadie</u> *de los presentes hizo preguntas*. Correcto: ***Ninguno** de nosotros es francés*; ***Ninguno** de los presentes hizo preguntas*. Puede usarse después de una enunciativa negativa con **no**, para reforzar la negación (***No** encontró **ningún** sobre*). En este caso, también puede posponerse (***No** encontró sobre **ninguno***). Cuando se refiere a personas, se construye con la preposición **a** (***No** conoce **a ninguno***). → **nadie**

niñear. v. intr. 'Hacer niñadas'. No debe pronunciarse [niñiar, niñié] ni escribirse <u>ninear</u>, <u>niniar</u>, <u>niñar</u>, <u>niñiar</u>. → **-ear**

niñez. sust. f. Es palabra aguda. En plural, se transforma en grave: **niñeces**. Repárese en que la **z** cambia por **c**.

niño, ña. adj. 'Que está en la niñez' (*mujer **niña***); por extensión, 'que tiene pocos años' (*hombres **niños***). Ú. t. c. sust. m. y f.: **el niño**, **la niña**. Se escribe con mayúscula cuando se refiere a Jesús (*el **Niño** Jesús*). **desde niño**. loc. adv. 'Desde el tiempo de la niñez' (***Desde niño**, tiene aptitudes para el canto*). La Academia ha incorporado recientemente el sintagma **niño probeta**, 'aquel que, por esterilidad de la madre u otras razones, ha sido concebido mediante una técnica de laboratorio, que consiste en la implantación de un óvulo fecundado en el útero materno'. En plural: **niños probeta**. El adjetivo **niñato, ta** denota 'joven sin experiencia' (Ú. t. c. sust. m. y f.) y suele emplearse con valor despectivo. Una **niñería** (sust. f.) es 'acción de niños o propia de ellos'. El adjetivo **niñero, ra** significa 'que gusta de niños o de niñerías'. En la Argentina, **niñero** y **niñera** denotan 'persona que cuida niños'. El ***Diccionario*** no registra esta última acepción.

niobio. sust. m. 'Metal pulverulento de color gris'. Número atómico 41. Símbolo: ***Nb***

níquel. sust. m. 'Metal muy duro de color y brillo semejantes a los de la plata'. Es palabra grave. En plural, se transforma en esdrújula: **níqueles**. Número atómico 28. Símbolo: ***Ni*** (sin punto). Urug. 'Moneda'; 'caudal, bienes'.

niquelar. v. tr. 'Cubrir con un baño de níquel otro metal'. Sus postverbales son **niquelado** (sust. m.) y **niqueladura** (sust. f.).

nirvana. sust. m. 'En el budismo, bienaventuranza obtenida por la absorción y la incorporación del individuo en la esencia divina'. Incorrecto: <u>*la*</u> *nirvana*.

níspero. sust. m. 'Árbol'. También puede decirse **néspera** (sust. f.). El fruto se denomina **néspera**, **niéspera**, **níspera** (susts. fs.), **níspero** o **níspola** (sust. f.).

nitidez. sust. f. Es palabra aguda. En plural, se transforma en grave: **nitideces**. Repárese en que la **z** cambia por **c**.

nitro-. elem. compos. de or. gr. 'Presencia, en un compuesto orgánico, del grupo funcional formado por un átomo de nitrógeno y dos de oxígeno, con una valencia positiva' (***nitro**glicerina*). Puede ir precedido de un prefijo multiplicador, que indica el número de esos grupos presentes (***trinitro**tolueno*).

nitrógeno. sust. m. 'Metaloide que constituye, aproximadamente, las cuatro quintas partes del aire atmosférico'. Número atómico 7. Símbolo: ***N***

nivel. sust. m. 'Instrumento para averiguar la diferencia o la igualdad de altura entre dos puntos' (***nivel** de albañil*); 'horizontalidad'; 'altura a la que llega la superficie de un líquido' (*el **nivel** de la crecida*); 'altura que alcanza una cosa' (*¡Qué **nivel** tiene el contenido de este ensayo!*); 'categoría, jerarquía' (*reunión del más alto **nivel***); 'grado que alcanzan ciertos aspectos de la vida social' (***nivel** económico; **nivel** cultural; **nivel** sanitario; **nivel** de vida*); 'igualdad o equivalencia en cualquier línea o especie'. **a nivel**. loc. adv. 'En un plano horizontal' (*La pared está **a nivel***). **estar a un nivel**. fr. fig. 'Haber entre dos o más cosas o personas perfecta igualdad en algún concepto' (*Todos mis alumnos **están a un** mismo **nivel** intelectual; La silla **está al** mismo **nivel** que el sillón*). Hoy es común el uso erróneo de las locuciones <u>*a nivel de*</u> (<u>*a nivel de*</u> *aula*; <u>*a nivel de*</u> *maestros*) y <u>*a nivel*</u> + <u>sustantivo</u> (<u>*a nivel*</u> *ejecutivo*; <u>*a nivel*</u> *alumno*) o + <u>*adjetivo*</u> (<u>*a nivel*</u> *ministerial*), con distintas denotaciones: *La huelga será tratada* <u>*a nivel de*</u> *ministros; Comete muchos errores* <u>*a nivel de*</u> *lenguaje; Tenían la misma teoría* <u>*a nivel*</u> *económico;* <u>*A nivel*</u> *directora, Rosa es inaguantable*. Correcto: *La huelga será tratada **por los ministros**; Comete muchos errores **en el lenguaje**; Tenían la misma teoría **económica**; **Como directora**, Rosa es inaguantable*. Algunas expresiones correctas con el sustantivo **nivel**: **a nivel del mar**, **paso a nivel**, **arco a nivel**, **curva de nivel**, **plano de nivel**, **nivel de agua**, **nivel de aire**.

nivelador, ra. adj. 'Que nivela' (*instrumento **nivelador***). Ú. t. c. sust. m. y f.: **el nivelador, la niveladora**.

no. adv. neg. (*Sergio **no** está*). Cuando precede a sustantivos abstractos, indica la 'inexistencia de lo significado por ellos' (*Censuró la **no constancia** para hacerlo*). A pesar de que la Academia admite este uso, no debe abusarse de él, sobre todo, si existe el sustantivo correspondiente (*Censuró la **inconstancia** para hacerlo*). Es anglicismo de ortografía enlazar el adverbio **no** mediante un guión con la voz a que precede: *Censuró la* <u>*no-constancia*</u> *para hacerlo*. En sentido interrogativo, suele usarse para reclamar una respuesta afirmativa (*¿**No** me quieres?; ¿**No** iban a decirme algo?*). Antecede al verbo al que siguen palabras que denotan 'negación' (***No** pidas nada; **No** llamará nadie*). A veces, sólo aviva la afirmación de la frase a que pertenece (*Mejor es trabajar que **no** vagar*). Tiene sentido afirmativo con la preposición **sin** (*Habló **no sin** vergüenza*). Puede repetirse para reforzar la negación (***No**, **no** grité*). Desempeña la función de sustantivo masculino (*El **no** fue rotundo*). En plural: **noes**. **no bien**. loc. adv. 'Tan pronto como' (***No bien** haga la valija, me iré*). **no más** o **nomás**. expr. 'Solamente' (*Le entregué dos cajas **no más** o **nomás***). Equivale a **basta de** (***No más** llorar sin motivo*).

Nobel. sust. pr. (*los premios **Nobel**; Fue otorgado el **Nobel** de Economía*). En español, es palabra aguda, pues proviene de la apócope de la voz latina *Nobelius*. No debe pronunciarse [Nóbel] como grave.

nobelio. sust. m. 'Elemento radiactivo artificial'. Número atómico 102. Símbolo: ***No***

noble. adj. 'Preclaro, ilustre, generoso'; 'principal, excelente'; 'dícese de la persona que por su ilustre nacimiento o por concesión del soberano posee algún título del reino, y, por extensión, de sus parientes' (*hombres **nobles***). Ú. t. c. sust. com.: **el noble**, **la noble**. 'Singular o particular en su especie'; 'honroso'; 'dícese de los cuerpos químicamente inactivos; entre los metales, el platino y el oro; entre los gases, el helio y el argón' (*metales **nobles**; gases **nobles***). El superlativo es **nobilísimo, ma**.

noche. sust. f. 'Tiempo en que falta la claridad del día'. **noche buena** o **nochebuena**. sust. f. 'Noche de la vigilia de Navidad'. Con esta denotación, debe escribirse con mayúscula (*Te veré en **Noche buena** o **Nochebuena***). **noche vieja** o **nochevieja**. sust. f. 'Última noche del año' (*Nos reuniremos en **noche vieja** o **nochevieja***). **medianoche** o **media noche**. 'Hora en que el Sol está en el punto opuesto al de mediodía' (*Vendrá a **media noche** o **medianoche***). **ayer noche**. loc. adv. Equivale a **anoche** (***Ayer noche** o **anoche**, lo visitamos*). **de noche**. loc. adv. 'Después del crepúsculo vespertino' (*Cuando llegó, ya era **de noche***). Incorrecto: <u>en</u> <u>la</u> <u>noche</u>; <u>noche</u> <u>de</u> <u>ayer</u>; <u>noche</u> <u>de</u> <u>hoy</u>. Correcto: ***a la noche**, **durante la noche**, **por la noche**; **anoche**; **esta noche**, **hoy por la noche***.

nocherniego, ga. adj. 'Que anda de noche'. La voz **nocharniego, ga** (adj.) es anticuada, de acuerdo con el registro académico.

noción. sust. f. 'Idea que se tiene de algo'; 'conocimiento elemental' (*Tiene una **noción** de la historia argentina*). Es palabra aguda. Ú. m. en pl. y se transforma en grave (*Posee **nociones** de griego*).

nocturno, na. adj. 'Perteneciente a la noche o que se hace en ella' (*reunión **nocturna***); 'aplícase a los animales que de día están ocultos y buscan el alimento durante la noche, y a las plantas que sólo de noche tienen abiertas sus flores' (*plantas y animales **nocturnos***). sust. m. 'Cada una de las tres partes del oficio de maitines'; 'pieza musical vocal o instrumental'; 'serenata' (*Compuso un **nocturno***). No debe pronunciarse [noturno].

nogal. sust. m. → **nuez**

noluntad. sust. f. 'Acto de no querer'. Antónimo de **voluntad** (sust. f.).

nómada. adj. 'Aplícase a la familia o al pueblo que anda vagando sin domicilio fijo, y a la persona en quien concurren estas circunstancias'. Ú. t. c. sust. com.: **el nómada**, **la nómada**. También puede decirse **nómade**, adjetivo poco usado, según la Academia.

nomás. adv. Argent., Méj. y Venez. 'No más, solamente' (*Me costó cinco pesos **nomás***). Argent. y Venez. 'Apenas, precisamente' (***Nomás** lo vi, lo reconocí; Déjelo ahí **nomás***). Argent., Bol., Méj. y Venez. En oraciones exhortativas, añade énfasis a la expresión (*¡Entre **nomás**!*). Se usa más pospuesto. → **no**

nombre. sust. m. 'Palabra con que son designados los objetos físicos, psíquicos o ideales'; 'título de una cosa' (*¿Cuál es el **nombre** de tu novela?*); 'fama' (*Es un médico de **nombre***); 'apodo' (*Ángel tiene por **nombre** "Lito"*); 'categoría de palabras que comprende el nombre sustantivo y el adjetivo'. **a nombre de** o **en nombre de**. locs. advs. 'Con destino a alguien cuyo nombre sigue a la preposición *de*' (*Entregó el regalo **a nombre de** o **en nombre de** Hugo Ríos; La carta viene **a nombre de** Clara Beltrán*); **en nombre de**. loc. adv. 'Actuando en representación suya' (*Vengo **en nombre de** la presidenta de la institución*). El 'nombre propio de persona' se denomina **antropónimo** (sust. m.): *Mi **antropónimo** es Carlos*. El adjetivo que le corresponde es **nominal**, 'perteneciente al nombre' (*valor **nominal***).

nomenclatura. sust. m. colect. 'Nómina'; 'conjunto de las voces técnicas de una ciencia o facultad'. También pueden decirse **nomenclador** (sust. m.) y **nomenclátor** (sust. m.).

nomeolvides. sust. f. 'Flor'. En plural, no varía: **las nomeolvides**. Incorrecto: no me olvides.

-nomía. elem. compos. de or. gr. 'Conjunto de leyes o normas' (*biblioteconomía*).

nómico, ca. adj. → **gnómico**

nómina. sust. f. colect. 'Lista o catálogo de nombres de personas o cosas'. Diminutivo: **nominilla**.

nominación. sust. f. → **nominar**

nominador, ra. adj. 'Que nombra para un empleo o comisión'. Ú. t. c. sust. m. y f.: **el nominador, la nominadora**.

nominalizar. v. tr. Ú. t. c. prnl. 'Convertir en nombre o en sintagma nominal una palabra o una porción de discurso, mediante un procedimiento morfológico o sintáctico' (***Nominalicé** el verbo "sondear" con el sustantivo "sondeo"*). → **cazar**

nominar. v. tr. 'Nombrar'. Es un anglicismo usar este verbo con la denotación de 'presentar, proclamar, proponer o seleccionar un candidato': *Te nominaron para el premio de medicina*. Correcto: *Te **propusieron** para el premio de medicina*. Su postverbal es **nominación** (sust. f.). Es, también, un anglicismo usar esta última voz como sinónimo de **candidatura**, **propuesta** para ser candidato o **proclamación**.

nomo. sust. m. → **gnomo**

nomon. sust. m. → **gnomon**

non. adj. 'Impar'. Ú. t. c. sust. m.: **el non**. Se usa, sobre todo, en plural para negar repetidamente algo (*decir **nones***).

nonagenario, ria. adj. 'Que ha cumplido noventa años y no llega a cien' (*dama **nonagenaria***). Ú. t. c. sust. m. y f.: **el nonagenario, la nonagenaria**. → **noventón**

nonagésimo, ma. adj. 'Que sigue en orden al o a lo octogésimo nono' (***nonagésimo** aniversario*); 'dícese de cada una de las noventa partes iguales en que se divide un todo'. Ú. t. c. sust. m.: **el nonagésimo**.

♦ **non grato.** Esta frase no es ni latina ni española. Debe decirse, en español, **no grato** (*diplomático **no grato**; persona **no grata***). Si se usa este último sintagma en latín, se dirá *persona **non grata*** y, en plural, *personae **non gratae***.

noningentésimo, ma. adj. 'Que sigue inmediatamente en orden al o a lo octingentésimo nonagésimo nono' (***noningentésimo** aniversario*); 'dícese de cada una de las novecientas partes iguales en que se divide un todo' (***noningentésima** parte*). Ú. t. c. sust. m.: **el noningentésimo**.

nopal. sust. m. 'Planta cactácea'. Los sustantivos colectivos son **nopaleda** (f.) y **nopalera** (f.), pero la Academia prefiere el primero. No debe confundirse su denotación con la de **nogal** (sust. m.).

noque. sust. m. 'Pequeño estanque donde se ponen a curtir las pieles'. Argent., Bol. y Urug. 'Recipiente de variado tamaño, de cuero o de madera, destinado a la elaboración de la aloja o del vino, a la conservación y transporte de líquidos, sustancias grasas, cereales, etc.'.

noquear. Anglicismo. En el ambiente boxístico, es adaptación del verbo inglés *to knock out*. En español, corresponder decir **dejar fuera de combate**, **abatir**. El verbo **noquear** (tr.) y el adjetivo **noqueador** (Ú. t. c. sust. m.) aparecen registrados en el ***Diccionario Manual*** con el indicador de su falta de sanción oficial.

norabuena. sust. f. y adv. m. → **enhorabuena**

noramala. adv. m. → **enhoramala**

nordeste. sust. m. 'Punto del horizonte entre el Norte y el Este, a igual distancia de ambos'; 'viento que sopla de esta parte'. Según Seco, "la presencia de la forma *nord-* en *nordeste* frente a la forma *nor-* en *noroeste* se explica posiblemente porque ambos compuestos se tomaron directamente del inglés": *northeast* (la consonante inglesa *th* entre /r/ y /e/ > /d/ en español) y *northwest* (*th* no se conservó por estar entre dos consonantes /r/ y /w/). La Academia no registra **noreste**, de uso común. Su abreviatura es ***NE***.

nórdico, ca. adj. 'Natural de los pueblos del norte de Europa' (*hombres **nórdicos***); 'perteneciente o relativo a estos pueblos' (*tradiciones **nórdicas***). La Academia no registra su uso como sustantivo masculino y femenino: **el nórdico, la nórdica**. sust. m. colect. 'Grupo de las lenguas germánicas del Norte, como el noruego, el sueco, el danés y el islandés': **el nórdico**.

nordista. adj. 'Dícese del partidario de los estados del Norte en la guerra de secesión de los Estados Unidos de América'. Ú. t. c. sust. com.: **el nordista, la nordista**. Esta voz ha sido recién incorporada en el ***Diccionario***.

normal. adj. Entre otras denotaciones, 'dícese de lo que está en su natural estado' (*Su presión es **normal***); 'que sirve de norma o regla' (*estudio **normal** sobre el uso de las preposiciones*).

normalista. adj. 'Perteneciente o relativo a la escuela normal' (*estudios **normalistas***). sust. com. 'Alumno o alumna de una escuela normal': **el normalista, la normalista**.

normalizar. v. tr. → **cazar**

nornordeste. sust. m. 'Punto del horizonte entre el Norte y el Nordeste, a igual distancia de ambos'; 'viento que sopla de esta parte' (*Sopla el **nornordeste***). Como punto cardinal, debe escribirse con mayúscula. Su abreviatura es ***NNE***.

nornorueste. sust. m. 'Punto del horizonte entre el Norte y el Norueste, a igual distancia de ambos'; 'viento que sopla de esta parte'. También puede decirse **nornoroeste** (sust. m.), pero la Academia prefiere la primera forma. Como punto cardinal, debe escribirse con mayúscula. Sus abreviaturas son ***NNO***. y ***NNW***.

noroeste. sust. m. 'Punto del horizonte entre el Norte y el Oeste, a igual distancia de ambos'; 'viento que sopla de esta parte' (*Soplaba el **noroeste***). También puede decirse **norueste** (sust. m.), pero la Academia prefiere la primera forma. Como punto cardinal, debe escribirse con mayúscula. Sus abreviaturas son ***NO***. y ***NW***. → **nordeste**

norte. sust. m. Voz anglosajona (*nord*) españolizada. 'Polo ártico'; 'lugar de la Tierra o de la esfera celeste que cae del lado del polo ártico, respecto de otro con el cual se compara'; 'viento' (*Pronto soplará el **norte***); 'guía' (*Éste es mi **norte***). sust. pr. m. 'Punto cardinal del horizonte' (*El viento viene del **Norte***). Como punto cardinal o cuando forma parte de un nombre propio, se escribe siempre con mayúscula (*el **Norte**; provincias del **Norte**; Corea del **Norte***); en los demás casos, se usa la minúscula (*el **norte** de Bolivia*). Su abreviatura es ***N*** (sin punto). Con las denotaciones de 'septentrión' y de 'viento que sopla de esta parte', también puede decirse **tramontana** (sust. f.). El adjetivo correspondiente es **norteño, ña**, 'perteneciente o relativo al Norte'; 'que está situado en la parte norte de un país'. Para construir adjetivos gentilicios, debe usarse **norte** cuando sigue una vocal (***norte**americano*) y **nor** cuando sigue una consonante (***nor**santandereano*).

norteamericano, na. adj. 'Natural de un país de América del Norte' (*profesor **norteamericano***); 'perteneciente o relativo a América del Norte' (*industria **norteamericana***). Ú. t. c. sust. m. y f.: **el norteamericano, la norteamericana**. En plural: **norteamericanos, norteamericanas**. De acuerdo con la última edición del ***Diccionario***, puede usarse como sinónimo de **estadounidense** (adj. Ú. t. c. sust. com.), 'natural de los Estados Unidos de América'. En cambio, no debe emplearse, en su reemplazo, **americano, na** (adj. Ú. t. c. sust. m. y f.), 'natural de América'. → **estadounidense**

norueste. sust. m. → **noroeste**

nos. pron. pers. de primera persona plural en género masculino y femenino. Cumple la función de objeto directo (*Diana **nos** visita*) y de objeto indirecto (*Tu madre **nos** envía una carta*). No admite preposición y puede usarse como enclítico (***pídenos***). Cuando se pospone a las formas verbales correspondientes a las primeras personas plurales, aquéllas pierden su **s** (***quedémonos***). Incorrecto: <u>*quedémosnos*</u>.

nosotros. pron. pers. de primera persona plural. Su femenino es **nosotras**. Ambas formas cumplen la función de sujeto (***Nosotros** lo sabemos*), predicativo (*Ésas somos **nosotras***) y término de complemento preposicional (*Habló contra **nosotros***). En español, las desinencias verbales son tan claras, que el verbo no necesita el pronombre sujeto, como en francés o en inglés. En este caso, se usa para determinar el sexo del sujeto o para enfatizarlo. Con el mismo valor enfático, **nos** puede estar acompañado por los pronombres **nosotros** o **nosotras**, precedidos de la preposición **a** (***A nosotras nos** cuesta creerlo*). También es correcto y común, entre los escritores y los conferenciantes, usar el plural de modestia, es decir, **nosotros**, en lugar de **yo**. Incorrecto: *Los hijos <u>de</u> <u>nosotros</u> son trabajadores; Estaba <u>al</u> <u>lado</u> <u>de</u> <u>nosotros</u>*. Correcto: ***Nuestros** hijos son trabajadores; Estaba **a nuestro lado** o **al lado nuestro***.

nostálgico, ca. adj. Ú. t. c. sust. m. y f.: **el nostálgico, la nostálgica**. Incorrecto: nostáljico.

nosticismo. sust. m. → **gnoseología**

nóstico, ca. adj. → **gnoseología**

nota. sust. f. Entre otras acepciones, puede usarse con la de 'factura, cuenta' (*Pagué la nota*) y la de 'fama, crédito' (*poetisa de* ***nota***). 'Advertencia, explicación, comentario' (*Leí varias* ***notas*** *del autor*). Su abreviatura es ***n***. Los sintagmas **nota del autor**, **nota del editor** y **nota del traductor** se abrevian ***N. del A.***, ***N. del E.*** y ***N. del T.*** respectivamente.

nota bene. loc. lat. 'Nota, observa o repara bien'. Se usa en impresos o en manuscritos para llamar la atención sobre algo. Su abreviatura es ***N. B.***

notable. adj. El superlativo es **notabilísimo, ma**. sust. m. pl. 'Personas principales' (*El jurado está integrado por* ***notables***).

notar. v. tr. 'Señalar'; 'advertir'. Es galicismo usar, en su reemplazo, **remarcar** (v. tr.), 'volver a marcar': *Debemos* remarcar *el significado de esta voz*. Correcto: *Debemos* ***notar*** *el significado de esta voz*.

notario. sust. m. 'Escribano'. La 'mujer del notario' y 'la que ejerce el notariado' es la **notaria** (sust. f.). El sustantivo colectivo es **notariado** (m.), 'colectividad de notarios'. El adjetivo correspondiente es **notarial**, 'perteneciente o relativo al notario'. El **notariato** (sust. m.) es el 'título o nombramiento de notario' y el 'ejercicio de este cargo'. Con esta última denotación, también puede decirse **notariado**.

noticia. sust. f. Aumentativo: **notición** (m.). La Academia ha incorporado recientemente el sintagma **noticia bomba** (fig.), 'la que impresiona por ser imprevista y muy importante'. En plural: **noticias bomba**. → **poliantea**

noticiar. v. tr. 'Dar noticia o hacer saber algo'. Se conjuga, en cuanto al acento, como **cambiar**.

noticiario. sust. m. Con las denotaciones de 'película cinematográfica en que se ilustran brevemente los sucesos de actualidad' y de 'programa de radio o de televisión en que se transmiten noticias', no debe usarse, en su reemplazo, **noticiero**, pues es un adjetivo y tiene otras significaciones. El 'programa de radio o de televisión' también se denomina **noticioso** (Amér. sust. m.). **noticiario** es, además, la 'sección de un periódico en la que se dan noticias diversas y breves" (*Leí el* ***noticiario*** *de La Nación*). → **noticiero**

noticiero, ra. adj. 'Que da noticias' (*programa* ***noticiero***). sust. m. y f. 'Persona que da noticias por oficio' (*El* ***noticiero*** *reiteró las nuevas medidas económicas*). → **noticiario**

notificado, da. adj. Ú. t. c. sust. m. y f.: **el notificado, la notificada**.

notificar. v. tr. Su postverbal es **notificación** (sust. f.). → **sacar**

novato, ta. adj. Ú. t. c. sust. m. y f.: **el novato, la novata**.

novecientos, tas. adj. 'Nueve veces ciento' (***novecientos*** *pesos*). Puede usarse, también, como ordinal con la denotación de 'noningentésimo' (*el* ***novecientos*** *aniversario*). sust. m. 'Conjunto de signos con que se representa el número novecientos' (*Escriba el* ***novecientos***). Incorrecto: novescientos; nuevecientos, un vulgarismo fónico.

novel. adj. 'Que comienza a practicar un arte o una profesión, o tiene poca experiencia en ellos' (*poetas* ***noveles***). Es palabra aguda. No debe pronunciarse [nóvel] como grave, o, en plural, [nóveles] como esdrújula. Repárese en que se escribe con **v**. No debe confundirse con su homófono **Nobel** (sust. pr.). → **Nobel**

novela. sust. f. Aumentativo: **novelón** (m.). **de novela**. loc. adj. fig. y fam. Argent. 'Muy bueno, de cine' (*Organizaron una excursión* ***de novela***); 'desmesurado, grande, increíble' (*¡Qué susto* ***de novela***!). Esta locución no está registrada en el ***Diccionario***, pero la A.A.L. ha recomendado su incorporación. El adjetivo correspondiente es **novelístico, ca**, 'perteneciente o relativo a la novela' (*estudios* ***novelísticos***).

novelista. sust. com. 'Persona que escribe novelas': **el novelista**, **la novelista**. También pueden decirse **novelador** (sust. m.) y **noveladora** (sust. f.). Estas voces no deben confundirse con **novelero, ra** (adj. Ú. t. c. sust. m. y f.), 'amigo de novedades'; 'deseoso de novedades'; 'inconstante'.

novelística. sust. f. 'Tratado histórico o preceptivo de la novela'; 'literatura novelesca'. No debe usarse como sinónimo de **novela** (sust. f.).

novelizar. v. tr. 'Dar a una narración forma y condiciones novelescas' (***Novelizó** un cuento*). → **cazar**

noveno, na. adj. 'Que sigue inmediatamente en orden al o a lo octavo' (***noveno** mes*); 'dícese de cada una de las nueve partes iguales en que se divide un todo'. Ú. t. c. sust. m.: **el noveno**. También puede decirse **nono, na** (adj.), pero es poco usado.

noventa. adj. 'Nueve veces diez' (***noventa** años*). Puede usarse, también, como ordinal con la denotación de 'nonagésimo' (***noventa** aniversario*; *acta **noventa***). sust. m. 'Conjunto de signos con que se representa el número noventa' (*Escribió el **noventa***). Incorrecto: noventiuno, noventidós, noventitrés, etc. Correcto: ***noventa y uno**, **noventa y dos**, **noventa y tres***, etc. → **número** (**Escritura de los números**)

noventavo, va. adj. 'Nonagésimo, dicho de cada una de las noventa partes iguales de un todo'. Ú. t. c. sust. m. y f.: **el noventavo, la noventava**.

noventón, na. adj. 'El que tiene entre noventa y noventa y nueve años'. Ú. t. c. sust. m. y f.: **el noventón, la noventona**. → **nonagenario**

noviar. v. intr. p. us. Argent. 'Flirtear'. Se conjuga, en cuanto al acento, como **cambiar**. Ú. m. en formas no personales (*Beatriz está **noviando***).

novicio. sust. m. Su femenino es **novicia**. El sustantivo colectivo es **noviciado** (m.), 'conjunto de novicios'.

noviembre. sust. m. 'Undécimo mes del año; tiene treinta días'. Como el nombre de todos los meses, debe escribirse con minúscula. Sus abreviaturas son ***nov.*** y ***novbre***.

novillo. sust. m. 'Res vacuna de dos o tres años'. Su femenino es **novilla**. El sustantivo colectivo es **novillada** (f.), 'conjunto de novillos'. La 'lidia o corrida de novillos' se denomina, también, **novillada** o **novillos** (sust. m. pl.).

novio. sust. m. Su femenino es **novia**.

-nte. suf. de adjetivos verbales, llamados participios activos. 'Que ejecuta la acción expresada por la base'. Si el verbo es de la primera conjugación, toma la forma **-ante** (***paseante***); si es de la segunda o de la tercera, **-ente** o **-iente** (*urgente*, *doliente*). Algunos de estos adjetivos suelen sustantivarse y hasta toman la forma femenina en **-nta** (*presidente*, *presidenta*).

nube. suf. f. Los sustantivos colectivos son **arrumazón** (f.) y **rumazón** (f.), 'conjunto de nubes en el horizonte'.

núbil. adj. 'Que está en edad de contraer matrimonio' (*mujer **núbil***). Es palabra grave. En plural, se transforma en esdrújula: **núbiles**.

nublado, da. p. de **nublar**. sust. m. 'Nube que amenaza tormenta'. También puede decirse **nublo** (sust. m.). → **ñublar**

nublar. v. tr. Ú. t. c. prnl. También puede decirse **anublar** (v. tr. Ú. t. c. prnl.), voz preferida por la Academia. → **ñublar**

nuboso, sa. adj. 'Cubierto de nubes' (*cielo **nuboso***); 'desgraciado' (*destino **nuboso***). También puede decirse **nubloso, sa** (adj.).

nuclear. adj. 'Perteneciente al núcleo'; 'perteneciente o relativo al núcleo de los átomos' (*desintegración **nuclear***); 'que emplea energía nuclear' (*bomba **nuclear***). No debe usarse como verbo con las denotaciones de 'agrupar, congregar, reunir': *Este libro nuclea sus trabajos más importantes*. Correcto: *Este libro **reúne** sus trabajos más importantes*. Tampoco, con el significado de 'dirigir': *Ése es el equipo que nucleó José*. Correcto: *Ése es el equipo que **dirigió** José*.

nucleico. adj. 'Dícese de los ácidos ribonucleico y desoxirribonucleico' (*ácido **nucleico***). Esta voz ha sido recién incorporada en el ***Diccionario***.

nucléolo. sust. m. 'Corpúsculo situado en el interior del núcleo celular'. Es palabra esdrújula. No debe pronunciarse [nucleolo] como grave.

nucleótido. sust. m. 'Compuesto orgánico constituido por una base nitrogenada, un azúcar y ácido fosfórico'. Esta voz ha sido recién incorporada en el ***Diccionario***.

nudillo. sust. m. 'Parte exterior de cualquiera de las junturas de los dedos, donde se unen los huesos de que se componen'. También puede decirse **artejo** (sust. m.).

nudismo. sust. m. 'Actitud o práctica de quienes sostienen que la desnudez completa es conveniente para un perfecto equilibrio físico e incluso moral'; 'doctrina o teoría que lo propugna'. También puede decirse **desnudismo** (sust. m.), pero la Academia prefiere la primera forma.

nudista. adj. 'Dícese de la persona que practica el nudismo' (*mujer **nudista***). Ú. t. c. sust. com.: **el nudista**, **la nudista**. También puede decirse **desnudista** (adj. Ú. t. c. sust. com.), pero la Academia prefiere la primera forma.

nuecero. sust. m. 'Persona que vende nueces'. Su femenino es **nuecera**.

nuera. sust. f. La forma masculina correspondiente es **yerno**.

nuestro, tra. Pronombre posesivo de primera persona (***nuestro** hogar*; ***nuestra** vida*). Con la terminación del masculino singular y precedido de **lo**, se emplea como neutro (*Defendemos **lo nuestro***). Se sustantiva en la locución familiar **la nuestra**, que significa 'ha llegado la ocasión favorable a la persona que habla'; se usa más con el verbo **ser** (*Ésta será **la nuestra***). La sustantivación se produce también en **los nuestros**, 'los que son del mismo partido, profesión o naturaleza del que habla' (*Confiemos **en los nuestros***). Es correcto y común, entre escritores y conferenciantes, usar el plural de modestia, es decir, **nuestro**, **nuestra**, **nuestros**, **nuestras**, por **mi** o **mis** (***Nuestras** palabras parecen ingenuas* por ***Mis** palabras parecen ingenuas*). Incorrecto: *Se quedó atrás nuestro*; *Se sentó cerca nuestro*; *Está delante nuestro*; *Se pararon detrás nuestro*. *El perro saltó encima nuestro*; *Estaba lejos nuestro*. Correcto: *Se quedó **detrás de nosotros***; *Se sentó **cerca de nosotros***; *Está **delante de nosotros***; *Se pararon **detrás de nosotros***; *El perro saltó **encima de nosotros***; *Estaba **lejos de nosotros***. Sus abreviaturas son ***n/***, ***ntro.***, ***ntra***. Para los sintagmas **Nuestra Señora** y **Nuestro Señor**, las abreviaturas son: ***N.ªS.ª*** y ***N.S.***

nueve. adj. 'Ocho más uno' (***nueve** años*). Puede usarse también como ordinal con la denotación de 'noveno' (*mes **nueve***). Apl. a los días del mes, ú. t. c. sust. m. (*el **nueve** de febrero*). sust. m. 'Signo o cifra con que se representa el número nueve' (*Escriba un **nueve***); 'carta o naipe que tiene nueve señales' (*el **nueve** de bastos*).

nuevo, va. adj. 'Recién hecho o fabricado' (*casa **nueva***). Diminutivo: **nuevecito**. El superlativo culto es **novísimo**, **ma**. Es incorrecto usar **nuevo** como sinónimo de **otro** (adj.): *Dos nuevos delincuentes fueron encarcelados*. Correcto: ***Otros** dos delincuentes fueron encarcelados*. **de nuevo**. loc. adv. 'Otra vez, una vez más' (*Revisó el examen **de nuevo***). La locución puede ser reemplazada con el adverbio de modo **nuevamente**. → **testamento**

nuez. sust. f. 'Fruto del nogal'. Diminutivo: **nuececilla**. En plural: **nueces**. Repárese en el cambio de **z** por **c**. El **nogal** (sust. m.) es el 'árbol que da nueces'. También puede decirse **noguera** (sust. f.), pero la Academia prefiere la primera forma. Los sustantivos colectivos son **noceda** (f.), **nocedal** (m.) y **nogueral** (m.), 'conjunto de nogales'.

nulidad. sust. f. 'Cualidad de nulo' (*la **nulidad** de la investigación*). fam. 'Persona incapaz, inepta' (*Roberto es una **nulidad***). Es palabra aguda. En plural, se transforma en grave: **nulidades**.

numen. sust. m. 'Cualquiera de los dioses de la mitología clásica'; 'inspiración del artista o escritor'. Se escribe sin tilde, porque es palabra grave terminada en **n**. En plural, se transforma en esdrújula: **númenes**.

numerador. sust. m. 'Aparato con que se marca la numeración correlativa'. No debe usarse como sinónimo de **numeradora** (sust. f.), 'máquina para numerar correlativamente los ejemplares de un modelo u obra'.

numerar. v. tr. 'Contar por el orden de los números' (***Numeró** del uno al veinte*); 'expresar numéricamente la cantidad' (***Numera** el treinta*); 'marcar con números' (***Numere** estas hojas*); 'en la industria textil, determinar el número o la relación entre la longitud y el peso de un hilo'. En su reemplazo, no debe usarse **enumerar** (v. tr.), pues denota 'enunciar sucesiva y ordenadamente las partes de un conjunto o de un todo' (***Enumere** las partes del cuerpo humano*).

numerario, ria. adj. 'Del número o perteneciente a él' (*errores **numerarios***); 'dícese de la persona que ocupa un cargo con carácter fijo' (*profesor **numerario***). U. t. c. sust. m. y f.: **el numerario**, **la numeraria**. sust. m. 'Dinero efectivo' (*No tiene **el numerario***).

número. sust. m. 'Expresión de la relación

que existe entre la cantidad y la unidad'. **número arábigo**. 'Cifra que pertenece a la numeración arábiga' (*El 4 es un* ***número arábigo***). **número cardinal**. 'Cada uno de los números enteros en abstracto' (*El setenta es un* ***número cardinal***). **número dígito**. 'El que se expresa con una sola cifra; en la numeración decimal, lo son los comprendidos entre el cero y el nueve' (*El cero es un* ***número dígito***). **número compuesto**. 'El que se expresa con dos o más cifras' (*El veintitrés es un* ***número compuesto***). **número ordinal**. 'El que expresa ideas de orden o sucesión' (*Tercero es un* ***número ordinal***). **número romano**. 'El que se expresa con letras del alfabeto latino': **I** (uno), **V** (cinco), **X** (diez), **L** (cincuenta), **C** (ciento), **D** (quinientos) y **M** (mil). **de número**. loc. adj. 'Dícese de cada uno de los individuos de una corporación compuesta de limitado número de personas' (*académico* ***de número***). **hacer número** una persona o cosa. 'No servir o ser útil más que para aumentar el número de su especie' (*Lo invitó a la conferencia para que* ***hiciera número***). **hacer números**. fr. fig. y fam. 'Calcular las posibilidades de un negocio' (*Antes de comprar el departamento,* ***haremos números***). **número uno**. expr. fig. y fam. 'Persona o cosa que sobresale en algo' (*Ofelia es la* ***número uno*** *de su curso*). **sin número**. loc. adj. fig. 'En grandísima abundancia'. Se usa pospuesta al nombre al que se refiere (*Hay hombres* ***sin número***). Repárese en que, en plural, esta locución no varía. → **singular**, **plural**

ESCRITURA DE LOS NÚMEROS. Las palabras que representan los números, desde el **treinta y uno**, deben escribirse separadas (***treinta y nueve***; ***cuarenta y cinco***; ***cincuenta y seis***; ***sesenta y tres***; ***setenta y uno***; ***ochenta y ocho***; ***noventa y cuatro***; ***cuatrocientos doce***; ***dos mil ochocientos treinta y siete***; ***tres millones doscientos cinco mil quinientos catorce***). Los numerales del **16** al **19** pueden escribirse juntos o separados (***dieciséis*** o ***diez y seis***; ***diecisiete*** o ***diez y siete***; ***dieciocho*** o ***diez y ocho***; ***diecinueve*** o ***diez y nueve***). Las centenas, entre cien y mil, se escriben en una sola palabra (***doscientos***, ***trescientos***, ***cuatrocientos***, ***quinientos***, ***seiscientos***, ***setecientos***, ***ochocientos***, ***novecientos***). En textos no matemáticos, los números deben representarse con palabras (*Se reunieron* ***trescientas*** *personas en la plaza del pueblo*). Se escriben con cifras: • los horarios (*Regresará a las* ***16.30***); • las fechas y los años (***7*** *de agosto de* ***1995***; ***7-8-1995***; ***7/8/1995***; ***7-8-95***; ***7/8/95***); repárese en que el punto se omite en los números de cuatro cifras, incluidos los años (***1995***); • las medidas del sistema métrico decimal (***10*** *m*; ***4*** *km*; ***25*** *g*); • los grados de temperatura (***34°***); • el número de habitantes (***12.000.000*** *de habitantes* o ***12 millones*** *de habitantes*); • el número de edición de una obra (***7°*** *edición*); • los números de páginas (*Lea la página* ***43***); • los números de artículos (*artículo* ***30***); • los números de versículos (*versículo* ***12***); • todos los números que aparecen en obras científicas y de estadística; • los números que indican porcentaje (***80%***) se escribirán con palabras si expresan una cantidad dubitativa. Algunas incorrecciones: *Irá a las 11:15*; *7 agosto 1995*; *7 agosto, 1995*; *agosto 7, 1995* (anglicismo ortográfico); *agosto 7 de 1995* (anglicismo ortográfico); *7/agosto/1995*; *7-agosto-1995*; *agosto-7-1995*; *7 de agosto 1995*; *7 agosto de 1995*; *Nació en 7 de agosto de 1995*; *Murió un 5 de junio de 1876*; *15 por ciento*; *quince por 100*; *15 × 100*; *15 por mil*; *quince por 1000*; *15 × 1000*; *15 p. 100*; *15/100*; *15 p. 1000*; *15/1000*; *tanto por 100*; *tanto por 1000*; *El % es bajo*. Correcto: *Irá a las* ***11.15***; ***7 de agosto de 1995*** (no debe suprimirse la preposición **de**); *Nació* ***el 7 de agosto de 1995***; *Murió* ***el 5 de junio de 1876*** o ***un día de junio de 1876***; ***15%***; ***15 por 100***; ***quince por ciento***; ***15‰***; ***15 por 1000***; ***quince por mil***; ***quince por ciento***; ***15%***; ***quince por mil***; ***15‰***; ***tanto por ciento***; ***tanto por mil***; ***El tanto por ciento*** *es bajo*. Cuando se expresa con cifras: • el número no debe separarse de la palabra a la que modifica, al final de renglón: *250 / pesos*; *87 / años*. Correcto: ***250*** *pesos*; ***87*** *años*; • ninguna cantidad puede partirse al final de renglón: *765 / 234*. Correcto: ***765.234***; • ninguna cantidad puede escribirse cuando se inicia párrafo o después de punto: *150 personas asistieron al acto*. Correcto: ***Ciento cincuenta*** *personas asistieron al acto*; • las cantidades muy largas pueden abreviarse: ***18.100.000*** puede escribirse ***18 millones cien mil*** (esta regla se aplica cuando quedan dos o más cifras). Incorrecto: *7 millones de habitantes*. Correcto: ***siete millones*** o ***7.000.000*** *de habitantes*. Los números de orden de leyes, decretos, normas, etc., llevan la **o** voladita hasta el **nueve** inclusive (***1.°***); se omite a partir de **diez**. Se escriben con letras: • el espacio de tiempo transcurrido o por transcurrir (*Pasaron* ***dos años***); • los números o cantidades puestos en boca de un interlocutor (*—Me dio **tres** lápices*); • las cifras que expresan horas, en obras literarias o en escritos semejantes (*Ya son las **once***; *Vino a las **quince y treinta*** o ***quince treinta***; *El reloj se detuvo a las **cinco y media***); • las fechas y los años, al final de constancias, actas o documentos notariales (*Se extiende esta constancia en Buenos Aires, a los **trece** días del mes de marzo de **mil novecientos noventa y cinco***).

GÉNERO DE LAS CANTIDADES. **Docenas** y **centenas** pertenecen al género femenino (***las centenas** de alumnos*); **centenares**, **miles** y **millones**, al género masculino (***los centenares** de espectadores*; ***los miles** de personas*; ***los millones** de turistas*).

PUNTUACIÓN DE LAS CANTIDADES. Como bien dice Martínez de Sousa, "la puntuación de las cantidades es una convención para facilitar su lectura". La Academia admite el punto para separar los números de varias cifras (***83.500** vocablos*; ***1.345.543** bolsas*) y la coma para separar enteros de decimales (***4,65** metros*). Incorrecto: *83,500 vocablos* (anglicismo); *1,345,543 bolsas* (anglicismo); *4.65 metros* (anglicismo). Martínez de Sousa considera que lo correcto es "aplicar las normas internacionales", es decir, "para formar grupos en números de muchas cifras, no deberán emplearse ni puntos ni comas, sino espacios" (***23 214***; ***119 097***; ***15 879 417***).

NÚMEROS ROMANOS. Se usan para numerar: • actos y escenas en obras teatrales (*Acto **III**, Escena **II***); • capítulos, libros, partes, tomos (*capítulo **X**, libro **VI**, parte **XI**, tomo **I***); • tablas, cuadros, láminas (*lámina **XIX***); • siglos, dinastías, milenios (*siglo **XX***); • campeonatos, certámenes, concilios, congresos, exposiciones, ferias, festivales, jornadas, olimpíadas (***VI** Jornadas Nacionales de Pediatría*). También se emplean para designar el número cardinal que precede o sigue a los nombres de: • Papas (*Juan Pablo **II***); • reyes (*Juan Carlos **I***); • emperadores (*Carlos **V***). Dice Martínez de Sousa que es "redundancia inadmisible colocar en las cifras romanas un cero voladito (°), como si se tratase de un número arábigo ordinal; recuérdese que los números romanos deben leerse como ordinales, aunque existe licencia y costumbre de leerlos como cardinales a partir del diez". Incorrecto: *V.° Congreso Nacional de Psicología*. Correcto: ***V** Congreso Nacional de Psicología*.

ALGUNAS OBSERVACIONES: • **uno**, delante de sustantivos masculinos, y **ciento**, delante de cualquier sustantivo, toman las formas **un** y **cien** (***un** barrio*; ***cien** máscaras*; ***cien** títulos*); • todos los números cardinales pueden emplearse como ordinales, pero de **2** a **10**, en relación con congresos, reyes, capítulos, etc., se usan preferentemente los ordinales (***Sexto** Congreso de Ginecología*; *Fernando **séptimo***; *capítulo **octavo***); • **un** (m.) es la única forma posible delante de **mil** (*cuarenta y **un mil** pesos*; *treinta y **un mil** niñas*); • **uno** no toma la forma **un** ante sustantivos femeninos (***veintiuna** casas*), salvo cuando esos sustantivos comienzan con **a** tónica (***veintiún** armas*); • los cardinales se colocan, generalmente, delante del sustantivo, pero, cuando se usan como ordinales, se posponen (***tres** tomos*; *tomo **tres***); • los cardinales de **uno** a **novecientos**, y los formados con ellos, así como todos los ordinales, concuerdan con los sustantivos que determinan (***doscientos** libros*; ***trescientas** palabras*; *dos tomos **terceros***; ***cuarta** silla*); • los ordinales **primero**, **tercero**, **postrero** pierden la última letra cuando preceden a sustantivos masculinos (***primer** lugar*; ***tercer** puente*; ***postrer** trabajo*); esto no ocurre si se unen con otro adjetivo mediante la conjunción copulativa **y** (*el **primero** y destacado lugar*; *el **tercero** y viejo puente*; *el **postrero** y magnífico trabajo*); • los ordinales del **13.°** al **19.°** tienen dos formas femeninas (***decimoctava** edición*; ***decimaoctava** edición*), aunque la segunda es poco frecuente; la Academia admite, además, ***vigesimoprimera***, ***vigésima primera***; ***trigesimosegunda***, ***trigésima segunda***. Las formas masculinas también pueden escribirse en una o en dos palabras: **cuadragesimosexto** o **cuadragésimo sexto**. Repárese en que cuando las formas masculinas y femeninas se escriben en una sola palabra, el primer elemento no lleva tilde (***decimo**noveno*, ***decimonovena***). Las abreviaturas de **número** son ***n.°*** y ***núm.*** En plural: ***núms.***

numisma. sust. m. 'Moneda acuñada'. Incorrecto: *la numisma*.

numismático, ca. adj. 'Perteneciente o relativo a la numismática, ciencia que trata del conocimiento de monedas y medallas, principalmente de las antiguas' (*estudios **numismáticos***). sust. m. 'El que profesa esta ciencia o tiene en ella especiales conocimientos' (*Es un gran **numismático***). La Academia no registra el género femenino.

nunca. adv. t. 'En ningún tiempo' (***Nunca** reinó la paz en el mundo*); 'ninguna vez' (***Nunca** dijo mentiras*). Incorrecto: *No lo haré más nunca*. Correcto: *No lo haré **nunca más***. **nunca jamás**. loc. adv. 'Nunca, con sentido enfático' (*No te hablaré **nunca jamás***).

nuncio. sust. m. 'El que lleva aviso, noticia o encargo de un sujeto a otro'; 'representante diplomático del Papa'. Con esta última denotación, debe escribirse con mayúscula (*el **Nuncio** apostólico*). → **presidente**. 'Anuncio, señal' (*El canto del grillo es **nuncio** de calor*).

nupcias. sust. f. pl. 'Casamiento, boda'. Incorrecto: *casada en primera nupcia*. Correcto: *casada en **primeras nupcias***. → **plural (pluralia tantum)**

♦ **nurse.** Anglicismo. En español, debe decirse **niñera, institutriz**.

♦ **nursery.** Anglicismo. En español, debe decirse **sala de los niños**.

nutria. sust. f. 'Mamífero carnicero'. Para distinguir los sexos, debe recurrirse a las perífrasis **nutria macho, nutria hembra**. También puede decirse **nutra**, pero la Academia prefiere la primera forma. El **nutriero** (sust. m. Argent. y Urug.) es la 'persona que se dedica a cazar nutrias y a traficar con las pieles de estos animales'. La Academia no registra el género femenino.

nutricional. adj. 'Propio de la nutrición o relativo a ella' (*estudios **nutricionales***). Esta voz no está registrada en el ***Diccionario***, pero es de correcta formación.

nutricionista. sust. com. 'Especialista en nutrición': **el nutricionista, la nutricionista**. Esta voz no está registrada en el ***Diccionario***, pero es de correcta formación.

nutriente. p. a. de **nutrir**. 'Que nutre'. Ú. t. c. sust. m. y f.: **el nutriente, la nutriente**. Es voz recién incorporada en el ***Diccionario***.

nutrimento. sust. m. 'Acción y efecto de nutrir o nutrirse'; 'sustancia de los alimentos'; 'materia o causa del aumento, actividad o fuerza de una cosa en cualquier línea, especialmente en lo moral'. También puede decirse **nutrimiento** (sust. m.), pero la Academia prefiere la primera forma.

nutrir. v. tr. Rég. prep.: **nutrir con** (***nutrir con** alimentos sustanciosos*); **nutrir de** (***nutrir de** espiritualidad*). En el ***Diccionario*** mayor, no se registra su uso como verbo pronominal, pero, sí, en el ***Manual***, donde se señala la falta de sanción académica. Rég. prep.: **nutrirse con** (***nutrirse con** frutas y verduras*); **nutrirse de** o **en** (***nutrirse de** o **en** buenas lecturas*).

nutritivo, va. adj. 'Que nutre' (*alimento **nutritivo***). En su reemplazo, pueden usarse **nutricio, cia** (adj.) y **nutriz** (adj.; en plural: **nutrices**).

ny. sust. f. 'Decimotercera letra del alfabeto griego, que corresponde a la que, en el español, se llama *ene*'.

♦ **nylon.** Anglicismo. En español, debe escribirse **nailon** o **nilón**.

ñ. Decimoquinta letra del abecedario español. Su nombre es **eñe** (sust. f.). En plural: **eñes**.

ña. sust. f. Forma reducida de **señora** o de **doña** (susts. fs.). Se usa, como fórmula de tratamiento vulgar, en algunas partes de América, entre ellas, la Argentina. → **ño**

ñacaniná. sust. f. Argent. 'Serpiente acuática de gran agresividad'. NE. Argent. 'Serpiente terrestre'. Para distinguir los sexos, debe recurrirse a las perífrasis **ñacaniná macho**, **ñacaniná hembra**. En plural: **ñacaninaes** o **ñacaninás**.

ñacurutú. sust. m. NE. Argent. 'Ave rapaz nocturna'. Para distinguir los sexos, debe recurrirse a las perífrasis **ñacurutú macho**, **ñacurutú hembra**. En plural: **ñacurutúes** o **ñacurutús**.

ñandú. sust. m. 'Ave'. Es conocido, también, como **avestruz de América**, aunque tiene dos dedos en el pie, en vez de tres. Para distinguir los sexos, debe recurrirse a las perífrasis **ñandú macho, ñandú hembra**. En plural: **ñandúes** o **ñandús**. Incorrecto: ~~*ñanduses*~~.

ñandubay. sust. m. 'Árbol americano'. En plural: **ñandubáis**.

ñandutí. Amér. Merid. 'Tejido muy fino'. En plural: **ñandutíes** o **ñandutís**.

ñaña. sust. f. Chile. 'Niñera'. Perú. 'Niña'. NO. Argent. y Chile. 'Hermana mayor'. La forma masculina de las dos últimas denotaciones es **ñaño**.

ñapa. sust. f. En varios países de América, 'yapa'.

ñapindá. sust. m. R. de la Plata. 'Especie de acacia muy espinosa'. En plural: **ñapindaes** o **ñapindás**.

ñato, ta. adj. 'De nariz corta y aplastada'. Aunque la Academia no lo registra, ú. m. c. sust. m. y f.: **el ñato**, **la ñata**. sust. f. En América, 'nariz', forma no registrada por el ***Diccionario***; sí, por el ***Manual*** (*Tenía una ñata griega*).

ño. sust. m. Forma reducida de **señor** (sust. m.). Se usa, como fórmula de tratamiento vulgar, en algunas partes de América, entre ellas, la Argentina. → **ña**

♦ **ñomo.** Barbarismo. Dígase **gnomo** o **nomo**.

ñoño, ña. adj. fam. 'Dícese de la persona apocada y de corto ingenio'; 'dícese de las cosas de poca sustancia'. Con el sentido de 'viejo, caduco', la Academia anota que es anticuado, pero se usa en la Argentina. La 'cualidad de ñoño' es **ñoñez** (sust. f.), que también significa 'acción o dicho propio de persona ñoña' (sust. f.), acepción que, a su vez, puede decirse **ñoñería** (sust. f.). La voz **ñoñada** carece de registro en el ***Diccionario***.

ñoqui. sust. m. Argent., Chile, Perú y Urug. 'Masa hecha con papa o sémola'. Ú. m. en pl. (*Sirvieron **ñoquis** con tuco*). Argent. fig. despect. 'Empleado público que asiste al lugar de trabajo sólo en fecha de cobro'. Esta última denotación carece de registro en el ***Diccionario***, pero su inclusión fue recomendada por la A.A.L. En el español general, se dice **chupóptero** (sust. m. fam.).

ñu. sust. m. 'Antílope propio del África del Sur'. Para distinguir los sexos, debe recurrirse a las perífrasis **ñu macho**, **ñu hembra**. En plural: **ñúes** o **ñus**.

ñublar. v. tr. Dígase **nublar**, porque es forma anticuada. Lo mismo se aplica a **ñublado** (sust. m.), **ñubloso, sa** (adj.), **ñublo** (sust. m.), voces que corresponde escribir, modernamente, con **n**. → **nublado**, **nublar**

ñudo. sust. m. p. us. Lo frecuente es **nudo** (sust. m.). Lo mismo vale para **ñudoso, sa** (adj.); debe decirse **nudoso, sa** (adj.).

ñuto, ta. adj. En varias regiones americanas, entre ellas, el NO. de la Argentina, 'dícese de la carne blanda'. Ú. t. c. sust. m.: **el ñuto**.

o. Decimoquinta letra del abecedario español. Es sustantivo femenino: **la o**. En plural: **oes**. Incorrecto: os.

o. conj. disyunt. Denota 'diferencia, separación o alternativa entre dos o más personas, cosas o ideas' (*¿Laura **o** Inés?; vino **o** agua; vivo **o** muerto; reír **o** llorar*). Suele preceder a cada uno de dos o más términos contrapuestos (*Regresarás **o** con tus hermanos **o** sin ellos*). 'O sea, o lo que es lo mismo' (*Valeria, **o** la hermana de Federico, fue maestra de tu hijo*). Para evitar el hiato, se usa **u** en lugar de **o** ante voces que comienzan con esta misma letra o con **ho** (*mujer **u** hombre; estrecho **u** holgado; diez **u** once*). No es necesario que la **o** lleve tilde entre cifras, pues gráficamente no pueden confundirse la o (minúscula), la O (mayúscula) y el o (cero). Esta acentuación sólo puede justificarse en lo manuscrito. → **conjunción, u**

oasis. sust. m. En plural, no varía: **los oasis**.

obcecar. v. tr. Ú. t. c. prnl. 'Cegar, deslumbrar u ofuscar'. → **sacar**

obedecedor, ra. adj. 'Que obedece'. Ú. t. c. sust. m. y f.: **el obedecedor, la obedecedora**.

obedecer. v. irreg. tr. Rég. prep.: **obedecer a** (*El empleado **obedece a** su jefe; El caballo **obedece** al freno; El dolor de muelas **obedece a** las caries*). El participio activo es **obediente** (adj.). Sus postverbales son **obedecimiento** (sust. m.) y **obediencia** (sust. f.). Se conjuga como **parecer**.

obediencia. sust. f. 'Acción de obedecer'. **obediencia ciega**. 'La que se presta sin examinar los motivos o razones del que manda'. **obediencia debida**. 'La que se rinde al superior jerárquico y es circunstancia eximente de responsabilidad en los delitos'. **dar la obediencia** a uno. fr. 'Reconocerlo por superior'.

obelisco. sust. m. También puede decirse **óbelo** (sust. m.), pero la Academia prefiere la primera forma.

obertura. sust. f. Voz francesa (*ouverture*) españolizada. 'Pieza de música instrumental con que se da comienzo a una ópera, oratorio u otra composición lírica' (*Escucharon la **obertura** de* Las alegres comadres de Windsor, *de Otto Nicolai*). No debe confundirse su denotación con las de **abertura** (sust. f.) y **apertura** (sust. f.). → **abertura**

obesidad. sust. f. 'Gordura en demasía'. Es palabra aguda. En plural, se transforma en grave: **obesidades**. También puede decirse **adiposis** (sust. f.).

obispo. sust. m. 'Prelado superior de una diócesis'. Diminutivo: **obispillo**. Su abreviatura es *ob.*

objeción. sust. f. 'Dificultad que se presenta en contrario de una opinión o designio'. No debe pronunciarse ni escribirse objección, ojección, ojeción.

objetable. adj. A pesar de que la Academia no registra esta voz ni su antónimo **inobjetable**, son de correcta formación. No debe pronunciarse [ocjetable, ojetable], vulgarismos.

objetar. v. tr. 'Oponer reparo a una opinión o designio'. No debe pronunciarse ni escribirse objectar, ojectar, ojetar. Su participio activo es **objetante** (Ú. t. c. sust. com.).

objetivar. v. tr. 'Dar carácter objetivo a una idea o sentimiento'. No debe pronunciarse ni escribirse objectivar, ojectivar, ojetivar. Su postverbal es **objetivación** (sust. f.).

objeto. sust. m. No debe pronunciarse ni escribirse objecto, ojecto, ojeto. **al objeto de** o **con objeto de**. loc. conjunt. final. 'Para, con la finalidad de'. Se une con el infinitivo (*Viajó **al objeto de** o **con objeto de** encontrarse con ellos en Colombia*). **al objeto de que** o **con objeto de que**. loc. conjunt. final. 'Para que'. Se une con el subjuntivo (*Usa el diccionario **al objeto de que** o **con objeto de que** se enriquezca su vocabulario*). Incorrecto: *Usa el diccionario al objeto que o con objeto que se enriquezca su vocabulario* ("queísmo").

oblato, ta. adj. 'Decíase del niño ofrecido por sus padres a Dios y confiado a un monasterio para que se educase culta y piadosamente y, si se aficionase, entrase en religión'. Ú. t. c. sust. m. y f.: **el oblato, la oblata**. sust. m. 'Entre los benedictinos, seglar que los asiste con hábito como sirviente'. sust. m. y f. 'Religioso de alguna congregación que lleva ese nombre'. sust. f. 'Religiosa de la congregación del Santísimo Redentor, fundada en España en el siglo XIX'. Incorrecto: hoblato.

oblicuar. v. tr. 'Dar a algo dirección oblicua' (***Oblicua** el adorno*). v. intr. 'Marchar con dirección diagonal sin perder el frente de formación' (*Los soldados **oblicuaban***). Incorrecto: oblícuo, oblicúo, oblicúe. Correcto: ***oblicuo***, ***oblicue***. Recuérdese que las palabras graves terminadas en vocal no llevan tilde. Se conjuga, en cuanto al acento, como **adecuar**.

oblicuo, cua. adj. 'Sesgado'. Incorrecto: oblícuo. Recuérdese que las palabras graves terminadas en vocal no llevan tilde.

obligación. sust. f. 'Imposición o exigencia moral que debe regir la voluntad libre'. Rég. prep.: **obligación de** (***obligación de** pagar los impuestos*). Incorrecto: *obligación a pagar los impuestos*. La Academia aclara que **obligamiento** (sust m.) es voz anticuada. Su sinónimo es **deber** (sust. m.). No debe confundirse su denotación con la de **derecho** (sust. m.). Repárese en que no es sinónimo de **obligatoriedad** (sust. f.) → **derecho**, **obligatoriedad**

obligacionista. sust. com. 'Portador de una o varias obligaciones negociables': **el obligacionista, la obligacionista**.

obligado, da. p. de **obligar**. adj. 'Forzoso, inexcusable' (*trámite **obligado***). sust. m. y f. 'Persona que ha contraído legalmente una obligación a favor de otra': **el obligado, la obligada**. Esa otra persona es **el obligatorio** (sust. m.). Su femenino es **la obligatoria**. sust. m. 'Lo que canta o toca un músico como principal, con el acompañamiento de las demás voces e instrumentos': **el obligado**.

obligar. v. tr. 'Compeler, forzar'. Rég. prep.: **obligar a** (***obligar a** devolver el dinero*); **obligar con** (***obligar con** su buen trato*). v. prnl. 'Comprometerse a cumplir algo'. Rég. prep.: **obligarse a** (***Se obligó a** visitarlo todas las mañanas*). → **pagar**

obligatoriedad. sust. f. 'Necesidad de ser hecho, cumplido u obedecido' (*Estamos de acuerdo con la **obligatoriedad** de respetar los semáforos para evitar choques*). Repárese en que no es sinónimo de **obligación** (sust. f.). → **obligación, -dad**

obnubilar. v. tr. Ú. t. c. prnl. 'Anublar, oscurecer, ofuscar'. No debe pronunciarse [ognubilar, onubilar]. Su postverbal es **obnubilación** (sust. f.).

oboe. sust. m. 'Instrumento músico de viento'. Son incorrectas las grafías oboé y óboe. Es palabra grave. Repárese en que no lleva tilde, porque termina en vocal. No debe pronunciarse como esdrújula. En plural: **oboes**. También puede decirse **obué** (sust. m.; en plural: **obués**), pero la Academia prefiere la primera forma.

óbolo. sust. m. 'Peso que se usó en la antigua Grecia'; 'moneda de plata de los antiguos griegos'; 'cantidad exigua con que se contribuye para un fin determinado' (*Sólo pedimos un **óbolo***). No deben confundirse su grafía y su denotación con las de su homófono **óvolo** (sust. m.), 'adorno en figura de huevo'.

obra. sust. f. Rég. prep.: **obra de** (***obra de** mano*; ***obra de** tres años*). La abreviatura de **obra citada** es ***ob. cit.***, y la de **en la obra citada**, ***op. cit.*** (en latín, *opere citato*).

obrador, ra. adj. 'Que obra' (*personas **obradoras***). Ú. t. c. sust. m. y f.: **el obrador, la obradora**. sust. m. 'Taller' (*Visité un **obrador***).

obrar. v. tr. 'Trabajar en algo' (***obrar** la piedra*); 'ejecutar algo no material'; 'causar efecto algo' (*Los medicamentos no **han obrado***); 'construir' (***Obraron** una casa de dos pisos*). v. intr. 'Existir algo en sitio determinado'. Rég. prep.: **obrar en** (*La carta **obraba en** su poder*). 'Proceder'. Rég. prep.: **obrar a** (***obrar a** ley*); **obrar con** (***obrar con** bondad*); **obrar por** (***obrar por** amor al prójimo*).

obrepticio, cia. adj. 'Que se pretende o se consigue mediante obrepción o falsa narración de un hecho, que oculta el impedimento que haya para lograr algo' (*empleo **obrepticio***). No debe pronunciarse [obreticio].

obrero, ra. adj. 'Que trabaja' (*clase **obrera***). Ú. t. c. sust. m. y f.: **el obrero, la obrera**. El sustantivo colectivo es **obrerismo** (sust. m.), 'conjunto de obreros, considerado como entidad económica'; también denota 'conjunto de actitudes y de doctrinas sociales que mejoran las condiciones de vida de los obreros'.

obsceno, na. adj. 'Impúdico' (*mujer **obscena**; poemas **obscenos***). No debe pronunciarse [osceno, occeno]. Aclara Seco que es un anglicismo usar esta voz como sinónimo de **desagradable** o de **repugnante**.

obscurecer. v. tr., intr. impers. y prnl. → **oscurecer**

obscuridad. sust. f. → **oscuridad**

obscuro, ra. adj. Ú. t. c. sust. m. y f. → **oscuro**

obsecuencia. sust. f. 'Sumiso', condescendencia'. No debe pronunciarse [osecuencia], un vulgarismo.

obsecuente. adj. 'Sumiso'. No debe pronunciarse [osecuente], un vulgarismo.

obsequiador, ra. adj. 'Que obsequia' (*un novio **obsequiador***). Ú. t. c. sust. m. y f.: **el obsequiador**, **la obsequiadora**. También puede decirse **obsequiante** (p. a. de **obsequiar**. Ú. t. c. sust. com.): **el obsequiante**, **la obsequiante**.

obsequiar. v. tr. 'Agasajar a alguien con atenciones, regalos, etc.' (*Le **obsequió** una muñeca*); 'enamorar' (*Juan **obsequia** a Lía*). Puede usarse con la preposición **con** (*Sus padres la **obsequiaron con** un collar*). También es correcto: *Sus padres le **obsequiaron** un collar*. Se conjuga, en cuanto al acento, como **cambiar**.

obsequio. sust. m. 'Acción de obsequiar'; 'regalo' (*Le traen un **obsequio***); 'afabilidad'. **en obsequio a** o **en obsequio de**. locs. prepos. 'En atención a, teniendo presente' (*Reciba mi agradecimiento **en obsequio a** o **en obsequio de** su generosa colaboración*). No debe pronunciarse [ocsequio, osequio], vulgarismos.

obsequioso, sa. adj. 'Dispuesto a hacer la voluntad de otro'. Rég. prep.: **obsequioso con**, **para**, **para con** (*Leonardo era **obsequioso con**, **para**, **para con** sus amigos*).

observador, ra. adj. 'Que observa' (*niña **observadora***). Ú. t. c. sust. m. y f.: **el observador**, **la observadora**.

observar. v. tr. 'Examinar' (***observar** las estrellas; **observar** la evolución de una enfermedad*); 'cumplir lo que se manda y ordena' (***Observa** las leyes*); 'advertir' (***Observé** que no todas las cajas eran iguales*); 'mirar con atención y recato' (*Los policías **observaban** el automóvil robado*).

obsesión. sust. f. 'Perturbación anímica producida por una idea fija' (*Tiene la **obsesión** de que la persiguen*). Incorrecto: *obcesión*, *obceción*. No debe pronunciarse [osesión], un vulgarismo. Es palabra aguda. En plural, se transforma en grave: **obsesiones**. No debe usarse **fijación** (sust. f.) como sinónimo de esta voz. → **fijación**

obseso, sa. adj. 'Que padece obsesión'. Se refiere sólo a personas (*hombres **obsesos***). Incorrecto: *idea obsesa*. Correcto: *idea **obsesiva***. Ú. t. c. sust. m. y f.: **el obseso**, **la obsesa**. No debe usarse, en su reemplazo, **obsesivo, va** (adj., 'perteneciente o relativo a la obsesión') en función sustantiva. Incorrecto: *Sara es una obsesiva*. Correcto: *Sara es una **obsesa***. Sí, pueden reemplazarse como adjetivos siempre que se haga referencia a personas (*mujeres **obsesas*** o *mujeres **obsesivas***).

obsolescencia. sust. f. 'Cualidad o condición de obsolescente'. Incorrecto: *obsolencia*. No debe pronunciarse [osolecencia], un vulgarismo.

obsolescente. adj. 'Que está volviéndose anticuado'. Incorrecto: *obsolecente*, *obsolesciente*, *ocsolecente*, *osolescente*, *osolecente*.

obsoleto, ta. adj. 'Poco usado'; 'anticuado, inadecuado a las circunstancias actuales' (*Ese método de enseñanza es **obsoleto***). Es incorrecto usar esta voz como sinónimo de **antiguo, gua** (adj. Apl. a pers., ú. t. c. sust. m. y f.): *Compré un reloj muy obsoleto*. Correcto: *Compré un reloj **muy antiguo***. No debe pronunciarse [ocsoleto, osoleto], vulgarismos. → **perimido**

obstaculizar. v. tr. 'Impedir, dificultar' (*No **obstaculice** mis proyectos*). No debe pronunciarse [ocstaculizar, ostaculizar], vulgarismos. → **cazar**

obstante. p. a. de **obstar**. 'Que obsta'. **no obstante**. loc. conjunt. 'Sin embargo' (*Era muy tarde, **no obstante**, continuó escribiendo*). Puede reemplazarse con las locuciones conjuntivas **con todo, con todo eso** o **con todo esto** (*Era muy tarde, **con todo**, **con todo eso** o **con todo esto**, continuó escribiendo*). Incorrecto: *Era muy tarde, con todo y eso (con todo y con eso, con eso y con todo, con eso y todo), continuó escribiendo*. Repárese en que se escribe seguida de coma, entre comas o entre coma y punto (*La mala suerte los perseguía, **no obstante**, siguieron trabajando; La mala suerte los perseguía; siguieron trabajando, **no obstante**; **No obstante** su mala suerte, siguieron trabajando*). Aunque la Academia no lo indique, suele usarse como sinónimo de **a pesar de** (***No obstante** el mal tiempo, iremos a tu casa* o ***A pesar del** mal tiempo, iremos a tu casa*). Es incorrecto el uso de no obstante a, no obstante de y no obstante que: *No obstante al mal tiempo, iremos a tu casa; No obstante del mal tiempo, iremos a tu casa; No obstante que hay mal tiempo, iremos a tu casa.*

obstar. v. intr. 'Impedir, estorbar'. v. impers. 'Oponerse una cosa a otra'. Rég. prep.: **obstar a** o **para** (*Mi dolor de cabeza no **obsta a** o **para** que vaya al teatro*).

obstetra. sust. com. 'Especialista en obstetricia': **el obstetra, la obstetra**. No debe usarse, en su reemplazo, **obstétrico, ca** (adj.), 'perteneciente o relativo a la obstetricia'. Incorrecto: *Ya viene el obstétrico*. Correcto: *Ya viene el **obstetra**.* → **partero, tocólogo**

obstinarse. v. prnl. 'Mantenerse firme en una idea o en una resolución'. Rég. prep.: **obstinarse contra** (*Se **obstinó contra** su profesor*); **obstinarse en** (***Te obstinaste en** volver temprano*).

obstrucción. sust. f. 'Acción y efecto de obstruir u obstruirse'. No debe pronunciarse [ostrución, ocstrución], vulgarismos. En su reemplazo, puede usarse **opilación** (sust. f.).

obstructor, ra. adj. 'Que obstruye' (*vallas **obstructoras** del paso*). Ú. t. c. sust. m. y f.: **el obstructor, la obstructora**.

obstruir. v. irreg. tr. 'Estorbar el paso' (*Las piedras **obstruyeron** el camino*); 'impedir la acción' (*Su actitud **obstruye** mi trabajo*). v. prnl. 'Cerrarse o taparse un agujero, conducto, etc.' (***Se obstruyó** un caño*). Incorrecto: *obstruccionar*. No debe pronunciarse [ocstruir, ostruir]. Se conjuga como **huir**.

obtener. v. irreg. tr. 'Alcanzar, conseguir'; 'tener, conservar'; 'fabricar'. Rég. prep.: **obtener** algo **de** alguien (***Obtuvo** ayuda **de** una sociedad benéfica*). Su postverbal es **obtención** (sust. f.). Se conjuga como **tener**.

obturador, ra. adj. 'Dícese de lo que sirve para tapar o cerrar' (*material **obturador***). Ú. t. c. sust. m.: **el obturador**.

obús. sust. m. 'Pieza de artillería de menor longitud que el cañón en relación con su calibre'. La Academia incorporó una nueva acepción: 'Cualquier proyectil disparado por una pieza de artillería'. Es palabra aguda. En plural, se transforma en grave: **obuses**.

obviar. v. tr. 'Evitar' (***Obvio** las explicaciones*). Es incorrecto usarlo con la denotación de 'hacer que algo resulte obvio': *Con su conducta, obvió sus malas intenciones*. Correcto: *Con su conducta, **demostró** o **fueron obvias** sus malas intenciones*. Se conjuga, en cuanto al acento, como **cambiar**.

obviedad. sust. f. Aunque carece de registro en el ***Diccionario***, es de correcta formación. Puede reemplazarse con **evidencia** (sust. f.).

obvio, via. adj. 'Que se encuentra o pone delante de los ojos' (*Es **obvio** que está preocupado*). fig. 'Muy claro' (*Su planteo de la cuestión es **obvio***). Hoy se usa incorrectamente esta voz como muletilla: *Obvio, no sabe lo que quiere; Traje el paquete, obvio*.

oca. sust. f. 'Ganso'. Para distinguir los sexos, debe recurrirse a las perífrasis **oca macho, oca hembra**. El sustantivo colectivo es **manada** (f.) de ocas.

ocasión. sust. f. 'Oportunidad'; 'causa'; 'peligro o riesgo'. Incorrecto: *Una ocasión, me prestaste ese libro; Con ocasión de su viaje, pidió una licencia*. Correcto: ***En una ocasión**, me prestaste ese libro; **En ocasión de** su viaje, pidió una licencia*. **de ocasión**. loc. adv. 'De lance, barato' (*ropa **de ocasión***).

ocasionador, ra. adj. 'Dícese del que ocasiona'. Ú. t. c. sust. m. y f.: **el ocasionador, la ocasionadora**.

ocaso. sust. m. 'Puesta del Sol'; 'Occidente, punto cardinal'; fig. 'decadencia'. El antónimo de la primera denotación es **orto** (sust. m.), 'salida del Sol'.

occidental. adj. 'Perteneciente o relativo al Occidente' (*costumbres **occidentales***); 'natural de Occidente' (*hombre **occidental**; Los argentinos somos **occidentales***). Ú. t. c. sust. com.: **el occidental, la occidental**. → **occidente**

occidente. sust. pr. m. 'Punto cardinal del horizonte por donde se pone el Sol' (*Miraba hacia **Occidente***). Con esta denotación, también puede decirse **ocaso** (sust. m.). Como sustantivo colectivo, significa 'conjunto de naciones de la parte occidental de Europa' (*No quie-*

*re regresar a **Occidente***) y 'conjunto de países de varios continentes, cuyas lenguas y culturas tienen su origen principal en Europa'. Debe escribirse con mayúscula.

occipucio. sust. m. 'Parte de la cabeza por donde ésta se une con las vértebras del cuello'. No debe pronunciarse [ocipucio, ocipuccio].

occiso, sa. adj. 'Muerto violentamente' (*el niño **occiso***). La Academia no registra su uso como sustantivo. En la Argentina, es común (***El occiso** tenía veinte años*). No debe pronunciarse [ociso], un vulgarismo.

océano. sust. m. 'Grande y dilatado mar que cubre la mayor parte de la superficie terrestre' (*No sabe qué es un **océano***); 'cada una de las grandes subdivisiones de este mar' (***océano** Atlántico*); 'inmensidad de algunas cosas' (*un **océano** de problemas*). Es palabra esdrújula. No debe pronunciarse [oceano] como grave ni [occéano]. Se escribe con minúscula.

ocelote. sust. m. 'Mamífero carnívoro americano'. Para distinguir los sexos, debe recurrirse a las perífrasis **ocelote macho**, **ocelote hembra** (*Tenía un **ocelote hembra** en cautiverio*).

ochenta. adj. Es numeral cardinal con la denotación de 'ocho veces diez' (***ochenta** volúmenes*). En cambio, es ordinal cuando equivale a **octogésimo**, **ma** (*el lugar **ochenta***). sust. m. 'Conjunto de signos con que se representa el número ochenta' (*Escriba el **ochenta***). Incorrecto: *ochentiuno*, *ochentidós*, *ochentitrés*, etc. Correcto: ***ochenta y uno***, ***ochenta y dos***, ***ochenta y tres***, etc. → **número**

ochentavo, va. adj. 'Dícese de cada una de las ochenta partes en que se divide un todo' (***ochentava** parte*). Como partitivo, también puede reemplazarse con **octogésimo**, **ma** (***octogésima** parte*). No debe usarse **ochentavo** como ordinal: *ochentavo aniversario*. Correcto: ***octogésimo** aniversario*.

ochentón, na. adj. fam. 'Octogenario' (*mujeres **ochentonas***). Ú. t. c. sust. m. y f.: **el ochentón**, **la ochentona**.

ocho. adj. Es numeral cardinal con la denotación de 'siete y uno' (***ocho** servilletas*). Es ordinal cuando equivale a **octavo**, **va** (*puesto **ocho***). Apl. a los días del mes, ú. t. c. sust. m. (*el **ocho** de enero*). sust. m. 'Signo o cifra con que se representa el número ocho' (*Escriban el **ocho***); 'carta o naipe que tiene ocho señales' (*el **ocho** de copas*).

ochocientos, tas. adj. Es numeral cardinal con la denotación de 'ocho veces ciento' (***ochocientos** pesos*). Es ordinal cuando equivale a **octingentésimo**, **ma** (*año **ochocientos***). sust. m. 'Conjunto de signos con que se representa el número ochocientos' (*No escribió el **ochocientos***). Incorrecto: *Lo leí en la página ochocienta*; *Lo leí en la página ochocientas*. Correcto: *Lo leí en la página **ochocientos***. → **seiscientos**

ociar. v. intr. Ú. t. c. prnl. 'Dejar el trabajo, darse al ocio' (***Ociaron** todo el día*). No debe pronunciarse [ocear], un caso de ultracorrección. Se conjuga, en cuanto al acento, como **cambiar**.

ocioso, sa. adj. (*gente **ociosa***). Ú. t. c. sust. m. y f.: **el ocioso**, **la ociosa**.

ocluir. v. irreg. tr. Ú. t. c. prnl. 'Cerrar' (***Ocluyó** la abertura*). Su postverbal es **oclusión** (sust. f.). Se conjuga como **huir**.

ocre. sust. m. 'Mineral terroso de color amarillo' (*Vio muestras de **ocre***); 'cualquier mineral terroso de ese color'; 'color de cualquiera de esos minerales' (*el **ocre** del níquel*). En plural: **ocres**. Con la primera denotación, puede reemplazarse con **sil** (sust. m.; en plural: **siles**). → **colores**

octava. sust. f. Entre otras denotaciones, 'espacio de ocho días, durante los cuales celebra la Iglesia una fiesta solemne' (*la **octava** de Pentecostés*); 'toda combinación de ocho versos, cualquiera que sea el número de sílabas y el modo de estar en ella ordenados los consonantes'. En música, 'sonido que forma la consonancia más sencilla y perfecta con otro'. Diminutivo: **octavilla**.

octavo, va. adj. Como ordinal, denota 'que sigue inmediatamente en orden al o a lo séptimo' (***octavo** lugar*); en su reemplazo, puede usarse **ocho**. Como partitivo, 'dícese de cada una de las ocho partes iguales en que se divide un todo' (***octava** parte*). Ú. t. c. sust. m.: **el octavo**. La 'octava parte de un todo' también puede decirse **ochava** (sust. f.), pero su uso es infrecuente. **octavo de final**. 'Cada una de las ocho competiciones cuyos ganadores pasan a los cuartos de final de un campeonato o concurso que se gana por eliminación del contrario y no, por puntos'. Ú. m. en pl.: **los octavos**

de final. **en octavo**. loc. adj. 'Dícese del libro, folleto, etc., cuyas hojas corresponden a ocho por pliego'; 'dícese de otros libros cuya altura es de dieciséis a veintidós centímetros' (*libro **en octavo***). Cuando la altura mide diecisiete o más centímetros, dícese **en octavo marquilla**. **en octavo mayor**. loc. adj. 'En octavo que excede a la marca ordinaria de este tamaño' (*libro **en octavo mayor***). **en octavo menor**. loc. adj. 'En octavo más pequeño que la marca mencionada' (*libro **en octavo menor***). → **ocho**

octeto. sust. m. 'Composición para ocho instrumentos u ocho voces'. Como sustantivo de valor colectivo, denota 'conjunto de estos ocho instrumentos o voces'.

octingentésimo, ma. adj. Como ordinal, denota 'que sigue inmediatamente en orden al o a lo septingentésimo nonagésimo nono' (***octingentésimo** aniversario*). Como partitivo, 'dícese de cada una de las ochocientas partes en que se divide un todo' (***octingentésima** parte*). Ú. t. c. sust. m.: **el octingentésimo**.

octocoralario. adj. 'Dícese de los celentéreos antozoos, como el alción'. Ú. t. c. sust. m.: **el octocoralario**. sust. m. pl. 'Orden de estos animales' (*Estudian **los octocoralarios***).

octogenario, ria. adj. 'Que ha cumplido ochenta años y no llega a los noventa' (*Es un hombre **octogenario***). Ú. t. c. sust. m. y f.: **el octogenario, la octogenaria**.

octogésimo, ma. adj. 'Que sigue inmediatamente en orden al o a lo septuagésimo nono' (*Ocupa el **octogésimo** puesto*). Con esta denotación, equivale a **ochenta** (*Ocupa el puesto **ochenta***). También puede decirse **ochenteno, na** (adj.), pero su uso es infrecuente. Incorrecto: <u>*octogésimo*</u> *primera edición*. Correcto: ***octogésima** primera edición* y ***octogesimoprimera** edición*. 'Dícese de cada una de las ochenta partes iguales en que se divide un todo' (***octogésima** parte*). Ú. t. c. sust. m.: **el octogésimo**. → **ochenta**

octogonal. adj. 'Perteneciente o relativo al octógono' (*forma **octogonal***). También puede decirse **octagonal** (adj.). No debe confundirse con **ortogonal** (adj.), 'dícese de lo que está en ángulo recto'.

octógono, na. adj. 'Aplícase al polígono de ocho ángulos y ocho lados'. Ú. t. c. sust. m. (*Dibujó un **octógono***). También puede decirse **octágono, na** (adj. Ú. t. c. sust. m.).

octópodo, da. adj. 'Dícese de los moluscos cefalópodos dibranquiales, como el pulpo' (*moluscos **octópodos***). Ú. t. c. sust. m. (*El pulpo es un **octópodo***). sust. m. pl. 'Orden de estos animales' (*Compró un libro sobre **los octópodos***).

octosílabo, ba. adj. 'De ocho sílabas' (*palabra **octosílaba***). También puede decirse **octosilábico, ca** (adj.). sust. m. 'Verso que tiene ocho sílabas' (*El romance está compuesto por **octosílabos***).

octubre. sust. m. 'Décimo mes del año'. Tiene treinta y un días. Se escribe, al igual que los otros meses, con minúscula. Su abreviatura es ***oct***.

óctuple. adj. 'Que tiene ocho veces una cantidad' (*El dieciséis es un número **óctuple** de dos*). También puede decirse **óctuplo, pla** (adj.), pero la Academia prefiere la primera forma.

ocularista. sust. m. 'El que fabrica ojos artificiales'. La Academia no lo registra como sustantivo común de dos, pero su uso es correcto: **el ocularista, la ocularista**.

oculista. sust. com. 'Especialista en las enfermedades de los ojos': **el oculista, la oculista**. También pueden decirse **oftalmólogo** (sust. m.), **oftalmóloga** (sust. f.).

ocultador, ra. adj. 'Que oculta' (*mujer **ocultadora***). Ú. t. c. sust. m. y f.: **el ocultador, la ocultadora**.

ocultar. v. tr. Ú. t. c. prnl. Rég. prep.: **ocultar** algo **a** alguien (***Ocultó** la carta **a** su sobrina*); **ocultar** algo **a** la vista de alguien (***Oculta** la caja de caramelos **a** la vista de la niña*); **ocultar** algo **de** la vista de alguien (***Oculta** la caja de caramelos **de** la vista de la niña*); **ocultar** u **ocultarse bajo** o **debajo de** (***Ocultó** la valija **bajo** o **debajo de** la cama*; ***Se ocultó bajo** la mesa*); **ocultar** u **ocultarse en** (*¿**Ocultaste** el documento **en** ese cajón?*; ***Nos ocultaremos en** tu casa*); **ocultar** u **ocultarse entre** (*El ladrón **ocultó** el dinero **entre** los pastos*; ***Se ocultaron entre** los árboles*); **ocultar** u **ocultarse tras** (*El niño **oculta** su juguete **tras** el cortinaje*; *La anciana **se oculta tras** la puerta*). Su postverbal es **ocultación** (sust. f.). Incorrecto: <u>*ocultamiento*</u>.

ocultismo. sust. m. colect. 'Conjunto de conocimientos y de prácticas mágicas y misteriosas, para dominar los secretos de la naturaleza'.

ocultista. adj. 'Perteneciente o relativo al ocultismo' (*conocimientos **ocultistas***). sust. com. 'Persona que practica el ocultismo': **el ocultista, la ocultista**.

oculto, ta. adj. Rég. prep.: **oculto a** (*Permaneció **oculto a** todos*); **oculto bajo** (***oculto bajo** la cama*); **oculto con** (***oculto con** el paraguas*); **oculto en** (***oculto en** la selva*); **oculto entre** (***oculto entre** los matorrales*); **oculto tras** (***oculto tras** la cortina*).

ocupacional. adj. 'Perteneciente o relativo a la ocupación laboral' (*taller **ocupacional***). En plural: **ocupacionales**. Es voz recién incorporada en el ***Diccionario***.

ocupador, ra. adj. 'Que ocupa o toma algo' (*gente **ocupadora***). Ú. t. c. sust. m. y f.: **el ocupador, la ocupadora**.

ocupar. v. tr. 'Tomar posesión o apoderarse de algo' (***Ocuparon** la fábrica*); 'obtener, gozar un empleo, dignidad, etc.' (***Ocupa** un cargo importante*). No debe reemplazarse con el verbo **detentar**, pues la denotación es distinta: *Detenta un cargo importante*. → **detentar**. 'Habitar una casa' (*Ayer **ocupó** su nuevo departamento*); 'dar qué hacer o en qué trabajar' (***Ocupó** a varios obreros*); 'llamar la atención de uno' (*Desde que la conoció, **ocupa** su pensamiento*). v. prnl. 'Emplearse en un trabajo'. Rég. prep.: **ocuparse en** (***Me ocupé en** la tienda*). 'Preocuparse por una persona'. Rég. prep.: **ocuparse de** (***Se ocupa de** sus hijos*). 'Poner la consideración en un asunto o negocio'. Rég. prep.: **ocuparse con** (***Se ocupa con** sus negocios*). 'Encargarse de un asunto, responsabilizarse'. Rég. prep.: **ocuparse de** o **en** (***Me ocuparé de** o **en** la organización del viaje*). Se considera un galicismo usar este verbo como sinónimo de **hablar** (bien o mal) **de una persona**: *No te ocupes de mi amiga en su ausencia*. Correcto: *No **hables** de mi amiga en su ausencia*. También es galicismo reemplazar **ocupado en** con *en tren de*: *Estaba en tren de redactar el informe*. Correcto: *Estaba **ocupado en** redactar el informe*. → **tren**

ocurrente. p. a. de **ocurrir**. 'Que ocurre' (*hechos **ocurrentes***). adj. 'Dícese del que tiene ocurrencias o dichos agudos' (*un hombre muy **ocurrente***). Con esta última denotación, también puede decirse **ocurrido, da** (p. de **ocurrir**), pero su uso es infrecuente.

odiar. v. tr. Son correctos los sintagmas **odiar a muerte** y **odiar de muerte**. Se conjuga, en cuanto al acento, como **cambiar**.

odio. sust. m. 'Aversión'. Son correctas las frases **odio a muerte** y **odio de muerte**.

odisea. sust. f. 'Viaje largo, en el que abundan aventuras adversas y favorables al viajero'; 'por extensión, sucesión de peripecias, por lo general desagradables, que le ocurren a una persona' (*Regresó de su **odisea***). El título del poema homérico se escribe con mayúscula (*Leeré la **Odisea***).

odómetro. sust. m. 'Aparato que cuenta los pasos'. Equivale a **podómetro** (sust. m.). 'Aparato que cuenta las distancias y marca la cantidad devengada'. Equivale a **taxímetro** (sust. m.). También puede escribirse **hodómetro** (sust. m.), pero la Academia prefiere la primera forma.

odontólogo. sust. m. 'Especialista en odontología'. Su femenino es **odontóloga**. También puede decirse **dentista** (sust. com.). → **dentista**

odre. sust. m. 'Cuero que sirve para contener líquidos' (*No ponga vino nuevo en **odres** viejos*); 'persona borracha' (*Pedro es un **odre***). Diminutivo: **odrezuelo**.

oenoteráceo, a. adj. 'Dícese de ciertas matas o arbustos angiospermos dicotiledóneos, como la fucsia' (*planta **oenoterácea***). Ú. t. c. sust. f.: **la oenoterácea**. sust. f. pl. 'Familia de estas plantas' (*Estudia **las oenoteráceas***).

oerstedio. sust. m. 'Unidad de excitación magnética o poder imanador en el sistema magnético cegesimal'. También puede decirse **oersted** (sust. m.), forma que corresponde a la nomenclatura internacional.

oesnorueste. sust. pr. m. 'Punto del horizonte entre el Oeste y el Norueste, a igual distancia de ambos'. Como punto cardinal, debe escribirse con mayúscula. Sólo se usa en singular. sust. m. 'Viento que sopla de esta parte' (*Sopla el **oesnorueste***). También pueden decirse **oesnoroeste** y **uesnorueste** (susts. prs. ms.), pero la Academia prefiere la primera forma. La abreviatura es ***ONO***.

oeste. sust. pr. m. 'Occidente, punto cardinal' (*Mi dormitorio está orientado hacia el* ***Oeste***). sust. m. 'Viento que sopla de esta parte' (*Sopla el* ***oeste***). Sólo se usa en singular. Como punto cardinal (*El Sol se pone por el* ***Oeste***) o cuando se refiere a la porción del mundo que equivale a Occidente (*los países del* ***Oeste***), debe escribirse con mayúscula. Su abreviatura es ***O*** (sin punto). También puede decirse **ueste** (sust. pr. m.), pero la Academia prefiere la primera forma. → **este**

oesudueste. sust. pr. m. 'Punto del horizonte entre el Oeste y el Sudoeste, a igual distancia de ambos'. Como punto cardinal, debe escribirse con mayúscula. sust. m. 'Viento que sopla de esta parte' (*Soplará el* ***oesudueste***). También pueden decirse **oessudueste**, **oesudoeste**, **oessudoeste** y **uessudueste** (susts. prs. ms.), pero la Academia prefiere la primera forma. Su abreviatura es ***OSO***.

ofender. v. tr. 'Maltratar a alguien físicamente'; 'injuriar de palabra'; 'enfadar' (*Su gesto me* ***ofende***). Es verbo regular. Incorrecto: *No me ofiendo*. Correcto: *No me* ***ofendo***. Rég. prep.: **ofender de** (***ofender de*** *palabra*). v. prnl. 'Enojarse por un dicho o hecho'. Rég. prep.: **ofenderse con** (***ofenderse con*** *su primo*); **ofenderse por** (***ofenderse por*** *su actitud*). Su postverbal es **ofensa** (sust. f.).

ofendido, da. p. de **ofender**. adj. 'Que ha recibido alguna ofensa' (*profesor* ***ofendido***). Ú. t. c. sust. m. y f.: **el ofendido, la ofendida**.

ofensiva. sust. f. 'Situación o estado del que trata de ofender o de atacar'. **tomar** uno **la ofensiva**. fr. 'Prepararse para acometer al enemigo'; 'acometerlo' (*Un grupo de jóvenes* ***tomó la ofensiva***); 'ser el primero en alguna competencia, pugna, etc.' (*Germán siempre* ***toma la ofensiva***). No debe usarse la frase *estar* o *ponerse a la ofensiva*, por analogía con **estar** o **ponerse a la defensiva**, 'ponerse en estado de defenderse, sin querer acometer ni ofender al enemigo'; 'estar en actitud recelosa y con temor de ser agredido física o moralmente'.

ofensor, ra. adj. 'Que ofende' (*persona* ***ofensora***). Ú. t. c. sust. m. y f.: **el ofensor, la ofensora**. También pueden decirse **ofendedor, ra** (adj. Ú. t. c. sust. m. y f.) y **ofensivo, va** (adj.).

oferente. adj. 'Que ofrece' (*Varias personas* ***oferentes*** *se arrodillan ante la imagen de la Virgen María*). Ú. m. c. sust. com.: **el oferente, la oferente**.

oferta. sust. f. 'Ofrecimiento, promesa'; 'don que se presenta a uno para que lo acepte'; 'propuesta para contratar'. La Academia ha incorporado recientemente estas denotaciones: 'conjunto de bienes o mercancías que se presentan en el mercado con un precio dado y en un momento determinado' (*mes de* ***ofertas***); 'puesta a la venta de un producto rebajado de precio' (***oferta*** *de electrodomésticos*); 'este mismo producto' (*Le muestro esta* ***oferta***). A pesar de que la Academia no las registra, son correctas las frases **estar de oferta** y **estar en oferta** (*En febrero, los zapatos* ***estarán de*** o ***en oferta***).

ofertar. v. tr. 'Ofrecer en venta un producto' (***Ofertan*** *buenos televisores*). Amér. 'Ofrecer, prometer algo' (***Ofertó*** *ayuda a los necesitados*); 'dar voluntariamente algo' (***Ha ofertado*** *dinero a una escuela*); 'consagrar algo a Dios o a los santos' (***Ofertó*** *una promesa a los santos*). La Academia no registra la denotación de 'vender con precio rebajado': *¿Ofertarán, en marzo, la ropa veraniega?* Correcto: ***¿Venderán en oferta****, en marzo, la ropa veraniega?* → **ofrecer**

♦ **office.** Galicismo. En español, debe decirse **antecocina**. El ***Diccionario Manual*** registra la españolización **ofis** con el indicador de su falta de sanción oficial.

♦ **offset.** Anglicismo. 'Procedimiento de impresión que consiste en pasar el texto a una plancha de caucho (*set*)'. La A.A.L. explica: "La palabra, por su cómoda brevedad y su carácter técnico, se ha difundido en forma creciente durante la primera mitad de este siglo, y es hoy, prácticamente, de uso internacional. La registran con su grafía primitiva, y dándole género masculino, los diccionarios de casi todas las lenguas modernas, sobre todo los de tipo enciclopédico. [...]. Los tratados de artes gráficas usan a menudo la expresión «impresión indirecta» al describir el procedimiento, pero en su título mantienen el término *offset*; [...], la palabra *offset* ha llegado a adquirir en la práctica una forma fija equivalente a la de las marcas o patentes. [...]. Es oportuno advertir que las gentes del oficio que han sido consultadas han manifestado que tanto en Buenos Aires como en el interior de la Argentina no se conoce otra palabra que *offset* para denominar a este procedimiento de impresión. Si se considera, en cambio, indispensable sustituirla, parece haber dos principales posibilidades: *impresión indirecta* y *rotolito*". Si se usa el extranjerismo, debe entrecomillarse.

♦ **offside.** Anglicismo. En español, debe decirse **fuera de juego** (falta que se comete en fútbol).

♦ **off the record.** Anglicismo. En español, debe decirse **de manera confidencial**, **extraoficialmente**.

oficial. adj. 'Que emana de la autoridad del Estado' (*enseñanza* ***oficial***). Entre otras denotaciones, como sustantivo masculino, 'el que se ocupa o trabaja en un oficio' (*Es* ***oficial*** *en una carpintería*); 'el que, en un oficio manual, ha terminado el aprendizaje y no es aún maestro'; 'empleado que, bajo las órdenes de un jefe, estudia y prepara el despacho de los negocios en una oficina'. Su femenino es **oficiala**. 'Militar' (*El* ***oficial*** *lo acompañará*). El sustantivo colectivo que corresponde a esta denotación es **oficialidad** (f.), 'conjunto de oficiales del ejército o de parte de él'. 'En concejo o municipio, el que tiene cargo (alcalde, regidor, etc.)'. Con esta última denotación y con la que se refiere a la función pública en general, actúa como sustantivo común de dos: **el oficial**, **la oficial**.

oficialista. adj. Amér. 'Dícese de la persona que es partidaria del oficialismo o pertenece a él' (*políticos* ***oficialistas***). Ú. t. c. sust. com.: **el oficialista**, **la oficialista**. El sustantivo colectivo es **oficialismo** (m.), 'conjunto de hombres de un gobierno'. También, 'conjunto de fuerzas políticas que apoyan al gobierno'.

oficializar. v. tr. 'Dar validez oficial'. → **cazar**

oficiar. v. tr. 'Ayudar a cantar las misas y demás oficios divinos'; 'celebrar misa' (*El obispo* ***ofició*** *la misa de Navidad*); 'comunicar algo oficialmente y por escrito'. v. intr. 'Obrar con el carácter que seguidamente se determina'. Rég. prep.: **oficiar de** (***Ofició de*** *anfitrión*). Se conjuga, en cuanto al acento, como **cambiar**.

oficinista. sust. com. 'Persona que está empleada en una oficina': **el oficinista**, **la oficinista**.

oficio. sust. m. 'Ocupación habitual'; 'cargo'; 'profesión de algún arte mecánica'; 'función de alguna cosa' (*Cumple el* ***oficio*** *de adjetivo*); 'acción o gestión en beneficio o en daño de alguno'; 'comunicación escrita, referente a los asuntos del servicio público'; 'oficina'. **de oficio**. loc. adv. 'Con carácter oficial' (*Nos convocaron* ***de oficio***).

ofidio. adj. 'Dícese de ciertos reptiles, como la víbora' (*reptiles* ***ofidios***). Ú. t. c. sust. m. (*La boa es un* ***ofidio***). sust. m. pl. 'Orden de estos reptiles' (*Compró bibliografía sobre* ***los ofidios***).

ofrecedor, ra. adj. 'Que ofrece' (*persona* ***ofrecedora***). Ú. t. c. sust. m. y f.: **el ofrecedor**, **la ofrecedora**.

ofrecer. v. irreg. tr. 'Prometer'; 'presentar y dar voluntariamente algo' (***ofrecer*** *regalos a los niños*); 'manifestar'; 'implicar' (*Esta tarea* ***ofrece*** *algunos inconvenientes*); 'consagrar a Dios o a un santo la obra buena que se hace'; 'dar una limosna'; 'exponer qué cantidad de dinero se está dispuesto a pagar por algo'. v. prnl. 'Venirse impensadamente una cosa a la imaginación'; 'ocurrir'; 'desear' (*¿Qué se le* ***ofrece****?*). Rég. prep.: **ofrecerse a** o **para** (***Me ofrecí a*** o ***para*** *ayudarlo*); **ofrecerse de** (***Se ofreció de*** *guía de los turistas*); **ofrecerse en** (***Se ofrecieron en*** *holocausto*). Su postverbal es **ofrecimiento** (sust. m.). Se conjuga como **parecer**. → **ofertar**

oftalmia. sust. f. 'Inflamación de los ojos'. También puede decirse **oftalmía**, pero la Academia prefiere la primera forma.

oftalmólogo. sust. m. Su femenino es **oftalmóloga**. También puede decirse **oculista** (sust. com.). → **oculista**

oftalmoscopia. sust. f. 'Exploración del interior del ojo mediante el oftalmoscopio'. No debe pronunciarse [oftalmoscopía].

ofuscador, ra. adj. 'Que ofusca o causa ofuscación' (*luz* ***ofuscadora***). Ú. t. c. sust. m. y f.: **el ofuscador**, **la ofuscadora**.

ofuscamiento. sust. m. 'Turbación que padece la vista por un reflejo grande de luz que da en los ojos'; 'oscuridad de la razón, que confunde las ideas'. También puede decirse **ofuscación** (sust. f.), pero la Academia prefiere la primera forma.

ofuscar. v. tr. Ú. t. c. prnl. 'Turbar la vista'; 'oscurecer'; 'alucinar'. No debe usarse como sinónimo de **enojar** (v. tr. Ú. t. c. prnl.). Incorrecto: *Cuando no le dio la razón, se ofuscó*. Correcto: *Cuando no le dio la razón, **se enojó***. → **sacar**

ogaño. adv. t. → **hogaño**

ogro. sust. m. 'Gigante que, según la leyenda, se alimentaba de carne humana'; 'persona de mal carácter' (*Su tío es un **ogro***). La Academia no registra el género femenino.

¡oh! interj. 'Asombro'; 'pena'; 'alegría' (***¡Oh!***, *¡qué alegría verlos!*; ***¡Oh!***, *¡qué horror!*).

ohmio. sust. m. 'Unidad de resistencia eléctrica en el sistema basado en el metro, el kilogramo, el segundo y el amperio'. También puede decirse **ohm**, vocablo que corresponde a la nomenclatura internacional, pero la Academia prefiere la primera forma.

oída. sust. f. 'Acción y efecto de oír'. **de** o **por oídas**. loc. adv. 'Por haberlo oído de otro u otros, sin poder atestiguarlo personalmente' (*Sólo lo sé **de** o **por oídas***).

-oide. elem. compos. de or. gr. 'Parecido a'; 'en forma de' (*metaloide*); adopta, también, las formas **-oideo** (*lipoideo*) y **-oides** (*cuboides*).

-oideo. elem. compos. de or. gr. → **-oide**

-oides. elem. compos. de or. gr. → **-oide**

oído. sust. m. 'Sentido que permite percibir los sonidos'. **al oído**. loc. adv. 'Dícese de lo que se aprende oyendo' (*Me instruí **al oído***). Con esta denotación, también puede decirse **de oído** (loc. adv.). 'Confidencialmente' (*Siempre habla **al oído***); con verbos como **decir, comunicar**, etc., 'en voz muy baja' (*Te lo diré **al oído***). **dar oídos**. fr. 'Dar crédito a lo que se dice' (*No **daba oídos** a mis palabras*). **duro de oído**. loc. adj. 'Algo sordo' (*El profesor era **duro de oído***); 'dícese del que carece de facilidad para percibir la medida y la armonía de los versos'. **entrar** o **entrarle** a uno algo **por un oído y salir** o **salirle por el otro**. fr. fig. 'No hacer caso ni aprecio de lo que le dicen' (*Todos sus consejos **le entran por un oído y le salen por el otro***). **llegar** una cosa **a oídos de**. fr. fig. 'Venir a su noticia' (*Mi decisión de viajar **llegó a oídos de** mis padres*). **ser** uno **todo oídos**. fr. fig. **abrir** uno **los oídos**, 'escuchar con atención' (***Seré todo oídos** para escuchar tu relato*). **taparse** uno **los oídos**. fr. fig. 'Repugnancia en escuchar algo' (***Me taparé los oídos** para no oír tantas sandeces*).

oidor, ra. adj. 'Que oye'. Ú. t. c. sust. m. y f.: **el oidor**, **la oidora**. sust. m. 'Ministro togado que, en las audiencias del reino, oía y sentenciaba las causas y pleitos' (*el **oidor** de la audiencia*). Incorrecto: oídor.

oír. v. irreg. tr. 'Percibir con el oído los sonidos'. Rég. prep.: **oír con** o **por** (***Oyó** la verdad **con** o **por** sus propios oídos*); **oír de** (***Oye** buenos consejos **de** personas prominentes*). Incorrecto: *Oyó de que cerrarán la tienda* (dequeísmo). Correcto: ***Oyó que** cerrarán la tienda*. **¡oiga! ¡oigan! ¡oye!** interjs. que denotan 'extrañeza o enfado' o se emplean en tono de reprensión (***¡Oigan!***, *no se puede creer*). En la conjugación, la irregularidad se manifiesta cuando agrega **ig** a la raíz, antes de **o** o de **a**, en presente de indicativo (*oigo*) y en presente de subjuntivo (*oiga, oigas, oiga, oigamos, oigáis, oigan*); agrega **y** a la raíz en presente de indicativo (*oyes, oye, oyen*) y en imperativo (*oye*); cambia por **y** la **i** de la desinencia en pretérito perfecto simple de indicativo (*oyó, oyeron*), pretérito imperfecto de subjuntivo (*oyera u oyese, oyeras u oyeses, oyera u oyese, oyéramos u oyésemos, oyerais u oyeseis, oyeran u oyesen*), futuro de subjuntivo (*oyere, oyeres, oyere, oyéremos, oyereis, oyeren*) y en el gerundio (*oyendo*). No debe confundirse su denotación con las de **escuchar** (v. intr. y tr.), 'aplicar el oído para oír' y 'prestar atención a lo que se oye'. Incorrecto: *Hable más alto que no la escucho*. Correcto: *Hable más alto que no la **oigo***.

ojal. sust. m. Es palabra aguda. En plural, se transforma en grave: **ojales**. Incorrecto: *hojal*. El sustantivo colectivo es **ojaladura** (f.), 'conjunto de ojales de un vestido'.

¡ojalá! interj. '¡Y quiera Dios!'. Con ella, se denota 'vivo deseo de que suceda una cosa' (***¡Ojalá** obtengas ese premio!*). Es palabra aguda. No debe pronunciarse [¡Ojala!] como grave. Incorrecto: *¡Ojalá Dios quiera!*, pleonasmo frecuente en el habla popular. Correcto: ***¡Ojalá!*** o ***¡Dios quiera!***

ojalador. sust. m. 'Persona que tiene por oficio hacer ojales'. Su femenino es **ojaladora**. También puede decirse **ojaladera** (sust. f.). sust. m. 'Instrumento para hacerlos' (*Alcánzame **el ojalador***).

ojear. v. tr. 'Dirigir los ojos y mirar con atención a determinada parte' (***Ojeaba** el camino*); 'hacer mal de ojo'. Con esta última denotación, también puede decirse **aojar** (v. tr.). No debe pronunciarse [ojiar, ojié]. → **-ear**. Su homónimo (v. tr.) denota 'espantar la caza con voces, tiros, golpes o ruido, y acosarla hasta que llega al lugar donde se le ha de tirar'. Puede usarse **aojar** (v. tr.) en su reemplazo. El homófono de ambos verbos es **hojear** (v. tr.); repárese en que la grafía y el significado son diferentes. → **hojear**

ojialegre. adj. fam. 'Que tiene los ojos alegres, vivos y bulliciosos'. En plural: **ojialegres**. Los adjetivos **ojienjuto, ta; ojigarzo, za; ojimoreno, na; ojinegro, gra; ojiprieto, ta; ojituerto, ta; ojizaino, na; ojizarco, ca** forman el plural de la misma manera.

ojo. sust. m. Diminutivos: **ojete, ojito, ojuelo**. Aumentativos: **ojazo, ojanco** (despectivo). **hacer ojitos**. fr. fig. y fam. 'Lanzar miradas insinuantes, coquetear con la mirada' (*Apenas entró Ariel, Elena le **hizo ojitos***). **a cierra ojos** o **a ojos cerrados**. locs. advs. 'A medio dormir'; 'sin examen, precipitadamente' (*Aceptó el empleo **a cierra ojos** o **a ojos cerrados***); también puede decirse **con los ojos cerrados**, locución usual en la Argentina. **a ojo**. loc. adv. 'A bulto'; 'a juicio de uno' (***A ojo**, esa bolsa pesa tres kilos*); puede usarse **a ojo de buen cubero** (expr. fig. y fam.). **a ojos vistas**. loc. adv. 'Visiblemente' (*Su conducta es, **a ojos vistas**, sospechosa*). **arrasársele** a uno **los ojos de** o **en lágrimas**. fr. fig. 'Llenarse los ojos de lágrimas' (*Cuando vio a su hijo, **se le arrasaron los ojos de** o **en lágrimas***). **bailarle** a uno **los ojos**. fr. fig. 'Ser bullicioso, alegre, vivo' (*A la niña **le bailaban los ojos** en la juguetería*). **bajar** uno **los ojos**. fr. fig. 'Ruborizarse'; 'humillarse y obedecer lo que le mandan' (*Después de la reprimenda de su madre, la niña **bajó los ojos***). **costar** una cosa **los ojos** o **un ojo de la cara**. fr. fig. y fam. 'Ser excesivo su precio' (*La casa le **costó los ojos** o **un ojo de la cara***). **echar el ojo** o **tanto ojo** a una persona o cosa. fr. fig. y fam. 'Desearla' (*Cuando entró en la joyería, **le echó el ojo** o **tanto ojo** al collar de rubíes*). **entrarle** a uno una cosa **por el ojo** o **por los ojos**. fr. fig. 'Gustarle por su aspecto' (*El vestido azul **me entró por el ojo** o **por los ojos**, y lo compré*). **en un abrir de ojos, en un abrir y cerrar de ojos** o **en un volver de ojos**. frs. figs. y fams. 'En un instante' (*Preparó el informe **en un abrir, en un abrir y cerrar** o **en un volver de ojos***). **hablar con los ojos**. fr. fig. 'Dar a entender con una mirada lo que se quiere decir' (*Mi hermana me **habla con los ojos***). **írsele** a uno **los ojos por** o **tras** algo. fr. fig. 'Desearlo con vehemencia' (***Se le van los ojos por** o **tras** esa bicicleta*). **levantar** uno **los ojos al cielo** o **alzar los ojos al cielo**. frs. figs. (*Cuando **levantó** o **alzó los ojos al cielo**, sólo vio sombras*). **no pegar ojo, el ojo, los ojos** o **sin pegar ojo, el ojo, los ojos**. frs. figs. y fams. 'No poder dormir' (*Por esta tos, **no pegué ojo, el ojo** o **los ojos***). **¡ojo!** interj. para llamar la atención sobre alguna cosa (***¡Ojo!**, corrija esta tilde*). **tener entre ojos** o **sobre ojo**; **traer entre ojos** o **sobre ojo**. frs. figs. y fams. 'Aborrecer a alguien' (*Desde que conoció a Delia, Silvia la **tuvo entre ojos** o **sobre ojo**; la **trajo entre ojos** o **sobre ojo***). **valer** una cosa **un ojo de la cara**. fr. fig. y fam. 'Ser de mucha estimación o aprecio' (*Tu amistad **vale un ojo de la cara***). Repárese en que esta última frase no es equivalente a **costar los ojos** o **un ojo de la cara**.

okapi. sust. m. 'Mamífero rumiante de la misma familia que la jirafa'. Para distinguir los sexos, debe recurrirse a las perífrasis **okapi macho, okapi hembra**. En plural: **okapis**. Es voz recién incorporada en el ***Diccionario***.

♦ **okay.** Anglicismo. Deletreo de *O.K.* En español, debe decirse **¡de acuerdo!**, **¡muy bien!**

-ol. suf. que, en química orgánica, forma nombres de compuestos que contienen hidroxilo, especialmente alcoholes y fenoles (*colesterol, benzol*). Ha sido recién incorporado en el ***Diccionario***.

-ol. suf. de or. lat. de sustantivos que significan 'aceite' (*ictiol*). Ha sido recién incorporado en el ***Diccionario***.

ola. sust. f. 'Onda de gran amplitud que se forma en la superficie de las aguas'. Una 'ola grande' y el 'embate y golpe de la ola' se denominan **oleada** (sust. f.).

¡olé! interj. '¡Por Dios!' Con ella, se anima y aplaude. Ú. t. c. sust. m.: **el ¡olé!** En plural: **los ¡olés!** También puede decirse **ole**, pero la Academia prefiere la primera forma.

oleáceo, a. adj. 'Dícese de ciertos árboles y arbustos angiospermos dicotiledóneos, como el olivo, el fresno y el jazmín' (*plantas **oleáceas***). Ú. t. c. sust. f.: **la oleácea**. sust. f. pl. 'Familia de estas plantas' (*Estudia **las oleáceas***).

oleado, da. adj. 'Dícese de la persona que ha recibido los santos óleos'. Ú. t. c. sust. m. y f.: **el oleado, la oleada**.

oleaje. sust. m. 'Sucesión continuada de olas'. También puede decirse **olaje** (sust. m.).

olear. v. tr. 'Aceitar una ensalada u otro alimento' (***Olee** los tomates*); 'dar a un enfermo el sacramento de la extremaunción' (*El sacerdote **oleó** a la enferma*); 'signar con óleo sagrado a una persona' (*El padre Carlos **oleará** al bebé*). No debe pronunciarse [oliar, olié]. Su homónimo (v. intr.) denota 'hacer o producir olas'. El postverbal de ambas voces es **óleo** (sust. m.). → **-ear**

oledor, ra. adj. 'Que exhala olor o lo percibe' (*perro **oledor***). Ú. t. c. sust. m. y f.: **el oledor, la oledora**.

oleicultor. sust. m. 'El que se dedica a la oleicultura o arte de cultivar el olivo y mejorar la producción del aceite'. La Academia no registra el género femenino. Es palabra aguda. En plural, se transforma en grave: **oleicultores**.

óleo. sust. m. 'Aceite de oliva'; 'por antonomasia, el que usa la Iglesia en los sacramentos y otras ceremonias'. Ú. m. en pl. (*los santos **óleos***); 'pintura hecha al óleo' (*Compró un **óleo** de Castagnino*). Es palabra esdrújula. También puede decirse **olio** (sust. m.), pero la Academia prefiere la primera forma. **al óleo**. loc. adj. y adv. 'Dícese de la pintura realizada con colores desleídos en aceite secante, y de este modo de pintar' (*Vendieron dos cuadros **al óleo**; Pintó un cuadro **al óleo***).

oleoducto. sust. m. 'Tubería para conducir el petróleo a larga distancia'. No debe pronunciarse [olioducto].

oleosidad. sust. f. 'Cualidad de oleoso'. No debe pronunciarse [oliosidad].

oleoso, sa. adj. 'Aceitoso' (*sustancia **oleosa***). También pueden decirse **oleaginoso, sa** (adj.) y **oleario, ria** (adj.). No debe pronunciarse [olioso].

oler. v. irreg. tr. 'Percibir los olores' (*No **huelo** este perfume*). Ú. t. c. intr. 'Procurar identificar un olor' (*¿Esta comida **huele a** cebolla?*); 'exhalar y echar de sí fragancia que deleita el sentido del olfato o hedor que le molesta' (*Bernardo, **hueles** mal*). Ú. m. c. prnl. 'Conocer o adivinar una cosa que se juzgaba oculta' (***Se olió** que urdían una trampa para echarlo del grupo*). 'Parecerse o tener señas y visos de algo' (*Esa mujer me **huele a** policía*). Rég. prep.: **oler a** (*La habitación **olía a** rosas; Ese hombre te **olía a** oportunista*). **no oler bien** una cosa. fr. fig. 'Dar sospecha de que encubre daño o fraude' (***No me huele bien** tanta obsecuencia*). Con la primera denotación, también puede usarse **olisquear** (v. tr.), pero no, **olfatear** (v. tr.) u **oliscar** (v. tr. e intr.). → **olfatear**, **oliscar**. En la conjugación, diptonga la **o** de la raíz en **ue**, cuando cae allí el acento; en este caso, siempre lleva **h** antes del diptongo. La irregularidad se manifiesta en presente de indicativo (***huelo**, **hueles**, **huele**, **huelen***), presente de subjuntivo (***huela**, **huelas**, **huela**, **huelan***) e imperativo (***huele***). Su 'acción' es **olfacción** (sust. f.). Incorrecto: <u>*olfatación*</u>.

olfatear. v. tr. 'Oler con ahínco y persistentemente' (*El perro **olfatea** el hueso*); 'indagar con curiosidad y empeño' (*No **olfateaba** la vida de sus amigas*). No debe pronunciarse [olfatiar, olfatié]. Su postverbal es **olfateo** (sust. m.). → **-ear**

olfativo, va. adj. 'Perteneciente o relativo al sentido del olfato' (*nervio **olfativo***). También puede decirse **olfatorio, ria** (adj.).

olfato. sust. m. 'Sentido con que se perciben los olores'. Con esta denotación, es correcto usar **olor** (sust. m.) en su reemplazo. También puede decirse **olisca** (sust. f.), pero la Academia prefiere las dos primeras formas. 'Sagacidad para descubrir o entender lo encubierto o disimulado' (*No tiene **olfato** para los negocios*).

oligarca. sust. m. 'Cada uno de los individuos que componen una oligarquía'. La Academia no lo registra como sustantivo común de dos, pero su uso es común y correcto: **el oligarca, la oligarca**. El sustantivo **oligarquía** (f. fig.) tiene valor colectivo con la denotación de 'conjunto de poderosos negociantes que se aúnan para que todos los negocios dependan de su arbitrio'.

oligo-. elem. compos. de or. gr. 'Poco'; 'insuficiente' (***oligo**elemento, **oligo**frenia*).

oligotrofia. sust. f. 'Propiedad de las aguas

de lagos profundos de alta montaña, con escasa cantidad de sustancias nutritivas y poca producción de fitoplancton'. Es voz recién incorporada en el ***Diccionario***, junto con el adjetivo **oligotrófico, ca**, 'perteneciente o relativo a la oligotrofia'.

olimpiada. sust. f. 'Fiesta o juego que se hacía cada cuatro años en la antigua ciudad de Olimpia'; 'competición universal de juegos atléticos'. Es palabra grave. También puede decirse **olimpíada**, pero la Academia prefiere la primera forma. En la Argentina, se usa la voz esdrújula (*Se realizará una* ***olimpíada*** *matemática*).

olimpo. sust. pr. m. 'Morada de los dioses del paganismo'. Como sustantivo colectivo, denota 'conjunto de los dioses mitológicos que residían en el monte Olimpo'. Debe escribirse con mayúscula en todas sus denotaciones. **estar en el Olimpo**. fr. fig. 'Enorgullecerse'; 'apartarse de la realidad' (*Rafael siempre* ***está en el Olimpo***, *pues nunca oye cuando lo llaman*).

oliscar. v. tr. 'Oler con cuidado y persistencia' (*Los perros* ***oliscaban*** *las bolsas*); 'averiguar, husmear' (*No* ***olisques*** *asuntos ajenos*). Incorrecto: *No olisquees asuntos ajenos*. La forma verbal **olisquees** pertenece al presente de subjuntivo de **olisquear** (v. tr.), voz que puede usarse en reemplazo de la segunda denotación de **oliscar**. v. intr. 'Empezar a oler mal una cosa' (*Este negocio ya* ***olisca***); fig. 'ofrecer uno o una cosa indicios de tal condición'. → **sacar**

oliva. sust. f. 'Olivo, árbol'; 'aceituna'; 'lechuza'; fig. 'paz'. Cuando da nombre a un color, no varía en plural: *faldas verdes* ***oliva***.

olivarero, ra. adj. 'Perteneciente o relativo al cultivo del olivo y a sus industrias derivadas' (*industria* ***olivarera***); 'que se dedica a este cultivo' (*hombres* ***olivareros***). Ú. t.c. sust. m. y f.: **el olivarero, la olivarera**.

olivicultor. sust. m. 'El que se dedica a la olivicultura o cultivo y mejoramiento del olivo'. Su femenino es **olivicultora**.

olivo. sust. m. 'Árbol'. Diminutivo: **olivillo**. También pueden decirse **oliva** (sust. f.) y **olivera** (sust. f.). La **oliva** o aceituna es su fruto. El sustantivo colectivo es **olivar** (m.). El 'renuevo o vástago del olivo', el **vestugo** (sust. m.). **dar el olivo**. fr. fig. y fam. Argent. 'Despedir, echar, expulsar' (*Como siempre llegaba tarde a su empleo, le* ***dieron el olivo***). **tomar el olivo**. fr. 'Huir' (*Cuando empezó la pelea, el joven* ***tomó el olivo***); 'despedirse, marcharse' (*Después de la fiesta,* ***tomaremos el olivo***). En la Argentina, suele usarse como pronominal (*Después de la fiesta,* ***nos tomaremos el olivo***).

olla. sust. f. 'Vasija redonda de barro o de metal'. Diminutivo: **olluela**. No debe confundirse su grafía con la de **hoya** (sust. f.). → **hoya**. Es correcto el sintagma **olla a presión**, recién incorporado por la Academia en el ***Diccionario***. El sustantivo colectivo es **ollería** (sust. f.), 'conjunto de ollas y otras vasijas de barro'.

ollar. sust. m. 'Cada uno de los dos orificios de la nariz de las caballerías'. No debe confundirse su denotación con la de su homónimo (adj.), **piedra ollar**, ni su grafía con la de su homófono **hollar** (v. irreg. tr.), 'pisar'. → **hollar**

olmo. sust. m. 'Árbol'. También recibe el nombre de **negrillo** (sust. m.). Los sustantivos colectivos son **olmeda** (f.) y **olmedo** (m.). La **olma** (sust. f.) es el 'olmo corpulento y frondoso'.

ológrafo, fa. adj. → **hológrafo**

olor. sust. m. 'Impresión que los efluvios de los cuerpos producen en el olfato' (*El* ***olor*** *de los animales invadía la casa*); 'olfato'; 'esperanza, promesa'; 'lo que causa una sospecha en cosa que está oculta o por suceder'; 'fama' (*Murió en* ***olor*** *de santidad*). Rég. prep.: **olor a** (***olor a*** *jazmines*); **olor de** (***olor de*** *santidad*).

olorizar. v. tr. 'Perfumar'. → **cazar**

olvidar. v. tr. 'No recordar' (***Olvidó*** *los insultos*). Ú. t. c. prnl. Rég. prep.: **olvidarse de** (***Me olvidé de*** *enviar esta carta*). Incorrecto: *Me olvidé enviar esta carta*; *Me olvidé que tenía que enviar esta carta* (caso de "queísmo"); *Olvidé de enviar esta carta*; *Olvidé de que tenía que enviar esta carta* (caso de dequeísmo). Correcto: ***Me olvidé de que*** *tenía que enviar esta carta*; ***Olvidé*** *enviar esta carta*; ***Olvidé que*** *tenía que enviar esta carta*. El verbo pronominal exige el uso de la preposición **de**; el verbo transitivo no la admite.

olvido. sust. m. 'Cesación de la memoria que se tenía'; 'cesación del afecto que se tenía'; 'descuido de algo que se debía tener presente'. Incorrecto: *olvido involuntario* (pleonasmo).

Correcto: *olvido*. **dar** o **echar al olvido** o **en olvido**; **entregar al olvido**. frs. 'Olvidar' (***Dio*** o ***echó al olvido*** o ***en olvido*** *los malos momentos de su pasado*; ***Entregó al olvido*** *los malos momentos de su pasado*). **enterrar en el olvido**. fr. fig. 'Olvidar para siempre' (***Enterraron en el olvido*** *su amistad*). **no tener en olvido** a una persona o cosa. fr. 'Tenerla presente' (***No tengo en olvido*** *a mis maestros*). **poner en olvido**. fr. 'Olvidar'; 'hacer olvidar' (***Pusieron en olvido*** *nuestra colaboración con la empresa*).

-oma. suf. de or. gr. → **-ma**

omaguaca. sust. m. 'Antiguo pueblo aborigen que habitaba la actual Quebrada de Humahuaca, en Jujuy, República Argentina'. Ú. m. en pl.: **los omaguacas**. adj. 'Perteneciente o relativo a dicho pueblo' (*niños **omaguacas***). Esta voz no está registrada en el ***Diccionario***, pero la A.A.L. ha recomendado su incorporación.

ombría. sust. f. 'Parte sombría de un terreno'. También puede decirse **umbría** (sust. f.). No debe confundirse su grafía con la de **hombría** (sust. f.), 'cualidad buena y destacada de hombre, especialmente la entereza o el valor'.

ombú. sust m. 'Hierba gigantesca'. En plural: **ombúes** u **ombús**.

♦ **ombudsman.** Voz que proviene del sueco. En español, debe decirse **defensor del pueblo** o **controlador general comunal**.

omega. sust. f. 'O larga, última letra del alfabeto griego'.

ómicron. sust. f. 'O breve del alfabeto griego'. Es palabra esdrújula. No debe pronunciarse [omicrón]. En plural, se transforma en grave: **omicrones**.

ominoso, sa. adj. 'Azaroso'; 'abominable' (*Maltratar a un anciano es un hecho **ominoso***). Rég. prep.: **ominoso para** (***ominoso para*** *la humanidad*).

omiso, sa. p. irreg. de **omitir** (*Hizo caso **omiso** de mis consejos*). adj. 'Flojo, descuidado, negligente' (*niño **omiso***).

ómnibus. sust. m. Es palabra esdrújula. No debe pronunciarse [omnibús]. En plural, no varía: **los ómnibus**. Incorrecto: <u>*ómnibuses*</u>, <u>*omnibuses*</u>. → **guagua**

omnisciencia. sust. f. 'Conocimiento de todas las cosas reales y posibles, atributo exclusivo de Dios' (*la **omnisciencia** divina*); 'conocimiento de muchas ciencias o materias' (*La profesora se destaca por su **omnisciencia***). No debe pronunciarse [omniscencia, omnicencia, omniciencia].

omnisciente. adj. 'Que tiene omnisciencia' (*Sólo Dios es **omnisciente***); 'dícese del que tiene conocimiento de muchas cosas' (*un investigador **omnisciente***). No debe pronunciarse [omniscente, omnicente, omniciente]. También puede decirse **omniscio, cia** (adj.), voz preferida por la Academia.

omnívoro, ra. adj. 'Aplícase a los animales que se alimentan de toda clase de sustancias orgánicas'. Ú. t. c. sust. m. y f.: **el omnívoro, la omnívora**.

omóplato. sust. m. 'Cada uno de los huesos anchos, casi planos, situados a uno y otro lado de la espalda'. También pueden decirse **omoplato** y **escápula** (sust. f.), pero la Academia prefiere la primera forma.

-ón, na. suf. de sustantivos y adjetivos, derivados de sustantivos, adjetivos y verbos, de valor aumentativo, intensivo o expresivo (*bobalicón*); despectivo (*llorona*). Forma sustantivos de acción o efecto, que suelen denotar 'algo repentino o violento' (*resbalón*); adjetivos que indican 'privación de lo designado por la base' (*rabón*), y otros derivados numerales que significan 'edad' (*cincuentona*). A veces, cambia el género femenino de la base (*cabezón*); otras, se produce un cambio semántico (*sillón*). Se combina con **-acho** (*bonachón*); **-ajo** (*migajón*); **-arro** (*abejarrón*); **-ejo** (*asnejón*); **-ete** (*mocetón*).

-ón. suf. que, en química, forma nombres de gases nobles (*neón*) y, en física atómica, nombres de partículas elementales (*protón*).

ona. sust. m. 'Pueblo indígena que habitó la Isla Grande de Tierra del Fuego, en la Argentina' (*Allí vivieron los **onas***); 'lengua de este pueblo' (*Hablaban **el ona***). adj. 'Perteneciente o relativo a ese pueblo o a su lengua' (*costumbres **onas***). Esta voz no está registrada en el ***Diccionario***, pero la A.A.L. ha recomendado su incorporación.

once. adj. Como numeral cardinal, denota

'diez y uno' (*once caballos*). Puede usarse como ordinal y equivale a **undécimo, ma** (*piso once*). Apl. a los días del mes, ú. t. c. sust. m. (*el once de noviembre*). sust. m. 'Conjunto de signos con que se representa el número once' (*Escribiré el once en el pizarrón*); 'equipo de jugadores de fútbol, por constar de once personas' (*El once se entrenaba mucho*). Con esta última denotación, actúa como sustantivo colectivo.

onceavo, va. adj. 'Dícese de cada una de las once partes iguales en que se divide un todo' (*Obtuvo la **onceava** parte de la herencia*). Puede usarse, en su reemplazo, **undécimo, ma** (*Obtuvo la **undécima** parte de la herencia*). Ú. t. c. sust. m.: **el onceavo**, (*un **onceavo** de postre*). Incorrecto: *el onceavo aniversario de su muerte*. Correcto: *el **undécimo** aniversario de su muerte*. Repárese en que este ejemplo responde a la siguiente denotación: 'que sigue inmediatamente en orden al o a lo décimo'. También puede decirse **onzavo, va** (adj.), pero la Academia prefiere la primera forma. → **undécimo**

onceno, na. adj. 'Undécimo' (***oncena** parte*; ***onceno** aniversario*). Ú. t. c. sust. m.: **el onceno**.

oncogén. sust. m. 'Cada uno de los genes cuya activación provoca la aparición del cáncer'. Es palabra aguda. En plural, se transforma en grave: **oncogenes**. Ha sido recién incorporada en el ***Diccionario***.

oncogénico, ca. adj. 'Perteneciente o relativo a los oncogenes' (*investigaciones **oncogénicas***). Es voz recién incorporada en el ***Diccionario***.

oncólogo. sust. m. 'Persona que profesa la oncología, parte de la medicina que trata de los tumores'. Su femenino es **oncóloga**.

onda. sust. f. 'Elevación que se forma al perturbar la superficie de un líquido' (*las **ondas** de un lago*). Ú. m. en pl. 'Ondulación del cabello o de otras cosas flexibles' (*las **ondas** del pelo*; *las **ondas** de la tela*). 'Adorno' (*las **ondas** del vestido*). No debe confundirse su grafía con la de su homófono **honda** (sust. y adj. fs.). → **honda, hondo**

ondear. v. intr. 'Moverse haciendo ondas' (*La bandera **ondea** en los edificios públicos*). No debe pronunciarse [ondiar, ondié]. Su postverbal es **ondeo** (sust. m.). → **-ear**

ondoso, sa. adj. 'Que tiene ondas o se mueve haciéndolas'. También puede decirse **undoso, sa** (adj.). → **undoso**

ondular. v. intr. 'Moverse una cosa formando giros en figura de eses' (*Las banderas **ondulan***). v. tr. 'Hacer ondas en el pelo' (*Le **onduló** el cabello*). Su postverbal es **ondulación** (sust. f.). → **undular, undulación**

ondulatorio. adj. 'Que se extiende en forma de ondulaciones' (*movimiento **ondulatorio***); 'ondulante'. → **undulatorio**

ónice. sust. f. 'Ágata listada de colores claros y muy oscuros'. También pueden decirse **ónique** (sust. f.) y **ónix** (sust. f.). Incorrecto: *el ónice*, *el ónique*, *el ónix*. En plural: **ónices, óniques, las ónix**.

onicomancia. sust. f. 'Práctica supersticiosa de adivinar el porvenir interpretando las señales en las uñas, untadas previamente con aceite y hollín'. También puede decirse **onicomancía**, pero la Academia prefiere la primera forma. → **-mancia** o **-mancía**

oniromancia. sust. f. 'Arte que pretende adivinar lo porvenir mediante los sueños'. También puede decirse **oniromancía**, pero la Academia prefiere la primera forma. → **-mancia** o **-mancía**

ónix. sust. f. → **ónice**

onomancia. sust. f. 'Arte que pretende adivinar por el nombre de una persona la dicha o desgracia que le ha de suceder'. También puede decirse **onomancía**, pero la Academia prefiere la primera forma. → **-mancia** o **-mancía**

onomástico, ca. adj. 'Perteneciente o relativo a los nombres, especialmente, a los propios' (*índice **onomástico***; *fecha **onomástica***). El **día onomástico** es el del santo de una persona, no, el de su cumpleaños. Ú. t. c. sust. m. y f.: **el onomástico, la onomástica**. sust. f. 'Ciencia que trata de la catalogación y estudio de los nombres propios' (*Se especializa en **onomástica***); 'día en que una persona celebra su santo' (*El 16 de diciembre es mi **onomástica***).

ontólogo. sust. m. 'El que profesa o conoce la ontología, parte de la metafísica que trata del ser en general y de sus propiedades trascendentales'. Su femenino es **ontóloga**.

onza. sust. f. 'Mamífero carnicero'. Para distinguir los sexos, debe recurrirse a las perífrasis **onza macho** y **onza hembra**. También pueden decirse **gatopardo** y **guepardo** (susts. ms.).

opa. adj. Argent., Bol. y Urug. 'Tonto, idiota' (*¡Qué hombre **opa**!*). Ú. t. c. sust. com.: **el opa, la opa**. Su homónimo es **¡opa!** (interj.); se usa para animar a alguien a levantarse o a levantar algo. También pueden decirse **¡aúpa!** y **¡upa!** → **aúpa, upa**

opacar. v. tr. Ú. t. c. prnl. Amér. 'Oscurecer, nublar' (***Se opacó** el día*). → **sacar**

opalescencia. sust. f. 'Reflejos de ópalo'. No debe pronunciarse [opalesciencia, opaleciencia].

opalescente. adj. 'Que parece de ópalo o irisado como él'. No debe pronunciarse [opaleciente].

open. sust. m. Voz inglesa (*open*) españolizada. 'Competición deportiva en que pueden participar todas las categorías' (*Participará en el **open** de basquetbol*). Es palabra grave. No debe pronunciarse [oupen] como en inglés. En plural, se transforma en esdrújula: **ópenes**. Ha sido recién incorporada en el ***Diccionario***.

operador, ra. adj. 'Que opera' (*técnico **operador***). Ú. t. c. sust. m. y f.: **el operador, la operadora**. También puede decirse **operante** (p. a. de **operar**. Ú. t. c. sust. com.). sust. m. y f. 'Persona que se ocupa de establecer las comunicaciones no automáticas de una central telefónica' (*La **operadora** me comunicará enseguida con este número*); 'persona que maneja el proyector de cine'; 'persona o mecanismo que realiza determinadas acciones'. La segunda acepción y la cuarta han sido recién incorporadas en el ***Diccionario***.

operario. sust. m. 'Obrero, trabajador manual'. Su femenino es **operaria**.

operativo, va. adj. 'Dícese de lo que obra y hace su efecto' (*sistema **operativo***). La Academia no registra la denotación 'disponible para ser utilizado' (*La máquina ya está <u>operativa</u>*) ni la de 'activo' (*Es un muchacho <u>operativo</u>*). Tampoco cataloga su uso como sustantivo masculino: *Presenciamos un <u>operativo</u> policial*, de uso tan común en la Argentina. Prefiere el sustantivo femenino **operación** (*Presenciamos una **operación** policial*).

operista. sust. com. 'Actor que canta en las óperas'; 'músico que compone óperas': **el operista, la operista**.

opimo, ma. adj. 'Rico, fuerte, abundante' (*frutos **opimos***). Es palabra grave. No debe pronunciarse [ópimo] como esdrújula, por analogía con **óptimo**.

opinante. p. a. de **opinar**. adj. 'Que opina' (*personas **opinantes***). Ú. t. c. sust. com.: **el opinante, la opinante**.

opinar. v. intr. 'Formar opinión'. Rég. prep.: **opinar de** o **sobre** alguien o algo (***opinar de** o **sobre** un amigo; **opinar de** o **sobre** un viaje*); **opinar bien de** una persona (***opinar bien de** un profesor*). Incorrecto: *<u>Opino</u> <u>de</u> <u>que</u> los jugadores están mal entrenados* (dequeísmo). Correcto: ***Opino que** los jugadores están mal entrenados.*

oponente. adj. 'Que opone o se opone' (*fuerzas **oponentes***). Ú. t. c. sust. com.: **el oponente, la oponente**. Rég. prep.: **oponente a** (***oponente a** la política económica*). → **opositor**

oponer. v. irreg. tr. Rég. prep.: **oponer** una cosa **a** otra (***Opone** lo espiritual **a** lo material*). Ú. t. c. prnl. Rég. prep.: **oponerse a** (***Me opuse a** su decisión; **Se opusieron a** que los acompañara*). Es un anglicismo usar este verbo como transitivo en reemplazo de su forma pronominal: *Los jubilados <u>oponen</u> el bajo incremento de sus haberes*. Correcto: *Los jubilados **se oponen al** bajo incremento de sus haberes*. Sus participios son irregulares (***opósito***, poco usado, y ***opuesto***). Se conjuga como **poner**.

oportunista. adj. 'Perteneciente o relativo al oportunismo, actitud que consiste en aprovechar al máximo las circunstancias para obtener el mayor beneficio posible, sin respetar principios ni convicciones' (*gente **oportunista***). sust. com. 'Persona que practica el oportunismo': **el oportunista, la oportunista**.

oportuno, na. adj. 'Que se hace o sucede cuando conviene' (*encuentro **oportuno***); 'que es ocurrente y pronto en la conversación' (*persona **oportuna***). Rég. prep.: **oportuno para** (***oportuno para** el momento*).

oposicionista. adj. 'Perteneciente o relativo

a la oposición' (*grupos* ***oposicionistas***). sust. com. 'Persona que pertenece a la oposición política o es adicta a ella': **el oposicionista**, **la oposicionista**.

opositar. v. intr. 'Hacer oposiciones a un cargo o empleo'. Rég. prep.: **opositar a** (***Opositó a*** *la cátedra de Lingüística*).

opositor. sust. m. 'El que se opone a otro en cualquier materia'; 'aspirante a una cátedra o cargo que se ha de proveer por oposición o concurso' (*Los* ***opositores*** *se preparan para el examen correspondiente*). Amér. 'Partidario de la oposición en política'. Su femenino es **opositora**. La Academia no registra su uso como adjetivo: *grupos opositores*. Para esa función, emplea las voces **oponente** (*grupos* ***oponentes***) y **opuesto, ta** (*grupos* ***opuestos***). → **oponente**

opresor, ra. adj. 'Que abusa de su autoridad sobre alguien' (*gobierno* ***opresor***). Ú. t. c. sust. m. y f.: **el opresor**, **la opresora**.

oprimir. v. tr. 'Ejercer presión sobre algo' (***Oprime*** *el timbre*); 'someter a una persona, a un pueblo, a una nación, etc., tiranizándolo'. Rég. prep.: **oprimir con** (***Oprimió*** *a los indios* ***con*** *su crueldad*). Tiene un participio regular (***oprimido***) y otro irregular (***opreso***).

oprobiar. v. tr. 'Infamar'. Se conjuga, en cuanto al acento, como **cambiar**.

optar. v. tr. 'Escoger una cosa entre varias' (***Optó*** *una falda azul*). Ú. t. c. intr. Rég. prep.: **optar a** (***optar a*** *un empleo*); **optar entre** (***optar entre*** *dos profesores*); **optar por** (***optar por*** *una de las dos corbatas*). También denota 'intentar entrar en la dignidad, empleo u otra cosa a que se tiene derecho'. Dice Moreno de Alba que, en este caso y de acuerdo con diccionarios autorizados, debe usarse como transitivo (***optar*** *el obispado*).

optativo, va. adj. 'Que pende de opción o la admite' (*asignaturas* ***optativas***); 'modo que, en las conjugaciones griega y sánscrita, indica deseo' (*Me cuesta memorizar el modo* ***optativo***). Ú. t. c. sust. m.: **el optativo**. Es vulgar la pronunciación [otativo, octativo].

óptica. sust. f. 'Entre otras denotaciones, parte de la física, que estudia las leyes y los fenómenos de la luz' (*Es profesor de la cátedra de* ***Óptica***). Repárese en que debe escribirse con mayúscula cuando forma parte del nombre de una cátedra. 'Punto de vista' (*Desde esa* ***óptica***, *no habría inconvenientes para abrir el negocio*); 'establecimiento donde se comercia con instrumentos de óptica' (*Compré estos anteojos en la nueva* ***óptica***). Es vulgar la pronunciación [ótica, óctica].

óptico, ca. adj. 'Perteneciente o relativo a la óptica' (*nervio* ***óptico***). sust. m. y f. 'Comerciante de objetos de óptica'; 'persona con titulación oficial para trabajar en materia de óptica': **el óptico**, **la óptica**. sust. m. 'Aparato compuesto de lentes y espejos para ver estampas o dibujos agrandados' (*Con el* ***óptico***, *vimos el dibujo de la estructura interna del ojo*). Con esta última denotación, también puede usarse **óptica** (sust. f.). Es vulgar la pronunciación [ótico, óctico].

optimar. v. tr. 'Buscar la mejor manera de realizar una actividad' (***Optimarán*** *el envío de correspondencia*). También puede decirse **optimizar** (v. tr.), de uso más frecuente, pero la Academia prefiere la primera forma. Es vulgar la pronunciación [otimar, octimar]. Su postverbal es **optimación** (sust. f.).

optimista. adj. 'Que profesa el optimismo filosófico' (*filósofos* ***optimistas***); 'que propende a ver y juzgar las cosas en su aspecto más favorable' (*anciana* ***optimista***). Ú. t. c. sust. com.: **el optimista**, **la optimista**. Es vulgar la pronunciación [otimista, octimista]. → **pesimista**

optimización. sust. f. 'Optimación'. Aunque es de uso frecuente y de correcta formación, la Academia no registra este postverbal de **optimizar**.

optimizar. v. tr. Es vulgar la pronunciación [otimizar, octimizar]. → **cazar**, **optimar**

óptimo, ma. adj. sup. de **bueno**. 'Sumamente bueno' (*Este vino blanco es* ***óptimo***). Incorrecto: *Esta tela es muy óptima*; *Me ofreció un televisor más óptimo*. Correcto: *Esta tela es* ***óptima***; *Me ofreció un televisor* ***óptimo*** o ***mejor*** *que otro* (si el hablante establece una comparación). Es vulgar la pronunciación [ótimo, óctimo].

opuesto, ta. p. irreg. de **oponer**. 'Enemigo, contrario' (*opiniones* ***opuestas***). Rég. prep.: **opuesto a** (***opuesto a*** *todo*). 'Dícese de las hojas, flores, ramas y otras partes de la planta, cuando están encontradas o las unas nacen enfrente de las otras' (*planta de hojas **opuestas***).

oquedad. sust. f. 'Hueco'. Es palabra aguda. En plural, se transforma en grave: **oquedades**. Incorrecto: <u>*hoquedad*</u>.

-or. suf. de or. lat., de sustantivos abstractos masculinos (*cal**or***); algunos se han formado en español a partir de adjetivos o verbos (*blanc**or***, *tem**or***).

-or, ra. suf. de or. lat., de adjetivos y sustantivos verbales. 'Agente'. Aparece en voces heredadas del latín (*lect**or***) y en otras, creadas en español (*revis**or***).

ora. conj. distrib. Es aféresis de **ahora** (*Bebía **ora** agua, **ora** gaseosas*).

oración. sust. f. Entre otras denotaciones, 'ruego que se hace a Dios y a los santos' (*Rezó una oración*). Desde el punto de vista gramatical, la Academia la define, en su ***Diccionario***, como "palabra o conjunto de palabras con que se expresa un sentido gramatical completo". En el ***Esbozo***, como "la unidad más pequeña de sentido completo en sí misma en que se divide el habla real". Y agrega: "Lo que importa es que cada una de ellas tenga sentido completo en sí misma y exprese una enunciación, una pregunta, un deseo o un mandato". La Academia hace la distinción entre **oración bimembre** y **oración unimembre** (***Esbozo***). En el ámbito de la gramática actual, Kovacci la define como "toda unidad mínima de sentido con figura tonal propia y autonomía sintáctica"; Seco, como "una unidad de comunicación constituida por un conjunto de palabras. Pero es una forma de comunicación mínima, es la forma más pequeña de mensaje"; Alarcos Llorach considera que la existencia del verbo es "imprescindible para que exista oración [...]. Los demás componentes que en la oración pueden aparecer en torno del núcleo son *términos adyacentes*, cuya presencia no es indispensable para que exista oración. Los enunciados que carezcan de una forma verbal personal que funcione como núcleo no son oraciones y ofrecen una estructura interna diferente...". Kovacci sostiene que son oraciones las estructuras bimembres de sujeto-predicado verbal (*La casa era grande*) o de sujeto-predicado no verbal (*La casa, grande*; *En los libros, mi paz*; *Tú, riendo*; *¿Miedo, yo?*) y las unimembres (*Mañana*; *Trabajando*; *Calles de Buenos Aires*; *¡Uf!*); Seco aclara que la estructura normal de las oraciones es la de sujeto-predicado, pero reconoce la existencia de "un tipo especial" que denomina **unimembres**, las que, cuando tienen verbo (*Estaba lloviendo*), se llaman **oraciones impersonales**. En cambio, para Alarcos Llorach, sólo son oraciones las bimembres, cuyo núcleo es un **verbo** en forma personal (***Visité** cinco países*). La Academia registra, en su ***Diccionario***, los siguientes conceptos: **oración activa**. 'Aquella en que el sujeto realiza la acción del verbo' (*Rosa ama a Juan*); **oración pasiva**. 'Aquella en que el sujeto recibe la acción del verbo' (*Juan es amado por Rosa*); **oración simple**. 'La que tiene un solo predicado' (*María dibuja muy bien*); **oración compuesta**. 'La que está formada por dos o más oraciones simples enlazadas gramaticalmente'. Se refiere aquí —de acuerdo con el ***Esbozo***— a las **asindéticas** o **yuxtapuestas** (*Celia teje, Carlos pinta*), a las **paratácticas** o **coordinadas** (*Celia teje y Carlos pinta*) y a las **hipotácticas** o **subordinadas** (*Celia teje, mientras Carlos pinta*). La Academia también distingue la **oración principal**, 'aquella que en las oraciones compuestas expresa el juicio fundamental' (***Celia teje***, *mientras Carlos pinta*), de la **oración subordinada** o **proposición**, 'la que en las oraciones compuestas adjetivas, adverbiales y sustantivas depende de la principal'; 'unidad lingüística de estructura oracional, esto es, constituida por sujeto y predicado, que se une mediante coordinación o subordinación a otra u otras proposiciones para formar una oración compuesta' (**oración adjetiva** o **de relativo**: *No es ése el libro **que le recomendé***; **oración sustantiva**: *No saben **que viajaré el viernes***; **oración adverbial**: *Lo hace **como puede***). En el ***Esbozo***, la Academia las llama "elementos incorporados formalmente a la oración principal o subordinante, como sujeto, predicado o complemento de cualquier clase. Por esto la oración subordinada se llama *incorporada* en relación con la subordinante de la cual depende en el período". La gramática actual habla, generalmente, de **proposiciones subordinadas** o **incluidas**, y las define como unidades de sentido sin autonomía sintáctica, ya que siempre están incluidas en una unidad mayor (la oración), ni autonomía semántica, puesto que no poseen significado completo por sí mismas. Alarcos Llorach las denomina **estructuras degradadas o transpuestas** u **oraciones transpuestas**, pues no funcionan como oraciones, "están degradadas y desempeñan por transposición el oficio propio de los sustantivos, de los adjetivos o de los adverbios". **oración bimembre**. 'Aquella que admite la partición sujeto-predicado' (*Los jóvenes reían*; *No quiso recibirla*; *¡Llegó la primavera!*; *El campo, silencioso*; *En el jardín, las rosas*; *¡Vamos!*). **oración unimembre**. 'Aquella que no admite la partición sujeto-predicado' (*Una campana*; *¡Socorro!*; *Nevaba*). Para Kovacci, **oración simple** es "aquella que responde a la estructura de la oración bimembre, unimembre y paralela"; la oración que contiene proposiciones subordinadas o incluidas es, también, simple (*Escribirás las palabras* ***cuyo significado conoces***). **oración paralela**. Según la citada autora, "aquella en que ninguno de sus constituyentes puede interpretarse como sujeto y predicado" (*Al maestro, con cariño; De Rusia, con amor*). En cambio, **oración compleja** es, a su juicio, "aquella que contiene proposiciones suboracionales o suboraciones coordinadas o yuxtapuestas" (*El trabajo no era difícil, y lo hacíamos con alegría; Atardecía; los paisanos mateaban*). De acuerdo con lo expuesto, distínganse los significados de **oración**, **frase** y **proposición**. La palabra **oración** es aguda. En plural, se transforma en grave: **oraciones**. → **frase, proposición**

oracionero, ra. adj. 'Rezador' (*niños* ***oracioneros***). Ú. t. c. sust. m. y f.: **el oracionero**, **la oracionera**.

orador. sust. m. Su femenino es **oradora**. sust. m. 'Predicador evangélico'.

oral. adj. 'Expresado con la boca o con la palabra, a diferencia de escrito' (*Aprobó el examen* ***oral*** *de Historia*). Con esta denotación, no puede reemplazarse con el adjetivo **bucal**: *Aprobó el examen bucal de Historia*. 'Perteneciente o relativo a la boca' (*Le recetó un medicamento por vía* ***oral***). Con esta última denotación, puede reemplazarse con **bucal**: *Le recetó un medicamento por vía* ***bucal***. No es frecuente ni recomendable, en cambio, el reemplazo de **bucal** con **oral** en frases como **cavidad bucal**, **cirugía bucal**, etc., aunque la Academia les asigne la misma denotación. → **bucal**

orangista. adj. 'Partidario de la casa de Orange'. Ú. t. c. sust. com.: **el orangista**, **la orangista**. 'Perteneciente o relativo a la política de esos partidarios' (*política* ***orangista***).

orangután. sust. m. 'Mono antropomorfo de unos dos metros de altura'. Para distinguir los sexos, debe recurrirse a las perífrasis **orangután macho**, **orangután hembra**. La Academia no registra el femenino orangutana. Es palabra aguda. En plural, se transforma en grave: **orangutanes**.

orar. v. intr. En su denotación más frecuente, 'rezar' (*El sacerdote* ***oró*** *ante los fieles*). Rég. prep.: **orar por** (***orar por*** *los muertos*). v. tr. 'Rogar, pedir' (***Oraba*** *que lo dejaran en libertad*).

orate. sust. com. 'Loco': **el orate**, **la orate**. fig. y fam. 'Persona de poco juicio y prudencia' (*En la reunión, actuó como un* ***orate***).

orbe. sust. m. Entre sus denotaciones más frecuentes, 'esfera celeste o terrestre'. Como sustantivo colectivo, denota 'mundo, conjunto de todas las cosas creadas'. En su reemplazo, pueden usarse **cosmos** (sust. m.), **creación** (sust. f.), **mundo** (sust. m.) y **universo** (sust. m.).

órbita. sust. f. Entre otras denotaciones, 'trayectoria que recorre un cuerpo en el espacio, sometido a la acción gravitatoria ejercida por los astros'; 'cuenca del ojo' (*Fue tal su sorpresa, que los ojos se le salían de las* ***órbitas***); 'espacio, área de influencia' (*Esos temas estaban fuera de la* ***órbita*** *económica*). **estar en órbita**. fr. fig. 'Actuar de acuerdo con una tendencia de actualidad' (*Las mujeres siempre* ***están en órbita*** *respecto de la ropa*). **poner en órbita**. 'Lanzar al espacio un satélite artificial' (***Pondrán en órbita*** *un nuevo satélite*); 'hacer notoria o popular a una persona' (***Pusieron en órbita*** *a una joven cantante hondureña*).

orca. sust. f. 'Cetáceo'. Para distinguir los sexos, debe recurrirse a las perífrasis **orca macho**, **orca hembra**. No debe confundirse su grafía con la de su homófono **horca** (sust. f.). También pueden decirse **orco** (sust. m.) y **urca** (sust. f.), pero la Academia prefiere la primera forma. → **horca**

órdago. sust. m. 'Envite del resto en el juego del mus'. **de órdago**. loc. fam. 'Excelente, de superior calidad' (*Hizo un trabajo* ***de órdago***). No debe usarse con la denotación de 'mucho': *Escribir ese informe le dio un trabajo de órdago*. Correcto: *Escribir ese informe le dio* ***mucho*** *trabajo*.

orden. sust. amb. A pesar de que la Academia indica que esta voz es de género ambiguo, en la actualidad se usa el género masculino para las siguientes acepciones: 'colocación de las cosas en el lugar que les corresponde' (*el **orden** de los libros en la biblioteca*); 'concierto' (*En un país organizado, debe mantenerse el **orden***); 'regla que se observa para hacer las cosas' (*el **orden** establecido*); 'serie o sucesión de las cosas' (*Ponga las sillas en **orden***); 'en arquitectura clásica, cada uno de los estilos de construcción' (*el **orden** jónico*); 'grupo de animales o de plantas que forman una categoría de clasificación entre la clase y la subclase, y la familia' (*el **orden** de los vertebrados*). En reemplazo de las tres primeras denotaciones, también puede usarse **ordenación** (sust. f.). Se usan en género femenino: 'cuerpo de personas unidas por alguna regla común' (*la **orden** franciscana; la **orden** de Santiago*); 'mandato' (*Cumplirá estas **órdenes**; Los soldados recibirán **la orden del día***, es decir, 'la que se da diariamente a los cuerpos de un ejército o guarnición señalando el servicio que han de prestar las tropas'; no debe confundirse con **el orden del día** o 'lista de temas que han de tratarse en una reunión'); 'grado del ministerio sacerdotal' (*El obispo confirió las **órdenes** sagradas*). Con el significado de 'mandato', **orden** puede reemplazarse con **ordenación**. sust. m. 'Sexto de los siete sacramentos de la Iglesia, por el cual son instituidos los sacerdotes y los ministros del culto' (*el **orden** sacerdotal*). Incorrecto: *órden*. **a la orden** o **a las órdenes**. expr. de cortesía con que uno se ofrece a la disposición de otro (*Estoy **a la orden** o **a las órdenes***). **¡a la orden!** o **¡a sus órdenes!** Fórmulas militares de acatamiento o saludo ante un superior. **a la orden**. expr. que denota 'ser transferible, por endoso, un valor comercial' (*cheque **a la orden***). **del orden de**. loc. adv. 'Aproximadamente' (*Cobró **del orden de** cien mil pesos*). **de orden de**. loc. adv. 'Por mandato de quien se expresa'. **en orden**. loc. adv. 'Ordenadamente' (*Guardó los papeles **en orden***). **en orden a**. loc. adv. 'Respecto a' (***En orden a** su pedido, creo que le será concedido*). Es calco del inglés el uso de *en orden a* (*in order to*) con la denotación de 'para, con el fin de': *Le escribo en orden a informarle los resultados de la encuesta*. Correcto: *Le escribo **para** informarle los resultados de la encuesta*. **estar a la orden del día** una cosa. fr. 'Estar de moda' (*Las palabrotas **están a la orden del día***).

ordenación. sust. f. 'Disposición, prevención' (*la **ordenación** de los medicamentos*); 'acción y efecto de ordenar u ordenarse' (*la **ordenación** de los sacerdotes*). Con esta denotación, también puede usarse **ordenamiento** (sust. m.): *el **ordenamiento** de los sacerdotes*. 'Orden' (colocación; concierto; regla; mandato). → **orden, ordenamiento**

ordenador, ra. adj. 'Que ordena'. Ú. t. c. sust. m. y f.: **el ordenador, la ordenadora**. sust. m. 'Computador electrónico'.

ordenamiento. sust. m. 'Acción y efecto de ordenar'; 'ley u ordenanza que da el superior'. Como sustantivo colectivo, denota 'breve código de leyes promulgadas al mismo tiempo o colección de disposiciones referentes a determinada materia' (***ordenamiento** jurídico*). Repárese en que no puede ser usado con todas las denotaciones que posee **ordenación**. → **ordenación**

ordenante. p. a. de **ordenar**. 'Que ordena'. sust. m. 'El que está para recibir alguna de las órdenes sagradas'. Con esta última denotación, también puede decirse **ordenando** (sust. m.).

ordenanza. sust. f. 'Orden en las cosas que se ejecutan' (*la **ordenanza** de las tareas*); 'mandato, disposición' (*las **ordenanzas** del jefe*). Como sustantivo colectivo, 'conjunto de preceptos referentes a una materia' (*las **ordenanzas** municipales*). sust. m. 'Empleado subalterno que, en ciertas oficinas, lleva órdenes' (*Trabajaba de **ordenanza** en el Ministerio de Economía*); 'soldado que está a las órdenes de un oficial o de un jefe' (*El **ordenanza** trajo el recado del general*).

ordenar. v. tr. 'Poner en orden'; 'mandar'; 'encaminar y dirigir a un fin'; 'conferir las órdenes a uno'. v. prnl. 'Recibir la tonsura, los grados o las órdenes sagradas' (*Mi amigo **se ordenará** sacerdote la próxima semana*). Rég. prep.: **ordenar de** (*Lo **ordenaron de** sacerdote* o, sin preposición, *Lo **ordenaron** sacerdote*); **ordenar en** (***Ordenó** los documentos **en** pilas*); **ordenar para** (***Ordenarás** los legajos **para** archivarlos*); **ordenar por** (***Ordena** los libros **por** temas*). Incorrecto: *Te ordenó de que trajeras la carpeta* (dequeísmo). Correcto: *Te **ordenó que** trajeras la carpeta*. Sus postverbales son **ordenación** (sust. f.) y **ordenamiento** (sust. m.). Es incorrecto usarlo como sinónimo de **pedir** (v. tr.) o **encargar** (v. tr. Ú. t. c. prnl.): *¿Qué comida ordena, señor?* Correcto: *¿Qué comida **pide**, señor?*

ordeñador, ra. adj. 'Que ordeña' (*niña **ordeñadora***). Ú. t. c. sust. m. y f.: **el ordeñador, la**

ordeñadora. sust. m. y f. 'Persona que realiza la recolección de aceitunas a mano'. sust. f. 'Máquina para efectuar el ordeño' (*Compraron una moderna **ordeñadora***). No debe escribirse ordeniador, ordeniadora.

ordeñar. v. tr. No debe escribirse ordeniar. Su postverbal es **ordeño** (sust. m.): *Hoy se dedicó al **ordeño***. La palabra **ordeñe** (sust. m.) no está registrada en el ***Diccionario***, pero la A.A.L. ha recomendado su incorporación como argentinismo.

ordinal. adj. 'Perteneciente al orden' (*números **ordinales***). Ú. t. c. sust. m.: **el ordinal**. → **número**

ordinariez. sust. f. 'Falta de urbanidad y cultura' (*Ese señor se destaca por su **ordinariez***); 'expresión grosera' (*Dijo una **ordinariez***). Incorrecto: ordiniariez. Es palabra aguda. En plural, se transforma en grave: **ordinarieces**. Repárese en que la **z** cambia por **c**.

ordinario, ria. adj. 'Común' (*La sinceridad es su cualidad **ordinaria***); 'plebeyo' (*No pertenece a la nobleza, es un hombre **ordinario***); 'vulgar' (*Por su vocabulario soez, parece una mujer **ordinaria***); 'sin distinción en su línea' (*Compró un vaso **ordinario***); 'dícese del gasto de cada día que tiene cualquiera en su casa y, también, de lo que acostumbra comer'. Ú. t. c. sust. m. y f.: **el ordinario, la ordinaria**. 'Dícese del juez o del tribunal de la justicia civil' (*tribunal **ordinario***); 'dícese del correo que se despacha por tierra o mar, para diferenciarlo del aéreo y del certificado' (*Envió las cartas por correo **ordinario***). **de ordinario**. loc. adv. 'Común y regularmente' (***De ordinario**, llega a las nueve*).

ordovícico, ca. adj. 'Dícese del segundo de los seis períodos geológicos en que se divide la era paleozoica' (*Estudia las características del período **ordovícico***). Ú. t. c. sust. m.: **el ordovícico**. 'Perteneciente a los terrenos de este período' (*En los terrenos **ordovícicos**, aparecen algunas plantas*). Es voz recién incorporada en el ***Diccionario***.

orear. v. tr. 'Dar el viento en una cosa, refrescándola' (*El viento **orea** las habitaciones*); 'poner al aire una cosa para secarla o quitarle el olor'. Ú. m. c. prnl. (*Las sábanas **se oreaban** al sol*). v. prnl. 'Salir uno a tomar el aire' (*Después de muchas horas de trabajo, **me oreé** en el jardín*). No debe pronunciarse [oriar, orié]. Su postverbal es **oreo** (sust. m.). → **-ear**

oreja. sust. f. Diminutivos: **orejeta, orejuela**. **oreja de negro**. Argent. y Urug. 'Árbol muy corpulento'. También recibe el nombre de **timbó** (sust. m.) → **timbó**. **parar la oreja**. fr. fig. y fam. 'Prestar atención a algo, aguzar las orejas'. Esta última frase no está registrada en el ***Diccionario***, pero la A.A.L. recomienda su incorporación como argentinismo. 'El que tiene orejas grandes' se denomina **orejón, na** (adj.) u **orejudo, da** (adj.).

orejano, na. adj. 'Dícese de la res que no tiene marca en las orejas ni en otra parte alguna del cuerpo'. Ú. t. c. sust. m. y f.: **el orejano, la orejana**. También puede decirse **orejisano, na** (adj.).

orejear. v. intr. En su denotación más frecuente, 'mover las orejas un animal' (*Los perros **orejeaban***). v. tr. fig. Argent. 'Descubrir poco a poco los naipes para conocer, por las rayas o pintas, de qué palo son'. Corresponde a **brujulear** (v. tr.) del español general. No debe pronunciarse [orejiar, orejié]. → **-ear**

orejón, na. adj. 'Que tiene orejas grandes' (*niño **orejón***). Con esta denotación, también puede decirse **orejudo, da**. → **oreja**. 'Pedazo de durazno o de otra fruta, secado al aire y al sol'. Ú. m. en pl. (*Preparó una compota de **orejones***). 'Tirón de orejas' (*El día de su cumpleaños, le dieron varios **orejones***); 'entre los antiguos peruanos, persona noble'; 'nombre que se dio durante la conquista a varias tribus de América'.

orejudo, da. adj. 'Que tiene orejas grandes o largas' (*perra **orejuda***). Con esta denotación, la Academia no lo registra como sustantivo. → **oreja, orejón**. sust. m. 'Murciélago insectívoro, de orejas muy grandes'. Para distinguir los sexos, debe recurrirse a las perífrasis **orejudo macho, orejudo hembra**.

orfanato. sust. m. 'Asilo de huérfanos'. Incorrecto: orfelinato (galicismo), horfanato.

orfandad. sust. f. 'Estado de huérfano'. Incorrecto: horfandad.

orfebre. sust. m. 'El que labra objetos artísticos de oro, plata y otros metales preciosos'. La Academia no lo registra como sustantivo común de dos. El 'arte del orfebre' es la **orfebrería** (sust. f.).

organdí. sust. m. 'Tela blanca de algodón muy fina y transparente'. En plural: **organdíes** u **organdís.**

organero. sust. m. 'El que fabrica y compone órganos'. La Academia no registra el género femenino. No debe confundirse su denotación con la de **organista** (sust. com.), 'persona que ejerce o profesa el arte de tocar el órgano'.

organicista. adj. 'Que sigue la doctrina médica del organicismo, que atribuye todas las enfermedades a lesión material de un órgano' (*médicos **organicistas***). Ú. t. c. sust. com.: **el organicista, la organicista.**

organillero. sust. m. 'Persona que tiene por ocupación tocar el organillo'. Su femenino es **organillera.**

organismo. sust. m. colect. 'Conjunto de órganos del cuerpo animal o vegetal, y de las leyes por que se rige' (*Cuide su **organismo** con una buena dieta*); 'conjunto de leyes, usos y costumbres por los que se rige un cuerpo o institución social' (*Desacataron el **organismo** del club*); 'conjunto de oficinas, dependencias o empleos que forman un cuerpo o institución' (*un **organismo** estatal*). Como sustantivo masculino, denota 'ser viviente' (*Estudia los **organismos** de una sola célula*).

organista. sust. com. → **organero**

organización. sust. f. 'Acción y efecto de organizar u organizarse'; 'disposición de los órganos de la vida'; 'orden' (*la **organización** de los documentos*). Como sustantivo colectivo, denota 'conjunto de personas con los medios adecuados para alcanzar un fin determinado' (*una **organización** empresarial*). En frases como **Organización de Estados Americanos (OEA), Organización Internacional del Trabajo (OIT), Organización Mundial de la Salud (OMS), Organización de las Naciones Unidas (ONU)**, etc., debe escribirse con mayúscula.

organizado, da. p. de **organizar.** adj. 'Dícese del cuerpo con aptitud para vivir' (*cuerpo **organizado***). Con esta denotación, también puede decirse **orgánico, ca** (adj.). 'Dícese de la materia o sustancia que tiene la estructura peculiar de los seres vivientes' (*materia **organizada***).

organizar. v. tr. Ú. t. c. prnl. Rég. prep.: **organizar** u **organizarse en** (***organizar** u **organizarse** en reparticiones*); **organizar** u **organizarse por** (***organizar** u **organizarse por** temas*). → **cazar**

órgano. sust. m. Entre otras denotaciones, 'instrumento músico de viento' (*Toca el **órgano** en la parroquia*). Diminutivo: **organillo.** 'Cualquiera de las partes del cuerpo animal o vegetal que ejercen una función' (*Ha donado sus **órganos***). El sustantivo colectivo que corresponde a esta denotación es **organismo** (m.). 'Persona o cosa que sirve para la ejecución de un acto o un designio' (*Sergio es uno de los **órganos** de la empresa*).

orgía. sust. f. 'Festín en que se come y se bebe sin moderación, y en que se cometen otros excesos'. También puede decirse **orgia**, pero la Academia prefiere la primera forma.

orgulloso, sa. adj. 'Que tiene orgullo'. Ú. t. c. sust. m. y f.: **el orgulloso, la orgullosa.** Rég. prep.: **orgulloso de** (*Estaba **orgulloso de** su prosapia*).

orientador, ra. adj. 'Que orienta' (*principios **orientadores***). Ú. t. c. sust. m. y f.: **el orientador, la orientadora.**

oriental. adj. 'Perteneciente o relativo al Oriente' (*región **oriental***); 'natural de Oriente' (*niñas **orientales***); 'uruguayo'. Ú. t. c. sust. com.: **el oriental, la oriental.** Debe escribirse con mayúscula cuando forma parte de un nombre propio (*República **Oriental** del Uruguay*).

orientalista. adj. 'Perteneciente o relativo al orientalismo o conocimiento de la cultura de los pueblos orientales'. sust. com. 'Persona que cultiva las lenguas, literaturas, historia, etc., de los países de Oriente': **el orientalista, la orientalista.**

orientar. v. tr. Ú. t. c. prnl. Rég. prep.: **orientarse en** (***orientarse en** la oscuridad*); **orientarse hacia** (***orientarse hacia** el Norte*); **orientarse por** (***orientarse por** las estrellas*).

oriente. sust. m. Entre otras denotaciones, 'viento que sopla de la parte de Oriente' (*Comenzó a soplar el **oriente***); 'brillo especial de las perlas' (*El **oriente** de estas perlas revela su gran calidad*). Repárese en que, en las acepciones precedentes, debe escribirse con minúscula. En las siguientes, es obligatoria la mayúscula. sust. pr. m. 'Punto cardinal del horizonte por donde aparece el Sol' (*El Sol nace por el **Oriente***). Con esta denotación, también pueden decirse **Este** (sust. pr. m.) y **Levante** (sust. pr. m.). 'Asia y las regiones inmediatas a ella de Europa y África' (*pueblos de **Oriente***). Son expresiones correctas **Próximo** o **Cercano Oriente** (hasta el Éufrates y el Tigris), **Oriente Medio** (hasta el Ganges), **Extremo** o **Lejano Oriente** (China, Indochina y el Japón). Incorrecto: *Medio Oriente*.

orificar. v. tr. 'Rellenar con oro la picadura de una muela o de un diente'. → **sacar**

orífice. sust. m. 'Artífice que trabaja en oro'. También pueden decirse **oribe** (sust. m.) y **orive** (sust. m.). La Academia no lo registra como sustantivo común de dos.

origen. sust. m. No lleva tilde, porque es palabra grave terminada en **n**. En plural, se transforma en esdrújula: **orígenes**. Incorrecto: *orígen*, *orijen*, *oríjenes*.

origenismo. sust. m. colect. 'Conjunto de las doctrinas heréticas atribuidas a Orígenes'. Como sustantivo, también denota la 'secta que las profesaba'.

origenista. adj. 'Partidario del origenismo'. Apl. a pers., ú. t. c. sust. com.: **el origenista**, **la origenista**.

originar. v. tr. 'Ser o dar origen a algo' (*El temporal **originó** inconvenientes en las rutas*). v. prnl. 'Traer una cosa su origen de otra'. Rég. prep.: **originarse en** (*La discusión **se originó en** la calle*); **originarse** una cosa **de** otra (***originarse** un error **de** otro*). Incorrecto: *orijinar*.

originario, ria. adj. 'Que da origen a una persona o cosa' (*manantial **originario de** un río*); 'que trae su origen de algún lugar, persona o cosa'. Rég. prep.: **originario de** (*un plato **originario de** la India*). → **oriundo**, **primigenio**

orilla. sust. f. Entre otras acepciones, 'término, límite o extremo de la extensión superficial de algunas cosas'; 'extremo o remate de una tela'. Con esta última denotación, también puede decirse **orillo** (sust. m.). 'Borde o límite de una superficie, especialmente el que hay entre una extensión de tierra y otra de agua'. sust. f. pl. Argent. y Méj. 'Arrabales, afueras de una población' (*Se crió en **las orillas***). **a la orilla.** loc. adv. 'Cercanamente' (*Había muchas gaviotas **a la orilla***).

orillar. v. tr. fig. 'Concluir, arreglar, ordenar, desenredar un asunto' (***Orillaron** el contrato*). v. intr. Ú. t. c. prnl. 'Llegarse a las orillas' (*Algunas focas **orillan***); 'dejarle orillas a una tela' (***Orillará** el raso*); 'guarnecer la orilla de una tela o ropa'. Incorrecto: *orillear*, una ultracorrección.

orillero, ra. adj. Amér. Central, Argent., Cuba, Urug. y Venez. 'Arrabalero' (*gente **orillera***). La A.A.L. ha recomendado la incorporación, en el ***Diccionario***, del siguiente significado: 'Propio de las orillas y de sus costumbres' (*costumbres **orilleras***). Ú. t. c. sust. m. y f.: **el orillero**, **la orillera**. sust. m. 'El que caza junto a los límites exteriores de un coto'.

orín. sust. m. 'Óxido rojizo que se forma en la superficie del hierro por la acción del aire húmedo'. Es palabra aguda. En plural, se transforma en grave: **orines**. Su homónimo (sust. m.) denota 'orina'.

orina. sust. f. También puede decirse **orín**, pero la Academia prefiere la primera forma. En lenguaje infantil, **pipí** y **pis** (susts. ms.). El adjetivo correspondiente es **urinario**, **ria**, 'perteneciente o relativo a la orina'.

oriundez. sust. f. 'Origen, procedencia, ascendencia'. Es palabra aguda. En plural, se transforma en grave: **oriundeces**. Repárese en que la **z** cambia por **c**.

oriundo, da. adj. 'Que trae su origen de algún lugar'. Rég. prep.: **oriundo de** (*Rosa es **oriunda de** Colombia*). → **originario**, **primigenio**

orlador, ra. adj. 'Que hace orlas'. Ú. t. c. sust. m. y f.: **el orlador**, **la orladora**.

orlar. v. tr. 'Adornar'. Rég. prep.: **orlar con** o **de** (***orlar con** puntillas el vestido*).

orleanista. adj. 'Partidario de la casa de Orleans' (*hombres **orleanistas***). Ú. t. c. sust. com.: **el orleanista**, **la orleanista**. 'Perteneciente o relativo a esta casa'.

ormesí. sust. m. 'Tela fuerte de seda'. En plural: **ormesíes** u **ormesís**.

ornar. v. tr. Ú. t. c. prnl. 'Adornar, ornamentar'. Rég. prep.: **ornar con** o **de** (***ornar con** o **de** flores la casa*). La Academia prefiere el uso de **adornar** (v. tr. Ú. t. c. prnl.), pero ambas voces se emplean frecuentemente. → **adornar**

ornitólogo. sust. m. 'Persona especializada en ornitología, parte de la zoología que trata de las aves'. Su femenino es **ornitóloga**.

ornitomancia. sust. f. 'Adivinación por el vuelo y el canto de las aves'. También puede decirse **ornitomancía**, pero la Academia prefiere la primera forma. → **-mancia** o **-mancía**

ornitorrinco. sust. m. 'Mamífero del orden de los monotremas, del tamaño de un conejo'. Para distinguir los sexos, debe recurrirse a las perífrasis **ornitorrinco macho**, **ornitorrinco hembra**. No debe pronunciarse [ornitorringo].

oro. sust. m. 'Metal amarillo' (*pulsera de* ***oro***). Es uno de los metales preciosos. Número atómico 79. Símbolo: ***Au*** (sin punto). 'Color amarillo' (*El* ***oro*** *de su cabello*). Ú. t. c. adj. (*Compró un vestido* ***oro***). 'Moneda' (*Pagó en* ***oro*** *los cuadros*); 'joyas' (*Guarda mucho* ***oro*** *en su alhajero*); 'riquezas' (*Acumuló demasiado* ***oro*** *en pocos años*); 'cualquiera de los naipes del palo de oros' (*Jugué un* ***oro***); 'medalla de oro, primer premio de algunas competiciones, especialmente las olímpicas' (*Ganó el* ***oro*** *en el torneo de natación*). sust. m. pl. 'Uno de los cuatro palos de la baraja española' (*Quiero* ***oros*** *y me dan copas*). **como oro en paño**. loc. adv. fig. 'Aprecio que se hace de una cosa' (*Guardo este libro* ***como oro en paño***). **como un oro**. loc. adv. fig. Se usa para ponderar la 'hermosura, aseo y limpieza de una persona o cosa' (*Claudia es* ***como un oro***). **de oro**. loc adj. fig. 'Precioso, inmejorable, feliz' (*etapa* ***de oro***). **el oro y el moro**. loc. fig. y fam. con que se ponderan ciertas ofertas ilusorias; expresa, también, el 'exagerado aprecio de lo que se espera o posee' (*Le prometieron* ***el oro y el moro***, *pero no recibió nada*). **hacerse** uno **de oro**. fr. fig. 'Adquirir muchas riquezas con su industria y modo de vivir' (*Manuel* ***se hizo de oro*** *con la venta de sus cuatro casas*).

orobancáceo, a. adj. 'Dícese de ciertas plantas angiospermas dicotiledóneas, como la orobanca o hierba tora' (*plantas* ***orobancáceas***). Ú. t. c. sust. f.: **la orobancácea**. sust. f. pl. 'Familia de estas plantas' (*Realizó investigaciones sobre* ***las orobancáceas***).

orogénesis. sust. f. 'Parte de la geología que trata de la formación de las montañas'. Incorrecto: <u>*el*</u> *orogénesis*. También puede decirse **orogenia** (sust. f.).

oropéndola. sust. f. 'Ave'. Para distinguir los sexos, debe recurrirse a las perífrasis **oropéndola macho**, **oropéndola hembra**.

orozuz. sut. m. 'Planta herbácea'. Es palabra aguda. En plural se transforma en grave: **orozuces**. Repárese en que la segunda **z** cambia por **c**. También recibe los nombres de **regaliz** (sust. m.; en plural: **regalices**) y de **paloduz** (sust. m.; en plural: **paloduces**). → **regaliz**

orquesta. sust. f. 'Lugar destinado para los músicos y comprendido entre la escena y las butacas' (*Los músicos comenzaron a ubicarse en la* ***orquesta***). Como sustantivo colectivo, denota 'conjunto de instrumentos que tocan unidos en los teatros o en otros lugares' y 'conjunto de músicos que tocan en el teatro o en un concierto' (*La* ***orquesta*** *interpretó una sinfonía de Mozart*). También puede decirse **orquestra** (sust. f.), pero la Academia prefiere la primera forma. El adjetivo correspondiente es **orquestal**, 'perteneciente o relativo a la orquesta'. Incorrecto: <u>*orquestral*</u>.

orquestar. v. tr. 'Instrumentar para orquesta'. Incorrecto: <u>*orquestrar*</u>.

orquidáceo, a. adj. 'Dícese de hierbas angiospermas monocotiledóneas, como la vainilla' (*hierbas* ***orquidáceas***). Ú. t. c. sust. f.: **la orquidácea**. sust. f. pl. 'Familia de estas plantas' (*Estudiará* ***las orquidáceas***). También puede decirse **orquídeo, a** (adj. Ú. t. c. sust. f.), pero la Academia prefiere la primera forma.

orquitis. sust. f. 'Inflamación del testículo'. En plural, no varía: **las orquitis**.

-orrio. suf. → **-rro**

-orro. suf. → **-rro**

ortiga. sust. f. El sustantivo colectivo es **ortigal** (m.).

orto. sust. m. → **ocaso**

orto-. elem. compos. de or. gr. 'Recto', 'correcto' (***orto****doncia*, ***orto****grafía*).

ortodoxo, xa. adj. 'Conforme con el dogma de una religión' (*escritoras* ***ortodoxas***). Ú. t. c. sust. m. y f.: **el ortodoxo, la ortodoxa**. No debe pronunciarse [ortodoso], un vulgarismo.

ortografía. sust. f. 'Parte de la gramática, que

enseña a escribir correctamente por el acertado empleo de las letras y de los signos auxiliares de la escritura'; 'forma correcta de escribir respetando las normas de la ortografía'. Su antónimo es **cacografía** (sust. f.). → **cacografía**

ortógrafo. sust. m. 'El que sabe o profesa la ortografía'. Su femenino es **ortógrafa**.

ortólogo. sust. m. 'El que es versado en ortología o arte de pronunciar correctamente y de hablar con propiedad'. Su femenino es **ortóloga**.

ortopeda. sust. com. 'Especialista en ortopedia o arte de corregir o de evitar las deformidades del cuerpo humano': **el ortopeda**, **la ortopeda**. Es voz recién incorporada en el ***Diccionario***. También puede decirse **ortopedista** (sust. com.): **el ortopedista**, **la ortopedista**.

ortóptero. adj. 'Dícese de ciertos insectos masticadores, como los saltamontes y los grillos' (*insecto **ortóptero***). Ú. t. c. sust. m.: **el ortóptero**. sust. m. pl. 'Orden de estos insectos' (*Estudia los **ortópteros***).

orzuelo. sust. m. 'Tumor pequeño que nace en el borde de uno de los párpados'. Incorrecto: orsuelo.

os. pron. pers. de segunda persona en género masculino o femenino, y número plural. Cumple la función de objeto directo (*Ayer **os** invitó a comer*) y de objeto indirecto (***Os** presté dos libros*). No admite preposición y puede usarse enclítico (*Daos la paz*). En el tratamiento de **vos**, hace oficio de singular o plural (*Ella **os** –se refiere a una sola persona o a dos o más– dijo la verdad*). Cuando se usa enclítico con la segunda persona plural del imperativo, la forma verbal pierde su **d** final (*comunicaos*), excepto la del verbo **ir** (*idos*). Incorrecto: comunicados, íos.

osa. sust. f. 'Hembra del oso'; 'constelación boreal'. Con esta última denotación, debe escribirse con mayúscula (***Osa** Mayor*, ***Osa** Menor*).

osado, da. p. de **osar**. adj. 'Que tiene o manifiesta osadía, atrevido'. Rég. prep.: **osado de** (***osado de** condición*); **osado en** (***osado en** sus conferencias*).

osamenta. sust. f. colect. 'Esqueleto' (*la **osamenta** del ser humano*); 'conjunto de huesos sueltos del esqueleto' (*Los lobos sólo dejaron la **osamenta** de la oveja*).

osar. v. intr. 'Atreverse' (*Nadie **osa** hablar con él*). No debe confundirse su grafía con la de su homófono **hozar** (v. tr. Ú. t. c. intr.). → **hozar**

osario. sust. m. 'Lugar destinado en las iglesias o en los cementerios para reunir los huesos que se sacan de las sepulturas'; 'cualquier lugar donde se hallan huesos'. También pueden decirse **osero** (sust. m.), **osar** (sust. m.) y **carnero** (sust. m.). La Academia prefiere las dos primeras formas.

oscilar. v. intr. 'Efectuar movimientos de vaivén'; 'crecer y disminuir alternativamente la intensidad de algunas manifestaciones o fenómenos'; 'titubear, vacilar'. Rég. prep.: **oscilar de** una parte **a** otra (*El péndulo del reloj **oscila de** derecha **a** izquierda y **de** izquierda **a** derecha*); **oscilar entre** (*El precio de esos libros **oscila entre** veinte y treinta pesos*; *Su estado de ánimo **oscila entre** la alegría y la tristeza*). No debe pronunciarse [osilar]. Es incorrecto usar este verbo como sinónimo de **girar** (v. tr. Ú. t. c. intr.): *El trompo oscila*. Correcto: *El trompo **gira***.

osco, ca. adj. 'Dícese de uno de los antiguos pueblos de la Italia Central' (*hombre **osco***). Ú. t. c. sust. m. y f.: **el osco**, **la osca**. 'Perteneciente o relativo a estos pueblos' (*costumbres **oscas***). sust. m. 'Lengua osca' (*Hablaban **el osco***). No debe confundirse su grafía con la de su homófono **hosco, ca** (adj.), 'dícese del color moreno muy oscuro'; 'intratable'; 'desagradable'. → **hosco**

oscurantista. adj. 'Partidario del oscurantismo u oposición sistemática a que se difunda la instrucción en las clases populares' (*gente **oscurantista***). Apl. a pers., ú. t. c. sust. com.: **el oscurantista**, **la oscurantista**. También puede decirse y escribirse **obscurantista**, pero la Academia prefiere la primera forma.

oscurecer. v. irreg. tr. Entre otras acepciones, 'privar de luz' (***Oscureció** la habitación*); 'dificultar la inteligencia del concepto' (*La sintaxis incorrecta **oscurece** el significado de la oración*). v. intr. impers. 'Ir anocheciendo' (***Oscureció** temprano*). v. prnl. 'Nublarse' (*De pronto, **se oscureció** el cielo*). Ú. t. en sent. fig. (***Se oscureció** su mente*). Rég. prep.: **oscurecerse con** (***Se oscurecerá** su razón **con** tantos sufrimientos*). También pueden decirse y escribirse **obscurecer** y **obscurecerse**, pero hoy la Academia prefiere la primera forma; en este punto, ha cambiado su parecer respecto de lo que indicaba en su ***Dic-***

cionario de 1984, pues en él defendía las formas con **b**. Su postverbal es **oscurecimiento** (sust. m.). Se conjuga como **parecer**.

oscuridad. sust. f. También pueden decirse **obscuración** (sust. f.) y **obscuridad** (sust. f.), pero la Academia prefiere la primera forma. Son correctas las dos grafías en **oscuramente** y **obscuramente** (advs. m.); **oscurantismo** y **obscurantismo** (susts. ms.); **oscurantista** y **obscurantista** (adjs. Apl. a pers., ú. t. c. susts. coms.); **oscurecimiento** y **obscurecimiento** (susts. ms.); **oscuro, ra** y **obscuro, ra** (adjs. Ú. t. c. susts. m. y f.), pero la Academia prefiere, como en el primer caso, omitir la **b**. → **oscurecer**

oscuro, ra. adj. 'Que carece de luz o claridad' (*habitación **oscura***); 'dícese del color que se acerca al negro' (*marrón **oscuro***). Ú. t. c. sust. m. (***El oscuro** te favorece*). 'Humilde, bajo' (***oscuro** linaje*); 'confuso' (*lenguaje **oscuro***); 'incierto' (*un porvenir **oscuro***). Argent. **cuarto oscuro**. 'Cabina electoral'. Este sintagma ha sido recién incorporado en el ***Diccionario***. **claro oscuro**. También puede escribirse **claroscuro** (sust. m.) o **claro y oscuro**. → **claroscuro**. sust. m. 'Parte en que se representan las sombras'; 'oscurecimiento de la escena, en las representaciones teatrales'. **a oscuras**. loc. adv. 'Sin luz' (*La casa quedó **a oscuras***); 'sin vista' (*El abuelo está **a oscuras** hace años*); 'sin comprender lo que se oye o se lee' (*Leí el libro, pero estoy **a oscuras***). **estar** o **hacer oscuro**. fr. 'Faltar claridad en el cielo por estar nublado' (*Ayer **estuvo** o **hizo oscuro***). También puede escribirse **obscuro, ra**, pero la Academia prefiere la primera forma. → **oscurecer, oscuridad**

osecico. sust. m. d. de **hueso** (sust. m.). También lo son **osecillo**, **osecito** y **osezuelo**. → **hueso**

osificarse. v. prnl. 'Convertirse en hueso o adquirir su consistencia' (*El tejido **se osificó***). Su postverbal es **osificación** (sust. f.). → **sacar**

-osis. suf. de or. gr. → **-sis**

osmanlí. adj. 'Turco'. Apl. a pers., ú. t. c. sust. com.: **el osmanlí, la osmanlí**. En plural: **osmanlíes** u **osmanlís**. Incorrecto: <u>osmalí</u>, <u>osmalíes</u>, <u>osmalís</u>.

osmio. sust. m. 'Metal semejante al platino'. Número atómico 76. Símbolo: ***Os***

ósmosis. sust. f. 'Paso recíproco de líquidos de distinta densidad a través de una membrana que los separa'. Repárese en su género. Incorrecto: <u>el</u> *ósmosis*. También puede decirse **osmosis**, pero la Academia prefiere la primera forma. En plural, no varían: **las ósmosis**, **las osmosis**. El adjetivo correspondiente es **osmótico, ca**, 'perteneciente o relativo a la ósmosis'.

oso. sust. m. 'Mamífero carnicero plantígrado'. Su femenino es **osa**. El 'cachorro del oso' es el **osezno** (sust. m.). Para distinguir los sexos de los cachorros, debe recurrirse a las perífrasis **osezno macho, osezno hembra**. La **osera** (sust. f.) es la 'cueva donde se recoge el oso para abrigarse y para criar a sus hijuelos'. El adjetivo correspondiente es **osuno, na**, 'perteneciente o relativo al oso' (*costumbres **osunas***).

-oso. suf. adoptado por convenio en la nomenclatura química para designar compuestos en los que el elemento principal actúa con la valencia mínima (*ácido sulf**uroso***).

-oso, sa. suf. de or. lat., de adjetivos derivados de sustantivos, verbos y adjetivos. Los derivados de sustantivos denotan 'abundancia de lo significado por la base' (*granul**oso***) o tienen significado activo (*afrent**oso***), como los derivados de verbos (*culp**oso***). Los derivados de adjetivos pueden intensificar el significado del primitivo (*injuri**oso***) o atenuarlo (*azul**oso***).

ososo, sa. adj. → **hueso**

osteítis. sust. f. 'Inflamación de los huesos'. En plural, no varía: **las osteítis**.

ostentador, ra. adj. 'Que ostenta' (*mujeres **ostentadoras***). Ú. t. c. sust. m. y f.: **el ostentador, la ostentadora**. También puede decirse **ostentativo, va** (adj.).

ostentar. v. tr. 'Mostrar' (***Ostentaba** sus autos*); 'hacer gala de grandeza y de boato' (***Ostenta** riqueza*). No debe usarse como sinónimo de **ejercer** (v. tr. Ú. t. c. intr.) o **desempeñar** (v. tr. Ú. t. c. prnl.): *<u>Ostentó</u> el cargo de presidente de la empresa*. Correcto: ***Desempeñó** el cargo de presidente de la empresa*.

osteólogo. sust. m. 'Especialista en osteología, parte de la anatomía que trata de los huesos'. Su femenino es **osteóloga**.

osteomielitis. sust. f. 'Inflamación simultánea del hueso y de la médula ósea'. En plural, no varía: **las osteomielitis**. No debe pronunciarse [ostiomilitis].

osteopatía. sust. f. 'Término general para las enfermedades óseas'. No debe pronunciarse [ostiopatía]. Es voz recién incorporada en el *Diccionario*.

ostra. sust. f. 'Molusco acéfalo; es hermafrodita'. **aburrirse como una ostra**. fr. fig. y fam. 'Aburrirse extraordinariamente' (*Durante las clases, **se aburre como una ostra***). También puede decirse **ostia** (sust. f.), pero la Academia prefiere la primera forma. El **ostrón**, **ostión** u **ostro** (susts. ms.) es una 'especie de ostra mayor y más basta que la común'. El **ostral** (sust. m.) es el 'lugar donde se crían las ostras y las perlas'. Tiene valor colectivo.

ostro. sust. m. 'Viento del Sur'; 'Punto cardinal'. Equivale a **Sur**. También puede decirse **austro** (sust. m.). Con la denotación de 'Sur', debe escribirse con mayúscula.

ostrogodo, da. adj. 'Dícese del individuo de aquella parte del pueblo godo, establecido al oriente del Dniéper, que fundó un reino en Italia' (*hombres y mujeres **ostrogodos***); 'perteneciente o relativo a los ostrogodos' (*tradiciones **ostrogodas***). Ú. t. c. sust. m. y f.: **el ostrogodo, la ostrogoda**.

osudo, da. adj. → **hueso**

otalgia. sust. f. 'Dolor de oídos'. No debe pronunciarse [otalgía].

otario, ria. adj. Argent. y Urug. 'Tonto, necio, fácil de embaucar' (*gente **otaria***). La Academia no registra su función como sustantivo. En la Argentina, es común (*Ese **otario** no viene más aquí*).

oteador, ra. adj. 'Que otea'. Ú. t. c. sust. m. y f.: **el oteador, la oteadora**.

otear. v. tr. 'Registrar desde un lugar alto lo que está abajo'. Rég. prep.: **otear desde** (***Oteaban** el camino **desde** la cumbre del cerro*). 'Escudriñar, mirar con cuidado'. Rég. prep.: **otear en** (*El campesino **oteó** las nubes **en** el horizonte*). No debe pronunciarse [otiar, otié]. → **-ear**

otero. sust. m. 'Cerro aislado que domina un llano'. Diminutivo: **oteruelo**.

otitis. sust. f. 'Inflamación del oído'. En plural, no varía: **las otitis**.

otólogo. sust. m. 'Especialista en otología, parte de la patología, que estudia las enfermedades del oído'. La Academia no registra su femenino **otóloga**, de correcta formación.

otomán. sust. m. 'Tela de tejido acordonado'. En plural: **otomanes**.

otoño. sust. m. 'Estación del año' (*Viajaré en **otoño***); 'período de la vida humana en que ésta declina de la plenitud hacia la vejez' (*el **otoño** de la vida*). Como el nombre de las otras estaciones, debe escribirse con minúscula. También puede decirse **otoñada** (sust. f.). El adjetivo correspondiente es **otoñal**, 'propio del otoño o perteneciente a él' (*clima **otoñal***); 'aplícase a personas de edad madura' (*edad **otoñal***). Ú. t. c. sust. com.: **el otoñal, la otoñal**. → **invierno**

otorgador, ra. adj. 'Que otorga' (*fundación **otorgadora** de ayuda*). Ú. t. c. sust. m. y f.: **el otorgador, la otorgadora**. También puede decirse **otorgante** (p. de **otorgar**. Ú. t. c. sust. com.).

otorgamiento. sust. m. 'Permiso'; 'acción de otorgar un documento'; 'escritura de contrato o de última voluntad'; 'parte final del documento, especialmente del notarial'. Incorrecto: <u>otorgación</u>. No debe usarse en los sintagmas <u>otorgamiento</u> *de un premio, de una recompensa*, etc. Correcto: ***concesión** de un premio, de una recompensa*, etc.

otorgar. v. tr. 'Consentir, conceder algo que se pide o se pregunta' (***otorgar** una ayuda material*); 'hacer merced y gracia de algo' (***otorgar** un título de nobleza*); 'disponer, establecer, ofrecer, estipular o prometer una cosa' (***otorgar** leyes*). No debe usarse con ciertos sustantivos: <u>otorgar</u> *amonestaciones, penas, tarjetas*, etc. → **pagar**

otorrinolaringólogo. sust. m. 'Especialista en otorrinolaringología'. Su femenino es **otorrinolaringóloga**. La Academia no registra la abreviación <u>otorrino</u>: *Fue al consultorio del* <u>otorrino</u>. Correcto: *Fue al consultorio del **otorrinolaringólogo***.

otosclerosis. sust. f. 'Esclerosis de los tejidos del oído interno y medio, que conduce a la sordera'. En plural, no varía: **las otosclerosis**.

otoscopia. sust. f. 'Exploración del órgano del oído'. No debe pronunciarse [otoscopía].

otro, tra. pron. indef. adj. 'Aplícase a la persona o cosa distinta de aquella de que se habla' (*otros jóvenes*; *otra inquietud*). Ú. t. c. sust. m. y f.: **el otro, la otra**. A veces, se usa para explicar la gran semejanza entre dos personas o cosas distintas (*Es* ***otra*** *Rosalía de Castro*). Con artículo y ante los sustantivos **mañana**, **día**, **tarde**, **noche**, los sitúa en un pasado cercano (***La otra noche***, *soñé con mis padres*). Con la preposición **a** y artículo, ante sustantivos como **año**, **día**, **mes**, **semana**, denota 'siguiente' (***Al otro mes***, *recibirás la tarjeta*; *Decidimos encontrarnos en el club* ***a la otra semana***). Puede usarse con artículo cuando se lo contrapone a **uno**, **una**, **unos**, **unas** (***Uno*** *hablaba*, ***el otro*** *reía*; ***Una*** *escribía*, ***la otra*** *tocaba el piano*; ***Unos*** *querían ir a la playa*, ***los otros***, *a la montaña*; ***Unas*** *preparaban tortas*, ***las otras*** *limpiaban la casa*). Precede a los numerales o al adjetivo **pocos** (*No llegaron* ***los otros*** *dos*; *Te gustaron los tallarines; ¿comes* ***otros pocos***?). Con los adjetivos **alguno**, **ninguno**, se pospone (*¿****Algún otro*** *responderá?*; *No responderá* ***ningún otro***). Precede o sigue al adjetivo **muchos** (***Muchos otros*** *lo dijeron*; ***Otros muchos*** *se unirán para hacerlo*). Usos incorrectos: *No hicieron otra cosa, sino criticar a sus colegas*; *No hará otra cosa más que pedirte dinero*; *No quiere representar un otro personaje*; *Mostró otro arma antigua* (por analogía con ***el*** *arma* o con ***un*** *arma*). Correcto: *No hicieron* ***otra*** *cosa* ***que*** *criticar a sus colegas*; *No hará* ***otra*** *cosa* ***que*** *pedirte dinero*; *No quiere representar* ***otro*** *personaje*; *Mostró* ***otra*** *arma antigua*.

ovalado, da. p. de **ovalar**. adj. 'De figura de óvalo' (*plato* ***ovalado***). También puede decirse **oval** (adj.).

ovar. v. intr. 'Poner huevos'. También puede decirse **aovar** (v. intr.).

ovaritis. sust. f. 'Inflamación de los ovarios'. En plural, no varía: **las ovaritis**.

ovas. sust. f. pl. 'Huevecillos juntos de algunos peces'. También puede decirse **hueva** (sust. f.).

ovecico. sust. m. d. de **huevo** (sust. m.). → **huevo**

oveja. sust. f. La forma masculina que le corresponde es **carnero**. Diminutivo: **ovejuela**. En América Meridional, 'llama, animal'. **oveja negra**. fig. 'Persona que, en una familia o colectividad poco numerosa, difiere desfavorablemente de las demás' (*Pascual es la* ***oveja negra*** *de la familia*). Los sustantivos colectivos son **rebaño** (m.) y **ovejería** (f.). El adjetivo correspondiente es **ovejuno, na**, 'perteneciente o relativo a las ovejas' (*ganado* ***ovejuno***).

ovejero, ra. adj. 'Que cuida de las ovejas' (*perro* ***ovejero***). Ú. t. c. sust. m. y f.: **el ovejero, la ovejera**.

overo, ra. adj. 'Aplícase a los animales de color parecido al del durazno, y especialmente al caballo' (*caballo* ***overo***). Ú. t. c. sust. m. y f.: **el overo, la overa**. Amér. 'Dícese de las caballerías cuyo pelo es de color blanco en su fondo, con manchas más o menos extensas de otro color cualquiera'. También puede escribirse **hovero, ra** (adj.), pero es más frecuente el uso de la primera forma. → **pío**

overol. sust. m. 'Traje de faena'. En plural: **overoles**. Su sinónimo es **mono** (sust. m.).

ovezuelo. sust. m. d. de **huevo** (sust. m.). → **huevo**

óvido. adj. 'Dícese de mamíferos rumiantes, como los carneros y las cabras' (*animales* ***óvidos***). Ú. t. c. sust. m.: **el óvido**.

ovillar. v. intr. 'Hacer ovillos' (***Ovillan*** *la lana*). v. prnl. 'Encogerse y recogerse haciéndose un ovillo' (*Los truenos le causaron tanto miedo, que* ***se ovilló*** *en la cama*). Incorrecto: *ovillear*, una ultracorrección.

ovillo. sust. m. Diminutivo: **ovillejo**. **hacerse uno un ovillo**. fr. fig. y fam. 'Acurrucarse por miedo, dolor, frío, etc.' (*Teresa* ***se hizo un ovillo*** *por el dolor de estómago*).

ovino, na. adj. 'Se aplica al ganado lanar u ovejuno' (*ganado* ***ovino***). sust. m. 'Animal ovino' (*Cuidaba de los* ***ovinos***).

ovíparo, ra. adj. 'Dícese de los animales que ponen huevos' (*Las aves son animales* ***ovíparos***). Ú. t. c. sust. m. y f.: **el ovíparo, la ovípara**. No debe confundirse su denotación con la de **ovovivíparo, ra** (adj. Ú. t. c. sust. m. y f.), 'dícese del animal de generación ovípara cuyos huevos se detienen durante algún tiempo en las vías genitales y no salen del cuerpo materno hasta que está muy adelantado su desarrollo embrionario; un ejemplo es la víbora'.

♦ **ovni.** Voz formada con las primeras letras

de 'objeto volador no identificado'. No está registrada en el *Diccionario*. La Academia propone **platillo volador** o **volante**, pero si se usa "ovni", debe entrecomillarse.

ovoide. adj. 'De figura de huevo'. Ú. t. c. sust. com.: **el ovoide, la ovoide**. También puede decirse **ovoideo, a** (adj.). sust. m. 'Conglomerado de carbón u otra sustancia que tiene esta forma'.

óvolo. sust. m. → **óbolo**

oxalidáceo, a. adj. 'Dícese de plantas angiospermas dicotiledóneas, como la aleluya y el carambolo' (*plantas **oxalidáceas***). Ú. t. c. sust. f.: **la oxalidácea**. sust. f. pl. 'Familia de estas plantas' (*Realizó investigaciones sobre **las oxalidáceas***). También puede decirse **oxalídeo, a** (adj.), pero la Academia prefiere la primera forma.

oxear. v. tr. 'Espantar las aves domésticas y la caza'. También puede decirse **osear** (v. tr.), pero la Academia prefiere la primera forma. No debe pronunciarse [oxiar, oxié]. → **-ear**

oxidante. p. a. de **oxidar**. 'Que oxida o sirve para oxidar' (*sustancia **oxidante***). Ú. t. c. sust. m.: **el oxidante**. No debe pronunciarse [osidante], un vulgarismo.

oxidar. v. tr. Ú. t. c. prnl. No debe pronunciarse [osidar], un vulgarismo. Su postverbal es **oxidación** (sust. f.).

óxido. sust. m. No debe pronunciarse [ósido], un vulgarismo.

oxidrilo. sust. m. → **hidroxilo**

oxigenar. v. tr. Ú. t. c. prnl. 'Combinar el oxígeno formando óxidos' (***oxigenar** la sangre*). v. prnl. 'Airearse, respirar el aire libre' (***Me oxigené** en la playa*). No debe pronunciarse [osigenar], un vulgarismo. Su postverbal es **oxigenación** (sust. f.).

oxígeno. sust. m. 'Metaloide gaseoso, esencial a la respiración'. Número atómico 8. Símbolo: ***O*** (sin punto). No debe pronunciarse [osígeno], un vulgarismo.

oxitócico. adj. 'Dícese de las sustancias que producen la contracción del músculo uterino; se usan para provocar el parto'. Ú. t. c. sust. m.: **el oxitócico**. No debe pronunciarse [oxitócsico] –por analogía con **tóxico, ca**– ni [ositócico].

oxiuro. sust. m. 'Verme intestinal'. Incorrecto: *oxuro*. No debe pronunciarse [osiuro], un vulgarismo.

oyente. p. a. de **oír**. 'Que oye'. Ú. t. c. sust. com.: **el oyente, la oyente**. sust. m. 'Asistente a un aula, no matriculado como alumno'. La Academia no registra esta última denotación como sustantivo común de dos, pero es de uso frecuente.

ozono. sust. m. 'Estado alotrópico del oxígeno, producido por la electricidad'. También puede decirse **ozona** (sust. f.), pero la Academia prefiere la primera forma.

p. Decimoséptima letra del abecedario español. Su nombre es **pe** (sust. f.). En plural: **pes**. Incorrecto: *pees*.

pabellón. sust. m. Cuando significa 'cada una de las construcciones o edificios que forman parte de un conjunto', especialmente si se trata de las de una exposición, no debe usarse, en su reemplazo, *stand*, un anglicismo. → **stand**

pabilo o **pábilo.** sust. m. 'Mecha de la vela'; 'parte carbonizada de esta mecha'. Las dos acentuaciones son correctas. En su forma esdrújula, no debe confundirse con **pábulo** (sust. m.).

pábulo. sust. m. Se usa casi exclusivamente en la frase figurada **dar pábulo**, que equivale a **echar leña al fuego**, 'poner medios para acrecentar un mal'.

paca. sust. f. 'Mamífero roedor que vive en América del Sur'. Para distinguir los sexos, debe recurrirse a las perífrasis **paca macho, paca hembra**. Asimismo puede decirse **paco** (sust. m.): **paco macho, paco hembra**. Su homónimo, también sustantivo femenino, significa 'fardo o lío, especialmente cuando es de lana, algodón en rama, paja, forraje, etc.'.

pacato, ta. adj. 'De condición excesivamente tranquila y moderada' (*Jamás se altera, es **pacata** por demás*); 'mojigato' (*No le cuentes esos chistes de tono subido, es muy **pacato***). En estas dos acepciones, que son las más frecuentes, ú. t. c. sust. m. y f.: **el pacato, la pacata**.

pacay. sust. m. Amér. Merid. 'Árbol'. Recibe, también, el nombre de **guamo** (sust. m.). 'Fruto de este árbol'. En plural: **pacayes** o **pacáis**. En la edición de 1984, del ***Diccionario***, se registran los plurales **pacayes** y **pacaes**, excluidos de la edición de 1992.

pacer. v. irreg. intr. 'Comer el ganado' (*Las vacas **pacían** en el campo*). Ú. t. c. tr. (*Las ovejas **pacen** la hierba tierna*). v. tr. 'Dar pasto a los ganados' (***Pace** a sus ovejas*). Para esta acepción, se usa más **apacentar** (v. tr.). Se conjuga como **parecer**.

pachá. sust. m. En plural: **pachaes** o **pachás**. Se usa casi con exclusividad la última forma. → **bajá**

pachanga. sust. f. 'Danza originaria de Cuba'. pop. Méj. 'Alboroto, fiesta bulliciosa' (*Se armó la **pachanga***). También se usa en la Argentina. De esta voz, deriva el adjetivo **pachanguero, ra**, 'bullicioso, alegre' (*fiesta* o *música **pachanguera***).

pachorrudo, da. adj. 'Que procede con mucha paciencia'. En la Argentina, Paraguay, Perú y Uruguay, se dice **pachorriento, ta**, sin registro en el ***Diccionario***.

pachulí. sust. m. 'Planta muy olorosa, usada en perfumería'; 'perfume' (*Olía a **pachulí***). En plural: **pachulíes** o **pachulís**.

paciencia. sust. m. Es vulgar y rústico decir *pacencia*.

paciente. adj. 'Que tiene paciencia'; 'dícese —en filosofía— del sujeto que recibe o padece la acción del agente' (*sujeto **paciente***). Ú. t. c. sust. m. 'Dícese —en gramática— de la persona que recibe la acción del verbo' (*persona **paciente***). Ú. t. c. sust. m. (*El **paciente** de esa oración es la palabra que acabo de señalar*). sust. com. 'Persona que se halla bajo atención médica o que va a ser reconocida médicamente': **el paciente, la paciente**. Es incorrecto emplear, para el femenino, *pacienta*: *Doctor, lo espera una pacienta*. Correcto: *Doctor, lo espera una **paciente***.

pacificador, ra. adj. 'Que pacifica'. Ú. t. c. sust. m. y f.: **el pacificador, la pacificadora**.

pacificar. v. tr. 'Establecer la paz' (***Pacificó** los ánimos*); 'reconciliar a los que estaban discordes' (***Pacifiqué** a mis hermanos*). Ú. t. c. prnl. (***Se pacificaron** los ánimos*). v. intr. 'Tratar de asentar paces, pidiéndolas o deseándolas' (*Se dedicó de lleno a **pacificar***). v. prnl. 'Sosegarse y aquietarse las cosas alteradas (***pacificarse** las aguas*). Su 'acción y efecto' es la **pacificación** (sust. f.). → **sacar**

pacifista. adj. 'Perteneciente o relativo al pacifismo'; 'dícese de los partidarios del pacifismo'. Ú. t. c. sust. com.: **el pacifista, la pacifista**.

♦ **pack.** Anglicismo. En español, debe decirse **lote**, **paquete** (*La cerveza de esa marca se vende en **lotes** de seis botellitas*).

pacotilla. sust. f. Se usa, sobre todo, en la fr. fig. **ser de pacotilla** una cosa, 'ser de inferior calidad'.

pactar. v. tr. Rég. prep.: **pactar con** (***pactar con** el enemigo*); **pactar entre** (***pactar entre** iguales*).

pacú. sust. m. Argent. 'Pez de río de gran tamaño y muy estimado por su carne'. Para distinguir los sexos, debe recurrirse a las perífrasis: **pacú macho**, **pacú hembra**. En plural: **pacúes** o **pacús**.

♦ **paddle.** Anglicismo. 'Juego parecido al tenis'. En español, no tiene traducción exacta. Si se usa esta voz, debe entrecomillarse para indicar su carácter de extranjerismo.

padecer. v. irreg. tr. Ú. t. c. intr. Rég. prep.: **padecer bajo** (***padecer bajo** la esclavitud*); **padecer con** (***padecer con** los agravios*); **padecer de** (***padecer de** los nervios*); **padecer en** (***padecer en** todo*); **padecer por** (***padecer por** los hijos*). Se conjuga como **parecer**.

padrastro. sust. m. 'Marido de la madre, respecto de los hijos habidos antes por ella'. La forma femenina es **madrastra** (sust. f.). También significa, entre sus acepciones más usuales, 'pedacito de pellejo que se levanta de la carne inmediata a las uñas de las manos y causa dolor'. Incorrecto: *padrasto*, *padastro*.

padrazo. sust. m. fam. 'Padre muy indulgente'. También se usa **padrón** (sust. m.). La forma para el femenino es **madraza** (sust. m.). → **padrón, madraza**

padre. sust. m. 'Varón o macho que ha engendrado' (*Es el **padre** de Pedro*); 'varón o macho respecto de su hijo' (*Su **padre** es ciego*); 'nombre que se da a ciertos religiosos y sacerdotes'. Se escribe con minúscula (*Dijo la misa el **padre** Juan*). Abreviaturas de esta última acepción: ***P.*** (sing.), ***PP.*** (pl.). 'Primera persona de la Santísima Trinidad'. Se escribe con mayúscula (*En el nombre del **Padre**, del Hijo y del Espíritu Santo*). fig. 'Origen, principio' (*Ese vicio es el **padre** de todos sus defectos*); 'autor de una obra o inventor de una cosa' (*Es el **padre** de esa teoría*). sust. m. pl. 'Padre y madre' (*¿Quiénes son sus **padres**?*); 'antepasados' (*Sus **padres**, por generaciones, fueron de rancio abolengo*). adj. fam. 'Muy grande' (*Se armó un escándalo **padre***). **padre espiritual**. 'Confesor y director espiritual'. **Padre Eterno**. 'Primera persona de la Trinidad'. **Santo Padre** o **Padre Santo**. 'El Papa'. **Santos Padres**. 'Los primeros doctores de la Iglesia'. A veces, se usa en singular. **Beatísimo Padre**. Tratamiento que se da al Papa. Su abreviatura es ***B.^{mo} P.^{e}*** **padre de la patria**. Título de honor dado a alguno por los servicios prestados al pueblo. **nuestros primeros padres**. 'Adán y Eva'. Aumentativo: **padrón**. Diminutivo: **padrecito**. Incorrecto: *padrito*. → **padrenuestro**, **papá**

padrenuestro. sust. m. 'Oración dominical'; 'cada una de las cuentas del rosario, más gruesas que las demás, en que se reza dicha oración'. Puede escribirse en dos palabras, forma que prefiere la Academia y en la que el primer elemento es átono (*Rezó el **padre nuestro***). Los hablantes se inclinan por la forma compuesta (*Todas las noches, rezaba un **padrenuestro***). En plural: **padres nuestros** o **padrenuestros**. Incorrecto: *padre nuestros*, *padresnuestros*, *padresnuestro*. Se escribe siempre con minúscula.

padrillo. sust. m. Argent., Chile, Par., Perú y Urug. 'Caballo padre'. Es voz recién incorporada por la Academia. En Bol., Col., Cuba, Nicar., Pan., Sto. Dom. y Venez., se emplea, para esa denotación, **padrón** (sust. m.). → **padrote**

padrina. sust. f. 'Madrina'. Se usa casi exclusivamente **madrina** (sust. f.), pero la anotada es forma aceptada por la Academia. → **madrina, padrino**

padrinazgo. sust. m. 'Acto de asistir como padrino a un bautismo o función pública'; 'título o cargo de padrino'. fig. 'Protección que uno dispensa a otro' (*Con su **padrinazgo**, me dieron el empleo*). La forma femenina correspondiente es **madrinazgo** (sust. m.).

padrino. sust. f. 'El que tiene, presenta o asiste a otra persona que recibe el sacramento del bautismo, de la confirmación, del matrimonio o del orden, si es varón, o que profesa, si es una religiosa'; 'el que presenta y acompaña a otro que recibe algún honor, grado, etc.'; 'el que asiste a otro para sostener sus derechos en certámenes literarios, torneos, desafíos, etc.'. sust. m. pl. 'El padrino y la madrina'. fig. 'Influencias de que uno dispone para conseguir algo o desenvolverse en la vida'. Su forma femenina es **madrina**. → **padrina, madrina**

padrón. sust. m. aum. de **padre**. 'Padre muy indulgente'. → **padrillo**. El homónimo de esta voz significa, entre otras acepciones, 'nómina de vecinos o moradores de un pueblo' (***padrón*** *electoral*). En plural: **padrones**.

padrote. sust. m. Amér. Central, Col., Pan., P. Rico y Venez. 'Macho destinado, en el ganado, a la procreación'. → **padrillo**

pagadero, ra. adj. 'Que se ha de pagar en cierto tiempo'; 'que puede pagarse fácilmente'. Distíngase de **pagable** (adj.), 'que se puede pagar', si bien la diferencia semántica con la última acepción de **pagadero** es mínima.

pagador, ra. adj. 'Que paga' (*agente* ***pagador***). Ú. t. c. sust. m. y f.: **el pagador**, **la pagadora** (*Es buena* ***pagadora****, puedes prestarle*). sust. m. 'Persona encargada de satisfacer sueldos, pensiones, créditos, etc.' (*La nombraron* ***pagador*** *en la tesorería*). → **pagano**

paganini. sust. m. vulg. 'El que paga los gastos que se originan entre varios'. No registra esta voz el ***Diccionario*** mayor. Sí, la anota el ***Manual*** con el género y la acepción transcripta. Se usa en la Argentina, como de género común de dos: **el paganini**, **la paganini**. En plural: **paganinis**. → **pagano**

paganismo. sust. m. 'Religión de los gentiles o paganos'. sust. m. colect. 'Conjunto de los paganos'. También puede decirse **paganía** (sust. f.), poco usado.

paganizar. v. intr. 'Profesar el paganismo el que no era pagano'. v. tr. 'Introducir el paganismo o elementos paganos en algo'. Ú. t. c. prnl. → **cazar**

pagano. sust. m. 'El que paga'. Como aclara la Academia, "se da este nombre al pagador de quien otros abusan, y al que sufre perjuicio por culpa ajena aun cuando no desembolse dinero". El ***Diccionario*** no registra forma para el femenino. También puede decirse **pagote** (sust. m. fam.). → **paganini**

pagano, na. adj. 'Aplícase a los idólatras y politeístas, en particular, a los antiguos griegos y latinos'; 'por extensión, a todos los infieles'. En ambas acepciones, ú. t. c. sust. m. y f.: **el pagano**, **la pagana**.

pagar. v. tr. Entre otras acepciones, 'satisfacer lo que se debe'; 'corresponder al afecto, cariño o beneficios de otro'. v. prnl. 'Aficionarse, prendarse'; 'ufanarse'. Rég. prep.: **pagar a** (***pagar al*** *contado*; ***pagar a*** *plazos*); **pagar con** (***pagar con*** *dinero*; ***pagar con*** *cariño*); **pagar** o **pagarse de** (***Pagó de*** *contado*; ***Pagó de*** *sus ahorros*; ***Se pagó de*** *ella*; ***Se paga de*** *su riqueza*); **pagar por** (***pagar por*** *otro*). No debe usarse este verbo con el sentido de 'resarcir' o 'compensar', un galicismo: *Tus triunfos nos pagan de los esfuerzos realizados*. Correcto: *Tus triunfos nos* ***resarcen*** *de los esfuerzos realizados*. Repárese en la diferencia entre **pagar al contado** y **pagar de contado**, que se usan, muchas veces, equivocadamente, sobre todo en la Argentina, atribuyendo al último sintagma el valor semántico del primero. → **contado**. Su 'acción y efecto' es **pagamento** (sust. m.); la forma **pagamiento** (sust. m.) es anticuada. Este verbo, al igual que todos los terminados en **-gar**, intercala una **u** entre la **g** de la raíz y la desinencia cuando ésta comienza por **e**: primera persona del singular del pretérito perfecto simple de indicativo (***pagué***) y presente de subjuntivo (***pague***, ***pagues***, ***pague***, ***paguemos***, ***paguéis***, ***paguen***).

página. sust. f. 'Cada una de las dos haces o planas de la hoja de un libro o cuaderno' (*El libro tiene 48* ***páginas***); 'lo escrito en cada página' (*Leí sólo dos* ***páginas***). Diferénciese de **hoja** (sust. f.), **foja** (sust. f.) o **folio** (sust. m.), palabras que denotan 'ambas planas'. Abreviaturas: ***pág.***, ***p.*** (sing.); ***págs.***, ***pp.*** (pl.). fig. 'Suceso o episodio en el curso de una vida o de una empresa' (*Ésas son las* ***páginas*** *brillantes de nuestra historia*).

pago. sust. m. 'Entrega de dinero'; 'premio, recompensa'. Su homónimo, también sustantivo masculino, entre otros significados, denota 'pueblecito o aldea'. En el Río de la Plata y en el Perú, 'lugar en el que se ha nacido o está arraigada una persona y, por extensión, lugar, pueblo o región' (*Allá, en mis* ***pagos****, no es así*).

paila. sust. f. 'Recipiente grande de metal, poco profundo'. Amér. 'Sartén'. Aumentativo: **pailón**.

pailebot o **pailebote.** sust. m. Voz inglesa (*pilot's boat*) españolizada. 'Goleta pequeña'. La Academia prefiere la segunda forma. Plural de ambas: **pailebotes**.

paipay. sust. m. 'Abanico de palma'. Incorrecto: *pay-pay*. En plural: **paipáis**.

país. sust. m. Es voz aguda. En plural, se transforma en grave: **países**. Son acentuaciones viciosas <u>*pais*</u>, <u>*paises*</u>. Se escribe con minúscula, salvo cuando forma parte de un nombre propio (***Países** Bajos*).

paisajista. adj. 'Dícese del pintor de paisajes'; 'dícese del especialista en la creación de parques y jardines'. En ambas acepciones, ú. t. c. sust. com.: **el paisajista**, **la paisajista**. También puede decirse **paisista** (adj. Ú. t. c. sust. com.). La Academia prefiere la primera forma.

paisano, na. adj. 'Que es del mismo país, provincia o lugar que otro'. Ú. t. c. sust. m. y f. (*Mi **paisana** me ha olvidado*; *Dedico este libro a mis **paisanos***). sust. m. y f. 'Campesino' (*Es un simple **paisano***; *La **paisana** ordeña*). sust. m. 'El que no es militar'. **de paisano**. loc. adv. 'Se dice de los militares y eclesiásticos cuando no se visten de uniforme o hábito' (*Iba vestido **de paisano***).

paja. sust. f. 'Caña de trigo, cebada, centeno y otras gramíneas, después de seca y separado el grano'. Es sustantivo colectivo cuando denota el 'conjunto de estas cañas' o 'esas mismas cañas trituradas'. Un **pajar** (sust. m.) es el 'sitio donde se guarda la paja'; una **pajería** (sust. f.), la 'tienda donde se vende paja', y un **pajero** (sust. m.), 'el que lleva paja a vender de un lugar a otro', palabra para la que la Academia no registra femenino. Diminutivos: **pajilla**, **pajita**, **pajuela**. Una **pajilla** es, hoy, un 'tubo artificial, semejante a una caña delgada, que sirve para sorber líquidos, especialmente refrescos'. En la Argentina, se usa más **pajita**. Aumentativo: **pajón** (sust. m.). El 'terreno cubierto de pajón' es un **pajonal** (sust. m. colect.), voz que, en la Argentina, Chile, Uruguay y Venezuela, significa 'herbazal' (*Lo encontraron muerto en el **pajonal***).

pajarear. v. intr. 'Cazar pájaros'; 'andar vagando, sin hacer nada'. Amér. 'Espantarse la caballería'; 'espantar a las aves'. Con esta última denotación, puede decirse, también, **oxear** (v. tr.). No debe pronunciarse [pajariar, pajarié]. → **-ear**

pajarero, ra. adj. 'Relativo o perteneciente a los pájaros' (*trampas **pajareras***). fam. 'Alegre, festivo'; 'de colores chillones' (*pinturas **pajareras***). Amér. 'Espantadizo, hablando de caballerías' (*yegua **pajarera***). sust. m. 'El que se dedica a la caza, cría o venta de pájaros'. Su femenino es **pajarera**. Esta voz también significa 'jaula grande'. sust. m. 'Muchacho encargado de espantar a los pájaros'.

pajarita. sust. f. 'Figura de papel que resulta del arte de su doblado'. Con esta acepción, puede decirse, también, **pájara** (sust. f.). → **papiroflexia**. 'Tipo de corbata que se anuda en forma de lazo sin caídas' (*Llevaba camisa blanca y una **pajarita** negra*).

pájaro. sust. m. 'Cualquier especie de ave, en particular si es pequeña'. Si la especie es grande, úsase preferentemente **ave** (sust. f.). fig. 'Hombre astuto y sagaz'. Ú. t. c. adj. La Academia registra **pájara** (sust. f.) como equivalente de **pájaro**, no como su forma femenina, salvo para la acepción figurada de 'mujer astuta y sagaz' (Ú. t. c. adj.). Aumentativo: **pajarote**. El despectivo **pajarraco** (sust. m.) significa 'pájaro grande, desconocido o cuyo nombre no se sabe', y, en sentido figurado, 'hombre astuto y sagaz'. Diminutivos: **pajarito**, **pajarillo**. El 'lugar donde se venden pájaros' es la **pajarería** (sust. f.), voz que, con significación colectiva, denota, además, 'muchedumbre de pájaros'. El plural de **pájaro mosca**, que por otros nombres recibe los de **picaflor** y **tominejo** (susts. ms.), es **pájaros mosca**. → **pajarita**, **tominejo**

pajarón, na. adj. Argent. 'De pocas luces, excesivamente ingenuo' (*Tu hermano es un **pajarón***). Carece de registro en el ***Diccionario***, pero la A.A.L. ha recomendasdo su inclusión.

pajarota o **pajarotada.** sust. f. fam. 'Infundio, noticia falsa'. Ambas formas son correctas.

paje. sust. m. Diminutivo: **pajecillo**. Despectivo: **pajuncio**. El adjetivo **pajuno, na** denota 'lo perteneciente a los pajes'.

pajizo, za. adj. 'Hecho o cubierto de paja' (*suelo **pajizo***); 'de color de paja' (*cabello **pajizo***). También puede decirse, para la segunda acepción, que es la de uso más frecuente, **pajado, da** (adj.). → **pajoso**

pajolero, ra. adj. 'Dícese de la persona impertinente'. Ú. t. c. sust. m. y f.: **el pajolero**, **la pajolera**. 'Dícese de toda cosa despreciable y molesta a la persona que habla'.

pajoso, sa. adj. 'Que tiene mucha paja'; 'hecho de paja'. En esta última acepción, es sinónimo de la primera de **pajizo, za** (adj.). → **pajizo**

pajuerano. sust. m. Argent., Bol. y Urug. 'Persona procedente del campo y que ignora las costumbres de la ciudad'. Su femenino es **pajuerana**. Tiene un matiz despectivo.

pala. sust. f. Diminutivo: **paleta**. Una **palada** (sust. f.) o una **paletada** (sust. f.) es la 'porción que la pala puede recoger de una vez'. Un **palazo** (sust. m.), el 'golpe dado con la pala'. → **paleador**, **palear**, **palero**

palabra. sust. f. 'Voz, dicción, vocablo, verbo'. **dar la palabra**. fr. fig. 'Conceder el uso de ella en un debate' (*El político* ***dio la palabra*** *a su adversario*). **dar** uno **palabra** o su **palabra**. fr. 'Prometer hacer algo' (***Dio palabra*** *o su* ***palabra*** *de que no comunicaría la noticia*). En la construcción **dar palabra de que** ('prometer'), es obligatorio el uso de la preposición **de** (***Dio palabra de que*** *no volvería a ocurrir*). Si se la suprime, se incurre en "queísmo": *Dio palabra que no volvería a ocurrir*. Diminutivo: **palabrita**. Despectivos: **palabreja**, **palabrota**. Una **palabrada** (sust. f. colect.) significa 'palabras ofensivas', y **palabrería** (sust. f. colect.) es la 'abundancia de palabras vanas y ociosas'. También puede decirse **palabrerío** (sust. m. colect.), pero la Academia prefiere la forma femenina. La 'acción y efecto de hablar mucho y en vano' es **palabreo** (sust. m.), denotación similar a la de **palabrería** (*¡Cuánto* ***palabreo****!*). **de palabra**. loc. adv. 'Oralmente' (*Lo prometió* ***de palabra***). **palabra clave**. En informática, 'entre las palabras que forman un título o entran en un documento, las más significativas o informativas sobre su contenido'; 'expresión abreviada de una sentencia, es decir, de una secuencia de expresiones que especifica una o varias operaciones'; 'palabra reservada cuyo uso es esencial para el significado y la estructura de una sentencia'. Este sintagma y sus correspondientes acepciones han sido recién incorporados en el ***Diccionario***.

♦ **palabrear.** Galicismo. En español, corresponde decir **charlar**. En algunos países americanos (Col., Chile y Ecuad.), esta voz se usa como verbo intransitivo, con el significado de 'apalabrar', según recoge el ***Diccionario Manual***. En este caso, no es un barbarismo, sino un regionalismo, aunque sin sanción oficial.

palabrero, ra. adj. 'Que habla mucho'; 'que ofrece fácilmente y no cumple'. En las dos acepciones, ú. t. c. sust. m. y f.: **el palabrero**, **la palabrera**. También pueden decirse **palabrista** (adj.; según el ***Diccionario Manual***, ú. t. c. sust. com.) y **palabrón, na** (adj.), pero la Academia se inclina por la primera forma.

palacio. sust. m. Se escribe con minúscula, salvo cuando designa uno en particular (***Palacio*** *de Oriente*; ***Palacio*** *de Correos*). Entre sus derivados, figuran el sustantivo **palacete** (m.), 'palacio más pequeño', y los adjetivos **palacial**, **palaciano, na**, **palaciego, ga** y **palatino, na**, 'perteneciente o relativo al palacio'. El penúltimo adjetivo ú. t. c. sust. m. y f.: **el palaciego**, **la palaciega**, 'persona que sirve en palacio'; 'cortesano'. → **palatino**

paladear. v. tr. 'Tomar poco a poco el gusto de una cosa'. Ú. t. c. prnl. v. intr. 'Empezar a dar el recién nacido señas de querer mamar'. Su 'acción' es **paladeo** (sust. m.). No debe pronunciarse [paladiar, paladié]. → **-ear**

paladín. sust. m. 'Campeón, defensor'. En plural: **paladines**. También puede decirse **paladino** (sust. m.), pero la Academia prefiere la primera forma.

paladino, na. adj. 'Claro, patente'. → **paladín**

paladio. sust. m. 'Metal que participa de las cualidades de la plata y del platino'. Número atómico 46. Símbolo: ***Pd***

palafrén. sust. m. 'Caballo manso de paseo'. En plural: **palafrenes**. El **palafrenero** (sust. m.) es el 'criado que lleva del freno al caballo o que lo monta y cuida'.

palanca. sust. f. Diminutivos: **palanqueta**, **palanquilla**. Una **palancada** (sust. f.) es el 'golpe dado con la palanca'.

palangana o **palancana.** sust. f. Equivale a **jofaina** (sust. f.). La Academia prefiere la forma con **g** (*Compré una* ***palangana*** *antigua de loza decorada*). sust. com. fig. Argent., Perú y Urug. 'Fanfarrón, pedante, parlanchín' (*Manolo es un* ***palangana***). Ú. t. c. adj.

palanganear. v. intr. Argent., Chile, Perú y Urug. Equivale a **fanfarronear** (v. intr.) del español general. No debe pronunciarse [palanganiar, palanganié]. No es de uso muy frecuente. → **-ear**

palanquear. v. tr. 'Mover o levantar una cosa con palanca'. Esta acepción es de reciente incorporación en el ***Diccionario***. Puede decirse, también, **apalancar** (v. tr.), forma que la Academia prefiere. fig. Argent. y Urug. 'Emplear alguien su influencia para que una persona consiga un fin determinado' (*A ese empleado, para el ascenso, lo **palanquea** tu jefe*). No debe pronunciarse [palanquiar, palanquié]. → **-ear**

palanqueta. sust. f. 'Barreta de hierro'. La voz **palanquetazo** (sust. m. vulg.) significa 'roto con la palanqueta' y es de reciente ingreso en el ***Diccionario*** (*De un **palanquetazo**, hizo saltar la cerradura*).

palanquín. sust. m. 'Mozo de cordel, ganapán'. Su homónimo, también sustantivo masculino, denota una 'silla de manos que se usa en Oriente para llevar a personas importantes'. Plural de ambos: **palanquines**.

palatal. adj. 'Referente o perteneciente al paladar'; 'dícese del sonido cuya articulación se forma en cualquier punto del paladar'. También puede decirse **paladial** (adj.). sust. f. 'Letra que representa ese sonido' (*Esa consonante es una **palatal***).

palatalizar. v. tr. 'Dar a un sonido articulación palatal'. Ú. t. c. intr. y prnl. Su 'acción y efecto' es la **palatalización** (sust. f.), voz de reciente ingreso en el ***Diccionario***. → **cazar**

palatino, na. adj. 'Perteneciente al paladar'; 'dícese especialmente del hueso par que contribuye a formar la bóveda del paladar'. Ú. t. c. sust. m. Su homónimo, también adjetivo, significa 'palaciego'. → **palacio**

palazón. sust. f. colect. 'Conjunto de palos de que se compone una casa, barraca, embarcación, etc.'. Nótese su género correcto: **la palazón**. En plural: **palazones**. No es de uso frecuente.

paleador, ra. adj. 'Que trabaja con la pala o usa de ella'. Ú. t. c. sust. m. y f.: **el paleador**, **la paleadora**. En plural: **los paleadores**, **las paleadoras**. Es un vulgarismo pronunciar [paliador]. También puede decirse **palero** (sust. m.), voz que, a su vez, significa 'el que hace o vende palas'.

palear. v.tr. 'Trabajar con la pala'. No debe pronunciarse [paliar, palié]. → **-ear**

palenque. sust. m. 'Valla de madera o estacada'; 'terreno cercado por una estacada para celebrar un acto solemne'. Argent., Bol., Par. y Urug. 'Poste fuerte clavado en la tierra o armazón de madera donde los paisanos amarran sus cabalgaduras, a la entrada de casas, pulperías y almacenes de campaña'.

palenquear. v. tr. Argent. y Urug. 'Sujetar un caballo al palenque para domarlo'. Es voz de reciente ingreso en el ***Diccionario***. No debe pronunciarse [palenquiar, palenquié]. → **-ear**

paleo-. elem. compos. de or. gr. 'Antiguo'; 'primitivo', acepciones referidas, frecuentemente, a eras geológicas anteriores a la actual (***paleolítico***, ***paleoceno***).

paleoceno, na. adj. 'Dícese del período o época más antiguo de los que constituyen el terciario'. Ú. t. c. sust. m.: **el Paleoceno** o **el paleoceno**. → **período**

paleocristiano, na. adj. 'Dícese del arte primitivo cristiano'. Ú. t. c. sust. m.: **el paleocristiano**. Incorrecto: <u>*paliocristiano*</u>.

paleógrafo. sust. m. 'El que profesa la paleografía o tiene, en ella, especiales conocimientos'. Su femenino es **paleógrafa**.

paleolítico, ca. adj. 'Perteneciente o relativo al primer período de la edad de piedra'. Ú. t. c. sust. m.: **el Paleolítico** o **el paleolítico**. → **período**

paleólogo. sust. m. 'El que conoce los idiomas antiguos'. Su femenino es **paleóloga**. Es voz de reciente incorporación en el ***Diccionario***.

paleontólogo. sust. m. 'El que profesa la paleontología o tiene, en ella, especiales conocimientos'. Su femenino es **paleontóloga**.

paleopatología. sust. f. 'Ciencia que estudia las huellas dejadas por la enfermedad en los restos de seres vivos, entre ellos, el hombre'. Es voz recién ingresada en el ***Diccionario***.

paleopatólogo. sust. m. 'Especialista en paleopatología'. Su femenino es **paleopatóloga**. Es voz de reciente incorporación académica.

paleozoico, ca. adj. 'Dícese del segundo de los períodos de la historia de la Tierra'. Ú. t. c. sust. m.: **el Paleozoico** o **el paleozoico**. → **período**

paleta. sust. f. 'Tabla sobre la que el pintor tiene ordenados sus colores y los mezcla'. Además, entre otros significados, 'utensilio que usan los albañiles para manejar la mezcla'. Llamar **paleta** al **albañil** es un catalanismo no registrado por la Academia. Diminutivos: **paletilla**, **paletín**. Este último sólo está registrado por el ***Diccionario Manual***, pero es de correcta formación. El 'trabajo que hace el albañil cada vez que aplica el material' o el 'golpe que da con la paleta' es una **paletada** (sust. f.). En la Argentina, en albañilería, no se usan estas voces, sino **cuchara** (sust. f.), **cucharada** (sust. m.) y **cucharín** (sust. m.), acepciones sin registro en el ***Diccionario***. → **pala**

paletó. sust. m. 'Gabán de paño grueso, largo y entallado'. En plural: **paletós**. Es un galicismo escribir *paletot*, dada la españolización de la palabra.

paliar. v. tr. p. us. 'Encubrir, disimular'; 'mitigar las enfermedades'. fig. 'Atenuar una pena, disgusto, etc.'. Rég. prep.: **paliar con** (***paliar*** *una cosa* ***con*** *otra*). Su conjugación vacila, en cuanto al acento, entre seguir el modelo de **cambiar** o el de **guiar** (***palio*** o ***palío***). Ambas formas son correctas. Incurren en un vulgarismo por ultracorrección los que, por **paliar**, dicen *palear* y conjugan como tal el verbo. Voz, por otra parte, que tiene una denotación diferente, por ser una palabra distinta. → **palear**

paliativo, va. adj. 'Dícese de lo que mitiga, suaviza o atenúa, en particular, de los remedios'. Ú. t. c. sust. m. (*Compró en la farmacia un* ***paliativo***). De significación similar, es el adjetivo **paliatorio, ria**, 'capaz de encubrir, disimular o cohonestar una cosa'. Son vulgarismos *paleativo*, *paleatorio*. → **paliar**

palidecer. v. irreg. intr. 'Ponerse pálido'. fig. 'Padecer una cosa disminución o atenuación de su importancia o esplendor'. Se conjuga como **parecer**. → **empalidecer**

palidez. sust. f. Es voz aguda que, en plural, se hace grave y cambia la **z** en **c**: **palideces**.

pálido, da. adj. Rég. prep.: **pálido de** (***pálido de*** *tez*).

palier. sust. m. Es voz de origen francés españolizada. 'En algunos automóviles, cada una de las mitades en que se divide el eje de las ruedas'. Argent. 'Rellano de las escaleras o del ascensor al que se abren departamentos o pisos'. La introducción de este argentinismo en el ***Diccionario*** es reciente. En plural: **palieres** o **paliers**. → **dossier**

palillero. sust. m. 'El que hace o vende palillos o mondadientes'. Su femenino es **palillera**. sust. m. 'Recipiente en que se guardan los palillos'; 'mango de la antigua pluma de escribir, de metal, la que se mojaba en la tinta'.

palillo. sust. m. Para la acepción de 'instrumento pequeño, de madera u otro material, terminado en punta, para limpiarse los dientes', pueden decirse, también, **mondadientes** (sust. m.) y **escarbadientes** (sust. m.). sust. m. pl. Entre otros significados, 'palitos usados para tomar los alimentos en algunos países orientales' (*Comía arroz con* ***palillos***).

palimpsesto. sust. m. 'Manuscrito antiguo que conserva huellas de una escritura anterior borrada artificialmente'; 'tablilla antigua en que se podía borrar lo escrito para volver a escribir'. Es incorrecto pronunciar [palinsesto].

palíndromo. sust. m. 'Palabra o frase que se lee igual de derecha a izquierda, que de izquierda a derecha'. Es voz esdrújula. No debe pronunciarse [palindromo] como grave.

palinodia. sust. f. Ú. m. en la fr. **cantar la palinodia**. 'Retractarse públicamente y, por extensión, reconocer el yerro propio, aunque sea en privado'.

palique. sust. m. fam. 'Conversación de poca importancia'; 'artículo breve de tono crítico o humorístico'. De esta voz, deriva el verbo **paliquear** (intr.), 'charlar'. No debe pronunciarse [paliquiar, paliquié]. → **-ear**

palista. sust. com. 'Jugador de pelota con pala': **el palista, la palista**.

palitroque o **palitoque.** sust. m. 'Palo pequeño, tosco'. Las dos formas son correctas, pero la Academia prefiere la primera.

paliza. sust. f. 'Zurra'. Aumentativo: **palizón**.

palma. sust. f. 'Árbol'. Con esta denotación, puede decirse **palmera** (sust. f.). 'Planta y su cogollo comestible', acepción que equivale a **palmito** (sust. m.). Y, entre otros significados, 'parte algo cóncava de la mano'. sust. f. pl. 'Palmadas de aplausos' (*batir* ***palmas***). El 'lugar donde se crían palmas' es un **palmar** (sust. m. colect.), voz que, como adjetivo, significa 'perteneciente a la palma de la mano' y 'patente, claro'. Para esta última acepción, es más frecuente **palmario, ria** (adj.). Diminutivos: **palmeta, palmita.**

palmáceo, a. adj. 'Aplícase a la familia de las palmas'. sust. f. pl. 'Familia de estas plantas' (*Estudia **las palmáceas***).

palmada. sust. f. 'Golpe dado con la palma de la mano'; 'ruido que se hace al golpear las manos'. Ú. m. en pl. (*Se anunció con unas **palmadas***). Diminutivo: **palmadilla** ('baile'). → **palmero**

palmear. v. intr. 'Golpear con las palmas de las manos, aplaudir'. No debe pronunciarse [palmiar, palmié]. Su 'acción y efecto' es **palmeo** (sust. m.). También puede decirse **palmotear** (v. intr.). No debe pronunciarse [palmotiar, palmotié]. Su 'acción' es **palmotada** (sust. f.) o **palmoteo** (sust. m.), forma preferida por la Academia. → **-ear**

palmera. sust. f. 'Árbol'. Un **palmeral** (sust. m. colect.) es un 'bosque de palmeras'. → **palma**

palmero. sust. m. 'El que acompaña con palmas los bailes y ritmos flamencos de Andalucía'. Su femenino es **palmera**.

palmeta. sust. f. 'Instrumento que se usaba en las escuelas para golpear en la mano a los niños, como castigo'. El 'golpe dado con ella o con otro elemento similar' recibe el nombre de **palmetazo** (sust. m.).

palmípedo, da. adj. 'Dícese de las aves que tienen los dedos palmeados, como el ganso, el pato, etc'. Ú. t. c. sust. f. (*El pelícano es una **palmípeda***). sust. f. pl. 'Orden de estas aves'; pero, como aclara la Academia, es una clasificación en desuso.

palmotear. v. intr. → **palmear**

palo. sust. m. 'Trozo de madera'; 'madera' (*cuchara de **palo***); 'golpe que se da con un palo'; 'cada una de las cuatro series en que se divide la baraja'; 'trazo de algunas letras que sobresale por arriba o por abajo, como el de la **b** o la **p**'; y, entre otras acepciones, 'daño, perjuicio' (ú. m. con los verbos **dar** y **recibir**). R. de la Plata. 'Pedacito del tronco de la rama, que, en la yerba mate, se mezcla con la hoja triturada'. Diminutivos: **palillo, palito**. La frase figurada y familiar **pisar el palito**, 'caer en una trampa', es un argentinismo, cuya inclusión en el ***Diccionario*** ha recomendado la A.A.L.

paloma. sust. f. 'Ave domesticada'. Su macho es el **palomo** (sust. m.). El 'pollo de la paloma brava' es un **palomino** (sust. m.). Un **palomar** (sust. m.), el 'lugar donde se crían palomas'. La 'persona que trata de su compra y venta' recibe el nombre de **palomero** (sust. m.) o **palomera** (sust. f.). Esta última voz denota, también, 'un palomar pequeño, doméstico'. → **torcazo**

palomear. v. intr. 'Andar a la caza de palomas'. No debe pronunciarse [palomiar, palomié]. → **-ear**

palometa. sust. f. 'Pez comestible'. Para distinguir los sexos, debe recurrirse a las perífrasis **palometa macho, palometa hembra**.

palomilla. sust. f. 'Mariposa nocturna'; 'cualquier tipo de mariposa muy pequeña'; 'caballo de color muy blanco, parecido al de la paloma'. sust. f. pl. 'Ondas espumosas del mar'. Su homónimo significa, en el Perú, 'pilluelo' y en Chile, Honduras, Méjico y Panamá, 'vulgo, gentuza'.

palote. sust. m. 'Palo mediano, como las baquetas con que se tocan los tambores'; 'trazos que hacen los niños que empiezan a escribir'. Una **palotada** (sust. f.) es el 'golpe que se da con el palote', y **no dar** uno **palotada** (fr. fig.), 'no acertar' o 'no haber empezado algo que le estaba encargado'.

palotear. v. intr. 'Herir unos palos con otros'. No debe decirse [palotiar, palotié]. Su 'acción y efecto' es **paloteo** (sust. m.). → **-ear, parlotear**

palpar. v. tr. 'Tocar una cosa para reconocerla con el tacto'. Rég. prep.: **palpar con** o **por** (***palpar con** o **por** los dedos*). Su 'acción y efecto' es **palpación** (sust. f.), que puede reemplazarse, asimismo, con **palpadura** (sust. f.) o **palpamiento** (sust. m.).

palpitante. p. a. de **palpitar**. 'Que palpita'. adj. 'Vivo, de actualidad'. Es una redundancia decir *palpitante actualidad*; dígase simplemente **actualidad** (sust. f.).

palpitar. v. intr. 'Contraerse y dilatarse alternativamente el corazón'. Su 'acción y efecto' es **palpitación** (sust. f.).

pálpito. sust. m. 'Presentimiento, corazonada'. Es incorrecto usar, en su reemplazo, **palpitación**: *Tengo la palpitación de que saldrá el 12 en la quiniela.* Correcto: *Tengo el* ***pálpito*** *de que saldrá el 12 en la quiniela.* Nótese que se construye con **de**. Suprimir la preposición es incurrir en "queísmo" (*Tengo el pálpito que saldrá el 12 en la quiniela*).

palto. sust. m. 'Árbol'. También puede decirse **aguacate** (sust. m.). Su fruto es la **palta** (sust. f.) o **aguacate** (sust. m.).

palúdico, ca. adj. 'Perteneciente o relativo al paludismo'; 'que padece paludismo'. Ú. t. c. sust. m. y f.: **el palúdico, la palúdica**. Significa, asimismo, **palustre** (adj.), 'perteneciente o relativo a los pantanos'. Es incorrecto usar, en su reemplazo, *paludoso*, un anglicismo.

pampa. sust. f. 'Cualquiera de las llanuras extensas de América Meridional que no tienen vegetación arbórea'. Argent. sust. m. 'Antiguo pueblo que habitó la llanura del centro argentino'; 'por extensión, conjunto de tribus que ocuparon la región'. Ú. m. en pl. 'Lengua hablada por estas tribus'. adj. 'Perteneciente o relativo a dichos pueblos o lengua'. Todos estos argentinismos carecen de registro en el ***Diccionario***, pero fueron recomendados para su inclusión por la A.A.L. → **pampeano**

pampeano, na. adj. 'Natural de la región argentina de las pampas o de la provincia de La Pampa'. Ú. t. c. sust. m. y f.: **el pampeano, la pampeana**. 'Perteneciente o relativo a las pampas o a la provincia de La Pampa'. → **pampero**

pampear. v. intr. Amér. Merid. 'Recorrer la pampa'. No debe pronunciarse [pampiar, pampié]. → **-ear**

pampero, ra. adj. 'Natural de las pampas'; 'perteneciente o relativo a esta región argentina'; 'dícese del viento impetuoso de dicha región'. Ú. t. c. sust. m. (*El* ***pampero*** *sopla con furia*).

pamplina. sust. f. Además de denotar dos especies de plantas, significa 'dicho o cosa de poca entidad' (fig. fam.). Ú. m. en pl. (*No me vengas con* ***pamplinas***). Para esta acepción, también puede decirse **pamplinada** (sust. f.). Los adjetivos **pamplinero, ra** y **pamplinoso, sa** significan 'propenso a decir pamplinas'.

pan. sust. m. 'Porción o masa de harina de trigo y agua'; 'todo lo que sirve para el sustento diario'. Diminutivo: **panecillo. pan eucarístico.** 'Hostia consagrada'. **pan y quesillo.** 'Planta herbácea'. **al pan, pan y al vino, vino.** expr. fig. 'Sin rodeos, llanamente'. También puede decirse **pan por pan, vino por vino. con su pan se lo coma.** expr. fig. con que uno da a entender la 'indiferencia con que mira el medro, conducta o resolución de otra persona'. **contigo pan y cebolla.** expr. fig. con que ponderan su desinterés los enamorados. **ganar pan.** fr. fig. 'Adquirir caudal'. **ser** algo **pan comido.** fr. fig. y fam. 'Ser muy fácil'. **ser** una cosa **el pan nuestro de cada día.** fr. fig. y fam. 'Ocurrir cada día o frecuentemente'. → **panadero, panero, panetero**

pan-. elem. compos. de or. gr. 'Totalidad' (***panteísmo***, ***panamericano***). Es de reciente registro académico.

♦ **panaché.** Es voz francesa (***panaché***). En español, corresponde decir **verduras hervidas** o **cocidas.** Si se usa este galicismo, debe entrecomillarse.

panadero. sust. m. 'El que hace pan'. Su femenino es **panadera**. El 'oficio de panadero' es la **panadería** (sust. f.), voz que significa, además, 'lugar donde se hace o vende el pan'. En la Argentina, **panadero** (sust. m.) significa, además, 'vilano del fruto de algunas plantas, en particular, del cardo' (*Vuelan los blancos* ***panaderos***).

panadizo. sust. m. 'Inflamación aguda del tejido celular de los dedos'. También puede decirse **panarizo** (sust. m.), pero la Academia prefiere la primera forma.

panamá. sust. m. 'Sombrero de pita'. En plural: **panamaes** o **panamás**. Hoy, se usa más, para el plural, la segunda forma.

panamericanista. sust. com. 'Persona que profesa ideas de panamericanismo': **el panamericanista, la panamericanista.** Es incorrecto escribirlo con guión: *pan-americanista*.

pancho. sust. m. Argent. 'Bocadillo o sándwich de pan esponjoso y una salchicha cocida que, generalmente, se adereza con mostaza'. Carece de registro en el ***Diccionario*** mayor, pero lo anota el ***Manual***. La A.A.L. ha recomendado su inclusión en el léxico oficial.

pancista. sust. com. 'Persona que acomoda su conducta a lo que le conviene': **el pancista, la pancista**. Esa actitud se denomina **pancismo** (sust. m.).

páncreas. sust. m. 'Glándula propia de los vertebrados'. En plural, no varía: **los páncreas**. Incorrecto: *pancrias*.

pancreático, ca. adj. 'Perteneciente al páncreas'. También puede decirse **pancrático, ca** (adj.), de reciente introducción en el ***Diccionario***. La Academia prefiere la primera forma.

panda. sust. m. 'Mamífero omnívoro trepador, que vive en Asia'. La Academia, en su ***Diccionario*** mayor, no registra esta voz, que, sí, trae el ***Manual***. Tampoco registra **oso panda**. Es de uso extendido y frecuente. Para distinguir los sexos, debe recurrirse a las perífrasis, **panda macho, panda hembra**.

pandanáceo, a o **pandáneo, a**. adj. 'Dícese de ciertas plantas angiospermas monocotiledóneas, como el bombonaje'. Ú. t. c. sust. f. (*Es una* ***pandanácea*** *o* ***pandánea***). sust. f. pl. 'Familia de estas plantas'. La Academia prefiere la primera forma.

♦ **pandant (hacer).** Frase galicada (*faire pendant*). En español, úsese **formar pareja, tener correlación** o **correspondencia**.

♦ **pandantif.** Galicismo (*pendentif*). En español, dígase **pinjante, colgante** o **dije**.

pandear. v. intr. 'Torcerse una cosa, encorvándose especialmente en el medio'. Se usa, como aclara la Academia, hablando de paredes, vigas y otras cosas. Ú. m. c. prnl. (*Los estantes de la biblioteca se* ***pandean***). Incorrecto: *pandar*, *pandarse*. No debe pronunciarse [pandiar, pandié]. Su 'acción y efecto' es **pandeo** (sust. m.). → **-ear**

pandectas. sust. f. pl. 'Recopilación de varias obras, en especial las de derecho civil que mandó recoger Justiniano en el Digesto'. Nótese que se usa siempre en plural y que se escribe con minúscula: **las pandectas**.

pandemónium. sust. m. 'Capital imaginaria del infierno'. fig. y fam. 'Lugar en que hay mucho ruido y confusión'. Es incorrecto escribir esta palabra sin tilde, dada la españolización de la voz latina. Incorrecto: *pandemonio*. En plural, no varía: **los pandemónium**.

panderetear. v. intr. 'Tocar el pandero'; 'festejarse y bailar al son de él'. No debe pronunciarse [panderetiar, panderetié]. Su 'acción y efecto' es **pandereteo** (sust. m.). → **-ear**

pandero. sust. m. 'Instrumento musical rústico'. También puede decirse **pandera** (sust. f.), poco frecuente. Entre otros significados, equivale a **culo** (sust. m.). El 'conjunto de muchos panderos' es una **panderada** (sust. f. colect.); el 'golpe dado con el pandero o la pandera', un **panderazo** (sust. m.). El diminutivo de la forma femenina es **pandereta** (sust. f.); el de la masculina, **panderete** (sust. m.). El 'golpe dado con la pandereta' es un **panderetazo** (sust. m.). La 'persona que toca el pandero o la pandereta' o 'que los hace y los vende' es el **panderetero** (sust. m.); su femenino, la **panderetera**.

pandilla. sust. f. En sus acepciones más frecuentes, 'liga, unión'; 'la que forman algunos para engañar a otros o hacerles daño'; 'bando'; 'grupo de amigos que se reúnen para solazarse o con fines menos lícitos'. Es sustantivo colectivo. El 'influjo o acción de estas personas' es el **pandillaje** (sust. m.).

pandillero. sust. m. 'El que forma pandillas'. Su femenino es **pandillera**. También puede decirse **pandillista** (sust. com.): **el pandillista, la pandillista**.

♦ **pane.** Galicismo (*panne*). En español, debe decirse **avería**. Se aplica a la de los automóviles.

panegirista. sust. m. 'El que alaba a otro de palabra o por escrito'. Nótese que la Academia no lo registra como común de dos, si bien su uso es frecuente.

panegirizar. v. tr. p. us. 'Hacer el panegírico de una persona'. → **cazar**

panel. sust. m. Entre sus acepciones más comunes, 'cada uno de los compartimientos, limitados generalmente por molduras, en que se dividen los lienzos de una pared' (*Pon el cuadro en el* ***panel*** *del centro*). No debe emplearse, en su reemplazo, el galicismo *panó* (*panneau*). 'Elemento prefabricado que se utiliza para construir divisiones verticales' (*Dividiremos la oficina con* ***paneles*** *de madera y vidrio*). Su homónimo, también sustantivo masculino, denota, con significación colectiva, el 'grupo de personas que discuten un asunto en público' (*El* ***panel*** *no agotó el tema*).

panelista. sust. com. 'Persona que participa en un panel': **el panelista, la panelista**. La Academia no registra esta voz, pero es de correcta formación.

panenteísmo. sust. m. 'Teoría de Krause'. También puede decirse **krausismo** (sust. m.). La Academia no registra "panenteísta"; dígase **krausista** (sust. com.).

panero, ra. adj. 'Dícese de la persona que gusta de comer pan' (*Ana es muy **panera***). También puede decirse **paniego, ga** (adj.). sust. f. Entre otras acepciones, 'cesta para transportar el pan'; 'recipiente para colocar el pan en la mesa' (*Pon la **panera** de plata*). sust. m. 'Canasta en que se echa el pan que se va sacando del horno'.

paneslavista. sust. com. 'Perteneciente o relativo al paneslavismo; 'partidario de este movimiento que aspira a confederar los pueblos eslavos': **el paneslavista, la paneslavista**. No debe escribirse con guión: *pan-eslavista*.

panetero. sust. m. 'Persona encargada de la panetería, lugar en palacio para distribuir el pan'. Su femenino es **panetera**. También puede decirse, para la forma masculina, **panatier** (sust.). Diferénciese de **panadero** (sust. m.) y de **panadera** (sust. f.).

paneuropeísmo. sust. m. 'Tendencia o doctrina que aspira a la aproximación política, económica y cultural de los países de Europa'. No debe escribirse con guión: *pan-europeísmo*. Es voz recién incorporada en el ***Diccionario***. La Academia no registra **paneuropeísta** (sust. com.), pero su formación es correcta. El adjetivo **paneuropeo, a** denota lo 'relativo a toda Europa'.

pánfilo, la. adj. 'Desidioso, flojo y tardo en el obrar' (*¡Qué hombre **pánfilo**!*). Ú. t. c. sust. m. y f.: **el pánfilo, la pánfila**.

panfleto. sust. m. 'Libelo difamatorio'; 'opúsculo agresivo'. Incorrecto: *pamfleto*. El adjetivo **panfletario, ria** 'se aplica al estilo de los panfletos'. Esta voz, como sustantivo masculino, significa 'autor de un panfleto o de panfletos' (*Lo escribió el **panfletario** de siempre*). Su femenino es **panfletaria**. También puede decirse **panfletista** (sust. com.): **el panfletista, la panfletista**. La Academia prefiere esta segunda forma.

pangaré. sust. m. 'Caballo cuya capa básica, dorada o castaña, se ve descolorida en algunas partes del cuerpo, particularmente las inferiores' (*Montaba un **pangaré***). Ú. t. c. adj. Carece de registro académico, pero fue recomendado para su inclusión en el ***Diccionario*** por la A.A.L.

pangermanista. adj. 'Perteneciente o relativo al pangermanismo'; 'partidario de esta doctrina'. Ú. t. c. sust. com.: **el pangermanista, la pangermanista**. No debe usarse, en su reemplazo, *pangermánico, ca*, sin registro académico.

paniaguado. sust. m. 'Servidor de una casa, que recibe del dueño de ella habitación, alimento y salario'. fig. 'El favorecido por una persona'. La Academia no consigna forma para el femenino. Del adjetivo **paniguado, da**, de similar significación, no registra uso como sustantivo.

pánico, ca. adj. 'Referente al dios Pan'; 'aplícase al miedo o temor muy intenso' (*susto **pánico***). Ú. t. c. sust. m. (*Los dominó el **pánico***).

panificadora. sust. f. 'Fábrica de pan'. También puede decirse **tahona** (sust. f.).

panificar. v. tr. 'Convertir la harina en pan'. Su 'acción y efecto' es **panificación** (sust. f.). → **sacar**

panislámico, ca. adj. 'Relativo o perteneciente al panislamismo'. Es voz de reciente ingreso en el ***Diccionario***.

panislamista. sust. com. 'Partidario del panislamismo': **el panislamista, la panislamista**. Es voz de reciente registro académico.

panjí. sust. m. 'Árbol'. Recibe, también, el nombre de **árbol del Paraíso**. En plural: **panjíes** o **panjís**.

panléxico. sust. m. 'Diccionario muy extenso que abarca tecnicismos, regionalismos, etc.'. Es voz que ha tenido reciente acogida en el ***Diccionario***.

panoja. sust. m. 'Mazorca'; 'racimo'. sust. m. colect. 'Conjunto de tres o más pescados pequeños que se fríen atados por sus colas'; 'conjunto de espigas que nacen de un pedúnculo común, como en la avena'. También puede decirse **panocha** (sust. f.), pero la Academia prefiere la primera forma.

panoli. adj. vulg. 'Dícese de la persona simple y sin voluntad'. Ú. t. c. sust. com.: **el panoli**, **la panoli**. En plural: **panolis**.

panorama. sust. m. En su acepción más frecuente, 'paisaje muy dilatado que se contempla desde un punto de observación'. No se use, en su reemplazo, **panorámica**: *¡Qué panorámica ante nuestros ojos!* Correcto: *¡Qué **panorama**, ante nuestros ojos!* → **panorámico (panorámica)**

panorámico, ca. adj. 'Perteneciente o relativo al panorama'; 'se dice de lo visto a una distancia que permite apreciar el conjunto'. sust. f. 'Amplio movimiento de las cámaras cinematográficas, sin desplazamiento'; 'fotografía o sucesión de fotografías que muestran un amplio sector del campo visible desde un punto' (*Tomaré una **panorámica***). El registro de este sustantivo femenino es reciente en el ***Diccionario***. "En muchos casos –como dice Seco– se abusa de esta voz en sentido figurado, cuando bastaría decir *panorama*." → **panorama**

panqueque. sust. m. Argent. 'Pasta delgada en forma de disco, hecha con una mezcla liviana de harina, huevo y leche, que se fríe en manteca'. Es voz de origen inglés (*pancake*). Carece de registro en el ***Diccionario***; la A.A.L. recomendó su inclusión. En el español general, se dice **filloa** (sust. f.), **hojuela** (sust. f.) o **crepe** (sust. f. Ú. m. en pl.), voz francesa españolizada y de reciente registro en el léxico oficial. → **crepe**

pantalla. sust. f. Además de otras acepciones comunes con el español general, la Academia lo registra como regionalismo de América Meridional, con el significado de 'instrumento para hacer o hacerse aire', y de la Argentina, con el de 'cartelera de tamaño menor que se coloca junto al borde de las veredas o en las esquinas de las calles'.

pantallear. v. tr. Argent., Par. y Urug. 'Hacer aire con la pantalla'. No debe pronunciarse [pantalliar, pantallié]. → **-ear**. Equivale a **abanicar** (v. tr. Ú. t. c. prnl.) del español general. La A.A.L. consigna, también, como argentinismos, **pantallar** (v. tr. p. us.) y **apantallar** (v. tr.), sin registro en el ***Diccionario***, pero recomendados para su incorporación. En ningún caso se los anota como verbos pronominales, uso que es normal en la Argentina.

pantalón. sust. m. 'Prenda de vestir' (*Me voy a poner un **pantalón***). Ú. m. en pl., con significación de singular (*Ana se puso unos **pantalones** blancos*). En plural: **pantalones** (*Compró tres **pantalones***). **pantalón bombacha**. Amér. 'Pantalón ancho, ceñido en los tobillos' (*El paisano usa **pantalones bombacha***). Repárese en que, en plural, el sustantivo **bombacha** no varía; está en aposición especificativa: **pantalones bombacha**. Es usual, en América, decir directamente **bombacha** (sust. f. Ú. m. en pl.). **pantalón vaquero** o **pantalón tejano**. Úsense estos sintagmas o **vaquero(s)** y **tejano(s)**, en vez del anglicismo *blue jeans*. → **blue jeans**, **plural**

pantalonero. sust. m. 'El que se dedica a coser pantalones'. Su femenino es **pantalonera**.

panteísta. adj. 'Que sigue la doctrina del panteísmo o de los que creen que el único Dios es la totalidad del universo'. Ú. t. c. sust. com.: **el panteísta**, **la panteísta**.

panteón. sust. m. 'Monumento funerario destinado a varias personas'. En varios países americanos, 'cementerio'. En plural: **panteones**.

pantera. sust. f. Puede decirse, también, **leopardo** (sust. m.), su sinónimo exacto, según la Academia. Para distinguir los sexos, debe recurrirse a las perífrasis **pantera macho**, **pantera hembra**.

pantomima. sust. f. 'Representación teatral por figuras y gestos'. fig. 'Comedia, farsa'. También puede decirse **mimodrama** (sust. m.), pero la Academia prefiere la primera forma. Incorrecto: *pantomina*.

pantuflo. sust. m. 'Especie de chinela'. También es correcto **pantufla** (sust. f.). La Academia prefiere la primera forma. En la Argentina, se usa más la segunda. Se emplea comúnmente en plural (*Apareció en **pantuflas***). Incorrecto: *pantunflas*. El 'golpe dado con el pantuflo' es un **pantuflazo** (sust. m.).

♦ **panty.** Anglicismo. En español, corresponde decir **leotardo** o, simplemente, **medias**, **medias con bombacha**. Si se usa el extranjerismo, debe entrecomillarse.

panza. sust. f. Su acepción más frecuente es la de 'vientre o barriga'. Una **panzada** (sust. f.) es el 'golpe que se da con la panza', denotación que, en la Argentina, se expresa comúnmente con la voz **panzazo** (sust. m.), sin registro en el ***Diccionario***, pero de correcta formación (*Al tirarse a la pileta, se dio un **panzazo***). La palabra **panzada** (fam.) significa, por otra parte, 'hartazgo o atracón' (*Nos dimos una **panzada** de higos*).

panzón, na. adj. 'De panza grande'. Puede decirse, asimismo, **panzudo, da** (adj.).

pañal. sust. m. Aumentativo: **pañalón**.

paño. sust. m. 'Tela'. La 'persona que vende paños' es el **pañero** (sust. m.) o la **pañera** (sust. f.), voces que se usan, además, con función adjetiva, 'perteneciente o relativo a los paños'. Una **pañería** (sust. m.) es la 'tienda en que se venden', palabra que, a su vez, tiene la significación colectiva de 'conjunto de paños'. Diminutivos: **pañete**, **pañito**, **pañuelo**.

pañuelo. sust. m. Incorrecto: *panuelo*. También puede decirse **pañizuelo** (sust. m.), pero la Academia prefiere la primera forma. Diminutivo: **pañolito**. Aumentativo: **pañolón**. Otros derivados: **pañolería** (sust. f.), 'tienda en que se venden pañuelos'; **pañolero** y **pañolera** (susts. m. y f.), 'persona que los hace o los vende'; **pañoleta** (sust. f.), 'prenda triangular, a modo de medio pañuelo, que se usa como adorno o abrigo'. Incorrecto: *pañueleta*.

papá. sust. m. fam. 'Padre'. La forma femenina correspondiente es **mamá**. sust. m. pl. fam. 'El padre y la madre' (*Los **papás** se han ido de viaje*). Son plurales incorrectos: *papaes* y *papases*. Diminutivos: **papaíto** (fam.) y, en América, **papito**, **papacito**, como acota Seco.

papa. sust. m. 'Sumo Pontífice romano'. Se escribe con minúscula cuando va delante del nombre (*el **papa** León XIII*) y con mayúscula, cuando va solo (*Lo dijo el **Papa***). → **papisa**. **ser** uno **más papista que el papa**. fr. 'Mostrar en un asunto más celo que el directamente interesado en él'. 'Voz infantil para llamar al padre' (*Ven, **papa***). → **papá**. Este vocablo tiene dos homónimos; ambos, sustantivos femeninos. El primero denota 'la planta o su tubérculo', más conocidos en España por **patata** (sust. f.), y, además, en la Argentina, el 'agujero en una media, particularmente en el talón' (fig. y fam.). Este argentinismo carece de registro en el léxico oficial, pero la A.A.L. ha solicitado su inclusión. → **papero**. El segundo homónimo significa 'tontería, paparruchada'. En su forma plural, figurada y familiar, 'sopas blandas que se dan a los niños' o 'cualquier especie de comida' (*Mamita te da las **papas***). Para esta acepción, en la Argentina, es normal el uso del singular. **ni papa**. loc. adv. Con los verbos **saber**, **entender** o similares, en frases negativas, 'nada' (*No **sabe ni papa***). **ser** algo **una papa**. fr. fig. y fam. Argent. 'Ser fácil de realizar o comprender'. Esta frase carece de registro en el ***Diccionario***, pero la A.A.L. ha solicitado su incorporación (*Este ejercicio de gramática **es una papa***).

papagayo. sust. m. 'Ave'. Su hembra es la **papagaya**. 'Pez marino'; para distinguir los sexos de estos peces, debe recurrirse a las perífrasis **papagayo macho**, **papagayo hembra**. 'Planta herbácea anual'; 'planta vivaz, natural del Brasil'; 'víbora muy venenosa que vive en el Ecuador'; 'soplón'. Argent. 'Botella que se usa para recoger la orina del varón encamado'.

papanatas. sust. com. fig. y fam. 'Persona simple, fácil de engañar': **el papanatas**, **la papanatas**. En plural, no varía: **los papanatas**, **las papanatas**. También pueden decirse **papahuevos** (sust. m. p. us. fig. y fam.); **papamoscas** (sust. m. fig. y fam.); **paparote**, **paparota** (sust. m. y f. p. us.); y **papatoste** (sust. com.). La Academia prefiere la primera forma.

paparrabias. sust. com. fam. Equivale a **cascarrabias** (sust. com. fam.), forma que la Academia prefiere: **el paparrabias**, **la paparrabias**. En plural, no varía: **los paparrabias**, **las paparrabias**.

paparrucha. sust. f. fam. 'Noticia falsa y desatinada de un suceso, esparcida entre el vulgo'. fam. 'Tontería'. También puede decirse **paparruchada** (sust. f. fam.), voz de reciente ingreso en el ***Diccionario***.

papaveráceo, a. adj. 'Dícese de ciertas plantas angiospermas dicotiledóneas, como la amapola'. Ú. t. c. sust. f. (*La adormidera es una **papaverácea***). sust. f. pl. 'Familia de estas plantas'.

papayáceo, a. adj. → **caricáceo**

papayo. sust. m. 'Árbol de la familia de las caricáceas'. Su fruto es la **papaya** (sust. f.).

papear. v. intr. 'Balbucir, tartamudear'. No debe pronunciarse [papiar, papié]. → **-ear**

papel. sust. m. Diminutivo: **papelillo**. Despectivos: **papelucho**, **papelujo**. Es sustantivo colectivo con las denotaciones de 'conjunto de resmas, cuadernos o pliegos de papel' (*En estos estantes, está todo el* ***papel*** *que la librería tiene en existencia*) y de 'conjunto de valores mobiliarios que salen a negociación en el mercado' (*Toda su fortuna está en* ***papel***). sust. m. pl. 'Documentos con que se acredita el estado civil o calidad de una persona' (*Por favor, sus* ***papeles***). La Academia ha registrado recientemente la acepción familiar de 'periódico diario', con la indicación de ú. m. en pl. (*¿Dónde has puesto los* ***papeles*** *de hoy?*). Con los significados de 'parte de una obra que representa un actor', 'personaje de una obra dramática' y 'función que se desempeña en alguna situación de la vida' no debe emplearse el galicismo rol, por cuanto la palabra española **papel** tiene todas las connotaciones de la voz extranjera: *Tuvo a su cargo el rol femenino más importante de la comedia*; *Distribuyeron entre los mejores alumnos los roles del sainete*; *El rol de director es el más delicado del sistema educativo*. Correcto: *Tuvo a su cargo el* ***papel*** *femenino más importante de la comedia*; *Distribuyeron entre los mejores alumnos los* ***papeles*** *del sainete*; *El* ***papel*** *de director es el más delicado del sistema educativo*. No debe decirse *papel seda*, *papel estraza*, *papel calco*, *papel lija* ni *papel aluminio*, sino **papel de seda**, **papel de estraza**, **papel de calco** o **de calcar**, **papel de lija** y **papel de aluminio**. Se aceptan, en cambio, **papel biblia**, **papel carbón**, **papel moneda**, **papel cebolla**, es decir, sintagmas en que **papel** lleva aposición especificativa. En la Argentina, se usa **papel carbónico** por **papel carbón**, como lo ha documentado la A.A.L. para su inclusión, como argentinismo, en el léxico oficial. Dígase, por otra parte, **papel vergé**, **vergueteado** o **verjurado**, en vez de *papel verrugado*, un barbarismo. Es un galicismo frecuente la construcción *jugar un papel* por ***representar*** o ***desempeñar un papel***. → **rol**, **jugar**

♦ **papelamen.** Barbarismo. Corresponde decir **papeleo**, **papelerío** o **papelería**, **papelorio**.

papelear. v. intr. 'Revolver papeles'. No debe pronunciarse [papeliar, papelié]. Su postverbal es **papeleo** (sust. m.) que, además del significado deducible de la forma verbal, denota 'exceso de trámites en la resolución de un asunto' (*Estoy harto de tanto* ***papeleo***). → **-ear**

papelera. sust. f. 'Recipiente para echar los papeles' (*No tiren los papeles en el suelo; para eso hay dos* ***papeleras*** *en el aula*). No debe usarse, en su reemplazo, **papelero** (sust. m.). → **papelero**

papelería. sust. f. colect. 'Conjunto de papeles esparcidos sin orden' (*¡Ordena toda esta* ***papelería***!). También puede decirse **papelerío** (sust. m.), de uso en América (*¡Cuánto* ***papelerío*** *inútil!*). Significa, asimismo, 'comercio donde se venden papeles' (*Compró, en la* ***papelería***, *lo que le encargué*).

papelero. sust. m. 'El que vende papel'. Su femenino es **papelera**. Ú. t. c. adj. (*industria* ***papelera***). → **papelera**

papeleta. sust. m. En su acepción principal, equivale a **cédula** (sust. f.), 'pedazo de papel escrito o para escribir' (***papeleta*** *de examen*).

papeletear. v. tr. 'Anotar en papeletas los datos que interesan'. No debe pronunciarse [papeletiar, papeletié]. También puede decirse **papeletizar** (v. tr.), pero la Academia prefiere la primera forma. La 'acción y efecto' de **papeletear** es **papeleteo** (sust. m.). → **-ear**, **cazar**

papelista. sust. com. 'Persona que fabrica o almacena papel': **el papelista**, **la papelista**.

papelón. sust. m. Entre otras acepciones, 'papel en que se ha escrito algo que se desprecia por algún motivo' (*No quiero volver a ver esos* ***papelones*** *infames*). fig. y fam. 'Actuación deslucida o ridícula de alguien' (*Hizo un* ***papelón***). En plural: **papelones**.

papelonear. v. intr. p. us. fam. 'Ostentar vanamente autoridad o valimiento'. No debe pronunciarse [papeloniar, papelonié]. De este verbo, deriva el argentinismo **papelonero**, **ra** (adj.), 'persona que comete con frecuencia papelones', sin registro en el ***Diccionario***, pero recomendado por la A.A.L. para su inclusión. → **-ear**, **papelón**

papelorio. sust. m. colect. despect. 'Fárrago de papeles'.

papelote. sust. m. despect. 'Escrito despreciable' (*No te aflijas por esos* ***papelotes***, *son calumniosos*); 'desperdicios de papel y papel usado, que se emplean para fabricar nueva pasta' (*Recojan del suelo todos esos* ***papelotes***). → **papel**

papera. sust. f. En su acepción más común,

'inflamación de las glándulas salivales'. Ú. m. en pl. (*Está en cama, porque tiene **paperas***).

papero. sust. m. 'El que cultiva o vende papas'. Su femenino es **papera**.

papilionáceo, a. adj. 'De figura de mariposa'; 'dícese de ciertas plantas angiospermas dicotiledóneas, como el guisante o la retama'. Ú. t. c. sust. f. (*El algarrobo es una **papilionácea***). sust. f. pl. 'Familia de estas plantas': **las papilionáceas**.

papiroflexia. sust. f. 'Arte de doblar los papeles y darles forma de determinados seres o cosas'. Es voz recién ingresada en el ***Diccionario***, al igual que el adjetivo derivado **papirofléxico, ca**.

papirola. sust. f. Es voz de ingreso reciente en el ***Diccionario***. → **pajarita**

papirólogo. sust. m. 'El que es versado en papirología'. Su femenino es **papiróloga**.

papisa. sust. f. 'Voz sin verdadera aplicación, que –como aclara la Academia– quiere significar *mujer papa* y que se inventó para designar al personaje fabuloso llamado la **papisa** Juana'. En consecuencia, no es, semánticamente, el femenino de **papa**.

papista. adj. 'Nombre que herejes y cismáticos dan al católico romano, porque obedece al Papa'; 'partidario de la obediencia al Sumo Pontífice'. Ú. t. c. sust. com.: **el papista, la papista**.

paporrear. v. tr. 'Vapulear'. No debe pronunciarse [paporriar, paporrié]. → **-ear**

páprika. sust. f. 'Pimentón'. Es voz de origen húngaro. Dada su reciente españolización con la grafía y acentuación esdrújula que se indica, no debe pronunciarse [paprika] como grave, ni escribirse *páprica* o *paprica*.

papú o **papúa.** adj. 'Natural de Papuasia'. Ú. t. c. sust. com.: **el papú** o **el papúa, la papú** o **la papúa**. 'Perteneciente o relativo a esta región de Nueva Guinea'. En plural: **papúes** o **papús; papúas**.

paquebot o **paquebote.** sust. m. Voz francesa (*paquebot*) españolizada. 'Embarcación'. La Academia prefiere la segunda forma. Plural de ambas: **paquebotes**. También puede decirse **paquete** (sust. m.), poco usual.

paquete. sust. m. La Academia ha aceptado el sintagma **paquete** ('conjunto') **de medidas**, antes censurado de galicismo (*El ministro informó acerca del **paquete de medidas** económicas aprobadas*). También ha registrado, con valor de sustantivo colectivo, la acepción de 'conjunto de programas o datos informáticos'.

paquete, ta. adj. Argent. 'Dícese de las personas bien vestidas y de las casas y locales bien puestos' (*El dormitorio luce muy **paquete**; ¡Qué mujer **paqueta**!*). También se aplica, por extensión, a modales, fiestas, etc. (*Nunca estuvo en una fiesta tan **paqueta***). Si bien la Academia registra las frases figuradas familiares **de paquete** y **estar hecho un paquete** ('acicalado'), no anota el argentinismo **ser un paquete**, que se dice, en los deportes y en otras actividades, de la 'persona torpe, poco diestra'; es de más uso que las anteriores.

paquetear. v. intr. Argent. y Urug. 'Presumir, alardear' (*Se compró una cartera para **paquetear***). No debe pronunciarse [paquetiar, paquetié]. → **-ear**

paquetería. sust. f. Argent., Par. y Urug. 'Compostura en el vestir o en el arreglo de casas y locales'. En el español general, su homónimo denota 'género menudo de comercio que se guarda y vende en paquetes'; 'comercio de estas características'.

paquetero, ra. adj. 'Que hace paquetes'. Ú. t. c. sust. m. y f. (*Trabaja de **paquetera** en una gran tienda; Su empleo es de **paquetero***). sust. m. 'El que hace paquetes de periódicos para su reparto'. Su femenino es **paquetera**.

paquistaní. adj. 'Perteneciente o relativo al Paquistán'. Ú. t. c. sust. com.: **el paquistaní, la paquistaní**. 'Natural de Paquistán'. En plural: **paquistaníes** o **paquistanís**. Incorrecto: *pakistaní*.

par. adj. 'Igual' (*No encuentro un botón **par***). sust. m. colect. 'Conjunto de dos personas o dos cosas de la misma especie' (*un **par** de medias; un **par** de candelabros*). **a la par**. loc. adv. 'Juntamente, a un tiempo' (*Caminaremos **a la par***). **a pares**. loc. adv. 'De a dos' (*Las mesas de luz se venden de **a pares***). **de par en par**. loc. adv. 'Estar abiertas enteramente puertas y ventanas' (*Dejó abiertos los postigos **de par en par***).

sin par. loc. adj. 'Singular, que no tiene igual' (*Fue un veraneo **sin par***). → **pareja**

para. prep. Es voz átona como todas las preposiciones. Denota: • el 'fin a que se refiere una acción' (*Lo haré **para** complacerte*); • 'hacia' (*Va **para** el centro*); • el 'tiempo a que se difiere o determina el ejecutar una acción o finalizarla' (*Le pagaré **para** el mes entrante*; *Estará listo **para** el viernes*); • el 'uso o destino que conviene o puede darse a una cosa' (*Compró papel **para** forrar*); • 'contraposición' (*Con buena calma te vienes **para** la prisa que yo tengo*); • la 'relación o comparación de una cosa con otra' (*Poco lo alaban **para** lo que sabe*); • el 'motivo o causa de algo' (*¿**Para** qué lees tanto?*); • 'por' o 'a fin de' (***Para** prepararme bien, estudié mucho*); • 'aptitud o capacidad de un sujeto' (*Ana es buena **para** bordar*). Junto con un verbo, significa unas veces la 'resolución, disposición o aptitud que el verbo denota' y otras, cuando se junta con **estar**, 'la proximidad o inmediación a hacerlo' (***Estoy para** marcharme*; ***Estuvo para** contestarle una barbaridad*). Junto con los pronombres personales **mí**, **sí**, etc., y con algunos verbos, denota la particularidad de la persona o que la acción del verbo es interior y no se comunica a otro (*Lee **para sí***; *Tengo **para mí** que no es como dicen*). Junto con algunos nombres, suple al verbo **comprar**, o tiene el sentido de 'entregar a, obsequiar a' (*Me dio **para** pan*; *Estos caramelos son **para** mis nietos*). Usada con la partícula **con**, explica la comparación de una cosa con otra (*¿Quién es **para contigo**?*). Pospuesta a frases negativas con el verbo **estar** y antepuesta a un sustantivo, expresa la no disposición del sujeto para lo significado por el sustantivo (*¡No está **para** bromas!*). **para con**. loc. prepos. 'Respecto de' (*Es generosa **para con** su familia*). **para eso**. loc. que se usa para despreciar, por fácil o por inútil, una cosa (***Para eso**, no hubieras venido*). **para qué** o **para que**. loc. conjunt. final. Equivale, en sentido interrogativo, a 'para cuál fin u objeto', caso en que lleva tilde, o 'para el fin u objeto de que', caso en que el término de la preposición es una subordinada sustantiva (*¿**Para qué** sirve esto?*; *Lo apremio **para que** se apure*). Es un anglicismo decir *diez minutos <u>para</u> las cinco*, en vez de *las cinco menos diez*, que es la forma normal en español; pero, en algunos países hispanoamericanos, es un regionalismo muy extendido. A veces, se usa, equivocadamente, **para** en vez de otras preposiciones (ponemos los usos correctos entre paréntesis): *Estaba <u>para</u> decirle no* (*Estaba **por** decirle no*); *Compré un producto <u>para</u> los piojos* (*Compré un producto **contra** los piojos*); *Toma pastillas <u>para</u> la tos* (*Toma pastillas **contra** la tos*); *Se recibió <u>para</u> profesor en Geografía* (*Se recibió **de** profesor en Geografía*); *Demoré una hora <u>para</u> regresar* (*Demoré una hora **en** regresar*). A la inversa, se usan mal otras preposiciones en vez de **para**: *Su aptitud <u>a</u> resolver problemas es grande* (*Su aptitud **para** resolver problemas es grande*); *No es suficiente <u>a</u> convencerlo* (*No es suficiente **para** convencerlo*); *No hay razón <u>por</u> ponerse así* (*No hay razón **para** ponerse así*), etc.

para-. pref. de or. gr. 'Junto a'; 'al margen de'; 'contra' (***para**médico*, ***para**normal*, ***para**doja*).

parabién. sust. m. Equivale a **felicitación** (sust. f.). Ú. m. en pl. (*Está de **parabienes***). Es voz aguda que, en plural, se hace grave: **parabienes**. No debe confundirse con el sintagma **para bien** (preposición más sustantivo): *Lo hizo **para bien** de todos*.

parabólico, ca. adj. 'Perteneciente o relativo a la parábola, o que incluye ficción doctrinal' (*El ejemplo es **parabólico***). 'Dícese de la antena de televisión que permite captar emisoras situadas a gran distancia'. Ú. t. c. sust. f. (*La **parabólica** ha sufrido una avería*). Esta acepción es de ingreso reciente en el ***Diccionario***. 'Perteneciente a la parábola geométrica'; 'de figura de parábola o parecido a ella'.

parabolizar. v. tr. 'Representar, ejemplificar, simbolizar'. Ú. t. c. intr. → **cazar**

parabrisas. sust. m. En singular, no debe escribirse sin **s** final, tendencia que es usual en América (*Una piedra hizo añicos el **parabrisas** del auto*). En plural, no varía: **los parabrisas**. → **guardabrisas**

paracaídas. sust. m. En plural, no varía: **los paracaídas**.

paracaidismo. sust. m. Es voz de reciente ingreso en el ***Diccionario***.

paracaidista. sust. com.: **el paracaidista**, **la paracaidista**.

parachispas. sust. m. En singular, no debe escribirse sin **s** final (*Si no pones el **parachispas** en la boca de la chimenea, se quemará la alfom-*

bra). En plural, no varía: **los parachispas**. Es voz de reciente ingreso en el ***Diccionario***.

parachoques. sust. m. En singular, no debe escribirse sin **s** final (*Me arrancaron el **parachoques** delantero*). En plural, no varía: **los parachoques**. En la Argentina y en otros países americanos, se usa **paragolpes** (sust. m.), sin registro en el ***Diccionario***, pero de correcta formación.

parada. sust. f. Diminutivo: **paradeta**.

paradisíaco, ca o **paradisiaco, ca.** adj. 'Perteneciente o relativo al paraíso'. Las dos acentuaciones son correctas, pero se usa, preferentemente, la primera.

parado, da. p. de **parar**. adj. 'Tímido, flojo' (*¡Qué niño tan **parado**!*); 'desocupado' (*obrero **parado***). Ú. t. c. sust. m. pl. (*Abundan los **parados***). Amér. 'En pie' (*El niño está **parado***). Incorrecto: *El niño está de parado*.

paradójico, ca. adj. No debe usarse, en su reemplazo, el anglicismo o galicismo *paradojal*.

parafernalia. sust. f. colect. 'Conjunto de ritos o de cosas que rodean determinados actos o ceremonias'. Es voz recién incorporada por la Academia.

parafínico, ca. adj. 'Perteneciente o relativo a la parafina'; 'alifático o de cadena abierta'. Es voz de introducción reciente en el ***Diccionario***. En cambio, no ha tenido ingreso **parafinar** (v. tr.), registrado en el ***Diccionario Manual***.

parafraseador, ra. adj. 'Que parafrasea'. Ú. t. c. sust. m. y f.: **el parafraseador, la parafraseadora**.

parafrasear. v. tr. 'Hacer la paráfrasis de un texto'. No debe pronunciarse [parafrasiar, parafrasié]. → **-ear**

paráfrasis. sust. f. 'Explicación o interpretación de un texto'; 'traducción libre en verso'. Es voz esdrújula; no debe pronunciarse [parafrasis] como grave. En plural, no varía: **las paráfrasis**. No se confunda con **perífrasis** (sust. f.). → **perífrasis**

paragoge. sust. f. 'Adición de un sonido al final de un vocablo (*La **e** de "fraque" es una **paragoge***). Es incorrecto pronunciar [parágoge, paragogue], o escribir *paragoje*.

paragolpes. sust. m. → **parachoques**

parágrafo. sust. m. → **párrafo**

paraguas. sust. m. En singular, es incorrecta la forma sin **s** final: *Se protegía con un paragua*. Correcto: *Se protegía con un **paraguas***. En plural, no varía: **los paraguas**. También puede decirse **quitaguas** (sust. m.), pero la Academia prefiere la primera forma. El 'golpe dado con el paraguas' es un **paraguazo** (sust. m.). La 'tienda donde se venden', la **paragüería** (sust. f.); 'la persona que los hace o los vende', el **paragüero** (sust. m.) o la **paragüera** (sust. f.). Nótese que las úes de estas tres últimas voces deben escribirse con diéresis o crema para indicar que no son mudas. Un **paragüero** es, además, 'el mueble o receptáculo para colocar paraguas y bastones'.

paraguay. sust. m. 'Papagayo del Paraguay'. En plural: **paraguáis**. Para distinguir los sexos, debe recurrirse a las perífrasis **paraguay macho, paraguay hembra**.

parahusar. v. tr. 'Taladrar con el parahúso'. Se conjuga, en cuanto al acento, como **aullar**.

paraíso. sust. m. Cuando significa el 'jardín de Adán y Eva', se escribe con mayúscula (*Dios echó a nuestros primeros padres del **Paraíso***); en cambio, cuando equivale a 'cualquier sitio o lugar muy ameno', con minúscula (*Vives en un **paraíso***). Con la denotación de 'conjunto de asientos del piso más alto de algunos teatros', es sustantivo colectivo (*Saqué entradas en el **paraíso***). En la Argentina y en otros países americanos, además de los usos comunes con el español general, equivale a **cinamomo** (sust. m.), 'árbol meliáceo'. No debe pronunciarse [paraiso], con acento en la segunda **a**, un vulgarismo.

paralaje. sust. f. Nótese que este tecnicismo de la astronomía es del género femenino: **la paralaje**. Incorrecto: *el paralaje*. También pueden decirse **paralasis** y **paralaxi** (susts. fs.), pero la Academia prefiere la primera forma.

paralelogramo. sust. m. 'Cuadrilátero cuyos lados opuestos son paralelos entre sí'. Es voz grave. No debe pronunciarse [paralelógramo] como esdrújula.

parálisis. sust. m. 'Privación o disminución del movimiento de una o varias partes del cuerpo'. En plural, no varía: **las parálisis**. Incorrectos: *paralis*, *paralisí*. La segunda forma se oye especialmente en España.

paralítico, ca. adj. Ú. t. c. sust. m. y f.: **el paralítico, la paralítica**.

paralizar. v. tr. Ú. t. c. prnl. → **cazar**

paralogizar. v. tr. 'Intentar persuadir con discursos falaces y razones aparentes'. Ú. t. c. prnl. → **cazar**

paramecio. sust. m. 'Nombre de un género de protozoos ciliados'. Es voz recién ingresada en el ***Diccionario***.

parámetro. sust. m. 'Variable que, en una familia de elementos, sirve para identificar cada uno de ellos mediante su valor numérico'. Esta es la única acepción que registra la Academia. El uso, sin embargo, ha extendido, en plural, su valor semántico y, por ello, la A.A.L. solicitó, sin éxito, a la R.A.E. la inclusión en su ***Diccionario*** de la siguiente acepción: 'pautas constantes que se toman como referencia para caracterizar determinada situación concerniente a la cultura, la economía, la ciencia, etc.'. Acepción que ya Moliner había definido como 'datos que permanecen fijos en el planteamiento de cualquier cuestión y que caracterizan a ésta' (*El premio se otorgó en función de nuevos **parámetros**; Con estos **parámetros** históricos, examinaremos el tema*). Se abusa, sin embargo de esta voz, según se ilustra en los ejemplos siguientes (entre paréntesis, indicamos algunas de las palabras que podrían haberse empleado): *Las intenciones de voto cambian de acuerdo con parámetros* (***circunstancias***) *imposibles de prever; ¿Cuáles son los parámetros* (***motivos***) *de tu decisión?; Éstos son los parámetros* (***puntos de referencia***) *de su pronóstico*.

paramilitar. adj. 'Dícese de ciertas organizaciones civiles con estructura o disciplina de tipo militar'. Se escribe en una sola palabra. Es de reciente registro académico.

parangón. sust. m. 'Comparación'. Rég. prep.: **parangón con** (*No tiene **parangón con** su hermana*). En plural: **parangones** (*No hagas falsos **parangones***).

parangonar. v. tr. 'Comparar'. Tiene el mismo régimen que **parangón** (*No me **parangones con** tu hija*). Incorrecto: *parangonear*, una ultracorrección. → **parangón**

paranoico, ca. adj. Ú. t. c. sust. m. y f.: **el paranoico, la paranoica**.

paranomasia. sust. f. → **paronomasia**

parapetarse. v. prnl. 'Resguardarse con parapetos u otra cosa que supla la falta de éstos' (***Se parapetó** detrás de unas cajas*). Ú. t. c. tr. (***Parapetó** la entrada de la casa con bolsas de arena*). fig. 'Resguardarse de un riesgo por algún medio de defensa' (*Se **parapetó** en su silencio*). Incorrecto: *parapetearse*, un vulgarismo por ultracorrección.

paraplejía o **paraplejia.** sust. f. 'Parálisis de la mitad inferior del cuerpo'. Las dos acentuaciones son correctas. Los hablantes se inclinan por la segunda; la Academia, en cambio, por la primera.

parapléjico, ca. adj. Ú. t. c. sust. m. y f.: **el parapléjico, la parapléjica**.

parapoco. sust. com. fig. y fam. 'Persona poco avisada y corta de genio': **el parapoco, la parapoco**. No debe confundirse con **para poco** (preposición más sustantivo), que se escribe en dos palabras (*Sirve **para poco***).

parapsicología. sust. f. También puede decirse **parasicología** (sust. f.), pero la Academia prefiere la primera forma.

parapsicológico, ca. adj. También puede decirse **parasicológico, ca** (adj.), pero la Academia prefiere la primera forma.

parapsicólogo, ga. adj. Ú. t. c. sust. m. y f.: **el parapsicólogo, la parapsicóloga**. También puede decirse **parasicólogo, ga** (adj. Ú. t. c. sust. m. y f.), pero la Academia prefiere la primera forma.

parar. v. intr. Una de sus acepciones más comunes es la de 'cesar en el movimiento o en la acción' (*El auto **paró***). Ú. t. c. prnl. y c. tr. (*La máquina **se paró**; Juan **paró** la bicicleta*). En Murcia y en América, se emplea –además de otros usos comunes con el español general– con el significado de 'poner de pie' (***Paré** la escoba*). Ú. t. c. prnl. (*Ana **se paró** de repente*). Rég. prep.: **parar** o **pararse a** (***parar a** la puerta; **pararse a** pensar*); **parar** o **pararse ante** (***parar** o **pararse ante** una dificultad*); **parar** o **pararse con** (***Paró con** sus amigos en casa de Juan; **Se paró con** todos los otros autos*); **parar** o **pararse en** (***parar en** la ciudad; **pararse en** plena marcha*). **¡dónde va a parar!** fr. con la que 'se ponderan las excelencias de una cosa en comparación con otra'. **dónde vamos a parar**. fr. fig. con la que se expresa 'asombro o consternación ante nuevas cosas o situaciones'. **no parar**. fr. fig. con que se pondera 'la eficacia, viveza o instancia con que se ejecuta una cosa o se la solicita hasta conseguirla' (*Es de **no parar** en sus exigencias*). **no parar en**... fr. fig. y fam. Seguida de un nombre de lugar, 'no aparecer mucho por él' (*No **para en** Madrid*). **mal parar**. fr. Equivale a **malparar** (v. tr.), 'poner en mal estado'. **quedar** o **salir bien** o **mal parado**. loc. 'Tener buena o mala fortuna en una cosa'. **sin parar**. loc. adv. 'Sin dilación, sin sosiego'. **y pare usted de contar**. loc. con que se pone fin a una cuenta, narración o enumeración. Su 'acción y efecto' es **paro** (sust. m.).

pararrayos. sust. m. También puede decirse **pararrayo**, pero la Academia y los hablantes se inclinan por la forma con **s** final (*En el barrio, no había un solo **pararrayos***). En plural, no varía: **los pararrayos**.

parasicología. sust. f. → **parapsicología**

parasicológico, ca. adj. → **parapsicológico**

parasicólogo, ga. adj. Ú. t. c. sust. m. y f. → **parapsicólogo**

parasíntesis. sust. f. 'Formación de vocablos en que intervienen la composición y la derivación' (*"Encañonar" es un vocablo formado por **parasíntesis***). En plural, no varía: **las parasíntesis**. Es voz esdrújula. No debe pronunciarse [parasintesis] como grave.

parasitario, ria. adj. 'Perteneciente o relativo a los parásitos'. También puede decirse **parasítico, ca** (adj.), pero la Academia prefiere la primera forma.

parasiticida. adj. 'Dícese de la sustancia que se emplea para destruir los parásitos'. Como aclara el ***Diccionario Manual***, ú. t. c. sust. m. (*Compró un **parasiticida** en la veterinaria*).

parásito, ta o **parasito, ta.** adj. Ú. t. c. sust. m. y f.: **el parásito** o **el parasito**, **la parásita** o **la parasita**. Ambas acentuaciones son correctas, pero la Academia y los hablantes prefieren la primera. Con la acepción de 'ruidos que perturban las transmisiones radioeléctricas', es sustantivo masculino plural y, con la de 'piojo' —el **parásito** por antonomasia—, sustantivo masculino. Esta última denotación es de reciente ingreso en el ***Diccionario*** y se usa más en plural (*Has traído **parásitos** de la escuela*). En sentido figurado, significa 'persona que vive a costa ajena' (*Es un **parásito** de su familia*).

parasol. sust. m. → **quitasol**

parataxis. sust. f. 'Coordinación'. En plural, no varía: **las parataxis**. Nótese que, por ser palabra grave terminada en **s**, no lleva tilde sobre la última **a**. Su opuesto, la 'subordinación', recibe el nombre de **hipotaxis** (sust. f.). → **hipotaxis**

parcelación. sust. f. 'Acción y efecto de parcelar o dividir en parcelas'. No debe decirse *parcelamiento*, sin sanción académica. Sí, se registra **parcelable** (adj.) para indicar 'que se puede dividir' (*Esas tierras son **parcelables***).

parchar. v. tr. Equivale a **emparchar** (v. tr.), mucho más frecuente, y a **parchear** (v. tr.). Los tres significan 'poner parches'. El tercero no debe pronunciarse [parchiar, parchié]. → **-ear**

parcial. adj. 'Relativo a una parte del todo' (*enfoque **parcial** de un tema*); 'incompleto' (*eclipse **parcial***); 'que procede con parcialidad' (*historiador **parcial***); 'que sigue el partido de otro o está siempre de su parte'. Ú. t. c. sust. com. (*Es un **parcial** del diputado*). sust. m. 'Examen sobre una parte de una asignatura' (*Rindió **parcial** de Economía*). Esta última acepción académica es reciente.

parco, ca. adj. 'Sobrio, templado, moderado'. Rég. prep.: **parco en** (***parco en** beber*). El superlativo culto es **parcísimo, ma** (adj. p. us.). Comúnmente, se usa la forma perifrástica: **muy parco, muy parca**. Incorrecto: *parquísimo*.

pardear. v. intr. 'Sobresalir o distinguirse el color pardo'; 'ir tomando una cosa el color pardo' (*Con la llegada del invierno, **pardean** las montañas*). No debe pronunciarse [pardiar]. → **-ear**

¡pardiez! interj. fam. Equivale a **¡por Dios!** o a **¡caramba!**

pardillo. sust. m. 'Ave'. Su hembra es la **pardilla** (sust. f.). Como acota la Academia, "es uno de los pájaros más lindos de España". También es adjetivo: **pardillo, lla**, 'aldeano'; 'incauto'. Ú. t. c. sust. m. y f.

pardo, da. adj. 'Del color de la tierra'; 'oscuro'; 'aplícase a la voz de timbre poco claro y poco vibrante'. Amér. 'Decíase del mulato'. Usáb. m. c. sust. m. y f. (*Con motivo de las invasiones inglesas, se formó en Buenos Aires un regimiento de **pardos** y morenos*). → **moreno**

pardusco, ca. adj. 'De color que tira a pardo'. Incorrecto: parduzco, por analogía con **negruzco** o con **blancuzco** (adjs.), que se escriben con **z**, a diferencia de la voz que anotamos y de **verdusco** (adj.), que llevan **s**. También puede decirse **pardisco, ca** (adj.), pero la Academia se inclina por la primera forma. → **verdusco**

pareado, da. p. de **parear**. adj. (*versos **pareados***). sust. m. 'Estrofa de dos versos que riman entre sí' (*Es un **pareado***).

parear. v. tr. 'Juntar, igualar'; 'formar pares de las cosas, poniéndolas de dos en dos' (***Parear** las medias*). No debe pronunciarse [pariar, parié]. También puede decirse **aparear** (v. tr. Ú. t. c. prnl.). Su postverbal es **pareo** (sust. m.). → **-ear**

parecer. v. irreg. intr. 'Aparecer' (***Pareció** en la puerta*). 'Creer, opinar' (***Me parece** que es blanco*). 'Hallarse o encontrarse lo que se tenía perdido' (***Pareció** entre tus papeles*); 'tener determinada apariencia o aspecto' (***Parece** un hongo*). v. prnl. 'Asemejarse' (***Se parece** a su padre*). Rég. prep.: **parecerse a** (***parecerse a** su madre*); **parecer ante** (***parecer ante** el juez*); **parecerse de** (***parecerse de** carácter*); **parecer** o **parecerse en** (***parecer en** la confitería*; ***parecerse en** todo*); **parecer por** (***parecer por** todos lados*). Las construcciones subordinadas sustantivas que ofician de sujeto van introducidas por la conjunción **que**, y el verbo, generalmente, se expresa en indicativo (***Parece que dice** la verdad*). Cuando **parecer** lleva negación, el verbo de la subordinada puede ir en subjuntivo o en indicativo (***No parece que sea** verdad*; ***No parece que es** verdad*). La irregularidad de este verbo consiste en que agrega una **z** cuando a la **c** de la raíz le siguen las vocales **a** y **o**, en que esa **c** suena como velar [k]: presente de indicativo (*parezco*) y presente de subjuntivo (*parezca, parezcas, parezca, parezcamos, parezcáis, parezcan*). Se extiende esta irregularidad a todos los verbos terminados en **-ecer** (exceptuados los regulares **mecer** y **remecer**), que constituyen el más extenso grupo de verbos irregulares españoles, y a varios otros, como **nacer**, **pacer**, **conocer**, **lucir**, etc.

parecido, da. p. de **parecer**. adj. 'Dícese del que se parece a otro' (*caras **parecidas***). Con los adverbios **bien** o **mal**, 'que tiene buena o mala disposición de facciones o buen o mal aspecto general' (*Juan es **bien parecido***). Con el verbo **ser** y los adverbios **bien** o **mal**, 'bien o mal visto' (*No **es bien parecido** entre sus compañeros*). sust. m. Equivale a **semejanza** (sust. f.): *Su **parecido** con Ana es notable.*

pared. sust. f. Aumentativo: **paredón**. En sentido figurado, 'conjunto de personas o de cosas que se aprietan o unen estrechamente', es sustantivo colectivo (*Los jugadores formaron una **pared** para defender el arco*). **de pared**. loc. adj. 'Dícese de los objetos destinados a estar adosados a una pared o pendientes de ella' (*reloj **de pared***). **pared por medio**. loc. adv. que denota 'contigüidad' (*Vivimos **pared por medio***). También puede decirse **pared en medio** (loc. adv.). **subirse por las paredes**. fr. fig. 'Estar muy irritado'.

paredón. sust. m. aum. de **pared**. **al paredón**. loc. adv. con que se expresa el 'deseo de que alguien sea ejecutado' (*Todos los violadores deberían ir **al paredón***).

pareja. sust. f. 'Conjunto de dos personas, animales o cosas que tienen algún elemento o vínculo común' (*Forman una **pareja***); 'cada una de estas personas, animales o cosas considerada en relación con la otra' (*Esta mesa es la **pareja** de la otra*); 'compañero o compañera de baile' (*Juan fue mi **pareja** en el vals*). En la primera acepción, es sustantivo colectivo y, particularmente, denota el 'conjunto de un macho y una hembra de la especie animal' (***pareja** de canarios*). De acuerdo con la Academia, carece de la denotación, hoy tan frecuente, de 'mujer que vive con un hombre, o viceversa, sin vínculo matrimonial' (*Viven en **pareja**; Te presento a mi **pareja***). En consecuencia, si el vínculo legal o sacramental existe, se sugiere evitar esta palabra y emplear la que corresponde (**marido**, **esposo**, **mujer**, **esposa**, etc.). En algunos casos, debe usarse, en vez de **pareja**, la palabra **par** (sust. m.), porque no son siempre intercambiables: ***par** de gemelos*, ***par** de medias*, etc. Pero, sí, puede decirse que *esta media no forma **pareja** con la otra*. Nótese, asimismo, por lo que hemos dicho, que no es lo mismo *una **pareja** de canarios* que *un **par** de canarios*; sí, lo son, en cambio, *una **pareja** de candelabros* o *un **par** de* *ellos*. **correr parejas**. fr. fig. 'Ir iguales' (*En los estudios, las primas **corren parejas***). **en pareja**. fr. 'De a dos' (*Bailan **en pareja***). Muchas veces, particularmente en el mundo artístico, se usa, sin necesidad, el anglicismo *partner* o el galicismo *partenaire* para indicar que un bailarín actúa como **pareja** de una bailarina o viceversa. → **parejo, par**

parejero. sust. m. Amér. Merid. 'Caballo de carrera y, en general, todo caballo excelente y veloz'. Ú. t. c. sust. m. (*Venía montado en su **parejero***).

parejura. sust. f. 'Igualdad o semejanza' (*Su **parejura** no permite distinguir a uno del otro*). Incorrecto: parejamiento.

paremiólogo. sust. m. 'El que profesa la paremiología o tiene especiales conocimientos acerca de los refranes'. Su femenino es **paremióloga**.

parentela. sust. f. colect. 'Conjunto de los parientes de alguien' (*Invitó a toda su **parentela***).

paréntesis. sust. m. 'Oración o frase incidental sin enlace con los demás miembros del enunciado, cuyo sentido no interrumpe ni altera'; 'signo ortográfico ( ) en que suele encerrarse esa oración o frase'; 'suspensión, interrupción' (*Hizo, en sus actividades, un **paréntesis** a mediodía*); 'signo algebraico que, en su forma, es igual al ortográfico'. Esta última acepción es de reciente ingreso en el ***Diccionario***. En plural, no varía: **los paréntesis**. **abrir el paréntesis**. fr. 'Poner la primera mitad del signo'. **cerrar el paréntesis**. fr. 'Poner la segunda mitad del signo'.

USO DE LOS PARÉNTESIS, SIGNOS AUXILIARES DE PUNTUACIÓN. Se emplean para encerrar: • explicaciones o expresiones aclaratorias: *Pilar (**así se llamaba la hija de tu vecina**) protagonizó el suceso que voy a referirte*; • datos toponímicos: *Vivió en Buenos Aires (**República Argentina**) desde su infancia*; • datos numéricos: *Sor Juana Inés de la Cruz (**1648-1695**) es figura cumbre del barroco hispanoamericano*; • desarrollo de siglas, cuando siguen a su enunciado o, a la inversa, la sigla correspondiente: *Asistió a la primera reunión de la OEA (**Organización de los Estados Americanos**) en representación de su país* o *Asistió a la primera reunión de la Organización de los Estados Americanos (**OEA**), en representación de su país*; • palabras que traducen vocablos extranjeros: *Compró un "paperback" (**libro en rústica**) y dos encuadernados*; • remisiones: *Está dicho allí (**pág. 10**) con toda claridad*; • nombres de autores después de una cita textual: *El dilema "ser o no ser" (**Shakespeare**) nos perturba a todos los hombres*; • acotaciones en obras teatrales: *PEDRO (**Mirando por la ventana.**). —¡Llueve!*; • citas bibliográficas en el cuerpo de un texto: *"A este tipo de discordancias deliberadas con fines estilísticos pertenece también el plural de modestia" (**Ezbozo**)*; • un signo de puntuación: *La coma (**,**) es un signo gráfico muy importante y de no fácil dominio en español*; • explicaciones de abreviaturas: *Escriban Dr. (**doctor**), luego el nombre y el apellido que les dictaré*. También se usa para abreviar la escritura, encerrando en ellos dos o más posibilidades de la realización de un vocablo: *Señor (**ra**):...; Rector (**ra**):...* En la enumeración de párrafos y de apartados, se usa sólo el paréntesis de cierre: **a**), **b**), etc.; **1**), **2**), etc. Es un anglicismo ortográfico encerrarlos entre los dos. Las negritas que hemos utilizado son para destacar, como es norma en esta obra, los usos que se ejemplifican, no, una particularidad de los paréntesis y de sus contenidos. Si un enunciado termina con un paréntesis, el punto que pertenece al período u oración en el que va inserto se coloca fuera de él: *Nació en Córdoba (Argentina)*. Del mismo modo, se procede con la coma, el punto y coma y los dos puntos, que se posponen siempre, dentro de la oración, al paréntesis de cierre allí intercalado: *Vive en Córdoba (España), desde hace un año*. Sólo el punto o los puntos suspensivos pueden preceder a la apertura de este signo. Lo escrito dentro del paréntesis lleva, conforme a las normas, los signos de puntuación que en cada caso corresponden. Si está precedido por punto, lo escrito dentro del paréntesis debe comenzar con mayúscula: *No habló.* **(***Tal vez, podría hacerlo después.***)** → **raya**

pareo. sust. m. 'Pañuelo grande que, anudado a la cintura o bajo los brazos, usan las mujeres, generalmente sobre el bañador, para cubrir su cuerpo'. Es voz de reciente incorporación académica.

paria. sust. com. 'Persona de la casta ínfima de los indios que siguen la religión de Brahma'; 'persona privada de los derechos de los demás, e incluso de su trato, por ser considerada inferior': **el paria, la paria** (*Vive como un* *paria*). En plural, no debe confundirse con **parias** (sust. f. pl.), 'tributo' (*El Cid cobró las **parias** debidas a su rey*).

parición. sust. f. 'Tiempo de parir'. Con el significado de 'parto o acción de parir', ú. m. en América. Esta última acepción es reciente en el ***Diccionario***.

pariente. adj. 'Familiar por consanguinidad o afinidad'. La Academia registra el femenino **parienta** (adj.). Los dos se usan más como sustantivos masculinos o femeninos (*Un **pariente** mío te conoce*; *Tengo una **parienta** que vive allí*). Aunque la Academia admite el uso del sustantivo **pariente** para ambos géneros, por ser común de dos, se aconseja usar la forma femenina, recién registrada en el ***Diccionario***, cuando lo exige el sexo correspondiente: *Ana, una **parienta**, te vio ayer* es preferible a *Ana, una **pariente**, te vio ayer*.

parihuela. sust. f. En sus dos significados, tanto de 'camilla o cama portátil' como de 'artefacto para llevar una carga entre dos', puede usarse, en singular, la forma plural (*Improvisamos unas **parihuelas** para bajar de la montaña al accidentado*; *Llevaremos, entre los dos, las bolsas sobre las **parihuelas***). Este empleo del plural por el singular es normal y claro ejemplo de aquellos objetos compuestos de dos partes simétricas (en este caso, sus dos varas gruesas) que, si se quiere, pueden nombrarse, en singular, con la forma plural, según sucede, entre otros, con ***tijeras*** por *tijera*; ***pantalones*** por *pantalón*; ***pinzas*** por *pinza*. → **plural**

parisién. adj. 'Propio de París' (*Es una mujer muy **parisién***). Ú. sólo en sing. y t. c. sust. com.: **el parisién**, **la parisién**. Puede decirse **parisiense** (adj.), que también se usa como sustantivo común de dos: **el parisiense**, **la parisiense**. En plural: **parisienses**. Se registra, asimismo, **parisino**, **na** (adj. Ú. t. c. sust. m. y f.). De las tres formas, la Academia se inclina por la segunda.

parisílabo, ba. adj. 'Dicho de vocablos o versos, que tiene igual número de sílabas que otro'. También puede decirse **parisilábico, ca** (adj.). La Academia prefiere la primera forma.

♦ **parking.** Anglicismo. En español, corresponde decir **aparcamiento, estacionamiento**.

parlador, ra. adj. 'Que habla mucho'. Ú. t. c. sust. m. y f.: **el parlador**, **la parladora**.

parlaembalde. sust. com.: **el parlaembalde**, **la parlaembalde**. Nótese que se escribe en una sola palabra, por ser una voz compuesta.

parlamentar. v. intr. 'Hablar, conversar'; 'entablar conversaciones con la parte contraria para intentar un acuerdo'. Rég. prep.: **parlamentar con** (***parlamentar con** el enemigo*). Su 'acción' es **parlamento** (sust. m.). La forma **parlamentear** (v. intr.) es anticuada y, hoy, un vulgarismo: *Ayer parlamentearon los jefes*. Correcto: *Ayer **parlamentaron** los jefes*.

parlamentario. sust. m. 'El que va a parlamentar'; 'individuo de un parlamento'. Su femenino es **parlamentaria**. Estas voces se usan, también, como adjetivos (*discurso **parlamentario***; *comisión **parlamentaria***).

parlamento. sust. m. 'Cámara o asamblea legislativa' (*El **parlamento** provincial ha votado ayer esa ley*). Cuando se designa uno en particular o forma parte del nombre de la institución, se escribe con mayúscula (*El **Parlamento** se reunirá esta semana*; *Lo resolvió el **Parlamento** Europeo*); también, cuando se nombra el edificio donde funcionan las cámaras legislativas (*Entró en el **Parlamento***). Entre otras acepciones, tiene la de 'relación larga en prosa o en verso de una obra dramática' (*Esa tragedia resulta pesada por sus muchos **parlamentos***). En este sentido, es redundante decir: *largos parlamentos*, pues todo parlamento teatral es extenso.

parlanchín, na. adj. fam. 'Hablador' (*hombre **parlanchín***). Ú. t. c. sust. m. y f.: **el parlanchín**, **la parlanchina**. Incorrecto: *parlachín*. Es palabra aguda que, en plural, se hace grave: **parlanchines**.

parlante. p. a. de **parlar**. 'Que parla' (*máquina **parlante***). La Academia no registra su uso como sustantivo masculino, común en la Argentina, para significar lo mismo que **amplificador** (sust. m.), voz que también se usa en nuestro país (*Con los **parlantes** nuevos, se oye mejor en toda la sala*). → **hablante**

parlar. v. intr. 'Hablar con desembarazo'. Ú. t. c. tr. 'Charlar'; 'imitar las aves el hablar humano'. v. tr. 'Revelar lo que se debe callar'. Rég. prep.: **parlar de** (***parlar de** más*; ***parlar de** todo*).

parlero, ra. adj. 'Que habla mucho'; 'que lleva chismes o cuenta lo que no debe'; 'que descubre afectos o revela secretos' (*ojos **parleros***); 'que suena armoniosamente' (*arroyo **parlero***). Para la primera acepción, pueden decirse **parlón, na** (adj. Ú. t. c. sust. m. y f.) y **parolero, ra** (adj. fam.). La Academia prefiere la primera forma.

parlotear. v. intr. fam. 'Hablar mucho y sin sustancia, por diversión o pasatiempo'. No debe pronunciarse [parlotiar, parlotié]. → **-ear**. Su 'acción y efecto' es **parloteo** (sust. m.). La 'conversación resultante del parloteo' tiene el nombre familiar de **parleta** (sust. f.), que se usa, sobre todo, en la frase **estar de parleta**.

parnasiano, na. adj. Apl. a pers., ú. t. c. sust. m. y f.: **el parnasiano, la parnasiana**.

parnaso. sust. m. fig. colect. 'Conjunto de todos los poetas o de los de un pueblo, ciudad, época, etc.' (*En el **parnaso** hispanoamericano, hay grandes poetisas*); 'colección de poesías de varios autores'. Se escribe con minúscula, salvo cuando se nombra el célebre monte griego, que, en la antigüedad, estuvo consagrado a Apolo y a las musas (*Ascendimos al monte **Parnaso**; Las musas del **Parnaso** no fueron generosas con el poeta*).

-paro, ra. elem. compos. de or. lat. 'Que se reproduce'; 'que pare' (*ovíparo, multípara*). Es forma sufija recién ingresada en el ***Diccionario***.

parodiador, ra. adj. 'Que parodia'. Ú. t. c. sust. m. y f.: **el parodiador, la parodiadora**.

parodiar. v. tr. 'Hacer una parodia'; 'imitar'. Se conjuga, en cuanto al acento, como **cambiar**.

parodista. sust. com. 'Autor o autora de parodias': **el parodista, la parodista**.

parola. sust. f. fam. 'Verbosidad' (*Tiene mucha **parola***); 'conversación larga e insustancial' (*Estuvieron de **parola** toda la tarde*). Puede decirse, también, **parolina** (sust. f. fam.). La Academia prefiere la primera forma.

paronomasia. sust. f. 'Semejanza entre dos o más vocablos que no se diferencian sino por la vocal acentuada en cada uno de ellos' (*Entre "azar" y "azor", existe una relación de **paronomasia***); 'semejanza de otra clase que tienen entre sí vocablos diferentes' (*Entre "parece" y "perece", existe **paronomasia***); 'figura retórica que consiste en el uso de parónimos' (*Quevedo usó hábilmente de la **paronomasia***). También puede decirse **paranomasia** (sust. f.), pero la Academia prefiere la primera forma.

parotiditis. sust. f. 'Proceso inflamatorio de la glándula parótida'. En plural, no varía: **las parotiditis**.

paroxismal. adj. 'Perteneciente o relativo al paroxismo'. Puede decirse **paroxístico, ca** (adj.), pero la Academia prefiere la primera forma. No deben pronunciarse [parosismal] ni [parosístico].

paroxismo. sust. m. 'Exacerbación o acceso violento de una enfermedad'; 'ataque casi mortal en que el paciente pierde el sentido'. fig. 'Exaltación extrema de los afectos' (*En un **paroxismo** de terror, huyó*). No debe pronunciarse [parosismo].

paroxítono, na. adj. Ú. t. c. sust. m. y f. → **grave**

parpadear. v. intr. 'Abrir y cerrar repetidamente los párpados'; 'oscilar la luminosidad de un cuerpo o de una imagen'. No debe pronunciarse [parpadiar, parpadié]. → **-ear**

párpado. sust. m. 'Cada una de las membranas movibles que resguardan el ojo en el hombre, los mamíferos, las aves y muchos reptiles'. Es una redundancia decir *los párpados <u>de los ojos</u>*. Es suficiente: ***los párpados***.

parque. sust. m. Entre otras acepciones, 'terreno arbolado'. Con la denotación de 'conjunto de instrumentos, aparatos o materiales destinados a un servicio público', es sustantivo colectivo (***parque** sanitario*). **parque zoológico**. La Academia admite, también, **jardín zoológico**. → **jardín**

parqué. sust. m. Dada la españolización de la voz francesa (*parquet*), no corresponde escribirla con **t** final: *<u>parquet</u>*. En plural: **parqués**. Incorrecto: *<u>parquets</u>*.

parquear. v. tr. Amér. Equivale a **aparcar** (v. tr.) o a **estacionar** (v. tr.). Su postverbal, de reciente incorporación académica, es **parqueo** (sust. m. Amér.). Ni el verbo **parquear** ni su postverbal se usan en la Argentina. → **-ear**

parquedad. sust. f. 'Moderación en el uso de la cosas'; 'sobriedad'. Puede decirse **parcidad** (sust. f. p. us.).

parquímetro. sust. m. 'Máquina destinada a medir, mediante pago, el tiempo del estacionamiento'. Es de admisión reciente en el *Diccionario*.

parra. sust. f. 'Vid'. Un **parral** (sust. m. colect.) denota un 'conjunto de parras sostenidas con armazón de madera u otro artificio' o un 'sitio donde hay parras'. También puede decirse **emparrado**, para la primera acepción de **parral** (sust. m.). Para esta denotación, en Chile, se usa **parrón** (sust. m. colect.).

parrafear. v. intr. 'Conversar sin gran necesidad y con carácter confidencial'; 'hablar excesivamente'. No debe pronunciarse [parrafiar, parrafié]. Su 'acción y efecto' es **parrafeo** (sust. m.). Una **parrafada** (sust. f.) es una 'conversación confidencial' o 'larga charla' (fam.). → **-ear**

párrafo. sust. m. 'Cada una de las divisiones de un escrito señalada, al comienzo, con letra mayúscula, y, al final, con un punto y aparte'; 'signo ortográfico (§) con que, a veces, se indican los párrafos de una obra'. Generalmente, tales divisiones se usan cuando se pasa a otro asunto o a considerarlo desde otro punto de vista. Puede decirse, también, **parágrafo** (sust. m.), pero la Academia prefiere la primera forma.

parrandear. v. intr. 'Ir de parranda o de juerga'. No debe pronunciarse [parrandiar, parrandié]. Su 'acción y efecto' es **parrandeo** (sust. m.). → **-ear**

parrandero, ra. adj. 'Que parrandea'. Ú. t. c. sust. m. y f.: **el parrandero, la parrandera**. Un **parrandista** (sust. m.) es el 'individuo que parrandea'. Carece de femenino. Nótese que la Academia no cataloga esta última palabra como sustantivo común de dos.

parricida. sust. com. 'Persona que mata a su ascendiente o descendiente, directos o colaterales, o a su cónyuge': **el parricida, la parricida** (*Condenaron a la **parricida***). Ú. t. c. adj. (*joven **parricida***).

parrilla. sust. f. Además de otras acepciones comunes con el español general, en algunos países americanos significa 'baca o portaequipaje del automóvil'. No debe usarse el anglicismo *grill* en reemplazo de sus denotaciones de 'rejilla para asar' o de 'restaurante'. → **portaequipaje**

parroquiano, na. adj. Ú. t. c. sust. m. y f.: **el parroquiano, la parroquiana**.

pársec. sust. m. 'Unidad de longitud que equivale a 3,26 años luz'. Este tecnicismo de la astronomía es de reciente incorporación en el *Diccionario*. No debe pronunciarse [parsec] como aguda. En plural: **pársecs**.

parte. sust. f. Diminutivo: **partija**. Se usa en numerosas construcciones, entre ellas: **dar parte** (fr.), 'notificar'; **de parte a parte** (loc. adv.), 'de uno a otro extremo o de una cara a la opuesta'; **de parte de** (loc. adv.), 'a favor de' (*Se puso **de parte de** él*), 'en nombre de' (*Lo hizo **de parte de** Juan*); **en parte** (loc. adv.), 'no enteramente' (*Lo comprendió **en parte***); **por mi parte** (loc. adv.), 'por lo que a mí toca'; úsase con los demás pronombres posesivos o con sustantivos (***por nuestra parte***; ***por parte de** su hija*), etc.

♦ **partenaire** o **partner.** Galicismo y anglicismo, respectivamente. → **pareja**

partenogénesis. sust. f. 'Modo de reproducción de algunos animales y plantas sin concurso directo del sexo masculino'. Es voz esdrújula. No debe pronunciarse [partenogenesis] como grave. En plural, no varía: **las partenogénesis**.

partero. sust. m. 'Persona que, con títulos legales, atiende a una parturienta'. La forma femenina, **partera**, denota a la 'mujer que, sin tener estudios o titulación, ayuda o asiste a la parturienta'. → **comadrona, obstetra**

parterre. sust. m. 'Jardín o parte de él con césped, flores y anchos paseos'. Esta voz de origen francés, españolizada, no debe pronunciarse [parter].

partición. sust. f. 'División'. Rég. prep.: **partición de** (***partición de** bienes*); **partición** de algo **entre** (***partición** de la herencia **entre** los beneficiarios*). También puede decirse **partimiento** (sust. m.), pero la Academia prefiere la primera forma

participante. p. a. de **participar**. 'Que participa'. Ú. t. c. sust. com.: **el participante, la participante**. Incorrecto: <u>*la participanta*</u>.

participar. v. intr. 'Tomar uno parte en algo'; 'recibir parte de algo'. Con la preposición **de**, 'compartir, tener las mismas ideas que otra persona' (**Participo de** *lo que dices*). Rég. prep.: **participar con** (***participar con*** *otros*); **participar de** (***participar de*** *las mismas ideas*); **participar en** (***participar en*** *todo*). Incorrecto: *participar al 10% de los gastos*. Correcto: ***participar en el 10%*** *de los gastos*. v. tr. 'Comunicar' (***Participó*** *su casamiento a través del diario*). Incorrecto: *Participó de su casamiento a través del diario*. Nótese que, con esta denotación, es verbo transitivo. Su 'acción y efecto' es **participación** (sust. f.).

participativo, va. adj. 'Que participa, especialmente en actividades colectivas' (*Mis alumnos son muy* ***participativos***). Esta voz carece de registro en el ***Diccionario***, pero es de correcta formación. Puede usarse, en su reemplazo, el verbo **participar** (*Mis alumnos* ***participan*** *mucho*) o su participio activo, **participante** (*Mis alumnos son muy* ***participantes***). → **-ivo**

partícipe. adj. 'Que participa'. Ú. t. c. sust. com.: **el partícipe, la partícipe**.

participio. sust. m. Forma verbal que participa ya de la índole del verbo, ya de la del adjetivo. Junto con el infinitivo y el gerundio, es una de las tres **formas no personales del verbo**, que, por otro nombre, reciben el de **derivados verbales**. Los verbos de la primera conjugación forman regularmente el participio con el sufijo **-ado** (*amado*) y los de la segunda y la tercera, con **-ido** (*tejido, partido*). Algunos verbos tienen participios irregulares (***roto, visto, dicho***) y, a veces, uno regular y otro irregular (***prendido, preso***; ***querido, quisto***). El masculino singular se usa en las formas compuestas del verbo (*he* ***sacado***; *habremos* ***sacado***; *haya* ***sacado***; *habiendo* ***sacado***, etc.). A veces, lleva pronombres personales enclíticos (***leídole, escrítola***, etc.); pero, modernamente, este uso es poco frecuente y, según Seco, "inelegante". Solamente —agrega el citado lingüista— "en un caso está hoy permitido: cuando el participio es segundo participio, formando tiempo compuesto con un verbo auxiliar que se ha enunciado sin enclítico en la oración anterior". Y pone el siguiente ejemplo de Galdós: *"cual si hubiera dado a la Naturaleza una mano de alegría, o* ***pintádola*** *de nuevo"*. El subrayado nos pertenece. Como el adjetivo, posee variación de género y de número (***vivido, vivida, vividos, vividas***), puede sustantivarse por medio del artículo (***el*** *mencionado*, ***la*** *mencionada*, ***lo*** *mencionado*) y admite gradación (*más entendido, menos entendido, muy entendido, entendidísimo*, etc.). Funciona en la oración como modificador de sustantivos (*trabajos* ***terminados***; *nueces* ***partidas***), como predicativo subjetivo en construcciones del tipo *María es* ***honrada*** o *Juan está* ***cansado***, y como modificador del objeto directo a través del verbo (predicativo objetivo), en casos tales como: *Vi* ***cansado*** *a Juan*; *Encontré* ***abierta*** *la puerta*. Con el verbo auxiliar **ser**, forma la **voz pasiva**, en que tiene variaciones de género y de número (*María es* ***amada***; *Los niños fueron brutalmente* ***castigados***). Por su carácter verbal, puede construirse con sujeto y con los modificadores propios del verbo (***roto*** *el libro por Juan*; ***leído*** *el cuento a María*; *el florero* ***quebrado*** *en mil pedazos*). Aunque el participio denota, generalmente, una referencia **pasiva**, a veces se emplea con sentido **activo**: *hombre* ***leído*** ('que lee') frente a *libro* ***leído*** ('que ha sido leído'). Admite los modificadores del adjetivo (***cansado*** *de llorar*; ***pintado*** *al óleo*; *poco* ***estimado***; *muy* ***entendido***). El participio aparece, también, en las llamadas **construcciones absolutas**, en que concierta con el sustantivo de esa construcción y modifica toda la oración (***Terminada la cena***, *se levantó*; *El profesor*, ***corregido el examen***, *lo aprobó*; *El secretario*, ***vistos los expedientes***, *firmó los despachos*). La construcción absoluta formada por **participio + que + verbo en forma personal** es normal (***Leído el libro que le habían prestado***, *lo devolvió*).

Los llamados **participios de presente** o **participios activos** son adjetivos que proceden de verbos, pero no son parte del paradigma verbal ni todos los verbos dan origen a estos derivados. Se forman con la raíz verbal más el sufijo **-ante**, si se trata de verbos de la primera conjugación (*am**ante***), y con los sufijos **-ente** o **-iente**, cuando se trata de verbos de la segunda y la tercera (*equival**ente***, *comparec**iente***, *conven**iente***). Como todo adjetivo, pueden sustantivarse, y algunos se han lexicalizado en sus formas sustantivas (*presid**ente***, *asist**ente***, *pac**iente***, *repit**iente***) y hasta desarrollado, a veces, una forma femenina (*presid**enta***). El sufijo **-nte** interviene, por otra parte, en la formación de adjetivos no verbales (*gala**nte***, *elega**nte***, *sapi**ente***). 'Lo relativo al participio' se dice **participial** (adj.).

particular. adj. Entre otras acepciones, 'propio o privativo de una cosa' (*Tiene un rasgo* ***particular***); 'especial, extraordinario' (*Observa-*

*mos un fenómeno **particular***). Cuando 'se dice del que no tiene título o empleo que lo distinga de los demás', ú. t. c. sust. m. (*Es un simple **particular***). sust. m. 'Punto o materia de que se trata' (*Hablaremos sobre este **particular***). Es voz aguda que, en plural, se hace grave: **particulares**. **en particular**. loc. adv. 'Especialmente'. **sin otro particular**. loc. adv. 'Sin más que agregar'.

particularista. adj. 'Dícese del partidario del particularismo, preferencia excesiva que se da al interés particular sobre el general'. Ú. t. c. sust. com.: **el particularista, la particularista**. 'Referente a esta tendencia' (*Los intereses **particularistas** se oponen, generalmente, a los principios de solidaridad*). Es voz recién ingresada en el ***Diccionario***.

particularizar. v. tr. 'Expresar una cosa en todas sus circunstancias y particularidades'; 'hacer distinción especial de una persona en el afecto, atención o correspondencia'. Con el significado de 'distinguirse, singularizarse una cosa', es verbo pronominal. Rég. prep.: **particularizarse con** (***particularizarse con** alguno*); **particularizarse en** (***particularizarse en** todo*). Su 'acción y efecto' es **particularización** (sust. f.). → **cazar**

partida. sust. f. Entre otras denotaciones, 'acción de partir o salir de un punto' (***partida** de Jujuy*; *puerta de **partida***). Con las de 'grupo de paisanos armados', de 'conjunto de gente armada', de 'conjunto de personas de ciertos trabajos u oficios' y de 'conjunto de compañeros que juegan contra otros tantos', es sustantivo colectivo. También tiene valor colectivo con la de 'cantidad o porción de un género de comercio: como trigo, aceite, madera, botones' (*Esta **partida** de azulejos carece de brillo*).

partidario, ria. adj. 'Que sigue un partido o bando'. Ú. t. c. sust. m. y f.: **el partidario, la partidaria**. 'Adicto a una persona o idea'. Ú. t. c. sust. m. y f. Rég. prep.: **partidario de** (*Es **partidario de** esa tendencia*). También puede decirse **partidista** (sust. com.).

partido, da. p. de **partir**. adj. 'Franco, liberal'; 'dícese del escudo, piedra o animal heráldico, divididos de arriba abajo en dos partes iguales'. sust. m. 'Provecho' (*sacar **partido***); 'medio apto para obtener algo' (*tomar otro **partido***); 'distrito de una jurisdicción o administración' (***partido** de Chascomús*). Con la acepción de 'conjunto de personas que defienden una misma opinión o causa', es sustantivo colectivo (*El **partido** convocó a elecciones internas*).

partidor. sust. m. Entre otras acepciones, 'el que reparte o divide una cosa'. La Academia no registra forma para el femenino.

partiquino. sust. m. 'Cantante que ejecuta en las óperas una parte muy breve o poco importante'. Su femenino es **partiquina**.

partir. v. tr. 'Dividir'; 'rajar'; 'romper'; 'distribuir', entre otras denotaciones. v. intr. 'Tomar un hecho, una fecha u otro antecedente como base para un razonamiento o cómputo' (***Partiremos** de este supuesto*); 'empezar a marcharse'. Ú. t. c. prnl. (***Partiremos** o **nos partiremos** enseguida de aquí*). v. prnl. 'Dividirse'. Equivale, en lenguaje familiar, a **desternillarse de risa** (*Es insólito, **me parto** de risa*). Generalmente, este verbo se toma como modelo de la tercera conjugación. Ver, en el Apéndice, la *conjugación regular*. Rég. prep.: **partir** o **partirse a** o **para** (***partir** o **partirse a** o **para** el Amazonas*); **partir** algo **con** (***partir** la comida **con** alguien*); **partir** algo **entre** (***partir** las ganancias **entre** los socios*); **partir** o **partirse en** (***partir** o **partirse en** pedazos*); **partir** o **partirse por** (***partir** o **partirse por** la mitad*). No es correcto decir *la orden parte del Gobierno* (un galicismo), sino ***proviene*** o ***procede** del Gobierno*.

partisano. sust. m. 'Guerrillero'. Su femenino es **partisana**. Es voz recién incorporada por la Academia.

partitivo, va. adj. 'Que puede dividirse o partirse'; 'dícese del sustantivo y del adjetivo numeral que expresa división de un todo en partes' (*Los vocablos que destacamos, a continuación, son numerales **partitivos**: un "cuarto", un "medio", una "doceava" parte*). → **número**

♦ **part-time.** Anglicismo. En español, corresponde decir **medio tiempo, tiempo parcial**.

parturienta. adj. 'Aplícase a la mujer que está de parto o recién parida'. Ú. t. c. sust. f.: **la parturienta**. También puede usarse **parturiente** (adj. Ú. t. c. sust. f.), pero la Academia prefiere la primera forma.

♦ **party.** Anglicismo. En español, corresponde decir **reunión, fiesta**.

parvedad. sust. f. 'Pequeñez, poquedad'. Puede decirse **parvidad** (sust. f.), pero la Academia prefiere la primera forma.

♦ **parvenu.** Galicismo. En español, corresponde decir **advenedizo**.

parvulario. sust. m. 'Lugar donde se cuida y se educa a los niños de corta edad'. Con la denotación de 'conjunto de niños que reciben educación preescolar', es sustantivo colectivo. Es voz de ingreso reciente en el ***Diccionario***. → **jardín (jardín de infantes), guardería (guardería infantil)**

parvulez. sust. f. 'Pequeñez'; 'candor'. Es voz aguda que, en plural, se hace grave y cambia la **z** por **c**: **parvuleces**.

párvulo, la. adj. 'De muy poca edad' (*niño **párvulo***). Ú. t. c. sust. m. y f.: **el párvulo, la párvula**. fig. 'Inocente' (*¡Qué mujer **párvula**!*).

pasacalle. sust. m. 'Marcha popular de compás muy vivo'. La Academia no registra el significado, hoy usual, al menos en la Argentina, de 'banda de propaganda política o de otro tipo, generalmente de tela, que, a cierta altura, atraviesa la calle de vereda a vereda' (*Los **pasacalles** están prohibidos*). Es voz de correcta formación. La A.A.L. ha solicitado su registro en el ***Diccionario***.

pasacasete. sust. m. Se usa en la Argentina como sinónimo de **casetera** (sust. f.), 'dispositivo que sirve para escuchar o grabar un casete'. Carece de registro en el ***Diccionario***.

pasado, da. p. de **pasar**. Rég. prep.: **pasado de** (***pasado de** moda*); **pasado en** (***pasado en** edad*); **pasado por** (***pasado por** cedazo*). adj. (*vida **pasada***). sust. m. 'Tiempo que pasó' (*El **pasado** siempre fue mejor*). Abreviatura: ***pdo***.

pasador, ra. adj. 'Que pasa de una parte a otra'; 'dícese del que pasa frecuentemente contrabando de un país a otro'. Ú. t. c. sust. m.: **el pasador**. sust. m. Entre otras acepciones, 'barreta de hierro que pasa de una parte a otra' (*Pon el **pasador** de la puerta*). En plural: **pasadores**. Diminutivo: **pasadorcillo**.

pasajero, ra. adj. 'Que pasa' (*vida **pasajera***); 'viajero transeúnte'. Ú. t. c. sust. m. 'Transeúnte' (*Es un **pasajero** en su propia tierra*). Su femenino es **pasajera**.

pasamano. sust. m. 'Galón, trencilla, etc.' (*La solapa llevaba un **pasamano** de gro en el borde*); 'listón que se coloca sobre las barandillas' (*El niño se deslizó, a horcajadas, por el **pasamano***). Para esta última denotación, puede decirse **pasamanos**, en singular, de acuerdo con la última versión del ***Diccionario***. La Academia prefiere la primera forma, pero ésta es la de uso más frecuente (*Para no caerte, tómate del **pasamanos***). En plural, la forma singular con **s** final, no varía: **los pasamanos**.

pasamontañas. sust. m. No debe usarse, en singular, sin **s** final. En plural, no varía: **los pasamontañas**.

pasamuros. sust. m. 'Aislador que permite el paso de un conductor eléctrico a través de una pared'. En plural, no varía: **los pasamuros**. Es de reciente registro en el ***Diccionario***.

pasante. p. a. de **pasar**. 'Que pasa'. sust. m. 'El que desempeña una pasantía, es decir, se perfecciona en una facultad o práctica, junto a un maestro, durante un tiempo'; 'profesor, en algunas facultades, con quien van a estudiar los que están para examinarse'; 'el que explica la lección a otro'. La Academia no registra forma para el femenino. Rég. prep.: **pasante de** (***pasante de** abogacía*; ***pasante de** latín*). No debe emplearse esta voz por **profesor particular**, según se usa en algunas regiones. Una **pasantía** (sust. f.) es el 'ejercicio del pasante en las facultades y profesiones' (*Se han puesto de moda las **pasantías***); 'tiempo que dura'. → **profesor**

pasapurés. sust. m. 'Utensilio de cocina'. No debe usarse, en singular, sin **s** final. En plural, no varía: **los pasapurés**. Es voz recién incorporada en el ***Diccionario***.

pasar. v. tr. 'Llevar, conducir, etc.'. En algunas acepciones, se usa, también, como intransitivo (***pasar** por la puerta*) o como pronominal (***Se pasó** en las notas; se **pasa** bien*). De su gran polisemia dan cuenta las 59 acepciones recogidas en el ***Diccionario***. No debe usarse con el significado de **prescindir** (v. tr. e intr.) o, simplemente, para indicar negación: *—Juan, ¿quieres un café? —<u>Paso</u>*. Correcto: *—Juan, ¿quieres un café. —No*. Rég. prep.: **pasar a** (***pasar a** degüello*; ***pasar al** otro lado*; ***pasar a** manos de otro*); **pasar ante** (***pasar ante** los ojos*); **pasar** algo **con** (***pasar** el puente **con** dificultad*); **pasar de** (***pasar de** largo*; ***pa-***

sar de** mil pesos*; ***pasar de** contrabando*); **pasar de** un lugar **a** otro (pasar de** Jujuy **a** Salta*); **pasar en** (***pasar** mucho tiempo **en** soledad*); **pasar entre** (***pasar entre** montañas*; ***pasar entre** los enemigos*); **pasar por** (***pasar por** bueno*; ***pasar por** arriba*; ***pasar por** el camino*); **pasar** algo **por** (***pasar** disgustos **por** causa ajena*); **pasar por entre** (***pasar por entre** los autos*); **pasarse a** (***pasarse a** las tropas enemigas*); **pasarse con** (***pasarse con** poca cosa*); **pasarse de** (***pasarse de** vivo*; ***de** maduro*); **pasarse en** (***pasarse** el día **en** babia*); **pasarse sin** (***pasarse sin** ayuda*). **gozar** o **tener un buen pasar**. 'Disfrutar de medianas comodidades'. Incorrecto: *pasar desapercibido*. Correcto: ***pasar inadvertido***. → **desapercibido**

pascal. sust. m. 'Unidad de medida, en la nomenclatura internacional'. Es de reciente registro académico. En la terminología española, **pascalio** (sust. m.). Símbolo: ***Pa***

Pascua. sust. pr. f. 'Festividad solemne de los hebreos'; 'entre los católicos, fiesta solemne en que se conmemora la Resurrección de Cristo'; 'las festividades de Navidad, Adoración de los Reyes Magos y Pentecostés'. Debe escribirse con mayúscula (*El próximo domingo es **Pascua***). sust. f. pl. 'Tiempo desde la Natividad de Jesús hasta Reyes inclusive' (*Iremos a verlos para las **pascuas***). **dar las pascuas**. fr. 'Felicitar a alguien en ellas'. **santas pascuas**. loc. fam. con que se da a entender que 'uno se conforma con lo que sucede, se dice o se hace'. Se admite **estar como una pascua** (fr. fig.) o **estar como unas pascuas** ('estar alegre'), ambas son correctas. Diminutivo: **pascuilla**, 'primer domingo después del de Pascua de Resurrección'. El adjetivo correspondiente es **pascual** (*ciclo **pascual***) y, no, **pascuense** (adj.), que significa 'natural de la isla de Pascua' (Chile) y 'relativo y perteneciente a ella'.

pascualina. sust. f. Argent. 'Tarta hecha con dos capas de masa unidas por un repulgo, que, generalmente, se rellena con una pasta de acelga o espinaca, cebolla y huevo'. La A.A.L. ha solicitado su registro en el ***Diccionario***.

paseador, ra. adj. 'Que se pasea mucho'. En la Argentina y en otros países de América Meridional, se dice, como bien registra la Academia, **paseandero, ra** (adj.). Ú. t. c. sust. m. y f.: **el paseandero**, **la paseandera**. No debe pronunciarse [pasiador, pasiandero].

paseante. p. a. de **pasear**. 'Que pasea o se pasea'. Ú. t. c. sust. com.: **el paseante**, **la paseante**. No debe pronunciarse [pasiante].

pasear. v. intr. 'Ir andando por distracción o por ejercicio'. Ú. t. c. tr. y c. prnl. (***Pasea** las calles*; ***Se pasea** los domingos*). 'Ir con iguales fines a caballo, en carruaje, en embarcación, etc.'. Ú. t. c. prnl (***Pasea** en auto*; ***Se pasea** en un velero*). v. tr. 'Hacer pasear' (***Pasea** al bebé*). v. prnl. fig. 'Discurrir vagamente sobre algo' (*No estudia, **se pasea** por el programa*); 'vagar'; 'estar ocioso'. Rég. prep.: **pasear** o **pasearse con** (***pasear** o **pasearse con** un amigo*); **pasear** o **pasearse por** (***pasear** o **pasearse por** la calle*). No debe pronunciarse [pasiar, pasié]. → **-ear**

paseo. sust. m. 'Acción de pasear o pasearse'; 'lugar o sitio público para pasearse' (*Iremos al **paseo** del Pilar*). Para denotar un paseo en particular, puede usarse la forma con la preposición **de**, como se ilustra en el ejemplo precedente, o la yuxtapuesta (***paseo** Recoletos*). Diminutivo: **paseíllo**. Un 'paseo de larga duración' es una **paseata** (sust. f.). Incorrecto: *dar un pequeño paseo*. Correcto: *dar un **breve** paseo*.

paseriforme. adj. 'Que tiene aspecto de pájaro'; 'dícese de ciertas aves que tienen tres dedos dirigidos hacia delante y uno hacia atrás'. sust. f. pl. 'Orden de estas aves': **las paseriformes**.

pasifloráceo, a. adj. 'Dícese de las plantas dicotiledóneas cuyo fruto tiene muchas semillas, como la pasionaria'. Ú. t. c. sust. f.: **la pasiflorácea**. sust. f. pl. 'Familia de estas plantas': **las pasifloráceas**. También puede decirse **pasiflóreo, a** (adj.), pero la Academia prefiere la primera forma.

pasión. sust. m. 'Acción de padecer'; 'por antonomasia, la de Jesucristo' (en este caso, se escribe con mayúscula: *la **Pasión***); 'lo contrario a la acción'; 'estado pasivo del sujeto'; 'preferencia muy viva por una persona o una cosa; a veces, desordenada'. Diminutivo: **pasioncilla**. El adjetivo **pasional** denota 'lo perteneciente o relativo a la pasión, especialmente amorosa' (*amor **pasional***).

♦ **pasionante.** Barbarismo. Dígase **apasionante**.

♦ **pasionantemente.** Barbarismo. Dígase **apasionadamente**.

pasionaria. sust. f. 'Planta originaria del Brasil, que se cultiva en los jardines'. Puede decirse, también, **pasiflora** (sust. f.), pero la Academia prefiere la primera forma.

pasionista. sust. m. 'El que canta los oficios de Semana Santa'. Puede decirse, también, **pasionero** (sust. m.). adj. 'Dícese del individuo que pertenece a la congregación de la Pasión y Cruz de Cristo' (*sacerdote **pasionista***). Ú. t. c. sust. m. (*Monseñor es **pasionista***). 'Relativo a dicha congregación' (*noviciado **pasionista***).

pasividad. sust. f. 'Calidad de pasivo'. Incorrecto: *pasivismo*.

pasivo, va. adj. 'Aplícase al sujeto que recibe la acción del agente, sin cooperar con ella' (*No ama, es amada, es **pasiva**; Este sujeto es **pasivo***); 'aplícase al que deja obrar a los otros, sin hacer por sí cosa alguna' (*¡Qué mujer tan **pasiva**, jamás decide por sí!*); 'aplícase al haber o pensión' (*haberes **pasivos***). En gramática, 'se aplica a la voz, accidente gramatical del verbo, que expresa que el sujeto de la oración que lo contiene es paciente' (*voz **pasiva***). Ú. t. c. sust. f. (*Conjugue la **pasiva** del verbo mirar*). Su opuesto es la voz **activa**. → **voz**. sust. m. 'Importe total de los débitos que tiene contra sí una persona o una entidad' (*El **pasivo** de su cuenta bancaria es alto*). **pasiva refleja**. 'Construcción gramatical de significado pasivo, cuyo verbo, en tercera persona y en voz activa, aparece precedido de *se* y no lleva complemento agente' (*Esos libros **se venden***). Se cometen errores, al confundir estas estructuras con otras de tipo impersonal (***Se persigue** a los delincuentes*), y se dice mal: *Se vende casas*; *Se alquila departamentos*. Correcto: ***Se venden** casas*; ***Se alquilan** departamentos*. Estas construcciones equivalen a *casas son vendidas* o *departamentos son alquilados*, en las que *casas* y *departamentos*, al igual que en la pasiva refleja, son los sujetos pacientes. En consecuencia, el verbo de la pasiva refleja debe concordar con el sujeto en singular o plural (*No **se dice** eso*; ***Se dicen** barbaridades*). → **se**

pasmar. v. tr. 'Dejar a uno aterido' (*La escarcha lo **pasmó***). Ú. t. c. prnl. (***Se pasmó** con el viento helado*). 'Hablando de las plantas, secarlas el frío'. Ú. t. c. prnl. (*La nieve **pasmó** mis plantas*; *Con la nieve, los geranios **se pasmaron***). 'Causar pérdida de los sentidos y del movimiento'. Ú. m. c. prnl. (***Se pasmó** y cayó al suelo*). fig. 'Asombrar con extremo'. Ú. t. c. intr. y c. prnl. (***Pasman** sus malabarismos*; *Uno **se pasma** con sus respuestas insólitas*). Rég. prep.: **pasmarse con** (***pasmarse con** la escarcha*); **pasmarse de** (***pasmarse de** frío*). Su 'efecto' es **pasmo** (sust. m.).

paso. sust. m. 'Movimiento de los pies para ir de un lado a otro'; 'sitio por donde se pasa de una parte a otra'; 'modo de andar'; 'pieza dramática muy breve'; 'estrecho'. Es voz de gran polisemia y forma parte de numerosos sintagmas, de los que ofrecemos sólo algunos de interés. **paso a nivel**. 'Sitio en que un ferrocarril se cruza con otro camino del mismo nivel'. Incorrecto: *paso de nivel*. **paso de cebra**. 'Lugar por el que se puede cruzar una calle a pie'. En la Argentina, no se usa; se dice **senda peatonal**. **mal paso**. fig. 'Suceso en que uno se encuentra en dificultades'. **a buen paso**. loc. adv. 'Aceleradamente'. **abrir paso**. fr. 'Abrir camino'. **a cada paso**. loc. adv. fig. 'Frecuentemente, a menudo'. **a dos pasos**. loc. adv. fig. 'Cerca'. **dar paso**. fr. 'Permitir'. **cerrar el paso**. fr. 'Obstaculizar'. **al paso que**. loc. conjunt. fig. 'Al modo, a imitación, como'; 'al mismo tiempo, a la vez'. **paso al costado**. Argent. fr. fig. y fam. 'Retroceder alguien, por razones estratégicas, desde una posición ganada'. La A.A.L. ha recomendado la incorporación de esta frase en el ***Diccionario***. El diminutivo de esta voz es **pasito** (*Da **pasitos***), que, a su vez, es adverbio de modo y significa 'con gran tiento' (*Anda **pasito***) o 'en voz baja' (*Habla **pasito***).

pasodoble. sust. m. 'Marcha'; 'baile'. No debe escribirse hoy en dos palabras: *paso doble*. En plural: **pasodobles**. Incorrecto: *pasos dobles*, *pasosdobles*.

♦ **paspartú.** Galicismo (*passe-partout*). En español, puede usarse **orla**, **recuadro**. Si se quiere emplear la voz francesa, se aconseja entrecomillarla, ya que no ha sido españolizada. La grafía que anotamos, adaptada al español, fue incluida en el ***Diccionario Manual***, aunque con el indicador de su falta de sanción oficial.

pasquín. sust. m. La Academia lo define como 'escrito anónimo que se fija en sitio público, con expresiones satíricas contra el gobierno o contra una persona particular o corporación determinada'. Muchas veces, se le da el sentido de 'periódico sensacionalista y de poca monta', valor semántico no registrado en el ***Dicciona-***

rio. Úsese, en su reemplazo, algún despectivo, como **periodicucho**, **diarucho**. En plural: **pasquines**.

pássim. adv. lat. 'Aquí y allá, en una y otra parte, en lugares diversos'. Ú. en las anotaciones de impresos y manuscritos castellanos. Nótese que lleva tilde sobre la **a** y que termina en **m**.

pasta. sust. f. 'Designación genérica de diversas variedades de masa' (*La **pasta** de la tarta está seca*; *Comeremos **pastas***). pop. 'Caudal' (*Es hombre de mucha **pasta***). **buena pasta**. fig. 'Índole apacible'. Argent. 'Talento o disposición del ánimo'. Ú. m. en la expr. **tener pasta** (***Tiene pasta** de escultor*). Este regionalismo carece de registro en el ***Diccionario***.

pastaflora. sust. f. 'Un cierto tipo de pasta'. En la Argentina, se usa *pastafrola*, un italianismo.

♦ **pastaje.** Barbarismo por **pasturaje**.

pastear. v. intr. 'Pacer el ganado el pasto' (*Las vacas **pastean***). v. tr. 'Llevar el ganado a pastar'. No debe pronunciarse [pastiar]. También se registra **pastar** (v. tr. e intr.) con los mismos significados. → **-ear**

pastel. sust. m. 'Masa, generalmente cocida al horno, con algún relleno, dulce o salado'; 'lápiz compuesto de una materia colorante y agua goma' (*Compré una caja de doce **pasteles**; Pinta al **pastel***). Diminutivo: **pastelillo**. Un **pastelón** (sust. m.) es un 'pastel en que se ponen otros ingredientes, además de la carne picada, como pichones, pollos, etc.'.

pastelear. v. intr. fig. y fam. 'Contemporizar por miras interesadas' (*Muchos políticos **pastelean***). No debe pronunciarse [pasteliar, pastelié]. Su 'acción y efecto' es **pasteleo** (sust. m.). → **-ear**

pastelería. sust. f. 'Local donde se hacen o se venden pasteles y otros dulces'; 'arte de trabajar pasteles, masas, etc.'. Con el sentido de 'conjunto de pasteles', es sustantivo colectivo. No deben usarse, en su reemplazo, la voz francesa (*pâtisserie*) ni la forma semiadaptada al español *patisería*.

pastelero, ra. adj. 'Perteneciente o relativo a la pastelería' (*industria **pastelera***). sust. m. 'El que hace pasteles'. fig. y fam. 'Persona acomodadiza en demasía'. El femenino de ambas acepciones es **pastelera**.

pastelista. sust. com. 'Persona que pinta al pastel': **el pastelista**, **la pastelista**.

pasteurizar. v. tr. 'Proceso destinado a destruir los microorganismos de un líquido sin alterar su composición y cualidades'. Puede decirse **pasterizar** (v. tr.), pero la Academia prefiere la primera forma. Su 'acción y efecto' es **pasteurización** (sust. f.) o **pasterización** (sust. f.). El participio **pasteurizado**, que se usa también como adjetivo (*leche **pasteurizada***), es de reciente incorporación académica. Se registra, asimismo, la forma **pasterizado** (p. de **pasterizar**. adj.). Como en el caso del verbo, la Academia prefiere, en estas palabras, las formas con **eu**. → **cazar**

pastiche. sust. m. 'Imitación que consiste en tomar determinados elementos de la obra de un artista y combinarlos, de forma que den la impresión de ser una creación nueva'. Es voz recién ingresada en el ***Diccionario***. Por extensión, como indica el ***Manual***, que ya había registrado este galicismo (*pastiche*), hoy españolizado, significa 'mezcla de cosas abigarradas y sin ton ni son'.

pastilla. 'Porción de pasta relativamente pequeña' (***pastilla** de jabón*); 'porción muy pequeña de azúcar y gustos varios (***pastilla** de menta*); 'pequeña porción de pasta medicinal' (***pastillas** para dormir*). Diminutivo: **pastillita**. El 'estuche para guardar pastillas' es el **pastillero** (sust. m.).

pastines. sust. m. pl. Argent. y Urug. 'Pasta alimenticia cortada en porciones menudas de diversas formas. Se emplea en sopas' (*Le hizo una sopa de estrellitas, los **pastines** que más le gustan*).

pasto. sust. m. 'Hierba que el ganado pace en el mismo lugar en que se cría'; 'sitio en que pace el ganado'. Ú. m. en pl. (*Allí hay buenos **pastos***). En la Argentina, 'césped, gramínea' (*Cortó el **pasto** del jardín*). fig. 'Materia que sirve a la actividad de los agentes que consumen las cosas' (*Los libros fueron **pasto** de las llamas*); 'hecho, noticia u ocasión que sirve para fomentar alguna cosa' (*Fue **pasto** de la murmuración*). El 'terreno de abundante pasto' es un **pastizal** (sust. m. colect.).

pastor. sust. m. 'El que guarda, guía y apacienta el ganado'. Nótese que no es sólo, como algunos creen, el que guarda ovejas o cabras. Su femenino es **pastora**. sust. m. 'Prelado'. En plural: **pastores**. **pastor protestante**. 'Sacerdote de esta iglesia'. **el Buen Pastor**. 'Jesucristo'. Nótese que, en este caso, se escribe con mayúscula. **pastor sumo** o **universal**. 'El Sumo Pontífice'. Los adjetivos correspondientes son **pastoral**, voz que, a su vez, significa 'especie de drama bucólico' y 'composición pastoril, literaria o musical' (sust. f.), y **pastoril** (*literatura **pastoril**, voces **pastoriles***). Cuando **pastoral** significa **carta pastoral**, el sustantivo es ambiguo: **el pastoral** o **la pastoral**. Se prefiere la forma femenina. La 'acción propia de pastores' y la 'reunión de éstos' se dice **pastorada** (sust. f.). El oficio de pastor es **pastoría** (sust. f.), voz que, a su vez, con denotación colectiva, vale por 'conjunto de pastores'. Una **pastorela** (sust. f.) es el 'tañido y canto sencillo y alegre a modo del que usan los pastores' y un tipo de 'composición poética usada entre los provenzales'.

pastorear. v. tr. 'Llevar los ganados al campo y cuidarlos mientras pacen'; 'cuidar y gobernar los prelados a los fieles'. Su postverbal es **pastoreo** (sust. m.). En la Argentina, se emplea la frase figurada **sacar a pastorear**, 'invitar a pasear a una persona que normalmente sale poco', recomendada por la A.A.L. para su inclusión en el léxico académico, pero aún sin sanción oficial. → **-ear**

pasturaje. sust. m. 'Lugar de pasto abierto o común'; 'derechos con los que se contribuye para poder pastar el ganado'. Incorrecto: ***pastaje***. No se confunda con **pastura** (sust. f.), 'pasto de que se alimentan los animales'; 'sitio con pasto'; 'porción de comida que se da de una vez a los bueyes'.

pata. sust. f. 'Pie y pierna de los animales'; 'pie de los muebles'. fam. 'Pierna de una persona', etc. Diminutivo: **patita**. **pata de gallo**. Entre otras acepciones, 'arruga'. **pata de rana**. Argent. 'Pieza que se calza en los pies para facilitar la natación'. Equivale a **aleta** (sust. f.) del español general. La A.A.L. ha solicitado su inclusión en el léxico oficial. **a cuatro patas**. loc. fam. adv. 'A gatas'. **a la pata la llana**, **a la pata llana** o **a pata llana**. loc. adv. 'Llanamente'. **bailar en una pata**. fr. fam. Can. y Amér. 'Estar muy contento'. **dormir a pata suelta**. fr. fig. y fam. Argent. 'Dormir a pierna suelta'. **hacer pata**. Argent. fr. fig. y fam. 'Favorecer o apoyar a otro'. Esta frase carece de registro académico, pero la A.A.L. ha solicitado su inclusión en el ***Diccionario***. **hacer pata ancha**. fr. fig. fam. Argent. 'Hacer frente a un peligro o dificultad'. **ver las patas a la sota**. Argent. 'Advertir un peligro'. **mala pata**. expr. fam. 'Mala suerte'. El 'golpe dado con el pie o la pata' es una **patada** (sust. f.) y, en la Argentina, además, 'descarga de corriente eléctrica'. Argentinismo aún no registrado en el ***Diccionario***, pero recomendado por la A.A.L. para su incorporación. Un **patadura** (sust. m.) es, en la Argentina, un 'jugador de fútbol poco hábil', regionalismo cuya inclusión en el léxico oficial ha solicitado la A.A.L. A veces, en sentido figurado, se aplica 'al que baila mal' (sust. com.): **el patadura**, **la patadura**.

patagón. sust. m. 'Denominación de las tribus australes de la Argentina'. Ú. m. en pl. (*Magallanes dio el nombre de **patagones** a los tehuelches que habitaban al sur de la Patagonia*). adj. 'Relativo o perteneciente a dichos indios'. La Academia no registra estos argentinismos, que la A.A.L. propuso incluir en el léxico oficial. Sí, registra el gentilicio **patagón, na** (adj. Ú. t. c. sust. m. y f.), 'natural de la Patagonia' o 'perteneciente a esta región'.

patagorrillo o **patagorrilla.** sust. m. y f. 'Guisado'. Las dos formas son correctas, pero la Academia prefiere la primera.

patajú. sust. m. 'Planta'. En plural: **patajúes** o **patajús**.

patalear. v. intr. 'Mover violentamente las piernas'; 'dar patadas'. No debe pronunciarse [pataliar, patalié]. Su postverbal es **pataleo** (sust. m.). → **-ear**

pataleta. sust. f. Argent. 'Acceso repentino ocasionado por un trastorno o una enfermedad' (*Le dio una **pataleta***). Su equivalente, en el español general, es **ataque** (sust. m.). La A.A.L. ha recomendado su inclusión en el léxico oficial.

pataplum. interj. Puede decirse **cataplum**, forma que la Academia prefiere. Incorrecto: ***pataplúm***, ***pataplún***.

patarata. sust. f. 'Cosa ridícula y despreciable'; 'demostración afectada y ridícula'. El adjetivo **pataratero, ra**, 'que usa pataratas en el trato o conversación', se emplea, también, como sust. m. y f.: **el pataratero, la pataratera**.

patata. sust. f. En algunas regiones, entre ellas España, equivale a **papa** (sust. f.), 'la planta y su tubérculo'. Un 'terreno plantado de patatas' es un **patatal** (sust. m. colect.) o **patatar** (sust. m. colect.). Lo 'relativo a las patatas o perteneciente a ellas' es **patatero, ra** (adj.), que se usa, también, como sustantivo masculino y femenino, 'persona que se se dedica al comercio de patatas'. → **papa**

patatús. sust. m. fam. 'Desmayo, lipotimia'. En plural: **patatuses**. Incorrecto: *los patatús*.

paté. sust. m. 'Pasta comestible hecha de carne o de hígado'. Es voz de origen francés (*pâté*), recién introducida en el ***Diccionario***. En plural: **patés**.

patear. v. tr. fam. 'Dar golpes con los pies'; 'mostrar el público desaprobación', etc. v. intr. fam. 'Dar patadas'. No debe pronunciarse [patiar, patié]. La 'acción y efecto de patear' es **pateadura** (sust. f.), y **pateo**, sólo su 'acción' (sust. m.). → **-ear**

patente. adj. 'Manifiesto, visible'; 'claro, etc.'. sust. f. Argent. 'Identificación del vehículo automotor, a través de la combinación de un número de registro y letras que indican el lugar de radicación'; por extensión, 'esta combinación' y la 'chapa de metal que, en los vehículos, exhibe esa combinación de números y letras'. La A.A.L. ha recomendado la inclusión de este argentinismo en el ***Diccionario***.

patentizar. v. tr. 'Hacer patente o manifiesto'. → **cazar**

paternalista. adj. 'Dícese de quien aplica formas de autoridad propias de un padre o de todo lo que responde a dicha actitud' (*estado **paternalista***). Ú. t. c. sust. com.: **el paternalista, la paternalista**. A veces, tiene carácter peyorativo. Distíngase de **paternal** (adj.), 'propio del afecto de un padre'.

paternóster. sust. m. 'Oración del padrenuestro'. En español, no debe escribirse en dos palabras: *páter nóster*. En plural, no varía: **los paternóster**. → **padrenuestro**

patí. sust. m. Argent. 'Pez grande'. Para distinguir los sexos, debe recurrirse a las perífrasis **patí macho, patí hembra**. En plural: **patíes** o **patís**. Es voz de reciente incorporación en el ***Diccionario***.

-patía. elem. compos. de or. gr. 'Sentimiento, afección, dolencia' (*em**patía**, homeo**patía**, tele**patía***).

patidifuso. adj. fig. 'Que se queda inmóvil de asombro'. Incorrecto: *patilifuso*.

patillas. sust. m. pl. us. c. sing. Entre los muchos nombres que tiene el diablo, en español, se encuentra éste y el de **pateta** (sust. m. sing.).

patín. sust. m. 'Aparato para patinar'. En plural: **patines**. Diminutivo: **patinillo**. Un **patinete** (sust. m.) es un 'juguete para niños, que consiste en una plancha con cuatro ruedas, provista de un manubrio'. Es voz de reciente registro en el léxico oficial. La Academia no registra **patineta** (sust. f.), aparato similar al anterior, de uso, incluso, entre adultos, pero sin manillar. Sí, lo hace el ***Diccionario Manual***.

pátina. sust. f. 'Especie de barniz'. Es voz esdrújula. No debe pronunciarse [patina] como grave.

patinador, ra. adj. 'Que patina'. Ú. t. c. sust. m. y f.: **el patinador, la patinadora**.

patinar. v. intr. 'Deslizarse en patines'; 'resbalar'; 'equivocarse'. Su homónimo (v. tr.) denota 'dar pátina a algún objeto'. Del primero, derivan **patinadero** (sust. m.), 'lugar donde se patina'; **patinaje** (sust. m.), 'práctica de este deporte' o 'acción de patinar'; **patinazo** (sust. m.), 'acción y efecto de patinar bruscamente'.

patio. sust. m. Diminutivos: **patiecillo, patinillo, patizuelo, patín**. Sólo son de uso frecuente el primero y el tercero de los diminutivos anotados. Del último, se registra el diminutivo **patinillo**.

patiquebrar. v. irreg. tr. Ú. t. c. prnl. Se conjuga como **acertar**.

pato. sust. m. 'Ave palmípeda'. Su femenino es **pata**. Argent. 'Juego entre jinetes, que ha alcanzado la categoría de deporte' y la 'pelota con que se juega'. **pagar** uno **el pato**. fr. fig. y fam. 'Padecer pena o castigo no merecido, o que corresponde a otro'. En la Argentina, se registra, para similar concepto, **ser** uno **el pa-**

to de la boda (fr. fig. y fam.), sin registro académico, pero recomendada por la A.A.L para su incorporación en el ***Diccionario***.

pato, ta. adj. Argent. 'Falto de dinero'. Ú. t. c. sust. m. y f.: **el pato, la pata**. Carece de registro en el ***Diccionario***, pero la A.A.L. recomendó su incorporación. Este adjetivo, en el español general, significa 'soso, patoso' (Ú. t. c. sust. m.).

pato-. elem. compos. de or. gr. 'Dolencia, afección' (***patógeno***, ***patología***). Es forma prefija de reciente incorporación académica.

patólogo. sust. m. 'Especialista en patología'. Su femenino es **patóloga**.

patota. sust. f. En varios países de América Meridional, entre ellos la Argentina, 'grupo, generalmente integrado por jóvenes, que provocan desmanes y abusos en lugares públicos'. Su derivado **patotero, ra** (adj.), en los mismos países, significa 'que posee los caracteres de una patota' (*actitud* ***patotera***). El sustantivo **patotero** (m.) denota al 'integrante de una patota'. **en patota**. loc. adv. fam. Argent. 'En grupo'. Carece de registro académico, pero la A.A.L. recomendó su incorporación en el ***Diccionario***.

patraña. sust. f. 'Mentira'. Diminutivo: **patrañuela**. También se registra **pastraña** (sust. f.), pero es voz anticuada.

patrañero, ra. adj. 'Que inventa patrañas o mentiras'. Ú. t. c. sust. m. y f.: **el patrañero, la patrañera**.

patria. sust. f. 'Tierra natal o adoptiva, ordenada como nación, a la que el ser humano se siente ligado por afectos'; 'lugar donde se ha nacido'. Se usa, generalmente, con minúscula, salvo en ciertas frases, como *Dios y la* ***Patria*** *me lo demanden*. **patria chica**. 'Pueblo, ciudad o región en que se ha nacido'.

patriada. sust. f. R. de la Plata. 'Campaña de un grupo social o político que se hace en la necesidad de salvar a la patria'; 'cualquier acción en que se arriesga algo en favor de los demás'.

patrimonialista. adj. 'Que propicia la conservación del patrimonio familiar o de una sociedad'. Ú. t. c. sust. com.: **el patrimonialista, la patrimonialista**.

patrio, tria. adj. 'Perteneciente a la patria o al padre'. sust. m. Argent. 'Caballo del ejército nacional o del Estado, que se señalaba con un corte en la oreja derecha'. Este sustantivo carece de registro en el ***Diccionario***, pero la A.A.L. recomendó su incorporación.

patriota. sust. com. 'Persona que tiene amor a su patria': **el patriota, la patriota**. Distíngase de **patriotero, ra** (sust. m. y f. fam. Ú. t. c. adj.). Los 'sentimientos propios del patriota' y su 'amor a la patria' reciben el nombre de **patriotismo** (sust. m.). → **patriotero**

♦ **patrioterismo.** Voz no registrada por la Academia, un neologismo innecesario. Debe decirse **patriotería**. No se confunda con **patriotismo**.

patriotero, ra. adj. 'Que alardea de patriotismo'. Ú. t. c. sust. m. y f.: **el patriotero, la patriotera**. El 'alarde propio del patriotero' es la **patriotería** (sust. f.). → **patriota**

patrocinador, ra. adj. 'Que patrocina'. Ú. t. c. sust. m. y f.: **el patrocinador, la patrocinadora**. No debe usarse, en su reemplazo, *sponsor*, un anglicismo. También puede decirse **patrocinante** (p. a. de **patrocinar**), sin registro en el ***Diccionario***, pero de correcta formación.

patrón. sust. m. 'Defensor, protector'. Su femenino es **patrona**. 'Santo titular de una iglesia' (*San Miguel es el* ***patrón*** *de mi parroquia*; *Santa Inés es la* ***patrona*** *de esta iglesia*); 'amo, señor' (*El* ***patrón*** *de este negocio es mi cuñado*; *Mi* ***patrona*** *se llama Ana*). → **patrono**

patronato. sust. m. 'Derecho, poder o facultad que tienen los patronos'; 'corporación que forman'; 'fundación de una obra pía', etc. Puede decirse **patronazgo** (sust. m.), pero la Academia prefiere la primera forma.

patronímico, ca. adj. 'Aplícase al apellido que antiguamente se daba en España a los hijos, formado con el nombre de sus padres' (*El nombre* ***patronímico*** *de Fernando es Fernández*). Ú. t. c. sust. m.: **el patronímico** (*Su* ***patronímico***, *Rodríguez, procede de Rodrigo*).

patrono. sust. m. 'Protector, amparador' (*El* ***patrono*** *de Buenos Aires es San Martín, el obispo de Tours*); 'santo titular de una iglesia' (*El* ***patrono*** *de esta capilla es San José*); 'amo, señor'. Nótese que equivale a **patrón, na** (sust. m. y f.), particularmente en la segunda acepción. → **patrón**

patrullaje. sust. m. Voz no registrada por la Academia, pero de correcta formación. 'Acción y efecto' de **patrullar** (v. intr. Ú. t. c. tr.). Se usa en la Argentina. La A.A.L. ha solicitado su inclusión en el ***Diccionario***.

patrullero, ra. adj. 'Dícese del buque, avión, auto, destinado a patrullar'. Ú. t. c. sust. m.: **el patrullero**.

paují. sust. m. 'Ave de América'. En plural: **paujíes** o **paujís**. Puede decirse, también, **paujil** (sust. m.). En plural: **paujiles**.

paúl. adj. 'Dícese del clérigo regular que pertenece a la congregación de San Vicente de Paúl'. En plural: **paúles**. Ú. m. en pl. Ú. t. c. sust. m.: **el paúl**.

paular. v. intr. 'Parlar, hablar'. Sólo tiene uso en lenguaje festivo, unido al verbo **maular**: *Sin paular ni maular*. → **maular**

paupérrimo, ma. adj. sup. → **pobre**

pava. sust. f. Argent., Bol., Chile, Par. y Urug. 'Recipiente de metal, con pico, que se usa para calentar agua'. → **pavo**

pavear. v. intr. fam. Argent. 'Perder el tiempo en tonterías'. La A.A.L. ha solicitado su incorporación, como regionalismo, en el léxico oficial. No debe pronunciarse [paviar, pavié]. → **-ear**

pavo. sust. m. 'Ave oriunda de América'. Su femenino es **pava**. fig. y fam. 'Tonto' (*Es un **pavo**; La **pava** de tu hermana no lo entiende*). Una 'manada de pavos' es una **pavada** (sust. f. colect.). Voz que, asimismo, significa 'tontería' (*No te preocupes por eso, es una **pavada***). La 'persona que cuida de los pavos o que los vende' es el **pavero** (sust. m.) o la **pavera** (sust. f.). Un **pavón** (sust. m.) es un 'pavo real'. **pavo real**. 'Ave oriunda de Asia'. En plural: **pavos reales**.

pavonear. v. intr. 'Hacer vana ostentación'. Ú. m. c. prnl. (*Se **pavonea** con su auto*). No debe pronunciarse [pavoniar, pavonié]. → **-ear.** Su 'acción' es **pavoneo** (sust. m.). Distíngase de **pavonar** (v. tr.), 'dar pavón o capa de óxido abrillantado a las piezas de acero'. 'La persona que pavona' es un **pavonador** (sust. m.) o una **pavonadora** (sust. f.), voces que se usan, asimismo, como adjetivos, 'que pavona'.

payada. sust. f. Argent., Chile y Urug. 'Canto del payador'. Argent. 'Contrapunto de dos o más payadores'. También puede decirse **pallada**.

payador. sust. m. Argent., Chile y Urug. 'Cantor popular que, acompañándose de una guitarra y, generalmente, en contrapunto con otros, improvisa sobre temas varios'. También puede decirse **pallador**.

payaguá. adj. Argent. y Par. 'Dícese de los indios del grupo guaycurú, que habitó el Chaco paraguayo frente a Asunción'. Ú. t. c. sust. com.: **el payaguá, la payaguá**. 'Perteneciente o relativo a estos indios o dialectos' (*artesanía **payaguá***); 'dialecto de estos indios'. En plural: **payaguaes** o **payaguás**.

payana. sust. f. Argent. 'Juego en que los niños arrojan al aire piedritas para recogerlas, antes de que caigan al suelo, mientras dura su turno'. La grafía con *ll* carece de registro académico. En el español general, se dice **juego de los cantillos**.

payar. v. intr. Argent., Chile y Urug. 'Cantar payadas'. También puede decirse **pallar**.

payasada. sust. f. 'Acción o dicho propio de payaso'; 'acción ridícula o falta de oportunidad'. No debe reemplazarse con *payasería*, sin registro académico.

payaso. sust. m. 'Artista de circo que hace de gracioso'. Su femenino es **payasa**. No debe usarse en su reemplazo *clown*, un anglicismo, pero puede emplearse **clon** (sust. m.), su forma españolizada; la Academia prefiere la primera voz. Ú. t. c. adj. 'Aplícase a la persona que hace reír' (*niño **payaso***). Ú. menos en su forma femenina. La Academia no registra el verbo **payasear**, de correcta formación.

payé. sust. m. NE. Argent., Par. y Urug. 'Brujería'; 'amuleto, talismán'. En plural: **payés**.

paz. sust. f. En plural, la **z** se convierte en **c**: **paces**.

pazguato, ta. adj. 'Simple, que se admira por lo que ve u oye'. Ú. t. c. sust. m. y f.: el **pazguato, la pazguata**. No debe decirse *pacuato*, un vulgarismo. La 'cualidad de pazguato' o la 'acción propia de él' es la **pazguatería** (sust. f.).

peaje. sust. m. 'Derecho de tránsito'. 'El que lo cobra' es el **peajero** (sust. m.), voz que carece de forma para el femenino en el ***Diccionario***.

peana. sust. f. 'Basa'; 'tarima'. También puede decirse **peaña** (sust. f.), no frecuente. La Academia prefiere la primera forma.

peatón. sust. m. 'El que va a pie por la vía pública'. Su femenino es **peatona**. En plural: **peatones**.

peatonal. adj. 'Relativo al peatón' (*calle **peatonal***). La Academia, durante mucho tiempo, se resistió a aceptar esta derivación en **-al**, de un sustantivo terminado en **-ón**. Finalmente, le ha dado ingreso en su ***Diccionario***. → **paso**, **senda**

pebete. sust. m. fam. p. us. Argent. y Urug. 'Niño'. Su femenino es **pebeta**. sust. m. Argent. 'Pan de forma ovalada y de miga esponjosa' (*Comió un **pebete** de jamón y queso*). Su homónimo, también sustantivo masculino, denota una 'pasta aromática, generalmente en forma de palillo, que exhala humo muy fragante' (*Prendió un **pebete** para perfumar el cuarto*).

pecador, ra. adj. Ú. t. c. sust. m. y f.: **el pecador, la pecadora**. La forma **pecatriz** (adj. Úsab. t. c. sust. f.), para el femenino, es anticuada.

pecar. v. intr. Rég. prep.: **pecar con** (***pecar con** el pensamiento*); **pecar contra** (***pecar contra** sus semejantes*); **pecar de** (***pecar de** ignorante*); **pecar en** (***pecar en** algo*); **pecar por** (***pecar por** omisión*). → **sacar**

pecarí. sust. m. Amér. Merid. 'Mamífero parecido al jabalí, pero de hocico y patas más largas, recubierto de cerdas. Su cuero es muy apreciado' (*guantes de **pecarí***). En el español peninsular, se lo conoce con los nombres de **saíno** y **báquira** (susts. ms.). En plural: **pecaríes** o **pecarís**. Para distinguir los sexos, debe recurrirse a las perífrasis **pecarí macho, pecarí hembra**.

pecblenda o **pechblenda.** sust. f. 'Mineral de uranio'. La Academia prefiere la primera forma.

peceto. sust. m. Argent. 'Corte de carne extraído del cuarto trasero de los vacunos'. Voz recién ingresada en el ***Diccionario***. Incorrecto: *pescetto*, *pesceto*, *pecheto*.

pechada. sust. f. Argent. y Urug. 'Acto de pedir dinero prestado sin intención de devolverlo'. Equivale a **sablazo** (sust. m.) del español peninsular. Puede decirse **pechazo** (sust. m. Amér. Merid.), que es, al menos en la Argentina, más frecuente para esta denotación que el primero. Su homónimo, también sustantivo femenino, de reciente incorporación académica, significa, en América, 'golpe dado con el pecho o con los hombros', 'golpe que el jinete da a otro caballo con el pecho del suyo', y, en la Argentina y en Chile, además, 'atropello, empujón'. Con estos valores semánticos, es también intercambiable con **pechazo** (sust. m.). Las denotaciones americanas de estas voces se recogen en el verbo **pechar** (tr. Amér.), de reciente incorporación académica, cuyo homónimo (v. tr. e intr.) significa, en el español general, 'pagar tributo' (v. tr.); 'asumir una carga' (v. intr.). Este último se construye con la preposición **con** (***pechar con** sus problemas*). → **pechear**

pechador. sust. m. Amér. 'Sablista'. Su femenino es **pechadora**.

pechar. v. tr. e intr. → **pechada**

pechazo. sust. m. → **pechada**

pechear. v. tr. 'Embestir con el pecho, a la manera de los gallos de riña'. No debe pronunciarse [pechiar, pechié]. → **-ear**, **pechada** (**pechar**)

pechero. sust. m. 'Babero'. Distíngase de **pechera** (sust. f.), que, entre otras acepciones, significa 'parte de las prendas de vestir que cubre el pecho'; 'el pecho, en particular el de la mujer' (*¡Qué **pechera** la de María!*). → **babi**

pecho. sust. m. 'Parte del cuerpo humano y de los cuadrúpedos'; 'cada una de las mamas de la mujer', etc. Diminutivo: **pechuelo**. Aumentativo: **pechazo**. **dar el pecho**. 'Dar de mamar'. **de pechos**. loc. adv. 'Con el pecho apoyado en una cosa o sobre ella'. **entre pecho y espalda**. loc. fig. y fam. 'En el estómago'. Ú. m. con los verbos **echarse** o **meterse**, con referencia a comida o bebida (***Se echó** el coñá **entre pecho y espalda***; *Lo tiene guardado **entre pecho y espalda***). **tomar** uno **a pechos** una cosa. fr. fig. 'Tomarla con empeño'. Es un solecismo decir: *tomar uno a pecho una cosa*. **tomar el pecho**. fr. 'Mamar'. Su homónimo, también sustantivo masculino, significa 'tributo'.

pechuga. sust. f. 'Pecho de ave, que está como dividido en dos'. Ú. frecuentemente en plural (*¡Qué **pechugas** las de esta gallina!*). 'Cada una de las partes del pecho de las aves' (*Sírvame una **pechuga** de pollo*). fig. y fam. 'Pecho del hombre o de la mujer'. La 'caída o encuentro de pechos' es un **pechugazo** (sust. m.).

pechugón, na. adj. 'Dícese del que tiene el pecho abultado' (*¡Qué bebé tan **pechugón**!*). Se aplica, en particular, a las mujeres (*Ana es **pechugona***). Ú. t. c. sust. f.: **la pechugona**.

pecíolo o **peciolo.** sust. m. 'Tallito de la hoja'. Ambas acentuaciones son correctas, pero la Academia prefiere la primera.

pécora. sust. f. 'Res o cabeza de ganado lanar'. **mala pécora**. fr. fig. y fam. 'Persona astuta, taimada y viciosa' (se aplica, en particular, a la mujer); 'prostituta'.

pectoral. adj. 'Relativo o perteneciente al pecho' (*cavidad **pectoral***); 'útil o provechoso para el pecho'. Ú. t. c. sust. m. (*Compró un **pectoral** en la farmacia*). sust. m. 'Cruz que por insignia llevan sobre el pecho los obispos y otros prelados'.

peculiar. adj. 'Privativo de cada persona o cosa' (*gesto **peculiar**; aspectos **peculiares***). Rég. prep.: **peculiar de** (***peculiar de** los argentinos*). En plural: **peculiares**.

peculio. sust. m. 'Dinero'. Incorrecto: *pecunio*. Son normales, en cambio, **pecunia** (sust. f. fam.), 'dinero'; **pecuniario, ria** (adj.), 'relativo al dinero', y **pecuniariamente** (adv. m.), 'en dinero efectivo'.

♦ **pedacear.** Barbarismo. Corresponde decir **despedazar**.

pedagogo. sust. m. 'El que tiene por profesión educar o que es experto en pedagogía'. Su femenino es **pedagoga**.

pedalada. sust. f. 'Cada uno de los impulsos dados a un pedal con el pie'. No debe decirse *pedaleada* ni *pedaliada*.

pedalear. v. intr. 'Poner en movimiento un pedal'. Se usa, sobre todo, con referencia a velocípedos y bicicletas. No debe pronunciarse [pedaliar, pedalié]. Su 'acción y efecto' es **pedaleo** (sust. m.). → **-ear**

pedaliáceo, a. 'Dícese de ciertas plantas, como la alegría'. Ú. t. c. sust. f.: **la pedaliácea**. sust. f. pl. 'Familia de estas plantas': **las pedaliáceas**.

pedante. adj. 'Dícese de la persona engreída'. Ú. t. c. sust. com.: **el pedante, la pedante**.

pedantear. v. intr. 'Hacer, por ridículo engreimiento, inoportuno y vano alarde de erudición'. No debe pronunciarse [pedantiar, pedantié]. → **-ear**

♦ **pedantemente.** Barbarismo por **pedantescamente**.

pedazo. sust. m. 'Trozo o porción'. Diminutivos: **pedacito, pedazuelo**.

pederastia. sust. f. 'Abuso deshonesto cometido contra niños'; 'concúbito entre personas del mismo sexo'. Equivale a **sodomía** (sust. f.). Incorrecto: *pederastía*. 'El que comete pederastia' es un **pederasta** (sust. m.).

pedestre. adj. 'Que anda a pie'; 'que se hace a pie'; 'dícese del deporte que consiste en andar y correr' (*carrera **pedestre***); 'vulgar' (*Es un dicho **pedestre***). Incorrecto: *pedreste*, *pedrestre*.

pedestrismo. sust. m. colect. 'Conjunto de deportes terrestres'. Incorrecto: *pedrestismo*.

pediatra. sust. com. 'Médico especialista en niños': **el pediatra, la pediatra**. Incorrecto: *pedíatra*.

pediculicida. adj. 'Dícese del producto que sirve para matar piojos'. Ú. t. c. sust. m. (*Usó un **pediculicida***). Es voz de ingreso reciente en el ***Diccionario***.

pedículo. sust. m. 'Pedúnculo de una flor, una hoja, etc.'; 'tallo delgado que une una formación anormal, como una verruga o un cáncer, al órgano o tejido correspondiente'; 'piojo'. Esta última acepción es reciente.

pediculosis. sust. f. 'Enfermedad producida por el rascamiento que motiva la abundancia de piojos'. En plural, no varía: **las pediculosis**. Es voz de reciente incorporación en el léxico oficial.

pedicuro. sust. m. 'El que tiene por oficio el cuidado de los pies'. Su femenino es **pedicura**. Incorrecto: *pedicurista*, un anglicismo. Nótese, además, que es voz grave; no debe pronunciarse [pedícuro] como esdrújula. → **callista**, **podólogo**

pedido, da. p. de **pedir**. sust. m. 'Encargo'; 'acción y efecto de pedir'. Para esta acepción, puede decirse, también, **pedimento** (sust. m.). El sustantivo **pedidura** (f.) es sólo la 'acción de pedir'. sust. f. 'Petición de mano'. Esta acepción es de ingreso reciente en el ***Diccionario***.

pedidor. sust. m. 'El que pide'. Su femenino es **pedidora**. Ú. t. c. adj. (p. us.).

pedigón, na. adj. fam. 'Que pide con frecuencia e inoportunidad'. Ú. t.c. sust. m. y f.: **el pedigón, la pedigona**. Incorrecto: *pedilón*. Se dice, también, **pedigüeño, ña** (adj. Ú. t. c. sust. m. y f.), forma más literaria y culta. La 'calidad de pedigüeño' es la **pedigüeñería** (sust. f.).

pedigrí. sust. m. Voz inglesa (*pedigree*), ya españolizada. 'Genealogía de un animal'; 'documento en que consta' (*Es un perro de **pedigrí**; Acá está el **pedigrí** de la gata*). En plural: **pedigríes** o **pedigrís**. En español, es voz aguda. No debe pronunciarse [pédigri] como esdrújula.

pedigüeño, ña. adj. → **pedigón**

pediluvio. sust. m. 'Baño de pies tomado por medicina'. Ú. m. en pl. Incorrecto: *pedilunio*.

pedir. v. irreg. tr. Rég. prep.: **pedir contra** (***pedir contra** alguno*); **pedir de** (***pedir de** derecho*); **pedir en** (***pedir en** justicia*); **pedir para** (***pedir para** todos*); **pedir por** (***pedir por** las ánimas del purgatorio*); **pedir para** (***pedir para** los pobres*). No debe decirse *pedir excusas*, un contrasentido con lo que se quiere significar, sino ***excusarse***, ***dar*** u ***ofrecer excusas***. La Academia admite, sí, **pedir disculpas** (fr.) 'pedir indulgencia, disculparse'. Es un catalanismo, por otra parte, usar **pedir** por **preguntar**. Incorrecto: *Piden por usted*. Correcto: ***Preguntan** por usted*. La irregularidad de este verbo consiste en que cambia la **e** de la raíz en **i**, siempre que sea acentuada o que la desinencia empiece por **a** o por un **diptongo**: presente (*pido, pides, pide, piden*) y pretérito perfecto simple de indicativo (*pidió, pidieron*); presente (*pida, pidas, pida, pidamos, pidáis, pidan*), pretérito imperfecto (*pidiera* o *pidiese, pidieras* o *pidieses, pidiera* o *pidiese, pidiéramos* o *pidiésemos, pidierais* o *pidieseis, pidieran* o *pidiesen*) y futuro de subjuntivo (*pidiere, pidieres, pidiere, pidiéremos, pidiereis, pidieren*); imperativo (*pide*); gerundio (*pidiendo*).

pedorrear. v. intr. 'Echar pedos repetidos'. No debe decirse [pedorriar, pedorrié]. → **-ear**. Su 'acción y efecto' es **pedorreo** (sust. m.). La 'frecuencia de ventosidades expelidas por el vientre' es **pedorrera** (sust. f.), y 'el sonido que se hace con la boca, imitando el pedo', **pedorreta** (sust. f.).

pedorrero, ra. adj. 'Que frecuentemente o sin reparo expele ventosidades del vientre'. Ú. t. c. sust. m. y f.: **el pedorrero, la pedorrera**. → **pedorro**

pedorro, ra. adj. 'Que echa pedos repetidos'. Ú. t. c. sust. m. y f.: **el pedorro, la pedorra**. → **pedorrero**

pedrada. sust. f. 'Acción de despedir o arrojar con impulso una piedra'; 'golpe que se da con ella'; 'señal que deja'. Distíngase de **pedrea** (sust. f.), 'acción de apedrear o apedrearse', 'combate a pedradas', 'granizada'. El 'granizo grueso' se llama **pedrisca** (sust. f.) o **pedrisquero** (sust. m.); la Academia prefiere la primera forma.

pedrea. sust. f. → **pedrada**

♦ **pedregón.** Barbarismo. → **pedrejón**

pedregoso, sa. adj. 'Aplícase al terreno lleno de piedras'. También puede decirse **pedrizo, za** (adj.), pero la Academia prefiere la primera forma.

pedregullo. sust. m. Argent. 'Ripio, piedras menudas'. Su homónimo, también sustantivo masculino, denota, en el español general, 'ripio, conjunto de pedrezuelas para hacer relleno o mortero'. Las dos voces, que sólo difieren mínimamente desde el punto de vista semántico, son de reciente ingreso en el ***Diccionario***.

pedrejón. sust. m. 'Piedra grande o suelta'. En plural: **pedrejones**. Incorrecto: *pedregón*.

pedrería. sust. f. colect. 'Conjunto de piedras preciosas'.

pedrero. sust. m. 'El que labra las piedras'. Carece de femenino. También puede decirse **cantero** (sust. m.). → **piedra (pedrera)**

pedrisca. sust. m. → **pedrada**

pedrusco. sust. m. fam. 'Pedazo de piedra sin labrar'. Incorrecto: *pedruzco*.

pedúnculo. sust. m. 'Tallito de la hoja, la flor o el fruto'. → **pecíolo**

peer. v. intr. Ú. t. c. prnl. 'Arrojar ventosidades del vientre'. Nótese que la primera **e** forma parte de la raíz (***peo***, ***peía***, ***peí***, ***peeré***, ***peería***, ***pea***, ***peiera*** o ***peiese***, ***peiere***, ***pee***, ***peiendo***, ***peído***). Es verbo regular de la segunda conjugación.

pegado, da. p. de **pegar**. sust. m. 'Parche medicinal'. Diminutivo: **pegadillo**. sust. f. 'En algunos deportes, potencia que el deportista puede imprimir a sus puños, golpes o tiros'. Argent. 'Logro, buena suerte' (*¡Qué* ***pegada*** *tuvo con el tema que le adjudicaron en el examen!*). La A.A.L. ha recomendado la inclusión de este argentinismo en el ***Diccionario***.

pegajoso, sa. adj. 'Que se pega fácilmente'; 'contagioso'. También puede decirse **pegadizo, za** (adj.).

pegar. v. tr. Rég. prep.: **pegar a** (***pegar*** *una tela* ***a*** *otra*); **pegar con** (***pegar*** *maderas* ***con*** *cola*); **pegar contra** (***pegar*** *un papel* ***contra*** *la pared*); **pegar en** (***pegar*** *una etiqueta* ***en*** *el baúl*); **pegar sobre** (***pegar*** *un hule* ***sobre*** *la mesa*). v. prnl. 'Reñir'; 'hablando de guisos, quemarse', etc. Rég. prep.: **pegarse con** (***pegarse con*** *otro*). La 'acción de pegar o pegarse una cosa con otra' es **pegamiento** (sust. m.); distíngase de **pegamento** (sust. m.), 'sustancia que sirve para pegar' (*Adheriré el azulejo que falta con un* ***pegamento***). Una **pegatina** (sust. f.) es un 'adhesivo pequeño que lleva impresa propaganda política, comercial, etc.'. → **pagar**

pegón, na. adj. fam. 'Aficionado a pegar golpes a otro'. Ú. t. c. sust. m. y f.: **el pegón, la pegona**.

pegote. sust. m. 'Emplasto'. Con esta acepción, puede decirse **pegatoste** (sust. m. p. us.). Son incorrectos: *pegoste* y *pegostre*. fig. 'Intercalación inútil o impertinente hecha en una obra literaria'. fig. y fam. 'Cualquier sustancia espesa que se pega'; 'persona impertinente que no se aparta de otra'; 'parche'.

pegotear. v. intr. fam. 'Introducirse uno en las casas a las horas de comer, sin ser invitado'. Su 'acción y efecto' es **pegotería** (sust. f.). En la Argentina, se usa con los significados de 'pegar', tanto transitivos como pronominales, acepciones que carecen de registro académico (***Ha pegoteado*** *toda la mesa con el dulce*; *No* ***te pegotees*** *a tu hermana*). No debe pronunciarse [pegotiar, pegotié]. → **-ear**.

pegual. sust. m. Amér. 'Cincha con argollas que sirve para sujetar los animales enlazados o para transportar objetos pesados'. En plural: **peguales**.

pegujal. sust. m. 'Pequeña porción de siembra o de ganado'. La forma **pegujar** (sust. m.) es, como anota la Academia, desusada. También puede decirse **piujar** (sust. m. vulg.).

pegujalero. sust. m. 'Labrador que tiene poca siembra'; 'ganadero que tiene poco ganado'. Carece de femenino. También puede decirse **pegujarero** (sust. m.), pero la Academia prefiere la primera forma.

pegujón. sust. m. colect. 'Conjunto de lanas o pelos que se aprietan y pegan unos con otros a manera de ovillo o pelotón'. También puede decirse **pegullón** (sust. m.). La Academia prefiere la primera forma.

pehuenche. adj. Argent. y Chile. 'Aplícase al habitante de una parte de la cordillera de los Andes'. Ú. m. en pl. (*costumbres* ***pehuenches***). Ú. t. c. sust. com.: **el pehuenche, la pehuenche**.

peinador, ra. adj. 'Que peina'. Ú. t. c. sust. m. y f.: **el peinador, la peinadora**. sust. m. 'Prenda de lienzo ajustada al cuello con que se protege la vestimenta del que se peina o afeita'. sust. f. 'Máquina textil'. Ú. t. c. adj. (*máquina* ***peinadora***).

peinar. v. tr. 'Desenredar el cabello'. Ú. t. c. prnl. 'Rozar ligeramente una cosa'. fig. 'Rastrear minuciosamente un territorio en busca de algo o de alguien'. La 'acción' de este verbo es **peinada** (sust. f.) o **peinadura** (sust. f.).

peine. sust. m. Diminutivos: **peinecito, peinecillo**. → **peineta**

peinero. sust. m. 'Persona que fabrica o vende peines'. Carece de femenino. → **peinetero**

peineta. sust. f. 'Peine convexo que usan las mujeres por adorno o para sujetar el pelo'. Una 'peineta pequeña' se denota con el diminutivo **peinecillo** (sust. m.).

peinetero. sust. m. 'El que fabrica peines o peinetas'. Carece de femenino.

pejerrey. sust. m. 'Pez marino' (*En esta zona costera hay mucho **pejerrey***). Argent. 'Nombre de diversas especies de peces marinos o de agua dulce, parecidos al precedente, pero de tamaño mayor' (*El **pejerrey** de la laguna Chascomús de la Argentina es famoso*). Para distinguir los sexos, debe recurrirse a las perífrasis **pejerrey macho**, **pejerrey hembra**. En plural: **pejerreyes**.

pelado, da. p. de **pelar**. adj. 'Desprovisto de lo que por naturaleza suele adornarlo' (*monte **pelado**; hueso **pelado***); 'dícese del número que consta de decenas, centenas o millares justos' (*cien **pelado***); 'dícese de la persona pobre o sin dinero'. Ú. t. c. sust. m. y f. (*No tiene dinero, es un **pelado***). Ecuad. 'Calvo'. Se emplea con esta denotación, también, en la Argentina (*cabeza **pelada***). Ú. t. c. sust. y f.: **el pelado**, **la pelada** (***Los pelados** son simpáticos*).

pelador. sust. m. 'El que pela o descorteza una cosa'. Su femenino es **peladora**. Ú. t. c. adj.

pelafustán. sust. m. En plural: **pelafustanes**. Su femenino es **pelafustana**. → **pelagatos**

pelagatos. sust. m. fig. y fam. 'Hombre insignificante, mediocre, sin posición social o económica'. Nótese que se escribe, en singular, con **s** final. En plural, no varía: **los pelagatos**. También pueden decirse **pelafustán** (sust. m.) y **pelagallos** (sust. m.). Esta última voz, en plural, no varía: **los pelagallos**. La Academia prefiere la primera forma.

pelaire. sust. m. Voz catalana (*paraire*) españolizada. 'El que prepara la lana para tejer'. Carece de femenino. Su 'ocupación u oficio' es **pelairía** (sust. m.), que no debe pronunciarse [pelairia].

pelambre. sust. amb.: **el pelambre** o **la pelambre**. La forma más frecuente es la femenina (*¡Tiene una **pelambre**!*). En su acepción más usual, es sustantivo colectivo, 'conjunto de pelo abundante en todo el cuerpo'. Hasta la edición de 1984, el ***Diccionario*** sólo consignaba el género masculino, el menos usual. Puede decirse, también, **pelamen** (sust. m. colect.). La voz **pelambrera** (sust. f.), muy próxima semánticamente a las anteriores, denota el 'vello o pelo abundante y crecido'.

pelanas. sust. m. 'Persona inútil, despreciable'. Nótese que, en singular, lleva **s** final. En plural, no varía: **los pelanas**.

pelantrín. sust. m. 'Labrantín, pegujalero'. Incorrecto: <u>*pelandrín*</u>. Es voz aguda que, en plural, se hace grave: **pelantrines**.

pelar. v. tr. 'Cortar, quitar, arrancar el pelo'. Ú. t. c. prnl. Entre otras acepciones, 'quitar las plumas al ave'; 'quitar la piel o la corteza a algo'. **duro de pelar**. loc. fig. fam. 'Difícil de conseguir'; 'persona difícil de convencer'. **pelárselas**. loc. verbal fig. y fam. 'Apetecer alguien con vehemencia una cosa' (***Se las pela** por sobresalir*); 'ejecutar alguna cosa con vehemencia o rapidez' (*Corre que **se las pela***). **que pela**. loc. fig. y fam. 'Dicho de cosas calientes o frías, que producen una sensación extremada' (*El guiso está **que pela**; Corre un viento sur **que pela***).

pelear. v. intr. 'Batallar'; 'contender'. Ú. t. c. prnl. (***Se pelean***). fig. 'Luchar los animales entre sí', etc. v. prnl. fig. 'Enemistarse'. Rég. prep.: **pelear a** (***pelear a** cuchillo*); **pelear** o **pelearse con** (***pelear** o **pelearse con** otro*); **pelear contra** (***pelear contra** todos*); **pelear en** (***pelear en** defensa de la patria*); **pelearse entre** (***pelearse entre** sí*); **pelear** o **pelearse por** (***pelear** o **pelearse por** nada*). En algunos países americanos, entre ellos la Argentina, se usa como transitivo (*Lo **pelea***). No debe pronunciarse [peliar, pelié]. → **-ear**

pelecaniforme. adj. 'Dícese de ciertas aves marinas, como el pelícano'. Ú. t. c. sust. f.: **la pelecaniforme**. sust. f. pl. 'Orden de estas aves': **las pelecaniformes**. Incorrecto: <u>*pelicaniforme*</u>.

pelechar. v. intr. 'Echar los animales pelo o plumas'; 'cambiar de plumas las aves'. fig. y fam. 'Comenzar a medrar, a mejorar fortuna o a recobrar la salud'. Incorrecto: <u>*pelechear*</u>. Su 'acción y efecto' es **pelecho** (sust. m.).

peleón, na. adj. 'Pendenciero' (*niños **peleones***). sust. f. 'Riña' (*¡Se armó una **peleona**!*). No debe pronunciarse [pelión, peliona].

pelerina. sust. f. Voz francesa (*pèlerine*) españolizada. 'Capita, esclavina'. Ha sido recién incorporada en el ***Diccionario***.

peletero. sust. m. 'El que tiene por oficio trabajar en pieles finas o venderlas'. Su femenino es **peletera**. adj. 'Perteneciente o relativo a la peletería'.

peli-. pref. No está registrado en el ***Diccionario***. → **pelo**

peliagudo, da. adj. Se usa, sobre todo, con el significado figurado de 'difícil de resolver o entender' (*problema* ***peliagudo***). Incorrecto: *peleagudo*, un vulgarismo por ultracorrección.

pelícano o **pelicano.** sust. m. 'Ave acuática'. Las dos acentuaciones son correctas, pero la Academia prefiere la primera. Para distinguir los sexos, debe recurrirse a las perífrasis **pelícano** o **pelicano macho**, **pelícano** o **pelicano hembra**. No se confunda, por otra parte, la segunda forma con el adjetivo **pelicano, na**, 'que tiene cano el pelo' (*Es alto, robusto,* ***pelicano***).

película. sust. f. Entre otras denotaciones, 'obra cinematográfica'. → **film**. Aumentativo: **peliculón**. **de película**. loc. adj. 'Increíble, extraordinario'; 'fastuoso'. Esta locución carece de registro en el ***Diccionario*** mayor, en el que sólo figura su equivalente: **de cine** (loc. adj. fig. y fam., y loc. adv. fig. y fam.). La recoge el ***Manual***. Es de uso frecuente.

peliduro, ra. adj. 'Que tiene duro el pelo'. Se aplica a ciertas razas caninas. Incorrecto: *peloduro*. → **pelo (peli-)**

peligrar. v. intr. 'Estar en peligro'. Rég. prep.: **peligrar en** (***peligrar en*** *una situación*; ***peligrar en*** *la escalera*).

peligro. sust. m. 'Riesgo inminente de que suceda algún mal' (*Ese bache es un* ***peligro***). Distíngase de **peligrosidad** (sust. f.), 'calidad de peligroso' (*La* ***peligrosidad*** *de la ruta aumenta de noche*). Incorrecto: *Fue una acción de mucha peligrosidad*. Correcto: *Fue una acción de mucho* ***peligro***.

peligroso, sa. adj. Rég. prep.: **peligroso de** (***peligroso de*** *hacer*); **peligroso para** (***peligroso para*** *manipular*).

pellejo. sust. m. 'Piel del animal, especialmente cuando está separada del cuerpo' (*Le quitaron el* ***pellejo*** *al pobre bicho*); 'piel del hombre' (*No sé adónde irá a dar mi* ***pellejo***); 'piel de algunas frutas y hortalizas' (*El* ***pellejo*** *de la uva es indigesto*). Con esta última acepción, también puede decirse **hollejo** (sust. m.). Diminutivo: **pellejuelo**. Aumentativo: **pellejazo**. La **pelleja** (sust. f.) es, entre otras acepciones, la 'piel quitada del cuerpo del animal' y el 'cuero curtido con la lana o el pelo'. Su diminutivo: **pellejuela**. Una **pellejería** o **pelletería** (susts. fs.) es el 'lugar donde se adoban o venden pellejos' y el 'conjunto de pieles y pellejos' (colect.). La segunda forma tiene poco uso. El **pellejero** (sust. m.) o la **pellejera** (sust. f.) es la 'persona que tiene por oficio adobar o vender pieles'. Pueden decirse, también, aunque son de poco uso, **pelletero**, **pelletera** (sust. m. y f.) y **pellijero**, **pellijera** (sust. m. y f.). **jugarse el pellejo**. loc. fig. y fam. 'Jugarse la vida'. **salvar uno el pellejo**. fr. fig. y fam. 'Librar la vida de un peligro'.

pellizcar. v. tr. Ú. t. c. prnl. Su postverbal es **pellizco** (sust. m.). → **sacar**

pelma. sust. com. fig. y fam. 'Persona tarda en sus acciones'; 'persona molesta e inoportuna': **el pelma**, **la pelma**. Para igual denotación, puede usarse **pelmazo** (sust. m.), **pelmaza** (sust. f.).

pelo. sust. m. Con la denotación de 'conjunto de ellos', es sustantivo colectivo (*Tiene mucho* ***pelo***). Se usa, en especial, para el de los animales, pero es correcto emplearlo para el de la cabeza humana. → **cabello**. Despectivo: **pelusa** (sust. f.). → **pelusa**. Forma parte de numerosas frases y locuciones, de las que sólo damos unas pocas. **pelos y señales**. fig. y fam. 'Pormenores y circunstancias de una cosa' (*Lo contó con* ***pelos y señales***). **al pelo**. loc. adv. 'Hacia el lado a que se inclina el pelo'. En sentido familiar y figurado, 'a punto, con toda exactitud, a medida del deseo' (*El estante quedó* ***al pelo***; *Esto me vino* ***al pelo***). **contra pelo**. loc. adv. Es igualmente correcto **a contrapelo** (loc. adv.). 'Lo que va en sentido contrario a donde se inclina el pelo'. También puede decirse **a repelo** (loc. adv.). **de medio pelo**. loc. adj. fig. y fam. despect. 'Dícese de las personas que quieren aparentar más de lo que son, o de las cosas de poco mérito o importancia' (*Es gente* ***de medio pelo***). **de pelo en pecho**. loc. adj. fam. 'Robusto, vigoroso' (*hombre* ***de pelo en pecho***). **en pelo**. loc. adv. Se aplica, sobre todo, a 'andar a caballo sin montura' (*Monta siempre* ***en pelo***). Puede decirse, también, **a pelo** (loc. adv.), menos frecuente. **no tener** uno **pelos en la lengua**. fr. fig. y fam. 'No tener reparos en lo que se dice'. **tomar el pelo** a uno. fr. fig. y fam. 'Burlarse' (*Me*

toma el pelo). Con la forma **peli-**, entra en la formación de adjetivos compuestos: **peliblanco, ca; peliblando, da; pelicano, na; peliduro, ra; pelilargo, ga; pelinegro, gra; pelirrojo, ja; pelirrubio, bia; pelitieso, sa**, etc.

pelón, na. adj. 'Que no tiene pelo o que tiene muy poco'; 'que lleva cortado el pelo al rape'; 'que tiene escasos recursos económicos' (fig.). En las tres acepciones, ú. t. c. sust. m. y f.: **el pelón, la pelona**. No se confunda, en la primera acepción, con **peludo, da** (adj.), que significa exactamente lo contrario, 'que tiene mucho pelo'. → **pelado**

peloponesiaco, ca o **peloponesíaco, ca.** adj. 'Perteneciente al Peloponeso'. La Academia prefiere la primera forma, pero las dos son correctas.

pelota. sust. f. Diminutivo: **pelotilla**. Aumentativo: **pelotón** (sust. m.). Un **pelotazo** (sust. m.) es el 'golpe dado con la pelota'.

pelota (en). loc. adv. 'Desnudo, en cueros'. Es correcto, igualmente, **en pelotas**.

pelotari. sust. com. 'Persona que tiene por oficio jugar a la pelota en un frontón': **el pelotari, la pelotari**. En plural: **pelotaris**.

pelotear. v. tr. 'Repasar y señalar las partidas de una cuenta, y cotejarlas con sus justificantes respectivos'. Argent. 'Traer a alguien a maltraer, tratarlo sin consideración' (*El jefe, todo el día, **pelotea** al nuevo empleado*); 'demorar deliberadamente un asunto' (*Ese funcionario **pelotea** tu expediente*). La segunda acepción del argentinismo no está registrada en el ***Diccionario***, pero la A.A.L. recomendó su incorporación. La primera es de introducción reciente. v. intr. 'Jugar a la pelota por entretenimiento' (*Están **peloteando** en la cancha de tenis*). fig. 'Arrojar una cosa de un lado a otro'; 'reñir dos o más personas entre sí'; 'contender'. No debe pronunciarse [pelotiar, pelotié]. Su postverbal, recién incorporado en el léxico oficial, es **peloteo** (sust. m.). → **-ear**

pelotero. sust. m. 'El que hace pelotas para jugar'; 'el que las suministra en el juego'. Su femenino es **pelotera**. sust. f. fam. 'Riña' (*Ayer se armó la gran **pelotera** en la oficina*). Ú. t. c. adj. (*escarabajo **pelotero***).

pelotón. sust. m. aum. de **pelota** (*Juega con un **pelotón** de vistosos colores*). sust. m. colect. 'Conjunto de pelos o de cabellos unidos, apretados o enredados' (*Es imposible peinarlo por los **pelotones** que tiene*); 'conjunto de personas sin orden y como en tropel' (*Avanzaba un **pelotón** de huelguistas por la derecha*); 'grupo numeroso de ciclistas que, durante una prueba, marchan juntos' (*El **pelotón**, a gran distancia del puntero, está por tomar la curva*). Su homónimo, también sustantivo masculino colectivo, denota una 'pequeña unidad de infantería, a cargo de un cabo o de un sargento, que forma parte, normalmente, de una sección' (*El suboficial iba al frente de su **pelotón***).

peltrero. sust. m. 'El que trabaja en cosas de peltre'. Carece de femenino en el ***Diccionario***.

pelú. sust. m. Chile. 'Árbol leguminoso, de flores de color dorado'. En plural: **pelúes** o **pelús**.

peluche. sust. m. Es voz francesa (*peluche*) españolizada. Ha sido recién incorporada en el ***Diccionario***, de modo que no cabe tildarla, hoy, de galicismo. Equivale a **felpa** (sust. f.) y designa, asimismo, un 'juguete hecho de este tejido' (*Compró un osito de **peluche**; En la cuna había un **peluche** blanco*). En plural: **peluches** (*La vidriera estaba llena de **peluches***).

peludo, da. adj. 'Que tiene mucho pelo'. sust. m. R. de la Plata. 'Especie de armadillo, de orejas medianas y puntiagudas; caparazón con pelo hirsuto y abundante, no muy largo'. Argent., Bol., Par. y Urug. fam. 'Borrachera' (*¡Qué **peludo** tenía!*). **caer como peludo de regalo**. fr. fig. Argent. y Urug. 'Llegar de sorpresa o inoportunamente'.

peluquear. v. tr. En varios países americanos, entre ellos la Argentina, 'cortarse el pelo'. Ú. t. c. prnl. No debe pronunciarse [peluquiar, peluquié]. En esos mismos países, su postverbal es **peluqueada** (sust. f.). Incorrecto: *peluquiada*. → **-ear**

peluquero. sust. m. 'El que tiene por oficio peinar, cortar el pelo o hacer pelucas, postizos, etc.'; 'dueño de una peluquería'. Su femenino es **peluquera**.

peluquín. sust. m. 'Peluca pequeña o que cubre parte de la cabeza'. La Academia no lo registra como diminutivo de **peluca** (sust. f.), pero lo es morfológicamente.

pelusa. sust. f. Entre otras acepciones, 'pelo

muy tenue de algunas frutas' (*la **pelusa** del durazno*); 'vello' (*No tiene bigotes, tiene una **pelusa***); 'polvo y suciedad que se forma, generalmente, debajo de los muebles' (*¡Cuánta **pelusa**, debajo de la cama!*). Diminutivo: **pelusilla**. → **pelo**

pelvis. sust. f. 'Cavidad anatómica del cuerpo de los mamíferos'. En plural, no varía: **las pelvis**.

pena. sust. f. 'Castigo'; 'aflicción'; 'dolor'. **pena capital**. 'La de muerte'. **a duras penas**. loc. adv. 'Con gran dificultad'. **so pena**. loc. adv. 'Bajo la pena o castigo'. Es –como aclara la Academia– una fórmula conminatoria anticuada. Se usa, sin embargo, en textos prescriptivos de carácter jurídico o normativo. **valer** o **merecer la pena**. Esta frase, que también puede ser negativa, se construye sin la preposición **de**, cuando **lo que vale** o **merece la pena** es el sujeto de la oración (***Vale la pena** ver esa película*; ***Merece la pena** leer ese libro*). Incorrecto: *Vale la pena de ver esta película*; *Merece la pena de leer ese libro*). Lleva, en cambio, la preposición **de**, cuando **lo que vale** o **merece la pena** no es el sujeto de la oración, sino un simple modificador de **pena** (*Esta película no **vale la pena de** verse*; *Este libro no **merece la pena de** leerse*). Incorrecto: *Esta película no vale la pena verse*; *Este libro no merece la pena leerse*). La frase *tomarse la pena de* es galicada; en español, corresponde decir **tomarse** uno **el trabajo de, hacer el favor de**. Incorrecto: *Se tomó la pena de ayudarme*. Correcto: ***Se tomó el trabajo de** ayudarme* o ***Hizo el favor de** ayudarme*.

penable. adj. 'Que se puede penar'. Incorrecto: *penible*.

penacho. sust. m. colect. 'Conjunto de plumas'. Diminutivo: **penachuelo**. También puede decirse **penachera** (sust. f.). La Academia prefiere la primera forma.

penado, da. p. de **penar**. adj. Entre otras acepciones, 'penoso'. sust. m. 'Delincuente condenado a una pena'. Su femenino es **penada**.

penal. adj. 'Relativo a la pena o que la incluye' (*sanción **penal***); 'perteneciente al crimen' (*fuero **penal***); 'relativo a las leyes, instituciones o acciones destinadas a perseguir crímenes y delitos' (*código **penal***). sust. m. 'Lugar donde los penados cumplen sus condenas'.

penalista. adj. 'Dícese del jurisconsulto que, con preferencia, se dedica al derecho penal'. Ú. t. c. sust. com.: **el penalista**, **la penalista**.

penalizar. v. tr. 'Imponer un castigo o una sanción'. → **cazar**

penalti. sust. m. Voz inglesa (*penalty*) españolizada. 'En el fútbol y otros deportes, máxima sanción que se aplica a ciertas faltas'. En la Argentina, esta voz no se usa; se emplea, con ese significado, **penal**, término deportivo no registrado por la Academia. **casarse de penalti**. fr. fam. 'Casarse por haber quedado embarazada la mujer'. Es voz recién incorporada por la Academia. En consecuencia, dada su españolización, no debe escribirse conforme a la grafía inglesa. En plural: **penaltis**.

penar. v. tr. Entre otras acepciones, 'imponer una pena'. v. intr. 'Padecer, sufrir'. v. prnl. 'Afligirse'. Rég. prep.: **penar de** (***penar de** amores*); **penar en** (***penar en** la otra vida*); **penar por** (***penar por** los amigos*). **penar** uno **por** una cosa. fr. fig. fam. 'Desearla con ansia' (*Juan **pena por** conseguir ese empleo*).

penates. sust. m. pl. 'Dioses domésticos'. No se usa nunca en singular. → **plural** (**pluralia tantum**)

pendejo. sust. m. 'Pelo que nace en el pubis y en las ingles'. fig. y fam. 'Hombre cobarde, pusilánime'; 'hombre tonto, estúpido'. La Academia no registra la denotación vulgar del argentinismo, 'chico, adolescente'. Carece de forma para el femenino. La A.A.L. ha recomendado su inclusión, como regionalismo, en el léxico oficial. Una **pendejada** (sust. f. vulg.) es un 'conjunto de chicos jóvenes' (colect.), un 'dicho o conducta infantiles' y, por extensión, una 'tontería o necedad'. También para estas acepciones, la A.A.L. ha recomendado su incorporación en el ***Diccionario***.

pendencia. sust. f. 'Riña'. Diminutivo: **pendenzuela**.

pendenciar. v. intr. 'Reñir'. Se conjuga, en cuanto al acento, como **cambiar**.

pender. v. intr. 'Estar colgada, suspendida o inclinada alguna cosa'; 'depender'. fig. 'Estar por resolverse un pleito o negocio'. Rég. prep.: **pender ante** (***pender ante** el tribunal*); **pender de** (***pender de** un hilo*); **pender en** (***pender en** la cruz*); **pender sobre** (***pender sobre** su cabeza*).

pendiente. p. a. de **pender**. 'Que pende'. adj. 'Inclinado, en declive' (*tabla **pendiente***); 'que está por resolverse' (*negocio **pendiente***); 'atento, preocupado' (*Está **pendiente** de los invitados*). sust. m. 'Arete con adorno colgante o sin él'. Ú. m. en pl. (*Tenía unos **pendientes** de diamante*). sust. f. 'Cuesta o declive' (*En la mitad de la **pendiente**, hay una señal*).

péndola. sust. f. p. us. 'Pluma de ave'; 'pluma de escribir'. Para esta segunda acepción, también se emplea **peñola** (sust. f.).

pendolista. sust. com. 'Persona que escribe con muy buena letra': **el pendolista, la pendolista**. Puede decirse, también, **pendolario** (sust. m.), pero la Academia prefiere la primera forma.

pendonista. adj. 'Dícese de la persona que, en una procesión, lleva el pendón'. Ú. t. c. sust. com.: **el pendonista, la pendonista**.

péndulo. sust. m. 'Varilla o varillas con una lenteja que, con sus oscilaciones, regula el movimiento de los relojes finos, como los de pared o de mesa'. También puede decirse **péndola** (sust. f.).

penetrar. v. tr. Entre otras acepciones, 'introducir'. fig. 'Llegar lo agudo del dolor, sentimiento u otro afecto a lo interior del alma'; 'comprender el interior de uno o una cosa dificultosa'. Ú. t. c. intr. y c. prnl. Rég. prep.: **penetrar en** (***penetrar en** la casa*); **penetrarse de** (***penetrarse de** los problemas*); **penetrar** o **penetrarse hasta** (***penetrar** o **penetrarse hasta** el fondo*); **penetrar por** (***penetrar por** lo más espeso del bosque*).

península. sust. f. 'Accidente geográfico'. Se escribe con minúscula (*la **península** Valdés*), salvo cuando se hace referencia a una en particular, sin nombrarla; por ejemplo, la Ibérica (*Pedro de Mendoza partió de la **Península**, rumbo al Río de la Plata, en 1535*).

peninsular. adj. 'Natural de una península'. Ú. t. c. sust. com.: **el peninsular, la peninsular**. Por antonomasia, se dice de lo 'relativo a la península Ibérica' (*el español **peninsular***).

penique. sust. m. 'Moneda inglesa'. Incorrecto: *peñique*.

penitenciar. v. tr. 'Imponer penitencia'. Se conjuga, en cuanto al acento, como **cambiar**.

penitenciaría. sust. f. 'Establecimiento penitenciario' (*El penado está en la **penitenciaría***). Incorrecto: *penitenciería*. 'Oficio de penitenciario'. sust. pr. f. 'Tribunal eclesiástico con sede en Roma'. En este caso, se escribe con mayúscula (*la **Penitenciaría***).

penitenciario, ria. adj. 'Relativo a la penitencia'; 'aplícase al presbítero que tiene la obligación de confesar en una iglesia determinada'. Ú. t. c. sust. m.: **el penitenciario**. 'Aplícase a los sistemas modernamente adoptados para castigo, corrección y recuperación de los penados' (*normas **penitenciarias***). sust. m. 'Cardenal presidente del Tribunal de la Penitenciaría en Roma'.

penitente. adj. 'Perteneciente a la penitencia' (*actitud **penitente***); 'que tiene penitencia' (*obra **penitente***). sust. com. 'Persona que hace penitencia', 'que se confiesa sacramentalmente' o 'que, en las rogativas o procesiones, va vestida de túnica en señal de penitencia': **el penitente, la penitente**. La Academia admite, para la segunda acepción, el sustantivo femenino **penitenta** (p. us.).

penoso, sa. adj. 'Trabajoso'; 'que padece una aflicción o pena'. No debe usarse, en su reemplazo, *penible*, un galicismo. → **penable**

pensado, da. p. de **pensar**. adj. Con el adverbio **mal**, 'propenso a desestimar o interpretar desfavorablemente las acciones, intenciones o palabras ajenas' (*opinión **mal pensada***). Ú. t. con el adverbio **peor**. Cuando se usa como sustantivo, se escribe en una sola palabra (*Es un **malpensado***). → **malpensado**

pensador, ra. adj. 'Que piensa'. sust. m. 'Hombre que se dedica a estudios muy elevados y profundos'. Su femenino es **pensadora**.

pensar. v. irreg. tr. 'Imaginar, considerar, discurrir'; 'reflexionar'. Rég. prep.: **pensar** algo **de** (***pensar** bien **de** alguien*); **pensar en** (***pensar en** ir*); **pensar en** o **sobre** (***pensar en** o **sobre** tonterías*); **pensar entre** (***pensar entre** varios*); **pensar para** (***pensar para** sí*). Incorrecto: *pensar de que* (dequeísmo). Correcto: **pensar que**. Se conjuga como **acertar**.

pensil o **pénsil.** adj. 'Colgante' (*huertas **pensiles***). sust. m. fig. 'Jardín delicioso'. Ambas formas son correctas. La Academia y los hablantes prefieren la primera. En plural, respectivamente: **pensiles, pénsiles**.

pensión. sust. f. Entre otras denotaciones, 'cantidad que se asigna a alguien desde las instituciones de seguridad social'; 'casa donde se reciben huéspedes mediante precio convenido'. **pensión completa**. 'Régimen de hospedaje que incluye la habitación y todas las comidas del día'. **media pensión**. 'Régimen de hospedaje que incluye la habitación y una comida diaria'; 'régimen de pensionado que incluye la enseñanza y una comida'. La voz **pensionado, da** (adj.) significa 'que tiene o cobra una pensión'. Ú. t. c. sust. m. y f.: **el pensionado, la pensionada**. sust. m. Equivale a **internado** (sust. m.), 'establecimiento donde se vive en régimen de pensión' (*Puso a su hijo en un **pensionado***).

pensionista. sust. com. 'Que percibe una pensión'; 'persona que está en un colegio o casa particular y paga una pensión por sus alimentos o por su enseñanza': **el pensionista, la pensionista**.

penta-. elem. compos. de or. gr. 'Cinco' (***pentágono, pentagrama***).

pentadáctilo, la. adj. 'Que tiene cinco dedos'. Ú. t. c. sust. m. y f.: **el pentadáctilo, la pentadáctila**. Es palabra esdrújula. No debe pronunciarse [pentadactilo] como grave.

pentágono, na. adj. 'Aplícase al poliedro de cinco ángulos y cinco lados'. Ú. m. c. sust. m.: **el pentágono**. También puede decirse **pentagonal** (adj.), pero la Academia prefiere la primera forma.

pentagrama o **pentágrama.** sust. m. 'Renglonadura formada por cinco rectas paralelas y equidistantes sobre las que se escribe música'. Las dos acentuaciones son correctas, pero la Academia y los hablantes prefieren la primera.

pentámero, ra. adj. 'Dícese del verticilo que consta de cinco piezas y de la flor que tiene corola y cáliz con este carácter'; 'se dice de los insectos coleópteros que tienen cinco artejos en cada tarso'. Ú. t. c. sust. m.: **el pentámero**. sust. m. pl. 'Suborden de estos insectos': **los pentámeros**. Estas acepciones y usos, salvo la primera, son de reciente incorporación académica.

pentasílabo, ba. adj. 'Que consta de cinco sílabas' (*verso **pentasílabo***). Incorrecto: <u>*pentasilábico*</u>.

pentatlón. sust. m. colect. 'Conjunto de cinco pruebas atléticas que actualmente consiste en 200 y 1500 metros lisos, salto de longitud y lanzamiento de disco y jabalina'. Es voz de reciente ingreso en el ***Diccionario***. Dada la españolización aguda de esta voz de origen griego, no corresponde, hoy, acentuarla [péntatlon] como esdrújula ni escribirla con th: <u>*pentathlón*</u>, <u>*péntathlon*</u>. En plural: **pentatlones**. → **decatlón**

pentrita. sust. f. 'Sólido cristalino, insoluble en agua y alcohol'. Se usa como explosivo. Es voz recién incorporada por la Academia.

penúltimo, ma. adj. 'Inmediatamente anterior a lo último o postrero' (*Es el **penúltimo** alumno de la fila*). Ú. t. c. sust. m. y f.: **el penúltimo, la penúltima**. Incorrecto: <u>*anteúltimo*</u>.

peña. sust. f. 'Piedra grande sin labrar'; 'cerro peñascoso'; 'nombre que toman algunos círculos de recreo'. Diminutivo: **peñuela**. Aumentativo: **peñón** (sust. m.).

peñasco. sust. m. 'Peña grande y elevada'. El sustantivo colectivo correspondiente es **peñascal** (sust. m.).

peñón. sust. m. aum. de **peña**. Se escribe con minúscula (*el **peñón** de Gibraltar*). Pero cuando se hace referencia a uno en particular, sin dar su nombre, lleva letra inicial mayúscula (*Visitaremos, en España, el **Peñón***).

peón. sust. m. Entre otras acepciones, 'jornalero'. No debe pronunciarse [pión], un vulgarismo. Es palabra aguda que, en plural, se hace grave: **peones**. Carece de femenino. El 'conjunto de peones' es **peonada** (sust. f. colect.) o **peonaje** (sust. m. colect.). Incorrecto: <u>*pionada*</u>, <u>*pionaje*</u>.

peor. adj. comp. de **malo** (*Ana es **peor** alumna que su hermana*). No debe pronunciarse [pior], un vulgarismo. En plural: **peores** (*Hay **peores** vinos que éstos*). adv. m. comp. de **mal** (*Anda **peor** que tú*). Se construyen ambos con **que** (*Esta alumna es **peor que** la otra*; *Está **peor que** ayer*). Con **peor**, precedido del artículo, se forma el superlativo relativo que, como dice el ***Esbozo***, más que un superlativo es un "comparativo de excelencia" (*Juan era **el peor** alumno*). En su uso adverbial, por el carácter invariable del adverbio, es incorrecto emplearlo en plural: *Son los peores pagados de la industria gráfica*. Correcto: *Son los **peor** pagados de la industria gráfica*. Es incorrecta la construcción con la preposición **a**: *peor a la otra*; *peor a ayer*. Decir *más peor* es un vulgarismo. **peor que peor**. expr. que significa que 'lo que se propone como solución o disculpa de una cosa la empeora'. → **mal, malo**

peperina o **piperina.** sust. f. Argent. 'Planta'. Sus hojas se utilizan en infusiones. Esta voz carece de registro en el ***Diccionario***, pero la A.A.L. ha recomendado su inclusión, con preferencia por la primera forma.

pepino. sust. m. 'Planta herbácea anual, apreciada por su fruto'; 'fruto de esta planta'. fig. 'Cosa insignificante'. Ú. en frases como **no me importa un pepino**. En la Argentina, se usa, también, con el mismo significado, **me importa un pepino**. Diminutivo: **pepinillo**. Un **pepinar** (sust. m. colect.) es un 'sitio sembrado de pepinos'.

pequeño, ña. adj. 'Corto, que no tiene la extensión que le corresponde'; 'dícese de las personas y las cosas que tienen poco o menor tamaño que otras de su misma especie'; 'de muy corta edad'. fig. 'Bajo, abatido, humilde, como contrapuesto a poderoso y soberbio'. Diminutivos: **pequeñuelo, la**; **pequeñín, na**. Ambos diminutivos, aplicados a personas, se usan como sustantivos masculinos y femeninos: **el pequeñuelo, la pequeñuela**; **el pequeñín, la pequeñina**. En la Argentina, el diminutivo usual es **pequeñito, ta**. Ú. t. c. sust. m. y f. **en pequeño**. loc. adv. 'En proporciones reducidas'. El comparativo de este adjetivo es **menor** (adj.), aunque se usa, también, la forma perifrástica **más pequeño**. Ambas se construyen con **que** (***menor que*** *Juan*; ***más pequeño que*** *Juan*). Es incorrecto usar **a** (*menor a Juan*; *más pequeño a Juan*). "Sin valor comparativo –dice Seco– se usa a veces *menor*, por anglicismo, como *secundario*" (*de menor importancia*, por *de importancia **secundaria***). El superlativo culto es **mínimo, ma** (adj.); el corriente o usual, **pequeñísimo, ma** (adj.). Cuando puede usarse el diminutivo de una palabra, debe evitarse el giro formado por *pequeño* + *sustantivo*, un galicismo (en vez de *pequeña casa*, ***casita***; en vez de *pequeño niño*, ***niñito***), y, por redundante, el empleo de *pequeño* + *diminutivo* (*pequeña casita*; *pequeño niñito*). → **menor**

pequinés, sa. adj. 'Natural de Pequín'. Ú. t. c. sust. m. y f.: **el pequinés, la pequinesa**. 'Dícese de una raza perruna'. Ú. t. c. sust. m. y f. (*Iba con un **pequinés** de pura raza*). No debe escribirse *pekinés*, *pekinesa*. Es voz de reciente incorporación en el ***Diccionario***.

per-. elem. compos. de or. lat. Significa 'intensidad o totalidad' (***perseguir***, ***perdurable***). En ***perjurar***, denota 'falsedad, mal'.

peral. sust. m. 'Árbol'. En plural: **perales**. Su 'fruto' es la **pera** (sust. f.). El sustantivo colectivo es **peraleda** (sust. f.), 'sitio poblado de perales'.

percatar. v. intr. 'Advertir, considerar'. Ú. t. c. prnl. (*Son asuntos para **percatarse***). v. prnl. 'Darse cuenta clara de algo'. Ú. m. con la prep. **de** (***Se percató de*** *que alguien había entrado durante su ausencia*). Su 'acción y efecto' es **percatación** (sust. f.).

perceptible. adj. 'Que se puede percibir o comprender'; 'que se puede cobrar'. Rég. prep.: **perceptible a** (***perceptible a*** *simple vista*); **perceptible en** (***perceptible en*** *dinero*); **perceptible entre** (***perceptible entre*** *la bruma*); **perceptible para** (***perceptible para*** *todos*). La 'calidad de perceptible' es la **perceptibilidad** (sust. f.).

perceptor, ra. adj. 'Que percibe' Ú. t. c. sust. m. y f.: **el perceptor, la perceptora**. Incorrecto: *percibidor*.

perchero. sust. m. colect. 'Conjunto de perchas o lugar en que las hay'.

percherón, na. adj. 'Dícese de una raza de caballos'. Ú. t. c. sust. m. y f.: **el percherón, la percherona**.

percibir. v. tr. 'Recibir una cosa y hacerse responsable de ella' (***percibir*** *dinero*); 'recibir por los sentidos' (***percibir*** *algo a lo lejos*); 'comprender o conocer una cosa' (***percibir*** *el malhumor de alguien*). Rég. prep.: **percibir a** (***percibir a*** *la distancia*); **percibir con** (***percibir con*** *el olfato*); **percibir de** (***percibir de*** *sus rentas*); **percibir desde** (***percibir desde*** *el balcón*); **percibir en** (***percibir en*** *efectivo*); **percibir por** (***percibir por*** *los sentidos*). Su 'acción y efecto' es **percepción** (sust. f.), voz que no debe confundirse con **percebimiento** (sust. m. p. us.), que es la 'acción y efecto de apercibir o apercibirse'. También se registra **percibo** (sust. m.), 'acción y efecto de percibir o recibir una cosa'.

percudir. v. tr. 'Penetrar la suciedad alguna cosa'; 'maltratar' (***Percude** los pañales, porque los lava mal*; *Todo lo **percude***). No se confunda esta forma verbal con **percutir**. → **percutir**

percusionista. sust. com. 'Persona que toca instrumentos de percusión': **el percusionista, la percusionista**. Es voz de reciente ingreso en el ***Diccionario***.

percutir. v. tr. 'Golpear'. Su 'acción y efecto' es **percusión** (sust. f.). → **percudir**

perdedor, ra. adj. 'Que pierde'. Ú. t. c. sust. m. y f.: **el perdedor, la perdedora**.

perder. v. irreg. tr. Entre otras acepciones, 'dejar de tener o no hallar'. Ú. t. c. intr. en algunas acepciones. v. prnl. 'Extraviarse' (***Se perdió** entre los papeles*). Rég. prep.: **perder a** o **en** (***perder a** o **en** la ruleta*); **perder** o **perderse de** (***perder** o **perderse de** vista*); **perder** o **perderse en** (***perder en** un bosque*; ***perderse en** explicaciones*); **perderse por** (***perderse por** valiente*). Su 'acción' es **perdición** (sust. f.). Similar denotación reviste **perdimiento** (sust. m.), 'perdición o pérdida'. Se conjuga como **tender**.

perdidizo, za. adj. 'Dícese de lo que se finge que se pierde, y de la persona que se escabulle'. Diferénciese de **perdidoso, sa** (adj.), 'que pierde o padece una pérdida'.

perdigar. v. tr. Entre otras denotaciones, 'soasar la perdiz u otra ave o alimento para que se conserve algún tiempo sin dañarse'. → **pagar**

perdigón. sust. m. 'Cada uno de los granos de plomo que forman las municiones de caza'. Es voz aguda que, en plural, se hace grave: **perdigones**. Una **perdigonada** (sust. f.) es tanto el 'tiro de perdigones' como la 'herida que causa'. → **perdiz**

perdis. sust. m. → **perdulario**

perdiz. sust. f. 'Ave de caza'. Es voz aguda que, en plural, se hace grave. Cambia la **z** por **c**: **perdices**. Para distinguir los sexos, debe recurrirse a las perífrasis **perdiz macho, perdiz hembra**. La 'perdiz nueva', el 'pollo de la perdiz' y el 'macho que emplean los cazadores como reclamo' reciben el nombre de **perdigón** (sust. m.). El 'perro que caza perdices' es un **perdiguero, ra** (adj. Ú. t. c. sust. m. y f.).

perdonador, ra. adj. 'Que perdona'. Ú. t. c. sust. m. y f.: **el perdonador, la perdonadora**.

perdonavidas. sust. com. fig. y fam. 'Persona que presume de lo que no es y se jacta de valiente': **el perdonavidas, la perdonavidas**. En plural, no varía: **los perdonavidas, las perdonavidas**. → **tragahombres**

perdulario, ria. adj. En su acepción más frecuente, 'vicioso incorregible'. Ú. t. c. sust. m. y f.: **el perdulario, la perdularia**. Ese mismo significado se registra para **perdis** (sust. m. fam.), voz que se usa, sobre todo, en frases como **ser un perdis, estar hecho un perdis**. Nótese que es voz grave. Incorrecto: <u>*perdís*</u>.

perdurar. v. intr. 'Durar mucho'. Su 'acción y efecto' es **perduración** (sust. f.). El adjetivo **perdurable** significa 'perpetuo' o 'que dura mucho tiempo', y **perdurabilidad** (sust. f.) es la 'calidad de perdurable'. Lo contrario de **perdurar** es **perecer** (v. intr.), y de **perdurable, perecedero, ra** (adj.).

perecear. v. tr. fam. 'Retardar una cosa por negligencia'. No debe pronunciarse [pereciar, perecié]. → **-ear**

perecer. v. irreg. intr. En sus acepciones más usuales, 'acabar, dejar de ser, fenecer'; 'padecer fatiga, molestia, etc.'. Rég. prep.: **perecer a** (***perecer a** manos del enemigo*); **perecer de** (***perecer de** sed*); **perecer por** (***perecer por** una mujer*). v. prnl. fig. 'Apetecer una cosa con ansia'. Se construye con la preposición **por** (***perecerse por** un ascenso*). Su 'acción' es **perecimiento** (sust. m.), y el adjetivo correspondiente, **perecedero, ra**. Se conjuga como **parecer**. → **perdurar**

peregrinar. v. intr. 'Andar'; 'ir en romería'; 'caminar a la patria celestial'; 'ir de un lugar a otro'. Rég. prep.: **peregrinar a** (***peregrinar a** un santuario*); **peregrinar por** (***peregrinar por** la tierra*). Incorrecto: <u>*pelegrinar*</u>. Su 'acción y efecto' es **peregrinación** (sust. f.) o **peregrinaje** (sust. m.). La Academia prefiere la primera forma (***peregrinación** a Luján*).

peregrino, na. adj. 'Aplícase al que anda por tierras extrañas' (*hombre **peregrino***). Con la acepción de 'romero', ú. m. c. sust. m. y f.: **el**

peregrino, la peregrina. Rég. prep.: **peregrino de** (*peregrino de Lourdes*); **peregrino en** (*peregrino en Jerusalén*). Incorrecto: *pelegrino*, un vulgarismo.

perencejo. sust. m. 'Una persona indeterminada'. Equivale a **perengano** (sust. m.).

perendengue. sust. m. 'Arete, pendiente'. Por extensión, 'cualquier adorno femenino de poco valor'. sust. m. pl. 'Adornos, atavíos'; 'requilorios' (*Está llena de **perendengues***). Puede decirse **pelendengue** (sust. m.), pero la Academia prefiere la primera forma.

perengano. sust. m. 'Voz que se usa para aludir a una persona cuyo nombre se ignora o no se quiere expresar, después de haber aludido a otras con palabras de igual indeterminación, como fulano, mengano y zutano' (*No vino casi nadie, ni fulano, ni mengano, ni zutano, ni **perengano***). Su femenino es **perengana**. Cuando forma parte de una serie enumerativa, va siempre después de **zutano**. Estas voces no deben escribirse con letra inicial mayúscula. → **mengano, perencejo**

perenne. adj. 'Continuo, incesante' (*súplicas **perennes***); 'aplícase a las plantas que duran más de dos años' (*planta **perenne***). La Academia admite la grafía **perene**, pero no se usa. En cambio, es un barbarismo *peremne*, como muchos dicen y escriben. Puede decirse **perennal** (adj.), pero la Academia prefiere la otra forma.

perennemente. adv. m. y t. 'Incesantemente, continuamente'. Incorrecto: *peremnemente*.

perennidad. sust. f. 'Perpetuidad'. Incorrecto: *peremnidad*.

perennifolio, lia. adj. 'Dícese de los árboles y plantas que conservan su follaje todo el año'. Incorrecto: *peremnifolio*.

perennigélido, da. adj. 'Dícese de los terrenos permanentemente helados'. Incorrecto: *peremnigélido*.

perennizar. v. tr. 'Eternizar'. Incorrecto: *peremnizar*. → **cazar**

perentorio, ria. adj. 'Dícese del último plazo que se concede'; 'concluyente'; 'urgente, apremiante'. La 'calidad de perentorio' es la **perentoriedad** (sust. f.). → **-dad**

perezoso, sa. adj. 'Negligente, descuidado, lento, dormilón'. Ú. t. c. sust. m. y f.: **el perezoso, la perezosa**. sust. m. 'Mamífero desdentado propio de la América Meridional'. Para distinguir los sexos, debe recurrirse a las perífrasis **perezoso macho**, **perezoso hembra**. sust. m. Perú y Urug. 'Tumbona, silla de tijera con asiento y respaldo de lona'. El ***Diccionario Manual***, salvo para el Uruguay, registra esta voz como del género femenino, que es, en la Argentina, la forma normal (***Estaba tendido en una perezosa***).

♦ **perfeccionable.** Neologismo por **perfectible.**

perfeccionar. v. tr. 'Acabar perfectamente una obra'. Ú. t. c. prnl. 'Mejorar una cosa o hacerla más perfecta'. Rég. prep.: **perfeccionarse con** (***perfeccionarse con** un gran maestro*); **perfeccionarse en** (***perfeccionarse en** escultura*). Son vulgarismos las pronunciaciones [perfecionar, perfecionarse]. Iguales incorrecciones, por asimilación del grupo **cc**, se cometen con **perfección** (sust. f.) y **perfeccionamiento** (sust. m.), que significan 'acción de perfeccionar o perfeccionarse', y **perfeccionismo** (sust.m.), 'tendencia a mejorar indefinidamente un trabajo sin decidirse a considerarlo acabado'.

perfeccionista. adj. 'Dícese de la persona que tiende al perfeccionismo'. Ú. t. c. sust. com.: **el perfeccionista, la perfeccionista**. Ú. con frecuencia en sent. irón. Incorrecto: *perfecionista*.

perfectamente. adv. m. 'Cabalmente, con perfección y esmero' (*Terminó **perfectamente** su trabajo*). No debe emplearse con el sentido de 'completamente, totalmente, enteramente', un galicismo. Incorrecto: *perfectamente inútil*; *perfectamente tonto*. Correcto: ***completamente** inútil*; ***enteramente** tonto*.

perfectible. adj. 'Capaz de perfeccionarse o de ser perfeccionado'. Incorrecto: *perfeccionable*.

perfectivo, va. adj. 'Que da o puede tener perfección'; 'aplícase a los tiempos verbales que indican acciones acabadas' (*El pretérito perfecto simple de indicativo es un tiempo **perfectivo***). Ú. t. c. sust. m.: **el perfectivo**. Incorrecto: *perfetivo*, un vulgarismo.

perfecto, ta. adj. 'Que tiene el mayor grado posible de bondad o excelencia en su línea' (*trabajo* ***perfecto***; *proyecto* ***perfecto***). Rég. prep.: **perfecto ante** (***perfecto ante*** *sus superiores*); **perfecto en** (***perfecto en*** *sus obligaciones*). Antepuesto a un sustantivo al que califica, significa 'que posee el grado máximo de una cualidad o defecto' (*Es un* ***perfecto*** *caballero*; *Es una* ***perfecta*** *imbécil*). La forma **perfeto, ta** es desusada y, hoy, un vulgarismo.

pérfido, da. adj. 'Desleal, infiel, traidor'. Ú. t. c. sust. m. y f.: **el pérfido, la pérfida**.

perfil. sust. m. Entre sus acepciones más comunes, 'postura en que sólo se ve una de las dos mitades laterales del cuerpo' (*fotografía de* ***perfil***); 'conjunto de rasgos peculiares que caracterizan a una persona o cosa' (*Hemos delineado el* ***perfil*** *del alumno que aspiramos a formar*). Es palabra aguda que, en plural, se hace grave: **perfiles**. **medio perfil**. 'Postura del cuerpo que no está completamente ladeado'. **de perfil**. loc. 'De lado'. **perfil bajo**. Argent. 'Actitud discreta, cautelosa, de poca notoriedad' (*Ese político ha adoptado un* ***perfil bajo***). La A.A.L. ha recomendado la inclusión de esta expresión en el ***Diccionario***.

perfilador, ra. adj. 'Que perfila'. Ú. t. c. sust. m. y f.: **el perfilador, la perfiladora**.

perfoliada. sust. m. 'Planta herbácea'. También se puede decir **perfoliata** (sust. f.). La Academia prefiere la primera forma.

perforación. sust. f. 'Acción y efecto de perforar'. Incorrecto: <u>perforamiento</u>.

perforador, ra. adj. 'Que perfora u horada'. Ú. t. c. sust. m. y f.: **el perforador, la perforadora**. sust. f. 'Máquina que perfora'. Esta última forma carece de registro en el ***Diccionario***.

perforista. sust. com. 'Persona que tiene como oficio disponer los materiales de trabajo para los ordenadores, perforando o picando fichas'. Es voz recién ingresada en el ***Diccionario***.

♦ **performance.** Anglicismo. En español, corresponde decir, según los contextos, **hazaña, hecho, comportamiento, actividad, rendimiento, desempeño**.

perfumador, ra. adj. 'Que compone cosas olorosas para perfumar'. Ú. t. c. sust. m. y f.: **el perfumador, la perfumadora**. sust. m. 'Vaso para quemar perfumes o esparcirlos'. También puede decirse **perfumadero** (sust. m.). Para esta denotación, la Academia no registra **perfumero**, que tiene otro significado. → **perfumero**

perfumar. v. tr. 'Sahumar, aromatizar'; 'dar buen olor a algo'. Ú. t. c. prnl. Rég. prep.: **perfumar** o **perfumarse con** (***perfumar con*** *incienso*; ***perfumarse con*** *agua de colonia*). Puede decirse **perfumear** (v. tr.), pero es poco usual.

perfumería. sust. f. Con la denotación de 'conjunto de productos y materias de esta industria', es sustantivo colectivo.

perfumero. sust. m. 'El que prepara o vende perfumes'. Su femenino es **perfumera**. También puede decirse **perfumista** (sust. com.): **el perfumista, la perfumista**. → **perfumador**

pergeñar. v. tr. fam. 'Disponer o ejecutar una cosa con más o menos habilidad' (***Pergeñó*** *un boceto*). Incorrecto: <u>pergeniar</u>, <u>pergueñar</u>.

pergeño. sust. m. fam. 'Traza, apariencia, disposición exterior de una cosa'. Se admite, también, **pergenio** (sust. m.). La Academia prefiere la primera forma. En América, esta última voz significa 'persona de poco cuerpo y apariencia', como lo documenta el ***Diccionario Manual***, con el indicador de su falta de registro en el léxico oficial. Tiene un matiz despectivo (*Tu amigo, el bajito, es un* ***pergenio***).

peri-. elem. compos. de or. gr. 'Alrededor de' (***peri****cráneo*).

perianto. sust. m. 'Envoltura de la flor de las fanerógamas'. También puede decirse **periantio** (sust. m.). La Academia prefiere la primera forma, que es de incorporación reciente en el ***Diccionario***.

pericardio. sust. m. 'Tejido que envuelve el corazón'. No se confunda con **pericarpio** (sust. m.). → **pericarpio**

pericarditis. sust. f. 'Inflamación del pericardio'. En plural, no varía: **las pericarditis**.

pericarpio. sust. m. 'Parte exterior del fruto de las plantas que cubre las semillas'. → **pericardio**

pericia. sust. f. 'Experiencia y habilidad en una ciencia o arte'. El adjetivo correspondiente es **pericial** (*tasación* ***pericial***).

perico. sust. m. Entre otras acepciones, 'ave

trepadora'. Para distinguir los sexos, debe recurrirse a las perífrasis **perico macho**, **perico hembra**. Diminutivo: **periquillo**. Esta ave recibe, también, el nombre de **periquito** (sust. m.).

pericón. sust. m. Argent. y Urug. 'Baile tradicional'. En la Argentina –como aclara la A.A.L.–, "tiene carácter de danza nacional, pues en una de sus figuras los bailarines utilizan pañuelos blancos y celestes con los que forman la bandera". Es voz aguda que, en plural, se convierte en grave: **pericones**.

periferia. sust. f. 'Contorno de un círculo o de una figura curvilínea'. fig. 'Espacio que rodea un núcleo cualquiera' (*la **periferia** de la ciudad*). No debe pronunciarse [periferia]. El adjetivo correspondiente es **periférico, ca**, 'perteneciente o relativo a la periferia'. El empleo de esta última voz como sustantivo, **periférico** (m.), que se emplea en informática, no ha tenido aún ingreso en el léxico oficial. El ***Diccionario Manual*** la registra haciendo notar esa circunstancia. Significa 'cada uno de los dispositivos que permiten la entrada de datos a un sistema informático o la salida de ellos' (*El teclado de mi equipo es un **periférico***).

perifrasear. v. intr. 'Usar perífrasis'. No debe pronunciarse [perifrasiar, perifrasié]. → **-ear**

perífrasis o **perífrasi.** sust. f. 'Circunlocución, rodeo expresivo'. La Academia se inclina por la primera forma, que, en plural, no varía: **las perífrasis**. Una **perífrasis verbal** es una 'construcción formada por un verbo en forma personal, llamado auxiliar, y uno en infinitivo, gerundio o participio, que es el que expresa la significación léxica, el auxiliado'. Funciona toda ella, generalmente, como un solo verbo, aunque hay diferentes interpretaciones, según los gramáticos, acerca de las características de estas construcciones (***Voy cantando***; ***Quiere hacer** lo que le pidas*). A veces, entre el auxiliar y el auxiliado, se interpone una preposición (***Debo de tenerlo** entre mis papeles*) o un **que** subordinante (*Tengo **que** hablar*). La **voz pasiva**, construida con el verbo auxiliar **ser** y el participio del verbo respectivo, es el ejemplo más acabado de perífrasis verbal (***Eres querido** por todos*). El adjetivo correspondiente es **perifrástico, ca**, 'perteneciente o relativo a la perífrasis'; 'abundante en ellas' (*estilo **perifrástico***). → **verbal**

perilla. sust. f. 'Adorno en forma de pera'. En una de sus acepciones, equivale a **pera** (sust. f.), 'porción de pelo que se deja crecer en la punta de la barba'. En la Argentina y en otras partes de América, se usa con el significado de **pomo** (sust. m.), 'agarrador o tirador de una puerta, cajón, etc.', aunque no tenga forma de pera, y sea, por ejemplo, esférico o cuadrado. Acepción no registrada por la Academia (*Falta una de las **perillas** del cajón*). **de perilla** o **de perillas**. loc. adv. fig. y fam. 'A propósito, a tiempo'. Las dos formas son igualmente correctas (*Esos botones me vienen **de perilla***; *Llegas **de perillas** para ayudarme*).

perimido, da. p. de **perimir**. adj. Argent. 'Caduco, obsoleto' (*Esas costumbres están **perimidas***).

perimir. v. tr. Argent. y Col. 'Caducar legalmente un procedimiento, por no haberlo impulsado las partes'. Ú. t. en sent. fig.

periné o **perineo.** sust. m. 'Espacio que media entre el ano y las partes sexuales'. La Academia prefiere la primera forma. Plural de ésta: **perinés**.

perinola o **perindola.** sust. f. 'Peonza pequeña que baila cuando se la hace girar entre los dedos'. La Academia prefiere la primera forma. Ambas son palabras graves. Incorrecto: <u>*pirinola*</u>, <u>*pirindola*</u>, vulgarismos.

periódico, ca. adj. 'Que guarda período determinado'; 'que se repite con frecuencia a intervalos determinados (*visitas **periódicas***); 'dícese del impreso que se publica con determinados intervalos de tiempo' (*publicación **periódica***). Ú. m. c. sust. m. (*Compró un **periódico***). sust. m. 'Publicación que sale diariamente'. Despectivo: **periodicucho**. La 'calidad de periódico' es la **periodicidad** (sust. f.). → **diario**

periodista. sust. com. 'Persona que compone, escribe o publica un periódico'; 'persona que recoge y prepara noticias para un medio de comunicación': **el periodista, la periodista**.

período o **periodo.** sust. m. Entre otras acepciones, 'espacio de tiempo'. Es sustantivo colectivo cuando significa 'conjunto de oraciones que, enlazadas unas con otras gramaticalmente, forman sentido cabal' (***período** hipotético*). Las dos acentuaciones son correctas, pero la Academia prefiere la primera. Los **períodos históricos**, cuando son sustantivos, se escriben, generalmente, con mayúscula, pero no es incorrecto escribirlos con minúscula cuando se trata de eras geológicas: *el **Neolítico*** o *el **neolítico***; *la **Edad Media**, el **Renacimiento***. Cuando son adjetivos, siempre con minúscula: *el **período neolítico***; *el **período paleolítico***; *la época **renacentista***.

periostio. sust. m. 'Membrana fibrosa adherida a los huesos, que sirve para su nutrición y renovación'. Incorrecto: *periósteo*, *periosto*.

periostitis. sust. f. 'Inflamación del periostio'. En plural, no varía: **las periostitis**.

peripatético, ca. adj. 'Que sigue la filosofía de Aristóteles'. Ú. t. c. sust. m. y f.: **el peripatético, la peripatética**. 'Perteneciente o relativo a este sistema'. fig. y fam. 'Extravagante o ridículo en sus dichos'.

periplo. sust. m. Es incorrecto su empleo por **viaje** (sust. m.) o **gira** (sust. f.), aunque puede usarse para significar 'un viaje marítimo que empieza y termina en un mismo sitio' (*Hizo un **periplo** por el Mediterráneo, salió de Barcelona y regresó, dos meses después, a esa misma ciudad*). Se emplea, también, en sentido figurado, por 'recorrido o trayectoria espiritual de una persona'. Estas dos acepciones son de ingreso reciente en el léxico oficial.

periquete. sust. m. fam. 'Brevísimo espacio de tiempo'. Ú. m. en la loc. adv. **en un periquete** (***En un periquete**, estoy contigo*).

perisodáctilo. adj. 'Dícese de los mamíferos, generalmente corpulentos, que tienen los dedos en número impar, por lo menos en las extremidades abdominales, y terminados en pesuños, con el dedo central más desarrollado que los demás, como el rinoceronte, el caballo, etc.'. Ú. t. c. sust. m.: **el perisodáctilo**. sust. m. pl. 'Orden de estos animales' (*El tapir pertenece a los **perisodáctilos***).

perista. sust. com. En la Argentina y otros países americanos, se usan **reducidor** (sust. m.) y **reducidora** (sust. f.).

perístasis. sust. f. 'Tema, asunto o argumento del discurso'. Es palabra esdrújula. No debe pronunciarse como grave [peristasis]. En plural, no varía: **las perístasis**.

peristilo. sust. m. 'Lugar o sitio rodeado de columnas'; 'galería de columnas que rodea un edificio o parte de él'. Es palabra grave. No debe pronunciarse [perístilo] como esdrújula, un barbarismo. → **propileo**

peritaje. sust. m. 'Trabajo o estudio que hace un perito'. También puede decirse **peritación** (sust. m.). La Academia prefiere la primera forma.

perito, ta. adj. 'Experimentado, hábil, práctico en una ciencia o arte'. Ú. t. c. sust. m. y f.: **el perito, la perita**. Rég. prep.: **perito en** (*Es un **perito en** porcelanas antiguas*; *Ana consultó a una **perita en** muebles coloniales*). sust. m. 'El que tiene título de tal, conferido por el Estado' (*El juez consultó a un **perito** en grafología*). Su femenino es **perita**. Es voz grave. No debe pronunciarse [périto] como esdrújula.

peritonitis. sust. f. 'Inflamación del peritoneo'. En plural, no varía: **las peritonitis**.

perjudicado, da. p. de **perjudicar**. Ú. t. c. sust. m. y f.: **el perjudicado, la perjudicada**.

perjudicador, ra. adj. 'Que perjudica'. Ú. t. c. sust. m. y f.: **el perjudicador, la perjudicadora**.

perjudicar. v. tr. 'Ocasionar daño o menoscabo moral o material'. Ú. t. c. prnl. Rég. prep.: **perjudicar** o **perjudicarse con** o **por** (***perjudicar** o **perjudicarse con** o **por** actos de mala fe*); **perjudicar** o **perjudicarse en** (***perjudicar** o **perjudicarse en** todo*); **perjudicar** o **perjudicarse en** o **por** (***perjudicar** o **perjudicarse en** o **por** cien pesos*). → **sacar**

perjudicial. adj. 'Que perjudica o puede perjudicar'. Rég. prep.: **perjudicial a** o **para** (*El tabaco es **perjudicial a** o **para** la salud*). Es palabra aguda que, en plural, se hace grave: **perjudiciales**. Incorrecto: *perjudical*.

perjuicio. sust. m. 'Efecto de perjudicar o perjudicarse'. **sin perjuicio**. loc. adv. 'Dejando a salvo' (***Sin perjuicio** de lo dicho, afirmamos lo que sigue*). No se confunda con **prejuicio** (sust. m.). → **prejuicio**

perjuro, ra. adj. 'Que jura en falso'. Ú. t. c. sust. m. y f.: **el perjuro, la perjura**. También puede decirse **perjurador, ra** (adj. Ú. t. c. sust. m. y f.).

perla. sust. f. Diminutivo: **perlezuela**. El 'conjunto de muchas perlas' es **perlería** (sust. f. colect.). Lo 'relativo o perteneciente a la perla' se expresa con el adjetivo **perlero, ra** (*industria perlera*), y 'lo que tiene o produce perlas' es **perlífero, ra** (adj.), de reciente incorporación académica.

perlado, da. adj. 'De color de perla' (*barniz perlado*); 'que tiene el brillo de las perlas' (*blanco perlado*); 'que está adornado con perlas o motivos que las imitan' (*marco* ***perlado*** *de madera*). Para la primera acepción, puede emplearse **perlino, na** (adj.). Es incorrecto usar, en reemplazo de este adjetivo, el galicismo *perlé*, que tiene, en español, otro significado y es, además, un sustantivo. → **perlé, oriente**

perlar. v. tr. poét. 'Cubrir o salpicar de gotas de agua, lágrimas, etc., alguna cosa'. Ú. t. c. prnl. Es de reciente incorporación en el ***Diccionario***.

perlático, ca. adj. 'Que padece perlesía'. Apl. a pers., ú. t. c. sust. m. y f.: **el perlático, la perlática**. Incorrecto: *perlético*.

perlé. sust. m. Es voz de or. fr. (*perlé*), que acaba de ser incorporada en el ***Diccionario*** con esta única acepción: 'fibra de algodón mercerizado, más o menos gruesa, que se utiliza para bordar, hacer ganchillo, etc.' (*Compró un* ***perlé*** *rosado*). En plural: **perlés**. Se usa, a veces, en aposición especificativa: **hilo perlé**. → **perlado**

permanecer. v. irreg. intr. 'Mantenerse sin mutación en un mismo lugar, estado o calidad'; 'estar en algún sitio durante cierto tiempo'. Rég. prep.: **permanecer en** (***permanecer en*** *la cama*; ***permanecer en*** *Lima durante un mes*). Se conjuga como **parecer**.

permanente. adj. 'Que permanece'. fam. 'Dícese de la ondulación artificial del cabello'. Ú. t. c. sust. f.: **la permanente** (*Se hizo la* ***permanente***). Incorrecto: *la permanén*.

permeable. adj. 'Que puede ser penetrado por el agua u otro fluido' (*tierra* ***permeable***). Incorrecto: *permiable*. La 'calidad de permeable' es la **permeabilidad** (sust. m.).

♦ **permear.** Anglicismo (*permeate*). En español, debe decirse **impregnar** o **penetrar**.

permisionario, ria. adj. 'Que disfruta de permiso'. Ú. t. c. sust. m. y f.: **el permisionario, la permisionaria.**

permisividad. sust. f. 'Condición de permisivo'; 'tolerancia excesiva'. No debe emplearse *permisivismo*, sin registro en el ***Diccionario***, un neologismo, ni *permitividad*, otro barbarismo.

permiso. sust. m. 'Licencia, consentimiento'. También puede decirse **permisión** (sust. f.), pero la Academia prefiere la primera forma. Rég. prep.: **permiso para** (***permiso para*** *conducir*). Es incorrecta la construcción *permiso de conducir*. Dígase, como indicamos, ***permiso para*** *conducir*.

permitidor, ra. adj. 'Que permite'. Ú. t. c. sust. m. y f.: **el permitidor, la permitidora**.

permitir. v. tr. 'Autorizar'. Ú. t. c. prnl. (***Se permite*** *estacionar*). 'No impedir lo que se pudiera y debiera evitar' (***Permiten*** *velocidades excesivas*); 'hacer posible alguna cosa' (*El buen tiempo* ***permitió*** *la realización de la cabalgata*); 'no impedir Dios una cosa mala; aunque sin voluntad directa en ella' (*Dios* ***permite*** *el pecado*). La penúltima acepción es de incorporación reciente en el ***Diccionario***. v. prnl. 'Tener los medios o tomarse una persona la libertad de hacer o decir algo' (***Te permitiste*** *agredirlo*). Esta forma pronominal es también de reciente ingreso. La 'acción de permitir' es la **permisión** (sust. f.). → **permiso**

permutar. v. tr. 'Cambiar una cosa por otra'; 'variar el orden en que estaban dos o más cosas'. Rég. prep.: **permutar con** o **por** (***permutar*** *una cosa* ***con*** o ***por*** *otra*). La 'acción y efecto de permutar' es **permuta** (sust. f.) o **permutación** (sust. f.).

pernear. v. intr. 'Mover violentamente las piernas'. fig. y fam. 'Andar mucho en la diligencia de un negocio'. No debe pronunciarse [perniar, pernié]. → **-ear**

pernicioso, sa. adj. 'Gravemente perjudicial'. Rég. prep.: **pernicioso a** (***pernicioso a*** *la salud*); **pernicioso en** (***pernicioso en*** *ambientes cerrados*); **pernicioso para** (**pernicioso para** *los niños*); **pernicioso por** (***pernicioso por*** *sus componentes*).

pernio. sust. m. → **perno**

perniquebrar. v. irreg. tr. 'Romper, quebrar una pierna o las dos'. Ú. t. c. prnl. Se conjuga como **acertar**.

perno. sust. m. 'Pieza de hierro, cilíndrica, con cabeza redonda por un extremo y asegurada con una chaveta, una tuerca o un remache por el otro, que se usa para asegurar piezas de gran volumen'. Distíngase de **pernio** (sust. m.), 'bisagra que se pone en las puertas y ventanas para que giren las hojas' (*El **perno** es una parte del **pernio** o gozne*). → **bulón**

pero. conj. advers. con que un concepto se contrapone a otro. Entre las conjunciones adversativas de valor restrictivo, es la de uso más frecuente. Puede intercambiarse con **mas** (de uso casi exclusivamente literario) y con **empero** (también de empleo literario y, hoy, poco frecuente). Encabeza casi siempre una proposición coordinada adversativa (*Llegué, **pero** te habías ido*). Puede, también, encabezar una oración o cláusula, sin referirse a otra anterior, a modo de enlace extraoracional (***Pero** ¿cuándo llegaste?*). Es incorrecto usar **pero** seguida de la locución adversativa **sin embargo**: pero sin embargo. Correcto: ***pero*** o ***sin embargo***. Aunque *pero si*, con valor enfático, se emplea bastante en la lengua hablada (*Pero si yo estoy cayéndome*), evítese este uso y dígase: ***Pero** yo estoy cayéndome*. Tampoco corresponde usar *pero sí*, por ***pues claro***: *Pero sí, iremos*. Correcto: ***Pues claro**, iremos*. **pero que muy**. expr. que se antepone a adjetivos o a adverbios para darles mayor relieve: *Toca el piano **pero que muy** bien*. Esta expresión es de reciente ingreso en el ***Diccionario***. → **empero**, **mas** (**conj. advers.**). sust. m. fam. 'Defecto u omisión' (*Esta prueba no tiene **pero**; No tiene ningún **pero** que alegar*). El homónimo de esta voz (sust. m.) es una 'variedad de manzano, cuyo fruto es más largo que grueso', y el 'fruto de este árbol'.

peroné. sust. m. 'Hueso largo de la pierna'. En plural: **peronés**.

peronista. adj. 'Perteneciente o relativo al peronismo, movimiento político argentino surgido en 1945 tras la subida al poder de Juan Domingo Perón'; 'partidario de este movimiento'. Ú. t. c. sust. com.: **el peronista, la peronista**. Es voz de ingreso reciente en el ***Diccionario***, al igual que **peronismo** (sust. m.).

perorar. v. intr. 'Pronunciar un discurso'. Rég. prep.: **perorar ante** (***perorar ante** el juez*); **perorar contra** (***perorar contra** el tabaquismo*); **perorar en** (***perorar en** la plaza pública*); **perorar sobre** (***perorar sobre** la corrupción*). Su 'acción y efecto' es **peroración** (sust. f.).

perpetrador, ra. adj. 'Que perpetra o comete un delito grave'. Ú. t. c. sust. m. y f.: **el perpetrador, la perpetradora**. Incorrecto: *perpretador*.

perpetuar. v. tr. 'Hacer perdurable una cosa'; 'dar a las cosas larga duración'. Ú. t. c. prnl. Rég. prep.: **perpetuar** o **perpetuarse en** (***perpetuar** o **perpetuarse en** el tiempo*). Se conjuga, en cuanto al acento, como **actuar**.

perpetuidad. sust. f. 'Duración sin fin'. **a perpetuidad**. loc. 'Para siempre'. Esta locución carece de registro en el ***Diccionario*** mayor, pero es muy frecuente. La recoge el ***Manual***.

perplejo, ja. adj. 'Dudoso, incierto, confuso'. Rég. prep.: **perplejo ante** (***perplejo ante** la situación*); **perplejo entre** (***perplejo entre** dos soluciones*).

perquirir. v. irreg. tr. 'Inquirir'. Se conjuga como **adquirir**.

perrear. v. intr. fam. Argent. 'Engañar'. Carece de registro en el ***Diccionario***. La A.A.L. ha recomendado la inclusión de este argentinismo (*El vendedor me **perreó***). Equivale a **meter el perro**, también un argentinismo (fr. fig. y fam.). No debe pronunciarse [perriar, perrié]. → **-ear**, **perro** (**sust.**)

perro, rra. adj. fig. y fam. 'Muy malo, indigno'. Una **perrada** (sust. f.) es una 'acción mala', y una **perrería** (sust. f.), una 'jugarreta' y un 'conjunto de gente malvada'. El adverbio **perramente** (fig. y fam.) significa 'muy mal' (*Vive **perramente***). → **perro** (**sust.**).

perro. sust. m. 'Mamífero doméstico de la familia de los cánidos'. El femenino es **perra**. Su 'cachorro' es un **perrezno** (sust. m.). La Academia no registra forma para el femenino. Diminutivos: **perrito, perrillo**. **meter el perro**. Argent. fr. fig. y fam. 'Engañar, defraudar, mentir'. La A.A.L. ha recomendado su inclusión en el ***Diccionario***. El adjetivo correspondiente es **perruno, na**. Una 'muchedumbre o conjunto de perros' se dice **perrería** (sust. f. colect.) o **perrada** (sust. f. colect.); también, **jauría** (sust. f. colect.). El 'lugar donde se guardan los perros' y el 'vehículo municipal destinado a recoger los perros vagabundos' se dice **perre-**

ra (sust. f.). La 'persona que recoge perros abandonados' o 'que es muy aficionada a tener o criar perros' recibe el nombre de **perrero, ra** (sust. m. y f.). **perro** o **perrito caliente**. fig. 'Panecillo caliente, generalmente untado con mostaza o salsa de tomate, en el que se introduce una salchicha'. En cualquiera de sus dos formas, es la expresión que corresponde usar, en español, en vez del anglicismo *hot dog*. La Academia prefiere la forma que lleva el diminutivo. Son de reciente incorporación en el ***Diccionario***. → **perro (adj.), pancho**

per se. loc. lat. 'Por sí o por sí mismo'. Ú. m. en lenguaje filosófico.

persecución. sust. f. 'Acción y efecto de perseguir'. Es frecuente que se incurra, con esta palabra, en un error de grafía y se escriba *persecusión*. También puede decirse **persecución** **perseguimiento** (sust. m.), pero es mucho más frecuente la primera forma.

perseguible. adj. 'Que debe o puede ser perseguido judicialmente'. Ú. t. en sent. fig. Es voz de ingreso reciente en el ***Diccionario***.

perseguidor, ra. adj. 'Que persigue al que huye'; 'que molesta o fatiga al otro'. Ú. t. c. sust. m. y f.: **el perseguidor, la perseguidora**.

perseguir. v. irreg. tr. Rég. prep.: **perseguir a** o **de** (***Persigue a*** o ***de*** *muerte a su enemigo*); **perseguir por** (***perseguir*** *a alguien* ***por*** *deudas*). Se conjuga como **seguir**.

perseverar. v. intr. Rég. prep.: **perseverar en** (***perseverar en*** *los estudios*). Su 'acción y efecto' es la **perseverancia** (sust. f.). Incorrecto: *perseveración*, un neologismo.

persianista. sust. com. 'Persona que se dedica a la construcción, colocación o arreglo de persianas': **el persianista, la persianista**.

persignar. v. tr. 'Hacer la señal de la Cruz'. Ú. t. c. prnl. Equivale a **signar** (v. tr. Ú. t. c. prnl.). Incorrecto: *persinar*, *persinarse*, vulgarismos. → **santiguar, signar**

persistir. v. intr. Rég. prep.: **persistir en** (***persistir en*** *la fe de sus mayores*; ***persistir en*** *su actitud*). Su 'acción y efecto' es la **persistencia** (sust. f.). El participio activo es **persistente**, 'que persiste', sin registro en el ***Diccionario***, aunque correcto (*Actitud* ***persistente***).

persona. sust. f. Entre otras acepciones, 'individuo de la especie humana' (*Las leyes deben respetar la dignidad de la* ***persona***); 'hombre o mujer cuyo nombre se ignora' (*Vino a verte una* ***persona***). Diminutivo: **personilla** (despect.). En gramática, denota el 'accidente propio del verbo que indica si el sujeto de la oración es el que habla (**primera persona**), aquel a quien se habla (**segunda persona**) o aquel de quien se habla (**tercera persona**)'. Las tres constan de singular y de plural. Algunos pronombres tienen, también, este accidente. **persona paciente**. 'La que recibe la acción del verbo'. **persona grata**. 'La que se acepta'. Se emplea, generalmente, en lenguaje diplomático. Su opuesto es **persona no grata**. Esta forma negativa es la que más se usa. Puede emplearse la locución latina **persona non grata**, pero es preferible la forma españolizada. **de persona a persona**. loc. adv. 'Sin intermediarios'; 'directamente'. **en persona**. loc. adv. 'Por uno mismo o estando presente'. **ser muy persona**. fr. 'Tener excelentes cualidades humanas'. La frase **persona humana**, si bien es pleonástica, se halla con frecuencia en autores cultos. No cabe censurarla. Los sustantivos colectivos de **persona** son **muchedumbre** y **multitud** (fs.). → **muchedumbre**

personal. adj. 'Perteneciente a la persona o propio o particular de ella' (*pronombres* ***personales***; *señas* ***personales***). sust. m. colect. 'Conjunto de personas que trabajan en una institución, fábrica, taller, etc.' (*El* ***personal*** *colabora*). Emplear **personal** por **gente** es un vulgarismo.

personalidad. sust. f. Con la acepción de 'conjunto de características o cualidades personales', es sustantivo colectivo (*Es un artista con* ***personalidad***).

personalismo. sust. m. 'Adhesión a una persona o a las tendencias que ella representa, sobre todo, políticas'; 'tendencia a subordinar el interés común en beneficio de los propios'. No debe usarse esta palabra como equivalente de **personalidad** (sust. f.): *Tiene mucho personalismo*. Correcto: *Tiene mucha* ***personalidad***.

personalista. adj. 'Que practica el personalismo'. Ú. t. c. sust. com.: **el personalista, la personalista**.

personalizar. v. tr. 'Incurrir en alusiones personales, al hablar o al escribir' (*No es convenien-*

te que ***personalices***); 'dar carácter personal a algo' (***Personaliza*** *cuanto hace*); 'usar como personales verbos impersonales' (*"Hasta que Dios amanezca" o "Anochecimos en Rosario" son oraciones en las que se* ***han personalizado*** *los verbos respectivos*). No se confunda con **personificar** (v. tr.). La Academia no registra la acepción, tan frecuente, de 'adaptar algo a cada persona' (***personalizar*** *la educación*). → **cazar**

personarse. v. prnl. 'Presentarse personalmente'; 'comparecer'. Rég. prep.: **personarse a** o **ante** (***personarse al*** o ***ante*** *el juez*); **personarse en** (***personarse en*** *el juzgado*). También puede decirse **apersonarse** (v. prnl.). Su 'acción y efecto' es **personación** (sust. f.) y **personamiento** (sust. m.). La Academia prefiere, en estos postverbales, la primera forma.

personero. sust. m. p. us. 'El constituido procurador para entender o solicitar negocios ajenos' (*Es su* ***personero***). El 'cargo o desempeño de personero' es la **personería** (sust. f.), voz que, además, significa 'representación legal' y que puede decirse, también, **personalidad** (sust. f.). En la Argentina, se usa más la primera forma (***personería*** *jurídica*).

personificar. v. tr. Entre otras acepciones, 'atribuir a seres irracionales o a las cosas inanimadas actitudes o acciones propias de los seres racionales'. No debe emplearse como sinónimo de **personalizar** (v. tr.). Incorrecto: *San Martín personaliza al héroe de las guerras de la Independencia*. Correcto: *San Martín* ***personifica*** *al héroe de las guerras de la Independencia*. La 'acción y efecto' de este verbo es **personificación** (sust. f.). → **sacar**

perspicacia. sust. f. 'Agudeza de la vista'. fig. 'Agudeza del ingenio o del entendimiento'. Incorrecto: *perpicacia*. También puede decirse **perspicacidad** (sust. f.).

perspicaz. adj. 'Dícese de la mirada aguda' (*vista* ***perspicaz***); 'aplícase al ingenio penetrativo y al que lo tiene' (*hombre* ***perspicaz***). Es palabra aguda que, en plural, se hace grave; cambia la **z** por **c**: **perspicaces**.

persuadir. v. tr. 'Inducir, mover, obligar a uno con razones a creer o hacer una cosa'. Ú. t. c. prnl. Rég. prep.: **persuadir** o **persuadirse a** o **para** (***persuadir*** o ***persuadirse a*** o ***para*** *hacer bien el trabajo*); **persuadir** o **persuadirse con** o **por** (***persuadir*** o ***persuadirse con*** o ***por*** *buenos argumentos*); **persuadir** o **persuadirse de** (***persuadir*** o ***persuadirse del*** *error*). Es incorrecta la construcción *se ha persuadido que*, un caso de "queísmo": *Se ha persuadido que debe concluir su tarea*. Correcto: ***Se ha persuadido de que*** *debe concluir su tarea*. La 'acción y efecto' de este verbo es **persuasión** (sust. f.).

persuasivo, va. adj. 'Que tiene fuerza y eficacia para persuadir'. También puede decirse **persuasorio, ria** (adj.). La Academia prefiere la primera forma.

persuasor, ra. adj. 'Que persuade'. Ú. t. c. sust. m. y f.: **el persuasor, la persuasora**.

pertenecer. v. irreg. intr. 'Tocar a uno una cosa o serle debida' (*Ese libro le* ***pertenece***). Rég. prep.: **pertenecer a** (***pertenecer a*** *la clase media*). Se conjuga como **parecer**.

pertinaz. adj. 'Terco, obstinado'; 'persistente'. Es palabra aguda que, en plural, se hace grave; la **z** cambia por **c**: **pertinaces**. Rég. prep.: **pertinaz de** (***pertinaz de*** *carácter*); **pertinaz en** (***pertinaz en*** *sus cosas*).

pertrechar. v. tr. 'Abastecer de pertrechos'. fig. 'Preparar lo necesario para la ejecución de una cosa'. Ú. t. c. prnl. Rég. prep.: **pertrechar** o **pertrecharse con** o **de** (***pertrechar*** o ***pertrecharse con*** o ***de*** *lo indispensable*).

pertrechos. sust. m. pl. 'Municiones, armas, etc.' (*La batería recibió los* ***pertrechos*** *para las maniobras*). Ú. t. en sing. (*No llegó ningún* ***pertrecho*** *al cuartel*). 'Por extensión, instrumentos necesarios para una operación o actividad' (*Aquí están todos los* ***pertrechos*** *que necesitamos para el viaje*).

perturbado, da. p. de **perturbar**. adj. 'Dícese de la persona que tiene alteradas sus facultades mentales'. Ú. t. c. sust. m. y f.: **el perturbado, la perturbada**.

perturbador, ra. adj. 'Que perturba'. Ú. t. c. sust. m. y f.: **el perturbador, la perturbadora**.

peruétano. sust. m. 'Peral silvestre, cuyo fruto es pequeño'; 'fruto de este árbol'. También puede decirse **piruétano** (sust. m.). La Academia prefiere la primera forma, la que, en sentido figurado, significa, además, 'porción saliente de una cosa'.

perulero. sust. m. 'El que ha vuelto a España,

generalmente con dinero, desde el Perú'. Se usó más hasta comienzos del siglo XIX. Su femenino es **perulera**. Existe el adjetivo **perulero, ra**, 'natural del Perú' o 'perteneciente a este país'; pueden decirse, también, **peruviano, na** (adj.) y **peruano, na** (adj.), la forma más frecuente.

perverso, sa. adj. 'Muy malo'. Ú. t. c. sust. m. y f.: **el perverso, la perversa**.

pervertidor, ra. adj. 'Que pervierte'. Ú. t. c. sust. m. y f.: **el pervertidor, la pervertidora**.

pervertir. v. irreg. tr. 'Viciar las costumbres'. Ú. t. c. prnl. 'Perturbar el orden o estado de las cosas'. Rég. prep.: **pervertirse con** (***pervertirse con*** *los malos ejemplos*); **pervertirse en** (***pervertirse en*** *los garitos*); **pervertirse por** (***pervertirse por*** *las malas compañías*). Sus postverbales son **pervertimiento** (sust. m.) y **perversión** (sust. f.), de uso más frecuente este último. Se conjuga como **sentir**.

pervivir. v. intr. 'Seguir viviendo pese a todo'. Su 'acción y efecto' es **pervivencia** (sust. f.). → **sobrevivir**

pesado, da. p. de **pesar**. adj. 'Que pesa mucho'. Entre otras acepciones de sentido figurado, 'lento', 'molesto', 'aburrido', 'dificultoso', 'insufrible'. Rég. prep.: **pesado de** (***pesado de*** *cuerpo*; ***pesado de*** *hacer*); **pesado en** (***pesado en*** *su trato*).

pesar. v. intr. 'Tener peso'; 'tener determinado o mucho peso' (***Pesa*** *una barbaridad*). fig. 'Tener valor o ser una persona o cosa digna de aprecio' (*Esos comentarios periodísticos* ***pesan*** *en la opinión pública*). En las terceras personas, con los pronombres **me, te, se, le**, etc., 'causar dolor o arrepentimiento' (***Me pesa*** *lo que dije*). v. tr. 'Determinar el peso de una cosa' (***Pesó*** *la fruta en una balanza*); 'examinar con atención' (***Pesa*** *los argumentos en pro y en contra*). Rég. prep.: **pesar por** (***pesar por*** *dos*; ***pesar por*** *toneladas*); **pesar sobre** (***pesar sobre*** *el corazón*); **pesarle a** (***pesarle a*** *un amigo*); **pesarle de** (***pesarle de*** *haber robado*); **pesarle por** (***pesarle por*** *sus padres*). **pese a**. loc. conjunt. conc. Equivale a **a pesar** o **a pesar de** (***Pese a*** *todo, no estamos tan mal*; ***Pese a*** *que estaba enfermo, siguió escribiendo*). Es incorrecto omitir la preposición **a**, cuando sigue a la locución una subordinada sustantiva, tal como ocurre en el último ejemplo: *Pese que estaba enfermo, siguió escribiendo*. **pese a quien pese**. fr. fig. 'A todo trance, a pesar de todos los obstáculos o daños resultantes' (***Pese a quien pese***, *se hará la obra*). La frase **pese a quien pesare** es anticuada. La 'acción y efecto de pesar algo' es **pesaje** (sust. m.). Este verbo tiene un homónimo (sust. m.) que significa 'sentimiento, dolor'; 'arrepentimiento' (*Mi* ***pesar*** *es muy grande*). **a pesar** o **a pesar de**. loc. conjunt. conc. 'No obstante'. Equivale a **pese a**. Se construye, generalmente, con la preposición **de** (***A pesar de*** *la prohibición, lo haremos*; ***A pesar de*** *que lo sabía, prefirió callar*). Omitir la preposición en estos casos es incurrir en el vicio llamado "queísmo": *A pesar que lo sabía, prefirió callar*. Esta incorrección es frecuente, incluso en hablantes cultos, cuando, según se documenta en el ejemplo precedente, sigue a la locución una subordinada sustantiva encabezada por **que**. Se construye, en cambio, sin preposición, cuando sigue a la locución un pronombre posesivo (*Lo hizo,* ***a pesar tuyo***; ***A pesar nuestro***, *los hechos ocurrieron así*). Incorrecto: *a pesar de ti*; *a pesar de nosotros*. **a pesar de los pesares**. loc. adv. 'A pesar de todas las cosas, a pesar de todos los obstáculos'.

pescada. sust. f. 'Merluza'. La 'cría de la merluza' es la **pescadilla** (sust. f.).

pescadero. sust. m. 'El que vende pescado, especialmente al por menor'. Su femenino es **pescadera**. Incorrecto: *pescatero*.

pescado. sust. m. 'Pez comestible sacado del agua'. No es sinónimo, en consecuencia, de **pez** (sust. m.), que es 'el que está vivo en el agua'. Incorrecto: *Compró unos peces en la pescadería*; *Hay pescados en el mar*. Correcto: *Compró unos* ***pescados*** *en la pescadería*; *Hay* ***peces*** *en el mar*. → **pez**

pescador, ra. adj. 'Que pesca' (*niño* ***pescador***). Ú. t. c. sust. m. y f.: **el pescador, la pescadora**.

pescar. v. tr. 'Sacar o tratar de sacar peces del agua' (***Pesca*** *en la laguna*). fig. y fam. 'Contraer una dolencia o una enfermedad' (***Pescó*** *un resfrío*); 'agarrar cualquier cosa' (***Pesca*** *lo que puede*); 'sacar algo del fondo del mar o de un río' (***pescar*** *un ancla*); 'coger a uno en las palabras o en los hechos' (*Lo* ***pescó*** *in fraganti*); 'captar con rapidez' (***Pesca*** *en segundos lo que se le explica*). Debe decirse **caña de pescar**, no *caña pa-*

ra pescar. Tampoco, pesca de o a caña, sino **pesca con caña**. Son correctos, en cambio, **pesca de altura**, **pesca de arrastre**, **pesca de bajura**. Rég. prep.: **pescar a** (***pescar a*** *troche y moche*); **pescar con** (***pescar con*** *un anzuelo*); **pescar en** (***pescar en*** *el río*). La 'acción y efecto' de este verbo es **pesca** (sust. f.), y **pesquería** (sust. f.), 'su acción' (*Hay mucha **pesca** o **pesquería** allí*). → **sacar**

pescozón. sust. m. 'Golpe que se da con la mano en el pescuezo o en la cabeza'. También puede decirse **pescozada** (sust. f.), menos frecuente. Es palabra aguda que, en plural, se hace grave: **pescozones**.

pescozudo, da. adj. 'Que tiene muy grueso el pescuezo'. Incorrecto: pescuezudo. En América, es normal **pescuezón, na** (adj.), sin sanción oficial, pero recogido en el ***Diccionario Manual***.

pese a. loc. conjunt. conc. → **pesar**

pesebre. sust. m. 'Especie de cajón en que comen las bestias' (*Puso la paja en el **pesebre***); 'sitio destinado a ese fin' (*El asno está en el **pesebre***). Es incorrecta la grafía pecebre. Diminutivo: **pesebrejo**. Aumentativo: **pesebrón**. El sustantivo colectivo correspondiente es **pesebrera** (f.), 'conjunto de pesebres de una caballeriza'. En otra de sus acepciones, significa **belén** (sust. m.), 'nacimiento'. La Academia prefiere esta última forma. En la Argentina, se usa más la primera (*Para Navidad, armamos un **pesebre***).

pesebrista. sust. com. 'Persona que, por oficio o afición, fabrica pesebres'. Puede decirse **belenista** (sust. com.). La Academia prefiere esta última forma: **el belenista**, **la belenista**.

peseta. sust. f. 'Unidad monetaria de España'. sust. f. pl. fam. 'Dinero' (*¡Salud y **pesetas**!*). Es incorrecto decir veintiuna mil pesetas. Correcto: ***veintiún mil pesetas***. Nótese que la concordancia se establece con **mil** (sust. m.), no con **pesetas**. También se comete un error de concordancia cuando se dice *sesenta y una peseta*. Correcto: *sesenta y una **pesetas***. En este último ejemplo, el sustantivo **peseta** va en plural, porque concuerda con **sesenta y una**; no, con **una**. Abreviaturas: ***pta.*** (sing.), ***ptas.*** o ***pts.*** (pl.).

pesiar. v. intr. p. us. 'Echar maldiciones'. Se conjuga, en cuanto al acento, como **cambiar**.

pésimamente. adv. m. 'Rematadamente mal, del modo peor' (*Escribe **pésimamente***). Este vocablo, que es el superlativo culto del adverbio **mal**, es más enfático que **malísimamente** (adv. m.). → **mal (adv. m.)**

pesimista. adj. 'Que profesa el pesimismo filosófico'; 'que propende a ver todo mal' (*Es un joven **pesimista***). Ú. t. c. sust. com.: **el pesimista, la pesimista.** → **optimista**

pésimo, ma. adj. sup. de **malo**. 'Sumamente malo, que no puede ser peor' (*alumno **pésimo***). Puede usarse **malísimo, ma** (adj.) en reemplazo de la forma culta, que es la que anotamos. → **malo**

peso. sust. m. Entre sus muchas y conocidas acepciones, está la de 'unidad monetaria de muchos países', entre ellos, la Argentina. Símbolo: ***$*** (*Su valor es de **$** 100*). Diminutivo: **pesillo**. **de peso**. loc. adj. En sentido figurado, 'dícese de la persona juiciosa, sensata, influyente' (*Es un comentarista **de peso***). Por ext., se aplica a cosas (*Razón **de peso**; argumento **de peso***).

pespuntador, ra. adj. 'Que pespunta'. Ú. t. c. sust. m. y f.: **el pespuntador, la pespuntadora**.

pespuntear. v. tr. 'Hacer pespuntes'. No debe pronunciarse [pespuntiar, pespuntié]. También es correcto **pespuntar** (v. tr.). → **-ear**

pesquero, ra. adj. 'Que pesca' (*industria **pesquera***). sust. m. 'Barco' (*El **pesquero** salió al anochecer*).

pesquisa. sust. f. 'Indagación' (*Hizo una **pesquisa** para saber qué había ocurrido*). Incorrecto: pesquisición, un barbarismo. sust. m. fig. y fam.: **el pesquisa**. La Academia no lo registra como común de dos y, sí, como anticuado, en el sentido de 'testigo'. En la Argentina y en el Ecuador, 'policía o investigador de carácter secreto y, generalmente, privado', acepción sin registro en el ***Diccionario*** mayor, pero recogida en el ***Manual*** como regional (*Contrató a un **pesquisa** para averiguar ciertos hechos*).

pesquisidor, ra. adj. 'Que pesquisa o indaga'. Ú. t. c. sust. m. y f.: **el pesquisidor**, **la pesquisidora**.

pestalociano, na. adj. 'Perteneciente o relativo a Pestalozzi, célebre pedagogo suizo'. Incorrecto: pestalozziano.

pestañear. v. intr. 'Mover los párpados'. No debe decirse [pestaniar, pestanié]. En América, es frecuente **pestañar** (v. intr.), como lo registra el ***Diccionario Manual***, pero esta forma carece de sanción en el léxico oficial. **no pestañear** o **sin pestañear**. frs. figs. 'Sin inmutarse'; 'con suma atención' (*Lo escuchó* ***sin pestañear***). 'El movimiento rápido y repetido de los párpados' es **pestañeo** (sust. m.). La voz *pestañada*, frecuente en América, carece de registro académico; úsese **pestañeo**, que es lo que corresponde. → **-ear**

pesticida. adj. 'Que se destina a combatir todo tipo de plagas, no solamente las del campo' (*líquido* ***pesticida***). Ú. t. c. sust. m.: **el pesticida** (*Compró un* ***pesticida*** *contra las cucarachas*). Es voz de reciente ingreso en el ***Diccionario***. → **plaguicida**

pestífero, ra. adj. 'Que origina peste'; 'que tiene muy mal olor'. También pueden decirse **pestilente** (adj.) y **pestilencial** (adj.). La primera forma es de uso más frecuente.

pesto. sust. m. 'Salsa compuesta de albahaca, ajo y nuez, que se liga con aceite'. Este italianismo, de uso normal en la Argentina, carece de registro en el ***Diccionario***, pese a la solicitud de la A.A.L. También significa, en la Argentina, 'paliza' (fig. y vulg.).

pestorejazo. sust. m. 'Golpe dado en el pestorejo o cerviguillo'. También puede decirse **pestorejón** (sust. m.).

pesuña. sust. f. colect. 'Conjunto de los pesuños'. También es correcta, y hasta más frecuente, la grafía **pezuña** (sust. f. colect.). Distíngase de **pesuño** (sust. m.), 'cada uno de los dedos, cubiertos con su uña, de los animales de pata hendida'. Es incorrecta, en este caso, la grafía *pezuño*.

peta-. elem. compos. que, con el significado de mil billones (10^{15}) sirve para formar nombres de múltiplos de determinadas unidades (***peta****gramo*). Símbolo: ***P*** (sin punto). Es un prefijo de reciente incorporación académica.

petaca. sust. f. 'Arca de cuero o de otro material, a propósito para ser transportada en una caballería, que se usó mucho en América'; 'estuche para llevar cigarros o tabaco picado'. Méj. 'Maleta' (*Alzó mis* ***petacas***). Argent. 'Frasco pequeño de vidrio, por lo común recubierto de cuero, en el que se llevan bebidas alcohólicas' (*Olvidó su* ***petaca*** *de coñá*). fig. y fam. Argent. 'Persona de baja estatura' (*El novio es una* ***petaca***). La A.A.L ha solicitado la incorporación de estos dos argentinismos en el ***Diccionario***. sust. f. pl. Méj. 'Nalgas, caderas'.

petardear. v. tr. 'Batir una puerta o pared de poco espesor con petardos'; 'estafar'. La primera acepción es, como técnica militar, anticuada. Hoy se usa, aunque no lo registra la Academia, con el significado de 'hacer explotar petardos'. No debe pronunciarse [petardiar, petardié]. El 'soldado que dispara el petardo' es un **petardero** (sust. m.); un **petardista** (sust. com.), en cambio, es la 'persona que estafa o pide prestado para no devolver'. → **-ear, petardo**

petardo. sust. m. 'Tubo de cualquier materia no muy resistente que se rellena de pólvora u otro explosivo para producir una detonación considerable' (*En los días de carnaval, se tiran muchos* ***petardos***). Esta acepción es de reciente registro en el ***Diccionario***. fig. 'Estafa, engaño, petición de una cosa con ánimo de no devolverla'. La Academia da como anticuada la acepción de 'aparato que, en la milicia, se destinaba a derribar puertas y paredes de poco espesor'.

peticionar. v. tr. Amér. 'Presentar una súplica o una petición, especialmente a las autoridades'. Equivale a **pedir** del español peninsular.

peticionario, ria. 'Que solicita oficialmente alguna cosa'. Ú. t. c. sust. m. y f.: **el peticionario, la peticionaria**. En la Argentina, se usa, en su reemplazo, **peticionante** (sust. com.), sin registro en el léxico oficial. La A.A.L. solicitó su inclusión.

petigrís. sust. m. 'Variedad de ardilla que se cría en Siberia'. Para distinguir los sexos, debe recurrirse a las perífrasis **petigrís macho, petigrís hembra**. 'Piel de este animal'. Incorrecto: *petit-gris*, un galicismo. Es voz aguda que, en plural, se hace grave: **petigrises**. Es incorrecto emplear, para el plural, la forma invariable: *los petigrís*.

petimetre. sust. m. 'El que se preocupa mucho de su compostura y de seguir la moda'. Su femenino es **petimetra**. Incorrecto: *petrimete*.

petiso, sa. adj. → **petizo**

♦ **petit comité (en).** Galicismo. En español, corresponde decir **entre pocos**.

petizo, za. adj. Argent., Bol., Chile, Par., Perú y Urug. 'Pequeño, bajo, de poca altura'. sust. m. Argent., Chile, Par. y Urug. 'Caballo de poca alzada'. sust. m. y f. Argent., Bol., Chile, Par. y Urug. 'Persona de baja estatura': **el petizo, la petiza**. **petizo de los mandados**. 'Caballo que, en las estancias, se usa para las comisiones y las compras'; 'mandadero'. En la Argentina y otros países de América, se emplea más la grafía con **s** (***petiso***, ***petisa***), que es igualmente correcta, debido al seseo. En la Argentina, por otra parte, se usa **petisero** (sust. m.), 'peón encargado del cuidado de los petisos o caballos de polo', voz sin registro en el ***Diccionario***.

petrarquismo. sust. m. 'Corriente que imita la obra de Petrarca'. Es voz de ingreso reciente en el ***Diccionario***.

petrarquista. adj. 'Admirador de Petrarca o imitador de su estilo poético'. Ú. t. c. sust. com.: **el petrarquista**, **la petrarquista**.

petrel. sust. m. 'Ave palmípeda'. Para distinguir los sexos, debe recurrirse a las perífrasis **petrel macho**, **petrel hembra**. Es voz aguda que, en plural, se hace grave: **petreles**.

petrificar. v. tr. 'Transformar en piedra'. Ú. t. c. prnl. fig. 'Dejar a uno inmóvil de asombro o de terror'. Su 'acción y efecto' es **petrificación** (sust. m.). → **sacar**

petrodólar. sust. m. 'Unidad monetaria empleada para cuantificar las reservas de divisas acumuladas por países productores de petróleo, y, especialmente, las depositadas en bancos europeos'. Es voz grave que, en plural, se hace esdrújula: **petrodólares**. Es palabra de admisión reciente en el ***Diccionario***.

petrográfico, ca. adj. 'Perteneciente o relativo a la petrografía o descripción de las rocas'. Es voz recién admitida en el ***Diccionario***.

petrolear. v. tr. 'Pulverizar o bañar con petróleo alguna cosa'. v. intr. 'Abastecer de petróleo un buque'. No debe pronunciarse [petroliar, petrolié]. Incorrecto: *empetrolar*, *empetrolear*. → **-ear**

petroleología. sust. f. 'Estudio del petróleo'. Voz recién incorporada por la Academia. Incorrecto: *petroliología*. → **petrología**

petroleoquímico, ca. adj. y sust. f. → **petrolquímico**

petrolero, ra. adj. 'Perteneciente o relativo al petróleo' (*industria* ***petrolera***). sust. m. 'Buque destinado al transporte de petróleo' (*La empresa tiene cinco* ***petroleros***). sust. m. 'El que vende petróleo al por menor'. Su femenino es **petrolera**. sust. f. La Academia no registra la acepción de 'industria o compañía dedicada al petróleo', hoy muy frecuente: **la petrolera**.

petrolífero, ra. adj. 'Que contiene o produce petróleo' (*yacimiento* ***petrolífero***; *país* ***petrolífero***). Es incorrecto usar, en su reemplazo, **petrolero, ra** (adj.): *país petrolero*. → **petrolero**

petrología. sust. m . 'Estudio de las rocas'. Es voz de reciente incorporación en el ***Diccionario***. No se confunda con **petroleología** (sust. f.).

petrolquímico, ca. adj. 'Perteneciente o relativo a la industria que utiliza el petróleo o el gas natural como materias primas para la obtención de productos químicos'. sust. f. 'Ciencia y técnica correspondientes a esta industria'. Es voz de ingreso reciente en el ***Diccionario***. También pueden decirse **petroleoquímico, ca** (adj.) y **petroleoquímica** (sust. f.), formas que prefiere la Academia, o **petroquímico, ca** (adj.) y **petroquímica** (sust. f.), voces recién ingresadas en el ***Diccionario***, y que los hablantes prefieren, en particular la última.

petulante. adj. 'Que tiene petulancia'. Ú. t. c. sust. com.: **el petulante, la petulante**.

peyorativo, va. adj. 'Dícese de aquellas palabras o modos de expresión que indican una idea desfavorable'. Incorrecto: *peiorativo*. Su opuesto es **meliorativo, va** (adj.). La acepción transcripta es de ingreso reciente en el léxico oficial.

pez. sust. m. 'Vertebrado acuático' (*Un* ***pez*** *nada en el mar*). Diminutivos: **pececillo, pececito**. En plural: **peces**. Nótese que cambia la **z** por **c**. También puede decirse **peje** (sust. m.), poco frecuente. Diferénciese **pez**, 'el que está en el agua', de **pescado** (sust. m.), 'el que ha sido sacado de ella'. El sustantivo colectivo de **pez** es **banco**, 'conjunto de peces que van juntos en gran número', y un 'banco de peces' es, a su vez, un **majal** (sust. m.) o un **cardumen** (sust. m.). El 'lugar donde se crían peces y moluscos' es un **vivar** o **vivero** (susts. ms. colects.), o una **vivera** (sust. f. colect.). sust. m. pl. 'Taxón de estos animales' (*La merluza, el congrio y el bagre son* ***peces***). Incorrecto: *La merluza, el congrio y el bagre son pescados*. → **pescado, pezpalo.** sust. pr. m. pl. 'Duodécimo signo del Zodíaco' (en latín, **Piscis**). Su homónimo, sustantivo femenino, significa una 'sustancia resinosa' (*La* ***pez*** *es negra*). Lo 'que tiene el color oscuro de la pez' se dice **peceño, ña** (adj.), y lo 'que es de pez o parecido a ella', **píceo, a** (adj.).

pezpalo. sust. m. 'Abadejo o bacalao sin aplastar'. Incorrecto: *pez palo*. También puede decirse **pejepalo** (sust. m.). En plural: **pezpalos** y **pejepalos.** Son correctos, en cambio, **pez gallo, pez espada, pez ballesta, pez emperador, pez luna, pez zorro** y, entre otros, **pez mujer**, cuyos plurales son **peces gallo, peces espada**, etc., por tratarse de aposiciones especificativas. La forma **pez mujer** puede decirse, también, **pejemuller** (sust. m.). En plural: **pejemulleres**. La voz **pejegallo** (sust. m.) es un chilenismo. En plural: **pejegallos**.

pezuña. sust. f. colect. → **pesuña**

phi. sust. f. 'Vigésima primera letra del alfabeto griego'. Se pronuncia [fi]. En plural: **phis**. Incorrecto *phises*. No se confunda con **pi**.

pi. sust. f. 'Decimosexta letra del alfabeto griego'. Corresponde a nuestra letra llamada **pe** (sust. f.). Significa, en lenguaje matemático, 'símbolo de la razón de la circunferencia al diámetro'. En plural: **pies**.

piache. Esta voz sólo se usa en la expresión familiar **tarde piache**, que significa que uno 'llegó tarde' o 'no se halló a tiempo en un negocio o pretensión'.

piafar. v. intr. 'Levantar el caballo, ya una mano, ya otra, dejándolas caer con fuerza y rapidez casi en el mismo sitio donde las levantó'. No es sinónimo, como se deduce de la definición académica, de **relinchar** (v. intr.). → **relinchar**

pial. sust. m. Amér. 'Cuerda o soga con que se traban las patas de un animal'; 'lazo que se arroja a un animal para derribarlo'. En plural: **piales.** En el español peninsular, salvo en Cantabria, que coincide con América, se dice **peal** (sust. m.).

pialar. v. tr. Amér. 'Echar un lazo a un animal para derribarlo'. En el español peninsular, para esta denotación, se usan **apealar** (v. tr.) y **manganear** (v. tr.).

piamadre o **piamáter.** sust. f. 'Meninge interna'. Las dos formas son correctas, pero la Academia prefiere la primera. Incorrecto: *píamadre*.

piamente. adv. m. 'Con piedad'. Es más frecuente usar **piadosamente** (adv. m.) que la forma culta y literaria que anotamos. Incorrecto: *píamente*.

pianista. sust. com. 'Fabricante de pianos'; 'persona que los vende'; 'persona que toca este instrumento': **el pianista, la pianista.**

piano. sust. m. 'Instrumento musical (*tocar el* ***piano***). También puede decirse **pianoforte** (sust. m.), desusado. adv. m. 'Con sonido suave y poco intenso' (*tocar* ***piano***; *cantar* ***piano***). Distínganse ambos usos, el sustantivo y el adverbial, tal como puede observarse en los ejemplos respectivos.

pian, piano. loc. adv. fam. 'Poco a poco, a paso lento'. También pueden emplearse, con el mismo significado, las locuciones **pian, pian** y **pian, pianito**. La Academia prefiere la primera. Decir, para esta denotación, *piano, piano* es un italianismo.

piar. v. intr. 'Emitir algunas aves cierto género de sonido o voz' (*Los pollitos* ***pían***). fig. y fam. 'Clamar por una cosa'. En esta segunda acepción, se construye con **por** (***piar por*** *algo*). También puede decirse, para ambos sentidos, **piular** (v. intr.). El verbo **piar** se conjuga, en cuanto al acento, como **guiar**. Incorrecto: *pio, pian, pie, pio, pie*, etc. Nótese que se trata de voces bisílabas que deben llevar tilde. Correcto: ***pío, pían, píe, pío, pié***, etc.

piara. sust. f. colect. 'Manada de cerdos y, por extensión, la de las yeguas, mulas, etc.'. → **vecera, vecería**

pibe. sust. m. Argent. 'Niño o joven'. Equivale a **chaval** (sust. m.) del español peninsular. También se usa en la Argentina, según lo consigna la Academia, como "fórmula de tratamiento afectuosa", aunque se trate –agreguemos– de una persona adulta (*Pibe, ¿cómo andás?*). Su femenino es **piba**. **estar hecho un pibe**. Argent. fr. fig. y fam. 'Parecer joven una persona adulta'. Frase sin registro en el *Diccionario*. La A.A.L., por su uso muy frecuente, recomendó su inclusión en el léxico oficial. Un **piberío** (sust. m. R. de la Plata) es un 'conjunto de pibes' (*El **piberío** del barrio estaba en la plaza*).

pica. sust. f. Entre sus muchas acepciones, significa 'uno de los palos de la baraja francesa'. Ú. m. en pl. No debe emplearse, en su reemplazo, el galicismo *pique*.

picada. sust. f. 'Acción y efecto de picar un ave, un reptil o un insecto'; 'acción y efecto de morder un pez el anzuelo'. Para la primera acepción, es más frecuente **picadura** (sust. f.). fam. Col. 'Punzada'. Amér. Central, Argent., Bol., C. Rica, Par. y Urug. 'Camino abierto por el hombre a través de la espesura del monte'. Argent. 'Ingredientes que acompañan una bebida, por lo general, alcohólica'. Equivale a **tapa** (sust. f.) del español general. Esta acepción es reciente en el *Diccionario*. Argent. 'Carrera ilegal de automotores que tiene lugar en la vía pública y perturba la normal circulación' (*Hacían **picadas** en la avenida*). Esta última acepción carece de registro académico, pero su inclusión fue recomendada por la A.A.L.

picadero. sust. m. Entre otras acepciones, 'lugar donde se adiestran los caballos y las personas aprenden a montar', y, en la Argentina, 'pista de arena en el circo'.

picado. sust. m. Argent. 'Partida de fútbol informal'. La A.A.L. acaba de recomendar su inclusión en el léxico mayor.

picado, da. p. de **picar**. adj. Entre otras acepciones, 'dícese de la persona que tiene cicatrices de viruelas'; fig. y fam. 'resentido, disgustado por algo' (*Andaba **picado** por la reprimenda*). Amér. 'Achispado'. **en picada**. loc. adv. Forma que, según la Academia, se usa sólo en Colombia, pero que es, también, la única que se emplea en la Argentina y equivale a **en picado** (loc. adv.), con la que 'se expresa que un avión vuela hacia abajo o cae casi verticalmente y a gran velocidad'. Con verbos como **caer** y **entrar**, 'descender irremediablemente' (*Su salud cayó **en picada** o, como dicen los españoles, **en picado***).

picaflor. sust. m. Equivale a **pájaro mosca**, forma que la Academia prefiere. En la Argentina, se usa con exclusividad la primera. Para distinguir los sexos, debe recurrirse a las perífrasis **picaflor macho**, **picaflor hembra**. Amér. 'Galanteador, tenorio' (*Juan es un **picaflor**, cambia de novia todos los días*). Esta última acepción carece de registro en el *Diccionario* mayor, pero la recoge el *Manual*, no sin anotar su falta de sanción oficial. En plural: **picaflores**.

picajón, na. adj. 'Que fácilmente se da por ofendido'. Ú. t. c. sust. m. y f.: **el picajón, la picajona**. También pueden decirse **picajoso, sa** (adj. Ú. t. c. sust. m. y f.) y **picón, na** (adj.).

picamaderos. sust. m. Equivale a **pájaro carpintero**, forma que la Academia prefiere y que es la usual en la Argentina. Para distinguir los sexos, debe recurrirse a las perífrasis **picamaderos macho**, **picamaderos hembra**. En plural, no varía: **los picamaderos**. También pueden decirse **picarrelincho**, **picaposte**, **picarro** y **pico** (susts. ms.). Son incorrectos, en singular, <u>*picarrelinchos*</u>, <u>*picapostes*</u>, por analogía con **picamaderos**.

picanear. v. tr. Amér. Merid. 'Aguijar con la picana a los bueyes'. En la Argentina, Chile y el Uruguay, como lo documenta el *Diccionario Manual*, con el indicador de su falta de sanción oficial, 'excitar, provocar de palabra'. No debe pronunciarse [picaniar, picanié]. → **-ear**

picapedrero. sust. m. 'El que pica piedras'. Incorrecto: <u>*picapiedrero*</u>.

picapleitos. sust. m. fam. Con el significado de 'abogado', es de uso peyorativo (*Su defensor es un vulgar **picapleitos***). En otra de sus acepciones, la de 'abogado enredador y rutinario', equivale a **pleitista** (adj. Ú. t. c. sust. com.). Incorrecto: <u>*picapleito*</u>. En plural, no varía: **los picapleitos**. → **pleitista**

picar. v. tr. 'Pinchar una superficie con algo punzante'. Ú. t. c. prnl. Entre otras acepciones, 'dividir en trozos muy menudos'; 'morder o herir con el pico las aves, insectos, reptiles'; 'morder el pez el cebo del anzuelo'; 'taladrar el revisor los billetes de los medios de transporte públicos'; 'corroer la oxidación un metal'. En esta última acepción, ú. m. c. prnl. (*La jarra de plata se **picó***). v. intr. 'Experimentar cierto ardor o escozor en alguna parte del cuerpo' (*Me **pica** la* *mano*). Ú. t. c. impers. (*¿Dónde te **pica**?*). 'Descender un avión verticalmente'. Con la preposición **en**, 'tocar, rayar' (***picar en** valiente*). v. prnl. 'Agujerearse la ropa por acción de la polilla'; 'cariarse un diente'; 'tomar una ligera porción de comida'; 'preciarse, jactarse de alguna cualidad o habilidad'; 'pudrirse una cosa o avinagrarse el vino'; 'agitarse el mar'; 'ofenderse', etc. La Academia no registra la acepción de 'acelerar un automotor' (v. tr. fam. Ú. m. en formas no personales), que es propia de la Argentina y que carece de registro en el léxico oficial (*Salió **picando** por la carretera*). La A.A.L. recomendó su inclusión como regionalismo. Rég. prep.: **picar de** (***picar de** la fuente*); **picar en** (***picar en** poeta*); **picarse con** (***picarse** con alguno*); **picarse de** (***picarse de** caballero*); **picarse en** (***picarse en** la conversación*); **picarse por** (***picarse por** un piropo*). **picar muy alto**. fr. fig. 'Aspirar alguien a una cosa muy elevada, desigual a sus méritos y calidad'. **picárselas**. loc. verbal fig. Argent. y Perú. 'Irse, por lo común rápidamente'. La 'acción y efecto de picar un ave, reptil o insecto' es **picotazo** (sust. m.), **picazo** (sust. m.) o **picotada** (sust. f.); la Academia prefiere la primera forma. → **sacar**

picardear. v. tr. 'Enseñar a alguno a hacer o decir picardías'. v. intr. 'Decirlas o ejecutarlas'; 'travesear'. v. prnl. 'Adquirir algún vicio o mala costumbre'. No debe pronunciarse [picardiar, picardié]. → **-ear**

picardía. sust. f. 'Ruindad, engaño'; 'astucia o disimulo'; 'travesura'; 'intención o acción deshonesta o impúdica'. Diminutivo: **picardihuela**. Incorrecto: <u>picarduela</u>. sust. f. pl. 'Dichos injuriosos'. sust. m. pl. 'Camisón corto y transparente' (*Se puso los **picardías***). Esta última voz es de reciente registro académico. Nótese su género.

picaresca. sust. f. Con la acepción de 'reunión de pícaros', es sustantivo colectivo. 'Subgénero literario' (*Estudiaremos la **picaresca***). Esta última acepción es reciente. → **picaresco**

picaresco, ca. adj. 'Perteneciente o relativo a los pícaros'; 'aplícase a las obras literarias en que se pinta la vida de uno o varios pícaros' (*novela **picaresca***). Para la primera acepción, puede decirse, también, **picaril** (adj.). → **picaresca**

picarizar. v. tr. 'Hacer pícaro a otro'. → **cazar**

pícaro, ra. adj. 'Bajo, ruin, falto de honra y vergüenza'; 'astuto'. Ú. t. c. sust. m. y f. (*Es un **pícaro**; La muy **pícara** se escapó*). Aumentativo: **picarón, na** (adj.). sust. m. 'Tipo humano descarado y de mal vivir, pero no exento de cierta simpatía, protagonista de la literatura picaresca española'. Su femenino es **pícara**. → **picaronazo**

picaronazo, za. adj. 'Muy pícaro'. Incorrecto: <u>picarazo</u>. También puede decirse **picarote** (adj.). Aunque no lo consigna el ***Diccionario***, son aumentativos de **pícaro**, como anota el ***Manual***. → **pícaro**

picasiano, na. adj. 'Perteneciente o relativo al pintor español Pablo Ruiz Picasso'. Es voz de reciente incorporación en el ***Diccionario***.

picaza. sust. f. Equivale a **urraca** (sust. f.), voz que la Academia prefiere. Para distinguir los sexos, debe recurrirse a las perífrasis **picaza macho**, **picaza hembra**. El 'pollo de esta ave' es **picazo** (sust. m.), voz que entra en homonimia con otras. Para distinguir los sexos, debe recurrirse a las perífrasis **picazo macho**, **picazo hembra**. → **picazo, pica, pico**

picazo, za. adj. 'Dícese del caballo o yegua de color blanco y negro, mezclados en forma irregular, y manchas grandes'. Ú. t. c. sust. m.: **el picazo** (*Montaba en su **picazo***).

picazón. sust. f. 'Desazón, molestia que causa una cosa que pica en alguna parte del cuerpo' (*Tengo una **picazón** en los brazos que no me deja dormir*). Nótese su género, que es femenino. Incorrecto: *Tengo <u>un</u> <u>picazón</u> en los brazos que no me deja dormir*. Es voz aguda que, en plural, se hace grave: **picazones**. También puede decirse **picor** (sust. m.). En plural: **picores**.

pichana. sust. f. Argent. 'Escoba rústica hecha con ramillas de un arbusto leñoso, de ramaje fino y abundante'. Es voz propia del NO. de la Argentina, como lo ha documentado la A.A.L. Un **pichanal** (sust. m. colect.), argentinismo de la zona de Cuyo y del NO., es un 'terreno poblado de pichanas'.

pichanga. sust. f. En la Argentina, se usa **engaña pichanga** o **engañapichanga** (sust. com.), 'cosa que engaña o defrauda': **el engaña pichanga** o **engañapichanga, la engaña pichanga** o **engañapichanga**. Las dos grafías son correctas. En plural: **engaña pichangas** o **enga-**

ñapichangas. Este argentinismo equivale a **engañabobos** (sust. com. fam.) del español general. En el NO. de Cuyo (Argentina), **pichanga** significa 'vino que no ha terminado de madurar' y, en Colombia, 'escoba de barrer'. Estos regionalismos tienen registro académico.

pichi. sust. m. 'Prenda de vestir femenina, semejante a un vestido sin mangas y escotado, que se pone encima de una blusa, jersey, etc.'. En plural: **pichis**. Es voz de reciente ingreso en el ***Diccionario***. No se usa en la Argentina, donde se emplea **túnica** (*El uniforme de colegio era una* ***túnica*** *azul, camisa blanca y corbata roja*). → **túnica**

pichí o **pichín.** sust. m. fam. Argent. Chile y Urug. Equivale a **pipí** (sust. m.) del español general. Sus plurales respectivos son **pichíes** o **pichís**, y **pichines**.

pichicata. sust. f. fam. Argent. 'Droga'. Carece de registro en el ***Diccionario***, pero la A.A.L. ha recomendado su inclusión.

pichincha. sust. f. Argent. 'Ganga, ocasión' (*Vale la pena comprar esta blusa, es una* ***pichincha***). Es voz de ingreso reciente en el ***Diccionario***, al igual que sus derivados, los argentinismos **pichinchero, ra** (sust. m. y f.), **pichuleador, ra** y **pichulero, ra** (susts. ms. y fs. p. us.), 'persona que pichulea'.

pichón. sust. m. 'Pollo de la paloma casera'. Para distinguir los sexos, debe recurrirse a las perífrasis **pichón macho**, **pichón hembra**. fig. y fam. 'Nombre que suele darse a las personas del sexo masculino en señal de cariño'. Su femenino es **pichona** (***Pichona***, *dame un beso*).

pichulear. v. tr. Chile. 'Engañar'. Argent. y Urug. 'Buscar afanosamente ventajas o ganancias pequeñas en compras o negocios'. No debe pronunciarse [pichuliar, pichulié]. Su 'acción y efecto' es **pichuleo** (sust. m. fam. p. us.). → **-ear**

♦ **pick-up.** Anglicismo. En español, debe decirse, según convenga, **tocadiscos**, hoy poco frecuente por los adelantos de la técnica, o **camioneta**.

♦ **picle.** Anglicismo. En español, corresponde usar **encurtido**.

♦ **picnic.** Anglicismo. En español, puede reemplazarse por **jira**, **comida** o **merienda campestre**. Si se emplea el anglicismo, debe ponerse entre comillas por tratarse de una voz extranjera. Es de uso corriente, así como su plural *picnics*.

pico. sust. m. Entre otras acepciones, 'parte saliente de la cabeza de las aves, compuesta de dos piezas córneas'; 'parte puntiaguda que sobresale en la superficie o en el borde de alguna cosa' (*Se lastimó con el* ***pico*** *de la mesa*); 'herramienta del cantero' (*Cava la roca con el* ***pico***); 'cúspide aguda de una montaña o montaña de cumbre puntiaguda' (*Es el* ***pico*** *más alto de esa cadena de montañas*); 'parte pequeña en una cantidad que excede a un número redondo' (*Cuesta tres pesos y* ***pico***). Dice Seco que cuando "se especifica el nombre de lo numerado, puede hacerse detrás de *pico*, sin preposición: *Doscientos y pico trabajos científicos*. [...] Pero suele preferirse colocarlo a continuación del numeral: *Somos doscientos alumnos y pico*". fig. y fam. 'Boca de una persona' (*Juan, cierra el* ***pico***); 'facundia de una persona' (*Es un* ***pico*** *de oro*). Aumentativo: **picacho** (*En el* ***picacho*** *de la montaña, hay nieve*).

pico-. elem. compos. inicial de nombres que significan 'billonésima parte (10^{-12}) de las respectivas unidades' (***picofaradio***, ***picogramo***). Símbolo: ***p***

piconero. sust. m. 'El que fabrica o vende picón, carbón muy menudo, que sirve para los braseros'. Su femenino es **piconera**.

picor. sust. m. → **picazón**

picota. sust. f. Entre otras acepciones, 'columna o rollo en que se exponían, para escarmiento público, las cabezas de los ajusticiados'. Hoy se usa casi exclusivamente en la frase figurada y familiar **poner en la picota a** alguien, 'sacarlo a la vergüenza pública'. Pese a su uso frecuente, no la registra el léxico oficial; sí, el ***Diccionario Manual***.

picotear. v. tr. 'Golpear o herir las aves con el pico'; 'comer de diversas cosas en ligeras porciones' (*Está gordo, porque se pasa el día* ***picoteando***). En esta acepción, equivale a **picar** (v. tr.). v. intr. fig. 'Mover de continuo la cabeza el caballo, de arriba hacia abajo y viceversa'. fig. y fam. 'Hablar mucho'. v. prnl. fig. y fam. 'Reñir las mujeres entre sí' (*La vecina del primer piso se* ***picotea*** *todo el día con la del segundo*). Rég.

prep.: **picotear de** (***picotear de** todo*). No debe pronunciarse [picotiar]. Su postverbal es **picoteo** (sust. m.). → **-ear**

picotero, ra. adj. fam. 'Que habla mucho y sin sustancia'. Ú. t. c. sust. m. y f.: **el picotero, la picotera**.

picudo, da. adj. 'Que tiene pico'; 'que tiene forma de pico'; 'que tiene hocico'. fig. y fam. 'Que habla mucho'. sust. m. 'Asador o espetón'. Diminutivo: **picudillo, lla** (adj. Ú. t. c. sust. m. y f.: *Te daré unas aceitunas **picudillas**; Comimos unas **picudillas***).

pidón, na. adj. fam. 'Pedigüeño'. Ú. t. c. sust. m. y f.: **el pidón, la pidona.**

pie. sust. m. Entre otras acepciones, 'extremidad de cualquiera de los dos miembros inferiores del hombre'; 'parte análoga en muchos animales'; 'base o parte en que se apoya algo'. Incorrecto: *pié*. → **piar**. En plural: **pies**. Incorrecto: *pieses*, un vulgarismo. Diminutivos: **piececito, pecezuelo** (también lo es de **pez**), **piecezuelo**. Incorrecto: *piecito*. Esta voz, de gran polisemia, forma parte de algunas expresiones, como **pie de imprenta** ('indicación de la editorial o institución editora responsable, lugar y año de la impresión, que suele ponerse al principio o al final del libro o de la publicación'), o como **pie quebrado** ('verso corto, generalmente de cuatro sílabas, algunas veces de cinco, que alterna con otros más largos en ciertas combinaciones métricas'). Se usa, asimismo, en numerosas locuciones adverbiales; entre las más usuales: **a cuatro pies** ('a gatas'); **al pie** ('próximo, inmediato a una cosa'); **al pie de la letra** ('literalmente o a la letra'); **a pie** ('caminar sin caballería ni vehículo alguno'); **a pie firme** ('firmemente, con seguridad'); **a pie juntillas** o **a pies juntillas**, ambas se usan, generalmente, con el verbo **creer**, pero es más frecuente la primera forma ('firmemente, sin la menor duda'); **con los pies** ('mal'); **con pie de plomo** o **con pies de plomo** ('con cautela'); **de pie**, locución para la que la Academia registra, también, **de pies**, pero, modernamente, no se usa esta segunda forma que resulta, incluso, vulgar, como bien anota Seco ('parado, no sentado ni acostado'); **en pie** ('afirmado o erguido sobre los pies'; 'levantado y restablecido después de una enfermedad, o que ya no guarda cama'); **en pie de guerra**, se usa con verbos como **estar**, **poner** y algún otro ('dícese del ejército que en tiempo de paz se halla preparado para entrar en operaciones'; 'aplícase a las naciones, instituciones y otras entidades en similares circunstancias, incluso –aunque no lo especifica la Academia– a personas'). Finalmente, forma parte de numerosas frases y expresiones como: **arrastrar** uno **los pies** ('ser muy viejo'); **cojear** uno **del mismo pie que** otro ('adolecer del mismo vicio o defecto'); **echarse a los pies de** uno ('someterse'); **meter un pie** ('empezar uno a experimentar adelantamiento en el logro de una pretensión'); **no dar** uno **pie con bola** ('no acertar'); **poner pies en polvorosa** ('huir'), etc.

piedra. sust. f. Diminutivos: **pedrezuela, piedrecita, piedrecilla, piedrezuela** y **pedreta** (p. us.). Incorrecto: *piedrita*. Aumentativo: **pedrejón** (sust. m.), 'piedra grande o suelta'. Son sustantivos colectivos **pedregal** (m.), **pedriscal** (m.), 'sitio cubierto con piedras', y **pedregullo** (m.), 'conjunto de pedrezuelas', palabra, esta última, de reciente ingreso en el ***Diccionario*** y que, en la Argentina, significa, además, 'piedras menudas'. → **ripio**. La voz **pedrería** (f.), 'conjunto de piedras, como diamantes, esmeraldas, rubíes, etc.', también es sustantivo colectivo, pero de **piedras preciosas**. Incorrecto: *piedrería*. Una **pedrera** (sust. f.) es la 'cantera o lugar de donde se sacan piedras', y **pedrero** (sust. m.), 'el que las labra'. Incorrecto, para una y otra denotación, *piedrera*, *piedrero*. Los adjetivos correspondientes son **pedregoso, sa** y **pedrizo, za**, 'cubierto de piedras'. Una **pedrada** o **pedrea** (susts. fs.) es la 'acción de despedir o arrojar piedras'. Incorrecto: *piedrada*. **piedra pómez.** → **pómez**

piel. sust. m. En plural: **pieles**. Un **pielero** (sust. m.) es 'el que compra pieles'. Carece de femenino. **piel roja**. 'Indígena de América del Norte'. Incorrecto: *pielroja*, *pielrroja*. En plural: **pieles rojas**. Incorrecto: *pieles roja*.

piérides. sust. f. pl. 'Las musas'. Se escribe con minúscula y es voz esdrújula. No se usa en singular. → **plural** (**pluralia tantum**). El adjetivo **pierio, ria** es poético, 'relativo o perteneciente a las musas'.

pierna. sust. f. 'Extremidad inferior de las personas'; 'parte de esa extremidad comprendida entre la rodilla y el pie'. Entre otras denotaciones comunes con el español general, en la

Argentina, significa: 'figura que, en el juego del póquer, se forma con tres cartas del mismo valor' (sust. f.); 'cada uno de los individuos que se reúnen para jugar, particularmente a la baraja' (sust. com.); 'persona avispada, lista' (sust. com. fam. Ú. t. c. adj.); 'persona dispuesta a prestar compañía' (sust. com. fam.). **dormir a pierna suelta**. fr. fig. fam. con la que se explica que 'uno goza, posee o disfruta una cosa sin cuidado'. **estirar** uno **las piernas**. fr. fig. fam. 'Ir a pasear'. **hacer pierna**. fr. fig. y fam. Argent. 'Colaborar, ayudar'. Diferénciese de **hacer piernas** (fr. fig. y fam.), que significa 'afirmarse los caballos en ellas y jugarlas bien'. El 'golpe que se da con las piernas o movimiento violento que se hace con ellas' es **pernada** (sust. f.).

piernitendido, da. adj. 'Extendido de piernas'. Incorrecto: *pernitendido*, por analogía con **pernituerto, ta** (adj.), 'que tiene torcidas las piernas'. Su antónimo, **piernicorto, ta** (adj.), de correcta formación, carece de registro en el ***Diccionario*** mayor, pero lo recoge el ***Manual***.

♦ **Pierrot.** Voz francesa. Este nombre propio denota al "personaje de la *comedia del arte* italiana, que viste calzón amplio y blusa o camisola blanca, amplia, con grandes botones", como define el ***Diccionario Manual***, con el indicador de su falta de sanción oficial y de su origen extranjero. Si se emplea esta voz, por no haberse españolizado, debe entrecomillarse. En español, puede usarse, en su reemplazo, **bufón**, **payaso**.

pietista. adj. 'Se aplica a ciertos protestantes que practican o aconsejan el ascetismo más riguroso'. Ú. t. c. sust. com.: **el pietista**, **la pietista**.

pieza. sust. f. Diminutivos: **piececita**, **piecita**, **piecezuela** y **pecezuela**.

pifia. sust. f. 'Golpe en falso que se da con el taco en la bola de billar o de trucos, mala jugada'. Incorrecto: *picia*, un vulgarismo. Chile, Ecuad. y Perú. 'Burla, escarnio o rechifla' (*Hicieron **pifia** de él*). Se usa, también, en la Argentina, con la denotación de 'burla o escarnio'. La Academia no registra esta última acepción regional para el sustantivo, sino para el verbo. → **pifiar**

pifiar. v. intr. 'Hacer que se oiga demasiado el soplo del que toca la flauta travesera'; 'hacer una pifia en el billar o en los trucos'. v. tr. Argent., Chile y Perú. 'Burlar, escarnecer, hacer bromas pesadas'. Chile y Ecuad. 'Rechiflar'. En la Argentina, aunque sin registro en el ***Diccionario***, ú. t. c. prnl. (***Se pifiaban**, sin piedad, de la pobre tontita*). Se conjuga, en cuanto al acento, como **cambiar**.

pigargo. sust. m. 'Ave rapaz'. Para distinguir los sexos, debe recurrirse a las perífrasis **pigargo macho**, **pigargo hembra**. Se denomina, también, **quebrantahuesos** (sust. m.).

pigmeo, a. adj. 'Dícese de cierto pueblo fabuloso y de sus individuos, los cuales no tenían más que un codo de alto'. Ú. t. c. sust. m. y f.: **el pigmeo**, **la pigmea**. 'Muy pequeño'. Apl. a pers. y, a veces, a animales, ú. t. c. sust. m. y f. (*gallina **pigmea**; la **pigmea***). sust. m. 'Individuo perteneciente a los pueblos enanos que viven en la zona ecuatorial del África y, en grupos aislados, en las Filipinas, Borneo y Nueva Guinea'. Su femenino es **pigmea**.

pignorar. v. tr. 'Empeñar'. No debe usarse por **hipotecar** (v. tr.).

pijama. sust. m. Voz inglesa (*pyjamas*) españolizada. 'Prenda compuesta de chaqueta y pantalones para dormir' (*Tenía puesto un **pijama** azul*). Ú. t. c. sust. f. en algunos países de América, pero, no, en la Argentina. Puede decirse, también, **piyama** (sust. m. Ú. t. c. sust. f. en algunos países de América). La Academia se inclina por la primera forma. En la Argentina, es más frecuente la segunda. Incorrecto: *pyjamas*, *pijamas*.

pila. sust. f. colect. 'Cúmulo que se hace poniendo una cosa sobre otra' (***pila** de libros*). Aumentativo: **pilón**. Una **pilada** (sust. f. colect.) denota, aproximadamente, lo mismo (*una **pilada** de libros*). Su homónimo, también sustantivo femenino, significa 'pieza cóncava en que se echa agua para varios usos' (***pila** para lavarse*; ***pila** bautismal*). Diminutivo: **pileta**. Aumentativo: **pilón**. Entre otras acepciones, tiene la de 'generador de corriente eléctrica que utiliza la energía liberada en una reacción química' (*Le puse **pilas** a la linterna*). adj. Argent. 'Sin pelo' (*perro **pila***). Ú. t. c. sust. m. (*Salió ladrando un **pila***). Estos regionalismos carecen de registro académico, pero acaban de ser recomendados por la A.A.L. para su incorporación. En la Argentina, como lo documenta la

A.A.L., se usan las siguientes frases figuradas y familiares: **cargar las pilas**, 'retomar energías', y **ponerse las pilas**, 'concentrarse en una tarea para llevarla a cabo con eficacia'.

pilar. sust. m. 'Hito o mojón que se pone para señalar caminos'; 'especie de pilastra'; 'persona que sirve de amparo'; 'cosa en que se apoya algo'. Diminutivo: **pilarejo**.

pilastra. sust. f. 'Columna cuadrangular'. Aumentativo: **pilastrón** (sust. m.).

pilca. sust. f. Amér. Merid. 'Pared de piedra en seco'. También puede decirse **pirca** (sust. f. Amér. Merid.). Según las regiones, se usa más una u otra forma. En la Argentina, prevalece la segunda.

pilcha. sust. f. Argent., Chile y Urug. 'Prenda del recado de montar'. rur. Argent., Chile, Perú y Urug. 'Prenda de vestir pobre o en mal estado'. Ú. m. en pl. (*Se puso las **pilchas** que tenía*). Argent. 'Prenda de vestir, particularmente si es elegante y cara'. Ú. m. en pl. (*Salió con unas **pilchas** que nos dejaron boquiabiertos*). Esta última acepción académica es reciente.

píldora. sust. f. 'Bolita de uso medicinal para ser administrada oralmente'; 'por antonomasia, la anticonceptiva'. Esta última acepción académica es reciente. **dorar la píldora**. fr. fig. fam. 'Suavizar con artificio una mala noticia o una contrariedad'. **tragarse** uno **la píldora**. fr. fig. y fam. 'Creer una mentira'.

pileta. sust. f. 'Pila que solía haber en las casas para tomar agua bendita'. En diversas regiones de España y de América, entre ellas la Argentina, 'pila de cocina o de lavar' (*Había acumulado platos sucios en la **pileta***). R. de la Plata. Equivale a **piscina** (sust. f.). **tirarse a la pileta**. fr. fig. y fam. 'Emprender una acción de resultado incierto, arriesgarse'.

pillador, ra. adj. 'Que hurta'. Ú. t. c. sust. m. y f.: **el pillador**, **la pilladora**.

pillar. v. tr. 'Hurtar, robar'; 'agarrar, aprehender'; 'alcanzar o atropellar embistiendo' (*Lo **pilló** un auto*); fam. 'sorprender a uno en flagrante delito' y, entre otras acepciones, 'aprisionar con daño a uno'. Ú. t. c. prnl. (*Me **pillé** un dedo con la puerta*). No se confunda este verbo con **pillear** (v. intr. fam.), 'hacer vida de pillo'.

pillear. v. intr. fam. No debe pronunciarse [pilliar, pillié]. → **-ear, pillar**

pillo, lla. adj. 'Pícaro'; 'astuto'. En ambas acepciones, ú. t. c. sust. m. y f.: **el pillo**, **la pilla**. También puede decirse **pillastre** (sust. m. fam.): *Juan es un **pillastre***. Nótese que este sustantivo no es común de dos. Diminutivos: **pillete** (m.), **pillín** (m.), **pilluelo** y **pilluela** (m. y f. Ú. m. c. m.). Una **pillería** (sust. f.) es un 'conjunto de pícaros' (colect.) y, también, una 'acción propia de pícaros'. Para esta última acepción, también puede decirse **pillada** (sust. f.).

pilotar o **pilotear.** v. tr. 'Dirigir un buque u otro medio de transporte, avión, auto, etc.'. La Academia prefiere la primera forma; en la Argentina, los hablantes se inclinan por la segunda (***Pilotea** su avión*). En América, ésta se usa, también, en sentido figurado, para indicar que 'alguien ayuda a otro o dirige una actividad' (*Aunque no es el gerente, **pilotea** la empresa*). Dicha acepción figurada carece de registro académico, pero la anota el ***Diccionario Manual***. Esta segunda forma tiene un homónimo, **pilotear** (v. tr.), que significa 'hincar pilotes para reforzar los cimientos de una construcción'. No debe pronunciarse [pilotiar, pilotié]. → **-ear**

piloto. sust. m. 'El que gobierna un buque, un avión, un auto'. Diminutivo: **pilotín**. Usado junto a otro sustantivo, en aposición especificativa, indica que lo mencionado en el primer nombre funciona como modelo o con carácter experimental: **plan piloto**, **experiencia piloto**. En plural: **planes piloto**, **experiencias piloto**. En la Argentina, como lo ha documentado la A.A.L., denota, también, 'impermeable' (*Llovía mucho y se puso el **piloto***).

piltrafa. sust. f. 'Parte de carne flaca, que casi no tiene más que el pellejo'. sust. f. pl. 'Desechos'. También puede decirse **piltraca** (sust. f.), pero la Academia prefiere la primera forma. Incorrecto: <u>piltraja</u>, un vulgarismo.

pimentero. sust. m. 'Arbusto trepador de la familia de las piperáceas, cuyo fruto es la pimienta'. Este arbusto recibe, también, el nombre de **pimiento** (sust. m.). 'Recipiente en que se pone, en la mesa, la pimienta molida' (*Has confundido el salero con el **pimentero***). → **pimiento**

pimienta. sust. f. 'Fruto del pimentero que,

cuando se seca, toma color pardo o negruzco' (*La **pimienta** puede usarse en grano o molida*). Hay diversas variedades, y es un condimento muy apreciado en gastronomía. → **pimiento**

pimiento. sust. m. 'Planta de origen americano, herbácea y anual, de la familia de las solanáceas'; 'fruto de esta planta, el que, en algunas variedades, es picante' (*Hay **pimientos** rojos, verdes y amarillos*). También puede decirse **ají** (sust. m.), voz frecuente en América. Aumentativo: **pimentón** ('polvo que se obtiene moliendo pimientos rojos secos y que se usa como condimento'; 'en algunos sitios, el fruto del pimiento'). Un **pimental** (sust. m. colect.) es un 'terreno sembrado de pimientos'. La voz **pimiento** también denota el 'arbusto de la pimienta o pimentero'. **pimiento morrón** o **pimiento de hocico de buey**. 'Variedad de pimiento más grueso y dulce'. → **pimentero**

pimpollecer. v. irreg. intr. 'Echar renuevos o pimpollos las plantas'. Se conjuga como **parecer**. También puede decirse **pimpollear** (v. intr.). No debe pronunciarse [pimpolliar]. → **-ear**

pimpollo. sust. m. 'Pino, árbol o vástago nuevo'; 'rosa por abrir'. fig. y fam. 'Niño o niña, y también el joven o la joven, que se distinguen por su galanura o belleza' (*Ana es un **pimpollo***). Un 'sitio poblado de pimpollos' es un **pimpollar** (sust. m.) o una **pimpollada** (sust. f.). La Academia prefiere la primera forma. Para expresar 'lo que tiene muchos pimpollos', se dice **pimpolludo, da** (adj.).

pimpón. sust. m. 'Tenis de mesa'. También puede usarse **ping-pong** (sust. m.). La Academia se inclina por la primera forma; los hablantes, en general, por la segunda. Casi nadie usa el sintagma **tenis de mesa**, también registrado por la Academia para denotar este juego.

pinacoteca. sust. f. colect. → **pintura**

pincarrasco. sust. m. 'Especie de pino, propio de los terrenos áridos del litoral mediterráneo'. También puede decirse **pincarrasca** (sust. f.). La Academia prefiere la primera forma. Un **pincarrascal** (sust. f. colect.) es un 'sitio poblado de pincarrascos'.

pincel. sust. m. 'Instrumento para pintar'. Voz aguda que, en plural, se hace grave: **pinceles**. Aumentativo: **pincelote.** Una **pincelada** (sust. f.) es el 'trazo o golpe que el pintor da con el pincel'. **dar la última pincelada**. fr. fig. 'Perfeccionar o concluir una obra'.

pincelero. sust. m. 'El que hace o vende pinceles'. Su femenino es **pincelera**. 'Caja en que los pintores guardan sus pinceles'.

pinchadiscos. sust. com. 'Persona que se encarga del equipo de sonido de una discoteca y de la selección de las piezas'. En plural, no varía: **los pinchadiscos, las pinchadiscos.** Es la forma española del anglicismo *disc-jockey*. → **disc-jockey**

pinchaflores. sust. m. 'Pieza de metal con clavos o pinchos para sujetar flores y ramas en un arreglo floral'. En plural, no varía: **los pinchaflores.** Carece de registro académico, pero es voz compuesta correctamente formada.

pinchar. v. tr. Entre otras acepciones, 'picar, punzar o herir con algo agudo o punzante'; 'poner inyecciones'. Ú. t. c. prnl. **ni pincha ni corta**. fr. fig. y fam. 'Aplícase a lo que tiene poco valimiento o influjo en un asunto'. Ú. t. referido a personas. La 'acción de pinchar o pincharse' es **pinchadura** (sust. f.), **pinchazo** (sust. m.), **pinchonazo** (sust. m.) y **punzadura** (sust. f.).

pinchaúvas. sust. m. fig. y fam. 'Pillete'; 'hombre despreciable'. En plural, no varía: **los pinchaúvas.**

pinche. sust. com. 'Persona que presta servicios auxiliares en la cocina': **el pinche, la pinche.**

pincho. sust. m. 'Aguijón o punta aguda de hierro u otro material'. Lo 'que tiene pinchos o fuertes púas' es **pinchudo, da** (adj.).

pindonguear. v. intr. fam. 'Callejear'. También puede decirse **pendonear** (v. intr.). La Academia prefiere la primera forma. No deben pronunciarse [pindonguiar, pindonguié] ni [pendoniar, pendonié]. Sus postverbales son **pindongueo** y **pendoneo** (susts. ms.), respectivamente. El primero es de reciente incorporación académica. → **-ear**

pingar. v. intr. 'Colgar'; 'gotear'; 'saltar'. v. tr. 'Inclinar'. → **pagar**

pingo. sust. m. Argent., Chile y Urug. 'Caballo'.

ping-pong. sust. m. → **pimpón**

pingüinera. sust. f. Argent. 'Lugar de la costa donde los pingüinos se reúnen en la época en que hacen los nidos y en la de la cría'. Incorrecto: pinguinera.

pinito. sust. m. 'Cada uno de los primeros pasos que da un niño o un convaleciente'. Ú. m. en pl. y con el verbo **hacer** (*Hacía **pinitos***). La Academia no registra hacer pininos. sust. m. pl. 'Primeros pasos que se dan en una ciencia o arte'.

pinnado, da o **pinado, da.** adj. 'Dícese de la hoja compuesta de hojuelas insertas a uno y otro lado del pecíolo, como las barbas de una pluma'. La Academia prefiere la forma con doble **n**.

pinnípedo. adj. 'Dícese de ciertos mamíferos marinos, cuyas patas posteriores están ensanchadas a modo de aletas'. Ú. t. c. sust. m. (*La foca es un **pinnípedo***). sust. m. pl. 'Orden de estos animales': **los pinnípedos**. Nótese que se escribe con doble **n**.

pino. sust. m. 'Árbol de la familia de las abietáceas'; 'madera de este árbol' (*muebles de **pino***). Diminutivos: **pinito**, **pinillo**, **pinarejo**. Entre otras variedades, **pino tea**, 'especie de pino, de madera muy dura y resinosa'. Incorrecto: pinotea. Son sus sustantivos colectivos **pinar** (m.), **pineda**, **pinada** (fs.) y **pinedo** (m. Amér. Merid.). El adjetivo **pinariego, ga** indica 'lo perteneciente al pino', y **pinoso, sa** (adj.), 'lo que tiene pinos'. La **pinocha** (sust. f.) es la 'rama u hoja de pino', y la **pinaza** (sust. f. colect.), la 'hojarasca del pino y demás coníferas'. El adjetivo **pinífero, ra**, 'abundante en pinos', es poético. El sustantivo **pinocho** (m.) denota un 'pino nuevo' y un 'ramo de pino'.

pintacilgo. sust. m. 'Jilguero, cardelina, sietecolores'. También puede decirse **pintadillo** (sust. m.). La Academia prefiere la primera forma. Para distinguir los sexos, debe recurrirse a las perífrasis **pintacilgo** o **pintadillo macho**, **pintacilgo** o **pintadillo hembra**.

pintada. sust. f. 'Acción de pintar letreros en las paredes, especialmente de contenido político o social' (*Los estudiantes hicieron una **pintada** en la facultad*). Con la denotación de 'conjunto de letreros de dicho carácter que se han pintado en determinado lugar', es sustantivo colectivo (*¡Qué **pintada**!*). Empléese esta voz en lugar de *grafitto* o *grafitti*, italianismos.

pintado, da. p. de **pintar**. adj. 'Naturalmente matizado de diversos colores'. **el más pintado**. loc. fig. fam. 'El más hábil o más experto'; 'el de más valer'. **pintado** o **como pintado** (fig.), 'muy a propósito'. Se construye con verbos como **estar**, **venir** y similares (*Esto viene como **pintado***). También puede decirse **que ni pintado** (loc. fig. y fam.).

pintalabios. sust. m. 'Cosmético usado para pintar los labios'. En plural, no varía: **los pintalabios**. Es voz de introducción reciente en el ***Diccionario***. También puede decirse **lápiz de labios**, forma de uso más frecuente. No corresponde emplear, en su reemplazo, el galicismo *rouge*.

pintamonas. sust. com. 'Pintor de poca habilidad': **el pintamonas**, **la pintamonas**. En plural, no varía: **los pintamonas**, **las pintamonas**.

pintar. v. tr. Con la acepción de 'dibujar o dejar una marca con el lápiz', ú. t. c. intr. (*Este lápiz ya no **pinta***). v. intr. 'Madurar ciertos frutos'. Ú. t. c. prnl. (*Las manzanas **se pintan** día a día*). v. prnl. 'Darse colores en el rostro' (*Ana **se pinta***). Rég. prep.: **pintar a** (***pintar a** la acuarela; **pintar a** pincel*); **pintar con** (***pintar con** brocha*); **pintar de** (***pintar de** verde*). **pintar en** (***pintar en** tela*). **pintarse** uno **solo para** una cosa. fr. fig. y fam. 'Ser muy apto o tener mucha habilidad para ella'.

pintarrajar. v. tr. fam. 'Manchar de varios colores y sin arte una cosa'. También pueden decirse **pintarrajear** (v. tr. fam. Ú. t. c. prnl.) y **pintorrear** (v. tr. fam. Ú. t. c. prnl.). El segundo significa, además, en su uso pronominal, 'maquillarse mucho y mal'. Los dos últimos no deben pronunciarse [pintarrajiar, pintarrajié] ni [pintorriar, pintorrié]. → **-ear**

pintaúñas. sust. m. 'Cosmético para colorear las uñas'. En plural, no varía: **los pintaúñas**. Es voz de reciente ingreso en el ***Diccionario***. Pueden decirse, también, **esmalte de uñas** y **laca de uñas**.

pintear. v. intr. impers. Equivale a **lloviznar**, más frecuente. No debe pronunciarse [pintiar, pintió]. → **-ear**

pintiparado, da. adj. 'Dícese de lo que viene adecuado a otra cosa o es a propósito para el fin propuesto'. En la Argentina y en algunos otros países americanos, 'compuesto, acicalado'. Carece de registro en el ***Diccionario***; con este indicador, lo recoge el ***Manual***.

pintonear. v. intr. 'Empezar a madurar las uvas'. No debe pronunciarse [pintoniar, pintonié]. → **-ear**

pintor. sust. m. 'El que profesa el arte de la pintura'; 'el que tiene por oficio pintar puertas, paredes, ventanas, etc.'. En ambos casos, el femenino es **pintora**.

pintura. sust. 'Arte de pintar'; 'tabla, lámina o lienzo en que está pintado algo'; 'la misma obra pintada'. El sustantivo colectivo es **pinacoteca** (f.), 'galería o museo de pinturas'.

pinturero, ra. adj. fam. 'Dícese de la persona que alardea ridículamente de bien parecida o elegante', o 'que presume de apuesta'. En ambas acepciones, ú. t. c. sust. m. y f.: **el pinturero, la pinturera**. → **pintor**

pinza. sust. f. Con el significado de 'instrumento de metal que sirve para tomar o sujetar cosas, puede usarse tanto en singular como en plural, con valor de singular (*una **pinza** o unas **pinzas***). Se prefiere el uso en plural, pero la forma en singular es igualmente correcta (*Se depiló las cejas con unas **pinzas***). → **plural**

pinzar. v. tr. 'Sujetar con pinza'; 'plegar una cosa, pellizcándola con los dedos'. → **cazar**

piña. sust. f. 'Fruto del pino y de otros árboles'; 'planta y fruto del ananás'. Cuando significa, en sentido figurado, 'conjunto de personas o cosas unidas o agregadas estrechamente', es sustantivo colectivo. Can., Argent. y Urug. 'Trompada, puñetazo'. Un **piñal** (sust. colect. m. Amér.) es 'un plantío de ananás'.

piñón. sust. m. 'Simiente del pino' y, entre otras acepciones, 'almendra comestible de la semilla del pino piñonero'. Es voz aguda que, en plural, se hace grave: **piñones**. **estar** uno **a partir un piñón con** otro. fr. fig. y fam. 'Haber unidad de miras y estrecha unión entre ambos'.

piñonear. v. intr. Entre otras acepciones, 'castañetear el macho de la perdiz cuando está en celo'; fig. y fam. 'galantear los hombres ya maduros a las mujeres como si fueran jóvenes'. Ú. en tono burlesco. No debe pronunciarse [piñoniar, piñonié]. Su 'acción y efecto' es **piñoneo** (sust. m.). → **-ear**

pío. sust. m. 'Voz del pollo de cualquier ave'. **no decir pío** o **no decir ni pío**. frs. figs. 'No chistar'. Su homónimo **pío, a** (adj.) significa 'devoto', 'benigno, misericordioso'. Superlativo: **piísimo**. Un tercer homónimo, también adjetivo, denota un tipo de pelo de caballos, mulas y asnos: 'blanco en su fondo, con manchas más o menos extensas de otro color cualquiera'. → **overo**

piojo. sust. m. 'Insecto que vive parásito sobre los mamíferos, de cuya sangre se alimenta'. Para distinguir los sexos, debe recurrirse a las perífrasis **piojo macho**, **piojo hembra**. Diminutivo: **piojuelo**. El adjetivo **piojento, ta** indica tanto 'lo relativo o perteneciente a los piojos', como 'que tiene piojos'; **piojoso, sa**, 'que tiene muchos piojos' y, en sentido figurado, 'mezquino, miserable', 'sucio, harapiento'. Ú. t. c. sust. m. y f.: **el piojoso, la piojosa**. La 'abundancia de piojos' es **piojera** (sust. f.) y **piojería** (sust. f.), voces que, además, denotan 'miseria, escasez'. El **piojillo** (sust. m.) es 'un insecto distinto del piojo; vive sobre las aves y se alimenta de su piel y de sus plumas'. → **parásito**

piola. sust. f. 'Cordel' (*Dame una **piola** para atar el paquete*). Diminutivo: **piolín** (sust. m. Amér.), 'cordel delgado'. Argent. adj. 'Astuto, listo'; 'simpático' (*chico **piola**; empleada **piola***). Ú. t. c. sust. com.: **el piola, la piola**. Argent. **hacerse el** o **la piola**. fr. fam. 'Pretender pasar por listo'. Argent. **quedarse piola**. fr. fig. fam. 'Abstenerse de actuar, generalmente para no comprometerse'. Todos estos argentinismos carecen de registro en el ***Diccionario***, pero la A.A.L. ha recomendado su inclusión, al igual que la de **piolada** (sust. f. fam.), 'acción que pretende demostrar astucia o viveza en beneficio propio'.

pión, na. adj. 'Que pía mucho'. Ú. t. c. sust. m. y f.: **el pión, la piona**. No se confunda con <u>*pión*</u>, vulgarismo por **peón**.

pionero. sust. m. 'El que inicia la exploración de nuevas tierras'; 'el que da los primeros pasos en alguna actividad humana'. Su femenino es **pionera**. Ú. t. c. adj. (*industria **pionera***). Incorrecto: *peonero*, un vulgarismo por ultracorrección.

pipa. sust. f. 'Utensilio para fumar'; 'cantidad de tabaco que se pone en una pipa'; 'tonel'; 'flautilla, piritaña'. El sustantivo colectivo de las dos primeras acepciones es **pipería** (sust. f.), 'conjunto de pipas para fumar', voz que también denota 'conjunto o provisión de pipas o toneles' (*Compró tabaco en la **pipería**; La **pipería** está en el galpón*). El **pipero** o la **pipera** (sust. m. y f.) es la 'persona que vende pipas, caramelos y otras golosinas en la calle'. Estos dos últimos sustantivos son de reciente ingreso en el ***Diccionario***.

piperáceo, a. adj. 'Dícese de ciertas plantas angiospermas dicotiledóneas, como el pimentero'. Ú. t. c. sust. f. (*La cubeta es una **piperácea***). sust. f. pl. 'Familia de estas plantas'.

pipermín. sust. m. 'Licor de menta'. Es voz inglesa (*peppermint*) recién españolizada. Incorrecto: *pepermín*. Es palabra aguda que, en plural, se hace grave: **pipermines**.

pipí. sust. m. 'En lenguaje infantil, orina'. En plural: **pipíes** o **pipís**. Incorrecto: *pipises*. También puede decirse **pis** (sust. m.). La Academia prefiere la primera forma. → **pichí**

pipiar. v. intr. 'Dar voces las aves cuando son pequeñas'. Se conjuga, en cuanto al acento, como **guiar**. → **piar**

pipiolo. sust. m. fam. 'Inexperto, principiante'. También puede decirse **pipi** (sust. m.). Méj. 'Muchacho, joven'. El femenino de ambas voces es **pipiola**. En Méjico, una **pipiolera** (sust. f. colect.) es una 'chiquillería'. Los dos mejicanismos son de ingreso reciente en el léxico oficial.

pipirigaña. sust. f. 'Juego de pellizcarse las manos'. También puede decirse **pizpirigaña** (sust. f.). No se confunda con **pipiritaña** (sust. m.) o **pipitaña** (sust. f.), voces que significan 'flautilla que suelen hacer los muchachos con las cañas del alcacer'.

pipón, na. adj. En varios países de América, entre ellos la Argentina, 'barrigudo'; 'lleno de tanto comer' (*Estaba **pipón** después de tanto asado*). En el Ecuador, 'empleado inexistente que figura en la nómina de un organismo oficial'. Todos estos regionalismos carecen de sanción oficial, pero el ***Diccionario Manual*** los cataloga, con ese indicador.

pique. sust. m. Entre otras acepciones, 'resentimiento'; 'empeño en hacer una cosa por amor propio o rivalidad'. NO. Argent., Nicar. y Par. 'Senda estrecha que se abre en la selva'. Argent. 'En competencias, y refiriéndose especialmente a animales o automotores, aceleración inicial' (*Le imprimió al auto un **pique** bárbaro*). **a los piques**. loc. adv. Argent. 'Con mucha prisa' (*Salió **a los piques***). **a pique**. loc. adv. Se usa, sobre todo, para significar la 'costa que forma una pared o cuya orilla está cortada a plomo'. **echar a pique**. fr. 'Hacer que un buque se sumerja en el mar'; 'destruir una cosa' (fig.). **irse a pique**. fr. 'Hundirse en el agua una embarcación u otro objeto flotante'; 'malograrse una cosa o intento' (fig. y fam.).

piqué. sust. m. 'Tela de algodón' (*Lucía un traje de **piqué** celeste*). En plural: **piqués**.

piqueta. sust. m. 'Pico, zapapico'; 'herramienta de albañilería'. Diminutivo: **piquetilla**. Un **piquetero** (sust. m.) es el 'muchacho que lleva la piqueta o zapapico de un lado a otro en las minas'. → **zapapico**

piquete. sust. m. En su denotación colectiva, significa 'grupo poco numeroso de soldados', 'pequeño grupo de personas que exhiben pancartas' y 'grupo de personas que, pacífica o violentamente, intenta imponer o mantener una consigna de huelga' (***piquete** de huelguistas*).

piquillín. sust. m. Argent. 'Árbol'. Es voz aguda que, en plural, se hace grave: **piquillines**.

pira. sust. f. 'Hoguera'. Su homónimo, también sustantivo femenino, significa 'huida, fuga'. **ir de pira**. fr. En la jerga estudiantil, 'no entrar en clase'. Denota, asimismo, 'ir de parranda'. Un **pirandón** (sust. m.) es 'el aficionado a ir de juerga'. Su femenino es **pirandona**.

piragua. sust. f. 'Embarcación larga y estrecha que usan los indios de América y Oceanía'; 'embarcación pequeña, estrecha y muy liviana que se usa en los ríos y en algunas playas, y con la que, a veces, se practican carreras deportivas'. 'El que gobierna una piragua' es un **piragüero** (sust. m.). Su femenino es **piragüera**. El 'deporte de competición entre dos o más piraguas' se denomina **piragüismo** (sust. m.), voz de reciente incorporación en el ***Diccionario***. La 'persona que practica este deporte' es **el piragüista** o **la piragüista** (sust. com.).

piramidal. adj. 'De figura de pirámide'. No debe usarse con el significado de 'colosal, enorme'. Incorrecto: *Tiene un susto piramidal*. Correcto: *Tiene un susto **enorme***.

pirámide. sust. f. La Academia ha agregado, a las acepciones tradicionales, la de 'monumento, por lo común de piedra o de ladrillos, que tiene esa forma' (*las **pirámides** aztecas*) y el sintagma **pirámide de edades**, 'diagrama que representa la distribución proporcional de los grupos de edades de una población'. No ha incorporado, en cambio, la acepción figurada de 'representación gráfica estadística', hoy tan usada en construcciones tales como **pirámide salarial**, **de precios** y otras similares.

pirandón. sust. m. → **pira**

piraña. sust. f. 'Pez de los ríos de América del Sur, muy temido por su voracidad'. Para distinguir los sexos, debe recurrirse a las perífrasis **piraña macho**, **piraña hembra**. Es voz de ingreso reciente en el ***Diccionario***.

pirata. sust. m. Carece de femenino. Al significado tradicional de 'ladrón que roba en el mar', la Academia ha agregado, recientemente, el de **pirata aéreo**, 'persona que, bajo amenazas, obliga a la tripulación de un avión a modificar su rumbo'. Ú. t. c. adj. 'Pirático, perteneciente al pirata o a la piratería' (*barco **pirata***); 'clandestino' (*edición **pirata***).

piratear. v. intr. 'Ejercer la piratería'; 'cometer acciones delictivas o contra la propiedad'. No debe pronunciarse [piratiar, piratié]. → **-ear**

pirca. sust. f. Amér. Merid. → **pilca**

pirético, ca. adj. 'Que produce fiebre'. Esta voz carece de registro en el ***Diccionario*** mayor, pero la recoge, con ese indicador, el ***Manual***. Se usa en voces compuestas, como **apirético**, **antipirético** (adjs. Ú. t. c. susts. ms.). → **pirógeno**

pirgüín. sust. m. Chile. 'Especie de sanguijuela'; 'enfermedad causada por este parásito'. También puede decirse **pirhuín** (sust. m.), pero la Academia prefiere la primera forma. Son voces agudas que, en plural, se hacen graves: **pirgüines**, **pirhuines**.

pirincho. sust. m. Argent., Par. y Urug. 'Ave parecida a la urraca'. Para distinguir los sexos, debe recurrirse a las perífrasis **pirincho macho**, **pirincho hembra**.

piringundín. sust. m. Argent. 'Local donde se realizaban bailes a los que acudía gente de los bajos fondos'; 'por extensión, local, por lo común de despacho de bebidas y comidas, modesto y de mala reputación'. En plural: **piringundines**. Esta voz carece de registro académico. La A.A.L. ha recomendado su inclusión en el ***Diccionario***.

piripi. adj. fam. 'Borracho'. Ú. m. en la frase **estar piripi**. Su ingreso en el léxico oficial es reciente. Nótese que es voz grave.

piro-. elem. compos. de or. gr. 'Fuego' (***pirología***, ***pirotecnia***).

pirógeno, na. adj. 'Que produce fiebre'. Ú. t. c. sust. m. También puede decirse **piretógeno, na** (adj. Ú. t. c. sust. m.).

pirograbador. sust. m. 'El que tiene por oficio realizar pirograbados'. Su femenino es **pirograbadora**. Es voz de reciente incorporación en el ***Diccionario***.

piromancia o **piromancía.** sust. f. 'Adivinación supersticiosa por el color, chasquido y disposición de la llama'. Las dos formas son correctas, pero se usa más la primera. → **-mancia** o **-mancía**.

pirómano, na. adj. 'Dícese de la persona que padece piromanía o tendencia patológica a la provocación de incendios'. Ú. t. c. sust. m. y f.: **el pirómano, la pirómana**.

piromántico, ca. adj. 'Perteneciente a la piromancia'. sust. m. y f. 'Persona que profesa la piromancia': **el piromántico**, **la piromántica**.

piropear. v. tr. 'Decir piropos'. No debe pronunciarse [piropiar, piropié]. Su 'acción' es **piropeo** (sust. m.). → **-ear**

pirosfera. sust. f. 'Masa candente que, según se cree, ocupa el centro de la Tierra'. Nótese que es palabra grave. No debe pronunciarse [pirósfera] como esdrújula.

pirosis. sust. f. 'Trastorno digestivo'. En plural, no varía: **las pirosis**.

pirotecnia. sust. f. 'Arte que trata todo género de invenciones de fuego, en máquinas militares y en otros artificios, para diversión y festejo'. Usar para esta denotación *pirotécnica* es un barbarismo. Incorrecto: *Se dedica a la pirotécnica*. Correcto: *Se dedica a la **pirotecnia***. → **pirotécnico**

pirotécnico, ca. adj. 'Perteneciente o relativo a la pirotecnia' (*industria **pirotécnica***). sust. m. 'El que conoce y practica el arte de la pirotecnia' (*Un **pirotécnico** se ocupó de los fuegos artificiales*). La Academia no registra el género femenino.

piroxena. sust. f. 'Mineral'. La Academia no registra la forma masculina **piroxeno** (sust.), que es, en el uso, más frecuente, y que el ***Diccionario Manual*** cataloga con el indicador de su falta de sanción oficial.

piroxilo. sust. m. 'Producto de la acción del ácido nítrico sobre una materia semejante a la celulosa'. Es palabra grave. No debe pronunciarse [piróxilo] como esdrújula.

pirrarse. v. prnl. fam. 'Desear con vehemencia una cosa'. Sólo se usa con la preposición **por** (***pirrarse por** el cine*). Incorrecto: *pirriarse*.

pirrol. sust. m. 'Heterociclo nitrogenado que forma parte de sustancias de gran interés biológico, como los pigmentos biliares, las hemoglobinas, las clorofilas, etc.'. El adjetivo correspondiente es **pirrólico, ca**, 'relativo al pirrol o sus derivados', 'dícese de los compuestos que tienen pirrol'. Ambas voces son de reciente registro académico.

pirrónico, ca. adj. 'Escéptico'. Apl. a pers., ú. t. c. sust. m. y f.: **el pirrónico**, **la pirrónica**. También puede decirse **pirroniano, na** (adj.). La Academia prefiere la primera forma.

piruétano. sust. m. → **peruétano**

piruetear. v. intr. 'Hacer piruetas'. No debe pronunciarse [piruetiar, piruetié]. → **-ear**

pirulí. sust. m. 'Caramelo, generalmente de forma cónica, con un palito que sirve de mango'. En plural: **pirulíes** o **pirulís**. Incorrecto: *pirulines*, *pirulises*.

pirulo. adj. fig. Argent. 'Dicho de la marca de un producto, que es desconocida o de poco renombre' (*Compró un reloj marca **pirulo***). Esta voz carece de registro académico, al igual que el sustantivo **pirulos** (m. pl.), 'años de edad' (*Tiene cuarenta **pirulos***). La A.A.L. ha sugerido la inclusión de estos argentinismos en el léxico oficial.

pis. sust. m. En plural: **pises**. Incorrecto: *los pis*. → **pipí**

pisadero. sust. m. rur. Argent. 'Lugar donde se pisa el barro para fabricar adobes'. Es voz de reciente introducción en el ***Diccionario***.

pisador, ra. adj. 'Que pisa'; 'dícese del caballo que levanta mucho los brazos'. sust. m. 'El que pisa la uva'. sust. f. 'Máquina que pisa la uva'. → **pisaúvas**

pisapapeles. sust. m. Es incorrecto usar, en singular, *pisapapel*. En plural, no varía: **los pisapapeles**.

pisar. v. tr. Este verbo significa, en su acepción más usual, 'poner el pie sobre alguna cosa', de modo que es una redundancia decir *pisar encima de*. Incorrecto: *Me pisó encima de los pies*. Correcto: *Me **pisó** los pies*. Rég. prep.: **pisar en** (***pisar en** falso*); **pisar en** o **sobre** (***pisar en** o **sobre** la alfombra*). v. intr. 'En los edificios, estar el piso de una habitación fabricado sobre otra'. La 'acción y efecto de pisar' es **pisada**, **pisadura** (susts. fs.) y **piso** (sust. m.).

pisaúvas. sust. com. 'Persona que pisa las uvas': **el pisaúvas**, **la pisaúvas**. Es incorrecto usar esta voz, en singular, sin **s** final. En plural, no varía: **los pisaúvas, las pisaúvas**. → **pisador (sust. m.)**

piscicultor. sust. m. 'El que se dedica a la piscicultura'. Su femenino es **piscicultora**.

piscina. sust. f. Para la denotación de 'estanque destinado al baño, la natación, etc.', se usa más, en la Argentina, **pileta** (sust. f.).

Piscis. sust. pr. m. 'Duodécimo y último signo del Zodíaco'; 'constelación zodiacal'. adj. 'Referido a personas, los nacidos bajo este signo'. Incorrecto: *hombre pisciano*. Correcto: *hombre **piscis***. Ú. t. c. sust. com.: **el piscis, la piscis**. Incorrecto: *el pisciano, la pisciana*. En plural, no varía: **los piscis, las piscis**.

piscívoro, ra. adj. 'Que se alimenta de peces'. Ú. t. c. sust. m. y f.: **el piscívoro, la piscívora**. También puede decirse **ictiófago, ga** (adj. Ú. t. c. sust. m. y f.).

piscolabis. sust. m. fam. 'Ligera refacción'. En plural, no varía: **los piscolabis**.

pisón. sust. m. 'Instrumento para apretar tierra, piedras, etc.'. En plural: **pisones**. **a pisón**. loc. adv. 'A golpe de pisón'.

pisonear. v. tr. No debe pronunciarse [pisoniar, pisonié]. También puede decirse **apisonar** (v. tr.). → **-ear**

pisotear. v. tr. No debe pronunciarse [pisotiar, pisotié]. Su 'acción' es **pisoteo** (sust. m.). Un **pisotón** (sust. m.) es una 'pisada fuerte sobre el pie de otro o sobre otra cosa'. En plural: **pisotones**. → **-ear**

pispar o **pispiar.** v. tr. Argent. 'Indagar, curiosear' (*La vecina anda **pispiando** todo el día qué hacemos*). Ambos regionalismos han sido recién incorporados en el ***Diccionario***.

pistolero. sust. m. 'El que utiliza de ordinario la pistola para atracar, asaltar, etc.'. Carece de femenino, ya que la voz **pistolera** (sust. f.) denota la 'funda donde se guarda la pistola'.

pistón. sust. m. En plural: **pistones**.

pistonear. v. intr. Argent. 'Producir ruido metálico los pistones por funcionamiento defectuoso del encendido'. No debe pronunciarse [pistoniar]. Su 'acción y efecto' es **pistoneo** (sust. m.). Ambas voces carecen de registro académico, pero la A.A.L. ha recomendado su inclusión. → **-ear**

pistraje o **pistraque.** sust. m. fam. 'Bebida, condimento o caldo desabrido o de mal gusto'. La Academia prefiere la primera forma.

pitada. sust. f. 'Sonido o golpe del pito'. Ú. m. en la fr. **dar una pitada** (*La locomotora **dio una pitada***). En América Meridional, si bien no lo registra la Academia, la frase que anotamos significa, también, 'dar una bocanada' (*Déjame **dar una pitada** a tu cigarrillo*). → **pitar**, **pitido**

pitagórico, ca. adj. 'Que sigue la filosofía de Pitágoras'. Ú. t. c. sust. m. y f.: **el pitagórico, la pitagórica**. 'Perteneciente o relativo a ella'.

pitahaya o **pitajaya.** sust. f. Amér. 'Planta de la familia de los cactos'. Las dos formas son correctas.

pitar. v. intr. 'Tocar o sonar el pito' y, entre otras acepciones, en América Meridional, 'fumar un cigarrillo'. Chile. 'Engañar a uno'. **irse, marcharse, salir**, etc., **pitando**. fr. fig. y fam. 'Salir apresuradamente'. Incorrecto: *pitear*.

pitecántropo. sust. m. 'Ser entre el mono y el hombre, de acuerdo con la teoría transformista'. Equivale a **antropopiteco** (sust. m.). Nótese que es voz esdrújula. No debe pronunciarse [pitecantropo] como grave.

pitido. sust. m. En su acepción más usual, equivale a **pitada** (sust. f.). En otras, significa 'sonido que emiten los pájaros'; 'zumbido, ruido continuado' (*el **pitido** de la pava*). → **pitada**

pitillo. sust. m. 'Cigarrillo' (*Apagó el **pitillo** en el cenicero*). Es diminutivo de **pito** (sust. m.), que, en una de sus acepciones, significa 'cigarrillo de papel' (p. us.). Una **pitillera** (sust. f.) significa tanto la 'petaca para guardar pitillos' como la 'mujer o cigarrera que se ocupa en hacerlos'.

pitimini. sust. m. Se usa en el sintagma **rosal de pitimini**, 'rosal trepador que echa rosas muy pequeñas'. **de pitiminí**. loc. fig. 'De poca importancia'. En plural: **pitiminíes** o **pitiminís**.

pitiriasis. sust. f. 'Enfermedad de la piel'. En plural, no varía: **las pitiriasis**.

pitiyanqui. sust. m. P. Rico. 'Nombre que se aplica, despectivamente, al imitador del norteamericano'. En plural: **pitiyanquis**.

pito. sust. m. Entre otras denotaciones, 'silbato'; 'persona que lo toca'; 'castañeta'. Diminutivo: **pitillo**. Despectivo: **pitoche**. 'Garrapata'. → **usupuca**. **cuando pitos, flautas** o **flautos**. expr. fig. y fam. con que se explica que las cosas suceden 'al revés de lo que se deseaba o podía esperarse', o que, 'cuando desaparece una contrariedad, surge otra'. **no importarle** o **no dársele** a uno **un pito de** una cosa. fr. fig. fam. 'Despreciarla' (***No me importa un pito de** tus problemas*). **no tocar pito**. fr. fig. fam. 'No tener arte ni parte en alguna cosa' (*Juan **no toca pito** en esto*). **no valer un pito** una persona o cosa. fr. fig. y fam. 'Ser inútil o de ninguna importancia'. **por pitos o por flautas**. fr. fig. y fam. 'Por un motivo o por otro'. Su homónimo, también sustantivo masculino, es uno de los tantos nombres con que se denota al 'pájaro carpintero'. → **picamaderos**

pitoflero. sust. m. fam. 'Músico de poca habilidad'; 'el que trae y lleva chismes'. Su femenino es **pitoflera**.

pitoitoy. sust. m. Amér. 'Ave zancuda de las costas que, al emprender vuelo, lanza un grito especial, del que proviene su nombre'. Para distinguir los sexos, debe recurrirse a las perífrasis **pitoitoy macho**, **pitoitoy hembra**. En plural: **pitoitóis**.

pitonisa. susf. f. 'Sacerdotisa de Apolo, en Delfos'; 'hechicera'; 'adivinadora'. Su forma masculina es **pitón** (sust. m.), poco frecuente, 'adivino, mago, hechicero'.

pitorá o **pitora.** sust. f. Col. 'Serpiente muy venenosa'. Las dos formas son correctas, pero es más frecuente la primera, cuyo plural es: **pitoraes** o **pitorás**.

pitorrearse. v. prnl. 'Burlarse de alguien'. No debe pronunciarse [pitorriarse]. Rég. prep.: **pitorrearse de** (***pitorrearse de** todos*). Su 'acción y efecto' es **pitorreo** (sust. m.).

pituco, ca. adj. Argent., Chile, Par., Perú y Urug. 'Dícese de la persona que afecta comportamientos de moda' (*Es una chica **pituca***). Ú. t. c. sust. m. y f.: **el pituco**, **la pituca**. Es voz de reciente registro académico.

pituso, sa. adj. 'Pequeño, lindo, gracioso, refiriéndose a niños'. Ú. t. c. sust. m. y f.: **el pituso**, **la pitusa**.

pívot. sust. com. Voz francesa (*pivot*) recién españolizada. Denota al 'jugador de baloncesto cuya misión básica consiste en situarse cerca del tablero para recoger rebotes o anotar puntos': **el pívot**, **la pívot**. En plural: **pívots** o **pívotes**. No se confunda con **pivote** (sust. m.), 'pieza fija o giratoria en la que se apoya o se inserta otra' (*Las agujas del reloj se asientan sobre un **pivote** o eje*). → **pivote**, **dossier**

pivotante. adj. 'Dícese de lo que tiene carácter de pivote o que funciona como tal'; 'aplícase a la raíz que se hunde verticalmente en el suelo como prolongación del tronco'. Este adjetivo, así como el verbo **pivotar** (v. intr.), 'moverse o girar sobre un pivote', son de ingreso reciente en el léxico oficial. El verbo, como aclara la Academia, ú. t. en sent. fig.

pivotar. v. intr. → **pivotante**

pivote. sust. m. Es voz francesa (*pivot*) españolizada. Decir, en nuestra lengua, *pivot*, es un galicismo. No se confunda, por otra parte, con **pívot** (sust. com.). → **pívot**

píxide. sust. f. 'Copón o caja pequeña en que se guarda el Santísimo Sacramento o en que se llevan las hostias a los enfermos'. Nótese que es voz esdrújula y repárese en su género: **la píxide**. No debe pronunciarse [pixide] como grave.

piyama. sust. m. Ú. t. c. f. en algunas regiones de América. → **pijama**

pizarra. sust. f. 'Roca homogénea de grano muy fino y color negro azulado'; 'teja hecha de este material'. Esta última acepción académica es reciente. Entre otros significados, tiene los de 'trozo de pizarra, de forma rectangular, usado para escribir con pizarrín, yeso o lápiz blanco', o de 'encerado o trozo de madera rectangular pintado de negro o de verde, usado para escribir con tiza o clarión' (*El alumno escribe con tiza en la **pizarra***). Por extensión, denota, también, según registra la última edición del ***Diccionario*** (1992), la 'placa de plástico blanco usada para escribir o dibujar en ella con un tipo especial de rotuladores cuya tinta se borra fácilmente'. Los sustantivos colectivos correspondientes son **pizarral** (m.), 'lugar o sitio en que se hallan las pizarras', y **pizarrería** (f.), 'sitio donde se las extrae y labra'. Los adjetivos derivados son **pizarreño, ña**, 'perteneciente o relativo a la pizarra, o parecido a ella', y **pizarroso, sa**, 'abundante en pizarra o que tiene su apariencia'. Un **pizarrín** (sust. m.) es una 'barrita cilíndrica de pizarra no muy dura o de lápiz que se usa para escribir o dibujar en las pizarras de piedra'. El **pizarrero** (sust. m.) es la 'persona que labra, pule y asienta las pizarras en los edificios'. → **pizarrista**, **pizarrón**

pizarrista. sust. com. 'Persona ocupada en el trabajo con tejas pizarrosas'; 'persona que, en ciertos deportes, anota en una pizarra los nombres de los competidores': **el pizarrista**, **la pizarrista**. Es voz recién registrada en el ***Diccionario***.

pizarrón. sust. m. Amér. 'Encerado'. → **pizarra**

pizca. sust. f. 'Porción mínima de una cosa' (*una **pizca** de sal*). También puede decirse **piz-**

co (sust. m.), voz que, además, significa 'pellizco en la piel'. **ni pizca**. loc. adv. fam. 'Nada'. → **pizcar**

pizcar. v. tr. fam. 'Pellizcar'; 'tomar una porción mínima de una cosa'. → **sacar**

pizpireta o **pizpereta.** adj. fam. 'Aplícase a la mujer pronta, aguda, vivaracha'. La Academia prefiere la primera forma.

pizpirigaña. sust. f. → **pipirigaña**

pizpita. sust. f. 'Nevatilla'. También puede decirse **pizpitillo** (sust. m.). La Academia prefiere la primera forma.

pizza. sust. f. Voz italiana (*pizza*) españolizada. Nótese su grafía con doble **z**, al igual que la de **pizzería** (sust. f.), 'establecimiento donde se las elabora, vende o sirve'. Son normales, en español, las pronunciaciones [pitsa] y [pitsería] respectivamente.

pizzicato. adj. Voz de origen italiano (*pizzicato*) españolizada. 'Dícese del sonido que se obtiene en los instrumentos de arco pellizcando las cuerdas con los dedos'. Nótese su grafía con doble **z**. Incorrecto: *pizzicatto*. sust. m. 'Trozo de música que se ejecuta de esta forma'. Es normal, en español, la pronunciación [pitsicato].

♦ **placard.** Galicismo. En español, debe decirse **armario** o **ropero**. La voz francesa se españolizó en **placarte** (sust. m. p. us.), 'cartel, edicto u ordenanza que se fijaba en las esquinas para noticia del público'.

placear. v. tr. 'Destinar algunos géneros comestibles a la venta al por menor en el mercado'; 'publicar o hacer manifiesta una cosa'. No debe pronunciarse [placiar, placié]. → **-ear**

pláceme. sust. m. 'Felicitación'. Suele usarse sólo en plural (*Le daré mis **plácemes***).

placentario, ria. adj. 'Perteneciente o relativo a la placenta'. sust. m. pl. 'Grupo de mamíferos que se desarrollan en el útero de la madre, con formación de una placenta' (*Estudia los **placentarios***). Esta última denotación ha sido recién incorporada en el ***Diccionario***.

placer. v. irreg. intr. 'Agradar o dar gusto' (*Me **placen** sus palabras*). Su irregularidad consiste en que agrega **z** antes de la **c**, cuando va seguida de **o** o de **a**, en presente de indicativo (*plazco*) y en presente de subjuntivo (*plazca, plazcas, plazca, plazcamos, plazcáis, plazcan*). → **parecer**. Presenta otra característica: puede cambiar la raíz por **plug-** o **pleg-** en la tercera persona singular del pretérito perfecto simple de indicativo (*plació* o ***plugo***); la del presente de subjuntivo (*plazca* o ***plegue***); la del pretérito imperfecto de subjuntivo (*placiera o placiese* o ***pluguiera** o **pluguiese***) y la del futuro de subjuntivo (*placiere* o ***pluguiere***). La tercera persona plural del pretérito perfecto simple de indicativo puede ser *placieron* o ***pluguieron***. Según Seco, estas formas se encuentran "en textos literarios, por prurito arcaizante". Incorrecto: *plugiera*, *plugiese*, *plugiere*. Su participio activo es **placiente**, poco usado. Uno de sus homónimos (sust. m.) denota 'banco de arena o piedra en el fondo del mar, llano y de bastante extensión'; el otro (sust. m.), 'goce, disfrute espiritual'; 'satisfacción'; 'voluntad'; 'diversión'. **a placer**. loc. adv. 'Con todo gusto' (*Haremos ese trabajo **a placer***).

placero, ra. adj. 'Perteneciente a la plaza o propio de ella' (*juegos **placeros***); 'aplícase a la persona que vende géneros y cosas comestibles en la plaza' (*vendedores **placeros***). Ú. t. c. sust. m. y f.: **el placero, la placera**. 'Dícese de la persona ociosa que anda en conversación por las plazas' (*mujer **placera***). Ú. t. c. sust. m. y f.

plácet. sust. m. 'Aprobación, opinión favorable' (*Le dieron el **plácet** al embajador*). Es palabra grave. No debe pronunciarse [placet] como aguda. En plural, no varía: **los plácet**.

placidez. sust. f. 'Calidad de plácido'. En plural: **placideces**. Repárese en que cambia la **z** por **c**.

plafón. sust. m. Voz francesa (*plafond*) españolizada. 'Plano inferior del saliente de una cornisa'. La Academia ha incorporado recientemente estas denotaciones: 'adorno en la parte central del techo de una habitación, en el cual está el soporte para suspender la lámpara'; 'lámpara plana traslúcida, que se coloca pegada al techo para disimular las bombitas'. Es palabra aguda. En plural, se transforma en grave: **plafones**.

plagado, da. p. de **plagar**. adj. 'Herido o castigado'. Rég. prep.: **plagado de** (*El jardín está **plagado de** hormigas*).

plagar. v. tr. 'Llenar'; 'cubrir'. Ú. t. c. prnl. Rég. prep.: **plagar** o **plagarse de** (*plagar* o *plagarse de langostas*). → **pagar**

plagiar. v. tr. Su postverbal es **plagio** (sust. m.). Se conjuga, en cuanto al acento, como **cambiar**.

plagiario, ria. adj. 'Que plagia' (*escritor **plagiario***). Ú. t. c. sust. m. y f.: **el plagiario**, **la plagiaria**. Incorrecto: <u>*plagiador*</u> (neologismo).

plaguicida. adj. 'Dícese del agente que combate las plagas del campo' (*productos **plaguicidas***). Ú. t. c. sust. m. (*Compré un **plaguicida***).

plana. sust. f. Entre otras acepciones, 'cada una de las dos caras o haces de una hoja de papel' (*Escribió las dos **planas** de esa hoja*). → **página**. Diminutivo: **planilla**. **plana mayor**. 'En una institución militar, conjunto de generales, jefes, oficiales y marinería, afecto al buque de la insignia'; 'conjunto de los jefes y otros individuos de un regimiento o entidad militar' (*la **plana mayor** del Ejército*). **cerrar la plana**. fr. fig. 'Concluir y finalizar algo' (*Escribirá una oración más y **cerrará la plana***). **corregir** o **enmendar la plana**. fr. fig. 'Advertir o notar persona de más inteligencia, o que presume tenerla, algún defecto en lo que otra ha ejecutado' (*Después de leer la tesis de Eduardo, el profesor le **corrigió** o **enmendó la plana***); 'exceder una persona a otra, haciendo una cosa mejor que ella' (*Con su exposición, Juan le **corrigió** o **enmendó la plana** a Luis*). Su homónimo, sustantivo femenino, denota la 'llana de albañil'.

planazo. sust. m. Argent. 'Golpe dado de plano con un arma blanca'. Esta voz no está registrada en el ***Diccionario***, pero la A.A.L. ha recomendado su inclusión.

plancha. sust. f. Entre otros significados, 'lámina de metal'; 'utensilio para planchar'; 'acción y efecto de planchar la ropa' (*Ya es la hora de **plancha***); 'placa de hierro, o de otro material, que se usa para asar o tostar alimentos'; 'postura horizontal del cuerpo en el aire, sin más apoyo que el de las manos asidas a un barrote; o bien la misma posición del cuerpo flotando de espaldas' (*Se hundió, porque no sabía hacer la **plancha***). Como sustantivo colectivo, denota 'conjunto de ropa planchada'. Con este último significado, también puede decirse **planchado** (sust. m. colect.). Diminutivo: **planchuela**. Aumentativos: **planchazo** (sust. m.) y **planchón** (sust. m.). **a la plancha**. loc. adj. y adv. 'Dícese de la manera de preparar ciertos alimentos, asándolos o tostándolos sobre una placa caliente' (*Preparó pescado **a la plancha***).

planchado, da. p. de **planchar**. sust. m. 'Acción y efecto de planchar' (*Hoy se dedicará al **planchado***). Como sustantivo colectivo, denota el 'conjunto de ropa que se ha de planchar o que ya está planchada'. → **plancha**. **dejar planchado** a uno. fr. fig. y fam. 'Dejarlo sin poder reaccionar por alguna palabra o hecho inesperado' (*La noticia me **dejó planchado***). La A.A.L. ha recomendado la incorporación del siguiente significado: adj. fam. 'Muy cansado, fundido' (*Volvió **planchado** a su casa*).

planchador. sust. m. 'El que plancha por oficio'. Su femenino es **planchadora**. También pueden decirse **aplanchador** (sust. m.), **aplanchadora** (sust. f.), pero la Academia prefiere la primera forma.

planchar. v. tr. 'Pasar la plancha caliente sobre la ropa, para estirarla, asentarla o darle brillo'. No debe confundirse su grafía con la de **planchear** (v. tr.), 'cubrir una cosa con planchas o láminas de metal'. También puede decirse **aplanchar** (v. tr.), pero la Academia prefiere la primera forma.

plancton. sust. m. colect. 'Conjunto de organismos animales y vegetales, generalmente diminutos, que flotan y son desplazados pasivamente en aguas saladas o dulces'. Es palabra grave. No debe pronunciarse [planctón] como aguda. Carece de plural.

planctónico, ca. adj. 'Perteneciente o relativo al plancton' (*estudios **planctónicos***). Es voz recién incorporada en el ***Diccionario***.

♦ **planeación.** Neologismo. Debe decirse **planeamiento**.

planear. v. tr. 'Trazar el plan de una obra'; 'hacer planes' (***Planea** viajar a Salta*). Incorrecto: <u>*Planifica*</u> *viajar a Salta*. v. intr. 'Volar las aves con las alas extendidas e inmóviles'; 'descender un avión en planeo'. No debe pronunciarse [planiar]. → **-ear**. Su postverbal, con la denotación de 'trazar un plan', es **planeamiento** (sust. m.); con las otras dos denotaciones, **planeo** (sust. m.). → **planificar**

♦ **planetarium.** No debe emplearse esta voz latina, sino **planetario** (sust. m.), 'aparato que representa los planetas del sistema solar y reproduce los movimientos respectivos'; 'edificio en que está instalado'.

planetícola. sust. com. 'Habitante de cualquier planeta, exceptuada la Tierra': **el planetícola, la planetícola.**

planificar. v. tr. 'Trazar los planos para la ejecución de una obra'; 'hacer el plan de una acción' (***Planificó** las clases*); 'someter a planificación'. Incorrecto: *Planeó la estructura del edificio.* Correcto: ***Planificó** la estructura del edificio.* Su postverbal es **planificación** (sust. f.). → **sacar, planear**

planisferio. sust. m. 'Carta en que la esfera celeste o la terrestre está representada en un plano'. Incorrecto: *plamisferio*.

plano, na. adj. 'Llano, liso'. **de plano**. loc. adv. fig. 'Enteramente, clara y manifiestamente' (*Lo dijo **de plano***). **levantar un plano**. fr. En topografía, 'proceder a formarlo y dibujarlo según las reglas del arte' (***Levantaron un plano** de esos terrenos*).

planta. sust. f. Es voz polisémica. Con la denotación de 'vegetal', el sustantivo colectivo es **plantaje** (m.), 'conjunto de plantas'. Diminutivo: **plantilla**. **planta baja**. 'Piso bajo de un edificio'. **buena planta**. fam. 'Buena presencia'.

plantado, da. p. de **plantar**. **bien plantado**. 'Que tiene buena planta o presencia' (*Era un hombre **bien plantado***).

plantador, ra. adj. 'Que planta'. Ú. t. c. sust. m. y f.: **el plantador**, **la plantadora**. p. us. Argent. 'Colono o dueño de una plantación'. sust. m. 'Instrumento pequeño de hierro que usan los hortelanos para plantar'.

plantagináceo, a. adj. 'Dícese de plantas angiospermas dicotiledóneas, herbáceas, como el llantén y la zaragatona' (*plantas **plantagináceas***). Ú. t. c. sust. f.: **la plantaginácea**. sust. f. pl. 'Familia de estas plantas' (*Estudió **las plantagináceas***).

plantar. adj. 'Perteneciente a la planta del pie' (*dolor **plantar***). Incorrecto: *plantal*. Su homónimo es verbo transitivo; entre otras denotaciones, 'meter en tierra una planta o un vástago, para que arraigue'; 'poblar de plantas un terreno'; 'fijar verticalmente algo'; 'fundar'. Rég. prep.: **plantar de** (***plantar de** pinos el monte*). v. prnl. 'Ponerse de pie firme ocupando un lugar o sitio' (*Juan **se plantó** delante de su padre con gesto airado*); 'llegar con brevedad a un lugar' (***Se plantaron** en veinte minutos en Belgrano*). Rég. prep.: **plantarse en** (***Se plantó en** su casa; En menos de una hora, **se plantaron en** el museo*). 'Empacarse' (*El burro **se plantó***). 'En algunos juegos de cartas, no querer más de las que se tienen'. Ú. t. c. intr. (*Ahora **me planto***). 'Resolverse a no hacer algo' (*Le rogaron que lo escribiera, pero **se plantó***). Sus postverbales son **plantío** (sust. m.) y **plantación** (sust. f.).

♦ **planteación.** Barbarismo. Debe decirse **planteamiento**.

plantear. v. tr. Entre otras denotaciones, 'tantear, trazar o hacer planta de algo para procurar el acierto en ella'. No debe pronunciarse [plantiar, plantié]. Su postverbal es **planteamiento** (sust. m.). → **-ear**

plantel. sust. m. 'Criadero de plantas' (*un **plantel** de rosales*); 'establecimiento, lugar o reunión de gente, en que se forman personas hábiles o capaces en algún ramo del saber, profesión, etc.'. Argent. sust. m. colect. 'Conjunto de animales seleccionados, pertenecientes a un establecimiento ganadero' (*Presentaron un buen **plantel** de vacas en la exposición rural*); 'personal con que cuenta una institución' (***plantel** de profesores*); 'conjunto de integrantes de un equipo deportivo' (*Recibieron al **plantel** de River Plate*).

planteo. sust. m. 'Planteamiento' (*No le convence su **planteo***); 'protesta colectiva o individual' (*No quisieron escuchar el **planteo** de los obreros*). Con esta última denotación, también puede decirse **plante** (sust. m.), voz poco usada.

plantificar. v. tr. 'Establecer sistemas, instituciones, reformas, etc.'; fig. y fam. 'dar golpes'; fig. y fam. 'poner a uno en alguna parte contra su voluntad'. v. prnl. fig. y fam. 'Llegar pronto a un lugar'. No debe usarse con el significado de 'quedarse en un lugar sin moverse de allí'. Incorrecto: *Fui a su casa y me plantifiqué allí hasta que él llegara.* → **sacar**

plantígrado, da. adj. 'Dícese de los cuadrúpedos que, al andar, apoyan toda la planta de los pies y las manos en el suelo, como el oso, el tejón, etc.'. Ú. t. c. sust. m. y f.: **el plantígrado, la plantígrada**.

plantío, a. adj. 'Aplícase a la tierra o sitio plantado o que se puede plantar' (*tierra **plantía***). sust. m. 'Acción de plantar' (*Se dedica al **plantío** de hortalizas*); 'lugar recién plantado de vegetales'. Es sustantivo colectivo con la denotación de 'conjunto de estos vegetales'.

plantista. sust. m. 'Entre jardineros, el que está destinado para cuidar de la cría y plantío de los árboles y de otras plantas'. La Academia no lo registra como sustantivo común de dos.

plantón. sust. m. 'Pimpollo o arbolillo nuevo que ha de ser trasplantado'; 'rama de árbol plantada para que arraigue'. **dar un plantón**. fr. 'Retrasarse en acudir a una cita convenida' (*Me citó a las nueve, pero me **dio un plantón***). Con este significado, también puede decirse **dar un plante**, frase poco usada. **estar** uno **de** o **en plantón**. fr. fam. 'Estar parado y fijo en una parte por mucho tiempo' (***Estuvo** dos horas **de** o **en plantón**, en el banco*).

plañido, da. p. de **plañir**. sust. m. 'Lamento, queja y llanto' (*Escuchábamos su **plañido** con dolor*).

plañir. v. intr. Ú. t. c. prnl. 'Gemir y llorar sollozando o clamando'. Incorrecto: *<u>plañio</u>*. Correcto: ***plaño***. → **bruñir**

plaqué. sust. m. Voz francesa (*plaqué*, 'chapeado') ya registrada por la Academia. 'Chapa muy delgada, de oro o de plata, sobrepuesta y fuertemente adherida a la superficie de otro metal de menos valor'. En plural: **plaqués**.

plasta. sust. f. 'Cualquier cosa que esté blanda, como la masa, el barro, etc.' (*¿Con esta **plasta**, harás las empanadas?*); 'cosa aplastada'; fig. y fam. 'lo que está hecho sin regla ni método' (*El ensayo es una **plasta***). adj. fig. y fam. 'Dícese de la persona excesivamente pesada' (*¡Esta niña es una **plasta**!*). No debe confundirse con **plaste** (sust. m.), 'masa hecha de yeso mate y agua de cola, para llenar los agujeros y hendeduras de una cosa que se ha de pintar'.

plastecer. v. irreg. tr. 'Llenar con plaste'. Se conjuga como **parecer**.

plastelina o **plastilina.** sust. f. 'Material blando de diferentes colores y fácilmente moldeable'. Estas voces no han sido registradas en el ***Diccionario***. En la Argentina, se usa más la segunda.

plastia. sust. f. 'Operación quirúrgica con la cual se pretende restablecer, mejorar o embellecer la forma de una parte del cuerpo' (*Mediante una **plastia**, le mejoraron la nariz*). No debe usarse esta voz como sinónimo de **cirugía estética**, 'rama de la cirugía plástica, en la cual es objetivo principal el embellecimiento de una parte del cuerpo'. Incorrecto: *Mediante <u>una cirugía estética</u>, le mejoraron la nariz; Era especialista en <u>plastia</u>*. Correcto: *Era especialista en **cirugía estética***. Tampoco es sinónimo de **cirugía plástica**, 'especialidad quirúrgica cuyo objetivo es restablecer, mejorar o embellecer la forma de una parte del cuerpo'. Incorrecto: *Mediante <u>una cirugía plástica</u>, le mejoraron la nariz*. No debe usarse, en su reemplazo, **plástica** (sust. f.), 'arte de plasmar o formar cosas de barro, yeso, etc.'. Incorrecto: *Mediante una <u>plástica</u>, le mejoraron la nariz*.

-plastia. elem. compos. que denota 'reconstrucción' (*rino**plastia***).

plástico, ca. adj. 'Perteneciente a la plástica' (*artes **plásticas***); 'capaz de ser modelado' (*materia **plástica***); 'dícese de ciertos materiales sintéticos' (*silla **plástica***). Ú. t. c. sust. m. (*No es bueno el **plástico** de esta cortina*). 'Que forma o da forma' (*fuerza **plástica***); 'aplícase al estilo o a la frase cuya concisión y fuerza expresiva realzan las ideas' (*estilo **plástico***).

plastificar. v. tr. 'Recubrir con una lámina de material plástico'. Sus postverbales son **plastificación** (sust. f.) y **plastificado** (sust. m.): *la **plastificación** o el **plastificado** de los pisos*. Las tres voces han sido recién incorporadas en el ***Diccionario***.→ **sacar**

plastrón. sust. m. 'Corbata muy ancha que cubre el centro de la pechera de la camisa' (*El novio llevaba un gran **plastrón** de seda*); 'peto, lado ventral del caparazón de las tortugas'. Incorrecto: *<u>plastón</u>*.

plata. sust. f. 'Metal blanco'. Es uno de los metales preciosos. Número atómico 47. Símbolo: ***Ag*** (sin punto). Entre otras denotaciones, 'dinero en general' (*Dame más **plata***). adj. 'Plateado' (*Usa zapatos **plata***). Una 'gran suma de plata o dinero' es un **platal** (sust. m.). El adjetivo correspondiente es **platudo, da** (fam. Amér.), 'adinerado'.

plataforma. sust. f. La Academia admite, entre otras denotaciones, las de 'programa o conjunto de reivindicaciones que presenta un grupo político, sindical, profesional, etc.' (***plataforma** electoral*) y 'conjunto de personas, normalmente representativas, que dirigen un movimiento reivindicativo'. Con estos significados, tiene valor colectivo.

platanáceo, a. adj. 'Dícese de ciertos árboles angiospermos dicotiledóneos, como el plátano o banano' (*árboles **platanáceos***). Ú. t. c. sust. f.: **la platanácea**. sust. f. pl. 'Familia de estos árboles' (*Hizo un trabajo sobre **las platanáceas***). También puede decirse **platáneo, a** (adj.), pero la Academia prefiere la primera forma.

platanero, ra. adj. 'Perteneciente o relativo al plátano' (*región **platanera***). sust. m. 'El que cultiva plátanos o negocia con su fruto'. La Academia no registra el género femenino. sust. f. 'Platanar' (*Visitamos una extensa **platanera***).

plátano. sust. m. 'Banano'. Los sustantivos colectivos son **platanar** (m.), **platanal** (m.) y **platanera** (f.), 'conjunto de plátanos que crecen en un lugar'; la Academia prefiere el uso del primero. → **banana**

plateador, ra. adj. 'Que platea'. sust. m. y f. 'Persona que platea alguna cosa': **el plateador, la plateadora**. No debe pronunciarse [platiador, platiadora].

platear. v. tr. 'Cubrir de plata una cosa' (***Platearon** esa bandeja*). Rég. prep.: **platear a** (***platear a** fuego*). No debe pronunciarse [platiar, platié]. Sus postverbales son **plateado** (sust. m.) y **plateadura** (sust. f.). → **-ear**

platelminto. adj. 'Dícese de gusanos, parásitos en su mayoría, como la tenia y la duela' (*gusanos **platelmintos***). Ú. t. c. sust. m.: **el platelminto**. sust. m. pl. 'Clase de estos animales' (*Compró un libro sobre **los platelmintos***).

plateresco, ca. adj. 'Aplícase al estilo español de ornamentación empleado por los plateros del siglo XVI'; 'dícese del estilo arquitectónico en que se emplean estos adornos'. Ú. t. c. sust. m.: **el plateresco**.

platería. sust. f. 'Arte y oficio de platero'; 'obrador en que trabaja el platero'; 'tienda en que se venden obras de plata'. La Academia no registra la acepción que tiene esta voz como sustantivo colectivo: 'conjunto de objetos de plata' (*Lució su **platería***).

platero. sust. m. 'Artífice que labra la plata'; 'el que vende objetos labrados de plata u oro, o joyas con pedrería'. La Academia no registra el género femenino. adj. En Murcia, 'se dice de los asnos cuyo color es gris plateado' (*asno **platero***). Ú. t. c. sust. m. (*Los niños jugaban con un **platero***). Juan Ramón Jiménez usa esta voz como sustantivo propio en su famosa obra ***Platero y yo***. **platero de oro**. 'Orífice'. → **orífice**

plática. sust. f. 'Conversación' (*Tuvimos una larga **plática***). **de plática en plática**. loc. adv. fig. 'De una razón en otra'. Equivale a **de palabra en palabra** (loc. adv.).

platicar. v. tr. Ú. m. c. intr. 'Conversar' (***Platicaban** Lía y Rosa*); 'conferir o tratar un negocio o materia'. Rég. prep.: **platicar con** (***Platicó con** ella la cuestión*); **platicar sobre** (*No **platicaban sobre** la situación política*). → **sacar**

platillero. sust. m. 'El que toca los platillos en una banda de música'. Su femenino es **platillera**.

platino. sust. m. 'Metal de color de plata'. Es uno de los metales preciosos. Número atómico 78. Símbolo: ***Pt*** (sin punto). También puede decirse **platina** (sust. f.), pero la Academia prefiere la primera forma. 'Cada una de las piezas que establecen contacto en el ruptor del sistema de encendido de un motor de explosión'. Ú. m. en pl. (*Cambió **los platinos***).

plato. sust. m. Diminutivo: **platillo**. **plato playo** o **llano**. Argent., Par. y Urug. 'Aquel cuya concavidad tiene poca hondura'. El adjetivo **playo** ú. t. c. sust. m.: **el playo** (*Compró seis **playos***). **plato hondo** o **sopero**. 'Aquel cuya concavidad tiene mucha hondura'. **platillo volador** o **volante**. 'Supuesto objeto volante, cuyo origen y naturaleza se desconocen, y al que se atribuye procedencia extraterrestre' (*Vieron dos **platillos voladores***). La Academia no registra *ovni*. En la Argentina, se usa **plato volador**. → **ovni**

plató. sust. m. Voz francesa (*plateau*) españolizada. 'Recinto cubierto de un estudio cinematográfico o televisivo, acondicionado para que sirva de escenario en el rodaje de las películas y en la grabación de los programas de televisión'. En plural: **platós**.

platónico, ca. adj. 'Que sigue la escuela y la filosofía de Platón' (*filósofo **platónico***). Ú. t. c. sust. m. y f.: **el platónico, la platónica**. 'Perteneciente a ella' (*lecturas **platónicas***); 'desinteresado'; 'honesto'.

plausible. adj. 'Digno de aplauso' (*un espectáculo **plausible***); 'atendible, recomendable' (*una situación **plausible***). No debe usarse como sinónimo de **posible** (adj.) o de **viable** (adj.). Incorrecto: *Es plausible que no regrese*; *La firma del contrato es plausible*. Correcto: *Es **posible** que no regrese*; *La firma del contrato es **viable***.

playa. sust. f. 'Ribera del mar o de un río'; 'porción de mar contigua a esta ribera'. Argent., Par., Perú, Urug. y Venez. 'Espacio plano, ancho y despejado, destinado a usos determinados en los poblados y en las industrias de mucha superficie' (***playa** de estacionamiento*). Diminutivo: **playuela**. Aumentativo: **playón** (sust. m.). La 'playa grande y extendida' se denomina **playazo** (sust. m.).

♦ **play back.** Anglicismo. En español, debe decirse **previo**, sustantivo masculino ya registrado por la Academia con la denotación de 'técnica que consiste en reproducir un sonido grabado con anterioridad, generalmente canciones, al que un actor procura seguir mímicamente'. Si se usa la voz extranjera, debe escribirse entre comillas. → **previo**

♦ **playboy.** Anglicismo. 'Hombre rico que dedica al placer la mayor parte de su tiempo y de su dinero'. Carece de traducción exacta en español. Algunos estudiosos sugieren el uso de **conquistador** o de **donjuán**. Si se usa la voz extranjera, debe escribirse entre comillas.

playero, ra. adj. 'Perteneciente a la playa' (*calzado **playero***; *sombrilla **playera***). Ú. t. c. sust. m. y f.: **el playero, la playera**. sust. m. y f. 'Persona que conduce el pescado desde la playa para venderlo'. sust. f. 'Zapatilla de lona con suela de goma que se usa en verano' (*Me compré unas **playeras***). 'Cante popular andaluz'. Ú. m. en pl.: **las playeras**. sust. m. Argent. 'Peón encargado de una playa de estacionamiento o de maniobras'. La A.A.L. ha recomendado, además, la inclusión del siguiente significado: 'En las tareas de esquila, el encargado de recoger la lana que se va cortando'.

plaza. sust. f. Diminutivos: **placeta, plazoleta, plazuela**. El diminutivo de **placeta** es **placetuela**. Se escribe con mayúscula cuando forma parte de un nombre propio (*Se aloja en el Hotel **Plaza***; *Leo en ese cartel: **Plaza** Vicente López*) y, con minúscula, en los demás casos (*Los niños juegan en la **plaza***). **sacar a la plaza** o **a plaza** una cosa. 'Publicarla' (***Sacó a la plaza** o **a plaza** su nueva novela*). **sentar plaza**. fr. fig. y fam. 'Entrar a servir de soldado'.

plazo. sust. m. 'Término o tiempo señalado para una cosa'; 'vencimiento del término'; 'cada parte de una cantidad pagadera en dos o más veces'. **a plazo fijo**. loc. adv. 'Sin poder retirar un depósito bancario hasta que se cumpla el plazo estipulado' (*Depositó el dinero **a plazo fijo***).

pleamar. sust. f. 'Fin o término de la creciente del mar'; 'tiempo que ésta dura' (*la **pleamar***). En plural: **pleamares**. También puede decirse **plenamar** (sust. f.), pero la Academia prefiere la primera forma. Su antónimo es **bajamar** (sust. f.).

plebe. sust. f. 'La clase social más baja'. Diminutivo: **plebezuela**. Lo 'ínfimo de la plebe' es el **populacho** (sust. m.).

♦ **plebeyismo.** Barbarismo. Debe decirse **plebeyez** (sust. f.), 'calidad de plebeyo o villano'.

plebeyo, ya. adj. 'Propio de la plebe o perteneciente a ella'; 'dícese de la persona que no es noble ni hidalga'; 'dícese de la persona que, en la antigua Roma, pertenecía a la plebe'. Ú. t. c. sust. m. y f.: **el plebeyo, la plebeya**.

plebiscito. sust. m. Incorrecto: *plebicito, plebisito, pebliscito, plesbicito*.

pleca. sust. f. 'Filete pequeño y de una sola raya vertical' (|). La **pleca doble** (||) se usa en los diccionarios para separar las distintas acepciones que posee una palabra. En la máquina de escribir y en la computadora, está representada por la **barra doble**.

plectognato. adj. 'Dícese de peces teleósteos, sin aletas abdominales, como el orbe y el pez luna' (*peces **plectognatos***). sust. m. pl. 'Suborden de estos peces' (*Realizará un estudio sobre los **plectognatos***).

plegador, ra. adj. 'Que pliega'. Ú. t. c. sust. m. y f.: **el plegador, la plegadora**. sust. m. 'Instrumento con que se pliega algo'; 'en el arte de la seda, madero grueso y redondo donde se revuelve la urdimbre para ir tejiendo la tela'.

plegamiento. sust. m. 'Efecto producido en la corteza terrestre por el movimiento conjunto de rocas sometidas a una presión lateral'. Incorrecto: plegamento.

plegar. v. irreg. tr. Entre otras denotaciones, 'hacer pliegues en algo' (***Pliega** el papel*). Incorrecto: *Plega el papel*. v. prnl. 'Ceder, someterse'. Rég. prep.: **plegarse a** (*No **se pliegue a** la voluntad de su padre; **Se plegó a** la huelga*). Sus postverbales son **plegado** (sust. m.) y **plegadura** (sust. f.). Se conjuga como **negar**.

pleistoceno, na. adj. 'Se aplica a la época del cuaternario inferior, cuando aparecen restos fósiles humanos y restos de culturas prehistóricas'. Ú. t. c. sust. m.: **el Pleistoceno** o **el pleistoceno**. 'Perteneciente o relativo a esta época del cuaternario inferior' (*utensilios **pleistocenos***). → **período**

pleiteador, ra. adj. 'Que pleitea' (*personas **pleiteadoras***). Ú. t. c. sust. m. y f.: **el pleiteador, la pleiteadora**. Incorrecto: pleitador, pleitadora, pleitiador, pleitiadora.

pleitear. v. tr. 'Litigar'. Incorrecto: pleitar. Rég. prep.: **pleitear ante** (***pleitear ante** la Corte*); **pleitear con** o **contra** alguien (***pleitear con** o **contra** su mejor amigo*); **pleitear por** (***pleitear por** un testamento*); **pleitear sobre** (***pleitear sobre** retracto*). No debe pronunciarse [pleitiar, pleitié]. → **-ear**

pleitista. adj. 'Dícese de la persona revoltosa y que con ligero motivo mueve y ocasiona contiendas y pleitos'. Ú. t. c. sust. com.: **el pleitista, la pleitista**. Incorrecto: pleiteísta. También puede decirse **picapleitos** (sust. m. y f.), pero la Academia prefiere la primera forma. → **picapleitos**

plenario, ria. adj. 'Lleno, entero, cumplido' (*sesión **plenaria***). sust. m. 'Parte del proceso criminal que sigue al sumario hasta la sentencia'; 'pleno, reunión o junta general de una corporación' (*No asistió al **plenario***).

plenipotenciario, ria. adj. 'Dícese de la persona que cuenta con la plenipotencia conferida por un soberano o por una república, para tratar, concluir o ajustar intereses en un congreso o en un estado extranjero'. Ú. t. c. sust. m. y f.: **el plenipotenciario, la plenipotenciaria**.

pleno, na. adj. 'Completo, lleno' (*jardín **pleno** de flores*); 'dícese del momento central de algo' (*Viajará en **pleno** invierno*). A veces, se emplea con valor enfático (*Le dio un golpe en **plena** espalda*). sust. m. 'Reunión o junta general de una corporación' (*Se reunió **el pleno***). La A.A.L. ha recomendado la incorporación del siguiente significado: 'En el juego de la ruleta, apuesta a uno o varios números separadamente'. **en pleno**. loc. adj. 'Entero' (*El directorio **en pleno** aprobó el proyecto*).

pleonasmo. sust. m. 'Figura de construcción, que consiste en emplear en la oración uno o más vocablos innecesarios para el recto y cabal sentido de ella, pero con los cuales se da gracia o vigor a la expresión'; 'redundancia viciosa de palabras' (*Quiso tocar las **brasas encendidas**; Vio el robo **con sus propios ojos**; Tenía **divisas extranjeras***). Los vocablos o expresiones innecesarias son "encendidas", "con sus propios ojos" y "extranjeras", respectivamente.

plesiosauro. sust. m. 'Reptil gigantesco, perteneciente al período geológico secundario'. Incorrecto: plesiosaurio. → **dinosaurio**

pletórico, ca. adj. 'Que tiene exceso de sangre o de otros humores'; 'que tiene abundancia de algunas otras cosas'. Rég. prep.: **pletórico de** (*Estaban **pletóricos de** gozo*). No debe usarse como sinónimo de **alegre**: *Javier estaba pletórico*.

pleura. sust. f. 'Membrana serosa que cubre las paredes de la cavidad torácica y la superficie de los pulmones'. En plural: **pleuras**. El adjetivo correspondiente es **pleural**, 'perteneciente a la pleura'. La 'inflamación de la pleura' se denomina **pleuresía** (sust. f.) o **pleuritis** (sust. f.). Esta última voz no varía en plural: **las pleuritis**.

pleurítico, ca. adj. 'Que padece pleuresía' (*niña **pleurítica***). Ú. t. c. sust. m. y f.: **el pleurítico, la pleurítica**. 'Perteneciente a la pleura' (*enfermedad **pleurítica***).

pleuronectiforme. adj. 'Dícese de ciertos peces de cuerpo plano, como el lenguado, el rodaballo y la solla' (*peces **pleuronectiformes***).

sust. m. pl. 'Taxón o subdivisión de estos peces' (*Los pleuronectiformes son comestibles*).

pléyade. sust. f. fig. 'Grupo de personas famosas, especialmente en las letras, que viven en la misma época' (*la* ***pléyade*** *romántica*). Es palabra esdrújula. No debe pronunciarse [pleyade] como grave. Es un barbarismo usar *pléyada*.

pliegue. sust. m. 'Doblez'. Diminutivo: **plieguecillo**. El sustantivo colectivo es **pleguería** (f.), 'conjunto de pliegues, en especial en las obras de arte'. En geología, también puede decirse **plegamiento** (sust. m.). → **plegamiento**

plioceno, na. adj. 'Dícese del período que sigue al mioceno y con el cual finaliza el terciario; en él, alcanzan su configuración actual continentes, océanos y mares'. Ú. t. c. sust. m.: **el Plioceno** o **el plioceno**. 'Perteneciente o relativo a este período' (*terrenos* ***pliocenos***). → **período**

plisar. v. tr. Incorrecto: *plizar*. Su postverbal es **plisado** (sust. m.).

plomazo. sust. m. 'Golpe o herida que causa el perdigón disparado con arma de fuego'. La Academia ha incorporado recientemente la acepción figurada y familiar de 'persona o cosa pesada y molesta' (*Jorge es un* ***plomazo***; *Silvia es un* ***plomazo***). Incorrecto: *Silvia es una plomaza*. → **plomo**

plomear. v. intr. 'Cubrir el blanco los perdigones de un tiro'. No debe pronunciarse [plomiar, plomié]. → **-ear**

plomero. sust. m. 'El que trabaja o fabrica cosas de plomo'. En Andalucía y en diversos países de América, **fontanero** (sust. m.). → **fontanero**

plomo. sust. m. 'Metal pesado, dúctil, maleable, blando, fusible'. Número atómico 82. Símbolo: ***Pb*** (sin punto). Entre otras denotaciones, fig. 'bala de las armas de fuego'; fig. y fam. 'persona o cosa molesta'. sust. m. pl. 'Cortacircuitos, fusible'. **a plomo**. loc. adv. 'Verticalmente'. **caer a plomo**. fr. fig. y fam. 'Caer con todo el peso del cuerpo' (*El gordo* ***cayó a plomo***). → **plomazo**

pluma. sust. f. Diminutivo: **plumilla**. Los sustantivos colectivos son **plumaje** (m.), 'conjunto de plumas que adornan y visten al ave', **plumazón** (f.), 'conjunto de plumas de un ave' o 'conjunto de plumas de un adorno', **plumería** (f.), 'conjunto o abundancia de plumas', y **plumerío** (m.), 'conjunto de plumas'. La voz **pluma** también denota 'conjunto de plumas' (*un almohadón de* ***pluma***). La **plumajería** (sust. f.) es el 'cúmulo o agregado de plumajes'. El adjetivo correspondiente es **plúmeo, a**, 'que tiene pluma' (*pájaro* ***plúmeo***). **al correr de la pluma** o **a vuela pluma**. locs. advs. figs. Con los verbos **escribir**, **componer** y otros semejantes, 'muy de prisa, sin detenerse a meditar' (*Escribió la carta* ***al correr de la pluma*** *o* ***a vuela pluma***). → **vuelapluma (a)**. **dejar correr la pluma**. fr. fig. 'Escribir con abandono y sin meditación'; 'dilatarse demasiado en la materia que por escrito está tratándose' (***Dejó correr la pluma*** *e hizo su mejor poema*). **vivir** uno **de su pluma**. fr. fig. 'Ganarse la vida escribiendo' (*Siempre* ***vivió de su pluma***).

plumajero. sust. m. 'El que hace o vende plumas o plumajes'. La Academia no registra el género femenino.

plumazo. sust. m. 'Colchón o almohada grande llena de pluma'; 'trazo fuerte de pluma, especialmente para tachar lo escrito'. **de un plumazo**. loc. adv. fig. y fam. con que se denota el 'modo expeditivo de suprimir algo' (*Borró su nombre* ***de un plumazo***).

plumbagináceo, a. adj. 'Dícese de plantas angiospermas dicotiledóneas, fruticosas o herbáceas, como la belesa' (*plantas* ***plumbagináceas***). Ú. t. c. sust. f.: **la plumbaginácea**. sust. f. pl. 'Familia de estas plantas' (*Escribe su tesis sobre* ***las plumbagináceas***). También puede decirse **plumbagíneo, a** (adj.), pero la Academia prefiere la primera forma.

plumear. v. tr. 'Formar líneas con el lápiz o la pluma, para sombrear un dibujo'; 'escribir con pluma' (***Plumea*** *rápidamente*). No debe pronunciarse [plumiar, plumié]. → **-ear**

plumerilla. sust. f. R. de la Plata. 'Mimosa de flor roja'.

plumerillo. sust. m. Argent. 'Arbusto de las leguminosas, de aproximadamente dos metros de alto, hojas grandes y flores con largos filamentos estaminales rojos o blanquecinos, según la especie'. Esta voz no ha sido registrada en el *Diccionario*. La A.A.L. ha recomendado su inclusión.

plumier. sust. m. Voz francesa (*plumier*) españolizada. 'Caja o estuche que sirve para guardar plumas, lápices, etc.'. Es palabra aguda. En plural, se transforma en grave: **plumieres**. Ha sido incorporada recientemente en el ***Diccionario***.

plumífero, ra. adj. poét. 'Que tiene o lleva plumas' (*ave* ***plumífera***); despect. 'el que tiene por oficio escribir' (*mujer* ***plumífera***); 'autor de obras publicadas, especialmente literarias' (*el* ***plumífero*** *Vargas Llosa*). Ú. t. c. sust. m. y f.: **el plumífero, la plumífera**.

plumista. sust. m. 'El que tiene por oficio o profesión escribir'; 'escribano'; 'el que hace o vende objetos de pluma'. La Academia no registra esta voz como sustantivo común de dos.

plural. adj. 'Múltiple' (*No reconocían su* ***plural*** *conocimiento de la geografía*). Esta acepción ha sido incorporada recientemente en el ***Diccionario***. **número plural**. 'El de la palabra que se refiere a dos o más personas o cosas' (*mapas*). Ú. t. c. sust. m.: **el plural**. Su abreviatura es ***pl***.

FORMACIÓN DEL PLURAL. Cuando la palabra en singular acaba en consonante, el plural adopta la terminación **-es** (*alud/****aludes***; *avestruz/****avestruces***; *cartón/****cartones***); cuando termina en vocal átona, el plural agrega **s** (*cama/****camas***; *carne/****carnes***; *yanqui/****yanquis***; *tribu/****tribus***). A veces, la distinción de número se manifiesta mediante el artículo u otra parte de la oración en voces polisílabas acabadas en **s** (*la dosis/****las*** *dosis*; *la caries/****las*** *caries*; *el viernes/****los*** *viernes*; *el bíceps/****los*** *bíceps*; *el tríceps/****los*** *tríceps*; *el fórceps/****los*** *fórceps*; *el análisis/****los*** *análisis*; *análisis* ***perfectos***). Si la palabra en singular termina en vocal tónica, la formación del plural fluctúa (*mamá/****mamás***; *papá/****papás***; *café/****cafés***, pero hay alternancia en *alhelí*, *bambú*, *jabalí*, *maravedí*, *ombú*: ***alhelís-alhelíes***; ***bambús-bambúes***; ***jabalís-jabalíes***; ***maravedís-maravedíes***; ***ombús-ombúes***). Incorrecto: <u>*bambuses*</u>, <u>*cafeses*</u>, <u>*jabalises*</u>, <u>*maravedises*</u>, <u>*ombuses*</u>. A pesar de algunos ejemplos, como *albalá/****albalaes***, hoy se prefiere el plural con **s** (***bigudís***, ***bisturís***, ***esquís***, ***popurrís***). Las palabras en singular, terminadas en diptongo tónico, adoptan en plural **-es** (*ay*, *buey*, *ley*, *rey/****ayes***, ***bueyes***, ***leyes***, ***reyes***); en otras, el plural es con **s** (*jersey/****jerséis***). Los sustantivos que terminan en los diptongos y triptongos **-au**, **-ui**, **-iau**, **-uau** hacen el plural con **s** (*vau/****vaus***; *benjuí/****benjuís***; *miau/****miaus***; *guau/****guaus***).

La alternancia **-es/s** también aparece en los monosílabos terminados en vocal (*yo/****yoes-yos***).

Plural de las vocales: ***aes***, ***es***, ***íes***, ***oes***, ***úes***.

Para formar el plural de las consonantes, se usa, generalmente, **s**: ***bes***, ***ces***, ***des***, ***efes***, ***ges***, etc.

Plural de las notas musicales: ***dos***, ***res***, ***mis***, ***fas***, ***soles***, ***las***, ***sis***.

A veces, el acento cambia su puesto en el plural (*carácter*, *espécimen*, *régimen/****caracteres***, ***especímenes***, ***regímenes***). Respecto de los cultismos, tienden a quedar invariables (*memorándum*, *referéndum*, *ultimátum*, *tedéum*, *éxplicit/****los*** *memorándum*, ***los*** *referéndum*, ***los*** *ultimátum*, ***los*** *tedéum*, ***los*** *éxplicit*). Los de uso común siguen la regla general (*álbum*, *currículo*, *hipérbaton* o *hipérbato/****álbumes***, ***currículos***, ***hipérbatos***).

SINGULARIA TANTUM. Hay sustantivos que sólo pueden usarse en singular (*la* ***abogacía***, *el* ***caos***, *el* ***cariz***, *el* ***cenit***, *el* ***este***, *la* ***salud***, *la* ***sed***, *la* ***tez***, *el* ***zodíaco***).

PLURALIA TANTUM. Hay sustantivos que sólo pueden usarse en plural (*las* ***afueras***, *las* ***albricias***, *las* ***cosquillas***, *los* ***enseres***, *las* ***entendederas***, *las* ***nupcias***, *las* ***preces***, *las* ***vituallas***, *los* ***víveres***).

Muchos sustantivos plurales que se refieren a objetos constituidos por dos partes simétricas, suelen usarse en singular (*los* ***alicates****/el* ***alicate***; *los* ***pantalones****/el* ***pantalón***; *las* ***pinzas****/la* ***pinza***; *las* ***tenazas****/la* ***tenaza***; *las* ***tijeras****/la* ***tijera***).

Las palabras compuestas añaden una **s** al segundo componente (***padrenuestros***). Excepciones: **casasquintas**, **ricoshombres**, **hijosdalgos**, etc. No varían si ese segundo componente es un verbo (***los*** *hazmerreír*).

Respecto de las voces extranjeras, dice el ***Esbozo***: "El mayor número de plurales con **-s** (no siempre articulada al hablar) tras de una o dos consonantes lo forman los extranjerismos. La grafía española reproduce o trata de reproducir la entera estructura fonológica del plural y del singular extranjero, pero más veces la estructura gráfica...". Cuando las palabras extranjeras no están españolizadas y se emplean en plural, es preferible escribirlas en singular (los "pub").

PLURAL DE MODESTIA. 'Plural del pronombre personal de primera persona, empleado en vez del singular cuando alguien quiere quitarse importancia' (***Nosotros** estudiamos este tema en Alemania*).

PLURAL MAYESTÁTICO. 'Plural del pronombre personal de primera persona empleado en vez del singular para expresar la autoridad y dignidad de reyes, papas, etc.' (***Nosotros** convocamos al pueblo*). → **mayestático**

pluralidad. sust. f. 'Multitud' (*una **pluralidad** de teorías*); 'calidad de ser más de uno'. **a pluralidad de votos**. loc. adv. 'Por mayoría' (*Lo eligieron **a pluralidad de votos***).

pluralizar. v. tr. 'Dar número plural a palabras que ordinariamente no lo tienen' (***Pluralicé** el sustantivo propio Héctor en Héctores*); 'referir o atribuir una cosa que es peculiar de uno a dos o más sujetos, pero sin generalizar' (***Pluralizó** el error de Pedro*). → **cazar**

pluri-. elem. compos. de or. lat. que denota 'pluralidad' (***pluri**celular, **pluri**valencia*).

pluriempleado. sust. m. 'Persona en situación de pluriempleo o desempeño de varios cargos'. El femenino es **pluriempleada**. Es voz recién incorporada en el ***Diccionario***.

pluripartidismo. sust. m. 'Actuación política de varios partidos' (*Rechazaron el **pluripartidismo***). A pesar de que la Academia no registra esta voz, es de correcta formación. → **partidismo**

pluripartidista. adj. 'Que tiene la participación de varios partidos' (*reunión **pluripartidista***). A pesar de que la Academia no registra esta voz, es de correcta formación. → **partidista**

plurivalencia. sust. f. 'Pluralidad de valores que posee algo'. También puede decirse **polivalencia** (sust. f.).

plurivalente. adj. 'Que tiene varios valores' (*Este escrito es **plurivalente***). También puede decirse **polivalente** (adj.).

plus. sust. m. 'Gratificación o sobresueldo'; 'cualquier gaje suplementario u ocasional' (*Este mes recibí un **plus***). En plural, es invariable: **los plus**. Según algunos estudiosos, también es correcto **pluses**.

pluscuamperfecto. adj. (*tiempo **pluscuamperfecto***). **pretérito pluscuamperfecto**. El de indicativo significa 'acción pasada y perfecta, anterior a otra también pasada' (***Habían organizado** una gran fiesta*). No debe usarse, en su reemplazo, el pretérito imperfecto de subjuntivo: *El libro que escribiera en Madrid era más interesante*. Correcto: *El libro que **había escrito** en Madrid era más interesante*. El de subjuntivo denota las mismas relaciones temporales que expresan, en el indicativo, el pluscuamperfecto y el condicional (*No creyó que **hubiera limpiado** la casa*).

plusmarca. sust. f. 'En los deportes, la mejor marca' (*El atleta rebasó su reciente **plusmarca** mundial*). A pesar de que la Academia no registra esta voz, es de correcta formación. Así lo corrobora la incorporación de **plusmarquista**.

plusmarquista. sust. com. 'Persona que ostenta la mejor marca en una especialidad atlética': **el plusmarquista**, **la plusmarquista**. Esta voz ha sido recién incorporada en el ***Diccionario***. No deben usarse los anglicismos recordman y recordwoman.

plusvalía. sust. f. 'Acrecentamiento del valor de una cosa por causas extrínsecas a ella'. Incorrecto: plus valía. Su antónimo es **minusvalía** (sust. f.). → **minusvalía**

plutócrata. sust. com. 'Individuo de la plutocracia, preponderancia de los ricos en el gobierno del Estado': **el plutócrata**, **la plutócrata**.

Plutón. sust. pr. m. 'Planeta descubierto en 1930'. Siempre se escribe con mayúscula.

plutonio. sust. m. 'Elemento radiactivo artificial'. Número atómico 94. Símbolo: ***Pu*** (sin punto). No debe usarse la voz latina (*plutonium*).

plutonista. adj. 'Partidario del plutonismo, sistema que atribuye la formación del globo a la acción del fuego interior, del cual son efecto los volcanes'. Ú. t. c. sust. com.: **el plutonista**, **la plutonista**.

pluvial. adj. 'Relativo a la lluvia'. No debe confundirse su denotación con la de **fluvial** (adj.), 'perteneciente a los ríos'.

pluviómetro. sust. m. 'Aparato que sirve para medir la lluvia'. También pueden decirse **pluvímetro** y **udómetro** (susts. ms.), pero la Academia prefiere la primera forma.

♦ **p. m.** Anglicismo. Abreviatura de la frase latina *post meridiem*, 'después del mediodía', usada en los países de lengua inglesa para enumerar las horas, de una a doce, de la segunda mitad del día.

población. sust. f. 'Acción y efecto de poblar'. Es sustantivo colectivo con la denotación de 'conjunto de personas que habitan la Tierra o cualquier división geográfica de ella' (*la **población** argentina*) y la de 'conjunto de edificios y de espacios de una ciudad' (*la arquitectura de la **población** caraqueña*). También puede decirse **poblado** (sust. colect. m.).

♦ **poblacional.** Barbarismo. Debe decirse **de población**.

poblada. sust. f. colect. Amér. Merid. 'Multitud, gentío, populacho, en especial, en actitud agresiva' (*La **poblada** avanzó por las calles de la ciudad*).

poblador, ra. adj. 'Habitante' (*mujeres **pobladoras***); 'fundador de una ciudad o de un pueblo'. Ú. t. c. sust. m. y f.: **el poblador, la pobladora**.

poblano, na. adj. Amér. 'Lugareño, campesino' (*gente **poblana***). Ú. t. c. sust. m. y f.: **el poblano, la poblana**.

poblar. v. irreg. tr. Ú. t. c. intr. Entre otras acepciones, 'fundar uno o más pueblos'. v. prnl. 'Hablando de los árboles y de otras cosas capaces de aumento, recibirlo en gran cantidad'. Rég. prep.: **poblar con** o **de** (***Pobló con** o **de** rosales el jardín*); **poblarse de** (*Los árboles **se poblaron de** hojas*). Sus postverbales son **población** (sust. m.) y **poblamiento** (sust. m.). Se conjuga como **sonar**.

pobre. adj. 'Necesitado' (*familia **pobre***). Ú. t. c. sust. com.: **el pobre, la pobre**. Diminutivos: **pobrete, pobreta**. Los sustantivos colectivos son **pobrería** (f.) y **pobretería** (f.), 'conjunto de pobres'. 'Escaso'. Rég. prep.: **pobre de** o **en** (***pobre de** o **en** vitaminas*). fig. 'Humilde'; 'infeliz, desdichado' (*Es un **pobre** hombre*); 'pacífico'. El superlativo culto es **paupérrimo, ma**, y el coloquial, **pobrísimo, ma**. sust. com. 'Mendigo, mendiga'. **¡pobre de mí!** expr. '¡Triste, infeliz, pecador de mí!'.

pobretear. v. intr. 'Comportarse como pobre'. No debe pronunciarse [pobretiar, pobretié]. → **-ear**

pobretón, na. adj. 'Muy pobre' (*mujer **pobretona***). Ú. t. c. sust. m. y f.: **el pobretón, la pobretona**.

♦ **poché (huevo).** Galicismo. En español, corresponde decir **huevo escalfado**, 'huevo cocido, en agua hirviendo o en caldo, sin la cáscara'.

poco, ca. adj. 'Escaso' (***poco** tiempo*). Diminutivos: **poquito, poquita**. sust. m. 'Cantidad escasa' (*Comió un **poco** de torta*). Incorrecto: <u>*un poco*</u> *de niños*; <u>*un poco*</u> *de hojas*; <u>*un poco*</u> *de pesos* (son objetos numerables); <u>*una poca*</u> *de gracia*; <u>*una poca*</u> *de sombra* (indican materia o conjunto). Correcto: ***unos pocos** niños*; ***unas pocas** hojas*; ***unos pocos** pesos*; ***un poco** de gracia*; ***un poco** de sombra*. adv. c. 'Con escasez, menos de lo regular' (*Comió **poco***). Empleado con verbos expresivos de tiempo, denota 'corta duración' (*Tardaron **poco** en salir*). Cuando se antepone a otros adverbios, denota 'idea de comparación' (***poco** antes*; ***poco** después*; ***poco** más*; ***poco** menos*). **a poco**. loc. adv. 'A breve término' (***A poco**, se lo dijo*; ***A poco** de cantar, se retiró*). Incorrecto: <u>*A poco*</u> *lo castiga*. Correcto: ***Por poco** lo castiga*. **de poco**. loc. adj. 'De escaso valor o importancia' (*Es un reloj **de poco***). **de poco más o menos**. loc. adj. 'De poca estimación' (*maestra **de poco más o menos**; muebles **de poco más o menos***). **en poco**. 'Estar muy cerca de suceder algo' (***En poco**, iban a reírse del poeta*). **poco a poco** ó **poquito a poquito**. locs. advs. 'Con lentitud'; 'de corta en corta cantidad' (*Beba el agua **poco a poco***); expresión empleada para 'contener o amenazar al que se precipita en obras o en palabras', y para denotar que 'debe obrarse con orden y detenimiento en aquello de que se trata' (*¡**Poco a poco**, Daniel!*). En la Argentina, se usa, también, **de a poco**, locución no registrada por la Academia. **a poquitos**. loc. adv. 'En pequeñas y repetidas porciones' (*Coma la torta **a poquitos***). **poco más o menos** o **sobre poco más o menos**. locs. advs. 'Con corta diferencia' (*Habrán llegado diez o doce personas, **poco más o menos** o **sobre poco más o menos***). **por poco**. loc. adv. 'Apenas falta nada para que suceda algo' (*Gritó tanto, que **por poco** se queda muda*). **tener** uno **en poco** a una persona o cosa. fr. 'Desestimarlas' (*Siempre **tuvo en poco** a esa profesora*). **un poco**. loc. adv. 'con que se aporta un valor afirmativo respecto de un adjetivo dado' (*Se mostraba **un poco** reticente*).

podador, ra. adj. 'Que poda'. Ú. t. c. sust. m. y f.: **el podador, la podadora**.

podenco, ca. adj. (*perro podenco*). Ú. t. c. sust. m. y f.: **el podenco, la podenca.**

poder. sust. m. 'Dominio, imperio'. **a poder de**. loc. adv. p. us. 'A fuerza de' (***A poder de*** *trabajo, progresó*). **a todo poder**. loc. adv. 'Con todo el esfuerzo posible' (*Terminó su tesis* ***a todo poder***). **caer** o **estar bajo el poder de** alguien. fr. fig. y fam. 'Estar sujeto a su dominio y voluntad' (***Cayó*** *o* ***estuvo bajo el poder de*** *sus enemigos*). **en poder de**. loc. adv. Con verbos como **estar** u **obrar**, denota que 'la cosa de que se trata es tenida por alguien que se expresa' (*Los documentos* ***obran en poder de*** *mi abogado*). **por poder**. loc. adv. 'Con intervención de un apoderado' (*Se casó* ***por poder***).

poder. v. irreg. tr. 'Tener expeditas la facultad o la potencia de hacer algo' (*Ya* ***puede*** *escribir bien*). 'Tener facilidad, tiempo o lugar de hacer algo'; ú. m. con negación (*Mañana no* ***podré*** *ir*). v. intr. 'Ser más fuerte que otro' (*En el razonamiento, le* ***puede***). Rég. prep.: **poder con** (***poder con*** *las maletas*). Ú. t. en sent. fig. (*Me* ***pueden*** *sus insolencias*). v. impers. 'Ser posible que suceda algo' (***Puede*** *que venga el lunes*). **a más no poder**. loc. adv. 'Uno ejecuta algo forzado y sin poder excusarlo ni resistirlo' (*Lee los expedientes* ***a más no poder***). **hasta más no poder**. fr. 'Todo lo posible' (*Trabaja* ***hasta más no poder***). **no poder con** alguien. fr. 'No poder sujetarlo ni reducirlo'; 'sentir repugnancia por algo' (*Como mi hijo es un hombre,* ***no puedo con él***; ***No puede con*** *los licores*). **no poder** alguien **consigo mismo**. fr. fig. 'Aburrirse'; 'fastidiarse' (*De tanto escribir,* ***no puede consigo misma***). **no poder más**. fr. 'Estar sumamente fatigado' (*Caminaron tanto, que* ***no pueden más***). **no poder menos**. fr. 'Ser necesario o preciso' (*Ayudaron como* ***no podían menos***). **no poderse tener**. fr. 'Tener gran debilidad o flaqueza una persona o cosa' (*Estuvo muy enferma y* ***no se podía tener***). **no poderse valer**. fr. 'Hallarse uno en estado de no poder remediar el daño que lo amenaza o evitar una acción'; 'no tener expedito el uso de un miembro' (*Sabía que iban a destituirlo, pero* ***no se podía valer***; *Lo ayudaron a caminar, porque solo* ***no se podía valer***). **no poder tragar** a alguien, **no poder ver** a alguien, **no poder ver** a alguien **pintado** o **ni pintado**. frs. 'Aborrecerlo' (***No lo podían tragar***; ***No lo podían ver***; ***No lo podían ver pintado*** *o* ***ni pintado***). La Academia no registra **no poder ni ver** a alguien, de uso común en la Argentina (***No lo podían ni ver***). **puede que**. loc. que se antepone a verbos en modo subjuntivo con el significado de 'acaso, quizá' (*Si te portas bien,* ***puede que*** *te regalen caramelos*). **¿se puede?** fr. Se usa para pedir permiso de entrada en un sitio donde hay alguien. Su irregularidad consiste en la diptongación de la **o** de la raíz en **ue**, cuando cae allí el acento. Esto ocurre en presente de indicativo (***puedo***, ***puedes***, ***puede***, ***pueden***), en presente de subjuntivo (***pueda***, ***puedas***, ***pueda***, ***puedan***) y en imperativo (***puede***). Cambia por **u** la **o** de la raíz y toma terminaciones especiales en pretérito perfecto simple de indicativo (***pude***, ***pudiste***, ***pudo***, ***pudimos***, ***pudisteis***, ***pudieron***), en pretérito imperfecto de subjuntivo (***pudiera*** *o* ***pudiese***, ***pudieras*** *o* ***pudieses***, ***pudiera*** *o* ***pudiese***, ***pudiéramos*** *o* ***pudiésemos***, ***pudierais*** *o* ***pudieseis***, ***pudieran*** *o* ***pudiesen***), en futuro de subjuntivo (***pudiere***, ***pudieres***, ***pudiere***, ***pudiéremos***, ***pudiereis***, ***pudieren***) y en el gerundio (***pudiendo***). Pierde la **e** del infinitivo en el futuro (***podré***, ***podrás***, ***podrá***, ***podremos***, ***podréis***, ***podrán***) y en el condicional simple del modo indicativo (***podría***, ***podrías***, ***podría***, ***podríamos***, ***podríais***, ***podrían***).

poderdante. sust. com. 'Persona que da poder a otra para que la represente en juicio o fuera de él': **el poderdante, la poderdante**. En plural: **los poderdantes, las poderdantes**.

poderhabiente. sust. com. 'Persona que tiene poder de otra para representarla, administrar una hacienda, etc.': **el poderhabiente, la poderhabiente**. En plural: **los poderhabientes, las poderhabientes**.

poderoso, sa. adj. 'Que tiene poder'; 'muy rico'. Rég. prep.: **poderoso para** (*arma* ***poderosa para*** *matar*). Ú. t. c. sust. m. y f.: **el poderoso, la poderosa**. 'Grande' (*un* ***poderoso*** *automóvil*); 'activo' (*medicamento* ***poderoso***).

podiatra. sust. m. Amér. 'Médico especializado en las enfermedades de los pies'. La Academia no registra esta voz como de género común de dos. No deben confundirse su denotación y su grafía con las de **pediatra**. → **podólogo**

podio. sust. m. 'Plataforma'. También puede decirse **pódium** (sust. m.), pero la Academia prefiere la primera forma. En plural: **podios** o **los pódium**.

podo- o **-podo.** elem. compos. de or. gr. 'Pie' (***podó****loga*, *mirió****podo***).

podólogo. sust. m. 'Especialista en podología, rama de la medicina que tiene por objeto el tratamiento de las afecciones y deformidades de los pies'. Su femenino es **podóloga**. → **callista, pedicuro**

podrecer. v. irreg. tr. p. us. Ú. t. c. intr. y c. prnl. 'Pudrir'. Se conjuga como **parecer**.

podredumbre. sust. f. 'Putrefacción'; 'cosa podrida' (*Los perros andaban entre* ***la podredumbre***); 'corrupción moral'. La voz **pudredumbre** (sust. f.) es anticuada. También pueden decirse **podredura** (sust. f.), **podrición** (sust. f.), **podrimiento** y **pudrimiento** (susts. ms.).

podrido, da. p. de **podrir**. adj. 'Se dice de la persona o institución que está corrompida o dominada por la inmoralidad'. Sus sinónimos son **putrefacto, ta** (adj.) y **pútrido, da** (adj.).

podrir. v. tr. Ú. t. c. prnl. → **pudrir**

poema. sust. m. 'Obra en verso'. Con esta denotación, también puede usarse, como sinónimo, la voz **poesía** (sust. f.). El sustantivo colectivo es **poemario** (m.), 'conjunto o colección de poemas'. El adjetivo correspondiente es **poemático, ca**, 'perteneciente o relativo al poema'. → **verso**

poesía. sust. f. 'Manifestación de la belleza mediante la palabra, en verso o en prosa'; 'género lírico, épico o dramático' (***poesía*** *épica*); 'poema'; 'lirismo'; 'arte de componer obras poéticas en verso o en prosa'. Con esta última denotación, también puede decirse **poética** (sust. f.). El adjetivo correspondiente es **poético, ca**, 'perteneciente o relativo a la poesía'. → **poema, verso**

poeta. sust. m. Su femenino es **poetisa** y no, la poeta. El 'mal poeta' es el **poetastro** (sust. m.). → **trovador**

poética. sust. f. Entre otras denotaciones, 'arte de componer obras poéticas'. Como sustantivo colectivo, significa 'conjunto de principios o de reglas, explícitos o no, que observan un género literario, una escuela o un autor' (*la* ***poética*** *de Lope de Vega*).

poetizar. v. intr. 'Componer obras poéticas'. Su postverbal es **poetización** (sust. f.). → **cazar**

poiquilotermia. sust. f. 'Incapacidad de regulación de la temperatura del cuerpo, por lo que ésta varía de acuerdo con la temperatura ambiental'. Los adjetivos correspondientes son **poiquilotérmico, ca** y **poiquilotermo, ma**, 'perteneciente o relativo a la poiquilotermia'. Las tres voces han sido recién incorporadas en el ***Diccionario***.

polaco, ca. adj. Entre otras acepciones, 'natural de Polonia'. Ú. t. c. sust. m. y f.: **el polaco, la polaca**. También puede decirse **polonés, sa** (adj. Ú. t. c. sust. m. y f.). sust. m. 'Lengua de los polacos' (*Habla* ***el polaco***).

polar. adj. 'Perteneciente o relativo a los polos' (*frío* ***polar***). Se escribe con mayúscula en la frase **Estrella Polar**.

polarizar. v. tr. Ú. m. c. prnl. 'Modificar los rayos luminosos por medio de refracción o reflexión, de tal manera que queden incapaces de refractarse o reflejarse de nuevo en ciertas direcciones'. v. intr. 'Suministrar una tensión fija a alguna parte de un aparato electrónico'. v. prnl. 'Hablando de una pila eléctrica, disminuir la corriente que produce'; 'concentrar la atención o el ánimo en algo' (*Su atención* ***se polarizó*** *en ese cuadro español*). Su postverbal es **polarización** (sust. f.). → **cazar, bipolarización**

polca. sust. f. 'Danza de origen polaco'; 'música de esta danza'. Incorrecto: *polka*.

pólder. sust. m. 'Terreno pantanoso ganado al mar y que, una vez desecado, se dedica al cultivo'. Es palabra grave. En plural, se transforma en esdrújula: **pólderes**.

polea. sust. f. El sustantivo colectivo es **poleame** (m.), 'conjunto o acopio de poleas'. Pueden usarse como sinónimos **trocla, tróclea** y **trócola** (susts. fs.).

polémica. sust. f. 'Arte que enseña los ardides con que se debe ofender y defender cualquier plaza'; 'controversia por escrito sobre diversas materias'. No debe usarse como sinónimo de **discusión**: *La polémica comenzó cuando Eugenio criticó la organización del instituto*. Correcto: *La* ***discusión*** *comenzó cuando Eugenio criticó la organización del instituto*.

polemista. sust. com. 'Escritor que sostiene polémicas'; 'persona aficionada a sostener polémicas': **el polemista, la polemista**.

polemizar. v. intr. 'Sostener una polémica'. → **cazar**

polemoniáceo, a. adj. 'Dícese de plantas angiospermas dicotiledóneas, arbustos o hierbas, como el polemonio' (*planta* ***polemoniácea***). Ú. t. c. sust. f.: **la polemoniácea**. sust. f. pl. 'Familia de estas plantas' (*Dio una conferencia sobre las* ***polemoniáceas***).

polen. sust. m. colect. 'Conjunto de granos diminutos, contenidos en las anteras de las flores'. Es palabra grave. En plural, se transforma en esdrújula: **pólenes**.

polenta. sust. f. 'Cocido de harina de maíz'. Incorrecto: *pulenta*. En la Argentina, es común el sintagma **tener mucha polenta**, 'tener bríos, fuerza', sin registro en el ***Diccionario***.

polera. sust. f. 'Especie de remera con cuello alto y mangas largas'. Esta voz no está registrada en el ***Diccionario***, pero la A.A.L. ha recomendado su incorporación.

poli-. elem. compos. de or. gr. 'Pluralidad o abundancia' (***poli****deportivo*, ***poli****fonía*).

poli-. elem. compos. de or. gr. 'Ciudad' (***polí****tico*, ***poli****cía*). Ha sido recién incorporado en el ***Diccionario***.

poliamida. sust. f. 'Sustancia natural o sintética formada por una reacción química, que se utiliza como fibra o plástico'. Esta voz no ha sido registrada en el ***Diccionario***.

poliantea. sust. f. → **noticia**

polichinela. sust. m. 'Personaje burlesco de las farsas y pantomimas italianas'. Incorrecto: *la polichinela*. También puede decirse **pulchinela** (sust. m.).

policía. sust. f. 'Buen orden que se observa y guarda en las ciudades y repúblicas, al cumplirse las leyes u ordenanzas establecidas para su mejor gobierno' (*la* ***policía*** *de la ciudad*); 'cuerpo encargado de velar por el mantenimiento del orden público y la seguridad de los ciudadanos'. sust. com. 'Agente de policía': **el policía, la policía**. Incorrecto: *polecía*. Se escribe con minúscula (*Conozco a ese* ***policía***; *Me atendió el* ***policía*** *Horacio Fuentes*), salvo cuando forma parte de un nombre propio (***Policía*** *de la Provincia de Buenos Aires*). → **vigilante**. Actúa como aposición especificativa en la frase **perro policía**, 'el adiestrado para descubrir y perseguir aquello que se desea capturar'. También es correcta la frase **perro de policía**.

policíaco, ca. adj. 'Perteneciente o relativo a la policía' (*investigación* ***policíaca***). Ú. a veces en sent. despect. 'Dícese de las obras literarias o cinematográficas cuyo tema es la búsqueda del culpable de un delito' (*novela* ***policíaca***). También puede decirse **policiaco, ca**, pero la Academia prefiere la primera forma. Incorrecto: *polecíaco*, *poleciaco*. → **policial**

policial. adj. 'Perteneciente o relativo a la policía'. Es sinónimo de **policíaco, ca.** No debe usarse como sustantivo: *Vi un policial en televisión*. Correcto: *Vi una película* o *un filme* ***policial*** *en televisión*. → **policíaco**

policlínica. sust. f. 'Establecimiento privado con distintas especialidades médicas y quirúrgicas'. Repárese en su género. Incorrecto: *el policlínico*.

policopia. sust. f. También pueden decirse **copiadora, fotocopiadora** y **multicopista** (susts. fs.).

policromo, ma. adj. 'De varios colores' (*barrilete* ***policromo***). También puede decirse **polícromo, ma**, pero la Academia prefiere la primera forma.

polideportivo, va. adj. 'Aplícase al lugar, instalaciones, etc., destinados al ejercicio de varios deportes'. Ú. t. c. sust. m. (*Estuvimos en el* ***polideportivo***). Es voz recién incorporada en el ***Diccionario***.

poliedro. adj. (*ángulo* ***poliedro***). sust. m. 'Sólido terminado por superficies planas': **el poliedro**.

poliéster. sust. m. Voz inglesa (*polyester*) españolizada. 'Resina termoplástica'. Es palabra grave. En plural, se transforma en esdrújula: **poliésteres**. Ha sido incorporada recientemente en el ***Diccionario***.

polietileno. sust. m. 'Polímero preparado a partir de etileno'. Es voz recién incorporada en el ***Diccionario***.

polifonía. sust. f. colect. 'Conjunto de sonidos simultáneos en que cada uno expresa su idea musical, pero formando con los demás un todo armónico'.

poligaláceo, a. adj. 'Dícese de plantas angiospermas dicotiledóneas, leñosas o herbáceas, como la polígala y la ratania' (*plantas* ***poligaláceas***).

Ú. t. c. sust. f.: **la poligalácea**. sust. f. pl. 'Familia de estas plantas' (*Estudiaba **las poligaláceas***). También puede decirse **poligáleo, a** (adj.), pero la Academia prefiere la primera forma.

poligamia. sust. f. 'Estado o calidad de polígamo'; 'régimen familiar en que se permite al varón tener pluralidad de esposas'. No debe pronunciarse [polígamia, poligamía]. Su antónimo es **monogamia** (sust. f.). → **monogamia**

polígamo, ma. 'Dícese del hombre que tiene varias mujeres en calidad de esposas' (*hombres **polígamos***). Ú. t. c. sust. m.: **el polígamo**. Su antónimo es **monógamo, ma** (adj. Ú. t. c. sust. m. y f.). → **monógamo**. 'Aplícase a las plantas que tienen flores masculinas, femeninas y hermafroditas en uno o más pies, como el fresno' (*plantas **polígamas***). Es palabra esdrújula. No debe pronunciarse [poligamo] como grave.

poligenista. sust. com. 'Persona que profesa el poligenismo, doctrina que admite variedad de orígenes en la especie humana': **el poligenista, la poligenista**. Su antónimo es **monogenista** (sust. com.).

políglota. sust. com. 'Persona versada en varias lenguas': **el políglota, la políglota**. Es palabra esdrújula. No debe pronunciarse [poliglota] como grave. sust. f. 'La Sagrada Biblia impresa en varios idiomas' (*la **Políglota** de Arias Montano*). En este caso, debe escribirse con mayúscula.

políglоto, ta. adj. 'Escrito en varias lenguas' (*texto **políglоto***); 'aplícase también a la persona versada en varias lenguas' (*profesora **políglota***). También puede decirse **poligloto, ta**, pero la Academia prefiere la primera forma, a pesar de que la segunda es la etimológica. Repárese en que no es un adjetivo invariable: *texto <u>políglota</u>*. Correcto: *texto **políglоto***. Ú. m. c. sust. m. y f.: **el políglоto** o **poligloto**; **la políglota** o **poliglota**.

poligonáceo, a. adj. 'Dícese de plantas angiospermas dicotiledóneas, arbustos o hierbas, como el alforfón y el ruibarbo' (*plantas **poligonáceas***). Ú. t. c. sust. f.: **la poligonácea**. sust. f. pl. 'Familia de estas plantas' (*Escribió un libro sobre **las poligonáceas***).

polígrafo. sust. m. En su denotación más frecuente, 'autor que ha escrito sobre materias diferentes'. Su femenino es **polígrafa**.

polilla. sust. f. 'Mariposa nocturna'. Para distinguir los sexos, debe recurrirse a las perífrasis **polilla macho**, **polilla hembra**.

polineuritis. sust. f. 'Inflamación simultánea de varios nervios periféricos'. En plural, no varía: **las polineuritis**.

polinización. sust. f. Incorrecto: <u>*polenización*</u>, por analogía con **polen**.

polinizar. v. tr. 'Efectuar la polinización'. Incorrecto: <u>*polenizar*</u>, por analogía con **polen**. → **cazar**

polinosis. sust. f. 'Trastorno alérgico producido por el polen'. En plural, no varía: **las polinosis**.

poliomielitis. sust. f. Su abreviación es **polio** (sust. f.). No debe pronunciarse [poliomilitis, poliomelitis]. En plural, no varía: **las poliomielitis**. El adjetivo correspondiente es **poliomielítico, ca**, no registrado por la Academia, pero de correcta formación.

polipodiáceo, a. adj. 'Dícese de ciertos helechos no arborescentes, como el polipodio' (*helechos **polipodiáceos***). Ú. t. c. sust. f.: **la polipodiácea**. sust. f. pl. 'Familia de estas plantas': **las polipodiáceas**.

polipropileno. sust. m. 'Material plástico obtenido por polimerización del propileno'. Es voz no registrada en el ***Diccionario***.

poliptoton. sust. f. 'Traducción, figura o licencia poética'. Es palabra grave. En plural: **poliptotones**.

polisemia. sust. f. 'Pluralidad de significados o acepciones de una palabra'. No debe confundirse su denotación con la de **homonimia** (sust. f.). El adjetivo correspondiente es **polisémico, ca**, no registrado por la Academia, pero de correcta formación. → **homonimia**

polisílabo, ba. adj. 'Aplícase a la palabra que consta de varias sílabas' (*La voz "otorrinolaringología" es **polisílaba***). Ú. t. c. sust. m.: **el polisílabo**.

polisíndeton. sust. m. 'Figura que consiste en repetir las conjunciones para dar fuerza a la expresión'. En plural: **los polisíndetos**. Incorrecto: <u>*la*</u> *polisíndeton*. Su antónimo es **asíndeton** (sust. m.).

polisón. sust. m. 'Armazón que, atada a la cintura, se ponían las mujeres para que abultasen los vestidos por detrás'. Es palabra aguda. En plural, se transforma en grave: **polisones**. No debe confundirse con su homófono **polizón** (sust. m.). → **polizón**

polista. sust. com. 'Jugador de polo': **el polista, la polista**. Ú. t. c. adj. (*mujeres **polistas***). Su homónimo (sust. m.) denota 'indígena o mestizo de Filipinas, que presta servicio en los trabajos comunales'.

♦ **politburó.** Sustantivo no registrado en el ***Diccionario*** mayor. El ***Manual*** da el siguiente significado: 'Órgano directivo elegido por el Comité central de algunos partidos comunistas, a semejanza del establecido en la URSS', pero indica que no tiene sanción académica.

politeama. sust. m. Argent. 'Edificación estable, de estructura semejante a la de las carpas ambulantes, en la que se ofrecían espectáculos circenses o teatrales'; 'sala teatral cuyo interior, desmontable, podía convertirse en circo'. Esta voz no está registrada en el ***Diccionario***, pero la A.A.L. ha recomendado su incorporación como regionalismo.

politeísta. adj. 'Perteneciente o relativo al politeísmo' (*doctrina **politeísta***); 'que profesa el politeísmo' (*hombres **politeístas***). Ú. t. c. sust. com.: **el politeísta, la politeísta**.

político, ca. adj. 'Perteneciente o relativo a la doctrina o a la actividad políticas' (*causas **políticas***); 'cortés' (*señor **político***); 'dícese de quien interviene en las cosas del gobierno y en negocios del Estado' (*gente **política***). Ú. t. c. sust. m. y f.: **el político, la política**. Aumentativos: **politicón, na**. El despectivo es **politicastro** (sust. m.). Aplicado a un nombre significativo de parentesco, denota el 'correspondiente parentesco por afinidad' (*hermana **política** o cuñada*; *hijo **político** o yerno*; *madre **política** o suegra*).

♦ **politicología.** Neologismo. En el ***Diccionario Manual***, aparece **politología** (sust. f.), 'ciencia de la política', con el indicador de su falta de sanción académica.

♦ **politicólogo.** Neologismo. En el ***Diccionario Manual***, aparece **politólogo, ga** (adj. Ú. t. c. sust. m. y f.), con el indicador de su falta de sanción académica.

politiquear. v. intr. 'Intervenir en política'; 'tratar de política con ligereza'. Amér. 'Hacer política de intrigas y bajezas'. No debe pronunciarse [politiquiar, politiquié]. Sus postverbales son **politiqueo** (sust. m.) y **politiquería** (sust. f.). → **-ear**

politiquero, ra. adj. 'Que politiquea'. Ú. t. c. sust. m. y f.: **el politiquero, la politiquera**.

politizar. v. tr. Ú. t. c. prnl. En su denotación más frecuente, 'dar orientación o contenido político a acciones, pensamientos, etc.' (***Politizan** la educación*; *Todo **se politiza***). Su postverbal, **politización** (sust. f.), sólo aparece en el ***Diccionario Manual***, con el indicador de su falta de sanción académica. → **cazar**

poliuretano. sust. m. 'Sustancia sintética que suele utilizarse para fabricar cauchos, plásticos o fibras'. Esta voz no ha sido registrada en el ***Diccionario***.

polivalencia. sust. f. → **plurivalencia**

polivalente. adj. 'Que posee varios valores'. No debe usarse con la denotación de 'múltiple': *Tiene polivalentes posibilidades de progresar*. Correcto: *Tiene **múltiples** posibilidades de progresar*. → **plurivalente**

polivinilo. 'Material sintético que se usa como sustituto del caucho'. Esta voz no ha sido registrada en el ***Diccionario***.

póliza. sust. f. Entre otras denotaciones, 'documento justificativo del contrato de seguros, fletamentos, operaciones de bolsa y otras negociaciones comerciales'. Es correcta la frase **póliza de seguro sobre la vida**.

polizón. sust. m. 'Sujeto ocioso y sin destino'; 'el que se embarca clandestinamente'. No debe confundirse con su homófono **polisón** (sust. m.) ni con **polizonte** (sust. m. despect.), 'agente de policía'. → **polisón**

polla. sust. f. 'Gallina nueva'. Diminutivos: **pollita, polluela**. 'En algunos juegos de naipes, puesta'. Amér. 'Apuesta, especialmente en carreras de caballos' (*Ganó la **polla***); 'carrera de caballos donde se corre la polla'; 'jovencita' (*Silvia es una **polla** todavía*). La tercera acepción y la cuarta han sido recién incorporadas en el ***Diccionario***.

pollear. v. intr. 'Empezar un muchacho o una

muchacha a hacer cosas propias de los jóvenes' (*Verónica y Adrián **pollean***). No debe pronunciarse [polliar, pollié]. → **-ear**

pollera. sust. f. Amér. 'Falda externa del vestido femenino'. Equivale a **falda** (sust. f.) del español peninsular.

pollerudo. adj. despect. 'Dícese del hombre que vive entre mujeres o suele ampararse en ellas'. Esta voz no está registrada en el ***Diccionario***, pero la A.A.L. ha recomendado su incorporación como argentinismo.

pollino. sust. m. 'Asno'. Su femenino es **pollina**. Diminutivos: **pollinejo**, **pollineja**.

pollo. sust. m. 'Cría de algunas aves, particularmente de las gallinas'. Diminutivos: **pollito**, **polluelo**. No debe confundirse su grafía con la de su homófono **poyo** (sust. m.). → **poyo**. Los sustantivos colectivos son **pollada** (f.) y **pollazón** (f.), 'conjunto de pollos'. El **pollancón** (sust. m.) es el 'pollo de mayor tamaño'. Su femenino es **pollancona**. El **pollastre** (sust. com.) es el 'pollo o polla algo crecidos'; también pueden decirse **pollastro** (sust. m.) y **pollastra** (sust. f.). La **pollería** (sust. f.), el 'sitio donde se venden pollos y otras aves comestibles'. El **pollero** (sust. m.) es el 'lugar donde se crían pollos' y 'el que tiene por oficio criar y vender pollos'. Con esta última denotación, su femenino es **pollera**. El homónimo (sust. m.) de **pollo** denota 'escupitajo, esputo'.

polo. sust. m. Entre otros significados, 'cualquiera de los dos extremos del eje de rotación de una esfera o cuerpo redondeado'. Se escribe con minúscula en todas sus denotaciones (***polo** norte*; ***polo** sur*; ***polo** antártico*; ***polo** ártico*). **de polo a polo**. loc. adv. fig. 'con que se pondera la gran distancia que hay de una parte a otra o entre dos opiniones, doctrinas, sistemas, etc.' (*Sus teorías difieren de las mías **de polo a polo***). Su homónimo (sust. m.) denota un 'juego practicado entre grupos de jinetes que impulsan una bola de madera hacia una meta' (*Era un gran jugador de **polo***) y una 'camiseta deportiva' (*Usaba un **polo** blanco*). Esta última denotación ha sido recién incorporada en el ***Diccionario***. En la Argentina, se usa en aposición especificativa, en el sintagma **cuello polo**. En plural: **cuellos polo**.

pololear. v. tr. Amér. 'Molestar'. Chile. 'Flirtear' (*Mi primo la **pololea***). No debe pronunciarse [pololiar, pololié]. → **-ear**

polonio. sust. m. 'Metal raro, semejante al bismuto; es radiactivo'. Número atómico 84. Símbolo: ***Po***

poltrón, na. adj. 'Flojo, perezoso, haragán' (*José es un niño **poltrón***). **silla poltrona**. 'La más baja de brazos que la común, y de más amplitud y comodidad'. Ú. t. c. sust. f.: **la poltrona** (*Siéntese en la **silla poltrona** o en **la poltrona***).

poltronizarse. v. prnl. 'Hacerse poltrón'. → **cazar**

polvareda. sust. f. Incorrecto: polvadera, un vulgarismo. **armar**, **levantar** o **mover polvareda** o **una polvareda**. fr. fig. y fam. 'Dar motivo a grandes disensiones' (*Sus palabras **levantaron una polvareda***).

polvo. sust. m. Diminutivo: **polvillo** (Amér. 'Hongo que ataca los cereales'). **hacer morder el polvo**. fr. fig. 'Vencer a alguien en la pelea' (*Le pegó varias veces y, finalmente, le **hizo morder el polvo***). **sacudir el polvo** a alguien. fr. fig. 'Pegarle' (*La madre le **sacudió el polvo** a la niña por su desobediencia*); 'impugnarlo, contradecirlo fuertemente' (*Cuando dio su opinión, le **sacudieron el polvo***).

pólvora. sust. f. 'Mezcla de composición muy diversa, que se inflama a cierto grado de calor'. **gastar la pólvora en chimangos**. fr. fig. Argent. y Urug. 'Hacer esfuerzos por algo o alguien que, en realidad, tiene poca importancia' (*Con esa persona, no **gastes la pólvora en chimangos***). **no haber inventado** uno **la pólvora**. fr. fig. y fam. 'Ser muy corto de alcances' (*Por lo que dijo acerca de sus investigaciones, **no ha inventado la pólvora***). **ser** uno **una pólvora**. fr. fig. 'Ser uno muy vivo, pronto y eficaz' (*Esta niña **es una pólvora***). En la Argentina, suele usarse la frase **ser** uno **una polvorita** (*¡**Eres una polvorita**!*), con el diminutivo del sustantivo, pero no está registrada en el ***Diccionario***. En cambio, aparece **polvorilla** (sust. com.), 'persona de gran vivacidad, propensa al arrebato pasajero': **el polvorilla**, **la polvorilla**. Esta voz ha sido incorporada recientemente en el ***Diccionario***.

polvorear. v. tr. 'Echar polvos sobre algo' (***Polvoreó** la torta con canela*). No debe pronunciarse [polvoriar, polvorié]. Su postverbal es **polvoreamiento** (sust. m.). → **-ear**, **polvorizar**

polvoriento, ta. adj. 'Que tiene mucho polvo' (*camino **polvoriento***). También puede decirse **pulverulento, ta** (adj.), pero la Academia prefiere la primera forma.

polvorista. sust. m. 'Pirotécnico'. La Academia no registra esta voz como de género común de dos. → **pirotécnico**

polvorizar. v. tr. 'Polvorear' (***Polvorizó** la torta con canela*); 'reducir a polvo algo' (*Arrojó el jarrón contra la pared y lo **polvorizó***). Su postverbal es **polvorización** (sust. f.). Con la segunda denotación, también puede decirse **pulverizar** (v. tr. Ú. t. c. prnl.), cuyo postverbal es **pulverización** (sust. f.). → **cazar**

poma. sust. f. Entre otras acepciones, 'fruta de árbol'; 'manzana'. Los sustantivos colectivos son **pomar** (m.), **pomarada** (f.) y **pumarada** (f.), 'sitio poblado de manzanos'.

pomáceo, a. adj. 'Dícese de ciertas plantas pertenecientes a la familia de las rosáceas, como el peral y el manzano' (*plantas **pomáceas***). Ú. t. c. sust. f.: **la pomácea**. Es palabra esdrújula.

pomada. sust. f. 'Mixtura de una sustancia grasa y otros ingredientes'. La A.A.L. recomienda la incorporación de los siguientes argentinismos: **estar en la pomada**. fr. fig. y fam. 'Conocer un tema a fondo'; fig. y fam. 'tener acceso a grupos de poder o a las informaciones que circulan en ellos' (*Siempre tenía novedades políticas, porque **estaba en la pomada***). **hacer pomada**. fr. fig. y fam. 'Herirse o estropearse a causa de un accidente' (*El martillazo le **hizo pomada** un dedo*). Ú. t. c. prnl. (***Se hizo pomada** un dedo*; ***Se hizo pomada** el auto*). v. prnl. fig. y fam. 'Causar un gran daño, afectar moralmente a alguien' (*La muerte de la madre los **hizo pomada***).

pomelo. sust. m. 'Árbol frutal de la familia de las rutáceas'; 'su fruto' (*jugo de **pomelo***). Estas denotaciones no figuran en el ***Diccionario*** mayor ni en el ***Manual***. El ***Diccionario*** sólo consigna que, en algunas partes, se denomina **toronja** (sust. f.). No debe usarse el anglicismo *grapefruit*. → **toronja**

pómez. sust. f. 'Piedra volcánica, usada para desgastar y pulir': **la pómez**. También pueden decirse **piedra pómez** (aquí el sustantivo **pómez** se emplea en aposición especificativa) y **pumita** (sust. f.), pero es más frecuente el uso del sintagma **piedra pómez**. Es palabra grave. Incorrecto: ~~*pómes*~~.

pomo. sust. m. 'Agarrador de forma más o menos esférica' (*el **pomo** de la puerta*). Entre otras acepciones: Argent. 'Recipiente cilíndrico de material flexible en que se expenden cosméticos, fármacos, etc., de consistencia líquida o cremosa'; 'juguete, por lo común cilíndrico y flexible, con el que se arroja agua durante el carnaval'. Estas dos últimas acepciones han sido recién incorporadas en el ***Diccionario***.

pomólogo. sust. m. 'Persona versada en pomología, parte de la agricultura que trata de los frutos comestibles'. Su femenino es **pomóloga**. Esta voz ha sido recién incorporada en el ***Diccionario***. El adjetivo correspondiente es **pomológico, ca**, 'perteneciente o relativo a la pomología'.

pompear. v. intr. 'Hacer ostentación de algo' (*Esa dama **pompea** con su situación económica*). v. prnl. fam. 'Comportarse con vanidad o ir con gran comitiva y acompañamiento'; 'pavonearse' (***Se pompeaba** durante la fiesta*). Con esta última denotación, también puede decirse **pomponearse** (v. prnl. fam.). No debe pronunciarse [pompiar, pompié]. → **-ear**

pompeyano, na. adj. 'Perteneciente a Pompeyo el Magno o a sus hijos'; 'natural de Pompeya' (*mujeres **pompeyanas***). Ú. t. c. sust. m. y f.: **el pompeyano, la pompeyana**. 'Perteneciente a la ciudad de Pompeya'; 'dícese de los objetos de arte hallados en Pompeya y de los que se han hecho modernamente a imitación de los antiguos' (*arte **pompeyano***).

ponchada. sust. f. colect. Argent., Chile, Par. y Urug. 'Gran cantidad de cosas' (*Trajo una **ponchada** de libros*).

ponchazo. sust. m. Argent. 'Golpe dado con el poncho' (*El gaucho le dio un **ponchazo** a su enemigo*). **a los ponchazos**. loc. adv. Argent. 'De la mejor manera posible y con esfuerzo, dentro de la falta de medios o recursos' (*Sobrevive **a los ponchazos***). Ú. t. en sent. despect. La A.A.L. ha recomendado la incorporación del siguiente significado: 'De cualquier manera, improvisadamente' (*Dio la clase **a los ponchazos***).

ponche. sust. m. Voz inglesa (*punch*) españolizada. 'Bebida'. En plural: **ponches**. Una **pon-**

chada (sust. f.) es la 'cantidad de ponche dispuesta para beberla juntas varias personas'. Se prepara y sirve en la **ponchera** (sust. f.).

poncho. sust. m. 'Prenda de abrigo, que consiste en una manta, cuadrada o rectangular, de lana de oveja, alpaca, vicuña, etc., que tiene una abertura en el centro para que pase la cabeza, y cuelga de los hombros hasta más abajo de la cintura'. **alzar** o **levantar el poncho**. fr. fig. Urug. 'Rebelarse contra la autoridad'. En la Argentina, es usual la frase figurada **traer** o **traerse algo bajo el poncho**, 'ocultar algo deliberadamente'; 'llegar mal dispuesto'. Este sintagma no está registrado en el ***Diccionario***.

ponderador, ra. adj. 'Que pondera o exagera' (*hombre **ponderador***); 'que pesa o examina'. Ú. t. c. sust. m. y f.: **el ponderador, la ponderadora**. Como adjetivo, también puede decirse **ponderativo, va**.

ponedor, ra. adj. 'Que pone'; 'aplícase al caballo o a la yegua enseñado a levantarse de manos' (*caballo **ponedor**; yegua **ponedora***); 'dícese de las aves que ya ponen huevos' (*gallinas **ponedoras***). Con esta última denotación, también puede usarse el adjetivo **ponedero, ra** (*gallinas **ponederas***). sust. m. 'El que ofrece precio en subastas, postor, licitador'.

ponente. adj. 'Aplícase al autor de una ponencia' (*profesores **ponentes***); 'aplícase al magistrado, funcionario o miembro de un cuerpo colegiado o asamblea a quien se designa para hacer relación de un asunto y proponer la resolución'. Ú. t. c. sust. com.: **el ponente, la ponente**.

poner. v. irreg. tr. Entre otras acepciones, 'colocar en un lugar'. Rég. prep.: **poner a** (***poner** al sol; **poner a** hervir el agua*); **poner** a alguien **bajo** (***poner** al niño **bajo** su protección*); **poner de** (***poner de** mal humor*); **poner** a uno **de** (***poner** a Juan de asistente; **poner** a Diana **de** su parte; **poner** varias opiniones **de** su cosecha; **poner** a Pedro **de** vuelta y media*); **poner en** (***poner en** duda*); **poner** algo **en** (***poner** el vaso **en** la mesa*); **poner por** (***poner por** intercesor*). Ú. t. c. prnl. Rég. prep.: **ponerse a** (***ponerse a** cantar*); **ponerse de** (***ponerse de** barro*); **ponerse por** (***ponerse por** medio*). **poner en claro**. fr. 'Averiguar o explicar con claridad alguna cosa intrincada o confusa' (*Quiero **poner en claro** estos temas*). Incorrecto: *Quiero dejar en claro estos temas*. **poner por encima**. fr. 'Preferir' (***Puso por encima** de todo su carrera*). **ponerse al corriente**. fr. 'Enterarse' (*Me **pondré al corriente** de la nueva bibliografía*). **ponerse de largo**. fr. 'Vestir una jovencita las galas de mujer y presentarse en sociedad' (*Cuando cumplió quince años, **se puso de largo***). **poner de manifiesto** algo. fr. 'Manifestar' (***Puso de manifiesto** su vocación*). Son incorrectos los siguientes galicismos: *poner en cuestión* (por ***poner en duda*, *cuestionar***); *poner fuera de sí* (por ***sacar de tino*, *sacar de quicio*, *sacar de sus casillas***); *poner furioso* (por ***hacer perder los estribos***); *poner al abrigo* (por ***poner a salvo*, *poner a cubierto***); *poner el acento* (por ***hacer hincapié***); *poner en obra* (por ***poner por obra***); *poner en pie* (por ***levantar***); *poner muy alto* (por ***enaltecer***); *ponerse de novio* (por ***noviar*, *flirtear***). Tampoco debe usarse el anglicismo *poner el énfasis* (por ***insistir***). La A.A.L. ha recomendado la incorporación del siguiente significado: v. prnl. vulg. Argent. 'Cotizarse, pagar'; fam. 'aportar dinero a un fondo común' (*Para comprar la casa, deben **ponerse** todos*). La irregularidad de este verbo consiste en que toma **g** después de la **n** cuando va seguida de **o** o de **a**, en la primera persona singular de presente de indicativo (*pongo*) y en el presente de subjuntivo (*ponga, pongas, ponga, pongamos, pongáis, pongan*). Cambia la raíz por **pus-** y toma desinencias especiales en el pretérito perfecto simple de indicativo (***pus**e, **pus**iste, **pus**o, **pus**imos, **pus**isteis, **pus**ieron*), en el pretérito imperfecto de subjuntivo (***pus**iera o **pus**iese, **pus**ieras o **pus**ieses, **pus**iera o **pus**iese, **pus**iéramos o **pus**iésemos, **pus**ierais o **pus**ieseis, **pus**ieran o **pus**iesen*) y en el futuro de subjuntivo (***pus**iere, **pus**ieres, **pus**iere, **pus**iéremos, **pus**iereis, **pus**ieren*). Cambia por **d** la **e** del infinitivo en el futuro (*pondré, pondrás, pondrá, pondremos, pondréis, pondrán*) y en el condicional simple de indicativo (*pondría, pondrías, pondría, pondríamos, pondríais, pondrían*). En la segunda persona singular del imperativo, pierde la terminación (*pon*). Tiene un participio irregular (***puesto***). Incorrecto: *ponido*. Su postverbal es **puesta** (sust. f.).

poni. sust. m. Voz inglesa (*poney, pony*) españolizada. 'Caballo de raza de poca alzada'. Para distinguir los sexos, debe recurrirse a las perífrasis **poni macho, poni hembra**. En plural: **ponis**. También puede decirse **póney**, pero la Academia prefiere la primera forma. El plural de esta última voz es **poneis**.

poniente. sust. pr. m. 'Occidente, punto cardinal' (*El barco navegaba hacia el **Poniente***). En este caso, se escribe con mayúscula. sust. m. 'Viento que sopla de la parte occidental' (*Soplaba el **poniente***). Con esta última denotación, su sinónimo es **céfiro** (sust. m.).

pontear. v. tr. 'Fabricar o hacer un puente'. No debe pronunciarse [pontiar, pontié]. → **-ear**

pontederiáceo, a. adj. 'Dícese de las plantas angiospermas monocotiledóneas, acuáticas, perennes, como el camalote'. Ú. t. c. sust. m. y f.: **el pontederiáceo, la pontederiácea**. sust. f. pl. 'Familia de estas plantas' (*Escribe las características de **las pontederiáceas***).

pontezuela. sust. f. 'Adorno de metal, por lo común de plata, que cuelga de los extremos inferiores del freno de las caballerías'; 'tablita que se adosa a la caja de la guitarra para atar las cuerdas y mantenerlas a determinada altura del diapasón'. Esta voz no está registrada en el ***Diccionario***, pero la A.A.L. ha recomendado su incorporación como argentinismo.

pontifical. adj. Entre otras denotaciones, 'perteneciente o relativo al Sumo Pontífice o a un obispo o arzobispo' (*historia **pontifical***). sust. m. colect. 'Conjunto de ornamentos que sirven al obispo para la celebración de los oficios divinos'. Ú. t. en pl. (*El obispo usa **los pontificales***). **de pontifical**. loc. adv. fig. y fam. 'En traje de ceremonia o de etiqueta'. Ú. m. con los verbos **estar** y **ponerse** (***Estaba de pontifical***; ***Se puso de pontifical***).

pontificar. v. intr. Entre otras denotaciones, 'celebrar funciones litúrgicas con rito pontifical'. La Academia ha incorporado recientemente esta acepción: fig. 'Exponer opiniones con tono dogmático y suficiente' (*Mi tío **pontifica** sobre cualquier tema*). → **sacar**

pontífice. sust. m. Se usa comúnmente con los calificativos de **sumo** y de **romano**. Cuando se refiere al Papa, se escribe con mayúscula (***El Sumo Pontífice** o el **Romano Pontífice** llegó a la Argentina*). El adjetivo correspondiente es **pontificio, cia**, 'perteneciente o relativo al pontífice' (*derecho **pontificio***).

♦ **pool.** Anglicismo. En español, debe decirse **asociación, consorcio, acuerdo comercial, grupo de empresas que participan en una operación conjunta**.

pop. adj. invar. Abreviación de la voz inglesa *popular*, 'popular'. 'Dícese de un cierto tipo de música ligera y popular, derivado de estilos musicales negros y de la música folclórica británica' (*música **pop***). En plural, no varía (*cantantes **pop***). Incorrecto: <u>*pop art*</u>, <u>*pop music*</u>. Correcto: *arte **pop**, música **pop***). Ú. t. c. sust. m. (***El pop** es un tipo de música ligera*). Es voz recién incorporada en el ***Diccionario***.

popa. sust. f. 'Parte posterior de una embarcación'. Su antónimo es **proa** (sust. f.). **viento en popa**. 'El que sopla hacia el mismo punto a que se dirige el buque'. loc. adv. fig. 'Con buena suerte, dicha o prosperidad' (*Todo va **viento en popa***). **de popa a proa**. loc. adv. fig. 'Entera o totalmente' (*Ordenó la oficina **de popa a proa***).

pope. sust. m. Voz rusa (*pop*) españolizada. 'Sacerdote de la Iglesia ortodoxa griega'. En plural: **popes**.

populacho. sust. m. 'Gente vulgar o de baja categoría social'. Su uso tiene un matiz despectivo. También puede decirse **populazo** (sust. m.), pero la Academia prefiere la primera forma. → **plebe**

popular. adj. 'Perteneciente o relativo al pueblo'. Su abreviatura es ***pop***.

popularista. adj. 'Relativo al popularismo o afición a lo popular en formas de vida, arte, literatura, etc.'. No debe confundirse su denotación con la del adjetivo **populista**, 'perteneciente o relativo al pueblo'. Ú. t. c. sust. com.: **el popularista, la popularista**.

popularizar. v. tr. Ú. t. c. prnl. 'Hacer popular' (*El actor **se popularizó** por su actuación en esa película*). Su postverbal es **popularización** (sust. f.). → **cazar**

popurrí. sust. m. Voz francesa (*pot pourri*) españolizada. 'Mescolanza de cosas diversas'; 'composición musical formada de fragmentos de obras diversas' (*un **popurrí** de música vienesa*). En plural: **popurrís**. No debe usarse la grafía francesa.

póquer. sust. m. Voz inglesa (*poker*) españolizada. 'Juego de naipes'. Es palabra grave. En plural, se transforma en esdrújula: **póqueres**. No debe usarse la grafía inglesa.

por. prep. Indica: • la persona agente en las

oraciones en pasiva (*Elisa fue defendida **por** sus hermanos*); • 'tránsito por un lugar' (*Fueron a Jujuy **por** Tucumán*); • 'localización aproximada' (*Esa calle está **por** el barrio de Belgrano*); • 'lugar concreto' (*Asió al perro **por** la cola*); • 'tiempo' (*Lo visitaremos **por** julio*); • 'en clase o calidad de' (*La aceptó **por** socia*); • 'causa' (*Lo amonestó **por** su desobediencia*); • 'medio' (*Le avisó **por** carta*); • 'modo' (*Hizo el trabajo **por** obligación*); • 'precio' (*Vendió su casa **por** cien mil pesos*); • 'a favor de, en defensa de' (*Da la vida **por** su familia*); • 'en lugar de' (*Quiere a su hermana **por** madre*); • 'en juicio u opinión de' (*Lo tienen **por** ladrón*); • 'que se da con igualdad algo' (*Entregó dos libros **por** persona*); • 'multiplicación de números' (*Dos **por** cuatro, ocho*); • 'proporción' (*Le descontaron un diez **por** ciento*); • 'equivalencia' (*ojo **por** ojo*); • 'acerca de' (*Escribió algunas notas **por** lo conversado en la reunión*); • 'a través de' (*Miraba **por** el ojo de la cerradura*); • 'sin' (*La casa está **por** limpiar*); • 'traer': verbo **ir** + **por** (***Iré por** la fruta*); • 'para' (*Dijo que se sentía mal, **por** no recibir a su cliente*); • 'acción futura': con el verbo **estar**, forma la perífrasis verbal **estar por + infinitivo** (*Las primas **están por llegar***); • detrás de un verbo y delante del infinitivo de ese mismo verbo, denota 'falta de utilidad' (*No deben leer **por** leer*); • precedida de **no** o seguida de un adjetivo o un adverbio, y de **que**, 'concesión' (*No **por** reírte siempre serás más simpática; **Por** inteligente que sea, no podrá resolver este problema*). **por que**. loc. conjunt. causal. 'Porque' (*Desconozco las causas **por que** lo mataron*). Esta forma es poco usada; generalmente, se emplea **por el que**, **por la que**, **por los que**, **por las que** (*Desconozco las causas **por las que** lo mataron*). **por que**. loc. conjunt. final. 'Para que' (*Llora **por que** lo mimen*). **por qué**. loc. adv. interrog. (*¿**Por qué** gritas?; Pregunta **por qué** gritas*). En el lenguaje familiar, se emplea **por** con la misma denotación de **¿por qué? por que**. prep. y pron. relat. 'Por donde' (*La calle **por que** vinieron es oscura*). Hoy es más común *La calle **por la que** vinieron es oscura*. **por si** o **por si acaso**. locs. advs. y conjs. 'Por si surge o ha surgido una contingencia expresa o sobrentendida' (*Dales dinero, **por si** lo necesitan; Lea bien la carta, **por si acaso** hay errores; Cerré la puerta, **por si acaso***). → **acaso**. Incorrecto: *por contra* (galicismo); *por la vía de negociaciones*. Correcto: ***por el contrario**; **mediante** o **con** negociaciones*. La abreviatura de **por ejemplo** es ***p. ej.***

porcentaje. sust. m. Equivale a la frase **tanto por ciento**.

porche. sust. m. Voz catalana (*porxe*) españolizada. 'Soportal'. En plural: **porches**.

porcicultor. sust. m. 'El que se dedica a la cría de cerdos'. Su femenino es **porcicultora**.

porción. sust. f. Entre otras denotaciones, 'cantidad segregada de otra mayor' (*una **porción** de pizza*). Incorrecto: *un porción* (vulgarismo). Es sustantivo colectivo con el significado de 'número indeterminado de personas o cosas' (*una **porción** de muchachos; una **porción** de juguetes*).

pordiosear. v. intr. 'Mendigar'. No debe pronunciarse [pordiosiar, pordiosié]. En su reemplazo, puede usarse **limosnear** (v. intr.). Sus postverbales son **pordioseo** (sust. m.) y **pordiosería** (sust. f.). → **-ear**

pordiosero, ra. adj. 'Que pide limosna' (*mujer **pordiosera***). Ú. t. c. sust. m. y f.: **el pordiosero, la pordiosera**.

porfiador, ra. adj. 'Que porfía mucho'; 'obstinado, terco'. Ú. t. c. sust. m. y f.: **el porfiador, la porfiadora**. También pueden decirse **porfiado, da** (p. de **porfiar**. adj. Ú. t. c. sust. m. y f.) y **porfioso, sa** (adj. Ú. t. c. sust. m. y f.).

porfiar. v. intr. 'Disputar y altercar obstinadamente'. Rég. prep.: **porfiar con** (***porfiar con** su padre*); **porfiar en** (***porfiar en** cerrar la ventana*); **porfiar sobre** (***porfiar sobre** una cuestión*). Su 'acción' es **porfía** (sust. f.). **a porfía**. loc. adv. 'Con emulación, a competencia' (*Estudiaba **a porfía** para sobresalir entre sus compañeros*). Se conjuga, en cuanto al acento, como **guiar**.

pórfido. sust. m. 'Roca compacta y dura'. Incorrecto: *pórfiro*.

porfirizar. v. tr. 'Reducir un cuerpo a polvo finísimo'. → **cazar**

porfolio. sust. m. colect. Voz francesa (*portefeuille*) españolizada. 'Conjunto de fotografías o grabados de distintas clases que forman un tomo encuadernable'. Incorrecto: *portfolio*. Es un anglicismo usar esta voz como sinónimo de **cartera** o de **carpeta**.

pormenor. sust. m. colect. 'Conjunto de detalles de alguna cosa'. Ú. m. en pl. (*No entraron* *en los **pormenores** de la nueva actividad*). 'Circunstancia secundaria en un asunto' (*Dejemos a un lado los **pormenores** del proyecto*). Con estas denotaciones, no debe escribirse en dos palabras, *por menor*, pues cambia su significado. Recuérdese que **por menor** (loc. adj. y adv.) denota 'menudamente, por partes' (*Escribió un informe **por menor**; Contó **por menor** el itinerario de su viaje*). → **menor**

pormenorizar. v. tr. 'Describir o enumerar detalladamente'. Su postverbal, **pormenorización** (sust. f.), correctamente formado, no se halla registrado en el ***Diccionario*** mayor; aparece en el ***Manual***, con el indicador de su falta de sanción académica. → **cazar**

porno. adj. fam. Abreviación del adjetivo **pornográfico, ca** (*película **porno**; cine **porno***). En plural, no varía: **películas porno**. Es voz recién incorporada en el ***Diccionario***. Aunque la Academia no registra su función como sustantivo masculino, suele usarse en ejemplos como el siguiente: *El **porno** ha tentado a muchos directores cinematográficos*.

pornográfico, ca. adj. 'Dícese del autor de obras obscenas'; 'perteneciente o relativo a la pornografía'. → **porno**

pornógrafo. sust. m. Su femenino es **pornógrafa**.

poro. sust. m. R. de la Plata. 'Calabaza en forma de pera y con cuello que sirve, sobre todo, para cebar mate'. En plural: **poros**. También puede decirse **porongo** (sust. m.), pero la Academia prefiere la primera forma.

porongo. sust. m. Entre otras denotaciones, 'planta herbácea de fruto comestible'. Argent., Bol., Chile, Pan., Perú y Urug. 'Vasija de arcilla para guardar agua o chicha'; 'calabaza'; 'poro'.

pororó. sust. m. Amér. Merid. 'Rosetas de maíz'. En plural: **pororós**.

poroto. sust. m. Amér. Merid. 'Alubia'; 'guiso que se hace con este vegetal'. **apuntarse un poroto**. fr. fig. y fam. Argent., Chile, Par., Perú y Urug. 'Apuntarse un tanto en el juego o un acierto en cualquier actividad' (*Con tu trabajo, **te apuntaste un poroto***).

porque. conj. causal. 'Por causa o razón de que' (*Viajó a Suiza, **porque** allí vive su hermano*). conj. final. 'Para que' (*La madre ora, **porque** su hijo consiga trabajo*). La conjunción no debe escribirse en dos palabras: *El bebé llora, por que tiene hambre*; *Por que me creas, te mostraré esto*. Correcto: *El bebé llora, **porque** tiene hambre*; ***Porque** me creas, te mostraré esto*. La separación es obligatoria en oraciones interrogativas directas e indirectas, cuando el sintagma está formado por la preposición **por** y el pronombre interrogativo o exclamativo **qué** (*¿**Por qué** huye?*; *Me preguntó **por qué** huía*; *¡**Por qué** no haces lo que te aconsejan!*). También se escribe en dos palabras cuando equivale a **por el que**, **por la que**, **por los que**, **por las que** (*Las tierras **por que** (por las que) viajaste tienen historia*) o a **para que** (*Se desespera **por que** su hija estudie*). **porqué**. sust. m. fam. compuesto por la preposición **por** y el pronombre interrogativo **qué**. 'Causa'. Se usa con artículos y adjetivos (*Desconozco **el porqué** de su conducta; No dijo ni **un porqué***). En plural: **porqués** (*Nos cansó con sus continuos **porqués***). Incorrecto: *No entendemos el porqué tienen miedo*; *El porqué los persiguen no lo saben*. Correcto: *No entendemos **el porqué** de su miedo* o *No entendemos **por qué** tienen miedo*; *No saben **el porqué** de la persecución* o *No saben **por qué** los persiguen*. No debe escribirse, en estos casos, en dos palabras: *Se preguntan el por qué de su fracaso*. Correcto: *Se preguntan **el porqué** de su fracaso*.

porra. sust. f. Entre otras denotaciones, 'cachiporra'. Diminutivo: **porrilla**. La A.A.L. recomienda la incorporación, como argentinismos, de los siguientes significados: rur. 'Maraña de cerda, tierra y abrojos que se forma en la cola y crines de los yeguarizos'; fam. 'pelo abundante, enmarañado'.

porracear. v. tr. 'Aporrear'. No debe pronunciarse [porraciar, porracié]. → **-ear**

porrada. sust. f. Es colectivo con la denotación de 'conjunto o montón de cosas' (*una **porrada** de lápices*).

porrazo. sust. m. 'Golpe que se da con la porra o con otro instrumento' (*El policía le dio un **porrazo** al ladrón*); 'el que se recibe por una caída o por topar con un cuerpo duro' (*La niña se dio un **porrazo** en el jardín*). **de golpe y porrazo**. loc adv. fig. y fam. 'Precipitadamente' (*Dejó los estudios **de golpe y porrazo***).

porrear. v. intr. 'Insistir mucho en algo'; 'molestar'. No debe pronunciarse [porriar, porrié]. → **-ear**

porrero, ra. adj. 'Dícese de la persona habituada a fumar porros'. Ú. t. c. sust. m. y f.: **el porrero, la porrera**. Es voz recién incorporada en el ***Diccionario***.

porrillo (a). loc. adv. fam. 'En abundancia' (*Come pan **a porrillo***).

porro. sust. m. 'Cigarrillo de hachís o de marihuana, mezclado con tabaco'. Es voz recién incorporada en el ***Diccionario***.

porrudo, da. adj. And. 'Tozudo'. Argent. 'Dícese de la persona o del animal que tiene porra'. Esta última denotación no está registrada en el ***Diccionario***, pero la A.A.L. ha recomendado su incorporación. → **porra (argentinismos)**

porta-. elem compos. 'Persona, artefacto, utensilio, etc., que sirve para sostener o llevar algo' (***porta****cartas*).

portaaviones. sust. m. 'Buque de guerra preparado para el transporte, despegue y aterrizaje de aviones'. Incorrecto: *portaviones*; *porta-aviones*; *portaavión*. En plural, no varía: **los portaaviones**.

portabandera. sust. f. 'Especie de bandolera con un seno a manera de cuja, donde se mete el regatón del asta de la bandera para llevarla cómodamente': **la portabandera**. Incorrecto: *el portabandera*; *porta-bandera*. En plural: **portabanderas**.

portada. sust. f. Entre otras denotaciones, 'primera plana de los libros impresos, en que se pone el título de la obra, el nombre del autor y el lugar y el año de la impresión'; 'frontispicio o cara principal de cualquier cosa'. Debe diferenciarse de **portadilla** (sust. f.), 'en un libro impreso, hoja que precede a la portada, en la que sólo se coloca el título de la obra, o la que precede a cada una de las partes del libro y lleva el título que corresponde a éstas'. Los sinónimos de **portadilla** son **anteportada** (sust. f.) y **portaleña** (adj.; sust. f.).

portadera. sust. f. 'Cada una de las cajas de madera que se ponen sobre el aparejo de la caballería para llevar cosas'. También puede decirse **aportadera** (sust. f.).

portado, da. p. de **portar**. adj. Con los adverbios **bien** y **mal**, 'dícese de la persona que se trata y viste con decoro o no' (*Rosa está siempre **bien portada***).

portador, ra. adj. 'Que lleva o trae algo'. Ú. t. c. sust. m. y f.: **el portador, la portadora**. sust. m. y f. 'Persona sana, enferma o convaleciente, que lleva en su cuerpo el germen de una enfermedad y la propaga' (*Es **portador** del sida*). **al portador**. expr. Se usa para indicar que 'el pago del importe que figura en un documento se realizará a quien presente ese documento' (*Recibió un cheque **al portador***).

portaequipaje. sust. m. En plural: **portaequipajes**. Debe escribirse en una sola palabra. Incorrecto: *porta equipaje*, *porta-equipaje*. También puede decirse **el portaequipajes**. En este caso, en plural no varía: **los portaequipajes**. Ambos sustantivos, **portaequipaje** y **portaequipajes**, son sinónimos de **baca** (sust. f.) y de **parrilla** (sust. f.). → **baca, parrilla**

portaestandarte. sust. m. 'Oficial que lleva el estandarte de un regimiento de caballería'. Debe escribirse en una sola palabra. Incorrecto: *porta estandarte*, *porta-estandarte*. En plural: **portaestandartes**.

portafolio. sust. m. Voz francesa (*portefeuille*) españolizada. 'Cartera de mano, para llevar libros, papeles, etc.'. Debe escribirse en una sola palabra. Incorrecto: *porta folio*, *porta-folio*. En plural: **portafolios**. También puede decirse **el portafolios**. En este caso, en plural no varía: **los portafolios**.

portafusil. sust. m. Debe escribirse en una sola palabra. Incorrecto: *porta fusil*, *porta-fusil*. Es palabra aguda. En plural, se transforma en grave: **portafusiles**.

portaherramientas. sust. m. 'Pieza que sujeta la herramienta, en la máquina de labrar metales'. En plural, no varía: **los portaherramientas**. Debe escribirse en una sola palabra. Incorrecto: *porta herramientas*, *porta-herramientas*.

portal. sust. m. Diminutivo: **portalejo**. Aumentativo: **portalón**.

portalámpara. sust. m. Debe escribirse en una sola palabra. Incorrecto: *porta lámpara*, *porta-lámpara*. En plural: **portalámparas**. También puede decirse **el portalámparas**. En este caso, en plural no varía: **los portalámparas**.

portalápiz. sust. m. Debe escribirse en una sola palabra. Incorrecto: *porta lápiz*, *porta-lápiz*. Es palabra grave. En plural, se transforma en esdrújula: **portalápices**. Repárese en que la **z** cambia por **c**.

portalibros. sust. m. Debe escribirse en una sola palabra. Incorrecto: *porta libros*, *porta-libros*. En plural, no varía: **los portalibros**.

portaligas. sust. m. Argent., Chile, Perú y Urug. 'Liguero de las mujeres'. Incorrecto: *portaliga*. Debe escribirse en una sola palabra. Incorrecto: *porta ligas*, *porta-ligas*. En plural, no varía: **los portaligas**.

portallaves. sust. m. → **portaligas**

portamacetas. sust. m. 'Soporte, por lo general de hierro, en que se colocan macetas'. Esta voz no está registrada en el ***Diccionario***, pero la A.A.L. ha recomendado su incorporación como argentinismo.

portamantas. sust. m. → **portaligas**

portaminas. sust. m. → **portaligas**

portamonedas. sust. m. → **portaligas**

portante. p. a. de **portar**. adj. Entre otras denotaciones, 'dícese de los cuadrúpedos que andan moviendo, a un tiempo, el pie y la mano del mismo lado' (*caballos* ***portantes***). sust. m. 'Andares y piernas del hombre'. Diminutivo: **portantillo**. **dar el portante** a uno. fr. fig. y fam. 'Despedirlo' (*El dueño de la fábrica le* ***dio el portante*** *a Sergio*). **de portante**. loc. adv. 'De prisa' (*Firmó los documentos* ***de portante***). **tomar el portante**. fr. fig. y fam. 'Marcharse' (*Cuando empezaron a discutir, Valentín* ***tomó el portante***).

portanuevas. sust. com. 'Persona que trae o da noticias': **el portanuevas**, **la portanuevas**. Debe escribirse en una sola palabra. Incorrecto: *porta nuevas*, *porta-nuevas*. En plural, no varía: **los portanuevas, las portanuevas**.

portaobjeto. sust. m. 'Pieza del microscopio en que se coloca el objeto para observarlo'. Debe escribirse en una sola palabra. Incorrecto: *porta objeto*, *porta-objeto*. En plural: **portaobjetos**. También puede decirse **el portaobjetos**. En este caso, no varía en plural: **los portaobjetos**.

portapliegos. sust. m. → **portaligas**

portaplumas. sust. m. → **portaligas**

portarretrato. sust. m. Incorrecto: *portaretrato*. Debe escribirse en una sola palabra. Incorrecto: *porta retrato*, *porta-retrato*. En plural: **portarretratos**.

portarse. v. prnl. 'Actuar, proceder' (***portarse*** *bien*). Rég. prep.: **portarse con** (***portarse con*** *seguridad*).

portátil. adj. 'Movible y fácil de transportar'. En plural: **portátiles**. No debe usarse, en su reemplazo, el galicismo *portable*.

portaventanero. sust. m. 'Carpintero que hace puertas y ventanas'. Debe escribirse en una sola palabra. Incorrecto: *porta ventanero*, *porta-ventanero*. En plural: **portaventaneros**. La Academia no registra el género femenino.

portaviandas. sust. m. 'Fiambrera de cacerolas sobrepuestas'. Incorrecto: *la portaviandas*. En plural, no varía: **los portaviandas**. → **portaligas**

portavoz. sust. m. fig. Entre otras denotaciones, 'el que por tener autoridad en una escuela, secta, etc., suele representarla o llevar su voz'. Debe escribirse en una sola palabra. Incorrecto: *porta voz*, *porta-voz*. En plural: **portavoces**. Repárese en que cambia la **z** por **c**. A pesar de que la Academia no lo registra como sustantivo común de dos, es frecuente el uso de **la portavoz**.

porteador, ra. adj. 'Que portea'. Ú. t. c. sust. m. y f.: **el porteador, la porteadora**.

portear. v. tr. 'Llevar de una parte a otra por un precio convenido'. v. prnl. Respecto de las aves pasajeras, 'pasarse de una parte a otra'. Su homónimo (v. intr.) denota 'dar golpes las puertas y ventanas, o darlos con ellas'. No debe pronunciarse [portiar, portié]. La 'acción' de **portear** es **porteo** (sust. m.). → **-ear**

porteño, ña. adj. 'Aplícase a los naturales de diversas ciudades de América y de España en las que hay puerto' (*mujeres* ***porteñas***). 'Perteneciente o relativo a estas ciudades' (*costumbres* ***porteñas***); 'perteneciente a la ciudad de Buenos Aires, en la Argentina'; 'natural de esta ciudad' (*Si nació en la ciudad de Buenos Aires, es* ***porteño***). Ú. t. c. sust. m. y f.: **el porteño, la porteña**.

portería. sust. f. 'Pieza del zaguán de los edificios, desde donde el portero vigila la entrada y salida de personas, vehículos, etc.'; 'empleo u oficio de portero'; 'su habitación'; 'en el juego del fútbol y otros semejantes, marco rectangular formado por dos postes y un larguero, por el cual ha de entrar la pelota para marcar tantos'. Con esta última denotación, en la Argentina, se dice **arco** (sust. m.); a veces, también se usa **meta** (sust. f.), en común con el español general.

portero, ra. sust. m. 'El que se encarga del cuidado y vigilancia de un edificio y de su aseo'. Su femenino es **portera**. 'Jugador que en algunos deportes defiende la portería de su bando'; en la Argentina, se dice **arquero** (sust. m.). Diminutivo: **porterejo** (m.). **portero automático** o **eléctrico**. 'Mecanismo eléctrico para abrir los portales en las casas de vecinos desde el interior de las viviendas. Va auxiliado por un sistema telefónico que permite saber quién llama'.

portezuelo. sust. m. NO. Argent. 'Depresión en los cerros que facilita el paso de una falda a otra'. Esta voz no está registrada en el ***Diccionario***, pero la A.A.L. ha recomendado su incorporación.

portier. sust. m. Voz francesa (*portière*) españolizada. 'Cortina de tejido grueso que se pone ante las puertas de habitaciones que dan a los pasillos, escaleras y otras partes menos interiores de las casas'. En plural: **portieres** o **portiers**.

Pórtland. sust. pr. m. **cemento de Pórtland**. 'Cemento hidráulico así llamado por su color, semejante al de la piedra de las canteras inglesas de Pórtland'. Debe escribirse siempre con mayúscula.

portor. sust. m. 'En el mundo del circo, acróbata que sostiene o recibe a sus compañeros, ya sea en los equilibrios de tierra, ya en los ejercicios aéreos'. La Academia no registra el género femenino. Es palabra aguda. En plural, se transforma en grave: **portores**. Ha sido incorporada recientemente en el ***Diccionario***.

portuguesismo. sust. m. 'Voz o giro propio de la lengua portuguesa' (*El sustantivo femenino "saudade" es un **portuguesismo***).

portuguesista. sust. com. 'Persona versada en la lengua y la cultura portuguesa': **el portuguesista, la portuguesista**. También puede decirse **lusitanista** (sust. com.).

portulacáceo, a. adj. 'Dícese de plantas angiospermas dicotiledóneas, herbáceas o fruticosas, como la verdolaga' (*plantas **portulacáceas***). Ú. t. c. sust. f.: **la portulacácea**. sust. f. pl. 'Familia de estas plantas' (*Prepara un trabajo sobre **las portulacáceas***). Es voz esdrújula. No debe pronunciarse [portulacacea] como grave.

portulano. sust. m. colect. 'Colección de planos de varios puertos, encuadernada en forma de atlas' (*Poseía un **portulano***).

porvenir. sust. m. 'Suceso o tiempo futuro' (*No piensa en el **porvenir***); 'situación futura en la vida de una persona, empresa, etc.' (***el porvenir** del docente*). No se usa en plural. No debe confundirse con el sintagma constituido por la preposición **por** y el verbo **venir**, escrito en dos palabras (*Están **por venir***). Con este sintagma, la Academia admite el uso del artículo neutro **lo** (*No quiere pensar en **lo por venir***). Incorrecto: lo porvenir.

pos. adv. 'Detrás'. Ú. sólo en la loc. prepos. **en pos de** (*Salieron **en pos de** su amigo*). Incorrecto: *Salieron en pos suyo*. Correcto: ***Salieron en pos de él***. sust. m. 'Postre de las comidas'. Esta última denotación no es usual en la Argentina.

pos-. pref. de or. lat. 'Detrás de'; 'después de' (***pos**posición*; ***pos**guerra*); a veces, conserva la forma latina **post-** (***post**dorsal*, ***post**nominal*, ***post**operatorio*). Incorrecto: *pos-guerra*, *post-dorsal*. En algunas voces, se admite la doble forma (***posdata*** o ***postdata***).

posadero. sust. m. Entre otras denotaciones, 'el que tiene casa de posadas y hospeda en ella a los que se lo pagan'. Su femenino es **posadera**.

posar. v. intr. Entre otras denotaciones, 'descansar'. 'Asentarse en un sitio o sobre una cosa después de haber volado' (*El pájaro **posó** sobre la rama*; *El avión **posó** sobre la pista de aterrizaje*). Ú. t. c. prnl. (*El pájaro **se posó** sobre la rama*; *El avión **se posó** sobre la pista de aterrizaje*). v. prnl. 'Depositarse, en el fondo, las partículas sólidas que están en suspensión en un líquido, o caer el polvo sobre las cosas o en el suelo'. Su homónimo (v. intr.) denota 'permanecer en determinada postura para retratarse o para servir de modelo a un pintor o escultor'. Rég. prep.: **posar ante** o **para** (***Posa ante** o **para** el fotógrafo*).

posavasos. sust. m. Incorrecto: posavaso. No debe escribirse en dos palabras. Incorrecto: posa vasos, posa-vasos. En plural, no varía: **los posavasos**.

posbélico, ca. adj. 'Posterior a una guerra'. La Academia no registra la grafía postbélico.

posdata. sust. f. 'Lo que se añade a una carta ya concluida y firmada'. En plural: **posdatas**. También puede escribirse **postdata**, pero la Academia prefiere la primera forma. La abreviatura es ***P.D.*** La locución latina **post scríptum** se usa como sustantivo masculino, equivalente a **postdata**. En plural, no varía: **los post scríptum**. Su abreviatura es ***P.S.***

pose. sust. f. Voz francesa (*pose*) españolizada. 'Postura poco natural' (*Reían con las **poses** del payaso*); 'afectación en la manera de hablar y de comportarse' (*Criticaban su **pose** de hombre aristocrático*). Es palabra recién incorporada en el ***Diccionario***.

poseedor, ra. adj. 'Que posee'. Ú. t. c. sust. m. y f.: **el poseedor**, **la poseedora**. También puede decirse **posesor, ra** (adj.).

poseer. v. tr. 'Tener uno en su poder algo'; 'saber bien un arte, una doctrina, un idioma, etc.'; 'tener relación carnal un hombre con una mujer'. v. prnl. 'Dominarse uno a sí mismo'. **estar poseído.** fr. 'Estar penetrado de una idea o pasión' (***Estaba poseído** de temor*). → **leer**. Tiene dos participios: uno regular (***poseído***), que se usa como adjetivo (*Era un hombre **poseído***) o como sustantivo masculino o femenino (*Era un **poseído***), y en la conjugación de los tiempos compuestos (*Ha **poseído** mucho dinero*), y otro irregular (***poseso***), que se emplea como sustantivo masculino y femenino (*Miraban absortos al **poseso***), o como adjetivo (*Miraban absortos al niño **poseso***). Rég. prep.: **poseído de** (***poseído de** terror*).

posesión. sust. f. Entre otras denotaciones, 'acto de poseer algo con la intención de conservarlo como propio'; 'cosa poseída' (*Tiene varias **posesiones***). **tomar posesión**. fr. 'Hacerse cargo de lo que se va a poseer, en ejercicio del derecho, uso o libre disposición' (***Tomó posesión** de sus bienes*).

posesivo, va. adj. 'Perteneciente o relativo a la posesión' (*padres **posesivos***). Ú. t. c. sust. m. y f.: **el posesivo, la posesiva**. → **pronombre**

posgrado. sust. m. Esta voz no está registrada en el ***Diccionario***, pero es de correcta formación. Se aplica a estudios universitarios para graduados (*cursos de **posgrado***). También puede escribirse **postgrado**, pero es más usual la primera forma.

posguerra. sust. f. En el ***Diccionario***, no se halla registrada la grafía postguerra.

posibilista. adj. 'Perteneciente o relativo al posibilismo o partido político fundado en el siglo XIX, que propugnaba una evolución democrática de la monarquía'. Ú. t. c. sust. com.: **el posibilista, la posibilista**.

posible. adj. 'Que puede ser o suceder'. Con esta denotación, puede reemplazarse con el adjetivo **probable** (*Es **posible** o **probable** que viaje mañana*); 'que se puede ejecutar' (*Es **posible** realizar el trasplante de riñón*). sust. m. 'Posibilidad, facultad, medios disponibles' (*Carecía de un **posible** para lograrlo*). sust. m. pl. 'Bienes' (*Es un anciano de **posibles***). Ú. t. en sing. **hacer** uno **lo posible** o **todo lo posible**. fr. 'No omitir diligencia alguna para el logro de lo que intenta' (*Juan **hizo lo posible** o **todo lo posible** para unir a sus hermanos*). **no ser posible** algo. fr. fig. 'Ser muy grande la dificultad para ejecutarlo o para concederlo' (***No fue posible** el ascenso del empleado*). Es un barbarismo confundir su denotación con la de **susceptible** (adj.), 'capaz de recibir modificación o impresión'. Incorrecto: *Los niños son posibles de corrección*. Correcto: *Los niños son **susceptibles de** corrección*.

posicionar. v. intr. Ú. t. c. prnl. 'Tomar posición' (***Se posicionó** respecto de las medidas que adoptaría*). Su postverbal es **posicionamiento** (sust. m.). Ambas voces han sido recién incorporadas en el ***Diccionario***.

positivista. adj. 'Perteneciente o relativo al positivismo' (*ideas **positivistas***); 'partidario del positivismo' (*filósofo **positivista***). Ú. t. c. sust. com.: **el positivista, la positivista**.

positivo, va. adj. 'Cierto, verdadero, afirmativo' (*acciones **positivas***). Se opone a **negativo, va** (adj.). **de positivo**. loc. adv. 'Ciertamente, sin duda' (***De positivo**, se lo diremos*).

poso. sust. m. 'Sedimento del líquido contenido en una vasija' (*el **poso** del vino*); 'descanso'. No debe confundirse su grafía con la de su homófono **pozo** (sust. m.).

pospelo (a). loc. adv. 'Contra la dirección natural del pelo' (*La peinaba **a pospelo***); 'contra el modo o curso natural de una cosa' (*Trabaja **a pospelo***). Incorrecto: *a pos pelo, a pos-pelo*. También pueden decirse **a contrapelo** (loc. adv.) y **a repelo** (loc. adv.). → **contrapelo (a), repelo**

pospierna. sust. f. 'Muslo de las caballerías'. Incorrecto: *postpierna, pos pierna, pos-pierna*.

posponer. v. irreg. tr. 'Poner o colocar a una persona o una cosa después de otra' (***Pospuse** la cita, porque tuve un inconveniente en el trabajo*); 'apreciar a una persona o una cosa menos que a otra'. Rég. prep.: **posponer** algo **a** (***Pospuso** la ambición **a** la honestidad*). Incorrecto: *pos poner, pos-poner, postponer*. Tiene un participio irregular (***pospuesto***). Su 'acción' es **posposición** (sust. f.). Se conjuga como **poner**.

post-. pref. de or. lat. → **pos-**

posta. sust. f. Es sustantivo colectivo con la denotación de 'conjunto de caballerías que se apostaban en los caminos a distancia de dos o tres leguas, para que los tiros, los correos, etc., pudiesen ser renovados'. 'Casa o lugar donde están las postas'. **a posta**. loc. adv. fam. 'Aposta, adrede' (*Lo dijo **a posta***).

postal. adj. 'Concerniente al ramo de correos' (*tarjeta **postal***). Ú. t. c. sust. f.: **la postal**.

postdata. sust. f. → **posdata**

postdiluviano, na. adj. 'Posterior al diluvio universal'. Incorrecto: *posdiluviano, post diluviano, post-diluviano*.

postdorsal. adj. 'Dícese del sonido cuya articulación se forma principalmente con la parte posterior del dorso de la lengua'; 'dícese de la letra que representa este sonido' (*La "k" es una letra **postdorsal***). Ú. t. c. sust. f.: **la postdorsal**.

postema. sust. f. 'Absceso supurado' (*El médico observa **la postema***). Incorrecto: *el postema*. También puede decirse **apostema** (sust. f.), pero la Academia prefiere la primera forma.

póster. sust. m. Voz inglesa (*poster*) españolizada. 'Cartel decorativo'. Es palabra grave. En plural, se transforma en esdrújula: **pósteres**. Algunos estudiosos prefieren el plural **pósters**. La voz **póster** ha sido incorporada recientemente en el ***Diccionario***. → **dossier**

postergar. v. tr. 'Atrasar'. Rég. prep.: **postergar hasta** (***Postergó** la boda **hasta** el año próximo*). 'Tener en menos a una persona o cosa'. Rég. prep.: **postergar a** (*Lo **postergaron a** un segundo plano*). 'Perjudicar a un empleado dándole a otro el ascenso o la recompensa que le correspondía al primero'. Rég. prep.: **postergar en** (*Lo **postergó en** el empleo*); **postergar para** (*Fue injusto que te **postergaran** nuevamente **para** el ascenso*). Su postverbal es **postergación** (sust. f.). → **pagar**

posteridad. sust. f. Es colectivo con la denotación de 'conjunto de personas que vivirá después de cierto momento o de cierta persona' (*Nos juzgará la **posteridad***). 'Fama póstuma' (*Este libro te llevará a la **posteridad***). La Academia ha incorporado recientemente la acepción de 'tiempo futuro' (*Luchen hoy; no piensen en la **posteridad***). No debe confundirse su denotación con la de **posterioridad** (sust. f.), 'calidad de posterior, es decir, que fue o viene después, que está o queda detrás'. Incorrecto: *Nos juzgará la posterioridad; Este libro te llevará a la posterioridad; Luchen hoy; no piensen en la posterioridad*.

posterior. adj. Rég. prep.: **posterior a** (*Tu nacimiento fue **posterior al** de Elisa*). Incorrecto: *Tu nacimiento fue posterior que el de Elisa*. → **posteridad**

posteriormente. adv. ord. y t. 'Después'; 'detrás'. Debe evitarse el uso de la locución prepositiva *posteriormente a*: *Los políticos se reunieron posteriormente a la votación*. Correcto: *Los políticos se reunieron **después de** la votación*.

postfijo, ja. adj. p. us. 'Sufijo'. Ú. m. c. sust. m.: **el postfijo**. Incorrecto: *post fijo, post-fijo*. También puede escribirse **posfijo** (sust. m.), pero la Academia prefiere la primera forma.

postilador. sust. m. 'El que apostilla un texto'. Su femenino es **postiladora**.

postilla. sust. f. 'Acotación o glosa de un texto' (*Ha puesto tres **postillas** al texto de Borges*). También pueden decirse **apostilla** (sust. f.) y **postila** (sust. f.). Su homónimo (sust. f.) denota 'costra'.

postimpresionismo. sust. m. 'Corriente artística practicada por Gauguin, Cézanne y otros pintores, que tiende a la reconstrucción de la forma y de la línea'. Esta voz, de correcta formación, no aparece registrada en el ***Dic-***

cionario. Se halla en el ***Manual***, donde se indica que no tiene sanción académica.

postizo, za. adj. 'Que es agregado, fingido' (*dientes* ***postizos***). sust. m. 'Añadido o tejido de pelo' (*El peluquero le colocó un* ***postizo***).

postmeridiano, na. adj. 'Perteneciente o relativo a la tarde'; 'que es después de mediodía' (*hora* ***postmeridiana***). sust. m. 'Cualquiera de los puntos del paralelo de declinación de un astro, a occidente del meridiano del observador': **el postmeridiano**. Incorrecto: *post meridiano*, *post-meridiano*. También puede decirse **posmeridiano, na**, pero la Academia prefiere la primera forma. No debe usarse la expresión latina *post meridiem*. → **hora**

postónico, ca. adj. 'Dícese del sonido que está después de la sílaba tónica' (*La vocal* ***postónica*** *de "catastrófico" es la "i"*). → **protónico**

postoperatorio, ria. adj. 'Dícese de lo que se produce o aplica después de una operación quirúrgica' (*tratamiento* ***postoperatorio***). Ú. t. c. sust. m. (*El médico intensifica el cuidado del enfermo durante el* ***postoperatorio***). La Academia no registra la grafía ***posoperatorio, ria***.

postor. sust. m. 'El que ofrece precio en una subasta'. La Academia no registra el género femenino. **mayor** o **mejor postor**. 'Licitador que hace la postura más ventajosa en una subasta' (*En el remate, el* ***mejor postor*** *se llevó los manuscritos de la famosa escritora*).

postpalatal. adj. 'Dícese del sonido para cuya pronunciación choca la raíz de la lengua contra el velo del paladar' (*sonido* ***postpalatal***); 'dícese de la letra que representa este sonido'. Ú. t. c. sust. f. (*La "k" es una* ***postpalatal***). Incorrecto: *post palatal*, *post-palatal*. Como sustantivo, también puede decirse **pospalatal** (f.), pero la Academia prefiere la primera forma.

postrar. v. tr. Rég. prep.: **postrar en** (*La enfermedad la* ***postró en*** *cama*). Ú. t. c. prnl. Rég. prep.: **postrarse a** (***Se postró a*** *los pies del rey*); **postrarse ante** (***Me postré ante*** *la imagen de la Virgen María*); **postrarse de** (***Nos postramos de*** *dolor por su muerte*); **postrarse en** (***Se postró en*** *una silla de ruedas*); **postrarse por** (*El niño* ***se postró por*** *el suelo*). La Academia considera anticuados **prostrar** o **prostrarse**.

postre. sust. m. 'Lo que se sirve al fin de las comidas' (*Comió un* ***postre*** *de frutillas*). **a la postre** o **al postre**. loc. adv. 'Al final' (***A la postre*** o ***al postre***, *todos aceptaron la propuesta*). También pueden usarse **postreramente** y **postrimeramente** (advs. ord. y t.) como sinónimos de estas locuciones adverbiales (***Postreramente*** o ***postrimeramente***, *todos aceptaron la propuesta*).

postrero, ra. adj. 'Último' (*día* ***postrero***); 'dícese de la última parte en un lugar' (*asiento* ***postrero***). También pueden decirse los adjetivos **postre**; **postremo, ma**; **postremero, ra**; **postrimero, ra**. La apócope de **postrero** es **postrer** (*el* ***postrer*** *año*), y la de **postrimero**, **postrimer** (*el* ***postrimer*** *mensaje*). Repárese en que la apócope se produce ante sustantivos masculinos o cuando se introduce otro adjetivo (*el* ***postrer*** *anhelado encuentro*). En cambio, se dice **postrero** cuando ambos adjetivos se hallan coordinados por una conjunción (*el* ***postrero*** *y anhelado encuentro*). → **póstumo, último**

postrimería. sust. f. 'Últimos años de la vida' (*El escritor vive la* ***postrimería***); 'período último de la duración de algo' (*Ese hecho sucedió en las* ***postrimerías*** *del siglo XV*). Se usa más en plural.

postrimero, ra. adj. → **postrero**

post scríptum. loc. lat. → **posdata**

postulante. p. a. de **postular**. 'Que postula' (*muchachos* ***postulantes***). Ú. t. c. sust. com. 'El que pide o pretende': **el postulante**, **la postulante**. Puede emplearse como sinónimo de **candidato** (sust. m.) o de **candidata** (sust. f.) con la denotación de 'persona que pretende alguna dignidad, honor o cargo', no, con la de 'persona propuesta o indicada para una dignidad o un cargo, aunque no lo solicite'. Es incorrecto usar como femenino **postulanta**, que denota 'mujer que pide ser admitida en una comunidad religiosa'.

postular. v. tr. 'Pedir, pretender'. No debe usarse como sinónimo de **presentar como candidato**: *Lo postularon para ocupar ese cargo*. Correcto: *Lo* ***presentaron como candidato*** *para ocupar ese cargo*.

póstumo, ma. adj. 'Que sale a la luz después de la muerte del padre o autor' (*hija* ***póstuma***; *libro* ***póstumo***); 'dícese de los elogios y honores que se tributan a un difunto' (*honras* ***póstumas***). No debe confundirse su denotación con las de

postrero, ra, último, ma o **posterior** (adjs.): *En los minutos póstumos del partido, el jugador hizo el gol esperado.* Correcto: *En los **últimos** minutos del partido, el jugador hizo el gol esperado.* → **postrero**

postura. sust. f. Entre otras denotaciones, 'situación o modo en que está puesta una persona, animal o cosa' (*Adoptó una buena **postura** para sentarse*); 'actitud que alguien adopta respecto de un asunto' (*Su **postura** respecto de la corrupción fue la esperada*). Como sustantivo colectivo, significa 'conjunto de huevos puestos de una vez' (*la **postura** de la gallina*). También puede decirse **positura** (sust. f.), pero la Academia prefiere la primera forma. El adjetivo correspondiente, **postural**, 'relativo a la postura', ha sido incorporado recientemente en el ***Diccionario***.

postverbal. adj. 'Dícese de la palabra que se deriva de una forma verbal'. Ú. t. c. sust. m.: **el postverbal**. Incorrecto: post-verbal, posverbal. También puede decirse **deverbal** (adj. Ú. t. c. sust. m.). → **verbal**

posventa. sust. f. 'Plazo durante el cual el vendedor o fabricante garantiza al comprador asistencia, mantenimiento o reparación de lo comprado'. Incorrecto: postventa. Es voz recién incorporada en el ***Diccionario***.

potabilizador, ra. adj. 'Que potabiliza'. Ú. t. c. sust. m. y f.: **el potabilizador, la potabilizadora**.

potabilizar. v. tr. 'Hacer potable'. → **cazar**

potable. adj. 'Que se puede beber' (*agua **potable***). fig. y fam. 'Aceptable' (*El contenido de esta obra es **potable***). Esta última denotación ha sido incorporada recientemente en el ***Diccionario***.

potaje. sust. m. Voz francesa (*potage*) españolizada. 'Caldo de olla u otro guisado'; 'por antonomasia, guiso hecho con legumbres, verduras y otros ingredientes'; 'legumbres secas'; 'brebaje'. Es sustantivo colectivo con la denotación de 'conjunto de varias cosas inútiles mezcladas y confusas' (*Su casa parecía un **potaje***). Incorrecto: potage. La **potajería** (sust. f. colect.) es el 'conjunto de legumbres secas con que se hacen potajes' y el 'lugar en que éstos se guardan'.

potasio. sust. m. 'Elemento metálico de color argentino, que se oxida rápidamente por la acción del aire y cuyos compuestos se usan como abono'. Número atómico 19. Símbolo: ***K***

potencial. adj. 'Que tiene en sí potencia' (*fuego **potencial***); 'que puede suceder o existir' (*enemigos **potenciales***). Puede usarse como sustantivo masculino con la denotación de 'fuerza o poder disponibles' (***el potencial** económico*).

potenciar. v. tr. 'Comunicar potencia a algo o incrementar la que ya tiene'. Incorrecto: potencializar. Su postverbal es **potenciación** (sust. f.). Se conjuga, en cuanto al acento, como **cambiar**.

potentado. sust. m. 'Príncipe o soberano que tiene dominio independiente en una provincia o Estado, pero toma investidura de otro príncipe superior'; 'cualquier monarca, príncipe o persona poderosa y opulenta' (*El señor Ramírez es un **potentado***). La Academia no indica el género femenino.

♦ **potiche.** Galicismo. En español, corresponde decir **jarro** o **jarrón de porcelana**. Si se usa el extranjerismo, debe entrecomillarse.

poto. sust. m. Perú. 'Vasija pequeña'. NO. Argent. y Perú. 'Trasero, nalgas'. También se usa en otras regiones.

potranco. sust. m. 'Caballo que no tiene más de tres años'. Su femenino es **potranca**. También pueden decirse **potrillo** (sust. m.) y **potrilla** (sust. f.). → **tusón**

potrear. v. intr. 'Ostentar viveza y gallardía una persona que no es joven'; 'molestar'. No debe pronunciarse [potriar, potrié]. En la Argentina, se usan **potrear** y **potrerear** (v. intr. fam.) con la denotación de 'jugar los niños libremente, como si estuvieran en un potrero'. El segundo verbo no está registrado en el ***Diccionario***, pero la A.A.L. ha recomendado su incorporación. Tampoco está registrada esta denotación para **potrear**. → **-ear**

potrero. sust. m. 'El que cuida de los potros cuando están en la dehesa' (*El **potrero** acariciaba al caballo blanco*); 'sitio destinado a la cría y pasto de ganado caballar' (*Hay varios caballos en el **potrero***). Argent. y Perú. 'Terreno inculto y sin edificar, donde suelen jugar los muchachos' (*Jugaban al fútbol en un **potrero***). Amér. 'Finca rústica'.

potro. sust. m. Entre otras denotaciones, 'caballo desde que nace hasta los cuatro años y medio de edad'. Su femenino es **potra**. Diminutivos: **potrillo, potrilla**. En lugar de **potrilla**, se usa más **potranca** (sust. f.), 'yegua que no pasa de tres años', pero no es un diminutivo. La Academia registra, también, **potranco** (sust. m.), 'caballo que no tiene más de tres años', pero no es frecuente su uso. El 'conjunto de potros de una yeguada o de un dueño' se denomina **potrada** (sust. f. colect.). → **tusón**

poyo. sust. m. 'Banco de piedra o materia análoga, arrimado a una pared'. Diminutivo: **poyete**. Aumentativo: **poyetón**. También puede decirse **poyal** (sust. m.). No debe confundirse su grafía con la de su homófono **pollo** (sust. m.). → **pollo**

poza. sust. f. 'Charca o concavidad en que hay agua detenida'. Diminutivo: **pozuela**.

pozo. sust. m. Entre otras denotaciones, 'hoyo profundo que se hace en la tierra'. Diminutivo: **pozuelo**. Argent., Par. y Urug. 'Bache' (*El pavimento está lleno de **pozos***). **pozo ciego**. Argent. 'Pozo negro, el que para depósito de aguas inmundas se hace junto a las casas'. No debe confundirse su denotación con la de **poza** (sust. f.) ni su grafía con la de su homófono **poso** (sust. m.). → **poza, poso**

prácrito. sust. m. 'Idioma vulgar de la India antigua, en oposición al sánscrito o lengua clásica'. Es palabra esdrújula. No debe pronunciarse [pracrito] como grave.

práctica. sust. f. 'Ejercicio de cualquier arte o facultad, conforme a sus reglas' (*Debe dedicarse a la **práctica** del uso de la preposición*); 'destreza' (*Tiene **práctica** para hacer vestidos*); 'costumbre' (*De acuerdo con la **práctica**, nos reuniremos el sábado*); 'método' (*Carece de **práctica** para dar clase*); 'ejercicio que hace una persona por cierto tiempo bajo la dirección de un maestro para ejercer luego públicamente su profesión'. Ú. m. en pl. (*Realiza sus **prácticas** en un conocido hospital*). No debe pronunciarse [prática], un vulgarismo. **en la práctica**. loc. adv. 'Casi en realidad' (***En la práctica**, muy pocos saben escribir bien*). **llevar a la práctica** o **poner en práctica**. fr. 'Realizar ideas, planes, proyectos, etc.' (***Llevará a la práctica** o **pondrá en práctica** su plan*).

practicador, ra. adj. 'Que practica' (*niño **practicador***). Ú. t. c. sust. m. y f.: **el practicador, la practicadora**. No debe pronunciarse [praticador], un vulgarismo.

prácticamente. adv. m. 'Experimentadamente' (*Aprenderá **prácticamente** a planchar*); 'en la práctica' (***Prácticamente**, muy pocos saben escribir bien*). Ú. con frecuencia opuesto a **teóricamente** (*Esas medidas son **prácticamente** inadoptables*). adv. c. 'Casi' (*Tienen el automóvil **prácticamente** vendido*). Esta última denotación ha sido recién incorporada en el ***Diccionario***. No debe pronunciarse [práticamente], un vulgarismo.

practicante. p. a. de **practicar**. 'Que practica'; 'aplícase a la persona que practica su religión' (*hombres **practicantes***). Ú. t. c. sust. com.: **el practicante, la practicante**. sust. com. 'Persona que posee título para el ejercicio de la cirugía menor' (*La **practicante** trabaja en este hospital*). Con la denotación de 'persona que hace curas en los hospitales y la que en las boticas prepara medicamentos', el femenino es **la practicante** o **practicanta**. No debe pronunciarse [praticante, praticanta], vulgarismos.

practicar. v. tr. Entre otras denotaciones, 'ejercitar' (***practicar** la medicina*). Ú. t. c. intr. 'Ensayar, entrenar' (*El actor **practica** mucho para interpretar bien su papel*). No debe pronunciarse [praticar], un vulgarismo. → **sacar**

♦ **practicidad.** Barbarismo. Debe decirse **eficacia, utilidad**.

práctico, ca. adj. Entre otras denotaciones, 'perteneciente a la práctica' (*curso teórico y **práctico***); 'experimentado, diestro en algo'; 'dícese de lo que comporta utilidad'. La denotación de 'cómodo' carece de registro oficial (*Este vestido es muy práctico*). Rég. prep.: **práctico en** (*Ya está **práctico en** el armado de cajas*). sust. m. 'El que dirige el rumbo de las embarcaciones por el conocimiento del lugar en que navega' (*Llegó el nuevo **práctico***). La Academia no registra el género femenino. No debe pronunciarse [prático], un vulgarismo.

practicón. sust. m. 'El que es diestro en una facultad, más por haberla practicado mucho, que por ser docto en ella'. Su femenino es **practicona**. No debe pronunciarse [praticón, praticona], vulgarismos.

pradera. sust. f. 'Lugar del campo llano y con hierba'; 'prado grande'. Es colectivo con la denotación de 'conjunto de prados'. También puede decirse **pradal** (sust. m.), pero la Academia prefiere la primera forma. Como colectivo, tiene otro sinónimo: **pradería** (sust. f.).

prado. sust. m. Diminutivo: **pradezuelo**. El 'prado de corta extensión' se denomina **pradejón** (sust. m.). Los adjetivos correspondientes son **pradeño, ña**, 'perteneciente o relativo al prado', y **pratense**, 'que se produce o vive en el prado'.

pragmático. adj. 'Aplícase al autor jurista que interpreta o glosa las leyes nacionales' (*autor **pragmático***). Ú. t. c. sust. com.: **el pragmático, la pragmático**.

pragmatista. adj. 'Partidario del pragmatismo o perteneciente a él' (*filósofos **pragmatistas***). Ú. t. c. sust. com.: **el pragmatista**, **la pragmatista**. Como adjetivo, también puede usarse **pragmático, ca**.

praliné. sust. m. Voz francesa (*praline*) españolizada. Proviene del apellido del mariscal Duplessis-Pralin, a cuyo cocinero se atribuye este dulce. 'Crema de chocolate y almendra o avellana'. En plural: **pralinés**. Es voz recién incorporada en el ***Diccionario***.

praseodimio. sust. m. 'Metal del grupo de las tierras raras cuyas sales son de color verde'. Número atómico 59. Símbolo: ***Pr***

praxis. sust. f. 'Práctica'. No debe pronunciarse [prasis], un vulgarismo. En plural, no varía: **las praxis**.

pre-. pref. de or. lat. 'Anterioridad local o temporal, prioridad o encarecimiento' (***pre**calentamiento*, ***pre**cognición*).

precalentamiento. sust. m. 'Ejercicio que efectúa el deportista como preparación para el esfuerzo que posteriormente ha de realizar' (*Durante el **precalentamiento**, el jugador se lesionó*); 'calentamiento de un motor, aparato, etc., antes de someterlo a la función que debe desempeñar'. Incorrecto: <u>*pre-calentamiento*</u>. Esta voz ha sido recién incorporada en el ***Diccionario***.

precámbrico, ca. 'Aplícase a los períodos arqueozoico y algonquino'. Ú. t. c. sust. m.: **el precámbrico** o **el Precámbrico**. 'Relativo a la era geológica en la que aparecen las primeras formas de vida' (*restos **precámbricos***). → **período**

precaver. v. tr. 'Prevenir'. Ú. t. c. prnl. Rég. prep.: **precaverse contra** (***precaverse contra** accidentes*); **precaverse de** (***precaverse del** viento*).

preceder. v. tr. 'Ir delante' (*El mes de enero **precede** al de febrero*). Ú. t. c. intr. 'Tener una persona o cosa primacía sobre otra'. Rég. prep.: **preceder a** (*Esta lista **precede a** la otra*); **preceder** a alguien **en** algo (*Rafael **precede** a Juan **en** posición social*). Puede reemplazarse con **anteceder** (v. tr.).

preceptista. adj. 'Dícese de la persona que da o enseña preceptos y reglas, sobre todo, en materia literaria' (*maestro **preceptista***). Ú. t. c. sust. com.: **el preceptista**, **la preceptista**. No debe pronunciarse [precetista], un vulgarismo.

preceptiva. sust. f. colect. 'Conjunto de preceptos aplicables a determinada materia' (***preceptiva** literaria*). No debe pronunciarse [precetiva], un vulgarismo.

preceptor. sust. m. 'Persona que enseña'. Su femenino es **preceptora**. No debe pronunciarse [precetor, precetora], vulgarismos. No son sinónimos de **bedel** (sust. m.) y de **bedela** (sust. f.), 'en los centros de enseñanza, persona cuyo oficio es cuidar del orden fuera de las aulas, además de otras funciones auxiliares'. El adjetivo despectivo correspondiente es **preceptoril**, 'propio de un preceptor o relativo a él'.

preceptuar. v. tr. 'Dar o dictar preceptos'. No debe pronunciarse [precetuar], un vulgarismo. Se conjuga, en cuanto al acento, como **actuar**.

preces. sust. f. pl. Entre otras acepciones, 'ruegos, súplicas'. Repárese en que sólo se usa en plural. → **plural** (**pluralia tantum**)

preciar. v. tr. p. us. 'Apreciar'. v. prnl. 'Gloriarse, jactarse'. Rég. prep.: **preciarse de** (***Se precia de** inteligente*; ***¿Te precias de** tu autoridad?*). Se conjuga, en cuanto al acento, como **cambiar**.

precintado, da. p. de **precintar** (*caja **precintada***). sust. m. 'Ligadura o señal sellada' (*Revisa el **precintado** de la caja*). Incorrecto: <u>*prescintado*</u>. También puede decirse **precinto** (sust. m.).

preciosista. adj. 'Perteneciente o relativo al preciosismo, extremado atildamiento del estilo' (*lenguaje **preciosista***). Apl. a pers., ú. t. c. sust. com.: **el preciosista**, **la preciosista**. Incorrecto: <u>*presiocista*</u>.

precioso, sa. adj. 'Excelente, digno de aprecio' (*una **preciosa** colaboración*); 'de elevado coste' (*piedras* ***preciosas***); fig. y fam. 'hermoso' (*un bebé* ***precioso***). Con la denotación figurada de 'muy valioso', en la Argentina, suele decirse *He perdido un tiempo* ***precioso***. La Academia no la registra. Es un galicismo usar **precioso** como sinónimo de **presuntuoso, afectado** o **sofisticado**.

precipicio. sust. m. Entre otras denotaciones, 'despeñadero'. → **voladero**

precipitación. sust. f. 'Acción y efecto de precipitar o precipitarse'; 'lluvia'. Con la segunda acepción, es redundante decir *precipitación pluvial*.

precipitado, da. adj. 'Atropellado' (*muchacho* ***precipitado***). sust. m. 'Materia que, por resultado de reacciones químicas, se separa del líquido en que estaba disuelta y se posa más o menos rápidamente': **el precipitado**.

precipitante. p. a. de **precipitar**. 'Que precipita'. sust. m. 'Cualquiera de los agentes que obran la precipitación': **el precipitante**.

precipitar. v. tr. Ú. t. c. prnl. Entre otras denotaciones, 'despeñar, arrojar o derribar de un lugar alto'. Rég. prep.: **precipitarse a** o **en** (***precipitarse a*** o ***en*** *el pozo*); **precipitarse de, desde** o **por** (***precipitarse de, desde*** o ***por*** *la torre*). v. prnl. 'Arrojarse inconsideradamente y sin prudencia a ejecutar o decir una cosa'. Rég. prep.: **precipitarse en** o **para** (***precipitarse en*** o ***para*** *contestar*). Su postverbal es **precipitación** (sust. f.).

precisión. sust. f. 'Obligación o necesidad indispensable que fuerza y precisa a ejecutar algo'; 'exactitud'; 'concisión'. Incorrecto: *presición*. **de precisión**. loc. adj. 'Dícese de los aparatos, máquinas, instrumentos, etc., construidos con singular esmero para obtener resultados exactos' (*instrumento* ***de precisión***).

precitado, da. adj. 'Antes citado' (*el estudio* ***precitado***). Incorrecto: *pre-citado*.

preclaro, ra. adj. 'Ilustre, famoso y digno de admiración y respeto'. Rég. prep.: **preclaro por** (***preclaro por*** *sus hazañas*).

preclusión. sust. f. 'Carácter del proceso judicial, según el cual el juicio se divide en etapas, cada una de las cuales clausura la anterior sin posibilidad de replantear lo ya decidido en ella'. Es voz recién incorporada en el ***Diccionario***.

preclusivo, va. adj. 'Que causa o determina preclusión'. Es voz recién incorporada en el ***Diccionario***.

preconcebir. v. irreg. tr. Se conjuga como **pedir**.

♦ **precondición.** Anglicismo. En español, debe decirse **condición previa**.

preconizador, ra. adj. 'Que preconiza'. No debe usarse como sinónimo de **difusor, ra**: *diario preconizador de importantes noticias*. Correcto: *diario* ***difusor*** *de importantes noticias*. Ú. t. c. sust. m. y f.: **el preconizador, la preconizadora**.

preconizar. v. tr. Entre otras denotaciones, 'encomiar, tributar elogios públicamente a una persona o cosa' (*Dos periodistas* ***preconizaron*** *el trabajo del gobernador*). → **cazar**

preconocer. v. irreg. tr. 'Prever, conjeturar' (***Preconozco*** *las consecuencias de esa actitud*). Incorrecto: *pre-conocer*. Se conjuga como **conocer**.

precontrato. sust. m. 'Contrato preliminar en virtud del cual dos o más personas se comprometen a firmar, en un plazo cierto, un contrato que, por el momento, no quieren o no pueden estipular'. Incorrecto: *pre-contrato*. Es voz recién incorporada en el ***Diccionario***.

precordillera. sust. f. 'Grupo o sistema de montañas adosadas exteriormente al sector más elevado de una cordillera. Llámase así, especialmente, a la región montañosa de la Argentina, que se extiende de norte a sur, paralela a los Andes'. Incorrecto: *pre-cordillera*. Esta voz no ha sido registrada en el ***Diccionario*** mayor. Aparece en el ***Manual*** con el indicador de su falta de sanción académica.

precoz. adj. Entre otras denotaciones, 'temprano, prematuro' (*diagnóstico* ***precoz***). En plural: **precoces**. Repárese en que cambia la **z** por **c**.

precursor, ra. adj. 'Que precede o va delante'; 'que profesa o enseña doctrinas que tendrán acogida en tiempo venidero' (***precursor*** *de la investigación científica*). Ú. t. c. sust. m. y f.: **el precursor, la precursora**. sust. m. 'Por antonomasia, San Juan Bautista, que nació antes que Cristo y anunció su venida al mundo'. En este caso, se escribe con mayúscula (*San Juan,* *el **Precursor***). Repárese en que no tiene la misma denotación que **predecesor**. → **predecesor**

predador, ra. adj. 'Saqueador'; 'dícese de los animales que cazan a otros de distinta especie para su subsistencia'. Ú. t. c. sust. m. y f.: **el predador, la predadora**. También puede decirse **depredador, ra** (adj. Ú. t. c. sust. m. y f.).

predecesor. sust. m. 'Persona que precedió a otra en una dignidad, empleo o encargo' (*Julio fue mi **predecesor** en el cargo de director de esta escuela*); 'antecesor' (*Sus **predecesores** eran napolitanos*). Su femenino es **predecesora**. Repárese en que no tiene la misma denotación que **precursor**. → **precursor**

predecir. v. irreg. tr. 'Anunciar por revelación' (***Predijeron** el terremoto*). Es compuesto de **decir**, por lo tanto, se conjuga como éste, excepto en el imperativo (*predice*). Incorrecto: <u>*predí*</u>. No se considera un error decir **predeciré** o **predeciría**, pero la Academia prefiere **prediré** y **prediría**. Tiene un participio irregular (***predicho***). Su postverbal es **predicción** (sust. f.). Se conjuga como **decir**

predestinado, da. p. de **predestinar**. adj. 'Que fatalmente debe acabar de una manera determinada' (*Fue una niña **predestinada***). Rég. prep.: **predestinado a** (***predestinado a** sufrir*). 'Elegido por Dios para lograr la gloria' (*¿Seremos hombres **predestinados**?*). Ú. t. c. sust. m. y f.: **el predestinado, la predestinada**. fig. y vulg. 'Dícese del marido engañado'.

predeterminar. v. tr. 'Determinar con anticipación'. Incorrecto: <u>*pre-determinar*</u>.

predicador, ra. adj. 'Que predica' (*sacerdote **predicador***). Ú. t. c. sust. m. y f.: **el predicador, la predicadora**.

predicante. p. a. de **predicar**. 'Que predica; dícese sólo del ministro de una religión no católica'. Ú. t. c. sust. m.: **el predicante**.

predicar. v. tr. 'Publicar'; 'pronunciar un sermón'; 'reprender a alguien por un vicio o defecto'; 'amonestar'. En gramática, 'decir algo de un sujeto'. Rég. prep.: **predicar con** (***Predica con** el ejemplo*); **predicar contra** (***Prediqué contra** la droga*); **predicar desde** (*El sacerdote **predicará desde** el altar*); **predicar en** (*Parece que **predicas en** el desierto*); **predicar entre** (***Predicó entre** los indios*). → **sacar**

predisponer. v. irreg. tr. Ú. t. c. prnl. 'Preparar, disponer anticipadamente'. Rég. prep.: **predisponerse a** (***Se predispone a** aceptar el contrato*); **predisponerse contra** (***Se predispusieron contra** nosotros*); **predisponerse en** (*No creo que **se haya predispuesto en** mi favor*); **predisponerse para** (*Mi ánimo **se predispone para** recibir a Laura sin rencores*). El participio es irregular (***predispuesto***). Su postverbal es **predisposición** (sust. f.). Se conjuga como **poner**.

predisposición. sust. f. 'Acción y efecto de predisponer o predisponerse'. No debe usarse como sinónimo de **propensión** (sust. f.), 'inclinación hacia una determinada cosa': <u>*Tiene predisposición*</u> *para la pintura*. Correcto: *Tiene **propensión** a la pintura*.

predominar. v. tr. Ú. t. c. intr. 'Prevalecer'; 'exceder mucho en altura'. Rég. prep.: **predominar** una cosa **a** o **sobre** otra (*Su opinión **predomina a** o **sobre** la de su hermana*). Su postverbal es **predominación** (sust. f.).

predorsal. adj. Incorrecto: <u>*pre-dorsal*</u>.

preelegir. v. irreg. tr. 'Elegir con anticipación' (***Preeligió** los regalos de casamiento*). Incorrecto: <u>*prelegir*</u>, <u>*pre-elegir*</u>. Se conjuga como **regir**. Tiene dos participios: uno regular (***preelegido***), que se usa para la conjugación de los tiempos compuestos, y otro irregular (***preelecto***).

preeminencia. sust. f. 'Privilegio, ventaja o preferencia que goza uno respecto de otro por razón o mérito especial'. Rég. prep.: **preeminencia** de una cosa **sobre** otra (***preeminencia** de la razón **sobre** los sentimientos*). Incorrecto: <u>*preminencia*</u>. No debe confundirse su denotación con la de **prominencia** (sust. f.), 'elevación de una cosa sobre lo que está alrededor o cerca de ella'. → **prominencia**

preeminente. adj. 'Sublime, superior' (*generosidad **preeminente***). Incorrecto: <u>*preminente*</u>. No debe confundirse su denotación con la de **prominente** (adj.), 'que sobresale sobre lo que está a su alrededor'; 'famoso'. → **prominente**

preescolar. adj. 'Perteneciente o relativo al período educacional anterior al de la enseñanza primaria' (*enseñanza **preescolar***). Incorrecto: <u>*prescolar*</u>, <u>*pre-escolar*</u>. Es voz recién incorporada en el ***Diccionario***.

preestablecido, da. adj. 'Dícese de lo establecido por ley con anterioridad a un momento determinado'. Incorrecto: *prestablecido*, *preestablecido*.

preexcelso, sa. adj. 'Sumamente ilustre'. Incorrecto: *prexcelso*, *pre-excelso*.

preexistencia. sust. f. 'Existencia anterior'. Incorrecto: *prexistencia*, *pre-existencia*.

preexistir. v. intr. 'Existir antes'. Incorrecto: *prexistir*, *pre-existir*. Su participio activo es **preexistente**, 'que preexiste'.

prefecto. sust. m. No debe pronunciarse [prefeto], un vulgarismo.

prefectura. sust. f. No debe pronunciarse [prefetura], un vulgarismo.

preferencial. adj. Esta voz no está registrada en el ***Diccionario*** mayor (*trato* ***preferencial***). Tampoco aparece **preferente** (p. a. de **preferir**) –como sucede con muchos participios activos–, que es la que, por el uso, se considera más correcta.

preferentemente. adv. m. 'Con preferencia' (***Preferentemente***, *deseo té*). También puede decirse **preferiblemente** (adv. m.). No debe usarse como sinónimo de **especialmente** (adv. m.), 'con especialidad': *Todos gozaron del espectáculo, preferentemente los ancianos*. Correcto: *Todos gozaron del espectáculo,* ***especialmente*** *los ancianos*.

preferible. adj. 'Digno de preferirse'. Rég. prep.: **preferible a** (*Era* ***preferible*** *hablar* ***a*** *quedarse callado*).

preferir. v. irreg. tr. Ú. t. c. prnl. Rég. prep.: **preferir** una cosa **a** otra (***Prefiere*** *cantar* ***a*** *bailar;* ***Preferimos*** *la literatura* ***a*** *la química*). Incorrecto: *Prefiere cantar que bailar*. Se conjuga como **sentir**.

prefijo, ja. p. irreg. de **prefijar**. adj. 'Dícese del afijo que va antepuesto' (*"In-" es una partícula* ***prefija***). Ú. t. c. sust. m.: **el prefijo**. sust. m. 'Cifras o letras que indican zona, ciudad o país, y que se marcan antes del número del abonado para establecer comunicación telefónica' (*Llamé desde Europa a Buenos Aires mediante el* ***prefijo*** *54-1*). Incorrecto: *pre-fijo*.

prefilatelia. sust. f. 'Estudio de las marcas, estampillas o señales similares que se utilizaron para franquear correspondencia antes de la invención de los sellos de correos'. Incorrecto: *pre-filatelia*. Es voz recién incorporada en el ***Diccionario***.

preformación. sust. f. 'Idea sustentada por ciertos biólogos del siglo XVIII, según la cual en el germen de los seres vivos estaban contenidas, en miniatura, las estructuras del adulto'. Incorrecto: *pre-formación*. Es palabra aguda. En plural, se transforma en grave: **preformaciones**. Es voz recién incorporada en el ***Diccionario***.

preformismo. sust. m. 'Teoría elaborada y sostenida por los partidarios de la preformación'. Incorrecto: *pre-formismo*. Es voz recién incorporada en el ***Diccionario***.

preformista. adj. 'Perteneciente o relativo a la preformación y al preformismo'; 'dícese del partidario de esta teoría'. Ú. t. c. sust. com.: **el preformista, la preformista**. Incorrecto: *pre-formista*. Es voz recién incorporada en el ***Diccionario***.

preglaciar. adj. 'Que es anterior a la época glaciar' (*período* ***preglaciar***). Ú. t. c. sust. com.: **el preglaciar, la preglaciar**. También puede escribirse con mayúscula: **el Preglaciar**. Incorrecto: *pre-glaciar*, *preglacial*. Es voz recién incorporada en el ***Diccionario***. → **período**

pregonero, ra. adj. Entre otras denotaciones, 'que publica o divulga una cosa' (*hombre* ***pregonero***). Ú. t. c. sust. m. y f.: **el pregonero, la pregonera**.

preguntador, ra. adj. 'Que pregunta' (*niña* ***preguntadora***); 'molesto e impertinente en preguntar' (*¡Qué niña tan* ***preguntadora***!). Ú. t. c. sust. m. y f.: **el preguntador, la preguntadora**. No deben confundirse sus denotaciones con la de **preguntón, na** (adj. fam.), 'dícese del que pregunta con insistencia'.

preguntar. v. tr. Ú. t. c. prnl. Rég. prep.: **preguntar a** (*Le* ***pregunta a*** *Federico cuándo llegará Daniel*); **preguntar para** (*El policía* ***pregunta para*** *que el ladrón confiese su culpa*); **preguntar por** (***Preguntó por*** *su alumno*). Incorrecto: *Preguntó de su alumno*. **preguntarse por** (***Se preguntaba por*** *su familia*); **preguntar sobre** (***Había preguntado sobre*** *el contenido de un libro*). Su postverbal es **pregunteo** (sust. m.).

prehelénico, ca. adj. 'Perteneciente o relativo a la Grecia anterior a la civilización de los antiguos helenos'. Incorrecto: pre-helénico.

prehispánico, ca. adj. 'Dícese de la América anterior a la conquista y colonización españolas, y de sus pueblos, lenguas y civilizaciones' (*literatura* ***prehispánica***). Incorrecto: pre-hispánico.

prehistoria. sust. f. 'Período de la vida de la humanidad anterior a todo documento escrito'; 'estudio de este período'. Incorrecto: pre-historia. Con estas denotaciones, debe escribirse con mayúscula: **la Prehistoria**. Se escribe con minúscula cuando significa 'período en que se incuba un movimiento cultural, religioso, político, etc.' (***prehistoria*** *del Modernismo*) o 'período que antecede a un momento importante en una actividad humana' (***prehistoria*** *de la organización de la empresa*).

prehistórico, ca. adj. 'Perteneciente o relativo al período estudiado por la prehistoria'; 'anticuado, viejo'. Incorrecto: pre-histórico.

prehomínido, da. adj. 'Primate fósil, próximo a la línea filética de la especie humana'. Ú. t. c. sust. m. y f.: **el prehomínido, la prehomínida**.

prejuicio. sust. m. 'Acción y efecto de prejuzgar' (*Es una mujer sin* ***prejuicios***). No debe confundirse su significado con el de **perjuicio** (sust. m.). → **prejuicio**

prejuzgar. v. tr. → **pagar**

prelado. sust. m. 'Superior eclesiástico'. Con la denotación de 'superior de un convento o comunidad religiosa', su femenino es **prelada**. El adjetivo correspondiente es **prelaticio, cia**, 'propio del prelado'. La 'dignidad y oficio de prelado' es la **prelatura** (sust. f.).

preliminar. adj. 'Que sirve de preámbulo para tratar sólidamente una materia' (*documento* ***preliminar***); fig. 'que antecede o se antepone a una acción, a una empresa, a un escrito, etc.' (*trabajo* ***preliminar***). En su reemplazo, puede usarse **liminar** (adj.). Ú. t. c. sust. com.: **el preliminar, la preliminar**. sust. m. 'Cada uno de los artículos generales que sirven de fundamento para el ajuste y tratado de paz definitivo entre las potencias contratantes o sus ejércitos'. Ú. m. en pl.: **los preliminares**. → **limen**

prelucir. v. irreg. intr. 'Lucir con anticipación'. Se conjuga como **lucir**.

preludiar. v. intr. Ú. t. c. tr. Se conjuga, en cuanto al acento, como **cambiar**.

preludio. sust. m. Con la denotación de 'introducción de un discurso o tratado' (*el* ***preludio*** *del libro*), puede reemplazarse con **prelusión** (sust. f.). 'Lo que se toca o canta para ensayar la voz, probar los instrumentos o fijar el tono'; 'composición musical de corto desarrollo'; 'obertura o sinfonía, pieza que antecede a una obra musical'.

premamá. adj. 'Aplícase a la ropa o accesorios destinados a las mujeres embarazadas' (*vestido* ***premamá***). Incorrecto: pre-mamá. En plural, no varía: *vestidos* ***premamá***. Es voz recién incorporada en el ***Diccionario***.

prematrimonial. adj. 'Dícese de lo que se realiza antes del matrimonio o como preparación para éste' (*relaciones* ***prematrimoniales***; *curso* ***prematrimonial***). Incorrecto: pre-matrimonial. Es voz recién incorporada en el ***Diccionario***.

prematuro, ra. adj. Entre otras denotaciones, 'dícese del niño que nace antes del término de la gestación' (*niña* ***prematura***). Ú. t. c. sust. m. y f.: **el prematuro, la prematura**. La Academia ha incorporado recientemente este significado.

premiación. sust. f. Bol., Ecuad. y Perú. 'Acción y efecto de premiar, distribuir los premios asignados en un concurso, una competencia, etc.'; 'en diversos países de América, reparto o distribución de premios'. En plural: **premiaciones**.

premiador, ra. adj. 'Que premia' (*institución* ***premiadora***). Ú. t. c. sust. m. y f.: **el premiador, la premiadora**.

premiar. v. tr. 'Galardonar'. Su postverbal es **premiación** (sust. f.). Su homónimo (v. tr.), 'apremiar', es una voz anticuada. Se conjuga, en cuanto al acento, como **cambiar**.

♦ **premier.** Anglicismo. En español, debe decirse **primer ministro**. Si se usa la voz inglesa, debe escribirse entre comillas.

♦ **première.** Galicismo. En español, debe decirse **estreno**.

premio. sust. m. Se escribe con mayúscula cuando forma parte del nombre oficial (***Premio*** *Nobel de Física*) y con minúscula, cuando acompaña el nombre del premiado (*Adolfo Bioy Casares, **premio** Cervantes*).

premisa. sust. f. 'Cada una de las dos primeras proposiciones del silogismo, de donde se infiere y saca la conclusión'. No debe usarse como sinónimo de **base**, **condición**, **supuesto**. Incorrecto: *Partamos de la premisa de que usted no ha estudiado*. Correcto: *Partamos de la **base** o del **supuesto** de que usted no ha estudiado.*

♦ **premium.** Barbarismo. En español, debe usarse el sustantivo femenino **prima**, 'cantidad extra de dinero que se da a alguien a modo de recompensa, estímulo, agradecimiento, etc.'.

premolar. adj. 'Dícese de los molares que en la dentición del mamífero adulto han reemplazado a los de la primera dentición'. Ú. t. c. sust. m.: **el premolar.** → **molar**

premonitorio, ria. adj. 'Que tiene carácter de premonición' (*palabras **premonitorias***). También puede decirse **premonitor, ra** (adj.).

premonstratense. adj. 'Dícese de la orden de canónigos regulares fundada por San Norberto, y de quienes la profesan'. Apl. a pers., ú. t. c. sust. m.: **el premonstratense**. También puede decirse **premostratense**, pero la Academia prefiere la primera forma.

premoriente. p. a. de **premorir**. 'Que premuere'. Ú. t. c. sust. com.: **el premoriente, la premoriente**.

premorir. v. irreg. intr. 'Morir una persona antes que otra'. Incorrecto: *pre-morir*. Su participio es irregular (***premuerto***). Ú. t. c. sust. m. y f. Se conjuga como **dormir**.

premostrar. v. irreg. tr. 'Mostrar con anticipación a otra condición o circunstancia'. Se conjuga como **sonar**.

premunir. v. tr. Ú. t. c. prnl. Amér. 'Proveer de algo como prevención o cautela para algún fin' (*Le **premuno** víveres para que pueda comer*).

prenatal. adj. 'Que existe o se produce antes del nacimiento' (*examen **prenatal***). Incorrecto: *pre-natal*.

prendador, ra. adj. 'Que prenda o saca una prenda'. Ú. t. c. sust. m. y f.: **el prendador, la prendadora**.

prendar. v. tr. Entre otras denotaciones, 'ganar la voluntad de uno' (*La joven **prendará** a don Silvio con su gracia*). v. prnl. 'Enamorarse de una persona'. Rég. prep.: **prendarse de** (*Javier **se prendó de** Lucía*). Su postverbal es **prendamiento** (sust. m.).

prendedor. sust. m. También puede decirse **prendedero** (sust. m.).

prender. v. tr. Ú. t. c. prnl. Entre otras denotaciones, 'asir, sujetar'. Rég. prep.: **prender** o **prenderse con** (***Prende con** alfileres la tela*; ***Se prenderá** la cortina **con** este lazo*); **prender en** (***Prendan** esto **en** ese gancho*). 'Encarcelar' (***Prendieron** al asesino*); 'encender' (***Prende** la luz*); 'incendiar' (***Se prendió** el teatro*). v. intr. 'Arraigar la planta en la tierra' (*¿**Habrá prendido** la retama?*). Rég. prep.: **prender en** (*Los rosales **prenderán en** esta tierra*). No es un verbo irregular. Incorrecto: *priendo*, *prienda*, *priende*. Correcto: ***prendo***, ***prenda***, ***prende***. Tiene un participio regular (***prendido***) y otro irregular (***preso***). Sus postverbales son **prendimiento** (sust. m.) y **prensión** (sust. f.).

prensa. sust. f. 'Máquina que sirve para comprimir'; 'imprenta'. Es sustantivo colectivo con las denotaciones de 'conjunto de las publicaciones periódicas y, especialmente, las diarias' (*La **prensa** difundió el mensaje presidencial*) y 'conjunto de personas dedicadas al periodismo' (*La **prensa** estaba en el lugar del accidente*). En todos estos casos, debe escribirse con minúscula. Se escribe con mayúscula cuando forma parte, por ejemplo, del nombre de una publicación (*diario La Prensa*). **dar a la prensa**. fr. 'Imprimir y publicar una obra' (***Dio a la prensa** su última novela*). **entrar** o **meter en prensa**. fr. 'Comenzar la tirada del impreso' (***Meterán en prensa** su última novela*). **tener** uno **buena** o **mala prensa**. fr. fig. 'Serle favorable o adversa'; 'gozar de buena o mala fama' (*Desde que es ministro, **tiene buena prensa**; Como profesora, siempre **tuvo mala prensa***).

prensador, ra. adj. 'Que prensa'. Ú. t. c. sust. m. y f.: **el prensador, la prensadora**.

prensil. adj. 'Que sirve para asir' (*Ese animal tiene cola **prensil***). Es palabra aguda. No debe pronunciarse [prénsil] como grave. En plural: **prensiles**. Incorrecto: *prénsiles*.

prensista. sust. com. 'Persona que, en las imprentas, trabaja en la prensa': **el prensista, la prensista**.

prensor, ra. adj. Entre otras denotaciones, 'que prende o agarra' (*ave **prensora***). Ú. t. c. sust. m. y f.: **el prensor, la prensora.**

prenunciar. v. tr. 'Anunciar de antemano'. Se conjuga, en cuanto al acento, como **cambiar**.

prenupcial. adj. 'Que antecede a la boda o se hace antes de ella' (*curso **prenupcial***). Esta voz no ha sido incorporada en el ***Diccionario***, a pesar de su correcta formación. Aparece en el ***Manual*** con el indicador de su falta de sanción académica. Equivale a **prematrimonial** (adj.). → **prematrimonial**

preñar. v. tr. 'Empreñar'; 'henchir'. Incorrecto: *preniar*.

preñez. sust. f. Entre otras denotaciones, 'embarazo de la mujer o de la hembra de cualquier especie'. En plural: **preñeces**. Repárese en que la **z** cambia por **c**.

preocupante. p. a. de **preocupar**. adj. 'Que causa preocupación' (*La situación del país es **preocupante***). Esta voz –como muchos participios activos– no se halla registrada en el ***Diccionario***. Es correcta su formación.

preocupar. v. tr. Ú. t. c. prnl. Rég. prep.: **preocuparse con, de** o **por** algo (***Se preocupó con, de** o **por** la educación de su hermana*). Su postverbal es **preocupación** (sust. f.).

prepalatal. adj. 'Dícese del sonido que se pronuncia aplicando o acercando el dorso de la lengua a la parte anterior del paladar' (*sonido **prepalatal***); 'dícese de la letra que representa este sonido' (*letra **prepalatal***). Ú. t. c. sust. f.: **la prepalatal.**

preparado, da. p. de **preparar**. adj. 'Dícese de la droga o medicamento preparado'. Ú. t. c. sust. m. (*El médico le recetó un buen **preparado***). → **preparativo**

preparador. sust. m. 'Persona que prepara'; 'entrenador' (*Juan es **preparador** de ese equipo de básquet*). Su femenino es **preparadora**.

preparar. v. tr. Ú. t. c. prnl. Rég. prep.: **prepararse a** o **para** (***prepararse a** o **para** pintar un cuadro*); **prepararse con** (***prepararse con** buenas herramientas; **prepararse con** alguna finalidad*); **prepararse contra** (***prepararse contra** los adversarios*). Sus postverbales son **preparación** (sust. f.) y **preparamiento** (sust. m.). También puede decirse **preparamento** (sust. m.), pero la Academia prefiere la primera forma.

preparativo, va. adj. 'Dícese de lo que se prepara para algo' (*Éste es un trabajo **preparativo** para redactar, luego, la tesis*). sust. m. 'Cosa preparada' (*Bebió un **preparativo***); 'lo que se hace para preparar algo'. Ú. m. en pl. (*Los **preparativos** de la fiesta de cumpleaños la alegran*). Con la primera denotación, también puede decirse **preparatorio, ria** (adj.): *ciclo **preparativo** o **preparatorio***. Es más común el uso del segundo adjetivo.

preponderar. v. intr. Entre otras denotaciones, 'prevalecer'. Rég. prep.: **preponderar** una cosa **sobre** otra (***Preponderó** tu humildad **sobre** su orgullo*).

preponer. v. irreg. tr. 'Anteponer una cosa a otra'. Rég. prep.: **preponer** una cosa **a** otra (***preponer** el trabajo **a** la diversión*). Su participio es irregular (***prepuesto***). Se conjuga como **poner**.

prepotente. adj. 'Más poderoso que otros o muy poderoso' (*Gente **prepotente** compró esta casa*); 'que abusa de su poder o hace alarde de él' (*Siempre actúa como una mujer **prepotente***). Ú. t. c. sust. com.: **el prepotente, la prepotente**. La última denotación ha sido recién incorporada en el ***Diccionario***.

prepucio. sust. m. 'Piel móvil que cubre la cabeza del miembro viril'; 'pliegue mucoso formado por los labios menores que cubren el clítoris'. Incorrecto: *prepuccio*, *prepusio*.

prerrafaelista. adj. 'Perteneciente o relativo al prerrafaelismo, arte y estilo pictóricos anteriores a Rafael de Urbino'. Ú. t. c. sust. com.: **el prerrafaelista, la prerrafaelista**. Incorrecto: *pre-rafaelista*, *prerrafaelita*.

♦ **prerrequisito.** Anglicismo. En español, debe decirse **requisito previo**.

prerromance. adj. 'Aplícase a cada una de las lenguas que existieron en los territorios donde después se impuso el latín' (*lenguas **prerromances***). Ú. t. c. sust. m.: **el prerromance**. Incorrecto: *pre-romance*. Es voz recién incorporada en el ***Diccionario***.

prerrománico, ca. adj. 'Dícese del arte medieval de la Europa Occidental, anterior al románico' (*arte **prerrománico***). Ú. t. c. sust. m.: **el**

prerrománico. 'Perteneciente o relativo a este arte' (*iglesia **prerrománica***). Incorrecto: ***pre-románico***. Es voz recién incorporada en el ***Diccionario***.

prerromano, na. adj. Incorrecto: ***pre-romano***.

prerromántico, ca. adj. 'Perteneciente o relativo al prerromanticismo'; 'dícese de los trabajos literarios publicados en España antes de 1835'; 'dícese del autor que da a sus obras el carácter del prerromanticismo'. Ú. t. c. sust. m. y f.: **el prerromántico, la prerromántica**. Incorrecto: ***preromántico***, ***pre-romántico***.

presa. sust. f. Diminutivo: **presilla**.

presagiar. v. tr. 'Anunciar o prever algo'. Incorrecto: ***presagío***. Correcto: ***presagio***. Se conjuga, en cuanto al acento, como **cambiar**.

présago, ga. adj. 'Que anuncia o adivina' (*mujer **présaga***). Es palabra esdrújula. También puede decirse **presago, ga** (grave), pero la Academia prefiere la primera forma.

presbicia. sust. f. 'Defecto o imperfección del présbita'. Incorrecto: ***presbicie***, ***prebiscia***, ***prebicia***.

présbita. adj. 'Dícese del que padece presbicia, un defecto de la vista'. También puede decirse **présbite**, pero la Academia prefiere la primera forma. Ú. t. c. susts. coms.: **el présbita o el présbite, la présbita o la présbite**.

presbiterado. sust. m. 'Dignidad de presbítero'. También puede decirse **presbiterato** (sust. m.), pero la Academia prefiere la primera forma.

presbiteriano, na. adj. 'Dícese del protestante ortodoxo, en Inglaterra, Escocia y América, que no reconoce la autoridad episcopal sobre los presbíteros' (*Son hombres **presbiterianos***). Ú. t. c. sust. m. y f.: **el presbiteriano, la presbiteriana**. 'Perteneciente a los presbiterianos' (*culto **presbiteriano***).

presbítero. sust. m. Incorrecto: ***prebístero***. Sus abreviaturas son ***pbro.*** y ***presb.***

presciencia. sust. f.. 'Conocimiento de las cosas futuras'. Incorrecto: ***prescencia***, ***preciencia***.

prescindir. v. intr. 'Omitir'; 'abstenerse'. Rég. prep.: **prescindir de** (***Prescindí de** sus servicios*). Incorrecto: ***precindir***, ***presindir***. Su postverbal es **prescindencia** (sust. f.). Incorrecto: ***precindencia***, ***presindencia***.

prescribir. v. tr. 'Ordenar'; 'recetar'. v. intr. Entre otras denotaciones, 'extinguirse un derecho, una acción o una responsabilidad'. Sólo presenta irregularidad en el participio, que tiene dos grafías (***prescripto*** o ***prescrito***). Su postverbal es **prescripción** (sust. f.). No debe confundirse su denotación con la de **proscribir** (v. tr.), 'desterrar'; 'excluir o prohibir una costumbre o el uso de algo'. → **proscribir**

preselección. sust. f. 'Selección previa' (*El jurado del concurso realizó la **preselección** de los ensayos literarios*). Incorrecto: ***pre-selección***. Es voz recién incorporada en el ***Diccionario***.

preseleccionado, da. adj. 'Dícese de la persona que ha sido seleccionada previamente para intervenir en algo' (*futbolistas **preseleccionados***). Ú. t. c. sust. m. y f.: **el preseleccionado, la preseleccionada**. Incorrecto: ***pre-seleccionado***. Es voz recién incorporada en el ***Diccionario***.

preseleccionar. v. tr. 'Seleccionar previamente'. Incorrecto: ***pre-seleccionar***. Es voz recién incorporada en el ***Diccionario***.

presenciar. v. tr. Se conjuga, en cuanto al acento, como **cambiar**.

presenil. adj. 'Dícese de los estados o fenómenos de apariencia senil, pero ocurridos antes de la senectud'. Incorrecto: ***pre-senil***. Es voz aguda. En plural, se transforma en grave: **preseniles**.

presentador, ra. adj. 'Que presenta' (*mujer **presentadora***). Ú. t. c. sust. m. y f.: **el presentador, la presentadora**. sust. m. y f. 'Persona que, profesional u ocasionalmente, presenta y comenta un espectáculo, o un programa televisivo o radiofónico' (*El **presentador** se expresó con fluidez*). Esta última denotación ha sido incorporada recientemente en el ***Diccionario***. No debe usarse como sinónimo de **locutor** (sust. m.) o de **locutora** (sust. f.), ni de **maestro de ceremonias**, 'el que advierte las ceremonias que deben observarse con arreglo a los ceremoniales o usos autorizados'. → **locutor, maestro**

presentar. v. tr. Rég. prep.: **presentar a** (***Presentó** su novia **a** la familia*; ***Presentará** su libro de cuentos **a** un concurso*); **presentar para** (*Lo **presentó para** un importante cargo*); **presentarse a**

(***Se presentó al*** *director*; ***Nos presentamos a*** *un ensayo teatral*); **presentarse ante** (***presentarse ante*** *el juez*); **presentarse de** (***Me presentaré de*** *candidata*; también puede decirse ***Me presentaré como*** *candidata*); **presentarse en** (***Se presentó en*** *la oficina a las diez*). Su postverbal es **presentación** (sust. f.).

presente. adj. 'Que está en presencia de uno o concurre con él en el mismo sitio' (*tres personas* ***presentes***). Debe concordar el adjetivo con el sustantivo al que modifica. Incorrecto: *No tiene presente los consejos que le di*. Correcto: *No tiene* ***presentes*** *los consejos que le di*. Ú. t. c. sust. com.: **el presente**, **la presente**. 'Dícese del tiempo en que actualmente está uno cuando refiere una cosa' (*tiempo* ***presente***). Ú. t. c. sust. m.: **el presente**. 'Obsequio' (*Recibió varios* ***presentes*** *el día de su boda*). **al presente** o **de presente**. locs. advs. 'Ahora' (***Al presente*** o ***de presente***, *me faltan herramientas*). Estas locuciones pueden ser reemplazadas con el adverbio de tiempo **presentemente** (***Presentemente***, *me faltan herramientas*), de uso poco común. **mejorando lo presente**. expr. de cortesía que se emplea cuando se alaba a una persona delante de otra (***Mejorando lo presente***, *usted es muy capaz*). **por el presente, por la presente** o **por lo presente**. locs. advs. 'Por ahora' (***Por el presente***, ***por la presente*** o ***por lo presente***, *todos estamos bien*). **tener presente** a alguien o algo. fr. fig. 'Recordarlo' (***Tengo presente*** *a su padre*). **tiempo presente**. 'El que sirve para denotar la acción actual'. Ú. t. c. sust. m. (*Conjugue* ***el presente*** *del modo subjuntivo del verbo "andar"*). Aclara Alarcos Llorach que **el presente** "no alude estrictamente al presente cronológico, sino que sirve para denotar cualquier época, porque el contexto en que se inserta y la situación de habla en que se emplea determinan y fijan el lugar que ocupan los acontecimientos comunicados en el decurso temporal. El presente no indica un tiempo concreto, sino que se refiere al acaecer de los hechos de manera indeterminada y vaga". **presente histórico**. Se llama así –según Alarcos Llorach– "al empleo, tanto en la narración escrita como en el vivo relato coloquial, de las formas de presente para aludir a hechos cronológicamente ocurridos en el pasado" (*San Martín* ***nace*** *en la Argentina y* ***muere*** *en Francia*). **presente habitual** y **presente gnómico**. Se usa el presente –dice Alarcos Llorach– "para aludir a hechos o «verdades» de siempre, anteriores y posteriores al «ahora» del hablante" (*El Sol* ***nace*** *por el Oriente*; *El alma* ***es*** *inmortal*). **presente de anticipación**. Denota –escribe el mencionado autor– "hechos todavía no ocurridos, pero cuyo cumplimiento se espera con seguridad en el porvenir" (*En abril*, ***cumple*** *quince años*).

presentir. v. irreg. tr. 'Intuir'; 'adivinar algo antes de que suceda' (***¿Presentiste*** *su muerte?*). Se conjuga como **sentir**.

preservador, ra. adj. 'Que preserva'. Ú. t. c. sust. m. y f.: **el preservador, la preservadora**.

preservar. v. tr. Ú. t. c. prnl. 'Proteger'. Rég. prep.: **preservar** o **preservarse contra** (***preservar*** o ***preservarse contra*** *el frío*); **preservar** o **preservarse de** (***preservar*** o ***preservarse de*** *una enfermedad*). Es un anglicismo usarlo como sinónimo de **conservar**: *Tratemos de preservar el orden*. Correcto: *Tratemos de* ***conservar*** *el orden*. Su postverbal es **preservación** (sust. f.).

preservativo, va. adj. 'Que tiene virtud o eficacia de preservar' (*sustancia* ***preservativa***). sust. m. 'Funda fina y elástica para cubrir el pene durante el coito, a fin de evitar la fecundación o el posible contagio de enfermedades': **el preservativo**. Esta última denotación ha sido incorporada recientemente en el ***Diccionario***. También pueden decirse **condón** (sust. m.) y **profiláctico** (sust. m.).

presidencia. sust. f. 'Dignidad o cargo de presidente'; 'acción de presidir'; 'sitio que ocupa el presidente'; 'tiempo que dura el cargo'; 'persona o conjunto de personas que presiden algo' (*La* ***presidencia*** *de la empresa resolvió firmar ese contrato*). Esta última denotación ha sido recién incorporada en el ***Diccionario***. El adjetivo correspondiente es **presidencial**, 'perteneciente a la presidencia o al presidente'.

♦ **presidenciable.** Barbarismo: *El doctor Agrelo es presidenciable*. Correcto: *El doctor Agrelo es* ***apto*** (o ***tiene aptitudes***) ***para presentarse como candidato a la presidencia*** *de la Nación, de una empresa, de una institución*, etcétera.

presidente. p. a. de **presidir**. 'Que preside' (*La dama* ***presidente*** *del jurado dará el nombre del niño premiado*). sust. com. Entre otras denotaciones, 'persona que preside': **el presidente, la presidente**. Para el género femenino, también puede usarse **presidenta** (sust. f.), 'la que preside'; fam. 'mujer del presidente'; 'cabeza de un gobierno'; 'jefa del Estado'. Estos dos últimos significados han sido recién incorporados en el ***Diccionario***. Debe escribirse con mayúscula cuando, sin nombrarlo, se hace referencia al primer mandatario de una nación (*El **Presidente** asistió a la inauguración de la Feria del Libro*). Se escribe con minúscula junto al nombre del jefe de Estado (*El **presidente** Sarmiento impulsó la educación*) o cuando se habla del cargo en general (*Cada pueblo elige a su **presidente***). En igual caso, respecto del uso de mayúsculas y minúsculas, están otros sustantivos que denotan el ejercicio de diversos cargos: **gobernador**, **intendente**, **ministro**, etc.

presidiar. v. tr. 'Guarnecer con soldados'. Se conjuga, en cuanto al acento, como **cambiar**.

presidiario. sust. m. Su femenino es **presidiaria**. También puede decirse **presidario** (sust. m.), pero la Academia prefiere la primera forma.

presidio. sust. m. 'Establecimiento penitenciario' (*Visitaron el **presidio** de Caseros*); 'pena consistente en la privación de la libertad' (*Lo condenaron a **presidio***). Como sustantivo colectivo, denota 'conjunto de presidiarios de un mismo lugar' (*El **presidio** organizó un motín*).

presidir. v. tr. 'Tener el primer puesto' (***Presidió** la reunión*); 'predominar, tener principal influjo' (*En este negocio, la honestidad **preside** todas las actividades*). Rég. prep.: **presidir en** (***presidir en** un tribunal*; ***presidir** un tribunal **en** ausencia de su titular*); **presidir por** (***presidir** un tribunal **por** ausencia de su titular*). Su postverbal es **presidencia** (sust. f.).

presilla. sust. f. Incorrecto: <u>*precilla*</u>. → **presa**

presión. sust. f. 'Acción y efecto de apretar o comprimir'; 'fuerza que ejerce un cuerpo sobre cada unidad de superficie'; 'coacción que se hace sobre alguien'. **presión arterial**. También puede decirse **tensión arterial** o **presión sanguínea**. La Academia ha admitido recientemente el sintagma **olla a presión**, antes considerado un galicismo.

presionar. v. tr. 'Ejercer presión sobre alguien o algo' (***Presionan** a los empresarios para que colaboren en la construcción de escuelas*). Incorrecto: *Varios empleados <u>presionaron</u> la dimisión del jefe*. Correcto: *Varios empleados **obligaron a dimitir** al jefe*.

preso, sa. p. irreg. de **prender**. adj. 'Dícese de la persona que sufre prisión' (*hombres y mujeres **presos***). Ú. t. c. sust. m. y f.: **el preso, la presa**. 'Dominado por un sentimiento'. Rég. prep.: **preso de** (*Fueron **presos de** la cólera ante la injusticia*).

presocrático, ca. adj. 'Dícese de los filósofos griegos anteriores a Sócrates y de su filosofía' (*filosofía **presocrática***). Ú. t. c. sust. m.: **el presocrático**. Incorrecto: <u>*pre-socrático*</u>. Es voz recién incorporada en el ***Diccionario***.

♦ **pressing.** Anglicismo. En español, deben decirse **presión**, **acoso**.

prestado, da. p. de **prestar**. **de prestado**. loc. adv. 'Con cosas prestadas' (*Me vestí **de prestado***); 'de modo precario' (*Siempre vivió **de prestado***).

prestador, ra. adj. 'Que presta'. Ú. t. c. sust. m. y f.: **el prestador, la prestadora**.

prestamista. sust. com. 'Persona que da dinero a préstamo': **el prestamista, la prestamista**. No debe confundirse su denotación con la de **prestatario, ria** (adj. Ú. t. c. sust. m. y f.). → **prestatario**

préstamo. sust. m. Entre otras denotaciones, 'el dinero o valor que toma un particular para devolverlo' (*Me pidió un **préstamo***); 'elemento, generalmente léxico, que una lengua toma de otra en forma y en significado, y que no pertenecía al conjunto patrimonial; suele adaptarse la pronunciación o la ortografía de la palabra, o ambas al mismo tiempo' (*En nuestro idioma, la voz "plafón" es un **préstamo** del francés*). También puede decirse **prestimonio** (sust. m.), pero la Academia prefiere la primera forma. A pesar de que no aparece en el ***Diccionario*** la locución adverbial **a préstamo**, es de uso común (*Dio dinero **a préstamo**; Tomó dinero **a préstamo***). Así lo corroboran las definiciones de **prestamista** y de **prestatario**. Es correcto el sintagma **en préstamo**, no registrado por la Academia → **prestamista**

prestar. v. tr. 'Entregar algo a alguien para que lo utilice durante algún tiempo y después lo devuelva' (*prestar un libro*). v. intr. 'Aprovechar, ser útil o conveniente para la consecución de un intento'; 'dar de sí, extendiéndose'. Rég. prep.: **prestar a** (***prestar a** interés*); **prestar sobre** (***prestar sobre** una prenda*) v. prnl. 'Ofrecerse, avenirse a algo'; 'dar motivo para algo'. Rég. prep.: **prestarse a** (***prestarse a** malos entendidos*; ***prestarse a** realizar la colecta*). Son correctos los sintagmas **prestar atención, prestar paciencia, prestar silencio**, que denotan 'tener u observar lo que estos sustantivos significan'. Su postverbal es **prestación** (sust. f.).

prestatario, ria. adj. 'Que toma dinero a préstamo'. Ú. t. c. sust. m. y f.: **el prestatario, la prestataria**.

prestidigitador. sust. m. 'Persona que hace juegos de manos y otros trucos'. Su femenino es **prestidigitadora**. También puede decirse **prestímano** (sust. m.), pero es infrecuente su uso.

prestigiar. v. tr. 'Dar prestigio' (*Su trayectoria profesional nos **prestigia***). Conserva la **g** en toda su conjugación. Se conjuga, en cuanto al acento, como **cambiar**.

♦ **prestissimo.** Italianismo. En español, debe decirse **presto** (adv. m.), 'muy rápido', y (sust. m.), 'composición musical o parte de ella que se ejecuta con este movimiento': **el presto**.

presto, ta. adj. 'Pronto, ligero' (*ejecución **presta***). Rég. prep.: **presto para** (*Siempre está **presto para** ayudar a los demás*). adv. t. 'Al instante' (*Lo entregaré **presto***). **de presto**. loc. adv. 'Prontamente' (*Terminaré mi tarea **de presto***). Su homónimo es adverbio de modo y sustantivo masculino. → **prestissimo**

presumir. v. tr. 'Conjeturar'. v. intr. 'Vanagloriarse'; 'cuidar mucho su arreglo una persona'. Rég. prep.: **presumir de** (***presumir de** inteligente*; ***presumir de** elegante*). Tiene un participio regular (***presumido***) y otro irregular (***presunto***). Su postverbal es **presunción** (sust. f.).

presunción. sust. f. También puede decirse **presuntuosidad** (sust. f.). → **presumir**

presuntamente. adv. m. 'Por presunción' (*El detective persiguió al joven **presuntamente**; Dijo, **presuntamente**, que el trabajo era muy fácil para él*). En el segundo ejemplo, el adverbio puede ser reemplazado con **presuntuosamente** (adv. m.), 'con vanagloria y demasiada confianza' (*Dijo, **presuntuosamente**, que el trabajo era muy fácil para él*). La voz **presuntivamente** (adv. m.) denota 'con presunción, sospecha o conjetura' (*Como vio luz en el comedor, abrió la puerta de su casa **presuntivamente***).

presuntivamente. adv. m. → **presuntamente**

presuntuosamente. adv. m. → **presuntamente**

presuntuoso, sa. adj. 'Lleno de presunción y orgullo'; 'que pretende pasar por muy elegante o lujoso' (*mujer **presuntuosa***). Ú. t. c. sust. m. y f.: **el presuntuoso, la presuntuosa**.

presuponer. v. irreg. tr. Tiene un participio irregular (***presupuesto***). La Academia considera anticuados **prosuponer** (v. tr.) y **prosupuesto, ta** (p. irreg. de **prosuponer**). Se conjuga como **poner**.

presupuestar. v. tr. Incorrecto: <u>*presupuestear*</u>, <u>*presupuesteo*</u>, <u>*presupuesteas*</u>, <u>*presupuestee*</u>, vulgarismos por ultracorrección. Correcto: ***presupuesto***, ***presupuestas***, ***presupueste***.

presupuesto, ta. p. irreg. de **presuponer**. Incorrecto: <u>*presuponido*</u>. sust. m. 'Causa o pretexto con que se ejecuta algo' (*Visitó a su cliente con el **presupuesto** de ofrecerle nuevos productos*); 'suposición' (*Tu teoría nace de **presupuestos** erróneos*); 'cómputo anticipado de gastos' (*¿Cuál es el **presupuesto** de Educación?*); 'cantidad de dinero calculado para hacer frente a los gastos generales de la vida cotidiana, de un viaje, etc.' (*Para viajar a Europa, tienen un buen **presupuesto***). **presupuesto que**. loc. conjunt. causal y continuativa. Equivale a **supuesto que** y a **puesto que** (***Presupuesto que** me lo pides, lo haré*).

presurizar. v. tr. 'Mantener la presión atmosférica normal en un recinto, independientemente de la presión exterior' (***Presurizaron** la cabina de pasajeros del avión*). → **cazar**

♦ **prêt-à-porter.** Galicismo, 'listo para ponérselo'. Calco del inglés *ready-to-wear*, 'listo para usar'. adj. 'Dícese de los vestidos que se venden ya confeccionados'. Ú. t. c. sust. m. El sintagma aparece registrado en el ***Diccionario Manual*** con la grafía **pret a porter** y con la mención de su origen galicado. Si se usa la frase extranjera, debe entrecomillarse.

pretencioso, sa. adj. Voz francesa (*prétentieux*) españolizada. 'Presuntuoso'. También puede escribirse **pretensioso, sa**, pero la Academia prefiere la primera forma. Su procedencia francesa es el origen de la doble grafía.

pretender. v. tr. La Academia ha incorporado recientemente esta denotación: 'Cortejar un hombre a una mujer para hacerse novios o para casarse con ella'. Tiene un participio regular (***pretendido***) y otro irregular (***pretenso***).

pretendiente. p. a. de **pretender**. 'Que pretende o solicita algo' (*persona **pretendiente***). Ú. t. c. sust. com.: **el pretendiente, la pretendiente**. Con esta denotación, el femenino es, también, **pretendienta** (sust. f.). También puede decirse **pretensor, ra** (adj. Ú. t. c. sust. m. y f.). adj. 'Aspirante a desempeñar un cargo público' (*Hay varias mujeres **pretendientes***). Ú. t. c. sust. com. (*Hay varias **pretendientes***). adj. 'Que aspira al noviazgo o al matrimonio con una mujer' (*muchacho **pretendiente***). Ú. t. c. sust. m.: **el pretendiente**. Esta última denotación ha sido recién incorporada en el ***Diccionario***.

pretensión. sust. f. La Academia ha incorporado recientemente este significado: 'Aspiración ambiciosa o desmedida'. Conserva la grafía etimológica (del latín *praetensio, praetensionis*). Es, pues, un grave error escribir *pretención*. También puede decirse **pretendencia** (sust. f.), pero la Academia prefiere la primera forma.

preterintencional. adj. 'Que causa un mal superior al deseado o planeado'. Es voz recién incorporada en el ***Diccionario***.

preterintencionalidad. sust. f. 'Calidad de preterintencional. Puede considerarse circunstancia atenuante de la responsabilidad criminal'. Es voz recién incorporada en el ***Diccionario***.

preterir. v. tr. defect. 'Hacer caso omiso de una persona o cosa'. Se conjuga en los mismos tiempos y personas que **abolir**. Su postverbal es **preterición** (sust. f.).

pretérito. adj. 'Dícese de lo que ya ha pasado o sucedió' (*días **pretéritos***). **tiempo pretérito**. 'El que sirve para denotar la acción que ya ha sucedido'. Ú. t. c. sust. m.: **el pretérito**. **pretérito imperfecto**. Indica 'acción pasada cuyo principio y cuyo fin no nos interesan' (*Mientras **caminaba**, **pensaba** en Inés*). **pretérito perfecto**. Denota 'acción pasada y perfecta'. Se clasifica en **simple**, que es absoluto (*Ayer **visité** el Museo de Bellas Artes*), y **compuesto**, que es acción perfecta que guarda relación con el presente (*Esta mañana, **he visitado** el Museo de Bellas Artes*). **pretérito anterior**. Expresa 'acción acabada, inmediatamente anterior a otra también pasada' (*Apenas **hubo hablado**, salió*). **pretérito pluscuamperfecto**. Denota 'acción pasada y perfecta, anterior a otra también pasada' (*Recordaba las palabras que Juan le **había dicho** antes de partir*).

preternaturalizar. v. tr. Ú. t. c. prnl. 'Alterar el estado natural de algo'. → **cazar**

pretexta. sust. f. 'Especie de toga talar' (*Los magistrados romanos usaban la **pretexta***). Ú. t. c. adj. (*la toga **pretexta***). No debe pronunciarse [pretesta].

pretexto. sust. m. 'Disculpa, excusa' (*Con el **pretexto** de que tenía un compromiso urgente, no terminó el informe*). En su reemplazo, puede usarse **coartada** (sust. f.). Incorrecto: *Se retiró bajo el pretexto de* o *a pretexto de que su madre estaba enferma*. Correcto: *Se retiró **con el pretexto de*** o ***so pretexto de** que su madre estaba enferma*.

pretil. sust. m. 'Vallado de piedra' (*No pudieron saltar el **pretil***); por extensión, 'sitio llano o paseo a lo largo de un pretil'. Incorrecto: *petril*. No debe usarse con la denotación de **brocal** (sust. m.), 'antepecho alrededor de la boca de un pozo, para evitar el peligro de caer en él': *el pretil del pozo*. Correcto: *el **brocal** del pozo*.

pretina. sust. f. Entre otras acepciones, 'parte de los calzones que se ciñe y ajusta a la cintura'; 'lo que ciñe o rodea una cosa'. Diminutivo: **pretinilla**. Incorrecto: *petrina*.

pretinero. sust. m. 'El que fabrica pretinas'. La Academia no registra el género femenino.

pretor. sust. m. 'Magistrado romano que ejercía jurisdicción en Roma o en las provincias'. Es palabra aguda. En plural, se transforma en grave: **pretores**. La 'dignidad de pretor' es la **pretoría** (sust. f.), y el 'empleo o dignidad de pretor', la **pretura** (sust. f.).

pretorial. adj. 'Perteneciente o relativo al pretor' (*audiencia **pretorial***). Puede reemplazarse con **pretorio, ria** (adj.). No debe confundirse su denotación con la del adjetivo **pretoriense**, 'perteneciente al pretorio'.

pretoriano, na. adj. 'Aplícase a los soldados de la guardia de los emperadores romanos' (*guardia **pretoriana***). Ú. t. c. sust. m.: **el pretoriano**.

preuniversitario, ria. adj. (*ciclo **preuniversitario***). Incorrecto: *pre-universitario*.

prevalecer. v. irreg. intr. Entre otras acepciones, 'sobresalir'. Rég. prep.: **prevalecer entre** (*Pedro **prevalece entre** todos sus amigos*); **prevalecer sobre** (*La caridad **prevalece sobre** la avaricia*). También puede decirse **prevaler**, pero la Academia prefiere la primera forma. Se conjuga como **parecer**.

prevaler. v. irreg. intr. 'Prevalecer'. v. prnl. 'Valerse o servirse de algo'. Rég. prep.: **prevalerse de** algo o **de** alguien **para** (*Se **prevale del** poder de su tío **para** ocupar el cargo deseado*). Se conjuga como **valer**.

prevaricador, ra. adj. 'Que prevarica'. Ú. t. c. sust. m. y f.: **el prevaricador, la prevaricadora**.

prevaricar. v. intr. Entre otras denotaciones, 'delinquir los empleados públicos dictando o proponiendo, a sabiendas o por ignorancia inexcusable, resolución de manifiesta injusticia'. Rég. prep.: **prevaricar contra** (***prevaricar contra** el Estado*). Su postverbal es **prevaricación** (sust. f.). → **sacar**

prevención. sust. f. Entre otras denotaciones, 'concepto, por lo común desfavorable, que se tiene de una persona o cosa'. No denota 'antipatía', 'inquina' u 'ojeriza': *Le tiene una cierta prevención a Julián.* Correcto: *Le tiene una cierta **ojeriza** a Julián.* **de prevención.** loc. adv. 'Por prevención, por si acaso' (***De prevención**, te daré este jarabe*).

prevenir. v. irreg. tr. 'Preparar' (***Previene** las maletas para el viaje*); 'prever' (*Tu madre **previno** la desgracia*); 'evitar, impedir' (*La higiene bucal **previene** las caries*); 'advertir, informar o avisar de algo' (*Le **prevengo** que no conseguirá ese libro fácilmente*); 'anticiparse a un inconveniente' (***Prevenga** las multas*); 'ordenar y ejecutar un juzgado las diligencias iniciales o preparatorias de un juicio civil o criminal'; 'instruir las primeras diligencias para asegurar los bienes y las resultas de un juicio'. v. prnl. 'Disponer con anticipación, prepararse de antemano'. Rég. prep.: **prevenirse contra** (***Se previnieron contra** accidentes*); **prevenirse de** (***Nos previnimos de** lo que necesitábamos*); **prevenirse para** (***Se previno para** recibir a los visitantes extranjeros*). **prevenírsele** a uno algo. fr. 'Venirle al pensamiento, ocurrírsele' (***Se le previno** una gran idea*). Su postverbal es **prevención** (sust. f.). Se conjuga como **venir**.

prever. v. irreg. tr. Entre otras denotaciones, 'ver con anticipación' (***Previó** la muerte de su hijo*). No debe usarse como sinónimo de **creer**, **intuir**, **sospechar**: *Preveo que hiciste mal el trabajo*; *Prevén que el asesino fue el empleado*. Correcto: ***Creo** que hiciste mal el trabajo*; ***Sospechan** que el asesino fue el empleado*. Se conjuga como **ver**, no, como **leer**. Es incorrecto decir *preveer* por analogía con **proveer** (v. tr. Ú. t. c. prnl.): *Esa anciana prevee el futuro*. Correcto: *Esa anciana **prevé** el futuro*. Incorrecto: *preveyó*, *preveyera* o *preveyese*, *preveyendo*. Correcto: ***previó***, ***previera*** o ***previese***, ***previendo***. Incorrecto: *La Ley no prevé la pena de muerte*. Correcto: *La Ley no **establece** la pena de muerte*. Es correcto reemplazarlo con **antever** (v. tr.). Puede usarse, como sinónimo, **prevenir**, con la denotación de 'conocer con anticipación un daño o perjuicio'. Tiene un participio irregular (***previsto***). Su postverbal es **previsión** (sust. f.).

previamente. adv. m. 'Con anticipación' (***Previamente**, leerá el documento*). Incorrecto: *Previamente a la reunión, hablará con el presidente de la empresa*. Correcto: ***Antes de** la reunión, hablará con el presidente de la empresa*.

previo, via. adj. 'Anticipado' (*averiguaciones **previas***). Es incorrecta la locución prepositiva *previo a*: *El discurso del director fue programado previo a la entrega de premios*. Correcto: *El discurso del director fue programado **antes de** la entrega de premios*). sust. m. 'Técnica que consiste en reproducir un sonido grabado con anterioridad, generalmente canciones, al que un actor procura seguir mímicamente'. No debe usarse la frase inglesa *play back*.

previsor, ra. adj. 'Que prevé'. Ú. t. c. sust. m. y f.: **el previsor, la previsora**.

previsto, ta. p. irreg. de **prever**. Rég. prep.: **previsto para** (*Todo estaba **previsto para** la ceremonia*).

prez. sust. amb. 'Honor, estima o consideración que se gana con una acción gloriosa': **el prez** o **la prez**; es más frecuente esta última forma. En plural: **preces**. Repárese en que la **z** cambia por **c**. No debe confundirse su denotación con la de **preces** (sust. f. pl.). → **preces**

primacía. sust. f. No debe pronunciarse [primacia].

♦ **primadona.** Italianismo. En español, debe decirse **primera cantante** o **cantante principal**.

primal, la. adj. 'Aplícase a la res ovejuna o cabría que tiene más de un año y no llega a dos'. Ú. t. c. sust. m. y f.: **el primal**, **la primala**. sust. m. 'Cordón o trenza de seda'.

primar. v. intr. 'Prevalecer, predominar' (*Siempre **priman** sus opiniones*). Con esta denotación, también puede usarse **privar** (v. tr. y prnl.): *Siempre **privan** sus opiniones*. → **privar**

primate. sust. m. 'Prócer'. Ú. m. en pl. (*los ilustres **primates***). adj. 'Aplícase a los mamíferos de organización superior, plantígrados, como los monos y el hombre' (*animal **primate***). Ú. m. c. sust. m.: **el primate**. sust. m. pl. 'Orden de estos animales' (*Compró un libro sobre **los primates***).

primavera. sust. f. Como el nombre de las demás estaciones, debe escribirse con minúscula (*Regresará en **primavera***). Los adjetivos correspondientes son **primaveral** y **vernal**, 'perteneciente o relativo a la primavera'. → **invierno**

primer. adj. apóc. de **primero**. Se usa antepuesto a sustantivos masculinos (***primer** piso*). Incorrecto: <u>*primer*</u> *aula*; <u>*primer*</u> *casa*; <u>*primer*</u> *columna*; <u>*primer*</u> *fila*; <u>*primer*</u> *hora*; <u>*primer*</u> *línea*; <u>*primer*</u> *ministra*; <u>*primer*</u> *palabra*; <u>*primer*</u> *piedra*; <u>*primer*</u> *señal*; <u>*primer*</u> *vez*. Correcto: ***primera** aula*; ***primera** casa*; ***primera** columna*; ***primera** fila*; ***primera** hora*; ***primera** línea*; ***primera** ministra*; ***primera** palabra*; ***primera** piedra*; ***primera** señal*; ***primera** vez*. La apócope se mantiene, aunque se interponga un adjetivo (***primer** magnífico libro*). No se produce cuando ambos adjetivos están unidos por la conjunción y (***primero y** magnífico libro*).

primerizo, za. adj. 'Que hace por vez primera algo, principiante' (*maestra **primeriza***). Ú. t. c. sust. m. y f.: **el primerizo**, **la primeriza**. 'Aplícase a la hembra que pare por primera vez' (*madre **primeriza***). Ú. t. c. sust. f.: **la primeriza**.

primero, ra. adj. Entre otras denotaciones, 'dícese de la persona o cosa que precede a las demás de su especie en orden, tiempo, lugar, situación, clase o jerarquía' (*libro **primero**; **primera** carrera*). El grado superlativo del adjetivo es **primerísimo, ma**. Ú. t. c. sust. m. y f.: **el primero**, **la primera**. Rég. prep.: **primero de** o **entre** (*Es el **primero de** o **entre** todos sus compañeros*). Se usa **primero** para designar el primer día de cada mes (***primero** de junio*), pero –según Seco– no es incorrecto usar el número cardinal **uno** (***uno** de junio*). Para Raguicci: "Lo innegable es que las personas cultas dicen y escriben en general: **el primero** *de abril*, **el primero** *de mayo*, y no el uno". adv. t. 'Primeramente' (***Primero** escribe tu nombre*); 'antes, más bien' (***Primero** con amor que con odio*). Incorrecto: <u>*Primero*</u> <u>*de*</u> <u>*todo*</u>, *daré algunas indicaciones*. Correcto: ***Ante todo*** o ***en primer lugar***, *daré algunas indicaciones*. Con esas denotaciones, también puede usarse el adverbio de modo **principalmente**. La Academia no registra el sustantivo femenino que denota la 'marcha o velocidad que precede a la segunda en los vehículos' (*Puso el motor del auto en **primera***). → **segundo**. **a primeros**. loc. adv. 'En los primeros días del año, mes, etc.' (*Nació **a primeros** de octubre del año pasado*). **de primera**. loc. fig. y fam. 'Sobresaliente' (*Es una seda **de primera***). **de primero**. loc. adv. 'Al principio' (***De primero**, no quería reconocer su error*). **no ser el primero**. fr. con que 'se excusa la acción de un sujeto, dando a entender que hay otros ejemplares o que el que la ejecuta lo tiene por costumbre' (***No es el primero** que miente*).

primicia. sust. f. 'Fruto primero de cualquier cosa' (*Esta obra es la **primicia** de mis investigaciones*); 'noticia que se da a conocer por primera vez' (*Te daré una **primicia***). sust. f. pl. fig. 'Principios o primeros frutos que produce cualquier cosa no material' (***las primicias** de la caridad*). El adjetivo que corresponde a esta última denotación es **primicial**.

primo, ma. adj. 'Primero' (*obra **prima***); 'excelente' (*hilo **primo***). sust. m. y f. 'Respecto de una persona, hijo o hija de su tío o tía': **el primo, la prima**. El **primazgo** (sust. m.) es el 'parentesco que tienen entre sí los primos'. adv.

m. 'En primer lugar' (***Primo** llegaron los turistas españoles*). Son correctos los sintagmas **primo hermano** o **primo carnal**, **prima hermana** o **prima carnal**.

primogénito, ta. adj. 'Aplícase al hijo que nace primero' (*hijo **primogénito***). Es una redundancia decir primer hijo primogénito. Ú. t. c. sust. m. y f.: **el primogénito, la primogénita**. La **primogenitura** (sust. f.) es la 'dignidad o derecho del primogénito'.

primogenitor. sust. m. 'Padre o ascendiente de uno'. La Academia considera que es una voz anticuada. No registra la forma femenina. → **progenitor**

prímula. sust. f. 'Planta'. También recibe el nombre de **primavera** (sust. f.), voz preferida por la Academia.

primuláceo, a. adj. 'Dícese de ciertas plantas herbáceas angiospermas dicotiledóneas, como la prímula o primavera' (*plantas **primuláceas***). Ú. t. c. sust. f.: **la primulácea**. sust. f. pl. 'Familia de estas plantas' (*¿Has leído algo sobre **las primuláceas**?*).

princeps. adj. Voz latina (*princeps*) españolizada. 'Dícese de la primera edición de una obra' (*edición **princeps***). También recibe el nombre de **edición príncipe**. Ú. t. c. sust. f.: **la princeps**. Está registrada sin tilde, pero debería llevarla por analogía con **bíceps**, **tríceps** y **fórceps**, también de origen latino. Además, la regla de acentuación dice: "llevan tilde las palabras que terminan en **s**, precedida de otra consonante". De acuerdo con esta regla, su pronunciación coincide con la etimológica: ***prínceps***. En plural, no varía: **las prínceps**. Es voz recién incorporada en el ***Diccionario***.

principado. sust. m. 'Entre otras denotaciones, título o dignidad de príncipe' (*Su **principado** duró muchos años*); 'territorio sobre el que recae este título o sobre el que un príncipe ejerce su autoridad' (*Visitó el **principado** de Mónaco*). En plural, 'espíritus bienaventurados, príncipes de todas las virtudes celestiales, que cumplen los mandatos divinos; forman el séptimo coro': **los principados**.

príncipe. adj. (*edición **príncipe***). Ú. t. c. sust. f.: **la príncipe**. sust. m. 'El más aventajado en una cosa' (*Es el **príncipe** de las letras*). 'Título que se da al hijo del rey'. Su femenino es **princesa**. Es anticuado el sustantivo **principesa** (f.). Rég. prep.: **príncipe de** o **entre** (***príncipe de** o **entre** los literatos de su tiempo*). El adjetivo correspondiente es **principesco, ca**, 'dícese de lo que es o parece propio de un príncipe o princesa'.

principiador, ra. adj. 'Que principia'. Ú. t. c. sust. m. y f.: **el principiador, la principiadora**.

principiante. p. a. de **principiar**. 'Que principia'. adj. 'Que empieza a estudiar, aprender o ejercer un oficio, arte, facultad o profesión' (*abogado **principiante***). Como adjetivo, es invariable (*maestra **principiante***). Incorrecto: *maestra principianta*. Ú. t. c. sust. com.: **el principiante, la principiante**. Como sustantivo de género femenino, puede usarse **principianta** (*La nueva secretaria es una **principianta***).

principiar. v. tr. Ú. t. c. intr. 'Comenzar' (*¿Cuándo **principiarán** las clases de francés?*). Rég. prep.: **principiar con**, **en** o **por** (***Principió** su discurso **con**, **en** o **por** una cita de Baudelaire*). Se conjuga, en cuanto al acento, como **cambiar**.

principio. sust. m. Entre otras denotaciones, 'primer instante del ser de una cosa'. **a los principios** o **al principio**. locs. advs. 'Al empezar una cosa' (***A los principios** o **al principio**, nadie lo escuchaba*). **a principios**. loc. adv. 'En sus primeros días' (***A principios** de julio, regresará de España*). **del principio al fin**. loc. adv. 'Enteramente' (*Leyó la novela **del principio al fin***). **desde un principio**. loc. adv. 'Desde los comienzos' (***Desde un principio**, sospeché de ese empleado*). **en principio**. loc. adv. 'Dícese de lo que se acepta o acoge en esencia' (***En principio**, aceptaré su ayuda*).

pringar. v. tr. Entre otras denotaciones, 'empapar con pringue el pan u otro alimento'. Ú. t. c. prnl. 'Manchar con pringue'. Rég. prep.: **pringarse con** o **de** (***Se pringó con** o **de** miel*). v. intr. 'Tomar parte en un negocio o dependencia' (*No quiere **pringar** en tus negocios*). La 'acción de mancharse con pringue' y la 'mancha de pringue' se denominan **pringón** (sust. m.). → **pagar**

pringue. sust. amb. 'Grasa'; 'suciedad que se pega a la ropa': **el pringue** o **la pringue**.

♦ **printed.** Anglicismo. En español, debe decirse **impreso**.

prior. sust. m. Entre otras denotaciones, 'prelado ordinario del convento'. Su femenino es **priora**. Se escribe siempre con minúscula. El adjetivo correspondiente es **prioral**, 'perteneciente o relativo al prior o a la priora'. El **priorato** (sust. m.) es el 'oficio, dignidad o empleo de prior o de priora', y el **priorazgo** (sust. m.), 'la dignidad de prior o de priora'.

prioridad. sust. f. Entre otras acepciones, 'anterioridad de una cosa respecto de otra, o en tiempo o en orden' (*La **prioridad** es el bienestar de la familia*). Incorrecto: *prioricidad*. Es redundante decir *La primera prioridad es el bienestar de la familia* o *La prioridad número uno es el bienestar de la familia*. El adjetivo correspondiente es **prioritario, ria**, 'dícese de lo que tiene prioridad respecto de algo'. Por lo tanto, es correcto decir *La preocupación **prioritaria** es el bienestar de la familia*. A pesar de que la Academia ha admitido **prioridad** (anglicismo), no deben olvidarse las voces españolas **precedencia, preferencia, prelación**.

♦ **priorizar.** Neologismo. Debe decirse **anteponer**, **dar preferencia**, **dar prioridad**.

prisa. sust. f. Entre otras denotaciones, 'prontitud'. **andar** uno **de prisa**. fr. fig. 'Aplícase al que parece que le falta tiempo para cumplir con lo que tiene a su cargo' (*Este hombre siempre **anda de prisa***). **a prisa**. loc. adv. 'Con prontitud'. También puede escribirse **aprisa** (*Hazlo **a prisa** o **aprisa***). **a toda prisa**. loc. adv. 'Con la mayor prontitud' (*Escribió la carta **a toda prisa***). **correr prisa** una cosa. fr. 'Ser urgente' (***Corre prisa** el envío de la correspondencia*). **dar prisa**. fr. 'Instar y obligar a uno a que ejecute una cosa con presteza y brevedad' (*Le pidió que **diera prisa** a esos expedientes*). **darse** uno **prisa**. fr. fam. 'Apresurarse en la ejecución de algo' (*Germán **se dio prisa** para terminar el trabajo*). **de prisa**. loc. adv. 'Con la mayor celeridad'. También puede escribirse **deprisa** (*Camina **de prisa** o **deprisa***). **estar** uno **de prisa**. fr. 'Tener que hacer algo con urgencia' (*Hoy me quedaré poco tiempo, porque **estoy de prisa***). **meter** uno **prisa**. fr. 'Apresurar las cosas' (*Juana **mete prisa** a la corrección de los exámenes*). **tener** uno **prisa**. fr. 'Estar de prisa' (*La dama **tenía prisa***).

prisionero. sust. m. Su femenino es **prisionera**.

prismático, ca. adj. 'De figura de prisma' (*anteojo **prismático***). Ú. t. c. sust. m. pl. (*Dame tus **prismáticos***).

prístino, na. adj. 'Antiguo, primero, primitivo, original'. Es palabra esdrújula. No debe pronunciarse [pristino] como grave. Es incorrecto usarlo como sinónimo de **claro**, **diáfano**, **transparente**, **puro**: *Este hombre tiene una conducta prístina*. Correcto: *Este hombre tiene una conducta **transparente***.

♦ **privacidad** o **privacía.** Anglicismos. En español, debe decirse **intimidad**, **vida privada** o **aislamiento.**

privado, da. p. de **privar**. adj. 'Que se ejecuta familiar y domésticamente' (*reunión **privada***); 'particular y personal' (*documentos **privados***). sust. m. 'El que tiene privanza' (*Llegó el **privado** del rey*). → **valido**

privar. v. tr. 'Despojar a uno de algo que poseía'; 'destituir a uno de un empleo'; 'prohibir'; 'quitar o perder el sentido'. Ú. m. c. prnl. Rég. prep.: **privar de** (*Lo **privó de** sus bienes*; *La **privarán de** su cargo*; *Lo **privó de** su postre*). 'Gustar extraordinariamente' (*A ellos les **priva** el dulce de leche*). v. intr. 'Tener privanza'. Rég. prep.: **privar con** (*El caballero **privaba con** el rey*); 'tener general aceptación una persona o cosa' (*Elena **priva** en todas las reuniones*). → **primar**. v. prnl. 'Dejar voluntariamente una cosa de gusto o conveniencia'. Rég. prep.: **privarse de** (*Como está gordo, **se priva de** comer tortas*). Su postverbal es **privación** (sust. f.).

privatista. sust. com. 'Persona que profesa el derecho privado': **el privatista**, **la privatista**. En la Argentina, se usa, además, con el significado de 'persona partidaria de la privatización'. Esta acepción carece de registro en el ***Diccionario***.

privatizar. v. tr. 'Transferir una empresa o actividad pública al sector privado' (***Privatizarán** esta empresa*). Su postverbal es **privatización** (sust. f.). Ambas voces han sido incorporadas recientemente en el ***Diccionario***. Su antónimo es **estatificar** (v. tr.). → **cazar**

privilegiado, da. p. de **privilegiar**. adj. 'Que goza de un privilegio' (*alumno **privilegiado***). Ú. t. c. sust. m. y f.: **el privilegiado, la privilegiada**. Su función como sustantivo ha sido incorporada recientemente en el ***Diccionario***.

privilegiar. v. tr. Conserva la **g** en toda su

conjugación. Se conjuga, en cuanto al acento, como **cambiar**.

pro. sust. amb. 'Provecho, ventaja': **el pro** o **la pro** (*hombres de **pro***). En plural: **los pros** o **las pros**. Aunque la Academia no lo registre, suele usarse correctamente con valor prepositivo junto a sustantivos sin artículo y con la denotación de 'en beneficio de' (*Cantó en la fiesta **pro** discapacitados mentales*). Incorrecto: *Cantó en la fiesta pro-discapacitados mentales*. **el pro y el contra**. fr. Denota 'la confrontación de lo favorable y lo adverso de algo' (*Piensa en **el pro y el contra** de su decisión*). En plural: **los pros y los contras**. Incorrecto: *los pro y los contra*; *los pro y contra*. **en pro de.** loc. prepos. 'En favor de' (*Organizó una quermés **en pro de** los necesitados*).

pro-. pref. de or. lat. 'Por' (***pro**común*); 'en vez de' (***pro**nombre*); 'ante, delante de' (***pró**logo*); 'impulso o movimiento hacia adelante' (***pro**seguir*); 'publicación' (***pro**clamar*); 'negación o contradicción' (***pro**scribir*).

proa. sust. f. 'Parte delantera de la nave'. En plural: **proas**. Poéticamente, puede decirse **prora** (sust. f.). **poner la proa** a uno. fr. fig. 'Tener el propósito de perjudicarlo' (*Cuando iba a concretar el negocio, me **puso la proa***). El adjetivo correspondiente es **proal**, 'perteneciente a la proa'. → **popa**

probador, ra. adj. 'Que prueba'. Ú. t. c. sust. m. y f.: **el probador, la probadora**. sust. m. 'Habitación en que los clientes de una tienda se prueban las prendas de vestir' (*La joven estaba en el **probador***).

probar. v. irreg. tr. 'Hacer examen y experimento de las cualidades de personas o cosas'; 'examinar si una cosa está arreglada a la medida de otra a la que debe ajustarse'; 'justificar la certeza de un hecho'; 'gustar una pequeña porción de una comida o bebida'; 'comer o beber algo'. Rég. prep.: **probar a** (***Probó a** arreglar la lámpara*); **probar de** (***Prueba de** todo*). v. intr. 'Experimentar'. Se usa con la preposición **a** más el infinitivo de otros verbos (***Prueba a** arreglar el techo de la casa*). Incorrecto: *Prueba de arreglar el techo de la casa*; *Prueba arreglar el techo de la casa*. Su postverbal es **prueba** (sust. f.). Se conjuga como **sonar**.

probeta. sust. f. Entre otras denotaciones, 'tubo de cristal cerrado por un extremo y destinado a contener líquidos o gases'. La Academia ha incorporado recientemente el sintagma **niño probeta**, 'aquel que ha sido concebido mediante una técnica de laboratorio que consiste en la implantación de un óvulo fecundado en el útero materno'. Repárese en que el sustantivo **probeta** está en aposición especificativa. En plural: **niños probeta**.

problema. sust. m. 'Cuestión' (*Éste es un **problema** para resolver*); 'dificultad' (*No tengo **problemas** para pagar esas cuotas*); 'disgusto' (*A veces, los hijos dan muchos **problemas***). Como sustantivo colectivo, denota 'conjunto de hechos o circunstancias que dificultan la consecución de algún fin' (*Desconoce el **problema** para reconstruir la escuela*). No debe usarse como sinónimo del sustantivo masculino **asunto**: *No quiero dar mi opinión sobre la venta de la casa, porque ése no es problema mío*. Correcto: *No quiero dar mi opinión sobre la venta de la casa, porque ése no es **asunto** mío*.

problemático, ca. adj. 'Dudoso' (*un caso **problemático***). sust. f. colect. 'Conjunto de problemas pertenecientes a una ciencia o actividad determinadas' (*Estudia la **problemática** de la psicología*). Es incorrecto usar esta voz como sinónimo de **problemas**: *Nadie conoce mi problemática*; *Hay niños problemáticos*. Correcto: *Nadie conoce mis **problemas***; *Hay niños **con problemas***.

problematización. sust. f. Voz no registrada en el ***Diccionario*** mayor. El ***Manual*** la define así: 'Acción y efecto de problematizar', con el indicador de su falta de sanción académica.

problematizar. v. tr. Voz no registrada en el ***Diccionario*** mayor. El ***Manual*** la define así: 'Poner en cuestión alguna cosa; plantear un hecho, fenómeno, concepto, etc., yendo más allá de sus apariencias para desvelar todos sus aspectos, matices y características', con el indicador de su falta de sanción académica.

probo, ba. adj. 'Honrado'. Incorrecto: *próbido*, por analogía con **probidad** (sust. f.). No debe confundirse su denotación con la de **próvido, da** (adj.), 'prevenido, cuidadoso'. → **próvido**

probóscide. sust. f. 'Aparato bucal de los insectos dípteros, en forma de trompa o pico': **la probóscide**. Incorrecto: *probócide*, *probóside*, *prosbócide*.

proboscidio. adj. 'Dícese de los mamíferos que tienen trompa prensil, como el elefante'.

Ú. t. c. sust. m.: **el proboscidio**. sust. m. pl. 'Orden de estos animales' (*Lee una obra sobre **los proboscidios***). Incorrecto: *proboscídeo*.

procaz. adj. 'Atrevido'. En plural: **procaces**. Repárese en que la **z** cambia por **c**.

procedencia. sust. f. 'Origen' (*¿Cuál es la **procedencia** de los gitanos?*); 'punto de partida de un barco, un tren, un avión, una persona, etc., cuando llega al término de su viaje' (*Pregunta por la **procedencia** del tren que acaba de llegar*); 'conformidad con la moral, la razón o el derecho' (*la **procedencia** de la demanda*). Con la primera denotación, también puede decirse **proveniencia** (sust. f.).

proceder. v. intr. 'Pasar a poner en ejecución una cosa a la que precedieron algunas diligencias'. Rég. prep.: **proceder a** (***proceder a** la identificación del cadáver*). 'Iniciar procedimiento judicial'. Rég. prep.: **proceder contra** (***proceder contra** los infractores*). 'Originarse'. Rég. prep.: **proceder** una cosa **de** otra (*La picazón de la piel **procede de** una alergia*). 'Haber salido de cierto lugar'. Rég. prep.: **proceder de** (*El barco **procede de** España*). 'Portarse y gobernar uno sus acciones bien o mal' (*Siempre **procede** con educación*). 'Tener su origen alguien o algo en un determinado lugar'; 'descender de cierta persona, familia o cosa que se expresa'. Rég. prep.: **proceder de** (*Jacinto **procede de** Bolivia; El caballero **procede de** una familia aristocrática*). 'Ser conveniente' (*Como el enfermo está grave, **procede** que lo dejemos descansar*). Su postverbal es **procedimiento** (sust. m.).

prócer. adj. 'Eminente, elevado' (*hombre **prócer***). También pueden decirse **procero, ra** o **prócero, ra** (adjs.). No debe confundirse la denotación de estos adjetivos con la de **proceroso, sa** (adj.), 'dícese de la persona de alta estatura, corpulenta y de gran peso'. sust. m. 'Persona constituida en alta dignidad' (*Leyó la vida del **prócer***). En plural: **próceres**. La 'dignidad de prócer' es el **procerato** (sust. m.), voz poco usada.

procesado, da. adj. 'Aplícase al escrito y letra de proceso' (*escrito **procesado***); 'declarado y tratado como presunto reo en un proceso criminal' (*mujer **procesada***). Ú. t. c. sust. m. y f.: **el procesado, la procesada**.

procesador. sust. m. 'Elemento de un sistema informático capaz de llevar a cabo procesos' (***procesador** de textos*). Es voz recién incorporada en el ***Diccionario***. Carece de registro académico el sustantivo femenino **procesadora**, 'aparato que permite que los alimentos sean sometidos a un proceso de transformación'.

procesar. v. tr. 'Formar autos y procesos'; 'declarar y tratar a una persona como presunto reo de delito'; 'someter a un proceso de transformación física, química o biológica'; 'someter datos o materiales a una serie de operaciones programadas'. Esta última denotación ha sido incorporada recientemente en el ***Diccionario***. El 'acto de procesar' es el **procesamiento** (sust. m.). Incorrecto: *procesado de datos*. Correcto: ***procesamiento** de datos*.

procesión. sust. f. Entre otras denotaciones, 'acción de proceder una cosa de otra'; 'acto de ir ordenadamente de un lugar a otro muchas personas con algún fin público y solemne, generalmente religioso'. Incorrecto: *proceción*. **andar** o **ir por dentro la procesión**. fr. fig. y fam. 'Sentir pena, cólera, inquietud, dolor, aparentando serenidad o sin darlo a conocer' (*Hilda no grita ni llora, pero **anda por dentro** o **va por dentro la procesión***). El adjetivo que corresponde a la segunda denotación es **procesional**, 'ordenado en forma de procesión'; 'perteneciente a ella'.

proclisis. sust. f. 'Unión de una palabra proclítica a la que le sigue' (*"La vi" es ejemplo de **proclisis**, pues "la" es un pronombre proclítico que se liga con el vocablo siguiente*). En plural, no varía: **las proclisis**. Su antónimo es **énclisis** o **enclisis** (sust. f.). → **énclisis**

proclive. adj. 'Que está inclinado hacia adelante o hacia abajo' (*un mástil **proclive***); 'propenso a algo, frecuentemente a lo malo'. Rég. prep.: **proclive a** (*persona **proclive a** los desmayos*). No debe usarse como sinónimo de **dispuesto, ta** (p. irreg. de **disponer**; adj.) o de **predispuesto, ta** (p. irreg. de **predisponer**; adj.). Incorrecto: *Juan es siempre proclive a ayudar a sus amigos; El empleado no se mostró proclive a reconocer su error*. Correcto: *Juan está siempre **dispuesto** para ayudar a sus amigos; El empleado no se mostró **predispuesto** a reconocer su error*.

proclividad. sust. f. 'Calidad de proclive'. No debe usarse como sinónimo de **predispo-**

sición (sust. f.). Incorrecto: *Su proclividad a ayudar al necesitado es digna de elogio*. Correcto: *Su* ***predisposición*** *a ayudar al necesitado es digna de elogio*.

procomún. sust. m. 'Utilidad pública'. Es voz aguda. En plural, se transforma en grave: **procomunes**. También puede decirse **procomunal** (sust. m.).

procónsul. sust. m. Incorrecto: *pro cónsul*, *pro-cónsul*. En plural: **procónsules**. El 'oficio, dignidad o empleo de procónsul' y el 'tiempo que duraba esta dignidad' es el **proconsulado** (sust. m.). El adjetivo correspondiente es **proconsular**, 'perteneciente o relativo al procónsul'.

procordado. adj. 'Dícese de animales cordados que no tienen encéfalo ni esqueleto, y respiran por branquias; viven en el mar' (*animales* ***procordados***). Ú. t. c. sust. m.: **el procordado**. sust. m. pl. 'Subtipo de estos animales' (*Estudia* ***los procordados***).

procreador, ra. adj. 'Que procrea'. Ú. t. c. sust. m. y f.: **el procreador, la procreadora**.

proctología. sust. f. colect. 'Conjunto de conocimientos y prácticas relativos al recto y a sus enfermedades'. El adjetivo correspondiente es **proctológico, ca**, 'perteneciente o relativo a la proctología'.

proctólogo. sust. m. 'Especialista en proctología'. Su femenino es **proctóloga**.

proctoscopia. sust. f. No debe pronunciarse [proctoscopía] ni [protoscopia]. También puede decirse **rectoscopia** (sust. f.), voz preferida por la Academia. → **rectoscopia**

proctoscopio. sust. m. No debe pronunciarse [proctoscopío] ni [protoscopio]. También puede decirse **rectoscopio** (sust. m.), voz preferida por la Academia. → **rectoscopio**

procurador, ra. adj. 'Que procura'. Ú. t. c. sust. m. y f.: **el procurador, la procuradora**. El 'oficio o cargo de procurador o procuradora' y 'su oficina' se denominan **procura** (sust. f.), **procuración** (sust. f.) o **procuraduría** (sust. f.).

procurar. v. tr. 'Hacer diligencias para que suceda lo que se expresa' (***Procuraré*** *entregar los muebles esta tarde*). 'Conseguir o adquirir algo'; con esta denotación, se usa más como pronominal (***Te procuraste*** *dos buenas frazadas*). 'Ejercer el oficio de procurador' (*Fernando* ***procura*** *desde 1967*). Su postverbal es **procura** (sust. f.).

prodigalidad. sust. f. 'Consumo de la propia hacienda, gastando excesivamente'; 'abundancia'. En su reemplazo, puede usarse **profusión** (sust. f.).

prodigar. v. tr. 'Gastar con exceso' (***Prodigó*** *todo su dinero en el juego*); 'dar con abundancia' (***Prodigaba*** *su ayuda a los ciegos*); 'dispensar elogios o favores profusa y repetidamente' (*Siempre* ***prodiga*** *elogios a sus mejores alumnos*). Ú. t. c. prnl. Rég. prep.: **prodigarse en** (***Se prodiga en*** *elogios a sus mejores alumnos*). v. prnl. 'Excederse indiscretamente en la exhibición personal' (*Varias mujeres* ***se prodigaban*** *en el cabaré*). → **pagar**

pródigo, ga. adj. 'Gastador' (*Entre los turistas, hay gente* ***pródiga***). Ú. t. c. sust. m. y f.: **el pródigo, la pródiga**. 'Que desprecia generosamente la vida' (*hombres* ***pródigos***); 'muy dadivoso'; 'que tiene o produce gran cantidad de algo' (*La naturaleza es* ***pródiga***). Rég. prep.: **pródigo en** (***pródigo en*** *alabanzas*).

producibilidad. sust. f. 'Calidad de producible'. También puede decirse **productibilidad** (sust. f.), pero la Academia prefiere la primera forma. En la Argentina, se usa la segunda.

producible. adj. 'Que se puede producir'. También puede decirse **productible** (adj.), pero la Academia prefiere la primera forma.

producido, da. p. de **producir**, no registrado en el ***Diccionario*** mayor. Aparece en el ***Manual***: Argent. y Méj. 'Ganancia que produce una empresa', con el indicador de su falta de sanción oficial.

producir. v. irreg. tr. 'Engendrar'; 'rendir fruto los terrenos' (*Nuestras tierras* ***producen*** *buen trigo*); 'rentar' (*Deben* ***producir*** *más*); 'ocasionar' (*El sedante le* ***produjo*** *sueño*); 'fabricar cosas útiles' (*La fábrica* ***produce*** *miles de toallas por día*); 'manifestar uno a la vista y examen aquellas razones o motivos, o las pruebas que pueden apoyar su justicia o el derecho que tiene para su pretensión'; 'crear cosas con valor económico' (***Produce*** *dos espectáculos teatrales por año*). v. prnl. 'Explicarse mediante la palabra'. Incorrecto: *El medicamento produjo efecto*; *Durante el combate, se produjeron muchas muertes*; *Se han producido importantes acontecimientos*. Correcto: *El* *medicamento **hizo efecto***; *Durante el combate, **hubo** muchas muertes*; ***Han ocurrido** importantes acontecimientos*. Tiene un participio regular (***producido***) y otro irregular (***producto***). Su postverbal es **producción** (sust. f.). Se conjuga como **conducir**.

producto. sust. m. 'Cosa producida'. No debe pronunciarse [produto], un vulgarismo.

productor, ra. adj. 'Que produce'. Ú. t. c. sust. m. y f.: **el productor**, **la productora**. sust. f. 'Empresa o asociación de personas que se dedican a la producción cinematográfica o discográfica'. Esta última denotación ha sido incorporada recientemente en el ***Diccionario***. También puede decirse **producidor**, **ra** (adj. Ú. t. c. sust. m. y f.), pero la Academia prefiere la primera forma.

proejar. v. intr. 'Remar contra la corriente o la fuerza del viento'. Rég. prep.: **proejar contra** (***proejar contra** el oleaje*). Conserva la **j** en toda la conjugación.

proemio. sust. m. 'Prólogo'. El adjetivo correspondiente es **proemial**, 'perteneciente al proemio'.

profanación. sust. f. 'Acción y efecto de profanar' (*la **profanación** del templo*). También puede decirse **profanamiento** (sust. m.), pero la Academia prefiere la primera forma.

profanador, ra. adj. 'Que profana'. Ú. t. c. sust. m. y f.: **el profanador, la profanadora**.

profano, na. adj. 'Que es puramente secular' (*lugar **profano***); 'que no demuestra respeto por las cosas sagradas'; 'libertino'; 'inmodesto'; 'que carece de conocimientos en una materia' (*Soy **profano** en antropología*). Ú. t. c. sust. m. y f.: **el profano**, **la profana**.

profecía. sust. f. 'Don sobrenatural que consiste en conocer por inspiración divina las cosas distantes o futuras'; 'predicción'; 'cada uno de los libros canónicos del Antiguo Testamento' (*la **profecía** de Isaías*). sust. f. pl. 'Libros canónicos del Antiguo Testamento, que contienen los escritos de los doce profetas menores'. En este caso, se escribe con mayúscula: **las Profecías**.

proferir. v. irreg. tr. 'Pronunciar, decir algo de viva voz'. Incorrecto: *En su carta, proferia amenazas contra los periodistas*. Correcto: *En su carta, **amenazaba** a los periodistas* o *Su carta **contenía amenazas** contra los periodistas*. Se conjuga como **sentir**.

profesar. v. tr. Entre otras denotaciones, 'ejercer una ciencia, arte, oficio, etc.' (***profesar** la biología*). v. intr. 'Obligarse, en una orden religiosa, a cumplir los votos propios de su instituto'. Rég. prep.: **profesar en** (***profesar en** la orden franciscana*). Su postverbal es **profesión** (sust. f.).

profesional. adj. 'Perteneciente a la profesión' (*ética **profesional***); 'dícese de la persona que ejerce una profesión' (*mujeres **profesionales***). La Academia agregó recientemente el siguiente significado: 'Dícese de lo que está hecho por profesionales y no, por aficionados' (*fútbol **profesional***). Ú. t. c. sust. com.: **el profesional, la profesional**. Como sustantivo, también denota 'persona que ejerce su profesión con relevante capacidad y aplicación' (*¡El doctor Linares es un **profesional**!*).

profesionalidad. 'Calidad de profesional'; 'ejercicio de la profesión con gran capacidad y honradez' (*Alabaron la **profesionalidad** de los dos ingenieros*). Incorrecto: *profesionabilidad*. No debe confundirse su denotación con la de **profesionalismo** (sust. m.), 'cultivo o utilización de ciertas disciplinas, artes o deportes, como medio de lucro'.

profesionalizar. v. tr. 'Dar carácter de profesión a una actividad' (*Deben **profesionalizar** el trabajo del corrector de textos*); 'convertir a un aficionado en profesional' (***Han profesionalizado** al joven boxeador*). → **cazar**

profeso, sa. adj. 'Dícese del religioso que ha profesado' (*monja **profesa***); 'se aplica al colegio o casa de los profesos' (*casa **profesa***). Ú. t. c. sust. m. y f.: **el profeso, la profesa**.

profesor. sust. m. 'El que ejerce o enseña una ciencia o arte' (***profesor** de matemática*). Su femenino es **profesora**. Se diferencia del **maestro** en que éste tiene un título oficial que lo habilita para enseñar en escuelas primarias. En la Argentina, el título es **profesor para la enseñanza primaria**. En cambio, el de **profesor** habilita para enseñar en escuelas secundarias. Además, el **profesor** está versado en una especialidad. Su abreviatura es ***prof.*** La de **profeso-**

ra es *prof.ª* El sustantivo colectivo es **profesorado** (m.), 'cuerpo de profesores'. Esta última voz significa, también, el 'cargo de profesor'; la Academia no registra la denotación, tan usada en la Argentina, de 'lugar donde se forman profesores'. El adjetivo correspondiente es **profesoral**, 'perteneciente o relativo al profesor o al ejercicio del profesorado'. → **maestro**

profeta. sust. m. 'El que posee el don de profecía'. Su femenino es **profetisa**. También pueden decirse **profetizador, ra** (adj. Ú. t. c. sust. m. y f.) y **vidente** (p. a. de **ver**; sust. m.). → **vidente**

profético, ca. adj. 'Perteneciente o relativo a la profecía o al profeta'. También puede decirse **profetal** (adj.), pero la Academia prefiere la primera forma.

profetizar. v. tr. 'Predecir hechos futuros en virtud del don de profecía'. → **cazar**

♦ **proficiency.** Anglicismo. En español, debe decirse **competencia**.

proficuo, cua. adj. 'Provechoso'. Incorrecto: <u>*profícuo*</u>. Rég. prep.: **proficuo para** (***proficuo para** desarrollar la profesión*).

profiláctico, ca. adj. 'Dícese de la persona o de la cosa que pueden preservar de la enfermedad'. sust. m. 'Preservativo'. Esta última denotación ha sido recién incorporada en el ***Diccionario***. No debe pronunciarse [profilático], un vulgarismo. → **preservativo**

profilaxis. sust. f. 'Preservación de la enfermedad'. En plural, no varía: **las profilaxis**. Nótese que, por ser voz grave terminada en **s**, no lleva tilde. Incorrecto: <u>*profiláxis*</u>.

pro forma. loc. lat. 'Para cumplir una formalidad' (*factura **pro forma***). En plural, no varía (*facturas **pro forma***).

prófugo, ga. adj. 'Dícese del que huye de la justicia'. Ú. t. c. sust. m. y f.: **el prófugo, la prófuga**. sust. m. 'Mozo que se ausenta para eludir el servicio militar'.

profundidad. sust. f. Entre otras denotaciones, 'parte honda de una cosa'; fig. 'penetración y viveza del pensamiento y de las ideas'. Incorrecto: *Estudia la vida de los peces <u>en</u> <u>profundidad</u>*. Correcto: *Estudia la vida de los peces **con profundidad**, **profundamente** o **exhaustivamente***.

♦ **profundización.** Neologismo. Según el contexto, debe decirse **ahondamiento** o **profundidad**. En otros casos, puede recurrirse al verbo **profundizar**.

profundizar. v. tr. Ú. t. c. intr. 'Cavar en una zanja, hoyo, etc., para hacerlo más hondo'; fig. 'penetrar una cosa para llegar a su perfecto conocimiento' (***Profundice** sus conocimientos sobre el tema*). Rég. prep.: **profundizar en** (***profundizar en** el estudio*); **profundizar hasta** (***profundizar hasta** la piedra*). → **cazar**

profundo, da. adj. Entre otras denotaciones, 'más hondo que lo regular' (*pozo **profundo***); 'intenso, muy vivo y eficaz' (*dolor **profundo***); 'tratándose del entendimiento, extenso, vasto' (*saber **profundo***). sust. m. 'La parte más honda de una cosa' (*el **profundo** de la piscina*); 'lo más íntimo de uno' (*Lleva el recuerdo de su hermano en su **profundo***).

profusión. sust. f. → **prodigalidad**

progenitor. sust. m. 'Pariente en línea recta ascendente de una persona'. Su femenino es **progenitora**. sust. m. pl. 'El padre y la madre': **los progenitores**.

prognato, ta. adj. 'Dícese de la persona que tiene salientes las mandíbulas'. Ú. t. c. sust. m. y f.: **el prognato, la prognata**.

prognosis. sust. f. 'Conocimiento anticipado de algún suceso'. Se usa respecto de la previsión meteorológica del tiempo. Nótese que no lleva tilde, porque es voz grave terminada en **s**. Incorrecto: <u>*prognósis*</u>. En plural, no varía: **las prognosis**.

programa. sust. m. La Academia ha incorporado recientemente, en su ***Diccionario***, estas denotaciones: 'Cada una de las operaciones que, en un orden determinado, ejecutan ciertas máquinas'; 'conjunto de instrucciones que permite a una computadora realizar determinadas operaciones'. Incorrecto: <u>*pograma*</u>. El 'conjunto de los programas de radio o televisión' se denomina **programación** (sust. f. colect.).

programador, ra. adj. 'Que programa'. Ú. t. c. sust. m. y f.: **el programador, la programadora**. sust. m. 'Aparato que ejecuta un programa automáticamente'. Como sustantivo masculino y femenino, la Academia incorporó recientemente esta denotación: 'persona que elabora programas de ordenador'.

programar. v. tr. La Academia incorporó recientemente estas denotaciones: 'Elaborar programas para los ordenadores'; 'preparar ciertas máquinas por anticipado para que empiecen a funcionar en el momento previsto'.

progresar. v. intr. 'Avanzar, mejorar'. Rég. prep.: **progresar en** (***Progresó en*** *la redacción de su libro*).

progresista. adj. Entre otras denotaciones, 'dícese de la persona, colectividad, etc., con ideas avanzadas, y de la actitud que esto entraña' (*intelectuales* ***progresistas***). Ú. t. c. sust. com.: **el progresista**, **la progresista**.

progresivamente. adv. m. 'Con progresión o perfeccionamiento de algo' (*Demuestra,* ***progresivamente****, su destreza para realizar los trabajos*). No debe confundirse su denotación con la de **paulatinamente** (adv. m.), 'poco a poco, despacio, lentamente'. Incorrecto: *El anciano colocó, progresivamente, los libros en la biblioteca*. Correcto: *El anciano colocó,* ***paulatinamente****, los libros en la biblioteca*.

prohibir. v. tr. En cuanto a su conjugación, es un verbo regular, pero presenta ciertas particularidades prosódicas y ortográficas: la **o** no forma diptongo con la **i**, cuando el radical es tónico; esa **i** lleva siempre tilde en presente de indicativo (*prohíbo, prohíbes, prohíbe, prohíben*), en presente de subjuntivo (*prohíba, prohíbas, prohíba, prohíban*) y en imperativo (*prohíbe*). Su postverbal es **prohibición** (sust. f.).

prohibitivo, va. adj. 'Dícese de lo que prohíbe' (*disposición* ***prohibitiva***); 'dícese de las cosas cuyos precios son muy altos' (*El precio de este tapado es* ***prohibitivo***). Con la primera denotación, también puede decirse **prohibitorio, ria** (adj.).

prohijador, ra. adj. 'Que prohija'. Ú. t. c. sust. m. y f.: **el prohijador, la prohijadora**.

prohijar. v. tr. 'Adoptar por hijo' (*Mis amigos* ***prohijaron*** *una niña*); fig. 'acoger como propias las opiniones o doctrinas ajenas' (***Prohíjo*** *sus ideas filosóficas*). La **j** se conserva en toda la conjugación. Sus postverbales son **prohijación** (sust. f.) y **prohijamiento** (sust. m.). → **airar**

prójimo. sust. m. 'Cualquier hombre respecto de otro'. Carece de femenino. El sustantivo **prójima** (f. fam.) denota 'mujer de dudosa conducta'; 'mujer respecto del marido'.

prolapso. sust. m. 'Caída de un órgano o parte de él'. No debe pronunciarse [prolaso] ni [prolacso]. Su sinónimo es **ptosis** (sust. f.). → **ptosis**

prole. sust. f. 'Linaje'. Como sustantivo colectivo, denota 'conjunto de hijos' (*Llegó con toda la* ***prole***) y 'conjunto numeroso de personas que tienen algún tipo de relación entre sí'.

prolegómeno. sust. m. 'Tratado que se pone al principio de una obra o escrito'; 'introducción innecesaria de algo'. Ú. m. en pl. (*No queremos* ***prolegómenos****, sino una explicación concreta de la situación*). Esta última denotación ha sido recién incorporada en el ***Diccionario***.

proletario, ria. adj. 'Perteneciente o relativo a la clase obrera' (*gente* ***proletaria***). sust. m. y f. 'Persona de la clase obrera': **el proletario**, **la proletaria**.

prolífico, ca. adj. 'Que tiene virtud de engendrar' (*padres* ***prolíficos***); 'dícese del autor de muchas obras' (*escritor* ***prolífico***). También puede decirse **prolífero, ra** (adj.), pero la Academia prefiere la primera forma.

prolijear. v. tr. 'Extenderse en demasía en explicaciones, digresiones, etc.' (*El orador* ***prolijeaba*** *el tema de su discurso*). No debe pronunciarse [prolijiar, prolijié]. → **-ear**. Es incorrecto usarlo como sinónimo de **hacer con prolijidad** o de **esmerarse**: *Prolijeen sus trabajos*. Correcto: ***Hagan*** *sus trabajos* ***con prolijidad***; ***Esmérense*** *en la corrección de sus trabajos*).

prolijo, ja. adj. 'Largo, dilatado con exceso'; 'cuidadoso, esmerado'; 'molesto'. En la Argentina, se usa sólo con la segunda denotación (*Elba es muy* ***prolija*** *cuando cose*).

prologar. v. tr. 'Escribir el prólogo de una obra' (***Prologué*** *una comedia de Lope de Vega*). → **pagar**

prólogo. sust. m. Entre otras denotaciones, 'escrito antepuesto al cuerpo de una obra de cualquier clase' (*He leído el* ***prólogo*** *de tu poemario*; *El escritor ha puesto un* ***prólogo*** *a su libro*; *Escribió un* ***prólogo*** *a la* Divina Comedia; *Escribió el* ***prólogo*** *de la* Divina Comedia). Su abreviatura es ***pról.*** El adjetivo correspondiente es **prologal**, 'perteneciente o relativo al prólogo'.

prologuista. sust. com. 'Persona que escribe el prólogo de un libro': **el prologuista, la prologuista.**

prolongador, ra. adj. 'Que prolonga'. Ú. t. c. sust. m. y f.: **el prolongador, la prolongadora**.

prolongar. v. tr. Ú. t. c. prnl. 'Alargar'; 'hacer que algo dure más tiempo que lo regular' (*Pidió que no le **prolongaran** la estada en ese lugar; Desea que **se prolongue** el diálogo*). Rég. prep.: **prolongar hacia** (***Prolongarán** el camino **hacia** el sur*); **prolongar hasta** (***Prolongó** su viaje **hasta** fines de mayo*). → **pagar**

promecio. sust. m. Esta voz no está registrada en el ***Diccionario***. Aparece en el ***Vocubulario científico y técnico***. → **prometio**

promediar. v. tr. Se conjuga, en cuanto al acento, como **cambiar**.

promedio. sust. m. En su significación más frecuente, 'término medio' (*En la escuela, tiene un buen **promedio**; La venta de automóviles ha alcanzado un **promedio** de dos millones de pesos por mes*).

promesa. sust. f. También puede decirse **prometimiento** (sust. m.), pero la Academia prefiere la primera forma.

promesante. sust. com. NO. Argent. y Chile. 'Persona que cumple una promesa piadosa, generalmente en procesión': **el promesante, la promesante**.

promesar. v. tr. NO. Argent. 'Hacer promesas, por lo general piadosas' (***Prometió** a Dios que se cortaría el pelo si conseguía trabajo*).

prometedor, ra. adj. 'Que promete'. Ú. t. c. sust. m. y f.: **el prometedor, la prometedora**. También puede decirse **prometiente** (p. a. de **prometer**. Ú. t. c. sust. com.) y **promitente** (sust. m. And. y Amér.).

prometer. v. tr. Entre otras denotaciones, 'obligarse a hacer, decir o dar alguna cosa'. v. intr. 'Mostrar una persona o cosa especiales cualidades, que pueden llegar a hacerla triunfar' (*El nuevo secretario **promete***). v. prnl. 'Esperar una cosa o mostrar gran confianza de lograrla'; 'ofrecerse por devoción o agradecimiento a Dios o a sus santos'; 'darse mutuamente palabra de casamiento'. Rég. prep.: **prometerse en** (***prometerse en** matrimonio*).

prometido, da. p. de **prometer**. sust. m. y f. 'Persona que ha contraído esponsales legales o que tiene una mutua promesa de casarse': **el prometido, la prometida**. sust. m. 'Promesa' (*No cumplió con **el prometido***).

prometio. sust. m. 'Metal del grupo de las tierras raras'. Número atómico 61. Símbolo: ***Pm*** (sin punto). → **promecio**

prominencia. sust. f. 'Elevación de una cosa sobre lo que está alrededor o cerca de ella' (*las **prominencias** del terreno*). → **preeminencia**

prominente. adj. 'Que sobresale sobre lo que está alrededor' (***prominentes** cumbres*); 'ilustre, famoso' (***prominentes** músicos*). Esta última denotación ha sido recién incorporada en el ***Diccionario***. → **preeminente**

promiscuar. v. intr. Se conjuga, en cuanto al acento, como **adecuar**.

promiscuo, cua. adj. La Academia ha incorporado recientemente esta denotación: 'Se dice de la persona que mantiene relaciones sexuales con otras varias, así como de su comportamiento, modo de vida, etc.' (*Es un hombre **promiscuo***).

promoción. sust. f. 'Acción y efecto de promover'. Como sustantivo colectivo, denota 'conjunto de personas que han obtenido un grado o un empleo al mismo tiempo' (*Pertenece a la nueva **promoción** de bachilleres*); 'mejora de las condiciones de vida, de productividad, intelectuales, etc.' (*Logró la **promoción** a jefe de ventas*).

promocionar. v. tr. 'Hacer valer artículos comerciales, cualidades, personas, etc.' (***Promociona** una buena marca de electrodomésticos*). No debe reemplazarse con el neologismo *publicitar* ni usarse como sinónimo de **promover** (v. irreg. tr.). → **promover**

promotor, ra. adj. 'Que promueve una cosa, haciendo las diligencias para su logro' (*grupo **promotor** de actividades*). Ú. t. c. sust. m. y f.: **el promotor, la promotora.**

promovedor, ra. adj. 'Que promueve'. Ú. t. c. sust. m. y f.: **el promovedor, la promovedora.**

promover. v. irreg. tr. 'Iniciar o adelantar algo, procurando su logro' (***Promovió** disturbios*).

'Elevar a una persona a una dignidad o cargo superior'. Rég. prep.: **promover a** (***Promovieron** a Jorge **a** director*). 'Tomar la iniciativa para realizar algo' (***Promovió** los medios para organizar la fiesta de beneficencia*). No debe usarse como sinónimo de **promocionar** (v. tr.): *Promovieron un nuevo perfume*. Correcto: ***Promocionaron** un nuevo perfume*. → **promocionar**. Es un anglicismo emplearlo como equivalente a **convocar**: *Promovieron a varias personas para esta semana*. Correcto: ***Convocaron** a varias personas para esta semana*. Se conjuga como **mover**. Su postverbal es **promoción** (sust. f.).

promulgador, ra. adj. 'Que promulga'. Ú. t. c. sust. m. y f.: **el promulgador**, **la promulgadora**.

promulgar. v. tr. Entre otras denotaciones, 'publicar algo solemnemente'. → **pagar**

pronombre. sust. m. 'Palabra no connotativa, de significación ocasional, relacionada con las personas del coloquio o con el hilo del habla'. **pronombres personales**. 'Designan las personas gramaticales'. Son: **yo** (primera persona singular); **tú**, **vos**, **usted** (segunda persona singular); **él**, **ella**, **ello** (tercera persona singular); **nosotros** (primera persona plural); **vosotros**, **ustedes** (segunda persona plural); **ellos**, **ellas** (tercera persona plural). Cumplen la función de sustantivos, pues son formas que adopta el sujeto (***Ella** sabe lo que dice*). Dice Ofelia Kovacci que "la forma *ello* del pronombre de tercera persona no puede usarse con referencia a sustantivos, alternando con ellos, por ser neutro. Reproduce otro neutro, oraciones o proposiciones" (*No desea saber dónde está su hermano; nada le importa de ello*). → **usted**, **vos**. Otros pronombres personales no pueden desempeñar la función de sujeto: **me**, **mí**, **conmigo** (primera persona singular), **te**, **ti**, **contigo** (segunda persona singular), **se**, **sí**, **consigo**, **lo**, **la**, **le** (tercera persona singular); **nos** (primera persona plural), **os** (segunda persona plural), **se**, **sí**, **consigo**, **los**, **las**, **les** (tercera persona plural). Incorrecto: *Me se cayó la goma*; *Te se ha caído la goma*. Correcto: ***Se me** cayó la goma*; ***Se te** ha caído la goma*. Repárese en que el pronombre personal **ti** no lleva tilde y en que —como dice Kovacci— "la primera persona plural de presente ante *nos* y ante *se* más otro enclítico, y el imperativo plural seguido de *os* (excepto con *ir*) pierden la consonante final": *Sentémonos aquí*; *Pidámoselo a Juan*; *Limpiáos la cara*; ***Idos** ahora*. Incorrecto: *Sentémosnos aquí*; *Pidámosselo a Juan*; *Limpiados la cara*. → **laísmo**, **leísmo**, **loísmo**. **pronombres posesivos**. Denotan 'posesión o pertenencia en relación con las personas gramaticales'. Son: **mío**, **mía**, **míos**, **mías** (relacionados con la primera persona singular); **tuyo**, **tuya**, **tuyos**, **tuyas** (relacionados con la segunda persona singular); **suyo**, **suya**, **suyos**, **suyas** (relacionados con la tercera persona singular); **nuestro**, **nuestra**, **nuestros**, **nuestras** (relacionados con la primera persona plural); **vuestro**, **vuestra**, **vuestros**, **vuestras** (relacionados con la segunda persona plural); **suyo**, **suya**, **suyos**, **suyas** (relacionados con la tercera persona plural). Cuando se colocan delante del sustantivo, **mío**, **tuyo**, **suyo** se apocopan: **mi**, **tu**, **su** (en singular); **mis**, **tus**, **sus** (en plural). Cumplen la función de adjetivos (***Tus** palabras me ofenden*; ***Nuestros** abuelos viven en Bélgica*). **pronombres demostrativos**. 'Muestran personas, animales u objetos situándolos en el espacio con respecto a las personas del coloquio'. Son: **este**, **esta**, **estos**, **estas**, **esto** (relacionados con la primera persona); **ese**, **esa**, **esos**, **esas**, **eso** (relacionados con la segunda persona); **aquel**, **aquella**, **aquellos**, **aquellas**, **aquello** (relacionados con la tercera persona). Cumplen la función de adjetivos y de sustantivos (*Vivo en **esta** casa*; ***Ésta** es mi casa*; ***Ese** hombre sabe latín*; ***Ése** sabe latín*; ***Aquel** perro ladra mucho*; ***Aquél** ladra mucho*), excepto las formas neutras, que funcionan sólo como sustantivos (***Esto** no me gusta*; ***Eso** requiere tiempo*; ***Aquello** le pertenece*). **pronombres relativos**. 'Se refieren a persona, animal o cosa de que se ha hecho mención anteriormente; desde el punto de vista sintáctico, reproducen un antecedente y encabezan una proposición incluida'. Son: **que**, **cual**, **cuales**, **quien**, **quienes**, **cuyo**, **cuya**, **cuyos**, **cuyas**, **donde**, **cuando**, **como**, **cuanto**, **cuanta**, **cuantos**, **cuantas**. Funcionan como sustantivos, adjetivos o adverbios (*La niña **que** canta es Rosa*; *El señor, **cuya** casa conocimos, es médico*; *Volvió a la tienda **donde** había olvidado el paraguas*). Los pronombres relativos, excepto **cuyo**, se transforman en **interrogativos** y **exclamativos** mediante la tilde (*¿**Quiénes** son ustedes?*; *¡**Qué** calor!*; *¿**Cuándo** llegó Daniela?*; *No sabe **dónde** está*). **pronombres indefinidos** o **indeterminados**. 'Aluden vagamente a personas, animales u objetos'.

Son: **algo**, **alguien**, **alguno**, **bastante**, **cada**, **cierto**, **cualquiera**, **demás**, **demasiado**, **dondequiera**, **jamás**, **más**, **menos**, **mismo**, **mucho**, **nada**, **nadie**, **ninguno**, **nunca**, **otro**, **poco**, **quienquiera**, **siempre**, **todo**, **uno**, **varios**. Sólo varían en número: **bastante** (***bastantes***), **cualquiera** (***cualesquiera***, ***cualquieras***) y **quienquiera** (***quienesquiera***). → **cualquiera**, **quienquiera**. Cumplen la función de sustantivos, adjetivos o adverbios (***Ninguno*** *conoce su paradero*; ***Varios*** *niños asistieron a la fiesta*; *Come* ***demasiado***). Las dificultades acerca del uso de los pronombres podrán consultarse en los artículos correspondientes.

pronosticador, ra. adj. 'Que pronostica'. Ú. t. c. sust. m. y f.: **el pronosticador**, **la pronosticadora**.

pronosticar. v. tr. 'Conocer por algunos indicios lo futuro'. Su postverbal es **pronosticación** (sust. f.). → **sacar**

pronto, ta. adj. 'Rápido' (*Necesito una* ***pronta*** *solución*). Rég. prep.: **pronto de** (*Es un hombre* ***pronto de*** *razonamiento*); **pronto en** (*Es* ***pronto en*** *las contestaciones*); 'dispuesto'. Rég. prep.: **pronto para** (*Siempre está* ***pronto para*** *ayudarnos*). sust. m. fam. 'Decisión repentina' (*Le dio un* ***pronto*** *y salió corriendo*); fam. 'ataque repentino de algún mal' (*Después de que tuvo el* ***pronto****, dejó de cantar*). adv. t. 'Prontamente' (*Vuelvan* ***pronto***); 'con tiempo de sobra' (*Fueron* ***pronto*** *hacia la estación*). Incorrecto: *Tan pronto empezó a llover, se fueron*. Correcto: ***Tan pronto como*** *empezó a llover, se fueron*. **al pronto**. loc. adv. 'A primera vista' (*Inés se enamoró de Alberto* ***al pronto***). **de pronto**. loc. adv. 'Apresuradamente' (*Salió* ***de pronto***); 'de repente' (***De pronto****, se puso pálido y se desmayó*). Incorrecto: *De pronto, no parecía grave*. Correcto: ***Al pronto****, no parecía grave*. **por de pronto**, **por el pronto** o **por lo pronto**. locs. advs. 'De primera intención, en el entretanto' (***Por de pronto***, ***por el pronto*** o ***por lo pronto****, creo que le interesa el trabajo*).

pronunciador, ra. adj. 'Que pronuncia'. Ú. t. c. sust. m. y f.: **el pronunciador**, **la pronunciadora**.

pronunciar. v. tr. Ú. t. c. prnl. Entre otras denotaciones, 'declararse o mostrarse a favor o en contra de alguien o de algo' (***Se pronunció*** *a favor del petitorio de sus compañeros*) 'destacar, acentuar' (*Este vestido* ***pronuncia*** *tu cintura*). Estas dos denotaciones han sido recién incorporadas en el ***Diccionario***. 'Determinar, resolver'. Rég. prep.: **pronunciarse sobre** (*El juez no* ***se ha pronunciado*** *aún* ***sobre*** *la adopción de la niña*). Se conjuga, en cuanto al acento, como **cambiar**.

propagador, ra. adj. 'Que propaga' (*virus* ***propagador*** *de la enfermedad*). Ú. t. c. sust. m. y f.: **el propagador**, **la propagadora**.

propagandista. adj. 'Dícese de la persona que hace propaganda, especialmente en materia política' (*grupo* ***propagandista***). Ú. t. c. sust. m. y f.: **el propagandista**, **la propagandista**.

propagar. v. tr. Ú. t. c. prnl. 'Multiplicar'; fig. 'extender, aumentar algo' (***Se propaga*** *la peste*); fig. 'extender el conocimiento de una cosa o la afición a ella'. Rég. prep.: **propagar entre** (***Propagó entre*** *sus alumnos el amor por la literatura*); **propagarse entre** (*El pánico* ***se propagó*** *rápidamente* ***entre*** *los espectadores*); **propagar** o **propagarse por** (***Propagaron*** *la noticia* ***por*** *el pueblo*; *La noticia* ***se propagó por*** *el pueblo*). No debe confundirse su denotación con la de **propalar** (v. tr.). Su postverbal es **propagación** (sust. f.). → **pagar**

propalador, ra. adj. 'Que propala'. Ú. t. c. sust. m. y f.: **el propalador**, **la propaladora**.

propalar. v. tr. 'Divulgar una cosa oculta'. → **propagar**

propasar. v. tr. Ú. m. c. prnl. 'Pasar más adelante de lo debido'; 'excederse de lo razonable en lo que se hace o se dice'; 'faltar al respeto'. Rég. prep.: **propasarse en** (***propasarse en*** *sus palabras*); **propasarse con** (***propasarse con*** *una dama*).

propender. v. intr. 'Inclinarse hacia algo'. Rég. prep.: **propender a** (***propender a*** *la tolerancia*). Tiene un participio regular (***propendido***) y otro irregular (***propenso***). Su postverbal es **propensión** (sust. f.).

propensión. sust. f. 'Acción y efecto de propender'. No debe confundirse su significado con el de **predisposición** (sust. f.). Incorrecto: *Tiene propensión para la física*. Correcto: *Tiene* ***predisposición*** *para la física*. → **predisposición**

propenso, sa. p. irreg. de **propender**. adj. 'Con tendencia a lo que se expresa'. Rég. prep.: **propenso a** (***propenso a*** *la angina*).

propiciador, ra. adj. 'Que propicia'. Ú. t. c. sust. m. y f.: **el propiciador, la propiciadora**.

propiciar. v. tr. 'Aplacar la ira de alguien'; 'ganar el favor de alguno'; 'favorecer la ejecución de algo' (*Varios empresarios **propician** la construcción de un parque de diversiones*). No debe usarse como sinónimo de **pronosticar** (v. tr.): *La adivina propicia un buen año*. Correcto: *La adivina **pronostica** un buen año*. Se conjuga, en cuanto al acento, como **cambiar**.

propicio, cia. adj. 'Inclinado a hacer un bien'; 'favorable'. Rég. prep.: **propicio a** (*Parece **propicio a** ayudarnos; Es un momento **propicio al** recogimiento*); **propicio para** (*Es momento **propicio para** viajar*). No debe confundirse su denotación con la de **propiciatorio, ria** (adj.), 'que tiene virtud de hacer propicio' (*víctimas **propiciatorias***). Incorrecto: *víctimas propicias*.

propiedad. sust. f. Es palabra aguda. En plural, se transforma en grave: **propiedades**.

propietario, ria. adj. Ú. m. c. sust. m. y f.: **el propietario, la propietaria**.

propileo. sust. m. 'Vestíbulo de un templo'. Es palabra grave. No debe pronunciarse [propíleo] como esdrújula. En plural: **propileos**. Puede usarse, en su reemplazo, **peristilo** (sust. m.). → **peristilo**

propina. sust. f. Entre otras denotaciones, 'gratificación pequeña con que se recompensa un servicio eventual'. **de propina**. loc. adv. fam. 'Por añadidura' (*Lo insultó y, **de propina**, le pegó una bofetada*).

propio, pia. adj. Entre otras denotaciones, 'perteneciente a alguien' (*Tiene casa **propia***); 'peculiar' (*Son desplantes **propios** de una niña malcriada*); 'conveniente, adecuado' (*Son zapatos **propios** para una novia*); 'natural' (*El anciano carece de dientes **propios***); 'mismo': con esta denotación, se usa antepuesto al sustantivo para enfatizar lo que se expresa (*La vi con mis **propios** ojos*); 'opuesto a figurado' (*¿Es una palabra de significado **propio** o figurado?*). sust. m. 'Persona que se envía de un punto a otro con carta o recado' (*El **propio** fue a entregar las invitaciones*). En la Argentina, se prefiere el sustantivo **cadete**. Rég. prep.: **propio de** (***propio de** este país*); es incorrecto: *propio a este país*; **propio para** (***propio para** adultos; **propio para** quitar las manchas*). No es correcto el uso de este adjetivo sin valor enfático en oraciones como la siguiente: *Gabriela Sabatini, José Luis Clerc y el propio Guillermo Vilas jugaron partidos de tenis en beneficio de los ciegos*. Correcto: *Gabriela Sabatini, José Luis Clerc y Guillermo Vilas jugaron partidos de tenis en beneficio de los ciegos*.

propóleos. sust. m. 'Sustancia cérea con que las abejas bañan las colmenas antes de empezar a obrar'. Incorrecto: *propóleo, propolio*. Es palabra esdrújula. No debe pronunciarse [propoleos] como grave. En plural, no varía: **los propóleos**. Su sinónimo es **tanque** (sust. m.).

proponer. v. irreg. tr. Ú. m. c. prnl. Rég. prep.: **proponer** a alguien **en** primer lugar **para** (***Propuso** a Eduardo **en** primer lugar **para** el empleo*); **proponer por** (***Propondrán** a Carlos **por** bedel*). Su participio es irregular (***propuesto***). Se conjuga como **poner**.

proporción. sust. f. 'Correspondencia debida de las partes de una cosa con el todo o entre cosas relacionadas entre sí' (*Deseo un armario de otras **proporciones***); 'conveniencia'; 'la mayor o menor dimensión de una cosa' (*Se asombró de las **proporciones** de la catedral*). No tiene registro oficial el significado figurado de 'importancia, intensidad', que aparece en el ***Diccionario Manual***, con la aclaración de que se usa más en plural, y en el de María Moliner (*El incendio adquirió grandes **proporciones***).

proporcionadamente. adv. m. 'Con proporción' (*Ha dibujado la jarra **proporcionadamente***). También puede decirse **proporcionablemente** (adv. m.), pero la Academia prefiere la primera forma. No debe confundirse su denotación con la de **proporcionalmente** (adv. m.), 'en o a proporción' (*Repartió las ganancias **proporcionalmente***).

proporcionar. v. tr. 'Disponer y ordenar una cosa con la debida correspondencia en sus partes'. Ú. t. c. prnl. 'poner en disposición las cosas'; 'poner a disposición de uno lo que necesita o le conviene' (*Le **proporcionaré** los libros que necesite*). No tiene registro oficial la denotación de 'dar algo negativo': *El burro le proporcionó una coz en la rodilla*. Correcto: *El burro le **dio** una coz en la rodilla*.

proposición. sust. f. Entre otras denotaciones, 'acción y efecto de proponer' (*Le hizo una* *buena* ***proposición***). Desde el punto de vista gramatical, para la Academia, equivale a **oración subordinada**. El concepto de **proposición** como cláusula dependiente ha sido tratado en el artículo **oración**. **proposición sustantiva**. 'La que cumple, en la oración, la función del sustantivo' (*No sabe* ***lo que dice***). **proposición adjetiva**. 'La que cumple, en la oración, la función del adjetivo' (*Leyó el libro* ***que le regalaron***). **proposición adverbial**. 'La que cumple, en la oración, la función del adverbio' (circunstancia de lugar: *Iré* ***donde tú me mandes***; circunstancia de tiempo: ***Cuando llegue la primavera***, *florecerán esas plantas*; circunstancia de modo: *Dilo* ***como lo sientes***; circunstancia de cantidad: *Comió* ***cuanto pudo***; circunstancia de causa: *No podía hablar,* ***porque estaba borracho***). Incorrecto: *propocisión*. → **oración**

propósito. sust. m. 'Intención de hacer o de no hacer algo' (*Tiene el* ***propósito*** *de imitarte en todo*); 'objeto que se pretende conseguir' (*Su* ***propósito*** *es quitarte el puesto*); 'asunto' (*Trataremos este* ***propósito***). **a propósito**. loc. adv. Denota que 'algo es oportuno para lo que se desea' (*Este vestido de seda me parece* ***a propósito*** *para la fiesta*); 'con intención determinada' (*Te rayó el auto* ***a propósito***). Con esta denotación, también puede decirse **de propósito** (loc. adv.). Denota, además, que 'una cosa, al ser mencionada, ha sugerido o recordado la idea de hablar de otra'. Se usa, a veces, añadiendo al final la preposición **de** (***A propósito de*** *lo que contó sobre su viaje, sus amigos le sugirieron que escribiera un libro*). **fuera de propósito**. loc. adv. 'Sin venir al caso' (*Discutió acaloradamente* ***fuera de propósito***).

propugnador, ra. adj. 'Que propugna'. Ú. t. c. sust. m. y f.: **el propugnador, la propugnadora.**

propugnar. v. tr. 'Defender, amparar' (***Propugnan*** *una mejor asistencia en los hospitales*). Incorrecto: *Propugnan por una mejor asistencia en los hospitales*. No debe confundirse su denotación con la de **pugnar** (v. intr.). → **pugnar**

propulsión. sust. f. 'Acción y efecto de propulsar'. **propulsión a chorro**. 'Procedimiento empleado para que un avión, proyectil, cohete, etc., avance en el espacio, por efecto de la reacción producida por la descarga de un fluido que es expulsado a gran velocidad por la parte posterior'. Incorrecto: *propulsión de chorro*.

propulsor, ra. adj. 'Que propulsa'. Ú. t. c. sust. m. y f.: **el propulsor, la propulsora.**

prorrata. sust. f. 'Cuota o porción que toca a uno de lo que se reparte entre varios, proporcionada a lo que cada uno debe pagar o percibir'. Incorrecto: *prorata*. En plural: **prorratas**. También pueden escribirse **pro rata** (loc. lat.) y **pro rata parte** (loc. lat.), pero la Academia prefiere la primera forma. **a prorrata**. loc. adv. 'Mediante prorrateo'.

prorratear. v. tr. 'Repartir una cantidad entre varios, según la parte que proporcionalmente toca a cada uno'. Incorrecto: *proratear*. No debe pronunciarse [prorratiar, prorratié]. → **-ear**. Su postverbal es **prorrateo** (sust. m.) Incorrecto: *prorateo*.

prorrogar. v. tr. 'Dilatar algo por un tiempo determinado'; 'aplazar'. Rég. prep.: **prorrogar hasta** (***prorrogar hasta*** *Navidad*); **prorrogar por** (***prorrogar por*** *seis meses*). → **pagar**

prorrumpir. v. intr. 'Salir algo con ímpetu' (***Prorrumpió*** *en el escenario*); 'proferir repentinamente y con fuerza o violencia una voz, suspiro u otra demostración de dolor o pasión vehemente'. Rég. prep.: **prorrumpir en** (***prorrumpir en*** *llanto*).

prosa. sust. f. Diminutivo: **prosita**. El adjetivo correspondiente es **prosístico, ca**, 'perteneciente o relativo a la prosa literaria'.

proscenio. sust. m. 'En el antiguo teatro griego y latino, lugar entre la escena y la orquesta'. Incorrecto: *prosenio*, *procenio*.

proscribir. v. tr. 'Desterrar'. Tiene un participio irregular (***proscripto*** o ***proscrito***). No debe confundirse su denotación con la de **prescribir** (v. tr. e intr.). → **prescribir**

proscriptor, ra. adj. 'Que proscribe'. Ú. t. c. sust. m. y f.: **el proscriptor, la proscriptora**. No debe pronunciarse [proscritor, proscritora], vulgarismos.

prosear. v. intr. Urug. 'Conversar'. No debe pronunciarse [prosiar, prosié]. → **-ear**

prosecretario. sust. m. Incorrecto: *pro secretario*, *pro-secretario*. La Academia no registra el género femenino, de uso común en la Argentina. Además, prefiere **vicesecretario, ria** (Amér. sust. m. y f.). → **vicesecretario**

proseguir. v. irreg. tr. 'Continuar' (***Prosigue** la carrera*). v. intr. 'Seguir alguien o algo en una misma actitud, estado, etc.' (*El receso **proseguirá** una semana más*). Rég. prep.: **proseguir con** o **en** (***Prosigue con** o **en** los trabajos*). Sus postverbales son **prosecución** (sust. f.) y **proseguimiento** (sust. m.). Se conjuga como **seguir**.

proselitista. adj. 'Celoso de ganar prosélitos' (*grupos **proselitistas***). Ú. t. c. sust. com.: **el proselitista, la proselitista**.

prosélito. sust. m. 'Persona convertida a la religión católica o a otra religión' (*Varios **prosélitos** integraban la procesión*); 'partidario que se gana para una facción, parcialidad o doctrina' (*Ingresaron en el partido dos nuevos **prosélitos***). La Academia no registra el género femenino.

prosificar. v. tr. 'Poner en prosa una composición poética'. → **sacar**

prosimio. adj. 'Aplícase a ciertos mamíferos primates nocturnos, de pequeño tamaño' (*animales **prosimios***). Ú. t. c. sust. m.: **el prosimio**. sust. m. pl. 'Suborden de estos animales' (*Estudio la vida de **los prosimios***).

prosista. sust. com. 'Escritor o escritora de obras en prosa': **el prosista**, **la prosista**. También pueden decirse **prosador** (sust. m.) y **prosadora** (sust. f.).

prospectiva. sust. f. colect. 'Conjunto de análisis y estudios realizados con el fin de explorar o predecir el futuro, en una determinada materia' (*Realizan una **prospectiva** sobre las preferencias partidarias de los votantes*). No debe usarse como sinónimo de **proyecto** (sust. m.): *Tiene muchas <u>prospectivas</u> para la construcción del edificio*. Correcto: *Tiene muchos **proyectos** para la construcción del edificio*. → **proyecto**

prospecto. sust. m. 'Exposición o anuncio breve que se hace al público sobre una obra, espectáculo, mercancía, etc.'; 'folleto que acompaña a ciertos productos, especialmente farmacéuticos, en que se explica su composición, utilidad, modo de empleo, etc.'. Esta última denotación ha sido recién incorporada en el ***Diccionario***. No debe pronunciarse [prospeto], un vulgarismo.

prosperar. v. tr. 'Ocasionar prosperidad' (*Dios nos **prospere***). v. intr. 'Tener prosperidad'. Rég. prep.: **prosperar en** (*Juan **prospera en** su nuevo negocio*). Incorrecto: *No <u>prosperaron</u> las averiguaciones sobre el consumo de drogas en ese barrio*. Correcto: *No **avanzaron** las averiguaciones sobre el consumo de drogas en ese barrio*.

prostático, ca. adj. 'Perteneciente o relativo a la próstata' (*enfermedad **prostática***); 'dícese del varón que padece afección morbosa de la próstata' (*anciano **prostático***). Ú. t. c. sust. m.: **el prostático**.

prostatitis. sust. f. 'Inflamación de la próstata'. En plural, no varía: **las prostatitis**.

prosternarse. v. prnl. 'Arrodillarse, postrarse'. Rég. prep.: **prosternarse ante** (***prosternarse ante** Dios*); **prosternarse en** (***prosternarse en** el suelo*); **prosternarse para** (***prosternarse para** rezar*). Incorrecto: *<u>posternarse</u>*.

prostituir. v. irreg. tr. Ú. t. c. prnl. Tiene dos participios: uno regular (***prostituido***) y otro irregular (***prostituto***). Se conjuga como **huir**. → **emputecer**

protactino. sust. m. 'Elemento metálico radiactivo'. Número atómico 91. Símbolo: ***Pa***

protagónico, ca. Adjetivo no registrado por la Academia, pero de correcta formación (*papel **protagónico***). También puede decirse ***papel de protagonista***.

protagonista. sust. com. 'Personaje principal de la acción en una obra literaria o cinematográfica': **el protagonista, la protagonista**. Es redundante decir *<u>protagonista</u> <u>principal</u>*. No debe usarse esta voz como sinónimo de **causante** o de **actor**: *Los <u>protagonistas</u> de la refriega fueron cinco muchachos*; *¿Qué <u>protagonistas</u> trabajan en esa obra?* Correcto: *Los **causantes** de la refriega fueron cinco muchachos*; *¿Qué **actores** trabajan en esa obra?* La 'condición de protagonista' es el **protagonismo** (sust. m.). Recuérdese que el 'personaje que sigue en importancia al protagonista' es el **deuteragonista** (sust. com.) y que el **antagonista** (sust. com.) es 'el principal personaje que se opone al protagonista'.

protagonizar. v. tr. 'Representar un papel en calidad de protagonista'; por extensión, 'desempeñar alguien o algo el papel más importante en cualquier hecho o acción' (*La actriz Lola Membrives **protagonizó*** Bodas de sangre, *de Federico García Lorca*). Incorrecto: *Los jubilados <u>protagonizaron</u> un mitin* (todos no desempeñan el papel principal al mismo tiempo). Correcto: *Los jubilados **asistieron** a un mitin.* → **cazar**

prótasis. sust. f. 'Exposición o primera parte del período en que queda pendiente el sentido, que se completa o cierra en la segunda, llamada apódosis' (***Si quieres dinero*** [prótasis], ***trabaja*** [apódosis]). En plural, no varía: **las prótasis**. No debe confundirse su grafía con la de **prótesis** (sust. f.). → **prótesis**

proteáceo, a. adj. 'Se aplica a plantas angiospermas dicotiledóneas, por lo general árboles y arbustos, como el ciruelillo' (*plantas **proteáceas***). Ú. t. c. sust. f.: **la proteácea**. sust. f. pl. 'Familia de estas plantas' (*En Australia, crecen las **proteáceas***).

protección. sust. f. 'Acción y efecto de proteger'. No debe pronunciarse [proteción], un vulgarismo. El adjetivo correspondiente es **protectorio, ria**, 'perteneciente o relativo a la protección'.

proteccionista. adj. 'Partidario del proteccionismo'; 'perteneciente o relativo al proteccionismo'. Ú. t. c. sust. com.: **el proteccionista, la proteccionista**.

protector, ra. adj. 'Que protege'. Ú. t. c. sust. m. y f.: **el protector, la protectora**. La 'mujer que protege' también recibe el nombre de **protectriz** (adj. Ú. t. c. sust. f.). La 'dignidad, cargo o virtud de protector y su ejercicio' es el **protectorado** (sust. m.); el 'empleo o ministerio de protector', la **protectoría** (sust. f.). sust. m. 'En algunos deportes, pieza u objeto que cubre y protege las partes del cuerpo más expuestas a los golpes' (*El boxeador se coloca el **protector** de dientes*).

proteger. v. tr. Ú. t. c. prnl. Rég. prep.: **proteger** o **protegerse contra** (***proteger*** o ***protegerse contra*** *los peligros*); **proteger** o **protegerse de** (***proteger*** o ***protegerse de*** *la lluvia*). Es regular, pero tiene una particularidad ortográfica: cambia la **g** por **j** cuando va seguida de **o** o de **a**, en presente de indicativo (*protejo*) y en presente de subjuntivo (*proteja, protejas, proteja, protejamos, protejáis, protejan*).

protegido, da. p. de **proteger** (*niños **protegidos***). sust. m. y f. 'Favorito'; 'ahijado': **el protegido, la protegida**.

proteínico, ca. adj. 'Referente o relativo a las proteínas y, en general, a los prótidos'. También puede decirse **proteico, ca** (adj.), pero la Academia prefiere la primera forma.

protervo, va. adj. 'Perverso'. Ú. t. c. sust. m. y f.: **el protervo, la proterva**.

protésico, ca. adj. 'Perteneciente o relativo a la prótesis'. sust. m. y f. 'Ayudante de odontólogo': **el protésico, la protésica**.

prótesis. sust. f. 'Procedimiento mediante el cual se repara artificialmente la falta de un órgano o parte de él'; 'aparato destinado a esta reparación' (***prótesis** dental*). 'Figura de dicción que consiste en añadir algún sonido al principio de un vocablo' (*Cuando la gente dice "dentrar", un vulgarismo por "entrar", hace una **prótesis***). En plural, no varía: **las prótesis**. Con esta última denotación, también puede decirse **próstesis** (sust. f.). No debe confundirse su grafía con la de **prótasis** (sust. f.). → **prótasis**. Los adjetivos correspondientes son **protésico, ca** y **protético, ca**, 'perteneciente o relativo a la prótesis'. → **epéntesis, paragoge**

protestante. p. a. de **protestar**. 'Que protesta'. adj. Entre otras denotaciones, 'que sigue el luteranismo o cualquiera de sus sectas'. Ú. t. c. sust. com.: **el protestante, la protestante**. El sustantivo colectivo es **protestantismo** (m.), 'conjunto de protestantes'.

protestar. v. tr. 'Declarar alguien su intención de ejecutar una cosa' (***Protesto** la venta de la oficina*); 'confesar públicamente la fe y creencia que uno profesa' (***Protestan** su fe católica*); 'hacer el protesto de una letra de cambio' (*El banco le **protestará** la letra que no pagó*). v. intr. 'Expresar alguien su queja impetuosamente'. Rég. prep.: **protestar ante** (***Protesta ante** la autoridad*); **protestar contra**, 'rechazar' (*La mujer **protestó contra** la multa*). Incorrecto: *La mujer <u>protestó de</u> la multa.* **protestar de**, 'proclamar' (***Protestará de** su inocencia*); **protestar por** (***Protesta por** todo*). Sus postverbales son **protesta** (sust. f.) y **protestación** (sust. f.).

proto-. elem. compos. de or. gr. 'Prioridad, preeminencia, superioridad' (***protomártir, protomedicato***).

protocolizar. v. tr. 'Incorporar en el protocolo una escritura matriz u otro documento que requiera esta formalidad'. Su postverbal es **protocolización** (sust. f.). También puede decirse **protocolar** (v. tr.), pero la Academia prefiere la primera forma. → **cazar**

protónico, ca. adj. 'Dícese del sonido que está antes de la sílaba tónica y que no es el inicial de una palabra' (*La vocal* ***protónica*** *de "catastrófico" es la segunda "a"*). También puede decirse **pretónico, ca.** → **postónico**

protórax. sust. m. 'El primero de los tres segmentos en que se divide el tórax de los insectos'. En plural, no varía: **los protórax**.

protozoario, ria. adj. No debe pronunciarse [protozuario]. → **protozoo**

protozoo. adj. 'Dícese de los animales, casi siempre microscópicos, cuyo cuerpo está formado por una sola célula o por una colonia de células iguales entre sí' (*animales* ***protozoos***). Ú. m. c. sust. m.: **el protozoo**. sust. m. pl. 'Subreino o tipo de estos animales' (*Estudian* ***los protozoos***). También puede decirse **protozoario** (adj.), pero la Academia prefiere la primera forma.

protuberante. adj. 'Que sobresale o lo hace más de lo normal' (*nariz* ***protuberante***).

protutor. sust. m. 'Cargo familiar establecido por el código civil para intervenir las funciones de la tutela y asegurar su recto ejercicio'. Incorrecto: pro-tutor. La Academia no registra el género femenino, que sí, aparece en **tutor** (sust. m.), **tutora** (sust. f.). Es palabra aguda. En plural, se transforma en grave: **protutores**.

provecho. sust. m. Entre otras denotaciones, 'beneficio o utilidad que se consigue o se origina de una cosa o por algún medio'. **buen provecho**. expr. fam. con que se 'explica el deseo de que algo sea conveniente a la salud o bienestar de uno. Dícese frecuentemente a los que están comiendo o bebiendo'. **de provecho**. loc. adj. 'Dícese de la persona o cosa útil o a propósito para lo que se desea o intenta' (*Parece un asistente* ***de provecho***). El hombre **de pro** o **de provecho** es el 'hombre de bien'.

provechoso, sa. adj. Rég. prep.: **provechoso para** (***provechoso para*** *nuestros objetivos*).

proveedor. sust. m. 'El que provee o abastece de todo lo necesario para un fin a grandes grupos, asociaciones, comunidades, etc.'. Su femenino es **proveedora**. Incorrecto: *provedor*, *provedora*. También puede decirse **provisor** (sust. m.), pero la Academia prefiere la primera forma. Además, no registra el género femenino, pues **provisora** (sust. f.) es 'la que cuida de la provisión de la casa en los conventos de religiosas'.

proveer. v. tr. Ú. t. c. prnl. Entre otras denotaciones, 'preparar'; 'suministrar lo necesario'. Rég. prep.: **proveer a** (***proveer a*** *las necesidades del pueblo*); **proveer** a alguien **de** algo (***proveer*** *a los pobres* ***de*** *alimentos*); **proveer en** (***proveer*** *el cargo* ***en*** *el más capaz*). Tiene un participio regular (***proveído***) y otro irregular (***provisto***). Su postverbal, **provisión** (sust. f.). → **leer, prever**

provenencia. sust. f. 'Procedencia'. Incorrecto: *provenencia*.

proveniente. p. a. de **provenir**. Voz no registrada en el ***Diccionario***, pero de correcta formación. Aparece en el ***Manual*** junto a **provinente** y **proviniente**. Estos dos últimos, con el indicador de su falta de sanción oficial.

provenir. v. irreg. intr. 'Nacer, originarse, proceder del lugar, persona o cosa que se expresa'. Rég. prep.: **provenir de** (***provenir de*** *otro país*). Se conjuga como **venir**.

provenzal. adj. 'Natural de Provenza' (*niñas* ***provenzales***); 'perteneciente o relativo a esta antigua provincia de Francia' (*costumbres* ***provenzales***). Ú. t. c. sust. com.: **el provenzal, la provenzal**. sust. m. 'Lengua de oc'; 'lengua de los provenzales' (*Habla* ***el provenzal***).

provenzalista. sust. com. 'Persona que cultiva la lengua o la literatura provenzales': **el provenzalista, la provenzalista**.

proverbiar. v. intr. fam. 'Usar muchos proverbios'. Se conjuga, en cuanto al acento, como **cambiar**.

proverbio. sust. m. 'Sentencia, refrán'; 'superstición'; 'obra dramática que pone en acción un proverbio'. sust. pr. m. pl. 'Libro de la Sagrada Escritura, que contiene varias sentencias de Salomón' (*Ha leído el Libro de los* ***Proverbios***). En este caso, debe escribirse con mayúscula.

proverbista. sust. com. fam. 'Persona aficionada a decir, coleccionar o estudiar proverbios': **el proverbista, la proverbista**.

providencia. sust. f. Entre otras denotaciones, 'prevención que mira o conduce al logro de un fin'; 'por antonomasia, la de Dios'. sust. pr. fig. 'Dios'. Con las dos últimas denotaciones, se escribe con mayúscula (*Obró la Divina **Providencia***). 'Resolución judicial que decide cuestiones de trámite o peticiones accidentales y sencillas no sometidas a tramitación de mayor solemnidad' (*El juez dictó la **providencia***). **a la Providencia**. loc. adv. 'Sin más amparo que el de Dios' (*Dejo mi nuevo trabajo **a la Providencia***). **tomar** uno **providencia** o **una providencia**. fr. 'Adoptar una determinación' (*Como le habían robado el automóvil, **tomó providencia** o **una providencia** para que no volviera a sucederle*).

providencialista. adj. 'Que profesa la doctrina del providencialismo, según la cual todo sucede por disposición de la Divina Providencia'. Ú. t. c. sust. com.: **el providencialista, la providencialista**.

providenciar. v. tr. Entre otras denotaciones, 'dar disposiciones para lo que se va a hacer'. Se conjuga, en cuanto al acento, como **cambiar**.

próvido, da. adj. 'Prevenido, cuidadoso'; 'benévolo'. Con la primera denotación, también puede decirse **providente** (adj.). → **probo**

provincia. sust. f. Se escribe con mayúsucula cuando forma parte de una denominación oficial (*Policía de la **Provincia** de Buenos Aires*). En los demás casos, con minúscula (*Fuimos a una **provincia** norteña*). Sus abreviaturas son ***pcia***. y ***prov***.

provincial. adj. 'Perteneciente o relativo a una provincia' (*autoridades **provinciales***). Con esta denotación, puede usarse, en su reemplazo, **provinciano, na** (adj. Ú. t. c. sust. m. y f.). sust. m. 'Religioso que tiene el gobierno y superioridad sobre todas las casas y conventos de una provincia'. Su femenino es **provinciala**. La 'dignidad, oficio o empleo de provincial o provinciala' es el **provincialato** (sust. m.).

provinciano, na. adj. 'Dícese del habitante de una provincia' (*gente **provinciana***). Con esta denotación, puede usarse, en su reemplazo, **provincial** (adj.). Ú. t. c. sust. m. y f.: **el provinciano, la provinciana**. 'Afectado de provincianismo'; 'perteneciente o relativo a una provincia' (*autoridades **provincianas***). La Academia incorporó, recientemente, la acepción de 'poco elegante o refinado' (fig. y fam.).

provisión. sust. f. Como sustantivo colectivo, denota 'conjunto de cosas, especialmente alimentos, que se guardan o preservan para un fin'. Ú. m. en pl. (*Tenía muchas **provisiones***).

provisional. adj. 'Dícese de lo que se hace, se halla o se tiene temporalmente' (*cargo **provisional***). También puede decirse **provisorio, ria** (adj.), pero la Academia prefiere la primera forma.

provocador, ra. adj. 'Que provoca, incita, estimula o excita' (*mujer **provocadora***). También puede decirse **provocativo, va** (adj.).

provocar. v. tr. 'Incitar'; 'irritar'; 'mover'. Rég. prep.: **provocar a** (***provocar a** risa*). 'Hacer que una cosa produzca otra como reacción a ella' (*La llegada de Darío **provocó** desavenencias*). Incorrecto: *El accidente provocó tres muertes*. Correcto: *El accidente **causó** tres muertes*. Nótese que **se provoca** una reacción, pero **se causa** un daño. Su postverbal es **provocación** (sust. f.). → **sacar**

proxeneta. sust. com. 'Persona que, con móviles de lucro, favorece relaciones sexuales ilícitas': **el proxeneta, la proxeneta**. Es palabra grave. No debe pronunciarse [proxéneta] como esdrújula.

próximamente. adv. t. 'Pronto' (*Vendrá **próximamente***). adv. l., t. y m. 'Con proximidad' (*Vive **próximamente***). Como adverbio de cantidad, equivale a **aproximadamente** (*Esta alfombra cuesta, **próximamente**, tres mil pesos*).

proximidad. sust. f. 'Calidad de próximo'. 'Lugar próximo'. Ú. m. en pl. (*Compró una casa en las **proximidades de** San Isidro*). Incorrecto: *Compró una casa en las proximidades a San Isidro*. Rég. prep.: **proximidad a** (*Juana sentía la **proximidad a** su pueblo*). Con este régimen, denota que 'alguien o algo están próximos a ese pueblo'. **proximidad de** (*Juana hablaba sobre la **proximidad de** su pueblo*). Con este régimen, significa que 'el pueblo está próximo'. En su reemplazo, puede usarse **confinidad** (sust. f.), pero su uso es infrecuente.

próximo, ma. adj. 'Cercano' (*Viajamos a un lugar **próximo***); 'siguiente' (*Ese dato está en la **próxima** página*). Rég. prep.: **próximo a** (*El pro-*

*fesor está **próximo a** regresar a su país*; *La panadería está **próxima a** mi casa*). Ú. t. c. sust. m. y f.: **el próximo, la próxima**. La abreviatura de **próximo pasado** es ***ppdo***.

proyección. sust. f. La Academia ha incorporado recientemente esta denotación: 'En el psicoanálisis, atribución a otro de los defectos o intenciones que alguien no quiere reconocer en sí mismo'. No debe pronunciarse [proyeción], un vulgarismo.

proyeccionista. sust. com. 'Persona que, profesionalmente, maneja un proyector de cine, de iluminación o un aparato análogo': **el proyeccionista, la proyeccionista**. Esta voz ha sido incorporada recientemente en el ***Diccionario***.

proyectar. v. tr. Entre otras denotaciones, 'lanzar, dirigir hacia adelante'. Rég. prep.: **proyectar hacia** (***Proyectó** el telescopio **hacia** el cielo*). 'Idear el plan para la ejecución de algo'; 'hacer visible sobre una superficie la figura o la sombra de otro'. Ú. t. c. prnl. 'Reflejar sobre una pantalla la imagen óptica amplificada de diapositivas, películas u objetos opacos'. Rég. prep.: **proyectar en** o **sobre** (***Proyecta** diapositivas **en** o **sobre** una pantalla*). La Academia ha incorporado recientemente esta denotación: 'Hacer un proyecto de arquitectura o de ingeniería'. El participio activo es **proyectante** (adj.). El postverbal, **proyección** (sust. f.).

proyectista. sust. com. 'Persona que se dedica a hacer proyectos y a facilitarlos'. La Academia ha incorporado recientemente esta denotación: 'Persona que dibuja planos de diversa naturaleza, proyectos artísticos, industriales, etc.': **el proyectista, la proyectista**. También puede decirse **calculista** (adj. Ú. t. c. sust. com.), pero la Academia prefiere la primera forma.

proyecto. sust. m. Como sustantivo colectivo, denota 'conjunto de escritos, cálculos y dibujos que se hacen para dar idea de cómo ha de ser y lo que ha de costar una obra de arquitectura o de ingeniería'. La Academia ha incorporado recientemente este significado: 'Primer esquema o plan de cualquier trabajo que se hace, a veces, como prueba antes de darle la forma definitiva' (*Éste es el **proyecto** de mi libro*), y la frase **proyecto de ley**, 'ley elaborada por el gobierno y sometida al parlamento para su aprobación'. No debe pronunciarse [proyeto], un vulgarismo, ni confundirse su denotación con la de **prospectiva** (sust. f.). → **prospectiva**

prudencial. adj. 'Perteneciente o relativo a la prudencia' (*conducta **prudencial***). La Academia ha incorporado recientemente esta denotación: 'Que no es exagerado ni excesivo' (*Lo haré en un tiempo **prudencial***).

prueba. sust. f. También pueden decirse **probación** (sust. f.) y **probatura** (sust. f. fam.), pero la Academia prefiere la primera forma. En algunos deportes, puede usarse en reemplazo de **competición** (sust. f.). **a prueba**. loc. adv. 'Estar una cosa hecha con perfección' (*Es una valija hecha **a prueba***). Con esta denotación, suele decirse, también, **a toda prueba**. 'Que permite al comprador probar o experimentar aquello que se le vende' (*Le dejo, **a prueba**, estas muestras de perfume*). loc. adj. 'Entre empleados, significa que durante un tiempo deben demostrar su valía para poder confirmar su puesto de trabajo' (*Tomé dos empleados **a prueba***). **a prueba de agua, a prueba de bomba**, etc. locs. advs. 'Aplícase a lo que, por su perfecta construcción, es capaz de resistir al agua, a las bombas, etc.' (*Compró un impermeable **a prueba de agua***). **de prueba**. loc. adv. 'Explica la consistencia de alguien o de algo en lo físico o en lo moral'; 'adecuado para probar el límite de la paciencia de uno' (*Ese altercado le sirvió **de prueba***). **en prueba de**. loc. adv. 'Como muestra' (*Te regalo este libro **en prueba de** mis sentimientos*). **poner a prueba**. fr. 'Someter a alguien o algo a determinadas situaciones para comprobar sus cualidades' (***Puse a prueba** al nuevo cadete*). La palabra inglesa **test** (sust. m.) ya ha sido incorporada en el ***Diccionario***, por lo tanto, puede considerarse su sinónimo. → **test**

prunela. sust. f. Argent. 'Tela de lana gruesa y tupida, empleada en la confección de prendas que requieren gran resistencia o solidez'. Este argentinismo ha ingresado recientemente en el ***Diccionario***.

pseudo-. elem. compos. de or. gr. → **seudo-**

pseudología. sust. f. 'Trastorno mental'. Ésta es la única grafía registrada por la Academia.

psi. sust. f. 'Vigésima tercera letra del alfabeto griego, que equivale a *ps*'. En plural: **psis**. Incorrecto: *psíes*.

psico-. elem. compos. de or. gr. 'Alma'; 'actividad mental' (*psicoanalista, psicología*). La Academia no registra la grafía sin **p** de este prefijo, pero la admite en algunas palabras, como **sicoanálisis**.

psicoanálisis. sust. amb.: **el psicoanálisis** o **la psicoanálisis**. Ú. m. c. m. En plural, no varía: **los psicoanálisis** o **las psicoanálisis**. También puede escribirse **sicoanálisis**, pero la Academia prefiere la primera forma.

psicoanalista. adj. 'Dícese de la persona que se dedica al psicoanálisis' (*mujeres psicoanalistas*). Ú. t. c. sust. com.: **el psicoanalista, la psicoanalista**. La Academia no registra la grafía sin **p**. También puede decirse **psicoanalítico, ca** y **analista** (sust. com.). La Academia prefiere las dos primeras formas. → **psicoanalítico**

psicoanalítico, ca. adj. 'Perteneciente o relativo al psicoanálisis'; 'dícese de la persona que se dedica al psicoanálisis o lo estudia'. Ú. t. c. sust. m. y f.: **el psicoanalítico, la psicoanalítica**. La Academia no registra la grafía sin **p**.

psicoanalizar. v. tr. Ú. t. c. prnl. 'Aplicar el psicoanálisis a una persona'. La Academia no registra la grafía sin **p**. → **cazar**

psicodélico, ca. adj. La Academia ha incorporado recientemente esta acepción: fig. y fam. 'Raro, extravagante, fuera de lo normal' (*persona psicodélica*). Ésta es la única grafía registrada en el *Diccionario*.

psicofármaco. sust. m. 'Medicamento que actúa sobre la actividad mental'. En plural: **psicofármacos**. La Academia no registra la grafía sin **p**. Esta voz ha sido recién incorporada en el *Diccionario*.

psicofísica. sust. f. También puede escribirse **sicofísica**, pero la Academia prefiere la primera forma.

psicolingüística. sust. f. 'Ciencia que estudia el comportamiento verbal en relación con el mecanismo psicológico que lo hace posible'. Esta voz no está registrada en el *Diccionario*. Aparece en el *Manual*, con el indicador de su falta de sanción académica. Es un tecnicismo de correcta formación.

psicología. sust. f. También puede escribirse **sicología**, pero la Academia prefiere la primera forma.

psicológico, ca. adj. También puede escribirse **sicológico, ca**, pero la Academia prefiere la primera forma.

psicólogo. sust. m. Su femenino es **psicóloga**. También pueden escribirse **sicólogo** y **sicóloga**, pero la Academia prefiere las primeras formas.

psicómetra. sust. com. 'Especialista en psicometría': **el psicómetra, la psicómetra**. La Academia no registra la grafía sin **p**. Esta voz ha sido recién incorporada en el *Diccionario*.

psicometría. sust. f. 'Medida de los fenómenos psíquicos'. La Academia no registra la grafía sin **p**. Esta voz ha sido recién incorporada en el *Diccionario*.

psicomotor. adj. Su femenino es **psicomotriz**. Carecen de registro académico, pero son de correcta formación. Incorrecto: <u>*desarrollo psicomotriz*</u>. Correcto: *desarrollo* ***psicomotor***.

psicomotricidad. sust. f. Voz no registrada en el *Diccionario*, pero de correcta formación.

psicópata. sust. com. 'Persona que padece enfermedad mental': **el psicópata, la psicópata**. En plural: **los psicópatas, las psicópatas**. **psicópatas**. También puede escribirse **sicópata**, pero la Academia prefiere la primera forma.

psicopatía. sust. f. 'Enfermedad mental'. En plural: **psicopatías**. También puede escribirse **sicopatía**, pero la Academia prefiere la primera forma.

psicopático, ca. adj. 'Perteneciente o relativo a la psicopatía'. Ú. t. c. sust. m. y f.: **el psicopático, la psicopática**. La Academia no registra la grafía sin **p**.

psicopatología. sust. f. 'Estudio de las causas y la naturaleza de las enfermedades mentales'. La Academia no registra la grafía sin **p**.

psicopedagogía. sust. f. 'Rama de la psicología que se ocupa de los fenómenos de orden psicológico para llegar a una formulación más adecuada de los métodos didácticos y pedagógicos'. La Academia no registra la grafía sin **p**. Esta voz ha sido recién incorporada en el *Diccionario*.

psicopedagógico, ca. adj. 'Perteneciente o relativo a la psicopedagogía'. La Academia no registra la grafía sin **p**. Esta voz ha sido recién incorporada en el ***Diccionario***.

psicoquinesia. sust. f. 'Supuesta acción del psiquismo en la modificación de un sistema físico en evolución, sin causa mecánica observable'. También puede escribirse **psicokinesia** (sust. f.), pero la Academia prefiere la primera forma. No está registrada la grafía sin **p**.

psicosis. sust. f. 'Nombre general que se aplica a todas las enfermedades mentales'. En plural, no varía: **las psicosis**. También puede escribirse **sicosis**, pero la Academia prefiere la primera forma.

psicosomático, ca. adj. La Academia no registra la grafía sin **p**.

psicotecnia. sust. f. La Academia no registra la grafía sin **p**.

psicotécnico, ca. adj. La Academia no registra la grafía sin **p**.

psicoterapeuta. sust. com. 'Especialista en psicoterapia': **el psicoterapeuta**, **la psicoterapeuta**. La Academia no registra la grafía sin **p**.

psicoterapéutico, ca. adj. 'Perteneciente o relativo a la psicoterapia'. También puede decirse **psicoterápico, ca** (adj.). La Academia no registra las grafías sin **p**.

psicoterapia. sust. f. 'Tratamiento de las enfermedades, especialmente de las nerviosas, mediante la sugestión o por otros procedimientos psíquicos'. También puede escribirse **sicoterapia**, pero la Academia prefiere la primera forma.

psicrómetro. sust. m. 'Instrumento para calcular el grado de humedad del aire'. Su sinónimo es **higrómetro** (sust. m.). También puede escribirse **sicrómetro**, pero la Academia prefiere la primera forma.

psique. sust. f. 'Alma humana'. En plural: **psiques**. La Academia no registra la grafía sin **p**. También puede decirse **psiquis** (sust. f.), pero la Academia prefiere la primera forma.

psiquiatra. sust. com. 'Especialista en psiquiatría': **el psiquiatra**, **la psiquiatra**. Es palabra grave. No debe pronunciarse [psiquíatra] como esdrújula. Su sinónimo es **alienista** (adj. Ú. t. c. sust. com.). También puede escribirse **siquiatra**, pero la Academia prefiere la primera forma.

psiquiatría. sust. f. 'Ciencia que trata de las enfermedades mentales'. También puede escribirse **siquiatría**, pero la Academia prefiere la primera forma.

psiquiátrico, ca. adj. 'Perteneciente o relativo a la psiquiatría'. sust. m. 'Hospital o clínica donde se trata a los enfermos mentales' (*Hilda ingresó en un **psiquiátrico***). La Academia no registra la grafía sin **p**. Esta voz ha sido recién incorporada en el ***Diccionario***.

psíquico, ca. adj. 'Perteneciente o relativo al alma'. También puede escribirse **síquico, ca**, pero la Academia prefiere la primera forma.

psiquis. sust. f. 'Psique'; 'psiquismo'. En plural, no varía: **las psiquis**. Incorrecto: *las psiques*. La Academia no registra la grafía sin **p**. Es voz recién incorporada en el ***Diccionario***.

psiquismo. sust. m. colect. 'Conjunto de los caracteres y funciones de orden psíquico'. En su reemplazo, también puede usarse **psiquis** (sust. f.), pero la Academia prefiere la primera forma. No registra la grafía sin **p**.

psitácida. adj. 'Dícese de aves prensoras, como el papagayo y la cotorra' (*aves **psitácidas***). Ú. t. c. sust. f.: **la psitácida**. sust. f. pl. 'Familia de estas aves' (*Escribe un libro sobre **las psitácidas***). También puede escribirse **sitácida**, pero la Academia prefiere la primera forma. Incorrecto: *citácida*.

psitaciforme. adj. 'Dícese de aves prensoras, de pico ganchudo, vuelo rápido y colores vistosos, algunas de las cuales imitan la voz humana, como el loro, el periquito y la cacatúa' (*aves **psitaciformes***). Ú. t. c. sust. com.: **el psitaciforme**, **la psitaciforme**. sust. f. pl. 'Orden de estas aves' (*Estudia **las psitaciformes***). Incorrecto: *pcitasiforme*, *citasiforme*, *sitaciforme*. La Academia no registra la grafía sin **p**. Es voz recién incorporada en el ***Diccionario***.

psitacismo. sust. m. 'Método de enseñanza basado exclusivamente en el ejercicio de la memoria'. Incorrecto: *pcitacismo*, *citacismo*. También puede escribirse **sitacismo**, pero la Academia prefiere la primera forma.

psitacosis. sust. f. 'Enfermedad infecciosa

que padecen loros y papagayos, y que puede transmitirse al hombre'. Incorrecto: pcitacosis, citacosis. En plural, no varía: **las psitacosis**. También puede escribirse **sitacosis**, pero la Academia prefiere la primera forma.

psoriasis. sust. f. 'Dermatosis generalmente crónica'. Incorrecto: soriasis. En plural, no varía: **las psoriasis**.

pteridofito, ta. adj. 'Dícese de plantas criptógamas, como los helechos' (*plantas **pteridofitas***). sust. f. pl. 'Familia de estas plantas' (*Durante el examen, habló sobre **las pteridofitas***). También puede escribirse **teridofito, ta**, pero la Academia prefiere la primera forma. Es palabra grave. No debe pronunciarse [pteridófito] como esdrújula.

ptero- o **-ptero, ra.** elem. compos. de or. gr. 'Ala' (***pterodáctilo**, hemí**ptero***).

ptosis. sust. f. 'Caída de un órgano o parte de él'. En plural, no varía: **las ptosis**. También puede decirse **prolapso** (sust. m.).

púa. sust. f. En plural: **púas**. Con la denotación de 'persona sutil y astuta', en sentido peyorativo, es incorrecto usarlo en género masculino: *Daniel es un buen púa*. Correcto: *Daniel es **una buena púa***. El sustantivo colectivo es **puado** (m.), 'conjunto de las púas de un peine o de otra cosa que las tenga'.

puar. v. tr. 'Hacer púas en un peine u otro objeto que deba tenerlas'. Se conjuga, en cuanto al acento, como **actuar**.

♦ **pub.** Anglicismo. Es abreviación de *public house*, 'casa abierta al público, es decir, autorizada para vender bebidas alcohólicas'. En español, debe decirse **taberna**, **bar**. Si se emplea la palabra extranjera, debe escribirse entre comillas.

púber. adj. 'Que ha llegado a la pubertad' (*niña **púber***). Ú. t. c. sust. com.: **el púber, la púber**. Es palabra grave. En plural, se transforma en esdrújula: **púberes**. También puede decirse **púbero, ra** (adj. Ú. t. c. sust. m. y f.), pero la Academia prefiere la primera forma. Como adjetivo, puede reemplazarse, además, con **pubescente** (p. a. de **pubescer**).

pubertad. sust. f. 'Primera fase de la adolescencia'. También puede decirse **pubescencia** (sust. f.), pero la Academia prefiere la primera forma.

pubescer. v. intr. 'Llegar a la pubertad'. Es verbo regular (*Los niños **pubescieron**; yo **pubesco***). Es poco usado.

pubis. sust. m. 'Parte inferior del vientre'. En plural, no varía: **los pubis**. También puede decirse **pubes** (sust. m.), pero la Academia prefiere la primera forma. El adjetivo correspondiente es **pubiano, na** (adj.), 'perteneciente o relativo al pubis'.

publicador, ra. adj. 'Que publica'. Ú. t. c. sust. m. y f.: **el publicador, la publicadora**.

publicar. v. tr. Rég. prep.: **publicar en** (***Publicó** la noticia **en** el diario*). → **sacar**

publicista. sust. com. 'Autor que escribe sobre derecho público'; 'persona muy versada en esta ciencia'; 'persona que escribe para el público'. Amér. 'Persona que ejerce la publicidad': **el publicista, la publicista**. Con esta última denotación, también puede decirse **publicitario** (sust. m.). → **publicitario**

publicitar. Verbo no registrado por la Academia, pero de correcta formación. Pueden usarse, en su reemplazo **promocionar**, **publicar, hacer público, hacer publicidad** de algún producto, **hacer propaganda de** algo, **dar a publicidad**.

publicitario, ria. adj. 'Perteneciente o relativo a la publicidad utilizada con fines comerciales' (*avisos **publicitarios***). sust. m. Amér. 'Persona que ejerce la publicidad'. La Academia no registra el género femenino. También puede decirse **publicista** (sust. com.).

público, ca. adj. Entre otras denotaciones, 'notorio, sabido por todos' (*de **público** conocimiento*). Como sustantivo colectivo, significa 'conjunto de las personas que participan de unas mismas aficiones o concurren a determinado lugar' (*El **público** vivó a los actores*). **dar al público** o **sacar al público**. fr. 'Publicar' (***Dio al público** o **sacó al público** tres libros de cuentos*). **de público** o **en público**. loc. adv. 'Públicamente' (*Los denunció **de público** o **en público***). **hombre público**. 'El que interviene públicamente en los negocios políticos'. **mujer pública, mundana** o **perdida**. 'Ramera'.

publirreportaje. sust. m. 'Reportaje publicitario, generalmente de larga duración'. En plural: **publirreportajes**. Es voz recién incorporada en el *Diccionario*.

pucara. sust. m. 'Fortaleza con gruesos muros de pirca'. En plural: **pucaras** (*Los indios construían **pucaras** en alturas estratégicas*). También puede decirse **pucará**, pero la Academia prefiere la primera forma. En la Argentina, se usa **pucará** (*el **pucará** de Tilcara*). En plural: **pucarás** o **pucaraes**.

pucha. sust. f. Eufemismo por **puta**. interj. de sorpresa, disgusto, etc. (*¡**Pucha**, qué caro está todo!*).

pucherazo. sust. m. No debe usarse como aumentativo de **puchero** (sust. m.), pues denota el 'golpe dado con un puchero'.

puchero. sust. m. 'Vasija de barro o de otros materiales, con asiento pequeño, panza abultada, cuello ancho y una sola asa junto a la boca'; 'especie de cocido' (*Comió un **puchero** a la española*). fig. y fam. 'Alimento diario y regular' (*Trabaja por el **puchero***). fig. y fam. 'Gesto o movimiento que precede al llanto'. Se usa en plural y con el verbo **hacer** (*Ya empieza a **hacer pucheros***). Diminutivo: **pucheruelo**. → **pucherazo**

pucho. sust. m. Amér. Merid. 'Residuo, pequeña cantidad sobrante de alguna cosa' (*Vendí casi todos los cuadernos; sólo me queda un **pucho***); 'colilla del cigarro' (*Siempre deja **puchos** en el cenicero*). **a puchos**. loc. adv. Amér. Merid. 'En pequeñas cantidades' (*Estudia **a puchos***). **no valer un pucho**. loc. Argent., Col., Chile, Perú y Urug. 'No valer nada' (*Este cuadro **no vale un pucho***). **sobre el pucho**. loc. adv. Argent., Bol., Perú y Urug. 'Inmediatamente' (*Le pidieron que redactara el informe, y lo hizo **sobre el pucho***).

♦ **pudding.** Anglicismo. En español, debe decirse **budín** o **pudín**.

pudicia. sust. f. 'Virtud que consiste en guardar y observar honestidad en acciones y palabras'. También puede decirse **pudicicia** (sust. f.), pero la Academia prefiere la primera forma.

pudiente. adj. 'Rico' (*familia **pudiente***). Ú. t. c. sust. com.: **el pudiente, la pudiente**.

pudín. sust. m. Voz inglesa (*pudding*) españolizada. 'Dulce que se prepara con bizcocho o pan deshecho en leche, y con azúcar y frutas secas'. Es voz aguda. No debe pronunciarse [pudin] como grave. En plural: **pudines**. También puede decirse **budín** (sust. m.), pero la Academia prefiere la primera forma.

pudrir. v. irreg. tr. Ú. t. c. prnl. Como verbo intransitivo denota 'haber muerto, estar sepultado' (*El déspota **se pudre** en el cementerio del pueblo*). Rég. prep.: **pudrirse con** (*La tela **se pudrirá con** la humedad*); **pudrirse de** (*La carne **se pudrió de** rancia*). Su irregularidad consiste en que para el infinitivo se usa **pudrir** o **podrir** indistintamente, y en que el participio es **podrido**. Incorrecto: <u>*pudrido*</u>. El verbo se conjuga sobre la base del infinitivo **pudrir** (***pudro, pudrirá, pudririan***, etc.). Sus postverbales son **pudrición** (sust. f.) y **putrefacción** (sust. f.).

pudú. sust. m. Argent. y Chile. 'Ciervo pequeño que habita los bosques de los Andes australes'. En plural: **pudúes** o **pudús**.

pueblada. sust. f. Amér. Merid. y Méj. 'Tumulto, motín'. Esta voz no está registrada en el *Diccionario*. Aparece en el ***Manual***, con el indicador de su falta de sanción académica. Se usa en la Argentina.

pueblerino, na. adj. 'Perteneciente o relativo a un pueblo pequeño o aldea' (*gente **pueblerina***); 'dícese de la persona de poca cultura o de modales poco refinados'. Ú. t. c. sust. m. y f.: **el pueblerino, la pueblerina**.

pueblerío. sust. m. colect. 'Conjunto de pequeños pueblos o lugares'. Esta voz no está registrada en el ***Diccionario***. Aparece en el ***Manual***, con el indicador de su falta de sanción académica, pero es de correcta formación.

pueblero, ra. adj. Argent. y Urug. 'Para el campesino, natural o habitante de una ciudad o pueblo' (*hombres **puebleros***); 'perteneciente o relativo a una ciudad o pueblo, ciudadano, urbano' (*costumbres **puebleras***). Ú. t. c. sust. m. y f.: **el pueblero, la pueblera**.

pueblo. sust. m. Diminutivos: **poblezuelo, pueblecito**. El despectivo es **poblacho**. Como sustantivo colectivo, denota 'conjunto de personas de un lugar, región o país' (*El **pueblo** elige a sus representantes*).

puelche. sust. m. Chile. 'Indígena que vive en la parte oriental de la cordillera de los Andes'; 'viento que sopla de la cordillera de los Andes hacia el Poniente'. La Academia no lo registra como sustantivo común de dos: **el puelche**, **la puelche**. La A.A.L. recomienda la inclusión, en el ***Diccionario***, de los siguientes significados: sust. m. Argent. 'Una de las tribus de los tehuelches septentrionales'. Ú. m. en pl.: **los puelches**. adj. 'Perteneciente o relativo a dicha tribu' (*mujeres **puelches***).

puente. sust. amb.: **el puente** o **la puente**, pero el femenino es anticuado o regional. Diminutivos: **pontezuelo** (m.), **puentecito** (m.). La Academia registra, como diminutivos femeninos, **pontezuela**, **puentea**, **puentecilla**.

puentear. v. tr. 'Colocar un puente en un circuito eléctrico'. No debe pronunciarse [puentiar, puentié]. → **-ear**

puerco. sust. m. 'Cerdo'. Con las siguientes denotaciones, también puede usarse como adjetivo: 'hombre sucio'; 'hombre grosero'; 'hombre ruin' (*Gerardo es un **puerco**; Gerardo es un hombre **puerco***). Su femenino es **puerca**, y los diminutivos de ésta, **porquecilla**, **porquezuela** y **puerquezuela**. Los diminutivos de **puerco**, **porquezuelo** y **puerquezuelo**. Aumentativos: **porcachón**, **porcallón**; **porcachona**, **porcallona**. Éstos pueden usarse como adjetivos (*gente **porcachona***). Los adjetivos correspondientes al sustantivo son **porcino**, **na** y **porcuno**, **na**, 'perteneciente al puerco'. sust. m. También recibe el nombre de **porcino** el 'puerco pequeño' (*Acariciaba al **porcino***). La Academia no indica, para esta voz, el género femenino; por lo tanto, para distinguir los sexos, deberá recurrirse a las perífrasis **porcino macho**, **porcino hembra**. La **porqueriza** (sust. f.) es el 'lugar donde se crían y recogen los cerdos', y el **porquerizo** (sust. m.), 'el que los guarda'. La Academia no indica, para esta última palabra, el género femenino. Con la misma denotación, registra **porquero** (sust. m.) y **porquera** (sust. f.). → **cerdo, espín**

puercoespín. sust. m. Esta grafía no está registrada en el ***Diccionario***. Aparece en el ***Manual***, con el indicador de su falta de sanción oficial. La Academia prefiere **puerco espín** o **puerco espino**. En plural: **puercos espines** o **puercos espinos**.

puericultor. sust. m. 'Especialista en puericultura'. Su femenino es **puericultora**.

puericultura. sust. f. 'Ciencia que se ocupa del desarrollo del niño'. No debe confundirse su denotación con la de **pediatría** (sust. f.), 'rama de la medicina que se ocupa de la salud y de las enfermedades de los niños'.

puerilidad. sust. f. 'Cualidad de pueril'; 'hecho o dicho propio de niño'; 'cosa de poca entidad'. Es redundante decir *puerilidad infantil*.

puerro. sust. m. 'Planta herbácea, cuyo bulbo es comestible'. También puede decirse **porro**, pero la Academia prefiere la primera forma. El sustantivo colectivo es **porral** (m.), 'terreno plantado de puerros'. La **porrina** (sust. f.) es la 'hoja verde del puerro', y el **porrino** (sust. m.), 'su simiente'.

puerta. sust. f. Diminutivos: **portezuela**, **puertecilla**, **puertezuela**. Aumentativo: **portón** (m.). **puerta cancel**. Argent. y Perú. 'Verja que separa el zaguán del vestíbulo o del patio'. En plural: **puertas cancel**. El sustantivo **portazo** (m.) denota el 'golpe que se da con la puerta o el que ésta da movida por el viento', y la 'acción de cerrar la puerta para desairar a alguien'.

puerto. sust. m. Diminutivos: **portezuelo**, **portichuelo**, **puertezuelo**.

puertorriqueño, ña. adj. 'Natural de Puerto Rico' (*niñas **puertorriqueñas***); 'perteneciente o relativo a la isla de este nombre'. Ú. t. c. sust. m. y f.: **el puertorriqueño**, **la puertorriqueña**. También puede decirse **portorriqueño, ña**, pero la Academia prefiere la primera forma.

pues. conj. causal. 'Causa' (*No le pregunte más, **pues** no entiende*). Tiene valor condicional (***Pues** no quiere hablar, que se vaya*). Es continuativa (*Consideró, **pues**, que era un libro valioso*) e ilativa (*No corrigió los exámenes, **pues** no podrá entregarlos mañana*). Suele emplearse a principio de oración para enfatizar lo que se dice (*¡**Pues** todo el mundo lo sabe!*). Equivale al adverbio de afirmación **sí**; en este caso, se emplea sola (*—¿Lo recuerdas mucho? —**Pues***). Dice la Academia: "Tiene, además, otras varias aplicaciones que enseña el uso y que difícilmente podrían explicarse, porque, a veces, su significación depende sólo del tono con que es pronunciada". **¡pues!** interj. fam. Denota 'la certeza de juicio anteriormente formado' (*¡**Pues**, eso había pensado!*).

puesta. sust. f. Entre otras denotaciones, 'acción y efecto de poner o ponerse'; 'acción de ponerse un astro' (*la **puesta** del Sol*); 'en el juego de la banca y otros de naipes, cantidad que apunta cada uno de los jugadores' (*Su **puesta** fue de cinco mil pesos*); 'acción de poner huevos'. Como sustantivo colectivo, denota 'postura, conjunto de huevos'. Argent. 'En carreras de caballos, empate'. Son correctos los sintagmas **puesta a punto**, **puesta de largo**, **puesta en escena**, **puesta en marcha**. **puesta a punto**, 'operación consistente en regular un mecanismo, dispositivo, etc., a fin de que funcione correctamente' (*la **puesta a punto** del motor*), y **puesta en escena**, 'montaje y realización escénica de un texto teatral o de un guión cinematográfico' (*la **puesta en escena** de* Yerma, *de García Lorca*), han sido recién incorporados en el ***Diccionario***. **a puesta** o **a puestas del Sol**. locs. advs. 'Al ponerse el Sol' (*Llegamos a la estancia **a puesta** o **a puestas del Sol***). La Academia no registra la frase **puesta al día**, 'hecho de poner o ponerse al día'. Dice Seco que, "aunque en su origen sea traducción de una locución francesa, *mise à jour*, es expresión impecablemente formada en español y que cubre con ventaja el contenido del italiano *aggiornamento*".

puestero. sust. m. 'El que tiene o atiende un puesto de venta'. Su femenino es **puestera**. sust. m. Argent., Chile, Par. y Urug. 'Hombre que vive en una de las partes en que se divide una estancia y que está encargado de cuidar los animales que en esa parte se crían'. La A.A.L. ha recomendado, para este significado, la inclusión del género femenino (*la **puestera** de la estancia*). sust. f. Chile, Par. y Urug. 'Mujer del puestero'.

puesto, ta. p. irreg. de **poner**. Entre otras denotaciones, 'resuelto, empeñado'. Rég. prep.: **puesto en** (***puesto en** salvar al niño*). adj. 'Bien vestido' (*Siempre sale bien **puesta***). sust. m. 'Sitio o espacio que ocupa una persona o cosa'; 'lugar o sitio señalado para la ejecución de una cosa'. No debe usarse, en su reemplazo, el anglicismo **stand**: *En la Feria del Libro, cada editorial tiene su stand*. Correcto: *En la Feria del Libro, cada editorial tiene su **puesto***. Argent., Chile y Urug. 'Lugar en que está establecido el puestero' (*el **puesto** de la estancia*). **puesto que**. loc. conjunt. advers. 'Aunque' (*No debemos juzgarlo, **puesto que** él juzga a todos*). loc. conjunt. causal. 'Pues' (*Me retiraré, **puesto que** nadie quiere escucharme*). loc. conjunt. continuativa (***Puesto que** no valoras las obras de arte, no visites esa exposición*). Incorrecto: *puesto de que*.

¡puf! interj. Denota 'molestia o repugnancia' (*¡Puf!, ¡qué olor!*). También puede decirse **¡pu!**

♦ **puf**. Galicismo (*pouf*). En español, debe decirse **taburete**. Si se usa el extranjerismo, debe entrecomillarse.

púgil. sust. m. 'Gladiador'; 'boxeador'. Es palabra grave. En plural, se transforma en esdrújula: **púgiles**. Incorrecto: *pújil*. Con la segunda denotación, también puede decirse **pugilista** (sust. m.). El adjetivo correspondiente es **pugilístico, ca**, 'perteneciente o relativo al boxeo', recién incorporado en el ***Diccionario***.

pugnar. v. intr. 'Batallar, pelear'; fig. 'solicitar con ahínco'; fig. 'porfiar con tesón'. Rég. prep.: **pugnar con** (***pugnar con** los pueblos vecinos*); **pugnar contra** (***pugnar contra** los rebeldes*); **pugnar en** defensa **de** alguien (***pugnar en** defensa de sus hermanos*); **pugnar para** o **por** (***pugnar para** o **por** huir*). El participio activo es **pugnante** (adj.), 'que pugna'. No debe confundirse su denotación con la de **propugnar** (v. tr.). → **propugnar**

pujador. sust. m. 'El que hace puja en lo que se subasta'. Su femenino es **pujadora**.

pujante. adj. 'Que tiene pujanza'. Rég. prep.: **pujante en** (*negocio **pujante en** las ventas*).

pujar. v. tr. Entre otras denotaciones, 'hacer fuerza para pasar adelante o proseguir una acción' (***Pujó** la puerta y entró*). Rég. prep.: **pujar con** o **contra** (***pujar con** o **contra** obstáculos*); **pujar por** (***pujar por** lo que se desea*); **pujar para** (***pujar para** conseguir algo*). v. intr. 'Tener dificultad en explicarse' (*La tartamuda **pujaba***). El participio activo es **pujante** (adj.). Su homónimo (v. tr.) denota 'aumentar los licitadores el precio puesto a algo que se subasta'. Rég. prep.: **pujar en** o **sobre** (***pujar en** o **sobre** el precio de un producto*). Los dos conservan la **j** en toda la conjugación. El postverbal de ambos es **puja** (sust. f.).

pulcro, cra. adj. 'Aseado'; 'esmerado'. Rég. prep.: **pulcro en** (***pulcro en** el vestir*). El adjetivo superlativo culto es **pulquérrimo, ma**, 'muy pulcro'.

pulga. sust. f. 'Insecto'. Para distinguir los sexos, debe recurrirse a las perífrasis **pulga macho, pulga hembra**. Los sustantivos colectivos son **pulguera** (f.) y **pulguero** (m.), 'lugar donde hay muchas pulgas'. **tener** uno **malas pulgas**. fr. fig. y fam. 'Tener mal humor'. **tener pulgas**. fr. fig. y fam. 'Ser de genio inquieto'. → **pulgón**

pulgada. sust. f. 'Medida que es la duodécima parte del pie y equivale a algo más de 23 milímetros'; 'medida inglesa equivalente a 25, 4 milímetros'.

pulgar. sust. m. 'Dedo primero y más grueso de los de la mano' (*Le duele el **pulgar***). Ú. t. c. adj. (*Le duele el dedo **pulgar***).

pulgón. sust. m. 'Insecto'. Para distinguir los sexos, debe recurrirse a las perífrasis **pulgón macho, pulgón hembra**. Es incorrecto considerar el **pulgón** como macho de la **pulga**.

pulgoso, sa. adj. 'Que tiene pulgas' (*perra **pulgosa***). También puede decirse **pulguero, ra** (adj.).

pulidor, ra. adj. 'Que pule, compone y adorna algo' (*líquido **pulidor***). Ú. t. c. sust. m. y f.: **el pulidor, la pulidora**. sust. m. 'Instrumento con que se pule'.

pulimento. sust. m. 'Acción y efecto de pulir'. Incorrecto: <u>*pulimiento*</u>.

pulir. v. tr. Ú. t. c. prnl. Entre otras denotaciones, 'alisar o dar tersura y lustre a una cosa' (***pulir** el metal*); 'adornar, componer'; 'corregir' (***pulir** la redacción*); 'educar a alguien para que sea más refinado y elegante'. Rég. prep.: **pulirse con** o **en** (***pulirse con** o **en** el trato*). Sus postverbales son **pulido** (sust. m.) y **pulimento** (sust. m.).

pulla. sust. f. Entre otras denotaciones, 'palabra o dicho obsceno'; 'expresión aguda y picante'. No debe confundirse su grafía con la de **puya** (sust. f.), 'punta acerada que tienen las varas de los picadores y vaqueros, con la cual estimulan o castigan a las reses'.

pullista. sust. com. 'Persona amiga de decir pullas': **el pullista, la pullista**.

♦ **pullman.** Anglicismo. El nombre proviene de su inventor y primer fabricante, el norteamericano George Pullman (1831-1897). En español, debe decirse **autobús** o **coche cama**, según los casos. Si se usa el extranjerismo, debe entrecomillarse.

♦ **pullover.** Anglicismo. En español, debe decirse **jersey, suéter**. Si se usa el extranjerismo, debe entrecomillarse.

pulmonado. adj. 'Dícese de los moluscos gasterópodos que respiran por medio de un pulmón, como la babosa'. Ú. t. c. sust. m.: **el pulmonado**. sust. m. pl. 'Orden de estos animales' (*Hará un libro sobre **los pulmonados***).

pulmonar. adj. 'Perteneciente a los pulmones' (*enfermedad **pulmonar***). Incorrecto: <u>*pulmonal*</u>. En plural: **pulmonares**.

pulmoníaco, ca. adj. 'Perteneciente o relativo a la pulmonía'; 'que padece pulmonía' (*personas **pulmoníacas***). Ú. t. c. sust. m. y f.: **el pulmoníaco, la pulmoníaca**. También puede decirse **pulmoniaco, ca**, pero la Academia prefiere la primera forma.

pulpería. sust. f. Amér. 'Tienda donde se venden diferentes géneros para el abasto' (*Leí un libro sobre la historia de las **pulperías***).

pulpero. sust. m. 'El que tiene y atiende una pulpería'. La Academia no registra el género femenino, pero es frecuente su uso en América.

pulsación. sust. f. Entre otras denotaciones, 'acción de pulsar'; 'cada uno de los golpes o toques que se dan en el teclado de una máquina de escribir o de una computadora'; 'cada uno de los latidos que produce la sangre en las arterias'. En plural: **pulsaciones**. Con esta última denotación, también puede decirse **pulsada** (sust. f.).

pulsador, ra. adj. 'Que pulsa'. Ú. t. c. sust. m. y f.: **el pulsador, la pulsadora**. sust. m. 'Llamador o botón de un timbre eléctrico'.

púlsar. sust. m. 'Estrella de neutrones, caracterizada por la emisión, a intervalos regulares y cortos, de energía radiante muy intensa'. Es palabra grave. En plural, se transforma en esdrújula: **púlsares**. No debe pronunciarse [pulsar] como aguda. Es voz recién incorporada en el ***Diccionario***.

pulseada. sust. f. Argent., Par., Perú y Urug. 'Acción y efecto de pulsear'. Incorrecto: <u>*pulsiada*</u>. No debe confundirse su grafía con la de **pulsada** (sust. f.), 'pulsación de una arteria'. → **pulsación**

pulsear. v. intr. 'Medir dos personas su fuerza en el pulso, tomándose de una mano y con los codos apoyados en lugar firme'. No debe pronunciarse [pulsiar, pulsié]. → **-ear**

pulsera. sust. f. Incorrecto: *pulcera*. No debe decirse *reloj pulsera*, sino **reloj de pulsera**.

pulverizador. sust. m. 'Aparato para pulverizar un líquido'. Su sinónimo es **vaporizador** (sust. m.).

pulverizar. v. tr. Ú. t. c. prnl. Entre otras denotaciones, 'reducir a polvo una cosa'. También pueden decirse **polvificar** (v. tr. fam.) y **polvorizar** (v. tr.). → **cazar**

pum. Voz que se usa para expresar 'ruido, explosión o golpe'. **ni pum**. loc. 'Nada' (*No dijo ni pum*).

puma. sust. m. 'Mamífero carnicero de América, parecido al tigre'. Para distinguir los sexos, debe recurrirse a las perífrasis **puma macho, puma hembra**.

¡pumba! Voz que remeda la caída ruidosa (*Se le resbaló la silla y ¡pumba!*).

puna. sust. f. 'Tierra alta, próxima a la cordillera de los Andes'. Amér. Merid. 'Extensión grande de terreno raso y yermo'; 'angustia que se sufre en ciertos lugares elevados'. Con esta última denotación, también puede decirse **soroche** (sust. m.). Incorrecto: *apunamiento*.

pundonoroso, sa. adj. 'Que incluye en sí pundonor o lo causa'; 'que lo tiene'. Ú. t. c. sust. m. y f.: **el pundonoroso, la pundonorosa**.

pungir. v. tr. 'Herir'. → **dirigir**

punguista. sust. com. Argent. 'Carterista'. Esta voz no está registrada en el ***Diccionario***, pero la A.A.L. ha recomendado su incorporación.

punicáceo, a. adj. 'Dícese de arbolitos angiospermos, oriundos de Oriente, como el granado' (*planta **punicácea***). Ú. t. c. sust. f.: **la punicácea**. sust. f. pl. 'Familia de estas plantas' (*Estudian **las punicáceas***).

púnico, ca. adj. 'Natural de Cartago'. Ú. t. c. sust. m. y f.: **el púnico, la púnica**.

punir. v. tr. 'Castigar a un culpado' (***Han punido** a los delincuentes*). Su postverbal es **punición** (sust. f.).

♦ **punk** o **punki.** adj. Voz inglesa. 'Dícese del movimiento juvenil de la década de los setenta, musical, de protesta ante el convencionalismo; se caracteriza por el uso de vestidos estrafalarios, cabellos teñidos y peinados antinaturalmente, y accesorios incrustados en el cuerpo de forma masoquista. Sus seguidores son violentos'. Ú. t. c. sust. com. Esta voz no está registrada en el ***Diccionario***. Si se usa el extranjerismo, debe entrecomillarse.

punta. sust. f. Entre otras denotaciones, 'extremo agudo de una cosa' (*la **punta** del lápiz*). Cuando se trata de cualidades morales o intelectuales, 'algo, un poco' (*Tiene sólo una **punta** de inteligencia*). Se usa más en plural, con el verbo **tener** y un pronombre posesivo (*Tiene sus **puntas** de dramaturgo*). Diminutivo: **puntilla. hora punta**. → **hora. a punta de lanza**. loc. adv. fig. 'Con todo rigor'. Se usa, generalmente, con el verbo **llevar** (***Lleva** el trabajo **a punta de lanza***). **de punta** o **de puntillas**. locs. advs. 'Sin hacer ruido' (*Entró en la casa **de punta** o **de puntillas***). Es un barbarismo reemplazar estas locuciones con *en punta de pie, en puntas de pie* o *en puntas de pies*. **de punta a punta** o **de punta a cabo**. locs. advs. 'De principio a fin o de un extremo a otro' (*Recorrió el país **de punta a punta** o **de punta a cabo***). También puede decirse **de cabo a cabo** (loc. adv.). **de punta en blanco**. loc. adv. Entre otras denotaciones, 'vestido con el mayor esmero' (*Fue a la fiesta **de punta en blanco***). **estar de punta** uno **con** otro. 'Estar reñido con él' (*Amalia **estuvo** siempre **de punta con** Silvana*). **hacer punta** uno. fr. fig. 'Encaminarse el primero a una parte' (*Cuando escalamos la montaña, Rodrigo **hizo punta***). **ponérsele** a uno **los pelos de punta**. fr. fig. y fam. 'Erizársele el cabello por frío o por alguna otra circunstancia' (*Cuando supo la noticia, **se le pusieron los pelos de punta***). **poner** o **ponérsele** a uno **los nervios de punta**. fr. fig. y fam. 'Poner a alguien, o ponerse uno, irritado o exasperado' (*Los gritos del niño me **pusieron los nervios de punta***). **ser de punta** una persona o cosa. fr. fig. 'Ser sobresaliente en su línea' (***Es** tecnología **de punta***). **tener** alguien una cosa **en la punta de la lengua**. fr. fig. 'Estar a punto de decirla'; 'estar a punto de acordarse de una cosa y no dar en ella' (***Tengo** el nombre de su abuelo **en la***

punta de la lengua). **una punta de**. Amér. loc. fam. Pondera la 'abundancia de algo' (*Crió **una punta de** hijos*).

puntación. sust. f. 'Acción de poner puntos sobre las letras'. No debe confundirse su denotación con la de **puntuación** (sust. f.), 'acción y efecto de puntuar'. → **puntuación**

puntada. sust. f. Con la denotación de 'dolor penetrante', también puede decirse **punzada** (sust. f.).

puntapié. sust. m. 'Golpe que se da con la punta del pie'. Es palabra aguda. En plural: **puntapiés**. Incorrecto: <u>*los puntapié*</u>, <u>*puntapieses*</u>. Sus sinónimos son **puntillazo** (sust. m. fam.) y **puntillón** (sust. m. fam.).

puntar. v. tr. Entre otras denotaciones, 'poner sobre las letras los puntos del canto del órgano'. No debe confundirse su denotación con la de **puntuar** (v. tr. Ú. t. c. intr.). → **puntuar**

puntear. v. tr. Entre otras denotaciones, 'marcar puntos en una superficie'. Argent., Chile y Urug. 'Remover la capa superior de la tierra con la punta de la pala'. v. intr. Argent. Col., Perú y Urug. 'Marchar a la cabeza de un grupo de personas o de animales'. No debe pronunciarse [puntiar, puntié]. Su postverbal es **punteo** (sust. m.). No se confunda su denotación con la de **puntuar** (v. tr. Ú. t. c. intr.), 'poner en la escritura los signos ortográficos'. → **-ear**

puntero, ra. adj. 'Aplícase a la persona que hace bien la puntería con un arma'. Ú. t. c. sust. m. y f.: **el puntero, la puntera**. sust. m. Argent., Perú y Urug. 'Persona o animal que va delante de los demás componentes de un grupo'. Argent., Chile, Perú y Urug. 'En algunos deportes, el que juega en primera fila, delantero'. Argent. 'En el fútbol, delantero que se desempeña en los laterales'; 'el que se halla en el primer puesto durante las competencias de velocidad'. Estas dos últimas denotaciones han sido recién incorporadas en el ***Diccionario***. La A.A.L. ha recomendado la inclusión, como argentinismo, del siguiente significado: 'En los partidos políticos, persona que aporta votantes para las elecciones internas'.

puntilla. sust. f. Entre otras denotaciones, 'encaje generalmente estrecho, que se usa como adorno'. **de puntillas** o **de punta** (locs. advs.). → **punta**

puntillista. sust. com. 'Persona que practica el puntillismo, escuela pictórica del siglo XIX, derivada del impresionismo': **el puntillista, la puntillista**.

punto. sust. m. Entre otras denotaciones, 'signo ortográfico (.) con que se indica el fin del sentido gramatical y lógico de una oración o de un período'. Se coloca sobre la **i** y la **j**, y después de algunas abreviaturas (*Srta.*). Diminutivo: **puntillo**. Sintagmas correctos con la palabra **punto**: **punto aparte** o **punto y aparte**, 'el que se pone cuando termina un párrafo y el texto continúa en otro renglón más entrado o más saliente que los demás'; **punto de aguja**; **punto de congelación**; **punto de cruz**; **punto de fusión**; **punto de vista**; **punto final**, 'el que acaba un escrito o una división importante del texto'; **punto seguido** o **punto y seguido**, 'el que se pone cuando termina un período, y el texto continúa inmediatamente después del punto, en el mismo renglón'; **punto y coma**, 'signo ortográfico (;) con que se indica pausa mayor que en la coma y menor que con los dos puntos'; **puntos suspensivos**, 'signo ortográfico (...) con que se denota que queda incompleto el sentido de una oración, para indicar temor o duda, o lo inesperado de lo que se expresará después'; también indica, en una cita textual, 'la omisión de una parte de ésta'; **dos puntos**, 'signo ortográfico (:) con que se indica que ha terminado el sentido gramatical, pero, no, el lógico'; se pone, también, antes de toda cita de palabras ajenas. **a punto**. loc. adv. 'A tiempo' (*Llegaron **a punto***). **al punto**. loc. adv. 'Sin demora' (*Lo haremos **al punto***). **a punto de + infinitivo**. 'Proximidad de la acción indicada por el infinitivo' (*Estuvo **a punto de** morir*). **a punto fijo**. loc. adv. 'Cabalmente' (*Sabe **a punto fijo** que su amigo no regresará*). **a** o **hasta tal punto que**. loc. consec. 'Señala los resultados que se derivan de una acción o situación' (*Los niños la molestaron **a tal punto** o **hasta tal punto, que** no pudo limpiar la casa*). **con puntos y comas** o **punto por punto**, **sin faltar punto ni coma** o **sin faltar una coma**. locs. advs. figs. 'Sin olvidar detalle' (*Describió su viaje **con puntos y comas** o **punto por punto**; Se refirió a los dinosaurios **sin faltar punto ni coma** o **sin faltar una coma***). **dar en el punto**. fr. fig. 'Dar en la dificultad' (*Cuando buscó la palabra en el diccionario, **dio en el punto***). **de punto**. loc. adj. (*tela de punto*). **en punto**. loc. adv. 'Sin sobra ni falta' (*Son las siete* ***en punto***). **en punto de caramelo**. loc. adv. fig. y fam. 'Perfectamente dispuesta y preparada una cosa para algún fin' (*La organización del concierto está* ***en punto de caramelo***). En la Argentina, suele usarse **a punto de caramelo**, locución no registrada por la Academia. **estar a punto de** o **en punto de**. fr. 'Estar próxima a suceder una cosa' (***Está a punto de*** o ***en punto de*** *obtener una beca*). **poner en su punto** una cosa. fr. fig. y fam. 'Ponerla en el grado de pefección que le corresponde' (***Pongamos*** *los papeles* ***en su punto***). **hasta cierto punto**. loc. adv. 'No del todo' (*Le creo* ***hasta cierto punto***). **poner los puntos sobre las íes**. fr. fig. y fam. 'Acabar o perfeccionar una cosa con gran minuciosidad'; 'determinar y precisar algunos extremos' (*Durante la discusión, ella* ***puso los puntos sobre las íes***). **por puntos**. loc. adv. 'De un momento a otro'; 'perder o ganar por leve diferencia' (*Ganó* ***por puntos*** *el partido de tenis*). **punto en boca**. expr. fig. para pedir que se guarde secreto (*Esto no debe saberlo tu padre, por lo tanto,* ***punto en boca***). Incorrecto: *Bajo mi punto de vista, no podemos aceptar su oferta*. Correcto: ***Desde mi punto de vista****, no podemos aceptar su oferta*. La Academia no registra el sintagma **punto álgido**, de uso común. Aparece en el ***Diccionario Manual*** con el significado de 'culminante, momento de mayor intensidad, esplendor, etc., de una cosa' y con el indicador de su falta de sanción académica. → **álgido**

PUNTO Y COMA. Se usa: • cuando dentro de una oración se cambia el tema que está tratándose o se tratan distintos aspectos de un mismo tema (*Yo no quería agua; el hambre me torturaba*); • para separar elementos de una enumeración que poseen cierta extensión (*Formaban dicha incesante concurrencia gentes variadísimas: señores opulentos que recomendaban a parientes y a los que sus pajes trataban de proteger de los peligros de tanta rodilla, codo y espada; militares que explicaban méritos y enseñaban cicatrices; aventureros que regresaban de las Indias como si las hubiesen descubierto y a quienes nadie atendía sus consabidas crónicas; letrados en compañía de viudas, de huérfanos; frailes que tenían mucho que decir y mucha medalla que dar*, Manual Mujica Lainez); • cuando en una oración se enumeran varios sustantivos con sus correspondientes aposiciones explicativas, separadas con comas (*Recordaron a Manuel, el hijo del zapatero; a Rosa, la profesora de latín; a Baltasar, el usurero; a Ismael, el escritor*); • para separar proposiciones yuxtapuestas de cierta extensión (*Don Hernando de Mendoza revistió una hermosa casulla cuya orla entretejía los pájaros y las flores; despojóse Doña Teresa del abrigo de martas, y sus joyas rivalizaron con el flamígero centelleo*, Manuel Mujica Lainez); • para separar proposiciones yuxtapuestas que ya contienen comas (*Cruzaron en tromba las carrozas, [...]: delante, la de la Emperatriz María, la viuda de Maximiliano II de Austria, a quien apenas entreví, enlutada, bajo hilos e hilos de perlas, en la diestra el encaje de un pañuelo; luego la de los infantes; después la de Don Felipe II, cubierta de telas embreadas, hermética, negra, colosal, con ruedas estruendosas, un ambulante monumento funerario; luego la de las azafatas, como pajareras*, Manuel Mujica Lainez); cuando dos proposiciones yuxtapuestas tienen el mismo verbo, y éste va elidido en la segunda (*El artista mejicano pintó su pueblo natal; el inglés, una calle londinense*).

DOS PUNTOS. Se usan: • antes de una enumeración (*Carina lavó toda la ropa: manteles, sábanas, toallas y camisas*); • para presentar las palabras de un escritor, de un personaje de ficción, etc., que se reproducen con exactitud; las comillas garantizan la literalidad de la cita que, generalmente, comienza con mayúscula (*Escribe Ramón Carnicer: "La mayoría de los españoles se comporta de manera muy anárquica en cuanto al uso del acento"*); • en novelas y cuentos, los diálogos de los personajes aparecen en estilo directo y, después de los dos puntos, se pasa a la línea siguiente.

(*La niña le dijo a su madre:*

—¡Soñemos que es cierto lo que soñamos!);

• después del encabezamiento de una carta (*Estimado profesor:*); • después de voces, como *Certifica*, *Decreta*, *Resuelve* (siempre escritas con mayúscula), en leyes, decretos, resoluciones, etc. La Academia aclara que, después de los dos puntos, la voz que sigue puede escribirse indistintamente con mayúscula o con minúscula.

PUNTOS SUSPENSIVOS. Se usan: • cuando no se transcriben completos una oración o un fragmento de una obra; pueden colocarse, entonces, al principio (*...pues no hay árbol que el viento no haya sacudido*), al final (*El que quiere todas las cosas a su gusto...*) o dentro del texto; en este caso, se encierran entre corchetes (*La palabra "imposible" [...] significa una dificultad que no se pue-*

de vencer); • para expresar temor o duda (*Si abrieras esa puerta durante la noche...*); • para sorprender al lector con algo inesperado (*La sala tenía capacidad para dos mil personas y... sólo había dos*); • para ocultar lo que no se quiere decir (*Puedo contarte que... no, es mejor que no hable*); • para atenuar una orden (*Vamos, Lidia...*; *Si lo hiciera por mí...*); • para evitar una palabra malsonante o grosera (*Le gritó hija de...*); • para señalar la segunda parte de un refrán conocido por todos (*Lo bueno si breve...*); • para no citar el nombre completo de una persona y ponerla en evidencia (*El señor K... no dijo la verdad*); • en lugar de **etcétera**, pero nunca antes de su abreviatura (*Vieron cuadros de Soldi, Spilimbergo, Fader, Daneri, Castagnino...*); • para reproducir un sonido (*Tac..., tac..., tac...*). Se colocan siempre antes de la coma, del punto y coma y de los dos puntos, y antes o después de los signos de interrogación y de exclamación (*¡Yo!... no he dicho eso*; *No lo vi... ¿cuándo llegó?...*). Cuando una oración termina con puntos suspensivos, no debe aparecer el punto final.

puntuación. sust. f. 'Acción y efecto de puntuar'. Como sustantivo colectivo, denota 'conjunto de los signos que sirven para puntuar'. → **signo (signos de puntuación)**. No debe confundirse su denotación con la de **puntación** (sust. f.). → **puntación**

puntual. adj. 'Pronto, diligente'; 'cierto'; 'conveniente'; 'perteneciente o relativo al punto'. adv. 'A la hora prevista' (*Siempre llegó **puntual***). Esta última denotación fue recién incorporada en el ***Diccionario***. Es un galicismo usarlo como sinónimo de **concreto**: *Habló de temas puntuales*. Correcto: *Habló de temas **concretos***.

puntualizar. v. tr. → **cazar**

puntuar. v. tr. Ú. t. c. intr. 'Poner en la escritura los signos ortográficos necesarios' (***Puntúe** bien ese texto*). No debe confundirse su denotación con las de **puntar** (v. tr.) y **puntear** (v. tr. e intr.). Se conjuga, en cuanto al acento, como **actuar**. → **puntar, puntear**

punzada. sust. f. → **puntada**

punzador, ra. adj. 'Que punza' (*alfiler **punzador***). Ú. t. c. sust. m. y f.: **el punzador, la punzadora**.

punzar. v. tr. 'Herir con un objeto puntiagudo'; 'pinchar'. v. intr. fig. 'Avivarse un dolor de cuando en cuando'; 'hacerse sentir interiormente una cosa que aflige el ánimo'. También pueden decirse **punchar** (v. tr.) y **pungir** (v. tr.). → **cazar**

punzó. sust. m. Voz francesa (*ponceau*, 'amapola silvestre y su color') españolizada. 'Color rojo muy vivo' (*El **punzó** de esta blusa te favorece*). En plural: **punzós**. La Academia no registra su función como adjetivo, pero es correcta: *Hay en la vidriera una blusa **punzó***. → **colores**

puñal. sust. m. Diminutivo: **puñalejo**. En plural: **puñales**.

puño. sust. m. 'Mano cerrada'. **a puño cerrado**. loc. adv. 'Con el puño' (*Lo golpeó **a puño cerrado***). **como un puño** o **como puños**. loc. adv. fig. y fam. con que 'se pondera que una cosa es muy grande entre las que, regularmente, son pequeñas; o, al contrario, que es muy pequeña entre las que debían ser grandes' (*El departamento es **como un puño***; *Las frutillas eran **como puños***). **de propio puño, de puño y letra** o **de su puño y letra**. locs. advs. 'De mano propia' (*Esa carta es **de propio puño, de puño y letra** o **de su puño y letra***). **en un puño**. loc. fig. Con los verbos **meter**, **poner**, **tener** y otros, 'confundir, intimidar a alguien' (*Con su carácter autoritario, **tenía** a sus empleados **en un puño***). El 'golpe que se da con el puño de la mano' es un **puñetazo** (sust. m.).

pupar. v. intr. 'Transformarse en crisálida las larvas de los insectos'. Es voz recién incorporada en el ***Diccionario***.

pupilero. sust. m. 'El que recibe pupilos en su casa'. Su femenino es **pupilera**.

pupilo. sust. m. 'Huérfano menor de edad, respecto de su tutor'; 'el que se hospeda en casa particular por precio ajustado'. Su femenino es **pupila**. **medio pupilo**. 'El que sólo come al mediodía en una casa de huéspedes'; 'alumno que permanece en el colegio hasta la noche y hace en él la comida del mediodía' (*alumno **medio pupilo***; *alumna **medio pupila***; *alumnos **medio pupilos***; *alumnas **medio pupilas***). Incorrecto: *alumna media pupila*; *alumnos medios pupilos*; *alumnas medias pupilas*. La palabra **medio** no tiene variación de género ni de número, porque es un adverbio.

pupo. sust. m. fam. Argent., Bol. y Chile.

'Ombligo'. Es voz recién incorporada en el *Diccionario*.

purasangre. sust. m. 'Caballo de una raza que es producto del cruce de la árabe con las del Norte de Europa' (*Montó un **purasangre***). Ú. t. c. adj. (*Montó un caballo **purasangre***). Es voz recién incorporada en el ***Diccionario***. También puede escribirse en dos palabras: **pura sangre**. En plural: **purasangres** o **puras sangres**.

puré. sust. m. Voz francesa (*purée*) españolizada. 'Pasta que se hace de legumbres u otras cosas comestibles, cocidas y trituradas' (*Coma el **puré** de papas*). Incorrecto: *la puré*. En plural: **purés**. La A.A.L. recomienda la incorporación, como argentinismo, del siguiente sintagma: **hacer puré**. fr. fig. y fam. 'Romper, destrozar' (*Se le cayó la copa de cristal y se le **hizo puré***).

purgador, ra. adj. 'Que purga'. Ú. t. c. sust. m. y f.: **el purgador, la purgadora**. sust. m. 'Dispositivo que permite evacuar fluidos o residuos de un recipiente': **el purgador**.

purgante. p. a. de **purgar**. 'Que purga'. adj. 'Dícese de la medicina que sirve para este efecto' (*medicamento **purgante***). Ú. t. c. sust. m.: **el purgante**.

purgar. v. tr. Ú. t. c. prnl. Entre otras denotaciones, 'limpiar, purificar algo'; 'sufrir con una pena'; 'dar al enfermo la medicina conveniente para vaciar el vientre'. Rég. prep.: **purgar** o **purgarse con** (***purgar** o **purgarse con** una medicina*); **purgarse de** (***purgarse de** una culpa*). Ú. t. c. intr. 'Evacuar un humor' (*La herida **purgó** bien*). Sus postverbales son **purgación** (sust. f.) y **purgamiento** (sust. m.). → **pagar**

purgativo, va. adj. 'Que purga o tiene virtud de purgar' (*medicamento **purgativo***). También puede decirse **purgante** (adj.) y **purgatorio, ria** (adj.), pero la Academia prefiere las dos primeras formas.

purgatorio, ria. adj. 'Purgativo' (*medicamento **purgatorio***). → **purgativo**. sust. m. 'Lugar donde las almas no condenadas al infierno purgan sus pecados antes de ascender al cielo' (*Recemos por las almas del **purgatorio***); 'lugar donde se vive con trabajo y penalidad' (*Su casa es un **purgatorio***). Siempre se escribe con minúscula.

puridad. sust. f. 'Calidad de puro' (*la **puridad** del agua*). También puede decirse **pureza** (sust. f.). 'Lo reservado y oculto'; 'reserva, sigilo'. **en puridad**. loc. adv. 'Claramente' (*Hábleme **en puridad***); 'en secreto'.

purificación. sust. f. Es sustantivo propio con la denotación de 'fiesta que el 2 de febrero celebra la Iglesia en memoria de que la Virgen María fue con su Hijo a presentarlo en el templo, a los cuarenta días de su parto'. En este caso, debe escribirse con mayúscula (*el día de la **Purificación***).

purificador, ra. adj. 'Que purifica' (*fuego **purificador***). Ú. t. c. sust. m. y f.: **el purificador, la purificadora**. Como adjetivo, puede usarse, en su reemplazo, **purificadero, ra**. Repárese en que **purificatorio, ria** (adj.) tiene otra denotación: 'que sirve para purificar algo' (*confesión **purificatoria***). sust. m. 'Paño de lino, con el que se enjuga y purifica el cáliz'; 'lienzo con el que el sacerdote se limpia los dedos en el altar': **el purificador**.

purificar. v. tr. Ú. t. c. prnl. Rég. prep.: **purificarse de** (***purificarse de** toda imperfección*). Su postverbal es **purificación** (sust. f.). → **sacar**

Purísima. sust. pr. f. 'Nombre antonomástico de la Virgen María en el misterio de su inmaculada Concepción' (*Se arrodilló ante la **Purísima***). Siempre se escribe con mayúscula.

purista. adj. 'Que escribe o habla con pureza' (*profesor **purista***); 'dícese de quien, al hablar o escribir, evita, consciente y afectadamente, los extranjerismos y neologismos que juzga innecesarios, o defiende esta actitud'. Ú. t. c. sust. com.: **el purista, la purista**. En su reemplazo, pueden usarse **puro, ra** (adj.) o **casticista** (sust. com.). → **casticista, casticismo**

puritano, na. adj. Entre otras denotaciones, 'dícese del individuo de un grupo reformista, inicialmente religioso, formado en Inglaterra, en el siglo XVI'. Ú. t. c. sust. m. y f.: **el puritano, la puritana**.

puro, ra. adj. Entre otras denotaciones, 'exento de toda mezcla de otra cosa' (*aceite **puro***); 'casto' (*niña **pura***); 'libre de imperfecciones morales' (*Por su conducta, es un hombre **puro***); 'purista' (*escritor **puro***). **cigarro puro**. 'Rollo de hojas de tabaco'. Ú. m. c. sust. m. (*Fuma **un puro***). **a puro**. loc. adv. 'A fuerza de' (*Llegó **a puro** galope*). **de puro**. loc. adv. que acompaña a un adjetivo con las denotaciones de 'sumamente, tan' (*Se cayó **de puro** atolondrada*). Incorrecto: *Dijo eso de pura tonta*; *Dijeron eso de puras tontas*. Correcto: *Dijo eso **de puro** tonta*; *Dijeron eso **de puro** tontas*. La locución adverbial es invariable en género y en número.

púrpura. sust. f. Entre otras denotaciones, 'molusco que segrega una tinta amarillenta, la que en contacto con el aire toma color verde, que luego se cambia en rojo más o menos oscuro, en rojo violáceo o en violado'; 'tinte'; 'tela teñida con este tinte'; 'prenda de vestir del color de este tinte'; 'color rojo subido que tira a violado'; 'dignidad imperial, cardenalicia, etc.'. Puede decirse **el color púrpura**, pero el tinte no es *el púrpura*, sino **la púrpura**. → **colores**

purpurear. v. intr. 'Mostrar una cosa el color de púrpura que en sí tiene'; 'tirar a purpúreo'. No debe pronunciarse [purpuriar]. → **-ear**

purpúreo, a. adj. 'De color de púrpura' (*manto **purpúreo***); 'perteneciente o relativo a la púrpura'. En su reemplazo, puede usarse **coccíneo, a** (adj.).

pus. sust. m. 'Humor amarillento o verdoso' (***el pus** de la herida*). Incorrecto: *la pus de la herida*. También puede decirse **podre** (sust. f.), pero la Academia prefiere la primera forma. En plural: **puses**. Incorrecto: *los pus*. El adjetivo correspondiente es **purulento**, **ta**, 'que tiene pus'.

pusilánime. adj. 'Falto de ánimo y de valor' (*personas **pusilánimes***). Ú. t. c. sust. com.: **el pusilánime**, **la pusilánime**.

puya. sust. f. → **pulla**

puyón. sust. m. Argent. 'Espolón de acero que se coloca a los gallos de riña'. En plural: **puyones**. Esta voz no está registrada en el ***Diccionario***, pero la A.A.L. ha recomendado su incorporación.

puzzle. sust. m. Voz inglesa (*puzzle*) españolizada. 'Rompecabezas'. En plural: **puzzles**. Es de reciente incorporación académica.

♦ **pyjamas.** Anglicismo. En español, debe escribirse **pijama** o **piyama**. → **pijama**

q. Decimoctava letra del abecedario español. Su nombre es **cu** (sust. f.). En plural: **cus**. Incorrecto: cúes. En español, se usa delante de **e** y de **i**, mediante la interposición gráfica de una **u**, que no suena (***que**na*, ***qui**tar*).

quark. sust. m. Este término de la física es de reciente incorporación académica. En plural: **quarks**. La Academia admite, también, la grafía **cuark**, pero prefiere la primera. Por su origen inglés, se usa **q** delante de la **a**, y la **u** suena.

quásar. sust. m. 'Cuerpo celeste de apariencia estelar en las fotografías, y de color azulado'. Esta voz de origen inglés, acrónimo de la expresión *quasi-stellar radio source* (fuente de radiación casi estelar), es de reciente introducción en el ***Diccionario***. Es palabra grave que, en plural, se hace esdrújula: **quásares**. La Academia admite la grafía **cuásar**, pero prefiere la primera. Por su origen inglés, se usa **q** delante de la **a**, y la **u** suena.

que. pron. relat. Es voz átona. No debe pronunciarse tónica, para evitar la confusión con el interrogativo y el exclamativo **qué**. Es invariable en género y en número. Encabeza **proposiciones adjetivas**, que modifican a un sustantivo, que es su antecedente. Puede referirse tanto a personas como a cosas, a diferencia de **quien**, que sólo se refiere a personas (*El libro **que** leí es interesante*; *No está la niña **que** buscas*). Dentro de la proposición, funciona como sustantivo (*La calle **que** buscas no existe*), adjetivo (*No sospechas lo triste **que** está*) o adverbio (*Lo poco **que** sabe me alarma*). El relativo **que** tiene siempre antecedente expreso, salvo cuando –como dice el ***Esbozo***– pueden sobrentenderse fácilmente palabras como **causa**, **razón**, **motivo**, **cosa**, **asunto**, etc. (*Te daré* [cosa] *con **que** vivas*). Estas construcciones son frecuentes con infinitivo (*Tendrán* [motivo] *de **que** hablar*). Nótese que, en la perífrasis verbal **tengo que + infinitivo**, el **que** es siempre inacentuado. Incorrecto: *No tengo qué darte*; *Ni qué decir tiene*. Correcto: *No tengo* [cosa] ***que** darte*; *Ni* [cosa] ***que** decir tiene*. En todos estos casos, suelen cometerse errores de entonación o de grafía, porque los "límites entre el relativo y el interrogativo –puntualiza el ***Esbozo***– son muy borrosos". A veces, el relativo **que** se construye con el artículo: **el que**, **la que**, **lo que**, **los que**, **las que**. En este caso, presentan, como puede observarse, variaciones de género y de número. Dentro de la proposición sustantiva o adjetiva, dichos sintagmas funcionan como un sustantivo (*Salí al balcón, desde **el que** se ve la montaña*; ***El que** calla otorga*). Estas formas pueden tener antecedente expreso (*Verás la casa en **la que** nací*) o implícito (***Las que** se porten mal no irán al cine*). Cuando llevan antecedente expreso, encabezan **proposiciones adjetivas**; cuando lo tienen implícito, **proposiciones sustantivas**. Cabe aclarar que, en otras teorías gramaticales, no se habla de antecedente implícito. Kovacci dice: "Los relativos que encabezan proposiciones sustantivas no tienen antecedentes sustantivo". Si el relativo **que** y sus formas con artículo ofician, en la proposición que encabezan, de objeto indirecto o de término de preposición de una circunstancia, se construyen con la preposición **a** o con la que corresponda a dicha circunstancia (*La amiga **a la que** le prestaste dinero vendrá hoy*; *El niño **del que** te hablé no está*). Es incorrecto omitir estas preposiciones, incluso en lengua coloquial: *La casa que viví es ésta*; *El hombre que las mujeres sueñan no existe*; *Las mejoras salariales que todos aspiran son una ilusión*. Correcto: *La casa **en que** viví es ésta*; *El hombre **con que** las mujeres sueñan no existe*; *Las mejoras salariales **a las que** todos aspiran son una ilusión*. Cuando **que** funciona como circunstancia de tiempo, puede omitirse la preposición (*La noche* [*en*] *que llegué llovía*). También, cuando la oración empieza con preposición, y ésta es la misma que se repite antes del relativo (***En** el sitio* [***en***] ***que** estaba la casa, ocurrió la tragedia*). → **qué**, **quien**, **conque (con que)**, **porque (por que)**, **que (conj.)**

PROPOSICIONES ADJETIVAS ESPECIFICATIVAS Y EXPLICATIVAS. El pronombre relativo encabeza **proposiciones adjetivas especificativas** o **explicativas**. Las segundas, por ser incidentales, están aisladas, en lo fónico, por pausas o, en lo gráfico, por comas, y el relativo puede sustituirse por **el cual**, **la cual**, etc. (*Los alumnos, **que estaban sentados en sus bancos**, se pusieron de pie*; *Los alumnos, **los cuales estaban sentados en sus***

***bancos**, se pusieron de pie*). Esta sustitución no es posible cuando la proposición es especificativa (*Los alumnos **que estaban sentados en sus bancos** se pusieron de pie*). En el primer caso, el de la **proposición explicativa**, se hace referencia a "todos los alumnos" porque "todos, sin excepción, estaban sentados en sus bancos". La proposición, por ser incidental, puede omitirse sin alterar mayormente el significado de la oración (*Los alumnos se pusieron de pie*). En el segundo, el de **proposición especificativa**, que no es incidental ni lleva pausas o comas, se indica que "sólo los alumnos que estaban sentados en sus bancos se pusieron de pie". Si se suprime la proposición especificativa, cambia el sentido de la oración que la contiene. La distinción es importante, porque se cometen no pocos errores en la puntuación o entonación de estas proposiciones y se altera, por omisión de comas o de pausas, o por el uso indebido de éstas, lo que se quiere expresar. → **cual**, **proposición**

que. conj. Su oficio principal es introducir proposiciones subordinadas sustantivas (***Que** se cometan tantos crímenes es terrible*; *Dijo **que** no vendría*; *Tenía pena de **que** hubiera fracasado*). Es frecuente, aunque no indispensable, que, cuando introduce proposiciones sustantivas con función de sujeto, se anteponga el artículo (***El que** se cometan tantos crímenes es terrible*). Cuando las subordinadas sustantivas son varias, el uso moderno tiende a usar **que** sólo en la primera (*Dijo **que** vayas a la iglesia, hables con el señor cura y le expreses sus disculpas por no poder concurrir a la ceremonia*). A veces, se suprime la conjunción **que**, especialmente con verbos de voluntad y de temor (*Le pidió fuese al pueblo*; *Te ruego lo hagas*; *Temió se perdiese la oportunidad*). Como dice Kovacci, se trata de un **que** "facultativo". No obstante, es preferible, en estilo cuidado, no omitirlo. En otros casos, debe evitarse su supresión: *Supongo habrás entendido*; *Agradecerá se lo envíes*. Correcto: *Supongo **que** habrás entendido*; *Agradecerá **que** se lo envíes*. Sobre el uso incorrecto de *de que* por **que** (*Dijo de que vendría* por *Dijo **que** vendría*) o de *que* por **de que** (*Estoy seguro que lo hará* por *Estoy seguro **de que** lo hará*), → **dequeísmo**, **queísmo**. No debe usarse **que** en las frases exclamativas iniciadas por **¡qué...!** o **¡cuánto...!**: *¡Qué bien que se está en esta casa!*; *¡Cuántos libros que tiene!* Correcto: *¡**Qué** bien se está en esta casa!*; *¡**Cuántos** libros tiene!* Son, asimismo, construcciones anormales las enfáticas en que la conjunción ocupa el lugar de un pronombre relativo: *es entonces que*; *es así que*; *es aquí que*. Correcto: ***es entonces cuando***; ***es así como***; ***es aquí donde***. El mismo error se comete al reemplazar **cuyo**, **cuya**, etc., por **que**: *Leí la novela que su autor era desconocido*. Correcto: *Leí la novela **cuyo** autor era desconocido*. Otros usos de la conjunción **que**: • enlaza con el verbo otras partes de la oración (*antes **que** o **de que** llegue*; *luego **que** o **de que** anochezca*; *por necio **que** sea*); • forma parte de locuciones conjuntivas o adverbiales (*a menos **que***; *con tal **que** o **de que***); • se usa como conjunción comparativa (*Más quiero perder la vida **que** perder la honra* o *Más quiero perder la vida **que** la honra*); • úsase, con cierto valor adversativo, en vez de la copulativa **y** (*Suyo es el error, **que** no mío*); • equivale, como conjunción causal, a **porque** o **pues** (*Perdió todo, **que** todo lo jugó*; *Dirá la verdad, **que** lo ha prometido*); • oficia de conjunción disyuntiva y equivale a **o**, **ya** y otras semejantes (***Que** quiera, **que** no quiera, da lo mismo*); • oficia de conjunción ilativa y enuncia la consecuencia de lo antes expresado (*Caminamos tan despacio, **que** llegaremos tarde*; *Habla tanto, **que** aburre*); • se usa como conjunción final y equivale a **para que** (*Llamó ruidosamente al sereno, **que** le abriese*); • precede a oraciones no enlazadas con otras o a oraciones incidentales de sentido independiente (***Que** me place*; *Me lo dirás, **que** Dios te guarde, si quieres*); • después de expresiones aseverativas o de juramento sin verbo expreso, como **a fe**, **vive Dios**, **por vida de mi madre**, etc., precede al verbo con que empieza a manifestarse aquello que se asevera o se jura (***A fe**, hija, **que** lo harás*; ***Vive Dios**, **que** te creo*; ***Por vida de mi madre**, **que** no olvidaré el favor*); • significa lo mismo que **sin que** con el adverbio **no** pospuesto (*No escribe una línea, **que** no equivoque grafías*); • toma el sentido de **de manera que** en ciertos giros (*Está **que** arde*); • equivale a **y más** (*Dale **que** dale*); • empléase después de los adverbios **sí** y **no** para dar fuerza a lo que se dice (***Sí**, **que** lo haré*; ***No**, **que** no lo harás*); • se emplea, a veces, como conjunción causal o copulativa antes de un **que** equivalente a **cuál** o **qué cosa** (***Que**, ¿**qué** alumnos han venido?*; *Digo **que**, ¡**qué** le parece!*); • denota el progreso de la acción de un verbo, cuando éste va en tercera persona en tiempos del indicativo y el verbo precede y sigue a la conjunción (*Corre **que** corre*; *Vuela **que** vuela*). **el que más y el que menos**. loc. que, en las frases de que forma parte, equivale a 'cada cual' o a 'todos sin excepción'.

qué. pron. interrog. y exclam. Ambos llevan acento prosódico y ortográfico, y son invariables. El interrogativo funciona como sustantivo o como adjetivo, tanto en oraciones interrogativas directas, que siempre llevan signos de interrogación en lengua escrita (*¿Qué dices?*; *¿Qué cosa dices?*), como en proposiciones interrogativas sustantivas indirectas (*Quiero saber* ***qué*** *contestarás*; *Quiero saber* ***qué*** *cosa contestarás*). Es incorrecto preguntar *¿Lo qué?* o *¿El qué?* Correcto: ***¿Qué?*** El exclamativo, que se comporta como el interrogativo (formas directas e indirectas), puede ser adjetivo, sustantivo o adverbio. En el primer caso, como adjetivo, se agrupa directamente con un sustantivo (***¡Qué*** *día!*; *No sabes* ***qué*** *día hizo ayer*); en el segundo, se enlaza con otro sustantivo por medio de la preposición **de** (***¡Qué de*** *papeles!*; *No te imaginas* ***qué de*** *papeles había en el suelo*); finalmente, en el tercero, en que equivale al adverbio **cuán**, modifica a adjetivos o adverbios (***¡Qué*** *alta!*; ***¡Qué*** *mal se porta!*; *Si vieras* ***qué*** *alta está*; *Ni sospechas* ***qué*** *mal se porta*). **¿qué tal?** loc. adv. interrog. Equivale a **cómo** (***¿Qué tal*** *va la fiesta?*) o se usa como fórmula de saludo (***¿Qué tal?***), abreviación de **¿qué tal estás?** o similares. **sin qué ni para qué** o **sin qué ni por qué**. locs. advs. 'Sin motivo, causa ni razón alguna'. **¿y qué?** expr. con que se denota que 'lo dicho o hecho por otro no interesa o no importa'. → **conque (con qué)**, **porque (por qué)**

¡qué! interj. de sentido negativo y ponderativo, la que, al igual que el pronombre interrogativo y exclamativo, lleva tilde. Se escribe con signos de admiración.

qué. sust. m. **tener buen qué** o **tener su qué**. fr. fig. fam. 'Tener bienes' (***Tiene buen qué***; *no tendrá problemas económicos*); 'tener alguna cualidad estimable' (***Tiene su qué***, *atrae*); 'tener su motivo, razón' (***Tendrá su qué*** *para no hacerlo*). La última acepción carece de registro en el ***Diccionario*** mayor, pero la recoge el ***Manual***.

quebracho. sust. m. En la región del Chaco (Bolivia, Paraguay y norte de la Argentina), 'árbol de madera muy dura'; 'nombre que se da, en América, a diversas especies botánicas'. También puede decirse **quiebrahacha** (sust. m.), pero la Academia prefiere la primera forma. El ***Diccionario*** no registra el sustantivo colectivo **quebrachal** (m.), 'sitio poblado de quebrachos', de correcta formación.

quebradizo, za. adj. 'Fácil de quebrarse'. Con la misma acepción, se registra **quebrajoso, sa** (adj.).

quebrado, da. adj. 'Que ha hecho bancarrota o quiebra'. Ú. t. c. sust. m. y f.: **el quebrado, la quebrada**. 'Que padece hernia'. Ú. t. c. sust. m. y f. 'Debilitado'. Rég. prep.: **quebrado de** (***quebrado de*** *color*). 'Dícese del terreno, camino, etc., tortuoso, desigual' (*Ascendía por la* ***quebrada*** *senda*). sust. m. Equivale a los sintagmas **número quebrado** y **verso quebrado**.

quebrador, ra. adj. 'Que quiebra una cosa'; 'que quebranta una ley o estatuto'. Ú. t. c. sust. m. y f.: **el quebrador, la quebradora**.

quebrajar. v. tr. 'Hender parcialmente, resquebrajar'. Ú. t. c. intr. y c. prnl. Conserva la **j** en toda la conjugación.

quebramiento. sust. m. 'Acción y efecto de quebrar o quebrarse'. Distíngase de **quebrantadura** (sust. f.) y de **quebrantamiento** (sust. m.), 'acción y efecto de quebrantar o quebrantarse'.

quebrantador, ra. adj. 'Que quebranta'. Ú. t. c. sust. m. y f.: **el quebrantador, la quebrantadora**. sust. f. 'Máquina que sirve para quebrantar'.

quebrantadura. sust. f. 'Acción y efecto de quebrantar o quebrantarse'. Pueden decirse, también, **quebrantamiento** (sust. m.) y **quebranto** (sust. m.).

quebrantahuesos. sust. m. 'Buitre'; 'juego de muchachos'. fig. y fam. 'Sujeto molesto, inoportuno, que cansa con sus impertinencias'. Nótese que el ***Diccionario*** no lo registra como común de dos para esta acepción. Es incorrecto, en singular, sin **s** final. En plural, no varía: **los quebrantahuesos**.

quebrantaolas. sust. m. 'Navío inservible que se echa a pique en un puerto para quebrantar la marejada delante de una obra hidráulica'; 'boya pequeña asida a otra grande'. Es incorrecto, en singular, sin **s** final. En plural, no varía: **los quebrantaolas**.

quebrantapiedras. sust. f. 'Planta herbácea

anual'. Es incorrecto, en singular, sin **s** final. En plural, no varía: **las quebrantapiedras**.

quebrantar. v. tr. 'Romper, separar con violencia'; 'cascar, hender una cosa; ponerla en estado de que se rompa más fácilmente'. Ú. t. c. prnl. 'Machacar una cosa sólida, sin triturarla'; 'profanar o violar algún lugar sagrado'. fig. 'Violar una ley, palabra u obligación' y, entre otras acepciones, 'vencer una dificultad'. Rég. prep.: **quebrantarse con** o **por** (***quebrantarse con*** o ***por*** *una dificultad*); **quebrantarse de** (***quebrantarse de*** *miedo*; ***de*** *angustia*).

quebrar. v. irreg. tr. En muchas de sus acepciones, significa lo mismo que **quebrantar** (v. tr.): 'romper, separar con violencia'; 'violar una ley u obligación'; 'vencer una dificultad'. En algunas, ú. t. c. prnl. (*Al final, por las injusticias sufridas,* ***se quebrantó***). v. intr. 'Arruinarse una empresa o negocio' (*Esa fábrica* ***quebró***). Rég. prep.: **quebrar** o **quebrarse con** (***quebrar con*** *una amiga*; ***quebrarse con*** *el peso*); **quebrar o quebrarse en** (***quebrar en*** *varios miles de pesos*; ***quebrarse en*** *mil pedazos*); **quebrar** o **quebrarse por** (***quebrar*** o ***quebrarse por*** *lo más delgado*). Se conjuga como **acertar**.

quebrazón. sust. m. Col. y Chile. 'Destrozo grande de objetos de loza o vidrio'. Es palabra aguda que, en plural, se hace grave: **quebrazones**.

quechua. adj. 'Dícese del indio que habitaba la región del Cuzco y, por extensión, de otros indígenas pertenecientes al imperio incaico, o de sus descendientes' (*indio* ***quechua***). Ú. t. c. sust. com.: **el quechua**, **la quechua**. 'Perteneciente a estos indios o a su lengua' (*costumbres* ***quechuas***; *palabra* ***quechua***). sust. m. 'Lengua de estos indios' (*Los misioneros aprendieron el* ***quechua***). También puede decirse **quichua** (adj. Ú. t. c. sust. m.), pero la Academia prefiere la primera forma. No debe pronunciarse [quechúa], acentuación viciosa que, a veces, se oye en España. La 'palabra o giro de la lengua quechua, empleado en otra', es un **quechuismo** (sust. m.)

quedamente. adv. m. 'En voz baja' (*Para que no lo oyesen, hablaba* ***quedamente***). Es incorrecto atribuirle el sentido de 'lentamente, despaciosamente'. También puede decirse **quedo** (adv. m.) para expresar el mismo significado (*Hablaba* ***quedo***, *es decir, en voz baja*).

quedar. v. intr. 'Estar, detenerse en un lugar con propósito de permanecer en él o de pasar a otro'. Ú. t. c. prnl. Rég. prep.: **quedar** o **quedarse en** (***Quedó*** *unos días* ***en*** *Madrid*; ***Se quedó en*** *el barco*); **quedar** o **quedarse con** (***Quedó*** o ***se quedó con*** *un amigo*). 'Subsistir, permanecer o restar parte de una cosa' (*Me* ***quedan*** *dos pesos*; *Si quitas seis de ocho,* ***quedan*** *dos*). Rég. prep.: **quedar para** (***Quedan*** *dos días* ***para*** *la boda*). 'Resultar las personas con algún concepto merecido por sus actos o con algún cargo, obligación o derecho que antes no tenían'. Rég. prep.: **quedar por** (***quedar por*** *valiente*; ***quedar por*** *necio*; ***quedar por*** *fiador*). 'Rematarse a favor de uno las rentas u otra cosa que se vende a pregón para las posturas o pujas'. Rég. prep.: **quedar por** (*La contrata* ***quedó por*** *Juan*). 'Permanecer, subsistir una persona o cosa en su estado, o pasar a otro más menos estable'. Rég. prep.: **quedar por** (*La carta* ***quedó por*** *contestar*); **quedar sin** (*El deber* ***quedó sin*** *hacer*). 'Terminar, acabar' (***Quedó*** *conforme*). Rég. prep.: **quedar de** (***quedar de*** *pie*); **quedar en** (***Quedó en*** *pie*). 'Ponerse de acuerdo'. Rég. prep.: **quedar en** (***Quedamos en*** *vernos*; ***Quedaron en*** *comprar*; ***Quedamos en*** *que no iríamos*); es incorrecto suprimir la preposición en estos casos o reemplazarla por **de**: <u>*Quedamos*</u> *ir*; <u>*quedamos de*</u> *ir*; **quedar con** (*Así* ***quedé con*** *Ana*). 'Concertar una cita'. Rég. prep.: **quedar a** (***Quedamos a*** *las diez*). 'Estar situado' (***Queda*** *lejos*). Rég. prep.: **quedar a** (***Queda a*** *dos cuadras*). Es incorrecto el uso de <u>*quedar*</u> por **dejar**: *Aquí lo* <u>*quedo*</u>. Correcto: *Aquí lo* ***dejo***. v. prnl. 'Retener en su poder una cosa, sea propia o ajena, o adquirirla'. Rég. prep.: **quedarse con** (***Se quedó con*** *los libros*). A veces, ú. t. c. tr., aunque no lo registre el ***Diccionario***; lo consigna el ***Manual*** (***Quédatelo***). 'Dicho del viento o del mar, disminuir su fuerza o su oleaje'; 'en los juegos infantiles, tocarle a uno el papel menos agradable'; 'en el billar, dejar la bola fácil'. Argent. y Urug. 'Morirse' (***Se quedó*** *a la medianoche*). **¿en qué quedamos?** expr. fam. con que se invita a poner término a una indecisión o a aclarar una incongruencia. **no quedar a deber nada** a uno. fr. fig. 'Corresponderle en obras o en palabras' (*Con esta entrega de dinero,* ***no le quedo a deber nada***). **quedar** o **quedarse** uno **atrás**. fr. fig. 'No lograr el progreso alcanzado por los otros'; 'encontrarse en situación inferior a la que se ha tenido'; 'no comprender por completo una cosa'; 'aflojar en un empeño' (*Se quedó atrás en su profesión*). Integra numerosas frases, muchas de ellas figuradas: **quedar** uno **bien** o **mal**; **quedar** alguien **limpio** ('sin dinero'); **quedarse** uno **a oscuras** ('perder lo que se poseía o no lograr lo que se pretendía'); **quedarse** uno **bizco** ('asombrarse'); **quedarse** uno **corto** ('no exagerar en lo que se dice'; 'no llegar hasta donde uno se lo proponía'); **quedar** o **quedarse** uno **frío** o **helado** ('salirle una cosa al revés de lo que pretendía'); etc.

quedo, da. adj. Equivale a **quieto** (*Las naves estaban **quedas** en el río manso*). adv. m. 'En voz baja'; 'con tiento'. Diminutivo: **quedito** (*Habla **quedito***). → **quedamente**. **de quedo**. loc. adv. 'Poco a poco, despacio'. También puede decirse **quedo a quedo** (loc. adv.). **¡quedo!** interj. que sirve para contener a uno. **quedo que quedo**. expr. que se aplica a la persona que está muy reacia a ejecutar una cosa.

quehacer. sust. m. 'Ocupación, negocio, tarea' (*Ése es su **quehacer***). Es palabra aguda que, en plural, se hace grave: **quehaceres**. No debe confundirse esta voz compuesta con los sintagmas **qué hacer** (*¿**Qué hacer** en esta emergencia?*) y **que hacer** (*No tengo **que hacer***).

queísmo. sust. m. Tecnicismo no registrado en el ***Diccionario***. Denota que se ha omitido la preposición **de** antes de **que** cuando el régimen del verbo la exige: *Nos acordamos que festejas tus bodas de plata.* Correcto: *Nos acordamos **de que** festejas tus bodas de plata.* → **dequeísmo**

quejar. v. tr. Equivale a **aquejar** (v. tr. p. us.), forma que la Academia prefiere. v. prnl. 'Expresar el dolor o pena que se siente'; 'manifestar disconformidad con algo o alguien'; 'presentar querella, querellarse'. Rég. prep.: **quejarse de** (*quejarse de todo*); **quejarse por** (***quejarse por** nada*). Conserva la **j** en toda la conjugación. → **querellarse**

quejicoso, sa. adj. 'Que se queja demasiado, y la mayoría de las veces sin causa'. También pueden decirse **quejica** (adj. fam., según acota el ***Diccionario Manual***, ú. t. c. sust. com.); **quejón, na** (adj., lo registra sólo el ***Manual***); **quejilloso, sa** (adj.) y **querelloso, sa** (adj.).

quejigo. sust. m. 'Árbol de la familia de las fagáceas, de unos 20 metros de altura'; 'roble que no ha alcanzado todavía su desarrollo regular'. Los sustantivos colectivos son **quejigal** (m.) y **quejigar** (m.). La **quejigueta** (sust. f.) es un 'arbusto de la misma familia'.

quejoso, sa. adj. 'Dícese del que tiene queja de otro'. Rég. prep.: **quejoso de** (***quejoso de** sus amigos*); **quejoso por** (***quejoso por** todo*). Ú. t. c. sust. m. y f.: **el quejoso**, **la quejosa**. También puede decirse **querelloso, sa** (adj.).

quelenquelén. sust. m. Chile. 'Planta medicinal'. No debe escribirse en dos palabras ni con guión: *quelén quelén*, *quelén-quelén*. Es palabra aguda que, en plural, se hace grave: **quelenquelenes**.

quelonio. adj. 'Dícese de ciertos reptiles de patas cortas que, como la tortuga, tienen un caparazón duro que cubre la espalda y el pecho'. Ú. t. c. sust. m. (*El galápago es un **quelonio***). sust. m. pl. 'Orden de estos reptiles' (*Los careyes son **quelonios***).

quemadero, ra. adj. 'Que ha de ser quemado'. sust. m. 'Lugar destinado a la quema de animales muertos, basura, etc.'.

quemado, da. p. de **quemar**. adj. (*cobre **quemado***). Argent. y Méj. 'De color oscuro o tostado, adquirido, generalmente, por acción del sol' (*piernas **quemadas***). Esta acepción carece de registro en el ***Diccionario***, pero la trae el ***Manual***. sust. m. 'Rodal de monte consumido del todo o en parte por el fuego'. fam. 'Cosa quemada o que se quema' (*Olor a **quemado**; Raspó el **quemado** de la cacerola*).

quemador, ra. adj. 'Que quema'. Ú. t. c. sust. m. y f.: **el quemador**, **la quemadora**. Equivale, también, a **incendiario, ria** (adj.), 'que incendia maliciosamente'. Ú. t. c. sust. m. y f. sust. m. 'Aparato destinado a facilitar la combustión en instalaciones térmicas'.

quemar. v. tr. Ú. t. c. intr. y c. prnl. Rég. prep.: **quemar** o **quemarse con** (***quemar** o **quemarse con** fuego*); **quemarse de** (***quemarse de** tonto*); **quemar** o **quemarse por** (***quemar** o **quemarse por** descuido*). Su 'acción y efecto' es **quemamiento** (sust. m. p. us.), **quema** (sust. f.) y **quemazón** (sust. f.).

quemarropa (a). loc. adv. 'Tratándose de un disparo, desde muy cerca' (*Le tiró **a quemarropa***). Puede escribirse, también, **a quema ropa** (loc. adv.).

quemazón. sust. f. Repárese en su género: **la quemazón**.

quena. sust. f. 'Flauta aborigen del Altiplano'. Es voz usual en la Argentina y otros países americanos, donde aún se toca este instrumento musical precolombino.

quenopodiáceo, a. adj. 'Dícese de ciertas plantas como la espinaca o la remolacha'. Ú. t. c. sust. f.: **la quenopodiácea**. sust. f. pl. 'Familia de estas plantas': **las quenopodiáceas**. Para el adjetivo puede decirse, también, **salsoláceo, a**. La Academia prefiere la primea forma.

quepis. sust. m. 'Gorra cilíndrica o ligeramente cónica que usan los militares de algunos países'. En plural, no varía: **los quepis**. Nótese que es palabra grave. No debe pronunciarse [quepís] como aguda.

querandí. adj. 'Dícese del indígena que –en la Argentina– habitaba en la margen derecha del río Paraná, desde el río Carcarañá, en la provincia de Santa Fe, al Norte, y los ríos Salado y Saladillo, en la provincia de Buenos Aires, al Sur' (*indio* ***querandí***). Ú. t. c. sust. com.: **el querandí, la querandí**. 'Perteneciente o relativo a estos aborígenes o a su lengua'. sust. m. 'Lengua de estos indios'. En plural: **los querandíes, las querandíes**. Modernamente, según el ***Esbozo***, se admite, también, **querandís**, más coloquial: **los querandís, las querandís**. Es aceptable, igualmente, dejarlo invariable: **los querandí, las querandí**. → **guaraní**

queratitis. sust. f. 'Inflamación de la córnea transparente'. En plural, no varía: **las queratitis**.

querella. sust. f. 'Discordia, pendencia'. Como término jurídico, no se confunda con **demanda** (sust. f.). Ésta es de acción civil; aquélla, criminal. Es, por lo tanto, un pleonasmo decir **querella criminal**.

querellado, da. p. de **querellarse**. sust. m. 'Persona contra la que alguien se querella'. Su femenino es **querellada**. Estas voces carecen de registro en el ***Diccionario***, pero las trae el ***Manual*** y son de uso frecuente en la literatura jurídica.

querellador, ra. adj. 'Que se querella'. Ú. t. c. sust. m. y f.: **el querellador, la querelladora**.

querellante. p. a. de **querellarse**. 'Que se querella'. Ú. t. c. sust. com.: **el querellante, la querellante**. Como muchos participios activos, no figura en la última edición del ***Diccionario***.

querellarse. v. prnl. 'Expresar el dolor o la pena que se siente'. Es más común, con este significado, usar **quejarse** (v. prnl.). 'Manifestar uno el resentimiento que tiene con otro'; 'presentar querella contra uno'. Rég. prep.: **querellarse ante** (***querellarse ante*** *el juez*); **querellarse de** o **contra** (***querellarse de*** o ***contra*** *el administrador*). La Academia no registra, para la última acepción, la forma verbal no pronominal, transitiva, de uso frecuente, al menos en la Argentina (*Lo* ***querelló*** *por injurias graves*). Es más castizo decir: *Le* ***inició querella*** *por injurias* o ***Presentó querella*** *por injurias contra él*.

querelloso, sa. adj. 'Que se querella'. Ú. t. c. sust. m. y f.: **el querelloso, la querellosa**. 'Que se queja de una cosa o de cualquier cosa'. Ú. t. c. sust. m. y f. → **quejicoso**

querendón, na. adj. Amér. 'Muy cariñoso' (*novia* ***querendona***). Ú. t. c. sust. m. y f.: **el querendón, la querendona** (*Mi hijo es un* ***querendón***). La Academia, con oficio de sustantivo, lo registra sólo como la 'persona que tiene relaciones amorosas ilícitas', denotación no usada en América y equivalente a **querido, da** (sust. m. y f.) o a **amante** (sust. com.).

querer. sust. m. 'Cariño, amor' (*las cosas del* ***querer***). Su homónimo es el v. irreg. tr.: 'desear, apetecer'; 'amar, tener cariño o inclinación a una persona o cosa'; 'tener determinación de ejecutar una cosa'; 'resolver, determinar'; 'pretender, procurar'; 'ser conveniente una cosa a otra; requerirla'; 'conformarse o avenirse uno al intento o deseo de otro'; 'en el juego, aceptar el envite'; 'dar uno ocasión, con lo que hace o dice, para que se ejecute algo contra él; provocar' (*Juan* ***quiere*** *que lo castiguemos*). Rég. prep.: **querer** una cosa **de** uno (***Quiere*** *el apoyo* ***de*** *sus padres*); **querer para** (***Quería*** *todo* ***para*** *sí*); **querer por** (*No la* ***quiso por*** *mujer*). v. impers. 'Estar próxima a ser o verificarse una cosa' (***Quiere*** *llover*). El verbo **querer** es un verbo modal y, como tal, se une frecuentemente al infinitivo, y forma con él una perífrasis verbal con sujeto común a los dos verbos: **querer saber, querer poder, querer hacer**, etc. Por ese carácter de verbo modal, que comparte principalmente con **po-**

der, **deber**, **saber**, **soler** y otros de significado parecido, "el condicional es –puntualiza el ***Esbozo***– a menudo permutable por el imperfecto de subjuntivo en *-ra*, e incluso por el imperfecto de indicativo. Ejemplos: *Antes de casarse la mujer debería* [= debiera o debía] *ver unos meses a su novio en zapatillas* (M. Delibes [...]); *Yo también querría* [o quisiera] *que nadie leyera una carta que es solamente para mí* (J. Cortázar [...]); *Deberías* [= debieras o debías] *tener más cuidado*". **como quiera que**. loc. conj. 'De cualquier modo, o de este o el otro modo, que'; 'supuesto que, dado que' (puede escribirse, también, **comoquiera que**). Forma parte de locuciones adverbiales: **cuando quiera** ('en cualquier tiempo'); **cuando quiera que** (equivale a **como quiera que**); **como quiera** ('de cualquier manera'; puede escribirse **comoquiera**); **donde quiera** ('en cualquier parte'; puede escribirse, **dondequiera**); **sin querer** ('sin intención'). **no así como quiera** o **no como quiera**. loc. adj. con que se denota ser más que regular o común aquello de que se habla (*Es un periodista, **no así como quiera**, sino de los sobresalientes; La mentira es un vicio, **no como quiera**, sino muy despreciable*). Una de las irregularidades de este verbo consiste en que diptonga la **e** de la raíz en **ie**, cuando es tónica: presente de indicativo (*quiero, quieres, quiere, quieren*), presente de subjuntivo (*quiera, quieras, quiera, quieran*) e imperativo (*quiere*). Otra, en que pierde la segunda **e** del infinitivo con el cual se forma este tiempo, es en el futuro de indicativo (*querré, querrás, querrá, querremos, querréis, querrán*) y en el condicional (*querría, querrías, querría, querríamos, querríais, querrían*). Cambia, además, la **e** de la raíz en **i**, en el pretérito perfecto simple de indicativo (*quise, quisiste, quiso, quisimos, quisisteis, quisieron*), en el pretérito imperfecto de subjuntivo (*quisiera* o *quisiese, quisieras* o *quisieses, quisiera* o *quisiese, quisiéramos* o *quisiésemos, quisierais* o *quisieseis, quisieran* o *quisiesen*) y en el futuro de subjuntivo (*quisiere, quisieres, quisiere, quisiéremos, quisiereis, quisieren*). Tiene un participio irregular (***quisto***). Son incorrectas, por lo tanto, y deben evitarse las formas vulgares del presente de subjuntivo (*querramos, querráis*) y de otros tiempos (*querreré, querrería*), etc. Téngase en cuenta que sólo son regulares: la primera y la segunda persona del plural del presente de indicativo (*queremos, queréis*) y de subjuntivo (*queramos, queráis*), todo el pretérito imperfecto de indicativo (*quería, querías*, etc.), el plural del imperativo (*quered*), el gerundio (*queriendo*) y el participio regular (***querido***). → **quisto**

querido, da. p. de **querer**. Como adjetivo, función que no registra el ***Diccionario***, se usa en el encabezamiento de las cartas y no debe abreviarse (***Querido** Juan*: ...). sust. m. y f. 'Hombre respecto de la mujer o mujer respecto del hombre, con quien tiene relaciones ilícitas'. Despectivo: **querindango, ga** (sust. m. y f.). En América, en su uso sustantivo, no tiene siempre el sentido peyorativo que registra en España.

quermes. sust. m. → **kermes**

quermés. sust. f. → **kermés**

querosén. sust. m. Amér. 'Combustible derivado del petróleo'. En España, se usa **queroseno** (sust. m.). Incorrecto: *querosene*. En Ecuad., Nicar. y Pan., **querosín** (sust. m.). En plural, respectivamente: **querosenes**, **querosenos**, **querosines**. Son incorrectas las grafías con **k**: *kerosén, keroseno, kerosín*.

querubín. sust. m. 'Ángel que pertenece al segundo coro'; 'persona de singular belleza' (*Tu niño es un **querubín***). Es palabra aguda que, en plural, se hace grave: **querubines**. En lengua poética, también pueden decirse **querub** y **querube** (susts. ms.). La Academia prefiere, entre estas dos, la última forma.

quesadilla. sust. f. 'Cierta especie de pastel, de queso y masa'; 'cierto género de dulce, hecho a modo de pastelito, relleno de almíbar, conserva u otro manjar'. También puede decirse **quesada** (sust. f.), pero la Academia prefiere la primera forma.

quesear. v. tr. 'Hacer quesos'. No debe pronunciarse [quesiar, quesié]. → **-ear**

quesiqués. sust. m. 'Cosa que se pregunta difícil de explicar o de averiguar'. En plural: **quesiqueses**.

queso. sust. m. 'Producto que se obtiene de la cuajada de la leche'. Diminutivo: **quesito**. De él derivan: **quesera** (sust. f.), 'mujer que hace o vende quesos', 'lugar donde se fabrican', 'tabla o mesa para hacerlos', 'vasija para conservarlos', 'plato con cubierta, en que se sirve el queso a la mesa'; **quesero** (sust. m.), 'hombre que hace o vende quesos'; **quesero, ra** (adj.; sust. m. y f.), 'relativo al queso' y 'persona a la que le gusta mucho el queso'; **quesería** (sust. f.), 'lugar donde se fabrican o se venden quesos', 'tiempo a propósito para hacer quesos', y **quesillo** (sust. m.). Esta última voz, en la Argentina, significa cierto tipo de 'queso de cabra', acepción no registrada en el ***Diccionario***. → **pan** (**pan y quesillo**)

quetzal. sust. m. 'Ave trepadora americana'. Para distinguir los sexos, debe recurrirse a las perífrasis **quetzal macho, quetzal hembra**. 'Moneda guatemalteca'. Es palabra aguda que, en plural, se hace grave: **quetzales**.

quevedos. sust. m. pl. 'Lentes de forma circular, con armadura a propósito para que se sujete a la nariz'. Es incorrecto usar esta voz en singular: *Tenía puesto un quevedo*. Correcto: *Tenía puestos unos **quevedos**.* → **gafas**

quibey. sust. m. 'Planta de las Antillas'. En plural: **quibeyes** o **quibéis**.

quichua. adj. → **quechua**

quicial. sust. m. 'Madero que asegura puertas y ventanas por medio de pernios y bisagras, para que girando se abran y se cierren'; 'quicio de puertas y ventanas'. También puede decirse **quicialera** (sust. f.). La Academia prefiere la primera forma.

quicio. sust. m. 'Parte de las puertas y ventanas que entra en el espigón del quicial, y en que se mueve y gira'. **fuera de quicio**. loc. adv. fig. 'Fuera de lo regular' (*Esa pata de la mesa está **fuera de quicio***). **sacar de quicio** una cosa. fr. fig. 'Violentarla, sacarla de su estado natural' (*No **saques de quicio** mis palabras*). **sacar de quicio** a alguien. fr. fig. 'Exasperarlo' (*Con tus reclamos absurdos, me **sacas de quicio***).

quid. sust. m. 'Esencia, punto más importante o porqué de una cosa'. Ú. precedido del artículo **el** (*Ése es **el quid** de la cuestión*). En plural, no varía: **los quid**.

quídam. sust. m. fam. 'Sujeto, individuo'; 'sujeto despreciable, cuyo nombre se ignora o se quiere omitir'. Nótese que lleva tilde sobre la **i** (*Un cierto **quídam** intervino*). En plural, no varía: **los quídam**.

quien. pron. relat. Es voz átona. No debe pronunciarse tónica, para evitar la confusión con el interrogativo y exclamativo **quién**. Carece de género. Su plural es **quienes**. Equivale al pronombre **que**, a **el que** y, a veces, a **el cual**, con sus respectivas variantes. El antecedente es siempre una persona o cosa personificada. El pronombre funciona dentro de la proposición como un sustantivo. Si corresponde, se construye con preposición. No se le antepone artículo (*Mi padre, a **quien** respeto, me lo ha prohibido*). Hoy no es normal, como en la lengua del período clásico, construirlo en singular con antecedente en plural (*Las personas de **quien** hicimos mención no están*). Lo correcto, en español moderno, es: *Las personas de **quienes** hicimos mención no están*. Encabeza **proposiciones subordinadas adjetivas explicativas** o **especificativas**. El pronombre encabeza directamente las primeras (*Informaron de lo ocurrido a los padres, **quienes** no sabían nada*) y va precedido de preposición en las segundas (*No regresaron los alumnos con **quienes** salió el maestro de excursión*). También encabeza **proposiciones subordinadas sustantivas**; significa 'la persona que', 'aquel que' (***Quien** calla otorga*; ***Quien** mal anda mal acaba*). Cuando depende de un verbo precedido de adverbio de negación, denota 'nadie que' (*No hay **quien** lo asista*). En ambos casos, se usa más en singular. En el último ejemplo, el antecedente se ha omitido, por sobrentenderse fácilmente palabras tales como **persona**, **hombre**, etc. Estas construcciones son frecuentes con infinitivo (*No tenía de **quien** fiarse*; *No encontraba a **quien** contárselo*). Nótese que, en estas construcciones, no lleva tilde ni se pronuncia con entonación interrogativa. → **que**

quién. pron. interrog. y excl. Es voz tónica y se escribe con tilde. Carece de género. Varía en número: **quiénes**. Es incorrecto usar el singular referido al plural: *¿Quién son los recién llegados?* Correcto: *¿**Quiénes** son los recién llegados?* Introduce oraciones interrogativas o exclamativas directas que, en lo gráfico, llevan signos de interrogación o de exclamación (*¿**Quién** lo dijo?*; *¡**Quién** lo supiera!*) o proposiciones interrogativas o exclamativas indirectas (estas últimas poco frecuentes), que funcionan como **proposiciones sustantivas** (*Preguntó **quién** lo dijo*; *Si supieras de **quién** está enamorado, te mueres*). Estos pronombres siempre funcionan como sustantivos.

quién. pron. indef. Se escribe con acento

prosódico y ortográfico. Se emplea en la fórmula **quién(es)**... **quién(es)**... y equivale a **uno(s)**... **otro(s)**..., es decir, se usa repetido (***Quién** dice blanco, **quién** dice negro*; *Aparecieron los juglares, **quiénes** con flautas, **quiénes** con trompetas, **quiénes** con laúdes*). **no ser** uno **quien**. loc. 'No tener capacidad o habilidad para hacer una cosa' (***No eres quien** para oponerte a mi candidatura*).

quienquiera. pron. indef. 'Persona indeterminada, alguno, sea el que fuere'. Como aclara la Academia, se usa "antepuesto o pospuesto al verbo, y no se puede construir con el nombre". Este pronombre, que funciona como un sustantivo, se emplea siempre con **que** y es, en el español actual, de uso casi exclusivamente literario (***Quienquiera que** fuere el que lo hizo, será castigado*). La omisión de **que** es una incorrección (Quienquiera fuere el que lo hizo, *será castigado*). En plural: **quienesquiera** (***Quienesquiera que** fueren los que lo hicieron, serán castigados*). Es vulgar el plural quienesquieran. Se cometen con este pronombre no pocos errores de concordancia por usar el singular cuando corresponde el plural o viceversa: *Quienquiera que fueren los culpables, irán a la cárcel*; *Quienesquiera que fuere el culpable, irá a la cárcel*. Correcto: ***Quienesquiera** que fueren los culpables, irán a la cárcel*; ***Quienquiera** que fuere el culpable, irá a la cárcel*. Se admite, hoy, usar el verbo en presente de subjuntivo (***Quienquiera** que **sea**, será castigado*; ***Quienquiera** que lo **sepa**, que lo diga*), pero es más literario emplear el futuro de subjuntivo (***Quienquiera** que **fuere**, ...*; ***Quienquiera** que lo **supiere**, ...*). La forma apocopada **quienquier**, por **quienquiera**, es anticuada.

quiescente. adj. 'Que está quieto pudiendo tener movimiento propio'. La 'calidad de quiescente' es la **quiescencia** (sust. f.). Nótese la correcta grafía de estas voces. No se confundan con **aquiescente** (adj.), 'que consiente, permite', ni con **aquiescencia** (sust. f.), 'consentimiento'.

quietador, ra. adj. 'Que quieta'. Ú. t. c. sust. m. y f.: **el quietador, la quietadora**. También puede decirse **aquietador, ra** (adj.).

quietar. v. tr. 'Sosegar, apaciguar'. Ú. t. c. prnl. Su 'acción y efecto' es la **quietación** (sust. f.). Es mucho más frecuente emplear, para el significado de este verbo, **aquietar** (v. tr. Ú. t. c. prnl.), cuya 'acción y efecto' es **aquietamiento** (sust. m.).

quietista. adj. 'Partidario del quietismo, doctrina mística de carácter heterodoxo'. Apl. a personas, ú. t. c. sust. com.: **el quietista, la quietista**.

quieto, ta. adj. Diminutivo: **quietecito**. En la Argentina, se usa, normalmente, **quietito**.

quif. sust. m. 'Estupefaciente'. También puede escribirse **kif**, pero la Academia prefiere la grafía con **q**. En plural: **quifes**. → **hachís**

quijal o **quijar.** sust. m. 'Cada una de las dos mandíbulas'; 'muela de la boca'. La Academia prefiere la primera forma. Son palabras agudas que, en plural, se hacen graves: **quijales, quijares**. Estas voces no son de uso frecuente. Para la primera acepción, se emplea comúnmente **quijada** (sust. f.), y, para la segunda, **muela** (sust. f.).

quijones. sust. m. 'Planta herbácea anual'. En plural, no varía: **los quijones**.

quijote. sust. m. 'Pieza del arnés destinada a cubrir el muslo'; 'en el cuarto trasero de las caballerías, la parte comprendida entre el cuadril y los corvejones'. En esta última acepción, ú. m. en pl. Su homónimo, también sustantivo masculino, significa 'hombre que antepone sus ideales a su conveniencia y obra desinteresadamente en defensa de causas justas, sin conseguirlo'; 'hombre alto, flaco y grave, cuyo aspecto y carácter hacen recordar al héroe cervantino'. Se escribe con minúscula (*Juan es un **quijote***). La última acepción es de reciente ingreso en el ***Diccionario***, así como el femenino **quijotesa**, 'mujer que posee las cualidades morales de un quijote'. La 'acción propia de un quijote' es **quijotada** (sust. f.) y **quijotería** (sust. f.).

quilatador. sust. m. 'El que quilata el oro, la plata o las piedras preciosas'. La Academia no registra forma para el femenino.

quilatar. v. tr. Significa lo mismo que **aquilatar** (v. tr.), forma que la Academia prefiere.

quilate. sust. m. 'Unidad de peso para las perlas y piedras preciosas que equivale a 205 miligramos' (*Tenía un solitario de cinco **quilates***); 'cada una de las veinticuatroavas partes en peso de oro puro que contiene cualquier aleación de este metal, y que a su vez se divide en cuatro granos' (*Compró un anillo de oro, de 18 **quilates**; El oro de veintidós **quilates** es el que tiene dos **quilates** de impureza o del metal de la aleación*); 'pesa de un quilate'. fig. 'Grado de perfección de cualquier cosa no material'. Ú. m. en pl. (*Su honradez es de muchos **quilates***). **por quilates**. loc. adv. fig. y fam. 'Menudamente, en pequeñísimas cantidades'. Es incorrecto escribir esta voz con **k**: *kilate*.

quili-. pref. → **kili-**

quiliárea. sust. f. → **kiliárea**

quilificar. v. tr. 'Convertir en quilo el alimento'. Ú. m. c. prnl. Su 'acción y efecto' es la **quilificación** (sust. f.). → **sacar**

quillango. sust. m. Argent. 'Manta formada de pieles cosidas que usaban algunos indios'; 'por extensión, cierto tipo de cobertor hecho de pieles, principalmente de guanaco'.

quillay. sust. m. Argent. y Chile. 'Árbol de la familia de las rosáceas'. En plural: **quilláis**.

quilo. sust. m. 'Linfa de aspecto lechoso que circula por los vasos quilíferos durante la digestión'. En esta acepción, no tiene doble grafía. Su homónimo más frecuente, sí, la tiene (*Compró un **quilo** de manzanas*). → **kilo**. Un tercer homónimo, voz que se usa en Chile, significa 'arbusto de la familia de las poligonáceas'; 'su fruto'. Esta última voz tampoco tiene doble grafía.

quilo-. elem. compos. → **kilo**

quilográmetro. sust. m. → **kilográmetro**

quilogramo. sust. m. → **kilogramo**

quilolitro. sust. m. → **kilolitro**

quilombo. sust. m. Venez. 'Choza'. Chile y R. de la Plata. 'Lupanar'. fig. y vulg. Argent. 'Lío, barullo, desorden'. Esta última denotación ha sido recién incorporada en el ***Diccionario***.

quilométrico, ca. adj. → **kilométrico**

quilómetro. sust. m. → **kilómetro**

quimbambas o **quimbámbaras.** sust. f. pl. Sólo se usa en la locución adverbial **en las quimbambas** o **quimbámbaras**. 'En sitio lejano'. La Academia prefiere la primera forma, la segunda es regional de las Antillas.

quimerear. v. tr. p. us. 'Promover quimeras'. No debe pronunciarse [quimeriar, quimerié]. → **-ear**

quimérico, ca. adj. 'Fabuloso, irreal'. También puede decirse **quimerino, na** (adj.), pero no es de uso frecuente.

quimerista. adj. 'Amigo de ficciones'; 'aplícase a la persona que mueve riñas o pendencias'. En ambas acepciones, ú. t. c. sust. com.: **el quimerista, la quimerista**.

quimerizar. v. intr. 'Fingir quimeras imaginarias'. → **cazar**

químico, ca. adj. 'Perteneciente a la química'; 'por contraposición a físico, concerniente a la composición de los cuerpos'. sust. m. 'El que profesa la química o tiene en ella especiales conocimientos' (*Se recibió de **químico***). Su femenino es **química** (*Ana trabaja como **química***).

quimificar. v. tr. 'Convertir en quimo el alimento'. Ú. m. c. prnl. La 'acción y efecto' de este verbo es la **quimificación** (sust. f.). → **sacar**

quimioterapia. sust. f. 'Método curativo o profiláctico de enfermedades, por medio de productos químicos'. Incorrecto: *quimoterapia*.

quimono. sust. m. 'Túnica japonesa'. Incorrecto: *kimono*.

quinaquina. sust. f. 'Corteza del quino'. No debe escribirse en dos palabras ni con guión: *quina quina*, *quina-quina*. También puede decirse **quina** (sust. f.).

quincalla. sust. f. colect. 'Conjunto de objetos de metal, generalmente de poco valor' (*Todas sus joyas son nada más que **quincalla***). También pueden decirse **quincallería** (sust. f.) y **quinquillería** (sust. f.).

quincallería. sust. f. 'Fábrica de quincalla'; 'tienda o lugar donde se vende'; 'comercio de quincalla'; 'conjunto de quincalla'. También puede decirse **quinquillería** (sust. f.), pero la Academia prefiere la primera forma. La última acepción transcripta, de significación colectiva, es de ingreso reciente en el ***Diccionario*** y equivale a **quincalla** (sust. f. colect.). → **quincalla**

quincallero. sust. m. 'El que fabrica o vende quincalla'. Su femenino es **quincallera**. También puede decirse **quinquillero** (sust. m.), pero la Academia prefiere la primera forma. Para esta variante no registra femenino.

quince. adj. 'Diez y cinco' (*quince hombres*). Se usa, también, como ordinal y equivale al adjetivo **decimoquinto** (*Esto ocurrió en el año **quince** del siglo pasado*; *Luis **quince***). Apl. a los días del mes, ú. t. c. sust. m. (*Nos volveremos a ver el **quince** de mayo*). sust. m. 'Conjunto de signos o cifras con que se representa el número quince' (*Escribe el **quince***); 'juego de naipes' (*Juguemos al **quince***). En números romanos, se cifra ***XV***. Plural del sustantivo: **quinces** (*Borra todos los **quinces** de esas cifras*).

quinceañero, ra. adj. Ú. t. c. sust. m. y f.: **el quinceañero**, **la quinceañera**. Es voz de ingreso reciente en el ***Diccionario***.

quinceavo, va. adj. 'Dícese de cada una de las quince partes en que se divide un todo' (*Le correspondió la **quinceava** parte*). Ú. t. c. sust. m. (*Heredó un **quinceavo***). Es un vulgarismo usar el partitivo en reemplazo del adjetivo numeral ordinal que corresponde: *Lo diré por **quinceava** vez*. Correcto: *Lo diré por **decimoquinta** vez*. Pueden decirse, también, **quinzavo, va** (adj. Ú. t. c. sust. m. y f.) y **quindécimo, ma** (adj.).

quincena. sust. f. 'Espacio de quince días' (*Trabajó una **quincena***); 'paga que se recibe cada quince días' (*Recibió su **quincena***). El adjetivo correspondiente es **quincenal**, 'que sucede o se repite cada quince días' (*La publicación es **quincenal***) o 'que dura una quincena' (*Los cursos de apoyo son **quincenales***). También puede decirse, con la primera acepción del adjetivo, **quincenario, ria**.

quinceno, na. adj. p. us. Equivale a **decimoquinto** (*el **quinceno** día*). sust. m. 'Mulo pequeño, de quince meses'. Su femenino es **quincena**.

quincha. sust. f. Amér. Merid. 'Tejido o trama de junco con que se afianza un techo o una pared de paja, totora, cañas, etc.'. NO. Argent., Chile y Perú. 'Pared hecha de cañas, varillas u otra materia semejante, que suele recubrirse de barro y se emplea en cercas, chozas, corrales, etc.'. Distíngase de **quincho** (sust. m.).

quincho. sust. m. Argent. 'Techo de paja sostenido por columnas de madera' (*Comimos asado debajo de un **quincho***).

quincuagena. sust. f. colect. 'Conjunto de cincuenta cosas de una misma especie'. El adjetivo correspondiente es **quincuagenario**, **ria**, 'que consta de cincuenta unidades'; 'que tiene cincuenta años' (*Es una mujer **quincuagenaria***). Ú. t. c. sust. m. y f. con la segunda denotación del adjetivo: **el quincuagenario**, **la quincuagenaria**.

quincuagésimo, ma. adj. 'Que sigue inmediatamente en orden al o a lo cuadragésimo nono'; 'dícese de cada una de de las cincuenta partes iguales en que se divide un todo'. Ú. t. c. sust. m. con la segunda acepción (*Recibió un **quincuagésimo***). Incorrecto: <u>*quincuagésimo*</u> *primera edición*. Correcto: ***quincuagésima** primera edición*. Nótese que el ordinal concuerda en género con el sustantivo "edición".

quindenio. sust. m. 'Espacio de quince años'. El adjetivo correspondiente es **quindenial**, 'que sucede o se repite cada quindenio' o 'que dura un quindenio'.

quinesiología. sust. f. colect. 'Conjunto de procedimientos terapéuticos encaminados a restablecer la normalidad de los movimientos del cuerpo humano, y conocimiento científico de aquéllos'. La Academia admite la grafía con **k**, pero prefiere la primera forma. → **kinesiología**

quinesiológico, ca. adj. 'Relativo o perteneciente a la quinesiología'. La Academia no ha incorporado la grafía con **k**, como lo ha hecho con **quinesiología** y **quinesiólogo**.

quinesiólogo. sust. m. 'El que es experto en quinesiología'. Su femenino es **quinesióloga**. La Academia admite la grafía con **k**, pero prefiere la primera forma. → **kinesiólogo**

quinesioterapia o **quinesiterapia.** sust. f. 'Método terapéutico por medio de movimientos activos o pasivos de todo el cuerpo o de alguna de sus partes'. La Academia admite la grafía con **k**, pero prefiere las otras formas. → **kinesioterapia**

quinesioterápico, ca o **quinesiterápico, ca.** adj. 'Perteneciente a la quinesioterapia'. La Academia admite la grafía con **k**, pero prefiere las otras formas. → **kinesioterápico**

quingentésimo, ma. adj. 'Que sigue inmediatamente en orden al o a lo cuadringentésimo nonagésimo nono'; 'dícese de cada una de las quinientas partes iguales en que se divide un todo'. Ú. t. c. sust. m. y f. con la segunda acepción (*un **quingentésimo** del tesoro*).

quiniela. sust. f. 'Juego de pelota entre cinco jugadores'; 'apuesta en que se pronostican los resultados de diversas competiciones deportivas'. Argent., Par., Sto. Dom. y Urug. 'Juego que consiste en apostar a la última o las últimas cifras de los premios mayores de la lotería'. Incorrecto: quinela.

quinielero. sust. m. Argent., Par., Sto. Dom. y Urug. 'Capitalista de quinielas'; 'persona que realiza las apuestas'. Su femenino es **quinielera**. Incorrecto: quinelero, ra. En el español general, para los 'jugadores de los otros tipos de quinielas', **quinielista** (sust. com.): **el quinielista, la quinielista**.

quinientos, tas. adj. 'Cinco veces ciento' (***quinientos** clavos; **quinientas** bolitas*). Equivale a **quingentésimo, ma** (adj.), 'que sigue al cuadringentésimo nonagésimo nono' (*año **quinientos***). 'Dícese de cada una de las quinientas partes en que se divide un todo'. sust. m. 'Signo o conjunto de signos con que se representa el número quinientos' (*Escribe el **quinientos***). En números romanos, se cifra ***D***.

quinoto. sust. m. Argent. 'Arbusto de pequeños frutos de color anaranjado, muy usados en la preparación de dulces y licores'; 'su fruto' (*dulce de **quinoto***).

quinquenal. adj. 'Que sucede o se repite cada quinquenio' (*publicación **quinquenal***); 'que dura un quinquenio' (*plan **quinquenal***). No se confunda con **quincenal** (adj.).

quinquenio. sust. m. 'Tiempo de cinco años'; 'aumento de sueldo que se percibe a los cinco años de antigüedad en un puesto de trabajo'. → **lustro**

quinqui. sust. com. 'Persona que pertenece a cierto grupo social marginado de la sociedad por su estilo de vida': **el quinqui, la quinqui**. En plural: **los quinquis, las quinquis**. Es voz de reciente ingreso en el ***Diccionario***.

quintacolumnista. sust. com. 'Persona afiliada a la quinta columna de un país': **el quintacolumnista, la quintacolumnista**.

quintaesencia. sust. f. 'Lo más puro y refinado'; 'último extracto o esencia de una cosa'. Rég. prep.: **quintaesencia de** (*Es la **quintaesencia de** la cortesía*). Puede escribirse en dos palabras: **quinta esencia**. La Academia registra el verbo **quintaesenciar** (tr.), 'refinar', el que, en cuanto al acento, se conjuga como **cambiar**.

quintañón, na. adj. fam. 'Que tiene cien años'. Ú. t. c. sust. m. y f.: **el quintañón, la quintañona**. Modernamente, no se usa y se dice, para ese concepto, **centenario, ria** (adj. Ú. t. c. sust. m. y f.).

quintero. sust. m. 'El que tiene arrendada una heredad, o labra y cultiva las tierras que pertenecen a aquélla'; 'jornalero que cultiva la tierra'. La Academia no registra forma para el femenino.

quinteto. sust. m. colect. 'Conjunto de cinco animales o cosas'; 'combinación de cinco versos de arte mayor'; 'composición a cinco voces o instrumentos'; 'conjunto de estas voces o instrumentos'.

quintilla. sust. f. colect. 'Conjunto de cinco versos de arte menor'. **andar** o **ponerse** uno **en quintillas con** otro. fr. fig. y fam. 'Oponérsele, porfiando y contendiendo con él'.

quintillizo, za. adj. 'Dícese de cada uno de los hijos nacidos de un parto quíntuple' (*Este niño es **quintillizo***). Se usa más en plural (*Tuvo hijos **quintillizos***) y como sustantivo, aunque la Academia no lo registre (*Tuvo **quintillizos***).

quinto, ta. adj. 'Que sigue inmediatamente en orden al o a lo cuarto' (***quinto** tomo*); 'dícese de cada una de las cinco partes en que se divide un todo' (***quinta** parte*). Ú. t. c. sust. m. y f. con la segunda acepción (*Recibió un **quinto** más que sus hermanos; Es la **quinta** de la clase*).

quíntuple. adj. → **quíntuplo**

quintuplicar. v. tr. 'Hacer cinco veces mayor una cantidad'. Ú. t. c. prnl. Su 'acción y efecto' es la **quintuplicación** (sust. f.). → **sacar**

quíntuplo, pla. adj. 'Que contiene un número exactamente cinco veces'. Ú. t. c. sust. m. (*Cuarenta es el **quíntuplo** de ocho*). Como adjetivo, dice Seco, no se usa, pese al registro académico. Para esta función, se emplea el adjetivo **quíntuple**, de reciente incorporación en el ***Dic-***

cionario (*La superficie de este terreno es **quíntuple** de la del otro*; *Tuvo un parto **quíntuple***). Este adjetivo se usa también como sustantivo, según registra el ***Diccionario Manual***, pero no, el mayor de la Academia (*Es el **quíntuple** de lo que pensaba gastar*). De acuerdo con la Academia, en consecuencia, debe reservarse **quíntuple** sólo para la función adjetiva y usarse **quíntuplo** para la sustantiva.

quiosco. sust. m. Puede escribirse, también, **kiosco**, pero la Academia prefiere la grafía con **q**.

quiosquero. sust. m. 'El que trabaja en un quiosco'. Su femenino es **quiosquera**. La Academia no registra estas voces con **k** inicial. Incorrecto: <u>*kiosquero*</u>, <u>*kiosquera*</u>. Es palabra recién incorporada en el ***Diccionario***.

quipu. sust. m. 'Sistema de nudos con que los indios del Perú suplían la falta de escritura'. Ú. m. en pl.: **quipus**.

quiquiriquí. sust. m. 'Voz imitativa del canto del gallo'; fig. y fam. 'persona que quiere sobresalir'. En plural: **quiquiriquíes** o **quiquiriquís**.

quirie. sust. m. En plural: **quiries**. → **kirie**

quiro-. elem. compos. 'Mano' (*quiromancia*, *quirófano*). Ante vocal, toma la forma **quir-** (*quirúrgico*).

quiromancia o **quiromancía.** sust. f. 'Supuesta adivinación de lo concerniente a una persona por las rayas de sus manos'. Las dos acentuaciones son correctas, pero la Academia prefiere la primera. → **-mancia** o **-mancía**

quiromántico, ca. adj. 'Perteneciente o relativo a la quiromancia'. sust. m. 'El que la profesa'. Su femenino es **quiromántica**.

quiróptero. adj. 'Dícese de ciertos mamíferos como el murciélago'. Ú. t. c. sust. m. (*El murciélago es un **quiróptero***). sust. m. pl. 'Orden de estos mamíferos': **los quirópteros**.

quisco. sust. m. Chile. 'Especie de cacto espinoso'. También puede decirse **quisca** (sust. f.), nombre que, además, recibe la 'espina de este cacto'.

quisque. Voz latina que se emplea en la locución familiar **cada quisque**, 'cada cual'. También, como registra el ***Diccionario Manual***, en la locución **todo quisque**, 'cualquiera'. La Academia admite la variante **quisqui**, de reciente registro en su ***Diccionario***, pero prefiere la primera forma.

quisquilloso, sa. adj. 'Que se para en pequeñeces'; 'que es muy delicado en el trato'; 'que es fácil de ofenderse por pequeñeces'. En las tres acepciones, ú. t. c. sust. m. y f.: **el quisquilloso, la quisquillosa**. La 'cualidad de quisquilloso' es la **quisquillosidad** (sust. f.).

quisto, ta. p. irreg. de **querer**. Ú. comúnmente con los advs. **bien** o **mal**. Rég. prep.: **bien** o **mal quisto de** o **por** (*Era **bien quisto de** sus compañeros*; *Era **mal quisto por** todos*). Se admiten las grafías **bienquisto** y **malquisto** (participios irregulares, de **bienquerer** y **malquerer** respectivamente). → **bienquerer (bienquisto)**, **malquisto**

quita. sust. f. 'Remisión o liberación que de la deuda o parte de ella hace el acreedor al deudor'. También pueden decirse **quitación** (sust. f.) y **quitamiento** (sust. m.), pero la Academia prefiere la primera forma.

quitador, ra. adj. 'Que quita'. Ú. t. c. sust. m. y f.: **el quitador, la quitadora**.

quitaesmalte. sust. f. No debe escribirse en dos palabras: <u>*quita*</u> <u>*esmalte*</u>. Tampoco, usarse, en singular, con **s** final: *Compró un* <u>*quitaesmaltes*</u>. Correcto: *Compró un **quitaesmalte***.

quitamanchas. sust. com. 'Persona que tiene por oficio quitar las manchas de la ropa': **el quitamanchas, la quitamanchas**. No es de uso frecuente. En plural, no varía: **los quitamanchas, las quitamanchas**. sust. m. 'Producto que sirve para quitar manchas' (*Compró un **quitamanchas***). No debe escribirse en dos palabras: <u>*quita*</u> <u>*manchas*</u>. Tampoco, usarse, en singular, sin **s** final: *Es un excelente* <u>*quitamancha*</u>. Correcto: *Es un excelente **quitamanchas***. → **sacamanchas**

quitameriendas. sust. f. 'Planta'. No debe usarse, en singular, sin **s** final. En plural, no varía: **las quitameriendas**.

quitamiedos. sust. m. 'Listón o cuerda que, a modo de pasamanos, se coloca en lugares elevados donde hay peligro de caer y que sirve, especialmente, para evitar el vértigo'. No debe usarse, en singular, sin **s** final. En plural, no varía: **los quitamiedos**.

quitamotas. sust. com. fig. y fam. 'Persona aduladora': **el quitamotas**, **la quitamotas**. No debe usarse, en singular, sin **s** final. En plural, no varía: **los quitamotas**, **las quitamotas**. Puede decirse, también, **quitapelillos** (sust. com. fig. y fam.), pero la Academia prefiere la primera forma.

quitanieves. sust. f. 'Máquina que limpia de nieve los caminos'. Repárese en su género. Incorrecto: <u>*el quitanieves*</u>. En singular, no debe emplearse sin **s** final. En plural, no varía: **las quitanieves**.

quitapenas. sust. m. fam. 'Licor'. En singular, no debe usarse sin **s** final. En plural, no varía: **los quitapenas**.

quitapesares. sust. m. fam. 'Consuelo' (*Esta carta fue para mí un **quitapesares***). En plural, no varía: **los quitapesares**.

quitapón. sust. m. 'Adorno, generalmente de lana de colores y con borlas, que suele ponerse en la testera de las cabezadas del ganado mular y de carga'. En plural: **quitapones**. Puede decirse, también, **quitaipón** (sust. m.; en plural: **quitaipones**), pero la Academia prefiere la primera forma. **de quitapón**. loc. adj. fam. 'De sacar y poner'. Puede decirse, igualmente, **de quitaipón** (loc. fig. fam.) o **de quita y pon** (loc.).

quitar. v. tr. y prnl. Rég. prep.: **quitar** algo **a** (***quitar** dos comas **a** la oración*); **quitar** o **quitarse de** (***quitar** o **quitarse de** en medio*; ***quitar** o **quitarse del** medio*; ***quitar** o **quitarse de** encima **a** alguno o alguna cosa*). **al quitar**. loc. adv. 'Rápidamente'. **quita** o **quite allá**. expr. fam. que se emplea para rechazar a una persona o reprobar por falso o desatinado lo que dice. También puede decirse **quite de ahí**. **sin quitar ni poner**. loc. adv. 'Al pie de la letra; sin exageración ni omisión'. **de quita y pon**. loc. 'De quitar y poner'. → **quitapón**

quitasol. sust. m. También pueden decirse **guardasol** (sust. m. p. us.), **parasol** (sust. m.) y **sombrilla** (sust. f.). La Academia prefiere la primera forma. En la Argentina, los hablantes se inclinan por la tercera (*Se puso debajo de la **sombrilla***). En plural: **quitasoles**.

quitasueño. sust. m. 'Lo que causa desvelo'. No debe usarse, en singular, con **s** final: *Ese problema es mi <u>quitasueños</u>*. Correcto: *Ese problema es mi **quitasueño***.

quite. sust. m. 'Acción de quitar o estorbar'. **estar al quite** o **a los quites**. fr. 'Estar preparado para acudir en defensa de alguno'. **ir al quite**. fr. fig. 'Acudir prontamente en defensa o auxilio de alguno'. **no tener quite** una cosa. fr. fig. 'No tener remedio o forma de evitarse, o ser muy difícil evitarla'.

quivi. sust. m. 'Arbusto'; 'fruto de esta planta, muy apreciado en gastronomía'. En plural: **quivis**. Puede escribirse con **k**, pero la Academia prefiere la grafía con **q**. → **kivi**

quizá. adv. de duda. 'Tal vez, acaso' (***Quizá** nos veamos mañana*). Puede decirse, también, **quizás**, pero la Academia prefiere la primera forma. La segunda se emplea más –es facultativo– cuando le sigue una palabra que empieza por vocal (***Quizás** administres bien este negocio*).

quórum. sust. m. 'Número de individuos necesarios para que un cuerpo deliberante tome ciertos acuerdos'; 'proporción de votos favorables'. En plural, no varía: **los quórum**.

♦ **quota parte.** Barbarismo. Dígase **alícuota parte** (sust. f.), 'parte proporcional'. → **parte**

r. Decimonovena letra del abecedario español. Su nombre, generalmente, es **erre** (sust. f.), pero se llama **ere** (sust. f.) cuando se quiere hacer notar que su vibración es simple y no, múltiple. En plural, respectivamente: **erres, eres**. La **erre** transcripta **rr** es doble por su figura –como aclara la Academia–, pero "representa un fonema único" y "debe estar indivisa en la escritura".

rabada. sust. f. 'Cuarto trasero de las reses después de matarlas'. Diminutivo: **rabadilla**.

rábano. sust. m. 'Planta herbácea anual, muy cultivada en las huertas'; 'raíz comestible de esta planta'. Diminutivo: **rabanito**. En la Argentina, se usa más el diminutivo (*comer **rabanitos***). **importar** o **no importar** algo **un rábano**. fr. fig. y fam. 'Importar poco o nada'. **tomar** uno **el rábano por las hojas**. fr. fig. y fam. 'Interpretar torcidamente una cosa, tergiversar'. **¡un rábano!** exclam. fig. y fam., de reciente ingreso en el ***Diccionario***, con que se rehúsa una cosa. Un **rabanal** (sust. m. colect.) es el 'terreno sembrado de rábanos'. 'El que vende rábanos' es un **rabanero** (sust. m. Ú. t. c. adj. de dos terminaciones). Su femenino es **rabanera**, que significa, también, 'mujer descarada y ordinaria'. El **rabanillo** (sust. m.) es una 'planta silvestre y nociva', voz que no debe usarse, en consecuencia, como diminutivo de **rábano**.

rabear. v. intr. → **rabiar**

rabí. sust. m. 'Título con que los judíos honran a los sabios de su ley'. Equivale a **rabino** (sust. m.). En plural: **rabíes** o **rabís**.

rabia. sust. f. 'Enfermedad' (*tratamiento contra la **rabia***). También puede decirse **hidrofobia** (sust. f.), término más técnico. 'Ira, enojo' (*Tenía una **rabia** descomunal*). Diminutivo: **rabieta. con rabia**. loc. adv. 'Con exceso' (***Es feo con rabia***). **tener rabia** a una persona. fr. fig. y fam. 'Tenerle odio, mala voluntad' (*El jefe le **tiene rabia***).

rabiar. v. intr. 'Padecer mal de rabia'. Construido con la preposición **por**, 'desear una cosa con vehemencia' (***Rabia por** lograrlo*). Rég. prep.: **rabiar contra** (***rabiar contra** alguno*); **rabiar de** (***rabiar de** envidia*); **rabiar por** (***rabiar por** todo*). Se conjuga, en cuanto al acento, como **cambiar**. **a rabiar**. loc. adv. 'Con exceso' (*Defenderá sus derechos **a rabiar**; Aplaudía **a rabiar***). **rabiar de dolor**. fr. fig. y fam. 'Dar gritos y quejidos por un vehemente dolor'. Este verbo no debe confundirse con **rabear** (v. intr.), 'mover un animal el rabo'; 'mover con exceso un buque su popa a uno y otro lado'. La 'acción y efecto' de este último es **rabeo** (sust. m.). El verbo **rabear** no debe pronunciarse [rabiar, rabié], formas que, según se anotó, tienen otra significación. → **-ear**

rabicano, na. adj. 'Que tiene cerdas blancas en el rabo'. Su forma apocopada es **rabicán** (adj.). También puede decirse **colicano** (adj.).

rábida. sust. f. 'En Marruecos, convento, ermita'; 'fortaleza militar y religiosa musulmana edificada en la frontera con los reinos cristianos'. También puede decirse **rápita** (sust. f.).

rabinista. sust. com. 'Persona que sigue la doctrina de los rabinos': **el rabinista**, **la rabinista**.

rabión. sust. m. 'Corriente del río en los lugares donde, por la estrechez o inclinación del cauce, se hace muy impetuosa'. Es voz aguda que, en plural, se hace grave: **rabiones**. También puede decirse **rápido** (sust. m.).

rabioso, sa. adj. 'Que padece rabia'. Ú. t. c. sust. m. y f.: **el rabioso**, **la rabiosa**. 'Colérico, enojado'; 'violento'.

rabo. sust. m. 'Cola, extremo de la columna vertebral, especialmente la de algunos cuadrúpedos' (*el **rabo** de la zorra*); 'pedúnculo de hojas y frutos. Diminutivo: **rabillo**. **asir** o **tomar por el rabo**. fr. fig. y fam. 'Alcanzar con dificultad al que con alguna ventaja huye o va logrando su intento'; 'se aplica, también, a cosas inmateriales de difícil logro'. **estar** o **faltar el rabo por desollar**. fr. fig. y fam. 'Quedar mucho que hacer en una cosa, y aun lo más duro y difícil'. **ir** uno **rabo entre piernas** o **salir** uno **rabo entre piernas**. frs. figs. y fams. 'Quedar abochornado'. En la Argentina, se usa: **ir** o **salir** con **el rabo entre las piernas**. **menear** o **mover** alguien **el rabo**. fr. fig. y fam. 'Hacer zalamerías a otro o dar muestras de contento'. El 'animal que tiene el rabo más corto que lo ordinario en su especie, o que no lo tiene' se califica con el adjetivo **rabón, na**. El 'que lo tiene grande o largo', con **rabudo, da** (adj.). Esta voz, cuando como primer elemento forma palabras compuestas, adopta, a veces, la forma **rabi-** (*rabilargo*).

rabona. sust. f. Amér. 'Mujer que suele acompañar a los soldados en las marchas y campañas'. **hacer rabona**. fr. fam. 'No asistir al lugar de obligación, especialmente a clase'. En la Argentina, se la usa con artículo y, sobre todo, con la forma pronominal del verbo: **hacer** o **hacerse la rabona**.

rabosear. v. tr. 'Deslucir o rozar levemente una cosa'. Su 'acción y efecto' es **raboseada** y **raboseadura** (susts. fs.). No debe pronunciarse [rabosiar, rabosié]. → **-ear**

rabotada. sust. f. fam. 'Expresión injuriosa que va acompañada de ademanes groseros'. También puede decirse **rabotazo** (sust. m.), voz de reciente ingreso en el léxico oficial.

rabotear. v. tr. 'Cortar el rabo a las crías de las ovejas'. No debe pronunciarse [rabotiar, rabotié]. También puede decirse **desrabotar** (v. tr.). 'Su acción' es **raboteo** (sust. m.), voz que denota, asimismo, la 'época en que se practica'. → **-ear**

racanear. v. intr. fam. 'Actuar como un rácano o tacaño'. Es de ingreso reciente en el ***Diccionario***. No debe pronunciarse [racaniar, racanié]. → **-ear**

rácano, na. adj. fam. 'Taimado'; 'tacaño'; 'vago, poco trabajador'. En todas sus acepciones, ú. t. c. sust. m. y f.: **el rácano, la rácana**. Es voz recién incorporada en el léxico oficial.

rachear. v. intr. 'Soplar el viento a rachas'. No debe pronunciarse [rachiar, rachió]. → **-ear**

racimo. sust. m. colect. 'Porción de uvas y, por extensión, de otras frutas' (***racimo** de ciruelas*); 'conjunto de cosas menudas dispuestas con alguna semejanza de racimo' (***racimo** de perlas*); 'conjunto de flores o frutos sostenidos por un eje común' (***racimo** de glicinas*; ***racimo** de cerezas*).

racimoso, sa. adj. 'Que tiene o echa racimos'; 'que tiene muchos racimos'. Distíngase, semánticamente, de **racimudo, da** (adj.), 'que tiene racimos grandes'.

raciocinar. v. intr. 'Usar la razón para conocer y juzgar'. Rég. prep.: **raciocinar sobre** (***raciocinar sobre** una materia determinada*). Incorrecto: <u>raciocinear</u>, <u>raciociniar</u>. Su 'acción y efecto' es **raciocinio** (sust. m.), voz que, también, denota la 'facultad de raciocinar' (*Los bebés carecen de **raciocinio***) y 'argumento o discurso' (*Mi **raciocinio** es correcto*).

raciocinio. sust. m. → **raciocinar**

ración. sust. f. 'Parte o porción que se da en cada comida para alimento' (***ración** de carne*); 'asignación diaria que se da para comer' (*Su **ración** eran cuatro pesos*); 'porción de un determinado alimento que se da en bares, restaurantes, etc.' (*Pidió una **ración** de papas fritas*); 'prebenda en alguna iglesia catedral o colegial, y que tiene su renta en la mesa del cabildo', etc. Es palabra aguda que, en plural, se hace grave: **raciones**. **a media ración**. loc. adv. fig. 'Con escasa comida o con reducidos medios de subsistencia'. **a ración**. loc. adv. 'Con medida'. Equivale a **tasadamente** (adv. m.).

racionabilidad. sust. f. 'Criterio o aptitud para juzgar' (*El hombre posee **racionabilidad***). → **razonabilidad**

racional. adj. 'Perteneciente a la razón'; 'conforme a ella'; 'dotado de razón' (*El hombre es un ser **racional***). Ú. t. c. sust. com.: **el racional, la racional**. En plural: **racionales**.

racionalidad. sust. f. 'Calidad de racional' (*Si actúas con **racionalidad**, harás lo que te indicó el médico*). No se confunda con **racionabilidad** (sust. f.).

racionalista. adj. 'Que profesa el racionalismo'. Ú. t. c. sust. com.: **el racionalista, la racionalista**.

racionalizar. v. tr. 'Reducir a conceptos racionales'; 'organizar la producción o el trabajo de manera que aumenten los rendimientos o se reduzcan los costos con el mínimo esfuerzo'. Su 'acción y efecto' es la **racionalización** (sust. f.). → **cazar**

racionamiento. sust. m. 'Acción y efecto de racionar o racionarse' (*Después de la inundación, hubo **racionamiento** de víveres*). Distíngase, semántica y gráficamente, de **razonamiento** (sust. m.). → **razonamiento**

racionista. sust. com. 'Persona que goza de sueldo o ración para mantenerse con ella': **el racionista, la racionista**. Distíngase de **racionero** (sust. m.), 'prebendado que tenía ración en alguna iglesia catedral o colegial'; 'el que distribuye las raciones en una comunidad'.

racista. sust. com. 'Persona que es partidaria del racismo': **el racista, la racista**. Ú. t. c. adj. (*alegato **racista***). Incorrecto: *racialista*.

radar. sust. m. Es voz aguda que, en plural, se hace grave: **radares**. Incorrecto: *rádar*, *rádares*, acentuaciones que imitan la inglesa, lengua de la que procede esta voz, acrónimo de *Radio Detection and Ranging* (detección y situación por radio).

radarista. sust. com. 'Especialista encargado del funcionamiento, conservación y reparación de aparatos de radar': **el radarista, la radarista**. Es palabra de reciente ingreso en el ***Diccionario***.

radi-. elem. compos. → **radio-**

radiación. sust. f. 'Acción y efecto de irradiar'. Las siguientes acepciones son recientes en el ***Diccionario***: 'energía ondulatoria o partículas materiales que se propagan a través del espacio'; 'forma de propagarse la enegía o las partículas'. En plural: **radiaciones**. También es de reciente incorporación en el léxico oficial el sintagma **radiación ionizante**, 'flujo de partículas o fotones con suficiente energía para producir ionizaciones al atravesar una sustancia'.

radiactividad. sust. m. 'Calidad de radiactivo'. Incorrecto: *radioactividad*. Similar error se comete con **radiactivo, va** (adj.): *radioactivo, va*. Las formas que se anotan como incorrecciones son de uso frecuente en la Argentina.

radiactivo, va. adj. → **radiactividad**

radiado, da. p. de **radiar**. adj. Entre otras acepciones, 'dícese de las cosas dispuestas de manera análoga a los radios de una circunferencia, es decir, con arranque en el centro' (*corona **radiada***), de reciente registro académico; 'dícese de los animales invertebrados cuyas partes interiores y exteriores están dispuestas, a manera de radios, alrededor de un punto o eje central' (*invertebrados **radiados***). Ú. t. c. sust. m. (*La estrella de mar es un **radiado***). sust. m. pl. 'Grupo de estos animales': **los radiados**. Esta última forma carece de registro en el ***Diccionario***, pero es correcta. Ha sido catalogada por el ***Manual*** (*La medusa pertenece a **los radiados***).

radiador. sust. m. 'Aparato que transmite calor al medio circundante'; 'dispositivo por el cual circula agua para refrigerar los cilindros de algunos motores'. Es voz aguda que, en plural, se hace grave: **radiadores**.

radial. adj. 'Dícese de lo que tiene disposición semejante a los rayos de una rueda' (*corona **radial***); 'aplícase a la dirección del rayo visual' (*movimiento **radial**; velocidad **radial***); 'perteneciente al radio o línea recta tirada desde el centro del círculo hasta la circunferencia'. En la primera acepción, equivale al adjetivo **radiado, da**. La Academia no registra la acepción de 'perteneciente a la radiotelefonía': *programa radial*. Correcto: ***programa de radio***.

radiar. v. tr. 'Difundir por medio de la telefonía sin hilos noticias, discursos, música, etc.'; 'producir la radiación de ondas o de partículas'; 'tratar una lesión con rayos X'. Para la primera acepción, puede usarse, también, **radiodifundir** (v. tr.), que se emplea casi con exclusividad en la Argentina. Rég. prep.: **radiar desde** (***radiar desde** la capital*); **radiar en** o **por** (***radiar en** o **por** onda corta*). En América, un homónimo de este verbo, también transitivo, significa 'echar de un empleo, apartar o excluir de una sociedad o grupo', como registra el ***Diccionario Manual***, con el indicador de su falta de sanción oficial (*Lo **radiaron** del grupo*). Se conjugan, en cuanto al acento, como **cambiar** (***radio**, **radias**, etc.*). Es incorrecto conjugarlos como **guiar** (*radío*, *radías*, etc.).

radical. adj. 'Perteneciente o relativo a la raíz' (*tallo **radical***); 'fundamental, de raíz' (*cambio **radical***); 'extremoso, tajante' (*actitud **radical***). Con la denotación de 'partidario de reformas extremas, especialmente en sentido democrático', ú. t. c. sust. com.: **el radical, la radical**. Entre otras acepciones de su funcionamiento como adjetivo, 'aplícase al signo ($\sqrt{\ }$) con que se indica la operación matemática de extraer raíces'. Ú. t. c. sust. m. (*Escriba el signo de **radical***). sust. m. colect. 'Conjunto de fonemas que comparten vocablos de una misma familia' (*Las voces **temer**, **temido**, **temeroso**, **temible** y **temeridad** tienen un **radical** común, mínimo e irreductible, que hemos destacado en negrita y que es **tem-***). Para esta acepción puede decirse, también, **raíz** (sust. f.). Entre otras denotaciones, 'grupo de átomos que funcionan como uno solo'. Es palabra aguda que, en plural, se hace grave: **radicales**.

radicalizar. v. tr. 'Hacer que alguien adopte una actitud radical'. Ú. t. c. prnl. 'Hacer más radical una postura o tesis'. → **cazar**

radicando. sust. m. 'Número del que se extrae una raíz'. Es voz de reciente ingreso en el ***Diccionario***.

radicar. v. intr. 'Echar raíces, arraigar'. Ú. t. c. prnl. (***Se radicó** en La Pampa*). 'Encontrarse ciertas cosas en determinado lugar' (*El título de propiedad **radica** en la escribanía de tu amigo*). fig. 'Consistir' (*El problema **radica** en su situación económica*). Esta última acepción es de reciente ingreso en el ***Diccionario***. Rég. prep.: **radicar en** (*Ahora **radica en** las afueras de Salta*). Su postverbal es **radicación** (sust. m.). → **sacar**

radiestesista. sust. com. 'Persona que practica la radiestesia o tiene especial sensibilidad para captar ciertas radiaciones': **el radiestesista, la radiestesista**. Es voz de reciente ingreso en el ***Diccionario***.

radio. sust. m. 'Línea recta tirada desde el centro del círculo a la circunferencia'; 'rayo de la rueda'; 'hueso del antebrazo, contiguo al cúbito'; 'cada una de las piezas largas que sostienen la parte membranosa de las aletas de los peces'. **radio de acción**. 'Máximo alcance o eficacia de un agente o instrumento'. Su homónimo, también sustantivo masculino, denota el 'metal descubierto por los esposos Curie'. Número atómico 88. Símbolo: ***Ra*** (sin punto). No debe decirse, en español, <u>*rádium*</u>, que es su forma latina (*radium*). Un segundo homónimo, sustantivo femenino, denota, en general, las 'ondas radioeléctricas'. Esta voz es, además, apócope del sustantivo femenino **radiodifusión** (*Se transmite por **radio***). sust. m. 'Apócope de radiotelegrama' (*Recibió un **radio** urgente*). Con el significado de **radiorreceptor**, su género es ambiguo: **el radio, la radio**. En la Argentina y en América Meridional, se usa la forma femenina (*Escucha todo el día **la radio***); en otros países, como Méjico, la masculina (*Escucha todo el día **el radio***). En conclusión, "en algunos sitios —como dice Seco— distinguen entre *la radio* (emisora) y *el radio* (receptor)". **radio macuto**. 'Emisora inexistente' (*Lo dijo **radio macuto***). **radio pirata**. 'Emisora de radiodifusión que funciona sin licencia legal' (*No escuches esa **radio pirata***). En plural: **radios pirata**.

radio-. elem. compos. 'Radiación' o 'radiactividad' (***radio**terapia*). Ante vocal, toma la forma **radi-** (***radi**activo*) y, si la vocal es **i**, la forma **rad-** (***rad**isótopo*). → **radioemisora**

radioaficionado. sust. m. 'El que tiene licencia para emitir y recibir mensajes radiados privados, usando bandas de frecuencia jurídicamente establecidas'. No debe aplicarse a un mero aficionado a escuchar la radio, significado para el cual existen **radioescucha** y **radioyente** (susts. coms.). Su femenino es **radioaficionada**.

radiocasete. sust. m. Voz inglesa españolizada. 'Aparato electrónico que consta de una radio y un casete'. Nótese su género (*Tenía puesto a todo volumen **el radiocasete***). Incorrecto: <u>*la radiocasete*</u>. No debe escribirse <u>*radiocassette*</u>. Es voz de reciente ingreso en el ***Diccionario***. Su abreviación familiar es **casete** (sust. m.). → **casete**

radiodifusión. sust. f. 'Emisión radiotelefónica destinada al público' (*Se emitirá por **radiodifusión***). 'Empresa dedicada a hacer estas emisiones' (*Posee una empresa de **radiodifusión***). Con el sentido de 'conjunto de los procedimientos o instalaciones destinados a estas emisiones', es sustantivo colectivo (*Es experto en **radiodifusión***). Para las tres acepciones, también puede decirse **radio** (sust. f.), su forma apocopada (*Se emitirá por **radio**; Posee una **radio**; Es experto en **radio***).

radiodifusor, ra. adj. 'Que radiodifunde'. Es voz de reciente incorporación en el ***Diccionario***.

radiodifusora. sust. f. Argent. 'Empresa de radiodifusión, emisora de radio'. También puede decirse **radio** (sust. f.), su forma apocopada (*La **radio** que estaba escuchando ha dejado de transmitir*). → **radiodifusión**

radioemisora. sust. f. Esta voz carece de registro en el ***Diccionario*** mayor, pero el ***Manual***, con este indicador, la cataloga. Es de correcta formación. Téngase en cuenta que el *Diccionario* no recoge todos los compuestos, en este caso, los formados con el elemento compositivo **radio-**, abundantes en el lenguaje técnico. Esa falta de registro no indica que sean voces incorrectas, sino que la Academia, por la claridad semántica de sus elementos o por el restringido ámbito de uso de estos tecnicismos, no ha considerado indispensable catalogar aún dichas palabras. Así, por ejemplo, no registra: **radiodiagnóstico** (sust. m.), **radioguía** (sust. f.), **radiomensaje** (sust. m.), **radiometría** (sust. f.), **radiotransmisión** (sust. f.), etc. → **radiodifusión, re-**

radioescucha. sust. com. 'Persona que oye las emisiones radiotelefónicas y radiotelegráficas': **el radioescucha, la radioescucha**. → **radioyente**

radiofonía. sust. f. → **radiotelefonía**

radiofonista. sust. com. → **radiotelefonista**

radiografía. sust. f. Incorrecto: <u>radigrafía</u>, un vulgarismo.

radiografiar. v. tr. No debe pronunciarse <u>radiografear</u>, un vulgarismo por ultracorrección. Se conjuga, en cuanto al acento, como **guiar**.

radiograma. sust. m. → **radiotelegrama**

radiolario. adj. 'Dícese de protozoos marinos de la clase de los rizópodos, con una membrana que divide el protoplasma en dos zonas concéntricas'. Ú. t. c. sust. m.: **el radiolario**. sust. m. pl. 'Orden de estos animales': **los radiolarios**.

radiólogo. sust. m. 'El que profesa la radiología o es especialista en ella'. Su femenino es **radióloga**.

radionovela. sust. f. p. us. Argent. También puede decirse **radioteatro** (sust. m. Argent.), más frecuente. La voz **serial** (sust. m.), que no se emplea en la Argentina, es la de uso general. Los argentinismos son de reciente ingreso en el *Diccionario*. → **serial**

radiorreceptor. sust. m. También puede decirse **radio** (sust. amb. fam.), su forma apocopada. En plural: **radiorreceptores**. → **radio**

radioscopia. sust. f. 'Examen de los cuerpos opacos y del interior del cuerpo humano, por medio de la imagen que proyectan en una pantalla al ser atravesados por los rayos X'. Es incorrecto pronunciar [radioscopía].

radiosonda. sust. f. 'Aparato eléctrico, transportado por un globo, que retransmite a la superficie terrestre los valores de temperatura, presión y humedad'. Es voz de reciente incorporación en el *Diccionario*.

radioteatro. sust. m. Argent. → **radionovela, serial**

radiotécnico, ca. adj. 'Perteneciente o relativo a la radiotecnia o construcción, manejo y reparación de aparatos emisores y receptores'. sust. m. 'El que es versado o especializado en radiotecnia'. Su femenino es **radiotécnica**.

radiotelefonía. sust. f. 'Sistema de comunicación telefónica por medio de ondas hertzianas'. También puede decirse **radiofonía** (sust. f.). La Academia prefiere la primera forma.

radiotelefonista. sust. com. 'Persona que trabaja en el servicio de instalaciones de radiotelefonía': **el radiotelefonista, la radiotelefonista**.

radioteléfono. sust. m. 'Teléfono sin hilos'. Es voz de reciente incorporación en el *Diccionario*.

radiotelegrafiar. v. tr. 'Transmitir por telegrafía'. Es voz de reciente admisión en el léxico oficial. Incorrecto: <u>radiotelegrafear</u>, una ultracorreción. Se conjuga, en cuanto al acento, como **guiar**.

radiotelegrafista. sust. com. 'Persona que se encarga de la instalación, conservación y servicio de aparatos de radiocomunicación': **el radiotelegrafista, la radiotelegrafista**.

radiotelegrama. sust. m. Es palabra grave. No debe pronunciarse [radiotelégrama] como esdrújula. También puede decirse **radio** (sust. m.), su forma apocopada (*Envió un radio*).

radioterapeuta. sust. com. 'Persona especializada en radioterapia': **el radioterapeuta, la radioterapeuta**.

radioterapéutico, ca. adj. 'Perteneciente o relativo a la radioterapia'. También puede decirse **radioterápico, ca** (adj.), pero la Academia prefiere la primera forma.

radioterapia. sust. f. 'Tratamiento de las enfermedades por medio de rayos, en particular por los rayos X'; 'empleo terapéutico del radio y de las sustancias radiactivas'. También puede decirse **radiumterapia** (sust. f.), pero la Academia prefiere la primera forma. "Evítese la forma *radiumterapia* –dice Seco–, aunque figure en el *Diccionario* de la Academia." → **radio**

radiotransmisor. sust. m. 'Aparato empleado en radiotelegrafía y radiotelefonía'. La Academia no registra radiotrasmisor ni trasmisor → **transmisor**

radioyente. sust. com. 'Persona que oye lo que se transmite por la radiotelefonía': **el radioyente, la radioyente**. Incorrecto: radiooyente. → **radioescucha**

radón. sust. m. 'Gas noble radiactivo'. Número atómico 86. Símbolo: ***Rn***

raedor, ra. adj. 'Que rae'. Ú. t. c. sust. m. y f.: **el raedor, la raedora**. Distíngase de **raedizo, za** (adj.), 'que se rae fácilmente'.

raedura. sust. f. 'Acción y efecto de raer'; 'parte menuda que se rae de una cosa'. Ú. m. en pl. (*Recoge del piso todas esas* ***raeduras***). Para la primera acepción, pueden decirse, también, **raimiento** (sust. m.), **rasión** (sust. f.), **rasura** (sust. f.) y **rasuración** (sust. m.).

raer. v. irreg. tr. 'Raspar una superficie'; 'igualar con el rasero las medidas de los áridos o legumbres, granos y otros frutos secos'; fig. 'extirpar enteramente una cosa, como vicio o mala costumbre'. Rég. prep.: **raer de** (***raer*** *del tronco*; ***raer de*** *raíz*). Respecto de la conjugación, este verbo presenta tres formas en la primera persona singular del presente de indicativo, la primera de las cuales es regular y las otras dos, irregulares, por agregar entre la raíz y la desinencia **-ig-** o **y** (*rao, raigo, rayo*), dos formas irregulares en todo el presente de subjuntivo, por agregar entre la raíz y la desinencia **-ig-** o **y** (*raiga* o *raya*, *raigas* o *rayas*, *raiga* o *raya*, *raigamos* o *rayamos*, *raigáis* o *rayáis*, *raigan* o *rayan*) y un gerundio, también irregular, por agregar **y** entre la raíz y la desinencia (*rayendo*). Nótese que el participio lleva tilde sobre la **i** (***raído***). Como aclara el ***Diccionario Manual***, este verbo, generalmente, es defectivo, ya que se evita el uso de la primera persona del presente de indicativo y el empleo de todo el presente de subjuntivo. Si se los usa, se prefieren las formas que coinciden con las del verbo irregular **caer**. → **caer, raedura**

ráfaga. sust. f. En la acepción de 'conjunto de proyectiles que en sucesión rapidísima lanza un arma automática, cambiando convenientemente la puntería para cubrir por completo el blanco', es sustantivo colectivo.

rafear. v. tr. 'Asegurar con rafas un edificio'. No debe pronunciarse [rafiar, rafié]. → **-ear**

raglán. sust. m. Plural: **raglanes**. → **ranglán**

ragú. sust. m. Voz francesa (*ragoût*) españolizada. 'Guiso de carne con papas y verduras'. En plural: **ragúes** o **ragús**. Es de incorporación reciente en el ***Diccionario***.

rahez. adj. 'Bajo, vil, despreciable'. Nótese su grafía. Incorrecto: raez. Es voz aguda que, en plural, se hace grave, y cambia la **z** por **c**: **raheces**.

♦ **raid.** Anglicismo. En español, corresponde decir **incursión, correría, expedición militar en terreno enemigo**. Se aplica, también, por extensión, en términos deportivos, **a viaje peligroso y atrevido**. El ***Diccionario Manual*** lo registra, con dichas acepciones, pero con el indicador de su falta de sanción oficial y de su origen extranjero. Si se emplea esta voz, debe entrecomillarse.

raigal. adj. 'Perteneciente a la raíz'. Incorrecto: raizal. sust. m. 'Entre maderos, extremo del madero que corresponde a la raíz del árbol'.

raigambre. sust. f. colect. 'Conjunto de raíces de los vegetales, unidas y trabadas entre sí'. fig. 'Conjunto de antecedentes, intereses, hábitos o afectos que hacen firme una cosa o que ligan a alguien a un sitio'.

♦ **raigrás.** Anglicismo. En español, debe decirse **césped** o **ballico**.

raíl o **rail.** sust. m. Voz inglesa (*rail*) españolizada. 'Carril de las vías férreas'. Se usa más la primera forma. En plural: **raíles** o **railes**. → **riel**

raíz. sust. f. Diminutivos: **raicilla, raicita**. Aumentativo: **raigón**. Es voz aguda que, en plural, se hace grave y cambia la **z** por **c**: **raíces**. Con el significado de 'bien inmueble', ú. m. en pl. y, generalmente, en el sintagma **bienes raíces**. En una de sus acepciones, equivale al término gramatical **radical** (sust. m.). **a raíz de.** loc. adv. fig. 'Con proximidad, inmediatamente después' (*Le creció un lunar, **a raíz de** la uña*); 'junto a la raíz' (*Han crecido brotes **a raíz** del tronco*); 'a causa de' (***A raíz de** tu intervención, cambió de actitud*). **de raíz.** loc. adv. fig. 'Desde los principios y del todo'. Ú. especialmente con los verbos **cortar**, **arrancar**, etc. (*Arrancó el tronco **de raíz***); 'enteramente' (*Extirparemos **de raíz** estas corruptelas*). **echar raíces.** fr. fig. 'Establecerse en un lugar' (***Echó raíces** en la Argentina*). Son vulgares las acentuaciones *ráiz*, *ráices*.

raja. sust. f. 'Una de las partes de un leño que resulta de abrirlo al hilo con una cuña, hacha u otro instrumento' (*Trajo unas **rajas** para prender el fuego*); 'hendedura o rajadura' (*¡Qué **raja** hay en la pared!*); 'pedazo de un fruto cortado a lo largo o a lo ancho' (*Le sirvió una **raja** de sandía*). Diminutivo: **rajuela**.

rajá. sust. m. 'Soberano índico'. En plural: **rajaes** o **rajás**. Incorrecto: *rajah*, un galicismo o anglicismo. Esta voz es la que corresponde emplear, en español, en lugar de *marajá*, sin registro en el ***Diccionario***.

rajante. p. a. de **rajar**. adj. Argent. 'Tajante, perentorio' (*Con voz **rajante**, lo echó de la casa*). Este argentinismo carece de registro en el ***Diccionario***, pero lo recoge el ***Manual***, con el indicador de su falta de sanción oficial.

rajar. v. tr. 'Dividir en rajas' (***Raja** la leña*). 'hender, partir'. Ú. t. c. prnl. (***Se rajó** la pata de la silla*). v. prnl. fig. y fam. 'Volverse atrás, acobardarse o desistir de algo a última hora' (***Se rajó**, asustado, instantes antes de la comisión del delito*). En varios países americanos, entre ellos la Argentina, 'huir' (Ú. t. c. intr.), regionalismo sólo registrado por el ***Diccionario Manual***, con el indicador de su falta de sanción académica. Su postverbal es **rajadura** (sust. m.). Incorrecto: *rajamiento*. 'El que raja madera' es el **rajador** (sust. m.). Lo que es 'fácil de rajar' se denota con el adjetivo **rajadizo, za** (*madera **rajadiza***). Este verbo tiene un homónimo, intransitivo, figurado y familiar, que significa 'decir mentiras', 'hablar mucho' y, en América, 'hablar mal de uno, desacreditarlo'. El verbo **rajar** conserva la **j** en toda su conjugación.

rajatabla (a). loc. adv. fig. y fam. 'Cueste lo que cueste, a todo trance, sin contemplaciones' (*Lo hará **a rajatabla***). Esta locución puede escribirse, también, **a raja tabla**. Son formas incorrectas *a rajatablas*, *a raja tablas*.

raje. sust. m. fam. Argent. 'Huida precipitada' (*Se tomó el **raje***). Carece de registro en el ***Diccionario***.

ralear. v. intr. En su acepción más común, 'hacerse rala una cosa'. Ú. t. c. tr. No debe pronunciarse [raliar, ralié]. → **-ear**

ralentí. sust. m. Es voz francesa (*ralenti*) españolizada, de reciente ingreso en el ***Diccionario***. 'Número de revoluciones por minuto a que debe funcionar un motor de explosión cuando no está acelerado'. Ú. m. en la loc. **al ralentí**. En plural: **ralentíes** o **ralentís**. Significa, también, en cinematografía, 'cámara lenta'. Nótese la acentuación aguda de esta voz.

ralentizar. v. tr. Es voz francesa (*ralentir*) españolizada, de reciente incorporación en el léxico oficial (1992). 'Lentificar, aminorar'. Su postverbal es **ralentización** (sust. f.), también de reciente admisión académica. → **cazar**

rallador. sust. m. 'Utensilio de cocina que sirve para rallar'. Es incorrecta, para esta denotación, la grafía *rayador*, frecuente en los países yeístas. También puede decirse **rallo** (sust. m.). → **rayador**

ralladura. sust. f. 'Surco que deja el rallador por donde ha pasado'; 'lo que queda rallado' (*Le puso a la mezcla **ralladura** de limón*). Incorrecto: *rayadura*.

rallar. v. tr. No debe confundirse su grafía con la de **rayar** (v. tr.). → **rayar**

rallo. sust. m. → **rallador**

♦ **rally.** Anglicismo. El ***Diccionario Manual*** registra este extranjerismo, pero con el indicador de su falta de sanción oficial. Significa 'competición deportiva automovilística en la que es preciso llegar a un lugar indicado, en un tiempo establecido, después de superar varias pruebas'. Si se emplea esta voz, debe entrecomillarse. No se use, en este caso, la grafía francesa *rallye*.

rama. sust. f. 'Cada una de las partes que nacen del tronco de una planta'; 'serie de personas que traen su origen en el mismo tronco' (*Procede de la **rama** masculina de los Tejeda*). Con el sentido de 'cada una de las partes en que se considera dividida una ciencia, arte, industria, etc.' (*rama de la administración pública*), equivale a **ramo** (sust. m.). Diminutivos: **ramilla**, **ramita**. **andarse** o **irse por las ramas**. fr. fig. y fam. 'Detenerse en lo menos sustancial de un asunto, dejando lo importante' (*En sus clases,* ***se va por las ramas***). **de rama en rama**. loc. adv. fig. 'Sin fijarse objeto determinado, variando continuamente' (*Toda su vida, anduvo* ***de rama en rama*** *y, hoy, no tiene empleo estable*). Una 'rama pequeña' es un **ramasco** (sust. m.). → **ramo**

rama (en). loc. adv. con que se designa el 'estado de ciertas cosas antes de recibir su última aplicación o manufactura' (*algodón* ***en rama***; *azafrán* ***en rama***); 'ejemplares de una obra impresa aún sin encuadernar' (*Mi libro aún está* ***en rama***).

ramaje. sust. m. colect. 'Conjunto de ramas o ramos'. También puede decirse **ramada** (sust. f. colect.), voz que, a su vez, denota 'cobertizo de ramas o enramada' (Ú. m. en América). → **ramazón**

ramal. sust. m. Diminutivo: **ramalillo**. Entre otras acepciones, 'parte que arranca de la línea principal de un camino, acequia, mina, cordillera, etc.' (*El tren se fue por el* ***ramal*** *que va a Güemes*); 'cabestro'; 'cada uno de los cabos de que se componen las cuerdas, sogas, trenzas, etc.'. Un **ramalazo** (sust. m.) es el 'golpe dado con el ramal' o la 'señal que deja', no el 'golpe dado con una rama'; también significa, en sentido figurado, 'dolor que, aguda y repentinamente, acomete a lo largo de una parte del cuerpo'; 'adversidad inesperada'; 'ramo de locura'. El ***Diccionario*** no registra, para esta última voz, las acepciones figuradas de 'ráfaga de viento o de lluvia' y de 'destello, chispazo', que, sí, recoge el ***Manual***, con el indicador de su falta de sanción oficial.

ramalazo. sust. m. → **ramal**

ramalear. v. intr. 'Seguir bien la bestia al que la lleva del ramal o cabestro'. No debe pronunciarse [ramaliar, ramalió]. → **-ear**

ramazón. sust. f. colect. 'Conjunto de ramas separadas de los árboles' (*Después de la poda, se juntó tal* ***ramazón***, *que hubo que quemarla*). Nótese su género. Incorrecto: <u>el ramazón</u>. → **ramiza**

ramblazo o **ramblizo.** sust. m. 'Sitio por donde corren las aguas de los turbiones'. La Academia prefiere la primera forma.

rameado, da. adj. 'Dícese del dibujo o pintura que representa ramos, especialmente en tejidos, papeles, etc.' (*Compró un papel* ***rameado*** *para su dormitorio*). No debe pronunciarse [ramiado].

rámeo, a. adj. 'Perteneciente o relativo a la rama' (*hojas* ***rámeas***). También puede decirse **rameal** (adj.), pero la Academia prefiere la primera forma. Nótese que es palabra esdrújula.

ramificar. v. intr. 'Echar ramas un árbol, arbusto, etc.'. v. prnl. 'Dividirse en ramas una cosa'; fig. 'propagarse, extenderse las consecuencias de un hecho o suceso'. Su 'acción y efecto' es **ramificación** (sust. f.). → **sacar**

ramilletero. sust. m. 'El que hace o vende ramilletes'. Su femenino es **ramilletera**. sust. m. 'Florero'; 'maceta con flores'.

ramiza. sust. f. colect. 'Conjunto de ramas cortadas' (*Después de cortar el cerco recogió toda la* ***ramiza***). El 'conjunto de ramas cortadas, cuando son pequeñas y delgadas', es un **ramojo** (sust. m. colect). → **ramazón**

ramnáceo, a. adj. 'Dícese de árboles y arbustos dicotiledóneos, a veces espinosos, como el cambrón'. Ú. t. c. sust. f. (*La aladierna es una* ***ramnácea***). sust. f. pl. 'Familia de estas plantas': **las ramnáceas**. También puede decirse **rámneo, a** (adj.). La Academia prefiere la primera forma. La segunda es, hoy, desusada.

ramo. sust. m. 'Rama de segundo orden'. Distíngase de **rama** (sust. f.) y de **ramilla** (sust. f.), que son las de primero y de tercer orden. También denota la 'rama cortada del árbol' (*ramo de olivo*). Con la acepción de 'conjunto o manojo de flores, ramas o hierbas', es sustantivo colectivo, al igual que cuando significa 'ristra de ajos y cebollas'. fig. 'Cada una de las partes en que se considera dividida una ciencia, arte, industria, etc.' (***ramo*** *del saber*; ***ramo*** *de librería*). También puede decirse, para esta acepción, **rama** (sust. f.). Diminutivo: **ramito**. → **rama**

ramojo. sust. f. → **ramazón**

ramonear. v. intr. 'Cortar las puntas de las ramas de los árboles'; 'temporada en que se ramonea'. No debe pronunciarse [ramoniar, ramonié]. → **-ear**

rana. sust. f. 'Batracio'. Para distinguir los sexos, debe recurrirse a las perífrasis **rana macho**, **rana hembra**. Diminutivos: **ranita**, **renacuajo** o **renacuajo**. En algunas partes, se da el nombre de **rano** (sust. m.) al 'macho de la rana', como registra la Academia. **juego de la rana.** 'Juego que consiste en introducir, desde cierta distancia, una moneda o tejo por la boca abierta de una rana de metal colocada sobre una mesilla, o por otras ranuras convenientemente dispuestas'. En la Argentina, se dice **juego del sapo**. **salir rana** una persona o cosa. 'Defraudar'. → **hombre** (**hombre rana**), **sapo**

rancheadero. sust. m. 'Lugar o sitio donde se ranchea'. Incorrecto: <u>ranchiadero</u>.

ranchear. v. intr. 'Formar ranchos en una parte o acomodarse en ellos'. Ú. t. c. prnl. No debe pronunciarse [ranchiar, ranchié]. → **-ear**

ranchera. sust. f. 'Canción y danza populares de diversos países hispanoamericanos'. Es voz de reciente incorporación en el léxico oficial. → **ranchero**

ranchero. sust. m. 'El que guisa el rancho y cuida de él'; 'el que gobierna un rancho'. Su femenino es **ranchera**. Ú. t. c. adj. de dos terminaciones, 'relativo o perteneciente al rancho' (*vida **ranchera***). → **ranchera**

rancho. sust. m. 'Comida, generalmente un guiso, que se hace para muchos en común' (*El **rancho** de la tropa estaba frío*); 'junta de personas que toman esta comida'; 'lugar fuera del poblado, donde se albergan diversas familias o personas' (***rancho** de gitanos*); 'unión familiar de algunas personas, separadas unas de otras, que se juntan a hablar o a tratar un tema particular' (*Hicieron **rancho***); 'choza o casa pobre, con techumbre de ramas o paja' (*El gaucho tenía limpito su **rancho***). And. 'Finca de labor de menos extensión que un cortijo y, generalmente, con vivienda'. Amér. 'Finca donde se crían caballos y otros cuadrúpedos' (*Compró el famoso **rancho** de Paco, uno de los mejores de Méjico*). El 'conjunto de ranchos' se dice **ranchería** (sust. f. colect.): *La **ranchería** de los indios estaba cerca*. El ***Diccionario*** no registra **rancherío**, voz frecuente en la Argentina. Prefiérase la forma acuñada por la Academia. **hacer rancho aparte**. fr. fig. y fam. 'Apartarse de los demás en actos o en cosas que pudieron ser comunes a todos' (*Juan es un solitario, siempre **hace rancho aparte***).

ranciar. v. tr. 'Poner rancio'. Ú. m. c. prnl. Se conjuga, en cuanto al acento, como **cambiar**.

ranciedad. sust. f. 'Cualidad de rancio'. También pueden decirse **rancidez** (sust. f.) y **rancio** (sust. m.). Incorrecto: <u>ranciera</u>.

rancio, cia. adj. 'Dícese del vino y los comestibles grasientos que, con el tiempo, adquieren sabor y olor más fuertes, mejorándose o echándose a perder'; 'dícese de las cosas antiguas y de las personas apegadas a ellas' (***rancia** estirpe; filósofo **rancio***).

ranglán o **ranglan.** sust. m. 'Especie de gabán que se usaba a mediados del siglo XVI'. La Academia se inclina por la forma aguda. También puede decirse **raglán** (sust. m.), forma que la Academia prefiere. El sintagma **manga raglán**, **ranglán** o **ranglan**, en que la voz que anotamos aparece en aposición especificativa, denota una 'manga que empieza en el cuello y cubre el hombro'. En la Argentina, se prefiere **manga ranglan**. En plural, el sustantivo en aposición especificativa no varía: **mangas raglán**, **ranglán** o **ranglan**. La Academia no registra esta voz como adjetivo.

rango. sust. m. 'Clase o categoría social y profesional de una persona' (*Ignoro su **rango**, pero me parece que es elevado*); 'en estadística, amplitud de la variación de un fenómeno entre un límite menor y uno mayor claramente especificados'. Esta última acepción es reciente en el ***Diccionario***. Amér. 'Situación social elevada' (*Es persona de **rango***). C. Rica, Chile, Ecuad., P. Rico y Salv. 'Rumbo, esplendidez' (*¡Qué **rango**!*). Es incorrecto su uso en expresiones como *novela de primer <u>rango</u>; revistar en los últimos <u>rangos</u> del escalafón*. Correcto: *novela de primera **calidad**, revista en los últimos **peldaños** o **escalones** del escalafón*. Argent. 'Juego de muchachos'. En el español general, recibe los nombres de **pídola** (sust. f.), **salto** (sust. m.) y **fil derecho**. Este argentinismo carece de registro en el léxico oficial.

♦ **ranking.** Anglicismo. En español, corresponde decir **lista**, **categoría**, **clasificación**. Es un extranjerismo innecesario.

ranquel. adj. 'Dícese del indígena americano

que habitó, en los siglos XVIII y XIX, las llanuras del noroeste de La Pampa, el sudeste de San Luis y el sur de Córdoba (República Argentina)'. Ú. t. c. sust. com.: **el ranquel**, **la ranquel**. 'Perteneciente o relativo a estos indios' (*costumbres **ranqueles***). También puede decirse **ranquelino, na** (adj. Ú. t. c. sust. m. y f.). sust. m. 'Lengua de estos indios' (*El **ranquel** es un dialecto del mapuche*).

ranunculáceo, a. adj. 'Dícese de ciertas plantas angiospermas dicotiledóneas, arbustos o hierbas, como la anémona'. Ú. t. c. sust. f.: **la ranunculácea**. sust. f. pl. 'Familia de estas plantas': **las ranunculáceas.**

rapabarbas. sust. m. fam. Equivale a **barbero** (sust. m.). No debe usarse, en singular, sin **s** final. En plural, no varía: **los rapabarbas**. También pueden decirse **rapista** (sust. m.) y **rapador** (sust. m.). → **rapador**

rapador, ra. adj. 'Que rapa'. Ú. t. c. sust. m. y f.: **el rapador, la rapadora**. sust. m. 'Barbero'.

rapapiés. sust. m. Equivale a **buscapiés**. No debe usarse, en singular, sin **s** final. En plural, no varía: **los rapapiés.** → **buscapiés**

rapapolvo. sust. m. fam. 'Reprensión áspera'. En plural: **rapapolvos**. Es incorrecto usar el plural por el singular: *Recibí un buen <u>rapapolvos</u>*. Correcto: *Recibí un buen **rapapolvo***.

rapar. v. tr. 'Afeitar'. Ú. t. c. prnl. 'Cortar el pelo al rape'. fig. y fam. 'Hurtar, quitar con violencia'. Su 'acción y efecto' es **rapadura** (sust. f.) y **rapamiento** (sust. m.).

rapavelas. sust. m. despect. 'Sacristán, monaguillo u otro dependiente de una iglesia'. No debe usarse, en singular, sin **s** final. En plural, no varía: **los rapavelas**.

rapaz. adj. 'Dado al robo y a la rapiña'. 'Ave de estas características' (*El águila es un ave **rapaz***). Ú. t. c. sust. f.: **la rapaz** (*La lechuza es una **rapaz***). sust. f. pl. 'Orden de estas aves' (*Hay **rapaces** diurnas y **rapaces** nocturnas*). sust. m. 'Muchacho de corta edad'. Es voz aguda que, en plural, se hace grave y cambia la **z** por **c**: **rapaces** (*Se fue a jugar con esos **rapaces** de enfrente*). Su femenino es **rapaza**. En plural: **rapazas** (*Las **rapazas** andan paseando por la avenida*). Diminutivos: **rapacejo, rapaceja** (sust. m. y f.). Una **rapazada** o una **rapacería** (susts. fs.) es una 'acción propia de rapaces y rapazas'. Un homónimo de esta última voz significa lo mismo que **rapacidad** (sust. f.), 'condición del que es dado al hurto', y, de acuerdo con la última edición del ***Diccionario***, **rapacería** significa, además, 'robo'. → **robo**

rapé. adj. 'Se dice del tabaco en polvo que se aspira por la nariz' (*tabaco **rapé***). Ú. m. c. sust. m. (*Aspiró un poco de **rapé***). Distíngase de **rape**.

rape. sust. m. fam. 'Corte rápido y descuidado de la barba'. Ú. m. en la fr. **dar un rape** (*Se dio un **rape** antes de salir*). **al rape.** loc. adv. 'Hablando del pelo, cortado a raíz'; 'a la orilla o casi a raíz'. Un homónimo de esta voz, también sustantivo masculino', denota un 'pez' (*Atrapó un enorme **rape***), conocido, asimismo, por **pejesapo** (sust. m.). Para distinguir los sexos, debe recurrirse a las perífrasis **rape macho, rape hembra**.

rápido, da. adj. Rég. prep.: **rápido en** (***rápido en** hacer*); **rápido para** (*Es **rápido para** resolver ejercicios*). La 'cualidad de rápido' es la **rapidez** (sust. m.). En plural: **rapideces**. → **rabión**

rapiñador, ra. adj. 'Que rapiña'. Ú. t. c. sust. m. y f.: **el rapiñador, la rapiñadora**.

rapóntico. sust. m. → **ruipóntico**

♦ **raportar.** Galicismo (*rapporter*). En español, corresponde decir **informar**, **reseñar**, **reportar**.

♦ **raporte.** Galicismo (*rapport*). En español, corresponde decir **informe**, **reseña**, **reportaje**, **reporte**.

raposear. v. intr. 'Emplear ardides, trampas'. No debe pronunciarse [raposiar, raposié]. Su 'acción y efecto' es **raposeo** (sust. m.).→ **-ear**

raposino, na. adj. 'Perteneciente o relativo al raposo'; 'relativo al hombre astuto'. También puede decirse **raposuno, na** (adj.). La Academia prefiere la primera forma.

raposo. sust. m. 'Zorro'. Su femenino es **raposa**. La **raposería** y la **raposía** (susts. fs.) son las 'mañas y astucias de este animal' o los 'ardides semejantes del hombre'. La Academia prefiere la primera forma. Una **raposera** (sust. f.) es la 'cueva de zorros o raposos'. → **zorrera**

rapsoda. sust. m. 'El que iba cantando, de pueblo en pueblo, trozos de los poemas homéricos u otras poesías'; 'por extensión, poeta'. Incorrecto: rapsodo. sust. com. 'Recitador de versos': **el rapsoda**, **la rapsoda**. Esta última acepción es de reciente ingreso académico. Es voz grave. No debe pronunciarse [rápsoda] como esdrújula.

rapsodia. sust. f. 'Trozo de poema, en particular de Homero'; 'pieza musical'. No debe pronunciarse [rapsodía].

raptar. v. tr. De acuerdo con la última edición del ***Diccionario*** (1992), se admite no sólo el significado tradicional de 'sacar a una mujer violentamente de su casa y de la potestad de sus padres', sino también el de 'secuestrar o retener a una persona contra su voluntad, generalmente para obtener un rescate'.

raptor. sust. m. 'El que secuestra a otro'. Su femenino es **raptora**. Ú. t. c. adj. (*hombre **raptor***). Incorrecto: raptador, raptadora.

raquear. v. intr. 'Andar al raque; buscar restos de naufragios'. No debe pronunciarse [raquiar, raquié]. → **-ear**

raquero, ra. adj. 'Dícese de la embarcación pequeña que anda pirateando o robando por las costas' (*buque **raquero***). sust. m. 'El que se ocupa de andar al raque'; 'ratero que hurta en costas y en puertos'.

raquetazo. sust. m. 'Golpe dado con la raqueta'. Carece de registro en el ***Diccionario***, pero lo recoge el ***Manual***. Es un derivado de **raqueta** (sust. f.) y es de correcta formación.

raquetero. sust. m. 'El que hace raquetas'. Su femenino es **raquetera**.

raquetista. sust. com. 'Pelotari que juega con raqueta': **el raquetista**, **la raquetista**.

raquialgia. sust. f. 'Dolor a lo largo del raquis'. No debe pronunciarse [raquialgía].

raquis. sust. m. 'Raspa o eje de una espina'; 'espinazo de los vertebrados'. No debe escribirse, en singular, sin **s** final. En plural, no varía: **los raquis**.

raquitismo. sust. m. 'Enfermedad crónica'. También puede decirse **raquitis** (sust. m.), voz que, en plural no varía: **las raquitis**. La Academia prefiere, hoy, la primera forma.

rarear. v. tr. 'Espaciar, hacer menos frecuente'. Ú. t. c. intr. No debe pronunciarse [rariar, rarié]. → **-ear**

rarefacer. v. irreg. tr. 'Hacer menos denso un cuerpo gaseoso, enrarecer'. Ú. t. c. prnl. Su postverbal es **rarefacción** (sust. f.). El participio es irregular (***rarefacto***). Carece de tiempos compuestos. Se conjuga como **hacer**. → **rarificar**

rarificar. v. tr. Ú. t. c. prnl. Significa lo mismo que **rarefacer** (v. irreg. tr.). Es de uso más frecuente que su sinónimo, quizá por su carácter regular y su conjugación completa. → **sacar**

raro, ra. adj. 'Extraordinario, poco frecuente'; 'escaso en su especie'; 'insigne, sobresaliente', etc. Rég. prep.: **raro de** (*raro de carácter*); **raro en** (*raro en todo*). **de raro en raro**. loc. adv. 'De tarde en tarde, raramente'. La 'cualidad de raro' es **rareza** y **raridad** (susts. fs.).

ras. sust. m. 'Igualdad en la superficie o la altura de las cosas'. Se usa poco en plural: **rases**. **a ras**. loc. adv. 'Casi tocando, casi a nivel de una cosa' (*Vuela **a ras** de tierra*). También se dice **al ras**, forma que registra el ***Diccionario Manual*** (*Cortó el pasto **al ras***) y que no puede tildarse de incorrecta.

rasca. sust. f. fam. 'Frío intenso'. Ú. con el verbo **hacer** (*¡Qué **rasca** hace hoy!*). adj. fam. Argent. 'De mala calidad, barato' (*¡Qué lapicera **rasca**!*). sust. com. fig. Argent. 'Persona sin recursos económicos, que vive descuidada o miserablemente': **el rasca**, **la rasca** (*Tu amigo es un **rasca***). Los dos regionalismos, de uso también en el Uruguay, carecen de registro académico, pero la A.A.L. ha recomendado su inclusión en el ***Diccionario***. En algunos países americanos, significa 'borrachera', acepción que no figura tampoco en el léxico oficial.

rascacielos. sust. m. 'Edificio de gran altura y muchos pisos'. En plural, no varía: **los rascacielos**. Incorrecto, en singular: rascacielo.

rascadura. sust. f. 'Acción y efecto de rascar'. También puede decirse **rascamiento** (sust. m.). La Academia prefiere la primera forma.

rascar. v. tr. Ú. t. c. prnl. También puede decirse **arrascar** (v. tr. Ú. t. c. prnl.). → **sacar**

rascatripas. sust. com. 'Persona que con poca habilidad toca el violín u otro instrumento de arco': **el rascatripas**, **la rascatripas**. En singular, no debe usarse sin **s** final. En plural, no varía: **los rascatripas, las rascatripas**.

rascazón. sust. f. 'Comezón, picazón'. En plural: **rascazones**. La voz **rasquiña** (sust. f.), de uso en América, carece de registro académico.

rascuñar. v. tr. p. us. → **rasguñar**

rascuño. sust. m. → **rasguño**

rasero. sust. m. 'Palo cilíndrico que sirve para rasar o igualar las medidas de los granos y frutos secos'. También pueden decirse **raedor** (sust. m.) y **rasera** (sust. f.), voz que, a su vez, significa 'espumadera'. **por el mismo rasero** o **por un rasero**. locs. advs. figs. 'Con rigurosa igualdad, sin diferencia'. Ú. comúnmente con los verbos **medir** y **llevar**.

rasgar. v. tr. 'Hacer pedazos cosas de poca consistencia, como tejidos, pieles, papel, etc.' (***Rasgó** la sábana en varios trozos*). Ú. t. c. prnl. Su 'acción y efecto' es **rasgadura** (sust. f.), que denota, también, 'rotura o rasgón'. El homónimo de este verbo, también transitivo, significa 'tocar la guitarra rozando a la vez varias cuerdas'. → **pagar, rasguear**

rasgo. sust. m. Cuando denota 'facción del rostro', ú. m. en pl. (*Sus **rasgos** son finos, estilizados*). **a grandes rasgos**. loc. adv. 'De un modo general, sin entrar en pormenores' (*Describió el accidente **a grandes rasgos***).

rasgueador, ra. adj. 'Dícese del que rasguea con gusto y delicadeza al escribir'. Ú. t. c. sust. m. y f.: **el rasgueador, la rasgueadora.**

rasguear. v. tr. Significa, como transitivo, lo mismo que **rasgar** (v. tr.), 'tocar la guitarra rozando varias cuerdas a la vez con las puntas de los dedos'. v. intr. 'Hacer rasgos al escribir'. La 'acción y efecto' de este verbo es **rasgueado** y **rasgueo** (susts. ms.). No debe pronunciarse [rasguiar, rasguié]. → **-ear, rasgar**

rasguñar. v. tr. 'Arañar'. También puede decirse **rascuñar** (v. tr.). Ambas formas son correctas. Incorrecto: <u>rasjuñar</u>, <u>rajuñar</u>, vulgarismos.

rasguño. sust. m. 'Herida pequeña o corte hecho con las uñas o un elemento punzante'. Son vulgares <u>rasjuño</u> y <u>rajuño</u>. La Academia registra también, para igual denotación, **rascuño** (sust. m.) y **rasguñadura** (sust. m.). Esta última voz es de reciente admisión en el ***Diccionario***. Diminutivo: **rasguñuelo**.

raso, sa. adj. 'Liso, plano, libre de estorbos' (*superficie **rasa**; campo **raso***) ; 'dícese de lo que no tiene un título u otro adherente que lo distinga' (*soldado **raso***); 'dícese de la atmósfera cuando está libre de nubes y de niebla' (*Hoy está **raso***); 'dícese de lo que pasa o se mueve a poca altura del suelo' (*Vuela **raso***). La Academia ha incorporado, recientemente, esta acepción: 'completamente lleno, sin exceder los bordes' (*una cucharada **rasa***). sust. m. 'Tela de seda lustrosa' (*Su vestido de novia era de **raso***). **al raso**. loc. adv. 'A la intemperie' (*Duerme **al raso***). → **cielo (cielo raso)**

raspa. sust. f. Además de otros usos comunes con el español peninsular, en América, significa 'reprimenda' (*¡Qué **raspa** le dio!*).

raspahilar. v. intr. fam. 'Moverse rápida y atropelladamente'. Ú. sólo en gerundio y con verbos de movimiento, como **ir**, **pasar**, **salir**, **llegar**, etc. (*Se fue **raspahilando***).

♦ **raspaje.** → **raspar**

raspar. v. tr. 'Raer ligeramente'; 'picar el vino u otro licor al paladar'; 'hurtar'; 'pasar rozando'; 'producir, por lo general, un tejido áspero una sensación desagradable en la piel' (*Este jersey **raspa***). Su 'acción y efecto' es **raspado** (sust. m.), **raspamiento** (sust. m.) y **raspadura** (sust. f.), voz que, también, significa 'lo que raspando se quita de una superficie'. La Academia no registra, entre los postverbales de este verbo, <u>raspaje</u>: <u>raspaje</u> *uterino*. Dígase: ***raspado** uterino*. El término técnico es **legrado** (sust. m.), postverbal de **legrar** (v. tr.), 'raer la superficie de los huesos'; 'raer la superficie del útero'. El participio activo **raspante**, 'que raspa', se aplica, por lo general, al vino.

raspear. v. intr. 'Correr con aspereza la pluma y despedir chispillas de tinta por tener un pelo o raspa'. v. tr. 'Reprender'. No debe pronunciarse [raspiar, raspié]. Distíngase de **raspar** (v. tr.). → **-ear**

raspón. sust. m. 'Lesión superficial causada por un roce violento'. En plural: **raspones**. También puede decirse **rasponazo** (sust. m.), forma que la Academia prefiere (*Se hizo un **rasponazo***).

rasposo, sa. adj. En sus acepciones figuradas, significa 'áspero al tacto o al paladar'; 'de trato desapacible'. Argent. y Urug. 'Dícese de la prenda de vestir miserable, raída, en mal estado, y del que la lleva' (*pantalón* ***rasposo****; mujer* ***rasposa***). Argent. y Urug. 'Escaso, roñoso, tacaño' (*Se sacó un cuatro* ***rasposo*** *en la prueba*). Ú. t. c. sust. m. y f.: **el rasposo**, **la rasposa** (*Tu primo es un* ***rasposo***).

rasquetear. v. tr. Amér. Merid. 'Limpiar el pelo de las caballerías con la rasqueta'. No debe pronunciarse [rasquetiar, rasquetié]. → **-ear**

rastacuero. sust. m. Voz francesa (*rastaquouère*) recién españolizada. 'Vividor, advenedizo'. sust. com. 'Persona inculta, adinerada y jactanciosa': **el rastacuero**, **la rastacuero**. Es voz de reciente ingreso en el léxico oficial.

rastra. sust. f. Además de otros usos comunes con el español general, en la Argentina, significa 'pieza, generalmente de plata, con la que el gaucho sujeta el tirador, formada por una chapa central labrada y monedas o botones unidos a ésta por medio de cadenas'. **a la rastra**. loc. adv. 'Arrastrando'; fig. 'de mala gana' (*Lo lleva ba* ***a la rastra***). También pueden decirse **a rastra, a rastras, en rastra** (locs. advs.).

rastreador, ra. adj. 'Que rastrea'. Ú. t. c. sust. m. y f.: **el rastreador**, **la rastreadora** (*Los antiguos* ***rastreadores*** *de la Argentina eran capaces de reconocer el pelo de un caballo por su solo rastro*).

rastrear. v. tr. Su principal acepción es la de 'seguir el rastro o buscar alguna cosa por él'. v. intr. 'Hacer alguna labor con el rastrillo'; 'ir por el aire pero casi tocando el suelo'. No debe pronunciarse [rastriar, rastrié]. Su postverbal es **rastreo** (sust. m.). → **-ear**

rastrillada. sust. f. 'Todo lo que se recoge de una vez con el rastrillo' (*Con una buena* ***rastrillada****, el césped quedará limpio de hojas*). Argent. y Urug. 'Surco o huellas que, en el suelo firme o sobre el pasto, dejan los cascos de tropas de animales' (*Descubrieron la toldería de los indios siguiendo la* ***rastrillada*** *de sus caballos*).

rastrillador, ra. adj. 'Que rastrilla'. Ú. t. c. sust. m. y f.: **el rastrillador, la rastrilladora**. La forma **rastillador, ra** (adj. Ú. t. c. sust. m. y f.) es, hoy, desusada.

rastrillaje. sust. m. 'Acción que se ejecuta con el rastrillo'. Argent. 'Acción y efecto de rastrillar o batir'. El argentinismo es de ingreso reciente en el ***Diccionario***.

rastrillar. v. tr. Además de los usos comunes con el español general, en la Argentina, significa 'batir, en operaciones militares o policiales, áreas urbanas o despobladas para reconocerlas o registrarlas' (*La policía* ***rastrilló*** *toda la zona*). Incorrecto: <u>*rastrillear*</u>, una ultracorrección. La forma **rastillar** (v. tr.) es, hoy, desusada. → **ratrillaje**

rastrillo. sust. m. 'Utensilio para recoger hierbas', entre otras denotaciones. La forma **rastillo** (sust. m.) es, hoy, desusada. También puede decirse **rastro** (sust. m.) y **rastra** (sust. f.).

rastrojal. sust. m. colect. 'Conjunto de tierras que han quedado de rastrojo'. También puede decirse **rastrojera** (sust. f. colect.), voz que, a su vez, significa 'temporada en que los ganados pastan los rastrojos'.

rastrojear. v. intr. 'Pastar el ganado entre rastrojos'. Es voz recién incorporada en el ***Diccionario***. No se confunda con **rastrojar** (v. tr.), 'arrancar el rastrojo'. No debe pronunciarse [rastrojiar]. → **-ear**

rastrojo. sust. m. 'Residuo de la caña de la mies'; 'el campo después de segada la mies'. También pueden decirse **restojo** y **restrojo** (susts. ms.). sust. m. pl. 'Residuos que quedan de una cosa'.

rasurar. v. tr. 'Afeitar'. Su 'acción y efecto' es **rasura** y **rasuración** (susts. fs.). Incorrecto: <u>*rasuramiento*</u>.

rata. sust. f. 'Mamífero roedor'. Para distinguir los sexos, debe recurrirse a las perífrasis **rata macho, rata hembra**. El 'macho de la rata' también se designa con la voz **rato** (sust. m.) en lengua familiar, como anota Moliner, y en algunas partes –como aclara la Academia–, significa 'ratón casero o campesino'. sust. m. 'Ratero' (*Algún* ***rata*** *lo habrá hurtado*). sust. com. fam. 'Persona tacaña': **el rata, la rata. hacer** o **hacerse la rata**. Argent. 'Faltar a clase sin conocimiento de los padres'; 'por extensión, faltar al trabajo'. Equivale a **hacer novillos**, del español general. → **ratear (ratearse)**. **más pobre que las ratas** o **que una rata**. expr. fig. y fam. 'Sumamente pobre'. Su homónimo, también sustantivo femenino, significa 'parte proporcional'; 'variación por unidad de tiempo'. Col., Pan. y Perú. 'Porcentaje'. **rata por cantidad.** loc. adv. 'Mediante prorrateo'.

rata parte. loc. → **prorrata**

rataplán. sust. m. 'Voz onomatopéyica con que se imita el sonido del tambor'. Incorrecto: *rataplám*. En plural: **rataplanes**.

ratear. v. tr. 'Disminuir o rebajar a proporción o prorrata'; 'repartir proporcionalmente'. Su homónimo, verbo transitivo e intransitivo, significa 'hurtar'; 'andar arrastrando el cuerpo por la tierra'; 'tacañear'. v. prnl. fam. Argent. 'Faltar a clase o al trabajo' (*Juan se rateó*). Esta forma pronominal carece de registro académico. La A.A.L. ha recomendado su inclusión. No debe pronunciarse [ratiar, ratiarse, ratié]. → **-ear**, **rata (hacer o hacerse la rata)**

ratero, ra. adj. 'Dícese del que hurta con maña cosas de poco valor'. Ú. m. c. sust. m. y f.: **el ratero, la ratera**. 'Que va arrastrando'; 'que va por el aire, pero a ras del suelo'; 'bajo, vil, despreciable'.

ratificar. v. tr. 'Aprobar o confirmar actos, palabras o escritos, dándolos por ciertos y valederos'. Ú. t. c. prnl. Rég. prep.: **ratificarse ante** (*ratificarse ante el juez*); **ratificarse de** (*ratificarse de una declaración*); **ratificarse en** (*ratificarse en todo*). Su postverbal es **ratificación** (sust. f.). No se confunda este verbo con **rectificar** (v. tr. Ú. t. c. prnl.), que significa lo contrario. → **sacar**

ratímetro. sust. m. 'En radiología, aparato que mide la rata o velocidad de dosis'. Es palabra esdrújula. No debe pronunciarse [ratimetro] como grave.

♦ **rating.** Anglicismo. En español, corresponde decir **índice de evaluación**, **valoración**.

rato. adj. Se usa sólo en el sintagma **matrimonio rato**, 'el celebrado pero no consumado'. Su homónimo, sustantivo masculino, significa 'espacio corto de tiempo' (*Espérame un rato*). Cuando se le anteponen los adjetivos **buen** o **mal**, 'gusto o disgusto pasajeros' (*Pasó un buen o mal rato*). Esta voz forma parte de numerosas locuciones adverbiales: **a cada rato**, 'a cada momento, con frecuencia'; **al poco rato, al rato, a poco rato**, 'poco después'; **a ratos** y **de rato en rato**, 'con algunas intermisiones de tiempo'; **para rato**, 'por mucho tiempo' (*Tengo para rato con este trabajo*). Un tercer homónimo, también sustantivo masculino, denota 'el macho de la rata' y, en algunas partes, 'ratón campesino'. → **rata**, **ratón**

ratón. sust. m. 'Roedor más pequeño que la rata'. Su femenino es **ratona**. En América Meridional, se usa, asimismo, para esta denotación, **pericote** (sust. m.). → **rata (rato)**. C. Rica. 'Músculo bíceps'. En informática, 'mando separado del teclado de un ordenador, que sirve para escribir y hacer dibujos'. Esta acepción es de reciente ingreso en el ***Diccionario***. sust. m. pl. fig. y fam. Argent. 'Fantasías eróticas, de poder o de prestigio' (*Los* ***ratones*** *no lo dejaban dormir*). La A.A.L. recomendó su inclusión en el ***Diccionario***, al igual que la de la frase figurada y familiar, de uso, también, en la Argentina, **tener ratones en la cabeza**, 'tener ideas fijas y extravagantes'. La Academia no registra el sintagma **mesa ratona**, de uso en la Argentina, 'mesa baja, generalmente alargada, que se coloca delante de un sofá'. → **mesa**

ratona. sust. f. Argent. 'Ave pequeña, de coloración parduzca, que anida en los huecos de paredes y cornisas'. Para distinguir los sexos, debe recurrirse a las perífrasis **ratona macho**, **ratona hembra**. → **ratón**

ratonar. v. tr. 'Morder o roer los ratones una cosa, como pan, queso, etc.'. Festivamente, se aplica a personas (*Todo el día anda* ***ratonando*** *en la heladera*). v. prnl. 'Enfermarse el gato, de comer muchos ratones'. Incorrecto: *ratonear*.

ratonearse. v. prnl. fam. Argent. 'Tener fantasías eróticas, de poder o de prestigio' (***Se ratonea*** *con esos filmes que alquila*). Carece de registro en el ***Diccionario***. La A.A.L. ha recomendado su inclusión.

ratonero, ra. adj. 'Perteneciente o relativo a los ratones'. También pueden decirse **ratonesco, ca** y **ratonil** (adjs.). sust. f. 'Trampa en que se cazan ratones'; 'agujero que hace el ratón en las paredes, muebles, etc., para entrar y salir por él'; 'trampa o engaño'. Con el significado de 'madriguera de ratones', es sustantivo femenino colectivo. Argent., Chile y Perú. 'Pocilga, vivienda miserable'. Esta acepción carece de registro en el ***Diccionario***, pero la recoge, con ese indicador, el ***Manual***.

raudal. sust. m. 'Caudal de agua que corre violentamente'; fig. 'torrente de otras cosas' (*un **raudal** de palabras*). **a raudales**. loc. adv. 'Abundantemente' (*El agua caía **a raudales***). Distíngase el significado de esta locución, de **raudamente** (adv.), 'con ímpetu, celeridad, presteza' (*Lo hizo **raudamente***). → **raudo**

raudo, da. adj. 'Rápido, precipitado, con ímpetu'. El adverbio correspondiente es **raudamente** (adv.). → **raudal**

raulí. sust. m. Chile. 'Árbol cuya madera es muy apreciada' (*En los Andes, hay bosques de **raulís***). En plural: **raulíes** o **raulís**.

ravioles o **raviolis.** sust. m. pl. 'Pasta alimenticia rellena con picadillo de carne, pollo, verdura, etc.'. Incorrecto: <u>ravioli</u>, italianismo. Entre las dos formas, aunque ambas son correctas, prefiérase la primera. No se usa en singular: *Se cayó al piso un raviol*. Preferible: *Se cayó al piso **uno de los ravioles***. El singular hipotético de esta voz, como lo ha consignado la A.A.L., sería "raviolo" (sust. m.) y nunca "raviol", opinión que no todos comparten. En la Argentina, es normal **raviol.** → **plural (pluralia tantum)**

raya. sust. f. Entre otras acepciones, 'línea o señal larga y estrecha'. En gramática, 'guión algo más largo (—) que el guión corto. Se usa para separar oraciones incidentales o indicar el diálogo en los escritos'. → **guión**. Diminutivo: **rayuela**. **pasar de la raya** o **de raya**. fr. fig. 'Propasarse'. Esta voz registra un homónimo, también sustantivo femenino, que significa 'pez, muy abundante en los mares españoles'. Para distinguir los sexos, debe recurrirse a las perífrasis **raya macho**, **raya hembra**. Asimismo, este último homónimo denota 'cualquiera de los selacios pertenecientes al suborden de los ráyidos'. Es incorrecto, para estas denotaciones, escribir <u>ralla</u>.

USO DE LA RAYA O GUIÓN LARGO, SIGNO AUXILIAR DE PUNTUACIÓN. Este signo se emplea:

• En los diálogos teatrales:

PEDRO (*Señalando un sillón.*). *—Siéntate. Tengo que hablarte.*

JUAN. *—No puedo, abuelo, estoy apurado. Vine para traerte la escritura.*

PEDRO. *—Nunca tienes tiempo para las cosas importantes.*

JUAN. *—No te enojes, vendré mañana sábado, después del almuerzo... Me voy, mañana te dedicaré toda la tarde —con una sonrisa y subrayando las palabras—, toda la tarde...*

• En los diálogos insertos dentro de un texto narrativo:

... Ana, mirando por la ventana, dice:

—Tendrás que llevar paraguas, está por llover.

La sobrina, con aire displicente, mientras recoge su bolso:

—No te aflijas, tomaré un taxi... Además, con este calor, no me vendrá mal un poco de agua fresca.

• Al comienzo y al final de oraciones intercaladas, con poca relación, en su contenido, con el enunciado en que se introducen, indica una pausa mayor que el paréntesis (*Los vascos —siempre celosos y bravos custodios de su libertad— no fueron dominados por Roma*).

• Para suplir una palabra que ya se ha enunciado: *Seguir con los socios. — de lejos . — en el intento. — para Madrid* (en el ejemplo, las rayas suplen a la palabra "seguir").

• A manera de comillas de repetición, en catálogos, diccionarios, bibliografías u otras listas semejantes:

Córdoba, ciudad de la República Argentina.
— ciudad de España.
— departamento de Colombia.
— península de Chile.

rayado, da. p. de **rayar**. adj. 'Que tiene rayas' (*papel **rayado***). Este significado puede denotarse, también, con el adjetivo **rayoso, sa** (*superficie **rayosa***). sust. m. colect. 'Conjunto de rayas o listas en un papel o en una tela' (*El **rayado** de la tela le gusta*). Un **rayadillo** (sust. m.) es la 'tela de algodón rayada' (*Compré cuatro metros de **rayadillo** azul y blanco*). La Academia no registra esta voz como diminutivo de **rayado**, pero, morfológicamente, lo es. Con las denotaciones señaladas, no debe escribirse <u>rallado, da</u>, grafía que, sí, corresponde para el participio del verbo **rallar** (tr.).

rayador. sust. m. Amér. Merid. 'Ave que debe su nombre a que, cuando vuela sobre el mar, parece que va rayando el agua que roza con su cuerpo'. Para distinguir los sexos, debe recurrirse a las perífrasis **rayador macho, rayador hembra**. No se confunda su grafía con la de **rallador** (sust. m.), 'utensilio de cocina'. → **rallador**

rayar. v. tr. 'Hacer o tirar rayas'; 'tachar lo manuscrito o impreso con una o varias rayas';

'subrayar'; 'deteriorar una superficie lisa con rayas o incisiones'. v. intr. Con las palabras **alba, día, luz, sol**, etc., 'amanecer, alborear' (***Rayaba el alba** cuando llegaste*). fig. 'Sobresalir' (*El maestro **raya** en sabiduría*). **rayar en**. 'Asemejarse una cosa a otra, acercarse a igualarla' (***rayar en** lo ridículo*). Rég. prep.: **rayar con** (***rayar con** los mejores*); **rayar en** (***rayar en** sabiduría*). No debe confundirse su grafía con la del verbo **rallar** (tr.). → **rallar**

ráyido. adj. 'Dícese de ciertos peces selacios, como la raya'. Ú. t. c. sust. m.: **el ráyido**. sust. m. pl.: **los ráyidos**.

rayo. sust. m. 'Cada una de las líneas, generalmente rectas, que parten del punto en que se produce una determinada forma de energía' (***rayo** eléctrico*); 'línea de luz que procede de un cuerpo luminoso' (***rayos** del Sol*); 'chispa eléctrica de gran intensidad producida por descarga entre dos nubes o entre una nube y la tierra' (*Los **rayos** zigzagueantes de la tormenta iluminaban el horizonte*); y, entre otras acepciones figuradas, 'persona muy viva' (*Es un **rayo***). Esta voz forma parte de numerosos sintagmas: **rayo de calor**, **rayo de luz**, **rayos gamma**, **rayos X**, **rayo óptico**, etc. La Academia ha incorporado recientemente el sintagma **rayo láser**. En plural: **rayos láser**.

rayón. sust. m. 'Filamento textil'; 'tela fabricada con este filamento'. En plural: **rayones**.

raza. sust. f. Esta voz no debe usarse con el significado de 'especie' o de 'pueblo, estirpe': *raza humana*, *raza calchaquí*, *raza judía*. Correcto: ***especie humana***, ***estirpe calchaquí***, ***pueblo judío***. Sí, en cambio, es correcto su empleo cuando se quiere denotar, en el primer caso, el plural: **razas humanas** (*Entre las **razas humanas**, nos ocuparemos de la negra*), y cuando se denotan sus grupos por el color de la piel y otros caracteres (***raza** blanca*; ***raza** amarilla*). **de raza**. loc. adj. 'Aplícase al animal que pertenece a una raza seleccionada o que tiene pedigrí'. Es de reciente incorporación académica (*perro **de raza***).

razia. sust. f. 'Incursión, correría, en un país enemigo y sin más objeto que el botín'; 'batida, redada'. También el ***Diccionario*** registra la forma **razzia**, que implica no sólo otra grafía, sino también, un cambio en la pronunciación [ratzia]. La Academia prefiere la primera forma.

razón. sust. f. En su acepción más común, 'facultad de discurrir'. Esta voz integra numerosos sintagmas (**razón de Estado**, **razón natural**, **razón social**, **razón geométrica**, etc.), así como frases y locuciones, de las que ofrecemos las de mayor uso. **a razón de**. loc. prepos. que señala la 'correspondencia de la cantidad que se expresa a cada una de las partes de que se trata' (***A razón de** cuatro por cabeza*). Ú. en las imposiciones de censos (***A razón de** diez por ciento*). **dar la razón** a uno. fr. 'Concederle lo que dice' (***Dimos la razón** a Pedro*). **dar razón**. fr. 'Informar de un asunto' (*No **dio razones***). **en razón a** o **de**. loc. prepos. 'Por lo que pertenece o toca a alguna cosa' (***En razón a** o **de** tus argumentos, revisaremos las conclusiones*). **entrar** uno **en razón**. fr. 'Darse cuenta de lo que es razonable'. **envolver** a uno **en razones**. fr. fig. 'Confundirlo'. **fuera de razón**. loc. adv. 'Sin justificación'. **meter** a uno **en razón**. fr. 'Obligarlo a razonar'. **perder** uno **la razón**. fr. 'Volverse loco'. **poner en razón**. fr. 'Apaciguar a los que discuten'. **ponerse** uno **a razones con otro**. fr. 'Oponérsele en lo que dice'. **ponerse en razón** o **en la razón**. fr. 'En los ajustes y conciertos, venir a términos equitativos' (***Se pusieron en razón**, luego de arduos debates*). **ser razón** una cosa. fr. 'Ser justa' (***No es razón** que se retire de la firma*). **tener razón**. fr. 'Estar en lo cierto'. **tomar razón** o **la razón**. fr. 'Asentar una partida en cuenta o hacer constar en un registro lo que en él debe copiarse, inscribirse o anotarse' (***Tómese razón** de esta solicitud*). La frase *pedir razón* es un galicismo; corresponde reemplazarla, según los contextos, por **inquirir**, **indagar**, **preguntar** o **pedir explicaciones**.

razonabilidad. sust. f. 'Cualidad de razonable'. Esta voz carece de registro académico, pero es de correcta formación (*Este acto jurídico carece de **razonabilidad***). No se confunda con **racionabilidad** (sust. f.), 'criterio para juzgar'. → **racionabilidad**

razonador, ra. adj. 'Que explica y razona'. Ú. t. c. sust. m. y f.: **el razonador, la razonadora**.

razonamiento. sust. m. 'Acción y efecto de razonar'. Con la denotación de 'conjunto o serie de ideas encaminados a demostrar una cosa o a persuadir a otros', es sustantivo colectivo. No se confunda con **racionamiento** (sust. m). → **racionamiento**

razonar. v. intr. 'Discurrir, ordenando ideas en la mente para llegar a una conclusión' (*Antes de comprometerte, **razona** un poco*). v. tr. 'Tratándose de dictámenes, cuentas, etc., aducir las razones o documentos en que se apoyan'. Rég. prep.: **razonar con** (***razonar con** ayuda de otros*); **razonar sobre** (***razonar sobre** algo*). → **razonamiento**

re-. element. compos. de or. lat. 'Repetición' (***re**construir, **re**leer*); 'movimiento hacia atrás' (***re**fluir, **re**tornar*); 'intensificación o aumento' (***re**cargar, **re**armar*); 'oposición o resistencia' (***re**chazar, **re**pugnar*); 'negación o inversión del significado simple' (***re**probar*); 'encarecimiento' (***re**buena, **re**salado*). Este prefijo, como se infiere de los significados anotados, es polisémico y no siempre denota 'encarecimiento' o 'repetición'. Con adjetivos o adverbios, puede reforzarse el valor de intensificación añadiendo a **re-** las sílabas **-te** o **-quete** (***rete**bueno, **requete**bueno*). No todos los vocablos que llevan el prefijo **re-** figuran en el ***Diccionario***; "nadie –como decía Julio Casares, en 1940– puede reprochar a los excluidos que sean de formación menos correcta que los catalogados [...]. El diferente trato –prosigue el distinguido lexicógrafo– se origina de que estos últimos tienen a su favor largos años de uso general, mientras los otros aparecen aquí o allá como formaciones circunstanciales que no logran difusión ni estabilidad. Además, la invención de estos compuestos es tan fácil y su significado tan evidente, que serían muy contados los lectores que, al tropezar con uno de ellos, necesiten acudir al Diccionario. En cambio –concluye–, convendría incluir en él [...] aquellos compuestos cuyo significado no va implícito en los elementos integrantes. *Rearmar*, por ejemplo –agrega–, es algo más que volver a armar; es propiamente «sobrearmar», reforzar el ejército y dotarlo de un armamento mucho más copioso y eficaz que el que poseía". Así, carecen de registro académico, pero son correctas, entre otras voces: **readaptar** (v. tr. Ú. t. c. prnl.) y su postverbal **readaptación** (sust. f.); **readquirir** (v. tr.) y su postverbal **readquisición** (sust. f.); **reagudizar** (v. tr. Ú. m. c. prnl.) y su postverbal **reagudización** (sust. f.). Modernamente, se abusa de este prefijo, en particular, para encarecer el significado de ciertas voces y evitar el uso del superlativo (***re**santo, **re**distinguida, **re**inteligente*).

re. sust. m. 'Segunda nota de la escala musical'. Repárese en su género (***el re***). En plural: **res** (*Tiene dificultad con **los res***).

reabrir. v. tr. 'Volver a abrir lo que estaba cerrado' (***Reabrió** el cajón*). Ú. t. c. prnl. (***Se reabrió** la herida*). Su participio es irregular (***reabierto***).

reabsorber. v. tr. 'Volver a absorber'. v. prnl. 'Desaparecer un exudado'. Repárese en su correcta grafía. Su 'acción y efecto' es **reabsorción** (sust. f.), voz recién incorporada por la Academia.

reacción. sust. f. Es voz aguda que, en plural, se hace grave: **reacciones**. La Academia registra los siguientes sintagmas: **reacción en cadena** ('la que da origen a productos que por sí mismos ocasionan una reacción igual a la primera y así sucesivamente'; fig. 'sucesión de acontecimientos, provocado cada uno de ellos por el anterior'); **reacción en cascada** ('secuencia de reacciones en la que cada producto recién formado cataliza la transformación subsiguiente de otro'); **reacción neutra** ('carácter de saturación que se revela por no alterar el papel de tornasol'). Son incorrectas las expresiones *avión a reacción, motor a reacción*, galicismos. Deben decirse: *avión **de reacción**, motor **de reacción***.

reaccionar. v. intr. Rég. prep.: **reaccionar ante** (***reaccionar ante** la injusticia*); **reaccionar contra** (***reaccionar contra** las presiones*); **reaccionar por** (***reaccionar por** estímulos*).

reaccionario, ria. adj. 'Que propende a restablecer lo abolido'. Ú. t. c. sust. m. y f.: **el reaccionario, la reaccionaria**. Como adjetivo, también significa 'opuesto a las innovaciones'; 'perteneciente o relativo a la reacción política'. Esta última denotación es de reciente registro. Distíngasela de **revolucionario, ria** (adj.). → **revolucionario**

reacio, cia. adj. 'Contrario a algo o que muestra resistencia a hacer algo'. Rég. prep.: **reacio a** (*Algunos docentes son **reacios a** los cambios*); **reacio en** (*Es siempre **reacio en** acceder*). También puede decirse **reluctante** (adj.). No debe confundirse, semánticamente, con **reticente** (adj.). → **reticente**

reactante. adj. 'Dícese de cada una de las sustancias que participan en una reacción química produciendo otra u otras diferentes de las primitivas'. Ú. t. c. sust. com.: **el reactante**, **la reactante**.

reactivación. sust. f. 'Acción y efecto de reactivar' (*La* ***reactivación*** *económica está en marcha*). Es voz de signo positivo, frente a **recrudecimiento** (sust. m.), que es de signo negativo.

reactivo, va. adj. 'Dícese de lo que produce reacción'. Ú. t. c. sust. m. (*Para este experimento, usaremos un* ***reactivo*** *especial*). También significa, como sustantivo masculino, 'sustancia empleada para descubrir la presencia de otra'. Esta acepción técnica es de reciente ingreso en el ***Diccionario***.

reacuñar. v. tr. 'Resellar la moneda' (*En Alemania, durante la última guerra mundial,* ***reacuñaron*** *la moneda*). Nótese que no es 'acuñar una nueva moneda'. Su 'acción y efecto' es **reacuñación** (sust. f.). Incorrecto: <u>*reacuñamiento*</u>.

reafirmar. v. tr. 'Afirmar de nuevo'. Ú. t. c. prnl. Rég. prep.: **reafirmar** o **reafirmarse en** (***reafirmar en*** *todo*; ***reafirmarse en*** *sus dichos*). → **refirmar**

reagravar. v. tr. 'Volver a agravar o agravar más'. Ú. t. c. prnl. Su postverbal es **reagravación** (sust. f.). La Academia no registra el postverbal **reagravamiento**, pero cataloga dicha forma para el simple: **agravamiento** (sust. m.) No puede considerarse, por lo tanto, una incorrección.

reagrupar. v. tr. 'Agrupar de nuevo o de una forma diferente'. Son correctos sus dos postverbales: **reagrupamiento** (sust. m.) y **reagrupación** (sust. f.).

reajustar. v. tr. Se admite el significado, hablando de precios, salarios, impuestos, etc., de 'aumentarlos o disminuirlos'. Es un eufemismo que se emplea, sobre todo, cuando se trata de un aumento (*Hubo un* ***reajuste*** *de precios que no fue acompañado por una suba de los salarios*). → **reajuste**

reajuste. sust. m. 'Acción y efecto de reajustar'. La Academia no registra el postverbal **reajustamiento**, forma que cataloga para el simple: **ajustamiento** (sust. m.), 'acción de ajustar'. Prefiérase **reajuste**.

real. adj. 'Que tiene existencia verdadera y efectiva'. Tiene dos homónimos. El primero, que es también adjetivo, significa 'perteneciente al rey o a la realeza'; fig. 'grandioso', 'muy bueno' y, aplicado a personas, 'de muy buena presencia'. Ú. t. c. sust. m. 'Moneda' (*Costó cuatro* ***reales***). Diminutivos de este último: **realete**, **realillo**, **realito**. El segundo, sustantivo masculino, denota el 'campamento de un ejército y, especialmente, el lugar donde está la tienda del rey o del general'. Ú. t. en pl. y en sent. fig. (*Está en sus* ***reales*** *y de allí no se mueve*). Diminutivo de este homónimo: **realejo**. Ninguna de estas voces debe pronunciarse [rial], forma que tiene otro significado. → **rial**

reala. sust. f. 'Rebaño de ovejas de distintos dueños'. También puede escribirse **rehala** para esta denotación. → **rehala**

realegrarse. v. prnl. 'Sentir alegría extraordinaria'. Nótese que la Academia no lo registra como transitivo.

realeza. sust. f. Con la denotación de 'conjunto de familias reales', es sustantivo colectivo (*En la boda de la infanta, se hizo presente toda la* ***realeza*** *europea*).

realidad. sust. f. La Academia no registra el sintagma **realidad virtual**, 'conjunto de sensaciones creadas por medio de elementos cibernéticos'.

realismo. sust. m. La Academia ha incorporado recientemente, en su ***Diccionario***, el sintagma **realismo mágico**, 'movimiento literario hispanoamericano surgido a mediados del siglo XX, caracterizado por la introducción de elementos fantásticos inmersos en una narrativa realista'.

realista. adj. 'Partidario del realismo filosófico'; 'perteneciente a esa tendencia'. Incorrecto: <u>*realístico*</u>, un anglicismo. Su homónimo, también adjetivo, significa 'partidario de la doctrina favorable a la monarquía'. En ambos casos, ú. t. c. sust. com.: **el realista**, **la realista**.

realizador. sust. m. 'El que lleva a ejecución una obra'; 'en el cine y la televisión, el director de ejecución de una película o de un programa'. Su femenino es **realizadora**. Es voz de reciente incorporación en el ***Diccionario***.

realizar. v. tr. 'Efectuar, llevar a cabo algo o ejecutar una acción' (***Realizó*** *las obras previstas*). Ú. t. c. prnl. (*La reunión* ***se realizó*** *ayer*). 'Dirigir la ejecución de una película o de un programa televisivo'. Esta acepción es reciente en el ***Diccionario***. v. prnl. 'Sentirse satisfecho por haber logrado cumplir aquello a lo que se aspiraba' (***Se realizó** plenamente en la vida*). Esta forma y su significado son de reciente incorporación académica. Es incorrecto usar este verbo con el sentido de 'comprender, hacerse cargo, percatarse', un anglicismo: *No realiza estas verdades*. Correcto: *No **comprende** estas verdades* o *No **se hace cargo** de estas verdades*. Rég. prep.: **realizar** algo **por** (***Realizó** los trabajos **por** cuenta de los propietarios*). Su postverbal es **realización** (sust. f.). Se abusa de este verbo, hasta el punto de haberlo convertido en un verdadero comodín, con olvido de otros que, según los contextos, es recomendable usar por su mayor precisión lingüística o adecuación a lo que se quiere expresar: **hacer**, **practicar**, **ejecutar**, **efectuar**, **perpetrar**, **producir**, **llevar a cabo**, **elaborar**, **cometer**, **cumplir**, **consumar**, **acometer**, etc. Ofrecemos algunos ejemplos, en los que colocamos entre paréntesis el verbo que pudo emplearse en beneficio de una mayor propiedad: *Anoche, se realizó (**se perpetró**) un robo en la esquina; Es un proyecto realizado (**elaborado**) por uno de los mejores estudios de arquitectura; Realizaremos un repaso de la unidad (**Repasaremos** la unidad); Ha sido realizada (**Ha sido practicada**) la autopsia; Las manifestaciones realizadas (**hechas**) por el Ministro fueron confusas; Los alumnos decidieron no realizar (**cumplir**) la tarea; Las obras realizadas (**acometidas**) por el nuevo directorio han sido importantes; Realizó (**Produjo**) obras importantes en el campo de la física; La fiesta se realizó (**se llevó a cabo**) ayer; Realiza (**Hace**) todo a satisfacción*. → **cazar**

realquilado. p. de **realquilar**. adj. 'Dícese de la persona que vive en régimen de alquiler en un lugar alquilado por otra persona'. Ú. t. c. sust. m. y f.: **el realquilado**, **la realquilada**. Equivale a **subarrendatario**, **ria** (sust. m. y f.).

realquilar. v. tr. 'Alquilar el arrendatario de un piso, local, departamento, etc., alguno de estos inmuebles a otra persona' (*El contrato dice que está prohibido **realquilar** el local sin el consentimiento del propietario*); 'alquilar un bien inmueble a quien no es el dueño sino un arrendatario' (***Realquilo** un piso céntrico*). Equivale a **subarrendar** (v. tr.). La Academia no registra, para este verbo, el significado de 'volver a alquilar', que algunos le atribuyen.

realzar. v. tr. 'Levantar más de lo que estaba' (***Realzó** su comedor con antigüedades y cuadros*). Ú. t. c. prnl. 'Labrar de realce' (***Realzaré** la carpeta con tonos de rosa*). fig. 'Ilustrar o engrandecer' (***Realzó** la figura del héroe*). Ú. t. c. prnl. 'Tocar de luz una cosa' (*El pintor **realzó** el rostro del retrato con un rayo de sol*). Rég. prep.: **realzar con** (***realzar con** adornos*). Nótese que, en ninguna de sus acepciones, significa 'volver a alzar'. → **cazar**

reamar. v. tr. 'Amar mucho' (*Te **reama***). Repárese en que no significa 'volver a amar'.

reanimación. sust. f. 'Acción y efecto de reanimar'. Con la denotación de 'conjunto de medidas terapéuticas que se aplican para recuperar o mantener las funciones vitales del organismo', es sustantivo colectivo. Esta voz ha sido recién incorporada en el ***Diccionario***.

reanudar. v. tr. fig. 'Continuar el trato, estudio, trabajo, etc.' (***Reanudaremos** el curso el próximo jueves*). Ú. t. c. prnl. (***Se reanudan** las clases*). Su postverbal es **reanudación** (sust. f.). Incorrecto: *reanudamiento*. No debe usarse, en reemplazo de este verbo, *reiniciar*, un neologismo innecesario. Tampoco, *reinicio*, en lugar de **reanudación** (sust. m.).

reaparecer. v. irreg. intr. 'Volver a aparecer'. Se conjuga como **parecer**.

reapretar. v. irreg. tr. Este verbo significa tanto 'apretar mucho' como 'volver a apretar'. Se conjuga como **acertar**.

reargüir. v. irreg. tr. 'Argüir de nuevo sobre el mismo asunto'. Se conjuga como **huir**. → **redargüir**

rearmar. v. tr. 'Equipar nuevamente con armamento militar o reforzar el que ya existía'. Ú. t. c. prnl. Su postverbal es **rearme** (sust. m.). → **re-**

reasumir. v. tr. 'Asumir de nuevo'. Además del participio regular (***reasumido***), tiene uno irregular (***reasunto***). Su postverbal es **reasunción** (sust. f.). Incorrecto: *reasumimiento*, *reasumición*. Es un barbarismo emplear este verbo con el significado de **resumir** (v. tr. Ú. t. c. prnl.), 'compendiar, concretar'. Incorrecto: *Reasumiremos lo expuesto*. Correcto: ***Resumiremos** lo expuesto*.

reaventar. v. irreg. tr. 'Volver a aventar o echar al viento una cosa'. Se conjuga como **acertar**.

reavivar. v. tr. Significa tanto 'volver a avivar' (*Ese poema **reaviva** mi nostalgia*), como 'avivar intensamente' (*Su presencia **reaviva** mis penas*). Ú. t. c. prnl. (*El fuego **se reavivó***). Su postverbal es **reavivación** (sust. f.), de reciente registro académico. El ***Diccionario*** no consigna **reavivamiento** (sust. m.), que, sí, cataloga el ***Manual***, aunque con el indicador de su falta de sanción oficial. Prefiérase la forma incorporada en el ***Diccionario*** mayor, si bien la otra no puede tildarse de incorrecta.

rebaba. sust. m. 'Porción de materia sobrante que sobresale irregularmente en los bordes o en la superficie de un objeto cualquiera'. En su reemplazo, no debe usarse rebarba, una falsa etimología de la voz que anotamos.

rebajador. adj. 'Aplícase al baño que se usa en fotografía para rebajar las imágenes muy oscuras'. Ú. t. c. sust. m.: **el rebajador**.

rebajar. v. tr. Con el significado figurado de 'humillar', ú. t. c. prnl. Rég. prep.: **rebajar** algo **de** (***rebajar** un mueble **de** precio*; ***rebajar** diez centímetros **de** cincuenta*); **rebajar en** (***rebajar en** calidad*); **rebajarse a** (***rebajarse a** pedir*). Sus postverbales son **rebaja** (sust. m.) y **rebajamiento** (sust. m.); este último es poco usado. Conserva la **j** en toda la conjugación.

rebajo. sust. m. 'Parte del canto de un madero u otra cosa, donde se ha disminuido el espesor por medio de un corte' (*Le hizo un **rebajo** al tirante para que calzara bien en el hueco*). También puede decirse **rebaje** (sust. m.), pero la Academia prefiere la primera forma.

rebalsar. v. tr. 'Detener y recoger el agua u otro líquido, de suerte que haga balsa'. Ú. m. c. intr. y c. prnl. (*El agua **se rebalsó** en la hondonada, y formó un gran embalse*). Su 'acción y efecto' es **rebalse** (sust. m.). Incorrecto: rebalsamiento. No se confunda el significado de este verbo, que equivale a **embalsar** (v. tr. Ú. t. c. prnl.), con el de **rebosar** (v. tr.), voz de sentido contrario, 'derramarse'. Incorrecto: *Se rebalsó la pileta por la gran lluvia e inundó el jardín.* Correcto: ***Rebosó** la pileta por la gran lluvia e inundó el jardín.* → **rebosar, rebasar**

rebanar. v. tr. 'Hacer rebanadas una cosa o de alguna cosa' (***Rebanó** el pan*); 'cortar, dividir' (*La sierra le **rebanó** un dedo*). También puede decirse, en lengua familiar, **rebanear** (v. tr.), pero la Academia prefiere la primera forma. Distíngase de **rebañar** (v. tr.), 'recoger alguna cosa sin dejar nada'; 'recoger de un plato o vasija, para comerlos, los residuos hasta acabarlos' (*Era tal su hambre, que **rebañó** el plato de su hermano*).

rebañar. v. tr. → **rebanar**

rebaño. sust. m. colect. 'Hato grande de ganado, especialmente lanar'; fig. 'congregación de los fieles respecto de sus pastores espirituales'; fig. 'conjunto de personas que se mueven gregariamente o que se dejan dirigir en sus opiniones, gustos, etc.'. Lo 'perteneciente al rebaño' se dice **rebañego, ga** (adj.).

♦ **rebarba.** Barbarismo por **rebaba**.

rebasar. v. tr. 'Pasar o exceder de cierto límite' (*Su inconducta **rebasó** mi paciencia*; ***Rebasamos** la frontera con Chile*; *No puedo resolver este ejercicio, **rebasa** mis conocimientos*); 'adelantar' (***Rebasamos** a los que marchaban adelante*); 'pasar, navegando, más allá de un buque, cabo, escollo o cualquier otro estorbo o peligro' (***Rebasamos** el cabo de Hornos*). Rég. prep.: **rebasar de** (*El agua **rebasó del** borde del vaso*). No se confunda su significado con los de **rebalsar** y **rebosar**, ni se usen estos verbos en su reemplazo. → **rebalsar, rebosar**

rebatir. v. tr. 'Rechazar o contrarrestar la fuerza o violencia de alguno'; 'volver a batir'; 'batir mucho'; 'redoblar'; 'rebajar de una suma una cantidad que no debió comprenderse en ella'. Rég. prep.: **rebatir con** (***rebatir con** argumentos*); **rebatir de** (***rebatir, de** diez, cinco*).

rebautizar. v. tr. 'Reiterar el acto y ceremonia del bautismo'. → **cazar**

rebelarse. v. prnl. 'Sublevarse'. Ú. t. c. tr. 'Oponer resistencia'. Rég. prep.: **rebelarse contra** (***rebelarse contra** la injusticia*). No se confunda su grafía con la de **revelarse** (v. prnl. Ú. t. c. tr.), 'descubrirse, hacerse visible, etc.'. La 'acción y efecto' de **rebelarse** es **rebelión** (sust. m.). → **revelar**

rebelde. adj. 'Que se rebela'. Ú. t. c. sust. com.: **el rebelde, la rebelde**.

rebisabuelo. sust. m. Equivale a **tatarabuelo** (sust. m.). Su femenino es **rebisabuela.**

rebisnieto. sust. m. Equivale a **tataranieto** (sust. m.). Su femenino es **rebisnieta.**

reblandecer. v. irreg. tr. 'Ablandar una cosa o ponerla tierna'. Ú. t. c. prnl. Su postverbal es **reblandecimiento** (sust. m.). Se conjuga como **parecer**.

rebociño. sust. m. 'Mantilla o toca usada por las mujeres'. También pueden decirse **rebocillo** (sust. m.) y **rebozo** (sust. m.), pero la Academia prefiere la primera forma.

rebollo. sust. m. 'Árbol alto, de tronco grueso, que vive en España'. Un 'sitio poblado de rebollos' es un **rebollar** (sust. m.) o un **rebolledo** (sust. m.). La Academia prefiere la primera forma.

rebordear. v. tr. 'Formar un reborde'. No debe pronunciarse [rebordiar, rebordié]. → **-ear**

rebosar. v. intr. 'Derramarse un líquido por encima de los bordes de un recipiente en que no cabe' (*La cerveza está **rebosando** del vaso*). Se usa, también, hablando del mismo recipiente (*La jarra de cerveza **rebosa**; La pileta **rebosó***). Ú. t. c. prnl. (*El vaso **se rebosó***). fig. 'Abundar con demasía una cosa' (***Rebosa** en bienes*). Ú. t. c. tr. (***Rebosa** dinero*). fig. 'Estar exageradamente lleno un lugar' (*La sala **rebosa** de gente*). fig. 'Estar invadido por un sentimiento o estado de ánimo' (*Inés **rebosa** de alegría*). Ú. t. c. tr. (*Juan **rebosa** felicidad*). Rég. prep.: **rebosar de** o **en** (***rebosar de** o **en** vino; **rebosar de** o **en** felicidad*). En reemplazo de este verbo, no deben usarse **rebalsar** (v. tr. Ú. m. c. intr. y c. prnl.) ni **rebasar** (v. tr.), cuyos significados son diferentes. Tampoco debe confundirse su grafía con la de **rebozar** (v. tr.). Los postverbales de **rebosar** son **rebosadura** (sust. f.) y **rebosamiento** (sust. m.). → **rebalsar, rebasar, rebozar**

rebotación. sust. f. fam. 'Acción y efecto de rebotar o conturbar el ánimo a alguien' (*La causa de su **rebotación** fueron las injurias recibidas*). Para esta acepción del verbo, no debe emplearse el postverbal **rebote** (sust. m.). → **rebote**

rebotado, da. p. de **rebotar**. adj. 'Dícese del sacerdote o religioso que ha abandonado los hábitos'. Ú. t. c. sust. m. y f.: **el rebotado, la rebotada**. Se aplica, también, como adjetivo o sustantivo masculino y femenino, 'al que llega a alguna actividad o profesión después de haber fracasado en otras' (*Es un **rebotado***). Rég. prep.: **rebotado de** (***rebotado de** cura; **de** fraile; **de** la docencia*).

rebotar. v. intr. 'Botar repetidamente un cuerpo elástico' (*Las pelotas **rebotan***); 'botar una cosa no destinada a rebotar, al chocar en algún sitio' (*Mi cabeza **rebotó** en la pared*); 'retroceder o cambiar de dirección un cuerpo por haber chocado con un obstáculo' (*El auto, al embestir el murallón, **rebotó** violentamente hacia la derecha*). v. tr. 'Redoblar o volver la punta de una cosa aguda' (***Rebotar** un tornillo*); 'rechazar, hacer retroceder' (*La pared **rebota** los clavos*). 'Alterar el color y calidad de una cosa'. Ú. m. c. prnl. (*La foto **se rebotó***). fam. 'Poner fuera de sí a una persona, diciéndole injurias o causándole cualquier disgusto'. Ú. m. c. prnl. (***Se rebotó** con tus ironías*). La segunda de las acepciones arriba consignadas no ha sido recogida por la Academia, pero es muy común. Rég. prep.: **rebotar en** o **contra** (***rebotar en** o **contra** la pared*). Su 'acción' es **rebotadura** (sust. f.). → **rebotación, rebote**

rebote. sust. m. 'Acción y efecto de rebotar un cuerpo elástico'. Para esta acepción del verbo, no debe usarse el postverbal **rebotación** (sust. f. fam.). **de rebote**. loc. adv. fig. 'De rechazo, de resultas'. También significa, aunque no lo registra la Academia, 'indirectamente, por casualidad' (*Se ligó una reprimenda **de rebote**; Me enteré **de rebote***). → **rebotación**

rebotica. sust. f. 'Pieza que está detrás de la principal de la botica'; 'trastienda'. Para la segunda acepción, puede decirse, también, **rebotiga** (sust. f.). La Academia prefiere la primera forma.

rebozar. v. tr. 'Cubrir casi todo el rostro con una prenda de vestir, generalmente un manto o una capa'. Ú. t. c. prnl. (***Se rebozó** con el manto*). 'Disimular o esconder una idea, propósito, sentimiento, etc.' (***Reboza** sus pensamientos*); 'bañar un alimento en huevo batido, harina, pan rallado, etc.'. (*Enseguida **rebozaré** las milanesas*); 'manchar o cubrir de cualquier sustancia' (*El auto que pasó me **rebozó** de barro*). Rég. prep.: **rebozar** o **rebozarse con** (***rebozar con** huevo y harina; **rebozarse con** una capa*). No debe confundirse la grafía de este verbo con la de **rebosar** (v. intr. Ú. t. c. prnl. y c. tr.). → **cazar**

rebozo. sust. m. 'Parte de una prenda de vestir con la que se cubre el rostro o la parte inferior de él'; 'rebociño'; fig. 'simulación, pretexto'. Equivale a **embozo** (sust. m.). El 'rebozo usado por las mujeres para no ser conocidas' se dice, también, **rebujo** (sust. m.). **de rebozo.** loc. adv. fig. 'Secretamente, de oculto' (*Anda **de rebozo** por su tierra*). **sin rebozo.** loc. adv. fig. 'Franca, sinceramente' (*Lo dijo **sin rebozo***).

rebudiar. v. intr. 'Roncar el jabalí cuando siente gente'. Se conjuga, en cuanto al acento, como **cambiar**.

rebufar. v. intr. 'Volver a bufar'; 'bufar con fuerza'. Rég. prep.: **rebufar de** (***rebufar de** ira*).

rebujiña. sust. f. fam. 'Alboroto, bullicio'. También puede decirse **rebujina** (sust. f.). La Academia prefiere la primera forma.

rebullir. v. intr. 'Empezar a moverse lo que estaba quieto'. Ú. t. c. prnl. (*No bien suena el despertador, **se rebulle** en la cama*). → **bruñir**

rebuscar. v. tr. 'Escudriñar, buscar con cuidado'. Su 'acción y efecto' es **rebusca** (sust. f.), **rebuscamiento** y **rebusco** (susts. ms.). **rebuscársela.** fr. fam. Argent., Chile y Par. 'Ingeniarse para sortear dificultades cotidianas'. Esta frase familiar es de reciente ingreso en el léxico oficial. Según la A.A.L., también se emplea la forma **rebuscárselas.** → **sacar**

rebusque. sust. m. Argent. y Par. 'Acción y efecto de rebuscársela'; 'solución ocasional e ingeniosa con que se sortean las dificultades cotidianas'. Las dos acepciones regionales son de reciente incorporación en el ***Diccionario***.

rebuznador, ra. adj. 'Que rebuzna'. Ú. t. c. sust. m. y f.: **el rebuznador**, **la rebuznadora**.

recabar. v. tr. 'Conseguir con instancias o súplicas lo que se desea'; 'pedir, reclamar algo alegando o suponiendo un derecho'. Rég. prep.: **recabar de** (***recabar de** las autoridades*). No se confunda su grafía con la de su homófono **recavar** (v. tr.), 'volver a cavar'.

recadero. sust. m. 'El que tiene por oficio llevar recados de un punto a otro'. Su femenino es **recadera**. También pueden decirse **el recadista**, **la recadista** (sust. com.).

recado. sust. m. Entre sus muchas acepciones, se registra la de 'apero de montar', propia del Uruguay y de la Argentina. La Academia sólo consigna su uso en el primero de las países nombrados, pero es usual en el segundo, como lo ha documentado la A.A.L.

recaer. v. irreg. intr. 'Volver a caer'; 'agravarse nuevamente un enfermo'; 'reincidir en vicios, errores, etc.'; 'ir a parar sobre alguno beneficios o gravámenes' (*El premio **ha recaído en** quien menos lo merecía*; ***Recayó sobre** él toda la responsabilidad*). Rég. prep.: **recaer en** o **sobre** (***Recayeron en** él las sospechas*; *El nuevo impuesto **recae sobre** la clase media*). Su 'acción y efecto' es **recaída** (sust. f.). Se conjuga como **caer**.

recalar. v. tr. 'Penetrar poco a poco un líquido por los poros de un cuerpo seco, dejándolo húmedo o mojado'. Ú. t. c. prnl. (*Con la lluvia, **me recalé** hasta los huesos*). v. intr. fig. 'Aparecer por alguna parte una persona'; 'llegar el buque, después de una navegación, a la vista de un punto de la costa, como fin de viaje o para, después de reconocido, continuar su navegación'; 'llegar el viento o la mar al punto en que se halla un buque o a otro lugar determinado'. Rég. prep.: **recalar en** (***Recaló en** el puerto de Montevideo*; ***Recalamos en** Lima*; *Siempre **recalaban en** el café de Marcos*).

recalcar. v. tr. Entre otras acepciones, en sentido figurado, 'tratándose de vocablos, decirlos con lentitud y exagerada fuerza, para atraer la atención sobre ellos' (***Recalcó** el final de sus palabras*). v. intr. 'Aumentar un buque su inclinación o escora' (*La nave **recalcó** por la fuerza del viento*). v. prnl. fig. y fam. 'Repetir con énfasis, muchas veces, una cosa' (***Recalcarse** en lo dicho*). La 'acción de recalcar un buque' es **recalcada** (sust. f.), y 'la de recalcar, en general', **recalcadura** (sust. f.). → **sacar**

recalcitrante. adj. 'Terco, reacio, obstinado, aferrado a una opinión o conducta'. Rég. prep.: **recalcitrante en** (*Es **recalcitrante en** sus ideas*).

recalentar. v. irreg. tr. 'Volver a calentar' (***Recalentó** la comida*); 'calentar demasiado' (***Recalentaste** la salsa, por eso está tan espesa*). Con el sentido de 'excitar la pasión del amor' y de 'poner en celo a los animales', ú. t. c. prnl. Como verbo pronominal, su acepción más frecuente es la de 'tomar una cosa más calor del que conviene para su uso' (*La cola **se recalentó**, deberás* *enfriarla un poco*). Su 'acción y efecto' es **recalentamiento** (sust. m.). Se conjuga como **acertar.**

recalzar. v. tr. En sus acepciones más comunes, 'aporcar las plantas'; 'poner un reparo en los cimientos de un edificio terminado'. Su postverbal es **recalce** (sust. m.), para la primera acepción, y **recalzo** (sust. m.), para la segunda. → **cazar**

recamador. sust. m. 'Bordador de realce'. Su femenino es **recamadora**.

recamar. v. tr. 'Bordar una cosa de realce'. Rég. prep.: **recamar de** (***recamar de** hilos dorados*).

recambiar. v. tr. 'Hacer segundo cambio o trueque' (*Te **recambio** los billetes*); 'sustituir una pieza por otra de su misma clase' (***Recambia** la bombita quemada*). Su postverbal es **recambio** (sust. m.). **de recambio**. loc. adj. 'Dícese de la pieza que va a sustituir a otra estropeada' (*rueda **de recambio***). El verbo se conjuga, en cuanto al acento, como **cambiar.**

recapar. v. tr. → **recauchutar**

recapitular. v. tr. 'Compendiar, condensar'. Rég. prep.: **recapitular en** (***recapitular en** pocos párrafos*). Su postverbal es **recapitulación** (sust. m.).

recargar. v. tr. Entre otras acepciones, 'volver a cargar' (***Recargó** su revólver*); 'aumentar la carga o el trabajo' (*El maestro **recarga** a los niños de tareas*). Su postverbal es **recarga** (sust. f.). Distíngase de **recargo** (sust. m.): 'nueva carga o aumento'; 'nuevo cargo que se hace a uno'; 'tanto por ciento que se recarga'. La voz **recargamiento** (sust. m.) significa sólo 'acumulación excesiva de elementos en literatura o en las artes plásticas' (*Analicemos el **recargamiento** del barroco*). → **pagar**

recatar. v. tr. 'Ocultar lo que no se quiere que se vea o se sepa' (***Recata** su intimidad*). Ú. t. c. prnl. (*No **se recata** ni ante extraños*). v. prnl. 'Mostrar recelo en tomar una resolución'. Rég. prep.: **recatarse de** (***recatarse de** las miradas indiscretas*). Su homónimo, también verbo transitivo, significa 'catar de nuevo' (***Recatará** el vino*). La 'acción' de este último verbo es **recata** (sust. f.). No se confundan estos verbos con **recatear** (v. tr.).

recatear. v. tr. 'Discutir el comprador y el vendedor el precio de una cosa'; 'revender o vender al menudeo'. fig. 'Rehusar o cumplir con defecto la ejecución de una cosa'. No debe pronunciarse [recatiar, recatié]. → **-ear.** También puede decirse, para todos estos significados, **regatear** (v. tr.) y, además, para la segunda acepción arriba transcripta, **recatonear** (v. tr.). → **regatear**

recauchutar. v. tr. 'Volver a cubrir de caucho una cubierta o llanta desgastada'. Su 'acción y efecto' es **recauchutado** (sust. m.). El verbo puede decirse, también, **recauchar** (tr.), pero la Academia prefiere el primero. El postverbal del segundo es **recauchado** (sust. m.). En la Argentina, se dice **recapar** (v. tr.), sin registro en el ***Diccionario***. v. prnl. fig. y fam. Argent. 'Maquillarse'; 'atender la salud, mejorar el aspecto físico' (*Si lo ves, no lo reconoces; **se ha recauchutado** todo*), también sin registro académico. En ambos casos, la A.A.L. ha recomendado su inclusión en el léxico oficial.

recaudación. sust. f. 'Acción de recaudar'; 'cantidad recaudada'; 'tesorería u oficina destinada a la recepción de impuestos'. Para la primera acepción, también pueden decirse **recaudamiento** (sust. m.) y **recaudo** (sust. m.).

recaudador. sust. m. 'Encargado de la cobranza de tributos o impuestos'. Su femenino es **recaudadora**. También puede decirse, para la forma masculina, **recolector** (sust. m.).

recaudo. sust. m. 'Precaución, cuidado' (*Tomaré los **recaudos** necesarios*). **a buen recaudo** o **a recaudo**. locs. advs. 'Bien custodiado'. Ú. m. c. los verbos **estar, poner**, etc. (*Su dinero **está a buen recaudo** o **a recaudo***). → **recaudación**

recavar. v. tr. 'Volver a cavar'. No se confunda su grafía con la de su homófono **recabar** (v. tr.). → **recabar**

recelar. v. tr. En su acepción más usual, 'temer, desconfiar y sospechar'. Ú. t. c. prnl. Rég. prep.: **recelar** o **recelarse de** (***recelar de** los vecinos; **recelarse del** secretario*). Su 'acción y efecto' es **recelamiento** y **recelo** (susts. ms.).

receloso, sa. adj. 'Que tiene recelo'. Rég. prep.: **receloso de** (*Es **receloso de** cuantos lo rodean*).

recensión. sust. f. 'Noticia o reseña de una

obra literaria o científica'. Repárese en su grafía. Es incorrecto emplear esta voz con la denotación del sustantivo **rescisión** (f.): recensión de un contrato. Correcto: ***rescisión de un contrato***. → **rescisión**

recensor. sust. m. 'El que hace la recensión'. Su femenino es **recensora**.

recentar. v. irreg. tr. 'Poner en la masa la porción de levadura que se dejó reservada para fermentar'. 'Renovar'. Ú. t. c. prnl. Se conjuga como **acertar**.

recentísimo, ma. adj. sup. culto de **reciente** (adj.). → **reciente**

♦ **recepcionar.** Neologismo. Corresponde decir **recibir**.

recepcionista. sust. com. 'Persona encargada de atender al público en una oficina de recepción': **el recepcionista, la recepcionista**.

receptar. v. tr. En su acepción de 'recibir, acoger' —desusada según el ***Diccionario Manual***—, ú. t. c. prnl. (*No se **recepta** el llamado*). En la Argentina, se oye en lenguaje afectado. El postverbal **receptación** (sust. m.) responde al empleo jurídico de este verbo: 'ocultar o encubrir delincuentes o cosas que son materia de delito'.

receptor, ra. adj. 'Que recibe'. Ú. t. c. sust. m. y f.: **el receptor, la receptora**. En su acepción más usual, estos sustantivos denotan la 'persona que recibe el mensaje en un acto de comunicación' (*En todo proceso de comunicación, siempre hay un emisor y un **receptor***). sust. m. 'Radiorreceptor' (*Mi **receptor** es de corto alcance*). La Academia registra, también, **recetor**, pero prefiere la primera forma. La segunda es sentida, hoy, como vulgar por los hablantes.

receptoría. sust. f. 'Oficina del receptor'; 'tesorería'. Para esta última acepción puede decirse, también, **recetoría** (sust. f.).

recercador, ra. adj. 'Que recerca'. Ú. t. c. sust. m. y f.: **el recercador, la recercadora**. sust. m. 'Herramienta para cincelar'. Puede decirse, también, **cercador** (sust. m.).

recercar. v. tr. 'Volver a cercar'; 'poner una cerca'. En esta última acepción es poco usado, como aclara el ***Diccionario Manual***. → **sacar**

recesar. v. intr. En algunos países americanos, 'cesar temporalmente en sus actividades una corporación'. No se usa en la Argentina. v. tr. Perú. 'Clausurar una cámara legislativa, una universidad, etc.'.

recesión. sust. f. 'Acción y efecto de retirarse o retroceder'; 'depresión de las actividades industriales y comerciales, generalmente pasajera, que tiene sus síntomas en el decrecimiento de la producción, del trabajo, de los salarios, los beneficios, etc.'. La primera acepción es de ingreso académico reciente. No se confunda esta voz con **resección** (sust. f.). → **resección**

receso. sust. m. 'Separación, apartamiento, desvío'. Amér. 'Vacación, suspensión temporal de actividades' (*El **receso** escolar de invierno será de quince días*); 'tiempo que dura esta suspensión de actividades' (*Durante el próximo **receso**, nos veremos*).

recetador. sust. m. 'El que receta'. Su femenino es **recetadora**.

recetar. v. tr. 'Prescribir'. Rég. prep.: **recetar con** (***recetar con** acierto*); **recetar contra** (***recetar contra** la tos*); **recetar sobre** (***recetar sobre** el particular*).

recetario. sust. m. Con la denotación de 'conjunto de recetas', es sustantivo colectivo.

rechazar. v. tr. 'Rechazar un cuerpo a otro, forzándolo a retroceder'; 'resistir al enemigo, obligándolo a ceder'; fig. 'contradecir lo que otro expresa o no admitir lo que propone u ofrece'; fig. 'denegar'; fig. 'mostrar oposición o desprecio hacia una persona, grupo, comunidad, etc.'. Rég. prep.: **rechazar de** (***rechazar de** gusto*); **rechazar** a alguno **hacia** (**rechazar** *al invasor **hacia** la frontera*); **rechazar hasta** (***rechazar hasta** el mar*); **rechazar por** (***rechazar por** impertinente*). Su 'acción y efecto' es **rechazamiento** (sust. m.) y **rechazo** (sust. m.). Incorrecto: rechace. → **cazar**

rechifla. sust. f. 'Acción de rechiflar'. Incorrecto: rechifle.

rechinido. sust. m. 'Acción y efecto de rechinar'. También pueden decirse **rechinamiento** (sust. m.) y **rechino** (sust. m.).

rechupete (de). loc. fam. 'Muy exquisito y agradable' (*Este plato está **de rechupete***).

recibidor, ra. adj. 'Que recibe'. Ú. t. c. sust.

m. y f.: **el recibidor, la recibidora**. sust. m. En algunas partes, 'antesala'.

recibir. v. tr. Entre otras acepciones, 'tomar uno lo que le dan o envían' (***Recibí** tu carta*); 'aceptar una cosa' (*Esta opinión fue mal **recibida***); 'admitir visitas' (***Recibe** los miércoles y viernes*). v. prnl. 'Tomar uno la investidura o el título conveniente para ejercer alguna facultad o profesión'. Esta forma es muy común en América (***recibirse** de doctor*). Rég. prep.: **recibir a** (***recibir a** cuenta*); **recibir** o **recibirse de** (***recibir de** otro*; ***recibirse de** abogado*); **recibir en** (***recibir en** total*); **recibir por** (***recibir por** esposa*). Sus postverbales son **recepción** (sust. f.), **recibimiento** y **recibo** (susts. ms.). Todos se construyen con **de** (***recepción de** las autoridades*; ***recibimiento de** los restos del héroe*; ***recibo de** alquiler*).

reciclar. v. tr. 'Someter repetidamente una materia a un mismo ciclo, para ampliar o incrementar los efectos de éste'; 'hacer que un alumno pase de un ciclo de estudios a otro para el que parece más hábil'; 'dar formación complementaria a profesionales o técnicos para que amplíen y pongan al día sus conocimientos'. La Academia no registra la acepción actual de 'transformar o aprovechar desperdicios o materiales usados para un nuevo empleo, destino o aprovechamiento' (v. tr. Ú. t. c. prnl.), un tecnicismo de mucho uso (***reciclar** papel*), pese a la sanción académica del verbo transitivo **regenerar** con este significado. Sus postverbales son **reciclamiento** (sust. m.), **reciclado** (sust. m.) y **reciclaje** (sust. m.). La Academia prefiere las dos primeras formas. La acepción del verbo indicada en último término y no catalogada en el léxico oficial se extiende, en el habla actual, a los postverbales consignados (***reciclado** de papel*; ***reciclamiento** de latas de aluminio*). → **regenerar**

recién. adv. t. Equivale a **recientemente**. Ú. siempre antepuesto a los participios pasivos (***recién** llegado*). En América, se emplea también antepuesto al verbo en su forma conjugada (***Recién** vinimos*). Este uso, que la Academia acepta como regionalismo, es muy común en la Argentina. Ante verbos conjugados y adverbios, equivale a **hasta... no**; **apenas**; **sólo en**. Ú. en algunas partes de América (***Recién** cuando me miraste, recordé lo que tenía que decir*; *El niño tiene **recién** cuatro días de vida*; *Lo vi, **recién** llegó*). Diminutivo: **reciencito**. Se usa en el Río de la Plata.

reciente. adj. 'Nuevo, fresco o acabado de hacer'; 'que ha sucedido hace poco'. El adjetivo superlativo correspondiente es **recentísimo, ma.** Modernamente, se acepta, también, **recientísimo**, **ma**, de uso más frecuente que la otra forma, la culta.

recio, cia. adj. En su acepción más usual, 'fuerte, robusto'. Rég. prep.: **recio de** (***recio de** cuerpo*). adv. m. 'Reciamente' (*El viento sopla **recio***). **de recio**. loc. adv. 'Reciamente'. La **reciura** (sust. f.) es la 'calidad de recio' y el 'rigor del tiempo o estación'.

recipiendario. sust. m. 'El que es recibido solemnemente en una corporación para formar parte de ella'. Su femenino es **recipiendaria**. Incorrecto: *recipiendiario, ria*.

recipiente. adj. 'Que recibe' (*mano **recipiente***). sust. m. 'Utensilio destinado a guardar o conservar algo' (*Guarda el jugo en este **recipiente***).

reciprocar. v. tr. 'Hacer que dos cosas se correspondan'. 'Responder a una acción con otra semejante'. Ú. m. en América. v. prnl. 'Corresponderse una cosa con otra'. → **sacar**

reciprocidad. sust. f. 'Correspondencia mutua de una persona o cosa con otra'. También puede decirse **reciprocación** (sust. f.), voz poco frecuente que, además, significa 'manera de ejercerse la acción del verbo recíproco'.

recíproco, ca. adj. 'Igual en la correspondencia de uno a otro' (*verbo **recíproco***). Si se usa este adjetivo, no debe agregarse **de una y otra parte**, pues es redundante: *Hubo abrazos recíprocos, de una y otra parte*. Correcto: *Hubo abrazos **recíprocos*** o *Hubo abrazos **de una y otra parte***. **a la recíproca** o **estar a la recíproca**. frs. figs. y fams. 'Estar dispuesto a corresponder del mismo modo a un determinado comportamiento ajeno' (*Si me envías tus libros, **a la recíproca**, te remitiré los míos*). → **verbo**

recitador, ra. adj. 'Que recita'. Ú. t. c. sust. m. y f.: **el recitador, la recitadora**.

recital. sust. m. 'Concierto compuesto de varias obras ejecutadas por un mismo artista en un mismo instrumento'; 'por extensión, lectura o recitación de composiciones de un poeta'. En plural: **recitales**.

recitante. sust. m. 'Comediante o farsante'. Su femenino es **recitanta** (*La **recitanta** estuvo magnífica*). Incorrecto: *la recitante*. No se confunda la denotación de esta voz con la de **recitador, recitadora** (sust. m. y f.).

recitar. v. tr. La 'acción de recitar' es tanto **recitación** (sust. f.) como **recitado** (sust. m.).

reclamante. p. a. de **reclamar**. 'Que reclama'. Ú. t. c. sust. com.: **el reclamante, la reclamante**.

reclamar. v. intr. 'Clamar contra una cosa, oponerse a ella'; poét. 'resonar'. v. tr. 'Llamar con mucha instancia'; 'exigir con derecho'; 'llamar a las aves con el reclamo'; 'llamar una autoridad a un prófugo, o pedir el juez competente el reo o la causa en que otro entiende indebidamente'. v. prnl. 'Llamarse unas a otras ciertas aves de una misma especie'. Ú. t. c. tr. Rég. prep.: **reclamar a** o **de** (***reclamar a*** o ***de** alguno*); **reclamar ante** (***reclamar ante** el juez*); **reclamar contra** (***reclamar contra** el inquilino*); **reclamar en** (***reclamar en** juicio*); **reclamar para** (***reclamar para** sí*); **reclamar por** (***reclamar por** otros*). Su postverbal es **reclamación** (sust. f.).

reclame. sust. f. Amér. 'Publicidad de carácter general' (*Esa firma hace mucha **reclame** de sus productos*). En la Argentina y en el Uruguay, ú. c. sust. m. (*Esa firma hace mucho **reclame** de sus productos*). Es voz de reciente incorporación académica. En la Argentina, es, hoy, una voz en desuso, que ha sido reemplazada con **propaganda** (sust. m.). También puede decirse **reclamo** (sust. m.), que, entre otras muchas acepciones, tiene la de 'propaganda de una mercancía, espectáculo, etc.'.

reclinar. v. tr. 'Inclinar una cosa apoyándola en otra, especialmente el cuerpo o parte de él'. Ú. t. c. prnl. Rég. prep.: **reclinar** o **reclinarse en** o **sobre** (***reclinar*** o ***reclinarse en*** o ***sobre** el piso*). Su 'acción y efecto' es **reclinación** (sust. f.).

recluir. v. irreg. tr. 'Encerrar o poner en reclusión'. Ú. t. c. prnl. Rég. prep.: **recluir** o **recluirse en** (***recluir en** prisión*; ***recluirse en** un monasterio*). Tiene dos participios, uno regular (***recluido***) y otro irregular (***recluso***). Se conjuga como **huir**.

reclusión. sust. f. 'Encierro o prisión voluntaria o forzosa'; 'sitio en que uno está recluido'. Es un neologismo usar en su reemplazo *recluimiento*.

recluso, sa. p. irreg. de **recluir**. adj. 'Dícese de la persona encarcelada' (*hombre **recluso***). Ú. m. c. sust. m. y f.: **el recluso, la reclusa**.

recluta. sust. m. Entre otras acepciones, 'el que voluntariamente se alista como soldado'. La Academia no lo registra como común de dos.

reclutador. sust. m. 'El que recluta o alista soldados'. Según la Academia, carece de femenino.

reclutamiento. sust. m. 'Acción y efecto de reclutar'. sust. m. colect. 'Conjunto de reclutas de un mismo año'.

recobrar. v. tr. 'Volver a tener lo que antes se tenía' (***recobrar** las alhajas, la salud*). v. prnl. 'Recuperarse de un daño recibido'; 'reintegrarse de lo perdido'; 'volver en sí o recuperarse de un accidente o enfermedad'. Rég. prep.: **recobrarse de** (***recobrarse del** susto recibido*; ***recobrarse de** una enfermedad*). Su 'acción y efecto' es **recobro** (sust. m.). Las formas **recobramiento** (sust. m.) y **recobración** (sust. f.) son anticuadas.

recocer. v. irreg. tr. 'Volver a cocer'; 'cocer mucho una cosa'. Ú. t. c. prnl. (*El guiso se **recoció***). v. prnl. fig. 'Atormentarse o consumirse interiormente por una pasión'. No debe confundirse su grafía con la del verbo **recoser** (tr.), 'volver a coser'. La 'acción y efecto' de **recocer** es **recocida** (sust. f.) y **recocido** (sust. m.), mientras que la de **recoser** es **recosido** (sust. m.), homófono del segundo sustantivo. Se conjuga como **cocer**.

recochinearse. v. prnl. fam. 'Actuar con recochineo'. No debe pronunciarse [recochiniarse]. Es voz recién ingresada en el ***Diccionario***, al igual que **recochineo** (sust. m. fam.), 'burla o ironía molestas que acompañan a algo que se hace o dice'. → **-ear**

recocho, cha. adj. 'Muy cocido' (*Estos ladrillos están **recochos***). Ú. t. c. sust. m. y f. (*Este guiso es un **recocho***).

recogemigas. sust. m. 'Juego compuesto de cepillo y pala para recoger las migas de la mesa'. No debe usarse, en singular, sin **s** final. En plural, no varía: **los recogemigas**.

recogepelotas. sust. com. 'Persona encargada, en las canchas de tenis, de recoger las pelotas': **el recogepelotas, la recogepelotas**. En plural, no varían: **los recogepelotas, las recogepelotas**. No debe usarse, en singular, sin **s** final.

recoger. v. tr. 'Volver a coger o tomar por segunda vez una cosa'; 'alzar del suelo'; 'reunir personas o cosas dispersas'; 'hacer recolección de los frutos o de la cosecha'; 'recibir o sufrir alguien las consecuencias de lo que ha hecho'. 'Encoger, ceñir, estrechar'. Ú. t. c. prnl. (***recogerse** la falda*). Y, entre otras acepciones más, 'guardar, poner en lugar seguro'; 'dar asilo'. v. prnl. 'Retirarse a algún sitio'; 'remangarse'; 'abstraerse'. Rég. prep.: **recoger** o **recogerse a** (***recoger a** manos llenas*; ***recogerse a** casa*); **recoger de** (***recoger del** suelo*; ***del** correo*); **recoger** o **recogerse en** (***recoger en** lugar seguro*; ***recogerse en** sí mismo*). Su 'acción y efecto' es **recogida** (sust. f.) y **recogimiento** (sust. m.). → **proteger**

recogido, da. p. de **recoger**. adj. 'Que tiene recogimiento o vive retirado del trato y comunicación de las gentes' (*vida **recogida***). 'Aplicado a mujeres, que viven retiradas con clausura voluntaria o forzosa', ú. t. c. sust. f.: **la recogida**. 'Aplícase al animal que es corto de tronco'; 'lo que está poco extendido'; 'lo que es reducido y acogedor' (*sala **recogida***). sust. m. 'Parte de una cosa, como tela, papel o pelo, que se recoge o junta' (*La falda tenía un **recogido** sobre la izquierda*).

recolar. v. irreg. tr. 'Volver a colar un líquido'. Se conjuga como **sonar**.

recolección. sust. f. Entre otras acepciones, 'acción y efecto de recolectar'; 'recopilación o compendio'; 'cosecha'; 'recaudación, cobranza'; 'recogimiento'. No debe pronunciarse [recoleción], un vulgarismo.

recolector, ra. adj. 'Que recolecta'. Ú. t. c. sust. m. y f.: **el recolector, la recolectora**. No debe pronunciarse [recoletor]. → **recaudador**

recolegir. v. irreg. tr. 'Juntar las cosas dispersas'. No se aplica a las personas. Según el ***Diccionario Manual***, es, hoy, desusado. Se conjuga como **regir**.

recoleto, ta. adj. 'Aplícase a la persona que guarda recolección, vive con retiro o viste modestamente' (*fraile **recoleto***; *monja **recoleta***; *dama **recoleta***). Ú. t. c. sust. m. y f.: **el recoleto, la recoleta** (*Es un **recoleto***; *Uno de los cementerios de Buenos Aires recibe el nombre de La **Recoleta***). 'Aplícase, también, a las casas y conventos de vida recogida' (*monasterio **recoleto***). El léxico oficial ha incorporado recientemente este significado figurado: 'Dícese del lugar solitario o poco transitado'.

recombinación. sust. f. 'Aparición en la descendencia de combinaciones de genes que no estaban presentes en los parentales'. Es voz de reciente incorporación académica.

recomendado, da. p. de **recomendar**. sust. m. y f.: **el recomendado, la recomendada**.

recomendante. p. a. de **recomendar**. 'Que recomienda'. Ú. t. c. sust. com.: **el recomendante, la recomendante**.

recomendar. v. irreg. tr. Ú. t. c. prnl. Rég. prep.: **recomendar para** (***recomendar para** un empleo*). Es solecismo decir: *Juan recomendó <u>a</u> José a Jaime* o *<u>a</u> José con Jaime*. Debe decirse: *Juan recomendó José a Jaime* o *José fue recomendado por Juan a Jaime*. Su postverbal es **recomendación** (sust. m.). Se conjuga como **acertar**.

recomenzar. v. irreg. tr. 'Volver a comenzar, retornar al punto inicial' (*Destejió todo lo que había tejido y **recomenzó** la labor*). Es incorrecto usar este verbo con el significado de **reanudar** (v. tr. Ú. t. c. prnl.): *<u>Recomenzó</u> el partido*; *<u>Recomenzó</u> los estudios*. Correcto: ***Se reanudó** el partido*; ***Reanudó** sus estudios*. Se conjuga como **comenzar**.

recompensar. v. tr. 'Compensar el daño hecho'; 'retribuir un servicio'; 'premiar un beneficio, favor, virtud o mérito'. Rég. prep.: **recompensar con** (***recompensar con** dinero*); **recompensar por** (***recompensar por** su tarea*). Su 'acción y efecto' es **recompensa** y **recompensación** (susts. fs.). La Academia prefiere la primera forma.

recomponer. v. irreg. tr. 'Reparar, componer de nuevo'. Su participio es irregular (***recompuesto***). Se conjuga como **poner**.

reconcentrar. v. tr. 'Introducir una cosa en otra'. Ú. m. c. prnl. 'Reunir en un punto'. Ú. t. c. prnl. 'Disminuir el volumen que ocupa una cosa, haciéndola más densa'. fig. 'Disimular, ocultar o callar un sentimiento o afecto'. v.

prnl. fig. 'Ensimismarse'. Rég. prep.: **reconcentrar** o **reconcentrarse en** (*reconcentrar en el patio*; *reconcentrarse en sus pensamientos*). Sus postverbales son **reconcentramiento** (sust. m.) y **reconcentración** (sust. f.). La Academia prefiere el primero.

reconciliador, ra. adj. 'Que reconcilia'. Ú. t. c. sust. m. y f.: **el reconciliador**, **la reconciliadora**.

reconciliar. v. tr. Ú. t. c. prnl. Rég. prep.: **reconciliar** o **reconciliarse con** (*reconciliar* o *reconciliarse con los hermanos*). Su 'acción y efecto' es **reconciliación** (sust. f.). Incorrecto: <u>*reconciliamiento*</u>. Se conjuga, en cuanto al acento, como **cambiar**.

reconducir. v. irreg. tr. 'Dirigir de nuevo una cosa a donde estaba' (***Recondujo** los bultos a la aduana*); 'prorrogar tácita o expresamente un arrendamiento'. La 'acción y efecto' de la segunda acepción es **reconducción** (sust. f.). No debe usarse este verbo en reemplazo de **reformar** (v. tr. Ú. t. c. prnl): <u>*Reconduciremos*</u> *el proyecto*. Corresponde decir: ***Reformaremos** el proyecto*. Se conjuga como **conducir**.

reconocedor, ra. adj. 'Que reconoce, revisa o examina'. Ú. t. c. sust. m. y f.: **el reconocedor, la reconocedora**.

reconocer. v. irreg. tr. Entre otras acepciones, 'examinar con cuidado a una persona o cosa para enterarse de su identidad, naturaleza o circunstancias' (*Lo **reconocieron** en la comisaría*); 'registrar' (***Reconoció** el contenido del baúl para verificar el cumplimiento de las leyes aduaneras*); 'en las relaciones internacionales, aceptar un nuevo estado de cosas' (***Reconocieron** al gobierno surgido de la reciente revolución*); 'distinguir de las demás personas a una, por sus rasgos propios' (***Reconoció** al ladrón*); 'auscultar' (*Después de **reconocer** al paciente, el médico hizo su diagnóstico*). v. prnl. 'Dejarse comprender por ciertas señales una cosa' (*No se **reconoce** bien de qué está hecho*); 'confesarse culpable de un error, una falta, etc.' (***Me reconozco** deudor del fisco*); 'tenerse uno a sí mismo por lo que es en realidad, hablando de mérito, talento, fuerza, recursos, etc.' (***Se reconoce** poeta*). Nótese que es un verbo de gran polisemia: la Academia registra dieciséis acepciones. Rég. prep.: **reconocer en** (***reconocer en** el paciente la enfermedad*; ***reconocer en** una obra virtudes y defectos*); **reconocer por** (***reconocer por** hijo*; ***reconocer por** jefe*). Es correcto decir también: ***reconocer como hijo***. Su postverbal es **reconocimiento** (sust. m.). Se conjuga como **conocer**.

reconquista. sust. f. 'Acción y efecto de reconquistar' (*Se llevó a cabo la **reconquista** de los territorios perdidos*; *Logré la **reconquista** de su afecto*); 'por antonomasia, la recuperación del territorio español invadido por los musulmanes y cuya culminación fue la toma de Granada en 1492'. En esta acepción, suele escribirse con mayúscula (*La **Reconquista** de España fue una larga epopeya*). En la Argentina, se escribe también con mayúscula cuando uno se refiere a la recuperación en 1806 de Buenos Aires, caída en poder de los ingleses (*Hoy celebramos la **Reconquista** de Buenos Aires*).

reconstituir. v. irreg. tr. 'Volver a constituir, rehacer'. Ú. t. c. prnl. 'Dar o devolver a la sangre y al organismo sus condiciones normales'. Ú. t. c. prnl. Su 'acción y efecto' es **reconstitución** (sust. f.). Se conjuga como **huir**.

reconstituyente. p. a. de **reconstituir**. 'Que reconstituye'; 'dícese específicamente del remedio que tiene la virtud de reconstituir'. Ú. t. c. sust. m.: **el reconstituyente**.

reconstruir. v. irreg. tr. 'Volver a construir' (***reconstruir** una ciudad*); fig. 'unir, allegar, evocar recuerdos o ideas para completar el conocimiento de un hecho o el concepto de una cosa' (***reconstruir** el pasado*). Su postverbal es **reconstrucción** (sust. f.). Se conjuga como **huir**.

recontar. v. irreg. tr. 'Volver a contar el número de las cosas'; 'dar a conocer o referir un hecho'. Sus postverbales son **recontamiento** (sust. m.) y **recuento** (sust. m.). Se conjuga como **sonar**.

reconvalecer. v. irreg. intr. 'Volver a convalecer'. Incorrecto: <u>*reconvalescer*</u>. Se conjuga como **parecer**.

reconvenir. v. irreg. tr. 'Censurar'; 'ejercitar el demandado, cuando contesta, acción contra el promovedor del juicio'. Rég. prep.: **reconvenir a** (***reconvenir a** alguno*); **reconvenir con**, **de**, **por** o **sobre** (***reconvenir con**, **de**, **por** o **sobre** alguna cosa*). Su postverbal es **reconvención** (sust. f.). Se conjuga como **venir**.

reconvertir. v. irreg. tr. 'Hacer que vuelva a

su situación anterior lo que ha sufrido un cambio'; 'proceder a la modernización o transformación industrial'; 'reestructurar'. Su postverbal es **reconversión** (sust. f.), de reciente ingreso en el ***Diccionario***. Se conjuga como **sentir**.

recopilador. sust. m. 'El que recopila'. Su femenino es **recopiladora**. Incorrecto: *recompilador, ra*.

recopilar. v. tr. 'Juntar en compendio, recoger o unir diversas cosas'. Se usa, especialmente, hablando de escritos literarios o técnicos (***Recopiló**, en un volumen, sus poesías preferidas; Está **recopilando** las leyes más importantes del fuero civil*). No debe emplearse con el significado de **juntar** (v. tr.) o de **recoger** (v. tr.): *Recopiló libros y escritos para enviarlos a la biblioteca*. Correcto: ***Juntó** libros y escritos para enviarlos a la biblioteca*. Incorrecto: *recompilar*. Su postverbal es **recopilación** (sust. f.). Incorrecto: *recompilación*.

récord. sust. m. Voz inglesa (*record*), recién incorporada por la Academia. Nótese que, en español, se escribe con tilde sobre la **e**. 'Marca, el mejor resultado en competiciones deportivas' (*Logró un **récord** en natación*); 'por extensión, resultado máximo o mínimo en otras actividades' (*Esa obra teatral tuvo el **récord** de permanencia en cartel*). Se construye, con frecuencia, en aposición especificativa, función en la que, en plural, no varía (*tiempo **récord**, tiempos **récord**; recaudación **récord**, recaudaciones **récord***). En plural: **récords** (*Batieron todos los **récords***). Es una redundancia decir *nuevo récord*; el adjetivo es innecesario, dígase, simplemente, ***récord***. → **marca, plusmarca, plusmarquista**

recordar. v. irreg. tr. 'Traer a la memoria una cosa'. Ú. t. c. intr. 'Excitar y mover a uno a que tenga presente una cosa'. Ú. t. c. intr. y c. prnl. v. intr. 'Despertar el que está dormido'. Ú. t. c. prnl. Se usa en la Argentina y en Méjico. Rég. prep.: **recordar a** (***recordar a** un amigo; **recordar** un pedido **a** un amigo*). La construcción *recordar* o *recordarse de algo* es de uso frecuente en América, pero incorrecta. Debe evitarse y decirse ***recordar** algo* o ***acordarse de** algo*. Incorrecto: *¿Te recuerdas de mí?*; *Recuerdo de todo*. Correcto: *¿Te **acuerdas de** mí?* o *¿Me **recuerdas**?*; ***Recuerdo** todo* o *Me **acuerdo de** todo*. Su 'acción' es **recordación** (sust. f.). El postverbal **recordamiento** (sust. m.) es anticuado. Se conjuga como **sonar**.

recordativo, va. adj. 'Dícese de lo que hace o puede hacer recordar' (*memorando **recordativo***). También puede decirse **recordatorio, ria** (adj.). sust. m. 'Aviso que hace recordar' (*Puso en el diario un **recordativo** de la muerte de su padre*). Para esta última denotación, puede decirse, también, **recordatorio** (sust. m.), voz que la Academia prefiere y que se aplica, por otra parte, a la 'tarjeta o impreso en que, con fines religiosos, se recuerdan algunas fechas importantes' (***recordatorio** de bautismo; de primera comunión*).

recordatorio, ria. adj. Ú. t. c. sust. m. → **recordativo**

♦ **recordatriz.** Barbarismo. Corresponde usar, en su reemplazo, el adjetivo **recordadora**.

♦ **recordman.** Anglicismo. Corresponde decir **plusmarquista** (**el plusmarquista**) o **campeón**.

♦ **recordwoman.** Anglicismo. Corresponde decir **plusmarquista** (**la plusmarquista**) o **campeona**.

recorrido. sust. m. 'Acción y efecto de recorrer' y, entre otras acepciones más, 'ruta, itinerario'. Para la denotación de 'inspeccionar' o de 'buscar algo andando de un lugar a otro', se usa, en la Argentina, **recorrida** (sust. f.), sin registro en el ***Diccionario***.

recortable. adj. 'Que se puede recortar'. sust. m. 'Hoja u hojas de papel o cartulina con figuras, que se recortan para entretenimiento, juego o enseñanza, y que, a veces, sirven para reproducir un modelo'. Es voz de reciente ingreso en el ***Diccionario***.

recortadura. sust. f. 'Acción y efecto de recortar'. sust. f. pl. 'Porciones sobrantes de papel'. Para estas denotaciones, pueden usarse, también, respectivamente, **recorte** (sust. m.) y **recortes** (sust. m. pl.).

recorte. sust. m. → **recortadura**

recoser. v. tr. 'Volver a coser'; 'componer, zurcir o remendar la ropa, especialmente la blanca'. Su 'acción y efecto' es **recosido** (sust. m.). No se confundan sus grafías con las de sus homófonos **recocer** (v. tr. Ú. t. c. prnl), 'volver a cocer', y **recocido** (sust. m.), 'vuelto a cocer o muy cocido'. → **recocer**

recostar. v. irreg. tr. 'Reclinar la parte superior del cuerpo el que está de pie o sentado' (***Recostó** su cabeza*); 'inclinar una cosa sobre otra' (***Recuesta** la escoba sobre la pared*). En las dos acepciones, ú. t. c. prnl. (***Me recosté** sobre su brazo*). v. prnl. 'Acostarse un breve período de tiempo'. Esta última acepción es de reciente ingreso en el léxico oficial (***Me recostaré** después de almorzar*). Rég. prep.: **recostar** o **recostarse en** o **sobre** (***recostar** o **recostarse en** o **sobre** el piso*). Se conjuga como **sonar**.

recotín recotán. sust. m. 'Juego de niños'. No debe escribirse con guión: *recotín-recotán*. En plural: **recotines recotanes**.

recova. sust. f. En una de sus acepciones, es un regionalismo andaluz, 'cubierta de piedra o fábrica que se pone para defender del temporal algunas cosas'. Se usa en la Argentina (*Antiguamente, la Plaza de Mayo de Buenos Aires estaba dividida por una **recova***). Repárese en su correcta grafía. Incorrecto: *recoba*.

recrear. v. tr. 'Crear o producir de nuevo alguna cosa'. 'Alegrar, divertir, deleitar'. Ú. t. c. prnl. Rég. prep.: **recrearse con** (***recrearse con** la música*); **recrearse en** (***recrearse en** la lectura*). Su 'acción y efecto' es **recreación** (sust. f.), y su sola 'acción', **recreo** (sust. m.).

recrecer. v. irreg. tr. 'Aumentar, acrecentar una cosa'. Ú. t. c. intr. (*Su imagen **recrece***). v. intr. 'Ocurrir u ofrecerse de nuevo una cosa' (*El viento **recrecerá***). v. prnl. 'Cobrar bríos'. Su postverbal es **recrecimiento** (sust. m.). Se conjuga como **parecer**.

recriar. v. tr. Su 'acción y efecto' es **recría** (sust. f.). Se conjuga, en cuanto al acento, como **guiar**.

recriminador. sust. m. 'El que recrimina'. Su femenino es **recriminadora**. Para indicar 'que recrimina', debe usarse el adjetivo **recriminatorio, ria** (*escrito **recriminatorio***).

recrudecer. v. irreg. intr. 'Tomar nuevo incremento un mal físico o moral'. Ú. t. c. prnl. Incorrecto: *recrudescer*. Sus postverbales son **recrudecimiento** (sust. m.) y **recrudescencia** (sust. f.), pero la Academia prefiere el primero. Se conjuga como **parecer**.

recrujir. v. intr. 'Crujir mucho o repetidamente'. Conserva la **j** en toda la conjugación.

recruzar. v. tr. 'Cruzar de nuevo o cruzar dos veces'. → **cazar**

rectificador, ra. adj. 'Que rectifica'. sust. m. 'Aparato que transforma una corriente alterna en continua' (*Compró un **rectificador***); 'operario mecánico que maneja una rectificadora' (*En la fábrica, hay cuatro **rectificadores** muy competentes*). La Academia no registra forma femenina para esta denotación. sust. f. 'Máquina que se usa para rectificar piezas metálicas' (*Maneja la **rectificadora***). Esta última denotación es de reciente registro académico. Incorrecto: *retificador*, *retificadora*, vulgarismos fónicos.

rectificar. v. tr. Entre otras acepciones, 'reducir una cosa a la exactitud que debe tener'; 'contradecir a otro en lo que ha dicho, por considerarlo erróneo'; 'modificar la propia opinión'. v. prnl. 'Enmendarse'. Rég. prep.: **rectificarse de** (***rectificarse de** lo expresado*). Distíngase este verbo de **ratificar** (v. tr. Ú. t. c. prnl.), que significa exactamente lo contrario. → **ratificar**. Su postverbal es **rectificación** (sust. f.). Incorrecto: *retificar*, *retificación*. → **sacar**

rectilíneo, a. adj. 'Que se compone de rectas'; fig. 'se aplica al carácter de algunas personas'. Es palabra esdrújula. No debe pronunciarse [rectilinio], como grave.

recto, ta. adj. Entre otras acepciones, 'que no se inclina a un lado ni a otro, ni hace curvas o ángulos' (*línea **recta***). fig. 'Justo, severo y firme en sus resoluciones' (*hombre **recto***). Rég. prep.: **recto en** (***Es recto en** sus dictámenes*). fig. 'Dícese del sentido literal de las palabras'. fig. 'Dícese del folio o plana de un libro o cuaderno que, abierto, cae a la derecha del que lee'. Su abreviatura es ***r***. El opuesto de esta última denotación se llama **verso** (adj.) o **vuelto** (adj.). Su abreviatura es ***v***. (***Encontrarás** las citas que buscas en los folios 35 **r.** y 86 **v.** del expediente*). 'Dícese de la última porción del intestino de los gusanos, artrópodos, moluscos, procordados y vertebrados, que termina en el ano. En los mamíferos, forma parte del intestino grueso y está situada a continuación del colon' (*intestino **recto***). Ú. t. c. sust. m.: **el recto**. En todos los casos, es incorrecto pronunciar [reto, reta], por asimilación del grupo **ct**, un vulgarismo.

rector, ra. adj. 'Que rige o gobierna' (*palabra **rectora***). sust. m. 'El que está al mando de una comunidad, hospital o colegio'. Su femenino es **rectora**. No debe pronunciarse [retor, retora]. Tampoco debe incurrirse en similar asimilación del grupo culto **ct** en sus derivados: **rectorado** (*retorado*), **rectoral** (*retoral*), **rectorar** (*retorar*), **rectoría** (*retoría*).

rectoscopia. sust. f. 'Examen visual del recto por vía rectal'. Incorrecto: *rectoscopía*, *retoscopía*, *retoscopia*.

rectoscopio. sust. m. 'Instrumento para practicar la rectoscopia'. Incorrecto: *retoscopio*.

recua. sust. f. colect. 'Conjunto de animales de carga, que sirve para trajinar'; fig. y fam. 'multitud de cosas que van unas detrás de otras'.

recubrir. v. tr. 'Volver a cubrir'; 'retejar'. Usar este verbo con el significado de 'cubrir' es galicismo. Su participio es irregular (***recubierto***). Su 'acción y efecto' es **recubrimiento** (sust. m.), de reciente ingreso en el ***Diccionario***.

recuerdo. sust. m. 'Memoria que se hace o aviso que se da de una cosa pasada o de que ya se habló' (*Son **recuerdos** tristes*). fig. 'Cosa que se regala en testimonio de afecto' (*Toma este **recuerdo***). sust. m. pl. 'Saludo afectuoso a un ausente por escrito o por medio de otra persona' (*Dale **recuerdos** a tu madre*).

reculones (a). loc. adv. fam. 'Reculando' (*Se retiró **a reculones***).

recuperar. v. tr. Entre otras denotaciones, 'trabajar un determinado tiempo para compensar lo que no se había hecho por algún motivo' (***Recuperó** las horas de clase que no dictó por la huelga*); 'aprobar una materia o parte de ella después de no haberla aprobado en una convocatoria anterior' (***Recuperó** los parciales*). Estas dos acepciones son de ingreso reciente en el léxico oficial. v. prnl. 'Volver en sí'; 'volver alguien o algo a un estado de normalidad después de haber pasado por una situación difícil'. Rég. prep.: **recuperarse de** (***recuperarse de** una larga enfermedad*). Su postverbal es **recuperación** (sust. f.).

recurrente. p. a. de **recurrir**. adj. 'Dícese de lo que vuelve a ocurrir o a aparecer' (*dolor **recurrente***); 'dícese de aquellos vasos o nervios que en algún lugar de su trayecto vuelven hacia el origen'; 'dícese, en matemática, del proceso que se repite'. sust. com. 'Persona que entabla o tiene entablado un recurso': **el recurrente, la recurrente**.

recurrir. v. intr. 'Acudir a un juez o autoridad con una demanda o petición'; 'acogerse en caso de necesidad al favor de uno o emplear medios no comunes para el logro de un objeto' (***Recurrió** a mí*; ***Recurrió** a una artimaña*); 'entablar recurso contra una resolución', entre otras acepciones. Rég. prep.: **recurrir a** (***recurrir a** la Cámara*); **recurrir ante** (***recurrir ante** el superior*); **recurrir contra** (***recurrir contra** una resolución*). Son incorrectas la construcción transitiva y la que lleva la preposición **de**: *recurrir una resolución*, *recurrir de una resolución*. Dígase, como se indica, en ambos casos, ***recurrir contra** una resolución*.

recurso. sust. m. Entre otras denotaciones, 'acción y efecto de recurrir'. Existen, desde el punto de vista jurídico, cantidad de recursos que, según las leyes de cada país, están perfectamente normados y tipificados: **contencioso administrativo**, **de aclaración**, **de alzada**, **de apelación**, **de nulidad**, **de queja**, **de reposición**, **de revisión**, etc. En la legislación argentina, lo correcto es decir **acción de amparo** y, no, "recurso de amparo", pese a su registro en el léxico oficial.

recusante. p. a. de **recusar**. 'Que recusa'. Ú. t. c. sust. com.: **el recusante**, **la recusante**.

recusar. v. tr. 'No querer admitir o aceptar una cosa'; 'poner tacha legítima al juez, al oficial, al perito que, con carácter público, interviene en un procedimiento o juicio, para que no actúe en él'. Su postverbal es **recusación** (sust. f.).

red. sust. f. Entre otras denotaciones, 'tejido de mallas'; 'redecilla para el pelo'; 'trampa, engaño, ardid'; 'verja'. Es sustantivo colectivo cuando significa 'conjunto de calles afluentes a un mismo punto'; 'conjunto de caños o de hilos conductores o de vías de comunicación y servicios para determinado fin'; 'conjunto o cadena de establecimientos pertenecientes a una misma empresa o sometidos a una sola dirección'; 'conjunto de personas relacionadas para un fin, por lo general de carácter secreto, ilegal o delictivo' (***red** de espionaje*; ***red** de contrabandistas*). En plural: **redes**. Diminutivo: **redecilla.** → **redejón**

redacción. sust. f. 'Acción y efecto de redactar'; 'lugar u oficina donde se redacta'; 'escrito redactado como ejercicio escolar'. Esta última acepción académica es reciente. Tiene significación colectiva cuando denota 'conjunto de redactores de una publicación periódica'. Es palabra aguda que, en plural, se hace grave: **redacciones**. Es incorrecto usar redactado por **redacción**: *Practicaremos el redactado de textos descriptivos*. Correcto: *Practicaremos la* ***redacción*** *de textos descriptivos*.

redactor, ra. adj. 'Que redacta'; 'que forma parte de una redacción u oficina donde se redacta'. Ú. t. c. sust. m. y f.: **el redactor, la redactora**.

redada. sust. f. En una de sus acepciones es sustantivo figurado y familiar colectivo, 'conjunto de personas o de cosas que se toman de una vez' (*Filmó la* ***redada*** *de narcotraficantes*). Significa, además, entre otras, 'operación policial' (*Anoche hubo una* ***redada*** *en la esquina y detuvieron a varios malvivientes*).

redaño. sust. m. Equivale a **mesenterio**. sust. m. pl. fig. 'Bríos, fuerza, valor'. Incorrecto: *reaño*.

redargüir. v. irreg. tr. 'Convertir el argumento contra el que lo hace'. También puede decirse, con esta denotación, **reargüir** (v. tr.). → **reargüir**. 'Contradecir'. Rég. prep.: **redargüir de** (*redargüir de falso*); **redargüir por** (*redargüir por improcedente*). Su 'acción' es **redargución** (sust. f.). Se conjuga como **huir**.

redecir. v. irreg. tr. 'Repetir porfiadamente uno o más vocablos'. Se conjuga como **decir**.

rededor. sust. m. 'Contorno o redor'. **al** o **en rededor**. loc. adv. Equivale al adverbio de lugar **alrededor** (***En rededor*** *no había una sola casa*). → **redor**

redejón. sust. m. 'Redecilla de mayor tamaño que la ordinaria'. En plural: **redejones**.

redención. sust. f. 'Acción y efecto de redimir o redimirse'; 'por antonomasia, la que Jesucristo hizo del género humano por medio de su pasión y muerte'. Con esta denotación, se escribe con mayúscula (*el dogma de la* ***Redención***).

redentor, ra. adj. 'Que redime'. Ú. t. c. sust. m. y f.: **el redentor, la redentora**. sust. m. 'Por antonomasia, Jesucristo'. Con este significado, se escribe siempre con mayúscula (*el* ***Redentor***).

redentorista. adj. 'Dícese del religioso de la congregación fundada por san Alfonso María de Ligorio' (*sacerdote* ***redentorista***). Ú. t. c. sust. m.: **el redentorista**. 'Perteneciente a dicha congregación' (*convento* ***redentorista***).

redero, ra. adj. 'Perteneciente a las redes'. sust. m. 'El que hace redes', 'que las arma' o 'que caza con ellas'. Su femenino es **redera**.

redescontar. v. irreg. tr. 'Volver a descontar'. Este verbo es de reciente ingreso en el léxico oficial. Su postverbal es **redescuento** (sust. m.). Se conjuga como **sonar**.

♦ **redescubrir.** Galicismo. En español, debe decirse **volver a descubrir, descubrir de nuevo** o, simplemente, **descubrir**.

redhibir. v. tr. 'Deshacer el comprador la venta, según derecho, por no haberle manifestado el vendedor el defecto o gravamen de la cosa vendida'. Su postverbal es **redhibición** (sust. f.). Nótense las grafías de estas palabras, así como la del adjetivo correspondiente, **redhibitorio, ria**.

redicho, cha. p. de **redecir**. adj. 'Aplícase a la persona que habla pronunciando las palabras con una perfección afectada' (*Es un orador* ***redicho***).

redición. sust. f. 'Repetición de lo que se ha dicho'. En plural: **rediciones**. No se confunda esta voz con **reedición** (sust. f.), 'acción y efecto de reeditar'. → **reedición**

redil. sust. m. 'Aprisco cercado con un vallado' (*Encerró a sus ovejas en el* ***redil***). No debe confundirse con **rebaño** (sust. m.): *Se fue con su redil al monte*. Correcto: *Se fue con su* ***rebaño*** *al monte*. → **rebaño**

redilar. v. tr. 'Reunir detenidamente el ganado menor en una tierra de labor para que la abone'. Distíngase de **redilear** (v. tr.), 'redilar repetidamente'. La 'acción y efecto' de ambos es **redileo** (sust. m.). El segundo verbo no debe pronunciarse [rediliar, redilié]. → **-ear**

♦ **redimensionar.** Neologismo. Úsese, según los contextos, **reajustar, adecuar, reformar, reestructurar**. Tampoco es correcto su postverbal redimensionamiento. Dígase **reajuste, adecuación, reforma, reestructuración**.

redimir. v. tr. Ú. t. c. prnl. Rég. prep.: **redimir**

o **redimirse de** (***redimir de*** *la esclavitud*; ***redimirse de*** *sus pecados*); **redimir** o **redimirse por** (***redimir por*** *caridad*; ***redimirse*** *por casualidad*).

redingote. sust. m. Es voz francesa (*redingote*) españolizada. 'Capote de poco vuelo y con mangas ajustadas'. No debe pronunciarse [redangot] a la francesa.

¡rediós! interj. que denota 'enfado, cólera, sorpresa, etc.' A veces, se usa, en su reemplazo, la forma eufemística **¡rediez!** Ambas son de reciente registro en el ***Diccionario***.

redistribuir. v. irreg. tr. 'Distribuir algo de nuevo'; 'distribuir algo de forma diferente a como estaba'. Su postverbal es **redistribución** (sust. f.). Se conjuga como **huir**.

redituar. v. tr. 'Rendir, producir utilidad'. Se conjuga, en cuanto al acento, como **actuar**.

redoble. sust. m. 'Acción y efecto de redoblar'. Para esta denotación, pueden decirse, también, **redobladura** (sust. f.) y **redoblamiento** (sust. m.). 'Toque vivo que se produce hiriendo el tambor con los palillos' (*Me gustan los* ***redobles*** *de las marchas militares*).

redoblegar. v. tr. 'Doblegar o redoblar' (***Redoblegó*** *la punta del clavo*; ***Redoblegaron*** *los tambores*). → **pagar**

redolor. sust. m. 'Dolorcillo tenue y sordo que se siente o queda después de un padecimiento' (*Aún tengo un* ***redolor*** *en mi espalda*). Esta voz no debe usarse con el sentido de 'dolor agudo y repetido'.

redomado, da. adj. 'Muy cauteloso y astuto'; 'que tiene en alto grado la cualidad negativa que se le atribuye' (*mentiroso* ***redomado***). El segundo significado es de reciente incorporación en el ***Diccionario***.

redomón, na. adj. Amér. Merid. 'Aplícase a la caballería no domada del todo' (*yegua* ***redomona***). Aunque no lo indica la Academia, ú. t. c. sust. m. y f. (*Montaba un* ***redomón***)

redonda. sust. f. Entre otras denotaciones, 'espacio grande que comprende varios lugares, zonas o pueblos, comarca' (*Es el hombre más rico de la* ***redonda***). **a la redonda.** 'En torno, alrededor' (*En varias leguas* ***a la redonda***, *no hay un caserío*).

redondear. v. tr. 'Poner redonda una cosa'. Ú. t. c. prnl. Entre otras denotaciones, 'terminar o completar algo de modo satisfactorio' (***Redondeó*** *el proyecto*); 'hablando de cantidades, prescindir de pequeñas diferencias, en más o en menos' (*Vale mil veinte pesos, pero se lo* ***redondearé*** *en mil*). La segunda acepción es de reciente ingreso en el ***Diccionario***. Su postverbal es **redondeo** (sust. m.). No debe pronunciarse [rendondiar, redondié]. → **-ear**

redondez. sust. f. 'Calidad de redondo'. Es voz aguda que, en plural, se transforma en grave: **redondeces**. Nótese que la **z** cambia por **c**.

redondo, da. adj. Entre otras acepciones, 'de figura circular'. **en redondo**. loc. adv. 'En círculo, alrededor' (*Da vueltas* ***en redondo***); fig. 'claramente, categóricamente' (***En redondo***, *es como te lo dije*).

redopelo. sust. m. 'Pasada que a contrapelo se hace con la mano al paño u otra tela'. fig. y fam. 'Riña entre muchachos'. **a** o **al redopelo**. loc. adv. 'A contrapelo'. fig. y fam. 'Contra el curso natural de una cosa cualquiera, violentamente'. Pueden decirse, también, **rodapelo, redropelo** (susts. ms.), y **a** o **al rodapelo, a** o **al redropelo** (locs. advs.).

redor. sust. m. 'Alrededor'. **en redor**. loc. adv. 'Alrededor'. → **rededor**

redro. adv. l. fam. 'Atrás o detrás' (*Vete* ***redro***). sust. m. 'Anillo que se forma cada año, excepto el primero, en las astas del ganado lanar y cabrío'.

redrojo. sust. m. 'Cada uno de los racimos pequeños que van dejando atrás los vendimiadores'; 'fruto o flor tardía, o que echan por segunda vez las plantas y que, por ser fuera de tiempo, no suelen llegar a sazón'. Puede decirse, también, **redruejo** (sust. m.). La Academia prefiere la primera forma.

reducible. adj. 'Que se puede reducir'. También puede decirse **reductible** (adj.).

reducidor. sust. m. Argent., Col., Chile y Perú. 'Persona que comercia con objetos robados'. Su femenino es **reducidora**. Equivalen a **perista** (sust. com.) del español general.

reducir. v. irreg. tr. Entre otras denotaciones, 'volver una cosa al lugar donde estaba antes o al estado que tenía'; 'aminorar, estrechar, ceñir'; 'dividir un cuerpo en partes menudas'; 'comprender, incluir o arreglar bajo cierto número o cantidad'; 'expresar el valor de una cantidad en unidades de especie distinta de la dada' (*Podemos* ***reducir*** *un metro a centímetros*). En esta última acepción, ú. t. c. prnl. (*Un litro* ***se reduce*** *a diez decilitros*). v. intr. 'En un vehículo, cambiar de una marcha de largo recorrido a otra más corta' (*En las curvas, hay que* ***reducir***). v. prnl. 'Moderarse o ceñirse en el modo de vida o porte' (***Se redujo*** *en los gastos*); 'no tener algo mayor importancia que la que se expresa' (*La disputa* ***se reduce*** *a unas mínimas cuestiones domésticas*). Es verbo de gran polisemia. La Academia registra veintiuna acepciones. Rég. prep.: **reducir** o **reducirse a** (***reducir a*** *polvo*; ***reducirse a*** *lo indispensable*); **reducirse en** (***reducirse en*** *el tren de vida*). Sus postverbales son **reducción** (sust. f.) y **reducimiento** (sust. m.). Se conjuga como **conducir**.

reductible. adj. → **reducible**

reductor, ra. adj. 'Que reduce o sirve para reducir'. Ú. t. c. sust. m. y f.: **el reductor**, **la reductora**.

redundancia. sust. f. 'Sobra o demasiada abundancia de cualquier cosa o en cualquier línea' (*¡Qué* ***redundancia*** *de espirales en esa guarda!*); 'repetición o uso innecesario de una palabra o concepto' (*En la expresión "subir arriba", "arriba" es una* ***redundancia***); 'cierta repetición de la información contenida en un mensaje, que permite, a pesar de la pérdida de una parte de éste, reconstruir su contenido'. La redundancia es uno de los vicios que más afectan el habla. A continuación, ponemos unos cuantos ejemplos junto a los que encerramos, entre paréntesis, las palabras o sintagmas redundantes que podrían haberse evitado: *una caja hueca* (*por dentro*); *salida* (*exterior*) *a la calle*; *yo,* (*personalmente*), *creo que es así*; *lo decidieron por unanimidad* (*de todos*); *son mejoras* (*positivas*); *me encontré con mi hermano y le dije* (*a él*). → **pleonasmo**

redundante. p. a. de **redundar**. 'Que sobra o que es una redundancia' (*Es* ***redundante*** *decir "bajar abajo"*).

redundar. v. intr. 'Rebosar'. Se usa regularmente hablando de los líquidos (*La copa* ***redunda*** *en champán*). 'Resultar una cosa en beneficio o daño de alguno' (***Redundará*** *en pro de nuestra ciudad*). Rég. prep.: **redundar en** (*Esas medidas* ***redundarán en*** *bien de todos*).

reduplicar. v. tr. 'Aumentar una cosa al doble' (***Reduplicaré*** *la apuesta*). En esta acepción, equivale a **redoblar** (v. tr.). 'Repetir, volver a hacer una cosa' (***Han reduplicado*** *los esfuerzos*). Su postverbal es **reduplicación** (sust. f.). Incorrecto: *reduplicamiento*. → **sacar**

reedición. sust. f. 'Acción y efecto de reeditar'; 'nueva edición de un libro o publicación'. (*Ya va por la quinta* ***reedición*** *de su novela*). Es voz de reciente registro académico. Con esta denotación, es incorrecto *redición*. → **redición, reimpresión**

reedificador, ra. adj. 'Que reedifica'. Ú. t. c. sust. m. y f.: **el reedificador, la reedificadora**. Incorrecto: *redificador, ra*.

reedificar. v. tr. 'Volver a edificar o edificar de nuevo'. Su postverbal es **reedificación** (sust. f.). Incorrecto: *redificar*, *redificación*. Siempre se escriben con dos **es**. → **sacar**

reeditar. v. tr. 'Volver a editar'. Incorrecto: *reditar*. → **reedición, reimprimir**

reeducar. v. tr. 'Volver a educar'. Su postverbal es **reeducación** (sust. f.). Incorrecto: *reducar*, *reducación*. Siempre se escriben con dos **es**. → **sacar**

reelegir. v. irreg. tr. 'Volver a elegir'. Tiene un participio regular (***reelegido***) y uno irregular (***reelecto***). Su postverbal es **reelección** (sust. f.). Incorrecto: *relegir*, *relección*. Siempre se escriben con dos **es**, al igual que **reelegible** (adj.). Rég. prep.: **reelegir en** (***reelegir en*** *el cargo*); **reelegir para** (***reelegir para*** *diputado*). También puede decirse ***reelegir como*** *diputado*. La forma **reeligir** es anticuada y, hoy, un vulgarismo. El verbo **reelegir** se conjuga como **regir**.

reembarcar. v. tr. 'Volver a embarcar'. Ú. t. c. prnl. Su postverbal es **reembarque** (sust. m.). Incorrecto: *rembarcar*, *rembarque*. Siempre se escriben con dos **es**. → **sacar**

reembolsar. v. tr. 'Volver una cantidad a poder del que la había desembolsado'. Su postverbal es **reembolso** (sust. m.). Los dos pueden escribirse con una sola **e**: **rembolsar**, **rembolso**. La Academia, sin embargo, prefiere las otras formas. Para **reembolsable** (adj.), el ***Dic-***

cionario no consigna una segunda forma, es decir, la grafía y la pronunciación con una sola **e**. No puede considerarse una incorrección, pero prefiérase la primera forma.

reemplazar. v. tr. 'Sustituir una cosa por otra'; 'suceder a uno en el empleo'. Rég. prep.: **reemplazar a** (***reemplazar*** *un futbolista* ***a*** *otro*). **reemplazar con** o **por** (***reemplazar*** *a alguien* ***con*** o ***por*** *otro*); **reemplazar en** (***reemplazar en*** *el empleo*). Su postverbal es **reemplazo** (sust. m.). Pueden escribirse con una sola **e**: **remplazar**, **remplazo**. La Academia, sin embargo, prefiere las formas con dos **es**. Incorrecto, para el postverbal, *reemplazamiento*, un neologismo. Para **reemplazante** (p. de **reemplazar** o **remplazar**. Ú. t. c. sust. com.), el ***Diccionario*** no consigna la forma con una sola **e**. No puede considerarse una incorrección, pero prefiérase la primera forma . → **cazar**

reencarnar. v. intr. 'Volver a encarnar'. Ú. t. c. prnl. Rég. prep.: **reencarnar** o **reencarnarse en** (***reencarnar*** o ***reencarnarse en*** *otro*). Su postverbal es **reencarnación** (sust. f.). Incorrecto: *rencarnar*, *rencarnación*.

reencauchar. v. tr. Col. y Perú. 'Recauchar, recauchutar'. Su postverbal es **reencauche** (sust. m.). Siempre se escriben con dos **es**. Nótese que no sigue, en cuanto al acento, el modelo de **aullar** (*reencaucho*, *reencauchas*, etc.).

reencontrar. v. irreg. tr. 'Volver a encontrar' Ú. t. c. prnl. Rég. prep.: **reencontrarse con** (***reencontrarse con*** *amigos*). v. prnl. fig. 'Recobrar una persona cualidades, hábitos, etc., que había perdido'. Su postverbal es **reencuentro** (sust. m.), voz que no debe usarse con el significado de **reconciliación** (sust. f.). Pueden escribirse, tanto el verbo como el postverbal, con una sola **e**: **rencontrar**, **rencuentro**. La Academia prefiere las formas con dos **es**. Se conjuga como **sonar**.

reencuadernar. v. tr. 'Volver a encuadernar'. Su postverbal es **reencuadernación** (sust. f.). Siempre se escriben con dos **es**.

reenganchar. v. tr. 'Volver a enganchar'. Ú. t. c. prnl. y en sentido figurado. Sus postverbales son **reenganche** (sust. m.) y **reenganchamiento** (sust. m.). Siempre se escriben con dos **es**.

reengendrador, ra. adj. 'Que reengendra'. Ú. t. c. sust. m. y f.: **el reengendrador, la reengendradora**. Incorrecto: *rengendrador*.

reensayar. v. tr. 'Volver a ensayar'. Su postverbal es **reensaye** (sust. m.). Siempre se escriben con dos **es**.

reensayo. sust. m. 'Segundo o ulterior ensayo de una comedia, máquina, etc.'. Incorrecto: *rensayo*.

reenviar. v. tr. 'Volver a enviar'. Su postverbal es **reenvío** (sust. m.). Siempre se escriben con dos **es**. El verbo se conjuga, en cuanto al acento, como **guiar**.

reenvidar. v. tr. 'Volver a envidar sobre lo envidado'. Incorrecto: *renvidar*.

reenvite. sust. m. 'Envite que se hace sobre otro'. Incorrecto: *renvite*.

reestrenar. v. tr. 'Volver a estrenar'. Su postverbal es **reestreno** (sust. m.). Siempre se escriben con dos **es**.

reestructurar. v. tr. 'Modificar la estructura de una obra, empresa, organización, etc.'. Su postverbal es **reestructuración** (sust. f.), voz de reciente registro académico. Siempre se escriben con dos **es**. Son incorrectas las grafías *reextructurar*, *reextructuración*, y, para el postverbal, los neologismos *reestructuramiento*, *restructuramiento*.

reexaminar. v. tr. 'Volver a examinar'. Siempre se escribe con dos **es**, al igual que **reexaminación** (sust. f.), 'nuevo examen'.

reexpedir. v. irreg. tr. 'Expedir alguna cosa que se ha recibido'. Su postverbal es **reexpedición** (sust. f.). Siempre se escriben con dos **es**. El verbo se conjuga como **pedir**.

reexportar. v. tr. 'Exportar lo que se había importado'. La Academia no registra el postverbal **reexportación** (sust. f.), pero es correcto. Siempre se escriben con dos **es**.

refacción. sust. f. Entre otras denotaciones, 'alimento moderado'; 'compostura de lo estropeado'. También puede decirse **refección** (sust. f.). En plural: **refacciones, refecciones**. Incorrecto: *refación*, *refaciones*, *refeción*, *refeciones*.

refaccionar. v. tr. Amér. 'Restaurar, reparar'. Se usa, sobre todo, hablando de edificios. Es voz de reciente ingreso en el ***Diccionario***.

Incorrecto: refacionar. No se confunda su grafía con la de **refeccionar** (v. tr. ant.), 'alimentar para reponer fuerzas'.

♦ **referee.** Anglicismo. En español, corresponde decir **árbitro**, **juez**.

referencia. sust. f. Con la denotación de 'informe acerca de la probidad, solvencia u otras condiciones de una persona', ú. m. en pl. (*No podemos emplearlo, no tiene referencias*).

♦ **referenciar.** Galicismo. En español, debe decirse **referirse**, **hacer referencia**.

referendario. sust. m. 'El que refrenda o firma después de un superior' (*El **referendario** es el secretario de la escuela*). También puede decirse **refrendario** (sust. m.). Ambas voces carecen, en el ***Diccionario***, de forma para el femenino.

referéndum o **referendo.** sust. m. 'Procedimiento jurídico por el que se someten al voto popular leyes o actos administrativos'. La Academia prefiere la primera forma. Aclara el ***Diccionario*** que el plural de ambas voces es **referendos**. No obstante, aunque debe preferirse el plural indicado en el léxico oficial, no son incorrectos –como anota el ***Esbozo***– **los referenda**, en que se usa la forma del acusativo plural latino, ni **los referéndum**, en que queda invariable el sustantivo. En cambio, debe evitarse referéndums, pese a su uso frecuente. → **currículo**

referente. p. a. de **referir**. 'Que refiere o expresa relación a otra cosa'. Rég. prep.: **referente a** (*Son acotaciones **referentes al** texto del capítulo inicial*). sust. m. 'Aquello a lo que se refiere el signo lingüístico' (*El **referente** de la palabra "amazonas", las míticas damas, no existe en la realidad, es imaginario*). Este tecnicismo de la lingüística es de ingreso reciente en el ***Diccionario***.

♦ **réferi** o **referí.** Anglicismo. → **referee**

referir. v. irreg. tr. 'Dar a conocer un hecho ficticio o imaginario'. 'Dirigir, encaminar u ordenar una cosa a determinado fin u objeto' (***Refiere*** *es[illegible] explicación al sustantivo mencionado*). Ú. t. c[illegible] prnl. 'Poner en relación personas o cosas'. Ú[illegible] prnl. v. prnl. 'Remitirse, atenerse a lo dicho [illegible] a lo [illegible]ho' (*A esa nota **me he referido***); 'aludir' (*Se re[illegible] a sus memorias*). Rég. prep.: **referir** o **referi**[illegible] *(**referir a**l antecedente*; ***referirse a** sus enemigos*). Se conjuga como **sentir**.

refilón (de). loc. adv. 'De soslayo, al sesgo'; 'de paso' (***De refilón**, te diré algo que te interesa*).

refinador, ra. adj. 'Que refina'. sust. m. 'El que refina, especialmente metales y licores'. Su femenino es **refinadora**.

refinar. v. tr. 'Hacer más fina o más pura una cosa'; fig. 'perfeccionar'. v. prnl. 'Hacerse más fino en el hablar, comportamiento social y gustos'. Su 'acción' es **refinadura** (sust. f.), y su 'acción y efecto', **refino** (sust. m.).

refirmar. v. tr. 'Apoyar una cosa sobre otra'. Con esta denotación, equivale a **estribar** (v. intr.). 'Confirmar, ratificar'. Tiene diferencias semánticas con **reafirmar** (v. tr. Ú. t. c. prnl.), 'afirmar de nuevo'.

refitolear. v. tr. 'Curiosear y entremeterse en cosas de poca importancia'. Ú. t. c. intr. No debe pronunciarse [refitoliar, refitolié]. → **-ear**

refitolero, ra. adj. 'Que tiene cuidado del refectorio'; fig. y fam. 'entremetido'; 'afectado, redicho'. En las tres acepciones, ú. t. c. sust. m. y f.: **el refitolero, la refitolera**.

reflejar. v. intr. Ú. t. c. prnl. y c. tr. Rég. prep.: **reflejar** o **reflejarse en** o **sobre** (***reflejar*** o ***reflejarse** una imagen **en** o **sobre** un lago*). Conserva la **j** en toda la conjugación. Sus postverbales son **reflexión** (sust. f.) y **refleja** (sust. f. p. us.). → **reflexionar**

reflejo, ja. adj. Entre otras denotaciones, 'que ha sido reflejado'. → **verbo (reflejo y pasiva refleja**). sust. m. 'Luz reflejada' (*El **reflejo** del sol hiere sus ojos*); 'imagen de una persona o cosa reflejada en una superficie' (*Veo el **reflejo** de mi silueta en las aguas cristalinas*); 'aquello que muestra, reproduce o po[illegible] de manifiesto otra cosa' (*Sus palabras son el [illegible]lejo de sus pensamientos*). sust. m. pl. 'Cap[illegible]d que tiene alguien para reaccionar rápidamente' (*Tiene buenos reflejos*).

reflexionar. v. intr. 'Considerar [illegible] a o detenidamente una cosa' (***Reflexionaren*** [illegible] *cerca de su propuesta*). Ú. t. c. tr. (***Reflexiona*** [illegible] *decisiones*). Rég. prep.: **reflexionar con** (*[illegible]cionar con otros*); **reflexionar en** o **sobre** (***refle**[illegible]**nar** o **sobre** temas importantes*). Sus postve[illegible]s los mismos que tiene **reflejar** (v. tr. Ú. t. c. prnl y c. tr.). → **reflejar**

reflexivo, va. adj. 'Que refleja o reflecta'; 'acostumbrado a hablar y a obrar con reflexión' (*Es un joven **reflexivo***). → **verbo** (**reflexivo**)

reflorecer. v. irreg. intr. 'Volver a florecer los campos o echar flores las plantas'; fig. 'recobrar una cosa inmaterial el lustre o estimación que tuvo'. Incorrecto: *reflorescer*. Su postverbal es **reflorecimiento** (sust. m.). Se conjuga como **parecer**.

refluir. v. irreg. intr. 'Volver hacia atrás un líquido'; fig. 'resultar o venir a parar una cosa en beneficio o daño de alguno'. Su participio activo es **refluente**; no, *refluyente*. Se conjuga como **huir**.

refocilar. v. tr. 'Recrear, alegrar'. Ú. t. c. prnl. v. prnl. 'Regodearse'. Rég. prep.: **refocilarse con** (***refocilarse con** apetitosos platos*). Sus postverbales son **refocilación** (sust. f.) y **refocilo** (sust. m.).

reforma. sust. f. 'Acción y efecto de reformar o reformarse'. Con este significado puede decirse, también, **reformación** (sust. f.). Con la acepción de 'movimiento religioso que, iniciado en el siglo XVI, motivó la formación de las iglesias protestantes', suele escribirse con mayúscula (*la **Reforma** protestante*).

reformar. v. tr. 'Volver a formar, rehacer'; 'modificar algo'; 'restituir una orden religiosa u otra institución a su primitiva observancia' (*Santa Teresa **reformó** la orden carmelita*). 'Enmendar la conducta'. Ú. t. c. prnl. (***Se reformó** en su conducta*). v. prnl. 'Contenerse'. Rég. prep.: **reformarse en** (***reformarse en** los hábitos alimenticios*). → **reforma**

reformatorio, ria. adj. 'Que reforma o arregla'. sust. m. 'Establecimiento penal para menores' (*El menor ingresó en el **reformatorio***).

reformista. adj. 'Partidario de reformas o ejecutor de ellas'. Ú. t. c. sust. com.: **el reformista, la reformista.**

♦ **refortalecer.** Neologismo. Corresponde decir **fortalecer, reforzar.**

reforzar. v. irreg. tr. 'Añadir nuevas fuerzas a una cosa'; 'fortalecer'. Es incorrecto usar, en su reemplazo, el neologismo *refortalecer*. 'Animar, alentar'. Ú. t. c. prnl. 'Dar un baño a los clichés para aumentar el contraste de las imágenes'. Se conjuga como **forzar.**

refractar. v. tr. 'Hacer que cambie de dirección el rayo de luz que pasa oblicuamente de un medio a otro de diferente densidad' (*El agua **refracta** el palo que tengo en la mano*). Ú. t. c. prnl. Su postverbal es **refracción** (sust. f.). Respecto del verbo, puede decirse, también, **refringir** (v. tr. Ú. t. c. prnl.).

refractario, ria. adj. 'Aplícase a la persona que rehúsa cumplir una promesa u obligación'; 'rebelde'; 'dícese del material que resiste la acción del fuego' (*ladrillos **refractarios***). Rég. prep.: **refractario a** (***refractario a** cumplir órdenes*).

refrán. sust. m. 'Dicho agudo y sentencioso de uso común' (*"Haz bien sin mirar a quién" es un **refrán***). El sustantivo colectivo correspondiente es **refranero** (sust. m.), 'colección de refranes'. El adjetivo derivado, **refranesco, ca**.

refrangibilidad. sust. f. 'Calidad de refrangible'. Incorrecto: *refrangilidad*, *refranguibilidad*.

refregar. v. irreg. tr. 'Frotar una cosa con otra'. Ú. t. c. prnl. (*En la lavadora, las ropas se **refriegan***). fig. y fam. 'Dar en cara a uno con una cosa que le ofende, insistiendo' (*Le **refriega** los incumplimientos*). Incorrecto: *resfregar*. Sus postverbales son **refregadura** (sust. f.), **refregamiento** (sust. m.) y **refregón** (sust. m. fam). Este último, cuyo plural es **refregones**, denota sólo la 'acción'. Se conjuga como **negar**.

refreír. v. irreg. tr. 'Volver a freír'; 'freír mucho o muy bien'; 'freír demasiado'. Tiene dos participios, uno regular (***refreído***) y otro irregular (***refrito***). Es incorrecto usar *refritar* en reemplazo de este verbo. Se conjuga como **freír**.

refrenar. v. tr. 'Sujetar el caballo con el freno'. fig. 'Contener'. Ú. t. c. prnl. Rég. prep.: **refrenarse en** (***refrenarse en** los gastos*). Sus postverbales son **refrenada** (sust. f.) y **refrenamiento** (sust. m.).

refrendación. sust. f. 'Acción y efecto de refrendar'. También puede decirse **refrendo** (sust. m.). Incorrecto: *refrendamiento*, un neologismo.

refrendario. sust. m. → **referendario**

refrescar. v. tr. Ú. t. c. prnl. Sus postverbales son **refrescamiento** (sust. m.) y **refrescadura** (sust. f.). → **sacar**

refriarse. v. prnl. 'Enfriarse o acatarrarse'. También puede decirse **resfriarse** (v. prnl.). El postverbal del primero es **refriamiento** (sust. m.); el del segundo, **resfriamiento** (sust. m.). → **resfriar**

refrigerador, ra. adj. 'Dícese de los aparatos e instalaciones que sirven para refrigerar'. Ú. t. c. sust. m. y f.: **el refrigerador, la refrigeradora**. Se emplean tanto la forma masculina como la femenina para denotar este electrodoméstico. En varios países, se usan, en reemplazo de estos sustantivos, **nevera, heladera** (susts. fs.) y **frigorífico** (sust. m.). → **heladero (heladera)**

refrigerar. v. tr. 'Enfriar'. fig. 'Reparar las fuerzas con un refrigerio'. Ú. t. c. prnl. Su 'acción y efecto' es **refrigeración** (sust. f.) que, en sentido figurado, equivale a **refrigerio** (sust. m.). El participio activo es **refrigerante**.

refringir. v. tr. Ú. t. c. prnl. → **dirigir, refractar**

refrito, ta. p. irreg. de **refreír**. sust. m. 'Aceite con ajo, cebolla, pimentón y otros ingredientes que se añaden en caliente a algunos guisos'; fig. 'cosa rehecha o recompuesta'. "Se usa comúnmente –como aclara la Academia– hablando de la refundición de una obra dramática o de otro escrito" (*Muchos libros de crítica literaria no son más que **refritos***).

refucilo. sust. m. 'Relámpago' (*Por el oeste, los **refucilos** anuncian lluvia*). También puede decirse **fucilazo** (sust. m.).

refuerzo. sust. m. No debe usarse, en su reemplazo, <u>*reforzamiento*</u>, un neologismo: *El cilindro tiene un <u>reforzamiento</u> en la base*. Correcto: *El cilindro tiene un **refuerzo** en la base*. Con la denotación de 'tropas que se suman a otras para aumentar su fuerza', ú. m. en pl. (*Llegaron los **refuerzos** al teatro de operaciones*).

refugiado, da. p. de **refugiar**. sust. m. y f.: **el refugiado, la refugiada** (*Es un **refugiado** político*).

refugiar. v. tr. 'Acoger o amparar a alguno, sirviéndole de resguardo y asilo'. Ú. m. c. prnl. Rég. prep.: **refugiarse a, bajo** o **en** (***refugiarse a, bajo** o **en** sagrado*; ***refugiarse bajo** un alero*; ***refugiarse en** una embajada*). Este verbo conserva la **g** en todas las formas de su paradigma. Se conjuga, en cuanto al acento, como **cambiar**.

refulgente. adj. 'Que emite resplandor'. Nótese su correcta grafía.

refulgir. v. intr. 'Resplandecer'. → **dirigir**

refunfuñador, ra. adj. 'Que refunfuña'. Ú. t. c. sust. m. y f.: **el refunfuñador, la refunfuñadora**.

refunfuño. sust. m. 'Acción y efecto de refunfuñar'. También puede decirse **refunfuñadura** (sust. f.). Incorrecto: <u>*refunfuñamiento*</u>.

regadera. sust. f. 'Recipiente para regar'. También puede decirse **rociadera** (sust. f.). Con las denotaciones de 'acequia' y de 'reguera' (canal para el agua), también puede decirse **regadero** (sust. m.).

regadío, a. adj. 'Aplícase al terreno que se puede regar'. Ú. m. c. sust. m.: **el regadío**. sust. m. 'Terreno dedicado a cultivos que se fertilizan con riego' (*La huerta es un **regadío***). Lo 'que se puede regar' se denota con la voz **regadizo, za** (adj.).

regador, ra. adj. 'Que riega'. Ú. t. c. sust. m. y f.: **el regador, la regadora**.

regajo. sust. m. 'Charco que se forma de un arroyuelo'; 'el mismo arroyuelo'. El sustantivo colectivo **regajal** (m.) denota 'lugar de regajos'.

regalado, da. p. de **regalar**. adj. 'Suave, delicado'; 'placentero'; 'extremadamente barato'. La última acepción es de reciente ingreso en el ***Diccionario***.

regalador, ra. adj. 'Que regala' (*amiga **regaladora***). Ú. t. c. sust. m. y f.: **el regalador, la regaladora**.

regalar. v. tr. 'Obsequiar'; 'halagar'. 'Recrear'. Ú. t. c. prnl. (***regalarse** con el paisaje*). v. prnl. 'Tratarse bien, procurando tener las comodidades posibles'. Rég. prep.: **regalarse con** (***regalarse con** buena música*); **regalarse en** (***regalarse en** todo*).

regalista. adj. 'Dícese del defensor de las regalías de la corona en las relaciones del Estado con la Iglesia'. Apl. a pers., ú. t. c. sust. com.: **el regalista, la regalista**.

regaliz. sust. m. 'Planta'; 'sus rizomas'; 'pasta hecha con el jugo del rizoma de esta planta, que se toma como golosina o medicina en pastillas o barritas'. En plural: **regalices**. Repárese en que la **z** cambia por **c**. También pueden decirse **regaliza** y **regalicia** (susts. fs.). Todos estos vocablos equivalen a **orozuz** (sust. m.), el nombre más común de esta planta y de sus rizomas.

regalo. sust. m. Diminutivos: **regalejo, regalillo**.

regañadientes (a). loc. adv. 'Con disgusto o repugnancia de hacer una cosa' (*Lo hizo **a regañadientes***).

regañar. v. intr. 'Formar el perro cierto sonido, en demostración de saña, sin ladrar y mostrando los dientes'; 'abrirse el hollejo o corteza de algunas frutas cuando maduran; como la castaña, la ciruela, etc.'; 'dar muestras de enfado con palabras y gestos'; fam. 'disputar, reñir con otro'. v. tr. fam. 'Reprender'. Rég. prep.: **regañar con** (***regañar con** fundamento*; ***regañar con** los compañeros*); **regañar por** (***regañar por** nada*). Su postverbal es **regañamiento** (sust. m.).

regañina. sust. f. 'Reprimenda'. También pueden decirse **regañera** (sust. f.) y **regaño** (sust. m.).

regañir. v. intr. 'Gañir o aullar reiteradamente'. → **bruñir**

regañón, na. adj. fam. 'Dícese de la persona proclive a regañar sin motivo suficiente' (*Es una maestra **regañona***). Ú. t. c. sust. m. y f.: **el regañón, la regañona**. 'Dícese del viento del noroeste español'. Ú. c. sust. m. (*Sopla el **regañón***).

regar. v. irreg. tr. Rég. prep.: **regar con** (***regar con** agua*); **regar de** (***regar de** lágrimas*). Se conjuga como **negar**.

regatear. v. tr. Entre otras acepciones, 'debatir el comprador y el vendedor el precio de una cosa puesta en venta' (*Tu prima compra barato, porque **regatea***); fig. y fam. 'escamotear o rehusar la ejecución de una cosa' (*No **regatees** tu colaboración*). v. intr. 'Hacer regates o fintas para no dejarse arrebatar, en fútbol y en otros deportes, la pelota, o para hurtar el cuerpo de una parte a otra'. Su homónimo, verbo intransitivo, significa 'disputar regatas las embarcaciones'. No debe pronunciarse [regatiar, regatié]. → **-ear**

regatón. sust. m. 'Casquillo o virola que se pone en el extremo inferior de las lanzas, bastones, etc., para mayor firmeza' (*Les puse **regatones** a las sillas para que no se deslicen*). → **regatón (adj.)**

regatón, na. adj. 'Que vende al pormenor'. Ú. t. c. sust. m. y f.: **el regatón, la regatona**.

regatonear. v. tr. 'Comprar al por mayor para revender al pormenor'. No debe pronunciarse [regatoniar, regatonié]. → **-ear**

regeneracionismo. sust. m. 'Movimiento ideológico que tuvo lugar en España, a fines del siglo XIX, motivado, principalmente, por la pérdida de las colonias en 1898'. Es voz de reciente incorporación en el ***Diccionario***.

regenerador, ra. adj. 'Que regenera'. Ú. t. c. sust. m. y f.: **el regenerador, la regeneradora**.

regenerar. v. tr. 'Restablecer o mejorar una cosa que degeneró'. Ú. t. c. prnl. 'Hacer que una persona abandone una conducta reprobable y retome una vida moral y ordenada'. Ú. t. c. prnl. La denotación transcripta es de reciente incorporación en el léxico oficial. 'Someter las materias desechadas a determinados tratamientos para su reutilización' (*En esta planta industrial, se **regenera** aluminio*). Esta última acepción es, también, de reciente ingreso en el ***Diccionario*** y la que corresponde usar en vez de la neológica de **reciclar** (v. tr.), sin registro académico: *papel reciclado*. Rég. prep.: **regenerar con** (*Lo **regeneró con** mucho amor*); **regenerar** o **regenerarse en** (***regenerar** o **regenerarse en** todo*); **regenerar** o **regenerarse por** (***regenerar** o **regenerarse por** amor*). Su 'acción y efecto' es **regeneración** (sust. f.). Incorrecto: *regeneramiento*. → **reciclar**

regentar. v. tr. 'Desempeñar temporalmente ciertos cargos'; 'ejercer un cargo ostentando superioridad'; 'ejercer un empleo o cargo de honor'. Para la segunda acepción, puede decirse, también, **regentear** (v. tr.). Este último verbo no debe pronunciarse [regentiar, regentié]. → **-ear**

regente. p. a. de **regir**. sust. com. 'Persona que gobierna un Estado en la menor edad de un príncipe o por otro motivo': **el regente**, **la regente**. sust. m. 'Magistrado que presidía una audiencia territorial'; 'en las órdenes religiosas, el que rige los estudios'. En la Argentina, se usa esta última denotación, en los ámbitos educativos, como sust. com.: **el regente**, **la regente** (*La* ***regente*** *del nivel primario ha convocado a los padres*; *El* ***regente*** *del nivel terciario no vino hoy*); carece de registro en el ***Diccionario***. La Academia cataloga el femenino **regenta**, con las acepciones de 'mujer del regente' y de 'profesora en algunos establecimientos educativos'.

regentear. v. tr. → **regentar**

regicida. adj. 'Dícese de la persona que mata a un rey o a una reina, o del que atenta contra la vida del soberano, aunque no consume el hecho'. Ú. t. c. sust. com.: **el regicida**, **la regicida**.

regidor, ra. adj. 'Que rige o gobierna'. sust. m. 'Concejal'. Su femenino es **regidora**. La forma femenina se usa, además, para denotar la 'mujer del regidor'. Estos sustantivos significan, también, la 'persona que en el teatro cuida del orden y realización de los movimientos y efectos escénicos dispuestos por la dirección, mediante indicaciones a los actores, tramoyistas, encargados de la iluminación y del sonido, y servidores de la escena en general'.

regidoría o **regiduría.** sust. f. 'Oficio de regidor'. La Academia prefiere la primera forma, pero ambas son correctas.

régimen. sust. m. Tiene denotación colectiva cuando significa 'conjunto de normas que gobiernan una cosa o actividad' (***régimen*** *de gobierno*; ***régimen*** *de marcha*) y 'conjunto de normas referentes al tipo, cantidad, etc., de los alimentos que debe observar una persona, generalmente por motivos de salud' (***régimen*** *para adelgazar*). Entre otras acepciones, se registran las de 'sistema político por el que se rige una nación' (***régimen*** *republicano*); 'dependencia que entre sí tienen las palabras en la oración, la que se determina por el oficio de unos vocablos respecto de otros, estén relacionados o no por medio de las preposiciones' (*El* ***régimen*** *de un verbo intransitivo se caracteriza por la ausencia de objeto directo*); 'preposición que pide cada verbo' (*El* ***régimen*** *del verbo "arrepentirse" es la preposición "de": arrepentirse de sus pecados*). En plural: **regímenes**. Nótese la traslación del acento. Incorrecto: <u>*régimenes*</u>.

regimentar. v. irreg. tr. 'Reducir a regimiento varias compañías o partidas sueltas'. Se conjuga como **acertar**.

regimiento. sust. m. La denotación colectiva de 'multitud o conjunto numeroso de personas' es de reciente incorporación en el ***Diccionario***. Cuando significa 'unidad homogénea de cualquier arma o cuerpo militar', se escribe con minúscula, salvo que denote a una en particular (*Después de los* ***regimientos*** *de infantería y de artillería, desfiló el* ***Regimiento*** *de Granaderos*).

regionalista. adj. 'Partidario del regionalismo'. Ú. t. c. sust. com.: **el regionalista**, **la regionalista**. 'Perteneciente al regionalismo' (*actitud* ***regionalista***).

regir. v. irreg. tr. 'Dirigir, gobernar o mandar'; 'guiar, conducir'; 'tener una palabra bajo su dependencia otra palabra de la oración' (*Ese verbo* ***rige*** *infinitivo*); 'pedir una preposición un caso determinado' (*En latín, esa preposición* ***rige*** *el caso ablativo*). v. intr. Entre otras denotaciones, 'estar vigente' (*Hoy* ***rigen*** *estas modas*); 'funcionar bien un artefacto u organismo'; se usa, sobre todo, hablando de las facultades mentales (*No* ***rige*** *bien*). Con el significado de 'traer bien gobernado el vientre', ú. t. c. prnl. Su postverbal es **regimiento** (sust. m.). Rég. prep.: **regir** o **regirse de** (***regir*** *o* ***regirse de*** *vientre*). La irregularidad de este verbo consiste en que cambia por **i** la **e** de la raíz cuando es tónica o cuando la desinencia es un diptongo que empieza con **i**; a su vez, la **g** se transforma en **j** delante de las vocales **a** y **o**: presente (*rijo*, *riges*, *rige*, *rigen*) y pretérito perfecto simple de indicativo (*rigió*, *rigieron*); presente (*rija*, *rijas*, *rija*, *rijamos*, *rijáis*, *rijan*), pretérito imperfecto (*rigiera* o *rigiese*, *rigieras* o *rigieses*, *rigiera* o *rigiese*, *rigiéramos* o *rigiésemos*, *rigierais* o *rigieseis*, *rigieran* o *rigiesen*) y futuro de subjuntivo (*rigiere*, *rigieres*, *rigiere*, *rigiéremos*, *rigiereis*, *rigieren*); imperativo (*rige*), y gerundio (*rigiendo*).

registrador, ra. adj. 'Que registra' (*caja* ***registradora***). sust. m. y f. 'Persona que tiene a su cargo un registro público, en particular el de la propiedad'; 'persona que está a la entrada de un lugar para reconocer las mercancías que salen y entran': **el registrador**, **la registradora**.

registrar. v. tr. Su postverbal es **registro** (sust. m.). Incorrecto: <u>*registración*</u>, un anglicismo.

regla. sust. f. Entre otras denotaciones, 'instrumento que sirve para trazar rectas o para medir'; 'aquello que ha de cumplirse por estar así convenido por una colectividad'; 'modo de ejecutar una cosa'; 'precepto'; 'método de hacer una operación' (***regla** de tres*); 'formulación teórica generalizada de un procedimiento lingüístico' (***regla** de formación del plural*). Aumentativo: **reglón** (sust. m.). Es incorrecto decir excepción a la regla. Correcto: ***excepción de la regla***. **en regla**. loc. adv. fig. 'Como es debido' (*Los papeles están **en regla***). **por regla general**. loc. adv. 'Casi siempre'. **salir de regla**. fr. fig. 'Excederse, propasarse'. → **excepción**

reglaje. sust. m. 'Operación de reglar el papel'; 'reajuste que se hace de las piezas de un mecanismo para mantenerlo en perfecto funcionamiento' (***reglaje** de los frenos de un auto*). Es sustantivo colectivo con la denotación de 'conjunto de trazos o cuadrículas, generalmente de color pálido, impresos en un papel'. Esta última acepción y la primera son de reciente registro en el ***Diccionario***.

reglamentación. sust. f. 'Acción y efecto de reglamentar' (*No se ha dictado aún la **reglamentación** de ese decreto*). Es sustantivo colectivo con la denotación de 'conjunto de reglas' (*La **reglamentación** de ese juego figura en la tapa de la caja*). → **reglamento**

reglamento. sust. m. colect. 'Colección ordenada de reglas o preceptos, que, por autoridad competente, se da para la ejecución de una ley o para el régimen de una corporación, una dependencia o un servicio' (*El **reglamento** general que rige en las escuelas va a ser modificado*). Aunque en algunos contextos esta palabra puede equivaler a **reglamentación**, sobre todo cuando ésta se emplea como postverbal de **reglamentar**, en otros tiene un matiz semántico distinto, según se deduce de la definición académica de una y otra voz, de modo que no son siempre intercambiables. En el ejemplo, no lo son. La palabra **reglamento** posee –ésa es su diferencia con **reglamentación**– una entidad jurídica que no necesariamente tiene la palabra **reglamentación**. → **reglamentación**

reglar. v. tr. 'Tirar o hacer rayas derechas valiéndose de una regla o por cualquier otro medio'; 'sujetar a reglas una cosa' (***reglar** una actividad*); 'medir o componer las acciones conforme a regla'. v. prnl. 'Medirse, templarse, reformarse'. Rég. prep.: **reglarse a** (***reglarse a** lo convenido*); **reglarse por** (***reglarse por** principios*).

regnícola. adj. 'Natural de un reino'. Ú. t. c. sust. com.: **el regnícola**, **la regnícola**.

regocijador, ra. adj. 'Que regocija'. Ú. t. c. sust. m. y f.: **el regocijador**, **la regocijadora**.

regocijar. v. tr. 'Alegrar, festejar'. Ú. t. c. prnl. Rég. prep.: **regocijarse con** (***regocijarse con** la noticia*); **regocijarse de** (***regocijarse de** todo*); **regocijarse en** (***regocijarse en** Dios*). Conserva la **j** en toda la conjugación.

regodearse. v. prnl. fam. 'Deleitarse o complacerse'; 'hablar o estar de chacota'; 'complacerse maliciosamente con un percance, apuro, etc., que le ocurre a otro'. Rég. prep.: **regodearse con** (***regodearse con** lo ocurrido*); **regodearse en** (***regodearse en** la desgracia ajena*). No debe pronunciarse [regodiarse]. Su postverbal es **regodeo** (sust. m.). → **-ear**

regoldar. v. irreg. intr. 'Eructar'. Su postverbal es **regüeldo** (sust. m.). Se conjuga como **sonar**.

regraciar. v. tr. 'Mostrar uno su agradecimiento de palabra o con otra expresión'. Se conjuga, en cuanto al acento, como **cambiar**.

regresar. v. intr. 'Volver al lugar de donde se partió'. Ú. en Amér. c. prnl. (*Ahora, **te regresas** a casa*). Este empleo regional es de reciente registro académico. v. tr. Amér. 'Restituir o devolver algo a su poseedor' (***Te regresaré** el libro mañana*). Este uso acaba de ser, también, incorporado en el ***Diccionario***. Rég. prep.: **regresar** o **regresarse a** (***regresar** o **regresarse a** casa*); **regresar de** (***regresar de** Europa*); **regresar** o **regresarse en** (***regresar** o **regresarse en** avión*); **regresar** o **regresarse por** (***regresar** o **regresarse** por tierra*). La 'acción' de este verbo es **regreso** (sust. m.).

regresión. sust. f. 'Acción de volver hacia atrás'; 'retroceso a estados psicológicos o formas de conducta propios de etapas anteriores a causa de tensiones o conflictos no resueltos'. Esta acepción es de reciente registro en el léxico oficial.

regruñir. v. intr. 'Gruñir mucho'. → **bruñir**

reguardarse. v. prnl. p. us. → **resguardar**

reguilar. v. intr. 'Moverse una persona o cosa como temblando'. También pueden decirse **rehilar** (v. intr.), **reilar** (v. intr.) y **rilar** (v. intr. y prnl.). → **rehilar**

regular. adj. Entre otras acepciones, 'ajustado y conforme a regla' (*verbo **regular***); 'uniforme, sin cambios bruscos o grandes' (*movimiento **regular***); 'de tamaño o condición media o inferior a ella' (*Vive de modo **regular***); 'aplícase a las personas que viven bajo una regla o instituto religioso' (*Los dominicos pertenecen al clero **regular***). Ú. t. c. sust. m. → **secular** (**clero**). adv. m. 'Medianamente, no demasiado bien' (*Anda **regular***). **por lo regular**. loc. adv. 'Regularmente' (***Por lo regular**, se comporta bien*). Su homónimo, el verbo transitivo, significa, entre otras denotaciones, 'medir, ajustar, computar'; 'reglar'; 'determinar las reglas o normas a que debe ajustarse una persona o cosa'; 'reajustar' (***regular** las tarifas de gas*). Su postverbal es **regulación** (sust. f.). → **regularizar**

regularizador, ra. adj. 'Que regulariza'. Ú. t. c. sust. m. y f.: **el regularizador, la regularizadora**.

regularizar. v. tr. Equivale a **regular**, 'ajustar o poner en orden una cosa'. Ú. t. c. prnl. Su postverbal es **regularización** (sust. m.). → **cazar**

rehacer. v. irreg. tr. 'Volver a hacer lo que se había deshecho o hecho mal'; 'reformar, refundir'. 'Reponer, reparar, restablecer lo disminuido o deteriorado' (***rehacer** la casa*). Ú. t. c. prnl. (***Se rehizo** el frente del negocio*). v. prnl. 'Fortalecerse o retomar nuevo brío' (*Con el descanso, **se rehizo** de tanto desgaste físico*); fig. 'serenarse, dominar una emoción, mostrar tranquilidad' (*Después de las vacaciones, está espiritualmente **rehecho**, no se altera por nada*). Su participio es irregular (***rehecho***). Incorrecto: <u>rehacido</u>. Su postverbal es **rehacimiento** (sust. m.). Se conjuga como **hacer**.

rehala. sust. f. colect. 'Rebaño de ganado lanar formado por el de diversos dueños y conducido por un solo mayoral'; 'jauría o agrupación de perros de caza mayor, cuyo número oscila entre catorce y veinticuatro'. También se registra **reala** (sust. f. colect.). La Academia prefiere la primera forma.

rehén. sust. m. 'Persona retenida por alguien como garantía para obligar a un tercero a cumplir determinadas condiciones' (*Lo tomaron como **rehén***). Ú. m. en pl. (*Son **rehenes** de los sublevados*). Es voz aguda que, en plural, se hace grave: **rehenes**.

rehenchir. v. irreg. tr. 'Volver a henchir una cosa reponiendo lo que se había menguado' (***rehenchir** la colchoneta con aire*). Ú. t. c. prnl. 'Rellenar de cerda, pluma, lana o cosa semejante algún mueble o parte de él'. Rég. prep.: **rehenchir de** (***rehenchir de** plumas una almohada*). Su 'acción y efecto' es **rehenchimiento** (sust. m.). Se conjuga como **pedir**.

rehendija. sust. f. → **rendija**

reherir. v. irreg. tr. 'Rebatir, rechazar'. Su postverbal es **reherimiento** (sust. m.). Se conjuga como **sentir**.

reherrar. v. irreg. tr. 'Volver a herrar con la misma herradura, aunque con clavos nuevos'. Se conjuga como **acertar**.

rehervir. v. irreg. intr. 'Volver a hervir' (*El agua **rehierve***). Ú. t. c. tr. (*Ana, no **rehiervas** el agua*). fig. 'Encenderse o enardecerse a causa de una pasión'. v. prnl. 'Hablando de las conservas, fermentarse, agriarse'. Se conjuga como **sentir**.

rehilamiento. sust. m. → **rehilar**

rehilar. v. tr. 'Torcer mucho lo que se hila'. v. intr. 'Moverse una persona o cosa como temblando'. Para esta acepción, también pueden decirse **reguilar** (v. intr.), **reilar** (v. intr.) y **rilar** (v. intr. y prnl.). 'Producir zumbido ciertas armas arrojadizas, como la flecha, cuando van con mucha rapidez'. 'Pronunciar con vibración o zumbido ciertas consonantes sonoras'. Ú. t. c. tr. (*Los porteños **rehílan** la ye y la doble ele*). Aunque no lo especifica el ***Diccionario***, su 'acción' es el sustantivo masculino **rehilamiento** (*Los rioplatenses pronuncian la ye con **rehilamiento***). Este verbo lleva acento ortográfico sobre la **i** de la raíz en aquellas formas en que recae sobre esta vocal el acento prosódico (*rehílo, rehílas, rehíle, rehíles*, etc.). → **airar**

rehilete. sust. m. 'Flechilla con púa en un extremo y papel o plumas en el otro, que se lanza por diversión para clavarla en un blanco'; 'banderilla de toros'; 'zoquetillo de madera o de corcho con plumas que se lanza al aire con la raqueta, como si fuera una pelota'. Para esta última denotación puede decirse, también, **volante** (sust. m.). fig. 'Pulla' (*Déjate de **rehiletes***). También puede decirse, en todas sus acepciones, **rehilero** (sust. m. p. us.). → **bádminton**

rehílo. sust. m. 'Temblor de una cosa que se mueve ligeramente' (*El **rehílo** del cable por la brisa no asusta a los pajaritos que se posan en él*). Es voz de uso poco frecuente. Distíngase de la primera persona singular del presente de indicativo del verbo **rehilar** (*Yo, porque soy porteña, **rehílo** la ye*).

rehogar. v. tr. 'Sofreír un alimento a fuego lento y sin agua, para que lo penetren la manteca o el aceite, y otras cosas con que se condimenta'. Rég. prep.: **rehogar en** (***rehogar en** aceite*).

rehollar. v. irreg. tr. 'Volver a pisar, pisotear'. No se confunda su grafía con la de **rehoyar** (v. intr.). Se conjuga como **sonar**.

rehoyar. v. intr. 'Renovar el hoyo hecho antes para plantar árboles'. Repárese en que este verbo es regular, a diferencia de **rehollar**. → **rehollar**

rehoyo. sust. m. 'Barranco u hoyo profundo'. También puede decirse **rehoya** (sust. f.), pero la Academia prefiere la primera forma.

rehuir. v. irreg. tr. Entre otras acepciones, 'retirar, apartar una cosa como con temor, sospecha o recelo de un riesgo' (***Rehúye** la prensa*). Ú. t. c. intr. y c. prnl. (*No es posible entrevistarlo, **se rehúye***). 'Rehusar o excusar admitir algo' (***Rehúye** la verdad*); 'evitar el trato o la compañía de alguien' (***Rehúye** a los malos estudiantes*). v. intr. 'Entre cazadores, volver a huir o correr la presa por sus mismas huellas'. Su 'acción' es **rehuida** (sust. f.). Nótese que este sustantivo no lleva tilde sobre la **i**. Incorrecto: <u>rehuída</u>. El verbo se conjuga como **huir** y lleva tilde sobre la **u** cuando sobre esta vocal recae el acento prosódico. → **rehundir**

rehumedecer. v. irreg. tr. 'Humedecer bien'. Ú. t. c. prnl. Se conjuga como **parecer**.

rehundir. v. tr. 'Hundir o sumergir a lo más hondo'; 'hacer más honda una cavidad o agujero'; 'volver a fundir los metales'; 'gastar sin provecho ni medida'. Repárese en que lleva tilde sobre la **u** cuando cae sobre esta vocal el acento prosódico: presente de indicativo (*rehúndo, rehúndes, rehúnde, rehúnden*), presente de subjuntivo (*rehúnda, rehúndas, rehúnda, rehúndan*) e imperativo (*rehúnde*).

rehús. sust. m. 'Desecho, desperdicio'. También puede decirse **rebús** (sust. m.). La Academia prefiere la primera forma. Son voces agudas que, en plural, se hacen graves: **rehúses**, **rebuses**.

rehusar. v. tr. 'Excusar, no querer o no aceptar una cosa'. Según Seco, el régimen <u>*rehusar a*</u> (<u>*Rehúsa*</u> <u>*a*</u> *volver*; <u>*Rehúsa*</u> <u>*a*</u> *hacer los deberes*) no es correcto. "Lo normal –dice el distinguido lingüista– es *negarse a*, o simplemente *rehusar* (sin *a*)." Correcto: ***Rehúsa** volver*; ***Rehúsa** hacer los deberes*. La Academia no lo registra como pronominal, pero es de uso frecuente, al menos en la Argentina (***Se rehusó***). Como pronominal, su régimen preposicional es común con **a**: ***Se rehúsa a** hacer los deberes*. Prefiérase, no obstante, **negarse a** (***Se niega a** hacer los deberes*). Repárese en que, en su conjugación, lleva tilde sobre la **u** cuando cae sobre esta vocal el acento prosódico. → **aullar**

reidor, ra. adj. 'Que ríe con frecuencia'. Ú. t. c. sust. m. y f.: **el reidor, la reidora**.

reiforme. adj. 'Dícese de aves americanas de gran tamaño, semejantes al avestruz, como el ñandú' (*ave **reiforme***). sust. f. pl. 'Orden de estas aves': **las reiformes**.

reilar. v. intr. 'Moverse algo como temblando'. Es verbo regular. Respecto de la conjugación, la **e** no forma diptongo con la **i** cuando el radical es tónico; esa **i** lleva tilde: presente de indicativo (*reílo, reílas, reíla, reílan*), presente de subjuntivo (*reíle, reíles, reíle, reílen*) e imperativo (*reíla*). Incorrecto: <u>*reilo*</u>, <u>*reile*</u>, <u>*reila*</u>. También pueden decirse **reguilar** (v. intr.), **rehilar** (v. intr.) y **rilar** (v. tr. y prnl.). → **airar**

reimplantación. sust. f. 'Acción y efecto de reimplantar'. La Academia ha incorporado recientemente esta acepción: 'Intervención que tiene por objeto volver a colocar un órgano, que había sido seccionado, en su lugar correspondiente'. Es palabra aguda. En plural, se transforma en grave: **reimplantaciones**. También puede decirse **reimplante** (sust. m.), pero la Academia prefiere la primera forma.

reimpresión. sust. f. 'Acción y efecto de

reimprimir'. Es sustantivo colectivo con la denotación de 'conjunto de ejemplares reimpresos de una vez' (*la **reimpresión** de un diccionario*). Es palabra aguda. En plural, se transforma en grave: **reimpresiones**. No debe confundirse su denotación con la de **reedición** (sust. f.). → **reedición, reimprimir**

reimprimir. v. tr. 'Volver a imprimir o repetir la impresión de una obra o escrito'. Sólo tiene irregularidad en el participio (***reimpreso***); éste se usa en la conjugación de los tiempos compuestos (*había **reimpreso***) y como adjetivo (*libros **reimpresos***). El participio regular (***reimprimido***) se emplea raramente. No debe confundirse su denotación con la de **reeditar** (v. tr.), 'volver a editar'. Cuando se reedita una obra, no siempre se repite el texto de la edición anterior; el autor puede introducir variantes. → **reeditar**

reina. sust. f. Entre otras denotaciones, 'esposa del rey'; 'la que ejerce la potestad real por derecho propio'. En su reemplazo, no debe usarse *la monarca*. También puede decirse **reinadora** (sust. f.), 'la que reina'. **reina mora.** Argent. 'Ave de la familia de los fringílidos, de plumaje azul brillante el macho y pardo acanelado la hembra, de melodioso canto, fácilmente domesticable'. Para distinguir los sexos, debe recurrirse a las perífrasis **reina mora macho, reina mora hembra**. En plural: **reinas moras**. Es correcto el sintagma **abeja reina**. En plural: **abejas reina**. → **monarca, rey**

reinador. sust. m. 'El que reina'. Su femenino es **reinadora**. → **rey, reina**

reinar. v. intr. Entre otras denotaciones, 'regir un rey o príncipe un Estado'; fig. 'prevalecer' (***Reina** el silencio*). Rég. prep.: **reinar en** (***reinar en** Bélgica*); **reinar entre** (***reinar** el temor **entre** los niños*); **reinar sobre** (***reinar sobre** millones de personas*).

reincidir. v. intr. 'Volver a caer en un error, falta o delito'. Rég. prep.: **reincidir en** (*El joven **reincidió en** el robo*).

reincorporar. v. tr. Ú. t. c. prnl. 'Volver a incorporar'. Rég. prep.: **reincorporar a** o **en** (***Reincorporaron** a Luis **a** o **en** su empleo*). Su postverbal es **reincorporación** (sust. f.). → **incorporar**

reingresar. v. intr. 'Volver a ingresar'. Rég. prep.: **reingresar en** (***Reingresó en** la Facultad de Medicina*). Incorrecto: *Reingresó a la Facultad de Medicina*. Ú. t. c. tr. (***Reingresaron** al enfermo en el hospital*). Su postverbal es **reingreso** (sust. m.). Rég. prep.: **reingreso en** (***reingreso en** el instituto*). → **ingresar**

reiniciar. v. tr. Ú. t. c. prnl. Sólo se admite su uso con el significado de 'volver a empezar' (***Reinició** sus estudios*). No está registrado en el ***Diccionario***, pero es de correcta formación. No debe confundirse su denotación con la de **reanudar** (v. tr. Ú. t. c. prnl.). → **iniciar, reanudar**

reinicio. sust. m. Sólo se admite su uso con el significado de 'nuevo comienzo' (*el **reinicio** de los estudios*). Esta voz no está registrada en el ***Diccionario***, pero es de correcta formación. No debe confundirse con **reanudación** (sust. f.), que denota la 'continuación de algo que se había suspendido': *el reinicio del partido de fútbol*. Correcto: *la **reanudación** del partido de fútbol*. → **reanudar**

reino. sust. m. Entre otras denotaciones, 'territorio o Estado con sus habitantes sujetos a un rey' (***Reino** de España*); 'ámbito real o imaginario propio de una actividad' (***reino** de la moda*). Debe escribirse con mayúscula cuando es forma política de un Estado (***Reino** Unido*). En los demás casos, se usa la minúscula (*Los poetas viven en su **reino***). No debe confundirse su significado con el de **reinado** (sust. m.), 'espacio de tiempo en que gobierna un rey o una reina'.

reinserción. sust. f. 'Integración en la sociedad de una persona que estaba marginada de ella' (*Estudian el modo de lograr la **reinserción** laboral de los presidiarios*). Esta voz no está registrada en el ***Diccionario***, pero es de correcta formación. En su reemplazo, puede usarse **reintegración** (sust. f.).

reinsertar. v. tr. Ú. t. c. prnl. 'Volver a integrar en la sociedad a una persona que estaba marginada de ella' (*Los presidiarios podrán **reinsertarse***). Esta voz no está registrada en el ***Diccionario***, pero es de correcta formación.

reinstalar. v. tr. Ú. t. c. prnl. 'Volver a instalar'. Rég. prep.: **reinstalar en** (***Reinstaló** el televisor **en** el dormitorio*); **reinstalarse en** (***Se reinstaló en** su casa*).

reintegrar. v. tr. Entre otras denotaciones,

'restituir'. v. prnl. 'Volver a ejercer una actividad'. Rég. prep.: **reintegrar en** (***Reintegraron*** *a* ***Sofía en*** *su cargo*); **reintegrarse a** (***Se reintegró a*** *su trabajo*; ***a*** *sus funciones*; ***a*** *la civilización*; ***al*** *partido*). Sus postverbales son **reintegración** (sust. f.) y **reintegro** (sust. m.).

reintegro. sust. m. La Academia ha incorporado recientemente un nuevo significado: 'Póliza o timbre de un documento'.

reinversión. sust. f. 'Empleo de los beneficios de una actividad productiva en el aumento del capital de ésta'. Es palabra aguda. En plural, se transforma en grave: **reinversiones**. Esta voz ha sido recién incorporada en el ***Diccionario***.

reír. v. irreg. intr. Ú. t. c. prnl. y c. tr. Rég. prep.: **reírse de** una persona **con** otra (***Se reían de*** *Gabriel* ***con*** *María*); **reírse de** o **por** algo (***Se rió de*** o ***por*** *mi broma*); **reírse de** (***Se reía de*** *su miedo*). **reírse** uno **de** una persona o cosa. fr. fig. y fam. 'Despreciarla' (***Se rieron de*** *la loca*; ***Me reí de*** *tu viejo vestido*). Respecto de su conjugación, cambia por **i** la **e** de la raíz en presente de indicativo (*río*, *ríes*, *ríe*, *ríen*), presente de subjuntivo (*ría*, *rías*, *ría*, *riamos*, *riáis*, *rían*) e imperativo (*ríe*). Pierde la **e** de la raíz cuando la desinencia comienza con **i** en pretérito perfecto simple de indicativo (*rió*, *rieron*), pretérito imperfecto de subjuntivo (*riera o riese*, *rieras o rieses*, *riera o riese*, *riéramos o riésemos*, *rierais o rieseis*, *rieran o riesen*), futuro de subjuntivo (*riere*, *rieres*, *riere*, *riéremos*, *riereis*, *rieren*) y en el gerundio (*riendo*). El participio activo es **riente**. Nótese que el infinitivo se escribe con tilde: **reír**. Incorrecto: <u>*reir*</u>.

reis. sust. m. pl. 'Moneda fraccionaria portuguesa, cuyo múltiplo, el mil-reis, se convirtió en la unidad monetaria, hoy reemplazada con el escudo'.

reiterado, da. p. de **reiterar**. adj. 'Dícese de lo que se hace o sucede repetidamente' (***reiterados*** *llamados*). Esta voz ha sido recién incorporada en el ***Diccionario***.

reivindicar. v. tr. 'Reclamar o recuperar uno lo que por razón de dominio le pertenece'; 'reclamar algo como propio' (***Reivindicará*** *su casa natal*); 'reclamar para sí la autoría de una acción' (***Reivindicó*** *el incendio de la fábrica*, es decir, "se lo atribuyó"). Incorrecto: <u>*Se reivindicó*</u> *el incendio de la fábrica*; <u>*Revindicó*</u> *el incendio de la fábrica*. Los dos últimos significados han sido recién incorporados en el ***Diccionario***. No deben confundirse sus denotaciones con la de **revindicar** (v. tr.). Su postverbal es **reivindicación** (sust. f.). → **sacar**, **revindicar**

reivindicativo, va. adj. 'Que reivindica'. Esta voz ha sido recién incorporada en el ***Diccionario***. No debe confundirse su significado con el de **reivindicatorio, ria** (adj.), 'que sirve para reivindicar o atañe a la reivindicación'.

reja. sust. f. Tiene valor colectivo: 'conjunto de barrotes metálicos o de madera, convenientemente enlazados, que se ponen en las ventanas y otras aberturas de los muros'. Diminutivos: **rejín** (m.), **rejuela**. El **rejado** (sust. m.) es la 'verja', y el 'conjunto de obras de rejero', la **rejería** (sust. f. colect.). Su homónimo (sust. f.) es el 'instrumento de hierro que forma parte del arado y sirve para romper y revolver la tierra'.

rejero. sust. m. 'El que labra o fabrica rejas'. La Academia no registra el género femenino.

rejoneador. sust. m. 'El que rejonea'. Su femenino es **rejoneadora**.

rejonear. v. tr. 'En el toreo de a caballo, herir con el rejón al toro'. No debe pronunciarse [rejoniar, rejonié]. Su postverbal es **rejoneo** (sust. m.). → **-ear**

rejuvenecer. v. irreg. tr. Ú. t. c. intr. y c. prnl. 'Remozar'; 'renovar'. Su postverbal es **rejuvenecimiento** (sust. m.). Se conjuga como **parecer**.

relación. sust. f. Entre otras denotaciones, 'referencia que se hace de un hecho'. La Academia ha incorporado recientemente los siguientes significados: 'Lista de nombres o elementos de cualquier clase'; 'informe que, generalmente, se hace por escrito y se presenta ante una autoridad'. Argent. 'Coplas que se dicen los integrantes de las parejas en diversos bailes tradicionales'. sust. com. 'Relacionista': **el relación, la relación**. Rég. prep.: **relación de** una persona **con** otra (*Roberto no aceptaba la* ***relación de*** *su hija* ***con*** *Pablo*). sust. f. pl. 'Las amorosas con propósito matrimonial'. Son correctas las frases prepositivas **con relación a** y **en relación con**. Seco considera que debe evitarse **en relación a**, "cruce de una y otra". Otros estudiosos, en cambio, no desestiman su uso. **re-**

lación gramatical. 'Conexión o enlace entre dos términos de una misma oración' (*En la frase "días de fiesta", hay una **relación gramatical** cuyos dos términos son "días" y "fiesta"*). **relaciones públicas**. La frase es traducción del anglicismo *public relations*. 'Actividad profesional cuyo fin es informar sobre personas, empresas, instituciones, etc., tratando de prestigiarlas y de captar voluntades a su favor'. **decir** o **hacer relación** a una cosa. frs. 'Tener con ella conexión aquello de que se trata' (*Cuando habló del trabajo, **hizo relación** a los inconvenientes que podían presentarse para realizarlo*). **hacer relación de** algo. fr. 'Referir' (***Hizo relación de** sus viajes*). El adjetivo correspondiente es **relacional**, 'perteneciente o relativo a la relación o correspondencia entre cosas'. → **relacionista**

relacionar. v. tr. Ú. t. c. prnl. Rég. prep.: **relacionar con** (***relacionar** un tema **con** otro*); **relacionarse con** (***relacionarse con** profesores extranjeros*); **relacionarse entre** (***relacionarse entre** sí*).

relacionero. sust. f. 'El que hace o vende coplas o relaciones'. La Academia no registra el género femenino.

relacionista. sust. com. 'Persona que cultiva o trabaja en relaciones públicas'; 'experto en dichas relaciones': **el relacionista, la relacionista**. También puede decirse **relación** (sust. com.), pero la Academia prefiere la primera forma.

relajación. sust. f. La Academia ha incorporado recientemente un nuevo significado: 'Inmoralidad en las costumbres'. Con esta última denotación, también puede decirse **relajo** (sust. m.). Es palabra aguda. En plural, se transforma en grave: **relajaciones**. Su sinónimo es **relajamiento** (sust. m.). → **relajar**

relajado, da. p. de **relajar**. La Academia ha incorporado recientemente un nuevo significado: adj. 'Aplícase a los sonidos que se realizan en determinadas posiciones con una tensión muscular mucho menor de lo que es habitual' (*sonidos **relajados***).

relajador, ra. adj. 'Que relaja' (*masaje **relajador***). También puede decirse **relajante** (p. a. de **relajar**). Ú. t. c. sust. m. y f.: **el relajador, la relajadora**.

relajamiento. sust. m. → **relajación, relajar**

relajante. p. a. de **relajar**. 'Que relaja'. adj. 'Dícese del medicamento que tiene la virtud de relajar' (*pastilla **relajante***). Ú. t. c. sust. m.: **el relajante.**

relajar. v. tr. Ú. t. c. prnl. Entre otras denotaciones, 'aflojar, ablandar'; 'laxarse o dilatarse una parte del cuerpo del animal'; fig. 'caer en malas costumbres'. Rég. prep.: **relajarse de** (*El caballo **se relajó de** una pata*); **relajarse en** (***Te relajaste en** tu conducta*). Sus postverbales son **relajación** (sust. f.), **relajamiento** (sust. m.) y **relajo** (sust. m.).

relajo. sust. m. 'Desorden'; 'holganza'; 'degradación de las costumbres'. Con este último significado, pueden usarse, en su reemplazo, **relajación** (sust. f.) y **relajamiento** (sust. m.). Estos sustantivos no deben emplearse con las dos acepciones restantes. Argent., Cuba, Méj., P. Rico y Urug. 'Broma pesada'. Esta última denotación ha sido recién incorporada en el ***Diccionario***. → **relajación**

relamer. v. tr. y prnl. Entre otras denotaciones, 'volver a lamer'; 'lamerse los labios una o muchas veces'. La Academia ha incorporado recientemente un nuevo significado: fig. 'Encontrar mucho gusto o satisfacción en algo'. Rég. prep.: **relamerse de** (***relamerse de** gusto*).

relampaguear. v. intr. impers. 'Haber relámpagos' (*Al atardecer, **relampagueaba***). fig. 'Arrojar luz' (*Sus ojos **relampaguean***). No debe pronunciarse [relampaguiar]. Su postverbal es **relampagueo** (sust. m.). → **-ear**

relance. sust. m. Entre otras denotaciones, 'segundo lance, redada o suerte'. **de relance**. loc. adv. 'Casualmente' (*La encontré **de relance***).

relanzar. v. tr. 'Repeler, rechazar' (***Relanzan** proyectos educativos*). Es incorrecto usarlo con los significados de 'volver a lanzar'; 'reactivar'; 'volver a promocionar': <u>*Relanzarán*</u> *varios cosméticos; El gobierno* <u>*relanzará*</u> *la economía*. Correcto: ***Volverán a promocionar** varios cosméticos; El gobierno **reactivará** la economía*. → **cazar**

relapso, sa. adj. 'Que reincide en un pecado del que ya había hecho penitencia o en una herejía de la que había abjurado' (*mujeres **relapsas***). Ú. t. c. sust. m. y f.: **el relapso, la relapsa**.

relatar. v. tr. 'Referir o dar a conocer un hecho' (***Relató** un viaje*); 'hacer relación de un proceso o pleito'. Con estas denotaciones, también puede usarse **narrar** (v. tr.). v. intr. 'Protestar gruñendo por algo'.

relativamente. adv. m. 'Con relación a una persona o cosa'. La Academia ha incorporado recientemente el significado de 'aproximadamente' (*Lo hizo **relativamente** bien*).

relativista. adj. 'Perteneciente o relativo a la relatividad o al relativismo' (*doctrina **relativista***); 'seguidor o partidario de estas doctrinas' (*profesor **relativista***). Ú. t. c. sust. com.: **el relativista, la relativista**. Esta voz ha sido recién incorporada en el ***Diccionario***.

relativizar. v. tr. 'Introducir en la consideración de un asunto aspectos que atenúan su importancia' (***Relativizó** la gravedad de los hechos*). Esta voz ha sido recién incorporada en el ***Diccionario***. → **cazar**

relativo, va. adj. 'Que hace relación a una persona o cosa'. Rég. prep.: **relativo a** (*Trajo los papeles **relativos a** la venta de la casa*). 'Que no es absoluto' (*Demostró una **relativa** idoneidad para realizar la tarea*); 'no mucho, en poca cantidad o intensidad' (*Es una obra de **relativa** importancia*). Esta última denotación ha sido recién incorporada en el ***Diccionario***. Es incorrecto usar esta voz como sinónimo de **discutible** (adj.): *Tu análisis de la situación económica es muy <u>relativo</u>*. Correcto: *Tu análisis de la situación económica es muy **discutible***.

relator, ra. adj. 'Que relata o refiere algo'. Ú. t. c. sust. m. y f.: **el relator, la relatora**. sust. m. y f. 'Persona que, en un congreso o asamblea, hace relación de los asuntos tratados, así como de las deliberaciones y acuerdos correspondientes'. También puede decirse **relatador, ra** (adj. Ú. t. c. sust. m. y f.). La **relatoría** (sust. f.) es el 'empleo' o la 'oficina de relator'.

relax. sust. m. Voz inglesa (*relax*) españolizada. 'Relajamiento físico o psíquico producido por ejercicios adecuados o por comodidad, bienestar o cualquier otra causa'. En plural, no varía: **los relax**. Ha sido recién incorporada en el ***Diccionario***.

relazar. v. tr. 'Enlazar o atar con varios lazos o vueltas'. → **cazar**

relé. sust. m. 'Aparato destinado a producir en un circuito una modificación dada, cuando se cumplen determinadas condiciones en el mismo circuito o en otro distinto'. Es palabra aguda. En plural: **relés**.

releer. v. tr. 'Leer nuevamente o volver a leer algo' (*Le aconsejé que **releyera** la novela*). → **leer**

relegar. v. tr. 'Desterrar de un lugar'; fig. 'apartar, posponer'. Rég. prep.: **relegar a** (***Relegó** al olvido su carrera*). → **pagar**

releje. sust. m. Entre otras denotaciones, 'rodada'; 'sarro que se cría en los labios o en la boca'. También puede decirse **relej** (sust. m.), pero la Academia prefiere la primera forma. El plural de ambas voces es **relejes**.

relentecer. v. irreg. intr. Ú. t. c. prnl. 'Ablandarse algunas cosas'. Se conjuga como **parecer**.

relevación. sust. f. 'Exención de una obligación o un requisito' (*La **relevación** de la prueba fue dictada por el juez*). Incorrecto: <u>relevamiento</u> (barbarismo). Es palabra aguda. En plural, se transforma en grave: **relevaciones**.

relevar. v. tr. Ú. t. c. prnl. Entre otras denotaciones, 'hacer de relieve una cosa'; 'exonerar de un peso o gravamen, y, también, de un empleo o cargo'; 'reemplazar a una persona con otra en cualquier empleo'. Con la segunda denotación, ú. t. c. prnl. Rég. prep.: **relevar de** (***Relevaron** a Juan **de** su cargo*); **relevar en** (***Relevan** a un general **en** el mando*). Su postverbal es **relevación** (sust. f.). La voz **relevo** (sust. m.) se usa como 'acción y efecto' del tercer significado.

relevista. adj. 'Dícese del deportista que participa en pruebas de relevos'. Ú. t. c. sust. com.: **el relevista, la relevista**. Esta voz ha sido recién incorporada en el ***Diccionario***.

relieve. sust. m. Entre otras denotaciones, 'labor o figura que resalta sobre el plano'; 'importancia, renombre'. Tiene valor colectivo con el significado de 'conjunto de formas complejas que accidentan la superficie del globo terráqueo'. Ú. t. c. sust. m. pl. (*los **relieves** del terreno*). sust. m. pl. 'Residuos de lo que se come': **los relieves**. **alto relieve** o **todo relieve**. 'Aquel en que las figuras salen del plano más de la mitad de su bulto'. El primer sintagma también puede escribirse en una sola palabra: **altorrelieve**. No, el segundo: <u>*todorrelieve*</u>. **bajo relieve**. 'Aquel en que las figuras resaltan poco del plano'. También puede escribirse en una sola palabra: **bajorrelieve**. **medio relieve**. 'Aquel en que las figuras salen del plano la mitad de su grueso'. Incorrecto: <u>*mediorrelieve*</u>. **poner de relieve** algo. fr. fig. 'Subrayarlo, destacarlo' (***Puso de relieve*** *la colaboración de los padres*).

religar. v. tr. 'Volver a atar'; 'ceñir más estrechamente'; 'volver a ligar un metal con otro'. Rég. prep.: **religar con** (***religar*** *un metal* ***con*** *otro*). Su postverbal es **religación** (sust. f.). → **pagar**

religión. sust. f. Tiene valor colectivo con la denotación de 'conjunto de creencias o dogmas acerca de la divinidad, de sentimientos de veneración y temor hacia ella, de normas morales para la conducta individual y social, y de prácticas rituales, principalmente la oración y el sacrificio para darle culto'. Es palabra aguda. En plural, se transforma en grave: **religiones**. **entrar en religión** una persona. 'Tomar el hábito en una orden religiosa' (*Manuela* ***entró en religión***).

religionario. sust. m. 'Seguidor del protestantismo'. Su femenino es **religionaria**.

religiosamente. adv. m. 'Con religión' (*Se acercó al altar* ***religiosamente***); 'con puntualidad y exactitud' (*Entrega sus trabajos* ***religiosamente***).

religioso, sa. adj. Entre otras denotaciones, 'perteneciente o relativo a la religión o a los que la profesan' (*mujeres* ***religiosas***). Ú. t. c. sust. m. y f.: **el religioso, la religiosa**.

relincho. sust. m. 'Voz del caballo'. También puede decirse **relinchido** (sust. m.), pero la Academia prefiere la primera forma.

relingar. v. tr. Entre otras denotaciones, 'coser o pegar las relingas o sogas en que van colocados los plomos y corchos con que se calan y sostienen las redes en el agua'. → **pagar**

rellenar. v. tr. Ú. t. c. prnl. Entre otras denotaciones, 'volver a llenar algo'; 'llenar enteramente'. Rég. prep.: **rellenar con** o **de** (***Rellena*** *las empanadas* ***con*** o ***de*** *atún*). Su postverbal es **relleno** (sust. m.).

relleno, na. adj. 'Muy lleno' (*bolsa* ***rellena***). sust. m. Entre otras denotaciones, 'cualquier material con que se llena algo' (*el* ***relleno*** *del almohadón*). Rég. prep.: **relleno con** o **de** (***relleno con*** o ***de*** *lana*). **de relleno**. loc. adj. fig. y fam. 'Palabras que no son necesarias en los escritos o en las oraciones, y sólo se intercalan para alargarlos' (*El discurso tenía varias palabras* ***de relleno***).

reloj. sust. m. Es palabra aguda. En plural, se transforma en grave: **relojes**. La Academia no registra la grafía **reló** en la última edición de su *Diccionario*; hoy debe desecharse. **contra reloj**. loc. 'Modalidad de carrera ciclista en que los corredores toman la salida de uno en uno, con un intervalo de tiempo determinado que ha de ser igual para todos'; 'hacer una cosa o resolver un asunto en un plazo de tiempo perentorio o demasiado corto' (*carrera* ***contra reloj***). También puede escribirse en una sola palabra: **contrarreloj** (adj. Ú. t. c. sust. f.). **estar** uno **como un reloj**. fr. fig. 'Estar bien dispuesto, sano y ágil' (*La abuela* ***está como un reloj***). **ser** uno **un reloj** o **como un reloj**. frs. figs. y fams. 'Ser muy puntual' (***Era un reloj*** o ***como un reloj***, *llegaba siempre a las diez*); 'evacuar a una hora determinada'. No debe decirse <u>*reloj pulsera*</u>, sino **reloj de pulsera**, del mismo modo que se dice **reloj de arena**, **de sol**, **de campana**, etc. El 'arte de hacer relojes' es la **relojería** (sust. f.).

relojero. sust. m. 'El que hace, compone o vende relojes'. Su femenino es **relojera**, voz que también denota 'mujer del relojero'. sust. f. 'Mueblecillo o bolsa para guardar el reloj de bolsillo' (*Dejó sobre la mesa su vieja* ***relojera***).

relucir. v. irreg. intr. Entre otras denotaciones, 'despedir o reflejar luz una cosa'. Se conjuga como **lucir**.

relumbrón. sust. m. 'Rayo de luz vivo y pasajero'; 'lo deslumbrante de escaso valor' (*Estas joyas son* ***relumbrones***). Es palabra aguda. En plural, se transforma en grave: **relumbrones**. También puede decirse **relumbro** (sust. m.), pero la Academia prefiere la primera forma. **de relumbrón**. loc. adv. 'Más aparente que verdadero o de mejor apariencia que calidad' (*Compra ropa* ***de relumbrón***).

remachador, ra. adj. 'Que remacha'. sust. m. y f. 'Persona que tiene por oficio perforar las planchas metálicas y unirlas con remaches'. Este último significado ha sido recién incorporado en el ***Diccionario***. sust. f. 'Máquina que sirve para remachar'.

remador. sust. m. 'El que rema'. Su femenino es **remadora**.

♦ **remake.** Anglicismo. En español, debe decirse **nueva versión**.

remanecer. v. irreg. intr. 'Aparecer de nuevo e inopinadamente'. Se conjuga como **parecer**.

remanente. sust. m. 'Lo que queda de algo' (*el **remanente** de hojas*). Incorrecto: la remanente.

remangar. v. tr. Ú. t. c. prnl. 'Levantar'; fig. y fam. 'tomar enérgicamente una resolución'. También puede decirse **arremangar** (v. tr. Ú. t. c. prnl.), pero la Academia prefiere la primera forma. Su postverbal es **remango** (sust. m.). → **pagar**

remar. v. intr. 'Trabajar con el remo para impeler la embarcación en el agua'; fig. 'trabajar con continua fatiga y gran afán en una cosa' (***Remaba** todos los días para lograr un ascenso*). Rég. prep.: **remar contra** (***remar contra** la corriente*). Sus postverbales son **remadura** (sust. f.) y **remamiento** (sust. m.).

♦ **remarcable.** Galicismo (*remarquable*). En español, debe decirse **notable**, **señalado**, **sobresaliente**. Lo registra el ***Diccionario Manual***, con el indicador de su falta de sanción oficial.

remarcar. v. tr. 'Volver a marcar' (***Remarque** al animal*). Es un galicismo (*remarquer*) usar esta voz como sinónimo de **destacar**, **hacer hincapié**, **poner de relieve**, **resaltar** o **subrayar**: *El maestro remarcó que es necesaria la lectura*. Correcto: *El maestro **destacó** que es necesaria la lectura*. → **sacar**

rematador, ra. adj. 'Que remata'. sust. m. 'Subastador'. La Academia no registra el género femenino.

rematante. sust. com. 'Persona a quien se adjudica la cosa subastada': **el rematante, la rematante**.

rematar. v. tr. Entre otras denotaciones, 'dar fin o remate a una cosa'; 'poner fin a la vida de la persona o del animal que está en trance de muerte'. Rég. prep.: **rematar a** (***rematar a** un toro*); **rematar con** (***rematar con** una copla*); **rematar en** (***rematar en** cruz*). La Academia ha incorporado estos significados: 'Vender lo último que queda de una mercancía a precio más bajo' (Ú. t. c. intr.); 'agotar lo que queda de una cosa'. Argent., Bol., Chile y Urug. 'Comprar o vender en subasta pública'. En la Argentina, sólo significa 'vender'. Su postverbal es **remate** (sust. m.).

remate. sust. m. Entre otras denotaciones, 'fin, extremidad o conclusión de algo'. Argent., Bol., Chile, Méj., Par. y Urug. 'Subasta pública'. 'Momento final de la embestida del toro'. La Academia ha incorporado recientemente estos dos últimos significados. **de remate**. loc. adv. 'Absolutamente, sin remedio' (*Estaba loco **de remate***). **por remate**. loc. adv. 'Por fin, por último' (***Por remate**, habló el jefe*). La A.A.L. recomienda el ingreso de la siguiente acepción: NO. Argent. 'Copla final de una serie, caracterizada por incluir en ella su propia denominación' (*Este es el nuevo **remate**/que te ha de quitar el sueño...*).

rembolsar. v. tr. → **reembolsar**

rembolso. sust. m. → **reembolsar**

remecedor. sust. m. 'El que varea y menea los olivos para que suelten la aceituna'. Su femenino es **remecedora**. sust. m. 'Palo largo para mover el vino de las tinajas': **el remecedor**.

remecer. v. tr. Ú. t. c. prnl. 'Mover reiteradamente una cosa de un lado a otro' (***Remezo** la bandera*). → **mecer**

remedador, ra. adj. 'Que remeda'. Ú. t. c. sust. m. y f.: **el remedador, la remedadora**.

remedar. v. tr. 'Imitar'. Rég. prep.: **remedar en** (***remedar en** los gestos*).

remediador, ra. adj. 'Que remedia o ataja un daño' (*medicamento **remediador***). Ú. m. c. sust. m. y f.: **el remediador, la remediadora**.

remediar. v. tr. Ú. t. c. prnl. Se conjuga, en cuanto al acento, como **cambiar**.

remediavagos. sust. m. 'Libro o manual que resume una materia en poco espacio, para facilitar su estudio'. Es incorrecto usar esta voz, en singular, sin **s**: *el remediavago*. En plural, no varía: **los remediavagos**.

remedio. sust. m. Entre otras denotaciones, 'medio que se toma para reparar un daño o inconveniente'; 'lo que sirve para producir un cambio favorable en las enfermedades'. **no tener remedio**. fr. 'No haber remedio' (*Su enfermedad **no tiene remedio***); 'tratándose de personas, ser incorregibles' (*A pesar de su edad, Jua-*

*nita ya **no tiene remedio***). **ser el remedio peor que la enfermedad**. fr. fig. 'Ser lo propuesto más perjudicial para evitar un daño que el daño mismo' (*No le des más consejos contra su rebeldía, pues **será el remedio peor que la enfermedad***). **sin remedio**. loc. adv. 'Inevitable o necesariamente' (*Fracasará **sin remedio***).

remedir. v. irreg. tr. 'Volver a medir' (***Remidió** la tela*). Su postverbal es **remedición** (sust. f.). Se conjuga como **pedir**.

remellado, da. adj. 'Que tiene mella o hendidura' (*labios **remellados***). 'Dícese de la persona que tiene uno de estos defectos'. Ú. t. c. sust. m. y f.: **el remellado, la remellada**. sust. m. 'Operación de remellar una piel': **el remellado**. El adjetivo familiar **remellón, na** denota 'que tiene muchas mellas' (Apl. a pers., ú. t. c. sust. m. y f.).

remembrar. v. tr. 'Recordar'. Es regular. Incorrecto: *remiembro*, *remiembre*, *remiembra*. Correcto: ***remembro, remembre, remembra.***

remendar. v. irreg. tr. Su postverbal es **remendado** (sust. m.). Se conjuga como **acertar**.

remendón, na. adj. 'Que tiene por oficio remendar' (*zapatero **remendón***). Ú. t. c. sust. m. y f.: **el remendón, la remendona**.

remera. adj. 'Dícese de cada una de las plumas grandes con que terminan las alas de las aves' (*pluma **remera***). Ú. t. c. sust. f.: **la remera.** También puede decirse **rémige** (adj. Ú. t. c. sust. f.). La A.A.L. ha recomendado la incorporación, como argentinismo, de este significado: sust. f. 'Prenda de punto, de cuello redondo, que cubre el torso'.

remero. sust. m. 'El que rema'. Su femenino es **remera**.

remesón. sust. m. 'Acción de arrancar el cabello o la barba'; 'porción de pelo arrancado'. Es palabra aguda. En plural, se transforma en grave: **remesones**. Su homónimo (sust. m.) denota 'carrera corta que el jinete hace dar al caballo, obligándolo a pararse cuando va con más violencia'. No deben confundirse sus grafías con la de su homófono **remezón** (sust. m. Amér.). → **remezón**

remezón. sust. m. Amér. 'Terremoto ligero o sacudimiento breve de la tierra'. Es palabra aguda. En plural, se transforma en grave: **remezones.** → **remesón**

remiendo. sust. m. Entre otras denotaciones, 'pedazo de paño u otra tela, que se cose a lo que está viejo o roto'. **a remiendos**. loc. adv. fig. y fam. con que se explica que 'una obra se hace a pedazos y con intermisión de tiempo' (*Escribí la carta **a remiendos***).

remilgarse. v. prnl. 'Hacer ademanes y gestos afectados con el rostro'. → **pagar**

remilgo. sust. m. 'Delicadeza exagerada o afectada'. Ú. m. en pl. (*Tiene demasiados **remilgos***).

rémington. sust. m. 'Fusil que se carga por la recámara' (*El **rémington** lleva el nombre de su inventor norteamericano*). Es palabra esdrújula. Según el ***Esbozo***, su plural es **rémingtons**. Para Gili Gaya, **remingtones**. Suele usarse en aposición especificativa (*fusiles **rémington***). En este caso, la voz no varía en plural.

reminiscencia. sust. f. Entre otras denotaciones, 'acción de representarse u ofrecerse a la memoria el recuerdo de una cosa que pasó'. Incorrecto: *reminisciencia*, *reminicencia*.

remis. sust. m. Voz francesa (*remise*) españolizada. Argent. 'Automóvil con chofer, cuyo servicio, efectuado por horas o kilómetros de recorrido, se contrata en una agencia'. También puede decirse **remise**. En plural: **remises**. No está registrada en el ***Diccionario***. La A.A.L. ha recomendado su incorporación.

remisero. sust. m. Argent. 'Chofer de un remise'; 'dueño de una agencia de remises'. Esta palabra no está registrada en el ***Diccionario***. La A.A.L. ha recomendado su incorporación.

remiso, sa. adj. 'Flojo, dejado o detenido en la determinación de algo'. Rég. prep.: **remiso en** (*Era **remiso en** hacer sus tareas*); **remiso para** (*Parecía **remiso para** el trabajo*).

remisoria. sust. f. 'Despacho con que el juez remite la causa o al preso a otro tribunal'. Ú. m. en pl.: **las remisorias.**

remite. sust. m. 'Nota que se pone en los sobres, paquetes, etc., enviados por correo, en la que constan el nombre y dirección de la persona que los envía' (*Consta en el **remite***). No debe confundirse su denotación con la de **remitente** (adj. y sust. com.). → **remitente**

remitente. p. a. de **remitir**. 'Que remite' (*persona **remitente***). Ú. t. c. sust. com.: **el remitente, la remitente**. En el ***Diccionario Manual***, aparece, como sinónimo, **remisor, ra** (adj.), con el indicador de su falta de sanción oficial. sust. com. 'Persona cuyo nombre consta en el remite de un sobre o paquete' (*No conozco al **remitente** de este sobre*). Esta última denotación ha sido recién incorporada en el ***Diccionario***. Su antónimo es **destinatario, ria** (sust. m. y f.).

remitido, da. p. de **remitir**. sust. m. 'Artículo o noticia cuya publicación interesa a un particular y que, a petición de éste, se inserta en un periódico mediante pago': **el remitido**. Suele llevar al final una ***R***. En la Argentina, se usa **solicitada** (sust. f.), que tiene la misma denotación. → **solicitada**

remitir. v. tr. Ú. m. c. prnl. Entre otras denotaciones, 'enviar una cosa a determinada persona de otro lugar'; 'indicar en un escrito otro lugar del mismo o de distinto escrito donde consta lo que atañe al punto tratado'; 'atenerse a lo dicho o hecho'. Rég. prep.: **remitirse a** (***remitirse a**l original*; ***a** los hechos*).

remo. sust. m. 'Pala larga y estrecha que sirve para mover las embarcaciones haciendo fuerza en el agua'; 'brazo o pierna, en el hombre y en los cuadrúpedos'; 'cada una de las alas, en las aves'. Ú. m. en pl. La Academia ha incorporado recientemente este significado: 'Deporte que consiste en recorrer una determinada distancia sobre el agua en una embarcación impulsada por medio de remos' (*Es campeón de **remo***). **a remo** o **al remo**. locs. advs. 'Remando o por medio de remo' (*Llegó a la isla **a remo** o **al remo***).

♦ **remodelación.** Anglicismo. En español, debe decirse **mejora**, **modificación**, **reajuste**, **reestructuración**, **reforma**.

♦ **remodelar.** Anglicismo. En español, debe decirse **reformar**, **reestructurar**.

remojar. v. tr. Ú. t. c. prnl. Entre otras denotaciones, 'empapar en un líquido o poner en remojo algo'. Rég. prep.: **remojar en** (***Remojaré en** licor las vainillas*). Su postverbal es **remojo** (sust. m.).

remolachero, ra. adj. 'Perteneciente o relativo al cultivo de la remolacha y a su industrialización y venta'. sust. m. 'El que se dedica al cultivo, industrialización y venta de remolacha'. Su femenino es **remolachera**.

remolcador, ra. adj. 'Que sirve para remolcar' (*camión **remolcador***). Aplicado a embarcaciones, ú. t. c. sust. m.: **el remolcador**.

remolcar. v. tr. 'Llevar una embarcación u otra cosa sobre el agua, tirando de ella mediante un cabo o cuerda'; 'por semejanza, llevar por tierra un vehículo a otro'; fig. 'traer una persona a otra u otras, contra la inclinación de éstas, al intento o la obra que quiere acometer'. Su postverbal es **remolque** (sust. m.). → **sacar**

remoler. v. irreg. tr. 'Moler mucho una cosa'. v. intr. fig. Chile. 'Divertirse'. Se conjuga como **moler**.

remolinar. v. intr. Ú. t. c. prnl. 'Hacer o formar remolinos una cosa' (*Las hojas **remolinan** o **se remolinan** con el viento*). v. prnl. Ú. t. c. intr. 'Juntarse en grupos desordenadamente muchas personas' (*La gente **se remolinaba** frente a la comisaría*). Con esta última denotación, también pueden decirse **arremolinarse** (v. prnl. fig.) y **remolinear** (v. intr. Ú. t. c. prnl.). Este último no debe pronunciarse [remoliniar, remolinié]. → **-ear**

remolón, na. adj. 'Que intenta evitar el trabajo'. Ú. t. c. sust. m. y f.: **el remolón, la remolona**.

remolonear. v. intr. Ú. t. c. prnl. 'Rehusar moverse o admitir algo por pereza' (*Todas las mañanas, **remolonea** antes de levantarse*). No debe pronunciarse [remoloniar, remolonié]. → **-ear**

remolque. sust. m. 'Acción y efecto de remolcar'. **a remolque**. loc. adv. 'Remolcando' (*Llevaron el automóvil **a remolque***). **dar remolque**. fr. 'Remolcar' (***Dieron remolque** a una embarcación*).

remontar. v. tr. Ú. t. c. prnl. Rég. prep.: **remontarse a** o **hasta** (***remontarse al** cielo o **hasta** el cielo*; ***remontarse al** siglo XV*; *La deuda **se remonta a** diez mil pesos*; ***remontarse hasta** el tiempo de los Borbones*); **remontarse en** (***remontarse en** alas de la imaginación*); **remontarse por** (***remontarse por** los aires*); **remontarse sobre** (***remontarse sobre** las cumbres*).

rémora. sust. f. 'Pez'. Para distinguir los sexos, debe recurrirse a las perífrasis **rémora macho**, **rémora hembra**. Es palabra esdrújula. También puede decirse **tardanaos** (sust. m.), pero la Academia prefiere la primera forma. → **reverso**. fig. 'Cualquier cosa que detiene, embarga o suspende'.

remorder. v. irreg. tr. Entre otras denotaciones, 'morder reiteradamente' (*El perro **remuerde** el hueso*); fig. 'inquietar, desasosegar' (*Su mala conducta le **remuerde** la conciencia*). v. prnl. 'Manifestar con una acción exterior el sentimiento reprimido que interiormente se padece'. Rég. prep.: **remorderse de** o **por** (***Se remuerde de** o **por** los errores que cometió*). Se conjuga como **moler**.

remostar. v. intr. Ú. t. c. tr. 'Echar mosto en el vino añejo'. v. prnl. 'Destilar las uvas el mosto antes de llegar al lagar'; también se usa hablando de otras frutas. 'Estar dulce el vino'. Como verbo pronominal, puede reemplazarse con **remostecerse** (v. irreg. prnl.), pero la Academia prefiere la primera forma. Su postverbal es **remosto** (sust. m.).

remostecerse. v. irreg. prnl. 'Remostarse'. Se conjuga como **parecer**.

remotamente. adv. l. y t. 'En un tiempo o lugar remotos' (*Sucedió **remotamente***); fig. 'de una manera imprecisa o confusa' (*Lo recordaba **remotamente***). **ni remotamente**. loc. adv. 'Sin verosimilitud ni probabilidad de que exista o sea cierto algo'; 'sin proximidad ni proporción cercana de que se verifique' (***Ni remotamente** lo dirá*).

remoto, ta. adj. 'Distante'. Rég. prep.: **remoto de** (*Estaba **remoto de** la verdad*).

remover. v. irreg. tr. Ú. t. c. prnl. 'Mudar una cosa de un lugar a otro' (***Remueva** el sillón*); 'mover una cosa para que sus distintos elementos se mezclen' (***Removió** el preparado*); 'quitar un inconveniente'; 'revolver algún asunto que estaba olvidado' (***Removieron** el caso de la niña asesinada*); 'apartar a uno de su empleo o destino'; 'investigar un asunto'. Rég. prep.: **remover de** (***Removieron** a Lucas **de** su cargo*). Sus postverbales son **remoción** (sust. f.) y **removimiento** (sust. m.). Se conjuga como **mover**.

remozar. v. tr. Ú. m. c. prnl. 'Dar un aspecto más lozano, nuevo o moderno a alguien o algo' (***Remozarán** a la abuela*; ***Remozaré** estos vestidos*; ***Se remozarán** las cortinas*). Su postverbal es **remozamiento** (sust. m.). → **cazar**

remplazar. v. tr. → **cazar**, **reemplazar**

remplazo. sust. m. → **reemplazar**

rempujar. v. tr. fam. Incorrecto: <u>*reempujar*</u>. Conserva la j en toda la conjugación.

remullir. v. tr. 'Mullir mucho'. → **bruñir**

remunerador, ra. adj. 'Que remunera'. Ú. t. c. sust. m. y f.: **el remunerador, la remuneradora**.

remunerar. v. tr. 'Recompensar, premiar'; 'retribuir'; 'producir ganancia una actividad'. Rég. prep.: **remunerar con** (***remunerar con** mil pesos*); **remunerar por** (***remunerar por** un trabajo*). Incorrecto: <u>*renumerar*</u>. Su postverbal es **remuneración** (sust. f.).

remunerativo, va. adj. 'Que remunera o produce recompensa o provecho' (*labor **remunerativa***). No debe confundirse su denotación con la de **remuneratorio, ria** (adj.), 'dícese de lo que se hace o da en premio de un beneficio u obsequio recibidos' (*una ayuda **remuneratoria***).

renacentista. adj. 'Perteneciente o relativo al Renacimiento'; 'dícese del que cultiva los estudios o arte propios del Renacimiento' (*pintores **renacentistas***). Ú. t. c. sust. com.: **el renacentista, la renacentista**.

renacer. v. irreg. intr. 'Volver a nacer'. Ú. t. en sent. fig. (*Con estos días de descanso, **hemos renacido***). fig. 'Adquirir por el bautismo la vida de la gracia'. Rég. prep.: **renacer a** (***renacer a** la vida*); **renacer con** o **por** (***renacer con** o **por** la palabra de Dios*); **renacer en** (***renacer en** Jesucristo*). Se conjuga como **nacer**.

renacimiento. sust. m. 'Acción de renacer' (*el **renacimiento** del arte clásico*); 'época que comienza a mediados del siglo XV, en que se despertó en Occidente vivo entusiasmo por el estudio de la antigüedad clásica griega y latina'. Con esta última denotación, se escribe con mayúscula (*Compró dos libros sobre el **Renacimiento***).

renacuajo. sust. m. 'Larva de la rana'. También puede decirse **ranacuajo** (sust. m.). → **rana**. fig. 'Niño travieso'.

rencilla. sust. f. 'Riña que crea un estado de hostilidad entre dos o más personas'. Ú. m. en pl. (*Ese joven siempre provoca **rencillas***). El adjetivo correspondiente es **rencilloso, sa**, 'inclinado a rencillas'.

rencontrar. v. tr. → **reencontrar**

rencoroso, sa. adj. 'Que tiene o guarda rencor' (*hermano **rencoroso***). Ú. t. c. sust. m. y f.: **el rencoroso, la rencorosa**.

rencoso. adj. 'Que tiene un solo testículo'. También pueden decirse **renco** (adj. Ú. t. c. sust. m.) y **ciclán** (adj. Ú. t. c. sust. m.).

rencuentro. sust. m. → **reencontrar**

rendibú. sust. m. Voz francesa (*rendez-vous*) españolizada. 'Agasajo que se hace a alguien para adularlo'. En plural: **rendibúes** o **rendibús**.

rendija. sust. f. 'Hendedura, raja o abertura larga y estrecha'. La **hendija** (sust. f.), en cambio, es generalmente pequeña. También puede decirse **rehendija** (sust. f.), pero la Academia prefiere la primera forma.

rendir. v. irreg. tr. Ú. t. c. prnl. Rég. prep.: **rendirse a** (***rendirse a** los sentimientos*); **rendirse ante** (***rendirse ante** la evidencia*); **rendirse con** (***rendirse con** honor*); **rendirse de** (***rendirse de** cansancio*); **rendirse por** (***rendirse por** el calor*). Su postverbal es **rendición** (sust. f.). Se conjuga como **pedir**.

renegado, da. p. de **renegar**. adj. 'Que ha abandonado su religión o sus creencias' (*gente **renegada***); 'particularmente, que renuncia la ley de Jesucristo'; fig. y fam. 'dícese de la persona áspera de condición y maldiciente'. Ú. t. c. sust. m. y f.: **el renegado, la renegada**. sust. m. 'Tresillo, juego de naipes'.

renegador, ra. adj. 'Que reniega frecuentemente' (*anciano **renegador***). Ú. t. c. sust. m. y f.: **el renegador, la renegadora**. También puede decirse **renegón, na** (adj. fam. Ú. t. c. sust. m. y f.).

renegar. v. irreg. tr. 'Negar con instancia algo'; 'abominar'. v. intr. 'Pasarse de una religión a otra. Regularmente, se dice del que, apostatando de la fe de Jesucristo, abraza la religión mahometana'; 'blasfemar'; fig. y fam. 'decir injurias'; fig. y fam. 'refunfuñar'. Rég. prep.: **renegar contra** (***Renegaban contra** las huelgas*); **renegar de** (***Reniega de** su religión*; ***Renegó de** su madre*); **renegar por** (***Reniega por** la falta de agua*). Se conjuga como **negar**.

renegrear. v. intr. 'Negrear intensamente' (***Renegreaba** el día*). No debe pronunciarse [renegriar]. → **-ear**

renglera. sust. f. → **ringlera**

renglón. sust. m. Entre otras denotaciones, 'cada una de las líneas horizontales que tienen algunos papeles y que sirven para escribir sin torcerse'. El sustantivo colectivo es **renglonadura** (f.), 'conjunto de renglones'. **a renglón seguido**. fr. fig. y fam. 'A continuación' (***A renglón seguido**, diré lo que me preocupa*). **leer entre renglones**. fr. fig. 'Penetrar la intención de un escrito y suponer lo que intencionadamente calla' (***Leyó entre renglones** cuáles eran sus ideas políticas*).

rengo, ga. adj. 'Cojo' (*mujer **renga***). Ú. t. c. sust. m. y f.: **el rengo, la renga**. También puede decirse **renco, ca** (adj. Ú. t. c. sust. m. y f.), pero la Academia prefiere la primera forma.

renguear. v. intr. 'Andar como rengo'. También puede decirse **renquear** (v. intr.). No deben pronunciarse [renguiar, renquiar], [renguié, renquié]. El postverbal de **renquear** es **renqueo** (sust. m.). La Academia no registra postverbal para **renguear**. → **-ear**

renguera. sust. f. También pueden decirse **renquera** (sust. f.) y **cojera** (sust. f.).

renio. sust. m. 'Metal blanco, brillante, muy denso y difícilmente fusible'. Número atómico 75. Símbolo: ***Re***

reno. sust. m. 'Especie de ciervo de los países septentrionales'. Para distinguir los sexos, debe recurrirse a las perífrasis **reno macho, reno hembra**. También pueden decirse **rangífero** (sust. m.) y **tarando** (sust. m.), pero la Academia prefiere la primera forma.

renovador, ra. adj. 'Que remueva' (*descanso **renovador***). Ú. t. c. sust. m. y f.: **el renovador, la renovadora**.

renovar. v. irreg. tr. Ú. t. c. prnl. Sus postverbales son **renovación** (sust. f.) y **renuevo** (sust. m.). Se conjuga como **sonar**.

renquear. v. intr. → **renguear**

renquera. sust. f. → **renguera**

renta. sust. f. Entre otras denotaciones, 'utilidad o beneficio que rinde anualmente una cosa, o lo que de ella se cobra'. **a la renta**, **a renta** o **en renta**. locs. advs. 'En arrendamiento' (*Hay departamentos **a la renta**, **a renta** o **en renta***). Es más frecuente el uso de la tercera locución. También puede decirse *Hay departamentos **de alquiler***. Aunque la Academia no lo registra, es correcto el sintagma **en alquiler**. El adjetivo correspondiente a **renta** es **rentoso, sa**, 'que produce o da renta'.

rentar. v. tr. Ú. t. c. intr. 'Producir o rendir beneficio o utilidad anualmente una cosa' (*El departamento que tiene alquilado le **renta** ocho mil pesos al año*). Es un anglicismo usar esta voz como sinónimo de **alquilar** (v. tr.) o de **arrendar** (v. tr.): *Rentaremos la casa*. Correcto: ***Alquilaremos** la casa*.

rentista. sust. com. 'Persona que tiene conocimiento o práctica en materias de hacienda pública'; 'persona que percibe renta'; 'persona que vive de sus rentas': **el rentista**, **la rentista**. No debe confundirse su denotación con la del sustantivo **rentero, ra** (m. y f.), 'colono que tiene en arrendamiento una posesión'.

rentoy. sust. m. Entre otras denotaciones, 'juego de naipes'; fig. y fam. 'jactancia o desplante'. En plural: **rentóis**.

renuente. adj. 'Indócil'; 'trabajoso'. Rég. prep.: **renuente a** (*Siempre fue **renuente a** consultar el diccionario*). No debe usarse, en su reemplazo, **reticente** (adj.), 'reservado, desconfiado': *Es reticente a cumplir lo que se le pide*. Correcto: *Es **renuente a** cumplir lo que se pide*.

renuevo. sust. m. 'Vástago que echan el árbol o la planta después de podados o cortados'. El sustantivo colectivo es **renoval** (m.), 'terreno poblado de renuevos'.

renunciante. p. a. de **renunciar**. 'Que renuncia' (*empleado **renunciante***). Ú. t. c. sust. com.: **el renunciante**, **la renunciante**.

renunciar. v. tr. Rég. prep.: **renunciar a** (***Renunció a** la presidencia de la empresa*); **renunciar** algo **en** alguien (***Renunciará** sus propiedades **en** sus hijos*). Sus postverbales son **renunciación** (sust. f.) y **renunciamiento** (sust. m.).

renunciatario. sust. m. 'Aquel a cuyo favor se ha hecho una renuncia'. Su femenino es **renunciataria**.

reñido, da. p. de **reñir**. adj. 'Que está enemistado con otro'. **estar reñido**. fr. 'Ser incompatible u opuesto' (*El talento no **está reñido** con la voluntad*).

reñir. v. irreg. intr. 'Disputar'; 'enemistarse' (*Ignacio y David **riñeron***). Rég. prep.: **reñir con** (*Ignacio **riñó con** David*). v. tr. 'Reprender'. Rég. prep.: **reñir a** (*La madre **riñó a** su hija*). Se conjuga como **teñir**.

reo, a. adj. 'Acusado, culpado' (*mujeres **reas***). Uno de sus homónimos (sust. com.) denota 'persona que es acusada de un delito': **el reo**, **la reo**. La Academia registra, también, el femenino **rea**, pero considera que es voz poco usada. Rég. prep.: **reo contra** (***reo contra** la sociedad*); **reo de** (***reo de** muerte*). En la Argentina, se usa como sustantivo masculino y femenino, y se aplica a las personas maleducadas o que no cuidan las apariencias (*Roberto es un **reo***; *Diana parece una **rea***). También se emplea como adjetivo y denota la 'mala calidad de algunas cosas' (*Tiene una cartera **rea***). Otro de sus homónimos (sust. m.) significa 'trucha marina'. Para distinguir los sexos, debe recurrirse a las perífrasis **reo macho, reo hembra**.

reojo (mirar de). fr. 'Mirar disimuladamente dirigiendo la vista por encima del hombro o hacia un lado, y sin volver la cabeza' (***Miraban de reojo** al visitante*); 'mirar con enfado'.

reorganizador, ra. adj. 'Perteneciente o relativo a la reorganización' (*plan **reorganizador***). sust. m. y f. 'Persona que reorganiza': **el reorganizador, la reorganizadora**.

reorganizar. v. tr. Ú. t. c. prnl. 'Volver a organizar algo' (***Reorganizarán** la empresa*). Su postverbal es **reorganización** (sust. f.). → **cazar**

reóstato. sust. m. 'Instrumento que sirve para hacer variar la resistencia en un circuito eléctrico'. Es palabra esdrújula. No debe pronunciarse [reostato] como grave.

repacer. v. irreg. tr. 'Pacer el ganado la hierba hasta apurarla'. Se conjuga como **nacer**.

repagar. v. tr. 'Pagar cara una cosa'. → **pagar**

repantigarse. v. prnl. 'Arrellanarse en el asiento y extenderse para mayor comodidad'

(*Llegó cansado y **se repantigó***). Incorrecto: <u>*repantingarse*</u>. También puede decirse **repanchigarse** (v. prnl.), pero la Academia prefiere la primera forma. → **pagar**

reparador, ra. adj. Entre otras denotaciones, 'que repara o mejora algo'; 'que propende a notar defectos'. Ú. t. c. sust. m. y f.: **el reparador, la reparadora**. 'Que restablece las fuerzas' (*alimento **reparador***).

reparar. v. tr. Entre otras denotaciones, 'arreglar algo' (***reparar** el televisor*); 'corregir' (***reparar** errores*); 'desagraviar' (***reparar** el daño ocasionado*); 'restablecer las fuerzas' (*Esta comida nos **reparará***). v. intr. 'Mirar con cuidado, notar, advertir algo'; 'atender, considerar' (***Repare en** estos versos*). Rég. prep.: **reparar con** (***Reparará** su error **con** un nuevo trabajo*); **reparar en** (***Reparó en** que la biblioteca carecía de diccionarios*). Incorrecto: <u>*Reparó que*</u> *la biblioteca carecía de diccionarios* ("queísmo"). Ú. t. c. prnl. con las siguientes denotaciones: 'Detenerse a causa de algún inconveniente'; 'contenerse o reportarse'. Sus postverbales son **reparación** (sust. f.) y **reparamiento** (sust. m.).

repartición. sust. f. 'Acción y efecto de repartir' (***repartición** de bienes*). Amér. 'Cada una de las dependencias que, en una organización administrativa, está destinada a despachar determinadas clases de asuntos'. Es palabra aguda. En plural, se transforma en grave: **reparticiones**.

repartidor, ra. adj. Entre otras denotaciones, 'que reparte o distribuye' (*muchacho **repartidor** de diarios*). Ú. t. c. sust. m. y f.: **el repartidor, la repartidora**. sust. m. 'En un sistema de riegos, sitio en que se reparten las aguas'. sust. m. y f. 'Persona encargada de repartir los asuntos en los tribunales'.

repartija. sust. f. Argent. y Chile. 'Distribución de bienes obtenidos deshonestamente'; fam. por extensión, 'cualquier reparto hecho a la ligera'. Suele usarse con sentido peyorativo. Es voz recién incorporada en el ***Diccionario***.

repartir. v. tr. Ú. t. c. prnl. Rég. prep.: **repartir** o **repartirse en** (***Ha repartido** la torta **en** ocho porciones; **Se ha repartido** la torta **en** ocho porciones*); **repartir** o **repartirse entre** (***Repartió** la herencia **entre** sus cinco hijos; **Se repartió** la herencia **entre** los cinco hijos*). Sus postverbales son **repartimiento** (sust. m.) y **reparto** (sust. m.).

reparto. sust. m. 'Acción y efecto de repartir'; 'relación de los personajes de una obra dramática, cinematográfica o televisiva, y de los actores que los encarnan'. Con esta denotación, no debe usarse el anglicismo *casting*. → **casting**

repasador. sust. m. Argent., Par. y Urug. 'Paño de cocina para secar la vajilla'. Es palabra aguda. En plural, se transforma en grave: **repasadores**.

repatear. v. tr. fam. Ú. t. c. intr. 'Fastidiar, desagradar mucho algo' (*Su respuesta me **repatea**; Esos programas televisivos **repatean***). No debe pronunciarse [repatiar, repatié]. Es voz recién incorporada en el ***Diccionario***. → **-ear**

repatriado, da. p. de **repatriar**. Ú. t. c. sust. m. y f.: **el repatriado, la repatriada**. No debe confundirse su denotación con la de **exiliado, da** (adj.), 'expatriado'. → **exiliado**

repatriar. v. tr. Ú. t. c. intr. y m. c. prnl. 'Devolver algo o a alguien a su patria' (***Repatriaron** los restos del prócer*). No debe confundirse su denotación con la de **exiliar** (v. tr. y prnl.), 'expulsar a uno de su territorio'; 'expatriarse'. Su postverbal es **repatriación** (sust. f.). Se conjuga, en cuanto al acento, como **guiar**. → **exiliar**

repecho. sust. m. 'Cuesta bastante pendiente y no larga'. **a repecho**. loc. adv. 'Cuesta arriba' (*Los hombres caminaban **a repecho***).

repelente. p. a. de **repeler**. 'Que arroja, lanza o echa de sí algo con violencia'. adj. fig. 'Repugnante' (*aspecto **repelente***); fig. y fam. 'impertinente, sabelotodo' (*mujer **repelente***). sust. m. 'Sustancia empleada para alejar a ciertos animales' (*Cuando hay mosquitos, pasa **repelente** por su cuerpo*). Esta última denotación ha sido recién incorporada en el ***Diccionario***.

repelo. sust. m. Entre otras denotaciones, 'parte pequeña de cualquier cosa que se levanta contra lo natural' (***repelo** de las uñas*). Como sustantivo colectivo, significa 'conjunto de fibras torcidas de una madera'. **a repelo.** loc. adv. 'En contra de la dirección normal del pelo' (*La peina **a repelo***). Las locuciones adverbiales equivalentes son **a contrapelo** y **a pospelo**. → **contrapelo (a), pospelo (a)**

repelús. sust. m. 'Temor indefinido o repugnancia que inspira algo'. Es palabra aguda. En plural, se transforma en grave: **repeluses**. También puede decirse **repeluzno** (sust. m.), pero la Academia prefiere la primera forma, recién incorporada en el ***Diccionario***.

repensar. v. irreg. tr. 'Reflexionar'. Se conjuga como **acertar**.

repente. sust. m. fam. 'Movimiento súbito de personas o animales'; 'impulso brusco e inesperado' (*Le dio un* ***repente****, y empezó a correr*). adv. m. 'De repente, repentinamente' (***Repente****, se levantó y se fue*). **de repente**. loc. adv. 'Sin discurrir o pensar' (***De repente****, se levantó y se fue*).

repentista. sust. com. 'Que improvisa un discurso, poesía, etc.'; 'persona que repentiza en el canto o en la música': **el repentista, la repentista**.

repentizar. v. tr. Ú. t. c. intr. 'Ejecutar a la primera lectura un instrumentista o un cantante piezas de música' (***Repentizó*** *una antigua canción francesa*); 'hacer, sin preparación, un discurso, una poesía, etc.' (***Repentiza*** *sus discursos*). Su postverbal es **repentización** (sust. f.), voz recién incorporada en el ***Diccionario***. → **cazar**

repeor. adj. y adv. m. fam. 'Mucho peor' (*Recibirá castigos* ***repeores****; El nuevo empleado trabaja* ***repeor*** *que el que se fue*). → **peor**

repercutir. v. intr. Entre otras denotaciones, 'producir eco el sonido'; 'causar efecto una cosa en otra ulterior'. Rég. prep.: **repercutir en** (*El portazo* ***repercutió en*** *todo el departamento; Los continuos disgustos* ***repercutieron en*** *su salud*). También puede decirse **repercudir** (v. intr. Ú. t. c. prnl.), pero la Academia prefiere la primera forma. Su postverbal es **repercusión** (sust. f.).

repertorio. sust. m. Como sustantivo colectivo, denota el 'conjunto de obras dramáticas o musicales ya ejecutadas por cada actor, orquesta o cantante principal, o con que un empresario cuenta para hacer que se ejecuten en su teatro' (*Ejecutó al piano algunas piezas de su* ***repertorio***); 'colección o recopilación de obras o de noticias de una misma clase' (***repertorio*** *musical*).

repescar. v. tr. fig. 'Admitir nuevamente al que ha sido eliminado en un examen, en una competición, etc.' (***Repescaron*** *a los nadadores después de un riguroso entrenamiento*). Su postverbal es **repesca** (sust. f.). → **sacar**

repetición (de). loc. adj. 'Dícese del aparato o mecanismo que, una vez puesto en marcha, repite su acción automáticamente' (*fusil* ***de repetición***). → **repetir**

repetidor, ra. adj. 'Que repite'; 'dícese, especialmente, del alumno que repite un curso o una asignatura' (*alumnos* ***repetidores***). Ú. m. c. sust. m. y f.: **el repetidor, la repetidora**. También puede decirse **repitiente** (sust. com.). → **repitiente**

repetir. v. irreg. tr. Entre otras denotaciones, 'volver a hacer lo que se había hecho o a decir lo que se había dicho' (***Repitió*** *las palabras de su maestro*); 'en una comida, volver a servirse de un mismo guiso'. Ú. t. c. intr. v. prnl. 'Volver a suceder una cosa regularmente' (*Los robos* ***se repiten*** *en las joyerías*). Su postverbal es **repetición** (sust. f.). Se conjuga como **pedir**.

repicar. v. tr. Ú. t. c. intr. Con la denotación de 'tañer repetidamente las campanas en señal de fiesta o regocijo', también puede decirse **repiquetear** (v. tr. Ú. t. c. intr.). Su postverbal es **repique** (sust. m.). → **sacar**

repicotear. v. tr. 'Adornar un objeto con picos, ondas o dientes'. No debe pronunciarse [repicotiar, repicotié]. → **-ear**

repiquetear. v. tr. Ú. t. c. intr. 'Repicar con mucha viveza las campanas' (*Las campanas* ***repiqueteaban*** *los domingos*); 'hacer ruido golpeando repetidamente sobre algo' (*Elba* ***repiquetea*** *con las uñas sobre la mesa*). v. prnl. fig. y fam. 'Reñir dos o más personas diciéndose palabras de enojo' (*Juan y Pedro* ***se repiquetearon***). No debe pronunciarse [repiquetiar, repiquetié]. Su postverbal es **repiqueteo** (sust. m.). → **-ear**

repitiente. p. a. de **repetir**. 'Que repite y sustenta en escuelas o universidades la repetición'. Ú. t. c. sust. com.: **el repitiente, la repitiente**. Incorrecto: <u>repitente</u>. → **repetidor**

repizcar. v. tr. Ú. t. c. prnl. 'Pellizcar o pizcar repetidamente' (*Le* ***repizcaba*** *los brazos*). Incorrecto: <u>repiscar</u>. → **sacar, pizcar**

replantear. v. tr. 'Trazar en el terreno o sobre el plano de cimientos la planta de una obra ya estudiada y proyectada'; 'volver a plantear un problema o asunto' (***Replantearon** el tema de la inscripción de alumnos*). No debe pronunciarse [replantiar, replantié]. Su postverbal es **replanteo** (sust. m.); para la segunda denotación, **replanteamiento** (sust. m.). → **-ear**

♦ **replay.** Anglicismo. En español, debe decirse **repetición, reproducción**.

replegar. v. irreg. tr. 'Plegar muchas veces' (***Repliega** el papel*). v. prnl. Ú. t. c. tr. 'Retirarse en buen orden las tropas avanzadas' (***Se replegaron** las tropas*). El postverbal que corresponde a esta última denotación es **repliegue** (sust. m.). Se conjuga como **negar**.

réplica. sust. f. 'Acción de replicar'; 'argumento o discurso con que se replica'. Incorrecto: *derecho a réplica*. Correcto: *derecho **de réplica***. 'Copia de una obra artística que reproduce con igualdad la original' (***réplica** de un cuadro de Rubens*).

replicar. v. intr. Ú. t. c. tr. Entre otras denotaciones, 'responder oponiéndose a lo que se dice o manda'. Rég. prep.: **replicar a** (***replicar a** un argumento*). → **sacar**

replicón, na. adj. fam. 'Que replica frecuentemente'. Ú. t. c. sust. m. y f.: **el replicón, la replicona**. También puede decirse **replicador, ra** (adj. Ú. t. c. sust. m. y f.), pero la Academia prefiere la primera forma.

repoblar. v. irreg. tr. Ú. t. c. prnl. 'Volver a poblar'. Rég. prep.: **repoblar de** (***repoblar de** árboles*). Su postverbal es **repoblación** (sust. f.). Se conjuga como **sonar**.

repodrir. v. irreg. tr. Ú. t. c. prnl. → **repudrir, pudrir**

reponer. v. irreg. tr. Entre otras denotaciones, 'volver a poner'. Rég. prep.: **reponer** a alguien **en** (***Repuso** a un empleado **en** su cargo*). 'Responder, replicar' (***Repusimos** inmediatamente a sus acusaciones*); 'reemplazar lo que falta' (***Repondré** los platos rotos*). v. prnl. 'Recobrar la salud'. Rég. prep.: **reponerse de** (***Se repuso de** la gripe*); 'tranquilizarse' (*Debe **reponerse**, fue sólo un malentendido*). Con el significado de **replicar**, sólo se conjuga en pretérito perfecto simple de indicativo (*repuse*) y en pretérito imperfecto (*repusiera* o *repusiese*) y futuro de subjuntivo (*repusiere*). Las demás formas se reemplazan con las del verbo **responder**. El participio es irregular (*repuesto*). Su postverbal es **reposición** (sust. f.). Se conjuga como **poner**.

reportaje. sust. m. 'Trabajo periodístico, cinematográfico, etc., de carácter informativo, referente a un personaje, suceso o cualquier otro tema'. Incorrecto: *raporte* (galicismo). La Academia ha incorporado recientemente **reportaje gráfico**, 'conjunto de fotografías sobre un suceso que aparece en un periódico o revista'.

reportar. v. tr. Entre otras denotaciones, 'refrenar' (Ú. t. c. prnl.); 'conseguir'; 'producir algo un beneficio' (*La venta de la casa me **reportará** doscientos mil pesos*); 'informar, noticiar' (*En el próximo noticiario, **reportaremos** acerca del atentado*). Estas dos últimas denotaciones son de reciente ingreso en el ***Diccionario***. Incorrecto: *raportar* (galicismo). Su postverbal es **reportamiento** (sust. m.).

reporte. sust. m. Puede usarse como sinónimo de **noticia** (sust. f.) o de **informe** (sust. m.). Incorrecto: *raporte* (galicismo).

reportear. v. tr. Amér. 'Entrevistar un periodista a una persona importante para hacer un reportaje' (*El periodista **reporteó** a Adolfo Bioy Casares*); 'tomar fotografías para realizar un reportaje gráfico'. No debe pronunciarse [reportiar, reportié]. Esta voz ha sido recién incorporada en el ***Diccionario***. → **-ear**

reportero, ra. adj. 'Dícese del periodista que se dedica a los reportes o noticias' (*periodista **reportero***). Ú. t. c. sust. m. y f.: **el reportero, la reportera**. Incorrecto: *repórter, reporter* (anglicismo). No debe confundirse su denotación con la de **reportista** (sust. com.), 'litógrafo muy experto en reportar pruebas'. El adjetivo correspondiente es **reporteril**, 'perteneciente al reportero o a su oficio'. El **reporterismo** (sust. m.) es el 'oficio de reportero'.

reposado, da. p. de **reposar**. adj. 'Sosegado'. Rég. prep.: **reposado en** (***reposado en** el hablar*).

reposapiés. sust. m. 'Tarima pequeña que se coloca delante de la silla para que descansen los pies del que está sentado'; 'especie de estribo situado a ambos lados de las motocicletas para apoyar los pies'. Con la primera denotación, también puede decirse **escabel** (sust. m.). En plural, no varía: **los reposapiés**. No debe usarse, en singular, sin **s** final: *el reposapié*. Incorrecto: los reposapié, reposapieses. Es voz de reciente ingreso en el ***Diccionario***.

reposera. sust. f. Argent. y Par. 'Silla de tijera'. → **hamaca, tumbona**

repostar. v. tr. Ú. t. c. prnl. 'Reponer provisiones, combustibles, etc.' (***Se repostan** en el supermercado*). Es verbo regular. Incorrecto: Se repuestan *en el supermercado*.

repostero. sust. m. Entre otras denotaciones, 'el que tiene por oficio hacer pastas, dulces y algunas bebidas'. Su femenino es **repostera**. El 'arte y oficio del repostero' es la **repostería** (sust. f.).

reprender. v. tr. 'Corregir, amonestar' (***Reprendió** a los niños*). Es verbo regular. Es incorrecto conjugarlo como irregular: repriendo. Correcto: ***reprendo***. También puede escribirse **reprehender**, pero la Academia prefiere la primera forma. → **reprensión**

reprensible. adj. 'Digno de reprensión'. También puede escribirse **reprehensible**, pero la Academia prefiere la primera forma.

reprensión. sust. f. Entre otras denotaciones, 'acción de reprender'. También puede escribirse **reprehensión**, pero la Academia prefiere la primera forma.

reprensor, ra. adj. 'Que reprende'. Ú. t. c. sust. m. y f.: **el reprensor, la reprensora**. También puede decirse **reprendedor, ra** (adj.), pero la Academia prefiere la primera forma.

representación. sust. f. Entre otras denotaciones, 'figura o imagen que sustituye a la realidad' (*A veces, los puntos suspensivos son la **representación** gráfica de temores o dudas*). Como sustantivo colectivo, denota 'conjunto de personas que representan a una entidad, colectividad o corporación' (*Llegó al país la **representación** de una firma francesa*). La Academia ha incorporado recientemente la denotación de 'cosa que representa otra' (*La paloma es la **representación** de la paz*).

representador, ra. adj. 'Que representa'. sust. m. y f. 'Comediante, actor de teatro' (*los **representadores** de una comedia española*). También puede decirse **representante** (sust. com.). La Academia admite, además, el sustantivo femenino **representanta** con la denotación de 'comedianta, actriz'.

representante. p. a. de **representar**. 'Que representa'. sust. com. Entre otras denotaciones, 'persona que representa a un ausente, cuerpo o comunidad'; 'actor de teatro y actriz': **el representante, la representante**. Con la última denotación, también puede decirse **representanta** para el género femenino. La Academia ha incorporado recientemente estos significados: 'Persona que promueve y concierta la venta de los productos de una casa comercial, debidamente autorizada por ésta'; 'persona que gestiona los contratos y asuntos profesionales a actores, artistas de todas clases, compañías teatrales, etc.'.

representar. v. tr. Entre otras denotaciones, 'hacer presente algo con palabras o figuras que la imaginación retiene' (Ú. t. c. prnl.); 'informar'; 'sustituir a uno'. Rég. prep.: **representar a** (***Representó al** ministro en una reunión; **Representa a** Ofelia en* Hamlet, *de Shakespeare*); **representarse en** (*Se le **representó** un robot **en** la imaginación*). La Academia incorporó recientemente la denotación de 'importar mucho o poco una persona o cosa' (*Gerardo **representa** mucho para Sofía*). Su postverbal es **representación** (sust. f.).

represor, ra. adj. 'Que reprime'. Ú. t. c. sust. m. y f.: **el represor, la represora**.

reprobado, da. p. de **reprobar**. adj. 'Condenado a las penas eternas'. Ú. t. c. sust. m. y f.: **el reprobado, la reprobada**. Con esta denotación, también puede decirse **réprobo, ba** (adj. Ú. t. c. sust. m. y f.). sust. m. 'Calificación de haber sido suspendido en un examen' (*Obtuvo un **reprobado***). → **suspenso**

reprobador, ra. adj. 'Que reprueba'. Ú. t. c. sust. m. y f.: **el reprobador, la reprobadora**.

reprobar. v. irreg. tr. 'No aprobar'. Su postverbal es **reprobación** (sust. f.). Se conjuga como **sonar**.

reprocesado. sust. m. 'Tratamiento químico a que se somete el combustible nuclear, después de ser utilizado en los reactores, mediante el cual se recuperan uranio y plutonio para utilizarlos nuevamente'. Es voz recién incorporada en el ***Diccionario***.

reprochador, ra. adj. 'Dícese del que reprocha'; 'que tiene por costumbre reprochar'. Ú.

t. c. sust. m. y f.: **el reprochador, la reprochadora**.

reproducir. v. irreg. tr. Ú. t. c. prnl. Rég. prep.: **reproducir en** (***reproducir en*** *yeso*); **reproducir por** (***reproducir por*** *medios mecánicos*); **reproducirse por** (***reproducirse por*** *semilla*). Se conjuga como **conducir**.

reproductor, ra. adj. 'Que reproduce' (*aparato* ***reproductor***). Ú. t. c. sust. m. y f.: **el reproductor, la reproductora**. sust. m. y f. 'Animal destinado a mejorar su raza' (*Adquirimos este* ***reproductor***, *un toro fuerte*).

reprógrafo. sust. m. 'Persona que tiene por oficio la reprografía o reproducción de documentos por diversos medios: fotografía, microfilme, etc.'. Su femenino es **reprógrafa**.

reps. sust. m. Voz de origen francés. 'Tela de seda o de lana, fuerte y bien tejida, que se usa en obras de tapicería'. En plural, no varía: **los reps**.

reptador, ra. adj. 'Que repta' (*serpiente* ***reptadora***). Ú. t. c. sust. m. y f.: **el reptador, la reptadora**.

reptar. v. intr. 'Andar arrastrándose'. Rég. prep.: **reptar por** (*La víbora* ***reptaba por*** *el lodazal*).

reptil. adj. 'Dícese de ciertos animales vertebrados, como la culebra, el lagarto y el galápago' (*animal* ***reptil***). Ú. t. c. sust. m.: **el reptil**. sust. m. pl. 'Clase de estos animales' (*Estudia* ***los reptiles***). También puede decirse **réptil**, pero la Academia prefiere la primera forma.

república. sust. f. 'Cuerpo político de una nación'. Se escribe con mayúscula cuando forma parte del nombre oficial de un país y hace referencia a su forma de gobierno (***República*** *Argentina*). En los demás casos, se usa la minúscula (*¿Sabe usted qué es una* ***república***?). **república de las letras** o **literaria**. Es sustantivo colectivo con la denotación de 'conjunto de los hombres sabios y eruditos' (*Ese poeta pertenece a la* ***república de las letras*** o ***literaria***).

republicano, na. adj. 'Perteneciente o relativo a la república, forma de gobierno' (*sistema* ***republicano***); 'aplícase al ciudadano de una república' (*hombres* ***republicanos***); 'partidario de este género de gobierno'. Ú. t. c. sust. m. y f.: **el republicano, la republicana**. sust. m. 'Buen patricio'. Con esta última denotación, también puede decirse **repúblico** (sust. m.). La Academia no registra el género femenino de estos dos sustantivos.

repudiable. adj. 'Dícese de lo que puede ser repudiado' (*conducta* ***repudiable***). Ú. t. c. sust. com.: **el repudiable, la repudiable**. 'Recusable, que no se acepta' (*respuesta* ***repudiable***).

repudiar. v. tr. 'Rechazar' (***repudiar*** *una ley*); 'rechazar a la mujer propia' (***repudiar*** *a la esposa*). El postverbal de la primera denotación es **repudio** (sust. m.); el de la segunda, **repudiación** (sust. f.). Se conjuga, en cuanto al acento, como **cambiar**.

repudio. sust. m. 'Acción y efecto de repudiar'; 'renuncia'. Rég. prep.: **repudio de** (***repudio de*** *las tradiciones*).

repudrir. v. irreg. tr. Ú. t. c. prnl. 'Pudrir mucho' (*El calor* ***repudrió*** *los duraznos*); fig. y fam. 'consumirse mucho interiormente de callar o disimular un sentimiento o pesar' (***Te repudriste*** *de tolerar sus insultos*). Su irregularidad consiste en que para el infinitivo se usa **repudrir** o **repodrir** indistintamente –la Academia prefiere **repudrir**–, y en que el participio es **repodrido**. Incorrecto: repudrido. → **pudrir**

repuesto, ta. p. irreg. de **reponer**. adj. 'Retirado, escondido'. sust. m. 'Provisión de comestibles o de otras cosas'; 'recambio, pieza o parte de un mecanismo que se tiene dispuesta para sustituir a otra'. **de repuesto**. loc. adj. 'De prevención' (*Tengo una cubierta* ***de repuesto***).

repujador. sust. m. 'El que tiene por oficio repujar o labrar a martillo chapas metálicas'. Su femenino es **repujadora**.

repulgar. v. tr. 'Hacer repulgos'. → **pagar**

repulgo. sust. m. Entre otras denotaciones, 'borde labrado que se hace a empanadas o pasteles alrededor de la masa'. Incorrecto: *repulgue*.

repuntar. v. intr. 'Empezar la marea para creciente o para menguante'. Con esta denotación, su postverbal es **repunte** (sust. m.). Amér. 'Volver a subir las aguas de un río'; 'empezar a manifestarse algo' (***Repuntó*** *la enfermedad*). Amér. Merid. 'Aparecer alguien de improviso' (***Repuntaron** los tíos*). rur. Argent. 'Reunir los animales que están dispersos en un campo' (***Repuntaron** las vacas*); 'recuperar algo o alguien una posición favorable' (*El empleado **repuntó** en la fábrica*). Estas tres últimas denotaciones han sido recién incorporadas en el ***Diccionario***. v. prnl. 'Avinagrarse el vino'; fig. y fam. 'indisponerse levemente una persona con otra'. La A.A.L. ha recomendado la incorporación del siguiente significado: v. intr. 'Volver a cobrar impulso un hecho o fenómeno cuya intensidad había disminuido' (***Repuntaron** los robos en el barrio*).

repunte. sust. m. La Academia no registra la denotación de 'recuperación' o 'reactivación'. El ***Diccionario Manual*** incorpora 'acción y efecto de repuntar' (Amér.), con el indicador de su falta de sanción oficial. La A.A.L. también ha recomendado incluir este significado (*¡Qué **repunte** en sus estudios!*).

repurgar. v. tr. 'Volver a limpiar algo'. → **pagar**

reputar. v. tr. 'Juzgar el estado o calidad de una persona o cosa'. Ú. t. c. prnl. 'Apreciar o estimar el mérito'. Rég. prep.: **reputar de** o **por** (***reputar de** o **por** honesto*). También puede decirse ***reputar como** honesto*.

requebrador, ra. adj. 'Que requiebra'. Ú. t. c. sust. m. y f.: **el requebrador, la requebradora**.

requebrar. v. irreg. tr. 'Volver a quebrar lo que ya estaba quebrado' (***Requebró** el vaso*); fig. 'lisonjear a una mujer alabando sus atractivos'; 'adular' (*El joven **requebró** a Luisa*). Su postverbal es **requiebro** (sust. m.). Se conjuga como **acertar**.

requeridor, ra. adj. 'Que requiere'. Ú. t. c. sust. m. y f.: **el requeridor, la requeridora**.

requerimiento. sust. m. Entre otras denotaciones, 'acción y efecto de requerir' (*La dama aceptó los **requerimientos** del caballero*). No debe usarse como sinónimo de **requisito** (sust. m.): *¿Cuáles son los <u>requerimientos</u> para ingresar en el club?* Correcto: *¿Cuáles son los **requisitos** para ingresar en el club?*

requerir. v. irreg. tr. 'Intimar, hacer saber una cosa con autoridad pública' (*El juez **requirió** la presencia del acusado*); 'reconocer o examinar el estado en que se halla una cosa'; 'solicitar uno su deseo o pasión amorosa'; 'persuadir'. Rég. prep.: **requerir de** (***Requiere de** amores a Lucía*). Sólo en esta frase, **requerir** rige la preposición **de**. **requerir** a alguien **para** (***Requerían** a Juan **para** que dijera la verdad*). Tiene un participio regular (***requerido***), y otro irregular (***requisito***). Para la conjugación de los tiempos compuestos, se usa el primero (*Habían **requerido** su comparecencia*). El participio activo es **requirente** (adj. Ú. t. c. sust. com.). Como otros participios activos, **requeriente** ha sido excluido de la última edición del ***Diccionario*** (1992), pero es de correcta formación. Se conjuga como **sentir**. → **requerimiento**

requesón. sust. m. Incorrecto: <u>*roquesón*</u>. Es palabra aguda. En plural, se transforma en grave: **requesones**. → **ricota**

requesonero. sust. m. 'El que hace o vende requesón'. Su femenino es **requesonera**.

requete-. pref. de or. lat. → **re-**

requetebién. adv. m. fam. 'Muy bien' (*Habló **requetebién***). Es incorrecta la grafía sin tilde: <u>*requetebien*</u>.

réquiem. sust. m. 'Composición musical que se canta con el texto litúrgico de la misa de difuntos, o con parte de él'. En plural, no varía: **los réquiem**. Gili Gaya considera correcto el plural **réquiems**. Dice Alarcos Llorach: "Frente al uso habitual de la terminación /es/ tras consonante, los cultismos recientes y poco difundidos presentan /s/, como de *desiderátum* la forma *desiderátums*, o adoptan en la lengua escrita y culta el significante plural originario (*desiderata*)".

requilorio. sust. m. 'Rodeo innecesario en que se incurre antes de hacer o decir lo que es obvio'; 'adorno innecesario'. Ú. m. en pl. (*Habla con **requilorios***).

requintador. sust. m. 'El que requinta en los remates de los arrendamientos'. Su femenino es **requintadora**.

requintar. v. tr. 'Pujar la quinta parte en los arrendamientos después de rematados y quintados'; 'sobrepujar'; en música, 'subir o bajar cinco puntos una cuerda o tono'. Argent. 'Doblar o levantar el ala del sombrero hacia arriba'. Col. 'Cargar una caballería'. Amér. Central, Col., Méj. y R. de la Plata. 'Poner tirante una cuerda'. Estas tres últimas denotaciones han sido recién incorporadas en el ***Diccionario***.

requisito. p. irreg. de **requerir**. sust. m. 'Condición necesaria para algo'. No debe usarse, en su reemplazo, **requerimiento** (sust. m.). → **requerimiento**

requisitorio, ria. adj. 'Aplícase al despacho en que un juez requiere a otro para que ejecute un mandamiento del requirente'. Ú. m. c. sust. f. y, a veces, c. m.: **la requisitoria** o **el requisitorio**.

res. sust. f. 'Cualquier animal cuadrúpedo de ciertas especies domésticas (oveja, vaca) o de las salvajes (jabalí, venado)'. En plural: **reses**.

res-. pref. 'Atenuación del significado de la base' (***resquebrar***); 'intensificación' (***resguardar***).

resaber. v. irreg. tr. 'Saber muy bien algo' (***Resabe** la gramática española*). Tiene un participio regular (***resabido***). Se conjuga como **saber**.

resabiar. v. tr. Ú. t. c. prnl. Entre otras denotaciones, 'hacer tomar un vicio o mala costumbre'. El participio es **resabiado, da** (adj.). Se conjuga, en cuanto al acento, como **cambiar**.

resalir. v. irreg. intr. 'En los edificios y otras cosas, sobresalir, en parte, un cuerpo de otro'. En su reemplazo, puede usarse **resaltar** (v. intr.). Se conjuga como **salir**.

resaltador. sust. m. 'Marcador de fibra cuya punta gruesa, de corte transversal, permite señalar partes de un texto con colores traslúcidos'. Esta voz no está registrada en el ***Diccionario***. La A.A.L. ha recomendado su incorporación.

resarcir. v. tr. Ú. t. c. prnl. 'Indemnizar, compensar un daño'. Rég. prep.: **resarcir de** (***resarcir del** daño causado*). No debe usarse en lugar de **pagar** (v. tr.) o de **congraciar** (v. tr. Ú. t. c. prnl.). → **zurcir**

resbaladizo, za. adj. 'Dícese de lo que resbala o se escurre fácilmente' (*hielo* ***resbaladizo***); 'dícese del lugar en que se puede resbalar' (*lugar* ***resbaladizo***); fig. 'dícese de lo que expone a incurrir en un desliz moral' (*Una situación* ***resbaladiza** lo llevó a mentir*). También pueden decirse **resbaladero, ra** (adj.; sust. m.) y **resbaloso, sa** (adj.). La Academia prefiere las dos primeras formas.

resbalar. v. intr. Ú. t. c. prnl. 'Deslizarse'; fig. 'incurrir en un desliz'. Incorrecto: <u>*refalar*</u>, <u>*resfalar*</u>. Rég. prep.: **resbalar** o **resbalarse con, en, sobre** (***resbalar** o **resbalarse con, en, sobre** el hielo*); **resbalar** o **resbalarse de, de entre, entre** (***resbalar** o **resbalarse de, de entre, entre** las manos*); **resbalar** o **resbalarse por** (***resbalar** o **resbalarse por** la cuesta*). **resbalarle** a uno algo. fr. 'Dejar indiferente' (*A Luis le* ***resbala*** *la política*). Esta frase es de reciente ingreso en el ***Diccionario***. Su postverbal es **resbalón** (sust. m.). También puede decirse **esbarar** (v. intr.), pero la Academia prefiere la primera forma.

resbalera. sust. f. 'Lugar resbaladizo'. También puede decirse **resbaladera** (sust. f.).

rescatador, ra. adj. 'Que rescata'. Ú. t. c. sust. m. y f.: **el rescatador, la rescatadora**.

rescatar. v. tr. Ú. t. c. prnl. Rég. prep.: **rescatar de** (***rescatar de** los ladrones las joyas*; ***rescatar de** las aguas al anciano*); **rescatar** algo **por** (***rescatar** al perro **por** dinero*; ***rescatar** el tesoro **por** el mar*). Su postverbal es **rescate** (sust. m.).

rescisión. sust. f. 'Acción y efecto de rescindir'. Incorrecto: <u>*rescinsión*</u>. Es palabra aguda. En plural, se transforma en grave: **rescisiones**.

rescontrar. v. irreg. tr. Se conjuga como **sonar**.

rescribir. v. tr. ant. 'Responder por escrito a una carta u otra comunicación'. La Academia no registra la acepción de 'volver a escribir', de uso tan común en la Argentina (***Rescribirá** el informe*). Para la conjugación de los tiempos compuestos, se usa el participio irregular (***rescripto*** o ***rescrito***). Incorrecto: <u>*Había rescribido*</u> *la carta*. Correcto: ***Había rescripto** o **rescrito** la carta*. → **escribir**

resecar. v. tr. Ú. t. c. prnl. 'Secar mucho' (***Se resecó** la ropa*). Su homónimo (v. tr.) denota 'efectuar la resección de un órgano'. → **sacar**

resección. sust. f. 'Operación que consiste en separar el todo o parte de uno o más órganos'. No deben confundirse su grafía y su denotación con las de **recesión** (sust. f.), 'acción y efecto de retirarse o retroceder'. → **recesión**

resedáceo, a. adj. 'Dícese de ciertas plantas

dicotiledóneas herbáceas, angiospermas, como la reseda y la gualda' (*plantas* ***resedáceas***). Ú. t. c. sust. f.: **la resedácea**. sust. f. pl. 'Familia de estas plantas' (*Estudia* ***las resedáceas***).

resegar. v. irreg. tr. 'Volver a segar lo que dejaron los segadores de heno'; 'recortar los tocones a ras del suelo'. Se conjuga como **negar**.

reseguir. v. irreg. tr. Se conjuga como **seguir**.

resembrar. v. irreg. tr. 'Volver a sembrar un terreno por haberse malogrado la primera siembra'. Se conjuga como **acertar**.

resentido, da. p. de **resentirse**. adj. 'Dícese de la persona que tiene algún resentimiento'; por extensión, 'que se siente maltratado por la sociedad o por la vida en general' (*mujer* ***resentida***). Ú. t. c. sust. m. y f.: **el resentido, la resentida**.

resentirse. v. irreg. prnl. 'Perder fuerza'; fig. 'tener pesar o enojo por algo'; 'sentir dolor o molestia en alguna parte del cuerpo'. Rég. prep.: **resentirse con** o **contra** alguien (***Se resintió con*** *o* ***contra*** *su mejor amigo*); **resentirse de** o **en** algo (***Me resentí de*** *o* ***en*** *el brazo*); **resentirse de** o **por** algo (***¿Te resentiste de*** *o* ***por*** *las palabras de Irene?*). Se conjuga como **sentir**.

reseña. sust. f. Con la denotación de 'narración sucinta', es incorrecto decir *breve reseña*, una redundancia.

reseñador. sust. m. 'El que reseña una obra literaria o científica'; 'el que reseña los rasgos distintivos de una persona, animal o cosa'. Su femenino es **reseñadora**.

resero. sust. m. 'El que cuida de las reses'; 'el que las compra para expenderlas'. Su femenino es **resera**. sust. m. Argent. y Urug. 'Arreador de reses, especialmente de ganado vacuno' (*El muchacho quería ser un buen* ***resero***).

reserva. sust. f. Entre otras denotaciones, 'guarda que se hace de una cosa o prevención de ella para que sirva a su tiempo'; 'cautela'; 'discreción'; 'parte del ejército o armada de una nación, que terminó su servicio activo, pero que puede ser movilizada'; 'cuerpo de tropas de tierra o mar que toma parte en una campaña o en una batalla cuando se considera necesario'. sust. f. pl. 'Recursos' (*Se nos acabaron* ***las reservas***). La Academia ha incorporado recientemente, en su ***Diccionario***, estas denotaciones: sust. f. 'Actitud de recelo, desconfianza o desacuerdo ante algo o alguien' (*Lo trato con ciertas* ***reservas***); 'vino o licor que posee una crianza mínima de tres años en envase de roble o en botella' (*Bebe una* ***reserva*** *sanjuanina*). En la Argentina, suele usarse en aposición especificativa (*Bebe vino* ***reserva***). sust. com. 'Jugador que no figura en la alineación titular de su equipo, y que aguarda para actuar a que el entrenador sustituya a otro jugador': **el reserva, la reserva. a reserva de.** loc. prepos. 'Con el propósito de' (*Lo cité* ***a reserva de*** *comunicarle su ascenso*). **de reserva**. loc. adj. 'Dícese de lo que se tiene dispuesto para suplir alguna falta' (*Tengo un paraguas* ***de reserva***). **sin reserva**. loc. adv. 'Sinceramente' (*Me habló* ***sin reserva***). La forma **sin reservas**, usual en la Argentina y de correcta formación, no está registrada en el ***Diccionario***. Aparece en el ***Manual***.

reservación. sust. f. 'Acción y efecto de reservar'. Amér. 'Reserva de habitaciones, de localidades para un espectáculo, etc.'. Es palabra aguda. En plural, se transforma en grave: **reservaciones**.

reservar. v. tr. Entre otras denotaciones, 'guardar'. 'Dilatar para otro tiempo lo que se podía o se debía ejecutar o comunicar al presente'. Ú. t. c. prnl. Rég. prep.: **reservar para** (***Reservó*** *dos libros* ***para*** *su hermana*; ***Reservará*** *dinero* ***para*** *las vacaciones*); **reservarse para** (***Me reservo*** *los consejos* ***para*** *cuando me los pidan*).

reservista. adj. 'Dícese del militar perteneciente a la reserva o que no está en servicio activo'. Ú. t. c. sust. com.: **el reservista, la reservista**.

reservorio. sust. m. Tiene valor colectivo con la denotación de 'depósito de sustancias nutritivas o de desecho'. Amér. 'Depósito, estanque'. Esta voz ha sido recién incorporada en el ***Diccionario***.

resfriante. p. a. de **resfriar**. 'Que resfría'. sust. m. 'Depósito de agua fría para refrigerar el serpentín del alambique'. También puede decirse **refriante** (p. a. de **refriar**).

resfriar. v. tr. Ú. t. c. prnl. 'Enfriar'; fig. 'templar el ardor o fervor'. v. intr. 'Empezar a hacer frío'. v. prnl. 'Contraer resfriado' (*Adela* ***se resfrió***). Con esta denotación, también puede decirse **refriarse** (v. prnl.). fig. 'Disminuirse el amor o la amistad' (*Se **resfría** la amistad*). Se conjuga, en cuanto al acento, como **guiar**. → **refriar**

resfrío. sust. m. 'Acción y efecto de resfriarse'; 'acción y efecto de refrescar'; 'catarro'. Incorrecto: *refrío*. Con esta última denotación, también pueden decirse **resfriado** (sust. m.), **resfriadura** (sust. f.) y **resfriamiento** (sust. m.). Incorrecto: *refriado*, *refriadura*, *refriamiento*.

resguardar. v. tr. 'Proteger'. v. prnl. 'Prevenirse contra un daño'. Rég. prep.: **resguardar con** (***resguardar con** el paraguas*); **resguardarse de** (***resguardarse de** la lluvia*).

residente. p. a. de **residir**. 'Que reside'. adj. 'Dícese de ciertos funcionarios o empleados que viven en el lugar donde tienen el cargo o empleo' (*ingeniero **residente***). Ú. t. c. sust. com.: **el residente, la residente**.

residir. v. intr. Rég. prep.: **residir en** (***residir en** la ciudad*); **residir entre** (***residir entre** artistas*). Su postverbal es **residencia** (sust. f.).

resignar. v. tr. 'Renunciar un beneficio eclesiástico o hacer dimisión de él a favor de un sujeto determinado'; 'entregar una autoridad el mando a otra en determinadas circunstancias'. Rég. prep.: **resignar en** alguien (*El rector del instituto **resignó** su cargo **en** un colega*). v. prnl. 'Someterse a la voluntad de otro'; 'conformarse con las adversidades'. Esta última denotación ha sido recién incorporada en el ***Diccionario***. Rég. prep.: **resignarse a** (***resignarse a** las obligaciones*); **resignarse con** (***resignarse con** la suerte*); **resignarse en** (***resignarse en** la adversidad*). No debe pronunciarse [resinar, resinnar]. Repárese en que el verbo **resinar** (tr.) denota 'sacar resina a ciertos árboles'. Su postverbal es **resignación** (sust. f.). No debe pronunciarse [resinación, resinnación]. Repárese en que **resinación** (sust. f.) denota 'acción y efecto de resinar'.

resinero, ra. adj. 'Perteneciente o relativo a la resina' (*industria **resinera***). sust. m. 'El que tiene por oficio resinar o sacar resina a ciertos árboles'. La Academia no registra el género femenino.

resinificar. v. tr. Ú. t. c. prnl. 'Transformar en resina'. → **sacar**

resinoso, sa. adj. 'Que tiene mucha resina' (*árbol **resinoso***); 'que participa de alguna de las cualidades de la resina' (*olor **resinoso***). Con la primera denotación, también puede decirse **resinífero, ra** (adj.).

resistidero. sust. m. 'Tiempo después del mediodía en que aprieta más el calor'. También puede decirse **resistero** (sust. m.).

resistir. v. intr. Entre otras denotaciones, 'oponerse un cuerpo o una fuerza a la acción o violencia de otra'. Ú. t. c. tr. y c. prnl. 'Durar una cosa' (*La bicicleta aún **resiste***); 'rechazar'. v. tr. 'Tolerar' (***Resistía** el dolor*). 'Combatir las pasiones'. Ú. t. c. prnl. v. prnl. 'Oponerse con fuerza alguien a lo que se expresa'. Rég. prep.: **resistir a** (***resistir a** al invasor*); **resistirse a** (***resistirse a** comer la sopa*); **resistirse con** o **por** (***resistirse con** o **por** las armas*). Su postverbal es **resistencia** (sust. f.).

resma. sust. f. colect. 'Conjunto de quinientas hojas'. No debe confundirse su denotación con la de **resmilla** (sust. f.), 'paquete de veinte cuadernillos de papel de cartas'.

resobrino. sust. m. 'Hijo de sobrino carnal'. Su femenino es **resobrina**.

resolano, na. adj. 'Dícese del sitio donde se toma el sol sin que moleste el viento' (*lugar **resolano***). Ú. t. c. sust. f.: **la resolana**. No debe confundirse su denotación con la de **resol** (sust. m.), 'reverberación del sol'; 'luz y calor provocados en un sitio por la reverberación del sol'.

resollar. v. irreg. intr. Entre otras denotaciones, 'absorber y expeler el aire por sus órganos respiratorios el hombre y el animal'. Rég. prep.: **resollar de** (***resollar de** cansancio*). Se conjuga como **sonar**.

resolución. sust. f. Entre otras denotaciones, 'acción y efecto de resolver o resolverse'. **en resolución**. loc. adv. Expresa 'el fin de un razonamiento' (***En resolución**, deberemos mejorar el escrito*).

resolutivo, va. adj. 'Aplícase al orden o método en que se procede analíticamente o por resolución'; en medicina, 'que tiene virtud de resolver o terminar las enfermedades, especialmente, las inflamaciones'. Ú. m. c. sust. m.: **el resolutivo**.

resolver. v. irreg. tr. Entre otras denotaciones, 'tomar determinación fija y decisiva'; 'decidirse a decir o hacer algo'. Ú. t. c. prnl. Rég. prep.: **resolverse a** (***resolverse a*** *iniciar una carrera*); **resolverse en** (***resolverse*** *el agua* ***en*** *vapor*); **resolverse por** (***resolverse por*** *una universidad*). Su participio es irregular (***resuelto***). El participio activo es **resolvente** (adj. Ú. t. c. sust. com.). Se conjuga como **volver**. → **resolución**

resonador, ra. adj. 'Que resuena' (*trueno* ***resonador***). sust. m. 'Cuerpo sonoro dispuesto para entrar en vibración cuando recibe ondas acústicas de determinada frecuencia y amplitud'. La Academia ha incorporado recientemente este significado: 'En la fonación humana, cada una de las cavidades que se producen en el canal vocal, por la disposición que adoptan los órganos en el momento de la articulación' (*El* ***resonador*** *predominante determina el timbre particular de cada sonido*).

resonancia. sust. f. La Academia ha incorporado recientemente estas denotaciones: 'Fenómeno de ampliación de las oscilaciones que se presentan en un oscilador armónico, cuando la frecuencia de las excitaciones exteriores es muy propia a la frecuencia próxima del oscilador'. **resonancia magnética**. 'Absorción de energía por los átomos de una sustancia cuando son sometidos a campos magnéticos de frecuencias específicas'.

resonar. v. irreg. intr. 'Hacer sonido por repercusión'; 'sonar mucho'. Ú. en poesía c. tr. Rég. prep.: **resonar con** (*La caverna* ***resonaba con*** *nuestros gritos*); **resonar en** (*La capilla* ***resuena en*** *cantos de alegría*). El participio activo es **resonante** (adj.). Su postverbal, **resonación** (sust. f.). Se conjuga como **sonar**.

resoplido. sust. m. 'Resuello fuerte'. También puede decirse **resoplo** (sust. m.), pero la Academia prefiere la primera forma.

respaldar. v. tr. 'Apuntar algo en el respaldo de un escrito'; 'proteger, apoyar' (*La empresa* ***respalda*** *mis actividades*). Según Seco, es incorrecto usar **endosar** (v. tr.) como sinónimo de **respaldar**: *La empresa* <u>*endosa*</u> *mis actividades*. Correcto: *La empresa* ***respalda*** *mis actividades*. v. prnl. 'Arrimarse al respaldo de la silla'. Rég. prep.: **respaldarse con** o **contra** (***respaldarse con*** *o* ***contra*** *la pared*); **respaldarse en** (***respaldarse en*** *la silla*). 'Despaldarse una caballería' (*El caballo* ***se respaldó***).

respaldo. sust. m. Con la denotación de 'parte de un asiento en que descansa la espalda', también puede usarse **respaldar** (sust. m.). Aumentativo: **respaldón**.

respe. sust. m. 'Lengua de la víbora'; 'aguijón de la abeja o de la avispa'. En plural: **respes**. También pueden decirse **résped** (sust. m.) y **réspede** (sust. m.), pero la Academia prefiere la primera forma. El plural de estas dos últimas voces es **réspedes**.

respectar. v. tr. 'Tener respeto'; 'atañer'. Con la primera denotación, también puede decirse **respetar** (v. tr.), de uso más frecuente. **por lo que respecta a**. loc. prepos. 'En lo que atañe a' (***Por lo que respecta a*** *nuestro trabajo, en agosto estará terminado*). Es correcta, además, la locución **en lo que respecta a.**

respectivamente. adv. m. 'En relación, proporción o consideración con algo' (*Durante el acto, Juan y Sergio hablaron de poesía y de pintura* ***respectivamente***); 'según la relación o conveniencia necesaria a cada caso'. Incorrecto: *Ignacio y Andrea entregaron dos paquetes* <u>*respectivamente*</u>. Correcto: *Ignacio y Andrea entregaron un paquete* ***cada uno***. No debe pronunciarse [respetivamente]. También puede decirse **respective** (adv. m.), pero la Academia prefiere la primera forma. Incorrecto: <u>*Respective*</u> <u>*a*</u> *tu amigo, le daremos la beca*. Correcto: ***Respecto a***, ***respecto de*** o ***con respecto a*** *tu amigo, le daremos la beca*.

respectivo, va. adj. 'Que atañe a persona o cosa determinada'; 'que tienen correspondencia los miembros de una serie con los de otra' (*Cada alumno estaba en su asiento* ***respectivo***). Ú. m. en pl. (*Los niños viajaban con sus* ***respectivos*** *padres*). No debe pronunciarse [respetivo].

respecto. sust. m. 'Relación o proporción de una cosa a otra'. **al respecto**. loc. adv. 'Respectivamente'; 'en relación con aquello de que se trata' (*No agregaré nada* ***al respecto***). **con respecto a**, **respecto a** o **respecto de**. locs. advs. 'Respectivamente' (***Con respecto a***, ***respecto a*** o ***respecto de*** *la excursión, la organizaremos pronto*). Las tres locuciones pueden usarse indistintamente. Incorrecto: <u>*Con*</u> <u>*respecto*</u> <u>*de*</u> *la excursión, la organizaremos pronto*.

respeluzar. v. tr. Ú. t. c. prnl. 'Desordenar el

pelo'. También puede decirse **despeluzar** (v. tr. Ú. t. c. prnl.). → **cazar**

respetar. v. tr. 'Tener respeto'; 'tener consideración'. En su reemplazo, puede usarse **respectar** (v. tr.), menos frecuente.

respeto. sust. m. Entre otras denotaciones, 'veneración'; 'deferencia'. Es anticuada la forma **respecto**. Incorrecto: *No me faltes el respeto*. Correcto: *No me faltes* ***al respeto***. sust. m. pl. 'Manifestaciones de acatamiento que se hacen por cortesía' (*Señora, mis* ***respetos***).

respetuoso, sa. adj. 'Que causa respeto o mueve a él'; 'que observa cortesía y respeto' (*muchachos* ***respetuosos***). Incorrecto: *respectuoso*. También puede decirse **respetivo, va** (adj.), pero la Academia prefiere la primera forma.

respigador, ra. adj. 'Que respiga'. Ú. t. c. sust. m. y f.: **el respigador, la respigadora**.

respigar. v. tr. 'Recoger las espigas que los segadores han dejado'. → **pagar**

respingar. v. intr. Entre otras denotaciones, 'sacudirse la bestia y gruñir'. Su postverbal es **respingo** (sust. m.). → **pagar**

respingona. adj. fam. Se usa referido a la nariz (*nariz* ***respingona***). Incorrecto: *nariz respingada* o *repingada*.

respiración. sust. f. Entre otras denotaciones, 'acción y efecto de respirar'. **sin respiración.** loc. adv. Con los verbos **dejar** o **quedarse**, 'muy asombrado o asustado' (*Tu noticia lo* ***dejó sin respiración****; Con tu noticia,* ***se quedó sin respiración***); con el verbo **llegar**, 'muy cansado' (*Después de la carrera,* ***llegó sin respiración***).

respirador, ra. adj. 'Que respira'; 'aplícase a los músculos que sirven para la respiración' (*músculos* ***respiradores***). sust. m. 'Aparato utilizado en la práctica de la respiración asistida' (*Fue necesario colocarle al enfermo un* ***respirador***).

respirar. v. intr. Ú. t. c. tr. **no poder respirar** o **no poder ni respirar**. frs. figs. y fams. 'Tener mucho trabajo'; 'estar muy cansado' (*Desde que trabajo en la imprenta,* ***no puedo respirar*** *o* ***no puedo ni respirar***). **sin respirar**. loc. adv. fig. Expresa que 'algo se ha hecho sin descanso' (*Escribió la novela* ***sin respirar***). Sus postverbales son **respiración** (sust. f.) y **respiro** (sust. m.).

resplandecer. v. irreg. intr. 'Despedir rayos de luz una cosa' (*El oro de sus pulseras* ***resplandece***); fig. 'sobresalir'. Rég. prep.: **resplandecer en** (*El joven* ***resplandece en*** *sabiduría*); **resplandecer entre** (*El joven* ***resplandece entre*** *todos sus compañeros*). fig. 'Reflejar alegría el rostro de alguien' (*Cuando entró en la capilla, la cara de la novia* ***resplandeció***). Se conjuga como **parecer**.

resplandeciente. p. a. de **resplandecer**. 'Que resplandece'. Como otros participios activos, no está registrado en la última edición del ***Diccionario*** (1992), pero es de correcta formación. También puede decirse **clarífico, ca** (adj.), pero la Academia prefiere la primera forma.

respondedor, ra. adj. 'Que responde'. Ú. t. c. sust. m. y f.: **el respondedor, la respondedora.**

responder. v. tr. Entre otras denotaciones, 'contestar'. v. intr. 'Corresponder, mostrarse agradecido'; 'corresponder con una acción a la realizada por otro'. Rég. prep.: **responder a** (***Responde a*** *tus preguntas; A la pregunta que les hicieron,* ***respondieron a*** *bofetadas*); **responder con** (*Para organizar el negocio,* ***responde con*** *su dinero*); **responder de** (***Respondo de*** *su conducta*); **responder por** (***Respondió por*** *ella*). **responder** alguien o algo **al nombre de**. fr. 'Llamarse de ese modo' (*El señor* ***responde al nombre de*** *Gilberto*). Repárese en que **respondí** (pretérito perfecto simple del modo indicativo) equivale a **repuse** (pretérito perfecto simple, modo indicativo, del verbo **reponer**). → **contestar, reponer**

respondón, na. adj. fam. 'Que tiene el vicio de replicar irrespetuosamente' (*niña* ***respondona***). Ú. t. c. sust. m. y f.: **el respondón, la respondona.**

responsabilidad. sust. f. Entre otras denotaciones, 'calidad de responsable'. **de responsabilidad.** loc. adj. 'Dícese de la persona digna de crédito' (*Ariel es un hombre* ***de responsabilidad***).

responsabilizar. v. tr. 'Hacer a una persona responsable de algo'. Rég. prep.: **responsabilizar de** (*Lo* ***responsabilizo del*** *daño causado a la empresa*). v. prnl. 'Asumir la responsabilidad de algo'. Rég. prep.: **responsabilizarse de** (*No me* ***responsabilizaré de*** *ese trabajo*). → **cazar**

responsable. adj. 'Obligado a responder de alguna cosa o por alguna persona' (*empleado res-*

ponsable). sust. com. 'Persona que tiene a su cargo la dirección y vigilancia del trabajo en fábricas, establecimientos, oficinas, inmuebles, etc.': **el responsable**, **la responsable**. Esta última denotación ha sido recién incorporada en el *Diccionario*. Rég. prep.: **responsable ante** (***responsable ante*** *Dios*); **responsable de** (***responsable de*** *sus actos*); **responsable por** (***responsable por*** *sus sobrinos*).

responsear. v. intr. fam. 'Decir o rezar responsos' (*El sacerdote* ***responsea*** *por el difunto*). No debe pronunciarse [responsiar, responsié]. → **-ear**. Su postverbal es **responseo** (sust. m.). También puede decirse **responsar** (v. intr.).

responso. sust. m. 'Responsorio que se dice por los difuntos' (*El sacerdote rezó un largo* ***responso***); fam. 'reprimenda' (*Por la travesura, le dio al niño un buen* ***responso***). Con esta última denotación, recién incorporada en el ***Diccionario***, también pueden decirse **resplandina** (sust. f. fam.) y **regañina** (sust. f.). La Academia prefiere la última voz. → **regaño**, **reto**, **roción**

respuesta. sust. f. Entre otras denotaciones, 'satisfacción a una pregunta, duda o dificultad'; 'contestación'; 'réplica'. El adjetivo correspondiente es **responsivo, va**, 'perteneciente o relativo a la respuesta'.

resquebrajadura. sust. f. 'Hendedura, grieta'. También pueden decirse **resquebradura** (sust. f.) y **resquebrajo** (sust. m.), pero la Academia prefiere la primera forma.

resquebrajar. v. tr. Ú. m. c. prnl. 'Hender ligera y, a veces, superficialmente algunos cuerpos duros'. Su postverbal es **resquebrajamiento** (sust. m.). También puede decirse **esquebrajar** (v. tr.). No debe confundirse su denotación con la de **resquebrar**. → **resquebrar**

resquebrar. v. irreg. tr. Ú. t. c. prnl. 'Empezar a quebrarse'. Se conjuga como **acertar**.

resquemo. sust. m. 'Acción y efecto de resquemar o resquemarse'; 'calor mordicante que producen algunas comidas o bebidas en la lengua y en el paladar' (*El vodka le produce* ***resquemo*** *en la lengua*); 'sabor y olor desagradables que adquieren los alimentos resquemándose al fuego'. También pueden decirse **resquemazón** (sust. f.), **requemamiento** (sust. m.) y **requemazón** (sust. f.), pero la Academia prefiere las dos primeras formas.

resquemor. sust. m. 'Sentimiento causado en el ánimo por algo penoso'. Es palabra aguda. En plural, se transforma en grave: **resquemores**.

resta. sust. f. 'Operación de restar'; 'resultado de la operación de restar'. Con esta última denotación, también puede decirse **restante** (sust. m.).

restablecer. v. irreg. tr. 'Volver a establecer una cosa o ponerla en el estado que tenía antes' (*Ambos países* ***restablecieron*** *relaciones comerciales*). v. prnl. 'Recuperarse'. Rég. prep.: **restablecerse de** (***Se restableció de*** *una larga enfermedad*). Su postverbal es **restablecimiento** (sust. m.). Se conjuga como **parecer**.

restallar. v. intr. 'Chasquear, estallar algo' (*El látigo* ***restalló*** *sobre el lomo del caballo*). Ú. t. c. tr. (*El gaucho* ***restalló*** *el látigo sobre el lomo del caballo*). 'Crujir'. También pueden decirse **rastrallar** (v. tr.) y **restañar** (v. intr.), pero la Academia prefiere la primera forma.

restañar. v. tr. 'Volver a cubrir con estaño'. Su postverbal es **restañadura** (sust. f.). Su homónimo (v. tr. Ú. t. c. intr. y c. prnl.) denota 'detener el curso de un líquido o humor' (*El médico* ***restañó*** *el derrame de sangre*). No debe usarse como sinónimo de **cicatrizar** (v. tr. Ú. t. c. intr. y c. prnl.): *El médico restañó la herida*; *La herida restañará pronto*; *La herida se restañará pronto*. Correcto: *El médico* ***cicatrizó*** *la herida*; *La herida* ***cicatrizará*** *pronto*; *La herida* ***se cicatrizará*** *pronto*. Repárese en que ***se restaña*** *la sangre*, pero no, una herida o una llaga. Su postverbal es **restaño** (sust. m.).

restar. v. tr. 'Sacar el residuo de algo, separando una parte del todo'. Rég. prep.: **restar de** (***Restó*** *cien* ***de*** *mil*). 'Rebajar, disminuir'; 'en el juego de pelota, devolver el saque de los contrarios o del contrario'; 'arriesgar'; 'hallar la diferencia entre dos cantidades'. v. intr. 'Quedar' (***Restan*** *dos semanas para el concierto*). Rég. prep.: **restar de** (*En todo lo que* ***resta del*** *año, me dedicaré a escribir mi libro*).

restaurador, ra. adj. 'Que restaura' (*Conocimos a los técnicos* ***restauradores*** *de muebles*). Ú. t. c. sust. m. y f. (*Conocimos a los* ***restauradores*** *de muebles*). Con esta denotación, también puede decirse **restaurante** (p. a. de **restaurar**. Ú. t. c. sust. com.). sust. m. y f. 'Persona que tiene por oficio restaurar pinturas, estatuas, porcelanas y otros objetos artísticos o valiosos' (*La **restauradora** reparó el jarrón de porcelana*). 'Persona que tiene o dirige un restaurante' (*El **restaurador** nos reservó una buena mesa*). Ú. t. c. adj. Es infrecuente su uso con esta última denotación.

restaurante. p. a. de **restaurar**. 'Que restaura'. Ú. t. c. sust. com.: **el restaurante, la restaurante**. sust. m. 'Establecimiento público donde se sirven comidas y bebidas'. También puede decirse **restorán**, pero la Academia prefiere la primera forma. Se cometen galicismos al decir o escribir *restaurant*, por **restaurante** o **restorán**, y *restaurant exclusivo*, en lugar de **restaurante distinguido**.

restaurativo, va. adj. 'Dícese de lo que restaura o tiene virtud de restaurar' (*líquido **restaurativo***). Ú. t. c. sust. m. (*Usa un buen **restaurativo** de muebles*).

restituidor, ra. adj. 'Que restituye'. Ú. t. c. sust. m. y f.: **el restituidor, la restituidora**. Como adjetivo, puede reemplazarse con **restitutorio, ria** (adj.).

restituir. v. irreg. tr. 'Devolver algo a quien lo tenía antes' (***Restituirán** el cuadro a su dueño*); 'poner algo en el estado que antes tenía' (***Restituyeron**, con toda perfección, una silla del siglo XIX*). v. prnl. 'Volver uno al lugar de donde había salido'. Rég. prep.: **restituirse a** (*Irene **se restituyó a** la provincia de San Luis*). Se conjuga como **huir**.

resto. sust. m. Entre otras denotaciones, 'parte que queda de un todo'; 'resultado de la operación de restar'. En plural, 'residuos, restos de comida' (*El perro comía **los restos***). **restos mortales**. 'El cuerpo humano, después de muerto, o parte de él' (*Rezaban junto a los **restos mortales** del maestro*).

restorán. sust. m. Voz francesa (*restaurant*) españolizada. Es palabra aguda. En plural, se transforma en grave: **restoranes**. → **restaurante**

restregar. v. irreg. tr. 'Frotar mucho y con ahínco una cosa con otra' (***Restriega** la jarra con una franela*). Es incorrecto conjugarlo como regular. Sus postverbales son **restregadura** (sust. f.), **restregamiento** (sust. m.) y **restregón** (sust. m.). También puede decirse **estregar** (v. irreg. tr. Ú. t. c. prnl.). Se conjuga como **negar**.

restricción. sust. f. Entre otras denotaciones, 'acción y efecto de restringir'. Incorrecto: *restrición*, *restrinción*, vulgarismos. Es palabra aguda. En plural, se transforma en grave: **restricciones**.

restringente. p. a. de **restringir**. 'Que restringe' (*ley **restringente***). Ú. t. c. sust. m.: **el restringente**.

restringir. v. tr. 'Ceñir'; 'apretar'. Con esta última denotación, puede reemplazarse con **constreñir** (v. tr.) y con **restriñir** (v. tr.). → **dirigir, restricción**

restriñir. v. tr. 'Constreñir'. → **bruñir**

resucitador, ra. adj. 'Que hace resucitar' (*médico **resucitador***). Ú. t. c. sust. m. y f.: **el resucitador, la resucitadora**.

resucitar. v. tr. 'Volver la vida a un muerto' (*Jesús **resucitó** a Lázaro*); fig. y fam. 'renovar' (***Resucité** mi vestido de boda*). v. intr. 'Volver uno a la vida' (*Lázaro **resucitó***). Incorrecto: *resuscitar*. Rég. prep.: **resucitar de entre** (***Resucitó de entre** los muertos*); **resucitar en** (***Resucitó en** cuerpo y alma*). Su postverbal es **resurrección** (sust. f.).

resuelto, ta. p. irreg. de **resolver**. adj. 'Audaz' (*muchachos **resueltos***); 'diligente'. Rég. prep.: **resuelto a** (***resuelto a** pintar la casa*); **resuelto para** (***resuelto para** comenzar la tarea*).

resulta. sust. f. Entre otras denotaciones, 'consecuencia'. sust. f. pl. 'Atenciones que, habiendo tenido crédito en un presupuesto, no pudieron pagarse durante su vigencia y pasan en concepto especial a otro presupuesto': **las resultas. de resultas**. loc. adv. 'Por consecuencia' (*Se enojó mucho; **de resultas**, no volvió a comunicarse con nosotros*).

resultado, da. p. de **resultar**. sust. m. 'Consecuencia de un hecho, operación o deliberación' (*El **resultado** de la encuesta fue favorable*). También puede decirse **resultancia** (sust. f.), pero la Academia prefiere la primera forma.

resultante. p. a. de **resultar**. 'Que resulta'. adj. 'Dícese de una fuerza que equivale al conjunto de otras varias'. Ú. t. c. sust. f.: **la resultante**.

resultar. v. intr. Entre otras denotaciones, 'originarse una cosa de otra'. Rég. prep.: **resul-**

tar de (*De aquella conferencia magistral,* ***resultó*** *mi vocación por la historia*). Incorrecto: resultar en, un anglicismo (*to result in*). En español, debe decirse **dar por resultado** (*La investigación* ***dio por resultado*** *que David era inocente*).

resumen. sust. m. 'Acción y efecto de resumir o resumirse'; 'exposición resumida en un asunto o materia' (*Escriba el* ***resumen*** *de ese cuento*). Es un pleonasmo decir: *Escribió un breve resumen*. El sustantivo **resumen** ya implica una exposición breve. Correcto: *Escribió un* ***resumen***. No lleva tilde, porque es palabra grave terminada en **n**. En plural, se transforma en esdrújula: **resúmenes**. **en resumen**. loc. adv. 'Recapitulando' (***En resumen****, todos colaborarán*).

resumir. v. tr. Ú. t. c. prnl. No debe confundirse con **reasumir** (v. tr.), 'asumir de nuevo lo que antes se había tenido, ejercido o adoptado, con referencia a cargos, funciones o responsabilidades'. → **resumen**

resurgir. v. intr. 'Volver a aparecer'; 'volver a la vida'; 'recobrar nuevas fuerzas físicas o morales'. Rég. prep.: **resurgir de** (***Resurgió de*** *una larga convalecencia*). Su postverbal es **resurgimiento** (sust. m.). → **dirigir**

resurrección. sust. f. 'Acción de resucitar' (*la* ***resurrección*** *de los muertos*). sust. pr. f. 'Por excelencia, la de Jesucristo'. En este caso, debe escribirse con mayúscula (*Pascua de* ***Resurrección*** *de Cristo*). **resurrección de la carne**. 'La de todos los muertos, en el día del juicio final'.

retablero. sust. m. 'Artífice que construye retablos'. La Academia no registra el género femenino.

retacear. v. tr. 'Dividir en pedazos' (***Retacea*** *la tela*). Con esta denotación, también puede decirse **retazar** (v. tr.). 'Recortar'; 'hacer de retazos algo' (***Retaceó*** *un vestido*). fig. Argent., Par., Perú y Urug. 'Escatimar lo que se da a otro material o moralmente' (*No* ***retacee*** *su tiempo para cuidar al enfermo*). No debe pronunciarse [retaciar, retacié]. Su postverbal es **retaceo** (sust. m.). → **-ear**

retaco, ca. adj. 'Dícese de la persona de baja estatura y, en general, rechoncha'. Ú. t. c. sust. m. y f.: **el retaco, la retaca**. El adjetivo aumentativo es **retacón, na** (Amér.). sust. m. 'Escopeta corta' (*Su padre tenía un* ***retaco***); 'en el juego de billar, taco más corto que los regulares'.

retador, ra. adj. 'Que reta o desafía' (*hombres* ***retadores***). Ú. t. c. sust. m.: **el retador**.

retaguardia. sust. f. Entre otras denotaciones, 'hablando de una fuerza desplegada o en columna, la porción o cada una de las porciones más alejadas del enemigo o, simplemente, la que avanza en último lugar' (*La* ***retaguardia*** *cerraba la marcha*). Con esta denotación, también puede decirse **rezaga** (sust. f.). 'En tiempo de guerra, la zona no ocupada por los ejércitos'. **a retaguardia** o **en retaguardia**. locs. advs. 'Fuera de la zona de los ejércitos o formando parte de ellos en su retaguardia'; 'rezagado' (*Algunos soldados marchaban* ***a retaguardia*** o ***en retaguardia***). **a retaguardia de**. loc. prepos. 'Detrás de' (*Algunos soldados iban* ***a retaguardia*** *del resto de la tropa*).

retahíla. sust. f. colect. 'Serie de muchas cosas que están, suceden o se mencionan por su orden' (*Dio una* ***retahíla*** *de datos históricos*). Es palabra grave. No debe pronunciarse [retáhila]. Una 'retahíla de palabras o charlatanería' se denomina **retartalillas** (sust. f. pl.).

retal. sust. m. → **retazo**

retallecer. v. irreg. intr. 'Volver a echar tallos las plantas' (***Retallecieron*** *los geranios*). Se conjuga como **parecer**.

retama. sust. f. 'Planta'. Diminutivo: **retamilla**. Los sustantivos colectivos son **retamal** (m.) y **retamar** (m.), 'sitio poblado de retamas'.

retar. v. tr. 'Desafiar a duelo o pelea, o a competir en cualquier terreno'; fam. 'reprender'. Rég. prep.: **retar a** (***retar a*** *duelo*).

retardar. v. tr. Ú. t. c. prnl. 'Dilatar'. Rég. prep.: **retardarse en** (***retardarse en*** *un pago*). Su postverbal es **retardación** (sust. f.).

retardatario, ria. adj. 'Atrasado, retrasado, rezagado, retrógrado'. La Academia no lo registra en su ***Diccionario***, en el que aparece **retardatorio, ria** (adj.), 'dícese de lo que tiende a producir retraso o retardo en la ejecución de alguna cosa o proyecto'. En el ***Diccionario Manual*** está registrado con el indicador de su falta de sanción oficial y con la aclaración de que es un galicismo.

retazar. v. tr. 'Hacer piezas o pedazos de una cosa' (***Retacemos*** *esta sábana*); 'dividir el rebaño en hatajos'. → **cazar, retacear**

retazo. sust. m. 'Pedazo de una tela o de cualquier cosa' (*un **retazo** de seda*). Con esta denotación, también puede decirse **retal** (sust. m.). La **retacería** (sust. f. colect.) es el 'conjunto de retazos de diversos géneros de tejido'. El sustantivo **retal** también es colectivo con el significado de 'conjunto de pedazos sobrantes o desperdicios de tela, piel, metal, etc.'. Estos sustantivos colectivos no corresponden a otra denotación (fig.) de **retazo**: 'fragmento de un discurso'.

rete-. pref. de or. lat. → **re-**

retemblar. v. irreg. intr. 'Temblar con movimiento repetido'. Se conjuga como **acertar**.

retén. sust. m. Entre otras denotaciones, 'repuesto'. Es palabra aguda. En plural, se transforma en grave: **retenes**.

retener. v. irreg. tr. Entre otras denotaciones, 'conservar'; 'reprimir o contener un sentimiento, deseo, pasión, etc.'. Ú. t. c. prnl. (*Cuando le comunicaron que su padre había muerto, **se retuvo***). Rég. prep.: **retener** algo **de** (***retener** una parte **del** dinero*); **retener en** (***retener** la comida **en** el estómago*); **retener para** (***retener** la información **para** sí*). Sus postverbales son **retención** (sust. f.) y **retenimiento** (sust. m.). Se conjuga como **tener**.

retentar. v. irreg. tr. 'Volver a amenazar la enfermedad, dolor o accidente que se padeció ya, o resentirse de él'. Se conjuga como **acertar**.

retentivo, va. adj. 'Dícese de lo que tiene virtud de retener' (*persona **retentiva***). Ú. t. c. sust. m. y f.: **el retentivo, la retentiva.**

reteñir. v. irreg. tr. 'Volver a teñir'. Tiene dos participios: uno regular (***reteñido***) y otro irregular (***retinto***). Su homónimo (v. irreg. intr.) denota 'dar sonido vibrante el metal o el cristal'. Con esta última denotación, también puede decirse **retiñir** (v. irreg. intr.). El verbo **reteñir** se conjuga como **teñir**.

reticencia. sust. f. Entre otras denotaciones, 'reserva, desconfianza'. Incorrecto: <u>retiscencia</u>, <u>reticiencia</u>. Esta acepción ha sido incorporada recientemente en el ***Diccionario***.

reticente. adj. 'Que usa reticencias'; 'reservado, desconfiado'. Esta última denotación ha sido recién incorporada en el ***Diccionario***. No debe usarse como sinónimo de **reacio, cia** (adj.), 'que muestra resistencia a hacer algo'.

rético, ca. adj. 'Perteneciente a la Retia, región de la Europa antigua'. sust. m. 'Lengua de origen latino, hablada en lo que fue la antigua Retia, que comprende el grisón y los dialectos afines, tirolés, friulano y triestino': **el rético.**

retícula. sust. f. colect. Entre otras denotaciones, 'conjunto de hilos o líneas que se ponen en un instrumento óptico para precisar la visual'. También puede decirse **retículo** (sust. m.).

retín. sust. m. 'Sonido vibrante del metal o del cristal'. Es palabra aguda. En plural, se transforma en grave: **retines.** → **retintín**

retintín. sust. m. 'Sonido que deja en los oídos la campana u otro cuerpo sonoro'; fig. y fam. 'tono y modo de hablar, por lo común para zaherir a otro' (*Le contestó con cierto **retintín***). Es palabra aguda. En plural, se transforma en grave: **retintines**. También puede decirse **retinte** (sust. m.), pero la Academia prefiere la primera forma. → **retín**

retiñir. v. intr. 'Dar sonido vibrante el metal o el cristal'. → **bruñir**

retirado, da. p. de **retirar**. adj. 'Distante' (*pueblo **retirado***); 'dícese del militar que deja oficialmente el servicio y de funcionarios, obreros, etc., que alcanzan la situación de retiro' (*militar **retirado**; directora **retirada***). Ú. t. c. sust. m. y f.: **el retirado, la retirada.** 'Dícese de la persona que vive alejada del trato con los demás'.

retirar. v. tr. Ú. t. c. prnl. Entre otras denotaciones, 'separar una persona de otra o de un sitio'; 'apartar de la vista algo'. v. intr. 'Asemejarse una cosa a otra', significado poco usado. v. prnl. 'Apartarse del trato, comunicación o amistad'; 'irse a dormir'; 'irse a casa'. La Academia ha incorporado recientemente, en su ***Diccionario***, estos significados: 'Desdecirse' (***Retiró** sus palabras*); 'negar' (*Me **retiró** el saludo*); 'resguardarse, ponerse a salvo' (***Se retirará** a las montañas*); 'pasar una persona a situación de retiro' (*El general Morales **se retiró** en noviembre*). Rég. prep.: **retirar de** (***retirar** dinero **del** banco*); **retirarse a** (***retirarse a** descansar*; ***retirarse a** otro país*); **retirarse de** (***retirarse de** este mundo*; ***retirarse de** un cargo*); **retirarse hacia**

(*retirarse hacia el Norte*). Sus postverbales son **retiración** (sust. f.), **retirada** (sust. f.), **retiramiento** (sust. m.) y **retiro** (sust. m.). Su homónimo (v. tr.) denota 'estampar por el revés el pliego que ya lo está por la cara'.

reto. sust. m. 'Provocación al duelo o desafío'; 'acción de amenazar'; 'dicho o hecho con que se amenaza'; 'reprimenda'. → **regañina, responso**. 'Empeño difícil de llevar a cabo y que constituye por ello un desafío' (*Aceptar ese cargo fue un* ***reto*** *para él*). Esta última denotación ha sido recién incorporada en el ***Diccionario***.

retobado, da. Argent. y Chile. p. de **retobar** o **retobarse**. adj. Amér. Central, Ecuad. y Méj. 'Rezongón'. Amér. Central, Cuba y Ecuad. 'Obstinado'. Argent., Méj. y Urug. 'Enojado, airado, enconado'. Esta última denotación ha sido recién incorporada en el ***Diccionario***.

retobar. v. tr. Argent. y Urug. 'Forrar o cubrir con cuero ciertos objetos, como las boleadoras, el cabo del rebenque, etc.'. v. prnl. Argent. y Urug. 'Ponerse displicente y en actitud de reserva excesiva'. Argent. 'Rebelarse, enojarse'. Chile. 'Forrar los fardos con cuero o con arpillera, encerado, etc.'. Su postverbal es **retobo** (sust. m. Argent., Chile y Urug.).

retocador. sust. m. 'Persona que retoca, especialmente la que se dedica a retocar fotografías'. Su femenino es **retocadora**.

retocar. v. tr. Entre otras denotaciones, 'volver a tocar'; 'perfeccionar el maquillaje de una persona'. Con este último significado, ú. m. c. prnl. (***Se retocó*** *la cara con ese polvo*). Su postverbal es **retocado** (sust. m.). → **sacar**

retomar. v. tr. 'Volver a tomar, reanudar algo que se había interrumpido' (***Retomará*** *sus estudios de medicina*). Esta voz ha sido recién incorporada en el ***Diccionario***.

retoñar. v. intr. 'Volver a echar vástagos las plantas'; fig. 'reproducirse'. Incorrecto: <u>*retoniar*</u>, <u>*retoñiar*</u>. También puede decirse **retoñecer** (v. intr.), pero la Academia prefiere la primera forma.

retoñecer. v. irreg. intr. Se conjuga como **parecer**.

retorcer. v. irreg. tr. Ú. t. c. prnl. Entre otras denotaciones, 'torcer mucho una cosa' (***Retuerza*** *bien la toalla*). v. prnl. 'Hacer movimientos, contorsiones, etc., por un dolor muy agudo, risa violenta, etc.' (***Se retuerce*** *de risa*). Esta última denotación ha sido recién incorporada en el ***Diccionario***. Tiene dos participios: uno regular (***retorcido***) y otro irregular (***retuerto***). Sus postverbales son **retorcedura** (sust. f.), **retorcimiento** (sust. m.) y **retorsión** (sust. f.). Se conjuga como **cocer**.

retorcijón. sust. m. 'Retorcimiento o retorsión grandes, especialmente de alguna parte del cuerpo'. También puede decirse **retortijón** (sust. m.).

retórica. sust. f. 'Arte de bien decir'. Como sustantivo despectivo, denota 'uso impropio e intempestivo de este arte' (*Sus palabras son pura* ***retórica***). sust. f. pl. fam. 'Razones que no son del caso' (*Quiere convencernos con* ***retóricas***). Se usa, en sentido jocoso, **retrónica** (sust. f.), vulgarismo por **retórica**.

retóricamente. adv. m. 'Según las reglas de la retórica' (*Escribió el discurso* ***retóricamente***). No debe confundirse su denotación con la de **retoricadamente** (adv. m.), 'usando de retóricas o de una retórica impropia' (*Habló* ***retoricadamente***).

retoricar. v. intr. 'Hablar según las leyes y usos de la retórica'. 'Emplear retóricas o una retórica impropia'. Ú. t. c. tr. → **sacar**

♦ **retoricismo.** Neologismo. Suele usarse en sentido despectivo con la denotación de 'ampulosidad del lenguaje o del estilo'. En su reemplazo, corresponde usar **retórica** (***retórica*** *decimonónica*).

retórico, ca. adj. 'Perteneciente a la retórica' (*estudios* ***retóricos***); 'versado en retórica' (*profesor* ***retórico***). Ú. t. c. sust. m. y f.: **el retórico, la retórica**.

retornable. adj. Argent. 'Referido a envases de bebidas, no descartable, que puede regenerarse' (*envases* ***retornables***). Esta voz no está registrada en el ***Diccionario***, pero la A.A.L. ha recomendado su incorporación.

retornar. v. tr. 'Restituir'; 'hacer que algo retroceda'. v. intr. 'Volver al lugar o a la situación en que se estuvo'. Ú. t. c. prnl. Rég. prep.: **retornar a** (***retornar a*** *Tucumán*). Sus postverbales son **retornamiento** (sust. m.) y **retorno** (sust. m.).

retorromano, na. adj. 'Perteneciente a la antigua Retia'. sust. m. 'Lengua rética': **el retorromano**. Incorrecto: <u>retoromano</u>.

retortijón. sust. m. → **retorcijón**

retostar. v. irreg. tr. 'Volver a tostar algo'; 'tostarlo mucho'. Se conjuga como **sonar**.

retozar. v. intr. 'Saltar y brincar alegremente'. 'Travesear'. Ú. t. c. tr. fig. 'Excitarse en lo interior algunas pasiones'. Sus postverbales son **retozadura** (sust. f.) y **retozo** (sust. m.). → **cazar**

retractar. v. tr. Ú. t. c. prnl. 'Revocar lo que se ha dicho'. Rég. prep.: **retractarse de** (***retractarse de*** *sus palabras*). También puede decirse **retratar**, pero la Academia prefiere la primera forma. Su postverbal es **retractación** (sust. f.). También puede decirse **retratación**, pero la Academia prefiere la primera forma. Esta última voz y **retratar** son hoy consideradas vulgares por los hablantes.

retráctil. adj. 'Dícese de la pieza o parte de un todo que puede avanzar o adelantarse, y después, por sí misma, retraerse o esconderse'; 'dícese de las partes del cuerpo animal que pueden retraerse, quedando ocultas, como las uñas de los félidos'. Es palabra grave. No debe pronunciarse [retractil] como aguda. En plural, se transforma en esdrújula: **retráctiles**. La 'calidad de retráctil' es la **retractilidad** (sust. f.).

retraducir. v. irreg. tr. 'Traducir nuevamente'. Se conjuga como **conducir**.

retraer. v. irreg. tr. Entre otras denotaciones, 'volver a traer'; 'disuadir de un intento'. Ú. t. c. prnl. 'Refugiarse'; 'retirarse, retroceder'; 'hacer vida retirada'. Rég. prep.: **retraerse a** (***retraerse a*** *un lugar lejano*); **retraerse de** (***retraerse de*** *realizar una encuesta*). El participio activo es **retrayente** (Ú. t. c. sust. com.). Sus postverbales son **retracción** (sust. f.) y **retraimiento** (sust. m.). Se conjuga como **traer**.

retraído, da. p. de **retraer**. adj. 'Que gusta de la soledad'; 'poco comunicativo' (*niño* ***retraído***). Ú. t. c. sust. m. y f.: **el retraído, la retraída**.

retranca. sust. f. Entre otras denotaciones, 'correa ancha que permite frenar un vehículo y aun hacerlo retroceder'. Argent. 'Cordón o tirilla de cuero con que el campesino sujeta el sombrero por la nuca'. **tirarse, echarse** o **sentarse a la retranca**. fr. fig. y fam. Argent. 'Mostrar resistencia o desgano frente a un compromiso'. Los argentinismos no están registrados en el ***Diccionario***, pero la A.A.L. ha recomendado su incorporación.

retrancar. v. tr. 'Frenar una caballería'. → **sacar**

retransmitir. v. tr. 'Volver a transmitir'; 'transmitir desde una emisora de radio o de televisión lo que se ha transmitido a ella desde otro lugar' (*El canal 13* ***retransmitió*** *el partido*). Rég. prep.: **retransmitir por** (***retransmitir*** *un programa* ***por*** *radio*). Su postverbal es **retransmisión** (sust. f.). La Academia no registra **retrasmitir** ni **retrasmisión** (sin **n**), pero admite **transmitir**, **trasmitir**, **transmisión** y **trasmisión**; por lo tanto, no puede considerarse incorrecto su uso.

retrasar. v. tr. Ú. t. c. prnl. 'Atrasar' (***Retrasaron*** *la reunión*; ***Se retrasó*** *el viaje*); 'dar marcha atrás el reloj' (*Este reloj* ***retrasa*** *diez minutos*). v. intr. 'Ir atrás o a menos en algo'. Rég. prep.: **retrasar** o **retrasarse en** (*Javier* ***retrasó*** o ***se retrasó en*** *la preparación de la tesis doctoral*). v. prnl. 'Llegar tarde a alguna parte' (*¡****Te retrasaste*** *veinte minutos!*). Su postverbal es **retraso** (sust. m.).

retratar. v. tr. 'Copiar, dibujar o fotografiar la figura de alguna persona o cosa'. 'Hacer la descripción de la figura o del carácter de una persona'. Ú. t. c. prnl. Rég. prep.: **retratar a** (***retratar al*** *lápiz*); **retratar** o **retratarse de** (***retratar*** o ***retratarse de*** *perfil*); **retratar** o **retratarse en** (***retratar*** o ***retratarse en*** *grupo*). → **retractar**

retratista. sust. com. 'Persona que hace retratos': **el retratista, la retratista**. También pueden decirse **retratador** (sust. m.) y **retratadora** (sust. f.).

retribuir. v. irreg. tr. 'Recompensar o pagar un servicio, favor, etc.'. Amér. 'Corresponder al favor o al obsequio que uno recibe'. Rég. prep.: **retribuir con** (***Retribuyó*** *su colaboración* ***con*** *un ramo de rosas*); **retribuir en** (***Retribuirá en*** *dinero el trabajo extra de su empleado*). Se conjuga como **huir**.

retro-. elem. compos. de or. lat. 'Hacia atrás'

(*retroacción*, ***retroactividad***). Ha ingresado recientemente en el ***Diccionario***.

retrocarga (de). loc. adj. 'Dícese de las armas de fuego que se cargan por la parte inferior de su mecanismo' (*arma **de retrocarga***).

retroceder. v. intr. 'Volver hacia atrás'; 'detenerse ante un peligro'. Esta última denotación ha sido recién incorporada en el ***Diccionario***. Rég. prep.: **retroceder a** o **hacia** (***retroceder a*** o ***hacia** el pueblo*); **retroceder ante** (***retroceder ante** los obstáculos*); **retroceder de** un sitio **a** otro (***retroceder de** la casa **a** la escuela*); **retroceder en** (***retroceder en** la ruta*). Con la primera denotación, también puede decirse **retrogradar** (v. intr.). Sus postverbales son **recesión** (sust. f.), **retrocesión** (sust. f.) y **retroceso** (sust. m.).

retrógrado, da. adj. 'Que retrograda'; fig. despect. 'partidario de instituciones políticas o sociales propias de tiempos pasados'. Ú. t. c. sust. m. y f.: **el retrógrado, la retrógrada**.

retronar. v. irreg. intr. 'Hacer un gran ruido o estruendo retumbante' (*El cañón **retronaba***). Se conjuga como **sonar**.

retropié. sust. m. 'Parte posterior del pie, formada por el astrágalo y el calcáneo'. En plural: **retropiés**. Incorrecto: *retropieses*. Esta voz ha sido recién incorporada en el ***Diccionario***.

retrotraer. v. irreg. tr. Ú. t. c. prnl. 'Fingir que algo sucedió en un tiempo anterior a aquel en que ocurrió realmente'; 'retroceder a un tiempo pasado'. Esta última denotación ha sido recién incorporada en el ***Diccionario***. Rég. prep.: **retrotraer a** (***Retrotrajo** el contenido de su novela **a** 1920*); **retrotraerse a** (***Se retrotraerán a** la época de su adolescencia*). Su postverbal es **retrotracción** (sust. f.). Se conjuga como **traer**.

retrucar. v. intr. Entre otras denotaciones, fam. Ast., Pal., Vallad., Argent., Perú y Urug. 'replicar con acierto y energía' (*Cuando escuchó las palabras de su sobrino, Carlos **retrucó** inmediatamente*). → **sacar**

retruque. sust. m. 'En el juego de trucos y billar, golpe que la bola herida vuelve a dar en la bola que hirió'; 'segundo envite en contra del primero, en el juego del truque'. En plural: **retruques**. También puede decirse **retruco** (sust. m.), pero la Academia prefiere la primera forma.

reucliniano, na. adj. 'Dícese del que sigue la pronunciación griega de Reuchlin, fundada en el uso de los griegos modernos'. Ú. t. c. sust. m. y f.: **el reucliniano, la reucliniana**.

reuma. sust. amb. 'Reumatismo'. También puede decirse **reúma**, pero la Academia prefiere la primera forma: **el reuma** o **el reúma**; **la reuma** o **la reúma**. Ú. m. c. m.

reumático, ca. adj. 'Que padece reuma' (*hombre **reumático***). Ú. t. c. sust. m. y f.: **el reumático, la reumática**. 'Perteneciente a este mal' (*fiebre **reumática***).

reumátide. sust. f. 'Dermatosis originada por el reumatismo'. En plural: **reumátides**.

reumatólogo. sust. m. 'Especialista en reumatología'. Su femenino es **reumatóloga**.

reunión. sust. f. 'Acción y efecto de reunir o reunirse' (*Asistí a una alegre **reunión***). Con valor colectivo, denota 'conjunto de personas reunidas' (***reunión** de profesores*).

reunir. v. tr. Ú. t. c. prnl. 'Volver a unir'; 'juntar'. Rég. prep.: **reunir en** (***reunir en** grupos*); **reunirse con** (***reunirse con** la familia*); **reunirse para** (***reunirse para** tratar un asunto*). Respecto de su conjugación, la **e** no forma diptongo con la **u** cuando el radical es tónico; la **u** lleva tilde en presente de indicativo (*reúno, reúnes, reúne, reúnen*), en presente de subjuntivo (*reúna, reúnas, reúna, reúnan*) y en imperativo (*reúne*).

reuntar. v. tr. 'Volver a untar' (***Reúnta** el pan con manteca*). → **reunir**

revalidar. v. tr. 'Ratificar, confirmar o dar nuevo valor y firmeza a algo'. v. prnl. 'Recibirse o ser aprobado en una facultad ante tribunal superior'. Incorrecto: *Yo revālido mi título*. Correcto: *Yo **revalido** mi título*. El postverbal del primer significado es **revalidación** (sust. f.), y el del segundo, **reválida** (sust. f.).

revalorizar. v. tr. 'Devolver a una cosa el valor o estimación que había perdido' (***Revalorizaron** los ensayos científicos del médico sueco*). 'Aumentar el valor de algo'. Ú. t. c. prnl. (***Se revalorizó** tu departamento*). Con la segunda denotación, pueden usarse, en su reemplazo, **valorar** (v. tr.), **valorizar** (v. tr.) y **revaluar** (v. tr.). Su postverbal es **revalorización** (sust. f.). → **cazar**

revaluar. v. tr. 'Volver a evaluar'; 'elevar el

valor de una moneda o de otra cosa'. El antónimo de esta última acepción es **devaluar** (v. tr.). Su postverbal es **revaluación** (sust. f.). Se conjuga, en cuanto al acento, como **actuar**.

revanchista. adj. 'Perteneciente o relativo al revanchismo'. sust. com. 'Partidario del revanchismo': **el revanchista, la revanchista**. Esta voz ha sido recién incorporada en el ***Diccionario***.

revejecer. v. irreg. intr. Ú. t. c. prnl. 'Avejentarse'. Se conjuga como **parecer**.

revelación. sust. f. 'Acción y efecto de revelar'; 'manifestación de una verdad secreta u oculta' (*Se sorprendió ante la* ***revelación***); por antonomasia, 'la manifestación divina'. Con esta última denotación, se escribe con mayúscula (*Los apóstoles gozaron de la* ***Revelación***).

revelado. sust. m. colect. 'Conjunto de operaciones necesarias para revelar una imagen fotográfica' (*Es un experto en el* ***revelado*** *de fotografías*). La Academia no registra el adjetivo **revelado, da** (p. de **revelar**), 'comunicado por la revelación' (*verdad* ***revelada***); aparece en el ***Diccionario General*** de Gili Gaya.

revelador, ra. adj. 'Que revela' (*noticia* ***reveladora***). Ú. t. c. sust. m. y f.: **el revelador, la reveladora**. sust. m. 'Líquido para revelar placas o películas fotográficas' (*Usamos este* ***revelador***).

revelandero. sust. m. 'El que falsamente pretende haber tenido revelaciones por favor especial de Dios'. Su femenino es **revelandera**.

revelante. p. a. de **revelar**. 'Que revela'. Como otros participios activos, esta voz no está registrada en la última edición del ***Diccionario*** (1992), pero es de correcta formación.

revelar. v. tr. 'Descubrir lo ignorado o secreto'. Ú. t. c. prnl. 'Proporcionar indicios de algo'; 'manifestar Dios a los hombres lo futuro'; 'hacer visible la imagen impresa en la placa o película fotográfica'. Sus postverbales son **revelación** (sust. f.) y **revelamiento** (sust. m.). No debe confundirse la grafía de **revelarse** con la de su homófono **rebelarse** (v. prnl. Ú. t. c. tr.), 'sublevarse'. → **rebelarse**

revendedor, ra. adj. 'Que revende'. Ú. t. c. sust. m. y f.: **el revendedor, la revendedora**. Para el género femenino, también puede decirse **revendedera** (sust. f.).

revender. v. tr. 'Volver a vender'. Rég. prep.: **revender a** (***Revendió*** *el vestido* ***a*** *doscientos pesos*); **revender en** (***Revende*** *el auto* ***en*** *diez mil pesos*). Su postverbal es **reventa** (sust. f.).

revenir. v. irreg. intr. Entre otras denotaciones, 'volver algo a su estado propio'. v. prnl. 'Encogerse, consumirse algo poco a poco'; 'avinagrarse' (***Se revino*** *el licor*). Se conjuga como **venir**.

reventado, da. p. de **reventar**. adj. fam. Argent. 'Dícese de la persona de carácter sinuoso, malintencionada e intratable' (*Jorge es un hombre* ***reventado***). Esta voz ha sido recién incorporada en el ***Diccionario***. Aunque la Academia no lo registre, también suele sustantivarse (*Jorge es un* ***reventado***), como lo consigna la A.A.L., la que recomienda la incorporación de otro significado, que es el más frecuente: 'Cansado, extenuado' (*Llegó* ***reventada*** *a su casa*).

reventador. sust. m. 'El que asiste a espectáculos o a reuniones públicas, dispuesto a mostrar su desagrado de modo ruidoso o a provocar el fracaso de esas reuniones' (*Varios* ***reventadores*** *silbaron al protagonista de la obra teatral*). La Academia no registra el género femenino. Éste aparece en el ***Diccionario Manual***.

reventar. v. irreg. intr. Entre otras denotaciones, 'abrirse algo por no poder soportar la presión interior' (***Se reventó*** *el globo*). Ú. t. c. prnl. fig. 'Tener ansia vehemente de algo'; fig. y fam. 'sentir y manifestar un afecto del ánimo, especialmente de ira' (*Está que* ***revienta***); fam. 'morir violentamente' (*El viejo* ***reventó***). v. tr. 'Deshacer algo aplastándolo con violencia' (***Reventé*** *una cucaracha*). 'Dicho del caballo, hacerlo enfermar o morir por exceso en la carrera' (*El yóquey* ***reventó*** *al caballo*). Ú. t. c. prnl. (***Se reventó*** *el caballo*). fig. 'Fatigar con exceso de trabajo' (*Me* ***revienta*** *limpiar la casa*). Ú. t. c. prnl. (***Me reviento*** *limpiando la casa*). fig. y fam. 'Molestar' (*¡Los niños nos* ***reventaron*** *toda la tarde con sus gritos!*); fig. y fam. 'causar daño a una persona' (***Reventó*** *a su mejor amigo*). La Academia ha incorporado una nueva acepción: 'Hacer fracasar un espectáculo o una reunión pública mostrando alguien su desagrado ruidosamente' (*La patota* ***reventó*** *el festival de folclor*). Rég. prep.: **reventar de** (***reventar de*** *risa*); **reventar por** (***reventar por*** *hablar*). Sus postverbales son **reventazón** (sust.

f.) y **reventón** (sust. m.). Se conjuga como **acertar**.

reventazón. sust. f. 'Acción y efecto de reventar por impulso interior'; 'acción y efecto de deshacerse en espuma una ola'. desus. NO. Argent. 'Estribo, contrafuerte de una sierra'; 'reventón, afloramiento'. Es palabra aguda. En plural, se transforma en grave: **reventazones**. La última acepción ha sido recién incorporada en el ***Diccionario***.

reventón. adj. Entre otras denotaciones, 'aplícase a ciertas cosas que revientan o parece que van a reventar' (*grano **reventón**; ojos **reventones***). sust. m. 'Acción y efecto de reventar o reventarse' (*el **reventón** del globo*). NO. Argent. y Chile. 'Afloramiento a la superficie del terreno de un filón o capa mineral'. NO. Argent. 'Reventazón, contrafuerte de una sierra'. Esta última acepción ha sido recién incorporada en el ***Diccionario***. Es palabra aguda. En plural, se transforma en grave: **reventones**. La A.A.L. ha recomendado el ingreso del siguiente significado en el léxico oficial: sust. m. Argent. 'Estallido de la cubierta y la cámara de una rueda que, por diversas causas, se produce durante el rodado de un vehículo automotor' (*El auto chocó por el **reventón** de un neumático*).

rever. v. irreg. tr. Entre otras denotaciones, 'volver a ver' (***Revió** los documentos*). v. prnl. 'Mirarse en una persona o cosa, complaciéndose en ella'. Incorrecto: <u>reveer</u>. El participio es irregular (***revisto***). Se conjuga como **ver**.

reverberante. p. a. de **reverberar**. 'Que reverbera'. Como otros participios activos, esta voz ha sido excluida de la última edición del ***Diccionario*** (1992), pero es de correcta formación.

reverdecer. v. irreg. intr. Ú. t. c. tr. 'Cobrar nuevo verdor los campos o plantíos que estaban mustios o secos'; 'renovarse' (*Las plantas **reverdecen** en primavera*). El participio activo es **reverdeciente**, 'que reverdece'. Como otros participios activos, éste ha sido excluido de la última edición del ***Diccionario*** (1992), pero es de correcta formación. Se conjuga como **parecer**.

reverenciar. v. tr. 'Respetar o venerar'. Se conjuga, en cuanto al acento, como **cambiar**.

reverendo, da. adj. 'Digno de reverencia'; fam. 'demasiado circunspecto'. Ú. t. c. sust. m. y f.: **el reverendo**, **la reverenda**. Sus abreviaturas son ***R.***, ***Rev.***, ***Rdo.***, ***Rda.***, ***Revdo.***, ***Revda.*** El superlativo es **reverendísimo, ma**. Su abreviatura, ***Rmo.***, ***Rma.*** Las voces **reverendo, da** y **reverendísimo, ma** se aplican como tratamiento a los cardenales, arzobispos y otras altas dignidades eclesiásticas (*He leído una obra de la **reverenda** madre Teresa de Jesús*). Recuérdese que los tratamientos deben escribirse con minúscula cuando están acompañados del nombre propio correspondiente; se escriben con mayúscula cuando aparecen solos (*He leído una obra de la **Reverenda** Madre*). → **presidente**

reverso, sa. adj. (*El pez **reverso** se denomina, también, rémora*). sust. m. 'Revés' (*Escriba el nombre del remitente en el **reverso** del sobre*). No debe confundirse su significado con el de su antónimo **anverso** (sust. m.). → **anverso**

reverter. v. irreg. intr. 'Rebosar'. Su uso es infrecuente. No deben confundirse su grafía y su denotación con las de **revertir** (v. irreg. intr.). Se conjuga como **tender**. → **revertir**

revertir. v. irreg. intr. 'Volver una cosa al estado que tuvo antes' (***Revirtamos** la situación*); 'venir o parar una cosa en otra'. Rég. prep.: **revertir en** (*El cambio de local **revertirá en** nuestro beneficio*). 'Volver una cosa a la propiedad que tuvo antes, o pasar a un nuevo dueño'. Rég. prep.: **revertir a** (*La casa **revirtió a** otro dueño*). Incorrecto: <u>revertirse</u>. No debe usarse como sinónimo de **abolir**, **anular**, **derogar**, **invertir**, **retroceder**, ni deben confundirse su grafía y su denotación con las de **reverter** (v. irreg. intr.). Su postverbal es **reversión** (sust. f.). Se conjuga como **sentir**. → **reverter**

revés. sust. m. Entre otras denotaciones, 'espalda o parte opuesta de algo' (*Miró el **revés** de la falda*). Con esta denotación, también puede decirse **envés** (sust. m.). 'Golpe que se da a otro con la mano vuelta' (*Cuando lo insultó, le dio un **revés***). La Academia ha incorporado recientemente este significado: 'En tenis y en otros juegos similares, golpe dado a la pelota, cuando ésta viene por el lado contrario a la mano que empuña la raqueta'. Es palabra aguda. En plural, se transforma en grave: **reveses**. Con la primera denotación, puede usarse, en su reemplazo, **reverso** (*el **revés** o el **reverso** de la medalla*). **al revés**. loc. adv. 'Al contrario o invertido el orden regular'; 'a la espalda o a la vuelta' (*Escribe algunas palabras **al revés***). **de revés**. loc. adv. 'Al revés' (*Está mirando la fotografía **de revés***); 'de izquierda a derecha' (*Lea, por favor, **de revés***).

revesado, da. p. de **revesar**. adj. 'Difícil' (*El desarrollo de este tema es **revesado***); 'travieso' (*¡Qué niña **revesada**!*). También puede decirse **enrevesado, da** (adj.), pero la Academia prefiere la primera forma.

revesar. v. tr. 'Vomitar'. Es anticuado decir **reversar** (v. tr.). No debe confundirse su grafía con la de su homófono **revezar** (v. tr. Ú. t. c. prnl.), 'reemplazar a otro'.

revestir. v. irreg. tr. Entre otras denotaciones, 'vestir una ropa sobre otra' (ú. m. c. prnl.); 'cubrir con un revestimiento'; 'adornar un escrito con galas retóricas'. v. prnl. 'Poner a contribución, en trance difícil, aquella energía del ánimo que viene al caso'. Rég. prep.: **revestir con** (***revestir con** piel la chaqueta*); **revestir de** (***revestir** un escrito **de** neologismos*); **revestir** o **revestirse con** o **de** (***revestir** o **revestirse con** o **de** facultades extraordinarias*); **revestirse de** (***revestirse de** paciencia*). El **revestimiento** (sust. m.) es la 'acción y efecto de revestir'; 'capa o cubierta' (*un **revestimiento** de formica*). También puede decirse **revestido** (sust. m.), pero la Academia prefiere la primera forma. Se conjuga como **pedir**.

revezar. v. tr. Ú. t. c. prnl. → **cazar**, **revesar**

revindicar. v. tr. 'Defender al que se halla injuriado' (***Revindicó** los derechos de su amigo*). No deben confundirse su grafía y su denotación con las de **reivindicar** (v. tr.), 'reclamar o recuperar uno lo que por razón de dominio le pertenece'. → **sacar**

revirado, da. p. de **revirar**. adj. 'Aplícase a las fibras de los árboles que están retorcidas y describen espirales alrededor del eje o corazón del tronco'. La A.A.L. ha recomendado la incorporación, en el ***Diccionario***, del siguiente significado: sust. m. y f. fam. Argent. 'Persona que súbitamente puede tener conductas agresivas o extrañas' (*El jefe es un **revirado***). Ú. t. c. adj. (*mujeres **reviradas***).

revire. sust. m. fam. Argent. 'Conducta o estado de ánimo que se manifiestan súbitamente' (*Leonor tiene un **revire** intolerable*). También puede decirse **reviro** (sust. m. fam. Argent.). Estas voces no están registradas en el ***Diccionario***, pero la A.A.L. ha recomendado su incorporación.

revisación. sust. f. Argent. 'Examen médico' (*El médico le hizo una **revisación** completa*). Esta voz no está registrada en el ***Diccionario***, pero la A.A.L. ha recomendado su incorporación.

revisión. sust. f. 'Acción de revisar'. También puede decirse **revisada** (sust. f. Amér.).

revisionista. adj. 'Perteneciente o relativo al revisionismo' (*estudio **revisionista** de la historia*); 'dícese del partidario o seguidor de esta tendencia' (*escritor **revisionista***). Ú. t. c. sust. com.: **el revisionista, la revisionista.**

revisor, ra. adj. 'Que revisa con cuidado algo'. sust. m. 'El que tiene por oficio revisar o reconocer' (*el **revisor** de cuentas*). Con esta denotación, la Academia no registra el género femenino. 'Agente encargado de revisar y marcar los billetes en los ferrocarriles y otros medios de transporte' (*El **revisor** pide los boletos*). También puede decirse **reveedor** (sust. m.), pero la Academia prefiere la primera forma. La **revisoría** (sust. f.) es el 'oficio de revisor'.

revistar. v. tr. 'Ejercer un jefe las funciones de inspección'; 'pasar una autoridad ante las tropas que le rinden honores'. v. intr. Argent. 'Prestar servicios en una organización, generalmente pública'. Este último significado no está registrado en el ***Diccionario***, pero la A.A.L. ha recomendado su incorporación.

revistero. sust. m. 'El que se encarga de escribir, en un periódico, reseñas de obras literarias, representaciones teatrales, funciones, etc.'; 'el que actúa en el espectáculo teatral llamado revista'. Su femenino es **revistera**. sust. m. 'Mueble donde se colocan las revistas' (*La revista que me prestaste está en el **revistero***). Con este significado, también puede decirse **revistera** (sust. f.).

revitalizar. v. tr. 'Dar más fuerza y vitalidad a una cosa' (***Revitalice** sus músculos*). El postverbal es **revitalización** (sust. f.). Ambas palabras han sido recién incorporadas en el ***Diccionario***. → **cazar**

revivificar. v. tr. 'Vivificar, reavivar' (*Este fertilizante **revivifica** las plantas*). Su postverbal es **revivificación** (sust. f.). → **sacar**

reviviscencia. sust. f. 'Acción y efecto de revivir' (*la **reviviscencia** de las plantas*). Incorrecto: reviviscjencia, reviviciencia, revivicencia.

revocador, ra. adj. 'Que revoca'. sust. m. 'Obrero que se ejercita en revocar las casas y paredes' (*Trabaja un nuevo **revocador***).

revocadura. sust. f. 'Revoque de las fachadas y paredes de las casas'. También puede decirse **revoco** (sust. m.). Ambas voces son sinónimos de **revoque** (sust. m.), con la denotación de 'acción y efecto de revocar casas y paredes', pero no debe confundirse su significado con otro de los que tiene **revoque**, 'capa o mezcla de cal y arena u otro material análogo con que se revoca'. Incorrecto: *Prepararon la revocadura o el revoco para cubrir la fachada de la casa*. Correcto: *Prepararon el **revoque** para cubrir la fachada de la casa*.

revocar. v. tr. Entre otras denotaciones, 'dejar sin efecto una concesión, un mandato o una resolución'. El participio activo es **revocante**, 'que revoca'. Como otros participios activos, éste ha sido excluido de la última edición del ***Diccionario*** (1992), pero es de correcta formación. Sus postverbales son **revocación** (sust. f.), **revoco** (sust. m.), 'acción y efecto de revocar o retroceder', y **revoque** (sust. m.), 'acción y efecto de revocar casas y paredes'. → **sacar**

revolar. v. irreg. intr. 'Dar segundo vuelo el ave' (ú. t. c. prnl.); 'volar haciendo giros' (*Los ruiseñores **revolaban** entre las hojas de los árboles*). Con la última denotación, también puede decirse **revolear** (v. intr.). Se conjuga como **sonar**.

revolcadero. sust. m. 'Sitio donde se revuelcan los animales'. También puede decirse **revolvedero** (sust. m.).

revolcar. v. irreg. tr. Entre otras denotaciones, 'derribar a uno y maltratarlo'. v. prnl. 'Echarse sobre una cosa, restregándose y refregándose en ella'. Rég. prep.: **revolcarse en** (***revolcarse en** el barro*); **revolcarse por** (***revolcarse por** el suelo*); **revolcarse sobre** (***revolcarse sobre** la hierba*). Sus postverbales son **revolcón** (sust. m.) y **revuelco** (sust. m.). Se conjuga como **trocar**.

revolear. v. intr. 'Volar haciendo tornos o giros' (*Varios pájaros **revoleaban** sobre el campo*). v. tr. Argent. y Urug. 'Hacer girar a rodeabrazo una correa, lazo, etc., o ejecutar molinetes con cualquier objeto' (*El niño **revoleó** la soga*). No debe pronunciarse [revoliar, revolié]. → **-ear**

revolotear. v. intr. 'Volar haciendo tornos o giros en poco espacio' (*Dos golondrinas **revoloteaban***); 'venir una cosa por el aire dando vueltas' (*Con el viento, las hojas **revolotearon***). v. tr. 'Arrojar una cosa a lo alto con ímpetu, de suerte que parece que da vueltas' (*Juan **revoloteó** un cuaderno*). Incorrecto: *Juan revoleó un cuaderno*. No debe pronunciarse [revolotiar, revolotié]. Su postverbal es **revoloteo** (sust. m.). → **-ear**

revoltijo. sust. m. colect. 'Conjunto o compuesto de muchas cosas sin orden ni método' (*La tienda era un **revoltijo***). También puede decirse **revoltillo** (sust. m. colect.), pero la Academia prefiere la primera forma. → **tótum revolútum**

revoltoso, sa. adj. Ú. t. c. sust. m. y f. 'Sedicioso, rebelde'; 'travieso'; **el revoltoso, la revoltosa**. 'Que tiene muchas vueltas y revueltas, intrincado' (*camino **revoltoso***). Con la denotación de 'travieso', también puede decirse **revuelto, ta** (adj.).

revolución. sust. f. Esta voz se escribe con mayúscula cuando se refiere a un hecho histórico y está acuñada como sustantivo propio (***Revolución** de Mayo*; ***Revolución** Francesa*). En los demás casos, se usa la minúscula (*El país sufrió varias **revoluciones***).

revolucionario, ria. adj. 'Perteneciente o relativo a la revolución'; 'partidario de la revolución'; 'alborotador'. Ú. m. c. sust. m. y f.: **el revolucionario, la revolucionaria**. No debe confundirse su denotación con la de **reaccionario, ria** (adj. Ú. t. c. sust. m. y f.), 'que propende a restablecer lo abolido'; 'opuesto a las innovaciones'; 'perteneciente o relativo a la reacción política'.

revolvedor, ra. adj. 'Que revuelve o inquieta'. Ú. t. c. sust. m. y f.: **el revolvedor, la revolvedora**.

revolver. v. irreg. tr. Entre otras denotaciones, 'mirar o registrar moviendo y separando algunas cosas que estaban ordenadas'; 'volver la cara al enemigo para embestirlo' (ú. t. c. prnl.). La Academia ha incorporado recientemente este significado: v. prnl. 'Enfrentarse a alguien o a algo'. Rég. prep.: **revolverse contra** (*El dueño del perro **se revolvió contra** el veterinario*). El participio es irregular (***revuelto***). Sus postverbales son **revolución** (sust. f.) y **revolvimiento** (sust. m.). Se conjuga como **volver**.

revólver. sust. m. 'Arma de fuego'. La Academia ha incorporado recientemente este significado: 'Dispositivo que soporta varias piezas y que, por un simple giro, permite colocar la pieza elegida en la posición adecuada para su utilización'. Es palabra grave. En plural, se transforma en esdrújula: **revólveres**. Incorrecto: *revólvers*.

revoque. sust. m. → **revocadura**

revuelo. sust. m. Entre otras denotaciones, 'segundo vuelo que dan las aves'; 'agitación entre personas'. Amér. 'Salto que da el gallo en la pelea asestando el espolón al adversario y sin usar el pico'. **de revuelo**. loc. adv. fig. 'Pronta y ligeramente' (*Escribió el informe **de revuelo***).

revuelta. sust. f. Entre otras denotaciones, 'alboroto, sedición'; 'riña' (*Aquel hombre fue el iniciador de la **revuelta***); 'mudanza de un estado a otro o de un parecer a otro'. No debe confundirse con su homónimo (sust. f.), 'segunda vuelta o repetición de la vuelta'.

revuelto, ta. p. irreg. de **revolver**. adj. Entre otras denotaciones, 'dicho de un líquido, turbio'; 'dicho del estómago, alterado' (*Tiene el estómago **revuelto***); 'travieso'. La Academia ha incorporado recientemente este significado: sust. m. 'Plato consistente en una mezcla de huevos y algún otro ingrediente, que se cuaja sin darle forma alguna' (*Comeremos un **revuelto** de chauchas*). → **revoltoso**

revuelvepiedras. sust. m. 'Ave marina zancuda'. Incorrecto: *revuelvepiedra*, *revuelve piedras*, *la revuelvepiedras*. Para distinguir los sexos, debe recurrirse a las perífrasis **revuelvepiedras macho**, **revuelvepiedras hembra**. En plural, no varía: **los revuelvepiedras**.

revulsivo, va. adj. Ú. t. c. sust. m. 'Dícese del medicamento o agente que produce la revulsión' (*Le recetó un líquido **revulsivo**; Le recetó un **revulsivo***). Con este significado, también puede decirse **revulsorio, ria** (adj. Ú. t. c. sust. m.). 'Dícese de los vomitivos o purgantes'. Ú. t. c. sust. m.: **el revulsivo**. La segunda denotación ha sido incorporada recientemente en el *Diccionario*.

rey. sust. m. 'Monarca o príncipe soberano de un reino'. Diminutivo: **reyezuelo**. Su femenino es **reina**. En plural: **reyes**. También puede decirse **reinador** (sust. m.), 'el que reina'. → **monarca**. **rey del bosque**. sust. m. Argent. 'Pájaro de unos veinte centímetros de largo, plumaje negro y amarillo, perteneciente a la familia de los emberícidos. Habita montes y zonas boscosas, y se adapta a la vida en cautiverio'. Para distinguir los sexos, debe recurrirse a las perífrasis **rey del bosque macho**, **rey del bosque hembra**. El nombre de este pájaro no está registrado en el *Diccionario*, pero la A.A.L. ha recomendado su incorporación.

reyunar. v. tr. Argent. 'Cortar la mitad de la oreja derecha al caballo reyuno'. Incorrecto: *rellunar*. También puede decirse **patriar** (v. tr.).

reyuno, na. adj. Argent. 'Aplicábase al caballo que pertenecía al Estado y que como señal llevaba cortada la mitad de la oreja derecha' (*caballos **reyunos***). La Academia no registra su uso como sustantivo (*Montaba un **reyuno***). Incorrecto: *relluno*.

rezador, ra. adj. 'Que reza mucho'. Ú. t. c. sust. m. y f.: **el rezador, la rezadora**. sust. f. 'Santateresa, insecto'. Para distinguir los sexos, debe recurrirse a las perífrasis **rezadora macho, rezadora hembra**. Urug. 'Mujer que tiene por oficio rezar en los velorios'. También puede decirse **rezandero, ra** (adj. Ú. t. c. sust. m. y f.).

rezagar. v. tr. Entre otras denotaciones, 'dejar atrás una cosa'; 'atrasar' (***Rezagué** la lectura de tu libro*). Se usa, sobre todo, como verbo pronominal. 'Quedarse atrás' (*Durante la carrera ciclística, mi hermano **se rezagó***). → **pagar**

rezar. v. tr. Entre otras denotaciones, 'orar vocalmente pronunciando oraciones de contenido religioso'. La Academia ha incorporado recientemente este significado: 'Dirigir oral o mentalmente súplicas o alabanzas a Dios, la Virgen o los santos'. Rég. prep.: **rezar a** (***rezar a** los santos*); **rezar ante** (***rezar ante** la Virgen*); **rezar por** (***rezar por** los muertos*). → **cazar**

rezno. sust. m. 'Garrapata'. Para distinguir los sexos, debe recurrirse a las perífrasis **rezno macho, rezno hembra**.

rezo. sust. m. 'Acción de rezar'; 'cosa que se reza'; 'oficio eclesiástico que se reza diariamente'. Como sustantivo colectivo, denota 'conjunto de los oficios particulares de cada festividad'. Con el significado de 'oficio eclesiástico', también puede decirse **rezado** (sust. m.), pero la Academia prefiere la primera forma.

rezongador, ra. adj. fam. 'Que rezonga'. Ú. t. c. sust. m. y f.: **el rezongador, la rezongadora**. También pueden decirse **rezonglón, na** (adj. fam. Ú. t. c. sust. m. y f.) y **rezonguero, ra** (adj.). El adjetivo **rezongón, na** (Ú. t. c. sust. m. y f.) tiene una denotación específica: 'Que rezonga con frecuencia'.

rezongar. v. intr. 'Gruñir'. También puede decirse **rezonglar** (v. intr.), pero la Academia prefiere la primera forma. → **pagar**

rezongón, na. adj. fam. Ú. t. c. sust. m. y f.: **el rezongón, la rezongona**. → **rezongador**

rezumar. v. tr. Ú. t. c. prnl. Entre otras denotaciones, 'dicho de un cuerpo, dejar pasar a través de sus poros o intersticios gotitas de algún líquido' (*El techo **rezumaba** humedad*; *El techo **se rezumaba***). v. intr. 'Dicho de un líquido, salir al exterior en gotas a través de los poros o intersticios de un cuerpo'. Rég. prep.: **rezumar** o **rezumarse por** (*La transpiración le **rezumó por** la cara*; *La transpiración **se rezumó por** la cara*).

rho. sust. f. Decimoséptima letra del alfabeto griego, que corresponde a nuestra **erre**. Incorrecto: <u>ro</u>. En plural: **rhos**.

rial. sust. m. 'Unidad monetaria de Irán'. En plural: **riales**. → **real**

riba. sust. f. 'Porción de tierra con alguna elevación y declive'; 'tierra cercana a los ríos'. Con la primera denotación, también puede decirse **ribazo** (sust. m.).

ribeiro. sust. m. 'Vino que se cosecha en la comarca gallega del Ribeiro' (*Bebamos un **ribeiro***). Esta voz ha sido recién incorporada en el ***Diccionario***.

ribera. sust. f. 'Margen y orilla del mar o río'; 'tierra cercana a los ríos'. No debe confundirse su grafía con la de su homófono **rivera** (sust. f.), 'arroyo'; 'cauce por donde corre'.

ribereño, ña. adj. 'Perteneciente a la ribera o propio de ella'. Ú. t. c. sust. m. y f.: **el ribereño, la ribereña**. También puede decirse **riberiego, ga** (adj. Ú. t. c. sust. m. y f.), pero la Academia prefiere la primera forma.

riberiego, ga. adj. 'Aplícase al ganado que no es trashumante' (*ganado **riberiego***); 'dícese de los dueños de este género de ganado'; 'ribereño'. Ú. t. c. sust. m. y f.: **el riberiego, la riberiega**. → **ribereño**

ribete. sust. m. Entre otras denotaciones, 'cinta'. sust. m. pl. 'Asomo, indicio' (*Tiene sus **ribetes** de maestro*).

ribeteador, ra. adj. 'Que ribetea'. Ú. t. c. sust. m. y f.: **el ribeteador, la ribeteadora**. sust. f. 'La que tiene por oficio ribetear el calzado'.

ribetear. v. tr. 'Echar ribetes'. No debe pronunciarse [ribetiar, ribetié]. En sentido figurado, el participio (***ribeteado***) denota 'lo que se dice de los ojos cuando los párpados están irritados' (*ojos **ribeteados***). El postverbal es **ribeteado** (sust. m.). → **-ear**

ribonucleico. adj. 'Dícese del biopolímero cuyas unidades son ribonucleótidos. Según su función, se dividen en mensajeros, ribosómicos y transferentes' (*ácido **ribonucleico***). Esta voz ha sido recién incorporada en el ***Diccionario***.

ribonucleótido. sust. m. 'Nucleótido cuyo azúcar constituyente es la ribosa'. Esta voz ha sido recién incorporada en el ***Diccionario***.

ribosa. sust. f. 'Aldopentosa presente en algunos tipos de ácidos nucleicos; por ello, reciben la denominación de ribonucleicos'. Esta voz ha sido recién incorporada en el ***Diccionario***.

ribosoma. sust. m. 'Orgánulo en el que tiene lugar la etapa de traducción en la expresión génica'. Incorrecto: <u>la ribosoma</u>. Esta voz ha sido recién incorporada en el ***Diccionario***.

ribosómico, ca. adj. 'Perteneciente o relativo a los ribosomas'. Esta voz ha sido recién incorporada en el ***Diccionario***.

ricahembra. sust. f. 'Hija o mujer de grande o ricohombre'. Incorrecto: <u>rica-hembra</u>. En plural: **ricashembras**, una excepción –entre algunas otras– de la regla que dice que las palabras compuestas cambian sólo el último elemento para formar el plural. En este caso, el cambio se produce en ambos elementos. Incorrecto: <u>rica-</u>

hembras. También puede decirse **ricadueña** (en plural: **ricasdueñas**), pero es voz en desuso.

ricino. sust. m. 'Planta originaria del África'. También puede decirse **rezno** (sust. m.), pero la Academia prefiere la primera forma.

rico, ca. adj. Entre otras denotaciones, 'adinerado'. Ú. t. c. sust. m. y f.: **el rico, la rica**. Aumentativo: **ricote** (adj. Ú. t. c. sust. m.). 'Gustoso'; 'muy bueno en su línea'. Rég. prep.: **rico a** (*rico al paladar*); **rico de** (*rico de virtudes*); **rico en** (*rico en generosidad; en posesiones*). No debe confundirse su denotación con la de **ricacho, cha** (sust. m. y f.), 'persona acaudalada, aunque de humilde condición o vulgar en su trato y porte'. El sustantivo despectivo de ambas palabras es **ricachón, na** (m. y f.). La **ricura** (sust. f. fam.) es la 'calidad de rico al paladar'; 'calidad de excelente, bueno'.

ricohombre. sust. m. 'El que antiguamente pertenecía a la primera nobleza de España'. Incorrecto: rico-hombre. En plural: **ricoshombres.** Incorrecto: ricohombres. → **ricahembra**

ricota. sust. f. Argent. 'Requesón'. Es voz recién incorporada en el *Diccionario*.

rictus. sust. m. 'Contracción de los labios que deja al descubierto los dientes y da a la boca el aspecto de la risa'; 'aspecto fijo o transitorio del rostro que manifiesta un determinado estado de ánimo'. Es palabra grave. En plural, no varía: **los rictus**.

ridiculez. sust. f. Entre otras denotaciones, 'dicho o hecho extravagante e irregular'. Es palabra aguda. En plural, se transforma en grave: **ridiculeces**. Repárese en que la **z** cambia por **c**.

ridiculizar. v. tr. → **cazar**

ridículo, la. adj. 'Que por su rareza o extravagancia mueve o puede mover a risa'; 'escaso, de poca estimación'; 'extraño'; 'de genio irregular'. sust. m. 'Situación ridícula en que cae una persona' (*Por favor, no hagas **el ridículo***). Rég. prep.: **ridículo en** (*ridículo en su porte*); **ridículo por** (*ridículo por su traza*). **en ridículo**. loc. adv. 'Expuesto a la burla o al menosprecio de las gentes, sea o no con razón justificada'. Ú. m. con los verbos **estar, poner, quedar** (*Durante la reunión, **estuvo en ridículo**; **Puso en ridículo** a su tía; **Quedó en ridículo** cuando contestó la pregunta*).

riel. sust. m. 'Barra pequeña de metal en bruto'; 'carril de una vía férrea'. Es palabra aguda. En plural, se transforma en grave: **rieles**. Con la segunda denotación, también puede decirse **raíl** o **rail** (sust. m.).

rienda. sust. f. El sustantivo colectivo es **rendaje** (m.), 'conjunto de riendas'. **a rienda suelta**. loc. adv. fig. 'Con violencia o celeridad'; 'con toda libertad' (*Actuó **a rienda suelta***). **correr a rienda suelta**. fr. 'Soltar el jinete las riendas al caballo y picarlo para que corra cuanto pueda'; fig. 'entregarse sin reserva a una pasión o al ejercicio de algo' (***Corrió a rienda suelta** para alcanzar el título de médico*); **dar rienda suelta**. fr. fig. 'Dar libre curso' (***Dio rienda suelta** a su imaginación*).

riesgo. sust. m. 'Contingencia o proximidad de un daño'; 'cada una de las contingencias que pueden ser objeto de un contrato de seguro'. **correr riesgo**. fr. 'Estar una cosa expuesta a perderse o a no verificarse' (*Si no llegas temprano, **corres riesgo** de que no te atiendan*). En la Argentina, se usa más la frase **correr el riesgo**.

riesgoso, sa. adj. Amér. 'Aventurado, peligroso'. En su reemplazo, puede usarse **arriesgado, da** (p. de **arriesgar**; adj.). El adjetivo **riesgoso** ha sido recién incorporado en el *Diccionario*.

rifador. sust. m. 'El que sortea algo'; 'el que riñe o se enemista'. Su femenino es **rifadora**.

rigidez. sust. f. 'Calidad de rígido'. Es palabra aguda. En plural, se transforma en grave: **rigideces**. Repárese en que la **z** cambia por **c**.

rígido, da. adj. 'Que no se puede doblar o torcer'; 'severo'. Rég. prep.: **rígido con, para** o **para con** (***rígido con, para** o **para con** sus hijos*); **rígido de** (*rígido de carácter*); **rígido en** (*rígido en sus ideas*).

rigor. sust. m. Entre otras denotaciones, 'excesiva y escrupulosa severidad'. Rég. prep.: **rigor de** (*el rigor del invierno*); **rigor en** (*rigor en el trato*). **en rigor**. loc. adv. 'En realidad, estrictamente' (***En rigor**, deberás pagar dos cuotas más*). **ser de rigor** algo. fr. 'Ser indispensable por requerirlo así la costumbre, la moda o la etiqueta' (***Es de rigor** que presente su documento de identidad*).

rigorista. adj. 'Extremadamente severo'. Ú. t. c. sust. com.: **el rigorista, la rigorista.**

rigurosamente. adv. m. 'Con rigor'. También puede decirse **rigorosamente**, pero la Academia prefiere la primera forma.

riguroso, sa. adj. Entre otras denotaciones, 'áspero y acre'; 'muy severo'. También puede decirse **rigoroso, sa** (adj.), pero la Academia prefiere la primera forma.

rilar. v. intr. y prnl. 'Temblar'. Es regular. También pueden decirse **rehilar** (v. intr.) y **reilar** (v. intr.).

rimador, ra. adj. 'Que se distingue en sus composiciones poéticas más por la rima que por otras cualidades'. Ú. t. c. sust. m. y f.: **el rimador, la rimadora.**

rimar. v. intr. 'Componer en verso'; 'ser una palabra asonante o consonante de otra'. v. tr. 'Hacer el poeta una palabra asonante o consonante de otra'. Rég. prep.: **rimar con** (*rimar una palabra con otra*); **rimar entre** (*rimar entre sí*). No debe confundirse su denotación con la de **ritmar** (v. tr.), 'sujetar a ritmo'.

rimbombo. sust. m. 'Retumbo o repercusión de un sonido'. También puede decirse **rimbombe** (sust. m.), pero la Academia prefiere la primera forma.

rímel. sust. m. De la marca comercial *rimmel*. 'Cosmético para ennegrecer y endurecer las pestañas'. Es incorrecto el uso de la grafía extranjera. Es palabra grave. En plural, se transforma en esdrújula: **rímeles**.

rimero. sust. m. colect. 'Montón de cosas puestas unas sobre otras' (*un rimero de papeles*).

rimú. sust. m. 'Planta americana'. En plural: **rimúes** o **rimús**.

rincón. sust. m. Entre otras denotaciones, 'ángulo entrante que se forma en el encuentro de dos paredes o de dos superficies'. No debe confundirse su denotación con la de **rinconada** (sust. f.), 'ángulo entrante que se forma en la unión de dos casas, calles o caminos, o entre dos montes'. La Academia ha incorporado recientemente otro significado: rur. Argent. y Col. 'Rinconada, porción de terreno, con límites naturales o artificiales, destinada a ciertos usos de la hacienda'. Con esta última denotación, **rincón** y **rinconada** son sinónimos.

rinconada. sust. f. → **rincón**

rinde. sust. m. Argent. 'En economía, rendimiento'. En plural: **rindes**. Esta voz ha sido recién incorporada en el ***Diccionario***.

♦ **ring.** Anglicismo. Aparece registrado en el ***Diccionario Manual***, con el indicador de su falta de sanción oficial y de su carácter de extranjerismo. En español, debe decirse **cuadrilátero**.

ringla. sust. f. 'Fila'. También puede decirse **ringle** (sust. m.).

ringlera. sust. f. 'Fila de cosas puestas en orden unas tras otras' (*una **ringlera** de libros*). También pueden decirse **rengle** (sust. m.) y **renglera** (sust. f.), pero la Academia prefiere la primera forma. No debe confundirse su denotación con la de **ringlero** (sust. m.), 'cada una de las líneas del papel pautado en que aprenden a escribir los niños'.

rinitis. sust. f. 'Inflamación de la mucosa de las fosas nasales'. Incorrecto: renitis. En plural, no varía: **las rinitis**.

rino-. elem. compos. de or. gr. 'Nariz' (***rinoplastia***). Este prefijo ha sido recién incorporado en el ***Diccionario***.

rinoceronte. sust. m. Su hembra es la **abada** (sust. f.).

rinofaringe. sust. f. 'Porción de la faringe contigua a las fosas nasales'. En plural: **rinofaringes**.

rinólogo. sust. m. 'Especialista en rinología o tratado de la nariz y de sus funciones y enfermedades'. Su femenino es **rinóloga**.

rinoplastia. sust. f. 'Operación quirúrgica para restaurar la nariz'. No debe pronunciarse [rinoplastía]. En plural: **rinoplastias**.

rinoscopia. sust. f. 'Exploración de las cavidades nasales'. No debe pronunciarse [rinoscopía]. En plural: **rinoscopias**.

riñón. sust. m. 'Cada una de las dos glándulas secretorias de la orina'. Es palabra aguda. En plural, se transforma en grave: **riñones**. También puede decirse **rene** (sust. f.), pero la Academia prefiere la primera forma. Es **reniforme** (adj.) lo que tiene 'forma parecida a la de un riñón'.

río. sust. m. Diminutivo: **riachuelo**. Se escribe con minúscula (*Hoy estudiamos los ríos argenti-*

nos), salvo cuando forma parte de un nombre propio (***Río** de la Plata*).

rioja. sust. m. 'Vino de fina calidad, que se cría y elabora en la comarca española de este nombre' (*Compré un **rioja***).

Rioja, La. sust. pr. f. Las dos voces que forman el nombre de la provincia argentina y de la región española deben escribirse con mayúscula.

rionegrino, na. adj. 'Natural de la provincia argentina del Río Negro, República Argentina' (*trabajadores **rionegrinos***); 'perteneciente o relativo a esta provincia' (*manzanas **rionegrinas***). Ú. t. c. sust. m. y f.: **el rionegrino, la rionegrina**. Incorrecto: *rionegrense*.

rioplatense. adj. 'Natural del Río de la Plata' (*Dora es **rioplatense***). Ú. t. c. sust. com.: **el rioplatense, la rioplatense**. 'Perteneciente o relativo a los países de la cuenca del Río de la Plata' (*costumbres **rioplatenses***).

ripio. sust. m. Entre otras denotaciones, 'pedregullo, cascajo, guijarro' (*Cubrió el camino de **ripios***); 'palabra o frase inútil o superflua que se emplea viciosamente con el solo objeto de completar el verso o de darle la consonancia o la asonancia requerida' (*El poema contenía varios **ripios***). Como sustantivo colectivo, denota 'conjunto de palabras inútiles en cualquier clase de discurso o escrito, o en la conversación familiar' (*El discurso era un **ripio***). Argent., Chile y Perú. 'Casquijo que se usa para pavimentar'. El adjetivo correspondiente es **ripioso, sa**, 'que abunda en ripios'. → **pedregullo**

risa. sust. f. 'Movimiento de la boca y otras partes del rostro, que demuestra alegría' (*Su **risa** era simpática*); 'voz o sonido que acompaña a la risa' (*Oí su **risa** y supe que era Juan*); 'lo que mueve a reír' (*Este payaso es una **risa***). Diminutivos: **risica, risilla, risita**. No debe confundirse su grafía con la de su homófono **riza** (sust. f.), 'destrozo o estrago que se hace en una cosa'; 'residuo que, por estar duro, dejan en los pesebres las caballerías'. **caerse de risa** uno. fr. fig. y fam. 'Reír desordenadamente' (*Los niños **se caían de risa** con los saltos del mono*). **desternillarse de risa** uno. fr. fig. y fam. 'Reír con vehemencia y con movimientos descompasados' (*Cuando Luis terminó de contar la anécdota, sus amigos **se desternillaron de risa***). Incorrecto: *Cuando Luis terminó de contar la anécdota, sus amigos se desternillaron de la risa*. Es vulgar la frase **destornillarse de risa**. **estar para reventar de risa** o **muerto de risa**. fr. fig. 'Violentarse o hacerse fuerza para no reírse el que está muy tentado de la risa' (***Estaban para reventar de risa** o **muertos de risa**, porque una señora apareció con un vestido extravagante*). Incorrecto: *Estaban para reventar de la risa o muertos de la risa, porque una señora apareció con un vestido extravagante*. **morirse de risa**. loc. fig. y fam. 'Reírse mucho y con muchas ganas' (*La película era para **morirse de risa***). Incorrecto: *La película era para morirse de la risa*. **tentado a** o **de la risa**. locs. fams. 'Propenso a reír inmoderadamente' (*Los adolescentes estaban **tentados a** o **de la risa***). Incorrecto: *Los adolescentes estaban tentados a o de risa*. **tomar a risa** una cosa. fr. fig. 'No darle importancia' (***Toma a risa** todos los exámenes*). Incorrecto: *Toma a la risa todos los exámenes*. La 'risa sonora' se denomina **risada** (sust. f.). Una **risotada** (sust. f.) denota 'carcajada'. La 'facultad de reír, privativa del racional' es la **risibilidad** (sust. f.).

risco. sust. m. Entre otras denotaciones, 'hendidura'; 'peñasco alto y escarpado'. El sustantivo colectivo es **riscal** (m.), 'sitio de muchos riscos'.

risotear. v. intr. 'Dar risotadas'. No debe pronunciarse [risotiar, risotié]. Su postverbal es **risoteo** (sust. m.). → **-ear**

♦ **risotto.** Italianismo. 'Plato mixto de arroz, carne, queso, cebolla, etc.'. Esta voz no aparece registrada en el ***Diccionario***. Si se usa, debe entrecomillarse.

ríspido, da. adj. 'Áspero, violento, intratable' (*Daniel era un hombre **ríspido***). En su reemplazo, puede usarse **rispo, pa** (adj.). No debe confundirse su denotación con la de **híspido, da** (adj.), 'hirsuto, de pelo áspero y duro'.

ristra. sust. f. 'Trenza hecha de los tallos de ajos o cebollas' (*una **ristra** de ajos*). Como sustantivo colectivo (fig. y fam.), denota 'conjunto de ciertas cosas colocadas unas tras otras' (*una **ristra** de perlas*). También puede decirse **riestra** (sust. f.).

ristre. sust. m. En plural: **ristres**.

ritmar. v. tr. → **rimar**

ritual. adj. 'Perteneciente o relativo al rito' (*ceremonia **ritual***). Ú. t. c. sust. m.: **el ritual.** sust. m. colect. 'Conjunto de ritos de una religión o de una iglesia'. **ser de ritual** algo. fr. fig. 'Estar impuesto por la costumbre' (***Es de ritual** que los japoneses se descalcen cuando entran en su casa*). La **ritualidad** (sust. f.) es la 'observancia de las formalidades prescritas para hacer una cosa'.

ritualista. sust. com. 'Partidario del ritualismo': **el ritualista, la ritualista.**

rival. adj. 'Dícese de quien compite con otro, pugnando por obtener una misma cosa o por superarlo' (*mujeres **rivales***). Ú. m. c. sust. com.: **el rival, la rival.** La **rivalidad** (sust. f.) es la 'calidad de rival'. Esta última voz también denota 'enemistad'.

rivalizar. v. intr. Equivale a **competir** (v. intr. Ú. t. c. prnl.). La Academia prefiere el uso de este último verbo. Rég. prep.: **rivalizar con** (***rivalizar con** el hijo*); **rivalizar en** (***rivalizar en** inteligencia*); **rivalizar por** (***rivalizar por** el primer lugar*). → **cazar**

rivera. sust. f. → **ribera**

riza. sust. f. → **risa**

rizador, ra. adj. 'Que riza' (*tenacillas **rizadoras***). Ú. t. c. sust. m. y f.: **el rizador, la rizadora.** sust. m. 'Tenacillas para rizar el pelo' (*La peluquera usa **el rizador***). Esta voz ha sido recién incorporada en el ***Diccionario***.

rizar. v. tr. Ú. t. c. prnl. También puede decirse **enrizar** (v. tr. Ú. t. c. prnl.), pero la Academia prefiere la primera forma. Su postverbal es **rizado** (sust. m.). → **cazar**

rizo-. elem. compos. de or. gr. 'Raíz' (***rizófito***).

rizófago, ga. adj. 'Dícese de los animales que se alimentan de raíces'. Ú. t. c. sust. m. y f.: **el rizófago, la rizófaga.**

rizófito, ta. adj. 'Dícese del vegetal provisto de raíces'. Ú. t. c. sust. m. y f.: **el rizófito, la rizófita.** sust. f. pl. 'Orden de estas plantas': **las rizófitas.** Es palabra esdrújula. También puede decirse **rizofito, ta** (voz grave), pero la Academia prefiere la primera forma.

rizoforáceo, a. adj. 'Dícese de ciertos árboles o arbustos angiospermos dicotiledóneos, como el mangle'. Ú. t. c. sust. f.: **la rizoforácea.** sust. f. pl. 'Familia de estas plantas': **las rizoforáceas.** También puede decirse **rizofóreo, a** (adj.), pero la Academia prefiere la primera forma.

rizópodo. adj. 'Dícese del protozoo cuyo cuerpo es capaz de emitir seudópodos que le sirven para moverse y para apoderarse de las partículas orgánicas de que se alimenta'. Ú. m. c. sust. m.: **el rizópodo.** sust. m. pl. 'Clase de estos animales': **los rizópodos.**

rizoso, sa. adj. 'Dícese del pelo que tiende a rizarse naturalmente' (*cabello **rizoso***). También puede decirse **rizado, da** (p. de **rizar**. adj.), la voz más usada por los hablantes, pero la Academia prefiere la primera forma.

roano, na. adj. 'Dícese del caballo o yegua cuyo pelo está mezclado de blanco, gris y bayo' (*caballo **roano***). También puede decirse **ruano, na** (adj.). La Academia registra, además, **ruán, na**, pero aclara que es un adjetivo anticuado. → **ruano**

robador, ra. adj. 'Que roba' (*niño **robador***). Ú. t. c. sust. m. y f.: **el robador, la robadora.** Se usa más **ladrón, na** (adj. Ú. t. c. sust. m. y f.).

róbalo. sust. m. 'Pez'. Su hembra se denomina **robaliza** (sust. f.). Es palabra esdrújula. También puede decirse **robalo** (voz grave), pero la Academia prefiere la primera forma.

robar. v. tr. Entre otras denotaciones, 'quitar o tomar para sí con violencia o con fuerza lo ajeno'; 'hurtar de cualquier modo que sea' (*No deje que **lo roben***). Es incorrecto decir *No deje que <u>le roben</u>*, pues **robar** es verbo transitivo, por lo tanto, admite objeto directo. En el ejemplo citado, el objeto directo es **lo**, forma átona del pronombre personal (tercera persona). En cambio, en *No deje que **le roben su dinero*** ("No deje que roben a usted su dinero"), el objeto directo es **su dinero**, y el objeto indirecto, **le**, forma átona del pronombre personal (tercera persona). En consecuencia: *No deje que **se lo roben*** (**se** es el objeto indirecto, pues se refiere a **usted**; **lo** es el objeto directo, pues se refiere a **su dinero**). Con el significado de 'sacar a una mujer con violencia o con engaño de la casa y potestad de sus padres o parientes', es sinónimo de **raptar** (v. tr.): *Dos hombres **robaron** a la joven* ("Dos hombres **la robaron**"). No debe confundirse su denotación con la de **hurtar** (v.

tr.), 'robar sin violencia'. Su postverbal es **robo** (sust. m.).

♦ **robe de chambre.** Galicismo. → **bata**

robín. sust. m. 'Orín o herrumbre de los metales'. Es palabra aguda. En plural, se transforma en grave: **robines**. También puede decirse **rubín** (sust. m.), pero la Academia prefiere la primera forma.

robinsón. sust. m. fig. Por alusión a Robinsón Crusoe, protagonista de una novela de Daniel Defoe, 'hombre que, en la soledad y sin ayuda ajena, llega a bastarse a sí mismo'. En plural: **robinsones**. El adjetivo correspondiente es **robinsoniano, na**, 'perteneciente o relativo al héroe novelesco Robinsón Crusoe o propio de él'. El **robinsonismo** (sust. m.) es el 'modo de vida propio de Robinsón Crusoe o de un robinsón'.

roble. sust. m. 'Árbol'. También pueden decirse **robre** (sust. m.) y **carvallo** (sust. m.). Los sustantivos colectivos son **robleda** (f.), **robledal** (m.), **robledo** (m.), **robredal** (m.) y **robredo** (m.). También pueden decirse **carvajal** (m.), **carvallar** (m.), **carvalleda** (m.) y **carvalledo** (m.).

robo. sust. m. 'Acción y efecto de robar'. No debe confundirse su denotación con la de **hurto** (sust. m.), 'robo sin violencia'. **ser** algo **un robo**. fr. fig. y fam. Argent. 'Ser demasiado caro un producto o servicio' (*El precio de los zapatos es un **robo***). Esta frase no está registrada en el ***Diccionario***, pero la A.A.L. ha recomendado su incorporación. → **rapacería**

robot. sust. m. Voz inglesa (*robot*) españolizada. 'Máquina que ejecuta automáticamente operaciones o movimientos muy varios'; 'autómata' (*Caminaba como un **robot***). Es palabra aguda. En plural: **robots**.

robótica. sust. f. 'Técnica que aplica la informática al diseño y empleo de aparatos que, en sustitución de personas, realizan operaciones o trabajos, por lo general en instalaciones industriales'. Esta voz ha sido recién incorporada en el ***Diccionario***.

robustecer. v. irreg. tr. Ú. t. c. prnl. 'Dar robustez'. Rég. prep.: **robustecerse con** (***robustecerse con** vitaminas*); **robustecerse por** (***robustecerse por** la gimnasia*). Su postverbal es **robustecimiento** (sust. m.). Se conjuga como **parecer**.

robustez. sust. f. 'Calidad de robusto' (*Admiran la **robustez** del atleta*). En plural: **robusteces**. Repárese en que la **z** cambia por **c**. También puede decirse **robusteza** (sust. f.), pero su uso es infrecuente.

roca. sust. f. Entre otras denotaciones, 'piedra dura y sólida'; 'peñasco'. En su reemplazo, puede usarse **roquedo** (sust. m.). Los sustantivos colectivos son **roqueda** (f.) y **roquedal** (m.), 'lugar abundante en rocas'. Incorrecto: <u>*roquería*</u>, <u>*roquerío*</u>. La **rocalla** (sust. f. colect.) es el 'conjunto de piedrecillas desprendidas de las rocas por la acción del tiempo o del agua, o que han saltado al labrar las piedras'. Los adjetivos correspondientes son **rocoso, sa** y **roqueño, ña**, 'dícese del lugar lleno de rocas', y **roquero, ra**, 'perteneciente a las rocas o edificado sobre ellas'.

rocambolesco, ca. adj. 'Dícese de la serie de hechos o circunstancias extraordinarios, exagerados o inverosímiles' (*Contó hechos **rocambolescos***). Esta voz ha sido recién incorporada en el ***Diccionario***.

rocambor. sust. m. Amér. Merid. 'Juego de naipes muy parecido al tresillo'. Incorrecto: <u>*rocambol*</u>. Es palabra aguda. En plural, se transforma en grave: **rocambores**.

rociada. sust. f. 'Acción y efecto de rociar'. Tiene valor colectivo con la denotación de 'conjunto de cosas que se esparcen al arrojarlas' (*una **rociada** de granos de arroz*). Incorrecto: <u>*roceada*</u>, una ultracorrección.

rociador. sust. m. 'Utensilio para rociar la ropa'; 'pulverizador'. Esta última denotación ha sido recién incorporada en el ***Diccionario***. Incorrecto: <u>*roceador*</u>, una ultracorrección.

rociar. v. intr. impers. 'Caer sobre la tierra el rocío o la lluvia menuda' (*Anoche **roció***). v. tr. 'Esparcir el agua u otro líquido en menudas gotas' (*La abuela **rocía** las plantas del balcón*); 'arrojar algunas cosas de modo que caigan diseminadas' (*Los niños **rociaban** caramelos*). Sus postverbales son **rociada** (sust. f.), **rociadura** (sust. f.) y **rociamiento** (sust. m.). Se conjuga, en cuanto al acento, como **guiar**.

rociero. sust. m. 'El que acude a la romería

de la Virgen del Rocío, en Huelva'. Su femenino es **rociera**. Esta voz ha sido recién incorporada en el ***Diccionario***.

rocín. sust. m. 'Caballo de mala traza, basto y de poca alzada'. Es palabra aguda. En plural, se transforma en grave: **rocines**. También puede decirse **rocino** (sust. m.), pero la Academia prefiere la primera forma. El 'rocín matalón' se denomina **rocinante** (sust. m.). Los adjetivos que le corresponden son **rocinal** y **rociniego, ga**, 'perteneciente o relativo al rocín'.

rocío. sust. m. Entre otras denotaciones, 'vapor que, con la frialdad de la noche, se condensa en la atmósfera en gotas menudas'. El 'rocío de la tierra y de las plantas' se denomina **rociada** (sust. f.), **roción** (sust. m.) o **rosada** (sust. f.).

roción. sust. m. 'Salpicadura copiosa y violenta de agua del mar, producida por el choque de las olas contra un obstáculo cualquiera'; 'rocío de la tierra y de las plantas'; 'reprimenda, filípica'. Es palabra aguda. En plural, se transforma en grave: **rociones**.

♦ **rock and roll.** Anglicismo ('muévete y gira'). En el ***Diccionario Manual***, aparece **rock** con el indicador de su falta de sanción oficial: 'Abreviatura de *rock and roll*, ritmo y baile creados en 1956, con música de yaz'. Si se usa el extranjerismo, debe entrecomillarse.

♦ **rockero, ra.** Anglicismo. 'Dícese de la persona que baila *rock and roll*'. La Academia no registra **roquero, ra** con esta denotación.

rococó. adj. 'Dícese del estilo barroco que predominó en Francia en tiempos de Luis XV' (*decoración **rococó***). En plural, no varía (*decoraciones **rococó***). Ú. t. c. sust. m.: **el rococó**. Siempre se escribe con minúscula.

rodaballo. sust. m. 'Pez'. Para distinguir los sexos, debe recurrirse a las perífrasis **rodaballo macho, rodaballo hembra**. Este pez también recibe el nombre de **rombo** (sust. m.). 'Hombre taimado y astuto' (*Felipe es un **rodaballo***).

rodadero, ra. adj. 'Que rueda con facilidad'. Con esta denotación, también puede decirse **rodadizo, za** (adj.). 'Que está en disposición o figura para rodar'. sust. m. 'Terreno pedregoso y con fuerte declive' (*La yegua cayó por el **rodadero***).

rodado, da. adj. 'Dícese del caballo o de la yegua que tiene manchas más oscuras que el color general de su pelo' (*caballo **rodado**; yegua **rodada***). Argent. y Chile. sust. m. 'Cualquier vehículo de ruedas' (*Tiene un nuevo **rodado***). La A.A.L. ha recomendado la incorporación del siguiente significado: sust. m. Argent. 'Tipificación de las bicicletas por el diámetro de sus ruedas' (*Comprará una bicicleta **rodado** 24*). Su homónimo (p. de **rodar**) funciona, también, como adjetivo: 'Aplícase a la cláusula, frase o período que se distingue por su fluidez' (*frase **rodada***); 'dícese del tránsito de vehículos de rueda' (*tránsito **rodado***). 'En minería, dícese de los pedazos de mineral desprendidos de la veta y esparcidos naturalmente por el suelo'. Ú. t. c. sust. m.: **el rodado**. **canto rodado** o **pelado**. 'Piedra alisada y redondeada a fuerza de rodar impulsada por las aguas'.

rodador, ra. adj. Entre otras denotaciones, 'que rueda o cae rodando'. sust. m. 'Mosquito de algunos países de América que, cuando se llena de sangre, rueda y cae como la sanguijuela': **el rodador**.

rodaja. sust. f. Entre otras denotaciones, 'tajada de algunos alimentos'. rur. Argent. 'Estrella de la espuela, disco dentado o rematado en puntas que llevan las espuelas para acicatear al animal'. Diminutivo: **rodajuela**.

rodajear. v. tr. El Salv., Guat. y Nicar. 'Partir o cortar en rodajas'. No debe pronunciarse [rodajiar, rodajié]. Esta voz ha sido recién incorporada en el ***Diccionario***. → **-ear**

rodalán. sust. m. 'Planta americana'. Es palabra aguda. En plural, se transforma en grave: **rodalanes**.

rodapelo. sust. m. → **redopelo**

rodapié. sust. m. Entre otras denotaciones, 'paramento de madera, tela u otra materia con que se cubren alrededor los pies de las camas, mesas y otros muebles'; 'zócalo de una pared'. Es palabra aguda. En plural: **rodapiés**. Incorrecto: <u>*los rodapié*</u>, <u>*rodapieses*</u>. → **zócalo**

rodar. v. irreg. intr. Rég. prep.: **rodar de** o **desde** (*Las rocas **rodaron de** o **desde** la cumbre de la montaña*); **rodar por** (*El niño **rodó por** tierra*). También puede decirse **rotar** (v. intr.), pero la Academia prefiere la primera forma. Sus postverbales son **rodadura** (sust. f.) y **ruedo** (sust. m.). Su participio activo es **rodante**, 'que rueda o puede rodar'. Como otros participios activos, éste ha sido excluido de la última edición del *Diccionario* (1992), pero es de correcta formación. Se conjuga como **sonar**.

rodeabrazo (a). loc. adv. 'Dando una vuelta al brazo para arrojar o despedir algo con él' (*Colocó la soga **a rodeabrazo***).

rodear. v. intr. Entre otras denotaciones, 'andar alrededor'. v. tr. 'Poner una o varias cosas alrededor de otra' (***Rodearon** el cuadro con flores*). Ú. t. c. prnl. Argent., Col., Cuba, Chile, Nicar. y Perú. 'Reunir el ganado mayor en un sitio determinado, arreándolo desde los distintos lugares en donde pace'. v. prnl. 'Revolverse, removerse, volverse'. Rég. prep.: **rodear con** o **de** (***Rodeó** la casa **con** o **de** rejas*); **rodear** o **rodearse de** (***Rodeaba de** comodidades a su familia*; ***Se rodeaba de** comodidades*). No debe pronunciarse [rodiar, rodié]. → **-ear**

rodeno, na. adj. 'Que tira a rojo. Dícese de tierras, rocas, etc.' (*En la provincia argentina de Misiones, la tierra es **rodena***). También puede decirse **rojal** (adj.). **pino rodeno**. 'Pino resinable'. Un **rodenal** (sust. m. colect.) es un 'sitio poblado de pinos rodenos'. → **rojal**

rodeo. sust. m. Entre otras denotaciones, 'reunión del ganado mayor para reconocerlo, para contar las cabezas o para cualquier otro fin'; 'en algunos países de América, deporte que consiste en montar a pelo potros salvajes o reses vacunas bravas, y hacer otros ejercicios, como arrojar el lazo, etc.' (*Asistió mucha gente al **rodeo***). **parar rodeo**. fr. Argent. y Urug. 'Reunir los animales para contarlos y separar los que pertenecen a distintos dueños o están destinados a la venta'. Aumentativo: **rodeón**.

rodete. sust. m. Entre otras denotaciones, 'rosca que se hacen las mujeres con el pelo para tenerlo recogido y para adorno de la cabeza'. Es sinónimo de **rodilla** (sust. f.) con la denotación de 'rosca de lienzo, paño u otra materia que se pone en la cabeza para cargar y llevar sobre ella un peso' (*La muchacha llevaba un cántaro sobre el **rodete***). sust. m. rur. Argent. 'Disco de metal, generalmente labrado, que se halla en el arco de la espuela, y de donde sale el pihuelo'. Este último significado carece de registro en el ***Diccionario***, pero la A.A.L. ha recomendado su incorporación.

rodilla. sust. f. Tiene valor colectivo con la denotación de 'conjunto de partes blandas y duras que forman la unión del muslo con la pierna, y, particularmente, región prominente de dicho conjunto'. **de rodillas**. loc. adv. 'Con las rodillas dobladas y apoyadas en el suelo'. Se usa con los verbos **estar**, **hincar** y **poner** (***Estaba de rodillas** ante la imagen del santo*; ***Se hincó de rodillas** cuando vio al Papa*; *Las monjas **se pusieron de rodillas***). fig. 'En tono suplicante y con ahínco' (*Te lo pido **de rodillas***). El 'golpe dado con la rodilla' es una **rodillada** (sust. f.) o un **rodillazo** (sust. m.). El adjetivo **rodillero, ra** denota 'perteneciente a las rodillas', y **rodilludo, da**, 'que tiene abultadas las rodillas'.

rodillo. sust. m. También puede decirse **rodo** (sust. m.), con las denotaciones de 'madero redondo y fuerte que se hace rodar por el suelo para llevar sobre él algo de mucho peso y arrastrarlo con más facilidad' y de 'cilindro muy pesado de piedra o de hierro para allanar el suelo'. La Academia no registra la acepción de 'cilindro de espuma de nailon o de otro material que se usa para pintar paredes'.

rodio. sust. m. 'Metal que, en pequeñísima cantidad, se halla combinado, algunas veces, con el oro y el platino'. Número atómico 45. Símbolo: ***Rh***

rododendro. sust. m. 'Arbolillo'. Incorrecto: <u>*rododrendo*</u>. También recibe el nombre de **rosadelfa** (sust. f.).

rodomiel. sust. m. 'Jarabe de miel y agua de rosas'. Es palabra aguda. En plural, se transforma en grave: **rodomieles**.

rodrigar. v. tr. 'Poner rodrigones a las plantas'. También pueden decirse **enrodrigar** (v. tr.) y **enrodrigonar** (v. tr.), pero la Academia prefiere la primera forma. → **pagar**

rodrigón. sust. m. 'Tutor para sostener los tallos y las ramas de una planta, sujetos con ligaduras'. Es palabra aguda. En plural, se transforma en grave: **rodrigones**. También puede decirse **rodriga** (sust. f.). La **rodrigazón** (sust. f.) es el 'tiempo de poner rodrigones'.

roedor, ra. adj. 'Que roe' (*animal **roedor***); 'que agita el ánimo'; 'dícese de mamíferos, como la ardilla, el ratón y el castor'. Ú. t. c. sust. m. y f.: **el roedor, la roedora**. sust. m. pl. 'Orden de estos mamíferos' (*Realizó un estudio sobre **los roedores***).

roentgen. sust. m. Nombre que recibe el **roentgenio** (sust. m.) en la nomenclatura internacional. 'Unidad electrostática cegesimal de poder ionizante en relación con el aire. Se emplea en las aplicaciones terapéuticas de los rayos X'.

roer. v. irreg. tr. Respecto de la conjugación, en algunas personas, presenta una forma regular y dos irregulares. La irregularidad consiste en que aumenta **ig-** e **y** en la raíz, cuando va seguida de **o** o de **a**, en presente de indicativo (*roo, roigo* o *royo*) y en presente de subjuntivo (*roa, roiga* o *roya*; *roas, roigas* o *royas*; *roa, roiga* o *roya*; *roamos, roigamos* o *royamos*; *roáis, roigáis* o *royáis*; *roan, roigan* o *royan*). Cambia por **y** la **i** de la desinencia en pretérito imperfecto de subjuntivo (*royera* o *royese, royeras* o *royeses, royera* o *royese, royéramos* o *royésemos, royerais* o *royeseis, royeran* o *royesen*), en futuro de subjuntivo (*royere, royeres, royere, royéremos, royereis, royeren*) y en el gerundio (*royendo*). La Academia prefiere las formas regulares *roo* (indicativo) y *roa* (subjuntivo) a las irregulares *roigo* y *royo* (indicativo), *roiga* y *roya* (subjuntivo). Su postverbal es **roedura** (sust. f.).

rogador, ra. adj. 'Que ruega'. Ú. t. c. sust. m. y f.: **el rogador, la rogadora**.

rogar. v. irreg. tr. Rég. prep.: **rogar a** (***rogar a** Dios*); **rogar por** (***rogar por** el prójimo*). Incorrecto: *Le ruego de que me llame pronto* (dequeísmo). Correcto: *Le **ruego que** me llame pronto*. Su postverbal es **rogación** (sust. f.). Se conjuga como **colgar**.

rogativa. sust. f. 'Oración pública hecha a Dios para conseguir el remedio de una grave necesidad'. Ú. m. en pl.: **las rogativas**.

roído, da. p. de **roer**. adj. fig. y fam. 'Despreciable'. Rég. prep.: **roído de** o **por** (***roído de** o **por** las polillas*).

rojal. adj. 'Que tira a rojo. Dícese de las tierras, plantas y semillas' (*tierras **rojales***). sust. m. 'Terreno cuyo color tira a rojo': **el rojal**. → **rodeno**

rojear. v. intr. 'Mostrar algo el color rojo que en sí tiene'; 'tirar a rojo'. No debe pronunciarse [rojiar]. → **-ear**

rojete. sust. m. 'Cosmético, por lo general de tonos rojizos, que las mujeres se aplican en las mejillas para darse color'. También pueden decirse **colorete** (sust. m.), voz preferida por la Academia, y **arrebol** (sust. m.). No debe usarse **rubor** (sust. m.) como sinónimo de las tres palabras anteriores: *No uses ese rubor*. Correcto: *No uses ese **colorete**, **rojete** o **arrebol***. → **rubor**

rojez. sust. f. 'Calidad de rojo'; 'mancha roja en la piel'. Es palabra aguda. En plural, se transforma en grave: **rojeces**. Repárese en que la **z** cambia por **c**.

rojo, ja. adj. 'Encarnado muy vivo'. Ú. t. c. sust. m. (***El rojo** te favorece*); 'rubio, de color parecido al oro'; 'dícese del pelo casi colorado'. → **taheño**. También pueden decirse **roso, sa** (adj.), **rubro, bra** (adj.) y **rufo, fa** (adj.). El 'rojo claro' se denomina **rosillo, lla** (adj.) y **rosmarino, na** (adj.). Lo 'que tira a rojo' es **rúbeo, a** (adj.) o **rubescente** (adj.). **al rojo**. loc. que se aplica al hierro o a otra materia cuando toma dicho color por el efecto de una alta temperatura (*El hierro estaba **al rojo***). **al rojo** o **al rojo vivo**. locs. figs. 'Muy exaltadas las pasiones' (*Estaban enamorados **al rojo** o **al rojo vivo***). La **rojura** (sust. f.) es la 'calidad de rojo'. El adjetivo **colorado, da** puede usarse en su reemplazo con la denotación de lo 'que por naturaleza o arte tiene color más o menos rojo'.

rol. sust. m. 'Lista, nómina, catálogo'. Es galicismo usar esta voz con la denotación de 'papel, función': *¿Cuál es tu rol en la comedia?* Correcto: *¿Cuál es tu **papel** en la comedia?* No obstante, no puede negarse que el uso del galicismo es muy común en todos los ámbitos. → **papel**

rollizo, za. adj. 'Redondo en figura de rollo'; 'robusto y grueso; dícese de personas y animales' (*bebé **rollizo**; perra **rolliza***). sust. m. 'Madero en rollo': **el rollizo**.

rollo. sust. m. Entre otras acepciones, 'cualquier materia que toma forma cilíndrica por rodar o dar vueltas' (*un **rollo** de alambre*). La Academia ha incorporado recientemente un nuevo significado: 'Papiro u otro material laminado que, enrollado, constituía el libro en la antigüedad'. Puede usarse con la denotación de 'discurso, exposición o lectura larga y fastidiosa' (*La conferencia fue un **rollo** insoportable*). Es vulgar su uso como sinónimo de **asunto** o de **actividad** (*No sé qué **rollo** lo preocupa*) y de **tema** (*Siempre habla acerca del mismo **rollo***). La Academia no registra esta última acepción en el ***Diccionario***. Aparece en el ***Manual***, con el indicador de su falta de sanción oficial.

Roma. sust. pr. f. fig. 'Autoridad del Papa y de la curia romana' (*Los católicos se someten a **Roma***).

romadizarse. v. prnl. 'Contraer romadizo'. → **cazar**

romaico, ca. adj. 'Aplícase a la lengua griega moderna' (*estudios **romaicos***). Ú. t. c. sust. m.: **el romaico**.

romance. adj. 'Aplícase a cada una de las lenguas modernas derivadas del latín, como el español, el italiano, el francés, etc.' (*lenguas **romances***). Con esta denotación, también pueden decirse **románico, ca** (adj.) y **neolatino, na** (adj.). → **románico**. Ú. t. c. sust. m.: **el romance**. sust. m. 'Idioma español' (*El **romance** de los siglos X, XI y XII era vacilante*); 'novela o libro de caballerías'; 'combinación métrica de origen español'; 'poema de versos octosílabos'; 'composición poética escrita en romance'. Un 'romance corto' es un **romancillo** (sust. m.). La 'colección de romances' se denomina **romancero** (sust. m. colect.). La Academia ha incorporado recientemente este significado para el sustantivo: 'Relación amorosa pasajera' (*Tuvieron un **romance***). En plural, denota 'bachillerías, excusas' (*Siempre venía con **romances***). **en buen romance**. loc. adv. 'Claramente' (*Explícalo **en buen romance***). **hablar** uno **en romance**. fr. fig. 'Explicarse con claridad y sin rodeos' (*Por favor, **habla en romance**, que no te entiendo*). El adjetivo correspondiente es **romancístico, ca**, 'perteneciente o relativo a los romances'.

romanceador, ra. adj. 'Que romancea'. Ú. t. c. sust. m. y f.: **el romanceador, la romanceadora**. También puede decirse **romanzador, ra** (adj. Ú. t. c. sust. m. y f.).

romancear. v. tr. 'Traducir al romance' (***Romanceé** un cuento escrito en francés*). No debe pronunciarse [romanciar, romancié]. También puede decirse **romanzar** (v. tr.). → **-ear**

romancerista. sust. com. 'Persona que escribe y publica romances': **el romancerista, la romancerista**. También puede decirse **romancista** (sust. com.). No debe confundirse la denotación de esas dos palabras con la de **romancero, ra** (sust. m. y f.), 'persona que canta romances'.

romancista. adj. 'Dícese de la persona que escribía en lengua romance, en contraposición a la que escribía en latín' (*escritores **romancistas***). Ú. m. c. sust. com.: **el romancista, la romancista**. sust. com. 'Romancerista'. → **romancerista**

romanear. v. tr. Entre otras denotaciones, 'pesar con la romana'. No debe pronunciarse [romaniar, romanié]. Su postverbal es **romaneo** (sust. m.). → **-ear**

romanero. sust. m. 'Oficial del matadero encargado de comprobar el peso de las reses'. También puede decirse **romanador** (sust. m.). La Academia no registra el género femenino.

románico, ca. adj. 'Aplícase al estilo arquitectónico que dominó en Europa durante los siglos XI, XII y parte del XIII'. Ú. t. c. sust. m.: **el románico**. Debe escribirse con minúscula. 'Dícese de las lenguas derivadas del latín' (*lenguas **románicas***). → **romance**

romanismo. sust. m. Tiene valor colectivo: 'conjunto de instituciones, cultura o tendencias políticas de Roma'.

romanista. adj. 'Dícese del que profesa el derecho romano o tiene en él especiales conocimientos'; 'dícese de la persona versada en lenguas romances y en sus correspondientes literaturas' (*profesores **romanistas***). Ú. m. c. sust. com.: **el romanista, la romanista**.

romanizar. v. tr. 'Difundir la civilización, leyes y costumbres romanas, o la lengua latina'. v. intr. 'Adoptar la civilización romana o la lengua latina'. Ú. t. c. prnl. (*Muchos pueblos se **romanizaron***). Su postverbal es **romanización** (sust. f.). → **cazar**

romano, na. adj. Entre otras denotaciones, 'natural de Roma'. Ú. t. c. sust. m. y f.: **el romano, la romana**. Diminutivo: **romanillo, romanilla** (adj. Ú. t. c. sust. m. y f.). **a la romana**. loc. adv. 'Al uso de Roma' (*Comimos **a la romana***). → **número**

romanticismo. sust. m. Entre otras denotaciones, 'escuela literaria de la primera mitad del siglo XIX'. Los nombres de movimientos artísticos se escriben con minúscula. → **impresionismo**

romántico, ca. adj. 'Perteneciente al romanticismo'; 'dícese del escritor que da a sus obras el carácter del romanticismo'; 'partidario del romanticismo'; 'sentimental'. Ú. t. c. sust. m. y f.: **el romántico, la romántica**.

romanzar. v. tr. → **cazar, romancear**

rómbico, ca. adj. 'Que tiene forma de rombo'. Con este significado, también puede decirse **rombal** (adj.). 'Dícese del sistema cristalográfico según el cual cristalizan el topacio, el aragonito y otros minerales'. Esta voz ha sido recién incorporada en el ***Diccionario***.

romboidal. adj. 'De figura de romboide'. También puede decirse **romboideo, a** (adj.), pero la Academia prefiere la primera forma.

romería. sust. f. Entre otras denotaciones, 'viaje o peregrinación, especialmente la que se hace, por devoción, a un santuario'. También puede decirse **romeraje** (sust. m.).

romero. sust. m. 'Arbusto'. El sustantivo colectivo es **romeral** (m.), 'terreno poblado de romeros'. Su homónimo (adj.) 'aplícase al peregrino que va en romería'. Ú. m. c. sust. m. y f.: **el romero**, **la romera**. sust. m. 'Pez marino'. Para distinguir los sexos, debe recurrirse a las perífrasis **romero macho, romero hembra**.

rompecabezas. sust. m. Entre otras denotaciones, 'juego que consiste en componer determinada figura combinando pedacitos de madera o cartón, en cada uno de los cuales hay una parte de aquélla'. Es incorrecto usar esta voz, en singular, sin **s** final: *el rompecabeza*. En plural, no varía: **los rompecabezas**. También puede decirse **puzzle** (sust. m.), anglicismo recién españolizado, pero la Academia prefiere la primera forma.

rompedor, ra. adj. 'Que rompe. Dícese del que rompe o gasta mucho los vestidos'. Ú. t. c. sust. m. y f.: **el rompedor, la rompedora**.

rompehielos. sust. m. 'Buque que abre camino en los mares helados'. Es incorrecto usar esta voz, en singular, sin **s** final: *el rompehielo*. No debe escribirse en dos palabras: *rompe hielos*. En plural, no varía: **los rompehielos**.

rompehuelgas. sust. com. Esta voz no está registrada en el ***Diccionario***, pero es de correcta formación (*Hubo muchos **rompehuelgas***). Es incorrecto usarla, en singular, sin **s** final: *el rompehuelga*, *la rompehuelga*. La Academia registra **carnero, ra** (sust. m. y f. Argent., Chile y Par.) y **esquirol** (sust. m. despect.).

rompenueces. sust. m. Amér. 'Instrumento para romper o cascar nueces'. Incorrecto: *rompenuez*. No debe escribirse en dos palabras: *rompe nueces*. En plural, no varía: **los rompenueces**.

rompeolas. sust. m. 'Dique avanzado en el mar, para procurar abrigo a un puerto o rada'; 'rompiente'. Es incorrecto usar esta voz, en singular, sin **s** final: *el rompeola*. No debe escribirse en dos palabras: *rompe olas*. En plural, no varía: **los rompeolas**.

romper. v. tr. Ú. t. c. prnl. Entre otras denotaciones, 'quebrar, hacer pedazos algo'. v. intr. 'Deshacerse en espuma las olas' (*Las olas rompen en la playa*); 'prorrumpir, brotar'. Rég. prep.: **romper a** (***romper a** cantar*); **romper con** (***romper con** el novio*); **romper en** (***romper en** llanto*); **romper por** (*El agua **rompió por** la vereda*). El participio irregular (***roto***) se usa para la conjugación de los tiempos compuestos. El participio regular (***rompido***) está en desuso. Sus postverbales son **rompedura** (sust. f.), **rompimiento** (sust. m.), **rotura** (sust. f.) y **ruptura** (sust. f.).

rompiente. p. a. de **romper**. 'Que rompe'. sust. m. 'Rompeolas, grupo natural de rocas donde rompen las aguas'. → **rompeolas**.

ron. sust. m. Voz inglesa (*rum*) españolizada. 'Licor alcohólico'. En plural: **rones**.

roncador, ra. adj. 'Que ronca'. Ú. t. c. sust. m. y f.: **el roncador, la roncadora**. sust. m. 'Pez'. Para distinguir los sexos, debe recurrirse a las perífrasis **roncador macho, roncador hembra**.

roncadora. sust. f. Argent., Bol., Ecuad. y Perú. 'Espuela de rodaja muy grande'.

roncar. v. intr. → **sacar**

roncear. v. intr. Entre otras denotaciones, 'dilatar la ejecución de algo por hacerlo de mala gana'. v. tr. desus. Argent. y Chile. 'Voltear, ronzar, mover una cosa pesada ladeándola a un lado y otro con las manos o mediante palancas'. No debe pronunciarse [ronciar, roncié]. → **-ear**

rondador, ra. adj. 'Que ronda'. Ú. t. c. sust. m. y f.: **el rondador, la rondadora**.

rondalla. sust. f. 'Cuento'. Como sustantivo colectivo, denota 'conjunto musical de instrumentos de cuerda'.

rondar. v. intr. Ú. t. c. tr. Rég. prep.: **rondar por** (*rondar **por** los caminos*).

rondís. sust. m. 'Mesa o plano principal de una piedra preciosa'. En plural: **rondises**. También puede decirse **rondiz** (plural: **rondices**), pero la Academia prefiere la primera forma.

rondó. sust. m. 'Composición musical cuyo tema se repite o insinúa varias veces'. En plural: **rondós**. Incorrecto: *rondoes*, *rondoses*.

rondón (de). loc. adv. 'Intrépidamente y sin reparo' (*Llegó **de rondón** al fortín*). **entrar de rondón** uno. fr. fig. y fam. 'Entrar de repente y con familiaridad, sin llamar a la puerta, dar aviso, tener licencia ni esperar a ser llamado' (***Entraron de rondón** en el cuartel*).

ronquear. v. intr. 'Estar ronco' (*Celina **ronquea***). No debe pronunciarse [ronquiar, ronquié]. Sus homónimos, verbos transitivos, denotan 'amenazar jactanciosamente' y 'partir atunes u otros animales marinos'. → **-ear**

ronquera. sust. f. 'Afección de la laringe, que cambia el timbre de la voz haciéndolo bronco y poco sonoro'. También pueden decirse **ronquedad** (sust. f.) y **enronquecimiento** (sust. m.). La Academia prefiere las dos primeras formas.

ronronear. v. intr. 'Producir el gato una especie de ronquido, en demostración de contento' (*Los gatos **ronronean***). No debe pronunciarse [ronroniar]. Su postverbal es **ronroneo** (sust. m.). → **-ear**

ronzar. v. tr. → **cazar**

roña. sust. f. Incorrecto: *ronia*.

roñería. sust. f. fam. 'Mezquindad'. Incorrecto: *ronieria*. También puede decirse **roñosería** (sust. f.).

ropa. sust. f. Diminutivo: **ropilla**. Aumentativo: **ropón**. El sustantivo colectivo es **ropaje** (m.). **a quema ropa** o **a quemarropa**. loc. adv. 'Tratándose del disparo de un arma de fuego, desde muy cerca' (*Le disparó **a quema ropa** o **a quemarropa***).

ropavejería. sust. f. 'Tienda de ropavejero'. También puede decirse **ropería de viejo**.

ropavejero. sust. m. 'El que vende ropas y vestidos viejos, y baratijas usadas'. Su femenino es **ropavejera**.

ropero. sust. m. Entre otras denotaciones, 'el que vende ropa hecha'. Su femenino es **ropera**. 'Armario o cuarto donde se guarda ropa' (*Guardaré el tapado en el **ropero***).

ros. sust. m. 'Especie de morrión pequeño, de fieltro y más alto por delante que por detrás'. En plural: **roses**.

rosa. sust. f. 'Flor del rosal'. Diminutivos: **roseta, rosita**. El aumentativo de **roseta** es **rosetón** (sust. m.). Los sustantivos colectivos que corresponden a este significado son **rosedal** (m. Argent. y Urug.), **rosaleda** (f.) y **rosalera** (f.). 'Flor del azafrán'; 'rosetón de los techos'. sust. f. pl. 'Rosetas de maíz' (*Los niños comían **rosas***); también puede decirse **rositas** (sust. f. pl.). adj. 'Dícese de lo que es de color encarnado poco subido, como el de la rosa' (*Compró una tela **rosa***). También pueden decirse **rosáceo, a** (adj.), **rosado, da** (adj.) y **róseo, a** (adj.). sust. m. 'Color rosa' (*Me gusta **el rosa** de tu vestido*). Además, es correcto: *Me gusta **el rosado** de tu vestido*. **rosa de los vientos**. 'Círculo que tiene marcados alrededor los 32 rumbos en que se divide la vuelta del horizonte'. **rosa de té**. 'La de color amarillo o algo anaranjado cuyo olor se parece al del té' (*Trajo un ramo de **rosas de té***). Incorrecto: *Trajo un ramo de rosas té*.

rosáceo, a. adj. 'De color parecido al de la rosa' (*flores **rosáceas***). → **rosa**. 'Dícese de ciertas plantas angiospermas dicotiledóneas, como el rosal, la fresa, el almendro y el peral' (*árbol **rosáceo***). Ú. t. c. sust. f.: **la rosácea**. sust. f. pl. 'Familia de estas plantas': **las rosáceas**.

rosacruz. sust. amb. 'Orden o fraternidad de carácter gnóstico, fundada en el siglo XIII por Cristian Rosenkreuz': **el rosacruz** o **la rosacruz**. sust. com. 'Persona perteneciente a esa orden'. En plural: **los rosacruces, las rosacruces**.

rosado, da. adj. 'Aplícase al color de la rosa' (*vino* ***rosado***). → **rosa**. 'Compuesto con rosas' (*miel* ***rosada***). Ú. t. c. sust. m.: **el rosado**. Argent., Col. y Chile. 'Dícese del caballo cuya capa presenta manchas rosadas y blancas, ya por transparencia de la piel, ya porque posee pelos de estos colores' (*caballo* ***rosado***). Su homónimo (adj.) tiene la siguiente denotación: 'dícese de la bebida helada que está a medio cuajar'.

rosariero. sust. m. 'El que hace o vende rosarios'. Su femenino es **rosariera**. sust. f. 'Estuche del rosario'.

rosbif. sust. m. Voz inglesa (*roastbeef*) españolizada. 'Carne de vaca ligeramente asada'. En plural: **rosbifs**. Incorrecto: *rosbifes*.

rosca. sust. f. Entre otras denotaciones, 'máquina que se compone de tornillo y tuerca'. Argent. y Chile. 'Pelea, riña, bronca'. Diminutivo: **rosquilla**. Aumentativo: **roscón** (m.). Los adjetivos correspondientes son **roscado, da**, 'en forma de rosca', y **rosqueado, da**, 'dícese de lo que hace o forma roscas'.

roscar. v. tr. 'Labrar las espiras de un tornillo'. Su postverbal es **roscado** (sust. m.). → **sacar**

♦ **rosé.** Galicismo. En español, debe decirse **rosado**.

rosear. v. intr. 'Mostrar color parecido al de la rosa' (*Al atardecer,* ***roseaban*** *algunas flores del jardín*). No debe pronunciarse [rosiar]. → **-ear**

róseo, a. adj. → **rosa**

roséola. sust. f. 'Erupción cutánea'. Es palabra esdrújula. No debe pronunciarse [roseola] como grave.

rosero. sust. m. 'El que trabaja en la recolección de rosas del azafrán'. Su femenino es **rosera**.

rosicler. sust. m. 'Color rosado, claro y suave de la aurora'. Es palabra aguda. En plural, se transforma en grave: **rosicleres**.

rosquillero. sust. m. 'El que hace rosquillas o las vende'. Su femenino es **rosquillera**.

rosticería. sust. f. Voz italiana (*rosticceria*) españolizada. Méj. y Nicar. 'Establecimiento donde se asan y venden pollos'. En la Argentina, se usa **rotisería** (sust. f.), 'establecimiento donde se venden fiambres, quesos y pollos o carnes asados'. Esta voz, que proviene del francés (*rôtisserie*), carece de registro académico.

rostir. v. tr. Voz germánica (*raustjan*) españolizada. 'Asar'; 'tostar'. Es verbo regular (***Rostió*** *la carne*).

rostro. sust. m. Su denotación más usual es 'cara de las personas'. Diminutivo: **rostrillo**. **echar en rostro** a uno algo. fr. fig. 'Echársela en cara' (*Me* ***echó en rostro*** *que no lo había ayudado*). **hacer rostro**. fr. fig. 'Resistir al enemigo'; 'oponerse al dictamen y opinión de uno'. → **cara**

Rota. sust. pr. f. 'Tribunal de la corte romana, en el cual se decide el grado de apelación en las causas eclesiásticas de todo el orbe católico' (*decisión de la* ***Rota*** o *del* ***Tribunal de la Rota***). Repárese en que se escribe siempre con mayúscula. El adjetivo correspondiente es **rotal**, 'perteneciente o relativo al Tribunal de la Rota'.

rotar. v. intr. → **rodar**

rotario, ria. adj. Voz inglesa (*rotarian*, miembro de un *Rotary Club*) españolizada. 'Perteneciente o relativo a los rotarios' (*reunión* ***rotaria***). sust. m. 'Miembro del *Rotary Club*'. Su femenino es **rotaria**.

rotativo. adj. 'Dícese de la máquina de imprimir que, con movimiento seguido y a gran velocidad, imprime los ejemplares de un periódico' (*máquina* ***rotativa***). sust. f. 'La máquina de imprimir' (*Tiene a su cargo* ***la rotativa***). sust. m. Por extensión, 'periódico impreso en estas máquinas' (*Compra* ***el rotativo*** *sólo los domingos*). La Academia ha incorporado recientemente dos significados: adj. 'Rotatorio' (*movimiento* ***rotativo*** *de la Tierra*) y sust. m. 'Alternancia en las noticias, supuestos, etc.'.

rotatorio, ria. adj. 'Que tiene movimiento circular' (*movimiento* ***rotatorio*** *de la Tierra*). También puede decirse **rotativo, va** (adj.). → **rotativo**

rotisería. sust. f. → **rosticería**

roto, ta. p. irreg. de **romper**. adj. Entre otras denotaciones, 'andrajoso'. Ú. t. c. sust. m. y f.: **el roto, la rota**. sust. m. 'Desgarrón en la ropa, en cualquier tejido, etc.' (*Tenía un* ***roto*** *en la blusa*). Chile. 'Individuo de la clase ínfima del pueblo' (*Había varios* ***rotos*** *en la plaza*). El sustantivo colectivo es **rotería** (f.), 'conjunto de rotos', y el adjetivo correspondiente, **rotuno, na**, 'propio de un roto'. O. y N. de Argent. y Perú. fam. despect. 'Chileno'. Méj. 'Petimetre del pueblo'.

rotoso, sa. adj. Argent., Chile, Ecuad., Perú y Urug. 'Roto, desharrapado' (*El mendigo era un viejo* ***rotoso***).

rótula. sust. f. También puede decirse **choquezuela** (sust. f.). Los adjetivos correspondientes son **rotular** y **rotuliano, na**, 'perteneciente o relativo a la rótula'.

rotulado, da. p. de **rotular**. sust. m. 'Acción y efecto de rotular' (*el* ***rotulado*** *de las carpetas*).

rotulador, ra. adj. 'Que rotula o sirve para rotular' (*máquina* ***rotuladora***). sust. f. 'Máquina para rotular' (*Usé la nueva* ***rotuladora***). sust. m. 'Instrumento semejante a un bolígrafo o a una estilográfica, que escribe o dibuja con un trazo generalmente más grueso que el habitual, mediante una escobilla o pincel de fieltro' (*Escriba el cartel con el* ***rotulador***). Esta última denotación ha sido recién incorporada en el ***Diccionario***. En la Argentina, se lo llama **marcador** (sust. m.); la A.A.L. ha recomendado el ingreso de esta voz en el léxico oficial. → **marcador**

rotulista. sust. com. 'Persona que tiene por oficio trazar rótulos': **el rotulista, la rotulista**. Esta voz ha sido recién incorporada en el ***Diccionario***.

rótulo. sust. m. Entre otras denotaciones, 'título de un escrito o de una parte suya'; 'letrero con que se da a conocer el contenido de algo'; 'cartel'. La Academia considera anticuado el uso de su sinónimo **rétulo** (sust. m.).

rotundidad. sust. f. 'Calidad de rotundo'. También pueden decirse **rotundez** (sust. f.) y **rotundidez** (sust. f.), pero la Academia prefiere la primera forma.

rotura. sust. f. Con la denotación de 'acción y efecto de romper o romperse', también puede decirse **ruptura** (sust. f.).

roturador, ra. adj. 'Que rotura' (*máquina* ***roturadora***). sust. f. 'Máquina que sirve para roturar las tierras' (*En el campo, usan* ***roturadoras***).

♦ **rouge.** Galicismo. En español, debe decirse **carmín, lápiz de labios** o **pintalabios**.

♦ **round.** Anglicismo. En boxeo, equivale a la voz española **asalto**. Por extensión, 'cada una de las diversas situaciones, episodios o ataques que se producen en el transcurso de una discusión, competición, etc.'. Aparece registrado en el ***Diccionario Manual***, con el indicador de su carácter de extranjerismo.

♦ **royalty.** Anglicismo. En español, debe decirse **canon, derecho, patente, regalía**. Aparece registrado en el ***Diccionario Manual***, con el indicador de su carácter de extranjerismo.

rozado, da. p. de **rozar**. sust. m. NO. Argent. 'Roza, terreno preparado para el cultivo por medio del desmonte y quema de la vegetación'. Esta voz ha sido recién incorporada en el ***Diccionario***.

rozador. sust. m. 'El que roza las tierras'. Su femenino es **rozadora**.

rozagante. adj. Voz catalana (*rossegant*) españolizada. 'Aplícase a la vestidura vistosa y muy larga'; fig. 'vistoso, ufano'. Incorrecto: rosagante.

rozar. v. tr. Entre otras denotaciones, 'limpiar las tierras de las matas y hierbas inútiles antes de labrarlas'. v. intr. 'Pasar una cosa tocando y oprimiendo ligeramente la superficie de otra o acercándose mucho a ella'. Ú. t. c. tr. Rég. prep.: **rozar** una cosa **con** otra (***Rozó*** *su mano* ***con*** *la de ella*). v. prnl. 'Tropezarse o herirse un pie con otro'; fig. 'tratarse o tener entre sí dos o más personas familiaridad y confianza' (*Ambas familias* ***se rozan***). En la Argentina, se usa más: *Ambas familias* ***tienen roce***. Sus postverbales son **rozamiento** (sust. m.) y **roce** (sust. m.). → **cazar**

roznar. v. tr. 'Comer con ruido'; 'ronzar'. Su homónimo (v. intr.) denota 'rebuznar'.

roznido. sust. m. 'Ruido que, al roznar, se hace con los dientes'. Su homónimo (sust. m.) denota 'rebuzno'.

-rragia. elem. compos. de or. gr. 'Flujo'; 'derramamiento' (***hemorragia***). Este sufijo ha sido recién incorporado en el ***Diccionario***.

-rrea. elem. compos. de or. gr. 'Flujo'; 'acción de manar' (***blenorrea***). Este sufijo ha sido recién incorporado en el ***Diccionario***.

-rro. suf. que suele tener valor diminutivo y despectivo. Toma las formas **-arro, -orro** y

-orrio (*guijarro, ventorro, villorrio*). Ha sido recién incorporado en el ***Diccionario***.

ruano, na. adj. Ú. t. c. sust. m. y f.: **el ruano, la ruana**. → **roano**

rubéola. sust. f. 'Enfermedad infecciosa'. Es palabra esdrújula. No debe pronunciarse [rubeola] como grave. Incorrecto: *rubiola*. En plural: **rubéolas**.

rubí. sust. m. 'Mineral cristalizado de color rojo'. En plural: **rubíes** o **rubís**. Diminutivo: **rubinejo**. Esta voz no está registrada como adjetivo. Incorrecto: *uñas rubí*. Correcto: *uñas **de color** de rubí*. → **colores**. También puede decirse **rubín** (sust. m.), pero la Academia prefiere la primera forma.

rubia. sust. f. 'Planta'; 'su raíz'. El 'campo o tierra donde se cría' se denomina **rubial** (sust. m.). → **granza**

rubiáceo, a. adj. 'Dícese de ciertas plantas angiospermas dicotiledóneas, como la rubia, el quino y el café' (*árboles **rubiáceos***). Ú. t. c. sust. f.: **la rubiácea**. sust. f. pl. 'Familia de estas plantas': **las rubiáceas**.

rubial. adj. 'Que tira al color rubio. Dícese de tierras y plantas' (*tierras **rubiales***). En plural (fam.), 'dícese de la persona rubia y, por lo común, joven' (*muchacha **rubiales***). Ú. m. c. sust. com.: **el rubiales, la rubiales**.

rubicón (pasar el). fr. fig. Alusión al conocido episodio de la vida de Julio César. 'Dar un paso decisivo arrostrando un riesgo' (*A pesar de que no tenemos mucho dinero, **pasaremos el rubicón** y abriremos el negocio*).

rubicundez. sust. f. 'Calidad de rubicundo'; 'color rojo o sanguíneo que se presenta como fenómeno morboso en la piel y en las membranas mucosas'. En plural: **rubicundeces**. Repárese en que la **z** cambia por **c**.

rubidio. sust. m. 'Metal semejante al potasio'. Número atómico 37. Símbolo: ***Rb***

rubificar. v. tr. 'Poner colorada una cosa o teñirla de color rojo' (***Rubifiqué** la tela*). → **sacar**

rubio, bia. adj. Entre otras denotaciones, 'de color parecido al del oro. Dícese, especialmente, del cabello de este color y de la persona que lo tiene' (*cabello **rubio**; niña **rubia***). Apl. a pers., ú. t. c. sust. m. y f.: **el rubio, la rubia**. Como adjetivo, también puede decirse **rútilo, la** (adj.), 'de color rubio subido o de brillo como de oro'. sust. m. 'Pez'. Para distinguir los sexos, debe recurrirse a las perífrasis **rubio macho, rubio hembra**. También recibe el nombre de **trilla** (sust. f.). **rubio platino**. 'Color del cabello rubio muy claro'.

rubor. sust. m. 'Color rojo muy encendido' (*No pudo ocultar el **rubor** de su rostro*); 'vergüenza' (*Me da **rubor** decirlo*). Es palabra aguda. En plural, se transforma en grave: **rubores**. No debe usarse como sinónimo de **colorete** (sust. m.), **arrebol** (sust. m.) o **rojete** (sust. m.). El adjetivo correspondiente es **ruboroso, sa**, 'que tiene rubor'. → **rojete**

ruborizar. v. tr. 'Causar vergüenza' (*¿No te **ruboriza** la mentira?*). v. prnl. 'Teñirse de rubor una persona'; fig. 'sentir vergüenza' (***Se ruboriza** cuando le hablan*). → **cazar**

rubricar. v. tr. Entre otras denotaciones, 'poner uno su rúbrica'. → **sacar**

rubro, bra. adj. 'Rojo'. sust. m. Amér. 'Título, rótulo'. No debe usarse como sinónimo de **sector** (sust. m.): *En el supermercado, encontré el producto en el rubro perfumería*. Correcto: *En el supermercado, encontré el producto en el **sector** de perfumería* o ***bajo el rubro** de perfumería*.

ruc. sust. m. 'Rocho, ave fabulosa'. En plural: **ruques**.

ruca. sust. f. Argent. y Chile. 'Choza de los indios y, por extensión, cualquier cabaña o covacha que sirve de refugio'. Su homónimo (sust. f.) es una 'planta silvestre' que también recibe el nombre de **ruga** (sust. m.).

rucio, cia. adj. 'De color pardo claro, blanquecino o canoso. Aplícase a las bestias' (*caballo **rucio***). Ú. t. c. sust. m. y f.: **el rucio, la rucia**. fam. 'Dícese de la persona entrecana'.

rudimento. sust. m. 'Embrión o estado primordial e informe de un ser orgánico'; 'parte de un ser orgánico imperfectamente desarrollada'. sust. m. pl. 'Primeros estudios de cualquier ciencia y profesión' (*Aprende **los rudimentos** de las matemáticas*). Los adjetivos correspondientes son **rudimental**, 'perteneciente al rudimento' y **rudimentario, ria**, 'perteneciente al rudimento o a los rudimentos'.

rudo, da. adj. Entre otras denotaciones, 'tosco'. Rég. prep.: **rudo de** (*rudo de maneras*); **rudo en** (*rudo en su trato*). La 'calidad de rudo' es la **rudeza** (sust. f.).

rueda. sust. f. Diminutivos: **rodezuela**, **ruedecita**. El sustantivo colectivo es **rodaje** (m.), 'conjunto de ruedas'. El adjetivo correspondiente es **rodero, ra**, 'perteneciente a la rueda o que sirve para ella'. **rueda de prensa**. 'Reunión de periodistas en torno a una figura pública para escuchar sus declaraciones y dirigirle preguntas'. También puede decirse **conferencia de prensa**, pero la Academia prefiere el primer sintagma. **chupar rueda**. expr. fig. y fam. 'En ciclismo, colocarse un corredor inmediatamente detrás de otro para utilizarlo como pantalla frente a la resistencia del aire'. Este último sintagma ha sido incorporado recientemente en el ***Diccionario***.

ruedero. sust. m. 'El que se dedica a hacer ruedas'. La Academia no registra el género femenino.

rufián. sust. m. 'El que hace tráfico de mujeres públicas'; 'hombre despreciable'. Diminutivo: **rufiancete**. Es palabra aguda. En plural, se transforma en grave: **rufianes**. El sustantivo colectivo es **rufianesca** (f.), 'conjunto de rufianes'. Los 'dichos o hechos propios de rufián', se denominan **rufianería** (sust. f. colect.). El adjetivo correspondiente es **rufianesco, ca**, 'perteneciente o relativo a los rufianes o a la rufianería'. → **proxeneta**

rufianear. v. tr. e intr. 'Hacer cosas propias de rufián'. No debe pronunciarse [rufianiar, rufianié]. → **-ear**

♦ **rugby.** Anglicismo. Aparece en el ***Diccionario Manual***, con el indicador de su carácter de extranjerismo. Carece, en español, de una voz equivalente. Si se usa, debe entrecomillarse.

rugido, da. p. de **rugir**. sust. m. 'Voz del león'; fig. 'grito del hombre furioso'; fig. 'retumbo'; fig. 'ruido que hacen las tripas'. Incorrecto: <u>*rujido*</u>.

rugir. v. intr. 'Bramar el león' (***Rugen** los leones en su jaula*); fig. 'bramar una persona enojada' (*¡Cómo **rugía** tu abuelo!*); 'crujir y hacer ruido fuerte' (***Rugieron** las tripas*). v. impers. fig. 'Empezarse a decir algo y saberse lo que estaba oculto o ignorado'. Incorrecto: <u>*rujir*</u>. → **dirigir**

ruido. sust. m. Entre otras denotaciones, 'sonido inarticulado y confuso, más o menos fuerte'; 'alboroto'. **hacer** o **meter ruido** una persona o cosa. fr. fig. 'Causar admiración, novedad o extrañeza' (*Los cantantes norteamericanos **metieron** mucho **ruido***). **mucho ruido y pocas nueces** o **ser más el ruido que las nueces**. frs. figs. y fams. 'Tener poca sustancia o ser insignificante una cosa que aparece como grande o de cuidado' (*El incendio fue **mucho ruido y pocas nueces** o **fue más el ruido que las nueces***). El adjetivo correspondiente es **ruidoso, sa**, 'que causa mucho ruido'.

ruin. adj. Entre otras denotaciones, 'vil'; 'pequeño'; 'avariento'. Rég. prep.: **ruin con** o **para con** (***ruin con** o **para con** todos sus amigos*); **ruin de** (***ruin de** condición*); **ruin en** (***ruin en** su conducta*). Una 'acción ruin' se denomina **ruindad** (sust. f.). sust. m. 'Extremo de la cola de los gatos'. Incorrecto: <u>*ruín*</u>. En plural: **ruines**.

ruinoso, sa. adj. 'Que amenaza ruina' (*casa **ruinosa***); 'pequeño'; 'que arruina y destruye'. Rég. prep.: **ruinoso a** (*Las enfermedades son **ruinosas a** los más necesitados*).

ruipóntico. sust. m. 'Planta'. También puede decirse **rapóntico**, pero la Academia prefiere la primera forma.

ruiseñor. sust. m. 'Ave'. Para distinguir los sexos, debe recurrirse a las perífrasis **ruiseñor macho**, **ruiseñor hembra**. Es palabra aguda. En plural, se transforma en grave: **ruiseñores**. También puede decirse **roncal** (sust. m.; en plural: **roncales**), pero la Academia prefiere la primera forma.

rulemán. sust. m. Voz francesa (*roulement*) españolizada. Argent. 'Rodamiento'. Es palabra aguda. En plural, se transforma en grave: **rulemanes**. Esta voz ha sido recién incorporada en el ***Diccionario***.

rulero. sust. m. Argent., Perú y Urug. 'Rulo, cilindro para rizar el cabello' (*Abrió la puerta con la cabeza llena de **ruleros***).

ruletero. sust. m. And. y Amér. 'Dueño o explotador de una ruleta'. Su femenino es **ruletera**.

Rumania. sust. pr. f. De acuerdo con la Academia, debe pronunciarse **Rumania**. Aclara Seco que, en la lengua rumana, el nombre de la nación se pronuncia **Rumanía**. Por lo tanto, ambas acentuaciones son correctas.

rumazón. sust. f. colect. → **nube**, **arrumazón**

rumbeador. adj. Argent. 'Dícese del baquiano que rumbea'. Ú. t. c. sust. m.: **el rumbeador**.

rumbear. v. intr. Amér. 'Orientarse, tomar el rumbo'; 'encaminarse, dirigirse hacia un lugar'. Rég. prep.: **rumbear a** o **hacia** (***Rumbeará a** o **hacia** su pueblo*). No debe pronunciarse [rumbiar, rumbié]. Su homónimo (v. intr. Cuba) denota 'andar de rumba o parranda'; 'bailar la rumba'. → **-ear**

rumbo. sust. m. Entre otras denotaciones, 'dirección'; 'camino y senda que uno se propone seguir en lo que intenta o procura'. **rumbo a** o **con rumbo a**. locs. prepos. (*Viajó **rumbo a*** o ***con rumbo a** Bolivia*). Su homónimo (sust. m. fig. y fam.) denota 'pompa, ostentación' (*Organizó una fiesta de gran **rumbo***); 'desprendimiento' (*Actúa con **rumbo** para ayudar a los pobres*).

rumí. sust. m. 'Nombre dado por los moros a los cristianos'. En plural: **rumíes** o **rumís**.

rumiador, ra. adj. 'Que rumia' (*animal **rumiador***). También puede decirse **rumiante** (p. a. de **rumiar**. adj.). Ú. t. c. sust. m. y f.: **el rumiador, la rumiadora**. Incorrecto: <u>rumeador</u>, una ultracorrección. El adjetivo **rumión, na** denota 'que rumia mucho'.

rumiante. p. a. de **rumiar**. 'Que rumia'. adj. 'Dícese de mamíferos artiodáctilos patihendidos, como cabras, camellos, carneros, ciervos, toros, etc.' (*animales **rumiantes***). Ú. t. c. sust. m.: **el rumiante**. sust. m. pl. 'Suborden de estos animales': **los rumiantes**.

rumiar. v. tr. 'Masticar por segunda vez, volviéndolo a la boca, el alimento que ya estuvo en el depósito que a este efecto tienen algunos animales' (*Los ciervos **rumiaban** la hierba*); fig. y fam. 'pensar con reflexión y madurez algo' (***Rumia** un nuevo plan*); fig. y fam. 'rezongar' (***Rumió** todo el día, porque no lo dejaron salir*). La **i** nunca lleva tilde. Incorrecto: <u>*rumía*</u>. Correcto: ***rumia***. En su reemplazo, puede decirse **remugar** (v. tr.), pero la Academia prefiere la primera forma. Sus postverbales son **rumia** (sust. f.) y **rumiadura** (sust. f.).

rumor. sust. m. Entre otras denotaciones, 'voz que corre entre el público'. Es palabra aguda. En plural, se transforma en grave: **rumores**. Con esa denotación, también pueden decirse **runrún** y **rumrum** (susts. ms.). **usina de rumores**. fig. Argent. 'Medio que genera informaciones no confirmadas y tendenciosas'. Este sintagma ha sido recién incorporado en el ***Diccionario***.

rumorar. v. intr. Ú. t. c. tr. 'Correr un rumor entre las gentes'. En su reemplazo, puede usarse **rumorear**.

rumorear. v. intr. 'Sonar vaga, sorda y continuadamente'. v. prnl. 'Dicho de noticias, difundirse vagamente entre las gentes' (***Se rumorea** la noticia de la muerte del músico*). Ú. t. c. tr. (*Varias personas **rumoreaban** la noticia de la muerte del músico*). No debe pronunciarse [rumoriar, rumorié]. → **-ear**, **rumorar**

runa. sust. m. 'Hombre indio' (*No conocía a esos **runas***). Ú., a veces, con valor despectivo. sust. f. Bol. y N. Argent. 'Variedad pequeña de patata, cuya cocción es lenta': **la runa**. Su homónimo (sust. f.) denota 'cada uno de los caracteres que empleaban en la escritura los antiguos escandinavos'.

rundún. sust. m. Argent. 'Pájaro mosca'. Para distinguir los sexos, debe recurrirse a las perífrasis **rundún macho**, **rundún hembra**. 'Juguete parecido a la bramadera'. En plural: **rundunes**.

rúnico, ca. adj. 'Perteneciente o relativo a las runas, o escrito en ellas' (*caracteres **rúnicos**; poesía **rúnica***). También puede decirse **runo, na** (adj.), pero la Academia prefiere la primera forma.

runrún. sust. m. 'Zumbido, sonido continuado y bronco'; 'ruido confuso de voces'; fam. 'rumor'. Argent., Chile y Perú. 'Juguete que se hace girar y produce un zumbido'. Chile. 'Ave'. Para distinguir los sexos, debe recurrirse a las perífrasis **runrún macho**, **runrún hembra**. Es palabra aguda. En plural, se transforma en grave: **runrunes**. También puede decirse **rumrum** (sust. m.; en plural: **rumrumes**), pero la Academia prefiere la primera forma. Es desusada la voz **rurrú** (sust. m.).

runrunear. v. intr. 'Susurrar'. Ú. m. c. prnl. 'Hacer correr un runrún o murmullo'. No debe pronunciarse [runruniar, runrunié]. Su postverbal es **runruneo** (sust. m.). No deben confundirse su grafía y su denotación con las de **ronronear** (v. intr.) y **ronroneo** (sust. m.). → **-ear, ronronear**

rupicabra. sust. f. 'Gamuza, animal'. Para distinguir los sexos, debe recurrirse a las perífrasis **rupicabra macho**, **rupicabra hembra**. También puede decirse **rupicapra** (sust. f.).

rupícola. adj. 'Que se cría en las rocas'. Esta voz ha sido recién incorporada en el ***Diccionario***.

ruptura. sust. f. 'Acción y efecto de romper o romperse'; 'rompimiento de las relaciones entre las personas' (***ruptura** matrimonial*). → **rotura**

rural. adj. 'Perteneciente o relativo al campo y a sus labores' (*trabajos **rurales***); 'inculto, tosco'. También puede decirse **rustical** (adj.), pero la Academia prefiere la primera forma. Su antónimo es **urbano, na** (adj.).

rus. sust. m. 'Zumaque, arbusto'. En plural: **ruses**.

rusificar. v. tr. 'Comunicar las costumbres rusas' (*Quieren **rusificar** a los turistas*). v. prnl. 'Tomar esas costumbres' (*Esos estudiantes italianos se **rusificaron***). → **sacar**

ruso, sa. adj. 'Natural de Rusia'. Ú. t. c. sust. m. y f.: **el ruso, la rusa**. 'Perteneciente o relativo a esta nación de Europa' (*música **rusa***). sust. m. 'Lengua rusa' (*Habla el **ruso***); 'gabán de paño grueso' (*En invierno, usa un **ruso** azul*).

rusticar. v. intr. 'Salir al campo, habitar en él'. → **sacar**

rústico, ca. adj. 'Perteneciente o relativo al campo'; 'tosco, grosero' (*hombre **rústico***). sust. m. 'Hombre del campo': **el rústico**. La Academia no registra el género femenino. **a la** o **en rústica**. locs. advs. 'Tratándose de encuadernaciones de libros, a la ligera y con cubierta de papel' (*El diccionario está encuadernado **a la rústica** o **en rústica***). La 'calidad de rústico' es la **rustiquez** (sust. f.) o la **rustiqueza** (sust. f.).

ruta. sust. f. 'Derrotero de un viaje' (*Ésa fue la **ruta** del descubrimiento de América*); 'camino o dirección' (*Siguió su **ruta***). Con estas denotaciones, también pueden decirse **derrota** (sust. f.) y **rota** (sust. f.). 'Itinerario para el viaje' (*Trazó la **ruta** para llegar a esa ciudad*); 'carretera' (*Regresó por la **ruta** 2*). Este último significado ha sido recién incorporado en el ***Diccionario***.

rutáceo, a. adj. 'Dícese de ciertas plantas angiospermas dicotiledóneas, como la ruda y el naranjo'. Ú. c. sust. f.: **la rutácea**. sust. f. pl. 'Familia de estas plantas': **las rutáceas**.

rutenio. sust. m. 'Metal muy parecido al osmio'. Número atómico 44. Símbolo: ***Ru***

ruteno, na. adj. 'Se llamó así al pueblo ucraniano'. Ú. t. c. sust. m. y f.: **el ruteno, la rutena**. 'Perteneciente o relativo a este pueblo' (*costumbres **rutenas***); 'dícese de las iglesias de liturgia ortodoxa que aceptaron la autoridad del Papa'. sust. m. 'Dialecto ucraniano de Galitzia y Bukovina': **el ruteno**.

rutilo. sust. m. 'Óxido de titanio'. Esta voz ha sido recién incorporada en el ***Diccionario***.

rutinario, ria. adj. 'Que se hace o practica por rutina' (*oficio **rutinario***); 'dícese del que obra por mera rutina' (*hombre **rutinario***). Con esta última denotación, también puede decirse **rutinero, ra** (adj. Ú. t. c. sust. m. y f.). Rég. prep.: **rutinario en** (***rutinario en** su trabajo*). No debe usarse como sinónimo de **cotidiano, diario, habitual, ordinario** o **periódico**.

s. Vigésima letra del abecedario español. Su nombre es **ese** (sust. f.). En plural: **eses**.

sábado. sust. m. 'Sexto día de la semana civil y séptimo de la religiosa'; 'día santo judío'. Siempre se escribe con minúscula (*Hoy es **sábado***). **sábado de gloria**. Equivale a **sábado santo. hacer sábado**. fr. 'Hacer en este día limpieza de la casa, más esmerada y completa que la del resto de la semana'. → **jueves**

sabana. sust. f. 'Llanura sin vegetación arbórea' (*Las **sabanas** abundan en Venezuela*). Nótese que es palabra grave. Distíngase, por su acentuación, de **sábana**. → **sabanazo**

sábana. sust. f. 'Cada una de las dos piezas de lienzo para cubrir la cama y colocar el cuerpo entre ambas'. Diminutivo: **sabanilla**. En la Argentina, se usa esta voz en aposición especificativa; se aplica a listados, planillas, etc., con el sentido de 'largo, extenso, interminable' (*Hay que llenar las planillas **sábana** para remitirlas al Ministerio*). Este empleo carece de registro en el ***Diccionario***. **pegársele** a uno **las sábanas**. fr. fig. y fam. 'Levantarse uno más tarde de lo que debe o acostumbra'. → **sabana**

sabanazo. sust. m. Cuba. 'Sabana o pradera de reducidas dimensiones'.

sabandija. sust. f. 'Cualquier reptil pequeño o insecto, especialmente los perjudiciales o molestos' (*El escarabajo es una **sabandija***). fig. 'Persona despreciable' (*Ten cuidado con él, es una **sabandija***). Incorrecto: *Ten cuidado con él, es un sabandija*. Diminutivo: **sabandijuela**.

sabanear. v. intr. Amér. 'Recorrer la sabana para buscar y reunir el ganado, o para vigilarlo'. No debe pronunciarse [sabaniar, sabanié]. → **-ear**

sabanero, ra. adj. 'Habitante de una sabana'. Ú. t. c. sust. m. y f.: **el sabanero, la sabanera**. 'Relativo o perteneciente a la sabana'. sust. m. Amér. 'Hombre encargado de sabanear'. 'Pájaro que vive en las sabanas de América del Norte y de las Antillas'. Para distinguir los sexos de estas aves, debe recurrirse a las perífrasis **sabanero macho, sabanero hembra**. sust. f. Venez. 'Culebra' (*La **sabanera** vive en las sabanas*).

sabañón. sust. m. 'Enrojecimiento e hinchazón, en especial de las manos, de los pies o de las orejas, con ardor y picazón, causada por frío excesivo'. En plural: **sabañones**. **comer** uno **como un sabañón**. fr. fig. y fam. 'Comer mucho y con ansia'.

sabatizar. v. intr. 'Guardar los judíos el sábado'. → **cazar**

sabeliano, na. adj. 'Dícese de los sectarios de Sabelio, heresiarca africano del siglo III que negaba el misterio de la Santísima Trinidad'. Ú. t. c. sust. m. y f.: **el sabeliano, la sabeliana**. 'Perteneciente o relativo a su doctrina'.

sabelotodo. sust. com. fam. 'Persona que presume de sabio sin serlo': **el sabelotodo, la sabelotodo**. Incorrecto: *sábelo todo*, *sábelo-todo*, *sábelotodo*. → **sabidillo, sabiondo**

saber. sust. m. Equivale a **sabiduría** (*El **saber** no ocupa lugar*). En plural: **saberes**. Su homónimo, el verbo transitivo, es irregular. Su principal denotación es 'conocer una cosa, tener noticia de ella'. En algunas acepciones, es pronominal (***Se sabe** todo*) y, en otras, intransitivo (*Nada **sé** de mi hermano*). Con los adverbios **bien** y **mal**, o expresiones adverbiales equivalentes, 'agradar o desagradar algo' (*Me **sabe mal** que no llegue*). En las construcciones **saber más que** y **saber menos que**, 'ser sagaz, advertido' (***Sabe más que** el diablo*). Rég. prep.: **saber a** (***saber a** vino*; ***a** miel*); **saber de** (***saber de** todo*); **saber para** (***saber para** sí*). **a saber**. expr. 'Esto es' (*Las personas de la Trinidad son tres, **a saber**: Padre, Hijo y Espíritu Santo*). **no sé qué**. expr. 'Algo que no se acierta a explicar'. Ú. m. con los adjetivos **un** y **cierto** (*Tengo **un no sé qué**, que no alcanzo a explicar; Está molesta por **cierto no sé qué***). **sabérselas todas**. fr. fam. 'Tener habilidad para desenvolverse' (*Logró lo que quería, **se las sabe todas***). **sabérselo todo**. fr. fig. y fam. Con ella, se moteja de presumido al que no admite las advertencias de otros (*Tu primo cree que **se lo sabe todo***). **vete a saber** o **vaya a saber**. frs. Con ellas, se indica que una cosa es difícil de averiguar (***Vaya a saber** cómo ocurrió*). Es incorrecta la frase: *saberlo al pelo*. Correcto: ***saberlo al dedillo***. Las irregularidades de este verbo consisten en que, en algunos tiempos y personas, cambia la raíz y, a veces, la desinencia. En el indicativo, dichas irregularidades se dan en la primera persona del singular del presente (*sé*); en el pretérito perfecto simple, en que la raíz se transforma en **sup-** y cambian las desinencias de la primera y de la tercera persona del singular (***sup**e*, ***sup**iste*, ***sup**o*, ***sup**imos*, ***sup**isteis*, ***sup**ieron*). El futuro de ese mismo modo pierde la **e** de la raíz (*sabré*, *sabrás*, *sabrá*, *sabremos*, *sabréis*, *sabrán*), al igual que el condicional (*sabría*, *sabrías*, *sabría*, *sabríamos*, *sabríais*, *sabrían*). En el subjuntivo, la raíz cambia en **sep-**, en el presente (***sep**a*, ***sep**as*, ***sep**a*, ***sep**amos*, ***sep**áis*, ***sep**an*), y en **sup-**, en el pretérito imperfecto (***sup**iera* o ***sup**iese*, ***sup**ieras* o ***sup**ieses*, ***sup**iera* o ***sup**iese*, ***sup**iéramos* o ***sup**iésemos*, ***sup**ierais* o ***sup**ieseis*, ***sup**ieran* o ***sup**iesen*) y en el futuro (***sup**iere*, ***sup**ieres*, ***sup**iere*, ***sup**iéremos*, ***sup**iereis*, ***sup**ieren*). Sólo son regulares, en consecuencia, el pretérito imperfecto de indicativo (*sabía*, *sabías*, etc.), el imperativo (*sabe*, *sabed*), el infinitivo (*saber*), el gerundio (*sabiendo*) y el participio (*sabido*).

sabicú. sust. m. Cuba. 'Árbol'. En plural: **sabicúes** o **sabicús**.

sabidillo, lla. adj. despect. 'Que presume de entendido sin serlo'. Ú. t. c. sust. m. y f.: **el sabidillo, la sabidilla**. Equivale a **sabelotodo** (sust. com. fam.) y a **sabiondo, da** (adj. Ú. t. c. sust. m. y f.).

sabiendas (a). loc. adv. 'De un modo cierto'; 'con conocimiento' (*Lo hizo **a sabiendas***).

sabihondez. sust. f. fam. → **sabiondez**

sabihondo, da. adj. fam. Ú. t. c. sust. m. y f. → **sabiondo**

sabina. sust. f. 'Arbusto o árbol'. Un 'terreno poblado de sabinas' es un **sabinar** (sust. m. colect.).

sabio, bia. adj. 'Dícese de la persona que posee la sabiduría'. Ú. t. c. sust. m. y f.: **el sabio, la sabia**. 'Aplícase a las cosas que instruyen o que contienen sabiduría' (*libro sabio*). 'De buen juicio, cuerdo' (*Por tu prudencia, eres una mujer sabia*). Ú. t. c. sust. m. y f. 'Aplícase a los animales que tienen muchas habilidades (*perro sabio*). sust. m. 'Por antonomasia, se llama el Sabio a Salomón'. En este caso, se escribe con mayúscula. Superlativo: **sapientísimo, ma**. Incorrecto: <u>*sabísimo, ma*</u>. Rég. prep.: **sabio en** (***sabio en** todo*).

sabiondez. sust. f. fam. 'Calidad de sabiondo'. También puede escribirse **sabihondez** (sust. f.). La Academia prefiere la primera grafía; los hablantes se inclinan, en general, por la segunda. En plural: **sabiondeces** o **sabihondeces**. Repárese en que la **z** cambia por **c**.

sabiondo, da. adj. fam. 'Que presume de sabio sin serlo'. Ú. t. c. sust. m. y f.: **el sabiondo, la sabionda**. Equivale a **sabelotodo** (sust. com. fam.) y a **sabidillo, lla** (adj. Ú. t. c. sust. m. y f.). También puede escribirse **sabihondo, da** (adj. fam. Ú. t. c. sust. m. y f.). La Academia prefiere la primera forma; los hablantes se inclinan, en general, por la segunda.

sablazo. sust. m. 'Golpe dado con el sable' (*Lo hirió de un **sablazo***); 'herida hecha con él' (*Tiene un **sablazo** en la cara*). fig. y fam. 'Acto de sacar dinero a uno, pidiéndoselo, por lo general, con habilidad e insistencia y sin intención de devolverlo' (*Vive a fuerza de **sablazos***). En la Argentina, para esta última denotación, se usa **pechazo** (sust. m.). → **pechada**

sableador. sust. m. fig. y fam. 'El que es hábil para sablear o sacar dinero a otro'. Su femenino es **sableadora**. → **sablista**

sablear. v. intr. fig. y fam. 'Sacar dinero a alguien, con petición insistente, sin intención de devolverlo'. Ú. t. c. tr. No debe pronunciarse [sabliar, sablié]. En América, se usa, en su reemplazo, **pechar** (v. tr.). → **-ear, pechar, manguear**

sablista. adj. fig. y fam. 'Que tiene el hábito de sablear o sacar dinero'. Ú. t. c. sust. com.: **el sablista, la sablista**. En América, se usa en su reemplazo, para el sustantivo, **pechador, ra** (m. y f.). → **sableador**

sabor. sust. m. Entre otras denotaciones, 'sensación que ciertos cuerpos producen en el órgano del gusto' (*La pera tiene buen **sabor***); fig. 'impresión que una cosa produce en el ánimo' (*Tu relato le dejó un **sabor** amargo*); fig. 'propiedad que tienen unas cosas de parecerse a otras con las que se las compara' (*Esas pinturas rupestres tienen un **sabor** clásico*). En plural: **sabores**. Diminutivos: **saborete, saborcillo**. Rég. prep.: **sabor a** (***sabor a** vino*; ***sabor a** rancio*); **sabor de** (***sabor de** naranja*). **a sabor**. loc. adv. 'Al gusto o conforme a la voluntad o deseo' (*La comida está **a sabor** tuyo*). **a sabor de** su **paladar**. loc.

adv. fig. y fam. Equivale a **a medida de** su **paladar** (*El tuco de estos fideos está* ***a sabor de mi paladar***).

saborear. v. tr. 'Dar sabor y gusto a las comidas'; 'percibir detenidamente y con deleite el sabor de lo que se come o se bebe' (***Saborea*** *el postre*). Ú. t. c. prnl. (***Se saborea*** *con el postre*). fig. 'Apreciar con deleite' (***Saborean*** *la buena música*). Ú. t. c. prnl. (***Se saborean*** *con la buena música*). v. prnl. 'Comer o beber con deleite'; fig. 'deleitarse con cosas que le agradan'. Rég. prep.: **saborearse con** (*Los niños* ***se saborean con*** *el dulce*; *Ana* ***se saborea con*** *tu torta*). No debe pronunciarse [saboriar, saborié]. La 'acción' de este verbo es **saboreo** (sust. m.), y la 'acción y efecto', **saboreamiento** (sust. m.). → **-ear**

sabotaje. Voz francesa (*sabotage*) españolizada. Es incorrecto usar, en español, la grafía francesa.

saboteador, ra. adj. 'Que sabotea'. Ú. t. c. sust. m. y f.: **el saboteador, la saboteadora**.

sabotear. v. tr. 'Hacer actos de sabotaje' (*La oposición* ***saboteó*** *el proyecto*). No debe pronunciarse [sabotiar, sabotié]. → **-ear**

sabuco. sust. m. También puede decirse **sabugo** (sust. m.). El nombre más frecuente de este arbolillo es **saúco** (sust. m.). El 'sitio poblado de sabucos o sabugos' es un **sabucal** (sust. m.) o **sabugal** (sust. m.), respectivamente. → **saúco**

sabueso. sust. m. 'Persona que sabe indagar, que olfatea, descubre o averigua los hechos' (*María es un* ***sabueso***, *anda tras la pista del robo*). Ú. t. c. adj. (*perro* ***sabueso***; *perra* ***sabuesa***).

sabugo. sust. m. → **sabuco**

sacabalas. sust. m. 'Sacatrapos más resistente que los ordinarios, usado para sacar la bala del ánima de las escopetas y fusiles lisos, cargados por la boca'; 'instrumento de hierro que sirve para extraer los proyectiles del ánima de los cañones rayados que se cargan por la boca' (*Sacaremos el proyectil con un* ***sacabalas***). En plural, no varía: **los sacabalas**. No se confunda con **sacabala** (sust. f.), 'especie de pinza que usaban los cirujanos para sacar una bala de dentro de las heridas'. Nótese el género de este último vocablo (*Con una* ***sacabala*** *le extrajo el proyectil*). → **sacatrapos**

sacabocados. sust. m. 'Instrumento, en forma de punzón o de tenaza, que sirve para taladrar' (*Hizo varios agujeros en el cinturón con el* ***sacabocados***). En plural, no varía: **los sacabocados**. La Academia admite, también, **sacabocado** (sust. m.), de modo que es indistinto usarlo, en singular, con **s** final o sin ella, aunque el léxico oficial prefiere la primera forma.

sacabotas. sust. m. 'Tabla con una muesca en la cual se encaja el talón de la bota, para sacarla'. En plural, no varía: **los sacabotas**. Incorrecto, en singular: *el sacabota*.

sacabrocas. sust. m. 'Herramienta que usan los zapateros para desclavar las brocas o clavos de las suelas'. En plural, no varía: **los sacabrocas**. Incorrecto, en singular: *el sacabroca*.

sacabuche. sust. m. 'Instrumento musical de metal, especie de trompeta que se alarga y que se acorta'; 'músico que toca este instrumento'. La Academia no registra forma femenina para la mujer que lo toca. 'Bomba de mano para extraer líquidos, que se usa en marinería'. Incorrecto, en singular: *el sacabuches*.

sacaclavos. sust. m. 'Herramienta para sacar clavos'. En plural, no varía: **los sacaclavos**. Incorrecto, en singular: *el sacaclavo*.

sacacorchos. sust. m. 'Instrumento para sacar corchos'. En plural, no varía: **los sacacorchos**. Incorrecto, en singular: *el sacacorcho*. También puede decirse **sacatapón** (sust. m.). En plural: **sacatapones**. La Academia prefiere la primera forma. Otros sinónimos son **descorchador** (sust. m.) y **tirabuzón** (sust. m.).

sacacuartos. sust. m. fam. → **sacadineros**

sacadineros. sust. m. fam. 'Espectáculo de poco o ningún valor, pero de buena vista y apariencia, que atrae a la gente'. sust. com. fam. 'Persona que tiene arte para sacar dinero a otra con cualquier engañifa': **el sacadineros, la sacadineros**. En plural, no varía: **los sacadineros, las sacadineros**. También es correcto usar, en singular, esta voz sin **s** final: **el sacadinero**. La Academia registra, asimismo, para igual denotación, **sacacuartos** (sust. m. fam.), pero prefiere la primera forma. Incorrecto, en singular: *el sacacuarto*.

sacador, ra. adj. 'Que saca'. Ú. t. c. sust. m. y f.: **el sacador, la sacadora**. sust. m. 'Tablero de la máquina en el cual se pone el papel que va saliendo impreso'.

sacaleches. sust. m. 'Aparato que sirve para extraer la leche del pecho de una mujer'. En plural, no varía: **los sacaleches**. Incorrecto, en singular: *el sacaleche*. Es voz de reciente incorporación académica. → **mamadera**

sacamanchas. sust. com. 'Persona que tiene por oficio sacar o quitar manchas': **el sacamanchas, la sacamanchas**. sust. m. 'Producto para sacarlas' (*Compró un **sacamanchas** japonés*). Incorrecto, en singular: *el sacamancha*. Tampoco es correcto escribir esta voz en dos palabras o con un guión: *saca manchas*, *saca-manchas*. En plural, no varía: **los sacamanchas, las sacamanchas**. → **quitamanchas**

sacamantas. sust. m. fig. y fam. 'Comisionado para apremiar y embargar a los contribuyentes morosos'. Es incorrecto usar esta voz, en singular, sin **s** final: *el sacamanta*. En plural, no varía: **los sacamantas**.

sacamantecas. sust. com. fam. 'Criminal que despanzurra a sus víctimas': **el sacamantecas, la sacamantecas**. En plural, no varía: **los sacamantecas, las sacamantecas**. Es incorrecto usar esta voz, en singular, sin **s** final.

sacamuelas. sust. com. 'Persona que tenía el oficio de sacar muelas': **el sacamuelas, la sacamuelas**. Hoy, aplicado al dentista, es peyorativo, particularidad no registrada en el ***Diccionario*** (*Es un vulgar **sacamuelas**; concurre a otro odontólogo*). Entre otras acepciones, poco frecuentes, 'embaucador'; 'vendedor ambulante'. Es incorrecto usar esta voz, en singular, sin **s** final: *el sacamuela*. En plural, no varía: **los sacamuelas, las sacamuelas**.

sacapelotas. sust. m. 'Instrumento para sacar balas, usado por los antiguos arcabuceros'. sust. com. fig. 'Persona despreciable': **el sacapelotas, la sacapelotas**. En plural, no varía: **los sacapelotas, las sacapelotas**. Es incorrecto usar esta voz, en singular, sin **s** final: *el sacapelota*.

sacapotras. sust. m. fig. y fam. 'Mal cirujano'. En plural, no varía: **los sacapotras**. Es incorrecto usar esta voz, en singular, sin **s** final: *el sacapotra*. La Academia no lo registra como sustantivo común de dos.

sacapuntas. sust. m. 'Instrumento para afilar lápices'. En plural, no varía: **los sacapuntas**. Es incorrecto usarlo, en singular, sin **s** final: *el sacapunta*. También puede decirse **afilalápices** (sust. m.), pero la Academia prefiere la primera forma.

sacar. v. tr. Entre otras denotaciones, 'poner una cosa fuera del lugar donde estaba encerrada o contenida' (*Lo **sacó** del cajón*); 'quitar, apartar a una persona del sitio o condición en que se halla' (*Lo **sacaron** de la escuela*); 'averiguar' (***sacar** la cuenta*); 'extraer' (***sacar** agua del pozo*); 'ganar por suerte una cosa' (***sacar** la lotería*); 'con palabras como billete, entrada o similares, comprarlos' (***Sacó** un palco*); 'aventajar' (***sacar** diez metros de distancia*); 'ganar' (***sacar** el premio*); 'desenvainar' (***sacar** el sable*). Es un verbo de gran polisemia. La Academia registra veintinueve acepciones en su ***Diccionario***. Rég. prep.: **sacar a** (***sacar a** bailar*; ***sacar a** la calle*; ***sacar a** pulso*); **sacar con** (***sacar con** un gancho*); **sacar de** (***sacar de**l mar*; ***sacar de** pobre*); **sacar de entre** (***sacar de entre** las sábanas*); **sacar en** (***sacar en** conclusión*); **sacar por** (***sacar por** consecuencia*). **sacar en limpio** o **sacar en claro**. frs. 'Deducir claramente'. No son correctas las expresiones *sacar a la luz*; *sacar a hombros*; *sacar la cara*. Debe decirse ***sacar a luz***; ***sacar en hombros***; ***dar la cara***. El uso de **sacar** por **quitar** es general en América (***sacárselo** de encima*; ***quitárselo** de encima*). El verbo **sacar** es regular, pero tiene la particularidad de cambiar la **c** por **qu**, cuando sigue a la **c** de la raíz la vocal **e**, es decir, en la primera persona singular del pretérito perfecto simple de indicativo (***saqué***) y en todo el presente de subjuntivo (***saque***, ***saques***, ***saque***, ***saquemos***, ***saquéis***, ***saquen***).

sacarificar. v. tr. 'Convertir por hidratación las sustancias sacarígenas en azúcar'. Su postverbal es **sacarificación** (sust. f.). → **sacar**

sacatrapos. sust. m. 'Espiral de hierro que se atornilla en el extremo de la baqueta y sirve para sacar los tacos, u otros cuerpos blandos, del ánima de las armas de fuego'; 'pieza de hierro, en forma de espiral, que sirve para extraer los tacos, saquetes de pólvora y algunas clases de proyectiles del ánima de los cañones que se cargan por la boca'. En plural, no varía: **los sacatrapos**. Es incorrecto usarlo, en singular, sin **s** final. → **sacabalas**

sacerdote. sust. m. El femenino **sacerdotisa**

no es aplicable al ejercicio del ministerio católico, que no admite la consagración de mujeres en el orden sacerdotal. Sí, puede emplearse en algunas religiones paganas (*La **sacerdotisa** de la tribu rendía culto al fuego*).

sachaguasca. sust. f. Argent. 'Planta enredadera'.

saché o **sachet.** sust. m. Argent. 'Envase sellado de plástico flexible destinado a contener líquidos' (*Compró un **saché** o **sachet** de leche*). En plural: **sachés** o **sachets**. Es voz de origen francés (*sachet*). La A.A.L. ha recomendado su inclusión en el ***Diccionario***, con la acepción regional que se indica. En España, esta misma voz significa, según el ***Diccionario Manual***, 'perfumador, almohadilla para perfumar', también sin registro oficial, como ese mismo léxico indica.

saciar. v. tr. 'Hartar y satisfacer de bebida o de comida' (***Sacia** su hambre*). Ú. t. c. prnl. (***Se sació** de comer*). En sentido figurado, se aplica, también, a las cosas espirituales. Ú. t. c. prnl. Rég. prep.: **saciarse con** (***saciarse con** poco*); **saciarse de** (***saciarse de** música*; ***de** comida*). Se conjuga, en cuanto al acento, como **cambiar**.

saco. sust. m. Diminutivo: **saquete**. Además de otras denotaciones comunes con el español general, en América y en Canarias, significa 'chaqueta, americana' (*Juan se puso el **saco** para salir*). **entrar a saco**. fr. Equivale a **saquear**. **no echar en saco roto** una cosa. fr. fig. y fam. 'No olvidarla'.

sacralizar. v. tr. 'Atribuir carácter sagrado a lo que no lo tenía'. Su postverbal es **sacralización** (sust. f.). → **cazar**

sacramento. sust. m. 'Signo sensible de un efecto interior y espiritual que Dios obra en las almas'; 'Cristo sacramentado en la hostia'. En este significado, para mayor veneración, dícese **Santísimo Sacramento**; nótese que se escribe con mayúscula. **sacramento del altar**. 'El eucarístico'. **recibir los sacramentos**. fr. 'Recibir el enfermo los de la penitencia, eucaristía y unción de los enfermos'. **últimos sacramentos**. Los antes enumerados, que se administran en peligro de muerte.

sacrificador, ra. adj. 'Que sacrifica'. Ú. t. c. sust. m. y f.: **el sacrificador, la sacrificadora**.

sacrificar. v. tr. 'Hacer sacrificios u ofrecer una cosa en reconocimiento de la divinidad'; 'matar'; fig. 'poner a una persona o cosa en algún riesgo o trabajo, abandonarla a muerte, destrucción o daño, en provecho de un interés que se estima de mayor importancia'; 'renunciar a una cosa para obtener otra'. v. prnl. fig. 'Sujetarse con resignación a una cosa violenta o repugnante'. Rég. prep.: **sacrificarse en** (***sacrificarse en** bien de todos*); **sacrificarse por** (***sacrificarse por** sus semejantes*). → **sacar**

sacrílego, ga. adj. 'Que comete delito de sacrilegio o profanación de cosa, persona o lugar sagrado' (*hombres **sacrílegos***). Apl. a pers., ú. t. c. sust. m. y f.: **el sacrílego, la sacrílega**. 'Perteneciente o relativo al sacrilegio' (*hechos **sacrílegos***); 'que sirve para cometer sacrilegio' (*mano **sacrílega***).

sacrismoche o **sacrismocho.** sust. m. fam. 'El que anda vestido de negro, como los sacristanes, y, además, desharrapado y sin aseo'. La Academia prefiere la primera forma.

sacristán. sust. m. 'El que en las iglesias ayuda al sacerdote en el servicio del altar y cuida de los ornamentos sagrados'. Diminutivo: **sacristanejo**. La forma **sacris** (sust. m.) es apócope vulgar de **sacristán**. El femenino **sacristana** se aplica sólo a la 'mujer del sacristán' y a la 'religiosa destinada en su convento a cuidar de las cosas de la sacristía' (*La **sacristana** era la madre Inés*). Esta última acepción es de ingreso reciente en el léxico oficial.

sacro, cra. adj. Equivale, en su acepción más común, a **sagrado, da** (*historia **sacra***). 'Referente a la región en que está el hueso sacro' (*nervio **sacro***). Ú. t. c. sust. m.: **el sacro** (*El **sacro** es un hueso*). Superlativo: **sacratísimo, ma**. → **sagrado**

sacudidor, ra. adj. 'Que sacude'. Ú. t. c. sust. m. y f.: **el sacudidor, la sacudidora**. sust. m. 'Instrumento con que se sacude o limpia' (*No encuentro el **sacudidor** de colchones*).

sacudión. sust. m. → **sacudón**

sacudir. v. tr. Ú. t. c. prnl. Rég. prep.: **sacudir** algo **de** (***sacudir** el polvo **del** colchón*); **sacudirse de** (***Sacudirse de** indeseables*). Sus postverbales son **sacudida** (sust. f.), **sacudimiento** (sust. m.) y **sacudidura** (sust. f.).

sacudón. sust. m. Amér. 'Sacudida rápida y brusca' (*Le dio un **sacudón***). En el español peninsular, **sacudión** (sust. m.). En plural, respectivamente: **sacudones**, **sacudiones**.

sádico, ca. adj. 'Perteneciente o relativo al sadismo' (*hombre **sádico***). Apl. a pers., ú. t. c. sust. m. y f.: **el sádico, la sádica**.

saeta. sust. f. 'Arma arrojadiza'; 'manecilla del reloj'; 'flechilla de la brújula que se vuelve al polo magnético'; 'copla breve y sentenciosa, de contenido religioso'; 'jaculatoria que se canta en las procesiones'. Diminutivos: **saetilla**, **saetín** (sust. m.). Aumentativo: **saetón** (sust. m.). → **saetín**

saetazo. sust. m. 'Acción de tirar o herir con saetas, armas arrojadizas'; 'herida hecha con ellas'. También puede decirse **saetada** (sust. f.). La Academia prefiere la primera forma.

saetear. v. tr. 'Herir con saetas'. También pueden decirse **saetar** (v. tr.) y **asaetear** (v. tr.). La Academia prefiere la primera forma, que no debe pronunciarse [saetiar, saetié], y la tercera. → **-ear**

saetín. sust. m. Entre otras denotaciones, 'clavito delgado sin cabeza'. En plural, **saetines**. → **saeta**

safari. sust. m. 'Excursión de caza mayor, que se realiza en algunas regiones de África'; 'por extensión, se aplica a excursiones similares en otros territorios' (*Hicimos un **safari** en la precordillera andina*); 'lugar donde se realizan esas excursiones'. En plural: **safaris**.

saga. sust. f. 'Cada una de las leyendas poéticas, heroicas y mitológicas de la antigua Escandinavia'; 'relato novelesco que abarca las vicisitudes de dos o más generaciones de una familia'. Esta última acepción es de reciente ingreso en el ***Diccionario***. No debe confundirse su grafía con la de **zaga** (sust. f.), su homófono en los países que sesean. → **zaga**

sagaz. adj. 'Avisado, astuto, prudente'. Es palabra aguda que, en plural, se hace grave: **sagaces**. Nótese que la **z** cambia por **c**.

sagitario. sust. m. 'Saetero'. sust. pr. m. 'Noveno signo del Zodíaco'; 'constelación zodiacal'. Con estas denotaciones, se escribe con mayúscula (*Una de las constelaciones del Zodíaco es **Sagitario***). adj. 'Referido a personas, las nacidas bajo este signo' (*mujer **sagitario***). Ú. t. c. sust. m. (*María es **sagitario***). El adjetivo <u>*sagitariano*</u>, <u>*na*</u> carece de registro académico.

sagrado, da. adj. 'Que según rito está dedicado a Dios y al culto divino'; 'venerable'; 'perteneciente a la divinidad'; fig. 'digno de veneración y respeto'. También, en estas acepciones, puede decirse **sacro**, **cra** (adj.). Superlativo: **sacratísimo, ma**. Incorrecto: <u>*sagradísimo*</u>, <u>*ma*</u>. → **sacro**

sagú. sust. m. 'Planta'. En plural: **sagúes** o **sagús**.

saguaipé. sust. m. Argent., Par. y Urug. 'Gusano parásito que se aloja en el hígado del ganado bovino y ovino, y, ocasionalmente, en el del hombre'. Equivale a **duela** (sust. f.), del español general. NO. Argent. 'Sanguijuela'. Esta última acepción carece de registro en el ***Diccionario***, pero su inclusión fue recomendada por la A.A.L. En plural: **saguaipés**. Incorrecto: <u>*saguaipeses*</u>.

sah. sust. m. 'Rey de Persia o del Irán'. La Academia no se ha pronunciado sobre el plural de esta voz. De acuerdo con el ***Esbozo***, pueden admitirse **sahes** o **sahs**. Téngase en cuenta, como advierte Seco, que "el uso general escribe siempre *Sha*". Sus plurales serían "shas" o "shaes". Por otra parte, según afirma el citado lingüista, "en cualquier caso, la pronunciación corriente es /sa/". En la Argentina, sin embargo, es [sha] o [cha], de acuerdo con la grafía y la pronunciación no académicas. Acerca del empleo de la mayúscula y de la minúscula, → **presidente**

saharaui. adj. 'Relativo o perteneciente al desierto del Sahara'. sust. com.: **el saharaui, la saharaui**. En plural: **saharauis**. Nótese, de paso, que la Academia escribe **Sahara** y no <u>*Sáhara*</u>, grafía y pronunciación incorrectas, pese a la frecuencia de su uso. En esta voz, como en **Sahara** y otras derivadas de este topónimo, es frecuente la aspiración de la hache. → **sahariano**

sahariano, na. adj. 'Perteneciente o relativo al desierto del Sahara'; 'referente o relativo al territorio de África occidental que fue provincia española'. 'Natural de este territorio'. Ú. t. c. sust. m. y f.: **el sahariano, la sahariana**. Incorrecto: <u>*sajariano*</u>, <u>*na*</u>. También puede decirse **sahárico, ca** (adj.), pero la Academia prefiere la primera forma. sust. f. 'Especie de chaqueta, de color claro, con bolsillos de parche y cinturón' (*Vestía una **sahariana***). → **saharaui**

sahína. sust. f. 'Planta'. → **zahína**

sahinar. sust. m. colect. → **zahinar**

sahumar. v. tr. 'Dar humo aromático a una cosa a fin de purificarla o para que huela bien'. Ú. t. c. prnl. Sus postverbales son **sahumerio** (sust. m.), **sahúmo** (sust. m.) y **sahumadura** (sust. f.). La Academia prefiere la primera forma. Nótense sus correctas grafías. Se conjuga, en cuanto al acento, como **aullar**.

saín. sust. m. 'Grosura de un animal'; 'aceite extraído de la gordura de algunos peces y cetáceos'; 'grasa que con el uso suele mostrarse en los paños, sombreros y otras cosas'. En plural: **saínes**. Diminutivo: **sainete**.

sainar. v. tr. 'Engordar a los animales'. Distíngase de **sahinar** y **zahinar** (susts. ms.). Se conjuga, en cuanto al acento, como **airar**.

sainete. sust. m. Entre otras denotaciones, 'pieza dramática, generalmente cómica, en un acto, que se representaba en los entreactos o al final de una comedia, o como obra independiente'. También, para esta misma denotación, se usa **entremés** (sust. m.), con la diferencia de que este último nunca se representaba al final de una comedia y podía, incluso, intercalarse en el desarrollo de un mismo acto o jornada. fig. y fam. Argent. 'Situación o acontecimiento grotesco o ridículo de la vida real y, a veces, tragicómico' (*Lo que sucedió ese día entre el Ministro y su secretario fue un **sainete***). → **saín**

sainetear. v. intr. 'Representar sainetes'. No debe pronunciarse [sainetiar, sainetié]. → **-ear**

sainetero. sust. m. 'Escritor de sainetes'. El ***Diccionario*** no registra forma para el femenino. También puede decirse **sainetista** (sust. m.).

saíno. sust. m. 'Mamífero paquidermo, parecido a un jabato, que vive en los bosques de América Meridional'. Para distinguir los sexos, debe recurrirse a las perífrasis **saíno macho**, **saíno hembra**. No debe pronunciarse [saino], ni confundirse su grafía con la de **zaino, na** (adj.). → **zaino**

sajador. sust. m. 'El que tenía por oficio sangrar'. Carece de forma para el femenino. 'Instrumento para escarificar'.

sajar. v. tr. 'Cortar en la carne'. Sus postverbales, aunque no los especifica como tales la Academia, son **sajadura** (sust. f), **saja** (sust. f.) y **sajía** (sust. f.). El verbo conserva la **j** en toda la conjugación.

sajón, na. adj. 'Dícese del individuo de un pueblo de raza germánica, que habitaba antiguamente en la desembocadura del Elba y parte del cual se estableció en Inglaterra, en el siglo V'. Ú. t. c. sust. m. y f.: **el sajón, la sajona**. 'Perteneciente o relativo a este pueblo'. 'Natural de Sajonia'. Ú. t. c. sust. m. y f. 'Perteneciente o relativo a este Estado alemán'.

sake. sust. m. 'Bebida alcohólica de origen japonés, obtenida por la fermentación del arroz'. El ***Diccionario*** no registra la forma **saki**, que, sí, trae el ***Manual***, aunque con el indicador de su falta de sanción oficial. Úsese **sake**. En plural: **sakes**.

sal. sust. f. Entre otras denotaciones, 'sustancia, generalmente blanca, cristalina, soluble en agua, que se usa, sobre todo, para sazonar los alimentos'. Existen muchas clases de sales; la más corriente se conoce con el nombre de **sal común** o **de cocina**. En plural: **sales**. Entre otros sentidos figurados, 'donaire, chispa, agudeza' (*Las tradiciones de Palma tienen mucha **sal***). sust. f. pl. 'Sustancia salina que se da a respirar a alguien que se ha desmayado para reanimarlo' (*Le dieron **sales** y volvió en sí*); 'sustancia perfumada que se disuelve en el agua para el baño' (*Usa **sales** de baño*).

sala. sust. f. Entre sus denotaciones más comunes, 'pieza principal de la casa, donde se reciben las visitas de cumplimiento'; 'aposento principal de grandes dimensiones'; 'pieza donde se constituye un tribunal de justicia para celebrar audiencias'. Con el significado de 'conjunto de magistrados o jueces que, dentro del tribunal colegiado de que forman parte, tiene jurisdicción privativa sobre determinadas materias', es sustantivo colectivo. **sala de fiestas**. 'Local recreativo donde se sirven bebidas, dotado de una pista de baile y en el que, normalmente, se ofrece algún espectáculo'. Incorrecto: *sala de fiesta*. Este sintagma puede reemplazarse por **cabaré** (sust. m.), que es la españolización reciente de la voz francesa (*cabaret*). Diminutivo: **saleta**. Aumentativo: **salón** (sust. m.). En las casas y departamentos modernos, por razones de espacio físico y por costumbres sociales menos solemnes, casi ya no existe la **sala**, tal como queda definida en las dos primeras acepciones, sino el **cuarto de estar**, que es la forma que debe usarse en reemplazo de *living*, un anglicismo. Según Seco, también es normal denominarlo **sala de estar**. El ***Diccionario*** no registra **sala de operaciones**, 'quirófano', pero no es incorrecto el uso de este sintagma que, sí, recoge el ***Manual***, aunque con el indicador de su falta de sanción oficial.

salacidad. sust. f. 'Inclinación vehemente a la lascivia'. No debe emplearse esta voz con el significado de 'calidad de salado'.

salacot. sust. m. 'Sombrero para el trópico, usado en Filipinas'. En plural: **salacots**. Incorrecto: salacotes.

saladamente. adv. m. fig. y fam. Sólo significa 'chistosamente, con agudeza y gracejo' (*Se expresa, en sus cuentos, **saladamente***). Incorrecto: *Cocina saladamente*. Correcto: *Cocina **salado***.

saladero. sust. m. 'Lugar para salar carnes o pescados'. También puede decirse **salador** (sust. m.).

saladillo, lla. adj. 'Se aplica al tocino fresco poco salado' (*tocino **saladillo***). Ú. t. c. sust. m. (*Lo aderezó con un **saladillo***). → **salado**

salado, da. p. de **salar**. adj. En sus acepciones más comunes, 'se aplica a los alimentos que tienen más sal de la necesaria' (*¡Qué carne más **salada**!*). fig. 'Agudo, chistoso' (*El chiste es **salado***). Entre otras denotaciones regionales de América, en la Argentina, Chile y el Uruguay, en sentido figurado y familiar, se usa con el significado de 'caro, costoso' (*No compres esa cartera, es muy **salada***). Diminutivo: **saladillo, lla**. sust. m. 'Operación de salar' (***el salado** de la carne*). Rég. prep.: **salado de** (***salado de** precio*); **salado en** (***salado en** sus conversaciones*).

salador, ra. adj. 'Que sala'. Ú. t. c. sust. m. y f.: **el salador, la saladora**. → **saladero**

saladura. sust. f. 'Acción y efecto de salar'. Incorrecto: salamiento.

salamanca. sust. f. Chile y Urug. 'Cueva natural que hay en algunos cerros'. Argent. 'Salamandra de cabeza chata que los indios consideraban como espíritu del mal'.

salamandra. sust. f. 'Anfibio urodelo, de color negro, con manchas amarillas'. Para distinguir los sexos, debe recurrirse a las perífrasis **salamandra macho, salamandra hembra**. 'Ser fantástico, espíritu elemental del fuego, según los cabalistas'; 'especie de calorífero de combustión lenta' (*En el comedor, había una **salamandra** de hierro forjado*). **salamandra acuática**. 'Tritón'. → **salamanca**

salamanquesa. sust. f. 'Saurio'. Para distinguir los sexos, debe recurrirse a las perífrasis **salamanquesa macho, salamanquesa hembra**. También puede decirse **salamandria** (sust. f.). **salamanquesa de agua**. 'Salamandra acuática'. → **salamandra**

salame. sust. m. Amér. Equivale a **salami**, del español peninsular, 'embutido de carne vacuna y carne y grasa de cerdo, picadas y mezcladas, que, curado y prensado dentro de una tripa o de un tubo de plástico, se come crudo'. Argent. y Par. 'Tonto' (*Juan no entiende nada, es un salame*). Incorrecto: *Dora es una salame*. Correcto: *Dora es **un salame***. → **salamín**

salami. sust. m. Voz de origen italiano (*salami*), españolizada recientemente. 'Embutido'. En plural: **salamis**. → **salame**

salamín. sust. m. Argent., Par. y Urug. 'Salame delgado'. fig. y fam. Argent. 'Tonto' (*El **salamín** de tu hermano lo echó todo a perder*). También, para esta acepción, puede decirse **salame**. Es palabra aguda que, en plural, se convierte en grave: **salamines** (*Compró **salamines**; Son unos **salamines***). → **salame**

salariar. v. tr. 'Señalar salario a alguien'. También puede decirse **asalariar** (v. tr.). Se conjugan, en cuanto al acento, como **cambiar**.

salaz. adj. 'Muy inclinado a la lujuria'. Es voz aguda que, en plural, se hace grave y cambia la **z** por **c**: **salaces**.

salazón. sust. f. 'Acción y efecto de salar carnes y pescados'; 'acopio de carnes y pescados salados'; 'industria y tráfico que se hace con estas conservas'. En plural: **salazones**.

salce. sust. m. → **sauce**

salchicha. sust. f. En su denotación más frecuente, 'embutido de tripa delgada y carne magra y gorda'. Aumentativo: **salchichón** (sust. m.). Es incorrecto pronunciar [salsicha].

salchichería. sust. f. 'Tienda donde se venden embutidos'. Es incorrecto pronunciar [salsichería]. Bien dice Seco que "no es necesario usar la palabra *charcutería*, préstamo del francés que se ha difundido bastante en algunas regiones; pues *salchichería* [...] no sólo significa 'tienda de salchichas', sino 'tienda de embutidos"'. → **charcutería**

salchichero. sust. m. 'El que hace o vende embutidos'. Su femenino es **salchichera**. Es incorrecto pronunciar [salsichero]. → **salchicha**

saldista. sust. com. 'Persona que compra y vende mercancías procedentes de saldos y de quiebras mercantiles'; 'persona que salda una mercadería': **el saldista**, **la saldista**.

saldo. sust. m. 'Pago de deuda u obligación' (*Aquí está el* ***saldo*** *de lo que te debía*); 'cantidad que de una cuenta resulta a favor o en contra de alguien' (*Tengo un* ***saldo*** *negativo de $ 100 en mi cuenta*); 'resto de mercancías que el fabricante o el comerciante venden a bajo precio para despacharlas pronto' (*Vende* ***saldos*** *de toda clase*). Esta voz no debe usarse, como a veces se emplea en lenguaje periodístico, por **número**, **recuento**, **total**, etc.: *Cinco fue el saldo de víctimas del fatal accidente.* Correcto: *Cinco fue el* ***número*** *de víctimas del fatal accidente.* → **balance**

salearse. v. prnl. 'Pasear por el mar en una embarcación pequeña'. No debe pronunciarse [saliarse]. Su postverbal es **salea** (sust. f.). → **-ear**

salegar. sust. m. 'Sitio en que se da sal a los ganados en el campo'. También puede decirse **salero** (sust. m.). El homónimo verbal **salegar** (intr.) denota 'tomar el ganado la sal que se le da'. → **pagar**

salero. sust. m. En su acepción más usual, 'recipiente en que se sirve la sal en la mesa'. Distíngase de **salera** (sust. f.), 'recipiente de madera en que se echa la sal para que allí coma el ganado'. También, entre otras denotaciones, significa, en sentido figurado y familiar, 'gracia, donaire' (*Tiene mucho* ***salero***). → **salegar**

saleroso, sa. adj. fig. y fam. 'Que tiene salero y donaire'. Ú. t. c. sust. m. y f.: **el saleroso**, **la salerosa**.

salesa. adj. 'Dícese de la religiosa que pertenece a la orden de la Visitación de Nuestra Señora, fundada en el siglo XVII por San Francisco de Sales y Santa Juana Francisca Fremiot de Chantal'. Ú. t. c. sust. f.: **la salesa**.

salesiano, na. adj. 'Dícese del religioso que pertenece a la Sociedad de San Francisco de Sales, congregación fundada por San Juan Bosco en el siglo XIX'. Ú. t. c. sust. m.: **el salesiano**. 'Perteneciente o relativo a dicha congregación' (*escuelas* ***salesianas***).

salicáceo, a. adj. 'Dícese de ciertos árboles y arbustos angiospermos dicotiledóneos, como el sauce y el álamo'. Ú. t. c. sust. f.: **la salicácea**. sust. f. pl. 'Familia de estas plantas' (*El chopo pertenece a* ***las salicáceas***). También puede decirse, para el adjetivo, **salicíneo, a**.

salida. sust. f. Entre otras acepciones, 'acción y efecto de salir o salirse'; 'parte por donde se sale fuera de un sitio o lugar' (*Allí está la* ***salida*** *del parque*); 'partida de data o descargo de una cuenta'; 'acto de comenzar una carrera o competición de velocidad' (*Dieron la señal de* ***salida***); 'acción de salir un astro' (***salida*** *del Sol*); fig. 'escapatoria' (*Su situación no tiene* ***salida***); fig. 'medio o razón con que se vence un argumento, dificultad o peligro' (*La única* ***salida*** *es solicitar un préstamo*); fig. y fam. 'dicho agudo, ocurrencia' (*¡Juan tiene cada* ***salida****!*). Ú. m. con el verbo **tener** y un calificativo (***Tiene salidas*** *muy ingeniosas*). sust. f. pl. 'Posibilidades favorables de futuro que, en lo laboral o profesional, ofrecen algunos estudios' (*Esa carrera tiene escasas* ***salidas***). **salida de baño**. 'Ropón para ponerse sobre el traje de baño'. **salida de tono**. fig. y fam. 'Dicho inconveniente o impertinente' (*Con esa* ***salida de tono****, se ganó un enemigo*). Este último sintagma puede reemplazarse con el sustantivo **exabrupto** (m.). → **salir**

saliente. p. a. de **salir**. 'Que sale' (*ángulo* ***saliente***). sust. m. 'Oriente, levante' (*El Sol asoma por el* ***saliente***); 'parte que sobresale en alguna cosa' (*La mesa tiene unos* ***salientes*** *con los que siempre tropiezo*). Incorrecto: *La mesa tiene unas salientes con las que siempre tropiezo.* No debe usarse esta voz con el significado de **sobresaliente**, **notable**, un galicismo: *Tenía dotes salientes para* *la pintura*. Correcto: *Tenía dotes* ***sobresalientes*** *para la pintura*.

salificar. v. tr. 'Convertir en sal una sustancia'. Su postverbal es **salificación** (sust. f.). → **sacar**

salina. sust. f. 'Mina de sal'. Ú. m. en pl., aunque no lo registra la Academia (*En ese lugar, hay* ***salinas***).

salinero, ra. adj. 'Perteneciente o relativo a la salina' (*empresa* ***salinera***); 'dícese del toro que tiene el pelo jaspeado de colorado y blanco'. sust. m. y f. 'Persona que fabrica, extrae o transporta sal, y la que trafica con ella': **el salinero, la salinera**.

salir. v. intr. Entre otras acepciones, 'pasar de dentro a fuera'. Ú. t. c. prnl. (***Salió*** *de la casa*; ***Se salió*** *de la jaula*). 'Partir de un lugar a otro' (***Salieron*** *de Caracas a Quito*); 'desembarazarse' (***Salí*** *de dudas*); 'aparecer, manifestarse' (***Saldrá*** *en televisión*; ***Sale*** *el Sol*; *La revista* ***salió*** *el lunes*); 'nacer, brotar' (***Ha salido*** *el maíz*); 'tratándose de manchas, desaparecer' (***Salió*** *el borrón de tinta*); 'sobresalir, estar una cosa más alta o más afuera que otra' (*Parte del cerco* ***sale*** *de la línea, está más alto*); 'resultar' (***Salió*** *muy pícaro*); 'proceder' (*El río* ***sale*** *de entre las montañas*); 'decir o hacer una cosa inesperada' (*Ahora,* ***sale*** *con ésas*); 'sobrevenir o salir de nuevo una cosa' (*Le* ***salió*** *un empleo*); 'costar' (***Sale*** *cinco pesos*); 'frecuentar' (***Sale*** *con Ana*); 'venir a ser, quedar' (***salir*** *perdedor*); 'tener buen o mal éxito' (***salir*** *bien o mal en los exámenes*); 'parecerse' (***Sale*** *a su madre*). 'Apartarse, separarse de una cosa o faltar a ella en lo que es debido' (***salir*** *de madre*; ***salir*** *de la regla*). Ú. t. c. prnl. (***salirse*** *del reglamento*). 'Ser elegido' (***Saldrá*** *diputado*); 'tener salida' (***Sale*** *a la ruta*). Con la preposición **a**: 'corresponder a cada uno en pago o ganancia una cantidad' (***Saldrá a*** *mil por cabeza*); 'trasladarse del lugar donde se está al sitio adecuado para realizar una actividad' (***salir a*** *esquiar*). Con la preposición **con** y algunos nombres verbales, mostrar o iniciar inesperadamente lo que los nombres significan (***salir con*** *amenazas*). Ú. t. c. prnl. (***Salirse con*** *insultos*). Con la preposición **de**: 'representar' (*En la comedia,* ***salió de*** *doña Inés*). Con la preposición **de** y algunos nombres, como **juicio, sentido, tino** y otros semejantes, perder el uso de lo que los nombres indican (***salir de*** *sus cabales*). También se emplea, en esta denotación, con el adverbio **fuera** antes de la preposición **de** (***salir fuera de*** *sí*). v. prnl. 'Derramarse por una rendija o rotura el contenido de un receptáculo' (***salirse*** *el agua de la represa*). Este verbo, como se ve, es de gran polisemia. La Academia registra treinta y nueve acepciones. Rég. prep.: **salir a** (***salir a*** *la vereda*; ***salir a*** *pasear*; ***salir a*** *luz*; ***salir a*** *cien pesos*; ***salir a*** *la cara*); **salir** o **salirse con** (***salir con*** *un improperio*; ***salir con*** *otro*; ***salirse con*** *locuras*); **salir contra** (***salir contra*** *todos*); **salir** o **salirse de** (***salir de*** *la verdulería*; ***salir de*** *pobre*; ***salir de*** *Segismundo*; ***salir de*** *cauce*; ***salirse de*** *la olla*; ***salirse de*** *la ley*); **salir de entre** (***salir de entre*** *las ramas*); **salir de** o **por** (***salir de*** o ***por*** *fiador*); **salir en** (***salir en*** *la mano*); **salir hacia** (***salir hacia*** *el mar*); **salir para** (***salir para*** *Europa*; ***salir para*** *luchar*); **salir por** (***salir por*** *la puerta*). Son incorrectas las siguientes construcciones (colocamos entre paréntesis las correctas): <u>salir a deseo</u> (***salir a medida del deseo***), <u>salir a la luz</u> (***salir a luz***), <u>salir al paso a alguien</u> o <u>a algo</u> (***salir al paso de alguien*** o ***de algo***), <u>salir a hombros</u> (***salir en hombros***); <u>salir afuera</u> (***salir***). Esta última expresión es una redundancia. El verbo **salir** presenta diversas irregularidades. Después de la raíz, en la primera persona singular del presente de indicativo y en todo el presente de subjuntivo, agrega una **g** ante las vocales **o** y **a** de las desinencias (*salgo*; *salga*, *salgas*, *salga*, *salgamos*, *salgáis*, *salgan*). En el singular del imperativo, pierde la **e** de la desinencia (*sal*). En el futuro del indicativo, toma una **d** en lugar de **i** (*saldré*, *saldrás*, *saldrá*, *saldremos*, *saldréis*, *saldrán*), irregularidad que se repite en el condicional (*saldría*, *saldrías*, *saldría*, *saldríamos*, *saldríais*, *saldrían*). Su postverbal es **salida** (sust. f.).

salitre. sust. m. 'Nitrato potásico'. Equivale a **nitro** (sust. m.). Chile. 'Nitrato de Chile'. Los sustantivos colectivos correspondientes son **salitral** (sust. m.) y **salitrera** (sust. f.), 'sitio donde hay salitre'.

salitrería. sust. f. 'Lugar donde se fabrica el salitre'. En Chile, para la misma denotación, se dice, también, **salitrera** (sust. f.).

salitrero, ra. adj. 'Relativo o perteneciente al salitre o al nitrato de Chile' (*industria* ***salitrera***). sust. m. y f. 'Persona que trabaja en salitre o que lo vende': **el salitrero, la salitrera.** → **salitrería**

salivadera. sust. f. And. y Amér. Merid. 'Recipiente para echar saliva'. En el español general, se dice **escupidera** (sust. f.). No es correcto usar, en reemplazo de esta voz, **salivera** (sust. f. Ú. m. en pl.), que significa 'cuenta unida al freno del caballo, para que se refresque la boca'.

salival. adj. 'Perteneciente a la saliva'. Es palabra aguda que, en plural, se hace grave: **salivales** (*glándulas **salivales***). → **salivar**

salivar. v. intr. 'Arrojar saliva'. Su postverbal es **salivación** (sust. f.). Incorrecto: salivadura. Emplear esta voz en vez de **salival** (adj.), 'perteneciente a la saliva', es un barbarismo: *glándula salivar*. Correcto: *glándula **salival***. Un **salivazo** (sust. m.) es la 'porción de saliva que se arroja de una vez'.

salmanticense. adj. 'Perteneciente o relativo a Salamanca'. Ú. t. c. sust. com.: **el salmanticense, la salmanticense**. Incorrecto: salmaticense. También puede decirse **salmantino, na** (adj.).

salmear. v. intr. 'Rezar o cantar los salmos'. Incorrecto, con esta denotación: salmar. No debe pronunciarse [salmiar, salmié]. → **-ear**

salmista. sust. m. 'El que compone salmos'; 'por antonomasia, el profeta David'. El ***Diccionario*** no lo registra como sustantivo común de dos.

salmodia. sust. f. 'Canto usado en la Iglesia para los salmos'; fig. y fam. 'canto monótono y sin gracia'. Incorrecto: *salmodía*.

salmodiar. v. intr. 'Cantar salmodias'. v. tr. 'Cantar algo con cadencia monótona'. Se conjuga, en cuanto al acento, como **cambiar**.

salmón. sust. m. 'Pez'. Para distinguir los sexos, debe recurrirse a las perífrasis **salmón macho, salmón hembra**. Diminutivo: **salmoncillo**. 'Color rojizo como el de la carne de este pez' (*El **salmón** se ha puesto de moda*). Ú. t. c. adj. (*Se compró unos guantes **salmón***). Repárese en que, como adjetivo, no varía en plural. → **colores**

salmónido. adj. 'Dícese de ciertos peces teleósteos fisóstomos, como el salmón'. Ú. t. c. sust. m.: **el salmónido** (*Ese pez es un **salmónido***). sust. m. pl. 'Familia de estos peces' (*La trucha pertenece a **los salmónidos***).

salmuera. sust. f. 'Agua cargada de sal' (*Antes de cocerlo, hay que remojar el conejo en **salmuera***); 'agua que largan las comidas saladas'. Incorrecto: *sal muera*.

salobre. adj. 'Que tiene sabor a sal'. Distíngase de **salubre** (adj.), 'saludable'.

salobridad. sust. f. 'Calidad de salobre'. No debe confundirse con **salubridad** (sust. f.). → **salubridad**

salomón. sust. m. fig. 'Hombre de gran sabiduría' (*Es un **salomón***). Se escribe con minúscula, para distinguirlo del sust. pr. m. (*el rey **Salomón***).

salón. sust. m. Aumentativo de **sala** (sust. f.). Diminutivo: **saloncillo**. Puede emplearse con el sentido de **exposición**: *El salón del automóvil*.

♦ **saloon.** Anglicismo. En español, corresponde decir **bar, taberna**.

salpicar. v. tr. 'Saltar un líquido esparcido en gotas menudas' (***salpicar** agua sobre la ropa para plancharla*). Ú. t. c. intr. 'Mojar con un líquido que salpica' (***salpicar** de aceite*). Ú. t. c. prnl. (*Se **salpicó** de barro*). fig. 'Esparcir' (***Salpica** de anécdotas su conversación*). fig. 'Pasar de unas cosas a otras, sin orden' (***Salpica** un poco de aquí, un poco de allá, y, al final, no concreta lo que quiere decir*). Incorrecto: salpiquear. Rég. prep.: **salpicar con** o **de** (***salpicar con** o **de** vinagre*; ***salpicar con** o **de** digresiones el relato*). Sus postverbales son **salpicadura** (sust. f.), **salpicón** (sust. m.) y **salpique** (sust. m.). → **sacar**

salpimentar. v. irreg. tr. 'Adobar'; fig. 'amenizar una cosa para hacerla sabrosa'. Rég. prep.: **salpimentar con** o **de** (***salpimentar con** o **de** mucha sal y pimienta*; ***salpimentar con** o **de** anécdotas graciosas la conversación*). Se conjuga como **acertar**.

salpimienta. sust. f. 'Mezcla de sal y pimienta'. Puede decirse, también, **sal y pimienta** (*Le puso **salpimienta** o **sal y pimienta***).

salpresar. v. tr. 'Aderezar con sal una cosa, prensándola para que se conserve'. Tiene dos participios, uno regular (***salpresado***) y otro irregular (***salpreso***). Su postverbal es **salpresamiento** (sust. m.).

salpullido. sust. m. → **sarpullido**

salpullir. v. tr. → **sarpullir**

salsa. sust. f. Diminutivo: **salsilla**. **dar la salsa**.

fr. fig. y fam. Argent. 'Dar una paliza, maltratar' (*Los compañeros le* ***dieron la salsa*** *al que los delató*). **en su propia salsa**. fr. fig. fam. Con esta frase, se indica que 'una persona o cosa se manifiesta rodeada de todas aquellas circunstancias que más realzan lo típico y característico que hay en ella' (*Murió* ***en su propia salsa***).

salsear. v. intr. fam. Murc. y Nav. 'Entremeterse'. No debe pronunciarse [salsiar, salsié]. → **-ear**. La Academia no lo registra con el significado de 'echar salsa sobre una comida': *Salseó la carne*. Correcto: ***Echó salsa a la carne***.

salsera. sust. f. 'Vasija en que se sirve salsa'. Diminutivos: **salserilla**, **salseruela**. 'Taza pequeña para mezclar colores'. Diminutivos: **salsereta**, **salseruela**.

salsifí. sust. m. 'Planta comestible herbácea bienal'. En plural: **salsifíes** o **salsifís**.

saltabanco. sust. m. 'Charlatán'; 'titiritero'. También puede decirse, en singular, **saltabancos**. Sus sinónimos exactos, según la Academia, son **saltaembancos** o **saltaembanco** (susts. ms.), **saltimbanqui** (sust. m. fam.), **saltimbanco** (sust. m. fam.). Incorrecto: *saltibanqui*. La forma más frecuente es **saltimbanqui**, cuyo plural es **saltimbanquis**, pese a que la Academia se inclina por **saltabanco**.

saltabardales. sust. com. fig. y fam. 'Persona joven, traviesa y alocada': **el saltabardales**, **la saltabardales**. Incorrecto, en singular: *el saltabardal*, *la saltabardal*. En plural, no varía: **los saltabardales**, **las saltabardales**. → **saltaparedes**

saltabarrancos. sust. com. fig. y fam. 'Persona que con poco reparo anda, corre y salta por todas partes': **el saltabarrancos**, **la saltabarrancos**. Es incorrecto, en singular, sin **s** final. En plural, no varía: **los saltabarrancos**, **las saltabarrancos**.

saltacharquillos. sust. com. fig. y fam. 'Persona joven que va pisando de puntillas y medio saltando con afectación': **el saltacharquillos**, **la saltacharquillos**. Es incorrecto, en singular, sin **s** final. En plural, no varía: **los saltacharquillos**, **las saltacharquillos**.

saltado, da. p. de **saltar**. adj. 'Dícese de los ojos que sobresalen' (*ojos saltados*). → **saltón**

saltador, ra. adj. 'Que salta'. sust. m. y f. 'Persona que salta por oficio o ejercicio': **el saltador**, **la saltadora**. También era correcto, para el femenino, **saltatriz**, pero hoy es anticuado. sust. m. 'Cuerda para saltar'.

saltamontes. sust. m. 'Insecto'. Para distinguir los sexos, debe recurrirse a las perífrasis **saltamontes macho**, **saltamontes hembra**. En plural, no varía: **los saltamontes**. En algunas regiones de España, **saltapajas** (sust. m.), **saltaprados** (sust. m.), **saltarén** (sust. m.), **saltigallo** (sust. m.).

saltaojos. sust. m. 'Planta'. Por otro nombre, **peonía** (sust. f.). Es incorrecto, en singular, sin **s** final. En plural, no varía: **los saltaojos**.

saltaparedes. sust. com. fig. y fam. Equivale a **saltabardales** (sust. com. fig. y fam.): **el saltaparedes**, **la saltaparedes**. En plural, no varía: **los saltaparedes**, **las saltaparedes**.

saltar. v. intr. Entre otras acepciones, 'levantarse del suelo para volver a caer' (*No baila,* ***salta***); 'arrojarse desde una altura para caer de pie' (***Saltó*** *de la ventana*); 'arrojarse al agua' (***Saltan*** *del trampolín*); 'lanzarse con paracaídas' (***Saltará*** *el martes*); 'desprenderse una cosa de donde estaba unida' (*El botón* ***saltó***). Es transitivo, entre otras denotaciones, en las de 'salvar de un salto un espacio o distancia' (***Saltó*** *la zanja*); 'cubrir, en varias especies animales, el macho a la hembra'. fig. 'Omitir voluntariamente o por inadvertencia parte de un escrito, leyéndolo o copiándolo' (***Saltó*** *el segundo párrafo*). Ú. t. c. prnl. (***Se saltó*** *una página*). → **saltear**. v. prnl. 'Infringir una ley, norma, etc.' (*Siempre* ***se salta*** *la norma*). Rég. prep.: **saltar a** (***saltar a*** *la cuerda*; ***saltar a*** *la vista*; ***saltar al*** *otro lado*); **saltar a** o **en** (***saltar a*** o ***en*** *tierra*); **saltar con** (***saltar con*** *paracaídas*); **saltar de** (***saltar de*** *la escalera*; ***saltar de*** *alegría*; ***saltar del*** *puesto*; ***saltar*** *lágrimas* ***de*** *los ojos*); **saltar en** (***saltar en*** *pedazos*; ***saltar en*** *el piso*); **saltar por** (***saltar por*** *el hueco*); **saltar por encima de** (***saltar por encima de*** *la cerca*); **saltar sobre** (***saltar sobre*** *la rama*); **saltar por sobre** (***saltar por sobre*** *la mesa*). Obsérvese, en los dos últimos regímenes, la diferencia semántica: en el primer caso, 'se salta sobre o encima de la rama'; en el segundo, 'por encima de la mesa, sorteándola'. La 'acción y efecto' de este verbo es **salto** (sust. m.).

saltarín, na. adj. 'Que danza o baila'. Ú. t. c. sust. m. y f.: **el saltarín**, **la saltarina**. fig. 'Dícese del mozo inquieto y de poco juicio'. Ú. t. c.

sust. m.: **el saltarín**. Plural de la forma masculina: **saltarines**.

saltatrás. sust. com. 'Descendiente de mestizos que ofrece por atavismo caracteres de una sola raza originaria': **el saltatrás, la saltatrás**. En plural, no varía: **los saltatrás, las saltatrás**. La Academia admite escribirlo en dos palabras: **salto atrás**. También puede decirse **tornatrás** (sust. com.), pero esta última voz significa, en especial, 'hijo de albina y europeo, o de europea y albino'. → **tornatrás**

saltatumbas. sust. m. fig. y despect. fam. 'Clérigo que se mantiene con lo que gana asistiendo a los entierros'. Es incorrecto, en singular, sin **s** final: *el saltatumba*. En plural, no varía: **los saltatumbas**.

salteador. sust. m. 'El que saltea y roba en los caminos o despoblados'. La Academia registra la forma femenina con esta acepción: 'mujer que vive con salteadores o que toma parte en sus delitos'. Incorrecto: *saltiador, ra*.

saltear. v. tr. Entre otras denotaciones, 'salir a los caminos a robar a los pasajeros'; 'hacer una cosa discontinuadamente' (***saltear** páginas*); 'sofreír un manjar a fuego vivo' (***saltear** el pollo en aceite*). Rég. prep.: **saltear en** (***saltear** cebolla **en** manteca*). No debe pronunciarse [saltiar, saltié]. Sus postverbales son **salteamiento** (sust. m.) y **salteo** (sust. m.). → **-ear**

salterio. sust. m. 'Libro canónico del Antiguo Testamento'; 'libro de coro que contiene sólo salmos'. Incorrecto: *psalterio*.

saltígrado, da. adj. 'Dícese del animal que anda a saltos'. Es voz esdrújula. No debe pronunciarse [saltigrado] como grave.

saltimbanqui. sust. m. fam. → **saltabanco**

salto. sust. m. Entre otras denotaciones, 'juego de muchachos'; 'despeñadero'; 'caída de un caudal importante de agua'; fig. 'omisión voluntaria o inadvertida de una parte de un escrito, leyéndolo o copiándolo' (*Hay un **salto** en este texto*); 'prueba atlética'. **salto de cama**. 'Bata de mujer que se pone al levantarse de la cama'. Es la expresión que corresponde usar, en vez de la voz francesa *deshabillé*. **a salto de mata**. loc. adv. fig. 'Huyendo y recatándose'; 'aprovechando las ocasiones que depara la casualidad'. **a saltos**. loc. adv. 'Dando saltos o saltando de una cosa en otra'. **en un salto**. loc. adv. 'Rápidamente'. → **deshabillé**

saltón, na. adj. 'Que anda a saltos'; 'dícese de algunas cosas, como los ojos, los dientes, etc., que sobresalen más de lo regular' (*Tiene ojos **saltones***). → **saltado**

salubre. adj. 'Saludable'. No se confunda con **salobre** (adj.), 'que tiene sabor a sal'. El superlativo es **salubérrimo, ma**. Incorrecto: *salubrísimo*.

salubridad. sust. f. 'Cualidad de salubre'. No se confunda con **salobridad** (sust. m.), 'calidad de salobre'.

salud. sust. f. Entre otras acepciones, 'carencia de enfermedad'; 'bien público o particular de cada uno'; 'salvación'. Sólo se emplea en singular. → **plural** (**singularia tantum**). **curarse** uno **en salud**. fr. fig. 'Precaverse de un daño ante la más leve amenaza'. **¡salud!** interj. fam. con que se saluda a uno o se le desea un bien (*¡**Salud** a todos!*). → **saludes**

saludable. adj. 'Que sirve para conservar o restablecer la salud' (*Es un agua mineral **saludable***); 'de buena salud, de aspecto sano' (*¡Qué niño tan **saludable**!*); fig. 'provechoso' (*Esa lectura es **saludable***). Puede decirse, también, **salutífero, ra** (adj.).

saludablemente. adv. m. 'De manera saludable'. También puede decirse **salutíferamente** (adv. m.).

saludador, ra. adj. 'Que saluda'. Ú. t. c. sust. m. y f.: **el saludador, la saludadora**. sust. m. 'Embaucador que se dedica a precaver la rabia u otros males, con el aliento, la saliva y ciertas fórmulas mágicas'.

saludes. sust. f. pl. En varios países, fórmula de salutación (*Te traigo **saludes** de los parientes*). → **salud**

saludo. sust. m. 'Acción y efecto de saludar' (*Le hizo un **saludo***). Para este significado, puede decirse, también, **salutación** (sust. f.). 'Palabra, gesto o fórmula para saludar' (*Te manda un **saludo***). sust. m. pl. 'Expresiones corteses' (*Mis **saludos** a tu madre*). → **saludes**

salutíferamente. adv. m. → **saludablemente**

salutífero, ra. adj. → **saludable**

salvabarros. sust. m. → **guardabarros**

salvado, da. p. de **salvar**. sust. m. 'Cáscara del grano de los cereales desmenuzada por la molienda' (*pan de* ***salvado***).

salvador, ra. adj. 'Que salva'. Ú. t. c. sust. m. y f.: **el salvador, la salvadora**. Incorrecto, tanto para el adjetivo como para el sustantivo: salvacionista. sust. m. 'Por antonomasia, Jesucristo'. Con esta acepción, se escribe con mayúscula (*Lo dijo el* ***Salvador***).

salvaguarda. sust. m. → **salvaguardia**

salvaguardar. v. tr. 'Defender'. Incorrecto: salvaguardiar.

salvaguardia. sust. m. 'Guarda que se pone para la custodia de una cosa' (*Contrataron a un* ***salvaguardia***). sust. f. 'Papel o señal que se da a uno para que no sea ofendido o detenido en lo que va a ejecutar' (*Tenía una* ***salvaguardia*** *y pudo ingresar en el cuartel*); 'amparo, garantía' (*Lo hizo en* ***salvaguardia*** *de sus intereses*). También puede decirse **salvaguarda** (sust. m.). → **salvaguardar**

salvaje. adj. 'Aplícase a las plantas silvestres y sin cultivo'; 'dícese del animal que no es doméstico'; 'aplícase al terreno inculto'; 'dícese de los pueblos que mantienen formas no civilizadas de vida'. 'Dícese de los individuos de estos pueblos'. Ú. t. c. sust. com.: **el salvaje, la salvaje**. fig. 'Necio, torpe, inculto'. Ú. t. c. sust. com.: **el salvaje, la salvaje** (*Lo hizo el* ***salvaje*** *de tu primo*). Diminutivo: **salvajuelo**.

salvamano (a). loc. adv. 'Sin peligro, a mansalva'.

salvamanteles. sust. m. 'Pieza de cristal, loza, madera, etc., que se pone en la mesa debajo de las fuentes, botellas, vasos, etc., para proteger el mantel'. Incorrecto, en singular: el salvamantel. En plural, no varía: **los salvamanteles**.

salvar. v. tr. Entre otras denotaciones, 'librar de un riesgo o peligro' (***Salvar*** *de un incendio*). Ú. t. c. prnl. (***Salvarse*** *de la peste*). 'Dar Dios gloria y bienaventuranza eterna' (*Dios* ***salvó*** *a la humanidad del pecado*); 'evitar un inconveniente, dificultad o riesgo' (***salvar*** *la vida*); 'exceptuar' (***salvando*** *lo presente*); 'vencer un obstáculo' (***salvar*** *los inconvenientes*); 'poner al fin de una escritura una nota para que valga lo enmendado o añadido entre renglones o para que no valga lo borrado' (*Al final del poder, el escribano* ***salvó*** *el apellido del poderdante, porque estaba equivocado*). v. prnl. 'Alcanzar la gloria eterna, ir al cielo' (***Se salvará***, *ha sido un hombre bueno*). Este verbo tiene un participio regular (***salvado***) y uno irregular (***salvo***). Rég. prep.: **salvar** a alguno **de** o **salvarse de** (***salvar*** *a su amigo del peligro*; ***salvarse de*** *la muerte*); **salvar de** (***salvar de*** *un salto*; ***salvar de*** *un plumazo el error*). Sus postverbales son **salvación** (sust. f.), **salvamiento** (sust. m.) y **salvamento** (sust. m.). Este último, además de 'acción y efecto' de **salvar** o **salvarse**, denota el 'lugar en que alguien se asegura de un peligro': *puesto de* ***salvamento***. Incorrecto: *puesto de* salvamiento. Es incorrecto usar, en su reemplazo, salvataje, un galicismo.

salvavidas. sust. m. 'Flotador'. Es incorrecto, en singular, sin **s** final: el salvavida. En plural, no varía: **los salvavidas**. A veces, se usa en aposición especificativa: **chaleco salvavidas**. En plural: **chalecos salvavidas**.

salve. interj. poét. que se usa para saludar. sust. f. 'Una de las oraciones con que se saluda y ruega a la Virgen María' (*Rezaron la* ***salve***). Nótese que es del género femenino. Incorrecto: el salve. Se escribe siempre con minúscula. → **padrenuestro**. 'Composición musical para el canto de esta oración'; 'este canto'. Estas dos últimas acepciones son de ingreso reciente en el ***Diccionario***.

salvia. sust. f. 'Mata labiada, de la que hay varias especies'. Argent. 'Planta de la familia de las verbenáceas; es olorosa y sus hojas se usan para hacer una infusión estomacal' (*Tomó un té de* ***salvia***).

salvilora. sust. f. Argent. 'Arbusto'.

salvo, va. p. irreg. de **salvar**. adj. 'Ileso' (*Lo encontraron sano y* ***salvo***); 'exceptuado, omitido' (*Quedó* ***salvo*** *del servicio militar*). No se confunda este adjetivo con la preposición **salvo**, su homónimo. → **salvo (prep.)**. **a salvo**. loc. adv. 'Sin menoscabo, fuera de peligro' (*Pudo nadar hasta la costa y está* ***a salvo***). **dejar a salvo**. fr. 'Exceptuar, sacar aparte' (*Si se* ***dejan a salvo*** *los principios enumerados, que son correctos y que no deben modificarse, pueden resumirse otros aspectos del manifiesto*). **en salvo**. loc. adv. 'En libertad, en seguridad, fuera de peligro' (*Todos los pasajeros, por un milagro, están* ***en salvo***).

salvo. prep. 'Fuera de, con excepción de, excepto' (*Salvo lo último que has dicho, lo demás no es cierto*). Es palabra átona. La Academia, en su ***Diccionario***, hasta la edición de 1984, clasificó esta voz como adverbio de modo. En la última, ha rectificado dicho criterio, tal como aquí se indica. Seco, hace años, ya había discrepado de la Academia y señalado que **acaso** era una preposición y, no, un adverbio de modo. Postura adoptada por la magna institución en la última versión de su léxico, la de 1992. Alarcos Llorach, en su reciente ***Gramática***, publicada por la Real Academia Española (1994), no sólo no la incluye en su "inventario de preposiciones más o menos vivas en el uso", sino que se pronuncia taxativamente al señalar que **acaso**, al igual que otros adjetivos, tales como **excepto** o **incluso**, "inmovilizados en masculino singular" como "meras marcas del oficio circunstancial desempeñado por el sustantivo al que se anteponen", aunque "adoptan la atonicidad propia de las preposiciones y constituyen con el sustantivo a que acompañan un adyacente circunstancial, **no son propiamente preposiciones**". El subrayado nos pertenece. Cualquiera sea la clasificación que se adopte, es importante tener en cuenta, desde el punto de vista normativo, que son incorrectas aquellas expresiones en que se hace concordar, falsamente, esta palabra, que es invariable (preposición, adverbio o adjetivo inmovilizado y convertido en índice funcional circunstancial), con el sustantivo al que se antepone: *Salvos estos inconvenientes menores, que pueden subsanarse, apruebo el proyecto*. Correcto: ***Salvo*** *estos inconvenientes menores, que pueden subsanarse, apruebo el proyecto*.

salvoconducto. sust. m. Incorrecto: *salvo conducto*, *salvoconduto*, *salvaconducto*. En plural: **salvoconductos**.

samario. sust. m. 'Metal del grupo de las tierras raras'. Número atómico 62. Símbolo: *Sa* (sin punto). Su homónimo, el adjetivo **samario, ria**, denota al 'natural de Santa Marta'. Ú. t. c. sust. m. y f.: **el samario, la samaria**. 'Perteneciente o relativo a esta ciudad de Colombia'. No se confunda este gentilicio con **samarita** (adj. Ú. t. c. sust. com.). → **samaritano**

samaritano, na. adj. 'Natural de Samaria'. Ú. t. c. sust. m. y f.: **el samaritano, la samaritana**. 'Perteneciente o relativo a esta ciudad del Asia antigua'. 'Sectario del cisma de Samaria, por el cual diez tribus de Israel rechazaron ciertas prácticas y doctrinas de los judíos'. Ú. t. c. sust. m. y f. Para el gentilicio, también, puede decirse **samarita** (adj. Ú. t. c. sust. com.: **el samarita, la samarita**). No se confundan estas voces, en particular la segunda, con **samario, ria** (adj. Ú. t. c. sust. m. y f.), 'natural de Santa Marta, en Colombia'. → **samario**

samba. sust. f. 'Danza cantada, popular del Brasil'; 'su música'. La inclusión de esta voz en el ***Diccionario*** es reciente. No se confunda su grafía con la de su homófono **zamba** (sust. f.), 'danza del noroeste argentino'. → **zamba**

sambenito. sust. m. 'Capotillo o escapulario que se ponía a los penitentes de la Inquisición'. fig. 'Descrédito que queda de una acción'. Úsase, sobre todo, con los verbos **colgar** y **poner** (*Le* ***colgaron*** *un* ***sambenito***). fig. 'Difamación'. Debe escribirse en una sola palabra.

samblaje. sust. m. 'Unión o junta, especialmente de piezas de madera'. También pueden decirse **ensambladura** (sust. f.) y **ensamblaje** (sust. m.), de uso más frecuente.

samovar. sust. m. 'Recipiente de origen ruso que se usa para calentar el agua del té'. Nótese su grafía. Incorrecto: *samobar*. Es palabra aguda que, en plural, se hace grave: **samovares**.

sampa. sust. f. Argent. 'Arbusto ramoso. Se cría en lugares salitrosos'.

sampán. sust. m. 'Embarcación ligera propia de China, provista de una vela y un toldo, y propulsada a remo. Se usa para transporte fluvial o costero de mercancías, y como habitación flotante'. En plural: **sampanes**. También se registra, para la misma denotación, **champán** (sust. m.), homónimo de la voz que significa 'vino espumoso'. En plural: **champanes**.

samuhú. sust. m. Argent. 'Palo borracho rosado'. En plural: **samuhúes** o **samuhús**.

samuray. sust. m. Esta voz japonesa ha sido españolizada con la grafía que se indica. En plural: **samuráis**. Es incorrecto, de acuerdo con la Academia, usar, en singular, la grafía *samurai*, muy extendida, por analogía con la forma plural.

san. adj. apóc. de **santo**. Se usa, como indica la Academia, sólo delante de los nombres propios de santos varones, salvo los de **Tomás, To-**

mé, **Toribio** y **Domingo**. A **Santiago** no se le antepone ni **san** ni **santo** (*El patrono de España es **Santiago***). La forma apocopada **san**, modernamente, se escribe con minúscula (***san** Francisco*; ***san** Pedro*), salvo cuando forma parte del nombre de una iglesia, orden religiosa, ciudad, día, festividad, etc. (*iglesia de **San** Francisco*; *basílica de **San** Pedro*; *orden de **San** Jerónimo*; *ciudad de **San** Carlos*; *día de **San** Juan*; *festividad de **San** Martín de Tours*). No obstante, "por tradición ortográfica" –como expresa Seco–, es frecuente verlo escrito con mayúscula. Su plural es **sanes**, pero se emplea exclusivamente en las expresiones familiares *¡Por vida de **sanes**!* y *¡Voto a **sanes**!*, hoy desusadas. Abreviatura: *S.* (*S. Agustín*). **san se acabó**. expr. fam. 'Se terminó'. Esta expresión puede escribirse, también, en una sola palabra: **sanseacabó**. → **santo**

sanador, ra. adj. 'Que sana'. Ú. t. c. sust. m. y f.: **el sanador**, **la sanadora**.

sanalotodo. sust. m. 'Emplasto'; 'medio con que se cura cualquier mal o daño'. Es incorrecto escribirlo en dos palabras.

sanamente. adv. m. Nótese que este adverbio tiene dos denotaciones diferentes: 'con salud' (*Vive **sanamente***) y, en sentido figurado, 'sin malicia, sinceramente' (*Procedió **sanamente***).

sanar. v. tr. 'Restituir a uno la salud que había perdido' (*El médico lo **sanó***). v. intr. 'Recobrar la salud el enfermo' (*Juan **sanó***). La Academia no lo registra como pronominal, forma para la que corresponde usar **curarse**, del verbo **curar**, su sinónimo (intr. Ú. t. c. prnl. y c. tr.): ***Se curó***. Rég. prep.: **sanar de** (***sanar de** un resfrío*; ***sanar** de la pierna*); **sanar por** (***sanar por** milagro*).

♦ **sanatorial.** Neologismo. Úsese, en su reemplazo, **de** o **del sanatorio**, según convenga al contexto (*Es la política **del sanatorio***). El ***Diccionario Manual*** registra este adjetivo, aunque con el indicador de su falta de sanción oficial.

sanavirón, na. adj. 'Dícese del indio americano, perteneciente a las parcialidades que, en la época de la conquista española, habitaban al nordeste de los comechingones, en el sur de Santiago del Estero y en el norte de la provincia de Córdoba (República Argentina)'. Ú. t. c. sust. m. y f.: **el sanavirón**, **la sanavirona**. 'Perteneciente a los indios sanavirones o a su lengua'. sust. m. 'Lengua de estos indios'.

sanción. sust. f. 'Estatuto o ley'; 'acto solemne por el cual un jefe de Estado confirma una ley o estatuto'; 'pena que la ley establece para el que la infringe'; 'castigo'; 'aprobación que se da a cualquier acto, uso o costumbre'. En plural: **sanciones**.

sancionador, ra. adj. 'Que sanciona'. Ú. t. c. sust. m. y f.: **el sancionador**, **la sancionadora**.

sancirole. sust. m. → **sansirolé**

sanctasanctórum. sust. m. 'Parte interior y más sagrada del tabernáculo erigido en el desierto, y del templo de Jerusalén'; fig. 'lo que para una persona es de sumo aprecio'; fig. 'lo muy reservado y misterioso'. Siempre se escribe en una sola palabra y con tilde sobre la **o**. Es incorrecto escribirlo en dos palabras o sin tilde: *sancta sanctórum*, *sanctasanctorum*.

sandáraca. sust. f. 'Resina que se usa para barnices'. Con el nombre de **grasilla** (sust. f.), se empleaba en polvo para evitar que la tinta se corriera al escribir sobre lo raspado. Es palabra esdrújula. No debe pronunciarse [sandaraca] como grave.

sandez. sust. f. 'Calidad de sandio'; 'simpleza' (*Dijo una **sandez***). Es voz aguda que, en plural, se hace grave y cambia la **z** por **c**: **sandeces**.

sandía. sust. f. 'Planta herbácea'; 'su fruto'. Es incorrecto pronunciarlo [sandia], voz que, por otra parte, significa 'mujer simple o necia' (*María es una **sandia***). La Academia admite, para la planta y su fruto, la grafía **zandía**, pero prefiere la primera. El fruto se dice, por otro nombre, **pepón** (sust. m.). Un 'terreno sembrado de sandías' es un **sandial** o un **sandiar** (susts. ms. colects.). → **sandio**

sandialahuén. sust. m. Chile. 'Planta de la familia de las verbenáceas. Se usa como aperitivo y diurético'. Es palabra aguda que, en plural, se hace grave: **sandialahuenes**.

sandiego. sust. m. Cuba. 'Planta de jardín con flores moradas y blancas'. Debe escribirse en una sola palabra y con minúscula. En plural: **sandiegos**.

sandio, dia. adj. 'Torpe, necio'. Ú. t. c. sust. m. y f.: **el sandio**, **la sandia**.

sándwich. sust. m. Es voz inglesa (*sandwich*) recién españolizada. Incorrecto: *sángüiche*. Se pronuncia, habitualmente, [sángüich]. También puede decirse **emparedado** (sust. m.) pero es voz afectada. En plural: **sándwiches**.

sanear. v. tr. En su acepción más común, 'reparar o remediar una cosa'. No debe pronunciarse [saniar, sanié]. Su postverbal es **saneamiento** (sust. m.), voz que, además, significa 'conjunto de técnicas, servicios, instalaciones y piezas destinados a favorecer las condiciones higiénicas de un edificio, comunidad, etc.' (*Se venden accesorios para **saneamiento***). Esta acepción es de reciente ingreso en el ***Diccionario***. → **-ear**

♦ **sanforizar.** Neologismo. 'Encoger las telas antes de confeccionar prendas de vestir, con el fin de que no se encojan en el primer lavado'. Es un tecnicismo sin equivalente en español. Si se usa, debe entrecomillarse.

sangley. adj. 'Decíase del chino que pasaba a comerciar en Filipinas'. Ú. t. c. sust. com.: **el sangley, la sangley**. 'Por extensión, chino residente en Filipinas'. Ú. t. c. sust. com. En plural: **sangléis**.

sangrar. v. tr. 'Abrir o punzar una vena, y dejar salir una determinada cantidad de sangre'; fig. 'dar salida a un líquido, en todo o en parte, abriendo conducto por donde corra' (***sangrar** un forúnculo*); fig. 'hurtar, sisar' (***sangrar** una bolsa de harina*); 'empezar un renglón más adentro que los otros, como se hace con el primero de cada párrafo' (***sangrar** el primer verso de cada estrofa*). v. intr. 'Arrojar sangre'. v. prnl. 'Hacerse dar una sangría'. Rég. prep.: **sangrar** o **sangrarse de** (***sangrar de** las narices; **sangrarse de** un brazo*); **sangrar por** (***sangrar por** la herida*). Su 'acción y efecto' es **sangría** (sust. f.) y **sangrado** (sust. m.). **estar sangrando** una cosa. fr. fig. 'Acabar de suceder una cosa'; 'estar clara y patente'.

sangre. sust. f. 'Líquido de color rojo que circula por las arterias, venas y ciertos vasos de los vertebrados'. Por extensión, denota el 'líquido de color blanquecino de muchos invertebrados'. Esta voz forma parte de numerosas expresiones, frases y locuciones, de las que ofrecemos algunas de las más usuales. **sangre de horchata**. fig. y fam. 'Dícese del calmoso que no se altera por nada' (*Ana tiene **sangre de horchata***). En la Argentina, se usa más **tener sangre de pato**, sin registro en el ***Diccionario***; la A.A.L. ha recomendado su incorporación. **sangre en el ojo**. fig. 'Resentimiento, deseo de venganza'. Se usa, sobre todo, con el verbo **tener**. Significa, asimismo, 'honra y valor para cumplir con las obligaciones'. **a sangre fría**. loc. adv. 'Con premeditación'. **a sangre y fuego**. loc. adv. 'Con todo rigor, sin perdonar vidas ni haciendas' (*Me defenderé **a sangre y fuego***). **chupar la sangre**. fr. fig. y fam. 'Ir uno quitando o mermando la hacienda ajena en provecho propio'. **de sangre caliente**. loc. adj. 'Dícese de los animales cuya temperatura no depende de la del ambiente y es, por lo general, superior a la de éste'. **de sangre fría**. loc. adj. 'Dícese de los animales cuya temperatura es la del ambiente'. **escribir con sangre**. fr. fig. 'Escribir con saña'. **mala sangre**. loc. fig. y fam. 'Carácter avieso o vengativo de una persona' (*Lo hizo con **mala sangre***). **sudar sangre**. fr. fig. y fam. 'Realizar un gran esfuerzo'.

sangregorda. adj. 'Dícese de la persona cachazuda, que tiene mucha pachorra'. Ú. t. c. sust. com.: **el sangregorda, la sangregorda**.

sanguificar. v. tr. 'Hacer que se críe sangre'. → **sacar**

sanguijuela. sust. f. 'Anélido acuático'. Hay varias especies, algunas de las cuales se usaron en medicina para sangrar a los enfermos. fig. y fam. 'Persona que va poco a poco sacando a uno dinero, alhajas y otros bienes' (*Su hijo era una **sanguijuela***). Incorrecto: *Su hijo era <u>un</u> <u>sanguijuela</u>*. También pueden decirse **sanguisuela** y **sanguja** (susts. fs.). La Academia prefiere la primera forma. El **sanguijuelero** (sust. m.) era 'el que se dedicaba a recoger sanguijuelas, venderlas y aplicarlas'. Su femenino es **sanguijuelera**.

sanguina. sust. f. 'Lápiz rojo oscuro fabricado con hematites en forma de barritas'; 'dibujo hecho con este lápiz'. Para estas denotaciones es incorrecto: *<u>sanguínea</u>*. El ***Diccionario*** no registra la acepción de 'litografía que imita el dibujo hecho con este lápiz', sentido que, sí, trae el ***Manual***, aunque con el indicador de su falta de sanción oficial (*En una época, estuvieron de moda las **sanguinas***). → **sanguíneo**

sanguíneo, a. adj. Entre otras denotaciones, 'de color de sangre'; 'perteneciente a la sangre'. También puede decirse **sanguino, na** (adj.), voz que, además, 'dícese de una variedad de naranja cuya pulpa es de color rojizo' (*naranja* ***sanguina***) y que ú. t. c. sust. f.: **la sanguina.** → **sanguina**

sanguino, na. adj. Ú. t. c. sust. f. → **sanguíneo**

sanguinolento, ta. adj. 'Que echa sangre' (*grano* ***sanguinolento***); 'mezclado con sangre' (*pus* ***sanguinolento***). Incorrecto: *sanguinoliento*. La 'cualidad de sanguinolento' es la **sanguinolencia** (sust. f.). Incorrecto: *sanguinoliencia*.

sanidad. sust. f. 'Cualidad de sano o de saludable'. Es sustantivo colectivo cuando denota el 'conjunto de servicios destinados a preservar la salud de los habitantes de un pueblo, ciudad, etc.' (*En esa región, no hay* ***sanidad***). Se escribe con minúscula, salvo cuando forma parte del nombre de un organismo o entidad (***Sanidad*** *Militar; Ministerio de* ***Sanidad***). → **sanear (saneamiento)**

sanies. sust. f. 'Líquido seroso sin pus de ciertas úlceras', por otro nombre **icor** (sust. m.). En plural, no varía: **las sanies**. La Academia admite, en singular, también la forma **sanie**, aunque prefiere la que lleva **s** final.

sanitario, ria. adj. 'Perteneciente o relativo a la sanidad' (*medidas* ***sanitarias***); 'perteneciente o relativo a las instalaciones higiénicas de una casa, edificio, etc.' (*servicios* ***sanitarios***). sust. m. y f. 'Individuo del cuerpo de Sanidad Militar o que trabaja en la Sanidad civil': **el sanitario, la sanitaria**. sust. m. Col. 'Escusado, retrete'. sust. m. pl. 'Aparatos de higiene que se instalan en un baño' (*Vende* ***sanitarios***). Ú. t. c. adj. (*La bañera y el lavabo son aparatos* ***sanitarios***). → **sanear (saneamiento)**

sanjuanero, ra. adj. 'Aplícase a algunas frutas que maduran en España por San Juan y al árbol que las produce'. También puede decirse **sanjuaneño, ña** (adj.). La Academia prefiere la primera forma. Distíngase de **sanjuanino, na** (adj.), 'natural de la provincia o de la ciudad argentina de San Juan' (*mujeres* ***sanjuaninas***). Ú. t. c. sust. m. y f.: **el sanjuanino, la sanjuanina**. 'Perteneciente o relativo a ella' (*vino* ***sanjuanino***).

sanjuanino, na. adj. Ú. t. c. sust. m. y f. → **sanjuanero**

sanjuanista. adj. 'Aplícase al individuo de la orden militar de San Juan de Jerusalén'. Ú. t. c. sust. m.: **el sanjuanista.**

sanmartín. sust. m. 'Época próxima a las fiestas de San Martín, 11 de noviembre, en que suele hacerse la matanza del cerdo' (*Para* ***sanmartín***, *iremos a verte*); 'esta matanza'. Es correcto, igualmente, escribir esta voz en dos palabras (*Para* ***San Martín***, *iremos a verte*). **llegarle** o **venirle** a uno **su sanmartín** o **su San Martín**. fr. fig. y fam. con que se da a entender que 'al que vive en placeres le llegará el día de sufrir y padecer'. → **martín**

sano, na. adj. 'Que goza de perfecta salud'. Ú. t. c. sust. m. y f.: **el sano, la sana**. Entre otras acepciones, 'que es saludable' (*aspecto* ***sano***; *vida* ***sana***); fig. 'que no tiene corrupción' (*fruta* ***sana***); fig. 'libre de vicios o error' (***sanos*** *principios*); fig. 'sincero, de buena intención' (*actitud* ***sana***; ***sanas*** *palabras*); fig. y fam. 'entero, no estropeado' (*No queda un vaso* ***sano***). Rég. prep.: **sano de** (***sano de*** *espíritu*). **cortar por lo sano**. fr. fig. y fam. 'Emplear el procedimiento más expeditivo para remediar males o conflictos, inconvenientes o dificultades' (***Cortó por lo sano***, *resolvió no verlo más*). **sano y salvo.** loc. 'Sin lesión, enfermedad ni peligro' (*Gracias a Dios, está* ***sano y salvo***).

sanscritista. sust. com. 'Persona versada en sánscrito': **el sanscritista, la sanscritista**.

sánscrito, ta. adj. 'Aplícase a la lengua de los brahmanes'; 'lo referente a ella' (*libros* ***sánscritos***; *estudios* ***sánscritos***). Ú. t c. sust. m. 'Esta lengua': **el sánscrito** (*El* ***sánscrito*** *sigue siendo la lengua sagrada del Indostán*). Es voz esdrújula. Es incorrecta la pronunciación [sanscrito], que ya no admite como doble forma la Academia, a partir de la última edición de su ***Diccionario*** (1992).

sanseacabó. expr. fam. con que se da a entender que 'se da por terminado un asunto'. Es, asimismo, correcto escribir **san se acabó**. → **san**

sansirolé. sust. com. fam. 'Bobalicón, papanatas': **el sansirolé, la sansirolé**. Puede decirse, también, **sancirole** (sust.) para la forma masculina. La Academia prefiere la grafía con **s** y la forma aguda. → **sancirole**

sansón. sust. m. fig. 'Hombre muy forzudo'. En plural: **sansones**.

santabárbara. sust. f. 'Paraje destinado en las embarcaciones para custodiar la pólvora'. Nótese que se escribe en una sola palabra. Incorrecto: *Estaba en la Santa Bárbara*. Correcto: *Estaba en la* ***santabárbara***. En plural: **santabárbaras**.

santacruceño, ña. adj. 'Natural de Santiago de Tenerife'. Ú. t. c. sust. m. y f.: **el santacruceño, la santacruceña**. 'Perteneciente o relativo a esta ciudad de Canarias'. Para estas denotaciones, puede decirse, también, **santacrucero, ra** (adj. Ú. t. c. sust. m. y f.). 'Natural de la provincia argentina de Santa Cruz'. Ú. t. c. sust. m. y f. (*Conocimos a un* ***santacruceño***). 'Perteneciente a esta provincia' (*Es lana* ***santacruceña***).

santafecino, na. adj. → **santafesino**

santafereño, ña. adj. 'Natural de Santa Fe de Bogotá'. Ú. t. c. sust. m. y f.: **el santafereño, la santafereña**. 'Perteneciente o relativo a esta ciudad de Colombia'. Es incorrecto aplicar esta voz al nacido en la provincia argentina de Santa Fe o en su capital. → **santafesino**

santafesino, na. adj. 'Natural de la provincia o de la ciudad argentina de Santa Fe'. Ú. t. c. sust. m. y f.: **el santafesino, la santafesina**. 'Perteneciente o relativo a esta provincia o ciudad'. La Academia admite la grafía **santafecino, na** (adj. Ú. t. c. sust. m. y f.), pero prefiere la primera. Es incorrecto aplicar esta voz al nacido en la ciudad de Santa Fe de Bogotá. → **santafereño**

santaláceo, a. adj. 'Dícese de ciertas plantas, árboles, matas o hierbas angiospermas dicotiledóneas, como el sándalo de la India'. Ú. t. c. sust. f.: **la santalácea**. sust. f. pl. 'Familia de estas plantas': **las santaláceas**.

santamente. adv. m. 'Con santidad'. En su otra denotación equivale a **sencillamente**.

santandereano, na. adj. 'Natural del departamento de Santander, de Colombia' Ú. t. c. sust. m. y f.: **el santandereano**, **la santandereana**. 'Relativo o perteneciente a este departamento'. Es incorrecto pronunciar [santanderiano]. No debe aplicarse esta voz al nacido en la ciudad o en la provincia española de Santander. → **santanderino**

santanderiense. adj. → **santanderino**

santanderino, na. adj. 'Natural de la provincia o de la ciudad española de Santander'. Ú. t. c. sust. m. y f.: **el santanderino, la santanderina**. 'Perteneciente o relativo a esta provincia o ciudad española'. Puede decirse, también, **santanderiense** (adj. Ú. t. c. sust. com.), pero la Academia prefiere la primera forma. Esta voz no debe aplicarse al nacido en el departamento colombiano de Santander. → **santanderiense, santandereano**

santateresa. sust. f. 'Insecto'. Se escribe en una sola palabra y con minúscula. En plural: **santateresas**.

santería. sust. f. 'Calidad de santero, santurronería, beatería'. Amér. 'Tienda en que se venden imágenes de santos y otros objetos religiosos'. Cuba. 'Brujería'.

santero, ra. adj. 'Dícese del que tributa a las imágenes un culto supersticioso'. sust. m. y f. 'Persona que cuida de un santuario': **el santero, la santera**. 'Persona que pide limosna, llevando de casa en casa la imagen de un santo'; 'persona que pinta o esculpe santos'.

santiaguense. adj. 'Natural de la provincia de Santiago, de la República Dominicana, o de su capital, Santiago de los Caballeros'. Ú. t. c. sust. com.: **el santiaguense, la santiaguense**. 'Perteneciente o relativo a esta provincia, o a su capital'. Esta voz no debe aplicarse a los naturales de Santiago del Estero (Argentina), ni a los del pueblo de Santiago de la Espada, de Jaén (España), ni a los de la provincia o la ciudad de Santiago de Panamá, ni a los de la ciudad de Santiago de Cuba, ni a los de Santiago de Compostela (España), ni a los de Santiago de Chile. → **santiagueño, santiaguero, santiagués, santiaguino**

santiagueño, ña. adj. 'Natural de la ciudad o de la provincia argentina de Santiago del Estero'. Ú. t. c. sust. m. y f.: **el santiagueño, la santiagueña**. 'Perteneciente o relativo a esta ciudad o provincia argentina' (*tonada* ***santiagueña***). 'Natural del pueblo de Santiago de la Espada, de Jaén (España)'; 'perteneciente o relativo a este pueblo'. 'Natural de la ciudad o provincia de Santiago de Panamá'. Ú. t. c. sust. m. y f. 'Perteneciente o relativo a esta ciudad o a su provincia'. → **santiaguense**

santiaguero, ra. adj. 'Natural de Santiago de Cuba'. Ú. t. c. sust. m. y f.: **el santiaguero, la santiaguera**. 'Perteneciente o relativo a esta ciudad'. → **santiaguense**

santiagués, sa. adj. 'Natural de la ciudad de

Santiago de Compostela'. Ú. t. c. sust. m. y f.: **el santiagués, la santiaguesa**. 'Perteneciente o relativo a esta ciudad de Galicia (España)'. → **santiaguense**

santiaguino, na. adj. 'Natural de la ciudad de Santiago de Chile'. Ú. t. c. sust. m. y f.: **el santiaguino, la santiaguina**. 'Perteneciente o relativo a esta ciudad, capital de la República de Chile'. → **santiaguense, santiaguista**

santiaguista. adj. 'Dícese del individuo de la orden militar de Santiago'. Ú. t. c. sust. m.: **el santiaguista**. No se confunda con **santiaguino, na** (adj. Ú. t. c. sust. m. y f.).

santiamén (en un). fr. fig. y fam. 'En un instante'. Equivale a la frase **en un decir amén**.

santidad. sust. f. 'Calidad de santo' (*Alcanzó en vida la **santidad***); 'tratamiento honorífico que se da al Papa' (*Lo dijo Su **Santidad** Pío XII*). Cuando se refiere al Papa, se escribe con mayúscula, precedido de **Su** o **Vuestra**. Abreviatura: ***S.S.***

santificador, ra. adj. 'Que santifica'. Ú. t. c. sust. m. y f.: **el santificador, la santificadora**.

santificar. v. tr. Entre otras acepciones, 'hacer a uno santo por medio de la gracia'; 'dedicar a Dios una cosa'; 'reconocer al que es santo'. Con la acepción fig. y fam. de 'justificar, disculpar a uno', ú. t. c. prnl. Su postverbal es **santificación** (sust. f.). → **sacar**

santiguador. sust. m. 'El que supersticiosamente santigua a otro diciendo ciertas oraciones'. Su femenino es **santiguadora**. Para el femenino puede decirse, también, **santiguadera** (sust. f.).

santiguar. v. tr. En su denotación más frecuente, 'hacer la señal de la cruz desde la frente al pecho y desde el hombro izquierdo al derecho, invocando a la Santísima Trinidad'. Ú. m. c. prnl. (*Se arrodilló y **se santiguó***). También significa 'hacer supersticiosamente cruces sobre alguien, diciendo ciertas oraciones'. v. prnl. fig. y fam. 'Hacerse cruces, extrañándose o admirándose de algo' (*Cuando constató que no había víctimas, **se santiguó** sorprendido*). Su 'acción y efecto' es **santiguamiento** (sust. m.) y **santiguada** (sust. f. p. us.). Su sola 'acción', en el sentido de 'hacer la señal de la cruz invocando a la Santísima Trinidad', es **santiguo** (sust. m.), y, en el de 'hacer supersticiosamente cruces sobre alguien', **santiguadera** (sust. f.) o, también, **santiguo** (sust. m.). Distíngase, semánticamente, este verbo de **persignar** o **signar** (vs. trs. y prnls.). Se conjuga, en cuanto al acento, como **adecuar**. → **averiguar, signar**

santísimo, ma. adj. superl. de **santo** (*Es un niño **santísimo***). 'Aplícase al Papa como tratamiento honorífico' (*el **Santísimo** Padre, el Papa Juan XXIII*). 'Aplícase, también, a la Virgen María o a la Trinidad' (*la **Santísima** Virgen*; *la **Santísima** Trinidad*). Se escribe, en los tres casos, con mayúscula. Abreviaturas: ***Smo.*** o ***Ssmo.***, ***Sma.*** o ***Ssma.*** (*el **Smo.** o **Ssmo.** Padre*; *la **Sma.** o **Ssma.** Virgen*). Abreviatura de **Santísimo Padre**: ***Smo. P.*** 'Cristo en la Eucaristía': **el Santísimo** (*el **Santísimo** Sacramento*). **descubrir** o **manifestar el Santísimo**. fr. 'Exponerlo a la pública veneración'. → **santo**

santo, ta. adj. 'Perfecto y libre de toda culpa'. "Con toda propiedad –como aclara el ***Diccionario***– sólo se dice de Dios, que lo es esencialmente; por gracia, privilegio y participación se dice de los ángeles y de los hombres." 'Dícese de la persona a quien la Iglesia declara tal, y manda que se le dé culto universalmente' (*Imploraremos la asistencia de **santo** Tomás y de **santa** Teresa*). Ú. t. c. sust. m. y f.: **el santo, la santa** (*El **santo** al que rezamos nos ayudará*). 'Aplícase a la persona de especial virtud y ejemplo' (*Tu **santa** mujer te perdonará*). Ú. t. c. sust. m. y f. 'Dícese de lo que está especialmente dedicado o consagrado a Dios' (*los **santos** óleos*; *el **santo** matrimonio*); 'dícese de lo que es venerable por algún motivo de religión' (*Iremos a ese **santo** lugar*). Y, entre otras acepciones, 'aplícase a lo que trae especial provecho al hombre, en particular para la curación de enfermedades' (*mano **santa***; *hierba **santa***). Por otra parte, con algunos sustantivos, encarece su significado (*Hace su **santa** voluntad*; *Todo el **santo** día duerme*). Ú. t. en superl. (*Hace su **santísima** voluntad*). sust. m. 'Imagen de un santo' (*Repartió **santos** a los feligreses*; *En el altar, había cuatro **santos***); 'festividad del santo cuyo nombre lleva una persona' (*Se llama Martín, su **santo** es el 11 de noviembre*). Esta voz se escribe con minúscula (***santa** Inés*; ***santo** Toribio*), salvo cuando forma parte del nombre de una iglesia, festividad, orden religiosa, día, etc. (*iglesia de **Santo** Tomé*; *festividad de **Santa** Teresa*; *orden de **Santo** Domingo*; *día de **Santa** Cecilia*). El superlativo es **santísimo**, **ma**. Abreviaturas: *Sto*. (m.), *Sta*. (f.). No se confunda la segunda con la de **señorita**, que es *Srta*. La apócope de **santo** es **san**. Esta voz forma parte de numerosas locuciones y frases. Entre ellas: **a santo de qué**. loc. adv. 'Con qué motivo' (***A santo de qué*** *me habrá llamado por teléfono*); **alzarse** uno **con el santo y la limosna**. fr. fig. y fam. 'Apropiarse de todo, de lo propio y de lo ajeno'; **no ser** uno **santo de su devoción**. fr. fig. y fam. 'Desagradarle'; **quedarse para vestir santos**. fr. 'Quedarse soltera'. → **santísimo**, **san**

santón. sust. m. 'El que profesa la vida austera y penitente fuera de la religión cristiana'. fig. y fam. 'Hombre hipócrita o que aparenta santidad'. fig. y fam. 'Persona, por lo común, entrada en años, muy autorizada en una colectividad determinada'. En plural: **santones**. Carece de forma para el femenino. La voz **santona** es el femenino de **santón**, homónimo del anterior y adjetivo que se aplica al 'individuo de un antiguo pueblo celta'. Se usa más en plural (***los santones***).

santoral. sust. m. colect. 'Libro que contiene vidas de santos'; 'lista de los santos cuya festividad se conmemora en cada uno de los días del año'.

santurrón, na. adj. 'Exagerado en actos de devoción'. Ú. t. c. sust. m. y f.: **el santurrón**, **la santurrona**. Tiene un matiz peyorativo. 'Hipócrita que aparenta ser devoto'. También, para estas acepciones, pueden decirse **santucho**, **cha** (adj. fam. Ú. t. c. sust. m. y f.) y **santulón**, **na** (adj.), voz, esta última, desusada en España y de empleo en América. Aunque no lo registra la Academia, ú. t. c. sust. m. y f.: **el santulón**, **la santulona**. → **santón**

sapindáceo, a. adj. 'Aplícase a ciertas plantas angiospermas dicotiledóneas, como el farolillo'. Ú. t. c. sust. f.: **la sapindácea**. sust. f. pl. 'Familia de estas plantas': **las sapindáceas**.

sapo. sust. m. 'Anfibio anuro'. Para distinguir los sexos, debe recurrirse a las perífrasis **sapo macho**, **sapo hembra**. En varios países americanos, entre ellos, la Argentina, 'juego de la rana'. → **rana**. Diminutivo: **sapillo**. **sapos y culebras**. expr. fig. y fam. 'Cosas despreciables, enmarañadas'. **echar** uno **sapos y culebras**. fr. fig. y fam. 'Decir desatinos'; 'decir maldiciones'. **ser sapo de otro pozo**. fr. fam. Argent. 'Pertenecer a una clase, medio social o esfera de actividad diferentes'. **hacer sapo**. Argent. fr. fig. y fam. 'Fracasar' (*Estamos muy tristes, hicimos sapo*). Esta última frase carece de registro en el ***Diccionario***, pero la A.A.L. ha recomendado su inclusión.

saponificar. v. tr. 'Convertir en jabón un cuerpo graso'. Ú. t. c. prnl. Su postverbal es **saponificación** (sust. f.). → **sacar**

sapotáceo, a. adj. 'Dícese de ciertos arbustos y árboles angiospermos dicotiledóneos, como el zapote y el ácana'. Ú. t. c. sust. f.: **la sapotácea**. sust. f. pl. 'Familia de estas plantas': **las sapotáceas**.

saprofito, ta. adj. 'Dícese de las plantas y los microorganismos que viven a expensas de materias orgánicas muertas o en descomposición'. Es palabra grave; no debe pronunciarse [saprófito] como esdrújula.

saque. sust. m. Entre otras acepciones, 'acción de sacar'; 'lugar marcado con una raya, desde el que se saca la pelota'. **saque de esquina**. 'En el fútbol, el que se hace desde un ángulo del campo'. Puede emplearse, en su reemplazo, **córner** (sust. m.), voz de reciente incorporación académica. **tener buen saque**. fr. fig. y fam. 'Comer o beber mucho cada vez'.

saqueador, ra. adj. 'Que saquea'. Ú. t. c. sust. m. y f.: **el saqueador, la saqueadora**. Incorrecto: <u>*saquiador*</u>, <u>*saquiadora*</u>.

saquear. v. tr. 'Apoderarse violentamente de algo'. No debe pronunciarse [saquiar, saquié]. Sus postverbales son **saqueamiento** y **saqueo** (susts. ms.) . → **-ear**

saquería. sust. f. 'Fabricación de sacos o bolsas'; 'conjunto de ellos'. Para esta última denotación, que es colectiva, puede decirse, también, **saquerío** (sust. m.).

saquero. sust. m. 'El que hace sacos o bolsas'. Su femenino es **saquera**.

sarandí. sust. m. Argent. 'Arbusto que se cría en las costas y riberas, en terrenos bañados por las aguas'. En plural: **sarandíes** o **sarandís**.

sarapia. sust. f. 'Árbol leguminoso de América Meridional'. También se registra **sarrapia** (sust. f.). La Academia se inclina por la primera forma.

sarasa. sust. m. fam. 'Hombre afeminado' (*Manolo es un **sarasa***). Nótese su género. Incorrecto: *Manolo es una sarasa*.

sarco-. elem. compos. de or. gr. 'Carne' (***sarcófago**, **sarcocarpio***). Es de reciente incorporación académica.

sarcocarpio. sust. m. 'Mesocarpio carnoso de un fruto'. Incorrecto: *sarcocarpo*.

sardesco, ca. adj. 'Aplícase al caballo o asno pequeño'. Ú. t. c. sust. m. y f.: **el sardesco, la sardesca**.

sardina. sust. f. 'Pez'. Para distinguir los sexos, debe recurrirse a las perífrasis **sardina macho, sardina hembra**. Diminutivo: **sardineta**. **como sardina, como sardinas** o **como sardinas en lata**. locs. advs. 'Con muchas apreturas o estrecheces, por la gran cantidad de gente reunida en un lugar'.

sardinero. sust. m. 'El que vende sardinas'. Su femenino es **sardinera**. Ú. t. c. adj. (*barco **sardinero***).

sardónice. sust. f. 'Ágata de color amarillento'. También pueden decirse **sardio, sardonio** (susts. ms.), **sardónica** y **sardónique** (susts. fs.). La Academia prefiere la primera forma. → **ónice**

sarga. sust. f. 'Tela'. Diminutivo: **sargueta**. Su homónimo, también sustantivo femenino, denota 'arbusto'. Un 'terreno poblado de sargas' es un **sargal** (sust. m. colect.).

sargentear. v. tr. 'Gobernar gente militar haciendo el oficio de sargento'; fig. 'guiar, conducir o capitanear gente'; fig. y fam. 'mandar con altanería'. No debe pronunciarse [sargentiar, sargentié]. → **-ear**

sargento. sust. m. 'Suboficial que tiene empleo superior al de cabo'. El femenino **sargenta** denota 'mujer del sargento'; 'mujer hombruna, corpulenta'; 'alabarda que llevaba el sargento' y 'religiosa lega de la orden de Santiago'. Para esta última acepción, puede decirse, también, **sergenta** (sust. f.). La 'mujer que desempeña funciones militares equivalentes a las del sargento', es **la sargento**. La **sargentería** (sust. f.) es el 'ejercicio de las funciones de sargento', y la **sargentía** (sust. f.), 'el empleo de sargento'. Una **sargentona** (sust. f. fam. despect.) es una 'mujer autoritaria' u 'hombruna y de dura condición'. La forma masculina, **sargentón**, es un aumentativo minorativo.

sarí. sust. m. 'Vestido típico de las mujeres de la India'. Nótese que es voz aguda. Es incorrecto pronunciarla [sari] como grave, pese a su uso extendido. En plural: **saríes** o **sarís**. Es voz recién incorporada en el ***Diccionario***.

sarmentador. sust. m. 'El que sarmienta'. Su femenino es **sarmentadora**. Incorrecto: *sarmientador*.

sarmentar. v. irreg. intr. 'Recoger los sarmientos podados'. Es incorrecto el infinitivo *sarmientar*. Se conjuga como **acertar**.

sarmiento. sust. m. 'Vástago de la vid'. Diminutivo: **sarmentillo**. Incorrecto: *sarmientillo*. Aumentativo: **sarmentazo**. Incorrecto: *sarmientazo*.

sarna. sust. f. 'Afección cutánea'. Aumentativo: **sarnazo** (m. fam.). **sarna con gusto no pica**. fr. proverb. con que se da a entender que 'las molestias ocasionadas por cosas voluntarias no incomodan'. Suele redargüirse: **pero mortifica**.

sarnoso, sa. adj. 'Que tiene sarna'. Ú. t. c. sust. m. y f.: **el sarnoso, la sarnosa**.

sarpullido. sust. m. 'Erupción leve de la piel'. También puede decirse **salpullido** (sust. m.). La primera forma, a la que da preferencia la Academia, aunque no los hablantes, significa, además, 'señales que dejan las picaduras de las pulgas'.

sarpullir. v. irreg. tr. 'Levantar sarpullido'. Ú. t. c. prnl. También puede decirse **salpullir** (v. tr.). La Academia prefiere la primera forma. → **bruñir**

sarraceno, na. adj. 'Natural de Arabia'. Ú. t. c. sust. m. y f.: **el sarraceno, la sarracena**. 'Mahometano'. Ú. t. c. sust. m. y f. También pueden decirse **sarracín, na** y **sarracino, na** (adjs. Ú. t. c. susts. ms. y fs.). La Academia prefiere la forma que encabeza este artículo.

sarria. sust. f. 'Especie de red en que se transporta la paja'. Diminutivo: **sarrieta**.

sarta. sust. f. colect. 'Serie de cosas metidas por orden en un hilo, cuerda, etc.' (***sarta** de perlas*). Para esta denotación, puede decirse, también, **sartal** (sust. m. colect.). Diminutivo de este último: **sartalejo**. fig. 'Serie de cosas no materiales que van una tras otra' (***sarta** de mentiras*).

sartén. sust. f. Nótese su género (*Fríe en **la sartén***). Incorrecto: *el sartén*, un vulgarismo muy extendido, que debe evitarse. Diminutivo: **sarteneja**. **tener** uno **la sartén por el mango**. fr. fig. y fam. 'Ser dueño de la situación'. Una **sartenada** (sust. f.) es 'lo que se fríe de una vez en la sartén o lo que cabe en ella', y un **sartenazo** (sust. m.), el 'golpe dado con ella'.

sasafrás. sust. m. 'Árbol americano'. En plural: **sasafrases**. → **saxífraga**

sastre. sust. m. 'El que tiene por oficio cortar y hacer trajes de hombre y, a veces, de mujer, de los llamados de sastre'. Su femenino es **sastra**, voz que significa, también, 'mujer del sastre'. La forma **sastresa** es regional de Aragón y de Cataluña. La **sastrería** (sust. f.) es tanto el 'oficio de sastre' como su 'tienda y taller'.

Satanás. sust. pr. m. 'El demonio'. También puede decirse **Satán** (sust. pr. m.).

satélite. sust. m. 'Cuerpo celeste opaco que gira alrededor de un planeta' (*La Luna es el **satélite** de la Tierra*); fig. 'persona o cosa que depende de otra' (*Juan vive rodeado de **satélites***). Úsase en aposición especificativa para designar, despectivamente, a un estado dominado política y económicamente por otro estado más poderoso: *país **satélite***. En plural: *países **satélite***. Empléase, también, en aposición especificativa, para designar a una población situada fuera del recinto de una ciudad importante, de la que depende de algún modo: *ciudad **satélite***. En plural: *ciudades **satélite***. **satélite artificial**. 'Vehículo tripulado, o no, que se coloca en órbita alrededor de la Tierra o de otro astro'.

♦ **satelizar.** Galicismo (*satelliser*). En español, corresponde decir **poner en órbita un satélite**.

satén. sust. m. Voz de origen francés (*satin*). 'Tela parecida al raso'. Es incorrecto pronunciar [satan] a la francesa. En plural: **satenes**. Es galicismo usar, para esta denotación, *satín*. En español, **satín** (sust. m.) es una 'madera americana semejante al nogal'.

sátira. sust. f. 'Composición poética u otro escrito cuyo objeto es censurar acremente o poner en ridículo a personas o cosas'; 'dicho agudo, picante y mordaz, dirigido a ese mismo fin'. Rég. prep.: **sátira contra** (*Escribió **sátiras contra** las costumbres de su época*). Incorrecto: *Escribió sátiras a las costumbres de su época*.

satiriasis. sust. f. 'Estado de exaltación patológica de las funciones genitales, propio del sexo masculino'. En plural, no varía: **las satiriasis**.

satírico, ca. adj. 'Perteneciente a la sátira' (*escrito **satírico***). 'Dícese del escritor que cultiva la sátira' (*poeta **satírico***). Ú. t. c. sust. m. y f.: **el satírico, la satírica**.

satirizar. v. intr. 'Escribir sátiras'. v. tr. 'Zaherir'. → **cazar**

sátiro, ra. adj. p. us. 'Mordaz'. Ú. t. c. sust. m. y f.: **el sátiro**, **la sátira**. sust. m. 'Divinidad campestre de la mitología grecorromana' (*La estatuilla representaba a un **sátiro***); fig. 'hombre lascivo' (*Un **sátiro** persigue a las jovencitas del barrio*).

satisfacción. sust. f. Es incorrecto pronunciar [sastisfación, sastifacción o satisfación]. Rég. prep.: **satisfacción de** (***satisfacción de** sí mismo*). Se usa, sobre todo, con el verbo **tener** (***Tiene satisfacción de** sus hijos*). **a satisfacción**. loc. adv. 'A gusto de uno' (*Todo está **a satisfacción***). **tomar** uno **satisfacción**. fr. 'Satisfacerse' (***Tomó satisfacción de** tus disculpas*).

satisfacer. v. tr. Entre otras denotaciones, 'pagar enteramente lo que se debe'; 'saciar un apetito, pasión, etc.'; 'cumplir ciertas exigencias, requisitos'. v. prnl. 'Vengarse de un agravio'. Rég. prep.: **satisfacer** o **satisfacerse con** (***satisfacer** o **satisfacerse con** creces*); **satisfacer** o **satisfacerse de** (***satisfacer** o **satisfacerse de** la duda*); **satisfacer por** (***satisfacer por** obligación*). Este verbo presenta las mismas irregularidades que **hacer**, un verbo de mucho uso y sin mayores problemas en su conjugación, pese a no ser regular. Se cometen, sin embargo, no pocos errores —los encerramos entre paréntesis—, en especial, en los siguientes tiempos que el hablante conjuga como si el verbo **satisfacer** fuera regular: pretérito perfecto simple de indicativo: ***satisfice**, **satisficiste**, **satisfizo**, **satisficimos**, **satisficisteis**, satisficieron* (*satisfací, satisfaciste, satisfació, satisfacimos, satisfacisteis, satisfacieron*); pretérito imperfecto de subjuntivo: ***satisficiera*** o ***satisficiese**, **satisficieras*** o ***satisficieses**, **satisficiera*** o ***satisficiese**, **satisficiéramos*** o ***satisficiésemos**, **satisficierais*** o ***satisficieseis**, **satisficieran*** o ***satisfi-***

ciesen (*satisfaciera* o *satisfaciese*, *satisfacieras* o *satisfacieses*, *satisfaciera* o *satisfaciese*, *satisfaciéramos* o *satisfaciésemos*, *satisfacierais* o *satisfacieseis*, *satisfacieran* o *satisfaciesen*); futuro de subjuntivo: ***satisficiere***, ***satisficieres***, ***satisficiere***, ***satisficiéremos***, ***satisficiereis***, ***satisficieren*** (*satisfaciere*, *satisfacieres*, *satisfaciere*, *satisfaciéremos*, *satisfaciereis*, *satisfacieren*). Similares errores se cometen en el futuro de indicativo y en el condicional: ***satisfaré***, ***satisfarás***, ***satisfará***, ***satisfaremos***, ***satisfaréis***, ***satisfarán*** (*satisfaceré*, *satisfacerás*, *satisfacerá*, *satisfaceremos*, *satisfaceréis*, *satisfacerán*); ***satisfaría***, ***satisfarías***, ***satisfaría***, ***satisfaríamos***, ***satisfaríais***, ***satisfarían*** (*satisfacería*, *satisfacerías*, *satisfacería*, *satisfaceríamos*, *satisfaceríais*, *satisfacerían*). El imperativo presenta dos formas: ***satisfaz*** y ***satisface***. Su participio es irregular (***satisfecho***). Son vulgares, por otra parte, las pronunciaciones [sastisfacer y sastisfecho] por **satisfacer** y **satisfecho**, infinitivo y participio de este verbo, las que, a veces, se trasladan a las otras formas verbales conjugadas (*sastisfago*, *sastisfacías*, *sastisfagas*, etc.). → **hacer**

saturado, da. p. de **saturar**. adj. 'Dícese de los compuestos químicos orgánicos cuyos enlaces covalentes, por lo general entre átomos de carbono, son de tipo sencillo'. Esta acepción es de reciente ingreso en el ***Diccionario***.

saturar. v. tr. 'Hartar y satisfacer de comida o de bebida'. 'Colmar'. Ú. t. c. prnl. y en sent. fig. (***Se saturó** de tanto cine*). 'Combinar dos o más cuerpos en las proporciones atómicas máximas en que pueden unirse'. 'Impregnar de otro cuerpo un fluido hasta el punto de no poder éste, en condiciones normales, admitir mayor cantidad de aquel cuerpo'. Ú. t. c. prnl. Rég. prep.: **saturar** o **saturarse de** o **con** (***saturar** o **saturarse de** o **con** comida*).

saturnal. adj. 'Perteneciente o relativo a Saturno'. También puede decirse **saturnio, nia** (adj. p. us.). sust. f. 'Fiesta en honor del dios Saturno'. Ú. m. en pl.: **las saturnales**. fig. 'Orgía desenfrenada'.

sauce. sust. m. 'Árbol que es común en las orillas de los ríos'. También pueden decirse **sauz** (sust. m.), **saz** (sust. m.), **salce** (sust. m.), **salguera** (sust. f.), **salguero** (sust. m.), entre otras muchas variantes regionales que no incluimos. Una de las especies más comunes es el **sauce de Babilonia** o **llorón**. Un 'sitio poblado de sauces' es un **sauzal** (sust. m. colect.), una **sauceda** (sust. f. colect.), un **saucedal** (sust. m. colect.), una **saucera** (sust. f. colect.), una **salceda** (sust. f. colect.) o un **salcedo** (sust. m. colect.). La forma colectiva de uso más frecuente es la primera.

saúco. sust. m. 'Arbusto'. Es incorrecto pronunciar [sauco]. También pueden decirse **sabugo** y **sabuco** (susts. ms.).

saudade. sust. f. Es voz portuguesa (*saudade*) españolizada. 'Soledad, nostalgia, añoranza'. Ú. t. en pl. (*Tengo **saudades***).

saudí. adj. Esta voz, al igual que **saudita** (adj.), carece de registro en el ***Diccionario***. Expresa Seco: "*Arabia Saudí*, se dice, mejor que *Arabia Saudita*. El adjetivo correspondiente al nombre de esta nación también es *saudí*: *el ministro saudí*". En la Argentina, es más frecuente **saudita**.

saurio. adj. 'Dícese de los reptiles que, generalmente, tienen las cuatro extremidades cortas, mandíbulas con dientes y cuerpo largo con cola también larga y piel escamosa' (*El lagarto es un reptil **saurio***). Ú. t. c. sust. m. (*La lagartija es un **saurio***). sust. m. pl. 'Orden de estos reptiles': **los saurios**.

saxátil. adj. 'Dícese de las plantas y animales que viven entre las peñas o están adheridos a ellas'. Nótese que es palabra grave y que se escribe con tilde. En plural, se transforma en esdrújula: **saxátiles**.

saxífraga. sust. f. 'Planta herbácea'. En otra de sus denotaciones, equivale a **sasafrás** (sust. m.), 'árbol'. Es palabra esdrújula. No debe pronunciarse [saxifraga] como grave. También pueden decirse **saxifragia** (sust. f.) y **saxafrax** (sust. f.), pero la Academia prefiere la primera forma.

saxifragáceo, a. adj. 'Dícese de ciertas hierbas, arbustos o árboles angiospermos dicotiledóneos, como la hortensia y el grosellero'. Ú. t. c. sust. f.: **la saxifragácea**. sust. f. pl. 'Familia de estas plantas': **las saxifragáceas**.

saxófono. sust. m. 'Intrumento músico de viento'. Pueden decirse, también, **saxo**, su forma abreviada, de reciente incorporación académica, y **saxofón** (susts. ms.). La Academia prefiere la primera forma; los hablantes, las otras dos, en particular, **saxofón**. El ***Diccionario*** no incluye, para ninguna de estas voces, la denotación de 'músico que toca este instrumento', que es normal y frecuente. Respecto a **saxofón**, el ***Diccionario Manual*** lo cataloga como sustantivo común de dos, con el indicador de su falta de sanción oficial y con dicha definición ('Músico que toca este instrumento'). Suele usarse, asimismo, **saxofonista** (sust. com.), sin registro en el ***Diccionario***.

saya. sust. f. Equivale a **falda**, 'prenda femenina'. Diminutivo: **sayuela**. Diferénciese de **sayal** (sust. m.), 'tela muy basta, labrada de lana burda' y 'prenda de vestir hecha con este tejido' (*Su hábito era un **sayal***). Esta última denotación es reciente en el ***Diccionario***.

sayagués, sa. adj. 'Natural de Sayago'. Ú. t. c. sust. m. y f.: **el sayagués, la sayaguesa**. 'Perteneciente a este territorio español de Zamora'. sust. m. 'Lengua arrusticada de carácter literario'. Es incorrecto pronunciar [sayagües].

sayal. sust. m. Diminutivo: **sayalete**. → **saya**

sayo. sust. m. 'Prenda de vestir holgada y sin botones que cubría el cuerpo hasta las rodillas'. fam. 'Cualquier vestido'. Diminutivo: **sayuelo**. **cortar** a uno **un sayo**. fr. fig. y fam. 'Murmurar de alguien en su ausencia'.

sayón. sust. m. En su acepción más común, equivale a **verdugo**. En plural: **sayones**.

sazón. sust. f. 'Punto o madurez de las cosas'; 'tiempo oportuno, ocasión'; 'sabor que se percibe en los alimentos'. En plural: **sazones**. **a la sazón**. loc. adv. 'En aquel tiempo u ocasión'. **en sazón**. loc. adv. 'Oportunamente, a tiempo'.

sazonar. v. tr. 'Dar sazón a las comidas'. 'Poner las cosas en la sazón, punto y madurez que deben tener'. Ú. t. c. prnl. Rég. prep.: **sazonar con** (*sazonar con hierbas*).

♦ **scánner.** Anglicismo (*scanner*). En español, debe decirse, de acuerdo con la españolización reciente de este extranjerismo, **escáner**.

-sco, ca. suf. de adjetivos y sustantivos. En los primeros, suele denotar 'relación o pertenencia', a veces con matiz despectivo. Sus alomorfos son **-asco**, **-esco**, **-isco**, **-izco**, **-usco**, **-uzco** con sus femeninos correspondientes (*bergamasco*, *canallesco*, *morisco*, *blanquizco*, *verdusco*, *negruzco*). En los segundos, tiene no pocas veces valor aumentativo (*nevasca*, *peñasco*) o significación colectiva (*rufianesca*). Es de reciente incorporación académica.

-scopia. elem. compos. de or. gr. 'Examen, vista, exploración' (*endo**scopia***, *radio**scopia***, *rino**scopia***). No debe pronunciarse [-scopía].

-scopio. elem. compos. de or. gr. 'Instrumento para ver o examinar' (*tele**scopio***, *esteto**scopio***, *peri**scopio***).

♦ **scooter.** Anglicismo. En español, **escúter**.

♦ **score.** Anglicismo. En español, **puntos**, **tantos**, **número de tantos**, **tanteo**.

♦ **scout.** Anglicismo. En español, **explorador**. Esta voz, en el sentido de 'miembro de una organización juvenil cuyo fin es la formación por medio de actividades al aire libre' –como dice Seco– "está en completo desuso". "Se emplea –agrega–, pues, entre nosotros la forma *scout* (plural *scouts*), que puede ser masculina o femenina, según el sexo del individuo (no obstante, para la muchacha scout se suele usar en España el nombre de *guía*). La pronunciación corriente es /eskáut/". El ***Diccionario Manual*** la registra, así como a "boy-scout", aunque con los indicadores de su falta de sanción oficial y de su carácter de extranjerismos. De esta voz, deriva "scoutismo", también sin registro en el ***Diccionario***. Si se usan, deben entrecomillarse.

se. Pronombre personal átono de tercera persona, reflexivo. Carece de género y de número (*María **se** mira en el espejo*; *Juan **se** mira en el espejo*; ***Se** miran en el espejo*). Desempeña las funciones de objeto directo (***Se** lava*) o de objeto indirecto (***Se** lava las manos*) y no admite preposición. El sujeto gramatical de **se** es siempre una tercera persona y se diferencia de los otros pronombres átonos de tercera persona (**la**, **lo**, **las**, **los**, formas del objeto directo; **le**, **les**, formas del objeto indirecto) por su carácter **reflexivo**, término con el que se indica –como dice Alarcos Llorach– "que la persona denotada por el sujeto gramatical y la designada por el objeto directo o indirecto coinciden en una misma referencia a la realidad". "No es necesario distinguir –afirma, después, el citado gramático– el ***se*** reflexivo del que aparece en los usos recíprocos, es decir, en las construcciones que tienen «por sujeto dos o más personas o cosas, cada una de las cuales ejerce una acción sobre la otra o las otras y la recibe de éstas», según señala Bello". Tal el caso de *Los dos* **se** *miraron* o de *Pedro y Juan* **se** *dieron la mano*, en que **se** es, respectivamente, objeto directo y objeto indirecto. Con el **se** reflexivo, en oraciones exhortativas, tanto en España como en América, se comete el reprobable vulgarismo de agregarle una **n** cuando el pronombre se refiere a una pluralidad de personas: *¡Lávensen las manos!* Correcto: ***¡Lávense*** *las manos!* → **verbos (reflexivos, recíprocos)**

Hay verbos, los **pronominales** (*arrepentirse, atreverse, quejarse*), que obligatoriamente van acompañados de un pronombre que, para la tercera persona, es **se** (para las otras, **me**, **te**, **nos**, **os**), forma que alude a la misma persona del sujeto gramatical (***Se*** *cayó en la calle*; ***Se quejan*** *de todo*), pero que no desempeña oficio oracional, por ser un simple apéndice del verbo. A veces, el pronombre suele juntarse, del mismo modo, con verbos intransitivos (*irse, quedarse, salirse, sentarse*). Con estos verbos se cometen los mismos vulgarismos señalados en el párrafo anterior. Incorrecto: *¡Siéntensen!*; *¡Váyansen!* Correcto: ***¡Siéntense!***; ***¡Váyanse!*** → **verbos (pronominales)**

El pronombre **se**, en todos los casos descriptos (**se** reflexivo y **se** pronominal), puede usarse proclítico o enclítico (***Se*** *lava, Lávase*; ***Se*** *queja, Quéjase*; ***Se*** *van, Vanse*).

La forma **se** aparece, además, en las construcciones llamadas de **pasiva refleja** (***Se*** *vende esta casa*; ***Se*** *venden estas casas*) o **impersonales** (***Se*** *persigue al delincuente*; ***Se*** *persigue a los delincuentes*). En la **pasiva refleja**, el sujeto gramatical (un sujeto paciente) es *esta casa* o *estas casas*; por eso el verbo concuerda, en singular o en plural, con él (***Esta casa*** *es vendida*; ***Estas casas*** *son vendidas*). En las **impersonales**, el verbo no varía, porque carecen de sujeto, implícito o explícito. Es fácil distinguirlas, porque en las oraciones pasivas reflejas el sustantivo o construcción sustantiva adyacente al verbo no lleva preposición (***Se*** *califican* ***los exámenes***; ***Se*** *dice* ***que no hay vacantes***); en las impersonales, siempre lleva preposición (***Se*** *sortea* ***a*** *los aspirantes*). La preposición, generalmente, es **a**, pero puede ser **de** (***Se*** *habla* ***de*** *música*). Desde el punto de vista normativo, esta distinción es importante porque se cometen no pocos errores de concordancia en las pasivas reflejas, cuando se olvida que la construcción adyacente al verbo es el sujeto paciente de la oración, y el verbo debe concordar en número con él. Incorrecto: *Se busca secretarias*; *Se alquila departamentos*; *Se pregonan que hay malas noticias*. Correcto: ***Se buscan*** *secretarias*; ***Se alquilan*** *departamentos*; ***Se pregona*** *que hay malas noticias*. Es frecuente que, en las pasivas reflejas, se cometa este error de concordancia cuando el sujeto de la proposición que funciona como sujeto gramatical de la pasiva refleja se desplaza al comienzo de la oración y se interpreta, equivocadamente, que es el de la pasiva con **se**. Esto ocurre, particularmente, cuando el verbo es **considerar** o alguno similar. Incorrecto: *Los verbos enumerados se consideran que son regulares*. Correcto: *Los verbos enumerados* ***se considera*** *que son regulares*. Si la oración se ordena normalmente, se detecta con facilidad el error: ***Se considera*** *que los verbos enumerados son regulares*. En las impersonales, los hablantes no suelen equivocarse; el verbo se inmoviliza en singular, y su modificador se construye siempre con preposición: ***Se*** *persigue* ***a*** *los delincuentes*; ***Se*** *busca* ***a*** *la secretaria*; ***Se*** *dejó* ***de*** *trabajar*. A veces, la lengua permite pasar fácilmente de un tipo de oración a otro: ***Se*** *han elegido nuevos representantes* (**pasiva refleja**); ***Se*** *ha elegido* ***a*** *nuevos representantes* (**impersonal**). Esta posibilidad se debe a que las dos construcciones son de sentido claramente impersonal; en ambas se oculta al actor, carecen semánticamente de sujeto (la pasiva refleja tiene sujeto gramatical, no semántico; la impersonal, ninguno de los dos). Ambas, por eso, se construyen sin agente. Cuando la pasiva refleja se construye con este complemento, deja de ser semánticamente impersonal, empleo que no se recomienda, pero que abunda en la prosa administrativa (*Se usó todo el material escolar por los niños*). A veces, también, se construye con agente la impersonal con **se**, uso menos recomendable aún (*Se trasladó a los heridos por Gendarmería*). En estos casos, lo correcto es: *Los niños usaron todo el material escolar*; *La Gendarmería trasladó a los heridos*. Si se quiere mantener la forma pasiva, es, también, correcto: *Todo el material escolar fue usado por los niños*; *Los heridos fueron trasladados por la Gendarmería*. "Pero los problemas normativos más importantes proceden –dice Gómez Torrego– de los cruces que se dan entre las pasivas reflejas con sujeto no animado y las impersonales con *se* y complemento directo con *a*." Ofrece los siguientes ejemplos: "1. *Se conocieron ayer las noticias*. 2. *Se* *conoció ayer a los nuevos representantes*". Y agrega: "El cruce entre 1 y 2 genera estas oraciones anómalas: 3. *Se conocieron ayer a los nuevos representantes*. 4. *Se conoció ayer las noticias*".

Atento a los problemas normativos que generan las construcciones con **se** del último apartado, especialmente las pasivas reflejas, transcribimos, a continuación, las útiles reglas de Julio Casares, que ajustamos un poco:

• Cuando en la oración con **se** la construcción adyacente al verbo va precedida de preposición, el verbo se pondrá en singular (***Se teme a*** *las influencias de ciertos círculos económicos*). También, cuando lleva un pronombre personal (**nos**, **os**, **los**, **las**) inmediato al verbo que sintetiza o enfatiza una construcción con **a**, explícita o implícita por el contexto o la situación (***A los culpables de esta defraudación***, ***se los castigará*** *con todo el peso de la ley*; ***A tus amigas***, ***se las ve*** *por la plaza*; ***Se los*** *oye* [a los vecinos] *poco*).

• Cuando en la pasiva refleja con **se** el verbo es un auxiliar modal y lleva un infinitivo con su complemento directo, el verbo deberá concordar en número con dicho complemento (***Se suelen conceder*** *audiencias*; ***Se suele conceder*** *audiencia*). → **verbo** (**modales**)

• Cuando la pasiva refleja con **se** de un verbo de percepción lleva subordinado un infinitivo con sujeto expreso de cosa, dicho verbo deberá concordar en número con el sujeto del infinitivo (***Se ven*** *arder* ***los árboles***). No debe confundirse con oraciones del tipo *Se ve talar los árboles* –como dice Julio Casares–, en que *árboles* es el complemento de *talar*. "Cabe decir –concluye el citado académico– *se ven* ***los árboles ardiendo*** y no ***los árboles talando***." → **sé**

se. Pronombre personal de tercera persona, masculino y femenino, en singular o en plural, que, en combinación con **lo**, **la**, **le**, **los**, **las**, **les** (en función de objetos directos), se transforma en **se** (***Dióselo***, ***Se lo*** *dio*; ***Diósela***, ***Se la*** *dio*; *Casti**góseles***, ***Se les*** *castigó*, etc.). El pronombre **se** es, en todas estas construcciones, transformación de **le** o **les** (objeto indirecto): ***Se*** [objeto indirecto transformación de **le**] ***lo*** *dio* [el premio]; ***Se*** [objeto indirecto transformación de **le**] ***la*** *dio* [la rosa]; ***Se*** [objeto indirecto transformado en **les**] ***les*** *castigó* [a los niños]. Obsérvese, en este último ejemplo, el uso de **leísmo**, común en España, pero no en América, donde decimos muy correctamente –sin olvidar que el leísmo español aplicado a personas está aceptado–. ***Se lo*** *castigó* [al niño] o ***Se la*** *castigó* [a la niña] y, en plural, ***Se los*** *castigó* [a los niños] o ***Se las*** *castigó* [a las niñas], mientras que los españoles dicen, indistintamente, ***Se les*** *castigó* [a las niñas] y ***Se les*** *castigó* [a los niños]. Obsérvese que estas construcciones se enmarcan en la primera regla que transcribimos en el final del artículo precedente, y se relacionan con los problemas de **laísmo**, **leísmo**, **loísmo**. Finalmente, en "algunas zonas de América –como dice Seco– se pone indebidamente en plural el segundo pronombre de esta secuencia cuando el *se* complemento indirecto se refiere a una pluralidad de personas: *Se los dije*, por *Se **lo** dije* [a ellos]", es decir, cuando ese **se** plural se junta con un pronombre personal átono singular, en función de objeto directo. Un error muy frecuente en la Argentina, en Méjico y en otros países americanos, también en Canarias, incluso, entre los hablantes cultos. "Así –aclara Moreno de Alba–, la idea de 'di el libro a ellos' queda convertida en la oración *Se los di*, en lugar de *se* (a 'ellos') *lo* ('el libro') *di*." Incorrecto: *Eso se los di ayer a mis alumnos*. Correcto: *Eso se **lo** di ayer **a mis alumnos***. → **laísmo**, **leísmo**, **loísmo**, **sé**

sé. Imperativo singular del verbo **ser** (*Sé bueno*) y primera persona singular del presente de indicativo del verbo **saber** (*Sé mucho*). La tilde que ambas formas verbales llevan es diacrítica, para que no se confundan con las pronominales con **se**, consideradas en los dos artículos precedentes.

sebáceo, a. adj. 'Que participa de la naturaleza del sebo o se parece a él' (*grano sebáceo*). No se confunda con **seboso, sa** (adj.), 'que tiene sebo, especialmente si es mucho'; 'untado con sebo u otra cosa mantecosa' (*arneses sebosos*).

sebestén. sust. m. 'Arbolito de la familia de las borragináceas'. También puede decirse **sebastiano** (sust. m.), pero la Academia prefiere la primera forma. Es palabra aguda que, en plural, se hace grave: **sebestenes**.

sebo. sust. m. 'Grasa sólida y dura que se saca de los animales herbívoros, y que, derretida, sirve para hacer velas, jabones y otros usos'; 'cualquier género de gordura'. No se confunda su grafía con la de **cebo** (sust. m.), 'comida que se da a los animales para engordarlos, atraerlos, etc.'; 'materia explosiva que se coloca en las armas de fuego para producir la explosión de la carga'. **hacer sebo**. fr. fig. y fam. Argent. 'Holgazanear' (*No trabaja, **hace sebo** el día entero*). La A.A.L. ha recomendado la inclusión de este regionalismo en el ***Dicccionario***.

seca. sust. f. En su denotación más común, 'tiempo seco de larga duración'. También puede decirse **sequía** (sust. f.), su sinónimo exacto. No debe confundirse su grafía con la de su homófono **ceca** (sust. f. Argent.).

secácul. sust. m. 'Planta de Oriente que tiene una raíz muy aromática'. Es voz grave que, en plural, se hace esdrújula: **secácules**.

secadero, ra. adj. 'Apto para conservarse seco; aplícase especialmente a las frutas y al tabaco' (*ciruelas **secaderas***). sust. m. 'Lugar dispuesto para secar natural o artificialmente ciertos frutos u otros productos' (***secadero** de tabaco*).

secador, ra. adj. 'Que seca'. sust. m. y f.: 'Nombre de diversos aparatos y máquinas destinados a secar las manos, el cabello, la ropa, etc.' (*Compró una **secadora** de ropa*; *Se le descompuso el **secador** de pelo*). En la Argentina se usan, casi exclusivamente, las formas masculinas. sust. m. Chile, Perú y Urug. 'Enjugador de ropa'. El Salv. y Nicar. 'Paño de cocina para secar los platos y la vajilla'.

secafirmas. sust. m. 'Utensilio de escritorio provisto de papel secante, para secar lo escrito'. Es incorrecto usarlo, en singular, sin **s** final. En plural, no varía: **los secafirmas**.

secante. p. a. de **secar**. adj. 'Que seca' (*aceite **secante***); 'fastidioso, molesto' (*mujer **secante***). Ú. t. c. sust. com.: **el secante, la secante** (*Tu amiga es una **secante**, no la soporto*). **papel secante.** Ú. m. c. sust. m. (*El niño trajo a la escuela el **secante** que le pidió la maestra*). Su homónimo, adjetivo, 'aplícase, en geometría, a las líneas o superficies que cortan a otras líneas o superficies' (*línea **secante***). Ú. t. c. sust. f. (*Trazó **la secante** del ángulo*).

secapelos. sust. m. 'Aparato para secar el pelo', por otro nombre **secador** (sust. m.). Es incorrecto usarlo, en singular, sin **s** final. En plural, no varía: **los secapelos.** → **secador**

secar. v. tr. Entre otras denotaciones, 'extraer la humedad' (***secar** la ropa*). 'Quitar con un trapo el líquido o gotas que hay en una superficie' (***Secó** el piso*). Ú. t. c. prnl. (*El plato **se secó***). 'Cicatrizar' (***Secó** sus heridas*). Ú. t. c. prnl. (*La llaga **se secó***). 'Fastidiar, aburrir' (*¡Cómo **seca** con sus reclamos!*). Ú. t. c. prnl. Esta última acepción es de ingreso reciente en el ***Diccionario***. v. prnl. 'Enjugarse la humedad de una cosa evaporándose' (***Secóse** la ropa*); 'quedarse sin agua un río, laguna, etc.' (*El río **se secó***); 'perder una planta su vigor, su lozanía' (***Se secaron** mis rosales*); 'extenuarse y enflaquecerse una persona o un animal' (*El abuelo **se secó** de puro viejo*); fig. 'tener mucha sed' (***secarse** de sed*). Rég. prep.: **secar** o **secarse a** (***secar al** sol*; ***secarse al** aire*); **secar** o **secarse con** (***secar con** un trapo*; ***secarse con** el viento*); **secarse de** (***secarse de** sed*); **secar** o **secarse por** (***secar** o **secarse por** medios químicos*). Incorrecto: <u>secar</u> o <u>secarse</u> <u>a</u> <u>toalla</u>. Correcto: ***secar** o **secarse con toalla***. La 'acción y efecto de secar o secarse' es **secado** y **secamiento** (susts. ms.). → **sacar**

secaral. sust. m. 'Terreno muy seco'. También pueden decirse **secarral** (sust. f.), **sequedal** y **sequeral** (susts. ms.).

sección. sust. f. Entre otras denotaciones, 'cada una de las partes en que se considera dividido un conjunto de cosas' (*Dividió las estampillas en varias **secciones** temáticas*); 'dibujo de perfil o figura que resultaría de cortar un edificio, máquina, etc., por un plano, comúnmente vertical, con el objeto de dar a conocer su estructura o su disposición interior' (***sección** izquierda del interior de la cocina*). Argent. 'Cada una de las presentaciones diarias de un programa teatral o cinematográfico' (*Iré a la **sección** matiné*). Equivale a **función**. 'Pequeña unidad homogénea, que forma parte de una compañía o de un escuadrón' (*El subteniente está a cargo de la **sección***). Es voz aguda que, en plural, se hace grave: **secciones.** → **sesión**

seccional. sust. f. Argent. 'Dependencia de la policía en una jurisdicción determinada' (*Radiqué la denuncia en la **seccional** de mi barrio*). Esta voz carece de registro en el ***Diccionario***, pero la A.A.L. ha recomendado su inclusión.

seccionar. v. tr. 'Dividir en secciones, fraccionar'. No se confunda con **sesionar** (v. intr.), 'celebrar sesión'.

secesión. sust. f. En su denotación más común, 'separación de una parte de una nación' (*guerra de* ***secesión***). Incorrecto: sesesión.

secesionismo. sust. m. 'Tendencia u opinión favorable a la secesión política'. Incorrecto: sesesionismo.

secesionista. adj. 'Partidario de la secesión'. Apl. a pers., ú. t. c. sust. com.: **el secesionista, la secesionista**. 'Perteneciente o relativo a ella'. Incorrecto: sesesionista.

seco, ca. adj. Entre otras denotaciones, 'que carece de jugo o humedad' (*La carne está* ***seca***); 'falto de agua' (*arroyo* ***seco***); 'aplícase a los guisos en que se prolonga la cocción y quedan secos' (*¡Qué guiso más* ***seco***!); 'tratándose de plantas, sin vida' (*árbol* ***seco***); 'aplícase a las frutas de cáscara dura y, también, a aquellas a las cuales se les quita la humedad excesiva para que se conserven' (*nueces* ***secas***; *higos* ***secos***); 'dícese del tiempo o del clima en que no llueve' (*tiempo* ***seco***; *clima* ***seco***). fig. 'Poco abundante o falto de aquellas cosas necesarias' (***seco*** *de dinero*); 'áspero, poco cariñoso' (*Ana es* ***seca***; *Su trato es* ***seco***)'; 'aplícase a ciertas bebidas alcohólicas de sabor poco dulce' (*champán* ***seco***); 'tratándose de ciertos sonidos, áspero, ronco' (*tos* ***seca***). Rég. prep.: **seco de** (***seco de*** *espíritu*; ***de*** *palabras*; ***de*** *carnes*); **seco en** (***seco en*** *el trato*). **a secas**. loc. adv. 'Solamente, sin otra cosa alguna' (*Lo dijo así,* ***a secas***). **dejar** a uno **seco** o **quedar** uno **seco**. frs. figs. y fams. 'Dejarlo o quedar muerto en el acto' (***Lo dejó seco*** *de un tiro*; ***Se quedó seco***). **en seco**. loc. adv. 'Fuera del agua o de un lugar húmedo' (*limpieza* ***en seco***); es incorrecto usar, en esta locución, a seco (*limpieza a seco*). fig. 'Sin medios o sin lo necesario para realizar algo' (*Me quedé* ***en seco***); 'de repente' (*Se paró* ***en seco***). La 'calidad de seco' es **secura** (sust. f. p. us.); la 'cualidad de seco', **sequedad** (sust. f.).

secoya. sust. f. → **secuoya**

secretar. v. tr. 'Salir de las glándulas materias elaboradas por ellas'. Su 'acción y efecto' es **secreción** (sust. f.). Rég. prep.: **secretar de** (***secretar de*** *las glándulas pituitarias*). Los adjetivos correspondientes son **secretorio, ria** y **secretor, ra** (*glándulas* ***secretorias*** o ***secretoras***). La Academia prefiere la primera forma. → **segregar**

secretaría. sust. f. 'Destino o cargo de secretario'; 'oficina donde trabaja'; 'sección de un organismo, institución, empresa, ocupada de tareas administrativas'. Distíngase de **secretaria** (sust. f.), 'mujer encargada de las tareas administrativas de una secretaría'; 'mujer del secretario'; 'ministra'. Amér. 'Ministerio' (*Se crearon tres nuevas* ***Secretarías*** *de Estado*). Nótese que, en este caso, se escribe con mayúscula. → **secretario**

secretariado. sust. m. Equivale a **secretaría**, 'destino o cargo de secretario'; 'carrera o profesión de secretario o de secretaria' (*Estudia* ***secretariado***); 'oficina donde despacha el secretario o la secretaria'. Para esta última acepción, puede decirse, también, **secretaría** (sust. f.), más usual. Con la denotación de 'conjunto o cuerpo de secretarios', es sustantivo colectivo.

secretario. sust. m. Entre otras denotaciones, en América, 'cargo equivalente al de ministro, aunque, a veces, subordinado a él' (*Fulano es* ***Secretario*** *de Cultura*). Con este significado, se escribe con mayúscula (*El* ***Secretario*** *de Medio Ambiente renunció*). Su femenino es **secretaria**. Se escribe con minúscula, salvo en los casos señalados (*Trabaja de* ***secretaria***; *Es* ***Secretaria*** *de Medio Ambiente*). La forma femenina significa, también, 'mujer del secretario'. → **presidente**

secretear. v. intr. fam. 'Hablar en secreto'. No debe pronunciarse [secretiar, secretié]. Su 'acción' es **secreteo** (sust. m.). → **-ear**

secreter. sust. m. Voz francesa (*secrétaire*) recién españolizada. 'Mueble con tablero para escribir y con cajones para guardar papeles'. Es voz aguda que, en plural, se hace grave: **secreteres**.

secreto. sust. m. Entre otras denotaciones, 'lo que cuidadosamente se tiene reservado u oculto' (*Es su* ***secreto***); 'asunto muy reservado' (*No puedo revelarlo, es* ***secreto***). **secreto de Estado**. 'El que no puede revelar un funcionario público sin incurrir en delito'. **secreto profesional**. 'Deber que tienen ciertos profesionales, como médicos, abogados, escribanos, etc., de no descubrir a un tercero los hechos que han conocido en el ejercicio de su profesión'. **de secreto**. loc. adv. 'En secreto'. **en secreto.** 'Secretamente' (***En secreto****, se lo dije*). Su homónimo, **secreto, ta** (adj.), significa 'oculto, ignorado' (*vida* ***secreta***); 'callado, reservado' (*mensaje* ***secreto***).

secta. sust. f. colect. 'Conjunto de seguidores de una parcialidad religiosa o ideológica' (*For-*

*ma parte de una **secta***); 'conjunto de creyentes en una doctrina particular que el hablante considera falsa' (*Es miembro de una **secta***). 'Doctrina religiosa o ideológica que se diferencia e independiza de otra'.

sectario, ria. adj. 'Que profesa y sigue una secta'. Ú. t. c. sust. m. y f.: **el sectario, la sectaria**. 'Secuaz, fanático e intransigente, de un partido o idea' (*Es **sectario** del socialismo*).

sector. sust. m. 'Porción de círculo comprendida entre un arco y los dos radios que pasan por sus extremidades' (*En este **sector** del círculo, coloreado de verde, se incluye el 40% correspondiente a los alumnos promovidos; en los otros, los no promovidos, los que adeudan una materia y los reprobados*); 'escaños del hemiciclo parlamentario' (*Los representantes de ese partido ocupan el **sector** izquierdo de la Cámara de Diputados*); 'parte de una clase o colectividad que presenta caracteres peculiares' (*El **sector** metalúrgico ha hecho oír sus reclamos*). Es palabra aguda que, en plural, se hace grave: **sectores**.

♦ **sectorizar.** Neologismo. Corresponde decir **dividir en sectores**.

secuaz. adj. 'Que sigue el partido, doctrina u opinión de otro' (*Es **secuaz** del comunismo*). Su uso, en general, es peyorativo. Ú. t. c. sust. com.: **el secuaz, la secuaz**. Es voz aguda que, en plural, se hace grave y cambia la **z** por **c**: **secuaces**.

secuenciar. v. tr. 'Establecer una serie o sucesión de cosas que guardan entre sí cierta relación'. Se conjuga, en cuanto al acento, como **cambiar**.

secuestrador, ra. adj. 'Que secuestra'. Ú. m. c. sust. m. y f.: **el secuestrador, la secuestradora**.

secular. adj. Equivale a **seglar**. 'Que se repite o sucede cada siglo' (*Este miedo es **secular**, todos temen una catástrofe cada fin de siglo*); 'que dura un siglo o desde hace siglos (*costumbres **seculares***); 'dícese del clero o sacerdote que vive en el siglo, a distinción del que vive en clausura' (*El padre Gómez pertenece al clero **secular***). Con esta denotación, se opone a **regular** (adj.), 'el que pertenece a una orden o congregación religiosa' (*Los jesuitas forman parte del clero **regular***). Apl. a pers., ú. t. c. sust. com.: **el secular, la secular**. → **seglar**

secularizar. v. tr. 'Hacer secular lo que era eclesiástico' (***secularizar** la educación*). Ú. t. c. prnl. (*La arquitectura, a partir del siglo XVIII, se **secularizó** y abrió paso a las grandes construcciones civiles*); 'autorizar a un religioso o a una religiosa para que pueda vivir fuera de la clausura'. Su postverbal es **secularización** (sust. f.). → **cazar**

secundar. v. tr. 'Apoyar, cooperar con alguien, ayudándolo en la realización de sus propósitos'. Rég. prep.: **secundar en** (*Si quieres, me **secundarás en** esta tarea*). Diferénciese semántica y gráficamente de **segundar** (v. tr. Ú. t. c. intr.). → **segundar**

secundario, ria. adj. Entre otras denotaciones, 'segundo en orden, accesorio' (*temas **secundarios**; ideas **secundarias***); 'aplícase a la segunda enseñanza' (*nivel **secundario** de instrucción*). Este último significado es reciente en el ***Diccionario***. También puede decirse **segundario, ria** (adj.), pero la Academia prefiere la primera forma. El ***Diccionario*** no lo registra como sustantivo femenino o masculino, pero su uso es frecuente en la Argentina (*Ingresó **en el secundario** o **en la secundaria***).

♦ **secundero.** Barbarismo. Debe decirse **segundero**.

secundinas. sust. f. pl. 'Placenta y membranas que envuelven el feto'. Incorrecto: <u>segundinas</u>. → **plural (pluralia tantum)**

secundípara. adj. 'Aplícase a la mujer que pare por segunda vez'. Incorrecto: <u>segundípara</u>.

secuoya. sust. f. 'Género de árboles de gran porte, pertenecientes a las coníferas, propios de California y muy difundidos en todos los parques'. A una de sus especies —como aclara la Academia— la llaman **árbol mamut**. También puede decirse **secoya** (sust. f.). La Academia prefiere la primera forma. Incorrecto: <u>secolla</u>. No debe usarse la grafía inglesa *sequoia*.

sed. sust. f. Entre otras denotaciones, 'ganas y necesidad de beber' (*Vive con **sed***); fig. 'deseo ardiente de una cosa' (*Tiene **sed** de poder*). Esta voz no se usa en plural; pertenece al grupo de palabras denominadas **singularia tantum**, porque, normalmente, se emplean sólo en singular. **apagar** o **matar la sed**. fr. fig. 'Aplacarla bebiendo' → **plural (singularia tantum)**

seda. sust. f. Entre otras denotaciones, 'líquido viscoso segregado por algunos artrópodos, como las arañas, que se solidifica en contacto con el aire formando hilos finísimos y flexibles'; 'hilo formado con varias de estas hebras, producidas por el gusano de seda o de la seda'; 'cualquier obra o tela hecha de seda'. Esta voz forma parte de numerosos sintagmas que denotan calidades, características o imitaciones de este producto. Entre ellos: **seda artificial** ('nombre vulgar del rayón'); **seda cruda** ('la que conserva la goma que naturalmente tiene'); **seda salvaje** ('tejido que tiene algunos hilos más gruesos que el resto'). **como una seda**. fr. fig. y fam. 'Muy suave al tacto' (*Su cabello es **como una seda***); 'dícese de la persona dócil' (*Este niño es **como una seda***). → **papel (de seda)**

sedal. sust. m. 'Trozo corto de hilo fino y resistente que se ata, por un extremo, al anzuelo y, por el otro, a la cuerda que pende de la caña de pescar'. La Academia no registra **sedalina** (sust. f.), 'hilo de coser de algodón mercerizado, suave y con algo de brillo', que ya había catalogado, con la definición transcripta, Moliner en su célebre registro. Tampoco lo trae el ***Diccionario Manual***.

sedalina. sust. f. → **sedal**

sedante. p. a. de **sedar**. 'Que seda'. adj. Ú. t. c. sust. com.: **el sedante, la sedante**. adj. 'Dícese del fármaco que disminuye la excitación nerviosa o produce sueño'. Ú. t. c. sust. m. (*Tomó un **sedante***). La 'cualidad de sedante' es la **sedancia** (sust. f.), y la 'acción y efecto de sedar', la **sedación** (sust. f.). El adjetivo **sedativo, va** significa 'que tiene la virtud de calmar los dolores o la excitación nerviosa' (*jarabe **sedativo***). No se usa como sustantivo. Incorrecto: *Le dio un sedativo*. Correcto: *Le dio un **sedante***.

sede. sust. f. Entre otras denotaciones, 'asiento de un prelado que ejerce jurisdicción' (*La **sede** del citado obispo está en Salta*; *Ese obispo no tiene **sede***); 'capital de una diócesis' (*En Lima, está la **sede** del respectivo arzobispado*); 'territorio de la jurisdicción de un prelado' (*Su **sede** abarca la parte más pobre de Santiago del Estero*); 'lugar donde tiene su domicilio una entidad económica, deportiva, etc.' (*La **sede** central de ese banco está en Buenos Aires*). **sede apostólica**. 'Por antonomasia, la de Roma'. **Santa Sede**. 'Jurisdicción y potestad del Papa'. Nótese que las dos palabras de este sintagma se escriben con mayúscula (*Lo nombraron embajador ante la **Santa Sede***). → **silla**

sedentario, ria. adj. Entre otras denotaciones, 'aplícase al oficio o vida de poco movimiento o agitación' (*Su tarea es **sedentaria**, trabaja de mecanógrafa*; *La vida **sedentaria** no es buena para la salud*); 'dícese del pueblo o tribu que se dedica a la agricultura, asentado en algún lugar, por oposición al nómada'. → **nómada**

sedería. sust. f. 'Mercadería de seda'; 'su tráfico'; 'tienda donde se venden telas de seda'. Con la denotación de 'conjunto de sedas', es sustantivo colectivo.

sedero, ra. adj. 'Perteneciente o relativo a la seda'. sust. m. y f. 'Persona que labra la seda o trata en ella': **el sedero, la sedera**.

sedicente. adj. 'Se aplica, irónicamente, a la persona que se da a sí misma tal o cual nombre, sin convenirle el título o condición que se atribuye' (*El **sedicente** filósofo formula teorías inverosímiles*). Incorrecto: sediciente.

sedicioso, sa. adj. 'Dícese de la persona que promueve una sedición o toma parte en el alzamiento'. Ú. t. c. sust. m. y f.: **el sedicioso, la sediciosa**.

sediento, ta. adj. 'Que tiene sed'. Apl. a pers., ú. t. c. sust. m. y f.: **el sediento, la sedienta**. 'Aplícase a los campos, tierras, plantas que necesitan riego'; fig. 'que con ansia desea una cosa' (*político **sediento de** poder*). Rég. prep.: **sediento de** (*Campos **sedientos de** lluvia*; *Hombres **sedientos de** dinero*).

seducir. v. irreg. tr. 'Engañar con arte y maña' (*Esa propaganda **seduce** a los incautos*); 'persuadir suavemente al mal'; 'cautivar el ánimo' (*Su música me **sedujo***). Su postverbal es **seducción** (sust. f.). Se conjuga como **conducir**.

seductor, ra. adj. 'Que seduce' (*hombre **seductor***). Ú. t. c. sust. m. y f.: **el seductor, la seductora**. Para el adjetivo, también puede decirse **seductivo, va** (adj.).

sefardí. adj. 'Dícese del judío oriundo de España o del que, sin proceder de España, acepta las prácticas religiosas que, en el rezo, conservan los judíos españoles'. Ú. t. c. sust. com.: **el sefardí, la sefardí**. 'Perteneciente o relativo a ellos' (*costumbres **sefardíes***). sust. m. 'Dialecto judeo-español' (*El sefardí es arcaizante*). En plural: **sefardíes** o **sefardís**. También puede decirse **sefardita** (adj. Ú. t. c. sust. com.). La Academia prefiere la primera forma. → **judeoespañol**

segador. sust. m. 'El que siega'. Su femenino es **segadora**. La forma **segadera** es hoy, como anota la Academia, desusada para esta denotación; modernamente, sólo significa la 'hoz para segar' (*Afiló la **segadera***). Se registran, también, **segadero, ra** (adj.), 'que está en sazón para ser segado', y **segadora** (adj. Ú. t. c. sust. f.), 'dícese de la máquina que sirve para segar' (*Conduce la **segadora***).

segar. v. irreg. tr. 'Cortar mieses' (***Siegan** el trigo con modernas máquinas*); 'cortar de cualquier manera' (*La sierra le **segó** un dedo*); fig. 'interrumpir algo en forma abrupta y violenta' (*La muerte del padre **segó** sus estudios*). Su 'acción y efecto' es **segazón** (sust. f.), **siega** (sust. f.) o **segada** (sust. f.). Las dos primeras significan, también, 'tiempo en que se siega'; la segunda, además, con denotación colectiva, 'mieses segadas'. Se conjuga como **acertar**. → **pagar**

seglar. adj. 'Perteneciente a la vida, estado o costumbres del mundo, por oposición a las religiosas' (*estado **seglar***). 'Que no tiene órdenes clericales'. Ú. t. c. sust. m. y f.: **el seglar, la seglar**.

segmento. sust. m. Entre otras denotaciones, 'porción o parte cortada o separada de una cosa'. No debe usarse en reemplazo de **sector** (sust. m.): *Es un <u>segmento</u> de la sociedad el que no adhiere a esas ideas*. Correcto: *Es un **sector** de la sociedad el que no adhiere a esas ideas*.

segregacionista. adj. 'Perteneciente o relativo a la segregación racial' (*actitud **segregacionista***). sust. com. 'Partidario de esa segregación': **el segregacionista, la segregacionista**.

segregar. v. tr. 'Separar o apartar una cosa de otra u otras'; 'secretar, expeler' (***Segrega** bilis*). Rég. prep.: **segregar de** (***segregar** a los negros **de** los blancos*). Su postverbal es **segregación** (sust. f.). → **secretar**

segrí. sust. m. 'Tela de seda, fuerte y labrada, que se usó para vestidos de señora'. En plural: **segríes** o **segrís**.

seguetear. v. intr. 'Trabajar con la segueta o sierra de marquetería'. No debe pronunciarse [seguetiar, seguetié]. → **-ear**

seguida. sust. f. 'Acción y efecto de seguir'. **de seguida**. loc. adv. 'Consecutiva o continuamente, sin interrupción'; 'inmediatamente' (***De seguida** voy*). También puede decirse **seguidamente** (adv. m.). **en seguida**. loc. adv. 'Inmediatamente después, en el tiempo o en el espacio' (***En seguida**, viene el final de la película*; *Encontraremos, **en seguida**, la plaza*). Rég. prep.: **en seguida de** (*Iremos **en seguida de** comer*). Esta locución puede escribirse en una sola palabra, **enseguida** (adv. m.), pero la Academia prefiere la otra grafía. Para la misma denotación, el ***Diccionario*** registra **a seguida** (loc. adv. p. us.) y **seguidamente** (adv. m.). → **seguido**

seguidilla. sust. f. 'Composición métrica'. Argent. 'Sucesión de hechos u objetos que se perciben como semejantes o próximos en el tiempo' (*Hubo una **seguidilla** de crímenes*). Este regionalismo es de reciente incorporación en el ***Diccionario***. sust. f. pl. 'Aire popular español'; 'baile correspondiente'; fig. y fam. 'flujo de vientre'.

seguido, da. p. de **seguir**. adj. 'Sucesivo, continuo' (*Leyó cuatro horas **seguidas***); 'que está en línea recta' (*Plantó cuatro árboles **seguidos***). adv. m. Equivale a **de seguida** (*Viene **seguido***). → **seguido**

seguidor, ra. adj. 'Que sigue a una persona o cosa' (*Juan es **seguidor***). Ú. t. c. sust. m. y f.: **el seguidor, la seguidora**.

seguir. v. irreg. tr. Con la acepción de 'ir después o detrás de uno' (*Lo **sigue***), ú. t. c. intr. (***Sigue** para Quito*). v. prnl. 'Inferirse o ser consecuencia una cosa de otra'; 'suceder una cosa a otra'; fig. 'originarse una cosa de otra'. Rég. prep.: **seguirse a** o **de** (***seguirse a** o **de** esto*); **seguir bajo** (***seguir bajo** su protección*); **seguir con** (***seguir con** el mismo remedio*); **seguir de** (***seguir de** lejos*; ***seguir de** director*); **seguir en** (***seguir en** la brecha*); **seguir para** (***seguir para** la escuela*). Su conjugación presenta diversas irregularidades: la **e** de la raíz se convierte en **i** cuando es tónica o cuando, sin serlo, la desinencia empieza por **a** o por un diptongo; pierde, además, en el grupo **gu**, la **u** cuando la desinencia empieza por **o**, **a** o diptongo. Presente de indicativo (*sigo, sigues, sigue, siguen*); presente (*siga, sigas, siga, sigamos, sigáis, sigan*), pretérito imperfecto (*si-*

guiera o *siguiese*, *siguieras* o *siguieses*, *siguiera* o *siguiese*, *siguiéramos* o *siguiésemos*, *siguierais* o *siguieseis*, *siguieran* o *siguiesen*) y futuro de subjuntivo (*siguiere*, *siguieres*, *siguiere*, *siguiéremos*, *siguiereis*, *siguieren*); imperativo (*sigue*); gerundio (*siguiendo*).

según. prep. 'Conforme o con arreglo a' (***Según** la norma, es correcto ese plural*; ***Según** tu consejo, no hay que dejar secar la masa*). Algunos gramáticos, atento a que en los usos antes ejemplificados puede sobrendenterse un verbo (***Según*** [dice] *la norma...*; ***Según*** [recomienda] *tu consejo...*), estiman que **según** no es una preposición, sino una conjunción. Alarcos Llorach la excluye del inventario de las preposiciones, "porque es unidad tónica (y no átona como las otras) y puede aparecer aislada, por ejemplo en respuestas: *–¿Qué harías en esos casos? –Según.*", amén de exigir las formas **yo**, **tú** (y no **mí**, **ti**) cuando precede a los pronombres de primera y segunda persona del singular (***Según** yo lo digo*; ***Según** él lo afirma*). "Toma carácter de adverbio –dice la Academia–, denotando relaciones de conformidad, correspondencia o modo, y equivaliendo más comúnmente a: 'Con arreglo o en conformidad a lo que, o a como': ***según** veamos*; ***según** se encuentre mañana el enfermo*. 'Con proporción o correspondencia a': *se te pagará **según** lo que trabajes*. 'De la misma suerte o manera que': *todo queda **según** estaba*. 'Por el modo en que': *la cabeza sin toca, ni con otra cosa adornada que con sus mismos cabellos, que eran sortijas de oro, **según** eran rubios y enrizados.*" Cuando precede inmediatamente a nombres o pronombres personales, significa 'con arreglo a lo que opinan o dicen algunos' (***según** él*; ***según** Platón*). Se construye, a veces, y es correcto, con **que** (***Según que** dice la gente*). Con carácter adverbial y en frases elípticas, indica 'eventualidad o contingencia' (*Hablaré o callaré, **según***). **según y como**. loc. conjunt. 'De igual suerte o manera que' (*Lo haré **según y como** me parezca*). **según y conforme**. loc. conjunt. Equivale a **según y como** (*Lo autorizaré **según y conforme** te portes*). Es incorrecto usar **según** con el valor de **desde**: *Analiza el proyecto según puntos de vista diferentes*. Correcto: *Analiza el proyecto **desde** puntos de vista diferentes*.

segundar. v. tr. 'Repetir uno un acto que acaba de hacer'. Equivale a **asegundar** (v. tr. p. us.). v. intr. 'Ser segundo o seguirse al primero' (*En la lista, Pedro **segunda***). → **secundar**

segundero. sust. m. 'Manecilla que señala los segundos en el reloj'. Incorrecto: secundero. Ú. t. c. adj. de dos terminaciones, **segundero**, **ra**, 'dícese del segundo fruto que dan ciertas plantas en el año'.

segundo, da. adj. 'Que sigue inmediatamente en orden al o a lo primero' (*Vive en el **segundo** piso*). sust. m. 'Persona que, en una institución, sigue en jerarquía al jefe o principal' (*Es el **segundo** de a bordo*). Diminutivo: **segundillo**. Aunque no lo aclara el ***Diccionario***, se usa **segunda** (sust. f.), para el género femenino (*Es la **segunda** de esta institución*), forma que, sí, trae el ***Manual***. 'Cada una de las sesenta partes en que se divide el minuto de tiempo o de la circunferencia' (*Un minuto tiene sesenta **segundos***; *En **segundos**, iré*). La Academia no registra el sustantivo femenino que denota la 'marcha o velocidad que, en algunos vehículos, sigue a la primera' (*Para subir la cuesta, puso el motor del auto en **segunda***). **segunda enseñanza**. Equivale a **enseñanza secundaria**. **sin segundo**. expr. fig. Equivale a **sin par**. → **números**

segundogénito, ta. adj. 'Dícese del hijo o hija nacidos después del primogénito o primogénita'. Ú. t. c. sust. m. y f.: **el segundogénito, la segundogénita**.

segundón. sust. m. 'Hijo segundo de la casa'; 'por extensión, cualquier hijo no primogénito'; fig. y fam. 'hombre que ocupa un cargo o puesto inferior al más importante'. La Academia no registra forma para el femenino.

segur. sust. f. 'Hacha grande'; 'hoz para cortar'. Es palabra aguda que, en plural, se hace grave: **segures**. Aumentativo: **segurón** (m.). Una **segureja** (sust. f.) es un 'hacha pequeña con mango largo y flexible'.

segurador. sust. m. 'El que sale fiador de otro'. El ***Diccionario*** no registra forma para el femenino.

seguramente. adv. m. 'De modo seguro' (*El bebé está muy **seguramente** atado a la silla*). Ú. t. c. adv. afirm. 'Ciertamente, con seguridad' (*Contesta **seguramente***). También puede decirse, para estas dos denotaciones, **seguro** (adv. m. y afirm.): *Camina **seguro***; ***Seguro** vendrá*. adv. de duda. 'Probablemente, acaso' (*Si no come, **seguramente** estará enfermo*).

seguridad. sust. f. Entre otras denotaciones, 'cualidad de seguro' (*Esta escalera portátil ofrece más **seguridad** que la otra*). En plural: **seguridades** (*Busca demasiadas **seguridades***). **de seguridad**. loc. adj. 'Se aplica a un ramo de la administración pública cuyo fin es velar por la protección física de los ciudadanos y de sus bienes materiales' (*agente **de seguridad***); 'se aplica a ciertos mecanismos que aseguran un buen funcionamiento, precaviendo que éste falle, se frustre o se violente' (*cerradura **de seguridad***). **con seguridad**. loc. adv. 'Con certeza, seguramente' (*Contesta **con seguridad***). Esta locución carece de registro en el ***Diccionario***, pero es muy frecuente.

seguro, ra. adj. Entre otras denotaciones, 'exento de todo peligro, daño o riesgo' (*hamaca **segura***); 'indubitable y, en cierta manera, infalible' (*negocio **seguro***); 'ajeno de sospecha' (*hombre **seguro***). Rég. prep.: **seguro** o **segura de** (*Está **seguro** o **segura de** ganar; Está **seguro de** sí mismo o **segura de** sí misma; **Está seguro** o **segura de** lo que dice*); **seguro** o **segura en** (*Vive **seguro** o **segura en** la casa de sus padres*). sust. m. Entre otras acepciones, 'lugar libre de todo peligro' (*Se refugió en ese **seguro***); 'contrato por el cual una persona, natural o jurídica, se obliga a resarcir pérdidas o daños que ocurran en las cosas que corren un riesgo' (*Contrató un **seguro***); 'mecanismo que impide el funcionamiento indeseado de un aparato, utensilio o máquina, o que aumenta la firmeza de un cierre' (*Ese revólver no tiene **seguro**, es peligroso; Le puso un **seguro** a la puerta*). Rég. prep.: **seguro contra** (***seguro contra** incendio; **contra** robos; **contra** accidentes; **contra** terceros*); **seguro de** o **sobre** (***seguro de** vida o **sobre** la vida*). Es incorrecto decir: *seguro de incendio, de robo*, etc. **de seguro**. loc. adv. 'Ciertamente, en verdad' (***De seguro**, es así*). **en seguro**. loc. adv. Equivale a **a salvo** y **en salvo** (*Guarda su dinero **en seguro***). **sobre seguro**. loc. adv. 'Sin aventurarse a ningún riesgo' (*Decidiré **sobre seguro***).

seis. adj. 'Cinco y uno' (***seis** ovejas*); 'sexto' (*año **seis***). Con esta última denotación, es ordinal. Apl. a los días del mes y a los meses del año, ú. t. c. sust. m. (*el **seis** de enero*). sust. m. 'Signo o conjunto de signos con que se representa el número seis' (*Escriba el **seis** en números romanos*); 'naipe que tiene seis señales' (*el **seis** de copas*). P. Rico. 'Baile popular, especie de zapateado'. En plural: **seises** (*La profesora no puso más que **seises** y algunos pocos cuatros*).

seisavo, va. adj. 'Cada una de las seis partes iguales en que se divide un todo' (*Heredó una **seisava** parte*). Ú. t. c. sust. m. (*Recibirá un **seisavo***). 'Dícese del polígono de seis lados y seis ángulos'. Ú. m. c. sust. m.: **el seisavo**.

seiscientos, tas. adj. 'Seis veces ciento' (***seiscientos** pesos*); 'sexcentésimo'. En esta última acepción, es ordinal (*año **seiscientos***). Algunos cometen el error de usar este adjetivo pospuesto y sin **s** final, junto al sustantivo femenino singular **página**, para indicar su número: *Ese tema está en la página seiscienta*. Correcto: *Ese tema está en la página **seiscientos***. El sustantivo masculino **seiscientos**, que es el que debe usarse, está en aposición especificativa. sust. m. 'Conjunto de signos con que se representa el número seiscientos' (*Escriba el **seiscientos***). El ***Diccionario*** no registra la acepción usual de 'denominación que se da al arte, la literatura, la historia y, en general, a la cultura del siglo XVII', que, sí, cataloga el ***Manual*** (*El barroco es un fenómeno estético característico del **seiscientos** europeo*).

seísmo. sust. m. → **sismo**

selacio, cia. adj. 'Dícese de ciertos peces marinos, como la raya'. Ú. t. c. sust. m.: **el selacio**. sust. m. pl. 'Orden de estos peces' (*La tintorera pertenece a **los selacios***). Incorrecto: *seláceo, a*.

selección. sust. f. Entre otras denotaciones, 'acción y efecto de seleccionar'; 'elección'; 'equipo de jugadores de distintos clubes que se forma para disputar un encuentro o participar en una competición internacional' (*la **selección** uruguaya de fútbol*). En la Argentina, se usa más **seleccionado** (sust. m.), sin registro académico, pero recomendado por la A.A.L. para su inclusión en el ***Diccionario*** (*el **seleccionado** de fútbol*). Es palabra aguda que, en plural, se hace grave: **selecciones** (*No hacemos **selecciones***).

seleccionado. sust. m. Argent. → **selección**

seleccionador, ra. adj. 'Que selecciona'. sust. m. y f. 'Persona que se encarga de elegir jugadores o atletas para intervenir en una competición': **el seleccionador, la seleccionadora**.

seleccionismo. sust. m. 'Doctrina evolucionista introducida por Darwin y que se basa en la hipótesis de la selección natural'. Es voz de ingreso reciente en el *Diccionario*. No registra, en cambio, **seleccionista** (sust. com.), 'persona que sigue dicha doctrina', correctamente formada.

selector, ra. adj. 'Que selecciona'. sust. m. 'Dispositivo que, en ciertos aparatos o máquinas, sirve para elegir la función deseada' (*Mi televisor tiene un* ***selector*** *de canales*).

selenio. sust. m. 'Metaloide'. No debe usarse el latinismo selénium. Número atómico 34. Símbolo: *Se*

selenita. sust. com. 'Supuesto habitante de la Luna': **el selenita, la selenita**. sust. f. 'Yeso cristalizado en láminas brillantes, espejuelo'.

♦ **selenizaje.** Barbarismo. Corresponde decir **alunizaje**.

♦ **selenizar.** Barbarismo. Corresponde decir **alunizar**.

selenógrafo. sust. m. 'El especialista en selenografía, parte de la astronomía que trata de la descripción de la Luna'. Su femenino es **selenógrafa**.

selenosis. sust. f. 'Manchita blanca en la uña'. Por otro nombre, **mentira** (sust. f.). En plural, no varía: **las selenosis**.

♦ **self-control.** Anglicismo. En español, corresponde decir **autocontrol**.

♦ **self-service.** Anglicismo. En español, corresponde decir **autoservicio**.

sellador, ra. adj. 'Que sella o pone el sello'. Ú. t. c. sust. m. y f.: **el sellador, la selladora**.

selladura. sust. f. 'Acción y efecto de sellar'. Incorrecto: sellamiento.

sello. sust. m. Entre sus muchas denotaciones, la Academia no incluye la acepción de 'marca o firma', "un anglicismo –dice Seco– innecesario". Incorrecto: *Esta obra pertenece a ese sello editorial*. Correcto: *Esta obra pertenece a esa* ***firma*** *editorial*. **sello postal**. 'El de papel que se adhiere a las cartas para franquearlas o certificarlas' (*Juan es un coleccionista de* ***sellos postales***).

selvático, ca. adj. 'Perteneciente o relativo a las selvas'; fig. 'tosco, rústico, falto de cultura'. También puede decirse **silvático, ca** (adj.). La Academia prefiere la primera forma. La 'cualidad de selvático' es la **selvatiquez** (sust. f.).

selvicultura. sust. f. → **silvicultura**

selvoso, sa. adj. 'Propio de la selva'; 'aplícase al país o territorio en que hay muchas selvas'. También puede decirse **silvoso, sa** (adj.). La Academia prefiere la primera forma.

♦ **selvícola.** Barbarismo. Corresponde decir **silvícola**.

semana. sust. f. 'Período de siete días consecutivos que empieza el lunes y termina el domingo'; 'período de siete días consecutivos contados entre uno cualquiera de ellos y el siguiente del mismo nombre' (*Tu* ***semana*** *de vacaciones empieza el martes*), y, entre otras denotaciones más, 'salario ganado en una semana' (*Cobró la* ***semana***). **semana corrida**. Chile. 'Para los efectos del pago de salarios, semana completa aunque haya días feriados intermedios'. La expresión **Semana Santa**, llamada también **mayor** o **grande**, se escribe con mayúscula (*Iré en Semana Santa*). También se escribe con mayúscula cuando denota una en particular (*Semana de las Artes*). **entre semana**. loc. adv. 'En cualquier día de ella, menos el primero y el último'. Es incorrecto escribir entresemana.

semanal. adj. 'Que sucede o se repite cada semana' (*publicación* ***semanal***); 'que dura una semana o a ella corresponde' (*consulta médica* ***semanal***). En plural: **semanales** (*cursos* ***semanales***). → **semanario**

semanario. adj. Equivale a **semanal**. sust. m. 'Periódico que se publica semanalmente' (*Publica un* ***semanario***).

semanero, ra. adj. 'Aplícase a la persona que ejerce un empleo o encargo por semanas'. Ú. t. c. sust. m. y f.: **el semanero, la semanera**.

semanista. sust. com. 'Asistente a congresos, reuniones, etc., que duran una semana': **el semanista, la semanista**.

semantema. sust. m. 'En algunas escuelas lingüísticas, unidad léxica provista de significación'. Es voz recién incorporada en el ***Diccionario***.

semántica. sust. f. 'Estudio del significado de los signos lingüísticos y de sus combinaciones, desde el punto de vista sincrónico o diacrónico' (*La **semántica** es una de las ramas más modernas de las ciencias del lenguaje*); 'en la teoría lingüística generativa, componente de la gramática que interpreta la significación de los enunciados generados por la sintaxis y el léxico'. **semántica generativa**. 'Teoría lingüística que se aparta de la gramática generativa, al establecer que toda oración realizada procede, por transformaciones, de una estructura semántica y no sintáctica'. Por extensión, según sucede con muchos tecnicismos, se aplica a otros signos o elementos de la realidad, o a otras áreas del saber (***semántica** de los colores; **semántica** de los gestos; **semántica** filosófica*), pero, en sentido estricto y sin aditamentos, **la semántica** es la 'ciencia que estudia el significado de las palabras'. → **semasiología**

semántico, ca. adj. 'Referente a la significación de las palabras' (*Hay palabras que ofrecen muchos problemas **semánticos***). Los hablantes, en particular los políticos, usan mal este adjetivo cuando lo aplican con el sentido de **matiz, cuestión de detalle, aspecto secundario**, etc.: *Sobre ese tema, entre nuestros partidarios y los de la oposición, sólo hay diferencias <u>semánticas</u>, por eso será fácil llegar a un acuerdo.* Si las diferencias son semánticas, tienen gran importancia, porque parten de conceptos distintos de la realidad. Correcto: *Sobre este tema, entre nuestros partidarios y los de la oposición, sólo hay diferencias de **matiz** o sólo hay **cuestiones de detalle**, por eso será fácil llegar a un acuerdo.*

semantista. sust. com. 'Lingüista especializado en semántica': **el semantista, la semantista**.

semasiología. sust. f. Equivale a **semántica** (*Profesa la semántica o **semasiología***); 'estudio semántico que parte del signo y de sus relaciones, para llegar a la determinación del concepto'. El adjetivo correspondiente es **semasiológico, ca** (*Los diccionarios comunes, como el mayor de la Academia, son **semasiológicos**, porque parten del significante lingüístico, la palabra, para determinar su significado*).

semblantear. v. tr. En varios países americanos, entre ellos la Argentina, 'mirar a uno cara a cara para penetrar sus sentimientos o intenciones'. Ú. t. c. intr. No debe pronunciarse [semblantiar, semblantié]. → **-ear**

sembradera. sust. f. 'Máquina para sembrar'. Puede decirse, también, **sembradora** (sust. f.), que es más frecuente.

sembradío, a. adj. 'Dícese del terreno destinado o a propósito para sembrar' (*tierra **sembradía***). Distíngase de **sembrado** (sust. m.).

sembrado, da. p. de **sembrar**. Ú. t. c. adj. en expresiones como **perejil mal sembrado** ('barba rala'). sust. m. 'Tierra sembrada' (*No pises el **sembrado***). Pueden decirse, también, **sembrada, sementera** y **siembra** (susts. fs.).

sembrador, ra. adj. 'Que siembra'. Ú. t. c. sust. m. y f.: **el sembrador, la sembradora**. sust. f. 'Máquina para sembrar'. → **sembradera**

sembrar. v. irreg. tr. Rég. prep.: **sembrar con** o **de** (***sembrar con** o **de** flores*); **sembrar en** (***sembrar en** la huerta*); **sembrar entre** (***sembrar entre** piedras*). Su 'acción y efecto' es **sembradura, sementera** y **siembra** (sust. fs.). Se conjuga como **acertar**.

semejante. adj. 'Que semeja o se parece a una persona o cosa'. Rég. prep.: **semejante a** (*Esta piedra es **semejante a** una punta de lanza*); **semejante en** (*Diego es **semejante en** todo a su abuelo*). Ú. con sentido comparativo o ponderativo, en cuyo caso va siempre antepuesto al sustantivo que modifica (*Con **semejantes** recursos, le será fácil triunfar*). También en posición antepuesta, generalmente en oraciones negativas, equivale a **tal** y cobra, a veces, valor despectivo (*No he visto a **semejante** hombre; No quiero saber nada con **semejante** periodista*); 'dícese de dos figuras geométricas distintas sólo por el tamaño, y cuyas partes guardan todas, respectivamente, la misma proporción' (*polígonos **semejantes***). sust. m. 'Cualquier persona respecto a otra'. Equivale a **prójimo** (*Debemos respeto a nuestros **semejantes***). La 'cualidad de semejante' es **semejanza** (sust. f.).

semejar. v. intr. Ú. t. c. prnl. Rég. prep.: **semejar** o **semejarse a** (***semejar** una cosa **a** otra; **semejarse** algo **a** alguno*); **semejar** o **semejarse en** (***semejar** o **semejarse en** casi todo*). Este verbo conserva la **j** en toda la conjugación.

semema. sust. m. 'En algunas escuelas lingüísticas, significado que corresponde a cada morfema en una lengua determinada'. Es un tecnicismo de reciente ingreso en el ***Diccionario***.

semen. sust. m. colect. 'Conjunto de espermatozoides y sustancias fluidas que se producen en el aparato genital masculino'; 'semilla de los vegetales'. Nótese que es palabra grave terminada en **n**, motivo por el cual no lleva tilde. En plural, forma en que se usa poco, se hace esdrújula: **sémenes**.

semental. adj. 'Relativo o perteneciente a la siembra'. 'Aplícase al animal macho que se destina a padrear'. Ú. t. c. sust. m. (*el **semental** negro*).

sementar. v. irreg. tr. 'Sembrar en la tierra'. Distíngase, en las regiones que sesean, de su homófono **cementar** (v. tr.). Se conjuga como **acertar**. → **cementar**

sementera. sust. f. Entre otras denotaciones, 'tierra sembrada', y, en sentido figurado, 'origen o principio del que nacen o se propagan algunas cosas'. → **semillero**. Rég. prep.: **sementera de** (*sementera de males*). También puede decirse **sementero** (sust. m.), pero la Academia prefiere la primera forma. Esta última voz significa, además, 'saco o costal en que se llevan los granos para sembrar'. Distínganse de su homófono **cementero, ra** (adj. Ú. t. c. sust. f.). → **sembrado, sembrar, cementero**

semestre. sust. m. 'Espacio de seis meses' (*El curso dura un **semestre***); 'renta, sueldo, etc., que se paga cada semestre' (*No cobró el **semestre** del alquiler pactado*). Con la denotación de 'conjunto de los números de un periódico o revista publicados a lo largo de seis meses', es sustantivo colectivo (*Se vende el primer **semestre** de ese nuevo periódico limeño*).

semi-. elem. compos. de or. lat. 'Medio' (***semi**círculo*, ***semi**dormido*, ***semi**muerto*). Como en el caso de muchos prefijos, no todas las palabras compuestas que pueden formarse con él están registradas en el ***Diccionario***, según sucede con el último ejemplo, que es de tan correcta formación como ***semi**difunto*, que, sí, se encuentra catalogada por la Academia. → **re-**

semicapro. sust. m. 'Monstruo fabuloso, medio cabra o cabrón, y medio hombre'. También puede decirse **semicabrón** (sust. m.), pero la Academia prefiere la primera forma.

semiconductor, ra. adj. 'Dícese de ciertas sustancias aislantes que se transforman en conductores por la adición de ciertas impurezas'. Ú. t. c. sust. m.: **el semiconductor**.

semiconsonante. adj. 'Aplícase, en general, a las vocales *i*, *u*, en principio de diptongo o de triptongo' (*La palabra "pie" tiene una i **semiconsonante***). Ú. t. c. sust. f. (*La u de "puerta" es una **semiconsonante***). → **semivocal**

semiculto, ta. adj. En una de sus denotaciones, 'dícese de la persona que sólo tiene una mediana cultura general'. Ú. m. c. sust. m. y f., frecuentemente, con sentido peyorativo: **el semiculto, la semiculta.**

semidiós. sust. m. 'Héroe a quien los antiguos colocaban entre sus deidades'. Es palabra aguda que, en plural, se hace grave: **semidioses**. En lenguaje poético, también puede decirse **semideo** (sust. m.). Sus respectivos femeninos son **semidiosa** y **semidea.**

semidragón. sust. m. 'Monstruo que, según la fábula, tenía de hombre la mitad superior del cuerpo y de dragón la otra mitad'. Carece de femenino, forma que, hipotéticamente, sería "semidragona"; pero como tal especie no consta en los fabularios, la voz no tiene registro en el léxico oficial. → **dragón**

semifinal. sust. f. 'Cada una de las dos penúltimas competiciones de un campeonato'. Ú. m. en pl. (*las **semifinales** de fútbol*).

semifinalista. sust. com.: **el semifinalista, la semifinalista**. Ú. t. c. adj. (*jugador **semifinalista***).

semillero. sust. m. 'Sitio donde se siembran y crían los vegetales que después han de trasplantarse' (*Usa un cajón de **semillero***); 'sitio donde se guardan y conservan para estudio colecciones de diversas semillas'; fig. 'origen o principio de que nacen o se propagan algunas cosas' (*Ese negocio es un **semillero** de pleitos*). En esta acepción, equivale a la figurada de **sementera** (sust. f) y tiene su mismo régimen preposicional (***semillero de** vicios*). → **sementera**

seminario. sust. m. En una de sus denotaciones más frecuentes, 'clase en que se reúnen los alumnos con el profesor para hacer trabajos de investigación'. **seminario conciliar**. 'Casa destinada para la educación de los jóvenes que se dedicarán al estado eclesiástico'. Si se refiere a uno en particular, se escribe con mayúscula (*Ingresó en el **Seminario** Conciliar de Paraná*).

seminarista. sust. m. 'Alumno de un seminario conciliar'. La Academia no lo registra como sustantivo común de dos, y la transcripta es la única acepción académica de la palabra. En consecuencia, no admite su aplicación al alumno de un seminario de investigación, varón o mujer.

semiología. sust. f. 'Estudio de los signos en la vida social'. → **semiótica**

semiótica. sust. f. 'Parte de la medicina que trata de los signos de las enfermedades desde el punto de vista del diagnóstico y del pronóstico'; 'teoría general de los signos'. En otra de sus acepciones, equivale a **semiología**.

semipelagiano, na. adj. 'Dícese del hereje que, siguiendo las opiniones sustentadas en el siglo V por Fausto y Casiano, quería conciliar las ideas de los pelagianos con la doctrina ortodoxa sobre la gracia y el pecado original'. Ú. t. c. sust. m. y f.: **el semipelagiano, la semipelagiana**. 'Perteneciente o relativo a la doctrina de estos herejes'.

semiperíodo o **semiperiodo.** sust. m. 'Mitad del período correspondiente a un sistema de corrientes bifásicas'. La Academia prefiere la primera forma.

semirrecta. sust. f. 'Cada una de las dos porciones en que queda dividida una recta por cualquiera de sus puntos'. Nótese que se escribe con **rr**, al igual que el adjetivo **semirrecto, ta** (*ángulo **semirrecto***). Incorrecto: <u>semirecto</u>, <u>semirecta</u>.

semis. sust. m. 'Moneda romana del valor de medio as'. Nótese que es palabra grave y que, por terminar en **s**, no lleva tilde. En plural, no varía: **los semis**.

semisótano. sust. m. colect. 'Conjunto de locales situados, en parte, bajo el nivel de la calle'.

semita. adj. 'Según la tradición bíblica, descendiente de Sem; dícese de los árabes, hebreos y otros pueblos' (*niño **semita***). Ú. t. c. sust. com.: **el semita, la semita**. 'Perteneciente o relativo a estos pueblos' (*lenguas **semitas***). Para esta última denotación, también puede decirse **semítico, ca** (adj.).

semitista. sust. com. 'Persona que estudia la lengua, literatura, instituciones, etc., de los pueblos semitas': **el semitista, la semitista**.

semitransparente. adj. 'Casi transparente'. La Academia admite **trasparente**, si bien prefiere **transparente** (adj.; sust. m.). No registra, en cambio, **semitrasparente**, que no es incorrecto, atento a las dos formas que cataloga para la segunda parte del compuesto. Prefiérase, no obstante, la forma incluida en el léxico oficial, es decir, la que encabeza este artículo.

semivocal. adj. 'Aplícase a la vocal *i* o *u* final de un diptongo' (*La palabra "aceite" tiene una i **semivocal***). Ú. t. c. sust. f. (*En la palabra "causa", la u es una **semivocal***). → **semiconsonante**

sen. sust. m. 'Arbusto oriental cuyas hojas se usan, en infusión, como purgante'. También puede decirse **sena** (sust. f.), pero la Academia prefiere la primera forma. Un homónimo del primero, también sustantivo masculino, denota la 'moneda japonesa de cobre, que vale la centésima parte de un yen'. Plural de los dos homónimos: **senes**.

sena. sust. f. colect. 'Conjunto de seis puntos señalados en una cara de los dados'. sust. f. pl. 'En el juego de las tablas reales y otros, suerte que consiste en salir apareados los dos lados de los seis puntos'. → **sen**

senado. sust. m. Entre otras acepciones, 'cuerpo legislativo'; 'edificio o lugar donde se reúne'. Cuando denota a uno en particular, se escribe con mayúscula (*El **Senado** de la Nación votó la ley*; *El juramento tendrá lugar en el **Senado***).

senador. sust. m. 'El que es miembro del senado'. Su femenino es **senadora**. Incorrecto: <u>la senador</u>. → **cenador**

senaduría. sust. f. 'Dignidad de senador o de senadora'. Incorrecto: <u>senaturía</u>.

senario, ria. adj. 'Compuesto de seis elementos, unidades o guarismos' (*El verso **senario** consta de seis pies*). Ú. t. c. sust. m., aplicado al verso de estas características: **el senario**.

senatorial. adj. 'Relativo o perteneciente al senado o al senador'. También puede decirse **senatorio, ria** (adj.), pero la Academia prefiere la primera forma.

sencillamente. adv. m. 'Con sencillez, sin doblez ni engaño'. También puede decirse **santamente** (adv. m.), su sinónimo exacto según la Academia.

sencillo, lla. adj. Entre otras denotaciones, 'que no tiene artificio ni composición'; 'que carece de adornos'; 'hablando de personas, natural, espontáneo'; fig. 'fácil de engañar, incauto'. Rég. prep.: **sencillo con** o **para con** (***sencillo con*** *o* ***para con*** *todos*); **sencillo de** (***sencillo de*** *maneras*); **sencillo en** (***sencillo en*** *su forma de hablar*). sust. m. 'Disco fonográfico de corta duración con una o dos grabaciones en cada cara'. Este sustantivo es el equivalente español del inglés *single*. Ú. t. c. adj. (*disco* ***sencillo***). América. 'Dinero suelto' (*No tengo* ***sencillo****, sólo le puedo pagar con este billete de cien pesos*). La 'cualidad de sencillo' es la **sencillez** (sust. f.), voz aguda que, en plural, se hace grave y cambia la **z** por **c**: **sencilleces**.

senda. sust. f. → **sendero, peatonal**

senderear. v. tr. 'Encaminar por el sendero'; 'abrir senda'. v. intr. fig. 'Echar por caminos extraordinarios en el modo de obrar o discurrir'. Con esta última denotación, es poco frecuente. No debe pronunciarse [senderiar, senderié]. → **-ear**

sendero. sust. m. Equivale a **senda** (sust. f.), 'camino'; 'procedimiento o medio para hacer o lograr algo'. Diminutivo: **senderuelo**.

sendos, das. adj. pl. 'Uno o una para cada cual de dos o más personas o cosas' (*Juan y Pedro bebieron* ***sendos*** *vasos de vino*; *Los tres niños compraron* ***sendos*** *alfajores*). Por su uso poco frecuente o literario, es común que los hablantes ignoren el verdadero sentido de este adjetivo distributivo, que carece de singular y que sólo tiene variación de género, y lo apliquen o entiendan mal, por estimar que significa 'repetidos' o 'grandes'. Así, en el primer ejemplo de arriba, **sendos** no significa, como algunos creen, que *bebieron* <u>*repetidos*</u> *vasos de vino*, o, en el del segundo, que *compraron* <u>*grandes*</u> *alfajores*. En los dos casos, significa que una pluralidad de personas, que pueden ser dos o más ("Juan y Pedro" o "Los tres niños", en los ejemplos ofrecidos), "bebieron cada uno un vaso de vino" o "compraron cada uno un alfajor para sí". Tampoco este distributivo significa 'ambos' ('el uno y el otro'), otra de las erróneas interpretaciones semánticas que se da a esta voz: *La policía atrapó al autor de* <u>*sendos*</u> *robos, el de la semana pasada y el de anoche*. Correcto: *La policía atrapó al autor de* ***ambos*** *robos, el de la semana pasada y el de anoche*. → **ambos, cada**

senectud. sust. f. 'Edad senil'. No se usa en plural. → **plural (singularia tantum)**

senescente. adj. 'Que empieza a envejecer'. Incorrecto: <u>senecente</u>. La 'calidad de senescente' es **senescencia** (sust. f.).

senil. adj. 'Perteneciente o relativo a la persona de avanzada edad' (*hombre* ***senil***). Es voz aguda que, en plural, se hace grave: **seniles**. La 'condición de senil' es la **senilidad** (sust. f.), voz procedente del francés (*sénilité*) o del inglés (*senility*), de reciente registro académico.

sénior. adj. 'Se aplica a la persona de más edad, autoridad, saber o experiencia en relación con otra u otras del mismo oficio o profesión' (*abogado* ***sénior***); 'también se aplica al deportista que, por su edad, generalmente mayor de veintiún años, pertenece a la categoría superior a la de júnior' (*jugador* ***sénior***). Ú. t. c. sust. com.: **el sénior, la sénior**. Carecen de registro en el léxico oficial. La cataloga el ***Diccionario Manual*** con la siguiente acepción, entre otras: 'Aplícase a la persona de más edad de las dos que usan el mismo nombre'. "Se escribe –indica dicho registro– a continuación del apellido" (*Juan Jiménez,* ***sénior***), pero, agreguemos, de acuerdo con una costumbre inglesa que, estimamos, no debe extenderse al español, sobre todo cuando se escribe sin tilde. En lo demás, es un adjetivo latino que, por posterior influencia del inglés, ha venido a usarse en español con las acepciones indicadas. No nos parece que dicho uso pueda tildarse de incorrección o extranjerismo. En plural: **seniores**. Es usual, también, **seniors**. Abreviatura: ***sr.*** → **júnior**

seno. sust. m. Entre otras denotaciones, 'concavidad o hueco' (*en el* ***seno*** *de la roca*); 'mama de la mujer'; 'matriz de la mujer y de las hembras de los mamíferos' (*Lleva al bebé en su* ***seno***). En una de sus acepciones figuradas, equivale a **regazo** (*Acurrucó al niño en su* ***seno***). **seno de un ángulo**. 'El del arco que sirve de medida al ángulo'. **seno de un arco**. 'Parte de la perpendicular tirada al radio que pasa por un extremo del arco, desde el otro extremo, comprendida entre este punto y dicho radio'.

sensación. sust. f. 'Impresión que las cosas

producen en el alma por medio de los sentidos'; 'emoción'. Es palabra aguda que, en plural, se hace grave: **sensaciones**.

sensacionalista. adj. 'Referente o relativo al sensacionalismo'. Ú. t. c. sust. com.: **el sensacionalista, la sensacionalista**.

sensato, ta. adj. 'Prudente, de buen juicio'. Rég. prep.: **sensato en** (*sensato en sus juicios*). La 'cualidad de sensato' es la **sensatez** (sust. f.), voz aguda que, en plural, se hace grave, y cambia la **z** por **c**: **sensateces**.

sensibilizador, ra. adj. 'Que aumenta la sensibilidad o que hace sensible; en especial, ciertas materias a la acción de la luz'. sust. m. 'Producto químico'; 'obrero especializado que realiza las operaciones de laboratorio necesarias para preparar las placas'. Es voz de reciente incorporación en el ***Diccionario***.

sensibilizar. v. tr. En su uso más frecuente, 'hacer sensible'. Su postverbal es **sensibilización** (sust. f.). → **cazar**

sensible. adj. Entre otras denotaciones, 'que siente, física y moralmente' (*persona **sensible***); 'que puede ser conocido por los sentidos' (*mundo **sensible***); 'evidente, claro, manifiesto' (***sensible** mejoría*); 'dícese de las cosas que ceden fácilmente a la acción de ciertos agentes naturales' (*material **sensible** al calor*). Rég. prep.: **sensible a** (***sensible a** los halagos*; ***al** frío*). No corresponde emplear esta voz con el significado de 'compasivo': *Es tan sensible con los pobres, que les da cuanto posee*. Correcto: *Es tan **compasivo** con los pobres, que les da cuanto posee.*

sensiblero, ra. adj. 'Dícese de la persona o cosa que muestra sensiblería' (*Pedro es **sensiblero**, se conmueve por nada; Le gustan las películas **sensibleras***). Ú. t. c. sust. m. y f: **el sensiblero, la sensiblera**.

♦ **sensitividad.** Anglicismo (*sensitivity*). En español, corresponde decir **sensibilidad**.

sensor. sust. m. 'Cualquier dispositivo que detecta una determinada acción externa, temperatura, presión, etc.' (***sensor** de temperatura*). No se confunda su grafía con la de **censor** (adj. Ú. t. c. sust. m.). → **censor**

sensorial. adj. 'Perteneciente o relativo a la sensibilidad, facultad de sentir'. Es palabra aguda que, en plural, se hace grave: **sensoriales** (*órganos **sensoriales***). La Academia la ha introducido recientemente en su ***Diccionario***. También puede decirse **sensorio, ria** (adj.).

sensual. adj. 'Perteneciente o relativo a los placeres de los sentidos' (*color **sensual***); 'aplícase a los deleites de los sentidos, a las cosas que los incitan o satisfacen, y a las personas aficionadas a ellos' (*pintor **sensual***). No se confunda con **sexual** (adj.), 'relativo al sexo'. La 'cualidad de sensual' es la **sensualidad** (sust. f.). Tampoco se confunda este sustantivo con **sexualidad** (sust. f.). → **sexual, sexualidad**

sensualista. adj. 'Que profesa la doctrina del sensualismo' (*filósofo **sensualista***). Apl. a pers., ú. t. c. s. com.: **el sensualista, la sensualista**. 'Relativo o perteneciente al sensualismo' (*teoría **sensualista***).

sentada. sust. f. 'Tiempo que sin interrupción está sentada una persona' (*Tuvo una **sentada** de diez horas frente a la computadora*); 'acción de permanecer sentado en el suelo un grupo de personas por un largo período de tiempo, con objeto de manifestar una protesta o apoyar una petición' (*Los estudiantes hicieron una **sentada** en defensa de sus derechos*). **de una sentada.** loc. adv. 'De una vez, sin levantarse' (*Lo escribió **de una sentada***). → **sentado**

sentado, da. p. de **sentar**. adj. 'Juicioso, quieto' (*¡Qué niño tan **sentado**!*). También puede decirse **asentado, da** (p. de **asentar**; adj.), forma que es de uso más corriente.

sentador, ra. adj. Argent. y Chile. 'Que sienta o cae bien, dicho de prendas de vestir' (*El vestido que compraste es muy **sentador***). Carece de registro en el ***Diccionario***, pero lo cataloga el ***Manual***, con ese indicador.

sentar. v. irreg. tr. 'Poner o colocar a alguien en una silla, banco, etc., de modo que quede apoyado sobre las nalgas' (***sentar** al abuelo en un sillón*). Ú. t. c. prnl. (***sentarse** en un banquito*). fig. 'Dar por supuesta o por cierta alguna cosa' (***Sentado** que todos conocían los términos del convenio, lo pusieron en práctica*). Argent., Chile, Ecuad. y Perú. 'Sofrenar bruscamente al caballo, haciendo que levante las manos y se apoye sobre los cuartos traseros'. v. intr. fig. y fam. 'Tratándose de la comida o la bebida, ser bien recibidas por el estómago'. Ú. t. con negación y con los adverbios **bien** y **mal** (*No me **sienta** el cerdo*; *Esa infusión **sienta bien** a todos*). fig. y fam. 'Tratándose de cosas o de acciones capaces de influir en la salud del cuerpo, hacer provecho'. Ú. t. con negación y con los adverbios **bien** y **mal** (*Le **sentó bien** el ejercicio*; ***No me ha sentado** la caminata*). fig. 'Convenir una cosa a otra o a una persona'. Ú., generalmente, con los adverbios **bien** y **mal** (*Te **sienta bien** el frac*). fig. y fam. 'Agradar a uno una cosa'. Ú. t. con negación y, comúnmente, con los adverbios **bien** y **mal** (*Me **sienta mal** lo que dices, es injusto*). v. prnl. 'Establecerse, asentarse en un lugar' (*Una vez que **se sentó** en Madrid, me llamó*); fig. y fam. 'hacer a uno huella en la carne una cosa macerándosela' (***Se** me **ha sentado** el contrafuerte del zapato, y me ha salido una ampolla*). Rég. prep.: **sentarse a** (***sentarse a** la mesa*; ***a** la cabecera de la mesa*; ***a** trabajar*); **sentarse de** (***sentarse de** cabecera de la mesa*); **sentarse en** (***sentarse en** la silla*; ***en** el suelo*); **sentarse sobre** o **encima de** (***sentarse sobre** o **encima de** un cajón*; ***sobre** o **encima de** una mesa*); **sentarse junto a** (***sentarse junto a** la puerta*). Son construcciones incorrectas: *sentarse en la mesa*, por ***sentarse a** la mesa*; *sentarse en la cabecera de la mesa*, por ***sentarse a** la cabecera de la mesa* o ***sentarse de** cabecera de la mesa*; *sentarse en* o *sobre la puerta*, por ***sentarse junto a** la puerta*. Se admite ***sentarse en** la mesa*, con el significado de ***sentarse encima de** la mesa*. **estar uno bien sentado**. fr. fig. 'Estar uno asegurado en el empleo o conveniencia que disfruta'. Es un vulgarismo agregar una **n** final a la forma imperativa de **sentarse**, para la tercera persona plural: ***Siéntensen***. Correcto: ***Siéntense***. Se conjuga como **acertar**. → **se (reflexivo)**

sentencia. sust. f. 'Entre otras denotaciones, 'dictamen'; 'resolución del juez'. Aumentativo: **sentención** (m.). Diminutivo: **sentezuela**. La Academia ha incorporado recientemente estas acepciones: 'En informática, secuencia de expresiones que especifica una o varias operaciones'; 'en lingüística, oración gramatical'. **sentencia definitiva**. 'Aquella en que el juez resuelve finalmente sobre el asunto principal, declarando, condenando o absolviendo'. **sentencia firme**. 'La que no es apelable y causa ejecutoria'. Los hablantes confunden, a veces, por falta de cultura jurídica, estos sintagmas.

sentenciador, ra. 'Que sentencia o tiene competencia para sentenciar'. Ú. t. c. sust. m. y f.: **el sentenciador, la sentenciadora**.

sentenciar. v. tr. 'Pronunciar sentencia'; 'condenar por sentencia en materia penal'; fig. 'expresar juicio, parecer o dictamen'; fig. y fam. 'destinar o aplicar una cosa a un fin' (*Esta palangana está **sentenciada** a servir de basurero*). Rég. prep.: **sentenciar a** (***sentenciar a** cadena perpetua*); **sentenciar en** (***sentenciar en** justicia*); **sentenciar por** (***sentenciar por** homicidio*); **sentenciar según, conforme a** o **de conformidad con** (***sentenciar según, conforme a** o **de conformidad con** la ley*). Se conjuga, en cuanto al acento, como **cambiar**.

sentencioso, sa. adj. 'Aplícase al dicho, oración o escrito que encierra moralidad o doctrina expresada con gravedad o agudeza' (*"Lo bueno, si breve, dos veces bueno" es un dicho **sentencioso***); 'dícese del tono de afectada gravedad' (*Su hablar es **sentencioso***). Rég. prep.: **sentencioso en** (***sentencioso en** sus palabras*).

senticar. sust. m. 'Sitio poblado de espinos'. Equivale a **espinar**. En plural: **senticares**. → **espino**

sentido, da. adj. 'Que explica o incluye un sentimiento' (***sentido** gesto*). 'Dícese de la persona que se resiente u ofende con facilidad'; en esta acepción, equivale a **resentido** (*Está muy **sentido** con tus palabras*). sust. m. 'Cada una de las aptitudes que tiene el alma, de percibir, por medio de determinados órganos corporales, las impresiones de los objetos externos' (*El hombre posee varios **sentidos**; uno de ellos es el de la vista*); 'entendimiento, razón' (*Tiene muy buen **sentido** para resolver las cosas*); 'inteligencia o conocimiento con que se ejecutan algunas cosas' (*Lee con **sentido***); 'razón de ser, finalidad' (*Sus actos carecen de **sentido***); 'significado o acepción de una palabra' (*Los **sentidos** de esta palabra son muchos*); 'cada una de las interpretaciones que puede admitir un texto' (*El **sentido** de este párrafo depende del contexto*), y, entre otras denotaciones, 'modo de apreciar una dirección desde un determinado punto a otro, por oposición a la misma dirección apreciada desde este segundo punto al primero' (*¿Esa calle corre en **sentido** paralelo o transversal al río?*). No debe usarse, sin embargo, en otros enunciados, como sinónimo de **dirección**: *Recorrió el país en todos los sentidos*. Correcto: *Recorrió el país en todas las **direcciones***. También es incorrecto *sentido único* (*Esta calle tiene sentido único*), por ***dirección única*** (*Esta calle tiene **dirección única***). **costar** una cosa **un**

sentido. fr. fig. y fam. 'Costar excesivamente cara' (*Ese vestido* ***cuesta un sentido***). **valer** una cosa **un sentido**. fr. fig. y fam. 'Ser de gran valor o precio' (*Sus cuadros* ***valen un sentido***). **de sentido común**. fr. 'Conforme a buen juicio' (*Es* ***de sentido común*** *asesorarse antes de obrar en cuestiones que pueden ser litigiosas*). **perder** uno **el sentido**. fr. 'Desmayarse'. **sexto sentido**. fr. Argent. 'Intuición, facultad de captar lo que normalmente no se percibe por ninguno de los cinco sentidos'. Carece de registro en el ***Diccionario***, pero la A.A.L. recomendó la inclusión de este regionalismo, de uso muy frecuente.

sentimental. adj. 'Que expresa o excita sentimientos tiernos'; 'propenso a ellos'. 'Que afecta sensibilidad de un modo exagerado'. Ú. t. c. sust. com.: **el sentimental, la sentimental.** Es palabra aguda que, en plural, se hace grave: **sentimentales.**

sentimentalismo. sust. m. 'Cualidad de sentimental'. Es un galicismo (*sentimentalité*) o un anglicismo (*sentimentality*) decir, en su reemplazo, *sentimentalidad*.

sentir. sust. m. 'Sentimiento del ánimo' (*Tal es mi íntimo* ***sentir***); 'parecer o juicio' (*En esta discusión, expresaré el* ***sentir*** *de mi padre*). Su homónimo es el verbo **sentir** (irreg. tr.), 'experimentar sensaciones' (***sentir*** *mareos*); 'oír' (***Sintió*** *ruidos*); 'experimentar una impresión, dolor o placer corporal, o espiritual' (***sentir*** *frío* o *bienestar*; ***sentir*** *miedo* o *alegría*); 'lamentar' (***sentir*** *la muerte de un amigo*); 'presentir' (***sentir*** *que lloverá*). En esta acepción, se aplica, sobre todo, a animales que, con sus acciones, denotan, por ejemplo, mudanzas del tiempo (*Los perros corren hacia las casas cuando* ***sienten*** *que viene una tormenta*). v. prnl. 'Formar queja una persona de alguna cosa' (***Se ha sentido*** *de su proceder*); 'padecer un dolor en una parte del cuerpo' (***Se sintió*** *de la mano*). Seguido de algunos adjetivos, 'hallarse o estar como se expresa' (***sentirse*** *enfermo*); 'considerarse' (***sentirse*** *obligado*). Entre sus muchas acepciones, este verbo no tiene la de 'conocer o darse cuenta', con la que, a veces, se lo emplea (*No sientes que es como te lo explico* por *No te* ***das cuenta*** *de que es como te lo explico*). Rég. prep.: **sentir con** (***sentir con*** *otro*); **sentir** algo **de** (***sentir*** *dolor* ***de*** *espaldas*; ***sentir*** *pena* ***de*** *sus semejantes*); **sentir en** (***sentir en*** *el alma*; ***en*** *la cintura*); **sentirse con** (***sentirse con*** *fuerzas*); **sentirse de** (***sentirse del*** *pie*; ***sentirse de*** *las injurias*). **que sentir**. fr. que denota o augura 'consecuencias lamentables de alguna cosa'. Ú. más precedida de los verbos **dar** y **tener** (*Su actitud me* ***dio que sentir***). **sin sentir**. loc. adv. 'Sin darse cuenta de ello' (*Lo hizo* ***sin sentir***). La irregularidad de este verbo consiste en que la **e** de la raíz se convierte en **ie**, cuando es tónica, y en **i**, cuando la desinencia empieza por **a** o por diptongo: presente de indicativo (***siento, sientes, siente, sienten***); presente de subjuntivo (***sienta, sientas, sienta, sintamos, sintáis, sientan***); pretérito imperfecto de subjuntivo (***sintiera*** o ***sintiese, sintieras*** o ***sintieses, sintiera*** o ***sintiese, sintiéramos*** o ***sintiésemos, sintierais*** o ***sintieseis, sintieran*** o ***sintiesen***), futuro de subjuntivo (***sintiere, sintieres, sintiere, sintiéremos, sintiereis, sintieren***); imperativo (***siente***) y gerundio (***sintiendo***).

seña. sust. f. 'Indicio para dar a entender una cosa o venir en conocimiento de ella' (*Te daré una* ***seña*** *que te permitirá reconocerla en seguida*); 'lo que de concierto está determinado entre dos o más personas para entenderse' (*Cuando me hagas esa* ***seña***, *sabré a qué atenerme*); 'signo o medio que se emplea para luego acordarse de algo' (*Puso una* ***seña*** *en la página*); 'vestigio que queda de alguna cosa' (*Este cigarrillo a medio apagar es* ***seña*** *inequívoca de que acaba de pasar por acá*). En estas tres últimas acepciones, equivale a **señal**. sust. f. pl. 'Indicación del lugar y el domicilio de una persona' (*Me deja, por favor, sus* ***señas***). **señas personales**. 'Rasgos característicos de una persona que permiten distinguirla de las demás'. **dar señas**. fr. 'Describir una cosa de modo que pueda distinguirse de otra' (*No te puedo* ***dar señas*** *del lugar exacto en que tienes que desviarte, porque no lo recuerdo*). **hablar** uno **por señas.** fr. 'Darse a entender por ademanes' (*Como no sabía alemán,* ***hablaba por señas***). **hacer señas**. fr. 'Indicar uno con gestos o ademanes lo que piensa o quiere' (***Hizo señas*** *desde el barco para que lo viera*). **por señas** o **por más señas**. loc. adv. fam. Ú. para 'traer al conocimiento una cosa, recordando las circunstancias o indicios de ella'. **señas mortales**. fr. fig. 'Indicios vehementes de alguna cosa'. Ú. m. con el verbo **ser**. **santo y seña**. fr. 'Contraseña' (*El sargento no le franqueó la entrada al cuartel, porque el soldado desconocía el* ***santo y seña***). → **señal**

señal. sust. f. Entre otras denotaciones, 'marca o nota que se pone o hay en las cosas para darlas a conocer y distinguirlas de otras' (*Hizo en el lápiz una* ***señal*** *para reconocerlo*); 'signo que se pone para acordarse de algo'; 'vestigio de algo'. En estas tres acepciones, equivale a **seña**. 'Hito o mojón que se pone para marcar un término'. 'Distintivo, marca'. Se usa en sentido peyorativo o favorable (*Es una buena o mala* ***señal***). 'Cicatriz' (*Tiene en la mejilla la* ***señal*** *de una cuchillada*). 'Cosa que por su naturaleza o convencionalmente evoca en el entendimiento la idea de otra'. En esta acepción, equivale a **signo** (*Esta fiebre alta es* ***señal*** *de una enfermedad grave*). 'Imagen o representación de algo' (***señal*** *de peligro*). 'Cantidad o parte de precio que se adelanta en algunos contratos, y autoriza, salvo pacto en contrario, para rescindirlos, perdiendo la señal el que la dio, o devolviéndola duplicada quien la había recibido'. En la Argentina, para esta denotación, se usa **seña** (sust. f.), regionalismo sin registro en el ***Diccionario***. → **señar**. Diminutivo: **señaleja**. En plural: **señales**. **señal de la cruz**. 'Cruz formada con dos dedos de la mano o con el movimiento de ésta, representando aquella en que murió nuestro Redentor' (*Hizo la* ***señal de la cruz***). **en señal**. loc. adv. 'En prueba' (*Se lo dijo,* ***en señal*** *de amistad*). **ni señal**. expr. con que se da a entender que 'una cosa ha cesado, se acabó del todo o no se halla' (*De aquellos amores no quedan* ***ni señales***; ***Ni señal***, *de fulano*).

señalada. sust. f. Argent. 'Acción de señalar el ganado'; 'época en que se realiza'; 'fiesta que se celebra con tal motivo'.

señalado, da. p. de **señalar**. Rég. prep.: **señalado con** (***señalado con*** *una marca*); **señalado de** (***señalado del*** *dedo de Dios*). adj. 'Insigne, famoso' (*un* ***señalado*** *pintor*).

señalar. v. tr. Entre otras denotaciones, 'poner una señal'; 'llamar la atención hacia una persona o cosa, designándola con la mano o de otro modo'. Rég. prep.: **señalar con** (***señalar con*** *un lápiz*); **señalar en** (***señalar en*** *el pizarrón*). v. prnl. 'Distinguirse, singularizarse' (***Se señala*** *por su buen comportamiento*). Rég. prep.: **señalarse en** (***señalarse en*** *la guerra*); **señalarse por** (***señalarse por*** *inteligente*). Es vulgar la construcción con de que (dequeísmo): *Le señaló de que eso no estaba bien*. Correcto: *Le* ***señaló que*** *eso no estaba bien*. Su postverbal es **señalamiento** (sust. m.). No debe usarse este verbo con la denotación de **señalizar** (v. tr.). → **señalizar**

señalero. sust. m. Argent. 'Técnico responsable de una cabina de señalización ferroviaria'.

señalizar. v. tr. 'Colocar señales en las carreteras y otras vías de comunicación' (***Han señalizado*** *muy bien esa ruta*). No debe usarse este verbo con el sentido de **señalar** (v. tr.), 'poner una señal'. Incorrecto: *Señalizó la página del libro con un papel*. Correcto: ***Señaló*** *la página del libro con un papel*. Su postverbal es **señalización** (sust. f.). Incorrecto: señalación. → **cazar**, **señalar**

señar. v. tr. Argent. 'Adelantar una suma de dinero para asegurar la futura compra de un bien'. Equivale a **dar señal** (***Señó*** *un departamento en la inmobiliaria*). Carece de registro en el ***Diccionario***. → **señal** (**seña**)

señor, ra. adj. 'Dueño de una cosa; que tiene propiedad y dominio sobre ella'. Ú. m. c. sust. m. y f.: **el señor**, **la señora** (*El* ***señor*** *de la casa no está*). fam. 'Noble, decoroso, especialmente hablando de modales, trajes, colores' (*Luce un* ***señor*** *traje*). Ú., generalmente, antepuesto como ponderativo (***señora*** *herida*). sust. m. 'Por antonomasia, Dios o Jesús en el sacramento eucarístico'. Se escribe con mayúscula (*el* ***Señor***). 'Poseedor de bienes' (*Es amo y* ***señor*** *de estas tierras*); 'amo con respecto a los criados' (*Mi* ***señor*** *lo ordenó, dijo el criado*); 'término de cortesía que se aplica a cualquier hombre' (***señor*** *gasista*); 'título que se antepone al apellido de un varón y, en América, al nombre y apellido, y, en uso popular, al nombre solo' (***señor*** *González*; ***señor*** *Pedro González*; ***señor*** *Pedro*); en España y en otros países, cuando se antepone al nombre o al nombre y el apellido, se agrega don (***señor don*** *Pedro*; ***señor don*** *Pedro González*); 'varón respetable' (*No era un joven, era un* ***señor*** *el que preguntó por ti*); 'tratamiento que se da a una persona real para dirigirse a ella de palabra o por escrito' (*¡****Señor****, me escucha!*). Su forma sincopada es **seor** (sust. m.), y la apócope de esta última, **seó** (sust. m.). Es palabra aguda que, en plural, se hace grave: **señores**. Abreviaturas: ***Sr.*** (sing.); ***Sres.*** o ***Srs.*** (pl.). → **ño**. Su femenino, salvo cuando denota a Dios o Jesús, es **señora**, voz que también significa 'mujer del señor, esposa'. Cuando se aplica a la Virgen, se escribe con mayúscula, precedido del posesivo de primera persona plural: **Nuestra Señora**. Abreviatura: ***Ntra. Sra.*** La forma sincopada de **señora** es **seora** (sust. f.). Abreviaturas: ***Sra.*** (sing.), ***Sras.*** (pl.). → **ña**

señoreador, ra. adj. 'Que señorea'. Ú. t. c. sust. m. y f.: **el señoreador, la señoreadora**.

señorear. v. tr. 'Mandar en una cosa como dueño de ella'. 'Sujetar una cosa a su dominio'. Ú. t. c. prnl. (***Se señoreó** de esas tierras*). Para esta última denotación, puede decirse, también, **enseñorear** (v. tr. Ú. t. c. prnl.). Rég. prep.: **señorearse de** (***señorearse de** una cosa*). fig. 'Sujetar las pasiones'; fam. 'dar a uno repetidas veces e importunamente el tratamiento de señor' (*No me **señorees** tanto*). v. prnl. 'Adoptar gravedad y mesura en el porte, vestido o trato' (*Anda **señoreándose** por los salones*). No debe pronunciarse [señoriar, señorié]. → **-ear**

señoría. sust. f. 'Tratamiento que se da a las personas a quienes compete por su dignidad, como, por ejemplo, a los jueces'. Abreviatura de **su señoría**: ***S.S.*** 'Persona a quien se da este tratamiento'; 'dominio sobre una cosa'.

señorial. adj. 'Perteneciente o relativo al señorío' (*tierras **señoriales***). La Academia lo distingue de **señoril** (adj.), 'perteneciente o relativo al señor' (*ademanes **señoriles***), pero, como anota Moliner, prácticamente son sinónimos en casi todos los contextos. 'Majestuoso, noble' (*muebles **señoriales***).

señoril. adj. → **señorial**

señorío. sust. m. 'Dominio o mando sobre una cosa'; 'territorio perteneciente al señor'; 'dignidad de señor'; fig. 'gravedad y mesura en el porte o en las acciones' (*Tiene mucho **señorío***); fig. 'dominio y libertad en el obrar, sujetando las pasiones a la razón'. Con la denotación de 'conjunto de señores o personas distinguidas', es sustantivo colectivo (*En la boda, se dio cita todo el **señorío** del lugar*).

señorita. sust. f. En sus denotaciones más frecuentes, 'término de cortesía que se aplica a la mujer soltera'; 'tratamiento de cortesía que se da a maestras, profesoras, secretarias, etc.'. Abreviaturas: ***Srta.*** (sing.); ***Srtas.*** (pl.). No se confundan con las abreviaturas, singular y plural, de **santa** (sust. f.). → **santa, señorito**

señorito. sust. m. 'Hijo de un señor o de persona de representación'; fam. 'amo con respecto a los criados'. El femenino de estas dos acepciones es **señorita**. fam. 'Joven acomodado y ocioso' (*Se las da de **señorito***). Despectivos: **señoritingo, señoritinga** (sust. f.). → **señorita**

señorón, na. adj. 'Muy señor o muy señora, por serlo en realidad o por afectar señorío y grandeza' (*mujer **señorona***). Ú. t. c. sust. m. y f.: **el señorón, la señorona**.

señuelo. sust. m. En su denotación figurada, que es una de las más usuales, 'cualquier cosa que sirve para atraer, persuadir, inducir, con alguna falacia'. Argent. y Bol. 'Grupo de novillos mansos, acostumbrados a seguir el cabestro, con los que se realizan apartes o se atrae al ganado arisco'.

seo. sust. f. Ar. 'Iglesia catedral'. Es un regionalismo muy difundido, incluso, fuera de Aragón. Nótese su género (*Visitaremos **la seo** de esa ciudad*).

sepancuantos. sust. m. fam. 'Castigo, zurra'. En plural, no varía: **los sepancuantos**. No debe escribirse en dos palabras ni, en singular, sin **s** final.

separación. sust. f. 'Acción y efecto de separar o separarse'; 'interrupción de la vida conyugal por conformidad de las partes o fallo judicial, sin quedar extinguido el vínculo matrimonial'. Distíngase de **divorcio** (sust. m.), en que, sí, hay disolución del vínculo conyugal.

separador, ra. adj. 'Que separa'. Ú. t. c. sust. m. y f.: **el separador, la separadora**.

separar. v. tr. 'Establecer distancia'. Ú. t. c. prnl. 'Formar grupos homogéneos de cosas que estaban mezcladas con otras' (***Separó** los cubos de los prismas*); 'considerar aisladamente cosas que estaban juntas o fundidas' (***Separó** las ideas principales de las secundarias*), y, entre otras denotaciones, 'privar a alguien de un empleo' (*Lo **separó** del cargo*). v. prnl. 'Tomar caminos distintos' (***Se separaron** en Mendoza*); 'interrumpir los cónyuges la vida en común, sin que se extinga el vínculo'; 'renunciar a una asociación que se mantenía con otra u otras personas' (***Se separó de** sus socios*); 'hablando de una comunidad política, hacerse autónoma'. Rég. prep.: **separar** o **separarse de** (***separar** blanco **de** negro; **separarse de** los padres*). → **separación**

separata. sust. f. 'Impresión por separado de un artículo o capítulo publicado en una revista o libro'. También puede decirse **sobretiro** (sust. m.). La Academia prefiere la primera forma.

separatista. adj. 'Partidario o defensor del separatismo' (*político **separatista***). Apl. a pers., ú. t. c. sust. com.: **el separatista**, **la separatista**. 'Perteneciente o relativo al separatismo' (*ideas **separatistas***).

septembrino, na. adj. 'Perteneciente o relativo al mes de septiembre'. 'Dícese especialmente de ciertos movimientos revolucionarios acaecidos en ese mes'. Ú. t. c. sust. m. y f.: **el septembrino, la septembrina**. La Academia no registra la grafía simplificada del grupo **pt**, como lo hace con el nombre del citado mes. → **septiembre**

septena. sust. f. colect. 'Conjunto de siete cosas por orden o que se suceden' (*La pulsera consistía en una **septena** de gruesas cuentas de vidrio*). La Academia admite **setena**, pero prefiere la primera forma. Incorrecto: <u>*sectena*</u>.

septenario, ria. adj. 'Aplícase al número compuesto de siete unidades o que se escribe con siete guarismos'; 'aplícase, en general, a todo lo que consta de siete elementos'. sust. m. 'Tiempo de siete días'; 'tiempo de siete días que se dedican a la devoción y culto de Dios y de los santos' (*Hubo un **septenario** a la Virgen de los Dolores*). La Academia admite la grafía **setenario, ria**, pero prefiere la primera, al igual que el uso culto. Incorrecto: <u>*sectenario*</u>. → **septenio**

septenio. sust. m. 'Período de siete años' (*Alquiló el campo por un **septenio***). Incorrecto: <u>*sectenio*</u>. No se confunda con **septenario** (sust. m.), 'tiempo de siete días'.

septentrión. sust. pr. m. Por otro nombre, **Osa Mayor** (*La Osa Mayor o **Septentrión** es una constelación*); 'Norte, punto cardinal' (*Señale en el globo terráqueo el **Septentrión***). sust. m. 'Polo ártico' (*El rompehielos se dirige al **septentrión***); 'lugar de la Tierra del lado del polo ártico o norte' (*El viento sopla del **septentrión***); 'viento que viene del norte' (*El **septentrión** sopla con furia*). Nótese que, con estas últimas denotaciones, se escribe siempre con minúscula. El adjetivo correspondiente es **septentrional** (*país **septentrional***). Se usa con mayúscula en sintagmas como **América Septentrional**, **África Septentrional**.

septeto. sust. m . 'Composición musical para siete instrumentos o siete voces'. Con la denotación de 'conjunto de estos siete instrumentos o voces', es sustantivo colectivo. Incorrecto: <u>*secteto*</u>. No se confunda con **sexteto** (sust. m.). → **sexteto**

septicemia. sust. f. 'Género de enfermedades infecciosas graves'. Incorrecto: <u>*secticemia*</u>. También puede decirse **sepsis** (sust. f.), voz que, en plural, no varía: **las sepsis**. La Academia prefiere la primera forma. El adjetivo correspondiente es **septicémico, ca**. Incorrecto: <u>*seticemia*</u>, <u>*sesis*</u>, <u>*seticémico*</u>.

séptico, ca. adj. 'Que produce putrefacción o es producido por ella'; 'que contiene gérmenes patógenos' (*foco **séptico***). Su antónimo es **aséptico, ca** (adj.).

septiembre o **setiembre.** sust. m. 'Noveno mes del año; tiene treinta días'. Las dos formas son correctas, pero la Academia y los hablantes cultos, en general, se inclinan por la primera, al menos en lengua escrita. Como los nombres de los otros meses, debe escribirse con minúscula.

séptimo, ma. adj. 'Que sigue inmediatamente en orden al o a lo sexto' (***séptimo** piso*). Con esta denotación, es numeral ordinal. También puede decirse, para este ordinal, **siete** (sust. m.): *el piso **siete***. En cambio, es partitivo cuando indica 'cada una de las siete partes iguales en que se divide un todo' (*Recibió una **séptima** parte*). Ú. t. c. sust. m. (*Recibió el **séptimo** que le correspondía*). La Academia admite **sétimo, ma** (adj. Ú. t. c. sust. m.), pero prefiere la primera grafía, al igual que el uso culto, al menos en lengua escrita. Tanto para el ordinal como para el partitivo, también puede decirse **septeno, na** (adj.). → **número, siete**

septingentésimo, ma. adj. 'Que sigue inmediatamente en orden al o a lo sexcentésimo nonagésimo nono'. Con esta denotación, es numeral ordinal (*el **septingentésimo** aniversario de la fundación de la ciudad*). Es más usual escribirlo con números y pronunciarlo o leerlo conforme al numeral cardinal respectivo: **setecientos** (*el **700** aniversario de la fundación de la ciudad*). Es partitivo, en cambio, cuando significa 'cada una de las setecientas partes iguales en que se divide un todo' (*Ésta es la **septingentésima** parte del diccionario*). Ú. t. c. sust. m.: **el septingentésimo**. → **número, setecientos**

septuagenario, ria. adj. 'Que ha cumplido la edad de setenta años y no llega a los ochenta' (*Mi abuelo es **septuagenario***). Ú. t. c. sust. m. y f.: **el septuagenario, la septuagenaria**.

septuagésimo, ma. adj. 'Que sigue inmediatamente en orden al o a lo sexagésimo nono' (***septuagésimo** aniversario*). Con esta denotación, es numeral ordinal. Puede usarse, con ese mismo valor, el cardinal correspondiente y escribirse con números (*Es el **70** aniversario de su nacimiento*). En cambio, es partitivo con la denotación de 'cada una de las setenta partes iguales en que se divide un todo' (*la **septuagésima** parte*). Ú. t. c. sust. m.: **el septuagésimo**. → **número**, **setenta**

septuplicar. v. tr. 'Hacer séptupla una cosa; multiplicar por siete una cantidad' (***Septuplicó** el capital invertido*). Ú. t. c. prnl. Incorrecto: <u>*sectuplicar*</u>. → **sacar**

séptuplo, pla. adj. 'Aplícase a la cantidad que incluye en sí siete veces a otra'. Es numeral multiplicativo. Ú. t. c. sust. m.: **el séptuplo**. Incorrecto: <u>*séctuplo*</u>.

sepulcro. sust. m. El sintagma **Santo Sepulcro**, aquel en que estuvo sepultado Jesucristo, se escribe con mayúscula. **bajar al sepulcro**. fr. 'Morirse'. **ser** uno **un sepulcro**. fr. 'Ser capaz de guardar con fidelidad un secreto'.

sepultar. v. tr. 'Poner en la sepultura a un difunto; enterrar su cuerpo'. fig. 'Esconder, ocultar alguna cosa'. Ú. t. c. prnl. fig. 'Dicho del ánimo, sumergir, abismar'. Ú. m. c. prnl. (***sepultarse** en sus amarguras*). Rég. prep.: **sepultar** o **sepultarse en** (***sepultar en** tierra*; ***sepultarse en** pensamientos tristes*). Nótese que, en sentido literal, sólo se sepulta a las personas; a los animales se los entierra. Este verbo tiene dos participios, uno regular (***sepultado***) y otro irregular (***sepulto***). Su 'acción y efecto' es **sepultura** (sust. f.). Incorrecto: <u>*sepultación*</u>.

sepulturero. sust. m. 'El que tiene por oficio sepultar a los muertos'. Carece de femenino.

sequedal o **sequeral.** sust. m. 'Terreno muy seco'. Las dos formas son correctas.

sequero. sust. m. 'Tierra sin riego'; 'cosa muy seca'. También puede decirse, para ambas acepciones, **sequío** (sust. m.).

ser. sust. m. 'Esencia o naturaleza' (*Eso es parte de su **ser***; *Estudiaremos el **ser** de las cosas*); 'cualquier cosa creada, especialmente las dotadas de vida' (***seres** vivos*); 'el ser humano', forma que se emplea, como dice la Academia, "frecuentemente acompañada de adjetivos calificativos" (*Es un **ser** inteligente*; *Son **seres** resignados*); 'valor, precio, estimación de las cosas' (*En esa respuesta, está todo el **ser** de su concepción de la vida*); 'modo de existir' (*Su **ser** es así*). **ser supremo.** 'Dios'. Generalmente, aunque no siempre, se escribe con mayúscula (*Creo en el **Ser Supremo***; *Hay un **ser supremo** que vela por nosotros*). Plural: **seres**. **en ser** o **en su ser**. loc. adv. 'Sin haberse gastado, consumido o deshecho'. Esta voz tiene un homónimo, el infinitivo del verbo **ser**, que tratamos por separado.

ser. v. irreg. Usos sintácticos: • Copulativo. Se construye con atributo o predicado nominal (o, según otras escuelas gramaticales, predicativo subjetivo obligatorio), función que desempeñan adjetivos, sustantivos y construcciones, que son los núcleos de la significación léxica del predicado, aunque sintácticamente el verbo sea el núcleo oracional (***Juan es rico***; ***Son médicos***; ***El papel es de color rosa***). El atributo concuerda en género y número con el sujeto (***Ana es rica***; ***Las dos son médicas***), salvo cuando la palabra que cumple esta función carece de variación de género (***La fuente es de plata***) o cuando el sujeto es un pronombre de primera y segunda persona del singular (**yo, tú**), que carecen de distinción de género y, "si éste aparece en el atributo –bien dice Alarcos Llorach–, no se trata propiamente de concordancia, sino de una mera referencia a la realidad designada" (***Yo soy estudioso***; ***Yo soy estudiosa***; ***Tú eres bueno***; ***Tú eres buena***). El carácter copulativo de este verbo es claramente reconocible, porque si trasladásemos algunos de los ejemplos anteriores a formas interrogativas (*¿**Juan es rico**?*; *¿**Son médicos**?*; *¿**Ana es rica**?*; *¿**Las dos son médicas**?*; *¿**La fuente es de plata**?*), "la respuesta –afirma Alarcos Llorach–, suprimiendo por redundante la noción explícita del atributo, ofrecería en todos los casos el referente átono *lo*", compatible con cualquier género y cualquier número (***Lo es***; ***Lo son***; ***Lo es***; ***Lo son***; ***Lo es***). Cuando el sujeto del predicado con verbo copulativo es una **construcción con infinitivo** o formada con **que + indicativo** o **subjuntivo**, la que normalmente va pospuesta al verbo, éste va en singular, y el atributo en género masculino (***Es preciso** insistir en eso*; ***Es notorio** que hemos perdido*; ***Es necesario** que corramos*); pero cuando el sujeto pospuesto es una construcción sustantiva, el verbo **ser** y su atributo deben concordar en género y número con él (***Son necesarias*** *estas medidas*; ***Son obligatorios*** *estos impuestos*). Lo mismo corresponde cuando el atributo está formado por la preposición **de + infinitivo**, en que el verbo va en plural o en singular, en concordancia, según corresponda, con el sujeto (***Son*** *de temer nuevos gravámenes*; ***Son*** *de esperar las medidas anunciadas*). Incorrecto: *Es de temer nuevos gravámenes*; *Es de esperar las medidas anunciadas*. "Muchos periodistas –acota Seco– olvidan esta regla tan elemental. También, a veces, escritores de talla". • Auxiliar. El verbo **ser** sirve para formar la voz pasiva, con carácter de verbo auxiliar, junto con el participio del verbo que se conjuga, el que concuerda en género y número con el sujeto, un sujeto paciente (***Soy amado***; ***Eres servido***; ***Fuimos admiradas***; *La noticia* ***era conocida***). Recuérdese que sólo los verbos transitivos tienen voz pasiva. Cuando se quiere expresar el actor de la acción verbal, se construye con complemento agente, encabezado, en general, con la preposición **por** (***Fuimos aplaudidos por*** *la sala entera*) o **de** (***Ha sido saludado de*** *todos*). No se olvide, por otro lado –como puntualiza el ***Esbozo***–, la preferencia del español por la voz activa: "Las lenguas francesa e inglesa emplean la pasiva, y otras construcciones nominales, en proporciones mucho mayores que la nuestra. Conviene que los traductores tengan en cuenta esta preferencia, para no cometer faltas de estilo y aun incorrecciones gramaticales. Por otra parte, el empleo creciente de la pasiva refleja e impersonal contribuye a limitar [en español] la frecuencia de la pasiva con *ser*". Recuérdese, asimismo, que la construcción pasiva de **ser + participio** es una perífrasis verbal. • Impersonal. En este uso, adopta construcciones iguales a las de los verbos que expresan fenómenos de la naturaleza (***Es*** *temprano*; ***Era*** *tarde*; *Pronto,* ***será*** *invierno*). • **Predicativo**. Con esta función es intransitivo y significa 'existir' (*Yo* ***soy***; ***Ser*** *o no* ***ser***).

Algunos significados especiales de ser. Indica: 'afirmación o negación' (*Esto* ***es***; *Esas flores no* ***son***); 'tiempo u hora' (***Son*** *las tres*; ***Es*** *la una*); con la preposición **para**, 'ser capaz o servir' (*Esta olla no* ***es para*** *freír*; *Tu hijo* ***es para*** *soldado*); 'suceder, acontecer' (*El accidente* ***fue*** *así*); 'valer, costar' (*El ramo de rosas* ***es*** *a tres pesos*; *¿A cómo* ***es*** *el pollo?*); con la preposición **de**, señala, entre otros sentidos, 'relación de posesión o pertenencia, o de materia' (*La casa* ***es de*** *Pedro*; *El cofre* ***es de*** *madera*); 'corresponder, tocar' (*Ese gesto* ***es de*** *persona poco educada*); 'formar parte de una corporación o comunidad' (***Es de*** *la Academia*; *No* ***es del*** *partido*); 'hablando de lugares o países, tener principio, origen o naturaleza' (*Los jugadores* ***son de*** *Montevideo*; *Esa planta* ***es de*** *Misiones*). La construcción **ser de + infinitivo** expresa 'necesidad': *Es* ***de suponer*** (*Debe suponerse*); *Es* ***de creer*** (*Debe creerse*).

El verbo **ser** forma parte de numerosas expresiones y frases, de las que ofrecemos las de uso más frecuente. **como dos y dos son cuatro**. loc. con que se asegura que ha de cumplirse lo que se dice (***Como dos y dos son cuatro***, *me pagarás lo que me debes*). **¡cómo es eso!** expr. fam. que se emplea para reprender a uno, motejándole de atrevido. **¡cómo ha de ser!** exclam. con que se manifiesta 'resignación o conformidad'. **érase que se era**. expr. fam. con que tradicionalmente suele darse principio a los cuentos. **es a saber** o **esto es**. exprs. usadas para dar a entender que 'se va a explicar mejor o de otro modo lo que ya se ha expresado'. **no ser para menos**. expr. con que se denota que 'algo es digno de la vehemencia con que se admira, se celebra o se siente'. **o somos o no somos**. expr. fam. que se emplea, generalmente en estilo festivo, para dar a entender que, 'por ser quienes somos, podemos o debemos hacer una cosa o portarnos de tal o cual manera'. **sea lo que fuere** o **sea lo que sea**. exprs. con que 'se prescinde de lo que se considera accesorio, pasando a tratar el asunto principal'. Modernamente, prevalece la segunda forma, con el verbo en presente de subjuntivo. También puede expresarse con la frase similar **sea o no sea**. **ser** uno **con** otro. fr. 'Opinar del mismo modo que él'. **ser** uno **de** otro o **ser** uno **muy de** otro. frs. figs. 'Seguir su partido y opinión'; 'mantener su amistad'. **ser de lo que no hay**. fr. fam. 'Dicho de una persona o cosa, no tener igual en su clase'. Se usa, por lo general, con sentido peyorativo. **ser de ver** o **para ver** una cosa. fr. 'Llamar la atención por alguna circunstancia y, especialmente, por lo extraña o singular'. **ser** dos personas **para en uno**. fr. 'Ser muy conformes y parecidas en la condición y costumbres, por lo que se entenderán o convendrán fácilmente'. Ú. m. hablando de las uniones matrimoniales. **ser** uno **para menos**. fr. fam. 'No ser capaz de lo que es otro'. **ser** uno **para poco**. fr. 'Tener poco valor, talento, habilidad o fuerza'. **ser** uno **quien es**. fr. 'Corresponder con sus acciones a lo que debe a su sangre, carácter o cargo'. **si yo fuera que** fulano o **si yo fuera** fulano. expr. que se usa para dar a entender 'lo que, en concepto del que lo dice, debía hacer el sujeto de quien se habla y en la materia de que se trata'. Las dos formas son correctas, pero el uso prefiere la segunda. **soy contigo**, **con usted**, etc. expr. que se usa para advertir a otro que espere un poco para hablarle. **soy mío**. expr. con que uno indica la 'libertad o independencia que tiene respecto de otro para obrar'. **un es, no es** o **un sí es, no es**. exprs. con que se significa cortedad, pequeñez o poquedad. En la loc. **o sea**, que equivale a **es decir** o a **esto es**, la forma **sea** ha perdido por completo su carácter verbal y se mantiene siempre invariable (*un peso, **o sea**, diez monedas de diez centavos*). Incorrecto: *Un peso, o sean, diez monedas de diez centavos*. "En el lenguaje coloquial, especialmente de nivel popular –dice Seco–, se emplea abusivamente la locución con valor expletivo, como puro relleno, o bien con vagos sentidos ajenos al suyo propio" (*Se peleó con sus hermanos, o sea, se fue a Europa*). Es otro vulgarismo usar no siendo que, con el sentido de 'para evitar que', por **no sea que** o **no fuera que**: *Lo haremos (lo hicimos) antes, no siendo que se presente el jefe*. Correcto: *Lo haremos (lo hicimos) antes, **no sea que** (**no fuera que**) se presente (se presentase) el jefe*. En la Argentina y en Chile, se usa como ser, invariable, en vez de **como es** o **como son**: *Son regionalismos, como ser los que hemos documentado antes*. Correcto: *Son regionalismos, **como son** los que hemos documentado antes*. La expresión es por eso que es un galicismo. Debe decirse: **es por eso por lo que** o **eso es por lo que**.

CONJUGACIÓN. El verbo **ser** es totalmente irregular, motivo por el que ofrecemos su paradigma completo en los tiempos simples. Modo indicativo: presente (*soy, eres, es, somos, sois, son*), pretérito imperfecto (*era, eras, era, éramos, erais, eran*), pretérito perfecto simple (*fui, fuiste, fue, fuimos, fuisteis, fueron*), futuro (*seré, serás, será, seremos, seréis, serán*) y condicional (*sería, serías, sería, seríamos, seríais, serían*). Modo subjuntivo: presente (*sea, seas, sea, seamos, seáis, sean*), pretérito imperfecto (*fuera* o *fuese, fueras* o *fueses, fuera* o *fuese, fuéramos* o *fuésemos, fuerais* o *fueseis, fueran* o *fuesen*) y futuro (*fuere, fueres, fuere, fuéremos, fuereis, fueren*). Imperativo (*sé, sed*). Infinitivo: (*ser*). Gerundio (*siendo*). Participio (*sido*). Recuérdese que no debe ponerse tilde a **fue** ni a **fui** (*fué, fuí*), ni agregarse una **s** a **fuiste** (*fuistes*), errores no infrecuentes.

USO DE "SER" Y "ESTAR". Hemos visto que el verbo **ser** es copulativo, ya que se presenta como un nexo entre el sujeto y el predicativo (sustantivo, adjetivo o construcción equivalente). Para esta función –bien dice Moliner– "existen en español dos verbos, 'estar' y 'ser', que no se usan indistintamente sino en papeles bien delimitados. Esto constituye una dificultad para los extranjeros que no tienen esta distinción en su propio idioma. Conviene que sepan, para que se percaten de que la distinción es clara y precisa y de que el problema no está más que en llegar a penetrar la distinta naturaleza de ambos verbos, que los españoles [y los hispanoamericanos], aun los más incultos, no los usan jamás equivocadamente. La distinción es lógica –agrega–, y la diferenciación entre la esencia y el estado de las cosas en el lenguaje corriente español es una muestra más del carácter lógico de esta lengua". La diferencia más notoria en el uso de ambos verbos es que **ser** atribuye al sujeto, explícito o implícito, una cualidad o manera de ser que le corresponde por su naturaleza (*Juana **es** fea*. Es decir, Juana nació fea, sigue fea y morirá fea. La fealdad es un rasgo inherente a su naturaleza); **estar**, en cambio, atribuye al sujeto un estado pasajero o transitorio (*Juana **está** fea*. Es decir, Juana no es fea por naturaleza, pero hoy o en este momento, por circunstancias ajenas a su modo de ser permanente, el hablante la ve fea, porque subjetiva u objetivamente así le parece o lo es). "Existen –puntualiza Moliner– para ciertos casos algunas reglas que son consecuencia de la general, las cuales, por referirse a la forma de la frase, son de aplicación segura; son las siguientes: 1.ª Cuando el atributo es un nombre [sustantivo], un pronombre o un adjetivo o un participio convertido en nombre por la aplicación de un artículo, el verbo usado es *ser*: 'Mi hermano es médico. Mi consejero es él. Eres un gandul. Él es el perjudicado'. 2.ª Con un adverbio o con una expresión adverbial se usa siempre *estar*: 'Yo estoy bien. El padre y el hijo están en perfecta armonía'. 3.ª Con adjetivos no calificativos (posesivos, indefinidos, numerales) se emplea *ser*: 'Mi hermana es ésta. Este dinero es mucho. Los que se quedaron fueron siete'. 4.ª Con un gerundio se emplea *estar*: 'El niño está durmiendo. Mi padre está trabajando'. 5.ª Los participios se usan con *ser* para formar la pasiva de los verbos: 'Ha sido descubierto el autor del robo' ('Se ha descubierto al...'). 'No es esperado hasta el martes' ('No se le espera...'). 6.ª En frases no pasivas el participio va siempre con *estar*: 'Yo estoy cansada. El libro estaba abierto. Las tiendas están cerradas a esa hora'". A continuación, Moliner, después de reconocer la dificultad de sujetar a reglas precisas los usos correctos y posibles de **ser** y **estar**, puntualiza que **ser** sustituye a **estar** cuando "la cualidad que se atribuye es de las que sirven para establecer una categoría de seres: 'El acusado era plenamente consciente (era un hombre consciente) cuando realizó el hecho. Cuando estés fuera de España serás extranjero (de la clase de los extranjeros). Es muy instruido (de la clase de las personas instruidas)'. Esta circunstancia suele ser reconocible —anota— porque, cuando existe, el atributo puede convertirse en una expresión con *un* y un nombre [sustantivo] al que se aplica el adjetivo atributo: 'Su casa es nueva (es una casa nueva)'". En muchos casos, puede usarse uno u otro verbo; todo depende del hablante y de su modo de ver las cosas, o de su intención en una circunstancia determinada: ***Juana está fea*** o ***Juana es fea*** son formalmente tan correctos el uno como el otro, pero comunican mensajes distintos, según vimos. → **estar**

sera. sust. f. 'Espuerta o canasto grande, regularmente sin asas'. No se confunda con su homófono **cera** (sust. f.), 'sustancia sólida que segregan las abejas'. Diminutivo: **serija**. → **serón**

serafín. sust. m. 'Cada uno de los espíritus bienaventurados que forman el primer coro'; fig. 'persona de singular hermosura'. Nótese su género. Incorrecto: *Pepa es una serafina*. Correcto: *Pepa es un serafín*. Es voz aguda que, en plural, se hace grave: **serafines**. La **serafina** (sust. f.) es una 'tela de lana parecida a la bayeta, adornada con flores y otros dibujos'.

serbal. sust. m. 'Árbol de la familia de las rosáceas'. También puede decirse **serbo** (sust. m.). La forma **sorbo** (sust. m.) es anticuada. Su 'fruto' es la **serba** (sust. f.).

serbio, bia. adj. 'Natural u oriundo de Serbia'. Ú. t. c. sust. m. y f.: **el serbio, la serbia**. 'Perteneciente o relativo a esta región balcánica'. sust. m. 'Idioma' (*Habla **serbio***). La Academia admite **servio, via**, pero se inclina por la primera forma, grafía que debe preferirse y es, hoy, la usual.

serbocroata. adj. 'Perteneciente a Serbia y Croacia, común a serbios y croatas'. sust. m. 'Lengua eslava meridional que se habla en Serbia, Croacia y otras regiones de Yugoslavia'. Incorrecto: *serbiocroata*, *serbio-croata*, *serbo-croata*.

serenero. sust. m. 'Toca que usan las mujeres en algunas regiones como defensa contra la humedad de la noche'. Argent. 'Pañuelo que, generalmente atado debajo de la barba, usaba el gaucho bajo el sombrero para cubrirse la nuca y parte de la cara'.

sereno. sust. m. 'Humedad de que está impregnada la atmósfera durante la noche'; 'cada uno de los encargados de rondar durante la noche por las calles para la seguridad del vecindario, de la propiedad, etc.'. **al sereno**. loc. adv. 'A la intemperie de la noche' (*Durmió **al sereno***).

sereno, na. adj. 'Claro, despejado de nubes o nieblas' (*El cielo está **sereno***); fig. 'apacible, sosegado, sin turbación física ni moral'. Superlativo: **serenísimo, ma**. Este superlativo 'aplicábase en España a los príncipes hijos de reyes'. Rég. prep.: **sereno ante** o **en** (**sereno ante** o **en** *el peligro*). La 'cualidad de sereno' es la **serenidad** (sust. f.).

sergenta. sust. f. → **sargento (sargenta)**

serial. adj. 'Perteneciente o relativo a una serie'. sust. m. colect. 'Obra radiofónica o televisiva que se difunde en capítulos sucesivos'. → **serie, radionovela, radioteatro**

seriar. v. tr. 'Poner en serie, formar series'. Su 'acción y efecto' es **seriación** (sust. f.). Se conjuga, en cuanto al acento, como **cambiar**.

sericicultor. sust. m. 'El que se dedica a la sericicultura o producción de la seda'. Su femenino es **sericicultora**. También pueden decirse **sericultor** (sust. m.) y **sericultora** (sust. f.). La Academia prefiere la primera forma.

serie. sust. f. colect. 'Conjunto de cosas relacionadas entre sí, que se suceden unas a otras' (***una serie de calamidades***); 'serial, obra' (*Todos* *los días, a las 18, dan su **serie** preferida*); 'en la lotería, cada una de las emisiones de los números correspondientes a un mismo sorteo' (*Compró una **serie** completa para Navidad*); 'conjunto de fonemas de una lengua caracterizados por un mismo modo articulatorio'. **en serie**. loc. que se aplica a la 'fabricación de muchos objetos iguales entre sí, según un mismo patrón' (*Fabricaremos este juguete **en serie***). **fuera de serie**. loc. adj. que 'se aplica a los objetos cuya construcción esmerada los distingue de los fabricados en serie' (*Es un traje **fuera de serie***). fig. 'Dícese de lo que se considera sobresaliente en su línea' (*Es una novela **fuera de serie***). Ú. t. c. sust. com. (*Conduce un **fuera de serie***). → **serial**

serijo. sust. m. 'Sera pequeña'. También puede decirse **serillo** (sust. m.). La primera voz equivale, asimismo, a **posadero** (sust. m.) o **posón** (sust. m.). → **sera**

serio, ria. adj. 'Grave, compuesto en las acciones y modo de proceder' (*hombre **serio***). 'Aplícase también a las acciones' (*estudios **serios***). 'Severo en el semblante, modo de hablar y de mirar'; 'sin engaño'; 'importante, de consideración' (*enfermedad **seria***); 'contrapuesto a jocoso, cómico o bufo' (*película **seria***). **en serio**. loc. adv. 'Sin engaño' (*No estaba burlándose, lo dijo **en serio***). La 'cualidad de serio' es **seriedad** (sust. f.).

sermón. sust. m. 'Homilía' (*El **sermón** que dijo el sacerdote duró media hora*); fig. 'amonestación o reprensión insistente y larga' (*Por su inconducta, le echó un **sermón** de aquéllos*). Con la acepción de 'lenguaje, habla, idioma', se usa poco. Es voz aguda que, en plural, se hace grave: **sermones**. La 'colección de sermones' es un **sermonario** (sust. m. colect.).

sermonear. v. intr. 'Predicar'. v. tr. 'Amonestar'. No debe pronunciarse [sermoniar, sermonié]. Su 'acción' es **sermoneo** (sust. m. fam.). → **-ear**

seroja. sust. f. 'Hojarasca'; 'desperdicio de leña'. También puede decirse **serojo** (sust. m.), pero la Academia prefiere la primera forma.

serón. sust. m. 'Especie de sera más larga que ancha, que sirve, regularmente, para carga de una caballería'. La 'persona que los hace o que los vende' es el **seronero** o la **seronera** (susts. m. y f.).

serondo, da. adj. 'Aplícase a los frutos tardíos'. También puede decirse **seruendo, da** (adj.), usado, sobre todo, en León.

serosidad. sust. f. → **suero**

seroso, sa. adj. → **suero**

seroterapia. sust. f. → **suero**

serpear. v. intr. 'Andar o moverse como la sierpe'. No debe pronunciarse [serpiar, serpié]. → **-ear, serpentear**

serpentear. v. intr. 'Andar o moverse como la serpiente'. También puede decirse **serpear** (v. intr.). No debe pronunciarse [serpentiar, serpentié]. Rég. prep.: **serpentear entre** (***serpentear entre** las rocas*); **serpentear por** (***serpentear por** los yuyos*). Su 'acción y efecto' es **serpenteo** (sust. m.). → **-ear, viborear**

serpiente. sust. f. 'Reptil'. Equivale a **culebra**. También puede decirse **sierpe** (sust. f.), un cultismo. fig. 'El demonio' (*La Virgen María aplastó a la **serpiente***). Aumentativo: **serpentón** (m.). → **víbora**

serrador, ra. adj. 'Que sierra'. sust. m. 'El que tiene por oficio serrar troncos'. sust. f. 'Máquina para serrar' (*Está trabajando con la **serradora***).

serraduras. sust. f. pl. 'Partículas de madera que se desprenden al serrar'. → **plural (pluralia tantum)**

serranilla. sust. f. Es diminutivo de **serrana** (sust. f.). Significa, específicamente, un tipo de 'composición lírica de asunto rústico' (*Son famosas las **serranillas** del marqués de Santillana*).

serrano, na. adj. 'Que habita en una sierra o nacido en ella'. Ú. t. c. sust. m. y f.: **el serrano, la serrana**. Para el adjetivo, puede decirse, también, **serraniego, ga**. 'Perteneciente a las sierras o serranías, o a sus moradores' (*canción **serrana***). → **serranilla**

serrar. v. irreg. tr. 'Cortar con la sierra'. Puede decirse, también, **aserrar** (v. tr.). Se conjuga como **acertar**.

serrín. sust. m. colect. 'Conjunto de partículas que se desprenden de la madera cuando se sierra'. También puede decirse **aserrín** (sust. m. colect.) y **serraduras** (sust. f. pl.).

serruchar. v. tr. → **serrucho**

serrucho. sust. m. 'Sierra de hoja ancha y regularmente con una sola manija'. El verbo **aserruchar** (v. tr.), 'cortar con el serrucho', es de uso regional (Col., Chile, Hond. y Perú). En la Argentina, se usa **serruchar** (v. tr.), aféresis del anterior, sin registro en el ***Diccionario***.

serventesio. sust. m. 'Género de composición de la poética provenzal'; 'cuarteto en el que riman el primer verso con el tercero y el segundo con el cuarto'. Nótese su correcta grafía. Incorrecto: *serventecio*.

serviciar. v. tr. 'Pagar, cobrar o percibir el servicio y montazgo'. Se conjuga, en cuanto al acento, como **cambiar**.

servicio. sust. m. Entre otras denotaciones, 'acción y efecto de servir'; 'estado de criado o sirviente' (*Pertenece al **servicio** de la embajada*); 'obsequio que se hace en beneficio del igual o amigo' (*Le hizo un gran **servicio** a Alejandro*); 'cubierto que se pone para cada comensal' (*Puso en la mesa cinco **servicios***). 'Escusado' (*El **servicio** de damas está a la derecha*). Ú. t. en pl. (*¿Dónde están los **servicios**?*). 'Saque, acción de sacar' (*Ahora, el **servicio** le toca a la tenista que va ganando*). Forma parte de numerosos sintagmas, entre otros: **servicio activo**, **servicio de inteligencia**, **servicio doméstico**, **servicio militar**, **servicio público**, **servicios sanitarios**, **servicio secreto. de servicio**. loc. adv. que con los verbos **entrar**, **estar**, **tocar**, **salir** y otros semejantes, se refiere al 'desempeño activo de un cargo o función durante un turno de trabajo'. **estar** una persona o cosa **al servicio de uno**. fr. de cortesía con que se ofrece alguna cosa o se pone a disposición la misma persona que habla (***Estoy a su servicio***). **hacer el servicio**. fr. 'Ejercer en la milicia el empleo que cada uno tiene'. **hacer un flaco servicio** a uno. fr. fam. 'Causarle un perjuicio'. **prestar servicios**. fr. 'Hacerlos'.

servidor. sust. m. 'El que sirve como criado' (*Es un **servidor** de su casa*); 'nombre que, por cortesía, se da a sí misma una persona respecto de otra' (*Soy su **servidor***). 'Fórmula de cortesía que suele usarse como despedida en las cartas' (*su seguro **servidor***). Abreviatura de esta fórmula de cortesía: ***s. s. s.*** El femenino es **servidora**. La forma masculina significa, además, 'el que corteja a una dama'; 'orinal'.

servidumbre. sust. f. Con la denotación de 'conjunto de criados que sirven a un tiempo o en una casa', es sustantivo colectivo (*La **servidumbre** de esa embajada es excelente*).

servil. adj. 'Perteneciente o relativo a los criados' (*tarea **servil***); 'bajo, humilde y de poca estimación' (*trabajo **servil***); 'dícese, también, de las cosas del ánimo' (*actitud **servil***); 'rastrero, que obra con servilismo' (*¡Qué hombre tan **servil**!*). Es voz aguda que, en plural, se hace grave: **serviles**. Aumentativo: **servilón, na**.

servilismo. sust. m. 'Ciega y baja adhesión a la autoridad de uno'; 'orden de ideas de los denominados serviles'. Es un galicismo (*servilité*) o un anglicismo (*servility*) usar, en su reemplazo, *servilidad*.

servir. v. irreg. intr. 'Estar al servicio de otro'. Ú. t. c. tr. Entre muchas otras denotaciones, 'ejercer un empleo' (Ú. t. c. tr.); 'ser de utilidad'; 'sacar la pelota'; 'asistir a la mesa trayendo o repartiendo los alimentos o las bebidas'. v. tr. 'Dar culto o adoración a Dios o a los santos, o emplearse en los ministerios de su gloria y veneración'; 'hacer uno algo en favor de otro'; 'cortejar a una dama'. 'Hacer plato o llenar el vaso o la copa al que va a comer o beber'. Ú. t. c. prnl. (***Se sirvió** tallarines*). Rég. prep.: **servir con** (***servir con** armas*); **servir de** (***servir de** alivio*; ***servir de** chofer*); **servir en** (***servir en** un ministerio*); **servir para** (***servir para** todo*); **servir por** o **sin** (***servir por** o **sin** paga*). Es incorrecto *servir de comer*. Correcto: ***servir comida*** o ***servirse de comer***. También, *servir a algo* o *a hacer algo*. Correcto: ***servir para algo***, ***servir para hacer algo***. v. prnl. 'Querer o tener a bien alguna cosa' (***Se sirvió** ayudarme*). 'Valerse de una cosa para uso propio'. Ú. con la prep. **de** (***servirse de** un martillo*). Rég. prep.: **servirse de** (***servirse de** algo*); **servirse en** (***servirse en** un plato*); **servirse para** (***servirse para** comer*). **ir** uno **servido**. fr. irón. 'Salir chasqueado'. **para servirte**, **servir a usted**, etc. exprs. de cortesía (*Estoy **para servir a usted***). **ser** uno **servido**. fr. 'Querer o gustar una cosa conformándose con la súplica o pretensión que se hace' (*Gracias, por su ayuda; **soy servido***). Se conjuga como **pedir**.

servo. sust. m. → **servomecanismo**, **servomotor**

servo-. elem. compos. de or. lat. 'Mecanismo o servicio auxiliar' (***servo**freno*).

servomecanismo. sust. m. 'Sistema electromecánico que se regula por sí mismo al detectar el error o la diferencia entre su propia actuación real y la deseada'. Abreviación de esta voz: **servo**.

servomotor. sust. m. 'Sistema electromecánico que amplifica la potencia reguladora'. Abreviación de esta voz: **servo**.

sesamoideo, a. adj. 'Parecido en la forma a la semilla del sésamo'. Incorrecto: sesamoides.

sesear. v. intr. 'Pronunciar la *z* o la *c* ante *e*, *i*, como *s*, ya sea con articulación predorsoalveolar o predorsodental, como en Canarias, Andalucía y América, ya con articulación apicoalveolar, como en la dicción popular de Cataluña y Valencia' (*Los argentinos sesean*). Su 'acción y efecto' es **seseo** (sust. m.). No se confundan, ni en su grafía ni en su denotación, respectivamente, con **cecear** (v. intr.) y con **ceceo** (sust. m.). El verbo no debe pronunciarse [sesiar, sesié]. → **-ear, ceceo**

sesenta. adj. 'Seis veces diez' (***sesenta** caballeros*). Con esta denotación, es numeral cardinal. En cambio, con la de 'sexagésimo', es ordinal (*año **sesenta***). sust. m. 'Conjunto de signos con que se representa este número' (*Escriba el **sesenta** con números*). Cuando a **sesenta** se le agregan otras unidades, se escribe: **sesenta y uno, sesenta y dos**, etc. Incorrecto: seseinta y uno, seseinta y dos, etc., o sesentiuno, sesentidós, etc. → **número**

sesentavo, va. adj. 'Dícese de cada una de las sesenta partes iguales en que se divide un todo'. Es un numeral partitivo (*Heredó una **sesentava** parte*). Ú. t. c. sust. m. (*En la escritura, consta tu **sesentavo***). No debe usarse como ordinal: sesentavo *aniversario*.

sesentón, na. adj. fam. 'Que ha cumplido la edad de sesenta años y no llega a la de setenta'. Ú. t. c. sust. m. y f.: **el sesentón, la sesentona**.

seseo. sust. m. → **sesear**

sesgadamente. adv. m. 'Oblicuamente'. También puede decirse **sesgamente** (adv. m.): *Cruzó la calle **sesgadamente** o **sesgamente***. Cada uno de estos adverbios tiene un homónimo, hoy desusado, que significa 'con quietud o sosiego'.

sesgado, da. adj. 'Quieto, pacífico, sosegado'. Esta acepción, como indica el ***Diccionario Manual***, es hoy desusada. Con la denotación de 'cortado al sesgo', carece de registro en el ***Diccionario***, pero el ***Manual***, con ese indicador, la cataloga. Es de uso muy frecuente. Para expresar dicho concepto, ú. preferentemente **cortado al sesgo**. → **sesgo**

sesgar. v. tr. 'Cortar o partir en sesgo'; 'torcer a un lado o atravesar una cosa hacia un lado'. Su 'acción y efecto' es **sesgadura** (sust. f.). Incorrecto: *sesgamiento*. → **pagar**

sesgo, ga. adj. 'Torcido, cortado o situado oblicuamente' (*corte **sesgo***); fig. 'grave, serio o torcido el semblante'. sust. m. 'Oblicuidad o torcimiento de una cosa hacia un lado, o en el corte, o en la situación, o en el movimiento' (*Hizo un **sesgo** en el andar*); fig. 'corte o medio término que se toma en los negocios dudosos'; 'por extensión, rumbo que toma un negocio' (*Ese asunto toma un **sesgo** que nos preocupa*). **al sesgo**. loc. adv. 'Oblicuamente o al través'. Su homónimo, también adjetivo, 'quieto, pacífico, sosegado', es desusado.

sesí. sust. m. Cuba y P. Rico. 'Pez parecido al pargo'. Para distinguir los sexos, debe recurrirse a las perífrasis **sesí macho, sesí hembra**. Nótese su género: **el sesí**. En plural: **sesíes** o **sesís**.

sésil. adj. 'Aplícase a los órganos u organismos que carecen de pedúnculo'. Es voz grave que, en plural, se hace esdrújula: **sésiles**.

sesión. sust. f. En sus denotaciones más frecuentes, 'cada una de las juntas de un concilio, congreso u otra corporación'; 'cada una de las funciones de teatro o cinematógrafo que se celebran a distintas horas, en un mismo día'. En la Argentina, para este significado, se usa **sección** (sust. f.). → **sección**. fig. 'Conferencia o consulta entre varios para determinar una cosa' (*Habrá **sesión** de jefes a las 19*). Salvo en el caso del argentinismo antes consignado, es incorrecto usar **sección** por **sesión**. Tampoco debe emplearse **sesión** con el significado de **estación** (sust. f.) o de **tiempo** (sust. m.): *sesión de la siembra*. Correcto: ***estación*** o ***tiempo** de la siembra*. **sesión continua**. 'Aquella en que se proyecta repetidamente el mismo programa de cine'. **abrir la sesión**. fr. 'Comenzarla'. **levantar la sesión**. fr. 'Concluirla'. → **sección**

sesma. sust. f. → **sexma**

sesmero. sust. m. → **sexmero**

sesmo. sust. m. → **sexmo**

seso. sust. m. 'Cerebro'. Con la denotación de 'masa de tejido nervioso contenida en la cavidad del cráneo', ú. m. en plural (*Le voló los sesos*). fig. 'Madurez, prudencia' (*Tiene buen **seso***). **devanarse** uno **los sesos**. fr. fig. 'Fatigarse meditando mucho una cosa'. También puede decirse **calentarse** uno **los sesos** (fr. fig. y fam.). **perder** uno **el seso**. fr. fig. 'Perder el juicio'.

sesqui-. elem. compos. de or. lat. 'Una unidad y media'. Así, ***sesquihora*** equivale a 'una hora y media'. Unido este prefijo a un ordinal, significa la unidad más la fracción enunciada por el ordinal: ***sesquidécimo***, 'uno y un décimo'.

sesquicentenario, ria. adj. 'Perteneciente o relativo a lo que tiene una centena y media' (***sesquicentenario** aniversario*). Puede decirse, también, **ciento cincuenta** y escribirse con números (***150** aniversario*). sust. m. 'Día o año en que se cumple siglo y medio del nacimiento o muerte de una persona ilustre o de un suceso famoso' (*En 1966, se cumplió el **sesquicentenario** de la independencia argentina*). También puede decirse **ciento cincuenta años** y escribirse con números (*En 1966, se cumplieron **150 años** de la independencia argentina*). La voz **sesquicentenario**, en vez del cardinal con valor de ordinal, se usa más en América.

sesteadero. sust. m. 'Lugar donde sestea el ganado'. Incorrecto: <u>*sestiadero*</u>. También pueden decirse **sestero** (sust. m.) y **sestil** (sust. m.).

sestear. v. intr. 'Pasar la siesta durmiendo o descansando'; 'recogerse el ganado durante el día en un lugar sombrío para descansar y librarse de los rigores del sol'. No debe pronunciarse [sestiar, sestié]. Su postverbal es **sesteo** (sust. m.). → **-ear**

sesudez. sust. f. 'Cualidad de sesudo o prudente'. Es voz aguda que, en plural, se hace grave: **sesudeces**. Cambia la **z** por **c**.

♦ **set.** Anglicismo. En español, corresponde decir **juego de** (cocina, tocador, etc.). Cuando se emplea como un tecnicismo propio del tenis, no es reemplazable; debe escribirse entre comillas. En plural, "sets".

seta. sust. f. 'Hongo en forma de sombrero'. No se confunda su grafía con la de **zeta** (sust. f.), 'última letra del abecedario español'. Un **setal** (sust. m. colect.) es un 'lugar donde abundan las setas'.

setecientos, tas. adj. 'Siete veces ciento' (***setecientas** cabezas de ganado*). Con esta denotación, es numeral cardinal. En cambio, con la que corresponde a 'septingentésimo', es numeral ordinal (*año **setecientos***). Incorrecto: *página* <u>*setecienta*</u>. Correcto: *página **setecientos***. sust. m. 'Conjunto de signos con que se representa este número' (*Escriba el **setecientos***). Incorrecto: <u>*sietecientos*</u>. → **número**

setenta. adj. 'Siete veces diez' (***setenta** años*). Con esta denotación, es numeral cardinal. En cambio, con la que corresponde a 'septuagésimo', es numeral ordinal (*año **setenta***). sust. m. 'Conjunto de signos con que se representa este número' (*Escriba el **setenta***). → **número**

setentavo, va. adj. 'Dícese de cada una de las setenta partes iguales en que se divide un todo' (*Heredará una **setentava** parte*). Ú. t. c. sust. m. (*Su participación es de un **setentavo***). No debe usarse como ordinal: *el <u>setentavo</u> aniversario*.

setentón, na. adj. fam. 'Que ha cumplido la edad de setenta años y no llega a la de ochenta'. Ú. t. c. sust. m. y f.: **el setentón, la setentona**.

setiembre. sust. m. → **septiembre**

sétimo, ma. adj. Ú. t. c. sust. m. → **séptimo**

seto. sust. m. 'Cercado de palos o varas entretejidas'. **seto vivo**. 'Cercado de matas o arbustos vivos'.

setuní. sust. m. 'Tela'. También puede decirse **aceituní** (sust. m.), forma que la Academia prefiere. En plural: **setuníes** o **setunís**.

seudo-. elem. compos. de or. gr. 'Falso, supuesto' (***seudónimo***). Se emplea ante sustantivos masculinos o femeninos, generalmente tecnicismos (***seudópodo***). Se usa mucho en la lengua coloquial, y, como en el caso de otros prefijos, no todas las palabras compuestas que pueden formarse con él están en el ***Diccionario*** (***seudo**vacaciones*, ***seudo**filósofo*, ***seudo**membrana*, ***seudo**profeta*, ***seudo**clásico*, ***seudo**clasicismo*). La Academia registra sólo cuatro voces con este prefijo, las que a continuación se desarrollan. También puede escribirse **pseudo-**. La Academia prefiere la primera grafía. El *Diccionario* recoge una sola voz en que este prefijo lleva la grafía **pseudo-**: **pseudología** (sust. f.), 'trastorno mental que consiste en creer sucesos fantásticos como realmente sucedidos'. → **re-**

seudohermafrodita. adj. 'Dícese del individuo que tiene apariencia, más o menos completa, del sexo contrario, conservando la gónada de su sexo verdadero'. Ú. t. c. sust. m.: **el seudohermafrodita**. El **seudohermafrodita femenino** es 'el que tiene tejido ovárico y apariencia de varón'. El **masculino**, 'el que tiene tejido testicular y apariencia de mujer'. No es incorrecto escribirlo con **ps** inicial. → **seudo-**

seudohermafroditismo. sust. m. 'Cualidad de seudohermafrodita'. No es incorrecto escribirlo con **ps** inicial. → **seudo-**

seudónimo. adj. 'Dícese del autor que oculta con un nombre falso el suyo verdadero' (*autor **seudónimo***); 'aplícase también a la obra de este autor' (*obra **seudónima***). Son poco frecuentes estos usos adjetivos. sust. m. 'Nombre empleado por un autor en vez del suyo propio' (*Hugo Wast es el **seudónimo** de Gustavo Martínez Zuviría*). No es incorrecto escribirlo con **ps** inicial, pero no es usual. → **seudo-**

seudópodo. sust. m. 'Cualquiera de las prolongaciones protoplasmáticas transitorias que sirven para la ejecución de movimientos y para la prensión de partículas orgánicas, bacterias, etc.'. No es incorrecto escribirlo con **ps** inicial, pero no es usual. → **seudo-**

severo, ra. adj. 'Riguroso, áspero, duro en el trato o en el castigo' (*profesor **severo***); 'exacto y rígido en la observancia de una ley, precepto, regla, etc.' (*inspector **severo***); 'grave, mesurado, serio' (*funcionario **severo***). Rég. prep.: **severo con** (***severo con** sus hijos*); **severo para** o **para con** (***severo para** o **para con** sus subordinados*); **severo de** (***severo de** carácter*); **severo en** (***severo en** sus palabras*). No debe aplicarse a cosas, uso en que toma, entre otros, el valor de 'grave', 'importante', 'cuantioso', 'fuerte', un anglicismo: *severa enfermedad*; *severo ataque de asma*; *severas pérdidas*; *severo castigo*. Correcto: ***grave** enfermedad*; ***importante** ataque de asma*; ***cuantiosas** pérdidas*; ***fuerte** castigo*.

sevillanas. sust. f. pl. 'Aire musical propio de Sevilla'; 'danza'. → **plural (pluralia tantum)**

sexagenario, ria. adj. 'Dícese del que ha cumplido la edad de sesenta años y no llega a los setenta'. "Aunque pase de los setenta –aclara la Academia–, se usa también a los efectos legales de excepción, excusa o beneficio". Ú. t. c. sust. m. y f.: **el sexagenario**, **la sexagenaria**.

sexagesimal. adj. 'Aplícase al sistema de contar o de subdividir de sesenta en sesenta'. Es voz aguda que, en plural, se hace grave: **sexagesimales**.

sexagésimo, ma. adj. 'Que sigue inmediatamente en orden al o a lo quincuagésimo nono'. Con esta denotación, es numeral ordinal (***sexagésimo** aniversario*). Para esta denotación, puede usarse, también, **sesenta** (adj.), más usual, y escribirse con números (*el **60** aniversario*). Es partitivo, en cambio, cuando 'se aplica a cada una de las sesenta partes en que se divide un todo' (*Participa en la empresa con una **sexagésima** parte*). Ú. t. c. sust. m. (*Recibió su **sexagésimo***). → **número**

sexagonal. adj. → **hexagonal**

sexángulo, la. adj. Ú. t. c. sust. m. → **hexágono**

♦ **sex-appeal.** Anglicismo. En español, corresponde decir **atractivo físico y sexual** o, simplemente, **atractivo**. Si se usa la voz extranjera, debe entrecomillarse.

sexcentésimo, ma. adj. 'Que sigue inmediatamente en orden al o a lo quingentésimo nonagésimo nono' (*Es el **sexcentésimo** aniversario de la fundación de esa ciudad*). Con esta denotación, es numeral ordinal. Puede usarse, en su reemplazo, **seiscientos** (adj.), de uso más frecuente (*Conmemoramos el **600** aniversario*). Es partitivo, en cambio, cuando 'se aplica a cada una de las seiscientas partes iguales en que se divide un todo' (*Recibió su **sexcentésima** parte*). Ú. t. c. sust. m. (*Su ganancia fue de un **sexcentésimo***). → **número**

sexenio. sust. m. 'Tiempo de seis años' (*Alquiló por un **sexenio***). Nótese su correcta grafía. Incorrecto: *seisenio*, *seiscenio*.

sexismo. sust. m. 'Atención preponderante al sexo en cualquier aspecto de la vida' (*El **sexismo**, en nuestros días, lo invade todo*); 'discriminación de personas de un sexo por considerarlo inferior al otro' (*En esta empresa, hay **sexismo***;

sólo ascienden los varones [o *las mujeres*]). Nótese que no se aplica a un sexo en particular. Con las denotaciones indicadas, esta voz ha sido recién incluida en el ***Diccionario***.

sexista. adj. 'Perteneciente o relativo al sexismo'. 'Dícese de la persona partidaria del sexismo'. Ú. t. c. sust. com.: **el sexista, la sexista**. Es voz de reciente incorporación académica.

sexma. sust. f. En su denotación más común, 'sexta parte de cualquier cosa'. Puede decirse, también, **sesma** (sust. f.).

sexmero. sust. m. 'Encargado de los derechos de un sexmo'. Puede decirse, también, **sesmero** (sust. m.).

sexmo. sust. m. 'División territorial que comprende cierto número de pueblos asociados para la administración de bienes comunes'. También puede decirse **sesmo** (sust. m.).

sexo. sust. m. 'Condición biológica que distingue al macho de la hembra en los seres humanos, en los animales y en las plantas'. Con la denotación de 'conjunto de seres pertenecientes a un mismo sexo', es sustantivo colectivo (***sexo** masculino*; ***sexo** femenino*). Es incorrecto decir, por ejemplo (porque las personas, normalmente, sólo tienen un sexo): *En esta empresa, se recibe personal de ambos sexos*. Correcto: *En esta empresa se recibe personal* ***de uno y otro sexo***. → **ambos**. 'Órganos sexuales'. **sexo débil** o **bello sexo**. 'Las mujeres'. **sexo feo** o **fuerte**. 'Los hombres'. Incorrecto: *seso*, un vulgarismo. Lo 'relativo o perteneciente al sexo' es **sexual** (adj.). Incorrecto: *sesual*. → **seso**

sexólogo. sust. m. 'Especialista en sexología'. Su femenino es **sexóloga**.

sexta. sust. f. 'Tercera de las cuatro partes iguales en que los romanos dividían el día'; 'en el rezo eclesiástico, una de las horas menores, que se dice después de la tercia'. Incorrecto: *sesta*, *secta*.

sextante. sust. m. En su denotación más frecuente, 'instrumento cuyo sector es de 60 grados, o sea, la sexta parte del círculo'. Incorrecto: *sestante*.

sexteto. sust. m. 'Composición poética de seis versos de arte mayor'. → **sextilla, sextina**. 'Composición para seis instrumentos o seis voces'. Con la denotación de 'conjunto de seis instrumentos o voces', es sustantivo colectivo. No se confunda con **septeto** (sust. m.). Incorrecto: *secteto*. → **septeto**

sextilla. sust. f. 'Combinación métrica de seis versos de arte menor aconsonantados'. Diferénciese de **sextina**. → **sextina**

sextillizo, za. adj. Carece de registro en el ***Diccionario***, pero es voz de correcta formación. Ú. t. c. sust. m. y f., y m. en pl. (*Los* ***sextillizos*** *López gozan de buena salud*). → **quintillizo**

sextina. sust. f. 'Composición poética que consta de seis estrofas de seis versos endecasílabos cada una'; 'cada una de estas estrofas'. Incorrecto: *sestina*. Diferénciese de **sextilla**.

sexto, ta. adj. 'Que sigue inmediatamente en orden al o a lo quinto' (***sexta** fila*). Con esta denotación, es numeral ordinal. También puede decirse **seiseno, na** (adj.). En cambio, es numeral partitivo cuando 'se aplica a cada una de las seis partes iguales en que se divide un todo' (*Comí la* ***sexta*** *parte de la torta*). Ú. t. c. sust. m. (*Recibió su* ***sexto***). sust. m. fam. 'Sexto mandamiento de la ley de Dios' (*No infrinjas* **el sexto**). Incorrecto: *sesto*, *ta*, un vulgarismo fónico.

sextuplicar. v. tr. 'Hacer séxtupla una cosa; multiplicar por seis una cantidad' Ú. t. c. prnl. (*Mi capital* ***se sextuplicó***). Su 'acción y efecto' es **sextuplicación** (sust. f.). Incorrecto: *sestuplicar*, *sestuplicación*. → **sacar**

séxtuplo, pla. adj. 'Que incluye en sí seis veces una cantidad' (*Te has equivocado, esto es la* ***séxtupla*** *parte de lo que me debes*). Ú. t. c. sust. m. (*Dime cuál es el* ***séxtuplo*** *de diez*). Incorrecto: *séstuplo*.

sexualidad. sust. f. colect. 'Conjunto de condiciones anatómicas y fisiológicas que caracterizan a cada sexo' (*Su* ***sexualidad*** *es masculina*). Con la denotación de 'apetito sexual', no es colectivo (*Su* ***sexualidad*** *es anormal*). No se confunda con **sensualidad** (sust. f.). Incorrecto: *sesualidad*. → **sensualidad**

♦ **sexy.** Anglicismo. En español, corresponde decir **erótico**, **atractivo físico**.

♦ **sha.** Anglicismo. En español, corresponde decir **sah**.

♦ **shampoo.** Anglicismo. Tampoco es correcto *shampú*. En español, corresponde decir **champú**.

♦ **sheik.** Anglicismo. En español, corresponde decir **jeque**.

♦ **sherry.** Anglicismo. En español, corresponde decir **jerez**.

♦ **shiíta.** Arabismo. En español, corresponde decir **chiíta**.

♦ **shock.** Anglicismo. Tampoco es correcto *choc*. En español, corresponde decir **choque** o, según el contexto, **conmoción**.

♦ **shorts.** Anglicismo. En español, corresponde decir **pantalones cortos**.

♦ **show.** Anglicismo. En español, corresponde decir **espectáculo**, **número**, **actuación**.

si. sust. m. 'Séptima nota de la escala musical'. Nótese que no lleva tilde. En plural: **sis**. Incorrecto, con esta denotación: *síes*. → **sí (sustantivo)**

si. conj. Es voz átona en todos sus usos.

Conjunción condicional. Introduce una proposición u oración subordinada condicional. La oración principal o núcleo oracional forma con la proposición u oración subordinada condicional un **período hipotético** (*Si vienes, iremos al cine*). La que expresa la condición, es decir, la encabezada por la conjunción **si**, se llama **hipótesis** o, más comúnmente, **prótasis** (*Si vienes, ...*); la otra, **apódosis** (..., ***iremos al cine***). El orden de estos miembros es libre (*Iremos al cine, **si** vienes*). La condición puede expresarse de tres maneras: **real**, **irreal** y **contingente**. En la **condición real**, el hecho expresado en la subordinada es, como su nombre lo indica, real o probable o posible. La **prótasis** lleva el verbo en **indicativo**, con exclusión de los futuros (*amaré, habré amado*), de los condicionales (*amaría, habría amado*) y del pretérito anterior (*hube amado*), tiempo que se emplea sólo en oraciones temporales. La **apódosis** puede ir en todos los tiempos del indicativo (salvo el ya citado pretérito anterior), del subjuntivo, con excepción de los futuros (*amare, hubiere amado*), y en imperativo (***Si** se lo **pido**, **viene**; **Si** se lo **pido**, **vendrá**; **Si** se lo **pidiera**, **vendría**; **Si** se lo **pedía**, **venía**; **Si** se lo **pedí**, lo **trajo**; **Si** te **pide** dinero, **niégaselo***, etc.). Son incorrectas, por lo tanto, estas oraciones: *Si se lo pediré, vendrá; Si habrá venido, lo recibiremos*. Corresponde decir: *Si se lo **pido**, vendrá; Si **ha venido**, lo recibiremos*. Nótese que, en las respectivas formas correctas de la prótasis, ese futuro mal usado ha sido sustituido por el presente de indicativo, y el futuro perfecto erróneo, por el pretérito perfecto compuesto de indicativo. En la segunda, en la **condición irreal**, el hecho expresado en la **prótasis**, sentido por el hablante como no realizado en el pasado, irrealizable en el presente e improbable en el futuro, va siempre en **subjuntivo**: en pretérito imperfecto, forma **-ra** (*amara*), si se refiere al presente o al futuro, y en pluscuamperfecto (*hubiera* o *hubiese amado*), si se refiere al pasado. La **apódosis**, en condicional (*amaría*) o en la forma **-ra** del imperfecto de subjuntivo (*amara*), para la condición presente o futura (*Si **tuviera** cuatro pesos, me **iría** a Europa* o *me **fuera** a Europa*), y en condicional perfecto (*habría amado*) o pluscuamperfecto de subjuntivo (*hubiera* o *hubiese amado*), para la condición pasada (*Si **hubiera** o **hubiese tenido** cuatro pesos, me **habría** [**hubiera** o **hubiese**] **ido** a Europa*). Por eso son incorrectas estas oraciones: *Si vendría, lo recibiría; Si habría venido, lo recibiría*. Corresponde decir: *Si **viniera**, lo **recibiría**; Si **hubiera*** [o ***hubiese venido***], *lo **habría recibido***. Obsérvese que los usos erróneos del condicional y del condicional perfecto, en la **prótasis**, han sido sustituidos, en las oraciones correctas, por el imperfecto y el pluscuamperfecto, respectivamente, del subjuntivo. En el lenguaje jurídico y administrativo, arcaizantes, se emplean todavía **condicionales contingentes** o **reales de futuro**, con verbo en los futuros de subjuntivo, en la **prótasis** (*amare, hubiere amado*), del tipo: *Si el alumno no **presentare** o **hubiere presentado** la monografía en la fecha indicada, no podrá rendir examen en diciembre*. En la **apódosis**, se usaban, además del futuro de indicativo documentado en el ejemplo, el presente de indicativo o de subjuntivo y el imperativo (*Si tu hijo se **portare** mal, **castígalo***).

Conjunción subordinante que introduce oraciones sustantivas interrogativas indirectas, incluidas las que pueden ser término de preposición (*Le preguntó **si** había venido; Quiere saber **si** todavía vendes el libro; Estaban hablando de **si** vendrías o no*). Algunos gramáticos la llaman, con esta función, **conjunción anunciativa**.

Conjunción concesiva. No la registran como tal, ni la Academia –que habla sólo de **conjunción adversativa**–, ni muchos gramáticos. Sí, entre otros, Seco, como equivalente de **aun-**

que, equivalencia que la Academia admite en su función adversativa. "Puede la proposición –dice el citado lingüista– llevar el verbo en indicativo o subjuntivo, en las mismas condiciones que cuando es condicional: *No se quejaría si le arrancaran la piel a tiras*; *No se quejará si le arrancan la piel a tiras*. Otro *si* concesivo –sigue diciendo–, que se construye con verbo en indicativo, pone de relieve la coexistencia, unas veces paralela y otras, antitética, de las ideas expresadas por la proposición y el verbo principal." Entre los ejemplos que aduce, figura el siguiente de Moratín: "*Siempre lidiando con amas, que **si** una es mala, otra es peor*".

Entre otros usos que registra el ***Diccionario***, está el carácter que toma, a veces, de **conjunción distributiva**, "cuando se emplea repetida para contraponer, con elipsis de verbo o no, una cláusula a otra" (pone la Academia estos ejemplos: ***Si** hay ley*, ***si** razón*, ***si** justicia en el mundo, no sucederá lo que temes*; *Iré*, ***si** por la mañana o por la tarde, no puedo asegurarlo*; *Malo*, ***si** uno habla*, ***si** no habla*, *peor*). Con estos matices, los del **si** concesivo o adversativo, del **si** distributivo, y, a veces, incluso, causal (***Si** tardas mucho, me marcharé sin ti*), la estructura sintáctica es exactamente igual que la de un **período hipotético**, aunque no siempre el sentido condicional sea perceptible, según sucede –apunta Alarcos Llorach– en "***Si** ayer llovía, hoy hace sol*", en que "sólo se entiende [en lo semántico] el contraste entre dos realidades compensadas". De modo que, en todos los casos, deben considerarse, en lo sintáctico, como subordinadas condicionales, sin necesidad de establecer otras categorías. En algunas situaciones, consigna la Academia, **si**, sin dejar de ser condicional por la proposición que introduce, denota 'aseveración terminante' (***Si** ayer, aquí mismo, lo prometiste, ¿cómo lo niegas hoy?*); 'ponderación o encarecimiento', sin dejar de ser interrogativa indirecta (*Mira **si** tiene* [*o tendrá*] *dinero...*); 'énfasis o energía' dada, a principio de frase, a 'expresiones de duda o aseveración'. Entre las del último grupo, en las de enunciados interrogativos, las formas verbales empleadas son los futuros (*amaré*, *habré amado*) y los condicionales (*amaría* y *habría amado*) de indicativo (*¿**Si** estaré tan tonta como el infeliz de mi hermano?*; *¿**Si** habré visto fantasmas anoche?*; *¿**Si** habría amado al fulano más que a ti?*). Si a estas oraciones se les suprime el **si**, se convierten en interrogativas directas y pierden su énfasis o encarecimiento (*¿Estaré tan tonta como el infeliz de mi hermano?*, etc.), de modo que ese **si**, puede concluirse, es el mismo **si** subordinante de las interrogativas indirectas sustantivas (*Me pregunto **si** estaré tan tonta como el infeliz de mi hermano*; *Me pregunto **si** habré visto fantasmas anoche*; *Me pregunto **si** habría amado al fulano más que a ti*). Alarcos Llorach duda, sin embargo, de "que se deba imaginar en estos ejemplos la elipsis de un verbo 'principal'", y afirma: "Nada impide considerar a estas interrogativas como oraciones enfatizadas con el adverbio encarecedor *si*. Obsérvese además –agrega– que las formas verbales empleadas en estas construcciones actualizan sólo el sentido de probabilidad y nunca el de posterioridad". Por tanto, según Alarcos Llorach, las preguntas equivaldrían, en el caso de los ejemplos aquí ofrecidos, a: *¿Estoy, acaso, tan tonta como el infeliz de mi hermano?*; *¿Habré visto, tal vez, fantasmas anoche?*; *¿Habría amado, quizá, más al fulano que a ti?* En cuanto a las estructuras exclamativas aseverativas, a veces desiderativos, con **si** (*¡**Si** Dios nos amparase!*; *¡**Si** tu hermano ayudara...!*; *¡**Si** Ana hablase!*; *¡**Si** hubieran intervenido...!*), "también cabe la duda –dice el citado gramático– entre considerarlas como condicionales truncadas o mejor como estructuras de enunciado exclamativo inducidas por el adverbio encarecedor *si*". En otro tipo de enunciados exclamativos con **si**, cuyos verbos coinciden con los de la **prótasis** de las llamadas **reales** y que expresan, por lo general, inadecuación con lo expresado en el contexto o la situación, el sentido condicional está, también, ausente (*–No llores. –Si no lloro...*; ***Si** es un malcriado*, ***si** no quiere estudiar*, ***si** anda vagando por el barrio*). Como lo está, asimismo, en oraciones exclamativas encabezadas por **si**, construidas con futuro (*amaré*, *habré amado*) o con condicional (*amaría*, *habría amado*), que expresan "una mayor participación –dice Alarcos Llorach– del hablante en la emoción o sentimiento que comunican" (*¡Jesús, **si** estará chiflada la pobre!*; ***Si** habría sido un milagro...*), y que podrían, con pérdida de ese sentimiento, convertirse en simples exclamativas (*¡Qué chiflada está la pobre!*; *¡Qué milagro habría sido...!*). Es importante, en conclusión, distinguir las subordinadas condicionales con **si** y las interrogativas indirectas introducidas, también, con **si**, conjunciones subordinantes en ambos casos (una condicional, otra anunciativa), de otras estructuras en que **si** –dice Alarcos Llorach– es un mero "encarecedor adverbial de los contenidos comunicados", según acabamos de ver. Un **si** –agreguemos– que se escribe sin tilde, pese a su matiz adverbial. Por otra parte, **si**, precedida del adverbio **como** o de la conjunción **que**, se emplea en construcciones comparativas de sentido hipotético (*Tu hija andaba por los jardines* ***como si*** *fuera una novia*; *Se quedó más alegre* ***que si*** *le hubieras dado un millón de pesos*), y forma, con el adverbio de negación **no**, expresiones elípticas condicionales de valor causal, en que **si no** equivale a 'de otra suerte o en caso diverso' (*Haz tus deberes hoy sábado;* ***si no****, el domingo te quedarás en casa*). → **condicional, sino**

sí. Forma reflexiva del pronombre personal de tercera persona. Carece de distinción de género y de número. Es reflexivo, porque coincide, en su denotación, con la persona gramatical del sujeto. Desempeña la función de un sustantivo y se construye siempre con preposición (*Compró para* ***sí*** *unas flores*; *Compraron para* ***sí*** *unos cuadernos*; *Volvió en* ***sí***; *Se miró a* ***sí*** *mismo en el espejo*). Cuando la preposición es **con**, adopta la forma **consigo** (*Iba* ***consigo*** *el hijo*; *Iban* ***consigo*** *los hijos*). Nótese que esta forma reflexiva lleva tilde diacrítica para diferenciarse de **si**, 'nota musical', y de **si**, conjunción, aunque es homógrafo de **sí**, adverbio, que también lleva acento ortográfico. → **consigo, mí, ti**

sí. adv. afirm. que se emplea más comúnmente como respuesta a preguntas (*–¿Vienes con nosotros? –Sí*); ú. para denotar especial aseveración en lo que se dice o se cree, o para ponderar una idea (*Esto* ***sí*** *que es hacer las cosas bien*; ***Sí*** *que es verdad lo que piensas*); 'se emplea con énfasis para avivar la afirmación expresada con el verbo con que se junta' (*Lo haré,* ***sí****, aunque muera en el intento*). sust. m. 'Consentimiento o permiso' (*Cuentas con el* ***sí*** *de tu padre*; *Una famosa obra dramática de Moratín se titula* El **sí** de las niñas). Nótese que, en sus dos funciones de adverbio y de sustantivo, siempre lleva tilde. → **sí** (**pronombre personal reflexivo**). Plural del sustantivo: **síes** (*¡Cuántos* ***síes****!*). Incorrecto: <u>*sís*</u>. → **si** (**nota musical**). Este sustantivo y adverbio forma parte de numerosas frases y locuciones, de las que ofrecemos las más usuales. **dar** uno **el sí**. fr. 'Conceder una cosa, convenir en ella'. Ú. m. hablando del matrimonio (*Le* ***dio el sí***). **no decir** o **no responder** uno **un sí ni un no**. fr. 'Callar o excusarse de dar una respuesta'. **no haber** entre dos o más personas, o no **tener** éstas, **un sí ni un no**. fr. 'Haber conformidad'. **porque sí**. loc. fam. 'Sin causa justificada'. **por sí** o **por no**. loc. adv. 'Por si ocurre o no, o por si puede o no lograrse, una cosa contingente. Dícese como motivo o causa de la resolución que piensa tomarse' (***Por sí o por no****, lo esperaré*; *No lograrás lo que pretendes, pero,* ***por sí o por no****, habla con tu inquilino*). **sin faltar un sí ni un no**. fr. fig. con que se expresa que 'se hizo puntual y entera relación de una cosa' (***Sin faltar un sí ni un no****, te conté lo sucedido*). **sí tal**. expr. con que se refuerza la afirmación (*Sí,* ***sí tal****, así lo hice*). → **no**

siamés, sa. adj. Entre otras denotaciones, 'aplícase a cada uno de los hermanos gemelos que nacen unidos por alguna parte de sus cuerpos'. Ú. m. c. sust. m. y f., y en pl.: **el siamés, la siamesa** (*Operaron a los* ***siameses*** *para separarlos*).

sibarita. adj. En su uso figurado, 'dícese de la persona que se trata con mucho regalo y refinamiento'. Ú. t. c. sust. com.: **el sibarita, la sibarita**.

sibil. sust. m. 'Pequeña despensa en las cuevas para conservar frescas las carnes y demás provisiones'; 'concavidad subterránea'. Es voz aguda que, en plural, se hace grave: **sibiles**. No debe confundirse, en las regiones que sesean, con su homófono **civil** (adj. y sust. m. fam.).

sibilante. adj. 'Dícese del sonido que se pronuncia con una especie de silbido' (*sonido* ***sibilante***). 'Dícese de la letra que representa este sonido, como la *s*'. Ú. t. c. sust. f. (*La ese es una* ***sibilante***).

sibilino, na. adj. 'Perteneciente o relativo a la sibila'; fig. 'misterioso, oscuro'. También puede decirse **sibilítico, ca** (adj.).

sic. adv. lat. que se usa en impresos y manuscritos españoles, por lo general entre paréntesis, para dar a entender que una palabra o frase empleada en ellos, y que pudiera parecer inexacta, es textual. Puede ponerse, también, entre corchetes. Significa 'así'.

sicalipsis. sust. f. 'Malicia sexual, picardía erótica'. En plural, no varía: **las sicalipsis**.

sicario. sust. m. 'Asesino asalariado'. Carece de forma para el femenino.

siciliano, na. adj. 'Natural de Sicilia'. Ú. t. c. sust. m. y f.: **el siciliano, la siciliana**. 'Perteneciente o relativo a esta isla de Italia'. También puede decirse **sículo, la** (adj. Ú. t. c. sust. m. y f.). sust. m. 'Dialecto italiano hablado en Sicilia' (*Habla **siciliano***).

siclo. sust. m. 'Unidad de peso usada entre babilonios, fenicios y judíos'; 'moneda de plata usada en Israel'. No se confunda su grafía, en las regiones que sesean, con la de su homófono **ciclo** (sust. m.). → **ciclo**

sicoanálisis. sust. amb. → **psicoanálisis**

sicofanta. sust. m. 'Impostor, calumniador'. Nótese su género (*Juan es un **sicofanta***). Carece de forma para el femenino. También puede decirse **sicofante** (sust. m.). La Academia prefiere la primera forma.

sicofísica. sust. f. → **psicofísica**

sicología. sust. f. → **psicología**

sicológico, ca. adj. → **psicológico**

sicólogo. sust. m. Su femenino es **sicóloga**. → **psicólogo**

sicomoro o **sicómoro.** sust. m. 'Árbol de la familia de las moráceas, parecido a la higuera, de madera incorruptible que usaban los antiguos egipcios para las cajas en que encerraban a sus momias'. Las dos acentuaciones son correctas, pero la Academia prefiere la primera.

sicópata. sust. com. → **psicópata**

sicopatía. sust. f. → **psicopatía**

sicosis. sust. f. → **psicosis**. Su homónimo, también sustantivo femenino, denota una 'enfermedad de la piel que afecta a los folículos pilosos, especialmente de la barba'. En plural, no varía: **las sicosis**. Para esta última denotación, es incorrecto *psicosis*.

sicoterapia. sust. f. → **psicoterapia**

sicrómetro. sust. m. → **psicrómetro**

sicu. sust. m. Argent. 'Instrumento musical compuesto por una doble hilera de tubos de longitud decreciente'. En plural: **sicus**. También puede decirse **sicuri** (sust. m. NO. Argent.). Su equivalente, en el español general, es **siringa** (sust. f.). → **siringa**

sicuri. sust. m. NO. Argent. 'Tañedor de sicu'. En plural: **sicuris**. → **sicu**

sida. sust. m. 'Enfermedad viral consistente en la ausencia de respuesta inmunitaria'. Esta voz, de reciente ingreso en el ***Diccionario***, es sigla de *síndrome de inmunodeficiencia **adquirida***, traducción del inglés. La Academia no registra ninguna forma para el adjetivo correspondiente o para el sustantivo que denote a la persona que la padece, pero, en el uso, prevalece **sidoso, sa** (adj. Ú. t. c. sust. m. y f.).

sidafobia. sust. f. 'Temor morboso al sida'. Es voz de reciente incorporación académica.

sidecar. sust. m. Es voz de or. ing. (*side*, 'lado', *y car*, 'coche'). 'Asiento adicional, apoyado en una rueda, que se adosa al costado de una motocicleta'. Incorrecto: *side*. Es voz aguda que, en plural, se hace grave: **sidecares**.

siderosa. sust. f. 'Mineral'. También puede decirse **siderita** (sust. f.), voz que, además, denota una 'planta herbácea'.

siderosis. sust. f. 'Neumoconiosis producida por el polvo de los minerales de hierro'. En plural no varía: **las siderosis**.

sidra. sust. f. 'Bebida alcohólica que se obtiene por la fermentación del zumo de las manzanas'. En algunas regiones de España, **sagardúa** (sust. f.). No se confunda la grafía de esta voz, en los países y regiones que sesean, con la de su homófono **cidra** (sust. f.), 'fruto del cidro'.

sidrero, ra. adj. 'Perteneciente o relativo a la sidra'. sust. m. y f. 'Persona que trabaja en la fabricación de la sidra o que la vende': **el sidrero, la sidrera**. Es voz de reciente ingreso en el ***Diccionario***, al igual que **sidrificación** (sust. f.), 'fabricación de la sidra'.

siega. sust. f. 'Acción y efecto se segar'; 'tiempo en que se siega'; 'mieses segadas'. Con la penúltima denotación, no se usa en plural. No se confunda su grafía, en las regiones que sesean, con la de su homófono **ciega** (adj. y sust. f.), 'sin vista'.

siembra. sust. f. 'Acción y efecto de sembrar'; 'tiempo en que se siembra'; 'tierra sembrada'. Con la penúltima denotación, no se usa en plural.

siemensio. sust. m. 'Unidad de conductancia en el sistema basado en el metro, el kilogramo, el segundo y el amperio'. En la nomenclatura internacional, voz que también recoge la Academia, **siemens** (sust. m.).

siempre. adv. t. 'En todo o en cualquier tiempo' (***Siempre** ríe*); 'en todo caso o cuando menos' (***Siempre** le quedarán unos cuantos pesos de renta*). Moliner agrega estos otros significados muy comunes: 'la insistencia o la frecuencia en la repetición de una cosa' (***Siempre** eres tú el que se queja*); 'lo natural o indudable de lo que se afirma' (***Siempre** estará mejor en su casa*). Existen otros usos peculiares regionales de América, no registrados por el ***Diccionario***, en que **siempre**, por ejemplo, equivale a **sí**, a **no obstante** (Colombia), y, acompañado de **sí** o **no**, a 'resueltamente', 'definitivamente', 'al fin', 'de todos modos' (Méjico). **para siempre**. loc. adv. 'Por todo tiempo o por tiempo indefinido' (*El sacramento del matrimonio es **para siempre***). **por siempre**. loc. adv. 'Perpetuamente' (***Por siempre** te querré*). **siempre jamás**. loc. adv. Equivale a **siempre**, con sentido encarecedor (*¿Serás fiel **siempre jamás**?*). **siempre que**. loc. conjunt. condic. Equivale a **con tal que** (*Iré a verte, **siempre que** puedas recibirme*) o a **cada vez que**, en que es loc. adv. (***Siempre que** vengas, te daré un beso*). **siempre y cuando que**. loc. conjunt. condic. Equivale a **con tal que** (***Siempre y cuando que** lo hagas, no me importa a qué hora sea*). No debe emplearse este adverbio con el sentido de 'todavía' o de 'aún': *Siempre estoy leyendo el mismo libro*. Correcto: ***Aún** o **todavía** estoy leyendo el mismo libro*. Es muy frecuente en América la construcción incorrecta *siempre* + *verbo*, con el significado de **seguir** + **gerundio**: *Lo tenía siempre atado al palenque*. Correcto: ***Seguía teniéndolo** atado al palenque*.

siempreviva. sust. f. Esta planta y su flor se conocen, también, con los nombres de **perpetua amarilla** o de **amarilla perpetua**, preferido el primero por la Academia. En la Argentina, prevalece el que encabeza este artículo. Es incorrecto escribirlo en dos palabras: *siempre viva*. En plural: **siemprevivas**. Incorrecto: *siempres vivas*.

sien. sust. f. 'Cada una de las dos partes laterales de la cabeza comprendidas entre la frente, la oreja y la mejilla'. Es voz aguda que, en plural, se hace grave: **sienes**.

siena. sust. m. 'Color castaño más o menos oscuro' (*Mezcló un poco de verde con el **siena** que le quedaba en el pomo*). Ú. t. c. adj. (*color **siena***).

sierpe. sust. f. 'Culebra'; fig. 'persona muy fea o muy feroz o que está muy colérica' (*Es una **sierpe**; Estaba hecho una **sierpe***); fig. 'cualquier cosa que se mueve con rodeos a manera de una culebra' (*Avanza como una **sierpe***). También puede decirse **serpiente** (sust. f.). Diminutivo: **serpezuela**.

sierra. sust. f. 'Herramienta'; 'lugar donde se sierra'; 'cordillera de poca extensión'; 'cordillera de montes o peñascos cortados'. Diminutivos de todas las acepciones: **serrezuela**, **serreta**. Diminutivo de las dos últimas: **serratilla**. Aumentativo de la primera: **serrón** (sust. m.). Cuando denota 'cordillera', se escribe con minúscula (*Se fue a la **sierra***), salvo cuando forma parte de un nombre geográfico (***Sierra** Nevada*).

siervo. sust. m. 'Esclavo'; 'nombre que una persona se da a sí misma respecto de otra para mostrarle rendimiento y obsequio' (*Seré su **siervo***); 'el que profesa en una comunidad u orden religiosa de las que, por humildad, se denominan así'. Su femenino es **sierva** (*Lo cuidaba una **sierva** de María, una monja enfermera*). **siervo de Dios**. 'Persona que sirve a Dios y guarda sus preceptos'. **siervo de los siervos de Dios**. 'Nombre que, por humildad, se da a sí mismo el Papa'.

siesta. sust. f. 'Tiempo después de mediodía, en que aprieta más el calor' (*Te veré a la **siesta***); 'tiempo destinado para dormir o descansar después de almorzar' (*Es hora de la **siesta***); 'sueño que se toma después de almorzar' (*Está en plena **siesta***). **dormir** o **echar** uno **la siesta**. fr. 'Echarse a dormir después de almorzar' (*Son pocos, hoy, los que pueden **dormir la siesta** en las grandes ciudades*).

siete. adj. 'Seis más uno' (***siete** años*); 'séptimo' (*piso **siete***). Apl. a los días del mes, ú. t. c. sust. m. (*el **siete** de julio*). sust. m. 'Signo o conjunto de signos con que se representa este número' (*Escriba el **siete***); 'naipe que tiene siete señales' (*Tengo un **siete** de bastos*). En plural: **sietes**. **sie-**

te y media. 'Juego de naipes en que cada carta tiene el valor que representan sus números, excepto las figuras, que valen media'. En la Argentina, se dice **siete y medio**, forma que carece de registro en el ***Dicccionario***. **más que siete**. loc. adv. fig. y fam. 'Muchísimo, excesivamente' (*comer **más que siete***).

♦ **sietecientos.** Barbarismo. Lo correcto es **setecientos**.

sietecolores. sust. m. Burg. y Pal. 'Jilguero'. Argent., Chile, Ecuad. y Perú. 'Pajarillo con las patas y el pico negros, plumaje manchado de rojo, amarillo, azul, verde y blanco, y la cola y alas negruzcas; tiene en medio de la cabeza un moño de color rojo vivo'. Argent. 'Pájaro de la familia de los tráupidos, vistoso'. Esta acepción carece de registro en el ***Diccionario***, pero la A.A.L. ha recomendado su incorporación. En plural, no varía: **los sietecolores**. Para distinguir los sexos, debe recurrirse a las perífrasis **sietecolores macho**, **sietecolores hembra**.

sietecueros. sust. m. Col., Chile, Ecuad. y Hond. 'Tumor que se forma en el talón del pie'. C. Rica, Cuba, Nicar. y Perú. 'Panadizo de los dedos'. Col. 'Árbol de la familia de las melastomatáceas, de unos seis metros de altura, de hermosas flores de cambiantes colores rojo y violáceo'. En plural, no varía: **los sietecueros**.

sieteenrama. sust. m. 'Tormentila, planta'. También puede decirse **sietenrama** (sust. m.). → **tormentila**

sietemesino, na. adj. 'Aplícase a la criatura que nace a los siete meses de engendrada'. Ú. t. c. sust. m. y f.: **el sietemesino**, **la sietemesina**. fam. 'Jovencito que presume de persona mayor'. Ú. t. c. sust. m. (*Es un **sietemesino***).

sieteñal. adj. 'Que tiene siete años o es de siete años'. Es voz aguda que, en plural, se hace grave: **sieteñales**.

sievert. sust. m. 'Unidad de dosis de radiación'. Es voz de reciente incorporación en el ***Diccionario***.

sifílide. sust. f. 'Dermatosis originada o sostenida por la sífilis'. Es voz esdrújula. No debe pronunciarse [sifilide] como grave.

sífilis. sust. f. 'Enfermedad infecciosa'. Es incorrecto, en singular, sin **s** final. En plural, no varía: **las sífilis**. También puede decirse **lúes** (sust. f.).

sifilítico, ca. adj. 'Perteneciente o relativo a la sífilis'. 'Que la padece' (*enfermo **sifilítico***). Ú. t. c. sust. m. y f.: **el sifilítico**, **la sifilítica**. Para el adjetivo, también puede decirse **luético, ca**.

sifilógrafo. sust. m. 'Especialista en enfermedades sifilíticas o sifilografía'. Su femenino es **sifilógrafa**.

sifón. sust. m. Entre otras denotaciones, 'tubo encorvado que sirve para sacar líquidos del vaso que los contiene'; 'botella cerrada herméticamente con una tapa por la que pasa un sifón, cuyo tubo tiene una llave para abrir o cerrar el paso del agua cargada de ácido carbónico que aquélla contiene' (*Compró cuatro **sifones***). Es voz aguda que, en plural, se hace grave: **sifones**. → **soda**

sifonero. sust. m. p. us. Argent. 'El que vende y reparte soda'. Equivale a **sodero**.

sifosis. sust. f. 'Corvadura de la columna vertebral'. En plural, no varía: **las sifosis**.

sigla. sust. f. 'Letra inicial que se emplea como abreviatura de una palabra' (*S.D.M. son las **siglas** de "Su Divina Majestad"*); 'rótulo de denominación que se forma con varias siglas (*INRI es **sigla** de "Iesus Nazarenus Rex Iudeórum"*); 'cualquier signo que sirve para ahorrar letras o espacio en la escritura'. Hasta aquí las definiciones académicas. El conjunto se llama *las siglas de...*, pero, a veces, se usa el singular, número que prevalece para designar las del segundo tipo (*ONU es la **sigla** de "Organización de las Naciones Unidas"*). Estas últimas son las siglas por antonomasia, ya que las otras se suelen denominar más comúnmente abreviaturas; cuando se usan en un texto deben ir precedidas por el artículo, el que concuerda en género y número con el sustantivo de la primera inicial (*la ONU*; *la FAO*; *el DRAE*; *las FF AA*). Las abreviaturas llevan siempre punto después de cada inicial; las siglas, no. La sigla recoge las letras iniciales de dos o más palabras, un sintagma, con excepción de los elementos de relación sintáctica (preposiciones, conjunciones) si los hay. Por ejemplo: UBA es sigla de Universidad [de] Buenos Aires. Esas letras o grafemas se independizan, a veces, del sintagma del que formaban parte hasta adquirir nuevos valores fonológicos, según ocurre, por ejemplo, con CGT (Confederación General del Trabajo), en que la letra inicial de la primera palabra cambia de velar [k] a interdental [c, z] o, en las regiones de seseo, a predorsal dentoalveolar [s] y se lee "Cegeté". Cuando la sigla ha arraigado mucho, por el constante uso, sólo se emplea la mayúscula en la primera letra: *Unesco* (United Nations Educational, Scientific and Cultural Organization). No deben confundirse las siglas con los fenómenos de acronimia. Un acrónimo proviene de la fusión de dos palabras distintas (la de tres es menos frecuente), una de las cuales –o las dos– está representada por un fragmento de su significante, generalmente el primero de la primera voz y el último de la segunda; por ejemplo, de **televisión** y **cine** se forma "telecine" y de **televisión y muñecos**, "teleñecos". La creación léxica por acronimia ha existido desde siempre. Así Quevedo creó "diabliposa" (de **diablo** y **mariposa**), y Unamuno, "noluntad" (de **nolo**, en latín 'no querer', y **voluntad**).

siglo. sust. m. 'Espacio de cien años'. Seguido de la preposición **de** y un nombre de persona o cosa, 'tiempo en que floreció esa persona o en que sucedió, se inventó o descubrió una cosa muy notable' (*el **siglo** de Augusto*; *el **siglo** del vapor*); 'mucho o muy largo tiempo' (*Hace un **siglo** que no nos vemos*); 'vida civil y política, en oposición a la religiosa' (*Dejó el **siglo** y se hizo benedictino*). **siglo de oro**. 'Cualquier período de esplendor, de felicidad y de justicia. En España, en particular, la época de mayor esplendor de su literatura, que abarca más de un siglo: casi todo el XVI y parte del XVII'. **siglos medios**. 'Tiempo transcurrido desde la caída del imperio romano hasta la toma de Constantinopla por los turcos'. **siglo de las luces**. 'El siglo XVIII o de la Ilustración', sintagma que carece de registro en el ***Diccionario***, pero es de uso frecuente. **en** o **por los siglos de los siglos**. loc. adv. Equivale a **eternamente**.

sigma. sust. f. 'Decimoctava letra del alfabeto griego'. Nótese su género (*La **sigma** corresponde a nuestra letra ese*). En plural: **sigmas**.

signar. v. tr. Entre otras denotaciones, 'firmar'. 'Hacer la señal de la cruz sobre una persona o cosa'. Ú. t. c. prnl. 'Hacer con los dedos índice y pulgar de la mano derecha cruzados, o sólo con el pulgar, tres cruces, la primera en la frente, la segunda en la boca y la tercera en el pecho, pidiendo a Dios que nos libre de nuestros enemigos'. Ú. t. c. prnl. (***Se signó***). En esta denotación, se diferencia de **santiguar** (v. tr. Ú. m. c. prnl.), que es 'hacer la señal de la cruz desde la frente al pecho y desde el hombro izquierdo al derecho, invocando a la Santísima Trinidad', y, a veces, de **persignar** (v. tr. Ú. t. c. prnl.), que también es sólo 'hacer la señal de la cruz', aunque, otras, se usa por 'signar y santiguar a continuación'. De modo que **signar** y **santiguar** responden a denotaciones diferentes, mientras que **persignar** puede ser tanto la suma de ambas, como sólo voz equivalente de **santiguar**. No siempre los hablantes distinguen bien estos matices semánticos.

signatario, ria. adj. 'Dícese del que firma' (*países **signatarios***). Ú. t. c. sust. m. y f.: **el signatario, la signataria**.

significado, da. p. de **significar**. adj. 'Importante, reputado' (*Es una persona **significada** en su medio*). sust. m. 'Sentido de las palabras y frases' (*Desconoce el **significado** de esa palabra*); 'concepto que, como tal, o asociado con determinadas connotaciones, se une al significante para constituir un signo lingüístico. En aquella asociación, pueden dominar los factores emotivos, hasta hacerse casi exclusivos, como en el caso de la interjección'; 'complejo significativo que se asocia con diversas combinaciones de significantes lingüísticos'. Hemos transcripto las definiciones académicas sobre el **significado**, uno de los conceptos lingüísticos más controvertidos y que, por tanto, conlleva, según las escuelas y teorías, diversas interpretaciones. 'Lo que significa de algún modo' (*El negro, entre los occidentales, **significa** duelo, luto, pesar*). → **significante (sust. m.)**

significador, ra. adj. 'Que significa'. Ú. t. c. sust. m. y f.: **el significador, la significadora**.

significante. p. a. de **significar**. 'Que significa'. sust. m. 'Fonema o conjunto de fonemas o letras que, asociados con un significado, constituyen un signo lingüístico' (*En los diccionarios comunes, se parte siempre de un **significante** para llegar al significado*). → **signo (signo lingüístico)**

significar. v. tr. Entre otras denotaciones, 'ser una palabra o frase expresión o signo de una idea o de un pensamiento, o de una cosa material' (*En ese contexto, esa palabra **significa** otra cosa*); 'hacer saber, declarar o manifestar algo' (*Te **significo** que no estoy de acuerdo*). v. intr. 'Representar, valer' (*Ese gesto **significa** poco*). v. prnl. 'Hacerse notar o distinguirse por alguna cualidad o circunstancia' (***Se significa** por su extraordinaria elocuencia*). Su 'acción y efecto' es **significación** (sust. f.). No debe usarse, en su reemplazo, *significancia*, un anglicismo (*significance*). → **sacar**

signo. sust. m. Entre otras denotaciones, 'indicio, señal de algo' (*Su rubor es, quizás, un **signo** de su culpabilidad*); 'cualquiera de los caracteres que se emplean en la escritura o en la imprenta' (*Tus **signos** son ilegibles*; *Los **signos** de puntuación son, entre otros, el punto, la coma, el punto y coma*); 'cada una de las doce partes iguales en que se considera dividido el Zodíaco' (*Uno de los **signos** del Zodíaco es Tauro*); 'señal o figura que se usa en los cálculos para indicar ya la naturaleza de las cantidades, ya las operaciones que se han de hacer con ellas' (*El **signo** de la multiplicación es ×*). **signo lingüístico**. 'Unidad mínima de la oración, constituida por un significante y un significado'. **signo natural**. 'El que nos hace venir en conocimiento de una cosa por analogía o dependencia natural que tiene con ella' (*El humo es **signo** de fuego*). **signo negativo**. Equivale a **menos**, 'signo de la resta' (–). Se emplea para representar un valor negativo; por ejemplo, una carga eléctrica negativa. **signo positivo**. Equivale a **más**, 'signo de la suma' (+). Se emplea para representar un valor positivo; por ejemplo, una carga eléctrica positiva.

Signos de puntuación. Los signos de puntuación del español son la **coma** (,); el **punto** (.), que puede ser seguido, **punto seguido** o **punto y seguido**, o aparte, **punto aparte** o **punto y aparte**; el **punto y coma** (;); los **dos puntos** (:); los **puntos suspensivos** (...); los **signos de interrogación** (¿?); los **signos de admiración** o **de exclamación** (¡!); el **paréntesis** ( ); las **comillas** (" "); el **guión** (-); la **raya** (—). Son además, entre otros, signos auxiliares: el **apóstrofo** ('); el **párrafo** (§); el **calderón** (¶); el **asterisco** (*); el **corchete** ([ ]); la **llave** ({ }); la **manecilla** (se representa con una mano, con el índice extendido). Acerca de su uso, véanse en sus lugares respectivos o alfabéticos; por ejemplo, para el uso de la coma, → **coma**

siguiente. p. a. de **seguir**. 'Que sigue' (*Véase en el párrafo **siguiente***). adj. 'Ulterior, posterior' (*Pase el enfermo **siguiente***).

sijú. sust. m. 'Ave rapaz nocturna de las Antillas'. Para distinguir los sexos, debe recurrirse a las perífrasis **sijú macho**, **sijú hembra**. En plural: **sijúes** o **sijús**.

sílaba. sust. f. 'Sonido o sonidos articulados que constituyen un solo núcleo fónico entre dos depresiones sucesivas de la emisión de la voz' (*La palabra "tiene" consta de dos sílabas: "tie" y "ne"*). **sílaba libre**. 'La que termina en vocal'. También recibe el nombre de **sílaba abierta**. **sílaba trabada**. 'La que termina en consonante'. También recibe el nombre de **sílaba cerrada**. **sílaba tónica**. La que tiene el acento prosódico. **sílaba protónica** o **postónica**. 'La que precede o sigue, respectivamente, a la tónica' y no es inicial ni final. → **guión**

silabear. v. intr. 'Ir pronunciando separadamente cada sílaba'. Ú. t. c. tr. No debe pronunciarse [silabiar, silabié]. Su 'acción y efecto' es **silabeo** (sust. m.). Para el verbo, también puede decirse **silabar** (v. intr.), pero la Academia prefiere la primera forma. → **-ear**

silba. sust. f. → **silbar**

silbador, ra. adj. 'Que silba'. Ú. t. c. sust. m. y f.: **el silbador, la silbadora**. También pueden decirse, para el adjetivo, **silbante** (p. a. de **silbar**. adj.), voz que, además, 'se aplica, en particular, al sonido que se pronuncia con una especie de silbido' (*La letra ese representa un sonido **silbante***), y **silboso, sa** (adj.).

silbante. p. a. de **silbar**. Ú. t. c. adj. → **silbador**

silbar. v. intr. 'Dar o producir silbos o silbidos'. Ú. t. c. tr. 'Agitar al aire una cosa produciendo un sonido como de silbo'. fig. 'Manifestar desaprobación el público, con silbidos y otras demostraciones ruidosas'. Ú. t. c. tr. (***Silbaron** al protagonista de la obra teatral*). Su 'acción' es **silba** (sust. f.) y, en algunas regiones americanas, **silbatina** (sust. f.). Su acción y efecto es **silbido** (sust. m.). No se confunda **silba** con su homófono **silva** (sust. f.), 'colección de varias materias', 'composición poética'.

silbatina. sust. f. Argent., Chile, Ecuad., Perú y Urug. 'Silba, rechifla prolongada'.

silbido. sust. m. → **silbar**

silbo. sust. m. Entre otras acepciones, 'sonido agudo que hace el aire'; 'voz aguda de algunos animales, como la de la serpiente'. Con la denotación de 'pequeño instrumento con el que se hace, soplando con fuerza, un sonido agudo', puede decirse, también, **silbato** (sust. m.), de uso más frecuente.

silbón. sust. m. 'Ave palmípeda'. Para distinguir los sexos, debe recurrirse a las perífrasis **silbón macho**, **silbón hembra**. Es voz aguda que, en plural, se hace grave: **silbones**.

silboso, sa. adj. 'Que silba o forma el ruido de un silbido'. No se confunda con su homófono **silvoso, sa** (adj.), 'selvoso'.

silenciar. v. tr. 'Callar, omitir' (*Ese historiador **silencia** los hechos negativos*); 'hacer callar, reducir al silencio'. Esta última acepción, antes considerada anglicismo, es de reciente ingreso en el ***Diccionario*** (*Silenció con un gesto a los alumnos*). Se conjuga, en cuanto al acento, como **cambiar**.

silencio. sust. m. Entre otras denotaciones, 'abstención de hablar' (*Se quedó en **silencio***); fig. 'falta de ruido' (*La casa estaba en **silencio***); fig. 'falta u omisión de algo por escrito' (*El **silencio** de algunos periódicos sobre ese tema es llamativo*). **en silencio**. loc. adv. fig. 'Sin protestar, sin quejarse' (*Sufría en silencio*). **entregar** uno una cosa **al silencio**. fr. fig. 'Olvidarla, no mencionarla más'. También puede decirse **pasar** uno **en silencio** una cosa (fr.). **imponer** uno **silencio**. fr. 'Tratándose de personas, hacerlas callar' (*El maestro **impuso silencio** a sus alumnos*); fig. 'tratándose de pasiones, reprimirlas' (***Impuso silencio** a su gula*).

silencioso, sa. adj. 'Dícese del que calla o tiene hábito de callar'; 'dícese del lugar o tiempo en que hay o se guarda silencio'; 'que no hace ruido'. Para todas estas denotaciones, también puede decirse **silente** (adj.), voz que, además, significa 'tranquilo, sosegado'. Es de uso culto.

silepsis. sust. f. 'Figura de construcción que consiste en quebrantar las leyes de concordancia, tanto en el género como en el número, y que se produce por atender más al sentido que a la forma' (*Decir, por ejemplo, "La mayor parte* [sing.] *murieron* [pl.]*" es incurrir en una **silepsis***). Modernamente, como acota Moliner, se llama a esta figura **concordancia ad sensum**. 'Tropo que consiste en usar a la vez una misma palabra en sentido recto y figurado' (*En la frase "poner a uno más suave que una seda", el adjetivo "suave" es una **silepsis***). En plural, no varía: **las silepsis**.

sílex. sust. m. 'Variedad de cuarzo'. También puede decirse **pedernal** (sust. m.). En plural, no varía: **los sílex**.

sílfide. sust. f. 'Ninfa, ser fantástico o espíritu elemental del aire, según los cabalistas'. Es voz esdrújula. No debe pronunciarse [silfide] como grave. La correspondiente forma masculina es **silfo**.

silfo. sust. m. → **sílfide**

silga. sust. f. 'Maroma, principalmente de las naves'. También puede decirse **sirga** (sust. f.).

silgar. v. tr. 'Llevar a la silga una embarcación'. También puede decirse **sirgar** (v. tr.). v. intr. 'Remar con un remo en la popa para avanzar'. También puede decirse **singar** (v. intr.). → **pagar**

sílice. sust. f. 'Combinación del silicio con el oxígeno. Si es anhidra, forma el cuarzo, y si es hidratada, el ópalo'. Nótese su género. Incorrecto: <u>el sílice</u>. Los adjetivos correspondientes son **silíceo, a**, 'de sílece o semejante a ella', y **silícico, ca**, 'perteneciente o relativo a ella' (*El silicato es una sal compuesta de ácido **silícico** y una base*). → **silicio**

silicio. sust. m. 'Metaloide que se extrae de la sílice'. Número atómico 14. Símbolo: ***Si*** (sin punto). No se confunda esta voz, en las regiones que sesean, con su homófono **cilicio** (sust. m.), 'instrumento de penitencia', ni con **silíceo** (adj.). → **sílice**

silicona. sust. f. 'Polímero de gran inercia química, formado por silicio y oxígeno, con variadas aplicaciones'. Es voz de reciente ingreso en el ***Diccionario***. Es anglicismo usar <u>*silicón*</u>.

silicosis. sust. f. 'Neumoconiosis producida por el polvo de sílice'. En plural, no varía: **las silicosis**.

silicótico, ca. adj. 'Perteneciente a la silicosis'. 'Que la padece'. Ú. t. c. sust. m. y f.: **el silicótico, la silicótica**. Es de reciente registro en el ***Diccionario***.

silla. sust. f. 'Asiento con respaldo, por lo general con cuatro patas, y en que cabe una sola persona'; 'aparejo para montar a caballo' (*El jinete se lucía sobre su **silla***). Diminutivos: **sillín** (m.), **silleta**. Aumentativo: **sillón** (m.). Con la denotación de 'asiento o trono de un prelado con jurisdicción', equivale a **sede** (*la **silla** apostólica*). Forma parte de numerosos sintagmas, entre otros: **silla de la reina** ('asiento que forman entre dos con las cuatro manos, asiendo cada uno su muñeca y la del otro'), el que, en la Argentina, se conoce como **sillita de oro**, sin registro en el ***Diccionario***, pero cuya inclusión ha sido recomendada por la A.A.L.; **silla de manos** ('vehículo con asiento para una persona, a manera de caja de coche, y el cual, sostenido en dos varas largas, es llevado por hombres'); **silla de montar**; **silla de niño**; **silla de ruedas**; **silla de tijera** ('la que tiene el asiento, por lo general, de tela y las patas cruzadas en aspa de manera que puede plegarse'), expresión en que es incorrecto suprimir la preposición **de**: *silla tijera*; **silla eléctrica** ('la que se usa para electrocutar a los reos de muerte'); **silla gestatoria** ('silla portátil que usa el Papa en ciertos actos de gran ceremonia').

sillar. sust. m. Entre otras denotaciones, 'cada una de las piedras labradas, por lo común en forma de paralelepípedo rectángulo, que forman parte de una construcción de sillería'. Diminutivo: **sillarejo**. Es voz aguda que, en plural, se hace grave: **sillares**.

sillería. sust. f. Con las denotaciones de 'conjunto de sillas iguales o de sillas, sillones y canapés de una misma clase con que se amuebla una habitación' y de 'conjunto de asientos unidos unos a otros, como los del coro de las iglesias, los de las salas capitulares, etc.', es sustantivo colectivo. Otras acepciones: 'taller donde se hacen sillas'; 'lugar donde se venden'; 'oficio de sillero'. Incorrecto: *silletería*. Su homónimo, también sustantivo femenino, significa 'fábrica hecha de sillares asentados unos sobre otros en hileras' y, con denotación colectiva, 'conjunto de estos sillares'.

sillero. sust. m. 'El que se dedica a hacer sillas o a venderlas'. Su femenino es **sillera**.

silleta. sust. f. 'Recipiente para excretar en la cama los enfermos'; 'piedra sobre la cual se muele el chocolate'. Amér. 'Silla de sentarse'. Diminutivo: **silletín** (m.). → **silla**

sillón. sust. m. 'Silla de brazos mayor y más cómoda que la ordinaria'; 'silla de montar construida de modo que una mujer pueda ir sentada en ella como en una silla común'. → **silla**

sillonero. sust. m. NO. Argent. 'Animal de una tropilla que el dueño elige montar' (*El **sillonero** del patrón era un tordillo grandote*). Carece de registro en el ***Diccionario***, pero la A.A.L. ha recomendado la inclusión de este regionalismo.

silo. sust. m. 'Lugar subterráneo en donde se guarda el trigo u otros granos, semillas o forrajes. Modernamente, se construyen depósitos semejantes sobre el terreno' (*Desde la ruta, se veían los grandes **silos** de la ciudad triguera*). También puede decirse **silero** (sust. m.), pero la Academia prefiere la primera forma. fig. 'Cualquier lugar subterráneo, profundo y oscuro'; 'por extensión, depósito subterráneo de misiles'. Esta última denotación es de reciente registro académico.

silogístico, ca. adj. 'Perteneciente al silogismo'. Es voz de reciente incorporación en el ***Diccionario***.

silogizar. v. intr. 'Disputar, argüir con silogismos o hacerlos'. → **cazar**

silueta. sust. f. 'Dibujo sacado del natural siguiendo los contornos de la sombra de un objeto'; 'forma que presenta a la vista la masa de un objeto más oscuro que el fondo sobre el cual se proyecta'; 'contorno'. Con esta última denotación, equivale a **perfil** (sust. m.). Nótese su correcta grafía. Incorrecto: *silhueta*, por influencia del francés.

siluetear. v. tr. 'Dibujar, recorrer, etc., algo siguiendo su silueta'. Ú. t. c. prnl. No debe pronunciarse [siluetiar, siluetié]. También puede decirse **siluetar** (v. tr.), aunque la Academia prefiere la primera forma. → **-ear**

silúrico, ca. adj. 'Dícese de cierto terreno sedimentario, que se considera como uno de los más antiguos'. Ú. t. c. sust. m. y f.: **el silúrico**, **la silúrica**. 'Perteneciente a este terreno'.

siluro. sust. m. 'Pez teleósteo fluvial, parecido a la anguila'. Para distinguir los sexos, debe recurrirse a las perífrasis **siluro macho**, **siluro hembra**.

silva. sust. f. Es sustantivo colectivo con la denotación de 'colección de materias o temas' (*Es una **silva** de poesías varias*). 'Combinación métrica en que ordinariamente alternan versos heptasílabos y endecasílabos, y en que pueden emplearse algunos libres o sueltos de cualquiera de estas dos medidas, y aconsonantarse los demás sin sujetarse a un orden predeterminado'; 'composición métrica de estas características (*El "Primero sueño", de sor Juana Inés de la Cruz, es una **silva***). No se confunda con su homófono **silba** (sust. f.). → **silbar**

silvano. sust. m. 'Semidiós de las selvas'. adj. 'Selvático, propio de las selvas o perteneciente a ellas'.

silvático, ca. adj. → **selvático**

silvícola. adj. 'Que habita en la selva'. Incorrecto: <u>selvícola</u>. Ú. t. c. sust. com., aunque no lo registra el ***Diccionario***: **el silvícola**, **la silvícola**.

silvicultor. sust. m. 'El que profesa la silvicultura o tiene en ella especiales conocimientos'. Su femenino es **silvicultora**. Incorrecto: <u>selvicultor</u>, <u>selvicultora</u>.

silvicultura. sust. f. 'Cultivo de los bosques o montes'; 'ciencia que trata de este cultivo'. También puede decirse **selvicultura** (sust. f.), pero la Academia prefiere la primera forma.

sima. sust. f. 'Cavidad grande y muy profunda en la tierra'. No se confunda, en las regiones que sesean, con su homófono **cima** (sust. f.), 'cumbre'. → **cima**

simaruba. sust. f. Argent., Col., C. Rica, Ecuad. y Venez. 'Árbol corpulento de la familia de las simarubáceas, cuya corteza se emplea como febrífugo'. También puede decirse **simarruba** (sust. f.), pero la Academia prefiere la primera forma.

simarubáceo, a. adj. 'Dícese de árboles y arbustos angiospermos dicotiledóneos, casi todos de países cálidos y que suelen contener principios amargos en su corteza, como la cuasia'. Ú. t. c. sust. f.: **la simarubácea**. sust. f. pl. 'Familia de estas plantas': **las simarubáceas**.

simbionte. adj. 'Dícese de los individuos asociados en simbiosis'. Ú. t. c. sust. m.: **el simbionte**. → **simbiosis**

simbiosis. sust. f. 'Asociación de individuos animales o vegetales de diferentes especies, en la que ambos asociados o simbiontes sacan provecho de la vida en común'. En plural, no varía: **las simbiosis**.

simbol. sust. m. Argent. 'Gramínea de tallos largos y flexibles que se usan, sobre todo en el norte, donde se cultiva en pequeña escala, para hacer cestos y techos rústicos. En otras regiones, se emplea como pastura natural'. Es voz aguda que, en plural, se hace grave: **simboles**. El 'lugar donde crece el simbol' es un **simbolar** (sust. m. colect. NO. Argent.).

simbolista. sust. com. En su denotación más frecuente, 'poeta o artista adherido al simbolismo, escuela poética del siglo XIX': **el simbolista**, **la simbolista**.

simbolizar. v. tr. 'Servir una cosa como símbolo de otra'. Su postverbal es **simbolización** (sust. f.). → **cazar**

símbolo. sust. m. 'Representación perceptible de una realidad' (*La azucena es **símbolo** de pureza*); 'figura retórica'; 'letra o letras convenidas con que se designa un elemento químico'. Estas últimas se escriben siempre sin punto (*Hz es el **símbolo** del herzio*). **símbolo algebraico**. 'Letra o figura que representa un número variable o bien cualquiera de los entes para los cuales se ha definido la igualdad y la suma' (*El **símbolo** de raíz cuadrada es* $\sqrt{\ }$). **símbolo de la fe** o **de los Apóstoles**. 'El Credo'.

simbología. sust. f. 'Estudio de los símbolos'; 'conjunto o sistema de símbolos'. Con esta última denotación, es colectivo.

simiente. sust. f. Equivale a **semilla**. Con esta denotación, se usa a veces, según anota Moliner, como sustantivo colectivo (*Compró un sobre con **simiente** de perejil*). Equivale, asimismo, a **semen**.

símil. adj. p. us. 'Semejante, parecido a otro' (*Aquí hay un botón **símil** al que perdiste*). En su reemplazo, lo corriente es usar **similar** (adj.). sust. m. 'Comparación, semejanza entre dos cosas'; 'figura retórica que consiste en comparar expresamente una cosa con otra, para dar idea viva y eficaz de ella' (*Entre los recursos poéticos preferidos de Ercilla, figura el **símil***). Es palabra grave, que lleva tilde por no terminar en **n**, **s** o vocal. En plural, se hace esdrújula: **símiles**.

similar. adj. 'Que tiene semejanza o analogía con una cosa'. Rég. prep.: **similar a** (*Estas hojas son **similares a** las del roble*). De acuerdo con dicho régimen, como anota Seco, debe decirse "*de manera similar **a como** lo hizo* (no *similar como lo hizo*)".

♦ **similaridad.** Anglicismo y galicismo. En español, debe decirse **similitud**.

similitud. sust. f. 'Semejanza, parecido' (*Esos dos grabados tienen, por su tema y por su dibujo, gran **similitud** entre sí*). No debe usarse, en su reemplazo, *similaridad*, un anglicismo (*similarity*) o un galicismo (*similarité*). El adjetivo correspondiente es **similitudinario, ria** (*He encontrado una hoja **similitudinaria** a esta otra*).

similor. sust. m. 'Aleación que se hace fundiendo cinc con tres, cuatro o más partes de cobre, y que tiene el color y el brillo del oro'. Nótese que es palabra aguda, la que, en plural, se hace grave: **similores**. Casi no se usa en este número. **de similor**. loc. adj. 'Falso, fingido, que aparenta mejor calidad de la que tiene' (*Es una medallita **de similor***).

simio. sust. m. Equivale a **mono**. Su femenino es **simia**. sust. m. pl. 'Suborden de estos animales cuadrumanos': **los simios**.

simoníaco, ca o **simoniaco, ca.** adj. 'Perteneciente a la simonía o compra, también venta, de bienes espirituales o temporales, anejos a ellos, y de beneficios eclesiásticos' (*delito **simoníaco***). 'Que comete simonía' (*sacerdote **simoníaco***). Ú. t. c. sust. m. y f.: **el simoníaco** o **simoniaco, la simoníaca** o **simoniaca**. Las dos formas son correctas, pero la Academia prefiere la primera. También puede decirse **simoniático, ca** (adj. Ú. t. c. sust. m. y f.).

simpa. sust. f. Argent. y Perú. 'Trenza'.

♦ **simpar.** Barbarismo por **sin par**.

simpatizante. p. a. de **simpatizar**. 'Que simpatiza'. Ú. t. c. sust. com.: **el simpatizante, la simpatizante** (*Es un **simpatizante** del partido que está en el gobierno*).

simpatizar. v. intr. 'Sentir simpatía' (*Le **simpatizas** a mi prima*). Rég. prep.: **simpatizar con** (***simpatizar con** el vecino*). → **cazar**

simpecado. sust. m. 'Insignia que en las procesiones sevillanas abre la marcha en la sección de las cofradías de la Virgen, y que ostenta el lema *sine labe concepta* [sin pecado concebida]'. Es incorrecto escribir este sustantivo en dos palabras. Nótese su género. Incorrecto: *la simpecado*.

simpétalo, la. adj. 'Dícese de la flor cuya corola está formada por pétalos soldados en un tubo corolino único, como la de la petunia' (*flor **simpétala***). Es incorrecto escribir este adjetivo, en la forma masculina, en dos palabras: *sin pétalo*. En la forma femenina, no suele cometerse el error. Este tecnicismo ha sido recién incorporado en el ***Diccionario***.

simple. adj. 'Sin composición' (*Compró una tela lisa, **simple***); 'hablando de las cosas que pueden ser dobles o estar duplicadas, aplícase a las sencillas' (*costura **simple***); 'sencillo, sin complicaciones' (*Su estilo es **simple**; La instalación de este artefacto es **simple***); 'dícese del traslado o copia que se saca sin firmar ni autorizar' (*Me dio una copia **simple** de la escritura*). En sentido figurado, entre otros, tiene los significados de 'manso, apacible, incauto' (*mujer **simple***), ú. t. c. sust. com. (*La pobre Ana es una **simple**, todo se lo cree*); 'abobado' (*hombre **simple***), ú. t. c. sust. com. (*Todos lo engañan, porque Juan es un **simple***). En gramática, 'aplícase a la palabra que no se compone de otras' (*La voz "nave" es una palabra **simple***). sust. m. 'Material cualquiera de procedencia orgánica o inorgánica, que sirve por sí solo a la medicina o que entra en la composición de un medicamento'. El léxico oficial no registra la denotación de 'solamente' que posee antepuesto al sustantivo; sí, la registra el ***Diccionario Manual*** (*Con unos **simples** apuntes, aprobó el examen*). Superlativos: **simplicísimo, ma**; **simplísimo, ma**. El primero es más culto. Aumentativo: **simplón, na** (Ú. t. c. sust. m. y f.). La 'cualidad de simple, sin composición' es **simplicidad** (sust. f.), voz que, también, denota, 'sencillez, candor'. Una 'bobería' es una **simpleza** (sust. f.).

simplificar. v. tr. 'Hacer más sencilla o más fácil una cosa complicada'; 'reducir una expresión, cantidad o ecuación matemática a su forma más breve y sencilla'. Su postverbal es **simplificación** (sust. f.). → **sacar**

simplista. adj. 'Que simplifica o tiende a simplificar'. Apl. a pers., ú. t. c. sust. com.: **el simplista, la simplista**. Para esta denotación, también puede decirse **simplicista** (adj. Apl. a pers., ú. t. c. sust. com.).

simposio. sust. m. 'Conferencia o reunión en que se examina y discute un determinado tema'. No deben usarse, en español, ni la grafía latina de origen griego (*sympósium*) ni *simposión*, un barbarismo.

simulador, ra. adj. 'Que simula'. Ú. t. c. sust. m. y f.: **el simulador, la simuladora**.

simultáneamente. adv. m. 'Con simultaneidad'. No debe pronunciarse [simultaniamente]. Es incorrecto *simultáneamente a*: *Simultáneamente a tu llegada, partiré; El encuentro Boca-River se llevará a cabo simultáneamente al de San Lorenzo-Racing*. Correcto: ***Simultáneamente con** tu llegada, partiré; El encuentro Boca-River se llevará a cabo **simultáneamente con*** o ***al mismo tiempo que** el de San Lorenzo-Racing*.

simultanear. v. tr. 'Realizar en el mismo espacio de tiempo dos operaciones o propósitos'. No debe pronunciarse [simultaniar, simultanié]. → **-ear**

simultaneidad. sust. f. 'Cualidad de simultáneo'. Incorrecto: *simultanidad*. → **-dad**

simún. sust. m. 'Viento abrasador que suele soplar en los desiertos del África y de Arabia'. Es voz aguda que, en plural, se hace grave: **simunes**. Incorrecto: *simoun*.

sin. prep. En sus usos semánticos, indica: • 'carencia o falta de algo' (*Se quedó **sin** cigarrillos; Vive **sin** comer*); • equivale a **no** cuando se junta con el infinitivo (*Se fueron **sin** saludar; Camina **sin** tropezar*); • 'fuera o además de' (*Lleva dos valijas, **sin** los bolsos; **Sin** el diccionario, trajo cuatro libros*). Forma parte de locuciones adjetivas, entre otras: **sin fin**, 'inacabable' (*Padece males **sin fin***); **sin par** (*Su beldad es **sin par** en este mundo*); **sin número** (*Estrellas **sin número** iluminan el firmamento*). De la locución conjuntiva adversativa **sin embargo**, 'no obstante, sin que sirva a su impedimento', la que se escribe entre comas (*Pese a un error, **sin embargo**, obtuvo sobresaliente*). De locuciones adverbiales, como **sin razón** (*Lo castigó **sin razón***); **sin vergüenza** (*Se desnuda **sin vergüenza** alguna*), y de la prepositiva **sin embargo de**, 'a pesar de' (***Sin embargo de** las posturas antagónicas de algunos socios, se arribó a un acuerdo*). Se agrupa con otras preposiciones (*Come **hasta sin** dientes; **Para sin** estudios previos, hay un curso especial*). Es un solecismo muy frecuente coordinar esta preposición con otra, con olvido de que cada preposición debe llevar obligatoriamente su propio término: *Practicarán con o sin computadoras; ¿Quieres el helado con o sin salsa de chocolate?* Correcto: *Practicarán **con computadoras o sin ellas**; ¿Quieres el helado **con salsa de chocolate o sin ella**?* Son, también, incorrectos los sintagmas *sin mí, sin su, sin nosotros*, etc., empleados en vez de ***a no ser por mí, por él*** o **por su + sustantivo**, ***por nosotros***..., o de ***si no es por mí, por él*** o **por su + sustantivo**, ***por nosotros***, etc.: *Sin mí, de seguro que choca; Sin su colaboración, me hubiera equivocado; El negocio hubiera fracasado, sin nosotros*. Correcto: ***A no ser por mí*** (o ***Si no es por mí***), *de seguro que choca*; ***A no ser por su colaboración*** (o ***Si no es por su colaboración***), *me hubiera equivocado*; *El negocio hubiera fracasado, **a no ser por nosotros*** (o ***si no es por nosotros***). Esta preposición forma parte, como prefijo, de voces compuestas: **sinrazón, sinsabor, sinvergüenza, sinfín, sinnúmero**, etc.

sin-. elem. compos. de or. gr. 'Unión'; 'simultaneidad' (*síntesis, sincronía*). Toma la forma **sim-** ante **b** o **p** (*simpático*). → **sin**

sinamay. sust. m. 'Tela muy fina que se fabrica en Filipinas'. En plural: **sinamáis**.

sinapsis. sust. f. 'Relación funcional de contacto entre las terminaciones de las células nerviosas'. En plural, no varía: **las sinapsis**. El adjetivo correspondiente, **sináptico, ca**, es de reciente incorporación en el ***Diccionario***.

sinarca. sust. com. 'Gobernante o miembro de una sinarquía': **el sinarca, la sinarca**.

sinartrosis. sust. f. 'Articulación no movible, como la de los huesos del cráneo'. En plural, no varía: **las sinartrosis**.

sincategoremático, ca. adj. 'Dícese de palabras que sólo ejercen en la frase oficios determinativos, modificadores o de relación, a diferencia de las categoremáticas'. Este tecnicismo de la lingüística y de la lógica es de reciente incorporación en el ***Diccionario***.

sincerador, ra. adj. 'Que sincera'. Ú. t. c. sust. m. y f.: **el sincerador, la sinceradora**.

sincerar. v. tr. 'Justificar la culpabilidad o inculpabilidad de uno'. Ú. m. c. prnl. Rég. prep.: **sincerarse ante** (***sincerarse ante** el juez*); **since-**

rarse con (*sincerarse con los padres*); **sincerarse de** (*sincerarse de una culpa*).

sinclinal. adj. 'Dícese del plegamiento de las capas del terreno en forma de V'. Ú. m. c. sust. m.: **el sinclinal**. Es palabra aguda que, en plural, se hace grave: **sinclinales**.

síncopa. sust. f. En una de sus denotaciones, 'figura de dicción que consiste en la supresión de uno o más sonidos dentro de un vocablo' (*"Navidad" es una **síncopa** de "natividad"*). Repárese en su género. Incorrecto: <u>*el síncopa*</u>. También puede decirse **síncope** (sust. m.), voz que, además, significa 'pérdida repentina del conocimiento, debida a la suspensión súbita y momentánea de la acción del corazón', que es su denotación más frecuente (*Tuvo un **síncope***).

síncope. sust. m. → **síncopa**

sincopizar. v. tr. 'Causar síncope'. Ú. t. c. prnl. No se confunda con **sincopar** (v. tr.), 'hacer síncopa'; fig. 'abreviar'. → **cazar**

♦ **sincretizar.** Anglicismo (*syncretize*). En español, corresponde decir **armonizar**, **conciliar**. Sí, en cambio, se registran, en nuestra lengua, **sincretismo** (sust. m.) y **sincrético, ca** (adj.).

sincronía. sust. f. 'Coincidencia de hechos en el tiempo'; 'método de análisis lingüístico que considera la lengua en su aspecto estático, en un momento dado de su historia'. Su antónimo es **diacronía**. (sust. f.). Es incorrecto pronunciar [sincronia]. → **sin-**, **dia-**

sincronizar. v. tr. 'Hacer que coincidan en el tiempo dos o más movimientos o hechos' (*Debemos **sincronizar** mi partida con tu llegada*). Su postverbal es **sincronización** (sust. f.). → **cazar**

sindáctilo. adj. 'Dícese de los pájaros que tienen el dedo externo unido al medio hasta la penúltima falange y el pico largo y ligero, como el abejaruco'. Ú. t. c. sust. m.: **el sindáctilo**. sust. m. pl. 'Suborden de estos animales': **los sindáctilos**.

sindéresis. sust. f. 'Capacidad natural para juzgar rectamente'. En plural, no varía: **las sindéresis**.

sindicado, da. p. de **sindicar**. adj. 'Que pertenece a un sindicato'. Ú. t. c. sust. m. y f.: **el sindicado, la sindicada**. Col., Ecuad. y Venez. 'Dícese de la persona acusada de infracción a las leyes penales' (Ú. t. c. sust. m. y f.). sust. m. colect. 'Junta de síndicos'.

sindicador, ra. adj. 'Que sindica'. Ú. t. c. sust. m. y f.: **el sindicador, la sindicadora**.

sindical. adj. Se aplica tanto a lo 'perteneciente o relativo al síndico' como 'al sindicato' (*actividad **sindical***).

sindicalista. adj. 'Perteneciente o relativo al sindicalismo' (*actitud **sindicalista***). sust. com. 'Persona partidaria del sindicalismo': **el sindicalista, la sindicalista**.

sindicar. v. tr. Entre otras denotaciones, 'acusar, delatar' (*Lo **sindicó** como autor del delito*); 'poner tacha o nota de sospecha' (*No me **sindiques**, porque estás equivocado*); 'ligar a varias personas de una misma profesión o de intereses comunes para formar un sindicato'. v. prnl. 'Afiliarse a un sindicato'. Su 'acción y efecto' es **sindicación** (sust. f.). Son barbarismos <u>*sindicalizar*</u> y <u>*sindicalización*</u>. → **sacar**

síndrome. sust. m. colect. 'Conjunto de síntomas característico de una enfermedad'; 'por extensión, conjunto de fenómenos que caracterizan una situación de crisis' (*Se observa el **síndrome** de la recesión*). El último significado es de reciente ingreso en el ***Diccionario***. Es palabra esdrújula. No debe pronunciarse [sindrome] como grave. **síndrome de abstinencia**. 'Conjunto de alteraciones que se presentan en un sujeto habitualmente adicto a las drogas, cuando deja abruptamente de tomarlas'. **síndrome de inmunodeficiencia adquirida**. 'Sida'. Este último sintagma es de reciente incorporación en el léxico oficial.

sinécdoque. sust. f. 'Tropo que consiste en designar una cosa con el nombre de otra, por ejemplo, la parte por el todo o viceversa' (*"Lanzas" por "soldados" y "plantas" por "rosales" son **sinécdoques***). Incorrecto: <u>*sinédoque*</u>, <u>*sicnédoque*</u>. → **metonimia**

sine die. expr. lat. 'Sin plazo, sin término'. Incorrecto: <u>*sine dies*</u>.

sinéresis. sust. f. 'Reducción a una sola sílaba, en una misma palabra, de vocales que normalmente se pronuncian en sílabas distintas' (*Decir "aho-ra" por "a-ho-ra" es una **sinéresis***). En el verso, la sinéresis es considerada una licencia poética. En plural, no varía: **las sinéresis**.

sinergia. sust. f. 'Acción de dos o más causas cuyo efecto es superior a la suma de los efectos individuales'. Este significado es de incorporación reciente en el ***Diccionario***. 'Concurso activo y concertado de varios órganos para realizar una función'. Incorrecto: sinergía.

sinfín. sust. m. 'Infinidad, sinnúmero' (*Sufrió un **sinfín** de calamidades*). Este sustantivo no debe escribirse en dos palabras, como es de práctica cuando se trata de la locución adjetiva **sin fin**: *Tiene penas **sin fin***. En cambio, es correcto: *Tiene un **sinfín** de penas*. Esta voz sólo se usa en singular. → **sin (sin fin)**

sínfisis. sust. f. Con la denotación de 'conjunto de partes orgánicas que aseguran la unión de dos superficies óseas', es sustantivo colectivo. En plural, no varía: **las sínfisis**.

sinfonía. sust. f. Con la denotación de 'conjunto de voces, de instrumentos, o de ambas cosas, que suenan acordes', es sustantivo colectivo. Entre otras acepciones, 'composición instrumental para orquesta'; fig. 'armonía de colores' (*Ese paisaje es una **sinfonía***).

sinfonista. sust. com. 'Persona que compone sinfonías'; 'persona que toma parte en su ejecución': **el sinfonista, la sinfonista**.

singalés, sa. adj. También puede decirse **cingalés** (adj.), voz preferida por la Academia para el gentilicio. sust. m. 'Lengua hablada en Ceilán o Sri Lanka': **el singalés**.

singar. v. intr. 'Remar con un remo'. Su 'acción y efecto' es **singa** (sust. f.). → **pagar**, **silgar**, **sirgar**

single. adj. 'Dícese del cabo que, en marinería, se emplea sencillo'. El ***Diccionario*** no registra este adjetivo para denotar 'la habitación para una sola persona en un hotel', de uso frecuente, sobre todo, en América (*Déme una habitación "single"*). Sí, lo cataloga el ***Manual*** con este empleo, aunque con el indicador de su falta de sanción oficial. Si se usa, por tratarse de un anglicismo, debe entrecomillarse. También es anglicismo cuando se emplea para denotar un partido de tenis entre dos jugadores, es decir, **individual**, no entre cuatro o **doble**. → **sencillo (sust. m.)**

singular. adj. 'Solo, sin otro en su especie' (*Encontró una piedra **singular***); fig. 'extraordinario, excelente' (*Se rematará la pieza más **singular** de ese orfebre*). Es voz aguda que, en plural, se hace grave: **singulares**. **número singular**. 'Se aplica al número de las palabras que se refieren a una sola persona o cosa'. Se opone a **número plural**. Ú. t. c. sust. m.: **el singular** (*Esa voz carece de forma para **el singular***). **en singular**. loc. adv. 'En particular' (*Nos referiremos, **en singular**, a esa clase de cactáceas*). La 'cualidad de singular' es la **singularidad** (sust. f.). → **plural (Formación del plural)**

singularizar. v. tr. 'Distinguir o particularizar una cosa entre otras'; 'dar número singular a palabras que ordinariamente no lo tienen'. v. prnl. 'Distinguirse, apartarse de lo común'. Rég. prep.: **singularizarse en** (***singularizarse en*** *algo*); **singularizarse entre** (***singularizarse entre*** *los compañeros*); **singularizarse por** (***singularizarse por*** *su tonada*). → **cazar**

sinhueso. sust. f. 'Lengua, en cuanto órgano de la palabra' (*La **sinhueso** de mi vecina funciona sin parar*). En plural: **sinhuesos**. Puede escribirse, también, en dos palabras: **sin hueso**. → **hueso**

siniestrado, da. adj. 'Dícese de la persona o cosa que ha padecido un siniestro o avería grave'. Apl. a pers., ú. t. c. sust. m. y f.: **el siniestrado, la siniestrada**.

siniestralidad. sust. f. 'Frecuencia o índice de siniestros'. Es voz de reciente introducción en el ***Diccionario***.

siniestro, tra. adj. 'Aplícase a la parte o sitio que está a la mano izquierda' (*Está en la parte **siniestra** del camino*); fig. 'avieso, malintencionado' (*Es un hombre **siniestro***); fig. 'infeliz, aciago' (*Éstos son días **siniestros***). sust. m. En su denotación más común, 'avería grave' (*La compañía de seguros nos indemnizará por el **siniestro** de incendio que hemos sufrido*). sust. f. 'La mano izquierda' (*Alzó la **siniestra***).

sinnúmero. sust. m. 'Número incalculable de personas o cosas' (*Asistió al acto un **sinnúmero** de partidarios*). No se confunda este sustantivo, que se escribe en una sola palabra, con la locución adjetiva **sin número**: *Tengo, para despachar, expedientes **sin número***. Es correcto, en cambio: *Tengo, para despachar, un **sinnúmero** de expedientes*.

sino. conj. advers. con que se contrapone a un

concepto negativo otro afirmativo (*No lo dijo Juan, **sino** Pedro*). "Cuando la conjunción se enuncia –dice Seco– en medio de dos oraciones [o proposiciones coordinadas] con verbo explícito, toma normalmente la forma *sino que*" (*No lo dijo Juan, **sino que** lo dijo Pedro*). En la última acepción, suele juntarse con locuciones adverbiales de sentido adversativo como **al contrario**, **antes bien** (*No quiero que se comunique conmigo, **sino**, **al contrario**, **que** no me llame ni me escriba; No quiero que venga por aquí, **sino**, **antes bien**, **que** no venga*). Denota, a veces, idea de excepción (*Nadie lo conoce, **sino** Ana*). Con el adverbio **no** antepuesto suele equivaler a **solamente**, **tan sólo** (*No te pido **sino** que lo escuches* por *Te pido **solamente** o **tan sólo** que lo escuches*). Precedido del modo adverbial **no sólo**, denota adición de otro u otros miembros a la cláusula (***No sólo** por sabio, **sino** por humilde, merece el mayor respeto*). En construcciones como la del ejemplo precedente, suele acompañarse del adverbio **también** (***No sólo** por sabio, **sino también** por humilde, merece el mayor respeto*). Es un barbarismo gráfico poner tilde a esta conjunción adversativa: <u>*sinó*</u>. No debe confundirse la conjunción adversativa **sino** con el sintagma **si no** (**conjunción condicional** + el adverbio de negación **no**), que se escribe en dos palabras y en que el segundo elemento es tónico (*No come, **si no** trabaja*). Lo que es muy distinto de decir *No come, **sino** trabaja*, que equivale a 'En vez de comer, trabaja'. → **si** (**conjunción condicional**). Su homónimo **sino** es sustantivo masculino y significa 'hado' (*¡Qué mal **sino** el suyo!*).

sinólogo. sust. m. 'El que profesa la sinología o estudio de la lengua, la literatura y las instituciones de China'. Su femenino es **sinóloga**.

sinónimo, ma. adj. 'Dícese de los vocablos y expresiones que tienen una misma o muy parecida significación' (*La voz "sietecolores" es, en algunas regiones, **sinónima** de "jilguero"*). Ú. t. c. sust. m. (*"Sierpe" es un **sinónimo** de "serpiente"*).

sinopsis. sust. f. 'Disposición gráfica que muestra o representa cosas relacionadas entre sí, facilitando su visión conjunta; esquema' (*Al final del capítulo, encontrarás una **sinopsis***); 'exposición general de una materia o asunto, presentados en sus líneas esenciales' (*El profesor hizo una rápida **sinopsis** del contenido de su asignatura*); 'sumario o resumen' (*El orador no hizo, al final, una **sinopsis** de lo tratado*). Incorrecto: <u>*sipnosis*</u>. En plural, no varía: **las sinopsis**.

sinovia. sust. f. 'Humor viscoso que lubrica las articulaciones de los huesos'. Incorrecto: <u>*senovia*</u>.

sinovitis. sust. f. 'Inflamación sinovial de las grandes articulaciones'. En plural, no varía: **las sinovitis**. Incorrecto: <u>*senovitis*</u>.

sinrazón. sust. f. 'Acción hecha contra justicia o fuera de lo razonable o debido' (*No hagas esa **sinrazón***). Es palabra aguda que, en plural, se hace grave: **sinrazones**. No se confunda este sustantivo, que se escribe en una sola palabra, con **sin razón** (**preposición + sustantivo**), locución adverbial: *Se enojó **sin razón***.

sinsabor. sust. m. 'Desabrimiento del paladar'; 'insipidez de lo que se come'; fig. 'desazón moral, pesadumbre' (*El **sinsabor** de esta pera es increíble; Tu proceder me ha dejado un gran **sinsabor***). Es palabra aguda que, en plural, se hace grave: **sinsabores** (*¡Cuántos **sinsabores** tiene la vida!*). No se confunda este sustantivo, que se escribe en una sola palabra, con la locución adjetiva **sin sabor** (**preposición + sustantivo**): *Preparó un plato **sin sabor***.

sinsépalo, la. adj. 'Dícese de la flor cuyo cáliz está formado por sépalos soldados entre sí, como ocurre, por ejemplo, con la flor del tomate'. Este tecnicismo es de reciente ingreso en el ***Diccionario***.

sinsustancia. sust. com. fam. 'Persona insustancial o frívola': **el sinsustancia, la sinsustancia**. También es correcto **sinsubstancia**, pero la Academia prefiere la primera forma.

sintáctico, ca. adj. 'Perteneciente o relativo a la sintaxis'. Incorrecto: <u>*sintáxico*</u>, un galicismo (*syntaxique*).

sintagma. sust. m. 'Grupo de elementos lingüísticos que, en una oración, funciona como una unidad'. "Para algunos lingüistas –anota la Academia–, la oración misma es un sintagma." Cuando el núcleo de un sintagma es un sustantivo, se denomina **nominal** (***casa** de madera*); cuando es un adjetivo, **adjetival** (*muy **moderado** de carácter*); cuando es un adverbio, **adverbial** (*muy **malamente***); cuando es un verbo, **verbal** (***debe** tener; **voy** andando*), y cuando se trata de un sintagma inserto en la oración mediante una preposición, **preposicional** (*en la pared*). No debe pronunciarse [sintacma]. El ***Diccionario*** no registra, en la nómina de las denominaciones de los sintagmas, el adverbial.

sintaxis. sust. f. 'Parte de la gramática que enseña a coordinar y unir palabras para formar las oraciones y expresar conceptos'; 'conjunto de reglas necesarias para construir expresiones o sentencias correctas para la operación de un computador'. Esta última acepción, un tecnicismo de la informática, tiene denotación colectiva y es de ingreso reciente en el ***Diccionario***. Nótese que es palabra grave terminada en **s**, de modo que no lleva tilde. Incorrecto: *sintáxis*. En plural, no varía: **las sintaxis**.

sinterizar. v. tr. 'Producir piezas de gran resistencia y dureza calentando, sin llegar a la fusión, conglomerados de polvo, generalmente metálicos, a los que se ha modelado por presión'. Su postverbal es **sinterización** (sust. f.). → **cazar**

síntesis. sust. f. 'Composición de un todo por la reunión de sus partes'; 'suma, compendio de una materia o cosa'; 'proceso químico'. En plural, no varía: **las síntesis**.

sintetizador, ra. adj. 'Que sintetiza'. Ú. t. c. sust. m. y f.: **el sintetizador, la sintetizadora**.

sintetizar. v. tr. 'Hacer síntesis'. Rég. prep.: **sintetizar en** (***sintetizar en*** *pocas palabras*). → **cazar**

sintoísmo. sust. m. 'Religión primitiva y popular de los japoneses'. El ***Diccionario*** no registra **sintoísta** (adj. Ú. t. c. sust. com.), que, sí, cataloga el ***Manual***. Es voz correctamente formada.

sintomatología. sust. f. colect. 'Conjunto de síntomas'. El ***Diccionario*** no registra esta voz, correctamente formada, que, sí, cataloga el ***Manual***, aunque con el indicador de su falta de sanción oficial. Tampoco, **sintomatológico, ca** (adj.), 'perteneciente o relativo a la sintomatología', que está en la misma situación que la voz precedente.

sintonía. sust. f. 'Cualidad de sintónico'; 'señal sonora, consistente muchas veces en una melodía, con la que se marca el comienzo de un programa de radio o televisión, y que sirve para identificarlo entre los demás'. La segunda acepción es de reciente incorporación en el *Diccionario*.

sintonizar. v. tr. 'Ajustar la frecuencia de resonancia de un circuito a una frecuencia determinada' (***Sintonizó*** *Radio del Plata*). v. intr. fig. 'Coincidir en pensamiento o en sentimientos dos o más personas' (*No* ***sintonizo*** *con sus amigos*). Este empleo es de reciente registro en el léxico oficial. La 'acción y efecto' de **sintonizar** es **sintonización** (sust. f.). → **cazar**

sinusal. adj. 'Perteneciente o relativo a un seno'; 'dícese de un nódulo específico del tejido del corazón'. Es voz recién ingresada en el ***Diccionario***.

sinusitis. sust. f. 'Inflamación de los senos del cráneo'. Incorrecto: *senositis*, *senusitis*, *sinositis*. En plural, no varía: **las sinusitis**.

sinventura. adj. Equivale a **desventurado** (*Sus palabras fueron palabras* ***sinventura***). Nótese que este adjetivo se escribe en una sola voz. Diferénciese del sintagma **sin ventura** (**preposición + sustantivo**), una locución adverbial: *Vive* ***sin ventura***. → **ventura**

sinvergonzonada. sust. f. Incorrecto: *sinvergonzada*. → **sinvergüencería**

sinvergüencería. sust. f. fam. 'Desfachatez, falta de vergüenza'. También pueden decirse **sinvergonzonería** (sust. f.) y **sinvergonzonada** (sust. f.), pero la Academia prefiere la primera y la segunda forma. Incorrecto: *sinvergoncería*.

sinvergüenza. adj. 'Pícaro, bribón' (*joven* ***sinvergüenza***). Ú. t. c. sust. com.: **el sinvergüenza, la sinvergüenza**. 'Dícese de personas que cometen actos ilegales en provecho propio o que incurren en inmoralidades'. Ú. t. c. sust. com. No debe confundirse este adjetivo o sustantivo, que se escribe en una sola palabra, con el sintagma **sin vergüenza** (**preposición + sustantivo**), locución adverbial: *Recita ante el público* ***sin vergüenza***.

sionista. adj. 'Perteneciente o relativo al sionismo'. 'Partidario del sionismo'. Ú. t. c. sust. com.: **el sionista, la sionista**.

♦ **sioux** o **siux.** Anglicismo. No tiene equivalente en español. Si se usa, debe entrecomillarse.

siquiatra. sust. com. → **psiquiatra**

siquiatría. sust. f. → **psiquiatría**

síquico, ca. adj. → **psíquico**

siquiera. conj. advers. Equivale a **bien que** o **aunque** (*Háblame por telefóno, **siquiera** sea tu última llamada*). Ú. t. c. conj. distrib., en que equivale a **o**, **ya** u otra semejante (***Siquiera** venga, **siquiera** no venga*). adv. c. y m. que equivale, aproximadamente, a **por lo menos**, en conceptos afirmativos, y a **tan sólo**, en conceptos negativos, para expresar, en ambos casos, idea de limitación o restricción (*Déme, **siquiera**, unas moneditas; No tengo un peso **siquiera***). En oraciones negativas, es frecuente que vaya precedido de **ni**, caso en que **ni siquiera** encabeza el enunciado (***Ni siquiera** me llamó*). A veces, se usa la forma enfática y popular **tan siquiera** (*Ni **tan siquiera** me escribe*).

♦ **sir.** Anglicismo. En español, **señor**. Cuando se trata del título de nobleza, se antepone al nombre o al nombre y el apellido; nunca, al apellido solo.

sirenio. adj. 'Dícese de mamíferos marinos que tienen el cuerpo pisciforme y terminado en una aleta caudal horizontal, con extremidades torácicas en forma de aletas y sin extremidades abdominales, las aberturas nasales en el extremo del hocico, y mamas pectorales'. Ú. t. c. sust. m.: **el sirenio**. sust. m. pl. 'Orden de estos animales' (*El manatí pertenece a los **sirenios***).

sirga. sust. f. 'Maroma que sirve para tirar las redes, para llevar las embarcaciones desde tierra, principalmente en la navegación fluvial, y para otros usos'. También puede decirse **silga** (sust. f.). **a la sirga**. loc. adv. 'Dícese de la embarcación que navega tirada de una cuerda o sirga desde tierra'. → **silga**

sirgar. v. tr. → **pagar**, **silgar**, **singar**

siriaco, ca o **siríaco, ca.** adj. Equivale a **sirio, ria**, voz preferida por la Academia. Apl. a pers., ú. t. c. sust. m. y f.: **el siriaco** o **siríaco**, **la siriaca** o **siríaca**. Las dos formas son correctas, pero se usa más la primera.

sirio, ria. adj. 'Natural de Siria'. Ú. t. c. sust. m. y f.: **el sirio**, **la siria**. También puede decirse **siro, ra** (adj. Apl. a pers., ú. t. c. sust. m. y f.). La Academia prefiere la primera forma. → **siriaco**

sirirí. sust. m. Argent. 'Nombre que, por su peculiar silbido, reciben distintos patos de vasta distribución en el continente americano'. En plural: **siriríes** o **sirirís**.

sirviente. p. a. de **servir**. 'Que sirve'. sust. m. 'Servidor o criado de otro' (*Tiene un **sirviente***). Su femenino es **sirvienta**, 'mujer dedicada al servicio doméstico'.

-sis. suf. de or. gr. usado principalmente en medicina. 'Estado irregular'; 'enfermedad'. Puede ir precedido de **a** o de **e** (***psoriasis**, **diuresis***), aunque más frecuentemente va precedido de **o** (***psitacosis**, **micosis***). Este sufijo es de introducción reciente en el ***Diccionario***.

sisador, ra. adj. 'Que sisa'. Ú. t. c. sust. m. y f.: **el sisador**, **la sisadora**. → **sisón (adj.)**

sisar. v. tr. 'Cometer el hurto llamado sisa'. Rég. prep.: **sisar en** (***sisar en** la compra*). 'Hacer sisas en las prendas de vestir'. Rég. prep.: **sisar de** (***sisar de** la bocamanga*). No se confunda con **sisear** (v. intr. Ú. t. c. tr.).

sisear. v. intr. 'Emitir repetidamente el sonido inarticulado de *s* y *ch*, por lo común para manifestar desaprobación o desagrado' (*El público **siseaba***). Ú. t. c. tr. (***Sisearon** al orador*). No debe pronunciarse [sisiar, sisié]. Su postverbal es **siseo** (sust. m. Ú. m. en pl.). → **-ear**

sismo. sust. m. 'Terremoto o temblor'. También puede decirse **seísmo** (sust. m.). Se usa, preferentemente, la primera forma. El adjetivo correspondiente es **sísmico, ca** (*movimiento **sísmico***).

sismólogo. sust. m. 'El que practica o cultiva la sismología, parte de la geología que estudia los terremotos'. Su femenino es **sismóloga**. Carece de registro en el ***Diccionario***, pero lo cataloga el ***Manual***, con el indicador de su falta de sanción oficial. Es voz correctamente formada.

sisón. sust. m. 'Ave zancuda, común en España'. Es voz aguda que, en plural, se hace grave: **sisones**. Para distinguir los sexos, debe recurrirse a las perífrasis **sisón macho, sisón hembra**.

sisón, na. adj. fam. 'Que frecuentemente sisa'. Ú. t. c. sust. m. y f.: **el sisón**, **la sisona**.

sistema. sust. m. colect. 'Conjunto de reglas o principios sobre una materia racionalmente enlazados entre sí' (***sistema** métrico*); 'conjunto de cosas que, ordenadamente relacionadas entre sí, contribuyen a un determinado objeto' (*sistema educativo*); 'conjunto de órganos que intervienen en las principales funciones vegetativas' (*sistema nervioso*); 'la lengua en su totalidad' (*sistema lingüístico*). Forma parte de numerosos sintagmas, entre otros: **sistema cegesimal, sistema métrico decimal, sistema operativo, sistema planetario, sistema solar**.

sistematizar. v. tr. 'Organizar según un sistema'. Incorrecto: <u>sistemar</u>, un barbarismo. Su postverbal es **sistematización** (sust. f.). → **cazar**

sístole. sust. f. En su acepción más frecuente, 'movimiento de contracción del corazón y de las arterias para empujar la sangre que contienen'. Nótese su género: **la sístole**. El movimiento contrario es **diástole** (sust. f.). → **diástole**

sistólico, ca. adj. 'Perteneciente o relativo a la sístole del corazón y de las arterias'. Incorrecto: <u>sistálico</u>.

sitácida. adj. → **psitácida**

sitacismo. sust. m. → **psitacismo**

sitacosis. sust. f. → **psitacosis**

sitiado, da. p. de **sitiar**. Ú. t. c. sust. m. y f.: **el sitiado, la sitiada**.

sitiador, ra. adj. 'Que sitia una plaza o fortaleza'. Ú. t. c. sust. m. y f.: **el sitiador, la sitiadora**.

sitiar. v. tr. 'Cercar una plaza o fortaleza y apoderarse de ella'; fig. 'cercar a uno cerrándole todas las salidas para rendir su voluntad'. Rég. prep.: **sitiar por** (*sitiar por mar*). Su 'acción y efecto' es **sitio** (sust. m.). Se conjuga, en cuanto al acento, como **cambiar**.

sito, ta. adj. 'Situado'. Rég. prep.: **sito en** (*El departamento está* ***sito en*** *la calle Callao 930 de esta ciudad*). Nótese su correcta grafía. Incorrecto, para esta denotación, <u>cito</u>.

♦ **situacional.** Neologismo. En español, corresponde decir **propio de una situación** o **estado**.

situado, da. p. de **situar**. Rég. prep.: **situado a** (***situado a*** *la izquierda*); **situado en** (***situado en*** *un montículo*); **situado entre** (***situado entre*** *dos valles*); **situado sobre** (***situado sobre*** *el techo*).

situar. v. tr. 'Poner a una persona o cosa en determinado sitio o situación'. Ú. t. c. prnl. (***Se*** ***situó*** *donde corresponde*). Rég. prep.: **situarse en** (***situarse en*** *alguna posición*); **situarse entre** (***situarse entre*** *la espada y la pared*). v. prnl. 'Lograr una posición social, económica o política privilegiada' (***Se situó*** *entre los mejores*). Es incorrecto decir <u>***situémosnos***</u> por ***situémonos***. Se conjuga, en cuanto al acento, como **actuar**. → **nos, ubicar**

síu. sust. m. 'Pájaro americano muy semejante al jilguero'. Para distinguir los sexos, debe recurrirse a las perífrasis **síu macho, síu hembra**. En plural: **síus**.

siútico, ca. adj. fam. Chile. 'Dícese de la persona que presume de fina y elegante o que procura imitar, en sus costumbres y modales, a las clases más elevadas de la sociedad'. Ú. t. c. sust. m. y f., aunque no lo registra la Academia: **el siútico, la siútica**. Equivale, en cierto sentido, al argentinismo **cache** (adj. Ú. t. c. sust. com.), sin registro en el ***Diccionario***.

♦ **sketch.** Anglicismo. En español, corresponde decir **boceto, apunte**. Para la denotación de 'espectáculo breve, generalmente humorístico, intercalado en una obra de teatro o de cine', no hay en nuestra lengua una palabra equivalente; de allí, su difundido empleo. Si se usa, debe entrecomillarse.

♦ **ski.** Anglicismo. En español, corresponde decir **esquí**.

♦ **slalom** o **slálon.** Voz noruega. En español, corresponde decir **eslalon**.

♦ **slide.** Anglicismo. En español, corresponde decir **diapositiva, transparencia**.

♦ **slip.** Anglicismo. En español, no existe una voz que denote exactamente lo que la voz extranjera, 'pieza interior masculina, a manera de calzoncillo' o 'pantalón de baño, de hombre, ajustado al cuerpo'. Si se usa, debe entrecomillarse.

♦ **slogan.** Anglicismo. En español, corresponde decir **eslogan**.

♦ **smog.** Anglicismo. En español, no existe una palabra para indicar este concepto de 'niebla baja con hollines, humos y polvos en suspensión, que cubre las ciudades, en particular las de actividad industrial'. A veces, se traduce por **niebla tóxica**. No debe traducirse por **polución**. Si se usa, debe entrecomillarse.

♦ **smoking.** Anglicismo. En español, corresponde decir **esmoquin**.

♦ **snack bar.** Anglicismo. En español, puede decirse **bar al paso**, **cafetería**. Si se usa, debe entrecomillarse.

♦ **snob.** Anglicismo. En español, corresponde decir **esnob**.

♦ **snobismo.** Anglicismo. En español, corresponde decir **esnobismo**.

so. sust. m. fam. Se usa solamente seguido de adjetivos despectivos con los cuales se increpa a alguna persona y sirve para reforzar la significación de aquéllos (*¡so idiota!*; *¡so burro!*). Es contracción de **señor** > **seó** > **so**. Su homónimo, siempre átono, es preposición. Significa 'bajo, debajo'. Hoy sólo tiene uso con los sustantivos **capa** (*so capa de*), **color** (*so color de*), **pena** (*so pena de*) y **pretexto** (*so pretexto de*). Un tercer homónimo se emplea para hacer que se detengan las caballerías (*¡so...!*). Generalmente, esta exclamación se usa repetida o con alargamiento de la *o* (*¡sooo...!*).

so-. pref. de or. lat., alomorfo de **sub-** (*sorregar*, *soasar*). → **sub-**

soalzar. v. tr. p. us. 'Alzar ligeramente'. → **cazar**

sobaco. sust. m. Diminutivo: **sobaquillo**. El adjetivo correspondiente es **sobacal**.

sobacuno. adj. 'Dícese del mal olor procedente de los sobacos'. Ú. t. c. sust. m.: **el sobacuno**.

sobadero, ra. adj. 'Que se puede sobar'. sust. m. 'Sitio destinado a sobar las pieles'.

sobado, da. p. de **sobar**. adj. 'Aplícase a un tipo de bollo'. Ú. t. c. sust. m.: **el sobado**. fig. 'Muy usado' (*No lleves esa cartera tan **sobada***). sust. m. 'Acción y efecto de sobar'.

sobajar. v. tr. 'Manosear una cosa con fuerza, ajándola'. Sus postverbales son **sobajadura** (sust. f.) y **sobajamiento** (sust. m.). Conserva la **j** en toda la conjugación. También puede decirse **sobajear** (v. tr.), que no debe pronunciarse [sobajiar, sobajié]. Su 'acción y efecto' es **sobajeo** (sust. m.). → **-ear**

sobar. v. tr. 'Oprimir repetidamente una cosa a fin de que se ablande' (***sobar** el cuero*); fig. 'castigar' (*Lo **sobó** fuerte en las nalgas por lo que hizo*); fig. 'manosear a una persona' (*No **sobes** al chiquitín, no le gusta*); fig. y fam. 'molestar, fastidiar con trato impertinente' (*Deja de **sobar** a tu hermano*). Argent. 'Dar masaje, friccionar'. Ú. t. c. prnl. (***Se soba** con una pomada antirreumática*). rur. Argent. 'Fatigar al caballo, exigirle un gran esfuerzo' (*Volvió con el caballo todo **sobado***). Sus postverbales son **sobado** (sust. m.) y **sobadura** (sust. f.). **sobar el lomo**. fr. fig. y fam. Argent. 'Halagar a otro para obtener de él alguna ventaja'. Equivale a la frase **dar coba**, del español general.

sobarcar. v. tr. 'Poner o llevar debajo del sobaco alguna cosa que hace bulto'; 'levantar o subir hacia los sobacos los vestidos'. → **sacar**

soberanear. v. intr. 'Mandar o dominar a modo de soberano'. No debe pronunciarse [soberaniar, soberanié]. → **-ear**

soberano, na. adj. 'Que ejerce o posee la autoridad suprema e independiente' (*pueblo **soberano***). Apl. a pers., ú. t. c. sust. m. y f.: **el soberano, la soberana**. 'Elevado, excelente' (*Es una **soberana** novela*).

soberbio, bia. adj. 'Que tiene soberbia o se deja llevar de ella' (*Es hombre muy **soberbio***); 'altivo, arrogante' (*palabras **soberbias***); fig. 'alto, fuerte o excesivo en las cosas inanimadas' (***soberbia** cascada de agua*); fig. 'grandioso, magnífico' (*casas **soberbias***). 'Fogoso'; aplícase ordinariamente a los caballos (*Tenía un **soberbio** alazán*). Rég. prep.: **soberbio con, para** o **para con** (***soberbio con**, **para** o **para con** todos*); **soberbio de** (***soberbio de** carácter*); **soberbio en** (***soberbio en** sus palabras*). El adjetivo **soberbioso, sa** significa 'de gran soberbia'.

sobón, na. adj. fam. Entre otras denotaciones, 'que por su excesiva familiaridad, caricias y halagos se hace fastidioso'. Ú. t. c. sust. m. y f.: **el sobón, la sobona**.

sobornación. sust. f. 'Acción y efecto de sobornar'. También puede decirse **soborno** (sust. m.). Incorrecto: <u>sobornamiento</u>, <u>sobornadura</u>.

sobornador, ra. adj. 'Que soborna'. Ú. t. c. sust. m. y f.: **el sobornador, la sobornadora**.

sobra. sust. f. 'Exceso en cualquier cosa sobre

su justo ser, peso o valor' (*Hay **sobra** de pan*). sust. f. pl. 'Lo que queda de comida al levantar la mesa' (*Guardó las **sobras** en la heladera*); 'por extensión, lo que queda de otras cosas' (*Puso a un lado las **sobras** de papel, a medida que iba recortando las figuras*); 'desechos, desperdicios' (*Con las **sobras** de tela, llenaremos una bolsa*). **de sobra**. loc. adv. 'Con exceso, abundantemente' (*Tenemos comida **de sobra***); 'por demás, sin necesidad' (*Compraste globos **de sobra** para el cumpleaños; con dos docenas era suficiente*); fig. 'bastante, suficiente' (*Sabe **de sobra***). La forma de sobras es catalanismo.

sobrado, da. p. de **sobrar**. adj. 'Demasiado, de sobra' (*Hay **sobrados** clavos*); 'rico, abundante' (*hombre **sobrado** de bienes*). Rég. prep.: **sobrado de** (***sobrado de** amistades*). Como dice Moliner, cuando "no se especifica de qué, se entiende de dinero" (*Parece que anda muy **sobrado***). adv. c. Equivale a **sobradamente**, **de sobra** (*Está **sobrado** bien hecho, por eso te lo pagarán bien*). → **sobrante**

sobrante. p. a. de **sobrar**. 'Que sobra' (*Éstas son las piezas **sobrantes***). Ú. t. c. sust. m.: **el sobrante** (*Tiene un **sobrante** de dinero*). 'Excesivo, sobrado' (*Se queja, porque tiene **sobrantes** dolores*).

sobre. prep. Significa: • 'encima de' (*Dejó el diario **sobre** la mesa; Vuela **sobre** el mar*); en esta acepción, a veces es intercambiable con **en** (*Dejó el diario **en** la mesa*); • 'acerca de' (*Lee **sobre** literatura; Hablará **sobre** hierbas medicinales*); en esta acepción, a veces es intercambiable con **de** (*Hablará **de** hierbas medicinales*); • 'además de' (***Sobre** lo convenido, le dio unos pesos más; **Sobre** terco, soberbio*); • 'aproximadamente' (*Regresarán **sobre** mediodía; Tenemos **sobre** cuatro mil pesos; El abuelo tiene **sobre** noventa años*); en esta acepción, a veces, es intercambiable con **hacia** (*Regresarán **hacia** el mediodía*); • 'proximidad, cercanía' (*La ciudad se levanta **sobre** el río*); • 'con dominio y superioridad' (*Manda **sobre** sus súbditos; Nunca deja de estar **sobre** sus cosas; El grado de coronel está **sobre** el de teniente coronel*); • 'en prenda de'; 'con la garantía de' (*Te pido tres mil pesos **sobre** esta alhaja; El Banco de la Nación le dio un préstamo **sobre** su casa*); • 'la persona contra quien se gira una cantidad o la plaza donde ha de hacerse efectiva' (*Te giraré **sobre** tu cuenta corriente; Le giró **sobre** Mar del Plata*); • 'a o hacia'; en esta acepción, equivale a la preposición **contra**, que puede usarse en su reemplazo (*Las tropas se encolumnan **sobre** la capital; Se abalanzó **sobre** el delincuente*); • úsase precediendo al nombre de la finca o propiedad que tiene afecto un gravamen o carga (*Tiene una hipoteca **sobre** la estancia* Los Robles); • 'después de' (*En la **sobre** siesta, nos iremos al río; En la **sobre** comida, jugaremos un truco*); • precedida y seguida de un mismo sustantivo, da idea de 'reiteración' o de 'acumulación' (*Cometieron robo **sobre** robo; En su legajo, hay excelentes **sobre** excelentes*). Con esta preposición, se cometen algunos errores, entre ellos: emplearla en lugar de la preposición **de** (colocamos, entre paréntesis, las formas correctas): *Sobre cuarenta, veinte no aprobaron; Cuarenta mujeres sobre cien sostienen el hogar* (***De** cuarenta, veinte no aprobaron; Cuarenta mujeres **de** cada cien sostienen el hogar*); usarla en vez de **contra**: *El árbitro señaló una falta sobre el arquero* (*El árbitro señaló una falta **contra** el arquero*); emplearla en vez de **por**: *Sobre encargo de esa firma, remitiremos una tonelada de cemento* (***Por** encargo de esa firma, remitiremos una tonelada de cemento*); usarla en lugar de **a** o **a la medida**: *Le haremos un traje sobre medida* o *sobre medidas* (*Le haremos un traje **a** o **a la medida***); emplear la locución en base a por **sobre la base de**: *En base a esto, decidiremos* (***Sobre la base de** esto, decidiremos*); usar bajo esa base, por **sobre esa base**: *Hablaremos bajo esa base* (*Hablaremos **sobre esa base***). Es importante, también, distinguir matices. No es lo mismo *marchar **sobre** París* (matiz de hostilidad) que *marchar **a*** o ***hacia** París* (dirección); *Te veré **a** las diez* (hora exacta) que *Te veré **sobre** las diez* (hora aproximada); *Iremos en la **sobre** siesta* (después de la siesta) que *Iremos **sobre** la siesta* (aproximadamente a la hora de la siesta); *Hablamos **sobre** Marta* (acerca de ella) que *Hablamos **a** Marta* (le hablamos a ella); *El electricista está **sobre** la casa* (encima de la casa) que *El electricista está **en** la casa* (dentro de). **tomar sobre sí.** fr. fig. 'Tomar a su cargo' (***Tomó sobre sí** excesivas responsabilidades*). Forma parte de locuciones adverbiales, entre otras: **sobre aviso** (*Lo puso **sobre aviso** de que su socio andaba en negocios turbios*); **sobre manera**, 'muchísimo, en extremo' (*Es **sobre manera** afectado*); en su reemplazo puede usarse el adverbio de modo **sobremanera**, que se escribe en una sola palabra (*Es **sobremanera** afectado*); **sobre seguro** (*Lo hará **sobre seguro***);

sobre todo (*Sobre todo, no olvides llevar la llave*; *Hoy repasaremos, sobre todo, los verbos*). No se confunda la grafía de esta locución, que se escribe en dos palabras, con la del sustantivo **sobretodo** (m.), que se escribe en una sola (*Juan se puso el sobretodo*). La preposición tiene un homónimo, que es sustantivo masculino y que significa 'cubierta, generalmente de papel, en que se incluye una carta, tarjeta, etc., que ha de enviarse de una parte a otra'; 'lo que se escribe en dicha cubierta' (*Puso la carta en el sobre*; *Leyó el sobre*). Para la primera acepción, también puede decirse **sobrecarta** (sust. f.).

sobre-. elem. compos. de or. lat. 'Superposición o adición' (*sobrefalda*, *sobrecalza*, *sobrecama*); 'intensificación del significado del nombre al que se antepone' (*sobrealimentación*, *sobredosis*, *sobrevalorar*, *sobrebarato*, *sobrecargar*, *sobrecaro*); 'repetición' (*sobreasar*, *sobrearar*); 'acción repentina' (*sobresaltar*, *sobrecoger*). Este prefijo es de reciente incorporación en el *Diccionario*. → **re-**

sobreaguar. v. intr. 'Andar o estar sobre la superficie del agua'. Ú. t. c. prnl. Se conjuga, en cuanto al acento, como **adecuar**. → **averiguar**

sobrealzar. v. tr. 'Alzar demasiado una cosa o aumentar su elevación'.→ **cazar**

♦ **sobreaviso.** Barbarismo. Lo correcto es **sobre aviso.**

sobrecalentamiento. sust. m. 'Calentamiento excesivo de un aparato, motor o dispositivo, que puede producir su deterioro o avería'. Es voz de reciente ingreso en el *Diccionario*, en el que no se registra **sobrecalentar** (v. tr.), que, sí, cataloga el *Manual*, con el indicador de su falta de sanción oficial. Para este concepto, la lengua dispone de **recalentar** (v. tr. Ú. t. c. prnl.).

sobrecama. sust. f. 'Colcha'. Incorrecto: sobre cama. También puede decirse **cubrecama** (sust. m.), más frecuente.

sobrecargar. v. tr. En su denotación más frecuente, 'cargar con exceso'. → **pagar**

sobreceja. sust. f. 'Parte de la frente inmediata a las cejas'. Distíngase de **sobrecejo** (sust. m.), 'señal de enfado arrugando la frente', que equivale a **ceño** (sust. m.).

sobrecincha. sust. f. 'Faja o correa que sujeta la manta'. También pueden decirse **sobrecincho** y **sifué** (susts. ms.). La Academia prefiere la primera forma.

sobreclaustro. sust. m. 'Pieza o vivienda que hay encima del claustro'. También puede decirse **sobreclaustra** (sust. f.). La Academia prefiere la primera forma.

sobrecoger. v. tr. 'Coger de repente y desprevenido'. v. prnl. 'Sorprenderse, intimidarse'. Rég. prep.: **sobrecogerse de** (*sobrecogerse de miedo*); **sobrecogerse por** (*sobrecogerse por las amenazas*). Su 'acción' es **sobrecogimiento** (sust. m.). → **proteger**.

sobrecontratación. sust. f. 'Contratación de plazas hoteleras en número superior a las disponibles'. Carece de registro en el *Diccionario*, pero es de correcta formación. Dice Seco: "Este nombre es el que debe usarse como traducción exacta del inglés *overbooking*".

sobrecrecer. v. irreg. intr. 'Crecer excesivamente'. Se conjuga como **parecer**.

♦ **sobredimensionado.** Neologismo. En español, corresponde decir, según los contextos, **excesivo**, **exagerado**, **demasiado grande**.

sobredosis. sust. f. 'Dosis excesiva de una droga'. En plural, no varía: **las sobredosis**. Es voz de reciente ingreso en el *Diccionario*.

sobreedificar. v. tr. 'Construir sobre otra edificación'. Incorrecto: sobredificar. → **sacar**

sobreempeine. sust. m. 'Parte inferior de la polaina, que cae sobre el empeine del pie'. Incorrecto: sobrempeine. No debe confundirse con **sobrepeine** (adv. m.) o con **sobre peine** (loc. adv.) 'por encima del cabello y sin ahondar mucho'. → **sobrepeine**

sobreentender. v. irreg. tr. → **sobrentender**

sobreentendido, da. adj. → **sobrentendido**

sobreesdrújulo, la. adj. Ú. t. c. sust. m. y f. → **sobresdrújulo**

sobreexceder. v. tr. → **sobrexceder**

sobreexcitar. v. tr. 'Aumentar o exagerar las propiedades vitales de todo el organismo o de una de sus partes'. Ú. t. c. prnl. También puede decirse **sobrexcitar** (v. tr. Ú. t. c. prnl.). Sus postverbales son, respectivamente, **sobreexcitación** (sust. f.) y **sobrexcitación** (sust. f.). La Academia prefiere las formas con dos **es**.

sobrefatiga. sust. f. 'Estado resultante de una fatiga excesiva'. Carece de registro en el ***Diccionario***, pero es de formación correcta. Seco dice que este sustantivo es el que corresponde emplear para traducir la voz francesa *surmenage*.

sobrefaz. sust. f. 'Superficie o cara exterior de las cosas'. Es palabra aguda que, en plural, se hace grave: **sobrefaces**. También puede decirse, para esta denotación, **sobrehaz** (sust. f.). → **sobrehaz**

sobrefrenada. sust. f. → **sofrenar**

sobrehaz. sust. f. 'Lo que se pone encima de una cosa para taparla'; fig. 'apariencia somera'. Es palabra aguda que, en plural, se hace grave: **sobrehaces**. → **sobrefaz**

sobrehilado. p. de **sobrehilar.** sust. m. 'Puntadas en la orilla de una tela para que no se deshilache'. También puede decirse **sobrehílo** (sust. m.). La Academia prefiere la primera forma.

sobrehilar. v. tr. Equivale a **hilvanar**. No debe usarse, en su reemplazo, *surfilar*, un galicismo. → **airar**

sobrehora (a). loc. adv. desus. 'Fuera de tiempo, intempestivamente'. La forma que se usa, modernamente, es **a deshora** o **a deshoras** (loc. adv.).

sobreimprimir. v. tr. 'Imprimir algo sobre un texto o sobre una imagen gráfica'. Tiene dos participios, uno regular (***sobreimprimido***), que no se usa, y otro irregular (***sobreimpreso***). Su 'acción y efecto' es **sobreimpresión** (sust. f.). Tanto el verbo como el postverbal son de reciente incorporación en el ***Diccionario***. → **imprimir**

sobreintendencia. sust. f. → **superintendencia**

sobremanera. adv. m. 'En extremo, mucho'. Puede escribirse **sobre manera** (loc. adv.), en dos palabras. → **sobre (prep.)**

sobremano. sust. f. 'Tumor óseo que se desarrolla, en las caballerías, sobre la corona de los cascos delanteros'. → **sobrepié. a sobremano**. loc. adv. 'A pulso, sin ningún apoyo' (*Se llevó el baúl **a sobremano***).

sobremesa. sust. f. 'Tapete que se pone sobre la mesa' (*Compró una **sobremesa** de fieltro verde*); 'el tiempo que se está a la mesa después de haber comido' (*La **sobremesa** fue larga*). **de sobremesa**. loc. adj. 'Dícese de ciertos objetos a propósito para colocarlos sobre la mesa u otro mueble parecido' (*candelabros **de sobremesa**; reloj **de sobremesa***). loc. adv. 'Inmediatamente después de comer' (*Estuvieron una hora **de sobremesa***).

sobremodo. adv. m. 'En extremo, sobremanera' (*Es **sobremodo** inteligente*). Puede escribirse **sobre modo** (loc. adv.), en dos palabras.

sobrenadar. v. intr. 'Mantenerse encima del agua o de otro líquido sin hundirse' (*El barquito de papel **sobrenadaba** en el charco*). Equivale a **flotar** (v. intr.). Rég. prep.: **sobrenadar en** (*El aceite **sobrenada en** el agua*). Diferénciese semánticamente de **nadar** (v. intr.).

sobrenatural. adj. 'Que excede los términos de la naturaleza' (*Un milagro es un hecho **sobrenatural***). Es un barbarismo escribirlo en dos palabras: *sobre natural*. Esta palabra aguda, en plural, se hace grave: **sobrenaturales**.

sobrenombre. sust. m. 'Nombre que se agrega al apellido para distinguir a dos personas que tienen el mismo' (*Benítez, el torero, tiene el **sobrenombre** de "El Sevillano"*); 'nombre calificativo con que se distingue especialmente a una persona' (*Algunos reyes de España llevan **sobrenombres** famosos: Fernando el Santo, Alfonso el Sabio, Pedro el Cruel, Isabel la Católica*).

sobrentender. v. irreg. tr. 'Entender una cosa que no está expresa, pero que no puede menos de suponerse según lo que antecede o la materia que se trata'. Ú. t. c. prnl. (***Se sobrentiende** que ese viaje te lo pagarás tú*). También puede decirse **sobreentender** (v. tr. Ú. t. c. prnl.). La Academia prefiere la primera forma. Se conjugan como **tender**.

sobrentendido, da. adj. 'Que se sobrentiende' (*Eso no está dicho, pero está **sobrentendido***). sust. m. 'Lo que no está expresado, pero se da por supuesto' (*En mis palabras, no hay **sobrentendidos***). También pueden decirse **sobreentendido, da** (adj.) y **sobreentendido** (sust. m.). La Academia se inclina por la primera forma. Tanto el adjetivo como el sustantivo son de reciente introducción en el ***Diccionario***.

sobrepasar. v. tr. 'Rebasar un límite, exceder

de él' (*Lo que me has dado **sobrepasa** lo prometido*); 'superar, aventajar' (*Lo **sobrepasa** en altura; **Sobrepasó** a sus hermanos*). Rég. prep.: **sobrepasar de** (***sobrepasar de** ciertos límites*); **sobrepasar en** (***sobrepasar en** todo*).

sobrepeine. adv. m. fam. 'Por encima del cabello y sin ahondar mucho. Regularmente, se dice cuando se corta' (*Se cortó **sobrepeine***). Puede escribirse **sobre peine** (loc. adv.), en dos palabras, forma que la Academia prefiere. → **sobreempeine**. La Academia no registra **a sobrepeine**, sino **a sobre peine** (loc. adv. fig.), 'a la ligera, superficialmente'.

sobrepelo. sust. m. Argent. Equivale a **sudadera** del español general, voz que, también, se usa normalmente en la Argentina (*Encima del **sobrepelo** puso la matra, la carona y los bastos*).

sobrepelliz. sust. f. 'Vestimenta blanca de fino lienzo, con mangas muy anchas, que usan sobre la sotana los eclesiásticos, y aun los legos que sirven en las funciones de la iglesia, y que llega desde el hombro hasta un poco más abajo de la cintura'. Nótese su género (*El monaguillo llevaba una **sobrepelliz** blanca sobre la sotanita roja*). Incorrecto: el sobrepelliz. Es palabra aguda que, en plural, se hace grave y cambia la **z** por **c**: **sobrepellices**.

sobrepié. sust. m. 'Tumor óseo que, en las caballerías, se desarrolla sobre la corona de los cascos traseros'. En plural: **sobrepiés**. Incorrecto: sobrepieses. → **sobremano**

sobreponer. v. irreg. tr. 'Añadir una cosa o ponerla encima de otra' (***Sobrepuso** un cuerito de oveja a la montura*). v. prnl. fig. 'Dominar los impulsos del ánimo, hacerse superior a las adversidades o a los obstáculos que ofrece un negocio' (*Se **sobrepondrá** a tan sensible pérdida*); fig. 'obtener o afectar superioridad una persona respecto de otra' (*Pretende **sobreponerse** a todos*). Rég. prep.: **sobreponer** o **sobreponerse a** (***sobreponer** o **sobreponerse** un papel **a** otro; **sobreponerse a** las adversidades*). Su participio es irregular (***sobrepuesto***). Incorrecto: sobreponido. Se conjuga como **poner**.

sobreproducción. sust. f. → **superproducción**

sobreproteger. v. tr. 'Proteger en exceso' (***Sobreprotege** a su hijo menor*). Ú. t. c. prnl. Carece de registro en el ***Diccionario***, pero es de correcta formación. → **proteger**

sobrepuesto, ta. p. irreg. de **sobreponer**. sust. m. 'Ornamento de materia distinta a aquella a la que se sobrepone'; 'cualquier elemento que se sobrepone a otro' (*El paisano colocó un **sobrepuesto** de carpincho sobre el cojinillo de su apero*).

sobrepujar. v. tr. 'Exceder una cosa o persona a otra'. Rég. prep.: **sobrepujar en** (***sobrepujar** a alguien **en** valor, **en** conocimientos*). Conserva la **j** en toda la conjugación. Su 'acción y efecto' es **sobrepujamiento** (sust. m.).

sobrero. sust. m. 'El que por oficio hace sobres'. Su femenino es **sobrera**.

sobrero, ra. adj. 'Que sobra'. 'Aplícase al toro que se tiene de más por si se inutiliza alguno de los destinados a una corrida'. Ú. t. c. sust. m.: **el sobrero**.

sobrerrealismo. sust. m. → **superrealismo**

sobrerrienda. sust. f. Chile. Equivale a **falsa rienda** del español general, 'conjunto de dos correas unidas por el extremo que lleva el jinete en la mano, y fijas por el otro en el bocado o en el filete, para poder contener al caballo en el caso de que fallen las riendas'. Ú. m. en pl.: **las sobrerriendas**.

sobrerronda. sust. f. 'Segunda ronda que se pone para asegurar la vigilancia de los puestos'. Equivale a **contrarronda** (sust. f.) o 'ronda inversa'.

sobresaliente. p. a. de **sobresalir**. 'Que sobresale'. Ú. t. c. sust. com.: **el sobresaliente, la sobresaliente**. sust. m. 'En los exámenes, calificación máxima' (*Obtuvo un **sobresaliente** en Geografía*).

sobresalir. v. irreg. intr. 'Exceder una persona o cosa a otras en figura, tamaño, etc.'; 'aventajarse unos a otros, distinguirse entre ellos'. Rég. prep.: **sobresalir en** (***sobresalir en** los estudios*); **sobresalir entre** (***sobresalir entre** los hermanos*); **sobresalir por** (***sobresalir por** su humildad*). Se conjuga como **salir**.

sobresaltar. v. tr. 'Saltar, venir y acometer de repente' (*El puma nos **sobresaltó***). 'Asustar'. Ú. t. c. prnl. (***Se sobresalta** por cualquier cosa*). Rég. prep.: **sobresaltar** a alguien **con** (*Lo sobre-*

saltó con el ruido de sus pasos); **sobresaltarse con**, **de** o **por** (*Se sobresaltaron con, de* o *por los golpes en la puerta de calle*). v. intr. 'Venirse una cosa a los ojos'. Se usa especialmente hablando de las pinturas, cuando las figuras parece que se salen del lienzo (*Esa Venus* ***sobresalta*** *de la tela, parece que va a salirse del cuadro*).

sobresalto. sust. m. 'Sensación que proviene de un acontecimiento repentino e imprevisto' (*Ese trueno, en el silencio de la noche, me produjo un* ***sobresalto***); 'temor o susto repentino' (*Las llamadas telefónicas a horas desusadas de la noche provocan* ***sobresaltos***). **de sobresalto**. loc. adv. 'De improviso o impensadamente' (*Uno de los globos estalló* ***de sobresalto***).

sobrescribir. v. tr. 'Escribir o poner un letrero sobre una cosa'; 'poner el sobrescrito en la cubierta o sobre de las cartas'. Incorrecto: sobreescribir. Su participio es irregular (***sobrescrito*** o ***sobrescripto***). La Academia prefiere la primera forma.

sobresdrújulo, la. adj. 'Dícese de las voces que por efecto de la composición o por llevar dos o más enclíticas, tienen dos acentos, de los cuales el primero y principal va siempre en la sílaba anterior a la antepenúltima' (*"Devuélvemelo" es una palabra* ***sobresdrújula***). Ú. t. c. sust. m. y f.: **el sobresdrújulo**, **la sobresdrújula**. También puede decirse **sobreesdrújulo, la**, pero la Academia prefiere la primera forma.

sobreseer. v. intr. 'Desistir de la pretensión o empeño que se tenía'; 'cesar en el cumplimiento de una obligación'. 'Cesar en una instrucción sumarial; y, por extensión, dejar sin curso ulterior un procedimiento'. Ú. t. c. tr. También se usa, frecuentemente, como transitivo, según bien anotaba Moliner y, hoy, reconoce la Academia (***Sobreseyeron*** *la causa*). Rég. prep.: **sobreseer en** (***Fue sobreseído en*** *la causa*). Incorrecto: sobreseír, un barbarismo. Su postverbal es **sobreseimiento** (sust. m.). → **leer**

sobresembrar. v. irreg. tr. 'Sembrar sobre lo ya sembrado'. Se conjuga como **acertar**.

sobresolar. v. irreg. tr. 'Coser o pegar una suela nueva en los zapatos, sobre las otras que ya están gastadas o rotas'. Su homónimo, también verbo irregular transitivo, significa 'echar un segundo suelo sobre lo solado'. Ambos se conjugan como **sonar**.

sobrestadía. sust. f. 'Cada uno de los días que pasan después de las estadías, o segundo plazo que se prefija algunas veces para cargar o descargar un buque'; 'cantidad que por tal demora se paga'. Incorrecto: sobreestadía.

sobrestimar. v. tr. 'Estimar una cosa por encima de su valor'. Incorrecto: sobreestimar.

sobretarde. sust. f. 'Lo último de la tarde, antes del anochecer' (*Iremos a verte en la* ***sobretarde***). También puede escribirse **sobre tarde**, en dos palabras. → **sobre** (**prep.**)

sobretodo. sust. m. 'Prenda de vestir, de abrigo, que se lleva sobre el traje ordinario'. Se escribe en una sola palabra (*Se puso el* ***sobretodo***). No se confunda con la loc. adv. **sobre todo**, que se escribe en dos (*Asiste,* ***sobre todo****, de mañana a las clases*). También puede decirse, para el sustantivo, **sobrerropa** (sust. f.). → **sobre** (**prep.**), **todo**

sobrevaluar. v. tr. 'Estimar un precio excesivo'; 'valorar en exceso'. Carece de registro en el ***Diccionario***, pero es de correcta formación. Se conjuga, en cuanto al acento, como **actuar**. → **valuar**

sobreveedor. sust. m. 'Superior de los veedores'. Incorrecto: sobrevedor. Es palabra aguda que, en plural, se hace grave: **sobreveedores**. → **veedor**

sobrevenir. v. irreg. intr. 'Acaecer o suceder una cosa después de otra' (***Sobrevinieron*** *pestes sobre pestes*); 'venir improvisamente' (***Sobrevino****, entonces, la tragedia*); 'venir a la sazón, al tiempo de, etc.' (*Al tiempo que estaba por partir, le* ***sobrevino*** *un percance que demoró su viaje*). Se conjuga como **venir**.

sobreverterse. v. irreg. prnl. 'Verterse en abundancia'. Incorrecto: sobrevertirse. Se conjuga como **tender**. → **verter**

sobrevestir. v. irreg. tr. 'Poner un vestido sobre el que se lleva'. Ú. t. c. prnl. Se conjuga como **pedir**.

♦ **sobrevivencia.** Neologismo. En español, corresponde decir **supervivencia**.

sobreviviente. p. a. de **sobrevivir**. 'Que sobrevive' (*náufragos* ***sobrevivientes***). Ú. t. c. sust. com.: **el sobreviviente**, **la sobreviviente**. Rég. prep.: **sobreviviente de** (*Fue el único* ***sobrevivien-***

te de esa catástrofe aérea). También puede decirse **superviviente** (adj.).

sobrevivir. v. intr. Rég. prep.: **sobrevivir a** (*Sobrevivió **a** todos sus hermanos*; *Pocos **sobrevivieron a** la catástrofe ferroviaria*).

sobrevolar. v. irreg. tr. 'Volar sobre un lugar, territorio, etc.'. Se conjuga como **sonar**.

sobrexceder. v. tr. 'Exceder, sobrepujar, aventajar a otro'. Incorrecto: *sobreexceder*, *sobrexeder*.

sobrexcitar. v. tr. Ú. t. c. prnl. Su postverbal es **sobrexcitación** (sust. f.). → **sobreexcitar**

sobrino. sust. m. 'Respecto de una persona, hijo o hija de su hermana o de su hermano, o de su primo o prima'. Su femenino es **sobrina**. Los primeros se llaman **carnales**, y los otros, **segundos**, **terceros**, etc., según el grado de parentesco de la prima o del primo. El 'parentesco de sobrino' es el **sobrinazgo** (sust. m.).

sobrio, bria. adj. 'Moderado, templado' (*hombre **sobrio***); 'que carece de adornos superfluos' (*cartera **sobria***); 'dícese del que no está borracho' (*Hoy está **sobrio***). Las dos últimas acepciones son de reciente incorporación en el ***Diccionario***; la última había merecido, hasta ahora, la calificación de anglicismo. Rég. prep.: **sobrio de** (***sobrio de** palabras*); **sobrio en** (***sobrio en** el comer*). Carece de un superlativo especial (*sobrísimo* es incorrecto); corresponde decir **muy sobrio**. La 'cualidad de sobrio' es la **sobriedad** (sust. f.).

soca. sust. f. Amér. 'Último retoño de la caña de azúcar'. Bol. 'Brote de la cosecha del arroz'. Su homónimo se usa en la fr. fam. **hacerse el soca**, 'hacerse el tonto'.

socaire. sust. m. 'Protección contra el viento que ofrece cualquier cosa'. **estar** o **ponerse al socaire**. fr. 'Hacerse remolón un marinero, sin salir a la guardia'; fig. y fam. 'esquivar o rehuir el trabajo'.

socalzar. v. tr. 'Reforzar por la parte inferior un edificio o muro que amenaza ruina'. → **cazar**

socapa. sust. f. 'Pretexto fingido o aparente con que se encubre una intención' (*No te andes con tantas **socapas***). No se confunda este sustantivo con la locución adverbial **so capa** (**preposición + sustantivo**) o con la locución prepositiva **so capa de**, 'con pretexto de' (***So capa de** bondadoso, hace maldades*). **a socapa** o **de socapa.** locs. advs. p. us. 'Disimuladamente, con cautela'. Equivalen a los sintagmas **a so capa** o **de so capa** (*Lo logró **a socapa** o **de socapa***).

socapar. v. tr. Bol., Ecuad. y Méj. 'Encubrir faltas ajenas'.

socarrar. v. tr. 'Quemar o tostar ligeramente una cosa'. Ú. t. c. prnl. Sus postverbales son **socarrina** (sust. f. fam.) y **socarra** (sust. f.), voz que, además, significa **socarronería** (sust. f.), 'astucia o disimulo acompañados de burla encubierta'.

socarrén. sust. m. 'Parte del alero del tejado, que sobresale de la pared'. Es voz aguda que, en plural, se hace grave: **socarrenes**. Distíngase de **socarrena** (sust. f.), 'hueco'.

socarrón, na. adj. 'El que obra con socarronería'. Ú. t. c. sust. m. y f.: **el socarrón, la socarrona** (*Mis primos son unos **socarrones***).

socavar. v. tr. 'Excavar por debajo de alguna cosa, dejándola en falso'. El ***Diccionario*** no registra la acepción figurada de 'debilitar una cosa, sobre todo moralmente', de uso frecuente y que, sí, cataloga el ***Manual*** (*Los periodistas han **socavado** injustamente su reputación*). Sus postverbales son **socava** y **socavación** (susts. fs.).

socavón. sust. m. 'Cueva que se excava en la ladera de un cerro y, a veces, se prolonga formando galerías'; 'hundimiento del suelo por haberse producido una oquedad subterránea'. No debe usarse, en su reemplazo, *socave*, un barbarismo. Es voz aguda que, en plural, se hace grave: **socavones**.

sochantre. sust. m. 'Director del coro en los oficios divinos'. También puede decirse **socapiscol** (sust. m). La Academia prefiere la primera forma.

social. adj. 'Perteneciente o relativo a la sociedad o a las contiendas entre unas y otras clases' (*vida **social***; *luchas **sociales***); 'perteneciente o relativo a una compañía o sociedad, o a los socios o compañeros, aliados o confederados' (*razón **social***; *obra **social***). "Unido a otro adjetivo –dice el ***Diccionario Manual***– y aplicado a organizaciones, movimientos, ideologías, etc., en algunos casos, socialista: *socialdemócrata*; en otros, preocupación por lo social: *socialcristiano*."

socialista. adj. 'Que profesa la doctrina del socialismo'. Ú. t. c. sust. com.: **el socialista, la socialista**. 'Perteneciente o relativo al socialismo' (*movimiento **socialista***).

socializar. v. tr. 'Transferir al Estado, u otro órgano colectivo, las propiedades, industrias, etc., particulares' (***socializar** la industria, los servicios*); 'promover las condiciones sociales que, independientemente de las relaciones con el Estado, favorezcan, en los seres humanos, el desarrollo integral de su persona' (***socializar** la educación*). Su 'acción y efecto' es **socialización** (sust. f.). → **cazar**

sociedad. sust. f. Entre otras acepciones, 'reunión mayor o menor de personas, familias, pueblos o naciones' (***sociedad** argentina*; ***sociedad** porteña*; ***sociedad** pueblerina*); 'agrupación natural o pactada entre personas' (*Las hormigas viven en **sociedad**; Varios amigos formaron una **sociedad***); 'entre hombres de negocios, la comercial' (***sociedad** comercial*). El ***Diccionario*** registra, entre otros sintagmas: **sociedad anónima, sociedad comanditaria** o **en comandita, sociedad comanditaria por acciones, sociedad conyugal, sociedad cooperativa, sociedad de consumo, sociedad de responsabilidad limitada. sociedad de fomento**. Argent. 'Asociación vecinal que se ocupa de algunos aspectos que conciernen al mejor desarrollo de la comunidad'. La A.A.L. ha recomendado la inclusión de este sintagma en el ***Diccionario***. **buena sociedad** significa, con denotación colectiva, 'conjunto de personas, generalmente adineradas, que se distinguen por preocupaciones, costumbres y comportamientos que se juzgan elegantes y refinados'. **presentar en sociedad**. 'Celebrar una fiesta, comúnmente un baile, para incorporar simbólicamente a reuniones de la buena sociedad a muchachas o grupos de muchachas que antes no participaban en ellas a causa de su poca edad'. Ú. t. c. prnl. (*María **se presentó en sociedad** con un gran baile*).

socio. sust. m. 'El asociado con otro u otros para algún fin' (*Son cinco los **socios** de ese estudio jurídico*); 'individuo de una sociedad' (*Es **socio** de ese club*). Su femenino es **socia**. Incorrecto: <u>*la socio*</u>.

socio-. elem. compos. 'Social' (***socio**cultural, **socio**económico, **socio**lingüística*).

sociólogo. sust. m. 'El que profesa la sociología o tiene en ella especiales conocimientos'. Su femenino es **socióloga**.

socolor. sust. m. 'Pretexto y apariencia para disimular y encubrir el motivo o el fin de una acción' (*No te valgas de ese **socolor** para esconder tu verdadera intención*). El adverbio de modo **socolor** equivale a **so color** (loc. adv.). La Academia prefiere esta segunda forma. Una y otra significan lo mismo que **so capa** (loc. adv.). Como aclara el ***Diccionario Manual***, se usa **so color de** (loc. prepos.), 'con el pretexto de' (***So color de** dadivoso, hace sus buenos negocios*). → **so (prep.)**

socorredor, ra. adj. 'Que socorre'. Ú. t. c. sust. m. y f.: **el socorredor, la socorredora**.

socorrer. v. tr. 'Ayudar en un peligro o necesidad'; 'dar a uno, a cuenta, parte de lo que se le debe o de lo que ha de devengar'. Rég. prep.: **socorrer con** (***socorrer con** medicamentos*). Su 'acción y efecto' es **socorro** (sust. m.).

socorrista. sust. com. 'Persona especialmente adiestrada para prestar socorro en caso de accidente': **el socorrista, la socorrista**.

socrático, ca. adj. 'Que sigue la doctrina de Sócrates' (*filósofo **socrático***). Ú. t. c. sust. m. y f.: **el socrático, la socrática**. 'Perteneciente o relativo a ella' (*principios **socráticos***).

socucho. sust. m. Amér. 'Chiribitil, pieza muy pequeña' (*Vive en un **socucho***). También puede decirse **sucucho** (sust. m.), que es la forma común en la Argentina.

sodero. sust. m. Argent. 'El que reparte y vende soda, bebida de agua gaseosa' (*Llegó el **sodero***). → **sifonero**

sodio. sust. m. 'Metal'. Número atómico 11. Símbolo: ***Na***

sodomita. adj. 'Natural de Sodoma'. Ú. t. c. sust. com.: **el sodomita, la sodomita**. 'Perteneciente o relativo a esa antigua ciudad de Palestina'. 'Que comete sodomía o concúbito entre varones o contra el orden natural'. Ú. t. c. sust. com.

soez. adj. 'Bajo, grosero, indigno, vil'. Es palabra aguda que, en plural, se hace grave y cambia la **z** por **c**: **soeces**.

sofá. sust. m. 'Asiento cómodo para dos o más personas, que tiene respaldo y brazos'. En plural: **sofás**. Se admite **sofaes**, pero no es común; evítese este plural. Incorrecto: sofases. **sofá cama**. 'Sofá que puede convertirse en cama'. Incorrecto: sofá-cama. En plural: **sofás cama**. Nótese que, en este sintagma, de reciente incorporación en el ***Diccionario***, **cama** es un sustantivo en aposición especificativa, por eso no varía en plural.

sofista. adj. 'Que se vale de sofismas, argumentos aparentes para defender lo que es falso'. Ú. t. c. sust. com.: **el sofista, la sofista**. sust. m. 'En la Grecia antigua, se llamaba así a todo el que se dedicaba a la filosofía; pero, desde los tiempos de Sócrates, el vocablo tuvo significación despectiva'.

sofisticado, da. p. de **sofisticar**. adj. 'Falto de naturalidad, afectadamente refinado' (*ademanes **sofisticados***); fig. 'elegante, refinado' (*mujer **sofisticada***); fig. 'dícese de aparatos, técnicas o mecanismos complicados' (*Los hornos de microondas son cada vez más **sofisticados***). Esta última denotación que, como puede observarse, es de aplicación restringida y no se usa para calificar a las personas, ha ingresado recientemente en el ***Diccionario***.

sofisticar. v. tr. 'Falsear una cosa'. Su postverbal es **sofisticación** (sust. f.). Incorrecto: sofisticamiento. → **sacar**

sofístico, ca. adj. 'Aparente, fingido con sutileza' (*argumentos **sofísticos***). La 'cualidad de sofístico' es la **sofistiquez** (sust. f. p. us.). En plural: **sofistiqueces**; nótese que la **z** cambia por **c**. Distíngase de **sofisticado, da** (adj.).

soflama. sust. f. 'Llama tenue o reverberación del fuego'; 'ardor que suele subir al rostro por enojo, vergüenza, etc.'; fig. 'expresión artificiosa con que se intenta chasquear o engañar'; fig. despect. 'arenga, perorata'; fig. p. us. 'arrumaco'.

soflamero, ra. adj. fig. 'Que usa soflamas o engaños'. Ú. t. c. sust. m. y f.: **el soflamero, la soflamera**. → **soflama**

sofocador, ra. adj. 'Que sofoca'. También puede decirse **sofocante** (p. a. de **sofocar**), sin registro en el ***Diccionario*** a partir de 1992, al igual que otros participios activos de formación normal (*Es un verano **sofocante***).

sofocar. v. tr. 'Ahogar, impedir la respiración' (*El humo nos **sofocó***); 'extinguir' (***sofocar** el fuego*); fig. 'importunar demasiado a uno'. fig. 'Abochornar, poner colorado a uno con insultos o de otra manera' (*Sus injustas recriminaciones lo **sofocaron***). Ú. t. c. prnl. (***Se sofoca** cuando le llaman la atención*). Sus postverbales son **sofocación** (sust. f.) y **sofoco** (sust. m.). → **sacar**

sofocón. sust. m. fam. 'Desazón, disgusto que sofoca y aturde' (*¡Qué **sofocón** tuve cuando no llegabas, y el tren estaba a punto de partir!*). Es palabra aguda que, en plural, se hace grave: **sofocones**. También puede decirse **sofoco** (sust. m.), voz que, además, al igual que **sofocón**, al menos en la Argentina, significa 'sensación de calor que suelen sufrir algunas mujeres en la menopausia'. Una **sofoquina** (sust. f. fam.) es un 'sofoco, por lo común intenso'. → **sofocar**

sofreír. v. irreg. tr. 'Freír ligeramente una cosa'. Tiene dos participios, uno regular (***sofreído***) y otro irregular (***sofrito***). Se conjuga como **reír**.

sofrenar. v. tr. 'Reprimir el jinete a la caballería, tirando violentamente de las riendas'; fig. 'reprender con aspereza a uno'; fig. 'reprimir una pasión'. Su postverbal es **sofrenada** (sust. f.), que puede decirse también **sobrefrenada** (sust. f.). La Academia prefiere la primera forma.

sofrito, ta. p. irreg. de **sofreír**. sust. m. 'Condimento que se añade a un guiso, compuesto por distintos ingredientes fritos en aceite, como cebolla o ajo, entre otros'.

♦ **software.** Anglicismo. En español, no existe voz equivalente para designar el 'conjunto de instrucciones o programas que funcionan en una computadora o en una red'. Si se usa el extranjerismo, debe entrecomillarse.

soga. sust. f. Entre otras denotaciones, 'cuerda gruesa'. Diminutivo: **soguilla**. Argent. 'Tira de cuero para atar a las caballerías'. **atar a soga**. Argent. y Urug. 'Atar a un animal con una soga larga'. **con la soga a la garganta** o **al cuello**. fr. fig. 'Amenazado de un riesgo grave' (*Con esa hipoteca, está **con la soga al cuello***). **dar soga**. fr. fig. y fam. 'Soltar cuerda poco a poco'.

soguería. sust. f. Con la denotación de 'conjunto de sogas', es sustantivo colectivo.

soguero. sust. m. 'El que hace sogas'. La Academia no registra forma para el femenino. 'Mozo de cordel'.

♦ **soirée.** Voz francesa. En español, corresponde decir **velada**.

soja. sust. f. 'Planta leguminosa procedente de Asia'; 'fruto de esta planta'. También puede decirse **soya** (sust. f.), pero la Academia prefiere la primera forma.

sojuzgado, da. p. de **sojuzgar**. 'Que ha sido sojuzgado'. Rég. prep.: **sojuzgado de** (*sojuzgado de los poderosos*); **sojuzgado por** (*sojuzgado por el amo*). En cambio, 'el que sojuzga' es **sojuzgante** (p. a. de **sojuzgar**).

sojuzgador, ra. adj. 'Que sojuzga'. Ú. t. c. sust. m. y f.: **el sojuzgador**, **la sojuzgadora**. → **sojuzgado** (**sojuzgante**).

sojuzgar. v. tr. 'Sujetar, dominar, mandar con violencia'. → **pagar**

sol. sust. pr. m. 'Estrella que es centro de nuestro sistema planetario'. Con esta denotación, se escribe siempre con mayúscula y lleva antepuesto, generalmente, el artículo **el** (*El **Sol** sale por el Este*). sust. m. fig. 'Luz, calor o influjo de este astro' (*calentarse al **sol**; tomar **sol**; vivir al **sol***). En plural: **soles** (*¡Qué **soles** los de este verano!*). Diminutivo: **solecito**. Incorrecto: <u>solcito</u>, <u>solito</u>. Esta última voz, **solito**, es diminutivo de **solo** (adj.). **arrimarse al sol que más calienta**. fr. fig. 'Arrimarse y adular al más poderoso'. **de sol a sol**. loc. adv. 'Desde que nace el Sol hasta que se pone' (*Trabaja **de sol a sol***). **no dejar a sol ni a sombra** a uno. fr. fig. y fam. 'Perseguirlo con importunidad a todas horas y en todo sitio'. Uno de sus homónimos, también sustantivo masculino, denota la 'quinta nota de la escala musical'. El otro, asimismo sustantivo masculino, la 'dispersión coloidal de un sólido en un líquido'.

solacear. v. tr. p. us. No debe pronunciarse [solaciar, solacié]. → **-ear, solazar**

solado, da. p. de **solar**. sust. m. 'Acción de solar'. 'Revestimiento de un piso con ladrillo, losa u otro material'. Puede decirse, también, **solería** (sust. f.). → **solar**

solamente. adv. m. 'De un solo modo, en una sola cosa o sin otra cosa' (***Solamente** sabe tejer punto santa clara*). **solamente que**. loc. adv. 'Con sólo que, con la única condición de que' (***Solamente que** me copies esta parte, será una gran ayuda*). → **solo**

solanáceo, a. adj. 'Aplícase a ciertas hierbas, matas y arbustos angiospermos dicotiledóneos, como la hierba mora, la berenjena o el tabaco'. Ú. t. c. sust. f.: **la solanácea**. sust. f. pl. 'Familia de estas plantas' (*Las **solanáceas** tienen hojas simples y alternas*).

solanera. sust. f. 'Efecto que produce en una persona tomar mucho sol'; 'lugar expuesto, sin resguardo, a los rayos del sol cuando son más peligrosos y molestos'; 'parte de la casa destinada a tomar sol'; 'exceso de sol en un sitio'. Para la penúltima denotación, puede decirse **solana** (sust. f.).

solano. sust. m. 'Viento que sopla de donde nace el Sol'. Su homónimo, también sustantivo masculino, denota la 'hierba mora'.

solapa. sust. f. 'Parte del vestido, correspondiente al pecho, y que suele ir doblada hacia afuera sobre la misma prenda' (*Las **solapas** eran de raso*); 'prolongación lateral de la cubierta de un libro, que se dobla hacia adentro' (*En la **solapa** de adelante, está la biografía del autor; en la de atrás, la nómina de sus obras*). También pueden decirse **solape** (sust. m.) y **solapo** (sust. m.). Esta última voz significa, además, 'parte de una cosa que queda cubierta por otra, como las tejas del tejado'. **de solapa**. loc. adv. 'Ocultamente, a escondidas' (*Escribe poesías en la oficina **de solapa***). También puede decirse **a solapo** (loc. adv. fig. y fam.). En la Argentina, se usa **de solapa**, como locución adjetiva figurada y familiar. 'Aplicada a voces como cultura, erudición, conocimiento, de poca solidez' (*Su cultura es superficial, **de solapa***). La A.A.L. ha recomendado la inclusión de esta locución regional en el ***Diccionario***.

solapar. v. tr. 'Poner solapas a los vestidos'; 'cubrir totalmente una cosa con otra'. Con esta denotación, equivale a **traslapar** (v. tr.). fig. 'Ocultar maliciosamente la verdad o la intención'. v. intr. 'Caer cierta parte del cuerpo de un vestido doblada sobre otra para adorno o mayor abrigo' (*Este chaleco **solapa** bien*). Con estas denotaciones, es incorrecto usar **solapear**, un regionalismo. → **solapear**

solapear. v. tr. Col. 'Sacudir a uno asiéndolo

de la solapa'. No debe pronunciarse [solapiar, solapié]. Se usa en la Argentina. → **-ear**

solapo. sust. m. → **solapa**. Su homónimo, también sustantivo masculino, equivale a **sopapo** (sust. m.).

solar. sust. m. Entre otras denotaciones, 'casa, descendencia, linaje noble' (*Proviene de buen* ***solar***; *Su padre viene del* ***solar*** *de Vega*); 'porción de terreno donde se ha edificado o que se destina a edificar en él' (*Compró un* ***solar*** *en las afueras de la ciudad*). Ú. t. c. adj. 'Solariego' (*casa* ***solar***). Uno de sus homónimos, adjetivo, denota 'perteneciente al sol' (*rayo* ***solar***). Son voces agudas que, en plural, se hacen graves: **solares**. Sus otros homónimos son los verbos irregulares transitivos que significan, uno, 'revestir el suelo con ladrillos, losas u otro material', y otro, 'poner suelas al calzado'. Se conjugan como **sonar**.

solariego, ga. adj. 'Perteneciente al solar de antigüedad y nobleza'. Ú. t. c. sust. m. y f.: **el solariego, la solariega**. 'Aplícase a los fundos que pertenecen con pleno derecho a sus dueños'; 'antiguo y noble'.

solárium. sust. m. 'En piscinas, gimnasios, etc., terraza o lugar reservado para tomar el sol'. Es voz de reciente registro en el ***Diccionario***. En plural: **los solárium**. La Academia no registra la forma **solario**, que hubiera sido más normal en español, y facilitado el plural **solarios**.

solaz. sust. m. 'Placer, esparcimiento'. Es palabra aguda que, en plural, se hace grave, con cambio de **z** por **c**: **solaces**. **a solaz**. loc. adv. 'Con gusto y placer'. El adjetivo correspondiente es **solazoso, sa**, 'que causa solaz'.

solazar. v. tr. 'Dar solaz'. Ú. m. c. prnl. (***Se solaza*** *con la música*). Rég. prep.: **solazarse con** (***solazarse con*** *los amigos*); **solazarse en** (***solazarse en*** *las fiestas*); **solazarse entre** (***solazarse entre*** *los compañeros*). → **cazar**

solazo. sust. m. fam. 'Sol fuerte y ardiente que calienta y se deja sentir mucho'. Nótese su correcta grafía.

soldadesca. sust. f. Con la denotación de 'conjunto de soldados', es sustantivo colectivo.

soldado. sust. m. Entre otras denotaciones, 'el que sirve en la milicia'. Carece de femenino. Si se usa como sustantivo común de dos, forma no registrada por la Academia, puede decirse **la soldado**. La presencia de la mujer en la milicia justifica esta forma, preferible a <u>*la soldada*</u>. Téngase en cuenta que *soldada* (sust. f.) es 'sueldo'; 'haber del soldado'. Aumentativo despectivo: **soldadote**. → **sargento**

soldador. sust. m. 'El que tiene por oficio soldar'. La Academia no registra forma para el femenino. sust. m. 'Instrumento con que se suelda' (*Con el* ***soldador***, *reparó el caño*). Incorrecto: <u>*la soldadora*</u>.

soldar. v. irreg. tr. 'Pegar y unir sólidamente dos cosas' (***Soldó*** *un caño*). Ú. t. c. prnl. (*El hueso roto* ***se soldó***). fig. 'Componer, enmendar, disculpar un desacierto con acciones o palabras'. Su 'acción y efecto' es **soldadura** (sust. f.), voz que, además, significa 'material que sirve para soldar' y 'enmienda, corrección de una cosa'. Su sola 'acción' es **soldeo** (sust. m.). Se conjuga como **sonar**.

soleá. sust. f. → **soledad**

solear. v. tr. 'Tener expuesta al sol una cosa por algún tiempo'. Ú. t. c. prnl. (*Las sábanas* ***se solean*** *para que queden bien blancas*). Su postverbal es **soleamiento** (sust. m.). Incorrecto: <u>*soleadura*</u>. No debe pronunciarse [soliar, solié]. Puede decirse, también, **asolear** (v. tr. Ú. t. c. prnl.). → **-ear**

solecismo. sust. m. 'Falta de sintaxis; error que se comete contra la exactitud o pureza de un idioma' (*Coordinar dos preposiciones sin que cada una de ellas lleve su propio término es un* ***solecismo***). → **sobre** (**prep.**)

soledad. sust. f. Entre otras denotaciones, 'carencia de compañía' (*Vive en* ***soledad***); 'lugar desierto o tierra no habitada' (*Atravesó la* ***soledad*** *de la pampa*). Es voz aguda que, en plural, se hace grave: **soledades**. No debe usarse, en su reemplazo, **solitud**, un arcaísmo. Con la acepción de 'tonada', 'copla' y 'danza andaluza', se usa la forma popular **soleá** (sust. f.); en plural: **soleares**.

solemne. adj. 'Celebrado con pompa' (*exequias* ***solemnes***; *procesión* ***solemne***); 'grave, formal, acompañado de todos los requisitos' (*voto* ***solemne***); 'majestuoso, imponente' (*gesto* ***solemne***); 'de mucha entidad' (*plática* ***solemne***). Este adjetivo encarece, con valor peyorativo, la significación de algunos sustantivos (***solemne*** *tonte-*

ría). La 'cualidad de solemne' es **solemnidad** (sust. f.). El adverbio de modo respectivo es **solemnemente**. Es vulgarismo pronunciar [solene, solenidad, solenemente].

solemnizador, ra. adj. 'Que solemniza'. Ú. t. c. sust. m. y f.: **el solemnizador, la solemnizadora**. Es vulgarismo pronunciar [solenizador, solenizadora].

solemnizar. v. tr. 'Festejar o celebrar de manera solemne'; 'encarecer una cosa'. Es vulgarismo pronunciar [solenizar]. → **cazar**

soler. v. irreg. intr. defect. 'Con relación a seres vivos, tener costumbre' (***Suele** ladrar mucho por la noche*; ***Solemos** ir al café de Marcos*); 'con relación a cosas o hechos, ser frecuente' (*La correa del motor **suele** romperse*; *Los cursos de ingreso **suelen** dictarse en el segundo cuatrimestre*). Es un verbo defectivo que se usa sólo en presente (*suelo*, etc.), pretérito imperfecto (*solía*, etc.), pretérito perfecto simple (*solí*, etc.) y pretérito perfecto compuesto (*he solido*, etc.) de indicativo; en presente de subjuntivo (*suela*, etc.) y en las formas no personales: infinitivo (*soler*), participio (*solido*) y gerundio (*soliendo*). Es un verbo modal que se emplea siempre en perífrasis con el infinitivo de otro verbo, que actúa como auxiliar, sobre el que recae la denotación léxica (***Solía concurrir** a ese instituto*), salvo –como dice Alarcos Llorach– "en contextos favorables a la elipsis" (*–¿Suele ir tan temprano al trabajo? –**Suele*** [ir]). En su uso reflexivo, "cuando carece de adyacente (*se puede fumar*) o cuando éste y el verbo auxiliar van en singular (*se suele beber agua*), la perífrasis se escinde, y el infinitivo, solo o combinado con el adyacente, se convierte en sujeto explícito del verbo personal. Pero si el adyacente es plural y el verbo auxiliar comporta este número (*se suelen beber licores*), es el sustantivo adyacente el sujeto de la perífrasis" (Alarcos Llorach). Es incorrecto, aunque frecuente: *<u>Se puede</u> fumar cigarros*. Correcto: ***Se pueden** fumar cigarros*. Se conjuga, en los tiempos y modos arriba indicados, como **mover**. → **se, verbo (modal)**

solería. sust. f. 'Material que sirve para solar'; 'revestimiento del piso'. Equivale, en esta última acepción, a **solado** (sust. m.). Su homónimo, también sustantivo femenino, tiene denotación colectiva, 'conjunto de cueros para hacer suelas'.

solevantar. v. tr. 'Levantar una cosa empujando de abajo arriba'. Ú. t. c. prnl. Puede decirse, también, **solevar** (v. tr.). Con la denotación figurada de **soliviantar** (v. tr. Ú. t. c. prnl.), ú. t. c. prnl. Su postverbal es **solevantamiento** (sust. m.). → **solevar, soliviantar**

solevar. v. tr. Equivale, en una de sus denotaciones, a **sublevar**. Ú. t. c. prnl. → **solevantar**

solfa. sust. f. 'Arte que enseña a leer y entonar las diversas voces de la música'. Para esta denotación, puede usarse **solfeo** (sust. m.). Tiene denotación colectiva cuando significa 'conjunto o sistema de signos con que se escribe la música'; fig. 'melodía y armonía, y las dos combinadas'; fig. y fam. 'zurra de golpes'. **estar** una cosa **en solfa**. fr. fig. y fam. 'Estar hecha con arte, regla y acierto'; fig. y fam. 'estar escrita o explicada de una manera inteligible'. **poner** una cosa **en solfa**. fr. fig. y fam. 'Hacerla con arte, regla y acierto'; fig. y fam. 'presentarla bajo un aspecto ridículo'. **tocar la solfa** a uno. fr. fig. y fam. 'Golpearlo, zurrarlo'.

solfeador, ra. adj. 'Que solfea'. Ú. t. c. sust. m. y f.: **el solfeador, la solfeadora**. No debe pronunciarse [solfiador, solfiadora].

solfear. v. tr. 'Cantar marcando el compás y pronunciando el nombre de las notas'; fig. y fam. 'golpear, zurrar'; fig. y fam. 'reprender de palabra o censurar algo con insistencia'. No debe pronunciarse [solfiar, solfié]. Su postverbal es **solfeo** (sust. m.). → **-ear**

solfista. sust. com. 'Persona que solfea': **el solfista, la solfista**.

solicitado, da. p. de **solicitar**. sust. f. Equivale a **remitido**, forma preferida por la Academia. En la Argentina se usa, con exclusividad, el sustantivo que aquí anotamos (*Sacó una solicitada en el diario*). → **remitido**

solicitador, ra. adj. 'Que solicita'. Ú. t. c. sust. m. y f.: **el solicitador, la solicitadora**. → **solicitante**. sust. m. Equivale a **agente**, 'el que obra con poder de otro', forma que la Academia prefiere.

solicitante. p. a. de **solicitar**. 'Que solicita'. Ú. t. c. sust. com.: **el solicitante, la solicitante**. → **solicitador**

solicitar. v. tr. 'Pretender, buscar o pedir una

cosa con diligencia'; 'gestionar negocios propios o ajenos'; 'requerir de amores'; 'pedir una cosa de manera respetuosa o llenando una solicitud'. Rég. prep.: **solicitar** algo **a** alguien o **de** alguien (***solicitar*** *una vacante* ***al*** o ***del*** *director*); **solicitar** algo **con** (***solicitar*** *una audiencia* ***con*** *el Ministro*); **solicitar de** (***solicitar de*** *amores a la vecina*); **solicitar para** (***solicitar para*** *sí*); **solicitar** algo **por** (***solicitar*** *una pensión* ***por*** *invalidez*). La 'acción' de solicitar es **solicitación** (sust. f.).

solícito, ta. adj. 'Diligente, cuidadoso'. Rég. prep.: **solícito con** (***solícito con*** *los niños*); **solícito en** (***solícito en*** *todo*); **solícito para** (***solícito para*** *pedir*); **solícito para con** (***solícito para con*** *su familia*). Este adjetivo carece de inflexión superlativa.

solicitud. sust. f. 'Diligencia cuidadosa'; 'memorial en que se solicita algo'. Es palabra aguda que, en plural, se hace grave: **solicitudes** (*Hicieron mal las* ***solicitudes***).

solidaridad. sust. f. 'Adhesión circunstancial a la causa de otro'. Incorrecto: solidariedad. → **-dad**

solidarizar. v. tr. 'Hacer a una persona solidaria con otra'. Ú. t. c. prnl. Rég. prep.: **solidarizarse con** (***Solidarizarse con*** *los pobres*). → **cazar**

solidez. sust. f. 'Cualidad de sólido'; 'volumen de un cuerpo'. Es palabra aguda que, en plural, se hace grave, y cambia la **z** por **c**: **solideces**.

solidificar. v. tr. 'Hacer sólido un fluido'. Ú. t. c. prnl. (*La miel* ***se solidificó***). Su postverbal es **solidificación** (sust. f.).→ **sacar**

sólido, da. adj. 'Firme, macizo, fuerte' (*silla* ***sólida***). 'Aplícase al cuerpo cuyas moléculas tienen entre sí mayor cohesión que las de los líquidos'. Ú. t. c. sust. m. (*Es un* ***sólido***, *no, un líquido*). fig. 'Asentado, establecido con razones fundamentales y verdaderas' (***sólida*** *fortuna*; *teoría* ***sólida***). 'Objeto material de tres dimensiones'. Equivale, en esta denotación, a **cuerpo** (*Traigan los* ***sólidos*** *geométricos*)

soliloquiar. v. intr. fam. 'Hablar a solas'. Incorrecto: soliloquear, una ultracorrección. Se conjuga, en cuanto al acento, como **cambiar**.

solípedo. adj. 'Dícese del cuadrúpedo provisto de un solo dedo, llamado casco, como el caballo, el asno, etc.'. Ú. t. c. sust. m. (*La cebra es un* ***solípedo***). Nótese su correcta acentuación.

solista. sust. com. 'Persona que ejecuta un solo de una pieza vocal o instrumental': **el solista, la solista**.

solitaria. sust. f. 'Silla de posta para una sola persona'; 'gusano intestinal'. Para esta última denotación, se registra, también, **tenia** (sust. f.), forma que la Academia prefiere.

solitario, ria. adj. 'Desamparado, desierto' (*campo* ***solitario***); 'solo, sin compañía' (*mujer* ***solitaria***). 'Retirado, que ama la soledad' (*vida* ***solitaria***). Ú. t. c. sust. m. y f.: **el solitario, la solitaria**. sust. m. 'Diamante grueso que se engasta solo en una joya' (*Cuando se comprometieron, el novio le regaló un* ***solitario*** *de cinco quilates*); 'juego que ejecuta una sola persona, en particular de naipes' (*Se pasaba el día haciendo* ***solitarios***); 'crustáceo' conocido, también, por el nombre de **ermitaño** (sust. m.) o **cangrejo ermitaño**.

soliviantar. v. tr. 'Mover el ánimo de una persona para inducirla a adoptar una actitud rebelde u hostil'. Ú. t. c. prnl. (*Indignado,* ***se soliviantó*** *contra el jefe*). fig. 'Alterar a alguien'. También puede decirse **solevantar** (v. tr. Ú. t. c. prnl.).

soliviar. v. tr. 'Ayudar a levantar una cosa por debajo' (*Ayúdame a* ***soliviar*** *este cajón*). v. prnl. 'Alzarse un poco el que está sentado, echado o cargado sobre una cosa, sin acabarse de levantar del todo' (*Apenas* ***se solivió*** *de la silla, volvió a caer pesadamente en ella*). Sus postverbales son **soliviadura** (sust. f.) y **solivio** (sust. m.). Aumentativo de este último: **solivión**, que significa, además, 'tirón grande para sacar una cosa oprimida por otra que tiene encima'. En plural: **soliviones**. Se conjuga, en cuanto al acento, como **cambiar**.

solla. sust. f. 'Pez parecido a la platija'. Para distinguir los sexos, debe recurrirse a las perífrasis **solla macho, solla hembra**.

sollastre. sust. m. 'Pinche de cocina'; fig. 'pícaro redomado'. Incorrecto: sollaste.

sollo. sust. m. 'Pez'. Para distinguir los sexos, debe recurrirse a las perífrasis **sollo macho, sollo hembra**. Se lo conoce más por el nombre de **esturión** (sust. m.).

sollozar. v. intr. Su 'acción y efecto' es **sollozo** (sust. m.). → **cazar**

solo, la. adj. 'Único en su especie' (*Hemos encontrado una **sola** planta de esta clase*); 'que está sin otra cosa o que se mira separado de ella' (*un candelabro **solo***); 'dicho de personas, sin compañía'. Con esta denotación, equivale a **solitario** (*hombre solo*). 'Que no tiene quien lo ampare o socorra' (*Ana es **sola** en la vida, sin parientes ni amigos*). sust. m. 'Paso de danza que se ejecuta sin pareja' (*Bailó un **solo***); 'juego de naipes'; 'juego de solitario'; 'composición o parte de ella que canta o toca una persona sola' (*El tenor estuvo magnífico en ese **solo***). Es un galicismo emplear este adjetivo en reemplazo de **único**, en contextos como el siguiente: *El solo culpable es él*. Correcto: *El **único** culpable es él*. Tampoco es correcto decir *habitación sola* por **habitación individual**. Nótese que, con el oficio de adjetivo o de sustantivo, esta palabra jamás lleva tilde. **a solas**. loc. adv. 'Sin ayuda ni compañía de otro' (*Lo hizo **a solas***). **a mis, a tus, a sus solas**, etc. loc. adv. 'En soledad, en retiro; fuera del trato social' (*Quiero vivir **a mis solas**, por lo menos una semana*). Equivale, también, a **a solas**. **dar un solo** a uno. fr. fig. y fam. 'Molestarlo un inoportuno, contándole prolijamente sus cuitas, aventuras, etc., que poco o nada interesan al que las oye' (*El vecino me **dio un solo** que me dejó de cama*). Este adjetivo o sustantivo debe distinguirse de **solo** o **sólo**, adverbio, su homónimo, que equivale a **solamente**. Según las normas académicas de 1959 (***Nuevas normas de prosodia y ortografía***), en esta función adverbial "podrá llevar acento ortográfico si con ello se ha de evitar una anfibología" (regla 18.ª). Particularmente, ello ocurre con el adjetivo; y no es obligatorio, por tanto, que el adverbio lleve tilde. Por ejemplo, en la oración *Llegó solo a Mar del Plata*, **solo** puede significar 'que llegó sin compañía a Mar del Plata', en que lo correcto, de acuerdo con la norma antes citada, es no ponerle tilde; pero ese enunciado, puede significar también, en la intención del hablante, 'que llegó solamente hasta Mar del Plata, y no siguió viaje como pensaba', en cuyo caso la tilde es obligatoria para resolver la ambigüedad (*Llegó **sólo** a Mar del Plata*). Bien decía el padre Ragucci: "Aunque la norma, con ese *podrá*, parece que no exige la tilde, sino sólo la permite, creo que la claridad aconseja echar mano de ella, y eso será raramente, como acaso también en esta conclusión: Ahora, Eulogio, quedo **sólo** esperando tu conformidad". De otra opinión es Seco, quien afirma: "al ser potestativo el uso de la tilde en el adverbio *solo*, lo más recomendable es atenerse a la norma general de no ponerla". El ***Esbozo*** (1973) puntualiza: "se suele escribir con tilde el adverbio *sólo* (= *solamente*), frente al adjetivo *solo*", si bien reconoce, en una nota, que el uso de tilde es potestativo y es "lícito prescindir de ella cuando no existe riesgo de anfibología". Con lo cual, cuando **solo** es adverbio, puede o suele escribirse con tilde. Esta indicación, que no es normativa, porque el ***Esbozo*** carece de esa validez, como lo declara en la "Advertencia" que lo precede, halla su correlato en el ***Diccionario*** académico, que introduce el artículo correspondiente así: "**sólo** o **solo**. adv. m. Únicamente, solamente". De modo que, cuando esta palabra es adverbio, puede llevar siempre tilde. Éste es el criterio que hemos adoptado en esta obra, y que la misma Real Academia Española, en su ***Diccionario***, sigue, generalmente, en los ejemplos y en diferentes artículos (véase, por ejemplo, el de **sino**. conj. advers.). La Academia Argentina de Letras, en su publicación ***Dudas idiomáticas frecuentes*** (versión ampliada), de 1995, concordante con este último criterio, anota, en **sólo**. "Adverbio que equivale a 'solamente' (***Sólo** pidieron lo justo*). Conviene distinguirlo del adjetivo **solo** (*Cuando todos se fueron quedó **solo***). Por regla general el adverbio lleva tilde, aunque pueda omitírsela cuando no se presentan dudas acerca del sentido. Compárese: *Estuvo **sólo** un tiempo* (= 'estuvo apenas un tiempo') y *Estuvo **solo** un tiempo* (= 'estuvo un tiempo en soledad')". Por otra parte, ya María Moliner, en su célebre ***Diccionario de uso del español***, de 1967, tilda siempre el adverbio **sólo**, aunque no haya anfibología, de acuerdo con el uso que suele atildarlo, como dirá años después el ***Esbozo***. Una postura, como se ve, opuesta a la de Seco. De todos modos, hay que convenir en que el uso de tilde, en el adverbio **sólo** o **solo**, es un tema controvertido.

solomillo. sust. m. 'Lomo'. También puede decirse **solomo** (sust. m.), voz que, además, denota 'lomo de cerdo'. La voz que anotamos es diminutivo de esta última.

soltador, ra. adj. 'Que suelta o echa de sí una cosa que tenía asida'. Ú. t. c. sust. m. y f.: **el soltador, la soltadora**.

soltar. v. irreg. tr. Entre otras denotaciones, 'desatar, desceñir' (***soltar*** *el moño*). 'Dejar ir o dar libertad' (***soltar*** *al preso*). Ú. t. c. prnl. (***soltarse*** *el perro*). 'Desasir lo que estaba sujeto' (***soltar*** *amarras*). Ú. t. c. prnl. (***soltarse*** *los puntos de la media*). 'Romper en una señal de afecto interior, como llanto, risa, etc.' (***soltar*** *el llanto*); fam. 'decir' (***soltar*** *una palabrota*). v. prnl. fig. 'Adquirir agilidad o desenvoltura' (*La joven docente poco a poco* ***se soltó*** *en el ejercicio de la cátedra*); fig. 'empezar a hacer algunas cosas' (***soltarse*** *a andar*; ***soltarse*** *a hablar*). Rég. prep.: **soltar a** (***soltar*** *un pájaro* ***a*** *volar*); **soltarse a** (***soltarse a*** *reír*); **soltarse de** (***soltarse de*** *algo*). Este verbo tiene un participio regular (***soltado***) y uno irregular (***suelto***). Su postverbal es **soltura** (sust. f.). Se conjuga como **sonar**.

soltero, ra. adj. 'Que no está casado'. Ú. t. c. sust. m. y f.: **el soltero**, **la soltera**. El 'estado de soltero' es la **soltería** (sust. f.).

solterón, na. adj. 'Dícese de la persona entrada en años que no se ha casado'. Ú. t. c. sust. m. y f.: **el solterón**, **la solterona**.

soluble. adj. 'Que se puede disolver' (*pastilla* ***soluble***); fig. 'que se puede resolver' (*problemas* ***solubles***). Incorrecto: <u>saluble</u>. No debe confundirse con **salubre** (adj.), 'saludable'.

solución. sust. f. Entre otras denotaciones, 'acción y efecto de disolver'; 'acción y efecto de resolver una duda o dificultad'; 'paga, satisfacción'; 'cada una de las cantidades que satisfacen las condiciones de un problema o de una ecuación'. Es palabra aguda que, en plural, se hace grave: **soluciones**. **solución de continuidad**. 'Interrupción o falta de continuidad'. Se usa más en frases negativas o precedida de la preposición **sin** (*Lo hizo* ***sin solución de continuidad***). **solución sólida**. 'Fase, generalmente cristalina, de una composición química variable'.

solutivo, va. adj. 'Dícese del medicamento que sirve para soltar o laxar'. Ú. t. c. sust. m.: **el solutivo**.

solvente. p. a. de **solver**. 'Que desata o resuelve'. adj. 'Exento de deudas'; 'capaz de satisfacerlas'; 'que merece crédito'; 'capaz de cumplir obligaciones, cargos, etc., cuidadosa y celosamente'. 'Dícese de la sustancia que puede disolver'. Ú. t. c. sust. m. (*Compró un* ***solvente*** *para pintura*). La 'cualidad de solvente' es la **solvencia** (sust. f.).

somatén. sust. m. 'Cuerpo de gente armada'. Es instituto de Cataluña. 'En Cataluña, rebato hecho al vecindario en un peligro' (*Tocar a somatén*); fig. y fam. 'alboroto, bulla'. **¡somatén!** 'Grito de guerra de las antiguas milicias de Cataluña'. Es palabra aguda que, en plural, se hace grave: **somatenes**.

somatenista. sust. m. 'Individuo que forma parte de un somatén'. Nótese que no es común de dos.

sombra. sust. f. Entre otras denotaciones, 'oscuridad, falta de luz, más o menos completa'. Ú. m. en pl. (*las* ***sombras*** *de la noche*). 'Proyección oscura de un cuerpo en el espacio, en dirección opuesta a aquella por donde viene la luz' (*la* ***sombra*** *de un árbol*); 'espectro de una persona ausente o difunta' (*Los paisanos dicen que a medianoche, debajo de ese árbol, aparece la* ***sombra*** *del ahorcado*); 'ignorancia'. Equivale, en esta denotación, a **oscuridad** (*Vive en la* ***sombra*** *de la ignorancia*). 'Color oscuro, contrapuesto al claro' (*Ese pintor usa mucha* ***sombra***). Son figuradas, entre otras, las acepciones de 'asilo, defensa' (*Se cobijó a la* ***sombra*** *de su padre*); 'apariencia o semejanza de una cosa' (*Es tan parecida a su prima, que parece su* ***sombra***); 'mácula, defecto' (*Ese lunar es una* ***sombra*** *en su bello rostro*). **sombras chinescas**. 'Espectáculo' o 'baile'. **a la sombra**. fr. fig. y fam. 'En la cárcel'. Ú., sobre todo, con los verbos **poner** y **estar** (***Estuvo*** *diez años* ***a la sombra***). **a** (la) **sombra de**(l) **tejado** o **de** (los) **tejados**. loc. adv. fig. y fam. 'Ocultamente, a escondidas' (*Hace sus pillerías* ***a la sombra del tejado*** *o* ***de los tejados***). Ordinariamente se usa con el verbo **andar** (***Anda a la sombra del tejado*** *o* ***de los tejados***). La Academia registra la locución sin los artículos, pero se usa con ellos y es frecuente en la Argentina. **hacer sombra**. fr. 'Impedir la luz' (*Esa casa* ***hace sombra*** *en nuestro patio*); fig. 'impedir uno a otro prosperar, sobresalir o lucir por tener más mérito, más habilidad, etc., que éste' (*Si no fuera por ese empleado que le* ***hace sombra****, ya habría ascendido*); fig. 'favorecer y amparar uno a otro para que sea atendido, respetado' (*Mi amigo me* ***hizo sombra*** *con el jefe, y pude lograr lo que pretendía*). **ni por sombra**. loc. adv. fig. 'De ningún modo' (***Ni por sombra*** *te daré las llaves del auto*). **no ser** una persona o cosa **su sombra** o **ni sombra de**

lo que era. fr. fig. 'Haber degenerado o decaído en extremo; haber cambiado mucho, desventajosamente'; **no tener** uno **sombra** o **ni sombra de** una cosa. fr. fig. 'Carecer absolutamente de ella' (*Ana **no tiene ni sombra de** vergüenza*). **sin sombra** o **como sin sombra**. fr. fig. 'Triste y desasosegado por la falta de algo habitual que desea o apetece con ansia'. Ú. generalmente con los verbos **andar**, **estar**, **quedarse** (***Anda como sin sombra** desde que le robaron el auto*). En el Uruguay, este mismo concepto se expresa con la frase figurada **peleado con su sombra**, de uso, también, en la Argentina (*Desde hace unos días está **peleado con su sombra***). **tener** uno **buena sombra**. fr. fig. y fam. 'Ser una persona o cosa agradable y simpática'; fig. y fam. 'tener chiste'; fig. y fam. 'ser de buen agüero su presencia o compañía'; fig. y fam. 'tener buena suerte'. Lo contrario se expresa con **tener** uno **mala sombra** (fr. fig.).

sombrajo. sust. m. 'Reparo o resguardo de ramas, mimbres, esteras, etc., para hacer sombra' (*Se puso bajo el **sombrajo** del quincho*). Con esta denotación, también puede decirse **sombraje** (sust. m.). La Academia prefiere la primera forma. fam. 'Sombra que hace uno poniéndose delante de la luz y moviéndose de modo que estorbe al que la necesita'. Ú. m. en pl. (*Deja de hacer **sombrajos**, que quiero aprovechar el sol*).

sombrar. v. tr. 'Hacer sombra una cosa a otra'. En esta su única denotación, para la que existe también **asombrar** (v. tr. p. us.), es intercambiable con la primera de **sombrear** (v. tr.), forma verbal de uso mucho más frecuente, 'dar o producir sombra' (*Las ramas del sauce **sombrean** parte de la pileta*); pero, no, con la segunda, 'poner sombra en una pintura o dibujo' (*El pintor **ha sombreado** demasiado el fondo de ese óleo*). No debe pronunciarse [sombriar, sombrié]. El postverbal de la segunda denotación de **sombrear** es **sombreado** (sust. m.). → **-ear**

sombrero. sust. m. Entre otras denotaciones, 'prenda de vestir para cubrir la cabeza o, en las mujeres, adornarla'; 'techo que cubre el púlpito'. Diminutivos: **sombrerillo**, **sombrerete**. Aumentativo: **sombrerazo**. Una **sombrerada** (sust. f.) es 'lo que cabe en un sombrero' y 'el saludo que se hace con él'. Cuando el 'saludo que se hace con el sombrero es extremado', recibe el nombre de **sombrerazo** (sust. m. fam.). El 'lugar en que se venden sombreros' es la **sombrerería** (sust. f.). La 'persona que los hace y que los vende' es **el sombrerero** (sust. m.) o **la sombrerera** (sust. f.); esta última voz denota, además, 'mujer del sombrerero' y 'caja para guardar o para transportar sombreros' (*En la época de los sombreros, las señoras viajaban con **sombrerera***). El ***Diccionario*** registra gran cantidad de sintagmas para denotar los diferentes tipos y clases de sombreros usados en distintas épocas. **quitarse** uno **el sombrero**. fr. 'Apartarlo de la cabeza, en señal de cortesía' (*Jorge, cuando vio a su consuegra, **se quitó el sombrero***). Se expresa con ello, también, admiración (*Ante la Estatua de la Libertad, **se quitó el sombrero***). **sacarse el sombrero**. Argent., Bol., Ecuad. y Perú. fr. Equivale a **quitarse el sombrero**, en sus dos denotaciones. **tomar el sombrero**. fr. fig. 'Irse de alguna parte o hacer ademán de ello'.

sombrilla. sust. f. → **quitasol**. 'El golpe dado con una sombrilla' es un **sombrillazo** (sust. m.).

sombrío, a. adj. 'Dícese del lugar en que frecuentemente hay sombra'; 'dícese de las partes en que se ponen las sombras en la pintura'; fig. 'tétrico, melancólico'. Rég. prep.: **sombrío de** (***sombrío de** carácter*); **sombrío en** (***sombrío** en sus conjeturas*). Para la primera denotación, puede usarse **sombroso, sa** (adj.), que significa, además, 'que hace mucha sombra'. Estos adjetivos carecen de un superlativo especial (<u>*sombrísimo*</u> y <u>*sombrosísimo*</u> son incorrectos); debe recurrirse, en consecuencia, a las formas perifrásticas **muy sombrío** y **muy sombroso**. sust. f. 'Terreno sombrío' (*No sé cómo has comprado esa **sombría***).

somero, ra. adj. 'Casi encima o muy inmediato a la superficie' (*En el arroyo, hay rocas **someras**, es decir, a muy poca profundidad*). "Hay tendencia –dice Moliner– a aplicarlo al agua misma poco profunda o al lugar en que el agua es poco profunda" (*aguas **someras***). fig. 'Ligero, superficial, hecho con poca meditación y profundidad' (*Hizo un **somero** análisis de la situación*).

someter. v. tr. 'Sujetar, humillar' (***Somete** a sus subordinados*). Ú. t. c. prnl. (***Se somete** a la autoridad paterna*). 'Conquistar, subyugar, pacificar un pueblo o provincia, etc.' (***Sometió** a esos pueblos indígenas*). Ú. t. c. prnl. (*Los incas, finalmente, **se sometieron** a los conquistadores*). 'Subordinar el juicio, decisión o afecto a los de otra persona' (*Somete sus decisiones al superior*); 'proponer a la consideración de uno' (*Me **sometió** esas ideas a fin de que lo aconsejara*); 'encomendar a una o más personas la resolución de un negocio o litigio' (***Sometió** a tu consideración ese problema*). 'Hacer que una persona o cosa reciba o soporte cierta acción'. Ú. t. c. prnl. (***Se somete** a sus dictados*). Rég. prep.: **someter a** (***someter a** la ley*); **someterse a** (***someterse a** alguno o **a** algo*). Su postverbal es **sometimiento** (sust. m.).

somier. sust. Voz francesa (*sommier*) españolizada. 'Soporte de tela metálica, láminas de madera, etc., sobre el que se coloca el colchón'. En plural: **somieres** o **somiers**. Es incorrecto escribirlo en español con dos emes, de acuerdo con la grafía extranjera.

somnambulismo. sust. m. → **sonambulismo**

somnámbulo, la. adj. → **sonámbulo**

somnífero, ra. adj. 'Que causa sueño'. Dícese especialmente de medicamentos. Ú. t. c. sust. m. (*Le dio un **somnífero** para dormir*). Incorrecto: <u>sonífero</u>, <u>sognífero</u>.

somnílocuo, cua. adj. 'Que habla durante el sueño'. Ú. t. c. sust. m. y f.: **el somnílocuo, la somnílocua**. Es palabra esdrújula. No debe pronunciarse [somnilocuo] como grave. Incorrecto: <u>sonílocuo</u>.

somnolencia. sust. f. 'Pesadez y torpeza de los sentidos motivadas por el sueño'; 'gana de dormir'; fig. 'pereza, falta de actividad'. Incorrecto: <u>sonolencia</u>, <u>somnoliencia</u>. También pueden decirse **soñarrera** (sust. f. fam.) y **soñolencia** (sust. f.). La Academia prefiere la primera forma. → **sopor**. Para la segunda acepción, también puede decirse **soñera** (sust. m.). → **soñera**

somnoliento, ta. adj. 'Que tiene o produce sueño'. Es voz de reciente incorporación en el ***Diccionario***. Incorrecto: <u>sonoliento</u>, <u>somnolento</u>. También puede decirse **soñoliento, ta** (adj.).

somontano, na. adj. 'Dícese del terreno o región situados al pie de una montaña'. Ú. t. c. sust. m. y f.: **el somontano, la somontana**. 'Natural de la región del Alto Aragón situada en las vertientes de los Pirineos'. Ú. t. c. sust. m. y f. 'Perteneciente o relativo a esta región'.

somonte. sust. m. 'Terreno situado en la falda de una montaña'. No debe escribirse en dos palabras: <u>so monte</u>. También puede decirse **sopié** (sust. m.; en plural: **sopiés**). **de somonte.** loc. adj. 'Basto, burdo, áspero' (*paño **de somonte**; hombre **de somonte***).

somorgujar. v. tr. 'Sumergir, chapuzar'. Ú. t. c. prnl. (***Se somorgujó** en el mar*). v. intr. 'Bucear' (***Somorgujaron** a gran profundidad*). Conserva la **j** en toda la conjugación. También puede decirse **somormujar** (v. tr.). La Academia prefiere la primera forma.

somorgujo. sust. m. 'Ave palmípeda'. Para distinguir los sexos, debe recurrirse a las perífrasis **somorgujo macho, somorgujo hembra**. También pueden decirse **somorgujón** (sust. m.) y **somormujo** (sust. m.). El primero, por ser palabra aguda, se convierte, en plural, en grave: **somorgujones**. La Academia prefiere la forma que encabeza este artículo. **a lo somorgujo** o **a somorgujo**. loc. adv. 'Por debajo del agua'; fig. y fam. 'ocultamente, con cautela'.

son. sust. m. 'Sonido agradable' (*Esa campana tiene un lindo **son***); fig. 'noticia, fama, divulgación de una cosa' (*Corre un **son** sobre la boda de fulana*); fig. 'modo o manera' (***a este son**; **por este son***); fig. 'pretexto, motivo'. En plural: **sones**. Diminutivos: **sonecillo, sonetico**. → **soneto**. Despectivo: **soniquete**. **¿a qué son?** expr. fig. y fam. '¿Con qué motivo?' (***¿A qué son** se ha de hacer esto?*). También puede decirse **¿a son de qué?** (expr. fig. y fam.). **a son de un instrumento**. loc. adv. 'Con acompañamiento de tal instrumento' (*Cantarán **a son de una guitarra***). En la Argentina, se usa: **al son de un instrumento**. **bailar** uno **a cualquier son**. fr. fig. y fam. 'Mudar fácilmente de afecto o de pasión'. **bailar** uno **al son que le tocan**. fr. fig. y fam. 'Acomodar la conducta propia a los tiempos o circunstancias'. **en son de**. loc. adv. fig. 'De tal modo o a manera de'; 'a título de, con ánimo de' (*Lo hizo **en son de** broma*). **sin son**. loc. adv. fig. y fam. 'Sin fundamento, sin razón'. Úsase, sobre todo, en la frase **sin ton ni son**. → **ton**

son-. pref. de or. lat. Alomorfo de **sub-** (*sonreír, sonrosarse*). → **sub-**

sonador, ra. adj. 'Que suena'. Ú. t. c. sust. m. y f.: **el sonador, la sonadora**.

sonaja. sust. f. 'Par o pares de chapas de metal que, atravesadas por un alambre, se colocan en algunos juguetes e instrumentos rústicos para que, agitándolas, suenen' (*Este juguete tiene* ***sonaja***). Ú. m. en pl. (*Este juguete tiene* ***sonajas***). Diminutivo: **sonajuela**. sust. f. pl. 'Instrumento rústico que consiste en un aro de madera delgada con varias sonajas'.

sonajear. v. tr. 'Hacer sonar las sonajas de un pandero o producir un sonido semejante con otra cosa'. No debe pronunciarse [sonajiar, sonajié]. → **-ear**

sonajero. sust. m. 'Juguete con sonajas o cascabeles para entretener a los bebés'. La Academia no registra **sonajera** (sust. f.), voz usada, como anota el ***Diccionario Manual***, en Chile, por 'sonajero' y 'sonaja'. Es común en otros países americanos.

sonambulismo. sust. m. 'Estado de sonámbulo'. También puede decirse **somnambulismo** (sust. m.). La Academia prefiere la primera forma.

sonámbulo, la. adj. 'Dícese de la persona que mientras está dormida tiene cierta aptitud para ejecutar algunas acciones como levantarse, andar y hablar' (*niño* ***sonámbulo***). Ú. t. c. sust. m. y f.: **el sonámbulo, la sonámbula**. También puede decirse **somnámbulo, la** (adj. Ú. t. c. sust. m. y f.). La Academia se inclina por la primera forma.

sonántico, ca. adj. 'Dícese de las consonantes líquidas (*l* y *r*) y nasales (*m* y *n*) con resonancia vocálica o vocal reducida, que pueden ser silábicas y desarrollar plenamente su vocal'. Ú. t. c. sust. f.: **la sonántica**.

sonar. v. irreg. intr. 'Hacer ruido una cosa'; 'tener una letra valor fónico'; 'mencionarse' (*Su nombre* ***suena*** *en los corrillos políticos*); 'tener una cosa apariencia de algo' (*Su oferta* ***sonaba*** *a negocio poco limpio*); fam. 'ofrecerse vagamente al recuerdo alguna cosa como ya oída anteriormente' (*Ese apellido me* ***suena***). vulg. Argent. y Urug. 'Morir o padecer alguna enfermedad mortal' (*La vieja* ***sonó*** *ayer*; *El abuelo cayó en cama y está* ***sonado***). fam. Argent., Chile y Par. 'Tener mal fin algo o alguien' (*El negoció* ***sonó***). Chile. 'Sufrir las consecuencias de algún hecho o cambio' (*Con la devaluación,* ***sonamos***). Se usa, también, en la Argentina. v. tr. 'Tocar o tañer una cosa para que suene con arte y armonía' (*Hacer* ***sonar*** *la pandereta*). 'Limpiar de mocos las narices'. Ú. m. c. prnl. (***Se sonó*** *con un pañuelo*). Es un galicismo usar este verbo con el significado de 'dar la hora'. Incorrecto: *El reloj* <u>*sonó*</u> *las dos*. Correcto: *El reloj* ***dio*** *las dos*. v. impers. 'Susurrarse' (***Se suena*** *que será Ministro*). Rég. prep: **sonar a** (***sonar a*** *hueco*; ***sonar a*** *música conocida*); **sonar en** o **hacia** (*La bomba* ***sonó en*** *o* ***hacia*** *la plaza*). **como suena.** loc. adv. 'Literalmente' (*Esto es tal* ***como suena****, ni más ni menos*). **hacer sonar**. loc. fam. Chile. 'Castigar fuertemente'; 'ganar en una pelea, dejando al adversario fuera de combate' (***Hizo sonar*** *al chico*; *Se agarraron a trompadas, y lo* ***hizo sonar***). Es común, también, con las dos denotaciones, en la Argentina. **sonar bien** o **mal** una expresión. fr. fig. 'Producir buena o mala impresión una cosa, en el ánimo de quien la oye' (*Eso me* ***suena mal****, traerá dificultades*). La irregularidad de este verbo consiste en que la **o** de la raíz diptonga en **ue** cuando es tónica: presente de indicativo (***sueno***, ***suenas***, ***suena***, ***suenan***); presente de subjuntivo (***suene***, ***suenes***, ***suene***, ***suenen***); imperativo (***suena***). Su homónimo, sustantivo masculino, denota un 'aparato que sirve para detectar la presencia y situación de submarinos, minas u otros objetos sumergidos, mediante vibraciones inaudibles de alta frecuencia que son reflejadas por los mencionados objetos' (*Con el* ***sonar****, detectaron una mina*).

sonata. sust. f. 'Composición de música instrumental de trozos de vario carácter y movimiento'. Distíngase de **sonatina** (sust. f.). 'sonata corta y, por lo común, de fácil ejecución'.

sondar. v. tr. 'Echar el escandallo al agua para averiguar la profundidad y calidad del fondo' (***Sondaron*** *la laguna en la zona más profunda*); 'averiguar la naturaleza del subsuelo con una sonda' (***Sondaron*** *el terreno*); fig. 'inquirir y rastrear, con cautela, el estado de una cosa' (*El día del crimen, el detective* ***sondó*** *la presencia de gente en la casa*); 'introducir en el organismo una sonda' (*Lo* ***sondaron*** *para extraer una muestra*). Para esta última denotación, se usa más **sondear** (v. tr.), verbo que, además, significa 'hacer las primeras averiguaciones sobre alguien o algo' (*Después del crimen,* ***sondearon*** *a todo el vecindario*). Este último no debe pronunciarse [sondiar, sondié]. Su 'acción y efecto' es **sondeo** (sust. m.). Es incorrecto usar, en su reemplazo, <u>*sondaje*</u>, un galicismo, voz que el ***Diccionario*** no registra, aunque lo hace el ***Ma-***

nual con ese indicador. El léxico oficial tampoco cataloga **sondista** (sust. com.), 'técnico especializado en sondeos y perforaciones, y en el manejo de las máquinas apropiadas', ni **sondógrafo** (sust. m.), 'instrumento para registrar los desniveles del fondo de los ríos y de las costas', ambos recogidos por el ***Diccionario Manual***. Son tecnicismos de correcta formación → **-ear**

sondeo. sust. m. Incorrecto: <u>*sondaje*</u>. → **sondar**

sonería. sust. m. colect. 'Conjunto de mecanismos que sirven para hacer sonar un reloj'. Carece de registro en el ***Diccionario***. Lo cataloga el ***Manual*** con ese indicador. Es de correcta formación.

sonetear. v. intr. 'Componer sonetos'. No debe pronunciarse [sonetiar, sonetié]. → **-ear**

sonetista. sust. com. 'Autor de sonetos': **el sonetista, la sonetista**.

sonetizar. v. intr. 'Hacer sonetos'. → **cazar**

soneto. sust. m. 'Composición poética que consta de catorce versos endecasílabos'. Diminutivos: **sonetico, sonetillo**.

sonio. sust. m. 'Unidad de sonoridad equivalente a 40 fonios'. Incorrecto: <u>*son*</u>.

sonómetro. sust. m. 'Instrumento destinado a medir y comparar los sonidos musicales'. En su otra denotación, equivale a **monocordio**. Es voz esdrújula. No debe pronunciarse [sonometro] como grave.

sonorizador, ra. adj. 'Que sonoriza'. Ú. t. c. sust. m. y f.: **el sonorizador, la sonorizadora**. sust. m. y f. 'Persona que ambienta o dispone los sonidos y efectos sonoros en una emisión radiofónica o televisiva'. sust. m. 'Equipo técnico utilizado para sonorizar ese espacio'. Es voz de reciente registro en el ***Diccionario***.

sonorizar. v. tr. 'Convertir en sonora una consonante sorda'. Ú. t. c. intr. y c. prnl. (*Las consonantes oclusivas sordas intervocálicas del latín* ***se sonorizaron*** *en español*). La Academia ha agregado recientemente estas denotaciones: 'incorporar sonidos, ruidos, etc., a la banda de imágenes previamente dispuesta'; 'instalar equipos sonoros en lugar cerrado o abierto, necesarios para obtener una buena audición'; 'ambientar una escena, un programa, etc., mediante los sonidos adecuados'. Su 'acción y efecto' es **sonorización** (sust. f.). → **cazar**

sonoro, ra. adj. Entre otras denotaciones, 'que suena o puede sonar'; 'dícese del sonido que se articula con vibraciones de las cuerdas vocales'. También puede decirse **sonoroso, sa** (adj.).

sonreír. v. irreg. intr. 'Reírse levemente, sin ruido'. Ú. t. c. prnl. fig. 'Ofrecer las cosas un aspecto alegre' (*El día* ***sonríe*** *a los madrugadores*); fig. 'mostrarse favorable o halagüeño para uno algún asunto, suceso, etc.' (*Ese negocio me* ***sonríe***). Rég. prep.: **sonreírse de** (***sonreírse de*** *algo*). Su 'acción y efecto' es **sonrisa** (sust. f.). El postverbal **sonriso** (sust. m.) es desusado. Se conjuga como **reír**.

sonriente. p. a. de **sonreír**. 'Que sonríe'. Ú. t. c. sust. com.: **el sonriente, la sonriente**. También puede decirse **sonrisueño, ña** (adj. Ú. t. c. sust. m. y f.).

sonrodarse. v. irreg. prnl. 'Atascarse las ruedas de un carruaje'. Se conjuga como **sonar**.

sonrojar. v. tr. 'Hacer salir los colores al rostro' (*Esas palabrotas la* ***sonrojaron***). Ú. t. c. prnl. (***Se sonrojó*** *de vergüenza*). Rég. prep.: **sonrojarse de** o **por** (***sonrojarse de*** *o* ***por*** *todo*). Su 'acción y efecto' es **sonrojo** (sust. m.). Conserva la **j** en toda la conjugación. También pueden decirse **sonrojear** (v. tr. Ú. t. c. prnl.) y **sonrosear** (v. prnl.), que no deben pronunciarse [sonrojiar, sonrojié; sonrosiar, sonrosié]. La Academia prefiere la primera forma. → **-ear, sonrosar**

sonrosar. v. tr. 'Dar, poner o causar color como de rosa'. Ú. t. c. prnl. Puede decirse, también, **sonrosear** (v. tr. y prnl.), que no debe pronunciarse [sonrosiar, sonrosié]. La Academia prefiere la primera forma. El postverbal de este último verbo es **sonroseo** (sust. m.). → **-ear**

sonsacador, ra. adj. 'Que sonsaca'. Ú. t. c. sust. m. y f.: **el sonsacador, la sonsacadora**.

sonsacar. v. tr. Entre otras denotaciones, 'sacar arteramente algo por debajo del sitio en que está'; fig. 'procurar con maña que uno diga o descubra lo que sabe y reserva'. Rég. prep.: **sonsacar** algo **de** (***sonsacar*** *una cosa* ***de*** *donde estaba;* ***sonsacar*** *la verdad* ***de*** *fulano*). Sus postverbales son **sonsaca** (sust. f.), **sonsacamiento** y **sonsaque** (susts. ms.). → **sacar**

sonsear. v. intr. Argent. y Chile. Equivale a **tontear**. Carece de registro en el ***Diccionario***, pero lo cataloga el ***Manual*** con ese indicador. No debe pronunciarse [sonsiar, sonsié]. → **-ear**

sonsera. sust. f. Argent. → **zoncera**

sonso, sa. adj. → **zonzo**

sonsonete. sust. m. 'Sonido que resulta de los golpes pequeños y repetidos que se dan en una parte, imitando un son de música'; fig. 'ruido generalmente poco intenso, pero continuado, y por lo común desapacible'; fig. 'modo especial en la risa o palabras, que denota desprecio o ironía'. También puede decirse **sonsonete** (sust. m.).

soñación (ni por). loc. adv. fig. y fam. Equivale a **ni por sueños**, de uso más frecuente. → **sueño**

soñador, ra. adj. Entre otras denotaciones, 'que sueña mucho'. Ú. t. c. sust. m. y f.: **el soñador, la soñadora**. Incorrecto: <u>soniador</u>.

soñar. v. irreg. tr. 'Representarse en la fantasía imágenes o sucesos mientras se duerme' (*Soñó que se sacaba la lotería*); fig. 'dar por seguro lo que no lo es' (***Soñaba** que el inquilino pagaba*). Ú. t. c. intr. (*No **sueñes** con esos imposibles*). v. intr. fig. 'Anhelar persistentemente una cosa' (***Soñaba** con grandezas*). Rég. prep.: **soñar con** (***soñar con** ladrones*); **soñar con** o **en** (***soñar con** o **en** una mujer ideal*); **soñar en** (***soñar en** progresar*). Es incorrecto <u>soñar a alguien</u>: <u>Soñó a Pedro</u>. Correcto: ***Soñar con Pedro***. Decir <u>soñar de que</u> es dequeísmo, el que ha de evitarse. Correcto: ***soñar que***. **ni soñarlo**. fr. fig. y fam. 'Ni pensarlo, porque es imposible' (*¿Que dará su brazo a torcer? **Ni soñarlo***). **soñar despierto**. fr. fig. 'Discurrir fantásticamente y dar por cierto lo que no es' (*Son muchos los que **sueñan despiertos***). Se conjuga como **sonar**.

soñarrera. sust. f. fam. → **somnolencia**

soñera. sust. f. 'Propensión al sueño'. En América, se dice, también, **sueñera** (sust. f.), sin registro en el ***Diccionario***, pero catalogado, con ese indicador, en el ***Manual***. → **somnolencia**

soñolencia. sust. f. → **somnolencia**

soñoliento, ta. adj. 'Acometido por el sueño'; 'que está dormitando'; 'que causa sueño'; fig. 'tardo, perezoso'. Hoy es incorrecto <u>soñolento</u>, voz anticuada. → **somnoliento**

sopa. sust. f. En su denotación más frecuente, 'plato compuesto de caldo con arroz, fideos, fécula, verdura, rebanadas de pan, etc.'. Aumentativo: **sopón** (sust. m.). **hecho una sopa**. loc. adj. fig. y fam. 'Muy mojado' (*Llegó **hecho una sopa***). También puede decirse **como una sopa** (loc. adv. fig. y fam.). → **soponcio**

sopaipa. sust. f. 'Masa que, bien batida, frita y enmelada, forma una especie de hojuela gruesa'. En la Argentina (NO. y Cuyo) y en Chile, se conoce con el nombre de **sopaipilla** (sust. f.). → **torta**

sopalancar. v. tr. 'Meter la palanca debajo de una cosa para levantarla o moverla' (***Sopalancaron** ese bloque de cemento para ver si debajo había cadáveres*). → **sacar**

sopalanda. sust. f. → **hopalanda**

sopapear. v. tr. fam. 'Dar sopapos'; fig. y fam. 'maltratar o ultrajar a uno'. Para esta última denotación, también puede decirse **sopetear** (v. tr. fig. y fam.). No deben pronunciarse [sopapiar, sopapié; sopetiar, sopetié]. → **-ear**, **sopetear**

sopapo. sust. m. 'Golpe que se da con la mano en la cara'. También puede decirse **solapo** (sust. m.). La Academia prefiere la primera forma. → **bife**

sopar. v. tr. 'Hacer sopa'. 'Poner a uno hecho una sopa'. Ú. t. c. prnl. (*Con la lluvia, **se sopó***). Puede decirse, también, **sopear** (v. tr.), que no debe pronunciarse [sopiar, sopié]. → **-ear**. Este último tiene un homónimo (v. tr.) que significa 'pisar, poner los pies sobre una cosa' y, en sentido figurado, 'supeditar, dominar o maltratar a uno'.

sopero, ra. adj. 'Dícese del plato hondo en que se toma la sopa' (*plato **sopero***). Ú. t. c. sust. m. (*Compró cuatro **soperos***). 'Dícese de la cuchara que se usa para tomar la sopa' (*cuchara **sopera***); 'dícese de la persona aficionada a la sopa' (*Juan es **sopero***). sust. f. 'Vasija honda en que se sirve la sopa' (*Trajo la gran **sopera** de porcelana a la mesa*).

sopesar. v. tr. 'Levantar una cosa como para tantear el peso que tiene' (***Sopesó** el bulto*); 'equilibrar una carga'; fig. 'examinar con atención el pro y el contra de un asunto' (*Sopesamos los distintos argumentos*). También pueden decirse **sompesar** y **sospesar** (vs. trs.). La Academia prefiere la primera forma.

sopetear. v. tr. 'Mojar repetidas veces el pan en la sopa o en un guiso'. No debe pronunciarse [sopetiar, sopetié]. → **-ear.** Para su homónimo (v. tr. fig.), → **sopapear**. La 'acción y efecto' de ambos es **sopeteo** (sust. m.).

sopetón. sust. m. 'Golpe fuerte dado con la mano'. **de sopetón.** loc. adv. 'De improviso'. Su homónimo, también sustantivo masculino, significa 'pan tostado que se moja en aceite'. Los dos son palabras agudas que, en plural, se hacen graves: **sopetones**.

sopié. sust. m. → **somonte**

sopista. sust. com. 'Persona que mendiga comida': **el sopista, la sopista**.

soplamocos. sust. m. fig. y fam. 'Golpe que se da a uno en la cara, especialmente tocándole las narices'. Es incorrecto usarlo sin **s** final o escribirlo en dos palabras: <u>soplamoco</u>, <u>sopla</u> <u>mocos</u>. En plural, no varía: **los soplamocos**.

soplar. v. intr. Entre sus denotaciones más frecuentes, 'despedir aire con violencia por la boca' (*Cuando sube las escaleras, **sopla***). Ú. t. c. tr. 'Correr el viento, haciéndose sentir' (***Soplará** el pampero*). v. tr. 'Hurtar' (*Le **soplaron** la billetera*); fig. 'acusar, delatar' (*Alguien le **sopló** a la maestra el nombre del responsable*). También puede decirse, para esta denotación, **soplonear** (v. tr.). El ***Diccionario*** no registra la acepción, frecuente entre estudiantes y en el teatro, de 'decir o recordar a otro, en voz baja, lo que ignora o no recuerda'. Como anota el ***Manual***, que lo cataloga, equivale a **apuntar** (*Su compañero de banco le **sopló** las respuestas de la prueba*). v. prnl. fig. y fam. 'Beber o comer mucho'; fig. y fam. 'engreírse'. Sus postverbales son **sopladura** (sust. f.), **soplido** (sust. m.) y **soplo** (sust. m.). Diminutivo de este último: **soplillo**.

soplón, na. adj. fam. 'Dícese de la persona que acusa en secreto y cautelosamente' (*alumna **soplona***). Ú. t. c. sust. m. y f.: **el soplón, la soplona** (*Aquí, en esta aula, hay **soplones***). El 'hábito del soplón' es la **soplonería** (sust. f.).

soplonear. v. tr. No debe pronunciarse [soploniar, soplonié]. → **-ear, soplar**

soponcio. sust. m. fam. 'Desmayo' (*En plena fiesta, le dio un **soponcio***). Su homónimo (sust. m. fam.), denota 'sopa mal hecha' (*No quiero que me sirvas ese **soponcio***).

sopor. sust. m. 'Modorra morbosa persistente'; fig. 'adormecimiento'. También puede decirse, para esta segunda acepción, **somnolencia** (sust. f.). En plural: **sopores**. El uso del plural no es corriente.

soporífero, ra. adj. 'Que mueve al sueño'. Ú. t. c. sust. m. y f.: **el soporífero, la soporífera**. También puede decirse **soporífico, ca** (adj. Ú. t. c. sust. m. y f.). Esta última forma carece de registro en el ***Diccionario***, pero la cataloga el ***Manual*** con ese indicador. Es de uso frecuente y de correcta formación.

soportador, ra. adj. 'Que soporta'. Ú. t. c. sust. m. y f.: **el soportador, la soportadora**.

soportal. sust. m. 'Espacio cubierto que, en algunas casas, precede a la entrada principal'; 'pórtico, a manera de claustro, que tienen algunos edificios o manzanas de casas en sus fachadas y delante de las puertas y tiendas que hay en ellas'. Ú. m. en pl. (*En ese tramo de la avenida, hay varias cuadras con **soportales***). Es palabra aguda que, en plural, se hace grave: **soportales**.

soprano. sust. m. 'La voz más aguda de las voces humanas'; 'hombre castrado'. sust. com. 'Persona que tiene voz de soprano': **el soprano, la soprano**.

soquete. sust. m. Argent., Chile, Par. y Urug. 'Calcetín corto'. No se confundan, en las regiones que sesean, su grafía y su denotación con las de su homófono **zoquete** (sust. m.). **ser un soquete**. fr. fig. fam. Argent. 'Ser un tonto'. Este sintagma carece de registro en el ***Diccionario***. → **zoquete, zoquetear**

sor. sust. f. Equivale a **hermana**. Ú., por lo común, precediendo al nombre de la religiosa. (*Conversé con **sor** Inés*). Nótese que se escribe con minúscula. Es una redundancia: *Conversé con <u>la</u> <u>hermana</u> <u>sor</u> Inés*. Correcto: *Conversé con la **hermana** Inés* o *con **sor** Inés*. En plural: **sores**. También puede decirse **sóror** (sust. f.; en plural: **sorores**).

sorbedor, ra. adj. 'Que sorbe'. Ú. t. c. sust. m. y f.: **el sorbedor, la sorbedora.**

sorber. v. tr. Entre otras denotaciones, 'beber aspirando' (***Sorbía** la gaseosa con una pajita*); fig. 'tragar, absorber'. Téngase en cuenta que se trata de un verbo regular. Incorrecto: <u>suerbo</u>, <u>suerbes</u>, etc. Correcto: ***sorbo***, ***sorbes***, etc. Su 'acción y efecto' es **sorbo** (sust. m.), cuyo aumentativo es **sorbetón**. **a sorbos**. loc. adv. 'Poco a poco' (*Tomaba el agua **a sorbos***).

sorbo. sust. m. → **sorber**

sordera. sust. f. 'Privación o disminución de la facultad de oír'. Es desusado **sordedad** (sust. f.). → **sordo**

sordo, da. adj. 'Que no oye o no oye bien'. Ú. t. c. sust. m. y f.: **el sordo**, **la sorda**. 'Callado, sin ruido' (*campana **sorda***); fig. 'insensible al dolor, a las súplicas, etc.'; 'dícese del sonido que se articula sin vibración de las cuerdas vocales' (*La pe es una consonante **sorda***). Rég. prep.: **sordo a** (***sordo a** los reclamos*); **sordo de** (***sordo de** un oído*). La 'cualidad de sordo' es la **sordez** (sust. f.). En plural, **sordeces**. Nótese que la **z** cambia por **c**.

sordomudo, da. adj. 'Privado por sordera nativa de hablar'. Ú. t. c. sust. m. y f.: **el sordomudo, la sordomuda**. Es incorrecto decir, para la forma femenina, <u>sordamuda</u>. En plural: **sordomudos, sordomudas**. Incorrecto: <u>sordosmudos</u>, <u>sordosmudas</u> o <u>sordasmudas</u>. La 'cualidad de sordomudo' es la **sordomudez** (sust. f.). En plural: **sordomudeces**. Nótese que la **z** cambia por **c**.

sorgo. sust. m. 'Planta gramínea'. También puede decirse **zahína** (sust. f.), forma que la Academia prefiere. En la Argentina, no se usa esta segunda forma.

sorguicultor. sust. m. Col. 'El que cultiva el sorgo'. Su femenino es **sorguicultora**. Es voz recién ingresada en el ***Diccionario***.

sorianense. adj. 'Natural de Soriano'. Ú. t. c. sust. com.: **el sorianense, la sorianense**. 'Perteneciente o relativo a esta ciudad y departamento del Uruguay'. Distíngase de **soriano** (adj. Ú. t. c. sust. m. y f.) → **soriano**

soriano, na. adj. 'Natural de Soria'. Ú. t. c. sust. m. y f.: **el soriano, la soriana**. 'Perteneciente o relativo a esta ciudad y a la provincia española del mismo nombre'. Distíngase de **sorianense** (adj. Ú. t. c. sust. com.). → **sorianense**

sorites. sust. m. 'Un tipo de raciocinio lógico'. En plural, no varía: **los sorites**.

soro. sust. m. colect. 'Conjunto de esporangios que se presentan formando unas manchitas en el reverso de las hojas de los helechos'.

soroche. sust. m. Amér. 'Mal de montaña'. En algunos lugares de América Meridional, entre ellos la Argentina, se conoce con el nombre de **puna** (sust. f.). Bol. y Chile. Equivale a **galena** (sust. f.), 'mineral compuesto de azufre y plomo'.

sorprendente. p. a. de **sorprender**. 'Que causa asombro'. adj. 'Raro, desusado, extraordinario' (*Su vida es **sorprendente***). → **sorpresivo**

sorprender. v. tr. 'Tomar desprevenido' (*Me **sorprendió** su llegada*). 'Maravillar' (*El tamaño de esa estatua **sorprende** a todos*). Ú. t. c. prnl. (***Se sorprendió** con ese derroche de lujo*). 'Descubrir lo que otro ocultaba o disimulaba' (*Lo **sorprendió** revisando papeles ajenos*). Rég. prep.: **sorprender con** (***sorprender con** una noticia*); **sorprenderse de** (***sorprenderse de** todo*); **sorprender en** (***sorprender en** la cama*). Su 'acción y efecto' es **sorpresa** (sust. f.).

sorpresivo, va. adj. Amér. 'Inesperado, que produce sorpresa' (*Su partida fue un hecho **sorpresivo***). Bien anota Seco que **sorprendente** y **sorpresivo** no son vocablos sinónimos, "aunque algunos, por esnobismo, sustituyan sistemáticamente el primero por el segundo". Ambas voces significan 'que sorprende', pero son maneras diferentes de **sorprender**: la primera, por 'causar asombro, extrañeza'; la segunda, por 'lo inesperado'.

sorregar. v. irreg. tr. 'Regar o humedecer accidentalmente un bancal el agua que pasa del inmediato que se está regando'. Su postverbal es **sorriego** (sust. m.). Se conjuga como **negar**.

sorteador, ra. 'Que sortea'. Ú. t. c. sust. m. y f.: **el sorteador, la sorteadora.**

sortear. v. tr. 'Someter a la suerte' (***Sortearemos** todos los muebles entre los herederos*); fig. 'evitar con maña un compromiso, conflicto, dificultad, etc.' (***Sortea** bien los riesgos de su negocio*).

Rég. prep.: **sortear a** o **en** (***sortear a*** o ***en*** *la lotería*); **sortear entre** (***sortear entre*** *todos*). No debe pronunciarse [sortiar, sortié]. Su 'acción' es **sorteo** (sust. m.). → **-ear**

sortero. sust. m. 'Adivino'. Su femenino es **sortera**. 'Cada una de las personas entre las que se sortea algo (*Hay más* ***sorteros*** *que* ***sorteras****, pero presiento que una mujer ganará el premio*). Es voz de uso poco frecuente. No se confunda con **suertero, ra** (adj.).

sortija. sust. f. En su denotación más común, 'anillo'. Diminutivos: **sortijuela**, **sortijilla**. Aumentativo: **sortijón** (sust. m.). **correr sortija**. fr. 'Ensartar, corriendo a caballo, la punta de una lanza o de una vara en una sortija pendiente de una cinta a cierta altura'. El 'platillo o cajita en que se guardan las sortijas' es un **sortijero** (sust. m.).

sortílego, ga. adj. 'Que adivina o pronostica cosas por medio de suertes supersticiosas'. Ú. t. c. sust. m. y f.: **el sortílego, la sortílega**.

sos-. elem. compos. → **sub-**

sosa. sust. f. 'Planta'. También recibe el nombre de **barrilla** (sust. f.). Los sustantivos colectivos correspondientes son **sosal** y **sosar** (ms.), 'terreno donde abunda la sosa'.

sosaina. sust. com. fam. 'Persona sosa': **el sosaina, la sosaina**. Ú. t. c. adj. (*mujer* ***sosaina***).

sosegado, da. p. de **sosegar**. adj. 'Quieto, pacífico'. Rég. prep.: **sosegado de** (***sosegado de*** *carácter*); **sosegado en** (***sosegado en*** *todo*).

sosegador, ra. adj. 'Que sosiega'. Ú. t. c. sust. m. y f.: **el sosegador, la sosegadora**.

sosegar. v. irreg. tr. 'Aplacar, pacificar' (*Está intranquilo,* ***sosiégalo***); 'aquietar la cólera' (*Por fin,* ***sosegó*** *su ira*). Ú. t. c. prnl. (*Después del escándalo que armó,* ***se sosegó***). v. intr. 'Reposar'. Ú. t. c. prnl. 'Dormir'. Se conjuga como **negar**.

sosegate. sust. m. Argent. y Urug. 'Reprimenda de palabra o de obra'. Ú. m. en la fr. **dar** o **pegar un sosegate**.

sosería. sust. f. 'Insulsez, falta de gracia y de viveza'; 'dicho o hecho insulso y sin gracia'. También puede decirse **sosera** (sust. f.). La Academia prefiere la primera forma.

sosia. sust. m. 'Persona que tiene parecido con otra hasta el punto de poder ser confundida con ella' (*Pedro es el* ***sosia*** *de Juan; Ana es el* ***sosia*** *de Inés*). Nótese que la Academia no lo registra como común de dos. Es más frecuente –como anota Seco– usar **sosias**, "pues la palabra viene de un nombre propio griego que en su lengua es *Sosias* y en latín *Sosia*. Pero es preferible la forma en *-a*, ya que el uso español de este nombre proviene del de un personaje del comediógrafo Plauto". Es palabra grave, que lleva acento prosódico sobre la **o**. No debe pronunciarse [sosía, sosías]. No se confunda su grafía con la de **socia** (sust. f.).

sosiego. sust. m. 'Quietud, tranquilidad, serenidad' (*No tiene* ***sosiego***). Grafía incorrecta: <u>*sociego*</u>. Distíngase de **sosiega** (sust. f.), 'descanso después de una faena'.

soslayo, ya. adj. 'Soslayado, oblicuo'. **al soslayo**. loc. adv. 'Oblicuamente'. **de soslayo**. loc. adv. 'De costado'; 'de pasada'. También puede decirse **al soslayo** (*Lo miró* ***de soslayo*** o ***al soslayo***). → **sosquín**

soso, sa. adj. 'Que no tiene sal' (*comida* ***sosa***); 'que carece de gracia y viveza'. Ú. t. c. sust. m. y f.: **el soso, la sosa**.

sospechar. v. tr. 'Imaginar una cosa por conjeturas fundadas en apariencias o visos de verdad'. Incorrecto: *Juan* <u>*fue*</u> <u>*sospechado*</u> *de robo*. Correcto: ***Sospechan*** *que Juan cometió el robo*. v. intr. 'Desconfiar, dudar de una persona'. Rég. prep.: **sospechar** algo **de** alguien (***sospechar*** *infidelidad* ***de*** *un criado*); **sospechar en** (***sospechar en*** *todos*). No debe decirse: *sospechar* <u>*a*</u> <u>*alguien*</u> <u>*de*</u> <u>*infidelidad*</u>. Correcto: *sospechar* ***infidelidad de alguien***, según se indica. Es incorrecto, un caso de dequeísmo, <u>*sospechar*</u> <u>*de*</u> <u>*que*</u> (*Sospecho* <u>*de*</u> <u>*que*</u> *no vendrá*). Correcto: ***sospechar que*** (***Sospecho que*** *no vendrá*). Otras incorrecciones: <u>*Me*</u> <u>*sospecho*</u> *que el asesino es pariente del muerto;* <u>*Se*</u> <u>*sospecha*</u> *que no entregó la carta*. Correcto: ***Sospecho*** *que el asesino es pariente del muerto;* ***Sospechan*** *que no entregó la carta*. La 'acción y efecto' de este verbo es **sospecha** (sust. f.).

sospechoso, sa. adj. 'Que da motivo para sospechar'. También puede decirse **sospechable** (adj.). sust. m. 'Individuo cuya conducta o antecedentes inspiran sospecha': **el sospechoso**. Rég. prep.: **sospechoso a** (*Su conducta es* ***sospechosa a*** *las autoridades*); **sospechoso de** (***sospechoso de*** *infidelidad*); **sospechoso en** (***sospechoso***

en sus ideas); **sospechoso por** (*sospechoso por sus actitudes*).

sosquín. sust. m. 'Golpe dado de soslayo'. Es palabra aguda que, en plural, se hace grave: **sosquines**. **de** o **en sosquín**. loc. adv. 'De través'.

sostén. sust. m. 'Acción de sostener' (*Actúa de **sostén***); 'persona o cosa que sostiene' (*La madre es el **sostén** de esa familia*); fig. 'apoyo moral' (*Ese tío, con sus consejos, es el **sostén** de mi amigo*); 'prenda de vestir interior que usan las mujeres' (*Ana tenía puesto un **sostén** de raso y encajes*). En la Argentina, para esta denotación se usa, sobre todo, **corpiño** (sust. m.), voz que, en el español general, además de ser el diminutivo de **cuerpo**, sólo significa 'almilla o jubón sin mangas'. Es voz aguda que, en plural, se hace grave: **sostenes**.

sostenedor, ra. adj. 'El que sostiene'. Ú. t. c. sust. m. y f.: **el sostenedor, la sostenedora**.

sostener. v. irreg. tr. 'Sustentar, mantener firme una cosa' (*Mientras pongo un clavo en la pared, tú **sostén** el cuadro*). Ú. t. c. prnl. (*La repisa **se sostiene** bien con esos dos tornillos*). fig. 'Sufrir, tolerar' (***sostener** los trabajos*); fig. 'dar apoyo, auxilio' (*Lo **sostuvo** en su desgracia*); 'dar a uno lo necesario para su manutención' (*El abuelo **sostiene** a sus nietos huérfanos*); 'mantener, proseguir' (*Es capaz de **sostener** una conversación en inglés*). v. prnl. 'Mantenerse un cuerpo en un medio o en un lugar, sin caer o haciéndolo muy lentamente' (*No sabe nadar, pero ya **se sostiene** en el agua*). Rég. prep.: **sostener** o **sostenerse con** (***sostener con** argumentos*; ***sostenerse con** un lazo*); **sostener** o **sostenerse de** (***sostener** o **sostenerse de** una rama*); **sostener** algo **en** (***sostener** un dictamen **en** el plenario*); **sostenerse en** (***sostenerse en** sus dichos*). Su postverbal es **sostenimiento** (sust. m.). Se conjuga como **tener**.

sota-. elem. compos. de or. lat. 'Debajo de' (***sota**banco, **sota**barba, **sota**basa, **sota**coro*). En algunos oficios, denota el 'subalterno inmediato o sustituto' (***sota**montero, **sota**cura*). Puede tomar la forma **soto-** (***soto**bosque, **soto**ministro*).

sotana. sust. f. 'Vestidura talar que usan los eclesiásticos y los legos que sirven en las funciones de iglesia'; fam. 'zurra'. Diminutivo: **sotanilla**.

sotanear. v. tr. fam. 'Dar una sotana o una reprensión áspera'. No debe pronunciarse [sotaniar, sotanié]. → **-ear**

sotaní. sust. m. 'Especie de zagalejo o refajo corto y sin pliegues'. En plural: **sotaníes** o **sotanís**.

sotaventarse. v. prnl. 'Irse o caerse el buque a sotavento'. También puede decirse **sotaventearse** (v. prnl.). No debe pronunciarse [sotaventiarse]. La Academia prefiere la primera forma. → **-ear**

sotavento. sust. m. 'Costado de la nave opuesto al barlovento'; 'parte que cae hacia aquel lado'. Incorrecto: <u>*sotaviento*</u>. → **barlovento**

soterrar. v. irreg. tr. 'Poner una cosa debajo de tierra'; 'esconder una cosa de modo que no aparezca'. Se conjuga como **acertar**.

soto-. elem. compos. de or. lat. → **sota-**

sotoministro. sust. m. 'Coadjutor superior de los que en la Compañía de Jesús tienen a su cuidado la cocina, despensa y demás dependencias de ella, el cual está a las inmediatas órdenes del padre ministro'. También puede decirse **sotaministro** (sust. m.). La Academia prefiere la primera forma.

sotreta. adj. rur. despect. Argent., Bol. y Urug. 'Dícese de la persona o animal lleno de defectos'. Ú. m. c. sust. m. (*Ese potro es un **sotreta***). 'Dícese de la persona desmañada, holgazana, etc.'. Ú. t. c. sust. com.: **el sotreta, la sotreta**.

♦ **sottovoce** o **sotto voce.** Italianismo. En español, debe decirse **en voz baja**.

♦ **soufflé** o **souflé.** Galicismo (*soufflé*). 'Aplícase a ciertos manjares que son esponjosos'; 'plato de esas características'. Registra esta voz, como francesa, el ***Diccionario Manual***. Su equivalente aproximado en español es **soplillo**, 'bizcocho de masa muy esponjosa y delicada'. Si se usa el extranjerismo, debe entrecomillarse.

♦ **souper froid.** Galicismo. En español, debe decirse **cena fría**.

♦ **soutien** o **sutién.** Galicismo (*soutien*). En español, debe decirse **sostén** o **corpiño**.

♦ **souvenir.** Galicismo. En español, debe decirse **recuerdo**.

soviet. sust. m. 'Órgano de gobierno local que

ejercía la dictadura comunista en Rusia'; 'agrupación de obreros durante la revolución rusa'. Es sustantivo colectivo con la denotación de 'conjunto de la organización del Estado o de su poder supremo en aquel país y en aquel momento'. Ú. m. en pl. fig. y fam. 'Servicio o colectividad en que no se obedece a la autoridad jerárquica'. Es palabra aguda; no obstante, la mayoría de los hablantes pronuncia incorrectamente [sóviet], como grave. En plural: **soviets**.

sovietizar. v. tr. 'Implantar el régimen soviético en un país'. → **cazar**

sovoz (a). loc. adv. 'En voz baja y suave'. No debe usarse, en su reemplazo, <u>*a sotto voce*</u>, un italianismo.

♦ **spa.** Anglicismo. En español, corresponde decir **clínica de recuperación**.

♦ **spaghetti.** Italianismo (*spaghetti*). En español, debe decirse **espagueti**.

♦ **speaker.** Anglicismo. En español, debe decirse **locutor**.

♦ **specimen.** Latinismo. En español, debe decirse **espécimen**.

♦ **speech.** Anglicismo. En español, corresponde decir **discurso breve**. Si se usa el extranjerismo, debe entrecomillarse.

♦ **spleen.** Anglicismo. En español, debe decirse **esplín**.

♦ **sponsor.** Anglicismo. En español, debe decirse **patrocinador** o **patrocinante**.

♦ **sport.** Anglicismo. En español, debe decirse, según los contextos, **deporte** o **deportivo**.

♦ **spot.** Anglicismo. En español, corresponde decir **espacio publicitario en radio** o **en televisión**. También, en otros contextos, **reflector pequeño**. Si se usa el extranjerismo, debe entrecomillarse.

♦ **spray.** Anglicismo. En español, debe decirse **aerosol**.

♦ **spútnik.** Voz rusa. En español, debe decirse **satélite artificial**.

stábat. sust. m. 'Himno dedicado a los dolores de la Virgen al pie de la cruz, que empieza con esa palabra'; 'composición musical para este himno'. **stábat mater**. 'El citado himno'.

♦ **stadium.** Anglicismo. En español, debe decirse, **estadio**.

♦ **staff.** Anglicismo. En español, corresponde decir **equipo** (directivo, de investigación), **plana mayor**, **estado mayor**, y, en la Argentina, además, **plantel** (directivo, superior, etc.). Si se usa el extranjerismo, debe entrecomillarse.

♦ **stand.** Anglicismo. En español, corresponde decir **pabellón**, **puesto**. Si se usa el extranjerismo, debe entrecomillarse.

♦ **standar** o **stándar.** Anglicismo (*standard*). En español, debe decirse **estándar**. El sintagma **nivel de vida** es la forma que corresponde usar por <u>*stándar de vida*</u>.

♦ **star.** Anglicismo. En español, debe decirse **estrella**.

-stático, ca. elem. compos. de or. gr. 'Relacionado con el equilibrio de lo significado en el primer elemento' (*hidro**stático***); 'que detiene' (*bacterio**stático***). Esta forma sufija es de reciente incorporación en el ***Diccionario***.

statu quo. loc. lat. que se usa como sustantivo masculino, especialmente en la diplomacia, para designar el estado de cosas en un determinado momento. Téngase en cuenta que, en la segunda palabra del sintagma latino, el acento prosódico recae sobre la **o** [státu quó] y, no, sobre la **u** [státu qúo]. Incorrecto: <u>*status quo*</u>.

♦ **status.** Anglicismo. En español, debe decirse **estado** o **situación**; **posición** o **nivel** (social, económico, científico, etc.).

♦ **stock.** Anglicismo. En español, debe decirse **existencia**, **surtido**, **mercancías en depósito**.

♦ **stop.** Anglicismo. En español, señal de tránsito que indica **alto**, 'obligación de detener o de parar el vehículo'; 'cese de una actividad de cualquier tipo'. En los telegramas, significa **punto**. Esta voz es de uso internacional.

-strajo. elem. compos. → **-ajo**

♦ **stress.** Anglicismo. En español, debe decirse **estrés**.

♦ **striptease.** Anglicismo. No tiene equivalente en español. Significa, en el mundo del espectáculo, 'desnudarse ante el público'. Si se usa el extranjerismo, debe entrecomillarse.

♦ **stud.** Anglicismo. En español, corresponde decir **caballeriza, yeguada**. Si se usa el extranjerismo, debe entrecomillarse.

su, sus. Apócope del pronombre posesivo de tercera persona, en género masculino y femenino, y en ambos números, singular y plural, que se utiliza siempre antepuesto a un sustantivo, aunque se interponga otro adjetivo (***su** libro*; ***su** carpeta*; ***su** gran diccionario*; ***sus** cuadernos*; ***sus** hojas*; ***sus** cuatro libros*). "A veces –como aclara el ***Diccionario Manual***– tiene carácter de indeterminado (*Distará **sus** dos kilómetros*)". En otros casos –como dice Moliner–, "se emplea como expresión enfática en frases familiares como 'una cocina de juguete con **su** horno'; generalmente se acentúa el énfasis con *y todo*: 'Una muñeca con **sus** zapatitos **y todo**'". (Los subrayados nos pertenecen.) Estas formas apocopadas son siempre átonas. Como el poseedor puede ser **él**, **ella**, **ello**, **ellos**, **ellas**, **usted** o **ustedes**, su uso produce no pocas anfibologías. Para resolverlas, existen diversos procedimientos a fin de aclarar quién es el verdadero poseedor: • repetir pleonásticamente el pronombre que representa al poseedor (*Nos referimos a **su** casa de **ella***; *Durante la ausencia de **su** madre de **él**, viajó*), un recurso, hoy, poco usual y propio del lenguaje popular; • sustituir el posesivo por **de** + el **pronombre personal** que corresponda (*Nos referimos a la casa **de ella***; *Durante la ausencia de la madre **de él**, viajó*); • recurrir a otros pronombres, en particular, cuando el recurso anterior puede originar, a su vez, equívocos. Así, la oración *Ana y María estudiaban en **su** casa*, aunque la transformemos en *Ana y María estudiaban en la casa **de ella***, sigue siendo anfibológica. Para evitar la confusión, corresponderá decir, según los casos: *Ana y María estudiaban en la casa de **aquélla*** o *Ana y María estudiaban en la casa de **ésta***. Del mismo modo, en una oración del tipo *Cuando Inés y Pedro se casaron, **sus** hijos no fueron a la boda*, de acuerdo con lo que se quiera significar, hay tres modos de resolver la ambigüedad: *Cuando Inés y Pedro se casaron, los hijos de **aquélla*** [*o de **ella***] *no fueron a la boda*; *Cuando Inés y Pedro se casaron, los hijos de **éste*** [*o de **él***] *no fueron a la boda*; *Cuando Inés y Pedro se casaron, los hijos de **ambos** no fueron a la boda*. Es importante, en consecuencia, evitar las anfibologías a que da origen el uso de **su**, **sus**, las que perturban la claridad del mensaje y pueden, incluso, distorsionarlo. Es un anglicismo o un galicismo usar **su**, **sus** en vez del artículo: *Ese mal negocio le costó la pérdida de su casa*. Correcto: *Ese mal negocio le costó la pérdida de **la** casa*. → **suyo**

su-. elem. compos. Alomorfo de **sub-** (*suprior*). → **sub-**

suarista. sust. com. 'Partidario del suarismo': **el suarista**, **la suarista**. adj. 'Perteneciente o relativo al suarismo' (*filósofo **suarista***).

suavidad. sust. f. 'Cualidad de suave'. Incorrecto: suaveza.

suavizador, ra. adj. 'Que suaviza'. sust. m. 'Pedazo de cuero o de otro material para suavizar el filo de las navajas de afeitar'.

suavizante. p. a. de **suavizar**. 'Que suaviza'. Ú. t. c. sust. m. (*Compró un **suavizante** para la ropa*).

suavizar. v. tr. 'Hacer suave'. Ú. t. c. prnl. → **cazar**

sub-. pref. de or. lat. Sus alomorfos o variantes son: **so-**, **son-**, **sos-**, **su-** o **sus-**. El significado propio de este prefijo es 'bajo' o 'debajo de' (***sub**cutáneo*, ***sub**terráneo*, ***so**barba*). En acepciones metafóricas, puede denotar 'inferioridad' (***sub**normal*), 'acción secundaria' (***sub**arrendar*), 'atenuación o disminución' (***son**reír*, ***so**freír*) y, como dice Moliner, 'posterioridad' (***sub**secuente*). Muchas palabras compuestas, formadas con este prefijo, no figuran en el ***Diccionario***, pero son correctas (***sub**campeón*). → **re-**. Cuando de una misma palabra se registran formas que comienzan con **subst-** y con **sust-**, catalogamos esa voz bajo la forma **sust-** preferida por la Academia, con indicación de su otra variante que, sin dejar de ser correcta, es hoy menos usual. De modo que, por ejemplo, una palabra como **substantivo** o **sustantivo** (sust. m.) deberá buscarse bajo la segunda grafía: **sustantivo**. La cabeza del artículo consignará: **sustantivo** o **substantivo**, porque la primera es la voz de uso más común y por la que se inclina, modernamente, el léxico oficial. Del mismo modo, cuando una misma palabra ofrece las variantes **subscr-** y **suscr-**, como es el caso, entre otros, de **subscribir** y **suscribir**, deberá buscarse por la segunda forma que es, hoy, la más frecuente y la preferida por la Academia. → **subst**[...], **subscr**[...]

suba. sust. f. Argent. y Urug. 'Alza, subida de

precios' (*Acaba de producirse una* ***suba*** *en las carnes*).

subalterno, na. adj. 'Inferior' (*empleada* ***subalterna***; *actividad* ***subalterna***). sust. m. y f.: **el subalterno, la subalterna**. Generalmente, se trata de un 'empleado de categoría inferior, afecto a servicios que no requieren especiales aptitudes técnicas'. sust. m. 'Torero que forma parte de la cuadrilla de un matador'; 'oficial cuyo empleo es inferior al de capitán'.

subálveo, a. adj. 'Que está debajo del álveo o lecho de un río o arroyo' (*aguas* ***subálveas***). Ú. t. c. sust. m. (*El* ***subálveo*** *de ese riacho es rocoso*).

subarrendador. sust. m. 'El que da en subarriendo una cosa'. Es palabra aguda que, en plural, se hace grave: **subarrendadores.** Su femenino es **subarrendadora**. Distínganse de **subarrendatario, ria** (sust. m. y f.), que es la 'persona que toma en subarriendo una cosa', es decir, su antónimo recíproco. → **locador, locatario**

subarrendar. v. irreg. tr. 'Dar o tomar en arriendo una cosa, no del dueño de ella, sino de otro arrendatario'. Sus postverbales son **subarrendamiento** y **subarriendo** (susts. ms.). La Academia prefiere esta última forma. Se conjuga como **acertar**.

subarrendatario. sust. m. Su femenino es **subarrendataria.** → **subarrendador**

subasta. sust. f. 'Venta pública de bienes o servicios'. Es una redundancia decir *subasta pública*. También puede decirse **subastación** (sust. f. p. us.).

subastador. sust. m. 'El que subasta'. Su femenino es **subastadora.**

subcampeón. sust. m. 'El equipo o el individuo clasificado segundo en un torneo'. Su femenino es **subcampeona**. Carece de registro en el ***Diccionario***. Lo cataloga el ***Manual***, con ese indicador. Es de correcta formación. → **sub-**

subcelular. adj. 'Que posee una estructura más elemental que la de la célula'. Es palabra aguda que, en plural, se hace grave: **subcelulares.**

subcolector. sust. m. 'El que hace las veces de colector o de recaudador y sirve a sus órdenes'. En plural: **subcolectores.**

subcomendador. sust. m. 'Teniente comendador en las órdenes militares'. En plural: **subcomendadores**.

subcomisión. sust. f. colect. 'Grupo de individuos de una comisión que tiene un cometido particular'. En plural: **subcomisiones**.

subconsciencia o **subconciencia.** sust. f. La Academia prefiere la primera forma, es decir, con **sc**. En cambio, en la voz simple, se inclina por **conciencia**. → **conciencia**

subconsciente. adj. 'Que se refiere a la subconsciencia o que no llega a ser consciente'. Ú. t. c. sust. m.: **el subconsciente**. Equivale a **subconsciencia** (sust. f.). Incorrecto: *subconciente*. → **consciente**

subcostal. adj. 'Que está debajo de las costillas'. En plural: **subcostales**.

subdelegar. v. tr. Su postverbal es **subdelegación** (sust. f.). → **pagar, delegar**

subdesarrollo. sust. m. 'Atraso, situación de un país o región que no alcanza determinados niveles económicos, sociales, culturales, etc.'. Es voz de reciente incorporación en el ***Diccionario***, al igual que el adjetivo correspondiente, **subdesarrollado, da**, 'que sufre subdesarrollo'.

subdiaconado o **subdiaconato.** sust. m. 'Orden de subdiácono'. La Academia prefiere la primera forma. → **diaconato**

subdirección. sust. f. 'Cargo de subdirector'; 'oficina del subdirector'. En plural: **subdirecciones**.

subdirector. sust. m. 'El que sirve inmediatamente a las órdenes de un director'. Su femenino es **subdirectora**. Incorrecto: *la subdirector*. → **director**

subdistinguir. v. tr. 'Distinguir en lo ya distinguido'. Su postverbal es **subdistinción** (sust. f.). → **distinguir**

súbdito, ta. adj. 'Sujeto a la autoridad de un superior con obligación de obedecerle' (*jóvenes* ***súbditos***). Ú. t. c. sust. m. y f.: **el súbdito, la súbdita** (*Algunos* ***súbditos*** *de la diócesis se han rebelado contra las directivas del obispo*). sust. m. 'Natural o ciudadano de un país en cuanto sujeto a las autoridades' (*Son* ***súbditos*** *de ese gobierno*; *Se* *presentaron en el Consulado varios **súbditos** argentinos*). Su femenino es **súbdita**.

subdividir. v. tr. 'Dividir una parte señalada por una división anterior' (*Primero, divides; luego, **subdivides***). Ú. t. c. prnl. Rég. prep.: **subdividir** o **subdividirse con** (***subdividir** o **subdividirse con** otros*); **subdividir** o **subdividirse en** o **por** (***subdividir** o **subdividirse en** o **por** cuatro*); **subdividir** o **subdividirse entre** (***subdividir** o **subdividirse entre** varios*). Sólo tiene un participio regular (***subdividido***). Su postverbal es **subdivisión** (sust. f.). → **dividir**

subdominante. sust. f. 'Cuarta nota de la escala diatónica'. Nótese su género: **la subdominante**. Incorrecto: <u>el subdominante</u>.

subducción. sust. f. 'Deslizamiento del borde de una placa de la corteza terrestre por debajo del borde de otra'. Es un tecnicismo recién incorporado en el léxico oficial.

subempleo. sust. m. 'Situación de una economía en la que no se utiliza plenamente la capacidad de puestos de trabajo de que se dispone'. Esta voz carece de registro en el ***Diccionario***. Con ese indicador, y con el significado transcripto, la cataloga el ***Manual***. Es palabra correctamente formada. En la Argentina, se aplica, a veces, a situaciones laborales no ajustadas a las leyes vigentes y mal remuneradas.

subentender. v. irreg. tr. Equivale a **sobrentender**. Ú. t. c. prnl. (*Lo que afirmas no se **subentiende** de ese escrito*). Se conjuga como **tender**. → **sobrentender**

suberificarse. v. prnl. 'Convertirse en corcho la parte externa de la corteza de los árboles'. Su postverbal es **suberificación** (sust. f.). → **sacar**

subfebril. adj. 'Dícese del que tiene una temperatura anormal, entre 37,5 y 38 grados centígrados'. Repárese en su exacto valor semántico. En plural: **subfebriles**.

subfiador. sust. m. 'Fiador subsidiario'. El ***Diccionario*** no registra forma para el femenino, pero es normal: **subfiadora**. → **fiador**

subgobernador. sust. m. 'Empleado inferior al gobernador y que lo sustituye en sus funciones'. En esta voz compuesta, el ***Diccionario*** no registra forma para el femenino, pero es normal: **subgobernadora**. Sí, la ofrece el ***Manual***. → **gobernador**

subidero, ra. adj. 'Aplícase a algunos instrumentos que sirven para subir en alto'. sust. m. 'Lugar por donde se sube' (*Ascendió a la montaña por el **subidero** norte*). También puede decirse **subida** (sust. f.).

subinspector. sust. m. 'Jefe inmediato después del inspector'. El ***Diccionario*** no registra forma para el femenino, pero es normal: **subinspectora**. Sí, la ofrece el ***Manual***. → **inspector**

subintendente. sust. m. 'El que sirve inmediatamente a las órdenes del intendente o lo sustituye en sus funciones'. El ***Diccionario*** no registra forma para el femenino, pero es normal: **subintendenta**. → **intendente**.

subir. v. intr. 'Pasar de un sitio o lugar a otro más alto' (***subir** un piso*). Ú. t. c. prnl. 'Entrar en un vehículo' (***subir** al tren*). Ú. t. c. prnl. 'Cabalgar, montar' (***subir** a caballo*). Ú. t. c. prnl. 'Crecer en altura algunas cosas' (***subir** el río*); 'importar una cuenta' (*El monto **sube** a más de mil pesos*), etc. v. tr. 'Recorrer yendo hacia arriba' (***subir** la montaña*). 'Dar a las cosas mayor precio' (*Juan **subió** el vino*). Ú. t. c. intr. (*La mercadería **subió***). Rég. prep.: **subir** o **subirse a** (***subir** o **subirse** al techo*); **subir de** o **desde** (***subir de** o **desde** la calle*); **subir en** (***subir en** ascensor*); **subir por** (***subir por** las escaleras*); **subir sobre** (***subir sobre** una silla*). Debe evitarse el pleonasmo <u>subir arriba</u>. Sus postverbales son **subida** (sust. f.) y **subimiento** (sust. m.).

súbitamente o **subitáneamente.** adv. m. 'De manera súbita o subitánea'. → **súbito (adv. m.)**

súbito, ta. adj. 'Repentino' (*fiebre **súbita***). adv. m. 'De repente' (*Llegó **súbito***). → **súbitamente**. **de súbito**. loc. adv. 'De repente' (*Se enloqueció **de súbito***).

subjefe. sust. m. 'Que hace las veces de jefe y sirve a sus órdenes'. El ***Diccionario*** no registra forma para el femenino, pero es normal: **subjefa**. Sí, la ofrece el ***Manual***. → **jefe**

subjuntivo, va. adj. 'Que pertenece al subjuntivo' (*forma **subjuntiva**; modo **subjuntivo***). Ú. t. c. sust. m.: **el subjuntivo**. → **modo**

sublevación. sust. f. 'Acción y efecto de sublevar o sublevarse'. Es palabra aguda que, en plural, se hace grave: **sublevaciones**. También puede decirse **sublevamiento** (sust. m.). La Academia prefiere la primera forma.

sublimar. v. tr. 'Exaltar, engrandecer'. 'Pasar directamente, sin derretirse, del estado sólido al estado de vapor'. Ú. t. c. prnl. Es un galicismo (*sublimiser*) o un anglicismo (*sublimize*) decir *sublimizar*.

submarinista. adj. 'Que practica el submarinismo'. Ú. t. c. sust. com.: **el submarinista**, **la submarinista**. 'Perteneciente o relativo al submarinismo'. sust. m. 'Individuo de la Armada especializado en el servicio de submarinos'.

♦ **submersión.** Barbarismo. Corresponde decir **inmersión**.

subministrador, ra. adj. Ú. t. c. sust. m. y f. → **suministrador**

subministrar. v. tr. Su postverbal es **subministración** (sust. f.). → **suministrar**

submúltiplo, pla. adj. Ú. t. c. sust. m.: **el submúltiplo**. → **múltiplo**

submundo. sust. m. 'Mundo del hampa, de la delincuencia, de la extrema pobreza'. Carece de registro en el ***Diccionario***. No cabe considerar esta voz, de uso bastante común, como incorrecta. → **sub-**

subnormal. adj. 'Inferior a lo normal'. 'Dícese de la persona afecta de una deficiencia mental de carácter patológico'. Ú. t. c. sust. com.: **el subnormal**, **la subnormal**. En plural: **subnormales**.

subordinación. sust. f. 'Sujeción a la orden o mando de uno' (*Me debe **subordinación***); 'relación de dependencia entre dos elementos de categoría gramatical diferente, como el sustantivo y el adjetivo, la preposición y su régimen, etc.' (*Hay **subordinación** entre el sustantivo y el adjetivo*); 'relación entre dos oraciones, una de las cuales es dependiente de otra'. En plural: **subordinaciones**. → **hipotaxis**

subordinado, da. p. de **subordinar**. adj. 'Dícese de la persona subordinada a otra o dependiente de ella'. Ú. m. c. sust. m. y f.: **el subordinado**, **la subordinada**. 'Dícese de todo elemento gramatical regido o gobernado por otro, como el adjetivo por el sustantivo, el nombre por la preposición, etc.'. Ú. t. c. sust. m. y f. (*En la frase "casa de madera", la palabra "madera" es una **subordinada** de la preposición "de"*). sust. f. 'Oración que depende de otra' (*Un "que" encabeza la **subordinada** en la oración "Dice que no sabe"*). Ú. t. c. adj. En algunas teorías gramaticales, recibe el nombre de **proposición subordinada**. Rég. prep.: **subordinado a** (*Está **subordinado a** su jefe*). → **proposición**, **subordinante**

subordinante. p. a. de **subordinar**. 'Que subordina'. adj. 'Se dice de todo elemento que rige o gobierna a otro de diferente categoría, como el sustantivo al adjetivo, la preposición al nombre, etc.' (*nexo **subordinante***). Ú. t. c. sust. m. (*Entre los **subordinantes**, están las preposiciones y algunas conjunciones*). sust. f. 'Oración de la que otra depende' (*En "Dice que no sabe", "Dice" es la **subordinante**, y "que no sabe", la subordinada*). En algunas teorías gramaticales, recibe el nombre de **oración principal** o **proposición principal**. → **oración**, **proposición**, **subordinado**

subordinar. v. tr. Entre otras denotaciones, 'sujetar personas o cosas a la dependencia de otras'. Ú. t. c. prnl. 'Regir un elemento gramatical a otro de categoría diferente, como la preposición al nombre, el sustantivo al adjetivo, etc.'. Ú. t. c. prnl. (*El adjetivo **se subordina** al sustantivo*). v. prnl. 'Estar una oración en dependencia de otra'. Ú. t. c. tr. Rég. prep.: **subordinar** o **subordinarse a** (***subordinar** o **subordinarse** el adjetivo **al** sustantivo*). → **coordinar**

subrepticio, cia. adj. 'Que se pretende u obtiene ocultamente'; 'que se hace o toma a escondidas' (*Obtuvo la información de manera **subrepticia***). No debe pronunciarse [subreticio], un vulgarismo.

subrogar. v. tr. 'Sustituir o poner una persona o cosa en lugar de otra'. Ú. t. c. prnl. Rég. prep.: **subrogar con**, **por** o **en lugar de** (***subrogar** una persona o cosa **con**, **por** o **en lugar de** otra*). Su postverbal es **subrogación** (sust. f.). → **pagar**

subscr[...]. Las palabras con este principio se escriben, indistintamente, con **b** o sin ella: **subscribir** o **suscribir**. La Academia, a partir de la última edición de su ***Diccionario*** (1992), se inclina, al igual que los hablantes, por las formas sin **b**: **suscr**[...]. Bajo esta forma, el lector encontrará dichas palabras, con indicación, en cada caso, de la doble grafía y pronunciación. De modo que la segunda que se ofrece, en cada artículo, es siempre la menos frecuente. No obstante, téngase en cuenta que ambas son igualmente correctas.

subsecretario. sust. m. Su femenino es **subsecretaria**.

subsecuente. adj. → **subsiguiente**

subseguir. v. irreg. intr. 'Seguir una cosa inmediatamente a otra'. Ú. t. c. prnl. Se conjuga como **seguir**.

subsidencia. sust. f. 'Hundimiento paulatino del suelo, originado por las cavidades subterráneas producidas por las extracciones mineras'. Es voz de reciente registro en el ***Diccionario***.

subsidiar. v. tr. 'Conceder subsidio a alguna persona o entidad' (***Subsidiaron** esa institución*). Es voz recién ingresada en el léxico oficial. Se conjuga, en cuanto al acento, como **cambiar**.

subsidiariedad o **subsidiaridad.** sust. f. 'Tendencia favorable a la participación subsidiaria del Estado en apoyo de las actividades privadas o comunitarias'. La Academia prefiere la primera forma (*principio de **subsidiariedad***). → **-dad**

subsidio. sust. m. En su denotación más usual, 'socorro, auxilio extraordinario de carácter económico'. Incorrecto: subsidiación.

subsiguiente. p. a. de **subseguir**. 'Que subsigue'. adj. 'Que sigue inmediatamente a aquello que se expresa o sobrentiende'. También puede decirse **subsecuente** (adj.). La Academia prefiere la primera forma. No debe emplearse esta voz con el significado de **siguiente**. Si nos referimos al lunes, el día **siguiente** es el martes, y el día **subsiguiente**, el miércoles.

subsistencia. sust. f. Con la denotación de 'conjunto de medios necesarios para el sustento de la vida humana', es sustantivo colectivo.

subsistir. v. intr. 'Permanecer, durar'; 'seguir viviendo'; 'existir una sustancia con todas las condiciones propias de su ser y de su naturaleza'. Rég. prep.: **subsistir con** o **de** (***subsistir con** o **de** la ayuda paterna*); **subsistir por** (***subsistir por** obra de la Providencia*).

subsolar. v. irreg. tr. 'Roturar el suelo a bastante profundidad'. Se conjuga como **sonar**. → **solar (verbo)**

subst[...]. Todas las palabras con este principio se escriben, indistintamente, con **b** o sin ella (**substantivo** o **sustantivo**). La Academia, a partir de la última edición de su ***Diccionario*** (1992), al igual que los hablantes, prefiere la grafía y pronunciación sin **b**: **sustantivo**. El lector encontrará las voces respectivas bajo **sust[...]**, donde se indica la otra forma, que es también correcta, aunque, en algunos casos, desusada, según ocurre, por ejemplo, con **substantivo** para denotar el 'nombre'.

subte. sust. m. Argent. Abreviación de **subterráneo**. Es de reciente ingreso en el ***Diccionario***.

subtender. v. irreg. tr. 'Unir una línea recta los extremos de un arco de curva o de una línea quebrada'. Tiene un participio regular (***subtendido***) y otro irregular (***subtenso***). Se conjuga como **tender**.

subterráneo, a. adj. 'Que está debajo de tierra' (*túnel **subterráneo***). También puede decirse **soterráneo, a** (adj.), pero la Academia prefiere la primera forma, y califica a esta última de anticuada. sust. m. 'Cualquier lugar o espacio que está debajo de tierra' (*Había un **subterráneo** que comunicaba la iglesia con el convento*). Argent. 'Ferrocarril subterráneo o metro'. → **subte**

subtitular. v. tr. 'Escribir subtítulos'; 'incorporar subtítulos a un filme'. La segunda denotación es de reciente incorporación en el ***Diccionario***. Su postverbal, aunque no lo consigna el léxico oficial, es **subtitulación** (sust. f.). Incorrecto: subtitulaje.

subtítulo. sust. m. 'Título secundario que se antepone a veces al título principal'. Es de reciente ingreso en el ***Diccionario*** la siguiente acepción: 'letrero que, al proyectarse un filme, aparece en la parte inferior de la imagen, normalmente con la versión del texto hablado en la película'.

suburbano, na. adj. 'Aplícase al terreno, edificio o campo próximo a la ciudad'. Ú. t. c. sust. m.: **el suburbano**. 'Perteneciente o relativo al suburbio' (*costumbres **suburbanas***). sust. m. 'Habitante de un suburbio'; 'ferrocarril suburbano'. Esta última denotación es de registro reciente en el ***Diccionario***. Incorrecto: suburbial.

subvenir. v. irreg. intr. 'Venir en auxilio de

alguien o de algo'. Rég. prep.: **subvenir a** (***subvenir a** sus necesidades*). Su postverbal es **subvención** (sust. f.). Se conjuga como **venir**.

subversivo, va. adj. La Academia no lo registra como sust. m. y f., pero es de uso frecuente en la Argentina: **el subversivo**, **la subversiva**. Se aplica, en particular, al que subvierte el orden público. La forma **suversivo, sa** es anticuada. → **subversor**

subversor, ra. adj. 'Que subvierte'. Ú. t. c. sust. m. y f.: **el subversor, la subversora**.

subvertir. v. irreg. tr. 'Trastornar, revolver, destruir'. Ú. m. en sent. moral. Ú. t. c. prnl. (***Se han subvertido** los valores*). Su postverbal es **subversión** (sust. f.). Las formas **suvertir** y **suversión** son anticuadas. Se conjuga como **sentir**.

subyacer. v. irreg. intr. 'Yacer o estar debajo de algo'; fig. 'estar algo oculto tras otra cosa' (*Tras su trato amable, **subyace** una gran hipocresía*). Es verbo de reciente incorporación en el ***Diccionario***. Se conjuga como **yacer**.

subyugador, ra. adj. 'Que subyuga'. Ú. t. c. sust. m. y f.: **el subyugador**, **la subyugadora**.

subyugar. v. tr. 'Avasallar, sojuzgar, dominar violentamente'. Ú. t. c. prnl. Rég. prep.: **subyugar con** o **por** (***subyugar con** o **por** artimañas*). Su 'acción y efecto' es **subyugación** (sust. f.). → **pagar**

succionar. v. tr. 'Chupar'; 'absorber'. Rég. prep.: **succionar** algo **de** (***succionar** leche **del** biberón*). Su 'acción' es **succión** (sust. f.). Incorrecto: <u>succionamiento</u>, <u>succionadura</u>.

sucedáneo, a. adj. 'Dícese de la sustancia que, por tener propiedades parecidas a las de otra, puede reemplazarla'. Ú. m. c. sust. m. Rég. prep.: **sucedáneo de** (*Es un **sucedáneo del** café*).

suceder. v. tr. 'Entrar una persona o cosa en lugar de otra o seguirse a ella' (***sucederlo** en el cargo; **suceder** el verano a la primavera*); 'entrar como heredero o legatario en la posesión de los bienes de un difunto'; 'descender, provenir'. v. impers. 'Efectuarse un hecho, acontecer, ocurrir' (*Todos los días **sucede**; **Sucedió** así; Nunca **había sucedido** en España*). Incorrecto: <u>*Sucedió de que*</u> *perdimos el tren* (dequeísmo). Correcto: ***Sucedió que** perdimos el tren.* Rég. prep.: **suceder a** (***suceder a** alguno*); **suceder con** uno lo que **con** otro (***suceder con** Pedro lo que **con** Luis*); **suceder de** ... **para** ... (***suceder de** un año **para** otro*); **suceder a** alguien **en** (***suceder a** Ana **en** el empleo*). Incorrecto: *Se suceden* <u>*unos a otros*</u>, un pleonasmo. Correcto: ***Se suceden*** o ***sucédense***.

sucedido, da. p. de **suceder**. sust. m. fam. Equivale a **suceso** (*Después de ese **sucedido**, tomó el tren*). Argent. rur. 'Relato de un hecho relativamente extraordinario presentado como verídico que cumple, por lo común, una función aleccionadora' (*Le contó un **sucedido***). Carece de registro en el ***Diccionario***, pero la A.A.L. ha recomendado su inclusión.

♦ **suceptible.** Barbarismo. Lo correcto es **susceptible**.

sucesión. sust. f. Con las denotaciones de 'conjunto de bienes, derechos y obligaciones transmisibles a un heredero o legatario' y de 'prole, descendencia directa', es sustantivo colectivo.

sucesivo, va. adj. 'Dícese de lo que sigue o sucede a otra cosa'. **en lo sucesivo**. loc. adv. 'En adelante, a partir de ahora' (***En lo sucesivo**, no saldrás solo a la calle*).

suceso. sust. m. 'Cosa importante que sucede' (*Fue un **suceso** inesperado*); 'transcurso o discurso del tiempo' (*En el **suceso** de las horas, los hechos perdieron importancia*); 'éxito, resultado o término de un negocio' (*El lanzamiento de ese producto fue un **suceso***). No se aplica, con esta denotación, a otro tipo de hechos ni, en especial, con el sentido de **triunfo** o **acontecimiento**, un galicismo: *¡Qué* <u>*suceso*</u> *el de esa pianista!* Correcto: *¡Qué **triunfo** el de esa pianista!* 'Hecho delictivo o accidental desgraciado' (*Vivió un **suceso** terrible*).

sucesor, ra. adj. 'Que sucede a uno o sobreviene en su lugar, como continuador de él' (*empresa **sucesora***). Ú. t. c. sust. m. y f.: **el sucesor**, **la sucesora** (*No tiene **sucesores***).

sucintamente. adv. m. 'De modo sucinto o compendioso'. Incorrecto: <u>*suscintamente*</u>.

sucinto, ta. adj. 'Breve, ceñido, compendioso, conciso' (*exposición **sucinta***). Incorrecto: <u>*suscinto*</u>. Es pleonástico el sintagma <u>*resumen sucinto*</u>. Debe decirse sólo **resumen**. → **resumen**

sucio, cia. adj. 'Que tiene manchas o impurezas' (*camisa **sucia***); 'que se ensucia fácilmente' (*Las prendas blancas son **sucias***); 'que produce suciedad' (*Ese perro es **sucio***); fig. 'manchado con pecados o imperfecciones' (*alma **sucia***); fig. 'deshonesto u obsceno en acciones o palabras' (*boca **sucia***); fig. 'dícese del color confuso y turbio' (*El fondo del cuadro era de un verde **sucio***); fig. 'con daño, infección o impureza' (*quirófano **sucio***). Rég. prep.: **sucio de** (***sucio de** aceite*; ***sucio de** alma*); **sucio en** (***sucio en** sus tareas*). adv. m. 'Hablando de algunos juegos, sin la debida observancia de sus reglas' (*Juega **sucio***). El superlativo es **sucísimo, ma**. La 'cualidad de sucio' es **suciedad** (sust. f.).

sucrense. adj. 'Natural de Sucre'. Ú. t. c. sust. com.: **el sucrense**, **la sucrense**. 'Perteneciente a las ciudades, municipios, departamentos o estados que en Bolivia, Colombia o Venezuela llevan este nombre'. El 'natural de otras ciudades, municipios o departamentos de Hispanoamérica que llevan el nombre de Sucre' se denomina **sucreño, ña** (adj. Ú. t. c. sust. m. y f.), voz que, además, denota 'perteneciente a esos territorios'.

sucreño, ña. adj. Ú. t. c. sust. m. y f. → **sucrense**

sucucho. sust. m. 'Rincón, ángulo entrante que forman dos paredes'. En América, equivale a **socucho** (sust. m.). → **socucho**

sucumbir. v. intr. 'Ceder, someterse, rendirse'; 'morir'. Rég. prep.: **sucumbir a** (***sucumbir a** la fatiga*); **sucumbir bajo** (***sucumbir bajo** el peso de algo*).

sucursal. adj. 'Dícese del establecimiento que depende de uno central y desempeña sus mismas funciones'. Ú. t. c. sust. f.: **la sucursal**. En plural: **sucursales** (*En todas las capitales de provincia, ese banco tiene **sucursales***).

sud. sust. m. Equivale a **sur**, voz que la Academia prefiere. Abreviatura: ***S*** (sin punto). Es forma usada en palabras compuestas, a modo de prefijo (***sud**este, **sud**americano*). → **sud, sur, este**

sud-. elem. compos. 'Sur' (***sud**oeste, **sud**africano*). Es de reciente introducción en el ***Diccionario***. A veces, se usa la forma prefija **sur-**, pero es menos común (***sur**americano, **sur**coreano*).

♦ **sudaca.** sust. com. fam. 'Sudamericano'. Es voz peyorativa. Carece de registro en el ***Diccionario***. La registra el ***Manual***, con ese indicador. Si se usa, póngase entre comillas.

sudación. sust. f. 'Exudación'; 'exhalación de sudor, especialmente la abundante con fines terapéuticos'. Es palabra aguda que, en plural, se hace grave: **sudaciones**.

sudadera. sust. f. Equivale a **sudadero**, voz que prefiere la Academia. En la Argentina, se usa la forma femenina. fam. 'Sudor copioso'.

sudadero. sust. m. Entre otras denotaciones, 'manta pequeña que se pone en las cabalgaduras debajo de la silla o aparejo'. → **sudadera, sobrepelo**

sudafricano, na. adj. 'Natural del África del Sur' y 'natural de la República de Sudáfrica'. Ú. t. c. sust. m. y f.: **el sudafricano, la sudafricana**. 'Relativo o perteneciente a esa región y a esa república'. La Academia no registra **surafricano, na** (adj.), pero, aplicado a la región, no es incorrecto. No debe escribirse con guión: <u>*sud-africano*</u>. → **sud-**

sudamericano, na. adj. Equivale a **suramericano**, voz que prefiere la Academia. En la Argentina, se usa más la primera forma. Incorrecto: <u>*sud-americano*</u>. → **suramericano, sud-**

sudante. p. a. de **sudar**. 'Que suda' (*rostro **sudante***). Ú. t. c. sust. com.: **el sudante, la sudante**.

sudar. v. intr. Ú. t. c. tr. Rég. prep.: **sudar de** (***sudar de** miedo, **de** calor*); **sudar por** (***sudar por** el calor*). → **transpirar**

sudestada. sust. f. Argent. 'Viento fuerte que desde el sudeste impulsa el Río de la Plata sobre la costa. Suele acompañarlo un temporal de lluvias' (*Hubo inundaciones en las zonas ribereñas por la **sudestada***).

sudeste. sust. m. 'Punto del horizonte entre el Sur y el Este'. Abreviatura: ***SE***. 'Viento que sopla de esta parte'. También pueden decirse **sueste** y **sureste** (susts. ms.). La Academia prefiere la primera forma.

sudista. adj. 'Dícese del partidario de los Estados del Sur en la guerra de secesión de los Estados Unidos de América'. Ú. t. c. sust. com.: **el sudista, la sudista**. No debe emplearse como equivalente de **meridional**, un galicismo.

sudoeste. sust. m. 'Punto del horizonte entre el Sur y el Oeste'. Abreviatura: ***SO***. 'Viento que sopla de esta parte'. También pueden decirse **sudueste** y **suroeste** (susts. ms.). La Academia prefiere la primera forma.

sudor. sust. m. Nótese su género. Incorrecto: *la sudor*. En plural: **sudores**.

sudorífico, ca. adj. 'Aplícase al medicamento que hace sudar'. Ú. t. c. sust. m.: **el sudorífico**. También pueden decirse **sudorífero, ra** (adj. Ú. t. c. sust. m.) y **sudatorio, ria** (adj.). La Academia prefiere la primera forma. Distínganse de **sudorípara** (adj.), 'dícese de la glándula que segrega el sudor'. Incorrecto: *sudorípera*.

sudsudeste. sust. m. 'Punto del horizonte que media entre el Sur y el Sudeste'. Abreviatura: ***SSE***. 'Viento que sopla de esta parte'. Es correcto, también, **sursudeste** (sust. m.), aunque la Academia no lo registra.

sudsudoeste. sust. m. 'Punto del horizonte que media entre el Sur y el Sudoeste'. Abreviatura: ***SSO***. 'Viento que sopla de esta parte'. Es correcto, también, **sursudoeste** (sust. m.).

sueco, ca. adj. 'Natural de Suecia'. Ú. t. c. sust. m. y f.: **el sueco, la sueca**. 'Perteneciente o relativo a esta nación de Europa'. sust. m. 'Idioma' (*Habla sueco*). De su homónimo, sustantivo masculino y femenino (del lat., *soccus*, 'tronco, tocón'), proviene la frase figurada y familiar **hacerse** uno **el sueco**, 'desentenderse de una cosa; fingir que no se entiende'.

suegro. sust. m. 'Padre del marido respecto de la mujer o de la mujer respecto del marido'. Su femenino es **suegra**.

sueldo. sust. m. Entre otras denotaciones, 'remuneración mensual'. **a sueldo**. loc. adv. 'Mediante remuneración fija'.

suelo. sust. m. Entre otras denotaciones, 'superficie de la tierra'; 'terreno en que viven o pueden vivir las plantas'; 'piso de un cuarto o vivienda'. **suelo natal**. Equivale a **patria**. **arrastrarse** uno **por el suelo**. fr. fig. y fam. 'Humillarse'. **besar el suelo**. fr. fig. y fam. 'Caerse de bruces'. **dar** uno **consigo en el suelo**. fr. 'Caerse en tierra'. **por el suelo** o **por los suelos**. loc. adv. fig. Denota el desprecio con que se trata una cosa o el estado abatido en que se encuentra (*Los salarios están **por el suelo***). **venir** o **venirse al suelo** una cosa. fr. 'Caerse'. Equivale a **venir** o **venirse a tierra**.

suelto, ta. p. irreg. de **soltar**. adj. Entre otras denotaciones, 'ligero, veloz'; 'poco compacto'; 'ágil'; 'tratándose del lenguaje, fácil, corriente'; 'dícese de lo que queda holgado' (*vestido **suelto***); 'dícese de lo que no está envasado o empaquetado' (*vino **suelto**; garbanzos **sueltos***). Rég. prep.: **suelto de** (***suelto de** lengua*); **suelto en** (***suelto en** el decir*); **suelto para** (***suelto para** responder*). sust. m. 'Cualquiera de los escritos en un periódico que no tiene la extensión ni la importancia de los artículos ni es una simple gacetilla'.

sueñera. sust. f. Amér. 'Modorra'; 'sueño'. → **soñera**

sueño. sust. m. Entre otras denotaciones, 'acto de dormir'; 'acto de representarse, mientras se duerme, sucesos o imágenes' (*Tuvo un **sueño***); 'estos mismos sucesos o imágenes' (*En mi **sueño**, nuestra casa era un palacio*). Esta voz forma parte de numerosas frases y locuciones. Ofrecemos algunas de ellas. **sueño pesado**. fig. 'El muy profundo'. **echar un sueño**. fr. fam. 'Dormir breve rato'. **en sueños**. loc. adv. 'Estando durmiendo'. **entre sueños**. loc. adv. 'Dormitando'; 'estando durmiendo'. **guardar el sueño** a uno. fr. 'Cuidar de que no lo despierten'. **ni en sueños** o **ni por sueños**. loc. adv. fig. y fam. con que se pondera que una cosa ha estado tan lejos de suceder o ejecutarse, que ni aun se ha ofrecido soñando (***Ni en sueños** te hubiera prestado el auto*). También puede decirse **ni por soñación** (loc. adv. fig. y fam.). **quitar el sueño** una cosa a uno. fr. fig. y fam. 'Preocuparle mucho' (*Ese viaje me **quita el sueño***).

suero. sust. m. 'Parte de la sangre o de la linfa, que permanece líquida después de haberse producido el coágulo de estos humores, cuando han salido del organismo'. **suero de la leche**. 'Parte líquida que se separa al coagularse la leche'. **suero medicinal**. 'Disolución en agua de sales u otras sustancias que se inyectan con fin curativo'. También se aplica esta voz a 'sueros de animales preparados para inmunizar contra ciertas enfermedades o el que procede de una persona curada de una enfermedad infecciosa y se emplea con igual fin'. El 'tratamiento de enfermedades por medio de sueros medicinales' es la **seroterapia** o **sueroterapia** (susts. fs.). Lo 'perteneciente al suero o semejante a estos líquidos' es **seroso, sa** o **sueroso, sa** (adjs.). La Academia prefiere, en las formas enunciadas precedentemente, las primeras. En cambio, **serosidad** (sust. f.) carece de doble forma (*De la ampolla que tenía en la planta del pie, salía una **serosidad** acuosa*).

suerte. sust. f. Entre otras denotaciones, 'encadenamiento de los sucesos, considerado como fortuito o casual' (*Así lo ha querido la **suerte***); 'circunstancia de ser, por mera casualidad, favorable o adverso a personas o cosas lo que ocurre o sucede' (*Ana tiene mala **suerte**; El trébol de cuatro hojas es el de la buena **suerte***); 'género o especie de una cosa' (*Vendo, en mi tienda, toda **suerte** de cosas*); 'modo o manera' (*Lo hizo de esta **suerte***). Perú. 'Billete de lotería'. Argent. sust. f. 'En el juego de la taba, parte cóncava de ésta'. Carece de registro en el ***Diccionario***, pero la A.A.L. ha recomendado su inclusión. **caerle** a uno **en suerte** una cosa. fr. 'Corresponderle por sorteo'; 'sucederle algo por designio providencial' (*Le **cayó en suerte** el segundo premio; Le **cayó en suerte** tener esa hermana tan bondadosa*). También puede decirse **tocarle** a uno **la suerte de**. **de suerte que**. loc. conjunt. Indica 'consecuencia o resultado' (*Recibí el pasaje, **de suerte** que iré pronto a verte*). **echar suertes** o **a suerte**. fr. 'Valerse de medios fortuitos para resolver una cosa' (*El patrón de Buenos Aires se **echó a suerte**, y resultó electo San Martín de Tours*).

suertero, ra. adj. Amér. 'Afortunado, dichoso' (*Mi prima es una **suertera***). sust. m. y f. Perú. 'Vendedor o vendedora de billetes de lotería'. No se confunda con **sortero, ra** (sust. m. y f.). También se dice **suertudo, da** (adj.), registrado sólo en el ***Diccionario Manual***, con el indicador de su falta de sanción oficial. En la Argentina, es común, también, **sortudo, da** (adj.), sin registro en el ***Diccionario***. → **sortero**

suéter. sust. m. Voz de origen inglés (*sweater*) españolizada. Equivale a **jersey**. Ú. m. en América. En plural: **suéteres** o **suéters**. → **jersey**

sufí. adj. 'Sectario o partidario del sufismo, doctrina mística que profesan ciertos mahometanos'. Ú. t. c. sust. com.: **el sufí, la sufí**. En plural: **sufíes** o **sufís**. También son correctas, para igual denotación, **sofí** (adj.) y **sufista** (adj. Ú. t. c. sust. com.).

suficiente. adj. 'Bastante para lo que se necesita' (***suficiente** comida*); 'apto, idóneo' (*Es un hombre **suficiente** para el trabajo*). Rég. prep.: **suficiente para** (*Tiene **suficientes** ingresos **para** vivir bien; Es un empleado **suficiente para** la tarea*). La construcción <u>suficiente</u> <u>a</u> es incorrecta: *Esto es <u>suficiente</u> <u>a</u> lo que necesitamos*. Correcto: *Esto es **suficiente para** lo que necesitamos*. fig. 'Pedante, engreído' (*¡Es inaguantable, porque es una persona por demás **suficiente**!*).

sufijación. sust. f. → **sufijo**

sufijo, ja. adj. 'Aplícase al afijo que va pospuesto' (*forma **sufija***). Ú. m. c. sust. m. (*En "sordez", la terminación **-ez** es un **sufijo** de sustantivos abstractos femeninos que denotan la cualidad expresada por el sustantivo de base*). El 'procedimiento de formación de palabras con ayuda de sufijos' se denomina **sufijación** (sust. f.), voz de reciente ingreso en el ***Diccionario***. La Academia no registra, en cambio, el verbo **sufijar** (tr.), que no puede ser tildado de incorrecto. Sí, registra, en cambio, **prefijar** (v. tr.).

sufragáneo, a. adj. 'Que depende de la jurisdicción y autoridad de alguno' (*Es el obispo **sufragáneo** de esta diócesis*). Ú. t. c. sust. m. y f.: **el sufragáneo, la sufragánea**. 'Perteneciente a la jurisdicción del obispo sufragáneo'.

sufragar. v. tr. 'Ayudar o favorecer'; 'subvenir, costear, satisfacer'. v. intr. Amér. 'Votar a un candidato o una propuesta, dictamen, etc.'. → **pagar**

sufragismo. sust. m. 'Movimiento de los sufragistas'. Incorrecto: <u>*sufraguismo*</u>.

sufragista. adj. 'Dícese de la persona que, en Inglaterra a principios del siglo XX, se manifestaba en favor del sufragio femenino'. sust. com. 'Persona partidaria del sufragio femenino': **el sufragista, la sufragista**. Incorrecto: <u>*sufraguista*</u>.

sufrido, da. p. de **sufrir**. adj. En sus denotaciones más frecuentes, 'que sufre con resignación' (*Es una mujer muy **sufrida***); 'aplícase al color que disimula lo sucio' (*Eligió un pantalón de color **sufrido***). Rég. prep.: **sufrido de** (***sufrido de** carácter*); **sufrido en** (***sufrido en** las adversidades*).

sufridor, ra. adj. 'Que sufre'. Ú. t. c. sust. m. y f.: **el sufridor, la sufridora**.

sufrir. v. tr. Entre otras denotaciones, 'sentir físicamente un daño, dolor, enfermedad, castigo' (*Sufre una terrible enfermedad*); 'sentir daño moral' (*Sufre la indiferencia de sus hijos*). 'Recibir con resignación daño moral o físico' (*Sufre males de toda clase*). Ú. t. c. prnl. 'Resistir, aguantar, soportar' (*Sufre con entereza los males que lo aquejan*). Rég. prep.: **sufrir a** o **de** alguno lo que no se sufre **a** o **de** otro (***Sufre a*** o ***de*** *Pedro lo que no sufre **a** o **de** Juan*); **sufrir con** (***sufrir con*** *resignación*); **sufrir de** (***sufrir del*** *corazón*); **sufrir por** (***sufrir por*** *los otros*).

sugerencia. sust. f. 'Insinuación, inspiración, idea que se sugiere'. Incorrecto: sugerimiento. Puede decirse, también, **sugestión** (sust. f.), que tiene, además, otros sentidos, pero es más usual la primera forma. → **sugestión**

sugerir. v. irreg. tr. 'Hacer entrar en el ánimo de alguno una idea, insinuándosela, inspirándosela o haciéndole caer en ella' (***sugerir*** *una idea; **sugerir** malos pensamientos*). Se conjuga como **sentir**. → **sugestión**

sugestión. sust. f. 'Acción de sugerir'; 'idea, imagen sugerida'. Esta denotación, que equivale a **sugerencia** (sust. f.), se usa, generalmente, en sentido peyorativo (*las **sugestiones** del demonio*). 'Acción y efecto de sugestionar'.

suicida. sust. com.: **el suicida**, **la suicida**. Ú. t. c. adj. (*hombre **suicida***). adj. 'Perteneciente o relativo al suicidio' (*actitud **suicida***); fig. 'dícese del acto o la conducta que daña o destruye al propio agente' (*acto **suicida***).

suido. adj. 'Dícese de mamíferos artiodáctilos paquidermos, con jeta bien desarrollada y caninos largos, como el jabalí'. Ú. t. c. sust. m.: **el suido**. sust. m. pl. 'Familia de estos animales' (*Estudia los **suidos***).

suindá. sust. m. Argent., Par. y Urug. 'Cierta ave, especie de lechuza, de color pardo claro'. Para distinguir los sexos, debe recurrirse a las perífrasis **suindá macho**, **suindá hembra**. En plural: **suindaes** o **suindás**. → **zuindá**

suirirí. sust. m. Argent. → **sirirí**

♦ **suite.** Galicismo. Tiene dos significados. Con el de 'conjunto de dos o más habitaciones de un hotel que están unidas y comunicadas entre sí', corresponde decir, en español, **departamento**. Con el de 'composición musical integrada por varios movimientos que forman una sucesión de piezas instrumentales, de caracteres distintos, cuya unidad está basada en una misma tonalidad', no tiene traducción (***suite*** *en re mayor*). Con estas definiciones, lo cataloga el ***Diccionario Manual***, indicando su origen francés y su falta de sanción oficial. Si se usan estos extranjerismos, deben entrecomillarse.

sujeción. sust. f. Entre otras denotaciones, 'acción de sujetar o sujetarse'; 'unión con que una cosa está sujeta de modo que no puede separarse, dividirse o inclinarse'. Rég. prep.: **sujeción a** (***sujeción a*** *las reglas*). Incorrecto: sujección.

sujetador, ra. adj. 'Que sujeta'. Ú. t. c. sust. m. y f.: **el sujetador**, **la sujetadora**. sust. m. 'Sostén, prenda interior femenina'; 'pieza superior del biquini'. → **sostén**, **corpiño**

sujetapapeles. sust. m. Es incorrecto, en singular: sujetapapel. No debe escribirse con guión: sujeta-papeles. En plural, no varía: **los sujetapapeles**.

sujetar. v. tr. 'Someter al dominio' (***sujetar*** *a los conquistados*). Ú. t. c. prnl. (***sujetarse*** *a los conquistadores*). 'Contener una cosa con fuerza' (***sujetar*** *el caballo*); 'aplicar a alguna cosa un objeto para que no se caiga, mueva, desordene, etc.' (***sujetar*** *la ropa tendida con pinzas*). Rég. prep.: **sujetar** o **sujetarse a** (***sujetar a*** *un poste; **sujetarse a** una obligación*); **sujetar con** (***sujetar con*** *la mano; **sujetar con** piolines*); **sujetar por** (***sujetar por*** *la fuerza; **sujetar por** las manijas*). Este verbo tiene dos participios, uno regular (***sujetado***) y otro irregular (***sujeto***).

sujeto, ta. p. irreg. de **sujetar**. adj. 'Expuesto o propenso a una cosa' (*clima **sujeto a** cambios bruscos*). sust. m. 'Asunto o materia sobre la que se habla o escribe'. Con esta denotación, es p. us. (*El **sujeto** de esta página es la lucha por la vida*); 'persona innominada' (*Un **sujeto**, que no quiso dar su nombre, preguntó por ti*); 'el espíritu humano considerado en oposición al mundo externo, en cualquiera de las relaciones de sensibilidad o de conocimiento, y también en oposición a sí mismo como término de conciencia' (*Distinguimos **sujeto** de objeto; El hombre es **sujeto** de conocimiento*); 'función oracional desempeñada por un sustantivo, palabra o sintagma que haga sus veces, en concordancia obligada con el verbo (*Ése no es el **sujeto** de la oración*); 'elemento o conjunto de elementos lingüísticos que, en una oración, desempeñan la función de sujeto' (*El **sujeto** de esa oración es una proposición sustantiva*); 'ser del cual, desde el punto de vista de la lógica, se predica alguna cosa' (*En esta oración, el **sujeto** lógico y el gramatical coinciden*). **sujeto agente**. 'Sujeto de una oración en voz activa'. **sujeto paciente**. 'Sujeto de una oración en voz pasiva'. → **voz**

sulfatador, ra. adj. 'Que sulfata' (Ú. t. c. sust. m. y f.). sust. m. y f. 'Máquina para sulfatar': **el sulfatador, la sulfatadora**.

sulpiciano, na. adj. 'Dícese del individuo que pertenece a la congregación de clérigos regulares de San Sulpicio'. Ú. t. c. sust. m.: **el sulpiciano**. 'Perteneciente o relativo a dicha congregación'.

sultán. sust. m. 'Emperador de los turcos'; 'príncipe o gobernador mahometano'. En plural: **sultanes**. El femenino es **sultana**. Para la forma masculina, también puede decirse **soldán** (sust. m.), 'llamábase así más comúnmente a los soberanos de Persia y Egipto'.

sultanato. sust. m. 'Dignidad de sultán'; 'tiempo que dura su gobierno'. Incorrecto: *sultanado*. No se confunda semánticamente con **sultanía** (sust. f.), 'territorio sujeto a un sultán'.

suma. sust. f. Entre otras denotaciones, 'agregado de muchas cosas, en especial de dinero' (*Cuenta con una buena **suma***); 'acción y efecto de sumar' (*La **suma** de estas cantidades está equivocada*); 'recopilación total de las partes de una ciencia o facultad' (***suma** teológica*); 'operación de sumar' (*Estudia la **suma***). **en suma**. loc. adv. Equivale a **en resumen**.

sumador, ra. adj. 'Que suma'. Ú. t. c. sust. m. y f.: **el sumador, la sumadora**.

sumariar. v. tr. 'Someter a uno a sumario'. Incorrecto: *sumarear*, una ultracorrección. Se conjuga, en cuanto al acento, como **cambiar**.

sumario, ria. adj. 'Reducido a compendio; breve, sucinto' (*exposición **sumaria***). sust. m. 'Resumen, compendio o suma' (*Escribió un sumario de ciencias naturales*). Con la denotación de 'conjunto de actuaciones destinadas a preparar un juicio', es sustantivo colectivo (*Ordenaron un **sumario** para deslindar responsabilidades*).

sumarísimo, ma. adj. 'Dícese de cierta clase de juicios, así civiles como criminales, a los que, por la urgencia o sencillez del procedimiento, o por la gravedad o flagrancia del hecho, señala la ley una tramitación brevísima' (*juicio **sumarísimo**; actuación **sumarísima***).

sumergible. adj. 'Que se puede sumergir'. sust. m. 'Nave sumergible'.

sumergir. v. tr. 'Meter una cosa debajo del agua o de otro líquido'. Ú. t. c. prnl. (***Se sumergió** en el agua*). fig. 'Abismar, hundir'. Ú. t. c. prnl. (***Se sumergió** en el estudio del griego*). v. prnl. fig. 'Abstraerse'. Rég. prep.: **sumergir** o **sumergirse en** (***Sumergió** la ropa **en** el agua; **Se sumergió en** sus pensamientos*). Incorrecto: *sumerger*, *sumergerse*. Su postverbal es **sumersión** (sust. f.). → **dirigir**

sumerio, ria. adj. 'Natural de Sumeria'. Ú. t. c. sust. m. y f.: **el sumerio, la sumeria**. sust. m. 'Lengua de los sumerios': **el sumerio**.

sumiller. sust. m. 'Jefe de oficinas y ministerios de palacio'; 'en los grandes hoteles y restaurantes, persona encargada de los vinos y licores'. Es voz aguda que, en plural, se hace grave: **sumilleres**.

suministrable. adj. 'Que puede o debe suministrarse'. La Academia no registra esta voz con **sub-**. Incorrecto: *subministrable*.

suministrador, ra. adj. 'Que suministra' (*actividad **suministradora***). Ú. t. c. sust. m. y f.: **el suministrador, la suministradora**. También puede decirse **subministrador, ra** (adj. Ú. t. c. sust. m. y f.). La Academia prefiere la primera forma. → **sub-**

suministrar. v. tr. 'Proveer a uno de algo que necesita'. Sus postverbales son **suministración** (sust. f.) y **suministro** (sust. m.). También pueden decirse, para las dos primeras voces, **subministrar** (v. tr.) y **subministración** (sust. f.) respectivamente. La Academia prefiere las formas sin **b**. → **sub-, suministro, administrar**

suministro. sust. m. 'Acción y efecto de suministrar'. 'Provisión de víveres o utensilios para las tropas, presos, etc.'. Ú. m. en pl. (*No llegaron los **suministros** pedidos por el cuartel*). 'Cosas o efectos suministrados'. La Academia no registra esta voz con **sub-**: *subministro*.

sumir. v. tr. 'Hundir o meter debajo de la tierra o del agua' (***sumir*** *los pies en el barro*). Ú. t. c. prnl. 'Consumir el sacerdote en la misa'. fig. 'Hacer caer a alguien en cierto estado'. Ú. t. c. prnl. Para esta denotación puede decirse, también, **sumergir**. v. prnl. 'Hundirse o formar una parte del cuerpo una concavidad anormal' (***Se sume*** *su boca cuando no se pone la dentadura postiza*). Rég. prep.: **sumirse en** (***sumirse en*** *un pantano*). La 'acción de sumir o consumir el sacerdote' es **sunción** (sust. f.).

sumiso, sa. adj. 'Obediente, subordinado'; 'rendido'. Rég. prep.: **sumiso a** (***sumiso a*** *las leyes*).

sumista. adj. 'Referente a la suma o compendio'. sust. com. 'Persona práctica en contar o hacer sumas': **el sumista**, **la sumista**. sust. m. 'Autor que escribe sumas de algunas facultades'; 'el que sólo ha aprendido por sumas la teología moral'.

súmmum. sust. m. Es voz latina. 'El colmo, lo sumo' (*Esta insolencia es el* ***súmmum***). Nótese que lleva tilde sobre la primera **u**. En plural, aunque se usa poco: **los súmmum**. Incorrecto: <u>*súmmums*</u>.

sumo, ma. adj. 'Supremo, altísimo, que no tiene superior' (*jefe* ***sumo***); fig. 'enorme, muy grande' (*Vive en* ***suma*** *pobreza*). **a lo sumo**. loc. adv. 'A lo más, al mayor grado, número, cantidad, etc., a que puede llegar una persona o una cosa' (***A lo sumo***, *aprobará la escuela primaria; Este auto,* ***a lo sumo***, *durará dos años más*).

súmulas. sust. f. pl. 'Compendio o sumario que contiene los principios elementales de la lógica'. → **plural** (**pluralia tantum**)

sumulista. sust. m. 'El que estudia las súmulas'; 'el que las enseña'. Nótese que la Academia no lo da como común de dos. Carece, en consecuencia, de forma para el femenino.

suncho. sust. m. 'Abrazadera'. Es correcta, también, la grafía **zuncho**, más extendida en España. Bol. 'Planta herbácea parecida a la margarita, con flores amarillas'. Argent. 'Arbolillo'. En otros lugares de América, este último se conoce con el nombre de **chilca** (sust. f.).

sunco, ca. adj. Chile. Equivale a **manco**. Ú. t. c. sust. m. y f.: **el sunco**, **la sunca**.

supeditar. v. tr. En sus denotaciones más frecuentes, 'dominar, sojuzgar'; 'subordinar una cosa a otra'; 'condicionar una cosa al cumplimiento de otra'. Rég. prep.: **supeditar a** o **de** (***supeditar*** *la decisión de viajar* ***a*** o ***de*** *la venta de un inmueble*). Su postverbal es **supeditación** (sust. f.). Rég. prep.: **supeditación a** o **de** (***supeditación a*** o ***de*** *los padres*).

super-. elem. compos. de or. lat. 'Encima de' (***super****estructura*, ***super****estrato*); 'preeminencia' (***super****intendente*, ***super****hombre*, ***super****dotado*); 'grado sumo' (***super****elegante*, ***super****fino*); 'exceso' (***super****producción*). No todas las voces compuestas formadas con **super-** están registradas en el ***Diccionario***. Su ausencia no quiere indicar que sean incorrectas, como sucede, por ejemplo, con ***super****poblado*, ***super****inteligente*, ***super****conducción*. En ningún caso, los vocablos compuestos con esta forma prefija se escriben en dos palabras o con guión. Incorrecto: <u>*súper hombre*</u>, <u>*super-hombre*</u>; <u>*súper intendente*</u>, <u>*super-intendente*</u>. → **re-**, **súper**

súper. adj. 'Magnífico, superior' (*Es una mujer* ***súper***). Carece de registro en el ***Diccionario***. El ***Manual*** lo cataloga con ese indicador. Si se emplea, pese a su falta de sanción oficial, debe usarse pospuesto al sustantivo que modifica, porque, de lo contrario, lo correcto es formar el compuesto y escribirlo sin tilde (*Es una* ***supermujer***). sust. m. fam. Abreviación de **supermercado** (*Se fue al* ***súper***). sust. f. 'Gasolina o nafta de calidad superior' (*Por favor, diez litros de* ***súper***). Se trata, en realidad, también de una abreviación (***super****gasolina*, ***super****nafta*). Estas dos formas sustantivas tampoco están registradas en el ***Diccionario***. Las cataloga, también, el ***Manual***, con ese indicador. Su uso, pese a la falta de sanción oficial, es menos chocante que el empleo adjetivo del término, que es innecesario, atento a que la lengua posibilita la formación de los compuestos respectivos con el sufijo **super-**. → **super-**

superar. v. tr. 'Ser superior a otra persona' (*María la* ***supera*** *en todo*); 'vencer dificultades' (*No sabe* ***superar*** *los obstáculos*). v. prnl. 'Hacer alguien alguna cosa mejor que en otras ocasiones' (*En ese ejercicio,* ***se superó***). Este verbo carece de otras denotaciones. Es incorrecto usarlo por **dominar**: *Me* <u>*supera*</u>, *quizás, por mi falta de carácter*. Correcto: *Me* ***domina***, *quizás, por mi fal-*

ta de carácter. No debe reemplazarse por surmontar, un galicismo.

superávit. sust. m. 'En el comercio, exceso del haber o caudal sobre el debe u obligaciones de la caja' (*En esta quincena, en la zapatería, tuvimos **superávit***); 'en la administración pública, exceso de los ingresos sobre los gastos' (*Este mes, hubo **superávit** fiscal*). En plural, no varía: **los superávit**. Incorrecto: *superávites*, *superavites*, *superávits*.

superchero, ra. adj. 'Que actúa con supercherías'. Ú. t. c. sust. m. y f.: **el superchero, la superchera**.

superconductor, ra. adj. 'Dícese de los materiales metálicos que a muy bajas temperaturas pierden su resistencia eléctrica, transformándose en conductores eléctricos perfectos'. Ú. t. c. sust. m.: **el superconductor**. En plural: **superconductores**.

superdominante. sust. f. 'Sexta nota de la escala diatónica'. Nótese su género: **la superdominante**. Incorrecto: *el superdominante*.

superentender. v. irreg. tr. 'Inspeccionar, vigilar, gobernar'. Se conjuga como **tender**.

supererogación. sust. f. 'Acción ejecutada sobre o además de los términos de la obligación'. Incorrecto: *supererrogación*. En plural: **supererogaciones**. Lo 'relativo a la supererogación' es **supererogatorio, ria** (adj.). Incorrecto: *supererrogatorio*.

superestrato. sust. m. En su acepción más común, 'acción por la cual una lengua que se ha difundido por el territorio de otra, comunica a ésta algunos de sus rasgos, si bien desaparece al conservar sus hablantes la lengua que se hablaba en aquel territorio' (*El latín es un **superestrato** del vasco*). Incorrecto: *superstrato*.

superhombre. sust. m. 'Tipo de hombre muy superior a los demás' (*Mi papá es un **superhombre***). Incorrecto: *super hombre*, *súper hombre*, *super-hombre*. En plural: **superhombres**. El femenino correspondiente carece de registro en el ***Diccionario***, pero es correcta la voz **supermujer**. → **super-, súper**

superintendencia. sust. f. 'Suprema administración en un ramo'; 'empleo de superintendente'; 'oficina del superintendente'. También puede decirse **sobreintendencia** (sust. f.). La Academia prefiere la primera forma.

superintendente. sust. com.: **el superintendente, la superintendente**. Incorrecto: *la superintendenta*. Es erróneo, por otra parte, escribir esta voz en dos palabras o con guión: *súper intendente*, *super intendente*, *super-intendente*.

superior. adj. Entre otras acepciones, 'dícese de lo que está más alto y en lugar preeminente respecto de otra cosa' (*Vive en el piso **superior** de la casa; Vive en un piso **superior** al nuestro*); fig. 'dícese de lo más excelente y digno, respecto de otra cosa de menos aprecio y bondad' (*Aquel libro es **superior** a éste*). Con estas denotaciones, es el comparativo de **alto, ta** (adj.). Es incorrecto usarlo precedido del adverbio **más**: *Su calidad es más superior*. Correcto: *Su calidad es **superior***. → **alto**. Rég. prep.: **superior a** (***superior a** sus hermanos*); **superior en** (***superior en** inteligencia*); **superior por** (***superior por** su virtuosismo*). Es incorrecta la construcción *superior de* por **superior a**: *Es, en todo, superior de mí*. Correcto: *Es, en todo, **superior a** mí*. Tampoco es correcto: *Es superior al mejor*. Correcto: *Es **el mejor***. fig. 'Excelente, estupendo'. Con esta significación, es un adjetivo positivo (*Es una tela **superior***), que admite el grado superlativo: **muy superior** y **superiorísimo, ma** (*Es una tela **muy superior**; Es una tela **superiorísima***). También, en el sentido positivo, 'aplícase a los seres vivos de organización más compleja y que se suponen más evolucionados que otros' (*Los mamíferos son seres **superiores***) y 'a los países o lugares que están en la cuenca alta de los ríos, a diferencia de los que están en su parte baja' (*Alemania **superior***). Su homónimo, el sustantivo masculino **superior**, cuyo femenino es **superiora**, denota a la 'persona que manda, gobierna o dirige una congregación, principalmente religiosa' (*El **superior** de los salesianos está en Buenos Aires; La **superiora** de las monjas trinitarias nos recibirá mañana*).

superlativo, va. adj. 'Muy grande y superior en su línea'. Gramaticalmente, se distinguen dos clases de superlativos: el **relativo**, 'que asigna el grado máximo o mínimo de una cualidad a una o varias personas o cosas en relación con las demás de un conjunto determinado' (*Es el niño **más educado de** la escuela*), y el **absoluto**, 'que denota el sumo grado de cualidad que con él se expresa' (*Es un niño **educadísimo***).

♦ **superman** o **supermán.** Anglicismo. En español, corresponde decir **superhombre**.

supermercado. sust. m. 'Establecimiento comercial de venta al por menor en el que se expenden toda clase de artículos alimenticios, bebidas, productos de limpieza, etc., y en el que el cliente se sirve a sí mismo y paga a su salida'. → **hipermercado**, **súper**

supernumerario, ria. adj. 'Que excede o está fuera del número establecido'. sust. m. y f. 'Empleado que trabaja en una oficina pública sin figurar en planilla': **el supernumerario**, **la supernumeraria**. No debe escribirse con guión: *super-numerario*.

súpero, ra. adj. 'Dícese del tipo de ovario de las fanerógamas que se desarrolla por encima del cáliz, como el tomate y otras solanáceas'. Es voz de reciente registro en el ***Diccionario***.

superponer. v. irreg. tr. 'Añadir una cosa o ponerla encima de otra'. El participio es irregular (***superpuesto***). Incorrecto: *superponido*. Su 'acción y efecto' es **superposición** (sust. f.). Se conjuga como **poner**.

superproducción. sust. f. 'Exceso de producción'; 'obra teatral o cinematográfica que se presenta como excepcional y de gran costo'; 'proceso económico en el que se obtienen cantidades superiores a las necesarias, de un determinado producto'. Las dos últimas denotaciones son de reciente ingreso en el ***Diccionario***. En plural: **superproducciones**. También puede decirse **sobreproducción** (sust. f.).

superrealismo. sust. m. 'Movimiento artístico y literario, cuyo primer manifiesto es de 1924'. Es incorrecto escribirlo con guión: *super-realismo*. También pueden decirse **sobrerrealismo**, **suprarrealismo** y **surrealismo** (susts. ms.). La Academia prefiere la primera forma. Anota Seco: "El francés *surréalisme* [...] fue mal traducido al español en la forma *surrealismo*. El prefijo francés *sur-* corresponde al español *super-* o *sobre-*, y la traducción adecuada, por tanto, es *superrealismo* o *sobrerrealismo*. Algunos, como Antonio Machado, han preferido, pensando en el prefijo *supra-*, *suprarrealismo*. La forma sin duda más difundida es *surrealismo*; pero disfruta de creciente aceptación *superrealismo*, especialmente en la lengua escrita. La Academia, que acoge las cuatro formas, da preferencia a esta última. Todo lo dicho respecto a las cuatro palabras es aplicable a **surrealista**, **superrealista**, **sobrerrealista** y **suprarrealista**". → **superrealista**

superrealista. adj. 'Relativo al superrealismo'. sust. com. 'Persona que es partidaria de ese movimiento y lo practica': **el superrealista**, **la superrealista**. También pueden decirse **surrealista**, **sobrerrealista** y **suprarrealista** (adjs. Ú. t. c. susts. coms.). Los dos últimos, correctamente formados, no tienen registro en el ***Diccionario***. → **superrealismo**

supersónico, ca. adj. 'Dícese de la velocidad superior a la del sonido y de lo que se mueve de ese modo' (*avión **supersónico***). sust. m. 'Avión' (*Voló en un **supersónico***).

♦ **superstar.** Anglicismo. En español, corresponde decir **superestrella**.

superstición. sust. f. 'Creencia extraña a la fe religiosa y contraria a la razón' (*Creer que abrir un paraguas bajo techo trae mala suerte es una **superstición***); 'valoración excesiva respecto de una cosa' (*A veces, se cae en una **superstición** de la ciencia*). Incorrecto: *supertición*. En plural: **supersticiones**.

supersticioso, sa. adj. 'Perteneciente o relativo a la superstición' (*culto **supersticioso***); 'dícese de la persona que cree en ella' (*mujer **supersticiosa***). Ú. t. c. sust. m. y f.: **el supersticioso, la supersticiosa**. Incorrecto: *superticioso*.

supérstite. adj. 'Que sobrevive' (*el cónyuge **supérstite***). Incorrecto: *supértite*. También puede decirse **sobreviviente** (adj. Ú. t. c. sust. com.).

supervalorar. v. tr. 'Otorgar a cosas o personas mayor valor del que realmente tienen'. Su postverbal es **supervaloración** (sust. f.). La Academia no registra **sobrevalorar** (v. tr.) ni **sobrevaloración** (sust. f.), pero son voces compuestas correctamente formadas. No obstante, prefiéranse las formas con **super-**.

supervenir. v. irreg. intr. 'Suceder, acaecer, sobrevenir'. Su postverbal es **superveniencia** (sust. f.). La 'acción y efecto de sobrevenir nuevo derecho' es, en cambio, **supervención** (sust. f.). Se conjuga como **venir**. → **sobrevenir**

supervisor, ra. adj. 'Que supervisa'. Ú. t. c. sust. m. y f.: **el supervisor**, **la supervisora**.

supervivencia. sust. f. Entre otras denotaciones, 'acción y efecto de sobrevivir'. Incorrecto: <u>*sobrevivencia*</u>, un neologismo. → **sobrevivir**

superviviente. adj. 'Que sobrevive'. Rég. prep.: **superviviente de** (***superviviente de** la catástrofe aérea*). También puede decirse **sobreviviente** (adj. Ú. t. c. sust. com.). En general, se usa **superviviente** sólo cuando ha habido muertos.

♦ **supervivir.** Neologismo. Corresponde decir **sobrevivir**.

superyó. sust. m. 'En la doctrina psicoanalítica freudiana, parte más o menos inconsciente del yo, formada por lo que este último considera su ideal'. En plural: **superyoes** o **superyós**.

súpito, ta. adj. 'Repentino'. Equivale a **súbito, ta** (adj.), mucho más frecuente.

suplantador, ra. adj. 'Que suplanta'. Ú. t. c. sust. m. y f.: **el suplantador, la suplantadora**.

suplantar. v. tr. En su acepción más corriente, 'ocupar con malas artes el lugar de otro, defraudándole el derecho, empleo o favor que disfrutaba'. Nótese su correcta denotación, que es francamente peyorativa. No debe usarse, en consecuencia, en lugar de **reemplazar** (v. tr.) o de **suplir** (v. tr.). Incorrecto: *Con motivo de la licencia de su compañera, la <u>suplantó</u> en el cargo*. Correcto: *Con motivo de la licencia de su compañera, la **reemplazó** o **suplió** en el cargo*. → **reemplazar, suplir**

suplefaltas. sust. com. fam. 'Persona que suple faltas de otra, sin título ni grado': **el suplefaltas, la suplefaltas**. No debe escribirse, en singular, sin **s** final. En plural, no varía: **los suplefaltas, las suplefaltas**.

suplementario, ria. adj. 'Que sirve para suplir una cosa o completarla' (*Tengo una cámara **suplementaria**; Pondremos, porque somos muchos, una mesa **suplementaria***). También puede decirse **suplemental** (adj.). La Academia prefiere la primera forma. → **supletorio**

suplemento. sust. m. Entre otras denotaciones, 'acción y efecto de suplir'; 'cosa que se añade a otra'; 'hoja o cuaderno que publica un periódico o revista y cuyo texto es independiente del número ordinario' (*No llegó el **suplemento** dominical del diario*). Rég. prep.: **suplemento de** (***suplemento de** la revista*). Incorrecto: <u>*suplemento a*</u> *la revista*.

suplente. p. a. de **suplir**. 'Que suple'. Ú. t. c. sust. com.: **el suplente, la suplente**. Incorrecto, para el femenino, <u>*la suplenta*</u>.

♦ **supletivo.** Anglicismo (*suppletive*). En español, corresponde decir **supletorio**.

supletorio, ria. adj. 'Dícese de lo que suple una falta' (*Este libro es **supletorio** de aquel que está agotado*). Con la denotación de 'lo que sirve para completar algo que falta', equivale al adjetivo **suplementario, ria**. Ú. t. c. sust. m. 'Dícese del aparato telefónico conectado a uno principal'. Ú. t. c. sust. m. (*Tiene un **supletorio** en su habitación*).

suplicante. p. a. de **suplicar**. 'Que suplica'. Ú. t. c. sust. com.: **el suplicante, la suplicante**. Incorrecto, para el femenino, <u>*la suplicanta*</u>.

suplicar. v. tr. 'Rogar, pedir con humildad y sumisión una cosa'; 'recurrir contra el auto o sentencia de vista de un tribunal superior ante este mismo'. Rég. prep.: **suplicar a** (***suplicar a** Dios*); **suplicar de** (***suplicar de** la sentencia*); **suplicar para ante** (***suplicar para ante** el Consejo*); **suplicar por** (***suplicar por** otros*). Sus postverbales son **súplica** y **suplicación** (susts. fs.). → **sacar**

suplidor, ra. adj. 'Que suple'. Ú. t. c. sust. m. y f.: **el suplidor, la suplidora**.

suplir. v. tr. 'Integrar lo que falta en una cosa o remediar la carencia de ella' (***Suplió** las páginas faltantes con fotocopias*); 'ponerse en lugar de otro para hacer sus veces' (***suplir** en el trabajo al amigo*); 'reemplazar una cosa con otra' (***Suplirás** las copas faltantes con las del otro juego*); 'disimular uno un defecto de otro' (*La protagonista **suplió** con habilidad los tropiezos del actor*). Rég. prep.: **suplir en** (***suplir en** la cátedra*); **suplir por** (***suplir por** compromiso*). No debe usarse, en reemplazo de este verbo, <u>*suplementar*</u>, un neologismo innecesario. La 'acción de suplir una persona a otra' es **suplencia** (sust. f.), voz que, además, denota 'el tiempo que dura esta acción'.

suponedor, ra. adj. 'Que supone una cosa que no es'. Ú. t. c. sust. m. y f.: **el suponedor, la suponedora**.

suponer. v. irreg. tr. 'Dar por sentada y existente una cosa'; 'fingir'; 'traer consigo, importar' (*Este aparato **supondrá** grandes gastos de electricidad*); 'conjeturar'. v. intr. 'Tener representación o autoridad en una república o comunidad' (*Ese director general **supone** más de lo que piensas en el gabinete ministerial*). En la primera acepción, se usa mucho en gerundio y en imperativo (***Suponiendo** que te vas, ¿quién te suplirá?*; ***Supón** que salió anoche, ¿a qué hora calculas que estará aquí?*). Este verbo carece de forma pronominal. Es incorrecto, por tanto: *Me supongo que llegarás a tiempo*; *Te supones que soy tonta*. Correcto: ***Supongo** que llegarás a tiempo*; ***Supones** que soy tonta*. No es correcto, además, construirlo con *de que* (dequeísmo): *Supongo de que lo sabes*. Correcto: ***Supongo que** lo sabes*. Su 'acción y efecto' es **suposición** (sust. f.). Este sustantivo se construye con la preposición **de** (*en la **suposición de** algo*): *En la **suposición de** que vengas, iremos al concierto juntos*. Incorrecto: *En la suposición que vengas, iremos al concierto juntos* ("queísmo"). Se conjuga como **poner**. → **supuesto**

supra-. elem. compos. de or. lat. 'Arriba'; 'encima de algo' (***supra**nacional, **supra**ciliar, **supra**clavicular*).

suprarrealismo. sust. m. → **superrealismo**

supremo, ma. adj. 'Altísimo'. Es superlativo de **alto, ta** (adj.), en el sentido anotado, es decir, de 'el más alto de todos' (*jefe **supremo***). → **alto**. 'Que no tiene superior en su línea' (*La Constitución es nuestra ley **suprema***). 'Refiriéndose al tiempo, último' (*Le llegó su hora **suprema***).

suprimir. v. tr. 'Hacer cesar, hacer desaparecer' (***suprimir** una letra de más; **suprimir** un empleo*); 'omitir, callar, pasar por alto' (***Suprimió** una parte del texto que debía leer, porque era largo; **Suprimió** pormenores para no ser prolijo*). Rég. prep.: **suprimir de** (***suprimir** un nombre **de** la lista*); **suprimir en** (***suprimir en** la lectura*); **suprimir por** (***suprimir por** razones presupuestarias*). Este verbo tiene dos participios, uno regular (***suprimido***) y otro irregular, poco usado (***supreso***). Su postverbal es **supresión** (sust. f.).

suprior. sust. m. 'El que en algunas comunidades religiosas hace las veces del prior'. En plural: **supriores**. Su femenino es **supriora**. El 'empleo de suprior o de supriora' es **supriorato** (sust. m.).

♦ **supuestamente.** Anglicismo. En español, corresponde usar **presuntamente**.

supuesto. p. irreg. de **suponer**. sust. m. 'Objeto y materia que no se expresa en la proposición, pero es aquello de que depende o en que se funda la verdad de ella' (*Esta teoría se funda en tres **supuestos***); 'suposición, hipótesis' (*Tengo muchos **supuestos***); 'todo ser que es principio de sus acciones'; 'presupuesto en que se explican las operaciones de una partición'. **por supuesto**. loc. adv. Equivale a **ciertamente**. **supuesto que**. loc. conjunt. causal y continuativa. Equivale a **puesto que** (***Supuesto que** no iré, no debes preocuparte*). Incorrecto: *Supuesto de que no iré, no debes preocuparte* (dequeísmo).

supurativo, va. adj. 'Que tiene la virtud de hacer supurar'. Ú. t. c. sust. m. (*Le recomendaron un **supurativo***). Distíngase de **supuratorio, ria** (adj.), 'que supura' (*llaga **supuratoria***).

sur. sust. pr. m. 'Punto cardinal del horizonte, diametralmente opuesto al Norte y que cae enfrente del observador a cuya derecha está el Occidente'. Se escribe siempre con mayúscula (*Marcó, en el mapa, el Sur*). Abreviatura: ***S*** (sin punto). → **este**. sust. m. 'Lugar de la Tierra o de la esfera celeste que cae del lado del polo antártico, respecto del otro con el cual se compara' (*Vive en el **sur** de nuestra patria*); 'viento que sopla de la parte austral del horizonte' (*El **sur** anuncia frío*). Una **surada** (sust. f.) es el 'golpe del viento sur'. → **sud, sud-**

suramericano, na. adj. 'Natural de Suramérica o América del Sur'. Ú. t. c. sust. m. y f.: **el suramericano, la suramericana**. 'Perteneciente o relativo a esta parte de América'. → **sudamericano, sud-**

surcador, ra. adj. 'Que surca'. Ú. t. c. sust. m. y f.: **el surcador, la surcadora**.

surcar. v. tr. 'Hacer surcos'; 'hacer en alguna cosa rayas parecidas a los surcos que se hacen en la tierra'; fig. 'caminar o ir por un fluido rompiéndolo o cortándolo' (*La nave **surca** el mar*). → **sacar**

surco. sust. m. 'Hendedura que se hace en la tierra con el arado'; 'arruga en el rostro'. También puede decirse **sulco** (sust. m.), pero la Academia prefiere la primera forma.

surcoreano, na. adj. 'Natural de Corea del Sur'. Ú. t. c. sust. m. y f.: **el surcoreano, la surcoreana**. Incorrecto: *surcoriano, na*, un vulgarismo. 'Perteneciente a este país de Asia'. Es voz recién incorporada en el ***Diccionario***.

sureño, ña. adj. 'Perteneciente o relativo al sur'; 'que está situado en la parte sur de un país'. Incorrecto: *sudeño*.

sureste. sust. m. Equivale a **sudeste**. Abreviatura: ***SE***. → **sudeste**

♦ **surf.** Anglicismo. En español, este deporte naútico carece de traducción o de voz equivalente. Cuando se usa el extranjerismo, hay que entrecomillarlo.

♦ **surfilar.** Galicismo (*surfiler*). En español, corresponde decir **hilvanar** o **sobrehilar**.

surgidor, ra. adj. 'Que surge'. Ú. t. c. sust. m. y f.: **el surgidor**, **la surgidora**.

surgir. v. intr. 'Brotar el agua hacia arriba'; fig. 'alzarse, manifestarse, aparecer'. También puede decirse, en particular para la primera acepción, **surtir** (v. intr.). 'Dar fondo la nave'. Rég. prep.: **surgir en** (***surgir en*** *el medio del lago*; ***surgir en*** *la conversación*). Tiene dos participios, uno regular (***surgido***) y otro irregular (***surto***), que sólo se usa para la última acepción consignada. → **dirigir**

suri. sust. m. Argent. y Bol. 'Avestruz de América, ñandú'. Para distinguir los sexos, debe recurrirse a las perífrasis **suri macho**, **suri hembra**. En plural: **suris**.

♦ **surmenage.** Galicismo. En español, corresponde decir **sobrefatiga**, **agotamiento**.

suroeste. sust. m. Equivale a **sudoeste**. Abreviatura: ***SO***. → **sudoeste**.

surrealismo. sust. m. → **superrealismo**

surrealista. adj. Ú. t. c. sust. com. → **superrealista**

sursudoeste. sust. m. 'Viento medio entre el Sur y el Sudoeste'; 'región situada hacia el sitio de donde sopla este viento'. Abreviatura de esta última acepción: ***SSO***.

sursuncorda. sust. m. fig. y fam. 'Supuesto personaje anónimo de mucha importancia' (*No lo hará, aunque lo ordene el* ***sursuncorda***). No debe usarse, en español, la frase latina *sursum corda*.

surtidero. sust. m. 'Canal por donde desaguan los estanques'. En otra denotación, equivale a **surtidor** o a **saltadero** (susts. ms.), 'chorro de agua'.

surtido, da. p. de **surtir**. adj. 'Aplícase al artículo de comercio que se ofrece como mezcla de distintas clases' (*galletas* ***surtidas***). Ú. t. c. sust. m. (*Compró un* ***surtido*** *de caramelos*). sust. m. 'Acción y efecto de surtir'; 'lo que se previene o sirve para surtir' (*Recibieron un* ***surtido*** *de medias*).

surtidor, ra. adj. 'Que surte o provee'. Ú. t. c. sust. m. y f.: **el surtidor, la surtidora**. sust. m. 'Chorro de agua que brota o sale especialmente hacia arriba'. → **surtidero**. 'Bomba que extrae, de un depósito subterráneo, gasolina o nafta para los vehículos'. En plural: **surtidores**.

surtir. v. tr. 'Proveer a alguno de alguna cosa'. Ú. t. c. prnl. Rég. prep.: **surtir** o **surtirse de** (***surtir*** o ***surtirse de*** *galletitas*). Sus postverbales son **surtido** y **surtimiento** (susts. ms.). v. intr. 'Brotar, saltar o simplemente salir el agua, en particular hacia arriba'. También puede decirse **surgir** (v. intr.).

surto, ta. p. irreg. de **surgir**. 'Dar fondo la nave' (*El barco estaba* ***surto*** *en el puerto de Montevideo*).

surubí o **suruví.** sust. m. Argent., Bol., Par. y Urug. 'Pez de río, enorme bagre sin escamas y de carne compacta y sabrosa'. Es típico de la cuenca del Plata. Para distinguir los sexos, debe recurrirse a las perífrasis **surubí** o **suruví macho, surubí** o **suruví hembra**. La Academia prefiere la segunda grafía; en la Argentina, la más usual es la primera. En plural: **surubíes** o **suruvíes, surubís** o **suruvís**.

surumpe. sust. m. Perú. 'Inflamación de los ojos que sobreviene a los que atraviesan los Andes nevados, causada por la reverberación de la nieve'. En Bolivia, se dice **surupí** (sust. m.).

sus-. elem. compos. → **sub-**

susceptible. adj. 'Capaz de recibir modificación' (*Este proyecto es* ***susceptible*** *de ser reemplazado por otro*). No debe emplearse con el significado de **capaz**: *Tu madre es susceptible de llevar a cabo lo que se propone*. Correcto: *Tu madre es* ***capaz*** *de llevar a cabo lo que se propone*. "Los dos adjetivos –dice Seco– expresan capacidad; pero *capaz* se refiere a la capacidad de hacer (posibilidad activa), mientras que *susceptible* se refiere a la capacidad de recibir una acción o una cualidad (posibilidad pasiva). [...] Igualmente hay que evitar la confusión entre *susceptible* y *posible*. Si *susceptible* es 'que puede recibir' (una acción o una cualidad), *posible* es simplemente 'que puede existir o realizarse'. El primero, en el sentido expuesto, lleva complemento; el segundo no lo lleva. Un ejemplo erróneo: *Los malos son posibles de conversión* [...]; aquí se quiso decir –concluye Seco– *son susceptibles."* Rég. prep.: **susceptible de** (***susceptible de*** *ser anulado*; *de mejoras*). 'Quisquilloso' (*Por todo se ofende, es* ***susceptible***). La 'cualidad de susceptible' es la **susceptibilidad** (sust. f.). Son incorrectas las grafías *suceptible*, *suceptibilidad*.

♦ **suscinto.** Barbarismo. Lo correcto es **sucinto**.

suscitar. v. tr. 'Levantar, promover' (*Su actuación* ***ha suscitado*** *muchas críticas*). Nótese su correcta grafía. Su postverbal es **suscitación** (sust. f.).

suscribir o **subscribir.** v. tr. 'Firmar al pie o al final de un escrito'; 'convenir con el dictamen de uno'. v. prnl. 'Obligarse uno a contribuir como otros al pago de una cantidad para cualquier obra o empresa' (***suscribirse*** *a las cuotas para la edificación del nuevo colegio*); 'abonarse' (***suscribirse*** *a una revista*). Rég. prep.: **suscribirse a** (***suscribirse a*** *un periódico*); **suscribirse para** (***suscribirse para*** *esa obra de caridad*). Su participio es irregular y tiene dos formas (***suscrito*** o ***suscripto***); la Academia prefiere la primera. Su postverbal es **suscripción** o **subscripción** (sust. f.), la Academia prefiere la forma sin **b**. → **sus-**, **subscr**[...]

suscriptor o **subscriptor.** sust. m. 'El que suscribe o se suscribe'. Su femenino es **suscriptora** o **subscriptora**. También pueden decirse **suscritor** o **subscritor**, **suscritora** o **subscritora** (susts. m. y f.). La Academia prefiere las formas sin **b**.

susoayá. sust. m. Argent. 'Planta'. En plural: **susoayaes** o **susoayás**.

susodicho, cha. adj. 'Dicho arriba, mencionado antes' (*En las* ***susodichas*** *palabras*, *el concepto no quedó claro*). Ú. t. c. sust. m. y f.: **el susodicho, la susodicha** (*Lo ratificó el* ***susodicho***).

suspendedor, ra. adj. 'Que suspende'. Ú. t. c. sust. m. y f.: **el suspendedor, la suspendedora**.

suspender. v. tr. 'Levantar, colgar o detener una cosa en el aire'. 'Diferir por algún tiempo una acción u obra' (***suspender*** *las clases*). Ú. t. c. prnl. (***Se suspendió*** *el concierto*). fig. 'Embelesar, causar admiración'; fig. 'privar temporalmente a uno del sueldo o empleo que tiene'; fig. 'negar la aprobación a un examinando hasta nuevo examen'; 'asegurarse el caballo sobre las piernas con los brazos en el aire'. Rég. prep.: **suspender de** (***suspender de*** *un hilo*; ***suspender de*** *un empleo*); **suspender en** (***suspender en*** *el aire*; ***suspender en*** *tres asignaturas*); **suspender por** (***suspender por*** *los brazos*). Este verbo tiene dos participios, uno regular (***suspendido***) y otro irregular (***suspenso***). Su 'acción y efecto' es **suspensión** (sust. f.).

suspense. sust. m. Voz inglesa (*suspense*) españolizada. 'En el cine y otros espectáculos, situación emocional, generalmente angustiosa, producida por una escena dramática de desenlace diferido o indeciso'. Es voz de reciente incorporación en el ***Diccionario***. También puede decirse, según la Academia, **suspensión** (sust. f.), pero, con este significado –como dice Seco–, no se oye prácticamente en España en reemplazo de la voz que anotamos, que es la usual allí, mientras que **suspenso** (sust. m.) lo es en América. → **suspenso**

suspensivo, va. adj. 'Que tiene virtud o fuerza de suspender'. → **puntos suspensivos, punto, signo (signos de puntuación)**

suspenso, sa. p. irreg. de **suspender**. adj. 'Admirado, perplejo' (*Se quedó* ***suspenso***). sust. m. 'Nota de haber sido suspendido en un examen'. Amér. Equivale a **suspense** del español peninsular, voz de origen inglés que no se usa en nuestro continente (*Me gustan las películas de* ***suspenso***). **en suspenso**. loc. adv. Indica que 'se difiere una resolución o su cumplimiento' (*Dejaremos esta decisión* ***en suspenso***).

suspensorio, ria. adj. 'Que sirve para suspender en alto o en el aire'. sust. m. 'Vendaje que sirve para sostener el escroto o cualquier otro miembro'. Es un anglicismo usar, en su reemplazo, *suspensor*.

suspicaz. adj. 'Propenso a concebir sospechas

o a tener desconfianza'. Es voz aguda que, en plural, se hace grave: **suspicaces**. Nótese que la **z** cambia por **c**.

suspirar. v. intr. 'Dar suspiros'. **suspirar** uno **por** una cosa. fr. fig. 'Desearla con ansia' (*Suspiro por tener mi propia casa*). **suspirar** uno **por** una persona. fr. fig. 'Amarla en extremo' (*Ana suspira por Juan*). Rég. prep.: **suspirar de** (*suspirar de angustia*); **suspirar por** (*suspirar por verlo*).

sustancia o **substancia.** sust. f. Entre otras denotaciones, 'cualquier cosa con que otra se aumenta y nutre, y sin la cual se acaba'; 'jugo'; 'ser, esencia de las cosas'. **en sustancia**. loc. adv. Equivale a **en compendio**. La Academia y los hablantes prefieren la primera forma. La grafía con **b** se usa hoy, casi exclusivamente, aunque no es obligatorio, cuando se emplea el término en la tercera acepción transcripta, es decir, en su denotación filosófica. → **sus-, subst**[...]

sustancial o **substancial.** adj. 'Perteneciente o relativo a la sustancia'; 'dícese de lo más importante y esencial de una cosa'. La Academia y los hablantes se inclinan hoy por la primera forma, salvo cuando el término se aplica en sentido filosófico, en que se usa, a veces, la forma con **b.** → **sus-, subst**[...], **sustancioso**

sustancialmente o **substancialmente.** adv. m. Equivale a **en sustancia** o **en substancia**. → **sus-, subst**[...]

sustanciar o **substanciar.** v. tr. 'Compendiar, extractar'; 'conducir un juicio por la vía procesal adecuada hasta ponerlo en estado de sentencia'. Su postverbal es **sustanciación** o **substanciación** (sust. f.). Se conjuga, en cuanto al acento, como **cambiar**. → **sus-, subst**[...]

sustancioso, sa o **substancioso, sa.** adj. 'Que tiene valor o estimación'; 'que tiene virtud nutritiva'. También puede usarse, en su reemplazo, **sustancial** o **substancial** (adj.). → **sus-, subst**[...]

sustantivamente o **substantivamente.** adv. m. 'A manera de sustantivo, con carácter de sustantivo'. → **sus-, subst**[...]

sustantivar o **substantivar.** v. tr. 'Dar valor y significación de sustantivo a otra parte de la oración y aun a locuciones enteras'. Su postverbal es **sustantivación** o **substantivación** (sust. f.). Es un anglicismo decir *sustantivizar* o *substantivizar*. → **sus-, subst**[...]

sustantividad o **substantividad.** sust. f. 'Existencia real, independencia, individualidad'. → **sus-, subst**[...]

sustantivo, va o **substantivo, va.** adj. 'Que tiene existencia real, independiente, individual'; 'importante, esencial'. sust. m. 'Clase de palabra que desempeña, además de la función de sujeto y de vocativo, que le son privativas, otras varias: objeto directo, objeto indirecto, término de preposición'. La gramática distingue, amén de otras clasificaciones, entre **sustantivos comunes** y **propios**; **concretos** y **abstractos**; **individuales** y **colectivos**. Por su género, se dividen en **femeninos**, **masculinos**, **ambiguos** y **epicenos**; por su número, en **singular** y **plural**. → **sus-, subst**[...], **nombre**

sustentador, ra. adj. 'Que sustenta'. Ú. t. c. sust. m. y f.: **el sustentador, la sustentadora**.

sustentar. v. tr. 'Proveer del alimento necesario'. Ú. t. c. prnl. 'Conservar una cosa en su ser o estado'. 'Sostener una cosa para que no se caiga o se tuerza'. Ú. t. c. prnl. 'Defender o sostener determinada opinión'. Rég. prep.: **sustentarse con** (*sustentarse con poca comida*); **sustentarse de** (*sustentarse de vegetales*). Sus postverbales son **sustentación** (sust. f.) y **sustentamiento** (sust. m.).

sustituible o **substituible.** adj. 'Que se puede o debe sustituir'. → **sus-, subst**[...]

sustituidor, ra o **substituidor, ra.** adj. 'Que sustituye'. Ú. t. c. sust. m. y f.: **el sustituidor** o **substituidor, la sustituidora** o **substituidora**. → **sus-, subst**[...]

sustituir o **substituir.** v. irreg. tr. 'Poner a una persona o cosa en lugar de otra'. Rég. prep.: **sustituir a** alguien **por** (*sustituir a Pedro por Juan*); **sustituir** algo **con** o **por** (*sustituir cosas con* o *por otras*); **sustituir en** (*sustituir en el poder a otro*; *sustituir a otro en el poder*). Tiene dos participios, uno regular (*sustituido* o *substituido*) y otro irregular (*sustituto* o *substituto*). Su postverbal es **sustitución** o **substitución** (sust. f.). Se conjuga como **huir.** → **sus-, subst**[...]

sustitutivo, va o **substitutivo, va.** adj. 'Dícese de lo que puede reemplazar a otra cosa en el uso'. Rég. prep.: **sustitutivo de** (*sustitutivo de una sustancia*) → **sus-**, **subst**[...]

sustituto, ta o **substituto, ta.** p. irreg. de **sustituir** o **substituir**. sust. m. y f.: **el sustituto** o **substituto, la sustituta** o **substituta.** Ú. t. c. adj. (*jugador **sustituto***). Rég. prep.: **sustituto de** (*sustituto del protagonista*). → **sus-**, **subst**[...]

sustractivo, va o **substractivo, va.** adj. 'Dícese de los términos de un polinomio que van precedidos del signo menos'. → **sus-**, **subst**[...]

sustraendo o **substraendo.** sust. m. 'Cantidad que ha de restarse de otra'. → **sus-**, **subst**[...], **minuendo**

sustraer o **substraer.** v. irreg. tr. 'Separar, extraer'; 'hurtar, robar fraudulentamente'; 'restar'. v. prnl. 'Separarse de lo que es de obligación, de lo que se tenía proyectado o de alguna otra cosa'. Rég. prep.: **sustraerse a** o **de** (***sustraerse a*** o ***de*** *las obligaciones*). Se conjuga como **traer**. → **sus-**, **subst**[...]

sustrato o **substrato.** sust. m. Entre otras denotaciones, 'lugar que sirve de asiento a una planta o animal fijo'; 'terreno situado debajo del que se considera' (*el **sustrato** es arcilloso*); 'lengua que, hablada en un territorio sobre la cual se ha implantado otra, ha legado algunos de sus rasgos' (*El quechua es un **sustrato** del español de algunas regiones americanas*). Su antónimo, en esta acepción lingüística, es **superestrato** (sust. m.). → **sus-**, **subst**[...]

susurrador, ra. adj. 'Que susurra'. Ú. t. c. sust. m. y f.: **el susurrador, la susurradora**.

susurrón, na. adj. fam. 'Que acostumbra murmurar secretamente'. Ú. t. c. sust. m. y f.: **el susurrón, la susurrona**.

sutás. sust. m. 'Cordoncillo con una hendidura en medio que le da apariencia de dos cordones unidos. Se usa para adorno'. No debe decirse *sutache*, un galicismo (*soutache*). En plural, no varía: **los sutás**.

sutil. adj. 'Delgado, delicado, tenue'; fig. 'perspicaz, ingenioso'. Es voz aguda que, en plural, se hace grave: **sutiles**. Es incorrecto pronunciarla, en singular, [sútil] como grave, y en plural, [sútiles] como esdrújula.

sutileza. sust. f. 'Cualidad de sutil'; fig. 'dicho o concepto excesivamente agudo y falto de verdad, profundidad o exactitud'. También puede decirse **sutilidad** (sust. f.), pero la Academia prefiere la primera forma.

sutilizador, ra. adj. 'Que sutiliza'. Ú. t. c. sust. m. y f.: **el sutilizador, la sutilizadora**.

sutilizar. v. tr. 'Adelgazar, atenuar'; fig. 'pulir, perfeccionar'; fig. 'discurrir ingeniosamente'. → **cazar**

suyo, ya. Pronombre posesivo de tercera persona en género masculino y femenino, y número singular. En plural: **suyos**, **suyas**. Es incorrecto emplearlo después de los adverbios de lugar **atrás**, **cerca**, **detrás** y **delante**: *atrás suyo*, *cerca suyo*, *detrás suyo*, *delante suyo*. Correcto: ***detrás de él***, ***de ella***, ***de usted***, ***de ellos***, ***de ellas***, ***de ustedes***; ***cerca de él***, ***de ella***, ***de usted***, ***de ellos***, ***de ellas***, ***de ustedes***, etc. Ú. t. c. sust. m. y f.: **el suyo, la suya** (*El libro que miras es **el suyo***; *La casa que ves es **la suya***; *Esos libros son **los suyos***). Cuando se usa antepuesto a un sustantivo, se apocopa en **su**, **sus** (*su madre*; *sus padres*). → **su. la suya**. 'Intención o voluntad determinada del sujeto de quien se habla' (*Se salió con **la suya***); loc. fam. con que se indica que 'ha llegado la ocasión favorable a la persona de que se trata' (*Ahora es **la suya***). **los suyos**. 'Personas propias y unidas a otra por parentesco, amistad, servidumbre, etc.' (*Vinieron **los suyos***). **de las suyas**. loc. 'Modos de expresarse u obrar que responden al carácter de una persona. Se usa con frecuencia en sentido peyorativo' (*Hizo **de las suyas***). **de suyo**. loc. adv. 'Naturalmente' (*Esto es así, **de suyo***). **lo suyo**. loc. fam. con que se pondera la dificultad, mérito o importancia de algo. Se usa, en particular, con el verbo **tener** (*Poetizar tiene **lo suyo***). **lo suyo y lo ajeno**. loc. fig. fam. 'Lo que toca y no toca a una persona' (*Habla de **lo suyo y lo ajeno***). **hacer** uno **de las suyas**. fr. fam. 'Proceder según su genio y costumbre'. Se usa, generalmente, con sentido peyorativo. **salir** o **salirse** uno **con la suya**. fr. fig. 'Lograr su intento'.

suzón. sust. m. 'Planta'. → **zuzón**

swástica. sust. f. Equivale a **esvástica**. Incorrecto: *suástica*. → **esvástica**

♦ **sweater.** Anglicismo. En español, corresponde decir **suéter**.

♦ **symposium.** Grecismo. En español, corresponde decir **simposio**.

t. Vigésima primera letra del abecedario español. Su nombre es **te** (sust. f.). En plural: **tes**. Incorrecto: <u>*tees*</u>.

taba. sust. f. 'Astrágalo, hueso del pie'; 'lado de la taba opuesto a la chuca'; 'juego en que se tira al aire una taba de carnero, u otro objeto similar, y se gana o se pierde según la posición en que caiga aquélla'. También puede decirse **taquín** (sust. m.). → **taquín**

tabacalero, ra. adj. 'Perteneciente o relativo al cultivo, fabricación o venta del tabaco' (*industria tabacalera*). 'Dícese de la persona que lo cultiva'; 'tabaquero'. Ú. t. c. sust. m. y f.: **el tabacalero, la tabacalera**. → **tabaquero**

tabaco. sust. m. 'Planta originaria de América'; 'su hoja'; 'polvo a que se reducen las hojas secas de esta planta para tomarlo por las narices'; 'cigarro puro' (*Fume un tabaco*); 'enfermedad de algunos árboles'; 'color marrón semejante al de las hojas de tabaco' (*Tiene un vestido tabaco*). → **colores**. Esta última denotación ha sido recién incorporada en el ***Diccionario***. Diminutivo: **tabaquillo**. El sustantivo colectivo es **tabacal** (m.), 'sitio sembrado de tabaco'. **acabársele** a uno **el tabaco**. fr. fig. y fam. p. us. Argent. 'Quedarse sin recursos'.

tabalear. v. tr. 'Menear o mecer una cosa a una parte y otra'. Ú. t. c. prnl. v. intr. 'Tamborilear'. No debe pronunciarse [tabaliar, tabalié]. Su postverbal es **tabaleo** (sust. m.). → **-ear**

tábano. sust. m. 'Insecto'. Para distinguir los sexos, debe recurrirse a las perífrasis **tábano macho, tábano hembra**. fig. y fam. 'Persona molesta o pesada'. También puede decirse **tabarro** o **tábarro** (sust. m.), pero la Academia prefiere la primera forma. El sustantivo colectivo que corresponde a la primera denotación es **tabanera** (f.), 'sitio donde hay muchos tábanos'.

tabaquero, ra. adj. 'Perteneciente o relativo al tabaco'. sust. m. y f. 'Obrero que tuerce el tabaco'; 'persona que lo vende o comercia con él': **el tabaquero, la tabaquera**. → **tabacalero**

tabaquista. sust. com. 'Persona que entiende la calidad del tabaco'; 'persona que consume mucho tabaco': **el tabaquista, la tabaquista**.

tabernero, ra. adj. 'Propio de la taberna'. También pueden decirse **tabernario, ria** y **tabernizado, da** (adjs.). sust. m. y f. 'Persona que tiene una taberna': **el tabernero, la tabernera**. Como sustantivo femenino, denota, además, la 'mujer del tabernero'. La **tabernería** (sust. f.) es el 'oficio o trato de tabernero'.

tabicado, da. p. de **tabicar**. adj. Entre otras denotaciones, 'en la construcción, dícese del local o vivienda divididos mediante tabiques'. sust. m. 'Acción y efecto de tabicar': **el tabicado**. Este sustantivo no está registrado en el ***Diccionario***, pero aparece en el ***Manual*** con el indicador de su falta de sanción oficial.

tabicamiento. sust. m. 'Acción y efecto de tabicar'. Esta voz no está registrada en el ***Diccionario***, pero aparece en el ***Manual*** con el indicador de su falta de sanción oficial.

tabicar. v. tr. 'Cerrar con tabique una cosa' (***Tabiqué** la ventana*). fig. 'Cerrar u obstruir lo que debería estar abierto'. Ú. t. c. prnl. → **sacar**

tabique. sust. m. 'Pared delgada que sirve para separar las piezas de la casa'; por extensión, 'división plana y delgada que separa dos huecos'. Aumentativo: **tabicón**. El sustantivo colectivo es **tabiquería** (f.), 'conjunto o serie de tabiques'.

tabla. sust. f. Entre otras denotaciones, 'pieza de madera plana, de poco grueso'; 'parte que se deja sin desplegar en un vestido'; 'el escenario del teatro'; 'doble pliegue ancho y plano que se hace por adorno en una tela y que deja en el exterior un trozo liso entre doblez y doblez'. La Academia ha incorporado recientemente estas denotaciones: 'Ese trozo liso' (se refiere al significado inmediatamente anterior); 'superficie ovalada y con un hueco central, provista de una tapa; se coloca sobre la taza del retrete para sentarse sobre ella'. Diminutivo: **tablilla**. Aumentativo: **tablón** (m.). Los sustantivos colectivos son **tablaje** (m.) y **tablería** (f.), 'conjunto de tablas'. El 'conjunto de tablas de huerta o de jardín' es el **tablar** (sust. m. colect.), y el **tableado** (sust. m. colect.), el 'conjunto de tablas que se hacen en una tela'. Un 'golpe dado con una tabla' es un **tablazo** (sust.

m.). **a raja tabla** o **a rajatabla**. loc. adv. fig. y fam. 'Cueste lo que cueste'; 'a toda costa'; 'a todo trance' (*Te ayudaré **a raja tabla** o **a rajatabla***). La segunda grafía ha sido recién incorporada en el ***Diccionario***. **hacer tabla rasa** de algo. fr. 'Prescindir o desentenderse de ello, por lo común arbitrariamente' (***Hizo tabla rasa** de sus obligaciones*). Incorrecto: *hacer tábula rasa*. → **tablado**

tablada. sust. f. And. y Argent. 'Lugar próximo al matadero de abasto de una población, donde se reúne el ganado destinado al consumo'. No debe confundirse su denotación con la de **tablado** (sust. m.). → **tablado**

tablado. sust. m. Entre otras denotaciones, 'suelo plano formado de tablas unidas o juntas por el canto'; 'suelo de tablas formado en alto sobre una armazón'; 'pavimento del escenario de un teatro'. Es sustantivo colectivo con el significado de 'conjunto de tablas de la cama sobre el que se tiende el colchón'. **sacar al tablado** algo. fr. fig. 'Publicarlo' (***Sacó al tablado** la noticia*). **tablao** (sust. m.) es un vulgarismo por **tablado**, registrado en el léxico oficial: 'escenario dedicado al cante y baile flamencos'; 'local dedicado a estos espectáculos'. En plural: **tablaos**.

tablazón. sust. f. 'Agregado de tablas'. Tiene valor colectivo con el significado de 'conjunto o compuesto de tablas con que se hacen las cubiertas de las embarcaciones y se cubre su costado y demás obras que llevan forro'. Nótese su género. Incorrecto: *el tablazón*. Es palabra aguda. En plural, se transforma en grave: **tablazones**.

tablear. v. tr. Entre otras denotaciones, 'dividir un madero en tablas'; 'hacer tablas en la tela'. No debe pronunciarse [tabliar, tablié]. Su postverbal es **tableo** (sust. m.). → **-ear**

tablero. adj. 'Dícese del madero a propósito para hacer tablas aserrándolo' (*madero **tablero***). sust. m. 'Tabla o conjunto de tablas unidas por el canto'. La Academia ha incorporado recientemente estas denotaciones: 'Superficie horizontal de la mesa'; 'plancha preparada para fijar y exponer en ella al público cualquier cosa, como anuncios, llaves, etc.'; 'superficie en que se agrupan los indicadores o controles de un sistema'; 'cuadro esquemático o tabla en que se registran datos'; 'salpicadero del automóvil'; fig. 'ámbito o lugar donde se desarrolla algo'; 'en imprenta, plancha de madera sobre la cual el marcador coloca el pliego en blanco'; 'estructura que sostiene la calzada de un puente'. **poner** o **traer al tablero** algo. fr. fig. 'Aventurarlo' (***Puso** o **trajo al tablero** el éxito del negocio*). **patear el tablero**. fr. fig. y fam. Argent. 'Rechazar inesperada y bruscamente las bases de una negociación' (*Trajo una buena propuesta y le **patearon el tablero***); fig. y fam. 'sorprender con acciones o argumentos inesperados'. Este último sintagma no está registrado en el ***Diccionario***, pero la A.A.L. ha recomendado su incorporación.

tablestaca. sust. f. 'Pilote de madera o tablón que se hinca en el suelo y que sirve para entibar excavaciones'. En plural: **tablestacas**. El sustantivo colectivo, de reciente ingreso en el ***Diccionario***, es **tablestacado** (m.), 'conjunto de tablestacas que forman una pared hermética, destinada a la protección de muelles fluviales o marítimos'.

tabletear. v. intr. 'Hacer chocar tabletas o tablas para producir ruido'; 'sonar algún ruido a manera de tableteo'. No debe pronunciarse [tabletiar, tabletié]. Sus postverbales son **tableteado** (sust. m.) y **tableteo** (sust. m.). → **-ear**

tablón. sust. m. aum. de **tabla**. 'Tabla gruesa'. Diminutivo: **tabloncillo**. El sustantivo colectivo es **tablonaje** (m.), 'conjunto de tablones'. Es palabra aguda. En plural, se transforma en grave: **tablones**. **tablón de anuncios**. 'Tabla o tablero en que se fijan avisos, noticias, etc.'. Este sintagma ha sido recién incorporado en el ***Diccionario***. La A.A.L. ha recomendado la inclusión del siguiente significado: Argent. 'Cuadro de siembra, tabla' (*En la huerta, hay dos **tablones** de lechuga*).

tabú. sust. m. Voz polinesia ('lo prohibido') españolizada. 'Prohibición de comer o de tocar algún objeto, impuesta a sus adeptos por algunas religiones de la Polinesia'; 'la condición de las personas, instituciones y cosas a las que no es lícito censurar o mencionar'. En plural: **tabúes** o **tabús**. Cuando se usa en aposición especificativa, generalmente es invariable en plural: *temas **tabú***. Sin embargo, a veces, se emplean las formas del plural: *nombres **tabúes*** o *nombres **tabús***.

tabulador, ra. adj. 'Que tabula'. sust. m. 'Mecanismo de la máquina de escribir': **el tabulador**. sust. f. 'En informática, máquina automática capaz de leer una serie de tarjetas perforadas, contarlas, realizar, si es preciso, una serie de operaciones elementales e imprimir directamente lecturas y resultados': **la tabuladora**. Esta última denotación ha sido recién incorporada en el ***Diccionario***.

tabular. v. tr. La Academia ha incorporado recientemente este significado: 'En una tabuladora, imprimir los totales parciales de los diferentes grupos de tarjetas, así como sus indicadores respectivos'. Su postverbal es **tabulación** (sust. f.), voz que presenta un nuevo significado de valor colectivo: 'En las máquinas de escribir, conjunto de los topes del tabulador'.

tac. sust. m. 'Ruido que producen ciertos movimientos acompasados, como el latido del corazón'. Ú. m. repetido: **tac, tac, tac**. No se usa en plural.

tacamaca. sust. f. 'Árbol americano'. También pueden decirse **tacamacha** (sust. f.) y **tacamahaca** (sust. f.), pero la Academia prefiere la primera forma.

tacañear. v. intr. 'Obrar con tacañería'. Incorrecto: <u>*tacanear*</u>, <u>*tacaniar*</u>. No debe pronunciarse [tacañiar, tacañié]. → **-ear**

tacaño, ña. adj. 'Miserable, ruin, mezquino'. Ú. t. c. sust. m. y f.: **el tacaño, la tacaña**. Incorrecto: <u>*tacanio*</u>.

tacatá. sust. m. 'Andador'. En plural: **tacatás**. También puede decirse **tacataca** (sust. m.), pero la Academia prefiere la primera forma.

tácet. sust. m. 'Prolongado silencio que ha de guardar un ejecutante durante un fragmento musical o hasta el fin de éste'. En plural, no varía: **los tácet**.

tacha. sust. f. 'Falta o defecto que se halla en una persona o cosa' (*Es un hombre sin **tacha***); 'clavo pequeño, mayor que la tachuela común'. Con esta última denotación, su diminutivo es **tachuela**, y su aumentativo, **tachón** (sust. m.).

tachador, ra. adj. 'Dícese del que pone tachas o faltas'. Ú. t. c. sust. m. y f.: **el tachador, la tachadora**.

tachar. v. tr. 'Borrar lo escrito haciendo unos trazos encima' (***Tachó** la palabra errónea*); 'alegar contra un testigo algún motivo legal para que no sea creído en el pleito'; 'culpar' (***Taché** sus dichos*). Rég. prep.: **tachar de**, 'señalar con una nota desfavorable' (*La **tachan de** mentirosa*); **tachar de** (***Tacharon** tu nombre **de** la lista*). Con la denotación de "señalar con una nota desfavorable", también pueden decirse **tildar** (v. tr.) y **motejar** (v. tr.). Repárese en que **tachar** no es sinónimo de **calificar** (v. tr. y prnl.): *Lo <u>tacharon</u> <u>de</u> celebridad*. Correcto: *Lo **calificaron de** celebridad*. → **tildar, motejar, calificar**. La 'acción de tachar lo escrito' es la **tachadura** (sust. f.). → **testar**

tachero. sust. m. Amér. 'Operario que maneja los tachos en la fabricación del azúcar'; 'el que hace o arregla tachos u otras vasijas de metal'. La Academia no registra el género femenino. La A.A.L. ha recomendado la incorporación, en el ***Diccionario***, de este significado: sust. m. y f. fam. Argent. 'Taxista'.

tacho. sust. m. And. y Urug. 'Cubo para fregar los suelos'. Argent. y Chile. 'Vasija de metal, de fondo redondeado, con asas, o cualquier recipiente de latón, hojalata, plástico, etc.' (*Trajo un **tacho** lleno de agua*). Argent., Ecuad. y Perú. 'Cubo de la basura' (*Le tiró los cigarrillos al **tacho***). **irse al tacho**. fr. fig. y fam. Argent. 'Fracasar una persona o negocio' (*Esa tienda **se irá al tacho** pronto*); 'morirse' (*Ayer don Cosme **se fue al tacho***). Este sintagma ha sido recién incorporado en el ***Diccionario***. La A.A.L. ha recomendado la inclusión de otro significado regional: sust. m. fam. Argent. 'Taxi'. → **tachero**

tachón. sust. m. 'Señal que se hace sobre lo escrito para borrarlo'. También puede decirse **tachadura** (sust. f.). Su homónimo (sust. m.) denota 'tachuela grande' y es el aumentativo de **tacha**, 'clavo'. La 'obra o labor de tachones' es la **tachonería** (sust. f.).

tachonado, da. p. de **tachonar**. Rég. prep.: **tachonado de** (*La pared estaba **tachonada de** láminas*).

tachonar. v. tr. 'Adornar algo claveteándolo con tachones' (***tachonar** el tapizado de la silla*). 'Estar cubierta una superficie casi por completo'. Ú. t. en sent. fig. Rég. prep.: **tachonar de** (***tachonar de** estrellas*).

taco. sust. m. Entre otras denotaciones, 'pedazo de madera, metal u otra materia, corto y grueso, que se encaja en algún hueco'. La Academia ha incorporado recientemente estos significados: 'Cada uno de los pedazos de queso, jamón, etc., de cierto grosor que se cortan como aperitivo o merienda'; 'trozo de madera o de plástico, de forma más o menos alargada, que se empotra en la pared para introducir en él clavos o tornillos con el fin de sostener algo'; 'cada una de las piezas cónicas o puntiagudas que tienen en la suela algunos zapatos deportivos para dar firmeza al paso'. Como sustantivo de valor colectivo, denota 'conjunto de las hojas de papel superpuestas que forman el calendario de pared'; 'cualquier otro conjunto de hojas sujetas en un solo bloque'; 'conjunto desordenado de cosas'. Amér. Merid. y P. Rico. 'Tacón'. Diminutivo: **taquín**. Su aumentativo no es **tacazo** (sust. m.), 'golpe dado con el taco', sino **tacón**, y el aumentativo de éste, **taconazo**, que también denota 'golpe dado con el tacón'. La A.A.L. ha recomendado la incorporación, en el ***Diccionario***, de este significado: sust. m. Argent. 'Maza de astil largo y flexible con que se impulsa la bocha en el juego del polo' (*Compró un taco de polo*).

tacómetro. sust. m. 'Aparato que mide el número de revoluciones de un eje'. Incorrecto: <u>*tacometro*</u>. Esta voz ha sido recién incorporada en el ***Diccionario***.

taconear. v. intr. Ú. t. c. tr. 'Pisar con fuerza o brío, produciendo ruido'. La Academia ha incorporado recientemente estos significados: 'Golpear a la caballería con los tacones' (*Taconeó al caballo*); 'en ciertos bailes, mover rítmicamente los pies haciendo ruido con los tacones en el suelo'; 'dar golpes con algo en el suelo haciendo ruido'. No debe pronunciarse [taconiar, taconié]. Su postverbal es **taconeo** (sust. m.). No debe confundirse su denotación con la de **taquear** (v. intr. Argent.). → **-ear, taquear**

táctica. sust. f. Entre otras denotaciones, 'arte que enseña a poner en orden las cosas'. Tiene valor colectivo cuando denota 'conjunto de reglas a que se ajustan en su ejecución las operaciones militares'. La Academia ha incorporado recientemente dos significados: 'Método o sistema para ejecutar o conseguir algo' (*táctica de venta*); 'habilidad o tacto para aplicar este sistema'. Es palabra esdrújula.

táctico, ca. adj. 'Perteneciente o relativo a la táctica'. 'Experto en táctica' (*personal táctico*). Ú. t. c. sust. m. y f.: **el táctico, la táctica.**

táctil. adj. 'Referente al tacto' (*imágenes táctiles*); 'que posee cualidades perceptibles por el tacto o que sugieren tal percepción'. Es palabra grave. No debe pronunciarse [tactil] como aguda. En plural, se transforma en esdrújula: **táctiles**. No debe pronunciarse [tactiles] como grave.

tacto. sust. m. Entre otras denotaciones, 'uno de los sentidos' (*La ciega reconoció a su perro mediante el* ***tacto***). La Academia ha incorporado recientemente dos significados: 'Manera de impresionar un objeto el sentido táctil'; 'habilidad para hablar u obrar con acierto en asuntos delicados, o para tratar con personas sensibles o de las que se pretende conseguir algo' (*Tiene mucho* ***tacto*** *para obtener lo que desea*). También puede decirse **tactación** (sust. f.) cuando denota 'exploración de una superficie orgánica con las yemas de los dedos' (*la* ***tactación*** *de la piel*; *el* ***tacto*** *de la piel*).

tacuacín. sust. m. Amér. Central y Méj. 'Zorra americana, zarigüeya'. Para distinguir los sexos, debe recurrirse a las perífrasis **tacuacín macho, tacuacín hembra**. Es palabra aguda. En plural, se transforma en grave: **tacuacines**.

tacuara. sust. f. Argent., Bol., Chile y Urug. 'Planta gramínea, especie de bambú de cañas huecas; se las usó para fabricar astiles de lanzas'. El sustantivo colectivo es **tacuaral** (m. Argent. y Chile), 'terreno poblado de tacuaras'. La A.A.L. ha recomendado la incorporación de este significado: Argent. 'Por extensión, la lanza misma' (*Los indios arremetieron con sus* ***tacuaras***).

tacurú. sust. m. Argent. y Par. 'Especie de hormiga pequeña'. Para distinguir los sexos, debe recurrirse a las perífrasis **tacurú macho, tacurú hembra**. 'Cada uno de los montículos cónicos o semiesféricos de tierra arcillosa, que se encuentran en los terrenos anegadizos del Chaco, y que, en su origen, fueron hormigueros'. Es palabra aguda. En plural: **tacurúes** o **tacurús**.

♦ **taekwondo.** sust. m. Voz japonesa. 'Deporte de lucha japonesa'. Esta voz está registrada en el ***Diccionario Manual*** con el indicador de su carácter de extranjerismo.

tafetán. sust. m. 'Tela delgada de seda, muy tupida'. Es palabra aguda. En plural, se transforma en grave: **tafetanes**. sust. m. pl. fig. 'Las banderas'.

tafilete. sust. m. 'Cuero bruñido y lustroso, mucho más delgado que el cordobán'. En su reemplazo, puede usarse **marroquí** (sust. m.).

tafiletear. v. tr. 'Adornar o componer con tafilete'. Se usa hablando del calzado. No debe pronunciarse [tafiletiar, tafiletié]. → **-ear**

tafiletería. sust. f. También puede decirse **marroquinería** (sust. f.), voz preferida por la Academia.

tagalo, la. adj. 'Dícese del individuo de una raza indígena de Filipinas' (*mujeres **tagalas***). Ú. t. c. sust. m. y f.: **el tagalo, la tagala**. 'Perteneciente o relativo a los tagalos'. sust. m. 'Lengua que hablan los tagalos' (*No entendía el **tagalo***).

tagarete. sust. m. NO. Argent. 'Canal urbano de desagüe'. Esta voz no está registrada en el ***Diccionario***, pero la A.A.L. ha recomendado su incorporación.

tahalí. sust. m. Entre otras denotaciones, 'tira de cuero o de otra materia, que cruza desde el hombro derecho por el lado izquierdo hasta la cintura, donde se juntan los dos cabos y se pone la espada o la bandera'. En plural: **tahalíes** o **tahalís**.

taheño, ña. adj. 'Dícese del pelo rojo' (*cabello **taheño***); 'dícese del que tiene el pelo o la barba rojos'. → **rojo**

tahonero. sust. m. 'El que tiene tahona, es decir, molino de harina o panadería'. Su femenino es **tahonera**, voz que también significa 'mujer del tahonero'.

tahúr, ra. adj. 'Jugador'. Ú. m. c. sust. m. y f.: **el tahúr, la tahúra**. En plural: **tahúres, tahúras**. sust. m. 'Jugador fullero'. En el ***Diccionario***, no está registrado el género femenino, pero es correcto su uso. Así lo corrobora su registro en la edición de 1984. Aparece en el ***Manual***. También puede decirse **tablajero** (sust. m.). La voz **tahurería** (sust. f.) denota 'casa de juego'; 'vicio de los tahúres'; 'modo de jugar con trampas y engaños'. El adjetivo correspondiente es **tahuresco, ca**, 'propio de tahúres'.

♦ **tailleur.** Galicismo. En español, debe decirse **traje sastre** (para mujer).

taimado, da. adj. 'Bellaco, astuto, disimulado'. Ú. t. c. sust. m. y f.: **el taimado, la taimada**.

taíno, na. adj. 'Dícese de los pueblos indígenas pertenecientes al gran grupo lingüístico arahuaco, establecidos en La Española, Cuba y Puerto Rico cuando se produjo el descubrimiento de América'. Ú. t. c. sust. m. y f.: **el taíno, la taína**. 'Perteneciente o relativo a los taínos' (*costumbres **taínas***). sust. m. 'Lengua de estos indígenas' (*Hablaba el **taíno***). No debe pronunciarse [táino].

taita. sust. m. rur. Argent., C. Rica, Chile y Ecuad. 'Voz infantil y familiar con que se alude al padre y a las personas que merecen respeto' (*Me lo dijo mi **taita***). Argent. 'En la jerga orillera, matón, hombre de avería' (*Ése es el **taita** del pueblo*). No debe pronunciarse [taíta]. La A.A.L. ha recomendado la incorporación, en el ***Diccionario***, de este significado: 'Hombre que domina una actividad, experto' (*el **taita** del piano*).

tajada. sust. f. Entre otras denotaciones, 'porción de algo' (***tajada** de carne*). Diminutivo: **tajadilla. sacar** uno **tajada**. fr. fig. y fam. 'Conseguir con maña alguna ventaja y, en especial, parte de lo que se distribuye entre varios' (***Sacó** una buena **tajada** en el reparto*).

tajador, ra. adj. 'Que taja'. Ú. t. c. sust. m. y f.: **el tajador, la tajadora**. También puede decirse **tajero** (sust. m.). La Academia no registra el género femenino de esta última voz. sust. m. 'Tajo en que se parte la carne'; 'cuchilla para cortar cuero, cartón, chapa de plomo, etc.'.

tajadura. sust. f. 'Acción y efecto de tajar'. También puede decirse **tajamiento** (sust. m.), pero la Academia prefiere la primera forma.

tajamar. sust. m. Argent. y Ecuad. 'Represa o dique pequeño'. Argent. y Perú. 'Zanjón abierto en las riberas de los ríos para amenguar los efectos de las crecidas'. Es palabra aguda. En plural, se transforma en grave: **tajamares**.

tajante. p. a. de **tajar**. 'Que taja'. sust. m. 'En algunas partes, carnicero, cortador'. adj. fig. 'Concluyente, terminante, contundente' (*Su respuesta fue **tajante***).

tajaraste. sust. m. 'Baile popular canario'. En plural: **tajarastes**. Esta voz ha sido recién incorporada en el ***Diccionario***.

tajeadura. sust. f. Argent., Chile, Par. y Urug. 'Cicatriz grande'. Esta voz no está registrada en el *Diccionario*, pero aparece en el *Manual* con el indicador de su falta de sanción oficial.

tajo. sust. m. Diminutivo: **tajuelo**. Aumentativo: **tajón**.

tal. adj. 'Semejante' (***Tal** error es imperdonable*). Se usa, a veces, como pronombre demostrativo (***Tal** significado tuvieron sus palabras*, es decir, "este que se acaba de explicar"; *No haré yo **tal***, es decir, "esto"). Suele emplearse como intensificador (*El trabajo tiene **tal** cantidad de errores, que no puedo aprobarlo*). 'Cosa o cosa tal' (*Para tener cultura, no hay **tal** como leer*). Puede construirse con artículo (***La tal mujer** pasó sin saludarnos*) y, también, sustantivarse (***La tal** pasó sin saludarnos*). Se emplea como pronombre indefinido con el valor de 'alguno' (***Tal** dirá que no es cierto*). Se aplica a un sustantivo propio para dar a entender que un sujeto es poco conocido del que habla o de los que escuchan (*De pronto, habló un **tal** Julio Sanz*). En plural: **tales**. adv. m. 'Así' (***Tal** terminó su conferencia*). Incorrecto: <u>*Tal es así*</u>*, que viven solos*. Correcto: ***Tan así es**, que viven solos*; ***Tanto es así**, que viven solos*. Se usa en sentido comparativo y se corresponde con **cual**, **como** o **así como**; equivale a **de igual modo** o **asimismo** (***Cual**, **como** o **así como** la infancia nos da su alegría, **tal** la vejez, su saber*); también puede aparecer como primer término de una comparación, seguido de **como**, **cual**, etc. (*Habló **tal como** se lo pedí*). En la réplica, precedido de los adverbios **sí** o **no**, refuerza la significación de éstos (***Sí tal**, soy inocente*). **con tal de + infinitivo**, **con tal de que** o **con tal que + oración con verbo personal**. loc. conjunt. condic. 'En el caso de o de que, con la precisa condición de o de que' (*Esperará cuanto sea necesario, **con tal de hablar** con usted*; *Esperará cuanto sea necesario, **con tal de que** o **con tal que** pueda hablar con usted*). **tal cual**. expr. que da a entender que, por defectuosa que una cosa sea, se estima por alguna bondad que se considera en ella (*Te quiere **tal cual** eres*); loc. adv. 'así, así; medianamente' (*Escribió el informe **tal cual***). **tal para cual**. expr. fam. 'Igualdad o semejanza moral entre dos personas'. Generalmente, se usa en sentido peyorativo (*José y Carlos son **tal para cual***). **tal por cual**. loc. despect. 'De poco más o menos' (*Hizo un trabajo **tal por cual***). **una tal**. loc. despect. 'Una ramera'. **y tal**. expr. que añade un término poco preciso, pero semejante a lo ya dicho (*Compraron lápices, gomas, cuadernos **y tal***). La **talidad** (sust. f.) es la 'condición de ser tal, con las determinaciones que caracterizan a una persona o cosa'. El adverbio de modo **talmente** denota 'de tal manera, así, en tal forma'.

tala. sust. m. Argent., Bol., Par. y Urug. 'Árbol de la familia de las ulmáceas, de madera blanca y fuerte'. El sustantivo colectivo es **talar** (m. Argent.), 'terreno poblado de talas'. Sus homónimos (susts. fs.) denotan 'acción y efecto de talar árboles' y 'juego de muchachos'.

talabartero. sust. m. 'El que hace cinturones de cuero y correajes'. Su femenino es **talabartera**.

talador, ra. adj. 'Que tala'. Ú. t. c. sust. m. y f.: **el talador, la taladora**.

taladrado, da. p. de **taladrar**. sust. m. 'Acción y efecto de taladrar' (*el **taladrado** de la madera*). También puede decirse **taladro** (sust. m.).

taladrador, ra. adj. 'Que taladra'. Ú. t. c. sust. m. y f.: **el taladrador, la taladradora**. sust. f. 'Máquina provista de taladro para perforar'.

talamiflora. adj. 'Dícese de la planta en cuyas flores es bien manifiesta la inserción de los estambres en el receptáculo' (*planta **talamiflora***). Ú. t. c. sust. f.: **la talamiflora**.

talán. sust. m. 'Sonido de la campana'. Ú. m. repetido (*¡**talán**, **talán**!*). En plural: **talanes**.

talar. v. tr. 'Cortar masas de árboles por el pie'; 'arrasar campos, edificios, poblaciones, etc.'. Su postverbal es **tala** (sust. f.). Uno de sus homónimos (adj.) significa lo que 'se dice del traje que llega hasta los talones' y 'de las alas que fingieron los poetas que tenía el dios Mercurio en los talones' (Ú. t. c. sust. m. y más en pl.). El otro (sust. m. Argent.) denota 'terreno poblado de talas'.

tálea. sust. f. 'Empalizada que los romanos usaban en sus campamentos'. Es palabra esdrújula. En plural: **táleas**.

taled. sust. m. Voz hebrea ('vestido, manto') españolizada. 'Pieza de lana con que se cubren la cabeza y el cuello los judíos en sus ceremonias religiosas'. Es palabra aguda. En plural, se transforma en grave: **taledes**.

talega. sust. f. Entre otras denotaciones, 'saco

o bolsa ancha y corta'. Diminutivo: **taleguilla**. No debe confundirse su denotación con la de **talego** (sust. m.), 'saco largo y estrecho'.

talento. sust. m. 'Moneda imaginaria de los griegos y de los romanos'; fig. 'inteligencia, capacidad intelectual'; fig. 'aptitud para el desempeño o ejercicio de una ocupación'. De acuerdo con estas denotaciones, es incorrecto su uso en casos como el siguiente: *El pintor es un joven talento*. Correcto: *El pintor es un joven* ***de talento*** o ***talentoso***.

talentoso, sa. adj. 'Que tiene talento'. También puede decirse **talentudo, da** (adj.), pero la Academia prefiere la primera forma. → **talento**

talero. sust. m. Argent., Chile y Urug. 'Rebenque corto y grueso, con cabo de tala u otra madera dura, y lonja corta'. Es palabra grave.

talgo. sust. m. Sigla de la expresión **Tren Articulado Ligero Goicoechea-Oriol**. 'Tipo de tren articulado de muy poco peso, fabricado en diversos modelos' (*Viajaremos a Sevilla en el* ***talgo***). En plural: **talgos**. Esta voz ha sido recién incorporada en el ***Diccionario***.

talicón. sust. m. 'Pieza con que se aumenta la altura de la cuaderna en las embarcaciones pequeñas'. Es palabra aguda. En plural, se transforma en grave: **talicones**. Ha sido recién incorporada en el ***Diccionario***.

talio. sust. m. 'Metal poco común, parecido al plomo'. Número atómico 81. Símbolo: ***Tl***

talión. sust. m. 'Pena que consiste en hacer sufrir al delincuente un daño igual al que causó'. Es palabra aguda. En plural, se transforma en grave: **taliones**. La Academia habla de **pena del talión**, no, de "ley". Debe escribirse con minúscula.

talismán. sust. m. 'Objeto al que se atribuyen virtudes portentosas'. Es palabra aguda. En plural, se transforma en grave: **talismanes**.

tallado, da. p. de **tallar**. adj. Con los adverbios **bien** o **mal**, 'de buen o mal talle' (*Sara es* ***bien tallada***). sust. m. 'Acción y efecto de tallar, es decir, hacer obras de talla, labrar piedras preciosas o grabar en hueco' (*el* ***tallado*** *de la madera; el* ***tallado*** *del rubí*).

tallador. sust. m. 'El que talla'. Su femenino es **talladora**.

tallar. v. tr. Ú. t. c. prnl. Rég. prep.: **tallar en** (***tallar en*** *mármol*).

tallarín. sust. m. Voz italiana (*tagliarini*) españolizada. 'Pasta alimenticia que tiene forma de tiras muy estrechas'. Es palabra aguda. Se usa más en plural, transformada en grave: **tallarines**.

tallecer. v. irreg. intr. Ú. t. c. prnl. 'Echar tallos las semillas, bulbos o tubérculos de las plantas'. También puede decirse **entallecer** (v. intr. Ú. t. c. prnl.). Se conjuga como **parecer**.

taller. sust. m. Entre otras denotaciones, 'lugar donde se trabaja una obra de manos'. Como sustantivo de valor colectivo, denota 'conjunto de colaboradores de un maestro' (*el* ***taller*** *del pintor*).

tallista. sust. com. 'Persona que hace tallados artísticos': **el tallista, la tallista**.

tallo. sust. m. Entre otras denotaciones, 'órgano de las plantas que se prolonga en sentido contrario al de la raíz'; 'renuevo de las plantas'. También puede decirse **talle** (sust. m.). El **retallo** (sust. m.) es el 'nuevo tallo'. El adjetivo **talludo, da** denota 'de tallo grande o con muchos tallos'.

talmudista. sust. com. 'El que profesa la doctrina del Talmud, sigue sus dogmas o se ocupa en entenderlos o explicarlos': **el talmudista, la talmudista**. En la última edición del ***Diccionario*** (1992), esta voz está registrada como de género masculino. En cambio, en la de 1984 y en el ***Manual***, aparece como de género común de dos.

talofita. adj. 'Dícese de la planta cuyo cuerpo vegetativo es el talo, como las algas y los hongos' (*planta* ***talofita***). Ú. t. c. sust. f.: **la talofita**. Incorrecto: *talófita*. sust. f. pl. 'Tipo de estas plantas' (*Estudia las* ***talofitas***).

talón. sust. m. Entre otras denotaciones, 'parte posterior del pie humano'; 'documento cortado de un libro talonario'. Es palabra aguda. En plural, se transforma en grave: **talones**. **talón de Aquiles**. fig. 'Punto vulnerable o débil de algo o de alguien' (*Su* ***talón de Aquiles*** *es que envidia a todos*). **apretar** uno **los talones**. fr. fig. y fam. 'Echar a correr por algún caso imprevisto o con mucha diligencia' (*Cuando supo que había sido padre,* ***apretó los talones*** *hacia el sanatorio*). **pisarle** a uno **los talones**. fr. fig. y fam. 'Seguirlo de cerca'; 'emularlo' (*El detective* ***le pisaba los talones*** *al sospechoso*). Su homónimo (sust. m.) denota 'patrón monetario'.

talonario, ria. adj. 'Perteneciente o relativo a los talones o talonarios' (*libro* ***talonario***). Ú. t. c. sust. m.: **el talonario**. sust. m. 'Bloque de libranzas, recibos, cédulas, billetes u otros documentos de los cuales, cuando se cortan, queda una parte encuadernada para comprobar' (*Perdió el* ***talonario*** *de cheques*).

talonazo. sust. m. 'Golpe dado con el talón' (*Juan le dio un* ***talonazo*** *a su hermano*). Una **talonada** (sust. f.) es el 'golpe dado a la cabalgadura con los talones' (*Juan le dio una* ***talonada*** *a su caballo*).

talonear. v. intr. fam. 'Andar a pie con mucha prisa'. v. tr. And., Argent., Chile y Méj. 'Incitar el jinete a la caballería, picándola con los talones'. No debe pronunciarse [taloniar, talonié]. → **-ear**

talonera. sust. f. Chile. 'Pieza de cuero que se pone en el talón de la bota para asegurar la espuela'. Argent. 'Tira de género grueso que, colocada en el interior de la botamanga, la protege del roce'. Esta última denotación no está registrada en el ***Diccionario***, pero la A.A.L. ha recomendado su incorporación.

talparia. sust. f. 'Absceso que se forma en el interior de los tegumentos de la cabeza'. También puede decirse **talpa** (sust. f.), pero la Academia prefiere la primera forma.

talque. sust. m. 'Tierra talcosa'. También puede decirse **tasconio** (sust. m.), pero la Academia prefiere la primera forma.

talud. sust. m. 'Inclinación del paramento de un muro o de un terreno'. Es palabra aguda. En plural, se transforma en grave: **taludes**. Es incorrecto usarla como sinónimo de **alud** (sust. m.). → **alud**. La Academia ha incorporado recientemente este significado: **talud continental**. 'Vertiente rápida submarina que desciende desde el borde de la plataforma continental hasta profundidades de dos mil metros o más'.

taludín. sust. m. Guat. 'Reptil semejante al caimán'. Para distinguir los sexos, debe recurrirse a las perífrasis **taludín macho**, **taludín hembra**. Es palabra aguda. En plural, se transforma en grave: **taludines**.

tal vez. adv. de duda. 'Acaso, quizá' (***Tal vez*** *se posponga la reunión*). Como lo indica el ejemplo, el verbo debe ir en modo subjuntivo. Según la Academia, en América se registra la grafía **talvez**, pero prefiere la primera. La forma **talvez** no se usa en la Argentina.

tamagás. sust. m. Amér. Central. 'Víbora muy venenosa'. Para distinguir los sexos, debe recurrirse a las perífrasis **tamagás macho**, **tamagás hembra**. Es palabra aguda. En plural, se transforma en grave: **tamagases**.

tamal. sust. m. Amér. 'Especie de empanada hecha con una mezcla de harina de maíz blanco, picadillo de carne, papas y huevos, que se envuelve en chala y se ata con un guato', comida tradicional de las provincias del norte argentino. Es palabra aguda. En plural, se transforma en grave: **tamales**.

tamalero. sust. m. Amér. 'El que hace o vende tamales'. Su femenino es **tamalera**.

tamanaco, ca. adj. 'Dícese del individuo de una tribu que habitaba en las orillas del Orinoco' (*niños* ***tamanacos***). Ú. t. c. sust. m. y f.: **el tamanaco**, **la tamanaca**. 'Perteneciente o relativo a esta tribu' (*costumbres* ***tamanacas***). sust. m. 'Lengua tamanaca': **el tamanaco**.

tamanduá. sust. m. 'Oso hormiguero'. Para distinguir los sexos, debe recurrirse a las perífrasis **tamanduá macho**, **tamanduá hembra**. Es palabra aguda. En plural: **tamanduaes** o **tamanduás**.

tamango. sust. m. Argent., Chile, Par. y Urug. 'Calzado rústico de cuero. Se sacaba de las garras del animal, rasgando el cuero por delante, y se usaba con el pelo para el lado de adentro'; 'calzado viejo y deformado'; 'cualquier calzado' (*Se sacó los* ***tamangos***).

tamaño, ña. adj. comp. 'Tan grande o tan pequeño' (*¿Quién le dio* ***tamaña*** *porción de torta?*). adj. sup. 'Muy grande o muy pequeño' (*¡Cometió* ***tamaño*** *error!*). Como adjetivo, se usa antepuesto al sustantivo. Diminutivo: **tamañito, ta** (adj. fig.), 'achicado, confuso'. Se usa con los verbos **dejar** y **quedar** (*José* ***quedó tamañito*** *con tu noticia*). sust. m. 'Mayor o menor volumen de dimensión de una cosa' (*el* ***tamaño*** *del clavo*).

támara. sust. f. 'Palmera de Canarias'; 'terreno poblado de palmas'. En plural, denota 'dátiles en racimo': **támaras**. Es palabra esdrújula. Su homónimo (sust. f.) significa 'rama de árbol'; 'leña muy delgada'.

tamaricáceo, a. adj. 'Dícese de ciertos árboles o arbustos angiospermos dicotiledóneos, como el taray'. Ú. t. c. sust. f.: **la tamaricácea**. sust. f. pl. 'Familia de estas plantas': **las tamaricáceas**. Es palabra esdrújula.

tamariz. sust. m. 'Arbusto'. Es palabra aguda. En plural, se transforma en grave: **tamarices**. Repárese en que cambia la **z** por **c**. También pueden decirse **tamarisco** (sust. m.) y **taray** (sust. m.). La Academia prefiere esta última voz. → **taray**

tamarugo. sust. m. Chile. 'Especie de algarrobo que crece en la pampa'. El sustantivo colectivo es **tamarugal** (m. Chile), 'terreno poblado de tamarugos'.

tambalear. v. intr. Ú. m. c. prnl. No debe pronunciarse [tambaliar, tambalié]. Su postverbal es **tambaleo** (sust. m.). → **-ear**

tambero, ra. adj. Argent. 'Dícese, especialmente, de las vacas lecheras' (*vacas **tamberas***). Ú. t. c. sust. f.: **la tambera**. Amér. Merid. 'Perteneciente al tambo' (*trabajos **tamberos***). sust. m. y f. Amér. Merid. 'Persona que tiene un tambo o está encargada de él': **el tambero, la tambera**.

también. adv. m. Se usa para afirmar la igualdad, semejanza, conformidad o relación de una cosa con otra ya nombrada; denota 'de la misma manera' (*Mi prima **también** estudia psicología*, es decir, "como yo" o "como usted"); 'además' (*Mi prima estudia psicología y, **también**, inglés*). Repárese en que cuando tiene esta última denotación, debe escribirse entre comas. 'Tanto o así' (***También** me molestó la ironía de ese joven, como a usted, su soberbia*). No debe confundirse con **tan bien** (fr. adv.).

tambo. sust. m. Argent. 'Establecimiento ganadero destinado al ordeño de vacas y a la venta, generalmente al por mayor, de su leche'; 'corral donde se ordeña'.

tambor. sust. m. 'Instrumento musical'. Diminutivos: **tamborete, tamborín** y **tamborino**. Es palabra aguda. En plural, se transforma en grave: **tambores**. También pueden decirse **tambora** (sust. f. fam.) y **tímpano** (sust. m.), pero la Academia prefiere la primera forma. Un 'tambor grande' se denomina **tamborón** (sust. m.).

tamborear. v. intr. No debe pronunciarse [tamboriar, tamborié]. Su postverbal es **tamboreo** (sust. m.). → **-ear, tamborilear**

tamboril. sust. m. 'Tambor pequeño'. Diminutivo: **tamborilete**. Es palabra aguda. En plural, se transforma en grave: **tamboriles**. También pueden decirse **tamborín** y **tamborino** (susts. ms. p. us.).

tamborilada. sust. f. fig. y fam. 'Golpe que se da con fuerza cayendo en el suelo, especialmente el que se da con las asentaderas'; 'golpe dado con la mano en la cabeza o en las espaldas'. Incorrecto: <u>tamborileada</u>, una ultracorrección. También puede decirse **tamborilazo** (sust. m. fig. y fam.), pero la Academia prefiere la primera forma.

tamborilear. v. intr. 'Tocar el tamboril'; 'hacer son con los dedos imitando el ruido del tambor'. Con esta última denotación, también pueden decirse **tabalear** (v. intr.), **tamborear** (v. intr.), **tamboritear** (v. intr.) y **teclear** (v. intr., fig. y fam.), pero la Academia prefiere la primera forma. → **tabalear**. v. tr. 'Celebrar mucho a uno, publicando y ponderando sus prendas y habilidad o capacidad'. No debe pronunciarse [tamboriliar, tamborilié]. Su postverbal es **tamborileo** (sust. m.). → **-ear**

tamborilero. sust. m. 'El que tiene por oficio tocar el tamboril o el tambor'. Su femenino es **tamborilera.** También puede decirse **tamboritero** (sust. m.), pero la Academia prefiere la primera forma. Para esta última palabra, no registra el género femenino.

tamboritear. v. intr. No debe pronunciarse [tamboritiar, tamboritié]. → **-ear, tamborilear**

tambucho. sust. m. 'Caja situada encima de las ventanas dentro de la cual se enrollan las persianas'; 'escotilla protegida que da acceso a las habitaciones de la tripulación'. Esta voz ha sido recién incorporada en el ***Diccionario***.

tamil. adj. 'Dícese del individuo de uno de los pueblos no arios de la rama dravidiana, que habita en el sudeste de la India y parte de Sri Lanka, antiguo Ceilán' (*hombre **tamil***). Ú. t. c. sust. com.: **el tamil, la tamil**. Es palabra aguda. En plural, se transforma en grave: **tamiles**. 'Perteneciente o relativo a este pueblo'; 'dícese del tipo de letra usado para escribir su lengua'. sust. m. 'Idioma hablado por los tamiles': **el tamil**. Esta voz ha sido recién incorporada en el ***Diccionario***. Como adjetivo, también puede decirse **tamul** (adj.), pero la Academia prefiere la primera forma.

tamiz. sust. m. 'Cedazo muy tupido'. Es palabra aguda. En plural, se transforma en grave: **tamices**. Repárese en que la **z** cambia por **c**.

tamización. sust. f. 'Acción y efecto de tamizar'; 'separación mecánica, mediante tamices, de sustancias pulverizadas de diferentes tamaños'. Es palabra aguda. En plural, se transforma en grave: **tamizaciones**. Esta voz ha sido recién incorporada en el ***Diccionario***.

tamizar. v. tr. 'Pasar una cosa por tamiz'. La Academia incorporó recientemente este significado: 'Depurar, elegir con cuidado y minuciosidad' (***Tamice** sus críticas*). → **cazar**

tamojo. sust. m. Metátesis de **matojo**, 'planta salsolácea'. El sustantivo colectivo es **tamojal** (m.), 'sitio poblado de tamojos'.

tampoco. adv. neg. Con él se niega una cosa después de haberse negado otra (*No ha asistido a la fiesta y **tampoco** ha explicado el porqué*). No debe confundirse con **tan poco** (fr. adv.).

tampón. sust. m. 'Almohadilla que se emplea para entintar sellos, estampillas, etc.'. La Academia ha incorporado recientemente este significado: 'Rollo de celulosa que se introduce en la vagina de la mujer para que absorba el flujo menstrual'. Es palabra aguda. En plural, se transforma en grave: **tampones**.

tamtan. sust. m. 'Tambor africano de gran tamaño, que se toca con las manos'; 'en África, redoble con que se anuncian determinados actos'; 'gongo, batintín'. Es palabra grave. En plural, no varía: **los tamtan**. Incorrecto: <u>*tamtam*</u>. La Academia ha incorporado recientemente esta voz en su ***Diccionario***. Martínez de Sousa censura su grafía, anómala en español, y defiende la forma **tantán**. En plural: **tantanes**.

tamujo. sust. m. 'Mata'. El sustantivo colectivo es **tamujal** (m.), 'sitio poblado de tamujos'.

tan. sust. m. 'Sonido o eco que resulta del tambor u otro instrumento semejante, tocado a golpes'. Ú. m. repetido (*¡**tan**, **tan**!*). No suele usarse en plural. Uno de sus homónimos (sust. m.) denota 'la corteza de encina'; en plural: **tanes**. El otro (adv. c.) es apócope de **tanto** (adv. c.). → **tanto**

tanatorio. sust. m. 'Edificio destinado a velatorios y servicios relacionados con ellos'. Esta voz ha sido recién incorporada en el ***Diccionario***.

tanda. sust. f. Entre otras denotaciones, 'alternativa o turno' (*Los alumnos irán a la biblioteca en dos **tandas***); 'número indeterminado de ciertas cosas de un mismo género' (*una **tanda** de telas*). La A.A.L. ha recomendado la incorporación, en el ***Diccionario***, de este significado: 'En televisión, serie de avisos publicitarios y de información general que se intercalan en un programa o que lo separan de otro' (*Después de la **tanda**, continuará nuestro programa*). De acuerdo con esta denotación, es redundante decir <u>*tanda publicitaria*</u>, sintagma que, en la Argentina, se usa con frecuencia.

tandear. v. intr. 'Distribuir una cosa por tandas' (***Tandearon** las visitas al museo*). No debe pronunciarse [tandiar, tandié]. Esta palabra ha sido recién incorporada en el ***Diccionario***. → **-ear**

tándem. sust. m. En su denotación más común, 'bicicleta para dos personas'. La Academia ha incorporado recientemente estos significados: 'Unión de dos personas que tienen una actividad común o que colaboran en algo' (*Los dos profesores de química forman un **tándem** valioso para la escuela*); 'conjunto de dos elementos que se complementan'; 'conjunto formado por dos o más condensadores variables montados por un mismo eje'. Es palabra grave. No debe pronunciarse [tandem] como aguda. Algunos estudiosos sostienen que, en plural, es invariable: **los tándem**. Otros, como Gili Gaya, le asignan el plural **tándemes** (voz esdrújula). **en tándem**. loc. adv. 'Modo de montar ciertos aparatos para que funcionen simultánea o sucesivamente'.

tanga. sust. m. 'Prenda de tamaño reducido que puede sustituir al calzón de baño' (*Luce un **tanga** azul*). Esta voz ha sido recién incorporada en el ***Diccionario***. También puede decirse **taparrabo** o **taparrabos** (sust. m.), pero la Academia prefiere la primera forma. En la Argentina, se usa como sustantivo femenino: **la tanga**. Su homónimo (sust. f.) es un 'juego' que también recibe los nombres de **chito** (sust. m.), **tángana** (sust. f.), **tángano** (sust. m.) y **tango** (sust. m.).

tangado, da. adj. fam. 'Engañado'. sust. f. fam. 'Engaño': **la tangada**. Con esta última denotación, también puede decirse **tángana** (sust. f.). La voz **tangado, da** ha sido recién incorporada en el ***Diccionario***.

tanganillas (en). loc. adv. 'Con poca seguridad o firmeza; en peligro de caerse' (*Caminaba **en tanganillas***).

tangar. v. tr. fam. 'Engañar, estafar'. Esta voz ha sido recién incorporada en el ***Diccionario***. → **pagar**

tangencial. adj. 'Perteneciente o relativo a la tangente'. La Academia ha incorporado recientemente dos significados: 'Dicho de línea o superficie, que es tangente a otra'; fig. 'dícese de una idea, cuestión, problema, etc., que sólo parcial y no significativamente se refiere a una cosa'. Es palabra aguda. En plural, se transforma en grave (*líneas **tangenciales***). Incorrecto: <u>tanjencial</u>.

tangente. p. a. de **tangir**. 'Que toca'. adj. 'Aplícase a las líneas y superficies que se tocan o tienen puntos comunes sin cortarse'. sust. f. 'Recta que toca a una curva o a una superficie': **la tangente**. **escapar**, **escaparse**, **irse** o **salir** uno **por la tangente**. fr. fig. y fam. 'Valerse de un subterfugio o evasiva para salir hábilmente de un apuro' (*Cuando le preguntan por sus estudios, Silvia **escapa**, **se escapa**, **se va** o **sale por la tangente***).

tangir. v. tr. 'Avisar con campana u otro instrumento'; 'ejercitar el sentido del tacto'; 'corresponder o pertenecer'; 'ser uno pariente de otro'. → **dirigir**

tango. sust. m. 'Fiesta y baile de negros o de gente del pueblo en algunos países de América'; 'baile argentino, difundido internacionalmente, de pareja enlazada, forma musical binaria y compás de dos por cuatro' (*Los turistas franceses sólo querían bailar **tangos***); 'música de este baile y letra con que se canta'.

tanguero, ra. adj. Argent. 'Perteneciente o relativo al tango'. sust. m. y f. Argent. 'Aficionado a la música o al baile del tango': **el tanguero, la tanguera**. Esta voz no está registrada en el ***Diccionario***, pero la A.A.L. ha recomendado su incorporación.

tanguista. sust. f. 'Mujer contratada para que baile con los clientes de un local de esparcimiento'. La Academia ha incorporado recientemente este significado: sust. com. 'Cantante o bailarín en ciertas salas de fiestas': **el tanguista, la tanguista**.

tanificar. v. tr. 'Añadir tanino al vino'; 'curtir las pieles con tanino'; 'en tecnología, tratar alguna cosa con tanino'. Su postverbal es **tanificación** (sust. f.). Estas voces no están registradas en el ***Diccionario***, pero aparecen en el ***Manual*** con el indicador de su falta de sanción oficial. → **sacar**

tanka. sust. f. 'Poema japonés corto, compuesto de cinco versos: pentasílabos primero y tercero, y heptasílabos los restantes'. En plural: **tankas**. Esta voz ha sido recién incorporada en el ***Diccionario***.

tano, na. adj. fam. Argent. Aféresis de **napolitano**. Esta voz no está registrada en el ***Diccionario***, pero aparece en el ***Manual*** con el indicador de su falta de sanción oficial.

-tano, na. suf. Ha sido recién incorporado en el ***Diccionario***. → **-ano**

tanqueta. sust. f. 'Vehículo semejante al tanque, pero dotado de mayor velocidad y mejor movilidad'. Esta voz ha sido recién incorporada en el ***Diccionario***.

tantalio. sust. m. 'Metal poco común, tan pesado como la plata'. Número atómico 73. Símbolo: ***Ta***

tantán. sust. m. 'Campana de a bordo'. Es palabra aguda. En plural, se transforma en grave: **tantanes**.

tantarantán. sust. m. 'Sonido del tambor, cuando se repiten los golpes'; fig. y fam. 'golpe que hace tambalearse, dado a una persona o cosa'. Es palabra aguda. En plural, se transforma en grave: **tantarantanes**. También puede decirse **tantarán** (sust. m.; en plural: **tantaranes**), pero la Academia prefiere la primera forma.

tanteador. sust. m. 'El que tantea, sobre todo en el juego'. Su femenino es **tanteadora**. sust. m. 'Marcador, tablero'.

tantear. v. tr. Entre otras denotaciones, 'intentar averiguar con cuidado las cualidades o las intenciones de una persona, o el interés de una cosa o acción'. Ú. t. c. intr. y c. prnl. No debe pronunciarse [tantiar, tantié]. → **-ear**

tanteo. sust. m. 'Acción y efecto de tantear o tantearse'. Tiene valor colectivo con las denotaciones de 'número determinado de tantos que se ganan en el juego' y de 'número de tantos que obtienen dos equipos o dos jugadores que compiten en una prueba' (*El* ***tanteo*** *fue de cinco goles a dos, a favor del equipo visitante*). Esta última ha sido recién incorporada en el ***Diccionario***. **al** o **por tanteo**. locs. advs. 'Modo de calcular a ojo o a bulto' (*Calculé* ***al*** *o* ***por tanteo*** *los gastos del mes*).

tantico. sust. m. 'Cantidad escasa' (*Comió un* ***tantico*** *de guiso*). adv. c. 'Poco' (*Comió* ***tantico***).

tanto, ta. adj. Entre otras denotaciones, 'aplícase a la cantidad, número o porción de una cosa indeterminada o indefinida'. Como adjetivo, presenta accidentes de género y número: **tanto**, **tanta**, **tantos**, **tantas**. Se usa como correlativo de **cuanto** y **que** (*Sabe* ***tantos*** *temas,* ***cuantos*** *le preguntan*; *Tiene* ***tantos*** *libros,* ***que*** *nos abruma*). 'Muy grande' (*¡Sentí* ***tanto*** *dolor!*). Actúa como pronombre demostrativo y equivale a **eso**, e incluye idea de calificación o ponderación (*No esperábamos* ***tanto***; *¡A* ***tanto*** *conduce la envidia!*). sust. m. 'Cantidad cierta o número determinado de una cosa' (*Ganó dos* ***tantos***). sust. m. pl. 'Número que se ignora o no quiere expresarse' (*Terminará el libro a* ***tantos*** *de octubre*; *Me costó dos mil y* ***tantos*** *pesos*). adv. m. 'De tal modo o en tal grado' (*¡No me mire* ***tanto***!). adv. c. 'Hasta tal punto; tal cantidad' (*Lo queremos* ***tanto***; *¿Por qué cuesta* ***tanto***?). Como adverbio, es invariable. Con verbos expresivos de tiempo, denota larga duración relativa (*Trata de no demorar* ***tanto***). En sentido comparativo, se corresponde con **cuanto** o **como**, y denota 'idea de equivalencia o igualdad' (***Tanto*** *dicen* ***cuanto*** *sienten*; ***Tanto*** *perdió él* ***como*** *tú*). **al tanto de** algo. fr. 'Al corriente'. Se usa con los verbos **estar**, **poner**, **quedar** (*Estará* ***al tanto de*** *los acontecimientos*; *Te pondré* ***al tanto de*** *todo*; ***Quedarán al tanto de*** *mi viaje*). **apuntarse** uno **un tanto**. fr. fig. y fam. 'Tener un acierto en algo' (***Se apuntó un tanto*** *con esa explicación*). **en tanto** o **entre tanto**. locs. advs. 'Mientras' (***En tanto*** *o* ***entre tanto****, te mostraré mi biblioteca*). **las tantas**. expr. fam. 'Hora muy avanzada del día o de la noche' (*Regresó a* ***las tantas*** *de la noche*). **ni tanto ni tan poco**. expr. con que 'se censura la exageración por exceso o por defecto' (*No la llames mentirosa. ¡****Ni tanto ni tan poco****!*). **otro tanto**. loc. Se usa en forma comparativa para encarecer algo (*Más oneroso que* ***otro tanto***); 'lo mismo' (*Si haces eso, haré* ***otro tanto***). **por lo tanto** o **por tanto**. locs. advs. y conjunts. 'Por consiguiente' (*No traje la carpeta,* ***por lo tanto*** *o* ***por tanto****, deberé ir a buscarla*). **tanto más que**. loc. conjunt. 'Con tanto mayor motivo que' (*Te daré ya el libro,* ***tanto más que*** *me lo pediste muchas veces*). **tanto menos que**. loc. conjunt. 'Con tanto menor motivo que' (*No lo ayudaré,* ***tanto menos que*** *no se lo merece*). Incorrecto: *Esos estudiantes nos desilusionan en tanto que apologistas de la violencia* (galicismo). Correcto: *Esos estudiantes nos desilusionan* ***en cuanto*** *apologistas de la violencia*. **tanto por ciento**. 'Cantidad de rendimiento útil que dan cien unidades de alguna cosa en su estado normal' (*¿Qué* ***tanto por ciento*** *de descuento nos hará?*). Incorrecto: *tanto por cien*; *tanto por 100*; *tanto × cien*; *tanto × 100*. → **porcentaje**. **tan**. adv. c. apóc. de **tanto**. Modifica la significación del adjetivo, del adverbio o de construcciones equivalentes (***tan*** *serio*; ***tan*** *dulcemente*; ***tan*** *de lejos*; ***tan*** *sin gracia*). Es incorrecta la apócope ante los comparativos **mayor**, **menor**, **mejor**, **peor**, **más**, **menos** (***tanto*** *mayor,* ***tanto*** *menor,* ***tanto*** *mejor,* ***tanto*** *peor,* ***tanto*** *más,* ***tanto*** *menos*). Aclara Seco que, cuando **mayor** se usa sin valor comparativo, admite la anteposición de **tan** (*No sabía que tu madre era* ***tan mayor***). No debe anteponerse a adjetivos en grado superlativo: *¡La comida era tan sabrosísima!* Correcto: *¡La comida era* ***tan sabrosa****!* o *¡La comida era* ***sabrosísima****!* Se corresponde con **como** o **cuan** en comparación expresa; denota 'idea de equivalencia o igualdad' (***tan*** *suave* ***como*** *la seda*). Es correlativo de **que** en las proposiciones subordinadas adverbiales consecutivas (*Era* ***tan*** *inteligente,* ***que*** *todos lo admiraban*). Incorrecto: *Tal es así, que todos lo creen*; *Tan es así, que todos lo creen*. El adverbio **tan** no debe preceder a un verbo. Correcto: ***Tan así es****, que todos lo creen* o ***Tanto es así****, que todos lo creen*. **tan siquiera**. loc. conjunt. 'Siquiera, por lo menos' (*Acompáñame* ***tan siquiera*** *hasta mi casa*). **de tan**. expr. Se refiere a algo que es exagerado (***De tan*** *generosa, es tonta*). **tan y mientras**. loc. conjunt. vulg.

'Mientras, mientras tanto' (*Quédate aquí, **tan** y **mientras** hago algunas compras*). Estos dos últimos sintagmas han sido recién incorporados en el ***Diccionario***.

tañedor. sust. m. 'El que tañe un instrumento musical'. Su femenino es **tañedora**.

tañer. v. tr. 'Tocar un instrumento musical de percusión o de cuerda' (***Tañe** el arpa*). v. intr. 'Tamborilear con los dedos'. Rég. prep.: **tañer a** (***tañer a** muerto*). Incorrecto: *tañir*. En su conjugación, pierde la **i** de la desinencia en pretérito perfecto simple de indicativo (*tañó, tañeron*), pretérito imperfecto de subjuntivo (*tañera o tañese, tañeras o tañeses, tañera o tañese, tañéramos o tañésemos, tañerais o tañeseis, tañeran o tañesen*) y futuro de subjuntivo (*tañere, tañeres, tañere, tañéremos, tañereis, tañeren*). Lo mismo ocurre con el gerundio (*tañendo*). Los estudiosos que siguen la gramática tradicional de la Real Academia Española, entre ellos Seco, coinciden en que **tañer** es un verbo irregular. En cambio, en el ***Esbozo*** y en la ***Gramática*** de Alarcos Llorach, aparece como verbo de irregularidad aparente. Leemos en el ***Esbozo***: "No parece necesario advertir que en la clasificación de las irregularidades no entran para nada las variaciones simplemente ortográficas, [...]. Algunas aparentes anomalías obedecen a principios generales fonológicos del sistema español y no constituyen tampoco, por consiguiente, irregularidad". Además, se aclara que **tañer, atañer** y los verbos terminados en **-añir**, **-iñir**, **-uñir** y **-ullir** son regulares. Alarcos Llorach habla de "irregularidades impuestas por la combinatoria fonológica" y se refiere al "reajuste fonológico producido cuando las terminaciones que comienzan con semiconsonante quedan en contacto con las consonantes palatales /ñ/ y /ḽ/ (ort. *11*) finales de la raíz; estas consonantes absorben las semiconsonantes siguientes: en lugar de *tañió, riñieron, mullió, zambulliera*, etc., se dice y se escribe *tañó, riñeron, mulló, zambullera*". Lo mismo ocurre con el verbo **bruñir** respecto de su clasificación como verbo regular o de irregularidad aparente. Los postverbales de **tañer** son **tañido** (sust. m.) y **tañimiento** (sust. m.).

tao. adj. 'Dícese del plebeyo de las Islas Filipinas' (*mujer **tao***). Ú. t. c. sust. com.: **el tao, la tao**. En plural: **los taos, las taos**.

taoísta. adj. 'Perteneciente o relativo al taoísmo'. sust. com. 'Persona que profesa el taoísmo': **el taoísta, la taoísta**.

tapaboca. sust. m. 'Golpe que se da en la boca con la mano abierta'; 'bufanda'; fig. y fam. 'dicho o acción con que se hace callar a uno'. En plural: **tapabocas**. Con la segunda denotación, también puede decirse **tapabocas** (sust. m.); esta voz no varía en plural: **los tapabocas**.

tapacamino. sust. m. Argent. 'Ave'. Para distinguir los sexos, debe recurrirse a las perífrasis **tapacamino macho**, **tapacamino hembra**. En plural: **tapacaminos**.

tapacosturas. sust. m. 'Cinta de algodón, empleada en la confección de vestidos para disimular las costuras y, al mismo tiempo, como adorno'. No debe usarse, en singular, sin **s** final: *el tapacostura*. En plural, no varía: **los tapacosturas**. Incorrecto: *la tapacosturas, las tapacosturas*. Esta voz ha sido recién incorporada en el ***Diccionario***.

tapacubos. sust. m. 'Tapa metálica que se adapta exteriormente al cubo de la rueda para cubrir el buje de ésta'. No debe usarse, en singular, sin **s** final: *el tapacubo*. En plural, no varía: **los tapacubos**.

tapadera. sust. f. 'Pieza que se ajusta a la boca de alguna cavidad para cubrirla'. Con esta denotación, es sinónimo de **tapa** (sust. f.). fig. 'Persona o cosa que sirve para encubrir o disimular algo'. Con la primera denotación, también puede decirse **tapador** (sust. m.), pero la Academia prefiere la primera forma.

tapado, da. p. de **tapar**. adj. 'Decíase de la mujer que se tapaba con el manto para no ser conocida' (*mujeres **tapadas***). Usáb. t. c. sust. f.: **la tapada**. N. Argent. y Chile. 'Dícese del caballo o la yegua sin mancha ni señal alguna en su capa' (*caballos y yeguas **tapados***). Ú. t. c. sust. m. y f.: **el tapado, la tapada**. sust. m. Argent., Chile, Perú y Urug. 'Abrigo de señora o de niña' (*Como hace frío, me pondré **el tapado***). La Academia ha incorporado recientemente los siguientes significados: adj. Amér. 'Dícese del candidato político cuyo nombre se mantiene en secreto hasta el momento propicio' (*candidato **tapado***). Ú. t. c. sust. m. Argent. 'Dícese del animal o persona cuya valía se mantiene oculta' (*¡Cuánto sabía! ¡Era un joven **tapado**!*; *Tenía un caballo **tapado***).

En la Argentina, también se usa como sustantivo (*¡Cuánto sabía! ¡Era un **tapado**!*).

tapador, ra. adj. 'Que tapa'. Ú. t. c. sust. m. y f.: **el tapador, la tapadora**. 'Dícese de la máquina de tapar botellas' (*máquina **tapadora***). Ú. t. c. sust. f.: **la tapadora**. sust. m. 'Tapadera'. → **tapadera**

tapadura. sust. f. 'Acción y efecto de tapar o taparse'. También puede decirse **tapamiento** (sust. m.), pero la Academia prefiere la primera forma.

tapafunda. sust. f. 'Cubierta de cuero que cierra la boca de las pistoleras'. Es incorrecto usar esta voz, en singular, con **s** final: la tapafundas. En plural: **tapafundas**.

tapajuntas. sust. m. 'Listón moldeado que se pone para tapar la unión del cerco de una puerta o ventana con la pared'. Es incorrecto usar esta voz, en singular, sin **s** final: el tapajunta. En plural, no varía: **los tapajuntas**.

tapar. v. tr. Ú. t. c. prnl. Rég. prep.: **tapar con** o **de** (*tapar un pozo **con** o **de** tierra*).

taparrabo. sust. m. También puede decirse **taparrabos**. La Academia prefiere la primera forma; los hablantes, en general, la segunda. → **tanga**

taparuja (de). loc. adv. 'Embozadamente' (*Lo hizo **de taparuja***). Esta locución ha sido recién incorporada en el ***Diccionario***.

tape. sust. m. Argent. y Urug. 'Indio guaraní que vivió en el pasado en territorios del actual Estado brasileño de Río Grande del Sur'; 'persona aindiada y de piel oscura'. En el ***Diccionario***, no aparece registrado como sustantivo común de dos. Este dato aparece en el ***Manual***: **el tape, la tape**. adj. 'Perteneciente o relativo a los indios tapes' (*costumbres **tapes***).

♦ **tape.** Anglicismo. En español, debe decirse **cinta**. Esta voz aparece en el ***Diccionario Manual***, con el indicador de su carácter de extranjerismo.

tapera. sust. f. Amér. Merid. 'Ruinas de un pueblo'; 'habitación ruinosa y abandonada' (*Vivía en una **tapera***).

taperujarse. v. prnl. fam. 'Taparse de cualquier modo con la ropa'. También puede decirse **tapirujarse** (v. prnl. fam.), pero la Academia prefiere la primera forma.

tapete. sust. m. 'Cubierta que, para ornato o resguardo, suele ponerse en las mesas y otros muebles'; 'alfombra pequeña'. **tapete verde**. fig. y fam. 'Mesa de juego de azar'. **estar sobre el tapete** una cosa. fr. fig. 'Estar discutiéndose o examinándose, o sometida a resolución' (*Su nombramiento **estaba sobre el tapete***). En la Argentina, suele usarse la frase **poner sobre el tapete**.

tapia. sust. f. Entre otras denotaciones, 'muro de cerca'. El sustantivo colectivo es **tapiería** (f.), 'conjunto de tapias'. **más sordo que una tapia**. fr. fig. y fam. 'Muy sordo' (*El abuelo está **más sordo que una tapia***).

tapiador. sust. m. 'Oficial que hace tapias'. La Academia no registra el género femenino.

tapiar. v. tr. 'Rodear con tapias'; 'cerrar un hueco haciendo en él un muro o tabique' (***Tapió** la ventana*). Incorrecto: tapear, una ultracorrección. Se conjuga, en cuanto al acento, como **cambiar**. Su postverbal es **tapiado** (sust. m.), voz recién incorporada en el ***Diccionario***.

tapicería. sust. f. Tiene valor colectivo con la denotación de 'juego de tapices'.

tapicero. sust. m. Su femenino es **tapicera**.

tapín. sust. m. Entre otras denotaciones, 'tapa metálica que cierra la boquilla del cuerno de pólvora con que se ceban los cañones'. Es palabra aguda. En plural, se transforma en grave: **tapines**.

tapina. sust. f. 'Tapadera de corcho'. Esta voz ha sido recién incorporada en el ***Diccionario***.

tapir. sust. m. 'Mamífero de Asia y América del Sur'. Para distinguir los sexos, debe recurrirse a las perífrasis **tapir macho, tapir hembra**. Es palabra aguda. En plural, se transforma en grave: **tapires**.

tapis. sust. m. 'Faja ancha, de color oscuro, que usan las mujeres filipinas'. Es palabra grave. En plural, no varía: **los tapis**.

tapití. sust. m. Argent. 'Liebre de tamaño mediano y de coloración bayo pardusca con matices rojizos, que habita en bosques y selvas desde el este de Méjico hasta el norte de la Argentina'. Para distinguir los sexos, debe recurrirse a las perífrasis **tapití macho, tapití hembra**. Es palabra aguda. En plural: **tapitíes** o **tapitís**. No está registrada en el *Diccionario*, pero la A.A.L. ha recomendado su incorporación.

tapiz. sust. m. Es palabra aguda. En plural, se transforma en grave: **tapices**. Repárese en que la **z** cambia por **c**.

tapizar. v. tr. Ú. t. c. prnl. También puede decirse **entapizar** (v. tr. Ú. t. c. prnl.). Su postverbal es **tapizado** (sust. m.). → **cazar**

tapón. sust. m. Es palabra aguda. En plural, se transforma en grave: **tapones**. El sustantivo colectivo es **taponería** (f.), 'conjunto de tapones'. El **taponazo** (sust. m.) es el 'golpe dado con el tapón de una botella de champán o de otra bebida espumosa, al destaparla'.

taponador. sust. m. 'El que se encarga de taponar botellas en algunas industrias'. Su femenino es **taponadora**. Incorrecto: *taponeador*, una ultracorrección. sust. f. 'Máquina de taponar botellas'. No debe confundirse su denotación con la de **taponero, ra** (sust. m. y f.), 'persona que fabrica o vende tapones'. La voz **taponador** ha sido recién incorporada en el *Diccionario*.

taponar. v. tr. Rég. prep.: **taponar con** (*taponar la botella con un corcho*). Su postverbal es **taponamiento** (sust. m.). Incorrecto: *taponear*, *taponeamiento*, ultracorrección.

tapuya. adj. 'Dícese del individuo de unas tribus indígenas americanas que ocupaban casi todo el Brasil en la época del descubrimiento'. Ú. t. c. sust. com.: **el tapuya, la tapuya**. 'Perteneciente a estas tribus' (*costumbres tapuyas*). Nótese que es voz grave. Incorrecto: *tapuyá*.

taqué. sust. m. 'Cada uno de los vástagos que transmiten la acción del árbol de levas a las válvulas de admisión y de escape del motor'. Es palabra aguda. En plural: **taqués**.

taquear. v. intr. Argent. 'En el billar y el polo, golpear la bocha con el taco'; 'ejercitarse en el uso del taco'. No debe pronunciarse [taquiar, taquié]. Esta voz no está registrada en el *Diccionario*, pero la A.A.L. ha recomendado su incorporación. → **-ear, taconear**

taqueo. sust. m. Argent. 'En el juego del polo, manejo, dominio del taco'. Esta voz no está registrada en el *Diccionario*, pero la A.A.L. ha recomendado su incorporación.

taquigrafiar. v. tr. Incorrecto: *taquigrafear*, una ultracorrección. Se conjuga, en cuanto al acento, como **guiar**.

taquígrafo. sust. m. 'El que sabe o profesa la taquigrafía'. Su femenino es **taquígrafa**. sust. m. 'Aparato registrador de velocidad'. Esta última acepción ha sido recién incorporada en el *Diccionario*.

taquilla. sust. f. Entre otras denotaciones, 'casillero para los billetes de teatro, ferrocarril, etc.'; 'por extensión, despacho de billetes'. La voz **taquillaje** (m.), recién incorporada en el *Diccionario*, es sustantivo colectivo cuando denota 'conjunto de entradas o billetes que se venden en una taquilla'; también significa, como **taquilla**, la 'recaudación obtenida con dicha venta'.

taquillero, ra. adj. 'Dícese de la persona que actúa en espectáculos y del espectáculo, que suelen proporcionar buenas recaudaciones a la empresa' (*actriz **taquillera**; espectáculo **taquillero***). sust. m. y f. 'Persona encargada de una taquilla': **el taquillero, la taquillera**. La primera denotación ha sido recién incorporada en el *Diccionario*.

taquillón. sust. m. 'Mueble de madera y de escasa capacidad, que suele colocarse en el recibidor con uso decorativo'. Es palabra aguda. En plural, se transforma en grave: **taquillones**. Ha sido recién incorporada en el *Diccionario*.

taquimecanógrafo. sust. m. 'El que es versado en taquigrafía y mecanografía'. Su femenino es **taquimecanógrafa**, cuya abreviación es **taquimeca** (fam.).

taquín. sust. m. 'Taba'; 'juego de la taba'. Es palabra aguda. En plural, se transforma en grave: **taquines**. → **taba, taco**

taquito (de). loc. adv. Argent. 'En fútbol, jugada hábil que se realiza con un golpe de taco' (*Hizo un gol **de taquito***); fig. y fam. 'sin mayor esfuerzo, fácilmente' (*Estudió para el examen **de taquito***). Esta locución no está registrada en el *Diccionario*, pero la A.A.L. ha recomendado su incorporación.

tarabilla. sust. f. Entre otras denotaciones, 'cítola del molino'; 'listón de madera'. Con estos dos significados, también puede decirse **tarabita** (sust. f.). desus. NO. Argent. 'Bramadera, juguete que zumba al hacerlo girar'.

tarabita. sust. f. Entre otras denotaciones: Amér. Merid. 'Maroma por la cual corre la cesta del andarivel'. → **tarabilla**

taraceador. sust. m. 'El que tiene por oficio hacer taraceas'. Su femenino es **taraceadora**. Es voz recién incorporada en el ***Diccionario***.

taracear. v. tr. 'Adornar con taracea' (***Taracearon** la mesa*). No debe pronunciarse [taraciar, taracié]. → **-ear**

tarado, da. p. de **tarar**. adj. 'Que padece tara física o psíquica' (*niña **tarada***). fig. 'Tonto, alocado'. Ú. t. c. sust. m. y f.: **el tarado**, **la tarada**.

tarambana. sust. com. fam. 'Persona alocada, de poco juicio': **el tarambana**, **la tarambana**. Ú. t. c. adj. (*Unos muchachos **tarambanas** me siguieron*).

tarar. v. tr. 'Señalar la tara, peso'; 'colocar la tara en uno de los platillos de la balanza'. No debe usarse como sinónimo de **atontar** (v. tr. Ú. t. c. prnl.), 'aturdir, atolondrar': *Cuando lo vi, <u>me</u> <u>taré</u>*. Correcto: *Cuando lo vi, **me atonté***.

tararear. v. tr. También puede decirse **tatarear** (v. tr.), pero la Academia prefiere la primera forma. No deben pronunciarse [tarariar, tararié; tatariar, tatarié]. Su postverbal es **tarareo** (sust. m.). → **-ear**

tararí. sust. m. 'Toque de trompeta'. En plural: **tararíes** o **tararís**. También pueden decirse **tarara** (sust. f.) y **tarará** (sust. m.). interj. fam. 'Expresión burlona o con que se quiere mostrar la total disconformidad con algo que ha propuesto otro'. Como interjección, su sinónimo es **tararira**. **estar tararí**. fr. fam. 'Estar bebido'. La voz **tararí** ha sido recién incorporada en el ***Diccionario***.

tararira. sust. f. Argent. y Urug. 'Cierto pez de río, redondeado, negruzco y de carne estimada' (*Pescó dos **tarariras***). Para distinguir los sexos, debe recurrirse a las perífrasis **tararira macho**, **tararira hembra**. Su homónimo (sust. f. fam.) denota 'chanza' y (sust. com. fam.) 'persona bulliciosa y de poca formalidad'. Incorrecto: <u>*taralila*</u>, <u>*tararila*</u>.

tarasca. sust. f. 'Figura de sierpe monstruosa'; fig. 'persona o cosa temible'; fig. y fam. 'mujer agresiva, fea, desaseada' (*Paula es una **tarasca***). Aumentativos: **tarascona**, **tarascón** (sust. m.).

tarascar. v. tr. 'Morder'. Se usa, sobre todo, hablando de los perros (*Un perro le **tarascó** la pierna*). Incorrecto: <u>*tarasquear*</u>. → **sacar**

tarascón. sust. m. Argent., Bol., Chile, Ecuad. y Perú. 'Mordedura'. También puede decirse **tarascada** (sust. f.).

tarasí. sust. m. 'Sastre'. Es palabra aguda. En plural: **tarasíes** o **tarasís**.

taray. sust. m. 'Arbusto de la familia de las tamaricáceas'; 'su fruto'. Es palabra aguda. En plural: **tarayes** o **taráis**. También pueden decirse **tamarisco** (sust. m.), **tamariz** (sust. m.) y **taraje** (sust. m.), pero la Academia prefiere la primera forma. El sustantivo colectivo es **tarayal** (m.), 'sitio poblado de tarayes'. Esta última voz puede reemplazarse con **taharal** (sust. m. colect.), pero la Academia prefiere la primera forma.

tarazar. v. tr. 'Destrozar a mordiscos'; 'morder o rasgar con los dientes'. Con esta última denotación, también puede decirse **atarazar** (v. tr.), voz preferida por la Academia. → **cazar**

tardanaos. sust. m. 'Rémora, pez'. Para distinguir los sexos, debe recurrirse a las perífrasis **tardanaos macho**, **tardanaos hembra**. Es palabra grave. En plural, no varía: **los tardanaos**.

tardar. v. intr. Ú. t. c. prnl. Rég. prep.: **tardar en** (***tardar en** llegar*). **a más tardar**. loc. adv. Se usa para señalar 'el plazo máximo en que ha de suceder algo' (*Vendrá, **a más tardar**, el jueves*). Su postverbal es **tardanza** (sust. f.).

tarde. sust. f. Entre otras denotaciones, 'tiempo que hay desde el mediodía hasta el anochecer'. Diminutivos: **tardecica**, **tardecita**. Es un barbarismo decir <u>*en*</u> <u>*la*</u> <u>*tarde*</u>: *Llegó <u>en</u> <u>la</u> <u>tarde</u>*. Correcto: *Llegó **a**, **durante** o **por** la tarde*. adv. t. 'A hora avanzada del día o de la noche' (*Se levantó **tarde**; Cenó **tarde***). Con la acepción de 'fuera de tiempo', también puede decirse **tardíamente** (adv. t.). **buenas tardes**. expr. 'Salutación familiar durante la tarde'. **de tarde en tarde**. loc. adv. 'De cuando en cuando' (*Me visita **de tarde en tarde***).

tardear. v. intr. 'Detenerse más de la cuenta';

'vacilar el toro antes de embestir'. No debe pronunciarse [tardiar]. → **-ear**

tardecer. v. irreg. intr. impers. La Academia prefiere el uso de **atardecer** (v. intr.). Se conjuga como **parecer**.

tardígrado, da. adj. 'Aplícase a los animales que se distinguen por la lentitud de sus movimientos' (*animal **tardígrado***). sust. m. pl. 'Clase de estos mamíferos': **los tardígrados**.

tardío, a. adj. Entre otras denotaciones, 'que tarda en venir a sazón y madurez algún tiempo más del regular' (*frutos **tardíos***). sust. m. 'Sembrado o plantío de fruto tardío'. Ú. m. en pl. (*Cuidaba los **tardíos***).

tardo, da. adj. Entre otras denotaciones, 'lento, perezoso en obrar'; 'torpe'. Rég. prep.: **tardo de** (*tardo de oído*); **tardo en** (*tardo en aprender*).

tardón, na. adj. fam. 'Que suele retrasarse'; 'que comprende tarde las cosas' (*alumno **tardón***). Ú. t. c. sust. m. y f.: **el tardón, la tardona**.

tarea. sust. f. Entre otras denotaciones, 'obra, trabajo'. **a tarea**. loc. adv. 'Dícese del sistema de remuneración por rendimiento o trabajo efectuado' (*Ganó trescientos pesos **a tarea***). Esta locución ha sido recién incorporada en el ***Diccionario***.

tarifación. sust. f. 'Acción y efecto de señalar tarifas'. Es palabra aguda. En plural, se transforma en grave: **tarifaciones**. Ha sido recién incorporada en el ***Diccionario***.

tarima. sust. f. Aumentativo: **tarimón** (sust. m.). → **entarimado**

tarja. sust. f. Entre otras denotaciones, 'escudo grande que cubría todo el cuerpo'; 'palo partido en dos, donde se marca lo que se vende fiado, haciendo una muesca en ambas mitades y llevándose una el comprador y otra el vendedor'. Con la primera acepción, el diminutivo es **tarjeta**.

tarjador. sust. m. 'El que señala en la tarja lo que se va sacando fiado'. Su femenino es **tarjadora**. También pueden decirse **tarjero** (sust. m.) y **tarjera** (sust. f.).

tarjar. v. tr. 'Rayar en la tarja lo que se saca fiado'. Conserva la **j** en toda la conjugación.

tarjeta. sust. f. Aumentativo: **tarjetón** (sust. m.). **tarjeta de embarco** o **de embarque**. Argent. 'Pase para abordar' (*Debe mostrar su **tarjeta de embarco** o **de embarque***). Este sintagma no está registrado en el ***Diccionario***, pero la A.A.L. ha recomendado su incorporación.

tarjetearse. v. prnl. 'Mantener correspondencia con alguien, por medio de tarjetas'. No debe pronunciarse [tarjetiarse]. Esta voz ha sido recién incorporada en el ***Diccionario***. → **-ear**

tarjetero, ra. adj. 'Aficionado a usar tarjetas' (*mujer **tarjetera***). sust. m. 'Cartera, recipiente o mueble donde se guardan o exponen tarjetas de visita, fotografías, correspondencia, etc.': **el tarjetero**. La primera acepción ha sido recién incorporada en el ***Diccionario***, y la segunda ha sido ampliada. → **-ear**

taropé. sust. m. 'Planta acuática'. Es palabra aguda. En plural: **taropés**.

tarot. sust. m. Voz italiana (*tarocco*) que pasó al francés (*tarot*) y, luego, se españolizó. 'Baraja formada por setenta y ocho naipes que llevan estampadas diversas figuras, y que se utiliza en cartomancia'; 'juego que se practica con esta baraja'. Es palabra aguda. En plural: **tarots**. Esta voz ha sido recién incorporada en el ***Diccionario***.

tarquín. sust. m. 'Légamo que las aguas estancadas depositan en el fondo, o que las avenidas de un río dejan en los campos que inundan'. Es palabra aguda. En plural, se transforma en grave: **tarquines**.

tarra. sust. com. vulg. 'Persona vieja': **el tarra, la tarra**. Esta voz ha sido recién incorporada en el ***Diccionario***.

tarragona. sust. m. 'Vino procedente de la provincia española de Tarragona' (*Compró un **tarragona***). Esta voz ha sido recién incorporada en el ***Diccionario***.

tarrina. sust. f. 'Envase pequeño para algunos alimentos que deben conservarse en frío'. Esta voz ha sido recién incorporada en el ***Diccionario***. No debe confundirse su grafía con la de **terrina** (sust. f.), 'vasija pequeña de barro cocido o de otros materiales, con forma de cono invertido, destinada a conservar o expender algunos alimentos'; 'en jardinería, tiesto de igual forma'. Incorrecto: <u>*tierrina*</u>.

tarro. sust. m. 'Recipiente de vidrio o de porcelana'. El despectivo es **tatarrete**.

tarso. sust. m. colect. Entre otras denotaciones, 'conjunto de huesos cortos que, en número variable, forman parte del esqueleto de las extremidades posteriores de batracios, reptiles y mamíferos'. Incorrecto: <u>*tarzo*</u>.

tarta. sust. f. 'Recipiente casi plano que sirve para hacer pasteles'. Con esta denotación, también pueden decirse **tartera** (sust. f.) y **tortera** (sust. f.). La Academia prefiere esta última voz. 'Pastel' (*Hizo una **tarta** de almendras*).

tartaleta. sust. f. 'Pastelillo de hojaldre'. Incorrecto: <u>*tarteleta*</u>.

tartamudear. v. intr. También puede decirse **tartajear** (v. intr.), pero la Academia prefiere la primera forma. No deben pronunciarse [tartamudiar, tartamudié; tartajiar, tartajié]. Los postverbales son **tartamudeo** (sust. m.) y **tartajeo** (sust. m.). La voz **tartalear** (v. intr. fam.), como sinónimo de **tartamudear**, está en desuso. → **-ear, trabar**

tartamudez. sust. f. 'Calidad de tartamudo'. Es palabra aguda. En plural, se transforma en grave: **tartamudeces**. Repárese en que la **z** cambia por **c**.

tartamudo, da. adj. 'Que tartamudea' (*niño **tartamudo***). Ú. t. c. sust. m. y f.: **el tartamudo, la tartamuda**. También pueden decirse **tartaja** (adj. fam. Ú. t. c. sust. com.) y **tartajoso, sa** (adj. Ú. t. c. sust. m. y f.).

tartán. sust. m. 'Tela de lana'. Es palabra aguda. En plural, se transforma en grave: **tartanes**. Su homónimo (sust. m.) denota 'material formado por una mezcla de goma y asfalto'.

tartana. sust. f. 'Embarcación'; 'carruaje'. La Academia ha incorporado recientemente dos acepciones: 'Cosa vieja e inútil'; 'red de pesca para rastreo a vela'. La primera se usa, especialmente, tratándose de automóviles (*Vendió su **tartana***). No se emplea en la Argentina.

tartanero. sust. m. 'Conductor del carruaje llamado tartana'. La Academia no registra el género femenino.

tartárico, ca. adj. 'Perteneciente o relativo al tártaro o tartrato ácido de potasio impuro' (*ácido **tartárico***). También puede decirse **tártrico, ca** (adj.), voz preferida por la Academia.

tartarizar. v. tr. 'En farmacia, preparar una confección con tártaro'. → **cazar**

tartesio, sia. adj. 'Dícese de un pueblo hispánico prerromano'. 'Dícese de los individuos que componían este pueblo' (*hombres **tartesios***). Ú. t. c. sust. m. y f.: **el tartesio, la tartesia**.

tartrato. sust. m. 'Sal formada por la combinación del ácido tartárico con una base'. Incorrecto: <u>*trartato*</u>. Nótese que es voz grave.

tartufo. sust. m. 'Hombre hipócrita y falso'. Esta voz ha sido recién incorporada en el ***Diccionario***.

tarumá. sust. m. Argent. 'Árbol de la familia de las verbenáceas que produce un fruto morado oleoso'. Es palabra aguda. En plural: **tarumaes** o **tarumás**.

tarumba (volverlo a uno). fr. fam. 'Atolondrarlo, confundirlo' (*La noticia **lo volvió tarumba***). Ú. t. el verbo como prnl. (*Ariel **se volvió tarumba***). También puede decirse **volverlo a uno turumba** (fr. fam. Amér.), pero la Academia prefiere la primera forma.

tas. sust. m. 'Yunque pequeño de los plateros'. En plural: **tases**.

tasa. sust. f. 'Acción y efecto de tasar'. Con este significado, también puede usarse **tasación** (sust. f.). La Academia ha incorporado recientemente estas acepciones: 'Tributo que se exige con motivo del uso ocasional de ciertos servicios generales'; 'relación entre dos magnitudes' (***tasa** de inflación*; *de desempleo*; *de natalidad*). Es un anglicismo usar **rata** (sust. f.), 'parte proporcional', por **tasa**. No debe confundirse su grafía con la de su homófono **taza** (sust. f.), 'recipiente de loza o de metal con asa'.

tasación. sust. f. 'Acción y efecto de tasar o graduar'. Con este significado, también puede usarse **tasa**. La Academia ha incorporado recientemente esta acepción: 'Valoración del activo de una empresa o de parte de él'. Es palabra aguda. En plural, se transforma en grave: **tasaciones**.

tasador, ra. adj. 'Que tasa'. Ú. t. c. sust. m. y

f.: **el tasador, la tasadora**. sust. m. 'Persona habilitada para tasar o graduar el precio de un bien'.

tasar. v. tr. Rég. prep.: **tasar a** (***tasar a ojo***); **tasar** algo **en** (***tasar la casa en cuatrocientos mil pesos***). No debe confundirse su grafía con la de su homófono **tazar** (v. tr.), 'estropear la ropa con el uso'.

tascar. v. tr. Entre otras denotaciones, 'quebrantar con ruido la hierba las bestias cuando pacen'. → **sacar**

tasi. sust. m. Argent. 'Enredadera silvestre, de la familia de las asclepiadáceas, con tallo lechoso y fruto grande, ovalado y pulposo; es comestible después de guisado o en dulce'. Es palabra grave. En plural: **tasis**.

♦ **task force.** Anglicismo. En español, debe decirse **agrupación de fuerzas, fuerza operativa, grupo de trabajo**, según los contextos.

♦ **task group.** Anglicismo. En español, debe decirse **grupo operativo**.

tasquear. v. intr. 'Frecuentar tascas o tabernas'. No debe pronunciarse [tasquiar, tasquié]. Esta voz ha sido recién incorporada en el ***Diccionario***. → **-ear**

tasquil. sust. m. 'Fragmento que salta de la piedra al labrarla'. Es palabra aguda. En plural, se transforma en grave: **tasquiles**.

tata. sust. f. fam. 'Niñera'; 'por extensión, muchacha de servicio'. Con estos dos significados, equivale a **chacha** (sust. f. fam.). 'Hermana' (*Mi* ***tata*** *tiene dos años más que yo*). sust. m. Murc. y Amér. 'Padre, papá'. Es voz cariñosa y, en algunas partes de América, tratamiento de respeto (*El* ***tata*** *se lo dijo*). En la Argentina, solía usarse el diminutivo **tatita**, para nombrar al padre o al abuelo.

tata Dios. sust. m. Argent. 'Mamboretá, insecto ortóptero de color verde claro'. Para distinguir los sexos, debe recurrirse a las perífrasis **tata Dios macho, tata Dios hembra**. En plural: **tatas Dios**. Este sintagma no está registrado en el ***Diccionario***, pero la A.A.L. ha recomendado su incorporación.

tataibá. sust. m. Par. 'Moral silvestre de fruto amarillo y áspero'. Es palabra aguda. En plural: **tataibaes o tataibás**.

tatami. sust. m. Voz japonesa españolizada. 'Tapiz acolchado sobre el que se ejecutan algunos deportes, como yudo y kárate'. Es palabra grave. En plural: **tatamis**.

tatarabuelo. sust. m. 'Tercer abuelo'. Su femenino es **tatarabuela**. En plural: **tatarabuelos, tatarabuelas**. También pueden decirse **rebisabuelo** (sust. m.) y **rebisabuela** (sust. f.).

tataradeudo. sust. m. 'Antepasado'. Su femenino es **tataradeuda**. En plural: **tataradeudos, tataradeudas**.

tataranieto. sust. m. 'Tercer nieto'. Su femenino es **tataranieta**. En plural: **tataranietos, tataranietas**.

tataré. sust. m. Argent. y Par. 'Árbol grande, de la familia de las mimosáceas, cuya madera es amarilla y se utiliza en ebanistería y en la construcción de barcos. De su corteza, se extrae una materia tintórea'. Es palabra aguda. En plural: **tatarés**.

tatas (andar a). fr. 'Empezar a andar el niño'. Equivale a **andar a gatas** (***El niño anda a tatas***).

tate. Voz que denota '¡cuidado!'; 'poco a poco'. Suele usarse repetida (***¡tate, tate!***).

tatetí. sust. m. Argent. y Urug. 'Juego del tres en raya'. Es palabra aguda. En plural: **tatetíes** o **tatetís**.

tatú. sust. m. Argent., Bol., Par. y Urug. 'Voz genérica que designa diversas especies de armadillo'. Es palabra aguda. En plural: **tatúes** o **tatús**.

tatuar. v. tr. Ú. t. c. prnl. Su postverbal es **tatuaje** (sust. m.). Se conjuga, en cuanto al acento, como **actuar**.

tau. sust. m. 'Última letra del alfabeto hebreo'; 'tao, insignia': **el tau**. En plural: **los taus**. sust. f. 'Decimonona letra del alfabeto griego, que corresponde a nuestra *te*'. En plural: **las taus**.

taula. sust. f. 'Monumento megalítico abundante en Mallorca'. Esta voz ha sido recién incorporada en el ***Diccionario***.

taumaturgo. sust. m. 'Mago'. Su femenino es **taumaturga**. No debe usarse, como sinónimo, el adjetivo **taumatúrgico, ca**, 'perteneciente o relativo a la taumaturgia'.

taurino, na. adj. 'Perteneciente o relativo a los toros o a las corridas de toros' (*espectáculo taurino*). 'Aficionado a los toros' (*mujeres taurinas*). Ú. t. c. sust. m. y f.: **el taurino, la taurina**. Esta última denotación ha sido recién incorporada en el ***Diccionario***.

Tauro. sust. pr. m. 'Segundo signo o parte del Zodíaco' (*Nacerá bajo el signo de **Tauro***); 'constelación zodiacal'. Nótese que, con estas denotaciones, debe escribirse con mayúscula. adj. 'Referido a personas, las nacidas bajo este signo del Zodíaco' (*Elena es **tauro***). La Academia no registra, para el adjetivo **taurino, na**, la denotación correspondiente a los que pertenecen a este signo. Ú. t. c. sust. com.: **el tauro, la tauro**. → **taurino**

taurófobo, ba. adj. 'Que desaprueba la celebración de corridas de toros' (*hombres **taurófobos***). Esta voz ha sido recién incorporada en el ***Diccionario***.

taurómaco, ca. adj. 'Perteneciente o relativo a la tauromaquia'. Con este significado, también puede decirse **tauromáquico, ca** (adj.). 'Dícese de la persona entendida en tauromaquia'. Ú. t. c. sust. m. y f.: **el taurómaco, la taurómaca**.

taxáceo, a. adj. 'Dícese de la planta arbórea gimnosperma, conífera, como el tejo' (*planta **taxácea***). Ú. t. c. sust. f.: **la taxácea**. sust. f. pl. 'Familia de estas plantas': **las taxáceas**.

taxi. sust. m. Abreviación de **taxímetro**. 'Automóvil de alquiler'. Incorrecto: <u>*el taxis*</u>, un vulgarismo. La Academia ha incorporado recientemente este significado: vulg. 'Prostituta que mantiene a un proxeneta'. Es palabra grave. En plural: **taxis**. No debe pronunciarse [tasi]. → **tasi**

taxidermista. sust. com. 'Disecador de animales': **el taxidermista, la taxidermista**.

taxista. sust. com. 'Persona que conduce un taxi': **el taxista, la taxista**. La Academia ha incorporado recientemente este significado: sust. m. vulg. 'Proxeneta mantenido por una prostituta'. Incorrecto: <u>*taximetrero*</u>, <u>*taximetrista*</u>.

taxodiáceo, a. adj. 'Dícese de las plantas gimnospermas de la clase de las coníferas' (*plantas **taxodiáceas***). sust. f. pl. 'Familia de estas plantas': **las taxodiáceas**.

taxón. sust. m. 'Nivel o rango de las subdivisiones que se aplican en la sistemática biológica, desde la especie, que se toma como unidad, hasta el tronco o tipo de organización'; 'cada uno de los grupos o subdivisiones de la clasificación de los seres vivos, que se ordena sistemáticamente según su jerarquía propia'. Es palabra aguda. En plural, se transforma en grave: **taxones**. Ha sido recién incorporada en el ***Diccionario***.

taxónomo. sust. m. 'El que es versado en el conocimiento de la taxonomía y en sus usos y procedimientos'. Su femenino es **taxónoma**. También puede decirse **taxonomista** (sust. com.), pero la Academia prefiere la primera forma.

tayuyá. sust. m. Argent., Par. y Urug. 'Planta rastrera de la familia de las cucurbitáceas'. Es palabra aguda. En plural: **tayuyaes** o **tayuyás**. En el ***Diccionario Manual***, aparece registrada la voz **tajibo** (sust. m. Argent.) como sinónimo de **tayuyá**, pero con el indicador de su falta de sanción oficial.

taza. sust. f. Diminutivos: **taceta**, **tacita**. Aumentativo: **tazón** (sust. m.). No debe confundirse su grafía con la de su homófono **tasa** (sust. f.). → **tasa**

tazar. v. tr. No debe confundirse su grafía con la de su homófono **tasar** (v. tr.). → **cazar, tasar**

te. Pronombre personal de segunda persona en género masculino o femenino, y número singular. En la oración, cumple la función de objeto directo (*Juan **te** visitará*) o de objeto indirecto (*¿**Te** regaló flores?*). En estas dos funciones, puede aparecer junto a la forma tónica **ti** precedida de la preposición **a** (*Juan **te** visitará **a ti**; ¿**Te** regaló flores **a ti**?*). De esta manera, el objeto directo y el indirecto se duplican. La construcción **a ti** tiene valor enfático. El pronombre **te** no admite preposición y es enclítico cuando se pospone al verbo (***te** admiran*; *admíran**te***). Incorrecto: <u>*Te se*</u> *cayó la goma*. Correcto: ***Se te** cayó la goma*.

té. sust. m. 'Arbusto del Extremo Oriente'; 'hoja de este arbusto'; 'infusión' (*Tomaré un **té***); 'reunión de personas que se celebra por la tarde y durante la cual se sirve un refrigerio del que forma parte el té' (*Está invitada a un **té***). Repárese en que la palabra lleva acento diacrítico para distinguir su significado y su función de los del nombre de la letra **t** y del pronombre personal. Incorrecto: *thé*. En plural: **tés**. La **teína** (sust. f.) es el 'principio activo del té, análogo a la cafeína contenida en el café'. El **tesal** (sust. m. colect. NE. Argent.) es una 'plantación de té'. Esta última voz no está registrada en el ***Diccionario***, pero la A.A.L. ha recomendado su incorporación.

teáceo, a. adj. 'Dícese de ciertos árboles y arbustos angiospermos dicotiledóneos, como la camelia y el té' (*arbustos **teáceos***). Ú. t. c. sust. f.: **la teácea**. sust. f. pl. 'Familia de estas plantas': **las teáceas**.

♦ **tealero, ra.** Neologismo. Debe decirse **del té**. Incorrecto: *industria tealera*. Correcto: *industria **del té***.

♦ **team.** Anglicismo. En español, debe decirse **equipo deportivo, grupo de jugadores**. Esta voz aparece registrada en el ***Diccionario Manual***, con el indicador de su carácter de extranjerismo.

teatino, na. adj. 'Dícese de los clérigos regulares de San Cayetano'. Ú. t. c. sust. m.: **el teatino**.

teatral. adj. 'Perteneciente o relativo al teatro' (*espectáculo **teatral***). Con la denotación figurada de 'efectista, deseoso de llamar la atención', también puede decirse **teatrero, ra** (adj. Ú. t. c. sust. m. y f.). → **teatrero**

teatralizar. v. tr. → **cazar**

teatrero, ra. adj. fam. 'Muy aficionado al teatro'; 'teatral' Ú. t. c. sust. m. y f.: **el teatrero, la teatrera**. sust. m. y f. fam. 'Histrión, persona que gesticula exageradamente'. Esta voz ha sido recién incorporada en el ***Diccionario***. → **teatral**

teatro. sust. m. Se escribe con mayúscula cuando forma parte de una denominación comercial (***Teatro*** Avenida). En los demás casos, con minúscula (*Le gusta ir al **teatro***). **echar, hacer** o **tener teatro**. fr. fig. y fam. 'Actuar de manera afectada o con exageración' (*Cuando desea conseguir algo, **echa**, **hace** o **tiene teatro***). En la Argentina, se usa **hacer teatro**.

-teca. elem. compos. de or. gr. 'Lugar en que se guarda algo' (***biblioteca**, **discoteca**, **filmoteca***). Ha sido recién incorporado en el ***Diccionario***.

techador. sust. m. 'El que se dedica a techar'. La Academia no registra el género femenino.

techo. sust. m. También pueden decirse **techado** (sust. m.) y **techumbre** (sust. f.). Esta última voz tiene, también, valor colectivo con la denotación de 'conjunto de la estructura y elementos de cierre de los techos'. **dar techo** a alguien. fr. fig. 'Alojarlo' (***Dieron techo** a los pobres*). Esta frase no está registrada en el ***Diccionario***, pero aparece en el ***Manual*** con el indicador de su falta de sanción oficial. **tener (un) techo**. fr. fig. y fam. Argent. 'Tener casa propia' (*Ya **tienen techo** o **un techo***). Este sintagma no está registrado en el ***Diccionario***, pero la A.A.L. ha recomendado su incorporación.

tecla. sust. f. Entre otras acepciones, 'pieza que se pulsa para poner en acción un mecanismo'; 'pieza móvil que contiene una letra o un signo en las máquinas de escribir y otros aparatos'. Estos dos significados han sido recién incorporados en el ***Diccionario***. El sustantivo colectivo es **teclado** (m.), 'conjunto de teclas del piano y otros instrumentos musicales'. La Academia ha incorporado recientemente esta denotación para **teclado**: 'Conjunto de teclas de diversos aparatos o máquinas, que se manejan mediante botones de mando o teclas' (*el **teclado** de la computadora*). **dar** uno **en la tecla**. fr. fig. y fam. 'Acertar en el modo de ejecutar una cosa'; 'tomar una costumbre o manía'.

teclear. v. intr. 'Mover las teclas' (***Teclea** con rapidez*); fig. y fam. 'tamborilear con los dedos'. Es incorrecto su uso con objeto directo: *Teclee su número de documento*. Correcto: ***Marque** o **escriba** su número de documento*. v. tr. fig. y fam. 'Intentar o probar diversos caminos y medios para la consecución de algún fin'. Argent. 'Vacilar, demostrar inseguridad' (***Tecleó** en su respuesta*). **andar** o **estar tecleando**. fr. fig. y fam. 'Hallarse en el límite de los recursos económicos' (*Varias familias **andan** o **están tecleando***). Estos argentinismos no están registrados en el ***Diccionario***, pero la A.A.L. ha recomendado su incorporación. No debe pronunciarse [tecliar, teclié]. Sus postverbales son **tecleado** (sust. m.) y **tecleo** (sust. m.). → **-ear**

tecnecio. sust. m. 'Metal del grupo del manganeso'. Número atómico 43. Símbolo: *Tc*

-tecnia. elem. compos. de or. gr. 'Técnica' (***pirotecnia***).

técnica. sust. f. Tiene valor colectivo con la denotación de 'conjunto de procedimientos y recursos de que se sirve una ciencia o un arte' (*Estudia la **técnica** del fotograbado*). 'Pericia o habilidad para usarlos' (*Posee una gran **técnica** para realizar el fotograbado*). La Academia ha incorporado recientemente este significado: fig. 'Habilidad para ejecutar cualquier cosa o para conseguir algo' (*Ella tiene su **técnica** para tallar la madera; Siempre usa la misma **técnica** para no trabajar*). No debe confundirse su denotación con la de **tecnología** (sust. f.). → **tecnología**

tecnicidad. sust. f. 'Calidad o carácter técnico de una cosa' (*la **tecnicidad** del pirograbado*). Esta voz ha sido recién incorporada en el ***Diccionario***.

tecnicismo. sust. m. 'Calidad de técnico'. Tiene valor colectivo con la denotación de 'conjunto de voces técnicas empleadas en el lenguaje de un arte, ciencia, oficio, etc.' (*Es un **tecnicismo** de la lingüística*). Con esta denotación, su sinónimo es **terminología** (sust. f. colect.). 'Cada una de estas voces' (*La voz "semantema" es un **tecnicismo** lingüístico*).

técnico, ca. adj. 'Perteneciente o relativo a las aplicaciones de las ciencias y las artes' (*preparación **técnica***); 'aplícase a las palabras o expresiones empleadas exclusivamente, y con sentido distinto del vulgar, en el lenguaje propio de un arte, ciencia, oficio, etc.' (*terminología **técnica***). sust. m. y f. 'Persona que posee los conocimientos especiales de una ciencia o arte' (*un **técnico** en televisión; una **técnica** en computación*).

tecnicolor. sust. m. 'Nombre comercial de un procedimiento que permite reproducir en la pantalla cinematográfica los colores de los objetos' (*filme en **tecnicolor***). Es palabra aguda. No debe pronunciarse [tecnicólor] como en inglés. En plural: **tecnicolores**. Es incorrecto usar la grafía inglesa *technicolor*.

tecnificar. v. tr. 'Introducir procedimientos técnicos modernos en las ramas de producción que no los empleaban' (***tecnificar** el agro*); 'hacer algo más eficiente desde el punto de vista tecnológico'. Ú. t. c. intr. Esta voz ha sido recién incorporada en el ***Diccionario***. → **sacar**

tecnocracia. sust. f. 'Ejercicio del poder por los tecnócratas'. Esta voz ha sido recién incorporada en el ***Diccionario***.

tecnócrata. sust. com. 'Partidario de la tecnocracia': **el tecnócrata, la tecnócrata**. Ú. t. c. adj. (*hombres **tecnócratas***). 'Técnico o persona especializada en economía, administración, etc.'. Esta voz ha sido recién incorporada en el ***Diccionario***.

tecnografía. sust. f. 'Descripción de las artes industriales y de sus procedimientos'. Esta voz ha sido recién incorporada en el ***Diccionario***.

tecnología. sust. f. Tiene valor colectivo con las denotaciones de 'conjunto de los conocimientos propios de un oficio mecánico o arte industrial' (***tecnología** informática*) y de 'conjunto de los instrumentos y procedimientos industriales de un determinado sector o producto' (*La nueva **tecnología** resolverá los problemas del sector agrario*). 'Tratado de los términos técnicos'; 'lenguaje propio de una ciencia o arte' (*la **tecnología** de la pintura*). No debe confundirse su significado con el de **técnica** (sust. f.). → **técnica**

tecnólogo. sust. m. 'El que se dedica a la tecnología'. Su femenino es **tecnóloga**. Esta voz ha sido recién incorporada en el ***Diccionario***.

tedéum. sust. m. 'Cántico que usa la Iglesia para dar gracias a Dios por algún beneficio'. Esta voz está formada con las primeras palabras latinas de ese cántico: *Te Deum*. Se escribe, generalmente, con minúscula, como **ángelus**, **benedícite** y **magníficat**. Aunque es poco frecuente, puede usarse, también, la grafía en dos palabras, escritas siempre con mayúscula (*el Te Deum*). Es palabra aguda. En plural, no varía: **los tedéum, los Te Deum**. → **magníficat**

♦ **teenagers** o **teens.** Anglicismos. En español, debe decirse **adolescentes** o **jóvenes**.

teflón. sust. m. La voz proviene de una marca registrada. 'Material aislante muy resistente al calor y a la corrosión, usado para articulaciones y revestimientos, y especialmente conocido por su aplicación en la fabricación de ollas y sartenes'. Es palabra aguda. En plural, se transforma en grave: **teflones**. Ha sido incorporada recientemente en el ***Diccionario***.

tehuelche. adj. 'Dícese del individuo perteneciente a una de las parcialidades indígenas que habitaron principalmente en la Patagonia, entre los ríos Negro y Colorado' (*indios **tehuelches***). Ú. t. c. sust. com.: **el tehuelche, la tehuel-**

che. 'Perteneciente o relativo a estos indios'. sust. m. 'Lengua que hablaban': **el tehuelche**.

teísta. adj. 'Que profesa el teísmo'. Apl. a pers., ú. t. c. sust. com.: **el teísta, la teísta**.

teja. sust. f. Diminutivo: **tejuela**.

tejado. sust. m. Diminutivo: **tejadillo**.

tejano, na. adj. 'Perteneciente o relativo al Estado de Tejas, en los Estados Unidos de América'. 'Natural de ese Estado'. Ú. t. c. sust. m. y f.: **el tejano, la tejana**. Incorrecto: texano, texana. sust. m. pl. 'Pantalón tejano' (*Usa **tejanos** azules*). Incorrecto: *Usa jeans azules*. → **vaqueros (blue jean)**

tejar. v. tr. 'Cubrir de tejas'. También puede decirse **entejar** (v. tr.). Su homónimo (sust. m.) denota 'sitio donde se fabrican tejas, ladrillos y adobes'. También pueden decirse **tejería** (sust. f.) y **tejera** (sust. f.).

tejedor, ra. adj. 'Que teje' (*una abuela **tejedora***). sust. m. y f. 'Persona que tiene por oficio tejer': **el tejedor, la tejedora**. sust. m. 'Insecto'. Para distinguir los sexos, debe recurrirse a las perífrasis **tejedor macho**, **tejedor hembra**. sust. f. 'Máquina de hacer punto' (*Compramos una **tejedora***).

tejemaneje. sust. m. fam. 'Acción de desarrollar mucha actividad o movimiento al realizar algo'. Se usa más en plural, con la denotación familiar de 'enredos poco claros para conseguir algo' (*Descubrió sus **tejemanejes** para obtener el empleo*).

tejer. v. tr. Rég. prep.: **tejer con** o **de** (*tejer un suéter **con** o **de** lana*). Su postverbal es **tejedura** (sust. f.).

tejero. sust. m. 'El que fabrica tejas y ladrillos'. Su femenino es **tejera**. sust. f. 'Sitio donde se fabrican tejas, ladrillos y adobes': **la tejera**. → **tejar**

tejido, da. p. de **tejer**. adj. (*tela **tejida***). sust. m. Entre otras denotaciones, 'textura de una tela' (*El **tejido** de esta tela es excelente*); 'cosa tejida' (*Dejó el **tejido** sobre la mesa*).

tejo. sust. m. 'Pedazo pequeño de teja'. Diminutivo: **tejuelo**. Aumentativo: **tejón**.

tejón. sust. m. 'Mamífero carnicero'. Para distinguir los sexos, debe recurrirse a las perífrasis **tejón macho, tejón hembra**. Es palabra aguda. En plural, se transforma en grave: **tejones**. También puede decirse **tasugo** (sust. m.), pero la Academia prefiere la primera forma. La **tejonera** (sust. f.) es la 'madriguera donde se crían los tejones'.

tela. sust. f. Diminutivo: **telilla**. Aumentativo: **telón** (sust. m.). Su homónimo (sust. f.) denota 'plaza o recinto formado con lienzos, para encerrar la caza y matarla con seguridad'. **en tela de juicio**. loc. adv. 'En duda acerca de la certeza o el éxito de una cosa'. Se usa con los verbos **estar**, **poner** y **quedar** (***Está en tela de juicio** su idoneidad*). 'Sujeto a maduro examen' (***Puso en tela de juicio** sus antecedentes laborales*).

telamón. sust. m. 'Atlante'. Es palabra aguda. En plural, se transforma en grave: **telamones**.

telaraña. sust. f. En plural: **telarañas**. También puede escribirse **tela de araña**. **tener uno telarañas en los ojos**. fr. fig. y fam. 'No percibir bien la realidad'; 'estar ofuscado para juzgar un asunto'. El adjetivo correspondiente es **telarañoso, sa**, 'cubierto de telarañas'.

tele. sust. f. fam. Esta voz, abreviación de **televisión**, ha sido recién incorporada en el ***Diccionario***. → **televisión**

tele-. elem. compos. de or. gr. 'A distancia' (***telefilme, teléfono***). Es un prefijo muy activo. Con él, se forman numerosas voces que no siempre aparecen registradas en el ***Diccionario*** (***telepolítica***).

telecabina. sust. f. 'Teleférico de cable único para la tracción y la suspensión, dotado de cabina'. Es palabra grave. En plural: **telecabinas**. Esta voz ha sido recién incorporada en el ***Diccionario***.

telecinematógrafo. sust. m. 'Monitor, aparato receptor'. Es palabra esdrújula. En plural: **telecinematógrafos**. Esta voz ha sido recién incorporada en el ***Diccionario***.

teleclinómetro. sust. m. 'Instrumento que se introduce en los pozos de sondeo para medir su inclinación'. Es palabra esdrújula. En plural: **teleclinómetros**. Esta voz ha sido recién incorporada en el ***Diccionario***.

teleclub. sust. m. 'Lugar de reunión para ver programas de televisión'. Es palabra aguda. En plural, se transforma en grave: **teleclubes**. Esta voz ha sido recién incorporada en el ***Diccionario***.

telecontrol. sust. m. 'Mando de un aparato, máquina o sistema, ejercido a distancia'. Es palabra aguda. En plural, se transforma en grave: **telecontroles**. Esta voz ha sido recién incorporada en el ***Diccionario***.

telediario. sust. m. 'Noticiario televisivo'. Es palabra grave. En plural: **telediarios**. No es sinónimo de **noticiario** (sust. m.), 'programa de radio o de televisión en que se transmiten noticias'. Para que lo sea, debe agregarse, a este último sustantivo, el adjetivo **televisivo**.

teledifusión. sust. f. 'Transmisión de imágenes de televisión mediante ondas electromagnéticas'. Es palabra aguda. En plural, se transforma en grave: **teledifusiones**. Esta voz ha sido recién incorporada en el ***Diccionario***.

teledirigido, da. adj. 'Dícese del aparato o vehículo guiado o conducido por medio de un mando a distancia' (*aparato **teledirigido***). Es palabra grave. Esta voz ha sido recién incorporada en el ***Diccionario***. También puede decirse **teleguiado, da** (adj.), pero la Academia prefiere la primera forma. Aunque no está consignado en el léxico oficial, también suele usarse correctamente como sustantivo masculino: **el teledirigido**. En plural: **teledirigidos**.

telefax. sust. m. 'Sistema telefónico que permite reproducir a distancia escritos, gráficos o impresos'; 'documento recibido por telefax'. Es palabra aguda. En plural, no varía: **los telefax**. También pueden decirse **fax** (sust. m.) y **telefacsímil** (sust. m.). La Academia prefiere la primera forma, y los hablantes, **fax**. En plural: **los fax**; **telefacsímiles**. Las tres voces han sido recién incorporadas en el ***Diccionario***. → **fax**

telefilme. sust. m. 'Filme de televisión'. Es palabra grave. Como la Academia ha registrado la voz **film** (sust. m.), no es erróneo el uso de **telefilm**. El plural de ambas voces es **telefilmes**.

telefonazo. sust. m. 'Llamada telefónica' (*Mañana te daré un **telefonazo***).

telefonear. v. intr. y tr. No debe pronunciarse [telefoniar, telefonié]. → **-ear**

telefonema. sust. m. 'Despacho telefónico, telegrama'.

telefonillo. sust. m. 'Dispositivo para comunicación oral dentro de un edificio'. Esta voz ha sido recién incorporada en el ***Diccionario***.

telefonista. sust. com.: **el telefonista, la telefonista**.

teléfono. sust. m. 'Aparato telefónico'; 'número que se asigna a cada uno de esos aparatos'. Su abreviatura es ***tel.*** o ***teléf.*** Tiene valor colectivo con la denotación de 'conjunto de aparatos e hilos conductores con los cuales se transmite a distancia la palabra y toda clase de sonidos por la acción de la electricidad'. Es palabra esdrújula.

telefonómetro. sust. m. 'Contador que controla las llamadas telefónicas y su duración'. Es palabra esdrújula. En plural: **telefonómetros**. Esta voz ha sido recién incorporada en el ***Diccionario***.

telefotografía. sust. f. Entre otras denotaciones, 'arte de tomar fotografías de objetos lejanos'; 'fotografía así tomada'; 'arte de tomar y transmitir fotografías a distancia mediante sistemas electromagnéticos'. Esta última denotación ha sido recién incorporada en el ***Diccionario***. Su abreviación es **telefoto** (sust. f.).

telega. sust. f. 'Carro de cuatro ruedas usado en Rusia para transportar mercancías'. Es palabra grave. Esta voz ha sido recién incorporada en el ***Diccionario***.

telegrafiar. v. tr. Ú. t. c. prnl. Incorrecto: <u>telegrafear</u>, una ultracorrección. Se conjuga, en cuanto al acento, como **guiar**.

telegrafista. sust. com.: **el telegrafista, la telegrafista**.

telegrama. sust. m. Es palabra grave. No debe escribirse ni pronunciarse [telégrama] como esdrújula.

teleindicador. sust. m. 'Instrumento utilizado para indicar a distancia cantidades eléctricas tales como potencias, tensiones, intensidades'. Es palabra aguda. En plural, se transforma en grave: **teleindicadores**. Esta voz ha sido recién incorporada en el ***Diccionario***.

telemática. sust. f. Tiene valor colectivo. 'Conjunto de perspectivas abiertas para la combinación de los medios de la informática con los de las telecomunicaciones'. Esta voz no está registrada en el *Diccionario*. Aparece en el ***Manual*** con el indicador de su falta de sanción oficial.

telenovela. sust. f. 'Novela filmada y grabada para ser retransmitida por capítulos a través de la televisión'. Es palabra grave. En plural: **telenovelas**. Esta voz ha sido recién incorporada en el ***Diccionario***.

teleósteo. adj. 'Dícese del pez que tiene el esqueleto osificado' (*pez **teleósteo***). Ú. t. c. sust. m.: **el teleósteo**. sust. m. pl. 'Orden de estos animales': **los teleósteos**.

telequinesia. sust. f. 'En parapsicología, desplazamiento de objetos sin causa física observable, por lo general en presencia de un médium'. También puede escribirse **telekinesia**, pero la Academia prefiere la primera forma.

telerruta. sust. f. 'Servicio oficial que informa a los usuarios del estado de las carreteras'. Es palabra grave. En plural: **telerrutas**. Incorrecto: *teleruta*, *telerutas*. Esta voz ha sido recién incorporada en el ***Diccionario***.

telesilla. sust. m. 'Asiento suspendido de un cable de tracción, para el transporte de personas a la cumbre de una montaña o a un lugar elevado' (*Subió en un **telesilla** al cerro Catedral*). Repárese en el género de este sustantivo. En la Argentina, se usa **la telesilla**.

telespectador. sust. m. 'El que ve la televisión'. Su femenino es **telespectadora**. Incorrecto: *teleespectador*, *teleespectadora*. También puede decirse **televidente** (sust. com.), pero la Academia prefiere la primera forma.

telesquí. sust. m. 'Aparato que permite a los esquiadores subir hasta las pistas sobre sus esquís mediante un sistema de arrastre'. Es palabra aguda. En plural: **telesquís**. → **esquí**

teleteatro. sust. m. 'Teatro que se transmite por televisión'. Es palabra grave. En plural: **teleteatros**. Esta voz ha sido recién incorporada en el ***Diccionario***.

teletexto. sust. m. Voz inglesa (*teletext*) españolizada. 'Sistema de transmisión de textos escritos mediante onda hertziana, como la señal de televisión, o por cable telefónico'. Es palabra grave. En plural: **teletextos**. Esta voz ha sido recién incorporada en el ***Diccionario***.

teletipo. sust. amb. Voz francesa (*Télétype*, marca registrada) españolizada. 'Aparato telegráfico': **el teletipo** o **la teletipo**. sust. m. 'Mensaje transmitido por este sistema telegráfico'. En plural: **teletipos**. También puede decirse **teleimpresor** (sust. m.), pero la Academia prefiere la primera forma.

televidencia. sust. f. Col. 'Acto de ver imágenes por televisión'. Es colectivo con la denotación de 'conjunto de televidentes'. Esta voz ha sido recién incorporada en el ***Diccionario***.

televidente. sust. com. → **telespectador**

televisado, da. p. de **televisar**. adj. 'Dícese de lo transmitido por televisión' (*concierto **televisado***). Esta voz ha sido recién incorporada en el ***Diccionario***.

televisión. sust. f. 'Transmisión de la imagen a distancia, valiéndose de las ondas hertzianas'. Su abreviación es **tele** (sust. f. fam.). Puede usarse como sinónimo de **televisor** (sust. m.), 'aparato receptor de televisión' (*Compré otra **televisión***). No debe emplearse **TV** en su reemplazo.

televisivo, va. adj. 'Perteneciente o relativo a la televisión'. También puede decirse **televisual** (adj.). No debe confundirse la denotación de ambas palabras con la de **televisado, da** (adj.). → **televisado**

televisor. sust. m. 'Aparato receptor de televisión'. Es sinónimo del sustantivo femenino **televisión**. (*Compré otro **televisor***). Incorrecto: *televisor a color*, *televisor de color*. Correcto: ***televisor en color***. → **televisión**

télex. sust. m. Voz inglesa (*telex*, y ésta de *teleprinter exchange*) españolizada. 'Sistema telegráfico internacional'. Es palabra grave. En plural, no varía: **los télex**.

telina. sust. f. 'Molusco lamelibranquio marino'. También puede decirse **tellina** (sust. f.), pero la Academia prefiere la primera forma.

telliz. sust. m. 'Cubierta de las caballerías'. Es palabra aguda. En plural, se transforma en grave: **tellices**. Repárese en que la **z** cambia por **c**.

telonero, ra. adj. 'Dícese del artista que actúa como menos importante antes de la atracción principal' (*actor **telonero***); 'por extensión, dícese del primero de los oradores que intervienen en un acto público'. Ú. t. c. sust. m. y f.:

el telonero, la telonera. sust. m. y f. 'Persona que hace telones o los maneja en un espectáculo' (*El **telonero** bajó el telón rápidamente*).

telson. sust. m. 'Último segmento del cuerpo de los crustáceos'. Es palabra grave. En plural, se transforma en esdrújula: **télsones**.

telurio. sust. m. 'Metaloide análogo al selenio'. Número atómico 52. Símbolo: ***Te*** (sin punto). De acuerdo con el ***Diccionario científico y técnico***, también puede decirse **teluro**. Esta grafía no está registrada en el ***Diccionario***.

telurismo. sust. m. 'Influencia del suelo de una comarca sobre sus habitantes'. Esta voz ha sido recién incorporada en el ***Diccionario***.

tema. sust. m. Entre otras denotaciones, 'texto que se toma por asunto de un discurso'; 'materia, cuestión' (*No hable más de ese **tema***); 'cualquiera de las formas que presenta una raíz para recibir los morfemas de flexión' (*La raíz "sup-" es uno de los **temas** del verbo "saber"*). Hoy **tema** suele usarse indiscriminadamente, casi como una muletilla: *el **tema** de la droga*; *el **tema** de los hijos*; *el **tema** de la inflación*; *el **tema** de la inseguridad*; *el **tema** de la moda*; *el **tema** del sida*. No deben olvidarse voces como **cuestión, motivo, objeto, problema, propósito**. A veces, se usa erróneamente por **caso**: *El tema es que no lo sé*. Correcto: *El **caso** es que no lo sé*. No deben emplearse las voces **temática** y **tópico** como sinónimos de **tema**: *La temática del cuento es la amistad*; *Trataron tópicos económicos* (anglicismo). Correcto: *El **tema** del cuento es la amistad*; *Trataron **temas** económicos*. → **materia, temario, tópico**

temario. sust. m. colect. 'Conjunto de temas que se proponen para su estudio a una conferencia, congreso, etc.' (*El **temario** del Congreso de Lingüística era el siguiente: "Análisis de estructuras lingüísticas", "Sociolingüística y Dialectología", "Psicolingüística" y "Lingüística aplicada"*). En su reemplazo, puede usarse **temática** (sust. f. colect.), 'conjunto de los temas parciales contenidos en un asunto general'.

temática. sust. f. colect. → **tema, temario**

tembladera. sust. f. Entre otras denotaciones, 'acción y efecto de temblar'. Argent. 'Espasmos que sobrevienen al yeguarizo a consecuencia de un enfriamiento, cansancio excesivo o por haber comido alguna hierba dañina'.

tembladeral. sust. m. Argent. 'Tremedal'. Esta voz ha sido recién incorporada en el ***Diccionario***. → **tremedal**

temblador, ra. adj. 'Que tiembla'. Ú. t. c. sust. m. y f.: **el temblador, la tembladora**. sust. m. y f. 'Cuáquero'.

temblar. v. irreg. intr. 'Agitarse con sacudidas de poca amplitud'; fig. 'tener mucho miedo'. **estar temblando, dejar temblando, quedar temblando**. frs. figs. 'Dícese de lo que está próximo a arruinarse, acabarse o concluirse' (*Mi empleo está **temblando***). También puede decirse **tremer** (v. intr.), pero la Academia prefiere la primera forma. → **tiritar**. Rég. prep.: **temblar con** (***temblar con** el susto*); **temblar de** (***temblar de** frío*); **temblar por** (***temblar por** el miedo*). El participio activo es **temblante** (adj.), 'que tiembla'. El verbo **trepidar** (v. intr.) denota 'temblar fuertemente' y, en América, 'vacilar, dudar'. Se conjuga como **acertar**.

temblequear. v. intr. fam. 'Temblar con frecuencia'. No debe pronunciarse [temblequiar, temblequié]. También puede decirse **tembliquear** (v. intr. fam.), voz recién incorporada en el ***Diccionario***, pero la Academia prefiere la primera forma. → **-ear**

temblón, na. adj. fam. 'Que tiembla mucho'. Ú. t. c. sust. m. y f.: **el temblón, la temblona**.

temblor. sust. m. 'Acción y efecto de temblar' (*El anciano tenía **temblores***). Con esta denotación, también pueden decirse **temblequera** (sust. f. fam.), voz recién incorporada en el ***Diccionario***, y **tremor** (sust. m.), pero la Academia prefiere la primera forma. En América, se usa, además, con el significado de 'terremoto de escasa intensidad' (*Se produjo un **temblor** en esa provincia*). **temblor de tierra**. 'Terremoto'. Otra voz recién incorporada en el ***Diccionario*** es **temblequeteo** (sust. m. fam.), 'temblor leve y continuo'. → **sismo**

tembloroso, sa. adj. 'Que tiembla' (*anciano **tembloroso***). También pueden decirse **tembleque** (adj. Ú. t. c. sust. m.) y **tremoso, sa** (adj.), pero la Academia prefiere la primera forma.

temer. v. tr. Entre otras denotaciones, 'recelar un daño'; 'sospechar, creer'. v. intr. 'Sentir temor' (***Teme** por sus padres*). Rég. prep.: **temer de** (***temer de** otros*); **temer por** (***temer por** sus hijos*). Incorrecto: *Temo de que llegue tarde* (dequeísmo). Correcto: ***Temo que** llegue tarde*. Puede usarse como pronominal, con la denotación de 'sospechar' (***Me temo** que no dice la verdad*). Incorrecto: *Me temo de que no dice la verdad* (dequeísmo).

temerario, ria. adj. 'Excesivamente imprudente arrostrando peligros' (*acción **temeraria***). No debe confundirse su denotación con la de **temeroso, sa** (adj.), 'medroso, irresoluto'; 'que recela un daño'.

temeroso, sa. adj. Rég. prep.: **temeroso de** (***temeroso de** las enfermedades*). → **temerario**

temible. adj. 'Digno o capaz de ser temido' (*hombres **temibles***). Rég. prep.: **temible a** o **para** (***temible a** o **para** los enemigos*); **temible por** (***temible por** su valentía*).

temor. sust. m. Rég. prep.: **temor a** (***temor a** la muerte*); **temor a** o **de** (***temor a** o **de** Dios*).

temperatura. sust. f. Se usa como sinónimo de **fiebre** (sust. f.). También puede decirse **temple** (sust. m.). **tener temperatura**. 'Tener fiebre'. Frase recién incorporada en el ***Diccionario*** (*La niña **tiene temperatura***).

temperie. sust. f. 'Estado de la atmósfera, según los grados de calor o frío, sequedad o humedad'. También puede decirse **temple** (sust. m.), pero la Academia prefiere la primera forma. → **intemperie**

templador, ra. adj. 'Que templa'. Ú. t. c. sust. m. y f.: **el templador, la templadora**. sust. m. 'Llave o martillo con que se templan algunos instrumentos de cuerda' (*Con el **templador**, templan el arpa*).

templar. v. tr. Ú. t. c. prnl. Entre otras denotaciones, 'moderar'. Rég. prep.: **templarse en** (***templarse en** la comida*). v. intr. 'Perder el frío una cosa, empezar a calentarse'; se usa hablando de la temperatura (*La mañana **ha templado***). Es verbo regular. Incorrecto: *tiemplo*, *tiemple*, *tiempla*. Correcto: ***templo***, ***temple***, ***templa***. Su postverbal es **templadura** (sust. f.).

templario. sust. m. 'Individuo de una orden de caballería que surgió en 1118 y que aseguraba los caminos a los que iban a visitar los Santos Lugares de Jerusalén'. adj. 'Perteneciente o relativo a la orden del Temple' (*caballero **templario***).

temple. sust. m. Entre otras denotaciones, 'temperie'; 'temperatura'; 'acción y efecto de templar el metal, el cristal u otras materias'. En plural: **temples**. **al temple**. loc. adv. **pintura al temple**, 'la hecha con colores preparados con líquidos glutinosos y calientes'. Su homónimo (sust. pr. m.) es la 'religión u orden de los templarios', voz que se escribe con mayúscula: **el Temple**.

templista. sust. com. 'Persona que pinta al temple': **el templista, la templista**.

templo. sust. m. Diminutivo: **templete**.

tempo. sust. m. Voz italiana (*tempo*) recién incorporada en el ***Diccionario***. 'Ritmo, compás'; 'ritmo de la acción novelesca o teatral' (*El **tempo** de la novela es lento*). En plural: **tempos**.

temporada. sust. f. 'Espacio de varios días, meses o años que se consideran aparte formando un conjunto' (***temporada** de invierno*). **de temporada**. loc. adj. 'Que ha sido o se usa sólo en cierta época' (*tapados **de temporada***).

temporal. adj. 'Perteneciente o relativo a las sienes' (*hueso **temporal***). Ú. t. c. sust. m.: **el temporal**. Su homónimo (adj.) denota 'perteneciente al tiempo'; 'secular, profano' (*poder **temporal***) y (sust. m.) 'tempestad' (*Un **temporal** azotó la isla*). Con la acepción de lo 'que dura algún tiempo' (*un empleo **temporal***), también pueden usarse **temporario, ria** (adj.) y **temporáneo, a** (adj.). **capear el temporal**. fr. fig. y fam. 'Evitar mañosamente compromisos, trabajos o situaciones difíciles' (*Cuando hay mucho trabajo en la oficina, Jorge **capea el temporal** con algún pretexto*).

temporalidad. sust. f. Entre otras denotaciones, 'calidad de temporal, perteneciente al tiempo o relativo a lo secular y profano' (*la **temporalidad** de un cargo*). Es palabra aguda. En plural, se transforma en grave: **temporalidades**.

temporalizar. v. tr. p. us. 'Convertir lo eterno o espiritual en temporal, o tratarlo como temporal' (***Temporaliza** a los ángeles*). No debe confundirse su denotación con la de **temporizar** (v. intr. p. us.), 'contemporizar'; 'ocuparse en algo por mero pasatiempo'. → **cazar**

temporario, ria. adj. 'Que dura algún tiempo' (*personal **temporario***). También pueden decirse **temporal** (adj.) y **temporáneo, a** (adj.).

Aunque la Academia los considera poco usados, en la Argentina, el primero es de uso común (*Tiene un trabajo* ***temporario***).

temporero, ra. adj. 'Dícese de la persona que trabaja temporalmente' (*empleados* ***temporeros***). Ú. t. c. sust. m. y f.: **el temporero, la temporera.**

temporizador. sust. m. 'Sistema de control de tiempo que se utiliza para abrir o cerrar un circuito, y que conectado a un dispositivo lo pone en acción'. Es palabra aguda. En plural, se transforma en grave: **temporizadores**. Esta voz ha sido recién incorporada en el ***Diccionario***.

tempranamente. adv. t. También puede decirse **temprano** (*Llegó* ***tempranamente*** *o* ***temprano***).

tempranear. v. intr. 'Madrugar' (***Tempraneaban*** *los campesinos*). Ú. m. en América. No debe pronunciarse [tempraniar, tempranié]. Esta voz ha sido recién incorporada en el ***Diccionario***. → **-ear**

tempranero, ra. adj. 'Temprano, anticipado' (*fruta* ***tempranera***). 'Madrugador' (*empleados* ***tempraneros***). Ú. t. c. sust. m. y f.: **el tempranero, la tempranera.**

temprano, na. adj. 'Anticipado' (*frutos* ***tempranos***). sust. m. 'Sembrado de fruto temprano'. adv. t. 'Tempranamente'. **tempranito**. adv. t. fam. 'Muy temprano' (*Me levanté* ***tempranito***). → **tempranamente**

temu. sust. m. Chile. 'Árbol'. Nótese que es voz grave. Incorrecto: <u>temú</u>. En plural: **temus.**

tenacear. v. intr. 'Insistir con terquedad en algo'. No debe pronunciarse [tenaciar, tenacié]. Su homónimo (v. tr.) denota 'sujetar con tenazas'. → **-ear, atenazar**

tenacero. sust. m. 'El que hace o vende tenazas'; 'el que las maneja'. Su femenino es **tenacera.**

tenaz. adj. Entre otras denotaciones, 'firme en un propósito'. En plural: **tenaces**. Repárese en que la **z** cambia por **c.** Rég. prep.: **tenaz en** (***tenaz en*** *sus objetivos*).

tenaza. sust. f. 'Herramienta'. Ú. m. en pl.: **tenazas**. Diminutivos: **tenacillas, tenazuelas.**

tenca. sust. f. 'Pez'. Argent. y Chile. 'Alondra de tres colas, también llamada calandria real'. Con ambas denotaciones, para distinguir los sexos, debe recurrirse a las perífrasis **tenca macho, tenca hembra.**

tendal. sust. m. Entre otras denotaciones, 'toldo'; 'tendedero'. Como sustantivo colectivo, denota 'conjunto de cosas tendidas para que se sequen' (*un* ***tendal*** *de sábanas*). Argent., Chile y Urug. 'Gran cantidad de cuerpos o cosas que por causa violenta han quedado tendidos' (*un* ***tendal*** *de muertos*). Con este último significado, también puede decirse **tendalada** (sust. f. Amér.). Es palabra aguda. En plural, se transforma en grave: **tendales.**

tendedero. sust. m. 'Lugar donde se tiende algo'; 'dispositivo de alambres, cuerdas, etc., donde se tiende la ropa' (*La camisa está en el* ***tendedero***). También pueden decirse **tendal** (sust. m.), **tendalero** (sust. m.) y **tendedor** (sust. m.).

tendedor. sust. m. 'El que tiende'. Su femenino es **tendedora.** → **tendedero**

tendencia. sust. f. 'Propensión'. Rég. prep.: **tendencia a** (***tendencia a*** *la holgazanería*).

tendente. adj. 'Que tiende a algún fin'. Rég. prep.: **tendente a** (*Inició una investigación* ***tendente a*** *descubrir al asesino*). También puede decirse **tendiente** (adj.), pero la Academia prefiere la primera forma.

tender. v. irreg. tr. Entre otras denotaciones, 'extender al aire, al sol o al fuego la ropa mojada, para que se seque' (***Tendió*** *la ropa*). Rég. prep.: **tender a** (***tender a*** *un objetivo*); **tender** algo **en** o **sobre** (***tender*** *la ropa* ***en*** *o* ***sobre*** *la hierba*); **tender por** (***tender por*** *el suelo*). v. prnl. 'Echarse, tumbarse a la larga'. Rég. prep.: **tenderse a** (***tenderse a*** *dormir*); **tenderse en** (***tenderse en*** *la cama*); **tenderse por** (***tenderse por*** *el suelo*); **tenderse sobre** (***tenderse sobre*** *el césped*). Su irregularidad se manifiesta en la diptongación de la **e** de la raíz en **ie**, cuando cae allí el acento, en presente de indicativo (*tiendo, tiendes, tiende, tienden*), presente de subjuntivo (*tienda, tiendas, tienda, tiendan*) e imperativo (*tiende*). Sus postverbales son **tendedura** (sust. f.) y **tendido** (sust. m.).

ténder. sust. m. 'Carruaje que se engancha a la locomotora'. Es palabra grave. En plural, se transforma en esdrújula: **ténderes**. En la Argentina, denota 'tendedero', pero esta acepción carece de registro en el ***Diccionario***.

tendero. sust. m. 'Dueño o dependiente de una tienda'; 'el que hace tiendas de campaña o cuida de ellas'. Su femenino es **tendera**.

tendido, da. p. de **tender**. adj. 'Aplícase al galope del caballo o a la carrera violenta del hombre' (*El caballo iba a galope **tendido***). Como sustantivo masculino colectivo, denota 'conjunto de cables que constituyen una conducción eléctrica' y 'conjunto de ropa tendida'.

tendiente. adj. → **tendente**

tenebrista. adj. 'Perteneciente o relativo al tenebrismo, tendencia pictórica que opone luz y sombra con fuerte contraste'. 'Dícese del pintor que practica el tenebrismo'. Ú. t. c. sust. com.: **el tenebrista, la tenebrista**.

tenedor. sust. m. 'El que posee legítimamente alguna letra de cambio u otro valor endosable'. Su femenino es **tenedora**. 'Utensilio de mesa' (*Come con el **tenedor***); 'signo en figura de este último que indica la categoría de los restaurantes' (*restaurante de cinco **tenedores***). Diminutivo: **tenedorcillo. tenedor libre**. 'En restaurantes, por lo común de autoservicio, modalidad que consiste en ofrecer al cliente la posibilidad de consumir todos los platos que desee por un único precio' (*Fue a un restaurante de **tenedor libre***). Este sintagma no está registrado en el ***Diccionario***, pero la A.A.L. ha recomendado su incorporación.

tenencia. sust. f. Entre otras denotaciones, 'ocupación y posesión actual y corporal de una cosa' (***tenencia** de drogas*). Es incorrecto usar **tenencia** como sinónimo de **tutela** (sust. f.): *Le dieron la <u>tenencia</u> del niño*. Correcto: *Le dieron la **tutela** del niño*.

tener. v. irreg. tr. Entre otras denotaciones, 'asir'; 'poseer'; 'sostener'. Ú. t. c. prnl. (*No se **tenía** en pie*). v. intr. 'Ser rico y adinerado'. v. prnl. 'Afirmarse o asegurarse para no caer'. Rég. prep.: **tener a** (***tener a** mano*; ***tener a** honra algo*; ***tener** el agua **al** cuello*); **tener a** o **en** (***tener a** o **en** menos su ayuda*); **tener con** (***tener con** cuidado*); **tener de** o **por** (***tener de** o **por** asistente*; también, ***tener como** asistente*); **tener en + los adjetivos poco** y **mucho** (***tener en poco** su ausencia*; ***tener en mucho** su colaboración*); **tener cabida en** (***tener cabida en** su instituto*). → **cabida. tener en** o **entre** (***tener en** o **entre** manos*); **tener para** (***tener para** sí*); **tener por** (***tener** a uno **por** ignorante*); **tener** a alguien **sin** algo (***tener** a su madre **sin** paz*); **tener sobre** (***tener sobre** sí una responsabilidad*); **tenerse de** o **en** (***tenerse de** o **en** pie*); **tenerse por** (***tenerse por** sabio*). Construido con la conjunción **que** y **el infinitivo** de otro verbo, forma una perífrasis verbal que denota 'la necesidad de hacer lo que el verbo significa' (***tener que trabajar***). Este sintagma equivale parcialmente —como bien dice Seco— a la perífrasis verbal **haber de + infinitivo** (***haber de trabajar***), hoy poco usada. También es correcta la **primera persona singular del presente de indicativo** + la preposición **de** (***Tengo de** trabajar*), pero hoy su empleo no es común. El verbo **tener + un participio modificado por un objeto directo** denota 'completa terminación de la acción que expresa ese participio' (***Tiene leídas** varias novelas*). Es incorrecto usar este sintagma como equivalente de **haber + participio**: *<u>Tiene</u> <u>leído</u>* (por ***ha leído***) *varias novelas*. Seco considera que es un regionalismo gallego y asturiano. Otras incorrecciones: *<u>Tiene</u> <u>presente</u> a sus amigos*; *<u>Tiene</u> <u>en</u> <u>mente</u> realizar un viaje*. Correcto: ***Tiene presentes** a sus amigos*; ***Tiene en la mente** realizar un viaje*. No debe abusarse de las perífrasis **tener efecto** por **efectuarse**, **celebrarse**, **suceder**, y **tener lugar** por **producirse**, **ocurrir**, **celebrarse**, pues son catalanismos. Debe evitarse *<u>tener</u> <u>mucho</u> <u>de</u> alguien* por **parecérsele**: *Elena <u>tiene</u> <u>mucho</u> <u>de</u> su madre*. Correcto: *Elena **se parece a** su madre*. **tener el agrado**. Fórmula de cortesía de uso común (***Tendremos el agrado** de recibirlo en nuestra oficina*). **tener el gusto**. Fórmula de cortesía de uso común (***Tengo el gusto de** conocerlo*). Incorrecto: *<u>Tengo</u> <u>el</u> <u>gusto</u> <u>en</u> conocerlo*. **no tener** uno **sobre qué** o **dónde caerse muerto**. fr. fig. y fam. 'Hallarse en suma pobreza'. **tener** uno **en contra**. fr. 'Hallar en una materia impedimento' (***Tiene en contra** su falta de orden*). **tener** uno **para sí** una cosa. fr. 'Persuadirse o formar opinión particular en una materia' (***Tengo para mí** que ésa no es la solución del problema*). **tener que ver** una persona o cosa **con** otra. 'Haber entre ellas alguna conexión' (*Pedro **tiene que ver con** Cecilia*). **tener** uno **sobre sí**. 'Cargar con obligaciones o padecimientos' (***Tenía sobre sí** la educación de su sobrina*). La irregularidad de este verbo consiste en que toma **g** después de la **n**, cuando va seguida de **o** o de **a**, en presente de indicativo (*tengo*) y en presente de subjuntivo (*tenga, tengas, tenga, tengamos, tengáis, tengan*). Diptonga la **e** de la raíz en **ie**, cuando cae allí el acento, en presente de indicativo (*tienes, tiene, tienen*). Cambia la raíz por **tuv-** y toma desinencias especiales en pretérito perfecto simple de indicativo (***tuve, tuviste, tuvo, tuvimos, tuvisteis, tuvieron***), pretérito imperfecto de subjuntivo (***tuviera** o **tuviese, tuvieras** o **tuvieses, tuviera** o **tuviese, tuviéramos** o **tuviésemos, tuvierais** o **tuvieseis, tuvieran** o **tuviesen***) y futuro de subjuntivo (***tuviere, tuvieres, tuviere, tuviéremos, tuviereis, tuvieren***). Reemplaza con **d** la segunda **e** del infinitivo en futuro de indicativo (*tendré, tendrás, tendrá, tendremos, tendréis, tendrán*) y en condicional simple de indicativo (*tendría, tendrías, tendría, tendríamos, tendríais, tendrían*). Pierde la **e** final en la segunda persona singular del imperativo (*ten*).

teniente. p. a. de **tener**. 'Que posee algo'. sust. m. 'El que sustituye a otro en un cargo' (***teniente** cura*; ***teniente** de alcalde*). Según Seco, este último sintagma es incorrecto sin la preposición: *teniente alcalde*. sust. com. 'Oficial cuyo empleo es inmediatamente inferior al de capitán': **el teniente, la teniente**. La abreviatura es ***Tte***. sust. f. 'Mujer del teniente'; 'mujer con grado de teniente': **la tenienta**. El 'cargo de teniente' es el **tenientazgo** (sust. m.).

tenífugo, ga. adj. 'Dícese del medicamento eficaz para la expulsión de la tenia'. Ú. t. c. sust. m.: **el tenífugo**.

tenis. sust. m. Es palabra grave. **tenis de mesa**. 'Pimpón'.

tenista. sust. com.: **el tenista, la tenista**.

teníu. sust. m. Chile. 'Árbol'. Es palabra grave. En plural: **teníus**.

tenor. sust. m. 'Constitución u orden firme y estable de una cosa'; 'contenido literal de un escrito'. **a** o **al tenor de**. loc. prepos. 'Al mismo tiempo que' (*Descubrió la placa **a** o **al tenor de** los aplausos*). **a este tenor**. loc. adv. 'Por el mismo estilo' (*Escribiré otra novela **a este tenor***). Su homónimo (sust. m.) denota 'voz media entre la de contralto y la de barítono'; 'persona que tiene esta voz' (*Llegó a Buenos Aires el conocido **tenor** italiano*). El **tenorino** (sust. m.) es el 'tenor ligero, que canta con voz de falsete'. Esta última voz ha sido recién incorporada en el *Diccionario*.

tensión. sust. f. Entre otras denotaciones, 'estado de un cuerpo, estirado por la acción de fuerzas que lo atraen'; 'estado anímico de excitación' (*Siempre está en estado de **tensión***). Es palabra aguda. En plural, se transforma en grave: **tensiones**. Son correctos los sintagmas **alta tensión, baja tensión, tensión vascular, caída de tensión, tensión arterial, tensión muscular, tensión venosa**. → **presión**

♦ **tensionado, da.** Neologismo. Debe usarse **tenso, sa**.

♦ **tensionante.** Neologismo. Debe usarse **excitante**.

♦ **tensionar.** Neologismo. Debe usarse **excitar** y **estirar**, de acuerdo con los contextos.

tensón. sust. f. 'Composición poética de los provenzales'. Repárese en que pertenece al género femenino: **la tensón**. Es palabra aguda. En plural, se transforma en grave: **tensones**. También puede escribirse **tenzón**, pero la Academia prefiere la primera forma.

tensor, ra. adj. 'Que tensa, origina tensión o está dispuesto para producirla'. Ú. t. c. sust. m. y f.: **el tensor, la tensora**. sust. m. Entre otras denotaciones, 'mecanismo que se emplea para tensar algo'. El adjetivo correspondiente es **tensorial**, 'perteneciente o relativo a los tensores'.

tentación. sust. f. Es palabra aguda. En plural, se transforma en grave: **tentaciones**. Rég. prep.: **tentación de** (***tentación de** robar*). Incorrecto: *tentación a robar*. **caer** uno **en la tentación**. fr. fig. 'Dejarse vencer de ella' (***Cayó en la tentación** de comer*).

tentado, da. p. de **tentar**. Rég. prep.: **tentado de** (***tentado de** descubrirlo*). Incorrecto: *tentado a descubrirlo*.

tentador, ra. adj. 'Que tienta' (*comida **tentadora***). Ú. t. c. sust. m. y f.: **el tentador, la tentadora**. sust. m. 'Por antonomasia, diablo'.

tentar. v. irreg. tr. Ú. t. c. prnl. Rég. prep.: **tentar con** (***tentar con** dinero*). Se conjuga como **acertar**.

tentempié. sust. m. fam. 'Refrigerio'. Es palabra aguda. En plural: **tentempiés**. Incorrecto: *tentempieses, los tentempié*. → **piscolabis**

tentenelaire. sust. com. 'Hijo o hija de cuarterón y mulata o de mulato y cuarterona': **el tentenelaire, la tentenelaire**. sust. m. Argent. 'Colibrí'. Es palabra grave. En plural: **tentenelaires.**

tenue. adj. Es palabra grave. Incorrecto: *ténue*. En plural: **tenues**. La 'calidad de tenue' es la **tenuidad** (sust. f.).

tenuirrostro. adj. 'Dícese del pájaro que tiene el pico alargado, tenue y sin dientes, como la abubilla y el pájaro mosca' (*pájaro **tenuirrostro***). sust. m. pl. 'Suborden de estos animales': **los tenuirrostros**. Incorrecto: *tenuirostro*.

teñible. adj. 'Que se puede teñir' (*tela **teñible***). También puede decirse **tingible** (adj.).

teñir. v. irreg. tr. Ú. t. c. prnl. Entre otras denotaciones, 'dar cierto color a una cosa, encima del que tenía'. Rég. prep.: **teñir con** (***teñir con** buena tintura*); **teñir de** o **en** (***teñir de** o **en** verde la blusa*). Su irregularidad consiste en que cambia por **i** la **e** de la raíz en presente (*tiño, tiñes, tiñe, tiñen*) y pretérito perfecto simple de indicativo (*tiñó, tiñeron*); en presente (*tiña, tiñas, tiña, tiñamos, tiñáis, tiñan*), pretérito imperfecto (*tiñera o tiñese, tiñeras o tiñeses, tiñera o tiñese, tiñéramos o tiñésemos, tiñerais o tiñeseis, tiñeran o tiñesen*) y futuro de subjuntivo (*tiñere, tiñeres, tiñere, tiñéremos, tiñereis, tiñeren*); en el imperativo (*tiñe*) y en el gerundio (*tiñendo*). Además, pierde la **i** de la desinencia en pretérito perfecto simple de indicativo, pretérito imperfecto y futuro de subjuntivo, y en el gerundio, según puede observarse en la conjugación de dichos tiempos. Incorrecto: *tiñió, tiñiera o tiñiese, tiñiendo*. También pueden decirse **tintar** (v. tr.) y **entintar** (v. tr.). Sus postverbales son **teñido** (sust. m.), **teñidura** (sust. f.), **tinción** (sust. f.), **tinta** (sust. f. p. us.), **tinte** (sust. m.) y **tintura** (sust. f.). → **tintar**

teocali. sust. m. 'Templo de los antiguos mejicanos'. Es palabra grave. En plural: **teocalis**. También puede decirse **teucali** (sust. m.). En plural: **teucalis.**

teologizar. v. intr. 'Discurrir sobre principios o razones teológicas'. → **cazar**

teólogo, ga. adj. 'Perteneciente o relativo a la teología' (*virtud **teóloga***). Es más frecuente el uso de los adjetivos **teologal** (*virtud **teologal***) y **teológico, ca**. sust. m. y f.: **el teólogo, la teóloga**.

teorético, ca. adj. 'Teórico'; 'dícese de lo que se dirige al conocimiento, no a la acción ni a la práctica'. sust. f. 'Estudio del conocimiento': **la teorética**. Esta voz ha sido recién incorporada en el ***Diccionario***.

teoría. sust. f. Entre otras acepciones, 'conocimiento especulativo considerado con independencia de toda aplicación'. **en teoría**. loc. adv. 'Sin haberlo comprobado en la práctica' (***En teoría**, llegaremos a las diez*).

teórico, ca. adj. 'Perteneciente a la teoría'; 'que conoce o considera las cosas especulativamente'. 'Se aplica a la persona que cultiva la parte teórica de una ciencia o un arte' (*investigador **teórico***). Ú. t. c. sust. m. y f.: **el teórico, la teórica**. También puede decirse **teorético, ca** (adj.), pero la Academia prefiere la primera forma.

teorizante. adj. 'Que teoriza'. También puede decirse **teorizador, ra** (adj.). Ú. t. c. sust. m.: **el teorizante**. A pesar de la indicación académica en cuanto al género, no puede considerarse incorrecto decir **la teorizante**.

teorizar. v. tr. Ú. m. c. intr. 'Tratar un asunto sólo en teoría'. → **cazar**

teósofo. sust. m. 'El que profesa la teosofía'. Su femenino es **teósofa.**

tepú. sust. m. Chile. 'Árbol'. Es palabra aguda. En plural: **tepúes** o **tepús.**

tera-. elem. compos. de or. gr. 'Un billón (10^{12}). Sirve para formar nombres de múltiplos de ciertas unidades' (***teragramo***). Su símbolo es ***T***

terapeuta. sust. com. 'Persona que profesa la terapéutica': **el terapeuta, la terapeuta.**

terapéutica. sust. f. 'Parte de la medicina, que enseña los preceptos y remedios para el tratamiento de las enfermedades'. También puede decirse **terapia** (sust. f.), pero la Academia prefiere la primera forma. Ha incorporado recientemente el sintagma **terapéutica ocupacional**: 'Tratamiento empleado en diversas enfermedades somáticas y psíquicas, que tiene como finalidad readaptar al paciente haciéndole realizar las acciones y movimientos de la vida diaria'.

teratoma. sust. m. 'Tumor de origen embrionario'. Esta voz ha sido recién incorporada en el ***Diccionario***.

terbio. sust. m. 'Metal muy raro'. Número atómico 65. Símbolo: ***Tb***

tercermundismo. sust. m. 'Condición de tercermundista'. El plural **tercermundismos** no es frecuente. Esta voz ha sido recién incorporada en el ***Diccionario***.

tercermundista. adj. 'Perteneciente o relativo al tercer mundo' (*países* ***tercermundistas***). Esta voz ha sido recién incorporada en el ***Diccionario***.

tercero, ra. adj. Es ordinal con la denotación de lo 'que sigue inmediatamente en orden al o a lo segundo' (*capítulo* ***tercero***). Ú. t. c. sust. m. y f. Con este significado, también puede usarse el adjetivo **tercio, cia** (***tercia*** *parte*). 'Que media entre dos o más personas' (*mujer* ***tercera***). Ú. m. c. sust. m. y f.: **el tercero, la tercera.** → **trotaconventos**. Con la última denotación, también puede decirse **terciador, ra** (adj. Ú. t. c. sust. m. y f.). Es adjetivo partitivo cuando significa lo que 'se dice de cada una de las tres partes iguales en que se divide un todo' (*la* ***tercera*** *parte de la herencia*). Un **tercio** (sust. m.) es 'cada una de esas tres partes' (*un* ***tercio*** *de la herencia*). El adjetivo ordinal **tercero** presenta los accidentes de género y de número: **tercero, tercera, terceros, terceras**. Su apócope es **tercer**; se usa siempre antepuesto al sustantivo masculino (***tercer*** *capítulo*). Lo mismo ocurre con los compuestos, por ejemplo, los adjetivos **decimotercero, ra** (apócope: **decimotercer**) y **vigésimo tercero** (apócope: **vigésimo tercer**). La apócope debe usarse aunque se ponga un adjetivo entre ella y el sustantivo (*el* ***tercer*** *gran autor*), pero desaparece cuando va seguida de conjunción (*el* ***tercero*** *y gran autor*). Incorrecto: *tercer aula*; *tercer columna*; *tercer mujer*; *tercer parte*; *tercer persona*; *tercer potencia*. Correcto: ***tercera*** *aula*; ***tercera*** *columna*; ***tercera*** *mujer*; ***tercera*** *parte*; ***tercera*** *persona*; ***tercera*** *potencia*. sust. m. Entre otras denotaciones, 'alcahuete, hombre que media en los amores ilícitos' (*Julio es un* ***tercero***); 'el que no es ninguno de dos o más de quienes se trata o que intervienen en un negocio de cualquier género'. El femenino de ambas acepciones es **tercera**. La Academia no registra el sustantivo femenino que denota la 'marcha o velocidad que sigue a la segunda en los vehículos' (*Puso el motor del auto en* ***tercera***). **tercero en discordia**. 'El que media para zanjar una desavenencia' (*Roque fue siempre el* ***tercero en discordia***). → **décimo**

terceto. sust. m. Entre otras denotaciones, 'combinación métrica de tres versos de arte mayor'; 'composición métrica de tres versos de arte menor'. Con este último significado, también puede decirse **tercerilla** (sust. f.), voz preferida por la Academia. Es sustantivo de valor colectivo con la denotación de 'conjunto de tres voces o instrumentos'. → **trío**

terciador, ra. adj. Ú. t. c. sust. m. y f. → **tercero**

terciana. sust. f. 'Calentura intermitente que repite cada tercer día'. Ú. m. en pl.: **tercianas**. **terciana de cabeza**. 'Cefalea intermitente'.

tercianario, ria. adj. 'Que padece tercianas'. Ú. t. c. sust. m. y f.: **el tercianario, la tercianaria.**

terciar. v. tr. Entre otras denotaciones, 'poner una cosa atravesada diagonalmente o al sesgo' (***Tercia*** *la capa*). Argent., Col., Méj. y Venez. 'Cargar a la espalda una cosa' (***Terciaba*** *las bolsas de carbón*). v. prnl. 'Presentarse casualmente algo o la oportunidad de hacer algo'. Se usa en infinitivo y en las terceras personas de singular y plural (*Si se* ***tercia***, *le mostraré su proyecto*). v. intr. 'Interponerse y mediar para componer algún ajuste, disputa o discordia'. Rég. prep.: **terciar en** (***terciar en*** *una discusión*); **terciar entre** (***terciar entre*** *los enemigos*). Se conjuga, en cuanto al acento, como **cambiar**.

terciario, ria. adj. Entre otras denotaciones, 'tercero en orden o grado' (*nivel* ***terciario***). 'Aplícase a las épocas más antiguas de la era cenozoica'. Ú. t. c. sust. m.: **el terciario** o **el Terciario**. → **período**. sust. m. y f. 'Persona que profesa una de las órdenes terceras' (***terciario*** *franciscano*).

tercio, cia. adj. y sust. m. Diminutivo: **terzuelo**. → **tercero**

terciopelero. sust. m. 'El que trabaja los terciopelos'. Su femenino es **terciopelera**.

terco, ca. adj. 'Obstinado'. Rég. prep.: **terco de** (***terco de*** *carácter*).

teredo. sust. m. 'Molusco bivalvo que perfora la madera'. Para distinguir los sexos, debe recurrirse a las perífrasis **teredo macho, teredo hembra**. También recibe los nombres de **terédine** (sust. f.), **teredón** (sust. m.) y **broma** (sust. f.). La voz **teredo** ha sido recién incorporada en el ***Diccionario***.

tereré. sust. m. R. de la Plata. 'Infusión de yerba mate que comúnmente se sirve fría'. Es palabra aguda. En plural: **tererés**. Incorrecto: *tererees*.

teresa. adj. 'Dícese de la monja carmelita descalza que profesa la reforma de Santa Teresa' (*monjas teresas*). Ú. t. c. sust. f.: **la teresa**. El adjetivo correspondiente es **teresiano, na**, 'perteneciente o relativo a Santa Teresa de Jesús'. sust. f. 'Insecto'; también se lo denomina **santateresa** (sust. f.). → **santateresa**

tergal. sust. m. 'Tejido de fibra sintética muy resistente'. Es palabra aguda. En plural, se transforma en grave: **tergales**. Esta voz ha sido recién incorporada en el ***Diccionario***.

tergiversador, ra. adj. 'Que tergiversa'. Ú. t. c. sust. m. y f.: **el tergiversador, la tergiversadora**. Incorrecto: *tegiversador*, *transgiversador*.

tergiversar. v. tr. Incorrecto: *tegiversar*, *transgiversar*.

teridofito, ta. adj. → **pteridofito**

terliz. sust. m. 'Tela fuerte de lino o algodón'. Es palabra aguda. En plural, se transforma en grave: **terlices**. Repárese en que la **z** cambia por **c**.

termas. sust. f. pl. 'Baños de aguas minerales calientes'; 'baños públicos de los antiguos romanos'. Repárese en que se usa sólo en plural. → **plural (pluralia tantum)**

termes. sust. m. 'Insecto'. Para distinguir los sexos, debe recurrirse a las perífrasis **termes macho, termes hembra**. En plural, no varía: **los termes**. También pueden decirse **termita** (sust. f.) y **térmite** (sust. f.), pero la Academia prefiere la primera forma. El 'nido de termes' es el **termitero** (sust. m.) o la **termitera** (sust. f.).

-termia. elem. compos. de or. gr. 'Calor, temperatura' (***hipertermia***). Ha sido recién incorporado en el ***Diccionario***.

terminador, ra. adj. 'Que termina'. Ú. t. c. sust. m. y f.: **el terminador, la terminadora**.

terminal. adj. 'Final' (*etapa **terminal***). sust. m. 'Extremo de un conductor preparado para facilitar su conexión con un aparato': **el terminal**. 'En informática, máquina con teclado y pantalla mediante la cual se proporcionan datos a una computadora o se obtiene información de ella'. Esta última denotación ha sido recién incorporada en el ***Diccionario***. Aunque es sustantivo masculino, suele usarse como femenino: **el terminal** o **la terminal**. sust. f. 'Cada uno de los extremos de una línea de transporte público' (*El autobús llega a la **terminal***).

terminar. v. tr. 'Acabar'. v. intr. 'Cesar'. Ú. t. c. prnl. 'Entrar una enfermedad en su último período'. v. prnl. 'Ordenarse, dirigirse una cosa a otra como a su fin y objeto'. Rég. prep.: **terminar con** (***terminar con** una tarea*; ***terminar con** el novio*); **terminar de** (***terminar de** escribir*); **terminar en** (***terminar en** punta*); **terminar por** (***terminar por** decirlo*). Su postverbal es **terminación** (sust. f.).

término. sust. m. Entre otras denotaciones, 'último punto hasta donde llega o se extiende algo'; fig. 'límite o extremo de algo inmaterial'; 'palabra'. La Academia ha incorporado recientemente estos significados: 'En teatro o cine, cada uno de los espacios o planos en que se considera dividida la escena en relación con el espectador'; en una enumeración, con los adjetivos **primer, segundo** y **último**, 'lugar que se atribuye a lo que se expresa' (***En primer término**, habló la directora*). sust. m. pl. 'Condiciones con que se plantea un asunto o cuestión, o que se establecen en un contrato' (*Lo dijo en esos **términos**; Debe cumplir los **términos** del contrato*). Aumentativo: **terminote**. Los sustantivos despectivos son **terminacho** (m. fam.) y **terminajo** (m. fam.). El sustantivo colectivo que corresponde al significado de 'palabra' es **terminología** (f.), 'conjunto de términos propios de determinada profesión, ciencia o materia'. **en buenos términos**. loc. adv. Evita la crudeza de la expresión (***En buenos términos**, me llamó ladrón*). **en primer término**. loc. adv. 'En el lugar más cercano al observador'; 'en primer lugar' (***En primer término**, estaba sentada Dora*). **en propios términos**. loc. adv. 'Con puntual y genuina expresión para la inteligencia de una cosa' (*Te lo repito **en propios términos***). **en último**

término. loc. adv. 'Sin otra solución' (***En último término****, venderé el auto*). **llevar a término**. fr. 'Llevar a cabo' (***Llevará a término*** *el trabajo*). **poner** o **dar término** a algo. 'Hacer que acabe' (***Puso*** *o* ***dio término*** *a la reunión*). Dice Seco que en términos de es traducción de la locución prepositiva inglesa *in terms of*: *Valora a sus empleados en términos de sus conocimientos sobre computación*. En español, debe reemplazarse con **partiendo de**, **en función de** o **desde el punto de vista de**. Correcto: *Valora a sus empleados* ***desde el punto de vista de*** *sus conocimientos sobre computación*.

terminología. sust. f. colect. → **término, tecnicismo**

terminólogo. sust. m. 'Especialista en terminología'. Su femenino es **terminóloga**. Esta voz ha sido recién incorporada en el ***Diccionario***.

termiónico, ca. adj. 'Perteneciente o relativo a la emisión de los electrones provocada por el calor'. También puede decirse **termoiónico, ca**, pero la Academia prefiere la primera forma.

termita. sust. f. → **termes**. Su homónimo (sust. f.) significa 'mezcla de limaduras de aluminio y de óxido de otro metal que por inflamación reduce el óxido, obteniéndose el metal en estado puro y una temperatura muy elevada'.

termo-. elem. compos. de or. gr. 'Calor' (***termo****tecnia*); 'temperatura' (***termo****nuclear*).

-termo, ma. elem. compos. de or. gr. 'Caliente' (*hema****termo***); 'con temperatura' (*iso****terma***). Ha sido recién incorporado en el ***Diccionario***.

termopar. sust. m. 'Dispositivo para medir temperaturas, mediante las fuerzas electromotrices originadas por el calor en las soldaduras de dos metales distintos'. Es palabra aguda. En plural, se transforma en grave: **termopares**. Esta voz ha sido recién incorporada en el ***Diccionario***.

termostato. sust. m. Es palabra grave. También puede decirse **termóstato** como esdrújula, pero la Academia prefiere la primera forma.

terna. sust. f. Tiene valor colectivo con la denotación de 'conjunto de tres personas propuestas para que se designe de entre ellas la que haya de desempeñar un cargo o empleo' (*Para ocupar ese cargo, la* ***terna*** *está compuesta por excelentes profesionales*). En su reemplazo, no debe usarse el sustantivo **terno** (m.), pues significa 'conjunto de tres cosas de una misma especie' (*El pantalón, el chaleco y la chaqueta, hechos de una misma tela, constituyen un* ***terno***).

♦ **ternado, da.** Neologismo. La Academia no registra este adjetivo. Debe decirse **integrante de una terna**.

ternario, ria. adj. 'Compuesto de tres elementos, unidades o guarismos' (*compás* ***ternario***). Con esta denotación, también puede decirse **trino, na** (adj.). sust. m. 'Espacio de tres días dedicados a una devoción o ejercicio espiritual': **el ternario**.

terne. adj. fam. 'Valentón'; 'obstinado'; 'fuerte'. También puede decirse **ternejal** (adj. fam. Ú. t. c. sust. m.), pero la Academia prefiere la primera forma.

ternero. sust. m. 'Cría macho de la vaca'. Su femenino es **ternera**, voz que también denota 'carne de ternera o de ternero'. **ternero recental**. 'El de leche o que no ha pastado todavía'. → **becerro**

ternerón, na. adj. fam. 'Aplícase a la persona que se enternece con facilidad'. Ú. t. c. sust. m. y f.: **el ternerón, la ternerona**. También puede decirse **ternejón, na** (adj. fam. Ú. t. c. sust. m. y f.), pero la Academia prefiere la primera forma.

terneza. sust. f. Se usa más en plural: **ternezas**.

terno. sust. m. → **terna**

tero. sust. m. Argent. 'Ave zancuda de plumaje blanco mezclado con negro y pardo'. Para distinguir los sexos, debe recurrirse a las perífrasis **tero macho**, **tero hembra**. También puede decirse **teruteru** (sust. m. Amér. Merid.), voz preferida por la Academia. → **teruteru**

terquear. v. intr. 'Mostrarse terco'. No debe pronunciarse [terquiar, terquié]. → **-ear**

terraplén. sust. m. Es palabra aguda. En plural, se transforma en grave: **terraplenes**.

terráqueo, a. adj. 'Compuesto de tierra y agua'. Sólo debe aplicarse al globo o esfera terrestre (*globo **terráqueo*** o *globo **terrestre***; *esfera **terráquea*** o *esfera **terrestre***). Incorrecto: *hombre terráqueo*; *los terráqueos*. Correcto: *hombre* ***terrícola*** o ***terrestre***; ***los terrícolas***.

terrario. sust. m. 'Instalación adecuada para mantener vivos y en las mejores condiciones a ciertos animales, como reptiles, anfibios, etc.'. Esta voz ha sido recién incorporada en el ***Diccionario***.

terrateniente. sust. com. 'Persona que posee tierras': **el terrateniente, la terrateniente**.

terraza. sust. f. Entre otras denotaciones, 'sitio abierto de una casa'. Con este significado, también pueden decirse **terrado** (sust. m.) y **terrero** (sust. m.). No se confunda con **tarraza** (sust. f. desus.), 'vasija de barro'. La Academia ha incorporado recientemente estos significados: 'Cubierta plana y practicable de un edificio, provista de barandas o muros'; 'cada uno de los espacios de terreno llano, dispuestos en forma de escalones en la ladera de una montaña'.

terrear. v. intr. 'Dejarse ver la tierra en los sembrados'. No debe pronunciarse [terriar]. → **-ear**

terrenal. adj. 'Perteneciente a la tierra, en contraposición a lo que pertenece al cielo' (*paraíso **terrenal***). También pueden decirse **terrestre** (adj.) y **terreno, na** (adj.).

terreno, na. adj. 'Perteneciente o relativo a la tierra' (*bienes **terrenos***). Con esta denotación, también pueden decirse **terrestre** (adj.) y **terrero, ra** (adj.). 'Perteneciente a la tierra, en contraposición a lo que pertenece al cielo'. Con este significado, también puede decirse **terrenal** (adj.). sust. m. 'Sitio o espacio de tierra' (*Compró un **terreno***); 'esfera de acción' (*El músico descuella en ese **terreno***). Con esta última acepción, también puede decirse **territorio** (sust. m.). Tiene valor colectivo con la denotación de 'conjunto de sustancias minerales que tienen origen común'. La Academia ha incorporado recientemente, entre otros significados, el de 'espacio, generalmente acotado y acondicionado, para la práctica de ciertos deportes' (*Jugaban al fútbol en el **terreno***). **sobre el terreno**. fr. fig. 'Precisamente en el sitio donde se desenvuelve o ha de resolverse la cosa de que se trata' (*Estudiará el caso **sobre el terreno***); 'improvisando' (*Discursea **sobre el terreno***). La 'calidad de terreno' es la **terrenidad** (sust. f.).

terrero, ra. adj. Entre otras denotaciones, 'perteneciente o relativo a la tierra'. Con este significado, también puede decirse **terreno, na** (adj.), voz de uso más frecuente. 'Aplícase a las cestas de mimbre que se usan para llevar tierra de un punto a otro'. Ú. t. c. sust. f.: **la terrera**. sust. m. 'Terraza': **el terrero**.

terrestre. adj. 'Perteneciente o relativo a la Tierra' (*corteza **terrestre***); 'perteneciente o relativo a la tierra, en contraposición a lo que pertenece al cielo' (*vida **terrestre***). Con este último significado, también pueden decirse **terrenal** (adj.) y **terreno, na** (adj.). 'Perteneciente o relativo a la tierra, en contraposición al cielo y al mar' (*animales **terrestres***). El adjetivo **terrestre** puede reemplazarse con **terrícola** (adj.) en todos sus significados, pero el hablante prefiere el primero.

terrible. adj. El superlativo es **terribilísimo, ma**. Incorrecto: *terriblísimo*.

terrícola. sust. com. 'Habitador de la Tierra': **el terrícola, la terrícola**. adj. 'Terrestre' (*vida **terrícola***).

terrígeno, na. adj. 'Nacido de la tierra'. 'Dícese del material derivado, por erosión, de un área situada fuera de la cuenca de sedimentación, a la que llega en estado sólido mediante transporte'. Ú. t. c. sust. m.: **el terrígeno**. Esta última denotación ha sido recién incorporada en el ***Diccionario***.

terrina. sust. f. Voz francesa (*terrine*) españolizada. 'Vasija pequeña de barro cocido o de otros materiales, con forma de cono invertido, destinada a conservar o expender algunos alimentos'; 'en jardinería, tiesto de igual forma, usado para ciertos cultivos'. Esta voz ha sido recién incorporada en el ***Diccionario***.

territorialismo. sust. m. 'Fenómeno por el cual ciertas especies dividen su hábitat en territorios'. Esta voz ha sido recién incorporada en el ***Diccionario***.

territorio. sust. m. 'Porción de la superficie terrestre perteneciente a una nación, región, provincia, etc.' (*Conozcamos nuestro **territorio***). La Academia ha incorporado recientemente dos significados: 'Esfera de acción' (*En su **territorio***, *el médico mostraba sus cualidades*). Con esta última denotación, también puede usarse **terreno** (sust. m.). 'Terreno o lugar concreto, por ejemplo, una cueva, un árbol, un hormiguero, donde vive un determinado animal o un grupo de animales relacionados por vínculos de familia, y que es defendido frente a la invasión de otros congéneres' (*Los osos estaban en su **territorio***). **territorio nacional**. Argent. → **nacional**

terrorífico, ca. adj. 'Que infunde terror'. También puede decirse **terrífico, ca** (adj.), pero la Academia prefiere la primera forma.

terrorista. sust. com. 'Persona partidaria del terrorismo': **el terrorista, la terrorista**. adj. 'Que practica actos de terrorismo' (*jóvenes **terroristas***). Ú. t. c. sust. com. (***La terrorista** confesó su crimen*). 'Perteneciente o relativo al terrorismo' (*atentado **terrorista***); 'dícese del gobierno, partido, etc., que lo practica' (*partido **terrorista***).

terroso, sa. adj. 'Que participa de la naturaleza y propiedades de la tierra'; 'que tiene mezcla de tierra' (*suelo **terroso***). También pueden usarse los adjetivos **terreño, ña**, **térreo, a** y **terrizo, za**. La 'calidad de terroso' es la **terrosidad** (sust. f.).

terruñero, ra. adj. 'Perteneciente o relativo al terruño' (*recuerdos **terruñeros***); 'que sigue apegado a su tierra natal' (*mujer **terruñera***). sust. m. 'Campesino que trabaja la tierra': **el terruñero**. La Academia no registra el género femenino. Incorrecto: <u>*terruniero*</u>. Esta voz ha sido recién incorporada en el ***Diccionario***.

terruño. sust. m. 'Masa pequeña de tierra'. Con este significado, también puede decirse **terrón** (sust. m.), voz preferida por la Academia. 'Comarca, el país natal' (*Piensa en su **terruño***); fam. 'terreno'. Incorrecto: <u>*terrunio*</u>.

tertuliar. v. intr. Amér. 'Estar de tertulia, conversar' (*Las damas **tertuliaban***). Incorrecto: <u>*tertulear*</u>, una ultracorrección. Se conjuga, en cuanto al acento, como **cambiar**.

teruteru. sust. m. Amér. Merid. 'Ave zancuda'. Para distinguir los sexos, debe recurrirse a las perífrasis **teruteru macho, teruteru hembra**. En plural: **teruterus**. → **tero**

tesalio, lia. adj. 'Natural de Tesalia'. Ú. t. c. sust. m. y f.: **el tesalio, la tesalia**. 'Perteneciente a Tesalia'. También pueden decirse **tesaliano, na** (adj.), **tesálico, ca** (adj.), **tesaliense** (adj. Ú. t. c. sust. com.) y **tésalo, la** (adj.).

tesalonicense. adj. 'Natural de Tesalónica'. Ú. t. c. sust. com.: **el tesalonicense, la tesalonicense**. 'Perteneciente a esta ciudad de Macedonia'. También puede decirse **tesalónico, ca** (adj. Ú. t. c. sust. m. y f.).

teselado, da. adj. 'Formado con teselas, piezas con que se arma un mosaico'. Ú. t. c. sust. m.: **el teselado**.

tesis. sust. f. Diminutivo: **tesina**. En plural, no varía: **las tesis**.

tesitura. sust. f. 'Altura propia de cada voz o de cada instrumento'; fig. 'disposición del ánimo'. No debe usarse como sinónimo de **textura, momento, situación** o **trance**: *Observa la <u>tesitura</u> de la tela; No está de acuerdo con la <u>tesitura</u> económica actual*. Correcto: *Observa la **textura** de la tela; No está de acuerdo con la **situación** económica actual*.

teso, sa. p. irreg. de **tesar**. adj. 'Tieso'. sust. m. 'Colina baja'; 'pequeña salida en una superficie lisa'.

tesorero. sust. m. Su femenino es **tesorera**. El 'cargo u oficio de tesorero' es la **tesorería** (sust. f.).

test. sust. m. Voz inglesa (*test*). 'Examen, prueba' (*Aprobó el **test** de geografía*); 'prueba psicológica para estudiar alguna función' (***test** vocacional*). En plural: **tests**. Esta voz ha sido recién incorporada en el ***Diccionario***.

testáceo, a. adj. 'Dícese de los animales que tienen concha'. Ú. t. c. sust. m.: **el testáceo**.

testador. sust. m. 'El que hace testamento'. Su femenino es **testadora**.

testaferro. sust. m. Voz italiana (*testa-ferro*, 'cabeza de hierro') españolizada. 'El que presta su nombre en un contrato, pretensión o negocio que, en realidad, es de otra persona'. En plural: **testaferros**. También puede decirse **testaférrea** (sust. m.), pero la Academia prefiere la primera forma.

testamentaría. sust. f. Tiene valor colectivo con la denotación de 'conjunto de documentos y papeles que atañen al debido cumplimiento de la voluntad del testador'. Incorrecto: <u>*testamentería*</u>.

testamentario, ria. adj. 'Perteneciente o relativo al testamento' (*documentos **testamentarios***). sust. m. y f. 'Persona encargada por el testador de cumplir su última voluntad': **el testamentario, la testamentaria**.

testamento. sust. m. Los sintagmas **Antiguo Testamento** o **Viejo Testamento** y **Nuevo Testamento** deben escribirse con mayúscula. La abreviatura de **Nuevo Testamento** es ***N. T.***, la de **Viejo Testamento**, ***V. T***, y la de **Antiguo Testamento**, ***A.T.***

testar. v. intr. 'Hacer testamento' (***Testó** en favor de sus sobrinos*). v. tr. 'Tachar, borrar'. Con esta última denotación, el postverbal es **testadura** (sust. f.). Su homónimo (v. intr.) significa 'atestar, dar con la cabeza'; fig. 'porfiar'.

testarada. sust. f. 'Golpe dado con la testa'; 'terquedad'. Con la primera acepción, también pueden decirse **testarazo** (sust. m.), **testerazo** (sust. m.), **testada** (sust. f.) y **testerada** (sust. f.), pero la Academia prefiere las dos primeras formas.

testarudez. sust. f. Es palabra aguda. En plural, se transforma en grave: **testarudeces**. Repárese en que la **z** cambia por **c**.

testarudo, da. adj. 'Terco'. Ú. t. c. sust. m. y f.: **el testarudo, la testaruda**. También puede decirse **testarrón, na** (adj. fam. Ú. t. c. sust. m. y f.).

teste. sust. m. 'Testículo'. NO. Argent. 'Verruga que sale en los dedos de las manos'. En plural: **testes**.

testera. sust. f. Entre otras denotaciones, 'frente o principal fachada de una cosa'. También puede decirse **testero** (sust. m.), pero la Academia prefiere la primera forma.

testerillear. v. intr. rur. Argent. 'Mover mucho la cabeza el caballo al andar'. No debe pronunciarse [testerilliar]. Esta voz no está registrada en el ***Diccionario***, pero la A.A.L. ha recomendado su incorporación, → **-ear**

testerillo. sust. m. Argent. 'Caballar que presenta sobre la frente blanca una mancha de color igual al del resto del pelaje'. Su femenino es **testerilla**. sust. f. Argent. 'Esta mancha'.

testículo. sust. m. También pueden decirse **teste** (sust. m.), **testigo** (sust. m.) y **turma** (sust. f.), pero la Academia prefiere la primera forma. El adjetivo correspondiente es **testicular**, 'perteneciente o relativo a los testículos'.

testificar. v. tr. Entre otras denotaciones, 'afirmar o probar de oficio una cosa, con referencia a testigos o documentos auténticos'. Su postverbal es **testificación** (sust. f.). → **sacar**

testigo. sust. com. Entre otras denotaciones, 'persona que da testimonio de algo o lo atestigua': **el testigo, la testigo**. Incorrecto: <u>*la testiga*</u>. sust. m. 'Cualquier cosa, aunque sea inanimada, por la cual se arguye o infiere la verdad de un hecho' (*Ese guante es **el testigo** del robo*). sust. m. pl. 'Piedras que se aproximan o entierran a los lados de los mojones para señalar la dirección del límite del terreno amojonado': **los testigos**. El adjetivo correspondiente es **testifical**, 'referente a los testigos'.

testimonial. adj. 'Que hace fe y verdadero testimonio' (*acta **testimonial***). sust. f. pl. 'Instrumento auténtico que asegura y hace fe de lo contenido en él'; 'testimonio que dan los obispos sobre un súbdito que pasa a otra diócesis': **las testimoniales**.

testimoniar. v. tr. 'Atestiguar'. Rég. prep.: **testimoniar en** (***testimoniar en** un juicio*); **testimoniar por** (***testimoniar por** escrito*). Se conjuga, en cuanto al acento, como **cambiar**.

testimoniero, ra. adj. 'Que levanta falsos testimonios'; 'hipócrita' (*declarante **testimoniero***). Ú. t. c. sust. m. y f.: **el testimoniero, la testimoniera**. También puede decirse **testimoñero, ra** (adj. Ú. t. c. sust. m. y f.), pero la Academia prefiere la primera forma.

testuz. sust. amb. 'En algunos animales, frente'; 'en otros, nuca': **el testuz** o **la testuz**. Es palabra aguda. En plural, se transforma en grave: **testuces**. Repárese en que la **z** cambia por **c**. También puede decirse **testuzo** (sust. m.), pero la Academia prefiere la primera forma.

teta. sust. f. 'Cada uno de los órganos glandulosos y salientes que tienen los mamíferos y sirven en las hembras para la secreción de la leche'; 'leche que segregan estos órganos'; 'pezón de la teta'. Diminutivo: **tetilla**. Aumentativo: **tetón** (sust. m.). **dar la teta**. fr. 'Dar de mamar'. **de teta**. loc. adj. 'Dícese del niño o de la cría de un animal que está en el período de la lactancia' (*niña **de teta***). **mamar una teta**. fr. fig. y fam. 'Mostrar una persona, ya en edad mayor, apego a su madre, con propiedades de niño' (*Doña Elvira aún **mama una teta***). **quitar la teta**. fr. fam. 'Hacer que deje de mamar el niño o la cría de animal' (*Le **quitaron la teta** al ternero*). La **tetada** (sust. f.) es la 'leche que mama el niño cada vez'.

tétanos. sust. m. 'Rigidez y tensión convulsiva de los músculos'; 'enfermedad muy grave producida por un bacilo' (*Padece **el tétanos***). En plural, no varía: **los tétanos**. También puede decirse **tétano** (sust. m.), pero la Academia prefiere la primera forma. No deben confundirse la grafía y el significado de esta voz con los de **tuétano** (sust. m.). → **tuétano**. El adjetivo correspondiente es **tetánico, ca**, 'perteneciente o relativo al tétanos'.

♦ **tete a tete.** Galicismo (*tête-à-tête*). En español, **a solas**, **cara a cara**, **frente a frente**, **mano a mano**, **personalmente**. El ***Diccionario Manual*** registra esta locución adverbial con el indicador de su falta de sanción oficial.

tetera. sust. f. 'Vasija de loza o de otro material que se usa para hacer y servir el té'. And. y Amér. 'Tetilla, mamadera'.

tetina. sust. f. Voz francesa (*tetine*) españolizada. 'Especie de pezón que se pone en los biberones'. También puede decirse **tetilla** (sust. f.).

tetona. adj. fam. 'Dícese de la hembra de tetas grandes'. También puede decirse **tetuda** (adj.).

tetra-. elem. compos. de or. gr. 'Cuatro' (*tetravalente*).

tetrabranquial. adj. 'Dícese del cefalópodo cuyo aparato respiratorio está formado por cuatro branquias, como el nautilo'. sust. m. pl. 'Grupo taxonómico constituido por estos cefalópodos': **los tetrabranquiales**.

tétrada. sust. f. Es un sustantivo de valor colectivo. 'Conjunto de cuatro seres o cosas vinculados entre sí' (*una **tétrada** de artículos de limpieza*).

tetrágono. adj. 'Aplícase al polígono de cuatro ángulos y cuatro lados' (*polígono **tetrágono***). Ú. t. c. sust. m.: **el tetrágono**. sust. m. 'Cuadrilátero'.

tetralogía. sust. f. Tiene valor colectivo con las denotaciones de 'conjunto de cuatro obras trágicas de un mismo autor, presentadas a concurso en los juegos solemnes de la Grecia antigua'; 'conjunto de cuatro obras literarias que tienen enlace histórico o unidad de pensamiento'. 'Lesión cardíaca congénita, que ocasiona la llamada enfermedad azul'.

tetrámero, ra. adj. 'Dícese del verticilo que consta de cuatro piezas y de la flor que tiene corola y cáliz con este carácter'. 'Dícese de ciertos insectos coleópteros, como el gorgojo' (*insecto **tetrámero***). Ú. t. c. sust. m.: **el tetrámero**. sust. m. pl. 'Suborden de estos insectos': **los tetrámeros**.

tetrápodo, da. adj. 'Dícese de los animales vertebrados que poseen dos pares de extremidades pentadáctilas, como anfibios, reptiles, aves y mamíferos'. Ú. t. c. sust. m.: **el tetrápodo**. sust. m. pl. 'Grupos de estos animales': **los tetrápodos**. Esta voz ha sido recién incorporada en el ***Diccionario***.

tetrasílabo, ba. adj. 'De cuatro sílabas'. → **cuatrisílabo**

tetravalente. adj. En química, 'que funciona con cuatro valencias'. Esta voz ha sido recién incorporada en el ***Diccionario***. → **trivalente**

tétrico, ca. adj. 'Triste, serio, grave' (*lugar **tétrico***). No debe usarse como sinónimo de **terrorífico, ca** (adj.) o de **terrífico, ca** (adj.). → **terrorífico**

tetuaní. adj. 'Natural de Tetuán'. Ú. t. c. sust. com.: **el tetuaní**, **la tetuaní**. Incorrecto: <u>*tetuanés*</u>, <u>*tetuanesa*</u>, <u>*tetuanense*</u>. Es palabra aguda. En plural: **tetuaníes** o **tetuanís**.

teutón, na. adj. 'Dícese del individuo de un pueblo de raza germánica'. Ú. m. c. sust. m. y f., y en pl.: **teutones**, **teutonas**. fam. 'Alemán'.

teutónico, ca. adj. 'Perteneciente o relativo a los teutones' (*costumbres **teutónicas***); 'aplícase a una orden militar de Alemania y a los caballeros que la componen'. sust. m. 'Lengua de los teutones' (*Hablaban **el teutónico***).

tex. sust. m. 'En la industria textil, unidad que sirve para numerar directamente la masa de un hilo o mecha, y que corresponde a la masa de un kilómetro de la misma materia cuando pesa un gramo'. Ú. t. en pl., sin variación de forma: **los tex**.

textil. adj. 'Dícese de la materia capaz de reducirse a hilos y ser tejida'. Ú. t. c. sust. m. y f.: **el textil, la textil**. 'Perteneciente o relativo a los tejidos' (*industria **textil***). Es palabra aguda. No debe escribirse ni pronunciarse [téxtil] como grave. En plural: **textiles**.

texto. sust. m. Tiene valor colectivo con las denotaciones de 'conjunto de palabras que componen un documento escrito' y de 'conjunto de enunciados orales o escritos, que el lingüista somete a estudio'. **Sagrado texto**. 'La Biblia'.

textualista. sust. com. 'Persona que, al leer, atiende más al texto que a las glosas, comentarios, etc.': **el textualista, la textualista**.

texturizar. v. tr. 'Tratar los hilos de fibras sintéticas para darles buenas propiedades textiles'. Esta voz ha sido recién incorporada en el ***Diccionario***. → **cazar**

teyú. sust. m. Argent., Par. y Urug. 'Especie de lagarto'. Para distinguir los sexos, debe recurrirse a las perífrasis **teyú macho, teyú hembra**. Es palabra aguda. En plural: **teyúes** o **teyús**.

tez. sust. f. 'Superficie'. Se usa para referirse a la del rostro humano. (*La niña tenía una **tez** rosada*). En plural: **teces**. Repárese en que la **z** cambia por **c**.

theta. sust. f. 'Octava letra del alfabeto griego'. En latín y en otras lenguas, se representa con **th** (*theatrum*), y en la nuestra, modernamente, con **t** (*teatro*). En plural: **thetas**.

ti. Forma del pronombre personal de segunda persona de singular. Se construye siempre con preposición (***a ti**, **de ti**, **para ti***). Si se usa **con**, no se dice <u>con ti</u>, sino **contigo** (*Iremos **contigo***). Actúa como término en el complemento preposicional que funciona sintácticamente como objeto directo, indirecto o circunstancia: *Te visité **a ti*** (objeto directo); *Te regalaron bombones **a ti*** (objeto indirecto); *No habla **de ti*** (circunstancia de tema). En los dos primeros ejemplos, el objeto directo y el objeto indirecto aparecen duplicados (*te* y ***a ti***). La forma **a ti** es enfática y correcta, pero puede evitarse (*Te visité*; *Te regalaron bombones*). Nunca lleva tilde. Incorrecto: <u>tí</u>.

Tíbet. sust. pr. m. 'Región de Asia'. Lleva tilde, porque es palabra grave terminada en consonante que no es **n** ni **s**. No debe escribirse ni pronunciarse [Tibet] como aguda.

tibetano, na. adj. 'Natural del Tíbet'. Ú. t. c. sust. m. y f.: **el tibetano, la tibetana**. 'Perteneciente o relativo a esta región de Asia'. sust. m. 'Lengua de los tibetanos' (*Sabía hablar **el tibetano***).

tibial. adj. 'Perteneciente o relativo a la tibia, hueso' (*fractura **tibial***). Esta voz ha sido recién incorporada en el ***Diccionario***.

tibio, bia. adj. Rég. prep.: **tibio de** (***tibio de** sentimientos*); **tibio en** (***tibio en** política*).

tibisí. sust. m. Cuba. 'Especie de carrizo silvestre'. Es palabra aguda. En plural: **tibisíes** o **tibisís**.

tibor. sust. m. 'Vaso grande de barro'. Cuba. 'Orinal'. Es palabra aguda. En plural, se transforma en grave: **tibores**.

tiburón. sust. m. 'Pez'. Para distinguir los sexos, debe recurrirse a las perífrasis **tiburón macho, tiburón hembra**. Es palabra aguda. En plural, se transforma en grave: **tiburones**.

tic. sust. m. 'Movimiento convulsivo habitual' (*Tenía un **tic***). En plural: **tics**. → **tique**

ticero. sust. m. Col. 'Recipiente para la tiza'. También puede decirse **ticera** (sust. f.). Esta voz ha sido recién incorporada en el ***Diccionario***.

♦ **ticket.** Anglicismo. En español, debe decirse **tique**.

-tico, ca. suf. de or. gr. Ha sido recién incorporado en el ***Diccionario***. → **-ico**

ticónico, ca. adj. 'Perteneciente o relativo al sistema astronómico de Tycho Brahe'. 'Partidario de dicho sistema'. Ú. t. c. sust. m. y f.: **el ticónico, la ticónica**.

tictac. sust. m. 'Ruido acompasado de un reloj' (*Se ponía nervioso con ese **tictac***). Incorrecto: <u>tic-tac</u>. No se usa en plural.

tiempo. sust. m. Entre otras denotaciones, 'duración de las cosas sujetas a mudanza'. **tiempo absoluto**. 'Es el que, medido desde el momento en que hablamos, se sitúa por sí solo en nuestra representación como presente, pasado o futuro, sin necesitar conexión alguna con otras representaciones temporales del contexto o de las circunstancias del habla. Es un tiempo medido desde nuestro presente'. Se usan, generalmente, como absolutos el presente (*camino*), el pretérito perfecto simple (*caminé*), el pretérito perfecto compuesto (*he caminado*) y el futuro (*caminaré*) del modo indicativo. También se considera absoluto el imperativo (*camina, caminad*), porque el mandato es presente, y su cumplimiento, futuro. **tiempo relativo**. Los otros tiempos de la conjugación son relativos o indirectamente medidos, porque 'su situación en la línea de nuestras representaciones temporales necesita ser fijada por el contexto y, especialmente, mediante otro verbo o un adverbio con los cuales se relaciona'. En el modo indicativo, son relativos el pretérito imperfecto (*caminaba*), el condicional simple (*caminaría*), el pretérito pluscuamperfecto (*había caminado*), el pretérito anterior (*hube caminado*), el futuro perfecto (*habré caminado*) y el condicional perfecto (*habría caminado*). Todos los tiempos del modo subjuntivo son relativos. **tiempo futuro**. 'El que sirve para denotar la acción que no ha sucedido todavía' (*regalaré, habré regalado, regalare, habré de regalar*). **tiempo presente**. 'El que sirve para denotar la acción actual' (*regalo, regale, regala*). **tiempo pretérito**. 'El que sirve para denotar la acción que ya ha sucedido' (*regalaba, regalé, he regalado, había regalado*). **tiempo simple**. 'Tiempo del verbo que se conjuga sin el auxilio de otro verbo' (*queremos, sientan*). **tiempo compuesto**. 'El que se forma con el participio pasivo y el verbo auxiliar *haber*' (*hemos querido, hayan sentido*). **a largo tiempo**. loc. adv. 'Después de mucho tiempo; cuando haya pasado mucho tiempo' (***A largo tiempo**, me darás la razón*). **al mismo tiempo** o **a un tiempo**. locs. advs. 'Simultáneamente' (*Lo pensaron **al mismo tiempo** o **a un tiempo***). **andando el tiempo**. loc. adv. 'Más adelante' (*Lo sabrás **andando el tiempo***). **a tiempo** o **en tiempo**. locs. advs. 'En el momento oportuno' (*Hazlo **a tiempo** o **en tiempo***). **con tiempo**. loc. adv. 'Anticipadamente, sin premura' (*Puede organizarlo **con tiempo***); 'cuando es aún ocasión oportuna' (*Ayúdenlo **con tiempo***). **de tiempo en tiempo**. loc. adv. 'Con discontinuidad' (*Me habla por teléfono **de tiempo en tiempo***). **en los buenos tiempos** de uno. loc. adv. fam. 'Cuando era joven' (***En los buenos tiempos**, Luis practicaba deportes*). **fuera de tiempo**. loc. adv. 'Intempestivamente' (*Presentó la solicitud **fuera de tiempo***). **un tiempo**. loc. adv. 'En otro tiempo' (***Un tiempo**, no vivíamos con tanta prisa*). Dice Seco que el sintagma **a tiempo completo** "es calco aceptable del inglés *full-time*", pero es mejor decir **en** o **con dedicación exclusiva** (*Trabaja **en** o **con dedicación exclusiva***).

tienda. sust. f. El sustantivo despectivo es **tendajo** (m.). Son correctos los sintagmas **tienda de campaña** ('tienda de campo') y **tienda de modas** ('aquella en que se venden las últimas novedades en ropa'). Este último puede reemplazarse con **boutique** (sust. f.). → **boutique**. Una 'tienda pequeña' es un **tendejón** (sust. m.).

tienta. sust. f. Entre otras denotaciones, 'prueba que se hace con la garrocha para apreciar la bravura de los becerros'. **a tientas**. loc. adv. 'Valiéndose del tacto para reconocer las cosas en la oscuridad o por falta de vista'; fig. 'dudosamente'. Se usa con el verbo **andar** (*El ciego **andaba a tientas***). Incorrecto: *El ciego <u>andaba a tienta</u>*. En su reemplazo, también puede usarse **por el tiento** (loc. adv.).

tientaguja. sust. f. 'Barra de hierro con la que se explora la calidad del terreno en que se va a edificar'. En plural: **tientagujas**. También puede decirse **tienta** (sust. f.), pero la Academia prefiere la primera forma.

tientaparedes. sust. com. 'Persona que anda a tientas o a ciegas, moral o materialmente': **el tientaparedes, la tientaparedes**. En plural, no varía: **los tientaparedes, las tientaparedes**.

tiento. sust. m. Entre otras denotaciones, 'ejercicio del sentido del tacto'; 'palo que usan los ciegos como guía' (*La ciega caminaba con su **tiento***); 'pulso, firmeza de la mano' (*Escribía con **tiento***); fig. 'tacto, habilidad para hablar u obrar en un asunto' (*Explicó con **tiento** su propuesta*). Argent., Chile y Urug. 'Tira delgada de cuero sin curtir que sirve para hacer lazos, trenzas, pasadores, etc.'. La Academia ha incorporado recientemente este significado: 'Composición instrumental con series de exposiciones sobre diversos temas. Se cultivó entre los siglos XVI y XVIII'. **por el tiento**. loc. adv. → **tienta** (**a tientas**)

tierno, na. adj. Entre otras denotaciones, 'dícese de lo que se deforma fácilmente por la presión y es fácil de romper o partir' (*carne* ***tierna***); fig. 'afectuoso, cariñoso' (*padres* ***tiernos***). El superlativo culto es **ternísimo, ma**, y el coloquial, **tiernísimo, ma**. Rég. prep.: **tierno con** (***tierno*** *con los niños*); **tierno de** (***tierno de*** *corazón*).

tierra. sust. pr. f. 'Planeta que habitamos'. Con esta acepción, generalmente lleva antepuesto el artículo **la** (*Los habitantes de* ***la Tierra*** *son los terrícolas*). Repárese en que siempre se escribe con mayúscula cuando se refiere al planeta. Se escribe con minúscula con las siguientes denotaciones: 'Parte superficial de este mismo globo no ocupada por el mar' (*Llegaron a* ***tierra***); 'materia inorgánica desmenuzable de que se compone, principalmente, el suelo natural' (*El niño tocaba la* ***tierra***); 'suelo o piso' (*Cayeron a* ***tierra***); 'terreno dedicado a cultivo' (*Preparó la* ***tierra*** *para sembrar*); 'nación, región o lugar en que se ha nacido' (*Colombia es mi* ***tierra***); 'país, región' (*Nació en una* ***tierra*** *lejana*); 'territorio o distrito constituido por intereses presentes o históricos' (***tierra*** *de Ávila*); fig. 'conjunto de los pobladores de un territorio' (*la* ***tierra*** *de nuestra provincia*). Con este último significado, tiene valor colectivo. Diminutivo: **terrezuela**. **como tierra**. loc. adv. p. us. fig. y fam. 'Con abundancia' (*Gana dinero* ***como tierra***). **dar en tierra con** o **echar por tierra** una cosa. frs. figs. 'Destruirla, arruinarla' (***Diste en tierra con*** o ***echaste por tierra*** *mis planes*). **dar en tierra con** una persona. fr. 'Rendirla, derribarla' (***Dieron en tierra con*** *Manuel*). **de la tierra**. loc. adj. 'Dícese de los frutos que produce el país o la comarca' (*Saboreó los frutos* ***de la tierra***). **echar en tierra** una cosa. fr. 'Desembarcarla' (***Echaron en tierra*** *el cargamento*). **echarse** uno **a, en** o **por tierra**. fr. fig. 'Humillarse, rendirse' (*El mendigo* ***se echó a, en*** o ***por tierra*** *ante el rey*). **echar tierra** a una cosa. 'Ocultarla, hacer que se olvide' (***Echarán tierra*** *a su mala acción*). **sacar** uno **de debajo de la tierra** una cosa. fr. fig. y fam. con que 'se pondera la dificultad de lograrla o adquirirla, cuando no hay a quien pedírsela o donde buscarla'. Se usa, sobre todo, tratándose de dinero (***Sacó*** *el dinero* ***de debajo de la tierra***). **saltar** uno **en tierra**. fr. 'Desembarcar' (*Los marineros* ***saltaron en tierra***). Aunque la Academia no las registra en forma destacada –sólo aparecen en algunas de sus definiciones–, también son correctas las frases **saltar a tierra** y **descender a tierra**. **tierra adentro**. loc. adv. 'Todo lugar que, en los continentes y en las islas, se aleja o está distante de las costas o riberas' (*Vivian* ***tierra adentro***). **tragárselo** a uno **la tierra**. fr. fig. y fam. 'Desaparecer de los lugares que frecuentaba' (*A Enrique* ***se lo tragó la tierra***). **venir** o **venirse a tierra** una cosa. fr. 'Caer, arruinarse, destruirse' (***Vino*** o ***se vino a tierra*** *el avión*). **ver tierras**. fr. fig. 'Ver mundo' (*Su mayor anhelo era* ***ver tierras***).

tieso, sa. adj. Entre otras denotaciones, 'duro, firme, rígido'; 'robusto de salud'; 'tenso'. También puede decirse **teso, sa** (adj.), pero la Academia prefiere la primera forma. adv. m. 'Recia o fuertemente' (*El policía pisaba* ***tieso***). La 'calidad de tieso' es la **tesura** (sust. f.).

tifáceo, a. adj. 'Dícese de ciertas plantas angiospermas monocotiledóneas, acuáticas, como la espadaña' (*plantas* ***tifáceas***). Ú. t. c. sust. f.: **la tifácea**. sust. f. pl. 'Familia de estas plantas': **las tifáceas**.

tífico, ca. adj. 'Perteneciente o relativo al tifus' (*investigaciones* ***tíficas***). 'Que tiene tifus' (*niña* ***tífica***). Ú. t. c. sust. m. y f.: **el tífico, la tífica**. → **tifoideo**

tiflólogo. sust. m. 'Especialista en tiflología, parte de la medicina que estudia la ceguera y los medios de curarla'. Su femenino es **tiflóloga**.

tifoideo, a. adj. 'Perteneciente o relativo al tifus, o parecido a este mal' (*infección* ***tifoidea***); 'perteneciente a la fiebre tifoidea'. sust. f. 'Fiebre tifoidea' (*Padece* ***la tifoidea***). Es palabra grave. No debe pronunciarse [tifóideo] como esdrújula. → **tífico**

tifón. sust. m. 'Huracán en el mar de la China'; 'tromba marina'. Es palabra aguda. En plural, se transforma en grave: **tifones**.

tifus. sust. m. 'Género de enfermedades infecciosas, graves'; fig. y fam. 'en los espectáculos públicos, entradas y pases de favor, y personas que los disfrutan'. Incorrecto: <u>la tifus</u>. Es palabra grave. En plural, no varía: **los tifus**. Con la primera denotación, también puede decirse **tifo** (sust. m.), pero la Academia prefiere la primera forma.

tigre. sust. m. 'Mamífero carnicero muy feroz'. La hembra del tigre recibe los nombres de **tigra** y **tigresa** (susts. fs.). Aclara la Academia que también se ha usado **la tigre** como sustantivo femenino. Además, son correctas las perífrasis **tigre macho, tigre hembra**.

tijera. sust. f. Entre otras denotaciones, 'instrumento compuesto de dos hojas de acero'. Con este significado, se usa más en plural (*Cortó la tela con esas **tijeras***). Diminutivos: **tijereta** o **tijeretas, tijerilla, tijeruela**. En la Argentina, es más común el uso del singular, también admitido por la Academia (*Cortó la tela con esa tijera*). Son correctos los siguientes sintagmas: **catre de tijera, escalera de tijera, silla de tijera.** → **silla**. El 'corte hecho de un golpe con las tijeras' es la **tijeretada** (sust. f.) o el **tijeretazo** (sust. m.).

tijereta. sust. f. d. de **tijera**. Ú. m. en pl. Entre otras denotaciones, 'zarcillo de la vid'; 'ave de América Meridional'. Para distinguir los sexos, debe recurrirse a las perífrasis **tijereta macho, tijereta hembra**. Con la primera denotación, también pueden decirse **tijerilla** y **tijeruela** (susts. fs.).

tijeretear. v. tr. 'Dar varios cortes con las tijeras a una cosa, por lo común, sin arte ni tino' (***Tijereteó** la tela*); fig. y fam. 'disponer uno en negocios ajenos'; fig. Amér. 'murmurar, criticar' (*Esas mujeres **tijereteaban** todo el día*). No debe pronunciarse [tijeretiar, tijeretié]. Su postverbal es **tijereteo** (sust. m.). → **-ear**

tijuil. sust. m. Hond. 'Pájaro'. Para distinguir los sexos, debe recurrirse a las perífrasis **tijuil macho, tijuil hembra**. Es palabra aguda. En plural, se transforma en grave: **tijuiles**.

tílburi. sust. m. Voz inglesa (*Tilbury*, nombre del inventor de este carruaje) españolizada. 'Carruaje de dos ruedas grandes, tirado por una sola caballería'. Es palabra esdrújula. En plural: **tílburis**.

tildar. v. tr. 'Poner tilde a las letras que la necesitan'; 'tachar lo escrito'; fig. 'señalar con alguna nota denigrativa a una persona'. Rég. prep.: **tildar de** (***Tildó de** sinvergüenza a su primo*). Con la primera denotación, también puede decirse **atildar** (v. tr. Ú. t. c. prnl.); con la segunda, **tachar** (v. tr.), y con la tercera, **tachar** y **motejar** (v. tr.). Repárese en que **tildar** no es sinónimo de **calificar** (v. tr. y prnl.): *La <u>tildaron de</u> excelente conferencista*. Correcto: ***La calificaron de** excelente conferencista*. → **tachar, motejar, calificar**

tilde. sust. amb. 'Acento ortográfico' (*Mediante **el tilde** o **la tilde**, se distingue el adverbio "más" de la conjunción "mas"*); 'virgulilla o rasgo que se pone sobre la ñ': **el tilde** o **la tilde**. Se usa más como sustantivo femenino. sust. f. 'Cosa mínima'. Aumentativo: **tildón** (sust. m.). En plural: **tildes**.

tiliáceo, a. adj. 'Dícese de ciertas plantas angiospermas dicotiledóneas, como el tilo y la patagua' (*árbol **tiliáceo***). Ú. t. c. sust. f.: **la tiliácea**. sust. f. pl. 'Familia de estas plantas': **las tiliáceas**.

tilín. sust. m. 'Sonido de la campanilla'. Es palabra aguda. En plural, se transforma en grave: **tilines**.

tilingo, ga. adj. Argent., Méj. y Urug. 'Aplícase a la persona insustancial, que dice tonterías y suele comportarse con afectación' (*¡Qué mujer **tilinga**!*). La Academia sólo registra esta voz como adjetivo. La A.A.L. destaca que, en la Argentina, también se usa como sustantivo masculino y femenino (*Pedro es **un tilingo**; Laura es **una tilinga***).

tilo. sust. m. 'Árbol'. También pueden decirse **teja** (sust. f.), **tila** (sust. f.) y **tilia** (sust. f.), pero la Academia prefiere la primera forma. Su flor es la **tila**.

timador. sust. m. 'El que tima'. Su femenino es **timadora**.

timba. sust. f. fam. Entre otras denotaciones, 'partida de juego de azar'; 'casa de juego'. También puede decirse **timbirimba** (sust. f. fam.).

timbalero. sust. m. 'El que toca los timbales'. Su femenino es **timbalera**.

timbó. sust. m. Argent. y Par. 'Árbol muy corpulento'. Es palabra aguda. En plural: **timbós**. También puede decirse **timboy** (sust. m.; plural: **timbóis**), voz recién incorporada en el ***Diccionario***, pero la Academia prefiere la primera forma. → **oreja**

timbrado, da. p. de **timbrar**. adj. 'Dícese de la voz que tiene un timbre agradable'. Se usa más con el adverbio **bien** (*voz **bien timbrada***).

timbrador. sust. m. 'El que timbra'. Su femenino es **timbradora**. 'Instrumento que sirve para timbrar' (*Estampó el sello con **el timbrador***).

timbre. sust. m. Entre otras denotaciones, 'insignia que se coloca sobre el escudo de armas'; 'sello'; 'aparato de llamada o de aviso'; 'modo de sonar un instrumento musical o la voz de una persona'. La Academia ha incorporado recientemente este significado: Amér. Central y Méj. 'Sello postal'.

timbrófilo, la. adj. 'Dícese del coleccionista de timbres impresos en papel sellado del Estado' (*joven **timbrófilo***). Ú. t. c. sust. m. y f.: **el timbrófilo, la timbrófila**. No debe confundirse su denotación con la de **timbrólogo, ga** (sust. m. y f.), 'persona versada en timbrología'.

timbrología. sust. f. Tiene valor colectivo. 'Conjunto de conocimientos concernientes a los timbres del papel sellado del Estado'.

timeleáceo, a. adj. 'Dícese de ciertas plantas angiospermas dicotiledóneas, como la adelfilla y el torvisco' (*plantas **timeleáceas***). Ú. t. c. sust. f.: **la timeleácea**. sust. f. pl. 'Familia de estas plantas': **las timeleáceas**.

♦ **timer.** Anglicismo. En español, debe decirse **distribuidor de tiempo**. El vocablo está registrado en el ***Diccionario Manual***, con el indicador de su carácter de extranjerismo.

timidez. sust. f. 'Calidad de tímido'. Es palabra aguda. En plural, se transforma en grave: **timideces**. Repárese en que la **z** cambia por **c**.

tímido, da. adj. 'Temeroso, corto de ánimo'. Rég. prep.: **tímido con** (***tímido con** sus compañeros*); **tímido para** (***tímido para** hablar en público*).

timócrata. adj. 'Partidario de la timocracia, gobierno de los ciudadanos que tienen cierta renta'. Ú. t. c. sust. com.: **el timócrata, la timócrata**.

timonear. v. intr. 'Gobernar el timón' (***Timonea** la nave*). v. tr. fig. 'Manejar un negocio, dirigir algo' (***Timoneó** la empresa*). No debe pronunciarse [timoniar, timonié]. → **-ear**

timonel. sust. m. 'El que timonea la nave'. Es palabra aguda. En plural, se transforma en grave: **timoneles**. También puede decirse **timonero** (sust. m.), pero es voz poco usada. Ambos sustantivos carecen de forma para el femenino.

timonera. adj. 'Dícese de las plumas grandes que tienen las aves en la cola' (*plumas **timoneras***). Ú. t. c. sust. f.: **la timonera**.

timpanitis. sust. f. 'Hinchazón de alguna cavidad del cuerpo producida por gases'. Es palabra grave. En plural, no varía: **las timpanitis**.

timpanizarse. v. prnl. 'Abultarse el vientre y ponerse tenso'. Su postverbal es **timpanización** (sust. f.). → **cazar**

tímpano. sust. m. Entre otras denotaciones, 'membrana extendida y tensa como la de un tambor, que limita exteriormente el oído medio de los vertebrados y que, en los mamíferos y aves, establece la separación entre esta parte del oído y el conducto auditivo externo'. Diminutivo: **timpanillo**.

tina. sust. f. Entre otras denotaciones, 'tinaja, vasija grande de barro' (*Lo bañó en una **tina***). Diminutivo: **tineta**.

tinada. sust. f. Es sustantivo colectivo con el significado de 'montón de leña'. 'Cobertizo para tener recogidos los ganados'. Con esta última denotación, también pueden decirse **tenada** (sust. f.), **tinado** (sust. m.) y **tinador** (sust. m.), pero la Academia prefiere la primera forma.

tinaja. sust. f. Aumentativo: **tinajón** (sust. m.).

tinajero. sust. m. 'El que hace o vende tinajas'. Su femenino es **tinajera**. 'Sitio donde se ponen o empotran las tinajas': **el tinajero**.

tincar. v. tr. NO. Argent. 'Golpear o golpearse con la uña del dedo medio haciéndolo resbalar con violencia sobre la yema del pulgar'; 'en el juego de las canicas, impulsarlas con la uña del dedo pulgar'; 'golpear una bola con otra'. También puede decirse **tinquear** (v. tr. NO. Argent.). Ambas voces han sido recién incorporadas en el ***Diccionario***. → **sacar**

tincazo. sust. m. NO. Argent. y Ecuad. 'Capirotazo, golpe dado con la uña del dedo medio sobre la yema del pulgar'.

tinco, ca. adj. NO. Argent. 'Dícese del animal vacuno que roza y golpea una pata con otra al caminar'. La A.A.L. ha recomendado la incorporación de otro significado: sust. m. NO. Argent. 'En algunos juegos infantiles, acción de tincar'.

tincunaco. sust. m. NO. Argent. 'Ceremonia del carnaval, topamiento'. Esta voz no está registrada en el ***Diccionario***, pero la A.A.L. ha recomendado su incorporación.

tindalizar. v. tr. 'Esterilizar por el calor'. Su postverbal es **tindalización** (sust. f.). → **cazar**

tinglado. sust. m. 'Cobertizo'; 'tablado armado a la ligera'; fig. 'enredo'. Diminutivo: **tingladillo**.

tiniebla. sust. f. 'Falta de luz'. Ú. m. en pl. (*Cuando oscurezca, te quedarás en **tinieblas***). sust. f. pl. fig. 'Suma ignorancia' (*El joven estaba en **tinieblas** respecto de la historia argentina*); fig. 'oscuridad en lo abstracto o en lo moral' (*Vivía en **tinieblas***); 'maitines de los tres últimos días de la Semana Santa'.

tinquear. v. tr. NO. Argent. 'Tincar'. Esta voz ha sido recién incorporada en el ***Diccionario***. → **tincar**

tinta. sust. f. Entre otras denotaciones, 'color que se sobrepone a cualquier cosa o con que se tiñe'. Diminutivo: **tintilla**. sust. f. pl. 'Matices de color' (***las tintas** del atardecer*). La Academia ha incorporado recientemente este significado: 'Secreción líquida de los cefalópodos para enturbiar el agua como defensa'. **media tinta**. 'Tinta general que se da primero para pintar al temple y al fresco'. **medias tintas**. fig. y fam. 'Hechos, dichos o juicios vagos y nada resueltos, que revelan precaución o recelo' (*No me hables con **medias tintas***). **recargar** uno **las tintas**. fr. fig. 'Exagerar el alcance o el significado de un dicho o hecho' (*Me parece que **recargó las tintas** en la descripción del incendio*). **saber** uno **de buena tinta** una cosa. fr. fig. y fam. 'Estar informado de ella por conducto digno de crédito' (***Sabemos de buena tinta** que no se hará esa reunión*). **sudar tinta**. fr. fig. y fam. 'Realizar un trabajo con mucho esfuerzo' (***Sudó tinta** para terminar el informe*). Son correctos los sintagmas **lápiz tinta** y **lápiz de tinta**, 'aquel cuya mina, al humedecerse, escribe como si tuviera tinta'.

tintar. v. tr. 'Teñir'. También puede decirse **entintar** (v. tr.). → **teñir**

tinterillo. sust. m. fig. y fam. despect. 'Oficinista'. Amér. 'Picapleitos'. Una **tinterillada** (sust. f. Amér.) denota 'embuste, acción propia de un tinterillo'.

tintero. sust. m. Diminutivo: **tinterillo**. **dejar** o **dejarse** uno o **quedársele** a uno **en el tintero** algo. fr. fig. y fam. 'Olvidarlo u omitirlo' (***Dejé, me dejé** o **se me quedó en el tintero** el significado de esa palabra*). El 'golpe dado con un tintero' es un **tinterazo** (sust. m.).

tintillo. adj. 'Dícese del vino poco subido de color' (*vino **tintillo***). Ú. t. c. sust. m.: **el tintillo**.

tintín. sust. m. 'Sonido de la esquila, campanilla o timbre, y el que hacen las copas al chocar' (*el **tintín** de la esquila*). Es palabra aguda. En plural, se transforma en grave: **tintines**.

tintinar. v. intr. 'Producir el sonido especial del tintín' (*Al chocar, las copas **tintinaron***). También puede decirse **tintinear** (v. intr.), pero la Academia prefiere la primera forma. El participio activo de este último verbo es **tintineante**, 'que tintinea', y su postverbal, **tintineo** (sust. m.).

tintirintín. sust. m. 'Sonido agudo y penetrante del clarín y otros instrumentos'. Es palabra aguda. En plural, se transforma en grave: **tintirintines**.

tinto, ta. p. irreg. de **teñir**. adj. (*uva **tinta***), ú. t. c. sust. f.: **la tinta**; (*vino **tinto***), ú. t. c. sust. m.: **el tinto**. Diminutivo: **tintillo**. Rég. prep.: **tinto de** o **en** (***tinto de** o **en** sangre*). 'Rojo oscuro' (*vestido **tinto***). Col. 'Infusión de café' (*café **tinto***). Ú. t. c. sust. m.

tintorería. sust. f. 'Oficio de tintorero'; 'establecimiento donde se tiñe o limpia la ropa' (*En la **tintorería**, hacen limpieza en seco*). Con esta última denotación, también puede decirse **tinte** (sust. m.).

tintorero. sust. m. 'El que tiene por oficio teñir o dar tintes'. Su femenino es **tintorera**. Esta última voz también denota la 'mujer del tintorero'.

tintorro. sust. m. fam. 'Vino tinto, por lo general de mala calidad'. Esta voz ha sido recién incorporada en el ***Diccionario***.

tintura. sust. f. Entre otras denotaciones, 'sustancia con que se tiñe' (***tintura** para el cabello*); fig. 'noción superficial y leve de una facultad o ciencia'. Con este último significado, también puede decirse **tinte** (sust. m.).

tiña. sust. f. 'Gusanillo que daña las colmenas'; 'cualquiera de las enfermedades producidas por diversos parásitos en la piel del cráneo'; fig. y fam. 'miseria, mezquindad'. Diminutivo: **tiñuela**. Incorrecto: <u>tinia</u>. Con la última denotación, también puede decirse **tiñería** (sust. f. fam.).

tiñoso, sa. adj. 'Que padece tiña' (*niña tiñosa*); fig. y fam. 'escaso, miserable y ruin' (*viejo tiñoso*). Ú. t. c. sust. m. y f.: **el tiñoso, la tiñosa**.

tío. sust. m. Entre otras denotaciones, 'respecto de una persona, hermano o primo de su padre o su madre'. El primero se denomina carnal, y el otro, segundo, tercero, etc. Su femenino es **tía**. En plural: **tíos, tías**. Diminutivos familiares: **tito, tita**. Son correctos los sintagmas **tío abuelo, tía abuela**. En plural: **tíos abuelos, tías abuelas. no hay tu tía.** expr. fig. y fam. 'No debe tener esperanza de conseguir lo que desea o de evitar lo que teme' (*No insista con el pedido; **no hay tu tía***).

tiovivo. sust. m. 'Calesita'. En plural: **tiovivos**. Incorrecto: *tíovivo*, *tiosvivos*. → **calesita**

tipa. sust. f. 'Árbol'. Argent. 'Cesto de varillas o de mimbre sin tapa'.

tipazo. sust. m. Argent. → **tipo**

tipiadora. sust. f. 'Máquina de escribir'; 'mecanógrafa'. Incorrecto: *tipeadora*, una ultracorrección. La Academia no registra el género masculino de esta última denotación.

tipicidad. sust. f. 'Calidad de típico' (*la **tipicidad** de las costumbres*). Con esta denotación, también pueden decirse **tipismo** (sust. m.) y **tipicismo** (sust. m.), pero la Academia prefiere las dos primeras formas. 'En derecho, elemento constitutivo de delito, que consiste en la adecuación del hecho que se considera delictivo, a la figura o tipo descrito por la ley'. La voz **tipicidad** ha sido recién incorporada en el ***Diccionario***.

tipificar. v. tr. 'Ajustar varias cosas semejantes a un tipo o norma común' (***Tipificaremos** la redacción de esas definiciones*); 'representar una persona o cosa el tipo de la especie o clase a que pertenece' (*Este hombre **tipifica** la clase social a la que pertenece*). Su postverbal es **tipificación** (sust. f.). → **sacar**

tipismo. sust. m. Como sustantivo de valor colectivo, denota 'conjunto de caracteres o rasgos típicos'. → **tipicidad**

tiple. sust. m. Entre otras denotaciones, 'la más aguda de las voces humanas'; 'guitarrita de voces muy agudas'. sust. com. 'Persona cuya voz es el tiple'; 'persona que toca el tiple': **el tiple, la tiple**. No deben confundirse su grafía y su denotación con las de **triple** (adj. Ú. t. c. sust. m.). El adjetivo familiar correspondiente es **tiplisonante**, 'que tiene voz o tono de tiple'. → **triple**

tipo. sust. m. Entre otras denotaciones, 'modelo, ejemplar' (*Es un **tipo** de arandela poco común*); 'figura de una persona' (*Es un lindo **tipo** de mujer*); 'hombre, frecuentemente con matiz despectivo' (*Ese **tipo** no me gusta*). Con esta última denotación, los sustantivos despectivos son **tipejo** y **tiparraco, ca** (m. y f.); esta última voz ha sido recién registrada en el ***Diccionario***. 'Cada uno de los grandes grupos taxonómicos en que se dividen los reinos animal y vegetal, y que, a su vez, se subdividen en clases' (*La gaviota pertenece al **tipo** de las palmípedas*). La Academia ha incorporado recientemente estos significados: 'Ejemplo característico de una especie, género, etc.' (*Éste es el **tipo** de revistas que leen las adolescentes*); 'personaje de una obra de ficción' (*El **tipo** del don Juan fue tratado por varios autores*). La A.A.L. ha recomendado la incorporación de **tipazo, za** (sust. m. y f. fam. Argent.), 'persona físicamente atractiva' (*Se casó con una **tipaza***); 'persona íntegra, de buena índole' (*No dudes de hacer negocios con Felipe; es un **tipazo***).

tipografía. sust. f. Puede usarse como sinónimo de **imprenta** (sust. f.).

tipógrafo. sust. m. 'Operario que sabe o profesa la tipografía'. La Academia no registra el género femenino.

tipoi. sust. m. NO. Argent., E. Bol. y Par. 'Túnica larga, generalmente de lienzo o algodón, con escote cuadrado y mangas muy cortas'. Es palabra grave. No debe pronunciarse [tipói o tipoí] como aguda. En 1984, la Academia registró **tipoí** en su ***Diccionario***, pues respetó la acentuación etimológica de la palabra guaraní. En la edición de 1992, ha enmendado esta grafía. En plural: **tipois**. También puede escribirse **tipoy** (voz aguda). En plural: **tipóis**.

tique. sust. m. Voz inglesa (*ticket*) españolizada. 'Entrada, boleto, billete, vale'. En plural: **tiques**. No debe usarse este plural para la palabra **tic** (sust. m.). → **tic**

tiquismiquis. sust. m. pl. 'Escrúpulos o reparos vanos' (*Puso muchos **tiquismiquis** para no realizar el trabajo*); fam. 'expresiones o dichos ridículamente corteses o afectados' (*Se reían de sus **tiquismiquis***). sust. com. 'Persona que hace o dice tiquismiquis': **el tiquismiquis**, **la tiquismiquis**. Es palabra grave. En plural, no varía: **los tiquismiquis**, **las tiquismiquis**.

tiquistiquis. sust. m. Filip. 'Árbol'. No debe usarse esta voz, en singular, sin **s** final. Es palabra grave. En plural, no varía: **los tiquistiquis**.

tira. sust. f. Diminutivos: **tireta**, **tirilla**. El sustantivo despectivo es **tirajo** (m.).

tirabala. sust. m. 'Juguete para disparar bolitas'. En plural: **tirabalas**. También puede decirse **taco** (sust. m.).

tirabotas. sust. m. 'Gancho de hierro que sirve para calzarse las botas'. No debe usarse esta voz, en singular, sin **s** final: el tirabota. En plural, no varía: **los tirabotas**. → **sacabotas**

tirabuzón. sust. m. 'Sacacorchos' (*Con un **tirabuzón**, destapó la botella*); fig. 'rizo de cabello, en espiral' (*Peinó a las niñas con **tirabuzones***). Es palabra aguda. En plural, se transforma en grave: **tirabuzones**. **sacar** algo **con tirabuzón**. fr. fig. y fam. 'Sacarlo a la fuerza' (*Le **saqué** las palabras **con tirabuzón***).

tirada. sust. f. 'Acción de tirar'; 'distancia que hay de un lugar a otro o de un tiempo a otro' (*Hay una gran **tirada** hasta la ciudad*). Tiene valor colectivo con la denotación de 'serie de cosas que se dicen o escriben de un tirón' (***tirada** de versos*). 'Acción y efecto de imprimir'. Con este significado, puede reemplazarse con **tirado** (sust. m.). 'Número de ejemplares de que consta una edición' (*La **tirada** fue de cinco mil ejemplares*). Con esta última denotación, también puede decirse, hoy, **tiraje** (sust. m.). **de** o **en una tirada**. loc. adv. fig. 'De un tirón' (*Recitó el poema **de** o **en una tirada***). → **tiraje**

tirado, da. p. de **tirar**. adj. 'Dícese de las cosas que se dan muy baratas' (*Los vestidos de algodón se venden **tirados***); fam. 'dícese de la persona despreciable o que ha perdido la vergüenza' (*Después de lo que hizo, Verónica es una mujer **tirada***). sust. m. 'Acción de reducir a hilo los metales, singularmente el oro'. La A.A.L. ha recomendado la incorporación del siguiente significado: adj. fam. Argent. 'Dícese de la persona de muy pocos recursos económicos'. Se usa más en forma despectiva (*¡Siempre fue un hombre **tirado**!*). En la Argentina, suele emplearse como sust. m. y f.: **el tirado**, **la tirada** (*¡Siempre fue un **tirado**!*).

tirador. sust. m. Entre otras denotaciones, 'persona que tira con cierta destreza y habilidad' (***tirador** de escopeta*). Su femenino es **tiradora**. Argent. 'Cinturón de cuero curtido, propio de la vestimenta del gaucho, provisto de bolsillos y adornado con una rastra'. Argent. y Urug. 'Cada una de las dos tiras de piel o tela, comúnmente con elásticos, que sirven para suspender de los hombros el pantalón'. Ú. m. en pl. (*El abuelo lucía **tiradores nuevos***). Con esta última denotación, también puede decirse **tirante** (sust. m. Ú. m. en pl.).

tiragomas. sust. m. 'Horquilla con gomas para tirar pedrezuelas'. Es incorrecto usar la palabra, en singular, sin **s** final: el tiragoma. En plural, no varía: **los tiragomas**. Sus sinónimos son **tirador** (sust. m.) y **tirachinas** (sust. m.).

tiraje. sust. m. 'Tirada' (*El **tiraje** fue de cinco mil ejemplares*). La A.A.L. había registrado esta acepción como argentinismo. Amér. 'Tiro de la chimenea'. Esta voz, en sus dos acepciones, ha sido recién incorporada en el ***Diccionario***. → **tirada**

tiralíneas. sust. m. 'Instrumento de metal que sirve para trazar líneas de tinta más o menos gruesas'. Es incorrecto usar la palabra, en singular, sin **s** final: el tiralínea. En plural, no varía: **los tiralíneas**.

tiranicida. sust. com. 'Persona que da muerte a un tirano': **el tiranicida**, **la tiranicida**. Ú. t. c. adj. (*hombre **tiranicida***). El **tiranicidio** (sust. m.) es la 'muerte dada a un tirano'.

tiranizar. v. tr. 'Gobernar un tirano algún Estado'; fig. 'dominar tiránicamente'. Su postverbal es **tiranización** (sust. f.). → **cazar**

tirano, na. adj. Entre otras denotaciones, 'aplícase a quien obtiene contra derecho el gobierno de un Estado y al que lo rige sin justicia y a medida de su voluntad'. Ú. t. c. sust. m. y f.: **el tirano**, **la tirana**.

tirante. p. a. de **tirar**. 'Que tira'. adj. 'Tenso' (*cables **tirantes***); 'dícese de las situaciones violentas y embarazosas' (*Entre ellos, las relaciones eran **tirantes***). sust. m. Entre otras denotaciones, 'madero o pieza de hierro'; 'cuerda o correa que sirve para tirar de un carruaje'. Con este último significado, también puede decirse **tiro** (sust. m.). → **bretel, tirador**

tirantez. sust. f. 'Calidad de tirante'. Es palabra aguda. En plural, se transforma en grave: **tiranteces**. Repárese en que la **z** cambia por **c**.

tirapié. sust. m. 'Correa que usan los zapateros para tener sujeto el zapato con su horma al coserlo'. Es palabra aguda. En plural: **tirapiés**.

tirar. v. tr. Ú. t. c. intr. Entre otras denotaciones, 'despedir de la mano una cosa' (***Tiró** el papel*); 'derribar' (*¡**Tiraste** la jarra!*); 'disparar la carga de un arma' (*Le **tiró** a quemarropa*); 'imprimir' (*¿**Tiraste** el grabado?*); 'publicar, editar el número de ejemplares que se expresa' (***Tirará** mil ejemplares de la revista*); 'estirar o extender' (*Los pescadores **tiraban** las redes*); 'manejar con arte las armas' (***Tiraba** mal al revólver*); 'sacar un arma para usarla' (***Tiró** de su revólver de la cartuchera y apuntó*); fig. 'atraer una persona o cosa la voluntad y el afecto de otra persona' (*Me **tira** su personalidad*; *A Diana le **tira** la medicina*); 'parecerse una cosa a otra' (*El color **tira** a tiza*). Rég. prep.: **tirar a** (***tirar a** azul*; ***tirar al** blanco*; ***tirar a** un animal*; ***tirar** bien **a** la escopeta*; ***tirar a** la derecha*; ***tirar a** ser embajador*); **tirar con** (***tirar con** el revólver*; ***tirar con** la escopeta*; ***tirar con** una honda*; ***tirar con** la misma ropa*); **tirar de** (*El imán **tira del** hierro*; ***Tiraron de** revólver*; *Le **tiró de** la blusa*); **tirar de** o **por** (***tirar de** o **por** los cabellos*); **tirar hacia** (***tirar hacia** el pueblo*); **tirar por** (***tirar por** tierra*). v. prnl. 'Abalanzarse'; 'arrojarse'; 'echarse en el suelo o encima de algo'. Rég. prep.: **tirarse a** o **en** (***tirarse a** o **en** el río*); **tirarse en** (***tirarse en** la cama*). Incorrecto: *tirarse a la cama*. Dice Seco que el sintagma **tirar con una cosa por la ventana** es uso regional gallego. Correcto: ***tirar** una cosa por la ventana* (sin preposición).

♦ **tiricia.** Vulgarismo. La voz correcta es **ictericia**.

tiritar. v. intr. 'Temblar o estremecerse de frío o por otra causa' (*El niño **tiritaba** bajo la lluvia*). Rég. prep.: **tiritar de** (***tiritar de** frío*; ***de** fiebre*; ***de** miedo*). La Academia ya no considera pleonástico el sintagma **tiritar de frío**, pues ha ampliado el significado del verbo. **estar**, **dejar** o **quedar tiritando**. frs. figs. 'Dícese de lo que está próximo a arruinarse, acabarse o concluirse' (*Tomó la botella de anís y la **dejó tiritando***). También puede decirse **titiritar** (v. intr.). → **temblar**

tiritera. sust. f. 'Temblor producido por el frío o al iniciarse la fiebre'. Respecto de la fiebre, también puede decirse **tiritona** (sust. f. fam.). El **tiritón** (sust. m.) es 'cada uno de los estremecimientos que siente el que tirita'.

tiro. sust. m. Entre otras denotaciones, 'acción y efecto de tirar'; 'disparo de un arma de fuego'; 'carga de un arma de fuego' (*El revólver tenía seis **tiros***). Es sustantivo colectivo con los significados de 'conjunto de caballerías que tiran de un carruaje' y de 'conjunto de especialidades deportivas, incluidas en el programa de las olimpíadas, que consiste en acertar o derribar una serie de blancos fijos o móviles por medio de armas de fuego, arcos, flechas, etc.'. Se usa como medida de distancia seguido de la preposición **de + el nombre del arma disparada** o **del objeto arrojado** (*Mi casa está a un **tiro de bala** o a un **tiro de cañón***). sust. m. pl. 'Correas pendientes de que cuelga la espada': **los tiros**. **tiro al blanco**. 'Deporte o ejercicio que consiste en disparar a un blanco con un arma'. **tiro al plato**. 'Deporte o ejercicio que consiste en disparar a un plato especial al vuelo con escopeta'. **a tiro**. loc. adv. 'Al alcance de un arma arrojadiza o de fuego'; 'dícese de lo que se halla al alcance de los deseos o intentos de uno' (*Tiene muchas posibilidades **a tiro***). **al tiro**. loc. adv. Col., C. Rica, Chile, Ecuad. y Perú. 'En el acto, inmediatamente' (*Lo haré **al tiro***). **ni a tiros**. loc. adv. fig. y fam. 'En absoluto' (***Ni a tiros** me convencerá*). **pegar** a uno **cuatro tiros**. fr. 'Pasarlo por las armas'. **salir el tiro por la culata**. fr. fig. y fam. 'Dar una cosa resultado contrario del que se deseaba' (*Tenía confianza en esa marca de fotocopiadoras, pero le **salió el tiro por la culata***). La A.A.L. ha recomendado la incorporación de **tiro al aire** (expr. fig. y fam. Argent.), 'persona irresponsable' (*Es un **tiro al aire**; nunca entrega el trabajo en la fecha fijada*).

tiroideo, a. adj. 'Relativo o perteneciente al tiroides' (*estudios **tiroideos***). Es palabra grave. No debe pronunciarse [tiróideo] como esdrújula.

tiroides. adj. 'Dícese de una glándula endocrina de los animales vertebrados y del hombre' (*glándula **tiroides***). Ú. m. c. sust. m.: **el tiroides**. En plural, no varía: **los tiroides**. La Academia no la registra como de género ambiguo. En la

Argentina, es más común **la tiroides**, pues se sobrentiende "glándula".

tirón. sust. m. Entre otras denotaciones, 'acción y efecto de tirar con violencia, de golpe'. **de un tirón**. loc. adv. 'De una vez, de un golpe' (*Le contó todo **de un tirón***).

tironear. v. tr. 'Dar tirones'. No debe pronunciarse [tironiar, tironié]. → **-ear**

tirotear. v. tr. 'Disparar repetidamente armas de fuego' (*Los ladrones **tirotearon** a los policías*). Ú. t. c. prnl. Rég. prep.: **tirotearse con** (*Los ladrones **se tirotearon con** los policías*). v. prnl. fig. 'Andar en dimes y diretes' (***Se tirotea con** su suegra*). No debe pronunciarse [tirotiar, tirotié]. Su postverbal es **tiroteo** (sust. m.). → **-ear**

tirreno, na. adj. 'Aplícase al mar de ese nombre' (*costas **tirrenas***). 'Etrusco'. Apl. a pers., ú. t. c. sust. m. y f.: **el tirreno, la tirrena**.

tisanuro. adj. 'Dícese de ciertos insectos de pequeño tamaño, sin alas, como la lepisma'. Ú. t. c. sust. m.: **el tisanuro**. sust. m. pl. 'Orden de estos animales': **los tisanuros**.

tísico, ca. adj. 'Que padece de tisis'. Ú. t. c. sust. m. y f.: **el tísico, la tísica**. 'Perteneciente a la tisis'.

tisiólogo. sust. m. 'Especialista en tisiología, parte de la medicina relativa a la tisis'. Su femenino es **tisióloga**.

tisis. sust. f. 'Enfermedad en que hay consunción lenta, fiebre héctica y ulceración en algún órgano'; 'tuberculosis pulmonar'. En plural, no varía: **las tisis**. → **hectiquez**

tisú. sust. m. Voz francesa (*tissu*) españolizada. 'Tela de seda entretejida con hilos de oro o plata'. Es palabra aguda. En plural: **tisúes** o **tisús**.

tisular. adj. 'Perteneciente o relativo a los tejidos de los organismos'. Esta voz ha sido recién incorporada en el ***Diccionario***.

titán. sust. pr. m. 'Gigante que, según la mitología griega, quiso asaltar el cielo' (***Titán** era hijo del Cielo y de Rea*). Con este significado, debe escribirse con mayúscula. sust. m. 'Persona de excepcional fuerza' (*Ezequiel es un **titán***); fig. 'grúa gigantesca'. Con estas dos últimas acepciones, se escribe siempre con minúscula.

titanio. sust. m. 'Metal pulverulento de color gris'. Número atómico 22. Símbolo: ***Ti***

titear. v. intr. 'Cantar la perdiz llamando a los pollos'. No debe pronunciarse [titiar]. Su postverbal es **titeo** (sust. m.), voz que, en la Argentina, denota 'befa, mofa'. **tomar para el titeo**. fr. Argent. 'Tomar a alguien en broma' (***Tomaban** al muchacho **para el titeo***). → **-ear**

títere. sust. m. Entre otras denotaciones, 'figurilla de pasta u otra materia, que se mueve con alguna cuerda o introduciendo una mano en su interior'. Pueden usarse, como sinónimos, **fantoche** (sust. m.) y **marioneta** (sust. f.). La Academia ha incorporado recientemente este significado como propio del Ecuador: 'Persona que se deja manejar dócilmente por otra' (*Raúl es un **títere** de su primo*). En la Argentina, se usa de la misma manera. sust. m. pl. fam. 'Diversión pública de volatines, sombras chinescas u otras cosas de igual clase': **los títeres. no dejar** o **no quedar títere con cabeza** o **con cara**. frs. figs. y fams. 'Destrozar o deshacer totalmente algo' (*Palabra va, palabra viene, las mujeres **no dejaron títere con cabeza** o **con cara***).

tití. sust. m. 'Mamífero cuadrumano, de 15 a 30 centímetros de largo'. Para distinguir los sexos, debe recurrirse a las perífrasis **tití macho, tití hembra**. Es palabra aguda. En plural: **tities** o **titís**.

titilar. v. intr. 'Agitarse con ligero temblor alguna parte del organismo animal'; 'centellear con ligero temblor un cuerpo luminoso' (*Las estrellas **titilan***). Incorrecto: <u>*titilear*</u>. Sus postverbales son **titilación** (sust. f.) y **titileo** (sust. m.).

titiritero. sust. m. 'El que maneja los títeres'; 'volatinero'. Su femenino es **titiritera**. Con la primera denotación, también pueden decirse **titerero** (sust. m.), **titerera** (sust. f.) y **titerista** (sust. com.). La Academia prefiere las dos primeras formas con sus correspondientes femeninos. → **saltabanco**. La 'acción propia de un títere' es una **titeretada** (sust. f. fam.).

titubear. v. intr. 'Oscilar'; 'vacilar'. Rég. prep.: **titubear en** (***Titubeó en** la respuesta*). No debe pronunciarse [titubiar, titubié]. Su postverbal es **titubeo** (sust. m.). También puede decirse **titubar** (v. intr.), pero la Academia prefiere la primera forma. El participio activo de **titubear** es **titubeante**, 'que titubea'. → **-ear**

titulación. sust. f. 'Acción y efecto de titular, poner título' (*titulación de una obra*); 'obtención de un título académico' (*Obtuvo la titulación en ingeniería*). No debe usarse, como sinónimo, **diploma** (sust. m.), 'título o credencial que expide una corporación, una facultad, una sociedad literaria, etc., para acreditar un grado académico, una prerrogativa, un premio, etc.' (*En el **diploma**, consta su **titulación** de ingeniero*). Es sustantivo colectivo con la denotación de 'conjunto de títulos de propiedad que afectan a una finca'.

titulado, da. p. de **titular**. sust. m. 'El que posee un título académico': **el titulado** (*Los **titulados** en arquitectura recibieron sus diplomas*). Su femenino es **titulada**. No debe usarse, como sinónimo, **diplomado, da** (sust. m. y f.), 'persona que ha obtenido un diploma': *Los <u>diplomados</u> en arquitectura ya recibieron sus certificados*. Correcto: *Los **titulados** en arquitectura ya son **diplomados***. sust. m. 'Título, persona que tiene una dignidad nobiliaria'.

titular. v. tr. 'Poner título' (*¿Cómo **titularás** tu cuento?*). Con esta denotación, también puede decirse **intitular** (v. tr. Ú. t. c. prnl.). → **intitular**. v. intr. 'Obtener una persona título nobiliario'; 'en química, valorar una disolución'. v. prnl. 'Obtener una persona un título académico'. Rég. prep.: **titularse de** (*Inés **se tituló de** médica*). → **diplomar**. Su homónimo (adj.) denota 'que tiene algún título'; 'que da su propio nombre por título a otra cosa'. 'Dícese del que ejerce cargo, oficio o profesión con cometido especial y propio' (*profesor **titular***). Ú. t. c. sust. com.: **el titular, la titular**. 'Dícese de la letra mayúscula que se emplea en portadas, títulos, principios de capítulo, carteles, etc.' (*letra **titular***). Ú. t. c. sust. f.: **la titular**. 'Cada uno de los títulos de una revista, libro, periódico, etc., compuesto en tipos de mayor tamaño'. Ú. m. en pl. (*Leí sólo los **titulares** del diario*).

titularidad. sust. f. 'Acción y efecto de titularse' (*Obtuvo la **titularidad** en ciencias biológicas; Le otorgaron la **titularidad** en la cátedra de Física*). Esta voz ha sido recién incorporada en el ***Diccionario***.

titularizar. v. tr. 'Dar a algo carácter de titular'. Su postverbal es el sustantivo femenino **titularización** (*Hubo una **titularización** masiva de docentes*). Ambas palabras han sido recién incorporadas en el ***Diccionario***. → **cazar**

titulatura. sust. f. colect. 'Conjunto de títulos que posee una persona, casa o entidad'. Esta voz ha sido recién incorporada en el ***Diccionario***.

título. sust. m. Entre otras denotaciones, 'palabra o frase con que se da a conocer el nombre o asunto de una obra o de cualquier escrito' (*¿Cuál es el **título** de su ensayo?*); 'causa, pretexto' (*Ingresó en la empresa a **título** de colaborar en su reestructuración*); 'dignidad nobiliaria' (*Tiene el **título** de conde*). La Academia no registra, en su ***Diccionario***, la denotación de 'título académico o título de una carrera universitaria' (*Obtuvo el **título** de abogado*), que aparece en el ***Diccionario Manual*** con el indicador de su falta de sanción oficial. En ninguna de las dos obras, está registrada la que se refiere a "campeonato", "trofeo", etc. (*Aspira al **título** mundial de boxeo*). Diminutivo: **titulillo**. **a título de**. loc. prepos. 'Con pretexto, motivo o causa de' (*La recibió **a título de** una vieja amistad familiar*). Su abreviatura es ***tít***.

tiuque. sust. m. Argent. y Chile. 'Ave de rapiña'. Para distinguir los sexos, debe recurrirse a las perífrasis **tiuque macho, tiuque hembra**. En plural: **tiuques**.

tiznar. v. tr. Ú. t. c. prnl. 'Manchar con tizne'; fig. 'manchar la fama u opinión'. También puede decirse **entiznar** (v. tr.), pero la Academia prefiere la primera forma. Su postverbal es **tiznadura** (sust. f.).

tizne. sust. amb. 'Humo que se pega a los recipientes que han estado al fuego' (***el tizne** o **la tizne** de la sartén*). Ú. m. c. m. (*Limpia **el tizne** de la olla*). sust. m. 'Palo a medio quemar'. Con esta última denotación, también puede decirse **tizón** (sust. m. Diminutivo: **tizoncillo**). Incorrecto: <u>*tisne*</u>.

tizonazo. sust. m. 'Golpe dado con un tizón'. fig. 'Tormento del fuego en el infierno'. Ú. m. en pl.: **los tizonazos**. También puede decirse **tizonada** (sust. f.), pero la Academia prefiere la primera forma.

tizonear. v. intr. 'Componer los tizones, atizar la lumbre'. No debe pronunciarse [tizoniar, tizonié]. → **-ear**

toalla. sust. f. Diminutivo: **toalleta**. No debe pronunciarse [tualla]. También pueden decirse **toballa** (diminutivo: **toballeta**), y **tobelleta** (sust. f.), pero la Academia prefiere la primera forma. El **toallero** (sust. m.) es el 'mueble o útil para colgar toallas'.

toba. adj. 'Dícese del indígena perteneciente a diversas parcialidades que habitaban y habitan al sur del río Pilcomayo, en la Argentina' (*mujeres **tobas***). Ú. t. c. sust. com.: **el toba, la toba**. 'Perteneciente o relativo a estos indios' (*casa **toba***). sust. m. 'Lengua perteneciente a la familia guaycurú' (*Hablaban el **toba***). Su homónimo (sust. f.) denota 'piedra caliza'; 'sarro de los dientes'. Una 'cantera de toba' es un **tobar** (sust. m. colect.), y **toboso, sa** (adj.) es lo 'formado de piedra toba'.

tobiano, na. adj. Argent. 'Dícese del caballo overo cuyo pelaje presenta grandes manchas blancas' (*caballos **tobianos***). En el Uruguay, **tubiano, na** (adj.).

tobogán. sust. m. Es palabra aguda. En plural, se transforma en grave: **toboganes**.

toboroche. sust. m. 'Palo borracho'. En plural: **toboroches**. Esta voz ha sido recién incorporada en el ***Diccionario***.

toca. sust. f. Entre otras denotaciones, 'prenda de tela con que las mujeres se cubrían la cabeza' (*la **toca** de la monja*). Diminutivo: **toquilla**. El sustantivo colectivo es **toquería** (f.), 'conjunto de tocas'.

tocadiscos. sust. m. Es incorrecto usar esta voz, en singular, sin **s** final: el tocadisco. En plural, no varía: **los tocadiscos**.

tocado, da. p. de **tocar**. sust. m. 'Prenda para cubrirse y adornarse la cabeza' (*Llevaba un **tocado** de tul*). Su homónimo (adj.) denota: fig. 'Medio loco' (*Raúl está **tocado***); fig. 'dícese de la fruta que ha empezado a dañarse'; 'afectado por alguna lesión'. Rég. prep.: **tocado de** o **por** (***tocado de** o **por** la gracia de Dios*).

tocador. sust. m. Entre otras denotaciones, 'mueble con espejo y otros utensilios para el peinado y aseo de una persona'; 'aposento destinado a este fin'. La voz francesa *toilette* y la inglesa *toilet* no deben usarse en español: *Iré al* toilette o *al* toilet. Correcto: *Iré al **tocador***. Es incorrecto el sintagma hacerse la toilette en reemplazo de **arreglarse**. 'Caja o estuche para guardar alhajas, objetos de costura, etc.'. Con este último significado, también puede decirse **neceser** (sust. m.). → **neceser**. Su homónimo **tocador, ra** (adj.) denota 'que toca'. Ú. t. c. sust. m. y f., especialmente aplicado al que tañe un instrumento musical: **el tocador, la tocadora**.

tocante. p. a. de **tocar**. 'Que toca'. **tocante a.** loc. adv. 'En orden a, referente a' (***Tocante a** lo conversado, no cambiaré de parecer*).

tocar. v. tr. Entre otras denotaciones, 'ejercitar el sentido del tacto' (***Tocaba** el terciopelo*); 'hacer sonar un instrumento con arte' (***Toca** el piano*); 'interpretar una pieza musical' (***Tocará** el* Adagio, *de Albinoni*); 'alterar el estado o condición de algo', se usa más con negación (*No **toque** más su escrito*); 'caer en suerte una cosa' (*Le **tocó** un gran premio*). Rég. prep.: **tocar a** (***tocar a** muerto*); **tocar en** (***tocar** la guitarra **en** el teatro*). Sus postverbales son **tacto** (sust. m.) y **tocamiento** (sust. m.). **tocar de cerca**. fr. fig. 'Tener una persona parentesco próximo con otra' (*Luis nos **toca de cerca***); fig. 'tratándose de un asunto o negocio, tener conocimiento práctico de él' (*Este proyecto lo **tocará de cerca***). **tocarle** o **caerle** a uno **la lotería**. fr. 'Tocarle uno de los premios de ésta' (***Le tocó** o **le cayó la lotería** a José*). Su homónimo (v. tr. Ú. m. c. prnl.) denota 'peinar el cabello'; 'cubrirse la cabeza'. Rég. prep.: **tocarse con** (***tocarse** la cabeza **con** una boina*). → **sacar**

tocayo. sust. m. Su femenino es **tocaya**. Incorrecto: tocallo, tocalla, por ultracorrección en regiones yeístas.

tocinero. sust. m. 'El que vende tocino'. Su femenino es **tocinera**, voz que también denota 'mujer del tocinero'.

tocólogo. sust. m. 'Especialista en tocología u obstetricia'. Su femenino es **tocóloga**. → **obstetra**

tocón. sust. m. 'Parte del tronco de un árbol que queda unida a la raíz cuando lo cortan por el pie'; 'muñón de un miembro cortado'. Es palabra aguda. En plural, se transforma en grave: **tocones**. También pueden decirse **tueca** (sust. f.) y **tueco** (sust. m.), pero la Academia prefiere la primera forma. El 'tocón de diámetro grande' se denomina **tocona** (sust. f.). El sustantivo colectivo es **toconal** (m.), 'sitio donde hay muchos tocones'.

todabuena. sust. f. 'Planta herbácea anual'. En plural: **todabuenas**. También puede decirse **todasana** (sust. f.; en plural: **todasanas**), pero la Academia prefiere la primera forma.

todavía. adv. t. 'Aún' (*¿Vive* ***todavía****?*). adv. m. 'No obstante' (*Sé que no me quiere, pero* ***todavía*** *lo ayudaré*). Tiene significado concesivo cuando se corrige una frase anterior (*¿Por qué te cansas tanto?* ***Todavía*** *si trabajaras diez horas diarias como yo*). 'Encarecimiento o ponderación' (*Irene es* ***todavía*** *más talentosa que su madre*).

todo, da. adj. 'Dícese de lo que se toma o se comprende enteramente en la entidad o en el número' (***Todos*** *los ancianos harán la excursión*). Se usa para ponderar el exceso de alguna calidad o circunstancia (*Este niño es* ***todo*** *sonrisas*). Da valor de plural al sustantivo que lo sigue en singular y sin artículo (***Todo*** *consejo debe escucharse*, es decir, "todos los consejos"). En plural, a veces, denota 'cada' (*Recibe dos revistas* ***todos*** *los años*, es decir, "cada año"). Diminutivo: **todito** (fam.); encarece el significado de **todo** (*Pasa* ***todito*** *el día leyendo*). sust. m. 'Cosa íntegra' (*Te daremos el* ***todo***). adv. m. 'Enteramente' (*Este jardín es* ***todo*** *verde*). **ante todo**. loc. adv. 'Primera o principalmente' (***Ante todo****, cuenten cómo ocurrió el accidente*). **así y todo**. loc. conjunt. 'A pesar de eso' (*Es analfabeto;* ***así y todo****, se defiende en la vida*). **a todo**. loc. adv. 'Con el máximo esfuerzo o rendimiento' (*Fue a su casa* ***a todo*** *correr*). **a todo esto** o **a todas estas**. locs. advs. 'Mientras tanto, entre tanto' (***A todo esto*** o ***a todas estas****, llegó la suegra*). **con todo, con todo eso** o **con todo esto**. locs. conjunts. 'No obstante, sin embargo' (*No tenía mucho dinero;* ***con todo, con todo eso*** o ***con todo esto****, ayudaba a los necesitados*). Son vulgares los sintagmas *con todo y eso*, *con todo y con eso*, *con eso y todo*, *con eso y con todo*; en su reemplazo, debe usarse **con todo**. → **con. en un todo**. loc. adv. 'Absoluta y generalmente' (*Prestó su colaboración* ***en un todo***). **jugar** uno **el todo por el todo**. fr. fig. 'Aventurarlo todo' (*Al abrir la tienda, Paula* ***jugó el todo por el todo***). **ser** uno **el todo**. fr. fig. 'Ser la persona más influyente o de la que depende el éxito de un negocio' (*Don Javier* ***es el todo*** *de esa empresa*). **sobre todo**. loc. adv. 'Principalmente' (*Tenía el apoyo de sus amigos y,* ***sobre todo****, de sus padres*). Es incorrecto escribir esta locución en una sola palabra: *sobretodo*, pues su significado es otro. → **sobretodo. y todo**. loc. adv. 'Hasta, también, aun'. Indica gran encarecimiento (*Vendrán los bisabuelos* ***y todo***). Son incorrectos los siguientes sintagmas (colocamos entre paréntesis las correcciones): *Bebió todo el agua* (*Bebió* ***toda*** *el agua*); *Toda vez que le hablo, se hace el distraído*, galicismo (***Cada vez*** o ***siempre que*** *le hablo, se hace el distraído*); *Todos dos* o *todos los dos recibieron un premio* (***Los dos*** o ***ambos*** *recibieron un premio*); *Después de todo, ella no lo insultó* (***Al fin y al cabo****, ella no lo insultó*); *Lo conseguirá a todo precio*, galicismo (*Lo conseguirá* ***a cualquier precio***); *Está bien dispuesto a todo momento*, galicismo (*Está bien dispuesto* ***a cada momento***). El sintagma *como un todo* es calco del inglés *as a whole*. En español, debe decirse **en conjunto** o **globalmente**.

todopoderoso, sa. adj. 'Que todo lo puede' (*Se siente una mujer* ***todopoderosa***). En plural: **todopoderosos, todopoderosas**. sust. pr. m. 'Por antonomasia, Dios' (*Rezaba al* ***Todopoderoso***). Nótese que, en este caso, se escribe con mayúscula.

togado, da. adj. 'Que viste toga'. Dícese de los magistrados superiores y de los jueces letrados. Ú. t. c. sust. m. y f.: **el togado, la togada**.

♦ **toilet** o **tóilet.** Anglicismo. En español, corresponde decir **aseo, baño, cuarto de aseo, escusado, lavabo, retrete, tocador.** → **neceser, tocador**

♦ **toilette.** Galicismo. → **toilet**

toisón. sust. m. Voz francesa (*toison*, 'vellón') españolizada. 'Orden de caballería de la que era jefe el rey de España' (*el* ***Toisón*** *de Oro*). El nombre de la orden se escribe con mayúscula. 'Insignia de esta orden'; 'persona condecorada con esta insignia': **el toisón**. Es palabra aguda. En plural, se transforma en grave: **toisones**. No debe pronunciarse [tuasón] como en francés.

tojo. sust. m. 'Planta perenne'. El sustantivo colectivo es **tojal** (m.), 'terreno poblado de tojos'.

toldería. sust. f. colect. Argent. 'Campamento formado por toldos de indios'.

toldo. sust. m. Entre otras denotaciones, 'cubierta de tela que se tiende para hacer sombra'. Argent. 'Tienda de indios, hecha de ramas y cueros'. Diminutivo: **toldillo**.

tolmo. sust. m. 'Peñasco elevado'. También

puede decirse **tormo** (sust. m.). El sustantivo colectivo es **tolmera** (f.), 'sitio donde abundan los tolmos'. Esta última voz puede reemplazarse con **tormagal** (sust. m.), **tormellera** (sust. f.) y **tormera** (sust. f.).

tolondro, dra. adj. 'Aturdido, desatinado' (*¡Qué mujer **tolondra**!*). Ú. t. c. sust. m. y f.: **el tolondro, la tolondra**. sust. m. 'Chichón' (*Después del golpe, le salió un **tolondro***). También puede decirse **tolondrón, na** (adj. y sust. m.). **a topa tolondro**. loc. adv. 'Sin reflexión' (*Siempre actúa **a topa tolondro***). **a tolondrones**. loc. adv. 'Con chichones' (*Se hará hombre **a tolondrones***); fig. 'con interrupción, a retazos' (*Estudia **a tolondrones***).

tolteca. adj. 'Dícese del individuo de unas tribus que dominaron en Méjico antiguamente' (*niñas **toltecas***). Ú. t. c. sust. com.: **el tolteca, la tolteca**. 'Perteneciente a estas tribus' (*costumbres **toltecas***). sust. m. 'Idioma de estas tribus' (*Hablaban **el tolteca***).

toma. sust. f. 'Acción de tomar o recibir algo' (*la **toma** de la correspondencia*); 'porción de algo que se toma'. Con estas dos denotaciones, también puede decirse **tomadura** (sust. f.). 'Ocupación por armas de una plaza o ciudad'. Con esta acepción, también puede decirse **tomada** (sust. f.). 'Abertura para dar salida al agua'. Con este sentido, también puede decirse **tomadero** (sust. m.). La Academia ha incorporado recientemente estos significados: 'Cada una de las veces que se administra un medicamento por vía oral' (*la tercera **toma** del jarabe*); 'acción y efecto de fotografiar o filmar' (*Realizó una excelente **toma** del lugar*). También introdujo este sintagma: **toma de tierra**. 'Conductor o dispositivo que une parte de la instalación o aparato eléctrico a tierra, como medida de seguridad'.

tomacorriente. sust. m. Amér. 'Toma de corriente eléctrica'. Argent. y Perú. 'Enchufe'. En plural: **tomacorrientes**.

tomado, da. p. de **tomar**. adj. 'Dícese de la voz baja por padecer afección de la garganta' (*Tiene la voz **tomada***). Esta palabra ha sido recién incorporada en el ***Diccionario***. En el ***Manual***, se registra la acepción de 'borracho', usada en América, con el indicador de su falta de sanción oficial.

tomador, ra. adj. 'Que toma'. Ú. t. c. sust. m. y f.: **el tomador, la tomadora**. 'Ratero que hurta de los bolsillos' (*Un **tomador** me robó dinero*). Amér. 'Aficionado a la bebida' (*Era buen **tomador** de vodca*). 'Dícese del perro que toma la caza' (*perro **tomador***). Ú. t. c. sust. m. y f. Como sustantivo masculino, denota 'aquel a la orden de quien se gira una letra de cambio'.

tomadura. sust. f. 'Acción y efecto de tomar'; 'porción de algo que se toma' (*la **tomadura** de un digestivo*). **tomadura de pelo**. fig. y fam. 'Burla' (*Sus palabras fueron una **tomadura de pelo***). → **toma**

tomajón, na. adj. fam. 'Que toma con frecuencia, facilidad o descaro'. Ú. t. c. sust. m. y f.: **el tomajón, la tomajona**. Como adjetivo, puede reemplazarse con **tomón, na** (adj. fam.).

tomar. v. tr. Entre otras denotaciones, 'asir con la mano una cosa' (***Tomó** el vaso*). 'Comer o beber' (***Toma** vino*). Ú. t. c. prnl. (***Se tomaron** el vino*). 'Empezar a seguir una dirección, entrar en una calle, camino o tramo, encaminarse por ellos' (***Tomó** la calle Monroe*). Ú. t. c. intr. (***Tomó** por esa avenida*). v. prnl. 'Emborracharse'; 'oscurecerse'; 'cubrirse de moho u orín' (*Estos metales **se tomaron***). La Academia ha incorporado recientemente dos significados: 'Servirse de un medio de transporte' (***Tomaron** el tren*); 'fotografiar, filmar' (***Tomó** varias fotografías*); con el significado de 'fotografiar', puede reemplazarse con **sacar** (v. tr.). Rég. prep.: **tomar a** (***tomar a** broma*; ***tomar a** pechos*; ***tomar a** mal*); **tomar bajo** (***tomar bajo** su protección*); **tomar con, en** o **entre** (***tomar con**, **en** o **entre** las manos*); **tomar de** (***tomar** los modales **de** otra persona*; ***tomar** una idea **de** un autor*; ***tomar** flores **de** un jardín*; ***tomar de** mala manera*); **tomar de** o **por** (***tomar de** o **por** las solapas*); **tomar en** (***tomar en** serio*); **tomar hacia** (***tomar hacia** la izquierda*); **tomar para** (***tomar para** sí*); **tomar por** (***tomar por** ofensa*; ***tomar por** una calle*; ***tomar** a alguien **por** abogado*); **tomar sobre** (***tomar sobre** sí*). **tomarla con** uno. fr. 'Contradecirlo y culparlo en cuanto dice o hace' (*Joaquín **la tomó con** Gerardo*). **tomarse con** uno. fr. 'Reñir con él' (*Celia **se tomó con** Rosa*). **tomar** uno **sobre sí** una cosa. fr. fig. 'Encargarse o responder de ella' (***Tomó sobre sí** muchas responsabilidades*). **toma y daca**. expr. fam. Se usa cuando hay trueque simultáneo de cosas o servicios, o cuando se hace un favor, esperando la reciprocidad inmediata'. Ú. t. c. loc. sust. (*Practica el **toma y daca***). Son correctos los sintagmas **tomar resolución** (por "resolver"), **tomar aborrecimiento** (por "aborrecer"), **tomar la pluma** (por "ponerse a escribir"), **tomar la aguja** (por "ponerse a coser"), **tomar conciencia** (por "concienciar"). → **toma, tomadura**

tomate. sust. m. Diminutivo: **tomatillo**. Aumentativo: **tomatazo**. La **tomatera** (sust. f.) es la 'planta cuyo fruto es el tomate'. Un **tomatal** (sust. m. colect.) es una 'plantación de tomateras'. La 'fritada o ensalada de tomates' se denomina **tomatada** (sust. f.).

tomatero. sust. m. 'El que vende tomates'. Su femenino es **tomatera**.

tomaticán. sust. m. Argent. (NO. y Cuyo) y Chile. 'Guiso o salsa de tomate'. Es palabra aguda. En plural, se transforma en grave: **tomaticanes**.

tomavistas. sust. com. 'Operador de fotografía': **el tomavistas**, **la tomavistas**. sust. m. 'Cámara fotográfica que se utiliza, sobre todo, en cinematografía y televisión'. Debe escribirse en una sola palabra. Es incorrecto usar esta voz, en singular, sin **s** final: el tomavista. En plural, no varía: **los tomavistas**.

tómbolo. sust. m. Voz italiana (*tombolo*) españolizada. 'Lengua de tierra que une una antigua isla o un islote con el continente'. Esta voz ha sido recién incorporada en el ***Diccionario***.

tomeguín. sust. m. Cuba. 'Pájaro pequeño'. Para distinguir los sexos, debe recurrirse a las perífrasis **tomeguín macho, tomeguín hembra**. Es palabra aguda. En plural, se transforma en grave: **tomeguines**.

-tomía. elem. compos. de or. gr. 'Corte, incisión' (*laringotomía*). Ha sido recién incorporado en el ***Diccionario***.

tomillo. sust. m. 'Planta perenne'. El sustantivo colectivo es **tomillar** (m.), 'sitio poblado de tomillo'.

tominejo. sust. m. 'Pájaro mosca'. Para distinguir los sexos, debe recurrirse a las perífrasis **tominejo macho, tominejo hembra**. También puede decirse **tomineja** (sust. f.), pero la Academia prefiere la primera forma.

tomista. adj. 'Que sigue la doctrina de Santo Tomás de Aquino' (*filósofos **tomistas***). Ú. t. c. sust. com.: **el tomista, la tomista**.

-tomo, ma. elem. compos. de or. gr. 'Que corta' (*micrótomo*); 'que se corta o divide' (***átomo***). Ha sido recién incorporado en el ***Diccionario***.

tomografía. sust. f. 'Técnica de registro gráfico de imágenes corporales, correspondiente a un plano predeterminado'. Esta voz ha sido recién incorporada en el ***Diccionario***.

ton. sust. m. apóc. de **tono**. Sólo se usa en las frases **sin ton ni son** y **sin ton y sin son**, 'sin motivo'; 'fuera de orden y medida' (*Hablaba **sin ton ni son** o **sin ton y sin son***).

tonada. sust. f. 'Composición métrica para cantarse'; 'música de esta canción'. Amér. 'Dejo, modo de acentuar las palabras al final' (*Tenía **tonada** cordobesa*). Diminutivo: **tonadilla**. La A.A.L. ha recomendado la incorporación, como argentinismos, de los siguientes significados: 'Voz genérica empleada popularmente para nombrar diversas manifestaciones del cancionero folclórico, como la baguala o el estilo'; en Cuyo, 'canción de estructura compleja que se acompaña de guitarra u otros instrumentos de cuerda'.

tonadillero. sust. m. 'El que compone o canta tonadillas'. Su femenino es **tonadillera**.

tonar. v. irreg. intr. poét. 'Tronar'; 'arrojar rayos'. Se conjuga como **sonar**.

tonel. sust. m. Diminutivo: **tonelete**. Es palabra aguda. En plural, se transforma en grave: **toneles**. El sustantivo colectivo es **tonelería** (f.), 'conjunto o provisión de toneles'.

tonelada. sust. f. Entre otras denotaciones, 'unidad de peso o de capacidad que se usa para calcular el desplazamiento de los buques'. **tonelada de peso**. 'Tonelada'; 'de veinte quintales'. **tonelada métrica de peso**. 'Peso de mil kilogramos'. Su abreviatura es ***Tm*** (sin punto). La abreviatura de **tonelada** es ***t***

tonelero, ra. adj. 'Perteneciente o relativo al tonel' (*industria **tonelera***). sust. m. y f. 'Persona que hace toneles': **el tonelero, la tonelera**.

tonema. sust. m. 'Inflexión o cambio de tono que se produce a partir de la última sílaba tónica del grupo fónico'. En español, existen tres tonemas fundamentales: *cadencia*, *anticadencia* y *suspensión*. Esta voz no está registrada en el ***Diccionario***, pero es de correcta formación.

tónico, ca. adj. 'Que vigoriza' (*medicamento tónico*). Ú. t. c. sust. m.: **el tónico**. 'Aplícase a la primera nota de una escala musical' (*nota tónica*). Ú. m. c. sust. f.: **la tónica**. 'Dícese del acento que consiste en una elevación del tono' (*acento* ***tónico***); 'aplícase a la vocal o sílaba que recibe el impulso del acento prosódico' (*vocal* ***tónica***; *sílaba* ***tónica***). La Academia ha incorporado recientemente estos significados: sust. m. 'Reconstituyente'; 'en cosmética, loción para limpiar y refrescar el cutis, o para vigorizar el cabello'. sust. f. 'Agua tónica' (*Beberemos dos tónicas*).

tonificar. v. tr. 'Dar vigor o tensión al organismo'. Su postverbal es **tonificación** (sust. f.). → **sacar**

tonina. sust. f. 'Atún'; 'delfín'. Para distinguir los sexos, debe recurrirse a las perífrasis **tonina macho**, **tonina hembra**.

tono. sust. m. Entre otras denotaciones, 'cualidad de los sonidos que permite ordenarlos de graves a agudos'; 'inflexión de la voz y modo particular de decir una cosa'. La Academia ha incorporado recientemente este significado: 'Carácter, matiz intelectual, moral, político, etc., que se refleja en una reunión o asociación de individuos, en un escrito, etc.' (*No entendieron el tono de su discurso*). Diminutivo: **tonillo**. **bajar** uno **el tono**. fr. fig. 'Contenerse después de haber hablado con arrogancia' (*Después de la discusión, Pedro* ***bajó el tono***). **darse tono** uno. fr. fam. 'Darse importancia' (*Esa señora siempre se* ***da tono***). **de buen** o **mal tono**. loc. adj. 'Propio de gente distinguida o al contrario' (*Dijo palabras* ***de buen tono***). **estar** o **poner a tono**. fr. fig. 'Acomodar, adecuar una cosa a otra'. También se usa hablando de personas (***Estuvo a tono*** *con los acontecimientos*). Aunque no la registra el ***Diccionario***, el ***Manual*** incorpora la frase **ponerse** uno **a tono**, con el valor de 'animarse con la bebida' y con el indicador de su falta de sanción oficial (***Se puso a tono*** *con el whisky*).

tonocoté. sust. m. Argent. 'Pueblo agricultor que habitó la región central de la actual provincia de Santiago del Estero'. Ú. m. en pl.: **los tonocotés**. 'Lengua de este pueblo'. adj. 'Perteneciente o relativo a este pueblo y a su lengua' (*costumbres* ***tonocotés***). Esta voz no está registrada en el ***Diccionario***, pero la A.A.L. ha recomendado su incorporación.

tontaina. sust. com. fam. 'Persona tonta': **el tontaina, la tontaina**. Ú. t. c. adj. (*niño* ***tontaina***).

tontear. v. intr. 'Hacer o decir tonterías'; fig. y fam. 'flirtear'. No debe pronunciarse [tontiar, tontié]. → **-ear**

tontería. sust. f. También pueden decirse **tontada** (sust. f.), **tontedad** (sust. f.) y **tontera** (sust. f. fam.).

tonto, ta. adj. 'Mentecato'. Ú. t. c. sust. m. y f.: **el tonto, la tonta**. El adjetivo despectivo es **tontucio, cia** (Ú. t. c. sust. m. y f.). Diminutivo: **tontuelo, la**. Aumentativos: **tontarrón, na** (Ú. t. c. sust. m. y f.); **tontón, na**; **tontorrón, na**. El sinónimo del sustantivo masculino es **tontera** (sust. m.): *Lo dijo* ***el tontera***. 'Dícese del hecho o dicho propio de un tonto' (*¡Qué palabras tontas!*). sust. m. 'El que, en ciertas representaciones, hace el papel de tonto' (*Ese actor es* ***el tonto*** *de la comedia*). **a tontas y a locas**. loc. adv. 'Sin orden ni concierto' (*Todo lo hace* ***a tontas y a locas***). **hacerse** uno **el tonto**. fr. fam. 'Aparentar que no advierte las cosas de las que no le conviene darse por enterado' (*Cuando descubren sus enredos, José* ***se hace el tonto***).

top. Voz inglesa (*to stop*) españolizada, con la que 'se manda que pare una maniobra'.

topada. sust. f. 'Golpe que dan con la cabeza los toros, carneros, etc.'. También pueden decirse **topetazo** (sust. m.), **topetada** (sust. f.), y **topetón** (sust. m.), pero la Academia prefiere las dos primeras formas.

topador, ra. adj. 'Que topa. Dícese de los carneros y otros animales cornudos' (*toro* ***topador***). 'Que quiere o acepta el envite en el juego con facilidad y poca reflexión'. Ú. t. c. sust. m. y f.: **el topador, la topadora**. sust. f. Argent. 'Pala mecánica, acoplada frontalmente a un tractor de oruga'; 'por extensión, el tractor mismo' (*No es fácil manejar una* ***topadora***).

topamiento. sust. m. NO. Argent. 'Ceremonia del carnaval durante la cual varios hombres y mujeres que fingen encontrarse y hacerse recriminaciones se consagran, públicamente, como compadres'.

topar. v. tr. Ú. t. c. intr. y c. prnl. Entre otras denotaciones, 'chocar una cosa con otra'; 'hallar casualmente'; 'dar golpe con la cabeza los toros, carneros, etc.'. Con este último significado y con el primero, también puede decirse **topetar** (v. tr. Ú. t. c. intr.). Amér. 'Echar a pelear los gallos por vía de ensayo'. Rég. prep.: **topar con, contra** o **en** alguien o algo (*Topó con, contra* o *en una persona* o *un poste*).

tope. sust. m. Entre otras denotaciones, 'extremo superior de cualquier palo de arboladura'; 'canto o extremo de un madero o tablón'. **al tope** o **a tope**. loc. adv. 'Unión, juntura o incorporación de las cosas por sus extremidades, sin ponerse una sobre otra' (*Colocaron los maderos **al tope** o **a tope***). **hasta el tope**. loc. adv. fig. 'Enteramente' (*El cine estaba lleno **hasta el tope***). Su homónimo (sust. m.) denota, entre otros significados, 'parte por donde una cosa puede topar con otra'.

topetazo. sust. m. También pueden decirse **topetón** (sust. m.), **topetada** (sust. f.) y **topada** (sust. f.), pero la Academia prefiere la primera forma, y, con el significado de 'encuentro o golpe de una cosa con otra', **tope** (sust. m.). → **topada**

♦ **topetón (de).** Barbarismo. Debe decirse **de sopetón**, 'de improviso'.

tópico, ca. adj. 'Perteneciente a determinado lugar'; 'perteneciente o relativo a la expresión trivial o muy empleada' (*ideas **tópicas***). sust. m. 'Medicamento externo' (*Le recetó un **tópico** para la garganta*); 'expresión vulgar o trivial' (*Su cuento está lleno de **tópicos***). 'Lugar común' (*Entre los **tópicos** más usados, figura la palabra "tema"*). Ú. t. en pl. Es un anglicismo usar esta voz como sinónimo de **tema** (sust. m.). → **tema**

topinambur. sust. m. Argent. y Bol. 'Planta forrajera de la familia de las compuestas, que produce unos tubérculos semejantes a las batatas'. Es palabra aguda. En plural, se transforma en grave: **topinambures**. También recibe el nombre de **aguaturma** (sust. f.).

topiquero. sust. m. 'El que aplica tópicos en los hospitales'. Su femenino es **topiquera**.

♦ **topless.** Anglicismo. En español, debe decirse **despechugadura**. La mujer **despechugada** es 'la que lleva el pecho descubierto'. "Anda en topless" equivale a **anda despechugada**. Si se usa la voz extranjera, debe entrecomillarse.

♦ **top-model.** Anglicismo. En español, debe decirse **modelo de alta costura**.

topo. sust. m. 'Mamífero insectívoro'. Para distinguir los sexos, debe recurrirse a las perífrasis **topo macho, topo hembra**. La 'madriguera del topo' se denomina **topera** (sust. f.) o **topinera** (sust. f.). fig. y fam. 'Persona que tropieza en cualquier cosa'; fig. y fam. 'persona de cortos alcances que en todo yerra o se equivoca'. Ú. t. c. adj. (*niño **topo***). Uno de sus homónimos (sust. m.) denota 'medida itineraria de legua y media de extensión, usada entre los indios de América Meridional'; el otro (sust. m. NO. Argent., Chile y Perú), 'alfiler grande con que las indias se prenden el mantón'.

topografía. sust. f. 'Arte de describir y delinear detalladamente la superficie de un terreno'. Como sustantivo de valor colectivo, denota 'conjunto de particularidades que presenta un terreno en su configuración superficial'.

topógrafo. sust. m. 'El que profesa el arte de la topografía'. Su femenino es **topógrafa**.

♦ **top secret.** Anglicismo. En español, no debe decirse <u>alto</u> <u>secreto</u>, sino **absolutamente secreto, rigurosamente secreto**.

toquetear. v. tr. No debe pronunciarse [toquetiar, toquetié]. En el ***Diccionario Manual***, se registra su postverbal **toqueteo** (sust. m.), de uso común, con el indicador de su falta de sanción oficial. Es de correcta formación. → **-ear**

torácico, ca. adj. 'Perteneciente o relativo al tórax' (*exámenes **torácicos***). Incorrecto: <u>toráxico</u>, por analogía con **tórax**.

toracoplastia. sust. f. 'Resección de una o varias costillas para modificar las condiciones funcionales de la cavidad torácica'. No debe pronunciarse [toracoplastía].

toral. adj. 'Principal' (*arco **toral***). sust. m. 'Molde de donde se da forma a las barras de cobre'; 'barra formada en este molde': **el toral**. Es palabra aguda. En plural, se transforma en grave: **torales**.

tórax. sust. m. En plural, no varía: **los tórax**.

torca. sust. f. 'Depresión circular en un terreno y con bordes escarpados'. El sustantivo colectivo es **torcal** (m.), 'terreno donde hay torcas'.

torcazo, za. adj. 'Dícese del palomo o paloma torcaz' (*paloma **torcaza***). También puede decirse **torcaz** (adj.). Ú. t. c. sust. m. y f.: **el torcazo, la torcaza**.

torcecuello. sust. m. 'Ave trepadora'. Para distinguir los sexos, debe recurrirse a las perífrasis **torcecuello macho, torcecuello hembra**. En plural: **torcecuellos**.

torcedero, ra. adj. 'Torcido'. sust. m. 'Instrumento con que se tuerce': **el torcedero**.

torcedor, ra. adj. 'Que tuerce'. Ú. t. c. sust. m. y f.: **el torcedor, la torcedora**. sust. m. 'Huso con que se tuerce la hilaza'; fig. 'lo que ocasiona persistente disgusto'.

torcer. v. irreg. tr. Ú. t. c. prnl. Entre otras denotaciones, 'dar vueltas a una cosa sobre sí misma'; 'doblar una cosa'; 'desviar la dirección que se lleva'. Ú. t. c. intr. (*Ese camino **tuerce** a mano izquierda*). fig. 'Tergiversar'. v. prnl. fig. 'Desviarse del camino recto de la virtud o de la razón'. La Academia ha incorporado recientemente este significado: 'Alterar la posición recta, perpendicular o paralela que una cosa tiene con respecto a otra'. Rég. prep.: **torcer a** o **hacia** (***torcer a*** o ***hacia** la izquierda*); **torcer por** (***torcer por** una calle*). Tiene un participio regular (***torcido***), con el que se conjugan los tiempos compuestos, y otro irregular (***tuerto***). Sus postverbales son **torcedura** (sust. f.), **torcijón** (sust. m.), **torcimiento** (sust. m.) y **torción** (sust. f.). Esta última voz ha sido recién incorporada en el ***Diccionario***. Se conjuga como **cocer**.

torcido, da. p. de **torcer**. adj. Entre otras denotaciones, 'que no es recto' (*clavo **torcido***); fig. 'dícese de la persona que no obra con rectitud, y de su conducta' (*joven **torcido***). Diminutivo: **torcidillo**. Rég. prep.: **torcido de** (***torcido de** cuerpo*); **torcido en** (***torcido en** sus juicios*). También puede decirse **torcedero, ra** (adj.). sust. m. 'Rollo hecho con frutas en dulce'; 'hebra gruesa y fuerte de seda torcida, torcidillo'.

torcijón. sust. m. 'Retorcimiento o dolor de tripas de personas y animales'. Incorrecto: tortición. Es palabra aguda. En plural, se transforma en grave: **torcijones**. También pueden decirse **retortijón** (sust. m.), **torozón** (sust. m.) y **torzón** (sust. m.).

tordillo, lla. adj. 'Dícese de la caballería de pelo mezclado de negro y blanco'. Ú. t. c. sust. m. y f.: **el tordillo, la tordilla**. También puede decirse **tordo, da** (adj. Ú. t. c. sust. m. y f.).

tordo, da. adj. 'Tordillo' (*caballo **tordo***). Ú. t. c. sust. m. y f.: **el tordo, la torda**. sust. m. Amér. Central, Argent. y Chile. 'Estornino, pájaro'. Su hembra es la **torda**. El homónimo (adj.) denota 'torpe, tonto' (*¡Qué **tordo** es Hugo!*). La **tordella** (sust. f.) es una 'especie de tordo más grande que el ordinario'.

torear. v. intr. Entre otras denotaciones, 'lidiar los toros en la plaza'. Ú. t. c. tr. 'Echar los toros a las vacas'. Argent. 'Ladrar el perro repetidas veces en señal de alarma y ataque' (*Los perros **toreaban** a los recién llegados*). v. tr. fig. Argent. 'Provocar, dirigir insistentemente a alguien palabras que pueden molestarlo o irritarlo' (*Durante la reunión, Juan **toreó** a Pablo*). fig. Chile. 'Azuzar, provocar'. No debe pronunciarse [toriar, torié]. Su postverbal es **toreo** (sust. m.). → **-ear**

torero, ra. adj. fam. 'Perteneciente o relativo al toreo' (*espectáculo **torero***). sust. m. y f. 'Persona que acostumbra torear en las plazas': **el torero, la torera**. Incorrecto: *La torero o la mujer torero se lució en la plaza*. Correcto: ***La torera** se lució en la plaza*. Con esta denotación, también puede decirse **toreador** (sust. m.). La Academia no registra, para esta última voz, el género femenino. sust. f. 'Chaquetilla ceñida al cuerpo' (*Usó una **torera** bordada*).

torio. sust. m. 'Metal radiactivo'. Número atómico 90. Símbolo: ***Th***

-torio, ria. suf. de or. lat., de adjetivos que denotan 'relación con la acción del verbo base', y de sustantivos verbales, con el significado de 'lugar'. Si el verbo base es de la primera conjugación, toma la forma **-atorio, ria** (*conminatoria, sanatorio*); si es de la tercera, **-itorio, ria** (*definitoria, dormitorio*). Este sufijo ha sido recién incorporado en el ***Diccionario***.

torito. sust. m. d. de **toro**. Chile. 'Fiofío, pájaro'. Argent. y Perú. 'Coleóptero muy común de color negro; el macho suele tener un cuerno encorvado en la frente'. Con ambas denotaciones, para distinguir los sexos, debe recurrirse a las perífrasis **torito macho, torito hembra**.

tormentila. sust. f. 'Planta herbácea anual'. → **sieteenrama**

tornadizo, za. adj. 'Que cambia o varía fácilmente. Dícese, en especial, del que abandona su creencia, partido u opinión' (*hombres* ***tornadizos***). Ú. t. c. sust. m. y f.: **el tornadizo, la tornadiza**.

tornado, da. p. de **tornar**. sust. m. 'Huracán' (*Un* ***tornado*** *azotó la ciudad*).

tornar. v. tr. Entre otras denotaciones, 'devolver algo a quien lo poseía' (***Le tornaré*** *el libro que me prestó*). 'Cambiar la naturaleza de una persona o de una cosa'. Ú. t. c. prnl. v. intr. 'Regresar' (***Tornó*** *a su casa*); 'recobrar el conocimiento'. Seguido de la preposición **a + otro verbo en infinitivo**, 'volver a hacer lo que ese verbo expresa' (***Tornará a escribir*** *poemas*). Rég. prep.: **tornar a** (***tornar a*** *las andadas*; ***tornar a*** *su país*); **tornar de** (***tornar de*** *un lugar*); **tornar en** (***tornar en*** *sí*); **tornarse en** (***tornarse*** *el amor* ***en*** *odio*). La 'acción de regresar y de devolver algo' puede expresarse mediante **torna** (sust. f.) y **tornadura** (sust. f.); la de 'regresar', mediante **tornada** (sust. f.). El **tornamiento** (sust. m.) es la 'acción y efecto de tornar o mudar de naturaleza o de estado una persona o cosa'.

tornasol. sust. m. Entre otras denotaciones, 'girasol, planta'. Es palabra aguda. En plural, se transforma en grave: **tornasoles**.

tornatrás. sust. com. 'Descendiente de mestizos y con caracteres propios de una sola de las razas originarias'; 'hijo de albina y europeo, o de europea y albino': **el tornatrás, la tornatrás**. En plural, no varía: **los tornatrás, las tornatrás**.

tornaviaje. sust. m. 'Viaje de regreso'; 'lo que se trae al regresar de un viaje'. En plural: **tornaviajes**.

tornavoz. sust. m. 'Aparato dispuesto para que el sonido repercuta y se oiga mejor'. Es palabra aguda. En plural, se transforma en grave: **tornavoces**. Repárese en que la **z** cambia por **c**.

torneante. p. a. de **tornear**. 'Que tornea'. Ú. t. c. sust. com.: **el torneante, la torneante**.

tornear. v. tr. Entre otras denotaciones, 'labrar y pulir un objeto en el torno'. No debe pronunciarse [torniar, tornié]. → **-ear**

tornero. sust. m. 'El que tiene por oficio hacer obras en el torno'. Su femenino es **tornera**, voz que también significa 'monja destinada para servir en el torno'. También pueden decirse **torneador** (sust. m.), **torneadora** (sust. f.). La **tornería** (sust. f.) es el 'taller o tienda de tornero' y el 'oficio de tornero'.

tornillo. sust. m. El sustantivo colectivo es **tornillería** (f.), 'conjunto de tornillos y piezas semejantes', voz no registrada en el ***Diccionario***. Aparece en el ***Manual*** con el indicador de su falta de sanción oficial. **apretarle** a uno **los tornillos**. fr. fig. y fam. 'Apremiarlo, obligarlo a obrar en determinado sentido' (***Les aprieta los tornillos*** *a sus hijos*). **faltarle** a uno **un tornillo** o **tener flojos los tornillos**. frs. figs. y fams. 'Tener poca sensatez' (*A Luis* ***le falta un tornillo*** o *Luis* ***tiene flojos los tornillos***). El adjetivo correspondiente es **torculado, da** (adj.), 'de forma de tornillo'.

torniscón. sust. m. fam. 'Golpe que de mano de otro recibe uno en la cara o en la cabeza'; fam. 'pellizco retorcido'. Es palabra aguda. En plural, se transforma en grave: **torniscones**. También puede decirse **tornavirón** (sust. m.), pero la Academia prefiere la primera forma.

torno. sust. m. Entre otras denotaciones, 'máquina simple que consiste en un cilindro que se hace girar alrededor de su eje mediante palancas y otros elementos'. **a torno** o **en torno**. locs. advs. 'Dícese de lo que está labrado en el torno' (*Este trabajo fue hecho* ***a torno*** o ***en torno***). **en torno a**. loc. prepos. 'Alrededor de' (*Caminaba* ***en torno a*** *la casa*); 'acerca de' (*Escribió un ensayo* ***en torno a*** *la obra de Ernesto Sábato*). **en torno de**. loc. prepos. 'Alrededor de' (*Caminaba* ***en torno de*** *la casa*). Incorrecto: *Escribió un ensayo en torno de la obra de Ernesto Sábato*). Repárese en que **en torno a** y **en torno de** sólo son locuciones sinónimas con la denotación de 'alrededor de'.

toro. sust. m. 'Macho adulto del ganado vacuno o bovino'. Diminutivos: **torete, torillo, torito**. Su hembra es la **vaca**. El sustantivo colectivo es **torada** (f.), 'manada de toros'. Su voz es el **mugido** (sust. m.). **coger al toro por las astas** o **por los cuernos**. fr. fig. 'Enfrentarse resueltamente con una dificultad' (***Cogió al toro por las astas*** o ***por los cuernos*** *y aceptó organizar la empresa*). En la Argentina, es más común **tomar al toro por las astas**. **echarle** o **soltarle** a uno **el toro**. fr. fig. y fam. 'Decirle sin contemplación una cosa desagradable' (*Durante la disputa, Sergio* ***le echó*** o ***le soltó el toro*** *a su mejor amigo*). El

toril (sust. m.) es el 'sitio donde se tienen encerrados los toros que han de lidiarse'.

toroboche. sust. m. 'Palo borracho'. En plural: **toroboches**. Esta voz ha sido recién incorporada en el ***Diccionario***.

toronjil. sust. m. 'Planta herbácea anual'. Es palabra aguda. En plural, se transforma en grave: **toronjiles**. También puede decirse **toronjina** (sust. f.), pero la Academia prefiere la primera forma.

torpe. adj. Entre otras denotaciones, 'que se mueve con dificultad'; 'rudo'; 'feo, tosco' (*mujer **torpe***). Aumentativo: **torpón, na** (adj.). Rég. prep.: **torpe con** (***torpe con** las manos*); **torpe de** (***torpe de** gestos*); **torpe en** (***torpe en** el andar*); **torpe para** (***torpe para** la química*).

torpedear. v. tr. No debe pronunciarse [torpediar, torpedié]. Sus postverbales son **torpedeamiento** (sust. m.) y **torpedeo** (sust. m.). La Academia prefiere este último. → **-ear**

torpedero, ra. adj. 'Dícese del barco de guerra destinado a disparar torpedos' (*lancha **torpedera***). Ú. m. c. sust. m.: **el torpedero**. No debe confundirse su denotación con la de **torpedista** (adj. Ú. t. c. sust. com.), 'dícese de la persona especializada en el manejo o construcción de torpedos'.

torpedista. adj. Ú. t. c. sust. com.: **el torpedista, la torpedista**. → **torpedero**

torpedo. sust. m. 'Pez'. Para distinguir los sexos, debe recurrirse a las perífrasis **torpedo macho, torpedo hembra**. También recibe el nombre de **trimielga** (sust. f.), pero la Academia prefiere la primera forma. 'Máquina de guerra provista de una carga explosiva' (*El buque lanzó varios **torpedos***).

torre. sust. f. Diminutivo: **torrecilla**. Aumentativo: **torreón** (sust. m.). Puede usarse como sinónimo de **rascacielos** (sust. m.). → **rascacielos**. Un **torrejón** (sust. m.) es una 'torre pequeña o mal formada'.

torrear. v. tr. 'Guarnecer con torres una fortaleza o plaza fuerte'. No debe pronunciarse [torriar, torrié]. → **-ear**

torrefacción. sust. f. 'Tostadura, especialmente la del café'. No debe pronunciarse [torrefación], un vulgarismo. Es palabra aguda. En plural, se transforma en grave: **torrefacciones**.

torreja. sust. f. → **torrija**

torrero. sust. m. 'El que cuida de una atalaya o de un faro'. Su femenino es **torrera**.

torrija. sust. f. 'Rebanada de pan empapada en vino o leche, y rebozada con huevo, frita y endulzada'. En América, suele usarse **torreja** (sust. f.), voz que la Academia considera anticuada.

torta. sust. f. Entre otras denotaciones, Argent., Chile y Urug. 'Postre hecho con una masa esponjosa, relleno con diversas cremas o dulces' (*Hizo una **torta** de chocolate*). Diminutivos: **tortilla**, **tortita**. **torta frita**. Argent. 'Masa de harina, grasa y agua, frita en forma de hojuelas redondeadas' (*Acompañó el mate con **tortas fritas***); esta denotación corresponde a **sopaipa** (sust. f.) del español general.

torteleti. sust. m. Argent. 'Pasta rellena'. En plural: **torteletis**. Esta voz no está registrada en el ***Diccionario***, pero la A.A.L. ha recomendado su incorporación.

tortera. adj. 'Aplícase al molde que sirve para hacer tortas'. Ú. m. c. sust. f.: **la tortera**. → **tarta**

tortero. sust. m. 'El que hace o vende tortas'. Su femenino es **tortera**. sust. m. 'Caja para guardar tortas'.

tortícolis. sust. m. 'Espasmo doloroso de los músculos del cuello'. En plural, no varía: **los tortícolis**. Es palabra esdrújula. También puede decirse **torticolis** como grave, pero la Academia prefiere la primera forma. Ambas voces —sobre todo, la que encabeza el artículo— se usan más como sustantivos de género femenino: **la tortícolis** o **la torticolis**.

tortilla. sust. f. Entre otras denotaciones, 'fritada de huevo batido'. NO. y Centro Argent. y Chile. 'Pequeña torta chata, por lo común salada, hecha con harina de trigo o de maíz, y cocida al rescoldo'. **hacer tortilla** a una persona o cosa. fr. fig. 'Aplastarla o quebrantarla en menudos pedazos' (*Si sigues insultándola, te **haré tortilla***). Ú. t. c. prnl. (*Cuando se cayó, **se hizo tortilla***).

tortita. sust. f. d. de **torta**. sust. f. pl. 'Juego

del niño pequeño que consiste en dar palmadas'. Se usa, generalmente, con el verbo **hacer** (*El bebé* ***hace tortitas***).

tórtola. sust. f. 'Ave'. El macho se denomina **tórtolo** (sust. m.); fig. y fam. 'hombre amartelado'. sust. m. pl. 'Pareja de enamorados' (*Ahí están* ***los tórtolos***). Diminutivos: **tortolito, tortolita**.

tortor. sust. m. 'Palo corto o barra de hierro con que se aprieta una cuerda atada por sus dos cabos'. Es palabra aguda. En plural, se transforma en grave: **tortores**.

tortuga. sust. f. 'Reptil marino del orden de los quelonios'; 'reptil terrestre del mismo orden'. Para distinguir los sexos, debe recurrirse a las perífrasis **tortuga macho, tortuga hembra**. Incorrecto: tortugo.

torturador, ra. adj. 'Que tortura'. Aunque la Academia no lo consigna, suele usarse como sustantivo masculino y femenino: **el torturador, la torturadora**.

torvisco. sust. m. 'Mata de la familia de las timeleáceas'. También puede decirse **torvisca** (sust. f.), pero la Academia prefiere la primera forma. El sustantivo colectivo es **torviscal** (m.), 'sitio en que abunda el torvisco'.

♦ **tory.** Anglicismo. En español, debe decirse **miembro del partido conservador británico** o sólo **conservador**.

torzal. sust. m. 'Cordoncillo delgado de seda'. rur. Argent. y Nicar. 'Lazo o tiento de cuero retorcido'. Es palabra aguda. En plural, se transforma en grave: **torzales**. El **torzadillo** (sust. m.) es una 'especie de torzal, menos grueso que el común'.

tos. sust. f. En plural: **toses**. La **tosiguera** (sust. f.) es la 'tos pertinaz'. Los adjetivos correspondientes son **tosegoso, sa** y **tosigoso, sa**, voz preferida por la Academia, 'que padece tos, fatiga y opresión de pecho'. Apl. a pers., ú. t. c. sust. m. y f.: **el tosigoso, la tosigosa**. El adjetivo **tusígeno, na** denota 'que produce tos'.

tosco, ca. adj. 'Grosero, basto' (*tela* ***tosca***). fig. 'Inculto' (*hombres* ***toscos***). Ú. t. c. sust. m. y f.: **el tosco, la tosca**. La 'calidad de tosco' es la **tosquedad** (sust. f.).

tosedor, ra. adj. 'Que padece tos crónica o es propenso a toser' (*niños* ***tosedores***). Ú. t. c. sust. m. y f.: **el tosedor, la tosedora**. Esta voz ha sido recién incorporada en el ***Diccionario***.

toser. v. intr. Su postverbal es **tosidura** (sust. f.).

tosigar. v. tr. fig. 'Fatigar u oprimir a alguno'. Ú. t. c. prnl. Su homónimo (v. tr.) denota 'emponzoñar con veneno'. Ambas voces pueden reemplazarse con **atosigar** (v. tr. fig. Ú. t. c. prnl.) y con su homónimo. → **pagar**

tostado, da. p. de **tostar**. adj. 'Dícese del color subido y oscuro' (*pan* ***tostado***). sust. m. 'Tostadura' (*el* ***tostado*** *del pan*); Argent. 'sándwich, generalmente de miga, que se tuesta poco antes de servirlo' (*Come un* ***tostado*** *de jamón y queso*). Esta última denotación no está registrada en el ***Diccionario***, pero la A.A.L. ha recomendado su incorporación.

tostador, ra. adj. 'Que tuesta'. Ú. t. c. sust. m. y f.: **el tostador, la tostadora**. sust. m. 'Instrumento para tostar algo' (*Coloque las rebanadas de pan en el* ***tostador***). En la Argentina, suele usarse en género femenino: **la tostadora**. También puede decirse **tostadero** (sust. m.), pero la Academia prefiere **tostador**.

tostar. v. irreg. tr. Ú. t. c. prnl. Entre otras denotaciones, 'poner una cosa al fuego para que vaya desecándose hasta que tome color'. Con este significado, también puede decirse **torrar** (v. tr.). 'Curtir el sol o el viento la piel del cuerpo'. Rég. prep.: **tostarse a** (***tostarse a*** *l sol*). Sus postverbales son **tostadura** (sust. f.) y **tueste** (sust. m.). Se conjuga como **sonar**.

tostón. sust. m. 'Garbanzo tostado'. También puede decirse **torrado** (sust. m.). Entre otras denotaciones, se usa en plural la de 'trozo pequeño de pan frito que se añade a las sopas, purés, etc.' (*Toma sopa con* ***tostones***). Es palabra aguda. En plural, se transforma en grave.

total. adj. 'General, universal' (*revisión* ***total*** *de los documentos*). sust. m. 'Suma' (*El* ***total*** *de dos más dos es cuatro*). adv. m. 'En resumen' (***Total***, *que no sabe lo que quiere*).

totalidad. sust. f. 'Calidad de total'; 'todo'. Tiene valor colectivo con la denotación de 'conjunto de todas las cosas o personas que forman una clase o especie' (*La* ***totalidad*** *de los alumnos dio examen*). No debe decirse *La casi totalidad de los jóvenes asistió a la fiesta*. Correcto:

*Casi **la totalidad** de los jóvenes asistió a la fiesta; **Casi todos** los jóvenes asistieron a la fiesta.*

totalitarista. adj. 'Partidario del totalitarismo'. Ú. t. c. sust. com.: **el totalitarista, la totalitarista**.

totalizar. v. tr. → **cazar**

totalmente. adv. m. 'Enteramente'. Es una redundancia decir: *El ladrón estaba totalmente muerto*. Correcto: *El ladrón estaba **muerto***.

tótem. sust. m. 'Objeto de la naturaleza que, en la mitología de algunas sociedades, se toma como emblema protector'; 'emblema tallado o pintado que lo representa'. Es palabra grave. En plural: **tótemes** o **tótems**. El adjetivo correspondiente es **totémico, ca**, 'perteneciente o relativo al tótem'.

totí. sust. m. Cuba. 'Pájaro'. Para distinguir los sexos, debe recurrirse a las perífrasis **totí macho, totí hembra**. Es palabra aguda. En plural: **totíes** o **totís**.

totonaco, ca. adj. 'Dícese de una gran tribu de Méjico' (*indios **totonacos***); 'perteneciente o relativo a este pueblo' (*costumbres **totonacas***). sust. m. 'Su lengua' (*Habla el **totonaco***). Esta voz ha sido recién incorporada en el ***Diccionario***.

totora. sust. f. Amér. Merid. 'Especie de espadaña que se cría en terrenos pantanosos o húmedos'. El sustantivo colectivo es **totoral** (m.), 'paraje poblado de totoras'.

tótum revolútum. sust. m. colect. Expresión latina. 'Conjunto de muchas cosas sin orden, revoltijo'. En plural, no varía: **los tótum revolútum**.

♦ **tour de force.** Galicismo. En español, debe decirse **esfuerzo, proeza**.

♦ **tournée.** Galicismo. En español, debe decirse **gira**.

♦ **tour operator.** Anglicismo. En español, debe decirse **operador turístico**.

toxicar. v. tr. 'Envenenar'. No debe pronunciarse [tosicar], un vulgarismo. → **intoxicar, sacar**

tóxico, ca. adj. 'Aplícase a las sustancias venenosas' (*sustancias **tóxicas***). Ú. t. c. sust. m.: **el tóxico**. No debe pronunciarse [tósico], un vulgarismo.

♦ **toxicodependencia.** Neologismo. Deben decirse **drogodependencia, drogadicción, toxicomanía**.

toxicogénesis. sust. f. 'Proceso en virtud del cual algunas bacterias y otros organismos patógenos producen toxinas en el medio en que viven'. En plural, no varía: **las toxicogénesis**. No debe pronunciarse [tosicogénesis], un vulgarismo. Esta voz ha sido recién incorporada en el ***Diccionario***.

toxicólogo. sust. m. 'Especialista en toxicología'. Su femenino es **toxicóloga**. No debe pronunciarse [tosicólogo], un vulgarismo.

toxicómano, na. adj. 'Dícese del que padece toxicomanía' (*jóvenes **toxicómanos***). Ú. t. c. sust. m. y f.: **el toxicómano, la toxicómana**. No debe pronunciarse [tosicómano], un vulgarismo.

toxígeno, na. adj. 'Que produce toxinas'. No debe pronunciarse [tosígeno], un vulgarismo. Esta voz ha sido recién incorporada en el ***Diccionario***.

toxiinfección. sust. f. 'Proceso patológico, caracterizado como infección e intoxicación simultáneas'. Es palabra aguda. En plural, se transforma en grave: **toxiinfecciones**. No debe pronunciarse [tosiinfeción], un vulgarismo, ni escribirse con una sola **i**: *toxinfección*. Esta voz ha sido recién incorporada en el ***Diccionario***.

tozudez. sust. f. 'Calidad de tozudo'. Incorrecto: *tosudez*. Es palabra aguda. En plural, se transforma en grave: **tozudeces**. Repárese en que la **z** cambia por **c**.

traba. sust. f. Diminutivo: **trabilla**. Aumentativo: **trabón** (sust. m.).

trabajador, ra. adj. 'Que trabaja' (*hombre **trabajador***). sust. m. 'Obrero': **el trabajador**. Su femenino es **trabajadora**.

trabajante. p. a. de **trabajar**. 'Que trabaja' (*Son personas **trabajantes***). Ú. t. c. sust. com.: **el trabajante, la trabajante**.

trabajar. v. intr. Rég. prep.: **trabajar a** (***trabajar a** destajo; **trabajar a** martillo los metales*); **trabajar de** (***trabajar de** modista*); **trabajar en** (***trabajar en** la construcción; **trabajar en** derrotar el mal*); **trabajar para** (***trabajar para** mantener a los hijos*); **trabajar por** (***trabajar por** necesidad*). v. tr. Entre otras denotaciones, 'formar, disponer o ejecutar una cosa, arreglándose a método y orden' (*Trabaja la madera*). v. prnl. 'Ocuparse con empeño en algo; esforzarse por conseguirlo'. Hoy es infrecuente el uso de esta forma pronominal. Su postverbal es **trabajo** (sust. m.).

trabajo. sust. m. Diminutivo: **trabajuelo**.

trabalenguas. sust. m. 'Palabra o locución difícil de pronunciar'. Es incorrecto usar esta voz, en singular, sin **s** final: *el trabalengua*. En plural, no varía: **los trabalenguas**.

trabar. v. tr. Entre otras denotaciones, 'unir una cosa con otra'. 'Asir'. Ú. t. c. intr. fig. 'Impedir el desarrollo de algo o el desenvolvimiento de alguien' (***Trabaron** su carrera de investigador*); fig. 'comenzar una batalla, disputa, conversación, etc.' (***Trabarán** un fecundo diálogo*). v. prnl. Amér. 'Entorpecérsele a uno la lengua al hablar, tartamudear'. → **tartamudear**. Rég. prep.: **trabar** una cosa **con** o **en** otra (***trabar** un eslabón **con** o **en** otro*); **trabarse de** (***trabarse de** palabras*). Sus postverbales son **traba** (sust. f.), **trabadura** (sust. f.) y **trabamiento** (sust. m.).

trabucador, ra. adj. 'Que trabuca'. Ú. t. c. sust. m. y f.: **el trabucador, la trabucadora**.

trabucar. v. tr. Ú. t. c. prnl. Entre otras denotaciones, 'trastornar'; fig. 'confundir, ofuscar'; 'pronunciar o escribir equivocadamente unas palabras, sílabas o letras por otras' (***Trabucó** "caspa" por "casta", y la oración perdió sentido*). Rég. prep.: **trabucarse en** (***trabucarse en** la disputa*). El participio activo es **trabucante**, 'que trabuca'. Su postverbal es **trabucación** (sust. f.). → **sacar, trafulcar**

trabuco. sust. m. Entre otras denotaciones, 'arma de fuego'. Diminutivo: **trabuquete**. Un **trabucazo** (sust. m.) es el 'disparo del trabuco'.

tracio, cia. adj. 'Natural de Tracia'. Ú. t. c. sust. m. y f.: **el tracio, la tracia**. 'Perteneciente a esta región de la Europa antigua'. También pueden decirse **traciano, na** (adj. Ú. t. c. sust. m. y f.) y **trace** (adj. Ú. t. c. sust. com.). La Academia prefiere las dos primeras formas.

tracista. adj. 'Dícese del que inventa el plan de una construcción, ideando su traza'; fig. 'dícese de la persona fecunda en engaños'. Ú. t. c. sust. com.: **el tracista, la tracista**.

tracomatoso, sa. adj. 'Perteneciente o relativo al tracoma o conjuntivitis granulosa y contagiosa'. 'Que padece esta enfermedad'. Ú. t. c. sust. m. y f.: **el tracomatoso, la tracomatosa**.

tracto. sust. m. Tiene valor colectivo con las denotaciones de 'conjunto de versículos que se cantan o rezan inmediatamente antes del evangelio en la misa de ciertos días' y de 'haz de fibras nerviosas que tienen el mismo origen y la misma terminación, y cumplen la misma función fisiológica'. → **lapso**

tractocarril. sust. m. 'Convoy de locomoción mixta, que puede andar sobre carriles o sin ellos'. Es palabra aguda. En plural, se transforma en grave: **tractocarriles**.

tractorear. v. tr. 'Labrar la tierra con tractor'. No debe pronunciarse [tractoriar, tractorié]. También puede decirse **tractorar** (v. tr.), pero la Academia prefiere la primera forma. Su postverbal es **tractoreo** (sust. m.). → **-ear**

tractorista. sust. com. 'Persona que conduce un tractor': **el tractorista, la tractorista**.

♦ **trade mark.** Anglicismo. En español, debe decirse **marca registrada**.

tradicionalista. adj. 'Que es partidario del tradicionalismo'. Ú. t. c. sust. com.: **el tradicionalista, la tradicionalista**. 'Perteneciente a esta doctrina o sistema'. No debe confundirse su denotación con la de **tradicionista** (sust. com.), 'narrador, escritor o colector de tradiciones' (*Ricardo Palma fue un **tradicionista***).

traducible. adj. 'Que se puede traducir' (*cuento **traducible***). Incorrecto: *traductible*.

traducir. v. irreg. tr. Incorrecto: *traducí, traduciera o traduciese, traduciere*. Correcto: ***tradujе, tradujera o tradujese, tradujere***. Rég. prep.: **traducir a** o **en** (***traducir al** o **en** español*); **traducir de** un idioma **a** otro (***traducir del** inglés **al** francés*); **traducir** una cosa **en** otra (***traducir** un anhelo **en** obras*); **traducir** una cosa **por** otra (***traducir** una palabra **por** otra*). Su postverbal es **traducción** (sust. f.). Se conjuga como **conducir**. → **volver, versión**

traductor, ra. adj. 'Que traduce una obra o escrito' (*mujer **traductora***). Ú. t. c. sust. m. y f.: **el traductor, la traductora**. No debe pronunciarse [tradutor], un vulgarismo.

traedor, ra. adj. 'Que trae'. Ú. t. c. sust. m. y f.: **el traedor, la traedora**.

traer. v. irreg. tr. (*Siempre **trae** regalos*). Ú. t. c. prnl. (*¿Qué se **traerán** tus primos con tantas palabras amables?*). Rég. prep.: **traer a** (***traer a** mi casa*; ***traer a** colación*; ***traer a** cuento*; ***traer a** razones*); **traer ante** (***traer ante** el rey*); **traer con** (***traer** un pleito **con** Manuel*; ***traer con** gracia*; ***traer consigo***); **traer de** (***traer de** Córdoba*; ***traer de** beber*; ***traer del** cabestro*); **traer en** o **entre** (***traer en*** o ***entre** manos*); **traer hacia** (***traer hacia** sí*); **traer por** (***traer por** los cabellos*; ***traer por** divisa*); **traer sobre** (***traer sobre** sí*). **traer** a uno **a mal traer**. fr. 'Maltratarlo o molestarlo mucho' (*Tu jefe **te trae a mal traer***). **traer** a uno **de acá para allá** o **de aquí para allí**. frs. 'Tenerlo en continuo movimiento'; 'inquietarlo, marearlo' (*La señora **trae** a su mucama **de acá para allá*** o ***de aquí para allí***). En la Argentina, se usan los sintagmas **tener a mal traer** y **tener de acá para allá**. **traérselas**. loc. fam. 'Se aplica a lo que tiene más malicia o dificultades de lo que a primera vista parece' (*Este trámite **se las trae***). **traer y llevar**. fr. fam. 'Chismear' (*Juanita **trae y lleva** con sus amigas*). La irregularidad en su conjugación consiste en que agrega **i** después de la **a** de la raíz y **g**, cuando va seguida de **o** o de **a**, en presente de indicativo (*traigo*) y en presente de subjuntivo (*traiga, traigas, traiga, traigamos, traigáis, traigan*). Aumenta **j** en la raíz y toma desinencias especiales en pretérito perfecto simple de indicativo (*traje, trajiste, trajo, trajimos, trajisteis, trajeron*), pretérito imperfecto de subjuntivo (*trajera* o *trajese, trajeras* o *trajeses, trajera* o *trajese, trajéramos* o *trajésemos, trajerais* o *trajeseis, trajeran o trajesen*) y futuro de subjuntivo (*trajere, trajeres, trajere, trajéremos, trajereis, trajeren*). Cambia por **y** la **i** de la desinencia en el gerundio (*trayendo*). Incorrecto: *Trajieron el diario*; *Le pidió que trajiera la carta*. Correcto: ***Trajeron** el diario*; *Le pidió que **trajera** la carta*. Su postverbal es **traída** (sust. f.).

trafagador. sust. m. 'El que anda en tráfagos y tratos'. Su femenino es **trafagadora**.

trafagante. p. a. de **trafagar**. Ú. t. c. sust. com.: **el trafagante**, **la trafagante**.

trafagar. v. intr. 'Traficar'. 'Correr mundo'. Ú. t. c. tr.→ **pagar**

tráfago. sust. m. 'Tráfico'. Como sustantivo de valor colectivo, denota 'conjunto de ocupaciones que generan mucha fatiga o molestia' (*Todos los días, Hugo está inmerso en un **tráfago***).

traficante. p. a. de **traficar**. 'Que trafica o comercia'. Ú. t. c. sust. m. y f.: **el traficante**, **la traficante**. Rég. prep.: **traficante de** (***traficante de** drogas*).

traficar. v. intr. Entre otras denotaciones, 'comerciar, negociar con el dinero y las mercancías'. Rég. prep.: **traficar con** o **en** (***traficar con*** o ***en** drogas*). Su postverbal es **tráfico** (sust. m.). Incorrecto: *traficación*. → **sacar**

tráfico. sust. m. Voz italiana (*traffico*) españolizada. Entre otras denotaciones, 'circulación de vehículos por calles, caminos, etc.' (*No llegó puntualmente a la cita, a causa del **tráfico***). Puede usarse, pues, como sinónimo de **tránsito** (sust. m.). → **tránsito**

trafulcar. v. tr. 'Confundir'. → **sacar**, **trabucar**

tragaavemarías. sust. com. fam. 'Persona devota que reza muchas oraciones': **el tragaavemarías**, **la tragaavemarías**. Es incorrecto usar la palabra, en singular, sin **s** final. En plural, no varía: **los tragaavemarías**, **las tragaavemarías**.

tragacanto. sust. m. 'Arbusto'. En plural: **tragacantos**. También puede decirse **tragacanta** (sust. f.), pero la Academia prefiere la primera forma.

tragaderas. sust. f. pl. 'Faringe'; fig. y fam. 'facilidad de creer cualquier cosa'. Suele usarse en la frase **tener** uno **buenas tragaderas** (*Creerá cuanto le digas, porque **tiene buenas tragaderas***), que también denota fig. y fam. 'tener poco escrúpulo' (*Como Enrique **tiene buenas tragaderas**, acepta coimas*). Con la primera denotación, también puede decirse **tragadero** (sust. m.), y, con la segunda, **tragaderos** (sust. m. pl.). → **plural** (**pluralia tantum**)

tragador, ra. adj. 'Que traga'; 'que come vorazmente' (*No he conocido un niño tan **tragador** como éste*). Ú. t. c. sust. m. y f.: **el tragador**, **la tragadora**.

tragafuegos. sust. com. 'Artista de circo o callejero, que se introduce un líquido inflamable en la boca y lo lanza con fuerza quemándolo': **el tragafuegos**, **la tragafuegos**. Es incorrecto usar este sustantivo, en singular, sin **s** final. En plural, no varía: **los tragafuegos**, **las tragafuegos**. Esta voz no está registrada en el *Diccionario*, pero es de correcta formación.

tragahombres. sust. m. fam. 'El que se jacta de sus valentías'. Es incorrecto usar la palabra, en singular, sin **s** final. En plural, no varía: **los tragahombres.** → **perdonavidas**

tragaldabas. sust. com. fam. → **tragón**

tragaleguas. sust. com. fam. 'Persona que anda mucho y deprisa': **el tragaleguas**, **la tragaleguas**. Es incorrecto usar la palabra, en singular, sin **s** final. En plural, no varía: **los tragaleguas**, **las tragaleguas**.

tragalibros. sust. com. p. us. Argent. 'Muy estudioso': **el tragalibros**, **la tragalibros**. Es incorrecto usar este sustantivo, en singular, sin **s** final. En plural, no varía: **los tragalibros, las tragalibros**. Hoy se usa más su abreviación **traga** (sust. com. fam.): **el traga**, **la traga**. Estas voces no están registradas en el ***Diccionario***, pero la A.A.L. ha recomendado su incorporación.

tragaluz. sust. m. 'Ventana abierta en un techo o en la parte superior de una pared'. Incorrecto: *la tragaluz*. En plural: **tragaluces**. Repárese en que la **z** cambia por **c**.

tragamallas. sust. com. fam. → **tragón**

tragantón, na. adj. Ú. t. c. sust. m. y f. → **tragón**

tragar. v. tr. Ú. t. c. prnl. → **pagar**

tragasables. sust. m. fam. 'Artista de circo que sigue las prácticas de los faquires'. Es incorrecto escribir la palabra, en singular, sin **s** final. En plural, no varía: **los tragasables**. Esta voz no está registrada en el ***Diccionario***. Aparece en el ***Manual*** con el indicador de su falta de sanción oficial.

tragasantos. sust. com. fam. despect. 'Persona beata que tiene gran devoción a las imágenes de los santos': **el tragasantos, la tragasantos**. Es incorrecto usar la palabra, en singular, sin **s** final. En plural, no varía: **los tragasantos, las tragasantos.**

trágico, ca. adj. 'Perteneciente o relativo a la tragedia' (*obra **trágica***). 'Dícese del autor de tragedias' (*autor **trágico***). Ú. t. c. sust. m. y f.: **el trágico, la trágica**. 'Aplícase al actor que representa papeles trágicos' (*actrices **trágicas***); fig. 'infausto' (***trágico** accidente*).

trago. sust. m. Entre otras denotaciones, 'porción de un líquido que se bebe o se puede beber de una vez'; fig. y fam. 'adversidad, infortunio' (*Pasó un mal **trago***). **a tragos**. loc. adv. fig. y fam. 'Poco a poco' (*Le dio la noticia **a tragos***). La A.A.L. ha recomendado la incorporación, como argentinismo, del sintagma **trago largo**, 'cóctel que se sirve en vasos altos'.

tragón, na. adj. fam. 'Que traga o come mucho'. Ú. t. c. sust. m. y f.: **el tragón, la tragona**. La 'persona muy tragona' también se denomina **tragaldabas** (sust. com. fam.), **tragamallas** (sust. com. fam.) y **tragantón, na** (adj. Ú. t. c. sust. m. y f.). Las voces **tragaldabas** y **tragamallas** no varían en plural: **los tragaldabas, las tragaldabas; los tragamallas, las tragamallas**. Es incorrecto usarlas, en singular, sin **s** final. El 'vicio del tragón' es la **tragonería** (sust. f. fam.) o la **tragonía** (sust. f. fam.).

tragonear. v. tr. fam. 'Tragar mucho y con frecuencia'. No debe pronunciarse [tragoniar, tragonié]. → **-ear**

traición. sust. f. 'Delito que se comete quebrantando la fidelidad que se debe guardar'. **alta traición**. 'La cometida contra la soberanía o contra el honor, la seguridad y la independencia del Estado'. **a traición**. loc. adv. 'Alevosamente, con engaño' (*Actuó **a traición**, para que fracasara el proyecto*). Esta locución puede reemplazarse con **traidoramente** (adv. m.).

traicionar. v. tr. También puede decirse **atraicionar** (v. tr.), pero la Academia prefiere la primera forma.

traidor, ra. adj. Entre otras denotaciones, 'que comete traición'. Ú. t. c. sust. m. y f.: **el traidor, la traidora**. También puede decirse **traicionero, ra** (adj. Ú. t. c. sust. m. y f.), pero la Academia prefiere la primera forma.

tráiler. sust. m. Voz inglesa (*trailer*) españolizada. 'Avance de una película'; 'remolque de un automóvil o de un camión'. Es palabra grave. En plural: **tráileres** o **tráilers**. Esta voz ha sido recién incorporada en el ***Diccionario***.

♦ **training.** Anglicismo. En español, debe decirse **adiestramiento, entrenamiento** o **perfeccionamiento**.

traje. sust. m. Son correctos los siguientes sintagmas: **traje de baño, traje de ceremonia** o **de etiqueta, traje de luces, traje de noche, traje**

sastre. En plural: **trajes de baño, trajes de ceremonia** o **de etiqueta, trajes de luces, trajes de noche, trajes sastre.** María Moliner registra, también, como correcto el sintagma **traje de sastre**. Incorrecto: *traje de ceremonias, trajes sastres*.

trajeado, da. p. de **trajear**. Se usa con los adverbios **bien** o **mal** para denotar que 'una persona va vestida de ese modo' (*Pedro iba **bien trajeado**; Lucía estaba **mal trajeada***). Repárese en que esta voz puede aplicarse, indistintamente, a la mujer o al hombre. No debe pronunciarse [trajiado].

trajear. v. tr. Ú. t. c. prnl. 'Proveer de traje a una persona' (*Laura **trajeó** a sus hijos*). No debe pronunciarse [trajiar, trajié]. → **-ear**

trajín. sust. m. 'Acción de trajinar'. Incorrecto: *tragín*. Es palabra aguda. En plural, se transforma en grave: **trajines**. También puede decirse **trajino** (sust. m.), pero la Academia prefiere la primera forma.

trajinante. p. a. de **trajinar**. 'Que trajina'. sust. m. 'El que trajina'. Esta palabra no está registrada como sustantivo común de dos. También puede decirse **trajinero** (sust. m.), pero la Academia prefiere la primera forma. Tampoco se consigna el género femenino de esta última voz.

trajinar. v. tr. 'Llevar mercaderías de un lugar a otro' (***Trajinó** televisores todo el día*). Esta denotación no es de uso frecuente en la Argentina. v. intr. 'Andar y tornar de un sitio a otro con cualquier ocupación'. Rég. prep.: **trajinar de** un lugar **a** otro (*Todas las semanas, **trajinaba de** Buenos Aires **a** Rosario*).

tralhuén. sust. m. Chile. 'Arbusto espinoso'. Es palabra aguda. En plural, se transforma en grave: **tralhuenes**.

trama. sust. f. Es sustantivo colectivo con la denotación de 'conjunto de hilos que, con los de la urdimbre, forman una tela'.

tramador, ra. adj. 'Que trama los hilos de un tejido'; fig. 'que dispone con astucia una mala acción'. Ú. t. c. sust. m. y f.: **el tramador, la tramadora**.

tramitación. sust. f. 'Acción y efecto de tramitar'. Como sustantivo colectivo, denota 'serie de trámites prescritos para un asunto o de los seguidos en él'. Es palabra aguda. En plural, se transforma en grave: **tramitaciones.**

tramitador. sust. m. 'El que tramita un asunto'. Su femenino es **tramitadora**.

tramontar. v. intr. 'Pasar del otro lado de los montes, respecto del país o territorio de que se habla'. v. tr. Ú. m. c. prnl. 'Disponer que uno se escape o huya de un peligro que lo amenaza'. También puede decirse **transmontar** o **trasmontar** (v. tr. e intr. Ú. t. c. prnl.). → **transmontar**

tramoyista. sust. m. 'Inventor, constructor o director de tramoyas de teatro'; 'operario que las hace funcionar'; 'el que trabaja en las mutaciones escénicas'. sust. com. fig. 'Persona que utiliza engaños': **el tramoyista, la tramoyista**. Ú. t. c. adj. (*¡Qué hombre **tramoyista**!*). Como adjetivo, también puede decirse **tramoyón, na** (adj. fam.).

trampa. sust. f. Diminutivo: **trampilla**.

trampeador, ra. adj. fam. 'Que trampea'. Ú. t. c. sust. m. y f.: **el trampeador, la trampeadora.** No debe pronunciarse [trampiador]. Es incorrecto usar, en su reemplazo, **trampero** (sust. m.), 'el que pone trampas para cazar'.

trampear. v. intr. fam. Entre otras denotaciones, 'pedir prestado con ardides y engaños'. v. tr. fam. 'Engañar a una persona o eludir alguna dificultad con artificio y cautela' (***Trampeaba** a sus compañeros*). No debe pronunciarse [trampiar, trampié]. → **-ear**

trampera. sust. f. Argent. 'Trampa para cazar animales'. Esta voz no está registrada en el ***Diccionario***, pero la A.A.L. ha recomendado su incorporación.

tramposo, sa. adj. 'Embustero'; 'que hace trampas en el juego'. Ú. t. c. sust. m. y f.: **el tramposo, la tramposa**.

tranca. sust. f. Entre otras denotaciones, 'palo grueso que se coloca atravesado detrás de una puerta o ventana cerrada para asegurarla'. Diminutivo: **tranquilla**.

trancar. v. tr. 'Cerrar una puerta con una tranca o un cerrojo'; 'dar pasos largos'. Con esta última denotación, también puede decirse **tranquear** (v. intr. fam.). → **sacar**

trance. sust. m. 'Momento crítico por el que pasa una persona'. En los sintagmas **último trance**, **postrero trance**, **trance mortal**, **en trance de muerte**, denota 'el último estado o tiempo de la vida, próximo a la muerte'. 'Estado en que un médium manifiesta fenómenos paranormales'; 'estado en que el alma se siente en unión mística con Dios' (*Santa Teresa estaba **en trance***). Es correcta la frase **trance de armas**, 'combate, duelo, batalla'. Según Gómez Torrego, es exagerado su uso en sintagmas como **en trance de jubilación**, **en trance de cambiar de casa** y **en trance de mejoría**. **a todo trance**. loc. adv. 'Resueltamente, sin reparar en riesgos' (***A todo trance**, salvó al niño del incendio*).

tranco. sust. m. Entre otras denotaciones, 'paso largo que se da abriendo mucho las piernas'. En su reemplazo, puede usarse **trancada** (sust. f.), pero la Academia prefiere la primera forma. **al tranco**. loc. adv. Argent., Chile y Urug. 'Hablando de caballerías y, por extensión, de personas, a paso largo' (*El caballo andaba **al tranco***). **a trancos**. loc. adv. fig. y fam. 'De prisa y sin arte' (*El hombretón caminaba **a trancos***). **en dos trancos**. loc. adv. fig. y fam. 'Celeridad con que se puede llegar a un lugar' (*El joven llegó a la estación **en dos trancos***). También puede decirse **en dos trancadas** (loc. adv. fig. y fam.), pero la Academia prefiere la primera locución.

tranquear. v. intr. fam. No debe pronunciarse [tranquiar, tranquié]. → **-ear, trancar**

tranquilizante. p. a. de **tranquilizar**. adj. 'Dícese de los fármacos de efecto sedante'. Ú. t. c. sust. m. (*Ha tomado un **tranquilizante***).

tranquilizar. v. tr. Ú. t. c. prnl. → **cazar**

trans-. pref. de or. lat. 'Al otro lado'; 'a través de' (***transandino**, **transfiguración***). Alterna con la forma **tras-** (***trans**cendental* o ***tras**cendental*) o adopta exclusivamente esta forma (***trasladar**, **trasplante***). Para registrar la doble grafía de las palabras que la tienen, en las entradas correspondientes, colocamos, en negrita, la preferida por la Academia, y, entre corchetes, la otra posibilidad de escritura correcta, a fin de evitar incómodas remisiones. → **tras-**

trans[tras-]**alpino, na.** adj. → **trans-**

trans[tras-]**andino, na.** adj. → **trans-**

transar. v. intr. Ú. t. c. prnl. Amér. 'Ceder, llegar a una transacción o acuerdo'. Rég. prep.: **transar con** (***transar con** un amigo*); **transar en** o **sobre** (***transar en** o **sobre** un negocio*). No debe confundirse su grafía con la de su homófono **tranzar** (v. tr.), 'cortar, tronchar'; 'trenzar'.

trans[tras-]**atlántico, ca.** adj. Entre otras denotaciones, 'dícese de las regiones situadas al otro lado del Atlántico'. sust. m. 'Buque de grandes dimensiones destinado a hacer la travesía del Atlántico o de otro gran mar'. → **trans-**

transbordador, ra. adj. 'Que transborda' (*puente **transbordador***). sust. m. 'Embarcación para transportar viajeros y vehículos': **el transbordador**. La Academia no registra la grafía sin **n**. En su reemplazo, no debe usarse la voz inglesa *ferry*.

trans[tras-]**bordar.** v. tr. Ú. t. c. prnl. Rég. prep.: **transbordar de** un lugar **a** otro (***transbordar de** una embarcación **a** otra*). → **trans-**

trans[tras-]**bordo.** sust. m. → **trans-**

transcontinental. adj. 'Que atraviesa un continente' (*vuelos **transcontinentales***). Esta voz ha sido recién incorporada en el ***Diccionario***. La Academia no registra la grafía sin **n**.

trans[tras-]**cribir.** v. tr. Rég. prep.: **transcribir de** (***transcribir de** una obra un fragmento*). El participio es irregular (***transcripto**, **transcrito**, **trascripto*** o ***trascrito***). La Academia se inclina por la forma ***transcrito***. Su postverbal es **transcripción** o **trascripción** (sust. f.). → **trans-**

transcriptor, ra. adj. 'Que transcribe'. Ú. t. c. sust. m. y f.: **el transcriptor, la transcriptora**. La Academia no registra la grafía sin **n**.

transculturación. sust. f. La Academia no registra la grafía sin **n**.

trans[tras-]**currir.** v. intr. 'Pasar, correr'. Se usa hablando del tiempo (***Transcurrían** las horas lentamente*). En su reemplazo, puede usarse **discurrir** (v. intr.): ***Discurrían** las horas lentamente*. → **trans-, discurrir**

trans[tras-]**curso.** sust. m. 'Paso o carrera del tiempo' (*Deje que las horas sigan su **transcurso***). No debe abusarse del sintagma **en el transcurso de**, por **durante** o **en** (***En el transcurso de** la conferencia, algunas personas se durmieron*; ***Durante** o **en** la conferencia, algunas personas se durmieron*). En su reemplazo, puede usarse el sustantivo masculino **discurso** con la denotación de 'espacio, duración de tiempo', pero su empleo es infrecuente entre los hablantes. → **trans-**

transducción. sust. f. 'Transformación de una vivencia psíquica en otra psicosomática'. No debe pronunciarse [transdución], un vulgarismo. Es palabra aguda. En plural, se transforma en grave: **transducciones**. La Academia no registra la grafía sin **n**. Esta voz ha sido recién incorporada en el ***Diccionario***.

transductor. sust. m. 'Cualquier dispositivo que transforma el efecto de una causa física, como presión, temperatura, dilatación, humedad, etc., en otro tipo de señal, normalmente eléctrica'; 'entidad biológica, por lo general una proteína o un conjunto de proteínas, que lleva a cabo la transformación de una acción hormonal en una actividad enzimática'. No debe pronunciarse [transdutor], un vulgarismo. Es palabra aguda. En plural se transforma en grave: **transductores**. La Academia no registra la grafía sin **n**. Esta voz ha sido recién incorporada en el ***Diccionario***.

transeúnte. adj. Entre otras denotaciones, 'que transita'. Ú. t. c. sust. com.: **el transeúnte, la transeúnte**.

transexual. adj. 'Dícese de la persona que, mediante tratamiento hormonal e intervención quirúrgica, adquiere los caracteres sexuales del sexo opuesto'. Ú. t. c. sust. com.: **el transexual, la transexual**. Incorrecto: *transsexual*. Esta voz ha sido recién incorporada en el ***Diccionario***.

transexualidad. sust. f. 'Cualidad o condición de transexual'. Incorrecto: *transsexualidad*. También puede decirse **transexualismo** (sust. m.), pero la Academia prefiere la primera forma. Ambas voces han sido recién incorporadas en el ***Diccionario***.

trans[tras-]**ferencia.** sust. f. → **trans-**

transferente. adj. 'Dícese del ácido ribonucleico que transfiere aminoácidos y posibilita la incorporación específica de ellos en la estructura de las proteínas'. La Academia no registra la grafía sin **n**. Esta voz ha sido recién incorporada en el ***Diccionario***.

trans[tras-]**ferible.** adj. → **trans-**

trans[tras-]**feridor, ra.** adj. 'Que transfiere'. Ú. t. c. sust. m. y f.: **el transferidor, la transferidora**. → **trans-**

trans[tras-]**ferir.** v. irreg. tr. Rég. prep.: **transferir** algo **a** alguien (***Transferí** el auto **a** mi prima*); **transferir de** un lugar **a** otro (***Transferirá** la mercadería **de** Buenos Aires **a** Jujuy*; ***Transfirió** dinero **de** una cuenta **a** otra*); **transferir desde** un lugar **hasta** otro (***Transferirá** la mercadería **desde** Buenos Aires **hasta** Jujuy*). Su postverbal es **transferencia** o **trasferencia** (sust. f.). Se conjuga como **sentir**. → **trans-**

trans[tras-]**figurable.** adj. → **trans-**

trans[tras-]**figuración.** sust. f. 'Acción y efecto de transfigurar o transfigurarse'. sust. pr. f. 'Estado glorioso en que Jesucristo se mostró entre Moisés y Elías en el monte Tabor, ante la presencia de sus discípulos Pedro, Juan y Santiago'. Con esta última denotación, se escribe con mayúscula (*la **Transfiguración** de Nuestro Señor*). → **trans-**

trans[tras-]**figurar.** v. tr. Ú. t. c. prnl. 'Hacer cambiar de figura o aspecto a una persona o cosa'. Rég. prep.: **transfigurar en** (***Transfiguró** a Pablo **en** un monstruo*); **transfigurarse en** (***Se transfiguró en** un viejo*). → **trans-**

trans[tras-]**fixión.** sust. f. 'Acción de herir pasando de parte a parte' (*la **transfixión** del corazón de Santa Teresa*). Se usa frecuentemente hablando de los dolores de la Virgen. Incorrecto: *transficción*. No debe pronunciarse [transfisión]. → **trans-, transverberación**

transfocador. sust. m. 'Teleobjetivo especial a través del que el tomavistas fijo puede conseguir un avance o un retroceso rápido de la imagen'. La Academia no registra la grafía sin **n**. Esta voz ha sido recién incorporada en el ***Diccionario***.

transformacional. adj. 'Perteneciente o relativo a la transformación de unos esquemas oracionales en otros' (*gramática **transformacional***). No se registra la grafía sin **n**. También puede decirse **transformativo, va** o **trasformativo, va** (adj.), pero la Academia prefiere la primera forma.

trans[tras-]**formador, ra.** adj. Ú. t. c. sust. m. y f.: **el transformador, la transformadora**. → **trans-**

trans[tras-]**formar.** v. tr. Ú. t. c. prnl. Rég.

prep.: **transformar** una cosa **en** otra (***transformar** una novela **en** una obra teatral*). Sus postverbales son **transformación** –preferido por la Academia– o **trasformación** (sust. f.), y **transformamiento** o **trasformamiento** (sust. m.). → **trans-**, **metamorfosear**

transformista. adj. 'Perteneciente o relativo al transformismo' (*biólogos **transformistas***). sust. com. 'Partidario de esta doctrina'; 'actor o payaso que hace mutaciones rapidísimas en sus trajes y en los tipos que representa': **el transformista, la transformista**. La Academia no registra la grafía sin **n**.

trans[tras-]**fregar.** v. irreg. tr. p. us. 'Restregar'. Se conjuga como **negar**.

tráns[tras-]**fuga.** sust. com. 'Persona que huye de una parte a otra'; fig. 'persona que pasa de un partido a otro' (*Luis es un **tránsfuga**; militaba en un partido político y ahora se afilió a otro*). No debe usarse como sinónimo de **maleante** (sust. m.) o de **crápula** (sust. m.). También puede decirse **tránsfugo** o **trásfugo** (sust. m.), pero la Academia prefiere la primera forma. → **trans-**

trans[tras-]**fundir.** v. tr. 'Echar un líquido poco a poco de un recipiente a otro'. fig. 'Comunicar una cosa entre diversos sujetos sucesivamente'. Ú. t. c. prnl. La Academia ha incorporado recientemente esta denotación: 'Realizar una transfusión'. Sus postverbales son **transfundición** o **trasfundición** (sust. f.) y **transfusión** o **trasfusión** (sust. f.). → **trans-**

trans[tras-]**fusor, ra.** adj. 'Que transfunde' (*aparato **transfusor***). Ú. t. c sust. m. y f.: **el transfusor, la transfusora**. → **trans-**

trans[tras-]**gredir.** v. tr. defect. Su postverbal es **transgresión** o **trasgresión** (sust. f.). Se conjuga como **abolir**. → **trans-**

trans[tras-]**gresor, ra.** adj. 'Que comete transgresión'. Ú. t. c. sust. m. y f.: **el transgresor, la transgresora**. → **trans-**

transido, da. p. de **transir**. adj. fig. 'Fatigado, acongojado'. Rég. prep.: **transido de** (***transido de** dolor*); fig. 'miserable'.

transigir. v. intr. Ú., a veces, c. tr. 'Consentir en parte con lo que no se cree justo, para acabar con una diferencia' (*A pesar de que no estaba completamente de acuerdo con la decisión, **transigió***). v. tr. 'Ajustar algún punto dudoso o litigioso conviniendo las partes voluntariamente en algún medio que componga y parta la diferencia de la disputa'. Incorrecto: *transijía*, *transijí*, etc. Correcto: ***transigía***, ***transigí***, etc. Rég. prep.: **transigir con** (***transigir con** su amigo*); **transigir en** o **sobre** (***transigir en** o **sobre** algún tema*). Su postverbal es **transacción** (sust. f.). → **dirigir**.

transir. v. intr. Se usaba más como pronominal. 'Morir'. Es voz anticuada.

transistor. sust. m. Es palabra aguda. En plural, se transforma en grave: **transistores**. Puede usarse como sinónimo de **radiorreceptor** (sust. m.) provisto de transistores. Incorrecto: *transitor*; *radio a transitores*. Correcto: ***radio de transistores***.

transitar. v. intr. Rég. prep.: **transitar de** un punto **a** otro (***transitar de** la calle Florida **a** la calle Talcahuano*); **transitar por** (***transitar por** la avenida Córdoba*).

transitividad. sust. f. 'Cualidad de transitivo'. Esta voz ha sido recién incorporada en el ***Diccionario***.

transitivo, va. adj. → **verbo**

tránsito. sust. m. Entre otras denotaciones, 'acción de transitar' (***tránsito** de vehículos*). → **tráfico**. sust. pr. m. 'Fiesta que en honor de la muerte de la Virgen celebra anualmente la Iglesia el 15 de agosto' (*Paula nació el día del **Tránsito***). Repárese en que, con este significado, se escribe siempre con mayúscula. **de tránsito**. loc. adv. 'De un modo transitorio, de paso en un lugar' (*Los estudiantes hondureños estaban **de tránsito** en nuestro país*). En la Argentina y en otros países de habla española, se usa la locución adjetiva **en tránsito**, en el sintagma **pasajeros en tránsito**, para indicar que éstos sólo están de paso en el aeropuerto de un país, en espera de otro avión que los llevará a destino. Esta locución no está registrada en el ***Diccionario***. 'Dícese de la mercancía que atraviesa un país situado entre el de origen y el de destino' (*Estas mercaderías uruguayas están **de tránsito** en la Argentina*).

transitoriedad. sust. f. 'Calidad de transitorio'. Incorrecto: *transitoridad*.

trans[tras-]**linear.** v. intr. En derecho, 'pasar un vínculo de una línea a otra'. No debe pronunciarse [transliniar, translinié]. Incorrecto: translíneo. Correcto: ***translineo***. → **-ear, trans-**

translucidez. sust. f. 'Calidad de translúcido'. Es palabra aguda. En plural, se transforma en grave: **translucideces**. Repárese en que la **z** cambia por **c**. La Academia no registra la grafía sin **n**.

trans[tras-]**lúcido, da.** adj. 'Dícese del cuerpo que deja pasar la luz, pero que no deja ver nítidamente los objetos'. También puede decirse **trasluciente** o **transluciente** (adj.), pero la Academia prefiere la primera forma. → **trans-**

trans[tras-]**marino, na.** adj. → **trans-**

trans[tras-]**mediterráneo, a.** adj. → **trans-**

trans[tras-]**migrar.** v. intr. 'Pasar a otro país para vivir en él'; 'pasar un alma de un cuerpo a otro'. Su postverbal es **transmigración** o **trasmigración** (sust. f.). → **trans-**

trans[tras-]**misible.** adj. → **trans-**

transmisor, ra. adj. 'Que transmite o puede transmitir' (*aparato **transmisor***). Ú. t. c. sust. m. y f.: **el transmisor**, **la transmisora**. sust. m. 'Aparato telefónico'; 'aparato telegráfico'. La Academia no registra la grafía sin **n**.

trans[tras-]**mitir.** v. tr. Entre otras denotaciones, 'trasladar, transferir'. 'Difundir una emisora de radio y televisión, noticias, programas de música, espectáculos, etc.'. Ú. t. c. intr. Rég. prep.: **transmitir por** (***transmitir por** televisión*). Su postverbal es **transmisión** o **trasmisión** (sust. f.). → **trans-, retransmitir**

trans[tras-]**montano, na.** adj. 'Que está o viene del otro lado de los montes'. También puede decirse **tramontano, na** (adj.). → **trans-**

trans[tras-]**montar.** v. tr. e intr. Ú. t. c. prnl. → **trans-, tramontar**

trans[tras-]**mudar.** v. tr. Ú. t. c. prnl. 'Trasladar'; 'transmutar'; fig. 'trocar los afectos con razones'. → **trans-**

trans[tras-]**mutable.** adj. → **trans-**

trans[tras-]**mutación.** sust. f. 'Acción y efecto de transmutar o transmutarse'. También pueden decirse **transmudación** o **trasmudación** (sust. f.) y **transmudamiento** o **trasmudamiento** (sust. m.), pero la Academia prefiere la primera forma. → **trans-**

trans[tras-]**mutar.** v. tr. Ú. t. c. prnl. 'Mudar o convertir una cosa en otra'. Rég. prep.: **transmutar** una cosa **en** otra (***transmutar** el agua **en** vino*). → **trans-**

trans[tras-]**mutativo, va.** adj. 'Que tiene virtud o fuerza para transmutar'. También puede decirse **transmutatorio, ria** o **trasmutatorio, ria** (adj.). → **trans-**

trans[tras-]**parencia.** sust. f. 'Calidad de transparente'; 'diapositiva' (*Proyectó varias **transparencias** para ilustrar el tema de su clase*); 'fondo proyectado cinematográficamente sobre una pantalla, usado para llevar al estudio las vistas del exterior'. Estas dos últimas denotaciones han sido recién incorporadas en el ***Diccionario***. → **trans-**

trans[tras-]**parentar.** v. tr. Entre otras denotaciones, 'permitir un cuerpo que se vea o perciba algo a su través'. v. intr. 'Ser transparente un cuerpo'. Ú. t. c. prnl. (*Ese jarrón **se transparenta***). v. prnl. fig. 'Dejarse descubrir o adivinar en lo patente o declarado otra cosa que no se manifiesta o declara' (*En sus palabras, **se transparenta** la mentira*). Ú. t. c. tr. → **trans-**

trans[tras-]**parente.** adj. Entre otras denotaciones, 'dícese del cuerpo a través del cual pueden verse los objetos distintamente' (*tela **transparente***). sust. m. 'Tela o papel que sirve para templar la luz o para mitigarla, o para hacer aparecer figuras o letreros'; 'ventana de cristales que ilumina y adorna el fondo de un altar': **el transparente**. → **trans-**

trans[tras-]**pirar.** v. intr. 'Pasar los humores de la parte interior a la exterior del cuerpo a través del tegumento'. Ú. t. c. prnl. (*Cuando supo la noticia, **se transpiró***). fig. 'Sudar'. Rég. prep.: **transpirar por** (***transpirar por** las axilas*). Su postverbal es **transpiración** o **traspiración** (sust. f.). → **trans-**

trans[tras-]**pirenaico, ca.** adj. → **trans-**

transpolar. adj. La Academia no registra la grafía sin **n**.

trans[tras-]**ponedor, ra.** adj. 'Que transpone'. Ú. t. c. sust. m. y f.: **el transponedor, la transponedora**. → **trans-**

trans[tras-]**poner.** v. irreg. tr. Ú. t. c. prnl. y c. tr. El participio es irregular (***transpuesto*** o ***traspuesto***). Sus postverbales son **transposición** o **trasposición** (sust. f.) y **transpuesta** o **traspuesta** (sust. f.). Se conjuga como **poner.** → **trans-**

trans[tras-]**portador, ra.** adj. 'Que transporta' (*camión **transportador***). Ú. t. c. sust. m. y f.: **el transportador, la transportadora**. sust. m. 'Círculo graduado de metal que sirve para medir o trazar los ángulos de un dibujo geométrico' (*El niño usa su **transportador** durante las clases de geometría*).

trans[tras-]**portar.** v. tr. Entre otras denotaciones, 'llevar cosas o personas de un lugar a otro'. Rég. prep.: **transportar a** (***transportar a*** *lomo de mula*); **transportar de** una parte **a** otra (***transportar de*** *Salta* ***a*** *Tucumán*); **transportar en** o **a** (***transportar en*** o ***a*** *hombros*). v. prnl. fig. 'Enajenarse de la razón o del sentido por pasión, éxtasis o accidente' (*Ese vals **nos transporta***). Rég. prep.: **transportarse de** (***transportarse de*** *gozo*). Sus postverbales son **transportación** o **trasportación** (sust. f.), **transportamiento** o **trasportamiento** (sust. m.) y **transporte** o **trasporte** (sust. m.). → **trans-**

trans[tras-]**porte.** sust. m. → **trans-, transportar**

transportista. sust. m. 'El que tiene por oficio hacer transportes': **el transportista**. La Academia no registra esta palabra como sustantivo común de dos ni su grafía sin **n**.

trans[tras-]**tiberino, na.** adj. 'Que habita o está al otro lado del Tíber, respecto de Roma y sus cercanías'. Apl. a pers., ú. t. c. sust. m. y f.: **el transtiberino**, **la transtiberina**. → **trans-**

transubstanciación. sust. f. 'Conversión de las sustancias del pan y del vino en el cuerpo y la sangre de Jesucristo'. La Academia no registra la grafía sin **b**: transustanciación.

transubstanciar. v. tr. Ú. t. c. prnl. La Academia no registra la grafía sin **b**: transustanciar. Se conjuga, en cuanto al acento, como **cambiar**.

transuránico. adj. En química, 'dícese de cualquiera de los elementos o cuerpos simples, que ocupan, en el sistema periódico, un lugar superior al 92, que es el correspondiente al uranio'.

trans[tras-]**vasar.** v. tr. Su postverbal es **transvase** o **trasvase** (sust. m.). → **trans-**

trans[tras-]**verberación.** sust. f. → **trans-, transfixión**

trans[tras-]**versal.** adj. Entre otras denotaciones, 'que se halla o se extiende atravesado de un lado a otro' (*corte **transversal***). 'Colateral, pariente que no lo es por línea recta'. Ú. t. c. sust. com.: **el transversal, la transversal.** → **trans-**

tranviario, ria. adj. 'Perteneciente o relativo a los tranvías'. sust. m. y f. 'Persona empleada en el servicio de tranvías': **el tranviario, la tranviaria**. También puede decirse **tranviero** (sust. m.), pero la Academia prefiere la primera forma.

tranzar. v. tr. → **cazar, transar**

trapacear. v. intr. 'Emplear engaños'. También puede decirse **trapazar** (v. intr.), pero la Academia prefiere la primera forma. No debe pronunciarse [trapaciar, trapacié]. → **-ear**

trapacista. adj. 'Que emplea engaños' (*niños **trapacistas***). Ú. t. c. sust. com.: **el trapacista, la trapacista**. También puede decirse **trapacero, ra** (adj. Ú. t. c. sust. m. y f.), pero la Academia prefiere la primera forma.

trápala. sust. f. 'Ruido y confusión de gente'; 'ruido acompasado del trote o galope de un caballo'; fam. 'engaño'. sust. m. fam. 'Prurito de hablar mucho y sin sustancia'. sust. com. fig. y fam. 'Persona que habla mucho y sin sustancia'; fig. y fam. 'persona falsa y embustera': **el trápala, la trápala**. Ú. t. c. adj. (*mujeres **trápalas***). Aumentativos: **trapalón, trapalona**.

trapalear. v. intr. 'Meter ruido con los pies andando de un lado para otro'; fam. 'decir o hacer cosas propias de un trápala'. No debe pronunciarse [trapaliar, trapalié]. → **-ear**

trapaza. sust. f. 'Fraude, engaño' (*Perjudica a sus clientes con **trapazas***). También puede decirse **trapacería** (sust. f.), pero la Academia prefiere la primera forma.

trapear. v. intr. impers. fam. 'Caer trapos de nieve' (***Trapea*** *copiosamente*). v. tr. Amér. 'Fregar el suelo con trapo o estropajo' (*Jacinta **trapeaba** el piso con entusiasmo*). No debe pronunciarse [trapiar, trapié]. → **-ear**

trapecista. sust. com.: **el trapecista**, **la trapecista**.

trapense. adj. 'Dícese del monje de la Trapa, instituto religioso perteneciente a la orden del Cister'. Ú. t. c. sust. m.: **el trapense**. 'Perteneciente o relativo a esta orden religiosa' (*instituto trapense*).

trapero. sust. m. Entre otras denotaciones, 'el que tiene por oficio recoger trapos de desecho para traficar con ellos'. Su femenino es **trapera**.

trapichear. v. intr. fam. 'Ingeniarse, no siempre lícitamente, para el logro de algún objeto'; 'comerciar al menudeo'. No debe pronunciarse [trapichiar, trapichié]. Su postverbal es **trapicheo** (sust. m. fam.). → **-ear**

trapichero. sust. m. 'El que trabaja en los trapiches'. Su femenino es **trapichera**.

trapisondear. v. intr. fam. 'Armar con frecuencia trapisondas o embrollos'. No debe pronunciarse [trapisondiar, trapisondié]. → **-ear**

trapisondista. sust. com.: **el trapisondista**, **la trapisondista**.

trapo. sust. m. Diminutivos: **trapillo**, **trapito**. El sustantivo despectivo es **trapajo**. El sustantivo colectivo, **trapería** (f.), 'conjunto de muchos trapos'. sust. m. pl. fam. 'Prendas de vestir, especialmente de la mujer' (*Se compró algunos **trapos***). **a todo trapo**. loc. adv. 'A toda vela'; fig. y fam. 'con eficacia y actividad' (*Organizó la fiesta **a todo trapo***). **poner** a uno **como un trapo**. fr. fig. y fam. 'Reprenderlo agriamente' (*Durante la discusión, Andrés **puso** a Hugo **como un trapo***). **sacar los trapos sucios** o **todos los trapos a relucir** o **al sol**. fr. fig. y fam. 'Echar a uno en rostro sus faltas y hacerlas públicas'. En la Argentina, suele usarse el diminutivo: **sacar los trapitos al sol**.

tráquea. sust. f. Es palabra esdrújula. Incorrecto: <u>*traquia*</u>. El adjetivo correspondiente es **traqueal**, 'perteneciente o relativo a la tráquea'. Incorrecto: <u>*traquial*</u>.

traqueotomía. sust. f. Incorrecto: <u>*traquiotomía*</u>.

traquetear. v. intr. 'Hacer ruido o estrépito' (*Los niños **traqueteaban***). v. tr. 'Mover o agitar una cosa de una parte a otra'; se usa hablando, especialmente, de los líquidos (***Traquetea** el jarabe*). fig. y fam. 'Frecuentar, manejar mucho algo'. No debe pronunciarse [traquetiar, traquetié]. Su postverbal es **traqueteo** (sust. m.). → **-ear**

tras. prep. Denota: • 'el orden con que siguen unas cosas a otras' (***Tras** la tristeza, vendrá la alegría*); • 'detrás de' (*La niña se escondió **tras** el sillón*); 'después de, a continuación de' (***Tras** la primavera, viene el verano*); • fig. 'en busca o seguimiento de' (*Corrió **tras** el dinero*). Forma con la preposición **de** la locución de valor adverbial **tras de**, 'además de' (***Tras de** insultarlo, intentó pegarle*). Se usa como prefijo en voces compuestas (***tras**bordo*, ***tras**formación*). Incorrecto: *El perro corría <u>tras</u> <u>de</u> la niña*; *<u>Tras</u> <u>de</u> la noche, vendrá el día*. Correcto: *El perro corría **tras** la niña* o ***detrás de** la niña*; ***Tras** la noche, vendrá el día* o ***Después de** la noche, vendrá el día*. Tanto **tras** como **tras de** son de uso literario. En su reemplazo, son más comunes **detrás de** o **después de**. Su homónimo es 'voz con que se imita un golpe con ruido' (*¡**Tras**!*).

tras-. pref. de or. lat. 'Al otro lado'; 'a través de'. Ha sido recién incorporado en el ***Diccionario***. Puede alternar con la forma **trans-** (***tras**parente* o ***trans**parente*). Para registrar la doble grafía de las palabras que la tienen, en las entradas correspondientes, colocamos, en negrita, la preferida por la Academia, y, entre corchetes, la otra posibilidad de escritura correcta, a fin de evitar incómodas remisiones. → **trans-**

trasanteanoche. adv. t. 'En la noche de trasanteayer' (***Trasanteanoche** nos encontramos en el cine*). Incorrecto: <u>*transanteanoche*</u>.

trasanteayer. adv. t. 'En el día que precedió inmediatamente al de anteayer' (***Trasanteayer** visitó la Biblioteca Nacional*). Incorrecto: <u>*transanteayer*</u>. También puede decirse **trasantier** (adv. t. fam.), pero la Academia prefiere la primera forma.

trasbocar. v. tr. Amér. 'Vomitar'. → **sacar**

trascartón. sust. m. 'Lance del juego de naipes, en que se queda detrás la carta con que se hubiera ganado y se anticipa la que hace perder'. Incorrecto: <u>*transcartón*</u>. Es palabra aguda. En plural, se transforma en grave: **trascartones**. Su homónimo (adv. t. fig. Argent.), no registrado en el ***Diccionario***, denota 'inmediatamente después' (*Decidió dejar su carrera y, **tras-***

***cartón**, se arrepintió*). La A.A.L. ha recomendado su incorporación.

tras[trans-]**cendencia.** sust. f. 'Penetración, perspicacia'; 'resultado, consecuencia de índole grave o muy importante' (*Fue una caída sin **trascendencia***). Repárese en que esta voz no denota **importancia**, sino **consecuencia importante**. → **tras-**

tras[trans-]**cendental.** adj. Entre otras denotaciones, fig. 'que es de mucha importancia o gravedad por sus probables consecuencias' (*Este nuevo aprendizaje será **trascendental** para su profesión*); 'dícese de lo que traspasa los límites de la ciencia experimental'. Repárese en que **trascendente** (p. a. de **trascender**) y **trascendental** pueden usarse como sinónimos con esas denotaciones (*Este nuevo aprendizaje será **trascendente** para su profesión*). → **tras-**

tras[trans-]**cender.** v. irreg. intr. Rég. prep.: **trascender a** (***trascender al** público*). Se conjuga como **tender**. → **tras-**

trascendido, da. p. de **trascender**. adj. 'Dícese del que trasciende, averigua con viveza y prontitud'. sust. m. Argent. 'Noticia que, por vía no oficial, adquiere carácter público' (*La noticia se fundó en **trascendidos***). Esta última denotación ha sido recién incorporada en el ***Diccionario***.

trascolar. v. irreg. tr. Ú. t. c. prnl. 'Colar a través de alguna cosa'; fig. 'pasar desde un lado a otro de un monte y otro sitio'. Se conjuga como **sonar**.

trascordarse. v. irreg. prnl. 'Perder la noticia puntual de una cosa, por olvido o por confusión con otra'. Se conjuga como **sonar**.

trascoro. sust. m. 'Sitio que, en las iglesias, está detrás del coro'. Incorrecto: <u>*transcoro*</u>.

trasechador, ra. adj. 'Que trasecha o pone asechanzas'. Ú. t. c. sust. m. y f.: **el trasechador, la trasechadora**.

trasegador, ra. adj. 'Que trasiega'. Ú. t. c. sust. m. y f.: **el trasegador, la trasegadora**.

trasegar. v. irreg. tr. Entre otras denotaciones, 'trastornar, revolver'. Su postverbal es **trasiego** (sust. m.). Se conjuga como **negar**.

trasero, ra. adj. 'Que está, se queda o viene detrás' (*automóvil **trasero***). sust. m. 'Asentaderas'. Con esta última denotación, también pueden decirse **tras** (sust. m. fam.), **traspontín** (sust. m. fam.) y **traste** (sust. m.).

trasfondo. sust. m. Incorrecto: <u>*transfondo*</u>.

trashumar. v. intr. 'Pasar el ganado desde las dehesas de invierno a las de verano, y viceversa'. Incorrecto: <u>*trashumear*</u>. Sus postverbales son **trashumancia** (sust. f.), voz preferida por la Academia, y **trashumación** (sust. f.).

tras[trans-]**lación.** sust. f. Entre otras denotaciones, 'acción y efecto de trasladar de lugar a una persona o cosa'; en gramática, 'figura de construcción, que consiste en usar un tiempo del verbo fuera de su natural significación' (como *dijera* por *había dicho* o *mañana es lunes* por *mañana será lunes*); 'metáfora'. → **tras-**

trasladador, ra. adj. 'Que traslada o sirve para trasladar'. Ú. t. c. sust. m. y f.: **el trasladador, la trasladadora.** Incorrecto: <u>*transladador*</u>.

trasladar. v. tr. Ú. t. c. prnl. Rég. prep.: **trasladar a** (***trasladar al** papel*); **trasladar a** o **en** (***trasladar al** o **en** español*); **trasladar de** un lugar **a** otro (***trasladar de** Colombia **a** Venezuela*; ***trasladar de** un puesto **a** otro*); **trasladar de** un idioma **a** otro (***trasladar del** italiano **al** inglés*). Incorrecto: <u>*transladar*</u>. Su postverbal es **traslado** (sust. m.). Incorrecto: <u>*translado*</u>.

tras[trans-]**laticiamente.** adv. m. → **tras-**

tras[trans-]**laticio, cia.** adj. → **tras-**

tras[trans-]**lativo, va.** adj. → **tras-**

tras[trans-]**lucirse.** v. irreg. prnl. Ú. t. c. tr. Su postverbal es **traslucimiento** (sust. m.). Para esta última voz, la Academia no registra la grafía con **n**. Se conjuga como **lucir**. → **tras-**

trasluz. sust. m. 'Luz que pasa a través de un cuerpo translúcido'; 'luz reflejada de soslayo por la superficie de un cuerpo': **el trasluz**. Es palabra aguda. En plural, se transforma en grave: **trasluces**. Incorrecto: <u>*transluz*</u>. **al trasluz.** loc. adv. 'Puesto el objeto entre la luz y el ojo, para que se trasluzca' (***Al trasluz**, pudo ver las imperfecciones del cristal*).

trasmano. sust. com. 'Segundo en orden en ciertos juegos': **el trasmano, la trasmano. a trasmano**. loc. adv. 'Fuera del alcance o del manejo habitual y cómodo de la mano' (*No te presto el libro, porque está **a trasmano***); 'fuera de los caminos frecuentados o desviado del trato corriente de las gentes' (*Ese lugar le queda **a trasmano***). Incorrecto: *Ese lugar le queda <u>tras-mano</u>*.

trasmochar. v. tr. 'Desmochar, cortar las ramas de un árbol'. Esta voz ha sido recién incorporada en el ***Diccionario***.

trasnochador, ra. adj. 'Que trasnocha'. Ú. t. c. sust. m. y f.: **el trasnochador, la trasnochadora**.

trasnoche. sust. m. fam. 'Acción de trasnochar o pasar la noche sin dormir'. Incorrecto: *<u>transnoche</u>*. También puede decirse **trasnocho** (sust. m. fam.), voz preferida por la Academia, pero, no, por los hablantes. sust. f. Argent. 'Sesión de espectáculos cinematográficos, televisivos o de revista, que se ofrece después de la medianoche' (*Asistiremos a la función de **trasnoche***). Suele usarse en aposición especificativa (*Asistiremos a la función **trasnoche***). Esta denotación no está registrada en el ***Diccionario***, pero la A.A.L. ha recomendado su incorporación.

trasoír. v. irreg. tr. 'Oír con error lo que se dice' (*Camilo **trasoyó** mis palabras*). Se conjuga como **oír**.

trasoñar. v. irreg. tr. p. us. 'Concebir o comprender con error una cosa, como pasa en los sueños'. Se conjuga como **sonar**.

traspalar. v. tr. Entre otras denotaciones, 'mover o pasar con la pala una cosa de un lado a otro' (***Traspalaba** la tierra*). Su postverbal es **traspaleo** (sust. m.). También puede decirse **traspalear** (v. tr.), pero la Academia prefiere la primera forma. Esta última voz no debe pronunciarse [traspaliar, traspalié]. → **-ear**

trasparecer. v. irreg. intr. 'Dejarse ver una cosa al través de otra más o menos transparente'. Se conjuga como **parecer**.

traspasado, da. p. de **traspasar**. Rég. prep.: **traspasado de** (***traspasado de** dolor*). Incorrecto: *<u>transpasado</u>*.

traspasador, ra. adj. 'Que traspasa o quebranta un precepto'. Ú. t. c. sust. m. y f.: **el traspasador, la traspasadora**. Incorrecto: *<u>transpasador</u>*.

traspasar. v. tr. Incorrecto: *<u>transpasar</u>*. Su postverbal es **traspasamiento** (sust. m.).

traspatio. sust. m. Amér. 'Segundo patio de las casas de vecindad que suele estar detrás del principal'. Incorrecto: *<u>transpatio</u>*. En plural: **traspatios**.

traspié. sust. m. 'Resbalón o tropezón' (*Por un **traspié**, se rompió la pierna*); 'zancadilla con la pierna para derribar a uno'. Incorrecto: *<u>un</u> <u>traspiés</u>*, *<u>transpié</u>*. Es palabra aguda. En plural: **traspiés**. Incorrecto: *<u>traspieses</u>*, *<u>los</u> <u>traspié</u>*. No debe usarse como sinónimo de **inconveniente** (sust. m.): *Llegó tarde, porque tuvo <u>un</u> <u>traspié</u>*. Correcto: *Llegó tarde, porque tuvo un **inconveniente***. **dar uno traspiés**. fr. fig. y fam. 'Cometer errores o faltas' (*En la redacción del informe, Julia **dio traspiés***).

trasplantador, ra. adj. 'Que trasplanta'. Ú. t. c. sust. m. y f.: **el trasplantador, la trasplantadora**. sust. m. 'Instrumento que se emplea para trasplantar'; 'vehículo que sirve para trasplantar un árbol'. sust. f. 'Máquina para trasplantar': **la trasplantadora**. Incorrecto: *<u>transplantador</u>*. La voz **trasplantador, ra** ha sido recién incorporada en el ***Diccionario***.

trasplantar. v. tr. Ú. t. c. prnl. Rég. prep.: **trasplantar de** una parte **a** otra (***Trasplantó** la azalea **de** la maceta **a** un macetón*). Incorrecto: *<u>transplantar</u>*. Sus postverbales son **trasplantación** (sust. f.) y **trasplante** (sust. m.). La Academia prefiere esta última voz. Incorrecto: *<u>transplantación</u>*, *<u>transplante</u>*.

tras[trans-]**puesta.** sust. f. → **tras-, transponer**

trasquilador. sust. m. 'El que trasquila'. La Academia no registra el género femenino. → **esquilador**

trasquilar. v. tr. Con la denotación de 'cortar el pelo o la lana a algunos animales', también pueden decirse **esquilar** (v. tr.) y **tusar** (v. tr. Amér.). La Academia prefiere las dos primeras formas. Sus postverbales son **trasquila** (sust. f.), **trasquiladura** (sust. f.) y **trasquilón** (sust. m.). → **esquila**

trastabillar. v. intr. Incorrecto: *<u>trastabrillar</u>*. También puede decirse **trastrabillar** (v. intr.), pero la Academia prefiere la primera forma.

trastabillón. sust. m. Amér. 'Tropezón, traspié'. Es palabra aguda. En plural, se transforma en grave: **trastabillones**.

trastada. sust. f. fam. 'Travesura'; 'acción mala contra alguien'. También puede decirse **trastería** (sust. f. fig. y fam.), pero la Academia prefiere la primera forma.

trasteador, ra. adj. 'Que trastea o hace ruido con algunos trastos'. Ú. t. c. sust. m. y f.: **el trasteador, la trasteadora**.

trastear. v. tr. 'Poner o echar los trastes a la guitarra u otro instrumento semejante'; 'pisar las cuerdas de los instrumentos de trastes'. Su homónimo (v. intr.) denota, entre otras significaciones, 'revolver o mudar trastos de una parte a otra'. No debe pronunciarse [trastiar, trastié]. → **-ear**

trastejador, ra. adj. 'Que trasteja'. Ú. t. c. sust. m. y f.: **el trastejador, la trastejadora**.

trastejar. v. tr. 'Reponer o poner bien las tejas de un edificio'. Conserva la **j** en toda su conjugación. Sus postverbales son **trastejadura** (sust. f.) y **trastejo** (sust. m.). Su homónimo (v. tr.) denota 'examinar cualquier cosa para arreglarla o componerla'.

trastero, ra. adj. 'Dícese de la pieza o desván donde se guardan los trastos que no se usan diariamente' Ú. t. c. sust. m. y f.: **el trastero, la trastera** (*Colocó en **el trastero** o en **la trastera** dos viejos cuadros*).

trastesado, da. adj. 'Endurecido, tieso. Se usa para referirse a las ubres de las hembras cuando están llenas de leche' (*ubres **trastesadas***). Esa 'abundancia de leche que tiene la ubre' se denomina **trastesón** (sust. m.). La voz **trastesado, da** ha sido recién incorporada en el ***Diccionario***.

trasto. sust. m. Diminutivo: **trastuelo**. Con la denotación de 'utensilios o herramientas de algún arte o ejercicio', también puede decirse **traste** (sust. m. And. y Amér. Ú. m. en pl.). El sustantivo colectivo es **trastería** (f.), 'montón de trastos viejos'.

trastocar. v. tr. 'Trastornar, revolver' (*Su ineptitud **trastocó** el orden de mis actividades*). v. prnl. 'Perturbarse la razón' (*Don Quijote **se trastocó** después de leer libros de caballerías*). Incorrecto: *transtocar*, *transtocarse*. Es verbo regular. → **sacar**. No debe confundirse su denotación con la de **trastrocar** (v. irreg. tr. Ú. t. c. prnl.), 'mudar el ser o estado de una cosa, dándole otro diferente del que tenía' (*Usted **trastrocó** los términos de mi renuncia*; ***Se trastrocaron** todos sus planes*). Incorrecto: *transtrocar*, *transtrocarse*. Los postverbales de este último verbo son **trastrocamiento** (sust. m.), **trastrueco** (sust. m.) y **trastrueque** (sust. m.). Incorrecto: *transtrocamiento*, *transtrueco*, *transtrueque*, *trastueque*.

trastornador, ra. adj. 'Que trastorna'. Ú. t. c. sust. m. y f.: **el trastornador, la trastornadora**. Incorrecto: *transtornador*.

trastornar. v. tr. Entre otras denotaciones, 'perturbar el sentido, la conciencia o la conducta de uno, acercándolos a la anormalidad' (*La muerte de su hija la **trastornó***). Ú. t. c. prnl. Ú. t. en sent. fig. (***Se trastornó** por la muerte de la hija*). Incorrecto: *transtornar*. Sus postverbales son **trastornadura** (sust. f.), **trastornamiento** (sust. m.) y **trastorno** (sust. m.).

trastrás. sust. m. fam. 'El penúltimo en algunos juegos de muchachos'. Es palabra aguda. En plural, se transforma en grave: **trastrases**.

trastrocar. v. irreg. tr. Ú. t. c. prnl. Se conjuga como **trocar**. → **trastocar**

trasvenarse. v. prnl. 'Salir sangre de las venas'; fig. 'derramarse una cosa desperdiciándose'. Incorrecto: *transvenarse*.

trasver. v. irreg. tr. 'Ver a través de algo' (*Desde su habitación, **trasvió** las montañas*); 'ver mal y equivocadamente alguna cosa' (***Trasvé** esas letras*). Incorrecto: *transver*. Repárese en que, si bien **vio** y **ve** no llevan tilde, porque son monosílabos, **trasvió** y **trasvé** deben llevarla, porque son palabras bisílabas y agudas. Se conjuga como **ver**.

trasverter. v. irreg. intr. 'Rebosar un líquido por los bordes' (*En la copa, el champán **trasvierte***). Incorrecto: *transverter*, *trasvertir*. Se conjuga como **tender**.

trasvolar. v. irreg. tr. 'Pasar volando de una parte a otra' (*Los gorriones **trasvuelan***). Incorrecto: *transvolar*. Se conjuga como **sonar**.

trata. sust. f. 'Tráfico que consiste en vender seres humanos como esclavos'. En plural: **tra-**

tas. trata de blancas. 'Tráfico de mujeres, que consiste en atraerlas a los centros de prostitución para especular con ellas'.

tratadista. sust. com. 'Autor que escribe tratados sobre una materia determinada': **el tratadista, la tratadista**.

tratado. sust. m. Se escribe con mayúscula en sintagmas, como **Tratado de Versailles**; en los demás casos, con minúscula (*Firmarán un tratado*).

tratador, ra. adj. 'Que trata un negocio o materia'. Ú. t. c. sust. m. y f.: **el tratador, la tratadora**.

tratamiento. sust. m. Entre otras denotaciones, 'acción y efecto de tratar o tratarse' (*No recibe buen **tratamiento***); 'sistema de curación' (***tratamiento** homeopático*). Con la primera acepción, también puede decirse **trato** (sust. m.). La Academia ha incorporado recientemente este significado: 'Fase del proceso del guión cinematográfico consistente en desarrollar la sinopsis argumental antes de redactar el guión definitivo'.

tratante. p. a. de **tratar**. 'Que trata'. sust. m. 'El que se dedica a comprar mercaderías para revenderlas'. La Academia no registra, como sustantivo común de dos, la denotación de 'persona que se dedica a la trata de blancas': **el tratante de blancas, la tratante de blancas**, de uso frecuente.

tratar. v. tr. Entre otras denotaciones, 'manejar, gestionar o disponer algún negocio' (***Trata** asuntos importantes*). Ú. t. c. intr. y c. prnl. Rég. prep.: **tratar a** (***Trata a** Julia*); **tratar con** (***Tratará con** un excelente empresario*); **tratarse con** (***Se trató con** Sofía*); **tratar con** o **por** (***Trata** esa sustancia **con** o **por** otra sustancia*); **tratar de** (***Lo trató de** tonto*; *La **trata de** usted*; ***Trata de** enseñarles*; ***Tratas de** que lean*); **tratar de** o **sobre** (*El libro **trata de** o **sobre** las abejas*; también puede decirse ***acerca de** las abejas*); **tratar en** (***Trataba en** tejidos*). **se trata de + sustantivo** es una construcción impersonal (***Se trata de** un cantante mejicano*). La oración puede expresarse con sujeto; en este caso, se recurre al verbo **ser**: *El joven **es** un cantante mejicano*. Incorrecto: *El cantante <u>se</u> <u>trata</u> <u>de</u> un joven mejicano*. No deben usarse como sinónimos los sintagmas **tratarse de** y **tratar de**: *¿<u>De</u> qué <u>se</u> <u>trata</u> su última novela?* Correcto: ***¿De qué trata** su última novela?*

tratativa. sust. f. Argent. y Perú. 'Etapa preliminar de una negociación en la que comúnmente se discuten problemas laborales, políticos, económicos, etc.'. Ú. m. en pl. (*Estamos aún en **tratativas***).

trato. sust. m. Entre otras denotaciones, 'acción y efecto de tratar o tratarse'. **trato carnal**. 'Relación sexual'. **trato de gentes**. 'Experiencia y habilidad en la vida social' (*Esas personas tienen **trato de gentes***). **trato hecho**. Fórmula familiar con que 'se da por definitivo un convenio o acuerdo' (***¡Trato hecho!** Mañana le enviaré el televisor*).

trauma. sust. m. 'Traumatismo'. **trauma psíquico**. 'Choque emocional que deja una impresión duradera en la subconsciencia'. Es palabra grave. En plural: **traumas**.

traumatismo. sust. m. 'Lesión de los tejidos por agentes mecánicos' (*Sufrió **traumatismo** de cráneo*). También puede decirse **trauma** (sust. m.), pero la Academia prefiere la primera forma.

traumatizado, da. p. de **traumatizar**. No debe usarse el neologismo *<u>traumado</u>*.

traumatizar. v. tr. Ú. t. c. prnl. 'Causar trauma' (*Lo **traumatizaba** la oscuridad*). No debe usarse el neologismo *<u>traumar</u>*. → **cazar**

traumatólogo. sust. m. 'Especialista en traumatología'. Su femenino es **traumatóloga**.

travelín. sust. m. 'Desplazamiento de la cámara montada sobre ruedas para acercarla al objeto, alejarla de él o seguirlo en sus movimientos'. La Academia ha incorporado recientemente esta denotación: 'Plataforma móvil sobre la cual va montada dicha cámara' (*Para filmar la película, usaron un **travelín***). Es palabra aguda. En plural, se transforma en grave: **travelines**.

♦ **traveller's cheque** o **traveller's check.** Anglicismo. En español, debe decirse **cheque de viajero** o **de viaje**.

través. sust. m. Entre otras denotaciones, 'inclinación de una cosa hacia algún lado'; fig. 'desgracia' (*Sufrió un gran **través***). Con esta última denotación, su sinónimo es **revés** (sust.

m.). Es palabra aguda. En plural, se transforma en grave: **traveses**. **a través** o **de través**. locs. advs. 'En dirección transversal' (*Colocó la tela **a través** o **de través***). **a través de**. loc. adv. Denota que 'algo pasa de un lado a otro' (*Deslizó un alambre **a través de** la cerradura*); 'por entre' (*Pasó **a través de** la multitud*); 'por intermedio de' (*Consiguió el libro **a través de** su tío*).

travesaño. sust. m. 'Pieza de madera o hierro que atraviesa de una parte a otra'; 'almohada larga que ocupa toda la cabecera de la cama'. Con esta última denotación, también puede decirse **travesero** (sust. m.). La Academia ha incorporado recientemente este significado: 'En el fútbol y otros deportes, larguero horizontal del arco' (*La pelota pegó en el **travesaño***). También puede decirse **atravesaño** (sust. m.), pero la Academia prefiere la primera forma.

travesar. v. irreg. tr. p. us. 'Atravesar'. Ú. t. c. prnl. Se conjuga como **acertar**.

travesear. v. intr. Entre otras denotaciones, 'andar inquieto o revoltoso de una parte a otra'. No debe pronunciarse [travesiar, travesié]. También puede decirse **trebejar** (v. intr.). → **-ear**

travesero, ra. adj. 'Dícese de lo que se pone de través' (*soga **travesera***). No debe decirse <u>flauta traversa</u>, sino **flauta travesera**. sust. m. 'Travesaño'. → **travesaño**

travesía. sust. f. Entre otras denotaciones, 'camino transversal entre otros dos'. Argent. 'Región vasta, desierta y sin agua' (*El gaucho se perdió en la **travesía***). El **travesío** (sust. m.) es el 'sitio o terreno por donde se atraviesa'; la **traviesa** (sust. f.), una 'travesía o distancia entre dos puntos de tierra o de mar'.

♦ **travestí** o **travesti.** sust. m. Galicismo. 'Persona que, por inclinaciones anómalas, se viste con ropas del sexo contrario. Suelen formar parte de un espectáculo' (*El protagonista de esa obra es un **travestí** o **travesti***); 'este espectáculo' (*Asistieron a un **travestí** o **travesti***). En plural: **travestíes** o **travestís**; **travestis**. La Academia no registra esta voz en su ***Diccionario***. Aparece en el ***Manual*** con el indicador de su falta de sanción oficial. En la Argentina, se usa la acentuación grave: **travesti**.

travestido, da. p. de **travestir**. adj. 'Disfrazado o encubierto con un traje que hace que se desconozca al sujeto que lo usa' (*persona **travestida***). En el ***Diccionario Manual***, también se registra esta voz como sustantivo masculino con la denotación de 'travesti' y con el indicador de su falta de sanción oficial (*Juan es un **travestido***).

travestir. v. irreg. tr. Ú. m. c. prnl. 'Vestir a una persona con la ropa del sexo contrario' (*Laura **traviste** a Sergio*). Se conjuga como **pedir**.

travieso, sa. adj. Entre otras denotaciones, 'inquieto y revoltoso' (*niños **traviesos***). **a campo traviesa** o **a campo travieso**. loc. adv. → **campo**

traza. sust. f. Entre otras denotaciones, 'modo, apariencia o figura de una persona o cosa'. Ú. m. en pl. (*Mire qué **trazas** lleva esa joven*). Puede usarse con la denotación de 'huella, vestigio' (*Los perros siguieron las **trazas** de los drogadictos*). Incorrecto: <u>trasa</u>.

trazado, da. p. de **trazar**. adj. Suele usarse con los adverbios **bien** y **mal** para indicar que 'una persona tiene buena o mala disposición o compostura de cuerpo' (*¡Qué **mal trazado** es José!*). sust. m. 'Acción y efecto de trazar' (*el **trazado** de las rutas*); 'diseño para hacer un edificio u otra obra'. Con esta última denotación, es sinónimo de **traza** (sust. f.). 'Recorrido o dirección de un camino sobre el terreno' (*Siguieron el **trazado** del camino*). Incorrecto: <u>trasado</u>.

trazador, ra. adj. 'Que traza o idea una obra'. Ú. t. c. sust. m. y f.: **el trazador, la trazadora**.

trazar. v. tr. → **cazar**

trebejo. sust. m. 'Utensilio'. Ú. m. en pl. (*los **trebejos** de la cocina*). 'Juguete'; 'cada una de las piezas del juego de ajedrez'. Diminutivo: **trebejuelo**.

trébol. sust. m. 'Planta herbácea anual'. También recibe el nombre de **trifolio** (sust. m.), pero la Academia prefiere la primera forma. Es palabra grave. En plural, se transforma en esdrújula: **tréboles**. El sustantivo colectivo es **trebolar** (m.), 'terreno poblado de trébol'.

trece. adj. 'Diez y tres' (***trece** sillas*). Es ordinal con la denotación de 'decimotercio' (*año **trece**; **trece** aniversario*). Aplicado a los días del mes, ú. t. c. sust. m. (*el **trece** de diciembre*). sust. m. 'Conjunto de signos con que se representa el número trece' (*Escriban el **trece** en el cuaderno*). En plural: **treces**. **estarse**, **mantenerse** o **seguir** uno **en** sus **trece**. frs. figs. 'Persistir con pertinacia en una cosa que ha aprendido o empezado a ejecutar'; 'mantener a todo trance su opinión' (*A pesar de que le aconsejaron que no visitara al enfermo,* ***estuvo, se mantuvo*** *o* ***siguió en sus trece*** *y fue*). Un **trecenario** (sust. m.) es el 'número de trece días, continuados o interrumpidos, dedicados a un mismo objeto' (*Corregimos todos los exámenes durante un* ***trecenario***). → **número**

treceavo, va. adj. 'Dícese de cada una de las trece partes iguales en que se divide un todo'. Ú. t. c. sust. m. (*Le dará a su sobrina un* ***treceavo*** *de sus bienes*). Es un adjetivo numeral partitivo, no, ordinal, por lo tanto, es incorrecto decir *Leyó el capítulo treceavo*. Correcto: *Leyó el capítulo* ***decimotercero*** *o* ***trece***. También puede decirse **trezavo, va** (adj. Ú. t. c. sust. m.), pero la Academia prefiere la primera forma. → **trece**

trecho. sust. m. 'Espacio, distancia de lugar o tiempo'. **a trechos**. loc. adv. 'Con intermisión de lugar o tiempo' (*Recorrió el largo camino* ***a trechos***). **de trecho a trecho** o **de trecho en trecho**. locs. advs. 'De distancia a distancia, de lugar a lugar, de tiempo en tiempo' (*Se detenía* ***de trecho a trecho*** *o* ***de trecho en trecho*** *para descansar*).

tregua. sust. f. 'Suspensión de hostilidades entre los enemigos que están en guerra' (*Acordaron una* ***tregua*** *de quince días*); fig. 'descanso' (*¡Cuánto trabaja; no tiene* ***tregua****!*). **dar treguas**. fr. fig. 'Suspenderse o templarse mucho por algún tiempo el dolor u otra cosa que mortifica' (*La fiebre le* ***dio treguas***); fig. 'dar tiempo, no ser urgente algo' (*Le* ***dará treguas*** *para terminar el trabajo*).

treinta. adj. 'Tres veces diez' (***treinta*** *hojas*). Es ordinal con la denotación de 'trigésimo' (*fila* ***treinta***). Aplicado a los días del mes, ú. t. c. sust. m. (*el* ***treinta*** *de marzo*). sust. m. 'Conjunto de signos con que se representa el número treinta' (*No escribió* ***el treinta*** *como le dije*). En plural: **treintas**. Incorrecto: *trenta*, *trentaiúno*, *trentiúno*; *trentaidós*, *trentidós*; *trentaitrés*, *trentitrés*. Correcto: ***treinta y uno***, ***treinta y dos***, ***treinta y tres***. La **treintena** (sust. f.) es el 'conjunto de treinta unidades' (*Ya leyó una* ***treintena*** *de capítulos*). Un **treintanario** (sust. m.) es el 'número de treinta días, continuados o interrumpidos, dedicados a un mismo objeto, ordinariamente religioso' (*Ofrecieron a la Virgen un* ***treintanario*** *de oraciones*). → **número**

treintaidosavo, va. adj. 'Dícese de cada una de las treinta y dos partes iguales en que se divide un todo' (*la* ***treintaidosava*** *parte de su fortuna*). Incorrecto: *treintidosavo*, *trentidosavo*. Es adjetivo partitivo; no debe usarse como ordinal: *treintaidosavo aniversario*. Correcto: ***trigésimo segundo*** *o* ***trigesimosegundo*** *aniversario*. El ordinal también puede expresarse mediante **treintadoseno, na** (adj. Ú. t. c. sust. m. y f.).

treintavo, va. adj. 'Dícese de cada una de las treinta partes iguales en que se divide un todo'. Es adjetivo partitivo (*una* ***treintava*** *parte de sus bienes*); no debe usarse como ordinal (*el treintavo aniversario*). Correcto: *el* ***trigésimo*** *o el* ***treinta*** *aniversario*. La **treintena** (sust. f.) es 'cada una de las treintavas partes de un todo' (*Obtuvo una* ***treintena*** *de la recompensa*).

trematodo. adj. 'Dícese de ciertos gusanos platelmintos, como la duela'. Ú. t. c. sust. m.: **el trematodo**. sust. m. pl. 'Orden de estos animales': **los trematodos**.

tremedal. sust. m. 'Terreno pantanoso que retiembla cuando se anda sobre él'. También pueden decirse **tolla** (sust. f.), **tremadal** (sust. m.), **tembladal** (sust. m.), **tembladera** (sust. f.), **tembladeral** (sust. m. Argent.) y **tembladero** (sust. m.), pero la Academia prefiere las dos primeras formas. El **tolladar** (sust. m. colect.) es un 'lugar de tremedales o tollas'.

tremendista. adj. Entre otras denotaciones, la más usual es 'dícese del aficionado a contar noticias extremas y alarmantes'. Ú. t. c. sust. com.: **el tremendista, la tremendista**.

tremendo, da. adj. Entre otras denotaciones, 'terrible' (*Es un hombre* ***tremendo***). **tomarse las cosas a la tremenda**. fr. fig. y fam. 'Darles demasiada importancia' (*Cuando no tiene tiempo para hacer lo que desea,* ***se toma las cosas a la tremenda***).

tremó. sust. m. 'Adorno a manera de marco, que se pone a los espejos que están fijos en la pared'. En plural: **tremós**. También puede decirse **tremol** (sust. m.), pero la Academia prefiere la primera forma.

trémulo, la. adj. 'Que tiembla' (*anciana* ***trémula***); 'aplícase a cosas que tienen un movimiento o agitación semejante al temblor' (*la llama trémula de la vela*). No debe usarse como sinónimo de los adjetivos **acobardado, asustado, inquieto**. También pueden decirse **tremulante** (adj.) y **tremulento, ta** (adj.), pero la Academia prefiere la primera forma.

tren. sust. m. 'Medio de transporte'. Como sustantivo de valor colectivo, denota 'conjunto de instrumentos, máquinas y útiles que se emplean para realizar una misma operación o servicio' (***tren** de aterrizaje*). 'Lujo con que se vive'. Se usa en la expresión **tren de vida** (*Por el **tren de vida** que lleva, puede comprarse ese automóvil*). En plural: **trenes. a todo tren**. loc. adv. 'Sin reparar en gastos' (*Organizó la boda **a todo tren***). **perder el último tren.** fr. fig. y fam. 'Perder la última oportunidad' (*Al no aceptar ese cargo, **perdió el último tren***). Incorrecto: *Siempre está en tren de componer la radio* (galicismo). En español, debe decirse **en trance de** u **ocupado en**: *Siempre está **en trance de** u **ocupado en** componer la radio*.

trenza. sust. f. Diminutivo: **trencilla.**

trenzar. v. tr. 'Hacer trenzas' (***Trenzó** sus cabellos*). v. intr. En danza y en equitación, 'hacer trenzados'. La A.A.L. ha recomendado la incorporación, en el ***Diccionario***, de **trenzarse** (v. prnl. Argent.), 'involucrarse apasionada y súbitamente en una discusión o pelea' (*Después de algunas palabras ofensivas, Juan y Darío **se trenzaron***). → **cazar**

trepador, ra. adj. 'Que trepa' (*niños **trepadores***). fig. 'Que trepa sin escrúpulos en la escala social' (*En la empresa, Octavio es un empleado **trepador***). Ú. t. c. sust. m. y f.: **el trepador, la trepadora.** La Academia ha incorporado recientemente este último significado. 'Dícese de las plantas que trepan' (*plantas **trepadoras***); 'aplícase a las aves que trepan, como el cuclillo y el pico carpintero' (*aves **trepadoras***). Ú. t. c. sust. f. Como sustantivo femenino plural, significa 'orden de las aves trepadoras', clasificación en desuso, según la Academia.

trepajuncos. sust. m. 'Pájaro'. Para distinguir los sexos, debe recurrirse a las perífrasis **trepajuncos macho, trepajuncos hembra.** Es incorrecto usar esta palabra, en singular, sin **s** final: *el trepajunco*. En plural, no varía: **los trepajuncos**. También recibe el nombre de **arandillo** (sust. m.), voz preferida por la Academia.

trepar. v. intr. Ú. t. c. tr. 'Subir a un lugar alto con ayuda de los pies y las manos'; 'crecer y subir las plantas agarrándose a los árboles o a otros objetos mediante zarcillos, raicillas, etc.'. La Academia ha incorporado esta acepción: fig. y fam. 'Elevarse en la escala social ambiciosamente y sin escrúpulos' (*¡Cómo **ha trepado**!*). Rég. prep.: **trepar a** (***trepar a** los árboles*). Su postverbal es **trepa** (sust. f.). Su homónimo (v. tr.) denota 'taladrar'; 'guarnecer con adornos el bordado'.

treparriscos. sust. m. 'Ave trepadora'. Para distinguir los sexos, debe recurrirse a las perífrasis **treparriscos macho, treparriscos hembra.** Es incorrecto usar esta palabra, en singular, sin **s** final: ***el** treparrisco*. En plural, no varía: **los treparriscos.**

trepatroncos. sust. m. 'Pájaro'. Para distinguir los sexos, debe recurrirse a las perífrasis **trepatroncos macho, trepatroncos hembra.** Es incorrecto usar esta palabra, en singular, sin **s** final: ***el** trepatronco*. En plural, no varía: **los trepatroncos.** También recibe el nombre de **herrerillo** (sust. m.), voz preferida por la Academia.

trepidar. v. intr.. → **temblar**

tres. adj. 'Dos y uno' (***tres** lápices*). Es ordinal con la denotación de 'tercero, que sigue en orden al o a lo segundo' (*tomo **tres***). Aplicado a los días del mes o a los meses del año, ú. t. c. sust. m. (***el tres** de enero*). sust. m. 'Signo o conjunto de signos con que se representa el número tres' (*Escribió **un tres***); 'carta o naipe que tiene tres señales' (***el tres** de copas*). Como sustantivo de valor colectivo, denota 'conjunto de tres voces o de tres instrumentos' (***un tres** peruano*). Con esta última denotación, también puede decirse **trío** (sust. m. colect.). → **número**

trescientos, tas. adj. 'Tres veces ciento' (*Me costó **trescientos** pesos*). Es ordinal con la denotación de 'tricentésimo' (*expediente **trescientos***). sust. m. 'Conjunto de signos con que se representa el número trescientos' (*Escribió **el trescientos** en una pared*). En plural, es invariable: **los trescientos**. También puede escribirse **trecientos, tas** (adj. Ú. t. c. sust. m.), pero la Academia prefiere la primera forma. → **número**

tresillista. sust. com. 'Jugador de tresillo': **el tresillista, la tresillista.**

tresmesino, na. adj. 'De tres meses' (*bebé tresmesino*). También pueden decirse **tremesino, na** (adj.) y **tremés** (adj.). La Academia prefiere las dos primeras formas.

tri-. elem. compos. de or. lat. 'Tres' (*tricolor*).

tríada. sust. f. colect. 'Conjunto de tres seres o cosas estrecha o especialmente vinculados entre sí' (*Escribió una **tríada** de sustantivos*). También puede decirse **tríade** (sust. f. colect.), pero la Academia prefiere la primera forma. El adjetivo correspondiente es **triádico, ca**, 'perteneciente o relativo a la tríada'.

trial. sust. m. Voz inglesa (*trial*) españolizada. 'Prueba motociclista de habilidad realizada sobre terrenos accidentados, montañosos y con obstáculos preparados para dificultar más el recorrido'. En plural: **triales**. Esta voz ha sido recién incorporada en el ***Diccionario***.

triángulo, la. adj. 'De figura de triángulo' (*pañuelo **triángulo***). sust. m. 'Figura geométrica constituida por tres rectas que se cortan mutuamente formando tres ángulos' (*Dibuja un **triángulo***). Es palabra esdrújula. También puede decirse **trígono** (sust. m.), pero la Academia prefiere la primera forma.

trianual. adj. 'Que sucede o se repite tres veces al año' (*La publicación de la revista es **trianual***). Esta voz no está registrada en el ***Diccionario***, pero es de correcta formación. No debe confundirse su denotación con la de **trienal** (adj.). → **trienal**

triar. v. tr. 'Escoger'. v. intr. 'Entrar las abejas en una colmena y salir de ella' (*Las abejas **trían***). v. prnl. 'Clarearse una tela por usada o mal tejida'. Sus postverbales son **tría** (sust. f.) y **trío** (sust. m.). Se conjuga, en cuanto al acento, como **guiar**.

triásico, ca. adj. 'Dícese del terreno sedimentario más antiguo de los secundarios'. Ú. t. c. sust. m.: **el triásico**. 'Perteneciente a este terreno' (*roca **triásica***).

tribo-. elem. compos. de or. gr. 'Frote'; 'rozamiento' (*triboluminiscencia*).

tribu. sust. f. Es sustantivo colectivo con la denotación de 'conjunto de familias nómadas, por lo común del mismo origen, que obedecen a un jefe'. Es palabra grave. En plural: **tribus**. Los adjetivos correspondientes son **tribual**, voz preferida por la Academia, y **tribal**, 'perteneciente o relativo a la tribu'.

tribuir. v. irreg. tr. p. us. 'Atribuir'. Se conjuga como **huir**.

tribulación. sust. f. 'Congoja'; 'persecución o adversidad que padece el hombre'. Es palabra aguda. En plural, se transforma en grave: **tribulaciones**. También puede decirse **atribulación** (sust. f.), pero la Academia prefiere la primera forma.

tribuna. sust. f. Es sustantivo colectivo con la denotación figurada de 'conjunto de oradores políticos de un país, de una época, etc.' (*La **tribuna** política de esa época contó con grandes oradores*).

tribunal. sust. m. Es sustantivo colectivo con la denotación de 'conjunto de jueces ante el cual se efectúan exámenes, oposiciones y otros certámenes o actos análogos' (*El **tribunal** aprobó su examen*). Se escribe con mayúscula en sintagmas, como **Tribunal de Cuentas**.

tribunalicio, cia. adj. 'Perteneciente o relativo al tribunal'. Esta voz no está registrada en el ***Diccionario***, pero es de correcta formación. Adviértase que el sufijo **-icio, cia** denota 'perteneciente a', 'relacionado con'.

tributario, ria. adj. 'Perteneciente o relativo al tributo'. 'Que paga tributo o está obligado a pagarlo' (*persona **tributaria***). Ú. t. c. sust. m. y f.: **el tributario, la tributaria**. fig. 'Dícese del curso de agua en relación con el río o el mar adonde va a parar' (*aguas **tributarias***).

tricahue. sust. m. Chile. 'Loro grande'. Para distinguir los sexos, debe recurrirse a las perífrasis **tricahue macho, tricahue hembra**. Es palabra grave. En plural: **tricahues**.

tricentésimo, ma. adj. Es ordinal con la denotación de lo 'que sigue inmediatamente en orden al o a lo ducentésimo nonagésimo nono' (***tricentésimo** aniversario*). Es partitivo cuando significa 'dícese de cada una de las trescientas partes iguales en que se divide un todo' (*la **tricentésima** parte*). Ú. t. c. sust. m.: **el tricentésimo**.

tríceps. adj. 'Dícese del músculo que tiene tres porciones o cabezas' (*músculo **tríceps***). Ú. t.

c. sust. m.: **el tríceps**. En plural, no varía: **los tríceps**. → **bíceps**

triclínico, ca. adj. 'Dícese del sistema cristalográfico según el cual cristalizan la turquesa y varias plagioclasas'. Esta voz ha sido recién incorporada en el ***Diccionario***.

tricornio. adj. 'Que tiene tres cuernos' (*sombrero **tricornio***). Ú. t. c. sust. m.: **el tricornio**.

♦ **tricot.** Galicismo. En español, debe decirse **punto** o **malla**.

tricota. sust. f. Argent. 'Suéter, prenda de punto'.

tricotar. v. intr. Ú. t. c. tr. Voz francesa (*tricoter*) españolizada. 'Tejer a mano o con máquina tejedora' (***Tricotó** un suéter*).

tricotosa. sust. f. Voz francesa (*tricoteuse*) españolizada. 'Máquina para hacer tejido de punto' (*Tejió un vestido con la **tricotosa***); 'operaria que trabaja con esta máquina' (*La **tricotosa** terminó su trabajo*). Esta voz ha sido recién incorporada en el ***Diccionario***.

tricúspide. adj. (*válvula **tricúspide***). Ú. t. c. sust. f.: **la tricúspide**.

tridente. adj. 'De tres dientes' (*peineta **tridente***). sust. m. 'Cetro en forma de arpón, que tienen en la mano las figuras de Neptuno': **el tridente**. En plural: **tridentes**.

tridimensional. adj. 'De tres dimensiones' (*imagen **tridimensional***). Esta voz ha sido recién incorporada en el ***Diccionario***.

trienal. adj. 'Que sucede o se repite cada trienio' (*concurso **trienal***); 'que dura un trienio o tiempo de tres años' (*curso **trienal***). No debe confundirse su denotación con la de **trianual** (adj.). → **trianual**

trifurcarse. v. prnl. 'Dividirse una cosa en tres ramales, brazos o puntas' (*La rama **se trifurcó***). Su postverbal es **trifurcación** (sust. f.). → **sacar**

triga. sust. f. Es sustantivo de valor colectivo con la denotación de 'conjunto de tres caballos de frente que tiran de un carro'.

trigésimo, ma. adj. Es ordinal con la denotación de 'que sigue inmediatamente en orden al o a lo vigésimo nono' (*el **trigésimo** aniversario*); en cambio, es partitivo con la de 'dícese de cada una de las treinta partes iguales en que se divide un todo' (*el **trigésimo** trozo de torta*). Ú. t. c. sust. m.: **el trigésimo**. Como adjetivo, también pueden decirse **trecésimo, ma** (adj.) y **trenteno, na** (adj.), pero la Academia prefiere la primera forma.

triglifo. sust. m. 'Adorno del friso dórico'. Es palabra grave. También puede decirse **tríglifo**, voz esdrújula, pero la Academia prefiere la primera forma.

trigo. sust. m. Diminutivo: **triguillo**. El sustantivo colectivo es **trigal**, 'campo sembrado de trigo'. La voz **trigo** tiene, también, valor colectivo con el significado de 'conjunto de granos de esta planta'. **no ser trigo limpio**. fr. fig. y fam. 'No ser un asunto o la conducta de una persona tan intachable como a primera vista parece, o adolecer de un grave defecto' (*La actitud del jefe con los empleados revela que **no es trigo limpio***).

trigonal. adj. 'Dícese de un subsistema cristalográfico del hexagonal'. Esta voz ha sido recién incorporada en el ***Diccionario***.

trígono. sust. m. Tiene valor colectivo con la denotación de 'conjunto de tres signos del Zodíaco equidistantes entre sí' (*Aries, Leo y Sagitario, signos de fuego, forman un **trígono***).→ **triángulo**

triguero, ra. adj. 'Perteneciente o relativo al trigo' (*cosecha **triguera***); 'que se cría o anda entre el trigo'. No debe confundirse su denotación con la de **trigueño, ña** (adj.), 'de color del trigo, entre moreno y rubio' (*piel **trigueña***). El adjetivo **tritíceo, a** denota 'de trigo'; 'que participa de sus cualidades'. sust. m. 'El que comercia y trafica en trigo'. Su femenino es **triguera**. sust. m. 'Criba para zarandar el trigo': **el triguero**.

trilítero, ra. adj. 'De tres letras' (*palabra **trilítera***).

trilla. sust. f. 'Pez'. Para distinguir los sexos, debe recurrirse a las perífrasis **trilla macho, trilla hembra**. También recibe los nombres de **rubio** (sust. m.), voz preferida por la Academia, y de **trigla** (sust. f.). Sus homónimos (susts. fs.) denotan 'instrumento para trillar la mies' y 'acción y efecto de trillar'. → **trilladera**

trilladera. sust. f. 'Instrumento para trillar la

mies'. También pueden decirse **trilla** (sust. f.) y **trillo** (sust. m.).

trillador, ra. adj. 'Que trilla'. Ú. t. c. sust. m. y f.: **el trillador, la trilladora**. sust. f. 'Máquina para trillar' (*Puso en funcionamiento la nueva trilladora*).

trillizo, za. adj. 'Nacido de un parto triple' (*Nacieron niñas **trillizas***). Ú. t. c. sust. m. y f.: **el trillizo, la trilliza**. → **mellizo, cuatrillizo, quintillizo**

trillón. sust. m. 'Un millón de billones, que se expresa por la unidad seguida de dieciocho ceros'. Es palabra aguda. En plural, se transforma en grave: **trillones**. → **billón, millón**

trilobites. sust. m. 'Artrópodo marino fósil del paleozoico'. Es palabra grave. En plural, no varía: **los trilobites**.

trilogía. sust. f. Tiene valor colectivo. 'Conjunto de tres obras trágicas de un mismo autor, presentadas a concurso en los juegos solemnes de la Grecia antigua'; 'conjunto de tres obras literarias de un autor, que constituyen una unidad'. En plural: **trilogías**.

trimensual. adj. 'Que sucede o se repite tres veces al mes' (*Las reuniones son **trimensuales***). No debe confundirse su denotación con la de **trimestral** (adj.). → **trimestral, bimestral**

trímero, ra. adj. 'Dícese de ciertos insectos coleópteros, como la mariquita'. Ú. t. c. sust. m.: **el trímero**. sust. m. pl. 'Suborden de estos animales' (*Estudia **los trímeros***).

trimestral. adj. 'Que sucede o se repite cada tres meses'; (*recibos **trimestrales***); 'que dura tres meses' (*curso **trimestral***). No debe confundirse su denotación con la de **trimensual** (adj.). → **trimensual, bimensual**

trimestre. sust. m. 'Espacio de tres meses' (*Estuvo en Buenos Aires durante un **trimestre***); 'cantidad que se paga o se cobra cada trimestre' (*Cobraron **el trimestre***). Es sustantivo colectivo con la denotación de 'conjunto de números de un periódico o revista, publicados durante un trimestre' (*el segundo **trimestre** de la revista médica*). → **bimestre**

trinar. v. intr. 'En música, hacer trinos'; 'gorjear'; fig. y fam. 'rabiar'. Rég. prep.: **trinar de** (***Trinaba de** cólera*). **estar** alguien **que trina**. fr. 'Estar muy enojado' (*Juan **está que trina**, porque no le trajeron la mercadería que esperaba*).

trinca. sust. f. Es sustantivo de valor colectivo con las denotaciones de 'conjunto de tres cosas de una misma clase' (*Compró una **trinca** de utensilios plásticos*); 'conjunto de tres personas designadas para argüir recíprocamente en las oposiciones'; 'grupo o pandilla reducida de amigos' (*El muchacho japonés acaba de ingresar en nuestra **trinca***).

trincado, da. p. de **trincar**. sust. m. 'Embarcación pequeña': **el trincado**.

trincar. v. tr. 'Partir'; 'desmenuzar' (***Trincaba** el pan*). Uno de sus homónimos (v. tr.) denota 'atar fuertemente'; 'sujetar'; 'robar'; el otro (v. tr. fam.), 'tomar bebidas alcohólicas'. → **sacar**

trinchador, ra. adj. 'Que trincha'. También puede decirse **trinchante** (adj.). Ú. t. c. sust. m. y f.: **el trinchador, la trinchadora**.

trinchante. p. a. de **trinchar**. adj. 'Que trincha'. sust. m. Entre otras denotaciones, 'mueble de comedor que sirve para trinchar sobre él los alimentos'. Con este significado, también puede decirse **trinchero** (sust. m.). 'Instrumento para trinchar'.

trinidad. sust. pr. f. 'Distinción de tres personas divinas en una sola y única esencia, misterio inefable de la religión católica'. Debe escribirse con mayúscula (*la Santísima **Trinidad***). 'Orden religiosa aprobada y confirmada por Inocencio III en 1198' (*orden de la **Trinidad***). fig. 'Unión de tres personas en algún negocio'; en general, se usa despectivamente. Con esta última denotación, debe escribirse con minúscula (*¡Qué **trinidad** formaron para abrir la tienda!*). → **trisagio**

trinitario, ria. adj. 'Dícese del religioso o de la religiosa de la orden de la Trinidad' (*monja **trinitaria***). Ú. t. c. sust. m. y f.: **el trinitario, la trinitaria**. 'Natural de Trinidad (Cuba)'. Ú. t. c. sust. m. y f.

trinitrotolueno. sust. m. 'Producto derivado del tolueno en forma de sólido cristalino. Es un explosivo muy potente'. También puede decirse **trilita** (sust. f.), pero la Academia prefiere la primera forma.

trinquis. sust. m. fam. 'Trago de vino o licor'. Es palabra grave. En plural, no varía: **los trinquis**.

trío. sust. m. 'Composición para tres voces o instrumentos'. Es sustantivo colectivo con las denotaciones de 'conjunto de tres voces o instrumentos' (*Mañana debutará un **trío** chileno*) y de 'conjunto de tres personas o cosas' (*Lía, Hugo y Andrés forman un buen **trío***). Su homónimo (sust. m.) denota 'acción y efecto de triar'. → **triar**

triodo. sust. m. 'Válvula termiónica compuesta de tres electrodos'. Es palabra grave. No debe pronunciarse [tríodo] como esdrújula. En plural: **triodos**.

trióxido. sust. m. 'Cuerpo resultante de la combinación de un radical con tres átomos de oxígeno'. También puede decirse **tritóxido** (sust. m.), pero la Academia prefiere la primera forma.

tripa. sust. f. El sustantivo colectivo es **tripería** (f.). **hacer** uno **de tripas corazón**. fr. fig. y fam. 'Esforzarse para disimular el miedo, dominarse, sobreponerse en las adversidades' (*Cuando el fuego destruyó su casa, Cosme **hizo de tripas corazón***).

tripanosoma. sust. m. 'Cada uno de los flagelados parásitos, con una membrana ondulante, que engloba al flagelo adosado al borde del cuerpo. Provocan graves enfermedades infecciosas, transmitidas casi siempre por artrópodos'. Esta voz ha sido recién incorporada en el ***Diccionario***.

tripanosomiasis. sust f. 'Enfermedad producida por los tripanosomas'. En plural, no varía: **las tripanosomiasis**. Esta voz ha sido recién incorporada en el ***Diccionario***.

tripero. sust. m. 'El que vende tripas o mondongo'. Su femenino es **tripera**.

tripicallero. sust. m. 'El que vende tripicallos'. Su femenino es **tripicallera**.

tripicallos. sust. m. pl. 'Callos, guiso que se hace con pedazos de estómago de algunos animales'. → **plural (pluralia tantum)**

trípili. sust. m. 'Tonadilla española'. Es palabra esdrújula. No debe pronunciarse [tripili] como grave. En plural: **trípilis**.

triple. adj. 'Dícese del número que contiene a otro tres veces exactamente' (*El nueve es el número **triple** de tres*). Ú. t. c. sust. m.: **el triple**. Rég. prep.: **triple de** (*Gastó el **triple de** lo que ganó*). Incorrecto: *Gastó el triple <u>a</u> lo que ganó*. 'Dícese de la cosa que va acompañada de otras dos semejantes para servir a un mismo fin' (***triple** cerco*). También pueden decirse **tresdoble** (adj. Ú. t. c. sust. m.), **tríplice** (adj.) y **triplo, pla** (adj. Ú. t. c. sust. m.), pero la Academia prefiere la primera forma. La **triplicidad** (sust. f.) es la 'calidad de triple'. → **tiple**

triple. sust. m. Argent. 'Sándwich hecho con tres capas de miga de pan y dos de relleno' (*Come un **triple** de jamón y queso*). Esta voz no está registrada en el ***Diccionario***, pero la A.A.L. ha recomendado su incorporación.

triplicar. v. tr. Ú. t. c. prnl. Entre otras denotaciones, 'multiplicar por tres' (***Se triplicó** el presupuesto*). Su postverbal es **triplicación** (sust. f.). → **sacar**

trípode. sust. amb. 'Mesa, banquito, pebetero, etc., de tres pies': **el trípode** o **la trípode**. Se usa más como masculino. sust. m. 'Armazón de tres pies, para sostener instrumentos geodésicos, fotográficos, etc.'. Es palabra esdrújula. En plural: **trípodes**.

trípoli. sust. m. 'Roca silícea pulverulenta'. Es palabra esdrújula. En plural: **trípolis**. También puede decirse **trípol** (sust. m.; en plural: **trípoles**), pero la Academia prefiere la primera forma.

tripollas. sust. f. pl. 'Vientre de la merluza'. Esta voz ha sido recién incorporada en el ***Diccionario***. → **plural (pluralia tantum)**

tripón, na. adj. fam. 'Que tiene mucha tripa'. Ú. t. c. sust. m. y f.: **el tripón, la tripona**. También puede decirse **tripudo, da** (adj. Ú. t. c. sust. m. y f.), pero la Academia prefiere la primera forma.

tríptico. sust. m. Entre otras denotaciones, 'libro o tratado que consta de tres partes'; 'pintura, grabado o relieve distribuido en tres hojas'. No debe pronunciarse [trítico, tríctico]. No es sinónimo de **trilogía** (sust. f. colect.). → **trilogía**

triptongar. v. tr. 'Pronunciar tres vocales formando un triptongo' (***Triptongué** la "u", la "a" y la "u", cuando dije "guau"*). No debe pronunciarse [tritongar], un vulgarismo. → **pagar**

triptongo. sust. m. 'Conjunto de tres vocales

que forman una sola sílaba'. No debe pronunciarse [tritongo], un vulgarismo.

tripulación. sust. f. colect. 'Personas que van en una embarcación o en un avión, dedicadas a su maniobra y servicio' (*La **tripulación** da la bienvenida a los pasajeros del vuelo 702*). No debe confundirse su significado con el de **dotación** (sust. f. colect.), 'conjunto de personas asignadas al servicio de un buque de guerra o de una unidad policial o militar'; 'conjunto de individuos asignados al servicio de un establecimiento público, de una oficina, de una fábrica, de un taller, etc.' (*Una **dotación** de bomberos fue enviada al lugar del siniestro*).

tripulante. sust. com. 'Miembro de una tripulación': **el tripulante, la tripulante**.

triquinosis. sust. f. 'Enfermedad parasitaria, a veces mortal'. En plural, no varía: **las triquinosis**.

triquiñuela. sust. f. fam. 'Rodeo'. No debe pronunciarse [triquinuela].

triquitraque. sust. m. Entre otras denotaciones, 'ruido como de golpes repetidos y desordenados'. En plural: **triquitraques**.

tris. sust. m. Entre otras denotaciones, 'leve sonido que hace una cosa delicada al quebrarse'; fig. y fam. 'porción muy pequeña de tiempo o de lugar, causa u ocasión levísima'. En plural: **trises**. **en un tris**. loc. adv. fig. y fam. 'En peligro inminente' (*Su vida está **en un tris***). No es raro su uso con el significado de 'rápidamente' (*Haré este informe en un tris*), pero la Academia no registra esa denotación.

trisagio. sust. m. 'Himno en honor de la Santísima Trinidad, en el que se repite tres veces la palabra santo'. Incorrecto: *trisajio*.

trisar. v. intr. 'Cantar o chirriar la golondrina y otros pájaros'. No debe confundirse su grafía con la de su homófono **trizar** (v. tr.), 'hacer trizas'.

triscador, ra. adj. 'Que trisca'. sust. m. 'Instrumento de acero para triscar la sierra': **el triscador**.

triscar. v. intr. Entre otras denotaciones, 'hacer ruido con los pies o dando patadas'. v. tr. fig. 'Torcer los dientes de la sierra'. El postverbal que corresponde a esta última denotación es **trisque** (sust. m.). → **sacar**

trisecar. v. tr. En geometría, 'cortar o dividir algo en tres partes iguales. Se usa comúnmente hablando del ángulo'. Su postverbal es **trisección** (sust. f.). → **sacar**

trisemanal. adj. 'Que se repite tres veces por semana' (*Las clases son **trisemanales***); 'que se repite cada tres semanas' (*Mis primas me hacen visitas **trisemanales***). → **sacar**

trisílabo, ba. adj. 'De tres sílabas' (*La palabra "cántico" es **trisílaba***). Ú. t. c. sust. m.: **el trisílabo**. Como adjetivo, también puede usarse, en su reemplazo, **trisilábico, ca** (adj.).

trispasto. sust. m. 'Aparejo compuesto de tres poleas'. También puede decirse **tripastos** (sust. m.), pero la Academia prefiere la primera forma.

triste. adj. 'Entre otras denotaciones, 'afligido' (*anciana **triste***); 'melancólico' (*mirada **triste***); 'funesto' (*un **triste** fin*). Rég. prep.: **triste con** (*triste con la noticia*); **triste de** (*triste de aspecto*); **triste por** (*triste por la derrota*). sust. m. 'Canción popular de la Argentina, el Perú y otros países sudamericanos, por lo general amorosa y triste, que se acompaña con la guitarra' (*Cantó un **triste***). El adjetivo **tristón, na** denota 'un poco triste'.

tristeza. sust. f. También puede decirse **tristura** (sust. f.), pero la Academia prefiere la primera forma.

triturador, ra. adj. 'Que tritura'. Ú. t. c. sust. m. y f.: **el triturador, la trituradora**. sust. f. 'Máquina que sirve para triturar' (*Usa una **trituradora***).

triunfador, ra. adj. 'Que triunfa' (*atletas **triunfadores***). Ú. t. c. sust. m. y f.: **el triunfador, la triunfadora**. Como adjetivo, puede usarse, en su reemplazo, **triunfante**. No debe confundirse su denotación con la de **triunfalista** (adj. Ú. t. c. sust. com.), 'perteneciente o relativo al triunfalismo, actitud de sobrestimación de sí mismo respecto de los demás'. Incorrecto: *Juan gana todos los torneos; es un triunfalista*. Correcto: *Juan gana todos los torneos; es un **triunfador***.

triunfalista. adj. → **triunfador**

triunfalmente. adv. m. 'De modo triunfal' (*El partido de fútbol terminó **triunfalmente** para el equipo argentino*). También puede decirse **triunfantemente** (adv. m.), pero la Academia prefiere la primera forma.

triunfar. v. intr. Entre otras denotaciones, 'quedar victorioso'; fig. 'tener éxito'. Rég. prep.: **triunfar de** (***triunfar de** sus opositores*); **triunfar en** (***triunfar en** la vida*). Su postverbal es **triunfo** (sust. m.).

triunfo. sust. m. Entre otras denotaciones, 'victoria'; 'éxito'. Argent. 'Baile de pareja suelta e independiente, de coreografía variada, aunque estructurado siempre como danza de esquinas. En sus coplas, se repite el nombre de la danza a modo de estribillo'. **costar un triunfo** algo. fr. fam. 'Hacer un gran esfuerzo o sacrificio para alcanzarlo' (*Le **costó un triunfo** terminar la carrera*). **en triunfo**. loc. adv. 'Entre aclamaciones'. Se usa con los verbos **llevar**, **sacar**, **recibir**, etc. (***Llevaban en triunfo** a la Virgen por las calles del pueblo*).

trivalente. adj. En química, 'que funciona con tres valencias'. Esta voz ha sido recién incorporada en el ***Diccionario***. → **tetravalente**

trivializar. v. tr. 'Quitar importancia a algo' (***Trivializó** la renuncia del contador*). Esta voz ha sido recién incorporada en el ***Diccionario***. → **cazar**

-triz. suf. de or. lat., de adjetivos o sustantivos femeninos. 'Agente' (*automo**triz**, institu**triz***). Ha sido recién incorporado en el ***Diccionario***.

trizar. v. tr. → **cazar, trisar**

trocador, ra. adj. 'Que trueca una cosa por otra'. Ú. t. c. sust. m. y f.: **el trocador, la trocadora**.

trocánter. sust. m. 'Prominencia que algunos huesos largos tienen en su extremidad' (*el **trocánter** del fémur*); 'la segunda de las cinco piezas de que constan las patas de los insectos'. Es palabra grave. En plural, se transforma en esdrújula: **trocánteres**.

trocar. v. irreg. tr. Entre otras denotaciones, 'cambiar una cosa por otra'. v. prnl. 'Cambiar de vida'; 'permutar el asiento con otra persona'; 'mudarse enteramente algo' (*Con la noticia, se le **trocó** el color*). Rég. prep.: **trocar** una cosa **por** otra (***trocar** telas **por** zapatos*); **trocarse** algo **en** otra materia (***trocarse** la plata **en** oro*). La irregularidad en la conjugación de este verbo reside en que diptonga la **o** de la raíz en **ue**, cuando cae allí el acento, en presente de indicativo (***trueco**, **truecas**, **trueca**, **truecan***), presente de subjuntivo (***trueque**, **trueques**, **trueque**, **truequen***) e imperativo (***trueca***). Sus postverbales son **trueque** (sust. m.) y **trueco** (sust. m.). Su homónimo (sust. m.) denota un 'instrumento de cirugía': **el trocar**. Incorrecto: <u>*trócar*</u>.

trocatinta. sust. f. fam. 'Trueque equivocado o confuso'. En plural: **trocatintas**.

trocatinte. sust. m. 'Color de mezcla o tornasolado'. En plural: **trocatintes**.

trocear. v. tr. 'Dividir en trozos' (***Trocea** el pollo*); 'inutilizar un proyectil abandonado haciéndolo explotar' (*Un policía **troceó** la granada*). No debe pronunciarse [trociar, trocié]. Su postverbal es **troceo** (sust. m.). → **-ear, trozar**

trocha. sust. f. 'Vereda o camino angosto'; 'camino abierto en la maleza'. Diminutivo: **trochuela**. Argent. 'En las vías férreas, distancia entre los rieles' (*Hay vías de **trocha** angosta, y otras, de **trocha** ancha*). Esta última denotación ha sido recién incorporada en el ***Diccionario***.

trochemoche (a). loc. adv. fam. 'Disparatada e inconsideradamente'. También puede decirse **a troche y moche**, locución preferida en la Argentina. La Academia se inclina por la primera forma.

trociscar. v. tr. 'Reducir algo a trociscos, trozos que se hacen de la masa formada de varios ingredientes medicinales'. → **sacar**

tróclea. sust. f. 'Polea'. Con esta denotación, también puede decirse **trocla** (sust. f.). 'Articulación en forma de polea, que permite que un hueso adyacente pueda girar en el mismo plano'. Es palabra esdrújula. En plural: **trócleas**. Esta voz ha sido recién incorporada en el ***Diccionario***.

trofeo. sust. m. Es sustantivo de valor colectivo con la denotación de 'conjunto de armas e insignias militares agrupadas con cierta simetría y visualidad' (*Mostraba el **trofeo** con orgullo*).

-trofia. elem. compos. de or. gr. 'Alimentación' (*a**trofia***). Ha sido recién incorporado en el ***Diccionario***.

-trofo, fa. elem. compos. de or. gr. 'Que se alimenta' (*heterótrofo*). Ha sido recién incorporado en el ***Diccionario***.

trofólogo. sust. m. 'Persona versada en trofología, ciencia de la nutrición'. Su femenino es **trofóloga**. Las voces **trofología**, **trofólogo** y **trofóloga** han sido recién incorporadas en el ***Diccionario***.

troglodita. adj. Entre otras denotaciones, 'que habita en cavernas'. Ú. t. c. sust. com.: **el troglodita, la troglodita**. sust. m. 'Género de pájaros dentirrostros'.

troj. sust. f. También pueden decirse **troje** (sust. f.) y **trox** (sust. f.), pero la Academia prefiere la primera forma. En plural: **trojes** (para la primera y la segunda forma), **las trox** (para la tercera).

trojero. sust. m. 'El que cuida de las trojes o las tiene a su cargo'. Su femenino es **trojera**.

trol. sust. m. Voz noruega (*troll*) españolizada. 'En la mitología escandinava, monstruo maligno que habita en bosques o grutas'. En plural: **troles**. Esta voz ha sido recién incorporada en el ***Diccionario***.

trolebús. sust. m. 'Ómnibus de tracción eléctrica, que toma la corriente de un cable aéreo por medio de un trole doble'. Es palabra aguda. En plural, se transforma en grave: **trolebuses**. No debe usarse la grafía inglesa *trolley bus*. La Academia no registra **trole** como abreviación de este sustantivo, sino con la denotación de 'pértiga de hierro que sirve para transmitir a los vehículos de tracción eléctrica la corriente del cable conductor'. La A.A.L. ha recomendado la incorporación del argentinismo **trole** (sust. m.) con la denotación de 'trolebús'.

trolero, ra. adj. fam. 'Mentiroso' (*mujer trolera*). Ú. t. c. sust. m. y f.: **el trolero, la trolera**.

tromboangitis. sust. f. 'Inflamación de la túnica íntima de un vaso sanguíneo, con producción de coágulo'. En plural, no varía: **las tromboangitis**.

tromboflebitis. sust. f. 'Inflamación de las venas, con formación de coágulos de sangre'. En plural, no varía: **las tromboflebitis**.

trombón. sust. m. 'Instrumento musical'; 'músico que toca este instrumento' (*Ariel es un buen trombón*). La Academia no lo registra como sustantivo común de dos. Es palabra aguda. En plural, se transforma en grave: **trombones**.

trombosis. sust. f. 'Proceso de formación de un coágulo en el interior de un vaso sanguíneo'. Incorrecto, en singular: la trombosi. En plural, no varía: **las trombosis**.

trompa. sust. f. Entre otras denotaciones, 'instrumento musical'; 'trompo'. Diminutivo: **trompeta**. sust. m. 'El que toca la trompa' (*Carlos es un gran trompa*). La Academia no lo registra como sustantivo común de dos.

trompazo. sust. m. Entre otras denotaciones, 'golpe dado con el trompo'; fig. 'cualquier golpe recio'. Aumentativo: **trompón**. También pueden decirse **trompada** (sust. f. fam.) y **trompis** (sust. m. fam.; en plural, no varía: **los trompis**), pero la Academia prefiere la primera forma.

trompear. v. intr. 'Jugar al trompo' (*Los niños trompeaban*). En América, suele usarse **trompar** (v. intr.). v. tr. 'Dar trompadas' (*Ese hombre trompeó al muchacho*). No debe pronunciarse [trompiar, trompié]. → **-ear**

trompeta. sust. f. Entre otras denotaciones, 'instrumento musical'. Diminutivo: **trompetilla**. El sustantivo colectivo es **trompetería** (f.), 'conjunto de varias trompetas'. sust. m. 'El que toca la trompeta' (*Pedro es un **trompeta** en la orquesta*). La Academia no lo registra como sustantivo común de dos. Con esta denotación, también pueden decirse **trompetero** (sust. m.), **trompetera** (sust. f.) y **trompetista** (sust. com.). Esta última voz ha sido recién incorporada en el ***Diccionario***.

trompetada. sust. f. fam. 'Clarinada'. Incorrecto: trompeteada. También puede decirse **trompetazo** (sust. m.).

trompetear. v. intr. fam. 'Tocar la trompeta' (*Luis **trompetea** todo el día*). v. tr. 'Pregonar una noticia' (*Ya **trompeteó** que compramos una casa*). No debe pronunciarse [trompetiar, trompetié]. Su postverbal es **trompeteo** (sust. m.). → **-ear**

trompetero. sust. m. 'El que hace trompetas'; 'el que se dedica a tocar la trompeta'. Su femenino es **trompetera**. sust. m. 'Pez'. Para distinguir los sexos, debe recurrirse a las perífrasis **trompetero macho, trompetero hembra**.

trompicar. v. tr. Entre otras denotaciones, 'hacer tropezar a uno violenta y repetidamente'. v. intr. 'Dar pasos tambaleantes, tumbos o vaivenes'. → **sacar**

trompicón. sust. m. 'Cada tropezón o paso tambaleante de una persona'. Es palabra aguda. En plural, se transforma en grave: **trompicones**. **a trompicones**. loc. adv. 'A tropezones, a empujones, a golpes' (*Caminaba* ***a trompicones***); 'con dificultades' (*Terminó la carrera de ingeniería* ***a trompicones***).

trompo. sust. m. Entre otras denotaciones, 'peón o peonza'. Diminutivo: **trompico**. Aumentativo: **trompón**. También puede decirse **trompa** (sust. f.).

tronar. v. irreg. intr. impers. 'Haber o sonar truenos' (*Anoche* ***tronó***). v. intr. 'Causar ruido o estampido' (*Los cañones* ***truenan***). fig. y fam. 'Perder uno su caudal'. Ú. t. c. prnl. (*Nuestra fortuna* ***tronó*** *o* ***se tronó***). **tronar con** alguien. fr. fig. y fam. 'Reñir, apartarse de su trato o amistad' (*Federico* ***tronó con*** *Daniel*). Se conjuga como **sonar**.

troncar. v. tr. 'Truncar'. → **sacar**

tronchante. p. a. de **tronchar**. 'Que troncha'. adj. fam. 'Gracioso, que produce risa' (*¡Qué chiste* ***tronchante***!). Esta voz ha sido recién incorporada en el ***Diccionario***.

tronco. sust. m. Aumentativo: **troncón**.

tronzado, da. p. de **tronzar**. sust. m. 'Operación que consiste en cortar en trozos maderos, barras y otras piezas enterizas': **el tronzado**. Esta voz ha sido recién incorporada en el ***Diccionario***.

tronzador. sust. m. 'Sierra con un mango en cada uno de sus extremos'. También puede decirse **tronzadera** (sust. f.), voz recién incorporada en el ***Diccionario***, pero la Academia prefiere la primera forma.

tronzar. v. tr. Entre otras denotaciones, 'dividir o hacer trozos'. fig. 'Rendir de fatiga corporal'. Ú. t. c. prnl. → **cazar**

tropa. sust. f. colect. 'Turba'; despect. 'gentecilla'; 'gente militar'. Amér. Merid. 'Recua de ganado'. Argent. y Urug. 'Ganado que se conduce de un punto a otro'. Argent. 'Caravana de carretas que se dedicaban al comercio'. sust. f. pl. 'Conjunto de cuerpos que componen un ejército, división, guarnición, etc.': **las tropas**.

tropel. sust. m. Es sustantivo colectivo con los significados de 'muchedumbre que se mueve en desorden ruidoso' y de 'conjunto de cosas mal ordenadas o colocadas sin concierto'. Con la denotación de 'aceleración confusa y desordenada', puede usarse, en su reemplazo, **tropelía** (sust. f.). La voz **tropel** es palabra aguda. En plural, se transforma en grave: **tropeles**. **en tropel**. loc. adv. 'Con movimiento acelerado y violento'; 'yendo muchos sin orden, confusamente' (*Los jinetes cabalgaban* ***en tropel***).

tropeoláceo, a. adj. 'Dícese de ciertas plantas angiospermas dicotiledóneas, como la capuchina'. Ú. t. c. sust. f.: **la tropeolácea**. sust. f. pl. 'Familia de estas plantas' (*Estudia* ***las tropeoláceas***). También puede decirse **tropeoleo, a** (adj.), pero la Academia prefiere la primera forma.

tropero. sust. m. Argent. y Urug. 'Conductor de tropas, de carretas o de ganado, especialmente vacuno'.

tropezador, ra. adj. 'Que tropieza con frecuencia'. Ú. t. c. sust. m. y f.: **el tropezador, la tropezadora**. También puede decirse **tropezón, na** (adj. fam.), pero la Academia prefiere la primera forma. → **tropezón**

tropezar. v. irreg. intr. Entre otras denotaciones, 'dar con los pies en un estorbo que pone en peligro de caer'; fig. y fam. 'hallar casualmente una persona a otra'. Ú. t. c. prnl. v. prnl. 'Rozarse las bestias una mano con la otra'. Rég. prep.: **tropezar con, contra** o **en** algo (***Tropezó con***, ***contra*** *o* ***en*** *una roca*); **tropezarse con** alguien (***Se tropezó con*** *Juan*). Sus postverbales son **tropezadura** (sust. f.) y **tropezón** (sust. m.). Se conjuga como **comenzar**.

tropezón, na. adj. fam. 'Tropezador'. Generalmente, se usa respecto de las caballerías. sust. m. Entre otras denotaciones, 'aquello en que se tropieza'. **a tropezones**. loc. adv. fig. y fam. 'Con impedimentos y tardanzas' (*Estudia* ***a tropezones***).

trópico, ca. adj. 'Perteneciente o relativo al tropo; figurado' (*lenguaje* ***trópico***). sust. m. 'Cada uno de los dos círculos menores que se consideran en la esfera celeste, paralelos al Ecuador y que tocan a la Eclíptica en los puntos de intersección de ésta con el coluro de los solsticios'. El **trópico de Cáncer** pertenece al hemisferio boreal, y el **trópico de Capricornio**, al austral. Repárese en que la voz **trópico** se escribe con minúscula. 'Cada uno de los dos círculos menores que se consideran en la Tierra en correspondencia con los dos de la esfera celeste'.

tropilla. sust. f. colect. Argent. 'Conjunto de yeguarizos guiados por una madrina'.

tropopausa. sust. f. 'Zona de discontinuidad entre la troposfera y la estratosfera, cuya altitud varía, aproximadamente, con la latitud y las estaciones del año, entre 18 kilómetros en el Ecuador y 6 kilómetros en los polos. Su estructura no es regular, sino que presenta escalones de discontinuidad'. Esta voz ha sido recién incorporada en el ***Diccionario***.

troposfera. sust. f. 'Zona inferior de la atmósfera, hasta la altura de 12 kilómetros, donde se desarrollan los meteoros aéreos, acuosos y algunos eléctricos'. Es palabra grave. No debe pronunciarse [tropósfera] como esdrújula.

troquelado, da. p. de **troquelar**. sust. m. 'Acción y efecto de troquelar'. En biología, 'impronta o impregnación'.

trotacalles. sust. com. fam. 'Persona muy callejera': **el trotacalles, la trotacalles**. Es incorrecto usar esta voz, en singular, sin **s** final: *el trotacalle, la trotacalle*. En plural, no varía: **los trotacalles, las trotacalles**.

trotaconventos. sust. f. fam. 'Alcahueta, tercera, celestina'. Es incorrecto usar esta voz, en singular, sin **s** final: *la trotaconvento*. En plural, no varía: **las trotaconventos**.

trotamundos. sust. com. 'Persona aficionada a viajar y a recorrer países': **el trotamundos, la trotamundos**. Es incorrecto usar esta voz, en singular, sin **s** final: *el trotamundo, la trotamundo*. En plural, no varía: **los trotamundos, las trotamundos**.

trotar. v. intr. Entre otras denotaciones, 'ir el caballo al trote'. En el ***Diccionario Manual***, se registra **trotear** (v. intr.) con el indicador de su falta de sanción oficial. La 'acción continuada de trotar' es la **trotonería** (sust. f.).

trote. sust. m. 'Modo de caminar acelerado, natural a todas las caballerías'; fig. 'trabajo apresurado y fatigoso' (*Soy demasiado viejo para esos* ***trotes***). **a** o **al trote**. loc. adv. fig. 'Aceleradamente' (*El caballo iba* ***a*** o ***al trote***; *Siempre hace sus tareas* ***a*** o ***al trote***). **para todo trote**. loc. fig. y fam. 'Para uso diario y continuo' (*Quiere comprar un pantalón* ***para todo trote***). → **trotar**

trotón, na. adj. 'Aplícase a la caballería cuyo paso ordinario es el trote' (*caballo* ***trotón***). sust. m. 'Caballo, animal' (*Cuida mucho a su* ***trotón***).

trotskismo. sust. m. 'Teoría y práctica política de León Trotski'. Esta voz no está registrada en el ***Diccionario***. Aparece en el ***Manual*** con el indicador de su falta de sanción oficial.

trotskista. adj. 'Perteneciente o relativo al trotskismo' (*teoría* ***trotskista***); 'partidario del trotskismo' (*estudiantes* ***trotskistas***). Ú. t. c. sust. com.: **el trotskista, la trotskista**. Esta voz no está registrada en el ***Diccionario***. Aparece en el ***Manual*** con el indicador de su falta de sanción oficial.

♦ **troup** o **troupe**; **trup** o **trupe.** Galicismos. En español, debe decirse **compañía de cómicos** o **artistas de circo**.

♦ **trousseau.** Galicismo. En español, debe decirse **ajuar**.

trovador, ra. adj. 'Que trova'. Ú. t. c. sust. m. y f.: **el trovador, la trovadora**. sust. m. 'Poeta provenzal de la Edad Media'; 'persona que improvisa o canta trovos'. Con esta última denotación, también puede decirse **trovero** (sust. m.). sust. m. y f. 'Poeta'; 'poetisa'. Con este significado, también puede decirse **trovista** (sust. com.), pero la Academia prefiere la primera forma. El adjetivo correspondiente es **trovadoresco, ca**, 'perteneciente o relativo a los trovadores'.

trovero. sust. m. 'Poeta de la lengua de oíl, en la literatura francesa medieval'. sust. m. y f. 'Persona que improvisa o canta trovos': **el trovero, la trovera**.

Troya. sust. pr. f. **ahí, allí** o **aquí fue Troya**. expr. fig. y fam. Da a entender que 'sólo han quedado las ruinas y señales de una población o edificio', o 'indica un acontecimiento desgraciado o ruidoso' (*Después del incendio de la fábrica,* ***allí fue Troya***); 'momento en que estalla el conflicto o la dificultad en el asunto o el hecho de que se trata' (*Cuando comenzó la discusión,* ***ahí fue Troya***). También se usa con otros tiempos del verbo **ser**. **arda Troya**. expr. fig. y fam. Denota 'propósito o determinación de hacer alguna cosa sin reparar en las consecuencias o resultados' (*Aunque intenten impedirlo, haré el negocio y **arda Troya***).

trozar. v. tr. 'Romper, hacer pedazos'. → **cazar, trocear**

trozo. sust. m. Entre otras denotaciones, 'pedazo' (*un **trozo** de torta*; *un **trozo** de parque*; *un **trozo** de texto*). Diminutivo: **trocito**.

truca. sust. f. 'Máquina para realizar efectos ópticos y sonoros especiales en las películas cinematográficas o de televisión'. Esta voz ha sido recién incorporada en el ***Diccionario***.

trucar. v. intr. 'Hacer el primer envite en el juego del truque'; 'hacer trucos en este juego y en el de billar'. v. tr. 'Disponer o preparar algo con ardides o trampas que produzcan el efecto deseado' (***trucar** imágenes fotográficas*). Su postverbal es **trucaje** (sust. m.). → **sacar, retrucar**

trucha. sust. f. 'Pez'. Diminutivo: **truchuela**. Para distinguir los sexos, debe recurrirse a las perífrasis **trucha macho, trucha hembra**. sust. com. fig. y fam. 'Persona astuta': **el trucha, la trucha**. Con esta última denotación, también puede usarse **truchimán, na** (sust. m. y f. fam. Ú. t. c. adj.).

truchero, ra. adj. 'Dícese de los ríos donde abundan las truchas' (*ríos **trucheros***). sust. m. y f. 'Persona que pesca o vende truchas': **el truchero, la truchera**.

truchimán. sust. m. 'Trujimán'; 'trucha'. Su femenino es **truchimana**. Ú. t. c. adj. → **trucha**

trucho, cha. adj. fam. 'Falso, fraudulento' (*contrato **trucho***); fam. 'poco convincente, preparado para salir del paso' (*Su investigación es **trucha***). Esta voz no está registrada en el ***Diccionario***, pero la A.A.L. ha recomendado su incorporación.

truco. sust. m. Entre otras denotaciones, 'trampa'. Argent. 'Variedad del truque, juego de naipes, muy popular en el Río de la Plata'. Su homónimo (sust. m.) denota 'cencerro grande'. → **truque**

trué. sust. m. 'Especie de lienzo delgado y blanco'. En plural: **trués**.

trueno. sust. m. Entre otras denotaciones, 'estruendo asociado al rayo, producido en las nubes por una descarga eléctrica'. El **tronido** (sust. m.) es el 'trueno de las nubes'.

trueque. sust. m. 'Intercambio directo de bienes y servicios, sin mediar la intervención de dinero'. En plural: **trueques**. **a** o **en trueque**. loc. adv. 'En cambio' (*Le daré **a** o **en trueque** algunos libros de mi biblioteca*). También pueden decirse **trueco** (sust. m.) y **a** o **en trueco** (loc. adv.), pero la Academia prefiere las primeras formas.

trufador, ra. adj. 'Que miente'. Ú. t. c. sust. m. y f.: **el trufador, la trufadora**.

truhán, na. adj. 'Dícese de la persona que vive de engaños y estafas'; 'dícese de quien procura hacer reír con bufonadas o patrañas'. Ú. t. c. sust. m. y f.: **el truhán, la truhana**. Incorrecto: <u>*truán*</u>. Los sustantivos colectivos son **truhanería** (f.) y **truhanada** (f.), 'conjunto de truhanes'. El adjetivo correspondiente es **truhanesco, ca**, 'propio de truhán'.

truhanear. v. intr. 'Estafar con engaños' (*Fue encarcelado, porque **truhaneaba** a los jubilados*); 'decir chanzas propias de un truhán'. No debe pronunciarse [truhaniar, truhanié]. → **-ear**

trujamán. sust. m. p. us. 'Intérprete'. Su femenino es **trujamana**. sust. m. 'El que aconseja o media en el modo de ejecutar compras, ventas o cambios'. También puede decirse **trujimán, na** (sust. m. y f. p. us.), pero la Academia prefiere la primera forma. El 'oficio de trujamán' es la **trujamanía** (sust. f.).

trujamanear. v. intr. 'Ejercer de trujamán'; 'trocar unos géneros por otros'. No debe pronunciarse [trujamaniar, trujamanié]. → **-ear**

trullo. sust. m. 'Ave palmípeda'. Para distinguir los sexos, debe recurrirse a las perífrasis **trullo macho, trullo hembra**.

truncar. v. tr. 'Cortar una parte a algo'; fig. 'dejar incompleto el sentido de lo que se escribe o se lee'; fig. 'interrumpir una acción o una obra' (***Truncó** la novela en el segundo capítulo*). fig. 'Quitar a alguien las ilusiones o las esperanzas'. Ú. t. c. prnl. (***Se truncaron** sus aspiraciones*). También puede decirse **troncar** (v. tr.), pero la Academia prefiere la primera forma. Su postverbal es **truncamiento** (sust. m.). → **sacar**

truque. sust. m. 'Juego de naipes'. → **retruque**

truquero. sust. m. 'El que tiene a su cargo y cuidado una mesa de trucos o suerte del juego de billar'. La Academia no registra **truquero, ra** (adj. fam.), 'aficionado al truco, juego de naipes' (*hombres* ***truqueros***; *mujeres* ***truqueras***). La A.A.L. ha recomendado su incorporación.

truquiflor. sust. m. 'Juego de naipes'. Es palabra aguda. En plural, se transforma en grave: **truquiflores**.

trusas. sust. f. pl. Voz francesa (*trousses*) españolizada. 'Calzones que se sujetaban a mitad del muslo'. → **plural** (**pluralia tantum**). En la Argentina, suele usarse **trusa**, en singular, con la denotación de 'prenda interior elástica que cubre desde la cintura hasta las nalgas o, incluso, la parte superior de las piernas. Es menos ceñida que la faja'. La Academia no registra esta voz.

♦ **trust.** Anglicismo. Forma abreviada de *trust company*. Según Seco, la Academia propuso adaptar la voz inglesa al español en la forma **truste** (sust. m.), pero no la registra en la última edición de su ***Diccionario***; sí, en la de 1984: 'Unión de sociedades o de empresas con el objeto de dominar el mercado para imponer precios y condiciones de venta'. Esta última forma aparece en el ***Manual*** con el significado de 'organismo resultante de la concentración de un grupo de empresas que delegan sus acciones en favor de una acción común; por extensión, se ha aplicado a diferentes tipos de grupos de empresas'. Junto a este significado, figura el indicador de su falta de sanción oficial. En plural: **trustes**.

♦ **tsé-tsé.** Galicismo. La voz proviene de un dialecto bantú. En español, debe decirse **mosca del sueño**. Si se usa el vocablo extranjero, debe entrecomillarse.

tú. Pronombre personal de segunda persona en género masculino o femenino, y número singular. En la oración, cumple la función de sujeto (***Tú*** *viajarás al Japón*), de vocativo (*¡Eh,* ***tú****, trae esos paquetes!*) y de predicativo (*El niño del sombrero verde eres* ***tú***). En español, no es necesario que el verbo lleve siempre unido el pronombre sujeto **tú**, pues éste se halla explícito en su desinencia (*Viajarás al Japón*; *¡Eh, trae esos paquetes!*). Este pronombre no debe emplearse con la preposición **a**: *¿A tú qué te impide hacerlo?* (uso regional). En este caso, toma la forma **ti**. Correcto: *¿****A ti*** *qué te impide hacerlo?* Sí, puede usarse con otras preposiciones o voces equivalentes: ***Entre tú*** *y yo, no hay secretos*; ***Según tú****, la vida de campo es la mejor*; ***Excepto tú****, todos viajamos a Europa*; ***Incluso tú*** *nos mentiste*. Cuando se usa la preposición **con**, no se dice *con tú*, sino **contigo**. **de tú por tú**. loc. adv. 'Tuteándose' (*Terminaron la reunión* ***de tú por tú***). **más eres tú**. expr. fam. con que se rechaza una calificación injuriosa (*Si yo soy un energúmeno,* ***más eres tú***). **tratar**, **hablar** o **llamar de tú** a uno. frs. 'Tutearlo' (*Cuando le presentaron al gerente, lo* ***trató****, le* ***habló*** *o lo* ***llamó de tú***). Ú. t. c. prnl. **tratarse**, **hablarse** o **llamarse de tú**. frs. figs. 'Ser las personas aludidas de análogo nivel cultural, de conductas o éticas parecidas'. Se usa, generalmente, con valor peyorativo (*Elvira y Teresa* ***se tratan****,* ***se hablan*** *o* ***se llaman de tú***). **tu, tus**. Pronombres posesivos. Son apócopes de **tuyo, tuya, tuyos, tuyas**. Se usan antepuestos al sustantivo (***tu*** *hijo*; ***tus*** *libros*). → **vos**

♦ **tualet** o **tualeta.** Barbarismos. En español, corresponde decir **aseo**, **baño**, **cuarto de aseo**, **escusado**, **lavabo**, **retrete**, **tocador**.

tuatúa. sust. f. 'Árbol americano'. En plural: **tuatúas**.

tuberculosis. sust. f. 'Enfermedad producida por el bacilo de Koch'. Incorrecto, en singular: *la tuberculosi*. En plural, no varía: **las tuberculosis**.

tuberculoso, sa. adj. 'Perteneciente o relativo al tubérculo'; 'de figura de tubérculo'. 'Que tiene tubérculos' (*planta* ***tuberculosa***); 'que padece tuberculosis' (*niños* ***tuberculosos***). Ú. t. c. sust. m. y f.: **el tuberculoso, la tuberculosa**.

tubiano, na. adj. Urug. → **tobiano**

tubo. sust. m. El sustantivo colectivo es **tubería** (f.), 'conjunto de tubos'.

tubular. adj. 'Perteneciente al tubo'; 'de forma de tubo' (*recipiente* ***tubular***; *calderas* ***tubulares***). Con esta última denotación, también pueden decirse **tubuliforme** y **tubuloso, sa** (adjs.).

tucán. sust. m. 'Ave americana trepadora'. Para distinguir los sexos, debe recurrirse a las perífrasis **tucán macho**, **tucán hembra**. Es palabra aguda. En plural, se transforma en grave:

tucanes. En Colombia, el Ecuador y Venezuela, recibe el nombre de **diostedé** (sust. m.); en Colombia, también, el de **yátaro** (sust. m.). sust. pr. m. 'Constelación cercana al polo antártico': **el Tucán**. Con esta denotación, debe escribirse con mayúscula.

tuciorista. adj. 'Aplícase a la persona que sigue el tuciorismo, doctrina de teología moral'. Ú. t. c. sust. com.: **el tuciorista, la tuciorista**.

tuco. sust. m. Argent. 'Insecto luminoso como el cocuyo, pero con la fuente de luz en el abdomen'. Perú. 'Especie de búho'. Con ambos significados, para distinguir los sexos, debe recurrirse a las perífrasis **tuco macho, tuco hembra**. Su homónimo (sust. m. Argent. y Urug.) denota 'salsa de tomate cocida con cebolla, orégano, perejil, ají, etc., con la que se acompañan o condimentan platos, como pastas, polenta, arroz, etc.' (*Comió un plato de tallarines con* ***tuco***).

tucúquere. sust. m. Chile. 'Búho de gran tamaño'. Para distinguir los sexos, debe recurrirse a las perífrasis **tucúquere macho, tucúquere hembra**. Es palabra esdrújula. En plural: **tucúqueres**.

tucura. sust. f. Voz del portugués brasileño (*tucura*). Argent. y Par. 'Langosta'. Para distinguir los sexos, debe recurrirse a las perífrasis **tucura macho, tucura hembra**.

tucutuco. sust. m. Amér. Merid. 'Mamífero semejante al topo'. Para distinguir los sexos, debe recurrirse a las perífrasis **tucutuco macho, tucutuco hembra**. En plural: **tucutucos**. El sustantivo colectivo es **tucutuzal** (m. Amér. Merid.), 'terreno en el que abundan las cuevas de los tucutucos'.

tudesco, ca. adj. 'Natural de cierto país de Alemania en la Sajonia inferior'; 'alemán'. Ú. t. c. sust. m. y f.: **el tudesco, la tudesca**. No debe usarse el italianismo <u>*tedesco*</u>.

tuerto, ta. p. irreg. de **torcer**. adj. 'Falto de la vista en un ojo'. Ú. t. c. sust. m. y f.: **el tuerto, la tuerta**. Rég. prep.: **tuerto de** (***tuerto del*** *ojo derecho*). sust. m. 'Agravio'. sust. m. pl. 'Dolores después del parto' (*Después del nacimiento de su hijo, sufrió* ***tuertos***). Con este significado, también puede decirse **entuertos** (sust. m. pl.). **deshacer tuertos**. fr. 'Deshacer agravios'. En la Argentina, se usa el sintagma **deshacer entuertos**. → **plural (pluralia tantum)**

tuétano. sust. m. 'Médula'; 'parte interior de una raíz o del tallo de una planta'. No deben confundirse la grafía y la denotación de esta voz con las de **tétanos** o **tétano** (sust. m.). → **tétanos**. **hasta los tuétanos**. loc. adv. fig. y fam. 'Hasta lo más íntimo de la parte física o moral del hombre' (*La quiere* ***hasta los tuétanos***).

tufillas. sust. com. fam. 'Persona que se enoja fácilmente': **el tufillas, la tufillas**. En plural, no varía: **los tufillas, las tufillas**.

tui. sust. m. Argent. 'Loro pequeño, verde claro, con plumas anaranjadas y azules en la cabeza'. Para distinguir los sexos, debe recurrirse a las perífrasis **tui macho, tui hembra**. En plural: **tuis**.

tul. sust. m. 'Tejido delgado y transparente de seda, algodón o hilo, que forma malla'. En plural: **tules**.

tulipán. sust. m. 'Planta herbácea'; 'su flor'. Es palabra aguda. En plural, se transforma en grave: **tulipanes**.

tullido, da. p. de **tullir** o **tullirse**. adj. 'Que ha perdido el movimiento del cuerpo o de alguno de sus miembros'. Ú. t. c. sust. m. y f.: **el tullido, la tullida**.

tullir. v. intr. 'Arrojar el excremento las aves de rapiña'. v. tr. 'Hacer que alguien pierda el movimiento de su cuerpo o de alguno de sus miembros' (***Tulló*** *la pierna del niño a golpes*). Ú. t. c. prnl. Incorrecto: <u>*tullio*</u>, <u>*tullió*</u>, <u>*tullia*</u>, <u>*tulliera*</u> o <u>*tulliese*</u>, <u>*tulliere*</u>, <u>*tullie*</u>, <u>*tulliendo*</u>. Correcto: ***tullo***, ***tulló***, ***tulla***, ***tullera*** *o* ***tullese***, ***tullere***, ***tulle***, ***tullendo***. Su postverbal es **tullimiento** (sust. m.). → **bruñir**

tumba. sust. f. Entre otras denotaciones, 'sepulcro'. Diminutivo: **tumbilla**. Aumentativo: **tumbón** (sust. m.). **ser** alguien **una tumba**. fr. fig. y fam. 'Guardar celosamente un secreto' (*Te cuento esto, porque sé que* ***eres una tumba***). El adjetivo correspondiente es **tumbal**, 'perteneciente o relativo a la tumba o sepulcro'.

tumbador, ra. adj. 'Que tumba'. sust. m. 'Obrero que corta madera para construcciones o carpintería de armar' (*Llegaron los* ***tumbadores***). 'Bongó'. Ú. m. en pl. Esta voz ha sido recién incorporada en el ***Diccionario***.

tumbaga. sust. f. Voz árabe españolizada. 'Liga metálica muy quebradiza, compuesta de oro y de igual o menor cantidad de cobre, que se emplea en joyería'; 'sortija hecha de esta liga'; 'anillo de la mano'. Aumentativo: **tumbagón** (sust. m.).

tumbar. v. tr. Entre otras denotaciones, 'derribar a una persona o cosa'. v. intr. 'Caer, rodar por tierra'. Rég. prep.: **tumbar a** (*tumbar al suelo*); **tumbar en** (*tumbar en tierra*). v. prnl. 'Echarse, especialmente a dormir'. Rég. prep.: **tumbarse a** (*tumbarse a descansar*); **tumbarse en** (*tumbarse en tierra*).

tumbón, na. adj. fam. 'Socarrón'. fam. 'Perezoso'. Ú. t. c. sust. m. y f.: **el tumbón, la tumbona**. sust. f. 'Silla con largo respaldo y con tijera'. → **hamaca**, **reposera**

tumefacción. sust. f. 'Hinchazón de una parte del cuerpo'. Es palabra aguda. En plural, se transforma en grave: **tumefacciones**. No debe pronunciarse [tumefación], un vulgarismo. También puede usarse, en su reemplazo, **tumoración** (sust. f.).

tumor. sust. m. También puede decirse **tumoración** (sust. f.), pero la Academia prefiere la primera forma. El adjetivo correspondiente es **tumoral**, 'perteneciente o relativo a los tumores', voz recién incorporada en el *Diccionario*. El adjetivo **tumoroso, sa** denota 'que tiene varios tumores'.

tumultuoso, sa. adj. 'Que causa o levanta tumultos' (*multitud tumultuosa*); 'que está o se efectúa sin orden ni concierto' (*reunión tumultuosa*). También puede decirse **tumultuario, ria** (adj.), pero la Academia prefiere la primera forma.

tun. sust. m. Guat. 'Tambor que usan los indios'; 'baile antiguo de los indios quichés'. En plural: **tunes**.

tuna. sust. f. 'Planta cactácea'. El sustantivo colectivo es **tunal** (m.), 'sitio donde abunda esta planta'. El homónimo (sust. f.) denota 'vida holgazana' y, como sustantivo colectivo, 'grupo de estudiantes que forman un conjunto musical'. El 'componente de una tuna' se llama **tuno** (sust. m.). La Academia no registra el género femenino de esta última voz.

tunante. p. a. de **tunar** o 'andar vagando en vida holgazana y libre'. 'Que tuna' (*jóvenes tunantes*). Ú. t. c. sust. com.: **el tunante, la tunante**. adj. 'Pícaro, taimado'. Su femenino es **tunanta** (adj.). Ú. t. c. sust. m. y f.: **el tunante, la tunanta**. Diminutivos: **tunantuelo, tunantuela** (adjs. fams. Ú. t. c. susts. m. y f. respectivamente). Con esta última denotación, pueden usarse, en su reemplazo, **tunarra** (adj. fam.) y **tuno, na** (adj. Ú. t. c. sust. m. y f.). La 'acción propia de tunantes' es la **tunantada** (sust. f.) o la **tunantería** (sust. f.). La 'calidad de tunante', la **tunería** (sust. f.).

tunantear. v. intr. 'Hacer vida de tunante'. No debe pronunciarse [tunantiar, tunantié]. → **-ear**

tundear. v. tr. 'Azotar'. No debe pronunciarse [tundiar, tundié]. → **-ear**

tundidor. sust. m. 'El que tunde los paños'. Su femenino es **tundidora**. adj. 'Dícese de la máquina que sirve para tundir los paños'. Ú. t. c. sust. f.: **la tundidora**.

tundir. v. tr. fig. y fam. 'Castigar con golpes, palos o azotes' (*Luis tundía a sus enemigos*). El participio activo es **tundente**, 'que tunde'. Su postverbal es **tunda** (sust. f.). En la Argentina, es de uso común la expresión **dar una tunda** a alguien (*Le dieron una tunda al ladrón*), no registrada en el *Diccionario*. Su homónimo (v. tr.) denota 'cortar o igualar con tijera el pelo de los paños'. Sus postverbales son **tunda** (sust. f.), **tundición** (sust. f.), **tundido** (sust. m.), voz recién incorporada en el *Diccionario*, y **tundidura** (sust. f.).

tunear. v. intr. 'Hacer vida de tuno o pícaro'; 'proceder como tal'. No debe pronunciarse [tuniar, tunié]. → **-ear**

tunecino, na. adj. 'Natural de Túnez' (*hombres tunecinos*). Ú. t. c. sust. m. y f.: **el tunecino, la tunecina**. 'Perteneciente o relativo a esta ciudad y región de África' (*calles tunecinas*). También puede decirse **tunecí** (adj. Ú. t. c. sust. com.), pero la Academia prefiere la primera forma. 'Dícese de cierta clase de punto que se hace con la aguja de gancho' (*punto tunecino*).

túnel. sust. m. 'Paso subterráneo abierto artificialmente'. Es palabra grave. En plural, se transforma en esdrújula: **túneles**. La A.A.L. ha recomendado la incorporación, en el *Diccionario*, del siguiente significado: sust. m. Argent. 'En los estadios de fútbol, paso subterráneo que comunica la entrada en el campo de juego con los vestuarios'.

tungal. sust. m. colect. Argent. 'Plantación de tung'. Esta voz no está registrada en el ***Diccionario***, pero la A.A.L. ha recomendado su incorporación.

tungsteno. sust. m. 'Cuerpo simple, metálico, de color gris de acero'. Número atómico 74. Símbolo: ***W*** (sin punto). También pueden usarse **volframio, wólfram** o **wolframio** (susts. ms.).

túnica. sust. f. Entre otras denotaciones, 'vestidura sin mangas'. → **pichi, jumper**

tunicado, da. adj. 'Envuelto por una túnica' (*cuerpo **tunicado***). 'Dícese de ciertos animales procordados con cuerpo blando, como la salpa'. Ú. t. c. sust. m.: **el tunicado**. sust. m. pl. 'Clase de estos animales': **los tunicados**.

tuntún (al o **al buen).** loc. adv. fam. 'Sin cálculo ni reflexión'; 'sin conocimiento del asunto' (*Todo lo hace **al tuntún** o **al buen tuntún***).

tupé. sust. m. 'Copete, cabello que cae sobre la frente'; fig. y fam. 'atrevimiento' (*María tuvo el **tupé** de decirle a Luis que no servía para la tarea que desempeñaba*).

tupí. adj. 'Dícese de los indios que dominaban la costa del Brasil al llegar allí los portugueses' (*indio **tupí***). Ú. m. c. sust. com. y en pl.: **los tupís, las tupís**. La Academia aclara que el plural es **tupís**. 'Perteneciente o relativo a estos indios' (*costumbres **tupís***). sust. m. 'Lengua de estos indios, que pertenece a la gran familia guaraní, llamada también tupí-guaraní' (*Hablaban el **tupí***). También puede usarse el sustantivo masculino **tupí-guaraní** (*Hablaban el **tupí-guaraní***), pero la Academia prefiere la primera forma.

tupidez. sust. f. 'Calidad de tupido' (*la **tupidez** de la tela*). Es palabra aguda. En plural, se transforma en grave: **tupideces**.

tupir. v. tr. Ú. t. c. prnl. 'Apretar mucho algo cerrando sus poros o intersticios'. v. prnl. 'Hartarse de una comida o de una bebida'. Rég. prep.: **tupirse de** (***Se tupió de** pollo y **de** vino*). El participio es **tupido** (adj.). Sus postverbales son **tupa** (sust. f.) y **tupición** (sust. f.).

tur. sust. m. La Academia ha incorporado recientemente esta denotación: 'Excursión, gira o viaje por distracción' (*Organizaron un **tur** a Europa*). sust. m. p. us. 'Período o campaña de servicio obligatorio de un marinero'. En plural: **tures**. No debe usarse la voz francesa *tour*.

turba. sust. f. colect. 'Muchedumbre de gente confusa y desordenada' (*Una **turba** de obreros ocupó la fábrica*). También puede decirse **turbamulta** (sust. f. fam.). Su homónimo (sust. f.) denota 'combustible fósil' (*La **turba** es de color pardo oscuro*) y 'estiércol mezclado con carbón mineral'. El 'sitio donde yace la turba, combustible' es la **turbera** (sust. f.), voz preferida por la Academia, o el **turbal** (sust. m.).

turbación. sust. f. 'Acción y efecto de turbar o turbarse; 'confusión'. Es palabra aguda. En plural, se transforma en grave: **turbaciones**. También puede decirse **turbamiento** (sust. m.).

turbador, ra. adj. 'Que causa turbación' (*niños **turbadores***). Ú. t. c. sust. m. y f.: **el turbador, la turbadora**.

turbio, bia. adj. Entre otras denotaciones, 'alterado por algo que quita la transparencia' (*agua **turbia***). sust. m. pl. 'Hez de un líquido, principalmente del aceite o del vino': **los turbios**. También puede decirse **túrbido, da** (adj.), pero la Academia prefiere la primera forma. La 'calidad de turbio' es la **turbidez** (sust. f.), la **turbiedad** (sust. f.) o la **turbieza** (sust. f.).

turbión. sust. m. 'Aguacero con viento fuerte' (*Un **turbión** azotó la ciudad*). Es sustantivo colectivo con las denotaciones figuradas de 'multitud de cosas que caen de golpe' (*un **turbión** de granizo*) y de 'multitud de cosas que vienen juntas violentamente y ofenden y lastiman' (*un **turbión** de insultos*). Es palabra aguda. En plural, se transforma en grave: **turbiones**.

turbit. sust. m. Voz árabe españolizada. 'Planta trepadora asiática'; 'raíz de esta planta'. Es palabra aguda. En plural, se transforma en grave: **turbites**.

turbo-. elem. compos. de or. lat. En nombres de máquinas, denota que 'el motor es una turbina' (***turbo**generador*).

turbohélice. sust. m. 'Motor de aviación en que una turbina mueve la hélice'. Es palabra esdrújula. En plural: **turbohélices**. También puede decirse **turbopropulsor** (sust. m.), pero la Academia prefiere la primera forma.

turborreactor. sust. m. 'Motor de reacción del que es parte funcional una turbina de gas'. Incorrecto: turboreactor. Es palabra aguda. En plural, se transforma en grave: **turborreactores**.

turbulento, ta. adj. 'Turbio'; 'confuso, alborotado' (*mar* ***turbulento***). La Academia ha incorporado recientemente estos significados: fig. 'Dícese de la persona agitadora, que promueve disturbios' (*hombres* ***turbulentos***). Ú. t. c. sust. m. y f.: **el turbulento, la turbulenta**. 'Dícese del régimen de una corriente fluida cuya velocidad varía rápidamente en dirección y magnitud; su característica más notable es la formación de remolinos'.

turcople. adj. 'Aplícase a la persona nacida de padre turco y de madre griega'. Ú. t. c. sust. com.: **el turcople, la turcople**.

♦ **turf.** Anglicismo. En español, debe decirse **carreras de caballos**. → **hípico**

turgente. adj. 'Abultado, elevado'; 'aplícase al líquido que hincha alguna parte del cuerpo'. Su sinónimo es **túrgido, da** (adj.), pero sólo se usa en poesía.

turificar. v. tr. Es sinónimo de **incensar** (v. tr.), voz preferida por la Academia. → **sacar**

turista. sust. com. 'Persona que recorre un país por distracción y recreo': **el turista, la turista**.

turmequé. sust. m. Col. 'Juego de origen indígena'. Es palabra aguda. En plural: **turmequés**.

turnar. v. intr. Ú. t. c. prnl. Rég. prep.: **turnarse en** (***turnarse en*** *el trabajo*).

turnio, nia. adj. 'Dícese de los ojos torcidos' (*ojos* ***turnios***). 'Que tiene los ojos torcidos' (*mujer* ***turnia***); fig. 'que mira con demasiada severidad' (*hombre* ***turnio***). Ú. t. c. sust. m. y f.: **el turnio, la turnia**.

turno. sust. m. Entre otras denotaciones, 'vez, tiempo u ocasión de hacer una cosa por orden'. **de turno**. loc. adj. 'Dícese de la persona o cosa a la que corresponde actuar en cierto momento, según la alternativa previamente acordada' (*odontólogo* ***de turno***; *farmacia* ***de turno***).

turpial. sust. m. 'Nombre que se da a varias especies de aves de la familia de los ictéridos'. En América, se dice **trupial** (sust. m.). En Venezuela, **turupial** (sust. m.). La Academia prefiere la primera forma.

turquí. adj. desus. 'Perteneciente a Turquía' (*mujer* ***turquí***). Respecto de **azul turquí**, ú. t. c. sust. m. (*Me agrada el* ***turquí*** *de tu blusa*). También puede decirse **turquesado, da** (adj.), pero la Academia prefiere la primera forma.

turronero. sust. m. 'El que hace o vende turrón'. Su femenino es **turronera**.

turubí. Argent. 'Planta aromática'. Es palabra aguda. En plural: **turubíes** o **turubís**.

turulato, ta. adj. fam. 'Alelado'. También puede decirse **tirulato, ta** (adj.), pero la Academia prefiere la primera forma.

tururú. sust. m. 'En algunos juegos, acción de reunir un jugador tres cartas del mismo valor'. Es palabra aguda. En plural: **tururúes** o **tururús**.

tus (no decir o **sin decir** uno**) ni mus.** fr. fig. y fam. 'Sin decir palabra' (*Se quedó tan sorprendida, que* ***no dijo tus ni mus***; *Se quedó* ***sin decir tus ni mus***). En la Argentina, esta frase suele simplificarse (*Cuando lo interrogaron,* ***no dijo ni mus*** o ***no dijo ni mu***).

tusa. sust. f. Argent. y Chile. 'Crines del caballo'. Argent. 'Acción y efecto de tusar las crines'. Con esta última denotación, también pueden decirse **tuse** (sust. m. Argent.) y **tuso** (sust. m. Argent.). La Academia no registra, para estas tres voces, otro significado, cuya incorporación recomienda la A.A.L.: 'La crin del caballo una vez recortada'.

tusar. v. tr. Amér. 'Trasquilar'. Argent. 'Cortar las crines del caballo según un modelo determinado'. Esta denotación ha sido recién incorporada en el ***Diccionario***.

tuse. sust. m. Argent. → **tusa**

tuso. sust. m. fam. 'Perro'; 'voz para llamar o espantar a los perros'. Su femenino es **tusa**.

tusón. sust. m. 'Potro que no ha llegado a dos años'. Su femenino es **tusona**. Incorrecto: tuzón.

tute. sust. m. 'Juego de naipes'. En plural: **tutes**.

tutear. v. tr. 'Hablar a uno empleando el pronombre de segunda persona' (*El niño **tutea** a su maestra*). Ú. t. c. prnl. No debe pronunciarse [tutiar, tutié]. Repárese en que **tutear** no es sinónimo de **vosear** (v. tr.), es decir, no denota 'tratar de vos a una persona', sino de tú. Su postverbal es **tuteo** (sust. m.). → **-ear**, **vosear**

tutela. sust. f. 'Autoridad del tutor'. También puede decirse **tutoría** (sust. f.), pero la Academia prefiere la primera forma.

tutelar. v. tr. 'Ejercer la tutela' (*Pedro **tutela** a sus dos sobrinos*). No debe usarse, como sinónimo, **tutorar** (v. tr.), 'poner tutores o rodrigones a las plantas': *Pedro tutora a sus dos sobrinos*. El postverbal es **tutelaje** (sust. m.). Su homónimo (adj. Ú. t. c. sust. com.) denota 'que guía, ampara o defiende' (*madre **tutelar***).

tutor. sust. m. Entre otras denotaciones, 'el que ejerce la tutela' (*El padre es **tutor** de sus hijos menores de edad*). Su femenino es **tutora**. El 'cargo de tutor' es la **tutoría** (sust. f.) o la **tutela** (sust. f.). sust. m. 'Rodrigón' (*El jardinero clava un **tutor** junto al arbusto para que crezca derecho*).

♦ **tutti frutti.** Italianismo. En español, debe decirse **frutas variadas**. En el ***Diccionario Manual***, se registra **tutifruti** (sust. m.), 'helado de varias frutas', con el indicador de su falta de sanción oficial.

tutú. sust. m. Argent. 'Ave de rapiña, con plumaje verde en el lomo, azul en el pecho, y manchas negras por la cabeza, las alas y la cola'. Para distinguir los sexos, debe recurrirse a las perífrasis **tutú macho**, **tutú hembra**. Su homónimo (sust. m.; voz francesa españolizada) denota 'faldellín usado por las bailarinas de danza clásica'. Ambas palabras son agudas y tienen el mismo plural: **tutúes** o **tutús**.

tuturutú. sust. m. 'Sonido de la corneta'. Es palabra aguda. En plural: **tuturutúes** o **tuturutús**.

tuyo, ya. Pronombre posesivo de segunda persona en género masculino y femenino. 'De ti'. En la oración, funciona como adjetivo, pero puede sustantivarse (*Este es **mi auto**; ¿cuál es el **tuyo**?*). En plural: **tuyos**, **tuyas** (*¿Cuándo regresarán **los tuyos** de España?*). En este último ejemplo, el artículo masculino plural **los** sustantiva al adjetivo para denotar 'los familiares'. Se usa también como neutro; en este caso, lo sustantiva el artículo neutro **lo** (***Lo tuyo** también me pertenece*). Delante de sustantivos masculinos o femeninos, se apocopa y adopta las formas **tu**, **tus** (***tu** auto*; ***tu** hermana*; ***tus** planes*; ***tus** valijas*). → **tu. la tuya**. loc. fam. con que se indica que ha llegado la ocasión favorable a la persona de que se trata. Ú. m. con el verbo **ser** (*Debes apresurarte, hoy **es la tuya***).

♦ **tweed.** Anglicismo. En español, debe decirse **tejido de lana**, **mezcla** o **mezclilla**. Si se usa la voz inglesa, debe entrecomillarse. Ésta aparece registrada en el ***Diccionario Manual*** como sustantivo masculino ('Paño escocés de lana virgen procedente de las Hébridas Exteriores') y con el indicador de su carácter de extranjerismo.

♦ **twist.** Anglicismo ('torsión del tobillo'). El vocablo inglés, que no tiene equivalente en español, aparece registrado en el ***Diccionario Manual*** como sustantivo masculino y como extranjerismo: 'Baile de origen estadounidense que surgió en 1961 y que se caracteriza por un rítmico balanceo'. Cuando se usa, debe entrecomillarse.

u. Vigésima segunda letra del abecedario español. Su nombre es **u** (sust. f.): **la u.** En plural: **úes**. Incorrecto: <u>us</u>. Es letra muda en las sílabas **gue** (*guerrero*), **gui** (*guinda*), **que** (*querido*), **qui** (*quimera*). Cuando en **gue**, **gui** tiene sonido, debe llevar diéresis (*agüero*, *agüita*).

u. conj. disyunt. Se usa en lugar de **o** ante palabras que empiezan con esta vocal o con **ho** (*Lo explicará Gustavo u Olga*; *¿Pondrás flores u hojas como adorno?*). → **o**

ubajay. sust. m. Argent. 'Árbol de la familia de las mirtáceas'; 'su fruto'. Es palabra aguda. En plural: **ubajáis**.

ubérrimo, ma. adj. superl. 'Muy abundante y fértil' (*campos **ubérrimos***). Nótese que se escribe sin **h**.

ubí. sust. m. Cuba. 'Planta, especie de bejuco'. Es palabra aguda. En plural: **ubíes** o **ubís**.

ubicar. v. intr. 'Estar en determinado lugar' (*Esa ciudad **se ubica** en Bolivia*). Ú. m. c. prnl. v. tr. Amér. 'Situar o instalar en determinado lugar' (***Ubicó** la ciudad en el mapa*; ***Ubicaré** el cuadro en esa pared*). No debe usarse como sinónimo de **conocer** (v. tr.) o de **reconocer** (v. tr.): *No <u>ubico</u> a esa señora*. Correcto: *No **conozco** o no **reconozco** a esa señora*. Su postverbal es **ubicación** (sust. f.). → **sacar**

ubicuo, cua. adj. 'Que está presente a un mismo tiempo en todas partes. Dícese, principalmente, de Dios' (*Dios es **ubicuo***); fig. 'aplícase a la persona que todo lo quiere presenciar y vive en continuo movimiento'. Repárese en que no lleva tilde, porque es palabra grave terminada en vocal. Incorrecto: <u>ubícuo</u>. La 'calidad de ubicuo' es la **ubicuidad** (sust. f.), y la 'cualidad de ubicuo', la **ubiquidad** (sust. f.). Distínganse sus distintas grafías y pronunciaciones.

ubiquitario, ria. adj. 'Dícese del individuo de una secta del protestantismo que niega la transustanciación y afirma que Jesucristo está presente en la Eucaristía y en todas partes'. Ú. t. c. sust. m. y f.: **el ubiquitario, la ubiquitaria**.

ubre. sust. f. 'Cada una de las tetas de la hembra, en los mamíferos'. Tiene valor colectivo con la denotación de 'conjunto de ellas'. Incorrecto: <u>el ubre</u>.

ucase. sust. m. 'Decreto del zar'; fig. 'orden gubernativa, injusta y tiránica'; 'por extensión, mandato tajante'. Nótese que es palabra grave. Incorrecto: <u>úcase</u>, <u>úkase</u>, <u>ukase</u>, <u>ukaze</u>.

uchu. sust. m. Perú. 'Ají, guindilla americana'. Es palabra grave. En plural: **uchus**. En la edición de 1984, del ***Diccionario***, está registrada como voz aguda: **uchú**.

ucraniano, na. adj. 'Natural de Ucrania'. Ú. t. c. sust. m. y f.: **el ucraniano, la ucraniana**. 'Perteneciente o relativo a este país'. También puede decirse **ucranio, nia** (adj.), pero la Academia prefiere la primera forma. sust. m. 'Su lengua' (*La niña hablaba **el ucraniano***).

ucronía. sust. f. 'Reconstrucción lógica, aplicada a la historia, dando por supuestos acontecimientos no sucedidos, pero que habrían podido suceder'. No debe pronunciarse [ucronia]. Esta voz ha sido recién incorporada en el ***Diccionario***.

-udo, da. suf. de or. lat., de adjetivos derivados de sustantivos. 'Abundancia'; 'gran tamaño'; 'intensidad de lo significado por la base' (*peludo*, *panzudo*, *confianzudo*). Ha sido recién incorporado en el ***Diccionario***.

udómetro. sust. m. → **pluviómetro**

-uelo, la. suf. diminutivo o afectivo de or. lat. (*zorruelo*). A veces, toma las formas **-ecezuelo**, **-ezuelo**, **-zuelo** (*piecezuelo*, *pecezuelo*, *jovenzuelo*). Algunas de las voces formadas con estos sufijos tienen valor despectivo (*mujerzuela*); otras han perdido su valor diminutivo (*pañuelo*). Otras variantes de **-uelo** son **-achuelo** e **-ichuelo** (*riachuelo*, *campichuelo*). Ha sido recién incorporado en el ***Diccionario***.

uesnorueste. sust. m. → **oesnorueste**

uessudueste. sust. m. → **oesudueste**

ueste. sust. m. → **oeste**

¡uf! interj. 'Cansancio' (*¡Uf!, al fin, en casa*); 'fastidio'; 'sofocación' (*¡Uf!, qué día caluroso*); 'repugnancia' (*¡Uf!, qué asco*). También puede escribirse **¡huf!**, pero la Academia prefiere la grafía sin **h**. Repárese en que, después de la interjección, debe colocarse una coma. → **¡huf!**

ufanarse. v. prnl. 'Engreírse, jactarse, gloriarse'. Rég. prep.: **ufanarse con** (*ufanarse con sus títulos nobiliarios*); **ufanarse de** (*ufanarse de sus triunfos deportivos*).

♦ **ufología.** sust. f. Voz no registrada en el *Diccionario*. Está formada sobre la base de la sigla ***UFO*** utilizada en inglés para *unidentified flying object* (objeto volador no identificado). Aparece en el ***Manual*** con el significado de 'disciplina que estudia los hechos y problemas suscitados por la hipotética existencia de objetos volantes no identificados (*ovnis*) y la posibilidad del acercamiento a la Tierra de seres de otros planetas' y con el indicador de su falta de sanción oficial.

♦ **ufólogo.** sust. m. Voz no registrada en el *Diccionario*. Aparece en el ***Manual*** con el significado de 'persona que practica la ufología o que tiene en ella especiales conocimientos' y con el indicador de su falta de sanción oficial. Su femenino es **ufóloga**.

¡uh! interj. 'Desilusión o desdén' (*¡Uh!, no podré ir*). Nótese su correcta grafía.

ujier. sust. m. Entre otras denotaciones, 'portero de estrados de un palacio o tribunal'. Incorrecto: <u>*ugier*</u>. Es palabra aguda. En plural, se transforma en grave: **ujieres**. También puede escribirse **hujier**, pero la Academia prefiere la grafía sin **h**, que hoy es la más común. En el ***Diccionario***, se registra, además, **usier** (sust. m.), pero su uso es infrecuente.

ulceroso, sa. adj. 'Que tiene úlceras' (*persona **ulcerosa***). No debe confundirse su denotación con la de **ulcerativo, va** (adj.), 'que causa o puede causar úlceras' (*medicamento **ulcerativo***).

uliginoso, sa. adj. 'Aplícase a los terrenos húmedos y a las plantas que crecen en ellos' (*plantas **uliginosas***). No deben confundirse su grafía y su denotación con las de **oleaginoso, sa** (adj.), 'aceitoso'.

ulmáceo, a. adj. 'Dícese de ciertos árboles o arbustos angiospermos dicotiledóneos, como el olmo y el almez'. Ú. t. c. sust. f.: **la ulmácea**. sust. f. pl. 'Familia de estas plantas' (*Estudia **las ulmáceas***).

ulmén. sust. m. Chile. 'Entre los indios araucanos, hombre rico, que, por serlo, es respetado e influyente'. Es palabra aguda. En plural, se transforma en grave: **ulmenes**.

ulterior. adj. 'Que está de la parte de allá de un sitio o territorio' (*Los romanos llamaron Hispania **ulterior** a la Lusitana y a la Bética*); 'que se dice, sucede o se ejecuta después de otra cosa' (*Se han hecho ajustes **ulteriores***). Rég. prep.: **ulterior a** (*Harán preparativos **ulteriores a** esta reunión*). Su antónimo es **citerior** (adj.). → **citerior**

ultimador, ra. adj. 'El que ultima, es decir, acaba algo o mata'. Ú. t. c. sust. m. y f.: **el ultimador, la ultimadora**.

últimamente. adv. m. 'Por último' (***Últimamente**, daré dos consejos*). adv. t. 'Recientemente' (***Últimamente**, publicó su tercera novela*).

ultimar. v. tr. 'Acabar algo' (***Ultimó** el proyecto*). Amér. 'Matar' (*Lo **ultimó** a balazos*).

ultimátum. sust. m. 'En el lenguaje diplomático, resolución terminante y definitiva, comunicada por escrito' (*El embajador recibió un **ultimátum***); fam. 'resolución definitiva' (*El padre le dio un **ultimátum**: o estudiaba o trabajaba*). Siempre lleva tilde. Incorrecto: <u>*ultimatum*</u>. En plural, no varía: **los ultimátum**. Aclara Seco que, si se usa **ultimato** (sust. m. desus.), el plural es **ultimatos**, pero la Academia prefiere el plural invariable. Incorrecto: <u>*ultimátums*</u>, <u>*ultimátumes*</u>.

último, ma. adj. Entre otras denotaciones, 'dícese de lo que, en una serie o sucesión, está o se considera en el lugar postrero' (*Boabdil fue el **último** rey moro de Granada*); 'lo más remoto o retirado' (*Eligió el **último** dormitorio de la casa*); 'dícese de lo extremado en su línea' (*Vive en la **última** miseria*). 'Dícese del precio que se pide como mínimo o del que se ofrece como máximo' (*¿Cuál es el **último** precio?*). Ú. t. c. sust. n.: **lo último**. Rég. prep.: **último de** o **entre** (***último de** o **entre** sus compañeros*); **último en** (***último en** la clase*). El adjetivo superlativo absoluto es **ultimísimo, ma**. No es sinónimo de **póstumo, ma** (adj.). → **póstumo. a la última.** loc. adv. fam. 'A la última moda' (*Siempre se viste **a la última***); equivale al sintagma **último grito** (fig.). **a últimos.** loc. 'En los últimos días del mes, año, etc., que se expresa o se sobrentiende' (*Lo veré **a últimos**; Lo veré **a últimos** de octubre*). **estar** uno **a lo último, a los últimos, en las últimas** o **en los últimos**. frs. fams. 'Estar para morir'; fig. y fam.

'estar muy apurado de una cosa, especialmente de dinero' (*El viejo profesor* ***está a lo último, a los últimos, en las últimas*** o ***en los últimos***). **por último.** loc. adv. 'Finalmente' (***Por último****, agradeció a todos tan generosa ayuda*). **ser** algo **lo último.** fr. fam. 'Ser molesto, insoportable, inaceptable' (*Su conducta* ***es lo último***). Este sintagma no está registrado en el ***Diccionario***. → **postrero, postrimería**

ultra. adv. 'Además de'. En composición con algunas voces, 'más allá de'; 'al otro lado de' (***ultra****mar*). Antepuesta como partícula inseparable a algunos adjetivos, expresa 'idea de exceso' (***ultra****ligero*, ***ultra****mundano*). Repárese en que, con el valor de prefijo, **ultra** no debe escribirse nunca separado de la palabra que modifica. Incorrecto: <u>*ultra*</u> <u>*mundano*</u>, <u>*ultra-mundano*</u>. adj. 'Aplícase a los grupos políticos, a las ideologías o a las personas de extrema derecha' (*Son mujeres* ***ultras***). Ú. t. c. sust. com.: **el ultra, la ultra**. En plural: **los ultras**, **las ultras**. 'Dícese de las ideologías que extreman y radicalizan sus opiniones' (*partido* ***ultra***).

ultracorrección. sust. f. 'Deformación de una palabra por equivocado prurito de corrección, según el modelo de otras'. Por ejemplo, <u>*aficción*</u> por **afición**, por analogía con **afección**. Es palabra aguda. En plural, se transforma en grave: **ultracorrecciones**. Incorrecto: <u>*ultra*</u> <u>*corrección*</u>, <u>*ultra-corrección*</u>. → **ultra**

ultraísta. adj. 'Perteneciente o relativo al ultraísmo' (*movimiento* ***ultraísta***). 'Dícese del poeta adepto al ultraísmo' (*poetas* ***ultraístas***). Ú. t. c. sust. com.: **el ultraísta, la ultraísta**.

ultrajador, ra. adj. 'Que ultraja'. Ú. t. c. sust. m. y f.: **el ultrajador, la ultrajadora**. No se confunda su denotación con las de **estuprador** (sust. m.) y **violador, ra** (adj. Ú. t. c. sust. m. y f.). → **estuprador, violador**

ultrajar. v. tr. 'Ajar o injuriar' (***Ultrajó*** *su buen nombre*); 'despreciar a una persona' (*Esos muchachos* ***ultrajaron*** *a la anciana con insultos*). Rég. prep.: **ultrajar con** (***ultrajar con*** *palabrotas*); **ultrajar de** (***ultrajar de*** *palabra*); **ultrajar en** (***ultrajar en*** *la honra*). No debe confundirse su denotación con las de **estuprar** (v. tr.) y **violar** (v. tr.). Su postverbal es **ultraje** (sust. m.). → **estuprar, violar**

ultraligero, ra. adj. 'Sumamente ligero' (*alimentos* ***ultraligeros***). 'Dícese de la nave de poco peso y escaso consumo'. Ú. t. c. sust. m. y f.: **el ultraligero, la ultraligera**. Incorrecto: <u>*ultra*</u> <u>*ligero*</u>, <u>*ultra-ligero*</u>. Su sinónimo es **ultraliviano, na** (adj.). Ambas voces han sido recién incorporadas en el ***Diccionario***. → **ultra**

ultramar. sust. m. 'País o sitio que está de la otra parte del mar, considerado desde el punto en que se habla' (*Traía libros de los países de* ***ultramar***). Incorrecto: <u>*ultra*</u> <u>*mar*</u>, <u>*ultra-mar*</u>. No debe decirse <u>*azul*</u> <u>*ultramar*</u>, sino **azul de ultramar, azul ultramaro** o **azul ultramarino**. No suele usarse en plural. → **ultra**

ultramarino, na. adj. Entre otras denotaciones, 'aplícase a las mercaderías traídas de la otra parte del mar, en particular, de América y de Asia, y, en general, a los comestibles que pueden conservarse sin que se alteren fácilmente'. Ú. m. c. sust. m. y en pl. (*Conoció una tienda de* ***ultramarinos***). sust. m. pl. 'Tiendas de comestibles': **los ultramarinos**. Incorrecto: <u>*ultra*</u> <u>*marino*</u>, <u>*ultra-marino*</u>. → **ultra**

ultramontanismo. sust. m. colect. 'Conjunto de las doctrinas y opiniones de los ultramontanos'; 'conjunto de éstos'. Incorrecto: <u>*ultra*</u> <u>*montanismo*</u>, <u>*ultra-montanismo*</u>. → **ultra**

ultramontano, na. adj. 'Que está más allá o de la otra parte de los montes' (*pueblos* ***ultramontanos***). 'Dícese del que opina en contra de lo que en España se llaman regalías de la corona, relativamente a la potestad de la Santa Sede, y del partidario y defensor del más lato poder y amplias facultades del Papa'. Ú. t. c. sust. m. y f.: **el ultramontano, la ultramontana**. 'Perteneciente o relativo a la doctrina de los ultramontanos' (*doctrina* ***ultramontana***). Incorrecto: <u>*ultra*</u> <u>*montano*</u>, <u>*ultra-montano*</u>. → **ultra**

ultranza (a). loc. adv. 'A muerte'; 'a todo trance, resueltamente' (*Defiende la democracia* ***a ultranza***).

♦ **ultrapasar.** Galicismo (*outrepasser*). En español, corresponde decir **sobrepasar, excederse, extralimitarse**.

ultrapuertos. sust. m. 'Lo que está más allá o a la otra parte de los puertos'. No es correcto escribirlo, en singular, sin **s** final. En plural, no varía: **los ultrapuertos**. Incorrecto: <u>*ultra*</u> <u>*puertos*</u>, <u>*ultra-puertos*</u>. → **ultra**

ultratumba. sust. f. 'Ámbito más allá de la muerte': **la ultratumba**. Ú. m. en la loc. **de ultratumba** (*Oía voces de ultratumba*). En plural: **ultratumbas**. adv. l. 'Más allá de la muerte' (*El mundo de su poesía existe* ***ultratumba***). Incorrecto: *ultra tumba*, *ultra-tumba*. → **ultra**

ultravioleta. adj. 'Perteneciente o relativo a la parte invisible del espectro luminoso, que se extiende a continuación del color violado y cuya existencia se revela, principalmente, por acciones químicas'. Incorrecto: *ultra violeta*, *ultra-violeta*. En plural, no varía: rayos **ultravioleta**. También puede decirse **ultraviolado, da** (adj.), pero la Academia prefiere la primera forma. → **ultra**

úlula. sust. f. 'Autillo, especie de lechuza'. Para distinguir los sexos, debe recurrirse a las perífrasis **úlula macho, úlula hembra**. Es palabra esdrújula. No debe pronunciarse [ulula] como grave. En plural: **úlulas**.

umbelífero, ra. adj. 'Dícese de ciertas plantas angiospermas dicotiledóneas, como el cardo corredor, el apio, el perejil, el hinojo, el comino y la zanahoria'. Ú. t. c. sust. f.: **la umbelífera**. sust. f. pl. 'Familia de estas plantas' (*Estudia* ***las umbelíferas***).

umbilical. adj. 'Perteneciente o relativo al ombligo' (*hernia* ***umbilical***; *cordón* ***umbilical***). No debe pronunciarse [ombilical].

umbral. sust. m. Entre otras denotaciones, 'parte inferior o escalón, por lo común de piedra y contrapuesto al dintel, en la puerta o entrada de una casa' (*El gato dormía sobre el* ***umbral***). Es palabra aguda. En plural, se transforma en grave: **umbrales**. Sus sinónimos son **lumbral** (sust. m.) y **umbralado** (sust. m. Amér. Merid.). No debe confundirse su significado con los de **dintel**, **lindel** y **lintel** (susts. ms.), que denotan lo contrario. Incorrecto: *El niño estaba sentado en el dintel*. Correcto: *El niño estaba sentado en el* ***umbral***. **atravesar** o **pisar los umbrales de** un edificio. fr. 'Entrar en él'. Ú. m. con neg. (***No atravesará*** *o* ***pisará los umbrales de*** *tu casa*). El **umbralado** (p. de **umbralar**; sust. m.) denota, también, 'vano asegurado por un umbral'. → **dintel**

umbría. sust. f. 'Parte de terreno en que casi siempre hay sombra, por estar expuesta al Norte'. En plural: **umbrías**. → **ombría**

umbroso, sa. adj. 'Que tiene sombra o la causa' (*lugar* ***umbroso***). También puede decirse **umbrátil** (adj.), pero la Academia prefiere la primera forma.

umero. sust. m. 'Árbol'. Es palabra grave. No debe pronunciarse [úmero] como esdrújula, por analogía con **húmero** (sust. m.), 'hueso del brazo'. También recibe los nombres de **omero** (sust. m.) y de **aliso** (sust. m.); esta última voz es la preferida por la Academia. No debe confundirse su grafía con la de **humero** (sust. m.), 'cañón de chimenea por donde sale el humo'.

un, una. La gramática tradicional lo define como 'artículo indeterminado en género masculino y femenino, y número singular' (*un perro*; *una perra*). En plural: **unos**, **unas**. La gramática actual considera que sólo son **artículos** las palabras **el**, **la**, **los**, **las**, **lo**. Alarcos Llorach escribe: "Entendemos por artículo el que suele llamarse *definido* o *determinado*, cuyos significantes son *el*, *la*, *los*, *las*, *lo*. [...] la unidad conocida como «artículo indefinido o indeterminado» (*un*, *una*, *unos*, *unas*) es magnitud completamente distinta por las funciones que desempeña. Dos rasgos esenciales los separan: el «indefinido» es palabra tónica, y en consecuencia puede cumplir un papel en el enunciado sin el concurso de otros elementos; en cambio, el *artículo* propiamente dicho (*el*, *la*, etc.) es unidad átona y dependiente, pues presupone la presencia de otras unidades en las que se apoya fónicamente y de las que no es separable por constituir con ellas un grupo fónico". Y agrega: "La distinción tradicional entre *uno* numeral, *uno* pronombre indefinido y *un*, *una*, *unos*, *unas* como artículo indeterminado carece de justificación". → **uno**

unánime. adj. 'Dícese del conjunto de las personas que convienen en un mismo parecer, dictamen, voluntad o sentimiento' (*un jurado* ***unánime***); 'aplícase a este parecer, dictamen, voluntad o sentimiento' (*dictamen* ***unánime***). Rég. prep.: **unánime en** (***unánime en*** *un parecer*). La 'cualidad de unánime' es la **unanimidad** (sust. f.). **por unanimidad**. loc. adv. 'Sin discrepancia' (*El jurado le otorgó el primer premio* ***por unanimidad***).

uncidor, ra. adj. 'Que unce o sirve para uncir'. Ú. t. c. sust. m. y f.: **el uncidor, la uncidora**.

unciforme. adj. 'Dícese de uno de los huesos del carpo que en el hombre forma parte de la segunda fila'. Ú. m. c. sust. m.: **el unciforme.**

unción. sust. f. Entre otras denotaciones, 'acción de ungir o untar'. Es palabra aguda. En plural, se transforma en grave: **unciones**. Es correcto usar esta voz como sinónimo de **extremaunción** (*Recibió la **unción** de los enfermos*). → **extremaunción**

uncionario, ria. adj. 'Dícese del enfermo que está tomando las unciones'. Ú. t. c. sust. m. y f.: **el uncionario, la uncionaria**. sust. m. 'Pieza o aposento en que se aplicaban dichos remedios'.

uncir. v. tr. 'Atar o sujetar al yugo bueyes, mulas u otras bestias'. Rég. prep.: **uncir a** (***uncir** los bueyes **al** arado*); **uncir con** (***uncir** macho **con** hembra*). → **zurcir**

undecágono, na. adj. 'Aplícase al polígono de once ángulos y once lados'. Ú. m. c. sust. m.: **el undecágono**. También puede decirse **endecágono, na** (adj. Ú. m. c. sust. m.).

undécimo, ma. adj. Como ordinal, denota 'que sigue inmediatamente en orden al o a lo décimo' (***undécimo** congreso de biología*). Con esta acepción, no debe usarse como sinónimo **onceavo, va** (adj.): *onceavo congreso de biología*. Es incorrecto usar, en su reemplazo, la voz *decimoprimero*. → **décimo, duodécimo**. Como partitivo, 'dícese de cada una de las once partes iguales en que se divide un todo' (*la **undécima** parte de la herencia*). Ú. t. c. sust. m. Con este último significado, su sinónimo es **onceavo, va** (adj. Ú. t. c. sust. m.: *el **onceavo** de la herencia*). → **onceavo**

undécuplo, pla. adj. 'Que contiene un número once veces exactamente' (*El 121 es número **undécuplo** de 11*). Ú. t. c. sust. m: **el undécuplo.**

♦ **underground.** Anglicismo. En español, debe decirse, de acuerdo con el contexto, **marginal, clandestino, subterráneo**. En el *Diccionario Manual*, se registra el siguiente significado: adj. 'Dícese de las manifestaciones artísticas o literarias que se apartan de la tradición o de las corrientes contemporáneas y que ignoran voluntariamente las estructuras establecidas' (*cine **underground***). Ú. t. c. sust. m.

undoso, sa. adj. 'Que se mueve haciendo ondas' (*río **undoso***). También puede decirse **ondoso, sa** (adj.). → **ondoso**

undular. v. intr. 'Moverse una cosa formando ondas o eses' (*La víbora **undulaba***). Es más frecuente el uso de **ondular** (v. intr.). Su postverbal es **undulación** (sust. f.); también puede decirse **ondulación** (sust. f.). → **ondular, ondulación**

undulatorio, ria. adj. 'Que forma ondulación' (*aguas **undulatorias***). Es más frecuente el uso de **ondulatorio, ria** (adj.). → **ondulatorio**

Unesco. Sigla en inglés (*United Nations Educational, Scientific and Cultural Organization*, Organización de las Naciones Unidas para la Educación, la Ciencia y la Cultura). El uso la ha convertido en palabra común: **la Unesco**. Excepto la letra inicial, debe escribirse con minúsculas. → **sigla**

ungido, da. p. de **ungir**. sust. m. 'Rey o sacerdote signado con el óleo santo': **el ungido.**

ungir. v. tr. 'Aplicar a una cosa aceite u otra materia pingüe, extendiéndola superficialmente'. Con esta denotación, es sinónimo de **untar** (v. tr.). 'Signar con óleo sagrado a una persona'. Rég. prep.: **ungir con** (***ungir con** óleo*); **ungir por** (***ungir por** obispo*). → **dirigir**

ungüentario, ria. adj. 'Perteneciente o relativo a los ungüentos o que los contiene' (*recipiente **ungüentario***). sust. m. 'El que hace los ungüentos'. La Academia no registra el género femenino. 'Paraje o sitio donde se tienen colocados los ungüentos con separación': **el ungüentario.**

ungüento. sust. m. Entre otras denotaciones, 'todo lo que sirve para ungir o untar'. Incorrecto: *unguento*.

unguiculado, da. adj. 'Que tiene los dedos terminados por uñas' (*mamíferos **unguiculados***). Ú. t. c. sust. m. y f.: **el unguiculado, la unguiculada.**

unguis. sust. m. 'Hueso muy pequeño y delgado de la parte anterior e interna de cada una de las órbitas, el cual contribuye a formar los conductos lagrimal y nasal'. Es palabra grave. En plural, no varía: **los unguis.**

ungulado, da. adj. 'Dícese del mamífero que

tiene casco o pesuña'. Ú. t. c. sust. m. y f.: **el ungulado, la ungulada**. sust. m. pl. 'Grupo de estos animales, que comprende los perisodáctilos y los artiodáctilos': **los ungulados**.

uniata. adj. 'Dícese de los cristianos orientales que reconocen la supremacía del Papa, conservando, al mismo tiempo, el derecho de emplear su liturgia nacional' (*hombres **uniatas***). Ú. t. c. sust. com.: **el uniata, la uniata**. Incorrecto: <u>*uñata*</u>. Esta voz ha sido recién incorporada en el ***Diccionario***.

Unicef. Sigla en inglés (*United Nations International Children's Emergency Fund*, Fondo Internacional de las Naciones Unidas para la Ayuda a la Infancia). El uso la ha convertido en palabra común: **el Unicef**. Incorrecto: <u>*la Unicef*</u>. Excepto la inicial, debe escribirse con minúsculas. → **sigla**

único, ca. adj. 'Solo y sin otro de su especie' (*María era la **única** persona conocida*). Con esta denotación, es sinónimo de **uno, na** (adj.). fig. 'Singular, extraordinario, excelente' (*Carlos es un pintor **único***). Rég. prep.: **único en** (***único en** su especialidad*); **único entre** (***único entre** todos*); **único para** (***único para** la tarea que realiza*). La **unicidad** (sust. f.) es la 'cualidad de único'.

unicornio. sust. m. Entre otras denotaciones, 'animal fabuloso con un cuerno recto en mitad de la frente'; 'rinoceronte'. También puede decirse **monoceronte** (sust. m.). sust. pr. m. 'Constelación boreal comprendida entre Pegaso y el Águila': **el Unicornio**. Con esta última denotación, debe escribirse con mayúscula.

unidad. sust. f. Entre otras denotaciones, 'singularidad en número o calidad' (*la **unidad** de medida*); 'unión o conformidad' (*la **unidad** de la familia*). Son correctos los sintagmas **unidad astronómica, unidad de acción, unidad de cuidados intensivos, unidad de lugar, unidad de muestreo, unidad de tiempo, unidad monetaria**. Es palabra aguda. En plural, se transforma en grave: **unidades**.

unificar. v. tr. 'Hacer de muchas cosas una o un todo' (***unificar** opiniones diversas*). Ú. t. c. prnl. Su postverbal es **unificación** (sust. f.). → **sacar**

♦ **uniformación.** Barbarismo. Debe decirse **uniformidad**.

uniformar. v. tr. 'Hacer uniformes dos o más cosas'. Ú. t. c. prnl. Rég. prep.: **uniformar** una cosa **a** o **con** otra (***uniformar** el color de la blusa **al** de o **con** el de la falda*). 'Dar traje igual a los individuos de un cuerpo o comunidad' (***Uniformaron** a los soldados*). En el ***Diccionario Manual***, también se registra **uniformizar** (v. tr.), 'dar uniformidad a varias cosas', con el indicador de su falta de sanción oficial. Es un galicismo (*uniformiser*) que debe evitarse por innecesario.

uniforme. adj. 'Dícese de dos o más cosas que tienen la misma forma' (*copas **uniformes***); 'igual, semejante' (*movimiento **uniforme***). sust. m. 'Traje peculiar y distintivo que usan los militares y otros empleados' (*el **uniforme** militar*). La 'calidad de uniforme' es la **uniformidad** (sust. f.).

unigénito, ta. adj. 'Aplícase al hijo único' (*hija **unigénita***). sust. m. 'Por antonomasia, el Verbo eterno, Hijo de Dios' (*Jesucristo es el **Unigénito** del Padre*). Repárese en que, con esta última denotación, debe escribirse con mayúscula. No debe confundirse esta voz con **primogénito, ta** (adj. Ú. t. c. sust. m. y f.).

♦ **unilcuadio.** sust. m. Voz no registrada en el ***Diccionario***. → **kurchatovio**

unilpentio. sust. m. → **hahnio**

unionista. adj. 'Dícese de la persona, partido o doctrina, que mantiene cualquier ideal de unión'. Ú. t. c. sust. com.: **el unionista, la unionista**.

unir. v. tr. Entre otras denotaciones, 'juntar dos o más cosas entre sí, haciendo de ellas un todo'; 'mezclar algunas cosas entre sí'; 'casar'. Ú. t. c. prnl. Rég. prep.: **unir a** o **con** (***unir** leche **a** o **con** la harina*); **unir con** o **en** (***unir con** o **en** un mismo objetivo*); **unirse a** o **con** (***unirse a** o **con** los amigos*); **unirse en** (***unirse en** comunidad*); **unirse entre** (***unirse entre** sí*). v. prnl. 'Confederarse o convenirse varios para el logro de algún intento, ayudándose mutuamente' (***Se unirán** para fundar una escuela*); 'agregarse o juntarse uno a la compañía de otro' (*Luis y Hugo **se unieron** en la puerta del teatro*).

unisonar. v. irreg. intr. 'Sonar al unísono o en el mismo tono dos voces o instrumentos' (*Las dos guitarras **unisuenan***). Se conjuga como **sonar**.

unísono, na. adj. 'Dícese de lo que tiene el

mismo tono o sonido que otra cosa' (*dos voces **unísonas***). También puede decirse **unisón** (adj.). sust. m. 'Trozo de música en que las varias voces o instrumentos suenan en idénticos tonos': **el unísono**. **al unísono**. loc. adv. fig. 'Con unanimidad' (*El jurado le dio el primer premio **al unísono***). Es incorrecto usar esta locución con el significado de 'a la vez, a un tiempo': *Los niños hablaban <u>al</u> <u>unísono</u>*. Correcto: *Los niños hablaban **a la vez***.

unitario, ria. adj. Entre otras denotaciones, 'perteneciente o relativo a la unidad'. 'Sectario que no reconoce en Dios más que una sola persona'; 'partidario de la unidad en materias políticas'. Ú. t. c. sust. m. y f.: **el unitario, la unitaria**.

univalvo, va. adj. 'Dícese de la concha de una sola pieza' (*concha **univalva***). 'Aplícase al molusco que tiene concha de esta clase'. Ú. t. c. sust. m.: **el univalvo**. 'Dícese del fruto cuya cáscara o envoltura no tiene más que una sutura'.

universal. adj. Entre otras denotaciones, 'perteneciente o relativo al universo'; 'que pertenece o se extiende a todo el mundo, a todos los países, a todos los tiempos' (*historia **universal***). El superlativo absoluto es **universalísimo, ma**.

universalizar. v. tr. 'Hacer universal una cosa, generalizarla mucho'. → **cazar**

universidad. sust. f. 'Institución de enseñanza superior que comprende diversas facultades y que confiere los grados académicos correspondientes' (***Universidad** de Buenos Aires*); 'edificio o conjunto de edificios destinado a las cátedras y oficinas de una universidad'. Parte de esta última denotación tiene valor colectivo, como las de 'conjunto de personas que forman una corporación' y 'conjunto de las cosas creadas, mundo'. Con esta última denotación, es sinónimo de **universo** (sust. m.). → **universo**. Se escribe con mayúscula cuando se habla de ella como institución (*el reglamento de la **Universidad***) o cuando forma parte de un nombre propio (***Universidad** de Salamanca*). En los demás casos, debe usarse la minúscula (*No conoce la organización de una **universidad***).

universitario, ria. adj. 'Perteneciente o relativo a la universidad' (*estudios **universitarios***). sust. m. y f. 'Profesor, graduado o estudiante de universidad': **el universitario, la universitaria**.

universo. adj. 'Universal'. Es infrecuente su uso como adjetivo. sust. m. colect. 'Conjunto de las cosas creadas, mundo' (*Estudian el origen del **universo***); 'conjunto de individuos o de elementos cualesquiera en los que se consideran una o más características que se someten a estudio estadístico'. Siempre se escribe con minúscula. → **universidad**

univocarse. v. prnl. 'Convenir en una razón misma dos o más cosas'. Su postverbal es **univocación** (sust. f.). → **sacar**

unívoco, ca. adj. 'Dícese de lo que tiene igual naturaleza o valor que otra cosa'; 'dícese del término que se predica de varios individuos con la misma significación' (*"Mamífero" es un término **unívoco**, pues conviene a los animales vertebrados, cuyo embrión se desarrolla casi siempre dentro del cuerpo materno*). Ú. t. c. sust. m. y f.: **el unívoco, la unívoca**. La 'cualidad o condición de unívoco' es la **univocidad** (sust. f.).

uno, na. adj. num. card. Denota 'número determinado'. Se antepone al sustantivo (*Sólo compró **un** libro*). Siempre se usa en singular. Tiene variación de género (*Plantó **una** azalea y dos malvones*); el masculino se apocopa ante el sustantivo (***un** traje*). Actúa como sustantivo, si se refiere al número en sí mismo, y se emplea la forma masculina (*Escriba el **uno***). Para indicar el primer día de cada mes, se usa el ordinal (*Vendrá el **primero** de noviembre*). Se ha censurado, como solecismo, el empleo del cardinal: *Vendrá el <u>uno</u> de noviembre*, pero Seco opina que "no hay motivo para rechazarlo". A pesar de ello, se recomienda el uso del ordinal. La apócope **un** aparece en otros adjetivos numerales que preceden a sustantivos masculinos (*veintiún cuchillos*; *cincuenta y **un** lápices*; *ciento **un** pesos*) y, siempre, ante la palabra **mil**, que es masculina (*treinta y **un mil** personas*). El número 1001 se escribe, con palabras, **mil uno**, pero deben usarse **mil un + sustantivo masculino** (***mil un** alumnos*) y **mil una + sustantivo femenino** (***mil una** páginas*). Incorrecto: *<u>mil</u> <u>un</u> páginas*. A veces, se le da un significado indefinido de gran cantidad; en este caso, pueden usarse los sintagmas **mil y un** (*Puso **mil y un** pretextos*) y **mil y una** (*Tengo **mil y una** razones para perdonarlo*). Repárese en que tanto "pretextos" como "razones" están en plural. Incorrecto: *Puso mil y un pretexto; Tengo mil y una razón para perdonarlo.* La apócope de **uno** es incorrecta ante sustantivos femeninos: *veintiún camisas; cincuenta y un gomas; ciento un lámparas.* Correcto: *veinti**una** camisas; cincuenta y **una** gomas; ciento **una** lámparas.* Sólo se acepta si el sustantivo femenino comienza con **a** tónica (*veinti**ún** hachas; cincuenta y **un** aulas; ciento **un** armas*). Significa, también, 'único' (*Hay **un** Borges*). Como pronombre indefinido (**un, una, unos, unas**), da idea vaga del sustantivo al que acompaña. En la oración, cumple las funciones de sustantivo (*Me lo dijo **uno**; **Unas** vinieron a pedir colaboración; **Uno** de nosotros irá*) o de adjetivo (***Un** día me darás la razón; Publicaron **unos** tres mil ejemplares*). Una incorrección frecuente: *Es una de las pocas alumnas que habla bien.* Correcto: *Es una de las pocas alumnas que **hablan** bien* (el verbo de la proposición subordinada adjetiva, ***hablan***, debe concordar en plural con su antecedente, ***alumnas***). "La referencia de *uno* –dice Alarcos Llorach– puede apuntar a la primera persona cuando el hablante diluye su propia responsabilidad sustituyendo el personal *yo*" (***Uno** ya no sabe qué pensar; **Una** siempre se ilusiona*, en lugar de *Ya no sé qué pensar* y *Siempre me ilusiono*). Como sustantivo, **uno** adopta, a veces, el artículo (***el uno**, **la una**, **lo uno***) y contrasta con el pronombre indefinido **otro** (***Los unos** hablaban, **los otros** escuchaban música* o ***Unos** hablaban, **otros** escuchaban música; No te recomendará ni **lo uno** ni **lo otro***). Aclara Alarcos Llorach: "El papel esencial de *uno* consiste en la singularización de un objeto cualquiera de entre los de la clase designada por el sustantivo, o bien de una porción o variedad cualquiera de lo que denota éste. Por ejemplo, en *Ladra un perro*, singularizamos un solo perro sin que nos importe su entidad concreta; en *Aquí se respira un aire purísimo*, singularizamos una variedad de aire especificada por el adjetivo. La singularización no es incompatible con el morfema de plural, y por ello existen las formas *unos* y *unas*. [...]. Con entonación exclamativa y tonema de suspensión, *uno* se utiliza en enunciados de intención enfática o encarecedora: *¡Hace un viento...!, ¡Dice unas cosas...!* La curva melódica y la suspensión sustituyen en tales casos al término que especificaría a los sustantivos provistos de *uno*, como al decir *Hace un viento insoportable, Dice unas cosas divertidísimas*, expresiones en que desaparece todo énfasis ponderativo". **a una**. loc. adv. 'A un tiempo' (*Lo dijeron **a una***). **cada uno**. 'Cualquier persona considerada individualmente' (***Cada uno** sabe lo que hace*). **de una**. loc. adv. 'De una vez' (*Dígalo **de una***). **de uno en uno**. loc. adv. 'Uno a uno' (*Entraron en la oficina **de uno en uno***). **en uno**. loc. adv. 'Con unión o de conformidad'; 'juntamente' (*Lo decidieron **en uno***). **lo uno por lo otro**. expr. con que 'se establece la compensación de una cosa por otra' (*Dame **lo uno por lo otro***). **más de uno**. expr. 'Algunos'; 'muchos' (***Más de uno** querría estar en tu lugar*). **no dar** o **acertar una**. fr. fam. 'Estar siempre desacertado' (*Cuando habla sobre ese tema, **no da** o **acierta una***). **ser todo uno** o **ser uno**. fr. fig. 'Venir a ser o parecer varias cosas una misma' (*Decir Luis que se haga, y Nora que no se haga **es todo uno** o **es uno***). **una de**. loc. fam. Seguida de un sustantivo, 'gran cantidad de lo que se expresa en él' (*¡Cometieron **una de** errores!*). **una de dos**. loc. Se usa para 'contraponer en disyuntiva dos cosas o ideas' (***Una de dos:** o te quedas hasta las once o te vas ahora*). **uno a otro**. loc. adv. 'Mutua o recíprocamente' (*Se cuentan todo **uno a otro***). **uno a uno** o **uno por uno**. locs. advs. 'Separación o distinción por orden de personas y cosas' (*Pasarán **uno a uno** o **uno por uno***). **uno con otro**. loc. adv. 'Tomadas en conjunto varias cosas, compensando lo que excede una con lo que falta a otra' (***Uno con otro** se venden a cien pesos*). **uno de tantos**. loc. fam. Indica que 'algo no se distingue por ninguna cualidad especial' (*Ese trabajo sobre las abejas es **uno de tantos***). **uno que otro**. loc. 'Algunos pocos de entre muchos' (***Uno que otro** cumplirá con la tarea*). **unos cuantos**. loc. 'Pocos, en número reducido de personas o cosas' (***Unos cuantos** saludaron a los actores*). **uno tras otro**. loc. adv. 'Sucesivamente o por orden sucesivo' (*Llegaron **uno tras otro***). **uno y otro**. loc. 'Ambos' (***Uno y otro** dijeron la verdad*).

untador, ra. adj. 'Que unta'. Ú. t. c. sust. m. y f.: **el untador, la untadora.**

untadura. sust. f. 'Acción y efecto de untar o untarse'; 'materia con que se unta'. Con estas denotaciones, también puede decirse **untura** (sust. f.). Con la primera, **untamiento** (sust. f.).

untar. v. tr. 'Aplicar y extender superficialmente aceite u otra materia pingüe sobre una cosa'. Rég. prep.: **untar con** o **de** (***untar con*** o *de aceite*). fig. y fam. 'Sobornar' (***Untó** al funcionario con cien mil pesos*). v. prnl. 'Mancharse con una materia untuosa' (***Me unté** los dedos con dulce de leche*); fig. y fam. 'quedarse con algo de las cosas que se manejan, especialmente dinero' (***Se untó** con treinta mil pesos y desapareció*).

unto. sust. m. Entre otras denotaciones, 'materia pingüe que sirve para untar'. **unto de Méjico** o **de rana**. fig. y fam. 'Dinero'. Incorrecto: unte.

untuoso, sa. adj. 'Graso, pingüe y pegajoso' (*sustancia **untuosa***). También puede decirse **untoso, sa** (adj.). La 'cualidad de untuoso' es la **untuosidad** (sust. f.).

uña. sust. f. Entre otras denotaciones, 'parte del cuerpo animal, dura, de naturaleza córnea, que nace y crece en las extremidades de los dedos'. Diminutivos: **uñeta**, **uñuela**. Incorrecto: *unia*. La Academia registra los sintagmas **esmalte de uñas** y **laca de uñas**. → **laca**, **pintaúñas**. **afilar** o **afilarse** uno **las uñas**. fr. fig. y fam. 'Hacer un esfuerzo extraordinario de ingenio, habilidad o destreza' (*Juan **afiló** o **se afiló las uñas** para resolver el problema*). **no tener uñas para guitarrero**. fr. fig. y fam. Argent., Par. y Urug. 'Carecer una persona de las cualidades para llevar a cabo una tarea' (*El nuevo secretario **no tiene uñas para guitarrero***). En la Argentina, también suele decirse **no tener uñas de guitarrero**. **sacar** uno **las uñas**. fr. fig. y fam. 'Valerse de toda su habilidad, ingenio o valor en algún lance estrecho que ocurre'; fig. y fam. 'amenazar'; 'mostrar carácter agresivo' (*En cuanto advirtió que la contradecían, **sacó las uñas***). **ser uña y carne** dos o más personas. fr. fig. y fam. 'Haber estrecha amistad entre ellas' (*Sofía y Berta **son uña y carne***). En la Argentina, también suele decirse **ser carne y uña**. El adjetivo que corresponde a **uña** es **ungular**, 'que pertenece o se refiere a la uña'. La palabra **uñoso, sa** (adj.) denota 'que tiene largas las uñas'. El 'rasguño o arañazo que se hace con las uñas' es una **uñarada** (sust. f.). Incorrecto: *uniarada*. También pueden decirse **uñada** (sust. f.) y **uñetazo** (sust. m.).

uñoperquén. sust. m. Chile. 'Planta herbácea'. Es palabra aguda. En plural, se transforma en grave: **uñoperquenes**.

upa. 'Voz para esforzar a levantar algún peso o a levantarse. Dícese, especialmente, a los niños' (*¡**Upa**, mi niño!*). **a upa**. loc. adv. 'En brazos'; es voz infantil (*Mamá, quiero **a upa***). También puede usarse la interjección **aúpa** (*¡**Aúpa**, mamá!*). → **¡opa!**

upar. v. tr. 'Levantar'. → **aupar**

♦ **uperización.** sust. f. Anglicismo (*uperization*). Voz no registrada en el ***Diccionario***. 'Cierto método de esterilización de productos lácteos' (*la **uperización** de la leche*). En español, se toma del francés (*upérisation*), de ahí que, a veces, se escriba con **s**: *uperisación*, grafía errónea. Como bien dice Seco, en nuestro idioma corresponde usar los sufijos **-izar** e **-ización**, como en **pasteurizar** y **pasteurización**.

♦ **uperizar.** v. tr. Anglicismo que llega al español a través del francés. Voz no registrada en el ***Diccionario***. 'Esterilizar, especialmente la leche, mediante una inyección de vapor a presión hasta que alcanza una temperatura de 150° en un tiempo inferior a un segundo'. Incorrecto: *uperisar*. → **uperización**

ura. sust. f. Argent. 'Gusano que se cría en las heridas'. Repárese en que es de género femenino. Incorrecto: *el ura*. En plural: **uras**.

-ura. suf. de or. lat., de sustantivos derivados de verbos, de participios pasivos o de adjetivos. Los que derivan de verbos o de participios pasivos denotan 'cosas concretas' (*sepul**tura***); los que derivan de adjetivos, 'la cualidad relacionada con la base' (*traves**ura***).

urajear. v. intr. 'Dar su voz el grajo o el cuervo' (*Los cuervos **urajean***). Conserva la **j** en toda su conjugación. Incorrecto: *uragear*. No debe pronunciarse [urajiar]. → **-ear**

uralaltaico, ca. adj. 'Perteneciente o relativo a los Urales y al Altai'; 'dícese de una gran familia de lenguas aglutinantes, cuyos principales grupos son el mogol, el turco y el ugrofinés, y de los pueblos que hablan estas lenguas' (*lenguas **uralaltaicas***).

uranio. sust. m. 'Elemento metálico radiactivo'. Incorrecto: *uraño*, *huraño*. Número atómico 92. Símbolo: ***U*** (sin punto). Su homófono (adj.) denota 'perteneciente o relativo a los astros y al espacio celeste'.

Urano. sust. pr. m. 'Planeta mucho mayor que la Tierra'. Debe escribirse con mayúscula.

uranógrafo. sust. m. 'El que profesa la uranografía o astronomía descriptiva, o tiene en ella especiales conocimientos'. Su femenino es **uranógrafa**.

uranolito. sust. m. 'Fragmento de un bólido que cae a la Tierra'. Es sinónimo de **aerolito** (sust. m.).

urbanismo. sust. m. Tiene valor colectivo. 'Conjunto de conocimientos relativos a la creación, desarrollo, reforma y progreso de las poblaciones según conviene a las necesidades de la vida humana'. El adjetivo correspondiente es **urbanístico, ca**, 'perteneciente o relativo al urbanismo'.

urbanista. adj. 'Referente al urbanismo' (*proyecto **urbanista***). sust. com. 'Persona versada en la teoría y técnica del urbanismo': **el urbanista, la urbanista**. El adjetivo **urbanizador, ra** denota lo que 'se dice de la persona o de la empresa que se dedica a urbanizar terrenos'. La Academia no registra la función sustantiva de esta última voz.

urbanizar. v. tr. 'Hacer urbano y sociable a uno' (*Nora se **urbanizó***). Ú. t. c. prnl. 'Convertir en poblado una porción de terreno o prepararlo para ello' (***Urbanizaron** varias zonas provinciales*). → **cazar**

urbano, na. adj. 'Perteneciente o relativo a la ciudad'; fig. 'cortés' (*un señor **urbano***). sust. m. 'Individuo de la milicia urbana'. Incorrecto: *citadino* (galicismo o italianismo). Su antónimo es **rural** (adj.). → **rural**

urbi et orbi. expr. lat. fig. 'A los cuatro vientos, a todas partes'. Incorrecto: *urbe et orbe*, *urbi et orbe*.

urdidor, ra. adj. 'Que urde'. Ú. t. c. sust. m. y f.: **el urdidor, la urdidora**. sust. m. 'Devanadera'. Con esta última denotación, también puede decirse **urdidera** (sust. f.).

urdimbre. sust. f. Entre otras denotaciones, 'conjunto de hilos que se colocan en el telar, paralelamente unos a otros, para formar una tela'. Con esta denotación, tiene valor colectivo. También puede decirse **urdiembre** (sust. f.), pero la Academia prefiere la primera forma. Incorrecto: *urdidumbre*.

urdir. v. tr. 'Preparar los hilos en la urdidera para pasarlos al telar'; fig. 'maquinar algo contra alguien o para conseguir algo'. Rég. prep.: **urdir contra** (*urdir intrigas **contra** un empleado*). El postverbal es **urdidura** (sust. f.), y, para la última denotación, **urdimbre** (sust. f. fig.).

urea. sust. f. 'Principio que contiene gran cantidad de nitrógeno y constituye la mayor parte de la materia orgánica contenida en la orina en su estado normal'. Es palabra grave. Incorrecto: *úrea*, *uria*. En plural: **ureas**.

uréter. sust. m. 'Cada uno de los conductos por donde desciende la orina a la vejiga desde los riñones'. Incorrecto: *urétere*, un galicismo. Es palabra grave. En plural, se transforma en esdrújula: **uréteres**. Incorrecto: *uréters*.

uretra. sust. f. 'Conducto por donde es emitida la orina desde la vejiga al exterior'. También puede decirse **urétera** (sust. f.), pero la Academia prefiere la primera forma. Los adjetivos correspondientes son **urético, ca** y **uretral**, 'perteneciente o relativo a la uretra'.

uretritis. sust. f. 'Inflamación de la membrana mucosa que tapiza el conducto de la uretra'; 'flujo mucoso de la uretra'. En plural, no varía: **las uretritis**.

urgencia. sust. f. Entre otras denotaciones, 'cualidad de urgente'. sust. f. pl. 'Sección de los hospitales en que se atiende a los enfermos y heridos graves que necesitan cuidados médicos inmediatos': **urgencias**. La Academia ha incorporado recientemente este último significado. Incorrecto: *salida de emergencia* (anglicismo). Correcto: *salida de **urgencia***. → **emergencia**

urgir. v. intr. 'Instar o precisar una cosa a su pronta ejecución o remedio' (***Urge** emplear a los desocupados*); 'obligar actualmente la ley o el precepto' (*La ley **urge** para el bien de los ciudadanos*). Es incorrecto usarlo con sujeto personal: *Yo te urjo para que termines el trabajo*. Correcto: *Yo te **apuro** para que termines el trabajo*. Como es verbo intransitivo, no admite objeto directo. Incorrecto: *Los padres de los alumnos urgieron la refacción de la escuela*. Correcto: *Los padres de los alumnos **solicitaron que refaccionaran urgentemente la escuela***. → **dirigir**

urinario, ria. adj. 'Perteneciente o relativo a la orina' (*análisis **urinario***). sust. m. 'Lugar destinado para orinar': **el urinario**. También puede decirse **mingitorio** (sust. m.), pero la Academia prefiere la primera voz.

uro. sust. m. 'Bóvido salvaje muy parecido al toro'. Para distinguir los sexos, debe recurrirse a las perífrasis **uro macho**, **uro hembra**. En plural: **uros**.

-uro. suf. adoptado por convenio en la nomenclatura química para designar las sales de los hidrácidos (*cloruro*, *sulfuro*). Ha sido recién incorporado en el ***Diccionario***.

urodelo. adj. 'Dícese de ciertos anfibios que durante toda su vida conservan una larga cola, como la salamandra'. Ú. t. c. sust. m.: **el urodelo**. sust. m. pl. 'Orden de estos animales': **los urodelos**.

urogallo. sust. m. 'Ave gallinácea'. Para distinguir los sexos, debe recurrirse a las perífrasis **urogallo macho**, **urogallo hembra**. En plural: **urogallos**.

urogenital. adj. Ha sido recién incorporado en el ***Diccionario***. → **genitourinario**

urólogo. sust. m. 'Especialista en urología'. Su femenino es **uróloga**.

uromancia. sust. f. 'Supuesta adivinación por el examen de la orina'. También puede decirse **uromancía**, pero la Academia prefiere la primera forma. → **-mancia** o **-mancía**

uroscopia. sust. f. 'Inspección visual y metódica de la orina, usada antiguamente'. No debe pronunciarse [uroscopía].

urpila. sust. f. NO. Argent. 'Pequeña paloma torcaz'. Para distinguir los sexos, debe recurrirse a las perífrasis **urpila macho**, **urpila hembra**.

urraca. sust. f. 'Pájaro'. Para distinguir los sexos, debe recurrirse a las perífrasis **urraca macho**, **urraca hembra**. También recibe el nombre de **picaza** (sust. f.), pero la Academia prefiere la primera voz. Amér. 'Ave semejante al arrendajo'. **hablar más que una urraca**. fr. fig. y fam. 'Hablar mucho una persona'.

ursulina. adj. 'Dícese de la religiosa que pertenece a la Congregación agustiniana, fundada por Santa Ángela de Brescia, en el siglo XVI' (*monja **ursulina***). Ú. t. c. sust. f.: **la ursulina**.

urticáceo, a. adj. 'Aplícase a ciertas plantas angiospermas dicotiledóneas, arbustos o hierbas, como la ortiga y la parietaria' (*plantas **urticáceas***). Ú. t. c. sust. f.: **la urticácea**. sust. f. pl. 'Familia de estas plantas' (*Estudió **las urticáceas***).

urticaria. sust. f. 'Enfermedad eruptiva de la piel'. Incorrecto: <u>*orticaria*</u>.

urú. sust. m. Argent. 'Ave de unos veinte centímetros de largo y de plumaje pardo; se asemeja a la perdiz'. Para distinguir los sexos, debe recurrirse a las perífrasis **urú macho**, **urú hembra**. Es palabra aguda. En plural: **urúes** o **urús**.

urubú. sust. m. 'Especie de buitre americano'. Para distinguir los sexos, debe recurrirse a las perífrasis **urubú macho**, **urubú hembra**. Es palabra aguda. En plural: **urubúes** o **urubús**.

urucú. sust. m. Argent. 'Bija, árbol'. Es palabra aguda. En plural: **urucúes** o **urucús**.

uruguayismo. sust. m. 'Locución, giro o modo de hablar propio y peculiar de los uruguayos'.

urunday. sust. m. Argent. 'Árbol de la familia de las anacardiáceas'. Es palabra aguda. En plural: **urundáis**. También puede decirse **urundey** (sust. m. Argent.). En plural: **urundeyes** o **urundéis**.

urutaú. sust. m. NE. Argent., Par. y Urug. 'Ave nocturna'. Para distinguir los sexos, debe recurrirse a las perífrasis **urutaú macho**, **urutaú hembra**. Es palabra aguda. En plural: **urutaúes** o **urutaús**.

usar. v. tr. Entre otras denotaciones, 'hacer servir una cosa para algo' (*Ya no **usa** la bicicleta*). Ú. t. c. intr. 'Llevar una prenda de vestir' (***Usaba** traje de etiqueta*). v. intr. 'Tener costumbre'. Rég. prep.: **usar de** (*usar de enredos*). v. prnl. 'Estar de moda' (***Se usa** la falda muy corta*). Su postverbal es **uso** (sust. m.).

-usco, ca. suf. de reciente ingreso en el ***Diccionario***. → **-sco**

usía. sust. com. Síncopa de **usiría**, 'vuestra señoría': **el usía, la usía**. En plural: **los usías, las usías**.

usina. sust. f. Argent., Bol., Col., Chile, Nicar., Par. y Urug. 'Instalación industrial'. **usina de rumores**. fig. Argent. 'Medio que genera informaciones no confirmadas y tendenciosas' (*Esa radio es una **usina de rumores***).

uso. sust. m. Entre otras denotaciones, 'acción y efecto de usar'; 'moda'; 'ejercicio o práctica general de algo'. **a** o **al uso**. loc. adv. 'Conforme o según él' (*Se viste **a** o **al uso***). **andar** uno **al uso**. fr. 'Acomodarse al tiempo' (*Respecto de la conducta de los adolescentes, los ancianos deben **andar al uso***). **estar en buen uso**. fr. fam. 'No estar estropeado lo que ya se ha usado' (*Esta camisa **está en buen uso***). Es correcto el sintagma **uso de razón**, 'posesión del natural discernimiento que se adquiere pasada la primera niñez'; 'tiempo en que se descubre o se empieza a reconocer este discernimiento en los actos del niño o del individuo'. No debe confundirse su grafía con la de su homófono **huso** (sust. m.). → **huso**

usted. Pronombre de segunda persona singular. Reemplaza al pronombre **tú** como tratamiento de cortesía, respeto o distanciamiento. Procede de **vuestra merced**. Se usa con el verbo en tercera persona del singular (***Usted conoce** mis inquietudes*). Es palabra aguda. Incorrecto: *usté*. En plural, se transforma en grave: **ustedes**. En este caso, se usa el verbo en tercera persona del plural (***Ustedes conocen** mis inquietudes*). En la oración, puede cumplir las funciones de sujeto (***Usted** es muy capaz*), vocativo (*¡**Usted**, venga!*), predicativo (*Mi médico es **usted***), objeto directo (*Lo saludo **a usted** muy atentamente*), objeto indirecto (*¿Le entregaron el sobre **a usted**?*) y circunstancia (*Iré **con usted***). En los ejemplos de objeto directo e indirecto, repárese en que aparecen las formas pronominales átonas **lo** (objeto directo: ***Lo** saludo muy atentamente*) y **le** (objeto indirecto: *¿**Le** entregaron el sobre?*); la duplicación de esas funciones con la forma tónica **a usted** tiene valor enfático. Las abreviaturas son ***Ud***. (sing.) y ***Uds***. (pl).

usuario, ria. adj. Entre otras denotaciones, 'que usa ordinariamente una cosa' (*clientes **usuarios***). Ú. t. c. sust. m. y f.: **el usuario, la usuaria**.

usucapir. v. tr. defect. 'Adquirir algo por usucapión'. Se conjuga en los mismos tiempos y personas que **abolir**, pero se usa, sobre todo, en infinitivo.

usufructo. sust. m. Incorrecto: *usufruto*, voz anticuada.

usufructuar. v. tr. 'Tener o gozar el usufructo de una cosa' (***Usufructúa** la casa paterna*). Incorrecto: *Usufructa la casa paterna*. v. intr. 'Fructificar, producir utilidad alguna cosa' (*Los negocios **usufructuaron***). Incorrecto: *Los negocios usufructaron*. Se conjuga, en cuanto al acento, como **actuar**.

usupuca. sust. f. Argent. 'Pito, garrapata amarillenta con una pinta roja'. Para distinguir los sexos, debe recurrirse a las perífrasis **usupuca macho, usupuca hembra**. En plural: **usupucas**. La A.A.L. también registra la grafía **usapuca**.

usura. sust. f. Entre otras denotaciones, 'interés excesivo en un préstamo'; fig. 'provecho que se saca de algo'. Con esta última denotación, también puede usarse **utilidad** (sust. f.). Es un galicismo usar esta voz con el significado de **desgaste**. → **desgaste**

usurear. v. intr. 'Dar o tomar a usura'. No debe pronunciarse [usuriar, usurié]. También puede decirse **usurar** (v. intr.). → **-ear**

usurero. sust. m. 'El que presta con usura o interés excesivo'. Su femenino es **usurera**.

usurpador, ra. adj. 'Que usurpa'. Ú. t. c. sust. m. y f.: **el usurpador, la usurpadora**.

usuta. sust. f. NO. Argent. 'Ojota, especie de sandalia'. Incorrecto: *uzuta*.

utensilio. sust. m. 'Lo que sirve para el uso manual y frecuente' (***utensilio** de cocina*); 'herramienta'. Ú. m. en pl.: **utensilios**. Incorrecto: *utensillos*. También puede decirse **útil** (sust. m.). Ú. m. en pl.: **útiles**. → **útil**

útil. adj. Entre otras denotaciones, 'que puede servir y aprovechar en alguna línea'. Rég. prep.: **útil a** (***útil a** la patria*); **útil en** (*ser **útil en** una tarea*); **útil para** (***útil para** servir la ensalada*). sust. m. 'Calidad de útil': **el útil**. La 'cualidad de útil' es la **utilidad** (sust. f.). Su homófono (sust. m.) denota 'utensilio'; 'herramienta'. El sustantivo colectivo **utilería** (f.) significa 'conjunto de útiles o instrumentos que se usan en un oficio o arte'; 'conjunto de objetos y enseres que se emplean en un escenario teatral o cinematográfico' (***utilería** teatral*). El **utillaje** (sust. m. colect.) es el 'conjunto de útiles necesarios para una industria'. Incorrecto: *utilaje*. → **utensilio**

utilero. sust. m. 'El que se encarga de la utilería'. Su femenino es **utilera**.

utilitario, ria. adj. 'Que sólo propende a conseguir lo útil' (*empresarios **utilitarios***). sust. m.

'Coche utilitario, el modesto y de escaso consumo'.

utilizar. v. tr. 'Aprovecharse de una cosa' (***Utiliza** las herramientas adecuadas*). Ú. t. c. prnl. Rég. prep.: **utilizar** o **utilizarse con** (***utilizar** o **utilizarse con** cuidado*); **utilizar** o **utilizarse en** (***utilizar** o **utilizarse en** la fabricación de sillas*). Su postverbal es **utilización** (sust. f.). → **cazar**

utopía. sust. f. 'Plan, proyecto, doctrina o sistema optimista que aparece como irrealizable en el momento de su formulación'. También puede decirse **utopia**, pero la Academia prefiere la primera forma. Es pleonástico el sintagma *utopía inalcanzable*. Correcto: ***utopía***. El adjetivo correspondiente es **utópico, ca** (adj.), 'perteneciente o relativo a la utopía'. Ú. t. c. sust. m. y f.: **el utópico, la utópica.** → **utopista**

utopista. adj. 'Que traza utopías o es dado a ellas' (*filósofo **utopista***). Ú. m. c. sust. com.: **el utopista, la utopista.**

utrero. sust. m. 'Novillo desde los dos años hasta cumplir los tres'. Su femenino es **utrera.**

ut supra. loc. adv. lat. 'Como arriba'. Se usa en ciertos documentos para referirse a una fecha, cláusula o frase escrita más arriba, y evitar su repetición. Incorrecto: *utsupra*.

uva. sust. f. 'Fruto de la vid'. **hecho una uva.** expr. fig. y fam. 'Muy borracho' (*Pedro regresó **hecho una uva***). La 'abundancia de uva' es la **uvada** (sust. f. colect.). El adjetivo correspondiente es **uvero, ra**, 'perteneciente o relativo a las uvas' (*industria **uvera***). El adjetivo **uval** denota 'parecido a la uva'.

uve. sust. f. 'Nombre de la letra *v*'. En plural: **uves. uve doble**. 'Nombre de la letra *w*'. En plural: **uves dobles.**

úvea. adj. 'Túnica úvea, la tercera del ojo, parecida en su forma al hollejo de la uva'. Ú. t. c. sust. f.: **la úvea**. Es palabra esdrújula. En plural: **úveas.**

uveítis. sust. f. 'Inflamación de la túnica úvea'. En plural, no varía: **las uveítis.**

uvero, ra. adj. → **uva**. sust. m. 'El que vende uvas'. Su femenino es **uvera.** 'Árbol silvestre que vive en las costas de las Antillas y de América Central'. El sustantivo colectivo es **uveral** (m.), 'lugar en que abundan los árboles llamados uveros'.

uxoricida. sust. m. 'Dícese del que mata a su mujer': **el uxoricida**. Ú. t. c. adj. (*hombres **uxoricidas***). Incorrecto: *uxoriccida*. La 'muerte causada a la mujer por su marido' es el **uxoricidio** (sust. m.).

¡uy! interj. 'Sorpresa'; 'dolor'; 'alegría, bienestar' (***¡Uy!**, me pinché; **¡Uy!**, ganó un premio*). Esta grafía no está registrada en el ***Diccionario***; la Academia sólo admite **¡huy!** Aparece en el ***Manual*** con el indicador de su falta de sanción oficial. → **¡huy!**

-uzco, ca. suf. de reciente ingreso en el ***Diccionario***. → **-sco**

v. Vigésima tercera letra del abecedario español. Su nombre es **ve** o **uve** (sust. f.): **la ve** o **la uve**. En plural: **ves** o **uves**. Letra numeral, que tiene el valor de cinco en la numeración romana: *VII* (7). Debe escribirse con mayúscula. Incorrecto: vii.

vaca. sust. f. 'Hembra del toro'. Diminutivo: **vaquilla**. Su voz es el **mugido** (sust. m.). No debe confundirse su grafía con la de su homófono **baca** (sust. f.), 'portaequipaje'. La Academia registra **vaco** (sust. m. fam.) como sinónimo de **buey**. → **toro, vacada, vaquería**

vacabuey. sust. m. Cuba. 'Árbol silvestre'. Es palabra aguda. En plural, se transforma en grave: **vacabueyes**.

vacación. sust. f. Se usa más en plural (*Pasé unas buenas* ***vacaciones***). El adjetivo correspondiente es **vacacional**, 'perteneciente o relativo a las vacaciones'. Esta última voz ha sido recién incorporada en el ***Diccionario***. El sintagma *hacer vacaciones* es un catalanismo; debe reemplazarse con **tomar vacaciones**. El verbo *vacacionar* es un neologismo que debe desecharse.

vacada. sust. f. colect. 'Conjunto o manada de ganado vacuno (vacas y toros)'. Su sinónimo es **vaquería** (sust. f. colect.).

vacante. p. a. de **vacar**. 'Que vaca'. adj. 'Aplícase al cargo, empleo o dignidad que está sin proveer' (*cátedra* ***vacante***). Ú. t. c. sust. f.: **la vacante**. También puede decirse **vacancia** (sust. f.), pero la Academia prefiere la primera forma. Como adjetivo, pueden usarse, en su reemplazo, **vaco, ca** (adj.) y **vacuo, cua** (adj.).

vacar. v. intr. Entre otras denotaciones, 'quedar un empleo, cargo o dignidad sin persona que lo desempeñe o posea' (*Ese cargo vacó*). → **sacar**

vacaraí. sust. m. Par. 'Ternero nonato'. Es palabra aguda. En plural: **vacaraíes** o **vacaraís**. En la Argentina y en el Uruguay, se usa la grafía **vacaray** (sust. m.). En plural: **vacaráis**.

vacarí. adj. 'De cuero de vaca' (*adarga* ***vacarí***). En plural: **vacaríes** o **vacarís**.

vaccinieo, a. adj. 'Dícese de ciertas matas o arbustillos, como el arándano'. Ú. t. c. sust. f.: **la vacciniea**. Moliner registra, también, **vacciniáceo, a** (adj. Ú. t. c. sust. f.); la Academia no lo consigna.

vaciador. sust. m. 'El que vacía'. Su femenino es **vaciadora**. 'Instrumento por donde o con que se vacía': **el vaciador**.

vaciar. v. tr. Ú. t. c. prnl. Rég. prep.: **vaciar de** (***vaciar*** *el jarrón* ***de*** *agua*); **vaciar en** (***vaciar en*** *yeso*). Sus postverbales son **vaciado** (sust. m.) y **vaciamiento** (sust. m.). Se conjuga, en cuanto al acento, como **guiar**.

vacilar. v. intr. Con la denotación figurada de 'titubear', su sinónimo es **oscilar** (v. intr.). Rég. prep.: **vacilar en** (***vacilar en*** *una respuesta*); **vacilar entre** (***vacilar entre*** *la venta y el alquiler del departamento*). No debe confundirse su grafía con las de sus homófonos **basilar** (adj.), 'perteneciente o relativo a la base', y **bacilar** (adj.), 'perteneciente o relativo a los bacilos'; 'de textura en fibras gruesas'. → **oscilar**

vacío, a. adj. Rég. prep.: **vacío de** (***vacío de*** *sentimientos*).

vacuna. sust. f. Entre otras denotaciones, 'cualquier virus o principio orgánico que, convenientemente preparado, se inocula a una persona o a un animal para preservarlos de una enfermedad'. Rég. prep.: **vacuna contra** (*Aquí se da la* ***vacuna contra*** *la meningitis*). Incorrecto: *Aquí se da la vacuna para la meningitis*.

vacunador, ra. adj. 'Que vacuna' (*enfermera* ***vacunadora***). Ú. t. c. sust. m. y f.: **el vacunador, la vacunadora**.

vacunar. v. tr. Ú. t. c. prnl. Rég. prep.: **vacunar contra** (***vacunar contra*** *la gripe*). Incorrecto: *vacunar para la gripe*.

vacuno, na. adj. 'Perteneciente al ganado bovino' (*ganado* ***vacuno***). sust. m. 'Animal bovino' (*Los* ***vacunos*** *pacían*).

vacuo, cua. adj. 'Vacío, falto de contenido' (*palabras* ***vacuas***); 'sin proveer'. Con esta última denotación, es sinónimo de **vacante** (p. a. de **vacar**; adj.; ú. t. c. sust. f.) y de **vaco, ca** (adj.). sust.

m. 'Hueco de algunas cosas'. La 'calidad de vacuo' es la **vacuidad** (sust. f.). Incorrecto: <u>*vácuo*</u>.

vadeable. adj. 'Que puede vadearse' (*río vadeable*); fig. 'superable con el ingenio, arte o eficacia' (*Estas dificultades son **vadeables***). No debe pronunciarse [vadiable].

vadeador. sust. m. 'El que conoce bien los vados y sirve en ellos de guía'. Es palabra aguda. En plural, se transforma en grave: **vadeadores**. No debe pronunciarse [vadiador]. La Academia no registra el género femenino.

vadear. v. tr. 'Pasar una corriente de agua profunda por el vado o por cualquier otro sitio donde se pueda hacer pie'. No debe pronunciarse [vadiar, vadié]. → **-ear**

vademécum. sust. m. 'Libro de poco volumen y de fácil manejo para consulta inmediata'. Es palabra grave. En plural, no varía: **los vademécum**. Con esta denotación, también puede decirse **venimécum** (sust. m.). En plural: **los venimécum**. 'Cartapacio o bolsa'. Con este último significado, puede usarse la abreviación **vade** (sust. m.). En plural: **los vades**.

vado. sust. m. Entre otras denotaciones, 'lugar de un río con fondo firme, llano y poco profundo, por donde se puede pasar andando, cabalgando o en algún vehículo'. Son sus sinónimos **vadera** (sust. f.) y **esguazo** (sust. m.).

vagabundear. v. intr. 'Andar vagabundo'. Sus postverbales son **vagabundeo** (sust. m.) y **vagabundería** (sust. f.). También puede decirse **vagamundear** (v. intr.), sobre todo en ambientes populares, pero la Academia prefiere la primera forma. No deben pronunciarse [vagabundiar, vagabundié; vagamundiar, vagamundié]. → **-ear**

vagabundo, da. adj. 'Que anda errante'. 'Holgazán' (*niños **vagabundos***). Ú. t. c. sust. m. y f.: **el vagabundo, la vagabunda**. Con estas denotaciones, también puede decirse **vago, ga** (adj. Ú. t. c. sust. m. y f.). En ambientes populares, suele decirse **vagamundo, da** (adj. Ú. t. c. sust. m. y f.). La Academia prefiere la primera forma.

vagar. v. intr. 'Tener tiempo y lugar suficiente para hacer una cosa'; 'estar ocioso' (*Esos niños **vagaron** todo el día*). Rég. prep.: **vagar por** (***vagar por** tierras lejanas*). El participio activo es **vagante**, 'que vaga'. Su postverbal es **vagancia** (sust. f.). Uno de sus homónimos (v. intr.) denota 'andar por varias partes sin detenerse en ningún lugar' (***Vaga** por muchas tierras*). Con esta denotación, también puede decirse **vaguear** (v. intr.). El postverbal que corresponde a las dos primeras acepciones es **vagueación** (sust. f.). → **pagar**. El otro homónimo (sust. m.) significa 'tiempo desocupado' (*Tienes mucho **vagar***); 'sosiego'.

vagaroso, sa. adj. 'Que vaga'. Es de uso poético o literario. No debe decirse <u>*vagoroso*</u>.

vagido. sust. m. 'Llanto del recién nacido' (***los vagidos** del bebé*). Incorrecto: <u>*vajido*</u>, <u>*vaguido*</u>.

vagina. sust. f. Incorrecto: <u>*vajina*</u>. El adjetivo correspondiente es **vaginal**, 'perteneciente o relativo a la vagina'. La voz **vaginitis** (sust. f.) denota 'inflamación de la vagina'. En plural, no varía: **las vaginitis**.

vago, ga. adj. 'Desocupado, mal entretenido'; 'holgazán' (*¡Qué hombre **vago**!*). Ú. t. c. sust. m. y f.: **el vago, la vaga**. Su homónimo (adj.) denota 'que anda de una parte a otra, sin detenerse en ningún lugar'. → **vagabundo**. 'Impreciso' (*Tiene una noción muy **vaga** de los hechos*). La **vaguedad** (sust. f.) es la 'calidad de vago, desocupado' y la 'calidad de vago, que va de una parte a otra sin detenerse'. Son correctos los sintagmas **voz vaga** y **nervio vago**. Respecto del nervio, se usa más como sustantivo masculino: **el vago**.

vaguear. v. intr. 'Holgazanear'. No debe pronunciarse [vaguiar, vaguié]. Esta voz ha sido recién incorporada en el ***Diccionario***. Su homónimo (v. intr.) denota 'vagar'. → **-ear, vagar**

vahear. v. intr. 'Echar de sí vaho o vapor'. Comúnmente, se aspira la **h**. No debe pronunciarse [vahiar]. → **-ear**

vahído. sust. m. 'Desvanecimiento' (*Gloria sufrió un **vahído***). Incorrecto: <u>*vahido*</u>, <u>*vaído*</u>.

vaho. sust. m. 'Vapor que despiden los cuerpos en determinadas condiciones'. También puede decirse **vaharina** (sust. f. fam.). sust. m. pl. 'Método curativo que consiste en respirar vahos con alguna sustancia balsámica' (*Para el resfrío, son buenos los **vahos***). Incorrecto: <u>*vaus*</u>.

vaina. sust. f. Entre otras denotaciones, 'cáscara tierna y larga en que están encerradas las semillas de algunas plantas'; 'en algunas partes, judía verde'. Diminutivo: **vainica, vainilla** ('cáscara'). Amér. Central y Merid. 'Contrariedad, molestia'.

vainazas. sust. com. fam. 'Persona descuidada': **el vainazas, la vainazas**. En plural, no varía: **los vainazas, las vainazas**.

vaivén. sust. m. Es palabra aguda. En plural, se transforma en grave: **vaivenes**.

vajilla. sust. f. colect. 'Conjunto de piezas para el servicio de la mesa'. En algunos lugares, se dice **vasa** (sust. f. colect.). Otro sinónimo es **vidriado** (sust. m. colect.).

valaco, ca. adj. 'Natural de Valaquia, antiguo principado del reino de Rumania'; 'dícese de la lengua romance que se habla en Valaquia, Moldavia y otros territorios rumanos' (*lengua valaca*). sust. m. 'Lengua valaca' (*Hablan el* ***valaco***).

valdepeñas. sust. m. 'Vino tinto procedente de Valdepeñas (Ciudad Real, España)' (*Bebió un vaso de* ***valdepeñas***). En plural, no varía: **los valdepeñas**.

valedor. sust. m. 'Persona que ampara a otra'. Su femenino es **valedora**.

valenciano, na. adj. 'Natural de Valencia'. Ú. t. c. sust. m. y f.: **el valenciano, la valenciana**. 'Perteneciente a esta ciudad' (*cerámica* ***valenciana***). También puede usarse, como sinónimo, el adjetivo **valentino, na** (*fallas* ***valentinas***). sust. m. 'Variedad del catalán' (*Habla el* ***valenciano***). El 'vocablo o giro propio del habla valenciana' es un **valencianismo** (sust. m.).

-valente. elem. compos. que se emplea a modo de sufijo. 'Señala la valencia de un elemento o radical' (*trivalente*). Ha sido recién incorporado en el ***Diccionario***.

valentón, na. adj. 'Arrogante'. Ú. t. c. sust. m. y f.: **el valentón, la valentona**.

valentonada. sust. f. 'Jactancia del propio valor'. También puede decirse **valentona** (sust. f. fam.), pero la Academia prefiere la primera forma.

valer. v. irreg. tr. Entre otras denotaciones, 'amparar' (*Tus padres te* ***valdrán*** *siempre*); 'dar ganancias' (*Este negocio* ***vale*** *mucho*). Ú. t. en sent. fig. (*Su falta de puntualidad me* ***valió*** *una discusión*). 'Tener las cosas un precio determinado' (*Este libro* ***vale*** *quince pesos*). Se usa mucho con el verbo **hacer**: denota 'prevalecer una cosa en oposición a otra' (***Hará valer*** *sus derechos*). v. prnl. 'Usar una cosa con tiempo y ocasión, o servirse de ella'; 'recurrir al favor de otro para un intento'. Rég. prep.: **valer por** (*Tu decisión* ***vale por*** *la mía*); **valerse de** algo o **de** alguien (*Te* ***valías de*** *tu habilidad manual;* ***Se vale de*** *los amigos para conseguir lo que desea*); **valerse por** (***Se vale por*** *sí mismo*). **vale**. Voz con que se expresa 'asentimiento o conformidad' (***Vale***, *lo haré*). **valer** uno o una cosa **lo que pesa**. fr. fam. 'Encarece las excelentes cualidades de una persona o cosa' (*Amalia* ***vale lo que pesa****; Tu estudio sobre las rocas* ***vale lo que pesa***). **valga lo que valiere**. loc. Expresa que 'se hace una diligencia con desconfianza de que se logre fruto de ella' (*Encontraré los documentos* ***valga lo que valiere***). **válgate**. Con algunos sustantivos o verbos, se usa como interjección de admiración, extrañeza, enfado, pesar, etc. (*¡****Válgate*** *el cielo, Manuel!; ¡****Válgate*** *vivir en paz!*). También puede decirse **válgate que te valga**. La irregularidad de este verbo consiste en que toma **g** después de la **l**, cuando va seguida de **o** o de **a**, en presente de indicativo (*valgo*) y en presente de subjuntivo (*valga, valgas, valga, valgamos, valgáis, valgan*); cambia por **d** la **e** del infinitivo en futuro (*valdré, valdrás, valdrá, valdremos, valdréis, valdrán*) y en condicional de indicativo (*valdría, valdrías, valdría, valdríamos, valdríais, valdrían*). Su postverbal es **valimiento** (sust. m.). El homónimo (sust. m.) denota 'valor, valía' (*el* ***valer*** *de una persona*).

valerianáceo, a. adj. 'Dícese de ciertas plantas angiospermas dicotiledóneas, herbáceas, como la valeriana y la milamores'. Ú. t. c. sust. f.: **la valerianácea**. sust. f. pl. 'Familia de estas plantas' (*Estudia* ***las valerianáceas***).

♦ **valet.** Galicismo. En español, debe decirse **criado personal** o **mucamo**. Si se usa el extranjerismo, debe entrecomillarse.

valetudinario, ria. adj. 'Enfermizo, delicado'. Ú. t. c. sust. m. y f.: **el valetudinario, la valetudinaria**.

valgo. adj. 'Dícese del elemento anatómico, generalmente articular, desviado hacia afuera por malformación congénita' (*pie* ***valgo***). También puede decirse **valgus**. Esta segunda forma no varía en plural (*pies* ***valgus***). Ambas voces han sido recién incorporadas en el ***Diccionario***.

valí. sust. m. 'Gobernador de una provincia en

algunos estados musulmanes'. Es palabra aguda. En plural: **valíes** o **valís**. El **valiato** (sust. m.) es el 'gobierno de un valí' y el 'territorio gobernado por él'.

validez. sust. f. 'Calidad de válido'. Es palabra aguda. En plural, se transforma en grave: **valideces**. Repárese en que la **z** cambia por **c**.

valido, da. p. de **valer**. adj. 'Apreciado, estimado' (*personas **validas***). sust. m. 'El favorito de un príncipe o alto personaje' (*el **valido** del rey*); 'primer ministro'. Es palabra grave. No debe confundirse su grafía con la de **válido, da** (adj.), voz esdrújula, que denota 'firme, que vale o debe valer legalmente' (*un juicio **válido***), ni con la de **balido** (sust. m.), 'voz del carnero, la oveja, la cabra, etc.' (*el **balido** de la oveja*). → **privado**

valiente. adj. 'Entre otras denotaciones, 'esforzado, animoso y de valor' (*soldados **valientes***). Ú. t. c. sust. com.: **el valiente, la valiente**. El superlativo es **valentísimo, ma**.

valija. sust. f. 'Maleta'; 'saco de cuero donde llevan la correspondencia los correos'; 'el mismo correo'. La Academia ha incorporado recientemente el sintagma **valija diplomática**, 'cartera cerrada y precintada que contiene la correspondencia oficial entre un gobierno y sus agentes diplomáticos en el extranjero'; 'esta misma correspondencia'.

valimiento. sust. m. Entre otras denotaciones, 'acción de valer una cosa o de valerse de ella'; 'amparo, favor'. Incorrecto: <u>valimento</u>.

valla. sust. f. Entre otras denotaciones, 'estacada para defensa'; fig. 'obstáculo'. También pueden decirse **valladar** (sust. m.), **vallado** (sust. m.) y **vallar** (sust. m.). No debe confundirse su grafía con la de su homófono **baya** (sust. f.), 'tipo de fruto carnoso con semillas'. **romper** o **saltar** uno **la valla**. fr. fig. 'Emprender el primero la ejecución de una cosa difícil' (*Para lograr lo que deseas, debes animarte a **romper** o **saltar la valla***); fig. 'prescindir de las consideraciones y respetos debidos'.

vallar. v. tr. 'Cercar un sitio con vallado' (***Valló** el terreno*). También puede decirse **valladear** (v. tr.). Respecto de este último verbo, no debe pronunciarse [valladiar, valladié]. → **-ear**. Su homónimo (adj. y sust. m.) denota 'perteneciente a la valla' y 'cerco de estacas'.

valle. sust. m. 'Llanura de tierra entre alturas'; 'cuenca de un río'. Es sustantivo colectivo con la denotación de 'conjunto de lugares, caseríos o aldeas situados en un valle' (*Esas mujeres viven en el **valle***). Diminutivo: **vallejo**; **vallejuelo** es diminutivo de **vallejo**. Su apócope, **val**, se usa mucho en poesía. **valle de lágrimas**. fig. 'Este mundo'.

vallisto, ta. adj. Argent. 'Natural de los Valles Calchaquíes' (*anciana **vallista***). Ú. t. c. sust. m. y f.: **el vallisto, la vallista**. 'Perteneciente o relativo a esa región de la Argentina'. Esta voz ha sido recién incorporada en el ***Diccionario***.

valón, na. adj. 'Natural del territorio belga que ocupa, aproximadamente, la parte meridional'. Ú. t. c. sust. m. y f.: **el valón, la valona**. 'Perteneciente a él' (*costumbres **valonas***). sust. m. 'Idioma de los valones, un dialecto del antiguo francés' (*Hablaban **el valón***). También puede escribirse **walón, na** (adj.), pero la Academia prefiere la primera forma. sust. m. pl. 'Especie de calzones al uso de los valones': **los valones**.

valorar. v. tr. 'Señalar precio de una cosa' (***Valorará** las mercaderías*). Con esta denotación, también puede usarse **valuar** (v. tr.). 'Estimar el valor o el mérito de una persona o cosa' (***Valora** las condiciones del señor Acuña; **Valoro** su colaboración*); 'aumentar el valor de una cosa' (*El empleado de la inmobiliaria **valoró** la casa*). Rég. prep.: **valorar en** (***Valoró** los cuadros **en** diez mil pesos*). También pueden decirse **valorizar** (v. tr.) y **valorear** (v. tr.), pero la Academia prefiere las dos primeras formas. El verbo **valorar** no debe usarse como sinónimo de **analizar** o de **estudiar**, ni de **evaluar**: *<u>Valoraremos</u> detenidamente su informe; <u>Valoró</u> los daños que causó el incendio*. Correcto: ***Analizaremos** detenidamente su informe; **Evaluó** los daños que causó el incendio*. Es una redundancia **valorar positivamente**, pues este verbo denota 'dar valor en sentido positivo'. El postverbal de **valorar** es **valoración** (sust. f.). → **revalorizar**

valorear. v. tr. No debe pronunciarse [valoriar, valorié]. → **-ear, valorar**

valorizar. v. tr. → **cazar**, **valorar**, **revalorizar**

valquiria. sust. f. 'Cada una de ciertas divinidades de la mitología escandinava'. También puede escribirse **valkiria**, grafía recién incorporada en el *Diccionario*, pero la Academia prefiere la primera forma.

vals. sust. m. 'Baile de origen alemán'. En plural: **valses**. Incorrecto: los vals. Según la Academia, en América, se usa más **valse** (sust. m.). En la Argentina, es común **vals**.

valsar. v. intr. 'Bailar el vals'. Incorrecto: valsear, una ultracorrección.

♦ **valuable.** Anglicismo. En español, corresponde decir **valioso, sa**.

valuación. sust. f. También pueden decirse **avaluación** (sust. f.) y **avalúo** (sust. m.), pero la Academia prefiere la primera forma. → **valuar**

valuar. v. tr. 'Valorar, señalar precio a algo'. Rég. prep.: **valuar en** (*Valuó en mil pesos la estatuilla*). Su postverbal es **valuación** (sust. f.). También pueden decirse **valorar** (v. tr.) y **avaluar** (v. tr.), pero la Academia prefiere las dos primeras formas. Se conjuga, en cuanto al acento, como **actuar**. → **evaluar, sobrevaluar**

valvar. adj. 'Perteneciente o relativo a las valvas'. Esta voz ha sido recién incorporada en el *Diccionario*.

vamos. Forma exhortativa de primera persona del plural (***Vamos**, ya es muy tarde*; ***Vamos**, cuenta cómo sucedió*; ***Vamos**, despacio, no te apures*; ***Vamos**, chiquito, que no nací ayer*). A veces, se usa como interjección (*¡Vamos!, como si yo no lo supiera*; *¡Vamos!, no empieces con tus caprichos*).

vampiresa. sust. f. 'Mujer fatal'. Incorrecto: vampireza. No es la forma femenina de **vampiro** (sust. m.). La voz **vampiresa** ha sido recién incorporada en el *Diccionario*.

vampirismo. sust. m. 'Conducta de la persona que actúa como un vampiro'; 'necrofilia'. Esta voz ha sido recién incorporada en el *Diccionario*.

vampiro. sust. m. 'Espectro o cadáver que, según cree el vulgo de ciertos países, va por las noches a chupar poco a poco la sangre de los vivos hasta matarlos' (*Quiere conocer historias de **vampiros** famosos, como Drácula*); 'murciélago del tamaño de un ratón; tiene un apéndice membranoso en forma de lanza sobre la cabeza' (*¿Hay **vampiros** en la Argentina?*). Con esta última denotación, para distinguir los sexos, debe recurrirse a las perífrasis **vampiro macho, vampiro hembra**. fig. 'Persona codiciosa que se enriquece por malos medios y como chupando la sangre del pueblo' (*Don Claudio era un **vampiro** para sus vecinos*). Es palabra grave. No debe pronunciarse [vámpiro] como esdrújula. → **vampiresa**

vanadio. sust. m. 'Elemento metálico que se presenta en ciertos minerales'. Número atómico 23. Símbolo: ***V***

vanagloriarse. v. prnl. 'Jactarse de su propio valer u obrar'. Rég. prep.: **vanagloriarse de** (*vanagloriarse de sus logros*). Incorrecto: *Se vanaglo-ría de sus conocimientos*. Correcto: ***Se vanagloria** de sus conocimientos*. Se conjuga, en cuanto al acento, como **cambiar**. → **gloriarse**

vanaglorioso, sa. adj. 'Jactancioso'. Ú. t. c. sust. m. y f.: **el vanaglorioso, la vanagloriosa**.

vandalaje. sust. m. Amér. 'Bandidaje'. Incorrecto: bandalaje, vandalage. También puede decirse **vandalismo** (sust. m.).

vándalo, la. adj. 'Dícese del individuo perteneciente a un pueblo bárbaro de origen germánico' (*mujer **vándala***). Ú. t. c. sust. m. y f.: **el vándalo, la vándala**. sust. m. fig. 'El que comete acciones propias de gente salvaje y desalmada' (*El asesino de esos niños es un **vándalo***).

vanear. v. intr. 'Hablar vanamente'. No debe pronunciarse [vaniar, vanié]. → **-ear**

vanguardia. sust. f. Entre otras denotaciones, 'avanzada de un grupo o movimiento ideológico, político, literario, etc.' (*grupo de **vanguardia***). sust. f. pl. 'Lugares, en las orillas de los ríos, donde arrancan las obras de construcción de un puente o de una presa': **las vanguardias**. **a, a la** o **en vanguardia**. loc. adv. Con los verbos **ir**, **estar** y otros, 'adelantarse a los demás' (*Esa empresa **va a, a la** o **en vanguardia** en materia de cosméticos*).

vanguardista. adj. 'Perteneciente o relativo al vanguardismo' (*literatura **vanguardista***); 'partidario de esta tendencia' (*pintor **vanguardista***). Ú. t. c. sust. com.: **el vanguardista, la vanguardista**.

vanilocuente. adj. 'Dícese del hablador u orador insustancial'. Ú. t. c. sust. com.: **el vanilocuente, la vanilocuente**. También puede decirse **vanílocuo, cua** (adj. Ú. t. c. sust. m. y f.).

vano, na. adj. Entre otras denotaciones, 'hueco, vacío'; 'inútil, infructuoso'; 'que carece de fundamento'. **en vano**. loc. adv. 'Inútilmente' (*La aconsejó **en vano***).

vaporear. v. tr. 'Convertir en vapor' (***vaporear** el agua*). Ú. t. c. prnl. v. intr. 'Exhalar vapores'. No debe pronunciarse [vaporiar, vaporié]. → **-ear**

vaporizador. sust. m. → **pulverizador**

vaporizar. v. tr. 'Convertir un líquido en vapor, por la acción del calor'. Ú. t. c. prnl. Con este significado, puede usarse, además, **vaporear** (v. tr. Ú. t. c. prnl.). 'Dispersar un líquido en pequeñas gotas'. También pueden decirse **evaporar** (v. tr. Ú. t. c. prnl.), **evaporizar** (v. tr. Ú. t. c. intr. y c. prnl.) y **vaporar** (v. tr. Ú. t. c. prnl.). Su postverbal es **vaporización** (sust. f.). → **cazar, vaporear**

vapuleador, ra. adj. 'Que vapulea'. Ú. t. c. sust. m. y f.: **el vapuleador**, **la vapuleadora**. No debe pronunciarse [vapuliador].

vapulear. v. tr. 'Zarandear de un lado a otro a una persona o cosa'; fig. 'golpear contra alguien o algo'. Ú. t. c. prnl. fig. 'Reprender, criticar o hacer reproches'. No debe pronunciarse [vapuliar, vapulié]. También puede decirse **vapular** (v. tr. Ú. t. c. prnl.), pero la Academia prefiere la primera forma. Los postverbales de **vapulear** son **vapuleamiento** (sust. m.) y **vapuleo** (sust. m.), y los de **vapular**, **vapulación** (sust. f.), **vapulamiento** (sust. m.) y **vápulo** (sust. m.). → **-ear**

vaquear. v. tr. 'Cubrir los toros a las vacas'. Argent. 'Practicar la vaquería o caza de ganado salvaje'. No debe pronunciarse [vaquiar, vaquié]. → **-ear**

vaquería. sust. f. Es colectivo con la denotación de 'manada de ganado vacuno'. → **vacada**. 'Lugar donde hay vacas o donde se vende su leche'. Argent. 'Batida del campo para cazar el ganado salvaje, que se realizó hasta los primeros años de la Independencia'.

vaquerizo, za. adj. 'Perteneciente o relativo al ganado bovino' (*corral **vaquerizo***). sust. m. y f. 'Vaquero': **el vaquerizo, la vaqueriza**. → **vaquero**

vaquero, ra. adj. 'Propio de los pastores de ganado bovino' (*tareas **vaqueras***). sust. m. y f. 'Pastor o pastora de reses vacunas': **el vaquero, la vaquera**. sust. m. Ú. m. en pl. 'Pantalón vaquero' (*Juana siempre usa **vaqueros***). → **tejanos, blue jeans**

vaquillona. sust. f. Argent., Chile, Nicar. y Perú. 'Vaca de uno a dos años aún no servida'.

vara. sust. f. Entre otras denotaciones, 'rama delgada'; 'medida de longitud que equivale a 835 milímetros y 9 décimas'. Diminutivos: **vareta, varilla, varita**. Una 'vara pequeña' es una **vírgula** (sust. f.). → **vírgula**

varado, da. p. de **varar**. adj. Amér. 'Dícese de la persona que carece de recursos económicos' (*obreros **varados***). Ú. t. c. sust. m. y f.: **el varado, la varada**.

varal. sust. m. Entre otras denotaciones, 'vara muy larga y gruesa'. Argent. 'Armazón de varales que, en los saladeros, sirve para tender al aire libre la carne con que se hace el tasajo'. Con esta denotación, tiene valor colectivo.

varar. v. tr. 'Sacar a la playa y poner en seco una embarcación'. v. intr. 'Encallar la embarcación'; fig. 'quedar parado o detenido un negocio'. Amér. 'Quedarse detenido un vehículo por avería'. Rég. prep.: **varar en** (***varar en** la playa*). La 'acción y efecto de varar un barco' se denomina **varada** (sust. f.), **varadura** (sust. f.) o **varamiento** (sust. m.).

vareador. sust. m. 'El que varea'. Su femenino es **vareadora**. Argent. 'Peón encargado de varear los caballos de competición'. No debe pronunciarse [variador].

varear. v. tr. Entre otras denotaciones, 'derribar con los golpes y movimientos de la vara los frutos de algunos árboles'; 'medir con la vara'. Argent. 'Ejercitar un caballo de competición para conservar su buen estado físico'; p. us. 'lanzar un caballo a toda carrera'. v. prnl. fig. 'Ponerse flaco'. No debe pronunciarse [variar, varié]. Sus postverbales son **varea** (sust. f.), **vareaje** (sust. m.) y **vareo** (sust. m.). → **-ear**

varero. sust. m. Argent. 'Caballo de tiro sujeto entre las varas de un carruaje'. Esta voz no está registrada en el ***Diccionario***. La A.A.L. ha recomendado su incorporación.

varetear. v. tr. 'Formar varetas en los tejidos'. No debe pronunciarse [varetiar, varetié]. → **-ear**

vargueño. sust. m. 'Mueble de madera con muchos cajoncitos y gavetas'. También puede escribirse **bargueño**, grafía preferida por la Academia.

varí. sust. m. 'Ave americana de rapiña'. Para distinguir los sexos, debe recurrirse a las perífrasis **varí macho, varí hembra**. Es palabra aguda. En plural: **varíes** o **varís**.

variado, da. p. de **variar**. adj. 'Que tiene variedad'; 'de varios colores' (*tela* ***variada***). También puede decirse **vario, ria** (adj.) y, con la segunda denotación, **variegado, da** (adj.). → **variegado**

variar. v. tr. 'Hacer que algo sea diferente de lo que antes era' (***Varió*** *la decoración de su casa*). v. intr. 'Cambiar algo de forma, variedad o estado' (*Su conducta* ***varió***); 'ser una cosa diferente de otra' (*Esos zapatos* ***varían*** *de aquéllos en la calidad del cuero*). Rég. prep.: **variar de** (***variar de*** *opinión*; ***variar de*** *tapado*; ***variar*** *una tela* ***de*** *otra*); **variar en** (***variar en*** *longitud*). El participio activo es **variante** (adj.; sust. f. y m.). Los postverbales son **variación** (sust. f.) y **variedad** (sust. f.). Se conjuga, en cuanto al acento, como **guiar**.

várice. sust. f. 'Dilatación permanente de una vena, causada por la acumulación de sangre en su cavidad'. Es palabra esdrújula. En plural: **várices**. También pueden decirse **varice** (voz grave) y **variz** (voz aguda), esta última, preferida por la Academia. Incorrecto: <u>*váriz*</u>. En plural: **varices**. Repárese en que la **z** de **variz** cambia por **c**. En la Argentina, los hablantes prefieren el vocablo esdrújulo. El adjetivo correspondiente es **varicoso, sa** (U. t. c. sust. m. y f.), 'perteneciente o relativo a las várices'; 'que tiene várices'.

variedad. sust. f. Entre otras denotaciones, 'cualidad de vario'. Como sustantivo colectivo, denota 'conjunto de cosas diversas'. Es palabra aguda. En plural, se transforma en grave: **variedades**. sust. f. pl. 'Espectáculo ligero con números de diverso carácter' (*teatro de* ***variedades***). → **variar**

variegación. sust. f. 'Estado de la planta que muestra tejidos de distintos colores o de diversa constitución'. Es palabra aguda. En plural, se transforma en grave: **variegaciones**. Ha sido recién incorporada en el ***Diccionario***.

variegado, da. adj. 'De diversos colores'; 'dícese de la planta y de sus hojas, cuando presentan variegación' (*plantas* ***variegadas***). Esta voz ha sido recién incorporada en el ***Diccionario***.

♦ **variété.** Galicismo. En español, debe decirse **variedades**.

varilla. sust. f. d. de **vara**. El sustantivo colectivo es **varillaje** (m.), 'conjunto de varillas de un utensilio, como abanico, paraguas, etc.'.

vario, ria. adj. 'Diferente' (*Tiene libros* ***varios***); 'mudable' (*tiempo* ***vario***). Con la segunda denotación, también puede usarse **variable** (adj.). 'Indiferente o indeterminado'; 'que tiene variedad o está compuesto de diversos adornos o colores' (*Vende vestidos* ***varios***). Con esta última denotación, también puede decirse **variado, da** (adj.). En plural, equivale a 'algunos' o a 'unos cuantos' (***Varias*** *personas asistieron a la exposición de cuadros*). No debe confundirse la grafía de **vario** con la de su homófono **bario** (sust. m.), 'metal blanco amarillento'. sust. m. colect. 'Conjunto de libros, folletos, hojas sueltas o documentos, de diferentes autores, materias o tamaños, reunidos en tomos, legajos o cajas'. Se usa más en plural (*Ésa es la caja de* ***varios***).

varón. sust. m. Entre otras denotaciones, 'criatura racional del sexo masculino'. Su correspondiente femenino es **mujer** (sust. f.), pues **varona** (sust. f.) y **varonesa** (sust. f.) son –según la Academia– voces poco usadas. Es palabra aguda. En plural, se transforma en grave: **varones**. No debe confundirse su grafía con la de su homófono **barón** (sust. m.). → **barón**. El adjetivo correspondiente es **varonil**, 'perteneciente o relativo al varón'. La 'mujer varonil' recibe el nombre de **virago** (sust. f.).

varraquear. v. intr. fam. 'Enfadarse'; 'llorar fuerte y seguido los niños'. No debe pronunciarse [varraquiar, varraquié]. → **-ear**

vasallo, lla. adj. 'Sujeto a algún señor con vínculo de vasallaje' (*mujeres* ***vasallas***; *pueblos* ***vasallos***). sust. m. y f. Entre otras denotaciones, 'súbdito de un soberano o de cualquier otro gobierno supremo e independiente': **el vasallo, la vasalla**.

vasar. sust. m. 'Anaquelería de ladrillo o de otro material, que, en las cocinas u otros lugares semejantes, sirve para poner vasos, platos, etc.' (*En el* ***vasar***, *había platos de distintos tamaños*). También puede decirse **vasera** (sust. f.).

No debe confundirse su grafía con la de sus homófonos **basar** (v. tr. Ú. t. c. prnl.), 'fundar, apoyar', y **bazar** (sust. m.). → **bazar**

vasco, ca. adj. → **vascuence**

vascófilo. sust. m. 'Persona aficionada a la lengua y a la cultura vascongadas'; 'la entendida en ellas'. Su femenino es **vascófila**.

vascofrancés, sa. adj. 'Natural del País Vasco francés' (*estudiantes **vascofranceses***); 'perteneciente o relativo a esta región del sur de Francia' (*música **vascofrancesa***). Incorrecto: *vasco francés*, *vasco-francesa*. Esta voz ha sido recién incorporada en el ***Diccionario***.

vascólogo. sust. m. 'Persona versada en estudios vascos'. Su femenino es **vascóloga**.

vascuence. adj. 'Dícese de la lengua hablada por los naturales de las provincias vascongadas, de Navarra y del territorio vasco francés' (*lengua **vascuence***). Ú. m. c. sust. m.: **el vascuence**. También pueden decirse **el vasco** (sust. m.) y **el vascongado** (sust. m.). No debe usarse con la denotación de 'natural de las provincias vascongadas': *hombres vascuences*. Correcto: *hombres **vascos***. → **vasco**

vascular. adj. 'Perteneciente o relativo a los vasos de las plantas o de los animales'. No debe confundirse su grafía con la de su homófono **bascular** (v. intr.). → **bascular**

vasija. sust. f. 'Toda pieza cóncava y pequeña, que sirve, especialmente, para contener líquidos o cosas destinadas a la alimentación' (***vasija** de vidrio*). Es sustantivo de valor colectivo con la denotación de 'conjunto de cubas y tinajas en las bodegas'.

vaso. sust. m. Entre otras denotaciones, 'recipiente que sirve para beber'; 'cantidad de líquido que cabe en él' (*Bebió un **vaso** de agua*); 'conducto por el que circula, en el vegetal, la savia o el látex'; 'conducto por el que circula, en el cuerpo del animal, la sangre o la linfa' (***vasos** sanguíneos*). Diminutivo: **vasillo**. sust. pr. m. 'Copa, constelación'. Con esta última denotación, debe escribirse con mayúscula. No debe confundirse su grafía con la de su homófono **bazo** (sust. m.), 'víscera'. → **vasar**. **ahogarse** uno **en un vaso de agua**. fr. fig. y fam. 'Afligirse por liviana causa' (*Cuando tiene un contratiempo, **se ahoga en un vaso de agua***).

vástago. sust. m. Entre otras denotaciones, 'renuevo o ramo tierno que brota del árbol o planta'; fig. 'persona descendiente de otra'. Con el primer significado, también puede decirse **vástiga** (sust. f.), pero la Academia prefiere la primera forma. → **verdugo**

vastedad. sust. f. 'Anchura o grandeza de una cosa'. Es palabra aguda. En plural, se transforma en grave: **vastedades**. No debe confundirse su grafía con la de su homófono **bastedad** (sust. f.). → **bastedad**

vasto, ta. adj. 'Dilatado, muy extendido o muy grande' (***vastas** llanuras*). No debe confundirse su grafía con la de su homófono **basto, ta** (adj.). → **basto**

vate. sust. m. 'Adivino'; 'poeta'. En plural: **vates**. No debe confundirse su grafía con la de su homófono **bate** (sust. m.). → **bate**

váter. sust. m. 'Inodoro'; 'cuarto de baño'. Incorrecto, en español: *wáter*, un anglicismo. Es palabra grave. En plural, se transforma en esdrújula: **váteres**. Esta voz ha sido recién incorporada en el ***Diccionario***.

vaticano, na. adj. 'Perteneciente o relativo al monte Vaticano y al palacio en que habita el Papa' (*Visitó los museos **vaticanos***); 'perteneciente o relativo al Papa o a la corte pontificia'. sust. m. fig. 'Corte pontificia' (*Un vocero del **Vaticano** ha transmitido el mensaje del Papa*). Como sustantivo, se escribe con mayúscula.

vaticinador, ra. adj. 'Que vaticina'. Ú. t. c. sust. m. y f.: **el vaticinador, la vaticinadora**. También puede decirse **vatídico, ca** (adj. Ú. t. c. sust. m. y f.).

vaticinio. sust. m. 'Predicción, adivinación'. Incorrecto: *vaticiño*.

vatio. sust. m. 'Unidad de potencia eléctrica en el sistema basado en el metro, el kilogramo, el segundo y el amperio. Equivale a un julio por segundo'. También se registra **watt** (sust. m.), de acuedo con la nomenclatura internacional. Incorrecto: *watio*. En plural: **vatios; watts**. El sustantivo colectivo es **vataje** (m.), 'cantidad de vatios que actúan en un aparato o sistema eléctrico'.

♦ **vaudeville.** Galicismo. En español, debe escribirse **vodevil**.

vaya. Tercera persona singular del presente de subjuntivo del verbo **ir**. Partícula que, en construcciones exclamativas, suele anteponerse a un sustantivo para conferir sentido superlativo a las cualidades buenas o malas de una persona o de una cosa (*¡Vaya pregunta que me haces!*; *¡Vaya hombre!*). interj. con la que se comenta algo que satisface o que, por el contrario, decepciona o disgusta (*—Ariel ha perdido toda su fortuna. —¡Vaya!*). Suele usarse repetida (*¡Vaya, vaya, vaya!*). Seguida de la preposición **con** y de un sintagma nominal, indica la 'actitud favorable o desfavorable del hablante respecto de la persona o cosa a que alude ese sintagma' (*¡Vaya con la niñita!*; *¡Vaya con la canción!*); a veces, tiene un matiz irónico.

vecera. sust. f. → **piara**

vecindad. sust. f. 'Calidad de vecino' (*la buena **vecindad***). Es sustantivo colectivo con el significado de 'conjunto de personas que viven en las distintas viviendas de una misma casa o en varias contiguas' y 'conjunto de personas que viven en una población o en parte de ella' (*Pertenecen a la misma **vecindad***). Es palabra aguda. En plural, se transforma en grave: **vecindades**. Con la primera y la última denotación, también puede decirse **vecindario** (sust. m. colect.), de uso más común.

vecindario. sust. m. → **vecindad**

vecino, na. adj. Ú. t. c. sust. m. y f.: **el vecino, la vecina**. Rég. prep.: **vecino a** (***vecino a** su casa*).

veda. sust. f. 'Acción y efecto de vedar'; 'espacio de tiempo en que está vedado cazar o pescar' (*Terminó el período de **veda***). Su homófono (sust. pr. m.) denota 'cada uno de los libros sagrados que constituyen el fundamento de la tradición religiosa de la India'. Repárese en que esta última voz debe escribirse con mayúscula. Ú. m. en pl.: **los Vedas**.

vedado, da. p. de **vedar**. sust. m. 'Campo o sitio acotado o cerrado por ley u ordenanza' (*Los cazadores entraron en el **vedado***). Su sinónimo es **coto** (sust. m.).

♦ **vedetismo.** Deriva del galicismo *vedette*. En español, corresponde decir **protagonismo**.

♦ **vedette.** Galicismo. En español, **estrella**, **artista principal** de un espectáculo de variedades, teatro, cine, etc., o **la figura más importante** de un deporte.

vedijero. sust. m. 'El que recoge la lana de caídas cuando se esquila el ganado'. Su femenino es **vedijera**.

veedor, ra. adj. Entre otras denotaciones, 'que ve, mira o registra las acciones de los otros'. Ú. t. c. sust. m. y f.: **el veedor, la veedora**. Incorrecto: <u>vedor</u>, <u>vedora</u>. sust. m. Entre otras denotaciones, 'el que ejerce dicho cargo'; 'visitador, inspector, observador'. La **veeduría** (sust. f.) es el 'cargo u oficio de veedor' y la 'oficina del veedor'. → **sobreveedor**

vegetal. adj. 'Que vegeta' (*vida **vegetal***). Con esta denotación, también puede decirse **vegetativo, va** (adj.). 'Perteneciente o relativo a las plantas' (*reino **vegetal***). Son correctos los sintagmas **azufre vegetal**, **carbón vegetal**, **marfil vegetal**, **mosaico vegetal**, **papel vegetal**, **producto vegetal**, **sociología vegetal**, **tierra vegetal**. sust. m. 'Ser orgánico que crece y vive, pero no muda de lugar por impulso voluntario' (*Estudia los **vegetales***). No debe usarse **vegetales** como sinónimo de **verduras**. → **verdura**

vegetalismo. sust. m. 'Régimen alimenticio estrictamente vegetal que excluye todos los productos de animal, vivo o muerto' (*Es partidaria del **vegetalismo***). Esta voz ha sido recién incorporada en el ***Diccionario***. No debe confundirse su denotación con la de **vegetarianismo** (sust. m.), 'régimen alimenticio basado principalmente en el consumo de productos vegetales, pero que admite el uso de productos del animal vivo, como huevos, leche, etc.'; 'doctrina y práctica de los vegetarianos'.

vegetalista. adj. 'Dícese de la persona que practica el vegetalismo'. Ú. t. c. sust. com.: **el vegetalista, la vegetalista**. No debe confundirse su denotación con la de **vegetariano, na** (adj. Ú. t. c. sust. m. y f.), 'perteneciente o relativo al vegetarianismo'; 'dícese del partidario del vegetarianismo'.

vegetar. v. intr. 'Germinar, nutrirse, crecer y aumentarse las plantas' (***Vegetaron** las cañas*). Ú. t. c. prnl. fig. 'Vivir una persona con vida meramente orgánica, comparable a la de las plantas'; fig. 'disfrutar voluntariamente de vida tranquila'. Su postverbal es **vegetación** (sust. f.), voz que es sustantivo colectivo con el significado de 'conjunto de los vegetales propios de un lugar o región' (*Estudia la **vegetación** del litoral argentino*). **vegetaciones adenoideas**. 'Hipertrofia de las amígdalas faríngea y nasal y, sobre todo, de los folículos linfáticos de la parte posterior de las fosas nasales'. Este sintagma puede usarse en singular, pero es más común su empleo en plural.

veguero, ra. adj. 'Perteneciente o relativo a la vega'. sust. m. y f. 'Persona que trabaja en el cultivo de una vega, especialmente, para la explotación del tabaco'. sust. m. 'Cigarro puro': **el veguero**.

♦ **vehiculizar.** Barbarismo. Según el contexto, debe decirse **transportar** o **facilitar**. Incorrecto: *El nuevo número telefónico vehiculiza las llamadas*. Correcto: *El nuevo número telefónico **facilita** las llamadas*.

veinte. adj. 'Dos veces diez' (***veinte** caramelos*). Es ordinal con la denotación de 'vigésimo' (***veinte** aniversario*). Con este último significado, también pueden decirse **veinteno, na** (adj.), **veintésimo, ma** (adj.), **vicésimo, ma** (adj.) y **vigésimo, ma** (adj.). → **vigésimo**. Aplicado a los días del mes, ú. t. c. sust. m. (*el **veinte** de febrero*). Significa 'muchos, muchas' con sentido ponderativo (*Eran más de **veinte***). sust. m. 'Conjunto de signos o cifras con que se representa el número veinte' (*Escribió el **veinte***). En plural: **veintes**. Incorrecto: *ventiuno*; *ventidós*; *ventitrés*; *venticuatro*; *venticinco*; *ventiséis*; *ventisiete*; *ventiocho*; *ventinueve*. Correcto: ***veintiuno***; ***veintidós***; ***veintitrés***; ***veinticuatro***; ***veinticinco***; ***veintiséis***; ***veintisiete***; ***veintiocho***; ***veintinueve***. → **número, vicenal**

veinteavo, va. adj. 'Cada una de las veinte partes iguales en que se divide un todo'. Ú. t. c. sust. m. (*Gastó un **veinteavo** de su fortuna*). Este partitivo no debe usarse como adjetivo numeral ordinal: *el veinteavo aniversario*. También puede decirse **veintavo, va** (adj. Ú. t. c. sust. m. y f.), pero la Academia prefiere la primera forma.

veintena. sust. f. colect. 'Conjunto de veinte unidades' (*una **veintena** de panes*). También puede decirse **veintenar** (sust. m. colect.).

veintiocheno, na. adj. 'Vigésimo octavo'. También puede decirse **veinteocheno, na** (adj.), pero la Academia prefiere la primera forma.

veintiseiseno, na. adj. 'Perteneciente al número veintiséis'; 'vigésimo sexto'. También puede decirse **veinteseiseno, na** (adj.), pero la Academia prefiere la primera forma.

veintitantos, tas. adj. pl. 'Veinte y algunos más, sin llegar a treinta' (*Hace **veintitantos** años que no lo veo*). Esta voz, de correcta formación, no está registrada en el ***Diccionario***. Aparece en el ***Manual*** con el indicador de su falta de sanción oficial. Lo usual es escribirlo en tres palabras (*Hace **veinte y tantos** años que no lo veo*).

veintiuno, na. adj. 'Veinte y uno' (***veintiuna** gomas*). Incorrecto: *veintiún gomas*; *veintiunas gomas*. Como adjetivo numeral ordinal, denota 'vigésimo primero' (*día **veintiuno***). Aplicado a los días del mes, ú. t. c. sust. m. (*el **veintiuno** de abril*). sust. m. 'Conjunto de signos o cifras con que se representa el número veintiuno' (*Escribió el **veintiuno***). **veintiún**. adj. apóc. de **veintiuno**. Se usa antepuesto al sustantivo masculino (***veintiún** lápices*), al sustantivo femenino que comienza con **a** tónica (***veintiún** aulas*) o al adjetivo **mil** (***veintiún mil** casas*). Incorrecto: *veintiunos lápices*, *veintiuna aulas*, *veintiunas aulas*.

vejador, ra. adj. 'Que veja'. Ú. t. c. sust. m. y f.: **el vejador, la vejadora**.

vejamen. sust. m. Entre otras denotaciones, 'acción y efecto de vejar'. Repárese en que no lleva tilde, porque es palabra grave terminada en **n**. Incorrecto: *vejámen*. En plural, se transforma en esdrújula: **vejámenes**.

vejar. v. tr. 'Maltratar'. Conserva la **j** en toda la conjugación.

vejez. sust. f. Entre otras denotaciones, 'cualidad de viejo'. Es palabra aguda. En plural, se transforma en grave: **vejeces**. Repárese en que la **z** cambia por **c**. **a la vejez, viruelas**. expr. con que se hace ver a los viejos que hacen cosas que no corresponden a su edad.

vejiga. sust. f. Entre otras denotaciones, 'órgano donde se deposita la orina segregada por los riñones'. Incorrecto: *vegiga*. Diminutivos: **vejigüela**, **vejiguilla**. Aumentativo: **vejigón** (sust. m.). El adjetivo correspondiente es **vesical**, 'perteneciente o relativo a la vejiga' (*pólipos **vesicales***).

vela. sust. f. 'Acción y efecto de velar'; 'tiempo que se vela'; 'cilindro de cera con pabilo en el eje para que pueda encenderse y dar luz'. Con esta última denotación, también pueden decirse **cerilla** (sust. f.) y **cerillo** (sust. m.). Aumentativo: **velón** (sust. m.). **en vela**. loc. adv. 'Sin dormir' (*Estuvo toda la noche en vela*). **no darle** a uno **vela en** o **para** un **entierro**. fr. fig. y fam. 'No darle autoridad o motivo para que intervenga en lo que está tratándose' (*Cuando quiso exponer su opinión, le dijeron que **no le habían dado vela en** ese **entierro***). En la Argentina, es común **nadie te** o **le dio vela en este entierro**. Su homónimo (sust. f.) denota 'conjunto o unión de paños o piezas de lona que se amarran a las vergas para recibir el viento que impele la nave' (tiene valor colectivo); fig. 'barco de vela'. Los sustantivos colectivos son **velaje** (m.) y **velamen** (m.), 'conjunto de velas de una embarcación'. **a toda vela, a todas velas** o **a velas desplegadas, llenas** o **tendidas**. locs. advs. 'Navegando la embarcación con gran viento' (*El barco navegaba **a toda vela, a todas velas** o **a velas desplegadas, llenas** o **tendidas***). fig. Entregado uno con ansia a la ejecución de algo' (*Debo terminar este informe **a toda vela, a todas velas** o **a velas desplegadas, llenas** o **tendidas***).

velada. sust. f. Entre otras denotaciones, 'fiesta musical, literaria o deportiva que se hace por la noche'. No debe usarse el galicismo *soirée*.

velador, ra. adj. 'Que vela'; 'dícese del que cuida de algo'. Ú. t. c. sust. m. y f.: **el velador, la veladora**. sust. m. Can., NO. Argent., Chile, Perú y Venez. 'Mesa de noche'. Argent., Méj. y Urug. 'Lámpara o luz portátil que suele colocarse en la mesita de noche' (*Encendió el velador*). Es palabra aguda. En plural, se transforma en grave: **veladores**.

velar. v. intr. Entre otras denotaciones, 'estar sin dormir'; fig. 'cuidar solícitamente de algo'. v. tr. 'Hacer guardia por la noche'; 'asistir de noche a un enfermo o pasarla al cuidado de un difunto'. Rég. prep.: **velar a** (***velar a** los muertos*); **velar por** (***velar por** el bien público*); **velar sobre** (***velar sobre** los precios*). Uno de sus homónimos (v. tr. Ú. t. c. prnl.) denota, entre otras acepciones, 'cubrir con velo'; 'en fotografía, borrarse total o parcialmente la imagen' (***Se veló** el rollo fotográfico*). El otro homónimo (adj.) significa 'que oscurece'; 'perteneciente o relativo al velo del paladar'; 'dícese del sonido cuya articulación se caracteriza por la aproximación o contacto del dorso de la lengua y el velo del paladar'. 'Dícese de la letra que representa este sonido' (*La k es una consonante **velar***). Ú. t. c. sust. f.: **la velar**.

velarización. sust. f. 'Desplazamiento del punto de articulación hacia la zona del velo del paladar'. Esta voz ha sido recién incorporada en el ***Diccionario***.

velarizar. v. tr. 'Dar articulación velar a vocales y consonantes no velares'. Ú. t. c. prnl. → **cazar**

velatorio. sust. m. 'Acto de velar a un difunto'; 'en tanatorios, lugar donde se vela a un difunto' (*Asistió al **velatorio** de su amigo*). Cuando se vela a un niño, es más común –según la Academia– **velorio** (sust. m.). En la Argentina, se usa **velorio**, cuando se vela a niños y adultos. El homónimo (sust. m.) de este último sustantivo denota 'ceremonia de tomar el velo una religiosa'.

¡velay! interj. aseverativa. '¡Naturalmente!' (*¡Velay!, es así como le digo*); 'resignación o indiferencia' (*¡Velay! ¿Qué puedo decirle?*). También puede escribirse **¡velahí!**, pero la Academia prefiere la primera forma.

velero. sust. m. 'El que hace velas y las vende'. Su femenino es **velera**. Su homónimo (adj.; sust. m.), 'aplícase a la embarcación muy ligera o que navega mucho' (*barco **velero***); 'el que hace velas para buques'; 'buque de vela'.

velicar. v. tr. 'Punzar en alguna parte del cuerpo para dar salida a los humores'. → **sacar**

velintonia. sust. f. 'Especie de secuoya, el árbol de mayor talla en el mundo'. También puede escribirse **wellingtonia**, 'nombre científico de este árbol'.

vello. sust. m. 'Pelo corto y suave que sale en algunas partes del cuerpo humano'; 'pelusilla que cubre algunas frutas' (*el **vello** de la cáscara del durazno*). No debe confundirse su grafía con la de su homófono **bello** (adj.), 'que tiene belleza'. La 'abundancia de vello' es la **vellosidad** (sust. f.).

vellón. sust. m. 'Toda la lana junta de un carnero o de una oveja que se esquila'. Es palabra aguda. En plural, se transforma en grave: **vellones**. También puede decirse **vellocino** (sust. m.).

vellorí. sust. m. 'Paño entrefino'. Es palabra aguda. En plural: **velloríes** o **vellorís**. También puede decirse **vellorín** (sust. m.; en plural: **vellorines**), pero la Academia prefiere la primera forma.

velludillo. sust. m. 'Felpa o terciopelo de algodón, de pelo muy corto'. También puede decirse **veludillo** (sust. m.), pero la Academia prefiere la primera forma.

velludo, da. adj. 'Que tiene mucho vello' (*Tiene los brazos velludos*). Rég. prep.: **velludo de** (*velludo de cuerpo*). También pueden decirse **velloso, sa** (adj.) y **vellido, da** (adj.). La Academia prefiere las dos primeras formas. No debe confundirse la grafía de **vellido, da** con la de su homófono **bellido, da** (adj.), 'hermoso'. sust. m. 'Felpa o terciopelo' (*tapizado de velludo*). Con esta última denotación, también puede decirse **veludo** (sust. m.), pero la Academia prefiere la primera forma.

velo. sust. m. Entre otras denotaciones, 'cortina o tela que cubre una cosa'. Diminutivos: **velete, velillo.**

velocista. sust. com. 'Deportista que participa en carreras de corto recorrido': **el velocista, la velocista**. Esta voz ha sido recién incorporada en el ***Diccionario***.

velódromo. sust. m. 'Lugar destinado para carreras en bicicleta'. Es palabra esdrújula. No debe pronunciarse [velodromo] como grave. En plural: **velódromos**.

velomotor. sust. m. 'Bicicleta provista de un motorcito propulsor'. Es palabra aguda. En plural, se transforma en grave: **velomotores**.

veloz. adj. Es palabra aguda. En plural, se transforma en grave: **veloces**. Repárese en que la **z** cambia por **c**.

vena. sust. f. 'Vaso o conducto por donde la sangre vuelve al corazón'; 'filón metálico'; 'faja de tierra o piedra que se distingue de la masa en que se halla interpuesta'; 'cada una de las listas de diversos colores que tienen ciertas piedras y maderas'. Con estas tres últimas denotaciones, es sinónimo de **veta** (sust. f.). **estar uno en vena**. fr. fig. y fam. 'Estar inspirado para componer versos o para llevar a cabo alguna empresa' (*Hoy no está en vena para escribir*); fig. y fam. 'ocurrírsele con fecundidad las ideas'. Los adjetivos correspondientes son **venal**, 'perteneciente o relativo a las venas', y **venoso, sa**, 'que tiene venas'; 'perteneciente o relativo a la vena'. El homónimo (adj.) de **venal** denota 'vendible'; fig. 'que se deja sobornar con dádivas' (*Es un juez venal*). La 'cualidad de venal' es la **venalidad** (sust. f.). No debe confundirse la denotación de **venal** con la de **venial** (adj.). → **venial**

venaje. sust. m. colect. 'Conjunto de venas de agua y manantiales que dan origen a un río'.

venático, ca. adj. fam. 'Que tiene vena de loco o ideas extravagantes'. Ú. t. c. sust. m. y f.: **el venático, la venática**. No debe usarse como sinónimo de **lunático, ca** (adj. Ú. t. c. sust. m. y f.), 'que padece locura por intervalos'.

vencedor, ra. adj. 'Que vence' (*ejército vencedor*). Ú. t. c. sust. m. y f.: **el vencedor, la vencedora**.

vencejo. sust. m. 'Pájaro'. Para distinguir los sexos, debe recurrirse a las perífrasis **vencejo macho, vencejo hembra**.

vencer. v. tr. Entre otras denotaciones, 'derrotar al enemigo'. 'Rendir a uno aquellas cosas físicas o morales a cuya fuerza resiste difícilmente la naturaleza' (*Me venció el sueño*). Ú. t. c. prnl. v. intr. 'Cumplirse un término o plazo' (*El plazo para entregar el trabajo venció*). Rég. prep.: **vencer a, con** o **por** (***vencer a, con*** o ***por*** *traición*); **vencer en** (***vencer en*** *el combate*). → **mecer**

vendedor, ra. adj. 'Que vende'. Ú. t. c. sust. m. y f.: **el vendedor, la vendedora**.

vendehúmos. sust. com. fam. 'Persona que ostenta o simula valimiento o privanza con un poderoso, para vender con esto su favor a los pretendientes': **el vendehúmos, la vendehúmos**. En plural, no varía: **los vendehúmos, las vendehúmos**. Es incorrecto escribirlo, en singular, sin **s** final: *el vendehúmo, la vendehúmo*.

vender. v. tr. Entre otras denotaciones, 'traspasar a otro, por el precio convenido, la propiedad de lo que uno posee' (***Vendió*** *la casa*). v. prnl. 'Dejarse sobornar' (*Esa mujer* ***se vendió*** *por dinero*). Rég. prep.: **vender a** (***vender al*** *por mayor*); **vender a, en** o **por** (***vender a, en*** o ***por*** *diez pesos*); **vender por** (***vender*** *gato* ***por*** *liebre*); **venderse a** (***venderse a*** *alguien*); **venderse en** (***venderse en*** *cien pesos*); **venderse por** (***venderse por*** *dinero*).

♦ **vendetta.** Italianismo. En español, debe decirse **venganza**.

vendí. sust. m. 'Certificado de venta de mercancías o efectos públicos'. El nombre responde a la primera persona singular del pretérito perfecto simple de indicativo del verbo **vender**. Con esa voz suelen comenzar estos certificados. Es palabra aguda. En plural: **vendíes** o **vendís**.

vendimiador. sust. m. 'El que vendimia'. Su femenino es **vendimiadora**.

vendimiar. v. tr. Entre otras denotaciones, 'recoger el fruto de las viñas'. Se conjuga, en cuanto al acento, como **cambiar**.

venera. sust. f. Entre otras denotaciones, 'insignia' (*El caballero trae una **venera** pendiente al pecho*). Su homónimo (sust. f.) denota 'manantial de agua'. Con este último significado, también puede decirse **venero** (sust. m.). Diminutivo: **veneruela**.

venerable. adj. Entre otras denotaciones, 'digno de veneración, de respeto' (*médico **venerable***). El superlativo es **venerabilísimo, ma**. También puede decirse **venerando, da** (adj.).

venerador, ra. adj. 'Que venera'. Ú. t. c. sust. m. y f.: **el venerador, la veneradora**.

venéreo, a. adj. 'Perteneciente o relativo a la venus, deleite sexual'; 'dícese de la enfermedad contagiosa que se contrae por el trato sexual'. Ú. t. c. sust. m. (*Padece el **venéreo***).

venereólogo. sust. m. 'Especialista en enfermedades venéreas'. Su femenino es **venereóloga**.

vengador, ra. adj. 'Que venga o se venga'. Ú. t. c. sust. m. y f.: **el vengador, la vengadora**.

venganza. sust. f. 'Satisfacción que se toma del agravio o daño recibidos'. También puede decirse **vindicta** (sust. f.), pero su uso es infrecuente.

vengar. v. tr. Ú. t. c. prnl. Rég. prep.: **vengarse de** (***vengarse de** una ofensa*; ***de** una persona*); **vengarse en** (***vengarse en** el padre del ofensor*). → **pagar**

vengativo, va. adj. 'Inclinado a tomar venganza de cualquier agravio' (*hombre **vengativo***). → **vindicativo**

venia. sust. f. 'Permiso'; 'inclinación que se hace con la cabeza'. Incorrecto: <u>veña</u>.

venial. adj. 'Dícese de lo que se opone levemente a la ley y, por eso, es de fácil remisión'. **pecado venial**. 'El que se opone levemente a la ley de Dios por la parvedad de la materia o por falta de plena advertencia' (*Cometió un **pecado venial***). La 'cualidad de venial' es la **venialidad** (sust. f.). No debe confundirse su denotación con la del adjetivo **venal**. → **venal**

venidero, ra. adj. 'Que está por venir o suceder' (*años **venideros***). sust. m. pl. 'Los que han de suceder a uno'; 'los que han de nacer después' (*¿Gozarán de la paz **los venideros**?*).

venir. v. irreg. intr. Entre otras denotaciones, 'llegar una persona o cosa a donde está el que habla' (***Vendrá** a mi casa mañana*). 'Llegar uno a conformarse, transigir o avenirse'. Ú. t. c. prnl. Rég. prep.: **venir a** (***venir a** la fiesta*; ***venir a** tierra*; ***venir a** paz y concordia*; ***venir al** caso*; ***venir a** cuentas*; ***venir a** morir*; ***venir a** ser*, ***venir a** tener*); **venir ante** (***venir ante** el juez*); **venir con** (***venir con** un amigo*; ***venir con** la misma consulta*; ***venir con** habladurías*); **venir de** (***venir de** Italia*; ***venir de** buen linaje*; ***venir de** visita*; ***venir de** la página 10*); **venir en** (***venir en** ese libro*; ***venir en** conferir un cargo*; ***venir en** conocimiento*; ***venir en** deseo*); **venir hacia** (***venir hacia** aquí*); **venir para** (***venir para** Navidad*); **venir por** (***venir por** buen camino*); **venir** algo **sobre** uno (***venir** buena suerte **sobre** una persona*). Acompañado de un gerundio o de un adjetivo, denota 'persistir en una acción o estado' (*Hace mucho que **vienen pidiendo** ayuda*; *Perla **viene enferma** desde el mes pasado*). **en lo por venir**. loc. adv. 'En lo venidero' (*Lo resolveremos **en lo por venir***). **venga lo que viniere**. expr. 'Resolución de emprender o ejecutar una cosa, sin preocuparse de que el éxito sea favorable o adverso' (*Lo haremos **venga lo que viniere***). Hoy se admite, también, **venga lo que venga**. **venir a menos**. fr. 'Deteriorarse, caer del estado que se gozaba' (*Físicamente, **vino a menos***). **venirle** a uno **grande** o **muy grande** una cosa, o **venirle muy ancha** o **venirle** a uno **muy ancha** una cosa. frs. figs. y fams. 'Ser excesiva para su capacidad o mérito' (*A Julio ese cargo **le viene grande** o **muy grande**, o **le viene muy ancho***). **venirse abajo**. fr. 'Venir o venirse a tierra' (***Se vino abajo** la estantería*). Su irregularidad consiste en que agrega **g** después de la **n**, cuando va seguida de **o** o de **a**, en presente de indicativo (*vengo*) y en presente de subjuntivo (*venga, vengas, venga, vengamos, vengáis, vengan*); diptonga la **e** de la raíz en **ie**, cuando cae allí el acento, en presente de indicativo (*vienes, viene, vienen*); cambia por **i** la **e** de la raíz y toma desinencias especiales en pretérito perfecto simple de indicativo (*vine, viniste, vino, vinimos, vinisteis, vinieron*), en pretérito imperfecto (*viniera o viniese, vinieras o vinieses, viniera o viniese, viniéramos o viniésemos, vinierais o vinieseis, vinieran o viniesen*) y en futuro de subjuntivo (*viniere, vinieres, viniere, viniéremos, viniereis, vinieren*), y en el gerundio (*viniendo*); pierde la desinencia en la segunda persona singular del imperativo (*ven*); cambia por **d** la **i** del infinitivo en futuro (*vendré, vendrás, vendrá, vendremos, vendréis, vendrán*) y en condicional simple de indicativo (*vendría, vendrías, vendría, vendríamos, vendríais, vendrían*). El participio activo es **viniente**, 'que viene'; se usa en la locución **yentes y vinientes**.

venta. sust. f. Entre otras denotaciones, 'acción y efecto de vender'; 'casa establecida en los caminos o despoblados para hospedaje de los pasajeros'. El sustantivo despectivo que corresponde a esta última denotación es **ventorro** (m.), cuyo diminutivo es **ventorrillo**. **en venta**. loc. adj. y adv. (*Visitamos la casa **en venta**; Pusieron **en venta** el departamento*).

ventajear. v. tr. Argent., Col., Guat. y Urug. 'Aventajar, obtener ventaja'; en sentido peyorativo, 'sacar ventaja mediante procedimientos abusivos' (*Raúl **ventajea** a sus amigos*). No debe pronunciarse [ventajiar, ventajié]. Conserva la **j** en toda la conjugación. → **-ear**

ventajista. adj. 'Dícese de la persona que sin miramientos procura obtener ventaja en algo'. Ú. t. c. sust. com.: **el ventajista**, **la ventajista**. En Puerto Rico, Santo Domingo y el Uruguay, se dice **ventajero**, **ra** (adj. Ú. t. c. sust. m. y f.), voz que también suele usarse en la Argentina. La A.A.L. ha recomendado su incorporación y la de **ventajita** (sust. com. fam.), 'persona ventajera'. Ú. m. en forma despectiva.

ventana. sust. f. Diminutivo: **ventanilla**. El sustantivo colectivo es **ventanaje** (m.), 'conjunto de ventanas de un edificio'. La 'ventana grande' es un **ventanal** (sust. m.); la 'pequeña', un **ventano** (sust. m.), cuyos diminutivos son **ventanico** y **ventanillo**. El **ventanazo** (sust. m.) es el 'golpe recio que se da al cerrarse una ventana'.

ventanear. v. intr. fam. 'Asomarse o ponerse a la ventana con frecuencia' (*Doña Mabel **ventanea** todo el día*). No debe pronunciarse [ventaniar, ventanié]. Su postverbal es **ventaneo** (sust. m.). → **-ear**

ventanero, ra. adj. 'Dícese del hombre que mira con descaro a las ventanas en que hay mujeres'. Ú. t. c. sust. m.: **el ventanero**. 'Dícese de la mujer aficionada a asomarse a la ventana para ver y ser vista' (*mujeres **ventaneras***). Ú. t. c. sust. f.: **la ventanera**. sust. m. 'El que hace ventanas' (*El **ventanero** terminó su trabajo*).

ventar. v. irreg. intr. impers. Se conjuga como **acertar**.

ventear. v. intr. impers. 'Soplar el viento o haber aire fuerte' (***Venteó** por la tarde*). v. tr. 'Tomar algunos animales el viento con el olfato'. Con estas denotaciones, también puede decirse **ventar** (v. irreg. intr. impers.). v. prnl. 'Henderse una cosa por la diferente dilatación de sus moléculas'; 'expeler los gases intestinales'. Con esta última denotación, también puede decirse **ventosear** (v. intr. Ú. t. c. prnl.). No debe pronunciarse [ventiar]. → **-ear**

ventero. sust. m. 'El que tiene a su cuidado y cargo una venta para hospedaje de los pasajeros'. Su femenino es **ventera**.

ventisca. sust. f. 'Borrasca de viento y nieve'; 'viento fuerte'. También pueden decirse **ventisco** (sust. m.) y **ventisquero** (sust. m.), pero la Academia prefiere la primera forma.

ventiscar. v. intr. impers. 'Nevar con viento fuerte'; 'levantarse la nieve por la violencia del viento' (*Ayer **ventiscó***). También puede decirse **ventisquear** (v. intr. impers.), pero la Academia prefiere la primera forma. No debe pronunciarse [ventisquiar]. → **sacar**, **-ear**

ventorro. sust. m. despect. → **venta**

ventrecha. sust. f. 'Vientre de los pescados'. También puede decirse **ventrisca** (sust. f.).

ventregada. sust. f. colect. 'Conjunto de animalillos que han nacido de un parto'. → **lechigada**. fig. 'Abundancia de muchas cosas que vienen juntas de una vez'.

♦ **ventriación** o **ventración.** Barbarismo. Debe decirse **eventración.**

ventriculografía. sust. f. 'Visualización radiográfica de los ventrículos cerebrales por la insuflación de aire'. Esta voz ha sido recién incorporada en el ***Diccionario.***

ventrílocuo, cua. adj. 'Dícese de la persona que tiene el arte de modificar su voz de manera que parezca venir de lejos, y que imita las de otras personas o diversos sonidos'. Ú. t. c. sust. m. y f.: **el ventrílocuo, la ventrílocua**. Incorrecto: *ventríloco, ventríloca*. Es palabra esdrújula. El 'arte del ventrílocuo' es la **ventriloquia** (sust. f.). No debe pronunciarse [ventriloquía].

ventrudo, da. adj. 'Que tiene abultado el vientre'. También puede decirse **ventroso, sa** (adj.).

ventura. sust. f. Entre otras denotaciones, 'felicidad'. Aumentativo: **venturón** (sust. m.). **buena ventura** o **buenaventura**. 'Venturanza, felicidad'. **a la buena ventura, a la ventura** o **a ventura**. locs. advs. 'A lo que depare la suerte' (*Comenzó su viaje* ***a la buena ventura, a la ventura*** o ***a ventura***). **por ventura**. loc. adv. 'Quizá'. Esta última locución no tiene ya mucho uso; se prefiere **quizá**. → **sinventura**

venturero, ra. adj. Entre otras denotaciones, 'aplícase al sujeto que anda vagando, ocioso, pero dispuesto a trabajar en lo que le saliere' (*jóvenes* ***ventureros***); 'que tiene buena suerte'. 'Aficionado a probar suerte'. Ú. t. c. sust. m. y f.: **el venturero, la venturera**. No debe confundirse su denotación con la de **aventurero, ra** (adj. Ú. t. c. sust. m. y f.), 'que busca aventuras'.

venturoso, sa. adj. 'Que tiene buena suerte'; 'tempestuoso'; 'que trae felicidad' (*Te deseo un futuro* ***venturoso***). También puede decirse **venturado, da** (adj.).

venus. sust. pr. m. 'Segundo planeta del sistema solar' (*El planeta* ***Venus*** *presenta un resplandor intenso*). Repárese en que debe escribirse con mayúscula. El 'planeta Venus como lucero de la tarde' se denomina **véspero** (sust. m.). Esta última voz se escribe con minúscula. El adjetivo correspondiente es **venusiano, na**, recién incorporado en el ***Diccionario***, 'perteneciente o relativo al planeta Venus'. No debe confundirse la grafía de esta última voz con la del adjetivo poético **venusino, na**, 'perteneciente o relativo a la diosa Venus'. sust. f. 'Representación escultórica de la diosa Venus' (*Esculpió una* ***venus***); 'nombre que se da a ciertas estatuillas prehistóricas femeninas de piedra, marfil o hueso' (*En el museo, hay varias* ***venus***); fig. 'mujer muy hermosa' (*Sofía es una* ***venus***); 'deleite sexual o acto carnal'. En plural, no varía: **las venus**.

venustez. sust. f. 'Hermosura perfecta o muy agraciada'. Es palabra aguda. En plural, se transforma en grave: **venusteces**. Repárese en que la **z** cambia por **c**. Su sinónimo es **venustidad** (sust. f.).

ver. v. irreg. tr. Entre otras denotaciones, 'percibir por los ojos los objetos mediante la acción de la luz'; 'observar'; 'visitar a una persona'; 'reflexionar'; 'prevenir las cosas del futuro'. Con este último significado, se usa mucho con el verbo **estar** (***Está viendo*** *que no le darán tiempo para terminar el trabajo*). En pretérito o en futuro, sirve para remitir a un tema que se trató o se tratará (*Como* ***vimos*** *ayer, los gusanos pertenecen a la clase de los platelmintos; En otro capítulo, lo* ***veremos***). v. prnl. Entre otras denotaciones, 'avistarse una persona con otra para algún asunto'; 'representarse material o inmaterialmente la imagen de una cosa'. Repárese en que **ver** se refiere a la capacidad fisiológica, y en que **mirar** implica atención. Rég. prep.: **ver con** (***ver con*** *buenos ojos*); **ver de** (***ver de*** *conseguir la autorización*); **ver por** (***ver por*** *una rendija*); **verse con** (***verse con*** *su amigo*); **verse en** (***verse en*** *apuros;* ***verse en*** *el espejo;* ***verse en*** *un aprieto*). **allá veremos** o **veremos**. fr. 'Se usa mostrando duda de que algo se realice' (*No sé si lo compraré,* ***allá veremos*** *o* ***veremos***). **a ver**. expr. Se usa para pedir algo que se quiere reconocer o ver (***A ver****, déjame tocar la tela*). **a ver si**. expr. Seguida de un verbo, denota 'curiosidad, expectación o interés' (***A ver si*** *llueve*); con tono exclamativo, 'temor, sospecha' (*¡****A ver si*** *entran ladrones!*); 'mandato' (*¡****A ver si*** *te callas!*). **había** o **hay que ver**. locs. impers. con que 'se pondera algo notable' (*¡****Había que ver*** *cómo cantaba la niña!; ¡****Hay que ver*** *cómo trabaja!*). El sintagma **¡hay que ver!** también se usa solo, como exclamación ponderativa. **¡habráse visto!** Exclamación de reproche (*¡****Habráse visto!****, qué mujer impertinente*). **si te he visto** o **si te vi, no me acuerdo** o **ya no me acuerdo**. fr. 'Despego con que los ingratos suelen pagar los favores que recibieron'. **veremos**. expr. que se emplea para diferir la resolución de una cosa sin concederla ni negarla (*No sé si la llamaré, **veremos***). **ver para creer** o **ver y creer.** expr. Se usa para manifestar que 'no se quiere creer algo sólo por oídas, sino viéndolo'. La irregularidad de este verbo consiste en que aumenta **e** en la raíz, antes de la desinencia, en presente (***veo**, **ves**, **ve**, **vemos**, **veis**, **ven***) y en pretérito imperfecto (***veía**, **veías**, **veía**, **veíamos**, **veíais**, **veían***) de indicativo, en presente de subjuntivo (***vea**, **veas**, **vea**, **veamos**, **veáis**, **vean***) y en imperativo (***ve***). El participio es irregular (***visto***). Incorrecto: ***ví**, **vió***. Correcto: ***vi**, **vio***. De acuerdo con la norma académica, las formas verbales **fue, fui, dio, vio** se escriben sin tilde, según la regla general de los monosílabos. Los postverbales de **ver** son **visión** (sust. f.) y **vista** (sust. f.).

veraneante. p. a. de **veranear**. 'Que veranea'. Ú. m. c. sust. com.: **el veraneante, la veraneante.**

veranear. v. intr. 'Pasar las vacaciones de verano en lugar distinto de aquel en que se vive' (*Veranearon en Punta del Este*). No debe pronunciarse [veraniar, veranié]. Su postverbal es **veraneo** (sust. m.). El verbo **veranar** (v. intr.) denota 'pasar el verano en alguna parte'. → **-ear**

verano. sust. m. 'Estío'. Diminutivo: **veranillo.** Como los demás meses del año, debe escribirse con minúscula. → **invierno. veranito de San Juan.** fr. 'Tiempo breve de calor que, en el hemisferio sur, suele presentarse a fines de junio'; fig. y fam. 'período corto de bonanza'. Este sintagma no está registrado en el ***Diccionario***, pero la A.A.L. ha recomendado su incorporación. En el léxico oficial, aparece **veranillo** (sust. m.), 'tiempo breve en que suele hacer calor durante el otoño'. La **veranada** (sust. f.) es la 'temporada de verano, respecto de los ganados'.

veras. sust. f. pl. 'Verdad en lo que se dice o hace'; 'eficacia': **las veras. de veras.** loc. adv. 'Con verdad' (*Lo dijo **de veras***); 'con formalidad'. → **plural (pluralia tantum)**

veraz. adj. 'Que dice la verdad' (*mujer **veraz***). Es palabra aguda. En plural, se transforma en grave: **veraces**. Repárese en que la **z** cambia por **c**.

verbal. adj. 'Dícese de lo que se refiere a la palabra o se sirve de ella' (*expresión **verbal***); 'que se hace sólo de palabra y no, por escrito' (*contrato **verbal***); 'perteneciente o relativo al verbo' (*derivados **verbales***). 'Aplícase a las palabras que nacen o se derivan de un verbo' (*El sustantivo "verificación" es una palabra **verbal**, pues deriva del verbo "verificar"*). Ú. t. c. sust. m.: **el verbal.** → **postverbal. frases** o **perífrasis verbales.** Según Kovacci, son "giros verbales, formados por un verbo auxiliar y un verboide –ambos con el mismo sujeto– que funcionan como las formas simples". Clases de frases verbales (seguimos la clasificación de la autora mencionada): • **tiempos compuestos** (verbo auxiliar **haber** + **participio** con desinencia **-o**: ***has reído**, **habríamos temido**, **habían pensado***); • **voz pasiva** (verbo auxiliar **ser** + un **participio** que concuerda en género y número con el sujeto: *La casa **fue comprada** por Luis*); • **frases con infinitivo**: **incoativa** (***comenzar a beber**, **empezar a escribir**, **echar a correr**, **romper a llorar**, **ponerse a lavar***); **terminativa** (***terminar de rezar**, **acabar de tejer**, **concluir de pintar**, **dejar de sonreír**, **cesar de hablar**, **llegar a viajar**, **venir a pedir**, **alcanzar a ver***); **reiterativa** (***volver a decir**, **tornar a recitar***); **hipotética** (***deber de tener***); **obligativa** (***deber trabajar**, **haber de partir**, **tener que limpiar**, **haber que solucionar***); **de posibilidad o de permiso** (***poder redactar***); **de hábito o frecuencia** (***soler caminar***); **de propósito o inminencia** (***haber de tolerar**, **ir a comer***); • **frases con gerundio**: **durativa o progresiva** (***estar meditando***); **progresiva** (***ir preparando**, **venir mintiendo**, **seguir perdiendo**, **andar contando***). → **perífrasis**

verbalismo. sust. m. 'Propensión a fundar el razonamiento más en las palabras que en los conceptos'; 'procedimiento de enseñanza en que se cultiva la memoria verbal'. → **verbalista**

verbalista. adj. 'Perteneciente o relativo al verbalismo'. Ú. t. c. sust. com.: **el verbalista, la verbalista.**

verbenáceo, a. adj. 'Aplícase a ciertas plantas angiospermas dicotiledóneas, como la verbena, la hierba luisa y el sauzgatillo'. Ú. t. c. sust. f.: **la verbenácea.** sust. f. pl. 'Familia de estas plantas' (*Estudian **las verbenáceas***).

verbenear. v. intr. fig. 'Bullir'; 'multiplicarse en un paraje personas o cosas'. No debe pronunciarse [verbeniar]. → **-ear**

verbigracia. Con esta voz, se representa en español la expresión elíptica latina **verbi gratia,**

'por ejemplo' (*Describió algunas plantas liliáceas, **verbigracia**, el ajo y el áloe*). sust. m. 'Ejemplo' (*Citó un **verbigracia** para corroborar su explicación*). Sus abreviaturas son ***v. gr.*** y ***v. g.***

verbo. sust. pr. m. 'Segunda persona de la Santísima Trinidad' (*Y el **Verbo** se hizo carne y habitó entre nosotros*). Repárese en que, con este significado, se escribe con mayúscula. sust. m. 'Sonido o sonidos que expresan una idea' (*El vocablo **verbo** es sinónimo de "palabra"*). **verbo auxiliar**. 'El que se emplea en la formación de la voz pasiva y de los tiempos compuestos de la activa': **haber** y **ser** (*Todos **han** salido*; *Los lápices **son** comprados por Juan*). En las frases verbales, se unen dos verbos en un solo núcleo verbal sintáctico (*Pedro **suele venir** los jueves*); el primero de los verbos que componen la perífrasis verbal (***suele***) es el auxiliar, y el segundo (***venir***), el auxiliado o principal. **verbo copulativo**. Según la gramática tradicional, 'aquel que, junto con el atributo, forma el predicado nominal de una oración'; de acuerdo con la gramática actual, 'verbo intransitivo que admite un predicativo subjetivo, sustituible por el pronombre invariable *lo*': **ser**, **estar**, **parecer** (*Alberto **es** médico* [lo es]; *Las manos **parecían** de cera* [lo parecían]). → **ser**. **verbo defectivo**. 'Aquel que no se usa en todos los modos, tiempos o personas, porque algunas formas resultan malsonantes': **abolir**, **atañer**, **blandir**, **concernir**, **empedernir**, **guarir**, **guarnir**, **preterir** (***Abolieron** la esclavitud*). **verbo impersonal**. 'El que sólo se emplea en la tercera persona del singular, de todos los tiempos y modos, simples y compuestos, y en las formas simples y compuestas de infinitivo y gerundio, sin referencia ninguna a sujeto expreso o elíptico': **granizar**, **llover**, **nevar**, **tronar**, **haber**, **hacer**, **ser**, **estar** (***Llovió** mucho*; ***Había** cinco profesores*; ***Hace** frío*; ***Es** de noche*; ***Está** oscuro*). **verbo regular**. 'El que se conjuga sin alterar la raíz, el tema o las desinencias de la conjugación a que pertenece'. Por ejemplo: **amar**, **comprender**, **enderezar**, **enredar**, **esconder**, **temer**, **partir**. **verbo irregular**. 'El que se conjuga alterando la raíz, el tema o las desinencias de la conjugación regular, ya unas, ya otras'. Por ejemplo: **andar**, **apretar**, **caber**, **errar**, **ir**, **oler**, **rodar** (*No **quepo** en este sillón*). **verbo modal**. 'Describe una actitud del hablante (un *modus* explícito) respecto del contenido del infinitivo, es decir, añade al concepto del infinitivo una modificación que indica la actitud del sujeto ante ese concepto': **deber**, **poder**, **querer**, **saber**, **soler** (***debe** escribir*, ***puede** escribir*, ***quiere** escribir*, ***sabe** escribir*, ***suele** escribir*). **verbo pronominal**. 'El que se conjuga en todas sus formas con pronombres que repiten la persona del sujeto'. Son **pronominales obligatorios**: **arrepentirse**, **arrellanarse**, **atreverse**, **dolerse**, **jactarse**. Dice Kovacci: "De acuerdo con el significado del verbo y del pronombre, y su respectiva función sintáctica, los verbos pronominales se dividen en tres clases: *reflexivos o reflejos, cuasi reflejos* y *recíprocos*". **reflexivo o reflejo**. Es verbo transitivo; el pronombre cumple la función de objeto directo o indirecto, y corresponde a la misma persona que el sujeto (objeto directo: ***Se lava***; objeto indirecto: ***Se lava** la cara*). **cuasi reflejo**. Se usa como verbo pronominal, pero el pronombre carece de función sintáctica, es parte de la forma verbal intransitiva. Según Kovacci, los verbos pronominales **cuasi reflejos** denotan 'movimiento' (***caerse***, ***inclinarse***, ***irse***, ***levantarse***, ***moverse***, ***sentarse***), 'vida interior' (***arrepentirse***, ***entristecerse***, ***lamentarse***, ***olvidarse***) y 'entrada en un estado' (***casarse***, ***dormirse***, ***enfermarse***, ***enfriarse***, ***morirse***). **recíproco**. Denota 'reciprocidad o cambio mutuo de acción entre dos o más personas, animales o cosas'; va acompañado de un pronombre que cumple la función de objeto directo o indirecto (objeto directo: *Las damas **se saludaban***; objeto indirecto: *Luis y Rosa **se envían** libros*). **verbo transitivo**. 'El que se construye con objeto directo': **comprar**, **ver**, **recibir** y otros (***Recibió** dos cartas*). **verbo intransitivo**. 'El que se construye sin objeto directo': **reír**, **venir** y otros (***Vendrá** el mes próximo*).

verboide. sust. m. Voz no registrada en el ***Diccionario***, pero de uso técnico en temas gramaticales. Hoy se habla más de **formas no personales del verbo** o de **derivados verbales.** Son el infinitivo (***cantar***, ***beber***, ***vivir***), el participio (***cantado***, ***bebido***, ***vivido***) y el gerundio (***cantando***, ***bebiendo***, ***viviendo***).

verborragia. sust. f. 'Excesiva abundancia de palabras'. También puede decirse **verborrea** (sust. f. fam.). El sustantivo **verbosidad** (f.) denota sólo 'abundancia de palabras en la elocución'. → **parlería**

verdad. sust. f. Entre otras denotaciones, 'conformidad de las cosas con el concepto que de ellas forma la mente' (*Dijo la **verdad***). Es palabra aguda. En plural, se transforma en grave: **verdades. de verdad**. loc. adv. 'A la verdad'; 'de veras' (*Habló* ***de verdad*** *con el director*). **en verdad**. loc. adv. 'Verdaderamente' (***En verdad****, parece un sueño*). **faltar** uno **a la verdad**. fr. 'Decir lo contrario de lo que se sabe' (*Se dio cuenta de que Celia* ***había faltado a la verdad***). Son correctos los sintagmas **en honor a la verdad** y **en honor de la verdad**.

verdadero, ra. adj. Entre otras denotaciones, 'que contiene verdad' (*palabras* ***verdaderas***); 'que dice siempre verdad' (*mujer* ***verdadera***). Con estos significados, también puede usarse **verídico, ca** (adj.); con la segunda acepción, **veraz** (adj.).

verde. adj. Entre otras denotaciones, 'de color semejante al de la hierba fresca, la esmeralda, etc.' (*campo* ***verde***). Los adjetivos que denotan 'verde o verdoso', 'muy verde o de color verdoso' y 'de color verde oscuro' son **verderón, na, verdino, na** y **verdinegro, gra**, respectivamente. → **verdoso**. Ú. t. c. sust. m. (*Me agrada el* ***verde*** *de esa tela*). Como sustantivo, también puede usarse **verdura** (f.), 'color verde, verdor'. → **verdor**. Diminutivos: **verdecillo, verdejo, verdete, verdezuelo**. Suele usarse con algunos sustantivos para indicar 'el color parecido al de las cosas que éstos designan' (***verde*** *botella*; ***verde*** *esmeralda*; ***verde*** *mar* o ***verdemar***; ***verde*** *oliva*). En plural, estos sintagmas no varían (*ojos* ***verde*** *mar* o ***verdemar***; *faldas* ***verde*** *botella*). Incorrecto: *ojos verdes mar, ojos verdes mares, ojos verdemares; faldas verdes botella, faldas verdes botellas*. → **verdemar**. 'Dícese de lo que aún no está maduro' (*No comas peras* ***verdes***); fig. 'indecente' (*chistes* ***verdes***); fig. 'aplícase a los primeros años de la vida y a la juventud' (*mis años* ***verdes***); fig. 'dícese del que conserva inclinaciones galantes impropias de su edad o de su estado' (*viejo* ***verde***; *viuda* ***verde***). La Academia ha incorporado recientemente estas acepciones: Junto con palabras como "zona", "espacio", etc., 'lugar destinado a parque o jardín, y en el que no se puede edificar' (*espacios* ***verdes***); 'se aplica a ciertos partidos ecologistas y a sus miembros' (*el partido* ***verde***; *candidato* ***verde***). Es sustantivo colectivo con la denotación de 'conjunto de hojas de los árboles y de las plantas' (*El* ***verde*** *alegra la vista*). Con esta denotación, es sinónimo de **follaje** (sust. m. colect.). → **follaje**. **poner verde** a una persona. fr. fig. y fam. 'Colmarla de improperios o censurarla acremente' (*Fabián* ***puso verde*** *a su primo*).

verdear. v. intr. Entre otras denotaciones, 'mostrar una cosa el color verde que en sí tiene' (***Verdean*** *las hojas*); 'tirar a verde'. No debe pronunciarse [verdiar]. También puede decirse **verdeguear** (v. intr.), pero la Academia prefiere la primera forma. → **-ear**

verdecer. v. irreg. intr. 'Reverdecer'. Se conjuga como **parecer**.

verdegay. adj. 'De color verde claro' (*blusa* ***verdegay***). Ú. t. c. sust. m.: **el verdegay**. En plural: **verdegáis**. → **verde**

verdemar. sust. m. 'Color verdoso semejante al que suele tomar el mar' (*el* ***verdemar*** *de sus ojos*). Ú. t. c. adj. (*ojos* ***verdemar***). Nótese que, en plural, no varía. También puede escribirse en dos palabras: **verde mar**. → **verde**

verderón. sust. m. 'Ave canora'. Para distinguir los sexos, debe recurrirse a las perífrasis **verderón macho, verderón hembra**. Es palabra aguda. En plural, se transforma en grave: **verderones**. También recibe los nombres de **verdecillo** (sust. m.), **verderol** (sust. m.), **verdezuelo** (sust. m.) y **verdón** (sust. m.), pero la Academia prefiere la primera forma.

verdín. sust. m. 'Primer color verde que tienen las hierbas o plantas que no han llegado a su sazón'. Con esta denotación, también pueden decirse **verdina** (sust. f.) y **verdoyo** (sust. m.). 'Capa verde de plantas criptógamas, que se cría en las aguas dulces, principalmente en las estancadas, en las paredes y en la corteza de algunos frutos, cuando se pudren' (*La naranja tiene* ***verdín***). Es palabra aguda. En plural, se transforma en grave: **verdines**.

verdor. sust. m. 'Color verde vivo de las plantas'; 'color verde' (*el* ***verdor*** *de las hojas*); 'lozanía'; fig. 'juventud'. Ú. t. en pl.: **verdores**. → **verde**

verdoso, sa. adj. 'Que tira a verde' (*pared* ***verdosa***). Incorrecto: verdozo. → **verde, verdusco**

verdugo. sust. m. Entre otras denotaciones, 'renuevo o vástago del árbol'. Diminutivo: **verduguillo**. Aumentativo: **verdugón**.

verdulero. sust. m. 'El que vende verduras'.

Su femenino es **verdulera**, voz que también denota 'mujer descarada y ordinaria'. (fig. y fam.).

verdura. sust. f. 'Color verde' (*la* ***verdura*** *del césped*); 'hortalizas en general y, especialmente, las de hojas verdes'; 'follaje que se pinta en lienzos y tapicerías'; 'obscenidad'. No debe usarse **vegetal** (adj.; sust. m.) como sinónimo de **verdura**, en su segunda denotación, pues no todos los vegetales son hortalizas. → **vegetal**, **verde**

verdusco, ca. adj. 'Que tira a verde oscuro'. Repárese en que se escribe con **s** al igual que **pardusco, ca** (adj.). En cambio, se escriben con **z blancuzco, ca** (adj.) y **negruzco, ca** (adj.). Señalan Morales y Quiroz: "Al lector puede parecerle arbitrario que tratándose prácticamente de un mismo *sufijo*, éste aparezca proliferado en diversas *variantes* fónicas (y gráficas), aún con una misma vocal: *usco* y *uzco*, que en el medio nuestro, en virtud del seseo reinante, han llegado a igualarse en la pronunciación, generando con ello un problema más bien ortográfico que de elección de la variante sufijal que corresponde utilizar. Pero así es el idioma. Con una frecuencia mayor de la que quisiéramos, nos obliga muchas veces a memorizar los usos caprichosos e irregulares legados por la tradición".

vereda. sust. f. Entre otras denotaciones: Amér. Merid. 'Acera de una calle o plaza'. **hacer** a uno **entrar por** o **en vereda** o **meter** a uno **en vereda**. frs. figs. y fams. 'Obligarlo al cumplimiento de sus deberes' (*Como José no terminó el trabajo a tiempo, su jefe lo* ***hizo entrar por*** *o* ***en vereda*** *o lo* ***metió en vereda***). → **acera**

verga. sust. f. Entre otras denotaciones, 'miembro genital de los mamíferos'; 'vara'. Diminutivo: **vergueta.**

vergonzoso, sa. adj. 'Que causa vergüenza' (*acción* ***vergonzosa***). 'Que se avergüenza con facilidad' (*joven* ***vergonzosa***). Ú. t. c. sust. m. y f.: **el vergonzoso, la vergonzosa**. No debe confundirse su denotación con la de **vergonzante** (adj.), 'que tiene vergüenza; se aplica, sobre todo, al que pide limosna con disimulo o encubriéndose' (*mendigo* ***vergonzante***). El adjetivo **verecundo, da** denota 'que se avergüenza'.

verguear. v. tr. 'Varear o sacudir con verga o vara'. No debe pronunciarse [verguiar, verguié]. → **-ear**

vergüenza. sust. f. 'Turbación del ánimo por alguna falta cometida'. Incorrecto: <u>*verguenza*</u>. También puede decirse **verecundia** (sust. f.), pero la Academia prefiere la primera forma. sust. f. pl. 'Partes externas de los órganos humanos de la generación': **las vergüenzas**. **perder uno la vergüenza**. fr. 'Abandonarse, desestimando el honor que, según su estado, le corresponde'; 'desechar la cortedad' (*Ya* ***perdió la vergüenza***).

verídico, ca. adj. → **verdadero**

verificador, ra. adj. 'Que verifica'. Ú. t. c. sust. m. y f.: **el verificador, la verificadora.**

verificar. v. tr. Ú. t. c. prnl. Entre otras denotaciones, 'comprobar la verdad de algo'. 'Realizar, efectuar'. Ú. t. c. prnl. (***Se verificó*** *el censo*). v. prnl. 'Salir cierto y verdadero lo que se dijo o pronosticó' (***Se verificó*** *la existencia de grietas en las paredes del edificio*). Su postverbal es **verificación** (sust. f.). → **sacar**

verija. sust. f. 'Región de las partes pudendas'. También puede decirse **vedija** (sust. f.).

verme. sust. m. 'Gusano, en especial, lombriz intestinal'. Incorrecto: <u>*el vermes*</u>. En plural: **vermes.** El adjetivo correspondiente es **vermicular**, 'que tiene vermes o los cría'; 'que se parece a los gusanos'.

vermífugo, ga. adj. 'Que mata las lombrices intestinales' (*producto* ***vermífugo***). Ú. t. c. sust. m.: **el vermífugo**. También puede decirse **vermicida** (adj. Ú. t. c. sust. m.), pero la Academia prefiere la primera forma.

vermú. sust. m. 'Licor aperitivo'; 'función de cine o teatro por la tarde' (*Asistieron al* ***vermú***). En plural: **vermús**. Incorrecto: <u>*vermuses*</u>. En la Argentina, suele decirse **la vermú**, pues se sobrentiende el sustantivo **función**. También puede escribirse **vermut**. En plural: **vermuts**. No debe usarse la grafía francesa *vermouth.*

♦ **vernissage.** Galicismo, 'barnizado'. En los salones anuales de pintura, en París, los artistas estaban autorizados a barnizar sus cuadros allí. En español, debe decirse **inauguración** previa y restringida de una exposición de pinturas, antes de abrirse al público.

veronal. sust. m. 'Derivado del ácido barbitúrico, usado como somnífero y tranquilizante'.

Es palabra aguda. En plural, se transforma en grave: **veronales**. Esta voz ha sido recién incorporada en el ***Diccionario***.

verosímil. adj. 'Que tiene apariencia de verdadero'; 'creíble' (*hecho **verosímil***). Es palabra grave. En plural, se transforma en esdrújula: **verosímiles**. También puede decirse **verisímil** (adj.), pero la Academia prefiere la primera forma.

verosimilitud. sust. f. 'Cualidad de verosímil' (*la **verosimilitud** de los hechos narrados*). También puede decirse **verisimilitud** (sust. f.), pero la Academia prefiere la primera forma.

verosímilmente. adv. m. 'De modo verosímil'. También puede decirse **verisímilmente** (adv. m.), pero la Academia prefiere la primera forma.

verraquear. v. intr. fig. y fam. 'Gruñir'; 'llorar con rabia'. No debe pronunciarse [verraquiar, verraquié]. → **-ear**

versado, da. p. de **versar**. adj. 'Ejercitado, instruido'. Rég. prep.: **versado en** (***versado en** historia argentina*).

versal. adj. Ú. t. c. sust. f. → **letra**

versalita. adj. Ú. t. c. sust. f. También puede decirse **versalilla.** → **letra**

versar. v. intr. 'Dar vueltas alrededor'. Rég. prep.: **versar sobre** o **acerca de**, 'tratar de tal o cual materia un libro, discurso o conversación' (*Esta obra **versa sobre** o **acerca de** los mamíferos*). v. prnl. 'Hacerse perito, por el ejercicio de algo'. Rég. prep.: **versarse en** (***Se versó en** arqueología*).

versátil. adj. 'Que se vuelve o se puede volver fácilmente'; fig. 'de carácter voluble e inconstante' (*Nunca sabemos lo que quiere, pues es muy **versátil***). Con esta última denotación, también puede usarse **voltario, ria** (adj.), cuya 'cualidad' es la **voltariedad** (sust. f.). No debe confundirse su denotación con las de los adjetivos **dúctil**, 'maleable'; 'condescendiente', **flexible**, 'que tiene disposición a ceder o a acomodarse al dictamen de otro', o **polifacético, ca**, 'de múltiples aptitudes': *Juan es muy <u>versátil</u>: toca el violín, pinta y escribe novelas*. Correcto: *Juan es **polifacético**: toca el violín, pinta y escribe novelas*. La **versatilidad** (sust. f.) es la 'cualidad de versátil' (*la **versatilidad** de su carácter*). No debe confundirse su denotación con las de los sustantivos **ductilidad** (f.) y **flexibilidad** (f.). → **dúctil**

versear. v. intr. fam. 'Hacer versos' (***Versea** desde los veinte años*). No debe pronunciarse [versiar, versié]. Su sinónimo es **versificar** (v. intr.). No debe usarse con el significado neológico de 'mentir' (*Siempre <u>versea</u> respecto de sus antepasados*). En la Argentina, es usual el sintagma **hacer el verso**, no registrado por la Academia. → **-ear, versificar**

versificador, ra. adj. 'Que compone versos'. Ú. t. c. sust. m. y f.: **el versificador, la versificadora**. También puede decirse **versista** (sust. com.).

versificar. v. intr. 'Hacer o componer versos' (***Versifica** endecasílabos*). v. tr. 'Poner en verso' (***Versificó** un cuento*). Su postverbal es **versificación** (sust. f.). → **sacar**

versión. sust. f. Entre otras denotaciones, 'traducción' (***versión** del francés al español*); 'modo que tiene cada uno de referir un mismo suceso' (*Ésa no es mi **versión** de los hechos*). Es palabra aguda. En plural, se transforma en grave: **versiones**.

verso. sust. m. Entre otras denotaciones, 'palabra o conjunto de palabras sujetas a medida y cadencia, o sólo a cadencia'. Se emplea en sentido colectivo, en contraposición a prosa (*Escribió obras en **verso***). Así se llama cada renglón de una estrofa o de un poema, por lo tanto, es vulgarismo usar esta voz como sinónimo de **poema** (sust. m.) o **poesía** (sust. f.): *Recita un <u>verso</u> de Borges*. Correcto: *Recita un **poema** de Borges*. Diminutivo: **versecillo**. Según la Academia, cada uno de los 'versos de un poema escrito sin rima ni metro fijo' se llama **versículo** (sust. m.). La principal denotación de esta última voz es 'cada una de las breves divisiones de los capítulos de las Sagradas Escrituras'. **verso de arte mayor**. 'Cualquiera de los que tienen más de ocho sílabas'. **verso de arte menor**. 'Cualquiera de los que no pasan de ocho sílabas'. **verso libre** o **suelto**. 'El que no está sujeto a rima ni a metro fijo y determinado'. → **poema, poesía**

versus. Como bien dice Seco, el uso de esta preposición latina es un anglicismo que debe evitarse: *Boca <u>versus</u> River*. Correcto: *Boca **frente a** o **contra** River*.

vertebración. sust. f. 'Acción y efecto de vertebrar'. Es palabra aguda. En plural, se transforma en grave: **vertebraciones**. Ha sido recién incorporada en el ***Diccionario***.

vertebrado. adj. 'Que tiene vértebras'. 'Dícese de los animales que tienen esqueleto con columna vertebral y cráneo, y sistema nervioso central constituido por médula espinal y encéfalo' (*animal **vertebrado***). Ú. t. c. sust. m.: **el vertebrado**. sust. m. pl. 'Subtipo de estos animales': **los vertebrados**.

vertedor, ra. adj. 'Que vierte'. Ú. t. c. sust. m. y f.: **el vertedor, la vertedora**. sust. m. 'Canal o conducto que sirve para dar salida al agua y a las inmundicias'.

verter. v. irreg. tr. Entre otras denotaciones, 'derramar o vaciar líquidos' (***Vertía** aceite sobre la alfombra*). Ú. t. c. prnl. 'Traducir' (***Vertió** al italiano esa carta*). v. intr. 'Correr un líquido por una pendiente'. Rég. prep.: **verter a** o **en** (***verter al** o **en** el suelo; **al** o **en** español*); **verter de** (***verter de** la jarra*); **verter en** (***verter en** el vaso*). Incorrecto: <u>*vertir*</u>. Su postverbal es **vertimiento** (sust. m.). Incorrecto: <u>*vertemiento*</u>. Se conjuga como **tender**. → **sobreverterse**

vértice. sust. m. Entre otras denotaciones, 'punto en que concurren los dos lados de un ángulo'. Es palabra esdrújula. En plural: **vértices**. No deben confundirse su grafía y su significado con los de **vórtice** (sust. m.), 'torbellino'; 'centro de un ciclón'.

vertidos. sust. m. pl. 'Materiales de desecho que las instalaciones industriales o energéticas arrojan a vertederos o al agua'. Esta voz ha sido recién incorporada en el ***Diccionario***. → **plural (pluralia tantum)**

vertiente. p. a. de **verter**. 'Que vierte' (*aguas **vertientes***). sust. amb. 'Declive o sitio por donde corre o puede correr el agua': **el vertiente** o **la vertiente**. En la Argentina, se usa más **la vertiente**. sust. f. fig. 'Aspecto, punto de vista' (*Lo explica desde su **vertiente***).

vesania. sust. f. 'Demencia'. No debe pronunciarse [vesanía]. El adjetivo correspondiente es **vesánico, ca**, 'perteneciente o relativo a la vesania'. → **insania**

vesical. adj. → **vejiga**

vesicante. adj. 'Dícese de la sustancia que produce ampollas en la piel'. Ú. t. c. sust. m.: **el vesicante**.

vesícula. sust. f. Entre otras denotaciones, 'vejiga pequeña en la epidermis, llena de líquido seroso'. Incorrecto: <u>*visicula*</u>. **vesícula biliar**. 'Vejiga de la bilis'. Los adjetivos correspondientes son **vesicular**, 'de forma de vesícula', y **vesiculoso, sa**, 'lleno de vesículas'. Repárese en que el adjetivo **vesical** no se refiere a la **vesícula**, sino a la **vejiga**. → **vejiga**

vespertino, na. adj. Entre otras denotaciones, 'perteneciente o relativo a la tarde' (*visita **vespertina***). sust. m. 'En periodismo, diario que sale por la tarde' (*Leyó el **vespertino***).

Vesta. sust. pr. m. 'El cuarto asteroide, que fue conocido y descubierto por Olbers en 1807'. Siempre se escribe con mayúscula.

vestal. adj. 'Perteneciente o relativo a la diosa Vesta'. 'Dícese de las doncellas romanas consagradas a la diosa Vesta' (*mujeres **vestales***). Ú. m. c. sust. f. y, sobre todo, en plural: **las vestales**. Se escribe con minúscula.

vestíbulo. sust. m. Entre otras denotaciones, 'espacio cubierto dentro de la casa, que comunica la entrada con los aposentos o con un patio'; 'recibimiento' (*Los recibió en el **vestíbulo***). No debe usarse el anglicismo *hall*.

vestido. sust. m. Son correctos los sintagmas **vestido de ceremonia**, **vestido de corte**, **vestido de etiqueta**. También pueden decirse **vestidura** (sust. f.), **vestimenta** (sust. f.) y **vestuario** (sust. m.). Poéticamente, suele usarse **veste** (sust. f.). → **traje**, **vestimenta**, **vestuario**

vestidura. sust. f. 'Vestido'; 'vestido que, sobrepuesto al ordinario, usan los sacerdotes para el culto divino'. Ú. m. en pl. Con la segunda denotación, también puede decirse **vestimenta** (sust. f. Ú. m. en pl.). **rasgarse** uno **las vestiduras**. fr. 'Entre los hebreos, manifestación de duelo'; fig. 'escandalizarse' (*Cuando supo la noticia, **se rasgó las vestiduras***). → **vestido**

vestimenta. sust. f. 'Vestido'. 'Vestidura del sacerdote para el culto divino'. Ú. m. en pl.: **vestimentas**. Con la primera acepción, pueden usarse **indumentaria** (sust. f.) e **indumento** (sust. m.).

vestir. v. irreg. tr. Entre otras denotaciones, 'cubrir o adornar el cuerpo con el vestido'. Ú. t.

c. prnl. v. intr. Con los adverbios **bien** o **mal**, 'vestirse o ir vestido con perfección o gusto, o sin él' (*Hugo* ***viste*** o ***se viste bien***). Rég. prep.: **vestir** o **vestirse a** (***vestir*** o ***vestirse a*** *la moda*); **vestirse con** (***vestirse con*** *lo ajeno*); **vestir** o **vestirse de** (***vestir*** o ***vestirse de*** *terciopelo*; ***de*** *azul*; ***de*** *enfermero*; ***de*** *etiqueta*; ***de*** *uniforme*; ***de*** *paisano*; ***de*** *máscara*; ***de*** *corto*). Se conjuga como **pedir**. → **sobrevestir**

vestuario. sust. m. Entre otras denotaciones, 'vestido'; 'en los teatros, cuarto donde se visten los artistas'; 'en los campos de deportes, piscinas, etc., local destinado a cambiarse de ropa'. Como sustantivo colectivo, denota 'conjunto de trajes necesarios para una representación escénica'. → **camarín**

veta. sust. f. Entre otras denotaciones, 'faja o lista'; fig. y fam. 'aptitud de uno para una ciencia o arte' (*Se distingue por su* ***veta*** *artística*). Los adjetivos correspondientes son **vetado, da, veteado, da** (p. de **vetear**) y **avetado, da**, 'que tiene vetas'. → **vena**

vetear. v. tr. 'Señalar o pintar vetas'. No debe pronunciarse [vetiar, vetié]. → **-ear**

veterano, na. adj. 'Aplícase a los militares que son expertos en las cosas de su profesión por haber servido mucho tiempo' (*militar* ***veterano***). Ú. t. c. sust. m.: **el veterano**. adj. fig. 'Antiguo y experimentado' (***Es veterana*** *en la docencia*). La **veteranía** (sust. f.), es la 'cualidad de veterano'.

veterinario, ria. adj. 'Perteneciente o relativo a la veterinaria' (*estudios* ***veterinarios***). sust. m. y f. 'Persona que se halla legalmente autorizada para profesar y ejercer la veterinaria': **el veterinario, la veterinaria.**

vexilólogo. sust. m. 'El que cultiva la vexilología, disciplina que estudia las banderas, pendones y estandartes'. Su femenino es **vexilóloga**. Estas voces han sido recién incorporadas en el ***Diccionario***.

vez. sust. f. Entre otras denotaciones, 'tiempo u ocasión de hacer una cosa por turno u orden'. En plural: **veces**. Incorrecto: *Reiteró varias veces su opinión* (pleonasmo). Correcto: ***Reiteró*** *su opinión*. Repárese en que la **z** cambia por **c**. Incorrecto: *la primer vez*; *la tercer vez*; *las más de las veces*. Correcto: *la* ***primera vez***; *la* ***tercera vez***; ***las más veces***. sust. f. pl. 'Autoridad o jurisdicción que una persona ejerce supliendo a otra o representándola'. Se usa con el verbo **hacer** (*Rosa* ***hizo las veces*** *de madre con su sobrina*). **a la vez**. loc. adv. 'Simultáneamente' (*Hace todo* ***a la vez***). **a mi, tu, su vez**. locs. advs. 'En ocasiones' (*Entraré* ***a mi vez***); 'por separado de los demás' (*Decídelo* ***a tu vez***). **a veces**. loc. adv. 'En ocasiones' (***A veces***, *me ayuda*). **cada vez que**. loc. 'Siempre que' (***Cada vez que*** *come, le duele el estómago*). **de una vez**. loc. adv. 'De un golpe' (*Lo explicó* ***de una vez***); 'definitivamente'. **de una vez para siempre**. loc. adv. 'Definitivamente' (*Decídase* ***de una vez para siempre***). Incorrecto: *Decídase de una vez por todas*; *Decídase de una buena vez* (galicismos). Puede reemplazarse con **de una vez** (loc. adv.). **de vez en cuando**. loc. adv. 'De cuando en cuando'; 'de tiempo en tiempo' (***De vez en cuando***, *nos visita*). Incorrecto: *De cuando en vez, nos visita*. **en vez de**. loc. adv. 'En sustitución de una persona o cosa' (*Vino María* ***en vez de*** *Dora*); 'al contrario, lejos de' (***En vez de*** *hablar, escúchame*). **otra vez**. loc. adv. 'Reiteradamente' (*Se equivocó* ***otra vez***). **por vez**. loc. adv. 'A su vez' (*Limpió un libro* ***por vez***). **por primera vez** o **por vez primera**. Es galicismo o anglicismo usar estos sintagmas con artículo: *por la primera vez* o *por la vez primera*. **tal vez**. loc. adv. 'Quizá' (***Tal vez***, *pueda hacerlo*). **toda vez que** o **una vez que**. locs. 'Supuesto que' (***Toda vez que*** o ***una vez que*** *Damián llame, deben comunicármelo*). **una que otra vez** o **una vez que otra**. locs. advs. 'Rara vez' (*La vi* ***una que otra vez*** o ***una vez que otra***). **una vez que**. loc. fam. con que se 'da por cierto algo para pasar adelante en el discurso' (***Una vez que*** *termine de comer, tomará un café*).

vi-. elem. compos. de or. lat. → **vice-**

vía. sust. f. Entre otras denotaciones, 'camino por donde se transita'; 'raíl de ferrocarril'; 'por, pasando por' (*Ha llegado* ***vía*** *Roma*; *Recibimos la transmisión* ***vía*** *satélite*) sust. f. pl. 'Medios de que se sirve Dios para conducir las cosas humanas' (*las* ***vías*** *del Señor*). Son correctos estos sintagmas: **vía de comunicación, vía ejecutiva, vía férrea, vía gubernativa, vía muerta, vía oral, vía pública, vía recta, vía sacra** o **vía crucis**. Incorrecto: *vía ferroviaria*. **Vía Láctea**. 'Ancha zona o faja de luz blanca y difusa que atraviesa oblicuamente casi toda la esfera celeste'. Las dos palabras que componen el sintagma deben escribirse con mayúscula. **en vías de.**

loc. adv. 'En curso, en trámite o en camino de'. Se usa con el verbo **estar** (*El conflicto **está en vías de** solución*). **por vía de buen gobierno**. loc. adv. 'Gubernativamente o en uso de la autoridad gubernativa'. **por vía oral**. loc. adv. 'Por la boca' (*Toma el medicamento **por vía oral***). El adjetivo correspondiente es **vial**, 'perteneciente o relativo a la vía'.

viabilidad. sust. f. 'Cualidad de viable, que puede vivir, que puede llevarse a cabo' (*la **viabilidad** de un proyecto*). Incorrecto: <u>*viabilización*</u>.

♦ **viabilizar.** Neologismo. Debe decirse, según los contextos, **facilitar**, **permitir**, **posibilitar**.

vía crucis. Expresión latina ('camino de la cruz') que suele usarse como sustantivo masculino: **el vía crucis**; denota 'el camino señalado con representaciones de los pasos de la Pasión de Jesucristo' (*Durante la Semana Santa, revivimos el **vía crucis***). sust. m. Tiene valor colectivo con el significado de 'conjunto de catorce cruces o de catorce cuadros que representan los pasos del Calvario, y se colocan en las paredes de las iglesias'; 'ejercicio piadoso en que se conmemoran los pasos del Calvario'; fig. 'aflicción continuada que sufre una persona'. Incorrecto: <u>*viacrucis*</u>. En plural, no varía: **los vía crucis**.

viajar. v. intr. Rég. prep.: **viajar a** (***viajar a** caballo*; ***viajar a** gran velocidad*); **viajar de** un lugar **a** otro (***viajar de** Buenos Aires **a** Santa Fe*); **viajar desde** (***Viajó desde** Lima*); **viajar en** (***viajar en** tren*); **viajar hacia** (***viajar hacia** el Sur*); **viajar hasta** (***viajar hasta** Córdoba*); **viajar por** (***viajar por** mar*).

viaje. sust. m. Entre otras denotaciones, 'acción y efecto de viajar'. **agarrar viaje**. fr. fig. y fam. Argent., Perú y Urug. 'Aceptar una propuesta' (*Le explicó cómo era el negocio, y, enseguida, **agarró viaje***).

viajero, ra. adj. 'Que viaja'. Como adjetivo, también puede usarse **viajante** (p. a. de **viajar**). El sustantivo común de dos **viajante** denota 'dependiente comercial que hace viajes para negociar ventas o compras': **el viajante, la viajante**. sust. m. y f. 'Persona que viaja o que relata un viaje': **el viajero, la viajera**. También pueden decirse **viajador** (sust. m.), **viajadora** (sust. f.), pero la Academia prefiere la primera forma.

vialidad. sust. f. 'Cualidad de vial'. Tiene valor colectivo con la denotación de 'conjunto de servicios pertenecientes a las vías públicas'. No debe confundirse su denotación con la de **viabilidad** (sust. f.), 'cualidad de viable', ni con la del homónimo de esta última voz (sust. f.), 'condición del camino o vía por donde se puede transitar' (*la **viabilidad** de las rutas*). → **vía**

viandante. sust. com. 'Persona que viaja a pie'; 'peatón'; 'vagabundo': **el viandante, la viandante**.

viaraza. sust. f. ant. fig. Argent., Col., Guat. y Urug. 'Acción inconsiderada y repentina' (*Nos sorprendió su **viaraza***). Incorrecto: <u>*viarasa*</u>.

viaticar. v. tr. 'Administrar el viático a un enfermo'. Ú. t. c. prnl. → **sacar**

víbora. sust. f. 'Culebra venenosa'. Para distinguir los sexos, debe recurrirse a las perífrasis **víbora macho**, **víbora hembra**. fig. 'Persona con malas intenciones' (*Elena es una **víbora***). Incorrecto: <u>*vívora*</u>. **víbora de la cruz**. Argent., Par. y Urug. 'Yarará'. Los adjetivos correspondientes son **viborezno**, **na**, **vipéreo**, **a** y **viperino**, **na**, 'perteneciente o relativo a la víbora'. El **viborezno** (sust. m.) es la 'cría de la víbora' (*Vimos un **viborezno***).

viborear. v. intr. Argent. y Urug. 'Moverse ondulando como las serpientes'. No debe pronunciarse [viboriar]. También puede decirse **serpentear** (v. intr.). → **-ear**

vibrador, ra. adj. 'Que vibra'. Como adjetivos, también pueden usarse **vibrante** (p. a. de **vibrar**) y **vibratorio, ria**. sust. m. 'Aparato que transmite vibraciones eléctricas': **el vibrador**.

vibrante. p. a. de **vibrar**. 'Que vibra' adj. 'Dícese del sonido o letra cuya pronunciación se caracteriza por un rápido contacto oclusivo, simple o múltiple, entre los órganos de la articulación' (*La r de "aro" es **vibrante** simple, y la de "enredo", **vibrante** múltiple*). Ú. t. c. sust. f.: **la vibrante**.

vibrátil. adj. 'Capaz de vibrar'. Es palabra grave. En plural, se transforma en esdrújula: **vibrátiles**. También puede decirse **vibratorio, ria** (adj.). → **vibrador**

vibrión. sust. m. 'Cualquiera de las bacterias de forma encorvada, como la productora del cólera morbo'. Incorrecto: <u>*vibrón*</u>. Es palabra aguda.

En plural, se transforma en grave: **vibriones**. También puede decirse **vírgula** (sust. f.).

vibrisas. sust. f. pl. 'Pelos rígidos, más o menos largos, que actúan como receptores táctiles, propios de gran número de mamíferos, como los bigotes del gato'; 'cerdillas que las aves tienen al pie de las plumas de las alas, entre las patas o en la base del pico'; 'cerdas pares próximas a los ángulos superiores de la cavidad bucal de los dípteros'; 'pelos sensoriales de las plantas insectívoras'. Esta voz ha sido recién incorporada en el ***Diccionario***. → **plural (pluralia tantum)**

vicaría. sust. f. Entre otras denotaciones, 'oficio o dignidad del vicario'. También puede decirse **vicariato** (sust. m.).

vicariante. adj. 'Dícese de cada una de las especies vegetales o animales, que cumplen un determinado papel biológico en sendas áreas geográficas distantes, y son tan parecidas, que sólo difieren en detalles mínimos'; 'se llaman así los pares de caracteres genéticos, mutuamente excluyentes, que sirven para diferenciar razas'. Ú. t. c. sust. com. y m. en pl.: **los vicariantes, las vicariantes**.

vicario, ria. adj. 'Que tiene el poder y las facultades de otro o lo sustituye'. Ú. t. c. sust. m. y f.: **el vicario, la vicaria**. sust. m. y f. 'Persona que, en las órdenes regulares, tiene las veces y autoridad de alguno de los superiores mayores'. sust. m. 'Juez eclesiástico'. **vicario de Jesucristo**. 'Uno de los títulos del Papa'. El adjetivo correspondiente es **vicarial**, 'perteneciente o relativo al vicario'. → **vicaría**

vice-. elem. compos. de or. lat. 'En vez de'; 'que hace las veces de' (***vicealmirantazgo, vicedirector***). A veces, toma las formas **vi-** o **viz-** (***virreina, vizcondesa***). El prefijo no debe escribirse separado, con guión, de la segunda parte del compuesto: *vice-canciller*, *vice-cónsul*, *vice-presidencia*. Correcto: ***vicecanciller, vicecónsul, vicepresidencia***.

vicealmirante. sust. m. 'Oficial general de la armada, inmediatamente inferior al almirante'. Incorrecto: *vice-almirante*. La Academia no registra el género femenino, pues **vicealmiranta** (sust. f.) denota la 'segunda galera de una escuadra'. El **vicealmirantazgo** (sust. m.) es la 'dignidad de vicealmirante'. → **vice-**

vicecanciller. sust. m. 'Cardenal presidente de la curia romana para el despacho de las bulas y breves apostólicos'; 'sujeto que hace el oficio de canciller a falta de éste'. Incorrecto: *vice-canciller*. Es palabra aguda. En plural, se transforma en grave: **vicecancilleres**. La **vicecancillería** (sust. f.) es el 'cargo de vicecanciller' y la 'oficina de éste'. → **vice-**

vicecónsul. sust. m. 'Funcionario de la carrera consular, de categoría inmediatamente inferior a la del cónsul'. Incorrecto: *vice-cónsul*. Es palabra grave. En plural, se transforma en esdrújula: **vicecónsules**. La Academia no registra el género femenino. El **viceconsulado** (sust. m.) es el 'empleo o cargo de vicecónsul' y la 'oficina de este funcionario'. → **vice-**

vicegobernador. sust. m. 'El que hace las veces de gobernador'. Su femenino es **vicegobernadora**. Incorrecto: *vice-gobernador*. → **vice-**

viceministro. sust. m. 'El que hace las veces de ministro'. Su femenino es **viceministra**. Incorrecto: *vice-ministro*. Esta voz, de correcta formación, no está registrada en el ***Diccionario***.

vicenal. adj. 'Que sucede o se repite cada veinte años'; 'que dura veinte años'.

vicepresidente. sust. m. 'El que está facultado para hacer las veces de presidente'. Su femenino es **vicepresidenta**. Incorrecto: *vice-presidente*. → **vice-, presidente**

vicerrector. sust. m. 'El que está facultado para hacer las veces de rector'. Su femenino es **vicerrectora**. Incorrecto: *vice-rector*. → **vice-**

vicesecretario. sust. m. 'El que está facultado para hacer las veces de secretario'. Su femenino es **vicesecretaria**. Incorrecto: *vice-secretario*. → **prosecretario**

vicetesorero. sust. m. 'El que hace las veces de tesorero'. Su femenino es **vicetesorera**. Incorrecto: *vice-tesorero*. → **vice-**

viceversa. adv. m. 'Al contrario, por lo contrario' (*Cuando él estudia, ella cocina, y* ***viceversa***). sust. m. 'Cosa, dicho o acción al revés de lo que lógicamente debe ser o suceder': **el viceversa**. Su uso con esta última denotación es infrecuente. Incorrecto: *vice versa*.

vichar. v. tr. fam. Argent. y Urug. 'Espiar, atisbar' (***Vicha*** *por las ventanas*). Incorrecto: *bichar*.

viciar. v. tr. Entre otras denotaciones, 'dañar o corromper física o moralmente'. Ú. t. c. prnl. v. prnl. 'Entregarse uno a los vicios'; 'aficionarse a algo con exceso'. Rég. prep.: **viciarse con** o **en** (***viciarse con*** *o* ***en*** *la droga*). Con la última denotación, también puede decirse **enviciar** (v. tr. Ú. t. c. prnl.). Se conjuga, en cuanto al acento, como **cambiar**. → **enviciar**

vicio. sust. m. Entre otras denotaciones, 'mala calidad, defecto o daño físico en las cosas'; 'demasiado apetito de una cosa, que incita a usarla frecuentemente y con exceso'. **hablar de vicio** uno. fr. fam. 'Ser hablador'. **quejarse de vicio** uno. fr. fam. 'Dolerse con pequeño motivo' (***Se queja de vicio****, porque tiene todo cuanto desea*).

vicioso, sa. adj. Entre otras denotaciones, 'que tiene, padece o causa vicio, error o defecto'. 'Entregado a los vicios' (*mujeres* ***viciosas***). Ú. t. c. sust. m. y f.: **el vicioso, la viciosa**. **círculo vicioso**. 'Vicio del discurso que se comete cuando dos cosas se explican una por otra recíprocamente, y ambas quedan sin explicación', como si se dijese: *Morir es lo contrario de vivir, y vivir es lo contrario de morir*; 'situación repetitiva que no conduce a buen efecto'.

víctima. sust. f. 'Persona o animal sacrificado o destinado al sacrificio'; fig. 'persona que se expone a un grave riesgo por otra'; fig. 'persona que padece daño por culpa ajena o por causa fortuita' (*La* ***víctima*** *del atentado habló con los periodistas*). No es necesariamente sinónimo de **muerto** o de **muerta**; se puede ser **víctima** sin haber muerto. Incorrecto: *En el accidente, hubo cuatro* <u>*víctimas*</u> *y tres heridos graves*. Correcto: *En el accidente, hubo cuatro* ***muertos*** *y tres heridos graves*.

victimar. v. tr. 'Asesinar, matar' (***Victimó*** *a su enemigo*). Esta voz ha sido recién incorporada en el ***Diccionario***.

victimario. sust. m. 'Homicida'. Su femenino es **victimaria**. Distíngase su denotación de la de **víctima**. → **víctima**

¡víctor! interj. Ú. t. c. sust. m. → **¡vítor!**

victorear. v. tr. → **-ear, vitorear**

victorioso, sa. adj. 'Que ha conseguido una victoria en cualquier línea' (*general* ***victorioso***). Ú. t. c. sust. m. y f.: **el victorioso, la victoriosa**. 'Aplícase también a las acciones con que se consigue' (*acción* ***victoriosa***). No debe pronunciarse [vitorioso], un vulgarismo.

vicuña. sust. f. 'Mamífero rumiante'. Para distinguir los sexos, debe recurrirse a las perífrasis **vicuña macho, vicuña hembra**. 'Lana de este animal' (*suéter de* ***vicuña***); 'tejido que se hace de esta lana'.

vid. sust. f. 'Planta'. En plural: **vides**. Los sustantivos colectivos son **viña** (f.) y **viñedo** (m.), 'terreno plantado de vides'.

vida. sust. f. Entre otras denotaciones, 'espacio de tiempo que transcurre desde el nacimiento hasta la muerte'. Son correctos los sintagmas **nivel de vida, seguro sobre la vida, vida airada, vida de relación, vida espiritual, la otra vida** o **la vida futura, la vida pasada, buena vida, gran vida**. **a vida o muerte**. loc. adv. Denota 'el peligro de muerte que existe por la aplicación de un medicamento o por una intervención quirúrgica'; se usa para hacer ver el riesgo que conlleva realizar algo cuando se duda de la eficacia del método que se sigue (*El médico lo operó* ***a vida o muerte***). **buscar** o **buscarse** uno **la vida**. fr. 'Emplear los medios para adquirir el mantenimiento y lo demás necesario' (*Juan no tiene trabajo, pero* ***busca*** *o* ***se busca la vida***). **costar la vida**. fr. con que 'se pondera lo grave de un sentimiento o suceso, o la determinación a ejecutar una cosa, aunque sea con riesgo de la vida' (*Ese disgusto le* ***costará la vida***). **dar** uno **la vida por** una persona o cosa. fr. 'Sacrificarse voluntariamente por ella' (***Da la vida por*** *sus hijos*). **darse** uno **buena vida, la gran vida** o **la vida padre**. fr. 'Entregarse a los gustos y pasatiempos' (*Desde que ganó tanto dinero, Hugo* ***se da buena vida****,* ***la gran vida*** *o* ***la vida padre***). **de mala vida**. loc. 'Dícese de la persona de conducta relajada y viciosa' (*mujeres* ***de mala vida***). **de mi vida**. expr. Se pospone al nombre de una persona y denota 'afecto, impaciencia o enfado' (*¡Mariana* ***de mi vida****!*). **de por vida**. loc. adv. 'Perpetuamente' (*Usufructuará la vivienda* ***de por vida***). **de toda la vida**. expr. fig. y fam. 'Desde hace mucho tiempo' (*Es mi amiga* ***de toda la vida***). **en la vida** o **en mi, tu, su vida**, o **nunca en la vida**. locs. advs. 'En ningún momento' (***En la vida****,* ***en mi vida*** *o* ***nunca en la vida****, lo vi*). **enterrarse** uno **en vida**. fr. fig. 'Apartarse del mundo'. **ganar** o **ganarse** uno **la vida**. fr. 'Trabajar' (*Pedro* ***se gana la vida*** *como panadero*). **hacer vida**. fr. 'Vivir juntos el marido y la mujer'. **pasar** uno **a mejor vida**. fr. 'Morir' (*El anciano **pasó a mejor vida***). **perder** uno **la vida**. fr. 'Morir de forma violenta' (***Perdió la vida** en un accidente*).

vidalita. sust. f. Argent. 'Canción popular, por lo general amorosa y de carácter triste, que se acompaña con la guitarra'. En la Argentina, se usa, a veces, **vidala** (sust. f.), voz no registrada por la Academia.

vidente. p. a. de **ver**. 'Que ve'. Aunque la Academia no lo registra, suele usarse como sustantivo común de dos: **el vidente**, **la vidente**. sust. m. 'Profeta'. → **profeta**

video-. elem compos. de or. lat. que forma palabras referentes a la televisión (***video**frecuencia*).

vídeo. sust. m. 'Aparato que registra y reproduce electrónicamente imágenes y sonidos'. Es palabra esdrújula. En plural: **vídeos**. En la Argentina –como lo consigna la A.A.L.–, se la usa como grave, acentuación no incorporada en el ***Diccionario***.

videocasete. sust. m. En plural: **videocasetes**. Repárese en que no lleva tilde. Esta voz, de correcta formación, no está registrada en el ***Diccionario***. Puede usarse como sinónimo de **videocinta** (sust. f.).

videocinta. sust. f. 'Cinta magnética en que se registran imágenes y sonidos' (*El concierto está grabado en esa **videocinta***). Es palabra grave. En plural: **videocintas**. Repárese en que no lleva tilde.

♦ **videoclip.** Anglicismo. En español, debe decirse **vídeo musical**.

videoclub. sust. m. 'Establecimiento comercial en el que se alquilan o se venden cintas de vídeo'. En plural: **videoclubes**. Esta voz, de correcta formación, no está registrada en el ***Diccionario***.

videodisco. sust. m. 'Disco en el que se registran imágenes y sonidos, que, mediante un rayo láser, pueden ser reproducidos en un televisor'. Es palabra grave. En plural: **videodiscos**. Repárese en que no lleva tilde. Ha sido recién incorporada en el ***Diccionario***.

videojuego. sust. m. 'Juego electrónico contenido en un disquete para reproducirlo por medio de la computadora' (*Lo atrae este **videojuego***). En plural: **videojuegos**. Esta voz, de correcta formación, no está registrada en el ***Diccionario***.

vidriado, da. p. de **vidriar**. adj. 'Vidrioso'. → **vidrioso**. sust. m. 'Barro o loza con barniz vítreo'; 'este barniz'; 'operación de vidriar' (***el vidriado** de la loza*). Es sustantivo colectivo (m.) con la denotación de 'conjunto de piezas para el servicio de la mesa'.

vidriar. v. tr. 'Dar a las piezas de barro o loza un barniz que, fundido al horno, toma la transparencia y lustre del vidrio'. v. prnl. 'Ponerse vidriosa alguna cosa' (*Se le **vidriaron** los ojos*). Incorrecto: *<u>Vidriaron</u> las ventanas de la casa*. Correcto: ***Encristalaron** o **acristalaron** las ventanas de la casa*. Se conjuga, en cuanto al acento, como **cambiar**.

vidriera. sust. f. Entre otras denotaciones, 'escaparate de una tienda'. **vidriera de colores**. 'La formada por vidrios con dibujos coloreados y que cubre los ventanales de iglesias, palacios y casas'. En lugar de este sintagma, el hablante usa más **vitral** (sust. m.). No debe emplearse la voz francesa *vitrail* ni su plural *vitraux*. **estar en la vidriera**. fr. fig. Argent. 'Estar alguien expuesto a la mirada y opinión de los otros por desempeñarse en una actividad pública'. Este sintagma no está registrado en el ***Diccionario***, pero la A.A.L. ha recomendado su incorporación. Equivale a la locución figurada **estar en candelero** o **en el candelero**.

vidrierista. sust. com. La Academia no registra esta voz, usual en la Argentina y de correcta formación: **el vidrierista**, **la vidrierista**. → **escaparatista**

vidriero. sust. m. 'El que trabaja en vidrio o lo vende'; 'el que coloca vidrios'. Su femenino es **vidriera**.

vidrioso, sa. adj. Entre otras denotaciones, 'que fácilmente se quiebra o salta, como el vidrio'. Con este significado, también puede decirse **vidriado, da** (p. de **vidriar**. adj.).

vidurria. sust. f. fam. Argent. 'Vida regalada'. También puede decirse **vidorra** (sust. f. fam.). Su sinónimo **vidorria** (sust. f. fam.) está en desuso. La palabra **vidurria** ha sido recién incorporada en el ***Diccionario***.

vieira. sust. f. 'Molusco comestible'. Para distinguir los sexos, debe recurrirse a las perífrasis **vieira macho, vieira hembra**. Incorrecto: veira.

viejales. sust. m. fest. 'Viejo' (*Se lo dijo el viejales*). Esta voz ha sido recién incorporada en el *Diccionario*.

viejo, ja. adj. Entre otras denotaciones, 'dícese de la persona de edad' (*hombres **viejos***). Ú. t. c. sust. m. y f.: **el viejo, la vieja**. Diminutivos: **vejete, ta; vejezuelo, la; viejezuelo, la**. Aumentativos familiares: **vejancón, na; vejarrón, na; vejazo, za; vejote, ta; viejarrón, na**. El sustantivo despectivo es **vejestorio** (m.). La A.A.L. ha recomendado la incorporación, como argentinismos, de las denotaciones (sust. m. y f. fam.) 'padre, madre' (*Mi **viejo** cumplió setenta años*) y (sust. m. pl. fam.) 'los padres' (*¿Tus **viejos** son irlandeses?*). **de viejo**. loc. adj. 'Dícese de las tiendas donde se venden artículos de segunda mano, de estos artículos y de los artesanos que realizan reparaciones de ropa, zapatos, etc.' (*librería **de viejo**; libro **de viejo**; zapatero **de viejo***). Este sintagma no varía en plural (*librerías **de viejo***).

viento. sust. m. Entre otras denotaciones, 'corriente de aire producida en la atmósfera por causas naturales'. Diminutivos: **ventecico, ventecillo, ventecito, vientecillo**. **viento blanco**. NO. Argent. 'Borrasca de viento y nieve'. Los nombres de los vientos se escriben con minúscula (*vientos **alisios***), excepto cuando forman parte de un nombre propio (*Compañía de Seguros **El Pampero***). **a los cuatro vientos**. loc. adv. 'En todas direcciones, por todas partes' (*Difundió la noticia **a los cuatro vientos***). **contra viento y marea**. loc. adv. fig. 'Arrostrando inconvenientes, dificultades u oposición de otro' (*Emprenderá su trabajo **contra viento y marea***). **viento en popa**. loc. adv. fig. 'Con buena suerte, dicha o prosperidad' (*Su negocio va **viento en popa***). Una **ventada** (sust. f.) es un 'golpe de viento', y una **ventolera** (sust. f.), un 'golpe de viento recio y poco durable'. La **ventolina** (sust. f.) es el 'viento leve y variable', y el **ventorrero** (sust. m.), el 'sitio alto y despejado, muy combatido por los vientos'.

vientre. sust. m. Entre otras denotaciones, 'cavidad del cuerpo de los vertebrados que contiene los órganos principales del aparato digestivo y del genitourinario'. Como sustantivo de valor colectivo, denota 'conjunto de las vísceras contenidas en esa cavidad'. Diminutivos: **ventrecillo, ventrezuelo**. Aumentativo: **ventrón**. Son correctos los sintagmas **constipación de vientre, dureza de vientre, bajo vientre**. **constiparse el vientre**. fr. 'Estreñirse'. → **estreñir**. **desde el vientre de su madre**. loc. adv. 'Desde que fue uno concebido' (*Ella es así **desde el vientre de su madre***). **de vientre**. loc. 'Dícese del animal hembra destinado a la reproducción' (*vaca **de vientre***). **descargar, evacuar, exonerar** o **mover** uno **el vientre**, o **hacer de** o **del vientre**. frs. 'Descargarlo del excremento'. El adjetivo correspondiente es **ventral**, 'perteneciente o relativo al vientre'.

viernes. sust. m. 'Quinto día de la semana civil y sexto de la religiosa' (*Llegará el **viernes***). Es una redundancia anteponerle la palabra "día": *Llegará el día viernes*. En plural, no varía: **los viernes**. Se escribe siempre con minúscula, salvo en el sintagma **Viernes Santo**. Nótese que, en este caso, el adjetivo también se escribe con mayúscula. → **jueves**

vierteaguas. sust. m. 'Resguardo hecho de piedra, azulejos, etc., que se pone cubriendo los alféizares o los salientes de los paramentos, para escurrir las aguas llovedizas'. En plural, no varía: **los vierteaguas**. Es incorrecto escribirlo, en singular, sin **s** final: el vierteagua.

viga. sust. f. Entre otras denotaciones, 'madero largo y grueso que sirve para formar los techos en los edificios'. Diminutivo: **vigueta**. El sustantivo colectivo es **envigado** (m.). → **envigado**

vigésimo, ma. adj. Como ordinal, denota 'que sigue inmediatamente en orden al o a lo decimonono' (***vigésima** fila*). Como partitivo, 'dícese de cada una de las veinte partes iguales en que se divide un todo' (*la **vigésima** parte de sus bienes*). Ú. t. c. sust. m.: **el vigésimo**. Sus sinónimos son **veinteno, na** (adj. Ú. t. c. sust. f.), **veintésimo, ma** (adj. Ú. t. c. sust. m.) y **vicésimo, ma** (adj. Ú. t. c. sust. m.), y, sólo como ordinal, **veinte** (adj.). → **veinte, número**

vigía. sust. f. 'Atalaya' (*Desde la **vigía**, descubrieron el barco*). Se usa más como sustantivo masculino, con la denotación de 'el que vigila el mar o la campiña' (*El **vigía** era muy viejo*).

vigilante. p. a. de **vigilar**. 'Que vigila'. adj. 'Que vela o está despierto' (*persona **vigilante***). sust. m. 'El que está encargado de velar por algo'; 'agente de policía' (*El* ***vigilante*** *capturó al ladrón*). → **policía**

vigilar. v. intr. 'Velar sobre una persona o cosa'. Ú. t. c. tr. Rég. prep.: **vigilar por** (***vigilar por*** *el bien de todos*).

vigorizar. v. tr. 'Dar vigor' (*Estas vitaminas* ***vigorizan***); fig. 'animar, esforzar'. Ú. t. c. prnl. Con la primera denotación, también puede decirse **vigorar** (v. tr. Ú. t. c. prnl.). → **cazar**

vihuela. sust. f. 'Instrumento musical de cuerda, pulsado con arco o con plectro'; 'en algunos lugares, como la Argentina, guitarra'. Incorrecto: vigüela.

vihuelista. sust. com. 'Persona que ejerce o profesa el arte de tocar la vihuela': **el vihuelista, la vihuelista**. Incorrecto: vigüelista.

vikingo, ga. adj. 'Dícese de los navegantes escandinavos que, entre los siglos VIII y XI, realizaron incursiones por las islas del Atlántico y por casi toda Europa occidental' (*hombres* ***vikingos***). Ú. m. c. sust. m. y f.: **el vikingo, la vikinga**. 'Perteneciente o relativo a este pueblo' (*vestimenta* ***vikinga***).

vil. adj. 'Bajo, despreciable'; 'indigno'. 'Aplícase a la persona que falta a la confianza que en ella se pone' (*mujer* ***vil***). Ú. t. c. sust. com.: **el vil, la vil**. En plural: **viles**. La **vileza** (sust. f.) es la 'cualidad de vil'.

vilipendiador, ra. adj. 'Que vilipendia o desprecia a alguien o algo'. Ú. t. c. sust. m. y f.: **el vilipendiador, la vilipendiadora**.

vilipendiar. v. tr. 'Despreciar algo o tratar a uno con desprecio' (***Vilipendió*** *a su amigo*). Se conjuga, en cuanto al acento, como **cambiar**.

villa. sust. f. Entre otras denotaciones, 'población que tiene algunos privilegios con que se distingue de las aldeas y de otros lugares' (*El privilegio de* ***villa*** *es el villazgo*). Diminutivo: **villeta**. El sintagma **villa miseria**, 'barrio de viviendas precarias, con grandes carencias de infraestructura, y cuya población es abundante y heterogénea', no está registrado en el ***Diccionario***. La A.A.L. ha recomendado su incorporación como argentinismo.

villaje. sust. m. 'Pueblo pequeño'. También puede decirse **villar** (sust. m.).

villancico. sust. m. Entre otras denotaciones, 'canción popular, principalmente de asunto religioso, que se canta en Navidad y en otras festividades'. También pueden usarse **villancejo** (sust. m.) y **villancete** (sust. m.), pero la Academia prefiere la primera forma.

villanciquero. sust. m. 'El que compone o canta villancicos'. Su femenino es **villanciquera**.

villano, na. adj. Entre otras denotaciones, 'vecino o habitador del estado llano en una villa o aldea, a distinción del noble o hidalgo'. Ú. t. c. sust. m. y f.: **el villano**, **la villana**. fig. 'Rústico, descortés'; fig. 'indigno' (*Eres un hombre* ***villano***). Aumentativo: **villanote**. Los sustantivos colectivos son **villanaje** (m.) y **villanería** (f.). La **villanada** (sust. f.) es la 'acción propia de villano'. La **villanía** (sust. f.) o **villanería** (sust. f.) es la 'bajeza de nacimiento'; fig. 'acción ruin'; fig. 'expresión indecorosa'. El adjetivo correspondiente es **villanesco, ca**, 'perteneciente a los villanos'.

villero. sust. m. Argent. 'El que habita en una villa miseria'. Su femenino es **villera**. Ú. t. c. adj. (*mujer* ***villera***). Esta voz no está registrada en el ***Diccionario***, en el que sólo aparece **villero** (sust. m.), regionalismo aragonés, con la denotación de 'pueblo de escaso vecindario'. La A.A.L. ha recomendado su incorporación.

vilo (en). loc. adv. 'Suspendido'; fig. 'con indecisión, inquietud y zozobra' (*Lo tuvo tres horas* ***en vilo***).

vilorta. sust. f. Entre otras denotaciones, 'vara de madera flexible'; 'arandela metálica'. Con la primera acepción, también pueden decirse **velorta** (sust. f.) y **velorto** (sust. m.).

vilote. adj. Argent. y Chile. 'Cobarde, pusilánime'.

viltrotear. v. intr. fam. 'Corretear, callejear'. Se usa para censurar esta acción, sobre todo, en las mujeres (*¡Cómo* ***viltrotea*** *esta mujer!*). No debe pronunciarse [viltrotiar, viltrotié]. → **-ear**

viltrotera. adj. 'Dícese de la mujer que viltrotea' (*mujer* ***viltrotera***). Ú. t. c. sust. f.: **la viltrotera**.

vinagre. sust. m. 'Líquido producido por la fermentación ácida del vino' (*La ensalada tiene* *vinagre*). Diminutivo: **vinagrillo**. En la Argentina y en Chile, esta última voz denota 'planta de la familia de las oxalidáceas, cuyo tallo contiene un jugo blanquecino bastante ácido'. El adjetivo correspondiente es **vinagroso, sa**, 'de gusto agrio, semejante al del vinagre'.

vinagrera. sust. f. 'Vasija destinada a contener vinagre'. sust. f. pl. 'Pieza de vidrio o de otro material, con dos o más frascos para aceite y vinagre, o para estos y otros condimentos' (*Puso las **vinagreras** en la mesa*). Con esta última denotación, también puede decirse **aceiteras** (sust. f. pl.). → **vinajera**

vinagrero. sust. m. 'El que hace o vende vinagre'. Su femenino es **vinagrera**.

vinajera. sust. f. 'Cada uno de los dos jarrillos con que se sirven en la misa el vino y el agua'. sust. f. pl. 'Aderezo de ambos jarrillos y de la bandeja donde se colocan'. → **vinagrera**

vinal. sust. m. Argent. 'Especie de algarrobo arborescente'. Es palabra aguda. En plural, se transforma en grave: **vinales**.

vinario, ria. adj. 'Perteneciente al vino'. No debe confundirse su grafía con la de su homófono **binario, ria** (adj.). → **binario, vinatero**

vinatería. sust. f. 'Tráfico y comercio del vino'; 'tienda en que se vende vino'. Incorrecto: vinería, viñería.

vinatero, ra. adj. 'Perteneciente al vino' (*industria **vinatera***). También pueden decirse **vinar** (adj.) y **vinario, ria** (adj.). sust. m. 'El que trafica con el vino o lo conduce de una parte a otra para su venta': **el vinatero**. La Academia no registra el género femenino del sustantivo ni la voz **viñatero** (sust. m.), 'viñador, que cultiva las viñas'. Ésta aparece en el ***Diccionario Manual*** con el indicador de su falta de sanción oficial. → **viñero**

vincapervinca. sust. f. 'Planta herbácea'. En plural: **vincapervincas**. También puede decirse **vinca** (sust. f.), pero la Academia prefiere la primera forma.

vincha. sust. f. Argent., Bol., Chile, Ecuad., Perú y Urug. 'Cinta, elástico grueso o accesorio con que se sujeta el pelo sobre la frente'.

vinchuca. sust. f. Argent., Chile y Perú. 'Insecto alado. Se refugia de día en los techos de los ranchos y, por la noche, chupa la sangre de las personas dormidas'. Para distinguir los sexos, debe recurrirse a las perífrasis **vinchuca macho**, **vinchuca hembra**.

vincular. v. tr. Entre otras denotaciones: fig. 'Atar o fundar una cosa en otra'. Rég. prep.: **vincular a** (***vincular** una institución **a** otra*); **vincular en** (***vincular** las esperanzas **en** la ayuda de los demás*). Incorrecto: vincular con. 'Perpetuar o continuar una cosa o el ejercicio de ella'. Ú. t. c. prnl. (*No **se vincule** a esa cátedra*). Su postverbal es **vinculación** (sust. f.). Su homófono (adj.) denota 'perteneciente o relativo al vínculo'.

vínculo. sust. m. Entre otras denotaciones, 'unión o atadura de una persona o cosa con otra' (***vínculo** matrimonial*). Ú. m. en sent. fig. Es correcto el sintagma **gravar los bienes a vínculo**.

vindicador, ra. adj. 'Que vindica'. Ú. t. c. sust. m. y f.: **el vindicador, la vindicadora**.

vindicar. v. tr. 'Vengar'; 'defender, sobre todo, por escrito, al que se halla injuriado, calumniado o injustamente notado'. Ú. t. c. prnl. 'Recuperar uno lo que le pertenece'. Con la segunda denotación, también puede decirse **revindicar** (v. tr.); con la última, **reivindicar** (v. tr.). Rég. prep.: **vindicar de** (***vindicar de** una injuria*). Su postverbal es **vindicación** (sust. f.). → **sacar, reivindicar, revindicar**

vindicativo, va. adj. 'Inclinado a tomar venganza'. Con esta denotación, también puede decirse **vengativo, va** (adj.). 'Aplícase al escrito o discurso en que se defiende la fama y opinión de una persona injuriada, calumniada o injustamente notada' (*escrito **vindicativo***). También puede usarse **vindicatorio, ria** (adj.). → **vindicador**

vinícola. adj. 'Relativo a la fabricación del vino' (*industria **vinícola***). sust. com. 'Persona que tiene hacienda de viñas y es práctico en su cultivo': **el vinícola, la vinícola**. → **vitícola, vitivinícola**

vinicultor. sust. m. 'El que se dedica a la vinicultura o elaboración de vinos'. Su femenino es **vinicultora**. En plural: **vinicultores, vinicultoras**.

vino. sust. m. 'Bebida alcohólica'. Diminutivo: **vinillo**. Aumentativos: **vinazo, vinote. bautizar**

o **cristianar el vino**. fr. fig. y fam. 'Echarle agua' (*Durante el almuerzo, **bautizó** o **cristianó el vino***). Los adjetivos correspondientes son **vinario, ria** y **vínico, ca**, 'perteneciente o relativo al vino'. La **vinosidad** (sust. f.) es la 'calidad de vinoso'.

vinolencia. sust. f. 'Exceso o destemplanza en el beber vino'. Incorrecto: <u>*vinoliencia*</u>.

viña. sust. f. colect. Diminutivo: **viñuela**. → **vid**

viñador. sust. m. 'El que cultiva las viñas'; 'guarda de una viña'. Con la segunda denotación, también puede decirse **viñadero** (sust. m.). La Academia no registra el género femenino de estas voces.

viñedo. sust. m. colect. → **vid**

viñero. sust. m. 'El que tiene heredades de viñas'. Su femenino es **viñera**. También pueden decirse **vinariego** (sust. m.) y **vinícola** (sust. com.). La Academia no registra, para la voz **vinariego**, el género femenino.

viñeta. sust. f. 'Dibujo que se pone para adorno en el principio o fin de los libros y capítulos' (*Dibujó varias **viñetas** para esa obra*); 'en una historieta, cada uno de los recuadros con dibujos y texto'; 'dibujo o escena impresa en un libro, periódico, etc., que suele tener carácter humorístico. A veces va acompañado de un texto o comentario'. Estas dos últimas denotaciones han sido recién incorporadas en el ***Diccionario***.

viola. sust. f. 'Instrumento musical' (*Toca la **viola***). Aumentativo: **violón** (sust. m.). sust. com. 'Persona que ejerce o profesa el arte de tocarla': **el viola, la viola**. Su homónimo (sust. f.) denota 'violeta'.

violáceo, a. adj. 'Violado' (*tela **violácea***). Ú. t. c. sust. m.: **el violáceo**. 'Dícese de ciertas plantas angiospermas dicotiledóneas, como la violeta y la trinitaria'. Ú. t. c. sust. f.: **la violácea**. sust. f. pl. 'Familia de estas plantas': **las violáceas**.

violación. sust. f. 'Acción y efecto de violar' (***violación** de una ley*; ***violación** de una niña*; ***violación** de un lugar sagrado*). La 'acción de violar a una mujer' también se denomina **violencia** (sust. f. fig.). No es sinónimo de **estupro** (sust. m.), 'coito con persona mayor de doce años y menor de dieciocho, prevaliéndose de superioridad; también acceso carnal con persona mayor de doce años y menor de dieciséis, conseguido con engaño'.

violado, da. adj. 'De color de violeta, morado claro'. Ú. t. c. sust. m.: **el violado**. → **violáceo**

violador, ra. adj. 'Que viola'. Ú. t. c. sust. m. y f.: **el violador, la violadora**. → **estuprador, ultrajador**

violar. v. tr. 'Quebrantar una ley'; 'tener acceso carnal con una mujer por fuerza, cuando tiene menos de doce años o está privada de sentido'; 'por extensión, cometer abusos deshonestos o tener acceso carnal con una persona en contra de su voluntad'; 'profanar un lugar sagrado'; fig. 'ajar o deslucir algo'. → **estuprar, ultrajar**

violentar. v. tr. Entre otras denotaciones: fig. 'Poner a alguien en una situación violenta o hacer que se enoje'. Ú. t. c. prnl. (*Cuando escuchó la acusación de Juan, **se violentó***). v. prnl. fig. 'Vencer uno su repugnancia a hacer alguna cosa'. Rég. prep.: **violentarse en** (***violentarse en** la discusión*).

violento, ta. adj. Entre otras denotaciones, 'que obra con ímpetu y fuerza'; fig. 'aplícase al genio arrebatado que se deja llevar fácilmente de la ira' (*¡Qué hombre **violento**!*). Rég. prep.: **violento de** (***violento de** carácter*).

violeta. sust. f. 'Planta herbácea'; 'su flor' (*un ramillete de **violetas***). El sustantivo colectivo es **violar** (m.), 'sitio plantado de violetas'. El **violetero** (sust. m.) es un 'florero pequeño para poner violetas'. La **violetera** (sust. f.), la 'mujer que vende ramitos de violetas en lugares públicos'. sust. m. 'Color morado claro' (*El **violeta** no te favorece*). En plural: **violetas** (*El cuadro tiene distintos **violetas***). Ú. t. c. adj. (*blusa **violeta***). En plural, no varía (*blusas **violeta***). → **colores**

violín. sust. m. 'Instrumento musical' (*Tocó el **violín***). sust. com. 'Persona que toca el violín': **el violín, la violín**. Es más común el uso de **violinista** (sust. com.): **el violinista, la violinista**. El **concertino** es el 'violinista primero de una orquesta, encargado de la ejecución de los solos'. **violín en bolsa**. fr. fig. y fam. Argent. 'Necesidad de excluir o excluirse de un asunto'. Se usa más con los verbos **meter** o **poner** (*Como no entendía lo que estaban tratando, prefirió **meter** o **poner violín en bolsa***). En Venezuela, se usa **em-**

bolsar el violín (fr. fig. y fam.), 'quedar corrido, salir con el rabo entre las piernas'.

violinista. sust. com. → **violín**

violón. sust. m. 'Contrabajo, instrumento de cuerda' (*Tocaba el **violón***). Es palabra aguda. En plural, se transforma en grave: **violones**. sust. com. 'Persona que lo toca': **el violón, la violón**.

violonchelista. sust. com. Italianismo españolizado. 'Persona que ejerce o profesa el arte de tocar el violonchelo': **el violonchelista, la violonchelista**. También puede decirse **violoncelista** (sust. com.), pero la Academia prefiere la primera forma.

violonchelo. sust. m. 'Instrumento musical'. También puede decirse **violoncelo** (sust. m.), pero la Academia prefiere la primera forma. Incorrecto: violoncello, cello, chelo. → **cello**

♦ **vip.** Anglicismo. Acrónimo que procede del sintagma *very important person*. En español, debe decirse **persona muy destacada socialmente**. Si se usa el extranjerismo, debe entrecomillarse.

viperino, na. adj. 'Perteneciente o relativo a la víbora' (*veneno **viperino***); fig. 'que tiene sus propiedades'; fig. 'malintencionado' (*mujer **viperina***). Incorrecto: veperino. También puede decirse **vipéreo, a** (adj.), pero la Academia prefiere la primera forma. **lengua viperina, serpentina** o **de víbora**. fig. 'Persona mordaz, murmuradora y maldiciente' (*Hilda es una **lengua viperina**, **serpentina** o **de víbora***).

vira. sust. f. Entre otras denotaciones, 'especie de saeta delgada y de punta muy aguda'. Aumentativos: **virón** (sust. m.), **virote** (sust. m.).

viraje. sust. m. Entre otras denotaciones, 'acción y efecto de virar, cambiar de dirección en la marcha de un vehículo' (*Hizo un **viraje** para no chocar*); fig. 'cambio de orientación en las ideas, intereses, conducta, etc.'. Un 'viraje repentino en las ideas, conducta, etc.' es una **virazón** (sust. f. fig.). Incorrecto: el virazón.

viral. adj. 'Perteneciente o relativo a los virus' (*enfermedades **virales***). También puede decirse **vírico, ca** (adj.). Ambas voces han sido recién incorporadas en el ***Diccionario***. La Academia no registra **virósico, ca**, adjetivo de correcta formación y de uso común en la Argentina.

virapitá. sust. m. Argent. 'Árbol de gran porte, perteneciente a la familia de las leguminosas, que alcanza hasta treinta metros de altura'. En plural: **virapitaes** o **virapitás**. Esta voz no está registrada en el ***Diccionario***. La A.A.L. ha recomendado su incorporación.

virar. v. tr. Ú. t. c. intr. Entre otras denotaciones, 'en fotografía, sustituir la sal de plata del papel impresionado por otra sal más estable o que produzca un color determinado'. v. intr. 'Mudar de dirección en la marcha de un vehículo'. 'Cambiar de rumbo o de bordada, pasando de una amura a otra, de modo que el viento que daba al buque por un costado le dé por el opuesto'. Ú. t. c. intr. Rég. prep.: **virar a** o **hacia** (***virar a** o **hacia** la izquierda*).

viraró. sust. m. Argent. y Urug. 'Planta de la familia de las bignoniáceas'. En plural: **virarós**. También puede escribirse **biraró**, pero la Academia prefiere la primera forma. → **biraró**

viravira. sust. f. Argent., Chile, Perú y Venez. 'Planta herbácea'. En plural: **viraviras**.

víreo. sust. m. 'Oropéndola, ave'. Para distinguir los sexos, debe recurrirse a las perífrasis **víreo macho, víreo hembra**. Es palabra esdrújula. No debe pronunciarse como grave [vireo]. También puede decirse **virio** (sust. m.).

virgaza. sust. f. 'Planta trepadora'. También pueden decirse **virigaza** (sust. f.) y **vidarra** (sust. f.).

virgen. sust. com. Entre otras denotaciones, 'persona que no ha tenido relaciones sexuales': **el virgen, la virgen**. Ú. t. c. adj. (*hombre **virgen**; mujer **virgen***). Son correctos los sintagmas **aceite virgen, cera virgen, miel virgen, tierra virgen, voluntad virgen**. No lleva tilde, porque es palabra grave terminada en **n**. Incorrecto: vírgen. En plural, se transforma en esdrújula: **vírgenes**. sust. f. 'Por antonomasia, María Santísima, Madre de Dios' (*Debemos imitar la humildad de la **Virgen***); 'imagen de María Santísima' (*Rezaba ante la **Virgen***). Repárese en que, con esta denotación, debe escribirse con mayúscula. sust. pr. f. 'Signo del Zodíaco'; 'constelación zodiacal'. Es más común el uso de **Virgo** (sust. pr. f.). Como sustantivos propios, deben escribirse con mayúscula.

virginal. adj. 'Perteneciente o relativo a la virgen'; 'puro'. También puede decirse **virgíneo, a** (adj.), pero la Academia prefiere la primera forma.

virgo. adj. 'Virgen' (*mujer* ***virgo***). Ú. t. c. sust. f.: **la virgo**. 'Referido a personas, las nacidas bajo este signo del Zodíaco' (*Es un hombre* ***virgo***). Ú. t. c. sust. com. (*Luis es un* ***virgo***; *Ana es una* ***virgo***). Para el adjetivo **virginiano, na**, la Academia no registra la denotación de 'nacido bajo el signo de Virgo', sino la de 'natural del Estado de Virginia, en los Estados Unidos de América'. sust. m. 'Himen'. sust. pr. f. 'Sexto signo del Zodíaco' (*Pertenece al signo de* ***Virgo***); 'constelación zodiacal'. Como sustantivo propio, debe escribirse con mayúscula. → **virgen**

vírgula. sust. f. 'Vara pequeña'; 'rayita o línea muy delgada'; 'vibrión causante del cólera'. Diminutivo: **virgulilla**.

virgulilla. sust. f. 'Cualquier signo ortográfico de figura de coma, rasguillo o trazo, como el apóstrofo, la cedilla (ç), la tilde de la ñ, etc.'; 'cualquier rayita o línea corta muy delgada'.

viril. adj. 'Perteneciente o relativo al varón' (*edad* ***viril***; *miembro* ***viril***). También puede decirse **varonil** (adj.). **virilidad** (sust. f.) es la 'cualidad de viril' y la 'edad viril'. → **varón**

virilismo. sust. m. 'Desarrollo de caracteres sexuales masculinos en la mujer' (*Úrsula se caracteriza por su* ***virilismo***). Esta voz ha sido recién incorporada en el ***Diccionario***. No debe confundirse su denotación con la de **virilidad** (sust. f.). → **viril**

virilizarse. v. prnl. 'Adquirir una mujer caracteres sexuales exteriores propios del varón, como el pelo de la cara' (*Andrea* ***se virilizó***). Su postverbal es **virilización** (sust. f.). Ambas voces han sido recién incorporadas en el ***Diccionario***. → **cazar**

virolento, ta. adj. 'Que tiene viruelas' (*niño* ***virolento***); 'señalado de ellas' (*cara* ***virolenta***). Ú. t. c. sust. m. y f.: **el virolento, la virolenta**. No deben confundirse su grafía y su denotación con las de **virulento, ta** (adj.). También puede decirse **varioloso, sa** (adj. Ú. t. c. sust. m. y f.). → **virulento**

virósico, ca. adj. Voz no registrada en el ***Diccionario***. → **viral**

virosis. sust. f. 'Nombre genérico de las enfermedades cuyo origen se atribuye a virus patógenos'. Es palabra grave. No debe usarse, en singular, sin **s** final. En plural, no varía: **las virosis**.

virreinato. sust. m. 'Dignidad o cargo de virrey'; 'tiempo que dura el cargo de virrey'; 'distrito gobernado por un virrey'. Incorrecto: <u>virreynato</u>. También puede decirse **virreino** (sust. m.), pero la Academia prefiere la primera forma.

virrey. sust. m. 'Representante del rey en uno de los territorios de la corona'. Su femenino es **virreina**, 'mujer del virrey'; 'la que gobierna como virrey'. Incorrecto: <u>virreyna</u>. En plural: **virreyes, virreinas**. El adjetivo correspondiente es **virreinal**, 'relativo al virrey o al virreino' (*época* ***virreinal***).

virtual. adj. 'Que tiene virtud para producir un efecto'. Se usa en oposición a efectivo o real (*imagen* ***virtual***). 'Implícito, tácito' (*sujeto* ***virtual***), 'que tiene existencia aparente' (*velocidad* ***virtual***). La 'cualidad de virtual' es la **virtualidad** (sust. f.).

virtud. sust. f. Entre otras denotaciones, 'integridad de ánimo y bondad de vida'. Es palabra aguda. En plural, se transforma en grave: **virtudes**. **virtud cardinal**. 'Cada una de las cuatro (prudencia, justicia, fortaleza y templanza) que son principio de otras en ellas contenidas'. **virtud teologal**. 'Cada una de las tres (fe, esperanza y caridad) cuyo objeto directo es Dios'. **en virtud de**. loc. adv. 'A consecuencia o por resultado de' (*Le concederemos el cargo,* ***en virtud de*** *su currículo*).

virtuoso, sa. adj. Entre otras denotaciones, 'que se ejercita en la virtud u obra según ella' (*mujer* ***virtuosa***); 'dícese del artista que domina de modo extraordinario la técnica de su instrumento' (*un violinista* ***virtuoso***). Ú. t. c. sust. m. y f.: **el virtuoso, la virtuosa**.

viruela. sust. f. 'Enfermedad contagiosa'. Ú. m. en pl.: **las viruelas**. 'Cada una de las pústulas producidas por esta enfermedad'. Son correctos los sintagmas **picado de viruelas** y **señalado de viruelas**, y el adjetivo **picoso, sa**. → **virolento**

virulento, ta. adj. 'Maligno, ocasionado por un virus' (*enfermedad* ***virulenta***); 'que tiene pus' (*herida* ***virulenta***); fig. 'dícese del estilo ardiente o mordaz en sumo grado' (*discurso* ***virulento***). Incorrecto: <u>*virolento*</u>. No debe confundirse su denotación con la de **violento, ta** (adj.). → **violento**

virus. sust. m. 'Podre'; 'el organismo de estructura más sencilla que se conoce'. Es palabra grave. En plural, no varía: **los virus**. → **viral**

vis. sust. f. 'Fuerza, vigor'. Se emplea sólo en la locución **vis cómica**, 'comicidad'. No se usa en plural.

♦ **vis-à-vis.** Galicismo. En español, debe decirse **frente a frente, cara a cara**.

visa. sust. amb. Amér. 'Visado': **el visa** o **la visa**. En la Argentina, se usa **la visa**. Incorrecto: <u>*visación*</u>. → **visado**

visado, da. p. de **visar** (*pasaporte* ***visado***). sust. m. 'Acción y efecto de visar la autoridad un documento' (*Obtuvo el* ***visado*** *para viajar a los Estados Unidos*). → **visa**

visaje. sust. m. 'Gesto'. Incorrecto: <u>*visage*</u>.

visar. v. tr. Entre otras denotaciones, 'dar validez la autoridad competente a un pasaporte u otro documento para determinado uso' (*Le* ***visaron*** *el pasaporte*). No debe confundirse su grafía con la de su homófono **bisar** (v. tr.). → **bisar**

víscera. sust. f. 'Entraña'. Incorrecto: <u>*visera*</u>, <u>*vícera*</u>. Se usa más en plural. El adjetivo correspondiente es **visceral**, 'perteneciente o relativo a las vísceras'. En el ***Diccionario Manual***, aparece, para este adjetivo, otro significado, con el indicador de su falta de sanción oficial: 'Dícese de una impresión, sentimiento, etc., cuando es intenso, profundo y arraigado' (*amor* ***visceral***).

visco. sust. m. 'Liga para cazar pájaros'. Argent. 'Árbol leguminoso, que llega a diez metros de altura y cuya corteza se usa como curtiente'. No debe confundirse su grafía con la de su homófono **bizco** (adj. Ú. t. c. sust. m. y f.). → **bizco**

viscosilla. sust. f. 'Material textil procedente de la celulosa que se mezcla con algodón o lana para fabricar algunos tipos de tejidos'; 'tela fabricada con esta mezcla' (*Compró un vestido de* ***viscosilla***). Esta voz ha sido recién incorporada en el ***Diccionario***. En la Argentina, se usa **viscosa** (sust. f.).

viscoso, sa. adj. 'Pegajoso, glutinoso'. Incorrecto: <u>*vizcoso*</u>.

visera. sust. f. Entre otras denotaciones, 'parte de ala que tienen por delante las gorras para resguardar la vista' (*Esa gorra tiene una* ***visera*** *ancha*). Incorrecto: <u>*vicera*</u>, <u>*viscera*</u>.

visibilizar. v. tr. 'Hacer visible artificialmente lo que no puede verse a simple vista' (***Visibilizó*** *los microbios con el microscopio*). → **cazar, visualizar**

visible. adj. 'Que se puede ver'; 'que no admite duda' (*Su alegría era* ***visible***); 'dícese de la persona que llama la atención por alguna singularidad' (*mujer* ***visible***). Rég. prep.: **visible a, entre** o **para** (***visible a, entre*** *o* ***para*** *todos*).

visigodo, da. adj. 'Dícese del individuo de una parte del pueblo godo, que fundó un reino en España' (*hombres* ***visigodos***). Ú. t. c. sust. m. y f.: **el visigodo, la visigoda**. 'Perteneciente o relativo a los visigodos' (*costumbres* ***visigodas***). Con esta última denotación, también puede decirse **visigótico, ca** (adj.).

visión. sust. f. Entre otras denotaciones, 'acción y efecto de ver'; 'punto de vista particular' (*Ésta es mi* ***visión*** *de los acontecimientos*); 'creación de la fantasía o de la imaginación, que no tiene realidad y se toma como verdadera'; 'imagen que se percibe de manera sobrenatural por el sentido de la vista o por representación imaginativa'. Es palabra aguda. En plural, se transforma en grave: **visiones**. **ver** uno **visiones**. fr. fig. y fam. 'Dejarse llevar mucho de su imaginación, creyendo lo que no hay' (*Por lo que nos dijo, Rosa* ***vio visiones***).

visionar. v. tr. 'Creer que son reales cosas inventadas' (***Visionó*** *niños en el planeta Marte*); 'ver imágenes cinematográficas o televisivas, especialmente desde un punto de vista técnico o crítico' (*Los actores* ***visionan*** *un vídeo de sus ensayos para corregir algunos errores*). No debe usarse con las denotaciones de 'ver' o 'presenciar'. Esta voz ha sido recién incorporada en el ***Diccionario***.

visionario, ria. adj. 'Dícese del que, por su fantasía exaltada, se figura y cree con facilidad cosas quiméricas'. Ú. t. c. sust. m. y f.: **el visionario, la visionaria**. No debe usarse con el significado de 'profeta' o 'pronosticador'.

visir. sust. m. 'Ministro de un soberano musulmán'. Es palabra aguda. En plural, se transforma en grave: **visires**. **gran visir**. 'Primer ministro del sultán de Turquía'. El 'cargo o dignidad de visir' y el 'tiempo que dura ese cargo' se denominan **visirato** (sust. m.).

visita. sust. f. Entre otras denotaciones, 'acción de visitar'. Aumentativo: **visitón** (sust. m.). También puede decirse **visitación** (sust. f.). Son correctos los sintagmas **visita de cárcel** o **de cárceles**, **visita de cumplido** o **de cumplimiento**, **visita de médico**, **visita de sanidad** o **de aspectos**, **visita domiciliaria**.

visitación. sust. f. 'Acción de visitar'. Es palabra aguda. En plural, se transforma en grave: **visitaciones**. 'Por antonomasia, visita que hizo María Santísima a su prima Santa Isabel' (*el día de la **Visitación***). Repárese en que, con este significado, se escribe con mayúscula. → **visita**

visitador, ra. adj. 'Que visita frecuentemente' (*Clara es muy **visitadora***). Ú. t. c. sust. m. y f.: **el visitador**, **la visitadora**. Con esta denotación, también puede decirse **visitero, ra** (adj. fam.). sust. m. y f. 'Juez, ministro o empleado que tiene a su cargo hacer visitas o reconocimientos'; 'persona que visita a los médicos' (*El **visitador** dejó varias muestras de ese medicamento*).

visitante. p. a. de **visitar**. 'Que visita' (*profesores **visitantes***). Ú. t. c. sust. com.: **el visitante, la visitante**. Repárese en que no tiene la misma denotación que **visitador, ra**. → **visitador**

visitar. v. tr. Entre otras denotaciones, 'ir a ver a una persona a su casa por cortesía, amistad o cualquier otro motivo' (***Visitó** a sus tíos*). → **ver**. 'Ir a algún país, ciudad, población, etc., para conocerlos' (*En 1990, **visitó** Italia; **Visitará** Lisboa*). Incorrecto: *En 1990, <u>visitó a</u> Italia; <u>Visitará a</u> Lisboa*). → **a (prep.)**. El **visiteo** (sust. m.) es la 'acción de hacer o recibir muchas visitas, o de hacerlas o recibirlas frecuentemente'.

vislumbre. sust. f. 'Reflejo de la luz o tenue resplandor por la distancia de ella'. fig. 'Conjetura, sospecha, indicio'. Ú. m. en pl.: **las vislumbres**. Rég. prep.: **vislumbres de** (*No hay en sus palabras **vislumbres de** verdad*). fig. 'Corta o dudosa noticia'; fig. 'apariencia o leve semejanza de una cosa con otra' (*la **vislumbre** de una figura humana*). Es sinónimo de **atisbo** (sust. m.), con la acepción de 'conjetura'. → **atisbo**, **vista**

viso. sust. m. Entre otras denotaciones, 'sitio o lugar alto'; 'forro de color o prenda de vestido que se coloca debajo de una tela clara para que por ella se transparente' (*Se puso un **viso** blanco*); fig. 'apariencia de las cosas' (*Ese trabajo tiene **visos** de ser interesante*). Diminutivo: **visillo**.

visón. sust. m. 'Mamífero carnicero'. Para distinguir los sexos, debe recurrirse a las perífrasis **visón macho**, **visón hembra**. 'Piel de este animal' (*tapado de **visón***); 'prenda hecha de pieles de este animal' (*Le compró un **visón***). Es palabra aguda. En plural, se transforma en grave: **visones**.

visorio, ria. adj. 'Perteneciente a la vista o que sirve como instrumento para ver'. sust. m. 'Visita o examen pericial' (*Realizó un **visorio***). Con esta última denotación, también puede decirse **visura** (sust. f.), pero la Academia prefiere la primera forma.

víspera. sust. f. Entre otras denotaciones, 'día que antecede inmediatamente a otro determinado' (*Lo vimos la **víspera** de Navidad*). sust. f. pl. 'Una de las horas del oficio divino' (*Las **vísperas** solían cantarse hacia el anochecer*). **en vísperas**. loc. adv. fig. 'En tiempo inmediatamente anterior' (*Nos visitará **en vísperas** de tu cumpleaños*)

vista. sust. f. Entre otras denotaciones, 'acción y efecto de ver'; 'aparición'. Con estos significados, también puede decirse **visión** (sust. f.). 'Apariencia o disposición de las cosas en orden al sentido del ver'. Se usa más con los adjetivos **buena** o **mala** (*Carlos tiene **buena vista***). 'Ojo humano y de los animales'. Es sustantivo colectivo con la acepción de 'conjunto de ambos ojos' (*Cuida su **vista***). 'Cuadro o estampa que representa un lugar, un monumento, etc., tomado del natural' (*¡Qué hermosa **vista** de París!*). No debe usarse como sinónimo de **película** o **filme**. 'Mirada superficial o ligera' (*Le daré una **vista** a estos papeles*). Con este último significado, también puede decirse **vistazo** (sust. m.). sust. f. pl. 'Concurrencia de dos o más sujetos que se ven para fin determinado': **las vistas**. sust. m. 'Empleado de aduanas a cuyo cargo está el registro de las mercaderías': **el vista**. Son correctos los sintagmas **altura de la vista, anteojo de larga vista, bajar la vista, claridad de la vista, clavar la vista, comer con la vista, corto de vista, fijar la vista, hacer la vista gorda, hasta la vista, no perder de vista, perder** o **perderse de vista,**

poner la vista, **punto de la vista**, **saltar a la vista**, **tener a la vista**, **testigo de vista**, **tragar con la vista**, **vista de águila**, **vista de lince**, **volver la vista atrás**. **a la vista**. loc. adv. 'Inmediatamente' (*Pagó las letras **a la vista***); 'visible' (*El libro está **a la vista***); 'al parecer' (***A la vista**, no nos reuniremos más*); con el verbo **estar**, 'evidentemente' (***Está a la vista** que nos mintieron*); fig. 'en perspectiva' (*Tienen un nuevo proyecto **a la vista***). **a primera vista** o **a simple vista**. locs. advs. 'Ligeramente'; se usa, también, para denotar la 'facilidad de aprender o de reconocer las cosas' (*Lo interpretó **a primera vista** o **a simple vista***). **a vista de** o **a la vista de**. locs. advs. 'En presencia de o delante de' (*Lo dijo **a vista de** o **a la vista de** sus padres*); 'en consideración o comparación' (***A vista de** o **a la vista de** este libro, el que estás escribiendo es más completo*); 'enfrente, cerca' (*Esa tienda está **a vista de** o **a la vista de** tu casa*); 'con observación o cuidado de ver o seguir a uno'. **a vista de pájaro**. loc. adv. Denota que 'se ven o se describen los objetos desde un punto muy elevado sobre ellos' (*La película mostraba la cordillera andina **a vista de pájaro***). **con vistas a**. loc. prepos. 'Con la finalidad de, con el propósito de' (*La llamó **con vistas a** ofrecerle un cargo*). Incorrecto: *La llamó en vistas a ofrecerle un cargo*. **echar una vista**. fr. fig. 'Cuidar de una cosa mirándola de cuando en cuando'; se usa para encargar este cuidado (***Échale una vista** al pollo que está en el horno*). En la Argentina, es más común **echar un vistazo**; la Academia da otro significado a esta última voz. → **vistazo**. **echar** uno **la vista** a una cosa. fr. fig. 'Elegir mentalmente una cosa entre otras' (***Le echó la vista** a un vestido de seda*). En la Argentina, también se dice **echar los ojos** o **echar el ojo**. **en vista de**. loc. adv. 'En consideración de alguna cosa' (***En vista de** su buen trabajo, reciba nuestro reconocimiento*). Incorrecto: *En vistas de su buen trabajo, reciba nuestro reconocimiento*). Recuérdese que debe decirse **desde el punto de vista** y no, *bajo el punto de vista*. → **punto**

vistazo. sust. m. 'Mirada ligera'. **dar** o **echar** uno **un vistazo** a una cosa. fr. 'Examinarla, reconocerla superficialmente' (*Le **dio** o **echó un vistazo** al expediente*). → **vista**

vistear. v. intr. rur. Argent. 'Simular, como muestra de habilidad y destreza, una pelea a cuchillo' (*Dos paisanos **visteaban***). No debe pronunciarse [vistiar, vistié]. → **-ear**

visto, ta. p. irreg. de **ver**. **bien** o **mal visto**. loc. Con los verbos **estar** o **ser** denota que 'se juzga bien o mal de una persona o cosa' (***Estaba** o **era mal visto** que los hijos fumaran delante de los padres; **Es** una profesora **bien vista***). **es** o **está visto**. expr. con que 'se da una cosa por cierta y segura' (***Es** o **está visto** que no eres el de antes*). **estar muy visto**. fr. fam. 'Ser algo o alguien excesivamente conocido' (*Ese locutor **estaba muy visto** hace diez años*); 'pasado de moda' (*Ese color **está muy visto***). **no visto** o **nunca visto**. loc. 'Raro o extraordinario en su línea' (*¡Este jardín es algo **no visto** o **nunca visto**!*). **por lo visto**. loc. 'Al parecer' (***Por lo visto**, no te anunciaron mi llegada*). **visto que**. loc. conjunt. 'Pues que, una vez que' (***Visto que** sabe inglés, traduzca, por favor, este texto*).

visto bueno. sust. m. 'Fórmula que se pone al pie de algunos documentos, y con la que quien firma debajo da a entender que se hallan ajustados a los preceptos legales y que están expedidos por persona autorizada al efecto'. En plural: **vistos buenos**. Su abreviatura es ***V.º B.º***

visualizar. v. tr. Entre otras denotaciones, 'visibilizar'; 'imaginar con rasgos visibles algo que no se tiene a la vista' (***Visualizó** la casa que deseaba tener*). No debe usarse como sinónimo de **ver** (v. tr.). → **cazar**, **visibilizar**, **ver**

vitáceo, a. adj. 'Dícese de ciertas plantas angiospermas dicotiledóneas, por lo común trepadoras, como la vid'. Ú. t. c. sust. f.: **la vitácea**. sust. f. pl. 'Familia de estas plantas': **las vitáceas**.

vitalicista. sust. com. 'Persona que disfruta de una renta vitalicia o de un vitalicio, póliza de seguro sobre la vida': **el vitalicista**, **la vitalicista**.

vitalista. adj. 'Que sigue la doctrina del vitalismo'. Apl. a pers., ú. t. c. sust. com.: **el vitalista**, **la vitalista**. 'Perteneciente al vitalismo o a los vitalistas'.

vitalizar. v. tr. 'Dar fuerza o energía'. No está registrado en el ***Diccionario***. Aparece en el ***Manual***, con el indicador de su falta de sanción oficial. → **cazar**

vitelo. sust. m. Tiene valor colectivo. 'Conjunto de sustancias almacenadas dentro de un huevo para la nutrición del embrión'. Esta voz ha sido recién incorporada en el ***Diccionario***.

vitícola. adj. 'Perteneciente o relativo a la viticultura o cultivo de la vid' (*trabajos vitícolas*). sust. com. 'Persona perita en la viticultura': **el vitícola, la vitícola**. Como sustantivo, sus sinónimos son **viticultor** (m.) y **viticultora** (f.). No debe confundirse la denotación de estas palabras con la de **vitivinicultor** (sust. m.) y **vitivinicultora** (sust. f.), o **vitivinícola** (sust. com.), 'persona que se dedica a la vitivinicultura o arte de cultivar las vides y elaborar el vino', ni con la de **vinícola** (adj. Ú. t. c. sust. com.). → **vinícola**

vitivinícola. adj. 'Perteneciente o relativo a la vitivinicultura o arte de cultivar las vides y elaborar el vino' (*industria vitivinícola*). sust. com. 'Persona que se dedica a la vitivinicultura': **el vitivinícola, la vitivinícola**. → **vinícola**

¡vítor! interj. de alegría con que se aplaude a una persona o una acción. También puede decirse **¡víctor!** (interj. Ú. t. c. sust. m.), pero la Academia prefiere la primera forma. sust. m. 'Función pública en que a uno se le aclama o aplaude una acción gloriosa'; 'letrero escrito sobre una pared en aplauso de una persona por alguna acción gloriosa', que suele contener la palabra **vítor** o **víctor**. Es palabra grave. En plural, se transforma en esdrújula: **vítores, víctores**.

vitorear. v. tr. 'Aplaudir o aclamar con vítores a una persona o acción' (*Vitorearon al triunfador*). También puede decirse **victorear** (v. tr.). La Academia prefiere la primera forma; los hablantes, la segunda. En América, se usa **vivar** (v. tr.). No deben pronunciarse [vitoriar, vitorié; victoriar, victorié]. → **-ear**

♦ **vitraux.** Galicismo. En español, debe decirse **vitrales** o **vidrieras de colores**.

vitrificar. v. tr. 'Convertir en vidrio una sustancia'; 'hacer que algo adquiera las apariencias del vidrio'. Ú. t. c. prnl. Su postverbal es **vitrificación** (sust. f.). → **sacar**

vitrina. sust. f. 'Armario con puertas de cristal, para tener expuestos objetos de arte, artículos de comercio, etc.' (*En la vitrina, tenía platos ingleses*). Incorrecto: vitrinero.

vitriolo. sust. m. 'Sulfato'. Es palabra grave. No debe pronunciarse [vitríolo] como esdrújula.

vitualla. sust. f. colect. 'Conjunto de cosas necesarias para la comida, especialmente en los ejércitos'. Ú. m. en pl.: **las vituallas**. fam. 'Abundancia de comida' (*Tenían vituallas para la fiesta*).

vituallar. v. tr. 'Proveer de vituallas'. También puede decirse **avituallar** (v. tr.).

vituperador, ra. adj. 'Que vitupera o critica a alguien con dureza'. Ú. t. c. sust. m. y f.: **el vituperador, la vituperadora**.

vituperiosamente. adv. m. 'De manera vituperiosa'. También puede decirse **vituperosamente** (adv. m.), pero la Academia prefiere la primera forma.

vituperioso, sa. adj. 'Que incluye vituperio' (*crítica vituperiosa*). También puede decirse **vituperoso, sa** (adj.), pero la Academia prefiere la primera forma.

viudez. sust. f. 'Estado de viudo o viuda'. Es palabra aguda. En plural, se transforma en grave: **viudeces**. Repárese en que la **z** cambia por **c**. También puede decirse **viudedad** (sust. f.), pero la Academia prefiere la primera forma. El adjetivo correspondiente es **vidual**, 'perteneciente o relativo a la viudez'.

viudita. sust. f. Argent. y Chile. 'Ave de plumaje con borde negro en las alas y en la punta de la cola'. La A.A.L. da esta definición: 'Nombre de diversos pájaros de la familia de los tiránidos, cuyos colores dominantes son el negro y el blanco, combinados diferentemente según las especies' (*viudita blanca*; *viudita negra*). Para distinguir los sexos, debe recurrirse a las perífrasis **viudita macho, viudita hembra**.

viudo, da. adj. 'Dícese de la persona a quien se le ha muerto su cónyuge' (*mujer viuda*). Ú. t. c. sust. m. y f.: **el viudo, la viuda**. La abreviatura de **viuda** es *Vda*. fig. 'Aplícase a algunas aves que, estando apareadas para criar, se quedan sin la compañera, como la tórtola'. El homónimo de **viuda**, también sustantivo femenino, denota 'planta herbácea'; 'su flor'. El adjetivo que denota 'perteneciente al viudo o a la viuda' es **viudal**. → **viudez**

vivandero. sust. m. 'El que vende víveres a los militares en marcha o en campaña'. Su femenino es **vivandera**.

vivaque. sust. m. 'Guardia principal en las plazas de armas'; 'paraje donde las tropas vivaquean'. También puede decirse **vivac** (sust. m.), pero la Academia prefiere la primera forma. El plural de ambas voces es **vivaques**.

vivaquear. v. intr. 'Pasar las tropas la noche al raso'. No debe pronunciarse [vivaquiar, vivaquié]. → **-ear**

vivar. v. tr. → **vitorear**. Su homónimo (sust. m.) denota 'nido o madriguera donde crían diversos animales, especialmente los conejos'; 'vivero de peces'. Es palabra aguda. En plural, se transforma en grave: **vivares**. También puede decirse **vivera** (sust. f.), pero la Academia prefiere la primera forma. Con la segunda denotación, puede usarse **vivero** (sust. m.).

vivaz. adj. 'Que vive mucho tiempo'; 'eficaz, vigoroso'; 'de pronta comprensión e ingenio'; 'que tiene viveza' (*niña **vivaz***); 'dícese de la planta que vive más de dos años' (*planta **vivaz***). Es palabra aguda. En plural, se transforma en grave: **vivaces**. Repárese en que la **z** cambia por **c**. Con la primera denotación, también puede usarse **vividor, ra** (adj.). Con la segunda y la tercera, **vívido, da** (adj. poét.). No debe usarse como sinónimo de **dinámico, ca** (adj.) ni de **nervioso, sa** (adj.): *Por su energía y actividad, es un niño vivaz*. Correcto: *Por su energía y actividad, es un niño **dinámico***. La 'cualidad de vivaz' es la **vivacidad** (sust. f.).

vivencia. sust. f. Palabra formada por José Ortega y Gasset sobre la base del verbo **vivir**, para traducir la voz alemana *Erlebnis*. 'El hecho de vivir o experimentar algo, y su contenido' (*Los astronautas han tenido la **vivencia** del espacio extraterrestre*); 'acto psíquico'.

vivencial. adj. 'Perteneciente o relativo a las vivencias'. Esta voz, de correcta formación, no está registrada en el ***Diccionario***. Aparece en el ***Manual*** con el indicador de su falta de sanción oficial.

vivenciar. v. tr. Este verbo no está registrado en el ***Diccionario***, pero es de correcta formación. Se conjuga, en cuanto al acento, como **cambiar**. En su reemplazo, pueden usarse, según los contextos, **experimentar** y **vivir**.

víveres. sust. m. pl. 'Provisiones de boca de un ejército, plaza o buque'; 'comestibles' (*Se quedaron sin víveres*). → **plural (pluralia tantum)**

viverista. sust. com. 'Persona que se dedica a la industria y comercio de simientes y plantas, o que cuida de un vivero': **el viverista, la viverista**. Esta voz ha sido recién incorporada en el ***Diccionario***.

vivero. sust. m. 'Terreno adonde se trasplantan, desde la almáciga, los arbolillos para transponerlos, después de recriados, a su lugar definitivo'; 'lugar donde se crían, dentro del agua, peces, moluscos u otros animales'; fig. 'semillero, origen de algunas cosas'. Con la primera denotación, también puede usarse **viveral** (sust. m.), pero la Academia prefiere la primera forma. Con la segunda, también pueden decirse **vivar** (sust. m.) y **vivera** (sust. f.). En la Argentina, **vivero** es el 'lugar donde se venden distintas clases de semillas, de plantas y de productos fertilizantes', y el 'lugar donde se crían plantas'.

viveza. sust. f. Entre otras denotaciones, 'agilidad en la ejecución'; 'energía en las palabras' (*Habla con **viveza***); 'esplendor y lustre de algunas cosas' (*la **viveza** de esos colores*). Con esta última, también puede usarse **vivacidad** (sust. f.).

vividor, ra. adj. 'Que vive'. Ú. t. c. sust. m. y f.: **el vividor, la vividora**. → **vivaz**. sust. m. 'El que vive a expensas de los demás' (*Pedro es un **vividor***). Para esta denotación, la Academia no registra el género femenino. En plural: **vividores**.

viviente. p. a. de **vivir**. 'Que vive' (*animal **viviente***). Ú. t. c. sust. com.: **el viviente, la viviente**. adj. (*alma **viviente***).

vivificar. v. tr. 'Dar vida' (***vivificar** las plantas*); 'confortar o refrigerar' (*Lo **vivificó** con una buena cena*). Su postverbal es **vivificación** (sust. f.). → **sacar**

vivíparo, ra. adj. 'Dícese de los animales cuyas hembras paren hijos en la fase de fetos bien desarrollados, como los mamíferos'. Ú. t. c. sust. m. y f.: **el vivíparo, la vivípara**. Incorrecto: *vivípero*.

vivir. v. intr. Entre otras denotaciones, 'tener vida' (*Josefa aún vive*). 'Habitar en un lugar o país' (***Vivirá** en Colombia*). Ú. t. c. tr. Rég. prep.: **vivir a** (***vivir a** gusto*); **vivir con** (***vivir con** su familia*); **vivir de** (***vivir de** su trabajo*; ***vivir de** limosna*); **vivir de** o **por** (***vivir de** o **por** milagro*); **vivir en** (***vivir en** paz*; ***vivir en** el Uruguay*); **vivir entre** (***vivir entre** indios*); **vivir sobre** (***vivir sobre** un vol-*

cán). **no dejar vivir** a alguien. fr. fig. y fam. 'Molestarlo, fastidiarlo' (*Esos niños **no los dejan vivir***). **no dejar vivir** algo a alguien. fr. fig. y fam. 'Ser algo motivo de remordimiento o inquietud' (*La enfermedad de su madre **no la deja vivir***). **vivir para ver**. expr. Se usa para denotar la 'extrañeza que causa una cosa que no se esperaba del sujeto de quien se habla, especialmente cuando es de mala correspondencia' (*¿Juan se ha divorciado? ¡**Vivir para ver**!*).

vivisección. sust. f. 'Disección de los animales vivos, con el fin de hacer estudios fisiológicos o investigaciones patológicas'. Es palabra aguda. En plural, se transforma en grave: **vivisecciones**. No debe pronunciarse [vivisesión o vivicsección], vulgarismos.

vivo, va. adj. Entre otras denotaciones, 'que tiene vida' (*Juan está **vivo***). Apl. a pers., ú. t. c. sust. m. y f.: **el vivo**, **la viva**. Son correctos los sintagmas **aguas vivas**, **cal viva**, **carne viva**, **en carne viva**, **lengua viva**, **ojos vivos**, **rojo vivo**, **viva voz**. sust. m. 'Borde de alguna cosa'; 'filete o trencilla que se pone por adorno en los bordes o en las costuras de las prendas de vestir' (*La blusa tenía **vivos** verdes*). **lo vivo**. 'Lo más sensible y doloroso de un afecto o asunto'. Se usa con los verbos **dar**, **herir**, **llegar** o **tocar**, y con las preposiciones **en** o **a** (*La noticia le **dio**, lo **hirió**, le **llegó** o lo **tocó en** o **a lo vivo***). **a lo vivo** o **al vivo**. locs. advs. 'Con la mayor viveza, con suma expresión y eficacia' (*Leyó el discurso **a lo vivo** o **al vivo***). **en vivo**. loc. adv. Se usa en la venta de los cerdos y otras reses, cuando se pesan sin haberlos muerto. En la Argentina, esta locución es común en el ambiente televisivo para indicar que 'los programas que se transmiten no son grabados' (*El programa infantil se emite **en vivo***). Esta denotación no está registrada en el ***Diccionario***. La A.A.L. ha recomendado la incorporación, como argentinismo, del sintagma **pasarse de vivo** (fr. fam.), 'caer en la tontería por aparentar demasiada viveza' (***Se pasó de vivo** y perdió lo poco que tenía*). En el ***Diccionario Manual***, aparecen los sintagmas **hacerse** uno **el vivo** o **ser un vivo** (frs. figs. y fams.) con la denotación de 'saber aprovecharse de las circunstancias para conseguir lo que se desea' (***Se hizo el vivo** para que lo dejaran entrar gratis en el cine*; ***Es un vivo**; quiere entrar gratis en el cine*). Estas dos frases son comunes en la Argentina.

viz-. elem. compos. de or. lat. → **vice-**.

vizcacha. sust. f. 'Roedor'. Para distinguir los sexos, debe recurrirse a las perífrasis **vizcacha macho**, **vizcacha hembra**. Incorrecto: <u>viscacha</u>. Su 'madriguera' es la **vizcachera** (sust. f.).

vizcaíno, na. adj. 'Natural de Vizcaya' (*niñas **vizcaínas***). Ú. t. c. sust. m. y f.: **el vizcaíno**, **la vizcaína**. sust. m. 'Uno de los ocho principales dialectos del vascuence, hablado en gran parte de Vizcaya' (*Hablan **el vizcaíno***). **a la vizcaína**. loc. adv. fig. 'Al modo que hablan o escriben el español los vizcaínos, cuando faltan a las reglas gramaticales' (*Este libro está escrito **a la vizcaína***); 'al estilo o según costumbre de los vizcaínos'.

vizcaitarra. adj. 'Partidario de la independencia o autonomía de Vizcaya'. Ú. t. c. sust. com.: **el vizcaitarra**, **la vizcaitarra**.

vizconde. sust. m. 'Título de honor y de dignidad con que los príncipes soberanos distinguen a una persona'. Su femenino es **vizcondesa**, 'mujer del vizconde'; 'la que por sí goza de ese título'. Incorrecto: <u>visconde</u>, <u>viscondesa</u>.

vocabulario. sust. m. colect. Entre otras denotaciones, 'conjunto de palabras de un idioma' (***vocabulario** español*); 'diccionario'; 'conjunto de palabras de un idioma pertenecientes al uso de una región, a una actividad determinada, a un campo semántico, etc.' (***vocabulario** científico*). La Academia ha incorporado recientemente este significado: 'Conjunto de palabras que usa o conoce una persona' (*Su **vocabulario** es exiguo*). → **léxico**

vocabulista. sust. com. 'Autor de un vocabulario'; 'persona dedicada al estudio de los vocablos': **el vocabulista**, **la vocabulista**.

vocación. sust. f. Entre otras denotaciones: fam. 'Inclinación a cualquier estado, profesión o carrera' (*Siente **vocación** hacia las matemáticas*). Es palabra aguda. En plural, se transforma en grave: **vocaciones**. **errar** uno **la vocación**. fr. 'Dedicarse a algo para lo cual no tiene disposición o mostrar tenerla para otra cosa en que no se ejercita' (*Cuando el dentista entró en el mundo de las letras, se dio cuenta de que **había errado la vocación***). El adjetivo correspondiente es **vocacional**, 'perteneciente o relativo a la vocación'.

vocal. adj. 'Perteneciente a la voz' (*cuerdas **vocales***); 'dícese de lo que se expresa materialmente con la voz, a distinción de lo mental' (*oraciones* ***vocales***). **letra vocal**. Ú. t. c. sust. f.: **la vocal**. sust. com. 'Persona que tiene voz en un consejo, una congregación o junta': **el vocal**, **la vocal**. sust. f. 'Sonido del lenguaje humano producido por la aspiración del aire, generalmente con vibración laríngea, y modificado en su timbre, sin oclusión ni estrechez, por la distinta posición que adoptan los órganos de la boca' (*Jorgito dijo las* ***vocales***). No debe confundirse su grafía con la de **bocal** (sust. m.), 'jarro de boca ancha y cuello corto para sacar el vino de las tinajas'; 'recipiente usado en laboratorios'; 'pecera'. El homónimo (adj.) de **bocal** denota 'bucal'. El sustantivo colectivo es **vocalismo** (m.), 'conjunto de vocales'. **vocal abierta**. 'Aquella en cuya pronunciación queda la lengua a mayor distancia del paladar que en otras vocales o en otras variantes de la misma vocal' (***Las vocales abiertas*** *son "a", "e", "o"*). **vocal cerrada**. 'Aquella en cuya pronunciación queda la lengua a menor distancia del paladar que en otras vocales o en otras variantes de la misma vocal' (***Las vocales cerradas*** *son "i", "u"*). → **consonante**

vocalista. sust. com. 'Artista que canta con acompañamiento de orquestina'; 'cantante de un grupo musical': **el vocalista**, **la vocalista**.

vocalizar. v. intr. Entre otras denotaciones, 'articular con la debida distinción las vocales, consonantes y sílabas de las palabras para hacer plenamente inteligible lo que se habla o se canta'. 'Transformarse en vocal una consonante'. Ú. t. c. prnl. (*La "c" del latín affectare* ***se vocalizó*** *en la "i" de afeitar*). Su postverbal es **vocalización** (sust. f.). → **cazar**

vocativo. sust. m. Sirve para invocar, llamar o nombrar a una persona o cosa personificada (***Clara***, *cierra la puerta*; ***Amor***, *une al mundo*). A veces, va precedido de las interjecciones **¡ah!**, **¡ay!**, **¡oh!** (***¡Ah!, Elisa***, *no dejes tus estudios*). Cuando encabeza la oración, va seguido de coma (***Niña***, *cuéntame lo que ha pasado*); cuando aparece en el medio de la oración, se pone entre comas (*Cuéntame,* ***niña***, *lo que ha pasado*); cuando se escribe al final de la oración, va precedido de coma (*Cuéntame lo que ha pasado,* ***niña***).

voceador, ra. adj. 'Que vocea o da muchas voces'. Ú. t. c. sust. m. y f.: **el voceador**, **la voceadora**. sust. m. 'Pregonero'.

vocear. v. intr. 'Dar voces o gritos' (***Voceaba*** *para que lo rescataran*). v. tr. 'Publicar o manifestar con voces una cosa' (*El canillita* ***voceaba*** *la gran noticia del día*); 'llamar a alguien en voz alta o dándole voces' (***Voceó*** *a su hermano*). No debe pronunciarse [vociar, vocié]. → **-ear**

voceras. sust. m. 'Hablador'; 'jactancioso'; 'persona despreciable' (*Pedro es un* ***voceras***). La Academia no registra esta palabra como sustantivo común de dos. En plural, no varía: **los voceras**. También puede escribirse **boceras** (sust. com.), grafía preferida por la Academia.

vocería. sust. f. 'Gritería'. También puede decirse **vocerío** (sust. m.), pero la Academia prefiere la primera forma. Su homónimo (sust. f.) denota 'cargo de vocero'.

vociferador, ra. adj. 'Que vocifera'. Ú. t. c. sust. m. y f.: **el vociferador, la vociferadora**.

vocinglero, ra. adj. 'Que da muchas voces o habla muy recio'; 'que habla mucho y vanamente' (*¡Qué mujer* ***vocinglera***!). Ú. t. c. sust. m. y f.: **el vocinglero**, **la vocinglera**.

vodevil. sust. m. Voz francesa (*vaudeville*) españolizada. 'Comedia frívola, ligera y picante, que puede incluir números musicales y de variedades'. Es palabra aguda. En plural, se transforma en grave: **vodeviles**. El adjetivo correspondiente es **vodevilesco, ca**, 'perteneciente, relativo o semejante al vodevil'. Ambas voces han sido recién incorporadas en el ***Diccionario***.

vodka. sust. amb. 'Especie de aguardiente': **el vodka** o **la vodka**. También puede escribirse **vodca**, pero la Academia prefiere la primera forma.

voladero, ra. adj. 'Que puede volar' (*pájaro* ***voladero***); fig. 'que pasa o se desvanece ligeramente' (*recuerdos* ***voladeros***). sust. m. 'Precipicio' (*El perro cayó por el* ***voladero***).

voladizo, za. adj. 'Que vuela o sale de lo macizo en las paredes o edificios' (*tejas* ***voladizas***). Ú. t. c. sust. m.: **el voladizo**.

volado, da. p. de **volar**. adj. 'Dícese del tipo de menor tamaño que se coloca en la parte superior del renglón'. Generalmente, se usa en las abreviaturas (*1.º*). En el ***Diccionario Manual***, aparece **voladito, ta** (adj.), que es la voz más común (*Las notas se indican en el texto con un número* ***voladito***).

volador, ra. adj. Entre otras denotaciones, 'que vuela' (*barrilete **volador***). Con este significado, también pueden decirse **volante** (p. a. de **volar**), **volantín, na** (adj.) y **volátil** (adj.). sust. m. 'Cohete que se lanza al aire'. 'Pez'. Para distinguir los sexos, debe recurrirse a las perífrasis **volador macho, volador hembra**. 'Molusco'; 'árbol tropical americano'.

volandas (en). loc. adv. 'Por el aire, levantado del suelo y como que va volando' (*El santo estaba **en volandas***); fig. y fam. 'rápidamente' (*Lo traeré **en volandas***). También puede decirse **en volandillas** (loc. adv.), pero la Academia prefiere la primera forma.

volandero, ra. adj. Entre otras denotaciones, 'dícese del pájaro que está para salir a volar' (*ave **volandera***). Con este significado, también puede decirse **volantón, na** (adj. Ú. t. c. sust. m. y f.). fig. 'Que no hace asiento ni se fija ni detiene en ningún lugar' (*hombres **volanderos***). Suele aplicarse a las cosas (*hoja **volandera***). Apl. a pers., ú. t. c. sust. m. y f.: **el volandero, la volandera**.

volantín, na. adj. 'Que vuela'. → **volador**. sust. m. 'Especie de cordel que sirve para pescar'. Argent. (Cuyo), Cuba, Chile y P. Rico. 'Cometa que se echa al aire como juguete'. Con esta última denotación, también puede decirse **barrilete** (sust. m.). **volantín** es palabra aguda. En plural, se transforma en grave: **volantines**.

volapié. sust. m. 'Suerte que consiste en herir de corrida el espada al toro cuando éste se halla parado'. En plural: **volapiés**. Incorrecto: <u>*volapieses*</u>. **a volapié**. loc. adv. Entre otras denotaciones, 'modo de correr algunas aves ayudándose con las alas' (*El ave corría **a volapié***); 'modo de atravesar un río, laguna, etc.'. Con este último significado, también puede decirse **a vuelapié** (loc. adv.).

volar. v. irreg. intr. Entre otras denotaciones, 'ir o moverse por el aire, sosteniéndose con las alas' (*Voló el cóndor*). 'Elevarse una cosa en el aire y moverse algún tiempo por él'. Ú. t. c. prnl. (*Se volaron los papeles*). v. tr. 'Elevar en el aire algo, especialmente mediante una sustancia explosiva' (*Juan voló los cohetes*). Rég. prep.: **volar a** (***volar al** cielo*; ***volar a** tres mil metros*); **volar de** un lugar **a** otro (***volar de** París **a** Roma*); **volar de** un lugar **en** otro (***volar de** rama **en** rama*); **volar hacia** (***volar hacia** el Norte*); **volar por** (***volar por** los aires*). Sus postverbales son **voladura** (sust. f.) y **vuelo** (sust. m.). Se conjuga como **sonar**.

volatería. sust. f. → **ave**

volátil. adj. Entre otras denotaciones, 'que vuela o puede volar'. Ú. t. c. sust. m. y f.: **el volátil, la volátil**. Es palabra grave. En plural, se transforma en esdrújula: **volátiles**. La 'cualidad de volátil' es la **volatilidad** (sust. f.). Incorrecto: <u>*volatibilidad*</u>.

volatilizar. v. tr. 'Transformar un cuerpo sólido o líquido en vapor o gas'. v. prnl. 'Exhalarse o disiparse una sustancia o cuerpo'. También puede decirse **volatizar** (v. tr.), pero la Academia prefiere la primera forma. Su postverbal es **volatilización** (sust. f.). → **cazar**

volatinero. sust. m. 'Persona que con habilidad y arte anda y voltea por el aire sobre una cuerda o alambre'. Su femenino es **volatinera**. También puede decirse **volatín** (sust. m.; en plural: **volatines**), pero la Academia prefiere la primera forma.

♦ **vol-au-vent.** Galicismo. En español, debe decirse **pastel de hojaldre**.

volcán. sust. m. 'Abertura en una montaña, por donde salen humo, llamas y materias encendidas o derretidas'. Diminutivo: **volcanejo**. Es palabra aguda. En plural, se transforma en grave: **volcanes**. **estar** uno **sobre un volcán**. fr. fig. 'Estar amenazado de un gran peligro, ordinariamente sin saberlo' (*Continuar trabajando en la empresa significaba **estar sobre un volcán***). El adjetivo correspondiente es **volcánico, ca**, 'perteneciente o relativo al volcán'.

volcar. v. irreg. tr. Entre otras denotaciones, 'inclinar hacia un lado o invertir un objeto o recipiente de modo que caiga o se vierta su contenido' (***Volcó** la jarra de leche*). Ú. t. c. intr., tratándose de vehículos y sus ocupantes (*El automóvil **volcó** cerca del pueblo*). v. prnl. fig. 'Poner uno en favor de una persona o propósito todo cuanto puede, hasta excederse'. Rég. prep.: **volcarse a** (***Se volcó** completamente **a** su trabajo*). Su postverbal es **vuelco** (sust. m.). Se conjuga como **trocar**.

volear. v. tr. 'Golpear una cosa en el aire para impulsarla' (***Voleó** la pelota*); 'sembrar a voleo'. No debe pronunciarse [voliar, volié]. → **-ear**

voleibol. sust. m. Voz inglesa (*volleyball*) españolizada. Es palabra aguda. No debe pronunciarse [vóleibol] como esdrújula. En plural, se transforma en grave: **voleiboles**. También puede decirse **balonvolea** (sust. m.), voz preferida por la Academia. → **balonvolea**

voleo. sust. m. Entre otras denotaciones, 'golpe dado en el aire a una cosa antes de que caiga al suelo' (*Le dio un* ***voleo*** *a la pelota*); fig. y fam. 'aplícase a lo que se hace de una manera arbitraria o sin criterio' (*Escribió el informe* ***al voleo***). **a** o **al voleo**. loc. adv. 'Se dice de la siembra cuando se arroja la semilla a puñados esparciéndola al aire' (*Siembran* ***a*** *o* ***al voleo***). **del primer voleo** o **de un voleo**. locs. advs. figs. y fams. 'Con presteza o de un golpe' (*Terminará su trabajo* ***del primer voleo*** *o* ***de un voleo***).

volframio. sust. m. También puede escribirse **wólfram** o **wolframio**, formas propias de la nomenclatura internacional, pero la Academia prefiere la primera forma. → **tungsteno**

volquearse. v. prnl. 'Revolotear o dar vuelcos'. No debe pronunciarse [volquiarse]. → **-ear**

volquete. sust. m. 'Carro formado por un cajón, muy usado en las obras de explanación, derribos, etc.'; 'vehículo automóvil con dispositivo mecánico para volcar la carga transportada'. En Colombia y en el Ecuador, se usa **volqueta** (sust. f.). El 'conductor del volquete' es el **volquetero** (sust. m.).

volteada. sust. f. Argent. 'Acción y efecto de voltear'; 'en faenas rurales, operación que consiste en derribar un animal para manearlo'. **caer en la volteada**. fr. fig. y fam. Argent. 'Verse alguien afectado por una situación más o menos ajena que lo involucra' (*No intervino en la discusión, pero* ***cayó en la volteada*** *y recibió algunos insultos*). La primera acepción y este último sintagma han sido recién incorporados en el ***Diccionario***.

volteador, ra. adj. 'Que voltea'. sust. m. y f. 'Persona que voltea con habilidad': **el volteador, la volteadora**. Incorrecto: <u>voltiador</u>.

voltear. v. tr. Entre otras denotaciones, 'dar vueltas a una persona o cosa' (***Voltea*** *la tortilla*). Argent. 'Derribar' (***Volteó*** *al muchacho de una trompada*). v. intr. 'Dar vueltas una persona o cosa, o cayendo y rodando por ajeno impulso, o voluntariamente y con arte, como lo hacen los volteadores' (*Rosa* ***volteaba*** *con gran destreza*). v. prnl. Col., Chile, Perú y P. Rico. 'Cambiar de partido político'. No debe pronunciarse [voltiar, voltié]. El participio activo es **volteante**, 'que voltea'. Sus postverbales son **volteada** (sust. f.) y **volteo** (sust. m.). También puede decirse **voltejear** (v. tr.). No debe pronunciarse [voltejiar, voltejié]. → **-ear**

voltereta. sust. f. 'Vuelta ligera dada en el aire'; 'lance de varios juegos'. También pueden decirse **volteleta** (sust. f.) y **volteta** (sust. f.), pero la Academia prefiere la primera forma. Con la segunda acepción, puede usarse **vuelta** (sust. f.).

volteriano, na. adj. 'Dícese del que, a la manera de Voltaire, manifiesta incredulidad o impiedad cínica y burlona' (*joven* ***volteriano***). Ú. t. c. sust. m. y f.: **el volteriano, la volteriana**. 'Que denota o implica este género de incredulidad o impiedad' (*actitud* ***volteriana***).

voltio. sust. m. 'Unidad de potencial eléctrico y de fuerza electromotriz en el sistema basado en el metro, el kilogramo, el segundo y el amperio'. En plural: **voltios**. También puede decirse **volt**, forma propia de la nomenclatura internacional. El plural de esta palabra es **volts**, pero es preferible y más usual la forma española **voltios**. El sustantivo colectivo es **voltaje** (m.), 'cantidad de voltios que actúan en un aparato o sistema eléctrico'.

volumen. sust. m. Entre otras denotaciones, 'corpulencia o bulto de una cosa'; 'intensidad de la voz o de otros sonidos'. Repárese en que no lleva tilde, porque es palabra grave terminada en **n**. Incorrecto: <u>*volúmen*</u>. En plural, se transforma en esdrújula: **volúmenes**. La abreviatura es ***vol.***

voluntad. sust. f. Entre otras denotaciones, 'potencia del alma, que mueve a hacer o a no hacer una cosa' (***voluntad*** *de comer*). Son correctos los sintagmas **mala voluntad**, **voluntad de hierro**, **última voluntad**. **a voluntad**. loc. adv. 'Según el libre albedrío de una persona'; 'según aconseja la conveniencia del momento' (*Colaboren con la escuela* ***a voluntad***). **de buena voluntad** o **de voluntad**. locs. advs. 'Con gusto y benevolencia' (*Nos ayudó* ***de buena voluntad*** *o* ***de voluntad***). **ganar** uno **la voluntad** de otro. fr. 'Lograr su benevolencia con servicios u obsequios' (*El niño* ***ganó la voluntad*** *de su abuelo*). **quitar la vo-**

luntad a uno. fr. 'Persuadirlo de que no ejecute lo que quiere o desea' (*Claudia deseaba cuidar a la enferma, pero Juan le **quitó la voluntad***). Su antónimo es **noluntad** (sust. f.). → **noluntad**

voluntariado. sust. m. Es sustantivo colectivo con las denotaciones de 'conjunto de los soldados voluntarios' y 'conjunto de las personas que se ofrecen voluntarias para realizar algo'. Estas denotaciones han sido recién incorporadas en el ***Diccionario***.

voluntario, ria. adj. Entre otras denotaciones, 'dícese del acto que nace de la voluntad' (*donación **voluntaria***). sust. m. 'Soldado voluntario'. sust. m. y f. 'Persona que se presta a ejecutar algún servicio por propia voluntad': **el voluntario, la voluntaria.**

voluntariosamente. adv. m. 'De manera voluntariosa', es decir, 'que por capricho quiere hacer siempre su voluntad' o 'que hace con voluntad una cosa'. También puede usarse **voluntariamente** (adv. m.).

voluptuoso, sa. adj. 'Que inclina a la voluptuosidad' (*mujer **voluptuosa***). 'Dado a los placeres sensuales' (*hombres **voluptuosos***). Ú. t. c. sust. m. y f.: **el voluptuoso, la voluptuosa**.

voluta. sust. f. 'Adorno que se coloca en los capiteles de los órdenes jónico y corintio'. También puede usarse **roleo** (sust. m.).

volvedor, ra. adj. rur. Argent. y Col. 'Aplícase a la caballería que se vuelve a la querencia' (*caballo **volvedor***).

volver. v. irreg. tr. Entre otras denotaciones, 'dar vuelta o vueltas a una cosa'; 'traducir de una lengua a otra' (***volver** del sueco al español*). 'Hacer que se mude una persona o cosa de un estado o aspecto en otro'. Ú. m. c. prnl. (*¿**Se volvió** caprichoso?*). v. intr. 'Regresar al punto de partida' (***Volvió** el jueves*). Ú. t. c. prnl. (***Se volvió** el jueves*). v. prnl. 'Inclinar el cuerpo o el rostro en señal de dirigir la plática a alguien'; 'girar la cabeza, el torso o todo el cuerpo para mirar lo que estaba a la espalda' (***Se volvió** para saber quién le hablaba*). Rég. prep.: **volver a** (***volver a** casa*; ***volver a** cantar*); **volver de** (***volver de** la ciudad*); **volver en** (***volver en** sí*); **volver hacia** (***volver hacia** Jujuy*); **volver por** (***volver por** el sendero*; ***volver por** la verdad*; ***volver** alguien **por** sí*); **volver sobre** (***volver sobre** sí*); **volverse** uno **contra** otro (***volverse** Juan **contra** Pedro*). Incorrecto: *Volví en sí*; *Volviste en sí*; *Volvimos a releer la carta*. *Volvieron a reensayar la comedia*. Correcto: ***Volví en mí***; ***Volviste en ti***; ***Volvimos a leer** la carta*; ***Volvieron a ensayar** la comedia*. Son correctos los sintagmas **volvemos en nosotros**, **volvéis en vosotros, vuelven en sí.** La irregularidad de este verbo consiste en que diptonga la **o** de la raíz en **ue**, cuando cae allí el acento, en presente de indicativo (***vuelvo**, **vuelves**, **vuelve**, **vuelven***), presente de subjuntivo (***vuelva**, **vuelvas**, **vuelva**, **vuelvan***) e imperativo (***vuelve***). El participio es irregular (***vuelto***).

vólvulo. sust. m. 'Retorcimiento anormal de las asas intestinales'. También pueden usarse **volvo** (sust. m.) e **íleo** (sust. m.).

vómer. sust. m. 'Huesecillo impar que forma la parte posterior del tabique de las fosas nasales'. Es palabra grave. En plural, se transforma en esdrújula: **vómeres**.

vomipurgante. adj. 'Dícese del medicamento que promueve el vómito y las evacuaciones del vientre'. Ú. t. c. sust. m.: **el vomipurgante**. En plural: **vomipurgantes**. También puede decirse **vomipurgativo, va** (adj. Ú. t. c. sust. m.)'.

vomitador, ra. adj. 'Que vomita'. Ú. t. c. sust. m. y f.: **el vomitador, la vomitadora**.

vomitera. sust. f. 'Vómito grande'. También puede decirse **vomitona** (sust. f. fam.).

vomitivo, va. adj. 'Aplícase a la medicina que excita el vómito'. Ú. t. c. sust. m.: **el vomitivo**. También puede decirse **vomitorio, ria** (adj. Ú. t. c. sust. m.), pero la Academia prefiere la primera forma.

vorahúnda. sust. f. → **barahúnda**

voraz. adj. 'Aplícase al animal muy comedor y al hombre que come desmesuradamente y con mucha ansia' (*niño **voraz***; *león **voraz***); fig. 'que destruye o consume rápidamente' (*fuego **voraz***). Es palabra aguda. En plural, se transforma en grave: **voraces**. Repárese en que la **z** cambia por **c**. También puede decirse **vorace** (adj.), pero la Academia prefiere la primera forma. La 'cualidad de voraz' es la **voracidad** (sust. f.).

vormela. sust. f. 'Mamífero carnicero parecido al hurón'. Para distinguir los sexos, debe recurrirse a las perífrasis **vormela macho**, **vormela hembra**.

-voro, ra. elem compos. de or. lat. 'Devorador'; 'que come' (*carnívoro, herbívoro, omnívoro*). Ha sido recién incorporado en el ***Diccionario***.

vórtice. sust. m. → **vértice**

vos. Pronombre personal de segunda persona en género masculino o femenino, y número singular y plural, cuando esta voz se emplea como tratamiento. Puede emplearse con preposición (*Lo dijo delante **de vos***); el verbo debe ir en plural (***Vos**, don Javier, **sois** mi amigo*); concierta en singular con el adjetivo aplicado a la persona a quien se dirige (***Vos**, doña Juana, sois **generosa***). En la actualidad, sólo se usa en tono elevado. Argent. De ese antiguo tratamiento de respeto, deriva **vos**, pronombre personal de segunda persona singular, que cumple la función de sujeto (***Vos** tenés razón*), vocativo (*Explicá, **vos**, el porqué de su renuncia*) y término de complemento (*Poco sé de **vos***). Su paradigma verbal difiere según las distintas áreas de empleo. El pronombre **vos**, característico de la Argentina y de otras regiones de América, ha sido recién incorporado en el ***Diccionario***. → **voseo, tú**

vosear. v. tr. 'Dar a uno el tratamiento de vos' (*Los españoles **vosean** para dirigir la palabra a personas de mucha autoridad*). La denotación de este verbo no contempla el voseo argentino, pero puede usarse para referirse a él (*Los argentinos **vosean***). No debe pronunciarse [vosiar, vosié]. Su postverbal es **voseo** (sust. m.). → **-ear**

voseo. sust. m. 'Uso sistemático del pronombre *vos* en el tratamiento de la segunda persona del singular (*tú*)'. Alonso Zamora Vicente lo define como "un rígido arcaísmo". Consiste en dar a una persona de nuestra confianza el tratamiento de **vos** (***Vos** sabés lo que siento*, en lugar de ***Tú** sabes lo que siento*), con formas especiales del verbo en **-ás** (*¿Cuándo **terminás** la carta?*), **-és** (*No **podés** hacerlo*), **-ís** (***Escribís** bien*), para el presente de indicativo, y en **-á** (*¡**Cerrá** la puerta!*), **-é** (*¡**Volvé** pronto!*), **-í** (***Pedí**, vos, más té*), para el imperativo; en los verbos irregulares, es común el uso de radicales regulares (*¿**Jugás** conmigo?*; *No me **apretés** la mano*). Escriben Amado Alonso y Pedro Henríquez Ureña: "Obsérvese que *vos*, forma de plural, se emplea modernamente sólo con valor de singular, pero formalmente es un plural, y las formas del verbo que deben acompañarlo son de plural: *vos sabéis* o la variante *vos sabés*, que es antigua; *vos llegasteis* o *vos llegastes* (la forma terminada en *-tes*, que hoy sólo se usa en el habla vulgar, fue la única que existió hasta bien entrado el siglo XVII –es la que traen Cervantes o Lope de Vega, por ejemplo–; la forma en *-éis* es tardía, y en ella la *i* proviene de imitación de formas como la del presente); *echad vos, echá vos* [...]". Según los destacados lingüistas, el empleo moderno de **vos** es literario (acompañado de las formas verbales completas: *sabéis, llegasteis, echad*) o regional (*sabés, llegastes, echá*). El pronombre personal **ti**, que se usa siempre como término, regido por preposición, también es reemplazado con **vos** (*Te lo contó **a vos***, en lugar de *Te lo contó **a ti***). Su uso es general en el español de todas las clases sociales de la Argentina. El empleo de **tú** es accidental en algunas familias del interior, en familias españolas, en Tierra del Fuego, entre familias chilenas y, generalmente, en sus descendientes argentinos. De acuerdo con los estudiosos mencionados, **vos** reemplaza a **tú** en una gran porción de América: además de la Argentina, en el Uruguay, y, menos profusamente, en el Paraguay, Chile, Bolivia, el Perú (en parte), el Ecuador, Colombia (a excepción de la costa del norte), parte de Venezuela, parte de Panamá, Costa Rica, Nicaragua, El Salvador, Honduras, Guatemala, el estado mejicano de Chiapas y una pequeña parte de la zona oriental de Cuba. En Chile, se considera vulgar y rústico. Andrés Bello rechazó allí el **voseo**, y la educación escolar colaboró para que se extinguiera. → **vos, vosear**

vosotros, tras. Pronombre personal de segunda persona masculino y femenino, en número plural. En la oración, cumple la función de sujeto (***Vosotros** viajasteis a la India*), vocativo (*¡Decid, **vosotros**, en qué me equivoqué!*) y término de complemento (*Lo hizo por **vosotras***). Como lo indica el último ejemplo, también se emplea con preposición. Dice Seco que "en parte de Andalucía, en Canarias y en América, el pronombre *vosotros* no se usa en la lengua hablada". Ha sido reemplazado con **ustedes**. Por lo tanto, también han desaparecido **os** y **vuestro**. → **os, pronombre, vuestro**

votador, ra. adj. 'Que vota' Ú. t. c. sust. m. y f.: **el votador, la votadora**. También puede decirse **votante** (p. a. de **votar**. Ú. t. c. sust. com.), voz de uso más común que la primera. sust. m. y f. 'Persona que tiene el vicio de votar o jurar'.

votar. v. intr. Entre otras denotaciones, 'hacer voto a Dios o a los santos'. Ú. t. c. tr. 'Dar uno su voto'. v. tr. 'Aprobar por votación'. Rég. prep.: **votar con** (***votar con** la mayoría*); **votar contra** (***votar contra** el gobierno*); **votar en** (***votar en** las elecciones*); **votar por** (***votar por** ese candidato*). No debe confundirse su grafía con la de su homófono **botar** (v. tr.), 'arrojar'. Sus postverbales son **votación** (sust. f.) y **votada** (sust. f.).

voto. sust. m. Entre otras denotaciones, 'promesa'; 'dictamen o parecer dado sobre una materia'; 'deseo'; 'ofrenda dedicada a Dios o a un santo por un beneficio recibido'. **ser** o **tener voto** uno. fr. 'Tener acción para votar en alguna junta'. fig. 'Tener el conocimiento que requiere la materia de que se trata, para poder juzgar de ella, o estar libre de pasión u otro motivo que pueda torcer o viciar el dictamen'. Se usa frecuentemente con negación para rechazar el dictamen del que se cree que está apasionado (*José **no es** o **no tiene voto** para decidir sobre esta cuestión*).

votri. sust. m. 'Planta trepadora que crece en Chile'. En plural: **votris**.

♦ **voucher.** Anglicismo. En español, corresponde decir **bono, comprobante, recibo, vale**.

voz. sust. f. Entre otras denotaciones, 'sonido que el aire expelido de los pulmones produce al salir de la laringe, haciendo que vibren las cuerdas vocales'; 'accidente gramatical que expresa si el sujeto del verbo es agente o paciente'. Con esta última denotación, su sinónimo es **diátesis** (sust. f.). **voz** o **diátesis activa**. 'Forma de conjugación que sirve para significar que el sujeto del verbo es agente' (*Pedro **lee** novelas*). **voz** o **diátesis pasiva**. 'Forma de conjugación que sirve para significar que el sujeto del verbo es paciente' (*Las novelas **son leídas** por Pedro*). "Cuando el interés principal del que habla está en el objeto de la acción y no en el sujeto, suele expresarse el juicio por medio del verbo en construcción pasiva. El sujeto en estas oraciones recibe o sufre la acción verbal que otro ejecuta; por esto se denomina *sujeto paciente*; [...]. Cuando interesa el *agente* o productor de la acción, éste se añade al verbo como complemento introducido por medio de las preposiciones *por* o *de*; [...]. Hoy se prefiere generalmente la preposición *por...*" (***Esbozo***). **a media voz**. loc. adv. 'Con voz baja' (*Me lo dijo **a media voz***). **a una voz**. loc. adv. fig. 'De común consentimiento o por unánime parecer' (*Lo eligieron presidente de la institución **a una voz***). → **unísono**. **a voces**. loc. adv. 'A gritos o en voz alta' (*La llamó **a voces***). **a voz en cuello** o **en grito**. loc. adv. 'En muy alta voz o gritando' (*Le pidió que regresara **a voz en cuello** o **en grito***). **correr la voz**. fr. 'Divulgar o difundir alguna noticia' (*Inés supo que su amiga se casaba y, enseguida, **corrió la voz***). **en voz alta**. loc. adv. fig. 'Públicamente o sin reservas' (*Contó **en voz alta** sus problemas*). **en voz baja**. loc. adv. fig. 'En secreto' (*Me dijo **en voz baja** que no había estudiado*). **estar pidiendo a voces** algo. fr. 'Necesitar algo con urgencia' (*La anciana **estaba pidiendo a voces** comida*). **levantar** uno **la voz** a otro. fr. fam. 'Hablarle descompuestamente o contestarle sin el respeto que merece' (*Como no estaba de acuerdo con lo que le decían, les **levantó la voz** para imponer su opinión*). **llevar la voz cantante**. fr. fig. 'Ser la persona que se impone a los demás en una reunión, o el que dirige un negocio' (*En la reunión, Alejo **llevaba la voz cantante***). **voces de los animales**. La oveja, la cabra, el cordero y el gamo **balan**. El ciervo **bala, berrea** y **brama**. La vaca y el buey **mugen**. El toro **brama**. El caballo **relincha** y **bufa**. El perro **ladra, late** y **aúlla**. El gato **maúlla** o **maya**. El león y el tigre **rugen**. El lobo y el chacal **aúllan**. El becerro **berrea**. El asno **rebuzna**. El oso y el cerdo **gruñen**. El elefante y el rinoceronte **barritan**. El jabalí **arrúa** y **gruñe**. La pantera y la onza **himplan**. El mono, el conejo, la liebre y el ratón **chillan**. La serpiente **silba**. La rana **croa**. El pájaro **gorjea, trina** o **canta**. El cuervo **grazna, urajea, crascita, crocita** o **croscita**. El pavo y el ganso **graznan**. El grajo **grazna, grajea** o **urajea**. La perdiz **cuchichía, titea** y **ajea**. La paloma y la tórtola **arrullan**; la paloma, también, **zurea**. La golondrina **trisa**. El pato **parpa**. La gallina **cacarea** y **cloquea**. El gallo **canta** o **cacarea**. El pollo **pía**. La cigüeña **crotora**. La abeja y el zángano **zumban**. El grillo y la cigarra **chirrían**. El **vocejón** (sust. m.) es la 'voz muy áspera y bronca'. El **vozarrón** (sust. m.) o la **vozarrona** (sust. f.), la 'voz muy fuerte y gruesa'.

♦ **voz en off.** Anglicismo. En español, corresponde decir **voz de fondo, voz distante**.

vudú. sust. m. Voz de origen africano occidental, 'espíritu'. Tiene valor colectivo. 'Cuerpo de creencias y prácticas religiosas, que incluyen fetichismo, culto a las serpientes, sacrificios rituales y empleo del trance como medio de comunicación con sus deidades, procedente de África y corriente entre los negros de las Indias occidentales y sur de los Estados Unidos'. Ú. t. c. adj. En plural: **vudúes** o **vudús**. También pueden decirse **vodú** (sust. m.), **voduismo** (sust. m.) y **vuduismo** (sust. m.), pero la Academia prefiere la primera forma. El adjetivo **vuduista** denota 'perteneciente o relativo al vudú'. Las cinco voces han sido recién incorporadas en el *Diccionario*.

vuecelencia. sust. com. Metaplasmo de **vuestra excelencia: el vuecelencia, la vuecelencia**. La síncopa de **vuecelencia** es **vuecencia** (sust. com.).

vuelapluma (a). loc. adv. Puede escribirse en tres palabras: **a vuela pluma**. → **pluma**

vuelo. sust. m. Entre otras denotaciones, 'acción de volar'. También puede decirse **volido** (sust. m.), pero la Academia prefiere la primera forma. **al vuelo** o **a vuelo**, **de un vuelo**, **de vuelo** o **en un vuelo**. locs. advs. 'Pronta y ligeramente' (*Escribió la carta **al vuelo** o **a vuelo**, **de un vuelo**, **de vuelo** o **en un vuelo***). **echar a vuelo las campanas** o **tocar a vuelo las campanas**. frs. 'Tocarlas todas a un mismo tiempo, volteándolas y dejando sueltos los badajos o lenguas' (*El día de la fiesta del santo **echaron a vuelo** o **tocaron a vuelo las campanas** de la iglesia*). **tomar vuelo** una cosa. fr. fig. 'Ir adelantando o aumentando mucho' (*El proyecto **ha tomado vuelo***).

vuelta. sust. f. Entre otras denotaciones, 'regreso al punto de partida'; 'devolución de algo a quien lo tenía o poseía'; 'repetición de una cosa'. **a la vuelta**. loc. adv. 'Al volver' (*Se lo diré **a la vuelta***). **a la vuelta de**. loc. 'Dentro o al cabo de' (***a la vuelta de** pocos años*). **a la vuelta de la esquina**. fr. fig. Indica que 'un lugar está muy próximo o que algo se encuentra muy a mano' (*El museo del que hablas está **a la vuelta de la esquina***). **andar** uno **a vueltas con**, **para** o **sobre** una cosa. fr. fig. 'Estar dudoso o poniendo todos los medios para ejecutar algo' (*Juan **andaba a vueltas con**, **para** o **sobre la** venta de la casa*). **andar** uno **en vueltas**. fr. fig. 'Andar en rodeos para no hacer algo' (*Cuando le encomiendan una tarea de responsabilidad, siempre **anda en vueltas***). En la Argentina, también se dice **andar con vueltas. a vuelta de correo**. loc. adv. 'Por el correo inmediato, sin perder día' (*Le enviaré los impresos **a vuelta de correo***). **de vuelta**. loc. adv. 'Después que vuelva' (***De vuelta** de mi viaje, trataremos esta cuestión*).

vuelto, ta. p. irreg. de **volver**. adj. (*rejas **vueltas***). sust. m. Amér. 'Vuelta del dinero entregado de sobra al hacer un pago' (*Se olvidó de darme el **vuelto***).

vuestro, tra. Pronombre posesivo de segunda persona, cuya índole gramatical es idéntica a la del de primera persona **nuestro** (***vuestro** trabajo*; ***vuestra** ayuda*). En plural: **vuestros**, **vuestras**. Suele referirse en sus cuatro formas a un solo poseedor cuando se da número plural a una sola persona (***vuestro** amparo*, hablando a un rey). También se aplica a una sola persona en ciertos tratamientos (***vuestra** Majestad*). En el tratamiento de *vos*, se refiere a uno solo o a dos o más poseedores (***Vuestra** hija es muy generosa*). **la vuestra**. loc. fam. Indica que 'ha llegado la ocasión favorable a la persona de que se trata'. Se usa más con el verbo **ser** (*Mañana será **la vuestra***). → **nuestro**

vulcanista. adj. 'Partidario del vulcanismo'. Ú. t. c. sust. com.: **el vulcanista**, **la vulcanista**.

vulcanizar. v. tr. 'Combinar azufre con la goma elástica para que ésta conserve su elasticidad en frío y en caliente'. Su postverbal es **vulcanización** (sust. f.). → **cazar**

vulcanología. sust. f. 'Parte de la geología que estudia los fenómenos volcánicos'. También puede decirse **volcanología** (sust. f.), pero la Academia prefiere la primera forma.

vulcanólogo. sust. m. 'El que se dedica al estudio de la vulcanología'. Su femenino es **vulcanóloga**. También pueden decirse **volcanólogo** (sust. m.), **volcanóloga** (sust. f.), pero la Academia prefiere la primera forma.

vulgarismo. sust. m. 'Palabra, dicho o frase usados por el vulgo' (*Las voces aujero, méndigo, manícura y los sintagmas dijo de que, pienso de que son **vulgarismos***).

vulgarizador, ra. adj. 'Que vulgariza'. Ú. t. c. sust. m. y f.: **el vulgarizador**, **la vulgarizadora**.

vulgarizar. v. tr. Entre otras denotaciones, 'hacer vulgar o común una cosa' (***vulgarizar** el idioma*). Ú. t. c. prnl. 'Darse uno al trato y comercio de la gente del vulgo o portarse como ella' (*Desde que trata a esas jóvenes, Andrea **se vulgarizó***). Su postverbal es **vulgarización** (sust. f.). → **cazar**

vulgarmente. adv. m. 'De manera vulgar' (*Habla **vulgarmente***); 'comúnmente' (*Dilo como se dice **vulgarmente***). También puede decirse **vulgo** (adv. m.). → **vulgo**

vulgata. sust. pr. f. 'Versión latina de la Sagrada Escritura, realizada por San Jerónimo en 383-405 y declarada auténtica por la Iglesia'. Debe este nombre al Concilio de Trento, que, en su cuarta sesión (1546), *... declarat ut haec ipsa vetus et **vulgata** editio... pro authentica* ("...declara que esta vieja y **divulgada** edición... sea considerada auténtica"). Siempre se escribe con mayúscula.

vulgo. sust. m. 'El común de la gente popular'. Como sustantivo colectivo, denota 'conjunto de las personas que en cada materia no conocen más que la parte superficial'. El sustantivo despectivo es **vulgacho** (m.). adv. m. 'Vulgarmente' (*Habla **vulgo***); 'comúnmente' (*Dilo como se dice **vulgo***). El uso de este adverbio es infrecuente en la Argentina.

vulnerario, ria. adj. 'Aplícase al clérigo que ha herido o matado a otra persona' (*clérigo **vulnerario***). Ú. t. c. sust. m.: **el vulnerario**. 'Aplícase a la medicina que cura llagas y heridas'. Ú. t. c. sust. m. (*Curó su herida con un **vulnerario***).

vulpeja. sust. f. 'Zorra, animal'. También puede decirse **vulpécula** (sust. f.), pero la Academia prefiere la primera forma. El adjetivo **vulpino, na** denota 'perteneciente o relativo a la zorra'; fig. 'que tiene sus propiedades'.

vultuoso, sa. adj. 'Dícese del rostro abultado por congestión' (*rostro **vultuoso***). Incorrecto: <u>*vultoso*</u>.

w. Vigésima cuarta letra del abecedario español. Su nombre es **uve doble** (sust. f.) o **v doble**. En plural: **uves dobles, ves dobles**. En palabras extranjeras ya incorporadas en el idioma, es común que la grafía **w** haya sido reemplazada por **v** simple (*vagón*, *vals*, *vatio*). En español, se pronuncia como **b** en nombres propios de personajes godos (***Wamba*** [Bamba]) y en nombres propios o derivados, procedentes del alemán (***Wagner*** [Bágner]). En vocablos de procedencia inglesa, conserva, a veces, la pronunciación de **u** semiconsonante (*washingtoniano* [uasintoniano]).

wagneriano, na. adj. 'Perteneciente o relativo al músico alemán Ricardo Wagner y a sus obras'. 'Partidario de la música de Wagner'. Apl. a pers., ú. t. c. sust. m. y f.: **el wagneriano, la wagneriana**. Incorrecto: *vagneriano*.

♦ **wagon-lit.** Anglicismo. En español, debe decirse **coche cama**.

♦ **walkie-talkie.** Anglicismo. Carece de equivalente en español. A veces, se traduce **transmisor-receptor**. Si se usa el extranjerismo, debe entrecomillarse.

♦ **walkman.** Anglicismo. 'Marca registrada por Sony para un casco microtransistorizado que permite oír emisiones radiofónicas mientras se anda'. El equivalente en español es **caminante**. A veces, se traduce **minimagnetófono, magnetófono de bolsillo, minicasete** o **casete de bolsillo**. Si se usa el extranjerismo, debe entrecomillarse.

♦ **walkyria** o **walkiria.** Germanismo. En español, debe escribirse **valquiria** o **valkiria**.

walón, na. adj. → **valón**

washingtoniano, na. adj. 'Natural de Washington' (*mujeres **washingtonianas***); 'perteneciente o relativo a la capital de los Estados Unidos'. Incorrecto: *wasintoniano*.

♦ **water** o **water-closet.** Anglicismo. En español, debe decirse **váter**.

♦ **waterpolo.** Anglicismo. 'Deporte acuático olímpico'. En español, puede traducirse **polo acuático**. Si se usa el extranjerismo, debe entrecomillarse.

watt. sust. m. → **vatio**

wau. sust. f. 'En lingüística, nombre que se da a la **u** considerada como semiconsonante explosiva, posterior a una consonante, o bien, como semivocal implosiva, posterior a una vocal'. En plural: **waus**. Esta voz no está registrada en el ***Diccionario***; aparece en el de Gili Gaya y en el de Martín Alonso.

weberio. sust. m. 'Unidad de flujo de inducción magnética en el sistema basado en el metro, el kilogramo, el segundo y el amperio'. También puede escribirse **wéber** (sust. m.), voz de la nomenclatura internacional, pero la Academia prefiere la primera forma.

♦ **week-end** o **weekend.** Anglicismo. En español, debe decirse **fin de semana**.

wellingtonia. sust. f. → **velintonia**

♦ **western.** Anglicismo. En español, debe decirse **película del oeste norteamericano**.

whiskería. sust. f. Palabra no registrada en el ***Diccionario***, pero de correcta formación. Admitida la voz **whisky**, puede usarse comúnmente.

whisky. sust. m. 'Bebida alcohólica'. Incorrecto: *whiskey*, *wisky*. En plural: **whiskis**. También puede escribirse **güisqui**, forma preferida por la Academia, pero no usada. Incorrecto: *whisqui*, *güisky*.

♦ **windsurf** o **windsurfing.** Anglicismos. En español, debe decirse **patín de vela** o **tabla de vela**. Si se usan los extranjerismos, deben entrecomillarse.

♦ **windsurfero, ra** o **windsurfista.** Anglicismos. 'Persona que practica el *windsurfing*'. Si se usan estos extranjerismos, deben entrecomillarse.

wólfram o **wolframio.** sust. m. → **volframio**

x. Vigésima quinta letra del abecedario español. Su nombre es **equis** (sust. f.). En plural, no varía: **las equis**. 'N, signo con que se suple el nombre de una persona' (*Habló el señor X*). 'Signo con que puede representarse en los cálculos la incógnita, o la primera de las incógnitas, si son dos o más'. Letra numeral que tiene el valor de diez en la numeración romana: *XXX* (30). **rayos X**. 'Ondas electromagnéticas extraordinariamente penetrantes que atraviesan ciertos cuerpos, producidas por la emisión de los electrones internos del átomo; originan impresiones fotográficas y se utilizan en medicina como medio de investigación y de tratamiento'. En muy pocos casos, la **x** se pronuncia como **j** (*mexicanismo, mexicano, México, Oaxaca*).

xenón. sust. m. 'Gas noble que se encuentra en el aire'. Número atómico 54. Símbolo: *X*

♦ **xerez.** Voz no registrada en el *Diccionario*. Debe escribirse **jerez**.

xero-. elem. compos. de or. gr. 'Seco, árido' (*xerofítico*). Ha sido recién incorporado en el *Diccionario*.

xerocopiar. v. tr. 'Reproducir en copia xerográfica'. Incorrecto: <u>*xerocopío*</u>. Correcto: *xerocopio*. Se conjuga, en cuanto al acento, como **cambiar**. → **fotocopiar**, **multicopiar**

xerofítico, ca. adj. 'Aplícase a los vegetales adaptados por su estructura a los medios secos'. También pueden decirse **xerófilo, la** (adj.) y **xerófito, ta** (adj.), pero la Academia prefiere la primera forma.

xeroftalmia. sust. f. 'Enfermedad de los ojos caracterizada por la sequedad de la conjuntiva y la opacidad de la córnea'. También puede decirse **xeroftalmía**, pero la Academia prefiere la primera forma, incorporada recientemente en el *Diccionario*.

xerografiar. v. tr. 'Reproducir textos o imágenes por medio de la xerografía'. Se conjuga, en cuanto al acento, como **guiar**. → **xerocopiar**

xerógrafo. sust. m. 'El que tiene por oficio la xerografía'. Su femenino es **xerógrafa**.

xi. sust. f. 'Decimocuarta letra del alfabeto griego, que corresponde a nuestra equis'. En plural: **xis**.

xifoides. adj. 'Dícese del cartílago o apéndice cartilaginoso, en que termina el esternón del hombre' (*apéndice **xifoides***). Ú. t. c. sust. m.: **el xifoides**. En plural, no varía: **los xifoides**. El adjetivo correspondiente es **xifoideo, a**.

xilo-. elem. compos. de or. gr. 'Madera' (*xilófono*). Ha sido recién incorporado en el *Diccionario*.

xilófago, ga. adj. 'Dícese de los insectos que roen la madera'. Ú. t. c. sust. m.: **el xilófago**.

xilófono. sust. m. 'Instrumento de percusión'. Incorrecto: <u>*xilofón*</u>.

xilógrafo. sust. m. 'El que graba en madera'. Su femenino es **xilógrafa**.

xiloprotector, ra. adj. 'Dícese del producto, sustancia, etc., que sirve para proteger la madera'. Ú. t. c. sust. m. y f.: **el xiloprotector, la xiloprotectora**. Esta voz ha sido recién incorporada en el *Diccionario*.

y. Vigésima sexta letra del abecedario español. Se llama **i griega** y también se le da el nombre de **ye** (sust. f.). En plural: **íes griegas** o **yes**.

y. conj. copul. Une palabras o cláusulas en concepto afirmativo. En una enumeración, sólo se expresa antes de la última palabra (*Conoció España, Francia, Inglaterra, Noruega y Bélgica*). Entre grupos de dos o más vocablos, no se expresa (*Margaritas y rosas, anémonas, lirios y jacintos, claveles y narcisos, todas las flores alegraban su casa*). En la oración compleja, coordina proposiciones (*María lee poemas, y Pedro pinta*); repárese en que, antes de la **y**, debe colocarse una coma para indicar el fin de la proposición y su independencia semántica respecto de la siguiente. A veces, la conjunción **y** se omite por el uso de asíndeton (*Habla, corre, va, viene, canta, ríe, baila*). Otras, se repite por la figura polisíndeton (*Habla y corre y va y viene y canta y ríe y baila*). Suele emplearse al principio de la oración para dar énfasis a lo que se dice (*¿Y me lo preguntas ahora?*). Precedida y seguida de una misma voz, indica 'repetición indefinida' (*Horas y horas, esperando su llamado*). → **e, barra**

ya. adv. t. 'Tiempo pasado, anteriormente' (***Ya** te he dicho lo que pienso*); 'en tiempo presente, haciendo relación al pasado; ahora' (*Era muy generosa, pero **ya** no lo es*); 'en tiempo u ocasión futura, próximamente' (***Ya** sabrás qué quiero*); 'finalmente o últimamente' (***Ya** es necesario hablarle*); 'inmediatamente' (*¡**Ya** te abro la puerta!*). Se usa como conjunción distributiva (***Ya** en la escuela, **ya** en el trabajo, se destacó siempre*). **ya entiendo** o **ya se ve.** frs. 'Es así' (***Ya entiendo** o **ya se ve**, no crees lo que digo*). **pues ya.** loc. conjunt. 'Por supuesto, ciertamente'; se usa en sentido irónico (***Pues ya**, lo haremos*). **si ya.** loc. conjunt. condic. 'Si' (***Si ya** conseguiste lo que deseabas, ¿por qué continúas molestándome?*); 'siempre que' (*Te prestaré los libros, **si ya** reanudas seriamente tus estudios*). **¡ya!** interj. fam. Denota 'recordar algo o caer en ello'. Suele usarse repetida (*¡**Ya, ya!**, Juan, tu primo*). **ya que.** loc. conjunt. condic. 'Dado que' (***Ya que** tu casa es pequeña, trata de aprovechar bien los espacios*); loc. conjunt. causal. 'Porque, puesto que' (*Nora no va con nosotros al cine, **ya que** debe visitar a su médico*).

yaacabó. sust. m. 'Pájaro insectívoro de América del Sur'. Para distinguir los sexos, debe recurrirse a las perífrasis **yaacabó macho, yaacabó hembra**. En plural: **yaacabós**.

yac. sust. m. 'Bóvido que habita en las altas montañas del Tíbet'. Para distinguir los sexos, debe recurrirse a las perífrasis **yac macho, yac hembra**. En plural: **yaques**. También puede escribirse **yak** (en plural: **yaks**), pero la Academia prefiere la primera forma.

yacaré. sust. m. Amér. del Sur. 'Caimán, reptil'. Para distinguir los sexos, debe recurrirse a las perífrasis **yacaré macho, yacaré hembra**. En plural: **yacarés**.

yacente. p. a. de **yacer**. 'Que yace' (*hombre **yacente***). También puede decirse **yaciente**, pero la Academia prefiere la primera forma. sust. m. 'En mineralogía, cara inferior de un criadero'.

yacer. v. irreg. intr. Entre otras denotaciones, 'estar echada o tendida una persona'. Rég. prep.: **yacer bajo** (***yacer bajo** los árboles*); **yacer con** (***yacer** un hombre **con** una mujer*); **yacer en** (***yacer en** el suelo*). Su irregularidad consiste en que aumenta **z** antes de la **c** y de la **g** –que reemplaza a la **c**–, cuando va seguida de **o** o de **a**, o cambia la **c** por **g**, cuando va seguida de **o** o de **a**, en presente de indicativo (*yazco, yazgo* o *yago*) y en presente de subjuntivo (*yazca, yazga* o *yaga; yazcas, yazgas* o *yagas; yazca, yazga* o *yaga; yazcamos, yazgamos* o *yagamos; yazcáis, yazgáis* o *yagáis; yazcan, yazgan* o *yagan*). El imperativo presenta una forma regular (*yace*) y otra irregular (*yaz*).

♦ **yacht.** Anglicismo. En español, debe decirse **yate**.

♦ **yacht club.** Anglicismo. En español, corresponde decir **club de yates**.

♦ **yachting.** Anglicismo. En español, debe decirse **deporte náutico**.

yacimiento. sust. m. 'Sitio donde se hallan, naturalmente, rocas, minerales o fósiles'. La Academia ha incorporado recientemente un nuevo significado: 'Lugar donde se hallan restos arqueológicos'.

yagán. sust. m. Argent. 'Pueblo aborigen, yámana'. En plural: **yaganes**. Esta voz no está registrada en el ***Diccionario***. La A.A.L. ha recomendado su incorporación.

yaguané. adj. Argent., Par. y Urug. 'Dícese del animal vacuno, y ocasionalmente del caballar, con el pescuezo y los costillares de color diferente del que tiene en el lomo, la barriga y parte de las ancas' (*vaca yaguané*). Ú. t. c. sust. com.: **el yaguané**, **la yaguané**. sust. m. Amér. 'Mofeta, mamífero carnicero'. → **yaguré**. rur. p. us. Argent. 'Piojo'. Con estas dos últimas denotaciones, para distinguir los sexos, debe recurrirse a las perífrasis **yaguané macho**, **yaguané hembra**. En plural: **yaguanés**.

yaguar. sust. m. Es palabra aguda. Incorrecto: *yáguar*. En plural, se transforma en grave: **yaguares**. → **jaguar**

yaguareté. sust. m. Argent., Par. y Urug. 'Jaguar'. Para distinguir los sexos, debe recurrirse a las perífrasis **yaguareté macho**, **yaguareté hembra**. En plural: **yaguaretés**. → **jaguareté**

yaguasa. sust. f. Cuba, Hond. y Sto. Dom. 'Ave palmípeda, especie de pato salvaje'. Para distinguir los sexos, debe recurrirse a las perífrasis **yaguasa macho**, **yaguasa hembra**. → **sirirí**

yaguré. sust. m. Amér. 'Mofeta, mamífero carnicero'. Para distinguir los sexos, debe recurrirse a las perífrasis **yaguré macho**, **yaguré hembra**. En plural: **yagurés**. → **yaguané**

yaichihue. sust. m. 'Planta americana'. Es palabra grave. En plural: **yaichihues**.

yaití. sust. m. Cuba. 'Árbol'. Es palabra aguda. En plural: **yaitíes** o **yaitís**.

yal. sust. m. Chile. 'Pájaro pequeño'. Para distinguir los sexos, debe recurrirse a las perífrasis **yal macho**, **yal hembra**. En plural: **yales**.

yámana. sust. m. Argent. 'Pueblo aborigen nómada y pescador que habitó las costas del archipiélago fueguino'. Ú. m. en pl.: **los yámanas**. 'Lengua de este pueblo': **el yámana**. adj. 'Perteneciente o relativo a ese pueblo y a su lengua' (*pueblo yámana*). Esta voz no está registrada en el ***Diccionario***. La A.A.L. ha recomendado su incorporación. → **yagán**

yámbico, ca. adj. 'Perteneciente o relativo al yambo o pie de la poesía griega y latina, y de la española' (*verso yámbico*). Ú. t. c. sust. m.: **el yámbico**.

yanacona. adj. 'Dícese del indio que estaba al servicio personal de los españoles en algunos países de la América Meridional' (*indio yanacona*). Ú. t. c. sust. m.: **el yanacona**. sust. com. Bol. y Perú. 'Indio que es aparcero en el cultivo de una tierra': **el yanacona**, **la yanacona**. Con esta última denotación, también puede decirse **yanacón** (sust. m.).

yang. sust. m. 'En la filosofía china, fuerza activa o masculina que, en síntesis con el yin, pasiva o femenina, constituye el Gran Principio del orden universal llamado Tao'. En plural: **yangs**. Esta voz ha sido recién incorporada en el ***Diccionario***. → **yin**

yanqui. adj. 'Natural de Nueva Inglaterra, en los Estados Unidos de América del Norte, y, por extensión, natural de esa nación' (*estudiante yanqui*). Apl. a pers., ú. t. c. sust. com.: **el yanqui**, **la yanqui**. Incorrecto: *yanki*. No debe usarse la grafía inglesa *yankee*. En plural: **yanquis**. Incorrecto: *yanquies*.

yapa. sust. f. 'Añadidura, adehala, refacción'. **de yapa**. Amér. Merid. loc. adv. 'Por añadidura, de propina' (***De yapa***, *le regaló un tapado de visón*); 'sin motivo' (*Se enojó* ***de yapa***). → **llapa**

yapar. v. tr. Amér. Merid. 'Añadir la yapa'. rur. Argent. 'Agregar a un objeto otro de la misma materia o que sirve para el mismo uso'.

yapú. sust. m. Argent. 'Especie de tordo'. Para distinguir los sexos, debe recurrirse a las perífrasis **yapú macho**, **yapú hembra**. En plural: **yapúes** o **yapús**.

yaqué. sust. m. En plural: **yaqués**. → **chaqué**

yáquil. sust. m. Chile. 'Arbusto espinoso'. Es palabra grave. En plural, se transforma en esdrújula: **yáquiles**.

yarará. sust. f. Amér. Merid. 'Víbora muy venenosa'. Para distinguir los sexos, debe recurrirse a las perífrasis **yarará macho**, **yarará hembra**. En plural: **yararaes** o **yararás**.

yaraví. sust. m. 'Especie de cantar dulce y melancólico que entonan los indios de algunos países de América Meridional'. En plural: **yaravíes** o **yaravís**. Incorrecto: *yaravises*.

yarda. sust. f. 'Medida inglesa de longitud, equivalente a 0,9143992... metros. La americana equivale a 0,9144018... metros'. Incorrecto: llarda.

yarey. sust. m. Cuba. 'Planta de la familia de las palmas'. Cuba y Sto. Dom. 'Sombrero hecho con esta palma': **el yarey**. Es palabra aguda. En plural: **yareyes** o **yaréis**.

yatagán. sust. m. 'Especie de sable o alfanje que usan los orientales'. Es palabra aguda. En plural, se transforma en grave: **yataganes**.

yataí. sust. m. NE. Argent., Par. y Urug. 'Planta de la familia de las palmas'. Es palabra aguda. En plural: **yataíes** o **yataís**. También puede decirse **yatay** (voz aguda; en plural: **yatáis**).

yátaro. sust. m. Col. 'Diostedé, tucán'. Para distinguir los sexos, debe recurrirse a las perífrasis **yátaro macho**, **yátaro hembra**. Esta voz ha sido recién incorporada en el ***Diccionario***.

yayo. sust. m. 'Abuelo'. Su femenino es **yaya**.

yaz. sust. m. Voz inglesa (*jazz* o *jazz-band*) españolizada. 'Cierto género de música derivado de ritmos y melodías de los negros norteamericanos'; 'orquesta especializada en la ejecución de este género de música'. En plural: **yaces**. Repárese en que la **z** cambia por **c**.

yedra. sust. f. → **hiedra**

yegua. sust. f. 'Hembra del caballo'. Su sinónimo es **jaca** (sust. f.). La 'manada de yeguas' se denomina, como la de cerdos, **piara** (sust. f. colect.). → **piara**. Recibe el nombre de **cobra** (sust. f. colect.) 'cierto número de yeguas enlazadas y amaestradas para la trilla'. Los adjetivos correspondientes son **yeguar** y **yegüerizo, za**, 'perteneciente a las yeguas'. Este último vocablo, como sustantivo masculino, denota 'el que guarda o cuida las yeguas'. Su sinónimo es **yegüero** (sust. m.). El **yeguato, ta** (adj. Ú. t. c. sust. m. y f.) es el 'hijo o hija de asno y yegua'.

yeguada. sust. f. colect. 'Conjunto de ganado caballar'. Con esta denotación, también pueden decirse **yegüería** (sust. f. colect.) y **yegüerío** (sust. m. colect.). Esta última voz ha sido recién incorporada en el ***Diccionario***.

yeguarizo. adj. Argent. 'Caballar' (*animal yeguarizo*). Ú. t. c. sust. m.: **el yeguarizo**.

yeísmo. sust. m. 'Pronunciación de la doble *l* como ye' ([capiya] por *capilla*). En la Argentina, hay extensas zonas yeístas. De acuerdo con los estudios realizados por Berta Elena Vidal de Battini, las zonas que diferencian **l + l** y **y** son tres: **la región guaranítica** (Corrientes, Misiones y este del Chaco); **la zona cordillerana** (norte de San Juan, parte del norte y oeste de La Rioja, comarcas del oeste de Catamarca, y el extremo norte de Jujuy, cuyo centro es La Quiaca); **la provincia de Santiago del Estero**, con una proyección hacia el noroeste del Chaco. Las zonas que igualan **l + l** y **y** son tres: **la zona de yeísmo rehilado del Litoral** (la ciudad y la provincia de Buenos Aires, Entre Ríos, Santa Fe, con excepción de una reducida extensión del nordeste, una extensión reducida del sudeste de Córdoba, La Pampa y la Patagonia, con excepción de algunas comarcas del Neuquén); **la zona de yeísmo rehilado del norte**, que tiene como centros las ciudades de Tucumán y Salta (casi todo el territorio de Tucumán, con excepción de parte del oeste en los límites con Catamarca, comarcas del centro y norte de Salta, y del sudeste de Jujuy); **la zona de yeísmo del interior** (comarcas del oeste del Neuquén, Mendoza, San Juan, con excepción del extremo norte, San Luis, gran extensión del centro y norte de Córdoba, el sur y el este de La Rioja, el oeste de Tucumán, Catamarca, con excepción de comarcas del oeste, gran parte de Salta, incluyendo el oeste y los valles calchaquíes, y casi la totalidad de Jujuy).

yeísta. adj. 'Perteneciente o relativo al yeísmo' (*región yeísta*). 'Que practica el yeísmo' (*mujer yeísta*). Ú. t. c. sust. com.: **el yeísta**, **la yeísta**.

♦ **yel.** Vulgarismo. Debe decirse **hiel**.

♦ **yelo.** Vulgarismo. Debe decirse **hielo**.

yema. sust. f. Entre otras denotaciones, 'porción central del huevo en los vertebrados ovíparos'. Diminutivo: **yemecilla**.

yen. sust. m. 'Unidad monetaria del Japón'. En plural: **yenes**. Incorrecto: *yens*.

♦ **yena.** Vulgarismo. Debe decirse **hiena**.

yente. p. a. de **ir**. 'Que va'. Se usa solamente en la locución **yentes y vinientes**.

yerba. sust. f. 'Hierba'. Diminutivos: **yerbecica**, **yerbecilla**, **yerbecita**, **yerbezuela**. R. de la

Plata. 'Yerba mate'. Los sustantivos colectivos son **yerbal** (Argent. y Par. m.) y **yerbatal** (Argent. m.), 'plantación de yerba mate'. Esta última voz ha sido recién incorporada en el ***Diccionario***. → **zafra**. En Chile, se usa **hierbal** (sust. m. colect.), 'sitio de mucha hierba'. El adjetivo correspondiente (R. de la Plata) es **yerbatero, ra**, 'perteneciente o relativo a la yerba mate o a su industria'. Ú. t. c. sust. m. y f. La Academia también registra **hierbatero** (adj.), pero prefiere la grafía con **y**.

yerbajo. sust. m. Es despectivo de **yerba** (sust. f.). Esta voz, de correcta formación, no está registrada en el ***Diccionario*** con su entrada correspondiente. Sólo aparece en la definición de **yuyo**. Se advierte que la Academia prefiere la grafía **hierbajo** (sust. m.).

yerbatero, ra. adj. Col., Chile, Ecuad., Méj., Perú, P. Rico y Venez. 'Dícese del médico o curandero que cura con yerbas'. Ú. t. c. sust. m. y f.: **el yerbatero**, **la yerbatera**. En Méjico, también se dice **yerbero, ra** (adj. Ú. t. c. sust. m. y f.). Esta última voz ha sido recién incorporada en el ***Diccionario***. La Academia prefiere la primera forma y admite, también, la grafía **hierbatero** (adj.). → **yerba**

yerbazo. sust. m. Col. 'Pócima perjudicial para la salud, que, a veces, dan los curanderos'. Esta voz ha sido recién incorporada en el ***Diccionario***.

yerbear. v. intr. rur. R. de la Plata. 'Matear' (*Los campesinos* ***yerbeaban*** *al amanecer*). No debe pronunciarse [yerbiar, yerbié]. El participio es **yerbeado**. → **-ear**

yerbera. sust. f. Argent. y Par. 'Recipiente de madera o de otro material, usado para contener la yerba con que se ceba el mate. Por lo general, se halla unido a otro destinado al azúcar' (*Junto al mate, estaba la* ***yerbera***). No aparece registrado **hierbera** (sust. f.), de correcta formación.

yerbiado. sust. m. N Argent. 'Mate al que se agregan unas gotas de alcohol con fines estimulantes' (*Tomó varios* ***yerbiados***). Argent. (Cuyo). 'Mate cocido'. Esta voz ha sido recién incorporada en el ***Diccionario***.

yerbuno. sust. m. colect. Ecuad. 'Conjunto de yerbas que se crían en los prados'. Esta voz ha sido recién incorporada en el ***Diccionario***.

yermo, ma. adj. 'Inhabitado'. 'Incultivado'. Ú. t. c. sust. m. y f.: **el yermo**, **la yerma**. sust. m. 'Terreno inhabitado' (*Miraba* el ***yermo*** *con tristeza*).

yerno. sust. m. 'Respecto de una persona, marido de su hija'. El femenino correspondiente es **nuera**. En Colombia, Puerto Rico y Santo Domingo, el femenino es **yerna**.

yero. sust. m. 'Arveja, planta de la algarroba'; 'semilla de esta planta'. Ú. m. en pl.: **los yeros**. También puede decirse **yervo** (sust. m.), pero la Academia prefiere la primera forma. El sustantivo colectivo es **yeral** (m.), 'terreno sembrado de yeros'.

yerra. sust. f. R. de la Plata. 'Acción de marcar con hierro los ganados'. También puede decirse **hierra** (sust. f.). → **hierra**

yérsey. sust. m. Amér. 'Jersey'; 'tejido fino de punto'. Es palabra grave. Repárese en que **jersey** es aguda. En plural: **yerseis**. También puede decirse **yersi** (en plural: **yersis**), pero la Academia prefiere la primera forma. → **jersey**

yerto, ta. adj. 'Tieso, rígido, áspero' (*Después de la muerte, el cuerpo estaba* ***yerto***); 'rígido por el frío'. No debe usarse como sinónimo de los adjetivos **frío**, **helado** o **muerto**: *Tomó un café muy caliente, porque estaba yerto; Lo encontraron yerto en un terreno baldío*. Correcto: *Tomó un café muy caliente, porque estaba* ***helado****; Lo encontraron* ***muerto*** *en un terreno baldío*.

yesca. sust. f. Entre otras denotaciones, 'materia muy seca y preparada de suerte que cualquier chispa prenda en ella'. sust. f. pl. 'Lumbre, conjunto de yesca, eslabón y pedernal': **las yescas**. El **yesquero** (sust. m.) es 'el que fabrica yesca o el que la vende'; 'encendedor que utiliza la yesca como materia combustible'; 'bolsa de cuero para llevar la yesca y el pedernal'.

yesero, ra. adj. 'Perteneciente o relativo al yeso' (*terreno* ***yesero***). sust. m. y f. 'Persona que fabrica o vende yeso'; 'persona que hace guarnecidos de yeso': **el yesero**, **la yesera**. No debe confundirse su denotación con la de **yesista** (sust. m.), 'el que tiene por oficio dar yeso'. Esta última voz ha sido recién incorporada en el ***Diccionario***.

yeso. sust. m. 'Sulfato de calcio hidratado'. Los sustantivos colectivos son **yesal** (m.), **yesera** (f.)

y **yesar** (m.), 'terreno abundante en mineral de yeso'. La Academia prefiere esta última voz. El **yesón** (sust. m.) es el 'cascote de yeso'. La **yesería** (sust. f.) es la 'fábrica de yeso', el 'lugar donde se lo vende' y la 'obra hecha de yeso'. El adjetivo correspondiente es **yesoso, sa**, 'de yeso o parecido a él'; 'dícese del terreno que abunda en yeso'.

yezgo. sust. m. 'Planta herbácea'. También puede decirse **yelgo** (sust. m.), pero la Academia prefiere la primera forma.

♦ **yídish.** sust. m. 'Lengua de origen alemán y hebreo, con elementos de otras lenguas modernas, hablada por los judíos europeos'. Esta voz no está registrada en el ***Diccionario***. Generalmente, adopta distintas grafías: *yiddish* (en inglés), *yidish* (sin tilde) o *yidis*. Si se usa, debe entrecomillarse.

yin. sust. m. 'En la filosofía china, fuerza pasiva o femenina que, en síntesis con el yang, constituye el Gran Principio del orden universal llamado Tao'. En plural: **yines**. Esta voz ha sido recién incorporada en el ***Diccionario***. → **yang**

yo. Pronombre personal de primera persona en género masculino o femenino, y número singular. En plural: **nosotros**. En la oración, cumple la función de sujeto (*Yo puedo averiguarlo*) y de predicativo (*El que quiere hablar contigo soy **yo***). En español, no es necesario el uso continuo del pronombre **yo** como sujeto, pues la desinencia verbal ya indica la persona (*Canto, porque me gusta*; innecesario: *Yo canto, porque me gusta*). Se justifica su empleo para evitar anfibologías (*Comía lentamente*, ¿yo?, ¿él?), que, generalmente, desaparecen con el contexto, o para enfatizar lo que se expresa (***Yo**, sí, quiero aclararlo*). Son correctos los sintagmas **entre tú y yo** (menos común, **entre yo y tú**), **excepto yo**, **incluso yo** (***Entre tú y yo**, no hay secretos*; *Todos lo saben, **excepto yo***; *Mis padres confiaban en ella, e **incluso yo***). Incorrecto: *Yo soy de <u>los</u> <u>que</u> <u>creo</u> en los extraterrestres*; *Yo era una de <u>las</u> <u>que</u> <u>grité</u> cuando apareció el ratón*. Correcto: *Yo soy de **los que creen** en los extraterrestres*; *Yo era una de **las que gritaron** cuando apareció el ratón*). → **me, mí**. sust. m. Con el artículo **el** o el posesivo, 'el sujeto humano en cuanto persona': **el yo, mi yo**. Desde el punto de vista de la psicología, 'parte consciente del individuo, mediante la cual cada persona se hace cargo de su propia identidad y de sus relaciones con el medio'. En plural: **yos** o **yoes**. **yo que tú, yo que usted**, etc. loc. fam. 'Si yo estuviera en tu, su lugar' (*Yo que tú la invitaba a cenar*). Incorrecto: *<u>Yo</u> <u>de</u> <u>ti</u> la invitaría a cenar* (catalanismo). → **pronombre, nosotros (plural de modestia)**. La **yoidad** (sust. f.), voz recién incorporada en el ***Diccionario***, es la 'condición de ser yo'.

yodo. sust. m. 'Metaloide de textura laminosa'. Número atómico 53. Símbolo: ***I***

yoga. sust. m. Tiene valor colectivo con la denotación de 'conjunto de disciplinas físico-mentales de la India, destinadas a conseguir la perfección espiritual y la unión con lo absoluto'.

yogui. sust. com. 'Asceta hindú adepto al sistema filosófico del yoga'; 'persona que practica los ejercicios físicos y mentales del yoga': **el yogui, la yogui**. En plural: **yoguis**.

yogur. sust. m. 'Variedad de leche fermentada'. Incorrecto: <u>*yoghourt*</u>, <u>*yogurt*</u>, <u>*yougurt*</u>, <u>*yogourt*</u>. Es palabra aguda. En plural, se transforma en grave: **yogures**.

♦ **yogurtera.** Neologismo. Voz no registrada en el ***Diccionario***. Como bien dice Seco, es preferible llamar **yogurera** al aparato para fabricar yogures, pues su base es **yogur**. La voz **yogurtera** aparece en el ***Manual*** con el indicador de su falta de sanción oficial.

yol. sust. m. Chile. 'Especie de árguenas de cuero que se usan para el acarreo en la recolección de la uva y del maíz'. En plural: **yoles**. En el ***Diccionario Manual***, también se registra la grafía **yole** con el indicador de su falta de sanción oficial.

yóquey. sust. m. 'Jinete profesional de carreras de caballos'. La Academia no registra el género femenino. Se emplea, no obstante "yoqueta", voz no incorporada en el ***Diccionario***. En plural: **yoqueis**. También puede decirse **yoqui**. En plural: **yoquis**. No debe usarse la grafía inglesa *jockey* ni <u>*jóckey*</u>. → **jineta**

yoyó. sust. m. 'Juguete de origen chino'. En plural: **yoyós**.

yuca. sust. f. 'Planta de América tropical'. El sustantivo colectivo es **yucal** (m.), 'terreno plantado de yuca'.

yuchán. sust. m. Argent. 'Palo borracho amarillo'. Es palabra aguda. En plural, se transforma en grave: **yuchanes**.

yudo. sust. m. 'Sistema japonés de lucha'. La Academia también admite la grafía **judo**, pero prefiere la primera forma.

yudoca. sust. com. 'Persona que practica el yudo': **el yudoca**, **la yudoca**. Esta voz ha sido recién incorporada en el ***Diccionario***.

yuglandáceo, a. adj. 'Dícese de ciertos árboles angiospermos dicotiledóneos, como el nogal y la pacana'. Ú. t. c. sust. f.: **la yuglandácea**. sust. f. pl. 'Familia de estas plantas' (*Estudió **las yuglandáceas***). También puede decirse **juglándeo, a** (adj.), pero la Academia prefiere la primera forma.

yugo. sust. m. Entre otras denotaciones, 'instrumento de madera al cual se uncen, por el cuello, las mulas o, por la cabeza o el cuello, los bueyes, y en el que va sujeta la lanza o pértigo del carro, el timón del arado, etc.'. **sacudir** uno **el yugo**. fr. fig. 'Librarse de dominio molesto o afrentoso' (*Elena **sacudió el yugo** después de muchos años de matrimonio*). **sujetarse** uno **al yugo** de otro. fr. fig. 'Someterse a su dominio' (***Se sujetó al yugo** de su familia*).

yugoslavo, va. adj. 'Natural de Yugoslavia'. Ú. t. c. sust. m. y f.: **el yugoslavo, la yugoslava**. 'Perteneciente o relativo a esta nación europea' (*tradiciones **yugoslavas***). También puede decirse **yugoeslavo, va** (adj.), pero la Academia prefiere la primera forma.

yugular. adj. 'Vena yugular, cada una de las dos que hay a uno y otro lado del cuello, distinguidas con los nombres de interna o cefálica y externa o subcutánea'. Ú. t. c. sust. f.: **la yugular**. Su homónimo (v. tr.) denota 'degollar'; fig. 'detener súbita y rápidamente una enfermedad'; fig. 'poner fin bruscamente a determinadas actividades'.

yumbo, ba. adj. 'Dícese del indio salvaje del oriente de Quito' (*indio **yumbo***). Ú. t. c. sust. m. y f.: **el yumbo**, **la yumba**.

yunga. adj. 'Natural de los valles cálidos que hay a un lado y otro de los Andes' (*niños **yungas***). Ú. t. c. sust. com.: **el yunga, la yunga**. sust. m. 'Antigua lengua del norte y centro de la costa peruana' (*¿Ya no se habla **el yunga**?*). sust. m. pl. Perú. 'Valles cálidos que hay a un lado y otro de los Andes': **los yungas**.

yunque. sust. m. Entre otras denotaciones, 'prisma de hierro acerado, para trabajar en él a martillo los metales'. También puede decirse **ayunque** (sust. m.), pero la Academia prefiere la primera forma.

yunta. sust. f. 'Par de bueyes, mulas u otros animales que sirven en la labor del campo o en los acarreos'. También puede decirse **yugada** (sust. f.), sobre todo, para referirse a la **yunta de bueyes**. El sustantivo colectivo es **yuntería** (f.), 'conjunto de yuntas'.

yuntero. sust. m. 'El que labra la tierra con una yunta'. También puede decirse **yuguero** (sust. m.), pero la Academia prefiere la primera forma.

♦ **yuppie.** Anglicismo formado con *young urban professionals* (jóvenes profesionales urbanos). En español, carece de equivalente. Denota 'joven profesional de la década del ochenta, muy activo, de formación universitaria, de altos ingresos económicos e ideología conservadora'. Si se usa este extranjerismo, debe entrecomillarse.

yuquerí. sust. m. Argent. 'Arbusto espinoso'. En plural: **yuqueríes** o **yuquerís**.

yuquero. sust. m. Col. 'El que cultiva yuca o negocia con ella'. Su femenino es **yuquera**. Esta voz ha sido recién incorporada en el ***Diccionario***.

yuré. sust. f. C. Rica. 'Especie de paloma silvestre'. Para distinguir los sexos, debe recurrirse a las perífrasis **yuré macho, yuré hembra**. En plural: **yurés**.

yusivo, va. adj. 'Dícese del término que se emplea para designar el modo subjuntivo, cuando expresa un mandato o una orden' (*En la siguiente oración: ¡Que entre!, el subjuntivo es **yusivo***).

yuxtalineal. adj. 'Dícese de la traducción que acompaña a su original o del cotejo de textos cuando se disponen a dos columnas de modo que se correspondan línea por línea para su comparación más cómoda' (*traducción **yuxtalineal**; cotejo **yuxtalineal***). Incorrecto: <u>yuxtalinial</u>.

yuxtaponer. v. irreg. tr. 'Poner una cosa junto a otra o inmediata a ella'. Ú. t. c. prnl. Rég.

prep.: **yuxtaponer** una cosa **a** otra (*Escribió una oración compleja, porque* ***yuxtapuso*** *una proposición* ***a*** *otra*). Su postverbal es **yuxtaposición** (sust. f.). Se conjuga como **poner**.

yuyería. sust. f. 'Tienda en que se venden plantas medicinales'. Palabra de correcta formación, usada en el Uruguay y no registrada en el ***Diccionario***. La voz admitida por la Academia es **herbolario** (sust. m.).

yuyero, ra. adj. Argent. 'Aficionado a tomar hierbas medicinales' (*¡Qué hombre yuyero!*). sust. m. y f. 'Curandero o curandera que receta hierbas': **el yuyero, la yuyera**. → **yerbatero**. La A.A.L. ha recomendado la incorporación de otro significado: Argent. 'Persona que vende hierbas medicinales'.

yuyo. sust. m. Argent., Chile y Urug. 'Yerbajo, hierba inútil'. Chile. 'Jaramago, planta'. sust. m. pl. Perú. 'Hierbas tiernas comestibles' (*Ya comió los yuyos*). Col. y Ecuad. 'Hierbas que sirven de condimento'. **yuyo colorado**. Argent. 'Carurú'.

Z

z. Vigésima séptima y última letra del abecedario español. Su nombre es **zeda** o **zeta** (sust. f.). El diminutivo de **zeda** es **zedilla**. También pueden escribirse **ceda** y **ceta**, pero la Academia prefiere la grafía con **z**. El diminutivo de **ceda** es **cedilla**. En plural: **zedas** o **zetas**, **cedas** o **cetas**.

zabila. sust. f. 'Áloe'. También pueden decirse **zabida** y **zábila** (Ant., Col. y Perú), pero la Academia prefiere la primera forma.

zabullir. v. tr. 'Zambullir'. Ú. t. c. prnl. → **bruñir**

zacear. v. intr. 'Cecear, pronunciar la *s* como z'. No debe pronunciarse [zaciar, zacié]. Su postverbal es **zaceo** (sust. m.). → **-ear**

zafacoca. sust. f. And. y Amér. 'Riña, pendencia'. Incorrecto: *safacoca*.

zafado, da. p. de **zafar**. adj. And., Can., Gal. y Argent. 'Descarado, atrevido en su conducta o lenguaje'. Ú. t. c. sust. m. y f.: **el zafado, la zafada**. Incorrecto: *safado*.

zafaduría. sust. f. Argent. y Urug. 'Conducta o lenguaje descarado, atrevido'. Incorrecto: *safaduría*.

zafar. v. tr. 'Desembarazar, libertar'. Ú. t. c. prnl. v. prnl. 'Escaparse o esconderse para evitar un encuentro o riesgo'; 'salirse del canto de la rueda la correa de una máquina'; fig. 'excusarse de hacer algo'; fig. 'librarse de una molestia'. Amér. 'Dislocarse un hueso'. Rég. prep. **zafarse de** (***zafarse de** una persona cargosa*; ***zafarse de** un compromiso*). Su homónimo (v. tr.) denota 'adornar'; 'cubrir'.

zafiro. sust. m. 'Corindón cristalizado de color azul'. Es palabra grave. No debe pronunciarse [záfiro] como esdrújula. El sustantivo masculino **zafir** es desusado. Los adjetivos correspondientes son **zafíreo, a** y **zafirino, na**, 'de color de zafiro'. La Academia prefiere este último.

zafra. sust. f. 'Cosecha de la caña dulce'; 'fabricación del azúcar de caña y, por extensión, del de remolacha'; 'tiempo que dura esta fabricación'. La A.A.L. completa la primera acepción: sust. f. Argent. 'Cosecha de la caña de azúcar y, en menor medida, de la yerba mate'. Incorrecto: *safra*.

zaga. sust. f. 'Parte trasera de algo'; 'carga que se acomoda en la trasera de un vehículo'. sust. m. 'El que juega en último lugar': **el zaga**. Con esta última denotación, también puede decirse **zaguero** (sust. m.). **a la zaga, a zaga** o **en zaga**. loc. adv. 'Atrás o detrás' (*Ese ciclista va **a la zaga, a zaga** o **en zaga***). **no ir** o **no irle** uno **en zaga** a otro, o **no quedarse en zaga**. fr. fig. y fam. 'No ser inferior a otro en aquello de que se trata' (*Juan **no va** o **no le va en zaga** a Luis o **no se queda en zaga** en conocimientos informáticos*). En los países que sesean, no debe confundirse su grafía con la de su homófono **saga** (sust. f.). → **saga**

zagal. sust. m. Entre otras denotaciones, 'adolescente'; 'pastor joven'. Diminutivo: **zagalejo**. Su femenino es **zagala**. El 'adolescente muy crecido' es el **zagalón**. Su femenino es **zagalona**. El adjetivo correspondiente es **zagalesco, ca**, 'perteneciente o relativo al zagal'.

zaguán. sust. m. 'Espacio cubierto, situado dentro de una casa, que sirve de entrada en ella y está inmediato a la puerta de calle'. Es palabra aguda. En plural, se transforma en grave: **zaguanes**. Diminutivo: **zaguanete**.

zaguero, ra. adj. Entre otras denotaciones, 'que va, se queda o está atrás' (*corredor **zaguero***). → **zaga**. sust. m. 'En los partidos de pelota por parejas, el que ocupa la zaga de la cancha y lleva el peso del partido'; 'defensa, jugador de un equipo de fútbol': **el zaguero**.

zaheridor, ra. adj. 'Que zahiere'. Ú. t. c. sust. m. y f.: **el zaheridor, la zaheridora**.

zaherir. v. irreg. tr. 'Decir o hacer algo a alguien con lo que se sienta humillado o mortificado' (*Pedro **zahirió** a Sergio con sus palabras*). Se conjuga como **sentir**.

zahína. sust. f. 'Sorgo, planta'. También puede escribirse **sahína**, pero la Academia prefiere la grafía con **z**. El sustantivo colectivo es **zahinar** (m.), 'tierra sembrada de zahína'.

zahón. sust. m. 'Calzón de cuero que usan los cazadores y la gente de campo para resguardar el traje'. Es palabra aguda. Ú. m. en pl.: **zahones** (grave).

zahorí. sust. m. 'Persona a quien se atribuye la facultad de descubrir lo que está oculto'; fig. 'persona perspicaz que adivina lo que otras personas piensan o sienten'. Es palabra aguda. En plural: **zahoríes** o **zahorís**.

zaino, na. adj. 'Aplícase al caballo o yegua castaño oscuro que no tiene otro color' (*potrillo* ***zaino***); 'en el ganado vacuno, el de color negro que no tiene ningún pelo blanco' (*vacas* ***zainas***). No debe pronunciarse [zaíno]. Su homónimo (adj.) denota 'traidor, falso'; 'aplícase a cualquier caballería que da indicios de ser falsa' (*un caballo* ***zaino***). En los países que sesean, no se confunda su grafía con la de **saíno** (sust. m.). → **saíno**. **a lo zaino** o **de zaino**. locs. advs. 'Al soslayo, recatadamente o con alguna intención'. Se usa más con el verbo **mirar** (*Ese niño mira* ***a lo zaino*** o ***de zaino***)

zalá. sust. f. 'Oración de los musulmanes'. En plural: **zalaes** o **zalás**. También puede decirse **azalá** (sust. m.).

zalamería. sust. f. 'Demostración de cariño afectada y empalagosa'. Incorrecto: <u>salamería</u>. También pueden decirse **zalamelé** (sust. m.) y **zalema** (sust. f. fam.).

zalamero, ra. adj. 'Que hace zalamerías'. Ú. t. c. sust. m. y f.: **el zalamero, la zalamera**. → **zaragatero**

zalea. sust. f. 'Cuero de oveja o carnero, curtido de modo que conserve la lana; sirve para preservar de la humedad y del frío'. La A.A.L. ha recomendado la incorporación del siguiente significado: sust. f. Argent. 'Sábana de tela doble que se coloca transversalmente debajo de los pacientes para moverlos y proteger la ropa de cama'. No se confunda su denotación con la de **azalea** (sust. f.), 'arbolito originario del Cáucaso'.

zamacuco. sust. m. fam. Entre otras denotaciones, 'persona tonta, torpe, abrutada'. Su femenino es **zamacuca**.

zamacueca. sust. f. 'Cueca' (*Bailó la* ***zamacueca***). También puede decirse **zambacueca** (sust. f.).

zamarra. sust. f. Entre otras denotaciones, 'prenda de vestir, rústica, hecha de piel con su lana o pelo'. Aumentativo: **zamarrón** (sust. m.). También puede decirse **zamarro** (sust. m.), pero la Academia prefiere la primera forma.

zamarrazo. sust. m. 'Golpe dado con palo o correa'; 'desgracia, enfermedad'. Esta voz ha sido recién incorporada en el ***Diccionario***.

zamarrear. v. tr. Entre otras denotaciones, fig. y fam. 'tratar mal a uno trayéndolo con violencia o golpes de una parte a otra'. No debe pronunciarse [zamarriar, zamarrié]. Su postverbal es **zamarreo** (sust. m.). → **-ear**

zamba. sust. f. 'Danza cantada, popular, del noroeste de la Argentina'; 'música y canto de esta danza' (*Es autor de una hermosa* ***zamba***). En los países que sesean, no debe confundirse su grafía con la de su homófono **samba** (sust. f.). → **samba**

zambo, ba. adj. 'Dícese de la persona que, por mala configuración, tiene juntas las rodillas y separadas las piernas hacia afuera'; 'dícese, en América, del hijo de negro e india, o al contrario'. Ú. t. c. sust. m. y f.: **el zambo, la zamba**. Con la primera denotación, también puede usarse **zámbigo, ga** (adj. Ú. t. c. sust. m. y f.); con la segunda, **zambaigo, ga** (adj. Ú. t. c. sust. m. y f.). sust. m. 'Mono americano'. Para distinguir los sexos, debe recurrirse a las perífrasis **zambo macho, zambo hembra**. En los países que sesean, no debe confundirse la grafía de **zambo** con la de su homófono **sambo** (sust. m. Ecuad.), 'cierta especie de calabaza'.

zambomba. sust. f. 'Instrumento rústico musical'. En plural: **zambombas**. **¡zambomba!** interj. fam. Manifiesta 'sorpresa' (*¡****Zambomba****!, llegaron tus padres*).

zamborotudo, da. adj. fam. Entre otras denotaciones, 'tosco, grueso y mal formado' (*hombre* ***zamborotudo***). Ú. t. c. sust. m. y f.: **el zamborotudo, la zamborotuda**. También puede decirse **zamborrotudo, da** (adj. Ú. t. c. sust. m. y f.), pero la Academia prefiere la primera forma.

zambullida. sust. f. 'Acción y efecto de zambullir o zambullirse'. Son sus sinónimos **zambullidura** (sust. f.) y **zambullimiento** (sust. m.). También pueden decirse **zabullida**, **zabullidura** y **zabullimiento**, pero la Academia prefiere las primeras formas. La Academia ha incorporado recientemente, con el mismo significado, **zambullón** (sust. m. Amér. Merid.).

zambullidor, ra. adj. 'Que zambulle o se zambulle'. También puede decirse **zabullidor, ra**, pero la Academia prefiere la primera forma.

zambullir. v. tr. 'Meter debajo del agua con ímpetu o de golpe' (***Se zambulleron** rápidamente en las aguas del lago*). Ú. t. c. prnl. Rég. prep.: **zambullir** o **zambullirse en** (***zambullir** o **zambullirse en** el río*). También pueden decirse **zabullir** (v. tr. Ú. t. c. prnl.) y **zampuzar** (v. tr. p. us. Ú. t. c. prnl.), pero la Academia prefiere la primera forma. → **bruñir**

zampalimosnas. sust. com. fam. 'Persona probretona que anda pidiendo comida o dinero': **el zampalimosnas**, **la zampalimosnas**. Es incorrecto usar esta voz, en singular, sin **s** final. En plural, no varía: **los zampalimosnas**, **las zampalimosnas**.

zampatortas. sust. com. fam. 'Persona que come con exceso y brutalidad'; fig. y fam. 'persona que da muestra de su incapacidad, torpeza y falta de crianza': **el zampatortas**, **la zampatortas**. Es incorrecto usar esta voz, en singular, sin **s** final. En plural, no varía: **los zampatortas**, **las zampatortas**. Con la primera acepción, también pueden decirse **zampabodigos** (sust. com. fam.) y **zampabollos** (sust. com. fam.), pero la Academia prefiere la primera forma.

zampón, na. adj. fam. 'Comilón, tragón'. Ú. t. c. sust. m. y f.: **el zampón, la zampona**. En su reemplazo, también pueden decirse **zampatortas**, **zampabodigos** y **zampabollos** (susts. coms. fams.).

zampoña. sust. f. 'Instrumento rústico'. Incorrecto: zamponia.

zampullín. sust. m. 'Ave ribereña'. Para distinguir los sexos, debe recurrirse a las perífrasis **zampullín macho**, **zampullín hembra**. Es palabra aguda. En plural, se transforma en grave: **zampullines**.

zampuzar. v. tr. p. us. Ú. t. c. prnl. → **cazar**

zanahoria. sust. f. 'Planta herbácea'; 'raíz de esta planta'. Incorrecto: zanagoria, un vulgarismo. También puede decirse **azanoria**, pero la Academia prefiere la primera forma.

zanca. sust. f. Entre otras denotaciones, 'parte más larga de las patas de las aves'. Diminutivos: **zanquilla**, **zanquita**. El sustantivo despectivo es **zancajo** (m.).

zancada. sust. f. 'Paso largo que se da con movimiento acelerado o por tener las piernas largas'. Diminutivo: **zancadilla**. No debe usarse **zancajo** (sust. m.) como sinónimo de esta voz. **en dos**, **tres**, etc., **zancadas**. loc. adv. fig. y fam. con que se explica y pondera 'la brevedad en llegar a un sitio' (***En tres zancadas**, estoy en tu casa*). También puede decirse **zancajada** (sust. f.), pero la Academia prefiere la primera forma.

zancadillear. v. tr. 'Poner la zancadilla a alguien' (*Ese niño **zancadilleó** a tu hermano*). No debe pronunciarse [zancadilliar, zancadillié]. Incorrecto: zancadillar. → **-ear**

zancajear. v. intr. 'Andar mucho de una parte a otra, por lo común aceleradamente'. No debe pronunciarse [zancajiar, zancajié]. → **-ear**

zancajo. sust. m. Entre otras denotaciones, 'hueso del pie que forma el talón'.

zancajoso, sa. adj. 'Que tiene los pies torcidos y vueltos hacia afuera'; 'que tiene grande el zancajo o hueso del pie que forma el talón, o descubre rotos y sucios los de sus medias'. También puede decirse **zancajiento, ta** (adj.), pero la Academia prefiere la primera forma.

zancudo, da. adj. 'Que tiene las zancas largas'. Con esta denotación, también puede decirse **zancón, na** (adj. fam.). 'Dícese de las aves que tienen los tarsos muy largos y desprovistos de plumas, como la cigüeña y la grulla' (*Los flamencos son aves **zancudas***). sust. f. pl. 'En clasificaciones hoy en desuso, orden de estas aves': **las zancudas**. sust. m. Amér. 'Mosquito' (*Hay una invasión de **zancudos***).

zandía. sust. f. 'Planta herbácea anual'; 'su fruto'. La Academia prefiere la grafía con **s**: **sandía**. Incorrecto: zandia, sandia.

zanfonía. sust. f. 'Instrumento musical de cuerda'. Incorrecto: zanfonia. También pueden decirse **zanfona** (sust. f.) y **zanfoña** (sust. f.).

zangandungo. sust. m. fam. 'Persona inhábil, holgazana'. Su femenino es **zangandunga**. También pueden decirse **zangandongo, ga** (sust. m. y f. fam.) y **zangandullo, lla** (sust. m. y

f. fam.), pero la Academia prefiere la primera forma.

zanganear. v. intr. fam. 'Andar vagando de una parte a otra sin trabajar' (*Ya **zanganeaste** mucho; es hora de que trabajes*). No debe pronunciarse [zanganiar, zanganié]. → **-ear**

zángano. sust. m. 'Macho de la abeja maestra o reina'. → **voz** (**voces de los animales**). fig. y fam. 'Hombre holgazán'; 'hombre flojo, desmañado y torpe'. Con esta última denotación, su femenino es **zángana**. La 'calidad de zángano, hombre holgazán' es la **zanganería** (sust. f.).

zangarrear. v. intr. fam. 'Tocar o rasguear sin arte en la guitarra'. No debe pronunciarse [zangarriar, zangarrié]. → **-ear**

zangolotear. v. tr. fam. 'Mover continua y violentamente una cosa' (*La loca **zangoloteaba** una sábana*). Ú. t. c. prnl. v. intr. fig. y fam. 'Moverse una persona de una parte a otra sin concierto ni propósito'. v. prnl. fam. 'Moverse ciertas cosas por estar flojas o mal encajadas' (*La ventana **se zangolotea***). También puede decirse **zangotear** (v. tr. fam.), pero la Academia prefiere la primera forma. No deben pronunciarse [zangolotiar, zangotiar; zangolotié, zangotié]. Sus postverbales son **zangoloteo** (sust. m. fam.) y **zangoteo** (sust. m. fam.), respectivamente. → **-ear**

zanguango, ga. adj. fam. 'Indolente, embrutecido por la pereza'. Ú. m. c. sust. m. y f.: **el zanguango, la zanguanga.**

zanjar. v. tr. 'Abrir zanjas'; fig. 'remover todas las dificultades que puedan impedir el arreglo y la terminación de un asunto o negocio' (***Zanjaremos** todos los inconvenientes para poder construir el edificio*). Incorrecto: <u>*zanjear*</u>, una ultracorrección.

zanqueador, ra. adj. 'Que anda zanqueando'; 'que anda mucho' (*anciano **zanqueador***). Ú. t. c. sust. m. y f.: **el zanqueador, la zanqueadora**.

zanquear. v. intr. 'Torcer las piernas al andar' (*¡Mira cómo **zanquea**!*); 'caminar mucho y con prisa de una parte a otra' (***Zanqueó** todo el día*). No debe pronunciarse [zanquiar, zanquié]. → **-ear**

zanquilargo, ga. adj. fam. 'Que tiene las piernas largas' (*Juanita es **zanquilarga***). Ú. t. c. sust. m. y f.: **el zanquilargo, la zanquilarga**. También puede decirse **zanquilón, na** (adj. fam.), pero la Academia prefiere la primera forma.

zanquituerto, ta. adj. fam. 'Que tiene torcidas o tuertas las piernas'. Ú. t. c. sust. m. y f.: **el zanquituerto, la zanquituerta**.

zapallito. sust. m. Argent. 'Variedad de calabacita redondeada, de unos diez centímetros de diámetro y corteza verde'. En el español general, se denomina **calabacín** (sust. m.). **zapallito largo**. Argent. 'Calabacín'. Esta voz no está registrada en el ***Diccionario***. La A.A.L. ha recomendado su incorporación.

zapallo. sust. m. Amér. Merid. 'Árbol bignoniáceo'; 'cierta calabaza comestible' (*Mañana comeremos **zapallo***). En el español general, se denomina **calabaza** (sust. f.). fig. y fam. Chile. 'Chiripa, fortuna inesperada'. También puede escribirse **sapallo**, pero la Academia prefiere la grafía con **z**.

zapapico. sust. m. 'Pico, herramienta'. → **piqueta**

zapar. v. intr. 'Trabajar con la zapa o pala'. Incorrecto: <u>*zapear*</u>, una ultracorrección.

zaparrastrar. v. intr. fam. 'Llevar arrastrando los vestidos de modo que se ensucien'. Ú. m. en el gerundio (*Iba **zaparrastrando***). Incorrecto: <u>*zaparrastrear*</u>, una ultracorrección.

zaparrastroso, sa. adj. fam. Ú. t. c. sust. m. y f. → **zarrapastroso**

zapateado. sust. m. 'Baile español que se ejecuta con gracioso zapateo'; 'música de este baile'; 'acción y efecto de zapatear'. No debe pronunciarse [zapatiado].

zapateador, ra. adj. 'Que zapatea'. Ú. t. c. sust. m. y f.: **el zapateador, la zapateadora**. No debe pronunciarse [zapatiador].

zapatear. v. tr. Entre otras denotaciones, 'golpear con el zapato'. No debe pronunciarse [zapatiar, zapatié]. Sus postverbales son **zapateado** (sust. m.) y **zapateo** (sust. m.). → **-ear**

zapatero, ra. adj. Entre otras denotaciones, 'perteneciente o relativo al zapato' (*fábrica **zapatera***). sust. m. y f. 'Persona que, por oficio, hace zapatos, los arregla o los vende': **el zapa-**

tero, **la zapatera**. sust. m. 'Pez'. Para distinguir los sexos, debe recurrirse a las perífrasis **zapatero macho**, **zapatero hembra**. sust. f. 'Mueble para guardar zapatos' (*En la **zapatera**, tiene diez pares de zapatos*). Ú. t. c. sust. m.

zapatillero. sust. m. 'El que hace zapatillas o las vende'. Su femenino es **zapatillera**.

zapato. sust. m. Aumentativo: **zapatón**. La Academia no registra este aumentativo. Aparece en el ***Diccionario Manual*** con el indicador de su falta de sanción oficial.

zapear. v. tr. Entre otras denotaciones, 'espantar al gato con la voz zape'. No debe pronunciarse [zapiar, zapié]. → **-ear**, **zapping**

zapote. sust. m. 'Árbol americano'. También puede decirse **zapotero** (sust. m.), pero la Academia prefiere la primera forma. El sustantivo colectivo es **zapotal** (m.), 'terreno en que abundan los zapotes'.

♦ **zapping.** Anglicismo. 'Práctica consistente en cambiar de forma continua el canal de televisión, mediante el mando a distancia, sin seguir una emisión en particular'. En español, carece de equivalente. Si se usa el extranjerismo, debe entrecomillarse. El académico Gregorio Salvador Caja propone reemplazarlo con **zapeo** (sust. m.), postverbal de **zapear** (v. tr.) que, entre otros significados, posee el de 'ahuyentar'. Además, destaca el verbo **canalear**, voz que no está registrada en el ***Diccionario***. Su postverbal es **canaleo**. Martínez de Sousa defiende este último vocablo.

zaque. sust. m. Entre otras denotaciones, 'odre pequeño'. No debe confundirse su grafía con la de su homófono **saque** (sust. m.), 'acción de sacar'.

zaquear. v. tr. 'Mover o trasegar líquidos de unos zaques a otros'; 'transportar líquidos en zaques'. No debe pronunciarse [zaquiar, zaquié]. → **-ear**

zaquizamí. sust. m. Entre otras denotaciones, 'desván'. Es palabra aguda. En plural: **zaquizamíes** o **zaquizamís**.

zar. sust. m. 'Título que se daba al emperador de Rusia y al soberano de Bulgaria'. Su femenino es **zarina**. En plural: **zares**, **zarinas**. Incorrecto: <u>*czar*</u>, <u>*czarina*</u>. El adjetivo correspondiente es **zariano**, **na**, 'perteneciente o relativo al zar'. La 'forma de gobierno absoluto, propio de los zares' es el **zarismo** (sust. m.).

zarabandista. adj. 'Que baila, tañe, canta o compone la zarabanda'; fig. 'aplícase a la persona alegre y bulliciosa' (*jóvenes **zarabandistas***). Ú. t. c. sust. com.: **el zarabandista**, **la zarabandista**.

zaracear. v. intr. impers. 'Neviscar y lloviznar con viento'. No debe pronunciarse [zaraciar]. → **-ear**

zaragatear. v. intr. fam. 'Armar alboroto'. 'Hacer zalamerías'. Ú. t. c. prnl. No debe pronunciarse [zaragatiar, zaragatié]. → **-ear**

zaragatero, ra. adj. fam. 'Bullicioso' (*niños **zaragateros***). Ú. t. c. sust. m. y f.: **el zaragatero**, **la zaragatera**. 'Zalamero'. → **zalamero**

zaragatona. sust. f. 'Planta herbácea anual'. También puede decirse **zargatona** (sust. f.), pero la Academia prefiere la primera forma.

zaragutear. v. tr. fam. 'Embrollar, enredar'. También puede decirse **zarabutear** (v. tr. fam.), pero la Academia prefiere la primera forma. No deben pronunciarse [zaragutiar, zaragutié; zarabutiar, zarabutié]. → **-ear**

zaragutero, ra. adj. fam. 'Que zaragutea' (*mujer **zaragutera***). Ú. t. c. sust. m. y f.: **el zaragutero**, **la zaragutera**. 'Confuso' (*escrito **zaragutero***). También puede decirse **zarabutero**, **ra** (adj. fam.), pero la Academia prefiere la primera forma.

zarambutear. v. tr. Cuba. 'Zarandar, mover'. No debe pronunciarse [zarambutiar, zarambutié]. Esta voz ha sido recién incorporada en el ***Diccionario***. → **-ear**

zaranda. sust. f. Entre otras denotaciones, 'cribo, criba'; 'cedazo'. Diminutivo: **zarandillo** (sust. m.).

zarandador. sust. m. 'El que mueve la zaranda o echa el trigo u otro grano en ella'. Su femenino es **zarandadora**. También pueden decirse **zarandero** (sust. m.), **zarandera** (sust. f.).

zarandaja. sust. f. fam. 'Cosa menuda, sin valor' (*Ha comprado una **zarandaja***). Ú. m. en pl.: **las zarandajas**.

zarandar. v. tr. Entre otras denotaciones, 'limpiar el grano o la uva, pasándolos por la zaranda'. 'Mover algo con prisa'. Ú. t. c. prnl. También puede decirse **zarandear** (v. tr. Ú. t. c. prnl.), pero la Academia prefiere la primera forma. En la Argentina, se usa más **zarandear**. Este último verbo no debe pronunciarse [zarandiar, zarandié]. → **-ear**

zarapito. sust. m. 'Ave zancuda ribereña'. Para distinguir los sexos, debe recurrirse a las perífrasis **zarapito macho**, **zarapito hembra**. También puede decirse **sarapico** (sust. m.), pero la Academia prefiere la primera forma.

zarazo, za. adj. Entre otras denotaciones, 'aplícase al fruto que empieza a madurar, especialmente el maíz'. La Academia prefiere la grafía con **s**: **sarazo, za** (adj. And. y Amér.).

zarcear. v. tr. 'Limpiar los conductos y cañerías con zarzas largas'. v. intr. 'Entrar el perro en los zarzales para buscar o echar fuera la caza' (*Dos perros zarcearon*); fig. 'andar de una parte a otra, cruzando con diligencia un sitio'. No debe pronunciarse [zarciar, zarcié]. → **-ear**

zarceo. sust. m. Cuba y P. Rico. 'Discusión o debate agresivo y confuso'. Esta voz ha sido recién incorporada en el ***Diccionario***.

zarceta. sust. f. 'Ave'. Para distinguir los sexos, debe recurrirse a las perífrasis **zarceta macho, zarceta hembra**. También puede decirse **cerceta** (sust. f.), voz preferida por la Academia.

zarcillo. sust. m. Entre otras denotaciones, 'pendiente, arete' (*Lucía unos zarcillos de oro*). Diminutivo: **zarcillito**.

zarevich. sust. m. 'Hijo del zar'; 'príncipe primogénito del zar reinante'. Es palabra aguda. En plural, se transforma en grave: **zareviches**. En la última edición de su ***Diccionario***, la Academia ha reemplazado la grafía **zarevitz** con la de la entrada. Incorrecto: <u>*czarevitz*</u>.

zarigüeya. sust. f. 'Mamífero marsupial'. Para distinguir los sexos, debe recurrirse a las perífrasis **zarigüeya macho**, **zarigüeya hembra**. Incorrecto: <u>*zarigüella*</u>. También recibe el nombre de **rabopelado** (sust. m.), pero la Academia prefiere la primera voz.

zarista. sust. com. 'Persona partidaria del zarismo': **el zarista, la zarista**.

zarpazo. sust. m. 'Golpe dado con la zarpa'. También puede decirse **zarpada** (sust. f.).

zarrapastrón, na. adj fam. 'Que anda muy zarrapastroso' (*viejo **zarrapastrón***). Ú. t. c. sust. m. y f.: **el zarrapastrón, la zarrapastrona**. → **zarrapastroso**

zarrapastroso, sa. adj. fam. 'Desaseado, andrajoso, desaliñado'; 'hablando de personas, despreciable' (*Es una persona **zarrapastrosa***). Ú. t. c. sust. m. y f.: **el zarrapastroso, la zarrapastrosa**. También puede decirse **zaparrastroso, sa** (adj. fam. Ú. t. c. sust. m. y f.), pero la Academia prefiere la primera forma. En la Argentina, se usa más **zaparrastroso, sa**.

zarza. sust. f. 'Arbusto de la familia de las rosáceas'. Incorrecto: <u>*sarza*</u>, <u>*sarsa*</u>. Diminutivo: **zarzuela**. El sustantivo colectivo es **zarzal** (m.), 'sitio poblado de zarzas'. También puede decirse **zarzamora** (sust. f.). Los adjetivos correspondientes a **zarza** son **zarceño, ña**, 'perteneciente o relativo a la zarza', y **zarzoso, sa**, 'que tiene zarzas'; el correspondiente a **zarzal** es **zarzaleño, ña**.

zarzagán. sust. m. 'Cierzo muy frío, aunque no muy fuerte'. Es palabra aguda. En plural, se transforma en grave: **zarzaganes**. Diminutivo: **zarzaganillo**.

zarzaparrilla. sust. f. 'Arbusto de la familia de las liliáceas'. Incorrecto: <u>*zarzaparriya*</u>. **zarzaparrilla de Indias**. 'Arbusto americano del mismo género que el de España; es medicinal'. El sustantivo colectivo es **zarzaparrillar** (m.), 'campo en que se cría mucha zarzaparrilla'.

zarzo. sust. m. Col. 'Desván, parte más alta de la casa, inmediata al tejado'. Esta voz ha sido recién incorporada en el ***Diccionario***. Su homónimo (sust. m.) es un 'tejido de varas, cañas, mimbres o juncos, que forma una superficie plana'.

zarzuela. sust. f. 'Obra dramática y musical en que se declama y se canta'; 'su letra'; 'su música'. La Academia ha incorporado recientemente este significado: 'Plato que consiste en varias clases de pescados y mariscos condimentados con una salsa'. Incorrecto: <u>*zarsuela*</u>, <u>*sarzuela*</u>, <u>*sarsuela*</u>. El adjetivo correspondiente es **zarzuelero, ra**, 'perteneciente o relativo a la zarzuela'.

zas. 'Voz expresiva del sonido que hace un golpe o del golpe mismo'. Puede usarse repetido

(*¡zas, zas!*). Incorrecto: <u>*sas*</u>, <u>*saz*</u>. También puede decirse ¡**zis, zas**!, pero la Academia prefiere la primera forma repetida. No debe confundirse su grafía con la de su homófono **saz** (sust. m.), 'sauce, árbol'.

zascandil. sust. m. fam. 'Hombre despreciable y enredador'. Es palabra aguda. En plural, se transforma en grave: **zascandiles**.

zascandilear. v. intr. 'Andar como un zascandil' (*Pedro **zascandilea***). No debe pronunciarse [zascandiliar, zascandilié]. Su postverbal es **zascandileo** (sust. m.). → **-ear**

zatara. sust. f. 'Armazón de madera, a modo de balsa, para transportes fluviales'. Es palabra grave. No debe pronunciarse [zátara] como esdrújula. También puede decirse **zata** (sust. f.), pero la Academia prefiere la primera forma.

zebra. sust. f. Grafía desusada del nombre del animal. Hoy debe escribirse **cebra**. → **cebra**

♦ **zebú.** Barbarismo. En español, la grafía correcta es **cebú**.

zedilla. sust. f. → **cedilla**

zéjel. sust. m. 'Composición estrófica de la métrica española, de origen árabe'. Es palabra grave. En plural, se transforma en esdrújula: **zéjeles**. Incorrecto: <u>*zejel*</u>, <u>*zégel*</u>.

♦ **zen.** Voz japonesa. Carece de registro académico. 'Meditación. Práctica budista del control del espíritu, con la que se detiene el curso del pensamiento y se trata de alcanzar la esencia de la verdad'. Si se usa, debe entrecomillarse.

zendal. adj. 'Dícese del individuo de un grupo indígena mejicano que habita en el Estado de Chiapas' (*indios **zendales***). Ú. t. c. sust. com.: **el zendal, la zendal**. 'Perteneciente o relativo a dicho grupo' (*costumbres **zendales***). sust. m. 'Lengua hablada por estos indios' (*Hablan el **zendal***). En los países que sesean, no debe confundirse su grafía con la de su homófono **cendal** (sust. m.), 'tela de seda o lino muy delgada y transparente'. La voz **zendal** ha sido recién incorporada en el ***Diccionario***. → **cendal**

zenit. sust. m. p. us. Incorrecto: <u>*zénit*</u>. La Academia prefiere la grafía **cenit**. → **cenit**

♦ **zenital.** Barbarismo ortográfico. La grafía correcta es **cenital** (adj.). → **cenit**

♦ **zepelín** o **zeppelin.** Germanismo. En español, debe decirse **globo dirigible**, **aeróstato** o **aerostato**.

zeta. sust. f. 'Nombre de la letra z'. → **z.** 'Sexta letra del alfabeto griego'. En plural: **zetas**. También pueden usarse las grafías **zeda**, **ceta**, **ceda**, pero la Academia prefiere la primera forma.

zeugma. sust. m. 'Figura de construcción, que consiste en que cuando una palabra, que tiene conexión con dos o más miembros del período está expresa en uno de ellos, ha de sobrentenderse en los demás' (*No **tenía** mucho dinero, pero, sí, amigos, trabajo y alegría*). En este ejemplo, se sobrentiende **tenía**. También puede escribirse **ceugma**, pero la Academia prefiere la grafía con **z**.

zigomorfo, fa. adj. 'Dícese del tipo de verticilo de las flores cuyas partes, singularmente sépalos, pétalos o tépalos, se disponen simétricamente a un lado y a otro de un plano que divide la flor en dos mitades, como ocurre en la del guisante, la boca de dragón y otras'. Incorrecto: <u>*cigomorfo*</u>, <u>*sigomorfo*</u>. Esta voz ha sido recién incorporada en el ***Diccionario***.

zigoto. sust. m. 'Célula huevo que resulta de la fusión de un espermatozoide con un óvulo'. Incorrecto: <u>*zigote*</u>, <u>*zigota*</u>, <u>*sigoto*</u>. También puede escribirse **cigoto**, pero la Academia prefiere la grafía con **z**.

zigurat. sust. m. Voz del acadio (*ziggurat*) españolizada. 'Torre escalonada y piramidal, característica de la arquitectura religiosa asiria y caldea'. Es palabra aguda. En plural: **zigurats**. Esta voz ha sido recién incorporada en el ***Diccionario***.

zigzag. sust. m. 'Línea que, en su desarrollo, forma ángulos alternativos, entrantes y salientes'. Incorrecto: <u>*zig zag*</u>, <u>*zig-zag*</u>. En plural: **zigzagues**. También puede decirse **zis, zas**, pero la Academia prefiere la primera forma. **en zigzag**. loc. Denota 'movimiento, colocación, etc., en esta forma' (*El borracho caminaba **en zigzag***). Esta locución ha sido recién incorporada en el ***Diccionario***.

zigzaguear. v. intr. 'Serpentear, andar en zigzag' (*La víbora **zigzagueaba** en el matorral*). No debe pronunciarse [zigzaguiar, zigzaguié]. → **-ear**

zinc. sust. m. La Academia prefiere la grafía **cinc**. Incorrecto: <u>zin</u>, <u>zink</u>. En plural: **zines**. → **cinc**

♦ **zíngaro, ra.** Barbarismo ortográfico. Debe escribirse **cíngaro, ra** (adj. Ú. t. c. sust. m. y f.). → **cíngaro**

zinguizarra. sust. f. Perú y Venez. 'Riña ruidosa'. Esta voz ha sido recién incorporada en el ***Diccionario***.

zinnia. sust. f. 'Planta ornamental'. También puede escribirse **cinia**, pero la Academia prefiere la primera forma.

zipizape. sust. m. fam. 'Riña ruidosa o con golpes'. Incorrecto: <u>*zipi-zape*</u>. En plural: **zipizapes**.

ziranda. sust. f. Méj. 'Higuera'. Incorrecto: <u>*ciranda*</u>, <u>*siranda*</u>. Esta voz ha sido recién incorporada en el ***Diccionario***. → **higuera**

zircón. sust. m. 'Piedra preciosa'. Es palabra aguda. En plural, se transforma en grave: **zircones**. Incorrecto: <u>*sircón*</u>. También puede escribirse **circón**, grafía preferida por la Academia. → **circón**

zoantropía. sust. f. 'Especie de monomanía en la cual el enfermo se cree convertido en un animal'. No debe pronunciarse [zoantropia].

zócalo. sust. m. Entre otras denotaciones, 'friso o franja que se pinta o coloca en la parte inferior de una pared'. → **rodapié**

Zodiaco. sust. pr. m. 'Zona o faja celeste por el centro de la cual pasa la Eclíptica'. Esta voz siempre se escribe con mayúscula (*El **Zodiaco** comprende doce signos: Aries, Tauro, Géminis, Cáncer, Leo, Virgo, Libra, Escorpión, Sagitario, Capricornio, Acuario y Piscis*). Es palabra grave. También puede decirse **Zodíaco** (esdrújula), pero la Academia prefiere la primera acentuación. En la Argentina, se usa como esdrújula. sust. m. 'Representación material del zodiaco' (*el **zodiaco** de Dendera*). El adjetivo correspondiente es **zodiacal**, 'perteneciente o relativo al Zodiaco'.

zolocho, cha. adj. fam. 'Mentecato'. Ú. t. c. sust. m. y f.: **el zolocho, la zolocha**.

zoltaní. sust. m. 'Moneda turca de oro'. Es palabra aguda. En plural: **zoltaníes** o **zoltanís**. También puede escribirse **soltaní**, grafía preferida por la Academia.

zombi. sust. m. Voz de origen africano occidental, españolizada. 'En Haití y sur de los Estados Unidos, cuerpo del que se dice que es inanimado y que ha sido revivido por arte de brujería'; 'antiguamente, la deidad de la serpiente pitón en los cultos vudúes procedentes de África Occidental'; 'entre los criollos de América, el coco para asustar a los niños'; fig. 'atontado' (*Hoy estás **zombi***). En plural: **zombis**. Esta voz ha sido recién incorporada en el ***Diccionario***. En el ***Manual***, también se registra la grafía **zombie** con el indicador de su falta de sanción oficial.

zompo, pa. adj. Entre otras denotaciones, 'dícese del pie torcido' (*pie **zompo***). También puede decirse **zopo, pa** (adj.).

zona. sust. f. Entre otras denotaciones, 'lista o faja'; 'extensión considerable de terreno que tiene forma de franja' (*Ésa es la **zona** de edificación*). Son correctos los sintagmas **zona de ensanche**, **zona de influencia**, **zona fiscal**, **zona glacial**, **zona industrial**, **zona polémica**, **zona templada**, **zona tórrida**, **zona urbana**, **zona verde**. El adjetivo correspondiente es **zonal**, 'perteneciente o relativo a la zona', voz recién incorporada en el ***Diccionario***.

zoncera. sust. f. Amér. 'Tontera, simpleza'. Argent. 'Dicho, hecho u objeto de poco o ningún valor' (*Ha dicho una **zoncera***). El argentinismo ha sido recién incorporado en el ***Diccionario***. También puede escribirse **sonsera**, pero la Academia prefiere la primera forma. La 'calidad de zonzo' es la **zoncería** (sust. f.).

zonda. sust. m. Argent. 'Viento fuerte, cálido, de extrema sequedad, proveniente de la precordillera cuyana' (*Sopló el **zonda***). Debe escribirse con minúscula. → **viento**

zonificar. v. tr. Col. 'Dividir un terreno en zonas'. → **sacar**

zonote. sust. m. 'Depósito subterráneo natural de agua'. También puede decirse **cenote** (sust. m.), voz preferida por la Academia. → **cenote**

zonzamente. adv. m. 'Con zoncería' (*Actuó **zonzamente***). La Academia no registra la grafía

sonsamente, pero es correcto su uso, ya que admite el adjetivo **sonso, sa**.

zonzo, za. adj. 'Soso, insulso'. Apl. a pers., ú. t. c. sust. m. y f.: **el zonzo, la zonza**. 'Tonto, simple, mentecato'. También puede escribirse **sonso, sa**, pero la Academia prefiere la grafía con **z**. El adjetivo familiar **zonzorrión, na** (Ú. t. c. sust. m. y f.) denota 'muy zonzo'.

zoo. sust. m. Voz inglesa españolizada. Abreviación de *zoological garden*, 'parque o jardín zoológico'. En plural: **zoos**.

zoo- o **-zoo.** elem. compos. de or. gr. 'Animal' (*zoología, protozoo*).

zoófago, ga. adj. 'Que se alimenta de materias animales' (*insectos zoófagos*). Ú. t. c. sust. m. y f.: **el zoófago, la zoófaga**.

zoofilia. sust. f. 'Amor a los animales'; 'bestialismo, anormalidad que consiste en buscar gozo sexual con animales'. Esta voz ha sido recién incorporada en el ***Diccionario***.

zoogeografía. sust. f. 'Ciencia que estudia la distribución de las especies animales en la Tierra'. El adjetivo correspondiente es **zoogeográfico, ca**, 'perteneciente o relativo a la zoogeografía'. Ambas voces han sido recién incorporadas en el ***Diccionario***.

zooide. sust. m. 'Individuo que forma parte de un cuerpo con organización colonial y cuya estructura es variable, según el papel fisiológico que deba desempeñar en el conjunto'. Es palabra grave. En plural: **zooides**. Esta voz ha sido recién incorporada en el ***Diccionario***.

zoológico, ca. adj. 'Perteneciente o relativo a la zoología' (*investigaciones zoológicas*); 'parque o jardín zoológico' (*Varios niños fueron al zoológico*). → **jardín**

zoólogo. sust. m. 'El que profesa la zoología o tiene en ella especiales conocimientos'. Su femenino es **zoóloga**.

♦ **zoom.** Anglicismo. En español, debe decirse **zum**.

zoomorfo, fa. adj. 'Que tiene forma o apariencia de animal' (*nubes zoomorfas*). Esta voz ha sido recién incorporada en el ***Diccionario***.

zoonosis. sust. f. 'Enfermedad o infección que se da en los animales y que es transmisible al hombre en condiciones naturales'. Es palabra grave. En plural, no varía: **las zoonosis**.

zooplancton. sust. m. 'Plancton marino de aguas dulces, caracterizado por el predominio de organismos animales'. Es palabra grave. No debe pronunciarse [zooplanctón] como aguda. Carece de plural. Ha sido recién incorporada en el ***Diccionario***. → **plancton**

zoopsicología. sust. f. 'Psicología animal'. Esta voz ha sido recién incorporada en el ***Diccionario***. La Academia no registra la grafía **zoosicología**.

zopas. sust. com. fam. 'Persona que cecea mucho': **el zopas, la zopas**. No se confunda su grafía con la del plural de **sopa** (sust. f.). También puede decirse **zopitas** (sust. com. fam.), pero la Academia prefiere la primera forma.

zopenco, ca. adj. fam. 'Tonto y abrutado' (*¡Qué niña zopenca!*). Ú. t. c. sust. m. y f.: **el zopenco, la zopenca**. Incorrecto: <u>*sopenco*</u>.

zopilote. sust. m. C. Rica, Guat., Hond., Méj. y Nicar. 'Ave rapaz'. Para distinguir los sexos, debe recurrirse a las perífrasis **zopilote macho, zopilote hembra**. Incorrecto: <u>*sopilote*</u>. También puede decirse **zope** (sust. m.), voz recién incorporada en el ***Diccionario***, pero la Academia prefiere la primera forma.

zoque. adj. 'Dícese de un grupo indígena mejicano que habita los estados de Chiapas, Oaxaca y Tabasco' (*indios zoques*). Ú. t. c. sust. com.: **el zoque, la zoque**. 'Perteneciente o relativo a este grupo indígena'. sust. m. 'Lengua hablada por dicho grupo' (*Hablan el zoque*). Esta voz ha sido recién incorporada en el ***Diccionario***.

zoquetada. sust. f. Amér. 'Necedad, simpleza'. Incorrecto: <u>*soquetada*</u>. Esta voz ha sido recién incorporada en el ***Diccionario***.

zoquetazo. sust. m. Argent., Méj. y Urug. 'Golpe, guantazo, sopapo'. Incorrecto: <u>*soquetazo*</u>. Esta voz ha sido recién incorporada en el ***Diccionario***.

zoquete. sust. m. 'Pedazo de madera corto y grueso'; fig. 'pedazo de pan grueso e irregular'; fig. y fam. 'persona fea y de mala traza'. fig. y fam. 'Persona tarda en comprender' (*Hugo es un zoquete*). Ú. t. c. adj. No deben confundirse su denotación y su grafía con las de su homófono **soquete** (sust. m. Argent., Chile, Par. y Urug.), 'escarpín, calcetín corto'.

zoquetear. v. intr. Amér. 'Actuar o comportarse como un mentecato'. No debe pronunciarse [zoquetiar, zoquetié]. Incorrecto: <u>soquetear</u>. Esta voz ha sido recién incorporada en el ***Diccionario***. → **-ear**

zoroástrico, ca. adj. 'Perteneciente o relativo al zoroastrismo, religión de origen persa elaborada por Zoroastro'. También puede decirse **zoroastra** (adj. Ú. t. c. sust. com.), voz de reciente ingreso en el ***Diccionario***.

zorocho. adj. Col. y Venez. 'Hablando de alimentos, a medio cocinar' (*pescado* ***zorocho***). Col., Perú y Venez. 'Hablando de frutos, que no están en sazón' (*duraznos* ***zorochos***). Incorrecto: <u>sorocho</u>. No se confunda su grafía con la de **soroche** (sust. m. Amér. Merid.), 'mal de montaña'. La voz **zorocho** ha sido recién incorporada en el ***Diccionario***.

zorongo. sust. m. Entre otras denotaciones, 'pañuelo doblado en forma de venda, que suelen usar los aragoneses y algunos navarros del pueblo alrededor de la cabeza'. Argent. y Bol. 'Pelo postizo'. Incorrecto: <u>sorongo</u>.

zorra. sust. f. 'Mamífero cánido de costumbres crepusculares'. Con esta denotación, también puede decirse **zorro** (sust. m.). 'Hembra de esta especie'. Su macho es el **zorro**; el aumentativo despectivo de éste, **zorrastrón** (adj. fam. Ú. t. c. sust. m.). → **vulpeja**. La 'cueva de zorros' es la **zorrera** (sust. f.). fig. y fam. 'Persona astuta y solapada' (*Siempre actúa como una* ***zorra***). Con este significado, también puede decirse **zorro**. 'Prostituta'; fig. y fam. 'borrachera'. El aumentativo **zorrón** (sust. m.) corresponde a la acepción de 'ramera' y a la voz **zorro**, 'persona muy astuta'. El adjetivo correspondiente es **zorruno, na**, 'perteneciente o relativo a la zorra, animal'. → **raposo, raposino**. Su homónimo (sust. f.) denota 'carro bajo y fuerte para transportar pesos grandes'.

zorrear. v. intr. 'Hacerse el zorro, obrar con astucia' (***Zorrea*** *para obtener lo que ambiciona*). → **raposear**. Chile y Urug. 'Perseguir o cazar zorros con jaurías'. v. tr. 'Sacudir con zorros algo para quitarle el polvo' (***Zorreó*** *los muebles*). No debe pronunciarse [zorriar, zorrié]. Su homónimo (v. intr.) denota 'dedicarse una mujer a la prostitución'; 'frecuentar un hombre el trato carnal con rameras'. → **-ear**

zorrero, ra. adj. (*perro* ***zorrero***). Ú. t. c. sust. m.: **el zorrero**. fig. 'Astuto, capcioso' (*mujeres* ***zorreras***). sust. m. 'Persona asalariada que en los bosques reales mataba zorras, lobos, aves de rapiña, víboras y otros animales nocivos'. Su homónimo (adj.) denota lo que 'se aplica a la embarcación pesada en navegar'; fig. 'que queda rezagado'.

zorrino. sust. m. Argent. 'Nombre de varias especies de mustélidos, con dos bandas blancas a lo largo del dorso oscuro, nariz saliente gruesa, orejas muy cortas y cola en forma de penacho. Al verse amenazado, arroja a su agresor la secreción pestilente de sus glándulas anales'. Para distinguir los sexos, debe recurrirse a las perífrasis **zorrino macho, zorrino hembra**. Esta voz no está registrada en el ***Diccionario***. Equivale a **mofeta** (sust. f.) del español general. En Guatemala, Honduras y Nicaragua, recibe el nombre de **zorrillo** (sust. m.). La A.A.L. ha recomendado la incorporación de la voz **zorrino**.

zorro. sust. m. → **zorra**. sust. m. pl. 'Tiras de orillo o piel, colas de cordero, etc., que, unidas y puestas en un mango, sirven para sacudir el polvo de muebles y paredes' (*Sacudió las sillas con los* ***zorros***).

zorronglón, na. adj. fam. 'Aplícase al que ejecuta de mala gana lo que le mandan'. Ú. t. c. sust. m. y f. También puede decirse **zorrongo, ga** (adj. Ú. t. c. sust. m. y f.), voz recién incorporada en el ***Diccionario***.

zorrupia. sust. f. 'Zorrón, ramera'. Esta voz ha sido recién incorporada en el ***Diccionario***. → **zorra**

zorzal. sust. m. 'Nombre vulgar de varias aves paseriformes del mismo género que el mirlo'. Para distinguir los sexos, debe recurrirse a las perífrasis **zorzal macho, zorzal hembra**. En Chile, la 'hembra del zorzal' recibe el nombre de **zorzala** (sust. f.). El 'cazador de zorzales' es el **zorzalero** (sust. m.). fig. 'Hombre astuto y sagaz' (*Luis actúa como un* ***zorzal***). Chile. 'Papanatas' (*¡Qué* ***zorzal*** *eres!*).

zoster. sust. f. 'Erupción a lo largo de un nervio, zona'. Es palabra aguda. También puede decirse **zóster** (grave). Repárese en que es sustantivo femenino. Incorrecto: el zoster o el zóster. En plural: **zosteres** o **zósteres**. → **herpes**

zotal. sust. m. 'Desinfectante o insecticida que se usa, generalmente, en establos o para el ganado'. Es palabra aguda. En plural, se transforma en grave: **zotales**. Esta voz ha sido recién incorporada en el ***Diccionario***.

zote. adj. 'Ignorante, torpe'. Ú. t. c. sust. com.: **el zote**, **la zote**.

zozobrar. v. intr. Entre otras denotaciones, 'perderse o irse a pique una embarcación'. Ú. t. c. prnl. Rég. prep.: **zozobrar en** (*zozobrar en la tormenta*). fig. 'Fracasar o frustrarse una empresa o un plan'. Ú. t. c. prnl. (***Zozobraron*** o ***se zozobraron*** *nuestros proyectos*). v. tr. 'Hacer zozobrar' (*La tormenta* ***zozobró*** *el velero*).

zueco. sust. m. 'Zapato de madera de una pieza'; 'zapato de cuero con suela de corcho o de madera'; 'en oposición al coturno, significa el estilo llano de la comedia'. No debe confundirse su grafía con la de su homófono **sueco** (adj. Ú. t. c. sust. m.), 'natural de Suecia'. También pueden decirse **zoclo** (sust. m.) y **zoco** (sust. m.), pero la Academia prefiere la primera forma.

-zuelo. suf. de or. lat. Ha sido recién incorporado en el ***Diccionario***. → **-uelo**

zuindá. sust. m. Argent. 'Ave'. Para distinguir los sexos, debe recurrirse a las perífrasis **zuindá macho**, **zuindá hembra**. En plural: **zuindaes** o **zuindás**. → **suindá**

zulacar. v. tr. 'Untar o cubrir con zulaque o betún en pasta hecho con estopa, cal, aceite y escorias' (***Zulacaron*** *los caños de agua*). También puede decirse **zulaquear** (v. tr.), voz que no debe pronunciarse [zulaquiar, zulaquié]. → **sacar**, **-ear**

zulla. sust. f. 'Pipirigallo, planta'. También puede escribirse **sulla**, pero la Academia prefiere la grafía con **z**.

zulú. adj. 'Dícese del individuo de cierto pueblo de raza negra que habita en África austral' (*mujer* ***zulú***). Ú. t. c. sust. com.: **el zulú**, **la zulú**. En plural: **zulúes** o **zulús**. 'Perteneciente o relativo a este pueblo' (*costumbres* ***zulúes*** o ***zulús***); fig. y fam. 'bárbaro, salvaje, bruto'.

zum. sust. m. Voz inglesa (*zoom*) españolizada. 'Teleobjetivo especial a través del cual el tomavistas fijo puede conseguir un avance o retroceso rápido en la imagen' (*Esa máquina fotográfica tiene un* ***zum*** *alemán*); 'efecto de acercamiento o alejamiento de la imagen obtenido con este dispositivo'. No debe usarse la grafía inglesa. Incorrecto: zom, sum. En plural: **zumes**. Esta voz ha sido recién incorporada en el ***Diccionario***.

zumacaya. sust. f. 'Ave zancuda'. Para distinguir los sexos, debe recurrirse a las perífrasis **zumacaya macho**, **zumacaya hembra**. También recibe el nombre de **zumaya** (sust. f.).

zumaque. sust. m. Entre otras denotaciones, 'arbusto'. Los sustantivos colectivos son **zumacal** (m.) y **zumacar** (m.), 'tierra plantada de zumaque'.

zumbado, da. p. de **zumbar**. adj. fig. y fam. 'Loco, de poco juicio' (*Esa joven está* ***zumbada***). Ú. t. c. sust. m. y f. Esta voz ha sido recién incorporada en el ***Diccionario***.

zumbar. v. intr. Entre otras denotaciones, 'producir una cosa ruido o sonido continuado y bronco'. También puede decirse **abejorrear** (v. intr.). v. tr. fam. 'Tratándose de golpes, dar, atizar' (*Le* ***zumbó*** *un puñetazo*).

zumbido. sust. m. 'Acción y efecto de zumbar' (*el* ***zumbido*** *de la abeja*). Con esta denotación, su sinónimo es **abejorreo** (sust. m.). fam. 'Golpe que se da a uno' (*Le dio un* ***zumbido*** *en la boca*). También puede decirse **zumbo** (sust. m.), pero la Academia prefiere la primera forma. El 'zumbido de oídos' se denomina **zuñido** (sust. m.).

zumbón, na. adj. fig. y fam. Entre otras denotaciones, 'dícese del que frecuentemente anda burlándose o tiene el genio festivo y poco serio'. Ú. t. c. sust. m. y f.: **el zumbón**, **la zumbona**.

zumel. sust. m. Argent. 'Calzado que usaban los araucanos, semejante a las botas de potro'. Es palabra aguda. Ú. m. en pl.: **zumeles** (grave).

zumo. sust. m. 'Líquido que se saca de hierbas, flores o frutas al exprimirlas'; 'jugo' (*un* ***zumo*** *de pomelo*). En los países que sesean, no debe confundirse su grafía con la de su homófono **sumo** (adj.), 'supremo'; 'enorme'. El adjetivo correspondiente es **zumoso, sa**, 'que tiene zumo'.

zuncho. sust. m. 'Abrazadera de hierro o de cualquier otra materia'. Con esta denotación, también puede escribirse **suncho** (sust. m.), pero la Academia prefiere la grafía con **z**. 'Refuerzo metálico para atar elementos constructivos de un edificio en ruinas'.

zunzún. sust. m. Cuba. 'Especie de colibrí'. Para distinguir los sexos, debe recurrirse a las perífrasis **zunzún macho**, **zunzún hembra**. Es palabra aguda. En plural, se transforma en grave: **zunzunes**.

zurcido, da. p. de **zurcir**. sust. m. 'Unión o costura de las cosas zurcidas' (*el **zurcido** de la tela*). También puede decirse **zurcidura** (sust. f.), pero la Academia prefiere la primera forma.

zurcidor, ra. adj. 'Que zurce'. Ú. t. c. sust. m. y f.: **el zurcidor**, **la zurcidora**. Para el género femenino, la Academia registra, también, **zurcidera**.

zurcir. v. tr. Entre otras denotaciones, 'coser la rotura de una tela juntando los pedazos, de modo que la unión resulte disimulada'. Es verbo regular. Cambia la **c** por **z**, cuando va seguida de **o** o de **a**, en presente de indicativo (*zurzo*) y en presente de subjuntivo (*zurza*, *zurzas*, *zurza*, *zurzamos*, *zurzáis*, *zurzan*). La Academia considera anticuada la grafía **surcir**. Sus postverbales son **zurcido** (sust. m.) y **zurcidura** (sust. f.).

zurdear. v. intr. Amér. 'Hacer con la mano izquierda lo que, generalmente, se hace con la derecha' (*Para escribir, **zurdea***). No debe pronunciarse [zurdiar, zurdié]. Incorrecto: surdear. → **-ear**

zurdo, da. adj. 'Que usa la mano izquierda para lo que los demás usan la derecha' (*niño **zurdo***). Ú. t. c. sust. m. y f.: **el zurdo**, **la zurda**. Respecto de la **mano zurda**, ú. t. c. sust. f. (*Usa **la zurda** para comer*). 'Perteneciente o relativo a ésta'. Incorrecto: surdo. También pueden decirse **zocato, ta** (adj. Ú. t. c. sust. m. y f.) y **zoco, ca** (adj. fam. Ú. t. c. sust. m. y f.), pero la Academia prefiere la primera forma. **a zurdas**. loc. adv. 'Con la mano zurda' (*Escribe **a zurdas***). La 'calidad de zurdo' es la **zurdera** (sust. f.). Incorrecto: surdera.

zurear. v. intr. 'Hacer arrullos la paloma' (*Las palomas **zureaban***). No debe pronunciarse [zuriar]. Incorrecto: surear. Su postverbal es **zureo** (sust. m.). → **-ear**

zuro, ra. adj. 'Dícese de las palomas y palomos silvestres' (*paloma **zura***). Incorrecto: suro. También pueden decirse **zorito, ta** (adj.), **zurito, ta** (adj.) y **zurano, na** (adj.). Su homónimo (sust. m.) denota 'corazón o raspa de la mazorca del maíz después de desgranada'. → **marlo**

zurraco. sust. m. 'Bolso que se utiliza para diversos usos'. Incorrecto: surraco. Esta voz ha sido recién incorporada en el ***Diccionario***.

zurrador, ra. adj. 'Que zurra'. Ú. t. c. sust. m. y f.: **el zurrador**, **la zurradora**. Incorrecto: surrador.

zurrarse. v. prnl. 'Irse de vientre uno involuntariamente'. Con este significado, también puede decirse **zurruscarse** (v. prnl. fam.). → **sacar**. fig. y fam. 'Estar poseído de un gran temor' (*Después de ver al león, **se zurró***).

zurriagar. v. tr. 'Dar o castigar con el zurriago' (***Zurriagó** al niño con furia*). → **pagar**

zurriago. sust. m. 'Látigo con que se castiga o zurra'. Incorrecto: surriago. También puede decirse **zurriaga** (sust. f.), pero la Academia prefiere la primera forma.

zurriar. v. intr. 'Sonar bronca, desapacible y confusamente'. No debe pronunciarse [zurrear], una ultracorrección. También puede decirse **zurrir** (v. intr.). El verbo **zurriar** se conjuga, en cuanto al acento, como **guiar**.

zurrón. sust. m. Entre otras denotaciones, 'bolsa grande de pellejo que usan los pastores para guardar y llevar su comida u otras cosas'. Incorrecto: surrón. Es palabra aguda. En plural, se transforma en grave: **zurrones**. Una **zurronada** (sust. f.) es 'lo que cabe en un zurrón'.

zurubí. sust. m. Argent. 'Pez de río'. Para distinguir los sexos, debe recurrirse a las perífrasis **zurubí macho**, **zurubí hembra**. Es palabra aguda. En plural: **zurubíes** o **zurubís**. La Academia también registra las grafías **surubí** y **suruví**, pero prefiere esta última. → **surubí**

zutano. sust. m. fam. Vocablo usado como

complemento y, a veces, en contraposición a **fulano** y **mengano**, y con la misma significación cuando se alude a tercera persona (*¿Vendrán fulano, mengano y* ***zutano****?*). Puede alterarse el orden de estos nombres indeterminados (*¿Vendrán fulano,* ***zutano*** *y mengano?*). Repárese en que, a pesar de la alteración, **fulano** siempre ocupa el primer lugar. Ni **mengano** ni **zutano** se usan solos. Su femenino es **zutana**. → **fulano, mengano, perengano**

zutujil. adj. 'Aplícase a una parcialidad indígena que vive al sur del lago Atitlán, en Guatemala'. Ú. t. c. sust. com.: **el zutujil, la zutujil**. En plural: **los zutujiles, las zutujiles**. 'Perteneciente a estos indios y a su idioma' (*creencias* ***zutujiles***). sust. m. 'Lengua de la familia maya, que hablan estos indios': **el zutujil**. También puede decirse **zutuhil** (adj.), pero la Academia prefiere la primera forma.

zuzón. sust. m. 'Hierba cana'. Incorrecto: *suzón*, *susón*. Es palabra aguda. En plural, se transforma en grave: **zuzones**

APÉNDICE I

VERBOS: SU CONJUGACIÓN

El conocimiento de la conjugación española es imprescindible para quien desee expresarse con corrección. Por eso, hemos sido exhaustivas en el tratamiento de este tema, encarado desde un punto de vista práctico, de modo que el usuario pueda consultar y aplicar, con rapidez, los modelos debidamente desarrollados que despejarán sus dudas respecto de las inflexiones verbales que presentan, o no, irregularidades y características especiales.

Verbos regulares

El lector encontrará los paradigmas completos de los **verbos regulares** de primera, segunda y tercera conjugación, según los modelos **amar**, **temer** y **partir**, al final de este apéndice.

Verbos irregulares

Todos los **verbos irregulares** catalogados en el DRAE, salvo los que no se emplean en el español actual —por anticuados o desusados—, más algunos de empleo regional o general, muy frecuentes y debidamente acreditados por el uso, aunque no figuren en la citada obra, aparecen registrados en el cuerpo de este diccionario. Junto al nombre del verbo, después de su clasificación funcional como **v.** (verbo), aparece siempre la abreviatura **irreg.** (irregular). De modo que la ausencia de esta aclaración es, también, un indicador: está señalando que el verbo es regular. Después, en el contenido del artículo, casi siempre al final, se remite al **modelo** correspondiente, con la fórmula "Se conjuga como...". En los modelos respectivos, se señalan las características de sus irregularidades y se transcriben las formas del paradigma en que se manifiestan.

Verbos de irregularidad aparente

Hay, en español, una cantidad importante de verbos que, aunque son regulares, ofrecen, en su conjugación, particularidades exclusivamente ortográficas o prosódicas, o ambas a la vez. Tal el caso, entre los primeros, de verbos como **cazar**, **sacar**, **dirigir**, en que la **z**, la **c** o la **g** de la raíz se convierten, respectivamente, en determinadas condiciones, en **c**, **qu** o **j** (*cacé*, *saqué*, *dirijo*), o de los que, como **airar**, **aullar**, **reunir**, ofrecen particularidades en la acentuación del radical (*aíro*, *aúllo*, *reúno*). Entre los del segundo grupo, se producen reajustes fonológicos, según sucede en **leer**, **bruñir**, **tañer** (*leyó*, *bruñó*, *tañó*, en vez de *leió*, *brunió*, *tanió*). Finalmente, en los del tercero, se combinan particularidades de los dos grupos anteriores, como en **ahincar** o **enraizar** (*ahínque*, *enraíce*). A todos estos verbos, se los denomina de "irregularidad aparente". Para su inclusión en este registro, hemos seguido el mismo criterio que para los irregulares. En todos los casos, remitimos, mediante una flecha, al modelo que, por sus particularidades, siguen en su conjugación. Por ejemplo, en **hamacar**, aparece al final del artículo: → **sacar**. Si la flecha apunta a más de un infinitivo, porque se estima necesario que el lector, por otros problemas ajenos a la conjugación del verbo (semánticos, léxicos, morfológicos, etc.), consulte otro u otros artículos relacionados con él, la primera forma en infinitivo que aparece es siempre la que remite al verbo modelo de esa aparente irregularidad. Estimamos útil, por eso, enumerar a continuación, por orden alfabético, los modelos que ejemplifican esas particularidades gráficas o fonológicas, tan frecuentes en los verbos de nuestra lengua:

ahincar, **airar**, **aullar**, **aunar**, **averiguar**, **bruñir**, **cazar**, **delinquir**, **dirigir**, **distinguir**, **enraizar**, **leer**, **mecer**, **pagar**, **prohibir**, **proteger**, **reunir**, **sacar**, **tañer**, **zurcir**[1].

Cuando un verbo es irregular y, además, presenta irregularidades aparentes, lo tratamos siempre como irregular. Por ejemplo, **forzar** o **teñir**.

Verbos con terminación en -uar y en -iar

Finalmente, otros muchos verbos, sin ser tampoco irregulares, los terminados en **-uar** y en **-iar**, presentan problemas acentuales. En estos casos, remitimos, en los artículos respectivos, al modelo que siguen, con la indicación: "Se conjuga, en cuanto al acento, como...". La lista de verbos modelo que ilustran este tipo de problemas es corta:

actuar, **adecuar**, **guiar**, **cambiar**.

Si un verbo presenta este tipo de problemas acentuales y, además, una irregularidad aparente, después de "se conjuga, en cuanto al acento, como...", se remite, con flecha, al verbo respectivo de irregularidad aparente.

[1] Véanse, en el cuerpo del diccionario, los artículos respectivos.

Participios irregulares y dobles participios

Siempre que un verbo regular o irregular posee un participio irregular, se consigna esa circunstancia en el contenido del artículo correspondiente. De igual manera, se procede con aquellos que registran dos participios, uno regular, que se usa, generalmente, para la conjugación de los tiempos compuestos, y otro irregular, que se emplea casi exclusivamente en función adjetiva.

Verbos defectivos e impersonales

La condición de **defectivo** o **impersonal** que presentan algunos verbos se anota con las abreviaturas **defect.** e **impers.**, respectivamente. Si cabe, se remite al pertinente verbo modelo. Se adopta el término académico de **impersonal**, que otros gramáticos denominan, indistintamente, **unipersonal** o **terciopersonal**. Recuérdese que los primeros se conjugan sólo en determinados modos, tiempos y personas, mientras que los segundos se usan sólo en la tercera persona singular de todos los tiempos del indicativo y del subjuntivo.

Terminología empleada en la clasificación de los tiempos y modos del verbo

En la actualidad, conviven tres terminologías importantes acerca de los tiempos y modos del verbo español. La primera, la tradicional de la Real Academia, de acuerdo con su vieja **Gramática de la lengua española** (1931), la única que tiene, aún hoy, carácter oficial. La segunda, la ideada por Bello (1834), de mucho arraigo en algunos países hispanoamericanos, tanto, que el **Esbozo**, en la conjugación de los verbos regulares, debajo de la nueva nomenclatura que propone, la incluye, entre paréntesis, en sus paradigmas. La tercera, la difundida por la última obra citada (1973), que, aunque suscripta por la Real Academia Española, carece de validez oficial —por ser "un mero anticipo provisional de la que será nueva edición de su *Gramática de la Lengua Española*", según reza la "Advertencia"[2], ha tenido amplia acogida en numerosas obras teóricas y prácticas, y en textos de carácter escolar. Sus diferencias con la clasificación oficial de la Academia son pocas: se reducen a sólo tres tiempos del modo indicativo. A estas tres, ha venido a agregarse, recientemente, una cuarta, la de Alarcos Llorach en su **Gramática de la lengua española**, publicada, aunque sin carácter oficial, por la magna institución (1994). Esta última retoma la terminología de Bello y, entre paréntesis, consigna la nomenclatura tradicional, si bien con algunas novedades: incorpora un "modo condicionado", "un modo especial intermedio —dice su autor— entre indicativo y subjuntivo"[3], y segrega al imperativo de la categoría de los modos[4].

Ante estas diferencias de terminologías, que pueden desorientar a los lectores del mundo hispanohablante, no avezados a estos formalismos, hemos adoptado una, en el cuerpo de este diccionario, la del **Esbozo**, de gran difusión en la Argentina y en otros ámbitos regionales y peninsulares. Es la empleada, además, por la Academia Argentina de Letras[5].

Con el fin de evitar confusiones, ofrecemos, a continuación, en un cuadro, las tres primeras nomenclaturas. De la de Alarcos Llorach, sólo anotamos sus diferencias con las anteriores, ya antes señaladas. En los paradigmas de los verbos regulares del Apéndice, también incorporamos estas diferentes clasificaciones.

Por otra parte, como en los artículos de este diccionario, hemos cuidado que la nomenclatura utilizada vaya siempre acompañada de las respectivas formas verbales, entendemos que aquellos usuarios para los que la terminología del **Esbozo** no es familiar, podrán realizar, sin mayores problemas, las debidas transferencias. Después de todo, como sostiene Emilio Alarcos Llorach, "los hechos son [...] como son y no los afecta el nombre con que los reconozcamos"[6]. Además, no es el objetivo de la presente obra analizar la validez científica de los diferentes términos, como tampoco lo hacemos con otros aspectos de gramática teórica.

En el siguiente cuadro, primero colocamos la del **Esbozo** en redonda, que es la que hemos adoptado; en segundo lugar, la de Bello, en cursiva negrita; en tercer lugar, la de la **Gramática** oficial de la Academia, en redonda negrita. Como Alarcos Llorach repite la de Bello o la tradicional, sólo si hay que aclarar algún punto, lo explicitamos en letra cursiva. Cuando ponemos puntos suspensivos, es porque esa clasificación no se registra en una de esas obras. Si todas las obras mencionadas consignan una misma terminología, damos solamente la común con el **Esbozo**. Cuando el **Esbozo** y la oficial de la Academia coinciden —circunstancia muy frecuente—, no consignamos la de esta última: el lector se remitirá a la primera.

[2] Real Academia Española (Comisión de Gramática), **Esbozo de una Nueva Gramática de la Lengua Española**, Madrid, Espasa-Calpe, 1973, p. 5.
[3] **Op.cit.**, p. 153.
[4] **Ibídem**, p. 150.
[5] Cfr., por ejemplo, **Dudas idiomáticas frecuentes. Verbos**, Buenos Aires, 1994.
[6] **Gramática de la lengua española**, Real Academia Española, Colección Nebrija y Bello, Madrid, Espasa-Calpe, 1994, p. 18.

Cuadro de las terminologías del verbo	
Formas no personales ***Derivados verbales*** **Modo infinitivo**	
Simples **Formas simples** Infinitivo Gerundio Participio	Compuestas **Formas compuestas** *Compuestos*
Formas personales[7]	
Modo indicativo	
Presente	Pretérito perfecto compuesto ***Antepresente*** **Pretérito perfecto**
Pretérito imperfecto ***Copretérito***	Pretérito pluscuamperfecto ***Antecopretérito***
Pretérito perfecto simple ***Pretérito*** **Pretérito indefinido**	Pretérito anterior ***Antepretérito***
Modo condicionado [Sólo Alarcos Llorach trae este modo, que abarca los cuatro tiempos que siguen.]	
Futuro[8] ***Futuro*** **Futuro imperfecto**	Futuro perfecto ***Antefuturo***
Modo potencial [La Academia incluye este modo, que abarca los dos tiempo que siguen.]	
Condicional[9] ***Pospretérito*** **Simple o imperfecto**	Condicional perfecto ***Antepospretérito*** **Compuesto o perfecto**
Modo subjuntivo	
Presente	Pretérito perfecto ***Antepresente***
Pretérito imperfecto ***Pretérito***	Pretérito pluscuamperfecto ***Antepretérito***
Futuro **Futuro imperfecto**	Futuro perfecto ***Antefuturo***
Modo imperativo *Imperativo* (Alarcos Llorach)	
Presente[10]	

[7] Todos, menos la Academia, emplean esta clasificación.

[8] Para el **Esbozo**, Bello y la Academia, este futuro, así como su forma compuesta, el futuro perfecto o antefuturo, pertenecen al modo indicativo.

[9] Para el **Esbozo**, este tiempo, al que llama condicional, así como su forma compuesta, el condicional perfecto, pertenecen al modo indicativo. De la misma opinión es Bello, que coloca dentro del citado modo su pospretérito y antepospretérito.

[10] La Academia ofrece cinco formas del presente del modo imperativo, la segunda y la tercera del singular, y las tres del plural. Bello, el **Esbozo** y Alarcos Llorach, sólo la segunda persona del singular y del plural. En la conjugación del modo imperativo de los verbos, nos atenemos, también en esto, al **Esbozo**. El último autor citado, según ya hemos dicho antes, no le da categoría de modo ni de tiempo, y sólo lo clasifica como imperativo.

PRIMERA CONJUGACIÓN - Amar

Formas no personales - *Derivados verbales* - **Modo infinitivo**

Simples - **Formas simples**

Infinitivo	*amar*
Gerundio	*amando*
Participio	*amado*

Compuestas
Formas compuestas - *Compuestos*

haber amado
habiendo amado

Formas personales

MODO INDICATIVO

Presente

amo	*amamos*
amas [amás]	*amáis*
ama	*aman*

Pretérito imperfecto - ***Copretérito***

amaba	*amábamos*
amabas	*amabais*
amaba	*amaban*

Pretérito perfecto simple
Pretérito - **Pretérito indefinido**

amé	*amamos*
amaste	*amasteis*
amó	*amaron*

+ Futuro - ***Futuro*** - **Futuro imperfecto**

amaré	*amaremos*
amarás	*amaréis*
amará	*amarán*

+* Condicional - ***Pospretérito*** - **Simple o imperfecto**

amaría	*amaríamos*
amarías	*amaríais*
amaría	*amarían*

Pretérito perfecto compuesto
Antepresente - **Pretérito perfecto**

he amado	*hemos amado*
has amado	*habéis amado*
ha amado	*han amado*

Pretérito pluscuamperfecto - ***Antecopretérito***

había amado	*habíamos amado*
habías amado	*habíais amado*
había amado	*habían amado*

Pretérito anterior - ***Antepretérito***

hube amado	*hubimos amado*
hubiste amado	*hubisteis amado*
hubo amado	*hubieron amado*

+ Futuro perfecto - ***Antefuturo***

habré amado	*habremos amado*
habrás amado	*habréis amado*
habrá amado	*habrán amado*

+* Condicional perfecto
Antepospretérito
Compuesto o perfecto

habría amado	*habríamos amado*
habrías amado	*habríais amado*
habría amado	*habrían amado*

MODO SUBJUNTIVO

Presente

ame	*amemos*
ames	*améis*
ame	*amen*

Pretérito imperfecto - ***Pretérito***

amara ó *amase*	*amáramos* o *amásemos*
amaras o *amases*	*amarais* o *amaseis*
amara o *amase*	*amaran* o *amasen*

Futuro - ***Futuro imperfecto***

amare	*amáremos*
amares	*amareis*
amare	*amaren*

Pretérito perfecto - ***Antepresente***

haya amado	*hayamos amado*
hayas amado	*hayáis amado*
haya amado	*hayan amado*

Pretérito pluscuamperfecto - ***Antepretérito***

hubiera o *hubiese amado*	*hubiéramos* o *hubiésemos amado*
hubieras o *hubieses amado*	*hubierais* o *hubieseis amado*
hubiera o *hubiese amado*	*hubieran* o *hubiesen amado*

Futuro perfecto - ***Antefuturo***

hubiere amado	*hubiéremos amado*
hubieres amado	*hubiereis amado*
hubiere amado	*hubieren amado*

MODO IMPERATIVO

Imperativo (Alarcos Llorach)

Presente
ama [amá]
amad

+ Modo condicionado: [Sólo Alarcos Llorach trae este modo, que abarca los cuatro tiempos que se indican.]

* **Modo potencial**: [La Academia incluye este modo, que abarca los dos tiempos que se indican.]

SEGUNDA CONJUGACIÓN - Temer

Formas no personales - ***Derivados verbales*** - **Modo infinitivo**

Simples - **Formas simples**		Compuestas **Formas compuestas** - *Compuestos*
Infinitivo	*temer*	*haber temido*
Gerundio	*temiendo*	*habiendo temido*
Participio	*temido*	

Formas personales

MODO INDICATIVO

Presente

temo	*tememos*
temes [temés]	*teméis*
teme	*temen*

Pretérito imperfecto - ***Copretérito***

temía	*temíamos*
temías	*temíais*
temía	*temían*

Pretérito perfecto simple - ***Pretérito***
Pretérito indefinido

temí	*temimos*
temiste	*temisteis*
temió	*temieron*

+ Futuro - ***Futuro*** - **Futuro imperfecto**

temeré	*temeremos*
temerás	*temeréis*
temerá	*temerán*

+* Condicional - ***Pospretérito*** - **Simple o imperfecto**

temería	*temeríamos*
temerías	*temeríais*
temería	*temerían*

Pretérito perfecto compuesto
Antepresente - **Pretérito perfecto**

he temido	*hemos temido*
has temido	*habéis temido*
ha temido	*han temido*

Pretérito pluscuamperfecto - ***Antecopretérito***

había temido	*habíamos temido*
habías temido	*habíais temido*
había temido	*habían temido*

Pretérito anterior - ***Antepretérito***

hube temido	*hubimos temido*
hubiste temido	*hubisteis temido*
hubo temido	*hubieron temido*

+ Futuro perfecto - ***Antefuturo***

habré temido	*habremos temido*
habrás temido	*habréis temido*
habrá temido	*habrán temido*

+* Condicional perfecto - ***Antepospretérito***
Compuesto o perfecto

habría temido	*habríamos temido*
habrías temido	*habríais temido*
habría temido	*habrían temido*

MODO SUBJUNTIVO

Presente

tema	*temamos*
temas	*temáis*
tema	*teman*

Pretérito Imperfecto - ***Pretérito***

temiera o *temiese*	*temiéramos* o *temiésemos*
temieras o *temieses*	*temierais* o *temieseis*
temiera o *temiese*	*temieran* o *temiesen*

Futuro - **Futuro imperfecto**

temiere	*temiéremos*
temieres	*temiereis*
temiere	*temieren*

Pretérito perfecto - ***Antepresente***

haya temido	*hayamos temido*
hayas temido	*hayáis temido*
haya temido	*hayan temido*

Pretérito pluscuamperfecto - ***Antepretérito***

hubiera o *hubiese temido*	*hubiéramos* o *hubiésemos temido*
hubieras o *hubieses temido*	*hubierais* o *hubieseis temido*
hubiera o *hubiese temido*	*hubieran* o *hubiesen temido*

Futuro perfecto - ***Antefuturo***

hubiere temido	*hubiéremos temido*
hubieres temido	*hubiereis temido*
hubiere temido	*hubieren temido*

MODO IMPERATIVO

Imperativo (Alarcos Llorach)

Presente
teme [temé]
temed

+ Modo condicionado: [Sólo Alarcos Llorach trae este modo, que abarca los cuatro tiempos que se indican.]

* **Modo potencial**: [La Academia incluye este modo, que abarca los dos tiempos que se indican.]

TERCERA CONJUGACIÓN - Partir

Formas no personales - *Derivados verbales* - **Modo infinitivo**

Simples - **Formas simples**

Infinitivo *partir*
Gerundio *partiendo*
Participio *partido*

Compuestas
Formas compuestas - *Compuestos*
haber partido
habiendo partido

Formas personales

MODO INDICATIVO

Presente

parto	*partimos*
partes [partís]	*partís*
parte	*parten*

Pretérito imperfecto - ***Copretérito***

partía	*partíamos*
partías	*partíais*
partía	*partían*

Pretérito perfecto simple - ***Pretérito***
Pretérito indefinido

partí	*partimos*
partiste	*partisteis*
partió	*partieron*

\+ Futuro - ***Futuro*** - **Futuro imperfecto**

partiré	*partiremos*
partirás	*partiréis*
partirá	*partirán*

+* Condicional - ***Pospretérito*** - **Simple o imperfecto**

partiría	*partiríamos*
partirías	*partiríais*
partiría	*partirían*

Pretérito perfecto compuesto - ***Antepresente***
Pretérito perfecto

he partido	*hemos partido*
has partido	*habéis partido*
ha partido	*han partido*

Pretérito pluscuamperfecto - ***Antecopretérito***

había partido	*habíamos partido*
habías partido	*habíais partido*
había partido	*habían partido*

Pretérito anterior - ***Antepretérito***

hube partido	*hubimos partido*
hubiste partido	*hubisteis partido*
hubo partido	*hubieron partido*

\+ Futuro perfecto - ***Antefuturo***

habré partido	*habremos partido*
habrás partido	*habréis partido*
habrá partido	*habrán partido*

+* Condicional perfecto - ***Antepospretérito***
Compuesto o perfecto

habría partido	*habríamos partido*
habrías partido	*habríais partido*
habría partido	*habrían partido*

MODO SUBJUNTIVO

Presente

parta	*partamos*
partas	*partáis*
parta	*partan*

Pretérito imperfecto - ***Pretérito***

partiera o ***partiese***	***partiéramos*** o ***partiésemos***
partieras o ***partieses***	***partierais*** o ***partieseis***
partiera o ***partiese***	***partieran*** o ***partiesen***

Futuro - **Futuro imperfecto**

partiere	*partiéremos*
partieres	*partiereis*
partiere	*partieren*

Pretérito perfecto - ***Antepresente***

haya partido	*hayamos partido*
hayas partido	*hayáis partido*
haya partido	*hayan partido*

Pretérito pluscuamperfecto - ***Antepretérito***

hubiera o hubiese partido	*hubiéramos o hubiésemos partido*
hubieras o hubieses partido	*hubierais o hubieseis partido*
hubiera o hubiese partido	*hubieran o hubiesen partido*

Futuro perfecto - ***Antefuturo***

hubiere partido	*hubiéremos partido*
hubieres partido	*hubiereis partido*
hubiere partido	*hubieren partido*

MODO IMPERATIVO

Imperativo (Alarcos Llorach)

Presente
parte [partí]
partid

\+ Modo condicionado: [Sólo Alarcos Llorach trae este modo, que abarca los cuatro tiempos que se indican.]
* **Modo potencial**: [La Academia incluye este modo, que abarca los dos tiempos que se indican.]

APÉNDICE II

PRINCIPALES GENTILICIOS

A

AFGANISTÁN. afgano, na
ÁFRICA. africano, na
ÁFRICA CENTRAL. centroafricano, na
ALBANIA. albanés, sa
ALEJANDRÍA. alejandrino, na
ALEMANIA. alemán, na; germano, na; teutón, na; tudesco, ca
BAVIERA. bávaro, ra
BERLÍN. berlinés, sa
HAMBURGO. hamburgués, sa
HANNÓVER. hannoveriano, na
MAGUNCIA. maguntino, na
MÚNICH. muniqués, sa
SAJONIA. sajón, na
SUABIA. suabo, ba
VESTFALIA. vestfaliano, na
AMÉRICA. americano, na
ANDORRA. andorrano, na
ANGOLA. angoleño, ña
ANTILLAS. antillano, na
CURASAO. curazoleño, ña
ARABIA. árabe
ARGELIA. argelino, na
ORÁN. oranés, sa
ARGENTINA. argentino, na
BUENOS AIRES (provincia). bonaerense
BUENOS AIRES (capital). porteño, ña
CATAMARCA. catamarqueño, ña
CHACO. chaqueño, ña
CHUBUT. chubutense
CÓRDOBA. cordobés, sa; cordubense
CORRIENTES. correntino, na
CUYO. cuyano, na
ENTRE RÍOS. entrerriano, na
FORMOSA. formoseño, ña
JUJUY. jujeño, ña
LA PAMPA. pampeano, na
LA PLATA. platense
LA RIOJA. riojano, na
MALVINAS *(Islas)*. malvinense; malvinero, ra
MAR DEL PLATA. marplatense
MENDOZA. mendocino, na
MISIONES. misionero, ra
NEUQUÉN. neuquino, na
PATAGONIA. patagón, na
REGIÓN PAMPEANA. pampeano, na; pampero, ra
RÍO DE LA PLATA. rioplatense; platense
RÍO NEGRO. rionegrino, na
ROSARIO. rosarino, na
SALTA. salteño, ña
SAN JUAN. sanjuanino, na
SAN LUIS. sanluiseño, ña; sanluisero, ra; puntano, na
SAN RAFAEL (Mendoza). sanrafaelino, na
SANTA CRUZ. santacruceño, ña
SANTA FE. santafecino, na; santafesino, na
SANTIAGO DEL ESTERO. santiagueño, ña
TIERRA DEL FUEGO. fueguino, na
TUCUMÁN. tucumano, na
VALLES CALCHAQUÍES. vallisto, ta
ARMENIA. armenio, nia
ASIA. asiático, ca
ASIRIA. asirio, ria
AUSTRALIA. australiano, na
AUSTRIA. austriaco, ca; austríaco, ca
TRANSILVANIA. transilvano, na
VIENA. vienés, sa
AZERBAIYÁN. azerbaiyano, na; azerbaijano, na

B

BABILONIA. babilonio, nia
BAHAMAS *(Islas)*. bahamanense
BAHREIN. bahriní
BANGLADESH. bengalí
BARBADOS *(Islas)*. barbadiano, na; barbadense; barbadiense
BÉLGICA. belga
AMBERES. amberino, na; antuerpiense
BRUSELAS. bruselense
GANTE. gantés, sa
LOVAINA. lovaniense
BELICE. beliceño, ña; belicense
BENIN. beninés, sa
BERMUDAS *(Islas)*. bermudiano, na
BIELORRUSIA. bielorruso, sa
BIRMANIA. birmano, na
BOLIVIA. boliviano, na
CHUQUISACA. chuquisaqueño, ña
COCHABAMBA. cochabambino, na
LA PAZ. paceño, ña
ORURO. orureño, ña
POTOSÍ. potosino, na
SUCRE. sucrense; sucreño, ña
TARIJA. tarijeño, ña
BOSNIA-HERCEGOVINA. bosnio, nia; bosniaco, ca; bosníaco, ca
BOTSUANA. botsuano, na
BRASIL. brasileño, ña; brasilero, ra
AMAZONAS. amazonense
BAHÍA. bahiense
BRASILIA. brasiliense
RÍO DE JANEIRO. carioca; fluminense
SAN PABLO. paulista
BRUNEI. bruneyense; bruneyano, na
BULGARIA. búlgaro, ra
BURUNDI. burundés, sa
BUTAN. butanés, sa

C

CABO VERDE. caboverdiano, na
CAMBOYA. camboyano, na

[1] Se ordenan por continentes, regiones, países y ciudades correspondientes a estos últimos.

CAMERÚN. camerunés, sa
CANADÁ. canadiense
CENTROAMÉRICA. centroamericano, na
CHAD. chadeño, ña; chadiano, na; chadiense; chadí
CHILE. chileno, na
ACONCAGUA. aconcagüino, na
AISÉN. aisenino, na
ANGOL. angolino, na
ANTOFAGASTA. antofagastino, na
ARCHIPIÉLAGO DE CHILOÉ. chilote, ta
ARICA. ariqueño, ña
ATACAMA. atacameño, ña
CHILLÁN. chillanense; chillanejo, ja
COPIAPÓ. copiapino, na
COQUIMBO. coquimbano, na
CURICÓ. curicano, na
IQUIQUE. iquiqueño, ña
LINARES. linarense, sa
OSORNO. osornino, na
PASCUA (Isla de). pascuense
PUERTO MONTT. puertomontino, na
PUNTA ARENAS. puntarenense
RANCAGUA. rancagüino, na
SANTIAGO. santiaguino, na
TARAPACÁ. tarapaqueño, ña
TEMUCO. temucano, na
VALDIVIA. valdiviano, na
VALPARAÍSO. porteño, ña
VIÑA DEL MAR. viñamarino, na
CHINA. chino, na
PEQUÍN. pequinés, sa
CHIPRE. chipriota; chipriote; cipriota
COLOMBIA. colombiano, na
AMAZONAS. amazonense
ANTIOQUIA. antioqueño, ña
ARAUCA. araucano, na
ATLÁNTICO. atlanticense; atlantiquense
BOGOTÁ. bogotano, na
BOLÍVAR. bolivarense
BOYACÁ. boyacense
CALI. caleño, ña
CARTAGENA DE INDIAS. cartagenero, ra; cartaginés, sa
CAUCA. caucano, na
CHOCÓ. chocoano, na
CÓRDOBA. cordobense; cordobés, sa; cordubense
CÚCUTA. cucuteño, ña
CUNDINAMARCA. cundinamarqués, sa
HUILA. huilense
IBAGUÉ. ibaguereño, ña
LA GUAJIRA. guajiro, ra
LETICIA. leticiano, na
MAGDALENA. magdalenense
MEDELLÍN. medellinense
NARIÑO. nariñense
POPAYÁN. payanés, sa
PUERTO CARREÑO. porteño, ña
RIOHACHA. riohachero, ra
SANTA FE DE BOGOTÁ. santafereño, ña
SANTA MARTA. samario, ria
SANTANDER. santandereano, na
SUCRE. sucrense; sucreño, ña
TUNJA. tunjano, na
VALLE DEL CAUCA. vallecaucano, na; valluno, na
VILLAVICENCIO. villavicenciuno, na; villavicense
COMORES. comoriense; comorense; comoreño, ña
CONGO. congolés, sa; congoleño, ña; congo, ga
COREA. coreano, na
COREA DEL NORTE. norcoreano, na
COREA DEL SUR. surcoreano, na
COSTA DE MARFIL. ivoriano, na; ivorense; eburnense; marfileño, ña
COSTA RICA. costarricense; costarriqueño, ña; tico, ca
CARTAGO. cartaginés, sa; cartaginense; cartaginiense
HEREDIA. herediano, na
LIMÓN. limonense
PUNTA ARENAS. puntarenense
SAN JOSÉ. josefino, na
CROACIA. croata
CUBA. cubano, na
LA HABANA. habanero, ra
SAN JUAN. sanjuanero, ra
SANTIAGO DE CUBA. santiaguero, ra
TRINIDAD. trinitario, ria
CURDISTÁN. curdo, da; kurdo, da

D

DALMACIA. dálmata
DINAMARCA. dinamarqués, sa; danés, sa

E

ECUADOR. ecuatoriano, na
CUENCA. cuencano, na
GUAYAQUIL. guayaquileño, ña
IMBABURA. imbabureño, ña
LOJA. lojano, na
QUITO. quiteño, ña
RIOBAMBA. riobambeño, ña
EGIPTO. egipcio, cia; egipciaco, ca; egipcíaco, ca; egipciano, na
EL CAIRO. cairota; cairino, na
ERITREA. eritreo, a
ESCANDINAVIA. escandinavo, va
ESCLAVONIA. esclavón, na; esclavonio, nia
ESCOCIA. escocés, sa
ESLOVAQUIA. eslovaco, ca
ESLOVENIA. esloveno, na
ESPAÑA. español, la; hispano, na; hesperio, ria
ALBACETE. albacetense; albaceteño, ña
ALCALÁ DE HENARES. alcalaíno, na; complutense

ALCALÁ DEL JÚCAR. alcalaeño, ña
ALCALÁ LA REAL. alcalaíno, na
ÁLAVA. alavés, sa; alavense
ALBACETE. albacetense; albaceteño, ña
ALCARRIA. alcarreño, ña
ALGECIRAS. algecireño, ña
ALICANTE. alicantino, na
ALMERÍA. almeriense
ALPUJARRAS. alpujarreño, ña
ANDALUCÍA. andaluz, za
ANDORRA. andorrano, na
ARAGÓN. aragonés, sa
ASTORGA. astorgano, na; asturicense
ASTURIAS. asturiano, na; astur
ÁVILA. abulense; avilés, sa
AVILÉS. avilesino, na
BADAJOZ. badajocense; badajoceño, ña; pacense
BAEZA. baezano, na
BALEARES (*islas*). balear
BARCELONA. barcelonés, sa; barcinonense
BÉJAR. bejarano, na; bejerano, na
BILBAO. bilbaíno, na
BURGOS. burgalés, sa
CÁCERES. cacereño, ña
CÁDIZ. gaditano, na
CALATAYUD. bilbilitano, na
CANARIAS (*islas*). canario, ria; canariense
CANTABRIA. cántabro, bra
CARTAGENA. cartagenero, ra; cartaginés, sa
CASTELLÓN DE LA PLANA. castellonense
CASTILLA. castellano, na
CATALUÑA. catalán, na
CEUTA. ceutí
CIUDAD REAL. ciudadrealeño, ña
CÓRDOBA. cordobés, sa; cordubense
CUENCA. conquense
EL BIERZO. berciano, na
ÉCIJA. ecijano, na
ELCHE. ilicitano, na
EXTREMADURA. extremeño, ña
FIGUERAS. figuerense
GALICIA. gallego, ga
GERONA. gerundense
GIBRALTAR. gibraltareño, ña; jibraltareño, ña; calpense
GIJÓN. gijonés, sa; gijonense
GRANADA. granadino, na
GUADALAJARA. arriacense, guadalajarense; guadalajareño, ña; caracense
GUADARRAMA. guadarrameño, ña
GUIPÚZCOA. guipuzcoano, na
HUELVA. huelveño, ña; onubense
HUESCA. oscense
IBIZA. ibicenco, ca
IRÚN. irunés, sa
JACA. jacetano, na; jaqués, sa
JAÉN. jaenero, ra; jaenés, sa; jiennense; jiennense; giennense; aurgitano, na
JÁTIVA. jativés, sa; setabense; setabitano, na
JEREZ DE LA FRONTERA. jerezano, na
JIJONA. jijonenco, ca
LA CORUÑA. coruñés, sa
LA MANCHA. manchego, ga
LA PALMA (Canarias). palmero, ra
LA RIOJA. riojano, na
LEBRIJA. lebrijano, na; nebrisense
LEÓN. leonés, sa; legionense
LÉRIDA. leridano, na; ilerdense
LOGROÑO. logroñés, sa; lucroniense
LUGO. lucense; lugués, sa
MADRID. madrileño, ña; matritense
MAHÓN. mahonés, sa
MÁLAGA. malagueño, ña; malagués, sa; malacitano, na
MALLORCA (Isla de). mallorquín, na
MARBELLA. marbellí
MELILLA. melillense
MENORCA. menorquín, na
MÉRIDA. merideño, ña; emeritense
MONDOÑEDO. mindoniense
MURCIA. murciano, na
NAVARRA. navarro, rra
ORENSE. orensano, na; auriense
OVIEDO. ovetense
PALENCIA. palentino, na
PALMA DE MALLORCA. palmesano, na
PALOS DE MOGUER. palense
PAMPLONA. pamplonés, sa; pamplonica
PLASENCIA. placentino, na; placentín; plasenciano, na
PONTEVEDRA. pontevedrés, sa; lerense
PROVINCIAS VASCONGADAS. vascongado, da; vasco, ca
REUS. reusense
RONDA. rondeño, ña; arundense
SALAMANCA. salmantino, na; salamanqués, sa; salamanquino, na;
SANABRIA. sanabrés, sa
SAN LORENZO DEL ESCORIAL. escurialense
SANLÚCAR. sanluqueño, ña; sanlucareño, ña
SAN SEBASTIÁN. donostiarra; easonense
SANTA CRUZ DE TENERIFE. tinerfeño, ña
SANTANDER. santanderiense; santanderino, na
SANTIAGO DE COMPOSTELA. compostelano, na; santiagués, sa
SEGOVIA. segoviano, na; segoviense
SEVILLA. sevillano, na; hispalense
SORIA. soriano, na
TALAVERA DE LA REINA. talabricense
TARRAGONA. tarraconense
TERUEL. turolense
TOLEDO. toledano, na
TORO. toresano, na
VALENCIA. valenciano, na

VALLADOLID. vallisoletano, na; pinciano, na

VIGO. vigués, sa

VITORIA. vitoriano, na

VIZCAYA. vizcaíno, na

ZAMORA. zamorano, na

ZARAGOZA. zaragozano, na; zaragocí

ESTADOS UNIDOS DE AMÉRICA. estadounidense; norteamericano; yanqui; angloamericano, na

CALIFORNIA. californiano, na; californio, nia; califórnico, ca

GEORGIA. georgiano, na

LOS ÁNGELES. angelino, na

NUEVA INGLATERRA. yanqui

NUEVA YORK. neoyorquino, na

NUEVO MÉJICO. neomejicano, na; neomexicano, na; novomejicano, na; novomexicano, na

PENSILVANIA. pensilvano, na

TEJAS. tejano, na

WASHINGTON. washingtoniano, na

ESTONIA. estonio, nia; estoniano, na

ETIOPÍA. etíope; abisinio, nia

EUROPA CENTRAL. centroeuropeo, a

F

FIJI *(Islas)*. fijiano, na; fijiense

FILIPINAS. filipino, na

ALBAY. albayano, na

CEBÚ. cebuano, na

MANILA. manilense; manileño, ña

FINLANDIA. finlandés, sa; finés, sa

FLANDES. flamenco, ca

FRANCIA. francés, sa

ALBI. albigense

ARTOIS. artesiano, na

AVIÑÓN. aviñonense; aviñonés, sa

BAYONA. bayonés, sa; bayonense

BIARRITZ. biarrota

BURDEOS. bordelés, sa

CÓRCEGA. corso, sa

LIMOGES. lemosín, na

LORENA. lorenés, sa

LYON. lionés, sa; lugdunense

MARSELLA. marsellés, sa

NARBONA. narbonés, sa

NIZA. nizardo, da

ORLEANS. aurelianense

PARÍS. parisiense; parisino, na; parisién (sólo en singular)

PICARDÍA. picardo, da

REIMS. remense

ROSELLÓN. rosellonés, sa

RUÁN. roanés, sa; ruanés, sa

TOURS. turonense

VIENA. vienense; vienés, sa

G

GABÓN. gabonense; gabonés

GALES. galés, sa

GALILEA. galileo, a

NAZARET. nazareno, na; nazareo, a

GAMBIA. gambiano, na; gambiense

GEORGIA. georgiano, na

GHANA. ghanés, sa; ghaneano, na; ghaniense

GRAN BRETAÑA E IRLANDA DEL NORTE. británico, ca

GRECIA. griego, ga; heleno, na

ATENAS. ateniense; ático, ca

ÁTICA. ático, ca

CORINTO. corintio, tia

CRETA. cretense; crético, ca

DELOS. delio, lia

EGINA. egineta

LEMNOS. lemnio, nia; lemnícola

LESBOS. lesbio, bia; lesbiano, na

PAROS. pario, ria

RODAS. rodio, dia; rodiota

SAMOS. samio, mia

GRENADA. grenadense

GROENLANDIA. groenlandés, sa

GUATEMALA. guatemalteco, ca; guatemalense; chapín, na

GUAYANA. guayanés, sa

GUINEA. guineano, na; guineo, a

GUINEA ECUATORIAL. guineoecuatorial

GUYANA. guyanés, sa

H

HAITÍ. haitiano, na

HOLANDA. holandés, sa; neerlandés, sa

FRISIA. frisón, na; frisio, sia

ROTERDAM. roterodamense

ZELANDA. celandés, sa; zelandés, sa

HONDURAS. hondureño, ña

HUNGRÍA. húngaro, ra

I

IBERIA. ibérico, ca; iberio, ria; ibero, ra; íbero, ra

ILIRIA. ilirio, ria

INDIA. hindú; indio, a; indo, a

INDOCHINA. indochino, na

INDONESIA. indonesio, sia

INDOSTÁN. indostanés, sa; indostano, na

BENGALA. bengalí

INGLATERRA. inglés, sa; británo, na; anglo, gla

CANTERBURY. cantuariense

LONDRES. londinense

OXFORD. oxoniense

IRAK. iraquí

IRÁN. iraní; iranio (Irán antiguo)

IRLANDA. irlandés, sa

IRLANDA DEL NORTE. norirlandés, sa

ISLANDIA. islandés, sa

ISRAEL. israelí; israelita

ITALIA. italiano, na

AMALFI. amalfitano, na

ANCONA. anconitano, na

AREZZO. aretino, na

BÉRGAMO. bergamasco, ca

BOLONIA. boloñés, sa

CALABRIA. calabrés, sa

CERDEÑA. sardo, da

CESENA. cesenés, sa

CREMONA. cremonés, sa

CROTONA. crotoniata

FERRARA. ferrarés, sa

FLORENCIA. florentín; florentino, na

GÉNOVA. genovés, sa

LIGURIA. ligur; ligurino, na

LOMBARDÍA. lombardo, da; lombárdico, ca; longobardo, da

LUCA. luqués, sa; lucense

MANTUA. mantuano, na

MILÁN. milanés, sa

MÓDENA. modenés, sa

NÁPOLES. napolitano, na

PADUA. paduano, na; patavino, na

PALERMO. palermitano, na; panormitano, na

PARMA. parmesano, na

PAVÍA. paviano, na; ticinense

PERUSA. perusino, na

PIAMONTE. piamontés, sa

PISA. pisano, na

PLASENCIA. placentino, na; placentín; plasenciano, na

POMPEYA. pompeyano, na

PULLA. pullés, sa

RAVENA. ravenés, sa

ROMA. romano, na

SALERNO. salernitano, na

SICILIA. siciliano, na; sículo, la

SIRACUSA. siracusano, na

TARENTO. tarentino, na

TOSCANA. toscano, na

TRIESTE. triestino, na

VENECIA. veneciano, na; véneto, ta

VERONA. veronense; veronés, sa

J

JAMAICA. jamaicano, na; jamaiquino, na

JAPÓN. japonés, sa; japonense; nipón, na

JAVA *(Isla de)*. javanés, sa; javo, va

JOLO *(archipiélago de Oceanía)*. joloano, na

JORDANIA. jordano, na

K

KAZAJSTÁN. kazajstano, na

KENYA. keniano, na; keniata

KIRGUIZISTÁN. kirguís, sa

KUWAIT. kuwaití

L

LAOS. laosiano, na

LAPONIA. lapón, na

LESOTHO. basuto, ta

LETONIA o **LATVIA.** letón, na; latvio, via

LÍBANO. libanés, sa

LIBERIA. liberiano, na

LIBIA. libio, bia

TRÍPOLI. tripolino, na; tripolitano, na

LIECHTENSTEIN. liechtensteniano, na; liechteinés, sa; liechtensteinense

LITUANIA. lituano, na

LUXEMBURGO. luxemburgués, sa

M

MACEDONIA. macedonio, nia

MADAGASCAR. malgache

MALASIA. malayo, ya

MALAWI. malawi; malaui

MALDIVAS *(Islas)*. maldiviano, na; maldiveño, ña

MALI. malí; maliense

MALTA. maltés, sa

MARRUECOS. marroquí; marroquín, na

RIF. rifeño, ña

MARSHALL *(Islas)*. marshalés, sa

MAURICIO *(Isla)*. mauriciense; mauriciano, na

MAURITANIA. mauritano, na

MÉXICO *o* **MÉJICO.** mejicano, na; mexicano, na; mexiquense

ACAPULCO. acapulqueño, ña

BAJA CALIFORNIA. bajacaliforniano, na

CAMPECHE. campechano, na

CHIAPAS. chiapaneco, ca

CHIHUAHUA. chihuahuense; chihuahueño, ña

CHILPANCINGO. chilpancingueño, ña

CHOLULA. cholulteco, ca

CUERNAVACA. cuernavaquense

CULIACÁN. culiacanense; culiacano, na

DURANGO. duranguense; duranguеño, ña; durangués, sa

GUADALAJARA. tapatío, a

GUANAJUATO. guanajuatense

GUERRERO. guerrerense

HERMOSILLO. hermosillense

HIDALGO. hidalguense

JALAPA. jalapeño, ña

JALISCO. jalisciense

MÉXICO o MÉJICO. chilango, ga

MICHOACÁN. michoacano, na

MONTERREY. regiomontano, na; reinero, ra

MORELIA. moreliano, na

MORELOS. morelense

NUEVO LEÓN. neoleonés, sa

OAXACA. oaxaqueño, ña

PACHUCA. pachuqueño, ña

PUEBLA DE LOS ÁNGELES o ANGELÓPOLIS. angelopolitano, na; poblano, na

QUERÉTARO. queretano, na

SAN JUAN DE TEOTIHUACÁN. teotihuacano, na

SONORA. sonorense
TABASCO. tabasqueño, ña
TAMPICO. tampiqueño, ña
TAXCO. taxqueño, ña
TEHUANTEPEC. tehuano, na
TEPEACA. tepeaqués, sa
TEPIC. tepiqueño, ña
TEPOZTLÁN. tepozteco, ca
VERACRUZ. veracruzano, na; jarocho, cha
YUCATÁN. yucateco, ca
ZACATECAS. zacatecano, na
ZACATLÁN. zacateco, ca

MICRONESIA. micronesio, sia
MOLDAVIA. moldavo, va
MÓNACO. monegasco, ca
MONGOLIA. mongol, la; mogol, la; mongólico, ca
MORAVIA. moravo, va
MOZAMBIQUE. mozambiqueño, ña; mozambicano, na

N

NAMIBIA. namibiano, na; namibio, a
NAURU *(Isla).* nauruano, na
NEPAL. nepalés, sa
NICARAGUA. nicaragüense; nicaragüeño, ña
NICEA. niceno, na
NIGERIA. nigeriano, na
NORMANDÍA. normando, da
NORUEGA. noruego, ga
NUBIA. nubio, a; nubiense
NUEVA ZELANDA. neozelandés, sa; neocelandés, sa

O

OMÁN. omaní

P

PAKISTÁN. paquistaní
PALAU *(Islas).* palauano, na
PALESTINA. palestino, na
ASCALÓN. ascalonita
BELÉN. betlemita; betlehemita
GABAÓN. gabaonita
JERUSALÉN. jerosolimitano, na; hierosolimitano, na; solimitano, na

PANAMÁ. panameño, ña
SANTIAGO DE PANAMÁ. santiagueño, ña

PAPÚA-NUEVA GUINEA. papuano, na; papú; papúa
PARAGUAY. paraguayo, ya
ASUNCIÓN. asunceño, ña; asunceno, na

PENÍNSULA IBÉRICA. ibérico, ca; iberio, ria
PERÚ. peruano, na; perulero, ra; peruviano, na
AMAZONAS. amazonense
AREQUIPA. arequipeño, ña
CAJAMARCA. cajamarquino, na
CHICLAYO. chiclayano, na
CUZCO. cuzqueño, ña
HUACHO. huachano, na
HUANCAYO. huancaíno, na
HUÁNUCO. huanuqueño, ña
ICA. iqueño, ña
IQUIQUE. iquiqueño, ña
IQUITOS. iquiteño, ña
LIMA. limeño, ña
PIURA. piurano, na
PUCALLPA. pucallpeño, ña
PUERTO DEL CALLAO. chalaco, ca
PUNO. puneño, ña
TACNA. tacneño, ña
TRUJILLO. trujillano, na

POLINESIA. polinesio, sia
POLONIA. polaco, ca; polonés, sa
CRACOVIA. cracoviano, na
VARSOVIA. varsoviano, na

PORTUGAL. portugués, sa; lusitano, na; luso, sa
BEJA. pacense
BRAGA. bracarense
COIMBRA. conimbricense
LISBOA. lisboeta; lisbonés, sa; lisbonense

PUERTO RICO. portorriqueño, ña; puertorriqueño, ña; borinqueño, ña
PONCE. ponceño, ña

R

REPÚBLICA CENTROAFRICANA. centroafricano, na
REPÚBLICA CHECA. checo, ca
REPÚBLICA DEL NÍGER. nigerio, ria
REPÚBLICA DOMINICANA. dominicano, na
SANTIAGO DE LOS CABALLEROS. santiaguense

RUANDA. ruandés, sa
RUMANIA. rumano, na
RUSIA. ruso, sa
MOSCÚ. moscovita

S

SALVADOR, EL. salvadoreño, ña; cuzcatleco, ca
SAMOA OCCIDENTAL. samoano, na; samoense
SAN MARINO. sanmarinés, sa; sanmarinense
SANTO DOMINGO. quisqueyano, na
SENEGAL. senegalés, sa
SINGAPUR. singapurés, sa
SERBIA. serbio, bia; servio, via
SIBERIA. siberiano, na
SIRIA. sirio, ria; siro, ra; siriaco, ca o siríaco, ca
ANTIOQUÍA. antioqueno, na
DAMASCO. damaceno, na; damasceno, na; damasquino, na

SOMALIA. somalí

SRI LANKA. cingalés, sa; singalés, sa
SUDÁFRICA. sudafricano, na
SUDAMÉRICA o **SURAMÉRICA.** sudamericano, na; suramericano, na
SUDÁN. sudanés, sa
SUECIA. sueco, ca
SUIZA. suizo, za; esguízaro, ra; helvecio, cia
  BASILEA. basiliense; basilense
  BERNA. bernés, sa
  GINEBRA. ginebrino, na; ginebrés, sa

T

TAHITÍ. tahitiano, na
TAILANDIA. tailandés, sa
TÁNGER. tangerino, na; tingitano, na
TANZANIA. tanzanio, nia
TARTARIA. tártaro, ra
TETUÁN. tetuán; tetuaní
TÍBET. tibetano, na
TIROL. tirolés, sa
TRENTO. tridentino, na
TRÍPOLI. tripolino, na; tripolitano, na
TÚNEZ. tunecino, na; tunecí
TURQUÍA. turco, ca; otomano, na; osmanlí
CONSTANTINOPLA. constantinopolitano, na

U

UCRANIA. ucraniano, na; ucranio, nia
UGANDA. ugandés, sa
URUGUAY. uruguayo, ya; oriental
MONTEVIDEO. montevideano, na
PAISANDÚ. sanducero, ra
SORIANO. sorianense

V

VENEZUELA. venezolano, na
APURE. apureño, ña
ARAGUA. aragüeño, ña
CARACAS. caraqueño, ña
CUMANÁ. cumanagoto, ta; cumanés, sa
GUANARE. guanareño, ña
GUÁRICO. guariqueño, ña
MARACAIBO. maracaibero, ra; marabino, na
MÉRIDA. merideño, ña; emeritense
MIRANDA. mirandino, na
NUEVA ESPARTA. neoespartano, na
SANTA MARGARITA (Isla de). margariteño, ña
SUCRE. sucrense; sucreño, ña
YARACUY. yaracuyano, na
VIETNAM. vietnamita

Y

YEMEN. yemení
YUGOSLAVIA. yugoeslavo, va; yugoslavo, va

Z

ZAIRE. zaireño, ña
ZAMBIA. zambiano, na
ZIMBABWE. zimbabuense

BIBLIOGRAFÍA

ABAD DE SANTILLÁN, Diego, **Diccionario de Argentinismos de ayer y de hoy**, Buenos Aires, Tipográfica Editora Argentina, 1976.

ABRAHAM, Werner, **Diccionario de terminología lingüística actual**. Versión española de Francisco Meno Blanco, Madrid, Gredos, 1981.

ACADEMIA ARGENTINA DE LETRAS, **Acuerdos acerca del idioma**, Tomo III (1956-1965), Buenos Aires, 1983.

ACADEMIA ARGENTINA DE LETRAS, **Acuerdos acerca del idioma**, Tomo IV (1966-1970), Buenos Aires, 1984.

ACADEMIA ARGENTINA DE LETRAS, **Acuerdos acerca del idioma**, Tomo V (1971-1975), Buenos Aires, 1986.

ACADEMIA ARGENTINA DE LETRAS, **Acuerdos acerca del idioma**, Tomo VI. Serie: Notas sobre el habla de los argentinos I (1971-1975), Buenos Aires, 1986.

ACADEMIA ARGENTINA DE LETRAS, **Acuerdos acerca del idioma**, Tomo VII (1976-1980), Buenos Aires, 1986.

ACADEMIA ARGENTINA DE LETRAS, **Acuerdos acerca del idioma**, Tomo VIII. Serie: Notas sobre el habla de los argentinos II (1976-1980), Buenos Aires, 1986.

ACADEMIA ARGENTINA DE LETRAS, **Acuerdos acerca del idioma**, Tomo IX (1981-1985), Buenos Aires, 1987.

ACADEMIA ARGENTINA DE LETRAS, **Acuerdos acerca del idioma**, Tomo X. Serie: Notas sobre el habla de los argentinos III (1981-1985), Buenos Aires, 1987.

ACADEMIA ARGENTINA DE LETRAS, **Acuerdos acerca del idioma**, Tomo XI (1986-1990), Buenos Aires, 1993.

ACADEMIA ARGENTINA DE LETRAS, **Acuerdos acerca del idioma**, Tomo XII. Serie: Notas sobre el habla de los argentinos IV (1986-1989), Buenos Aires, 1993.

ACADEMIA ARGENTINA DE LETRAS, **Registro del habla de los argentinos**, Buenos Aires, 1994.

ACADEMIA ARGENTINA DE LETRAS, **Registro del habla de los argentinos**. Adenda 1995, Buenos Aires, 1995.

ACADEMIA ARGENTINA DE LETRAS, **Dudas idiomáticas frecuentes. Verbos**, Buenos Aires, 1994.

ACADEMIA ARGENTINA DE LETRAS, **Dudas idiomáticas frecuentes** (versión ampliada), Buenos Aires, 1995.

AGENCIA EFE, **Manual de español urgente**, 6º edición, Madrid, Cátedra, 1989.

ALARCOS LLORACH, Emilio, **Estudios de Gramática funcional del español**, 3º edición, 5º reimpresión, Madrid, Gredos, 1991.

ALARCOS LLORACH, Emilio, **Gramática de la lengua española**, 5º reimpresión, Madrid, Real Academia Española, Espasa-Calpe, 1995.

ALFARO, Ricardo J., **Diccionario de anglicismos**, 2º edición, Madrid, Gredos, 1970.

ALONSO, Amado y Pedro HENRÍQUEZ UREÑA, **Gramática castellana. Segundo Curso**, 22º edición, Buenos Aires, Losada, 1967.

ALONSO, Martín, **Diccionario del español moderno**, 6º edición, primera reimpresión, Madrid, Aguilar, 1981.

ALONSO MARCOS, Antonio, **Glosario de la terminología gramatical**, Madrid, Magisterio Español, 1986.

ALVAR, Manuel, **El español de las dos orillas**, Madrid, MAPFRE, 1991.

ALVAR EZQUERRA, Manuel, **Diccionario de voces de uso actual**, Madrid, Arco/Libros, 1994.

ALVAR EZQUERRA, Manuel y Aurora MIRÓ DOMÍNGUEZ, **Diccionario de siglas y abreviaturas**, Madrid, Alhambra, 1983.

ALVAR EZQUERRA, Manuel y Antonia María MEDINA GUERRA, **Ortografía de la lengua española**, Barcelona, Biblograf, 1995.

ÁLVAREZ DEL REAL, María Eloísa, **Dudas del idioma español**, Panamá, América, 1987.

ÁLVAREZ MARTÍNEZ, María Ángeles, **El adverbio**, 2º edición, Madrid, Arco/Libros, 1994.

AMEY, Julian y James COVENEY, **Business management terms**, Great Britain, Chambers Harrap Publishers, 1994.

ARAGÓ, Manuel Rafael, **Diccionario de dudas y problemas del idioma español**, Buenos Aires, El Ateneo, 1995.

BARRIO, Tomás, **Diccionario de barbarismos, neologismos y extranjerismos**, México, Concepto, 1986.

BASULTO, Hilda, **Diccionario de verbos**, México, Trillas, 1991.

BBC, **English Dictionary**, London, Harper Collins Publishers, 1992.

BENITO LOBO, José Antonio, **La puntuación: usos y funciones**, Madrid, Edinumem, 1992.

BUSQUETS, Loreto y Lidia BONZI, **Los verbos en español**, Madrid, Verbum, 1993.

CAMUFFO, Marta A. y otros, **Normativa actualizada**, Buenos Aires, Magisterio del Río de la Plata, 1987.

CARNICER, Ramón, **Sobre ortografía española**, Madrid, Visor Libros, 1992.

CASARES, Julio, "Nuevo concepto del Diccionario de la Lengua y otros problemas de Lexicografía y Gramática", en **Obras completas**, vol. V, Madrid, Espasa-Calpe, 1941.

COROMINAS, Joan y José A. PASCUAL, **Diccionario crítico etimológico castellano e hispánico**, Tomos I-VI, Madrid, Gredos, 1980-1991.

CORRIPIO, Fernando, **Diccionario de incorrecciones, dudas y normas gramaticales**, Barcelona, Bruguera, 1979.

CUERVO, Rufino José, **Diccionario de construcción y régimen de la lengua española**, Tomos I-II, París, A. Roger y F. Chernoviz, Libreros Editores, 1893.

DÍAZ RETG, E., **Diccionario de dificultades de la lengua española** (primera obra publicada en España sobre el tema), Madrid, Ediciones A. G. Martorell, 1951.

EL PAÍS. Libro de estilo, 5º edición, Madrid, Ediciones El País, 1990.

EQUIPO DE EXPERTOS 2100, **Cómo evitar los errores más frecuentes en el castellano**, Barcelona, Editorial De Vecchi, 1992.

ESPASA-CALPE, **Diccionario enciclopédico abreviado**, Apéndice III, Madrid, Espasa-Calpe, 1986.

ESPASA-CALPE, **Diccionario práctico de la lengua española**, Madrid, Espasa-Calpe, 1994.

FERNÁNDEZ, David, **Diccionario de dudas e irregularidades de la lengua española**, Barcelona, Teide, 1991.

FERNÁNDEZ NÚÑEZ, Luis, **El sintagma verbal**, Madrid, Diseño, 1991.

FIRMAS PRESS, **Manual general de estilo**, Madrid, Playor, 1994.

FONTANELLA DE WEINBERG, María Beatriz, **El español de América**, Madrid, MAPFRE, 1992.

FONTANILLO, Enrique y María Isabel RIESCO, **Teleperversión de la lengua**, Barcelona, Anthropos, 1990.

FREEDMAN, Alan, **Diccionario de Computación**. Traducción de Isabel Morales Jareño, 5º edición, Madrid, Mc Graw-Hill/Interamericana de España, 1993.

FUNK AND WAGNALL'S ENCYCLOPEDIA, **Infopedia. The Ultimate Multimedia Reference Tool. CD-ROM**, Future Vision Multimedia, Inc., 1994.

GARCÍA MESEGUER, Álvaro, **¿Es sexista la lengua española? Una investigación sobre el género gramatical**, Barcelona, Paidós Ibérica, 1994.

GARCÍA-PELAYO Y GROSS, Ramón, **Larousse de la Conjugación**, México, Ediciones Larousse, 1983.

GARCÍA YEBRA, Valentín, **Claudicación en el uso de preposiciones**, Madrid, Gredos, 1988.

GILI GAYA, Samuel, **Diccionario general ilustrado de la lengua española**, Reimpresión ampliada y actualizada de la 1º edición por Manuel Alvar Ezquerra, Barcelona, Biblograf, 1992.

GILI GAYA, Samuel, **Nuestra lengua materna**, San Juan de Puerto Rico, 1973.

GÓMEZ DE SILVA, Guido, **Breve diccionario etimológico de la lengua española**, primera edición en español, México, Fondo de Cultura Económica, 1988.

GÓMEZ DE SILVA, Guido, **Los nombres de los países**, 3º edición, México, Fondo de Cultura Económica, 1995.

GÓMEZ TORREGO, Leonardo, **El buen uso de las palabras**, Madrid, Arco/Libros, 1992.

GÓMEZ TORREGO, Leonardo, **El léxico en el español actual: uso y norma**, Madrid, Arco/Libros, 1995.

GÓMEZ TORREGO, Leonardo, **La impersonalidad gramatical: descripción y norma**, 2º edición, Madrid, Arco/Libros, 1994.

GÓMEZ TORREGO, Leonardo, **Manual de español correcto**, Tomos I- II, 5º edición, Madrid, Arco/Libros, 1994.

GÓMEZ TORREGO, Leonardo, **Valores gramaticales de "se"**, 1º reimpresión, Madrid, Arco/Libros, 1994.

GONZÁLEZ, Cristina y Carolina REOYO, **Diccionario de dificultades de la lengua española**, Madrid, Santillana, 1995.

INTERNATIONAL READING ASSOCIATION, **Diccionario de lectura y términos afines**. Traducción: Elena Jiménez Moreno, Madrid, Fundación Germán Sánchez Ruipérez, Ediciones Pirámide, 1985.

KANY, Charles E., **Semántica hispanoamericana**. Traducción del inglés de Luis Escibar Bareño, Madrid, Aguilar, 1962.

KAPELUSZ, **Diccionario Kapelusz de la Lengua Española**, Buenos Aires, Kapelusz, 1979.

KOVACCI, Ofelia, **Castellano. Primer curso**, 4º edición, Buenos Aires, Editorial Huemul, 1968.

KOVACCI, Ofelia, **Castellano. Segundo curso**, 10º edición, Buenos Aires, Editorial Huemul, 1976.

KOVACCI, Ofelia, **Castellano. Tercer curso**, 10º edición, Buenos Aires, Editorial Huemul, 1976.

KOVACCI, Ofelia, **El comentario gramatical. Teoría y práctica**, Tomos I-II, Madrid, Arco-/Libros, 1990.

KOVACCI, Ofelia, **Estudios de Gramática Española**, Buenos Aires, Hachette, 1986.

LANG, Mervyn F., **Formación de palabras en español. Morfología derivativa productiva en el léxico moderno**. Adaptación y traducción: Alberto Miranda Poza, Madrid, Cátedra, 1992.

LAS HERAS FERNÁNDEZ, Juan Antonio de y Manuel RODRÍGUEZ ALONSO, **Diccionario didáctico de español intermedio**, Madrid, Ediciones SM, 1993.

LÁZARO CARRETER, Fernando, **Diccionario de términos filológicos**, 3º edición, 8º reimpresión, Madrid, Gredos, 1990.

LÁZARO CARRETER, Fernando, "El primer Diccionario de la Academia", en **Estudios de Lingüística**, Barcelona, Crítica, 1980, págs. 83-148.

LAZZATI, Santiago, **Diccionario del verbo castellano**, 2º edición, Buenos Aires, Sopena, 1968.

LEWANDOWSKI, Theodor, **Diccionario de Lingüística**. Traductores: María Luz García-Denche Navarro y Enrique Bernárdez, Madrid, Cátedra, 1982.

Libro de Estilo de ABC, 4º reimpresión, Barcelona, Ariel, 1993.

LÓPEZ, María Luisa, **Problemas y métodos en el análisis de preposiciones**, Madrid Gredos, 1972.

LÓPEZ GARCÍA, Ángel, **Gramática del español. I. La oración compuesta**, Madrid, Arco/Libros, 1994.

LORENZO, Emilio, **El español de hoy, lengua en ebullición**, 4º edición, Madrid, Gredos, 1994.

LUCAS, Carmen de, **Diccionario de dudas**, Madrid, EDAF, 1994.

MARCOS MARÍN, Francisco, **Curso de Gramática Española**, Madrid, Cincel-Kapelusz, 1980.

MARSÁ, Francisco, **Diccionario normativo y guía práctica de la lengua española**, Barcelona, Ariel, 1986.

MARTÍNEZ AMADOR, Emilio M., **Diccionario gramatical y de dudas del idioma**, Barcelona, Ramón Sopena, 1970.

MARTÍNEZ DE SOUSA, José, **Diccionario de lexicografía práctica**, Barcelona, Biblograf, 1995.

MARTÍNEZ DE SOUSA, José, **Diccionario de ortografía de la lengua española**, Madrid, Paraninfo, 1996.

MARTÍNEZ DE SOUSA, José, **Diccionario de redacción y estilo**, Madrid, Pirámide, 1993.

MARTÍNEZ DE SOUSA, José, **Diccionario de usos y dudas del español actual**, Barcelona, Biblograf, 1996.

MENDIETA, Salvador, **Manual de estilo de TVE**, primera reimpresión, Barcelona, Labor, 1993.

MENÉNDEZ PIDAL, Ramón, "El Diccionario ideal", en **Estudios de Lingüística**, Madrid, Espasa-Calpe, 1961, págs. 95-147.

MENÉNDEZ PIDAL, Ramón, **Manual de Gramática Histórica Española**, 13º edición, Madrid, Espasa-Calpe, 1968.

MIGUEL, Amando de, **La perversión del lenguaje**, 3º edición, Madrid, Espasa-Calpe, 1994.

MINISTERIO PARA LAS ADMINISTRACIONES PÚBLICAS, **Manual de estilo del lenguaje administrativo**, 4º reimpresión, Madrid, Instituto Nacional de Administración Pública, 1993.

MIRECKI, Guillermo, **SOS: El libro de las abreviaturas y las siglas**, Madrid, Playor, 1995.

MOLINER, María, **Diccionario de uso del español**, Tomos I-II, reimpresión, Madrid, Gredos, 1987.

MORA-FIGUEROA Y WILLIAMS, Santiago de (Marqués de Tamarón) y otros, **El peso de la lengua española en el mundo**, Valladolid, Fundación Duques de Soria, Secretariado de Publicaciones de la Universidad de Valladolid, 1995.

MORALES, Félix y Oscar QUIROZ, **Dudas y problemas gramaticales**, 2º edición, Santiago, Chile, Editorial Universitaria, 1991.

MORALES PETTORINO, Félix y otros, **Diccionario ejemplificado de chilenismos**, Tomos I-IV, Santiago, Chile, Academia Superior de Ciencias Pedagógicas de Valparaíso, 1984.

MORENO DE ALBA, José G., **Diferencias léxicas entre España y América**, Madrid, MAPFRE, 1992.

MORENO DE ALBA, José G., **El español en América**, México, Fondo de Cultura Económica, 1988.

MORENO DE ALBA, José G., **Minucias del lenguaje**, México, Fondo de Cultura Económica, 1992.

NÁÑEZ FERNÁNDEZ, Emilio, **Uso de las preposiciones**, Madrid, Sociedad General Española de Librería, 1990.

NISBERG, Jay N., **The Random House Dictionary of Business Terms**, New York, Random House, 1992.

NÚÑEZ LADEVÈZE, Luis, **Métodos de redacción periodística y fundamentos del estilo**, Madrid, Síntesis, 1993.

OLSEN DE SERRANO REDONNET, María Luisa, "Lengua y Publicidad", en **LITTERAE. Revista del idioma español**, Año IV, Nº 20, Buenos Aires, diciembre de 1993, págs. 32-89.

OLSEN DE SERRANO REDONNET, María Luisa, **Lexicología Española**, Buenos Aires, Fundación Instituto Superior de Estudios Lingüísticos y Literarios LITTERAE, 1993.

OLSEN DE SERRANO REDONNET, María Luisa, "Por la defensa de la unidad del español", en **LITTERAE. Revista del idioma español**, Año IV, Nº 19, Buenos Aires, septiembre de 1993, págs. 18-30.

ONIEVA MORALES, Juan Luis, **Diccionario básico de terminología gramatical**, Madrid, Playor, 1986.

ONIEVA MORALES, Juan Luis, **La Gramática de la Real Academia Española (resumida y aclarada)**, Madrid, Playor, 1993.

PESQUERA, Julio G., **Las buenas palabras. Ma-**

nual del lenguaje hablado y escrito, 2º edición, Madrid, Pirámide, 1991.

PLANETA, **Diccionario de la lengua española usual**, Barcelona, Planeta, 1990.

PORTO DAPENA, José Álvaro, **Tiempos y formas no personales del verbo**, Madrid, Arco/Libros, 1989.

PRATT, Chris, **El anglicismo en el español peninsular contemporáneo**, Madrid, Gredos, 1980.

PRIETO, Florencio, **Diccionario terminológico de los medios de comunicación. Inglés/Español**, Madrid, Fundación Germán Sánchez Ruipérez, 1991.

PROFESOR CANDIAL, **Los duendes del habla. Aciertos, errores y dudas en nuestro lenguaje habitual**, Buenos Aires, Corregidor, 1985.

RAGUCCI, Rodolfo M., **Cartas a Eulogio**, Buenos Aires, Sociedad Editora Internacional, 1943.

RAGUCCI, Rodolfo M., **Palabras enfermas y bárbaras**, 2º edición, Buenos Aires, Sociedad Editora Internacional, 1946.

READER'S DIGEST, **Hablar y escribir bien. Guía práctica de la buena comunicación.** Traducción de Julieta Arteaga y Lorena Murillo, México, Reader's Digest, 1994.

REAL ACADEMIA DE CIENCIAS EXACTAS, FÍSICAS Y NATURALES, **Vocabulario científico y técnico**, Madrid, Espasa-Calpe, 1990.

REAL ACADEMIA ESPAÑOLA, **Diccionario de Autoridades**, edición facsimilar, Tomos I-III, Madrid, Gredos, 1969.

REAL ACADEMIA ESPAÑOLA, **Diccionario de la Lengua Española**, 21º edición, Madrid, Espasa-Calpe, 1992.

REAL ACADEMIA ESPAÑOLA, **Diccionario Manual e Ilustrado de la Lengua Española**, 4º edición revisada, Madrid, Espasa-Calpe, 1989.

REAL ACADEMIA ESPAÑOLA, **Esbozo de una nueva Gramática de la Lengua Española**, sexta reimpresión, Madrid, Espasa-Calpe, 1979.

REAL ACADEMIA ESPAÑOLA, **Ortografía**, 2º edición, Madrid, Imprenta Aguirre, 1974.

REAL ACADEMIA ESPAÑOLA, **Primera Reunión de las Academias de la Lengua Española sobre El lenguaje y los medios de comunicación (octubre de 1985)**, Comisión permanente de la Asociación de Academias de la Lengua Española, Madrid, 1987.

ROMERA CASTILLO, José y otros, **Manual de Estilo**, Madrid, Universidad Nacional de Educación a Distancia, 1994.

ROSENBLAT, Ángel, **Actuales normas ortográficas y prosódicas de la Academia Española**, 2º edición, Madrid, OEI/Promoción Cultural, 1974.

ROSENBLAT, Ángel, "El criterio de corrección lingüística: unidad o pluralidad de normas en el castellano de España y América" y "El futuro de nuestra lengua", en **Biblioteca Ángel Rosenblat**, Tomo III, **Estudios sobre el español de América**, Caracas, Monte Ávila Editores, 1984, págs. 311-337 y 389-421.

SANTAMARÍA, Andrés y otros, **Diccionario de incorrecciones, particularidades y curiosidades del lenguaje**, 5º edición, Madrid, Paraninfo, 1989.

SANTANO Y LEÓN, Daniel, **Diccionario de gentilicios y topónimos**, Madrid, Paraninfo, 1981.

SANTILLANA, **Diccionario esencial Santillana de la lengua española**, Buenos Aires, Ediciones Santillana, 1992.

SANTOS GUERRA, Miguel Ángel y otros, **Libro de estilo para universitarios**, Málaga, Miguel Gómez Ediciones, 1995.

SARMIENTO GONZÁLEZ, Ramón y otros, **Libro de Estilo de Telemadrid**, Madrid, Ediciones Telemadrid, 1993.

SAUBIDET, Tito, **Vocabulario y refranero criollo**, Buenos Aires, Guillermo Kraft, 1943.

SECO, Manuel, **Diccionario de dudas y dificultades de la lengua española**, 9º edición, Madrid, Espasa-Calpe, 1986.

SECO, Manuel, **Gramática esencial del español**, 3º edición, Madrid, Espasa-Calpe, 1995.

SOPENA, **Iter 2000. Dudas del idioma**, Barcelona, Ramón Sopena, 1991.

SOPENA, **Iter 2000. Verbos**, Barcelona, Ramón Sopena, 1991.

SUAZO PASCUAL, Guillermo, **Conjugación de los verbos. Manual práctico**, Madrid, EDAF, 1995.

SUAZO PASCUAL, Guillermo, **Ortografía práctica**, 3º edición, Madrid, EDAF, 1993.

TELEMADRID, **Libro de Estilo de Telemadrid**, Volumen I, Madrid, Ediciones Telemadrid, 1993.

TIERNO JIMÉNEZ, Bernabé y Rosa VELASCO GAVIRA, **Dudas y errores del lenguaje**, 2º edición, Madrid, Temas de Hoy, 1994.

TORRE, Santiago de la, **Normativa básica del uso del español**, Madrid, Paraninfo, 1991.

UNIVERSIDAD DE ALCALÁ DE HENARES, **Diccionario para la enseñanza de la lengua española**, Barcelona, Biblograf, 1995.

VALENZUELA, F., **El verbo**, Buenos Aires, Kapelusz Editora, 1993.

VARELA, Fernando y Hugo KUBARTH, **Diccionario fraseológico del español moderno**, Madrid, Gredos, 1994.

VIDAL DE BATTINI, Berta Elena, **El español de la Argentina**, Buenos Aires, Ministerio de Educación de la Nación, 1954.

VIDAL DE BATTINI, Berta Elena, **El español de la Argentina**, Buenos Aires, Consejo Nacional de Educación, 1964.

VIDAL LAMÍQUIZ, **El sistema verbal del español**, Málaga, Librería Ágora, 1982.

VOX CHAMBERS, **English Learner's Dictionary** (con traducción al español), Barcelona, Biblograf, 1990.

WEBSTER'S THIRD NEW INTERNATIONAL DICTIONARY, I-III, Encyclopaedia Britannica, Inc., Philippines, William Benton, Publisher, 1966.

ZAMORA VICENTE, Alonso, **Diccionario moderno del español usual**, Madrid, Sader, 1975.

ZORRILLA DE RODRÍGUEZ, Alicia María, "¿Cuál es el diminutivo de...?", en **LITTERAE. Revista del idioma español**, Año IV, Nº 17, Buenos Aires, abril de 1993, págs. 88-100.

ZORRILLA DE RODRÍGUEZ, Alicia María, "El *Diccionario*, un clásico redivivo", en **LITTERAE. Revista del idioma español**, Año V, Nº 22, Buenos Aires, diciembre de 1994, págs. 65-83.

ZORRILLA DE RODRÍGUEZ, Alicia María, "El uso del español en la publicidad", en **LITTERAE. Revista del idioma español**, Año V, Nº 21, Buenos Aires, abril de 1994, págs. 119-124.

ZORRILLA DE RODRÍGUEZ, Alicia María, "La formación de los aumentativos", en **LITTERAE. Revista del idioma español**, Año IV, Nº 19, Buenos Aires, septiembre de 1993, págs. 92- 95.

ZORRILLA DE RODRÍGUEZ, Alicia María, "Los adjetivos gentilicios", en **LITTERAE. Revista del idioma español**, Año IV, Nº 18, Buenos Aires, junio de 1993, págs. 135-146.

ZORRILLA DE RODRÍGUEZ, Alicia María, "Los adverbios terminados en -mente", en **LITTERAE. Revista del idioma español**, Año IV, Nº 20, Buenos Aires, diciembre de 1993, pág. 169.

ZORRILLA DE RODRÍGUEZ, Alicia María, "Los afijos", en **LITTERAE. Revista del idioma español**, Año IV, Nº 20, Buenos Aires, diciembre de 1993, págs. 107-126.

ZORRILLA DE RODRÍGUEZ, Alicia María, **Manual del Corrector de Textos. Guía normativa de la lengua española**, Tomos I-V, Buenos Aires, Fundación Instituto Superior de Estudios Lingüísticos y Literarios LITTERAE, 1991-1993.

ZORRILLA DE RODRÍGUEZ, Alicia María, "Un camino nuevo para el español", en **LITTERAE. Revista del idioma español**, Año IV, Nº 18, Buenos Aires, junio de 1993, págs. 49-69.

ZORRILLA DE RODRÍGUEZ, Alicia María, "Uso de modos y tiempos verbales en el español actual", en **LITTERAE. Revista del idioma español**, Año V, Nº 22, Buenos Aires, diciembre de 1994, págs. 37-62.

ÍNDICE

Prólogo 9

Guía para la consulta de este Diccionario 13

Abreviaturas usadas en el Diccionario 17

Letras A a Z 21

Apéndice I 1201

Verbos: su conjugación 1201

Verbos regulares 1201

Verbos irregulares 1201

Verbos de irregularidad aparente 1201

Verbos con terminación en -uar y en -iar 1201

Participios irregulares y dobles participios 1202

Verbos defectivos e impersonales 1202

Terminología empleada en la clasificación de los tiempos y modos del verbo 1202

Cuadro de las terminologías del verbo 1203

Primera conjugación *(amar)* 1204

Segunda conjugación *(temer)* 1205

Tercera conjugación *(partir)* 1206

Apéndice II 1207

Bibliografía 1214

Segunda edición.
Esta obra se terminó de imprimir en junio de 1997,
en los talleres de la Gráfica Melhoramentos,
Rua Tito, 479 - São Paulo - Brasil.